D1748214

HANS-HEINRICH JESCHECK

Lehrbuch des Strafrechts
Allgemeiner Teil

Lehrbuch des Strafrechts

Allgemeiner Teil

Von

Dr. iur. Dr. iur. h. c. mult. HANS-HEINRICH JESCHECK

em. o. Professor der Rechte an der Universität Freiburg i. Br.
em. Direktor des Max-Planck-Instituts
für ausländisches und internationales Strafrecht
Richter am Oberlandesgericht Karlsruhe a. D.
Präsident der Association Internationale de Droit Pénal

4. vollständig neubearbeitete und erweiterte Auflage

DUNCKER & HUMBLOT / BERLIN

CIP-Titelaufnahme der Deutschen Bibliothek

Jescheck, Hans-Heinrich:
Lehrbuch des Strafrechts: Allg. Teil / von Hans-Heinrich
Jescheck. – 4. vollständig neubearb. u. erw. Aufl. – Berlin:
Duncker u. Humblot, 1988
  ISBN 3-428-06410-0

Alle Rechte vorbehalten
© 1988 Duncker & Humblot GmbH, Berlin 41
Satz: Klaus-Dieter Voigt, Berlin 61
Druck: Berliner Buchdruckerei Union GmbH, Berlin 61
Printed in Germany
ISBN 3-428-06410-0

Vorwort zur 4. Auflage

Zehn Jahre nach dem Erscheinen der 3. Auflage ist angesichts der veränderten Situation in Gesetzgebung, Rechtsprechung und Literatur eine vollständige Neubearbeitung des Lehrbuchs notwendig geworden. Die für Fortschritte in Theorie und Praxis aufgeschlossene Anlage des Werkes erlaubte es, den Zusammenhang mit der 3. Auflage ohne tiefere Eingriffe in den Aufbau zu wahren. Zweck des Lehrbuchs ist es wie bisher, durch eine repräsentative Darstellung der Probleme des Allgemeinen Teils des deutschen Strafrechts der Fachwelt des In- und Auslands wie auch den Studenten ein umfassendes, zuverlässiges und verständliches Bild des gegenwärtigen Standes unserer Wissenschaft und ihrer Anwendung zu bieten.

Das Bleibende bei der Neubearbeitung war für mich vor allem das Schuldprinzip, das den Täter als menschliches Wesen mit seinem Charakter und Schicksal und nicht bloß als Endpunkt von Zurechnungsfaktoren versteht, weiter die personale Unrechtslehre, die auf den das objektive Geschehen steuernden Willen abstellt und von subjektivistischen Übertreibungen freigehalten werden muß, endlich das humane Sanktionensystem, das in seiner sozialen Funktion zu sehen und von den Erkenntnissen der empirischen Kriminologie her auszugestalten ist. Auch manches Neue wurde eingefügt: so bemühte ich mich darum, die Lehre von der Doppelstellung des Vorsatzes fruchtbar zu machen (z. B. für den bedingten Vorsatz und den Irrtum über den Sachverhalt eines Rechtfertigungsgrundes), den Begriff des erlaubten Risikos als Strukturprinzip von Rechtfertigungsgründen zu verstehen, das Sanktionensystem verstärkt in den internationalen Rahmen einzuordnen sowie die gemeinnützige Arbeit und die Wiedergutmachung als Sanktionsmöglichkeiten zu berücksichtigen.

Entsprechend meiner Auffassung vom Strafrecht als Glied eines internationalen Kulturzusammenhangs wurde der Anteil des ausländischen Rechts in der Neuauflage vermehrt. Ich habe das brasilianische Strafrecht als das Recht des größten südamerikanischen Landes, das außerdem einen modernen Allgemeinen Teil mit manchen deutschen Einflüssen besitzt, neu einbezogen und an zahlreichen Stellen des Buches zusätzliche Einzelhinweise auf ausländisches Recht und Schrifttum angebracht. Stellungnahmen der ausländischen Literatur zu den wichtigsten Positionen des deutschen Strafrechts sind vielfach vermerkt, weil das Echo der eigenen Entwicklung jenseits der Grenzen für den deutschen Leser erheblichen Erkenntniswert besitzt.

Auch die historische Dimension des Strafrechts, die mir nicht weniger wichtig erscheint als die vergleichende, habe ich beibehalten und durch zusätzliche Hinweise zur Gesetzgebungs- und Dogmengeschichte verstärkt.

Die Literatur ist bis Ende 1987, die Rechtsprechung des Bundesgerichtshofs bis zum 34. Band der Amtlichen Sammlung berücksichtigt. Spätere Beiträge und Entscheidungen konnten nur ausnahmsweise aufgenommen werden. Vollständigkeit anzustreben, ist angesichts der außerordentlichen Zunahme der Publikationen unmöglich geworden.

Vielen Helfern bin ich zu allergrößtem Dank verpflichtet und habe die Freude der Zusammenarbeit als Lohn vieler Mühen empfunden. Herr Staatsanwalt *Christian*

Maier hat in allen Phasen der Entwicklung der 4. Auflage des Lehrbuchs wesentlich mitgewirkt, er hat insbesondere das Sachverzeichnis fortgeführt. Herr Professor Dr. *Josef Kürzinger,* Direktor der Bibliothek des Max-Planck-Instituts für ausländisches und internationales Strafrecht, hat mich bei den Statistiken und bei der Beschaffung ausländischen Materials unterstützt. Für die Bereitstellung der Literatur sorgten wiederum die Diplom-Bibliothekarinnen Frau *Ruth Biele* und Frau *Susanne Schreiber.* Das Abkürzungsverzeichnis hat Frau Diplom-Bibliothekarin *Ruth Müller,* das Allgemeine Literaturverzeichnis Frau Diplom-Bibliothekarin *Kirsten Mnich* fortgeführt. Das Manuskript hat Frau *Edeltraut Meßmer* betreut. Für die Korrektur gebührt besonderer Dank *meiner Frau,* ferner Frau *Irmela Jung* und Frau Meßmer. Frau Jung hat auch die Gesamtredaktion des Werkes besorgt.

Herrn Rechtsanwalt *Norbert Simon,* Geschäftsführer der Verlagsbuchhandlung Duncker & Humblot GmbH, und seinen Mitarbeitern, insbesondere Herrn *D. H. Kuchta,* danke ich herzlich für die ausgezeichnete verlegerische Betreuung des Buches, der Setzerei für die Herstellung des schönen und gut lesbaren Textes.

Freiburg i. Br., August 1988

Hans-Heinrich Jescheck

Vorwort zur 3. Auflage

Der Allgemeine Teil des deutschen Strafgesetzbuchs ist am 1. Januar 1975 in neuer Fassung in Kraft getreten. Im Bereich der Dogmatik enthalten die neuen Vorschriften eine Kodifikation der modernen Rechtsanschauungen, die sich seit einem Vierteljahrhundert in Rechtsprechung und Lehre durchgesetzt haben. Der Schwerpunkt der Reform des Allgemeinen Teils liegt jedoch nicht im Bereich der Dogmatik, sondern in dem tiefgreifend umgestalteten Sanktionensystem. Ein anderes Gesicht zeigt auch schon weitgehend der Besondere Teil des Strafgesetzbuchs. Eine neue Epoche in der Geschichte des deutschen Strafrechts hat damit begonnen, die an Bedeutung den großen Wendepunkten in seiner Vergangenheit nicht nachsteht. Aus diesem Grunde ist auch eine dritte Auflage des Lehrbuchs notwendig geworden. Sie soll in vollständig neuer Bearbeitung der Fachwelt des In- und Auslandes und unseren Studenten ein getreues Bild der Probleme des Allgemeinen Teils wie auch der Auslegung seiner neuen Bestimmungen geben und das deutsche Strafrecht zugleich in den internationalen Zusammenhang hineinstellen.

Um die äußere Übereinstimmung mit den Vorauflagen zu wahren, habe ich tiefere Eingriffe in den Aufbau des Werkes möglichst vermieden. An einigen Stellen waren jedoch Veränderungen erforderlich, die auch eine andere Ziffernfolge der Paragraphen am Anfang und im dritten Hauptteil notwendig gemacht haben. So habe ich einen neuen § 3 „Systematische Stellung, Gliederung und Gesamtreform des Strafrechts" eingeschoben und § 2 auf die „Grundbegriffe des Strafrechts" beschränkt. Den Exkurs im alten § 9 „Verbrechen und Strafe im Rechtssystem der DDR" habe ich nicht mehr aufgenommen, da die Abtrennung der Strafrechtsordnung im anderen Teile Deutschlands von der gemeinsamen Wurzel des deutschen Rechts restlos vollzogen ist und es mir deswegen sachgerecht erschien, das Strafrecht der DDR als Modell einer sozialistischen Rechtsordnung überall dort einzuarbeiten, wo in dem Lehrbuch von fremdem Recht die Rede ist. Auch für die bisher in § 10 behandelte „Entstehungsgeschichte des Reichsstrafgesetzbuchs und seine Geschichte bis zur Gegenwart" möchte ich den Leser auf die Vorauflage verweisen. Statt dessen gebe ich in einem neuen § 10 nunmehr einen „Überblick über die Geschichte des deutschen Strafrechts", um die dogmengeschichtlichen Einleitungen zu den verschiedenen Institutionen des Allgemeinen Teils in ihren größeren Zusammenhang zu stellen. Völlig neu gestaltet wurde infolge des großen Wandels der Kriminalpolitik ferner der dritte Hauptteil des Lehrbuchs über „Die Rechtsfolgen der Straftat". Hier habe ich mich insbesondere bemüht, die tatsächliche Bedeutung der verschiedenen Sanktionen für die Strafrechtspflege, die Art und Weise ihrer Vollstreckung und ihre prozessuale Behandlung in die Darstellung der Vorschriften des Strafgesetzbuchs einzubeziehen.

Entsprechend der allgemeinen Zielsetzung des Werkes habe ich den Anteil des ausländischen Rechts in der Neuauflage weiter ausgebaut und im dritten Hauptteil einen neuen § 70 über „Internationale Tendenzen in der modernen Kriminalpolitik" sowie neue Abschnitte über die Freiheitsstrafe und die Geldstrafe im Ausland und außerdem zahlreiche Einzelhinweise eingeschoben.

Vermehrt wurden ferner die Verweisungen im Text, die dem Leser zeigen sollen, an welcher Stelle des Lehrbuchs das gleiche Problem in anderem Zusammenhang auftaucht. Um die Verweisungen auf Paragraphen des Lehrbuchs von den Zitaten der Paragraphen des Strafgesetzbuchs deutlich zu unterscheiden, wird für Verweisungen im Text stets das Wörtchen „oben" bzw. „unten" verwendet.

Die bei den Studenten beliebten „Anleitungen zur Bearbeitung strafrechtlicher Fälle", die bisher als Anhang in dem Lehrbuch enthalten waren, habe ich in ein Bändchen „Fälle und Lösungen" aufgenommen, das in Kürze als Ergänzung zu dem Lehrbuch erscheinen wird. Es handelt sich dabei um das bisher als Beilage zur Vorlesung verteilte Unterrichtsmaterial, dessen Bereitstellung in vervielfältigter Form wegen der zu groß gewordenen Hörerzahl nicht mehr möglich ist.

Die Literatur habe ich bis Ende Juni 1977, die Rechtsprechung bis zum 27. Band Heft 3 der Entscheidungen des Bundesgerichtshofes in Strafsachen eingearbeitet.

Meinen gegenwärtigen und früheren Mitarbeitern im Max-Planck-Institut für ausländisches und internationales Strafrecht bin ich wiederum für vielfältige Hilfe zu größtem Dank verpflichtet. Fräulein Dr. *Maria Gabriele Franke* (†) und Herr Rechtsreferendar *Wolfgang Beckmann* haben die neu erschienene Literatur und Rechtsprechung verzeichnet. Für die Bereitstellung der Bücher sorgten die Diplom-Bibliothekarinnen Fräulein *Ruth Biele* und Fräulein *Susanne Schreiber*. Frau Rechtsreferendarin *Karin Cornils* hat das gesamte Manuskript durchgesehen. Herr Rechtsanwalt *Rudolf Cornils* hat wiederum das Sachregister angefertigt. Das Gesetzesregister wurde von Herrn Assessor *Reinhard Kuhn* und Herrn Rechtsreferendar *Ferdinand Gillmeister* fortgeführt, das Abkürzungs- und Allgemeine Literaturverzeichnis von Frau Diplom-Bibliothekarin *Kirsten Mnich*. Die Betreuung des Manuskripts und der Korrekturen lag wie bei der 2. Auflage in den bewährten Händen von Frau *Irmela Jung*.

Herr Professor Dr. *Johannes Broermann* und seinen Mitarbeitern gebührt erneut herzlicher Dank für die vorbildliche verlegerische Betreuung des Werkes, der Druckerei für die Herstellung eines Satzbildes, das dem Leser das Verständnis des Inhalts erleichtern wird.

Freiburg i. Br., November 1977

Hans-Heinrich Jescheck

Vorwort zur 2. Auflage

Das Lehrbuch hat überall eine gute Aufnahme gefunden und war früher als gedacht vergriffen. Eine Neuauflage ist deswegen notwendig geworden. Sie findet noch immer keine abgeschlossene Rechtsentwicklung vor, sondern muß das Strafrecht, ebenso wie die erste Auflage, in einem Übergangszustand darstellen, der allerdings der angestrebten Endstufe des Reformwerks schon erheblich nähergerückt ist.

Das Erste Gesetz zur Reform des Strafrechts vom 25. 6. 1969 ist in Kraft getreten und hat die kriminalpolitische Grundkonzeption des Allgemeinen Teils des Strafgesetzbuchs durch zahlreiche wichtige Neuerungen erheblich verändert. Das Zweite Gesetz zur Reform des Strafrechts vom 4. 7. 1969, das die Reform des Allgemeinen Teils zum Abschluß bringen soll, wird infolge der Verzögerung der parlamentarischen Arbeiten wahrscheinlich erst später wirksam werden können, als man geglaubt hat. Vorgesehen für das Inkrafttreten war ursprünglich der 1. 10. 1973 (Art. 7). Der Entwurf des Einführungsgesetzes zum Strafgesetzbuch wollte diesen Termin mit Rücksicht auf die Bedürfnisse der Länderjustizverwaltungen auf den 1. 1. 1974 verschieben (Art. 17 III). Wahrscheinlich wird der Geltungsbeginn des 2. Strafrechtsreformgesetzes aber noch länger auf sich warten lassen, denn die Beratung des Einführungsgesetzes im Sonderausschuß des Bundestages für die Strafrechtsreform hat noch nicht begonnen und wird viel Zeit in Anspruch nehmen, da der Entwurf auf zahlreichen Rechtsgebieten eine Fülle von Änderungen vorsieht und außerdem die kühne Absicht verfolgt, gewissermaßen nebenbei eine weitgehende Teilreform des Besonderen Teils durchzuführen. Wie sich das Schicksal des 2. Strafrechtsreformgesetzes aber auch immer entwickeln mag, die Vorschriften des zukünftigen Rechts sind sämtlich in die Neuauflage eingearbeitet, so daß das Lehrbuch auch nach dem dringend zu wünschenden Inkrafttreten dieses Gesetzes seine Aktualität behalten wird.

Auch die Reform des Besonderen Teils des Strafgesetzbuchs ist im Gange und äußert ihre mannigfachen Rückwirkungen auf den Allgemeinen Teil. Die vom Bundestag noch nicht abschließend beratenen Entwürfe des 4. Strafrechtsreformgesetzes (Familien- und Sittlichkeitsdelikte) und des 5. Strafrechtsreformgesetzes (Schwangerschaftsabbruch und freiwillige Sterilisation) sind in der Neuauflage berücksichtigt. Dem Reformteil des Entwurfs des Einführungsgesetzes (Art. 18) sind gelegentliche Hinweise auf die Absichten des Gesetzgebers entnommen. Verzögern wird sich wahrscheinlich auch die parlamentarische Behandlung des Strafvollzugsgesetzes, das sinnvollerweise nur zusammen mit dem 2. Strafrechtsreformgesetz in Kraft treten kann. Der Entwurf dieses Gesetzes in der vom Bundeskabinett beschlossenen Fassung ist in der Neuauflage ebenfalls berücksichtigt.

Aufbau und Darstellungsweise des Lehrbuchs sind unverändert geblieben. Im Text selbst habe ich jedoch zahlreiche Eingriffe vorgenommen, um den Ausdruck zu verbessern, den Gedankengang zu verdeutlichen, übersehene Probleme nachzutragen und ungenügend behandelte Fragen zu vertiefen. Insbesondere mußte der Dritte Hauptteil des Buches über die Rechtsfolgen der Straftat infolge des großen Wandels in der Kriminalpolitik fast vollständig umgeschrieben werden. Ferner bin ich überall in die Diskussion mit der in reichem Maße neu erschienenen oder neu aufgelegten Strafrechtsliteratur eingetreten und habe dankbar die Kritik aufgegriffen, die der ersten Auflage in einer der Sache sehr förderlichen Weise im In- und Ausland zuteil geworden ist. Die Einarbeitung der Rechtsprechung konnte bis zum 24. Bande der Entscheidungen des Bundesgerichtshofs fortgeführt werden. Das ständige Bemühen um die Wiedergabe des Sachverhalts der Entscheidungen soll auch den Benutzer der Neuauflage dazu anregen, nicht nur die Leitsätze der Rechtsprechung zu bedenken, sondern auch auf die typische Fallgestaltung zu achten. Endlich habe ich die rechtsvergleichenden Abschnitte des Buches auf Spanien und die Niederlande ausgedehnt.

Meinen Mitarbeitern im Max-Planck-Institut für ausländisches und internationales Strafrecht bin ich für ihre vielfältige Hilfe zu größtem Dank verpflichtet. Herr Dr. *Klaus Letzgus* hat fast das gesamte Manuskript mit mir durchgesprochen und wesentliche Verbesserungen und Ergänzungen angeregt. Herr Gerichtsreferendar *Rudolf Cornils* hat das Sachregister, Herr Gerichtsreferendar *Hans Gerhard Ganter* das Gesetzesregister für die 2. Auflage selbständig fortgeführt. Das Manuskript und die Korrektur wurden mit größter Sachkunde und Gewissenhaftigkeit von Frau *Irmela Jung* betreut, die dabei zuverlässig von Frau *Edeltraut Meßmer* unterstützt wurde. Für die laufende Bereitstellung der Literatur sorgten Frau *Kirsten Dreysse* und Frau *Dora Holderer*.

Ein besonders herzlicher Dank gebührt wieder Herrn Ministerialrat a. D. Dr. *Johannes Broermann* dafür, daß er in echt wissenschaftlichem Geist die Neuauflage trotz der fortdauernden Übergangszeit gewagt und mir außerdem die Einarbeitung neuer Literatur und Rechtsprechung bis zum Abschluß der Fahnenkorrektur ermöglicht hat. Ebenso bin ich den Mitarbeitern des Verlages Duncker & Humblot für die Sorgfalt, die sie auch der Neuauflage des Buches in jeder Weise angedeihen ließen, aufrichtig verbunden.

Freiburg i. Br., August 1972

Hans-Heinrich Jescheck

Vorwort zur 1. Auflage

Nach vielen Vorarbeiten habe ich mich entschlossen, ein Lehrbuch des Allgemeinen Teils des Strafrechts zu veröffentlichen. Die Grundidee zu diesem Werk stammt aus den Jahren 1954 bis 1959, in denen ich als Mitglied der Großen Strafrechtskommission die Entstehung des Entwurfs 1962 miterlebt habe. Ich hatte mir damals ein Lehrbuch vorgenommen, das die Brücke zwischen dem geltenden Strafrecht und dem Entwurf eines neuen Strafgesetzbuchs schlagen sollte. Inzwischen ist der E 1962 allerdings durch die Beratungen des Sonderausschusses des Bundestags für die Strafrechtsreform stark umgestaltet worden (E 1962/AF), aber die „Reform der Reform" ist doch in eine Richtung gegangen, der ich mich im wesentlichen anschließen kann.

Eingearbeitet sind die Ergebnisse der 2. Lesung des neuen Allgemeinen Teils im Sonderausschuß für die Strafrechtsreform vom Dezember 1968 und der Entwurf des 9. Strafrechtsänderungsgesetzes (E/9. StÄG), durch das die dringendsten Reformforderungen vorweg erfüllt werden sollen. Der E/9. StÄG hat inzwischen die Bezeichnung *Erstes Gesetz zur Reform des Strafrechts* erhalten. Dieses Gesetz soll am 1. 4. 1970 in Kraft treten. Die neuen Bestimmungen über die Einschränkung der kurzfristigen Freiheitsstrafe und über die obligatorische Strafaussetzung zur Bewährung bei Freiheitsstrafen unter 6 Monaten sollen sogar schon auf den 1. 9. 1969 vorgezogen werden. Die Gesamtreform des Allgemeinen Teils, die in diesem Buch unter dem Arbeitstitel E 1962/AF behandelt wird, hat die Bezeichnung *Zweites Gesetz zur Reform des Strafrechts* erhalten. Das zweite Reformgesetz soll am 1. 10. 1973 in Kraft treten. Der Besondere Teil wird nach und nach durch Novellengesetze reformiert werden.

Das Lehrbuch folgt der herkömmlichen Methode theoretischer Erörterung der Dogmatik des Allgemeinen Teils. Es versucht jedoch, die rein juristischen Darlegungen durch eine Fülle praktischer Beispiele zu veranschaulichen. Die Beispiele sind fast ausschließlich der Rechtsprechung entnommen und so ausgewählt, daß der Leser sich das geltende Recht auch anhand der im anglo-amerikanischen Lehrsystem erprobten „case method" erarbeiten kann. Die historische Dimension des Strafrechts ist durch zahlreiche dogmengeschichtliche Einleitungen und Überblicke sichtbar gemacht. Dagegen wurde auf einen eigentlichen Abriß der Geschichte des deutschen Strafrechts verzichtet, da eine Darstellung der Vergangenheit, wenn sie in der gebotenen Kürze gegeben würde, das Bild der Jahrhunderte zu stark vereinfachen müßte. Auch das Jugendstrafrecht wurde nicht aufgenommen, da es ein selbständiges Rechtsgebiet geworden ist. Das Lehrbuch ist endlich bemüht, das Strafrecht als Teil eines internationalen Kulturzusammenhangs zu verstehen. Ausländische Literatur wird deswegen allenthalben verwendet, und vielfach wird der jeweiligen Regelung eines Problems im deutschen Recht eine kurze Darstellung einiger repräsentativer Auslandsrechte gegenübergestellt, um den deutschen Leser zur Rechtsvergleichung anzuregen, den ausländischen in das deutsche Recht besser einzuführen. Ein Exkurs über das Strafrecht der DDR (§ 9) soll die Situation des geteilten Landes vergegenwärtigen und das Verständnis für die Entwicklung im anderen Teil Deutschlands erhalten helfen.

Auf die kriminalpolitischen Abschnitte des Buches ist besonderer Wert gelegt. Daß sie dort, wo das geltende Recht behandelt wird, kurz gefaßt sind, erklärt sich aus der gegenwärtigen Übergangslage. Ein voller Ausbau dieser Teile wird erst möglich sein, wenn der neue Allgemeine Teil des Strafgesetzbuchs in Kraft sein wird und beurteilt werden kann, wie sich das durch die beiden Reformgesetze grundlegend veränderte System der kriminalrechtlichen Behandlung bewährt hat.

Literatur und Rechtsprechung konnten bis Ende Dezember 1968 berücksichtigt werden. Meine am Schluß des Textes eingefügten Anleitungen zur Lösung von Strafrechtsfällen sind bei den Studenten seit Jahren beliebt und wurden deshalb in das Lehrbuch aufgenommen.

Für die selbständige Aufstellung des Sachverzeichnisses habe ich Herrn Assessor *Klaus Letzgus,* für die des Gesetzesregisters Herrn Referendar *Bernd Kießling* zu danken. Fräulein *Liese-Lotte Köcher* besorgte in vorbildlicher Weise die Reinschrift des Manuskripts. Frau *Güda Möller* hat mir bei den Korrekturarbeiten große Hilfe geleistet. Die laufende Bereitstellung der Literatur verdanke ich Fräulein *Gertrud Henkel* und Frau *Dora Holderer.*

Herrn Ministerialrat a. D. Dr. *Johannes Broermann* danke ich aufrichtig dafür, daß er dieses Buch trotz der Risiken der gegenwärtigen Übergangszeit auf dem Gebiet des Strafrechts in seinen Verlag aufgenommen und daß er für die äußere Gestaltung des Textes eine Form gefunden hat, die dem Leser das Verständnis des Stoffs wesentlich erleichtert.

Freiburg i. Br., März 1969

Hans-Heinrich Jescheck

Inhaltsverzeichnis

Abkürzungsverzeichnis   XXXIII

Einleitung: Allgemeine Grundlagen   1

§ 1 Die Aufgabe des Strafrechts 1
      I. Der Schutz der Gesellschaft 1
      II. Repressive und präventive Funktion des Strafrechts 3
      III. Rechtsgüterschutz und Schutz der sozialethischen Handlungswerte . 6

§ 2 Grundbegriffe des Strafrechts 7
      I. Strafrecht und Strafgewalt 8
      II. Verbrechen, Strafe und Maßregel 10
      III. Nicht-kriminelle Strafen 12

§ 3 Systematische Stellung, Gliederung und Gesamtreform des Strafrechts .. 12
      I. Das Strafrecht als öffentliches Recht 13
      II. Die drei Hauptgebiete des Strafrechts 14
      III. Der Allgemeine und der Besondere Teil des StGB 15
      IV. Die Gesamtreform des deutschen Strafrechts 16

§ 4 Grundsätze der Kriminalpolitik 17
      I. Der Schuldgrundsatz 18
      II. Der Grundsatz der Rechtsstaatlichkeit 21
      III. Der Grundsatz der Humanität 22

§ 5 Kriminalität und Strafrechtsanwendung im Spiegel der Statistik 23
      I. Allgemeines zur Kriminalstatistik 24
      II. Die Entwicklung der gerichtlich festgestellten Gesamtkriminalität (Verbrechen und Vergehen) im Deutschen Reich und in der Bundesrepublik von 1882 bis 1985 25

III. Die Entwicklung der gerichtlich festgestellten Jugendkriminalität im Deutschen Reich und in der Bundesrepublik von 1882 bis 1985 sowie der Kriminalität der Heranwachsenden von 1954 bis 1985 27
IV. Bekanntgewordene und aufgeklärte Straftaten 29
V. Verwendung der Strafen und Maßregeln 29
VI. Strafgefangene und Verwahrte 1969 - 1986 jeweils am 31. 3. nach der Art und Dauer der Freiheitsentziehung und dem Lebensalter 33

§ 6 Die Kriminalwissenschaften 34
I. Die Strafrechtswissenschaft (materielles Strafrecht) und ihre Nachbardisziplinen 36
II. Die Kriminologie und ihre Nachbardisziplinen 40

Erster Hauptteil: Das Strafgesetz 43

1. Kapitel: Die Bestandteile des Strafgesetzes 43

§ 7 Das Verbrechen 43
I. Das Verbrechen als strafwürdiges Unrecht 43
II. Der fragmentarische und akzessorische Charakter des Strafrechts ... 46
III. Tatstrafrecht und Täterstrafrecht 47
IV. Die Einteilung der strafbaren Handlungen 49
V. Straftaten und Ordnungswidrigkeiten 50

§ 8 Die Strafe 54
I. Ursprung, Rechtfertigung und Wesen der Strafe 56
II. Die Möglichkeiten der Sinngebung für die Strafe 58
III. Die absoluten Straftheorien 62
IV. Die relativen Straftheorien 63
V. Die Vereinigungstheorien 67
VI. Die bedingte Verurteilung 71

§ 9 Die Maßregel 73
I. Die Zweispurigkeit des Strafrechts 74
II. Rechtfertigung und Krisis der Zweispurigkeit 77
III. Voraussetzungen und Dauer der Maßregeln 79

2. Kapitel: Die Quellen des Strafrechts — 81

§ 10 Überblick über die Geschichte des deutschen Strafrechts bis zum Reichsstrafgesetzbuch von 1871 81
    I. Die germanische Zeit 82
    II. Die fränkische Zeit 82
    III. Das Mittelalter 83
    IV. Die Rezeption des römisch-italienischen Rechts 83
    V. Das gemeine Recht 84
    VI. Die Aufklärung 85
    VII. Die Epoche der Partikularstrafrechte 86
    VIII. Die Entstehung des Reichsstrafgesetzbuchs von 1871 87

§ 11 Die Reform des materiellen deutschen Strafrechts 87
    I. Die Reform bis zum ersten Weltkrieg 89
    II. Das kriminalpolitische Reformwerk der Weimarer Republik 89
    III. Die Strafrechtsreform unter dem Nationalsozialismus und die Reaktion der Besatzungsmächte 89
    IV. Das Reformwerk der Bundesrepublik 90

§ 12 Bundesrechtliche Strafrechtsquellen außerhalb des StGB 96
    I. Kodifiziertes und nicht-kodifiziertes Strafrecht 96
    II. Die strafrechtlichen Hauptgesetze 98
    III. Die strafrechtlichen Nebengesetze 99
    IV. Das Gewohnheitsrecht 99

§ 13 Die Rangordnung der Strafrechtsquellen 101
    I. Das Verhältnis von Bundes- und Landesstrafrecht 101
    II. Das Verhältnis von Gesetzes- und Verordnungsstrafrecht 103

§ 14 Das Völkerstrafrecht 104
    I. Das Verhältnis von staatlichem Strafrecht und Völkerstrafrecht 106
    II. Die Entwicklung des Völkerstrafrechts 107
    III. Die juristischen Voraussetzungen des Völkerstrafrechts 110
    IV. Die Tatbestände des Völkerstrafrechts 111

3. Kapitel: Strafgesetz und Rechtsstaat — 112

§ 15 Die Garantiefunktion des Strafgesetzes 113
    I. Die Bedeutung der legislativen Technik für die Garantiefunktion des Strafgesetzes 114

II.	Die geschichtliche Entwicklung des Gesetzlichkeitsprinzips	117
III.	Die Garantiefunktion des Strafgesetzes im geltenden Recht	119
IV.	Das Rückwirkungsverbot insbesondere	123

§ 16 Der Grundsatz „in dubio pro reo" und die Wahlfeststellung 127

    I. Wesen und Rechtsnatur des Grundsatzes „in dubio pro reo" und sein Verhältnis zur Wahlfeststellung 127
    II. Der Grundsatz „in dubio pro reo" nach geltendem Recht 129
    III. Entwicklung, heutiger Umfang und Beurteilung der Wahlfeststellung 130

§ 17 Die Auslegung der Strafgesetze 133

    I. Die Argumente der juristischen Logik 135
    II. Auslegung und Subsumtion 135
    III. Notwendigkeit und Freiheit der Auslegung 137
    IV. Die Arten der Auslegung 137

4. Kapitel: Der Geltungsbereich des deutschen Strafrechts   143

§ 18 Der internationale Geltungsbereich 143

    I. Begriff, Grenzen und Grundgedanken des internationalen Strafrechts 145
    II. Die Prinzipien des internationalen Strafrechts 149
    III. Das internationale Strafrecht des StGB 154
    IV. Der Begehungsort 159
    V. Der Vorsatz im internationalen Strafrecht 162
    VI. Außerstrafrechtliche Begriffe des internationalen Strafrechts 162

§ 19 Der persönliche Geltungsbereich 164

    I. Der Begriff des persönlichen Geltungsbereichs des deutschen Strafrechts 165
    II. Indemnität und Immunität nach Verfassungsrecht 165
    III. Die völkerrechtlichen Privilegien 166
    IV. Die Vorrechte von Staatsvertretern der DDR 167

§ 20 Der innerdeutsche Geltungsbereich 168

    I. Begriff, Geltung und Anknüpfungspunkte des interlokalen Strafrechts 168
    II. Die Entwicklung des interlokalen Strafrechts und seine Anwendung innerhalb der Bundesrepublik 170
    III. Die Anwendung des Strafrechts der Bundesrepublik im Verhältnis zur DDR 170

Zweiter Hauptteil: Die Straftat — 174

1. Kapitel: Allgemeine Grundlagen des Verbrechensbegriffs — 174

§ 21 Sinn, Methodik und Aufbau der allgemeinen Verbrechenslehre 174
    I. Der Sinn der allgemeinen Verbrechenslehre 174
    II. Die Methodik der allgemeinen Verbrechenslehre 176
    III. Die Bildung des Verbrechensbegriffs 178

§ 22 Die Entwicklungsstufen der neueren Verbrechenslehre 179
    I. Die Vorstufen der neueren Verbrechenslehre 179
    II. Der klassische Verbrechensbegriff 181
    III. Der neoklassische Verbrechensbegriff 183
    IV. Die Strafrechtslehre der Kieler Schule 187
    V. Der Verbrechensbegriff des Finalismus 188
    VI. Die neueste Entwicklung 192

§ 23 Der strafrechtliche Handlungsbegriff und die damit zusammenhängenden Fragen 195
    I. Notwendigkeit, Aufgabe und Erfordernisse des Handlungsbegriffs . 196
    II. Aufbau und Kritik des kausalen Handlungsbegriffs 197
    III. Aufbau und Kritik des finalen Handlungsbegriffs 198
    IV. Der soziale Handlungsbegriff 199
    V. Sanktionen gegen juristische Personen und Personenvereinigungen . . 203
    VI. Das Handeln für einen anderen (Organ- und Vertreterhaftung) 206

2. Kapitel: Das vorsätzliche Begehungsverbrechen — 208

1. Abschnitt: Die Rechtswidrigkeit — 208

Unterabschnitt a): Die Rechtswidrigkeit und ihr Verhältnis zum Tatbestand 209

§ 24 Begriff und Wesen der Rechtswidrigkeit 209
    I. Formelle und materielle Rechtswidrigkeit 209
    II. Die Rechtsnorm als Bewertungs- bzw. als Bestimmungsnorm 211
    III. Erfolgsunwert und Handlungsunwert im Unrecht 214

§ 25 Rechtswidrigkeit und Tatbestand 220
    I. Der Tatbestand als Unrechtstypus 220
    II. Die Lehre von den „offenen" Tatbeständen 222
    III. Die Lehre von den negativen Tatbestandsmerkmalen 224
    IV. Tatbestand und soziale Adäquanz 226

§ 26 Der Aufbau der strafrechtlichen Tatbestände 229
    I. Rechtsgut und Handlungsobjekt 231
    II. Die Typen der Tatbestände 234
    III. Die Bildung von Tatbestandsgruppen 241
    IV. Deskriptive und normative Tatbestandsmerkmale 242
    V. Besonders schwere Fälle, minder schwere Fälle, Regelbeispiele 243

Unterabschnitt b): Die Merkmale des Unrechtstatbestandes   245

§ 27 Die objektiven Tatbestandsmerkmale 245
    I. Das Wesen des „Objektiven" im Tatbestand 245
    II. Die objektiven Tatbestandsmerkmale im einzelnen 246

§ 28 Kausalität und objektive Zurechnung 247
    I. Kausalität und objektive Zurechnung als Grundlagen der strafrechtlichen Verantwortlichkeit 249
    II. Die Feststellung der Kausalität 250
    III. Beschränkungen der objektiven Zurechnung nach der überlieferten Lehre 255
    IV. Die neuere Lehre von der objektiven Zurechnung 257
    V. Die individualisierenden Kausalitätstheorien 260

§ 29 Vorsatz und Tatbestandsirrtum 260
    I. Das Erfordernis vorsätzlicher Tatbegehung 261
    II. Herkunft, Wesen und Gegenstand des Vorsatzes 262
    III. Die Arten des Vorsatzes 266
    IV. Finalität und Vorsatz 273
    V. Der Tatbestandsirrtum 274

§ 30 Die subjektiven Tatbestandsmerkmale 283
    I. Wesen, Entdeckung und Abgrenzung der subjektiven Tatbestandsmerkmale 284

II.	Die subjektiven Tatbestandsmerkmale im geltenden Recht	286
III.	Die Behandlung der subjektiven Tatbestandsmerkmale	287

Unterabschnitt c): Der Ausschluß der Rechtswidrigkeit 288

§ 31 Die allgemeinen Grundlagen der Rechtfertigung tatbestandsmäßiger Handlungen ... 288
I. Das Verhältnis von Verbotsnorm und Erlaubnissatz ... 289
II. Die Systematik der Rechtfertigungsgründe ... 291
III. Herkunft und Typisierung der Rechtfertigungsgründe ... 293
IV. Die subjektiven Rechtfertigungselemente ... 294
V. Die irrtümliche Annahme von Rechtfertigungsgründen ... 297
VI. Die Wirkung der Rechtfertigungsgründe ... 298
VII. Strafmilderung bei nur teilweise gegebener Rechtfertigung ... 299

§ 32 Die Notwehr ... 300
I. Das Wesen der Notwehr ... 301
II. Der Aufbau des Notwehrbegriffs ... 303
III. Einschränkungen des Notwehrrechts ... 309
IV. Die Nothilfe ... 312
V. Notwehr und Menschenrechtskonvention ... 313
VI. Notwehrexzeß und Putativnotwehr ... 314
VII. Ausländisches Recht ... 314

§ 33 Der rechtfertigende Notstand ... 315
I. Die Unterscheidung der Notstandsarten ... 316
II. Die Sachwehr (Verteidigungsnotstand) ... 318
III. Der zivilrechtliche Notstand (Angriffsnotstand) ... 320
IV. Der rechtfertigende Notstand ... 322
V. Die rechtfertigende Pflichtenkollision ... 327
VI. Die behördliche Erlaubnis als Rechtfertigungsgrund ... 330
VII. Ausländisches Recht ... 332

§ 34 Einwilligung und mutmaßliche Einwilligung des Verletzten ... 333
I. Die Zustimmung des Betroffenen und ihre Behandlung im Strafrecht ... 334
II. Die Einwilligung als Rechtfertigungsgrund ... 338
III. Der Wirkungsbereich der rechtfertigenden Einwilligung ... 339

IV. Die Erfordernisse der Einwilligungserklärung 342
V. Die Kenntnis des Täters von der Einwilligung 345
VI. Ausländisches Recht 345
VII. Die mutmaßliche Einwilligung 346

§ 35 Das Handeln aufgrund von Amtsrechten und verwandte Fälle 350
I. Die Anwendung staatlichen Zwangs als Rechtfertigungsgrund 351
II. Dienstliche Anordnung und militärischer Befehl als Rechtfertigungsgründe 353
III. Das Züchtigungsrecht des Lehrers 356
IV. Das Handeln „pro magistratu" 357

§ 36 Das erlaubte Risiko 360
I. Das erlaubte Risiko als Strukturprinzip 360
II. Rechtfertigungsgründe mit der Struktur des erlaubten Risikos 361

2. Abschnitt: Die Schuld 363

Unterabschnitt a): Die Grundlagen der Schuldlehre 364

§ 37 Die anthropologischen Grundlagen des Schuldbegriffs 364
I. Schuldgrundsatz und Willensfreiheit 366
II. Das Gewissen als Quelle des Rechts- und Unrechtsbewußtseins . . . 371
III. Das Modell vom Schichtenaufbau der Persönlichkeit 373

§ 38 Die dogmatischen Grundlagen des Schuldbegriffs 375
I. Rechtsschuld und sittliche Schuld 376
II. Die Entwicklungsstufen der Schuldlehre 377
III. Formeller und materieller Schuldbegriff 380
IV. Einzeltatschuld und Lebensführungsschuld 380

§ 39 Abgrenzung, Inhalt und Aufbau des Schuldbegriffs 382
I. Rechtswidrigkeit und Schuld 382
II. Der Gegenstand des Schuldurteils 384
III. Der Maßstab des Schuldurteils 385
IV. Die Merkmale des Schuldbegriffs (Strafbegründungsschuld) 386

Unterabschnitt b): Die Merkmale der Schuld   388

§ 40 Die Schuldfähigkeit (Zurechnungsfähigkeit) 388
    I. Der Begriff der Schuldfähigkeit 390
    II. Die Stufen der Schuldfähigkeit 391
    III. Schuldunfähigkeit wegen seelischer Störungen 393
    IV. Verminderte Schuldfähigkeit 399
    V. Ausländisches Recht 400
    VI. Das actio libera in causa 401
    VII. Die Behandlung der Trunkenheit im Strafrecht 404

§ 41 Bewußtsein der Rechtswidrigkeit und Verbotsirrtum 405
    I. Das Bewußtsein der Rechtswidrigkeit als Schuldmerkmal 406
    II. Der Irrtum über die Verbotsnorm (direkter Verbotsirrtum) 410
    III. Der Irrtum über Rechtfertigungsgründe (indirekter Verbotsirrtum) . 415
    IV. Ausländisches Recht 421

§ 42 Der Schuldtatbestand und seine Merkmale 422
    I. Wesen und Funktion des Schuldtatbestandes 422
    II. Die Merkmale des Schuldtatbestandes 424
    III. Irrtums- und Teilnahmeprobleme 426

Unterabschnitt c): Die Entschuldigungsgründe   428

§ 43 Die Grundlagen der Entschuldigung tatbestandsmäßig-rechtswidriger Handlungen 428
    I. Ausschluß der Rechtswidrigkeit und Entschuldigung 428
    II. Schuldausschluß und Entschuldigung 429
    III. Die Grundgedanken der Entschuldigungsgründe 430

§ 44 Der entschuldigende Notstand 431
    I. Die Notstandslage 433
    II. Die Notstandshandlung 435
    III. Die Einschränkung des Notstands durch die Zumutbarkeitsklausel . . 436
    IV. Strafmilderung bei Zumutbarkeit der Notstandslage 439
    V. Der Irrtum über den Notstand 440
    VI. Ausländisches Recht 441

§ 45 Die Notwehrüberschreitung 442
   I. Notwehr und Notwehrüberschreitung 442
   II. Überschreitung der Notwehr aus Verwirrung, Furcht oder Schrecken 442

§ 46 Das Handeln auf dienstliche Weisung 445
   I. Das Handeln auf dienstliche Weisung als Rechtfertigungs- bzw. als Entschuldigungsgrund 446
   II. Die Grenzen der entschuldigenden Wirkung einer unverbindlichen Weisung 447
   III. Ausländisches Recht 450

§ 47 Pflichtenkollision und Unzumutbarkeit als übergesetzliche Entschuldigungsgründe 451
   I. Die Pflichtenkollision als übergesetzlicher Entschuldigungsgrund .. 452
   II. Die Unzumutbarkeit als übergesetzlicher Entschuldigungsgrund ... 454

§ 48 Der Irrtum über Entschuldigungsgründe 456
   I. Die Rechtsnatur des Irrtums über Entschuldigungsgründe 456
   II. Die Behandlung des Irrtums über die Voraussetzungen eines Entschuldigungsgrundes 457

3. Abschnitt: Die Stufen der vorsätzlichen Straftat 458

§ 49 Begriff, Tatbestand und Bestrafung des Versuchs 458
   I. Überblick über die Dogmengeschichte des Versuchs 460
   II. Der Strafgrund des Versuchs 461
   III. Der Tatbestand des Versuchs 463
   IV. Die Abgrenzung von Versuch und Vorbereitung 466
   V. Die Bestrafung des Versuchs 470
   VI. Die Bestrafung von Vorbereitungshandlungen 471
   VII. Sonderfälle des Versuchs 472
   VIII. Das Unternehmensdelikt 474
   IX. Ausländisches Recht 475

§ 50 Der untaugliche Versuch und das Wahndelikt 476
   I. Die Strafbarkeit des untauglichen Versuchs 477
   II. Die Straflosigkeit des Wahndelikts 480
   III. Der Irrtum über die Tauglichkeit des Subjekts 482

§ 51	Der Rücktritt vom Versuch	483
	I. Der Rechtsgrund der Straflosigkeit bei freiwilligem Rücktritt vom Versuch	485
	II. Die Unterscheidung von unbeendigtem und beendigtem Versuch	487
	III. Der Rücktritt vom unbeendigten Versuch (§ 24 I 1 erste Alternative)	490
	IV. Der Rücktritt vom beendigten Versuch (§ 24 I 1 zweite Alternative)	491
	V. Der Rücktritt vom vollendeten Delikt, von selbständigen Vorbereitungshandlungen und vom Unternehmensdelikt	493
	VI. Die Wirkung des Rücktritts	494

4. Abschnitt: Voraussetzungen der Strafbarkeit außerhalb von Unrecht und Schuld — 497

§ 52	Die persönlichen Strafausschließungs- und Strafaufhebungsgründe	497
	I. Das Wesen der persönlichen Ausnahmen von der Strafbarkeit	497
	II. Die Arten der persönlichen Ausnahmen von der Strafbarkeit	498
	III. Die Behandlung der persönlichen Ausnahmen von der Strafbarkeit	499
§ 53	Die objektiven Bedingungen der Strafbarkeit	500
	I. Begriff und Funktion der objektiven Bedingungen der Strafbarkeit	500
	II. Die einzelnen objektiven Bedingungen der Strafbarkeit	504
	III. Die Behandlung der objektiven Bedingungen der Strafbarkeit	505

3. Kapitel: Die besonderen Erscheinungsformen der strafbaren Handlung — 505

1. Abschnitt: Das fahrlässige Begehungsverbrechen — 506

§ 54	Begriff und Arten der Fahrlässigkeit	506
	I. Der Begriff der Fahrlässigkeit	508
	II. Arten und Grade der Fahrlässigkeit	512
	III. Die Behandlung der Vorsatz-Fahrlässigkeitskombinationen	514
	IV. Versuch und Teilnahme bei Fahrlässigkeitstaten	517
	V. Ausländisches Recht	519
§ 55	Der Unrechtstatbestand der fahrlässigen Straftat	520
	I. Die Verletzung der objektiven Sorgfaltspflicht (das Handlungsunrecht)	521

II. Eintritt, Verursachung und Voraussehbarkeit des Erfolgs (das Erfolgsunrecht) 526

§ 56 Die Rechtfertigungsgründe bei der fahrlässigen Straftat 530
  I. Die Anwendbarkeit der Rechtfertigungsgründe bei fahrlässigen Straftaten 531
  II. Notwehr, rechtfertigender Notstand und Einwilligung des Verletzten bei Fahrlässigkeitstaten 532
  III. Sonderprobleme beim erlaubten Risiko und verkehrsrichtigen Verhalten 534

§ 57 Die Schuld bei der fahrlässigen Straftat 535
  I. Schuldfähigkeit und Unrechtsbewußtsein 535
  II. Die Erkennbarkeit und Erfüllbarkeit der objektiven Sorgfaltspflicht 536
  III. Die subjektive Voraussehbarkeit des Erfolgs und des Kausalverlaufs 538
  IV. Die Unzumutbarkeit normgemäßen Verhaltens 539

2. Abschnitt: Das Unterlassungsverbrechen 540

§ 58 Begriff, Arten und Grundproblematik des Unterlassungsverbrechens ... 541
  I. Grundzüge der Dogmengeschichte der Unterlassungsdelikte 542
  II. Die Unterscheidung von positivem Tun und Unterlassen 543
  III. Die Unterscheidung von echten und unechten Unterlassungsdelikten . 547
  IV. Die Garantiefunktion des Strafgesetzes bei den gesetzlich nicht geregelten unechten Unterlassungsdelikten 549
  V. Fakultative Strafmilderung bei unechten Unterlassungsdelikten 552
  VI. Ausländisches Recht 553

§ 59 Der Tatbestand des Unterlassungsverbrechens 554
  I. Das Vorliegen der tatbestandsmäßigen Situation 556
  II. Das Ausbleiben der erwarteten Handlung und die individuelle Handlungsfähigkeit 557
  III. Erfolg und Kausalität bei den unechten Unterlassungsdelikten 558
  IV. Die Garantenstellung beim unechten Unterlassungsdelikt (erstes Gleichstellungskriterium) 561
  V. Die Entsprechung in den Handlungsmerkmalen (zweites Gleichstellungskriterium) 568
  VI. Der Vorsatz bei den Unterlassungsdelikten 569
  VII. Die Fahrlässigkeit bei den Unterlassungsdelikten 572
  VIII. Die Zumutbarkeit bei den Unterlassungsdelikten 573

§ 60 Unrechtsbewußtsein und Gebotsirrtum, Versuch und Teilnahme bei den
       Unterlassungsdelikten 575
    I. Unrechtsbewußtsein und Gebotsirrtum 575
   II. Der Versuch der Unterlassung 576
  III. Unterlassung und Teilnahme 579

4. Kapitel: Täterschaft und Teilnahme   580

§ 61 Die Grundlagen der Lehre von Täterschaft und Teilnahme 580
    I. Die systematische Stellung der Lehre von Täterschaft und Teilnahme 582
   II. Der Einheitstäterbegriff und die Unterscheidung verschiedener Beteiligungsformen 583
  III. Restriktiver Täterbegriff und objektive Teilnahmetheorie 586
   IV. Extensiver Täterbegriff und subjektive Teilnahmetheorie 588
    V. Die Lehre von der Tatherrschaft 590
   VI. Die Beteiligung an der fahrlässigen Straftat 592
  VII. Die Abhängigkeit der Teilnahme von der Haupttat (Akzessorietät) .. 593
 VIII. Ausländisches Recht 598

§ 62 Die mittelbare Täterschaft 600
    I. Wesen und Abgrenzung der mittelbaren Täterschaft 600
   II. Die Fallgruppen der mittelbaren Täterschaft 602
  III. Die Behandlung der Irrtumsfälle 607
   IV. Versuch und Unterlassung bei der mittelbaren Täterschaft 609

§ 63 Die Mittäterschaft 610
    I. Begriff und Abgrenzung der Mittäterschaft 610
   II. Der gemeinsame Tatentschluß 614
  III. Die gemeinschaftliche Tatausführung 616
   IV. Versuch und Unterlassung bei der Mittäterschaft 617
    V. Die Bestrafung der Mittäterschaft 618

§ 64 Anstiftung und Beihilfe 618
    I. Der Strafgrund der Teilnahme 620
   II. Die Akzessorietät von Anstiftung und Beihilfe 621
  III. Die Anstiftung 621
   IV. Die Beihilfe 626

V. Das Zusammentreffen mehrerer Beteiligungsformen 631
VI. Die notwendige Teilnahme 631

§ 65 Versuchte Anstiftung zum Verbrechen und andere Vorstufen der Beteiligung 633
    I. Allgemeine Grundlagen 634
    II. Die versuchte Anstiftung (§ 30 I) 637
    III. Verabredung, Annahme des Anerbietens, Erklärung der Bereitschaft in bezug auf Verbrechen (§ 30 II) 638
    IV. Der Rücktritt vom Versuch der Beteiligung (§ 31) 639
    V. Die Subsidiarität des § 30 640

5. Kapitel: Einheit und Mehrheit von Straftaten   640

§ 66 Handlungseinheit und Handlungsmehrheit 641
    I. Herkunft und Kriterien der Begriffe Handlungseinheit und Handlungsmehrheit 642
    II. Die tatbestandliche Handlungseinheit im engeren Sinne 644
    III. Die tatbestandliche Handlungseinheit im weiteren Sinne 645
    IV. Handlungseinheit und Handlungsmehrheit bei Fahrlässigkeits- und Unterlassungsdelikten 646
    V. Die fortgesetzte Handlung 647
    VI. Die Sammelstraftat 651

§ 67 Die Idealkonkurrenz 651
    I. Das Wesen der Idealkonkurrenz 652
    II. Die Erscheinungsformen der Idealkonkurrenz 653
    III. Sonderfälle der Idealkonkurrenz 655
    IV. Die Behandlung der Idealkonkurrenz 657
    V. Ausländisches Recht 658

§ 68 Die Realkonkurrenz 659
    I. Das Wesen der Realkonkurrenz 659
    II. Die Behandlung der Realkonkurrenz 660
    III. Die Bildung der Gesamtstrafe 662

§ 69 Die Gesetzeseinheit 664
    I. Das Wesen der Gesetzeseinheit 665

II. Die Fallgruppen der Gesetzeseinheit 666
III. Die Behandlung der Gesetzeseinheit 670

Dritter Hauptteil: Die Rechtsfolgen der Straftat 672

§ 70 Krise des Sanktionensystems und deutsche Strafrechtsreform 672
    I. Die Krise des strafrechtlichen Sanktionensystems 674
    II. Das Sanktionensystem der deutschen Strafrechtsreform 678
    III. Das deutsche Sanktionensystem im internationalen Vergleich 681

§ 71 Exkurs: Die Todesstrafe 682
    I. Die Abschaffung der Todesstrafe in Deutschland 683
    II. Die Todesstrafe im Völkerrecht, in Kongreßbeschlüssen und im Ausland 685

1. Kapitel: Strafen und Nebenfolgen 687

§ 72 Die Freiheitsstrafe 688
    I. Die lebenslange Freiheitsstrafe 690
    II. Die zeitige Freiheitsstrafe 692
    III. Die kurzfristige Freiheitsstrafe 693
    IV. Der Vollzug der Freiheitsstrafe 694
    V. Ausländisches Recht 695

§ 73 Die Geldstrafe 697
    I. Stellung und Entwicklung der Geldstrafe im Sanktionensystem 698
    II. Wesen, Vor- und Nachteile und Anwendungsbereich der Geldstrafe 699
    III. Die Bemessung der Geldstrafe nach dem Tagessatzsystem 701
    IV. Die Vollstreckung der Geldstrafe 706
    V. Abwendung der Ersatzfreiheitsstrafe durch freie Arbeit 707
    VI. Die Geldstrafe im ausländischen Recht 708

§ 74 Das Fahrverbot 710
    I. Rechtsnatur und Regelung des Fahrverbots 710
    II. Die Anwendung von Fahrverbot und Entziehung der Fahrerlaubnis in der Praxis 712

§ 75 Die Nebenfolgen 712
    I. Der Verlust der Amtsfähigkeit, der Wählbarkeit und des Stimmrechts (§§ 45 ff.) 713
    II. Die Bekanntgabe der Verurteilung (§§ 103 II, 165, 200) 714

§ 76 Verfall und Einziehung 715
    I. Der Verfall (§§ 73 - 73 d) 715
    II. Die Einziehung (§§ 74 - 75) 718
    III. Verfahren und Vollstreckung bei Verfall und Einziehung 724

2. Kapitel: Maßregeln der Besserung und Sicherung   724

§ 77 Maßregeln mit Freiheitsentziehung 725
    I. Allgemeines 727
    II. Die Unterbringung in einem psychiatrischen Krankenhaus (§ 63) ... 728
    III. Die Unterbringung in einer Entziehungsanstalt (§ 64) 731
    IV. Die Unterbringung in einer sozialtherapeutischen Anstalt 732
    V. Die Unterbringung in der Sicherungsverwahrung (§ 66) 733
    VI. Einspurigkeit im Vollzug der mit Freiheitsentziehung verbundenen Maßregeln 737
    VII. Die Dauer der Unterbringung 739

§ 78 Maßregeln ohne Freiheitsentziehung 740
    I. Die Führungsaufsicht (§§ 68 ff.) 741
    II. Die Entziehung der Fahrerlaubnis (§§ 69 ff.) 743
    III. Das Berufsverbot (§§ 70 ff.) 748

3. Kapitel: Strafaussetzung, Verwarnung mit Strafvorbehalt, Straffreiheit   750

§ 79 Strafaussetzung und Aussetzung des Strafrestes zur Bewährung 750
    I. Die Strafaussetzung zur Bewährung (§§ 56 ff.) 751
    II. Die Aussetzung des Strafrestes zur Bewährung (§ 57) 762

§ 80 Die Verwarnung mit Strafvorbehalt 763
    I. Die Vorgeschichte der Einführung der Verwarnung mit Strafvorbehalt 764
    II. Wesen und Rechtsnatur der Verwarnung 765

Inhaltsverzeichnis   XXXI

    III. Die Voraussetzungen der Verwarnung 766
    IV. Die Entscheidung und ihre Durchführung 767
    V. Verurteilung zu der vorbehaltenen Strafe und Erledigung der Verwarnung 768

§ 81 Absehen von Strafe und Straffreierklärung 768
    I. Das Absehen von Strafe in Bagatellfällen 769
    II. Das Absehen von Strafe nach § 60 771
    III. Die Straffreierklärung (Kompensation) 773

4. Kapitel: Die Strafzumessung   775

§ 82 Die allgemeinen Lehren der Strafzumessung 775
    I. Strafbemessung und Strafzumessung 777
    II. Die Strafzumessung als Ermessensakt 780
    III. Die Gliederung des Strafzumessungsvorgangs 782
    IV. Die Strafzumessungsrichtlinien des § 46 786
    V. Das Verbot der Doppelverwertung von Strafzumessungstatsachen . . 788
    VI. Ausländisches Recht 789

§ 83 Die Strafzumessungstatsachen 791
    I. Der Unrechts- und Schuldgehalt der Tat 792
    II. Die Täterpersönlichkeit 795
    III. Das Vorleben des Täters, sein Verhalten nach der Tat, die überlange Verfahrensdauer 796

§ 84 Strafzumessung in besonderen Fällen 798
    I. Die Einschränkung der kurzfristigen Freiheitsstrafe (§ 47) 799
    II. Der Rückfall 802
    III. Die Anrechnung (§ 51) 803
    IV. Strafmilderung nach Ermessen (§ 49 II) 805

5. Kapitel: Die Prozeßvoraussetzungen im StGB   806

§ 85 Strafantrag und Ermächtigung 806
    I. Der Strafantrag (§§ 77 - 77 d) 806
    II. Ermächtigung und Strafverlangen (§ 77 e) 810

§ 86 Strafverfolgungs- und Strafvollstreckungsverjährung 811
  I. Die Verfolgungsverjährung (§§ 78 - 78 c) 812
  II. Die Vollstreckungsverjährung (§§ 79 - 79 b) 816

6. Kapitel: Die Rehabilitation des Verurteilten — 817

§ 87 Eintragungen im Bundeszentralregister und Tilgung von Eintragungen . . 818
  I. Entwicklung und Reform des Registerrechts 818
  II. Eintragungen in das Register 819
  III. Auskunft aus dem Register 820
  IV. Tilgung von Eintragungen 821
  V. Begrenzung von Offenbarungspflichten des Verurteilten 822

§ 88 Die Begnadigung 822
  I. Die Grundlagen des Begnadigungsrechts 823
  II. Die Möglichkeit der Begnadigung zwecks Rehabilitation des Verurteilten 825

Allgemeines Literaturverzeichnis — 827

Gesetzesregister — 838

Sachverzeichnis — 866

Abkürzungsverzeichnis

a. A.	=	anderer Ansicht
abl.	=	ablehnend
abw.	=	abweichend
AcP	=	Archiv für die civilistische Praxis (zitiert nach Band, Jahr und Seite)
a. E.	=	am Ende
AE	=	Alternativ-Entwurf eines Strafgesetzbuches, Allgemeiner Teil, 2. Aufl. 1969
AE, Bes. Teil Polit. Strafr.	=	Alternativ-Entwurf eines Strafgesetzbuches, Besonderer Teil. Politisches Strafrecht, 1968
AE, Bes. Teil Sexualdelikte	=	Alternativ-Entwurf eines Strafgesetzbuches, Besonderer Teil. Sexualdelikte. Straftaten gegen Ehe, Familie und Personenstand usw., 1968
AE, Bes. Teil Straft. geg. d. Pers. 1. u. 2. Halbbd.	=	Alternativ-Entwurf eines Strafgesetzbuches, Besonderer Teil. Straftaten gegen die Person, 1. Halbband 1970; 2. Halbband 1971
AE-StVollzG	=	Alternativ-Entwurf eines Strafvollzugsgesetzes, 1973
a. F.	=	alte Fassung
AG	=	Amtsgericht
AHK	=	Alliierte Hohe Kommission
AIDP	=	Association Internationale de Droit Pénal
AJIL	=	American Journal of International Law (zitiert nach Band, Jahr und Seite)
AktG	=	Aktiengesetz vom 6. 9. 1965 (BGBl. I S. 1089 – Schönfelder Nr. 51)
Allg. Teil	=	Allgemeiner Teil
ALR	=	Allgemeines Landrecht für die Preußischen Staaten von 1794
An der pen	=	Anuario de derecho penal y ciencias penales, Madrid (zitiert nach Jahr und Seite)
Anh.	=	Anhang
Anm.	=	Anmerkung
AO	=	Abgabenordnung (AO 1977) vom 16. 3. 1976 (BGBl. I S. 613)
AÖR	=	Archiv des öffentlichen Rechts (zitiert nach Band, Jahr und Seite)

ApothekenG	= Gesetz über das Apothekenwesen i. d. F. vom 15. 10. 1980 (BGBl. I S. 1993)
ArchVR	= Archiv des Völkerrechts (zitiert nach Band, Jahr und Seite)
ARSP	= Archiv für Rechts- und Sozialphilosophie (zitiert nach Jahr und Seite)
Art.	= Artikel
AtomG	= Gesetz über die friedliche Verwendung der Kernenergie und den Schutz gegen ihre Gefahren (Atomgesetz) i. d. F. vom 15. 7. 1985 (BGBl. I S. 1565 – Sartorius I Nr. 835)
Aufl.	= Auflage
AV	= Allgemeine Verfügung
Avant-projet (français)	= Projet de loi portant réforme du code pénal. Présenté par Robert Badinter. No 300. Sénat. Deuxième session extraordinaire de 1985–86. Annexe au procès-verbal du 20 février 1986.
AWG	= Außenwirtschaftsgesetz vom 28. 4. 1961 (BGBl. I S. 481)
Bad.GVOBl.	= s. GVBl.
BAnz.	= Bundesanzeiger
BayGVBl.	= Bayerisches Gesetz- und Verordnungsblatt
BayLStVG	= Gesetz über das Landesstrafrecht und das Verordnungsrecht auf dem Gebiet der öffentl. Sicherheit und Ordnung (Landesstraf- und Verordnungsgesetz – LStVG) i. d. F. vom 13. 12. 1982 (BayGVBl. S. 1098)
BayObLG	= Bayerisches Oberstes Landesgericht; Entscheidungen des Bayerischen Obersten Landesgerichts in Strafsachen, Neue Folge (zitiert nach Jahr und Seite)
BBG	= Bundesbeamtengesetz i. d. F. vom 27. 2. 1985 (BGBl. I S. 479 – Sartorius I Nr. 160)
BDH	= Bundesdisziplinarhof; Entscheidungen des Bundesdisziplinarhofes (zitiert nach Band und Seite)
BdI	= Bundesministerium des Innern
BDO	= Bundesdisziplinarordnung i. d. F. vom 20. 7. 1967 (BGBl. I S. 751 – Sartorius I Nr. 220)
Begr.	= Begründung
Bericht	= Bericht des Sonderausschusses „Strafrecht" des Deutschen Bundestages über die Beratung des Entwurfs eines Strafgesetzbuches (StGB) E 1962, in: Drucksachen des Deutschen Bundestages IV/650 (1965)
Bes. Teil	= Besonderer Teil
BewH	= Bewährungshilfe (zitiert nach Jahr und Seite)
BGB	= Bürgerliches Gesetzbuch vom 18. 8. 1896 (RGBl. S. 195 – Schönfelder Nr. 20)
BGBl. I, II, III	= Bundesgesetzblatt Teil I, Teil II, Teil III

BGE	=	Entscheidungen des schweizerischen Bundesgerichts (zitiert nach Band, Teil, Jahr und Seite)
BGH	=	Bundesgerichtshof; Entscheidungen des Bundesgerichtshofes in Strafsachen (zitiert nach Band und Seite)
BGH GS	=	Bundesgerichtshof, Großer Senat für Strafsachen
BGHZ	=	Entscheidungen des Bundesgerichtshofes in Zivilsachen (zitiert nach Band und Seite)
BG Praxis	=	Die Praxis des (schweiz.) Bundesgerichts, Basel (zitiert nach Jahr und Seite)
BinnenschG	=	Gesetz betreffend die privatrechtlichen Verhältnisse der Binnenschiffahrt i. d. F. vom 20. 5. 1898 (RGBl. S. 868)
BJagdG	=	Bundesjagdgesetz i. d. F. vom 29. 9. 1976 (BGBl. I S. 2849 – Schönfelder Nr. 28)
BNotO	=	Bundesnotarordnung (BNotO) i. d. F. vom 24. 2. 1961 (BGBl. I S. 97 – Schönfelder Nr. 98a)
BörsG	=	Börsengesetz i. d. F. vom 27. 5. 1908 (RGBl. S. 215 – teilw. abgedr. in Schönfelder, Anm. zu § 764 BGB u. § 263 StGB)
BRAO	=	Bundesrechtsanwaltsordnung vom 1. 8. 1959 (BGBl. I S. 565 – Schönfelder Nr. 98)
BR-Drucksache 1/72	=	Entwurf eines Einführungsgesetzes zum Strafgesetzbuch (EGStGB), Bundesrats-Drucksache 1/72 vom 3. 1. 1972
BRRG	=	Rahmengesetz zur Vereinheitlichung des Beamtenrechts (Beamtenrechtsrahmengesetz – BRRG) i. d. F. vom 27. 2. 1985 (BGBl. I S. 462 – Sartorius I Nr. 150)
BSeuchG	=	Gesetz zur Verhütung und Bekämpfung übertragbarer Krankheiten beim Menschen (Bundes-Seuchengesetz) i. d. F. vom 18. 12. 1979 (BGBl. I S. 2262 – Sartorius I Nr. 293)
BSHG	=	Bundessozialhilfegesetz (BSHG) i. d. F. vom 24. 5. 1983 (BGBl. I S. 613 – Sartorius I Nr. 410)
BT-Drucksache V/4094	=	Erster Schriftlicher Bericht des Sonderausschusses für die Strafrechtsreform über den Entwurf eines Strafgesetzbuches (StGB), Deutscher Bundestag, 5. Wahlperiode
BT-Drucksache V/4095	=	Zweiter Schriftlicher Bericht des Sonderausschusses für die Strafrechtsreform über den Entwurf eines Strafgesetzbuches (StGB), Deutscher Bundestag, 5. Wahlperiode
BT-Drucksache 10/2720	=	Gesetzentwurf der Bundesregierung. Entwurf eines Strafrechtsänderungsgesetzes (StÄG)
BT-Drucksache 10/4391	=	Beschlußempfehlung und Bericht des Rechtsausschusses zu dem Entwurf eines Strafrechtsänderungsgesetzes – Gesetz zum weiteren Ausbau der Strafaussetzung zur Bewährung (StÄG)
BtMG	=	Gesetz über den Verkehr mit Betäubungsmitteln (Betäubungsmittelgesetz – BtMG) vom 28. 7. 1981 (BGBl. I S. 681 – Sartorius I Nr. 275)
BVerfG	=	Bundesverfassungsgericht

BVerfGE	= Entscheidungen des Bundesverfassungsgerichts (zitiert nach Band und Seite)
BVerfGG	= Gesetz über das Bundesverfassungsgericht i. d. F. vom 12. 12. 1985 (BGBl. I S. 2229 – Sartorius I Nr. 40)
BVerwG	= Bundesverwaltungsgericht
BVerwGE	= Entscheidungen des Bundesverwaltungsgerichts (zitiert nach Band und Seite)
BWahlG	= Bundeswahlgesetz i. d. F. vom 1. 9. 1975 (BGBl. I S. 2325 – Sartorius I Nr. 30)
BwVollzO	= Verordnung über den Vollzug von Freiheitsstrafe, Strafarrest, Jugendarrest und Disziplinararrest durch Behörden der Bundeswehr (Bundeswehrvollzugsordnung – BwVollzO) vom 29. 11. 1972 (BGBl. I S. 2205)
BZRG	= Gesetz über das Zentralregister und das Erziehungsregister (Bundeszentralregistergesetz – BZRG) i. d. F. vom 21. 9. 1984 (BGBl. I S. 1229 – Schönfelder Nr. 92)
Cass.	= Cour de Cassation; Urteil der französischen Cour de Cassation, Chambre Criminelle
CCC	= Die Peinliche Gerichtsordnung Kaiser Karls V. (Constitutio Criminalis Carolina) von 1532
C. p.	= (bras.) Código penal; (franz.) Code pénal; (ital.) Codice penale; (port.) Código penal; (span.) Código penal
CrimLR	= Criminal Law Review, London (zitiert nach Jahr und Seite)
DAG	= Deutsches Auslieferungsgesetz vom 23. 12. 1929 (RGBl. I S. 239)
DAR	= Deutsches Autorecht (zitiert nach Jahr und Seite)
DDR	= Deutsche Demokratische Republik
DevG	= Gesetz über die Devisenbewirtschaftung vom 12. 12. 1938 (RGBl. I S. 1733)
Die Justiz	= Die Justiz. Amtsblatt des Justizministeriums Baden-Württemberg (zitiert nach Jahr und Seite)
Dig	= Digesten
Diss.	= Dissertation
DJ	= Deutsche Justiz. Rechtspflege und Rechtspolitik. Amtl. Organ des Reichsministers der Justiz (zitiert nach Jahr und Seite)
DJT	= Deutscher Juristentag; Verhandlungen des Deutschen Juristentages
DJT-Festschrift	= Hundert Jahre deutsches Rechtsleben. Festschrift zum hundertjährigen Bestehen des Deutschen Juristentages 1860–1960, Bd. I, Bd. II, 1960
DJZ	= Deutsche Juristenzeitung (zitiert nach Jahr und Seite)
DÖV	= Die Öffentliche Verwaltung (zitiert nach Jahr und Seite)
D. P.	= Dalloz, Recueil périodique et critique de jurisprudence, de législation et de doctrine (zitiert nach Jahr, Teil und Seite)

DR	=	Deutsches Recht (zitiert nach Jahr und Seite)
DRechtsw	=	Deutsche Rechtswissenschaft (zitiert nach Band, Jahr und Seite)
DRiG	=	Deutsches Richtergesetz i. d. F. vom 19. 4. 1972 (BGBl. I S. 713 – Schönfelder Nr. 97)
DRiZ	=	Deutsche Richterzeitung (zitiert nach Jahr und Seite)
DRZ	=	Deutsche Rechts-Zeitschrift (zitiert nach Jahr und Seite)
DStr	=	Deutsches Strafrecht, Neue Folge (zitiert nach Jahr und Seite)
DStrZ	=	Deutsche Strafrechts-Zeitung (zitiert nach Jahr und Seite)
Dürig	=	Dürig, Günter: Gesetze des Landes Baden-Württemberg (Loseblattsammlung)
DVollzO	=	Dienst- und Vollzugsordnung für die Justiz-Vollzugsanstalten i. d. F. vom 1. 12. 1971
E	=	Entwurf
E 1913	=	Entwurf der Strafrechtskommission 1913, in: Entwürfe zu einem Deutschen Strafgesetzbuch, Teil 1, 1920
E 1919	=	Entwurf von 1919, in: Entwürfe zu einem Deutschen Strafgesetzbuch, Teil 2, 1920
E 1922, E Radbruch	=	Entwurf eines Allgemeinen Deutschen Strafgesetzbuches (Entwurf Gustav Radbruch), 1922, Tübingen 1952
E 1925	=	Amtlicher Entwurf eines Allgemeinen Deutschen Strafgesetzbuchs nebst Begründung (Reichsratsvorlage), 1925. Nachdruck als Materialien Bd. III (1954)
E 1927	=	Entwurf eines Allgemeinen Deutschen Strafgesetzbuchs mit Begründung und 2 Anlagen (Reichstagsvorlage), 1927 – Drucksachen des Reichstags III/3390. Nachdruck als Materialien Bd. IV (1954)
E 1930	=	Entwurf eines Allgemeinen Deutschen Strafgesetzbuchs 1930 (Entwurf Kahl) – Drucksachen des Reichstags V/395. Nachdruck als Materialien Bd. V (1954)
E 1936	=	Entwurf eines Deutschen Strafgesetzbuchs, 1936, Bonn 1954 (nicht veröffentlicht)
E 1962	=	Entwurf eines Strafgesetzbuches (StGB) E 1962 (mit Begründung) – Bundestagsvorlage – Bonn 1962. Drucksache des Bundestages IV/650, ohne Begründung auch als Drucksache V/32
EBAO	=	Einforderungs- und Beitreibungsanordnung
EG	=	Europäische Gemeinschaften
EGGVG	=	Einführungsgesetz zum Gerichtsverfassungsgesetz vom 27. 1. 1877 (RGBl. S. 77 – Schönfelder Nr. 95 a)
EGMR	=	Europäischer Gerichtshof für Menschenrechte
EGOWiG	=	Einführungsgesetz zum Gesetz über Ordnungswidrigkeiten vom 24. 5. 1968 (BGBl. I S. 503)
EGStGB	=	Einführungsgesetz zum Strafgesetzbuch (EGStGB) vom 2. 3. 1974 (BGBl. I S. 469 – Schönfelder Nr. 85 a)

Erg	= Ergänzungsband
EuGRZ	= Europäische Grundrechte-Zeitschrift (zitiert nach Jahr und Seite)
EvBl	= Evidenzblatt der Rechtsmittelentscheidungen (zitiert nach Jahr und Seite)
FamRZ	= Ehe und Familie im privaten und öffentlichen Recht, später: Zeitschrift für das gesamte Familienrecht (zitiert nach Jahr und Seite)
FGG	= Gesetz über die Angelegenheiten der freiwilligen Gerichtsbarkeit i. d. F. vom 20. 5. 1898 (RGBl. S. 771 – Schönfelder Nr. 112)
G, Ges.	= Gesetz
GA	= 1880–1933: Archiv für Strafrecht und Strafprozeß, begr. von Th. Goltdammer (zitiert nach Band, Jahr und Seite) 1953 ff.: Goltdammer's Archiv für Strafrecht (zitiert nach Jahr und Seite)
GastG	= Gaststättengesetz vom 5. 5. 1970 (BGBl. I S. 465 – Sartorius I Nr. 810)
GBl. BW	= Gesetzblatt für Baden-Württemberg
GBl. DDR	= Gesetzblatt der Deutschen Demokratischen Republik
GE	= Gegenentwurf zum Vorentwurf eines deutschen Strafgesetzbuchs, von Wilhelm Kahl u. a., 1911
GeschlKrG	= Gesetz zur Bekämpfung der Geschlechtskrankheiten vom 23. 7. 1953 (BGBl. I S. 700)
GewO	= Gewerbeordnung i. d. F. vom 1. 1. 1987 (BGBl. I S. 425 – Sartorius I Nr. 800)
GG	= Grundgesetz für die Bundesrepublik Deutschland vom 23. 5. 1949 (BGBl. I S. 1 – Schönfelder u. Sartorius I Nr. 1)
GjS	= Gesetz über die Verbreitung jugendgefährdender Schriften i. d. F. vom 12. 7. 1985 (BGBl. I S. 1502 – Sartorius I Nr. 405)
GmbH	= Gesellschaft mit beschränkter Haftung
GmbHG	= Gesetz betreffend die Gesellschaften mit beschränkter Haftung i. d. F. vom 20. 5. 1898 (RGBl. S. 846 – Schönfelder Nr. 52)
GMG	= Gebrauchsmustergesetz i. d. F. vom 28. 8. 1986 (BGBl. I S. 1455 – Schönfelder Nr. 71)
GnadO	= Gnadenordnung vom 6. 2. 1935 (DJ 1935, S. 203)
GS	= Der Gerichtssaal (zitiert nach Band, Jahrgang und Seite)
GVG	= Gerichtsverfassungsgesetz (GVG) i. d. F. vom 9. 5. 1975 (BGBl. I S. 1077 – Schönfelder Nr. 95)
GVBl.	= Gesetz- und Verordnungsblatt für das Großherzogtum Baden (1869–1918); Badisches Gesetz- und Verordnungsblatt (1919 bis 1944)
GWB	= Gesetz gegen Wettbewerbsbeschränkungen i. d. F. vom 24. 9. 1980 (BGBl. I S. 1761 – Schönfelder Nr. 74)
Haager LKO	= (Haager) Abkommen, betr. die Gesetze und Gebräuche des Landkriegs vom 18. 10. 1907 (RGBl. 1910 S. 107)

HandwO	=	Gesetz zur Ordnung des Handwerks (Handwerksordnung) i. d. F. vom 28. 12. 1965 (BGBl. I 1966 S. 1 – Sartorius I Nr. 815)
HarvLR	=	Harvard Law Review (zitiert nach Band, Jahr und Seite)
Hb	=	Handbuch
HeilpraktikerG	=	Gesetz über die berufsmäßige Ausübung der Heilkunde ohne Bestallung (Heilpraktikergesetz) vom 17. 2. 1939 (RGBl. I S. 251)
HESt	=	Höchstrichterliche Entscheidungen. Sammlung von Entscheidungen der Oberlandesgerichte und der Obersten Gerichte in Strafsachen (zitiert nach Band und Seite)
HGB	=	Handelsgesetzbuch vom 10. 5. 1897 (RGBl. S. 219 – Schönfelder Nr. 50)
h. L.	=	herrschende Lehre
h. M.	=	herrschende Meinung
HRG	=	Handwörterbuch zur deutschen Rechtsgeschichte. Bd. I ff. 1971 ff.
HRR	=	Höchstrichterliche Rechtsprechung (zitiert nach Jahr und Nummer)
HWB Krim	=	Handwörterbuch der Kriminologie, 1. Aufl. Bd. I, 1933; Bd. II, 1936, 2. Aufl. hrsg. von R. Sieverts und H. J. Schneider, Bd. I, 1966; Bd. II, 1977; Bd. III, 1975; Erg.bd. 1979
HWB SozW	=	Handwörterbuch der Sozialwissenschaften, hrsg. von E. v. Beckerath (u. a.), Bd. 1–12 mit Nachtr. und Registerband, Neuaufl. 1956–1968
i. d. F.	=	in der Fassung
i. E.	=	im Ergebnis
i. e. S.	=	im engeren Sinne
IKV	=	Internationale Kriminalistische Vereinigung
IMT	=	Internationales Militärtribunal
Int Rev Crim Pol	=	International Review of Criminal Policy (zitiert nach Jahr und Seite)
IPbürgR	=	Internationaler Pakt über bürgerliche und politische Rechte vom 19. 12. 1966 (BGBl. II 1973 S. 1534)
IRG	=	Gesetz über die internationale Rechtshilfe in Strafsachen vom 23. 12. 1982 (BGBl. I S. 2071)
IRuD	=	Internationales Recht und Diplomatie (zitiert nach Jahr und Seite)
i. S. v.	=	im Sinne von
i. Verb. m.	=	in Verbindung mit
i. w. S.	=	im weiteren Sinne
JA	=	Juristische Arbeitsblätter, Strafrecht (zitiert nach Jahr und Seite)
JBeitrO	=	Justizbeitreibungsordnung vom 11. 3. 1937 (RGBl. I S. 298 – Schönfelder Nr. 122)
JBl	=	Juristische Blätter (zitiert nach Jahr und Seite)

J. C. P.	=	La Semaine Juridique. Juris-Classeur Périodique (zitiert nach Jahr, Teil und Nummer)
JCrimL	=	Journal of Criminal Law and Criminology (1959–72); Journal of Criminal Law, Criminology and Police Science (ab 1973) (zitiert nach Jahr und Seite)
JGG	=	Jugendgerichtsgesetz i. d. F. vom 11. 12. 1974 (BGBl. I S. 3427 – Schönfelder Nr. 89)
JMinBl	=	Justizministerialblatt (zitiert nach Jahr und Seite)
Journ dr int	=	Journal du droit international (zitiert nach Jahr und Seite)
JR	=	Juristische Rundschau (zitiert nach Jahr und Seite)
JurA	=	Juristische Analysen (zitiert nach Jahr und Seite)
Jura	=	Juristische Ausbildung (zitiert nach Jahr und Seite)
JuS	=	Juristische Schulung (zitiert nach Jahr und Seite)
Justiz	=	s. Die Justiz
JW	=	Juristische Wochenschrift (zitiert nach Jahr und Seite)
JWG	=	Gesetz für Jugendwohlfahrt i. d. F. vom 25. 4. 1977 (BGBl. I S. 633 – Schönfelder Nr. 46)
JZ	=	Juristenzeitung (zitiert nach Jahr und Seite)
KastrG	=	Gesetz über die freiwillige Kastration und andere Behandlungsmethoden vom 15. 8. 1969 (BGBl. I S. 1143)
KE	=	Entwurf der Strafrechtskommission, 1913, in: Entwürfe zu einem Deutschen Strafgesetzbuch, Teil 1, 1920
KG	=	Kammergericht
KO	=	Konkursordnung i. d. F. vom 20. 5. 1898 (RGBl. S. 612 – Schönfelder Nr. 110)
KRG Nr. 10	=	Kontrollratsgesetz Nr. 10 vom 20. 12. 1945 (betr.) Bestrafung von Personen, die sich Kriegsverbrechen, Verbrechen gegen den Frieden oder gegen die Menschlichkeit schuldig gemacht haben (Amtsblatt des Kontrollrats in Deutschland Nr. 3 vom 31. 1. 1946 S. 50)
KRG Nr. 11	=	Kontrollratsgesetz Nr. 11 vom 30. 1. 1946 (betr.) Aufhebung einzelner Bestimmungen des deutschen Strafrechts (Amtsblatt des Kontrollrats in Deutschland Nr. 3 vom 31. 1. 1946 S. 55)
KrimJ	=	Kriminologisches Journal (zitiert nach Jahr und Seite)
KritV	=	Kritische Vierteljahresschrift für Gesetzgebung und Rechtswissenschaft (zitiert nach Jahr und Seite)
KRProkl	=	Kontrollrats-Proklamation
k + v	=	Kraftfahrt und Verkehrsrecht (zitiert nach Jahr und Seite)
KWVO	=	Kriegswirtschaftsverordnung vom 4. 9. 1939 (RGBl. I S. 1609)
Law Commission	=	The Law Commission. Criminal law. Codification of the criminal law, 1985

Abkürzungsverzeichnis XLI

LBG Baden-Württemberg	=	Landesbeamtengesetz von Baden-Württemberg i. d. F. vom 8. 8. 1979 (GBl. BW S. 398 – Dürig Nr. 50)
Lfg.	=	Lieferung
LG	=	Landgericht
LM	=	Entscheidungen des BGH im Nachschlagewerk des Bundesgerichtshofes, hrsg. von Lindenmaier, Möhring u. a., 1951 ff.
LMBG	=	Gesetz über den Verkehr mit Lebensmitteln, Tabakerzeugnissen, kosmetischen Mitteln und sonstigen Bedarfsgegenständen (Lebensmittel- und Bedarfsgegenständegesetz) vom 15. 8. 1974 (BGBl. I S. 1945 – Sartorius I Nr. 280)
LSG	=	Landessozialgericht
LuftVG	=	Luftverkehrsgesetz (LuftVG) i. d. F. vom 14. 1. 1981 (BGBl. I S. 61 – Schönfelder Nr. 34)
LZ	=	Leipziger Zeitschrift für Deutsches Recht (zitiert nach Jahr und Seite)
Materialien	=	Materialien zur Strafrechtsreform Bd. I Gutachten der Strafrechtslehrer, 1954 Bd. II, 1 Rechtsvergleichende Arbeiten, Allgemeiner Teil, 1954 Bd. II, 2 Rechtsvergleichende Arbeiten, Besonderer Teil, 1955 Bd. III Amtlicher Entwurf eines Allgemeinen Strafgesetzbuchs nebst Begründung 1925 (Reichsratsvorlage), 1954 Bd. IV Entwurf eines Allgemeinen Deutschen Strafgesetzbuchs 1927 mit Begründung und 2 Anlagen (Reichstagsvorlage), 1954 Bd. V Entwurf eines Allgemeinen Deutschen Strafgesetzbuchs 1930 (Entwurf Kahl), 1954 Bd. VI Amtlicher Entwurf eines Strafvollzugsgesetzes mit Begründung 1927 (Reichsrats- und Reichstagsvorlage), 1954 Bd. VIII, 1 - 3 Reform des Strafvollzugsrechts. Rechtsvergl. Arbeiten, 1959–60 Bd. X Das Strafregisterwesen im Ausland, 1959
MDR	=	Monatsschrift für deutsches Recht (zitiert nach Jahr und Seite)
MichLR	=	Michigan Law Review (zitiert nach Band, Jahr und Seite)
MilReg ABl	=	Amtsblatt der Militärregierung
MilRegG	=	Militärregierungsgesetz
Mitt IKV	=	Mitteilungen der Internationalen Kriminalistischen Vereinigung. Neue Folge (zitiert nach Band, Jahrgang und Seite)
Model Penal Code	=	The American Law Institute, Model Penal Code. Proposed Official Draft, 1962 (Übersetzung von R. Honig, in: Sammlung außerdeutscher Strafgesetzbücher in deutscher Übersetzung, Nr. 86, 1965)
MRK	=	(Europäische) Konvention zum Schutze der Menschenrechte u. Grundfreiheiten vom 4. 11. 1950 (BGBl. 1952 II S. 686 – Sartorius II Nr. 130)
MSchrKrim	=	Monatsschrift für Kriminalpsychologie und Strafrechtsreform (1904/05–1936)

	Monatsschrift für Kriminalbiologie und Strafrechtsreform (1937 bis 1944)
	Monatsschrift für Kriminologie und Strafrechtsreform (seit 1953) (zitiert nach Jahr und Seite)
MStGB	= Militärstrafgesetzbuch i. d. F. vom 10. 10. 1940 (RGBl. I S. 1347)
m. w. Nachw.	= mit weiteren Nachweisen
Nds. Rpfl.	= Niedersächsische Rechtspflege (zitiert nach Jahr und Seite)
N. F.	= Neue Folge
Niederschriften	= Niederschriften über die Sitzungen der Großen Strafrechtskommission Bd. I–IV, 1956–1958 Bd. XI–XIV, 1959–1960
NJ	= Neue Justiz (zitiert nach Jahr und Seite)
NJW	= Neue Juristische Wochenschrift (zitiert nach Jahr und Seite)
NStZ	= Neue Zeitschrift für Strafrecht (zitiert nach Jahr und Seite)
NZWehrr	= Neue Zeitschrift für Wehrrecht (zitiert nach Jahr und Seite)
ÖJZ	= Österreichische Juristen-Zeitung (zitiert nach Jahr und Seite)
österr. Entwurf 1968	= Regierungsvorlage eines StGB samt erläuternden Bemerkungen, 1968 (706 der Beilagen zu den stenographischen Protokollen des Nationalrates XI. GP.)
österr. Entwurf 1971	= Regierungsvorlage vom 16. 11. 1971 für ein Bundesgesetz über die mit gerichtlicher Strafe bedrohten Handlungen (Strafgesetzbuch – StGB) (30 der Beilagen zu den stenographischen Protokollen des Nationalrates XIII. GP.)
österr. OGH	= Österreichischer Oberster Gerichtshof
OG DDR	= Entscheidungen des Obersten Gerichts der Deutschen Demokratischen Republik in Strafsachen (zitiert nach Band und Seite)
OGH	= Oberster Gerichtshof für die Britische Zone; Entscheidungen des Obersten Gerichtshofes für die Britische Zone in Strafsachen (zitiert nach Band und Seite)
OGHSSt	= Entscheidungen des Österreichischen Obersten Gerichtshofs in Strafsachen und Disziplinarangelegenheiten (zitiert nach Band, Nummer und Seite)
OHG	= Offene Handelsgesellschaft
OLG	= Oberlandesgericht
OVG	= Oberverwaltungsgericht
OWiG 1952	= Gesetz über Ordnungswidrigkeiten vom 25. 3. 1952 (BGBl. I S. 177)
OWiG	= Gesetz über Ordnungswidrigkeiten i. d. F. vom 19. 2. 1987 (BGBl. I S. 602 – Schönfelder Nr. 94)
PatG	= Patentgesetz i. d. F. vom 16. 12. 1980 (BGBl. I 1981 S. 1 – Schönfelder Nr. 70)

Protokolle IV	=	Beratungen des Sonderausschusses „Strafrecht" des Deutschen Bundestages i. d. 4. Wahlperiode, Bonn 1963–1965 (zitiert nach der Seite)
Protokolle V	=	Beratungen des Sonderausschusses des Deutschen Bundestages für die Strafrechtsreform i. d. 5. Wahlperiode, Bonn 1966–1969 (zitiert nach der Seite)
Protokolle VI	=	Beratungen des Sonderausschusses des Deutschen Bundestages für die Strafrechtsreform i. d. 6. Wahlperiode, Bonn 1969–1972 (zitiert nach der Seite)
Protokolle 7	=	Beratungen des Sonderausschusses des Deutschen Bundestages für die Strafrechtsreform i. d. 7. Wahlperiode, Bonn 1973–1976 (zitiert nach der Seite)
RAO	=	Reichsabgabenordnung vom 13. 12. 1919, i. d. F. vom 22. 5. 1931 (RGBl. I S. 161)
Recht und Politik	=	Recht und Politik (zitiert nach Jahr und Seite)
Rechtspfl.	=	Der Deutsche Rechtspfleger (zitiert nach Jahr und Seite)
Rev crim pol tech	=	Revue (internationale) de criminologie et de police technique (zitiert nach Jahr und Seite)
Rev dr pén crim	=	Revue de droit pénal et de criminologie (zitiert nach Band, Jahr und Seite)
Rev dr pén mil	=	Revue de droit pénal militaire et de droit de la guerre (zitiert nach Band, Jahr und Seite)
Rev int déf soc	=	Revue internationale de défense sociale (zitiert nach Jahr und Seite)
Rev int dr comp	=	Revue internationale de droit comparé (zitiert nach Jahr und Seite)
Rev int dr pén	=	Revue internationale de droit pénal (zitiert nach Jahr und Seite)
Rev int pol crim	=	Revue internationale de police criminelle (zitiert nach Jahr und Seite) (dt. Parallelausg.: Internationale kriminalpolizeiliche Revue)
Rev sc crim	=	Revue de science criminelle et de droit pénal comparé (zitiert nach Jahr und Seite)
RG	=	Reichsgericht; Entscheidungen des Reichsgerichts in Strafsachen (zitiert nach Band und Seite)
RG Recht	=	Entscheidungen des Reichsgerichts, in: „Das Recht", hrsg. von Hans Th. Soergel (zitiert nach Jahr und Seite)
RG Rspr.	=	Rechtsprechung des Deutschen Reichsgerichts in Strafsachen (zitiert nach Band und Seite)
RGBl. I, II	=	Reichsgesetzblatt Teil I, Teil II
RG-Festgabe	=	Die Reichsgerichtspraxis im deutschen Rechtsleben. Festgabe der juristischen Fakultäten zum 50jähr. Bestehen des Reichsgerichts, Bd. V: Strafrecht und Strafprozeß, 1929

RGZ	= Entscheidungen des Reichsgerichts in Zivilsachen (zitiert nach Band und Seite)
RiStBV	= Richtlinien für das Strafverfahren und das Bußgeldverfahren i. d. F. vom 1. 4. 1984
Riv dir proc pen	= Rivista italiana di diritto e procedura penale (zitiert nach Jahr und Seite)
Riv it dir pen	= Rivista italiana di diritto penale (zitiert nach Jahr und Seite)
RJagdG	= Reichsjagdgesetz vom 3. 7. 1934 (RGBl. I S. 549)
RKG	= Entscheidungen des Reichskriegsgerichts und des Wehrmachtdienststrafhofs (zitiert nach Band und Seite)
RMG	= Entscheidungen des Reichsmilitärgerichts (zitiert nach Band und Seite)
ROW	= Recht in Ost und West (zitiert nach Jahr und Seite)
RPflG	= Rechtspflegergesetz vom 5. 11. 1969 (BGBl. I S. 2065 – Schönfelder Nr. 96)
Rspr.	= Rechtsprechung
RStGB	= Strafgesetzbuch für das Deutsche Reich vom 15. 5. 1871 (RGBl. S. 127)
RV 1871	= Verfassung des Deutschen Reiches vom 16. 4. 1871 (RGBl. S. 63)
RWStr	= Kohlhaas, Max u. H. G. Schwenck: Rechtsprechung in Wehrstrafsachen, 1967 ff. (Loseblattsammlung)
Sartorius I	= Sartorius, Bd. I: Verfassungs- und Verwaltungsgesetze der Bundesrepublik Deutschland (Loseblattsammlung)
Sartorius II	= Sartorius, Bd. II: Internationale Verträge – Europarecht (Loseblattsammlung)
SchlHA	= Schleswig-Holsteinische Anzeigen (zitiert nach Jahr und Seite)
SchlHOLG	= Schleswig-Holsteinisches Oberlandesgericht
Schönfelder	= Schönfelder, Heinrich: Deutsche Gesetze (Loseblattsammlung)
schweiz. ZGB	= Schweizerisches Zivilgesetzbuch vom 10. 12. 1907
SchwJZ	= Schweizerische Juristenzeitung (zitiert nach Band, Jahr und Seite)
SchwZStr	= Schweizerische Zeitschrift für Strafrecht (zitiert nach Band, Jahr und Seite)
SeemannsG	= Seemannsgesetz vom 26. 7. 1957 (BGBl. II S. 713)
SG	= Gesetz über die Rechtsstellung der Soldaten (Soldatengesetz) i. d. F. vom 19. 8. 1975 (BGBl. I S. 2273 – Sartorius I Nr. 640)
Sirey	= Recueil général des lois et des arrêts, fondé par J. B. Sirey, ab 1946: Recueil Sirey (zitiert nach Jahr, Teil und Seite)
SJZ	= Süddeutsche Juristen-Zeitung (zitiert nach Jahr und Spalte)
SprengG	= Gesetz über explosionsgefährliche Stoffe (Sprengstoffgesetz – SprengG) i. d. F. vom 17. 4. 1986 (BGBl. I S. 577 – Sartorius I Nr. 822)

SSt	= Entscheidungen des österr. Obersten Gerichtshofes in Strafsachen u. Disziplinarangelegenheiten (zitiert nach Band, Nummer und Seite)
StA	= Staatsanwalt, Staatsanwaltschaft
StÄG [mit Ziffer]	= 3. Strafrechtsänderungsgesetz vom 4. 8. 1953 (BGBl. I S. 735) 4. Strafrechtsänderungsgesetz vom 11. 6. 1957 (BGBl. I S. 597) 8. Strafrechtsänderungsgesetz vom 25. 6. 1968 (BGBl. I S. 741) 9. Strafrechtsänderungsgesetz vom 4. 8. 1969 (BGBl. I S. 1065) 10. Strafrechtsänderungsgesetz vom 7. 4. 1970 (BGBl. I S. 313) 11. Strafrechtsänderungsgesetz vom 16. 12. 1971 (BGBl. I S. 1977) 12. Strafrechtsänderungsgesetz vom 16. 12. 1971 (BGBl. I S. 1979) 13. Strafrechtsänderungsgesetz vom 13. 6. 1975 (BGBl. I S. 1349) 14. Strafrechtsänderungsgesetz vom 22. 4. 1976 (BGBl. I S. 1056) 15. Strafrechtsänderungsgesetz vom 18. 5. 1976 (BGBl. I S. 1213) 16. Strafrechtsänderungsgesetz vom 16. 7. 1979 (BGBl. I S. 1046) 18. Strafrechtsänderungsgesetz vom 28. 3. 1980 (BGBl. I S. 373) 20. Strafrechtsänderungsgesetz vom 8. 12. 1981 (BGBl. I S. 1329) 22. Strafrechtsänderungsgesetz vom 18. 7. 1985 (BGBl. I S. 1510) 23. Strafrechtsänderungsgesetz vom 13. 4. 1986 (BGBl. I S. 393) 24. Strafrechtsänderungsgesetz vom 13. 1. 1987 (BGBl. I S. 141)
StGB	= Strafgesetzbuch i. d. F. vom 10. 3. 1987 (BGBl. I S. 945 – Schönfelder Nr. 85); (österr.) StGB vom 23. 1. 1974; (schweiz.) StGB vom 21. 12. 1937
StGB DDR	= Strafgesetzbuch der Deutschen Demokratischen Republik – StGB – vom 12. 1. 1968 i. d. F. vom 19. 12. 1974 (GBl. DDR I 1975 S. 14)
StPO	= Strafprozeßordnung i. d. F. vom 7. 4. 1987 (BGBl. I S. 1074 – Schönfelder Nr. 90)
Strafr. Abh.	= Strafrechtliche Abhandlungen (zitiert nach Heftnummer und Jahr) (Neue Folge [1968 ff.] zitiert nach Bandnummer und Jahr)
Strafr. Probleme	= Strafrechtliche Probleme der Gegenwart (zitiert nach Bandnummer, Jahreszahl und Seite)
StrEG	= Gesetz über die Entschädigung für Strafverfolgungsmaßnahmen (StrEG) vom 8. 3. 1971 (BGBl. I S. 157)
StrRG [mit Ziffer]	= Erstes Gesetz zur Reform des Strafrechts (1. StrRG) vom 25. 6. 1969 (BGBl. I S. 645) Zweites Gesetz zur Reform des Strafrechts (2. StrRG) vom 4. 7. 1969 (BGBl. I S. 717) Drittes Gesetz zur Reform des Strafrechts (3. StrRG) vom 20. 5. 1970 (BGBl. I S. 505) Viertes Gesetz zur Reform des Strafrechts (4. StrRG) vom 23. 11. 1973 (BGBl. I S. 1725) Fünftes Gesetz zur Reform des Strafrechts (5. StrRG) vom 18. 6. 1974 (BGBl. I S. 1297)
st. Rspr.	= ständige Rechtsprechung
Stv	= Strafverteidiger (zitiert nach Jahr und Seite)
StVÄG 1979	= Strafverfahrensänderungsgesetz (StVÄG 1979) vom 5. 10. 1978 (BGBl. I S. 1645)

StVÄG 1987	= Strafverfahrensänderungsgesetz (StVÄG 1987) vom 27. 1. 1987 (BGBl. I S. 475)
StVG	= Straßenverkehrsgesetz vom 19. 12. 1952 (BGBl. I S. 837 – Schönfelder Nr. 35)
StVO	= Straßenverkehrs-Ordnung vom 16. 11. 1970 (BGBl. I S. 1565 – Schönfelder Nr. 35 a)
StVollstrO	= Strafvollstreckungsordnung (StVollstrO) vom 15. 2. 1956 i. d. F. vom 1. 1. 1978
StVollzG	= Gesetz über den Vollzug der Freiheitsstrafe und der freiheitsentziehenden Maßregeln der Besserung und Sicherung (Strafvollzugsgesetz – StVollzG) vom 16. 3. 1976 (BGBl. I S. 581)
StVRG	= Erstes Gesetz zur Reform des Strafverfahrensrechts (1. StVRG) vom 9. 12. 1974 (BGBl. I S. 3393)
StVZO	= Straßenverkehrs-Zulassungs-Ordnung (StVZO) i. d. F. vom 15. 11. 1974 (BGBl. I S. 3193 – Schönfelder Nr. 35 b)
Supp.	= Supplement; Supplément
Tagungsberichte	= Tagungsberichte der Strafvollzugskommission. Hrsg. v. Bundesjustizministerium Bd. I–XII, 1968–1971 mit Sonderband „Erster Arbeitsentwurf eines Strafvollzugsgesetzes" 1971
ThürGS	= Gesetzsammlung für Thüringen (zitiert nach Jahr und Seite)
TierSchG	= Tierschutzgesetz i. d. F. vom 18. 8. 1986 (BGBl. I S. 1319 – Sartorius I Nr. 873)
UnedMG	= Gesetz über den Verkehr mit unedlen Metallen vom 23. 7. 1926 (RGBl. I S. 415), aufgehoben durch Gesetz vom 25. 7. 1984 (BGBl. I S. 1008)
UrhG	= Gesetz über Urheberrecht und verwandte Schutzrechte (Urheberrechtsgesetz) vom 9. 9. 1965 (BGBl. I S. 1273 – Schönfelder Nr. 65)
UWG	= Gesetz gegen den unlauteren Wettbewerb vom 7. 6. 1909 (RGBl. S. 499 – Schönfelder Nr. 73)
UZwG	= Gesetz über den unmittelbaren Zwang bei Ausübung öffentlicher Gewalt durch Vollzugsbeamte des Bundes vom 10. 3. 1961 (BGBl. I S. 165 – Sartorius I Nr. 115)
UZwGBw	= Gesetz über die Anwendung unmittelbaren Zwanges und die Ausübung besonderer Befugnisse durch Soldaten der Bundeswehr und zivile Wachpersonen vom 12. 8. 1965 (BGBl. I S. 796 – Sartorius I Nr. 117)
VDA	= Vergleichende Darstellung des deutschen und ausländischen Strafrechts, Allgemeiner Teil, Bd. I–VI, 1908, mit Registerband, 1909
VE	= Vorentwurf zu einem Deutschen Strafgesetzbuch, 1909
VereinsG	= Gesetz zur Regelung des öffentlichen Vereinsrechts (Vereinsgesetz) vom 5. 8. 1964 (BGBl. I S. 593 – Sartorius I Nr. 425)

VersammlG	=	Gesetz über Versammlungen und Aufzüge (Versammlungsgesetz) i. d. F. vom 15. 11. 1978 (BGBl. I S. 1789 – Sartorius I Nr. 435)
VO	=	Verordnung
VOR	=	Zeitschrift für Verkehrs- und Ordnungswidrigkeitenrecht (zitiert nach Jahr und Seite)
Vorgänge	=	Vorgänge (zitiert nach Jahr und Seite)
VRS	=	Verkehrsrechts-Sammlung (zitiert nach Band und Seite)
WaffG	=	Waffengesetz (WaffG) i. d. F. vom 8. 3. 1976 (BGBl. I S. 432 – Sartorius I Nr. 820)
WDO	=	Wehrdisziplinarordnung i. d. F. vom 4. 9. 1972 (BGBl. I S. 1665 – Sartorius I Nr. 655)
WehrpflichtG	=	Wehrpflichtgesetz i. d. F. vom 13. 6. 1986 (BGBl. I S. 879 – Sartorius I Nr. 620)
1. WiKG	=	Erstes Gesetz zur Bekämpfung der Wirtschaftskriminalität (1. WiKG) vom 29. 7. 1976 (BGBl. I S. 2034)
2. WiKG	=	Zweites Gesetz zur Bekämpfung der Wirtschaftskriminalität (2. WiKG) vom 15. 5. 1986 (BGBl. I S. 721)
WiStG 1954	=	Gesetz zur weiteren Vereinfachung des Wirtschaftsstrafrechts (Wirtschaftsstrafgesetz 1954) i. d. F. vom 3. 6. 1975 (BGBl. I S. 1313 – Schönfelder Nr. 88)
wistra	=	wistra. Zeitschrift für Wirtschaft, Steuer und Strafrecht (zitiert nach Jahr und Seite)
WRV	=	Verfassung des Deutschen Reichs (sog. „Weimarer Reichsverfassung") vom 11. 8. 1919 (RGBl. S. 1383)
WStG	=	Wehrstrafgesetz (WStG) i. d. F. vom 24. 5. 1974 (BGBl. I S. 1213 – Schönfelder Nr. 87)
WVR	=	Wörterbuch des Völkerrechts, 2. Aufl., hrsg. von Hans-Jürgen Schlochauer, Bd. I, 1960; Bd. II, 1961; Bd. III u. Reg.Bd., 1962
W. v. S.	=	(niederl.) Wetboek van Strafrecht
WZG	=	Warenzeichengesetz i. d. F. vom 2. 1. 1968 (BGBl. I S. 29 – Schönfelder Nr. 72)
ZAK	=	Zeitschrift der Akademie für Deutsches Recht (zitiert nach Jahr und Seite)
ZaöRV	=	Zeitschrift für ausländisches öffentliches Recht und Völkerrecht (zitiert nach Band, Jahr und Seite)
z. B.	=	zum Beispiel
ZBJV	=	Zeitschrift des Bernischen Juristenvereins (zitiert nach Band, Jahr und Seite)
ZDG	=	Gesetz über den Zivildienst der Kriegsdienstverweigerer (Zivildienstgesetz – ZDG) i. d. F. vom 31. 7. 1986 (BGBl. I S. 1205 – Sartorius I Nr. 625)
ZfL bzw. ZLW	=	Zeitschrift für Luftrecht bzw. Zeitschrift für Luftrecht und Weltraumrechtsfragen (zitiert nach Jahr und Seite bzw. nach Band, Jahr und Seite)

ZfRV	= Zeitschrift für Rechtsvergleichung (zitiert nach Jahr und Seite)
ZfStrVo	= Zeitschrift für Strafvollzug (1976 ff.) und Straffälligenhilfe (zitiert nach Jahr und Seite)
ZGB	= s. schweiz. ZGB
ZPO	= Zivilprozeßordnung i. d. F. vom 12. 9. 1950 (BGBl. I S. 533 – Schönfelder Nr. 100)
ZRP	= Zeitschrift für Rechtspolitik (zitiert nach Jahr und Seite)
ZStW	= Zeitschrift für die gesamte Strafrechtswissenschaft (zitiert nach Band, Jahr und Seite)
ZugabeVO	= Verordnung des Reichspräsidenten zum Schutze der Wirtschaft. Erster Teil: Zugabewesen („Zugabeverordnung") vom 9. 3. 1932 (RGBl. I S. 121 – Schönfelder Nr. 79)
ZVOBl.	= Zentral-Verordnungsblatt
ZZP	= Zeitschrift für Zivilprozeß (zitiert nach Band, Jahr und Seite)

Einleitung: Allgemeine Grundlagen

§ 1 Die Aufgabe des Strafrechts

Amelung, Rechtsgüterschutz und Schutz der Gesellschaft, 1972; *Ancel,* Directions et directives de politique criminelle, Festschrift für H.-H. Jescheck, Bd. II, 1985, S. 779; *Baumann,* Strafrecht als soziale Aufgabe, Gedächtnisschrift für P. Noll, 1984, S. 27; *Bockelmann,* Zur Kritik der Strafrechtskritik, Festschrift für R. Lange, 1976, S. 1; *Engisch,* Auf der Suche nach der Gerechtigkeit, 1971; *Frey,* Der frühkriminelle Rückfallverbrecher, 1951; *Göppinger,* Kriminologie, 4. Auflage 1980; *Hellmer,* Jugendkriminalität, 4. Auflage 1978; *Hesse,* Grundzüge des Verfassungsrechts der Bundesrepublik Deutschland, 15. Auflage 1985; *Jescheck,* Strafrechtsreform in Deutschland, SchwZStr 91 (1975) S. 1; *derselbe,* Das neue deutsche Strafrecht im internationalen Zusammenhang, Jahrbuch der Max-Planck-Gesellschaft 1975, S. 49; *Kaiser,* Verkehrsdelinquenz und Generalprävention, 1970; *derselbe,* Strategien und Prozesse strafrechtlicher Sozialkontrolle, 1972; *derselbe,* Fortentwicklung des Strafrechts, ZStW 86 (1974) S. 349; *Armin Kaufmann,* Lebendiges und Totes in Bindings Normentheorie, 1954; *derselbe,* Strafrechtsdogmatik zwischen Sein und Wert, 1982; *Kerner,* Rückfall, Rückfallkriminalität, Kleines Kriminologisches Wörterbuch, 2. Auflage 1985, S. 361; *Kürzinger,* Kritik des Strafrechts aus der Sicht moderner kriminologischer Richtungen, ZStW 86 (1974) S. 211; *Lampe,* Rechtsgut, kultureller Wert und individuelles Bedürfnis, Festschrift für H. Welzel, 1974, S. 151; *Lenckner,* Strafe, Schuld und Schuldfähigkeit, in: *Göppinger / Witter* (Hrsg.), Handbuch der forens. Psychiatrie, Bd. I, Teil A, 1972, S. 3; *Mannheim,* Rückfall und Prognose, HWB Krim, Bd. III, 1975, S. 38; *H. Mayer,* Strafrechtsreform für heute und morgen, 1962; *M. E. Mayer,* Rechtsnormen und Kulturnormen, 1903; *J. Meyer,* Strafrechtliche Aspekte des Rückfalls im deutschen Recht, in: Erstes deutsch-polnisches Kolloqium über Strafrecht und Kriminologie, 1983, S. 79; *Müller-Dietz,* Integrationsprävention und Strafrecht, Festschrift für H.-H. Jescheck, Bd. II, 1985, S. 813; *Munkwitz,* Die Prognose der Frühkriminalität, 1967; *Noll,* Die Normativität als rechtsanthropologisches Grundphänomen, Festschrift für K. Engisch, 1969, S. 125; *Roxin,* Strafrechtliche Grundlagenprobleme, 1973; *derselbe,* Zur jüngsten Diskussion über Schuld usw., Festschrift für P. Bockelmann, 1979, S. 279; *Rudolphi,* Der Zweck staatlichen Strafrechts, in: *Schünemann* (Hrsg.), Grundfragen des modernen Strafrechtssystems, 1984; *Schild,* Ende und Zukunft des Strafrechts, ARSP 1984, 71; *Schmidhäuser,* Von den zwei Rechtsordnungen im staatlichen Gemeinwesen, 1964; *derselbe,* Vom Sinn der Strafe, 2. Auflage 1971; *Schultz,* Abschied vom Strafrecht? ZStW 92 (1980) S. 611; *Stratenwerth,* Zur Relevanz des Erfolgsunwertes im Strafrecht, Festschrift für F. Schaffstein, 1975, S. 177; *Tiedemann,* Fortentwicklung des Strafrechts, ZStW 86 (1974) S. 303; *Welzel,* Über den substantiellen Begriff des Strafgesetzes, Festschrift für E. Kohlrausch, 1944, S. 101; *Würtenberger,* Rechtsfriede und Strafrecht, Festschrift für K. Peters, 1974, S. 209; *derselbe,* Der schuldige Mensch vor dem Forum der Rechtsgemeinschaft, Festschrift für H.-H. Jescheck, Bd. I, 1985, S. 37; *Zielinski,* Handlungs- und Erfolgsunwert im Unrechtsbegriff, 1973.

I. Der Schutz der Gesellschaft

1. Die **Aufgabe des Strafrechts** ist der *Schutz des Zusammenlebens der Menschen in der Gemeinschaft.* Niemand kann auf die Dauer ganz auf sich selbst gestellt existieren, alle Menschen sind vielmehr durch die Natur ihrer Daseinsbedingungen auf Austausch, Zusammenarbeit und gegenseitiges Vertrauen angewiesen. Das Strafrecht als Friedens- und Schutzordnung für die menschlichen Sozialbeziehungen hat darum fundamentale Bedeutung. Es ist jedoch nicht primärer Natur. Das Zusammenleben der Menschen vollzieht sich in erster Linie nach überlieferten Regeln (Normen), die in ihrer Gesamtheit die **soziale Ordnung** bilden[1]. Die Geltung dieser vorgegebenen

---

1 Jescheck, 4. A.

Normen ist von äußerem Zwang weitgehend unabhängig, da sie auf der Einsicht aller in ihre Notwendigkeit beruhen und durch immanente Sanktionen geschützt sind, die selbsttätig auf Zuwiderhandlungen reagieren (mittelbare gesellschaftliche Repression). Es gibt ein Gesamtsystem der „sozialen Kontrolle", dessen Träger die verschiedensten Institutionen wie Familie, Gemeinde, Schule, Kirche, Betriebe, Gewerkschaften und Vereine sind. Die Strafrechtspflege ist nur ein Ausschnitt aus diesem System und die insgesamt verwendeten präventiven oder repressiven Sanktionen sind sogar bis zu einem gewissen Grade gegenseitig austauschbar[2].

Die Sozialordnung kann jedoch das Zusammenleben der Menschen in der Gemeinschaft nicht allein sicherstellen. Sie muß durch die **Rechtsordnung** ergänzt, verfeinert und verstärkt werden. Von jeher ist es das vornehmste Bestreben des Menschengeistes gewesen, die bestehende Ordnung durch planmäßige Aufstellung von Rechtssätzen zu leiten und weiterzuentwickeln. Insbesondere muß die Rechtsordnung die Allgemeinverbindlichkeit aller als Recht geltenden Normen gewährleisten und Rechtsverletzungen entgegentreten. Träger der vorgegebenen Sozialordnung ist die Gesellschaft, Träger der planmäßig geschaffenen Rechtsordnung der Staat, dessen Rechtsschutzaufgabe unter den Lebensbedingungen der Massengesellschaft und angesichts der Daseinsgefährdung des Menschen in der modernen Welt wichtiger ist als je. Das Strafrecht sichert in letzter Linie die **Unverbrüchlichkeit der Rechtsordnung** durch staatlichen Zwang. Auch das bürgerliche und das öffentliche Recht sehen zwar die Anwendung von Zwang vor, für das Strafrecht aber steht die Androhung und Durchführung von Zwang im Mittelpunkt. Das Strafrecht bedient sich dabei des schärfsten Machtinstruments, über das die Staatsgewalt verfügt, der öffentlichen Strafe. Wenn andere Maßnahmen und Möglichkeiten versagen, sichert das Strafrecht in letzter Instanz die Erzwingbarkeit der Gebote und Verbote der Rechtsordnung (BVerfGE 51, 324 [343 f.]). Sobald das Strafrecht Sicherheit und Ordnung nicht mehr garantieren kann, steht die Selbsthilfe der Bürger, ja der Krieg aller gegen alle vor der Tür, wie die neuere Erfahrung wieder vielfach gelehrt hat.

2. Die Strafgewalt des Staates darf zum Schutze des Zusammenlebens der Menschen in der Gemeinschaft *nicht in beliebiger Weise* und *nicht in beliebigem Umfang* eingesetzt werden. Das Strafrecht soll zwar dazu beitragen, das Chaos in der Welt zu überwinden und die Willkür der Menschen durch angemessene Beschränkung ihrer Freiheit einzudämmen, aber es kann dies nur in einer Form tun, die mit dem gesamten Kulturzustand der Nation vereinbar ist[3]. Unter einer Verfassung, die sich wie diejenige der Bundesrepublik Deutschland als *„freiheitliche, demokratische Grundordnung"* versteht (BVerfGE 2,1 [12 f.])[4], vermag das Strafrecht den Gesellschaftsschutz nur dadurch zu gewährleisten, daß es den öffentlichen Frieden sichert, die Handlungsfreiheit des einzelnen zugleich achtet und gegen rechtswidrigen Zwang verteidigt und für erhebliche Rechtsbrüche Sanktionen nach dem Prinzip der austeilenden Gerechtigkeit (iustitia distributiva) androht[5]. **Schutz des öffentlichen Friedens** heißt, daß die Vorherrschaft des Stärkeren gebrochen und allen Bürgern die freie Entfaltung ihrer Persönlichkeit (Art. 2 I GG) durch das Bewußtsein allgemeiner Sicherheit

---

[1] *M. E. Mayer*, Rechtsnormen und Kulturnormen S. 16 ff.; *derselbe*, Lehrbuch S. 37 ff.; *Henkel*, Rechtsphilosophie S. 228 ff.; *Noll*, Engisch-Festschrift S. 129 (Normativität als „anthropologische Grundtatsache"); *Schmidhäuser*, Von den zwei Rechtsordnungen S. 12.

[2] *Kaiser*, Strategien S. 20 ff.

[3] Vgl. zum folgenden *Bockelmann*, Einführung, insbes. S. 38 ff., 53 ff. und 67 ff.

[4] Dazu näher *Hesse*, Grundzüge S. 51.

[5] Vgl. *Henkel*, Rechtsphilosophie S. 412; *Engisch*, Gerechtigkeit S. 174 ff.; *Würtenberger*, Peters-Festschrift S. 209 ff.

ermöglicht wird. Allgemeine Sicherheit bedeutet nicht einen Zustand, in dem es keine Verbrechen gibt, wohl aber, daß die Kriminalität sich in Grenzen hält und unter die Kontrolle des Staates gebracht ist, indem begangene Straftaten zu einem hohen Prozentsatz aufgeklärt und ohne Ansehen der Person verfolgt werden (vgl. unten § 5 IV). Da das Grundgesetz die *allgemeine menschliche Handlungsfreiheit* gewährleisten will (BVerfGE 6, 32 [36 f.]; st. Rspr.), darf das Strafrecht *Beschränkungen* nur dann anordnen, *wenn dies zum Schutze der Gesellschaft unvermeidlich ist.* „Die Strafnorm stellt gewissermaßen die ‚ultima ratio' im Instrumentarium des Gesetzgebers dar" (BVerfGE 39, 1 [47])[6]. Das Strafrecht soll zugleich durch Abwehr von Gewalt und Willkür dem einzelnen einen Spielraum schaffen, innerhalb dessen er sich frei entscheiden und seine Entschlüsse nach eigenem Ermessen durchführen kann. Das Strafrecht beschränkt also nicht nur die Freiheit, sondern es schafft auch Freiheit. **Anwendung der austeilenden Gerechtigkeit** im Strafrecht bedeutet, daß erhebliche Rechtsbrüche weder durch beliebige Milde bagatellisiert, noch durch übersteigerte Härte dramatisiert werden dürfen, sondern daß dem Täter „nach Verdienst" eine Einbuße an Freiheit, Vermögen oder Ansehen auferlegt wird, die rechtswidriges Verhalten allgemein erkennbar macht und seine Legitimierung im Bewußtsein der Gemeinschaft verhindert[7]. Da die Strafe jedoch auch eine **soziale Funktion** gegenüber dem Rechtsbrecher hat, muß stets ihre Wirkung auf das zukünftige Leben des Verurteilten in der Gesellschaft mitbedacht werden (vgl. § 46 I 2).

3. Die *Angriffe gegen die Existenzberechtigung des Strafrechts* als eines repressiven Machtmittels zur Durchsetzung der Rechtsordnung sind in einer freiheitlich und rechtsstaatlich verfaßten Gesellschaft unbegründet, da nur die Strafe den Schutz des Rechtsfriedens in Freiheit ermöglicht, indem sie den einzelnen nicht durch unmittelbaren Zwang oder durch Zwangsbehandlung beugt, sondern durch den Appell an sein Verantwortungsbewußtsein zu disziplinieren sucht[8].

II. Repressive und präventive Funktion des Strafrechts

Das Strafrecht dient der Aufgabe des Gesellschaftsschutzes einmal durch die Ahndung von Rechtsverletzungen, die bereits stattgefunden haben: es ist insoweit repressiver Natur. Es dient dieser Aufgabe zum anderen durch die Verhütung von Rechtsverletzungen, die erst in der Zukunft zu befürchten sind: es ist insoweit präventiver Natur. Die repressive und die präventive Funktion des Strafrechts bilden jedoch keinen Gegensatz, sondern müssen als Einheit verstanden werden: das Strafrecht dient durch Androhung, Verhängung und Vollstreckung der gerechten Strafe dem **Zweck, Rechtsverletzungen in der Zukunft vorzubeugen**[9].

1. Die Ahndung einer bereits eingetretenen Rechtsverletzung durch die Strafe nach dem Prinzip der austeilenden Gerechtigkeit kommt ihrer Natur nach immer zu spät, denn die Strafe blickt in die Vergangenheit und kann das begangene Unrecht nicht ungeschehen machen. Dennoch ist die **repressive Funktion des Strafrechts** nicht etwa Ausdruck des Bestrebens, durch weltliche Strafgerechtigkeit ein absolutes sittliches Ideal zu verwirklichen, sondern sie ist ein notwendiges Mittel, um den Gesell-

---

[6] *Ancel*, Jescheck-Festschrift Bd. II S. 785 ff.; *Baumann*, Noll-Gedächtnisschrift S. 35.
[7] *Würtenberger*, Jescheck-Festschrift Bd. I S. 38 (Zurechnung zur Schuld als „wichtige Konstante im sozialen Zusammenleben").
[8] Vgl. *Kürzinger*, ZStW 86 (1974) S. 211 ff.; *Jescheck*, SchwZStr 91 (1975) S. 13 f.; *Bockelmann*, Lange-Festschrift S. 1 ff.; *Schild*, ARSP 1984, 108 ff.
[9] *Armin Kaufmann*, Strafrechtsdogmatik S. 264 f.; *Lenckner*, Strafe S. 9 ff.; *Roxin*, Grundlagenprobleme S. 12 ff.; *Rudolphi*, Der Zweck staatlichen Strafrechts S. 70 ff.; *Schmidhäuser*, Vom Sinn der Strafe S. 74 ff.; *Wessels*, Allg. Teil S. 2.

schaftsschutz *auf gerechte Weise* zu erreichen[10]. In dem Ausspruch der angemessenen Strafe wegen der begangenen Rechtsverletzung liegt die sichtbare Bestätigung der Unverbrüchlichkeit der Rechtsordnung, von deren Bestehen die soziale Ordnung letztlich abhängt. Das gerichtliche Urteil bringt für den Täter wie auch für die Allgemeinheit unmißverständlich zum Ausdruck, daß das Recht sich, wenn auch manchmal erst spät, durchsetzt und daß darum damit gerechnet werden kann, daß es dies auch in Zukunft tun wird. Durch eine gerechte, gleichmäßige und maßvolle Erfüllung seiner repressiven Funktion entfaltet das Strafrecht jene „sittenbildende Kraft"[11], die bei der Gesamtheit der Rechtsgenossen die rechtlichen Maßstäbe für das eigene Verhalten setzt und dadurch die umfassende präventive Wirkung erzielt, die man „Generalprävention" nennt (vgl. unten § 8 II 3a). Diese Wirkung des Strafrechts wird erreicht durch Aufstellung klarer, dem Gemeinverständnis zugänglicher Strafvorschriften, die den Unwertgehalt der verbotenen Handlung eindeutig kennzeichnen, durch eine an der Tatschwere und dem Verschulden des Täters orientierte Strafbemessung, die in der Allgemeinheit als gerecht empfunden wird, und durch eine sachliche Gerichtsberichterstattung, die sich ihrer sozialpädagogischen Mission bewußt ist. Die Aufgabe des Strafrechts, der Ausbreitung der Kriminalität entgegenzuwirken, kann mit den herkömmlichen Mittel der Strafe gegenüber den sog. *Gelegenheitstätern* im allgemeinen bewältigt werden. Auch wenn es repressiv einschreitet, erfüllt das Strafrecht im Blick auf den Gesellschaftsschutz *mittelbar immer eine vorbeugende Aufgabe:* die gerechte Strafe ist ein im Interesse der Allgemeinheit unerläßliches Instrument zur Erhaltung der sozialen Ordnung. Neben diese sog. *positive* Generalprävention (BVerfGE 45, 187 [256]) tritt die *negative* Generalprävention, die in der Abschreckung künftiger Täter durch Furcht vor Strafe besteht (vgl. unten § 8 II 3a)[12].

2. Darüber hinaus hat das Strafrecht aber auch *unmittelbar* eine **präventive Funktion** zu erfüllen. Jede Strafe soll dazu beitragen, bei dem Verurteilten die Achtung vor dem Recht wieder zu befestigen und ihn aus eigener Kraft und Einsicht auf den Weg der Ordnung zurückzuführen. Die Erinnerung an die durch die Strafvollstreckung erlittene Einbuße an Freiheit, Vermögen und Ansehen soll dem Täter ferner als Warnung vor künftigen Straftaten dienen. Als Freiheitsstrafe soll die Strafe weiterhin einen wenigstens zeitweiligen Schutz der Gesellschaft vor dem gefährlichen Täter herbeiführen (vgl. § 2 S. 2 StVollzG). Die vorbeugende Wirkung der Strafe auf den Verurteilten selbst nennt man „Spezialprävention" (vgl. unten § 8 II 3b). Neben der spezialpräventiven Wirkung, die mit der Strafe gegenüber jedem Verurteilten erstrebt wird, hat das Strafrecht gegenüber bestimmten Tätergruppen *besondere* vorbeugende Aufgaben:

a) Strafbare Handlungen werden häufig von Tätern in jugendlichem Alter begangen (**Jugendkriminalität**). In leichterer Form ist dies eine normale Erscheinung in der Entwicklung vieler junger Menschen, die diese Phase später aus eigener Kraft überwinden[13]. Gefährlicher ist die **Frühkriminalität**[14]. Unter Frühkriminellen versteht man Jugendliche (14 - 17 Jahre) und Heranwachsende (18 - 20 Jahre) mit schon im Kindes- und Jugendalter auftretenden Verwahrlosungserscheinungen (unregelmäßiger Schulbesuch, vorzeitiger Abbruch der Lehre, Unfähigkeit zu fortdauernder Berufsarbeit, unsteter Lebenswandel, rasche Folge von Straftaten), die Frühsymptome einer kriminellen Veranlagung darstellen können. Man schätzt ihren zahlenmäßigen

---

[10] *Gallas*, Beiträge S. 4; *Stratenwerth*, Allg. Teil I Rdn. 28 ff.
[11] *H. Mayer*, Strafrechtsreform S. 15; *Roxin*, Bockelmann-Festschrift S. 306; *Müller-Dietz*, Jescheck-Festschrift Bd. II S. 817 ff.; *Schultz*, ZStW 92 (1980) S. 631.
[12] *Jakobs*, Allg. Teil S. 13 ff.
[13] *Schaffstein / Beulke*, Jugendstrafrecht S. 17; allgemein *Hellmer*, Jugendkriminalität S. 71 ff.
[14] *Frey*, Der frühkriminelle Rückfallverbrecher, 1951; *Munkwitz*, Die Prognose der Frühkriminalität, 1967.

Anteil auf höchstens 15% der straffälligen Jugendlichen überhaupt und nimmt an, daß von den Frühkriminellen wiederum rund 25% auf die Verbrecherlaufbahn geraten und mit 25 - 30 Jahren als angehende Gewohnheitsverbrecher zu betrachten sind. Die Zahl der wegen Verbrechens oder Vergehens verurteilten Jugendlichen und Heranwachsenden hat seit der Mitte der 50er Jahre laufend zugenommen. Das Jugendstrafrecht kennt für die leichtere Kriminalität das Absehen von der Verfolgung mit Auflagen (§ 45 JGG), Erziehungsmaßregeln (§ 9 JGG) und Zuchtmittel (§ 13 II JGG), für die schwerere Kriminalität die Jugendstrafe (§ 17 ff. JGG). Das Jugendwohlfahrtsrecht sieht Hilfs- und Schutzmaßnahmen vor (Erziehungsbeistandschaft, freiwillige Erziehungshilfe und Fürsorgeerziehung, §§ 55 - 77 JWG). Besonders die mit Freiheitsentziehung verbundenen Sanktionen des Jugendrechts sind zurückhaltend zu handhaben, da sie sehr negative Wirkungen auf den Verurteilten haben können.

b) Eine zweite spezialpräventive Aufgabe der Verbrechensvorbeugung ist der Kampf gegen die **Rückfallkriminalität**[15]. Zwei Gruppen von Rückfälligen sind zu unterscheiden: die Gewohnheitsverbrecher mit fest eingewurzeltem Hang zur Kriminalität und die Neigungstäter mit wiederholten Vortaten, die nach ihrer Persönlichkeitsentwicklung aber noch nicht auf die Verbrecherlaufbahn festgelegt sind. Für die zweite Gruppe sah § 48 a. F. früher die Anhebung der Mindeststrafe auf 6 Monate Freiheitsstrafe vor; doch ist diese Vorschrift durch das 23. StÄG vom 13. 4. 1986 (BGBl. I S. 393) aufgehoben worden, da sie sich nicht bewährt hat. Wichtig bleibt jedoch, daß Vorstrafen der häufigste *allgemeine* Strafschärfungsgrund sind. Für gefährliche Hangtäter droht § 66 die zeitlich unbestimmte Sicherungsverwahrung an. Die spezialpräventive Wirksamkeit der Strafschärfung ist zweifelhaft. Die Sicherungsverwahrung wird nur noch selten angewendet, weil die Gerichte die Verlängerung des Freiheitsentzugs als ungerecht empfinden (vgl. unten § 5 V 2). So ist das Problem der Bekämpfung des Rückfalls zur Zeit ungelöst und vielleicht überhaupt unlösbar.

c) Die dritte Gruppe, gegen die das Strafrecht besondere Vorbeugungsmaßregeln ergreifen muß, sind die **seelisch defekten Kriminellen**[16]. Hierunter versteht man Straftäter mit Geisteskrankheiten oder nichtkrankhaften seelischen Störungen, die als Psychopathien, Neurosen, Triebanomalien oder als verschiedene Grade des Schwachsinns und des Altersabbaus auftreten und eine erhebliche Rolle in der Kriminogenese, insbesondere bei der Rückfallkriminalität und der Früh- und Alterskriminalität, spielen. In Betracht kommt bei schuldunfähigen und vermindert schuldfähigen Personen die Unterbringung in einem psychiatrischen Krankenhaus (§ 63), bei Alkoholikern und Drogenabhängigen die Unterbringung in einer Entziehungsanstalt (§ 64). Das Betäubungsmittelgesetz ermöglicht ferner bei drogenabhängigen Tätern bis zur oberen Grenze von zwei Jahren Freiheitsstrafe statt Strafvollstreckung Therapie und Rehabilitation (§§ 35, 36 BtMG).

d) Eines der schwierigsten Probleme des modernen Strafrechts ist die Bekämpfung der **Fahrlässigkeitskriminalität**, die in erster Linie als Verkehrskriminalität in Erscheinung tritt[17], aber auch als Fahrlässigkeit im Berufsleben Bedeutung hat (z. B. fahrlässig verursachte Bauunglücke, ärztliche Kunstfehler) und sogar im Haushalt ihren Tribut fordert. Als besondere Sanktion gibt es die Nebenstrafe des Fahrverbots (§ 44), als Maßregeln die Entziehung der Fahrerlaubnis (§ 69) und das Berufsverbot (§ 70). Die früheren Verkehrsübertretungen sind im Jahre 1968 in Ordnungswidrigkeiten umgewandelt worden, um eine raschere Ahndung durch von der Polizeibehörde festgesetzte empfindliche Geldbußen unter Vermeidung des gerichtlichen Verfahrens zu ermöglichen (vgl. unten § 7 V 1). Dieses Vorgehen hat sich zur Bekämpfung der massenhaft auftretenden leichten Verkehrsdelikte bewährt. Auch bei Verkehrsordnungswidrigkeiten ist als zusätzliche Sanktion das Fahrverbot vorgesehen (§ 25 StVG). Außerdem kann die Verpflichtung zur Teilnahme am Verkehrsunterricht ausgesprochen werden (§ 48 StVO).

3. Das moderne Strafrecht bedient sich, um den verschiedenen Erscheinungsformen der Kriminalität möglichst wirkungsvoll begegnen zu können, sowohl der am Verschulden ausgerichteten Strafe als auch der die Gefährlichkeit erfassenden Maßregel (**„Zweispurigkeit"**). Die Maßregeln sind dem Strafrecht jedoch nicht wesens-

---

[15] Vgl. hierzu *Mannheim*, HWB Krim Bd. III S. 38 ff.; *Kerner*, Kleines Kriminologisches Wörterbuch S. 361 ff.; *J. Meyer*, Strafrechtliche Aspekte des Rückfalls S. 79 ff.
[16] *Göppinger*, Kriminologie S. 179 ff.
[17] Vgl. *Kaiser*, Kriminologie S. 499 ff.; *derselbe*, Verkehrsdelinquenz S. 183 ff.

fremd, sondern sind ihm in sinnvoller Weise eingefügt: sie setzen immer das Vorliegen einer rechtswidrigen Tat (§ 11 I Nr. 5) voraus, werden in der Regel nicht allein, sondern als Ergänzung der Strafe angeordnet und können nie anders als aufgrund eines mit allen Rechtsgarantien ausgestatteten strafgerichtlichen Verfahrens durch strafrichterliche Entscheidung verhängt werden. Die *Gefahren* der Maßregeln liegen in der Loslösung vom Schuldprinzip, in zu weitgefaßten Voraussetzungen, in der Annäherung des Vollzugs der freiheitsentziehenden Maßregeln an die Freiheitsstrafe, in der Unsicherheit von Prognoseurteilen und in der Unbestimmtheit ihrer Dauer (vgl. unten § 9 II 2). Im Hinblick auf diese Gefahren sieht das Strafgesetzbuch seit der Reform von 1975 erhebliche Verbesserungen vor (vgl. unten § 77 VI), ohne jedoch auf freiheitsentziehende Maßregeln ganz zu verzichten.

III. Rechtsgüterschutz und Schutz der sozialethischen Handlungswerte

Das Strafrecht kann nicht überall eingreifen, wo Störungen des Gemeinschaftslebens auftreten, sondern muß auf den Schutz der Grundwerte der Sozialordnung beschränkt bleiben (BVerfGE 45, 187 [253]).

1. Das Strafrecht hat die Aufgabe, Rechtsgüter zu schützen. Allen Strafrechtsnormen liegen positive Werturteile über Lebensgüter zugrunde, die für das Zusammenleben der Menschen in der Gemeinschaft unentbehrlich sind und deshalb durch die Zwangsgewalt des Staates mittels der öffentlichen Strafe geschützt werden müssen. Solche elementaren Lebensgüter sind z. B. das Menschenleben, die Körperintegrität, die persönliche Handlungs- und Bewegungsfreiheit, das Eigentum, das Vermögen, die Verkehrssicherheit, die Unbestechlichkeit der Amtsträger, die verfassungsmäßige Ordnung, der öffentliche Frieden, die äußere Sicherheit des Staates, die Unantastbarkeit von ausländischen Staatsorganen und Hoheitszeichen, die Sicherheit von nationalen, ethnischen oder kulturellen Minderheiten gegen Ausrottung oder unwürdige Behandlung, der internationale Frieden. Es gibt auch Lebensgüter, die ausschließlich in tief verwurzelten sittlichen Überzeugungen der Gesellschaft bestehen wie das Schutzgut der Strafvorschrift gegen Tierquälerei (§ 17 TierSchG). Durch die Aufnahme dieser Werte in den Schutzbereich der Rechtsordnung werden sie zu Rechtsgütern[18]. Alle Strafvorschriften lassen sich auf den Schutz eines oder mehrerer Rechtsgüter zurückführen. In der Verletzung oder Gefährdung eines Handlungs- (oder Angriffs-)objekts (z. B. des Lebens eines Menschen, der Sicherheit eines Verkehrsteilnehmers), das die Strafvorschrift als äußere Erscheinungsform oder Träger des geschützten Rechtsguts sichern will, liegt der *Erfolgsunwert* der Straftat.

Der Bestand an strafrechtlich geschützten Rechtsgütern wechselt. Im gegenwärtigen Recht gibt es sowohl die Erscheinung der **Neuinkriminierung** (z. B. der Subventionsbetrug, § 264) als auch die der **Entkriminalisierung** (z. B. die Abschaffung der Übertretungen)[19]. Die veränderte Einschätzung der Rechtsgüter findet ferner im Wandel der Sanktionspraxis Ausdruck[20].

2. Die den Strafrechtsnormen zugrunde liegenden Werturteile beziehen sich aber nicht nur auf die zu schützenden Rechtsgüter, sondern auch auf die **Qualität der menschlichen Handlungen,** die den von dem Rechtsgut ausgehenden Achtungsanspruch verletzen[21]. Rechtlich ist es ein fundamentaler Unterschied, ob ein Unwetter

---

[18] Vgl. über den Zusammenhang von Wert und Rechtsgut *v. Hippel*, Bd. I S. 10ff.; *Armin Kaufmann*, Normentheorie S. 69ff.; *Schmidhäuser*, Allg. Teil S. 36f.; *Lampe*, Welzel-Festschrift S. 151ff.; *SK (Rudolphi)* Vorbem. 3ff. vor § 1.

[19] Vgl. näher *Tiedemann*, ZStW 86 (1974) S. 310ff.; *Jescheck,* MPG-Jahrbuch 1975 S. 55ff.

[20] Vgl. näher *Kaiser*, ZStW 86 (1974) S. 360ff.

[21] Vgl. *Welzel*, Kohlrausch-Festschrift S. 107ff.; *Bockelmann / Volk*, Allg. Teil S. 51; *Maurach / Zipf*, Allg. Teil I S. 79ff.

III. Rechtsgüterschutz und Schutz der sozialethischen Handlungswerte   7

Schaden anrichtet oder eine vorsätzlich ausgelöste Explosion, obwohl der Erfolg in beiden Fällen der gleiche sein kann. Im ersten Fall handelt es sich um eine Naturkatastrophe, die die Begrenztheit unserer technischen Hilfsmittel und allenfalls eine schuldhafte Säumnis hinsichtlich der notwendigen Schutzvorkehrungen offenbart, im zweiten um ein Werk des menschlichen Willens, der den **Geltungsanspruch des Rechtsguts** mißachtet und damit die notwendige Vertrauensbasis im Zusammenleben der Menschen erschüttert. In der das Angriffsobjekt gefährdenden Handlung liegt der *Handlungsunwert* der Straftat. Das Strafrecht verwirklicht den Rechtsgüterschutz, indem es den Willen der Rechtsgenossen mit den Anforderungen der Rechtsordnung in Übereinstimmung zu halten sucht. Das Verbrechen stellt sich darum als *Rechtsguts- und Pflichtverletzung in einem* dar.

Die Betonung des Rechtsgüterschutzes als vorrangige Aufgabe des Strafrechts ist ein Kennzeichen der *liberalen* Staatsauffassung. Dahinter steht die Überzeugung, daß die innere Qualität menschlicher Handlungen nicht der Beurteilung durch das Strafrecht unterworfen werden dürfe, weil dafür nur das Forum des Gewissens anerkannt werden könne. Gegen diese Auffassung spricht jedoch, daß der Gesellschaftsschutz in einer freien Welt, in der die Bereitschaft aller zur Einhaltung der Rechtsordnung die stillschweigende Voraussetzung des Zusammenlebens ist, nur durch Einwirkung auf den Willen der Rechtsgenossen erreicht werden kann. Die *sozialethische* Strafrechtslehre betrachtet deswegen die Bestrafung des „betätigten Abfalls von den Grundwerten rechtlichen Handelns" als primäre Aufgabe[22]. Die letzte Konsequenz dieser Ansicht wäre die Abstufung der Strafdrohungen nach dem Grade des Handlungsunwerts, die durchgängige Bestrafung des Versuchs und die Bestrafung der Fahrlässigkeit ohne Rücksicht auf den Erfolg. Dies ist aber weder der Standpunkt des geltenden Rechts noch die Absicht des Gesetzgebers für die Zukunft. Die Aufgabe des Strafrechts läßt sich in eine monistische Konstruktion nicht widerspruchslos einfügen, sondern nur dadurch sinnvoll erklären, daß *Rechtsgüterschutz und Einwirkung auf den Handlungswillen* der Rechtsgenossen als gleichwertige, sich gegenseitig ergänzende, bedingende und beschränkende Aufgaben des Strafrechts verstanden werden[23].

§ 2 Grundbegriffe des Strafrechts

Ancel, La défense sociale nouvelle, 3. Auflage 1981 (deutsche Übersetzung der 2. Auflage „Die neue Sozialverteidigung" von *Melzer,* 1970); *Arzt,* Der Ruf nach Recht und Ordnung, 1976; *Barbero Santos,* Die Strafrechtsreform der spanischen konstitutionellen Monarchie, Festschrift für H.-H. Jescheck, Bd. II, 1985, S. 893; *Bassiouni / Nanda,* A Treatise on International Criminal Law, Bd. I, 1983; *Johanna Bosch,* Neues Strafrecht in Italien, JZ 1985, 476; *Burgstaller,* Das neue österreichische Strafrecht in der Bewährung, ZStW 94 (1982) S. 723; *Karin Cornils,* Die Freiheitsstrafe und ihre Surrogate im schwedischen Recht, JR 1981, 309; *Dahm,* Völkerrecht, Bd. III, 1961; *Dieblich,* Der strafrechtliche Schutz der Rechtsgüter der Europäischen Gemeinschaften, Diss. Köln 1985; *Ernst,* Die Ausübung der Vereinsgewalt, Diss. Köln 1969; *Ferencz,* Defining International Aggression, 2 Bde., 1975; *Frowein / Peukert,* Europäische Menschenrechtskonvention, 1985; *Ganter,* Die Spruchpraxis der Europäischen Kommission für Menschenrechte auf dem Gebiet des Strafvollzugs, 1974; *Gramatica,* Principi di difesa sociale, 1961; *Grünwald,* Zur Kritik der Lehre vom überpositiven Recht, 1971; *Haferkamp,* Herrschaft und Strafrecht, 1980; *v. Hentig,* Die Strafe, Bd. II, 2. Auflage 1955; *Hirsch,* Die Abgrenzung von Strafrecht und Zivilrecht, Festschrift für K. Engisch, 1969, S. 304; *Barbara Huber,* Die Freiheitsstrafe in England und Wales, 1983; *Jéol,* La politique criminelle en France, Rev int dr pén 1982, 903; *Jescheck,* Die Verantwortlichkeit der Staatsorgane nach Völkerstrafrecht, 1952; *derselbe,* Gegenwärtiger Stand und Zukunftsaussichten des Völkerstrafrechts, Erinnerungsgabe für M. Grünhut, 1965, S. 47; *derselbe,* Die Kriminalpolitik der deutschen Strafrechtsreformgesetze usw., Festschrift für W. Gallas, 1973, S. 27; *derselbe,* Das neue deutsche Strafrecht im

---

[22] So *Welzel,* Lehrbuch S. 1 ff.; ferner *Zielinski,* Handlungs- und Erfolgsunwert S. 143.
[23] So die h. L.; vgl. *Maurach / Zipf,* Allg. Teil I S. 210; BGH 2, 364 (368). Über die Sozialschädlichkeit als Grenze der Inkriminierung *Amelung,* Rechtsgüterschutz S. 350 ff. Gegen den extremen Standpunkt Zielinskis (vgl. oben Fußnote 22) überzeugend *Stratenwerth,* Schaffstein-Festschrift S. 177 ff.

internationalen Zusammenhang, Jahrbuch der Max-Planck-Gesellschaft 1975, S. 49; *derselbe,* Das neue deutsche Strafrecht in der Bewährung, Jahrbuch der Max-Planck-Gesellschaft 1980, S. 18; *derselbe,* Entwicklung, gegenwärtiger Stand und Zukunftsaussichten des internationalen Strafrechts, GA 1981, 49; *derselbe,* Die Freiheitsstrafe und ihre Surrogate in rechtsvergleichender Darstellung, in: *Jescheck* (Hrsg.), Die Freiheitsstrafe und ihre Surrogate im deutschen und ausländischen Recht, Bd. III, 1984, S. 1939; *Johannes,* Zur Angleichung des Straf- und Strafprozeßrechts in der EWG, ZStW 83 (1971) S. 531; *Kaiser,* Entwicklungstendenzen des Strafrechts, Festschrift für R. Maurach, 1972, S. 25ff.; *Kaiser / Metzger-Pregizer* (Hrsg.), Betriebsjustiz, 1976; *Klose,* „Jus puniendi" und Grundgesetz, ZStW 86 (1974) S. 33; *Kreuzer,* Jugendkriminalität, Kleines Kriminologisches Wörterbuch, 2. Auflage 1985, S. 160; *Lahti,* Die Entwicklung der Kriminalpolitik in Finnland, Festschrift für H.-H. Jescheck, Bd. II, 1985, S. 871; *Lange,* Wandlungen in den kriminologischen Grundlagen der Strafrechtsreform, DJT-Festschrift, Bd. I, 1960, S. 345; *Liebs,* Damnum, damnare und damnas, Zeitschrift der Savigny-Stiftung 85 (1968) S. 173; *Listl / Müller / Schmitz* (Hrsg.), Handbuch des Kath. Kirchenrechts, 1983; *Meyer-Cording,* Die Vereinsstrafe, 1957; *Norval Morris,* The Future of Imprisonment, 1974; *Nuvolone,* La legislazione penale italiana dal 1976 ad oggi, SchwZStr 102 (1985) S. 1; *Pabsch,* Der strafrechtliche Schutz der überstaatlichen Hoheitsgewalt, 1965; *Peters,* Jugendstrafrecht, HWB Krim, Bd. I, 1966, S. 455; *Radbruch,* Gesetzliches Unrecht und übergesetzliches Recht, SJZ 1946, 105; *Schultz,* Vierzig Jahre schweizerisches Strafgesetzbuch, SchwZStr 99 (1982) S. 1; *Margret Spaniol,* Zur Strafrechtsentwicklung in Frankreich, JZ 1985, 618; *Stoll,* Schadensersatz und Strafe, Festschrift für M. Rheinstein, Bd. II, 1969, S. 569; *Tiedemann,* Der Allgemeine Teil des europäischen supranationalen Strafrechts, Festschrift für H.-H. Jescheck, Bd. II, 1985, S. 1411; *derselbe,* Reform des Sanktionenwesens auf dem Gebiet des Agrarmarktes der EWG, Festschrift für G. Pfeiffer, 1988, S. 101; *Triffterer,* Völkerstrafrecht im Wandel? Festschrift für H.-H. Jescheck, Bd. II, 1985, S. 1477; *Verhaegen,* La révision du Code pénal belge, SchwZStr 98 (1981) S. 1; *Weitnauer,* Vereinsstrafe, Vertragsstrafe und Betriebsstrafe, Festschrift für R. Reinhardt, 1972, S. 179; *Winkler,* Zur Rechtsnatur der Geldbuße im Wettbewerbsrecht der EWG, 1971; *E. Wolf,* Ordnung der Kirche, 1961; *Würtenberger,* Kriminalpolitik im sozialen Rechtsstaat, 1970; *derselbe,* Zur Reform des Jugendkriminalrechts, Archiv für Wissenschaft und Praxis in der soz. Arbeit, 1971, 81.

I. Strafrecht und Strafgewalt

1. Das **Strafrecht** bestimmt, welche Zuwiderhandlungen gegen die soziale Ordnung Verbrechen sind, es droht als Rechtsfolge des Verbrechens die Strafe an. Aus Anlaß eines Verbrechens sieht es ferner Maßregeln der Besserung und Sicherung und andere Maßnahmen (z. B. Verfall und Einziehung) vor.

Die *Bezeichnung „Strafrecht",* die an die „Strafe" (mittelhochdeutscher Ausdruck für „Tadel", „Schelte") als Rechtsfolge des Verbrechens anknüpft, hat sich erst seit dem Anfang des 19. Jahrhunderts durchgesetzt, während früher der Ausdruck „Kriminalrecht" üblich war, der an das „crimen" als den anderen Grundsachverhalt des Strafrechts erinnert. Auf einer früheren historischen Stufe findet sich ferner der Ausdruck „peinliches" Recht. Er ist von dem Wort „Pein" abgeleitet, das aus dem lateinischen „poena" (Buße, Strafe) entlehnt ist; dieses geht wiederum auf das griechische „poiné" (Buße) zurück[1]. Die erste Strafrechtsordnung des Deutschen Reiches von 1532 hieß mit ihrem deutschen Titel „Peinliche Gerichtsordnung Kaiser Karls V.", mit ihrem lateinischen „Constitutio Criminalis Carolina". Im französischen Sprachraum werden „droit pénal" und „droit criminel", im englischen „penal law" und „criminal law" ohne Unterschied der Bedeutung nebeneinander gebraucht. Die italienische Bezeichnung lautet „diritto penale", die spanische „derecho penal". Im sozialistischen Rechtskreis findet man sowohl das russische „Ugolownoje prawo" (Kriminalrecht) als auch das polnische „Prawo karne" (Strafrecht).

Obwohl die Bezeichnung „Strafrecht" in einer Zeit, in der neben der Strafe die Maßregel steht, genau genommen nicht mehr das gesamte Rechtsgebiet deckt, das gemeint ist, erscheint der herkömmliche Ausdruck für das *allgemeine* Strafrecht ver-

---

[1] Vgl. *Liebs,* Zeitschrift der Savigny-Stiftung 85 (1968) S. 198; *Maurach / Zipf,* Allg. Teil I S. 2.

tretbar, weil es hier in erster Linie die Strafe ist, die als Mittel der sozialen Kontrolle eingesetzt wird, während der Maßregel eine mehr ergänzende Funktion zukommt. Dagegen läßt sich der Ausdruck „Jugend*strafrecht*" nur rechtfertigen, wenn Klarheit darüber besteht, daß es sich dabei der Sache nach um ein Teilgebiet des viel umfassenderen „Jugend*pflegerechts*" handelt, in dem der strafrichterliche Eingriff nur die „ultima ratio" ist. Das Jugendstrafrecht stellt zwar zugleich ein Sondergebiet des Strafrechts dar, die Strafe ist hier jedoch gegenüber den Maßnahmen der Jugendpflege, Fürsorge und Erziehung, die aus Anlaß der Straftat eines Jugendlichen von verschiedenen Instanzen ergriffen werden, die Ausnahme und nur dann angebracht, wenn die jugendpflegerische Behandlung wegen der Schwere der Tat oder der fortgeschrittenen verbrecherischen Neigung des Täters nicht ausreicht[2].

2. Das Strafrecht beruht auf der **Strafgewalt** („ius puniendi") des Staates[3], und diese ist wiederum ein Teil der Staatsgewalt. Es gehört zu den elementaren Aufgaben des Staates, eine Rechtsordnung zu schaffen und durchzusetzen, weil ohne sie menschliches Zusammenleben nicht möglich wäre. Ein unentbehrlicher Bestandteil jeder Rechtsordnung ist das Strafrecht, denn so sehr der moderne Sozialstaat in eine planende, lenkende und leistende Rolle hineingewachsen ist, so sehr bleibt doch der *Schutz* des Zusammenlebens der Menschen in der Gemeinschaft eine seiner Hauptaufgaben, deren Erfüllung bei jeder positiven Leistung auf dem Gebiet der Daseinsvorsorge vorausgesetzt wird. So gehört die Notwendigkeit des Strafzwangs zu den frühesten Erfahrungen der Menschheit und ist die Bestrafung von Verbrechen in allen Kulturen eine der ältesten Aufgaben der Gemeinschaft gewesen. Die volkstümliche Auffassung erblickt im Strafrecht noch heute *das Recht schlechthin*, es ist aber natürlich nur ein Teilgebiet der Rechtsordnung neben dem viel umfangreicheren Zivil-, Staats-, Verwaltungs- und Sozialrecht. Früher wurde die Strafgewalt des Staates aufgrund seiner Souveränität als *selbstherrlich* angesehen. Heute muß sich jeder Staat jedoch **Beschränkungen** seiner Autonomie auf strafrechtlichem Gebiet sowohl durch übergeordnete Rechtsnormen als auch (in Anfängen) durch eine überstaatliche Gerichtsgewalt gefallen lassen.

Unantastbar und zum Schutz der Menschenwürde der staatlichen Machtausübung entzogen ist „ein gewisser Kernbereich des Rechts, der nach allgemeiner Rechtsüberzeugung von keinem Gesetz und keiner anderen obrigkeitlichen Maßnahme verletzt werden darf" (BGH 2, 234 [237]). Danach darf schwerwiegendes materielles Unrecht weder gestattet oder gar geboten werden (z. B. die NS-Gewaltverbrechen vor 1945), noch dürfen Handlungen, die sich innerhalb des Rahmens der in unserem Kulturraum herkömmlichen Freiheit halten (z. B. das Abhören ausländischer Sender), mit Strafe bedroht werden (*naturrechtliche* Schranke der staatlichen Strafgewalt)[4]. Unmittelbar verbindlich für die Staatsgewalt sind nach Art. 25 GG ferner die allgemeinen Regeln des Völkerrechts; sie haben Vorrang vor den Gesetzen (wenn auch nicht vor der Verfassung) und erzeugen unmittelbar Rechte und Pflichten für die Bewohner des Bundesgebiets. Hierunter versteht man diejenigen Regeln des Völkerrechts, die von der großen Mehrheit

---

[2] Näher dazu *Peters*, HWB Krim Bd. I S. 455f.; *Würtenberger*, Archiv 1971, 81 ff. *Schaffstein / Beulke*, Jugendstrafrecht S. 31 ff. spricht an dieser Stelle von „Jugendkonfliktsrecht". Vgl. ferner das Zahlenmaterial bei *Kreuzer*, Kleines Kriminologisches Wörterbuch S. 161; *Schaffstein / Beulke*, Jugendstrafrecht S. 103.

[3] Umfassende Darstellung bei *Jiménez de Asúa*, Bd. II S. 11 ff.; vgl. ferner *Triffterer*, Allg. Teil S. 4f. Die Ansicht von *Klose*, ZStW 86 (1974) S. 64 ff., daß auf das Grundgesetz nur ein reines Maßnahmenrecht gegründet werden könne, widerspricht dem Wortlaut und Sinn des Art. 74 Nr. 1 GG. Eine empirische Analyse der Entstehung von Strafrechtsnormen durch *Haferkamp*, Herrschaft und Strafrecht, 1980 zeigt, daß der maßgebliche Bestimmungsfaktor Regierung und Parlament sind.

[4] Vgl. BVerfGE 1, 14 (18); BGH 1, 391 (399); 2, 173 (177); 2, 333 (334); 3, 357 (363); *Radbruch*, SJZ 1946, 105; *Kohlrausch / Lange*, System. Vorbem. III 2c; weitergehend *Grünwald*, Kritik S. 28.

der Staaten – nicht notwendigerweise auch von der Bundesrepublik selbst – anerkannt sind, z. B. die Normen des Kriegsrechts, wonach Geiselnahme, Plünderung, Tötung von Feinden, die sich ergeben haben, und unmenschliche Behandlung von Kriegsgefangenen verboten sind, oder der Grundsatz der Spezialität im Auslieferungsrecht (BGH 15, 125 [126]) (*völkerrechtliche Schranke der staatlichen Strafgewalt*). Andere Regeln des Völkerrechts, wie z. B. der Inhalt der Europäischen Konvention zum Schutze der Menschenrechte und Grundfreiheiten vom 4. 11. 1950 (BGBl. 1952 II S. 686) oder des Internationalen Pakts über bürgerliche und politische Rechte vom 19. 12. 1966 (BGBl. 1973 II S. 1534), müssen erst durch spezielle Transformation ins staatliche Recht aufgenommen werden und sind deswegen nicht im eigentlichen Sinne als Schranken der staatlichen Strafgewalt anzusehen. Eine *überstaatliche Strafgewalt* ist weder durch das Londoner Viermächteabkommen über die Verfolgung und Bestrafung der Hauptkriegsverbrecher vom 8. 8. 1945 geschaffen worden noch später im Verlauf der Bemühungen um die Errichtung eines internationalen Strafgerichtshofs zustande gekommen[5]. Die Entwicklung in dieser Richtung ist aber noch nicht abgeschlossen und hat durch die im Jahre 1974 in der UNO erzielte Einigung über die Definition des Begriffs „Aggression" neuen Auftrieb bekommen[6]. Mittelbar einschränkende Bedeutung für die staatliche Strafgewalt hat das Rechtsschutzsystem der Europäischen Menschenrechtskonvention durch die Kontrolle von Gerichtsentscheidungen und anderen Hoheitsakten der Justiz[7]. Dagegen besitzt die Europäische Wirtschaftsgemeinschaft, deren Recht unmittelbare Geltung und Vorrang vor dem nationalen Recht der Mitgliedstaaten hat, eine eigene Ordnungsstrafgewalt[8], jedoch keine Befugnis zum Erlaß kriminalstrafrechtlicher Sanktionen (BGH 25, 190 [193 f.]). Das Völkerrecht kann die Staaten aber nicht nur in der Ausübung ihrer Strafgewalt beschränken, sondern sie auch zur Bestrafung bestimmter Taten verpflichten, was sowohl durch Verträge als auch durch allgemeine Regeln geschehen kann (*völkerrechtlich vorgeschriebenes staatliches* Recht)[9]. Ein Beispiel bietet die Einführung des § 316 c über die Bestrafung der Luftpiraterie aufgrund des Haager Übereinkommens zur Bekämpfung der widerrechtlichen Inbesitznahme von Luftfahrzeugen vom 16. 12. 1970 (BGBl. 1972 II S. 1505) sowie die allgemeine Einbeziehung von „Taten, die aufgrund eines für die Bundesrepublik Deutschland verbindlichen zwischenstaatlichen Abkommens auch dann zu verfolgen sind, wenn sie im Ausland begangen werden", in die deutsche Strafgewalt (§ 6 Nr. 9).

Auch aus dem **Grundgesetz** kann sich die Pflicht des Staates ergeben, hochrangige Rechtsgüter durch Strafrechtsnormen zu schützen. So hat das Bundesverfassungsgericht die für den Abbruch der Schwangerschaft nach § 218 a ursprünglich vorgesehene Fristenlösung für verfassungswidrig erklärt („Vorrang des Lebensschutzes vor dem Anspruch der Frau auf freie Lebensgestaltung") und einen ausreichenden strafrechtlichen Schutz des werdenden Lebens verlangt (BVerfGE 39, 1 [65 f.])[10].

II. Verbrechen, Strafe und Maßregel

1. Verbrechen, Strafe und Maßregel sind die Grundbegriffe des modernen Strafrechts. **Verbrechen** ist das vom Tatbestand des Strafgesetzes in seinen Merkmalen

---

[5] *Jescheck*, Völkerstrafrecht S. 283 ff.; *derselbe*, Grünhut-Erinnerungsgabe S. 50 ff.; *derselbe*, GA 1981, 53 ff.

[6] Vgl. *Bassiouni*, Aggression, in: *Bassiouni / Nanda*, International Criminal Law, Bd. I S. 159 ff.; *Ferencz*, Defining International Aggression, Bd. 2 S. 14 ff., 556 ff.; *Triffterer*, Jescheck-Festschrift, Bd. II S. 1488 ff. (näher unten § 14 II 4).

[7] Vgl. allgemein *Frowein / Peukert*, Europäische Menschenrechtskonvention, Art. 19 ff. sowie die deutschen und ausländischen Beiträge zum Thema „Der Einfluß der Europäischen Menschenrechtskonvention auf das Strafrecht und Strafverfahrensrecht", ZStW 100 (1988) Auslandsteil, Heft 2 und 3; zum Strafvollzug *Ganter*, Spruchpraxis S. 67 ff.

[8] *Tiedemann*, Jescheck-Festschrift Bd. II S. 1410 ff.; *Dieblich*, Der strafrechtliche Schutz S. 231 ff.; *Winkler*, Die Rechtsnatur der Geldbuße, 1971; de lege ferenda dazu *Pabsch*, Überstaatliche Hoheitsgewalt S. 186 ff.; *Tiedemann*, Pfeiffer-Festschrift S. 112 ff. Zur Rechtsangleichung in der EWG *Johannes*, ZStW 83 (1971) S. 531 ff.

[9] Vgl. dazu *Dahm*, Völkerrecht Bd. III S. 285 ff.

[10] *Lackner*, Vorbem. 1 f. vor § 218.

festgelegte, mit Strafe bedrohte Unrecht, für das der Täter einen Schuldvorwurf verdient. **Strafe** ist der Ausgleich einer erheblichen Rechtsverletzung durch Auferlegung eines der Schwere von Unrecht und Schuld angemessenen Übels, das eine öffentliche Mißbilligung der Tat ausdrückt und dadurch Rechtsbewährung schafft. Die Strafe soll außerdem für den Täter selbst eine positive Wirkung entfalten, indem sie seine Sozialisation fördert oder wenigstens nicht behindert (§ 46 I 2). Der Ausspruch der Strafe ist durch Art. 92 GG dem Richter vorbehalten (BVerfGE 22, 49 [77f.]). Die **Maßregeln** dienen dem Schutz der Allgemeinheit und des Täters selbst gegen die Gefahr des Rückfalls, die aus Anlaß einer von ihm begangenen rechtswidrigen Tat festgestellt wird. Dieser Schutz wird angestrebt teils durch Freiheitsentzug mit dem Ziele der Sicherung (Sicherungsverwahrung) oder der therapeutischen Behandlung (Unterbringung in einer Entziehungsanstalt), teils durch Entziehung von einzelnen Befugnissen (Entziehung der Fahrerlaubnis), teils durch ambulante Kontrolle (Führungsaufsicht). Das geltende Recht hat das Prinzip der Zweispurigkeit beibehalten. Das Hauptproblem der Zweispurigkeit besteht in dem Verhältnis von Freiheitsstrafen und freiheitsentziehenden Maßregeln (vgl. unten § 9 II 2).

2. Die Grundlagen des Strafrechts, wie sie sich in den Begriffen Verbrechen, Strafe und Maßregel darstellen, sind in der *Strafrechtsreformbewegung*, die nach 1945 in zahlreichen Ländern eingesetzt hat, im wesentlichen erhalten geblieben[11]. Weder wird der spezifische Begriff des Verbrechens zugunsten einer unscharfen soziologischen Formel wie „Unangepaßtheit", „Verwahrlosung" oder „deviant behaviour" preisgegeben[12], noch verschwindet die Strafe gänzlich, um der wertneutralen Maßregel Platz zu machen, oder die Maßregel ihren Zusammenhang mit einer oder mehreren rechtswidrigen Vortaten[13]. Dagegen begegnet man in der ganzen Welt einer wachsenden Skepsis gegenüber dem kriminalpädagogischen Wert der Freiheitsstrafe[14] und demgemäß dem Bemühen, sie durch andere Strafen oder durch Kriminalbehandlung in der Freiheit zu ersetzen. Gemeinsam ist der internationalen Strafrechtsreformbewegung ferner der Wille, dem gesamten Rechtsfolgensystem einen vom Humanitätsideal bestimmten Erziehungssinn zu geben. In der Linie dieses Gedankens wird versucht, die Sanktion der Persönlichkeit des Verurteilten anzupassen, die Kriminalbehandlung in der Freiheit auszudehnen, die Strafe mit sozialpflegerischen Fürsorgemaßnahmen zu unterstützen, den Strafvollzug auf Resozialisierung des Verurteilten auszurichten, dem entlassenen Strafgefangenen den Rückweg in die Gesellschaft zu erleichtern und die Gesellschaft an ihre Mitverantwortung für die straffälligen Menschen zu erinnern[15]. Das vor allem in der sozialwissenschaftlichen Literatur spürbare „Unbehagen am Strafrecht" hat etwas Besseres als das Strafrecht noch nicht hervorgebracht[16].

---

[11] Grundsätzliches dazu bei *Lange*, DJT-Festschrift Bd. I S. 345. Zur deutschen Reform *Jescheck*, MPG-Jahrbuch 1980 S. 18ff.; zur österreichischen Reform *Burgstaller*, ZStW 94 (1982) S. 723; zur schweizerischen Reform *Schultz*, SchwZStr 99 (1982) S. 1; zur französischen Reform *Jéol*, Rev int dr pén 1982, 903 und *Margret Spaniol*, JZ 1985, 618; zur belgischen Reform *Verhaegen*, SchwZStr 98 (1981) S. 1; zur italienischen Reform *Nuvolone*, SchwZStr 102 (1985) S. 1 und *Johanna Bosch*, JZ 1985, 476; zur englischen Reform *Barbara Huber*, Die Freiheitsstrafe in England und Wales, 1983; zur spanischen Reform *Barbero Santos*, Jescheck-Festschrift Bd. II S. 893; zur schwedischen Reform *Karin Cornils*, JR 1981, 309; zur finnischen Reform *Lahti*, Jescheck-Festschrift Bd. II S. 871. Zum ganzen *Jescheck*, MPG-Jahrbuch 1975, S. 49.
[12] Zum Begriff „abweichendes Verhalten" in der Kriminologie *Kaiser*, Kriminologie S. 8f.
[13] Der Vorschlag von *Gramatica*, Difesa sociale S. 219f., prädeliktuelle Maßregeln einzuführen, hat sich nicht durchgesetzt. Prädeliktuelle Maßregeln gibt es noch in Italien, Spanien und Lateinamerika, jedoch wird ihre Abschaffung angestrebt.
[14] *Jescheck*, Freiheitsstrafe S. 1971 ff.; *v. Hentig*, Die Strafe Bd. II S. 160; *Norval Morris*, Imprisonment S. 12 ff.
[15] Zum ganzen *Ancel*, Défense sociale nouvelle S. 224ff., 269ff., deutsch S. 242ff., 292ff.
[16] Eine streng sachgebundene Analyse der „Zukunft des Strafrechts" gibt *Kaiser*, Maurach-Festschrift S. 25ff. Gegen radikale Lösungen ferner *Jescheck*, Gallas-Festschrift S. 28ff. Vgl.

Vorläufig ist es immer noch das Strafrecht und nur dieses, das eine soziale Kontrolle in Freiheit ermöglicht, indem es durch die Strafdrohung an die Selbstverantwortung des Bürgers appelliert und schon dadurch die allgemeine Sicherheit in ausreichendem Maße gewährleistet.

III. Nicht-kriminelle Strafen

Neben der staatlichen Kriminalstrafe gibt es verschiedene andere Arten von Strafe. Zu nennen sind einmal die **nicht-kriminellen öffentlichen Strafen,** so die Beugestrafen, die ein zukünftiges Verhalten erzwingen wollen (z. B. die Zwangsmittel der §§ 888, 889 ZPO), während die in § 890 ZPO vorgesehene Sanktion echte (Ordnungs-)Strafe ist; die Ungebührstrafen, die sich zwar auf eine begangene Tat beziehen, aber nur den Charakter eines Verweises haben (z. B. die sitzungspolizeiliche Ordnungsstrafe, § 178 GVG); die Ordnungsstrafen gegen säumige oder nicht aussagebereite Beweispersonen nach §§ 51, 70 I, 77 StPO; die Geldbußen und Verwarnungen mit Verwarnungsgeld wegen Ordnungswidrigkeiten, die aus kriminalpolitischen Gründen aus dem Strafrecht ausgegliedert sind (§§ 1, 56 ff. OWiG; vgl. unten § 7 V 4); die Zuchtmittel des Jugendstrafrechts (OLG Hamm NJW 1971, 1666), die jugendrechtliche Disziplinarmaßnahmen darstellen (§ 13 JGG); die Disziplinarmaßnahmen gegen Beamte und Soldaten (§ 5 BDO, §§ 18, 54 WDO), die den gleichen Sachverhalt betreffen können wie die Kriminalstrafe, aber der internen Aufrechterhaltung von Autorität, Gehorsam und Ordnung im Dienst oder Amt dienen (BVerfGE 21, 378 [383f.]; 391 [409]); die Disziplinarmaßnahmen im Strafvollzug (§ 102f. StVollzG); die Schulstrafen (z. B. die Arreststunde). Daneben gibt es **Privatstrafen,** die dem Schutz und der Durchsetzung von Privatrechten dienen[17]. Zu nennen sind hier die Vertragsstrafe (§§ 339 ff. BGB), das in engsten Grenzen noch anerkannte Züchtigungsrecht der Eltern (§ 1631 BGB) und die Vereinsstrafe wegen der Verletzung von Vereinspflichten aufgrund der Unterwerfung der Mitglieder unter die Satzungsgewalt des Vereins (z. B. eine Geldbuße wegen Nichteinhaltung einer internen Vereinbarung, BGHZ 21, 370)[18]. Maßnahmen sozial- und arbeitsrechtlicher Art sind die praktisch wichtigen **Betriebsstrafen,** durch die häufig auch Bagatellkriminalität in Betrieben intern geahndet wird. Bis zu einem gewissen Grade bedürfen sie ebenfalls der gesetzlichen Regelung[19]. Einem anderen Bereich des Lebens gehört die **Kirchenstrafe** an, sie hat nicht nur eine Ordnungsfunktion in der Gemeinde zu erfüllen, sondern soll auch das Seelenheil des Betroffenen fördern[20].

§ 3 Systematische Stellung, Gliederung und Gesamtreform des Strafrechts

Baumann, Entwurf eines Jugendstrafvollzugsgesetzes, 1985; *Baumann* u. a., Alternativ-Entwurf eines Strafvollzugsgesetzes, 1973; *Baumann* (Hrsg.), Die Reform des Strafvollzugs, 1974; *Bullinger,* Öffentliches Recht und Privatrecht, 1968; *Calliess / Müller-Dietz,* Strafvollzugsge-

---

zur Notwendigkeit des Strafrechts bes. *Arzt,* Der Ruf nach Recht und Ordnung, 1976. Ferner BVerfGE 51, 324 (343f.).

[17] Über die (abzulehnende) Ausdehnung des Gedankens der Privatstrafe auf den Schadensersatz nach § 847 BGB *Hirsch,* Engisch-Festschrift S. 304 ff. Über Schadensersatz im Rahmen des Strafrechts *Stoll,* Schadensersatz und Strafe, Rheinstein-Festschrift Bd. II S. 583 ff.

[18] *Meyer-Cording,* Vereinsstrafe S. 10 ff.; *Weitnauer,* Reinhardt-Festschrift S. 179 ff. Im Sport, insbes. im Fußball, ist die Vereinsstrafe ein wichtiges Mittel der sozialen Kontrolle, sie bedarf hier aber dringend der gesetzlichen Regelung. Vgl. *Ernst,* Die Ausübung der Vereinsgewalt, 1969.

[19] Vgl. *Kaiser / Metzger-Pregizer,* Betriebsjustiz S. 173 ff., insbes. *Vogler* S. 379; über die (unsichere) Rechtsgrundlage *Scholz* S. 336 f.

[20] Vgl. *Listl / Müller / Schmitz,* Handbuch S. 924 f.; *E. Wolf,* Ordnung der Kirche S. 275 ff.

setz, 4. Auflage 1986; *Dünkel,* Strafvollzug aus der Sicht der Forschung, Zeitschr. f. Strafvollzug 1983, 3; *Dünkel / Meyer* (Hrsg.), Jugendstrafe und Jugendstrafvollzug, Teilband 1, 1985; *Dünkel / Rosner,* Die Entwicklung des Strafvollzugs in der Bundesrepublik Deutschland seit 1970, 2. Aufl. 1982; *Fincke,* Das Verhältnis des Allgemeinen zum Besonderen Teil des Strafrechts, 1975; *Herrmann,* Die Strafprozeßreform vom 1.1.1975, JuS 1976, 413; *Hirsch,* Bilanz der Strafrechtsreform, Gedächtnisschrift für Hilde Kaufmann, 1986, S. 133; *Jescheck,* Rechtsvergleichung als Grundlage der Strafprozeßreform, ZStW 86 (1974) S. 761; *derselbe,* Strafrechtsreform in Deutschland, SchwZStr 91 (1975) S. 1 und SchwZStr 100 (1983) S. 1; *Kaiser,* Strafvollzug im europäischen Vergleich, 1983; *Kaiser / Kerner / Schöch,* Strafvollzug, 3. Auflage 1982; *Müller-Dietz,* Probleme der modernen Strafvollzugs, 1974; *derselbe,* Strafvollzugsrecht, 2. Auflage 1978; *Neumann,* Zur Rechtssystematik des Strafvollstreckungs- und Strafvollzugsrechts, Diss. Freiburg 1972; *Rieß,* Prolegomena zu einer Gesamtreform des Strafverfahrensrechts, Festschrift für K. Schäfer, 1980, S. 155; *derselbe,* 15 Jahre Strafprozeßreform usw., Festschrift für G. Pfeiffer, 1988, S. 155; *Roxin,* Strafverfahrensrecht, 20. Aufl. 1987; *Schreiber / Wassermann* (Hrsg.), Gesamtreform des Strafverfahrens, 1987; *Schüler-Springorum,* Strafvollzug im Übergang, 1969; *derselbe,* Strafvollzug und Strafvollzugsgesetz, Festschrift für P. Bockelmann, 1979, S. 869; *Schwind / Blau,* Strafvollzug in der Praxis, 1976; *Stöckel,* Der Sozialdienst in der Justiz, Festschrift für H.-J. Bruns, 1978, S. 299; *Stolleis,* Strafrecht und Sozialrecht, Zeitschr. f. Sozialreform 1979, 261; *Weigend,* Das Opferschutzgesetz – Kleine Schritte zu welchem Ziel? NJW 1987, 1170; *derselbe,* Deliktsopfer und Strafverfahren, 1988; *M. Wolf,* Gerichtsverfassungsrecht aller Verfahrenszweige, 6. Auflage 1987.

I. Das Strafrecht als öffentliches Recht

Das Strafrecht ist ein **Teilgebiet des öffentlichen Rechts** (ius publicum)[1], und zwar nach seiner klassischen Definition, die auf das Wirken und die Zwecke der öffentlichen Gewalt abstellt, so daß die zahlreichen Überschneidungen zwischen öffentlichem Recht und Privatrecht, die neuerdings die überlieferte Abgrenzung in Frage gestellt haben (z.B. im Mietrecht, Wirtschaftsrecht, Arbeitsrecht, Sozialrecht) hier außer Betracht bleiben können[2]. Träger der Strafgewalt ist allein der Staat als Repräsentant der Rechtsgemeinschaft. Die Ausübung der Strafgewalt gegenüber den Gewaltunterworfenen durch besondere staatliche Strafrechtspflegeorgane (Kriminalpolizei, Staatsanwaltschaft, Strafgericht, Strafvollzugsbehörde) vollzieht sich nach dem Prinzip der Über- und Unterordnung. Die Mittel, die im Strafrecht eingesetzt werden (Strafen, Maßregeln, Zwangsmaßnahmen im Strafverfahren, Anstaltsgewalt im Strafvollzug) bestehen in der Anwendung staatlichen Zwangs. Der Zweck des Strafrechts ist in erster Linie die Erhaltung von Rechtsfrieden und Rechtssicherheit durch den Schutz der Grundwerte des Zusammenlebens in der Gemeinschaft und erst in zweiter Linie die Genugtuung für den Verletzten.

Die öffentlich-rechtliche Natur des Strafrechts wird durch die *Beteiligung des Verletzten am Strafverfahren* (Strafantrag, § 77; Privatklage, § 374 StPO; Nebenklage, § 395 StPO; Entschädigung, § 403 StPO)[3] nicht in Frage gestellt, denn das Strafrecht hat auch die Interessen des Straftatopfers zu berücksichtigen. Entsprechendes gilt für die Anerkennung der *Einwilligung* des Verletzten als Rechtfertigungsgrund (vgl. unten § 34), die darauf beruht, daß strafrechtlich geschützte Rechtsgüter der Verfügungsgewalt des einzelnen unterliegen können. Auch die Einschränkungen des staatlichen Verfolgungszwangs (Legalitätsprinzip, § 152 II StPO) durch das im Vordringen befindliche *Opportunitätsprinzip* (vgl. insbes. das vorläufige Absehen von der Erhebung der öffentlichen Klage, § 153 a I StPO) sind mit der öffentlich-rechtlichen Natur des

---

[1] Vgl. *Baumann / Weber,* Allg. Teil S. 27; *Maurach / Zipf,* Allg. Teil I S. 21; *Schultz,* Einführung I S. 36. Über den engen Zusammenhang zwischen Strafrecht und Sozialrecht eingehend *Stolleis,* Zeitschr. f. Sozialreform 1979, 261.

[2] Über die modernen Probleme der Abgrenzung von öffentlichem Recht und Privatrecht vgl. *Bullinger,* Öffentliches Recht und Privatrecht S. 75 ff.

[3] Hierzu eingehend *Weigend,* Deliktsopfer und Strafverfahren, 1988. Vgl. insbes. zum Opferschutzgesetz vom 18.12.1986 (BGBl. I S. 2496) *Weigend,* NJW 1987, 1170 ff.

Strafrechts vereinbar, da auf die Verfolgung einer Straftat aus Gründen einer sachgerechten Kriminalpolitik auch verzichtet werden kann. An der Grenze liegen die in manchen Ländern (insbesondere in den USA) möglichen Vereinbarungen zwischen der Staatsanwaltschaft und dem Beschuldigten über die Art und Weise der Durchführung des Strafverfahrens *(plea bargaining)*.

II. Die drei Hauptgebiete des Strafrechts

Das Strafrecht im weiteren Sinne ruht auf drei Säulen[4]. Es gliedert sich in das materielle Strafrecht, das formelle Strafrecht oder Strafverfahrensrecht (unter Einschluß des Strafgerichtsverfassungsrechts) und das Strafvollstreckungsrecht.

1. Das **materielle Strafrecht** regelt die Voraussetzungen der Strafbarkeit und der Anwendbarkeit von Maßregeln im allgemeinen, z. B. durch das Gesetzlichkeitsprinzip (§ 1) und durch Beschreibung der besonderen Deliktsarten (z. B. Diebstahl, § 242), nennt die zulässigen Strafen, Maßregeln, sonstigen Maßnahmen und Nebenfolgen, legt die Grundzüge der Zumessung der Rechtsfolgen einer Tat fest und bestimmt die Grenzen der staatlichen Strafgewalt im Verhältnis zum Ausland. Geregelt ist das materielle Strafrecht im StGB, in mehreren strafrechtlichen Hauptgesetzen (JGG, WStG) und in zahlreichen Nebengesetzen (z. B. BtMG, StVG, WiStG).

2. Das **Strafverfahrensrecht** ist der Inbegriff derjenigen Vorschriften, die zur Durchsetzung der sich aus dem materiellen Strafrecht ergebenden Rechtsfolgen erforderlich sind. Hierhin gehören die Bestimmungen über den Aufbau und die Prinzipien der Strafgerichtsverfassung[5] sowie die Vorschriften über das Verfahren, in dem strafbare Handlungen ermittelt, verfolgt, verhandelt und abgeurteilt werden. Das Strafverfahrensrecht dient der Verwirklichung des materiellen Strafrechts, bestimmt die Grenzen der Eingriffsbefugnisse der Strafverfolgungsorgane und zielt durch eine abschließende Entscheidung auf die Wiederherstellung des gestörten Rechtsfriedens[6]. Geregelt ist das Strafverfahrensrecht im GVG, in der StPO und in mehreren anderen Gesetzen[7].

Die räumliche Trennung von materiellem Strafrecht und Strafverfahrensrecht ist aus historischen und sachlichen Gründen nicht immer streng durchzuführen. So sind Strafantrag, Ermächtigung und Strafverlangen wegen des Zusammenhangs mit den betreffenden Delikten herkömmlicherweise im StGB geregelt (§§ 77 ff.), obwohl es sich um Prozeßvoraussetzungen handelt, und enthält das JGG wegen des einheitlichen Erziehungszwecks sowohl das materielle Jugendstrafrecht als auch die gerichtsverfassungs- und verfahrensrechtlichen Sondernormen. Die Unterscheidung zwischen materiellem Strafrecht und Strafverfahrensrecht hat praktische Bedeutung einmal deswegen, weil das *Rückwirkungsverbot* nach herrschender Auffassung nicht für das letztere gilt, zum anderen, weil bei der Begründung des Rechtsmittels der *Revision* wegen eines materiellen Rechtsfehlers die allgemeine Sachrüge genügt, während bei Verfahrensfehlern die den Mangel enthaltenden Tatsachen angegeben werden müssen (§§ 352, 344 II StPO). Es gibt auch Rechtsnormen, die sowohl eine materiell- als auch eine prozeßrechtliche Seite haben wie die Strafverfolgungsverjährung und deren Behandlung in der Rückwirkungsfrage deswegen zweifelhaft ist (vgl. 2. Auflage S. 110 f.).

3. Das **Strafvollstreckungsrecht** umfaßt alle Rechts- und Verwaltungsvorschriften, die die Einleitung, Durchführung und Überwachung der rechtskräftig angeordneten Strafen, Maßnahmen und Nebenfolgen betreffen. Es ist geregelt in den §§ 449 ff. StPO, in den §§ 82 ff. JGG (für Jugendliche und nach § 110 JGG auch für

---

[4] *Maurach / Zipf*, Allg. Teil I S. 22; dazu teilweise kritisch *Kaiser*, in: *Kaiser / Kerner / Schöch*, Strafvollzug S. 25 f.
[5] Vgl. *M. Wolf*, Gerichtsverfassungsrecht S. 2.
[6] Vgl. *Roxin*, Strafverfahrensrecht S. 1.
[7] Vgl. den Überblick bei *Roxin*, Strafverfahrensrecht S. 13 ff.

Heranwachsende, soweit der Richter Jugendstrafrecht angewendet hat), in der Strafvollstreckungsordnung vom 15. 2. 1956 i. d. F. vom 15. 12. 1977 (BAnz. 1977 Nr. 239), in § 42 StGB (für Zahlungserleichterungen bei Geldstrafe), in der Justizbeitreibungsordnung vom 11. 3. 1937 (RGBl. I S. 298) und in der Einforderungs- und Beitreibungsanordnung i. d. F. vom 10. 7. 1979 (für Geldstrafen u. a.) (BAnz. 1979 Nr. 137). Systematisch zum Strafvollstreckungsrecht gehört als besonderer, von jenem zu unterscheidender Teil das **Strafvollzugsrecht,** das die Art und Weise des Vollzugs der Freiheitsstrafen und der freiheitsentziehenden Maßregeln in Justizvollzugsanstalten regelt[8]. Enthalten ist es im Strafvollzugsgesetz vom 16. 3. 1976 (BGBl. I S. 581)[9]. Die in § 65 ursprünglich vorgesehene, aber noch nicht in Kraft getretene Unterbringung bestimmter Straftäter in der sozialtherapeutischen Anstalt wurde als Maßregel wieder abgeschafft und in eine bloße Modalität des Vollzugs der Freiheitsstrafe nach § 9 StVollzG umgewandelt (Ges. vom 20. 12. 1984, BGBl. I S. 1654). Für den Jugendvollzug gelten die §§ 90 ff. JGG sowie die Jugendarrest-Vollzugsordnung i. d. F. vom 30. 11. 1976 (BGBl. I S. 3270)[10]. Ein Bestandteil des Vollstreckungsrechts ist auch das **Strafregisterrecht,** das die Eintragung und Tilgung von rechtskräftigen Verurteilungen im Bundeszentralregister, Erziehungsregister und Verkehrszentralregister und die Erteilung von Auskünften regelt. Die Bestimmungen über das Zentral- und das Erziehungsregister sind enthalten im Bundeszentralregistergesetz i. d. F. vom 21. 9. 1984 (BGBl. I S. 1229), über das Verkehrszentralregister in den §§ 28 ff. StVG und §§ 13 ff. StVZO (vgl. unten § 87). **Bewährungshilfe** (§§ 56 d, 57 III) und **Führungsaufsicht** (§§ 68 ff.) wird man als Teil der Strafvollstreckung anzusehen haben[11].

III. Der Allgemeine und der Besondere Teil des StGB

1. Die Einteilung des StGB in einen Allgemeinen und einen Besonderen Teil[12] entspricht einem **Erfordernis der gesetzgeberischen Technik.** Ein Allgemeiner Teil findet sich demgemäß in allen europäischen Strafrechtskodifikationen schon seit der Mitte des 18. Jahrhunderts, zuerst im Codex juris Bavarici criminalis von *W. X. A. Kreittmayr* (1751), später auch im ALR (1794). Besondere Bedeutung als Vorbild für die europäische Strafgesetzgebung des 19. Jahrhunderts hat der im ersten und zweiten Buch enthaltene Allgemeine Teil des französischen Code pénal (1810) gewonnen.

2. Die **Unterscheidung** der Stoffmassen, die im Allgemeinen bzw. Besonderen Teil des StGB unterzubringen sind, läßt sich nach einem formellen und nach einem materiellen Kriterium vornehmen. In den Allgemeinen Teil gehören **formell** alle diejenigen Regelungen, die für sämtliche Strafvorschriften des Besonderen Teils Bedeutung gewinnen können und sich deswegen „vor die Klammer" ziehen lassen[13], wäh-

---

[8] Vgl. hierzu *Kaiser,* in: *Kaiser / Kerner / Schöch,* Strafvollzug S. 8; *Neumann,* Rechtssystematik S. 51 ff. Über den Zusammenhang von materiellem Strafrecht und Strafvollzugsrecht *Calliess / Müller-Dietz,* Strafvollzugsgesetz, Einleitung Rdn. 20 ff.

[9] Vgl. dazu *Müller-Dietz,* Strafvollzugsrecht, S. 73 ff.; zu den praktischen Problemen *Schwind / Blau,* Strafvollzug in der Praxis, 1976. Über die Lage des Strafvollzugs in Deutschland unterrichten *Dünkel / Rosner,* Die Entwicklung des Strafvollzugs, 2. Aufl. 1982, über die internationale Lage *Kaiser,* Strafvollzug im europäischen Vergleich, 1983.

[10] Über die Lage des Jugendstrafvollzugs vgl. *Dünkel / Meyer,* Jugendstrafe S. 45 ff.

[11] Bewährungshilfe und Aufsichtsstellen für die Führungsaufsicht sind im Landesrecht geregelt; vgl. die Nachweise bei *Dreher / Tröndle,* § 56 d Rdn. 2 und Vorbem. 6 vor § 68. Zum ganzen *Stöckel,* Bruns-Festschrift S. 303 f.

[12] Vgl. dazu grundlegend *Fincke,* Das Verhältnis des Allgemeinen zum Besonderen Teil des Strafrechts, 1975; ferner *Naucke,* Einführung S. 174 ff.

[13] Vgl. *Blei,* Allg. Teil S. 2.

rend der Besondere Teil die einzelnen Deliktsarten sowie ergänzende Bestimmungen enthält, die sich auf einzelne Deliktsarten oder Gruppen von Deliktsarten beziehen.

So ist die Wahrnehmung berechtigter Interessen (§ 193) im Besonderen Teil geregelt, obwohl es sich um einen Rechtfertigungsgrund wie Notwehr (§ 32) oder Notstand (§ 34) handelt, weil die Interessenwahrnehmung als Rechtfertigungsgrund nur für die Beleidigungsdelikte gilt. Die Angemessenheit der Regelung der Einwilligung (§ 226a) im Besonderen Teil hängt demgemäß davon ab, ob man die Vorschrift (richtigerweise) nur auf die Körperverletzungsdelikte bezieht oder ihr allgemeine Bedeutung beimißt.

Materiell enthält der Besondere Teil die Deliktsbeschreibungen und damit die für die Begründung des strafrechtlichen Unrechts konstitutiven Vorschriften, während der Allgemeine Teil in seinen das Unrecht betreffenden Bestimmungen (z. B. Rechtfertigungsgründe, Versuch, Teilnahme) immer nur eine die Deliktstypen ergänzende Funktion, niemals aber selbständig unrechtsbegründende Bedeutung hat.

3. Die Unterscheidung von Allgemeinem und Besonderem Teil hat **praktische Bedeutung,** weil das Gesetz selbst an sie anknüpft (§§ 12 III, 78 IV StGB, Art. 1, 2, 4 EGStGB) und ein Teil der Lehre die Garantiefunktion des Strafgesetzes (Verbot von Gewohnheitsrecht, Analogieverbot) nur auf die Deliktsbeschreibungen des Besonderen Teils bezieht (vgl. unten § 15 III 2 c).

IV. Die Gesamtreform des deutschen Strafrechts

Seit der Begründung der Bundesrepublik im Jahre 1949 ist die Gesamtreform des deutschen Strafrechts nach den Grundsätzen des freiheitlichen, humanen und sozialen Rechtsstaats im Gange.

1. Die **Reform** des **materiellen Strafrechts** ist weitgehend abgeschlossen. Am 1.1.1975 ist eine Neufassung des Strafgesetzbuchs von 1871 in Kraft getreten (BGBl. I S. 1). Vollständig umgestaltet wurde durch das Zweite Gesetz zur Reform des Strafrechts vom 4.7.1969 (BGBl. I S. 717) der *Allgemeine Teil*[14]. Aber auch der Besondere Teil zeigt schon weitgehend ein neues Gesicht[15]. Die Reform des *Besonderen Teils,* die noch durch das EGStGB vom 2.3.1974 (BGBl. I S. 469) ein großes Stück vorangebracht werden konnte, ist jedoch noch nicht abgeschlossen und wird durch Änderungsgesetze (Novellen) weitergeführt, in erheblichem Umfang zuletzt durch das Gesetz zur Bekämpfung der Umweltkriminalität (18. StÄG) vom 28.3.1980 (BGBl. I S. 373), durch das 23. StÄG vom 23.4.1986 (BGBl. I S. 393) und das Zweite Gesetz zur Bekämpfung der Wirtschaftskriminalität vom 15.5.1986 (BGBl. I S. 721). In der Fassung der Bekanntmachung vom 10.3.1987 ist das StGB erneut veröffentlicht worden (BGBl. I S. 945).

2. Die **Strafprozeßreform**[16] ist durch das Strafprozeßänderungsgesetz vom 12.12.1964 (die sog. Kleine Strafprozeßreform) eingeleitet und seither ständig weitergeführt worden. Am wichtigsten waren in diesem Zusammenhang das EGStGB vom 2.3.1974 (BGBl. I S. 469), das 1. StVRG vom 9.12.1974 (BGBl. I S. 3393), das vor allem der Beschleunigung des Strafprozesses diente, und das Gesetz zur Ergänzung des 1. StVRG vom 20.12.1974 (BGBl. I S. 3686), das den Verteidigerausschluß regelte. Durch ein Gesetz vom 18.8.1976 (BGBl. I S. 2181) sind Vorschriften für Verfahren wegen der Bildung oder Unterstützung terroristischer Vereinigun-

---

[14] Vgl. dazu *Jescheck,* SchwZStr 91 (1975) S. 1 ff.

[15] Vgl. dazu *Jescheck,* SchwZStr 100 (1983) S. 1 ff.; *Hirsch,* Hilde Kaufmann-Gedächtnisschrift S. 134 ff.

[16] Vgl. dazu *Jescheck,* ZStW 86 (1974) S. 761 ff.; *Herrmann,* JuS 1976, 413 ff. Zur Gesamtreform *Rieß,* Schäfer-Festschrift S. 155 ff.; *derselbe,* Pfeiffer-Festschrift S. 155 ff.; *Schreiber / Wassermann* (Hrsg.), Gesamtreform des Strafverfahrens, 1987.

gen (§ 129a) eingeführt worden. Weitere Neuerungen brachte das Gesetz vom 14.4.1978 (BGBl. I S. 497). Das StVÄG vom 5.10.1978 (BGBl. I S. 1645) sowie das StVÄG vom 27.1.1987 (BGBl. I S. 475) dienten ebenfalls vor allem der Beschleunigung des Strafverfahrens. Das Strafverfahrensrecht hat in seiner jetzt vorliegenden Form bereits eine in hohem Grade rechtsstaatliche Gestalt gewonnen, für die besonders auch das Gesetz über die Entschädigung für Strafverfolgungsmaßnahmen vom 8.3.1971 (BGBl. I S. 157) und das Opferschutzgesetz vom 18.12.1986 (BGBl. I S. 2496) kennzeichnend sind. Der Plan einer Gesamtreform des Strafverfahrensrechts soll jetzt wiederaufgenommen werden (1988). Einen vorläufigen Abschluß hat auch die **Strafvollzugsreform**[17] durch das Strafvollzugsgesetz vom 16.3.1976 (BGBl. I S. 581) gefunden. Wichtige Bestimmungen treten freilich erst aufgrund zukünftiger besonderer Bundesgesetze (§ 198 III StVollzG) in Kraft. Das Arbeitsentgelt ist verbessert, aber der tarifmäßigen Entlohnung noch nicht angepaßt worden (§ 200 I StVollzG). Die Neuordnung des **Strafregister- und Straftilgungswesens** hat durch das Bundeszentralregistergesetz vom 18.3.1971 i.d.F. vom 21.9.1984 (BGBl. I S. 1229) in einem resozialisierungsfreundlichen Sinne stattgefunden.

§ 4 Grundsätze der Kriminalpolitik

Achenbach, Individuelle Zurechnung, Verantwortlichkeit, Schuld, in: *Schünemann* (Hrsg.), Grundfragen des modernen Strafrechtssystems, 1984, S. 135; *Albrecht*, Generalprävention, Kleines Kriminologisches Wörterbuch, 2. Aufl. 1985, S. 132; *Amelung*, Rechtsgüterschutz und Schutz der Gesellschaft, 1972; *derselbe*, Strafrechtswissenschaft und Strafgesetzgebung, ZStW 92 (1980) S. 19; *Ancel*, La défense sociale nouvelle, 3. Aufl. 1981; *derselbe*, Directions et directives de politique criminelle, Festschrift für H.-H. Jescheck, Bd. II, 1985, S. 779; *Bähr*, Die Strafbarkeit ohne Verschulden (strict liability) im Strafrecht der USA, 1974; *Bruns*, Alte Grundfragen und neue Entwicklungstendenzen im modernen Strafzumessungsrecht, Festschrift für H. Welzel, 1974, S. 739; *derselbe*, Strafzumessungsrecht, 2. Aufl. 1974; *derselbe*, Anmerkung zu BGH 29, 319, JR 1981, 335; *derselbe*, Über die Unterschreitung der Schuldrahmengrenze usw., MDR 1987, 177; *Burkhardt*, Zur Möglichkeit einer utilitaristischen Rechtfertigung des Schuldprinzips, in: *Baumgartner / Eser* (Hrsg.), Schuld und Verantwortung, 1983, S. 51 ff.; *Dreher*, Über die gerechte Strafe, 1947; *Eser*, Resozialisierung in der Krise? Festschrift für K. Peters, 1974, S. 505; *Gallas*, Der dogmatische Teil des Alternativentwurfs, ZStW 80 (1968) S. 1; *Grasnick*, Über Schuld, Strafe und Sprache, 1987; *Griffel*, Prävention und Schuldstrafe, ZStW 98 (1986) S. 28; *Grünwald*, Die Strafrechtsreform in der BRD und in der DDR, ZStW 82 (1970) S. 250; *Hanack*, Grenzen des Sexualstrafrechts, Verhandlungen des 47. DJT 1968, Bd. II, S. 1; *Hassemer*, Strafrechtsdogmatik und Kriminalpolitik, 1974; *derselbe*, Konstanten kriminalpolitischer Theorie, Festschrift für R. Lange, 1976, S. 501; *Henkel*, Die „richtige" Strafe, 1969; *Hesse*, Grundzüge des Verfassungsrechts der Bundesrepublik Deutschland, 15. Aufl. 1985; *Horstkotte*, Die Vorschriften des 1. StrRG über die Strafbemessung, JZ 1970, 122; *Huber*, Über den Grundsatz der Verhältnismäßigkeit usw., Zeitschrift f. schweiz. Recht 96 (1977) S. 1; *Jäger*, Strafgesetzgebung und Rechtsgüterschutz bei den Sittlichkeitsdelikten, 1957; *derselbe*, Motive des neuen Strafrechts, in: *Bundeskriminalamt* (Hrsg.), Strafrechtspflege und Strafrechtsreform, 1961, S. 63; *derselbe*, Strafrechtspolitik und Wissenschaft, in: *Bauer* u.a. (Hrsg.), Sexualität und Verbrechen, 1963, S. 273; *Jescheck*, Die kriminalpolitische Konzeption des Alternativ-Entwurfs, ZStW 80 (1968) S. 54; *Kaiser*, Kriminalpolitik, Kleines Kriminologisches Wörterbuch, 2. Aufl. 1985, S. 248; *Kargl*, Kritik des Schuldprinzips, 1982; *Arthur Kaufmann*, Das Schuldprinzip, 2. Aufl. 1976; *derselbe*, Dogmatische und kriminalpolitische Aspekte des Schuldgedankens im Strafrecht, JZ 1967, 553; *derselbe*, Schuld und Strafe, 2. Aufl. 1983; *Klug*, Rechtsphilosophische und rechtspolitische Probleme des Sexualstrafrechts, in: *Bauer* u.a. (Hrsg.), Sexualität und Verbrechen, 1963, S. 27; *Lackner*, § 13 StGB – eine Fehlleistung des Gesetzgebers? Festschrift für W. Gallas, 1973, S. 117; *Lange*, Der Rechtsstaat als Zentralbegriff der neusten Strafrechtsentwicklung, in: Berliner Kundgebung 1952 des Deut-

---

[17] Aus der umfangreichen Literatur zur Lage und Reform des Strafvollzugs: *Schüler-Springorum*, Strafvollzug im Übergang, 1969; *derselbe*, Bockelmann-Festschrift S. 869 ff.; *Baumann* (Hrsg.), Die Reform des Strafvollzugs, 1974; *derselbe*, Entwurf eines Jugendstrafvollzugsgesetzes, 1985; *Baumann* u.a., Alternativ-Entwurf eines Strafvollzugsgesetzes, 1973; *Dünkel*, Zeitschr. f. Strafvollzug 1983, 3; *Dünkel / Meyer*, Jugendstrafe S. 3 ff.; *Müller-Dietz*, Probleme des modernen Strafvollzugs, 1974.

schen Juristentages, 1952, S. 61; *derselbe,* Das Rätsel Kriminalität, 1970; *Löffler,* Die Schuldformen des Strafrechts, Bd. I, 1895; *Christine Lazerges,* La politique criminelle, 1987; *Noll,* Die ethische Begründung der Strafe, 1962; *Peters,* Grundprobleme der Kriminalpädagogik, 1960; *derselbe,* Die ethischen Voraussetzungen des Resozialisierungs- und Erziehungsvollzuges, Festschrift für E. Heinitz, 1972, S. 501; *Ingeborg Puppe,* Verführung als Sonderopfer, NStZ 1986, 404; *Radványi,* Die Schuld im Strafrecht Bulgariens usw., ROW 1977, 5; *Roxin,* Prävention und Strafzumessung, Festschrift für H.-J. Bruns, 1978, S. 183; *derselbe,* Strafzumessung im Lichte der Strafzwecke, Festgabe für H. Schultz, 1977, S. 463; *derselbe,* Zur Problematik des Schuldstrafrechts, ZStW 96 (1984) S. 641; *derselbe,* Was bleibt von der Schuld im Strafrecht übrig? SchwZStr 104 (1987) S. 356; *Rudolphi,* Das virtuelle Unrechtsbewußtsein, Schriftenreihe des Instituts für Konfliktforschung, Heft 7, 1982, S. 1; *Sax,* „Tatbestand" und Rechtsgutsverletzung, JZ 1976, 9; *Schaffstein,* Spielraumtheorie, Schuldbegriff und Strafzumessung, Festschrift für W. Gallas, 1973, S. 99; *Scheuner,* Die neuere Entwicklung des Rechtsstaates in Deutschland, DJT-Festschrift, Bd. II, 1960, S. 229; *Schmidhäuser,* Vom Sinn der Strafe, 2. Aufl. 1971; *Schöch,* Empirische Grundlagen der Generalprävention, Festschrift für H.-H. Jescheck, Bd. II, 1985, S. 1081; *Schöneborn,* Grenzen einer generalpräventiven Rekonstruktion des strafrechtlichen Schuldprinzips, ZStW 92 (1980) S. 682; *Schreiber,* Vor dem Ende des Schuldstrafrechts? in: Immenga (Hrsg.), Rechtswissenschaft und Rechtsentwicklung, 1980, S. 281; *derselbe,* Das Schuldstrafrecht nach der Strafrechtsreform, in: *Lauter / Schreiber* (Hrsg.), Rechtsprobleme der Psychiatrie, 2. Aufl. 1981, S. 29; *Schünemann,* Die Funktion des Schuldprinzips im Präventionsstrafrecht, in: *Schünemann* (Hrsg.), Grundfragen des modernen Strafrechtssystems, 1984, S. 153; *derselbe,* Die deutschsprachige Strafrechtswissenschaft usw., GA 1986, 293; *Schwind* u. a. (Hrsg.), Präventive Kriminalpolitik, 1980; *Sieverts,* Kriminalpolitik, HWB Krim, Bd. II, 1977, S. 1; *Stratenwerth,* Tatschuld und Strafzumessung, 1972; *derselbe,* Die Zukunft des strafrechtlichen Schuldprinzips, 1977; *Streng,* Schuld, Vergeltung, Generalprävention, ZStW 92 (1980) S. 637; *Theune,* Zum Strafzumessungsrecht, NStZ 1986, 153; *Wolter,* Schuldinterlokut und Strafzumessung, GA 1980, 81; *Würtenberger,* Vom Sinn des staatlichen Strafanspruchs, in: Das Rechtswesen, 1971, S. 67; *derselbe,* Kriminalpolitik im sozialen Rechtsstaat, 1970; *Zipf,* Kriminalpolitik, 2. Aufl. 1980.

Die *Kriminalpolitik* befaßt sich mit der Frage, wie das Strafrecht einzurichten ist, damit es seiner Aufgabe des Gesellschaftsschutzes am besten gerecht werden kann. Die Kriminalpolitik knüpft an die Ursachen des Verbrechens an, sie erörtert, wie die Merkmale der Straftatbestände richtig gefaßt werden müssen, um der Wirklichkeit des Verbrechens zu entsprechen, sie versucht, die Wirkungsweise der im Strafrecht verwendeten Sanktionen festzustellen, sie erwägt, bis zu welcher Grenze der Gesetzgeber das Strafrecht ausdehnen darf, um dem Freiheitsraum des Bürgers nicht mehr als unbedingt notwendig einzuschränken, sie prüft, ob das materielle Strafrecht so ausgestaltet ist, daß es im Strafprozeß durchgesetzt werden kann[1]. Wenn die Kriminalpolitik auch wie jede Wissenschaft in ihrer Forschung frei und nur der Wahrheit unterworfen ist, so gelten doch für die Verwirklichung der von ihr aufgestellten legislativen Ziele gewisse Grenzen. **Nicht alles, was zweckmäßig erscheint, ist auch gerecht.** Als Maßstäbe der Gerechtigkeit in der Kriminalpolitik sind vor allem der Schuldgrundsatz, der Grundsatz der Rechtsstaatlichkeit und der Grundsatz der Humanität zu verstehen.

I. Der Schuldgrundsatz

1. Der **Schuldgrundsatz** bedeutet, daß kriminelle Strafe nur auf die Feststellung gegründet werden darf, daß dem Täter seine Tat persönlich zum Vorwurf gemacht werden kann (vgl. unten § 37 I 1). Aus dem Schuldgrundsatz ergibt sich einmal, daß

---

[1] Über Aufgabe, Wesen und Abgrenzung der Kriminalpolitik vgl. *Hassemer,* Kriminalpolitik S. 142; *derselbe,* Lange-Festschrift S. 508 ff.; *Kaiser,* Kriminologie S. 314 ff.; *derselbe,* Kleines Kriminologisches Wörterbuch S. 248; *Zipf,* Kriminalpolitik S. 3 ff.; *Sieverts,* HWB Krim Bd. II S. 1 ff.; *Christine Lazerges,* La politique criminelle, 1987. Zur Bedeutung der Strafrechtswissenschaft für die Kriminalpolitik des Staates *Amelung,* ZStW 92 (1980) S. 19. Umfassende Darstellung ferner bei *Schwind* u. a. (Hrsg.), Präventive Kriminalpolitik, 1980.

Strafe überhaupt Schuld voraussetzt, so daß, wer ohne Schuld handelt, nicht bestraft werden kann *(Ausschluß der Erfolgshaftung)*[2], zum anderen, daß die Strafe auch das Maß der Schuld nicht überschreiten darf *(Strafzumessung im Rahmen der Schuldobergrenze)*. Das Wesen der Schuld wird dabei nicht in einem durch schuldhafte schlechte Lebensführung erworbenen Charakterfehler gesehen („Lebensführungsschuld"), sondern darin, daß der Täter in der konkreten Situation der Versuchung nachgegeben und damit durch sein Handeln Schuld auf sich geladen hat („Tatschuld")[3].

2. Das Schuldprinzip wird als **verfassungsrechtlicher Grundsatz** *(nulla poena sine culpa)* verstanden[4], es ist in der deutschen Strafrechtslehre fast ohne Ausnahme anerkannt[5]. In Übereinstimmung mit den Entwürfen[6] hat § 46 I 1 das Schuldprinzip ausdrücklich im StGB verankert, wenn auch in einer nicht ganz eindeutigen Formel, nach der die Schuld nur „Grundlage" für die Zumessung der Strafe ist[7]. Das Schuldprinzip dient einmal dem notwendigen Schutz des Täters gegen jedes Übermaß repressiver Einwirkung des Staates[8]. Es sorgt ferner dafür, daß die Strafe als ein öffentlicher Tadel strikt auf Handlungen beschränkt bleibt, die ein sozialethisches Unwerturteil verdienen. Der Bundesgerichtshof hat in einem programmatischen Ausspruch das Schuldprinzip zur Grundlage seiner Rechtsprechung gemacht: „Strafe setzt Schuld voraus. Schuld ist Vorwerfbarkeit. Mit dem Unwerturteil der Schuld wird dem Täter vorgeworfen, daß er sich nicht rechtmäßig verhalten, daß er sich für das Unrecht entschieden hat, obwohl er sich rechtmäßig verhalten, sich für das Recht hätte entscheiden können" (BGH 2, 194 [200]; 18, 87 [94]). Auch die aus dem Schuldprinzip für die Strafobergrenze folgende Konsequenz wird ausdrücklich gezogen: „Der Präventionszweck darf nicht dazu führen, die gerechte Strafe zu überschreiten" (BGH 20, 264 [267]; BGH NJW 1987, 3015).

---

[2] Dieser Gedanke findet sich schon im römischen Zwölftafelgesetz (um 450 v. Chr.), ist also ältestes europäisches Kulturgut; vgl. *Mommsen*, Römisches Strafrecht S. 85. Zum griechischen Recht vgl. *Löffler*, Schuldformen S. 51 ff.

[3] *Bruns*, Strafzumessungsrecht S. 538 ff.; *LK (Hirsch)* Vorbem. 170 vor § 32; *Arthur Kaufmann*, Schuldprinzip S. 187 ff.; *Lenckner*, Strafe S. 40 ff.; *Schmidhäuser*, Allg. Teil S. 373; *Stratenwerth*, Tatschuld S. 7.

[4] BVerfGE 6, 389 (439); 9, 167 (169); 20, 323 (331); 28, 386 (391); 50, 125 (133); BGH 2, 194 (200); 10, 259 (262 f.); *Maunz / Dürig / Herzog*, Art. 1 Rdn. 32.

[5] *Baumann / Weber*, Allg. Teil S. 357 ff.; *Blei*, Allg. Teil S. 175 ff.; *Bockelmann / Volk*, Allg. Teil S. 10; *Bruns*, Strafzumessungsrecht S. 311 ff.; *Dreher / Tröndle*, Vorbem. 28 vor § 13; *Haft*, Allg. Teil S. 104 f.; *Grasnick*, Über Schuld S. 54 ff.; *Griffel*, ZStW 98 (1986) S. 28 ff.; *LK (Jescheck)* Vorbem. 65 ff. vor § 13; *Arthur Kaufmann*, Schuldprinzip S. 116 ff.; *Lackner*, § 46 Anm. 3 a; *Maurach / Zipf*, Allg. Teil I S. 84 f.; *Roxin*, ZStW 96 (1984) S. 650 ff.; *Rudolphi*, Unrechtsbewußtsein S. 1 ff.; *Schmidhäuser*, Allg. Teil S. 365 f.; *Schönke / Schröder / Lenckner*, Vorbem. 103 f. vor § 13; *Schünemann*, Die Funktion des Schuldprinzips S. 170 ff.; *derselbe*, GA 1986, 293 ff.; *Stratenwerth*, Die Zukunft des strafrechtlichen Schuldprinzips S. 42 ff.; *Welzel*, Lehrbuch S. 136. Abweichend im Sinne einer gesellschaftlichen Zuschreibung von Verantwortlichkeit *Achenbach*, Individuelle Zurechnung S. 150 f.; im Sinne eines Derivats der Erfordernisse der Generalprävention *Jakobs*, Allg. Teil S. 397; im Sinne einer „Spiegelung emotionaler Bedürfnisse des Urteilenden" *Streng*, ZStW 92 (1980) S. 656; grundsätzlich ablehnend *Kargl*, Kritik des Schuldprinzips, 1982. Dagegen im Sinne der *Eigenständigkeit* des Schuldprinzips *Burkhardt*, Rechtfertigung des Schuldprinzips S. 51 ff. (mit utilitaristischer Begründung); *Schöneborn*, ZStW 92 (1980) S. 687 ff.; *Schreiber*, Schuldstrafrecht S. 35; *derselbe*, Vor dem Ende des Schuldstrafrechts? S. 280; *Roxin*, SchwZStr 104 (1987) S. 368 ff. (Schuld im Sinne von Verantwortlichkeit).

[6] E 1962, Begründung S. 96; AE, Begründung S. 29; vgl. dazu *Gallas*, ZStW 80 (1968) S. 1 ff.; *Jescheck*, ZStW 80 (1968) S. 58 ff.

[7] Zu der Grundlagenformel vgl. *Lackner*, Gallas-Festschrift S. 117 ff.

[8] Vgl. *Lange*, Rätsel Kriminalität S. 97 f.

Ebenso wird im Ausland heute durchweg am Schuldprinzip festgehalten[9], wobei die deutsche Lehre nicht ohne Einfluß gewesen ist. Diese Beobachtung zeigt, daß es sich hier nicht um eine theoretische Frage handelt, die man so oder anders beantworten kann, sondern um den in allen politischen Systemen allein gangbaren Weg der Kriminalpolitik, auf dem die praktischen Probleme der Strafgerechtigkeit in Übereinstimmung mit den Wertvorstellungen der Gesamtheit gelöst werden können.

3. Während die strafbegründende und strafbegrenzende Funktion des Schuldgrundsatzes keinem ernstlichen Zweifel unterliegt, gehört die Frage, ob und inwieweit die Strafe **das Maß der Schuld** aus spezialpräventiven Gründen **unterschreiten** darf, zu den umstrittensten Problemen in der gegenwärtigen Strafrechtswissenschaft. Wenn Strafe Ausgleich der schuldhaften Rechtsverletzung sein soll, weil nur so auf gerechte Weise der Zweck des Gesellschaftsschutzes erreicht werden kann (BGH 24, 40 [42]), muß eine angemessene Proportion von Schuldgehalt und Strafgröße gewahrt bleiben, was übermäßige Abweichungen nach unten verbietet, so daß z. B. ein KZ-Verbrechen nicht mit einer zur Bewährung ausgesetzten Freiheitsstrafe beantwortet werden könnte, weil der Täter seit Jahren in die Gesellschaft voll eingeordnet und durch das eindeutige Urteil der Geschichte auch die Gesamtheit genügend belehrt sei[10]. Daher verlangt die Judikatur durchweg Entsprechung von Schuld und Strafe[11]. Die Einschränkung der kurzfristigen Freiheitsstrafe durch § 47, die Ausdehnung der Strafaussetzung zur Bewährung durch § 56 und die Einführung der Verwarnung mit Strafvorbehalt in § 59 heben das Schuldprinzip als untere Begrenzung der Strafe nicht auf. Der Richter muß vielmehr das Schuldprinzip als Grundlage der Strafzumessung auch in Fällen der Anwendung alternativer Sanktionen dadurch wahren, daß er die Geldstrafe nötigenfalls strenger bemißt bzw. den Auflagen mehr Gewicht gibt (vgl. unten § 79 I 5 b, § 80 II 1).

---

[9] Vgl. für Österreich *Kienapfel*, Allg. Teil (österr.) S. 52 und *Triffterer*, Allg. Teil S. 247 f.; für die Schweiz *Hauser / Rehberg*, Strafrecht I S. 147; *Noll / Trechsel*, Allg. Teil I S. 127; *Stratenwerth*, Schweiz. Strafrecht, Allg. Teil I S. 42 und *Schultz*, Einführung I S. 179 ff.; für die Niederlande *Hazewinkel-Suringa / Remmelink*, Inleiding S. 158 ff. und *van Bemmelen / van Veen*, Ons Strafrecht S. 60; für Frankreich *Merle / Vitu*, Traité I S. 607 f. und *Stefani / Levasseur / Bouloc*, Droit pénal général S. 348 f.; für Belgien *Verhaegen*, SchwZStr 98 (1981) S. 4 ff.; für Italien *Bettiol / Pettoello Mantovani*, Diritto penale S. 420 ff. und *Pagliaro*, Principi S. 335 ff.; für Spanien *Rodríguez Devesa / Serrano Gómez*, Derecho penal S. 432 ff. und *Gimbernat Ordeig*, Das spanische Strafrecht S. 343; für Brasilien *Fragoso*, Lições S. 211 ff. und *da Costa jr.*, Comentários Art. 59 Anm. 1; für England *Glanville Williams*, Criminal Law S. 11 ff.; für die USA *LaFave / Scott*, Criminal Law S. 191 ff.; für die sozialistischen Länder *Radványi*, ROW 1977, 5 ff. Auch die Bewegung der Défense sociale bekennt sich heute zum Schuldprinzip; vgl. *Ancel*, La défense sociale nouvelle S. 187 f. und *derselbe*, Jescheck-Festschrift Bd. II S. 789. Als Ausnahme kennt das französische Recht „infractions purement matérielles"; vgl. *Bouzat*, Traité I S. 195 f. Ebenso enthält das englische und amerikanische Recht die „strict liability"; vgl. *Bähr*, Strafbarkeit ohne Verschulden (strict liability) im Strafrecht der USA, 1974.

[10] *Bruns*, Strafzumessungsrecht S. 323; *derselbe*, Welzel-Festschrift S. 746 f.; *Dreher*, Gerechte Strafe S. 127 ff.; *Bockelmann / Volk*, Allg. Teil S. 233; LK (*G. Hirsch*) Vorbem. 16 vor § 46; SK (*Horn*) § 46 Rdn. 13; *Henkel*, Strafe S. 47; *Maurach / Zipf*, Allg. Teil I S. 87; *Schaffstein*, Gallas-Festschrift S. 105. Für die Zulässigkeit der Unterschreitung der schuldangemessenen Strafe aus spezialpräventiven Gründen *Grünwald*, ZStW 82 (1970) S. 253; *Horstkotte*, JZ 1970, 124; *Lackner*, § 46 Anm. 3 b aa; *Roxin*, Schultz-Festgabe S. 473 ff.; *derselbe*, Bruns-Festschrift S. 184; *Schünemann*, GA 1986, 309; *Wolter*, GA 1980, 94.

[11] RG 58, 106 (109); BGH 3, 179; 7, 86 (89); 20, 264 (266); 24, 132 (134); 29, 319 m. Anm. *Bruns*, JR 1981, 335; BGH 32, 60 (65); 34, 345 (349). Die Preisgabe der Schulduntergrenze in einem Fall der Tatprovokation durch Lockspitzel (BGH NJW 1986, 1764) sollte auf derartige Fälle beschränkt bleiben; vgl. dazu kritisch *Bruns*, MDR 1987, 177 ff.; zustimmend *Ingeborg Puppe*, NStZ 1986, 404; *Theune*, NStZ 1986, 156 f. Vgl. auch BGH 32, 345 (354).

Dagegen wollte der AE bei der Ausschöpfung des bis zur Schuldobergrenze reichenden Rahmens der Strafe für die Strafzumessung nur präventive Gesichtspunkte genügen lassen (§ 59 II), während die Ausgleichsfunktion der Strafe bewußt preisgegeben wurde[12]. Hiergegen bestehen jedoch Bedenken, da an der sich in der Strafe spiegelnden Verantwortlichkeit des Täters „als einer Realität unseres sozialen und moralischen Bewußtseins" festgehalten werden muß, wenn das Strafrecht als Schutzordnung und Garant der Rechtsbewährung erhalten bleiben soll[13]. Es ist freilich zuzugeben, daß es an empirischen Daten über die Wirkung gerechter und das heißt: schuldangemessener Strafen auf das Rechtsbewußtsein der Allgemeinheit vorläufig noch fehlt, doch ist die kriminologische Forschung auf dem Gebiet der positiven Generalprävention in Gang gekommen[14].

II. Der Grundsatz der Rechtsstaatlichkeit

Maßstab der Kriminalpolitik ist weiter der **Grundsatz der Rechtsstaatlichkeit,** der vom Grundgesetz als Leitprinzip für die gesamte Staatstätigkeit aufgestellt wird (Art. 28 I GG)[15]. Es gibt einen formellen und einen materiellen Begriff der Rechtsstaatlichkeit[16].

1. In *formeller* Hinsicht treten im Strafrecht vor allem diejenigen Elemente des Rechtsstaatsprinzips hervor, die die **Rechtssicherheit** verbürgen sollen. Da das Strafrecht die tiefsten Eingriffe in die Freiheitssphäre des Bürgers ermöglicht, die die Rechtsordnung überhaupt kennt, müssen besondere Schutzvorkehrungen gegen seinen Mißbrauch getroffen werden. Der Grundsatz des Vorrangs und des Vorbehalts des Gesetzes[17] ist deshalb im Strafrecht stärker ausgeprägt als in jedem anderen Teil des geltenden Rechts. So bestimmt Art. 103 II GG, daß eine Tat nur dann bestraft werden kann, wenn die Strafbarkeit gesetzlich bestimmt war, bevor die Tat begangen wurde (vgl. näher unten § 15 II 4). Damit wird nicht nur als Grundlage der Strafbarkeit überhaupt ein Gesetz verlangt, sondern auch die Rückwirkung des strafbegründenden und strafschärfenden Gesetzes ausgeschlossen (vgl. näher unten § 15 IV). Die inhaltliche Bindung des Strafrichters an das Gesetz ist ebenfalls enger als sonst in der Rechtspflege: die Anwendung des Strafgesetzes zu Lasten des Beschuldigten auf einen vom Gesetzessinn nicht unmittelbar erfaßten Sachverhalt ist unzulässig (sog. *Analogieverbot*, vgl. unten § 15 III 2). In positiver Hinsicht wird aus Art. 103 II GG das *Bestimmtheitsgebot* abgeleitet (vgl. unten § 15 III 3). Die Ermessensfreiheit des Strafrichters bei der Festsetzung von Strafen und Maßregeln soll durch möglichst genaue Bezeichnung der Voraussetzungen des Eingriffs, durch relativ enge Strafrahmen und durch Aufteilung weiter Strafrahmen in besonders schwere (z. B. §§ 212 II, 240 I) und minder schwere Fälle (z. B. §§ 249 II, 316a I) eingeengt werden. Zugleich soll damit für den Bürger die Klarheit und Berechenbarkeit des Rechts gesichert werden. Im Strafrecht gilt ferner durchweg der „*Vorbehalt des Richters*" (Art. 92 und 104 II GG), d. h. sämtliche den Bürger belastenden Entscheidungen, insbesondere solche über

---

[12] Die Strafe würde damit aber ebenso wie die Maßregel zum reinen Präventionsmittel, vgl. dazu *Noll*, Ethische Begründung, S. 19 f.; *Roxin*, JuS 1966, 384 f. Doch gibt nur die *gerechte* Strafe das Bewußtsein der Rechtssicherheit, auf das es für den Gesellschaftsschutz ankommt; vgl. *Schmidhäuser*, Sinn der Strafe S. 79. Abweichend vom AE auch *Arthur Kaufmann*, JZ 1967, 553 ff.

[13] Vgl. *Gallas*, ZStW 80 (1968) S. 4 f.; *Jescheck*, ZStW 80 (1968) S. 58 ff.; *Stratenwerth*, Allg. Teil I Rdn. 30; *Arthur Kaufmann*, Schuldprinzip S. 273.

[14] Vgl. dazu *Albrecht*, Kleines Kriminologisches Wörterbuch S. 132 ff.; *Schöch*, Jescheck-Festschrift Bd. II S. 1081 ff.

[15] *Lange*, Rechtsstaat S. 64 ff.; allgemein *Scheuner*, DJT-Festschrift Bd. II S. 229; *Hesse*, Grundzüge S. 72 ff.; BVerfGE 6, 32 (41); 6, 55 (72); 7, 89 (92 f.).

[16] *Zipf*, Kriminalpolitik S. 31.

[17] Näher dazu *Hesse*, Grundzüge S. 77, 195.

eine Freiheitsentziehung, sind richterlichen Instanzen vorbehalten, um die besondere Unparteilichkeit der Staatstätigkeit auf diesem Sachgebiet zum Ausdruck zu bringen. Auch im Strafvollzug wird Rechtsschutz durch die Gerichte umfassend gewährt (§§ 109 ff. StVollzG).

2. In *materieller* Hinsicht sagt der Grundsatz der Rechtsstaatlichkeit, wie das Strafrecht inhaltlich gestaltet sein muß, um dem Idealbild des gerechten Staates möglichst weitgehend zu entsprechen (BGH 24, 173 [175]). Im Vordergrund steht dabei die **Wahrung der Menschenwürde** als Grundnorm des gesamten Wertsystems unserer Verfassung (Art. 1 I GG). Daraus folgt mit der Gewährleistung der allgemeinen Handlungsfreiheit (Art. 2 I GG) für das Strafrecht die **Beschränkung auf notwendige Eingriffe** zur Sicherung des Zusammenlebens der Menschen in der Gemeinschaft[18]. Aus der Menschenwürde ergibt sich weiter der Ausschluß grausamer oder erniedrigender Strafen und das Verbot entwürdigender Behandlung der Gefangenen im Strafvollzug (so ausdrücklich Art. 3 der Europäischen Menschenrechtskonvention von 1950, Art. 7 des Internationalen Paktes über bürgerliche und politische Rechte von 1966 sowie Nr. 1 ff. der Règles pénitentiaires européennes, Recommandation No R [87] 3 des Ministerkomitees des Europarats vom 12. 2. 1987). Das Grundrecht der allgemeinen Handlungsfreiheit (Art. 2 I GG) führte zur Anerkennung des Schuldprinzips (vgl. oben § 4 I) als Verfassungsrechtssatz (BVerfGE 20, 323 [331]). Eine Konsequenz des materiellen Rechtsstaatsprinzips ist ferner die **Sachgebundenheit** der gesamten Kriminalpolitik[19]. So dürfen über die Strafwürdigkeit einer Handlung nicht gefühlsmäßige, von vorgefaßten Meinungen bestimmte Urteile entscheiden, sondern nur zwingende Bedürfnisse des Gesellschaftsschutzes und darf die richterliche Entscheidung nicht von persönlichen Werturteilen und Emotionen bestimmt werden[20], sondern nur von den Werturteilen des Gesetzgebers, von sachlichen Erwägungen und allgemeingültigen Erkenntnissen (BGH 4, 24 [32]). Materieller Natur ist auch der als Verfassungsrechtssatz anerkannte **Grundsatz der Verhältnismäßigkeit der Mittel** (Übermaßverbot) (BVerfGE 19, 343)[21], den der Gesetzgeber als Voraussetzung der Anordnung von Maßregeln in das Strafgesetz aufgenommen hat (§ 62). Ausdruck des Rechtsstaatsprinzips ist endlich der **Gleichheitssatz** (Art. 3 I GG). Er gebietet die gleiche Behandlung aller Menschen im Strafrecht und verlangt deshalb, daß der zu Geldstrafe verurteilte Unbemittelte die Vollstreckung der Ersatzfreiheitsstrafe durch Leistung gemeinnütziger Arbeit abwenden kann (Art. 293 EGStGB). Der Gleichheitssatz verbietet ferner die Diskriminierung entlassener Strafgefangener. Darauf weist § 3 III StVollzG hin: „Der Vollzug ist darauf auszurichten, daß er dem Gefangenen hilft, sich in das Leben in Freiheit wieder einzugliedern".

III. Der Grundsatz der Humanität

Grundlage der Kriminalpolitik muß endlich der Grundsatz der Humanität sein[22]. Er besagt, daß alle menschlichen Beziehungen, die das Strafrecht im weitesten Sinne entstehen läßt, auf der Grundlage gegenseitiger Verbundenheit, gesellschaftlicher

---

[18] Vielfach wird angenommen, daß die mit dem Rechtsgutsbegriff verknüpfte „Sozialschädlichkeit" der Tat die Grenze für den repressiven Eingriff des Staates bilden müsse; vgl. *Jäger*, Rechtsgüterschutz S. 6 ff.; *Hanack*, Gutachten S. 1 ff.; *Maurach / Zipf*, Allg. Teil I S. 162 f.; *Amelung*, Rechtsgüterschutz S. 314 ff.; *Sax*, JZ 1976, 11.

[19] Hierzu näher *Klug*, Probleme des Sexualstrafrechts S. 38 ff.; *Jäger*, Strafrechtspolitik S. 273 ff.; *derselbe*, Motive S. 63 ff.

[20] *Engisch*, Einführung S. 125 ff.

[21] Vgl. dazu *Huber*, Zeitschrift f. schweiz. Recht 96 (1977) S. 1 ff.

[22] Vgl. hierzu *Würtenberger*, Kriminalpolitik S. 4 ff., 149 ff.; *derselbe*, Strafanspruch S. 75; *Ancel*, Défense sociale nouvelle S. 33 f.; *Zipf*, Kriminalpolitik S. 48 ff.

Verantwortung für den straffälligen Menschen, freier Bereitschaft zu sozialer Hilfe und Fürsorge und entschlossenen Willens zur **Rückgewinnung verurteilter Straftäter** geordnet werden müssen. Daraus ergab sich für die Bundesrepublik die *Abschaffung der Todesstrafe* (Art. 102 GG, dazu BVerfGE 18, 112 [117]) und die zwangsweisen *Entmannung gefährlicher Sittlichkeitsverbrecher*[23] sowie die *Beseitigung der Zuchthausstrafe* und der *Ehrenstrafen* im neuen Recht. An die Stelle einer übertrieben repressiven Tendenz des Strafrechts ist der Gedanke der *Resozialisierung* des straffälligen Menschen getreten (vgl. § 46 I 2 StGB; §§ 2 S. 1, 154 II StVollzG). So ist der Humanitätsgrundsatz vor allem der *Leitgedanke des Strafvollzugs* geworden[24]. Der Internationale Pakt über bürgerliche und politische Rechte vom 19.12.1966 enthält in Art. 10 I ausdrücklich die Vorschrift, daß der Gefangene „menschlich und mit Achtung vor der dem Menschen innewohnenden Würde behandelt werden" muß. Das Bewußtsein mitmenschlicher Verantwortung ist endlich maßgebend für den Ausbau der Fürsorgemaßnahmen, von denen heute die Kriminalbehandlung in Freiheit und der Rückweg des entlassenen Strafgefangenen in die Gesellschaft umgeben sein sollen. Freilich dürfen auch die hier bestehenden *Schwierigkeiten* nicht verkannt werden. Das Strafrecht läßt sich nicht ohne weiteres mit dem Recht der öffentlichen Fürsorge gleichsetzen. Es dient in erster Linie der austeilenden Gerechtigkeit und muß die Verantwortlichkeit des Täters für den Rechtsbruch dadurch zur Geltung bringen, daß er die verdiente Antwort auf seine Tat durch die Rechtsgemeinschaft erfährt. Dabei kann es ohne Einbußen und Schmerzen, vor allem bei der Freiheitsstrafe, nicht abgehen, es sei denn, man wollte die Rangfolge der moralischen Werte umkehren und die Verfehlung zum Anlaß einer Belohnung nehmen, was ins Reich der Utopie führen würde. Innerhalb dieser durch die Natur seiner Aufgabe festgelegten Grenzen müssen jedoch alle menschlichen Beziehungen, die im Strafrecht eine Rolle spielen, vom Grundsatz der Humanität getragen sein.

§ 5 Kriminalität und Strafrechtsanwendung im Spiegel der Statistik

Albrecht, Die Kriminalitätsentwicklung in der Bundesrepublik Deutschland, BewH 1984, 1; *Blau*, Die Kriminalität in Deutschland während des zweiten Weltkriegs, ZStW 64 (1952) S. 31; *Bundeskriminalamt*, Polizeiliche Kriminalstatistik, 1963 bis 1986; *Collmann*, Internationale Kriminalstatistik, 1973; *The President's Commission on Law Enforcement*, The Challenge of Crime in a Free Society, 1967; *Császár*, Die Entwicklung der Kriminalität in Österreich von 1953 bis 1964, 1967; *Exner*, Studien über die Strafzumessungspraxis der deutschen Gerichte, 1931; *Freiburg*, Zur Jugendkriminalität in der DDR, Kölner Zeitschrift für Soziologie 27 (1975) S. 489; *J. Frey*, Die Kriminalität in Zeiten des Wohlstandes, Diss. Zürich 1968; *Gibbons*, Delinquent Behaviour, 1970; *Graff*, Die deutsche Kriminalstatistik, 1975; *Heinz*, Entwicklung, Aufgaben und Probleme der Kriminalstatistik, ZStW 84 (1972) S. 806; *derselbe*, Das System der Strafrechtspflegestatistiken, Allgemeines Statistisches Archiv 59 (1975) S. 95; *derselbe*, Entwicklung, Stand und Struktur der Strafzumessungspraxis, MSchrKrim 1981, 148; *derselbe*, Strafrechtsreform und Sanktionsentwicklung, ZStW 94 (1982) S. 632; *derselbe*, Strafrechtliche Sozialkontrolle – Beständigkeit im Wandel? BewH 1984, 13; *Kaiser*, Jugendkriminalität, 3. Aufl. 1982; *Hilde Kaufmann*, Steigt die Jugendkriminalität wirklich? 1965; *Kerner*, Verbre-

---

[23] Freiwillige Kastration ist aber unter engen Voraussetzungen zulässig; vgl. BGH 19, 201 sowie §§ 1, 2 KastrG vom 15.8.1969, BGBl. I S. 1143.

[24] Vgl. näher *Peters*, Kriminalpädagogik S. 55ff. Wie freilich die Resozialisierung im Strafvollzug *inhaltlich* gestaltet werden soll, ist zweifelhaft, da § 2 I 1 StVollzG nur die Legalitätshaltung des Gefangenen als Behandlungsziel aufstellt; vgl. dazu *Peters*, Heinitz-Festschrift S. 507ff., der eine Resozialisierung ohne eindeutigen sittlichen Kern verneint, während *Eser*, Peters-Festschrift S. 516ff. verschiedene gesellschaftlich relevante Motivationen nebeneinander für denkbar hält.

chenswirklichkeit und Strafverfolgung, 1973; *derselbe,* Kriminalstatistik, Kleines Kriminologisches Wörterbuch, 2. Aufl. 1985, S. 260; *Knudten,* Crime in a Complex Society, 1970; *Lekschas* u. a., Kriminologie, 1983; *McClintock / Avison,* Crime in England and Wales, 1968; *Miyazawa,* Kriminalität und ihre Bekämpfung in Japan, Festschrift für Th. Würtenberger, 1977, S. 299; *derselbe,* Informelle Sozialkontrolle in Japan, Festschrift für H.-H. Jescheck, Bd. II, 1985, S. 1159; *Popitz,* Über die Präventivwirkung des Nichtwissens, 1968; *Republik Österreich,* Sicherheitsbericht 1983, Tabellen und Graphiken; *Roxin,* Zur Entwicklung der Kriminalpolitik seit den Alternativ-Entwürfen, JA 1980, 545; *Sack,* Dunkelfeld, Kleines Kriminologisches Wörterbuch, 2. Aufl. 1985, S. 76; *Schafer / Knudten,* Juvenile Delinquency, 1970; *Schindhelm,* Der Sellin-Wolfgang-Index, 1972; *Schöch,* Ist Kriminalität normal? Kriminologische Gegenwartsfragen 12 (1976) S. 211; *Schultz,* L'évolution de la criminalité en Suisse de 1929 à 1963, Rev sc crim 1965, 385; *derselbe,* Von der dreifachen Bedeutung der Dunkelziffer, Festschrift für H. Henkel, 1974, S. 239; *derselbe,* Besprechung von „Bundesamt für Statistik: Die Strafurteile in der Schweiz 1982, 1983, 1984", SchwZStr 103 (1986) S. 122, 443, 444; *Sellin,* Recidivism and Maturation, National Probation and Parole Association Journal 1958, S. 241; *derselbe,* Crime and Delinquency in the United States, in: The Annals, Vol. 339, 1962, S. 11; *Statistisches Bundesamt,* Rechtspflege, Fachserie 10, Reihe 1 Ausgewählte Zahlen für die Rechtspflege; Reihe 4 Strafvollzug; *Monika Traulsen,* Die Bedeutung der Kinderdelinquenz, NJW 1974, 597; *US Department of Justice,* Crime in the United States, Year 1984, 1985.

I. Allgemeines zur Kriminalstatistik

Kriminalität und Strafrechtsanwendung haben einschneidende Bedeutung für das gesamte soziale Leben eines Volkes. Die Kriminalität verursacht für die Betroffenen körperliche, seelische und materielle Schäden, für die Allgemeinheit Verluste der verschiedensten Art. Sie führt zu Mißtrauen, Unsicherheit und Furcht. Strafen und Maßregeln greifen tief in das private Leben der Verurteilten ein und belasten als freiheitsentziehende Sanktionen die öffentlichen Haushalte. Die nachfolgenden Übersichten sollen ein Bild davon geben, wie häufig in der Bundesrepublik Straftaten angezeigt und aufgeklärt, Verurteilungen ausgesprochen, Sanktionen verhängt und Menschen in Strafanstalten eingewiesen werden. Die Abgrenzung des Zeitraums, der von dieser Darstellung erfaßt wird, erklärt sich daraus, daß die Reichskriminalstatistik im Jahre 1882 eingeführt wurde[1] und das letzte erschienene Heft „Rechtspflege" des Statistischen Bundesamts das Jahr 1985 behandelt[2]. Die Zahlen von 1936 bis 1945 sind nicht veröffentlicht[3]. Die Strafverfolgungsstatistik setzte im Jahre 1950 wieder ein. Die polizeiliche Kriminalstatistik wurde in der Bundesrepublik im Jahre 1953 eingeführt und reicht zur Zeit bis zum Jahre 1986. Zum *Verständnis der Statistiken* ist folgendes vorauszuschicken:

Die Rechtspflegestatistik ist eine Statistik der abgeurteilten und verurteilten Personen. Erfaßt werden von ihr sämtliche durch rechtskräftige richterliche Entscheidung abgeschlossenen Strafsachen. Neben dieser **Strafverfolgungsstatistik** gibt es die **polizeiliche Kriminalstatistik,** in der die der Polizei bekannt gewordenen und die von ihr aufgeklärten Straftaten sowie die ermittelten Tatverdächtigen gezählt werden[4]. Keine dieser Statistiken vermittelt jedoch ein erschöpfendes Bild von dem wirklichen Umfang der Kriminalität, da beide nur den Ausschnitt der registrierten (d. h. bekannt gewordenen bzw. abgeurteilten) Kriminalität wiedergeben, dem das bei den verschiedenen Deliktsarten verschieden große **Dunkelfeld** gegenübersteht[5]. Um die Erfor-

---

[1] Die Zahlen bis 1925 sind dem E 1927, Anlage II „Die Entwicklung der Kriminalität im Deutschen Reich seit 1882" S. 5 entnommen.

[2] *Statistisches Bundesamt,* Fachserie 10, Rechtspflege, Reihe 1, 1985.

[3] Vgl. aber *Blau,* ZStW 64 (1952) S. 31 ff.

[4] Vgl. zur Geschichte, Bedeutung und Bewertung der Statistiken *Graff,* Die deutsche Kriminalstatistik, 1975; *Göppinger,* Kriminologie S. 136 ff.; *Heinz,* ZStW 84 (1972) S. 806 ff.; *derselbe,* Allgemeines Statistisches Archiv 59 (1975) S. 95 ff.; *Kaiser,* Kriminologie S. 208 ff.; *Kerner,* Kleines Kriminologisches Wörterbuch S. 260.

schung des Dunkelfeldes bemüht sich die Kriminologie durch Täter- und Opferbefragung sowie durch Hochrechnungen. Dem Gesamtumfang der Kriminalität steht die polizeiliche Statistik näher als die Rechtspflegestatistik, weil sie durch Zählung sämtlicher der Polizei bekannt gewordenen Straftaten zustande kommt. Die Rechtspflegestatistik registriert dagegen nur die viel kleinere Zahl der Fälle, die vor Gericht gelangt sind, gibt aber durch die Zuverlässigkeit ihrer Angaben ein genaues Bild der Zahl der abgeurteilten Personen und der verhängten Sanktionen. Wenn auch ein sehr erheblicher quantitativer Unterschied zwischen wirklicher und registrierter Kriminalität besteht, so wird doch angenommen, daß Rückschlüsse auf deren qualitative Struktur möglich sind[6]. Mit diesen Vorbehalten ist die Kriminalstatistik als Informationsquelle, als Planungsinstrument und als Effizienzmaßstab für die Strafrechtspflege unentbehrlich[7]. Spezifische Aussagen und Vergleiche ermöglicht die **Verurteiltenziffer** (Kriminalitätsziffer). Sie ergibt sich, indem die für ein Jahr ermittelte Gesamtzahl der Verurteilten zu 100 000 der strafmündigen Bevölkerung in Beziehung gesetzt wird. Je nachdem, ob alle oder nur die wegen einer bestimmten Straftat Verurteilten zur ganzen strafmündigen Bevölkerung oder nur zu einer Altersgruppe in Beziehung gesetzt werden, ergeben sich allgemeine und besondere Verurteiltenziffern. Entsprechend gibt die polizeiliche Kriminalstatistik die sog. **Häufigkeitsziffer** an.

II. Die Entwicklung der gerichtlich festgestellten Gesamtkriminalität (Verbrechen und Vergehen) im Deutschen Reich und in der Bundesrepublik von 1882 bis 1985

Jahr	Verurteilte	davon vorbestraft Zahl	in v. H.	allgemeine Verurteiltenziffer
		Reichsgebiet:		
1882	315 849	82 292	26,0	996
1885	325 122	93 841	28,9	1 006
1905	508 102	228 167	44,9	1 205
1913	555 527	251 882	45,3	1 169
1923	823 902	178 545	21,6	1 693
1931	569 903	231 953	41,1	1 125
1935	431 423	171 071	39,7	838
		Bundesgebiet:		
1951	401 538	123 302	30,7	1 073
1955	530 655	175 352	33,0	1 331
1957	564 026	208 927	37,0	1 398
1960	555 212	214 667	38,6	1 316
1966	607 752	236 605	38,9	1 303
1969	618 170	256 314	41,5	1 310
1973	698 912	204 783	29,3	1 434
1974	699 198	215 265	30,8	1 419
1976	699 339	242 898	34,7	1 411
1978	739 044	272 538	36,9	1 473
1980	732 481	279 838	38,2	1 433
1982	772 194	318 441	41,2	1 481
1983	784 657	334 906	42,7	1 499
1985	719 924	325 755	42,2	1 371

---

[5] Zum Dunkelfeld und seiner Erforschung *Göppinger*, Kriminologie S. 158 ff.; *Kaiser*, Kriminologie S. 233 ff.; *Schöch*, Kriminologische Gegenwartsfragen 12 (1976) S. 211 ff.; *Sack*, Kleines Kriminologisches Wörterbuch S. 76 ff. Vgl. ferner *Schultz*, Henkel-Festschrift S. 239 ff. sowie *Popitz*, Über die Präventivwirkung des Nichtwissens, 1968.

[6] Vgl. *Kerner*, Verbrechenswirklichkeit S. 170 ff.

[7] Vgl. *Schindhelm*, Der Sellin-Wolfgang-Index S. 5 ff.

Die Kriminalitätskurve vor dem ersten Weltkrieg zeigt einen laufenden Anstieg, insbesondere auch der Rückfallquote, von 1882 bis nach der Jahrhundertwende, worin sich in erster Linie die Anpassungsschwierigkeiten breiter Schichten der Bevölkerung an die veränderten Lebensbedingungen in der Industriegesellschaft widerspiegeln. Dann fällt die Kurve geringfügig bis zum ersten Weltkrieg. Die Rückfallkriminalität nimmt jedoch unvermindert zu, was die Umschichtung der Kriminalität vom Gelegenheits- auf das Zustandsverbrechertum anzeigt. Die Kriminalität der Zeit der Weimarer Republik stand stark unter dem Zeichen der wirtschaftlichen Schwankungen, die Deutschland in diesen wenigen Jahren erschütterten. Auf dem Höhepunkt der **Inflation** im Jahre 1923 wurde **der höchste in Deutschland je verzeichnete Stand der Kriminalität** erreicht. Zugleich sank der Anteil der Rückfallkriminalität stark, weil als Folge der allgemeinen Not die Zahl der Erstverurteilten lawinenartig zunahm. Mit der Rückkehr geordneter wirtschaftlicher Verhältnisse ging die registrierte Kriminalität allmählich zurück, und diese Tendenz wurde auch durch die Weltwirtschaftskrise von 1929 und die dadurch ausgelöste Arbeitslosigkeit kaum unterbrochen. Die Rückfallkriminalität gewann jedoch ihren früheren Anteil zurück, weil das Zustandsverbrechertum im Rahmen der Gesamtkriminalität eine konstante Größe darstellt. Unter der Herrschaft des Nationalsozialismus trat infolge der rigorosen Bekämpfung des Gewohnheitsverbrechertums, der Einordnung des ganzen Volkes in militärisch organisierte und streng überwachte Organisationen, der Einziehung der jüngeren Jahrgänge zur Wehrmacht und der Eigenjustiz vieler Verbände bei leichteren Delikten ein kräftiger Rückgang der Kriminalität ein, der auch sonst unter totalitären Herrschaftsordnungen beobachtet wird. Im Jahre 1951 beginnt die gerichtlich festgestellte Kriminalität auffallend niedrig, doch war das noch eine Folge des Straffreiheitsgesetzes von 1949. In den folgenden Jahren steigen die Zahlen ständig an, bis im Jahre 1957 ein neuer Höhepunkt erreicht wird, der sich schon wieder den Zahlen der Inflationsjahre nähert. Der Einfluß der Wohlstandskriminalität und der wachsende Anteil des neuen Faktors der Verkehrskriminalität machen sich hier bemerkbar. Der Anteil der Rückfallkriminalität steigt ebenfalls stark an und strebt wieder der 40%-Grenze zu. Nach 1957 zeigt die Verurteiltenziffer mit geringen Schwankungen zunächst eine leicht rückläufige Tendenz, während die Rückfallkriminalität weiter laufend ansteigt und die 40%-Grenze schließlich überschreitet. Seit 1969 **nehmen die Verurteiltenziffern** wieder kontinuierlich **zu** und überschreiten im Jahre 1973 erstmals den Höchststand von 1957, halten sich aber seit 1973 etwa auf gleicher Höhe. Die Polizeistatistik weist dagegen schon seit 1963 eine **ständig steigende Kurve** auf (vgl. unten Tabelle IV): von 1 678 840 bekannt gewordenen Straftaten im Jahre 1963 (Häufigkeitsziffer 2914) über 2 741 728 bekannt gewordene Straftaten (Häufigkeitsziffer 4419) im Jahre 1974 bis hin zu 4 367 124 bekannt gewordenen Straftaten (Häufigkeitsziffer 7154) im Jahre 1986. Daß die Verurteiltenziffer nicht entsprechend ansteigt, ist u. a. eine Folge der Einstellungspraxis nach §§ 153, 153a StPO (vgl. unten § 5 V 2 a. E.).

Es wäre verlockend, durch eine vergleichende Kriminalstatistik die Größenordnung und Bewegung der Kriminalität in verschiedenen Ländern zueinander in Beziehung zu setzen. Doch sind die technischen Schwierigkeiten zur Zeit noch unüberwindlich und die Fehlerquellen zu groß. Lehrreich sind indessen Berichte über die Entwicklung der Kriminalität in einzelnen ausländischen Staaten; sie zeigen im westlichen Ausland – abgesehen von Japan[8] – ein den deutschen Erfahrungen nicht unähnliches Bild[9]. Dagegen liegt die Häufigkeitsziffer in den sozialistischen Ländern wesentlich niedriger[10].

---

[8] *Miyazawa,* Würtenberger-Festschrift S. 299ff.; *derselbe,* Jescheck-Festschrift Bd. II S. 1159ff.

[9] Vgl. allgemein zur Bundesrepublik *Albrecht,* BewH 1984, 1ff.; für Österreich: *Császár,* Kriminalität in Österreich S. 41f. sowie Sicherheitsbericht 1983, S. 3, der seit 1975 ein gleich-

III. Die Entwicklung der gerichtlich festgestellten Jugendkriminalität im Deutschen Reich und in der Bundesrepublik von 1882 bis 1985 sowie der Kriminalität der Heranwachsenden von 1954 bis 1985

Jahr	Verurteilte	Verurteiltenziffer	Jahr	Verurteilte	Verurteiltenziffer
		Jugendliche (14 - 17 J.)			
1882	30 719	568	1962	42 900	1 584
1885	30 675	559	1966	44 689	1 422
1900	48 657	745	1968	49 855	1 588
1910	51 315	668	1970	55 657	1 741
1923	86 040	1 082	1972	59 726	1 777
1928	27 104	536	1974	60 396	1 677
1931	22 844	561	1976	64 511	1 691
1933	15 985	553	1978	76 177	1 892
1936	14 339	359	1980	80 424	1 917
1951	30 495	1 015	1982	87 476	2 086
1954	29 219	842	1983	83 493	2 025
1956	37 183	1 015	1985	62 645	1 687
		Heranwachsende (18 - 20 J.)			
1954	58 854	2 623	1980	98 845	3 323
1964	67 666	3 108	1982	106 820	3 390
1974	86 695	3 426	1983	107 021	3 337
1976	91 769	3 529	1985	90 667	2 826
1978	98 374	3 562			

Die Jugendkriminalität setzt vor der Jahrhundertwende verhältnismäßig niedrig ein, steigt dann aber parallel zur Erwachsenenkriminalität stark an und sinkt danach ebenfalls bis zum ersten Weltkrieg wieder ab. Die Erklärung dürfte auch hier in der zuerst schwierigen, allmählich aber besser gelingenden Anpassung an die Lebensbedingungen der Industriegesellschaft liegen. Die (hier nicht aufgeführte) **höchste Ziffer** von 1919 als unmittelbare Auswirkung des Krieges wurde auf dem Höhepunkt der *Inflation* nochmals fast erreicht. Das JGG von 1923 und die Normalisierung der Lebensverhältnisse lassen die Kriminalitätskurve dann stark abfallen. Unter dem Nationalsozialismus sinkt die Jugendkriminalität im Verhältnis noch stärker als die Kriminalität der Erwachsenen, was der umfassenden Organisierung und Disziplinierung der Jugend in Verbänden und der starken Eigenjustiz dieser Gruppen zuzuschreiben ist. Im Verhältnis zu den früheren Jahren zeigt die Jugendkriminalität nach dem zweiten Weltkrieg auffallend hohe und ständig steigende Ziffern. Sie setzt schon im Jahre 1951 mit einer Größe ein, die fast derjenigen des Höchststandes der Infla-

---

mäßig leichtes Ansteigen der Kriminalität anzeigt; für die Schweiz: *Schultz*, Rev sc crim 1965, 385 und die alljährliche Besprechung zu Eidgenöss. Statist. Amt „Die Strafurteile in der Schweiz", zuletzt SchwZStr 103 (1986) S. 122, 443, 444; *J. Frey*, Die Kriminalität in Zeiten des Wohlstandes, 1968; für England: *McClintock / Avison*, Crime in England S. 16 ff.; für die USA: *Knudten*, Crime in a Complex Society S. 65 ff.; ferner *The President's Commission on Law Enforcement*, The Challenge of Crime S. 17 ff. sowie *US Department of Justice*, Crime in the United States, 1984 S. 43, wo von 1980 bis 1984 wiederum ein Rückgang der Verurteiltenziffer um insgesamt 15% verzeichnet wird. Zur Problematik eines internationalen Vergleichs *Collmann*, Internationale Kriminalstatistik S. 82 ff.

[10] So ist in der DDR die Häufigkeitsziffer in der Zeit von 1946 - 1948 bis 1970 - 1979 von 2536 auf 739 zurückgegangen; vgl. *Lekschas* u. a., Kriminologie S. 141.

tionszeit entspricht. Nach einer geringfügigen Abschwächung im Jahre 1954 steigen die Zahlen laufend an und erreichen im Jahre 1962 mit einer Verurteiltenziffer von 1584 einen ersten Höchststand, der um fast 50% höher liegt als die höchste Zahl der Inflationszeit, obwohl das JGG von 1953 das Jugendstrafrecht inzwischen weiter verbessert hat. Im Jahre 1972 erreicht die Verurteiltenziffer schon 1777, im Jahre 1979 die Ziffer 1887, im Jahre 1983 2025, was jedoch erstmals einen Rückgang gegenüber dem Vorjahr bedeutet. Das **Bild der Jugendkriminalität** ist deshalb **besonders ungünstig**, weil auch bei Abzug der Verkehrsdelikte die im allgemeinen steigende Tendenz bestehen bleibt. Im Verhältnis zu 1882 liegt die Jugendkriminalität heute fast viermal so hoch wie damals, während die Erwachsenenkriminalität nicht wesentlich höher ist als vor dem ersten Weltkrieg. Die höchste Kriminalitätsbelastungsziffer aller Altersklassen weisen die **Heranwachsenden** auf, deren Verurteiltenziffer im Jahre 1985 mit 2826 gut doppelt so hoch ist wie die der Erwachsenen, doch ist seit 1978 ein leichter Rückgang der Verurteiltenziffer eingetreten. Diese Entwicklung, die durch alarmierende Zahlen aus dem Ausland[11] unterstrichen wird, hat zunehmende Besorgnis ausgelöst[12]. Selbst wenn zur Zeit nur eine Ablaufsverschiebung der Kriminalität von den älteren auf die jüngeren Jahrgänge, jedoch keine Vergrößerung des Gesamtvolumens stattfinden sollte[13], so ist doch seit 1966 eine beträchtliche Zunahme der Jugendkriminalität und der Kriminalität der Heranwachsenden zu verzeichnen, die in der fortlaufenden Steigerung der Verurteiltenziffer Ausdruck findet. In einer Verlagerung der Kriminalität auf die jüngeren Jahrgänge liegt auf lange Sicht auch die Gefahr des Anwachsens der Gesamtkriminalität, da die Wahrscheinlichkeit des Rückfalls nach kriminologischer Erfahrung um so größer ist, in je jüngerem Alter die erste Verurteilung eintritt[14]. Die kriminologische Erfahrung lehrt freilich auch, daß relativ wenige vorbestrafte Jugendliche und Heranwachsende später zu „Karrieretätern" werden, aber diese Möglichkeit ist quantitativ um so größer, je mehr junge Menschen frühzeitig mit ernsteren Straftaten beginnen. Ein Faktor besonderer krimineller Gefährdung der jungen Menschen ist die hohe Jugendarbeitslosigkeit und die Schwierigkeit, durch geeignete Lehrstellen eine sinnvolle Berufsausbildung zu finden, durch die man während der Lehrzeit allmählich in die industrielle Gesellschaft hineinwachsen kann. Die wirksame Bekämpfung der Jugendkriminalität hängt entscheidend davon ab, ob es gelingen wird, diese schwerwiegende Belastung für die positive Entwicklung der jungen Menschen zu beseitigen.

---

[11] *Schafer / Knudten*, Juvenile Delinquency S. 21 f.; *Kaiser*, Jugendkriminalität S. 80 ff. Zum Ansteigen der Jugendkriminalität in der DDR vgl. *Freiburg*, Kölner Zeitschrift für Soziologie 27 (1975) S. 498 f. Zur Ahndung von Jugendstraftaten durch gesellschaftliche Organe in der DDR *Kaiser*, Jugendkriminalität S. 51 ff.

[12] *Gibbons*, Delinquent Behaviour S. 219 f.; vgl. ferner die eingehende Analyse bei *Kaiser*, Jugendkriminalität S. 74 ff.

[13] So *Hilde Kaufmann*, Jugendkriminalität S. 34.

[14] *Sellin*, Recidivism S. 241; *Monika Traulsen*, NJW 1974, 597.

IV. Bekanntgewordene und aufgeklärte Straftaten

Jahr	Bekanntgewordene Straftaten	Häufigkeits-Ziffer	Aufgeklärte Straftaten	Aufklärungsquote
1963	1 678 840	2 914	932 307	55,5 %
1965	1 789 319	3 031	951 115	53,1 %
1967	2 074 322	3 465	1 082 009	52,2 %
1969	2 217 966	3 645	1 136 417	51,2 %
1970	2 413 586	3 924	1 166 933	48,3 %
1973	2 559 974	4 131	1 201 861	46,9 %
1974	2 741 728	4 419	1 250 970	45,6 %
1976	3 063 271	4 980	1 404 889	45,9 %
1978	3 380 516	5 514	1 509 120	44,6 %
1980	3 815 774	6 198	1 714 715	44,7 %
1982	4 291 975	6 963	1 956 332	45,6 %
1983	4 345 107	7 074	1 958 677	45,1 %
1984	4 132 783	6 755	1 931 022	46,7 %
1986	4 367 124	7 154	1 998 007	45,8 %

Die hohe und laufend ansteigende **Zahl der bekanntgewordenen Straftaten** wird hauptsächlich durch den Diebstahl verursacht, der 1986 als schwerer Diebstahl mit 37%, als einfacher Diebstahl mit 24,6% am Gesamtvolumen beteiligt war, während der Anteil der Gewaltkriminalität nur 2,4% betrug. Die Tatermittlungsstatistik zeigt, daß die **Aufklärungsquote** von 1963 bis 1978 laufend zurückgegangen ist, doch ist seither wieder eine Verbesserung eingetreten (vgl. oben § 1 I 2). Freilich ist die Aufklärungsquote bei den einzelnen Straftaten ganz unterschiedlich hoch (so im Jahre 1986 bei Mord und Totschlag 94,0%; bei Rauschgiftdelikten 94,3%; bei Vergewaltigung 70,8%; bei vorsätzlicher Brandstiftung 38,7%; bei Diebstahl unter erschwerenden Umständen aber nur 17,2%, was den niedrigsten Stand seit Beginn der statistischen Erfassung darstellt).

V. Verwendung der Strafen und Maßregeln

1. Wegen Verbrechen und Vergehen erkannte Strafen
(nach allgemeinem Strafrecht Verurteilte)

Jahr	Verurteilte insgesamt	Zucht-haus	Gefängnis (ab 1970 Freiheits-strafe)	davon lebens-lang	davon bis einschl. 3 Monate ab 1970 bis einschl. 6 Monate	davon Straf-aussetzung zur Bewährung	in v. H.
1967	558 384	3 290	209 037	55	161 055	70 975	33,89
1968	572 629	3 209	207 645	69	158 633	75 036	36,15
1969	530 947	2 557	155 741	59	109 122	73 566	47,20
1970	553 692	–	88 248	70	55 844	46 972	53,20
1973	601 419	–	96 589	47	55 229	57 842	59,80
1974	599 368	–	104 726	85	59 460	63 863	61,00
1976	592 154	–	98 233	71	59 058	61 801	62,91
1978	614 252	–	105 506	52	64 548	67 889	64,35
1980	599 832	–	104 850	54	63 839	68 878	65,69
1982	622 434	–	115 726	70	68 385	75 182	64,97
1983	636 105	–	118 638	68	69 094	77 391	65,23
1985	600 798	–	111 876	86	64 557	74 147	66,28

Jahr	Einschließung und Strafarrest (ab 1970 nur Strafarrest)	Haft	davon Strafaussetzung zur Bewährung
1967	628	373	95
1968	466	235	42
1969	600	131	24
1970	626	–	–
1973	495	–	–
1974	376	–	–
1976	1 360	–	1 095
1978	1 119	–	912
1980	868	–	743
1982	791	–	662
1983	575	–	435
1985	508	–	429

Jahr	Geldstrafe (allein)	Fahrverbot	Verlust der bürgerlichen Ehrenrechte
1967	345 065	10 404	1 497
1968	361 074	10 266	1 336
1969	371 918	10 074	1 015
1970	464 118	10 587	–
1973	504 335	12 317	–
1974	494 266	16 743	–
1976	492 561	21 660	–
1978	507 627	26 477	–
1980	494 114	32 201	–
1982	505 917	37 468	–
1983	516 892	38 702	–
1985	488 414	36 928	–

Die Statistik zeigt, daß Zuchthaus schon früher eine in ständigem Rückgang begriffene Strafe geworden ist. 1882 wurden noch ca. 13 000 Zuchthausstrafen ausgesprochen[15], obwohl die Gesamtzahl der Verurteilten nur etwas mehr als die Hälfte von 1967 ausmachte, als es nur noch 3290 Zuchthausstrafen gab. Die im Jahre 1969 eingeführte Einheitsfreiheitsstrafe hat zusammen mit der Einschränkung der kurzen Freiheitsstrafe durch § 47 einen Rückgang der Verurteilungen zu **Freiheitsstrafe** zwischen 1968 und 1985 von 37% auf etwa 19% aller Verurteilungen und eine entsprechende Steigerung der Geldstrafe gebracht[16]. Zugleich ist der Anteil der vollstreckten Freiheitsstrafen durch den Anstieg der Strafaussetzung zur Bewährung von 33% auf über 66% aller Freiheitsstrafen von 24% auf 7% aller Verurteilungen zurückgegangen. Der Rückgang der Freiheitsstrafe hat sich jedoch auf die kurze Freiheitsstrafe beschränkt, während die mittel- und langfristigen Freiheitsstrafen sogar leicht zugenommen haben[17]. Gleichwohl sind noch immer 44% aller Freiheitsstrafen solche von weniger als sechs Monaten, die aber zu 80% zur Bewährung ausgesetzt werden. Der

---

[15] *Exner,* Strafzumessungspraxis S. 19.
[16] Vgl. zum folgenden *Heinz,* ZStW 94 (1982) S. 632 ff. und BewH 1984, S. 17 ff.
[17] Nach den Vorschlägen des AE, die *Roxin,* JA 1980, 549 weiterhin empfiehlt, würde die Freiheitsstrafe unter sechs Monaten ganz abgeschafft werden, was eine tiefgreifende Änderung der Sanktionspraxis zur Folge haben müßte.

Strafarrest als kurze Freiheitsstrafe für Soldaten ist auf die Hälfte zurückgegangen und wird zu vier Fünfteln zur Bewährung ausgesetzt.

Die **Geldstrafe** wird in 64 % der Fälle bis zu 30, in 33 % der Fälle zwischen 30 und 90 Tagessätzen verhängt. Höhere Geldstrafen sind sehr selten, so daß die Geldstrafe in den Bereich der Freiheitsstrafe von drei bis zu sechs Monaten kaum, in den Bereich von sechs Monaten bis zu einem Jahr überhaupt nicht eingedrungen ist, obwohl sie bis zu 360 Tagessätzen zugemessen werden kann. Der Anteil der vollstreckten Ersatzfreiheitsstrafen, der 1971 nur 3,8 % betrug, ist im Jahre 1986 hauptsächlich wegen der Zunahme der Arbeitslosigkeit auf 5,9 % angestiegen, so daß zur Zeit jährlich fast 30 000 Geldstrafenschuldner nach § 43 eine Ersatzfreiheitsstrafe verbüßen müssen. Die Abwendung der Vollstreckung der Ersatzfreiheitsstrafe durch Leistung gemeinnütziger Arbeit ist jedoch in allen Bundesländern möglich (Art. 293 EGStGB). Erhebliche und ständig wachsende Bedeutung hat die Nebenstrafe des Fahrverbots (§ 44), doch lag die Maßregel der Entziehung der Fahrerlaubnis (vgl. unten Tabelle V 2) im Jahre 1985 noch immer fast fünfmal höher.

Im Bundesgebiet gab es am 31. 12. 1985 insgesamt 1925 hauptamtliche Bewährungshelfer, die 124 668 **Bewährungsaufsichten** durchzuführen hatten, so daß auf einen Bewährungshelfer fast 65 Fälle entfielen. Bei den insgesamt 39 206 Bewährungsaufsichten, die im Jahre 1985 endeten, war der Grund in 26 537 Fällen Bewährung, in 12 669 Fällen Widerruf, so daß die Bewährungshilfe also in 67,7 % der Fälle Erfolg hatte, während die Widerrufsquote 32,3 % betrug. Dies stellt einen sehr beachtlichen Erfolg dar, wenn man bedenkt, daß die Rückfallquote bei entlassenen Strafgefangenen zwischen 60 % und 80 % angenommen wird.

2. Abgeurteilte nach Maßregeln der Besserung und Sicherung

Jahr	psych. Krankenhaus	Entziehungsanstalt	Arbeitshaus	Sicherungsverwahrung	Untersagung der Berufsausübung	Entziehung der Fahrerlaubnis
1967	342	291	98	239	168	113 369
1968	383	242	80	268	158	115 895
1969	346	196	33	219	146	118 714
1970	306	172	–	110	90	136 832
1973	392	162	–	84	92	168 509
1974	399	183	–	69	97	159 700
1976	410	404	–	60	82	172 195
1978	377	483	–	35	59	191 921
1980	366	585	–	41	63	194 979
1982	408	519	–	38	82	182 991
1983	420	521	–	27	93	191 137
1985	425	526	–	39	66	172 520

Bei den Maßregeln der Besserung und Sicherung dominiert begreiflicherweise die **Entziehung der Fahrerlaubnis**. Sie wurde 1954 in 11 025 Fällen, 1985 in 172 520 Fällen angeordnet, sie hat sich also in 30 Jahren um fast das Sechzehnfache erhöht. Hinzuzurechnen im Sinne des Schutzes des Straßenverkehrs ist noch das Fahrverbot, das sich seit 1967 mehr als verdreifacht hat (vgl. oben Tabelle V 1). Erhebliche Bedeutung hat unvermindert die Unterbringung im psychiatrischen Krankenhaus. Stark zugenommen hat die Unterbringung in einer Entziehungsanstalt durch die Einweisung von Drogenabhängigen. Von der Untersagung der Berufsausübung wird nur sparsam Gebrauch gemacht. Die Sicherungsverwahrung ist so weit zurückgegangen, daß sie als Sicherungsmaßregel gegen das gefährliche Schwerverbrechertum fast keine Rolle mehr spielt (zur Führungsaufsicht vgl. unten § 78 I 1 Fußnote 5).

Eine im Jahre 1974 neu geschaffene Sanktionsmöglichkeit von größter praktischer Bedeutung ist die **bedingte Einstellung des Strafverfahrens** durch Staatsanwaltschaft oder Gericht **unter einer Auflage,** die in 97% der Fälle in der freiwilligen Zahlung eines Geldbetrags (informelle Sanktion) an eine gemeinnützige Einrichtung oder an die Staatskasse besteht (§ 153a StPO). Im Jahre 1981 dürfte sich die Gesamtzahl der Einstellungen durch die Gerichte und die Staatsanwaltschaft wegen Geringfügigkeit (§ 153 StPO) und unter Auflagen (§ 153a StPO) auf 313 000 belaufen haben, während die Gesamtzahl der formellen Sanktionen nach dem Strafrecht 605 946 betrug. Das Ansteigen des Geschäftsanfalls durch die Zunahme der bekannt gewordenen Straftaten wurde auf diesem Wege teilweise aufgefangen[18].

---

[18] *Heinz*, BewH 1984, 16, 26.

VI. Strafgefangene und Verwahrte 1969 - 1986 jeweils am 31. 3.
nach der Art und Dauer der Freiheitsentziehung und dem Lebensalter

Jahr	insgesamt	Nach dem Alter			Nach der Art der Strafe oder Maßregel			Nach der Dauer						Jugendstrafe	
		unter 25	25 bis unter 40	40 und mehr	Freiheitsstrafe	Jugendstrafe	Sicherungsverwahrung	Freiheitsstrafe					lebenslang	bestimmte	unbestimmte
								bis einschl. 9 Monate	9 Monate bis einschließlich 2 Jahre	mehr als 2 bis einschließlich 5 Jahre	mehr als 5 bis einschließlich 15 Jahre				Dauer
			Jahre												
1969	46 745	11 438	26 335	8 972	40 407	5 249	1 089	15 506	11 489	9 796	2 532		1 084	3 900	1 349
1971	33 015	9 308	17 483	6 224	27 614	4 899	502	10 876	7 893	5 810	1 997		1 038	3 873	1 026
1973	35 974	10 980	18 787	6 207	29 894	5 729	351	11 564	9 894	5 612	1 861		963	4 740	989
1974	36 763	11 024	22 279	3 460	30 743	5 644	376	12 272	15 553			1 932	936	4 800	844
1978	41 557	11 844	21 337	8 316	34 868	6 421	268	12 632	18 403			2 854	979	5 825	596
1980	42 239	12 091	21 212	8 972	35 537	6 490	208	12 383	18 873			3 325	956	5 924	566
1984	49 254	13 276	25 350	10 628	42 140	6 923	182	15 451	27 409			4 856	1 020	6 932	330
1986	45 342	11 029	23 741	10 572	39 407	5 693	242	12 784	20 805			4 730	1 088	5 455	238

Die **Gesamtzahl der Gefangenen** ist seit dem Höchststand von 49 533 im Jahre 1965 infolge des Rückgangs der Freiheitsstrafe zunächst erheblich zurückgegangen, aber seit dem Jahre 1971 wieder **laufend angestiegen,** so daß die Ausgangszahl im Jahre 1984 schon fast wieder erreicht wurde. Dies ist eine Folge der Zunahme der Kriminalität im ganzen, des Anstiegs der mittel- und langfristigen Freiheitsstrafen und der hohen Zahl der vollstreckten Ersatzfreiheitsstrafen. 1986 ist wieder eine Entlastung eingetreten. In einer vergleichenden Statistik des Europarats wird die Gesamtzahl der Gefangenen in der Bundesrepublik Deutschland am 1. 9. 1986 mit 56 619 angegeben, davon 23,3 % Untersuchungsgefangene. Die Bundesrepublik nimmt damit einen unvorteilhaften Platz im oberen Drittel der Europaratsstaaten ein. Zum Vergleich betrug die Gesamtzahl der Gefangenen in Frankreich bei einer etwa um 10 % geringeren Bevölkerungszahl am 1. 9. 1986 47 628. Die Gesamtzahl der Lebenslänglichen ist wieder leicht angestiegen. Hoch ist auch die Zahl der jungen Gefangenen (unter 25 Jahren), bei denen noch eine erzieherische Einwirkung durch den Strafvollzug möglich erscheint. Sie stellen fast ein Viertel aller Gefangenen dar. Mehr als die Hälfte aller Gefangenen steht im mittleren Lebensalter (25 bis unter 40 Jahre). Bei dieser Gruppe stellt sich mit besonderer Schärfe das Problem der Erwachsenenerziehung unter Zwang. Zu der Gesamtzahl der 45 342 Gefangenen und Verwahrten müssen noch die Untersuchungsgefangenen hinzugezählt werden, deren Gesamtzahl am 31. 12. 1986 11 373 betrug und deren Haftzeit nach § 51 I grundsätzlich auf die Strafe angerechnet wird. Die Fälle, in denen die Dauer der Untersuchungshaft die Strafzeit überschreitet oder das Verfahren mit Einstellung, Freispruch, Geldstrafe oder Strafaussetzung endet, ist hoch: zwischen 1975 und 1980 wurden von den Verurteilten, die in Untersuchungshaft gewesen waren, durchschnittlich 16 % zu Geldstrafe und 29,7 % zu einer zur Bewährung ausgesetzten Freiheitsstrafe verurteilt[19], so daß fast die Hälfte die Welt des Gefängnisses als zusätzliche und zum Teil wohl auch unnötige Belastung erleben mußte. Die Entschädigungsfrage bei Einstellung und Freispruch ist in § 2 I StrEG vom 8. 3. 1971 (BGBl. I S. 152) geregelt. In dem Rückgang der Zahl der Sicherungsverwahrten spiegelt sich das Bedenken der Richter wider, die Freiheitsstrafe über das wegen der begangenen Tat verdiente Maß hinaus durch eine Maßregel zu verlängern.

§ 6 Die Kriminalwissenschaften

Albrecht, Generalprävention, Kleines Kriminologisches Wörterbuch, 2. Aufl. 1985, S. 132; *Ancel,* Le droit pénal comparé, in: *Jescheck / Kaiser* (Hrsg.), Die Vergleichung als Methode der Strafrechtswissenschaft und der Kriminologie, 1980, S. 73; *derselbe,* Directions et directives de politique criminelle, Festschrift für H.-H. Jescheck, Bd. II, 1985, S. 779; *Baratta,* Strafrechtsdogmatik und Kriminologie, ZStW 92 (1980) S. 107; *Eisen* (Hrsg.), Handwörterbuch der Rechtsmedizin, 3 Bände, 1973 ff.; *Engisch,* Sinn und Tragweite juristischer Systematik, Studium Generale 1957, 173; *derselbe,* Aufgaben einer Logik und Methodik des juristischen Denkens, Studium Generale 1959, 76; *derselbe,* Methoden der Strafrechtswissenschaft, Enzyklopädie der geisteswissenschaftl. Arbeitsmethoden, Methoden der Rechtswissenschaft, Teil I, 1972, S. 39; *Ferracuti,* Possibilities and Limits of Comparative Research in Criminology, in: *Jescheck / Kaiser* (Hrsg.), Die Vergleichung als Methode der Strafrechtswissenschaft und der Kriminologie, 1980, S. 129; *Gimbernat Ordeig,* Hat die Strafrechtsdogmatik eine Zukunft? ZStW 82 (1970) S. 379; *Göppinger,* Der Täter in seinen sozialen Bezügen, 1983; *derselbe,* Angewandte Kriminologie, 1985; *Groß / Geerds,* Handbuch der Kriminalistik, 10. Aufl., Bd. I, 1977, Bd. II, 1978; *Großfeld,* Macht und Ohnmacht der Rechtsvergleichung, 1984; *Grünhut,* Moderne Arbeitsmethoden in der Kriminologie, ZStW 72 (1960) S. 267; *Haffke,* Tiefenpsychologie und General-

---

[19] *Heinz,* ZStW 94 (1982) S. 662.

prävention, 1976; *Hassemer*, Strafrechtsdogmatik und Kriminalpolitik, 1974; *derselbe*, Einführung in die Grundlagen des Strafrechts, 1981; *Hassemer / Lüderssen / Naucke*, Fortschritte im Strafrecht durch die Sozialwissenschaften? 1983; *Hauser*, Die Rechtsvergleichung als Auslegungshilfe, Festschrift für H.-H. Jescheck, Bd. II, 1985, S. 1215; *Hellmer*, Kriminalpädagogik, 1959; *Henrici*, Die Begründung des Strafrechts in der neueren deutschen Rechtsphilosophie, 1961; *Jescheck*, Gegenstand und neueste Entwicklung des internationalen Strafrechts, Festschrift für R. Maurach, 1972, S. 579; *derselbe*, Rechtsvergleichung als Grundlage der Strafprozeßreform, ZStW 86 (1974) S. 761; *derselbe*, Das neue deutsche Strafrecht im internationalen Zusammenhang, Jahrbuch der Max-Planck-Gesellschaft, 1975, S. 49; *derselbe*, Die Bedeutung der Rechtsvergleichung für die Strafrechtsreform, Festschrift für P. Bockelmann, 1978, S. 133; *derselbe*, Grundlinien der internationalen Strafrechtsreformbewegung, Festschrift für San Duck Hwang, 1979, S. 417; *derselbe*, Der Einfluß der IKV und der AIDP usw., ZStW 92 (1980) S. 997; *derselbe*, Grundfragen der Dogmatik und Kriminalpolitik, ZStW 93 (1981) S. 3; *derselbe*, Die Freiheitsstrafe bei Franz v. Liszt, Festschrift für U. Klug, Bd. II, 1983, S. 257; *Jescheck / Kaiser* (Hrsg.), Die Vergleichung als Methode der Strafrechtswissenschaft und der Kriminologie, 1980; *Jescheck / Löffler* (Hrsg.), Quellen und Schrifttum des Strafrechts, Bd. I, 1972, Bd. II, 1980; *Kaiser*, Kriminalpolitik ohne kriminologische Grundlage? Gedächtnisschrift für H. Schröder, 1978, S. 481; *derselbe*, Strafvollzug im europäischen Vergleich, 1983; *derselbe*, Abolitionismus – Alternative zum Strafrecht? Festschrift für K. Lackner, 1987, S. 1027; *Armin Kaufmann*, Das Übernationale und Überpositive in der Strafrechtswissenschaft, Gedächtnisschrift für Zong Uk Tjong, 1985, S. 100; *Arthur Kaufmann*, Rechtsphilosophie im Wandel, 1972; *Klug*, Juristische Logik, 3. Aufl. 1966; *Krauß*, Kriminologie und Strafrecht, in: Grimm (Hrsg.), Rechtswissenschaft und Nachbarwissenschaften, Bd. I, 1973, S. 233; *Kürzinger*, Die Kritik des Strafrechts aus der Sicht moderner kriminologischer Richtungen, ZStW 86 (1974) S. 211; *derselbe*, Private Strafanzeige und polizeiliche Reaktion, 1978; *Lange*, Das Rätsel Kriminalität, 1970; *derselbe*, Die Entwicklung der Kriminologie im Spiegel der ZStW, ZStW 93 (1981) S. 151; *derselbe*, Neue Wege zu einer Gesamten Strafrechtswissenschaft, Festschrift für H.-H. Jescheck, Bd. I, 1985, S. 53; *derselbe*, Zur neuen Situation der Kriminologie, Festschrift für D. Oehler, 1985, S. 671; *Leferenz*, Rückkehr zur Gesamten Strafrechtswissenschaft? ZStW 93 (1981) S. 199; *v. Liszt*, Kriminalpolitische Aufgaben, ZStW 9 (1889) S. 452; *López-Rey*, A Guide to United Nations Criminal Policy, 1985; *Lüderssen / Sack* (Hrsg.), Abweichendes Verhalten, Bd. I - IV, 1975 - 1980; *dieselben* (Hrsg.), Vom Nutzen und Nachteil der Sozialwissenschaften für das Strafrecht, Teilband I, II, 1980; *Luhmann*, Legitimation durch Verfahren, 2. Aufl. 1975; *Maihofer*, Gesamte Strafrechtswissenschaft, Festschrift für H. Henkel, 1974, S. 75; *Menne* (Hrsg.), Psychoanalyse und Justiz, 1982; *Meyer-Cording*, Kann der Jurist heute noch Dogmatiker sein? 1973; *B. Mueller*, Gerichtliche Medizin, HWB Krim, Bd. I, 1966, S. 274; *G. O. W. Mueller*, In Search of a Philosophy of Criminal Justice, Essays in Honour of Sh. Dando, 1983, S. 111; *Opp*, Abweichendes Verhalten und Gesellschaftsstruktur, 1974; *Otto*, Dogmatik als Aufgabe der Rechtswissenschaft, Internat. Jahrbuch f. interdisziplinäre Forschung, Bd. II, 2, 1975, S. 116; *Peters*, Grundprobleme der Kriminalpädagogik, 1960; *Pfeiffer / Scheerer*, Kriminalsoziologie, 1979; *Prokop / Göhler*, Forensische Medizin, 3. Aufl. 1976; *Revue internationale de droit pénal 1982*, Heft 3/4, La philosophie de la justice pénale et la politique criminelle contemporaines (mit zahlr. Beiträgen); *Roxin*, Kriminalpolitik und Strafrechtssystem, 2. Aufl. 1973; *derselbe*, Die Wandlungen der Strafrechtswissenschaft, Universitas 1980, 23; *Sack*, Definition von Kriminalität als politisches Handeln: der labeling approach, Kriminologisches Journal 4 (1972) S. 3; *Schneider*, Kriminalprognose, HWB Krim, Bd. IV, 1979, S. 273; *Schöch*, Verstehen, Erklären, Bestrafen? in: *Immenga* (Hrsg.), Rechtswissenschaft und Rechtsentwicklung, 1980, S. 305; *Schultz*, Strafrechtsvergleichung als Grundlagenforschung, in: *Jescheck / Kaiser* (Hrsg.), Die Vergleichung als Methode der Strafrechtswissenschaft und der Kriminologie, 1980, S. 7; *Sessar*, Über das Opfer, Festschrift für H.-H. Jescheck, Bd. II, 1985, S. 1137; *derselbe*, Neue Wege der Kriminologie aus dem Strafrecht, Gedächtnisschrift für Hilde Kaufmann, 1986, S. 373; *Sieverts*, Kriminalpolitik, HWB Krim, Bd. II, 1977, S. 1; *Spieß*, Kriminalprognose, Kleines Kriminologisches Wörterbuch, 2. Aufl. 1985, S. 253; *Vogler*, Die Tätigkeit des Europarats auf dem Gebiet des Strafrechts, ZStW 79 (1967) S. 371; *derselbe*, Entwicklungstendenzen im internationalen Strafrecht, Festschrift für R. Maurach, 1972, S. 595; *Welzel*, Die deutsche Strafrechtswissenschaft der letzten 100 Jahre und die finale Handlungslehre, JuS 1966, 421; *E. Wolf*, Fragwürdigkeit und Notwendigkeit der Rechtswissenschaft, 1953; *Würtenberger* (Hrsg.), Rechtsphilosophie und Rechtspraxis, 1971; *Zipf*, Kriminalpolitik, 2. Aufl. 1980; *Zweigert*, Rechtsvereinheitlichung, WVR, Bd. III, 1962, S. 74; *Zweigert / Kötz*, Einführung in die Rechtsvergleichung, 2. Aufl. 1984.

Die **Kriminalwissenschaften** sind bemüht um die Erforschung, Ordnung und Darstellung des gesamten Lebensgebiets, das durch die Kriminalität und deren Bekämpfung bestimmt ist. Sie sind teils normative, teils empirische Wissenschaften und stehen in einem interdisziplinären Austauschverhältnis. Die Kriminalwissenschaften gliedern sich in die **Strafrechtswissenschaft,** die es mit den juristischen Disziplinen des materiellen Strafrechts, des Strafverfahrensrechts und des Strafvollstreckungsrechts zu tun hat (vgl. oben § 3 II), und die **Kriminologie,** deren Gegenstand die Ursachen des Verbrechens, die Person und Umwelt des Täters, das Verbrechensopfer, die Art und Weise der sozialen Kontrolle des Verbrechens und die Wirksamkeit der Sanktionen sind. Beide Wissenschaften werden durch Nachbardisziplinen ergänzt, deren Methoden und Erkenntnisse sie auch zur Lösung der eigenen Probleme verwenden. Auf diese Weise sind die Kriminalwissenschaften auf der einen Seite in den Sozialwissenschaften, auf der anderen in den Naturwissenschaften verankert. Die Herstellung der Einheit der Kriminalwissenschaften durch integrierende Auffassung der Fachbereiche, laufenden Austausch der Fragestellungen und Ergebnisse und systematische Parallelschaltung aller Teildisziplinen ist ein wissenschaftspolitisches Anliegen von großer Bedeutung. Nur engste, auch organisatorisch gesicherte Zusammenarbeit läßt erhoffen, daß Strafrecht und Kriminologie mit ihren Nachbarwissenschaften den Gegenwartsproblemen einer sich rasch wandelnden Gesellschaftsordnung gerecht werden können. Strafrecht ohne Kriminologie ist blind, Kriminologie ohne Strafrecht ist grenzenlos.

Die organische Einheit der Teile unter Überwindung fachlicher Einseitigkeit war schon das große Ziel *Franz v. Liszts,* das er durch das programmatische Wort „gesamte Strafrechtswissenschaft" bezeichnen wollte[1]. Eine einheitliche Wissenschaft kann es auf diesem Gebiet freilich wegen der Verschiedenheit der Aufgaben und Methoden nicht geben, wohl aber wird spezifische Zuordnung und Zusammenarbeit gefordert[2].

I. Die Strafrechtswissenschaft (materielles Strafrecht) und ihre Nachbardisziplinen

1. Das Kernstück der Strafrechtswissenschaft ist die **Strafrechtsdogmatik** (Strafrechtstheorie). Sie geht aus von dem Strafgesetz als ihrer Grundlage und Grenze, arbeitet den begrifflichen Inhalt und Aufbau der Rechtssätze heraus, ordnet den Rechtsstoff in einem System, in dem vor allem auch die Gerichtsentscheidungen und die Lehrmeinungen der Wissenschaft ihren Platz haben, und versucht, neue Wege der Begriffsbildung und Systematik zu finden. Durch die fortlaufende Auslegung des geltenden Rechts unter kritischer Prüfung, Vergleichung und Einordnung der Judikatur dient die Strafrechtsdogmatik als Brücke zwischen Gesetz und Praxis der gleichmäßigen, sich allmählich erneuernden Anwendung des Strafrechts durch die Gerichte und damit in hohem Maße der Rechtssicherheit und Gerechtigkeit[3].

---

[1] *v. Liszt,* ZStW 9 (1889) S. 455. Das im Jahre 1881 von ihm gegründete Zentralorgan der deutschen Strafrechtswissenschaft heißt noch heute „Zeitschrift für die gesamte Strafrechtswissenschaft".

[2] So etwa *Göppinger,* Kriminologie S. 14ff.; *Kaiser,* Kriminologie S. 48ff.; *derselbe,* Schröder-Gedächtnisschrift S. 481ff.; *Leferenz,* ZStW 93 (1981) S. 199ff.; *Krauß,* Kriminologie und Strafrecht S. 233ff.; *Maihofer,* Henkel-Festschrift S. 83ff.; *Schöch,* Rechtswissenschaft und Rechtsentwicklung S. 305ff. Ein auf Kritik am bestehenden Recht gegründetes „integriertes Modell der Zukunft" entwirft *Baratta,* ZStW 92 (1980) S. 107ff., 141, der aber der gegenwärtigen Strafrechtswissenschaft eine Absage erteilt.

[3] Vgl. *Welzel,* Maurach-Festschrift S. 5; *Hassemer,* Strafrechtsdogmatik S. 176ff.; *Gimbernat Ordeig,* ZStW 82 (1970) S. 405ff.

Ein *Strafrechtssystem* läßt sich nicht aus wenigen Grundaussagen (Axiomen) im Wege einfacher logischer Schlußfolgerungen ableiten, weil jeder neue Rechtssatz, sofern er einen eigenen sachlichen Inhalt hat, immer eine neue materielle Entscheidung voraussetzt, die zwar den Obersätzen nicht widersprechen darf, aber aus ihnen auch nicht ohne weiteres abgeleitet werden kann[4].

Beispiel: Die Anerkennung der medizinischen Indikation als Rechtfertigungsgrund für den Abbruch einer Schwangerschaft (§ 218a I) folgt nicht aus dem Schutz der Leibesfrucht als Rechtsgut der Strafvorschrift des § 218, sondern aus der entgegengesetzten Erwägung, daß nach dem Rechtsbewußtsein der Gegenwart einer Mutter die Opferung ihres Lebens für das zu erwartende Kind nicht zugemutet wird. Die Gleichstellung der „Notlagenindikation" (§ 218a II 3) ist dagegen ein Widerspruch, weil hierdurch viel geringere Interessen berücksichtigt werden.

Die Strafrechtsdogmatik bedarf zur Begriffs- und Systembildung nicht nur der *formalen* juristischen Logik, denn diese stellt nur die Regeln auf, nach denen in der Rechtswissenschaft geschlossen wird[5], sondern auch einer **materialen Logik,** die von den geschützten Werten aus mit inhaltlich-juristischen Erwägungen argumentiert und dadurch zur Aufstellung und Begründung neuer Rechtssätze vordringt[6]. Die materiale Logik enthält die aus der Wertordnung abzuleitenden Beweisgründe für eine Sachentscheidung, die unter dem Blickwinkel der Gerechtigkeit und kriminalpolitischen Zweckmäßigkeit inhaltlich richtig oder doch wenigstens vertretbar erscheint.

Beispiel: Der schwere Raub (§ 250) ist nach der formalen Logik ein Spezialfall des einfachen Raubes (§ 249), nach der materialen Logik eine Qualifikation der Tat, die wegen der Gefährlichkeit der Begehungsweise, der schweren Folgen oder des bandenmäßigen Vorgehens eine wesentlich verschärfte Strafdrohung rechtfertigt.

Die Strafrechtsdogmatik hat nicht nur theoretische, sondern auch praktische Bedeutung. In der Strafrechtspflege sind die verschiedensten Funktionen und Berufe, vertreten von Personen mit unterschiedlichster Ausbildung und Interessenrichtung, anzutreffen: Richter, Staatsanwälte, Verteidiger, Polizeibeamte, Strafvollzugsbeamte, Psychiater, Psychologen, Soziologen, Sozialarbeiter, Bewährungshelfer, Gerichtsberichterstatter. Sie alle bedürfen einer gemeinsamen Denk- und Argumentationsweise, um das, was sie zur Sache beizutragen haben, auf den gemeinsamen Nenner verstandesmäßiger Erörterungen bringen zu können. Die Strafrechtsdogmatik ist es, die das Lehrgebäude errichtet, in dem alle zu Hause sind oder sich doch wenigstens zurechtfinden können[7]. Die **Einheit des Strafrechtssystems** aufrechtzuerhalten, ist angesichts der raschen Entwicklung der Dogmatik in Einzelbereichen und der Angriffe gegen das Strafrecht von außen eine große Aufgabe der Strafrechtswissenschaft in unserer Zeit.

2. Neben der Strafrechtsdogmatik steht als Teilstück der Strafrechtswissenschaft die **Kriminalpolitik**[8]. Sie hat es vor allem mit der Reform des geltenden Rechts zu

---

[4] *Engisch,* Studium Generale 1957, 173. Zur Auslegungsmethode *derselbe,* Methoden der Strafrechtswissenschaft S. 46ff.

[5] *Klug,* Logik S. 1ff.

[6] *Engisch,* Studium Generale 1959, 76.

[7] Eine eindrucksvolle Würdigung der deutschen Dogmatik der letzten 100 Jahre gibt *Welzel,* JuS 1966, 421ff. Zu Wesen und Wert der Dogmatik vgl. ferner *Otto,* Internat. Jahrbuch 1975, 116ff.; *Jescheck,* ZStW 93 (1981) S. 3ff.; *Gimbernat Ordeig,* ZStW 82 (1970) S. 379ff. Über die ganz anders verlaufende Dogmatikdebatte im Zivilrecht vgl. *Meyer-Cording,* Kann der Jurist heute noch Dogmatiker sein? 1973.

[8] Eingehend zu den Grundbegriffen *Zipf,* Kriminalpolitik S. 1ff. Um die Integration von Dogmatik und Kriminalpolitik ist es *Roxin,* Kriminalpolitik und Strafrechtssystem, 2. Aufl.

tun. Von diesem geht sie zunächst aus und übernimmt deswegen auch die Ergebnisse der Strafrechtsdogmatik. Sie gründet ihre Forderungen für die Verbesserung des geltenden Strafrechts in der Zukunft jedoch auf die empirischen Befunde der Kriminologie. Die Kriminalpolitik bildet damit die Brücke zwischen Strafrechtsdogmatik und Kriminologie. Nicht nur in Deutschland[9], sondern auch in weiten Teilen der Welt[10] hat die große internationale Bewegung zur Erneuerung des Strafrechts einen Umbruch des Denkens zur Folge gehabt, das heute auf Verbrechensvorbeugung durch Ausräumung sozialer Konflikte, auf Festigung des Rechtsbewußtseins des Volkes durch gerechte und humane Sanktionen und auf Einordnung des Täters in die Gesellschaft gerichtet ist (zu den Grundsätzen der Kriminalpolitik vgl. oben § 4).

3. Strafrechtsdogmatik und Kriminalpolitik bedienen sich der Hilfe *anderer Disziplinen der Rechtswissenschaft,* die ihnen eigene Fragestellungen, besondere Methoden und neue Erkenntnisse beisteuern.

a) Die **Strafrechtsgeschichte** erweitert den Blick des Dogmatikers wie auch des Kriminalpolitikers in die Vergangenheit[11]. Sie läßt die großen Epochen der Rechtsentwicklung mit ihren leitenden Ideen wiedererstehen, erforscht die Wandlungen der Gesetzgebung, macht die Gestalten der großen Juristen, ihre Werke und Schulen lebendig, versucht die Erscheinungsformen des Verbrechens in früheren Jahrhunderten aufzuklären, schildert die oft grausamen Strafmittel und schafft damit den Unterbau, auf dem die Wissenschaft vom geltenden Recht ruht. Eine wichtige Ergänzung der Strafrechtsdogmatik ist die *Dogmengeschichte:* sie zeigt das Werden und Vergehen der Lehrmeinungen auf dem geistigen Hintergrund ihrer Zeit, verfolgt den Weg einzelner Rechtseinrichtungen (z. B. die Entwicklung der Begriffe der objektiven und subjektiven Zurechnung) durch die Jahrhunderte, verknüpft dadurch die juristische Arbeit der Generationen und liefert Beweisgründe für die Auslegung und die Reform des geltenden Rechts. Als vergleichende Dogmengeschichte schlägt sie die Brücke zur Strafrechtsvergleichung.

b) Nach der Strafrechtsgeschichte ist der Strafrechtsdogmatik am meisten an der Verbindung mit der **Rechtsphilosophie** gelegen, die auch als Strafrechtsphilosophie selbständig auftritt[12]. Die Rechtsphilosophie bemüht sich, die Maßstäbe aufzustellen, nach denen der Dogmatiker beurteilen kann, ob die Sätze des geltenden Rechts mit den natürlichen Gegebenheiten der Sozialordnung *(Natur der Sache)* und den leitenden Wertideen der Sozialethik *(Naturrecht)* vereinbar sind, wie sie ausgelegt oder in welcher Weise sie gegebenenfalls umgestaltet werden müssen[13]. Die Rechtsphiloso-

---

1973 zu tun, um die Abgrenzung beider bemüht sich *Hassemer,* Strafrechtsdogmatik und Kriminalpolitik, 1974.

[9] *Roxin,* Universitas 1980, 23 ff.

[10] *Ancel,* Jescheck-Festschrift Bd. II S. 779 ff.; *Jescheck,* Bockelmann-Festschrift S. 133 ff.; *derselbe,* MPG-Jahrbuch 1975, S. 49; *derselbe,* Hwang-Festschrift S. 417 ff.

[11] Vgl. den Abriß der Strafrechtsgeschichte unten § 10.

[12] Vgl. das in deutscher Sprache geschriebene Buch des polnischen Gelehrten und Schöpfers des polnischen StGB von 1932 *Makarewicz,* Einführung in die Philosophie des Strafrechts, 1906; ferner *Henrici,* Die Begründung des Strafrechts in der neueren deutschen Rechtsphilosophie, 1961. Zur Bedeutung der Sozialphilosophie für das Strafrecht *Naucke,* in: *Hassemer / Lüderssen / Naucke,* Fortschritte im Strafrecht S. 1 ff. Vgl. ferner rechtsvergleichend *Mueller,* Dando-Festschrift S. 111 ff. sowie die Beiträge zu dem Thema „La philosophie de la justice pénale", in: Rev int dr pén 1982, Nr. 3/4.

[13] Vgl. *Henkel,* Rechtsphilosophie S. 416 ff.; *Würtenberger,* Rechtsphilosophie und Rechtspraxis, 1971; *Engisch,* Einführung S. 182 ff.; *Armin Kaufmann,* Tjong-Gedächtnisschrift S. 100; *Bockelmann,* Einführung S. 21 ff.; *Arthur Kaufmann,* Rechtsphilosophie im Wandel S. 219 ff.

phie hat somit „die bloße Positivität historisch vorkommenden Rechts auf seine echte Verbindlichkeit zu prüfen, um dafür zu wirken, daß nichts faktisch gilt, was nicht auch ethisch verpflichtet"[14]. Die Rechtsphilosophie befreit die Strafrechtsdogmatik von der Herrschaft des Positivismus und läßt sie die notwendige Synthese finden, in der positives und darum notwendigerweise immer unvollkommenes Recht mit der „Idee des richtigen Rechts" zusammenstimmt.

Beispiel: Die Frage, ob das Schuldprinzip lediglich die obere Grenze der Strafzumessung bildet, um Willkür zu unterbinden, oder vielmehr ein für das ganze Strafrecht konstitutives Prinzip der Rechtsethik darstellt, ist vor allem ein rechtsphilosophisches Problem (vgl. oben § 4 I 3).

Auch der Kriminalpolitiker kann der Hilfe der Rechtsphilosophie nicht entraten, da sie ihm anzeigt, wo im Hinblick auf Rechtsstaat und Menschenwürde die Grenzen des Bemühens um Effizienz in der Bekämpfung der Kriminalität liegen müssen.

c) Rechtsgeschichte und Rechtsphilosophie haben den Blick des Theoretikers wie des Kriminalpolitikers schon früh auf die **Rechtsvergleichung** gelenkt. Die Strafrechtsvergleichung, die aus der Einheit des europäischen Strafrechtsdenkens im Zeitalter der Aufklärung erwachsen ist, hat im 19. Jahrhundert bei der Neugestaltung des materiellen Strafrechts nach dem Vorbild des französischen Code pénal von 1810, bei der Übernahme französischer und englischer Rechtseinrichtungen für die Strafprozeßreform und als Schrittmacherin der modernen Kriminalpolitik eine große Rolle gespielt[15]. Sie ist heute eine universale, international anerkannte und für verschiedene Zwecke gebrauchte Methode der rechtswissenschaftlichen Forschung geworden, die sich den Rang einer eigenen Fachdisziplin erworben hat[16]. Die Rechtsvergleichung geht methodisch von der Fragestellung aus, wie das ausländische Recht ein bestimmtes soziales Problem löst, dem die eigene Rechtsordnung mit der zu vergleichenden Regelung beizukommen sucht. Sie bemüht sich zunächst darum, den Standpunkt eines oder mehrerer Auslandsrechte zu der gestellten Frage aufzuklären. Erst daran knüpft sich die eigentliche Vergleichsarbeit, die die Übereinstimmungen und Unterschiede der rechtlichen Strukturen klarzustellen, die Gründe dafür zu erforschen und auch eine kritische Wertung der gefundenen Ergebnisse vorzunehmen hat. Die Rechtsvergleichung dient wie jede Wissenschaft in erster Linie der Erkenntnis, liefert zugleich aber auch ihre Beiträge zu wichtigen praktischen Zwecken. Im Vordergrund steht dabei die Strafgesetzgebung, die bei allen großen Vorhaben auf die rechtsvergleichende Vorarbeit nicht mehr verzichten kann, denn nur durch umfassende Kenntnis dessen, was im Ausland gilt, gelangt man in den Besitz des „Lösungsvorrats" (*Zitelmann*), der für eine bestimmte soziale Aufgabe zur Verfügung steht (über die rechtsvergleichende Vorbereitung der großen Strafrechtsreform vgl. 2. Auflage S. 80f.). Die Rechtsvergleichung kann ferner zur Auslegung des eigenen Rechts herangezogen werden, wenn dieses auf fremdem Recht beruht oder die gleiche Problemstellung aufweist[17]. Weiter dient die Rechtsvergleichung der Vorbereitung der Rechtsvereinheitlichung[18] sowie, vor allem im Bereich des Europarats und der Vereinten Nationen, der

---

[14] *E. Wolf,* Rechtswissenschaft S. 13.
[15] *Jescheck,* Bockelmann-Festschrift S. 133 ff. (zum materiellen Strafrecht); *derselbe,* ZStW 86 (1974) S. 761 ff. (zum Strafprozeßrecht); *Kaiser,* Strafvollzug im europäischen Vergleich, 1983.
[16] Allgemein: *Zweigert / Kötz,* Einführung in die Rechtsvergleichung Bd. I, 1971; *Großfeld,* Macht und Ohnmacht der Rechtsvergleichung, 1984. Zum Strafrecht: *Jescheck,* Entwicklung S. 36 ff.; *Schultz,* Strafrechtsvergleichung S. 7 ff.; *Ancel,* Le droit pénal comparé S. 73 ff.; *Jescheck / Löffler,* Quellen und Schrifttum Bd. I S. 3 ff. (Literaturangaben).
[17] *Hauser,* Jescheck-Festschrift Bd. II S. 1215 ff.
[18] Dazu *Zweigert,* WVR Bd. III S. 74.

Organisation und Intensivierung der internationalen Zusammenarbeit der Staaten bei der Strafrechtspflege[19]. Die Rechtsvergleichung hat endlich einen völkerverbindenden Wissenschaftszweig entstehen lassen, der viele Gelehrte und Praktiker aus den verschiedensten Nationen vereint und vor allem in dem regen geistigen Leben der internationalen strafrechtlichen Gesellschaften Ausdruck findet[20].

d) Der Einfluß der **Sozialwissenschaften** (Soziologie, Sozialpolitik, Sozialökonomie, Sozialpsychologie, Sozialphilosophie) auf Strafrechtsdogmatik und Kriminalpolitik hat bereits im Laufe der Reformbewegung der zweiten Hälfte des 19. Jahrhunderts eingesetzt[21]. Heute sind es vor allem kritische Fragen, die von den Sozialwissenschaften an das Strafrecht und seine Zukunftsperspektiven gestellt werden. Sie betreffen etwa die Legitimation der Strafe als gewollte Übelszufügung wegen einer Rechtsverletzung inmitten einer Vielfalt anderer Möglichkeiten der Sozialkontrolle, sie bestreiten die Berechtigung des Schuldprinzips angesichts der Unbeweisbarkeit der Freiheit des Anders-handeln-könnens in der Tatsituation, sie fordern eine Neuorientierung der Strafzwecke von der Vergeltung zur General- und Spezialprävention, sie behaupten die Mitverantwortung der Gesellschaft für die Kriminalität und eine selektive Benachteiligung der Unterschichtsangehörigen durch Polizei, Staatsanwalt und Richter, sie sehen in der Sozialisation des Täters das einzig vertretbare Ziel des repressiven Eingriffs. Soweit nicht in Wahrheit der Umsturz der geltenden Rechts- und Gesellschaftsordnung und eine ins Reich der Utopie führende „Abschaffung des Strafrechts" angestrebt wird, sondern eine sachgebundene (ideologiefreie) Auseinandersetzung stattfindet, ist das Gespräch mit den Sozialwissenschaften für den Dogmatiker und noch mehr für den Kriminalpolitiker unentbehrlich und von größtem Nutzen[22].

II. Die Kriminologie und ihre Nachbardisziplinen

1. Während die Strafrechtswissenschaft mit ihren Nachbardisziplinen die *normative* Komponente der Kriminalwissenschaften darstellt, ist die **Kriminologie**[23] eine empirisch arbeitende *Tatsachen*wissenschaft, die sich der Methoden verschiedener Natur- und Sozialwissenschaften bedient und darum ein „interdisziplinäres Wissenschaftsgebiet" genannt werden kann[24]. Die Kriminologie beschäftigt sich mit der Persönlichkeit des Rechtsbrechers, ihrer Entwicklung, ihrer physischen und psychischen Eigenart und den Möglichkeiten ihrer Sozialisation, mit den Erscheinungsformen des Verbrechens, seinen Ursachen, seiner Bedeutung sowohl in der Gesellschaft wie auch im Leben des einzelnen, ferner mit der Wirkungsweise der kriminalrechtlichen Reak-

---

[19] Dazu *Vogler*, Maurach-Festschrift S. 605 ff.; *Jescheck*, ebenda S. 584 ff.; *López-Rey*, A Guide to United Nations Criminal Policy, 1985.

[20] Näheres bei *Jescheck*, Entwicklung S. 16 ff. Vgl. die Zusammenstellung der Internationalen Kongresse bei *Jescheck / Löffler*, Quellen und Schrifttum Bd. I S. 8 ff. Ferner *Jescheck*, ZStW 92 (1980) S. 997 ff. (zur IKV/AIDP).

[21] *Jescheck*, Klug-Festschrift Bd. II S. 257 ff.

[22] *Sack*, Kriminologisches Journal 1972, 3; *Opp*, Abweichendes Verhalten und Gesellschaftsstruktur, 1974; *Luhmann*, Legitimation durch Verfahren, 2. Aufl. 1975; *Lüderssen / Sack* (Hrsg.), Abweichendes Verhalten Bd. I - IV, 1975 - 1980; *dieselben* (Hrsg.), Vom Nutzen und Nachteil der Sozialwissenschaften, 1980; *Hassemer*, Einführung S. 19 ff., 259 ff.; *Hassemer / Lüderssen / Naucke*, Fortschritte im Strafrecht durch die Sozialwissenschaften? 1983; *Sessar*, Hilde Kaufmann-Gedächtnisschrift S. 391.

[23] Die Bezeichnung stammt von dem Titel des grundlegenden Werkes des Italieners R. *Garofalo*, Criminologia, 1. Aufl. 1885.

[24] So *Göppinger*, Kriminologie S. 133 ff.; *Kaiser*, Kriminologie S. 33 ff. Vgl. ferner *Grünhut*, ZStW 72 (1960) S. 267; *Krauß*, Kriminologie und Strafrecht S. 239 ff.

tionsmittel, ohne sich jedoch auf den Begriff der Straftat im Rechtssinne festzulegen. Nach dem Gegenstand der Forschung unterscheidet man *Kriminalanthropologie*, die sich in *Kriminalbiologie* (Konstitutionsforschung und Kriminalpsychiatrie) und *Kriminalpsychologie* gliedert, und *Kriminalsoziologie*[25]. Die Kriminologie ging von der Beschreibung der Erscheinungsformen des Verbrechens aus und wandte sich später besonders der Ursachenforschung (Anlage und Umwelt) zu, die in Tätertypenlehren ausmündete. Heute wird das Verbrechen vor allem in seinem gesellschaftlichen Bezugsrahmen gesehen[26]. Die gegenwärtige Kriminologie beschäftigt sich ferner mit den kriminalrechtlichen Sanktions- und Behandlungsmethoden und ihrer Wirkungsweise auf den verurteilten Menschen (Spezialprävention)[27]. Im Vordergrund stehen zur Zeit weiter die Strategie und Taktik der Instanzen der sozialen Kontrolle (Polizei, Staatsanwaltschaft, Gericht), die Rolle des Opfers bei der Entstehung der Straftat und der Konfliktslösung *(Viktimologie)*[28], das Anzeigeverhalten der Bevölkerung[29] und die Wirkung der Strafrechtspflege auf das Rechtsbewußtsein der Allgemeinheit (Generalprävention)[30].

Nach den verfehlten Tendenzen zur Eliminierung des Strafrechts aus der Verbrechensbekämpfung[31] bildet heute der Mehrfaktorenansatz (*Kaiser, Göppinger, Schöch* u. a.) die Brücke zu einer am Schuldprinzip und damit am Gedanken der Verantwortlichkeit orientierten Strafrechtsdogmatik: man läßt das Freiheitsbewußtsein des Menschen als psychologische Tatsache gelten, betrachtet die Verantwortlichkeit des Täters für die Straftat als eine der Grundlagen des Zusammenlebens der Menschen und übermittelt der Strafrechtswissenschaft auf dieser Basis das von ihr benötigte empirische Material. So gesehen ist die Zusammenarbeit mit dem Kriminologen für den Strafrechtler unentbehrlich[32]: nicht nur wird er selbst zum Gegenstand aufschlußreicher empirischer Forschung gemacht, sondern die Kriminologie liefert ihm die aus der Wirklichkeit geschöpften Erkenntnisse, die für die Gesetzgebung benötigt werden, damit die Rechtssätze „sachgerecht" sein können. Sie gibt ihm ihren fachlichen Rat für die Alltagsaufgaben der Strafrechtspflege[33] und bietet insbesondere in der Kriminalprognostik[34] ein wichtiges Hilfsmittel, um Rückfallverbrecher erkennen, Gestrauchelte vor den ungünstigen Auswirkungen der Freiheitsentziehung bewahren, die Bewährungshilfe wirksam gestalten und alle die Entlassung von Gefangenen betreffenden Fragen richtig entscheiden zu können. In der neueren Strafrechtsgeschichte sind der Kriminologie bedeutende kriminalpolitische Fortschritte zu danken gewesen. Das Jugendstrafrecht, die Einschränkung der Freiheitsstrafe, die Neuordnung der Geldstrafe, die Strafaussetzung und Entlassung zur Bewährung, die Bewährungshilfe, die Verwarnung mit Strafvorbehalt, die Maßregeln der Besserung und Sicherung, die Reform des Strafvollzugs beruhen weitgehend auf Forderungen, die sich aus der Forschungsarbeit der Kriminologie ergeben haben. In der Kriminalpädagogik wird eine wissenschaft-

---

[25] *Pfeiffer / Scheerer*, Kriminalsoziologie, 1979.
[26] *Göppinger*, Der Täter in seinen sozialen Bezügen, 1983.
[27] Vgl. *Sieverts*, HWB Krim Bd. II S. 1 ff.
[28] *Sessar*, Jescheck-Festschrift Bd. II S. 1137 ff.
[29] *Kürzinger*, Private Strafanzeige und polizeiliche Reaktion, 1978.
[30] *Albrecht*, Kleines Kriminologisches Wörterbuch S. 132 ff.
[31] Darüber *Lange*, Rätsel Kriminalität S. 264 ff.; *derselbe*, ZStW 93 (1981) S. 151 ff.; *derselbe*, Jescheck-Festschrift Bd. I S. 53 ff.; *derselbe*, Oehler-Festschrift S. 671 ff.; *Kürzinger*, ZStW 86 (1974) S. 211 ff.; *Kaiser*, Lackner-Festschrift S. 1027 ff.
[32] *Kaiser*, Jescheck-Festschrift Bd. II S. 1035 ff.
[33] *Göppinger*, Angewandte Kriminologie, 1985.
[34] *Spieß*, Kleines Kriminologisches Wörterbuch S. 253 ff.; *Schneider*, Kriminalprognose, HWB Krim Bd. IV S. 273.

liche Lösung für das Problem der Erwachsenenerziehung unter den Bedingungen des Freiheitsentzugs gesucht[35]. Die Rechtsvergleichung hat zu diesen Fortschritten wesentlich beigetragen, indem sie die ausländischen Regelungen zugänglich gemacht hat. Die vergleichende Kriminologie hat damit begonnen, ausländische Befunde der Kriminalitäts- und Sanktionsforschung zu den eigenen in Beziehung zu setzen[36].

2. Auch die Kriminologie bedient sich der Hilfe von *Nachbardisziplinen*, die zum Teil in einem weiteren Begriff der Kriminologie selbst aufgehen.

a) Die **Kriminalistik**[37] (so genannt von ihrem österreichischen Begründer *Hans Groß*) ist die wissenschaftliche Technik der Aufklärung von Verbrechen und der Ermittlung von Tätern (Kriminaltaktik, Spurensuche, Aufnahme von Fingerabdrücken, chemische, physikalische und mikroskopische Untersuchungsmethoden, Beteiligung von Presse, Rundfunk und Fernsehen an der Ermittlung). Sie wird insbesondere von der Kriminalpolizei gepflegt (Bundeskriminalamt, Landeskriminalämter, Polizeischulen), sollte aber auch Gegenstand der Ausbildung der Richter, Staatsanwälte und Verteidiger sein.

b) Die **gerichtliche Medizin**[38] stellt die Auswirkungen strafbarer Eingriffe auf den menschlichen Körper fest (Todesursachenermittlung, medizinische Spurenkunde, Feststellung von Abtreibungen und Sittlichkeitsverbrechen, forensische Toxikologie) und ist an der Aufklärung von Verkehrsunfällen, insbesondere durch Blutalkoholbestimmung, beteiligt.

---

[35] Vgl. *Hellmer*, Kriminalpädagogik S. 64 ff.; *Peters*, Grundprobleme S. 190 ff.
[36] *Ferracuti*, Comparative Research in Criminology S. 129 ff.
[37] Vgl. dazu *Groß / Geerds*, Handbuch der Kriminalistik, 1977 und 1978.
[38] *Mueller*, HWB Krim Bd. I S. 274 ff.; *Eisen* (Hrsg.), Handwörterbuch der Rechtsmedizin, 3 Bände, 1973; *Prokop / Göhler,* Forensische Medizin, 1976.

Erster Hauptteil: Das Strafgesetz

Das deutsche Strafrecht beruht nicht wie noch immer teilweise das englische (aber nicht mehr das amerikanische) Strafrecht auf Gewohnheitsrecht, sondern auf Gesetzen. Der Text des StGB beginnt mit dem Gesetzlichkeitsprinzip (§ 1), das als Verfassungsgarantie auch in Art. 103 II GG verankert ist. Danach kann eine Tat nur bestraft werden, wenn die Strafbarkeit *gesetzlich* bestimmt war, bevor sie begangen wurde. Die *Grundlage* der deutschen Strafrechtsdogmatik ist deshalb *das Strafgesetz*. Sämtliche Aussagen, die de lege lata über Rechtssätze und Rechtsbegriffe des Strafrechts gemacht werden, müssen sich aus dem Gesetz ergeben oder wenigstens mit ihm vereinbar sein. Auch die praktische Strafrechtspflege vollzieht sich ausschließlich aufgrund und im Rahmen von Gesetzen. Die wissenschaftliche Darstellung des geltenden deutschen Strafrechts hat deshalb vom Strafgesetz auszugehen.

1. Kapitel: Die Bestandteile des Strafgesetzes

Das Strafgesetz besteht wie alle Rechtssätze, die nicht lediglich eine Definition enthalten, aus dem **Tatbestand** und einer **Rechtsfolge,** die Rechte gewährt oder Pflichten auferlegt. Im Tatbestand wird ein bestimmter Sachverhalt in seinen rechtlich erheblichen Merkmalen umschrieben. Ist der Tatbestand erfüllt, so soll die Rechtsfolge eintreten[1].

Beispiele: Wenn jemand vorsätzlich oder fahrlässig das Leben, den Körper, die Gesundheit, die Freiheit, das Eigentum oder ein sonstiges Recht eines anderen widerrechtlich verletzt, so hat er Schadensersatz zu leisten (§ 823 I BGB). Wer einen Menschen vorsätzlich tötet, wird wegen Totschlags mit Freiheitsstrafe nicht unter 5 Jahren bestraft (§ 212 I), handelt der Täter fahrlässig, tritt Freiheitsstrafe bis zu 5 Jahren oder Geldstrafe ein (§ 222). Während die fahrlässige Tötung sowohl eine zivilrechtliche als auch eine strafrechtliche Rechtsfolge auslöst, zieht die fahrlässige Sachbeschädigung nur die Schadensersatzpflicht, aber keine Strafe nach sich (vgl. § 303 i. Verb. m. § 15).

Die *Besonderheit der Strafrechtssätze* liegt darin, daß ihr Tatbestand die Beschreibung eines Verbrechens zum Gegenstand hat und daß die Rechtsfolgen Strafen oder Maßregeln sind. Die strafrechtlichen Grundbegriffe *Verbrechen, Strafe* und *Maßregel* (vgl. oben § 2 II 1) sind also auch die Bestandteile des Strafgesetzes.

§ 7 Das Verbrechen
I. Das Verbrechen als strafwürdiges Unrecht

Beling, Methodik der Gesetzgebung, insbes. der Strafgesetzgebung, 1922; *Binding,* Strafrechtliche und strafprozessuale Abhandlungen, Bd. I, 1915; *Bruns,* Die Befreiung des Strafrechts vom zivilistischen Denken, 1938; *Gallas,* Zur Struktur des strafrechtlichen Unrechtsbegriffs, Festschrift für P. Bockelmann, 1979, S. 155; *Grünhut,* Methodische Grundlagen der heutigen Strafrechtswissenschaft, Festgabe für R. v. Frank, Bd. I, 1930, S. 1; *Günther,* Die Genese eines Straftatbestandes, JuS 1978, 8; *Hassemer,* Theorie und Soziologie des Verbre-

---
[1] *Engisch,* Einführung S. 12ff.

chens, 1973; *Hegler,* Die Merkmale des Verbrechens, ZStW 36 (1915) S. 19; *Jescheck,* Islamisches und westliches Strafrecht, Festschrift für D. Oehler, 1985, S. 543; *Leferenz,* Wilhelm Gallas' „Gedanken zum Begriff des Verbrechens" aus kriminologischer Sicht, Festschrift für W. Gallas, 1973, S. 65; *Müller-Dietz,* Strafe und Staat, 1973; *Sax,* Grundsätze der Strafrechtspflege, in: *Bettermann / Nipperdey / Scheuner,* Die Grundrechte, Bd. III, 2, 1959, S. 909; *Zipf,* Kriminalpolitik, 2. Aufl. 1980.

1. Verbrechen (im Sinne von Straftat) ist jedes menschliche Verhalten, das die Rechtsordnung mit Strafe bedroht. Eine solche *formale* Definition des Verbrechens sagt jedoch nicht, unter welchen Voraussetzungen Strafe eintreten soll. Fest steht zunächst im Hinblick auf die Garantie der allgemeinen Handlungsfreiheit (Art. 2 I GG), daß der Gesetzgeber ein Verhalten nur dann mit Strafe bedrohen darf, wenn der Rechtsschutz durch die Strafe als schärfste Sanktion des Staates zur Sicherung des Zusammenlebens der Menschen in der Gemeinschaft unerläßlich ist (vgl. oben § 1 I 2). Deswegen ist zu fragen, von welchen *sachlichen* Voraussetzungen das *„Ob"* der *Strafe* abhängt (**materieller Verbrechensbegriff**)[2]. Da die Strafe die öffentliche Mißbilligung einer *Rechtsverletzung* bedeutet und in der Auferlegung eines *verdienten* Übels besteht (vgl. oben § 2 II 1), ergibt sich zunächst, daß *Unrecht* und *Schuld* Wesensmerkmale des Verbrechens sein müssen. Dennoch wird verschuldetes Unrecht keineswegs immer bestraft, und zwar selbst dann nicht, wenn es unmittelbar um den Schutz der Allgemeinheit geht, sondern die Rechtsordnung verwendet vielfach andere Reaktionsmittel als die Strafe oder verzichtet gänzlich auf eine Reaktion.

Beispiele: Wer schuldhaft einen Vertrag nicht erfüllt oder fahrlässig eine fremde Sache beschädigt, hat Schadensersatz zu leisten (*zivilrechtliches* Unrecht). Wer eine erhebliche Gefahr für polizeilich geschützte Rechtsgüter herbeiführt, hat als „Störer" polizeiliche Maßnahmen zu dulden (*polizeirechtliches* Unrecht). Wer als Staatsorgan ein völkerrechtliches Delikt begeht, haftet persönlich überhaupt nicht, sondern an seiner Stelle muß der Staat Wiedergutmachung leisten (*völkerrechtliches* Unrecht). Wer die Vorschrift über das Anlegen eines Sicherheitsgurts verletzte (§ 21 a I 1 StVO), war ursprünglich nicht einmal durch eine Geldbuße bedroht (*sanktionsloses* Unrecht) (anders jetzt § 49 I Nr. 20 a StVO).

a) Das Verbrechen läßt sich von der Zuwiderhandlung gegen das bürgerliche und öffentliche Recht *nicht qualitativ,* sondern nur *quantitativ* unterscheiden. Der Einsatz des Strafrechts wird gefordert durch ein *gesteigertes Schutzbedürfnis* der Allgemeinheit, und dementsprechend muß das Verbrechen einen gesteigerten Unrechts- und Schuldgehalt aufweisen: **Das Verbrechen ist strafwürdiges Unrecht.** Dieser Satz ist so zu verstehen, daß die Strafe das einzige Mittel sein muß, um die Gemeinschaftsordnung gegen Angriffe der betreffenden Art hinreichend zu schützen (Strafbedürftigkeit) (vgl. oben § 1 I 2). Die Strafbedürftigkeit setzt jedoch die Strafwürdigkeit der Tat voraus. Für die Strafwürdigkeit ist einmal der Wert des geschützten Rechtsguts maßgebend. Unter dem Begriff des Rechtsguts versteht man rechtlich geschützte Lebensgüter der Gemeinschaft. Die konkreten Gegenstände, an denen die Straftat begangen wird, nennt man dagegen Handlungs- oder Angriffsobjekte (vgl. näher unten § 26 I 4). In der Verletzung oder Gefährdung eines Handlungsobjekts liegt der **Erfolgsunwert** der Tat. Der Wert des geschützten Rechtsguts entscheidet jedoch nicht allein über das **„Ob"** der staatlichen Strafe.

---

[2] Vgl. zum folgenden *Binding,* Abhandlungen Bd. I S. 83ff. („ein bisher wenig beachteter Punkt"); *Sax,* Grundsätze S. 923ff.; *Gallas,* Beiträge S. 6ff.; *Günther,* JuS 1978, 12ff.; *H. Mayer,* Lehrbuch S. 50ff.; *Hegler,* ZStW 36 (1915) S. 27ff.; *Hassemer,* Theorie und Soziologie des Verbrechens S. 198ff.; *Müller-Dietz,* Strafe und Staat S. 46ff.; *Schmidhäuser,* Allg. Teil S. 28ff.; *SK (Rudolphi)* Vorbem. 1 vor § 1; *Zipf,* Kriminalpolitik S. 106ff. Der Text folgt *Gallas,* Beiträge S. 6ff., dem *Leferenz,* Gallas-Festschrift S. 76ff. auch aus der Sicht der Kriminologie zustimmt.

I. Das Verbrechen als strafwürdiges Unrecht

Beispiele: Die verschuldete Nichterfüllung eines Vertrages bleibt selbst dann straflos, wenn der Vertragspartner dadurch einen Millionenschaden erleidet, während der kleinste Betrug mit Strafe bedroht ist. Die den Betrug kennzeichnende Täuschungshandlung ist es, die für die Strafwürdigkeit der Vermögensschädigung entscheidend ist, während die bloße Vertragsverletzung den Sanktionen des Zivilrechts überlassen bleiben darf, weil sich der Schuldner immerhin einer Klage des Gläubigers stellt und der Zwangsvollstreckung unterworfen werden kann.

b) Nur wenige Rechtsgüter sind wie Leben und Körperintegrität wegen ihres besonders hohen Wertes gegen jede Art von Angriffen durch Strafdrohung geschützt. In der Regel muß für die Strafwürdigkeit jedoch, wie das Beispiel des Betrugs zeigt, zu dem Wert des geschützten Rechtsguts die besondere Gefährlichkeit des Angriffs hinzukommen, die das gesteigerte Schutzbedürfnis der Gemeinschaft auslöst. In der Art und Weise des Angriffs auf das Handlungsobjekt liegt das **Handlungsunrecht** der Tat[3]. Art und Intensität der Angriffshandlung müssen so beschaffen sein, daß *nur* das in der öffentlichen Strafe liegende schärfste Unwerturteil der Gemeinschaft ausreicht, um die Tat als unerträglichen Angriff auf den Gemeinschaftsfrieden zu kennzeichnen.

c) Hinzu kommen muß drittens ein besonderer Grad von *Verwerflichkeit der Tätergesinnung*, die in der Mißachtung von Grundwerten des sozialen Zusammenlebens durch den Täter zum Ausdruck kommt **(Gesinnungsunwert)**. Den schweren moralischen Tadel durch die Kriminalstrafe verdient der Täter nur dann, wenn seine Tat auf einer in hohem Maße tadelnswerten Gesinnung beruht. Alle drei Momente zusammen – der Wert des geschützten Rechtsguts, die Gefährlichkeit des Angriffs und die Verwerflichkeit der Tätergesinnung – lassen die Tat zu dem „unerträglichen Beispiel" (H. Mayer) werden, das Schule machen würde, wenn der Staat ihm nicht durch die Strafe entgegenträte.

Beispiele: Die fahrlässige Sachbeschädigung weist, auch wenn es um hohe Werte geht und diese, etwa im Straßenverkehr, auf leichtfertige Weise verletzt werden, den für die Strafwürdigkeit erforderlichen Gesinnungsunwert nicht auf, sie ist deshalb nicht strafbar (vgl. § 303 i. Verb. m. § 15). Wenn jedoch grobe Verkehrswidrigkeit, Rücksichtslosigkeit und ein besonders gefährlicher Verkehrsverstoß hinzutreten, genügt bereits fahrlässige *Gefährdung* fremder Sachen von bedeutendem Wert zur Strafbarkeit (§ 315 c I Nr. 2, III).

Da die Strafwürdigkeit von drei Variablen (Wert des Rechtsguts, Gefährlichkeit des Angriffs und Verwerflichkeit der Tätergesinnung) abhängt, wechselt der materielle Begriff des Verbrechens von einer Rechtsordnung und einer Epoche zur anderen. In den Reichspolizeiordnungen des 16. Jahrhunderts war schon die bloße außereheliche Geschlechtsverbindung mit Strafe bedroht, während das liberale Strafrecht nur Sittlichkeitsdelikte anerkennt, durch die besondere Rechtsgüter (z. B. Freiheit der sexuellen Selbstbestimmung, Jugendschutz oder öffentliche Ordnung) verletzt oder gefährdet werden. In Frankreich ist der Inzest nicht strafbar, der in Deutschland mit Freiheitsstrafe bedroht ist (§ 173). Der Betrug erfordert dort betrügerische Machenschaften (Art. 405 C. p.), während nach deutschem Recht schon die einfache Täuschung genügt (§ 263). Trotz aller historischen Wandlungen und aller Unterschiede von Land zu Land gibt es jedoch eine erhebliche Anzahl von Verbrechen wie vorsätzliche Tötung, Diebstahl, Vergewaltigung, Brandstiftung, die immer und überall bestraft werden, weil Wertauffassung und Schutzbedürfnis der Allgemeinheit insoweit keine Unterschiede aufweisen. Die gesetzgeberische Entscheidung, durch die eine bestimmte Handlung unter Strafe gestellt wird, hat weittragende Konsequenzen: die Strafdrohung prägt das Rechtsbewußtsein der Gemeinschaft (vgl. z. B. die Land-

---
[3] Zum Begriff des Handlungsunwerts als „Einheit objektiver und subjektiver Merkmale" *Gallas*, Bockelmann-Festschrift S. 156 ff.

friedensgesetzgebung des Mittelalters), verdirbt es aber auch, wenn Strafbestimmungen aufgestellt oder aufrechterhalten werden, die im Rechtsbewußtsein des Volkes keinen Rückhalt haben und deswegen praktisch nicht durchgesetzt werden können. Der Gesetzgeber ist im übrigen nicht daran gehindert, auch Taten, die ausschließlich einen sittlich verwerflichen Akt darstellen, wegen des besonderen Gesinnungsunwerts unter Strafe zu stellen, was im deutschen Recht früher für die Unzucht mit Tieren galt (§ 175 b a. F.)[4].

2. Für das **"Wie" der Strafdrohung** kommt es an sich auf dieselben Gesichtspunkte an, nur tritt hier der *Wert des geschützten Rechtsguts* als selbständiger Gradmesser stärker hervor. Maßgebend sind ferner das Ausmaß der Beeinträchtigung des Handlungsobjekts (Verletzung oder Gefährdung), die Gefährlichkeit der Mittel, die der Täter verwendet hat, und der Grad der Verwerflichkeit der Tätergesinnung (Vorsatz oder Fahrlässigkeit, Beweggründe der Tat)[5].

Beispiele: Tötung wird schwerer bestraft als Sachbeschädigung. Der Versuch ist in der Regel weniger strafwürdig als die Vollendung, weil die Verletzung des Handlungsobjekts ausgeblieben ist und beim untauglichen Versuch nicht einmal eine Gefährdung eintreten konnte. Doch kann dieses Minus durch die Gefährlichkeit der Begehungsweise oder die besondere Verwerflichkeit der Gesinnung im Einzelfall ausgeglichen werden (daher nach § 23 II nur fakultative Strafmilderung). Mord (§ 211), Totschlag (§ 212), Tötung auf Verlangen (§ 216) und Kindestötung (§ 217), deren Strafdrohungen stark abgestuft sind, unterscheiden sich nicht nach dem Werte des geschützten Rechtsguts, sondern nach dem Grade der Gefährlichkeit des Angriffs und der Verwerflichkeit der Tätergesinnung. Vorsatz- und Fahrlässigkeitsdelikte sind stets als deutliche Unrechts- und Schuldstufen in der Strafdrohung gegeneinander abgehoben (vgl. § 212 und § 222).

II. Der fragmentarische und akzessorische Charakter des Strafrechts

Albrecht u. a., Umweltschutz durch Strafrecht? ZStW 96 (1984) S. 943; *Engisch,* Die Relativität der Rechtsbegriffe, Deutsche Landesreferate zum V. Internat. Kongreß für Rechtsvergleichung, 1958, S. 59; *Arthur Kaufmann,* Subsidiaritätsprinzip und Strafrecht, Festschrift für H. Henkel, 1974, S. 89ff.; *derselbe,* Tendenzen im Rechtsdenken der Gegenwart, 1976; *Maiwald,* Zum fragmentarischen Charakter des Strafrechts, Festschrift für R. Maurach, 1972, S. 9; *Roos,* Entkriminalisierungstendenzen im Besonderen Teil des Strafrechts, 1981; *Schubarth,* Das Verhältnis von Strafrechtswissenschaft und Gesetzgebung im Wirtschaftsstrafrecht, ZStW 92 (1980) S. 80; *Schwinge,* Teleologische Begriffsbildung im Strafrecht, 1930; *Tiedemann,* Die Bekämpfung der Wirtschaftskriminalität, JZ 1986, 865; *Vogler,* Möglichkeiten und Wege einer Entkriminalisierung, ZStW 90 (1978) S. 132; *E. Wolf,* Der Sachbegriff im Strafrecht, RG-Festgabe, Bd. V, 1929, S. 44.

1. Das Strafrecht trägt nach einem berühmten Worte *Bindings* **fragmentarischen Charakter**[6]. Es enthält kein umfassendes System des Rechtsgüterschutzes, sondern beschränkt sich auf einzelne nach dem Kriterium der „Strafwürdigkeit" ausgewählte Schwerpunkte (vgl. oben § 7 I 1). Während *Binding* diese Selbstbeschränkung des Strafgesetzgebers noch als „großen Mangel seines Werkes" empfunden hat, erscheint heute die Begrenzung der Strafbarkeit auf Handlungen, die nach ihrer Gefährlichkeit und Verwerflichkeit im Interesse des Gesellschaftsschutzes eindeutig den Tadel der öffentlichen Strafe erfordern und verdienen, als ein Vorzug und als Kennzeichen des freiheitlichen Rechtsstaats[7] (vgl. oben § 1 I 2). Der fragmentarische Charakter des

---

[4] Das islamische Recht stellt nicht wenige Verstöße gegen sittliche Verbotsnormen wie Homosexualität oder Sodomie als bloße Mißachtung fundamentaler Forderungen der Religion unter schwere Strafe; vgl. *Jescheck,* Oehler-Festschrift S. 552ff.

[5] Die Gesamtheit dieser Merkmale ist es, die *Grünhut,* Methodische Grundlagen S. 9f. mit dem Begriff „krimineller Gehalt" meint.

[6] *Binding,* Lehrbuch Bes. Teil S. 20ff.

Strafrechts ist durch die Tendenz der Entkriminalisierung stark unterstrichen worden[8]. Es gibt jedoch auch eine Bewegung in die entgegengesetzte Richtung. Beispiele sind das Wirtschaftsstrafrecht (§§ 263a - 264a, 265b, 266a und b) und das Umweltstrafrecht (§§ 324ff.)[9].

2. *Binding*[10] hat das Strafrecht ferner in seiner Eigenschaft als Schutzrecht einen „**akzessorischen Rechtsteil**" genannt. Dieses Wort enthält zwar den richtigen Hinweis auf die Fülle der Rechtsgüter, die „auf allen Rechtsgebieten zerstreut liegen", es darf jedoch nicht dahin mißverstanden werden, daß das Strafrecht erst zu einer vorgegebenen und als gewährend gedachten Rechtsordnung verbietend hinzutreten würde. Das Strafrecht ist vielmehr die geschichtlich älteste Form, in der das Recht überhaupt erscheint, und noch heute regelt es weite Gebiete, wie etwa den Schutz des Lebens, der Freiheit, der Ehre oder der Sittlichkeit, selbständig und ohne Rückgriff auf Begriffe und Funktionen anderer Rechtsgebiete.

So beginnt die Rechtsfähigkeit des Menschen im bürgerlichen Recht mit der Vollendung der Geburt (§ 1 BGB), der Strafrechtsschutz (§§ 222, 230) setzt dagegen schon mit deren Anfang ein (vgl. § 217), weil das Kind während des Geburtsvorganges besonders gefährdet ist. Auf der anderen Seite muß das Strafrecht aber auch Rechtsbegriffe und ganze Normenkomplexe aus anderen Rechtsgebieten übernehmen, um seine Schutzfunktion nach deren Gegebenheiten ausrichten zu können. Das gilt besonders für das Nebenstrafrecht, in dem die Strafvorschriften häufig der Regelung eines Sachgebiets als Blankette angehängt werden (vgl. z. B. § 21 GjS im Verhältnis zu §§ 3 - 6 GjS). Aber auch das StGB selbst übernimmt teilweise Rechtsbegriffe des bürgerlichen Rechts (z. B. „Ehegatte" in § 11 I Nr. 1a oder „Ehe" in § 171), die hier allerdings nicht immer den gleichen Sinn haben wie dort[11]. So ist der Eigentumsbegriff in der vollen Bedeutung des bürgerlichen Rechts (Sicherungseigentum, Eigentumsvorbehalt) in die Tatbestände der Eigentumsdelikte eingegangen (§§ 242, 246, 249), während der juristische Vermögensbegriff im Strafrecht (z. B. §§ 263, 266) durch den wirtschaftlichen ersetzt wurde (BGH 2, 364 [365]). Andere Begriffe definiert das Strafrecht selbständig, z. B. den „Amtsträger" (§ 11 I Nr. 2), wobei der Begriff „Aufgaben der öffentlichen Verwaltung" (§ 11 I Nr. 2c) auch die nicht-hoheitliche Verwaltung einschließt[12].

Die Abhängigkeit des Strafrechts von anderen Rechtsgebieten und deren Begriffsbildung kann somit nicht als Regel gelten, vielmehr kommt es jeweils auf die Umstände an. In jedem Falle müssen die strafrechtlichen Begriffe nach dem Schutzzweck des betreffenden Strafrechtssatzes ausgerichtet sein[13].

III. Tatstrafrecht und Täterstrafrecht

Bockelmann, Studien zum Täterstrafrecht, Teil I, 1939, Teil II, 1940; *derselbe*, Wie würde sich ein konsequentes Täterstrafrecht auf ein neues Strafgesetzbuch auswirken? Materialien, Bd. I, 1954, S. 29; *Dahm*, Der Tätertyp im Strafrecht, 1940; *Engisch*, Zur Idee der Täterschuld, ZStW 61 (1942) S. 166; *Grünhut*, Gefährlichkeit als Schuldmoment, MSchrKrim 1926, Beiheft 1 - 3 (Festschrift für G. Aschaffenburg) S. 89; *Kollmann*, Die Stellung des Handlungsbegriffs

---

[7] Vgl. *Maiwald*, Maurach-Festschrift S. 22. Über den fragmentarischen Charakter hinaus geht das Subsidiaritätsprinzip, durch das nicht nur die liberale, sondern auch die soziale Seite des Rechtsstaats betont wird; vgl. dazu *Arthur Kaufmann*, Henkel-Festschrift S. 103 ff.; *derselbe*, Tendenzen S. 39 ff.; *Jakobs*, Allg. Teil S. 38 f.
[8] *Vogler*, ZStW 90 (1978) S. 132 ff.; *Roos*, Entkriminalisierungstendenzen S. 58 ff. Über verfassungsrechtliche Grenzen der Entkriminalisierung vgl. BVerfGE 39, 1 (44 ff.).
[9] Zum Wirtschaftsstrafrecht *Tiedemann*, JZ 1986, 865 ff.; *Schubarth*, ZStW 92 (1980) S. 80 ff. Zum Umweltstrafrecht *Albrecht / Heine / Meinberg*, ZStW 96 (1984) S. 943 ff.
[10] *Binding*, Handbuch S. 9 f.; vgl. auch *Beling*, Methodik S. 29 ff.
[11] *Engisch*, Relativität S. 69.
[12] Vgl. *Bruns*, Befreiung des Strafrechts S. 233 ff.
[13] *Schwinge*, Teleologische Begriffsbildung S. 22; *E. Wolf*, RG-Festgabe S. 51 ff.

im Strafrechtssystem, 1908; *Lange,* Täterschuld und Todesstrafe, ZStW 62 (1944) S. 175; *Mezger,* Die Straftat als Ganzes, ZStW 57 (1938) S. 675; *Müller-Emmert / Friedrich,* Die kriminalpolitischen Grundzüge des neuen Strafrechts, JZ 1969, 245; *Tesar,* Die symptomatische Bedeutung des verbrecherischen Verhaltens, 1904; *E. Wolf,* Vom Wesen des Täters, 1932; *derselbe,* Tattypus und Tätertypus, ZAK 1936, 358; *Zimmerl,* Der Aufbau des Strafrechtssystems, 1930.

1. Das Verbrechen tritt für die Umwelt als *begangene Tat* in Erscheinung. Immer ist es jedoch auch das Werk eines Menschen, des *Täters,* und damit ein Ereignis, das dessen Wesensart und Verbrechenspotential für die Zukunft mehr oder weniger kennzeichnet. Für den Gesetzgeber stellt sich damit die Frage, ob die Voraussetzungen der Strafbarkeit nach Tatmerkmalen festgelegt werden sollen oder ob die Beschreibung krimineller Lebensformen (Tätertypen) vorzuziehen ist[14]. Beide Möglichkeiten der legislativen Technik sind theoretisch denkbar. Im System des **Tatstrafrechts** knüpft die Strafe an die rechtswidrige Tat an, entscheidend für die Strafbarkeit ist aber erst der Vorwurf, der dem Täter wegen der Begehung einer in ihren Merkmalen festgelegten Tat gemacht wird („Tatschuld"). Im System des **Täterstrafrechts** knüpft die Strafe dagegen unmittelbar an die Gefährlichkeit des Täters an, die, um Strafe überhaupt zu rechtfertigen, auf die „Lebensführungsschuld" zurückgeführt werden muß[15]. Entscheidend ist hier der Vorwurf, daß der Täter zu einer kriminellen Persönlichkeit geworden ist.

Wissenschaftlich wie gesetzgeberisch ist der Aufbau eines konsequenten Täterstrafrechts nie versucht worden. *Franz v. Liszt* hat zwar eine berühmte Tätertypenlehre entwickelt, aber aus rechtsstaatlichen Gründen am Tatstrafrecht festgehalten („das Strafgesetz ist die ‚*Magna Charta*' des Verbrechers"). Auch die symptomatische Verbrechensauffassung kam zu besonderen Schlußfolgerungen nur für die Strafzumessung im Rahmen des Tatstrafrechts[16]. Ebenso hielt die Untersuchung des Problems im Rahmen der Strafrechtsreform durch *Bockelmann* am Tatstrafrecht fest[17]. Der „normative Tätertyp" *Dahms*[18] schließlich diente vor allem der einschränkenden Auslegung der Tatbestände des Kriegsstrafrechts.

2. Das geltende deutsche Strafrecht ist **Tatstrafrecht,** berücksichtigt jedoch die Täterpersönlichkeit im Rahmen der stets als Handlungstypen gefaßten Verbrechenstatbestände bei der Strafzumessung (so nennt § 46 II verschiedene Tätermerkmale). Beispiele echter Täterbestrafung sind selten. Zu nennen sind eigentlich nur die Fälle der Gewerbs- oder Gewohnheitsmäßigkeit (z. B. §§ 260, 292 III, 302 a II 2 Nr. 2). Die Gefährlichkeit des Täters wird, soweit sie nicht durch die Strafe erreicht werden kann, durch Maßregeln der Besserung und Sicherung erfaßt, deren Bedeutung jedoch begrenzt ist (vgl. oben § 5 V Tabelle 2). Ein reines Täterstrafrecht müßte praktisch scheitern, denn einmal kann keine Spezialprävention im Rechtsstaat auf feste Tattypen verzichten, an deren Erfüllung die Gefährlichkeit des Täters gemessen wird, zum anderen ist kein Zweifel, daß die Straftatbestände auch atypische Täterpersönlichkeiten erfassen müssen[19].

Beispiel: Um dies zu erkennen, braucht man nicht bis zu den Heiligen Crispinus und Crispinianus zurückzugehen, die nach einer im übrigen mißverstandenen Überlieferung Leder gesto-

---

[14] *Zimmerl,* Aufbau S. 5; *E. Wolf,* ZAK 1936, 359 ff.; *Schmidhäuser,* Allg. Teil S. 183 ff.; *Baumann / Weber,* Allg. Teil S. 103 ff.

[15] Ein Brückenschlag zwischen Gefährlichkeit und Schuld ist oft versucht worden: vgl. *Grünhut,* MSchrKrim 1926, Beiheft 1 - 3 S. 89; *Mezger,* ZStW 57 (1938) S. 688 ff.; *Bockelmann,* Studien Teil II S. 145 ff.; *Engisch,* ZStW 61 (1942) S. 170 ff.; *Lange,* ZStW 62 (1944) S. 203.

[16] *Tesar,* Die symptomatische Bedeutung S. 264; *Kollmann,* Handlungsbegriff S. 210 f.

[17] *Bockelmann,* Materialien Bd. I S. 30 ff.

[18] *Dahm,* Tätertyp S. 21.

[19] *Bockelmann,* Materialien Bd. I S. 37.

IV. Die Einteilung der strafbaren Handlungen

Engisch, Die neuere Rechtsprechung zur Trichotomie der Straftaten, SJZ 1948, 660; *derselbe,* Die Idee der Konkretisierung in Recht und Rechtswissenschaft unserer Zeit, 2. Aufl. 1968; *Heinitz,* Empfiehlt sich die Dreiteilung der Straftaten auch für ein neues StGB? Materialien, Bd. I, 1954, S. 55; *Imhof,* Die Einteilung der strafbaren Handlungen, Materialien, Bd. II, 1, 1955, S. 1; *Krümpelmann,* Die Bagatelldelikte, 1966; *Mattes,* Untersuchungen zur Lehre von den Ordnungswidrigkeiten, 1. Halbb., 1977; *Stöckl,* Theorienstreit über die Dreiteilung der Straftaten, GA 1971, 236.

1. Das Strafgesetzbuch hat die dem Code pénal von 1810 (Art. 1) entstammende Dreiteilung der strafbaren Handlungen in Verbrechen, Vergehen und Übertretungen[20] aufgegeben, indem die Übertretungen als Restbestand des alten Polizeistrafrechts[21] (früher 29. Abschnitt) beseitigt wurden. Trotz Abschaffung der Zuchthausstrafe als der traditionellen Verbrechensstrafe wurde jedoch an der **Zweiteilung der strafbaren Handlungen in Verbrechen und Vergehen** festgehalten (§ 12), obwohl vielfach auch die Preisgabe jeder Art von Unterscheidung gefordert worden ist[22]. Die Zweiteilung bringt eine formale Abstufung nach dem Schweregrad der strafbaren Handlungen und damit nach dem Grade ihrer Strafwürdigkeit zum Ausdruck. Die Unterscheidung hat als Einteilungskriterium Bedeutung für das materielle Strafrecht (§§ 23 I, 30, 45 I, 241), für das Strafverfahrensrecht (§§ 140 I Nr. 2, 153, 153 a, 407 StPO) und für die sachliche Zuständigkeit der Gerichte (§§ 25, 74 GVG). Ordnungswidrigkeiten (vgl. unten § 7 V) sind dagegen in keiner Hinsicht Straftaten (BGH 28, 93 f.).

2. Die Einordnung einer Strafvorschrift in die Kategorien Verbrechen oder Vergehen richtet sich nach der angedrohten Hauptstrafe. Nebenstrafen (§ 44), Nebenfolgen (§ 45) und Maßnahmen (§ 11 I Nr. 8) haben für die Einordnung keine Bedeutung. Maßgebend ist nicht die im Einzelfall erkannte Strafe (sog. konkrete Betrachtungsweise) (KG DRZ 1947, 99), sondern die Strafe, mit der die betreffende Deliktsart als solche bedroht ist (**abstrakte Betrachtungsweise**) (BGH 2, 393). Die Einordnung wird nach dem angedrohten Mindestmaß vorgenommen: ist die Tat im Mindestmaß mit Freiheitsstrafe von einem Jahr oder darüber bedroht, so ist sie *Verbrechen* (§ 12 I), ist im Mindestmaß eine geringere Freiheitsstrafe oder Geldstrafe angedroht, so ist die Tat *Vergehen* (§ 12 II).

3. Veränderungen des Regelstrafrahmens durch Vorschriften des Allgemeinen Teils (§ 49 I Nr. 3, II, auf den das StGB häufig verweist) oder durch besonders schwere oder minder schwere Fälle bleiben für die Einteilung außer Betracht (§ 12 III), was freilich zu formalistischen Ergebnissen führen kann[23].

Beispiele: Wird eine Freiheitsstrafe wegen versuchten Raubs nach §§ 249, 23 II, 49 I Nr. 3 auf weniger als ein Jahr festgesetzt, so bleibt die Tat ebenso ein Verbrechen, wie wenn diese Strafe

---

[20] Zur Geschichte vgl. *Heinitz,* Materialien Bd. I S. 55; zum ausländischen Recht *Imhof,* Materialien Bd. II, 1 S. 1 ff.
[21] Vgl. dazu *Krümpelmann,* Die Bagatelldelikte S. 149 ff.; *Mattes,* Ordnungswidrigkeiten, 1. Halbb. S. 94 f.
[22] Vgl. *Stöckl,* GA 1971, 242 m. Nachw. Für Beibehaltung zu Recht *Schönke / Schröder / Eser,* § 12 Rdn. 3.
[23] Für die sog. spezialisierende Betrachtungsweise, die an Wertgruppen innerhalb des Tatbestands anknüpft, deshalb grundsätzlich *Engisch,* SJZ 1948, 660; *derselbe,* Konkretisierung S. 50 f.; *Stratenwerth,* Allg. Teil I Rdn. 140; *Jakobs,* Allg. Teil S. 152.

auf der Annahme eines minder schweren Falls nach § 249 II beruht. Entsprechend bleibt der besonders schwere Fall der Mißhandlung von Schutzbefohlenen (§ 223 b II) ein Vergehen (BGH 2, 181), der minder schwere Fall des Totschlags (§ 213) ein Vergehen (BGH 8, 78 [80]), selbst bei Vorliegen des zwingenden Strafzumessungsgrundes der Reizung zum Zorn, obwohl in § 223 b II Freiheitsstrafe von mindestens einem Jahr, in § 213 nur eine Mindesstrafe von 6 Monaten angedroht ist.

Die Einordnung ändert sich auch dann nicht, wenn der besonders schwere Fall durch Regelbeispiele erläutert ist und ein Beispielsfall angenommen wird (etwa bei sexuellem Mißbrauch von Kindern nach § 176 III 2) (BT-Drucksache V/4094 S. 4). Dasselbe gilt selbst dann, wenn das Beispiel so ausgestaltet ist, daß bei seinem Vorliegen ein besonders schwerer Fall angenommen werden muß, weil es sich auch hier nur um eine, wenn auch zwingende, Verdeutlichung eines unbenannten Strafschärfungsgrundes handelt (BGH 20, 184; 32, 293 [294])[24].

4. Eine Umqualifizierung tritt erst dann ein, wenn der Gesetzgeber einen neuen abgewandelten oder eigenständigen Tatbestand mit anderer Mindeststrafdrohung geschaffen hat (Qualifizierungen, Privilegierungen, Sonderdelikte).

Beispiele: Die qualifizierten Tatbestände der Körperverletzung (§§ 224 - 226) sind Verbrechen, die Tötung auf Verlangen (§ 216) ist dagegen als privilegierter Tatbestand des Totschlags Vergehen. Der räuberische Diebstahl (§ 252) ist als eigenständiger Tatbestand gegenüber dem Diebstahl (§ 242) ein Verbrechen.

V. Straftaten und Ordnungswidrigkeiten

Bohnert, Die Entwicklung des Ordnungswidrigkeitsrechts, Jura 1984, 11; *Coeppicus,* Wider das OWiG, DRiZ 1982, 366; *derselbe,* Eine Bilanz des OWiG 1968, DAR 1985, 97; *Cramer,* OWiG-Reform auf dem Holzweg? DAR 1981, 269; *derselbe,* Beteiligung an einer Zuwiderhandlung nach § 9 OWiG, NJW 1969, 1928; *derselbe,* Nochmals: Zum Einheitstäter im Ordnungswidrigkeitenrecht, NJW 1970, 1114; *derselbe,* Grundbegriffe des Rechts der Ordnungswidrigkeiten, 1971; *Dreher,* Plädoyer für den Einheitstäter im Ordnungswidrigkeitenrecht, NJW 1970, 217 und 1116; *derselbe,* Der Einheitstäter im Ordnungswidrigkeitenrecht, NJW 1971, 121; *Frank,* Die Überspannung der staatlichen Strafgewalt, ZStW 18 (1898) S. 733; *Göhler,* Das neue Gesetz über Ordnungswidrigkeiten, JZ 1968, 583; *derselbe,* Die Reformvorschläge für das Bußgeldverfahren, DAR 1981, 333; *J. Goldschmidt,* Das Verwaltungsstrafrecht, 1902; *derselbe,* Deliktsobligationen des Verwaltungsrechts, Mitt IKV, Bd. 12 (1905) S. 127 ff.; *Hirsch,* Zur Behandlung der Bagatellkriminalität usw., ZStW 92 (1980) S. 218; *Jescheck,* Das deutsche Wirtschaftsstrafrecht, JZ 1959, 457; *derselbe,* Grenzen der Rechtsgewährung, DRiZ 1983, 383; *derselbe,* Neue Strafrechtsdogmatik und Kriminalpolitik, ZStW 98 (1986) S. 1; *Kienapfel,* „Beteiligung" und „Teilnahme", NJW 1970, 1826; *derselbe,* Erscheinungsformen der Einheitstäterschaft, in: *Müller-Dietz* (Hrsg.), Strafrechtsdogmatik und Kriminalpolitik, 1971, S. 21; *Krümpelmann,* Die Bagatelldelikte, 1966; *Kunz,* Das strafrechtliche Bagatellprinzip, 1984; *Lange,* Der Strafgesetzgeber und die Schuldlehre, JZ 1956, 73; *derselbe,* Die Magna Charta der anständigen Leute, JZ 1956, 519; *derselbe,* Nur eine Ordnungswidrigkeit? JZ 1957, 233; *Mattes,* Zur Problematik der Umwandlung der Verkehrsübertretungen in Ordnungswidrigkeiten, ZStW 82 (1970) S. 25; *derselbe,* Untersuchungen zur Lehre von den Ordnungswidrigkeiten, 1. Halbb. 1977, 2. Halbb. 1982 (vollendet von *Herta Mattes); Michels,* Strafbare Handlung und Zuwiderhandlung, 1963; *Paliero,* Minima non curat praetor, 1985; *Rebmann / Roth / Herrmann,* Kommentar zum OWiG, ab 1968 (Loseblattausg.); *Rotberg,* Ordnungswidrigkeitengesetz, 5. Aufl. 1975; *Eb. Schmidt,* Probleme des Wirtschaftsstrafrechts, SJZ 1948, 225; *derselbe,* Das neue westdeutsche Wirtschaftsstrafrecht, 1950; *derselbe,* Das Gesetz zur Vereinfachung des Wirtschaftsstrafrechts, SJZ 1949, 665; *derselbe,* Straftaten und Ordnungswidrigkeiten, Festschrift für Adolf Arndt, 1969, S. 415; *Schmitt,* Ordnungswidrigkeitenrecht, 1970; *Schumann,* Zum Einheitstätersystem des § 14 OWiG, 1979; *Tiedemann,* Verwaltungsstrafrecht und Rechtsstaat, ÖJZ 1972, 285; *derselbe,* Kartellrechtsverstöße und Strafrecht, 1976; *Welp,* Der Einheitstäter im Ordnungswidrigkeitenrecht, VOR 1972, 299; *Weber,* Die Über-

---

[24] *Dreher / Tröndle,* § 12 Rdn. 11.

V. Straftaten und Ordnungswidrigkeiten

spannung der staatlichen Bußgeldgewalt, ZStW 90 (1982) S. 313; *E. Wolf,* Die Stellung der Verwaltungsdelikte im Strafrechtssystem, Festgabe für R. v. Frank, Bd. II, 1930, S. 516.

1. Nach 1945 ist neben die Verbrechen, Vergehen und Übertretungen eine vierte Kategorie von Zuwiderhandlungen getreten, die mit repressiver staatlicher Sanktion bedroht sind: die **Ordnungswidrigkeiten.** Sie nehmen das alte Verwaltungsstrafrecht in erweiterter und den Erfordernissen des Rechtsstaates angepaßter Weise wieder auf. Die Unterscheidung von Kriminalstrafrecht und Polizei- oder Verwaltungsstrafrecht war schon dem Preußischen Allgemeinen Landrecht von 1794 bekannt, sie wurde aber in das StGB von 1871 nicht übernommen. Statt dessen wurde der Übertretungsteil geschaffen (§§ 360 - 370 a. F.), der Kriminalstrafrecht mit Bagatellcharakter enthielt. Der Gedanke, die Übertretungstatbestände wieder vom Kriminalstrafrecht zu lösen, da ihnen echte Strafwürdigkeit abgeht, findet sich in allen Entwürfen schon seit dem Jahre 1911. Aus der Not der Zeit geboren entstand seit dem Krisenjahr 1931 in immer größerem Umfange ein Verwaltungsstrafrecht im Bereich der Wirtschaft, das zunehmend das Gepräge des autoritären Staates annahm[25]. Zu seiner Ablösung wurde das Wirtschaftsstrafgesetz von 1949 erlassen (GBl. der Verwaltung des Vereinigten Wirtschaftsgebiets S. 193), an dessen rechtsstaatlicher und moderner Ausgestaltung die Wissenschaft vom Verwaltungsstrafrecht erheblichen Anteil gehabt hat[26]. Sein Zweck war die Abgabe von materiell abgegrenzten Bagatelldelikten (§ 6 WiStG 1949) an die Verwaltung zur nicht-kriminellen Ahndung und zugleich die Entlastung der Gerichte. Mit dem OWiG von 1952 wurde das umfassende Rahmengesetz geschaffen, das auf allen Sachgebieten die Aussonderung der Ordnungswidrigkeiten aus dem Kriminalstrafrecht möglich gemacht hat[27]. Die Zahl der Bundesgesetze, die neben oder anstelle von Strafvorschriften Ordnungswidrigkeiten enthalten, steigt ständig an. Die gleiche Entwicklung findet sich im Landesrecht. Das neue OWiG 1968 hat wesentliche Verbesserungen vor allem im Verfahrensrecht gebracht[28]. Das Ordnungswidrigkeitenrecht wird als ein Teil des Strafrechts im weiteren Sinne angesehen, so daß sich die Gesetzgebungskompetenz des Bundes aus Art. 74 Nr. 1 GG ergibt (BVerfGE 27, 18 [32 f.]). Der Europäische Gerichtshof für Menschenrechte hat Art. 6 MRK, der das Verfahren in Strafsachen betrifft, auf das gerichtliche Verfahren wegen Ordnungswidrigkeiten für anwendbar erklärt (NJW 1985, 1273, Fall Öztürk). Nach der Umwandlung der Verkehrsübertretungen in Ordnungswidrigkeiten im Jahre 1968 (vgl. § 49 StVO; § 69 a StVZO) hat die vollständige Abschaffung der Übertretungen durch das EGStGB dazu geführt, daß einige wichtige Vorschriften des alten 29. Abschnitts in das OWiG übernommen worden sind, z. B. die falsche Namensangabe (§ 360 Nr. 8 a. F.) als § 111 OWiG, der ruhestörende Lärm und der grobe Unfug (§ 360 Nr. 11 a. F.) als §§ 117, 118 OWiG. Auch einzelne Vergehen sind zum gleichen Zeitpunkt Ordnungswidrigkeiten geworden, z. B. die Verletzung der Hausordnung eines Gesetzgebungsorgans (§ 106 b a. F.) als § 112 OWiG. Eine wichtige Vorschrift über die Verletzung der Aufsichtspflicht in Betrieben und Unternehmen enthält § 130 OWiG.

2. Vergehen, die im Einzelfall nur **Bagatellunrecht**[29] enthalten (z. B. der Diebstahl eines Päckchens Zigaretten im Selbstbedienungsladen), sind zum Teil zu Antragsdelikten umgestaltet worden (z. B. §§ 248 a, 263 IV, 265 a III, 266 III). Vor allem aber gibt jetzt das Strafverfahrensrecht in erweitertem Umfang die Möglichkeit der Nichtverfolgung von Bagatellsachen (§ 153 StPO) und kennt als neue Maßnahme das vorläufige Absehen von der Klage bzw. die vorläufige Einstellung des Verfahrens gegen Auflagen und Weisungen aufgrund einer Entscheidung der Staatsanwaltschaft bzw. des Gerichts, die an die Zustimmung des Beschuldigten gebunden

---

[25] *Eb. Schmidt,* SJZ 1948, 227 f.; *Bohnert,* Jura 1984, 15 ff.

[26] Das Hauptverdienst kommt *Eb. Schmidt* zu, vgl. Wirtschaftsstrafrecht S. 21 ff. und SJZ 1949, 665 ff. Er baute auf *Frank,* ZStW 18 (1898) S. 742 ff., *J. Goldschmidt,* Verwaltungsstrafrecht, 1902 und Deliktsobligationen, 1905 und *E. Wolf,* Frank-Festgabe Bd. II S. 516 ff. auf.

[27] Zur Geschichte und Rechtsvergleichung eingehend *Mattes,* Untersuchungen zur Lehre von den Ordnungswidrigkeiten, 1. Halbb. 1977, zum geltenden Recht 2. Halbb. 1982.

[28] Vgl. näher *Göhler,* JZ 1968, 583 ff.; *derselbe,* OWiG, Einleitung Rdn. 12 ff.; *Rotberg,* Ordnungswidrigkeitengesetz S. 43 ff. Zur Reform vgl. *Göhler,* DAR 1981, 333 ff.; kritisch *Cramer,* DAR 1981, 269 ff.; *Bohnert,* Jura 1984, 20 ff.; *Coeppicus,* DAR 1985, 97.

[29] Zum Begriff vgl. *Krümpelmann,* Bagatelldelikte S. 62 ff. Zu den verschiedenen Lösungsmöglichkeiten *Hirsch,* ZStW 92 (1980) S. 236 ff. Eine allgemeine Bagatellvorschrift als § 12 a unter der Bezeichnung „geringfügige Vergehen" schlägt *Kunz,* Bagatellprinzip S. 339 vor. Rechtsvergleichend *Paliero,* Minima non curat praetor S. 405 ff.

ist (§ 153 a StPO) (vgl. unten § 81 I 4). Die Einstellungen nach §§ 153, 153 a StPO erreichen mehr als die Hälfte der Gesamtzahl der Verurteilungen (vgl. oben § 5 V).

3. Eine **Ordnungswidrigkeit** ist eine tatbestandsmäßige, rechtswidrige und vorwerfbare Handlung, die mit Geldbuße bedroht ist (§ 1 I OWiG). Diese formelle Definition sagt jedoch nichts darüber aus, in welchen Fällen rechtswidrigen Verhaltens der Gesetzgeber eine Geldbuße androhen soll und darf und nicht vielmehr eine kriminelle Strafe oder überhaupt keine Sanktion. Die Frage nach der **materiellen Definition der Ordnungswidrigkeit** hat verschiedene Antworten gefunden.

a) Die Ordnungswidrigkeit betreffe nur Verwaltungsgüter, keine Rechtsgüter (*Goldschmidt, Maurach*); sie habe keinen Individual- oder Kulturschaden, sondern einen spezifischen Sozialschaden zur Folge (*E. Wolf*); die Ordnungswidrigkeit erschöpfe sich im Ungehorsam und unterliege keinem besonderen *ethischen* Unwerturteil (BGH 11, 263 [264]); sie weise einen geringeren Unrechtsgehalt auf als die Straftat (BVerfGE 8, 197 [207]; 22, 49 [78 ff.]). Keines dieser Kriterien trifft jedoch für *alle* Ordnungswidrigkeiten zu, die der Gesetzgeber inzwischen geschaffen hat. Denn als Ordnungswidrigkeiten sind nicht nur Fälle des Verwaltungsungehorsams eingestuft worden, sondern auch zahlreiche abstrakte Gefährdungsdelikte, und zwar selbst dann, wenn es sich um Vorschriften zum Schutz von Leben und Gesundheit handelt (vgl. § 49 StVO; § 69 a StVZO). Weiter sind Erschleichungstatbestände aufgenommen worden, die im Vorfeld des Betruges liegen und deswegen keine geringere ethische Relevanz aufweisen als der Subventionsbetrug nach § 264 (vgl. z. B. § 33 IV Nr. 1 AWG).

b) Für die Unterscheidung ist auszugehen von den Kriterien der Strafwürdigkeit einer Tat (vgl. oben § 7 I 1). Die Ordnungswidrigkeit stimmt mit der Straftat darin überein, daß sie ebenfalls einen so erheblichen Grad von **Gefährlichkeit** des Angriffs auf das geschützte Rechtsgut oder Verwaltungsinteresse aufweist, daß nur eine repressive Sanktion des Staates zum Schutze der öffentlichen Ordnung ausreicht, und sie unterscheidet sich in diesem Punkte von der Vertragsverletzung und der bloßen Polizeiwidrigkeit. Auf der anderen Seite ist ihr Gefährlichkeitsgrad in der Regel erheblich geringer als der der Straftat. Auch der Grad der Beeinträchtigung des geschützten Handlungsobjekts ist meist geringfügig. Was die Ordnungswidrigkeit weiter deutlich von der Straftat unterscheidet, ist das **Fehlen jenes hohen Grades von Verwerflichkeit** der Tätergesinnung, welcher allein das schwere sozialethische Unwerturteil der Kriminalstrafe rechtfertigt. Bei der Ordnungswidrigkeit ist nur ein „Denkzettel", ein „verschärfter Verwaltungsbefehl", eine „besondere Pflichtenmahnung" in Gestalt der Geldbuße vertretbar, da die Grenze der unerträglichen Sittenwidrigkeit der Tat nicht erreicht ist[30]. Damit ist allerdings keineswegs gesagt, daß die Normen, um deren Schutz es geht, „keine Rechtsgüter" enthielten. Gerade im modernen Wohlfahrtsstaat kann keine Rede davon sein, daß die geordnete Verwaltungstätigkeit oder die allgemeine Verkehrssicherheit aus dem Kreise der zu schützenden Rechtsgüter ausgeschieden werden dürften oder daß die Pflichten des Bürgers gegenüber der Verwaltung oder anderen Verkehrsteilnehmern keine echten Rechtspflichten seien. Die Ordnungswidrigkeiten sind auch keineswegs „sozialethisch farblose Lässigkeiten"[31]. Da es sich um Grad-, nicht um Wesensunterschiede handelt (BVerfG NJW 1979, 1982), wird auch erklärlich, daß der Gesetzgeber außerhalb des Kernbereichs des Strafrechts nach pragmatischen Gesichtspunkten entscheiden muß, in welchen Teil des Sanktionsrechts eine Zuwiderhandlung einzuordnen ist oder ob sie ganz ohne repressive Sanktion bleiben kann[32]. Jedoch wird die Annahme eines

---

[30] Vgl. *Tiedemann*, ÖJZ 1972, 290; *Göhler*, Vorbem. 5 vor § 1 OWiG; *Rotberg*, Ordnungswidrigkeitengesetz S. 46 ff.

[31] Näher dazu *Jescheck*, JZ 1959, 461.

[32] Die Frage eines qualitativen Unterschiedes zwischen Straftaten und Ordnungswidrigkeiten ist umstritten geblieben, doch scheint sich die im Text vertretene quantitative Unterscheidung durchzusetzen; vgl. *Baumann / Weber*, Allg. Teil S. 40; *Göhler*, Vorbem. 5 vor § 1 OWiG;

eigenständigen Rechtszweigs, auf den nicht alle Regeln des Strafrechts ohne weiteres anzuwenden sind, durch die bloß quantitative Abschichtung nicht ausgeschlossen.

4. Die **Ordnungswidrigkeit** ist im Unterschied zur Straftat mit *Geldbuße* bedroht, die mindestens 5 DM und höchstens 1000 DM beträgt (§ 17 I OWiG)[33] und nicht ins Bundeszentralregister eingetragen wird, so daß der Betroffene nicht vorbestraft ist. Bei geringfügigen Ordnungswidrigkeiten kann eine Verwarnung ausgesprochen und ein Verwarnungsgeld von 5 bis 75 DM erhoben werden (§ 56 OWiG). Hinter der Geldbuße steht nicht die Ersatzfreiheitsstrafe wie bei der Geldstrafe (§ 43 StGB), sondern die vom Gericht anzuordnende *Erzwingungshaft*, die eine reine Zwangs- und Beugemaßregel ist (§§ 96 ff. OWiG). Geldbußen können auch gegen *juristische Personen*, nicht-rechtsfähige Vereine und Personenhandelsgesellschaften festgesetzt werden (§ 30 OWiG) (BayObLG NJW 1972, 1772; OLG Hamm NJW 1973, 1853). Für die Ordnungswidrigkeiten gibt es ein *besonderes Verfahren*, das von Verwaltungsbehörden geführt wird (§§ 35 ff. OWiG). Gegen den Bußgeldbescheid der Verwaltungsbehörde hat der Betroffene den Einspruch, über den das Amtsgericht entscheidet (§§ 67 ff. OWiG). Gegen die Entscheidung des Amtsgerichts gibt es die Rechtsbeschwerde an das Oberlandesgericht (§§ 79 f. OWiG). Die Belastung der Gerichte durch Ordnungswidrigkeiten ist überaus groß[34].

5. Der **Aufbau der Zuwiderhandlung** im Ordnungswidrigkeitenrecht lehnt sich eng an den Aufbau des Verbrechensbegriffs im Strafrecht an (vgl. die vielfach mit dem StGB wörtlich übereinstimmenden Vorschriften über die „Grundlagen der Ahndung" in §§ 8 - 16 OWiG)[35]. Dies gilt auch für das aus § 3 OWiG folgende Analogieverbot (BVerfGE 71, 108 [114 ff.]; BGH 24, 54 [62]) und sogar für das Vorsatzerfordernis beim Haupttäter im Rahmen der Teilnahme, obwohl in § 14 OWiG im Unterschied zum StGB ein einheitlicher Täterbegriff zugrunde gelegt ist (BGH 31, 309).

Die von *Lange* vertretene Ansicht[36], vorsätzliches Handeln setze bei den Ordnungswidrigkeiten immer einen bewußten Normverstoß voraus, wird sich durch die

---

Jakobs, Allg. Teil S. 44; *Maurach / Zipf*, Allg. Teil I S. 17; *Rebmann / Roth / Herrmann*, Vorbem. 9 vor § 1 OWiG; *Schmidhäuser*, Allg. Teil S. 258; *R. Schmitt*, Ordnungswidrigkeitenrecht S. 14; *Stratenwerth*, Allg. Teil I Rdn. 42; *Tiedemann*, Kartellrechtsverstöße S. 101 f.; *Welzel*, Lehrbuch S. 16; *Schultz*, Einführung I S. 33; *Weber*, ZStW 92 (1980) S. 317 f.; besonders konsequent *Mattes*, ZStW 82 (1970) S. 25 ff. und 119 ff.; *derselbe*, Ordnungswidrigkeiten 1. Halbb. S. 376 ff., 2. Halbb. S. 87 ff. und 456 ff. (Zuständigkeit des Richters). Anderer Ansicht vor allem *Eb. Schmidt*, zuletzt Arndt-Festschrift S. 434. Eine Mittelstellung nehmen ein *Cramer*, Grundbegriffe S. 17 f.; *Michels*, Zuwiderhandlung S. 82 ff.; *Schönke / Schröder / Stree*, Vorbem. 35 vor § 38.

[33] In Sondergesetzen sind vielfach höhere Geldbußen angedroht, so im Denkmalschutzges. von Rheinland-Pfalz vom 23.3.1978 zwei Millionen, in § 38 IV GWB und in OWiG §§ 30 II 1 Nr. 1, 130 IV 1 selbst eine Million DM. Im allgemeinen halten sich die Geldbußdrohungen im angemessenen Verhältnis zur Geldstrafe, die jetzt im Höchstbetrag immerhin 3,6 Millionen DM (§ 40 I, II), bei Bildung einer Gesamtstrafe sogar 7,2 Millionen DM (§ 54 II 2) betragen kann. Verwarnungsgeld- und Bußgeldkataloge sollen eine einheitliche Zumessungspraxis der Verwaltungsbehörden und Gerichte bei Ordnungswidrigkeiten im Straßenverkehr sichern; vgl. dazu *Göhler*, § 17 OWiG Rdn. 27 ff. m. Nachw. aus der Rechtsprechung.

[34] Dazu mit Zahlenmaterial *Jescheck*, DRiZ 1983, 385 ff. Der Vorschlag von *Coeppicus*, DRiZ 1982, 366, zu den Übertretungen zurückzukehren, würde die Geschäftsbelastung der Gerichte noch wesentlich erhöhen. Zum Erfordernis einer „kriminalpolitisch vertretbaren Lösung" *Herta Mattes* bei *Mattes*, Ordnungswidrigkeiten, 2. Halbb. S. 470 f.

[35] Vgl. *Göhler*, Vorbem. 10 ff. vor § 1 OWiG; *Rotberg*, Ordnungswidrigkeitengesetz, Anmerkungen zu § 1.

[36] Vgl. *Lange*, JZ 1956, 73, 519; *derselbe*, JZ 1957, 233. Dagegen *Welzel*, JZ 1956, 238; *Göhler*, JZ 1968, 587.

Lehre von der Doppelstellung des Vorsatzes (vgl. unten § 24 III 5) von Fall zu Fall in das System einführen lassen[37]. Die wichtigste dogmatische Besonderheit des neuen Ordnungswidrigkeitenrechts auf dem Gebiet des Allgemeinen Teils ist die Einführung des Einheitstäterbegriffs in § 14 OWiG, der die Rechtsanwendung zwar vereinfacht, die Strafbarkeit bei der Beihilfe aber auch ausgedehnt hat (vgl. zum Vorsatzerfordernis bei der Haupttat BGH 31, 309 sowie allgemein unten § 61 II 2 c)[38].

§ 8 Die Strafe

Achter, Die Geburt der Strafe, 1950; *Ahrendts,* Christoph Carl Stübels Straftheorie und ihre Wandlung, 1937; *Ahrens,* Die Einstellung in der Hauptverhandlung usw., 1978; *P.-A. Albrecht,* Perspektiven und Grenzen polizeilicher Kriminalprävention, 1983; *Althaus,* Die Todesstrafe als Problem der christlichen Ethik, Sitzungsberichte der Bayer. Akademie der Wissenschaften, 1955, Heft 2; *v. Amira,* Die germanischen Todesstrafen, Abhandlungen der Bayer. Akademie der Wissenschaften, Bd. 31, 3. Abteilung, 1922; *Ancel,* Der Einfluß der Rechtsprechung auf die Entwicklung des französischen Strafrechts, ZStW 72 (1960) S. 296; *derselbe,* La défense sociale nouvelle, 3. Aufl. 1981; *derselbe,* La révision du Programme Minimum de Défense sociale, Cahiers de défense sociale 1986, 17; *Andenaes,* Punishment and Deterrence, 1974; *derselbe,* General Prevention Revisited usw., The Journal of Criminal Law and Criminology 66 (1975) S. 338; *Archives de politique criminelle, Nr. 8, 1985, S. 47,* Le Centenaire de la libération conditionnelle (mit zahlr. Beiträgen); *Arzt,* Der Ruf nach Recht und Ordnung, 1976; *Association Internationale de Droit Pénal,* VIᵉ Congrès International tenu à Rome 1953, 1957; *Backes,* Kriminalpolitik ohne Legitimität, KritV 1986, 315; *H. Barth,* Die Idee der Ordnung, 1958; *Baumann,* Der Schuldgedanke im heutigen deutschen Strafrecht, JBl 1965, 113; *derselbe,* Minima non curat praetor, Festschrift für K. Peters, 1974, S. 3; *Beccaria,* Dei delitti e delle pene (1764) (deutsche Übersetzung von *W. Alff,* 1966); *Beling,* Die Vergeltungsidee und ihre Bedeutung für das Strafrecht, 1908; *Binding,* Das Problem der Strafe in der heutigen Wissenschaft, Strafrechtl. u. strafproz. Abhandlungen, Bd. I, 1915, S. 61; *v. Birkmeyer,* Was läßt v. Liszt vom Strafrecht übrig? 1907; *Blau,* Kustodiale und antikustodiale Tendenzen in der amerikanischen Kriminalpolitik, GA 1976, 33; *Bockelmann,* Schuld und Sühne, 1957; *derselbe,* Strafe, HWB SozW, Bd. X, 1959, S. 211; *derselbe,* Vom Sinn der Strafe, Heidelberger Jahrbücher, Heft V, 1961, S. 25; *derselbe,* Strafe, Ev. Staatslexikon, 1967, S. 2243; *derselbe,* Das Problem der Kriminalstrafe in der deutschen Dichtung, 1967; *Buchholz / Dähn / Weber,* Strafrechtliche Verantwortlichkeit und Strafe, 1982; *Burgstaller,* Sinn und Zweck der staatlichen Strafe, in: *Porstner* (Hrsg.), Strafrecht, Vergeltung oder Versöhnung, 1983, S. 53; *Calliess,* Theorie der Strafe im demokratischen und sozialen Rechtsstaat, 1974; *Cattaneo,* Anselm Feuerbach, filosofo e giurista liberale, 1970; *derselbe,* La dottrina penale di Karl Grolman, in: Materiali per una storia della cultura giuridica, Bd. III, 1973, S. 263; *derselbe,* Dignità umana e pena nella filosofia di Kant, 1981; *Cornil,* Développements récents du droit pénal et du traitement des délinquants en Belgique, SchwZStr 83 (1967) S. 1; *derselbe,* Betrachtungen zum 50jährigen Bestehen der AIDP, ZStW 87 (1975) S. 438; *Dencker,* Strafrechtsreform im EG? JZ 1973, 144; *Dorado Montero,* El derecho protector de los criminales, Bd. I, 2. Aufl. 1915; *Dreher,* Über die gerechte Strafe, 1947; *derselbe,* Die Behandlung der Bagatellkriminalität, Festschrift für H. Welzel, 1974, S. 917; *Dünkel,* Neuere Entwicklungen im Bereich der Bewährungshilfe und -aufsicht im internationalen Vergleich, BewH 1984, 162; *Dünkel / Spieß* (Hrsg.), Alternativen zur Freiheitsstrafe, 1983; *Engisch,* Interessenjurisprudenz und Strafrecht, MSchrKrim 1934, 65; *Enschedé / Rüter / Stolwijk,* Beginselen van strafrecht, 6. Aufl. 1987; *Eusebi,* La „nuova" retribuzione, Riv dir proc pen 1983, 914, 1315; *Ferri,* I nuovi orizzonti del diritto e della procedura penale, 1881; *Flechtheim,* Hegels Strafrechtstheorie, 2. Aufl. 1975; *Fortner,* Positionen der schweiz. Lehre usw., SchwZStr 101 (1984) S. 242; *Frisch,* Das Marburger Programm und die Maßregeln usw., ZStW 94 (1982) S. 565; *Monika Frommel,* Präventionsmodelle in der deutschen Strafzweck-Diskussion, 1987; *Georgakis,* Geistesgeschichtliche Studien zur Kriminalpolitik und Dogmatik

---

[37] Vgl. *Jescheck,* ZStW 98 (1986) S. 12f. *Göhler,* § 11 OWiG Rdn. 21 löst das Problem dadurch, daß er in Zweifelsfällen die Rechtspflicht als Tatbestandsmerkmal einstuft.
[38] Vgl. die Kontroverse zwischen *Cramer,* NJW 1969, 1929; NJW 1970, 1114; *Dreher,* NJW 1970, 217, 1116; NJW 1971, 121; *Kienapfel,* NJW 1970, 1826 und Einheitstäterschaft S. 32ff.; *Welp,* VOR 1972, 299ff. Gesamtwürdigung bei *Schumann,* Einheitstätersystem S. 70ff.

Franz v. Liszts, 1940; *Gramatica,* Principi di difesa sociale, 1961; *Graßberger,* Versuch einer dynamischen Strafrechtstheorie, Österr. Zeitschrift für öff. Recht 1956, 281; *Graven,* Hommage à Enrico Ferri, La Scuola positiva 58 (1953) S. 394; *Grotius,* De jure belli ac pacis (1625), Ausgabe von *Molhysen,* 1919; *Hanack,* Das Legalitätsprinzip und die Strafrechtsreform, Festschrift für W. Gallas, 1973, S. 339; *Hassemer / Lüderssen / Naucke,* Hauptprobleme der Generalprävention, 1979; *Hegel,* Grundlinien der Philosophie des Rechts (1821), hrsg. von *Lasson,* 1911; *Heinz,* Neue Formen der Bewährung usw., Festschrift für H.-H. Jescheck, Bd. II, 1985, S. 955; *Henkel,* Die „richtige" Strafe, 1969; *v. Hentig,* Die Strafe, Bd. I, 1954; *Hepp,* J. Bentham's Grundsätze der Criminalpolitik usw., 1839; *Herrmann,* Diversion und Schlichtung usw., ZStW 96 (1984) S. 455; *Hertwig,* Die Einstellung des Verfahrens wegen Geringfügigkeit, 1982; *v. Hirsch,* Doing Justice, 1976; *derselbe,* Past or Future Crimes, 1985; *Hoerster,* Zur Generalprävention usw., GA 1970, 272; *Horstkotte,* Die Vorschriften des 1. StrRG über die Strafbemessung, JZ 1970, 122; *Barbara Huber,* England und Wales, in: *Jescheck* (Hrsg.), Die Freiheitsstrafe und ihre Surrogate usw., Bd. I, 1983, S. 157; *v. Ihering,* Der Zweck im Recht, Bd. I und II, 1883/84; *Jescheck* (Hrsg.), Franz von Liszt zum Gedächtnis, 1969 (zugleich ZStW 81 [1969] Heft 3); *derselbe,* Strafen und Maßregeln des Mustergesetzbuchs für Lateinamerika, Festschrift für Ernst Heinitz, 1972, S. 717; *derselbe,* Strafrechtsreform in Deutschland, SchwZStr 91 (1975) S. 1; *derselbe,* Der Einfluß der IKV und der AIDP usw., ZStW 92 (1980) S. 997; *derselbe,* Die Freiheitsstrafe bei Franz v. Liszt usw., Festschrift für U. Klug, Bd. II, 1983, S. 257; *derselbe,* Die Freiheitsstrafe in rechtsvergleichender Darstellung, in: *Jescheck* (Hrsg.), Die Freiheitsstrafe und ihre Surrogate usw., Bd. III, 1984, S. 1939; *derselbe,* Rechtsvergleichende Bemerkungen zur Neugestaltung des Mindestprogramms der Défense sociale, Festschrift für G. Blau, 1985, S. 425; *derselbe,* Remarques en droit comparé concernant la révision du Programme Minimum de Défense Sociale, Cahiers de défense sociale 1986, 40; *Jescheck / Eser / Kaiser* (Hrsg.), Zweites deutsch-sowjetisches Kolloqium usw., 1984; *Kadečka,* Strafrecht und Willensfreiheit, ÖJZ 1953, 337; *Kaiser,* Zweckstrafrecht und Menschenrechte, SchwJZ 1984, 329; *Kaiser / Meinberg,* „Tuschelverfahren" usw., NStZ 1984, 343; *Kant,* Die Metaphysik der Sitten (1797), in: Immanuel Kant, Werke in sechs Bänden, hrsg. von *Weischedel,* Bd. IV, 1956, S. 303; *Armin Kaufmann,* Strafrechtsdogmatik zwischen Sein und Wert, 1982, S. 263; *Arthur Kaufmann,* Das Schuldprinzip, 2. Aufl. 1976; *derselbe,* Schuld und Prävention, Festschrift für R. Wassermann, 1985, S. 885; *derselbe,* Über die gerechte Strafe, Gedächtnisschrift für Hilde Kaufmann, 1986, S. 425; *Kipper,* Johann Paul Anselm Feuerbach, 1969; *Kleinheyer,* Tradition und Reform in der CCC, in: *Landau / Schroeder* (Hrsg.), Strafrecht, Strafprozeß und Rezeption, 1984, S. 7; *Köhler,* Über den Zusammenhang von Strafrechtsbegründung und Strafzumessung, 1983; *Kohlrausch,* Fortschritte und Rückschritte in den kriminalpolitischen Bestimmungen des neuesten Strafgesetzentwurfs, Mitt IKV, Bd. 3, 1928, S. 5; *Lange,* Das Rätsel Kriminalität, 1970; *Lenckner,* Strafe, Schuld und Schuldfähigkeit, in: *Göppinger / Witter* (Hrsg.), Handbuch der forens. Psychiatrie, Bd. I, Teil A, 1972, S. 3; *Liepmann,* Die Bedeutung A. Merkels für Strafrecht und Rechtsphilosophie, ZStW 17 (1897) S. 638; *derselbe,* Strafrechtsreform und Schulenstreit, ZStW 28 (1908) S. 1; *v. Liszt,* Der Zweckgedanke im Strafrecht, ZStW 3 (1883) S. 1; *derselbe,* Über den Einfluß der soziologischen und anthropologischen Forschungen auf die Grundbegriffe des Strafrechts, Aufsätze und Vorträge, Bd. II, 1905, S. 75; *Maiwald,* Moderne Entwicklung der Auffassung vom Zweck der Strafe, in: *Immenga* (Hrsg.), Rechtswissenschaft und Rechtsentwicklung, 1980, S. 291; *Maurach,* Vom Wesen und Zweck der Strafe, in: *Freudenfeld* (Hrsg.), Schuld und Sühne, 1960, S. 26; *H. Mayer,* Kant, Hegel und das Strafrecht, Festschrift für K. Engisch, 1969, S. 34; *A. Merkel,* Über vergeltende Gerechtigkeit, Ges. Abhandlungen, Bd. I, 1899, S. 1; *derselbe,* Vergeltungsidee und Zweckgedanke, Ges. Abhandlungen, Bd. II, 1899, S. 687; *Merle,* La pénitence et la peine, 1985; *Mezger,* Strafzweck und Strafzumessungsregeln, Materialien, Bd. I, 1954, S. 1; *Mir Puig,* Introducción a las bases del Derecho Penal, 1976; *Helga Müller,* Der Begriff der Generalprävention im 19. Jahrhundert, 1984; *Müller-Dietz,* Strafbegriff und Strafrechtspflege, 1968; *derselbe,* Strafzwecke und Vollzugsziel, 1973; *derselbe,* Das Marburger Programm aus der Sicht des Strafvollzugs, ZStW 94 (1982) S. 599; *derselbe,* Integrationsprävention und Strafrecht, Festschrift für H.-H. Jescheck, Bd. II, 1985, S. 813; *Nagler,* Verständigung der Strafrechtsschulen, GS 70 (1907) S. 10; *derselbe,* Die Strafe, 1918; *Naucke,* Kant und die psychologische Zwangstheorie Feuerbachs, 1962; *derselbe,* Über den Einfluß Kants usw., in: *Blühdorn / Ritter* (Hrsg.), Philosophie und Rechtswissenschaft, 1969, S. 27; *derselbe,* P. J. A. v. Feuerbach, ZStW 87 (1975) S. 861; *derselbe,* Die Kriminalpolitik des Marburger Programms 1882, ZStW 94 (1982) S. 525; *Nehlsen,* Entstehung des öffentlichen Strafrechts bei den germanischen Stämmen, in: *Kroeschell* (Hrsg.), Freiburger Fest-Kolloquium zum

75. Geburtstag von Hans Thieme, 1983, S. 3; *Nohl,* Vom Sinn der Strafe, Die Erziehung 1 (1926) S. 27; *Noll,* Die ethische Begründung der Strafe, 1962; *derselbe,* Schuld und Prävention, Festschrift für H. Mayer, 1966, S. 219; *H.-J. Otto,* Generalprävention und externe Verhaltenskontrolle, 1982; *Peters,* Gedanken zur Kriminalstrafe, Stimmen der Zeit 1956/57, 12; *derselbe,* Strafprozeß, 4. Aufl. 1985; Papst *Pius XII.,* Botschaft an den VI. Internationalen Strafrechtskongreß, ZStW 66 (1954) S. 1; *Plagemann,* USA, in: *Jescheck* (Hrsg.), Die Freiheitsstrafe und ihre Surrogate usw., Bd. II, 1983, S. 1611; *Plato,* Protagoras, in: Sämtliche Werke, Ausgabe *Lambert Schneider,* Bd. I, o. J., S. 55; *W. Preiser,* Das Recht zu strafen, Festschrift für E. Mezger, 1954, S. 71; *derselbe,* Vergeltung und Sühne im altisraelitischen Strafrecht, Festschrift für Eb. Schmidt, 1961, S. 7; *Radbruch,* Der Ursprung des Strafrechts aus dem Stande der Unfreien, in: Elegantiae Juris Criminalis, 2. Aufl. 1950, S. 1; *derselbe,* Rechtsphilosophie, 4. Aufl. 1950 (hrsg. von *E. Wolf); derselbe,* Der Erziehungsgedanke im Strafwesen, in: Der Mensch im Recht, 1957, S. 50; *derselbe,* Paul Johann Anselm Feuerbach, 2. Aufl. 1957 (hrsg. von *E. Wolf); Rehfeldt,* Die Entwicklung der Strafe, Festschrift für H. C. Nipperdey, 1965, S. 95; *Reik,* Geständniszwang und Strafbedürfnis, 1925; *Reiwald,* Die Gesellschaft und ihre Verbrecher, 1948; *Rieß,* Zur weiteren Entwicklung der Einstellungen nach § 153a StPO, ZRP 1985, 212; *Roxin,* Sinn und Grenzen staatlicher Strafe, JuS 1966, 377; *Rudolphi,* Strafprozeß im Umbruch, ZRP 1976, 165; *Saleilles,* L'individualisation de la peine, 1898; *Schaffstein,* Überlegungen zur Diversion, Festschrift für H.-H. Jescheck, Bd. II, 1985, S. 937; *Schmidhäuser,* Vom Sinn der Strafe, 2. Aufl. 1971; *derselbe,* Freikaufverfahren mit Strafcharakter im Strafprozeß? JZ 1973, 529; *Eb. Schmidt,* Die Kriminalpolitik Preußens unter Friedrich Wilhelm I. und Friedrich II., Diss. Göttingen 1914; *derselbe,* Zur Theorie des unbestimmten Strafurteils, SchwZStr 45 (1931) S. 200; *derselbe,* Strafzweck und Strafzumessung in einem künftigen StGB, Materialien, Bd. I, 1954, S. 9; *derselbe,* Vergeltung, Sühne und Spezialprävention, ZStW 67 (1955) S. 177; *derselbe,* Franz von Liszt, in: Die großen Deutschen, Bd. V, 1957, S. 407; *derselbe,* Kriminalpolitische und strafrechtsdogmatische Probleme in der deutschen Strafrechtsreform, ZStW 69 (1957) S. 359; *Schöch,* Verstehen, Erklären, Bestrafen? in: *Immenga* (Hrsg.), Rechtswissenschaft und Rechtsentwicklung, 1980, S. 305; *derselbe,* Empirische Grundlagen der Generalprävention, Festschrift für H.-H. Jescheck, Bd. II, 1985, S. 1081; *Seelmann,* Hegels Straftheorie usw., JuS 1979, 687; *Seidl,* Der Streit um den Strafzweck zur Zeit der Weimarer Republik, 1974; *Sieverts,* Kriminalpolitik, HWB Krim, Bd. II, 1977, S. 1; *Simson,* Hugo Grotius und die Funktion der Strafe, Festschrift für G. Blau, 1985, S. 651; *Steinmetz,* Ethnologische Studien zur ersten Entwicklung der Strafe, Bd. I und II, 2. Aufl. 1928; *Stratenwerth,* Tatschuld und Strafzumessung, 1972; *Thyrén,* Prinzipien einer Strafgesetzreform, 1910; *Trillhaas,* Zur Theologie der Strafe, Heidelberger Jahrbücher 1961, Bd. V, S. 40; *Tröndle,* „Zurückstellung der Strafvollstreckung" usw., MDR 1982, 1; *di Tullio,* Cesare Lombroso e la politica criminale moderna, Scuola positiva 64 (1959) S. 495; *Villey,* Des délits et des peines dans la philosophie du droit naturel classique, Archives de philosophie du droit 1983, 181; *Volk,* Der Begriff der Strafe in der Rechtsprechung des BVerfG, ZStW 83 (1971) S. 405; *Walter,* Wandlungen in der Reaktion auf Kriminalität, ZStW 95 (1983) S. 32; *Weigend,* Strafzumessung durch den Staatsanwalt? KrimJ 1984, 8; *Welzel,* Naturalismus und Wertphilosophie im Strafrecht, 1935; *Wilda,* Das Strafrecht der Germanen, 1842; *Würtenberger,* Unbestimmte Verurteilung, Materialien, Bd. I, 1954, S. 89; *Zipf,* Kriminalpolitik, 2. Aufl. 1980; *derselbe,* Teilaussetzung bei Freiheits- und Geldstrafen, Festschrift für H.-H. Jescheck, Bd. II, 1985, S. 977.

I. Ursprung, Rechtfertigung und Wesen der Strafe

1. Der **Ursprung der Strafe** liegt im Dunkel einer von magischen Vorstellungen beherrschten Frühzeit, in der sich die Rache des Verletzten und seiner Sippe am Täter und dessen Sippe mit symbolischen Akten zur Versöhnung der durch die Tat erzürnten Götter verband[1]. Doch ist die öffentliche Strafe schon im altisraelitischen Recht[2], in den Anfängen Roms[3] und bei den Germanen bezeugt[4]. Durch die Constitutio Cri-

---

[1] *v. Hentig,* Die Strafe S. 90 ff.; *Radbruch,* Elegantiae S. 4 ff.; *Steinmetz,* Ethnologische Studien Bd. I S. 301 ff., Bd. II S. 175 ff.; *v. Amira,* Die germanischen Todesstrafen S. 198 ff.; *Achter,* Geburt der Strafe S. 10 ff.; *Rehfeldt,* Nipperdey-Festschrift S. 95 ff., 109.

[2] *Preiser,* Eb. Schmidt-Festschrift S. 17 ff.

[3] *Mommsen,* Römisches Strafrecht S. 59 ff.

minalis Carolina (1532) ist der Gedanke der Rechtsstrafe als einer an die Idee der Gerechtigkeit gebundenen Sanktion aus der oberitalienischen Strafrechtslehre des ausgehenden Mittelalters in das deutsche Recht übernommen und damit der Anfang einer modernen Strafrechtspflege geschaffen worden[5]. Obwohl die Strafe somit seit den Anfängen der Menschheitskultur zu den wichtigsten staatlichen Machtmitteln gehört, ist die Frage nach ihrer Rechtfertigung, ihrem Wesen und ihrem Sinn eines der umstrittensten Probleme der Rechtswissenschaft geblieben. Dies hängt damit zusammen, daß sich der repressive Zwang des Staates keineswegs ebenso von selbst versteht wie die Abwehr von Störungen der öffentlichen Ordnung oder der militärische Schutz der Grenzen, sondern daß die Frage nach Rechtfertigung, Wesen und Sinn der Strafe seit jeher in die Tiefen weltanschaulicher Auseinandersetzungen hineinführt.

2. Von zwei Grundvoraussetzungen muß man ausgehen, wenn überhaupt eine Verständigung über den Begriff der Strafe möglich sein soll. Die erste betrifft ihre Rechtfertigung, die zweite ihr Wesen.

a) Die **Rechtfertigung der Strafe** liegt allein darin, daß sie zur Aufrechterhaltung der Rechtsordnung als einer Grundbedingung für das Zusammenleben der Menschen in der Gemeinschaft notwendig ist[6]. Die Staatsgewalt würde sich selbst preisgeben, wenn sie nicht verhinderte, daß unerträgliche Rechtsbrüche sich offen behaupten können. Ohne die Strafe würde die Rechtsordnung aufhören, eine erzwingbare Ordnung zu sein, und zu einer nur ethisch bindenden Empfehlung herabsinken. Als Ausdruck des Rechtszwangs gehört die Strafe zu jeder auf Rechtsnormen gegründeten Gemeinschaft (**staatspolitische** Rechtfertigung der Strafe). Notwendig ist die Strafe ferner, um dem Bedürfnis der Gemeinschaft nach Gerechtigkeit zu genügen. Ein friedliches Zusammenleben der Menschen wäre unmöglich, wenn der Staat sich auf die bloße Abwehr von bevorstehenden Verbrechen beschränkte und dem Verletzten wie der Allgemeinheit zumuten wollte, die begangene Straftat hinzunehmen und mit dem Täter zu leben, als wäre kein Unrecht geschehen. Lynchjustiz und die Rückkehr zur Privatstrafe[7] wären die sichere Folge (**sozialpsychologische** Rechtfertigung der Strafe). Schließlich ist die Strafe auch notwendig mit Rücksicht auf die Person des Täters selbst. Das Bedürfnis, sich durch Sühneleistung von Schuld zu befreien, ist eine fundamentale Erfahrung des Menschen als eines sittlichen Wesens[8]. Eine Möglichkeit zur Sühne als autonome sittliche Leistung zu schaffen, auch wenn den meisten Straftätern der Weg der inneren Umkehr versagt bleibt, ist darum eine legitime Aufgabe des Staates[9] (**individualethische** Rechtfertigung der Strafe).

Die Voraussage *Radbruchs*, die Entwicklung werde „über das Strafrecht einstmals hinwegschreiten"[10], hat sich bisher nicht erfüllt, und es hat auch keinen Sinn, mit ihm auf „etwas, was

---

[4] *Wilda*, Das Strafrecht der Germanen S. 484 ff. Zum neuesten Forschungsstand *Nehlsen*, Thieme-Festkolloquium, S. 3 ff.

[5] *Nagler*, Die Strafe S. 188 ff.; *Kleinheyer*, Tradition und Reform S. 25 f. Vgl. CCC Art. 104: „die straff nach gelegenheyt vnd ergernuß der übelthatt, auß lieb der gerechtigkeit, vnd vmb gemeynes nutz willen zu ordnen vnd zu machen".

[6] *Schmidhäuser*, Vom Sinn der Strafe S. 74 ff.; *Maurach*, Vom Wesen und Zweck der Strafe S. 26; *Lenckner*, Strafe S. 21 f. Über den inneren Zusammenhang von Ordnung und Sanktion *H. Barth*, Idee der Ordnung S. 217 ff.

[7] Vgl. *Arzt*, Der Ruf nach Recht und Ordnung S. 43 ff.

[8] *Bockelmann*, Das Problem der Kriminalstrafe S. 23 f.; *Arthur Kaufmann*, Schuldprinzip S. 274.

[9] *Baumann*, JBl 1965, 119; *Graßberger*, Österr. Zeitschrift f. öff. Recht 1956, 283; vgl. auch die Zitate aus dem frühen Plato bei *Schmidhäuser*, Vom Sinn der Strafe S. 22 f.; ferner *W. Preiser*, Mezger-Festschrift S. 77 ff. Abweichend *Roxin*, JuS 1966, 379.

besser ist als Strafrecht"[11], zu hoffen, solange es an jeder Andeutung fehlt, wohin dieser Weg führen soll. In einem freiheitlichen Rechtsstaat, in dem die Bürger Mitträger der Staatsgewalt sind, wird der Rechtszwang letztlich immer nur im Wege der Strafe möglich sein, weil nur sie den Zwang mit dem Appell an den Menschen als „vernünftiges Wesen" verbindet.

b) Von der Rechtfertigung der Strafe ist ihr **Wesen** zu unterscheiden. Die Strafe ist ein **öffentliches sozialethisches Unwerturteil** über den Täter wegen der von ihm schuldhaft begangenen Rechtsverletzung[12]. Die Strafe trägt somit immer einen negativen Akzent und hat insofern auch stets den Charakter eines Übels, mag sie auch letztlich zum Besten des Verurteilten dienen sollen. Das in der Strafe gelegene Übel besteht in dem gewollten Eingriff in die Rechtssphäre des Verurteilten (Freiheit, Vermögen, Freizeit, soziales Ansehen), denn gerade darin findet die öffentliche Mißbilligung ihren Ausdruck, daß die Strafe den Schuldigen in seiner Rechtsstellung trifft. Die Leugnung des Übelscharakters der Strafe würde nichts anderes bedeuten als die Leugnung des Strafbegriffs selbst. Die Forderung der Bergpredigt, Böses mit Gutem zu vergelten (Matth. 5, 44), kann von der staatlichen Strafgewalt nur *mittelbar* dadurch erfüllt werden, daß die Strafe zur Sicherung der Daseinsbedingungen der Menschen und dadurch letztlich zur Ermöglichung des Guten eingesetzt wird.

Auf die Strafe als gewollte Übelszufügung zur Bewährung der Rechtsordnung hat bisher noch kein Staat verzichten können. Das schwedische Kriminalgesetzbuch von 1962 ist, nachdem noch der Entwurf von 1956 den Ausdruck „Strafe" durch das neutrale Wort „Rechtsfolge" ersetzen wollte, zur Strafe zurückgekehrt[13]. Auch das belgische Gesetz der sozialen Verteidigung von 1964 hat die Maßregeln zwar erweitert, aber die Strafe nicht abgeschafft. Das StGB der russischen Räterepublik von 1926, das nur Maßnahmen des sozialen Schutzes ohne Strafcharakter kannte, ist durch das Unionsgesetz der UdSSR über die „Grundlagen der Strafgesetzgebung" von 1958, das der Strafe in Art. 20 ausdrücklich auch eine repressive Funktion beilegt, überholt[14]. Gerade in Ländern mit besonders fortschrittlicher Kriminalpolitik wie in Schweden und Kalifornien macht sich eine Rückwendung von der Behandlungsideologie zur Strafe bemerkbar.

II. Die Möglichkeiten der Sinngebung für die Strafe

Die Frage nach dem **Sinn der Strafe** ist von der Frage nach ihrer Rechtfertigung und ihrem Wesen zu unterscheiden. Hier geht es darum, welchen *Zweck* der Bestrafungsakt gegenüber dem Verurteilten und der Allgemeinheit haben soll und darf.

1. Die **beiden Grundgedanken,** aus denen der Sinn der Strafe entwickelt werden kann, sind *Vergeltung* und *Vorbeugung*[15]. Entweder blickt die Strafe in die Vergangenheit (auf die begangene Tat) und will durch die gewollte Zufügung des mit ihr verbundenen Übels einen Ausgleich der geschehenen Rechtsverletzung herbeiführen

---

[10] *Radbruch*, Rechtsphilosophie S. 269. Über die modernen Angriffe gegen das Strafrecht *Jescheck*, SchwZStr 91 (1975) S. 13 f.

[11] *Radbruch*, Der Erziehungsgedanke S. 57.

[12] *Graßberger*, Österr. Zeitschrift f. öff. Recht 1956, 285; *Armin Kaufmann*, Strafrechtsdogmatik S. 265; *Henkel*, Strafe S. 7; *Noll*, Ethische Begründung S. 17.

[13] Vgl. *Agge / Thornstedt*, Das schwedische Strafrecht S. 259 ff.

[14] Der radikale Kampf gegen die Strafe als Zwangsmittel der Staatsgewalt, wie er etwa von *Gramatica*, Rev int déf soc 1947, 3 oder *Reiwald*, Die Gesellschaft S. 311 geführt wurde, gehört in das Reich der Ideologie. Zur Strafe im modernen sowjetischen Recht vgl. *Jescheck / Kaiser / Eser* (Hrsg.), Zweites deutsch-sowjetisches Kolloquium S. 365 ff. Ein neues Strafrecht ist in Vorbereitung.

[15] *Henkel*, Strafe S. 12 fügt als dritte Möglichkeit die „Wiedergutmachung" hinzu, die jedoch die heutige Gestalt der Strafe allein nicht zu erklären vermag. Wir finden sie indessen als Auflage in §§ 56 b II Nr. 1, 57 III, 59 a II StGB, 153 a I Nr. 1 StPO sowie auch in der Idee der gemeinnützigen Arbeit als Strafe (Art. 293 EGStGB).

("malum passionis propter malum actionis"[16]), oder die Strafe blickt in die Zukunft (auf die Gefahr der Verübung neuer Verbrechen durch den Täter selbst oder durch andere) und will auf ihn und die Allgemeinheit zum Zwecke der Verhütung von Straftaten einwirken, wobei der Eingriff in die Rechtsstellung des Verurteilten nicht bezweckt, sondern nur ein „notwendiges Übel" ist („nemo prudens punit, quia peccatum est, sed ne peccetur"[17]). Anknüpfungspunkt für die Vergeltung ist die Schuld, für die Vorbeugung die in der Person des Täters liegende Gefährlichkeit und in einem weiteren Sinne die in jedem Menschen angelegte Bereitschaft zur Begehung strafbarer Handlungen. Endlich gibt es die Möglichkeit der *Verbindung von Vergeltung und Vorbeugung*. Hier dient die Strafe der Verhütung von strafbaren Handlungen in der Zukunft *durch* gerechte Vergeltung der in der Vergangenheit schuldhaft verübten Rechtsverletzung (vgl. oben § 1 II 1). In der Sprache des *Hugo Grotius* würde das heißen: „prudenter punit qui punit, quia peccatum est neque peccetur".

2. Die überlieferte Sinngebung der Strafe ist der Vergeltungsgedanke. **Vergeltung** war ursprünglich eine von starken Emotionen getragene, rein negative Reaktion auf die Tat. Der Begriff der Vergeltung hat jedoch seit der Aufklärung im 18. Jahrhundert einen tiefgreifenden Sinnwandel erfahren. Vergeltung bedeutet danach heute, daß die Strafe dem verschuldeten Unrecht nach dem Grundsatz der austeilenden Gerechtigkeit gleichwertig sein soll („quia peccatum est")[18]. Vergeltung hat also nichts zu tun mit Rache, untergründigen Haßgefühlen oder verdrängten Aggressionsgelüsten der Gesellschaft[19], sondern sie ist ein Maßprinzip. Nach dem Vergeltungsgedanken bestimmt die begangene Tat Grund und Maß der Strafe[20], diese ist Antwort auf die Tat und muß dem Grade des Unrechts und des Verschuldens angepaßt, d. h. nach Art und Höhe verdient sein *(Schuldprinzip)*.

Der Vergeltungsgedanke ruht auf *drei immanenten Voraussetzungen*. Die erste ist, daß die Befugnis des Staates, dem Schuldigen durch die Strafe das zu geben, was er verdient hat, überhaupt gerechtfertigt werden kann, was nur möglich ist, wenn die sittliche Überlegenheit der Gemeinschaft gegenüber dem Verbrecher anerkannt wird. Die zweite Voraussetzung der Vergeltung ist, daß es Schuld gibt, die nach ihrer Schwere gewogen werden kann. Drittens setzt der Vergeltungsgedanke voraus, daß es grundsätzlich möglich ist, Schuldgrad und Strafgröße dergestalt in Einklang zu bringen, daß das Urteil von dem Täter und der Allgemeinheit als gerecht empfunden wird. Von der Vergeltung ist die *Sühne* zu unterscheiden. Sie ist eine eigene sittliche Leistung des Verurteilten, die ihn die Notwendigkeit der Strafe bejahen und dadurch die eigene sittliche Freiheit wiedergewinnen läßt (*Heinrich v. Kleists* „Prinz von Homburg"). Sühne kann durch Strafe nicht erzwungen, sie muß jedoch durch den Staat wenigstens möglich gemacht werden und schließt die Bereitschaft der Gesellschaft ein, daß der Täter durch die Annahme der Strafe mit ihr versöhnt wird[21].

3. Der **Vorbeugungsgedanke** führt zu Folgerungen, die denen aus der Vergeltungsidee entgegengesetzt sind. Vom konsequenten Präventionsstandpunkt aus kann

---

[16] *Grotius*, De jure belli, lib. II, cap. XX, § 1, 1. Zu Grotius vgl. *Simson*, Blau-Festschrift S. 655 ff.
[17] *Grotius*, ebenda § 4, 1.
[18] *Bockelmann*, HWB SozW S. 212.
[19] So die ältere Tiefenpsychologie, vgl. *Reik*, Geständniszwang S. 135 ff.
[20] Prädeliktuelle Maßregeln wegen „ungeordneter Lebensführung", wie sie einzelne ausländische Rechtsordnungen noch heute kennen, wären danach unzulässig.
[21] Vgl. dazu *Eb. Schmidt*, Materialien Bd. I S. 11; derselbe, ZStW 67 (1955) S. 187: „Der Staat kann bei seinem Strafen nur auf Sühne als sittlichen Läuterungsakt hoffen . . ."; *Merle*, La pénitence S. 143 ff. Skeptisch dazu *Stratenwerth*, Allg. Teil I Rdn. 15.

das Problem der menschlichen Schuld im Grunde offen bleiben, denn es kommt allein auf die Gefährlichkeit des Täters und die latente Kriminalitätsbereitschaft der Allgemeinheit an. Der Staat begegnet dem verbrecherischen Hang mit Strafen, die nach Art und Höhe eine durchgreifende Einwirkung auf den Verurteilten und die Gemeinschaft ermöglichen sollen. Der Täter erhält nicht das, was er nach seiner Schuld verdient, sondern was er zu seiner Resozialisierung braucht[22]. Nach dem Präventionsgedanken ist die Strafe ein Mittel zur Verhütung künftiger Verbrechen („ne peccetur"). Die Tat ist nicht der Grund, sondern der Anlaß der Bestrafung, sie zeigt an, daß das Einschreiten des Staates erforderlich ist, weil Symptome eines gefährlichen Zustandes vorliegen. Auch Art und Maß der Strafe werden durch den Vorbeugungszweck bestimmt, nicht durch die Schwere der Tatschuld.

Beispiel: So gibt die in Sect. 28 des englischen Powers of Criminal Courts Act 1973 vorgesehene „extended sentence", die an die Stelle der Sicherungsverwahrung (preventive detention) getreten ist, dem Gericht die Befugnis, zur Sicherung der Allgemeinheit das Maß der verdienten Strafe erheblich zu überschreiten.

Der Präventionsgedanke geht ebenso wie die Vergeltung von *drei immanenten Voraussetzungen* aus. Die erste ist die Möglichkeit einer ausreichend sicheren Prognose zukünftigen menschlichen Verhaltens. Die zweite ist, daß die Strafe so genau auf die Gefährlichkeit abgestimmt werden kann, daß der Vorbeugungserfolg wenigstens wahrscheinlich gemacht wird. Die dritte ist, daß die Neigung zur Kriminalität nicht nur bei jungen Menschen, sondern auch bei Erwachsenen durch die in der Strafe liegenden Abschreckungs-, Erziehungs- und Sicherungselemente, insbesondere durch die sozialpädagogische Arbeit des Strafvollzugs, wirksam bekämpft werden kann.

Hinzu tritt noch ein weiterer Faktor, in dem Vergeltung und Vorbeugung sich vereinigen: Auch die Prävention bedarf nämlich zu ihrer Rechtfertigung der Gewißheit, daß der Staat berechtigt ist, gefährliche Verbrecher mittels des Strafzwangs an die herrschenden sozialen Leitbilder anzupassen. Damit wird vorausgesetzt, daß diese auch sittlichen Wert haben, und insofern decken sich die Ausgangspunkte beider Systeme wiederum in ihrem Grundgedanken, sofern Resozialisierung mehr bedeuten soll als bloßen Zwang zu äußerem Gehorsam[23]. Die sittliche Auffassung von der Aufgabe der Strafrechtspflege bildet somit die Brücke zwischen Vergeltung und Vorbeugung.

Die vorbeugende Wirkung der Strafe kann in einem *doppelten* bestehen:

a) Soll der Erfolg der Verbrechensvorbeugung bei der Gesamtheit der Rechtsgenossen eintreten, spricht man von **Generalprävention**[24]. Generalprävention bedeutet

---

[22] Vgl. die bekannte Formel *Kohlrauschs*, Mitt IKV Bd. 3 (1928) S. 14: „So muß an der Spitze der Strafaufgaben die stehen: den Entgleisten wieder auf den richtigen Weg zu bringen."

[23] *Bockelmann,* Schuld und Sühne S. 21.

[24] Der Vorrang der Generalprävention bei der Sinngebung der Strafe ist heute herrschende Lehre; vgl. *Andenaes,* Punishment S. 34 ff. und Journal of Criminal Law 66 (1975) S. 338 ff.; *Baumann / Weber,* Allg. Teil S. 16 ff.; *Bockelmann / Volk,* Allg. Teil S. 9; *Burgstaller,* Sinn und Zweck S. 54; *Enschedé / Rüter / Stolwijk,* Beginselen S. 12 ff.; *Hoerster,* GA 1970, 272; *Jescheck,* SchwZStr 91 (1975) S. 18 f.; *Lenckner,* Strafe S. 22; *Müller-Dietz,* Jescheck-Festschrift Bd. II S. 817 ff.; *Schmidhäuser,* Allg. Teil S. 52 ff.; *derselbe,* Einführung S. 49 ff.; *Sieverts,* HWB Krim Bd. II S. 4 ff.; *Stratenwerth,* Allg. Teil I Rdn. 23 ff.; *Bettiol / Pettoello Mantovani,* Diritto penale S. 824 ff.; *Merle / Vitu,* Traité S. 767 ff.; *Schultz,* Einführung I S. 42 ff.; *Schöch,* Verstehen S. 318; *Hassemer / Lüderssen / Naucke,* Hauptprobleme der Generalprävention, 1979; *Maiwald,* Moderne Auffassungen S. 303; *H.-J. Otto,* Generalprävention S. 279 ff. Die „selbständig generalpräventive Zweckbestimmung des Strafrechts" verneint *Köhler,* Strafrechtsbegründung S. 40. Über die Ergebnisse der empirischen Forschung zur Generalprävention *Schöch,* Jescheck-Festschrift Bd. II S. 1008 ff.

einmal, daß durch die Furcht vor Strafe jedermann von der Begehung strafbarer Handlungen abgeschreckt werden soll *(negative Generalprävention)*. Wichtiger ist jedoch ein anderes: durch die Strafdrohung im Gesetz und die Verurteilung des Schuldigen, die anzeigt, daß der Staat mit der Strafdrohung ernst macht, soll die Legitimierung des Verbrechens verhindert und jene moralische Abneigung gegen das Unrecht hervorgerufen werden, die sich von selbst einstellt und in hohem Maße dazu beiträgt, daß die in der Allgemeinheit latent vorhandene Bereitschaft zur Kriminalität in Grenzen gehalten wird *(positive Generalprävention* oder *Integrationsprävention)*. Es kann keine Rede davon sein, daß jede begangene Straftat die generalpräventive Wirkung des Strafrechts widerlegte, denn ohne Zweifel würden sehr viel mehr Verbrechen begangen werden, wenn es keine Strafrechtspflege gäbe. Der Staat bezweckt mit der Strafe nicht nur die Abschreckung des präsumtiven Täters durch Androhung eines Übels, dessen Eintritt durch die Tat ausgelöst wird, sondern ist vor allem bemüht, die Allgemeinheit durch gerechte Strafgesetze und deren maßvolle und gleichmäßige Anwendung in ihrem Rechtsbewußtsein zu stärken und zu freiwilligem Rechtsgehorsam zu erziehen (vgl. oben § 1 II 1).

b) Während die Generalprävention Verbrechensvorbeugung bei der Gesamtheit erstrebt, zielt die **Spezial- oder Individualprävention** auf den Verurteilten selbst. *Er ist es, der durch die Lehre, die ihm mit der Strafe erteilt wird, von künftigen Verfehlungen abgehalten und zur Anpassung an die sozialen Leitbilder der Gemeinschaft erzogen werden soll.* Kommt es zur Vollstreckung einer Freiheitsstrafe, so soll der Vollzug durch schulische, berufliche und körperliche Ausbildung des Gefangenen, durch Stärkung seines Verantwortungsbewußtseins und Anregung zur aktiven Mitarbeit in der Strafanstalt unter dem Gedanken der *Resozialisierung* stehen (§ 2 S. 1 StVollzG). Außerdem dient die Zeit des Freiheitsentzugs auch der Sicherung der Gesellschaft vor dem gefährlichen Täter (§ 2 S. 2 StVollzG). Die Möglichkeiten einer wirksamen erzieherischen Einwirkung durch den Strafvollzug werden freilich neuerdings wesentlich skeptischer beurteilt, nachdem große Anstrengungen zur Intensivierung des Vollzugs im In- und Ausland (USA, Skandinavien, Niederlande) die Rückfallquote nicht wesentlich zu senken vermochten. Der Spezialprävention dient offenbar am besten die bedingte Verurteilung mit planmäßiger Anleitung und sozialer Lebenshilfe für den Verurteilten (vgl. unten § 8 VI).

4. Vergeltung und Vorbeugung sind keine unversöhnlichen Gegensätze. Eine **Verbindung** beider ist in der Weise möglich, daß die Strafe zwar nicht um ihrer selbst willen, sondern zum Zwecke des Schutzes der Gesellschaft vor zukünftigen Verbrechen angedroht und ausgesprochen wird, aber doch so, daß sie zum Ausgleich der Schuld wegen des begangenen Verbrechens dient, indem sie den Vorbeugungserfolg *auf gerechte Weise* zu erreichen sucht *(Vereinigungstheorie)*[25]. Die gerechte Strafe wirkt dabei auf die Allgemeinheit als *sittenbildende Kraft* und auf den Verurteilten gerade wegen ihres an das Verantwortungsgefühl appellierenden Maßprinzips warnend und erzieherisch. Präventionszwecke, die mit der gerechten Strafe nicht erreicht werden können, bleiben den Maßregeln vorbehalten. Schädlichen Folgen der Strafvollstreckung wirken die Strafaussetzung zur Bewährung (§ 56) und die rechtzeitige Aussetzung des Strafrestes (§ 57) entgegen. Die immanenten Voraussetzungen, die hier gemacht werden, sind die gleichen wie bei der Vergeltung, d. h. die sittliche Legitimation des Staates zum Einsatz der Strafe, das Bestehen menschlicher Schuld und die Möglichkeit des Ausgleichs von Schuld durch Strafe. Hinzu kommt weiter die

---

[25] Vgl. zu dem Verhältnis von Repression und Prävention *Noll*, H. Mayer-Festschrift S. 220; *Stratenwerth*, Allg. Teil I Rdn. 28 ff.; *Schmidhäuser*, Allg. Teil S. 55 ff.; *Arthur Kaufmann*, Schuldprinzip S. 276; *Roxin*, JuS 1966, 377 ff.; *Eusebi*, Riv dir proc pen 1983, 914 ff., 1315 ff.

Überzeugung, daß nur die gerechte Strafe eine *sozialpädagogische Wirkung* auf die Allgemeinheit ausstrahlt und daß *sie* allein es ist, die auch von dem Verurteilten als *Antwort einer mit ihm verbundenen Gemeinschaft* anerkannt und als Warnung verstanden wird.

Die verschiedenen Möglichkeiten der Sinngebung der Strafe nennt man **Straftheorien.**

III. Die absoluten Straftheorien

Die **absoluten Straftheorien** sehen Rechtsgrund und Sinn der Strafe *allein* in der Vergeltung, durch die dem Schuldigen Gerechtigkeit für seine Tat widerfahren soll. Die Strafe bleibt frei von jeder Zweckerwägung („poena absoluta ab effectu") und stellt sich lediglich dar als gewollte Übelszufügung zum Ausgleich der schuldhaft begangenen Rechtsverletzung. Die weltanschaulichen Grundlagen der absoluten Theorien liegen in der Anerkennung des Staates als Wahrer der irdischen Gerechtigkeit und Inbegriff der sittlichen Idee, in dem Glauben an die Fähigkeit des Menschen zur Selbstbestimmung und in der Beschränkung der Staatsaufgabe auf den Schutz der individuellen Freiheit. Es sind also idealistische, konservative und liberale Gedanken, die in den absoluten Straftheorien zusammentreffen.

1. Für *Kant* (1724 - 1804) ist das Strafgesetz ein **„kategorischer Imperativ"**, d. h. ein von allen Zweckerwägungen freies Gebot der Gerechtigkeit.

Die Strafe hat allein den Sinn der Vergeltung von Schuld: „Richterliche Strafe . . . kann niemals bloß als Mittel, ein anderes Gute zu befördern, für den Verbrecher selbst, oder für die bürgerliche Gesellschaft, sondern muß jederzeit nur darum wider ihn verhängt werden, weil er verbrochen hat"[26]. Um ganz klarzustellen, daß auch nicht einmal der generalpräventive Hintergedanke bei der Strafe mitspielen dürfe, gibt Kant das berühmte Inselbeispiel vom Ende eines Gemeinwesens: „Selbst, wenn sich die bürgerliche Gesellschaft mit aller Glieder Einstimmung auflösete (z. B. das eine Insel bewohnende Volk beschlösse, auseinanderzugehen und sich in alle Welt zu zerstreuen), müßte der letzte im Gefängnis befindliche Mörder vorher hingerichtet werden, damit jedermann das widerfahre, was seine Taten wert sind . . ."[27].

2. Die Frage ist aber, welchen Sinn für die Gemeinschaft diese im Talionsprinzip gipfelnde Strenge („Auge um Auge, Zahn um Zahn") des kantischen Strafbegriffs haben soll. Darauf hat *Hegel* (1770 - 1831) eine über Kant hinausführende Antwort gegeben. Er gründet die Strafe auf das dialektische Prinzip, wonach die Rechtsordnung den **„allgemeinen Willen"** darstelle und der **„besondere Wille"** des Verbrechers, der in der Rechtsverletzung Ausdruck gefunden hat, durch die Strafe negiert und in der sittlichen Überlegenheit der Gemeinschaft „aufgehoben" werde. Auf diese Weise wird die Übereinstimmung des Allgemeinwillens mit dem Sonderwillen durch Manifestation der Nichtigkeit des Verbrechens wiederhergestellt und gezeigt, daß das Verbrechen keine Geltung hat[28].

„Die Verletzung dieses als eines daseienden Willens also ist das Aufheben des Verbrechens, das sonst gelten würde, und ist die Wiederherstellung des Rechts"[29].

„Die Verletzung, die dem Verbrecher widerfährt, ist nicht nur an sich gerecht, – als gerecht ist sie zugleich sein an sich seiender Wille, ein Dasein seiner Freiheit, sein Recht; . . . daß die

---

[26] *Kant,* Die Metaphysik der Sitten (1797) S. 453.
[27] *Kant,* ebenda S. 455; vgl. zu den beiden Zitaten *H. Mayer,* Engisch-Festschrift S. 64ff. Zu der großen Wirkung Kants ferner *Naucke,* Philosophie und Rechtswissenschaft S. 36ff. sowie *Cattaneo,* Dignità umana S. 189ff.
[28] Vgl. *H. Mayer,* Engisch-Festschrift S. 77; *Seelmann,* JuS 1979, 687ff.
[29] *Hegel,* Rechtsphilosophie § 99.

Strafe darin als sein eigenes Recht enthaltend angesehen wird, darin wird der Verbrecher als Vernünftiges geehrt"[30].

3. Absolute Straftheorien werden auch in der älteren *christlichen Ethik* vertreten. Zugrunde liegt hierbei einmal die Auffassung der Weltordnung als göttlicher Schöpfung (Zwei-Reiche-Lehre), zum anderen die Idee von der Entsprechung göttlichen und menschlichen Seins („analogia entis"-Lehre).

Das gilt sowohl für einen Teil der protestantischen Theologie als auch für die ältere katholische Lehre. „Der Sinn der Strafe liegt" für *Althaus*[31] „in ihr selbst als Geltendmachen der ewigen Ordnung gegenüber und an dem Rechtsbrecher". Für *Trillhaas*[32] „liegt im Sühnegedanken beschlossen, daß er ohne Rücksicht auf Zwecke einzig am Guten selbst orientiert ist und daß die Strafe ohne Seitenblicke nur dem Täter gilt". Deutlich ist vor allem der Hinweis auf die analogia-entis-Lehre in einer Botschaft Papst *Pius' XII.* an den VI. Internationalen Strafrechtskongreß 1953 in Rom: „Mais le Juge suprême, dans son jugement final, applique uniquement le principe de la rétribution. Celui-ci doit donc certes posséder une valeur qui n'est pas négligeable"[33].

4. Zur **Kritik** der absoluten Theorien ist anzuführen, daß die Verwirklichung der absoluten Sittlichkeit auf Erden nicht Aufgabe des Staates ist und nach seinen Zwecken und Machtmitteln auch nicht sein kann. Viel mehr Unrecht als bestraft wird, bleibt bekanntlich unbestraft. Für die Staatsgewalt kann es bei der Anwendung der Strafe immer nur darum gehen, die Grundlagen des friedlichen und gesicherten Zusammenlebens der Menschen durch Rechtszwang aufrechtzuerhalten. Gerade deshalb wird die Strafe keineswegs überall eingesetzt, wo Gerechtigkeit not täte, sondern nur dort, wo dies im Interesse des Gesellschaftsschutzes unvermeidlich ist. Ferner ist hervorzuheben, daß in den absoluten Straftheorien der Mensch als schwaches, hilfsbedürftiges und vielfach mißhandeltes Wesen noch gar nicht erkannt ist; er wird zwar gerecht, aber mit eisiger Kälte behandelt. Die dauernde Wahrheit der absoluten Theorien besteht darin, daß der Gesellschaftsschutz durch die Strafe, sofern er überhaupt notwendig ist, *immer nur auf gerechte Weise* angestrebt werden darf.

IV. Die relativen Straftheorien

Die **relativen Straftheorien** nehmen durchweg die Gegenposition zu den absoluten ein. Danach hat die Strafe nicht die Gerechtigkeit auf Erden zu verwirklichen, sondern dem Gesellschaftsschutz zu dienen. Die Strafe ist nicht Selbstzweck, sondern Vorbeugungsmittel. Der Sinn der Strafe liegt *allein* in ihrer Aufgabe, strafbare Handlungen in der Zukunft zu verhindern („poena relata ad effectum"). Die weltanschaulichen Grundlagen der relativen Straftheorien sind die humanitären Staatslehren der Aufklärung, das Bekenntnis zur kausalwissenschaftlichen Erklärung allen menschlichen Handelns, der Glaube an die Erziehungsfähigkeit auch des Erwachsenen durch geeignete sozialpädagogische Einwirkung, die Ablehnung jedweder Versuche metaphysischer Deutung der Probleme des gesellschaftlichen Lebens. Es sind also humanitäre, soziale, rationale und utilitaristische Gedankengänge, die in den relativen Straftheorien zusammentreffen.

---

[30] *Hegel*, Rechtsphilosophie § 100. Ihm haben sich insbesondere die Führer der späteren klassischen Strafrechtsschule angeschlossen, vgl. *Binding*, Abhandlungen Bd. I S. 85; *Beling*, Die Vergeltungsidee S. 19f. Kritisch über die angebliche Wirklichkeitsferne Hegels *Flechtheim*, Hegels Strafrechtstheorie S. 91 ff.; zu seiner politisch-ideologischen Haltung S. 122 ff.

[31] *Althaus*, Die Todesstrafe S. 21.

[32] *Trillhaas*, Zur Theologie der Strafe S. 48.

[33] Botschaft Papst *Pius' XII.*, ZStW 66 (1954) S. 14.

1. Die **Idee der Vorbeugung als Zweck der Strafe** lag schon der auf das Gemeinwohl ausgerichteten Philosophie der Antike nicht fern.

So geht das „sed ne peccetur" des *Hugo Grotius* auf ein Wort zurück, das *Plato* dem Protagoras in den Mund legt: „Wer auf vernünftige Weise zu strafen gedenkt, der züchtigt nicht wegen des schon begangenen Unrechts . . . , sondern um des zukünftigen willen, damit hinfort weder der Täter selbst wieder Unrecht begehe, noch auch die anderen, welche sehen, wie er bestraft wird"[34].

Den Anstoß zur Überwindung des in der gemeinrechtlichen Strafpraxis des 17. und 18. Jahrhunderts entarteten Abschreckungsgedankens gab die **Staatslehre des Naturrechts**[35] **und der Aufklärung** mit ihrem Kampf um eine rationale und menschlichere Gestaltung der Verhältnisse in der Strafjustiz *(Hugo Grotius, Samuel Pufendorf, Christian Thomasius)*. In der französischen Aufklärungsliteratur stellte schon *Montesquieu* den Präventionszweck der Strafe an die Spitze ihrer Funktionen und führte *Voltaire* seinen mutigen Kampf gegen die Mißstände in der Strafjustiz des Ancien Régime, der in der Forderung nach Humanität, Verhältnismäßigkeit und Nützlichkeit der Strafe gipfelte. Die Öffnung des Gewissens der Menschheit für die Probleme der Kriminalpolitik ist dem klassisch gewordenen Buch des Mailänders *Cesare Beccaria* „Dei delitti e delle pene" (1764) zu danken, in dem zum ersten Mal ein geschlossenes Programm der auf Prävention ausgerichteten Strafrechtsreform mit Hilfe der Staatsvertragslehre entwickelt wurde. In England begründete *Jeremy Bentham* seine utilitaristische Ethik auf dem „greatest happiness principle" und leitete daraus eine streng logisch aufgebaute rationale Kriminalpolitik ab[36]. In Deutschland übernahm Preußen unter *Friedrich dem Großen* die führende Rolle in der Neugestaltung der Kriminalpolitik. Die von *Stübel*[37] begründete Spezialpräventionslehre fand durch *Klein* und *Grolman*[38] Eingang in das Allgemeine Landrecht von 1794[39].

2. Die Straftheorien des 17. und 18. Jahrhunderts waren zwar schon durch den Gedanken der Prävention bestimmt gewesen, aber erst *Paul Johann Anselm v. Feuerbach* (1775 - 1833), der größte deutsche Kriminalist der ersten Hälfte des 19. Jahrhunderts, unterschied theoretisch klar zwischen Spezial- und Generalprävention. Indem er die Generalprävention mit der Strafdrohung verband und in den Mittelpunkt seines Systems stellte, hat er die Straftheorie der Aufklärung auf ihren Höhepunkt geführt[40]. *Feuerbach* knüpfte nicht mehr an die klassischen Nützlichkeitstheorien *Beccarias* und *Benthams* an, sondern versuchte, die Brücke zur Kantschen Ethik zu schlagen[41]. **„Generalprävention durch psychologischen Zwang"** sollte die Straf*drohung* bewirken, die *Zufügung* der Strafe sollte nur deren Ernst für jedermann sichtbar machen.

„Die . . . Sorge des Staates . . . geht aber dahin, daß wer unbürgerliche (rechtswidrige) Neigungen hat, psychologisch verhindert werde, sich nach diesen Neigungen wirklich zu bestim-

---

[34] *Plato*, Protagoras S. 76.
[35] Über die Straftheorie des älteren Naturrechts, insbesondere des Thomas von Aquino, *Villey*, Archives de philosophie du droit 28 (1983) S. 181 ff.
[36] Vgl. *Hepp*, J. Benthams Grundsätze der Criminalpolitik S. 5 ff.
[37] Vgl. hierzu *Ahrendts*, Christoph Carl Stübels Straftheorie S. 14 f.
[38] Vgl. *Cattaneo*, Karl Grolman S. 278 f.
[39] *Eb. Schmidt*, Die Kriminalpolitik Preußens S. 42 ff.
[40] *Radbruch*, P. J. A. Feuerbach S. 44 ff.; *Cattaneo*, Anselm Feuerbach S. 501 ff.; *Kipper*, Feuerbach S. 26 ff.
[41] *Naucke*, Kant und die psychologische Zwangstheorie S. 43 ff. Über die Verknüpfung der psychologischen Zwangstheorie mit dem Gesetzlichkeitsprinzip bei Feuerbach *Naucke*, ZStW 87 (1975) S. 880 ff. Über die Weiterentwicklung von Feuerbachs Straftheorie *Helga Müller*, Der Begriff der Generalprävention im 19. Jhdt., 1984.

men"⁴². „Sollen daher Rechtsverletzungen überhaupt verhindert werden, so muß neben dem physischen Zwange noch ein anderer bestehen, welcher der Läsion vorhergeht . . . Ein solcher Zwang kann nur ein psychologischer sein"⁴³. Die Straftheorie Feuerbachs hatte einen unbestreitbaren Kern von Wahrheit und Praktikabilität und kam zugleich der liberalen Denkweise seiner Zeit entgegen. So konnte sie die spezialpräventiven Ansätze aus der Zeit des aufgeklärten Absolutismus rasch überwinden, zumal diese noch weitgehend spekulativ geblieben waren. Zusammen mit dem französischen Code pénal von 1810 wurde Feuerbachs Straftheorie, die er dem Bayerischen StGB von 1813 zugrunde legte, für die Gesetzgebung des ganzen Jahrhunderts maßgebend.

3. Das Schicksal der spezialpräventiven Straftheorien aus der Epoche des Preußischen Allgemeinen Landrechts schien längst besiegelt, als *Franz v. Liszt* (1851 - 1919)⁴⁴ fast hundert Jahre später eine neue spezialpräventive Lehre begründete, die als Denkmodell internationale Wirkung gehabt und eine tiefgreifende Umgestaltung des Sanktionssystems des deutschen Strafrechts herbeigeführt hat⁴⁵. v. Liszt stellte das Strafrecht wieder in den Zusammenhang einer nach rationalen Gesichtspunkten eingerichteten Rechtspolitik, in der der **„Zweckgedanke"** der eigentliche Träger des rechtlichen Fortschritts sein sollte. Er ging dabei aus von der Frage nach der Wirklichkeit der Kriminalität, ließ sich leiten von den kausal-empirischen Forschungsmethoden der modernen Naturwissenschaften, die in jener Zeit in die Rechtswissenschaft Eingang fanden, bewies die Mängel des geltenden Strafrechts an den Ergebnissen der Kriminalstatistik und betrachtete die Kriminalpolitik als ein organisches Teilstück der Sozialpolitik *(Positivismus)*⁴⁶. Seine kriminalpolitische Grundauffassung legte v. Liszt 1882 in dem berühmten Marburger Programm „Der Zweckgedanke im Strafrecht" nieder⁴⁷.

Die Kernsätze lauten: „Die richtige, d.h. die gerechte Strafe ist die notwendige Strafe. Gerechtigkeit im Strafrecht ist die Einhaltung des durch den Zweckgedanken erforderten Strafmaßes." Aufgabe der Strafe ist es danach, den nicht besserungsbedürftigen Gelegenheitstäter durch einen „Denkzettel" aufzurütteln, um ihn von weiteren Straftaten abzuschrecken, den besserungsfähigen Zustandsverbrecher durch Erziehung im Strafvollzug zu resozialisieren, den unverbesserlichen Gewohnheitsverbrecher durch „Strafknechtschaft" auf unbestimmte Zeit unschädlich zu machen. Mit dieser Konzeption verband sich notwendigerweise der Kampf gegen die erzieherisch unwirksame, für den Verurteilten aber schädliche kurzfristige Freiheitsstrafe und das Bemühen um die Verbesserung des Strafvollzugs. v. Liszt erkannte aber auch die Gefahren einer rein spezialpräventiv bestimmten Kriminalpolitik für die Rechtssicherheit: das Straf*recht* sollte deshalb „die unübersteigbare Schranke der Kriminalpolitik" (die „Magna Charta des Verbrechers") bleiben⁴⁸. Eine streng objektivistische Strafrechtsdogmatik sollte ferner die Verbindung von Zweckstrafe und Rechtsstaat ermöglichen⁴⁹. Um das kriminalpolitische Programm Franz v. Liszts sammelte sich in Deutschland die *moderne (soziologische) Strafrechtsschule (Ernst Delaquis, Eduard Kohlrausch, Moritz Liepmann, Gustav Radbruch, Max Grünhut, Eberhard Schmidt).*

---

⁴² *Feuerbach,* Revision Teil I S. 43.

⁴³ *Feuerbach,* Lehrbuch 3. Aufl. S. 14f.

⁴⁴ Biographie des größten deutschen Kriminalisten der zweiten Hälfte des 19. Jahrhunderts von *Eb. Schmidt,* in: Die großen Deutschen Bd. V S. 407; vgl. ferner *Jescheck* (Hrsg.), Franz v. Liszt zum Gedächtnis, 1969 sowie *derselbe,* Klug-Festschrift Bd. II S. 257 ff.

⁴⁵ Vgl. die abgewogene Darstellung des spezialpräventiven Standpunkts bei *Kohlrausch,* Mitt IKV Bd. 3 S. 5 ff. Zur verfassungsrechtlichen Problematik *Kaiser,* SchwJZ 1984, 329 ff.

⁴⁶ Über das Weltbild des Positivismus vgl. näher *Welzel,* Naturalismus und Wertphilosophie S. 1 ff.; ferner *Engisch,* MSchrKrim 1934, 35.

⁴⁷ *v. Liszt,* ZStW 3 (1883) S. 1; ferner *derselbe,* in: Aufsätze Bd. I S. 126. Dazu die Beiträge zum Centenarium des Marburger Programms von *Naucke, Frisch* und *Müller-Dietz,* ZStW 94 (1982) S. 525, 565 und 599.

⁴⁸ *v. Liszt,* Aufsätze Bd. II S. 80.

⁴⁹ Näher hierzu *Georgakis,* Geistesgeschichtliche Studien S. 50 ff.

4. Auf dem Boden des Positivismus entstanden auch in verschiedenen **anderen europäischen Ländern** fast gleichzeitig kriminalpolitische Bewegungen, die aus den geistigen, wirtschaftlichen und sozialen Umwälzungen der zweiten Hälfte des 19. Jahrhunderts die Folgerungen für das Strafrecht zu ziehen suchten[50]. Weittragende Wirkungen hatte die Entwicklung in *Italien*, die besonders auf Südamerika ausgestrahlt hat[51]. Hier verkündete der Psychiater *Cesare Lombroso* (1835 - 1909)[52] die revolutionäre These, daß die Ursachen des Verbrechens in bestimmten körperlichen, vererblichen Eigenschaften des Menschen zu suchen seien („delinquente nato"), während der Jurist *Enrico Ferri* (1856 - 1929)[53], der Begründer der „Scuola Positiva" und unermüdliche Vorkämpfer für soziale Reformen in Italien, das Schwergewicht auf die sozialen Faktoren der Entstehung des Verbrechens legte. Aus beiden Ansätzen ergaben sich weitreichende spezialpräventive Konsequenzen für die Ausgestaltung der Strafe[54]. Die internationalen Verbindungen der modernen Schule führten bald zu einer festen organisatorischen Form: 1889 gründete *Franz v. Liszt* zusammen mit dem Belgier *Adolphe Prins* und dem Niederländer *G. A. van Hamel* die Internationale Kriminalistische Vereinigung (IKV)[55], die bis zum ersten Weltkrieg eine bedeutende wissenschaftliche und propagandistische Wirksamkeit im Sinne einer neuen Kriminalpolitik entfaltet hat und 1924 durch die Internationale Strafrechtsvereinigung („Association Internationale de Droit Pénal") fortgesetzt wurde[56].

Das kriminalpolitische Programm der modernen Schule wird heute vor allem von der *Internationalen Gesellschaft für Soziale Verteidigung* („Société Internationale de Défense Sociale") weitergeführt, die 1947 von dem Italiener *Filippo Gramatica* gegründet worden ist. Ihr radikaler Flügel wollte das Verbrechen durch Antisozialität, die Schuld durch Gefährlichkeit und die Strafe durch Maßregeln ersetzen[57]. Maßgebend ist jedoch heute die vermittelnde, von *Marc Ancel* repräsentierte Richtung der Gesellschaft, die das Schuldprinzip und die Verantwortlichkeit des Menschen anerkennt, aber die Strafrechtspflege in einem zutiefst humanitären Geiste so umgestalten will, daß sie ihrer Aufgabe der Wiedergewinnung des Verurteilten für die Gemeinschaft in Zusammenarbeit mit den modernen Wissenschaften vom Menschen in bestmöglicher Weise gerecht werden kann[58].

---

[50] So in Frankreich die „Ecole pénitentiaire" *(Lucas)* und die „Société Générale des Prisons" (1877) sowie *Saleilles,* L'individualisation de la peine S. 51 ff.; in Schweden *Thyrén,* Prinzipien einer Strafgesetzreform S. 19 ff.; in Spanien *Dorado Montero,* El derecho protector de los criminales Bd. I S. 281 ff. (über ihn *Jiménez de Asúa,* Bd. I S. 872 ff.). Zur Geschichte der Freiheitsstrafe im 19. Jhdt. *Jescheck,* Die Freiheitsstrafe Bd. III S. 1955 ff.

[51] Vgl. darüber und über die jetzt mehr nach Deutschland orientierte Strafrechtslehre Südamerikas *Jescheck,* Heinitz-Festschrift S. 717 ff.

[52] Über die fortwirkende Bedeutung Lombrosos vgl. *di Tullio,* La Scuola positiva 64 (1959) S. 495.

[53] Hauptwerk von *Ferri:* I nuovi orizzonti, 1881. Über ihn *Graven,* La Scuola positiva 58 (1953) S. 394.

[54] Sie haben Ausdruck gefunden in dem berühmten Vorentwurf eines italienischen StGB von 1921, La Scuola positiva, N. F. 1 (1921) S. 1.

[55] Über die IKV und ihre führenden Vertreter vgl. das Erinnerungsheft der Rev int dr pén 1951, Nr. 2/3 zum 100. Geburtstag Franz v. Liszts, ferner *Jescheck,* ZStW 92 (1980) S. 997 ff.

[56] Über die AIDP *Cornil,* ZStW 87 (1975) S. 438 ff.; *Jescheck,* ZStW 92 (1980) S. 1006 ff.

[57] *Gramatica,* Principi di difesa sociale, 1961.

[58] Vgl. das alte „Programme Minimum" der Défense Sociale in: Bulletin de la Société Internationale de Défense Sociale 1955, Nr. 1, deutsch ZStW 66 (1954) S. 646. Über den gegenwärtigen Stand, der die Défense sociale als eine moderne Bewegung der Kriminalpolitik ohne radikale Züge zeigt, *Ancel,* La défense sociale nouvelle S. 243 ff.; *derselbe,* Cahiers de défense sociale 1986, 17 ff.; *Jescheck,* Blau-Festschrift S. 425 ff.; *derselbe,* Cahiers de défense sociale 1986, 40 ff. Die neuere Entwicklung der Défense Sociale wird verkannt von *Hassemer,* Einführung S. 28, 287.

5. Die **Kritik** der relativen Straftheorien hat zwischen General- und Spezialprävention zu unterscheiden. Der *Generalprävention* fehlt, wenn sie nicht durch das Schuldprinzip begrenzt wird, der Maßstab für die Höhe der auszuwerfenden Strafe, denn es liegt an sich in der Logik der Abschreckung, daß möglichst strenge Strafen im Hinblick auf den Eindruck, den sie in der Allgemeinheit hervorrufen, auch die wirkungsvollsten sein müßten. In Wahrheit ist es aber nicht die möglichst strenge, sondern die im Verhältnis zum Unrechtsgehalt der Tat und zur Schuld des Täters möglichst gerechte Strafe, die sich im Rechtsbewußtsein des Volkes als „sittenbildende Kraft" auswirkt. Die Generalprävention als bloße Abschreckung stiftet mehr Schaden als Nutzen. Gegenüber der *Spezialprävention* ist einmal einzuwenden, daß sie die Strafe konsequenterweise durch therapeutische Maßregeln ersetzen müßte, denn wenn es in der Strafrechtspflege nur um die Resozialisierung des Rechtsbrechers ginge, hätte die ethische Mißbilligung der Tat, die in der Strafe liegt, ebensowenig einen Sinn wie die Mißbilligung einer Krankheit. Außerdem führt die Spezialprävention in Grenzfällen zu Ergebnissen, die für das Rechtsbewußtsein der Allgemeinheit unerträglich sein würden[59]. Auf der einen Seite müßte nämlich ein Täter, der Jahre nach einem schweren Verbrechen in geordneten Verhältnissen entdeckt wird, etwa der KZ-Bewacher, der in ein verbrecherisches System verstrickt war, oder der Ehemann, der zur Ehrenrettung seiner Frau einen Meineid geleistet hat, völlig straffrei bleiben, weil es einer Resozialisierung in keinem dieser Fälle bedürfte; auf der anderen Seite müßte der Rückfalltäter wegen einer geringfügigen, aber für seine kriminelle Neigung symptomatischen Tat tiefgreifenden therapeutischen oder sichernden Maßregeln unterworfen werden, die in keinem Verhältnis zu dem Gewicht der begangenen Tat stünden. Ferner müßte konsequente Spezialprävention zu prädeliktischen Maßregeln führen, da von diesem Standpunkt aus nicht einzusehen ist, warum die Begehung einer Straftat erst abgewartet werden muß, ehe der Staat vorbeugend eingreift. Endlich ist es die große Frage, ob an Erwachsenen eine wirksame Erziehung im Strafvollzug überhaupt geleistet werden kann oder ob es für die Resozialisierung des Täters nicht in den meisten Fällen besser wäre, wenn der Staat auf die Bestrafung überhaupt verzichtete und sich auf wirksame Sozialhilfe beschränkte.

V. Die Vereinigungstheorien

Die **Vereinigungstheorien** versuchen, zwischen den absoluten und relativen Theorien zu vermitteln, natürlich nicht durch bloße Summierung sich widersprechender Grundgedanken, wohl aber durch die praktische Überlegung, daß die Strafe in der Wirklichkeit ihrer Anwendung gegenüber dem betroffenen Menschen und seiner Umgebung die Gesamtheit ihrer Funktionen zu entfalten vermag, so daß es darauf ankommt, sämtliche Strafzwecke in ein ausgewogenes Verhältnis zueinander zu bringen (dialektische Methode)[60]. Dabei muß freilich im Falle der unausweichlichen „Antinomien der Strafzwecke" dem einen oder dem anderen Prinzip im Einzelfalle der Vorzug gegeben werden. So verbinden sich Generalprävention und gerechte Vergeltung in der Erfahrung, daß nur die nach oben durch das Schuldmaß begrenzte Strafe abschreckend und im sozial-pädagogischen Sinne erzieherisch wirkt; so wird die Vergeltung niemals bloß als Demütigung des Verurteilten verstanden, sondern immer als ein möglichst schonender Eingriff, der den Täter durch maßvollen Ausgleich seiner Schuld mit der Gemeinschaft wieder versöhnen soll; so soll jede Strafe in ihrer Ausgestaltung, soweit nötig und möglich, resozialisierend wirken, und zu diesem Zweck können von dem nach dem Schuldgrad verdienten Strafmaß auch Abstri-

---

[59] *Bockelmann,* Schuld und Sühne S. 17 ff.; *Bockelmann / Volk,* Allg. Teil S. 7.
[60] *Nohl,* Die Erziehung 1 (1926) S. 29 ff.; *Roxin,* JuS 1966, 387.

che gemacht werden, ohne daß die Strafe freilich ihren Zusammenhang mit der Schuld als Grundlage verlieren dürfte (§ 46 I 1). Dagegen darf die nach dem Schuldgrad verdiente Strafe niemals aus general- oder spezialpräventiven Gründen überschritten werden. Die Vereinigungstheorie ist somit durch einen mehrdimensionalen Strafbegriff charakterisiert, der am Ausgleichsgedanken orientiert, aber nicht darauf beschränkt ist (vgl. unten § 82 III 3).

1. Die Vereinigungstheorien sind als Ergebnis aus einem langen politischen und wissenschaftlichen Kampf hervorgegangen. Gegen die radikalen Forderungen der modernen Schule erhoben sich die konservativen Kräfte der deutschen Strafrechtslehre[61] und sammelten sich unter Führung von *Binding* (1841-1920), *v. Birkmeyer* und *Kahl* in der *klassischen Schule*. Der **Schulenstreit** wurde bis in die Zeit der Weimarer Republik in erbitterten literarischen Fehden ausgetragen[62] und endete erst 1933, als der totalitäre Staat durch die bald einsetzende terroristische Anwendung des Strafrechts beiden Richtungen die Grundlage entzog. Schon auf dem Höhepunkt des Schulenstreits hat man jedoch nach Wegen des Ausgleichs gesucht, um den praktischen Bedürfnissen der Strafrechtspflege gerecht werden zu können[63], nachdem besonders *Adolf Merkel* die Relativierung der Gegensätze durch Hervorhebung ihres gemeinsamen Nenners vorbereitet hatte[64]. Die „Vergeltungsstrafe", so argumentiert man seither, schwebt nicht frei im Raum der philosophischen Spekulation, sondern hat als Realität im Leben des Verurteilten und seiner Umgebung eine soziale Funktion zu erfüllen, die sie überhaupt erst rechtfertigt. Sie bewährt die Rechtsordnung, befriedigt das Rechtsgefühl der Allgemeinheit und sichert damit am besten den Schutz der Rechtsgüter. Der Täter erhält, was er selber als gerecht empfindet, er wird durch die Strafe gewarnt und im Rahmen des Möglichen auch erzogen. Die gerechte Strafe – und nur diese – dient somit der Abschreckung der Allgemeinheit und der Stärkung ihres Rechtsbewußtseins wie auch der Abschreckung und Erziehung des Täters selbst. Sie sichert die Rechtsordnung durch einen möglichst schonenden Eingriff, indem sie Schuld und Strafgröße unter Einbeziehung der Täterpersönlichkeit in ein ausgewogenes Verhältnis bringt. Die „Zweckstrafe" besitzt ihre Legitimation in dem das moderne Strafrecht beherrschenden Ziel der Verbrechensvorbeugung, sie kann dieses Ziel aber nur erreichen, wenn sie auch den Anforderungen der Gerechtigkeit entspricht. In jüngster Zeit ist die Berücksichtigung der Strafwirkungen auf das künftige Leben des Verurteilten in der Gesellschaft und der Gedanke der mit der Strafe zu verbindenden sozialen Hilfe stark in den Vordergrund getreten (vgl. §§ 59 II, 69 AE), ohne die anderen Strafzwecke zu verdrängen (§ 46 I 2). Auf dieser Linie liegt heute in Deutschland die herrschende Lehre[65]. Auch im Ausland wird die Vereinigungstheorie mit vielen Nuancen vertreten[66].

---

[61] Charakteristisch z. B. der Untertitel von *v. Birkmeyers* Streitschrift „Was läßt v. Liszt vom Strafrecht übrig?", welcher lautet: „Eine Warnung vor der modernen Richtung im Strafrecht".

[62] Vgl. näher *Seidl*, Der Streit um den Strafzweck S. 46 ff.; *Monika Frommel*, Präventionsmodelle S. 42 ff.

[63] Vgl. z. B. *Nagler*, GS 70 (1907) S. 10; *Liepmann*, ZStW 28 (1908) S. 1.

[64] *A. Merkel*, Abhandlungen Bd. I S. 10 ff. und Bd. II S. 695 ff.

[65] Vgl. früher *v. Hippel*, Bd. I S. 487 ff.; *Mezger*, Materialien Bd. I S. 2; heute *Baumann / Weber*, Allg. Teil S. 15 ff.; *Bruns*, Strafzumessungsrecht S. 196 ff.; *Bockelmann*, Ev. Staatslexikon S. 2245; *Dreher*, Gerechte Strafe S. 127 ff.; *Jakobs*, Allg. Teil S. 20 ff. (mit Schwerpunkt bei der Generalprävention); *Arthur Kaufmann*, Hilde Kaufmann-Gedächtnisschrift S. 431; *Lackner*, § 46 Anm. 1; *Maurach / Zipf*, Allg. Teil I S. 83 ff.; *H. Mayer*, Lehrbuch S. 33; *Müller-Dietz*, Strafbegriff S. 111 ff.; *Schmidhäuser*, Allg. Teil S. 52 ff.; *Schönke / Schröder / Stree*, § 38 Vorbem. 11 ff.; *Stratenwerth*, Allg. Teil I Rdn. 28 ff. (mit Schwerpunkt bei der Spezialprävention); *Welzel*, Lehrbuch S. 238 f.

V. Die Vereinigungstheorien

2. Der Strafbegriff der Vereinigungstheorie ist auch der des **geltenden Rechts**. Geprägt durch den liberalen Geist der ersten Hälfte des 19. Jahrhunderts verband das RStGB von 1871 die Vergeltungsideen *Kants* und *Hegels* mit der Generalpräventionstheorie *Feuerbachs*. „Generalprävention durch gerechte Vergeltung" war der Leitgedanke seiner Entstehungszeit. Durch die Aufnahme von Maßregeln der Sicherung und Besserung im Jahre 1933 wurde der Vergeltungscharakter der Strafe noch unterstrichen, denn die besonderen spezialpräventiven Bedürfnisse der Strafrechtspflege, die durch die Strafe nicht erfüllt werden können, wenn sie auf die Ausgleichsfunktion beschränkt bleibt, sollten nunmehr auf diesem Wege befriedigt werden. Auch eine Unterschreitung des vollen Schuldgehalts der Tat aus spezialpräventiven Gründen war schon bisher mittels der Strafaussetzung zur Bewährung, der bedingten Entlassung und der Ersatzgeldstrafe (§ 27b a. F.) zulässig gewesen und entsprach ständiger Praxis. Das geltende Recht hat sich in § 46 I auf den Boden der Vereinigungstheorie gestellt, indem Satz 1 die Schuld zur Grundlage der Strafzumessung macht, während Satz 2 die Berücksichtigung der Wirkungen verlangt, die von der Strafe für das künftige Leben des Täters in der Gesellschaft zu erwarten sind[67]. Keine ausdrückliche Erwähnung hat im Strafgesetz allerdings die Generalprävention gefunden, wenn man von den §§ 47 I, 56 III, 59 I Nr. 3 absieht, wo sie in dem wesentlich engeren Begriff der „Verteidigung der Rechtsordnung" auftaucht. Man wird daraus zu schließen haben, daß der Gesetzgeber die Rechtsbewährung als den selbstverständlichen Zweck der Strafe stillschweigend vorausgesetzt hat und die Wirkung der gerechten, weil schuldangemessenen Strafe für die positive wie negative Generalprävention als ausreichend ansieht. Das geltende Recht hat die spezialpräventive Tendenz durch Einführung der Einheitsfreiheitsstrafe (§ 38), Einschränkung der kurzen Freiheitsstrafe (§ 47), großzügige Ausgestaltung der Strafaussetzung zur Bewährung (§§ 56 - 56g) und der Aussetzung des Strafrestes (§§ 57, 57a) sowie die Abschaffung der Ehren-

---

[66] Die Behauptung von *Kadečka*, ÖJZ 1953, 340, „die synkretistischen Theorien werden jetzt wohl nur noch in Deutschland vertreten", traf schon damals nicht zu. Für die Vereinigungstheorie in Österreich *Burgstaller*, Sinn und Zweck S. 55; *Rittler*, Bd. I S. 3; *Leukauf/Steininger*, § 32 Rdn. 5 und 9 und WK (*Platzgummer*) Vorbem. 5 vor § 18; in Schweden *Agge/Thornstedt*, Das schwedische Strafrecht S. 259 ff.; in der Schweiz *Noll/Trechsel*, Allg. Teil I S. 17 ff.; *Schultz*, Einführung I S. 42 f. und *Forster*, SchwZStr 101 (1984) S. 261 ff.; in Italien *Pagliaro*, Principi S. 681 ff. und *Fiandaca/Musco*, Diritto penale S. 406 ff.; in Frankreich *Stefani/Levasseur/Bouloc*, Droit pénal général S. 467 ff. und *Merle/Vitu*, Traité S. 767 ff.; in Spanien *Antón Oneca*, Derecho penal Bd. I S. 477 ff. und *Cerezo Mir*, Curso S. 25 ff.; in den Niederlanden *Pompe*, Handboek S. 7 und *D. Hazewinkel-Suringa/Remmelink*, Inleiding S. 786 ff.; in England *Smith/Hogan*, Criminal Law S. 4 ff.; in der DDR *Buchholz/Dähn/Weber*, Strafrechtliche Verantwortlichkeit S. 104 ff. sowie in Brasilien *Fragoso*, Lições S. 334 ff. sowie *da Costa jr.*, Comentários, Art. 59 Anm. 2 f. Vgl. ferner die Verhandlungen des VI. Internationalen Strafrechtskongresses in Rom, in: Association Internationale de Droit Pénal, VIᵉ Congrès International, 1957, S. 226 ff. Streng auf dem Boden der Vergeltung bleiben *Bettiol/Pettoello Mantovani*, Diritto penale S. 797 ff. und *Rodríguez Devesa/Serrano Gómez*, Derecho penal S. 887 ff., während *Mir Puig*, Derecho penal S. 46 ff. der Prävention den Vorzug gibt. Eine Vereinigungstheorie aus Schuldprinzip (desert) und Abschreckung (deterrence) vertritt *v. Hirsch*, Doing Justice S. 45 ff.; *derselbe*, Past or Future Crimes S. 47 ff.

[67] Im Sinne einer ausgewogenen Vereinigungstheorie verstehen § 46 I *Baumann/Weber*, Allg. Teil S. 15 ff.; *Blei*, Allg. Teil S. 424 f.; *Bockelmann/Volk*, Allg. Teil S. 8 f.; *Bruns*, Strafzumessungsrecht S. 311 ff.; *Dreher/Tröndle*, § 46 Rdn. 3; *Müller-Dietz*, Strafzwecke S. 20; *Lackner*, § 46 Anm. 1; *derselbe*, Gallas-Festschrift S. 123 ff.; *Arthur Kaufmann*, Wassermann-Festschrift S. 889 ff.; *Lenckner*, Strafe S. 13; *Maiwald*, Moderne Entwicklungen S. 300; *Maurach/Zipf*, Allg. Teil I S. 79; *Schönke/Schröder/Stree*, § 46 Rdn. 3 ff. Im Sinne einer Synthese auch die „dialektische Vereinigungstheorie" *Roxins*, JuS 1966, 377 ff. und die „Stellenwert-Theorie" bei *SK (Horn)* § 46 Rdn. 33 ff. Andere legen dagegen den Schwerpunkt auf die Spezialprävention und lassen den Schuldausgleich in den Hintergrund treten; vgl. *Calliess*, Theorie der Strafe S. 186 ff.; *Horstkotte*, JZ 1970, 123; *Stratenwerth*, Tatschuld S. 31.

strafen verstärkt. Diese Entwicklung hat ferner auch in der Verwarnung mit Strafvorbehalt (§§ 59 - 59c), der Umgestaltung der Geldstrafe (§§ 40ff.) und dem Ausbau des Maßregelsystems (§§ 61ff.) Ausdruck gefunden. Der Grundgedanke dieser gesamten Regelung ist ein ausgewogenes Verhältnis von Schuldausgleich, Generalprävention und Spezialprävention.

3. Die **Rechtsprechung der deutschen Gerichte** folgt ebenfalls seit langem der Vereinigungstheorie[68], und selbst in den Ländern, deren Strafrechtslehre teilweise der betont spezialpräventiven Richtung der Défense sociale nahesteht, ist die Praxis der Vereinigungstheorie treu geblieben[69].

Nach RG 58, 106 (109) sind für die Strafzumessung maßgebend „in erster Linie das Sühnebedürfnis, der Vergeltungszweck der Strafe, daneben wohl auch noch der Abschreckungszweck. Die sonstigen Strafzwecke, der Besserungs- und Sicherungszweck, treten demgegenüber in den Hintergrund". „Maßgebend für die Strafart und -höhe sind die Täterschuld, die Schwere und Folgen der Tat, die Persönlichkeit des Täters und seine Wiedereingliederung unter Berücksichtigung der Strafzwecke" (BGH 7, 214 [216]). Neben der gerechten Vergeltung wird in BGH 6, 125 (127) die Generalprävention als legitimer Strafzweck betont. Die Bestrafung soll „nicht nur sühnen, sondern auch künftigen Strafverstößen vorbeugen" (BGH 19, 201 [206]). „Grundlagen der Strafzumessung sind die Schwere der Tat und der Grad der persönlichen Schuld des Täters. Der Richter kann dabei auch anderen Strafzwecken, so denen der Abschreckung und der Sicherung, Raum geben" (BGH 20, 264 [266 f.]). Bedeutsam ist insbesondere der Standpunkt, daß Präventionszwecke immer nur im Rahmen des durch die Schuld begrenzten Strafmaßes verfolgt werden können. „Von ihrer Bestimmung als gerechter Schuldausgleich" darf sich die Strafe auch nicht „nach unten inhaltlich lösen" (BGH 24, 132 [134]), insbesondere darf die Anordnung einer Maßregel nicht zur Unterschreitung der schuldangemessenen Strafe führen. „Der Präventionszweck darf aber auch nicht dazu führen, die gerechte Strafe zu überschreiten" (BGH 20, 264 [267]). Wichtig ist ferner die Aussage, „daß die Strafe nicht die Aufgabe hat, Schuldausgleich um ihrer [richtig wohl: seiner] selbst willen zu üben, sondern nur gerechtfertigt ist, wenn sie sich zugleich als notwendiges Mittel zur Erfüllung der präventiven Schutzaufgabe des Strafrechts erweist" (BGH 24, 40 [42]). Vgl. ferner BVerfGE 21, 391 (404): die Kriminalstrafe „ist – unbeschadet ihrer Aufgabe, abzuschrecken und zu resozialisieren – Vergeltung für begangenes Unrecht"; BVerfGE 39, 1 (57): „Ebenso wichtig wie die sichtbare Reaktion im Einzelfall ist die Fernwirkung einer Strafnorm . . .". Vgl. ferner BVerfGE 28, 268 (291); 32, 98 (109); 45, 187 (253 f.); 64, 261 (271)[70].

4. Es gibt endlich die Möglichkeit, den **Schwerpunkt** der Vereinigungstheorie von der gerechten Vergeltung ganz auf die **Spezialprävention** zu verlegen, im Falle einer Antinomie der Strafzwecke also dieser den Vorzug zu geben. Eine solche Straftheorie wäre durch die Erfahrung zu rechtfertigen, daß gegenüber bestimmten Tätergruppen (Jugendlichen und Heranwachsenden, Rückfalltätern, Gewohnheitsverbrechern) die Beschränkung des Schuldgrundsatzes auf die Tatschuld keinen kriminalpolitischen Sinn hat. Die Folgerung daraus wäre, daß das Tatschuldprinzip *hier* dem Gedanken der Lebensführungsschuld Platz machen müßte, da es gälte, den ganzen Menschen in die strafrechtliche Beurteilung einzubeziehen. Die besondere Erziehungsbedürftigkeit des Täters führte in diesen Fällen zur *unbestimmten Freiheitsstrafe*, die so lange andauert, bis der Resozialisierungserfolg erreicht ist. Auf diesem Wege wäre es möglich, durch die Strafe selbst besondere spezialpräventive Ziele anzustreben, ohne auf die Aushilfe der Zweispurigkeit zurückgreifen zu müssen. Diese immer nur von einer Minderheit vertretene Lehre[71] hat sich in Deutschland zu Recht nicht durchgesetzt,

---

[68] Vgl. die Darstellung von *Bruns*, Strafzumessungsrecht S. 230ff.
[69] Vgl. für Belgien Cass. v. 30.6.1949, Pasicrisie 1949 Bd. I S. 483; für Frankreich *Ancel*, ZStW 72 (1960) S. 309ff. Vgl. ferner für England die Äußerung Lord *Devlins* bei *Smith / Hogan*, Criminal Law S. 16 sowie *Glanville Williams*, Textbook S. 38ff.
[70] Über den Strafbegriff des BVerfG vgl. *Volk*, ZStW 83 (1971) S. 405ff.

weil damit der Schuldgrundsatz als Grundlage und Grenze der Strafe und damit zugleich ein unentbehrliches Stück der Rechtssicherheit preisgegeben würde. Im Ausland wird sie jedoch vertreten. In der Gesetzgebung ist sie nur ausnahmsweise durchgedrungen[72]. In den USA stößt die unbestimmte Verurteilung auf zunehmende Kritik, weil sie sich therapeutisch als Fehlschlag erwiesen hat und das Rechtssicherheitsbedürfnis des Gefangenen in unerträglicher Weise beeinträchtigt.

VI. Die bedingte Verurteilung

Die bedingte Verurteilung ist neben der Strafe i. e. S. und der Maßregel (vgl. unten § 9) die **dritte Säule**, auf der die moderne Kriminalpolitik aufbaut. Die wissenschaftliche Behandlung im Anschluß an die Strafe ist gleichwohl gerechtfertigt, weil es sich in der Mehrzahl der Fälle formell um eine Aussetzung der Vollstreckung einer Freiheitsstrafe handelt.

Das Ziel der **bedingten Verurteilung** ist es, eine begangene Straftat aus general- und spezialpräventiven Gründen nicht ohne staatliche Reaktion zu lassen, den Täter aber dennoch mit der Strafe zu verschonen, um das damit verbundene soziale Übel so klein wie möglich zu halten und ihm, soweit dies erforderlich erscheint, soziale Hilfe zu gewähren. Dieses Ziel kann auf *vier* verschiedenen Wegen erreicht werden.

1. Als erste Möglichkeit bedeutet das *vorläufige Absehen von der Erhebung der öffentlichen Klage* wegen eines Vergehens (§ 153a I StPO), daß das Strafverfahren zwar eingeleitet, die Entscheidung über die Anklageerhebung jedoch mit Zustimmung des Gerichts und des Beschuldigten vorläufig ausgesetzt wird (der Zustimmung des Gerichts bedarf es nach §§ 153a I 6, 153 I 2 StPO nicht bei geringfügigen Vermögensdelikten ohne erhöhte Mindeststrafe, z. B. § 242 im Unterschied zu § 244). Die Staatsanwaltschaft erteilt dem Beschuldigten zugleich bestimmte Auflagen oder Weisungen hinsichtlich der Wiedergutmachung des Schadens, der Zahlung eines Geldbetrags (zugunsten einer gemeinnützigen Einrichtung oder der Staatskasse), der Erbringung sonstiger gemeinnütziger Leistungen oder der Erfüllung von Unterhaltspflichten. Diese Anordnungen müssen als Ausgleich so viel Gewicht haben, daß sie geeignet sind, bei geringer Schuld des Täters das öffentliche Interesse an der Strafverfolgung zu beseitigen. Wenn ihnen der Beschuldigte innerhalb der ihm von der Staatsanwaltschaft gesetzten Frist von höchstens 6 Monaten (bei Unterhaltspflichten höchstens einem Jahr) nachkommt, wird das Strafverfahren endgültig eingestellt und die Tat kann nicht mehr als Vergehen (und wohl auch nicht mehr als Ordnungswidrigkeit) verfolgt werden. Entsprechende Befugnisse hat das Gericht nach Erhebung

---

[71] So vor allem *v. Liszt / Schmidt*, S. 23; *Eb. Schmidt*, SchwZStr 45 (1931) S. 200; *derselbe*, ZStW 69 (1957) S. 394; *Peters*, Stimmen der Zeit 1956/57, 12; *derselbe*, Protokolle 4. Wahlperiode, 21. Sitzung v. 26. 5. 1964, S. 385; *Sieverts*, Niederschriften Bd. III S. 34 ff.; *Würtenberger*, Materialien Bd. I S. 89. Früher auch *Jescheck*, Niederschriften Bd. I S. 61.

[72] Im deutschen Recht gibt es die unbestimmte Freiheitsstrafe nur im Jugendkriminalrecht (§ 19 JGG), wo sie jedoch nur in weniger als 2% aller Jugendstrafen angewendet wird. Die unbestimmte Internierung nach dem belgischen Gesetz der sozialen Verteidigung von 1964 ist ausdrücklich als Maßregel, nicht als Strafe ausgestaltet, vgl. *Cornil*, SchwZStr 83 (1967) S. 7. Dagegen enthält das von *Chorafas* geschaffene griechische StGB von 1950 für Gewohnheits- und Berufsverbrecher die unbestimmte Verurteilung (Art. 90 bis 92), das englische Recht in sect. 28 des Powers of Criminal Courts Act 1973 die praktisch ebenfalls relativ unbestimmte „extended sentence", das portugiesische StGB von 1982 in Art. 83 ff. die unbestimmte Freiheitsstrafe für Hang- sowie für alkohol- und drogenabhängige Täter. Im amerikanischen Recht ist die unbestimmte Verurteilung auf dem Rückzug; vgl. *Plagemann*, Die Freiheitsstrafe in den USA S. 1623 ff. Gesamtüberblick bei *Jescheck*, Freiheitsstrafe S. 2033 f.

der öffentlichen Klage (§ 153 a II StPO). Eine erweiterte Form des Absehens von der Verfolgung ist gegenüber Drogenabhängigen eingeführt (§ 37 BtMG).

Die als Mittel der Entkriminalisierung wichtige vorläufige Einstellung des Strafverfahrens ist durch das EGStGB nach amerikanischem („diversion", „pre-trial probation")[73] und belgischem („classement sans suite surveillé") Vorbild eingeführt worden, doch ist gerade die auch in diesen Fällen oft angebrachte Bewährungshilfe nicht vorgesehen[74]. Die Bedenken, die gegen dieses Verfahren, vor allem wegen der Übertragung von Sanktionsbefugnissen auf die Staatsanwaltschaft, geltend gemacht werden, müssen gegenüber dem erwünschten Effekt der Vermeidung unnötiger Strafverfahren mit gleichzeitiger staatlicher Reaktion auf die Tat zurücktreten, zumal die Staatsanwaltschaft außer bei geringfügigen Vermögensdelikten an die Zustimmung des Gerichts gebunden ist[75]. 1983 wurden 188 000 Strafverfahren nach § 153a StPO eingestellt, etwa 135 800 durch die Staatsanwaltschaft, der Rest durch das Gericht[76].

2. Die „*probation*"[77] als zweite Möglichkeit entstammt dem anglo-amerikanischen Recht und besteht in dem bloßen Schuldspruch („conviction") ohne Strafausspruch („sentence"), verbunden mit der Auferlegung besonderer Pflichten und der Unterstellung des Verurteilten unter einen „probation-officer". Wenn sich der „probationer" bewährt, bleibt es beim Schuldspruch. Anderenfalls wird die Strafe unter Mitwürdigung des Verhaltens des Verurteilten in der Bewährungszeit festgesetzt. Die probation gibt es als Ausnahme in Deutschland[78] nur in der Form der Aussetzung der Verhängung der Jugendstrafe im Jugendrecht (§§ 27 ff. JGG). Eine der probation nahekommende deutsche Form der bedingten Verurteilung ist aber die Verwarnung mit Strafvorbehalt (§§ 59 ff.), die indessen nur selten angewendet wird (vgl. unten § 80 I 3). Die echte „probation" gibt es im belgischen Strafrecht sowie im StGB der DDR (§ 33), doch wird hier für den Fall des Versagens des Verurteilten in der Bewährungszeit die Strafe schon im Urteil festgesetzt.

3. Die dritte Möglichkeit der bedingten Verurteilung ist der „*sursis*" des belgisch-französischen Rechts[79]. Hier wird nicht nur die Schuld festgestellt, sondern auch die Strafe ausgesprochen, aber ihre Vollstreckung zur Bewährung ausgesetzt. Der Sinn des sursis liegt vor allem darin, daß die Vollstreckung kurz- und mittelfristiger Freiheitsstrafen wegen der damit verbundenen Schäden (z. B. Verlust des Arbeitsplatzes,

---

[73] Vgl. *Blau*, GA 1976, 45 ff.; *P.-A. Albrecht*, Perspektiven und Grenzen polizeilicher Kriminalprävention S. 18 ff.

[74] Die neue Maßnahme hat aus verschiedenen Gründen in der Wissenschaft überwiegend Kritik gefunden; vgl. *Baumann*, Peters-Festschrift S. 3 ff.; *Backes*, KritV 1986, 315; *Dencker*, JZ 1973, 144 ff.; *Hanack*, Gallas-Festschrift S. 347 ff.; *Rudolphi*, ZRP 1976, 168; *Schmidhäuser*, JZ 1973, 529 ff.; *Walter*, ZStW 95 (1983) S. 53 ff. Eher kritisch auch *Schaffstein*, Jescheck-Festschrift Bd. II S. 940 ff. Über eine schichtspezifische Anwendung des § 153a StPO in Wirtschaftsstrafsachen *Kaiser / Meinberg*, NStZ 1984, 343 ff. Bedenken wegen der Bevorzugung von Tätern mit höherem sozio-ökonomischen Status auch bei *Ahrens*, Einstellung S. 182 ff., 206 f. Einstellungen mit Geldauflage bei Beweisschwierigkeiten hat *Hertwig*, Einstellung S. 186 ff., 190 ff. festgestellt (Verdachtsstrafe). Vgl. dazu unten § 81 I 4.

[75] In diesem Sinne *Dreher*, Welzel-Festschrift S. 933; *Jescheck*, SchwZStr 91 (1975) S. 20; *Jung*, in: Roxin u. a., Einführung S. 121; *Herrmann*, ZStW 96 (1984) S. 467 ff.; *Zipf*, Kriminalpolitik S. 146 f. Vorschläge zur Verbesserung des Verfahrens bei *Weigend*, KrimJ 1984, 31. Eine Parallele in den Niederlanden ist die Transaktionsbefugnis der Staatsanwaltschaft; vgl. *Hazewinkel-Suringa / Remmelink*, Inleiding S. 524 ff.

[76] *Rieß*, ZRP 1985, 213.

[77] *Barbara Huber*, Die Freiheitsstrafe in England S. 224 ff.

[78] Über weitere Länder *Jescheck*, Freiheitsstrafe S. 2099 ff.

[79] Zur Geschichte „Le Centenaire de la libération conditionnelle (1885 - 1985)" mit Beiträgen von *Ancel*, *Fattah* und *Myriam Ezratty*, in: Archives de politique criminelle, Nr. 8, 1985, S. 47 ff.

VI. Die bedingte Verurteilung 73

Desintegration der Familie, Deklassierung durch das Gefängnis) aus spezialpräventiven Gründen vermieden wird, während die generalpräventive Wirkung des Schuld- und Strafausspruchs (in Verbindung mit den Auflagen) in hinreichendem Umfang gewahrt ist. Die bedingte Aussetzung der Vollstreckung mit der Aussicht auf gänzlichen Erlaß der Strafe im Falle der Bewährung gibt ferner die besonders wirksame Möglichkeit, durch geeignete Auflagen und Weisungen, insbesondere durch die Beiordnung eines Bewährungshelfers, die positiven Kräfte des Verurteilten planmäßig für seine eigene Resozialisierung einzusetzen. Diese drei Gründe: die ausreichende Sicherung der Generalprävention durch den Schuldspruch bzw. Strafausspruch (mit Auflagen), die Vermeidung der Vollstreckung der (insbesondere kurzfristigen) Freiheitsstrafe und der Appell an den eigenen Willen des Verurteilten unter geeigneter Anleitung sind es gewesen, die seit dem Ende des 19. Jahrhunderts zu dem Siegeszug der „probation" und der Strafaussetzung zur Bewährung in der Welt geführt haben[80]. In Deutschland ist die Strafaussetzung zur Bewährung erst im Jahre 1953 eingeführt und mit der Möglichkeit von Auflagen und Weisungen, insbesondere der Unterstellung des Verurteilten unter einen Bewährungshelfer, verbunden worden. Das neue Recht hat die Strafaussetzung zur Bewährung im Zeichen der Spezialprävention stark ausgebaut und die Bedeutung der Bewährungshilfe verstärkt (§§ 56 - 56g) (vgl. unten § 79 I)[81]. Ein Gegenstück zur Strafaussetzung zur Bewährung stellt die Aussetzung des Strafrestes dar (§ 57), die ebenfalls erweitert worden ist (vgl. unten § 79 II). Im ausländischen Recht, z. B. in England, den Niederlanden, Österreich und Frankreich, gibt es außerdem die Aussetzung eines Teils der erkannten Strafe durch den Urteilsspruch selbst[82]. Eine erweiterte Form der Strafaussetzung ist die Zurückstellung der Strafvollstreckung bei Drogenabhängigen (§ 35 BtMG)[83].

4. Der vierte und letzte Weg der bedingten Verurteilung ist die *Aussetzung von Maßregeln der Besserung und Sicherung* zur Bewährung. Auf diese Weise wird ähnlich wie bei der Freiheitsstrafe ein ambulanter Vollzug ermöglicht, der dem Verurteilten die nötigen Hilfen für seine Eingliederung in die Gemeinschaft gibt, ohne ihn mit der Welt der geschlossenen Anstalt in Berührung zu bringen oder ihn länger als unbedingt erforderlich darin festzuhalten. Das neue Recht hat die Möglichkeit der Aussetzung zur Bewährung für die Unterbringung im psychiatrischen Krankenhaus und in der Entziehungsanstalt geschaffen (§ 67b). Wird die Freiheitsstrafe nach § 67 vor der Maßregel vollzogen, so ist für alle freiheitsentziehenden Maßregeln, einschließlich der Sicherungsverwahrung, die Möglichkeit der Aussetzung zur Bewährung gegeben (§ 67c I) (vgl. unten § 77 VI 2c).

§ 9 Die Maßregel

Agge, Das neue schwedische Strafgesetzbuch, ZStW 76 (1964) S. 107; *H.-J. Albrecht,* Empirische Sanktionsforschung und die Begründbarkeit von Kriminalpolitik, MSchrKrim 1981, 310; *Beristain,* Medidas penales en el derecho contemporáneo, 1974; *Cornil,* Développements récents du droit pénal et du traitement des délinquants en Belgique, SchwZStr 83 (1967) S. 1; *Dölling,* Die Zweiteilung der Hauptverhandlung (Einzelrichter und Schöffengericht), 1978; *Dreher,* Die Vereinheitlichung von Strafen und sichernden Maßregeln, ZStW 65 (1953) S. 481; *Ellscheid / Hassemer,* Strafe ohne Vorwurf, Civitas 1970, 27; *Enschedé / Rüter / Stolwijk,* Beginselen van

---

[80] Zur Rechtsvergleichung *Dünkel,* BewH 1984, 162 ff.; *Dünkel / Spieß* (Hrsg.), Alternativen zur Freiheitsstrafe, 1983.
[81] Über den Ausbau der ambulanten Sanktionen *Heinz,* Jescheck-Festschrift Bd. II S. 955 ff.
[82] Die Übernahme der Teilaussetzung ins deutsche Recht schlägt *Zipf,* Jescheck-Festschrift Bd. II S. 977 ff. vor.
[83] *Tröndle,* MDR 1982, 1.

strafrecht, 6. Auflage 1987; *Exner,* Die Theorie der Sicherungsmittel, 1914; *Frey,* Das Verhältnis von Strafe und Maßnahme, SchwZStr 66 (1951) S. 295; *Frisch,* Prognoseentscheidungen im Strafrecht, 1983; *Germann,* Maßnahmenrecht des schweiz. StGB, SchwZStr 73 (1958) S. 44; *Sh. und E. Glueck,* Predicting Delinquency and Crime, 1959; *Grünwald,* Die Strafrechtsreform in der Bundesrepublik und in der DDR, ZStW 82 (1970) S. 250; *Haddenbrock,* Forensische Psychiatrie und die Zweispurigkeit usw., NJW 1979, 1235; *Hall Williams,* Zwanzig Jahre Strafrechtsreform in England und Wales, SchwZStr 84 (1968) S. 1; *Heinitz,* Strafzumessung und Persönlichkeit, ZStW 63 (1951) S. 57; *derselbe,* Die Individualisierung von Strafen und Maßnahmen, 1960; *Hellmer,* Der Gewohnheitsverbrecher und die Sicherungsverwahrung, 1961; *Reinhard v. Hippel,* Reform der Strafrechtsreform, 1976; *v. Hirsch,* Doing Justice, 1976; *Hofstee,* TBR en TBS, 1987; *Horstkotte,* Die Vorschriften des 1. StrRG über den Rückfall usw., JZ 1970, 152; *Jescheck,* Der Einfluß des schweizerischen Strafrechts auf das deutsche, SchwZStr 73 (1958) S. 184; *derselbe,* Strafen und Maßregeln des Musterstrafgesetzbuchs für Lateinamerika, Festschrift für E. Heinitz, 1972, S. 717; *Jorge Barreiro,* Las medidas de seguridad en el Derecho Español, 1976; *Kaenel,* Carl Stooß und das zweispurige System der Strafrechtsfolgen, SchwZStr 101 (1984) S. 3; *Kaiser,* Neue Wege im Maßnahmenvollzug, ZStW 100 (1988) S. 228; *Kaiser / Dünkel / Ortmann,* Die sozialtherapeutische Anstalt – Ende einer Reform? ZRP 1982, 198; *Kohlrausch,* Sicherungshaft, ZStW 44 (1924) S. 21; *Léauté,* L'Avant-projet du nouveau Code pénal français, Archives de politique criminelle, Nr. 8, 1985, S. 13; *Leferenz,* Zur Problematik der kriminologischen Prognose, ZStW 68 (1956) S. 233; *derselbe,* Die Kriminalprognose, in: Göppinger / Witter, Handbuch der forens. Psychiatrie, Bd. II, 1972, S. 1347; *Lenckner,* Strafe, Schuld und Schuldfähigkeit, ebenda, Bd. I, Teil A, 1972, S. 3; *Mannheim,* Deutsche Strafrechtsreform in englischer Sicht, 1960; *derselbe,* Rückfall und Prognose, HWB Krim, Bd. III, 1975, S. 38; *Mannheim / Wilkens,* Prediction Methods in Relation to Borstal Training, 1955; *Marquardt,* Dogmatische und kriminalpolitische Aspekte des Vikariierens usw., 1972; *H. Mayer,* Die Behandlung der Rezidivisten usw., ZStW 80 (1968) S. 139; *derselbe,* Strafrechtsreform für heute und morgen, 1962; *F. Meyer,* Rückfallprognose bei unbestimmt verurteilten Jugendlichen, 1956; *Müller-Dietz,* Grundfragen des strafrechtlichen Sanktionensystems, 1979; *Musco,* La misura di sicurezza detentiva, 1978; *Nagy,* Das Recht der strafrechtlichen Maßregeln in Ungarn, ZStW 97 (1985) S. 424; *Nowakowski,* Die Rechtsstaatlichkeit der vorbeugenden Maßnahmen, Festschrift für H. v. Weber, 1963, S. 98; *derselbe,* Vom Schuld- zum Maßnahmenrecht? in: Kriminalbiol. Gegenwartsfragen, Heft 10, 1970, S. 1; *Nuvolone,* Misure di prevenzione e misure di sicurezza, in: Enciclopedia del diritto, Bd. XXVI, 1976, S. 63; *Rehberg,* Die Behandlung der Rückfälligen nach den revidierten Art. 42 und 67 StrGB, SchwZStr 89 (1973) S. 272; *Eb. Schmidt,* Strafrechtliche Vorbeugungsmittel im Preuß. ALR von 1794, ZStW 86 (1974) S. 621; *R. Schmitt,* Was hat die Strafrechtsreform von der Zweispurigkeit übriggelassen? Festschrift für Th. Würtenberger, 1977, S. 277; *Schöch,* Rettet die sozialtherapeutische Anstalt als Maßregel! ZRP 1982, 207; *Schultz,* Strafrechtliche Bewertung und kriminologische Prognose, SchwZStr 75 (1959) (Mélanges O. A. Germann) S. 245; *Schunck,* Die Zweiteilung der Hauptverhandlung (Strafkammer), 1982; *Serini,* Das neue österr. StGB, SchwZStr 90 (1974) S. 1; *Sieverts,* Würde sich die Einführung der unbestimmten Verurteilung empfehlen? Materialien, Bd. I, 1954, S. 107; *Simson,* Das schwedische Kriminalgesetzbuch, 1976; *Solnař,* Kriminalpolitische Tendenzen des tschechoslowakischen Strafrechts, ZStW 82 (1970) S. 223; *Stooß,* Zur Natur der sichernden Maßnahmen, SchwZStr 44 (1930) S. 262; *Stratenwerth,* Zur Rechtsstaatlichkeit der freiheitsentziehenden Maßnahmen, SchwZStr 82 (1966) S. 338; *Stree,* Deliktsfolgen und Grundgesetz, 1960; *Sveri,* Die Behandlung der gefährlichen Gewohnheitsverbrecher in den nordischen Ländern, ZStW 80 (1968) S. 176; *Zipf,* Kriminalpolitik, 2. Aufl. 1980; *Zlatarić,* Kriminalpolitische Tendenzen einiger sozialistischer Länder, ZStW 82 (1970) S. 199.

I. Die Zweispurigkeit des Strafrechts

1. Die nach der Tatschuld bemessene Strafe kann der vorbeugenden Aufgabe des Strafrechts nicht immer gerecht werden, denn vielfach wird die Dauer der Strafe nicht ausreichen, um den Präventionserfolg zu gewährleisten, vielfach wird auch eine medizinische, pädagogische oder therapeutische Behandlung des Rechtsbrechers erforderlich sein, die ihrer Art nach im normalen Strafvollzug nicht möglich ist. Auch ist Strafe gegenüber dem schuldunfähigen Täter ausgeschlossen. Die Strafe muß daher durch *Maßregeln* ergänzt werden, die ausschließlich den Zweck haben, der in der Tat

und ihrer Vorgeschichte hervorgetretenen Gefährlichkeit des Täters für die Zukunft durch therapeutische, sichernde oder eliminierende Eingriffe zu begegnen. Durch die **Zweispurigkeit** wird vermieden, daß die Strafe mit Präventionsaufgaben belastet wird, die sie nur unter Preisgabe des Schuldgrundsatzes erfüllen könnte. Zugleich wird die Möglichkeit geschaffen, die vorbeugende Behandlung des gefährlichen Kriminellen mit medizinischen und therapeutischen Mitteln durchzuführen, die dem normalen Strafvollzug, weil er sich auf die große Zahl der durchschnittlichen Fälle einzustellen hat, nicht zu Gebote stehen. Außerdem kann die gesetzliche Regelung der Voraussetzungen, der Durchführung und der Beendigung von Maßregeln konkreter und damit rechtsstaatlicher erfolgen, als wenn das gesamte Problem durch eine vom Schuldprinzip gelöste Strafe abgedeckt würde. Ein unüberbrückbarer Gegensatz zwischen Strafe und Maßregel besteht freilich nicht[1]. Auch die Strafe dient der Verhütung von Straftaten in der Zukunft, auch die Maßregel hat Übelscharakter und dient der Bekräftigung der Normgeltung, weswegen ein Austausch von Strafe und Maßregel im Vollzug (Vikariieren) grundsätzlich möglich ist[2].

Die bestechend einfache Lösung, welche darin besteht, die Antinomie von Vergeltung und Vorbeugung durch Kumulierung von Strafe und Maßregel aufzuheben, stammt aus dem Vorentwurf zum schweizerischen StGB von *Carl Stooß* (1893)[3], sie ist das Modell einer ganzen europäischen und südamerikanischen Strafgesetzgebung geworden[4]. In Deutschland gehen die Maßregeln schon auf das ALR von 1794 zurück[5]. Nach vielen Bemühungen des Gesetzgebers, der in den Entwürfen schon lange ein ausgearbeitetes System von Maßregeln aufgestellt hatte, sind die Maßregeln der Sicherung und Besserung in Deutschland durch das *Gewohnheitsverbrechergesetz* vom 24.11.1933 (RGBl. I S. 995) eingeführt worden[6]. Das spezialpräventive

---

[1] *LK (Hanack)*, Vorbem. 10 vor § 61; *Müller-Dietz*, Grundfragen S. 71 ff.; *Nowakowski*, Vom Schuld- zum Maßnahmenrecht? S. 1 ff.

[2] *H.-J. Albrecht*, MSchrKrim 1981, 322 ff.; *Jakobs*, Allg. Teil S. 24 ff.

[3] *Stooß*, SchwZStr 44 (1930) S. 262; *Kaenel*, SchwZStr 101 (1984) S. 3 ff. Über seinen Einfluß auf die deutsche Strafrechtsreform *Jescheck*, SchwZStr 73 (1958) S. 189 ff.

[4] Charakteristisch ist einmal die Schweiz, die in Art. 42 ff. StGB (1937) ein ausgedehntes System sichernder Maßregeln kennt, vgl. dazu *Germann*, SchwZStr 73 (1958) S. 44 ff. und *Stratenwerth*, SchwZStr 82 (1966) S. 337 ff., zum Vorentwurf von *Schultz* vgl. *Kaiser*, ZStW 100 (1988) S. 288 ff.; ferner das italienische StGB (1930) mit den sichernden Maßregeln in Art. 199 ff.; vgl. *Musco*, La misura di sicurezza detentiva, 1978; *Nuvolone*, Enciclopedia del diritto Bd. XXVI, S. 63 ff. Das österreichische StGB enthält im Unterschied zum früheren Recht jetzt ebenfalls Maßregeln (§§ 21 - 23); vgl. *Serini*, SchwZStr 90 (1974) S. 6 ff. und *Nowakowski*, Perspektiven S. 93 ff. Maßregeln empfiehlt auch das südamerikanische Musterstrafgesetzbuch; vgl. *Jescheck*, Heinitz-Festschrift S. 731 ff. Über Maßregeln im niederländischen Recht *Enschedé / Rüter / Stolwijk*, Beginselen S. 163 ff.; *Hofstee*, TBR en TBS, 1987. Zum argentinischen StGB von 1921 vgl. *Jiménez de Asúa*, Bd. I S. 1050 ff. In Frankreich ist die Zweispurigkeit dagegen abgeschafft und auch im Avant-Projet nicht mehr vorgesehen; vgl. *Léauté*, Archives de politique criminelle, Nr. 8, 1985, S. 20. Die englische „preventive detention" wurde 1967 durch eine Verlängerung der Strafe („extended term of imprisonment") abgelöst. Auch den sozialistischen Ländern sind Maßregeln mit unbestimmter Internierung im allgemeinen fremd, sie verwenden zur Bekämpfung der Rückfallkriminalität lange Freiheitsstrafen; vgl. *Zlatarić*, ZStW 82 (1970) S. 222. Eine Ausnahme macht Ungarn, das mehrere Maßregeln (auch die Sicherungsverwahrung) kennt; vgl. *Nagy*, ZStW 97 (1985) S. 426 ff. Zum ganzen und über das spanische Recht, das auch prädeliktische Maßregeln vorsieht, *Beristain*, Medidas S. 27 ff., 101 ff.; *Jorge Barreiro*, Las medidas de seguridad, 1976. Gesamtüberblick bei *Jescheck*, Freiheitsstrafe Bd. III S. 2062 ff.

[5] *Eb. Schmidt*, ZStW 86 (1974) S. 621 ff.

[6] Für die Zweispurigkeit ist heute in Deutschland die überwiegende Meinung, wobei nicht so sehr die theoretische Trennung als vielmehr die Wechselwirkung von Strafe und Maßregel betont wird, die das geltende Recht kennzeichnet; vgl. *Baumann / Weber*, Allg. Teil S. 711; *Bockelmann / Volk*, Allg. Teil S. 8 f.; *Bruns*, Strafzumessungsrecht S. 221 ff.; *Haddenbrock*, NJW 1979, 1235 ff.; *Lackner*, § 61 Anm. 2; *Lenckner*, Strafe S. 24 ff.; *LK (Hanack)* Vorbem. 11

Programm der modernen Schule ist damit zwar nicht auf dem Wege der Strafe, wohl aber in anderer, ebenso wirksamer Weise erfüllt worden.

2. Das geltende Recht hat die Zweispurigkeit beibehalten, das bestehende System aber durchgreifend **verbessert**[7] und stärker auf die Aufgabe der Resozialisierung gefährlicher Täter ausgerichtet, was auch in der Umstellung der Zwecke der Maßregeln in der Überschrift des 6. Titels zum Ausdruck kommt. *Freiheitsentziehende* Maßregeln sind die Unterbringung in einem psychiatrischen Krankenhaus, in einer Entziehungsanstalt und in der Sicherungsverwahrung (§ 61 Nr. 1 - 3). Der Schwerpunkt der Maßregeln sollte nach dem Gesamtkonzept des Sanktionensystems bei der sozialtherapeutischen Anstalt liegen, die für gefährliche Rückfalltäter mit schweren Persönlichkeitsstörungen, für gefährliche Sexualverbrecher, für werdende Hangtäter unter 27 Jahren und für geeignete, im psychiatrischen Krankenhaus bereits untergebrachte Fälle von Schuldunfähigkeit oder verminderter Schuldfähigkeit vorgesehen war (§ 65 a. F.). Die neue Maßregel sollte ursprünglich am 1. Januar 1978 in Kraft treten. Doch haben sich der Einführung der sozialtherapeutischen Anstalt unerwartete Schwierigkeiten personeller und finanzieller Art entgegengestellt. Auch erwies sich, daß die Probleme der inneren Ordnung und der anzuwendenden therapeutischen Methoden bei dem neuen Anstaltstyp noch nicht genügend geklärt sind. So wurde die sozialtherapeutische Anstalt, nachdem man das Inkrafttreten der sie betreffenden Vorschriften zunächst noch einmal bis zum 1. 1. 1985 hinausgeschoben hatte, schließlich als Maßregel in der Hand des Richters wieder abgeschafft und in eine bloße Modalität des Vollzugs der Freiheitsstrafe umgewandelt, die es bisher schon gegeben hat (Ges. vom 20. 12. 1984, BGBl. 1984 I S. 1654). Die maßgebende Bestimmung des § 9 StVollzG sieht jetzt vor, daß die Verlegung in eine sozialtherapeutische Anstalt die Zustimmung des Gefangenen und diejenige des Leiters der den therapiewilligen Gefangenen aufnehmenden Anstalt voraussetzt[8] (zum Vollzug §§ 123 - 126 StVollzG). Für die praktische Handhabung der Maßregeln hat die ausdrückliche Aufnahme des *Verhältnismäßigkeitsprinzips* (§ 62) zentrale Bedeutung, mag sich seine Geltung auch schon aus dem für den Rechtsstaat ohnehin bestehenden Übermaßverbot ergeben (BVerfGE 16, 194 [202]; BGH 20, 232). Es übernimmt bei den Maßregeln die Schutzfunktion, die das Schuldprinzip in stärkerer Weise bei den Strafen erfüllt. Die Wechselwirkung von Strafen und Maßregeln kommt darin zum Ausdruck, daß das geltende Recht im Regelfall das „Vikariieren" im Vollzug von Freiheitsstrafen und freiheitsentziehenden Maßregeln mit Anrechnung des Maßregelvollzugs auf die Strafe anordnet (§ 67) (unter Ausschluß freilich der als reine Schutzmaßnahme geltenden Sicherungsverwahrung) und zugleich die Möglichkeit der Aussetzung des danach noch verbleibenden Strafrests ermöglicht, sobald zwei Drittel der Strafzeit erledigt sind (§ 67 IV). Weiter kann die Strafvollstreckungskammer (§§ 78 a, b GVG) den Verurteilten in den Vollzug einer anderen Maßregel überweisen, „wenn die Resozialisierung des Täters dadurch besser gefördert werden kann" (§ 67 a). Endlich ist die Möglichkeit der Aussetzung des Vollzugs von freiheitsentziehenden Maßregeln zur Bewährung geschaffen

---

vor § 61; *Schmidhäuser,* Einführung S. 223 ff.; *Schönke / Schröder / Stree,* Vorbem. 1 ff. vor § 61; *Zipf,* Kriminalpolitik S. 72. Für einspurige Reaktion des Strafrechts unter Ausgliederung kriminalrechtlicher Maßnahmen *H. Mayer,* Strafrechtsreform S. 119 ff. Eine andere einspurige Lösung ist die von *Ellscheid / Hassemer,* Strafe ohne Vorwurf, Civitas 1970, 27 ff., die aber dem Schuldprinzip widerspricht.

[7] Vgl. *Horstkotte,* JZ 1970, 154 ff.; *Jescheck,* SchwZStr 91 (1975) S. 40 ff.; *LK (Hanack)* Vorbem. 40, 64, 66 vor § 61; *Schmidhäuser,* Allg. Teil S. 818; *R. Schmitt,* Würtenberger-Festschrift S. 277 ff.

[8] Für die „Vollzugslösung" *Kaiser / Dünkel / Ortmann,* ZRP 1982, 198 ff. Für die „Maßregellösung" *Schöch* und die „Alternativprofessoren", ZRP 1982, 207 ff.

worden (§§ 67b und c), hier unter Einschluß der Sicherungsverwahrung. Maßregeln *ohne Freiheitsentziehung* (§ 61 Nr. 4 - 6) sind die Führungsaufsicht, die Entziehung der Fahrerlaubnis und das Berufsverbot.

II. Rechtfertigung und Krisis der Zweispurigkeit

1. Die Zweispurigkeit von Strafen und Maßregeln ist im Prinzip nicht zu beanstanden, weil Schuldvergeltung und Gefahrabwehr verschiedene Dinge sind, die aber beide zu den legitimen Aufgaben des Strafrechts gehören (vgl. oben § 1 II 2). Jedoch bedürfen die Maßregeln ebenso wie die Strafen der **Rechtfertigung**: sie haben nicht nur zweckmäßig zu sein, sondern müssen auch vor dem Forum der Gerechtigkeit bestehen können[9]. Maßgebend muß hierbei der Gedanke sein, daß die Freiheit, die die Verfassung jedem Bürger gewährt, eine „gemeinschaftsgebundene Freiheit" ist. Wer die Fähigkeit nicht besitzt, sich innerhalb der Gemeinschaft ohne erhebliche Gefährdung anderer zu bewegen, muß die notwendigen Einschränkungen seiner Freiheit im Interesse der Sicherheit aller hinnehmen[10]. So leuchtet es ein, daß Rechte, die an sich jedermann zustehen, bei schwerwiegendem Mißbrauch entzogen werden können *(Gedanke der Verwirkung)*. Niemand kann z. B. verlangen, einen bestimmten Beruf ausüben oder ein Kraftfahrzeug führen zu dürfen, wenn er durch einschlägige Straftaten bewiesen hat, daß ihm die nötigen geistigen, technischen oder charakterlichen Voraussetzungen dafür fehlen. Bei den Maßregeln pflegerischer Art wie der Einweisung in ein psychiatrisches Krankenhaus oder eine Entziehungsanstalt liegt die innere Rechtfertigung der Unterbringung in der Aufgabe des Staates, körperlich oder seelisch defekte Personen, die kriminell gefährdich sind, neben der Sicherung einer medizinischen, psychotherapeutischen oder bewahrenden Behandlung zuzuführen, die ihren Zustand bessert, lindert oder doch wenigstens neutralisiert *(Gedanke der Heilbehandlung)*. Auch bei der Führungsaufsicht (§ 68) steht der *Gedanke der Fürsorge* im Vordergrund (vgl. unten § 78 I 1).

Problematisch ist dagegen die Rechtfertigung der Sicherungsverwahrung, da es sich hierbei um eine rein eliminierende Maßregel gegen voll schuldfähige Täter aus Gründen des Schutzes der Gemeinschaft gegen von ihrer Seite zu erwartende schwere Straftaten handelt[11]. Ausschlaggebend für die Beibehaltung der Sicherungsverwahrung, für die sich auch der AE (§ 70) entschieden hat, war letztlich die Überzeugung, daß es einen humaneren Weg des unbedingt notwendigen Schutzes gegen das gefährliche Berufs- und Gewohnheitsverbrechertum nicht gibt[12]. Das neue Recht ist bemüht, die Sicherungsverwahrung auf wirklich gefährliche Täter zu beschränken, denen gegenüber das Sicherheitsbedürfnis der Bevölkerung unabweisbar ist (BT-Drucksache V/4094 S. 19: „letzte Notmaßnahme der Kriminalpolitik") (vgl. unten § 77 V 1).

2. Obwohl sich also eine Rechtfertigung der Maßregeln durchaus finden läßt, hat die Zweispurigkeit, wenn es sich um freiheitsentziehende Maßregeln handelt, mit

---

[9] Vgl. *Beristain*, Medidas S. 92 ff.; *Heinitz*, Individualisierung S. 22 ff.; *Lenckner*, Strafe S. 26 f.; *LK (Hanack)* Vorbem. 40 ff. vor § 61; *Jescheck*, Heinitz-Festschrift S. 733 ff.; *Schmidhäuser*, Allg. Teil S. 819 f.

[10] *Stree*, Deliktsfolgen S. 222.

[11] Prinzipiell ablehnend deswegen *H. Mayer*, Strafrechtsreform S. 144 ff., 153 ff.; *derselbe*, ZStW 80 (1968) S. 159; *Hellmer*, Der Gewohnheitsverbrecher S. 24 ff., 196 f.

[12] Vgl. Niederschriften Bd. 3 S. 159 ff., 194 ff., 267 ff.; BT-Drucksache V/4094 S. 18 ff. Vgl. auch *Nowakowski*, v. Weber-Festschrift S. 103 ff. Der Versuch einer ethischen Begründung hat zu Recht Widerspruch erfahren; vgl. *LK (Hanack)* Vorbem. 31 vor § 61; *Stratenwerth*, Allg. Teil I Rdn. 35.

Schwierigkeiten zu kämpfen (**„Krisis der Zweispurigkeit"**)[13], die sich unter anderem darin widerspiegeln, daß die Sicherungsverwahrung auch schon vor der Anhebung ihrer Voraussetzungen immer seltener angeordnet wurde (vgl. oben § 5 V 2). Einmal ist nicht zu bestreiten, daß die freiheitsentziehenden Maßregeln den Schutz, den das Schuldprinzip dem Täter durch die Festlegung der Strafobergrenze gewährt, teilweise wieder aufheben, indem sie nicht an das Verschulden, sondern an die Gefährlichkeit anknüpfen und damit Eingriffe ermöglichen, die schwerer wiegen können und deshalb auch gefürchteter sind als selbst langandauernde Strafen. Das Verhältnismäßigkeitsprinzip (§ 62) reicht als Gegengewicht für sich allein nicht aus. Hinzu treten muß die möglichst einschränkende Festlegung der Voraussetzungen ihrer Anwendung, der sparsame Gebrauch in der Praxis und die intensive Überwachung der Entwicklung des Verurteilten in der Anstalt zum Zwecke der Vorbereitung seiner Entlassung. Die zweite Schwierigkeit besteht darin, daß freiheitsentziehende Maßregeln, die nicht in einer Krankenanstalt, sondern unter den Bedingungen des Strafvollzugs durchgeführt werden (so die Sicherungsverwahrung nach §§ 129ff. StVollzG), wegen der nivellierenden Bedingungen, unter denen das Zusammenleben der Menschen in der Unfreiheit steht, von Freiheitsstrafen nicht eindeutig unterschieden werden können[14] (**„Etikettenschwindel"**[15]).

Gegen diese Bedenken hilft in beachtlichem Umfang das System des Austauschs von Strafe und Maßregel im Vollzug mit Anrechnung der Maßregelzeit auf die Strafzeit (**vikariierendes System**) und die Möglichkeit der Aussetzung auch der Maßregeln zur Bewährung. Beides ist im Jahre 1975 eingeführt worden (§§ 67, 67b, 67c), allerdings unter Ausschluß gerade der Sicherungsverwahrung vom Vikariieren[16]. Endlich besteht die Schwierigkeit, daß der deutsche Strafprozeß als reines Tatermittlungsverfahren auf die Aufgabe der Persönlichkeitserforschung nicht zugeschnitten ist. Erforderlich erscheint die ausgiebige Heranziehung von Sachverständigen, sobald der Ausspruch von freiheitsentziehenden Maßregeln in Betracht kommt, und die Einführung der Persönlichkeitsakte *(„dossier de personnalité")*, die den wiederholt Rückfälligen begleitet und dazu bestimmt ist, sämtliche die geistigen und charakterlichen Fähigkeiten betreffenden Beurteilungen sozialer, psychologischer, medizinischer und vollzugsmäßiger Art stets präsent zu halten. In Betracht kommt weiterhin auch die *Zweiteilung des Strafprozesses* in ein Urteils- („conviction") und ein Sanktionsverfahren („sentence")[17].

3. Dagegen hat sich die **Einspurigkeit** (monistisches System) als kriminalrechtliche Reaktionsweise in Deutschland (abgesehen vom Jugendstrafrecht)[18] nicht durchgesetzt (ausdrücklich

---

[13] Gegen die Übertragung des Maßregelrechts als Teilstück des „Verwaltungsrechts" auf den Strafrichter prinzipiell *Reinhard v. Hippel*, Reform S. 35 ff.

[14] Die Angleichung des Vollzugs der Sicherungsverwahrung an den Strafvollzug verletzt jedoch nach BVerfGE 2, 118 nicht den Gleichheitssatz.

[15] Der bekannte Ausdruck stammt von *Kohlrausch*, ZStW 44 (1924) S. 33. Bedenken wegen der nicht voll lösbaren Probleme des zweispurigen Systems äußert *Naucke*, Einführung S. 114ff. Positiver *Müller-Dietz*, Grundfragen S. 71 ff.

[16] Gegen diese Einschränkung *Mannheim*, Deutsche Strafrechtsreform S. 28. Das obligatorische vikariierende System für die Verwahrung von Gewohnheitsverbrechern nach Art. 42 Ziff. 5 des schweiz. StGB hat sich durchaus bewährt; vgl. *Rehberg*, SchwZStr 89 (1973) S. 286ff.; *Schultz*, Einführung II S. 157. Allgemein *Marquardt*, Dogmatische und kriminalpolitische Aspekte des Vikariierens, 1972.

[17] Zu den positiven Ergebnissen des Göttinger Projekts *Dölling*, Zweiteilung S. 240ff. und *Schunck*, Zweiteilung S. 250ff.

[18] Dazu *Schaffstein / Beulke*, Jugendstrafrecht S. 58ff. (die Sicherungsverwahrung ist nach § 7 JGG unzulässig).

ablehnend im Hinblick auf das Schuldprinzip BT-Drucksache V/4094 S. 19), obwohl diese Lösung vielfach befürwortet wurde[19]. Die Beurteilung im Ausland aufgrund der dort gemachten Erfahrungen ist aber nicht durchweg positiv[20]. In modernen Gesetzgebungen wird die ganz oder teilweise einspurige Sanktion (Strafe *oder* Maßregel) jedoch vielfach verwendet, so z. B. in England[21], Griechenland[22], Schweden[23], Belgien[24], in den meisten amerikanischen Einzelstaaten und in den sozialistischen Ländern[25], wobei allerdings ganz verschiedene politische, kriminalpolitische und ideologische Beweggründe mitsprechen. Auch Frankreich[26] kommt mit den Strafen aus.

III. Voraussetzungen und Dauer der Maßregeln

1. Die Voraussetzungen der Anordnung von Maßregeln im Gesetz müssen so gestaltet sein, daß sie sowohl dem **Zweck der Maßregel** als auch dem **Grunde ihrer Rechtfertigung** entsprechen[27]. Sie müssen so bestimmt wie möglich umschrieben sein, um Mißbräuchen vorzubeugen, und so nahe an die Wirklichkeit heranführen, daß nur die wirklich spezifischen Fälle erfaßt werden. Zu unterscheiden ist jeweils zwischen der Art, Anzahl und Schwere der vom Täter begangenen Vortaten, der Art und Schwere der rechtswidrigen Taten, die künftig von ihm zu erwarten sind, und den Eigenschaften seiner Persönlichkeit.

So genügt zur Entziehung der Fahrerlaubnis (§ 69) bereits die auslösende Tat, die bei oder im Zusammenhang mit dem Führen eines Kraftfahrzeugs oder unter Verletzung der Pflichten eines Kraftfahrzeugführers begangen sein muß. Aus dieser Tat muß sich weiter der Eignungsmangel des Täters für das Führen von Kraftfahrzeugen ergeben. Seine Gefährlichkeit für die Zukunft wird dann vom Richter unwiderleglich vermutet (BGH 5, 168 [174 f.]). Eine besondere Prüfung der Verhältnismäßigkeit (§ 62) ist nach § 69 I 2 ausgeschlossen, um die für die Verkehrssicherheit entscheidend wichtige Maßregel nicht von zusätzlichen Ermessenserwägungen abhängig zu machen. Bei bestimmten schweren Verkehrsdelikten wird schon der Eignungsmangel vom Gesetz unterstellt (§ 69 II). Das Sicherheitsbedürfnis der Allgemeinheit steht bei dieser Regelung also stark im Vordergrund und die Entziehung der Fahrerlaubnis ist deswegen auch sehr häufig (vgl. oben § 5 V 2). Bei der Sicherungsverwahrung sind die Voraussetzungen dagegen wegen der Schwere des Eingriffs und wegen der Notwendigkeit der Beschränkung auf wirklich gefährliche Täter so hoch angesetzt (§ 66), daß die Maßregel nur noch selten zum Zuge kommt (vgl. oben § 5 V 2). Erforderlich sind zwei schwere Vortaten, ein langer Aufenthalt im Vollzug, eine schwere auslösende Tat und der Hang zu weiteren erheblichen Straftaten.

---

[19] Vgl. z. B. *Heinitz*, ZStW 63 (1951) S. 80 f.; *Frey*, SchwZStr 88 (1951) S. 295; *Dreher*, ZStW 65 (1953) S. 489 ff.; *Sieverts*, Materialien Bd. I S. 109 ff., bes. S. 117; *Eb. Schmidt*, Niederschriften Bd. I S. 51 ff.

[20] Vgl. *Mannheim*, Deutsche Strafrechtsreform S. 28 ff. Bezeichnend ist die starke Kritik an der unbestimmten Verurteilung in den USA; vgl. *v. Hirsch*, Doing Justice S. 9 ff.

[21] Der englische Criminal Justice Act 1967 sieht in sect. 67 gegen gefährliche Rückfällige die Sicherungs*strafe* ein, vgl. *Hall Williams*, SchwZStr 84 (1968) S. 17 ff. Von den Maßregeln ist zuletzt auch das „borstal training" durch den Criminal Justice Act 1982 abgeschafft und durch eine neue bestimmte Jugendstrafe (youth custody) ersetzt worden.

[22] Das griechische StGB von 1950 sieht in Art. 90 - 92 gegen Gewohnheits- und Berufsverbrecher die relativ unbestimmte Strafe vor, vgl. *Mangakis*, Das griechische Strafrecht S. 319 f.

[23] Das schwedische Kriminalgesetzbuch von 1962 führte das Prinzip der Einspurigkeit konsequent durch; vgl. *Agge*, ZStW 76 (1964) S. 117; *Simson*, Das schwedische Kriminalgesetzbuch S. 51 f.; *Sveri*, ZStW 80 (1968) S. 176 ff.

[24] Vgl. näher *Cornil*, SchwZStr 83 (1967) S. 4 ff.

[25] Die Mehrzahl der sozialistischen Strafrechtsordnungen kennt aus politischen und ideologischen Gründen nur Strafen, die aber eine stark spezialpräventive Ausrichtung erfahren; vgl. die Beiträge von *Zlatarić, Solnař, Maurach, Grünwald*, ZStW 82 (1970) S. 212 ff., 235, 241 ff., 272 ff. (anders nur Ungarn; vgl. § 9 I 1 Fußnote 4).

[26] *Stefani / Levasseur / Bouloc*, Droit pénal général S. 474 ff.

[27] Hierzu näher *Exner*, Sicherungsmittel S. 59 ff.

2. Bei allen Maßregeln spielt die Möglichkeit der **Prognose** künftigen Verhaltens eine entscheidende Rolle, denn gerechtfertigt ist eine Maßregel nur dann, wenn gegenüber dem Täter auch für die Zukunft ein klares Sicherheitsbedürfnis besteht[28]. Auf den ersten Blick scheinen Wert oder Unwert der Prognose von der Stellungnahme zum Problem der Willensfreiheit abzuhängen. Der Determinist wird leichter an Prognosen glauben, weil für ihn gleiche Ursachen immer gleiche Wirkungen haben müssen, während der Indeterminist jede Prognose für unzuverlässig halten wird, weil der Freiheitsfaktor im Menschen der Voraussage seines zukünftigen Verhaltens grundsätzlich entgegensteht. Doch ist ein Kompromiß im Sinne der relativen Tauglichkeit der Prognose möglich, weil der Determinist niemals *alle* zukünftigen Bedingungen des Verhaltens eines Menschen voraussehen kann, während der Indeterminist durch Erfahrung weiß, daß aus dem bisherigen Leben eines Menschen immerhin Schlüsse auf sein zukünftiges gezogen werden können. Prognose ist also nicht nur notwendig, sondern in gewissen Grenzen auch *möglich*. Sie ist auch bei der Strafzumessung unentbehrlich (vgl. z. B. § 46 I 2 und § 56 I).

Dabei bedient man sich der intuitiven[29], der statistischen[30] *(Punkteverfahren)* und der klinischen Methode[31]. Die intuitive Prognose, die hauptsächlich auf Lebenserfahrung und Menschenkenntnis beruht, ist in der täglichen Praxis unentbehrlich, aber ungenau. Das Punkteverfahren liefert zwar exakte statistische Werte, doch dürfen diese nicht automatisch auf den Einzelfall übertragen werden. Die klinische Methode, die die Gesamtpersönlichkeit des Täters nach allen wissenschaftlichen Gesichtspunkten betrachtet, erbringt die besten Ergebnisse, ist aber langwierig und kostspielig.

3. Während die Freiheitsstrafen an die in der Vergangenheit liegende Schuld des Täters anknüpfen und deshalb fest bestimmt sind, stellen die mit Freiheitsentziehung verbundenen Maßregeln auf seine Gefährlichkeit in der Zukunft ab und sind deshalb in ihrer **Dauer unbestimmt.** Die Unbestimmtheit ist bei einigen Maßregeln absolut, bei anderen relativ. Von **absolut unbestimmter Dauer** ist die Unterbringung im psychiatrischen Krankenhaus (§ 63) und in der Sicherungsverwahrung (§ 66), wenn diese bereits einmal angeordnet war. **Höchstfristen** bestehen für die Unterbringung in der Entziehungsanstalt mit 2 Jahren und für die erste Unterbringung in der Sicherungsverwahrung mit 10 Jahren (§ 67 d I).

4. Jederzeit kann die Strafvollstreckungskammer (§§ 463 III, 454, 462 a I StPO) prüfen, ob die weitere Vollstreckung einer mit Freiheitsentziehung verbundenen Maßregel **zur Bewährung ausgesetzt** werden kann (§§ 67 d II, 67 e I 1). Vor Ablauf bestimmter Fristen ist sie dazu verpflichtet (§ 67 e I 2). Auf diese Weise soll erreicht werden, daß der Vollzug freiheitsentziehender Maßregeln nur für eine Zeitdauer stattfindet, die durch das Sicherheitsbedürfnis der Gemeinschaft und die Erfordernisse resozialisierender Einwirkung auf den Verurteilten unbedingt vorgezeichnet ist.

---

[28] Vgl. näher *Schultz*, SchwZStr 75 (1959) S. 245 ff. Allgemein *Frisch*, Prognoseentscheidungen im Strafrecht, 1983.
[29] *Leferenz*, ZStW 68 (1956) S. 237; *derselbe*, Kriminalprognose S. 1353.
[30] *Mannheim / Wilkens*, Prediction Methods S. 137 ff.; *Sh. u. E. Glueck*, Predicting Delinquency S. 127 ff.; *Göppinger*, Kriminologie S. 341 ff.; *F. Meyer*, Rückfallprognose S. 87 ff.
[31] *Göppinger*, Kriminologie S. 338 ff.; *Leferenz*, Kriminalprognose S. 1366.

2. Kapitel: Die Quellen des Strafrechts

§ 10 Überblick über die Geschichte des deutschen Strafrechts bis zum Reichsstrafgesetzbuch von 1871

v. Amira, Die germanischen Todesstrafen, 1922; *v. Amira / Eckhardt,* Germanisches Recht, Bd. I, 4. Aufl. 1960; *Bader,* Aufgaben, Methoden und Grenzen einer historischen Kriminologie, SchwZStr 71 (1956) S. 17; *Boldt,* J. S. F. von Böhmer und die gemeinrechtliche Strafrechtswissenschaft, 1936; *Brunnemeister,* Die Quellen der Bambergensis, 1879; *Brunner,* Deutsche Rechtsgeschichte, I. Bd. 2. Aufl. 1906, II. Bd. 2. Aufl. bearbeitet von *C. v. Schwerin,* 1928; *Carlen,* Die Galeerenstrafe in der Schweiz, ZStW 88 (1976) S. 557 ff.; *Dahm,* Das Strafrecht Italiens im ausgehenden Mittelalter, 1931; *derselbe,* Zur Rezeption des römisch-italienischen Rechts, 1960; *Engelmann,* Die Schuldlehre der Postglossatoren, 1895; *Friese,* Das Strafrecht des Sachsenspiegels, 1898; *Gernhuber,* Die Landfriedensbewegung in Deutschland bis zum Mainzer Reichslandfrieden von 1235, 1952; *Güterbock,* Die Entstehung der Carolina, 1876; *v. Hippel,* Beiträge zur Geschichte der Freiheitsstrafe, ZStW 18 (1898) S. 419, 608; *His,* Das Strafrecht des deutschen Mittelalters, I. Teil 1920; *derselbe,* Geschichte des deutschen Strafrechts bis zur Karolina, 1928; *Jescheck,* Die Freiheitsstrafe in rechtsvergleichender Darstellung, in: *Jescheck* (Hrsg.), Die Freiheitsstrafe und ihre Surrogate im deutschen und ausländischen Recht, Bd. III, 1984, S. 1939; *Kantorowicz,* Albertus Gandinus und das Strafrecht der Scholastik, 2. Bd. 1926; *Kipper,* Johann Paul Anselm Feuerbach, 1969; *Kneubühler,* Die Überwindung von Hexenwahn und Hexenprozeß, 1977; *Kroeschell,* Die Sippe im germanischen Recht, Zeitschrift der Savigny-Stiftung, Germ. Abt. 77 (1960) S. 1; *derselbe,* Deutsche Rechtsgeschichte 1 (bis 1250), 7. Aufl. 1985; 2 (1250 - 1650), 4. Aufl. 1981; *derselbe,* Besprechung von *Rüping,* Grundriß der Strafrechtsgeschichte, ZStW 95 (1983) S. 145; *Kuttner,* Kanonistische Schuldlehre usw., 1935; *Middendorff,* Historische Kriminologie, HWB Krim, Ergänzungsbd., 1979, S. 142; *Moos,* Der Verbrechensbegriff in Österreich im 18. und 19. Jahrhundert, 1968; *Nehlsen,* Entstehung des öffentlichen Strafrechts bei den germanischen Stämmen, in: *Kroeschell* (Hrsg.), Freiburger Festkolloquium zum 75. Geburtstag von Hans Thieme, 1983, S. 3 ff.; *Radbruch,* Paul Johann Anselm Feuerbach, 2. Aufl. 1957; *Radbruch / Gwinner,* Geschichte des Verbrechens, 1951; *Rieß,* Bemerkungen zur Bedeutung des ALR usw., GA 1978, 138; *Rüping,* Grundriß der Strafrechtsgeschichte, 1981; *Schaffstein,* Beiträge zur Strafrechtsentwicklung von der Carolina bis zu Carpzov, GS 101 (1932) S. 14; *derselbe,* Die europäische Strafrechtswissenschaft im Zeitalter des Humanismus, 1954; *Schild,* Alte Gerichtsbarkeit, 1980; *Eb. Schmidt,* Die Kriminalpolitik Preußens unter Friedrich Wilhelm I. und Friedrich II., Diss. Göttingen 1914; *derselbe,* Die Carolina, Zeitschr. der Savigny-Stiftung, Germ. Abt. 53 (1933) S. 1; *derselbe,* Inquisitionsprozeß und Rezeption, 1940; *derselbe,* Einführung in die Geschichte der deutschen Strafrechtspflege, 3. Aufl. 1965; *Schubert,* Die Quellen zum StGB von 1870/71, GA 1982, 191; *Thieme,* Das Gesetzbuch Friedrichs des Großen, DJZ 1936, 939; *v. Weber,* Benedict Carpzov, Festschrift für Ernst Rosenfeld, 1949, S. 29; *derselbe,* Die Entwicklung des gemeinen deutschen Strafrechts unter besonderer Berücksichtigung spanischer Einflüsse, Studi in memoria di Paolo Koschaker, Bd. I, 1953, S.339; *derselbe,* Influencia de la literatura jurídica española en el derecho penal común alemán, 1953; *derselbe,* Die peinliche Halsgerichtsordnung Kaiser Karls V., Zeitschr. der Savigny-Stiftung, Germ. Abt. 77 (1960) S. 288; *Welzel,* Die Naturrechtslehre Samuel Pufendorfs, 1958; *Wilda,* Das Strafrecht der Germanen, 1842; *E. Wolf,* Grotius, Pufendorf, Thomasius, 1927; *derselbe,* Große Rechtsdenker der deutschen Geistesgeschichte, 4. Aufl. 1963.

Der Aufbau des geschichtlichen Überblicks folgt der in der Rechtsgeschichte üblichen Einteilung, nach der acht Abschnitte zu unterscheiden sind. *Eberhard Schmidt*[1] verwendet dagegen eine Gliederung in nur drei Perioden (Epoche des germanischen Rechtsdenkens, Epoche des mittelalterlichen Rechtsdenkens, Entwicklung der modernen Kriminalpolitik), gegen die das Bedenken spricht, daß die Oberbegriffe sehr weite Zeitspannen umfassen, in denen neben den gleichbleibenden auch jeweils neue Faktoren die Entwicklung bestimmt haben[2].

---

[1] Vgl. *Eb. Schmidt,* Einführung S. 17 f.
[2] Zur historischen Kriminologie *Middendorff,* HWB Krim Ergänzungsbd. S. 142 ff. Eine „Geschichte des Verbrechens in Deutschland" steht noch aus (S. 155). Wichtige Einblicke aber

I. Die germanische Zeit

In der germanischen Zeit bis zum Ende der Völkerwanderung im 6. Jahrhundert[3] war das Strafrecht, sofern es ein solches überhaupt schon gab, wie alles Recht Gewohnheitsrecht. Schriftliche Rechtsquellen erscheinen erst im Frankenreich. Die Rechtsstellung des einzelnen war bestimmt durch seine Einordnung in Familie, Sippe und Völkerschaft[4]. Missetaten (Friedensbrüche) führten grundsätzlich nur zu einer Reaktion des Verletzten und seiner Sippe durch Annahme einer Bußleistung[5] oder Sippenfehde (**private Sühnung der Missetat**). Die Fehde wurde wegen ihrer verheerenden Auswirkungen auf die Stammesgemeinschaft zunehmend durch *Sühneverträge* ersetzt (Leistung von Pferden, Vieh, Waffen, später auch Geld je nach der Schwere der Tat und dem Rang des Verletzten). Ein Teil der Sühneleistung fiel möglicherweise schon früh als Friedensgeld (fredus) an die Gesamtheit. Die *öffentliche Strafe* scheint es bei schwersten Verletzungen von Gemeinschaftspflichten (Kriegsverrat, Heeresflucht, Feigheit vor dem Feinde, Kultverbrechen) schon in germanischer Zeit gegeben zu haben[6]. Ihre allmähliche Ausweitung wurde durch die peinlichen Strafen gegen die Unfreien im Rahmen der Hausgewalt begünstigt. Art und Gewicht der Missetat wurde grundsätzlich durch ihren äußeren *Erfolg* bestimmt („die Tat tötet den Mann"), doch hat man anhand von typischen Merkmalen schon früh zwischen Willenswerk, Ungefährwerk und den besonders schwer bewerteten Fällen des Neidings- oder Meinwerks unterschieden.

II. Die fränkische Zeit

Die fränkische Zeit, die man von der Gründung des Merowingerreichs durch Chlodwig (482 - 511) bis zur Reichsteilung im Vertrag von Verdun (843) zu rechnen pflegt, war gekennzeichnet durch die Entstehung einer im König verkörperten **Staatsgewalt** und das Hervortreten **schriftlicher Rechtsquellen**[7]. Das Königtum war bemüht, private Willkür bei der Ausübung der Fehde und der Ausgestaltung der Sühneverträge zurückzudrängen. Die Pflicht zum Abschluß des Sühnevertrags löste das Fehderecht allmählich ab. Feste Bußsätze entstanden, begünstigt durch die beginnende Geldwirtschaft. Neben die Privatstrafe des alten Gewohnheitsrechts trat durch das Königsrecht und als römisches Erbe in Anfängen die *öffentliche Strafe,* da mit dem Ausbau der Staatsgewalt auch neue Rechtsgüter des Staates und der Allgemeinheit zu schützen waren (z. B. Königstreue, öffentlicher Friede, christliche Religion, Geldwesen). Die Stammesrechte wurden in den lateinisch abgefaßten *leges barbarorum* aufgezeichnet (zuerst die lex Salica um 500). Sie enthielten vor allem die maßgeblichen Bußsätze für die Sühneverträge *(Kompositionensystem).* Neben das Stammesrecht trat allmählich ein Verordnungsrecht des Königs *(Kapitularien),* neben das Stammesgericht das Königs- und das Grafengericht. Der Einfluß des Christentums machte sich einerseits in der Förderung der öffentlichen Strafe bei Verletzung

---

bei *Radbruch / Gwinner,* Geschichte des Verbrechens, 1951. Vgl. auch *Bader,* SchwZStr 71 (1956) S. 17ff. m. zahlr. Nachw.

[3] Vgl. dazu *v. Amira / Eckhardt,* Germanisches Recht S. 2f.; *Brunner,* Deutsche Rechtsgeschichte, Bd. I S. 33ff. Dagegen schließt *Wilda,* Das Strafrecht der Germanen S. 2f. die fränkische Zeit mit ein.

[4] Zur Lehre von der Sippe kritisch *Kroeschell,* Zeitschrift der Savigny-Stiftung, Germ. Abt. 77 (1960) S. 1ff. („Sippenmythos").

[5] Vgl. näher *Kroeschell,* Deutsche Rechtsgeschichte 1 S. 43ff.

[6] Vgl. *v. Amira,* Die germanischen Todesstrafen S. 23ff.; zweifelnd jedoch *Kroeschell,* ZStW 95 (1983) S. 147; ablehnend *Nehlsen,* Die Entstehung des öffentlichen Strafrechts S. 3ff.

[7] Vgl. *Brunner,* Deutsche Rechtsgeschichte Bd. II S. 703ff.; *His,* Geschichte des deutschen Strafrechts bis zur Karolina S. 57ff.

kirchlicher Interessen, andererseits in der Anerkennung eines Asylrechts in Kirchen und Klöstern bemerkbar. Die Kirche war um die Stärkung der Reichsgewalt und die Durchsetzung der Strafgerichtsbarkeit durch Königsgericht und Grafengerichte bemüht.

III. Das Mittelalter

Das Mittelalter, gerechnet von der Reichsteilung bis zum Verfall des Strafrechts im 14./15. Jahrhundert, brachte auf der einen Seite **Rückschläge für die Strafrechtsentwicklung**[8], auf der anderen Seite aber auch die große Wende mit der **Entstehung des peinlichen Strafrechts**[9]. Infolge der Schwächung des Kaisertums seit dem Investiturstreit (ab 1075), vor allem aber seit dem Ende der Hohenstaufen (1268), verkümmerten die Ansätze der fränkischen Zeit zu einer zentral gelenkten Strafrechtspflege rasch. Die Strafgewalt ging auf die erstarkenden Territorien, auf die Städte und auf immer kleinere und kleinste Hoheitsträger über, die an die Stelle der Sühne von Missetaten durch private Buße immer mehr die öffentliche Strafe setzten, wobei auch der Einfluß des kirchlichen Rechts eine wesentliche Rolle spielte. Die Aufteilung der Strafgewalt hatte eine außerordentliche Zersplitterung des Strafrechts, aber auch Willkür und die für das Mittelalter charakteristische Härte der Strafrechtspflege zur Folge. Leibes- und Lebensstrafen von äußerster Grausamkeit für die schweren Verbrechen, Prügelstrafe, Brandmarkung und Pranger für leichtere Delikte gaben dem Strafrecht jener Zeit das Gepräge[10]. Das Fehdewesen nahm innerhalb der Ritterschaft einen mächtigen Aufschwung und wurde durch die Landfriedensgesetze bis hin zum Ewigen Landfrieden von 1495 erst allmählich und nur unter vielen Rückschlägen eingedämmt[11]. Die öffentliche Sicherheit außerhalb der Städte und befestigten Plätze war ständig bedroht. Vor allem die an Handel und Verkehr interessierten Städte wehrten sich gegen das überhandnehmende Räuber- und Piratenunwesen mit äußerster Schärfe, im Strafprozeß durch Einführung summarischer Verfahrensarten und rücksichtslosen Gebrauch der Folter. Die Rechtsetzung des Reiches verstummte, nachdem sie für das Strafrecht in der Landfriedensbewegung bis zum Mainzer Landfrieden von 1235 noch kräftig in Erscheinung getreten war[12]. Zuvor hatten schon die Gottesfrieden als beschworene Ordnungen durch die Androhung von Kirchenstrafen und allmählich auch von Leibes- und Lebensstrafen für Friedensbrüche die Entstehung der öffentlichen Strafe begünstigt. Die Strafgewalt lag jedoch in der Hand der Partikulargewalten, die das Strafrecht durch örtliche, weitgehend vom Gewohnheitsrecht ergänzte und überwucherte Satzungen nach ihren begrenzten Interessen und lokalen Traditionen festzulegen suchten. Bedeutende regionale Rechtsaufzeichnungen aus privater Hand (Sachsenspiegel um 1230[13], Schwabenspiegel 1275) übernahmen durch ihre weitgehende Anerkennung in der Praxis die Aufgabe von Gesetzen, ohne den Niedergang der Strafrechtspflege aufhalten zu können.

IV. Die Rezeption des römisch-italienischen Rechts

Die Wende in der deutschen Strafrechtsentwicklung trat ein mit der Rezeption des durch die italienische Rechtswissenschaft des späteren Mittelalters (Glossatoren 1100 - 1250, Postglossatoren 1250 - 1450) wiederentdeckten, interpretierten und

---

[8] Vgl. dazu *His,* Das Strafrecht des deutschen Mittelalters Bd. I, 1920.
[9] *Kroeschell,* Deutsche Rechtsgeschichte 1 S. 196 ff.
[10] *Schild,* Alte Gerichtsbarkeit S. 93 ff., 197 ff.
[11] Vgl. *Gernhuber,* Die Landfriedensbewegung bis zum Mainzer Reichslandfrieden von 1235, 1952.
[12] Vgl. dazu *Gernhuber,* Landfriedensbewegung S. 224 ff.
[13] Vgl. *Friese,* Das Strafrecht des Sachsenspiegels, 1898; *Rüping,* Strafrechtsgeschichte S. 11 f.

umgestalteten römischen Rechts, das infolge der Einarbeitung der oberitalienischen Stadtrechte und mancher langobardischen Traditionen den rechtspolitischen Bedürfnissen und dem Rechtsgefühl der Deutschen nicht fern stand[14] und in Deutschland durch die kirchliche Rechtspflege schon seit dem 13. Jahrhundert praktiziert wurde. Die Gründe für die Rezeption lagen in dem Verfall des deutschen Strafrechts, in der Vorstellung, daß das römische Recht infolge der Stellung des Heiligen Römischen Reichs als Rechtsnachfolger des antiken Imperiums das legitime „Kaiserrecht" sei, in der hohen wissenschaftlichen Durchbildung des Rechtsstoffes durch die italienischen Juristen (zuerst *Albertus Gandinus,* Tractatus de maleficiis, 1298[15]) und in der Entstehung eines einheimischen kanonischen und weltlichen Juristenstandes, der vor Gründung der ersten mitteleuropäischen Universitäten (Prag 1348, Krakau 1364, Wien 1365, Heidelberg 1386) und noch lange danach an den oberitalienischen Rechtsfakultäten geschult wurde (Bologna, Pavia, Padua)[16]. Die Schaffung des Reichskammergerichts (1495) verstärkte den Drang nach einem einheitlichen Reichsrecht. Auf der Grundlage eines Territorialstrafgesetzbuchs, der Constitutio Criminalis Bambergensis (1507)[17], der großartigen Schöpfung des bambergischen Hofrichters *Johann Freiherrn von Schwarzenberg und Hohenlandsberg*[18], wurde die **Constitutio Criminalis Carolina** mit ihrem deutschen Titel „Keyser Karls des fünfften, und des heyligen Römischen Reichs peinlich Gerichtsordnung" in deutscher Sprache ausgearbeitet und 1532 vom Reichstag in Regensburg angenommen[19]. Sie war „sachlich im wesentlichen Schwarzenbergs Werk" *(Eberhard Schmidt)* und steht „als einzigartiger, gewaltiger Markstein deutscher Gesetzgebung im Zeitalter der Rezeption an der Wende des Mittelalters und der Neuzeit" *(v. Hippel).* Die Carolina war in erster Linie eine Strafprozeßordnung, die den Mißständen in der Strafrechtspflege abhelfen sollte; sie enthielt aber auch die wichtigsten Vorschriften über Verbrechen und ihre Bestrafung[20]. Als Reichsgesetz führte sie die öffentlich-rechtliche Auffassung der Strafe zum Siege und bewirkte die Anerkennung des Strafrechts als Rechtseinrichtung, die nicht mehr von der Willkür des Stärkeren abhing, sondern dem Gemeinwohl zu dienen und dem Gerechtigkeitsbedürfnis der Allgemeinheit zu entsprechen hatte. Wichtige Grundbegriffe des Allgemeinen Teils sind in der Carolina bereits erkannt und teilweise auch schon in kräftiger, bildhafter Sprache formuliert, so das Schuldprinzip, einzelne Rechtfertigungsgründe, der Versuch und die Teilnahme. Die Beschreibung der Deliktstypen nahm vielfach heimisches Recht auf. Im Prozeßrecht wurde durch die Neuordnung des Inquisitionsprozesses, insbesondere durch Festlegung der Voraussetzungen der Folter, wenigstens der Versuch einer Reform unternommen[21].

V. Das gemeine Recht

Trotz der salvatorischen Klausel in der Vorrede der Carolina zugunsten der „alten, wolherbrachten rechtmessigen unnd billichen gebreuche" der Territorialgewalten setzte sich das neue Reichsrecht dank seiner den Partikularrechten überlegenen Qualität in der Strafrechtspflege durch und hat in einzelnen deutschen Territorien bis zum

---

[14] Vgl. dazu *Dahm,* Das Strafrecht Italiens im ausgehenden Mittelalter, 1931.
[15] Vgl. dazu *Kantorowicz,* Albertus Gandinus und das Strafrecht der Scholastik, 2. Bd. 1926. Vgl. ferner *Engelmann,* Die Schuldlehre der Postglossatoren, 1895.
[16] Vgl. *Dahm,* Zur Rezeption des römisch-italienischen Rechts, 1960.
[17] Vgl. *Brunnenmeister,* Die Quellen der Bambergensis, 1879.
[18] Vgl. *Erik Wolf,* Große Rechtsdenker S. 102 ff.
[19] Vgl. *Güterbock,* Die Entstehung der Carolina, 1876; *Eb. Schmidt,* Zeitschr. der Savigny-Stiftung, Germ. Abt. 53 (1933) S. 1 ff.; *v. Weber,* ebenda 77 (1960) S. 288 ff.
[20] *Rüping,* Strafrechtsgeschichte S. 35 ff.
[21] Vgl. *Eb. Schmidt,* Inquisitionsprozeß und Rezeption, 1940; *derselbe,* Einführung S. 125 ff.

StGB des Norddeutschen Bundes von 1870 als subsidiäre Rechtsquelle gegolten. Wo eigene Kodifikationen der Territorialstaaten entstanden, schlossen sie sich eng an die Carolina an, die damit, ergänzt durch die Reichspolizeiordnungen von 1530, 1548 und 1577 mit ihren zahlreichen Strafvorschriften zum Schutz der „guten Ordnung", zur Grundlage des gemeinen Rechts bis hin zur großen Kodifikationsbewegung um die Wende des 18. zum 19. Jahrhundert geworden ist. Das bemerkenswert Neue in dieser Zeit war die Entstehung einer deutschen **Strafrechtswissenschaft** auf dem Boden und im Zusammenhang der europäischen gemeinrechtlichen Wissenschaft. Ihr Vorbild waren die Lehren italienischer und spanischer Juristen, von denen besonders *Julius Clarus* (1525 - 1575), *Tiberius Decianus* (1509 - 1582)[22] und *Didacus Covarruvias* (1517 - 1577)[23] in Deutschland Einfluß gehabt haben. Eine wichtige Quelle der entstehenden Strafrechtswissenschaft war ferner das **kanonische Recht,** das mit der Rechtsprechung der kirchlichen Gerichte, der Beichtjurisprudenz und der Moraltheologie unmittelbar gegenwärtig war. Insbesondere hat sich der Schuldbegriff des gemeinen Rechts sowohl aus dem römischen als auch aus dem kirchlichen Recht entwickelt[24]. Die bedeutendsten Gestalten in der deutschen Strafrechtswissenschaft waren im 17. Jahrhundert *Benedict Carpzov* (1595 - 1666) mit seinem Hauptwerk „Practica nova Imperialis Saxonica rerum criminalium" (1635)[25], im 18. Jahrhundert *J. S. F. Böhmer* (1704 - 1772) mit den „Elementa jurisprudentiae criminalis" (1732)[26] sowie *Christian Thomasius* (1655 - 1728), der mit seinem Kampf gegen theokratische Unterdrückung, Aberglauben und Hexenwahn[27] schon ein Vorläufer der Aufklärung gewesen ist[28]. Mit dem Aufschwung der Wissenschaft, die bereits ein deduktives Lehrsystem zu errichten wußte[29], ging jedoch ein *Verfall der Strafrechtspraxis* einher. Durch die Grausamkeit der Leibes- und Lebensstrafen[30], durch die Unberechenbarkeit der poena extraordinaria und der Verdachtsstrafen, durch die Einführung der absolutia ab instantia (anstelle des Freispruchs) und den bedenkenlosen Gebrauch der Folter führte die zur Willkür ausartende Ermessensfreiheit der richterlichen Gewalt ein gefürchtetes Regiment. Ein gewisses Gegengewicht gegenüber der Härte der Strafrechtspraxis bildete im Deutschland des 17. Jahrhunderts die nach dem Vorbild des Amsterdamer Zuchthauses (1595) aufkommende Freiheitsstrafe, mit der sich die bevorstehende Wende ankündigte[31].

VI. Die Aufklärung

Endgültig abgeschüttelt wurde der geistige Ballast des Mittelalters erst durch die Aufklärung, die mit der Begründung einer **rationalen Kriminalpolitik** die moderne

---

[22] Vgl. *Schaffstein*, Die europäische Strafrechtswissenschaft im Zeitalter des Humanismus S. 38 ff.

[23] Vgl. *Schaffstein*, Die europäische Strafrechtswissenschaft im Zeitalter des Humanismus S. 69 ff.; *v. Weber*, Studi in memoria di Paolo Koschaker S. 339 ff.

[24] Vgl. *Kuttner*, Kanonistische Schuldlehre, 1935.

[25] *v. Weber*, Rosenfeld-Festschrift S. 29 ff.; *Schaffstein*, GS 101 (1932) S. 14 ff. Vgl. ferner *v. Weber*, Influencia S. 6 ff. mit dem Hinweis auf die bei Carpzov auftauchenden spanischen Zitate.

[26] Vgl. dazu *Boldt*, Johann Samuel Friedrich v. Böhmer und die gemeinrechtliche Strafrechtswissenschaft, 1936.

[27] *Kneubühler*, Die Überwindung von Hexenwahn und Hexenprozeß, 1977.

[28] Vgl. *Erik Wolf*, Grotius, Pufendorf, Thomasius S. 97 ff.; *derselbe*, Große Rechtsdenker S. 371 ff.

[29] Vgl. *Schaffstein*, Die allgemeinen Lehren S. 26 ff.

[30] Eine Abart davon war die Galeerenstrafe; vgl. dazu *Carlen*, ZStW 88 (1976) S. 557 ff.

[31] Vgl. *v. Hippel*, ZStW 18 (1898) S. 429 ff., 608 ff.

Epoche der Strafrechtspflege einleitete. Der Vernunftgedanke des Naturrechts führte zur Frage nach dem Sinn und Zweck des Kriminalrechts, die Humanitätsidee zum Siegeszug der Freiheitsstrafe (deren Gebrechen freilich im Vollzug immer sichtbar geblieben sind[32]), die Säkularisation des Strafrechts zur Trennung von Recht und Religion, die Bindung der Strafgewalt durch die Staatsvertragslehre zum Gesetzlichkeitsprinzip. Die Aufklärung wurde getragen von einer großartigen politisch-juristischen Literatur, deren Hauptvertreter in Frankreich *Montesquieu* („Esprit des lois", 1748), *Voltaire* („Prix de la justice et de l'humanité", 1777) und der in Genf geborene *Rousseau* („Contrat social", 1762), in England *Bentham* („Introduction to the principles of morals and legislation", 1780), in Italien *Beccaria* („Dei delitti e delle pene", 1764) gewesen sind. In Deutschland sind insbesondere *Samuel Pufendorf* (1632 - 1694) mit seiner naturrechtlichen Freiheits- und Imputationslehre[33] und *Christian Wolff* (1679 - 1754) als der große Systematiker des Naturrechts zu nennen. Den Abschluß und zugleich Höhepunkt der Aufklärung für das Strafrecht stellt der bedeutendste Kriminalist der ersten Hälfte des 19. Jahrhunderts, *Paul Johann Anselm v. Feuerbach* (1775 - 1833) dar, der die moderne Strafrechtsdogmatik durch die Klarheit seiner Begriffsbildung und den Aufbau eines in sich geschlossenen Systems begründet hat (Revision 1799/1800; Lehrbuch 1801)[34]. In der Gesetzgebung trat Preußen, das schon 1740 beim Regierungsantritt *Friedrichs des Großen* die Folter abgeschafft hatte, durch das Allgemeine Landrecht (1794) hervor, dessen strafrechtlicher Abschnitt (Teil II Titel 20) von *Suarez*[35] und *Klein* ausgearbeitet worden war[36]. In Bayern entstand der durch *Kreittmayr* geschaffene Codex juris criminalis Bavarici (1751), in Österreich die Constitutio criminalis Theresiana (1768). Während die genannten drei Gesetzbücher den Abschluß der Epoche des aufgeklärten Absolutismus bildeten[37], wurde das von *Feuerbach* entworfene bayerische StGB von 1813 zusammen mit dem französischen Code pénal von 1810 das wichtigste Vorbild der Strafgesetzgebung des 19. Jahrhunderts. Das Strafrecht trat unter die Herrschaft des von *Feuerbach* formulierten Gesetzlichkeitsprinzips (nullum crimen, nulla poena sine lege).

VII. Die Epoche der Partikularstrafrechte

An das bayerische StGB schlossen sich als Hauptleistungen der deutschen Einzelstaaten an das Kriminalgesetzbuch für das Königreich Sachsen (1838, 1855, 1868), das Strafgesetzbuch von Hannover (1840), das Kriminalgesetzbuch für das Herzogtum Braunschweig (1840), das Badische StGB (1845), das Thüringische StGB (1850) und vor allem das **Strafgesetzbuch für die Preußischen Staaten von 1851,** das, zeitweilig unter der Leitung *v. Savignys* ausgearbeitet, dem Einfluß des französischen Code pénal Raum gab, ohne jedoch dessen generalpräventive Härte zu übernehmen[38]. Die **Strafrechtswissenschaft** des vorigen Jahrhunderts, der insbesondere die Bewahrung der Einheit des Strafrechts trotz seiner territorialen Zersplitterung zu danken ist, erreichte mit *Mittermaier* (1787 - 1867), *v. Wächter* (1797 - 1880), *Köstlin* (1813 -

---

[32] Zur Geschichte der Freiheitsstrafe seit der Aufklärung *Jescheck*, Freiheitsstrafe Bd. III S. 1951 ff.

[33] Vgl. *Welzel*, Die Naturrechtslehre S. 84 ff.; *Erik Wolf*, Große Rechtsdenker S. 343 ff.

[34] Vgl. *Radbruch*, Paul Johann Anselm Feuerbach, 2. Aufl. 1957; *Erik Wolf*, Große Rechtsdenker S. 553 ff.; *Kipper*, J. P. A. Feuerbach, 1969.

[35] Vgl. *Erik Wolf*, Große Rechtsdenker S. 440 ff.

[36] *Rieß*, GA 1978, 138.

[37] Vgl. *Eb. Schmidt*, Die Kriminalpolitik Preußens unter Friedrich Wilhelm I. und Friedrich II., 1914; *Thieme*, DJZ 1936, 939 ff.; *Moos*, Der Verbrechensbegriff in Österreich S. 94 ff.

[38] Über das Strafrecht der Territorien *Rüping*, Strafrechtsgeschichte S. 79 ff.

1856), *Hälschner* (1817 - 1889), *Luden* (1810 - 1880), *Berner* (1818 - 1907) und *v. Bar* (1836 - 1913) eine beachtliche Breite und Höhe. Ihre Lehren stellten bereits die Vorstufe der Strafrechtsdogmatik dar, die dem geltenden Recht zugrunde liegt (vgl. unten § 22).

VIII. Die Entstehung des Reichsstrafgesetzbuchs von 1871

Das Reichsstrafgesetzbuch von 1871 war keine Neuschöpfung, sondern dehnte nur die Geltung des StGB des Norddeutschen Bundes von 1870 auf die süddeutschen Staaten aus, die dem Bund durch die Novemberverträge von 1870 beigetreten waren. Das StGB des Norddeutschen Bundes war aber auch seinerseits nur eine Umarbeitung des preußischen StGB von 1851 gewesen, dessen Wurzeln sich bis weit in die erste Hälfte des 19. Jahrhunderts zurückverfolgen lassen[39]. Obwohl das RStGB von 1871 also mehr der Vergangenheit als der Zukunft zugewendet war und seine **Reformbedürftigkeit** im Hinblick auf die große Wandlung der sozialen Verhältnisse, die Verfeinerung der Dogmatik und die Entstehung der Kriminologie schon bald zutage trat, hat es, immer wieder durch Novellengesetze[40] erneuert, ergänzt und angepaßt, bis zum 31. 12. 1974 gegolten und gilt in weiten Bereichen des Besonderen Teils, wenn auch mit tiefgreifenden Änderungen, noch heute (zur Entstehung des Reichsstrafgesetzbuchs von 1871 vgl. näher 2. Auflage S. 74).

§ 11 Die Reform des materiellen deutschen Strafrechts

Achenbach, Kriminalpolitische Tendenzen in den jüngeren Reformen, JuS 1980, 81; *H.-J. Albrecht,* Ansätze und Perspektiven für die gemeinnützige Arbeit, BewH 1985, 121; *Albrecht / Heine / Meinberg,* Umweltschutz durch Strafrecht? ZStW 96 (1984) S. 943; *Bacigalupo,* Die spanische und iberoamerikanische Strafrechtsreform usw., in: *Lüttger* (Hrsg.), Strafrechtsreform und Rechtsvergleichung, 1979, S. 115; *Burgstaller,* Die Strafrechtsreform Österreichs usw., ebenda S. 39; *derselbe,* Das neue österreichische Strafrecht in der Bewährung, ZStW 94 (1982) S. 723; *Gallas,* Der dogmatische Teil des AE, ZStW 80 (1968) S. 1; *Glazebrook,* Criminal Law Reform: England, in: Encyclopedia of Crime and Justice, Bd. 2, 1983, S. 490; *Ph. Graven,* Die Zukunft des Freiheitsentzugs im schweizerischen und deutschen Strafrecht, ZStW 80 (1968) S. 198; *Grünwald,* Sicherungsverwahrung usw. im E 1962, ZStW 76 (1964) S. 633; *derselbe,* Das Rechtsfolgensystem des AE, ZStW 80 (1968) S. 89; *Hirsch,* Bilanz der Strafrechtsreform, Gedächtnisschrift für Hilde Kaufmann, 1986, S. 133; *Horstkotte,* Die Anfänge der Strafrechtsreform usw., in: Vom Reichsjustizamt zum Bundesministerium der Justiz, 1977, S. 325; *Jescheck,* German Criminal Law Reform, in: *Mueller* (Hrsg.), Essays in Criminal Science, 1961, S. 393; *derselbe,* Die weltanschaulichen und politischen Grundlagen des E 1962, ZStW 75 (1963) S. 1; *derselbe,* Die kriminalpolitische Konzeption des AE, ZStW 80 (1968) S. 54; *derselbe,* Strafen und Maßregeln des Musterstrafgesetzbuchs für Lateinamerika, Festschrift für E. Heinitz, 1972, S. 717; *derselbe,* Strafrechtsreform in Deutschland, SchwZStr 91 (1975) S. 1; *derselbe,* Das neue Strafrecht im internationalen Zusammenhang, Jahrbuch der Max-Planck-Gesellschaft 1975, S. 49; *derselbe,* Das neue deutsche Strafrecht in der Bewährung, Jahrbuch der Max-Planck-Gesellschaft 1980, S. 18; *derselbe,* Strafrechtsreform in Deutschland, Allg. u. Bes. Teil, SchwZStr 100 (1983) S. 1; *derselbe,* Criminal Law Reform: Continental Europe, Encyclopedia of Crime and Justice, Bd. 2, 1983, S. 484; *derselbe,* Politique criminelle moderne en Europe occidentale, Archives de politique criminelle, Nr. 7, 1984, S. 23; *derselbe,* Le nouveau droit pénal allemand mise à l'épreuve, ebenda, Nr. 8, 1985, S. 155; *derselbe,* Homosexualität (rechtlich), in: Staatslexikon der Görres-Gesellschaft, Bd. 3, 1987, S. 3; *Jung,* Das Strafvollzugsgesetz, JuS 1977, 203; *Kaiser,* Zur kriminalpolitischen Konzeption der Strafrechtsreform, ZStW 78 (1966) S. 100; *derselbe,* Entwicklungstendenzen des Strafrechts, Festschrift für R. Maurach, 1972, S. 25; *derselbe,* Die Fortentwicklung der Methoden und Mittel

---

[39] Über die Arbeiten der Bundesratskommission *Schubert,* GA 1982, 191 ff.
[40] Vgl. die Übersicht bei *Dreher / Tröndle,* StGB, S. LV.

des Strafrechts, ZStW 86 (1974) S. 349; *Armin Kaufmann,* Die Dogmatik im AE, ZStW 80 (1968) S. 54; *Arthur Kaufmann,* Die Irrtumsregelung im E 1962, ZStW 76 (1964) S. 543; *G. L. Kriger,* Entwicklungstendenzen der sowjetischen Strafgesetzgebung, in: *Jescheck / Kaiser / Eser,* Zweites deutsch-sowjetisches Kolloquium, 1984, S. 367; *Léauté,* L'Avant-projet du nouveau Code pénal français, Archives de politique criminelle, Nr. 8, 1985, S. 13; *Marinucci,* Probleme der Reform des Strafrechts in Italien, ZStW 94 (1982) S. 349; *Marxen,* Der Kampf gegen das liberale Strafrecht, 1975; *H. Mayer,* Strafrechtsreform für heute und morgen, 1962; *Messerschmidt / Wüllner,* Die Wehrmachtjustiz im Dienste des Nationalsozialismus, 1987; *Moos,* Die Reformbewegung des Strafrechts in Österreich usw., Festschrift für W. Wilburg, 1975, S. 253; *Mir Puig,* Das Rechtsfolgensystem im spanischen Entwurf eines StGB, ZStW 93 (1981) S. 1293; *Naucke,* Tendenzen in der Strafrechtsentwicklung, 1975; *derselbe,* Über deklaratorische, scheinbare und wirkliche Entkriminalisierung, GA 1984, 199; *Noll,* Diskussionsvotum an der Strafrechtslehrertagung 1964 in Hamburg, ZStW 76 (1964) S. 707; *Peters / Lang-Hinrichsen,* Grundfragen der Strafrechtsreform, 1959; *Regge / Schubert* (Hrsg.), Quellen zur Reform des Straf- und Strafprozeßrechts, II. Abt., Bd. 1, 1; 2, 1, 1988; *Reifner / Sonnen* (Hrsg.), Strafjustiz und Polizei im Dritten Reich, 1984; *Rieß,* Prolegomena zu einer Gesamtreform des Strafverfahrensrechts, Festschrift für K. Schäfer, 1980, S. 155; *Røstad,* Les traits actuels de la politique criminelle en Norvège, Archives de politique criminelle, Nr. 6, 1983, S. 209; *Rogall,* Stillstand oder Fortschritt in der Strafrechtsreform? ZRP 1982, 124; *Roxin,* Die Behandlung des Irrtums im E 1962, ZStW 76 (1964) S. 582; *Rüping,* Grundriß der Strafrechtsgeschichte, 1981; *derselbe,* „Streng, aber gerecht" usw., JZ 1984, 815; *derselbe,* Strafjustiz im Führerstaat, GA 1984, 297; *derselbe,* Bibliographie zum Strafrecht im Nationalsozialismus, 1985; *Schultz,* Kriminalpolitische Bemerkungen zum E 1962, JZ 1966, 113; *derselbe,* Schweizer Strafrecht, ZStW 97 (1985) S. 371; *Schwartz,* Criminal Law Reform: United States, Encyclopedia of Crime and Justice, Bd. 2, 1983, S. 513; *Seidl,* Der Streit um den Strafzweck zur Zeit der Weimarer Republik, 1974; *Spendel,* Rechtsbeugung durch Rechtsprechung, 1984; *derselbe,* Unrechtsurteile der NS-Zeit, Festschrift für H.-H. Jescheck, Bd. I, 1985, S. 179; *Spinellis,* Die Entwicklung des griechischen Strafrechts, ZStW 95 (1983) S. 459; *Spotowski,* Die Vorbereitung der Strafrechtsreform in Polen, ZStW 94 (1982) S. 747; *Steyn,* The Punishment Scene in South Africa, in: Essays in Honour of Sir Leon Radzinowicz, 1974, S. 527; *Stile,* Neue italienische Kriminalpolitik nach dem Strafrechtsreformgesetz, ZStW 96 (1984) S. 172; *Terhorst,* Polizeiliche Vorbeugungshaft im Dritten Reich, 1985; *Thornstedt,* Die Strafrechtsreform der skandinavischen Staaten, in: *Lüttger* (Hrsg.), Strafrechtsreform und Rechtsvergleichung, 1979, S. 66; *Tiedemann,* Die Fortentwicklung der Methoden und Mittel des Strafrechts, ZStW 86 (1974) S. 303; *Tröndle,* Soziale Indikation – Rechtfertigungsgrund? Jura 1987, 69; *Verhaegen,* La révision du Code pénal belge usw., SchwZStr 98 (1981) S. 1; *Vogler,* Das neue Gesetz über die internationale Rechtshilfe in Strafsachen, NJW 1983, 2114; *Ewa Weigend,* Neue Entwicklungen im polnischen Straf-, Strafprozeß- und Jugendstrafrecht, ZStW 96 (1984) S. 188; *Welzel,* Diskussionsbemerkungen zur Irrtumsregelung im Entwurf, ZStW 76 (1964) S. 619.

Die **Reform des materiellen Strafrechts** ist durch die Bekanntmachung der Neufassung des StGB vom 10.3.1987 (BGBl. I S. 945) zum großen Teil **abgeschlossen.** Die noch unverändert gebliebenen Partien des Besonderen Teils werden ebenfalls nach und nach erneuert werden. Eine wichtige Ergänzung des internationalen Strafrechts des StGB (§§ 3 - 7, 9) bildet das Gesetz über die internationale Rechtshilfe in Strafsachen vom 23.12.1982 (BGBl. I S. 2071)[1]. Das Strafvollzugsgesetz vom 16.3.1976 (BGBl. I S. 581) ist in seinem Hauptteil am 1.1.1977 in Kraft getreten[2]. Der Schwerpunkt der Reform verlagert sich damit auf den Strafprozeß, der bereits durch mehrere Gesetze, zuletzt durch das 1. StVRG vom 9.12.1974 (BGBl. I S. 3393), das Gesetz zur Ergänzung des 1. StVRG vom 20.12.1974 (BGBl. I S. 3686), das StVÄG vom 5.10.1978 (BGBl. I S. 1645) und das Opferschutzgesetz vom 18.12.1986 (BGBl. I S. 2496) umgestaltet worden ist. Eine Gesamtreform des Strafverfahrensrechts soll in Angriff genommen werden[3]. Schon jetzt stellt die Reform auf allen Gebieten eine gesetzgeberische Leistung dar, die dem deutschen

---

[1] Zum Inhalt *Vogler,* NJW 1983, 2114.
[2] Zum Inhalt *Jung,* JuS 1977, 203ff.
[3] Dazu *Rieß,* Schäfer-Festschrift S. 155ff.

III. Strafrechtsreform des Nationalsozialismus und Reaktion der Besatzungsmächte 89

Strafrecht, unter Einschluß des Strafverfahrens, des Strafvollzugs und des Ordnungswidrigkeitenrechts, im internationalen Vergleich seinen früheren Rang zurückgegeben hat.

I. Die Reform bis zum ersten Weltkrieg

Das Kaiserreich führte nur wenige durch die Zeitverhältnisse veranlaßte Neuerungen im StGB ein. Die Gesamtreform wurde durch den vorwiegend noch von Ideen der klassischen Schule bestimmten Vorentwurf (1909) vorbereitet, dem die Professoren *Kahl, v. Lilienthal, v. Liszt* und *James Goldschmidt* den fortschrittlicheren Gegenentwurf (1911) gegenüberstellten. Die erste Strafrechtskommission arbeitete den Entwurf 1913 aus, der aber infolge des ersten Weltkriegs nicht mehr in das Gesetzgebungsverfahren gelangte (vgl. näher 2. Auflage S. 75, 81).

II. Das kriminalpolitische Reformwerk der Weimarer Republik

1. Die **politische Erneuerung** nach dem verlorenen Weltkrieg, das Bemühen der Regierung um durchgreifende Verbesserungen auf dem Gebiet der Sozialpolitik, der wachsende Einfluß der modernen Strafrechtsschule auf die öffentliche Meinung und der Eintritt führender Strafrechtslehrer in die aktive Politik *(Radbruch, Kahl)* haben das kriminalpolitische Reformwerk der Weimarer Republik zustande gebracht, das bis zu der großen Reform der Gegenwart die Grundlage des deutschen Strafrechts bildete. Die Umgestaltung der Geldstrafe, die Schaffung eines besonderen Jugendstrafrechts, die Reform des Strafvollzugs und die Einführung der Straftilgung zur Rehabilitation des Verurteilten waren die Hauptleistungen der Gesetzgebung jener Zeit (vgl. näher 2. Auflage S. 75)[4].

2. Auch die **Arbeiten an der Gesamtreform** des Strafrechts wurden durch mehrere Entwürfe weitergeführt. Der Entwurf 1919, der eine überarbeitete Fassung des Entwurfs 1913 darstellte, brachte wesentliche Fortschritte im Sinne der modernen Schule, wurde aber in dieser Beziehung bei weitem übertroffen von dem Entwurf 1922, den *Gustav Radbruch* als Reichsjustizminister persönlich ausgearbeitet hat. Die amtlichen Entwürfe von 1925 und 1927 brachten wiederum eine teilweise Rückkehr zu den herkömmlichen Grundpositionen. Der im Strafrechtsausschuß des Reichstags unter der Leitung *Wilhelm Kahls* ausgearbeitete und wegen seines Kompromißcharakters aussichtsreiche Entwurf 1930 scheiterte an den Reichstagsauflösungen des Jahres 1932. Die Strafrechtsreform der Weimarer Republik ist mit dieser selbst untergegangen (vgl. näher 2. Auflage S. 81 f.)[5].

III. Die Strafrechtsreform unter dem Nationalsozialismus und die Reaktion der Besatzungsmächte

1. Von den tiefen *Eingriffen des totalitären Regimes* in das Strafrecht sind nur wenige von Dauer gewesen. Das Gewohnheitsverbrechergesetz von 1933 übernahm aus den Entwürfen die Maßregeln der Sicherung und Besserung, die fakultative Strafmilderung bei verminderter Zurechnungsfähigkeit (§ 51 II a. F.) und die Strafvorschrift gegen den Vollrausch (§ 330a a. F.). Die StrafrechtsangleichungsVO von 1943 führte die Limitierung der Akzessorietät bei der Teilnahme ein (§ 50 I a. F.). Das JGG von 1943 verwirklichte eine moderne Konzeption des Jugendkriminalrechts, die teilweise auch noch dem geltenden JGG von 1953 zugrunde liegt.

---

[4] Die geistigen Auseinandersetzungen während dieser wenigen für das Schicksal Deutschlands so entscheidenden Jahre spiegelten sich auch in den Diskussionen um die Strafrechtsrefom wider; vgl. *Seidl*, Der Streit um den Strafzweck, 1974. Zur Strafrechtsreform historisch ferner *Jescheck*, Essays S. 393ff.; *LK (Jescheck)* Einl. Rdn. 48ff.; *Horstkotte*, Anfänge der Strafrechtsreform S. 332ff.

[5] *LK (Jescheck)* Einl. Rdn. 66ff.

Dagegen wurde der von der amtlichen Strafrechtskommission ausgearbeitete Entwurf des StGB von 1936 von der Reichsregierung verworfen, weil inzwischen die radikalen Kräfte die Oberhand gewonnen hatten (vgl. näher 2. Auflage S. 75 f., 82)[6].

2. Die *Besatzungsmächte* beseitigten durch das Kontrollratsgesetz Nr. 11 von 1946 die Zulässigkeit der Analogie und der Wahlfeststellung (§§ 2, 2 b a. F.) sowie die Maßregel der Entmannung gefährlicher Sittlichkeitsverbrecher (§ 42 k a. F.). Durch die sich ständig vertiefende Teilung Deutschlands in Bundesrepublik und DDR ging seit dem Jahre 1949 die Rechtseinheit auf dem Gebiet des Strafrechts wieder verloren (vgl. 2. Auflage § 9)[7].

IV. Das Reformwerk der Bundesrepublik

Die Strafgesetzgebung der Bundesrepublik hat den Allgemeinen Teil des StGB zunächst schrittweise erneuert und dann durch das 1. StrRG vom 25. 6. 1969 (BGBl. I S. 645), das 2. StrRG vom 4. 7. 1969 (BGBl. I S. 717) und das EGStGB vom 2. 3. 1974 (BGBl. I S. 469) einer **Gesamtreform** unterzogen. Der Besondere Teil wurde durch das Einführungsgesetz und zahlreiche Strafrechtsreform- sowie Strafrechtsänderungsgesetze ebenfalls weitgehend umgestaltet, doch ist die Entwicklung auf diesem Gebiet noch nicht abgeschlossen[8].

1. Im Bereich des Allgemeinen Teils hatte schon das Grundgesetz die *Todesstrafe* abgeschafft (Art. 102 GG) und das Prinzip der *gesetzlichen Bestimmtheit von Verbrechen und Strafen* zum Grundrecht[9] erhoben (Art. 103 II GG). Das 1. Ges. zur Sicherung des Straßenverkehrs vom 19. 12. 1952 (BGBl. I S. 832) schuf als neue Maßregel die *Entziehung der Fahrerlaubnis* (§ 42 m a. F.). Das 3. StÄG vom 4. 3. 1953 (BGBl. I S. 753) tat mit der Einführung der *Strafaussetzung zur Bewährung* (§ 23 a. F.) und der bedingten Entlassung (§ 26 a. F.) den wichtigsten Schritt zur Modernisierung des Sanktionensystems und knüpfte die erfolgsqualifizierten Delikte (z. B. §§ 224, 239 II, III) an das Fahrlässigkeitserfordernis, um das Schuldprinzip zu wahren (§ 56 a. F.). Das 2. Ges. zur Sicherung des Straßenverkehrs vom 26. 11. 1964 (BGBl. I S. 921) brachte das *Fahrverbot* als Nebenstrafe bei Kraftverkehrsdelikten (§ 37 a. F.) und eine Verschärfung der Bestimmungen über die Entziehung der Fahrerlaubnis (§ 42 m II a. F.).

Die Entwicklung des Jugendkriminalrechts wurde durch Einbeziehung der *Heranwachsenden* bis zur Vollendung des 21. Lebensjahres in das JGG vom 4. 8. 1953 (BGBl. I S. 751) weitergeführt (§ 105 JGG). Durch das OWiG vom 15. 3. 1952 (BGBl. I S. 177) wurde die *Entkriminalisierung des Bagatellstrafrechts* eingeleitet, durch das OWiG vom 24. 5. 1968 (BGBl. I S. 481) fortgesetzt (vgl. oben § 7 V 1). Das EGOWiG vom gleichen Tage (BGBl. I S. 503) brachte die Reform der *Einziehungsvorschriften* (§§ 40 - 42 a. F.). Durch die Vereinbarung einer gemeinsamen Dienst- und Vollzugsordnung der Länder im Jahre 1961 wurde die *Strafvollzugsreform* eingeleitet, die durch das Strafvollzugsgesetz vom 16. 3. 1976 (BGBl. I S. 581) ihren Abschluß fand.

2. **Am 1. 1. 1975** ist in Deutschland eine **Neufassung des Strafgesetzbuchs** in Kraft getreten (Bekanntmachung vom 2. 1. 1975, BGBl. I S. 1). Vollständig umgestaltet und auch in der Anordnung und Zählung der Paragraphen geändert wurde der **Allge-**

---

[6] *LK (Jescheck)* Einl. Rdn. 50 f., 70. Vgl. die Entwürfe von 1933 bis 1936 und die Protokolle der Strafrechtskommission 1933/34 mit Beratungsgrundlagen in: *Regge / Schubert*, Quellen, Abt. II, Bd. 1, 1; 2, 1, 1988. Zu der intensiven Auseinandersetzung mit dem Strafrecht und seiner Anwendung in der NS-Zeit: *Marxen*, Der Kampf gegen das liberale Strafrecht, 1975; *Rüping*, Strafrechtsgeschichte S. 94 ff.; *derselbe*, JZ 1984, 815 ff.; *derselbe*, GA 1984, 297 ff.; *derselbe*, Bibliographie, 1985; *Spendel*, Rechtsbeugung durch Rechtsprechung, 1984; *derselbe*, Jescheck-Festschrift Bd. I S. 179 ff.; *Terhorst*, Vorbeugungshaft im Dritten Reich, 1985; *Reifner / Sonnen* (Hrsg.), Strafjustiz und Polizei im Dritten Reich, 1984; *Messerschmidt / Wüllner*, Die Wehrmachtjustiz im Dienste des Nationalsozialismus, 1987.

[7] *LK (Jescheck)* Einl. Rdn. 52.

[8] Gesamtüberblick bei *Jescheck,* SchwZStr 91 (1975) S. 1 ff.; *derselbe*, SchwZStr 100 (1983) S. 1 ff. Gesamtwürdigung durch *Hirsch*, Hilde Kaufmann-Gedächtnisschrift S. 157 ff.

[9] Vgl. *Maunz / Dürig / Herzog*, Art. 102 Rdn. 4, Art. 103 Rdn. 98.

meine Teil. Auch der Besondere Teil ist schon weitgehend erneuert, jedoch hat man hier die bisherige Reihung der Materien und die Ziffernfolge der Paragraphen im wesentlichen beibehalten, um die Arbeit der Praxis nicht unnötig zu erschweren. Eine weitere Neufassung mit den seither eingeführten zahlreichen Änderungen und Ergänzungen enthält die **Bekanntmachung vom 10.3.1987** (BGBl. I S. 945).

a) Das deutsche Reformwerk steht im Rahmen einer großen **internationalen Bewegung,** die seit dem Ende der 50er Jahre eingesetzt hat[10]. Sie verfolgt das Ziel, das Strafrecht so umzugestalten, daß es dem Wandel der sozialen Verhältnisse im Zeitalter der Massengesellschaft, der Technik und der Gefährdung der menschlichen Existenz durch die Umweltzerstörung besser gerecht werden kann und auch die Fortschritte der Strafrechtslehre, Strafrechtspraxis und Kriminologie aufzunehmen vermag. Die Reformbewegung wird nicht nur von den Ländern des alten kontinentaleuropäischen Westens getragen[11], sondern hat auch die Welt des anglo-amerikanischen Rechts[12], die Gruppe der sozialistischen Länder[13] und den lateinamerikanischen Raum[14] ergriffen. Im deutschen Rechtskreis ist das österreichische StGB vom 23.1.1974 im gegenseitigen Kontakt mit der deutschen Strafrechtswissenschaft und Gesetzgebung ausgearbeitet worden und am gleichen Tage wie die deutsche Neufassung von 1975 in Kraft getreten[15].

b) Der Gang und die Ergebnisse der deutschen Reform sind hauptsächlich durch **drei Einflüsse** bestimmt worden. In den Jahren 1954 - 1959 hatte die Große Strafrechtskommission nach dogmatischen und rechtsvergleichenden Untersuchungen[16] einen Entwurf ausgearbeitet, der nach einigen Änderungen auf Länderebene von der Bundesregierung als *Entwurf 1962* im Bundestag eingebracht wurde[17]. Der Vorzug dieses Entwurfs lag vor allem in der exakten Regelung der Voraussetzungen der Strafbarkeit im Allgemeinen Teil und in der präzisen Fassung der Tatbestände des Besonderen Teils. Dagegen ist das Sanktionensystem des Entwurfs, der sich von dem alten Konzept eines auf die Freiheitsstrafe gegründeten und vornehmlich repressiv verstandenen Rechts im Grunde nur wenig zu lösen vermochte, bald zur Zielscheibe einer

---

[10] *Jescheck*, MPG-Jahrbuch 1975, S. 49ff.; *derselbe*, Archives de politique criminelle Nr. 7, 1984, S. 23ff.

[11] Vgl. z.B. *Léauté*, Archives de politique criminelle Nr. 8, 1985, S. 13ff. (Frankreich); *Marinucci*, ZStW 94 (1982) S. 349ff. und *Stile*, ZStW 96 (1984) S. 172ff. (Italien); *Mir Puig*, ZStW 93 (1981) S. 1293ff. (Spanien); *Røstad*, Archives de politique criminelle Nr. 6, 1983, S. 209ff. (Norwegen); *Thornstedt*, Strafrechtsreform S. 66ff. (Skandinavien); *Spinellis*, ZStW 95 (1983) S. 459ff. (Griechenland); *Verhaegen*, SchwZStr 98 (1981) S. 1ff. (Belgien); *Schultz*, ZStW 97 (1985) S. 371ff. (Schweiz); *Moos*, Wilburg-Festschrift S. 253ff. (Österreich); *Hünerfeld*, JZ 1983, 673 (Portugal). Überblick bei *Jescheck*, Encyclopedia Bd. II S. 483ff.

[12] Vgl. zu England *Glazebrook*, Encyclopedia Bd. II S. 490ff.; zu den USA *Schwartz*, Encyclopedia Bd. II S. 513ff. Über die Notwendigkeit einer durchgreifenden Strafrechtsreform in Südafrika vgl. *Steyn*, Radzinowicz-Festschrift S. 527ff.

[13] Vgl. *Spotowski*, ZStW 94 (1982) S. 747ff. und *Ewa Weigend*, ZStW 96 (1984) S. 188ff. (Polen); *Kriger*, Zweites deutsch-polnisches Kolloquium S. 367ff. (Sowjetunion). Eine durchgreifende Reform der Strafrechtsgrundsätze der UdSSR ist im Gange.

[14] Vgl. hierzu *Jescheck*, Heinitz-Festschrift S. 717ff.; *Bacigalupo*, Strafrechtsreform S. 115ff.

[15] Vgl. hierzu *Burgstaller*, Strafrechtsreform S. 39ff.; zur Frage der Bewährung des neuen Rechts *derselbe*, ZStW 94 (1982) S. 723ff.

[16] Vgl. Materialien zur Strafrechtsreform, 1. Band: Gutachten der Strafrechtslehrer, 1954; 2. Band: Rechtsvergleichende Arbeiten, Teil I: Allgemeiner Teil, 1954; Teil II: Besonderer Teil, 1955.

[17] Die Niederschriften über die Sitzungen der Großen Strafrechtskommission sind in 14 Bänden 1956 - 1960 veröffentlicht. Vgl. zum Entwurf 1962 die zusammenfassende Würdigung von *Jescheck*, ZStW 75 (1963) S. 1ff.

aus der Reformbewegung herkommenden Kritik geworden[18]. Aus dieser Richtung kam auch der zweite große Einfluß auf das Reformwerk. Im Jahre 1966 wurde der *Alternativ-Entwurf* eines StGB[19] veröffentlicht, der einen aus privater Initiative von 14 deutschen und schweizerischen Strafrechtslehrern unternommenen Versuch darstellte, die vielstimmige Kritik am E 1962 auf einen einheitlichen Nenner und in die Form eines ausgearbeiteten Gesetzesvorschlags zu bringen. Der AE wurde im Jahre 1968 von der Fraktion der FDP im Bundestag eingebracht und anschließend zusammen mit dem E 1962 beraten. Die Bedeutung dieses zweiten Entwurfs lag vor allem in seinen konsequenten Vorschlägen zur Reform der Strafen und Maßregeln[20]. Um aus beiden Entwürfen ein Ganzes zu bilden, bedurfte es einer nicht auf wissenschaftliche Lehrmeinungen oder kriminalpolitische Schulstandpunkte festgelegten dritten Kraft. Diese Synthese der Entwürfe, bei der sich in der Dogmatik mehr der E 1962, im Sanktionensystem mehr der AE durchgesetzt hat, ist dem *Sonderausschuß des Bundestags für die Strafrechtsreform* (1966 - 1969) zu danken[21], der von der Strafrechtsabteilung des Bundesjustizministeriums laufend unterstützt wurde. Bundestag und Ministerium zeigten sich für eine fortschrittliche Entwicklung aufgeschlossen, ohne jedoch radikalen Forderungen, etwa in Richtung auf Preisgabe des Schuldprinzips, der Strafe oder der Zweispurigkeit, nachzugeben. Das neue Strafrecht konnte vom Sonderausschuß geschaffen und von der Praxis wie auch von der Bevölkerung ohne größere Schwierigkeiten aufgenommen werden, weil in der Öffentlichkeit, weit über die Grenzen der Fachwelt hinaus, in den letzten Jahren *tiefgreifende Lern- und Umdenkungsprozesse* stattgefunden haben. Die überlieferten Vorstellungen von Kriminalität und ihrer Bekämpfung sind dadurch zwar nicht aufgegeben, aber doch im Sinne einer freieren und humaneren Auffassung umgestaltet worden[22].

c) **Charakteristische Regelungen des neuen Allgemeinen Teils,** die vor allem der Begrenzung und größeren Bestimmtheit des Strafrechts dienen, waren die Wendung vom Personalitäts- zum Territorialitätsprinzip im internationalen Strafrecht (§ 3), die Definition des unechten Unterlassungsdelikts (§ 13), die Gegenüberstellung von Tatbestands- und Verbotsirrtum (§§ 16, 17), die Anerkennung der schweren seelischen Abartigkeit (extreme Fälle der Psychopathie, Neurose und Triebanomalie) als Grund der Schuldunfähigkeit (§ 20), die individuell-objektive Versuchsdefinition (§ 22), die Einschränkung der Strafbarkeit des untauglichen Versuchs bei grobem Unverstand (§ 23 III), die materiell-objektive Abgrenzung der verschiedenen Formen der Beteiligung (§§ 25 - 27) mit dem Vorsatzerfordernis bei der Haupttat (§§ 26, 27), die Rege-

---

[18] Vgl. insbesondere *Peters,* Grundfragen der Strafrechtsreform S. 13 ff.; *H. Mayer,* Strafrechtsreform für heute und morgen, 1962; *Schultz,* JZ 1966, 113 ff.; vgl. ferner, auch zur Dogmatik des E 1962, Referate und Diskussionsbemerkungen von *Arthur Kaufmann, Roxin, Welzel, Grünwald, Stratenwerth, Noll* auf der Strafrechtslehrertagung 1964 in Hamburg, ZStW 76 (1964) S. 543 ff.; *Kaiser,* ZStW 78 (1966) S. 100 ff.

[19] Alternativ-Entwurf eines Strafgesetzbuches, Allgemeiner Teil, 2. Aufl. 1969 vorgelegt von *Baumann, Anne-Eva Brauneck, Hanack, Arthur Kaufmann, Klug, Lampe, Lenckner, Maihofer, Noll, Roxin, Schmitt, Schultz, Stratenwerth, Stree* unter Mitarbeit von *Quensel.*

[20] Zur Kritik und Verteidigung vgl. die Referate von *Gallas, Armin Kaufmann, Jescheck, Grünwald* und die Diskussionsbeiträge auf der Strafrechtslehrertagung 1967 in Münster, ZStW 80 (1968) S. 1 ff.

[21] Die Beratungen des Sonderausschusses sind veröffentlicht in den Protokollen der V. Wahlperiode 1. - 130. Sitzung, der VI. Wahlperiode 1. - 76. Sitzung und der VII. Wahlperiode 1. - 91. Sitzung. Zur Arbeitsmethode vgl. BT-Drucksache V/4094 S. 1 f. In der VIII. Wahlperiode wurde kein Sonderausschuß gebildet.

[22] Vgl. näher *Jescheck,* SchwZStr 91 (1975) S. 11 ff. Ferner *Tiedemann,* ZStW 86 (1974) S. 303 ff.; *Kaiser,* ZStW 86 (1974) S. 349 ff.; *derselbe,* Maurach-Festschrift S. 25 ff.; *derselbe,* Tendenzen S. 29 ff.; *Ph. Graven,* ZStW 80 (1968) S. 199 ff.

IV. Das Reformwerk der Bundesrepublik

lung des „übergesetzlichen" Notstands (§ 34) und die Einführung der Irrtumsvorschrift beim entschuldigenden Notstand (§ 35 II).

d) Der Schwerpunkt der Reform des Allgemeinen Teils lag jedoch nicht bei den Voraussetzungen der Strafbarkeit, sondern bei den **Strafen und Maßregeln.** Die Einheitsfreiheitsstrafe (§ 38) ist an die Stelle von Zuchthaus, Gefängnis und Haft getreten. Die Freiheitsstrafe beginnt mit einem Monat (§ 38 II) und ist unter 6 Monaten nur noch als Ausnahme zulässig (§ 47). Die Strafaussetzung zur Bewährung und die Aussetzung des Strafrestes sind erheblich ausgedehnt worden (§§ 56 - 57). Das 23. StÄG vom 13. 4. 1986 hat diese Regelung noch weiter verbessert. Für die lebenslange Freiheitsstrafe wurde aufgrund einer Entscheidung des Bundesverfassungsgerichts (BVerfGE 45, 187) durch das 20. StÄG vom 8. 12. 1981 die Möglichkeit der Aussetzung nach Verbüßung von 15 Jahren eingeführt (§ 57a). Bei der Geldstrafe ist der Gesetzgeber zum skandinavischen Tagesbußensystem übergegangen, wobei für die Höhe des Tagessatzes vom wirklichen oder zu erzielenden Nettoeinkommen ausgegangen wird (§ 40). Die Geldstrafe bis zu 180 Tagessätzen kann im Hinblick auf besondere Umstände durch die Verwarnung mit Strafvorbehalt ersetzt werden (§ 59). An der Zweispurigkeit hat das neue Recht festgehalten (§ 61). Eine neue Maßregel, die vor allem bei erheblich rückfälligen Tätern sowohl der Sicherung gegen als auch der Hilfe für den Verurteilten dienen soll, ist die Führungsaufsicht (§§ 68 ff.). Abgesehen von der Sicherungsverwahrung tritt im Vollzug grundsätzlich die Maßregel an die Stelle der Freiheitsstrafe mit Anrechnung auf die Strafe und mit Aussetzungsmöglichkeit für den Strafrest (§ 67). Auch die Aussetzung des Maßregelvollzugs zur Bewährung ist vorgesehen (§§ 67b und c).

e) Der **Besondere Teil** zeigt, obwohl seine Reform noch nicht abgeschlossen ist, bereits ein stark verändertes Bild, das zum Teil ziemlich unbemerkt durch Art. 19 EGStGB geschaffen worden ist. Das politische Strafrecht wurde schon im Jahre 1968 aus seiner zu engen Fixierung auf das Spannungsverhältnis zur DDR gelöst und nach den Grundsätzen eines seiner selbst bewußten Rechtsstaats freiheitlich ausgestaltet. Das 1. StrRG vom 25. 6. 1969 (BGBl. I S. 645) beseitigte die Strafbarkeit des Ehebruchs, der gleichgeschlechtlichen Unzucht zwischen erwachsenen Männern und der Unzucht mit Tieren, veränderte die Bestimmungen über den schweren Diebstahl (§§ 243, 244) und führte den Strafschutz für technische Aufzeichnungen ein (§ 268). Das 3. StrRG vom 20. 5. 1970 (BGBl. I S. 505) schränkte die sog. Demonstrationsstraftaten, insbesondere den Landfriedensbruch (§ 125), wesentlich ein. Neuerdings hat jedoch ein Gesetz vom 18. 7. 1985 (BGBl. I S. 1511) durch das Verbot der „Vermummung" und der „passiven Bewaffnung" den § 125 wieder verschärft und beides zu Ordnungswidrigkeiten nach dem Versammlungsgesetz (§ 17a) ausgestaltet. Im gleichen Zusammenhang hat das 22. StÄG vom 18. 7. 1985 (BGBl. I S. 1510) bei der Sachbeschädigung, die an sich ein Antragsdelikt ist, in § 303 c vorgesehen, daß die Staatsanwaltschaft aus besonderem öffentlichen Interesse auch von Amts wegen einschreiten kann, damit eine Strafverfolgung auch dann möglich wird, wenn die Betroffenen aus Furcht vor den Tätern keinen Strafantrag stellen. Anders gefaßt wurde im Zusammenhang mit der Wertzeichenfälschung (§ 148) der gesamte 8. Abschnitt mit den Gelddelikten. Der starke Wandel grundlegender Begriffe und Anschauungen auf dem Gebiet von Ehe, Familie und geschlechtlicher Sittlichkeit zeigt sich an den Veränderungen, die das 4. StrRG vom 23. 11. 1973 (BGBl. I S. 1725) im 12. Abschnitt über die Familiendelikte und im 13. Abschnitt über die Sexualdelikte vorgenommen hat[23].

---

[23] Zu § 175 *Jescheck,* Homosexualität (rechtlich), in: Staatslexikon der Görres-Gesellschaft Bd. 3 S. 3 ff.

Im 16. Abschnitt sind die Strafvorschriften über die Abtreibung zunächst vom Bundestag durch das 5. StrRG vom 18.6.1974 (BGBl. I S. 1297) dahingehend abgeändert worden, daß nach § 218a die Strafbarkeit des mit Einwilligung der Schwangeren von einem Arzt vorgenommenen Schwangerschaftsabbruchs entfallen sollte, wenn seit der Empfängnis nicht mehr als 12 Wochen vergangen sind (sog. *Fristenlösung*). Das Bundesverfassungsgericht hat jedoch diese Vorschrift, die den bisher tiefsten Eingriff in den überlieferten Bestand des deutschen Strafrechts und die ihm zugrunde liegenden Wertvorstellungen darstellte, als Verletzung des Art. 2 II 1 GG (Recht auf Leben) in Verbindung mit Art. 1 I GG (Menschenwürde) für nichtig erklärt (BVerfGE 39,1)[24]. Die abschließende Regelung der Frage hat das 15. StÄG vom 18.5.1976 (BGBl. I S. 1213) mit einer erweiterten *Indikationenlösung* gebracht. Das Hauptziel des Gesetzes ist die Durchsetzung einer Beratung der Schwangeren über öffentliche und private Hilfen, um den Abbruch der Schwangerschaft möglichst zu vermeiden (§ 218b). Die Schwangere, die trotz der Beratung die Schwangerschaft vor Ablauf von 22 Wochen seit der Empfängnis durch einen Arzt abbrechen läßt, ist jedoch nicht mehr strafbar (§ 218 III 2). Selbst wenn keine Beratung stattgefunden hat und der Eingriff nicht von einem Arzt vorgenommen wird, kann das Gericht in Fällen besonderer Bedrängnis von einer Bestrafung der Schwangeren absehen (§ 218 III 3). Handlungen, deren Wirkungen vor Abschluß der Einnistung des befruchteten Eies in der Gebärmutter eintreten (postkonzeptionelle Maßnahmen im Frühstadium), fallen nach § 219d von vornherein nicht unter die Strafvorschriften der §§ 218ff. Anerkannte Gründe für den straflosen Abbruch der Schwangerschaft sind die medizinische, eugenische, ethische und Notlagenindikation (§ 218a). Umstritten ist vor allem die Notlagenindikation (§ 218a II Nr. 3), aufgrund deren mehr als 80% der jährlich weit über 100 000 gemeldeten Schwangerschaftsabbrüche durchgeführt werden[25].

Aktuelle Ereignisse führten zu neuen Strafvorschriften über erpresserischen Menschenraub (§ 239a), Geiselnahme (§ 239b) und Angriffe auf den Luftverkehr (§ 316c) durch das 11. und 12. StÄG vom 16.12.1971 (BGBl. I S. 1977, 1979) sowie zu scharfen Strafbestimmungen gegen den Terrorismus (§§ 126, 129a) durch das 14. StÄG vom 22.4.1976 (BGBl. I S. 1056) und ein Gesetz vom 18.8.1976 (BGBl. I S. 2181). Das neue Gesetz zur Bekämpfung des Terrorismus vom 19.12.1986 (BGBl. I S. 2566/67) verschärfte § 129a, erneuerte § 130a über die Anleitung zu Straftaten und führte § 305a über die Zerstörung wichtiger Arbeitsmittel ein. Aus Gründen der Rechtsklarheit hat weiter das 13. StÄG vom 13.6.1975 (BGBl. I S. 1349) die Regelung des § 142 über das unerlaubte Sichentfernen vom Unfallort neugestaltet.

Ferner hat das Erste Gesetz zur Bekämpfung der Wirtschaftskriminalität mit der Einführung der neuen Strafvorschriften über den Subventionsbetrug (§ 264) und den Kreditbetrug (§ 265a) vorerst zwei typische Formen des modernen „White-collarcrime" durch neue Gefährdungstatbestände erfaßt, bei denen schon falsche Angaben für die Strafbarkeit genügen und der Eintritt eines Vermögensschadens einschließlich des darauf gerichteten Vorsatzes nicht nachgewiesen werden muß. Weiter wurden die Konkursdelikte aus der Konkursordnung wieder in den 24. Abschnitt des Strafgesetzbuchs (§§ 283 - 283d) überführt und zugleich nach den kriminalpolitischen Bedürfnissen bei der Bekämpfung des betrügerischen Bankrotts umgestaltet sowie

---

[24] Der österreichische Verfassungsgerichtshof und der französische Conseil Constitutionnel haben dagegen die dem deutschen § 218a a.F. entsprechenden Vorschriften des neuen österreichischen bzw. französischen Rechts nicht beanstandet, weil die Verfassungsrechtslage in diesen Ländern eine andere ist (vgl. dazu *Jescheck*, Jahrbuch der MPG 1975, S. 56).

[25] Vgl. insbes. *Dreher / Tröndle*, Vorbem. 9ff. vor § 218; *Tröndle*, Jura 1987, 72f.

den Anforderungen des Schuldprinzips besser angepaßt. Endlich wurden im 25. Abschnitt die Wucherdelikte (§§ 302a-f a. F.) durch eine einzige umfassende Strafvorschrift gegen den Wucher (§ 302a) ersetzt, die außer dem ausdrücklich genannten Miet- und Kreditwucher auch die wucherische Übervorteilung bei sonstigen Leistungen einschließt.

Der durch das 18. StÄG vom 28.3.1980 (BGBl. I S. 373) neu geschaffene 28. Abschnitt des Besonderen Teils über Straftaten gegen die Umwelt vereinigt in sich die Vorschriften zum Schutz der Gewässer, des Bodens und der Luft sowie zum Schutz gegen gesundheitsschädlichen Lärm und gegen radioaktive Strahlen, die größtenteils schon im Nebenstrafrecht enthalten waren. Die neuen Bestimmungen bedrohen durchweg auch fahrlässiges Handeln mit Strafe und sehen bei schwerer Umweltgefährdung (§ 330) abgestufte Strafschärfungen vor. Der Begriff des Gewässers umfaßt nach § 330d Nr. 1 auch das Meer, und demgemäß dehnt der neue § 5 Nr. 11 die deutsche Strafgewalt bei Verunreinigung eines Gewässers (§ 324), umweltgefährdender Abfallbeseitigung (§ 326), schwerer Umweltgefährdung (§ 330) und schwerer Gefährdung durch Freisetzen von Giften (§ 330a) auf Taten im Bereich des deutschen Festlandsockels aus[26].

Von erheblicher praktischer Bedeutung sind ferner die Umgestaltung des 19. Abschnitts über Begünstigung und Hehlerei und die Neuordnung des 29. Abschnitts über Straftaten im Amte, denen die Definitionen des Amtsträgers (BGHSt 31, 264 [267ff.]), Richters und für den öffentlichen Dienst besonders Verpflichteten (§ 11 I Nr. 2 - 4) zugrunde liegen.

f) Die Forderung nach **Entkriminalisierung des Strafrechts**[27] hat sowohl im Besonderen Teil als auch im Strafprozeßrecht Berücksichtigung gefunden. Im Besonderen Teil ist vor allem der frühere 29. Abschnitt mit den *Übertretungen* gestrichen worden. Bei Diebstahl und Unterschlagung geringwertiger Sachen wurde ferner das Strafantragserfordernis eingeführt (§ 248a); diese Vorschrift ist auch bei anderen Vermögensdelikten entsprechend anwendbar (z. B. §§ 259 II, 263 IV, 265a III, 266 III). Der Entkriminalisierung dienen ferner zwei neue Vorschriften des *Strafprozeßrechts*. Als Ausnahme von der Verfolgungspflicht kann die Staatsanwaltschaft bei Vermögensvergehen, die nicht mit einer im Mindestmaß erhöhten Freiheitsstrafe bedroht sind (also z. B. nicht bei Diebstahl mit Waffen und Bandendiebstahl nach § 244), das Verfahren *ohne* Zustimmung des Gerichts einstellen, wenn der Schaden und die Schuld des Täters gering sind und kein öffentliches Interesse an der Strafverfolgung besteht (§ 153 I 2 StPO). Weiter ist durch § 153a I StPO das vorläufige Absehen von der Klage durch die Staatsanwaltschaft unter Auflagen und Weisungen eingeführt worden (vgl. dazu unten § 81 I 4). Entsprechende Befugnisse hat das Gericht (§§ 153 II, 153a II StPO).

3. Das durch die Reform seit 1969 geschaffene neue Strafrecht hat seine Bewährungsprobe inzwischen im wesentlichen bestanden[28]. **Weitere Reformpläne** für den Allgemeinen Teil sind in letzter Zeit **verwirklicht** worden. Eingeführt wurden die Erleichterung der Aussetzung von Freiheitsstrafen bis zu zwei Jahren (§ 56 II) aufgrund einer „Gesamtwürdigung von Tat und Täter" (BGH NStZ 1982, 114) sowie eine Erweiterung der Aussetzung des Strafrestes nach Halbzeitverbüßung (§ 57 II)[29].

---

[26] Zum ganzen *Albrecht / Heine / Meinberg*, ZStW 96 (1984) S. 943ff.
[27] Dazu *Achenbach,* JuS 1980, 82ff., 86ff.; *Naucke,* GA 1984, 199ff.
[28] *Jescheck,* MPG-Jahrbuch 1980 S. 18ff.; *derselbe,* Archives de politique criminelle Nr. 8, 1985, S. 153ff.
[29] Zusätzliche Reformvorschläge bei *Rogall,* ZRP 1982, 129f.

Abgeschafft wurde die obligatorische Strafschärfung bei Rückfall (§ 48). Ferner haben alle Bundesländer die Möglichkeit geschaffen, die Vollstreckung einer Ersatzfreiheitsstrafe (§ 43) durch Leistung gemeinnütziger Arbeit zu vermeiden (Art. 293 EGStGB)[30]. Das Zweite Gesetz zur Bekämpfung der Wirtschaftskriminalität vom 15.5.1986 hat zahlreiche neue Strafvorschriften eingeführt, die vor allem durch veränderte technisch-wirtschaftliche Entwicklungen veranlaßt worden sind, insbesondere solche zur Erfassung der Computerkriminalität.

§ 12 Bundesrechtliche Strafrechtsquellen außerhalb des StGB

Dando, Das Legalitätsprinzip usw., Festschrift für E. Heinitz, 1972, S. 37; *Franzen / Gast / Samson,* Steuerstrafrecht usw., 3. Aufl. 1985; *Franzmann,* Mainachtsstreiche vor Gericht, JZ 1956, 241; *Germann,* Probleme und Methoden der Rechtsfindung, 1965; *Honig,* Entwurf eines StGB für die Vereinigten Staaten von Amerika (Model Penal Code), ZStW 75 (1963) S. 63; *Jagusch / Hentschel,* Straßenverkehrsrecht, 28. Aufl. 1985; *Krey,* Blankettstrafgesetze, 1981; *Larenz,* Methodenlehre der Rechtswissenschaft, 5. Aufl. 1983; *Lenzen,* Zuständigkeit für das Strafrecht kraft Sachzusammenhangs, JR 1980, 133; *Llewellyn,* Präjudizienrecht und Rechtsprechung in Amerika, 1932; *Mueller,* Das amerikanische Bundesstrafrecht, ZStW 69 (1957) S. 301 ff.; *Noll,* Satirische Ehrverletzungen, Basler Juristische Mitteilungen, Heft 1, 1959, S. 9; *Piegler,* Volksbräuche vor Gericht, JZ 1955, 721; *Radbruch,* Der Geist des englischen Rechts, 1946; *Scheyhing,* Volksbräuche und Rechtsordnung, JZ 1959, 239; *Wechsler,* The Model Penal Code and the Codification of American Criminal Law, Essays in Honour of Sir Leon Radzinowicz, 1974, S. 419.

I. Kodifiziertes und nicht-kodifiziertes Strafrecht

1. Das StGB ist ebenso wie das BGB eine **Kodifikation**[1], d. h. die zusammenfassende Regelung eines ganzen Rechtsgebiets in einem systematisch geordneten Gesetzeswerk (Codex bedeutet Buch, insbesondere Gesetzbuch).

---

[30] *Albrecht,* BewH 1985, 130f.

[1] Das kontinentaleuropäische und das lateinamerikanische Strafrecht ist durchweg kodifiziert; vgl. die umfassende Darstellung des ausländischen Strafrechts der Gegenwart bei *Jiménez de Asúa,* Bd. I S. 319ff. Die sozialistischen Länder haben seit 1958 sämtlich neue StGB eingeführt. Auch im anglo-amerikanischen Rechtskreis sind vielfach Kodifikationen des Strafrechts und neben dem Common Law überall strafrechtliche Einzelgesetze entstanden. Die USA haben sich mit dem Bundesstrafgesetzbuch von 1948 (United States Code, Title 18, Part I mit Amendments) die Anfänge einer Kodifikation des Bundesstrafrechts geschaffen, die aber nur einen fragmentarischen Allgemeinen Teil enthält und eine systematische Ordnung des Besonderen Teils noch vermissen läßt; vgl. näher *Mueller,* ZStW 69 (1957) S. 309ff. Zur Reform vgl. Report of the Senate Committee on the Judiciary, on the Criminal Justice Codification and Reform Act of 1974, Bd. 1. Weitergehend ist das kodifikatorische Anliegen des vom American Law Institute als Modell eines StGB ausgearbeiteten Model Penal Code (1962); vgl. dazu *Wechsler,* Radzinowicz-Festschrift S. 419ff. und *Honig,* ZStW 75 (1963) S. 63ff. (Übersetzung des Model Penal Code von *Honig* in: Sammlung außerdeutscher StGB in deutscher Übersetzung, Nr. 86, 1965). Sämtliche amerikanischen Einzelstaaten haben sich, teils in Anlehnung an den Model Penal Code, Strafgesetzbücher geschaffen; vgl. die Übersicht bei *Wechsler,* Radzinowicz-Festschrift S. 466f. „Common law crimes" sind im Bundesstrafrecht und in der Mehrzahl der Einzelstaaten ausgeschlossen, doch spielt das Common Law bei der Auslegung des Gesetzesrechts, insbesondere im Allgemeinen Teil, noch immer eine erhebliche Rolle (vgl. *LaFave / Scott,* Criminal Law S. 57ff.). Über die Kodifikationsbewegung im britischen Commonwealth vgl. *Grünhut,* Das englische Strafrecht S. 157ff. England hält gegenwärtig noch an seinem aus Common Law und Einzelgesetzen zusammengesetzten Strafrechtssystem fest, bereitet aber eine Kodifikation vor, deren Entwicklung aus den seit 1968 fortlaufend veröffentlichten „Working papers" und den Annual Reports der Law Commission ersichtlich ist. Den neuesten Stand ergibt: The Law Commission, Codification of the Criminal Law, 1985. In Schottland gilt für

I. Kodifiziertes und nicht-kodifiziertes Strafrecht

In Deutschland hat die Kodifizierung des Strafrechts schon frühzeitig eingesetzt. Die erste Kodifikation des Reichsstrafrechts war die Constitutio Criminalis Carolina von 1532 (vgl. oben § 10 IV). Ihr folgten in der Aufklärung die großen Kodifikationen des Strafrechts der wichtigsten Territorien, so in Bayern der Codex Juris Bavarici Criminalis (1751), in Österreich das Allgemeine Gesetz über Verbrechen und derselben Bestrafung (1787) Josephs II. und in Preußen das Allgemeine Landrecht für die Preußischen Staaten (1794), das in Teil II, Titel 20 einen geschlossenen Strafrechtsteil enthielt. Über das bayerische StGB von 1813 und das preußische StGB von 1851 vgl. oben § 10 VI und VII.

Der Wert der Kodifizierung eines Rechtsgebiets liegt in der Sammlung, systematischen Ordnung, kritischen Durchsicht und geschlossenen Darstellung des gesamten einschlägigen Stoffs. Gerade das Strafrecht sollte kodifiziert sein, um jedermann einen Überblick zu verschaffen, wo die Grenzen der individuellen Freiheit verlaufen und welche Handlungen es sind, die vom Staat für den Rechtsfrieden der Allgemeinheit als so unerträglich angesehen werden, daß sie mit Strafe bedroht sind. Auch eine Strafrechtskodifikation gibt freilich nur ein annähernd zutreffendes Bild von der wirklichen Ausdehnung des Strafrechts, weil sie niemals vollständig sein kann (vgl. unten § 12 II und III).

Für das RStGB von 1871 war die Auswahl des in die Kodifikation aufzunehmenden Rechtsstoffs durch das StGB des Norddeutschen Bundes vorgezeichnet. Auch für die Neufassung des StGB von 1975 ergab sich der Grundbestand aus dem überlieferten Recht. Unabhängig von allen geschichtlichen Vorbildern läßt sich aber sagen, daß ein StGB alle diejenigen Bestimmungen umfassen sollte, die zum *Kernbestand* des kriminellen Strafrechts gehören. Das sind im Allgemeinen Teil die Normen über den Geltungsbereich des Strafrechts, die Bestimmungen über die allgemeinen Voraussetzungen der Strafbarkeit und die Vorschriften über die Rechtsfolgen der Straftat, zu denen auch Grundsätze über den Vollzug von Freiheitsstrafen und freiheitsentziehenden Maßregeln treten können. Auch im Besonderen Teil gibt es einen solchen Kernbereich, der aber in verschiedenen Strafgesetzbüchern und verschiedenen Zeitaltern unterschiedliche Abgrenzungen aufweist.

2. Außerhalb des StGB gibt es ein dieses an Stoffülle bei weitem überragendes **nicht-kodifiziertes Bundesstrafrecht**[2]. Es handelt sich dabei einmal um das Strafrecht für besondere Personengruppen, zum anderen um Sachgebiete, die ihrer Natur nach Sonderbereiche des Gemeinschaftslebens betreffen, endlich um Vorschriften, deren Verbotsinhalt sich nicht in Strafvorschriften selbständig beschreiben, sondern nur durch Bezugnahme auf außerstrafrechtliche Normenkomplexe bestimmen läßt. Das nicht-kodifizierte Strafrecht findet jedoch darin seine innere Einheit und seine geistige Beziehung zum StGB, daß gerade die Vorschriften des Allgemeinen Teils für alles bestehende und zukünftige Bundesrecht gelten, soweit das Gesetz nichts anderes bestimmt (Art. 1 I EGStGB).

Eine Sonderregelung enthalten z. B. die §§ 8 - 10 WiStG 1954 über die Abführung des Mehrerlöses, sie gehen den Vorschriften über den Verfall in den §§ 73 ff. vor. Die Anpassung der Strafvorschriften des Bundesrechts an den neuen Allgemeinen Teil wurde durch die Art. 10 - 17 EGStGB vorgenommen. Der Besondere Teil läßt das übrige Bundesstrafrecht unberührt, soweit dieses nicht durch das Einführungsgesetz aufgehoben oder geändert worden ist (Art. 4 I EGStGB).

---

den Allgemeinen Teil und die Deliktstatbestände noch überwiegend Common Law, aber auch dort arbeitet eine Law Commission an der Reform und, wenn möglich, Kodifikation des Strafrechts. Skeptisch zum Kodifikationsplan *Glanville Williams*, Textbook S. 18.
[2] Einen Überblick gibt die Loseblattsammlung *Erbs / Kohlhaas*, Strafrechtliche Nebengesetze, 3 Bände, 4. Aufl. 1988 mit Registerband *Göhler / Buddendiek / Lenzen*, Lexikon des Nebenstrafrechts, 2. Aufl. 1987.

II. Die strafrechtlichen Hauptgesetze

Die Bezeichnung „Nebenstrafrecht", die auf alle Strafvorschriften des Bundesrechts außerhalb des StGB Anwendung findet, wird der Bedeutung derjenigen Gesetze nicht gerecht, die nach Art und Gewicht ihres Inhalts zum Kerngebiet des kriminellen Strafrechts gehören und nur aus gesetzestechnischen Gründen nicht in das StGB aufgenommen werden konnten. Zu diesen **„strafrechtlichen Hauptgesetzen"**[3] zählen aus dem *Grundgesetz* Art. 102 über die Abschaffung der Todesstrafe und Art. 103 II über die gesetzliche Bestimmtheit von Verbrechen und Strafe. Die Bedeutung der Aufnahme dieser strafrechtlichen Vorschriften in das Grundgesetz liegt darin, daß für sie die erhöhte Bestandsgarantie des Art. 79 GG eingreift. Als Sondergesetz für die frühen Altersgruppen sieht das *Jugendgerichtsgesetz* (JGG) i. d. F. vom 11. 12. 1974 (BGBl. I S. 3427) jugendgemäße Rechtsfolgen der Jugendstraftat vor. Das JGG gilt für Jugendliche und im Rahmen der §§ 105 ff. JGG für Heranwachsende, wobei für die Zugehörigkeit zu diesen Altersgruppen der Zeitpunkt der Tat, nicht der des Urteils maßgebend ist (über die zahlenmäßige Bedeutung der Jugendkriminalität vgl. oben § 5 III). Das StGB ist nur anzuwenden, soweit im JGG nichts anderes bestimmt ist (§ 10 StGB, § 2 JGG). Das bedeutet, daß der gesamte Besondere Teil (außer den Strafdrohungen) und vom Allgemeinen Teil die Abschnitte 1, 2, 4 und 5 gelten, d. h. also praktisch alles mit Ausnahme der meisten Bestimmungen des 3. Abschnitts über die Rechtsfolgen der Tat (vgl. § 7 JGG). Zu den strafrechtlichen Hauptgesetzen gehört ferner das *Wehrstrafgesetz* (WStG) i. d. F. vom 24. 5. 1974 (BGBl. I S. 1213). Es gilt einmal für Straftaten, die Soldaten der Bundeswehr begehen, zum anderen für bestimmte Delikte von militärischen Vorgesetzten, auch wenn diese keine Soldaten sind, und schließlich für Anstiftung und Beihilfe von Nichtsoldaten zu militärischen Straftaten (§ 1). Das WStG enthält sowohl allgemeine Bestimmungen als auch die Tatbestände der militärischen Straftaten, während das StGB nur subsidiäre Geltung besitzt (§ 3 I WStG)[4]. Ein strafrechtliches Hauptgesetz ist weiter das *Wirtschaftsstrafgesetz* (WiStG) i. d. F. vom 3. 6. 1975 (BGBl. I S. 1313). Es enthält eine Straf- und eine Bußgelddrohung zum Schutz von Sicherstellungsvorschriften auf dem Gebiet der Versorgung (§§ 1, 2) und Bestimmungen über Ordnungswidrigkeiten in bezug auf Preise (§§ 3 - 6). Zu den strafrechtlichen Hauptgesetzen wird man ferner auch das *Steuerstrafrecht* zu rechnen haben, das in den §§ 369 - 376 der Abgabenordnung (AO 1977) i. d. F. vom 16. 3. 1976 (BGBl. I S. 613) geregelt ist, während die Steuerordnungswidrigkeiten in den §§ 377 - 384 ihren Platz gefunden haben[5]. Wegen seiner überragenden praktischen Bedeutung ist schließlich auch das *Straßenverkehrsgesetz* (StVG) vom 19. 12. 1952 (BGBl. I S. 837) mit der StVO vom 16. 11. 1970 (BGBl. I S. 1565) und der StVZO i. d. F. vom 15. 11. 1974 (BGBl. I S. 3193) zu den strafrechtlichen Hauptgesetzen aufgerückt[6]. Während das StVG sowohl Straftatbestände (§§ 21, 22) als auch die grundsätzlichen Vorschriften über Verkehrsordnungswidrigkeiten (§§ 23 bis 27) und die wichtige 0,8-Promille-Grenze (§ 24a) enthält, füllen StVO (§ 49) und StVZO (§ 69a) durch eine Vielzahl von Ordnungswidrigkeiten, denen größte Bedeutung zukommt, die Blankettnorm des § 24 StVG aus.

---

[3] So treffend *Maurach / Zipf*, Allg. Teil I S. 101.

[4] Über die Anwendung des Allgemeinen Teils des StGB im Rahmen des WStG vgl. *Schölz*, § 3 WStG Rdn. 4 ff.

[5] Über den Aufbau des Steuerstraf- und -ordnungswidrigkeitenrechts vgl. *Franzen / Gast / Samson*, Steuerstrafrecht, Einleitung.

[6] Einen umfassenden Überblick gibt der Kommentar von *Jagusch / Hentschel*, Straßenverkehrsrecht, 1985.

III. Die strafrechtlichen Nebengesetze

1. Das Nebenstrafrecht ist durch die Neigung des Gesetzgebers, auch entlegene Rechtsgebiete möglichst mit Strafvorschriften auszustatten, allmählich zu einer so unübersehbaren *Stoffülle* angewachsen, daß die generalpräventive Kraft des Strafrechts darunter leiden muß[7]. Daher stellte sich der Abbau des Nebenstrafrechts mit Bagatellcharakter als eine wichtige Reformaufgabe dar, die das EGStGB im Wege der Einzelanpassung gelöst hat. Außerdem enthält das Gesetz in Art. 13 eine Generalklausel, nach der alle Strafvorschriften, die nur Geldstrafe oder Freiheitsstrafe mit einem niedrigeren Höchstmaß als 6 Monate, allein oder nebeneinander, androhen, in Ordnungswidrigkeiten mit Bußgelddrohung umgewandelt sind.

2. Im Nebenstrafrecht (aber nicht nur dort)[8] finden sich häufig **Blankettstrafgesetze**. Man versteht darunter Gesetze, die nur eine Strafdrohung aufstellen, bezüglich des Verbotsinhalts aber auf Gesetze und Verordnungen oder sogar auf Verwaltungsakte verweisen, die von einer anderen Stelle und zu einer anderen Zeit selbständig erlassen werden (vgl. die Definition in BGH 6, 30 [40 f.]). Zu unterscheiden ist demgemäß zwischen *Sanktions-* und *Ausfüllungsnorm*. Der Tatbestand des Blankettgesetzes wird erst durch die Ausfüllungsnorm vollständig gebildet (BGH 20, 177 [181])[9], er muß dem Bestimmtheitsgebot des Art. 103 II GG genügen (BVerfGE 41, 314; 47, 109)[10].

Beispiele: Nach § 1 WiStG wird bestraft, wer bestimmten gesetzlichen Sicherstellungsvorschriften zuwiderhandelt, nach § 315 a I 2, wer als Führer bestimmter Fahrzeuge gegen Rechtsvorschriften zur Sicherung des betreffenden Verkehrs verstößt[11].

Blankettstrafgesetze sind nicht unzulässig, obwohl sie auf inhaltlich möglicherweise noch unbekannte Vorschriften anderer Stellen verweisen, denn die Vermutung der Rechtmäßigkeit gilt auch für diese. Soll die das Blankett ausfüllende Norm jedoch eine Rechtsverordnung sein, so muß der Gesetzgeber nach Art. 103 II GG die Ermächtigung zur Strafandrohung unzweideutig aussprechen und dabei Inhalt, Zweck und Ausmaß der Ermächtigung so genau umschreiben, daß der Bürger die Voraussetzungen der Strafbarkeit und die Art der Strafe schon aus dem Gesetz entnehmen kann, weil sonst der Grundsatz der „gesetzlichen" Bestimmtheit von Verbrechen und Strafe nicht eingehalten wäre (BVerfGE 14, 174 [185 f.]; 14, 254 [257]; 23, 265 [269 ff.]). Wird eine Freiheitsstrafe angedroht, so darf nach Art. 104 I 1 GG nur die Spezifizierung des Tatbestandes der Rechtsverordnung überlassen bleiben (BVerfGE 14, 174 [187]) (vgl. unten § 13 II 2 und 3). Zum Rückwirkungsverbot vgl. unten § 15 IV 5 Fußnote 44, zum Irrtum vgl. unten § 29 V 3.

IV. Das Gewohnheitsrecht

1. **Gewohnheitsrecht** entsteht ebenso wie Gesetzesrecht aus der Rechtsüberzeugung des Volkes, es wird jedoch nicht durch einen Akt formeller Rechtssetzung

---

[7] Die Rechtspflegestatistik für 1983 weist 784 657 Verurteilungen wegen Straftaten insgesamt, davon 307 564 (39,20%) Verurteilungen wegen Straftaten im Straßenverkehr und 80 298 (10,23%) Verurteilungen nach anderen Bundes- und Landesgesetzen (außer StGB und StVG) auf.

[8] Vgl. z. B. § 315 a I Nr. 2.

[9] Vgl. dazu *Baumann / Weber*, Allg. Teil S. 139; *Maurach / Zipf*, Allg. Teil I S. 102 f.; *Schmidhäuser*, Allg. Teil S. 116; *Welzel*, Lehrbuch S. 168.

[10] *Krey*, Blankettstrafgesetze S. 176 ff.

[11] Kritisch wegen der Unbestimmtheit des als Ausfüllungsnorm in Betracht kommenden Regelungsbereichs *Lenzen*, JR 1980, 136.

geschaffen[12]. Zwei Voraussetzungen müssen für die Entstehung von Gewohnheitsrecht gegeben sein: eine Norm muß als von Rechts wegen geltend allgemeine Anerkennung gefunden haben *(opinio necessitatis)* und der Rechtsgeltungswille der Gemeinschaft muß durch *dauernde Übung* nach außen klar in Erscheinung getreten sein. Im Strafrecht entsteht Gewohnheitsrecht vor allem durch den Gerichtsgebrauch, doch muß auch hier zur ständigen Übung die Anerkennung als *Rechts*anwendung durch die Gemeinschaft hinzutreten (BGH 31, 7 [8] zum Telegramm als Rechtsmittelschrift). Mit Rücksicht auf das Bestimmtheitsgebot (vgl. unten § 15 III 3) ist der Gesetzgeber um Überführung des Gewohnheitsrechts in den Gesetzestext bemüht.

Beispiele: Das unechte Unterlassungsdelikt (§ 13), der rechtfertigende Notstand (§ 34) und der Verbotsirrtum (§ 17) sind seit 1975 im StGB geregelt.

2. Während im anglo-amerikanischen Common Law **Gerichtsentscheidungen** (Präjudizien) selbständige Rechtsquellen sind, die gleichrangig neben dem Gesetzesrecht stehen, kommt ihnen in Kontinentaleuropa nur dann echte präjudizielle Wirkung zu, wenn sie zu Gewohnheitsrecht geworden sind[13]. Die Kodifikationsbewegung des 19. Jahrhunderts hat dem Gewohnheitsrecht im Bereich des Strafrechts zum großen Teil den Boden entzogen. Mit der von der liberalen Idee geforderten Vergesetzlichung des Strafrechts verband sich das Verbot der Rechtsschöpfung durch Gewohnheitsrecht, sofern sich dieses durch Einführung neuer oder Verschärfung bestehender Strafnormen zum Nachteil des Bürgers auswirkte. Man wollte damit den gefürchteten Gerichtsgebrauch aus der Zeit des gemeinen Rechts in die Schranken verweisen (vgl. oben § 10 V und unten § 15 II 1). Der Satz des bürgerlichen Rechts „Gesetz ist jede Rechtsnorm" (Art. 2 EGBGB) gilt also nicht im Strafrecht, hier ist vielmehr der Herrschaftsbereich der „lex scripta". Freilich hat das Gewohnheitsrecht auch im Strafrecht immer noch eine gewisse Bedeutung. Sein Anwendungsgebiet ist einmal gerade der Allgemeine Teil, weil das Gewohnheitsrecht angesichts der nur teilweise durchgeführten Kodifizierung der allgemeinen Lehren die Lücken ausfüllen muß, wobei zuzugeben ist, daß es sich um gewohnheitsrechtlich anerkannte *Auslegung* handelt[14]. Zum anderen kann sich das Gewohnheitsrecht auch im Besonderen Teil auswirken, und zwar *zugunsten* des Bürgers, indem Straftatbestände gewohnheitsrechtlich außer Kraft treten (desuetudo), abgemildert oder eingeschränkt werden.

Beispiele: Auf Gewohnheitsrecht beruht das Züchtigungsrecht der Lehrer, soweit es noch besteht (BGH 11, 241 [247]), sowie die Anerkennung von Volksbräuchen[15], Fastnachtsscherzen[16] und Studentenstreichen[17] als im Ergebnis jedenfalls nicht strafbaren volkstümlichen Traditio-

---

[12] Zur Deutung einer bestehenden Übung als „Gewohnheitsrecht" vgl. *Larenz,* Methodenlehre S. 341.

[13] Vgl. hierzu *Grünhut,* Das englische Strafrecht S. 172f.; *Radbruch,* Geist des englischen Rechts S. 43ff.; *Llewellyn,* Präjudizienrecht und Rechtsprechung in Amerika, 1932. *Germann,* Rechtsfindung S. 371ff. mißt im Hinblick auf das Verhalten der Praxis auch in den kontinentaleuropäischen Ländern, jedenfalls in der Schweiz, den Entscheidungen der obersten Instanzen präjudizielle Bedeutung zu, doch ist das nur im Sinne faktischer Geltung, nicht im Sinne normativer Kraft zu verstehen; vgl. *Larenz,* Methodenlehre S. 415f. Für die Anerkennung von Richterrecht (auch ohne den Rang von Gewohnheitsrecht) ferner *Stratenwerth,* Allg. Teil I Rdn. 95. Im gleichen Sinne ferner *Dando,* Heinitz-Festschrift S. 41.

[14] So *Schmidhäuser,* Allg. Teil S. 89f.; wohl auch *Jakobs,* Allg. Teil S. 74f.

[15] Vgl. *Piegler,* JZ 1955, 721 (für Gewohnheitsrecht); *Franzmann,* JZ 1956, 241 (für soziale Adäquanz); *Scheyhing,* JZ 1959, 241 (für Privatautonomie).

[16] *Noll,* Basler Juristische Mitteilungen 1959, 9ff.

[17] Rechtsbank s'Gravenhage, Nederlandse Jurisprudentie 1959, No. 520 (Annahme eines Verbotsirrtums für recht erhebliche Straftaten im Rahmen einer Studentenfehde).

I. Das Verhältnis von Bundes- und Landesstrafrecht 101

nen. Auch die fortgesetzte Handlung ist eine Schöpfung des Gewohnheitsrechts, dem durch das Gesetz allerdings jederzeit der Boden entzogen werden kann (RG 39, 1). Im *Besonderen Teil* können Straftatbestände durch ständige Nichtanwendung außer Kraft treten, wenn dies auf gemeinsamer Rechtsüberzeugung beruht (OGH 1, 63 [66]; BGH 5, 12 [23]). Doch schafft ein vorübergehender Zustand der Lässigkeit, vor allem in Notzeiten, noch kein Gewohnheitsrecht, auch wenn eine bestimmte Vorschrift jahrelang nicht angewendet worden ist (RG 58, 6 [9]; OGH 1, 343 [353]; BGH 8, 360 [381]). Zu weit gefaßte Tatbestände hat das Gewohnheitsrecht eingeschränkt, so den Treubruchstatbestand des § 266 auf Fälle typischer Vermögensfürsorge und wirtschaftlicher Selbständigkeit des Treupflichtigen (BGH 1, 186 [189]; 4, 167 [172]).

§ 13 Die Rangordnung der Strafrechtsquellen

Bopp, Die Entwicklung des Gesetzesbegriffs i. S. des Grundrechtes „Nulla poena, nullum crimen sine lege", Diss. Freiburg 1966; *Finger*, Reichs- und Landesstrafrecht im Lichte der Rechtsprechung des RG, RG-Festgabe, Bd. V, 1929, S. 93; *Göhler / Buddendiek / Lenzen*, Lexikon des Nebenstrafrechts, Registerband zu *Erbs / Kohlhaas*, Strafrechtl. Nebengesetze, Losebattsammlung, Stand 1987; *Kääb / Rösch*, Bayerisches Landesstraf- und Verordnungsgesetz, 2. Aufl. 1967; *Lenzen*, Zuständigkeit für das Strafrecht kraft Sachzusammenhangs, JR 1980, 133; *Mueller*, Das amerikanische Bundesstrafrecht, ZStW 69 (1957) S. 301; *Starck*, Der Gesetzesbegriff des Grundgesetzes, 1970.

I. Das Verhältnis von Bundes- und Landesstrafrecht

1. Das **Verhältnis von Gesamtstrafrecht und Regionalstrafrecht** hat in Deutschland im Laufe der Geschichte wiederholt gewechselt.

Während die CCC von 1532 durch die „salvatorische Klausel" dem Partikularrecht grundsätzlich den Vorrang einräumte (vgl. oben § 10 V) und in der Zeit des gemeinen Rechts das Reichsrecht durch mannigfaltige regionale Satzungen ergänzt und durch den Gerichtsgebrauch mit einem dichten Gespinst von örtlichen Gewohnheiten überzogen wurde, hat der Bundesstaat dem Reichsrecht den Vorrang vor dem Landesrecht gesichert. Das galt sowohl für das Kaiserreich (Art. 2 RV 1871) als auch für die Weimarer Republik (Art. 13 I WRV). An dem Vorrang des Reichsrechts nahm auch das Strafrecht teil, da es zu den Materien gehörte, für die das Reich aufgrund seiner Kompetenz die Länder von der Gesetzgebung ausschließen konnte (Art. 4 Nr. 13 RV 1871; Art. 7 Nr. 2, 3 WRV). Zur Besatzungszeit nach 1945 vgl. 2. Auflage S. 89.

Der Verfassungssatz „*Bundesrecht bricht Landesrecht*" gilt auch nach dem Grundgesetz (Art. 31 GG). Die Kompetenz des Bundes auf dem Gebiet der konkurrierenden Gesetzgebung, zu der auch das Strafrecht gehört (Art. 74 Nr. 1 GG), ist jedoch heute an eine „Bedürfnisklausel" (Art. 72 II GG) gebunden, die sich indessen für die Strafgesetzgebung nicht als einschränkend erwiesen hat, weil Bund und Länder darin übereinstimmen, daß das Strafrecht grundsätzlich Bundesrecht sein sollte und nur besondere regionale Gegebenheiten die Schaffung von Landesstrafrecht rechtfertigen können, weil sonst der Grundsatz der Gleichheit aller vor dem Gesetz verletzt würde (BGH 4, 396 [402])[1]. Im Bereich der im StGB herkömmlich geregelten Materien kann der Bundesgesetzgeber Strafvorschriften schaffen, ohne dabei an die ihm sonst durch die Zuständigkeitskataloge (Art. 73 - 75 GG) gezogenen Grenzen gebunden zu sein (BVerfGE 23, 113). Die Gesetzgebungskompetenz für das Strafrecht nach Art. 74 Nr. 1 GG umfaßt nicht nur das eigentliche Strafrecht, sondern auch das Ordnungswidrigkeitenrecht (BVerfGE 27, 18 [32 f.])[2].

---

[1] Die Prüfung des Vorliegens der Voraussetzungen der Bedürfnisklausel wird als Sache des gesetzgeberischen Ermessens angesehen, das einer richterlichen Nachprüfung entzogen ist; vgl. BVerfGE 2, 213 (224); 4, 115 (127); 13, 230 (233); 26, 328; 33, 229; 34, 39. Dazu *Maunz / Dürig / Herzog*, Art. 72 Rdn. 17, Bedenken dagegen in Rdn. 18 f.

[2] Die Verteilung der Gesetzgebungskompetenz zwischen Bund und Ländern ist in anderen Bundesstaaten abweichend geregelt. Das schweizerische Recht überläßt den Kantonen nur

2. Das **Verhältnis von Bundes- und Landesstrafrecht** ist in Art. 1 II, 2 - 4 EGStGB geregelt (zu den zahlreichen früheren Streitfragen vgl. 2. Auflage S. 90f.). Diese Vorschriften setzen die Rangfolge der Strafrechtsquellen, wie sie im Grundgesetz geregelt ist, voraus und haben demgemäß nur den Sinn, die Tragweite der Art. 72 II und 74 Nr. 1 GG näher zu bestimmen (BVerfGE 7, 29 [43f.])[3].

a) Nach Art. 1 II EGStGB gilt der **Allgemeine Teil** des StGB auch für das bestehende und künftige Landesrecht. Nach § 15 entfällt somit die Strafbarkeit fahrlässiger Tatbegehung im gesamten Landesstrafrecht, wenn fahrlässiges Handeln nicht ausdrücklich mit Strafe bedroht ist.

Ausnahmen müssen durch das Bundesrecht besonders zugelassen werden. So enthält Art. 2 EGStGB zwei Vorbehalte für das Landesrecht. Dieses darf bei einzelnen Straftatbeständen – also nicht allgemein – den Geltungsbereich abweichend von §§ 3 - 7 StGB bestimmen (Nr. 1) und unter besonderen Voraussetzungen Straflosigkeit vorsehen (Nr. 2). Es handelt sich dabei um Fälle, in denen ein Bedürfnis nach Sonderregelungen bestehen kann (vgl. Entwurf EGStGB, BT-Drucksache VII/550, Begründung S. 198). Außerdem setzt Art. 3 EGStGB dem Landesstrafrecht im Bestreben nach möglichster Homogenität Grenzen in der Androhung der Rechtsfolgen (wie schon § 5 des alten EGStGB). Die Befugnis der Länder zur abweichenden Regelung der Verjährungsfristen in den Landespressegesetzen (vgl. z. B. § 24 Landespressegesetz von Baden-Württemberg vom 14.1.1964, GBl. S. 11) ist erhalten geblieben, da das Presserecht nach Art. 75 Nr. 2 GG zur Rahmengesetzgebung des Bundes gehört und durch die in ihm enthaltenen Strafvorschriften nicht zum Strafrecht wird (BVerfGE 7, 29 [44])[4].

b) Im Bereich des **Besonderen Teils** unterscheidet Art. 4 II-V EGStGB in Anlehnung an die Auslegung des alten § 2 EGStGB (vgl. 2. Auflage S. 89ff.) drei Gruppen von landesrechtlichen Vorschriften.

(1) Die erste Gruppe umfaßt nach Art. 4 II alle landesrechtlichen Straf- und Bußgeldbestimmungen, die nicht in Art. 4 III - V genannt sind. Diese Vorschriften des Landesrechts bleiben unberührt, soweit sie nicht eine *Materie* zum Gegenstand haben, die im StGB abschließend geregelt ist. Der Begriff der Materie bezeichnet wie bisher ein zusammenhängendes Sachgebiet, für das der Bundesgesetzgeber eine abschließende Regelung treffen wollte (RG 42, 100; 56, 65; LG Bad Kreuznach NJW 1978, 1931)[5]. Ist ein Rechtsstoff in dieser Weise als Materie ausgestaltet, so ist das Landesstrafrecht auch als ergänzende, interpretierende oder wiederholende Norm ausgeschlossen[6]. Insbesondere kann aus dem Schweigen des Bundesrechts zu schließen sein, daß die bei der Regelung der betreffenden Materie übergangenen Fälle straffrei bleiben sollten („stillschweigend negative Regelung"[7]). Soweit eine bundesrechtlich geregelte Materie reicht, sind auch landesrechtliche Bußgeldvorschriften ausgeschlossen (BVerfGE 31, 141 [144]).

Beispiele: Im Landesrecht könnte nicht der Ehebruch mit Strafe oder Bußgeld bedroht werden, nachdem § 172 durch das 1. StrRG aufgehoben worden ist, denn es handelt sich um eine negative Regelung im Rahmen der „Materie" des 12. Abschnitts. Dagegen bleibt die Strafbarkeit der Verletzung der Presseordnung nach § 21 Landespressegesetz von Baden-Württemberg vom 14.1.1964 (GBl. S. 11) unberührt, da die Strafvorschriften des Reichsgesetzes über die Presse von 1874 nicht mehr gelten.

---

ergänzendes Übertretungsrecht und wenige Sondergebiete (Art. 335 schweiz. StGB); vgl. *Pfenninger,* Das schweizerische Strafrecht S. 195ff. In den USA ist dagegen die Kompetenzverteilung nach Materien geregelt und das Schwergewicht liegt bei den Einzelstaaten; vgl. *Mueller,* ZStW 69 (1957) S. 303ff.

[3] Daß die jeweiligen Verfassungsbestimmungen im EGStGB nur sinngemäß wiederholt werden, betonte schon *Finger,* RG-Festgabe S. 98.

[4] Vgl. näher *Schönke / Schröder / Eser,* Vorbem. 42, 55 vor § 1.

[5] *Finger,* RG-Festgabe S. 105; *Lenzen,* JR 1980, 134.

[6] Landesrechtliche Vorschriften, die ein bundesrechtliches Blankett ausfüllen, können jedoch auf dessen Strafdrohung verweisen; vgl. *Kääb / Rösch,* Einführung Rdn. 22.

[7] Vgl. *Schmidhäuser,* Allg. Teil S. 87f.; *Schönke / Schröder / Eser,* Vorbem. 37 vor § 1.

(2) Art. 4 III EGStGB schafft für die *abgabenrechtlichen Straf- und Bußgeldvorschriften* der Länder eine Sonderregelung, die aber durch Bezugnahme auf die Abgabenordnung der Rechtszersplitterung Einhalt gebietet (vgl. näher Entwurf EGStGB, BT-Drucksache VII/550, Begründung S. 200f.).

(3) Art. 4 IV und V EGStGB läßt die Straf- und Bußgeldvorschriften in den *Feld- und Forstschutzgesetzen*[8] der Länder in dem Umfange fortbestehen, wie ein Bedürfnis für eine eigenständige Regelung anzuerkennen ist und zu weitgehende Abweichungen vom StGB vermieden werden. Demgemäß bleiben nach Abs. 4 Vorschriften des Landesrechts zum Schutze von Feld und Forst unberührt, die unbedeutende Fälle des Diebstahls, der Hehlerei oder Begünstigung (z. B. das Sammeln von Fallobst ohne Erlaubnis oder die Nachlese auf abgeernteten Feldern) von der Strafbarkeit ausnehmen oder ein Verfolgungshindernis vorsehen. Nach Abs. 5 dürfen die Länder weitergehende Sonderregelungen zu Hausfriedensbruch, Sachbeschädigung und Urkundenfälschung treffen, und zwar dürfen sie diese Tatbestände auf dem Gebiet des Feld- und Forstschutzes als Ordnungswidrigkeiten einstufen sowie geringfügige Fälle für straflos oder nicht verfolgbar erklären oder zu Antragsdelikten ausgestalten.

(4) Schließlich ergibt sich eine strafrechtliche Regelungskompetenz der Länder, die nicht in Art. 4 EGStGB bestimmt ist, aus dem *Sachzusammenhang*[9]. Sind die Länder für die Gesetzgebung auf einem bestimmten Sachgebiet zuständig (z. B. für das Bauwesen oder die Presse), so dürfen sie aufgrund ihrer konkurrierenden Strafgesetzgebungskompetenz nach Art. 74 Nr. 1 GG auch die entsprechenden Straf- und Bußgeldvorschriften erlassen, solange nicht der Bund die betreffende Materie positiv oder negativ abschließend geregelt hat. Der Bund kann aber insbesondere auch Blankettstrafdrohungen für die der Ländergesetzgebung vorbehaltenen Sachgebiete erlassen, bei denen die landesrechtliche Regelung dann die Ausfüllungsnorm darstellt (vgl. oben § 12 III 2).

c) Die Ausführungsvorschriften zu den Bestimmungen über das Verhältnis von Bundes- und Landesrecht enthalten die Art. 288 - 292 EGStGB. Strafvorschriften, die nach Art. 3 EGStGB unzulässige Rechtsfolgen androhen, sind nicht mehr anzuwenden (Art. 289), das gleiche gilt für Straf- und Bußgeldvorschriften, die eine im Bundesrecht abschließend geregelte Materie zum Gegenstand haben (Art. 292). Art. 290 regelt die Anpassung der Geldstrafdrohungen, Art. 291 schließt landesrechtliche Vorschriften über die Rücknahme des Strafantrags und die Zuerkennung einer Buße aus.

II. Das Verhältnis von Gesetzes- und Verordnungsstrafrecht

1. Nach Art. 103 II GG, § 1 StGB kann eine Tat nur dann bestraft werden, wenn die Strafbarkeit „gesetzlich" bestimmt war, bevor die Tat begangen wurde. Gesetze im Sinne dieser Vorschrift sind nicht nur die Gesetze im *formellen* Sinne, die von den zur Gesetzgebung berufenen Organen in dem von der Verfassung vorgesehenen förmlichen Verfahren erlassen worden sind, sondern auch **Rechtsverordnungen** (vgl. schon früher zu den Notverordnungen nach Art. 48 II WRV RG 55, 115 [116])[10]. Unter Rechtsverordnungen versteht man allgemeine Rechtssätze, die nicht von den für die Gesetzgebung zuständigen Organen und auch nicht in dem förmlichen Gesetzgebungsverfahren, sondern aufgrund gesetzlicher Ermächtigung von anderen mit der Verordnungskompetenz ausgestatteten Behörden erlassen werden (Gesetze im *materiellen* Sinne). Rechtsverordnungen sind von den *Verwaltungsverordnungen* zu unterscheiden, die keine Rechtssätze enthalten, sondern nur die Tätigkeit der Staatsorgane mit innerdienstlicher Wirkung regeln (z. B. die Richtlinien für das Strafverfahren und das Bußgeldverfahren in der bundeseinheitlich geltenden Fassung vom 1.1.1977).

---

[8] Vgl. den Überblick über die Feld- und Forstschutzgesetze der Länder bei *Göhler / Buddendiek / Lenzen*, Lexikon des Nebenstrafrechts Rdn. 238.
[9] Vgl. näher *Schönke / Schröder / Eser*, Vorbem. 48ff. vor § 1.
[10] Vgl. *Starck*, Gesetzesbegriff S. 35f.

Für den Erlaß von Rechtsverordnungen nach Bundesrecht gilt Art. 80 GG. Nach dem Landesrecht von Baden-Württemberg gelten für Rechtsverordnungen allgemeiner Art Art. 61 der Verfassung von 1953 (GBl. S. 173), für Polizeiverordnungen §§ 10ff. des Polizeigesetzes i. d. F. vom 16. 1. 1968 (GBl. S. 61), für Gemeindesatzungen § 4 der Gemeindeordnung i. d. F. vom 3. 10. 1983 (GBl. S. 578). Auch landesrechtliche Rechtsverordnungen können Strafrecht enthalten, sofern die strafrechtliche Gesetzgebungskompetenz des Landes gegeben (vgl. oben § 13 I 2) und dem förmlichen Gesetzesvorbehalt des Art. 104 I 1 GG genügt ist (vgl. unten § 13 II 3).

2. An die **Bestimmtheit einer Ermächtigungsnorm** für Strafvorschriften, die im Verordnungswege ergehen, werden strengere Anforderungen gestellt als sonst in der Gesetzgebung. Darin zeigt sich der besondere Wert des Vorbehalts des Gesetzes im Strafrecht[11]. „Der Gesetzgeber muß die Ermächtigung zur Strafandrohung unzweideutig aussprechen und dabei Inhalt, Zweck und Ausmaß der Ermächtigung so genau umreißen, daß die Voraussetzungen der Strafbarkeit und die Art der Strafe für den Bürger schon aus der Ermächtigung und nicht erst aus der auf sie gestützten Verordnung voraussehbar sind" (BVerfGE 14, 174 [185 f.]; 14, 254 [257]). Dagegen braucht der *Strafrahmen* in der Ermächtigungsnorm nicht festgelegt zu sein.

3. Anders als nach Art. 103 II GG kann die **Freiheit der Person** nach Art. 104 I 1 GG nur durch ein *förmliches* Gesetz (Bundes- oder Landesgesetz) beschränkt werden, weil Freiheitseingriffe nur aufgrund eines Rechtssatzes vorgenommen werden sollen, der vom Bundestag oder einem Landesparlament in dem für die Gesetzgebung vorgeschriebenen Verfahren beschlossen worden ist[12]. Dem Gesetzesvorbehalt für die Freiheitsstrafe genügt daher nur ein förmliches Gesetz; Verordnungen oder Satzungen sind dafür keine ausreichende Rechtsgrundlage. Immerhin hat die Rechtsprechung eingeräumt, daß dem Verordnungsgeber „die Spezifizierung des Straftatbestandes" überlassen werden darf; nur müssen „die Voraussetzungen selbst, unter denen der Eingriff als solcher überhaupt zulässig ist, und die Natur des Eingriffs ... in dem förmlichen Gesetz selbst bestimmt sein" (BGHZ 15, 61 [64]). Erforderlich ist hier also, abgesehen von der Beschreibung des Verbotsinhalts, auch die Festlegung des Strafrahmens im Gesetz (BVerfGE 14, 174 [187]).

§ 14 Das Völkerstrafrecht

Bassiouni, An appraisal of the growth and developing trends of international criminal law, Rev int dr pén 1975, 3; *derselbe*, Repression of breaches of the Geneva Conventions under the Draft Additional Protocol, Rutgers Camden Law Journal 8 (1977) S. 185; *derselbe*, International Criminal Law, 1980; *derselbe*, International Criminal Law and International Protection of Human Rights, Festschrift für H.-H. Jescheck, Bd. II, 1985, S. 1453; *derselbe* (Hrsg.), International Criminal Law, Bd. I - III, 1986 m. zahlr. Beiträgen und Dokumenten; *derselbe*, A Draft International Criminal Code and Draft Statute for an International Criminal Tribunal, 1987; *Bassiouni / Nanda* (Hrsg.), A Treatise on International Criminal Law, Bd. I, II, 1973 m. zahlr. Beiträgen; *Beling*, Die strafrechtliche Behandlung der Exterritorialität, 1896; *Bothe*, Die Erklärungen der Generalversammlung der Vereinten Nationen über die Definition der Aggression, Jahrb. f. Internationales Recht 18 (1975) S. 121; *Bromo*, The Definition of Aggression in the UN, 1968; *Dahm*, Zur Problematik des Völkerstrafrechts, 1956; *derselbe*, Völkerrecht, Bd. I, 1958, Bd. III, 1961; *derselbe*, Die Stellung des Menschen im Völkerrecht unserer Zeit, 1961; *Dautricourt*, La protection pénale des Conventions internationales humanitaires, Rev dr pén crim 35 (1954 - 55) S. 739; *Donnedieu de Vabres*, Le procès de Nuremberg devant les principes modernes du droit pénal international, Recueil des Cours 70 (1947) Bd. I, S. 477; *Ehard*, Der Nürnberger Prozeß gegen die Hauptkriegsverbrecher und das Völkerrecht, SJZ 1948, 353; *Ferencz*, Defining International Aggression, Bd. I, II, 1975; *derselbe*, Enforcing International Law, Bd. I, II, 1983; *derselbe*, Crimes against Humanity, Encyclopedia of Public International

---

[11] Vgl. näher *Bopp*, Gesetzesbegriff S. 184ff.
[12] *Maunz / Dürig / Herzog*, Art. 104 Rdn. 14f.

Law, Lieferung 8, 1985, S. 107; *Glaser,* Les lois de Nuremberg et le droit international, SchwZStr 68 (1953) S. 321; *derselbe,* Introduction à l'étude du droit international pénal, 1954; *derselbe,* Infraction internationale, 1957; *derselbe,* Die Gesetzlichkeit im Völkerstrafrecht, ZStW 76 (1964) S. 514; *derselbe,* Droit international pénal conventionnel, 1970; *Grassi,* Die Rechtsstellung des Individuums im Völkerrecht, 1955; *Graven,* Les crimes contre l'humanité, Recueil des Cours 76 (1950) Bd. I, S. 433; *derselbe,* Le difficile progrès du règne de la justice et de la paix internationales par le droit, 1970; *Grebing,* Zur Frage der Schaffung eines Internationalen Strafgerichtshofs, GA 1976, 97; *Greenspan,* The Modern Law of Warfare, 1959; *Grewe,* Nürnberg als Rechtsfrage, 1947; *Hahnenfeld,* Die Herkunft der in dem Nürnberger Urteil angewandten allgemeinen Lehren des Strafrechts, Diss. Frankfurt 1959; *Heinze / Schilling,* Die Rechtsprechung der Nürnberger Militärtribunale, 1952; *Herzog,* Nuremberg: un échec fructueux? 1975; *Heydecker / Leeb,* Der Nürnberger Prozeß, 1979; History of the United Nations War Crimes Commission usw., 1948; *Hoffmann,* Strafrechtliche Verantwortung im Völkerrecht, 1962; *Hofmann,* Zur Unterscheidung von Verbrechen und Delikt im Bereich der Staatenverantwortlichkeit, ZaöRV 45 (1985) S. 195; *Hosoya* u.a. (Hrsg.), The Tokyo War Crimes Trial, 1986; *Ipsen,* Das „Tokyo Trial" im Lichte des seinerzeit geltenden Völkerrechts, Festschrift für D. Oehler, 1985, S. 505; *Jescheck,* Kriegsverbrecherprozesse gegen deutsche Kriegsgefangene in Frankreich, SJZ 1949, 107; *derselbe,* Die Verantwortlichkeit der Staatsorgane nach Völkerstrafrecht, 1952; *derselbe,* Zum Oradour-Prozeß, JZ 1953, 156; *derselbe,* Die internationale Genocidium-Konvention und die Lehre vom Völkerstrafrecht, ZStW 66 (1954) S. 193; *derselbe,* Verbrechen nach Völkerrecht, Deutsche Landesberichte zum IV. Int. Kongreß für Rechtsvergleichung, 1955, S. 351; *derselbe,* Die Entwicklung des Völkerstrafrechts nach Nürnberg, SchwZStr 72 (1957) S. 217; *derselbe,* Gegenwärtiger Stand und Zukunftsaussichten des Völkerstrafrechts, Erinnerungsgabe für M. Grünhut, 1965, S. 47; *derselbe,* Gegenstand und neueste Entwicklung des internationalen Strafrechts, Festschrift für R. Maurach, 1972, S. 579; *derselbe,* Entwicklung usw. des internationalen Strafrechts, GA 1981, 49; *derselbe,* Nuremberg Trials; Rauter Case; War Crimes, Encyclopedia of Public International Law, Lieferung 4, 1982, S. 50, 165, 294; *derselbe,* Genocide; International Crimes, ebenda, Lieferung 8, 1985, S. 255, 332; *Jiménez de Asúa,* Politique criminelle internationale usw., Recueil d'études en hommage de H. Donnedieu de Vabres, 1960, S. 45; *Klug,* Der neue Straftatbestand des Friedensverrats, in: *Baumann* (Hrsg.), Mißlingt die Strafrechtsreform? 1969, S. 162; *derselbe,* Das Aufstacheln zum Angriffskrieg, Festschrift für H.-H. Jescheck, Bd. I, 1985, S. 583; *v. Knierim,* Nürnberg, 1953; *Kranzbühler,* Rückblick auf Nürnberg, 1949; *derselbe,* Nürnberg als Rechtsproblem, Festgabe für E. Kaufmann, 1950, S. 219; *Krüger-Sprengel,* Grundsätze des neuen humanitären Kriegsvölkerrechts, NZWehrr 1981, 121; *Lauterpacht,* The Law of Nations and the Punishment of War Crimes, British Yearbook of Int. Law 1944, 79; *Lombois,* Droit pénal international, 1971; *Lummert,* Die Strafverfahren gegen Deutsche im Ausland wegen „Kriegsverbrechens", 1949; *Makarov,* Betrachtungen zum internationalen Strafrecht, Festschrift für E. Kern, 1968, S. 253; *Maunoir,* La répression des crimes de guerre devant les tribunaux français et alliés, 1956; *McCaffrey,* The 35th Session of the ILC, AJIL 78 (1984) S. 457; *derselbe,* The 36th Session of the ILC, AJIL 79 (1985) S. 755; *Menzel / Ipsen,* Völkerrecht, 2. Aufl. 1979; *Mueller / Wise,* International Criminal Law, 1965; *Müller,* The Convention of the Non-Applicability of Statutory Limitations to War Crimes usw., AJIL 65 (1971) S. 476; *Oehler,* Internationales Strafrecht, 2. Aufl. 1983; *derselbe,* Angriffshandlungen und andere internationale Delikte usw., Festschrift für U. Klug, Bd. II, 1983, S. 293; *Pella,* La criminalité collective des Etats et le droit pénal de l'avenir, 1925; *Plawski,* Etude des principes fondamentaux du droit international pénal, 1972; *C. A. Pompe,* Aggressive War as International Crime, 1953; *Pritchard / Zaide* (Hrsg.), The Tokyo War Crimes Trial, 22 Bde., 1951; *Revue internationale de droit pénal 1964, Heft 1/2,* Les projets des Nations Unies pour l'institution d'une justice pénale internationale (m. zahlr. Beiträgen); *Röling,* The Tokyo Trial in Retrospect, in: Buddhism and Culture, 1960, S. 247; *derselbe,* The Law of War and the National Jurisdiction since 1945, Recueil des Cours 100 (1960) Bd. II, S. 329; *Rovine,* Practice of the US Relating to International Law, AJIL 68 (1974) S. 720; *C. F. Rüter* u.a. (Hrsg.), Justiz und NS-Verbrechen, 22 Bände, 1968 - 1981; *Schindler,* Crimes against the Law of Nations, Encyclopedia of Public International Law, Lieferung 8, 1985, S. 109; *Schindler / Toman* (Hrsg.), The Laws of Armed Conflicts, 1973; *Schroeder,* Der Schutz des äußeren Friedens, JZ 1969, 41; *derselbe,* Der Schutz von Staat und Verfassung im Strafrecht, 1970; *Schwarzenberger,* The Problem of an International Criminal Law, in: *Mueller / Wise,* International Criminal Law, 1965, S. 3; *Scelle,* Manuel de droit international public, 1948; *Strebel,* Die strafrechtliche Sicherung humanitärer Abkommen, ZaöRV 15 (1953) S. 31; *Triepel,* Völkerrecht und Landesrecht, 1899; *Triffterer,* Dogmatische Untersuchungen zur Entwicklung des materiellen Völkerstrafrechts seit Nürnberg, 1966; *derselbe,* Völkerstrafrecht im Wandel? Festschrift für H.-H. Jescheck, Bd. II, 1985, S. 1477; *Verdroß,* Die völkerrechtswidrige Kriegshandlung und der Strafanspruch der Staaten, 1920; *Verhaegen,* La répression des crimes de guerre en droit belge, Festschrift für H.-H. Jescheck, Bd. II, 1985, S. 1441; *v. Weber,* Internationale Strafgerichtsbarkeit, 1934; *Wegner,* Kriminelles Unrecht, Staatsunrecht und Völkerrecht, 1925; *Wehberg,* Die völkerrechtliche Verantwortlichkeit von Individuen wegen Friedensbruchs, Festschrift für R. Laun, 1953, S. 394; *Wengler,* Völkerrecht, Bd. I und II, 1964; *Wilkitzki,* Die völkerrechtlichen Verbrechen und das staatliche Strafrecht, ZStW 99 (1987) S. 455; *Wise,* War crimes and criminal law, in: *Wise / Mueller,* Studies in Comparative Criminal Law, 1975, S. 35; *Woetzel,* The Nuremberg Trials in International Law, 1962; *Zander,* The Act of State Doctrine, AJIL 53 (1959) S. 826.

Vgl. ferner *de Schutter,* Bibliography on International Criminal Law, 1972; *Bassiouni,* International Crimes: Digest/Index of International Instruments 1815 - 1985, Vol. I, II, 1986.

I. Das Verhältnis von staatlichem Strafrecht und Völkerstrafrecht

1. Das *klassische* Völkerrecht kannte **keine Verantwortlichkeit von Einzelpersonen.** Es gewährte dem Individuum keine Rechte, legte ihm aber auch keine Pflichten auf. Die führende Völkerrechtslehre hielt es für „undenkbar, daß eine Norm des Völkerrechts von Einzelnen übertreten werde. Delikte des Individuums, Verbrechen gegen das Völkerrecht gibt es nicht"[1]. Nur das staatliche Strafrecht selbst war es, das die Völkerrechtssätze durch eigene Normen schützen konnte, indem es die dem Staat auferlegten Rechtspflichten in strafrechtlich sanktionierte Pflichten des einzelnen verwandelte und mit Strafdrohungen versah (vgl. z. B. die Strafbarkeit der Handlungen gegen ausländische Staaten nach §§ 102 ff., ferner die Strafvorschriften gegen den Völkermord, § 220 a und gegen Angriffe auf den Luftverkehr, § 316 c). Seit dem Ende des ersten Weltkriegs hat sich das Bild jedoch gewandelt. Der einzelne wird in gewissen Grenzen als Rechts- und Pflichtsubjekt des Völkerrechts betrachtet[2] und demgemäß ist es denkbar, daß schwerwiegende Verstöße gegen bestimmte zentrale Normen des Völkerrechts als internationale Verbrechen angesehen werden, die unmittelbar nach Völkerrecht zu bestrafen sind[3].

2. Selbst wenn sich aber ein solches **„Völkerstrafrecht"**[4] als Bestandteil des geltenden Völkerrechts nachweisen ließe, würde daraus nicht ohne weiteres seine unmittelbare Verbindlichkeit folgen, denn, ob es sich um völkerrechtliche Strafnormen oder sonstiges Völkerrecht handelt, es gelten doch immer die allgemeinen Grundsätze über das Verhältnis von Völkerrecht und staatlichem Recht. Nach Art. 25 GG sind aber nur die *allgemeinen* Regeln des Völkerrechts Bestandteil des Bundesrechts mit Vorrang vor den Gesetzen und mit unmittelbarer Verbindlichkeit für die Bewohner des Bundesgebiets, während völkerrechtliche Verträge erst noch durch Akte spezieller Transformation (Art. 59 II GG) in staatliches Recht umgewandelt werden müssen[5].

---

[1] *Triepel,* Völkerrecht und Landesrecht S. 329.

[2] Vgl. näher *Dahm,* Die Stellung des Menschen S. 30 ff.; *derselbe,* Völkerrecht Bd. I S. 417; *Scelle,* Manuel S. 911; *Grassi,* Die Rechtsstellung S. 297 ff.; *Glaser,* Droit international S. 84; *Sinha,* The Position of the Individual, in: *Bassiouni / Nanda* Bd. I S. 126 ff.

[3] Vgl. näher *Jescheck,* Völkerstrafrecht S. 206 ff.; *Dahm,* Problematik S. 14 ff.; *Hoffmann,* Strafrechtliche Verantwortung S. 30 ff.; *Glaser,* Introduction S. 56 ff.; *Graven,* Le difficile progrès S. 550 ff.; *Triffterer,* Jescheck-Festschrift Bd. II S. 1489.

[4] Der Ausdruck stammt von *Beling,* Exterritorialität S. 41, der aber ein Völkerstrafrecht nach der älteren dualistischen Theorie nur gegenüber Staaten für möglich hielt. Ebenso anfangs noch *Pella,* La criminalité collective S. 20 ff. Aufgenommen wurde der Begriff durch *Menzel / Ipsen,* Völkerrecht S. 375 f.; während *Oehler,* Internationales Strafrecht S. 606 ihn ablehnt.

[5] Vgl. *Maunz / Dürig / Herzog,* Art. 59 Rdn. 16 ff.; *Schönke / Schröder / Eser,* Vorbem. 20 vor § 1.

Verbindlichkeit ohne spezielle Transformation käme dem Völkerstrafrecht somit nur dann zu, wenn es von der großen Mehrzahl der Staaten anerkannt wäre und damit zu den allgemeinen Regeln gehörte, doch ist es davon vorläufig noch weit entfernt. Selbst wenn es aber ein solches Völkerstrafrecht auf der Grundlage allgemeiner Regeln des Völkerrechts gäbe, bedürfte dieses, um den Anforderungen des Art. 103 II GG zu genügen, der Transformation in ein Gesetz.

II. Die Entwicklung des Völkerstrafrechts[6]

1. Der Gedanke eines unmittelbar dem Völkerrecht angehörenden und über den Staaten stehenden Strafrechts reicht in die **Naturrechtslehre** des 16. und 17. Jahrhunderts zurück *(Franciscus de Vitoria, Franciscus Suarez, Hugo Grotius)*. Die aktuelle Epoche des Völkerstrafrechts setzte nach dem ersten Weltkrieg ein. Der Versailler Friedensvertrag stellte in Art. 227 Kaiser Wilhelm II. unter Anklage – allerdings nicht aufgrund Völkerrechts, sondern nach den „erhabensten Grundsätzen der internationalen Politik" – und verlangte in Art. 228 die Auslieferung der des Kriegsverbrechens beschuldigten Deutschen[7]. Die internationalen rechtswissenschaftlichen Vereinigungen bemühten sich zwischen den beiden Weltkriegen um die theoretische Aufarbeitung und praktische Durchsetzung des neuen Rechtsgebiets *(Caloyanni, Donnedieu de Vabres, Pella, Politis, Saldaña, Sottile)*.

2. Im zweiten Weltkrieg verständigten sich die alliierten Mächte frühzeitig über die strafrechtliche Verfolgung der politischen, militärischen und wirtschaftlichen Führungsschicht Deutschlands und seiner Verbündeten nach dem Siege[8]. In dem **Londoner Abkommen vom 8.8.1945** wurde die Bestrafung der Hauptverantwortlichen wegen Verbrechen gegen den Frieden, Kriegsverbrechen und Verbrechen gegen die Menschlichkeit von den vier Großmächten und 19 Staaten, die dem Abkommen später beitraten, vereinbart, und auf dieser Grundlage fand der Prozeß gegen die Hauptkriegsverbrecher vor dem **Internationalen Militärgerichtshof in Nürnberg** statt[9]. Das Gericht war ein interalliiertes Besatzungsgericht und kein Organ einer völkerrechtlichen Strafgerichtsbarkeit, weil das Londoner Abkommen nur für die Parteien, aber nicht zu Lasten Deutschlands wirksam war (Art. 34 Wiener Übereinkommen über das Recht der Verträge vom 23.5.1969, BGBl. 1985 II S. 926)[10]. Während die Strafbarkeit wegen Kriegsverbrechens auf altem völkerrechtlichen Gewohnheitsrecht

---

[6] Hierzu eingehend *v. Weber*, Internationale Strafgerichtsbarkeit S. 7ff.; *Jescheck*, Völkerstrafrecht S. 19ff.; *Lombois*, Droit pénal international S. 53ff.; *Oehler*, Internationales Strafrecht S. 605ff.; *Ferencz*, Enforcing International Law, Bd. I 1983; *Bassiouni*, Rev int dr pén 1975, 4ff.

[7] Die Prozesse fanden schließlich im Einverständnis der Alliierten aufgrund eines Ges. v. 18.11.1919 (RGBl. S. 2125) vor dem Reichsgericht statt. Die Urteile, die im Ausland scharfe Kritik gefunden haben, sind veröffentlicht in einem Weißbuch als Reichstagsdrucksache Nr. 2584, I. Wahlperiode, 1920/21. Vgl. zu der damaligen Problematik *Verdroß*, Die völkerrechtswidrige Kriegshandlung S. 84ff.; *Wegner*, Kriminelles Unrecht S. 28ff.

[8] Vgl. näher History of the UN War Crimes Commission S. 87ff.

[9] Das Urteil vom 1.10.1946 ist veröffentlicht in: Der Prozeß gegen die Hauptkriegsverbrecher vor dem Internationalen Militärgerichtshof Bd. I, 1947, S. 189ff. Vgl. dazu *Donnedieu de Vabres*, Recueil des Cours 70 (1947) Bd. I S. 489ff.; *Ehard*, SJZ 1948, 353; *Glaser*, SchwZStr 68 (1953) S. 321; *Jescheck*, Nuremberg Trials, Encyclopedia, Lfg. 4, 1982, S. 50ff.; *Kranzbühler*, Rückblick S. 11ff.; *Woetzel*, The Nuremberg Trials S. 40ff.; *Röling*, The Nuremberg and the Tokyo Trials, in: *Bassiouni / Nanda* Bd. I S. 590ff.; *Herzog*, Nuremberg S. 81ff.; *Plawski*, Droit international pénal S. 72ff. Eine neuere Materialsammlung enthält *Heydecker / Leeb*, Der Nürnberger Prozeß, 1979.

[10] So mit Recht *Schwarzenberger*, International Criminal Law S. 31; *Dahm*, Völkerrecht Bd. III S. 290; *Wengler*, Völkerrecht Bd. I S. 829 Fußnote 3; *Ipsen*, Oehler-Festschrift S. 506ff. (für die „Special Proclamation" General MacArthurs vom 19.1.1946, auf die die Gerichtsbarkeit des „International Military Tribunal for the Far East" beruhte).

beruhte[11], haben die Alliierten die Strafbarkeit des Angriffskriegs und der Menschlichkeitsverbrechen (soweit diese nicht mit bestehendem staatlichen Strafrecht übereinstimmten) neu und mit rückwirkender Kraft eingeführt[12], wozu sie schwerlich das Recht gehabt haben[13]. Lag insoweit ein „revolutionärer Akt"[14] vor, so hätte man sich damit im Hinblick auf die außergewöhnliche Lage, vor die sich die Alliierten 1945 gestellt sahen, abfinden können, wenn das Völkerstrafrecht nach Nürnberg in die allgemeinen Regeln des Völkerrechts aufgenommen worden wäre, aber gerade daran hat es bisher gefehlt[15]. Statt dessen sind die militärischen Interventionen der Großmächte weitergegangen und haben zahlreiche Kriege stattgefunden. Auch die Kriegs- und Menschlichkeitsverbrechen, die nach dem zweiten Weltkrieg begangen worden sind, stehen denen der Zeit von 1939 bis 1945 an Zahl und Schrecklichkeit kaum nach. Fast alle diese Taten sind unbestraft geblieben oder jedenfalls nicht nach „Völkerstrafrecht" geahndet worden[16].

3. Abgesehen von dem Prozeß gegen die japanische militärische und politische Führung vor einem aus elf Ländern gebildeten **Militärgerichtshof in Tokio** im Jahre 1946 mit den entsprechenden Rechtsproblemen wie in Nürnberg[17] ist der Prozeß vor dem Nürnberger IMT das einzige interalliierte Verfahren geblieben. Dagegen haben zahlreiche Prozesse gegen Deutsche wegen internationaler Verbrechen vor ausländischen Gerichten im Ausland aufgrund von ausländischem Recht[18] und aufgrund des KRG Nr. 10 vom 20. 12. 1945 (Kontrollratsamtsblatt S. 50) vor Besatzungsgerichten in Deutschland stattgefunden[19]. Das **KRG Nr. 10** war, soweit es sich um Verbrechen gegen die Menschlichkeit von Deutschen gegenüber Deutschen handelte, zeit-

---

[11] Vgl. *Grewe,* Nürnberg als Rechtsfrage S. 17 ff.; *Oehler,* Internationales Strafrecht S. 621 ff.; *Jescheck,* War Crimes, Encyclopedia, Lfg. 4, 1982, S. 294.

[12] So für das Verbrechen gegen den Frieden heute die h. L.; vgl. *Wehberg,* Laun-Festschrift S. 394; *C. A. Pompe,* Aggressive War S. 175; *Oehler,* Internationales Strafrecht S. 616; *Ipsen,* Oehler-Festschrift S. 511 f. Dagegen versteht *Glaser,* Droit international pénal S. 67 ff. das Verbot des *Angriffs*kriegs im Briand-Kellogg-Pakt (1929) als Strafnorm. Um dem Rückwirkungsverbot zu entgehen, begnügt man sich im Völkerrecht vielfach mit der Straf*würdigkeit* der Tat im Zeitpunkt ihrer Begehung; vgl. z. B. *Dahm,* Völkerrecht Bd. III S. 317; *Glaser,* ZStW 76 (1964) S. 523; *Lombois,* Droit international pénal S. 52. Doch sprechen gerade die modernen völkerrechtlichen Dokumente zum Schutz der Menschenrechte eindeutig von Straf*barkeit* (vgl. unten § 15 II 4). Vgl. zum ganzen *Triffterer,* Dogmatische Untersuchungen S. 124 ff.

[13] *Kranzbühler,* E. Kaufmann-Festgabe S. 221 ff.

[14] *Jescheck,* Völkerstrafrecht S. 175.

[15] Vgl. näher *Jescheck,* SchwZStr 72 (1957) S. 220 ff.; *derselbe,* Grünhut-Erinnerungsgabe S. 49 ff.; *derselbe,* GA 1981, 54 f. Zu Unrecht werden vielfach bestimmte Resolutionen der Generalversammlung der UN (vgl. unten § 14 II 4) als Aufnahme der „Nürnberger Prinzipien" in das Völkerrecht angesehen; vgl. z. B. *Bierzanek,* Prosecution of International Crimes, in: *Bassiouni / Nanda* Bd. I S. 584. Anders *Lombois,* Droit international pénal S. 61 f. Zur Entwicklung seit dem zweiten Weltkrieg *Ferencz,* Enforcing International Law, Bd. II, 1983.

[16] Vgl. *Wise,* War Crimes S. 35 ff.; *Jescheck,* GA 1981, 57 Fußnote 26 zur Bestrafung des Kriegsverbrechens von My Lai in Vietnam, die aufgrund amerikanischen Rechts erfolgte, aber nicht effektiv war. Auch auf dem Kontinent sträubt man sich, die Strafbarkeit eigener Staatsangehöriger wegen Kriegsverbrechen vorzusehen; vgl. dazu kritisch *Verhaegen,* Jescheck-Festschrift Bd. II, S. 1441 ff.

[17] Vgl. näher *Röling,* The Tokyo Trial in Retrospect S. 254 ff.; *Ipsen,* Oehler-Festschrift S. 505 ff. Die vollständige Dokumentation des Prozesses in Tokio ist veröffentlicht in *Pritchard / Zaide* (Hrsg.), The Tokyo War Crimes Trial, 22 Bde. 1951. Zu den Rechtsfragen und der historischen Bedeutung *Hosoya u. a.* (Hrsg.), The Tokyo War Crimes Trial, 1986.

[18] Vgl. dazu *Lummert,* Die Strafverfahren gegen Deutsche S. 29 ff.; *Maunoir,* La répression des crimes de guerre S. 153 ff.; *Jescheck,* SJZ 1949, 107; *derselbe,* JZ 1953, 156; *derselbe,* Rauter Case, Encyclopedia, Lfg. 4, 1982, S. 165 ff.; *Röling,* Recueil des Cours 100 (1960) Bd. II S. 329 ff.

[19] *Jescheck,* Nuremberg Trials, Encyclopedia, Lfg. 4, 1982, S. 54 f.; *Heinze-Schilling,* Die Rechtsprechung der Nürnberger Militärtribunale, 1952; *v. Knierim,* Nürnberg S. 11 ff.

II. Die Entwicklung des Völkerstrafrechts

weise auch von den deutschen Gerichten anzuwenden (vgl. z. B. OGH 1, 411; 2, 413). Seit 1950 galt für die deutsche Justiz in Fällen von NS-Gewaltverbrechen jedoch nur noch deutsches Strafrecht[20].

4. Die Mitglieder der **Vereinten Nationen** haben sich das in Nürnberg und Tokio angewendete Völkerstrafrecht bisher nicht zu eigen gemacht[21].

Nach 1946 haben zahlreiche Angriffskriege stattgefunden, aber die Frage der Bestrafung ihrer Urheber ist niemals vor einem Gericht aufgeworfen worden. Die Generalversammlung der Vereinten Nationen hat zwar in zwei Entschließungen vom 11. 12. 1946 und vom 21. 11. 1947 die Nürnberger Prinzipien „bestätigt", aber das bedeutet nicht mehr als die Erklärung, daß den Verurteilten damals recht geschehen sei, nicht etwa die Schaffung von neuem, für alle Mitglieder verbindlichem Völkerrecht, wozu die Generalversammlung gar nicht zuständig gewesen wäre[22]. Die Generalversammlung hat weder die von der International Law Commission ausgearbeitete Formulierung der Nürnberger Rechtsgrundsätze[23], noch den von dieser entworfenen „Draft Code of Offences against the Peace and Security of Mankind"[24], noch endlich das von einer internationalen Kommission geschaffene „Statute for an International Criminal Court"[25] bisher angenommen. Vorläufig bleibt es dabei, daß ein Völkerstrafrecht eine den Staaten übergeordnete und mit realen Machtmitteln ausgestattete Weltregierung voraussetzen würde, die die Großmächte nicht schaffen werden, solange sie noch ihre eigene Weltmachtpolitik betreiben. Unmöglich ist aber eine solche Entwicklung nicht[26]. Eine UNO-Konvention vom 27. 11. 1968 stellte das Prinzip der Unverjährbarkeit der Kriegs- und Menschlichkeitsverbrechen auf und legte ihm rückwirkende Kraft bei (vgl. 2. Auflage S. 110f.)[27]. Für die Fortsetzung der Arbeiten der UN an dem Draft Code of Offences hat die Annahme einer Definition des Angriffs durch die XXIX. Generalversammlung der UN am 14. 12. 1974 eine neue Chance eröffnet[28].

Eine umfassende Zusammenstellung aller in völkerrechtlichen Verträgen enthaltenen Strafnormen mit einem Allgemeinen Teil ist von einer internationalen Gruppe von Sachverständigen unter Leitung von *Bassiouni* als „Draft International Criminal Code" ausgearbeitet worden, um die Arbeiten der UN an der Kodifikation des Völkerstrafrechts zu fördern[29]. Im Jahre 1981

---

[20] Eine Veröffentlichung sämtlicher bis 1965 ergangenen Urteile deutscher Gerichte wegen NS-Tötungsverbrechen ist in der Sammlung „Justiz und NS-Verbrechen", hrsg. von *C. F. Rüter* u. a., in den Jahren 1968 - 1981 in 22 Bänden erschienen.

[21] Die Ansicht von *Greenspan*, Law of Warfare S. 428, die Nürnberger Grundsätze seien ein fester Bestandteil des Völkerrechts geworden, wird weder von den Verträgen noch von der Staatenpraxis bestätigt.

[22] Vgl. die Zusammenstellung der Deutungen der beiden Beschlüsse bei *Jescheck*, Grünhut-Erinnerungsgabe S. 52 Anm. 37; ferner *Menzel / Ipsen*, Völkerrecht S. 382 f.; *Oehler*, Internationales Strafrecht S. 607.

[23] AJIL 44 (1950) Supp. S. 125 ff.; *Mueller / Wise*, S. 279 ff.

[24] AJIL 49 (1955) Supp. S. 17 ff.; *Mueller / Wise*, S. 594 ff.

[25] Report of the 1953 Committee of International Criminal Jurisdiction, UN General Assembly, Ninth Session, Supp. No. 12 (A/2645), 1954, S. 23 ff. Vgl. dazu *Grebing*, GA 1976, 97 ff.

[26] Über die im ganzen eher pessimistische Beurteilung der Lage vgl. das Sonderheft der Rev int dr pén 1964, Nr. 1/2 „Les projets des Nations Unies pour l'institution d'une justice pénale internationale" mit Beiträgen zahlreicher Sachkenner; ferner *Dautricourt*, The International Criminal Court, in: *Bassiouni / Nanda* Bd. I S. 636 ff.

[27] Vgl. *Müller*, AJIL 65 (1971) S. 476 ff.; zum Verjährungsproblem *Glaser*, Droit international pénal S. 113 ff.

[28] Vgl. *Bothe*, Jahrb. f. Intern. Recht 18 (1975) S. 121 ff. (Text S. 142 ff.); *Bromo*, The Definition of Aggression in the United Nations, 1968; *Ferencz*, Defining International Aggression Bd. II S. 14 ff.; *derselbe*, Criminal Law, in: *Bassiouni / Nanda* Bd. I S. 23 ff.; *Rovine*, AJIL 68 (1974) S. 733 ff.; *Jescheck*, GA 1981, 54 f.

[29] Text mit Erläuterungen bei *Bassiouni*, International Criminal Law, 1980. Dazu *Oehler*, Klug-Festschrift Bd. II S. 293 ff. und unter dem Gesichtspunkt des völkerrechtlichen Menschenrechtsschutzes *Bassiouni*, Jescheck-Festschrift Bd. II S. 1453 ff. Der „Draft Code" wird ergänzt durch ein „Draft Statute of the International Criminal Tribunal" bei *Bassiouni*, A Draft S. 213 ff.

wurde die Aufgabe der Neufassung des „Draft Code of Offences against the Peace and Security of Mankind" wiederum der International Law Commission übertragen, die aber auf ihren Sitzungen in den Jahren 1983 und 1984 und auch seither noch nicht über Vorarbeiten hinausgekommen ist[30]. Eine erweiterte Fassung des Draft Code wurde 1987/88 beraten.

III. Die juristischen Voraussetzungen des Völkerstrafrechts

Die Frage, ob es ein völkerrechtliches Strafrecht gibt, das mehr enthält als Auflagen an die Adresse der Staaten, bestimmte Strafvorschriften zu erlassen, ist nach der dargestellten Entwicklung zweifelhaft[31]. Wenn man jedoch den Thesen des Nürnberger Urteils folgt, dann müßten für die Existenz echten Völkerstrafrechts die nachfolgenden Voraussetzungen gegeben sein:

1. Das Völkerrecht selbst müßte echte Straftatbestände enthalten, die den einzelnen unmittelbar und ohne das Medium des staatlichen Rechts binden, so daß die Strafbarkeit der Zuwiderhandlung feststünde, ohne daß es noch des Eingreifens des staatlichen Gesetzgebers bedürfte (**Grundsatz der unmittelbaren strafrechtlichen Verantwortlichkeit des einzelnen nach Völkerrecht**)[32]. Ein solcher Grundsatz wäre mit dem heutigen Stande des Völkerrechts zu vereinbaren. Die Frage ist nur, ob er tatsächlich allgemeine Anerkennung gefunden hat (vgl. dazu unten § 14 IV).

2. Weiter müßte, wenn eine Handlung im Völkerrecht für strafbar erklärt ist, entgegenstehendes staatliches Recht seine Wirksamkeit verlieren, weil der einzelne sonst zwischen zwei Feuer geriete. Kein Staat dürfte dem Völkerstrafrecht widersprechende Handlungen erlauben oder gar gebieten, von wem sie auch immer vorgenommen würden, und noch weniger dürften völkerrechtswidrige Befehle rechtfertigende Kraft haben (**Grundsatz des Vorrangs des Völkerstrafrechts gegenüber dem staatlichen Recht**). Auch dieser Grundsatz ließe sich theoretisch verwirklichen: die Normen des Völkerstrafrechts müßten nur bei der großen Mehrzahl der Staaten Anerkennung gewinnen und würden damit unter die „allgemeinen Regeln des Völkerrechts" aufgenommen werden. Wenn diese optimale Lösung nicht möglich wäre, müßten wenigstens diejenigen Staaten, die an der Schaffung von Völkerstrafrecht interessiert sind, zur Transformation seiner Regeln in das staatliche Recht bereit sein, die dann als das jüngere Recht dem etwa entgegenstehenden älteren staatlichen Recht vorgingen. In Wirklichkeit ist aber gegenwärtig weder das eine noch das andere der Fall, und es besteht wenig Hoffnung, daß sich daran bald etwas ändern wird.

3. Endlich könnte sich kein völkerstrafrechtswidrig handelndes Staatsorgan im Falle der Strafverfolgung durch eine internationale oder ausländische Gerichtsbarkeit darauf berufen dürfen, daß die Tat ein staatlicher Hoheitsakt gewesen sei, der nach dem Grundsatz „par in parem non habet jurisdictionem" nur der Gerichtsbarkeit des eigenen Staates unterliege (**Ausschluß der „Theorie der Hoheitsakte"**)[33]. In diesem

---

[30] Vgl. die Berichte des amerikanischen Mitglieds *McCaffrey,* AJIL 78 (1984) S. 472 ff. und AJIL 79 (1985) S. 755 ff. sowie *Williams,* The Draft Code of Offences, in: *Bassiouni* (Hrsg.), International Criminal Law Bd. I, 1986, S. 109 ff.

[31] Vgl. *Schwarzenberger,* International Criminal Law S. 23: „There is not yet any international penal law recognized by all nations"; vgl. dazu ferner *Jescheck,* Maurach-Festschrift S. 588 ff.; *Oehler,* Internationales Strafrecht S. 607 f.; *Ryu / Helen Silving,* International Criminal Law, in: *Bassiouni / Nanda* Bd. I S. 23 ff.

[32] *Menzel / Ipsen,* Völkerrecht S. 383; *Triffterer,* Jescheck-Festschrift, Bd. II, S. 1499; *Jescheck,* International Crimes, Encyclopedia, Lfg. 8, 1986, S. 332. Die individuelle strafrechtliche Verantwortlichkeit ist von der Staatenverantwortlichkeit für „International Crimes" scharf zu unterscheiden; vgl. *Hofmann,* ZaöRV 45 (1985) S. 206.

[33] Vgl. dazu mit zahlreichen Beispielen aus der Staatenpraxis *Zander,* AJIL 53 (1959) S. 826.

Punkte ist die Entwicklung nach 1945 am weitesten fortgeschritten. Echte überstaatliche Gerichtsbarkeit ist schon nach ihrer rechtlichen Qualifikation der Staatsgewalt übergeordnet. Die Schaffung einer solchen internationalen Hoheitsgewalt hat gerade den Sinn, ihr die Staaten in gewissen Grenzen zu unterwerfen. Aber auch gegenüber einer staatlichen Gerichtsbarkeit kann die Theorie der Hoheitsakte jedenfalls bei schwerwiegenden Verbrechen gegen das Völkerrecht nicht mehr ins Feld geführt werden. Diese Auffassung entspricht bei den Kriegsverbrechen altem Herkommen, aber auch bei anderen Straftaten zeigt die internationale Praxis seit 1945 ein so einheitliches Bild, daß hier eine allgemeine Regel des Völkerrechts anzunehmen ist[34].

IV. Die Tatbestände des Völkerstrafrechts

Soweit gegenwärtig von echtem Völkerstrafrecht (vgl. oben § 14 III) gesprochen werden kann, lassen sich die Strafnormen am besten anhand der drei Tatbestände des Londoner Abkommens von 1945 darstellen[35].

1. **Verbrechen gegen den Frieden** nennt man die Vorbereitung, Auslösung und Führung eines Angriffskrieges oder eines Krieges unter Verletzung völkerrechtlicher Verträge. Die Hauptprobleme liegen hier in der Definition des Angriffs[36] und in der Abgrenzung des Personenkreises, der strafrechtlich für die Tat verantwortlich gemacht werden kann.

Ein allgemein anerkannter völkerrechtlicher Straftatbestand des Verbrechens gegen den Frieden wäre für das Sicherheitsbedürfnis der Völker von höchstem Wert, er ist jedoch noch nicht vorhanden. Das Grundgesetz erklärt die Vorbereitung der Führung eines Angriffskrieges für verfassungswidrig (Art. 26). Zum Schutz des Friedens enthält das StGB Strafvorschriften gegen die Vorbereitung eines Angriffskrieges (§ 80)[37] und gegen das Aufstacheln zum Angriffskrieg (§ 80a)[38].

2. **Kriegsverbrechen** sind alle schwerwiegenden Verletzungen des Kriegsvölkerrechts, die von Angehörigen einer kriegführenden Macht gegen Soldaten, Zivilpersonen oder Sachgüter eines Feindstaates, eines besiegten Landes oder eines besetzten Gebiets begangen werden[39].

Zu denken ist in erster Linie an völkerrechtswidrige Kriegshandlungen wie Plünderung sowie Tötung oder Mißhandlung von Kriegsgefangenen. Die Nürnberger Urteile und die Staatenpraxis nach 1945 haben jedoch den im herkömmlichen Völkerrecht vorgegebenen Begriff des

---

[34] Vgl. *Dahm*, Völkerrecht Bd. III S. 319; *Wengler*, Völkerrecht Bd. II S. 1461f.

[35] Über die Anfänge einer Dogmatik der allgemeinen Lehren des Völkerstrafrechts vgl. *Glaser*, Infraction internationale S. 11 ff.; *Hahnenfeld*, Herkunft der allgemeinen Lehren, 1959; *Jescheck*, Völkerstrafrecht S. 147 ff.; *Triffterer*, Dogmatische Untersuchungen S. 158 ff.; *Glaser*, Droit international S. 49 ff.; *Vogler*, Defense of Superior Orders, in: Bassiouni / Nanda Bd. I S. 619 ff.; *Bassiouni*, International Criminal Code, General Part mit Erläuterungen S. 141 ff.; *Schindler*, Crimes, Encyclopedia, Lfg. 8, 1985, S. 109 f.; *Wilkitzki*, ZStW 99 (1987) S. 465 ff.

[36] Vgl. *Bassiouni*, *Butler*, *Novogrod*, *Whitton*, *Dinstein*, in: Bassiouni / Nanda Bd. I S. 159 ff.; *Oehler*, Internationales Strafrecht S. 618; *Jescheck*, International Crimes, Encyclopedia, Lfg. 8, 1985, S. 332; ferner oben § 14 II 4.

[37] Vgl. dazu allgemein *Schroeder*, Schutz von Staat und Verfassung S. 377 ff. Über das problematische Verhältnis des § 80 zu Art. 103 II GG kritisch *Lackner*, § 80 Anm. 2; *Schroeder*, JZ 1969, 47 f.; positiv *Klug*, Friedensverrat S. 164 f.

[38] Zu LG Köln NStZ 1981, 261 überzeugend *Klug*, Jescheck-Festschrift Bd. I S. 583 ff.

[39] Vgl. näher *Jescheck*, War Crimes, Encyclopedia Lfg. 4, 1982, S. 294 ff.; *Strebel*, ZaöRV 15 (1953) S. 31 ff.; *Bierzanek*, War Crimes, in: Bassiouni / Nanda Bd. I S. 559 ff.; *Oehler*, Internationales Strafrecht S. 629 ff. Eine Sammlung der einschlägigen Konventionen, Konventionsentwürfe und Resolutionen enthält das Werk von *Schindler / Toman*, The Laws of Armed Conflicts, 1973.

Kriegsverbrechens[40] erheblich ausgeweitet. Das juristische Problem liegt deswegen heute in der sachgerechten Abgrenzung der Tatbestände. Fortschritte in dieser Richtung bringen die Bestimmungen über die „infractions graves" in den vier Genfer Konventionen von 1949 (BGBl. 1954 II S. 782), durch die festgelegt wird, welche Zuwiderhandlungen völkerrechtlich als nach staatlichem Recht zu bestrafende Kriegsverbrechen zu gelten haben[41]. Zwei Zusatzprotokolle aus dem Jahre 1977 dehnen die „infractions graves" aus und bekräftigen die Strafpflicht der Staaten[42]. Die genannten Übereinkommen werden ergänzt durch die Konvention zum Schutz von Kulturgut von 1954 (BGBl. 1967 II S. 1233), die in Art. 28 ebenfalls eine Strafpflicht für die Vertragsstaaten aufstellt. Die Genfer Konventionen haben, wie es praktischen Bedürfnissen entspricht, den Schutz des Völkerrechts dem staatlichen Gesetzgeber anvertraut. Das Ausführungsgesetz der Bundesrepublik ist als Ergänzung des Wehrstrafgesetzes im Entwurf fertiggestellt, aber bisher nicht im Bundestag eingebracht worden. Vorerst kann deshalb nur das allgemeine Strafrecht den Schutz des Kriegsvölkerrechts übernehmen.

3. **Verbrechen gegen die Menschlichkeit** sind schwerwiegende Verletzungen der Mindestgarantien der Menschenwürde (insbesondere Leben, körperliche Unversehrtheit und Freiheit) aus Motiven, die mit der Staatsangehörigkeit des Opfers oder seiner Zugehörigkeit zu einer Volksgruppe, Kulturgemeinschaft, Rasse, Religion, Konfession oder politischen Überzeugung zusammenhängen. Charakteristisch ist, daß diese Verbrechen mit staatlicher Rückendeckung vorgenommen werden[43].

Bei den Menschlichkeitsverbrechen geht es vor allem darum, von der Obrigkeit angestiftete oder gedeckte Gewalttaten gegen eigene Staatsangehörige oder andere Bewohner des eigenen Landes auf internationaler Ebene strafrechtlich verfolgen zu können. Die internationale Konvention zur Verhütung und Bestrafung des Völkermordes von 1948 (BGBl. 1955 II S. 210) erklärt bestimmte Angriffshandlungen gegen nationale, ethnische, rassische oder religiöse Gruppen zu Verbrechen nach Völkerrecht, enthält aber ebenfalls keine eigenen Strafvorschriften[44]. Die aufgrund der Konvention eingeführte deutsche Strafvorschrift ist der Tatbestand des Völkermordes (§ 220a). Nachfolgebestimmungen des Verbrechens gegen die Menschlichkeit nach KRG Nr. 10 im geltenden deutschen Strafrecht sind die §§ 234a, 241a, 130, 131. Eine Strafpflicht der Staaten enthält auch das Internationale Übereinkommen zur Beseitigung jeder Form der Rassendiskriminierung vom 7. 3. 1966 (BGBl. 1969 II S. 962)[45].

3. Kapitel: Strafgesetz und Rechtsstaat

Nach dem Grundsatz vom Vorbehalt des Gesetzes, der sich aus Art. 20 III GG ergibt, bedürfen alle den Bürger belastenden staatlichen Akte der Grundlage in einem förmlichen Gesetz. Das gilt vor allem für das Strafrecht. Im *Strafrecht* sind die formalen Garantien des Rechtsstaats am stärksten ausgebaut, weil die individuelle Freiheit durch nichts nachhaltiger bedroht werden kann als durch eine obrigkeitliche Willkür, die sich der Machtmittel der Strafgewalt bedient. Die strafrechtlichen Eingriffe gehen in ihrer Wirkung tiefer als alle sonstigen „Eingriffe in Freiheit und Eigentum", sie

---

[40] Die klassische Definition findet sich noch bei *Lauterpacht*, British Yearbook of Int. Law 1944, 79.

[41] Näher dazu *Jescheck*, Verbrechen nach Völkerrecht S. 370ff.; *Dautricourt*, Rev dr pén crim 35 (1954 - 55) S. 739ff.

[42] Vgl. dazu *Bassiouni*, Rutgers Camden Law Journal 8 (1977) S. 194ff.; *Krüger-Sprengel*, NZWehrr 1981, 121ff.

[43] Hierzu *Graven*, Recueil des Cours 76 (1950) Bd. I S. 433ff.

[44] Vgl. näher *Jescheck*, ZStW 66 (1954) S. 193; *derselbe*, Genocide, Encyclopedia Lfg. 8, 1985, S. 255ff.; *Ferencz*, ebenda S. 107ff.

[45] Vgl. näher *Bassiouni*, Genocide and Racial Discrimination, in: Bassiouni / Nanda Bd. I S. 529ff.

erhalten vor allem durch die ihnen innewohnende sozialethische Mißbilligung einen besonders belastenden Akzent. Deshalb muß das Strafgesetz und seine Anwendung nicht allein förmlichen Rechtsgrundsätzen genügen, sondern auch inhaltlich den Anforderungen der Gerechtigkeit entsprechen, die im materiellen Rechtsstaatsprinzip verkörpert sind (vgl. oben § 4 II 2)[1]. Was der Sache nach Unrecht ist, kann nicht dadurch zu Recht werden, daß es in die Form des Gesetzes gekleidet wird. Im folgenden handelt es sich jedoch nicht um die materielle, sondern um die **formelle Seite des Rechtsstaatsprinzips**.

§ 15 Die Garantiefunktion des Strafgesetzes

Arndt, Probleme rückwirkender Rechtsprechungsänderung, 1974; *Baumann*, Dogmatik und Gesetzgeber, Festschrift für H.-H. Jescheck, Bd. I, 1985, S. 105; *Bohne*, Die Magna Charta und das strafgesetzliche Analogieverbot, Festschrift für H. Lehmann, 1937, S. 71; *Bohnert*, P. J. A. Feuerbach und der Bestimmtheitsgrundsatz, Sitzungsber. d. Heidelberger Akad. d. Wiss. 1982, Bericht 2; *Bringewat*, Gewohnheitsrecht und Richterrecht im Strafrecht, ZStW 84 (1972) S. 585; *Bruns*, Richterliche Rechtsfortbildung usw., JR 1981, 358; *Burian*, Der Einfluß der deutschen Naturrechtslehre auf die Entwicklung der Tatbestandsdefinition im Strafgesetz, 1970; *Canaris*, Die Feststellung von Lücken im Gesetz, 2. Aufl. 1983; *Claß*, Generalklauseln im Strafrecht, Festschrift für Eb. Schmidt, 1961, S. 122; *Dahm*, Beibehaltung oder Abschaffung des Grundsatzes „nulla poena sine lege", Deutsche Landesreferate zum II. Int. Kongreß f. Rechtsvergleichung in Den Haag, 1937, S. 514; *Diefenbach*, Die verfassungsrechtliche Problematik des § 2 IV StGB, Diss. Frankfurt 1966; *Dubs*, Die Forderung optimaler Bestimmtheit belastender Rechtsnormen, in: Referate zum Schweiz. Juristentag 1974, S. 223; *Engisch*, Der Begriff der Rechtslücke, Festschrift für W. Sauer, 1949, S. 85; *derselbe*, Die Idee der Konkretisierung in Recht und Rechtswissenschaft unserer Zeit, 2. Aufl. 1968; *derselbe*, Die normativen Tatbestandsmerkmale im Strafrecht, Festschrift für E. Mezger, 1954, S. 127; *derselbe*, Methoden der Strafrechtswissenschaft, in: Methoden der Rechtswissenschaft, Teil I, 1972, S. 39; *Exner*, Gerechtigkeit und Richteramt, 1922; *Frisch*, Ermessen, unbestimmter Begriff usw., NJW 1973, 1345; *Gerland*, Art. 116. Nulla poena sine lege, in: Die Grundrechte und Grundpflichten der Reichsverfassung, 1929, Bd. I, S. 383; *Germann*, Zum sog. Analogieverbot nach schweiz. StGB, SchwZStr 61 (1946) (Festgabe für E. Hafter) S. 119; *derselbe*, Probleme und Methoden der Rechtsfindung, 2. Aufl. 1967; *Gomard*, Auslegung und Analogie bei der Anwendung dänischer Wirtschaftsstrafgesetze, ZStW 83 (1971) S. 332; *Groß*, Rückwirkungsverbot und richterliche Tatbestandsauslegung, Diss. Freiburg 1969; *derselbe*, Über das „Rückwirkungsverbot" in der strafrechtlichen Rechtsprechung, GA 1971, 13; *Grunsky*, Grenzen der Rückwirkung bei einer Änderung der Rechtsprechung, 1970; *Grünwald*, Bedeutung und Begründung des Satzes „nulla poena sine lege", ZStW 76 (1964) S. 1; *Günther*, Die Genese eines Straftatbestandes, JuS 1978, 8; *Hecker*, Das Verbot rückwirkender Strafgesetze im amerikanischen Recht, 1971; *Heimberger*, Freiheit und Gebundenheit des Richters, 1928; *Henkel*, Strafrichter und Gesetz im neuen Staat, 1934; *Höpfel*, Zu Sinn und Reichweite des sog. Analogieverbots, JBl 1979, 505, 575; *Hurwitz*, Den danske Kriminalret, Almindelig Del, 1950/51; *Jiménez de Asúa*, Nullum crimen sine lege, ZStW 63 (1951) S. 166; *Jung*, Rückwirkungsverbot und Maßregel, Festschrift für R. Wassermann, 1985, S. 875; *Kohlmann*, Der Begriff des Staatsgeheimnisses usw., 1969; *Krahl*, Die Rechtsprechung des BVerfG und des BGH zum Bestimmtheitsgrundsatz, 1986; *Kratzsch*, § 53 StGB und der Grundsatz nullum crimen sine lege, GA 1971, 65; *Krey*, Studien zum Gesetzesvorbehalt im Strafrecht, 1977; *derselbe*, Keine Strafe ohne Gesetz, 1983; *Kunert*, Zur Rückwirkung des milderen Steuerstrafgesetzes, Neue Zeitschr. f. Steuerrecht 1982, 276; *Lange*, Der Rechtsstaat als Zentralbegriff der neuesten Strafrechtsentwicklung, in: Berliner Kundgebung 1952 des DJT, 1952, S. 59; *Larenz*, Methodenlehre der Rechtswissenschaft, 5. Aufl. 1983; *Lemmel*, Unbestimmte Strafbarkeitsvoraussetzungen und der Grundsatz nullum crimen sine lege, 1970; *Lenckner*, Wertausfüllungsbedürftige Begriffe im Strafrecht und der Satz „nullum crimen sine lege", JuS 1968, 249; *Maiwald*, Bestimmtheitsgebot usw., Festschrift für W. Gallas, 1973, S. 173; *Mangakis*, Über die Wirksamkeit des Satzes „nulla poena sine lege", ZStW 81 (1969) S. 997; *H. Mayer*, Das Analogieverbot im gegenwärtigen deutschen Strafrecht, SJZ 1947, 12; *derselbe*, Die gesetzliche Bestimmtheit der Tatbe-

---

[1] Zu den materiellen Voraussetzungen gerechter Strafgesetzgebung *Günther*, JuS 1978, 8 ff.

stände, Materialien, Bd. I, S. 259; *Meyer-Hayoz,* Lücken intra legem, Festschrift für O. A. Germann, 1969, S. 149; *W. Mittermaier,* Über Analogie im Strafrecht, SchwZStr 63 (1948) S. 403; *Mohrbutter,* Garantiefunktion und zeitliche Herrschaft der Strafgesetze usw., ZStW 88 (1976) S. 923; *Müller-Dietz,* Verfassungsbeschwerde und richterliche Tatbestandsauslegung, Festschrift für R. Maurach, 1972, S. 41; *Naucke,* Rückwirkende Senkung der Promillegrenze und Rückwirkungsverbot, NJW 1968, 2321; *derselbe,* Über Generalklauseln und Rechtsanwendung im Strafrecht, 1973; *derselbe,* Die Aufhebung des Analogieverbots 1935, in: NS-Recht in historischer Perspektive, 1981, S. 71; *derselbe,* Die Mißachtung des strafrechtlichen Rückwirkungsverbots 1933 - 1945, Festschrift für H. Coing, Bd. I, 1982, S. 225; *Noll,* Zur Gesetzestechnik im Entwurf eines StGB, JZ 1963, 297; *Nowakowski,* Die Grund- und Menschenrechte in Relation zur strafrechtlichen Gewalt, ÖJZ 1965, 281; *Pfundtner / Neubert,* Das deutsche Reichsrecht (Loseblattausgabe ab 1933); *Radbruch,* La sécurité en droit anglais usw., Archives de philosophie du droit, 1936/II, 86; *Röling,* Analogische toepassingen van strafbepalingen, Tijdschrift voor Strafrecht 1938, 1; *Rüping,* Blankettnormen als Zeitgesetze, NStZ 1984, 450; *derselbe,* Nullum crimen sine poena, Festschrift für D. Oehler, 1985, S. 27; *Rupp,* Die Bindung des Richters an das Gesetz, NJW 1973, 1769; *Sax,* Grundsätze der Strafrechtspflege, in: *Bettermann / Nipperdey / Scheuner,* Die Grundrechte, Bd. III/2, 1959, S. 909; *derselbe,* Das strafrechtliche „Analogieverbot", 1953; *Ellen Schlüchter,* Das „Minimum" bei der Auslegung usw., NStZ 1984, 301; *dieselbe,* Mittlerfunktion der Präjudizien, 1986; *Schmitt,* Der Anwendungsbereich von § 1 StGB, Festschrift für H.-H. Jescheck, Bd. I, 1985, S. 223; *H. P. Schneider,* Richterrecht, Gesetzesrecht und Verfassungsrecht, 1969; *Schreiber,* Rückwirkungsverbot bei einer Änderung der Rechtsprechung? JZ 1973, 713; *derselbe,* Gesetz und Richter, 1976; *Schünemann,* Nulla poena sine lege? 1978; *Schulz,* Wahlfeststellung und Tatbestandsreduktion, JuS 1974, 635; *Seel,* Unbestimmte und normative Tatbestandsmerkmale und der Grundsatz nullum crimen sine lege, Diss. München 1965; *Sommer,* Das mildeste Gesetz i. S. d. § 2 Abs. 3 StGB, 1979; *Straßburg,* Rückwirkungsverbot und Änderung der Rechtsprechung, ZStW 82 (1970) S. 948; *Tiedemann,* Tatbestandsfunktionen im Nebenstrafrecht, 1969; *derselbe,* Zeitliche Grenzen des Strafrechts, Festschrift für K. Peters, 1974, S. 193; *derselbe,* Der Wechsel von Strafnormen und die Rechtsprechung des BGH, JZ 1975, 692; *Tröndle,* Rückwirkungsverbot bei Rechtsprechungswandel? Festschrift für E. Dreher, 1977, S. 117ff.; *Waiblinger,* Die Bedeutung des Grundsatzes „nullum crimen sine lege", Festgabe für den Schweiz. Juristenverein, 1955, S. 212; *v. Weber,* Zur Geschichte der Analogie im Strafrecht, ZStW 56 (1937) S. 653; *Wessels,* Zur Problematik der Regelbeispiele für „schwere" und „besonders schwere" Fälle, Festschrift für R. Maurach, 1972, S. 295.

Nach Art. 103 II GG, der wegen seiner überragenden Bedeutung für die Rechtssicherheit als § 1 auch an der Spitze des StGB steht, kann eine Tat nur dann bestraft werden, wenn die Strafbarkeit gesetzlich bestimmt war, bevor die Tat begangen wurde. Nach § 2 I, V sind ferner auch die Strafe und ihre Nebenfolgen sowie die Voraussetzungen für Verfall, Einziehung und Unbrauchbarmachung dem Gesetz zu entnehmen, das zur Zeit der Tat gilt. Die Voraussetzungen der Strafbarkeit und die Rechtsfolgen der Tat (abgesehen von den Maßregeln, vgl. dazu unten § 15 IV 3) müssen also schon zur Tatzeit durch das Gesetz bestimmt gewesen sein. Diese grundlegenden Rechtssätze bilden die **Garantiefunktion des Strafgesetzes,** die heute in vierfacher Weise anerkannt ist: Strafbegründung und Strafschärfung dürfen nicht durch Gewohnheitsrecht, nicht durch analoge Anwendung des Strafgesetzes und nicht mit rückwirkender Kraft stattfinden; die Strafgesetze müssen ferner so bestimmt gefaßt sein, daß ihr Inhalt und ihre Grenzen sich möglichst genau aus dem Gesetzestext ergeben *(Gesetzlichkeitsprinzip).* Der Ausschluß des Gewohnheitsrechts und das Analogieverbot wenden sich an den Richter, das Rückwirkungsverbot und das Verbot unbestimmter Strafgesetze an den Gesetzgeber.

I. Die Bedeutung der legislativen Technik für die Garantiefunktion des Strafgesetzes

Der Grad der Bindung des Richters an das Gesetz wird bestimmt durch den Grad der Genauigkeit, mit dem der Gemeinwille im Gesetz zum Ausdruck gelangt ist. Dar-

I. Legislative Technik und Garantiefunktion des Strafgesetzes

aus folgt, daß es für die Wirksamkeit der Garantiefunktion des Strafgesetzes wesentlich auf die **legislative Technik** ankommt[1].

1. Obwohl die Bindung des Richters auch unter dem **Gewohnheitsrecht** dann eine relativ enge sein kann, wenn der Weg zur Entscheidung durch eine Fülle wissenschaftlich aufbereiteter Präjudizien vorgezeichnet ist wie in England und den USA[2], wird doch die volle Wirkung des Gesetzesvorbehalts erst durch die *Bindung des Richters an das formelle Gesetz* erreicht. Der Vorteil des Gesetzes gegenüber dem Gewohnheitsrecht liegt darin, daß es den Rechtszustand für den Bürger am klarsten und genauesten widerspiegelt, Beständigkeit garantiert und durch seine über den Einzelfall hinausweisende Fassung die Einheit und Gleichheit der Rechtsanwendung am besten sicherstellt.

2. Auch unter der Herrschaft des Gesetzes ist das Maß der richterlichen Bindung jedoch verschieden, je nachdem, ob das Gesetzeswerk eine *abschließende Regelung* (Kodifikation) mit gleichzeitigem Verbot richterlicher Neuschöpfung von belastenden Normen darstellt (wie das StGB) oder ob der Praxis die *Ausfüllung von Lücken* nach eigenem Rechtsempfinden erlaubt ist (wie im BGB[3]). Selbst in einem System mit abschließender gesetzlicher Regelung und Analogieverbot gibt es Abstufungen der Bindung, die von dem Grade der **Konkretheit** bzw. **Abstraktheit** der Gesetzesfassung abhängen. Es wäre jedoch ein Irrtum zu glauben, daß ein kasuistisch gefaßtes Gesetz die Übereinstimung der richterlichen Entscheidung mit dem Gesetzessinn am besten verbürgte, weil es den Richter am stärksten zu binden vermöchte. Vielmehr ist es gerade die *generelle* Fassung der Norm, die der Rechtsprechung das sinnvolle Maß an Bindung auferlegt. Der Gesetzgeber kann dies durch Hervorhebung der typischen Faktoren einer Fallgruppe erreichen. Dagegen läßt die *Kasuistik* durch Anknüpfung an Äußerlichkeiten, die keineswegs für alle strafwürdigen Einzelfälle zuzutreffen brauchen, notwendigerweise Lücken entstehen, die eine gerechte Entscheidung in Grenzfällen verhindern, sobald dem Richter die Ergänzung des Gesetzes durch das Analogieverbot verschlossen ist. Einen Mittelweg wählt jetzt das geltende Recht, indem es zur Kennzeichnung besonders schwerer Fälle vielfach die Technik der Regelbeispiele verwendet (z. B. § 243).

3. In der *Generalisierung* der Gesetzesfassung liegt aber nicht nur ein Gewinn für die Gerechtigkeit, sondern auch eine Gefahr für die Rechtssicherheit, indem nämlich durch Einebnung der sachlichen Unterschiede **Generalklauseln** geschaffen werden können, die die Garantiefunktion des Strafgesetzes beeinträchtigen (OGH 1, 74 [78])[4]. Der Gesetzgeber muß deswegen darauf bedacht sein, nicht nur zu vereinfachen, sondern durch spezifische Allgemeinbegriffe gerade die Unterscheidungsmerk-

---

[1] Über die Bedeutung der Form des Strafrechtssatzes vgl. *Tiedemann*, Tatbestandsfunktionen S. 74 ff.

[2] So gibt es auch im Common Law eine Garantiefunktion des Strafrechts, vgl. *Grünhut*, Das englische Strafrecht S. 178 ff.; *Radbruch*, Archives de philosophie du droit 1936/II, 89. Die Neuschaffung eines dem § 145 d entsprechenden Common-Law-Delikts durch R. v. Manley (1933) 1 KB S. 529 hat einhellige Ablehnung erfahren. Ebenso für die USA *J. Hall*, General Principles S. 36 ff.; *Clark / Marshall*, Crimes S. 32 ff. Vgl. ferner *Hecker*, Verbot rückwirkender Strafgesetze S. 70 ff., 82 ff. sowie *Ellen Schlüchter*, Präjudizien S. 71 ff.

[3] Vgl. dazu Art. 1 II, III des schweiz. ZGB: „Kann dem Gesetz keine Vorschrift entnommen werden, so soll der Richter nach Gewohnheitsrecht und, wo auch ein solches fehlt, nach der Regel entscheiden, die er als Gesetzgeber aufstellen würde. Er folgt dabei bewährter Lehre und Überlieferung."

[4] Vgl. näher *Claß*, Eb. Schmidt-Festschrift S. 136 ff.; *Lenckner*, JuS 1968, 252 ff. Zum Vordringen der Generalklauseln *Naucke*, Über Generalklauseln S. 4 ff. In engen Grenzen sind sie freilich auch im Strafrecht unvermeidbar (BVerfGE 4, 358; 11, 237).

male zu kennzeichnen, die für die Abgrenzung der Straftatbestände maßgebend sind. Erst durch das Zusammenspiel von Generalisierung und Differenzierung werden die Grundlagen der **Typenbildung** im Strafrecht geschaffen, durch die die Garantiefunktion der Strafgesetze ihre praktische Bedeutung gewinnt[5]. Welche Gefahren für die Rechtssicherheit mit strafrechtlichen Generalklauseln verbunden sein können, hat sich in der Strafrechtsgeschichte oft gezeigt.

Beispiele: Ein „Gesetz" der Münchner Räterepublik von 1919 bestimmte: „Jeder Verstoß gegen revolutionäre Grundsätze wird bestraft. Die Art der Strafe steht im freien Ermessen des Richters" (vgl. ZStW 40 [1919] S. 511). § 2 StGB 1935 machte das „gesunde Volksempfinden" in Verbindung mit dem Grundgedanken eines Strafgesetzes zur Grundlage der Bestrafung. Die Untreue (§ 266) bedrohte ursprünglich in streng kasuistischer Form nur bestimmte mit Vertretungsmacht ausgestattete Personengruppen mit Strafe. In der Fassung von 1933 wurde der Tatbestand einer Generalklausel bedenklich angenähert, um bestimmte Wirtschaftskreise belangen zu können. Die Vorschrift ist auch durch das EGStGB von 1974 nicht eingeengt worden. § 240 über die Nötigung wird wegen der Unbestimmtheit der „Verwerflichkeitsklausel" in Abs. 2 von manchen als verfassungswidrig angesehen[6], doch hat das Bundesverfassungsgericht die Vorschrift verfassungsrechtlich nicht beanstandet, allerdings nur mit Stimmengleichheit (BVerfGE 73, 206 [230 ff.]; BVerfG NJW 1988, 693).

4. Eine relativ enge Bindung des Richters an das Gesetz ermöglichen die **deskriptiven** Tatbestandsmerkmale (z. B. „Mensch" in § 212; „Person unter 14 Jahren" in § 176 I; „töten" in § 212), weil sich der Sinngehalt hier unmittelbar aus der Anschauung, der Lebenserfahrung oder aus festliegenden äußeren Maßstäben ergibt (vgl. unten § 26 IV 1). Dagegen geben die **normativen** Tatbestandsmerkmale (z. B. „niedriger Beweggrund" in § 211 II; „grob verkehrswidrig und rücksichtslos" in § 315c I Nr. 2) dem Richter größere Freiheit, weil sie einer Wertung bedürfen, um mit anwendungsfähigem Inhalt ausgefüllt zu werden (vgl. unten § 26 IV 2)[7]. Die Bindung des Richters an das Gesetz besteht hier darin, daß der Gesetzgeber nicht eine höchstpersönliche Wertung zuläßt, sondern von der Existenz allgemeiner sozial-ethischer Wertungen ausgeht, denen sich der Richter unterzuordnen hat[8]. Ein scharfer Gegensatz zwischen den beiden Gruppen besteht jedoch nicht: der Sinn der deskriptiven Merkmale wird oft auch durch den Zusammenhang, in dem sie stehen, mitbestimmt, während die normativen Merkmale auch einen empirischen Kern aufweisen.

Beispiel: Niedrig ist ein Tötungsbeweggrund, der nach *allgemeiner* sittlicher Wertung auf tiefster Stufe steht (BGH 3, 132).

Bei der Verwendung normativer Tatbestandsmerkmale ist der Gesetzgeber, selbst im Strafrecht, bis zur Einführung von **unbestimmten Rechtsbegriffen** gegangen (z. B. „Verwerflichkeit" in § 240 II; „Verstoß gegen die guten Sitten" in § 226a). In diesen Grenzfällen des Gesetzesvorbehalts, in denen auf unscharfe, außerrechtliche

---

[5] Über die Typenbildung im Strafrecht näher *Engisch,* Die Idee der Konkretisierung S. 266 ff.; über generelle und kasuistische Regelung *Noll,* JZ 1963, 300.

[6] So z. B. *H. Mayer,* Lehrbuch S. 86; *Stratenwerth,* Allg. Teil I Rdn. 357.

[7] *Engisch,* Einführung S. 109 ff.; *derselbe,* Mezger-Festschrift S. 136. Verfassungsrechtliche Bedenken bestehen nicht; vgl. BVerfGE 4, 352 (357 f.). Ferner *Seel,* Unbestimmte und normative Tatbestandsmerkmale S. 133.

[8] Zum „Richterrecht" vgl. *Meyer-Hayoz,* Germann-Festschrift S. 155. Ein eigentliches Richterrecht dürfte jedoch im deutschen Strafrecht dem Art. 103 II GG widersprechen. Die Notwendigkeit der Durchdringung des modernen Strafrechts mit normativen Klauseln betont *Lenckner,* JuS 1968, 255. Über die Kriterien des Richterrechts vgl. auch *H. P. Schneider,* Richterrecht S. 37 ff.; *Stratenwerth,* Allg. Teil I Rdn. 95 ff. Gegen Politisierung der Justiz durch Richterrecht treffend *Rupp,* NJW 1973, 1770 ff. Diese Gefahr besteht für die Rechtsprechung zu den Sitzblockaden, sofern das „Fernziel" der Demonstranten in die Prüfung der Verwerflichkeit nach § 240 II einbezogen wird (BGH 34, 71 [77 f.]). Dagegen jetzt BGH DRiZ 1988, 260.

Maßstäbe verwiesen wird[9], ist das Erfordernis der Bindung des Richters an das Gesetz allein dadurch zu wahren, daß der Wertung nur *übereinstimmende* Wertbegriffe der Allgemeinheit zugrunde gelegt werden dürfen (vgl. z.B. über die Straflosigkeit der Schlägermensur BGH 4, 24 [32])[10] und daß der Inhalt der unbestimmten Rechtsbegriffe, wie bei § 240 II, durch Auslegung konkretisiert werden kann.

5. Die schwache Stelle der Bindung des Strafrichters an das Gesetz ist die **Weite der Strafrahmen.** Das geltende Recht hat jedoch immerhin eine Beschränkung der verwendeten Typen auf überschaubare Muster vorgenommen. Als absolut bestimmte Strafe gibt es nur die lebenslange Freiheitsstrafe bei Mord und Völkermord (§§ 211 I, 220a I Nr. 1), die aber bei heimtückischem Mord dadurch ihren absoluten Charakter verloren hat, daß nach BGH 30, 105 bei außergewöhnlichen schuldmindernden Umständen § 49 Abs. 1 Nr. 1 anzuwenden ist[11]. Angedroht ist ferner mehrfach lebenslange Freiheitsstrafe neben zeitiger Freiheitsstrafe (z.B. §§ 80, 239a II, 251). Verwendet werden weiter verschiedene Rahmen der zeitigen Freiheitsstrafe (z.B. §§ 185, 187, 250, 316a). Geldstrafe ist immer nur wahlweise neben Freiheitsstrafe angedroht (z.B. § 266 I). Die kumulative Geldstrafe setzt Bereicherungsabsicht voraus (§ 41). Der Rahmen der Geldstrafe selbst ist jedoch von einer im Rechtsstaat kaum vertretbaren Weite (nach § 40 II 3 i. Verb. m. § 40 I 2 nämlich 10 bis 3 600 000 DM, bei der Bildung einer Gesamtstrafe nach § 54 II 2 sogar bis 7 200 000 DM). Zur Vermeidung unangemessen weiter Strafrahmen für die Freiheitsstrafe werden Wertstufen gebildet, und zwar entweder durch Hinzutreten weiterer Tatbestandsmerkmale (z.B. § 244 im Verhältnis zu § 242) oder durch die Schaffung besonders schwerer (z.B. §§ 212 II, 263 II) oder minder schwerer Fälle (z.B. §§ 177 II, 249 II). Besonders schwere Fälle können durch Regelbeispiele erläutert sein (z.B. § 176 III, 243). Die Bindung des Richters an das Gesetz ist dabei gegenüber echten qualifizierten Tatbestandsmerkmalen gelockert, sie ist jedoch strenger als bei den unbenannten Strafschärfungs- oder Strafmilderungsgründen. Zur Bindung des Richters an die Strafzumessungsregeln vgl. unten § 82 II.

II. Die geschichtliche Entwicklung des Gesetzlichkeitsprinzips

1. Das Gesetzlichkeitsprinzip[12] wird von manchen auf die Magna Charta Libertatum des englischen Königs Johann ohne Land von 1215 zurückgeführt, da dort in Art. 39 zugesichert war, daß Sanktionen gegenüber Freien nur zulässig sein sollten „per legale iudicium suorum vel per legem terrae". Doch ist es wahrscheinlicher, daß damit keine materiellrechtliche Garantie ausgesprochen werden sollte, sondern vielmehr nur eine prozessuale[13]. Die CCC spricht in der Überschrift zu Art. 105 „von unbenannten peinlichen fellen vnnd straffen" und läßt dafür nach Beratung der Richter und Urteiler eine entsprechende Anwendung zu. Im 17. und 18. Jahrhundert[14] urteilten die Gerichte unter dem Einfluß der Naturrechtslehre und des reformatorischen Gedankens von der obrigkeitlichen Strafpflicht frei nach billigem Ermessen, aber die dadurch bewirkte unerträgliche Rechtsunsicherheit war es gerade, die in der Aufklärungszeit zu dem dringenden Verlangen nach dem geschriebenen Gesetz geführt hat (vgl. oben § 10 V)[15].

---

[9] Über Kriterien für die Grenzen der Zulässigkeit unbestimmter Tatbestandsmerkmale *Lemmel,* Unbestimmte Strafbarkeitsvoraussetzungen S. 180 ff. Richterliche Ermessensfreiheit bei der Auslegung unbestimmter Rechtsbegriffe verneint mit Recht *Frisch,* NJW 1973, 1346 ff.

[10] *Ellen Schlüchter,* NStZ 1984, 303 f.

[11] Der BGH hat sich damit in bedenklicher Weise von der Gesetzesbindung freigezeichnet. Vgl. dazu *Bruns,* JR 1981, 362 f.

[12] Zur Dogmengeschichte *Krey,* Keine Strafe ohne Gesetz, 1983.

[13] So *Bohne,* Lehmann-Festschrift S. 80 ff.; *Krey,* Keine Strafe ohne Gesetz S. 43 f.

[14] Vgl. näher *v. Weber,* ZStW 56 (1937) S. 660 ff.

2. Die **historische Grundlage des Gesetzlichkeitsprinzips** ist die *Staatsvertragslehre der Aufklärung*, es ist also politischen, nicht strafrechtlichen Ursprungs (vgl. oben § 10 VI)[16]. Seine Wurzeln liegen in der Idee einer alle Menschen verbindenden Vernunft, die im Gesetz maßgeblichen Ausdruck gefunden habe und Staatswillkür als vernunftwidrige „Störung" ausschließe, in dem Postulat natürlicher, unverbrüchlicher Freiheitsrechte für jedermann, in der Beschränkung der Staatsaufgabe auf den Rechtsschutz und in dem Erfordernis der Sicherheit und Berechenbarkeit des Rechts zugunsten des einflußreich gewordenen Bürgertums (zur Entstehungsgeschichte des Gesetzlichkeitsprinzips vgl. näher 2. Auflage S. 104).

3. Das RStGB von 1871 hat das Gesetzlichkeitsprinzip über das preußische StGB von 1851 aus dem Code pénal von 1810 (Art. 4) entnommen (§ 2 I)[17], aber erst **Art. 116 WRV** hat ihm Verfassungsrang verliehen, wobei freilich die von § 2 StGB abweichende Formulierung zu verhängnisvollen Zweifeln über die Tragweite der Verfassungsgarantie geführt hat[18]. Der *Nationalsozialismus* hat die liberale Devise „nullum crimen sine lege" beseitigt und durch die autoritäre Umkehrung **„kein Verbrechen ohne Strafe"** ersetzt (vgl. § 2 i. d. F. des Ges. vom 28. 6. 1935)[19]. Die Besatzungsmächte haben das Gesetzlichkeitsprinzip alsbald wiederhergestellt (MilRegG Nr. 1; KRProkl. Nr. 3; KRG Nr. 11 vom 30. 1. 1946, Kontrollratsamtsblatt S. 55), was sie jedoch nicht daran gehindert hat, in dem Londoner Abkommen vom 8. 8. 1945

---

[15] Hierzu *Schaffstein*, Die allgemeinen Lehren S. 39ff. Über den Gesetzesbegriff der deutschen Naturrechtslehre und die Trennung von Verbrechen und Sünde vgl. *Burian*, Naturrechtslehre S. 43ff., 83ff., 113ff.

[16] Vgl. *v. Hippel*, Bd. I S. 258ff.; *Waiblinger*, Juristenvereins-Festgabe S. 221; *Stratenwerth*, Allg. Teil I Rdn. 73; *Schreiber*, Gesetz S. 33ff.

[17] Zur Stellung Feuerbachs *Bohnert*, P. J. A. Feuerbach und der Bestimmtheitsgrundsatz, 1982.

[18] Nach *Gerland*, Art. 116 S. 373 sollte das Rückwirkungsverbot für straf*schärfende* Gesetze keinen Verfassungsrang erlangt haben. Ebenso *Frank*, § 2 Anm. I und im Ergebnis auch RG 56, 318. Dagegen mit Recht *v. Liszt / Schmidt*, S. 108 Fußnote 3. Der Nationalsozialismus hat sich diese Kontroverse zunutze gemacht und mit der „lex van der Lubbe" vom 29. 3. 1933 (RGBl. I 151) rückwirkend die Todesstrafe für Brandstiftung (Reichstagsbrand) eingeführt; vgl. den Hinweis auf den „wissenschaftlichen Meinungsstreit" bei *Pfundtner / Neubert*, Das deutsche Reichsrecht, II c 1 S. 2. Die Regierung konnte freilich nach Art. 2 des Ermächtigungsgesetzes von 1933 ohnehin von der Verfassung abweichen. Ein Gutachten von *Oetker, Nagler* und *v. Weber* hat das Reichsjustizministerium seinerzeit vor der rückwirkenden Einführung von Strafschärfung gewarnt; vgl. *Dreher*, ZStW 82 (1970) S. 851f. Eine Zusammenstellung der rückwirkenden Strafgesetze des Dritten Reichs findet sich bei *Pfundtner / Neubert*, Das deutsche Reichsrecht II c 6 S. 189 und 252. Vgl. ferner *Naucke*, Coing-Festschrift Bd. I S. 225ff.

[19] Über die geistesgeschichtlichen Zusammenhänge *Frank*, Nachtrag S. 186; *Henkel*, Strafrichter und Gesetz S. 11ff. Für eine Abschwächung des Analogieverbots war schon früher *Exner*, Gerechtigkeit und Richteramt S. 51ff. eingetreten. Dagegen mit Recht *Heimberger*, Freiheit und Gebundenheit S. 18. Das RG hat von der Aufhebung des Analogieverbots nur zurückhaltend Gebrauch gemacht (vgl. z. B. RG 70, 175; 70, 315; 70, 369; 71, 306; 72, 146; 75, 61). Die internationale Reaktion auf die Aufhebung des Gesetzlichkeitsprinzips in Deutschland war gleichwohl heftig. Als die Freie Stadt Danzig diesem Beispiel folgen wollte, erklärte ein Gutachten des Ständigen Internationalen Gerichtshofs das Gesetzlichkeitsprinzip für einen unverzichtbaren Bestandteil des Rechtsstaates (Entscheidungen des Ständigen Internationalen Gerichtshofs Bd. 12 [1937] S. 55). Die internationalen rechtswissenschaftlichen Vereinigungen schlossen sich dieser Ansicht an; vgl. Association internationale de droit pénal, IVe Congrès international de droit pénal, 1939, 40ff., 93ff., 441f.; Voeux et résolutions du IIe Congrès international de droit comparé, 1938. Für volle Preisgabe des nulla poena-Satzes trat *Dahm*, Deutsche Landesreferate S. 514ff. ein. Um gerechte Würdigung des Für und Wider bemühte sich *Mittermaier*, SchwZStr 63 (1948) S. 403. Dazu eingehend mit umfassenden Nachweisen *Rüping*, Oehler-Festschrift S. 27ff.; *Naucke*, NS-Recht in historischer Perspektive S. 71.

und in dem KRG Nr. 10 vom 20.12.1945 selbst wiederum rückwirkende Strafvorschriften zu erlassen (vgl. oben § 14 II 2).

4. Die Bundesrepublik hat das Gesetzlichkeitsprinzip in Art. 103 II GG mit **Grundrechtsrang** versehen[20]. Außerdem hat das Gesetzlichkeitsprinzip in völkerrechtlichen Verträgen **internationale Anerkennung** gefunden. Nach Art. 7 I 1 der Europäischen Konvention zum Schutze der Menschenrechte und Grundfreiheiten vom 4.11.1950 (BGBl. 1952 II S. 686) kann niemand wegen einer Handlung oder Unterlassung verurteilt werden, die zur Zeit ihrer Begehung nach inländischem oder internationalem Recht nicht strafbar war; ebenso ist nach Art. 7 I 2 auch eine rückwirkende Strafschärfung ausgeschlossen[21]. Die gleiche Garantie findet sich in Art. 99 des Genfer Abkommens über die Behandlung der Kriegsgefangenen vom 12.8.1949 (BGBl. 1954 II S. 838) und sinngemäß auch in Art. 65 des Genfer Abkommens vom 12.8.1949 zum Schutze von Zivilpersonen in Kriegszeiten (BGBl. 1954 II S. 917). Die Bundesrepublik hat diese Verträge ratifiziert und sich dadurch auch zu der völkerrechtlichen Geltung des Gesetzlichkeitsprinzips bekannt. Eine Bestätigung seiner weltweiten Anerkennung bedeutete schließlich die Aufnahme in Art. 11 II der Allgemeinen Erklärung der Menschenrechte der Generalversammlung der Vereinten Nationen vom 10.12.1948 und in Art. 15 I des Internationalen Pakts über bürgerliche und politische Rechte vom 19.12.1966 (BGBl. 1973 II S. 1534). Das Gesetzlichkeitsprinzip entspricht heute auch der gemeinsamen wissenschaftlichen Überzeugung der Fachwelt[22].

III. Die Garantiefunktion des Strafgesetzes im geltenden Recht

Nach Art. 103 II GG, § 1 StGB muß die Strafbarkeit *gesetzlich* bestimmt sein, bevor die Tat begangen wurde. Dieser Vorschrift liegt an sich der *materielle* Gesetzesbegriff zugrunde, doch ist die praktische Bedeutung der Rechtsverordnung im Strafrecht durch das BVerfG erheblich eingeschränkt worden (vgl. oben § 13 II 2). Als Grundlage einer *Freiheitsstrafe* kommt nach Art. 104 I GG ohnehin immer nur ein *förmliches* Gesetz in Betracht. Aus Art. 103 II GG werden vier Folgerungen abgeleitet (BVerfGE 25, 285; 26, 31 [42])[23]:

1. Das Gesetzlichkeitsprinzip bedingt einmal den **Ausschluß des Gewohnheitsrechts.** Dies bedeutet, daß gewohnheitsrechtlich keine neuen Straftatbestände gebildet und keine Strafschärfungen eingeführt werden dürfen („nullum crimen sine lege

---

[20] Vgl. zur Gegenwart *Schreiber*, Gesetz S. 201 ff. Zur politischen Bedeutung des Gesetzlichkeitsprinzips *Mangakis*, ZStW 81 (1969) S. 997 ff.

[21] Der von der Bundesrepublik mit Rücksicht auf Art. 103 II GG mit Recht *nicht* ratifizierte Art. 7 II (sog. „Nürnbergklausel") verlangt zwar ebenfalls eine zur Tatzeit bestehende *Strafbarkeit*, läßt aber durch den Hinweis auf die „allgemeinen von den zivilisierten Völkern anerkannten Rechtsgrundsätze" Gewohnheitsrecht als strafbegründende Rechtsquelle genügen.

[22] Vgl. *Jiménez de Asúa*, ZStW 63 (1951) S. 184 ff.; ferner die Schrifttumsangaben bei Schönke / Schröder / Eser, § 1. Nachdem die Sowjetunion durch Art. 6 der Strafrechtsgrundsätze von 1958 zum Gesetzlichkeitsprinzip zurückgekehrt ist und sich alle sozialistischen Staaten angeschlossen haben, gibt es nur noch wenige Länder, die eine Ausnahme machen. Bedeutsam ist vor allem § 1 des dänischen StGB i. d. F. von 1966, den *Hurwitz*, Kriminalrecht S. 139 ff. einschränkend interpretiert, während *Marcus*, Das Strafrecht Dänemarks S. 85 anhand von Beispielen aus der Praxis Kritik übt. Einen weitergehenden Standpunkt vertrat in dieser Frage der Niederländer *Röling*, Tijdschrift voor Strafrecht 1938, 1. Zum skandinavischen Recht mit Judikatur *Gomard*, ZStW 83 (1971) S. 332 ff. Zum Analogieverbot nach Art. 1 des neuen brasilianischen StGB *Fragoso*, Lições S. 87 f.; *da Costa jr.*, Comentários, Art. 1 Anmerkung (S. 2 ff.).

[23] Zum folgenden *Schmitt*, Jescheck-Festschrift Bd. I S. 223 ff.; *Schünemann*, Nulla poena sine lege? S. 17 ff.

scripta") (vgl. oben § 12 IV 2). Der Vorbehalt des Gesetzes ist damit im Strafrecht stärker formalisiert als in allen anderen Rechtsgebieten. Gewohnheitsrecht, das in anderen Bereichen der Rechtsordnung anerkannt ist, kann jedoch auf das Strafrecht hinüberwirken, wenn dieses darauf verweist.

Beispiel: Der Begriff der „jagdbaren Tiere" in § 292 bestimmte sich bis zur Einführung des § 2 RJG von 1934 nach Landesrecht und insoweit teilweise nach Gewohnheitsrecht (RG 46, 108 [111]).

Gewohnheitsrecht, das sich zugunsten des Täters auswirkt, z. B. durch Schaffung neuer Rechtfertigungsgründe, ist dagegen zulässig[24].

Der Grund für den Ausschluß des Gewohnheitsrechts liegt in der Forderung, daß Strafnormen nur durch die Volksvertretung als höchstem Repräsentanten des Volkswillens in dem für die Gesetzgebung vorgesehenen Verfahren erlassen werden dürfen (*repräsentativ-demokratische* Begründung des Gesetzlichkeitsprinzips)[25].

2. Die zweite Folgerung aus dem Gesetzlichkeitsprinzip betrifft die *Auslegung des Strafrechts*.

a) Nach Art. 103 II GG, § 1 StGB ist die **Analogie** als Mittel der Neuschöpfung und Ausdehnung von Strafvorschriften sowie der Verschärfung von Strafen[26] und sichernden Maßregeln (BVerfGE 71, 108 [114ff.]; BGH 18, 136 [140]) verboten („nullum crimen sine lege *stricta*"). Auch in diesem Punkte hat der Vorbehalt des Gesetzes im Strafrecht einen stärkeren Akzent als sonst im Recht. Der innere Grund des Analogieverbots ist ebenso wie der des Ausschlusses des Gewohnheitsrechts einmal darin zu sehen, daß die Beurteilung der Strafwürdigkeit einer Zuwiderhandlung allein dem Gesetzgeber vorbehalten bleiben soll. Hinzu tritt die Erwägung, daß eine durch den Einzelfall ausgelöste Bestrafung zu sehr dem Einfluß der ersten sittlichen Entrüstung unterliegen könnte, während das Gesetz immer Nüchternheit und Distanz gewährleistet[27] (*kriminalpolitische* Begründung des Gesetzlichkeitsprinzips). Der Begriff des Analogieverbots, wie er im wissenschaftlichen Sprachgebrauch allgemein verwendet wird, bedeutet den Ausschluß einer Rechtsanwendung, die über den durch Auslegung zu ermittelnden Sinngehalt einer Strafrechtsnorm hinausgeht (vgl. unten § 17 IV 4). Die Bezeichnung „Analogieverbot" trifft aber im Grunde nicht den Kern der Sache[28], denn Analogie ist nichts anderes als ein gewöhnliches Schlußverfahren der juristischen Logik, das wie überall im Recht so auch im Strafrecht nicht nur „in bonam partem" verwendet wird. Doch bestehen gegen den Gebrauch des Ausdrucks keine Bedenken, wenn man sich darüber klar ist, daß mit dem Analogie*verbot* Analogie *zum Zwecke der Rechtsneuschöpfung* gemeint ist[29].

---

[24] Vgl. *Eser*, Strafrecht I Nr. 2 A Rdn. 65 ff.; über die Verfestigung von Richterrecht zu Gewohnheitsrecht *Bringewat*, ZStW 84 (1972) S. 592 ff.

[25] So mit Recht *Grünwald*, ZStW 76 (1964) S. 13 f.

[26] Die früher gelegentlich vertretene Ansicht, daß die Verfassungsgarantie nicht die Straffolge einschließe, ist heute aufgegeben; vgl. BGH 3, 259 (262) sowie *Maunz / Dürig / Herzog*, Art. 103 Rdn. 108 m. Nachw.; *Schönke / Schröder / Eser*, § 1 Rdn. 30.

[27] So ebenfalls *Grünwald*, ZStW 76 (1964) S. 13 f.

[28] So insbesondere *Sax*, Analogieverbot S. 97 ff.; *Waiblinger*, Juristenvereins-Festgabe S. 254 ff.; *Stratenwerth*, Allg. Teil I Rdn. 99. Andererseits ist Analogie auch nicht immer „Auslegung", wie *Sax*, Analogieverbot S. 130 ff. anzunehmen scheint. Zum ganzen *Höpfel*, JBl 1979, 580 ff.

[29] Darüber *H. Mayer*, SJZ 1947, 17; *Schönke / Schröder / Eser*, § 1 Rdn. 32 ff.; *Krey*, Studien S. 214.

III. Die Garantiefunktion des Strafgesetzes im geltenden Recht

Beispiele für die Analogie als gesetzlich gebotenes Schlußverfahren: § 223 a umfaßt auch „andere gefährliche Werkzeuge", §§ 315 I Nr. 4 und 315 b I Nr. 3 betreffen auch „einen ähnlichen, ebenso gefährlichen Eingriff"[30].

b) Ergibt die Sinnauslegung jedoch eine **Lücke,** die dem Gesetz von vornherein anhaften (primäre Lücke) oder später durch Änderung der Verhältnisse eingetreten sein kann (sekundäre Lücke), so muß der Strafrichter freisprechen und dem Gesetzgeber den Vortritt lassen, während der Zivilrichter in solchen Fällen selbst die anzuwendende Rechtsnorm bildet[31].

Beispiele: So hat das RG die Entziehung fremder elektrischer Energie nicht als Diebstahl bestraft, weil Strom keine eigentumsfähige „Sache" sei, wie dies § 242 voraussetzt (RG 32, 165; anders der franz. Kassationshof, Sirey 1913, Bd. I S. 337). Deswegen mußte ein besonderes Ges. betr. die Bestrafung der Entziehung elektrischer Arbeit vom 9. 4. 1900 (RGBl. I S. 288) ergehen (heute § 248 c). Die mißbräuchliche Benutzung von Münzfernsprechern durch breitgeklopfte Geldstücke konnte weder als Betrug (§ 263) noch als Entziehung elektrischer Energie (Ges. vom 9. 4. 1900) noch als Geldfälschung (§ 146) erfaßt werden (RG 68, 65). Deshalb wurde 1935 der § 265 a über den Automatenmißbrauch geschaffen. Die Umdeutung des Fluchtverbots des § 142 a. F. in ein Meldegebot (BGH 5, 129) hat BGH 11, 117 als Verstoß „gegen den Grundgedanken des § 2 StGB" korrigiert, der neue § 142 III hat ein solches Meldegebot jedoch eingeführt. Die Ausdehnung des § 246 auf *alle* Fälle rechtswidriger Zueignung hat BGH 2, 317 (319) als mit dem klaren Wortlaut unvereinbar abgelehnt. Ebenso wurde das Bekleben eines Verteilerkastens der Bundespost, wenn Substanz oder Brauchbarkeit nicht beeinträchtigt sind, nicht als Sachbeschädigung nach § 303 angesehen (BGH 29, 129; übereinstimmig im Fall des „Sprayers von Zürich" BVerfG NJW 1984, 1293). Die Rechtsprechung hat andererseits die Grenzen der Sinnauslegung in manchen Fällen so weit hinausgeschoben, daß gegenüber der Analogie nur noch ein geringer sachlicher Unterschied besteht. So soll das Merkmal „bespanntes Fahrzeug" (§ 3 I Nr. 6 des preuß. Ges. betr. den Forstdiebstahl) auch bei Verwendung eines Kraftfahrzeugs erfüllt sein (BGH 10, 375). Noch weiter geht die Bejahung der Zueignungsabsicht, wenn jemand in einem Warenhaus ein Buch mitnimmt, um es zu lesen und alsbald wieder zurückzubringen (OLG Celle NJW 1967, 1921)[32].

c) Die Garantiefunktion des Strafgesetzes in Gestalt des Analogieverbots umfaßt alle Merkmale der Strafvorschrift, die ihren *Strafwürdigkeitsgehalt* und die *Rechtsfolge* mitbestimmen, d. h. die Merkmale des Unrechts- und Schuldtatbestands, die persönlichen Strafausschließungs- und Strafaufhebungsgründe, die objektiven Bedingungen der Strafbarkeit und alle Sanktionen (einschließlich der Maßregeln und Nebenfolgen, BGH 18, 136 [140]), nicht jedoch die Prozeßvoraussetzungen (z. B. den Strafantrag)[33]. Auch die Vorschriften des Allgemeinen Teils, soweit diese eine den Strafwürdigkeitsgehalt einer Norm unmittelbar betreffende Regelung enthalten, binden den Richter, so daß zu Lasten des Angeklagten nicht davon abgewichen werden darf[34]. Soweit die allgemeinen Lehren dagegen wirklich Gewohnheitsrecht sind (vgl. oben § 12 IV 2), können sie auch nicht an der Garantiefunktion teilnehmen.

---

[30] Näher über Analogie als Mittel zulässiger Auslegung *Germann,* SchwZStr 61 (1946) S. 137 ff.; *Engisch,* Methoden S. 65 ff. Über die Abgrenzung von Auslegung und Analogie ferner *Jiménez de Asúa,* Bd. II S. 479 ff. Daß die Abgrenzung von Analogie und Auslegung flüssig ist, zeigt an Beispielen *Schmidhäuser,* Allg. Teil S. 111.

[31] Vgl. *Larenz,* Methodenlehre S. 351 ff. Über ergänzende Rechtsfindung *Germann,* Rechtsfindung S. 135 ff.; *Baumann,* Jescheck-Festschrift Bd. I S. 105 ff. Über den Begriff der Rechtslücke *Engisch,* Sauer-Festschrift S. 90; *derselbe,* Einführung S. 138 ff.; *Baumann / Weber,* Allg. Teil S. 158; *Canaris,* Lücken im Gesetz S. 198.

[32] Kritisch zu der immer extensiveren Auslegung *LK (Tröndle)* § 1 Rdn. 33. Beispiele gebotener einschränkender Auslegung sind andererseits das Fanny-Hill-Urteil BGH 23, 40 sowie BGH 14, 116 (Unanwendbarkeit von § 142 a. F. auf den Verkehr zu Wasser).

[33] Vgl. *LK (Tröndle)* § 1 Rdn. 37 mit dem Hinweis, daß Verfahrensvorschriften mit Ausnahmecharakter (z. B. § 232 I, BGH 7, 256) nicht analog angewendet werden können. Zurückhaltung empfiehlt *Schönke / Schröder / Eser,* § 1 Rdn. 36.

Beispiele: Ein frühreifer Dreizehnjähriger darf nicht in Analogie zu § 105 JGG als Jugendlicher behandelt, die Strafbarkeit wegen eines unechten Unterlassungsdelikts (§ 13) darf nicht auf Fälle lediglich sittlich begründeter Garantenpflichten ausgedehnt werden. Zulässiges Gewohnheitsrecht ist jedoch die Anerkennung der actio libera in causa als Ausdehnung des § 20 (vgl. unten § 40 VI 1).

d) Analogie *„in bonam partem"* ist dagegen zulässig. Sie kommt etwa bei Strafmilderungs-, Strafaufhebungs- und Strafausschließungsgründen und beim Absehen von Strafe in Betracht.

Beispiele: Anwendung der Rücktrittsvorschriften (§§ 31, 83 a, 316 a II) auf unechte Unternehmensdelikte (vgl. unten § 51 V 3); Anwendung der Möglichkeit des Absehens von Strafe (z. B. § 175 II) auf die Begehung der Tat im Vollrausch (§ 323 a); Anwendung des § 17 S. 2 als übergesetzlicher Schuldmilderungsgrund (LG Hamburg NJW 1976, 1756).

3. In positiver Hinsicht bedeutet die Garantiefunktion, daß an die **Bestimmtheit des Strafgesetzes** hohe Anforderungen zu stellen sind (nullum crimen sine lege certa)[35]. Die Straftatbestände sollen eine möglichst genaue Fassung unter Vermeidung von dehnbaren Begriffen aufweisen, eindeutige Rechtsfolgen androhen und auch nur Strafrahmen von begrenzter Spannweite enthalten. Der Grund für das Bestimmtheitsgebot liegt einmal darin, daß der Gesetzesvorbehalt nur dann seine volle Wirksamkeit entfalten kann, wenn der Rechtswille der Volksvertretung im Text so deutlichen Ausdruck gefunden hat, daß eine subjektiv-eigenmächtige Entscheidung des Richters ausgeschlossen ist (BVerfGE 47, 109 [120]). Strafrechtliche Entscheidungen müssen anhand des Gesetzes nachprüfbar sein. Auch in diesem Punkte sind die Anforderungen des Rechtsstaatsprinzips an das Strafrecht strenger als auf anderen Gebieten (vgl. z. B. die umfassende Bedeutung des § 242 BGB für das Zivilrecht). Das Bestimmtheitsgebot soll ferner sicherstellen, daß jedermann vorhersehen kann, welches Verhalten verboten und mit Strafe bedroht ist (BVerfGE 48, 48 [56]; BVerfG NJW 1987, 3175). Es ist für die Praxis noch wichtiger als das Analogieverbot: „Die eigentliche Gefahr droht dem Grundsatz nulla poena sine lege nicht von der Analogie, sondern von den unbestimmten Strafgesetzen"[36].

Beispiele: Ein hohes Maß an Unbestimmtheit, das sich freilich durch Auslegung reduzieren läßt, enthält noch immer § 240 II mit der Verwerflichkeitsklausel (vgl. oben § 15 I 3). Die Einwilligung bei der Körperverletzung wird durch Bezugnahme auf die guten Sitten in unbestimmter Weise eingeschränkt (§ 226 a). Zum Begriff der „geringen Menge" in § 30 I Nr. 4 BtMG BGH 32, 162; 33, 8; zum Begriff der „Gewalt" in § 240 I BVerfG JZ 1987, 138 ff. Der grobe Unfug (früher § 360 Nr. 11 a. F.) wurde durch § 118 OWiG bestimmter gefaßt. Zum unechten Unterlassungsdelikt (§ 13) vgl. unten § 58 IV 4.

---

[34] So die überwiegende Ansicht, vgl. *Schönke / Schröder / Eser*, § 1 Rdn. 28; *Baumann*, Jescheck-Festschrift Bd. I S. 112; *Kratzsch*, GA 1971, 68 ff.; *Maurach / Zipf*, Allg. Teil I S. 126. Anderer Ansicht *LK (Tröndle)* § 1 Rdn. 38.

[35] Vgl. *Baumann / Weber*, Allg. Teil S. 117 ff.; *Dubs*, Schweiz. Juristentag 1974, S. 223 ff.; *Lange*, Rechtsstaat S. 72; *H. Mayer*, Materialien Bd. I S. 273; *Wessels*, Allg. Teil S. 9; *Tiedemann*, Tatbestandsfunktionen S. 172 ff.; *Geerds*, Engisch-Festschrift S. 409 ff., 421 ff.; *Schönke / Schröder / Eser*, § 1 Rdn. 20 ff. *Nowakowski*, ÖJZ 1965, 283 verlangt mit Recht „beweisfähige Feststellbarkeit" der Merkmale. Zur Geschichte vgl. *Kohlmann*, Staatsgeheimnis S. 178 ff. Die Bedeutung des Bestimmtheitsgebots betonen BVerfGE 25, 269 (285); 26, 42; 37, 207; 57, 250 (262), mögen auch BVerfGE 4, 352 (358) und 14, 245 (253) bescheidene Anforderungen stellen. Kritische Aufarbeitung der Rechtsprechung des BVerfG und des BGH bei *Krahl*, Bestimmtheitsgrundsatz S. 338 ff. Vgl. für England und die USA *J. Hall*, General Principles S. 45; ferner *Clark / Marshall*, Crimes S. 33 ff. und *LaFave / Scott*, Criminal Law S. 83 ff. über „unconstitutionally vague statutes".

[36] *Welzel*, Lehrbuch S. 23. Bedenken gegen die Regelbeispiele äußert unter diesem Gesichtspunkt *Maiwald*, Gallas-Festschrift S. 151 ff.

IV. Das Rückwirkungsverbot insbesondere

1. Das **Rückwirkungsverbot**, das sich auch bezüglich der Strafe und der Nebenfolgen eindeutig aus dem Text des Art. 103 II GG in Verbindung mit § 2 I, V StGB ergibt, ist die vierte Konsequenz des Gesetzlichkeitsprinzips („nullum crimen sine lege *praevia*"). Auch in dieser Hinsicht geht das Rechtsstaatsprinzip im Strafrecht weiter als in allen anderen Rechtsgebieten, denn Art. 103 II GG beschränkt sich auf Strafgesetze. Ein allgemeines Verbot belastender Rückwirkungsgesetze gibt es im übrigen nicht[37]. Das Verbot der Rückwirkung von Strafgesetzen bedeutet, daß eine Handlung, die im Zeitpunkt ihrer Begehung straffrei war, nicht nachträglich für strafbar erklärt werden darf und daß auch eine nachträgliche Strafschärfung ausgeschlossen ist. Das Rückwirkungsverbot wird ferner auf *andere* nachträgliche Verschlechterungen der Rechtsstellung des Täters ausgedehnt (vgl. unten § 15 IV 4). Der Grund des Rückwirkungsverbots liegt im Unterschied zu den drei anderen Auswirkungen des Gesetzlichkeitsprinzips nicht in der Sicherung der Vorrechte der Volksvertretung, denn durch das Rückwirkungsverbot wird die Entscheidungsfreiheit des Gesetzgebers gerade eingeschränkt. Auch das Schuldprinzip läßt sich zu seiner Begründung nicht immer heranziehen[38], denn Anknüpfungspunkt des Schuldvorwurfs ist nicht das Gesetz, sondern der materielle Unrechtsgehalt der Tat, der auch dann gegeben sein kann, wenn die Tat nicht mit Strafe bedroht ist. Maßgebend ist vielmehr der Gedanke der *Rechtssicherheit*. Zwar versteht man heute das Strafgesetz nicht mehr in dem Sinne als „Magna Charta des Verbrechers" *(v. Liszt),* daß dem Übeltäter Straflosigkeit verbrieft werden müßte, wenn er sich durch die Maschen des Gesetzes hindurchzuwinden versteht, aber es gehört ganz allgemein zu den Leitprinzipien des Rechtsstaats, daß Regelungen, die einen Sachverhalt in abschließender Form geordnet haben, nicht nachträglich in einer die Rechtsstellung des Bürgers verschlechternden Weise verändert werden dürfen (BVerfGE 13, 261 [271]; 18, 429 [439]). Wichtiger noch als diese allgemeine Erwägung ist der spezifisch strafrechtliche Grund, daß *ad hoc-Gesetze,* die allzu leicht von der Erregung über den Einzelfall diktiert sein können, nicht zugelassen werden dürfen, weil sie sich später bei distanzierter Beurteilung meist als übermäßig hart erweisen[39]. Hinzu kommt der Gedanke, daß der Normbefehl den Täter nur motivieren kann, wenn er zur Tatzeit als Gesetz besteht.

2. Für das Rückwirkungsverbot kommt es als Vorfrage auf die Geltungszeit der Gesetze und auf den Zeitpunkt der Begehung der Straftat an.

a) Das *In- und Außerkrafttreten* von Strafgesetzen bestimmt sich nach den allgemeinen Regeln. Für das Inkrafttreten gilt Art. 82 II GG. Außer Kraft treten Strafgesetze durch Schaffung von neuem Recht, das das frühere Recht entweder ausdrücklich aufhebt oder die gleiche Materie anders regelt („lex posterior derogat legi priori"). Ein Strafgesetz kann ferner durch entgegenstehendes Gewohnheitsrecht („desuetudo") sowie dadurch außer Kraft treten, daß es sich selbst eine zeitliche Grenze setzt (z. B. § 105 WiStG 1949), oder endlich dadurch, daß es gegenstandslos wird (z. B. die Bestimmungen über die Majestätsbeleidigung, wenn die Republik eingeführt wird).

b) Die **Begehungszeit** der Straftat bestimmt sich nach dem Zeitpunkt der Handlung, d. h. nach dem der Willensbetätigung, nicht nach dem Zeitpunkt des Erfolgsein-

---

[37] Vgl. *Maunz / Dürig / Herzog,* Art. 103 Rdn. 109.

[38] An das Schuldprinzip knüpfen an *Sax,* in: *Bettermann / Nipperdey / Scheuner,* Bd. III/2 S. 999; *Maurach / Zipf,* Allg. Teil I S. 151.

[39] So *Grünwald,* ZStW 76 (1964) S. 17 mit dem zutreffenden Hinweis auf die heutige Einstufung der beiden Tatbestände des erpresserischen Menschenraubs (§ 239a) und des räuberischen Angriffs auf Kraftfahrer (§ 316a), die 1936 bzw. 1938 aufgrund von Einzelfällen mit absoluter rückwirkender Todesstrafdrohung eingeführt worden waren.

tritts (BGH 11, 119 [121]) bzw. im Falle des Unterlassens nach dem Zeitpunkt, zu dem der Täter hätte handeln müssen (§ 8). Das gilt auch für die Teilnahme an fremder Straftat und für die mittelbare Täterschaft, bei der für den Tatzeitpunkt die Einwirkung auf das Werkzeug maßgebend ist. Bei der Mittäterschaft beginnt die Tat mit dem ersten tatbestandsmäßigen Tatbeitrag im Rahmen des gemeinsamen Tatentschlusses.

Beispiel: Eine Beleidigung durch einen Aktenvermerk ist im Zeitpunkt der Niederschrift begangen, nicht in dem der Kenntnisnahme durch Dritte (RG 57, 193 [195f.]).

Die *fortgesetzte Tat* (vgl. unten § 66 V) ist juristisch *eine* Handlung, maßgebend ist daher der Zeitpunkt der Begehung sowohl des ersten als auch des letzten Teilakts (RG 56, 54 [56]). Wird jedoch ein Verhalten durch eine Gesetzesänderung überhaupt erst strafbar, so kommen als Fortsetzungstat nur die *nach* der Gesetzesänderung begangenen Teilakte in Betracht, weil es vorher noch gar keine „Straftat" gab (RG 62, 1 [3]). Bei *Dauerdelikten* (vgl. unten § 66 II 3) kommt es darauf an, ob der vom Täter geschaffene rechtswidrige Zustand in die Geltungszeit des neuen Gesetzes hineinreicht (so jetzt ausdrücklich § 2 II). Bei Fortsetzungs- und Dauerdelikten ist Tatzeitpunkt somit der ganze Zeitraum bis zur *Beendigung* der Tat (vgl. dazu unten § 49 III 3).

3. Das Rückwirkungsverbot umfaßt wie das Analogieverbot alle den **Strafwürdigkeitsgehalt** der Tat betreffenden Merkmale, einschließlich der objektiven Strafbarkeitsbedingungen, sowie die **Strafe** und ihre **Nebenfolgen** (§ 2 I, V)[40]. Auch eine gesetzliche Änderung des Rechtszustandes auf dem Gebiet des Allgemeinen Teils „in malam partem" fällt unter das Rückwirkungsverbot. Ausgenommen sind nach § 2 VI jedoch die **Maßregeln,** soweit gesetzlich nichts anderes bestimmt ist (vgl. dazu BT-Drucksache V/4095 S. 4), weil nach Auffassung des Gesetzgebers das Zweckmäßige sofort zu geschehen habe, so daß z. B. die im Jahre 1952 eingeführte Entziehung der Fahrerlaubnis auf früher begangene Verkehrsstraftaten angewendet werden durfte (BGH 5, 168 [173f.]; ebenso BGH 24, 103 [105] für die Polizeiaufsicht). Etwas anderes bestimmen aber Art. 303 und 305 EGStGB für die Führungsaufsicht (§ 68) und das Berufsverbot (§ 70)[41].

---

[40] Daß Art. 103 II GG auch die Rechtsfolge ergreift, ist heute allgemeine Ansicht; vgl. *Schönke / Schröder / Eser,* § 2 Rdn. 4f.; BGH 3, 259 (262). Das Rückwirkungsverbot gilt aber nur für die Änderung von Gesetzen und nicht der Rechtsprechung (BVerfGE 18, 224 [240]; BGH 21, 157; BGH VRS 32, 229; OLG Karlsruhe NJW 1967, 2167; OLG Celle Nds. Rpfl. 1968, 90; OLG Frankfurt NJW 1969, 1634). Wie hier *Bockelmann / Volk,* Allg. Teil S. 21; *Lemmel,* Unbestimmte Strafbarkeitsvoraussetzungen S. 168ff.; *LK (Tröndle)* § 2 Rdn. 11c; *Schmidhäuser,* Allg. Teil S. 110; *Wessels,* Allg. Teil S. 10; *Tröndle,* Dreher-Festschrift S. 136. Anders *Baumann / Weber,* Allg. Teil S. 124; *Maurach / Zipf,* Allg. Teil I S. 153; *Naucke,* NJW 1968, 2311ff.; *Grunsky,* Grenzen der Rückwirkung S. 19 (bei revisionsrichterlichen oder verfassungsgerichtlichen Entscheidungen); *Straßburg,* ZStW 82 (1970) S. 964ff. (bei Entscheidungen, denen praktisch die Bedeutung einer Gesetzesänderung zukommt); *Stratenwerth,* Schweiz. Strafrecht, Allg. Teil I S. 87; *Groß,* Rückwirkungsverbot S. 125ff.; *derselbe,* GA 1971, 18ff.; *Schönke / Schröder / Eser,* § 2 Rdn. 9 (bei formelhaft festgelegter Rspr.); *Müller-Dietz,* Maurach-Festschrift S. 47 (ständige höchstrichterliche Rspr.); *Kohlmann,* Staatsgeheimnis S. 289ff. (Einführung der „Von-nun-an-Klausel"); *Schreiber,* JZ 1973, 717 („Abweichung von einer nicht widersprüchlichen höchstrichterlichen Judikatur"). Bei Ablehnung des Rückwirkungsverbots für die Rechtsprechung wird das Vertrauen des Bürgers immer noch über den Verbotsirrtum (§ 17) geschützt (dazu *Arndt,* Probleme S. 40ff.).

[41] Zur Begründung wird teils auf die strafähnliche Wirkung dieser Eingriffe (so BT-Drucks. 7/550 S. 458), teils auf den nicht primär therapeutischen Zweck der betreffenden Maßregeln hingewiesen (so *Schmidhäuser,* Allg. Teil S. 97). Daß § 2 IV a. F. gegen Art. 103 II GG verstoßen hätte, wie *Diefenbach,* Verfassungsrechtliche Problematik S. 113ff. annimmt, kann nicht

IV. Das Rückwirkungsverbot insbesondere

4. Das Rückwirkungsverbot gilt nach gegenwärtigem Recht nicht für **prozeßrechtliche Vorschriften** und wird deswegen auch nicht auf die Prozeßvoraussetzungen angewendet, so daß z. B. der Wegfall des Strafantragserfordernisses die Tat rückwirkend zum Offizialdelikt macht (RG 77, 106 [107]). Hiergegen bestehen jedoch Bedenken, da der Gesetzgeber bei den Antragsdelikten auf das Strafbedürfnis des Verletzten abstellt; eine Tat dürfte deswegen jedenfalls dann nicht rückwirkend zum Offizialdelikt erklärt werden, wenn die Strafantragsfrist bereits abgelaufen ist. Besonders bedeutsam ist die Frage, ob eine Verlängerung der Verjährungsfrist (§ 78) oder die Einführung der Unverjährbarkeit einer Tat mit rückwirkender Kraft zulässig ist[42].

Zu dem Streit um die rückwirkende Änderung des § 67 a.F. (jetzt § 78 III) durch das 9. StÄG vom 4.8.1969 (BGBl. I S. 1065) und zu der Konvention der UN über die Nichtanwendung von Verjährungsvorschriften auf Kriegs- und Menschlichkeitsverbrechen vom 26.11.1968 vgl. 2. Auflage S. 110f.

5. Das Rückwirkungsverbot ist eine *Schutz*norm für den Täter. Wenn zur Zeit der Aburteilung der Tat ein **milderes Gesetz** gilt als zur Zeit ihrer Begehung, ist deswegen das mildere Gesetz anzuwenden, um dem Täter den Wandel der Rechtsauffassung zugute kommen zu lassen (§ 2 III)[43]. Der Grundsatz der Rückwirkung des milderen Gesetzes gilt erst recht, wenn die Strafbarkeit der Tat später wegfällt (Freispruch!)[44]. Die Frage, welches von zwei Gesetzen das mildere ist, wird danach beurteilt, welches Gesetz im Einzelfall die mildeste Sanktion zuläßt (*konkrete* Betrachtungsweise) (BGH 20, 74 [75]; BGH NStZ 1983, 268).

Beispiele: § 361 Nr. 6c (verbotene Prostitution) ist durch das 4. StÄG aufgehoben und teilweise in eine Ordnungswidrigkeit (§ 120 OWiG), teilweise in eine strengere Strafvorschrift (§ 184a) umgewandelt worden (bei „beharrlichem" Verstoß). Der zur Tatzeit geltende § 361 Nr. 6c war also anzuwenden, wenn ein beharrlicher Verstoß vorlag, sonst der mildere § 120 OWiG (OLG Hamm MDR 1974, 572). § 266b ist gegenüber § 263 das mildere Gesetz (BGH JZ 1987, 208). Die Änderung der Qualifikationsgründe des schweren Raubs (§ 250) soll nach BGH 26, 167 (172ff.) keine Milderung bedeuten, da die „Kontinuität des Unrechtstyps" zu bejahen sei (vgl. auch BayObLG JZ 1976, 249). Die Beseitigung des Straßenraubs als Qualifikationsgrund (§ 250 I Nr. 2 a.F.) und die Einführung des Gebrauchs einer „Scheinwaffe" als sol-

---

anerkannt werden; vgl. BGH 24, 103 (106); *LK (Tröndle)* § 2 Rdn. 54; *Schönke / Schröder / Eser,* § 2 Rdn. 42. Gleichwohl ist § 1 I öster. StGB vorzuziehen, der das Rückwirkungsverbot allgemein auf die Maßregeln erstreckt (vgl. dazu *Leukauf / Steininger,* § 1 Rdn. 24). Vgl. auch *SK (Rudolphi)* § 2 Rdn. 18; *Jung,* Wassermann-Festschrift S. 884ff.

[42] Die Rechtsprechung wendet das Rückwirkungsverbot nicht auf die Verjährungsfristen an, vgl. BVerfGE 25, 295; RG 76, 159 (161); BGH 2, 300 (306); 4, 379 (384). Eine Verkürzung der Verjährungsfrist wirkt dagegen nach § 2 III zurück (BGH 21, 367 [370]). Für analoge Ausdehnung des Rückwirkungsverbots auf Prozeßhindernisse *Schmitt,* Jescheck-Festschrift Bd. I S. 231.

[43] Eine „geläuterte" Rechtsauffassung, wie sie früher RG 13, 249; 58, 44 voraussetzten, wird heute für die Rückwirkung des milderen Gesetzes allerdings nicht mehr verlangt (BGH 6, 30 [33]; 20, 177 [181 f.]). Zur Begründung der Rückwirkung des milderen Gesetzes abweichend *Tiedemann,* Peters-Festschrift S. 194ff. Mit Recht macht *Tiedemann* S. 202ff. jedoch darauf aufmerksam, daß milderes Recht rückwirkend nur anzuwenden ist, wenn der neue Tatbestand in Rechtsgut und Angriffsweise mit dem zur Tatzeit geltenden Recht übereinstimmt. Für Rückwirkung des milderen Steuerstrafgesetzes *Kunert,* Neue Zeitschr. f. Steuerrecht 1982, 276ff.; Tiedemann, NJW 1986, 2475; *Rüping,* NStZ 1984, 450f. Dagegen aber BGH NJW 1987, 1274 (1276).

[44] Gesetzesmilderung ist auch dann anzunehmen, wenn eine Strafbestimmung durch eine Bußgeldvorschrift ersetzt wird (BGH 12, 148 [153]; OLG Karlsruhe MDR 1974, 858). Bei Blankettstrafgesetzen kann sich die Milderung auch aus einer Änderung der ausfüllenden Norm ergeben (BGH 20, 177 [181] gegen BGH 7, 294; vgl. auch BayObLG JZ 1974, 392). Zum ganzen *Sommer,* Das „mildeste Gesetz" S. 74ff.

cher (§ 250 I Nr. 2) verändern jedoch die Rechtslage wesentlich (vgl. auch BGH JZ 1975, 702)⁴⁵. Zu den Problemen der teils strengeren, teils milderen Neufassung des § 142 im Hinblick auf § 2 III vgl. BayObLG JZ 1976, 249. Keine Milderung des *Straf*gesetzes bedeutet die Einführung einer günstigeren Besteuerungsgrundlage für einen späteren Veranlagungszeitraum (BGH NJW 1987, 1274 [1276]).

Anzuwenden ist, wie der Text des § 2 III eindeutig ergibt, auch ein milderes Gesetz, das zwischen der Begehung und der Aburteilung der Tat gegolten hat (**Zwischengesetz**)⁴⁶. Die rückwirkende Aufhebung des milderen Zwischengesetzes verstößt ebenfalls gegen das Rückwirkungsverbot.

Beispiel: Das Gesetz über die Berechnung strafrechtlicher Verjährungsfristen vom 13. 4. 1965 (BGBl. I S. 315) war mit Art. 103 II GG unvereinbar, denn die Bestimmung, daß die Verjährung der mit lebenslangem Zuchthaus bedrohten Verbrechen bis zum 31. 12. 1949 geruht habe, änderte § 5 I des zwischenzeitlich ergangenen Gesetzes vom 30. 5. 1956 (BGBl. I S. 437) zum Nachteil des Täters ab, wonach die Verjährungsfristen zu dem Zeitpunkt ablaufen sollten, an dem sie ohne die Hemmung durch Maßnahmen der Besatzungsmächte abgelaufen wären⁴⁷. BVerfGE 25, 269 (286 ff.) hat jedoch das Berechnungsgesetz nicht beanstandet mit der Begründung, daß Art. 103 II GG auf die Verjährung als Einrichtung des Verfahrensrechts keine Anwendung finde.

6. Eine Ausnahme von der Rückwirkung des milderen Gesetzes wird gemacht, wenn das frühere Gesetz ein **Zeitgesetz** ist. Ein Zeitgesetz ist auf die unter seiner Geltung begangenen Straftaten auch dann anzuwenden, wenn es außer Kraft getreten ist (§ 2 IV), denn die Aufhebung des Zeitgesetzes ist nur durch Wegfall des Anlasses seiner Entstehung und nicht durch eine geänderte Rechtsauffassung bedingt. Außerdem würde sonst das Zeitgesetz, sobald sich seine Geltung dem Ende zuneigt, keine Autorität mehr genießen. Zeitgesetze sind Gesetze, die für eine kalendermäßig oder in anderer Weise beschränkte Zeit gelten oder inhaltlich eine als vorübergehend gedachte Regelung für besondere Zeitverhältnisse treffen wollen, oder bei denen sonst das Strafbedürfnis aus tatsächlichen Gründen entfällt (BGH 18, 12 [14]; OLG Karlsruhe NJW 1968, 1581)⁴⁸. Die durch das 2. StRG vorgesehene Beschränkung auf formelle (d. h. kalendermäßig befristete) Zeitgesetze hat das EGStGB wieder aufgegeben (vgl. BT-Drucksache VII/550 S. 206)⁴⁹.

Beispiele: Die VO vom 27. 8. 1939 (RGBl. I S. 1498) war ein Zeitgesetz, weil sie den Übergang von der Friedens- zur Kriegswirtschaft nur vorläufig regeln wollte (RG 74, 301). Höchstpreisvorschriften für Notzeiten sind Zeitgesetze (BGH NJW 1952, 72), nicht dagegen Geschwindigkeitsbegrenzungen, weil diese nicht von selbst gegenstandslos werden (BGH 6, 30 [39]). Ein Zeitgesetz kann zum Dauergesetz werden, „wenn die besonderen Verhältnisse sehr lange anhalten"⁵⁰.

7. Nach § 2 V unterliegen **Verfall** (§§ 73 ff.), **Einziehung** (§§ 74 ff.) und **Unbrauchbarmachung** (§ 74 d) mit Rücksicht auf ihren zum Teil strafartigen Charakter dem Rückwirkungsverbot.

---

⁴⁵ Ebenso *Tiedemann*, JZ 1975, 692 ff.; *Mohrbutter*, ZStW 88 (1976) S. 945 ff.
⁴⁶ Vgl. *Schönke / Schröder / Eser*, § 2 Rdn. 18.
⁴⁷ Ebenso *Grünwald*, MDR 1965, 522 ff. Vgl. auch *Willms*, JZ 1969, 60.
⁴⁸ Dazu kritisch *Stratenwerth*, Allg. Teil I Rdn. 80.
⁴⁹ Kritisch dazu *Tiedemann*, Peters-Festschrift S. 198 ff.; *Jakobs*, Allg. Teil S. 82; *Rüping*, NStZ 1984, 451.
⁵⁰ *H. Mayer*, Lehrbuch S. 99 Fußnote 15. Weitere Beispiele für Zeitgesetze bei *Schönke / Schröder / Eser*, § 2 Rdn. 36.

§ 16 Der Grundsatz „in dubio pro reo" und die Wahlfeststellung

Bringewat, Fortsetzungstat und „in dubio pro reo", JuS 1970, 329; *Deubner*, Die Grenzen der Wahlfeststellung, JuS 1962, 21; *Dreher*, Im Irrgarten der Wahlfeststellung, MDR 1970, 369; *Endruweit*, Die Wahlfeststellung usw., 1973; *Frisch*, Zum Wesen des Grundsatzes „in dubio pro reo", Festschrift für H. Henkel, 1974, S. 275; *Grünhut*, Alternative Tatsachenfeststellung im Strafprozeß, MSchrKrim 1934, 327; *Günther*, Wahlfeststellung zwischen Betrug und Unterschlagung? JZ 1976, 665; *derselbe*, Verurteilungen im Strafprozeß trotz subsumtionsrelevanter Tatsachenzweifel, 1976; *Hahn*, Die gesamten Materialien zur StPO, 1. Abt., 2. Aufl. 1885; *Hardwig*, Studien zum Vollrauschtatbestand, Festschrift für Eb. Schmidt, 1961, S. 459; *Heinitz*, Die Grenzen der zulässigen Wahlfeststellung im Strafprozeß, JZ 1952, 100; *derselbe*, Zum Verhältnis der Wahlfeststellung zum Satz „in dubio pro reo", JR 1957, 126; *Eike v. Hippel*, Zum Problem der Wahlfeststellung, NJW 1963, 1533; *Holtappels*, Die Entwicklungsgeschichte des Grundsatzes „in dubio pro reo", 1965; *Hruschka*, Zum Problem der Wahlfeststellungen, MDR 1967, 265; *derselbe*, Zur Logik und Dogmatik von Verurteilungen aufgrund mehrdeutiger Beweisergebnisse, JZ 1970, 637; *derselbe*, Anmerkung zu BGH 25, 182, NJW 1973, 804; *derselbe*, Alternativfeststellung zwischen Anstiftung und sog. psychischer Beihilfe, JR 1983, 177; *Jakobs*, Probleme der Wahlfeststellung, GA 1971, 257; *Küper*, Probleme der Postpendenzfeststellung im Strafverfahren, Festschrift für R. Lange, 1976, S. 65; *Mannheim*, Zur wahldeutigen Tatsachenfeststellung, ZStW 44 (1924) S. 440; *Montenbruck*, Wahlfeststellung und Werttypus, 1976; *derselbe*, In dubio pro reo, 1985; *Mylonopoulos*, Das Verhältnis von Vorsatz und Fahrlässigkeit und der Grundsatz in dubio pro reo, ZStW 99 (1987) S. 685; *Nowakowski*, Verkappte Wahlfeststellungen, JBl 1958, 380; *Nüse*, Das Problem der Zulässigkeit von Alternativ-Schuldfeststellungen im Strafprozeß, Strafr. Abh. Heft 324, 1933; *derselbe*, Die Zulässigkeit von wahlweisen Feststellungen, GA 1953, 33; *Otto*, „In dubio pro reo" und Wahlfeststellung, Festschrift für K. Peters, 1974, S. 373; *Peters*, Strafprozeß, 4. Aufl. 1985; *Röhmel*, Die Wahlfeststellung, JA 1975, Str S. 95; *Roxin*, Strafverfahrensrecht, 20. Aufl. 1987; *Sax*, Wahlfeststellung bei Wahldeutigkeit mehrerer Tatsachen, JZ 1965, 745; *derselbe*, Zur Anwendung des Satzes „in dubio pro reo", Festschrift für U. Stock, 1966, S. 143; *Schaffstein*, Die neuen Voraussetzungen der Wahlfeststellung im Strafverfahren, NJW 1952, 725; *Eb. Schmidt*, Lehrkommentar zur StPO, Nachtragsband, Teil II, 1967; *derselbe*, Anmerkung zu BGH 18, 274, JZ 1963, 606; *Schmoller*, Alternative Tatsachenaufklärung, 1986; *Schönke*, Wahlfeststellungen im Strafprozeß, DRZ 1947, 48; *Schröder*, Anmerkung zu BGH 22, 154, JZ 1968, 572; *derselbe*, Anmerkung zu BGH 23, 360, JZ 1971, 141; *C. Schröder*, Wahlfeststellung und Anklageprinzip, NJW 1985, 780; *Stree*, In dubio pro reo, 1962; *derselbe*, Anmerkung zu BGH 25, 285, JZ 1974, 240; *v. Tippelskirch*, Über alternative Fragen und tatsächliche Feststellungen im Strafverfahren, GA 15 (1867) S. 449, 505; *Tröndle*, Zur Begründung der Wahlfeststellung, JR 1974, 133; *Volk*, In dubio pro reo und Alibibeweis, JuS 1975, 25; *Waiblinger*, Der rechtliche Charakter und die Bedeutung der Schulderklärung im Strafprozeß, Festschrift für H. F. Pfenninger, 1956, S. 157; *Weber*, Zur Frage der Zulässigkeit von Wahlfeststellungen im Strafrecht, Diss. Freiburg 1950; *Wolter*, Alternative und eindeutige Verurteilung auf mehrdeutiger Tatsachengrundlage im Strafrecht, 1972; *derselbe*, Verurteilung aus nichttatbestandsmäßiger Nachtat? GA 1974, 161; *derselbe*, Grundfälle zu „in dubio pro reo" und Wahlfeststellung, JuS 1983, 363, 602, 769; 1984, 37, 530, 606; *derselbe*, Wahlfeststellung und in dubio pro reo, 1987; *Zeiler*, Die Verurteilung auf Grund wahldeutiger Tatsachenfeststellung, ZStW 40 (1919) S. 168; 42 (1921) S. 665; 43 (1922) S. 596; 64 (1952) S. 156; 72 (1960) S. 4.

I. Wesen und Rechtsnatur des Grundsatzes „in dubio pro reo" und sein Verhältnis zur Wahlfeststellung

1. Der Grundsatz in dubio pro reo und die Wahlfeststellung dienen der **Überwindung von Zweifeln bei der Rechtsanwendung**, die sich aus ungeklärter Beweislage im Strafprozeß ergeben. Jede Verurteilung zu Strafe setzt voraus, daß Gewißheit über das Vorliegen aller tatsächlichen[1] (positiven wie negativen) Voraussetzungen des Schuld- und Strafausspruchs besteht, denn § 267 I StPO fordert die Feststellung einer

---

[1] Die *Rechtsfrage* muß dagegen auch bei Zweifeln über die Auslegung des Gesetzes immer eindeutig entschieden werden („iura novit curia"); vgl. *Grünhut*, MSchrKrim 1934, 333; BGH 14, 68 (73).

bestimmten Handlung, auf die die Merkmale einer *bestimmten* Strafvorschrift zutreffen. Läßt sich der Sachverhalt nach Ausschöpfung aller prozessual zulässigen und verfügbaren Beweismittel, die aufgrund der richterlichen Aufklärungspflicht (§ 244 II StPO) heranzuziehen sind, nicht zur Überzeugung des Gerichts klären, so darf das Strafverfahren nicht in der Schwebe bleiben wie bei der „absolutio ab instantia" des gemeinen Rechts (vgl. oben § 10 V), sondern muß aus Gründen der Rechtssicherheit innerhalb angemessener Frist abgeschlossen werden (vgl. Art. 6 I 1 MRK). Daraus ergibt sich die Notwendigkeit, auch bei einem „non liquet" zu einer Sachentscheidung zu gelangen. Daß Umstände, die nicht voll nachgewiesen sind, dem Angeklagten nicht zur Last gelegt werden dürfen, versteht sich von selbst (so die Unschuldsvermutung in Art. 6 II MRK). Daraus folgt zugleich, daß bei Zweifeln über das Vorliegen einer rechtserheblichen Tatsache stets die dem Angeklagten günstigere Möglichkeit der Entscheidung zugrunde gelegt werden muß **(in dubio pro reo)**. Der Grundsatz in dubio pro reo ist gewohnheitsrechtlich anerkannt[2].

Beispiel: Bleibt in einem Strafprozeß unklar, ob der Angeklagte, der an einem Mädchen mit Gewalt unzüchtige Handlungen vornehmen wollte (§§ 178, 22), darüber hinaus die Absicht gehabt hat, den Geschlechtsverkehr zu erzwingen (§§ 177, 22), so ist er nur wegen versuchter sexueller Nötigung zu bestrafen (BGH 11, 100 [102]).

Es gibt jedoch Fälle, in denen es zur Überzeugung des Richters feststeht, daß der Angeklagte, falls er die ihm vorgeworfene Tat nicht begangen hat und davon nach dem Grundsatz in dubio pro reo freizusprechen wäre, notwendig eine bestimmte andere Tat begangen haben muß, deren Feststellung aber davon abhängt, daß er die erste nicht begangen hat. Die Frage ist, ob er dann wegen dieser anderen Tat verurteilt werden darf.

Beispiel: Bei dem Beschuldigten wird ein Schmuckstück vorgefunden, das dem Eigentümer gestohlen worden ist. Der wegen Diebstahls Angeklagte wendet ein, er habe das Schmuckstück von einem Unbekannten unter Umständen gekauft, die der Richter als hehlerisch ansieht. Eine weitere Aufklärung des Sachverhalts ist nicht möglich. Der Angeklagte hat danach entweder einen Diebstahl (§ 242) oder eine Hehlerei (§ 259) begangen (RG 68, 257 [258]).

Würde in diesem Falle ebenfalls der Grundsatz in dubio pro reo angewendet, so könnte der Angeklagte weder wegen Diebstahls noch wegen Hehlerei verurteilt werden, sondern wäre freizusprechen, weil für sich allein keine der beiden Möglichkeiten eindeutig feststeht. Eine solche getrennte Betrachtungsweise würde jedoch der Sachlage nicht gerecht, da jedenfalls soviel erwiesen ist, daß der Angeklagte *eine* der beiden Straftaten begangen haben muß. In derartigen Fällen wird deshalb, um ungerechtfertigte Freisprüche zu vermeiden, unter gewissen Voraussetzungen die Verurteilung nach dem milderen Gesetz auf wahldeutiger Tatsachengrundlage zugelassen **(Wahlfeststellung)**. Die Wahlfeststellung ist also eine aus kriminalpolitischen Gründen notwendige *Ausnahme* vom Grundsatz in dubio pro reo, und zwar für diejenigen Fälle, in denen die verschiedenen Möglichkeiten nicht in einem Stufenverhältnis des Mehr oder Weniger, sondern im Verhältnis der Alternativität stehen (BGH 22, 154 [156] m. zust. Anm. *Schröder,* JZ 1968, 572)[3]. Ein Sonderfall der Wahlfeststellung ist die *„reine Tatsachenalternativität":* hier steht zwar das anzuwendende Strafgesetz fest, ungeklärt bleibt jedoch, durch welche Handlung es der Täter verletzt hat (vgl. unten § 16 III 2 b).

---

[2] Eingehende Übersicht über die neuere Rechtsprechung in JA 1969, Str S. 23, 43, 69, 105, 127, 149 und 189.

[3] Vgl. *Dreher / Tröndle,* § 1 Rdn. 13, 14; *Lackner,* § 1 Anm. 3; *LK (Tröndle)* § 1 Rdn. 65; *Heinitz,* JR 1957, 126; *Schönke / Schröder / Eser,* § 1 Rdn. 69; *Wolter,* Alternative und eindeutige Verurteilung S. 24 ff.; *SK (Rudolphi)* Anh. zu § 55 Rdn. 15.

2. Der Grundsatz in dubio pro reo wie auch das Problem der Wahlfeststellung gehören in erster Linie dem **Prozeßrecht** an[4], denn es handelt sich dabei um die Frage, bis zu welchem Grade die im Verfahren getroffenen Tatsachenfeststellungen bestimmt sein müssen, um eine Verurteilung tragen zu können. Die Problematik hat jedoch auch eine **materiellrechtliche Seite:** ob nämlich die Wahlfeststellung zwischen mehreren Straftatbeständen als Ausnahme von dem Grundsatz in dubio pro reo zulässig ist, bestimmt sich nach dem materiellrechtlichen Verhältnis dieser Tatbestände zueinander. In dubio pro reo und Wahlfeststellung sind ferner als die prozeßrechtliche Kehrseite der materiellen Garantiefunktion des Strafgesetzes zu betrachten: während das Gesetzlichkeitsprinzip jedermann davor schützt, wegen einer Handlung bestraft zu werden, deren Strafbarkeit und Strafe nicht zur Tatzeit gesetzlich bestimmt waren, gibt der Grundsatz in dubio pro reo dazu die notwendige Ergänzung durch den Satz „keine Strafe ohne Tat- und Schuld*nachweis*"[5]. Die Wahlfeststellung modifiziert wiederum diesen Satz, indem sie in bestimmten Fällen die Verurteilung aufgrund von alternativer Tatsachenfeststellung zuläßt. Sie war deswegen früher sowohl im StGB (§ 2b a. F.) als auch in der StPO (§ 267b a. F.) geregelt (beide Vorschriften sind durch das KRG Nr. 11 vom 30. 1. 1946 aufgehoben worden; die Wahlfeststellung wird jedoch, in engeren Grenzen, heute wieder als zulässig angesehen) (vgl. unten § 16 III 2).

II. Der Grundsatz „in dubio pro reo" nach geltendem Recht

1. Ergibt die Beweisaufnahme, daß in einer Strafsache verschiedene tatsächliche Möglichkeiten in Betracht kommen, die in einem **Stufenverhältnis des Mehr oder Weniger** stehen, so greift der **Grundsatz in dubio pro reo** ein, wenn die dem Angeklagten günstigere Möglichkeit nachgewiesen, die andere dagegen ungewiß ist[6]. Dieser Grundsatz enthält nicht nur das prozessuale Gegenstück zu dem materiellrechtlichen Gesetzesvorbehalt, sondern er ist auch eine Konsequenz des Gerechtigkeitsgebots, das die Bestrafung des möglicherweise Unschuldigen ausschließen will[7]. Der Anwendungsbereich des Grundsatzes in dubio pro reo erstreckt sich auf sämtliche materiellen Voraussetzungen des Schuld- und Strafausspruchs[8], also auch auf Strafaufhebungsgründe, z. B. § 24 (§ 46 a. F.) (BGH 10, 129 [131]), auf den Fall der Kompensation in § 199 (BGH 10, 373 [374]) und auf Strafausschließungsgründe (BayObLG NJW 1961, 1222 zu § 247 II a. F.). Zu Unrecht wird die Anwendung des Grundsatzes bei der Frage von Tatmehrheit oder fortgesetzter Tat abgelehnt (BGH 23, 33 [35])[9]. Die h. M. dehnt den Grundsatz in dubio pro reo heute sogar auf Prozeß-

---

[4] Vgl. für in dubio pro reo: *Stree*, In dubio pro reo S. 7ff.; *Roxin*, Strafverfahrensrecht S. 82; für die Wahlfeststellung: *Peters*, Strafprozeß S. 291ff.; *Heinitz*, JZ 1952, 100. Auch die Große Strafrechtskommission wollte das Problem der Wahlfeststellung als prozessuale Frage der StPO vorbehalten; vgl. Niederschriften Bd. V S. 285 Fußnote 5. Eine materielle Betrachtungsweise vertreten dagegen *H. Mayer*, Lehrbuch S. 417 und *Nüse*, GA 1953, 41. Die irrtümliche Anwendung des Grundsatzes in dubio pro reo begründet jedenfalls in der Revisionsinstanz die Sachbeschwerde (BGH 25, 285 [286]).

[5] So *Stree*, In dubio pro reo S. 18; *LK (Tröndle)* § 1 Rdn. 61.

[6] Ebenso *Baumann / Weber*, Allg. Teil S. 164f.; *Maurach / Zipf*, Allg. Teil I S. 126ff.; *Blei*, Allg. Teil S. 36f.; *Schönke / Schröder / Eser*, § 1 Rdn. 94ff.; *Schmoller*, Alternative Tatsachenaufklärung S. 157ff.

[7] Zur Geschichte *Holtappels*, In dubio pro reo S. 52ff.; *Sax*, Stock-Festschrift S. 146ff. Zum Wesen des Grundsatzes in dubio pro reo als Rechtsanwendungsregel *Frisch*, Henkel-Festschrift S. 281ff.; *Montenbruck*, In dubio pro reo S. 33ff.

[8] Über die Behandlung der Maßregeln vgl. *Stree*, In dubio pro reo S. 92ff.

[9] Vgl. *Bringewat*, JuS 1970, 331f.

voraussetzungen aus[10] (BGH 18, 274 für den Fall der ungeklärten Verjährungsfrage; BayObLG NJW 1968, 2118 für Zweifel am Verbrauch der Strafklage).

2. Die Rechtsprechung beschränkte den Grundsatz in dubio pro reo früher auf logische Stufenverhältnisse, bei denen der dem Täter günstigere Sachverhalt in dem ungünstigeren begrifflich enthalten ist, wie das z. B. für das Verhältnis von Grund- und Qualifikationstatbestand gilt. Diese unnötige Einschränkung führt jedoch nur zu *Ausweichlösungen,* die vermieden werden, wenn der Satz in dubio pro reo auf wertmäßige Abstufungen ausgedehnt wird[11]. Demgemäß ist der Grundsatz auch für das Verhältnis von Vorsatz und Fahrlässigkeit (dagegen BGH 4, 340 [343] für Wahlfeststellung; BGH 17, 210 für Anwendung des § 230 als „Auffangstatbestand"[12]; zutreffend jetzt BGH 32, 57) anzuerkennen. Dasselbe gilt für das Verhältnis von Täterschaft und Anstiftung (dagegen BGH 1, 127 [128] sowie OLG Düsseldorf NJW 1976, 579f. für Wahlfeststellung), für das Verhältnis von Täterschaft und Beihilfe (BGH 23, 203 [207]) und für das von Anstiftung und psychischer Beihilfe (BGH 31, 136 [138])[13]; beide Entscheidungen für entsprechende Anwendung des Grundsatzes in dubio pro reo). Auch die Fälle, in denen die Strafbarkeit einer leichteren Anschlußtat, z. B. Unterschlagung, davon abhängt, ob der Täter zuvor eine schwerere, aber nicht nachgewiesene Vortat begangen hat, z. B. einen Raub[14], sind nach dem Grundsatz in dubio pro reo durch Anwendung der milderen Strafvorschrift zu lösen (anders BGH 25, 182 [185], wo nach Umdeutung des Raubes in Diebstahl eine Wahlfeststellung mit Unterschlagung vorgenommen wird)[15]. Dagegen unterliegt der Alibi-Beweis den allgemeinen Regeln über die Beweiswürdigung, nicht etwa isoliert dem Grundsatz in dubio pro reo (BGH 25, 285, 287 m. klarstellenden Anm. *Stree,* JZ 1974, 299f. und *Volk,* JuS 1975, 27ff.).

III. Entwicklung, heutiger Umfang und Beurteilung der Wahlfeststellung

1. Das Problem der Wahlfeststellung tauchte zuerst um die Mitte des 19. Jahrhunderts auf, als in Deutschland nach französischem Vorbild die Schwurgerichte eingeführt wurden. Der französische Kassationshof hatte in dem entscheidenden Punkt, ob die an die Geschworenen zu richtende Frage alternativ gestellt werden dürfe oder eindeutig zu fassen sei, eine betont restriktive Haltung eingenommen[16]. Das preußische Obertribunal schloß sich ihm an[17]. Die StPO von 1877 ließ das Problem der Wahlfeststellung bewußt offen[18]. Das RG beschränkte die Zulässigkeit ursprünglich auf gleichwertige Ausführungshandlungen derselben Deliktsart (RG 11, 103; 22, 216; 23, 48; eine Zusammenstellung der Rechtsprechung findet sich in JW 1934, 296). Später trat eine mehr extensive Neigung hervor[19]. Bei Diebstahl und Hehlerei, dem praktisch wichtig-

---

[10] So *Peters,* Strafprozeß S. 289; *Eb. Schmidt,* JZ 1963, 606f.; *Stree,* In dubio pro reo S. 53 mit eingehenden Ausführungen; *Baumann / Weber,* Allg. Teil S. 165; *Roxin,* Strafverfahrensrecht S. 83f. Eine Übersicht über sämtliche Fallgruppen unter Einschluß der Wahlfeststellung gibt *Wolter,* JuS 1984, 38.

[11] *Baumann / Weber,* Allg. Teil S. 170f.; *Dreher / Tröndle,* § 1 Rdn. 13; *Dreher,* MDR 1970, 370; *Hruschka,* JZ 1970, 642; *Nowakowski,* JBl 1958, 380; *LK (Tröndle)* § 1 Rdn. 98ff.; *Otto,* Peters-Festschrift S. 377; *Schmidhäuser,* Allg. Teil S. 451 Fußnote 85; *Schönke / Schröder / Eser,* § 1 Rdn. 95ff.; *SK (Rudolphi)* Anh. zu § 55 Rdn. 20ff.

[12] Wie der Text, jedoch mit eigenständiger Begründung *Mylonopoulos,* ZStW 99 (1987) S. 709ff.

[13] Dagegen *Hruschka,* JR 1983, 177ff.

[14] *Hruschka,* JZ 1970, 641 und NJW 1971, 1392 spricht hier von „Postpendenzfällen". Vgl. auch *SK (Rudolphi)* Anh. zu § 55 Rdn. 24f.; *Küper,* Lange-Festschrift S. 93ff.; *Günther,* JZ 1976, 668f.

[15] Dagegen auch *Hruschka,* NJW 1973, 1805. Vgl. ferner *Wolter,* GA 1974, 161ff. zu den Fällen BGH DRiZ 1972, 30; OLG Hamm JMinBl. Nordrhein-Westfalen 1955, 236; BGH 23, 360 und OLG Hamm JMinBl. Nordrhein-Westfalen 1967, 138.

[16] Vgl. näher *Weber,* Wahlfeststellungen S. 4ff. auch mit Angaben zur französischen Literatur.

[17] Die Judikatur ist verzeichnet bei *v. Tippelskirch,* GA 15 (1867) S. 454ff. und 505ff.

[18] Nach *Hahn,* Materialien S. 233 verweisen die Motive auf den noch unentschiedenen Streitstand in der Wissenschaft.

[19] Vgl. z. B. RG 55, 44 und 228 (Einbruchs- und Nachschlüsseldiebstahl).

III. Entwicklung, heutiger Umfang und Beurteilung der Wahlfeststellung   131

sten Fall, wurde die Wahlfeststellung dagegen stets abgelehnt (RG 53, 231; 56, 61). Erst eine Entscheidung der Vereinigten Strafsenate aus dem Jahre 1934, die zugleich die letzte in der Geschichte des RG war, hat die wahldeutige Tatsachenfeststellung auch in diesem Falle zugelassen, da „das Rechtsempfinden der Tat des Hehlers dieselbe sittliche Mißbilligung angedeihen läßt wie der des Diebes" (RG 68, 257 [262]). Das kriminalpolitische Bedürfnis und die Erfahrung, daß die Instanzgerichte bei Mehrdeutigkeit nicht freisprechen, sondern mehr oder weniger gewaltsam eine eindeutige Feststellung zu treffen suchen[20], gaben den Ausschlag. Damit war der Weg zur vollen Zulassung der Wahlfeststellung frei. Das Ges. vom 28.6.1935 (RGBl. I S. 839) führte sie ohne Beschränkung ein (§ 2b), nachdem RG 69, 369 das Ergebnis bereits vorweggenommen hatte. Weitgespannte Alternativen wie die zwischen versuchter Abtreibung und vollendetem Betrug (RG 69, 369; 71, 44), Volltrunkenheit und Rauschtat (RG 70, 42), Beihilfe zum Mord und unterlassener Verbrechensanzeige (RG 73, 57) waren damit ermöglicht. Nach Aufhebung des § 2b durch das KRG Nr. 11 im Jahre 1946 kehrte die Rechtsprechung wieder zu der mittleren Position des RG aus dem Jahre 1934 zurück (OLG Celle und Freiburg DRZ 1947, 64 und 65; OGH 2, 89; BGH 1, 127 [128]; st. Rspr.), jedoch sind die zulässigen Wahlfeststellungen mit der Zeit immer mehr ausgedehnt worden[21].

2. Rechtsprechung und h. L. lassen heute die **Wahlfeststellung** unter folgenden Voraussetzungen zu:

a) Alle prozeßrechtlich erlaubten *Beweismittel* müssen zuvor *erschöpft* sein. Die in die Wahlfeststellung einbezogenen Taten müssen, wenn es sich um prozessual selbständige Straftaten handelt, in die Anklage aufgenommen sein (BGH 32, 146; zust. C. *Schröder*, NJW 1985, 780ff.). Ferner muß die *Gewißheit* bestehen, daß der Angeklagte *nur* in der einen oder der anderen Form tätig geworden sein kann (BGH 12, 386 [388]). Jede der wahlweise herangezogenen Gestaltungsmöglichkeiten des Sachverhalts müßte, sofern eine eindeutige Feststellung möglich wäre, mit Sicherheit zur Bestrafung führen. Die wahldeutigen Tatvorwürfe müssen endlich „**rechtsethisch und psychologisch vergleichbar**" sein (BGH 9, 390 [393])[22]. Falls mit einem der wahlweise herangezogenen Straftatbeständen ein anderes Delikt tateinheitlich zusammentrifft, soll dieses außer Betracht bleiben, weil nicht feststeht, ob der betreffende Tatbestand wirklich vorliegt (BGH 15, 266). In dem Faktor der rechtsethischen und psychologischen Vergleichbarkeit der beiden Tatbestände sowie in dem Erfordernis

---

[20] Hierauf hat insbesondere *Zeiler*, ZStW 40 (1919) S. 168; 42 (1921) S. 665; 43 (1922) S. 596 unermüdlich hingewiesen. Er forderte deswegen die *unbeschränkte* Zulassung der Wahlfeststellung in der Strafrechtsreform, vgl. *Zeiler*, ZStW 72 (1960) S. 5.

[21] Starke Bedenken äußern deswegen *Eb. Schmidt*, § 244 StPO Rdn. 17ff. und *Peters*, Strafprozeß S. 291 f. Übersicht über die Rechtsprechung von 1934 - 1986 bei *Wolter*, Wahlfeststellung S. 174ff.

[22] Die Gleichwertigkeit ist für Alternativen innerhalb desselben Straftatbestandes (z. B. niedrige Beweggründe oder Absicht der Ermöglichung einer anderen Straftat) ohne Zweifel zu bejahen (BGH 22, 12 [14]). Die Rechtsprechung geht jedoch erheblich darüber hinaus und läßt Wahlfeststellung zu bei Diebstahl und Hehlerei (BGH 1, 304; 15, 63); Unterschlagung und Hehlerei (BGH 16, 184); Raub und Erpressung (BGH 5, 280); Betrug und Untreue (BGH GA 1970, 24); Betrug und Unterschlagung (OLG Hamm MDR 1974, 682); Meineid und falscher Versicherung an Eides Statt (OLG Hamm GA 1974, 84); Trickdiebstahl und Betrug (OLG Karlsruhe NJW 1976, 902). Dasselbe gilt sogar dann, wenn einer der beiden Tatbestände in qualifizierter Form begangen ist: Diebstahl und gewerbsmäßige Hehlerei (BGH 11, 26); schwerer Rückfalldiebstahl und Hehlerei (BGH 15, 63 [66]); Diebstahl und Amtsunterschlagung (BayObLG NJW 1958, 560); falsche uneidliche Aussage und Meineid (BGH 13, 70); schwerer Diebstahl und sachliche Begünstigung (BGH 23, 360 m. im Ergebnis zust. Anm. *Schröder*, JZ 1971, 141; ablehnend von seinem grundlegend anderen Standpunkt *Hruschka*, NJW 1971, 1392ff.). Raub wird auf Diebstahl zurückgestuft (BGH 25, 182 [185] m. abl. Anm. *Hruschka*, NJW 1973, 1804; zustimmend aber *SK [Rudolphi]* Anh. zu § 55 Rdn. 44; *Schulz*, JuS 1974, 640). Wahlfeststellung ist auch zwischen mehr als zwei Taten möglich (BGH 15, 63). Zur Konkretisierung der Generalklausel durch „typisierende gesetzliche Anknüpfungspunkte" *Wolter*, Wahlfeststellung S. 117ff.

des Ausschlusses jeder dritten tatsächlichen Möglichkeit liegen die Gründe für die Unsicherheit der gegenwärtigen Rechtsprechung[23]. Trotzdem hat sich das Schrifttum der Linie der Praxis überwiegend angeschlossen[24]. Nur eine Minderheit empfiehlt die Rückkehr zu der Rechtsprechung vor 1934[25]. Zum Teil wird dagegen die unbeschränkte oder doch jedenfalls weitergehende Zulassung der Wahlfeststellung gefordert[26]. Im Ausland hält man die Wahlfeststellung dagegen aus rechtsstaatlichen Gründen nur in engsten Grenzen für vertretbar[27].

b) Ohne weiteres zulässig ist eine Verurteilung dann, wenn sicher ist, daß der Täter eine bestimmte Straftat in einer bestimmten gesetzlichen Ausführungsart durch eine von zwei Handlungen begangen hat, die rechtlich gleichwertig sind *(reine Tatsachenalternativität)*[28].

Beispiel: In der Hauptverhandlung läßt sich nicht klären, welche von zwei sich widersprechenden eidlichen Aussagen falsch ist (BGH 2, 351 [352]) oder welches fehlerhafte Fahrverhalten den Unfall herbeigeführt hat (OLG Neustadt VRS 23, 447).

c) Im Falle zulässiger Wahlfeststellung ist das **mildere Gesetz** anzuwenden, das auch hier nach der *konkreten Betrachtungsweise* ermittelt wird (vgl. oben § 15 IV 5). In den Entscheidungssatz des Urteils ist nur das mildere Gesetz aufzunehmen, um die Belastung des Verurteilten mit dem Verdacht einer schwereren Straftat zu vermeiden[29]. Die Tatsache der Wahlfeststellung ergibt sich somit nur aus den Urteilsgründen. Nebenstrafen, Nebenfolgen und Maßregeln dürfen nur angewendet werden,

---

[23] So sind nicht zulässig Wahlfeststellungen zwischen Abtreibung und Betrug (BGH *Dallinger* MDR 1958, 739); Volltrunkenheit und Rauschtat (BGH 9, 390 [392]); Bestechlichkeit und Betrug (BGH 15, 88 [100]); schwerem Raub und Hehlerei (BGH 21, 152); Diebstahl und Erpressung (BGH DRiZ 1972, 31); Diebstahl und Betrug (OLG Karlsruhe, Die Justiz 1973, 57); Landesverrat und landesverräterischer Täuschung (BGH 20, 100), Einbruchsdiebstahl und Beihilfe zum Versicherungsbetrug (GA 1985, 132), was im Vergleich mit den in Fußnote 22 genannten Entscheidungen nicht immer einleuchtet.

[24] Vgl. *Kohlrausch / Lange*, § 2 Anhang „Wahlfeststellung" Anm. 3; *Schönke / Schröder / Eser*, § 1 Rdn. 109f.; *Blei*, Allg. Teil S. 38; *Baumann / Weber*, Allg. Teil S. 167; *Lackner*, § 1 Anm. 3 a cc; *Schaffstein*, NJW 1952, 729. Kritisch jedoch *Maurach / Zipf*, Allg. Teil I S. 128f.; *Schmidhäuser*, Allg. Teil S. 113. Einen guten Überblick gibt *Röhmel*, JA 1975, Str S. 95ff. Wesentlich enger als die deutsche h. M. *Schmoller*, Alternative Tatsachenaufklärung S. 115ff. im Anschluß an die österr. Lehre.

[25] So *H. Mayer*, Lehrbuch S. 417; *derselbe*, Grundriß S. 192; *Heinitz*, JZ 1952, 102; *Eb. Schmidt*, § 244 StPO Rdn. 18; *Waiblinger*, Pfenninger-Festschrift S. 164; *Endruweit*, Wahlfeststellung S. 293ff.

[26] Für unbeschränkte Zulassung *v. Hippel*, Bd. II S. 44; *Zeiler*, ZStW 72 (1960) S. 20; *Nüse*, Alternativ-Schuldfeststellungen S. 63; *derselbe*, GA 1953, 41; *Mannheim*, ZStW 44 (1924) S. 442; *Eike v. Hippel*, NJW 1963, 1534. Für Zulassung bei „Identität des Unrechtskerns" *Dreher / Tröndle*, § 1 Rdn. 17 a; *Sax*, JZ 1965, 748; *Deubner*, JuS 1962, 23; *Hardwig*, Eb. Schmidt-Festschrift S. 484 Fußnote 28; *Jakobs*, GA 1971, 270; *LK (Tröndle)* § 1 Rdn. 104; *Tröndle*, JR 1974, 135; *Otto*, Peters-Festschrift S. 390f.; *Lackner*, § 1 Anm. 3 d; *Wolter*, Alternative und eindeutige Verurteilung S. 281; *SK (Rudolphi)* Anh. zu § 55 Rdn. 42 sowie Rdn. 38ff. (mit dem zutreffenden Hinweis auf das Handlungsunrecht). In ähnlicher Weise stellt *Montenbruck*, Wahlfeststellung S. 384 auf den gemeinsamen „Werttypus" ab, dem die in Betracht kommenden Handlungen zugeordnet werden können. Fehlt es an einer graduellen Unwertverschiedenheit der in Betracht kommenden Tatbestände, will *Günther*, Verurteilungen trotz Tatsachenzweifel S. 262ff., auf ein drittes Delikt als „Rumpftatbestand" zurückgreifen.

[27] Vgl. *Zeiler*, ZStW 64 (1952) S. 158ff.; *Schönke*, DRZ 1947, 48; *Weber*, Wahlfeststellungen S. 17ff. Zu Österreich *Nowakowski*, JBl 1958, 380ff.; *Schmoller* oben Fußnote 24.

[28] Dieser Fall wird „gleichartige Wahlfeststellung" genannt, vgl. *LK (Tröndle)* § 1 Rdn. 68ff.

[29] So heute die überwiegende Praxis, vgl. die bei *Schönke / Schröder / Eser*, § 1 Rdn. 118 zitierten Entscheidungen.

wenn sie nach beiden Tatbeständen zulässig sind (RG 68, 258 [263]). Die Rechtskraft einer Wahlfeststellung umfaßt sämtliche darin einbezogenen Straftaten, die Grenze der Rechtskraft ergibt sich aus dem Begriff der „Tat" im Sinne von § 264 StPO.

3. Die Würdigung des gegenwärtigen Rechtszustandes ist schwierig, weil das Problem der Wahlfeststellung in einem Dilemma zwischen **Rechtssicherheit** und **Gerechtigkeit** besteht. Deswegen wird jede Mittellösung, wie sie auch immer aussehen mag, Einwendungen von beiden Seiten ausgesetzt sein. Wer die Rechtssicherheit restlos zu verwirklichen trachtet, darf überhaupt keine wahlweise Tatsachenfeststellung zulassen, sofern die Ungewißheit nicht einen für die Schuld- und Straffrage unwesentlichen Punkt betrifft. Wer die Gerechtigkeit in allen Fällen zum Siege führen will, muß für uneingeschränkte Zulassung der Wahlfeststellung eintreten. Das letztere würde jedoch die Preisgabe eines unverzichtbaren Stücks der Rechtssicherheit bedeuten. Praktisch kann es deswegen nur um den Grad der zulässigen Auflockerung des Verbots der Wahlfeststellung gehen, denn die Rechtssicherheit muß im Strafprozeß immer den Vorrang haben.

Die **Lösung** liegt darin, daß zunächst der Bereich des Grundsatzes in dubio pro reo durch Einbeziehung wertmäßiger Stufenverhältnisse auf Kosten der Wahlfeststellung ausgedehnt wird und daß auch bei den Nachtatfällen eine eindeutige Verurteilung wegen der Nachtat stattfindet. In den verbleibenden Fällen der echten Alternativität, in denen keine der in Betracht kommenden Straftaten festgestellt werden kann, aber feststeht, daß eine von beiden begangen worden sein muß, sollte man, um ungerechtfertigte Freisprüche zu vermeiden und zugleich die wirkliche Begründung des Urteils erkennbar zu machen, auf das in Wahrheit längst preisgegebene Kriterium der „rechtsethischen und psychologischen Vergleichbarkeit" verzichten und statt dessen die *Identität des Unrechtskerns* ausreichen lassen, wobei freilich nicht allein auf das Rechtsgut, sondern auch auf die Angriffsweise abzustellen ist[30]. Für den Schutz des Angeklagten entscheidend ist die *Rechtssicherheit im prozessualen Bereich*[31]. Dazu gehört insbesondere, daß beide Alternativen der Wahlfeststellung von Anklage und Eröffnungsbeschluß umfaßt sind (§§ 264, 266 StPO) (BGH 32, 146) und der Angeklagte nötigenfalls auf die Möglichkeit der wahldeutigen Verurteilung hingewiesen wird (§ 265 StPO). Weiter dürfen die Anhaltspunkte für den Nachweis eines eindeutigen Sachverhalts nicht im Hinblick auf eine an sich zulässige Wahlfeststellung vernachlässigt werden. Endlich muß die Möglichkeit, daß der tatsächliche Sachverhalt außerhalb der Alternativen der Wahlfeststellung liegt, mit Sicherheit ausgeschlossen sein.

§ 17 Die Auslegung der Strafgesetze

Baumann, Die natürliche Wortbedeutung als Auslegungsgrenze im Strafrecht, MDR 1958, 394; *Bender,* Zur Methode der Rechtsfindung bei der Auslegung und Fortbildung gesetzten Rechts, JZ 1957, 593; *Betti,* Zur Grundlegung einer allgemeinen Auslegungslehre, Festschrift für E. Rabel, Bd. II, 1954, S. 79; *derselbe,* Allgemeine Auslegungslehre als Methodik der Geisteswissenschaften, 1967; *Blei,* Strafschutzbedürfnis und Auslegung, Festschrift für H. Henkel, 1974, S. 109; *Bockelmann,* Richter und Gesetz, Festschrift für R. Smend, 1952, S. 23; *Bruns,* Die sog. „tatsächliche" Betrachtungsweise im Strafrecht, JR 1984, 133; *Burckhardt,* Methode und System des Rechts, 1936; *Cadus,* Die faktische Betrachtungsweise, 1984; *Clerc,* Les travaux préparatoires et l'interprétation de la loi pénale, SchwZStr 64 (1949) S. 1; *Dando,* Das Legalitätsprinzip und die Rolle der Rechtsprechung, Festschrift für E. Heinitz, 1972, S. 37; *Eckardt,* Die verfassungskonforme Gesetzesauslegung, 1964; *Engisch,* Die Relativität der Rechtsbegriffe, Deutsche Landesreferate zum V. Internat. Kongreß für Rechtsvergleichung, 1958, S. 59; *der-*

---

[30] Vgl. die Schrifttumsangaben oben Fußnote 26.
[31] Vgl. *Tröndle,* JR 1974, 135.

selbe, Logische Studien zur Gesetzesanwendung, 2. Aufl. 1960; *derselbe,* Methoden der Strafrechtswissenschaft, in: Enzyclopädie der geisteswiss. Arbeitsmethoden, 11. Lieferung, 1972, S. 39; *Foregger,* Die Problematik der ausdehnenden Interpretation usw., ÖJZ 1960, 290; *Geerds,* Zur Problematik der strafrechtlichen Deliktstypen, Festschrift für K. Engisch, 1969, S. 406; *Germann,* Methodische Grundfragen, 1946; *derselbe,* Probleme und Methoden der Rechtsfindung, 2. Aufl. 1967; *derselbe,* Grundlagen der Rechtswissenschaft, 2. Aufl. 1968; *Gössel,* Strafrechtsgewinnung als dialektischer Prozeß, Festschrift für K. Peters, 1974, S. 41; *Grünhut,* Methodische Grundlagen der heutigen Strafrechtswissenschaft, Festgabe für R. v. Frank, Bd. I, 1930, S. 1; *Hassemer,* Tatbestand und Typus, 1968; *Jiménez de Asúa,* Nullum crimen, nulla poena sine lege, ZStW 63 (1951) S. 166; *Arthur Kaufmann,* Analogie und „Natur der Sache", 1965; *derselbe,* Durch Naturrecht und Rechtspositivismus zur juristischen Hermeneutik, JZ 1975, 337; *Keller,* Strafrecht, 1984; *Klug,* Juristische Logik, 4. Aufl. 1982; *Krey,* Studien zum Gesetzesvorbehalt im Strafrecht, 1977; *Kunst,* Interpretationsmethoden im Strafrecht, JBl 1971, 329; *derselbe,* Rechtsquellen und Rechtsanwendung, Verhandlungen des 5. österr. Juristentags, Bd. II, 1973, S. 9; *Lackner,* Zu den Grenzen der richterlichen Befugnis, mangelhafte Strafgesetze zu berichtigen, Festschrift der Jur. Fakultät Heidelberg, 1986, S. 39; *Larenz,* Methodenlehre der Rechtswissenschaft, 5. Aufl. 1983; *Liver,* Der Wille des Gesetzes, 1954; *Loos,* Bemerkungen zur „historischen" Auslegung, Festschrift für R. Wassermann, 1985, S. 123; *Thea Lyon,* Der Verbrechensbegriff in der Strafrechtswissenschaft der DDR, 1960; *Mennicken,* Das Ziel der Gesetzesauslegung, 1970; *Naucke,* Der Nutzen der subjektiven Auslegung, Festschrift für K. Engisch, 1969, S. 274; *Neumann,* Juristische Argumentationslehre, 1987; *Ostendorf,* Das Geringfügigkeitsprinzip als strafrechtliche Auslegungsregel, GA 1982, 333; *Roxin,* Kriminalpolitik und Strafrechtssystem, 2. Aufl. 1973; *derselbe,* Ein „neues Bild" des Strafrechtssystems, ZStW 83 (1971) S. 369; *Schmidhäuser,* Strafgesetzliche Bestimmtheit: eine rechtsstaatliche Utopie, Gedächtnisschrift für W. Martens, 1987, S. 231; *R. Schmitt,* Anmerkung zu BGH 4 StR 516/67, JZ 1968, 307; *Schroth,* Theorie und Praxis subjektiver Auslegung im Strafrecht, 1983; *Schwalm,* Der objektivierte Wille des Gesetzgebers, Festschrift für E. Heinitz, 1972, S. 47; *Schwinge,* Teleologische Begriffsbildung im Strafrecht, 1930; *Stratenwerth,* Zum Streit der Auslegungstheorien, Festschrift für O. A. Germann, 1969, S. 257; *Stree,* Die Ersatzhehlerei als Auslegungsproblem, JuS 1961, 50; *Trousse,* Droit pénal, Bd. I, in: Les Novelles 1956; *Waiblinger,* Die Bedeutung des Grundsatzes „nullum crimen sine lege", ZBJV 91bis (1955) S. 228; *Zippelius,* Juristische Methodenlehre. Eine Einführung, 1985.

Der sachliche Gehalt des Strafgesetzes wird durch **Auslegung** in die Praxis der Rechtsanwendung umgesetzt. Eine gesetzestreue Auslegung soll gewährleisten, daß die richterlichen Entscheidungen dem durch die Volksvertretung geäußerten Gemeinwillen untergeordnet bleiben[1]. Rechtssicherheit und Rechtsgleichheit verlangen die Bindung des Richters an Vorschriften, deren Sinngehalt nach anerkannten Auslegungsregeln objektiv erkennbar ist und die demgemäß in allen gleichgelagerten Fällen in gleicher Weise angewendet werden können[2]. Nicht auf den Richter fällt die Verantwortung für den Inhalt seines durch Auslegung gewonnenen Urteils, der Richterspruch wird vielmehr durch den im Gesetz niedergelegten Gemeinwillen legitimiert. Das „Königtum des Richters" besteht deshalb nicht in möglichst großer Freiheit vom Gesetz, sondern im Gesetzesgehorsam[3]. Aufgabe des Richters bei der Auslegung ist es, den Sinngehalt des Gesetzes im Hinblick auf den zu entscheidenden Einzelfall so zu erfassen, wie er von jedem anderen Richter, der den gleichen Fall zu entscheiden hätte, ebenfalls erfaßt werden müßte. Das Wesen der Auslegung wird somit durch *Gesetzestreue* und *objektive Nachprüfbarkeit* bestimmt.

---

[1] Durch Auslegung wird das Recht laufend fortgebildet; vgl. *Hassemer,* Tatbestand S. 98ff. Deswegen hängt die Rechtssicherheit letztlich von der Gesetzestreue der Richter ab; vgl. *Dando,* Heinitz-Festschrift S. 41.

[2] Vgl. *Germann,* Methodische Grundfragen S. 111ff.

[3] *Bockelmann,* Smend-Festgabe S. 29ff. Rein subjektiv versteht die Grenze zwischen Auslegung und Analogie dagegen *Schmidhäuser,* Allg. Teil S. 112 (vgl. ferner seine Unterscheidung zwischen Wortlauttatbestand und Auslegungstatbestand S. 23 f.). Kritisch dazu *Roxin,* ZStW 83 (1971) S. 376ff. und *Engisch,* Methoden S. 62. Als „gestaltendes Handeln" versteht die Auslegung auch *Arthur Kaufmann,* JZ 1975, 339.

I. Die Argumente der juristischen Logik

Der Jurist bedient sich bei der Auslegung besonderer **Schlußverfahren**[4], deren Struktur und Aussagewert vorweg zu behandeln sind.

1. Der **Analogieschluß** („argumentum a simile"), der grundsätzlich auch im Strafrecht seinen legitimen Platz hat (vgl. oben § 15 III 2a und d), besagt, daß ein Rechtssatz, dessen Anwendbarkeit auf eine bestimmte Fallgruppe gesichert ist, auf einen anderen Fall angewendet werden darf, wenn dieser mit der erstgenannten Gruppe in den wesentlichen Beziehungen übereinstimmt. So wurde die Überschreitung der nach dem Bremsweg zulässigen Höchstgeschwindigkeit beim Sichtfahren wegen Nebels im Berliner S-Bahnbetrieb als ein der falschen Signalstellung „ähnlicher Eingriff" (§ 315 I a. F.) angesehen, weil die Betriebssicherheit, die sonst durch die richtige Signalstellung gewährleistet wird, unter diesen Bedingungen von der Einhaltung der Höchstgeschwindigkeit abhing (BGH 8, 8 [12f.]). Der **Umkehrschluß** („argumentum e contrario") bedeutet, daß aus dem Nichtvorliegen bestimmter Voraussetzungen darauf geschlossen wird, daß auch die Rechtsfolgen nicht eintreten sollen, die für den Fall ihres Vorliegens vorgesehen sind. So ist aus der Beschränkung des privilegierenden § 217 auf die nichteheliche Mutter zu schließen, daß die Tötung eines ehelichen Kindes in oder gleich nach der Geburt nicht unter § 217 fällt. Der Umkehrschluß ist jedoch nur dann zwingend, wenn die besondere Voraussetzung nicht nur ausreichende, sondern auch *notwendige* Bedingung der Rechtsfolge ist. Analogieschluß und Umkehrschluß korrespondieren nicht in der Weise, daß sie einfach vertauschbar wären, vielmehr sind sie voneinander unabhängig. Der Analogieschluß setzt lediglich voraus, daß der nicht geregelte Fall in wesentlichen Beziehungen mit dem geregelten übereinstimmt. Voraussetzung des Umkehrschlusses ist dagegen, daß die Tatbestandsmerkmale notwendige Bedingung der Rechtsfolge sind, daß also z. B. die Privilegierung *nur* für die Tat der nichtehelichen Mutter einen Sinn hat.

2. Mit dem „**argumentum a maiore ad minus**" wird von der Gültigkeit eines Rechtssatzes für eine Gruppe von Sachverhalten, die unter einen bestimmten Oberbegriff fallen, auf die Gültigkeit für andere Fälle geschlossen, die dem Oberbegriff ebenfalls untergeordnet werden können. So läßt sich das Absehen von Strafe bei Untauglichkeit des Versuchs aus grobem Unverstand (§ 23 III) auf den irrealen Versuch ausdehnen. Da dieser aber bisher straflos blieb und eine Verschärfung nicht beabsichtigt war, greift das Argument nicht durch, es wird durch ein in diesem Falle besseres (historisches) Argument aus dem Feld geschlagen. Das „**argumentum a fortiori**" besagt, daß aus der Gültigkeit eines Rechtssatzes für einen bestimmten Fall auf die Gültigkeit für einen anderen Fall geschlossen werden darf, für den die Gründe „erst recht" zutreffen. So wird aus der Straflosigkeit der Beihilfe zum Selbstmord auf die Straflosigkeit der nur fahrlässigen Mitverursachung eines Selbstmords geschlossen (BGH 24, 342 [344]). Mit dem „**argumentum ad absurdum**" endlich wird eine bestimmte Annahme deswegen für unrichtig erklärt, weil im Falle ihrer Richtigkeit zugleich etwas anderes angenommen werden müßte, was unter keinen Umständen richtig sein kann. So würde nach der Ansicht von BGH 8, 102 (103) die Beschränkung des Begriffs der Gewalt im Hochverratstatbestand (§§ 81, 82) auf die Anwendung von Körperkraft „die praktische Bedeutung der Vorschrift weitgehend entwerten", woraus geschlossen wird, daß es nicht darauf, sondern auf die Herbeiführung einer Zwangslage ankommt. Weitere Beispiele in BGH 22, 289 (295); 23, 327 (328 a. E.).

II. Auslegung und Subsumtion

1. Im Strafrecht bedeutet Gesetzesanwendung (im Falle der Verurteilung) den Ausspruch einer Strafe für eine Tat aufgrund von Gesetzen, in denen ein durch abstrakte Merkmale beschriebenes Verhalten (der Straftatbestand) mit der Strafe als Rechtsfolge bedroht ist.

Beispiel: Wenn jemand eine fremde bewegliche Sache einem anderen in der Absicht rechtswidriger Zueignung wegnimmt, so soll er nach § 242 wegen Diebstahls mit Freiheits- oder Geldstrafe bestraft werden.

---

[4] Hierzu näher *Klug*, Juristische Logik S. 109 ff.; *Neumann*, Juristische Argumentationslehre S. 34 ff. Zum Analogieschluß insbesondere *Arthur Kaufmann*, Analogie S. 22 ff.

Der Deliktstatbestand ist der Obersatz, der Sachverhalt ist der Untersatz, die Strafe ist die Schlußfolgerung. Die Anwendung des Gesetzes auf den Einzelfall bedeutet also, daß der abstrakte Obersatz mit dem aus dem Leben gegriffenen Untersatz (z. B. „A hat dem B eine fremde bewegliche Sache in Zueignungsabsicht weggenommen") in Beziehung gesetzt wird. Daraus ergibt sich als Schlußfolgerung das richterliche Urteil: A ist wegen Diebstahls mit Freiheits- oder Geldstrafe zu bestrafen. Das klingt zwar recht einfach, aber die eigentliche juristische Denkleistung liegt auch gar nicht in der Aufstellung dieses logischen Satzgefüges (Syllogismus), sondern in der *Gewinnung des Untersatzes*. Es geht dabei darum, aus der Fülle des Tatsachenstoffs eines Falles die juristisch relevanten Faktoren herauszuarbeiten und den Begriffsmerkmalen des Obersatzes durch Annahme einer wenigstens teilweisen Identität unterzuordnen[5]. So muß im Beispielsfall begründet werden, daß Zueignungsabsicht vorliegt, wenn jemand ein fremdes Kraftfahrzeug nur zur Benutzung wegnimmt, es danach aber irgendwo stehen lassen will (BGH 22, 46). Diese Tätigkeit des Juristen heißt **„Subsumtion"**[6]. Die Subsumtion geht in der Regel so vor sich, daß der Richter den neu zu beurteilenden Sachverhalt mit bekannten Fällen gleichsetzt, die früher schon der betreffenden Gesetzesstelle untergeordnet worden sind[7]. Es kommt dabei darauf an, daß der neu zu entscheidende Fall in den juristisch wesentlichen Beziehungen mit dem früher entschiedenen übereinstimmt.

2. Die **Auslegung** ist **Voraussetzung der Subsumtion.** Sie hat eine doppelte Aufgabe. Einmal muß vor der Subsumtion der *Sinn des anzuwendenden Obersatzes* klargestellt werden. Dies geschieht durch eine speziellere, auf die Besonderheiten des Einzelfalles zugeschnittene Erfassung seines Bedeutungsgehalts, der dabei so weit wie möglich dem Sachverhalt angenähert wird. Zum anderen gilt es, vor der Subsumtion die juristische *Tragweite* der einschlägigen Vorentscheidungen zu erfassen, denen der neue Fall gleichgestellt werden soll. Dies geschieht durch Verallgemeinerung der in ihnen enthaltenen Einzelaussagen, um die Prinzipien klarzustellen, die bei der Vorentscheidung leitend gewesen sind. Die Auslegung enthält also zwei gegenläufige Gedankenoperationen, bei denen der Blick ständig zwischen Gesetz und Präjudiz auf der einen Seite und dem Sachverhalt auf der anderen „hin- und herwandert" (*Engisch*).

Beispiel: Jemand hat fremdes Ackergerät, das der Eigentümer wie üblich auf dem Felde stehengelassen hat, in Zueignungsabsicht an sich genommen. Um zu entscheiden, ob dies ein Diebstahl ist, wird zunächst das Merkmal „Wegnehmen" in § 242 durch Einschieben von zwei spezielleren Sätzen der konkreten Fallgestaltung angenähert: „Wegnehmen" bedeutet „Bruch fremden durch Begründung neuen Gewahrsams", und „Gewahrsam" bedeutet „tatsächliche Herrschaftsmöglichkeit". Damit stellt sich die Frage, ob der Bauer die tatsächliche Herrschaftsmöglichkeit an seinem auf dem Felde verbliebenen Ackergerät gehabt hat. Um das begründen zu können, greift man auf RG 50, 184 zurück. Dort ist bereits entschieden, daß frei umherlaufende Haustiere im Gewahrsam des Eigentümers stehen. Der allgemeinere Gesichtspunkt ist dabei der, daß es auf die ständige tatsächliche Verfügbarkeit der Sache nicht ankommt, wenn sie sich nur in einem räumlichen Verhältnis zu dem Eigentümer befindet, das durch die wirtschaftliche Zweckbestimmung bedingt ist und jederzeit zu voller Verfügungsgewalt umgestaltet werden kann, und wenn die Annahme der Herrschaftsgewalt der natürlichen Auffassung des Lebens entspricht (vgl. auch BGH JZ 1968, 307 m. Anm. *R. Schmitt*).

---

[5] Vgl. *Gössel*, Peters-Festschrift S. 55 f.

[6] Zur logischen Struktur der Subsumtion vgl. *Engisch*, Logische Studien S. 19 ff. Über das Verhältnis von Auslegung und Subsumtion vgl. *Zippelius*, Juristische Methodenlehre S. 89 ff.

[7] Darin liegt auch für die Länder mit kodifiziertem Strafrecht die überragende Bedeutung der Präjudizien, vgl. *Engisch,* Einführung S. 182 ff.; *Germann,* Rechtsfindung S. 371 ff.

III. Notwendigkeit und Freiheit der Auslegung

1. Jede Rechtsnorm bedarf der Auslegung. Das gilt auch bei „klarem Wortlaut", da der juristische Sinn einer Gesetzesstelle ein anderer sein kann, als das unbefangene Verständnis aus dem klar erscheinenden Wortlaut herausliest.

Beispiel: Raub erfordert nach § 249 die Wegnahme einer Sache „mit Gewalt gegen eine Person". Gewalt ist aber nicht nur die Anwendung von Körperkraft (unmittelbarer Wortsinn), sondern auch die „gewaltlose" Betäubung des Opfers mit chemischen Mitteln (juristischer Wortsinn) (BGH 1, 145).

Frühere Zeiten haben den naiven Versuch gemacht, den Richter an den Buchstaben des Gesetzes zu binden. Kommentierungsverbote enthielten z. B. die Vorrede des Corpus juris Fridericiani von 1749/51 und das amtliche Erläuterungswerk zum bayerischen StGB von 1813. Von *Montesquieu* stammt das berühmte Wort: „Les juges ne sont que la bouche qui prononce les paroles de la loi" („De l'Esprit des Lois" [1748] XI. Buch, Kap. VI). Der Gehorsamsanspruch des absoluten Staates führte also zum gleichen Ergebnis wie die Furcht des zur Freiheit erwachten Bürgertums vor Justizwillkür: zur strengen Bindung des Richters an den Wortlaut des Gesetzes.

Die Auslegung zu verbieten, hieße jedoch nichts weniger, als das Leben daran hindern zu wollen, Rechtsfälle zu schaffen, an die der Gesetzgeber nicht gedacht hat, und den Richtern vorzuschreiben, sich der von ihnen erlassenen Vorentscheidungen nicht zu erinnern. Die Frage kann deswegen nur sein, auf welche Weise sicherzustellen ist, daß sich die Garantiefunktion des Strafgesetzes in der Auslegung zu bewähren vermag. Dies geschieht durch die *Anwendung der anerkannten Auslegungsregeln*, aus denen sich eine objektive Bindung des Richters ergibt (vgl. unten § 17 IV).

2. Lassen sich die für die Schuld des Angeklagten wesentlichen *Tatsachen* nicht beweisen, so greift der Grundsatz „in dubio pro reo" ein (vgl. oben § 16 II 1). Dagegen gibt es für die *Rechtsfrage* keine Auslegungsregel, die den Richter etwa verpflichtete, von mehreren für die Auslegung eines Gesetzes gegebenen Möglichkeiten die dem Angeklagten günstigere zu wählen („in dubio mitius"; „in dubio pro libertate") (BGH 6, 131 [133])[8]. Bei Zweifeln hinsichtlich der Rechtsfrage hat das Gericht nicht die dem Angeklagten günstigste, sondern die richtige Auslegung zu wählen. Die gegenteilige Annahme würde auf das Verbot der extensiven Auslegung hinauslaufen, das es im Strafrecht ebensowenig gibt wie anderswo (vgl. unten § 17 IV 4).

Beispiele: Beweiszeichen (z. B. Plombenverschlüsse, Typenschild, Motor- und Fahrgestellnummer eines Kraftfahrzeugs) werden als Urkunden im Sinne von § 267 angesehen (RG 50, 191; BGH 9, 235 [238]). Ein „Einsteigen" im Sinne von § 243 Nr. 1 kann auch in einem „Einkriechen" liegen (BGH 14, 198).

IV. Die Arten der Auslegung

1. Auslegung bedeutet in der Rechtswissenschaft Verstehen und Verständlichmachen des juristischen Sinnes eines Textes. Herkömmlicherweise unterscheidet man **vier Methoden der Auslegung**: die grammatische, systematische, historische und teleologische Methode (BGH 29, 204 [206])[9]. Diese Einteilung bezieht sich in erster

---

[8] So die h. M.; vgl. RG 62, 369 (372f.); BGH 14, 68 (73); OLG Celle NJW 1968, 2119; *Baumann / Weber*, Allg. Teil S. 153f.; *LK (Tröndle)* § 1 Rdn. 52; *Maurach / Zipf*, Allg. Teil I S. 111; *Schönke / Schröder / Eser*, § 1 Rdn. 57.

[9] Hierzu näher *Engisch*, Einführung S. 71 ff.; *derselbe*, Methoden S. 53 ff.; *Zippelius*, Juristische Methodenlehre S. 44 ff. Zu Italien *Bettiol / Pettoello Mantovani*, Diritto penale S. 146 ff.; zu Österreich *Kunst*, Rechtsquellen S. 32 ff.; zu den Niederlanden *D. Hazewinkel-Suringa / Remmelink*, Inleiding S. 60 ff.

Linie auf die Auslegung von Gesetzen, sie kann aber auch für die Auslegung von Vorentscheidungen herangezogen werden.

a) **Grammatische** Auslegung bedeutet, daß versucht wird, den Sinn des Gesetzes aus dem Sprachsinn zu erschließen. Die Schwierigkeit liegt hierbei einmal darin, daß als Vorfrage klargestellt werden muß, ob die *juristische* Wortbedeutung oder der *allgemeine* Sprachgebrauch maßgebend sein sollen.

Beispiele: Postanweisungen wurden im Sinne des § 354 a. F. als „Briefe" angesehen (RG 1, 114 [115]), während sich BGH 1, 158 (163) für die Auslegung der Begriffe „Gebäude", „Behältnis" und „umschlossener Raum" in § 243 I Nr. 2 a. F. (jetzt § 243 Nr. 1 und 2) auf den „natürlichen" Sprachgebrauch beruft (vgl. auch BGH 10, 46 [50]).

In erster Linie ist die juristische Terminologie maßgebend. Dabei muß jedoch immer bedacht werden, daß juristische Fachausdrücke je nach dem Zusammenhang, in dem sie stehen, Verschiedenes bedeuten können (vgl. z. B. BGH 10, 194 [196]: „öffentlich"; BGH 11, 119 [121]: „Tatzeit")[10]. Die Wortbedeutung kann durch Legaldefinitionen festgelegt werden (vgl. § 11). Der Wortlaut kann auch vom klaren Sinn her eine Korrektur erfahren (BGH 29, 310 [314]). Die grammatische Methode findet in der systematischen ihre Ergänzung. Mittels der **systematischen** Methode wird der Sinn des Gesetzes aus der Stellung der auszulegenden Vorschrift im Systemzusammenhang abgeleitet (so erfaßt § 315 b verkehrs*fremde* Eingriffe in den Straßenverkehr, § 315 c falsches Verhalten *im Verkehr;* vgl. BGH 18, 279 [282]). Der Erkenntniswert beider Verfahrensweisen hängt natürlich wesentlich von der juristischen Exaktheit der Wortfassung und der systematischen Einordnung der auszulegenden Gesetzesstelle ab. Nach beiden Richtungen hat die Neufassung des StGB den Text wesentlich verbessert.

b) Die **historische** Auslegung zieht zur Deutung des Gesetzessinns den allgemeinen geschichtlichen Zusammenhang, in dem das Gesetz steht, und seine besondere Entstehungsgeschichte heran, über die insbesondere die Gesetzesmaterialien (Entwürfe, Begründungen, Kommissions- und Parlamentsniederschriften) Aufschluß geben (BGH 29, 85 [87f.]; 29, 300 [303f.]). Die historische Auslegung führt in der Regel zu der Frage, was mit dem Gesetz gewollt war, und damit gleichzeitig zur teleologischen Auslegung. Die **teleologische** Methode ist bemüht, die leitenden Zweck- und Wertgedanken des Gesetzes herauszuarbeiten, um dadurch unmittelbar den Sinn zu erkennen, der einer Vorschrift innewohnt. Dabei ist es wichtig, nicht nur nach den Rechtsgütern zu fragen, deren Schutz der Gesetzgeber im Auge gehabt hat, sondern auch die sozialethischen Handlungswerte zu berücksichtigen, die bei der Aufstellung der Strafvorschrift entscheidend mitgesprochen haben (vgl. oben § 1 III 2).

Beispiele: Für den Tatbestand der Bestechlichkeit (§ 332) ist das Wesentliche „nicht die Verfälschung des Staatswillens, sondern der Abschluß der Unrechtsvereinbarung" (BGH 15, 88 [97]). Der Schutzzweck des § 174a II setzt voraus, daß der „Insasse" in der Anstalt auch übernachtet (BGH 29, 16 [17]).

Die Krone der Auslegungsverfahren gebührt der *teleologischen* Methode[11], weil nur sie unmittelbar auf das eigentliche Ziel aller Auslegung zusteuert, die Zweck- und Wertgesichtspunkte herauszuarbeiten, aus denen der maßgebliche Gesetzessinn letztlich bindend zu erschließen ist. Die anderen Methoden sind im Grunde nur besondere

---

[10] Vgl. *Engisch,* Die Relativität der Rechtsbegriffe S. 59.
[11] *Schwinge,* Teleologische Begriffsbildung S. 21ff.; *Maurach / Zipf,* Allg. Teil I S. 116; *LK (Tröndle)* § 1 Rdn. 51ff.; *Kunst,* Rechtsquellen S. 38; *Blei,* Henkel-Festschrift S. 109ff. mit Beispielen. Zur historischen Auslegung Beispiele bei *Loos,* Wassermann-Festschrift S. 123ff.

IV. Die Arten der Auslegung

Wege, auf denen man sich der Sinndeutung annähern kann (vgl. z. B. BGH 2, 365: Betrug bei gesetzwidrig erlangter Forderung; BGH 5, 267: Begriff des Gegenstandes in § 264a a. F.). Doch ist die methodische Reihenfolge, die vom Wortlaut ausgehend (BGH 3, 259 [262]; 14, 116 [118]) über den Systemzusammenhang (BGH 7, 37 [39]) und die Entstehungsgeschichte (BGH 7, 165 [169]) zur Zweckerkenntnis vorstößt (BGH 9, 84 [87]), innerlich wohlbegründet, weil auf diese Weise die Stufen der möglichen Argumentation schrittweise durchlaufen werden. Die Rechtsprechung geht deswegen regelmäßig in dieser Weise vor (vgl. z. B. RG 62, 369 [373]; BGH 5, 263 [266]; 23, 313 [314f.]; 24, 40 [41f.]). Bei der Auslegung nach dem Zweck des Gesetzes hat der Richter stets die Wertentscheidungen der Verfassung im Auge zu behalten (**verfassungskonforme Auslegung**). Er darf dabei freilich die Grenzen des Gesetzessinns nicht überschreiten (dies tat z. B. LG Mannheim JZ 1969, 436 zu § 236 a. F.), muß aber versuchen, in diesem Rahmen mit den Normen der Verfassung in Einklang zu bleiben[12]. Ist dies seiner Auffassung nach nicht möglich, muß er nach Art. 100 I GG das Verfahren aussetzen und die Entscheidung des Bundesverfassungsgerichts einholen. Im Rahmen der Auslegung anhand des kriminalpolitischen Zwecks einer Vorschrift will die sog. „tatsächliche" Betrachtungsweise vor allem Fälle der Gesetzesumgehung einer gerechten Lösung zuführen (BGH 11, 102; 21, 101; 31, 118)[13]. Als allgemeine Auslegungsregel wird teilweise auch das „*Geringfügigkeitsprinzip*"[14] angesehen, wonach ganz unbedeutende Beeinträchtigungen des geschützten Rechtsguts „materiell schon den Tatbestand einer Strafnorm nicht erfüllen" (OLG Hamm NJW 1980, 2537), eine Auffassung, die im materiellen Verbrechensbegriff des sozialistischen Strafrechts ein Gegenstück hat[15].

2. In der juristischen Methodenlehre besteht die berühmte Streitfrage, ob bei der Auslegung auf den Willen des historischen Gesetzgebers (**subjektive Theorie**) oder auf den „Willen des Gesetzes", d. h. auf seinen gegenwärtigen objektiven Sinngehalt abgestellt werden muß (**objektive Theorie**)[16]. Praktische Bedeutung hat der Gegensatz vor allem für die Frage, ob Mängel des Gesetzestextes im Wege der Auslegung berichtigt werden dürfen. Will man sich von einer als überholt empfundenen Entscheidung des historischen Gesetzgebers frei machen, so kann das im Wege der Auslegung nur vom Boden der objektiven Theorie aus geschehen, während die subjektive Theorie an den (möglicherweise verfehlten) Willen des historischen Gesetzgebers gebunden bleibt. Auch die Ausfüllung von Gesetzeslücken ist leichter von der objektiven Theorie aus zu bewerkstelligen, weil man von den gegenwärtig maßgebenden Wertungen ausgehen kann und nicht die Vorstellungen einer vielleicht fernen Vergangenheit rekonstruieren muß[17]. Wegen dieser Vorzüge ist die objektive Theorie allmählich herrschend geworden[18]. Doch sind ihr auf der anderen Seite auch die Nach-

---

[12] Vgl. *Engisch*, Methoden S. 52f. sowie die Nachweise bei *Engisch*, Einführung S. 238 Fußnote 82b, insbes. BGH 19, 325 (330), andererseits BGH 22, 146 (153); ferner *Eckardt*, Verfassungskonforme Gesetzesauslegung S. 37ff.; *Schönke / Schröder / Eser*, Vorbem. 26ff. vor § 1.

[13] Dazu *Bruns*, JR 1984, 133ff.; ablehnend und mit anderen Lösungsvorschlägen *Cadus*, Die faktische Betrachtungsweise S. 101ff.

[14] So *Ostendorf*, GA 1982, 333ff.

[15] Vgl. *Thea Lyon*, Verbrechensbegriff S. 28ff.

[16] Zu dem Theorienstreit näher *Engisch*, Einführung S. 88ff.; *Liver*, Der Wille des Gesetzes S. 10ff.; *Schönke / Schröder / Eser*, § 1 Rdn. 45ff.; *Schroth*, Theorie und Praxis subjektiver Auslegung S. 76ff.; *Stratenwerth*, Germann-Festschrift S. 257ff. Vgl. ferner BVerfGE 10, 129f.

[17] Vgl. näher *Bender*, JZ 1957, 599.

[18] Die objektive Theorie vertreten z. B. *Binding*, Handbuch S. 456; *Grünhut*, Frank-Festgabe Bd. I S. 6; *Schwinge*, Teleologische Begriffsbildung S. 47ff.; *Mezger*, Lehrbuch S. 81;

teile der Instabilität und des verschleierten Subjektivismus eigen, denn allzu leicht erliegt der Ausleger, der den „Willen des Gesetzes" zu erforschen glaubt, der Verführung des *Goetheschen* Scherzworts: „Bei Auslegung seid frisch und munter, legt ihr's nicht aus, so legt was unter" (Zahme Xenien). Deshalb muß versucht werden, eine Synthese zwischen objektiver und subjektiver Theorie dadurch zu finden[19], daß man dem im Gesetz, wenn auch nur andeutungsweise, ausgedrückten Willen des historischen Gesetzgebers (**„Andeutungstheorie"**[20]) als dem maßgeblichen Sinngehalt treu zu bleiben sucht, solange nicht zwingende Gründe der Gerechtigkeit, die Entwicklung der Verhältnisse oder auch einfach der Geist der Zeit die Wertentscheidung der Vergangenheit als überholt erscheinen lassen (vgl. z. B. BGH 2, 194 [204] über die Notwendigkeit der veränderten Behandlung des Verbotsirrtums nach dem Schuldgrundsatz; BGH 1,1 zum Begriff der Waffe; BGH 23, 40 [42 f.] über die Unzüchtigkeit einer Schrift). Dabei spielt auch das Zeitmoment eine Rolle: neue Gesetze werden eher aus den Materialien auszulegen sein, während bei alten Gesetzen der durch die Rechtsanwendung erarbeitete objektive Bedeutungsgehalt mehr in den Vordergrund tritt[21]. Auch in der neueren Rechtsprechung wird vielfach eine Synthese zwischen subjektiver und objektiver Theorie angestrebt[22].

3. Anhaltspunkte für die Auslegung ergeben sich aus der **Struktur der Strafrechtssätze**. Das Strafrecht erstrebt primär *Rechtsgüterschutz*. Für die Frage nach dem Gesetzeszweck ist deshalb die Erkenntnis des geschützten Rechtsguts und des Schutzumfangs bedeutsam (vgl. BGH 2, 362 [363] für die Begünstigung). Neben der Sozialschädlichkeit der Tat spielen ferner die sozialethischen Wertgesichtspunkte eine wesentliche Rolle, weswegen stets auch die *Handlungswerte* zu berücksichtigen sind, die der Gesetzgeber bei der Aufstellung der Strafnorm im Auge gehabt hat (BGH 6, 40 [52] zu § 180 a. F.). Endlich ergeben auch die *Strafdrohungen* für die Auslegung wichtige Hinweise[23] (BGH 7, 134 [138] über das Verhältnis von Diebstahl und Hehlerei; vgl. ferner BGH 22, 114 [117] zu § 316a; BGH 22, 178 [179] zu § 236 a. F.).

4. Für das Strafrecht wird zuweilen die Ansicht vertreten, daß **ausdehnende** Auslegung unzulässig, **einschränkende** Auslegung dagegen geboten sei[24]. Dafür wird

---

Maurach / Zipf, Allg. Teil I S. 116; *Welzel*, Lehrbuch S. 22; *Zippelius*, Juristische Methodenlehre, S. 18 ff. In der Schweiz wird zur Rechtfertigung der objektiven Theorie darauf verwiesen, daß Gesetzgeber nicht das Parlament, sondern das Volk ist, vgl. *Germann*, Methodische Grundfragen S. 16 und 115. Für die objektive Theorie auch *Betti*, Rabel-Festschrift Bd. II S. 129. Über den Sinn des „Objektiven" *Schwalm*, Heinitz-Festschrift S. 51 ff. Für die subjektive Theorie dagegen *Engisch*, Einführung S. 94 ff.; *H. Mayer*, Lehrbuch S. 84; *Naucke*, Engisch-Festschrift S. 280; *derselbe*, Einführung S. 88. Die Rechtsprechung verwendet beide Methoden; vgl. BGH 6, 147 (149) und 14, 116 (119 ff.) mit BGH 10, 157 (159 f.) oder 24, 29 (30 f.]).

[19] So *Schwinge*, Teleologische Begriffsbildung S. 55; *Schönke / Schröder / Eser*, § 1 Rdn. 48; *Klug*, Juristische Logik S. 153; *Larenz*, Methodenlehre S. 304; *Mennicken*, Gesetzesauslegung S. 75 ff.; *SK (Rudolphi)* § 1 Rdn. 32; *Krey*, Studien S. 187.

[20] Motivirrtümer müssen danach unberücksichtigt bleiben, wenn der wahre Wille des Gesetzgebers im Gesetz keinen Ausdruck gefunden hat (vgl. BGH 1, 74 [76]; 8, 294 [298]; 11, 52 [53]).

[21] Über die Erfahrungen bei der Anwendung des schweiz. StGB von 1937 vgl. *Clerc*, SchwZStr 64 (1949) S. 1 ff.

[22] BVerfGE 1, 312; BGH 2, 99 (103 f.); 10, 157 (159 f.); 11, 304 (314); 24, 40.

[23] Vgl. *Germann*, Methodische Grundfragen S. 78 ff.

[24] In diesem Sinne noch der Mehrheitsbeschluß des IVe Congrès International de Droit Pénal 1937, Actes du Congrès S. 110. Vgl. eingehend *Engisch*, Einführung S. 100 ff. Für Zulässigkeit extensiver Auslegung auch im Ausland heute die überwiegende Lehre; vgl. z. B. *Germann*, Rechtsfindung S. 104 ff.; *Trousse*, Droit pénal S. 140 ff.; *Bettiol / Pettoello Mantovani*, Diritto

angeführt, daß es sich beim Strafrecht um belastende Rechtsnormen handelt („odiosa sunt restringenda") und daß das Strafrecht Ausnahmecharakter trage („singularia non sunt extendenda"; vgl. BGH 17, 69 [74]). Entgegen dieser Ansicht wird ein Verbot extensiver Auslegung heute in Deutschland überwiegend abgelehnt[25]. Mit den Begriffen restriktive und extensive Auslegung kann freilich Verschiedenes gemeint sein[26]. Verfehlt wäre jedenfalls die Annahme, daß sich die Auslegung im Strafrecht rein äußerlich nach dem natürlichen Wortsinn zu richten hätte. Die enge Bindung an den Wortlaut ist seit jeher als ein ungeeignetes Hilfsmittel zur Wahrung der Rechtssicherheit erkannt worden[27]. Der unmittelbare Wortsinn kann sowohl eingeschränkt als auch ausgedehnt werden, es kommt immer nur auf den vernünftigen Sinn des Gesetzes an. „Unter diesem Gesichtspunkt gibt es eigentlich gar keine extensive, sondern nur eine richtige Interpretation"[28].

Dagegen ist die Überschreitung der Grenzen des Gesetzessinnes nicht mehr Auslegung, sondern Analogie, verstanden als Rechtsneuschöpfung, die im Strafrecht zu Lasten des Angeklagten verboten ist (vgl. oben § 15 III 2).

Beispiele: Die Anwendung des § 202 über die Verletzung des Briefgeheimnisses auf das unbefugte Belauschen eines Gesprächs wäre ebenso unzulässige Rechtsneuschöpfung wie die Ausdehnung des § 142 über die Unfallflucht vom Straßenverkehr auf die Flucht nach einem Unfall auf einer Wasserstraße gewesen wäre (BGH 14, 116).

5. Die letzte Frage, die in diesem Zusammenhang zu stellen ist, führt an den Ausgangspunkt der Betrachtung zurück: welche Bedeutung hat der *Wortlaut* des Gesetzes für die Auslegung? Daß der Wortlaut zuerst zu prüfen ist, wird niemand bestreiten, der die Praxis kennt (BGH 3, 259 [262]: „Alle Auslegung fängt beim Worte an"). Die Frage ist nur, ob der Wortsinn auch die *Grenze* der Auslegung darstellt oder ob sich der Richter darüber hinwegsetzen darf, wenn der „wahre Sinn des Gesetzes" jenseits davon zu liegen scheint, ob also eine nicht mehr vom äußersten Wortsinn gedeckte Auslegung im Strafrecht zulässig ist. Das letztere wird oft angenommen, um eine Erstarrung der Rechtsprechung im Wortformalismus zu vermeiden[29]. Doch sprechen gegen eine solche Freiheit erhebliche Bedenken[30]. Der Sinn des Gesetzes kann

---

penale S. 152; *Jiménez de Asúa*, ZStW 63 (1951) S. 181 ff.; *Merle / Vitu*, Traité S. 251 ff. (als Übung der Praxis); *Schultz*, Einführung I S. 93; *Kunst*, Rechtsquellen S. 46 f., beide mit Rspr. Zurückhaltend *D. Hazewinkel-Suringa / Remmelink*, Inleiding S. 63 ff.; *Rodríguez Devesa / Serrano Gómez*, Derecho penal S. 192.

[25] Vgl. *Engisch*, Methoden S. 63 ff.; *Grünhut*, Frank-Festgabe Bd. I S. 28; *Schönke / Schröder / Eser*, § 1 Rdn. 55 f.; *Maurach / Zipf*, Allg. Teil I S. 111; *Welzel*, Lehrbuch S. 22. Anders aber *Geerds*, Engisch-Festschrift S. 420.

[26] Hierzu näher *Burckhardt*, Methode und System des Rechts S. 286 ff.

[27] Vgl. den berühmten Ausspruch des römischen Juristen *Celsus* aus der Zeit Kaiser Hadrians „Scire leges non hoc est verba earum tenere, sed vim ac potestatem" (Dig. 1, 3, 17).

[28] So *Germann*, Methodische Grundfragen S. 121.

[29] So besonders *Germann*, Methodische Grundfragen S. 104 ff.; *derselbe*, Grundlagen S. 79; Waiblinger, ZBJV 91bis (1955) S. 228; *Pompe*, Handboek S. 53; *Jiménez de Asúa*, ZStW 63 (1951) S. 181 ff.; *Schultz*, Einführung I S. 93; *Stratenwerth*, Schweiz. Strafrecht, Allg. Teil I S. 83. Vgl. auch schweiz. BGE 95 (1969) IV 73; 98 (1972) Ib 403.

[30] So die überwiegende Auffassung in Deutschland; vgl. BGH 3, 300 (303); *Engisch*, Einführung S. 104; *derselbe*, Methoden S. 62 f.; *Schönke / Schröder / Eser*, § 1 Rdn. 58 f.; *SK (Rudolphi)* § 1 Rdn. 29; *Baumann*, MDR 1958, 394; *Baumann / Weber*, Allg. Teil S. 157 (für Beschränkung auf „natürliche" Wortbedeutung); *Keller*, Strafrecht S. 18; *Larenz*, Methodenlehre S. 307; *Krey*, Studien S. 146 ff.; *Bender*, JZ 1957, 599; *Welzel*, Lehrbuch S. 22; *Roxin*, Kriminalpolitik S. 15 Fußnote 41; *Hassemer*, Tatbestand S. 164; *Wessels*, Allg. Teil S. 11; *Zippelius*, Juristische Methodenlehre S. 43. Skeptisch zum Wert dieser Grenze aber *Schmidhäuser*, Allg. Teil S. 112 Fußnote 25; *derselbe*, Studienbuch S. 43; *derselbe*, Martens-Gedächtnisschrift

nur in Worten Ausdruck finden. Sie sind der Grundstoff der Auslegung und deshalb muß jedenfalls **der „mögliche Wortsinn" als äußerste Grenze** geachtet werden (BVerfGE 47, 109 [120]; 64, 389 [393]; 71, 108 [114ff.]; BGH 4, 144 [148]; 26, 95 [96])[31]. Was jenseits dieser Grenze liegt, ist bereits ergänzende Rechtsfindung, die methodisch nicht mehr Auslegung genannt werden kann. Das Kriterium des möglichen Wortsinns ist aus rechtsstaatlichen Gründen unentbehrlich, denn damit bietet sich das einzige objektiv nachprüfbare Merkmal dar, das mit einer gewissen Sicherheit erkennen läßt, wo die Verantwortung des Richters für selbstgeschaffenes Recht beginnt.

Beispiele: Die Hehlerei an „Ersatzsachen" könnte nach dem Wortsinn an sich dem § 259 untergeordnet werden, da das Merkmal „Sache, die ein anderer gestohlen hat" auch den Fall deckt, daß eine mit gestohlenem Geld erworbene Sache angekauft wird[32]. Richtige Auslegung ergibt jedoch, daß die Hehlerei an Ersatzsachen nicht unter § 259 fällt. Der wirkliche Sinn des Gesetzes kann also auch enger sein als der mögliche Wortsinn (BGH 11, 199 [203]; 22, 190), und verbotene Rechtsneuschöpfung ist in diesem Falle schon die Überschreitung des wirklichen Sinnes des Gesetzes. Dagegen scheitert die Bestrafung nächtlicher Störanrufe als Hausfriedensbruch (§ 123) schon am möglichen Wortsinn des Merkmals „Eindringen", die Bestrafung des Stoßens eines Menschen gegen eine Wand als gefährliche Körperverletzung (§ 223 a) an dem möglichen Wortsinn von „Werkzeug" (BGH 22, 235). Wird in einem Strafgesetz der Tatort durch das Merkmal „Bahnhof" bezeichnet, so könnte darunter nicht auch ein Flughafen verstanden werden (Beispiel von *Blei,* Allg. Teil S. 32). Der Verzicht auf das Merkmal des Gewahrsams in § 246 wäre unzulässig. Die Auffassung des Gebrauchs von Salzsäure als „Waffe" liegt dagegen im Rahmen des § 223 a (BGH 1,1 [3]).

Vom möglichen Wortsinn ist nur dann abzusehen, wenn ein Fehler in der Textfassung des Gesetzes vorliegt **(Redaktionsfehler).** Bei einer solchen Berichtigung von Redaktionsfehlern kann es sich einmal darum handeln, daß der Gesetzgeber seinem erkennbaren Willen einen zu engen Ausdruck gegeben hat, weil eine Fallgruppe übersehen wurde („lex minus dixit quam voluit") (BGH 1, 47 [49f.]; 6, 394 [396]). Zum anderen ist es jedoch denkbar, daß der Sinn des Gesetzes deswegen keinen auf die Dauer hinreichenden Ausdruck gefunden hat, weil die spätere Entwicklung darüber hinweggegangen ist (BGH 10, 375 über die Anwendung des Merkmals „bespannten Fahrzeug" auf Kraftfahrzeuge; vgl. ferner RG 39, 183; 47, 404 [407]). Wer die Berichtigung solcher „sekundären Redaktionsfehler" zuläßt, nähert sich freilich bereits der hier abgelehnten Lehrmeinung, die den Text des Gesetzes überhaupt nicht als Auslegungsgrenze gelten lassen will. Doch besteht ein wesentlicher Unterschied insofern, als immerhin eine überzeugende Begründung für die Berichtigung des Wortlauts gegeben werden muß, ehe die Auslegung diesen letzten Schritt wagen darf[33].

S. 234ff. (nur „relative Bestimmtheit des Strafgesetzes" S. 244). Stärkere Betonung der Wortlautgrenze dagegen in den romanischen Rechten; vgl. *Bettiol / Pettoello Mantovani,* Diritto penale S. 152f.; *Merle / Vitu,* Traité S. 233; *Rodríguez Devesa / Serrano Gómez,* Derecho penal S. 192. Ebenso auch in Österreich; vgl. *Foregger,* ÖJZ 1960, 291; *Kunst,* JBl 1971, 332; *derselbe,* Verh. d. 5. österr. Juristentags, 1973, Bd. II S. 29; in den Niederlanden *D. Hazewinkel-Suringa / Remmelink,* Inleiding S. 60 (Anerkennung des „möglichen Wortsinns" als äußerste Grenze der Auslegung).

[31] Vgl. insbes. BGH 10, 157 (160): „[Das Gestz] ist nicht toter Buchstabe, sondern lebendig sich entwickelnder Geist, der mit den Lebensverhältnissen fortschreiten und ihnen sinnvoll angepaßt weitergelten will, *solange dies nicht die Form sprengt, in die er gegossen ist".* Vgl. dazu *Krahl,* Bestimmtheitsgrundsatz S. 220ff.

[32] Vgl. *Stree,* JuS 1961, 50. Zum Meinungsstand *Schönke / Schröder / Stree,* § 259 Rdn. 14.

[33] Für strenge Einhaltung der Wortlautgrenze aber *Lackner,* Heidelberg-Festschrift S. 58.

4. Kapitel: Der Geltungsbereich des deutschen Strafrechts

Der Gesamtkomplex des Geltungsbereichs des deutschen Strafrechts gliedert sich in *drei Problemkreise:* Einmal handelt es sich um die Frage, ob ein Sachverhalt, der Beziehungen zu einer ausländischen Rechtsordnung aufweist, gleichwohl der deutschen Strafgewalt unterliegt; man nennt diesen Teil das *„internationale Strafrecht"* (vgl. unten § 18). Zweitens geht es um Privilegien bestimmter Personengruppen, die der staatlichen Strafgewalt aus verfassungs- oder völkerrechtlichen Gründen entzogen sind; hier kann man von dem *„persönlichen Geltungsbereich"* des Strafrechts sprechen (vgl. unten § 19). Endlich ergibt sich das Problem, welches Strafrecht anzuwenden ist, wenn in mehreren Teilbereichen desselben Rechtsgebiets verschiedene Strafgesetze gelten, die für die Beurteilung einer Tat in Betracht kommen; dieser Fragenkreis heißt *„interlokales Strafrecht"* (vgl. unten § 20).

§ 18 Der internationale Geltungsbereich

Actes du VIIIe Congrès International de Droit Pénal, Lisbonne 1961, 1965; Actes du IXe Congrès International de Droit Pénal, La Haye 1964, 1968; *Arendt,* Die Anwendung des Weltrechtsprinzips auf unbefugten Betäubungsmittelvertrieb, Zeitschr. f. Zölle und Verbrauchssteuern 1979, 268; *Bauer,* Die völkerrechtswidrige Entführung, 1968; *Bergmann,* Der Begehungsort im internationalen Strafrecht usw., 1966; *Clark,* Criminal jurisdiction over merchant vessels, Journal of Maritime Law and Commerce 11 (1980) S. 219; *Karin Cornils,* Die Fremdrechtsanwendung im Strafrecht usw., 1978; *Dahm,* Völkerrecht, Bd. I, 1958; *Dauses,* Der gegenwärtige Stand des Weltraumrechts, NJW 1973, 172; *Donnedieu de Vabres,* Les principes modernes du droit pénal international, 1928; *Drost,* Völkerrechtliche Grenzen für den Anwendungsbereich staatlicher Strafnormen, Niemeyers Zeitschrift für internat. Recht 43 (1930 - 31) S. 111; *Duk,* Collaboration au sein du Benelux usw., Recueil d'études en hommage à J. M. van Bemmelen, 1965, S. 137; *Eder,* Die Entwicklung der Bestimmungen über das internationale Strafrecht in den deutschen Entwürfen, Diss. Freiburg 1960; *Enschedé,* La compétence personnelle dans les législations de l'Europe occidentale, Recueil d'études en hommage à J. M. van Bemmelen, 1965, S. 38; *Eser,* Die Entwicklung des Internationalen Strafrechts, Festschrift für H.-H. Jescheck, Bd. II, 1985, S. 1353; *Falck,* Straffrätt och territorium, 1976; *Feller,* Jurisdiction over offenses with a foreign element, in: *Bassiouni / Nanda* (Hrsg.), International Criminal Law, Bd. II, 1973, S. 5; *Frowein,* Verfassungsrechtliche Probleme um den deutschen Festlandsockel, ZaöRV 25 (1965) S. 1; *Gallas,* Der dogmatische Teil des Alternativentwurfs, ZStW 80 (1968) S. 1; *George,* Extraterritorial Application of Penal Legislation, MichLR 64 (1965 - 66) S. 609; *derselbe,* Jurisdiction, Encyclopedia of Crime and Justice, Bd. 3, 1983, S. 922; *Germann,* Rechtsstaatliche Schranken im internationalen Strafrecht, SchwZStr 69 (1954) S. 237; *Glaser,* Droit international pénal conventionnel, 1970; *Granitza,* Die Dogmengeschichte des internationalen Strafrechts, Diss. Freiburg 1961; *Grützner,* Die zwischenstaatliche Anerkennung europäischer Strafurteile, NJW 1969, 345; *derselbe,* Internationaler Rechtshilfeverkehr in Strafsachen, seit 1955, ab 22. Lieferung (1975) hrsg. von *Pötz,* seit 1982 2. Aufl.; *Gündling,* Küstengewässer, Ergänzbares Lexikon des Rechts, 1985, 4/640; *Annemarie v. Hammerstein,* Die Wirkung ausländischer Strafurteile im Inland, Diss. Freiburg 1964; *Hegler,* Prinzipien des internationalen Strafrechts, Strafr. Abh. Heft 67, 1906; *derselbe,* Fragen des internationalen Strafrechts, E 1927, Anlage I, S. 5; *Herndl,* The Lotus, Encyclopedia of Public International Law, Lieferung 2, 1981, S. 173; *Hulsman,* Transmission des poursuites pénales usw., Recueil d'études en hommage à J. M. van Bemmelen, 1965, S. 108; *Ignarski,* Joyce v. DPP, Encyclopedia of Public International Law, Lieferung 8, 1985, S. 353; *Institut d'études européennes de l'Univ. libre de Bruxelles* (Hrsg.), Droit pénal européen, 1970; *Jescheck,* Zur Reform der Vorschriften des StGB über das internationale Strafrecht, IRuD 1956, 75; *derselbe,* Straftaten gegen das Ausland, Festschrift für Th. Rittler, 1957, S. 275; *derselbe,* Die an Bord von Luftfahrzeugen begangenen Straftaten und ihre Rechtsfolgen, Deutsche Beiträge zum VII. Intern. Strafrechtskongreß in Athen, 1957, S. 195; *derselbe,* Strafrecht, internationales, WVR, Bd. III, 1962, S. 396; *derselbe,* Die Vollstreckung ausländischer Strafrkenntnisse, Festschrift für H. v. Weber, 1963, S. 325; *derselbe,* Die internationalen Wirkungen der Strafurteile, ZStW 76 (1964) S. 172; *derselbe,* Lo stato attuale del diritto penale europeo, in: Prospettive per un diritto penale euro-

§ 18 Der internationale Geltungsbereich

peo, 1968, S. 323; *derselbe,* L'influence du droit européen sur le développement du droit pénal allemand, in: En hommage à Jean Constant, 1971, S. 119; *derselbe,* Gegenstand und neueste Entwicklung des internationalen Strafrechts, Festschrift für R. Maurach, 1972, S. 579; *derselbe,* Wesen und rechtliche Bedeutung der Beendigung der Straftat, Festschrift für H. Welzel, 1974, S. 683; *Johannes,* Das Strafrecht im Bereich der Europäischen Gemeinschaften, Europarecht 1968, 63; *derselbe,* Zur Angleichung des Straf- und Strafprozeßrechts in der EWG, ZStW 83 (1971), S. 531; *Jung,* Die Inlandsteilnahme an ausländischer strafloser Haupttat, JZ 1979, 325; *Kielwein,* Zum gegenwärtigen Stand einer internationalen Kriminalpolitik, Festschrift für Th. Rittler, 1957, S. 95; *Kohler,* Internationales Strafrecht, 1917; *Juliane Kokott / Gündling,* Die Erweiterung der deutschen Küstengewässer in der Nordsee, ZaöRV 45 (1985) S. 675; *Langemeijer,* Le principe de territorialité, Recueil d'études en hommage à J. M. van Bemmelen, 1965, S. 17; *Langrock,* Der besondere Anwendungsbereich der Vorschriften über die Gefährdung des demokratischen Rechtsstaates, 1972; *Lenzen,* Das Mitführen von Waffen durch ausländische Sicherheitsbeamte in deutschen Luftfahrzeugen, JR 1983, 181; *Liebscher,* Die neue Struktur des Internationalen Strafrechts usw., JBl 1974, 393; *Lüttger,* Methodik und Dogmatik des Strafschutzes für nichtdeutsche öffentliche Rechtsgüter, Festschrift für H.-H. Jescheck, Bd. I, 1985, S. 121; *Maier,* Das deutsch-französische Abkommen vom 2.2.1971, NJW 1975, 465; *Makarov,* Betrachtungen zum internationalen Strafrecht, Festschrift für E. Kern, 1968, S. 253; *v. Martitz,* Internationale Rechtshilfe in Strafsachen, I. Abteilung, 1888; *Mendelssohn Bartholdy,* Das räumliche Herrschaftsgebiet des Strafgesetzes, VDA, Bd. VI, S. 85; *A. Meyer,* Strafbare Handlungen an Bord von Luftfahrzeugen, ZfL 1958, 87; *derselbe,* Straftaten im Weltraum, Festschrift für D. Karanikas, 1966, S. 219; *F. Münch,* Küstengewässer, WVR, Bd. II, 1961, S. 388; *I. v. Münch,* Cutting-Fall, WVR, Bd. I, 1960, S. 305; *Müller-Rappard / Bassiouni* (Hrsg.), European Inter-State Cooperation in Criminal Matters, Bd. I - III, 1987; *Nowakowski,* Zum Problemkreis der Geltungsbereiche, Österr. Zeitschrift für öffentl. Recht 6 (1955) S. 10; *derselbe,* Anwendung des inländischen Strafrechts und außerstrafrechtliche Rechtssätze, JZ 1971, 633; *Oehler,* Die Grenzen des aktiven Personalitätsprinzips im internationalen Strafrecht, Festschrift für E. Mezger, 1954, S. 83; *derselbe,* Zur Ausbildung von Frankreichs internationalem Strafrecht in der Neuzeit, Festschrift für K. Engisch, 1969, S. 289; *derselbe,* Theorie des Strafanwendungsrechts, Geburtstagsgabe für H. Grützner, 1970, S. 110; *derselbe,* Das Territorialitätsprinzip, Deutsche strafr. Landesreferate zum VIII. Int. Kongreß für Rechtsvergleichung, 1971, S. 48; *derselbe,* Das deutsche Strafrecht und die Piratensender, 1970; *derselbe,* Internationales Strafrecht, 2. Aufl. 1983; *derselbe,* Strafrechtlicher Schutz ausländischer Rechtsgüter, JR 1980, 485; *derselbe,* Neuerer Wandel in den Bestimmungen über den strafrechtlichen Geltungsbereich in den völkerrechtlichen Verträgen, Festschrift für K. Carstens, 1984, Bd. I, S. 435; *derselbe,* Fragen zum Strafrecht der Europäischen Gemeinschaft, Festschrift für H.-H. Jescheck, Bd. II, 1985, S. 1399; *derselbe,* Souveränität der Staaten und kriminalpolitische Tendenzen, in: *Bundeskriminalamt* (Hrsg.), Internationale Verbrechensbekämpfung, 1985, S. 117; *Pabsch,* Der strafrechtliche Schutz der überstaatlichen Hoheitsgewalt, 1965; *Reschke,* Der Schutz ausländischer Rechtsgüter durch das Strafrecht, Diss. Freiburg 1962; Research in International Law of the Harvard Law School, Jurisdiction with Respect to Crime, AJIL 29 (1935) Supp., Part II, S. 435; *Roßwog,* Das Problem der Vereinbarkeit des aktiven und passiven Personalgrundsatzes mit dem Völkerrecht, 1965; *Rumpf,* Das Recht der Truppenstationierung in der Bundesrepublik, 1969; *Samson,* Die öffentliche Aufforderung zur Fahnenflucht an NATO-Soldaten, JZ 1969, 258; *Ellen Schlüchter,* Zur teleologischen Reduktion im Rahmen des Territorialprinzips, Festschrift für D. Oehler, 1985, S. 307; *Schmidt-Räntsch,* Die internationale Luftrechtskonferenz in Tokio, in: *A. Meyer* (Hrsg.), Internationale Luftfahrtabkommen, Bd. V, 1964, S. 330; *derselbe,* Die internationale Luftrechtskonferenz usw., ZLW 20 (1971) S. 63; *Schnorr v. Carolsfeld,* Die mitbestrafte Nachtat im Internationalen Strafrecht, Festschrift für E. Heinitz, 1972, S. 765; *Schröder,* Die Teilnahme im internationalen Strafrecht, ZStW 61 (1942) S. 57; *Schroeder,* Der „räumliche Geltungsbereich" der Strafgesetze, GA 1968, 353; *derselbe,* Schranken für den räumlichen Geltungsbereich des Strafrechts, NJW 1969, 81; *Schultz,* Das schweizerische Auslieferungsrecht, 1953; *derselbe,* Bemerkungen zum Verhältnis von Völkerrecht und Landesrecht im Strafrecht, Schweiz. Jahrb. f. internat. Recht XIX (1962) S. 9; *derselbe,* Neue Entwicklungen im sogenannten internationalen Strafrecht, Festschrift für H. v. Weber, 1963, S. 305; *derselbe,* Neue Probleme des internationalen Strafrechts, SchwJZ 1964, 81; *derselbe,* Zur Regelung des räumlichen Geltungsbereichs durch den E 1962, GA 1966, 193; *de Schutter,* Mutual Assistance in Criminal Matters between the Benelux Countries, Netherlands International Law Review 1967, 382; *Shearer,* Extradition in International Law, 1971; *Helen Silving,* In re Eichmann: A Dilemma of Law and Morality, AJIL 55 (1961) S. 307; *Stau-*

bach, Die Anwendung ausländischen Strafrechts durch den inländischen Richter, 1964; *Tiedemann*, Der Allgemeine Teil des europäischen supranationalen Strafrechts, Festschrift für H.-H. Jescheck, Bd. II, 1985, S. 1411; *Travers*, Le droit pénal international et sa mise en oeuvre en temps de paix et en temps de guerre, Bd. I, 1920; *Uhlig / Schomburg*, IRG, 1983; *Vogler*, Die Tätigkeit des Europarats auf dem Gebiet des Strafrechts, ZStW 79 (1967) S. 371; *derselbe*, Die Europäischen Übereinkommen über die Auslieferung und die sonstige Rechtshilfe in Strafsachen, ZStW 80 (1968) S. 480; *derselbe*, Geltungsanspruch und Geltungsbereich der Strafgesetze, Geburtstagsgabe für H. Grützner, 1970, S. 149; *derselbe*, Entwicklungstendenzen im internationalen Strafrecht, Festschrift für R. Maurach, 1972, S. 595; *derselbe*, Immunität, Exterritorialität und Asylrecht im internationalen Strafrecht, ZStW 92 (1980) S. 1021; *derselbe*, Zur Rechtshilfe durch Vollstreckung ausländischer Strafurteile, Festschrift für H.-H. Jescheck, Bd. II, 1985, S. 1379; *derselbe*, Strafprozessuale Wirkungen völkerrechtswidriger Entführungen usw., Festschrift für D. Oehler, 1985, S. 379; *Vogts*, Minimum Standard, Encyclopedia of Public International Law, 8. Lieferung, 1985, S. 382; *Weber*, Zum Tiede-Verfahren vor dem US Court for Berlin, Festgabe für U. v. Lübtow, 1985, S. 751; *v. Weber*, Der Schutz fremdländischer staatlicher Interessen im Strafrecht, Festgabe für R. v. Frank, Bd. II, 1930, S. 269; *derselbe*, Das passive Personalitätsprinzip, Deutsche Landesreferate zum III. Internat. Kongreß f. Rechtsvergleichung, 1950, S. 894; *derselbe*, Internationales Luftstrafrecht, Festschrift für Th. Rittler, 1957, S. 111; *Wegner*, Über den Geltungsbereich des staatlichen Strafrechts, Festgabe für R. v. Frank, Bd. I, 1930, S. 98; *Wengler*, Völkerrecht, Bd. II, 1964; *derselbe*, Völkerrechtliche Schranken des Anwendungsbereichs von Strafgesetzen, JZ 1977, 257; *Christine van den Wijngaert*, L'„espace judiciaire européen" usw., Rev dr pén crim 61 (1981) S. 511ff.; *Wille*, Die Verfolgung strafbarer Handlungen auf Schiffen und Luftfahrzeugen, 1974; *Witzsch*, Deutsche Strafgerichtsbarkeit über die Mitglieder der US-Streitkräfte, 1970; *Zieher*, Das sog. Internationale Strafrecht nach der Reform, 1977; *Zlatarić*, Erwägungen zum Abkommen über strafbare Handlungen an Bord von Luftfahrzeugen, Geburtstagsgabe für H. Grützner, 1970, S. 160.

Vgl. ferner *de Schutter*, Bibliography of International Criminal Law, 1972.

I. Begriff, Grenzen und Grundgedanken des internationalen Strafrechts

1. Das internationale Strafrecht regelt die Frage, ob ein Sachverhalt, der im Hinblick auf die Nationalität des Täters oder des Verletzten oder den ausländischen Tatort einen internationalen Einschlag aufweist, gleichwohl der **eigenen Strafgewalt** (vgl. oben § 2 I 2) unterliegt. Eigene Strafgewalt bedeutet eigene Strafberechtigung in dem Sinne, daß der Staat gegenüber dem Täter wie auch gegenüber allen anderen Staaten die Befugnis besitzt, in bezug auf eine bestimmte Handlung mittels des Strafrechts Rechtszwang auszuüben. Das Bestehen der staatlichen Strafgewalt ist eine notwendige materielle Voraussetzung des Strafurteils, denn Strafzwang kann nur dann ausgeübt werden, wenn die betreffende Handlung der eigenen Strafgewalt überhaupt unterliegt[1]. Andernfalls hat der Staat gar nicht die Befugnis, den Fall auf seine Strafbarkeit zu prüfen, weil seine Rechtsordnung von vornherein nicht in Betracht kommt[2]. Erst wenn die Strafgewalt des eigenen Staates für einen bestimmten Sachverhalt feststeht, kann weiter ermittelt werden, ob darauf auch das *eigene materielle Strafrecht* anzuwenden ist oder ob das eigene Recht für den betreffenden Fall etwa auf das Strafrecht eines anderen Staates verweist, was zwar selten ist, aber auch vorkommt (vgl. Art. 6 I 2 schweiz. StGB). Genau genommen handelt es sich also bei den Regeln des internationalen Strafrechts nicht in erster Linie um den Anwendungsbereich des eigenen materiellen Strafrechts, sondern um das dieser Frage noch vorgelagerte Problem des Umfangs der staatlichen Strafgewalt, deren Bestehen sich auch in der Verweisung auf ein anderes Recht ausdrücken kann[3]. Erst in zweiter Linie ist das

---

[1] Vgl. näher *Binding*, Handbuch S. 374; *Schultz*, Auslieferungsrecht S. 34; *Jescheck*, WVR Bd. III S. 396; *Schroeder*, GA 1968, 354.
[2] Vgl. *Mendelssohn Bartholdy*, VDA Bd. VI S. 86 Fußnote 1.

internationale Strafrecht **Strafrechtsanwendungsrecht**. Das geltende internationale Strafrecht Deutschlands geht von der ausschließlichen Anwendbarkeit des deutschen materiellen Strafrechts durch die deutschen Gerichte aus. Es könnte aber auch für bestimmte Fälle die Anwendung ausländischen Strafrechts anordnen und wäre dann wie das internationale Privatrecht *Kollisionsrecht*.

Die *Anwendung ausländischen Strafrechts* durch den innerstaatlichen Richter, wie sie früher auch das deutsche Strafrecht bei Auslandstaten von später eingebürgerten Ausländern (sog. Neubürgern) kannte (vgl. § 4 II Nr. 3 i. d. F. von 1934), hat den Vorzug, daß bei Auslandstaten diejenige Rechtsordnung zum Zuge kommt, die dem Sachverhalt am nächsten steht[4]. Nach geltendem deutschen Recht ist nur die Berücksichtigung des ausländischen Strafrahmens bei der Strafzumessung möglich. Außerdem kann auf die Verfolgung einer Auslandstat, die an sich der deutschen Strafgewalt unterliegt, verzichtet werden, wenn eine Bestrafung im Inland unnötig erscheint (§ 153c I Nr. 1 StPO). Daß jedoch, wenn auf eine Auslandstat inländisches Strafrecht anzuwenden ist, auch ausländische Rechtssätze eine Rolle spielen können, die nicht zur Materie „Strafrecht" gehören, betont mit Recht *Nowakowski*[5]. Es geht dabei vor allem um die Fälle, in denen der Täter im Inland gehandelt hat, während der Erfolg im Ausland eingetreten ist (Inlandsdistanzdelikte), sowie um die Fälle inländische Teilnahme an ausländischer Haupttat, aber auch um „reine" Auslandstaten. In beiden Fallgruppen ist nach § 9 I, II inländisches Strafrecht anzuwenden, auch wenn die Tat nach ausländischem Recht nicht tatbestandsmäßig, gerechtfertigt oder entschuldigt ist (vgl. unten § 18 IV 2b, 3). Für die Inlandsteilnahme gibt es ebenfalls das Absehen von Strafverfolgung nach § 153c I Nr. 1 StPO. Diese Bestimmung sollte analog auf das Inlandsdistanzdelikt angewendet werden[6]. Im übrigen ist bei fehlender Tatbestandsmäßigkeit im Ausland der Rechtsgedanke des § 3 II a. F. weiterhin heranzuziehen, wonach die Strafbarkeit entfällt, „wenn die Tat wegen der besonderen Verhältnisse am Tatort kein strafwürdiges Unrecht ist"[7] (vgl. 2. Auflage S. 135 f.). Außerdem wird in diesen Fällen für die Auslegung mancher Tatbestandsmerkmale (z. B. „Kind", „fremde Sache", „Angehöriger"), für die Bestimmung der Garantenpflichten bei den unechten Unterlassungsdelikten, für Rechtfertigungs- und Entschuldigungsgründe das ausländische Recht zu berücksichtigen sein (zweifelhaft OLG Köln, MDR 1973, 688)[8].

2. Die Entscheidung über die Grenzen der eigenen Strafgewalt steht jedem souveränen Staat selbst zu **(Kompetenz-Kompetenz der Staaten)**[9]. Der Staat muß bei dieser Grenzziehung freilich einschlägige völkerrechtliche Regeln beachten, doch überläßt das Völkerrecht die nähere Ausgestaltung des internationalen Strafrechts den

---

[3] So zuerst *Schultz*, GA 1966, 194; zustimmend *Eser*, Jescheck-Festschrift Bd. II S. 1358; *LK (Tröndle)* Vorbem. 2 vor § 3; *Maurach / Zipf*, Allg. Teil I S. 134; *Vogler*, Maurach-Festschrift S. 602; *Schönke / Schröder / Eser*, Vorbem. 1 vor §§ 3 - 7. Zweifelnd *Jakobs*, Allg. Teil S. 93. Vielfach wird nur der zweite Gesichtspunkt erwähnt; so etwa bei *Blei*, Allg. Teil S. 42 ff.; *Oehler*, Internationales Strafrecht S. 123 ff.; *SK (Samson)* Vorbem. 1 vor § 3.

[4] Vgl. dazu die Verhandlungen der IV. Sektion des VIIIe Congrès international de droit pénal, Lisbonne 1961, Actes du Congrès S. 511 ff. sowie die Resolution dieses Kongresses, ZStW 74 (1962) S. 195 ff., in der die Anwendung ausländischen Strafrechts auf im Ausland begangene strafbare Handlungen empfohlen wird. Im einzelnen dazu *Staubach*, Anwendung ausländischen Strafrechts S. 196 ff.; ferner *Eser*, Jescheck-Festschrift Bd. II S. 1376. Ablehnend *Oehler*, Grützner-Geburtstagsgabe S. 124 f. Die Anwendung ausländischen Strafrechts wird erleichtert durch das Zusatzprotokoll vom 15.3.1978 zum Europäischen Übereinkommen betreffend Auskünfte über ausländisches Recht (BGBl. 1987 II S. 58) mit der Verpflichtung der Staaten, Auskünfte über ihr Strafrecht, Strafverfahrensrecht, Gerichtsverfassungsrecht, Vollstreckungs- und Vollzugsrecht zu erteilen.

[5] *Nowakowski*, JZ 1971, 633 ff.

[6] *Kleinknecht / Meyer*, § 153c StPO Rdn. 3 beschränkt die Vorschrift freilich auf die Fälle, in denen Tätigkeits- *und* Erfolgsort im Ausland liegen.

[7] So mit Recht *SK (Samson)* § 9 Rdn. 20.

[8] Vgl. dazu eingehend *Karin Cornils*, Die Fremdrechtsanwendung im Strafrecht usw., 1978.

[9] *v. Martitz*, Rechtshilfe Bd. I S. 43; *Binding*, Handbuch S. 372; *Hegler*, Prinzipien S. 44 f.; *Donnedieu de Vabres*, Principes S. 3; *Oehler*, Internationales Strafrecht S. 127 (kritisch).

I. Begriff, Grenzen und Grundgedanken des internationalen Strafrechts

Staaten weitgehend nach eigenem Ermessen („pouvoir discrétionnaire"). Kein Staat dürfte sich jedoch eine Strafgewalt ohne Rücksicht darauf zusprechen, ob der Sachverhalt eine Beziehung zu eigenen legitimen Rechtspflegeinteressen aufweist. Das allgemeine völkerrechtliche *Verbot des Rechtsmißbrauchs* bildet die äußerste Schranke der Kompetenz-Kompetenz (vgl. unten § 18 II 3 und 4)[10]. Da es der Staat selbst ist, der die Regeln des für ihn geltenden internationalen Strafrechts aufstellt, gehört dieser Teil des Strafrechts dem *staatlichen* Recht und nicht dem Völkerrecht an, obwohl es sich dabei um Normen für die Anwendung der eigenen Strafgewalt auf Ausländer und Auslandstaten und den strafrechtlichen Schutz ausländischer Rechtsgüter handelt[11].

3. Von dem Problem der Grenzen der inländischen Strafgewalt ist die Frage zu unterscheiden, ob auch die **inländische Strafgerichtshoheit** gegenüber bestimmten Kategorien von Ausländern oder gegenüber Inländern bei bestimmten Arten von Straftaten mit internationalem Einschlag gegeben ist[12]. Die erste Frage gehört dem materiellen internationalen Strafrecht, die zweite dem internationalen Strafprozeßrecht an. In der Regel stimmen zwar Strafgewalt und Strafgerichtsbarkeit überein, da jeder Staat bestrebt sein wird, seine Strafgewalt durch eigene Gerichte wahrnehmen zu lassen, schon weil er für die öffentliche Ordnung auf seinem Hoheitsgebiet international verantwortlich ist. Doch gibt es Ausnahmen von diesem Grundsatz. In diesen Sonderfällen decken sich die Ausdehnung der Strafgewalt und der Umfang der Strafgerichtshoheit nicht, weil die Staaten in völkerrechtlichen Verträgen unter prinzipieller Aufrechterhaltung ihrer materiellen Strafgewalt eine Einschränkung ihrer Strafgerichtsbarkeit vereinbart haben[13].

Beispiele: Nach Art. 3 II des Vertrages zur Regelung aus Krieg und Besatzung entstandener Fragen vom 26. 5. 1952 (Überleitungsvertrag) (BGBl. 1955 II S. 405) fehlt die deutsche Strafgerichtshoheit in bezug auf alle Handlungen, für die sie im Zeitpunkt des Inkrafttretens des Vertrages nach Besatzungsrecht ausgeschlossen war (BGH 21, 29 [33]). Die Straflosigkeit von Deutschen, gegen die in Frankreich ein Abwesenheitsurteil ergangen war (vgl. dazu 2. Auflage S. 129), ist jetzt durch eine Vereinbarung mit Frankreich beseitigt, die die deutsche Gerichtsbarkeit wiederhergestellt hat (vgl. Ges. vom 9. 4. 1975, BGBl. II S. 431)[14]. Auch die Regelung der Gerichtsbarkeitsfrage in Art. VII des NATO-Truppenstatuts vom 19. 6. 1951 (BGBl. 1961 II S. 1190)[15] läßt die materielle Strafgewalt der beteiligten Staaten unberührt, wie sich aus der Möglichkeit des Verzichts auf die Gerichtsbarkeit zugunsten des anderen Partners ergibt[16]. Nach Art. 19 des Zusatzabkommens vom 3. 8. 1959 (BGBl. 1961 II S. 1218) hat die Bundesrepublik sogar einer noch weiteren Einschränkung ihrer Strafgerichtsbarkeit über die auf ihrem Territorium stationierten Truppen zugestimmt, als dies nach dem NATO-Truppenstatut der Fall wäre, aber auch hier besitzt die deutsche Staatsanwaltschaft nach Art. 19 III des Zusatzabkommens i. Verb. m. Art. 3 des Ges. vom 18. 8. 1961 (BGBl. II S. 1183) im Einzelfall die Mög-

---

[10] Die Ansicht von *Mendelssohn Bartholdy*, VDA Bd. VI S. 164, daß dem Völkerrecht auf diesem Gebiet überhaupt jede Zuständigkeit fehle, ist überholt. So unterschied schon *Wegner*, Frank-Festgabe Bd. I S. 102 mit Recht bei allen Fragen des internationalen Strafrechts „eine staatsrechtliche (strafrechtliche) und eine völkerrechtliche Seite". Wie der Text *Schroeder*, NJW 1969, 81; *Oehler*, Grützner-Geburtstagsgabe S. 110 ff.; *derselbe*, Internationales Strafrecht S. 123 ff.

[11] Vgl. dazu *Makarov*, Kern-Festschrift S. 257.

[12] Für Trennung von „Strafrechtshoheit" und „Gerichtshoheit" (*Schultz*) z. B. *v. Martitz*, Rechtshilfe Bd. I S. 427; *Mendelssohn Bartholdy*, VDA Bd. VI S. 106; *Hegler*, Prinzipien S. 3 ff.; *Schultz*, Auslieferungsrecht S. 36; *derselbe*, SchwJZ 1964, 83; *Zlatarić*, Grützner-Geburtstagsgabe S. 164; *Feller*, Jurisdiction S. 9 f.

[13] *Witzsch*, Deutsche Strafgerichtsbarkeit über die Mitglieder der US-Streitkräfte, 1970.

[14] Vgl. dazu *Maier*, NJW 1975, 465.

[15] Dazu *Rumpf*, Truppenstationierung S. 23 ff.

[16] Ebenso *Oehler*, Internationales Strafrecht S. 409; *Maurach / Zipf*, Allg. Teil I S. 148; anders (materiellrechtliche Exemtion) *Schönke / Schröder / Eser*, Vorbem. 42 vor §§ 3 - 7.

lichkeit, diesen generellen Verzicht zugunsten der Bundesrepublik zurückzunehmen, die dann aufgrund ihrer fortbestehenden Strafgewalt das Verfahren durchführen kann (BGH 30, 377). Nach dem Ausscheiden des Soldaten aus den Stationierungsstreitkräften, ohne daß gegen ihn ein militärgerichtliches Verfahren durchgeführt worden ist, unterliegt er auch dann der deutschen Gerichtsbarkeit, wenn der Verzicht auf das Vorrecht nicht zurückgenommen worden war, weil dann keine konkurrierende Gerichtsbarkeit der Stationierungsmacht mehr besteht[17]. Vgl. ferner unten § 19 III 1c.

4. Die Frage des internationalen Wirkungsbereichs der Strafgewalt ist streng zu unterscheiden von dem völkerrechtlichen Satz, daß kein Staat **auf fremdem Staatsgebiet Hoheitsakte** vornehmen darf, sofern er nicht ausnahmsweise (z.B. als Besatzungsmacht nach Art. 43 Haager LKO) dazu ermächtigt ist[18]. Das internationale Strafrecht regelt nur die Anwendung der staatlichen Strafgewalt auf Sachverhalte, die wegen der Gebietszugehörigkeit des Tatorts oder der Staatsangehörigkeit des Täters bzw. des Verletzten Beziehungen zu einer ausländischen Rechtsordnung aufweisen, aber es gibt keinem Staatsorgan die Befugnis, auf fremdem Staatsgebiet hoheitlich tätig zu werden. Die *Auswirkungen* des Gebrauchs der legitimen inländischen Strafgewalt auf Ausländer und Auslandstaten müssen dagegen von jedem Staat hingenommen werden[19], ohne daß dabei das Verbot der Vornahme von Hoheitsakten auf fremdem Staatsgebiet eine Rolle spielte.

Beispiel: Im Fall Eichmann (1960) wäre die Festnahme auf argentinischem Staatsgebiet auch dann nicht rechtmäßig gewesen, wenn die Strafgewalt des verfolgenden Staates Israel nach seinem internationalen Strafrecht ohne weiteres gegeben gewesen wäre. Deswegen mußte Argentinien eine allerdings nur symbolische Genugtuung geleistet werden. Die spätere Verurteilung Eichmanns in Jerusalem wurde durch eine besondere Bestimmung des internationalen Strafrechts Israels (erweitertes Schutzprinzip) gerechtfertigt[20].

5. Die Regeln des internationalen Strafrechts lassen sich auf verschiedene **Grundgedanken** zurückführen wie die Wahrung der innerstaatlichen öffentlichen Ordnung[21], die Bindung der eigenen Staatsangehörigen im Ausland an die heimische Rechtsordnung[22], den Schutz der inländischen Rechtsgüterwelt[23], die Solidarität in der Verbrechensbekämpfung als gemeinsamer Kulturaufgabe der Menschheit[24], die Lückenlosigkeit der staatlichen Strafgewalt diesseits und jenseits der Grenzen, die größtmögliche Gerechtigkeit in der Behandlung des Einzelfalls. Es ist Sache der Staaten, wie sie die Akzente im einzelnen setzen wollen, nur dürfen sie nicht völlig selbstherrlich vorgehen, sondern müssen auf die Interessen anderer Staaten an der Wahrung ihrer Rechtsordnung und am Schutz ihrer Staatsangehörigen Rücksicht nehmen[25].

---

[17] So BGH 28, 96 m. zust. Anm. *Oehler,* JR 1980, 126.

[18] Vgl. näher *Dahm,* Völkerrecht Bd. I S. 250ff.

[19] Vgl. näher *Dahm,* Völkerrecht Bd. I S. 256ff. Die niederländische Kritik an der Anwendung des Weltrechtsprinzips (§ 6 Nr. 5) auf den Verkauf von Betäubungsmitteln durch einen Niederländer an Deutsche in den Niederlanden (BGH 27, 30) war daher nicht berechtigt.

[20] Vgl. näher *Helen Silving,* AJIL 55 (1961) S. 311ff.; *Bauer,* Entführung S. 180ff. Allgemein zu den Entführungsfällen *Vogler,* Oehler-Festschrift S. 379ff.

[21] Vgl. *Oehler,* Internationales Strafrecht S. 130ff.

[22] Wie dieser Gedanke auch zur Politisierung des internationalen Strafrechts führen kann, zeigt am Beispiel des Nationalsozialismus *Granitza,* Dogmengeschichte S. 133ff.

[23] Dieser Gedanke steht im Vordergrund bei *Binding,* Handbuch S. 391; *Travers,* Droit pénal international Bd. I S. 11; *Maurach / Zipf,* Allg. Teil I S. 135.

[24] In dieser Richtung vor allem *Kohler,* Internationales Strafrecht S. 2; *Donnedieu de Vabres,* Principes S. 7; *Oehler,* Grützner-Geburtstagsgabe S. 115; *derselbe,* Internationales Strafrecht S. 137f.

[25] Vgl. *Drost,* Niemeyers Zeitschrift 43 (1930 - 31) S. 131; *Dahm,* Völkerrecht Bd. I S. 260; *v. Martitz,* Rechtshilfe S. 47.

Der Gedanke an eine Konvention über das internationale Strafrecht liegt deshalb nahe und beschäftigte lange Zeit den Europarat[26]. Das vorläufige Ergebnis ist die „Convention on the Transfer of Proceedings in Criminal Matters" vom 15.5.1972 (European Treaty Series Nr. 73), die anstelle einer starren Fixierung von Prioritäten ein flexibles System von Pflichten zur Strafverfolgungsübernahme aufstellt[27], sowie das Europäische Übereinkommen über die internationale Gültigkeit von Strafurteilen vom 28.5.1970 (European Treaty Series Nr. 70). Die §§ 48ff. IRG ermöglichen jetzt die von diesem und anderen Abkommen vorgesehene Rechtshilfe durch Vollstreckung ausländischer Strafurteile[28].

II. Die Prinzipien des internationalen Strafrechts

Die Staaten dürfen Sachverhalte, die wegen des ausländischen Tatorts oder der ausländischen Staatsangehörigkeit des Täters oder Verletzten einen internationalen Einschlag aufweisen, nicht willkürlich ihrer Strafgewalt unterwerfen. Vielmehr muß stets ein *„sinnvoller Anknüpfungspunkt"*[29] gegeben sein, der den Sachverhalt mit den Ordnungsaufgaben der eigenen Staatsgewalt verbindet. Man nennt diese Anknüpfungspunkte, die die Anwendung der eigenen Strafgewalt legitimieren, herkömmlich **„Prinzipien des internationalen Strafrechts"**[30]. Bei der nachstehenden Einzelbetrachtung der Prinzipien ist immer im Auge zu behalten, daß das internationale Strafrecht der Staaten nicht auf einem dieser Anknüpfungspunkte allein, sondern auf einer *Kombination* verschiedener Anknüpfungspunkte beruht.

1. Nach dem **Territorialitätsprinzip** darf ein Staat seiner Strafgewalt alle Handlungen unterwerfen, die auf dem eigenen Staatsgebiet begangen werden, auch dann, wenn der Täter Ausländer ist (zum Begehungsort vgl. unten § 18 IV). Das Territorialitätsprinzip ist der grundlegende Anknüpfungspunkt des internationalen Strafrechts, weil die territoriale Abgrenzung den Grundsätzen der Gebietshoheit, Unabhängigkeit und Gleichheit der souveränen Staaten entspricht[31]. Auch der Gerechtigkeit im Einzelfall und dem Grundsatz der Prozeßökonomie wird in der Regel durch das Territorialitätsprinzip am besten gedient, da die Beweisaufnahme am Tatort die zuverlässigsten Ergebnisse verspricht. Es ist deswegen auch im Völkerrecht durchweg anerkannt, und die meisten Staaten gehen bei der Regelung ihres internationalen Strafrechts von ihm aus[32]. Die Bundesrepublik Deutschland ist mit dem geltenden § 3 zum Territorialitätsprinzip zurückgekehrt (vgl. unten § 18 III 1).

---

[26] Eine wichtige Vorarbeit dafür war Harvard Research in International Law „Jurisdiction with Respect to Crime", AJIL 29 (1935) Supp. Part. II S. 435ff.; vgl. ferner *Hegler*, Fragen des internationalen Strafrechts, E 1927 Anlage I S. 5ff. Eine vertragliche Regelung des internationalen Strafrechts für die südamerikanischen Staaten enthalten bereits der Bustamante Code von 1928, AJIL 29 (1935) Supp. S. 642 und der Vertrag von Montevideo von 1940, AJIL 37/38 (1943/44) Supp. S. 122. Über die Zusammenarbeit der Benelux-Staaten vgl. *de Schutter*, Netherlands International Law Review 1967, 397ff.; *Duk*, Recueil d'études van Bemmelen S. 137ff. Über weitere völkerrechtliche Verträge zur Regelung der Strafgewalt vgl. *Jescheck*, Maurach-Festschrift S. 582f.

[27] Vgl. *Hulsman*, Recueil d'études van Bemmelen S. 128ff.; *Vogler*, Maurach-Festschrift S. 609ff.

[28] Dazu *Oehler*, ZStW 96 (1984) S. 578ff.; *Vogler*, Jescheck-Festschrift Bd. II S. 1379ff.

[29] So *Nowakowski*, Österr. Zeitschrift für öffentl. Recht 6 (1955) S. 20; vgl. auch *Schultz*, Schweiz. Jahrb. f. int. Recht XIX (1962) S. 11ff.

[30] Vgl. *Oehler*, Internationales Strafrecht S. 130ff.; *Feller*, Jurisdiction S. 17ff.

[31] So besonders *Germann*, SchwZStr 69 (1954) S. 240; *Langemeijer*, Recueil d'études van Bemmelen S. 22ff.; *Oehler*, VIII. Int. Kongreß für Rechtsvergleichung S. 50ff.; *derselbe*, Internationales Strafrecht S. 155ff.

Das Territorialitätsprinzip ist jedoch nicht in einem ausschließlichen Sinne zu verstehen. Die von den USA im Cutting-Fall[33] gegenüber Mexiko durchgesetzte und auch von Großbritannien gelegentlich vertretene Auffassung, daß die Staaten, abgesehen von eng begrenzten Ausnahmen, ihre Strafgewalt kraft Völkerrechts *nicht* auf Handlungen erstrecken *dürften*, die außerhalb ihres Hoheitsgebietes begangen werden, ist unhaltbar[34].

2. Dem Territorialitätsprinzip verwandt ist das **Flaggenprinzip** (Theorie des „territoire flottant"). Danach darf der Staat, dessen Flagge ein See- oder Binnenschiff[35] berechtigterweise führt oder bei dem ein Luftfahrzeug registriert ist, die an Bord des Schiffes[36] oder des Luftfahrzeuges[37] begangenen Handlungen seiner Strafgewalt unterwerfen, auch wenn die Tat von einem Ausländer oder in oder über fremdem Hoheitsgebiet bzw. auf oder über der hohen See begangen worden ist. Da jedes Schiff rechtmäßig nur *eine* Nationalflagge führen (§ 11 Flaggenrechtsges. v. 8. 2. 1951, BGBl. I S. 79) und ein Luftfahrzeug nach dem Chikagoer Abkommen von 1944 (BGBl. 1956 II S. 411) ebenfalls nur bei *einem* Staat eingetragen sein darf, führt das Flaggenprinzip stets zu dem klaren Ergebnis, daß jedenfalls der Heimatstaat die Strafgewalt besitzt, wo sich das Schiff oder Luftfahrzeug im Zeitpunkt der Tat auch immer befunden haben mag. Das Flaggenprinzip ist völkerrechtlich anerkannt, weil die Luftsicherheitsabkommen[38] festlegen, daß der Heimatstaat für die Sicherheit und Ordnung an Bord seiner Schiffe und Luftfahrzeuge in erster Linie verantwortlich gemacht werden darf.

Nach dem in Tokio abgeschlossenen Internationalen Abkommen über strafbare und bestimmte andere an Bord von Luftfahrzeugen begangene Handlungen vom 14. 9. 1963 (BGBl. 1969 II S. 122)[39] sind die Vertragsstaaten verpflichtet, ihre Strafgewalt als Eintragungsstaaten gegebenenfalls auch durchzusetzen (Art. 3 II). Die konkurrierende Strafgewalt anderer Staaten (z. B. nach dem Territorialitätsprinzip) bleibt jedoch neben der Strafgewalt nach dem Flaggenprinzip bestehen (Art. 3 III). Das praktische Ergebnis der Konvention liegt somit vor allem in jener Verpflichtung der Staaten. Die gleiche Rechtslage ergibt sich aus Art. 4 des Übereinkommens zur Bekämpfung der widerrechtlichen Inbesitznahme von Luftfahrzeugen vom 16. 12. 1970 (BGBl. 1972 II S. 1506)[40].

---

[32] Vgl. *Oehler*, Engisch-Festschrift S. 289 ff. für Frankreich; *derselbe*, Internationales Strafrecht S. 161 ff. (zum anglo-amerikanischen Rechtskreis); *Langemeijer*, Recueil d'études van Bemmelen S. 18 ff.; *Bettiol / Pettoello Mantovani*, Diritto penale S. 174 ff.; *Rodríguez Devesa / Serrano Gómez*, Derecho penal S. 221 ff. Zum neuen österr. Recht eingehend *Liebscher*, JBl 1974, 393 ff.

[33] Vgl. hierzu *I. v. Münch*, WVR Bd. I S. 305; *Roßwog*, Vereinbarkeit mit dem Völkerrecht S. 71 ff.

[34] Die anglo-amerikanischen Staaten beschränken sich auch heute noch, von Ausnahmen abgesehen, auf die Bestrafung von Inlandstaten, vgl. dazu *George*, MichLR 64 (1965 - 66) S. 617 ff.; *derselbe*, Encyclopedia of Crime and Justice Bd. 3 S. 922 ff. Dieser Unterschied in der Grundkonzeption des internationalen Strafrechts führte zu einer bedeutsamen Konsequenz für das Auslieferungsrecht: die Kontinentalstaaten konnten das Prinzip der Nichtauslieferung eigener Staatsangehöriger (z. B. Art. 16 II 1 GG) annehmen, weil sie Auslandstaten in ihre Strafgewalt grundsätzlich einbeziehen, die anglo-amerikanischen Länder müssen sich dagegen zur Auslieferung eigener Staatsangehöriger verstehen, weil diese bei Auslandstaten sonst straflos blieben; vgl. *Shearer*, Extradition S. 94 ff.; *Oehler*, Internationales Strafrecht S. 175 ff.

[35] Gleichgültig, ob Staatsschiff oder Privatschiff, Kriegsschiff, Handelsschiff oder Jacht.

[36] Vgl. näher *Wille*, Die Verfolgung S. 51 ff.

[37] Vgl. zum Luftstrafrecht *Jescheck*, Deutsche Beiträge S. 195 ff.; *A. Meyer*, ZfL 1958, S. 87 ff.; *Schnorr v. Carolsfeld*, Straftaten in Flugzeugen S. 15 ff.; *v. Weber*, Rittler-Festschrift S. 111 ff.; *Oehler*, Internationales Strafrecht S. 340 ff.; *Wille*, Die Verfolgung S. 154 ff.

[38] Dazu *Lenzen*, JR 1983, 182 Fußnote 12.

[39] Text bei *A. Meyer*, Internationale Luftfahrtabkommen Bd. V, 1964, S. 372. Eingehend dazu *Schmidt-Räntsch*, ebenda S. 343 ff.; ferner *Zlatarić*, Grützner-Geburtstagsgabe S. 160 ff.

[40] Text bei *Schmidt-Räntsch*, ZLW 20 (1971) S. 63 ff.

3. Nach dem **aktiven Personalitätsprinzip** darf ein Staat Handlungen eigener Staatsangehöriger seiner Strafgewalt auch dann unterwerfen, wenn sie im Ausland begangen werden. Das aktive Personalitätsprinzip ist der geschichtlich früheste Anknüpfungspunkt des internationalen Strafrechts gewesen, da nach alter Rechtsauffassung der Rechtsstatus des Menschen durch seine Stammeszugehörigkeit bestimmt wird und ständig daran gebunden bleibt („leges ossibus inhaerent")[41]. Das aktive Personalitätsprinzip betont die Bindung des einzelnen an die Nation und kommt deshalb autoritärem Staatsdenken entgegen, ohne notwendigerweise damit verbunden zu sein, denn man kann dabei auch vom Gedanken der internationalen Solidarität ausgehen. Die Legitimation des aktiven Personalitätsprinzips liegt in der Auffassung, daß der Staat berechtigt sein müsse, seine Bürger auch im Ausland dem Heimatrecht zu unterwerfen nach dem Satz „res publica interest habere bonos subditos" *(Bartolus)*. Das aktive Personalitätsprinzip kommt zwar im internationalen Strafrecht der Staaten seltener vor als das Territorialitätsprinzip, es ist jedoch vom Standpunkt des Völkerrechts aus ebensowenig zu beanstanden[42]. (Zum Problem der „identischen Norm" vgl. 2. Auflage S. 132 f.) In Deutschland hat das aktive Personalitätsprinzip aufgrund der Neufassung des § 3 vom Jahre 1940 bis 1974 als das führende Prinzip des internationalen Strafrechts gegolten.

Eine Abwandlung des aktiven Personalitätsprinzips ist das **Domizilprinzip,** das für die Begründung der innerstaatlichen Strafgewalt den inländischen Wohnsitz des Ausländers genügen läßt[43]. Auch das Domizilprinzip ist völkerrechtlich bedenkenfrei.

Dagegen dürfte die Erstreckung des aktiven Personalitätsprinzips auf den Fall, daß ein Ausländer lediglich einen inländischen Paß besitzt, nicht zu billigen sein (Fall des Amerikaners *Joyce,* der als Sprecher antibritischer Sendungen des deutschen Rundfunks 1945 wegen High Treason in England zum Tode verurteilt und am 3. 1. 1946 gehängt wurde[44]). Hier können nur die Grundsätze des Schutzprinzips herangezogen werden (vgl. unten § 18 II 4).

4. Das **Schutzprinzip** bedeutet, daß der Staat Auslandstaten von Ausländern der eigenen Strafgewalt dann unterwerfen darf, wenn durch die Tat inländische Rechtsgüter gefährdet oder verletzt werden. Handelt es sich dabei um den Schutz der Rechtsgüter des eigenen Staates (z. B. Hoch- und Landesverrat, Straftaten gegen die Landesverteidigung oder die öffentliche Ordnung), so ist das Schutzprinzip dadurch ohne weiteres gerechtfertigt, daß der Täter selbst durch die Richtung seines Angriffs die Beziehung zu der Strafgewalt des betroffenen Staates hergestellt hat (**Staatsschutzprinzip**)[45]. Es kommt hinzu, daß fremde Staaten und ihre Interessen durch das ausländische Strafrecht meist gar nicht geschützt werden, so daß der Einsatz der eigenen Strafgewalt das einzige Mittel ist, um diesen Schutz gegen Angriffe durch Ausländer vom Ausland her sicherzustellen (vgl. unten § 18 III 3). Aber auch, wenn es um den Schutz anderer inländischer Rechtsgüter als der des Staates geht (**Individualschutzprinzip** oder **passives Personalitätsprinzip**), ist das Schutzprinzip vom Völkerrecht her grundsätzlich nicht zu beanstanden, jedenfalls nicht in dem Sinne, daß es eine all-

---

[41] Vgl. näher *Kohler,* Internationales Strafrecht S. 25 ff.; *Enschedé,* Recueil d'études van Bemmelen S. 41 ff.

[42] *Oehler,* Mezger-Festschrift S. 96; *derselbe,* Internationales Strafrecht S. 443 ff.; *Falck,* Straffrätt S. 167 ff. (rechtsvergleichender Überblick); *Schröder,* JZ 1968, 241; weitere Nachweise bei *Roßwog,* Vereinbarkeit mit dem Völkerrecht S. 66. Die Entwicklung der internationalen Verträge zeigt in letzter Zeit eine Tendenz zur Stärkung des Territorialitätsprinzips in Verbindung mit dem Prinzip der stellvertretenden Strafrechtspflege; vgl. *Oehler,* Carstens-Festschrift S. 448.

[43] Vgl. näher *Kielwein,* Rittler-Festschrift S. 97 ff.

[44] Näher dazu *Ignarski,* Encyclopedia of Public International Law, Lfg. 8, 1985, S. 353.

[45] Vgl. *Schultz,* Auslieferungsrecht S. 37; *Oehler,* Internationales Strafrecht S. 367 ff.

gemeine Regel des Völkerrechts gäbe, die es den Staaten verbieten würde, die eigene Strafgewalt auf Auslandstaten von Ausländern zum Schutz von inländischen Individualrechtsgütern auszudehnen[46].

Beispiel: Der Ständige Internationale Gerichtshof beschäftigte sich im „Lotus-Fall" (Zusammenstoß zwischen einem französischen und einem türkischen Schiff im Mittelmeer)[47] mit der Völkerrechtmäßigkeit der Anwendung des passiven Personalitätsprinzips durch das türkische Gericht bei dem Urteil gegen den französischen Kapitän, hat aber die Frage nicht entschieden, weil in diesem Fall nach seiner Ansicht der Erfolg der Straftat, nämlich der Tod von türkischen Besatzungsangehörigen, auf dem türkischen Schiff und damit gleichsam auf türkischem Hoheitsgebiet eingetreten war, so daß die Anwendung der türkischen Strafgewalt schon auf das Territorialitätsprinzip gestützt werden konnte, was zweifelhaft ist. Den Lotus-Fall kann man somit nur für die internationale Anerkennung der Ubiquitätstheorie (vgl. unten § 18 IV 2) heranziehen. Nach Art. 2 des Internationalen Übereinkommens vom 10. 5. 1952 über die strafgerichtliche Zuständigkeit bei Schiffszusammenstößen (BGBl. 1972 II S. 668) hat jetzt der Flaggenstaat des Schiffes, auf dem der schuldige Kapitän gehandelt hat, die Strafgewalt. Ebenso ist die Frage in Art. 11 der Convention on the High Seas von 1958 geregelt (UN Treaty Series, Vol. 450, S. 82).

Das Individualschutzprinzip erfordert eine stärkere *Einschränkung* durch das völkerrechtliche Mißbrauchsverbot als das aktive Personalitätsprinzip, weil Normadressat hier nicht der eigene Staatsangehörige ist, sondern ein Ausländer im Ausland, der in der Regel sogar ein Angehöriger des Tatortstaats sein wird. Deswegen stellt die Anwendung des Individualschutzprinzips einen völkerrechtlich verbotenen Rechtsmißbrauch dar, wenn die Tat nach dem Recht des Begehungsorts straffrei wäre **(Erfordernis der identischen Norm)**[48].

5. Das **Weltrechtsprinzip** (Universalitätsprinzip) ermächtigt, wenn es im weitesten Sinne verstanden wird, jeden Staat, mit seiner Strafgewalt in allen Fällen ohne Rücksicht auf die Nationalität von Tatort und Täter einzugreifen. In dieser unbeschränkten Form ist das Weltrechtsprinzip aber „wissenschaftlich unhaltbar und praktisch undurchführbar"[49], weil die Strafgewalt der Staaten dann überhaupt grenzenlos wäre. Innerlich berechtigt und völkerrechtlich anerkannt ist das Weltrechtsprinzip nur dann, wenn sich die Tat gegen übernationale Kulturgüter richtet, an deren Schutz ein gemeinsames Interesse aller Staaten besteht (z. B. Unterbindung des Rauschgifthandels[50], des Sklavenhandels, des Mädchenhandels und des Handels mit unzüchtigen Veröffentlichungen, Kampf gegen die Falschmünzerei, Schutz der Überseekabel, Schutz gegen Luftpiraterie, Geiselnahme, Folter und Terrorismus). Nur in derartigen Fällen geht es um „die Solidarität der Kulturwelt gegenüber dem Verbrechen" und um den „Kampf gegen das gefährliche internationale Verbrechertum", Gedanken, auf die man sich zur Begründung des Weltrechtsprinzips in der Regel beruft. Das Weltrechtsprinzip findet sich häufig in internationalen Konventionen, in denen sich die Staaten zur Verteidigung gemeinsamer Kulturinteressen im Wege des Strafrechts verbunden haben, doch ist seine Anwendung eher rückläufig (vgl. unten § 18 III 4 Fußnote 62).

---

[46] Vgl. *Roßwog*, Vereinbarkeit mit dem Völkerrecht S. 82; *Dahm*, Völkerrecht Bd. I S. 259; *Wengler*, Völkerrecht S. 941 f. Einschränkend *Oehler*, Internationales Strafrecht S. 421 f.

[47] Vgl. hierzu *Herndl*, Encyclopedia of Public International Law, Lfg. 2, 1981, S. 173.

[48] Ebenso *Roßwog*, Vereinbarkeit mit dem Völkerrecht S. 184; *Drost*, Niemeyers Zeitschrift 43 (1930 - 31) S. 138; *Jennings*, British Yearbook of International Law 33 (1957) S. 153; *v. Weber*, Das passive Personalitätsprinzip S. 900; *Oehler*, Grützner-Geburtstagsgabe S. 119. Bedenken jedoch bei *Schroeder*, NJW 1969, 83.

[49] So *v. Liszt / Schmidt*, S. 123.

[50] Vgl. BGH 27, 30: die Anwendung des Weltrechtsprinzips auf den unbefugten Vertrieb von Betäubungsmitteln (§ 6 Nr. 5) widerspricht nicht dem Völkerrecht. Vgl. *Oehler*, Carstens-Festschrift S. 444.

6. Während die bisher behandelten Prinzipien des internationalen Strafrechts selbständige Anknüpfungspunkte für die eigene Strafgewalt darstellen, dient das **Prinzip der stellvertretenden Strafrechtspflege** lediglich der subsidiären Ergänzung der Strafgewalt anderer Staaten. Es greift ein, wenn die nach dem Territorialitätsprinzip an sich zuständige ausländische Strafgewalt nicht tätig werden kann, weil der Beschuldigte im Inland ergriffen worden ist, aber aus tatsächlichen oder rechtlichen Gründen nicht an das Ausland ausgeliefert wird. Der inländische Richter wird hier zwar „an Stelle" des ausländischen tätig, übt aber trotzdem die Strafgewalt des eigenen Staates aus, so wenn ein politischer Flüchtling, der im Herkunftsland eine gewöhnliche Straftat begangen hat, im Zufluchtsstaat deswegen verurteilt wird. Das Prinzip der stellvertretenden Strafrechtspflege schließt die im internationalen Strafrecht unvermeidlichen Lücken und stellt dadurch sicher, daß kein flüchtiger Verbrecher im Zufluchtsstaat straflos bleiben muß, weil es an einem Anknüpfungspunkt für dessen Strafgewalt fehlt („aut dedere aut punire"[51]). Ihrem Sinne nach erfordert stellvertretende Strafrechtspflege einmal das Bestehen einer identischen Norm im Tatortstaat, zum anderen die Anerkennung der die Sache abschließenden Hoheitsakte des Tatortstaats, z. B. Verurteilung und Strafverbüßung bzw. Straferlaß, Freispruch oder Begnadigung durch den Urteilsstaat (sog. *Erledigungsprinzip*).

7. Ein neues Prinzip, das **Kompetenzverteilungsprinzip**, hat sich in den Verträgen des Europarats zur Harmonisierung der internationalen Strafrechtspflege entwickelt. So sehen das Übereinkommen über die Bestrafung von Straßenverkehrsdelikten vom 30. 11. 1964 (European Treaty Series Nr. 52) und das Übereinkommen über die Übertragung von Strafverfahren vom 15. 5. 1972 (European Treaty Series Nr. 73) eine mit der Übernahme der Strafverfolgung verbundene flexible Verteilung der Strafgewalt vor[52].

8. Von den Prinzipien des internationalen Strafrechts, die die Anwendung der eigenen Strafgewalt begründen, sind das *Anrechnungsprinzip* und das *Erledigungsprinzip* zu unterscheiden. Hier handelt es sich um die Art und Weise der Berücksichtigung ausländischer Justizakte in den Fällen, in denen die eigene Strafgewalt auf einen Sachverhalt mit internationalem Einschlag Anwendung findet. Beide Prinzipien betreffen die mehr oder weniger weitreichende internationale Wirkung ausländischer Strafurteile[53]. Aus Billigkeitsgründen wird die im Ausland erkannte und ganz oder teilweise verbüßte Strafe angerechnet, wenn wegen derselben Tat nochmals eine Verurteilung im Inland stattfindet (§ 51 III) (BGH 27, 287). Das Erledigungsprinzip geht dagegen weiter. Es bedeutet, daß schon die Verfolgung einer Tat im Inland ausgeschlossen ist, wenn die Gerichte eines ausländischen Staates den Täter wegen derselben Tat rechtskräftig freigesprochen oder ihn rechtskräftig zu Strafe verurteilt haben und diese Strafe vollstreckt, verjährt oder erlassen ist (§ 153c I Nr. 3 StPO ermöglicht in diesen Fällen die Nichtverfolgung von Auslandstaten). Gleichgestellt werden meistens die Fälle der ausländischen Amnestie, der im Ausland eingetretenen Strafverfolgungsverjährung und des fehlenden, nach ausländischem Recht aber erforderlichen Strafantrags.

---

[51] So die berühmte Formel von *Hugo Grotius*, De jure belli ac pacis, 1625, lib. II, cap. 21, IV 1 und 3. Dazu *Oehler*, Internationales Strafrecht S. 497 ff. Beispiele aus internationalen Abkommen bei *Oehler*, Carstens-Festschrift S. 444 ff.

[52] *LK (Tröndle)* Vorbem. 15 vor § 3.

[53] Vgl. dazu *Jescheck*, ZStW 76 (1964) S. 172 ff.; *derselbe*, v. Weber-Festschrift S. 327 ff.; *Oehler*, Internationales Strafrecht S. 587 ff.; *Annemarie v. Hammerstein*, Wirkung ausländischer Strafurteile S. 310 ff.; IXe Congrès International de Droit Pénal, Actes S. 323 ff., 430 ff., 485 ff. Dazu jetzt das im Europarat ausgearbeitete Übereinkommen über die internationale Gültigkeit von Strafurteilen vom 28. 5. 1970 (European Treaty Series Nr. 70); vgl. *Grützner*, NJW 1969, 345 ff. sowie oben § 18 I 5.

III. Das internationale Strafrecht des StGB

Das internationale Strafrecht des StGB ist durch die Reform von 1975 grundlegend umgestaltet worden[54]. Das neue Recht geht vom Territorialitätsprinzip aus, verbindet dieses mit der Ubiquitätstheorie (§ 9) und ergänzt diese Regelung durch andere Anknüpfungspunkte.

1. Während das frühere Recht (vgl. dazu 2. Auflage S. 135f.) seit dem Jahre 1940 das aktive Personalitätsprinzip zum Ausgangspunkt nahm, ist Grundlage des geltenden Rechts wieder das **Territorialitätsprinzip** (§ 3) geworden. Der Gesetzgeber hat sich damit von der Überbewertung der Loyalitätspflicht des im Ausland weilenden Bürgers gegenüber seinem Heimatland freigemacht und beschränkt seine Strafgewalt entsprechend der räumlichen Abgrenzung der Ordnungsaufgabe der Staaten in der Regel auf Taten, die von Inländern oder Ausländern im eigenen Staatsgebiet begangen werden, während der eigene Staatsbürger im Ausland grundsätzlich frei sein soll, nach dem Recht des Aufenthaltsstaats zu leben. Freilich ist die Reichweite des Territorialitätsprinzips durch die Regelung des Begehungsorts nach der Ubiquitätstheorie (§ 9) stark ausgedehnt (vgl. unten § 18 IV 2 und 3). Das auf Inlandstaten anwendbare Strafrecht umfaßt alle geltenden deutschen Strafrechtsnormen einschließlich der Rechtfertigungs-, Entschuldigungs- und Strafausschließungsgründe[55] (OLG Köln GA 1973, 247), freilich mit der Einschränkung, daß sich bei Auslandstaten, auf die deutsches Strafrecht anzuwenden ist, bei Inlandsdistanzdelikten und Inlandsteilnahme an ausländischer Haupttat die Berücksichtigung des betreffenden Auslandsrechts für eine gerechte Entscheidung als notwendig erweisen kann (vgl. oben § 18 I 1) (BayObLG JZ 1972, 563). Für Auslandstaten und Inlandsteilnahme an ausländischer Haupttat gibt § 153c I Nr. 1 StPO ferner die Möglichkeit des Absehens von der Strafverfolgung. Dasselbe gilt nach § 153c I Nr. 2 StPO für eine Straftat, die ein Ausländer im Inland auf einem ausländischen Schiff oder Luftfahrzeug begangen hat (das Schiff liegt z. B. in einem deutschen Hafen, das Flugzeug überfliegt deutsches Hoheitsgebiet).

2. Das dem Territorialitätsprinzip verwandte **Flaggenprinzip** (§ 4) schreibt die Geltung des deutschen Strafrechts vor für Taten, die, gleichviel ob von einem Deutschen oder Ausländer, auf einem deutschen Schiff oder Luftfahrzeug begangen werden, und zwar auch dann, wenn das Schiff oder Luftfahrzeug sich in bzw. über fremdem Hoheitsgebiet oder auf hoher See bzw. über der hohen See befindet. Durch die Regelung des § 4 werden Straftaten auf deutschen Schiffen und Luftfahrzeugen den Inlandstaten in der strafrechtlichen Behandlung gleichgestellt.

Deutsche Schiffe sind solche Fahrzeuge, die nach dem Flaggenrechtsges. vom 8. 2. 1951 (BGBl. I S. 79) *berechtigt* sind, die Bundesflagge zu führen, deutsche Luftfahrzeuge solche, die nach §§ 2 V, 3 Luftverkehrsges. i. d. F. vom 4. 1. 1981 (BGBl. I 61) *berechtigt* sind, das Staatsangehörigkeitszeichen der Bundesrepublik zu tragen[56].

3. Verschiedene Anknüpfungspunkte zieht § 5 zum Schutz inländischer Rechtsgüter gegenüber Auslandstaten heran, ohne daß es auf die Strafbarkeit am ausländischen Tatort ankommt (BGH 30, 1 [3]). Auf das **Staatsschutzprinzip** gründen sich § 5

---

[54] Zur historischen Entwicklung vgl. *Granitza,* Dogmengeschichte S. 26 ff.; zu den Entwürfen *Eder,* Entwicklung S. 72 ff., 151 ff.; *Gallas,* ZStW 80 (1968) S. 12 ff.; zur Reform allgemein *Jescheck,* IRuD 1956, 75 ff.; *Eser,* Jescheck-Festschrift Bd. II S. 1362 ff.; *Schultz,* GA 1966, 195 ff.

[55] Vgl. *Dreher / Tröndle,* § 3 Rdn. 2; *Schönke / Schröder / Eser,* § 3 Rdn. 6; *SK (Samson)* § 3 Rdn. 10.

[56] Näheres bei *Dreher / Tröndle,* § 4 einige Anm.; *Clark,* Journal of Maritime Law and Commerce 11 (1980) S. 219 ff.

III. Das internationale Strafrecht des StGB

Nr. 1 - 5 (Vorbereitung eines Angriffskriegs, politische Delikte, Straftaten gegen die Landesverteidigung), § 5 Nr. 10 (Rechtspflegedelikte) und § 5 Nr. 11 - 13 (Umweltstraftaten im Bereich des deutschen Festlandsockels, Amtsträgerdelikte und Delikte gegen deutsche Amtsträger und Soldaten der Bundeswehr)[57]. Ebenso wie § 5 Nr. 12 für den deutschen Amtsträger bestimmt § 1 a I Nr. 1, II WStG die Geltung des deutschen Strafrechts für den Soldaten der Bundeswehr, der eine militärische Straftat (§ 2 Nr. 1 WStG) oder eine allgemeine Straftat während eines dienstlichen Aufenthalts oder in Beziehung auf den Dienst im Ausland begeht. Bei einigen Strafvorschriften über die Gefährdung des demokratischen Rechtsstaats (§§ 89, 90a I und 90b) sowie bei einigen Straftaten gegen die Landesverteidigung (§§ 109a, 109d und 109h) ist hinsichtlich der Täterschaft eine Einschränkung vorgesehen: das deutsche Strafrecht gilt nur dann, wenn der Täter Deutscher ist und außerdem seine Lebensgrundlage[58] im räumlichen Geltungsbereich dieses Gesetzes hat (§ 5 Nr. 3a und Nr. 5b) (zum Begriff des räumlichen Geltungsbereichs vgl. unten § 18 VI 3). Dadurch soll berücksichtigt werden, daß die diesen Tatbeständen zugrunde liegenden Treu- und Achtungspflichten nur von Deutschen, die zum Bundesgebiet oder zu West-Berlin eine persönliche Beziehung besitzen, verlangt werden können[59]. Dagegen erklärt das **aktive Personalitätsprinzip** den § 5 Nr. 9 (Abbruch der Schwangerschaft, wenn der Täter Deutscher ist und seine Lebensgrundlage im räumlichen Geltungsbereich dieses Gesetzes hat), wobei auch hier zusätzlich die persönliche Beziehung verlangt wird, so daß man von einem *intensivierten* Personalitätsprinzip sprechen kann. Entsprechendes gilt nach § 1 a I Nr. 2 WStG für einen Deutschen mit Lebensgrundlage im räumlichen Geltungsbereich des WStG (nicht Berlin), der an einer militärischen Straftat eines Soldaten der Bundeswehr im Ausland teilnimmt (§ 1 IV WStG). Strafbarkeit am Tatort wird auch hier nicht verlangt, so daß die Vorschrift vor allem die Umgehungsfälle erfaßt. Das **Individualschutzprinzip** (passives Personalitätsprinzip) liegt zugrunde dem § 5 Nr. 6 (Verschleppung und politische Verdächtigung gegen einen Deutschen mit Wohnsitz oder gewöhnlichem Aufenthalt im Inland), dem § 5 Nr. 7 (Verletzung von Betriebs- oder Geschäftsgeheimnissen von im räumlichen Geltungsbereich dieses Gesetzes liegenden Betrieben und Unternehmen sowie von Unternehmen mit Sitz im Ausland, aber Konzernbindung an das Inland) und dem § 5 Nr. 8 (bestimmte Sexualdelikte, wenn sowohl der Täter als auch der Verletzte zur Zeit der Tat Deutsche sind und ihre Lebensgrundlage im räumlichen Geltungsbereich dieses Gesetzes haben). Die zuletzt genannte Bestimmung berücksichtigt gleichrangig neben dem Individualschutzprinzip auch das (intensivierte) aktive Personalitätsprinzip und trifft damit vor allem Umgehungstaten (z. B. homosexuelle Handlungen i. S. von § 175 I im Ausland). Die Vorschrift über die Geltung des deutschen Strafrechts für Verschleppung und politische Verdächtigung von Deutschen (§ 5 Nr. 6) weist auch einen Einschlag des Staatsschutzprinzips auf, da die Sicherung der Menschenrechte gegen die schwersten Formen der Überantwortung an Verfolgungsmaßnahmen einer Gewalt- und Willkürherrschaft zu den zentralen Anliegen der Bundesrepublik als freiheitlichem Rechtsstaat gehört. Entsprechendes wird sich für den Schutz der Betriebs- und Geschäftsgeheimnisse sagen lassen (§ 5 Nr. 7), da hinter dieser Bestimmung auch der Gedanke der Verteidigung der deutschen Volkswirtschaft steht.

---

[57] Dazu rechtsvergleichend *Oehler*, Internationales Strafrecht S. 384 ff.; *Zieher*, Das Internationale Strafrecht nach der Reform S. 103 ff.

[58] Vgl. zum Begriff der Lebensgrundlage *Dreher/Tröndle*, § 5 Rdn. 3; *Lackner*, § 5 Anm. 2; *SK (Samson)* § 5 Rdn. 8 ff.; vgl. ferner BGH 10, 46 (50). Auch länger dauernde Auslandsaufenthalte von Diplomaten, Geschäftsleuten, Gelehrten stehen nicht entgegen.

[59] Vgl. *Langrock*, Der besondere Anwendungsbereich S. 93 ff.; *Schönke/Schröder/Eser*, § 5 Rdn. 9.

In allen Fällen des Individualschutzprinzips wird das Bestehen einer identischen Norm am ausländischen Tatort nicht vorausgesetzt. Die Bedenken gegen die möglicherweise einseitige Strafbarkeit (vgl. oben § 18 II 4) sind dadurch abgemildert, daß jeweils auch noch ein anderer Anknüpfungspunkt mit im Spiel ist. Für alle nach § 5 unter die deutsche Strafgewalt fallenden Auslandstaten gilt nach § 153c I Nr. 1 StPO ferner die Möglichkeit des Absehens von der Verfolgung.

4. Das **Weltrechtsprinzip** beherrscht den § 6 über Auslandstaten gegen international geschützte Rechtsgüter[60]. Die Geltung des deutschen Strafrechts ist in diesen Fällen ohne Einschränkung hinsichtlich der Staatsangehörigkeit des Täters oder Verletzten und ohne Rücksicht auf die Strafbarkeit am Tatort vorgesehen, weil es sich um den Schutz gemeinsamer Interessen aller Kulturstaaten handelt (BGH 27, 30 zum Rauschgifthandel[61]). § 6 Nr. 1 - 7 betreffen besondere Strafpflichten der Bundesrepublik aufgrund internationaler Abkommen[62]. Die Regelung wird ergänzt durch eine Generalklausel in Nr. 9[63], die etwa die Ausübung der Strafgewalt nach dem Kompetenzverteilungsprinzip (oben § 18 II 7) ermöglichen würde, sobald die Abkommen des Europarats für Deutschland in Kraft getreten sein werden. Der neue § 6 Nr. 8, der den Subventionsbetrug (§ 264) unter das Weltrechtsprinzip stellt, will die Wirtschaftsförderung durch Subventionen von seiten der EWG schützen, vertritt also eigentlich ein „Europarechtsprinzip".

5. Die Vorschrift des § 7, der die deutsche Strafgewalt auf weitere Auslandstaten erstreckt, beruht ebenfalls auf verschiedenen Anknüpfungspunkten. **Stellvertretende Strafrechtspflege** (verbunden mit dem Individualschutzprinzip) sieht § 7 I erster Halbsatz vor für eine Auslandstat gegen einen Deutschen (der Verletzter im Sinne von § 77 sein muß), sofern die Tat am Tatort mit Strafe bedroht ist (OLG Karlsruhe, Die Justiz 1980, 478). Heranzuziehen sind bei dieser Prüfung nicht nur die einschlägigen Straftatbestände des Auslands, die die Tat übrigens auch unter einem anderen rechtlichen Gesichtspunkt erfassen können als das deutsche Strafrecht (eine Ordnungswidrigkeit reicht aber nach BGH 27, 5 nicht aus), sondern auch Rechtfertigungs- und Entschuldigungsgründe des ausländischen Rechts, soweit diese nicht mit allgemein

---

[60] *Zieher,* Das Internationale Strafrecht nach der Reform S. 142 ff.
[61] Vgl. dazu *Wengler,* JZ 1977, 257 ff.; *Knauth,* NJW 1979, 1084; *Arendt,* Zeitschr. f. Zölle und Verbrauchssteuern 1979, 268 ff. BGH 34, 334 (338 ff.) verlangt für die Anwendung des Weltrechtsprinzips auf Rauschgifthandel durch Ausländer im Ausland die Berührung eigener Rechtsschutzinteressen.
[62] Vgl. Internationales Übereinkommen zur Bekämpfung des Mädchenhandels vom 4.5.1910 (RGBl. 1913 S. 31) Art. 3; Internationale Übereinkunft zur Unterdrückung des Frauen- und Kinderhandels vom 30.9.1921 (RGBl. 1924 II S. 181) Art. 2 und 3; Internationales Abkommen zur Bekämpfung der Falschmünzerei vom 20.4.1929 (RGBl. 1933 II S. 913) Art. 9; Internationales Opiumabkommen vom 19.2.1925 (RGBl. 1929 II S. 409) Art. 5; Abkommen zur Beschränkung der Herstellung und zur Regelung der Verteilung der Betäubungsmittel vom 13.7.1931 (RGBl. 1933 II S. 321); Internationale Übereinkunft zur Bekämpfung der Verbreitung und des Vertriebs unzüchtiger Veröffentlichungen vom 12.9.1923 (RGBl. 1925 II S. 288) Art. II; Übereinkommen zur Bekämpfung der widerrechtlichen Inbesitznahme von Luftfahrzeugen vom 16.12.1970, Art. 4 II (BGBl. 1972 II S. 1506; dazu *Schmidt-Räntsch,* ZLW 20 [1971] S. 63 ff.). Zu den verschiedenen Konventionen *Glaser,* Droit international S. 120 ff.; *Oehler,* Internationales Strafrecht S. 520 ff. Weiter *Oehler,* Das deutsche Strafrecht und die Piratensender, 1970.
[63] § 6 Nr. 9 betrifft gegenwärtig z. B. das Europäische Übereinkommen zur Bekämpfung des Terrorismus vom 27.1.1977 (BGBl. 1978 II S. 321), das Internat. Übereinkommen gegen Geiselnahme vom 18.12.1979 (BGBl. 1980 II S. 1361) und die Diplomatenschutzkonvention vom 14.12.1973 (BGBl. 1976 II S. 1745). Die „Convention against torture and other cruel, inhuman and degrading treatment or punishment" vom 10.12.1984 hat die Bundesrepublik zwar unterzeichnet, aber noch nicht ratifiziert.

III. Das internationale Strafrecht des StGB

anerkannten Rechtsgrundsätzen in Widerspruch stehen (vgl. unten § 20 III 3b)[64]. Stellvertretende Strafrechtspflege gilt ferner nach § 7 II Nr. 1 für eine Auslandstat des Deutschen oder früheren Deutschen und des Neubürgers unter der gleichen Voraussetzung, daß die Tat am ausländischen Tatort mit Strafe bedroht ist (die Möglichkeit der Ahndung als Ordnungswidrigkeit genügt auch hier nicht, BGH 27, 5 [8ff.], OLG Karlsruhe NStZ 1985, 317).

Die Erstreckung der deutschen Strafgewalt auf deutsche Staatsangehörige und Neubürger erklärt sich aus dem Auslieferungsverbot für Deutsche nach Art. 16 II 1 GG. Unter dem Gesichtspunkt des Art. 103 II GG ist freilich die nachträgliche Begründung der deutschen Strafgewalt für den Neubürger bedenklich, weil das deutsche Strafrecht nicht zur Tatzeit gilt, sondern erst mit dem Erwerb der deutschen Staatsangehörigkeit anwendbar wird. Ein Verstoß gegen das Gesetzlichkeitsprinzip soll gleichwohl deswegen nicht vorliegen, weil zur Tatzeit immerhin feststeht, nach welchem Gesetz die Tat zu beurteilen und welche Strafe angedroht ist, *falls* der Täter danach Deutscher wird (BGH 20, 22 [23]). Mit Recht wird aber verlangt, daß er in diesem Falle nicht schärfer bestraft werden darf, als es nach dem betreffenden Auslandsrecht zulässig gewesen wäre[65].

Der Gedanke der stellvertretenden Strafrechtspflege liegt ferner besonders deutlich dem Fall des § 7 II Nr. 2 zugrunde. Nach dieser Bestimmung gilt deutsches Strafrecht gegenüber dem Ausländer als Täter, wenn die Tat am Tatort mit Strafe bedroht ist und der Ausländer im Inland betroffen, aber nicht ausgeliefert wird, obwohl die Auslieferung nach der Art der Tat (§§ 3 II, 6, 7 IRG[66]) an sich zulässig wäre. Neu ist, daß jetzt die Gründe der Nichtauslieferung im Gesetz genannt sind, nämlich das Unterbleiben eines Auslieferungsersuchens von seiten des Auslands, die Ablehnung eines solchen Ersuchens durch die zuständige deutsche Behörde und die tatsächliche Nichtausführbarkeit der Auslieferung (weil der Betroffene z. B. vom Ausland trotz Bewilligung der Auslieferung nicht übernommen wird). Ob einer dieser Gründe vorliegt, muß aufgrund einer Entscheidung oder Erklärung der zuständigen deutschen Stelle feststehen (BGH 18, 283 [287f.]; BayObLG GA 1958, 244). Auch der zweite Fall des § 7 II Nr. 2, in dem die deutsche Strafgewalt auf die Tat eines Ausländers erstreckt wird, wenn der Tatort keiner Strafgewalt unterliegt, bedeutet, wie das primäre Eingreifen der Auslieferung zeigt, stellvertretende Strafrechtspflege, die gewissermaßen für den Staat, der die Auslieferung beantragen könnte, stattfindet. Dagegen ist der andere Fall des Tatorts, der keiner Strafgewalt unterliegt, daß die Tat sich nämlich gegen einen Deutschen richtet (§ 7 I zweite Alternative), dem **Individualschutzprinzip** unterzuordnen, da der eigene Staat hier *primär* Strafschutz gewährt, ohne einem anderen Staat die Vorhand zu lassen.

Der Fall, daß der Tatort keiner Strafgewalt unterliegt, kommt auf oder über hoher See, auf dem Nordpoleis, in der Antarktis und im Weltraum in Betracht (vgl. unten § 18 VI 2).

Die Unterscheidung der Fälle der stellvertretenden Strafrechtspflege und des Individualschutzprinzips hat praktische Bedeutung, denn bei der ersten Gruppe sind auch Prozeßvoraussetzungen (z. B. das Erfordernis eines Strafantrags) und Prozeßhindernisse des Tatortrechts (z. B. eine Amnestie) zu berücksichtigen, bei der zweiten Gruppe nicht, da es hier nur um den Schutz des Deutschen, nicht um die Wahrung der ausländischen Rechtsordnung geht[67].

---

[64] So mit Recht *Schönke / Schröder / Eser*, § 7 Rdn. 9.

[65] So *Oehler*, Internationales Strafrecht S. 494; *Schönke / Schröder / Eser*, § 7 Rdn. 21.

[66] Ausgeschlossen sind nach § 3 II IRG Taten, die nach deutschem Recht mit Freiheitsstrafe von weniger als einem Jahr bedroht sind (z. B. § 106a) (hierzu *Vogler / Walter / Wilkitzki*, § 3 IRG Rdn. 22 - 24), nach § 6 IRG politische Straftaten und Fälle, bei denen die Gefahr unzulässiger Verfolgung besteht (hierzu *Uhlig / Schomburg*, § 6 IRG Rdn. 4, 10), nach § 7 IRG militärische Straftaten (hierzu *Uhlig / Schomburg*, § 7 IRG Rdn. 1).

6. Es gibt ferner vereinzelte Strafvorschriften, die ihren **internationalen Anwendungsbereich selber** regeln, weil wegen der Besonderheit der Materie die Anwendung der allgemeinen Bestimmungen über das internationale Strafrecht nicht in Betracht kommt (einziges Beispiel ist zur Zeit § 91 hinsichtlich dreier Tatbestände aus dem Titel über die Gefährdung des demokratischen Rechtsstaats). Die Vorschrift entzieht die Strafvorschriften der §§ 84, 85 und 87 der Anwendung der Ubiquitätstheorie nach § 9[68].

7. Der Grundsatz **„ne bis in idem"** (Art. 103 III GG) verbietet nur die mehrmalige Behandlung derselben Sache durch Gerichte der Bundesrepublik. Ein ausländisches Urteil steht dagegen einem deutschen Strafverfahren wegen derselben Tat nicht entgegen (BVerfGE 12, 62; BGH 6, 176 [177]). Liegt ein Urteil eines früheren Besatzungsgerichts einer der drei Westmächte vor, so fehlt den deutschen Gerichten nach Art. 3 des Überleitungsvertrages die Gerichtsbarkeit (vgl. oben § 18 I 3). Soweit der Überleitungsvertrag jedoch nicht eingreift, handelt es sich um ein gewöhnliches ausländisches Urteil. Erst in der „Convention on the Transfer of Proceedings in Criminal Matters" (vgl. oben § 18 I 5) ist ein „europäisches ne bis in idem" vorgesehen. Schon jetzt wird freilich der Gerichtshof der Europäischen Gemeinschaften nicht als ausländisches Gericht angesehen (BGH 24, 54 [57f.]). Damit dem Täter jedoch durch wiederholte Verurteilung kein Unrecht geschieht, bestimmt § 51 III, daß eine im Ausland wegen derselben Tat erkannte und vollstreckte Strafe (Freiheits- oder Geldstrafe) oder sonstige Freiheitsentziehung auf die im Inland zu erkennende Strafe angerechnet werden muß (**Anrechnungsprinzip**)[69]. Den Maßstab der Anrechnung bestimmt das Gericht nach eigenem Ermessen (§ 51 IV 2). Nach § 153c I Nr. 3 StPO kann ferner von der Verfolgung der Tat abgesehen werden, wenn die Strafe nach der Anrechnung nicht mehr ins Gewicht fiele. Dagegen ist das **Erledigungsprinzip,** das nach § 5 a. F. bis 1940 galt, vorläufig nicht verwirklicht.

8. Eine Frage für sich ist die **Einbeziehung ausländischer Rechtsgüter** in den Schutzbereich der deutschen Straftatbestände. Das Problem entsteht erst, nachdem festgestellt ist, daß der Sachverhalt aufgrund der Regeln des internationalen Strafrechts überhaupt der deutschen Strafgewalt unterliegt. Es handelt sich hier um die Frage des Schutzbereichs der einschlägigen deutschen Strafvorschriften. Bei manchen Tatbeständen zeigt schon der Wortlaut, daß sie nur zum Schutze des Inlands bestimmt sein können, wie das politische Strafrecht (§§ 80ff.). Bei anderen Tatbeständen ist offensichtlich nur an das Ausland gedacht (z.B. §§ 102 - 104, 184 I Nr. 9). Meistens ergibt sich die Antwort aber erst durch Auslegung. Hierbei sind folgende allgemeine Richtlinien zu beachten[70]: Individualrechtsgüter wie Leib, Leben, Freiheit, Ehre, Privatgeheimnisse, Familienrechte und Vermögen werden in jeder Strafrechtsordnung in bezug auf In- und Ausländer gleichermaßen geschützt, das Vermögen als Individualrechtsgut auch dann, wenn es einem fremden Staat zusteht. Die Gleichstellung von Ausländern und Inländern ist, wenn es sich um Individualrechtsgüter handelt, ein anerkannter Grundsatz des „minimum standard of justice"[71]. Vorschriften des Verkehrsstrafrechts, die auch oder allein Individualrechtsgüter betreffen (z.B. §§ 315ff., 142), schützen auch Ausländer (BGH 21, 277 [280f.]; OLG Karls-

---

[67] Vgl. dagegen *LK (Tröndle)* § 7 Rdn. 6 (Verfolgungshindernisse seien generell unerheblich); wie hier aber *Schönke / Schröder / Eser,* § 7 Rdn. 11, 17.

[68] Vgl. dazu *Langrock,* Der besondere Anwendungsbereich S. 146ff.

[69] Vgl. oben § 18 II 8.

[70] Vgl. *v. Weber,* Frank-Festgabe Bd. II S. 276ff.; *Lüttger,* Jescheck-Festschrift Bd. I S. 121ff.; *Oehler,* JR 1980, 485ff.; *derselbe,* Internationales Strafrecht S. 480ff.; *Schönke / Schröder / Eser,* Vorbem. 13ff. vor §§ 3 - 7. Einzeluntersuchung der Tatbestände des deutschen Strafrechts bei *Reschke,* Schutz ausländischer Rechtsgüter S. 127ff. Daß es sich um Probleme der Auslegung der Tatbestände handelt, betont mit Recht *Schultz,* v. Weber-Festschrift S. 308. Vgl. ferner *Schröder,* JZ 1968, 244f. Vgl. auch die zahlreichen Beispiele in *LK (Tröndle)* Vorbem. 25ff. vor § 3.

[71] *Vogts,* Encyclopedia, Lfg. 8, 1985, S. 382ff.

ruhe NJW 1985, 2905 zu § 316). Bei Rechtsgütern des Staates wird dem Ausland in manchen Fällen Strafschutz gewährt, z. B. bei der Geld- und Wertzeichenfälschung (§ 152), für die dieser Schutz in Art. 5 des Internationalen Abkommens zur Bekämpfung der Falschmünzerei von 1929 (RGBl. 1933 II S. 913) vereinbart ist (BGH 32, 68 [75 ff.]; ablehnend *Ellen Schlüchter*, Oehler-Festschrift S. 319 ff.). In der Regel ist der Strafschutz jedoch auf inländische Rechtsgüter beschränkt (BGH 22, 282 [285])[72], insbesondere wenn es sich um Amtsdelikte und Straftaten gegen Amtsträger handelt (OLG Hamm JZ 1960, 576; OLG Hamburg JR 1964, 350). Die Rechtsprechung ist jedoch über diese Grenze hinausgegangen, wenn durch die Tat auch deutsche Interessen berührt werden (RG 3, 70 [72]; 8, 53 [55]; 68, 300 [301 f.]; BGH LM § 3 Nr. 2; BGH GA 1955, 178; BGH 8, 349 [356]). Allgemein sollten Interessen fremder Staaten im Inland indessen besser geschützt werden, als dies gegenwärtig der Fall ist[73]. In diesem Sinne dehnt das 4. StÄG vom 11. 6. 1957 (BGBl. I S. 298) den Schutzbereich zahlreicher deutscher Strafvorschriften auf die NATO-Mächte und ihre in der Bundesrepublik stationierten Streitkräfte aus (Art. 7). Dem staatlichen Strafrecht obliegt auch der Strafschutz der über- und zwischenstaatlichen Organisationen, solange diese selbst noch keine eigene Strafgewalt besitzen (in dieser Richtung jetzt § 6 Nr. 8 i. Verb. m. § 264)[74].

Die Zusammenarbeit der europäischen Staaten auf dem Gebiet der internationalen Verbrechensbekämpfung ist in den letzten Jahren durch die Initiative des Europarats verbessert worden, doch fehlt vielfach noch die Anwendbarkeit der neuen Verträge[75].

IV. Der Begehungsort

Der Begehungsort einer Tat ist maßgeblich für die Frage, ob die Strafgewalt eines bestimmten Staates auf das **Territorialitätsprinzip** (vgl. oben § 18 II 1) gegründet werden kann oder ob ein anderer Anknüpfungspunkt gesucht werden muß. Der Staat, in dessen Hoheitsgebiet die Tat begangen worden ist, besitzt auf jeden Fall die Strafgewalt, da sich das Territorialitätsprinzip gewissermaßen von selbst versteht.

1. Die Frage, durch welche Merkmale der Begehungsort bestimmt wird, war lange Zeit Gegenstand eines **Theorienstreits**[76]. Die *Tätigkeitstheorie*[77] stellt auf den Ort ab, an dem der Täter gehandelt hatte oder im Falle des Unterlassens hätte handeln müssen. Die *Erfolgstheorie* knüpfte dagegen an den Ort des Eintritts des tatbestandsmäßigen Erfolgs an[78]. Herrschend geworden ist aber die *Ubiquitätstheorie*[79]. Sie betrachtet als Begehungsort sowohl den Ort der

---

[72] Eine bemerkenswerte Ausnahme machte früher § 102 a. F. über hochverräterische Handlungen gegen fremde Staaten; vgl. dazu *Jescheck*, Rittler-Festschrift S. 283 ff. Dagegen wird die Anwendbarkeit des § 170 b auf die gesetzliche Unterhaltspflicht eines im Inland lebenden Ausländers gegenüber den im Ausland lebenden nichtdeutschen Unterhaltsberechtigten verneint (BGH 29, 85).

[73] Vgl. näher *Reschke*, Schutz ausländischer Rechtsgüter S. 175 ff.

[74] Vgl. zum Geheimnisschutz Art. 194 des Euratom-Vertrags (BGBl. 1957 II 1014), zum Schutz gegen Eidesverletzungen Art. 27 der Satzung des Gerichtshofs der Europ. Wirtschaftsgemeinschaft (BGBl. 1957 II 1166) und Art. 28 der Satzung des Gerichtshofs der Europ. Atomgemeinschaft (BGBl. 1957 II 1194). Vgl. zum ganzen *Johannes*, Europarecht 1968, 63 ff., zum nationalen Rechtsanwendungsrecht insbes. S. 110 ff.; *derselbe*, ZStW 83 (1971) S. 555 ff.; *Pabsch*, Schutz der überstaatlichen Hoheitsgewalt S. 111 ff.; *Jescheck*, Lo stato attuale S. 339 ff.; *derselbe*, Maurach-Festschrift S. 592 ff.; *Oehler*, Jescheck-Festschrift Bd. II S. 1399 ff.; *Tiedemann*, Jescheck-Festschrift Bd. II S. 1411 ff.; *Christine van den Wijngaert*, Rev dr pén crim 61 (1981) S. 511 ff.

[75] Vgl. dazu eingehend *Vogler*, ZStW 79 (1967) S. 371 ff. und ZStW 80 (1968) S. 480 ff. sowie *Jescheck*, En hommage à Jean Constant S. 119 ff. Zusammenstellung der Vertragstexte mit Signatar- und Vertragsstaaten sowie den Vorbehalten in: *Müller-Rappard / Bassiouni* (Hrsg.), European Inter-State Co-operation in Criminal Matters, 1987.

[76] Vgl. *Bergmann*, Der Begehungsort S. 26 ff.; *Oehler*, Internationales Strafrecht S. 206 ff.

[77] So etwa *Frank*, § 3 Anm. IV 3; *Gerland*, Reichsstrafrecht S. 95 f.

[78] So *v. Liszt*, Lehrbuch 10. Aufl. S. 116; *Jiménez de Asúa*, Tratado Bd. II S. 826.

Handlung als auch den Ort des tatbestandsmäßigen Erfolgs. Man beruft sich dabei auf die Gleichwertigkeit von Handlung und Erfolg für den kriminellen Gehalt der Tat und auf das Erfordernis der Lückenlosigkeit bei der Anwendung des Territorialitätsprinzips.

2. Grundlage des § 9 ist die **Ubiquitätstheorie**[80]. Nach Abs. 1 dieser Vorschrift ist eine Tat an jedem Ort begangen, an dem der Täter gehandelt hat oder im Falle des Unterlassens hätte handeln müssen oder an dem der tatbestandsmäßige Erfolg eingetreten ist oder nach der Vorstellung des Täters eintreten sollte.

a) Was zunächst die **Handlung** als Anknüpfungspunkt anlangt, so wird bei den reinen Tätigkeitsdelikten der Begehungsort allein durch die tatbestandsmäßige Handlung bestimmt (BGH 20, 45 [52]), von der aber nur ein Teil im Inland begangen zu sein braucht (RG 39, 258 [263]), bei den Erfolgsdelikten durch Handlung oder Erfolg (BGH NJW 1975, 1610).

Vorbereitungshandlungen können nach § 9 II 1 zur Begründung des Tatorts in Betracht kommen, wenn sie sich als Tatbeitrag eines Mittäters darstellen. Bei *echten Unterlassungsdelikten* ist Tatort nur der Ort, an dem der Täter hätte handeln müssen (schweiz. BGE 97 [1971] IV 205 [210]). Bei *mehraktigen Delikten* genügt jeder Einzelakt. Dagegen ist in Fällen der *mitbestraften Nachtat* nur diese, nicht auch die Vortat der inländischen Strafgewalt unterworfen[81]. Bei Begünstigung (§ 257), Strafvereitelung (§ 258) und Hehlerei (§ 259) kommt es auf den Ort der tatbestandsmäßigen Handlung, nicht auf den der Vortat an (RG 43, 84 [85]). *Abstrakte Gefährdungsdelikte* sind an sich reine Tätigkeitsdelikte, so daß der Ort der Handlung maßgebend ist. Doch wird man, wenn die Gefahr, deren Vermeidung die Strafvorschrift bezweckt, sich infolge einer im Ausland begangenen Zuwiderhandlung im Inland verwirklicht, auch einen inländischen Tatort anzunehmen haben[82]. Die *fortgesetzte Handlung* ist überall dort begangen, wo auch nur ein Einzelakt verwirklicht wird (RG 50, 423 [425]; 71, 286 [288]; RG DJ 1937, 1004; RG HRR 1939 Nr. 480). Umstritten ist der Fall des *Transitverbrechens,* bei dem lediglich ein Teil der Kausalkette im Inland abläuft, während Handlung und Erfolg im Ausland liegen (z. B. Sendung eines Päckchens mit vergifteten Pralinen von der Schweiz durch die Bundesrepublik nach Dänemark, wo das Opfer an dem Gift stirbt). Das Transitverbrechen ist in die inländische Strafgewalt einzubeziehen, da die Tat das Inland durch den Transport immerhin berührt hat und deswegen aus Gründen der Generalprävention auf die inländische Strafgewalt nicht verzichtet werden kann[83]. Zolldelikte in grenzüberschreitenden Zügen unterliegen, soweit die Befugnis der deutschen Beamten zur Grenzabfertigung reicht, der deutschen Strafgewalt, auch wenn sie im Ausland begangen sind (OLG Oldenburg MDR 1974, 329).

b) Der tatbestandsmäßige **Erfolg** ist als Anknüpfungspunkt vor allem für die Fälle von Bedeutung, in denen Handlungs- und Erfolgsort auseinanderfallen *(Distanzdelikte)*[84].

Als tatbestandsmäßigen Erfolg wird man auch denjenigen Erfolg zu betrachten haben, durch den erst die *Beendigung* der Tat herbeigeführt wird (z. B. der Eintritt des Vermögensschadens

---

[79] So *Binding,* Handbuch Bd. I S. 416; *Hegler,* Prinzipien S. 47 f.; *v. Liszt / Schmidt,* S. 159; *Feller,* Jurisdiction S. 20 ff.

[80] Sie wurde vom Reichsgericht in ständiger Rechtsprechung angewendet (RG 11, 20 [22]; 67, 130 [138]; 74, 56 [59]) und vom Ständigen Internationalen Gerichtshof der Entscheidung im Lotus-Fall zugrunde gelegt (vgl. oben § 18 II 4). Dagegen gilt für die Tat*zeit* nach § 8 die Tätigkeitstheorie (vgl. oben § 15 IV 2 b).

[81] Vgl. *Schnorr v. Carolsfeld,* Heinitz-Festschrift S. 770 ff.

[82] So *Oehler,* Internationales Strafrecht S. 214. Anders die h. L.; vgl. z. B. *Schönke / Schröder / Eser,* § 9 Rdn. 6; *LK (Tröndle)* § 9 Rdn. 4.

[83] Anders die h. L.; vgl. *Bergmann,* Begehungsort S. 49 ff.; *Maurach / Zipf,* Allg. Teil I S. 138; *SK (Samson)* § 9 Rdn. 9; *Oehler,* Internationales Strafrecht S. 218. Wie der Text bei konkreter Gefährdung des Inlands *LK (Tröndle)* § 9 Rdn. 5, 12; *Schönke / Schröder / Eser,* § 9 Rdn. 6.

[84] § 153 c II StPO eröffnet für diese Fälle in engen Grenzen die Möglichkeit des Absehens von der Verfolgung.

beim Betrug, der Eintritt des Schadens beim konkreten Gefährdungsdelikt), während der Vollendungszeitpunkt aus kriminalpolitischen Gründen vorverlegt ist, weil ein Schwerpunkt des Unrechtsgehalts der Tat auch in diesem letzten Teilstück der Tat liegt (RG 57, 144 [146]; OLG Stuttgart, Die Justiz 1974, 131) (vgl. unten § 49 III 3)[85]. Auch Folgen der Tat, die in dem Zeitraum zwischen Vollendung und Beendigung eintreten, sind einzubeziehen, wie etwa das Fortwirken des Erfolgs beim *Dauerdelikt*. Selbst eine objektive *Bedingung der Strafbarkeit* ist im Sinne des § 9 I tatbestandsmäßiger Erfolg, wenn sie durch eine tatbestandsmäßige Handlung verursacht worden ist und den Unrechtsgehalt der Tat mitbestimmt wie die Rauschtat nach einem im Ausland erworbenen Vollrausch (§ 323 a)[86]. Bei den *konkreten Gefährdungsdelikten* ist Erfolg schon der Eintritt der Gefahr (BayObLG NJW 1957, 1327), bei den *unechten Unterlassungsdelikten* der Eintritt der Verletzung oder Gefährdung, die der Täter aufgrund seiner Garantenpflicht hätte verhindern müssen (OLG Köln NJW 1968, 954). Der *Versuch* ist im Inland begangen, wenn der Täter im Ausland gehandelt hat, der Erfolg aber im Inland eintreten sollte (BGH 4, 333 [335]) und umgekehrt (RG 30, 98; 41, 35 [47]; 49, 437 [439]; RG HRR 1939 Nr. 397).

Beispiele: Die Täter wollten von Luxemburg aus Kaffee ins Bundesgebiet einschmuggeln, ließen die Kaffeesäcke jedoch vor der Grenze liegen, da sie gestört wurden. Der Erfolg, nämlich die Verkürzung der Zollabgaben, sollte im Inland eintreten (BGH 4, 333 [335]). Einrichtung und Betrieb von Piratensendern, die auf hoher See arbeiten, aber in Deutschland empfangen werden sollen, fallen nach § 9 I unter die deutsche Strafgewalt, da Erfolg nach Art. 2 des Gesetzes zur Verhütung von Rundfunksendungen usw. (BGBl. 1969 II S. 1939) der Empfang bzw. die Störung des Rundfunkbetriebs in Deutschland ist[87].

3. Die in § 9 II neu eingeführte Regelung des Begehungsorts im Falle der **Teilnahme** beruht auf der sinngemäßen Anwendung der Ubiquitätstheorie, da nämlich die Haupttat als „Erfolg" der Teilnahmehandlung verstanden werden kann. Anstiftung und Beihilfe sind danach an dem Ort begangen, an dem der Anstifter auf den Täter eingewirkt (RG 25, 424 [426 f.]) oder der Gehilfe ihn unterstützt hat (BGH 4, 333 [335]), zugleich aber auch an dem Ort, an dem die Haupttat begangen ist, wobei als Begehungsort der Haupttat wiederum alle in § 9 I vorgesehenen Möglichkeiten in Betracht kommen (Ort der Handlung, der Unterlassung, des Erfolgseintritts und des vorgestellten Erfolgseintritts) (BGH 20, 89 [90])[88]. Bezieht sich die Teilnahme auf eine Auslandstat, die zwar nach deutschem, nicht jedoch nach dem ausländischen Recht des Begehungsorts mit Strafe bedroht ist, so wird das Gesamtgeschehen hinsichtlich der Strafbarkeit der Teilnahme gleichwohl nach deutschem Recht beurteilt. Diese jetzt in § 9 II 2 enthaltene Regelung übernimmt die bisherige Rechtsprechung (RG 9, 10 [13]; RG JW 1936, 2655; BGH 4, 333 [335]) und Lehre[89]. Freilich muß sich die Haupttat gegen ein Rechtsgut richten, das von der entsprechenden Strafvorschrift des deutschen Rechts geschützt wird, auch wenn es ein ausländisches ist (vgl. oben § 18 III 8), so daß z.B. die in Deutschland geleistete Beihilfe zu einer im Ausland begangenen Verletzung ausländischer Zollvorschriften nach deutschem Recht nicht

---

[85] Anders die h. L.; vgl. *Lackner*, § 9 Anm. 2; *Maurach / Zipf*, Allg. Teil I S. 138; *Schönke / Schröder / Eser*, § 9 Rdn. 6. Zur Beendigung der Straftat vgl. *Jescheck*, Welzel-Festschrift S. 685 ff.

[86] Ebenso *LK (Tröndle)* § 9 Rdn. 6; *Oehler*, Internationales Strafrecht S. 215 f.; *Schönke / Schröder / Eser*, § 9 Rdn. 7. Vgl. zum Konkursdelikt ebenso RG 16, 188 (190); 43, 84 f. Dagegen *Kohlrausch / Lange*, System. Vorbem. VI A.

[87] Vgl. *Oehler*, Piratensender S. 15 f. Anders der Beschluß des Hoge Raad der Niederlanden vom 24. 1. 1984 im Falle des unter panamesischer Flagge fahrenden Piratensenders „Compania Naviera Panlieve S. A.".

[88] Vgl. *Bergmann*, Der Begehungsort S. 43 ff.; *Dreher / Tröndle*, § 9 Rdn. 5; *LK (Tröndle)* § 9 Rdn. 8; *Schröder*, ZStW 61 (1942) S. 129. Kritik wegen der zu weiten Ausdehnung der Strafgewalt bei *Oehler*, Internationales Strafrecht S. 267 ff. und *Jung*, JZ 1979, 331 f.

[89] Vgl. *Bergmann*, Der Begehungsort S. 45 ff.; *Jescheck*, IRuD 1956, 94; *Schröder*, ZStW 61 (1942) S. 95 f. Kritik bei *Oehler*, Internationales Strafrecht S. 269 f. und *Jung*, JZ 1979, 325 ff.

strafbar ist (RG 14, 124 [128 ff.]). Auch für den *Versuch* der Beteiligung (§ 30) ist die Frage, ob die im Ausland zu verübende Tat ein Verbrechen darstellt, nach deutschem Recht zu beurteilen (RG 37, 45 [47]).

4. Nach dem Prinzip der dem § 9 zugrunde liegenden Ubiquitätstheorie sind auch die Fälle der **Beteiligung** zu lösen. So genügt es für die *Mittäterschaft,* daß einer der Beteiligten einen Tatbeitrag im Inland geleistet hat (RG 57, 144 [145 f.]), der freilich für die Begründung von Mittäterschaft ausreichen muß[90]. Bei der *mittelbaren Täterschaft* ist Begehungsort der Ort, an dem der Hintermann auf sein Werkzeug einwirkt, ferner der Ort, an dem das Werkzeug handelt, endlich der Ort, an dem der Erfolg eintritt oder eintreten soll (RG 10, 420 [422 f.]; 13, 337 [339]; 39, 258 [263]; 67, 130 [138])[91].

V. Der Vorsatz im internationalen Strafrecht

Die Regelung des Geltungsbereichs des inländischen Strafrechts gehört nicht zu den Merkmalen des gesetzlichen Tatbestandes, sondern betrifft die **Abgrenzung der staatlichen Strafbefugnis** in bezug auf Handlungen mit internationalem Einschlag. Die Vorschriften des internationalen Strafrechts sind demnach nicht-tatbestandsgebundene objektive Bedingungen der Strafbarkeit. Der Täter braucht daher die Anwendbarkeit einer bestimmten Strafrechtsordnung nicht in seinen Vorsatz aufgenommen zu haben (BGH 27, 30 [34])[92]. Irrt er über den Unrechtsgehalt der Tat, wird er dadurch geschützt, daß ein Verbotsirrtum in Betracht kommt.

VI. Außerstrafrechtliche Begriffe des internationalen Strafrechts

1. Der Begriff des **Inlands** bestimmt sich grundsätzlich nach der völker- und staatsrechtlichen Auffassung. Inland ist danach das dem Staat zugehörige Gebiet, in dem er seine Hoheitsgewalt ausübt. Zu **Berlin** haben die drei Westmächte im Viermächte-Abkommen vom 3. 9. 1971 erklärt, daß die Westsektoren kein konstitutiver Teil des Gebiets der Bundesrepublik sind und nicht von ihr regiert werden. Im internationalen Strafrecht wird West-Berlin jedoch als Inland behandelt. Bundesrecht gilt in Berlin nach Maßgabe der §§ 13, 14 des Dritten Überleitungsges. vom 4. 1. 1952[93].

Zum Inland gehören auch die Binnengewässer (internal waters), das Küstenmeer (territorial sea)[94], der über dem Staatsgebiet liegende Luftraum bis zur Grenze des Weltraums (vgl. dazu

---

[90] Vgl. *Dreher / Tröndle,* § 9 Rdn. 2; *Lackner,* § 9 Anm. 2; *LK (Tröndle)* § 9 Rdn. 15; *Schönke / Schröder / Eser,* § 9 Rdn. 4. Zu Unrecht nimmt dagegen *Oehler,* Internationales Strafrecht S. 270 f. an, daß der ausschließlich im Ausland handelnde Mittäter der deutschen Strafgewalt nicht unterworfen sei.

[91] Vgl. *Bergmann,* Der Begehungsort S. 73 f.; *Schönke / Schröder / Eser,* § 9 Rdn. 4.

[92] So *Dreher / Tröndle,* § 3 Rdn. 14; *Lackner,* § 9 Anm. 1; *Nowakowski,* JBl 1972, 21 Fußnote 16; *Schönke / Schröder / Eser,* Vorbem. 73 vor §§ 3 - 7. Differenzierend *Oehler,* Internationales Strafrecht S. 552; *Jakobs,* Allg. Teil S. 93 f. Den Vorsatz verlangt dagegen generell *Germann,* SchwZStr 69 (1954) S. 243.

[93] Zur Stellung und Rechtsprechung des US Court for Berlin *Weber,* v. Lübtow-Festgabe S. 751 ff.

[94] Die Ausübung der Staatsgewalt im Küstenmeer (zum Begriff vgl. *Oehler,* Internationales Strafrecht S. 293 f.) unterliegt gewissen Beschränkungen, zu denen vor allem das Recht der friedlichen Durchfahrt für Schiffe anderer Staaten gehört; vgl. Art. 1 des Übereinkommens über das Küstenmeer und die angrenzende Zone vom 29. 4. 1958, Recueil des Traités 516 (1964) No. 7477. Vgl. dazu *F. Münch,* WVR Bd. II S. 388 ff. Die Breite des Küstenmeers ist eine der großen Streitfragen des neueren Seerechts. Die noch nicht in Kraft getretene Seerechtskonven-

VI. Außerstrafrechtliche Begriffe des internationalen Strafrechts

unten § 18 VI 2 Fußnote 101) und das unter dem Staatsgebiet liegende Erdinnere. Dienst- und Wohngebäude ausländischer diplomatischer Vertretungen genießen zwar Vorrechte gegenüber der Staatsgewalt des Gastlandes, gehören aber zum Inland (RG 69, 54 [55])[95]. Bei Grenzflüssen und Grenzbrücken verläuft die Grenze des Staatsgebiets in der Mitte (RG 9, 370 [374 und 378]). Entsprechendes gilt für Binnenseen (RG 57, 368 [369f.]). Der Festlandssockel ist nicht Inland, doch übt der Küstenstaat aufgrund der Convention on the Continental Shelf vom 29. 4. 1958 dort gewisse souveräne Rechte zum Zwecke der Erforschung und Ausbeutung der natürlichen Hilfsquellen aus. So gilt nach § 9 des Ges. vom 24. 7. 1964 (BGBl. I S. 497) für Straftaten gegen § 7 dieses Gesetzes deutsches Strafrecht[96]. Vgl. ferner § 5 Nr. 11 (dazu oben § 18 III 3).

Für die früheren deutschen Ostgebiete Ostpreußen, Hinterpommern, die Neumark sowie Schlesien östlich der Oder-Neiße-Linie gilt folgendes:

Die früher herrschende Meinung, die als Inland im Sinne des internationalen Strafrechts weiterhin das deutsche Staatsgebiet in den Grenzen vom 31. 12. 1937 betrachten wollte[97], ist nach Abschluß der **Ostverträge** nicht mehr haltbar[98]. Die Abtretung der deutschen Ostgebiete an Polen ist zwar nicht in einem förmlichen Friedensvertrag erfolgt, aber doch sowohl durch den deutsch-sowjetischen Vertrag vom 12. 8. 1970 (BGBl. 1972 II S. 353) als auch durch den deutsch-polnischen Vertrag vom 7. 12. 1970 (BGBl. 1972 II S. 361) mit der Anerkennung „der Oder-Neiße-Linie als westlicher Staatsgrenze der Volksrepublik Polen" in rechtlich bindender Weise vollzogen worden. Entsprechendes muß für die Abtretung des nördlichen Ostpreußen an die Sowjetunion gelten, obwohl im deutsch-sowjetischen Vertrag eine mit dem deutsch-polnischen Vertrag übereinstimmende Formel nicht vereinbart worden ist, da dieses Gebiet ebenso wie die Gebiete östlich der Oder-Neiße-Linie schon durch das Potsdamer Protokoll vom 2. 8. 1945 aus der Sowjetischen Besatzungszone herausgenommen wurden. Hier ist die allgemeine Vertragsklausel anzuwenden, daß die Grenzen aller Staaten in Europa als „unverletzlich" betrachtet werden, „wie sie am Tage der Unterzeichnung dieses Vertrages verlaufen" (deutsch-sowjetischer Vertrag Art. 3; deutsch-polnischer Vertrag Art. I). Die *früheren deutschen Ostgebiete* sind damit gegenwärtig auch staats- und völkerrechtlich *Ausland* geworden, mag auch noch ein Friedensvertrag abzuwarten sein, der dies endgültig festzustellen hätte.

Über das Verhältnis der Bundesrepublik zur DDR vgl. unten § 20 III.

2. Alle Gebiete, die nicht Inland sind, gelten im Sinne des internationalen Strafrechts als **Ausland,** abgesehen von der besonderen Lage der DDR (vgl. unten § 20 III). Ausland sind somit nicht nur die Hoheitsgebiete fremder Staaten, sondern auch

---

tion vom 10. 12. 1982 legt sie auf 12 Seemeilen fest (Art. 3); die DDR ist dem mit Wirkung vom 1. 1. 1985 gefolgt. Die Bundesrepublik Deutschland hat ihre Küstengewässer in der Deutschen Bucht mit Wirkung vom 26. 3. 1985 bis zur Insel Helgoland in der Form einer „box" vorgeschoben, ohne aber generell eine Erweiterung ihrer auf 3 Seemeilen beschränkten Küstengewässer vorzunehmen (Proklamation vom 12. 11. 1984, BGBl. 1984 I S. 1366). Zum ganzen näher *Gündling,* Ergänzbares Lexikon des Rechts 4/640; *Juliane Kokott / Gündling,* ZaöRV 45 (1985) S. 675ff.

[95] Dazu *Vogler,* ZStW 92 (1980) S. 1040ff.

[96] Vgl. näher *Frowein,* ZaöRV 25 (1965) S. 1ff.; *Oehler,* Internationales Strafrecht S. 305ff. Über Zollstellen, Zolleinschlüsse und Zollausschlüsse vgl. *Schönke / Schröder / Eser,* Vorbem. 31a vor §§ 3 - 7.

[97] Zum strafrechtlichen Inland rechnete man danach nicht nur das Gebiet der DDR (BVerfGE 1, 332 [341]; 11, 150 [158]; 12, 62 [65]; BGH 5, 364; 7, 53 [55]; 15, 72; 20, 5 [7]), sondern auch die an die Sowjetunion und an Polen gefallenen deutschen Ostgebiete (BGH 8, 168 [170]).

[98] So jetzt die ganz einhellige Meinung; vgl. *LK (Tröndle)* Vorbem. 43 vor § 3; *Schönke / Schröder / Eser,* Vorbem. 28 vor §§ 3 - 7.

Gebiete, die keiner Staatsgewalt unterliegen wie die Hohe See[99], die Antarktis[100], das Nordpoleis und der Weltraum[101].

3. Der Begriff **„räumlicher Geltungsbereich dieses Gesetzes"**, der im StGB häufig verwendet wird[102], meint das Bundesgebiet und West-Berlin, sofern das Gesetz dort in Kraft gesetzt worden ist (vgl. oben § 18 VI 1), was z. B. für den 5. Abschnitt des Besonderen Teils des StGB „Straftaten gegen die Landesverteidigung" nicht gilt.

4. Wer **Deutscher** ist, bestimmt sich nach dem Reichs- und Staatsangehörigkeitsgesetz vom 22. 7. 1913 (RGBl. S. 583) und Art. 116 GG. Ausländer im Sinne des internationalen Strafrechts ist jeder, der nicht Deutscher ist, also auch der Staatenlose (§ 1 II Ausländerges. vom 28. 4. 1965, BGBl. I S. 353). Nach den Verträgen mit Polen und der Sowjetunion vom Jahre 1970 sind auch die Bewohner deutscher Volkszugehörigkeit in den abgetretenen Ostgebieten Ausländer, soweit sie nicht am 8. 5. 1945 rechtmäßig die deutsche Staatsangehörigkeit besaßen. Sie werden aber gemäß Art. 116 GG durch Aufnahme in die Bundesrepublik Deutsche (vgl. auch BGH 11, 63).

Über die Staatsangehörigkeitsfrage im internationalen Strafrecht bei den Bürgern der DDR vgl. unten § 20 III.

§ 19 Der persönliche Geltungsbereich

Ahrens, Immunität von Abgeordneten, 1970; *Beling,* Die strafrechtliche Behandlung der Exterritorialität, 1896; *Bloy,* Die dogmatische Bedeutung der Strafausschließungs- und Strafaufhebungsgründe, 1976; *Bockelmann,* Die Unverfolgbarkeit der Abgeordneten nach deutschem Immunitätsrecht, 1951; *Dahm,* Völkerrechtliche Grenzen der inländischen Gerichtsbarkeit, Festschrift für A. Nikisch, 1958, S. 153; *Heydlauf,* Die Praxis des Bundestages in Immunitätsangelegenheiten, Diss. Freiburg 1974; *Jekewitz,* Freiheitsentzug und Abgeordnetenmandat, GA 1981, 433; *Hilde Kaufmann,* Strafanspruch, Strafklagrecht, 1968; *Oehler,* Anmerkung zu BGH 28, 96, JR 1980, 126; *derselbe,* Souveränität der Staaten und kriminalpolitische Tendenzen, in: *Bundeskriminalamt* (Hrsg.), Internationale Verbrechensbekämpfung, 1985, S. 117; *Ranft,* Staatsanwaltliche Ermittlungstätigkeit und Immunität der parlamentarischen Abgeordneten, ZRP 1981, 271; *Rinck,* Die Indemnität der Abgeordneten im Bundesstaat des Bonner Grundgesetzes, JZ 1961, 248; *Rüping,* Die völkerrechtliche Immunität im Strafverfahren, Festschrift für Th. Kleinknecht, 1985, S. 397; *Rumpf,* Das Recht der Truppenstationierung in der Bundesrepublik, 1969; *Schwenk,* Die strafprozessualen Bestimmungen des NATO-Truppenstatuts usw., NJW 1963, 1425; *Silagi,* Über die Immunität des DDR-Staatsratsvorsitzenden, ROW 1983, 166; *Verosta,* Exterritorialität, WVR, Bd. I, S. 499; *Vogler,* Immunität, Exterritorialität und Asylrecht im internationalen Strafrecht, ZStW 92 (1980) S. 1021; *Wengler,* Völkerrecht, Bd. II, 1964; *Witzsch,* Deutsche Strafgerichtsbarkeit über die Mitglieder der US-Streitkräfte, 1970.

---

[99] Vgl. über den Grundsatz der Meeresfreiheit Art. 2 Nr. 1 des Übereinkommens über die Hohe See vom 29. 4. 1958 (BGBl. 1972 II S. 1091).

[100] Vgl. den Vertrag über die Antarktis vom 1. 12. 1959 (Recueil des Traités 402 [1961] No. 5778 S. 73).

[101] Der Weltraum ist staatshoheitsloses Gebiet, das der Aneignung entzogen ist; vgl. Art. II des Vertrages vom 27. 1. 1967 (BGBl. 1969 II S. 1969). Für Flugkörper gilt nach Art. VIII des Vertrages das Hoheitsrecht des Flaggenstaats; die Besatzung wird außerhalb des Flugkörpers internationalstrafrechtlich dem aktiven Personalitätsprinzip unterstellt. Die Grenze des Weltraums wird bei 80 km über der Erdoberfläche angenommen, vgl. *A. Meyer,* Karanikas-Festschrift S. 222; *Dauses,* NJW 1973, 176.

[102] Vgl. die Zusammenstellung bei *Schönke / Schröder / Eser,* Vorbem. 32 vor §§ 3 - 7. Eingehend dazu *Langrock,* Der besondere Anwendungsbereich S. 39 ff. Kritisch *Schroeder,* GA 1968, 353 ff.; *Schroth,* NJW 1981, 500 f.

I. Der Begriff des persönlichen Geltungsbereichs des deutschen Strafrechts

Die Vorschriften über den internationalen Geltungsbereich des deutschen Strafrechts regeln die Frage, ob eine Tat auch dann unter die deutsche Strafgewalt fällt, wenn der Täter Ausländer ist oder der Tatort im Ausland liegt oder der Sachverhalt sonst eine internationale Beziehung aufweist. Bei dem persönlichen Geltungsbereich handelt es sich dagegen darum, daß bestimmte **Kategorien von Personen der deutschen Strafgewalt** nach Verfassungs- oder Völkerrecht ganz oder für gewisse Taten, dauernd oder für gewisse Zeit **entzogen** sein können, obwohl der zu beurteilende Sachverhalt nach den Regeln des internationalen Strafrechts der deutschen Strafgewalt an sich unterläge. Im deutschen Recht sind diese Fälle als persönliche Strafausschließungsgründe ausgestaltet (vgl. unten § 52 II 1). Bei der Frage des persönlichen Geltungsbereichs ist zu unterscheiden, ob sich der Ausschluß des deutschen Hoheitsrechts auf die Strafgewalt oder auf die Strafgerichtsbarkeit bezieht. Im ersten Fall handelt es sich um ein Problem des materiellen Strafrechts, im zweiten um ein solches des Strafprozeßrechts.

II. Indemnität und Immunität nach Verfassungsrecht

1. Der deutsche Kaiser und die Bundesfürsten waren bis 1918 teils nach Verfassungsrecht, teils nach Gewohnheitsrecht der deutschen Strafgewalt entzogen[1]. Der Satz „princeps legibus solutus est" (Dig. 1, 3, 31) trifft jedoch nicht mehr den Kern der Sache, denn auch der Monarch hat den Gesetzen zu gehorchen, er unterliegt nur nicht dem *Strafzwang*. Dagegen ist der **Bundespräsident** der deutschen Strafgewalt unterworfen und genießt nur die gleiche Immunität wie die Abgeordneten des Bundestags (Art. 60 IV i. Verb. m. Art. 46 II - IV GG).

2. Bei den *Abgeordneten* ist zwischen **Indemnität und Immunität** zu unterscheiden. Nach § 36 dürfen Mitglieder des Bundestags, der Bundesversammlung (Art. 54 GG) oder eines Gesetzgebungsorgans eines Landes zu keiner Zeit wegen ihrer Abstimmung oder wegen einer Äußerung, die sie in der Körperschaft oder in einem ihrer Ausschüsse getan haben, außerhalb der Körperschaft zur Verantwortung gezogen werden *(Indemnität)*. Gemeint ist damit der dauernde Ausschluß der strafrechtlichen Verantwortlichkeit[2]. Äußerungen in den Fraktionen, soweit sie in Beziehung zur parlamentarischen Tätigkeit des Abgeordneten stehen, sind gleichzustellen[3], nicht dagegen Äußerungen in Wahlversammlungen (LG Koblenz NJW 1961, 125). Der Ausschluß der Verantwortlichkeit entfällt bei verleumderischen Beleidigungen (§§ 90 III, 103, 187, 187a II, 189), insoweit kann der Abgeordnete also strafrechtlich verfolgt werden. Der innere Grund des Privilegs ist der Schutz der parlamentarischen Rede- und Abstimmungsfreiheit; der Abgeordnete kann deshalb auf seine Indemnität auch nicht verzichten[4]. Die Indemnität ist, soweit das Strafrecht in Betracht kommt, ein *persönlicher Strafausschließungsgrund* (vgl. unten § 52 II 1)[5]. Das hat zur Folge, daß ein an der Tat eines Abgeordneten beteiligter Nichtabgeordneter strafbar ist.

---

[1] Vgl. näher *Binding*, Handbuch S. 667 ff.

[2] Die Frage der weitergehenden (zivil- oder disziplinarrechtlichen) Verantwortlichkeit bestimmt sich nach Art. 46 I GG und den Landesverfassungen.

[3] So in Übereinstimmung mit Art. 37 der Verfassung von Baden-Württemberg *Maunz / Dürig / Herzog*, Art. 46 Rdn. 16 sowie *LK (Tröndle)* § 36 Rdn. 9; a. A. *Schönke / Schröder / Lenckner*, § 36 Rdn. 4; *SK (Samson)* § 36 Rdn. 4.

[4] *Rinck*, JZ 1961, 251.

[5] So die h. L.; vgl. *Maunz / Dürig / Herzog*, Art. 46 Rdn. 22; *Schönke / Schröder / Lenckner*, § 36 Rdn. 1; *Hilde Kaufmann*, Strafanspruch S. 156. Ebenso StaatsGH Bremen MDR

Dagegen ist die *Immunität* der Bundestagsabgeordneten (Art. 46 II - IV GG) ein *Prozeßhindernis* (zum Verfahren Nr. 191, 192 RiStBV)[6]. Für die Landtagsabgeordneten gelten nach Landesrecht ähnliche, aber zum Teil abweichende Bestimmungen, die nach § 152a StPO auch für die Organe des Bundes und der anderen Länder verbindlich sind (z. B. Art. 38 Verfassung von Baden-Württemberg). Im Gegensatz zur Freiheit von strafrechtlicher Verantwortung bei der Indemnität lebt die Verfolgungsmöglichkeit gegen den Abgeordneten nach Beendigung seines Mandats wieder auf.

3. **Wahrheitsgetreue Berichte** (öffentlicher oder privater Art) über öffentliche Sitzungen des Bundestags oder eines Gesetzgebungsorgans eines Landes oder ihrer Ausschüsse bleiben nach § 37 ebenfalls von strafrechtlicher Verantwortlichkeit frei[7]. Die Rechtsnatur dieser Indemnität ist umstritten. Nach der einen Meinung soll es sich um einen *Rechtfertigungsgrund* handeln[8]. Doch gibt es keinen Grund, die Freistellung der Parlamentsberichte strafrechtlich höher einzustufen als die Indemnität der Abgeordneten selbst. Richtig ist es deshalb, einen *Strafausschließungsgrund* anzunehmen, der allerdings nicht auf den Berichterstatter beschränkt ist, also nicht persönlich, sondern sachlich wirkt (keine Strafbarkeit der Teilnahme)[9].

III. Die völkerrechtlichen Privilegien

1. Der **deutschen Gerichtsbarkeit entzogen** sind die sogenannten **Exterritorialen.**

a) Dies sind einmal gemäß § 18 GVG die Mitglieder der in der Bundesrepublik und in West-Berlin errichteten **diplomatischen Missionen,** ihre Familienmitglieder und ihre nichtdeutschen Hausangestellten nach Maßgabe des Wiener Übereinkommens über diplomatische Beziehungen vom 18. 4. 1961 (BGBl. 1964 II S. 957). Dasselbe gilt gemäß § 19 GVG für die Mitglieder der **konsularischen Vertretungen** einschließlich der Wahlkonsularbeamten nach Maßgabe des Wiener Übereinkommens über konsularische Beziehungen vom 24. 4. 1963 (BGBl. 1969 II S. 1585)[10]. Mitglieder der diplomatischen Missionen und die ihnen gleichgestellten Personen genießen nach Art. 31 ff. des erstgenannten Übereinkommens volle Befreiung von der Strafgerichtsbarkeit des Empfangsstaats, Mitglieder der konsularischen Vertretungen dagegen nach Art. 43 des zweitgenannten Übereinkommens nur wegen Handlungen, die sie in Wahrnehmung konsularischer Aufgaben begangen haben (BayObLG NJW 1974, 431).

b) Das Vorrecht gilt gemäß § 20 GVG ferner für **andere Personen,** die nach den allgemeinen Regeln des Völkerrechts, aufgrund völkerrechtlicher Vereinbarungen oder

---

1968, 24. *Jakobs*, Allg. Teil S. 281 sieht in der Indemnität eine „rollenbezogene Bedingung der Ausschließung von Unrecht oder von Straftatbestandlichkeit", was zur Straflosigkeit des Teilnehmers führen würde.

[6] Überwiegende Meinung; vgl. *Bockelmann*, Die Unverfolgbarkeit S. 28; *Schönke / Schröder / Lenckner*, § 36 Rdn. 2; *SK (Samson)* § 36 Rdn. 5. Differenzierend *Hilde Kaufmann*, Strafanspruch S. 156 ff.; *Bloy*, Dogmatische Bedeutung S. 81 ff. Vgl. ferner *Heydlauf*, Die Praxis des Bundestages in Immunitätsangelegenheiten, 1974; *Ranft*, ZRP 1981, 271 ff.; *Jekewitz*, GA 1981, 433 ff.

[7] Weitergehende Folgen bestimmen sich nach Art. 42 III GG und den Landesverfassungen.

[8] So OLG Braunschweig NJW 1953, 516 (517); *Dreher / Tröndle*, § 37 Rdn. 1; *Jakobs*, Allg. Teil S. 381; *Maunz / Dürig / Herzog*, Art. 42 Rdn. 36; *Maurach / Schroeder*, Bes. Teil I S. 220; *Kohlrausch / Lange*, § 12 Anm. III; *Schmidhäuser*, Allg. Teil S. 315; *SK (Samson)* § 37 Rdn. 3.

[9] So *Baumann / Weber*, Allg. Teil S. 74; *Lackner*, § 37 Anm. 1; *Schönke / Schröder / Lenckner*, § 37 Rdn. 1.

[10] Vgl. dazu das Rundschreiben des Bundesministers des Innern vom 14. 3. 1975 „Diplomaten und andere bevorrechtigte Personen", abgedruckt bei *Kleinknecht / Meyer*, § 18 GVG Rdn. 11; ferner *Vogler*, ZStW 92 (1980) S. 1029 ff.

sonstiger Rechtsvorschriften von der deutschen Gerichtsbarkeit befreit sind[11]. Hierhin gehören ausländische Staatsoberhäupter (bei Besuchen auch begleitende Familienangehörige und Gefolge), durchreisende Diplomaten, die bei fremden Staaten akkreditiert sind, Vertreter fremder Staaten auf internationalen politischen Konferenzen, Staatenvertreter bei internationalen Organisationen, höhere Amtsträger internationaler Organisationen, Mitglieder ausländischer Truppenkontingente (die sich mit Erlaubnis der Regierung vorübergehend im Inland aufhalten), die Besatzungen ausländischer Kriegsschiffe und Militärflugzeuge, soweit sie sich an Bord oder in geschlossenen Abteilungen an Land befinden, Sonderbotschafter (BGH 32, 275 [287ff.]).

c) Auch die in Deutschland stationierten **ausländischen Truppen** sind grundsätzlich der deutschen Strafgerichtsbarkeit entzogen. Zwar ist die Gerichtsbarkeit nach Art. VIII des NATO-Truppenstatuts vom 19. 6. 1951 (BGBl. 1961 II S. 1183, 1190) zwischen dem Entsendestaat und dem Aufnahmestaat geteilt, und der Bundesrepublik würde nach Art. VII Abs. 3 b ein Vorrecht auf Ausübung der Gerichtsbarkeit zustehen. Nach Art. 19 des Zusatzabkommens zum NATO-Truppenstatut vom 3. 8. 1959 (BGBl. 1961 II S. 1183, 1218) hat die Bundesrepublik aber auf Ersuchen der Entsendestaaten auf dieses Vorrecht *allgemein* verzichtet (vgl. auch oben § 18 I 3)[12]. Ein ausgeschiedener Soldat kann wegen einer in der Stationierungszeit begangenen Tat durch die deutschen Behörden später strafrechtlich verfolgt werden (BGH 28, 96 m. Anm. *Oehler*, JR 1980, 126).

2. Die Befreiung der Exterritorialen von der deutschen Strafgerichtsbarkeit wird von einigen Autoren als materiellrechtliche Ausnahme im Sinne eines persönlichen Strafausschließungsgrundes gedeutet[13]. Doch ist die **prozeßrechtliche Theorie** vorzuziehen[14], da sie allein dem Wortlaut der §§ 18 - 20 GVG entspricht und bei Verzicht auf das Vorrecht durch den Entsendestaat die dadurch auflebende Strafgewalt des Empfangsstaats besser erklärt. Die *Dauer der Befreiung* ist bei den einzelnen Kategorien der Exterritorialen verschieden. Bei einigen dauert sie nur so lange wie der das Vorrecht begründende Status, bei anderen bleibt sie bestehen, bis der berechtigte Staat auf sie verzichtet. Bei Handlungen in Ausübung der dienstlichen Tätigkeit bleibt die Immunität auch nach Beendigung des das Vorrecht begründenden Status bestehen (Art. 39 der Wiener Diplomatenrechtskonvention, Art. 53 der Wiener Konsularrechtskonvention), anders bei gewöhnlichen Straftaten (OLG Düsseldorf NStZ 1987, 87).

IV. Die Vorrechte von Staatsvertretern der DDR

Der Leiter und die Mitglieder der Ständigen Vertretung der DDR sowie ihre zum Haushalt gehörenden Familienangehörigen genießen entsprechende Vorrechte und Befreiungen wie die Exterritorialen (vgl. Ges. vom 16. 11. 1973, BGBl. I S. 1673;

---

[11] Vgl. dazu *Verosta*, WVR Bd. I S. 499f.; *Löwe / Rosenberg (Schäfer)*, § 18 GVG Rdn. 5. Zu den „sonstigen Rechtsvorschriften" *Kleinknecht / Meyer*, § 20 GVG Rdn. 4.

[12] Vgl. näher *Rumpf*, Truppenstationierung S. 17ff.; *Schwenk*, NJW 1963, 1425ff.; *Witzsch*, Deutsche Strafgerichtsbarkeit über die Mitglieder der US-Streitkräfte, 1970. Über die unbefriedigende Regelung hinsichtlich der die amerikanischen Soldaten begleitenden Angehörigen vgl. *Oehler*, Internationale Verbrechensbekämpfung S. 120.

[13] So *v. Hippel*, Bd. II S. 82; *v. Liszt / Schmidt*, S. 137; *Maurach / Zipf*, Allg. Teil I S. 147; *Schönke / Schröder / Eser*, Vorbem. 42 vor §§ 3 - 7; *Welzel*, Lehrbuch S. 59; *Bloy*, Die dogmatische Bedeutung S. 50ff. m. Nachw.

[14] So die Rechtsprechung: RG 52, 167; BGH 14, 137 (139); 21, 29; 28, 96 (98); vgl. ferner *Baumann / Weber*, Allg. Teil S. 70; *Beling*, Exterritorialität S. 117; *Binding*, Handbuch S. 686; *Dahm*, Nikisch-Festschrift S. 168; *LK (Tröndle)* Vorbem. 74 vor § 3; *Löwe / Rosenberg (Schäfer)* § 18 GVG Rdn. 6; *Rüping*, Kleinknecht-Festschrift S. 406; *Wengler*, Völkerrecht Bd. II S. 955.

§§ 9 - 11 VO vom 24. 4. 1974, BGBl. I S. 1022)[15]. Der Staatsratsvorsitzende der DDR wird hinsichtlich der Immunität wie ein ausländisches Staatsoberhaupt behandelt (BGH 33, 97)[16].

§ 20 Der innerdeutsche Geltungsbereich

v. Bar, Das internationale Privat- und Strafrecht, 1869; *Böckenförde,* Die Rechtsauffassung im kommunistischen Staat, 1967; *Bottke,* Übersicht: Strafrecht, JA 1980, 513; *Bruhn,* Die Regelung des räumlichen Geltungsbereichs im Strafrecht der Bundesrepublik und der DDR, MDR 1970, 638; *Doehring,* Die Teilung Deutschlands als Problem der Strafrechtsanwendung, Der Staat 4 (1965) S. 259; *derselbe,* Die Teilung Deutschlands als Problem des völker- und staatsrechtlichen Fremdenrechts, 1968; *Jutta Endemann,* Interlokalrechtliche Probleme im Bereich des Staatsschutzstrafrechts, NJW 1966, 2381; *Gallas,* Der dogmatische Teil des Alternativentwurfs, ZStW 80 (1968) S. 1; *Grünwald,* Ist der Schußwaffengebrauch an der Zonengrenze strafbar? JZ 1966, 633; *Gusy,* Die Unzulässigkeit der „Zulieferung" Deutscher an die DDR, GA 1980, 248; *Herrmann,* Die Anwendbarkeit des politischen Strafrechts auf Deutsche im Verhältnis zwischen der Bundesrepublik Deutschland und der DDR, 1960; *Kohler,* Internationales Strafrecht, 1917; *Krey,* Zum innerdeutschen Strafanwendungsrecht, Diss. Bochum 1969; *derselbe,* Anwendung des „internationalen Strafrechts" im Verhältnis der Bundesrepublik Deutschland zur DDR, JR 1980, 45; *Krey / Arenz,* Schutz von DDR-Bürgern durch das Strafrecht der Bundesrepublik Deutschland? JR 1985, 399; *Mattil,* Zur Problematik des internationalen Strafrechts, GA 1958, 142; *Morgenstern,* Vereinbarkeit von Strafgesetzen der DDR usw., 1983; *Nöldeke,* Zur Übung: Strafrecht, JuS 1983, 298; *Nowakowski,* Anwendung des inländischen Strafrechts und außerstrafrechtliche Rechtssätze, JZ 1971, 635; *Oehler,* Das Territorialitätsprinzip, Deutsche strafrechtl. Landesreferate zum VIII. Int. Kongreß für Rechtsvergleichung, 1971, S. 48; *derselbe,* Internationales Strafrecht, 2. Aufl. 1983; *derselbe,* Anmerkung zu BGH 32, 293, JZ 1984, 948; *Rittler,* Zur Abgrenzung der Geltungsgebiete des gemein-deutschen und partikulär-österreichischen Strafrechts, ZStW 62 (1944) S. 65; *Roggemann,* Die Grenze der Strafgewalt zwischen beiden deutschen Staaten, ROW 1974, 185; *derselbe,* Rechtshilfe in Strafsachen zwischen Bundesrepublik und DDR, NJW 1974, 1841; *derselbe,* Strafrechtsanwendung und Rechtshilfe zwischen beiden deutschen Staaten, 1975; *Ruhrmann,* Die Behandlung innerdeutscher (interlokaler) Kollisionsfälle auf dem Gebiet des Staatsschutz-Strafrechts, ZStW 72 (1960) S. 124; *Rumpf,* Die deutsche Staatsangehörigkeit nach dem Grundvertrag, ZRP 1974, 201; *Schröder,* Der Geltungsbereich der Teilstrafrechte im Deutschen Reich, DR 1942, 115; *Schroeder,* Schranken für den räumlichen Geltungsbereich des Strafrechts, NJW 1969, 81; *derselbe,* Die Strafgesetzgebung in Deutschland, 1972; *derselbe,* Zur Strafbarkeit der Fluchthilfe, JZ 1974, 113; *derselbe,* Anmerkung zu LG Berlin vom 20. 7. 1974, JZ 1976, 100; *D. Schultz,* Zum räumlichen Geltungsbereich des Strafrechts im geteilten Deutschland, JR 1968, 41; *derselbe,* Blick in die Zeit, MDR 1985, 13; *Karin Stötter,* Die Rechts- und Amtshilfe in Strafsachen im Verhältnis zur SBZ, 1960; *v. Weber,* Das interlokale Strafrecht, DStr 1940, 182; *derselbe,* Interlokales Strafrecht, Festschrift für E. Kohlrausch, 1944, S. 120; *Wengler,* Deutschland als Rechtsbegriff, Festschrift für H. Nawiasky, 1956, S. 49; *derselbe,* Anmerkung zu BGH 30, 1, JR 1981, 206.

I. Begriff, Geltung und Anknüpfungspunkte des interlokalen Strafrechts

1. Während das internationale Strafrecht den Umfang der Strafgewalt des eigenen Staates im Verhältnis zu anderen Staaten abgrenzt, regelt das **interlokale Strafrecht** die Frage, welches Strafgesetz anzuwenden ist, wenn in verschiedenen Teilgebieten desselben Staates, in denen die gleiche Strafgewalt ausgeübt wird, verschiedene Strafgesetze gelten, die für die Beurteilung einer Tat in Betracht kommen. Dies ist dann der Fall, wenn am Tatort ein anderes Strafrecht gilt als am Wohnort des Täters oder am Sitz des erkennenden Gerichts. Das interlokale Strafrecht ist also im Unterschied

---

[15] Vgl. im einzelnen Rundschreiben des BdI vom 14. 3. 1975 (oben § 19 Fußnote 10).
[16] *Silagi,* ROW 1983, 168.

I. Begriff, Geltung und Anknüpfungspunkte des interlokalen Strafrechts

zum internationalen Strafrecht echtes *Kollisionsrecht:* es bestimmt, welches nur partikulär geltende Gesetz (Bundes- oder Landesstrafrecht) anzuwenden ist, wenn das Strafverfahren Berührungspunkte zu mehreren Teilrechtsordnungen innerhalb des gleichen Hoheitsgebiets aufweist[1].

2. Das interlokale Strafrecht ist nicht gesetzlich geregelt, sondern gilt als **Gewohnheitsrecht** kraft eines über hundert Jahre alten Gerichtsgebrauchs[2] und allgemeiner Anerkennung im Schrifttum[3]. Zweifel bestanden bis vor kurzem noch hinsichtlich der praktisch freilich wichtigsten Frage, ob die Grundsätze des interlokalen Strafrechts von den Gerichten der Bundesrepublik auch auf Taten anzuwenden sind, die im Gebiet der DDR begangen werden, oder ob insoweit das internationale Strafrecht sinngemäß gilt, weil in den beiden Teilen Deutschlands keine einheitliche Strafgewalt mehr ausgeübt wird (vgl. zur gegenwärtigen Rechtslage unten § 20 III).

3. Der maßgebliche Anknüpfungspunkt des interlokalen Strafrechts ist das **Tatortprinzip** (RG 74, 219 [220]; 75, 104 [107]; BGH 7, 53 [55]; BGH NJW 1960, 305), wobei sich der Tatort nach den Regeln des § 9 bestimmt (vgl. oben § 18 IV) und bei danach sich ergebenden mehreren Tatorten das strengere Recht anzuwenden ist. Das Tatortprinzip besagt, daß eine Handlung nach dem Strafrecht beurteilt wird, das am Tatort gilt, mag es auch für das erkennende Gericht ein fremdes Recht sein. Gilt am Tatort ein anderes Recht als am Wohnsitz des Täters, so ist das Wohnsitzrecht anzuwenden, sofern es das strengere ist, weil es in diesem Falle nicht unberechtigt erscheint, den Täter nach seinem Heimatrecht verantwortlich zu machen (**Wohnsitzprinzip**). Das gilt freilich nur dann, wenn das Landesrecht an den Wohnsitz des Täters anknüpft, was nach Art. 2 Nr. 1 EGStGB zulässig ist[4].

Beispiele: Eine Frau hatte im Jahre 1949 in Thüringen mehrere Abtreibungen begangen und wurde deswegen 1952 in Dortmund abgeurteilt. Hier war das thüringische Landesgesetz vom 18. 12. 1947 anzuwenden, nach dem Zuchthausstrafe nur bei Gewerbsmäßigkeit verhängt werden durfte (BGH NJW 1952, 1146). Auf einen in der DDR begangenen Totschlag war ebenfalls das dortige (strengere) Recht anzuwenden (BGH GA 1961, 24). Wer mit Wohnsitz in Bayern entgegen dem dort geltenden Recht in Bayern hergestelltes Bier in Hessen verkauft, ist dort nach bayerischem Recht strafbar, wenn dieses den in Hessen begangenen Fall erfaßt.

Ergänzt werden das Tatort- und das Wohnsitzprinzip durch das **Prinzip der lex fori.** Das am Gerichtsort geltende Recht wird angewendet auf Straftaten, bei denen nach §§ 5, 6 im internationalen Strafrecht das eigene Recht ohne Rücksicht auf das Recht des Tatorts anzuwenden wäre, ferner dann, wenn das Tatortrecht unabdingbaren Grundsätzen der lex fori widerspricht (Einschränkung durch den *ordre public*).

Beispiele: Ein früherer Bewohner der Bundesrepublik wurde wegen einer in Ostberlin begangenen Tat nach § 100d II und III a. F. (landesverräterische Beziehungen) bestraft, obwohl am Tatort die Staatssicherheit der Bundesrepublik gerade nicht geschützt wird (BGH 10, 163). Ein in der DDR begangener Mord war in der Bundesrepublik nach der in der DDR geltenden

---

[1] Teilweise abweichend *Jakobs,* Allg. Teil S. 100.
[2] Die erste einschlägige Entscheidung war die des Preuß. Obertribunals GA 1868, 141. Vgl. ferner RG 74, 219 (220); BGH 7, 54 (55); BGH NJW 1960, 305.
[3] Vgl. *Kohler,* Internationales Strafrecht S. 223; *v. Weber,* DStr 1940, 182; *Schröder,* DR 1942, 1115; *Baumann / Weber,* Allg. Teil S. 81 f.; *Maurach / Zipf,* Allg. Teil I S. 148 f.; *Kohlrausch / Lange,* Vorbem. III vor §§ 3 - 7; *Schönke / Schröder / Eser,* Vorbem. 47 ff. vor §§ 3 - 7; *SK (Samson)* § 3 Rdn. 15 ff.
[4] So *Schönke / Schröder / Eser,* Vorbem. 54 vor §§ 3 - 7; *Kohlrausch / Lange,* Vorbem. III B 3 vor § 3. Gegen die Berücksichtigung des Wohnsitzrechts aber die h. L.; vgl. *Baumann / Weber,* Allg. Teil S. 81 f.; *Blei,* Allg. Teil S. 49; *Maurach / Zipf,* Allg. Teil I S. 149; *Jakobs,* Allg. Teil S. 100; *LK (Tröndle)* Vorbem. 91 vor § 3; *SK (Samson)* § 3 Rdn. 17.

Fassung des § 211 abzuurteilen (unrichtig OGH 2, 337 [339]), die am Tatort bestehende Todesstrafe war jedoch durch die in der Bundesrepublik geltende lebenslange Zuchthausstrafe für Mord zu ersetzen, weil die Abschaffung der Todesstrafe durch Art. 102 GG zum ordre public der Bundesrepublik gehört (BGH GA 1961, 25).

Doch sind in den Fällen des Rückgriffs auf den „ordre public" die Grenzen des interlokalen Strafrechts im Grunde schon überschritten, weil dieses von der Annahme ausgeht, daß die verschiedenen Teilbereiche die gleiche Strafgewalt ausüben, daß sie sich gegenseitig schützen wollen und die gleichen rechtlichen Grundauffassungen besitzen[5].

II. Die Entwicklung des interlokalen Strafrechts und seine Anwendung innerhalb der Bundesrepublik

1. Die Geschichte des interlokalen Strafrechts[6] begann, als im vergrößerten Preußen nach 1866 zunächst verschiedene Strafrechtsordnungen nebeneinander galten, während der Staat eine Einheit bildete. Dagegen wurde im Norddeutschen Bund und im Deutschen Reich bis 1918 im Verhältnis der Bundesstaaten zueinander stets internationales Strafrecht angewendet, weil eine starke Eigenstaatlichkeit der Teile erhalten geblieben war[7]. Das gleiche galt sogar für die Weimarer Republik, obwohl in ihr die Tendenz zum Einheitsstaat stark ausgeprägt war[8]. Erst als 1938 Österreich in das Deutsche Reich eingegliedert wurde und das österreichische StGB bestehen blieb, wurden wiederum die Grundsätze des interlokalen Strafrechts herangezogen, weil es sich um „Reichsrecht mit lokaler Begrenzung" handelte[9].

2. Ebenso muß heute in der Bundesrepublik interlokales Strafrecht maßgebend sein, wenn es sich um **partielles Bundesrecht** handelt, das nach Art. 125 GG in Teilen der Bundesrepublik als Bundesrecht weitergilt, denn hier wird von den Ländern die einheitliche Strafgewalt des Bundes wahrgenommen (BGH 4, 396 [399]).

Beispiel: Bestimmungen des Biersteuergesetzes, die in Bayern in anderer Gestalt gelten als im übrigen Bundesgebiet, müssen auf eine in Bayern begangene Tat auch dann angewendet werden, wenn diese nach dem Recht des Gerichtsorts nicht strafbar ist (BGH 11, 365 [366]).

Das gleiche ist aber auch für **reines Landesrecht** anzunehmen, weil dieses auf der Ermächtigung des Bundesgesetzgebers in Art. 74 Nr. 1 GG und Art. 2, 3, 4 II - V EGStGB beruht (vgl. oben § 13 I 2)[10].

III. Die Anwendung des Strafrechts der Bundesrepublik im Verhältnis zur DDR

1. Ein Teil der Lehre[11] und früher auch die Rechtsprechung (BGH 2, 300 [308]; 7, 53 [55]; BGH NJW 1960, 395; BGH GA 1961, 24; offen gelassen in BGH NJW 1975, 1610) wendete auch auf das **Verhältnis der Bundesrepublik zur DDR** die Grundsätze des interlokalen Strafrechts an, doch war man dadurch immer wieder genötigt, sich auf den ordre public der Bundesrepublik zu berufen, um rechtsstaatswidriges oder ideologisch unannehmbares Recht der DDR nicht anwenden zu müssen.

---

[5] Vgl. *Mattil*, GA 1958, 148 ff.

[6] Vgl. näher *v. Weber*, Kohlrausch-Festschrift S. 120 ff.; *D. Schultz*, JR 1968, 42 f.

[7] Vgl. *v. Bar*, Internat. Privat- u. Strafrecht S. 70 ff.; RG 1, 219 (222); 32, 57 (59). Vgl. auch RG 50, 20 (22) über den Schutzbereich des Landesrechts.

[8] *v. Hippel*, Bd. II S. 73; *Frank*, § 5 Anm. V 2.

[9] Vgl. *Rittler*, ZStW 62 (1944) S. 65 Fußnote 1.

[10] So *Kohlrausch / Lange*, Vorbem. III a vor § 3; *Schönke / Schröder / Eser*, Vorbem. 48 vor §§ 3 - 7; dagegen aber *LK (Tröndle)* Vorbem. 91 vor § 3; *H. Mayer*, Lehrbuch S. 91; *Maurach / Zipf*, Allg. Teil I S. 149.

[11] So *Kohlrausch / Lange*, Vorbem. III A 2 vor §§ 3 - 7.

III. Die Anwendung des Strafrechts der Bundesrepublik im Verhältnis zur DDR

Beispiele: Auf einen vor dem Obersten Gericht der DDR geschworenen Meineid wurde die damals dort geltende Fassung des § 154 angewendet (BGH GA 1955, 178). Dagegen wäre ein nach § 213 StGB DDR dort strafbarer ungesetzlicher Grenzübertritt in die Bundesrepublik hier rechtmäßig, da jeder Deutsche das Recht der Einwanderung in das Bundesgebiet hat (BVerfGE 2, 267; 36, 30f.) und niemand prinzipiell daran gehindert werden darf, einen bestimmten Staat zu verlassen (Art. 12 II Internat. Pakt über bürgerliche und politische Rechte vom 19.12.1966). Vgl. auch LG Stuttgart, JZ 1964, 101 (Fall Hanke).

Einen Übergang zum internationalen Strafrecht stellte im Grunde bereits die Anwendung des eigenen Rechts in den Fällen des Staatsschutzprinzips dar (BGH 10, 163; 15, 171)[12].

2. Der Gesetzgeber hat die Frage der Strafgewalt der Bundesrepublik hinsichtlich der Sachverhalte, die eine Beziehung zur DDR aufweisen, auch in der Reform nicht geregelt, sondern weiterhin der Rechtsprechung überlassen[13]. Sie bedurfte nunmehr einer neuen Antwort entsprechend der veränderten Rechtslage. Die Voraussetzung der bisherigen Praxis war schon durch den Erlaß des eigenen StGB der DDR vom 12.1.1968 (GBl. DDR I S. 1) erschüttert und ist durch den Grundvertrag vom 21.12.1972 zwischen der Bundesrepublik Deutschland und der DDR (BGBl. 1973 II S. 421) vollends unhaltbar geworden. Die Anwendung der Regeln des interlokalen Strafrechts setzt nämlich voraus, daß in beiden Teilbereichen die gleiche Strafgewalt ausgeübt wird, daß dieselben Rechtsgrundsätze gelten und daß auf beiden Seiten der verfassungsmäßige Wille zur Unterstützung der Rechtsordnung des anderen Teils besteht. Diese Grundbedingungen waren im Verhältnis zwischen Bundesrepublik und DDR politisch nie und sind heute auch *rechtlich* nicht mehr gegeben. Nach Art. 6 des Grundvertrages gehen die Vertragspartner von dem Grundsatz aus, „daß die Hoheitsgewalt jedes der beiden Staaten sich auf sein Staatsgebiet beschränkt". Eine gegenseitige Förderungspflicht besteht nicht, sondern die Vertragspartner „respektieren die Unabhängigkeit und Selbständigkeit jedes der beiden Staaten in seinen inneren und äußeren Angelegenheiten" (vgl. dazu BVerfGE 36, 1 [20ff.]). Auch von einer Gemeinsamkeit der Rechtsgrundsätze kann keine Rede mehr sein (vgl. BVerfGE 37, 57 [64ff.] sowie 2. Auflage S. 72f.). Im Verhältnis der beiden Staaten zueinander kommt deswegen nur die **sinngemäße Anwendung der Regeln des internationalen Strafrechts** in Betracht (vgl. auch unten § 78 II 4)[14].

---

[12] *Herrmann,* Die Anwendbarkeit des politischen Strafrechts S. 75ff. hat deswegen schon früh für das politische Strafrecht zwischen der Bundesrepublik und der DDR die sinngemäße Anwendung der Regeln des internationalen Strafrechts vorgeschlagen. Ähnlich *Ruhrmann,* ZStW 72 (1960) S. 138, 146f., 153ff. Vgl. jetzt insbesondere § 91, der die Anwendbarkeit des politischen Strafrechts im Verhältnis zur DDR neu regelt (vgl. oben § 18 III 6).

[13] Vgl. BT-Drucksache V/4095, S. 4.

[14] So heute die h. M., die sich allmählich durchgesetzt hat; vgl. *LK (Tröndle)* Vorbem. 97 vor § 3; *Lackner,* § 3 Anm. 3b; *Jutta Endemann,* NJW 1966, 2386; *Gallas,* ZStW 80 (1968) S. 15; *Grünwald,* JZ 1966, 635; *Doehring,* Der Staat 4 (1965) S. 274; *derselbe,* Die Teilung Deutschlands S. 5; *Bruhn,* MDR 1970, 640; *Oehler,* Territorialitätsprinzip S. 70; *Welzel,* Lehrbuch S. 29; *Stratenwerth,* Allg. Teil I Rdn. 107; *Jakobs,* Allg. Teil S. 100; *Wessels,* Allg. Teil S. 16. Im Vordringen begriffen ist die Lehre von der *unmittelbaren* Anwendung des internationalen Strafrechts; so *Bottke,* JA 1980, 513; *Dreher / Tröndle,* § 3 Rdn. 11; *Baumann / Weber,* Allg. Teil S. 82; *Krey,* Strafanwendungsrecht S. 99ff.; *derselbe,* JR 1980, 45ff.; *Krey / Arenz,* JR 1985, 401; *Nöldeke,* JuS 1983, 299; *Roggemann,* ROW 1974, 197f.; *derselbe,* Strafrechtsanwendung S. 56; *Schmidhäuser,* Allg. Teil S. 135. Gegen diese Auffassung spricht aber, daß BVerfGE 36, 1 an der rechtlichen Existenz Gesamtdeutschlands festgehalten hat (S. 19) und demgemäß die DDR nicht als Ausland (S. 31) und ihre Bürger als deutsche Staatsangehörige ansieht (S. 31). Vgl. auch BVerfGE 37, 57 (64). In der DDR wird die Bundesrepublik nach der Neuregelung des internationalen Strafrechts in Art. 8 und § 80 des StGB von 1968 in Konsequenz der dort vertretenen Auffassung von der staats- und völkerrechtlichen Trennung der beiden Teile

3. Die Begriffe Inland und Ausland, Inländer und Ausländer werden dabei in modifizierter Form gebraucht.

a) Der *Inlandsbegriff* wird in *funktioneller Bedeutung* verstanden, d. h. gegenüber dem staats- und völkerrechtlichen Inlandsbegriff mit der Einschränkung versehen, daß Inland für das Verhältnis zur DDR nur das Gebiet ist, in dem deutsches Strafrecht aufgrund der Strafgewalt der Bundesrepublik in dieser oder in West-Berlin angewendet wird. Die DDR ist damit „Ausland", freilich nur im Sinne des Gegenstücks zu dieser Einschränkung. Darin liegt keine Identifikation mit dem staats- und völkerrechtlich verstandenen Begriff „Ausland", der in BVerfGE 36, 1 (17) aufgrund der vertraglich vereinbarten Rechtslage zutreffend zurückgewiesen wird. Diese Auffassung wird heute auch von der Rechtsprechung einhellig vertreten (BGH NJW 1978, 113 [115] im Fall Weinhold; BGH 30, 1 [4f.] m. krit. Anm. *Wengler*, JR 1981, 206; 32, 293 [297] m. krit. Anm. *Oehler*, JZ 1984, 948ff.; OLG Düsseldorf NJW 1979, 59 [61]; BayObLG VRS 61, 115; KG JR 1977, 334 [335]).

b) *Deutsche* im Sinne dieses funktionellen Inlandsbegriffs sind die deutschen Staatsangehörigen, die Bürger der Bundesrepublik und West-Berlins sind. Die Bürger der DDR werden im internationalen Strafrecht nicht als Deutsche behandelt, soweit die *Tätereigenschaft* an die deutsche Staatsangehörigkeit gebunden ist. Doch wird die Neubürgerregelung des § 7 II Nr. 1 zweite Alternative auf DDR-Bürger entsprechend anzuwenden sein. Fraglich ist, inwieweit das Strafrecht der Bundesrepublik Deutschland den DDR-Bürgern Schutz zu gewähren hat[15]. Das OLG Düsseldorf (NJW 1983, 1277) nimmt eine umfassende Schutzpflicht an[16]. BGH 32, 293 (298) will dagegen das in § 7 I verankerte passive Personalitätsprinzip nur ausnahmsweise auf Bürger der DDR anwenden. Einzelne Autoren lehnen die Einbeziehung der DDR-Bürger in den Schutzbereich des § 7 I gänzlich ab[17]. Richtig dürfte es sein, § 7 I nur auf DDR-Bürger anzuwenden, die ihre Lebensgrundlage in der Bundesrepublik haben oder sich wenigstens in deren Schutzbereich begeben wollen[18]. Bundesbürger, die Straftaten in der DDR begehen, werden nach § 7 II Nr. 1 erste Alternative erfaßt, als Opfer einer in der DDR begangenen Straftat schützt sie § 7 I[19].

Beispiel: Auf die Erschießung eines flüchtenden DDR-Bürgers kurz vor der Grenze durch einen Posten der Nationalen Volksarmee ist deshalb nicht das Recht der DDR (so LG Stuttgart JZ 1964, 101), sondern nach § 7 I (stellvertretende Strafrechtspflege verbunden mit dem Individualschutzprinzip) das Strafrecht der Bundesrepublik anzuwenden. Bei der Prüfung der Strafbarkeit der Tat am Tatort sind auch die Rechtfertigungsgründe des Tatortrechts zu berücksichtigen, soweit sie nicht allgemein anerkannten Rechtsgrundsätzen widersprechen (vgl. oben § 18 III 5). Das Recht der Polizei zum Schußwaffengebrauch ist zwar ein unter gewissen Voraussetzungen anerkannter Rechtfertigungsgrund, doch ist der gezielte Schuß auf einen Menschen, der lediglich sein Land verlassen will, ohne als Straftäter verfolgt zu werden, eine so grobe Mißachtung der elementarsten Menschenrechte, daß darin eine Verletzung des Kernbereichs des Rechts

---

Deutschlands als Ausland angesehen; vgl. *Bruhn*, MDR 1970, 641 ff. Zur Gesamtproblematik *Wengler*, Nawiasky-Festschrift S. 46ff., insbes. S. 72ff.; *Schroeder*, Die Strafgesetzgebung in Deutschland S. 7.

[15] Über die Schutzpflicht der Bundesrepublik gegenüber Bürgern der DDR BVerfGE 36, 1 (30f.). Vgl. dazu ferner *Rumpf*, ZRP 1974, 204.

[16] Ebenso *Oehler*, Internationales Strafrecht S. 286; *derselbe*, JZ 1984, 948ff. unter Hinweis auf die Einstellungsmöglichkeit nach § 153c I Nr. 1 StPO; *D. Schultz*, MDR 1985, 13f.; Vorauflage S. 153.

[17] So *Krey / Arenz*, JR 1985, 406.

[18] *Dreher / Tröndle*, § 7 Rdn. 3; *Schönke / Schröder / Eser*, Vorbem. 66 vor §§ 3 - 7; *Wessels*, Allg. Teil S. 17f.

[19] *Wessels*, Allg. Teil S. 17.

III. Die Anwendung des Strafrechts der Bundesrepublik im Verhältnis zur DDR

zu sehen ist, an den auch die Regierung eines kommunistisch beherrschten Landes gebunden ist (vgl. zu dem entsprechenden Problem der NS-Gewaltverbrechen oben § 2 I 2). Die Schußwaffenvorschrift der DDR ist deshalb insoweit als nichtig zu betrachten, zumal ein vom Völkerrecht geschützter *Rechtsanspruch* auf Auswanderungsfreiheit nunmehr nach Art. 12 II des auch von der DDR ratifizierten Internationalen Pakts über bürgerliche und politische Rechte vom 19. 12. 1966 (BGBl. 1973 II S. 1534) besteht[20]. Die strafrechtliche Behandlung des Postens wird damit zu einer Frage des Befehlsnotstandes, da er bei absichtlichem Vorbeischießen in der DDR Bestrafung zu erwarten hätte.

c) Der *Schutzbereich der Strafvorschriften* der Bundesrepublik wird auf Rechtsgüter der DDR ausgedehnt, auch wenn dabei gegen die Bundesrepublik gerichtete Propagandazwecke mitgeschützt werden (LG Berlin JZ 1976, 98; KG JZ 1976, 99 mit abl. Anm. *Schroeder;* BGH NJW 1975, 1610).

4. Die Anerkennung strafprozessualer Maßnahmen von Behörden der DDR durch die Bundesrepublik richtet sich nach dem Gesetz über die innerdeutsche Rechts- und Amtshilfe in Strafsachen vom 2. 5. 1953 (BGBl. I S. 161)[21]. Über die engen Voraussetzungen der Zulieferung eines Beschuldigten zur Strafverfolgung an die DDR vgl. BVerfGE 37, 57 (65 ff.) (Fall Ingrid Brückmann)[22].

---

[20] Ebenso *Dreher / Tröndle*, § 3 Rdn. 12; *Lackner*, § 7 Anm. 2; *Schönke / Schröder / Eser*, Vorbem. 70 vor §§ 3 - 7; *Nowakowski*, JZ 1971, 636; *Schroeder*, NJW 1969, 81; *derselbe*, JZ 1974, 116; *Welzel*, Lehrbuch S. 29. Dagegen aber *Grünwald*, JZ 1966, 638; *Roggemann*, ZRP 1976, 246; *Jakobs*, Allg. Teil S. 101.

[21] Vgl. *Schönke / Schröder / Eser*, Vorbem. 71 vor §§ 3 - 7; *Karin Stötter*, Rechts- und Amtshilfe S. 56 ff. Zu den rechtsstaatlichen Grundsätzen, auf die § 2 des Gesetzes verweist, eingehend *Morgenstern*, Vereinbarkeit, 1983.

[22] Vgl. *Gusy*, GA 1980, 248. Die Grundlinien einer Neuregelung entwirft *Roggemann*, NJW 1974, 1845 ff.

Zweiter Hauptteil: Die Straftat

1. Kapitel: Allgemeine Grundlagen des Verbrechensbegriffs

§ 21 Sinn, Methodik und Aufbau der allgemeinen Verbrechenslehre

Engisch, Die Einheit der Rechtsordnung, 1935; *derselbe,* Logische Überlegungen zur Verbrechensdefinition, Festschrift für H. Welzel, 1974, S. 343; *derselbe,* Sinn und Tragweite juristischer Systematik, Studium Generale 1957, S. 173; *Fletcher,* Rethinking Criminal Law, 1978; *J. Hall,* Perennial Problems of Criminal Law, Festschrift für R. Lange, 1976, S. 9; *Hassemer,* Rechtstheorie, Methodenlehre und Rechtsreform, in: *Arthur Kaufmann* (Hrsg.), Rechtstheorie, 1971, S. 27; *Honig,* Strafrechtliche Allgemeinbegriffe als Mittler kriminalpolitischer Ziele, Festschrift für K. Larenz, 1973, S. 245; *Hruschka,* Das Strafrecht neu durchdenken! GA 1981, 237; *derselbe,* Kann und sollte die Strafrechtswissenschaft systematisch sein? JZ 1985, 1; *Hünerfeld,* Zum Stand der deutschen Verbrechenslehre usw., ZStW 93 (1981) S. 979; *Jescheck,* Neue Strafrechtsdogmatik und Kriminalpolitik in rechtsvergleichender Sicht, ZStW 98 (1986) S. 1; *Loos,* Grenzen der Umsetzung der Strafrechtsdogmatik in der Praxis, in: *Immenga* (Hrsg.), Rechtswissenschaft und Rechtsentwicklung, 1980, S. 261; *Naucke,* Grundlinien einer rechtsstaatlich-praktischen allgemeinen Straftatlehre, 1979; *Marinucci,* Fatto e scriminanti, in: *Marinucci / Dolcini* (Hrsg.), Diritto penale in trasformazione, 1985, S. 177; *Radbruch,* Der Geist des englischen Rechts, 4. Aufl. 1958; *derselbe,* Zur Systematik der Verbrechenslehre, Festgabe für R. Frank, Bd. I, 1930, S. 158; *Riz,* Zum derzeitigen Stand der Verbrechenslehre in Italien usw., ZStW 93 (1981) S. 1005; *Rödig,* Zur Problematik des Verbrechensaufbaus, Festschrift für R. Lange, 1976, S. 39; *Roxin,* Kriminalpolitik und Strafrechtssystem, 2. Aufl. 1973; *Schild,* Die „Merkmale" der Straftat und ihres Begriffs, 1979; *Schmidhäuser,* Zur Systematik der Verbrechenslehre, Gedächtnisschrift für G. Radbruch, 1968, S. 268 ff.; *Schünemann,* Einführung in das strafrechtliche Systemdenken, in: *derselbe* (Hrsg.), Grundfragen des modernen Strafrechtssystems, 1984, S. 1; *Schwinge / Zimmerl,* Wesensschau und konkretes Ordnungsdenken im Strafrecht, 1937; *Vassalli,* Il fatto negli elementi del reato, Studi in memoria di G. Delitala, Bd. III, 1984, S. 1642; *Viehweg,* Topik und Jurisprudenz, 5. Aufl. 1974; *Welzel,* Die deutsche strafrechtliche Dogmatik der letzten 100 Jahre und die finale Handlungslehre, JuS 1966, 421; *derselbe,* Zur Dogmatik im Strafrecht, Festschrift für R. Maurach, 1972, S. 3; *Zimmerl,* Aufbau des Strafrechtssystems, 1930.

I. Der Sinn der allgemeinen Verbrechenslehre

1. Die Lehre vom Verbrechen befaßt sich mit den **allgemeinen juristischen Voraussetzungen der Strafbarkeit** einer Handlung. Gemeint sind dabei nicht nur die Verbrechen im Sinne des § 12 I, sondern *alle* strafbaren Handlungen (vgl. oben § 7 I 1). Wenn von den Voraussetzungen der Strafbarkeit die Rede ist, fällt der Blick naturgemäß zuerst auf den Besonderen Teil, wo die einzelnen Straftatbestände wie Mord, Raub, Gefährdung des Straßenverkehrs, Brandstiftung, Landesverrat geregelt sind. Die Lehre vom Verbrechen behandelt jedoch nicht die Merkmale der einzelnen Deliktstypen, sondern diejenigen Bestandteile des Verbrechensbegriffs, die *allen Straftaten gemeinsam* sind. Es handelt sich dabei insbesondere um die Kategorien der Tatbestandsmäßigkeit, Rechtswidrigkeit und Schuld, die wiederum in zahlreiche Unterbegriffe wie objektive und subjektive Tatbestandsmerkmale, objektive und subjektive Voraussetzungen der Rechtfertigungsgründe, positive und negative Schuld-

I. Der Sinn der allgemeinen Verbrechenslehre

merkmale aufgegliedert werden. Es geht dabei um die Frage, unter welchen Bedingungen eine Tat dem Täter auf der jeweiligen Deliktsstufe *zugerechnet* werden kann.

2. Die Lehre vom Verbrechen als ein Versuch, die **strafbare Handlung als Ganzes** durch Aufstellung allgemeiner Merkmale theoretisch zu erfassen, bedarf einer *Rechtfertigung*, denn es läge an sich näher, unmittelbar bei den verschiedenen Deliktstypen und ihren Bestandteilen einzusetzen. Die Voraussetzungen der Strafbarkeit erschöpfen sich jedoch nicht in den Merkmalen der Einzeltatbestände wie Mord, Diebstahl oder Sachbeschädigung. Wesentliche Faktoren des Verbrechensbegriffs sind in den Deliktsbeschreibungen des Besonderen Teils nicht enthalten, sondern ihnen *vorgelagert*.

Beispiel: In dem berühmten Mignonette-Fall hatte ein englisches Gericht über die Tat zweier Seeleute zu urteilen, die als Schiffbrüchige nach langen Entbehrungen in ihrer Not einen sterbenden Leidensgefährten getötet und sich bis zur Rettung von seinem Körper ernährt hatten. Das Todesurteil, das später im Gnadenwege in eine sechsmonatige Freiheitsstrafe umgewandelt wurde, beruhte auf der Ablehnung des Notstands durch das Gericht. Es ist wahrscheinlich mit durch die irrige Erwägung veranlaßt worden, daß die Zubilligung des Notstands die Handlung der Seeleute gerechtfertigt und nicht bloß entschuldigt hätte (The Queen v. Dudley and Stephens, Queens Bench Division 14 [1884 - 85] S. 273 ff., insbes. S. 286 ff.)[1].

Ohne die Gliederung des Verbrechensbegriffs in Tatbestandsmäßigkeit, Rechtswidrigkeit und Schuld und die weitere Differenzierung dieser Merkmale durch Unterscheidungen wie rechtfertigender und entschuldigender Notstand[2] bleibt die Lösung dieses Falles unsicher und von Gefühlserwägungen abhängig. Die allgemeinen Merkmale des Verbrechensbegriffs, die in der Lehre vom Verbrechen zusammengefaßt werden, ermöglichen dagegen eine *rationale, sachgebundene* und *gleichmäßige Rechtsprechung,* sie tragen dadurch wesentlich zur Gewährleistung der *Rechtssicherheit* bei[3]. Man darf jedoch auch die *Gefahr* einer zu sehr auf abstrakte Formeln gebrachten Strafrechtsdogmatik nicht verkennen; sie besteht darin, daß der Richter sich auf die Automatik theoretischer Begriffe verläßt und dadurch die Besonderheiten des Einzelfalls übersieht[4]. Entscheidend hat immer die Lösung der *Sachfrage* zu sein, während Erfordernisse der Systematik als nachrangig zurücktreten müssen. Es ist

---

[1] Vgl. *Radbruch,* Der Geist des englischen Rechts S. 69 ff.; vgl. ferner *Welzel,* JuS 1966, 421.

[2] Vgl. die Fallgruppen des Notstands bei *Hruschka,* Strafrecht S. 68 ff. und S. 277 ff.

[3] Diese Erkenntnis ist weithin die gemeinsame Grundlage der europäischen und der von ihr beeinflußten außereuropäischen Strafrechtswissenschaft; vgl. *Engisch,* Studium Generale 1957, 173 ff.; *Schmidhäuser,* Radbruch-Gedächtnisschrift S. 268 ff.; *Welzel,* Lehrbuch S. 1; derselbe, Maurach-Festschrift S. 5; *Trifterer,* Allg. Teil S. 54; *Stratenwerth,* Schweiz. Strafrecht Allg. Teil I S. 111 ff.; *Schild,* Merkmale S. 104 ff.; *Fiandaca / Musco,* Diritto penale S. 63; *Merle / Vitu,* Traité S. 456, 506, 679; *Mir Puig,* Derecho penal S. 90 ff.; *Hazewinkel-Suringa / Remmelink,* Inleiding S. 73; *Fragoso,* Lições S. 143 ff. Über die Auseinandersetzungen zum „tripartismo" in Italien *Vassalli,* Delitala-Gedächtnisschrift Bd. III S. 1647 ff. Auch in dem „theoriefeindlichen" amerikanischen Strafrecht wird neuerdings eine Dogmatik des Allgemeinen Teils aufgebaut; vgl. die „Principles" und „Doctrines" bei *J. Hall,* General Principles S. 27 ff. u. 360 ff.; derselbe, Lange-Festschrift S. 23 ff. sowie die „General Provisions" in dem Penal Law des Staates New York vom 1. 9. 1967 und im Model Penal Code vom 4. 5. 1962 (Übersetzung von *Honig*). In engem Zusammenhang mit der deutschen Lehre steht ferner *Fletcher,* Rethinking Criminal Law S. 393 ff. („the study of issues that cut across all offenses"). Dazu *Hruschka,* GA 1981, 244 ff. Im gleichen Sinne für das englische Strafrecht *Glanville Williams,* Criminal Law S. V („all [crimes] are governed by certain general principles . . . described on the Continent as the ‚general part of the law'").

[4] Vgl. das Beispiel von der „Gliederpuppe" und die Warnung vor einer „Philosophie der Kapitelüberschriften" bei *H. Mayer,* Lehrbuch S. 102. Im Ergebnis würde jedoch der Verzicht auf Allgemeinbegriffe auf eine Abdankung der Strafrechtswissenschaft hinauslaufen; vgl. *Schwinge / Zimmerl,* Wesensschau S. 28 ff.

notwendig, „die kriminalpolitischen Wertentscheidungen in das System des Strafrechts so eingehen zu lassen, daß ihre gesetzliche Fundierung, ihre Klarheit und Berechenbarkeit, ihr widerspruchsfreies Zusammenspiel und ihre Auswirkungen im Detail"[5] unter jeder denkbaren Fallgestaltung in Erscheinung treten.

Beispiele für die formelhafte Verwendung von Lehrsätzen bietet insbesondere die Rechtsprechung zur Fahrlässigkeit, zum Verbotsirrtum, zum unechten Unterlassungsdelikt und zur Unterscheidung von Täterschaft und Teilnahme, weil hier die Differenzierung und Konkretisierung der Allgemeinbegriffe noch am wenigsten weit fortgeschritten ist.

Der Strafrechtsdogmatik wohnt eine bemerkenswerte Stabilität inne, die durch den beharrenden Einfluß der Rechtsprechung verstärkt wird[6]. Wandlungen im System der allgemeinen Verbrechenslehre vollziehen sich langsam. Sie sind jedoch gerade in den letzten drei Jahrzehnten eingetreten und haben auch die Rechtsprechung verändert (vgl. unten § 22 V u. VI).

II. Die Methodik der allgemeinen Verbrechenslehre

1. Die allgemeine Verbrechenslehre muß aus dem *Gesetz* abzuleiten oder doch jedenfalls mit ihm zu vereinbaren sein. Früher waren die Merkmale des Verbrechensaufbaus dem Allgemeinen Teil des RStGB von 1871 nur bruchstückhaft zu entnehmen (vgl. 2. Auflage S. 150 f.). Der neue Allgemeine Teil läßt dagegen die Struktur des ihm zugrunde liegenden Verbrechensbegriffs viel deutlicher erkennen[7]. So ergeben die Merkmale „Tat" (z. B. §§ 16 I und II, 17, 18, 19, 20), „rechtswidrige Tat" (§§ 11 Nr. 5, 26, 27) und „Straftat" (§§ 22, 44) in Verbindung mit den Deliktsbeschreibungen des Besonderen Teils, daß Gegenstand der strafrechtlichen Regelung die Einzeltat und nicht die parasitäre oder asoziale Lebensführung des Täters ist (vgl. auch die neue mit der alten Fassung des § 181 a). Daraus folgt, daß die Lehre vom Verbrechen auf die **Handlung** und nicht auf die Täterpersönlichkeit zu gründen ist (vgl. oben § 7 III 2). Der Handlungsbegriff muß freilich, wie § 13 zeigt, auch die **Unterlassung** einbeziehen. Die Definition der „rechtswidrigen Tat" in § 11 Nr. 5 ergibt ferner, daß rechtswidrig handelt, wer den Tatbestand eines Strafgesetzes verwirklicht. Auf der anderen Seite zeigen die Vorschriften über die Notwehr (§ 32) und den rechtfertigenden Notstand (§ 34), daß die Rechtswidrigkeit der tatbestandsmäßigen Handlung durch Rechtfertigungsgründe ausgeschlossen sein kann. Die **Rechtswidrigkeit** muß danach ein zweites Grundelement des Verbrechensbegriffs darstellen. Aus den Vorschriften über den unvermeidbaren Verbotsirrtum (§ 17 S. 1) und über die Schuldunfähigkeit des Kindes (§ 19) bzw. die Schuldunfähigkeit wegen seelischer Störungen (§ 20) im ersten Titel „Grundlagen der Strafbarkeit" ist weiter das Erfordernis der **Schuld** als gesetzliches Merkmal des Verbrechensbegriffs abzuleiten (vgl. auch oben § 4 I). Endlich folgt aus dem Gesetzlichkeitsprinzip (§ 1), aus der Definition der rechtswidrigen Tat (§ 11 Nr. 5), aus der Irrtumsvorschrift des § 16 I 1 und der Begriffsbestimmung des Versuchs (§ 22), daß die Merkmale aller Deliktsformen jeweils in einem **Tatbestand** festgelegt sein müssen.

2. Der Verbrechensbegriff muß ferner mit dem *Zweck* und den *Mitteln des Strafrechts* übereinstimmen[8]. Der Zweck des Strafrechts ist der Schutz des Zusammenle-

---

[5] So *Roxin*, Kriminalpolitik und Strafrechtssystem S. 10. Weitergehend die Anforderungen an das Straftatsystem bei *Hruschka*, JZ 1984, 1 ff.

[6] Vgl. *Hassemer*, Rechtstheorie S. 32.

[7] Vgl. *Schmidhäuser*, Allg. Teil S. 141. Über die Konsequenzen, die sich aus der Wahl der Grundelemente des Verbrechensaufbaus ergeben, vgl. *Zimmerl*, Aufbau des Strafrechtssystems S. 4 ff.

II. Die Methodik der allgemeinen Verbrechenslehre   177

bens der Menschen in der Gemeinschaft gegenüber schwerwiegenden Rechtsbrüchen (vgl. oben § 1 I 1). Das Mittel des Strafrechts ist hauptsächlich die Strafe, sie besteht in der Androhung und Auferlegung eines nach der Schwere der Rechtsverletzung verdienten Übels zum Zweck der Aufrechterhaltung der Rechtsordnung (vgl. oben § 8 I 2b). Daraus folgt einmal: Wer recht tut, kann nicht bestraft werden. Die **Rechtswidrigkeit** muß also auch unter dem Gesichtspunkt des Zwecks des Strafrechts ein allgemeines Merkmal des Verbrechensbegriffs sein. In der Rechtswidrigkeit liegt das Unwerturteil der Rechtsordnung über die *Tat*. Aus dem Maßstab des Verdientseins der Strafe im Verhältnis zur Schwere der Rechtsverletzung ergibt sich ferner das Erfordernis der **Schuld**. Im Schuldvorwurf liegt das Unwerturteil der Rechtsordnung über den *Täter*. Rechtswidrigkeit und Schuld sind danach die beiden *materiellen* Grundbestandteile des Verbrechensbegriffs. Hinzu tritt weiter ein Merkmal *formaler* Art: das strafwürdige Unrecht muß im Rechtsstaat gesetzlich festgelegt sein (vgl. oben § 15 III 3). Aus der Einordnung des Strafrechts in den Rechtsstaat ergibt sich somit drittens das Erfordernis der **Tatbestandsmäßigkeit** des strafwürdigen Unrechts. Das Strafrecht soll endlich nicht nur Freiheit beschränken, sondern auch Freiheit schaffen (vgl. oben § 1 I 2). Deshalb können nicht Gedanken und Pläne eines Menschen, auch nicht sein Charakter und seine Lebensführung Gegenstand strafrechtlicher Regelung sein, sondern immer nur seine Taten (vgl. oben § 7 III 2). Daraus folgt, daß Unrecht und Schuld nur auf menschliche **Handlungen** und allerdings auch Unterlassungen (§ 13) bezogen werden können.

3. Der Verbrechensbegriff muß endlich mit den Gegebenheiten der Strafverfolgung in einem formalisierten *Verfahren* vereinbar sein[9]. Dazu gehört einmal, daß der Verbrechensbegriff so **klar** und **einfach** zu halten ist[10], daß er durch Polizei, Staatsanwaltschaft und Gerichte im routinemäßigen Vorgehen, in begrenzter Zeit und mit knappem Personal sicher und gleichmäßig gehandhabt werden kann. Die Elemente des Verbrechensbegriffs müssen im Prozeß ferner **feststellbar** und mit den zulässigen Beweismitteln **nachweisbar** sein. Subjektive Momente dürfen deshalb nur verwendet werden, wenn sie mit objektiven Faktoren so eng verbunden sind, daß sie aus diesen zuverlässig geschlossen werden können. Normative Merkmale müssen einen deskriptiven Kern haben. Der Verbrechensbegriff muß endlich auch im **summarischen Verfahren** (§§ 407 ff. StPO), das in mehr als 70 % der vor das Gericht gelangenden Fälle angewendet wird, ohne weiteres brauchbar sein.

---

[8] Über die teleologische Systematik der Verbrechenslehre schon *Radbruch*, Frank-Festgabe Bd. I S. 158 ff. Über die systematische Einheit von Kriminalpolitik und Verbrechenslehre insbes. *Roxin*, Kriminalpolitik und Strafrechtssystem S. 11. Dazu auch *Honig*, Larenz-Festschrift S. 245 ff.

[9] Einen die Beweisbarkeit der Straftat einschließenden Verbrechensbegriff entwirft deswegen *Naucke*, Grundlinien S. 39 f. Vgl. dazu auch *Loos*, in: *Immenga* (Hrsg.), Rechtswissenschaft und Rechtsentwicklung S. 261 ff.

[10] Über die kritische Einstellung der französischen Lehre gegenüber der deutschen mit ihren „minuties de ‚civilistes' qui ont souvent fait perdre de vue le délinquant lui-même" *Merle / Vitu*, Traité S. 454. Die ältere zweistufige Einteilung des Verbrechensbegriffs in „élément matériel" und „élément moral", die sich auch bei dem an *Carrara* festhaltenden Teil der italienischen Lehre findet (vgl. *Riz*, ZStW 93 [1981] S. 1006 ff.; dagegen für das dreistufige System *Marinucci*, Diritto penale in trasformazione S. 177 ff.), geht auf *Descartes* zurück und hat sich vielleicht deswegen bis in die Gegenwart erhalten. Eine moderne Gliederung, die eine ähnliche Einteilung der Grundbegriffe der Verbrechenslehre erkennen läßt wie in Deutschland, ergibt sich aus dem Avant-Projet de Code pénal 1986. Zur französischen Verbrechenslehre vgl. auch *Hünerfeld*, ZStW 93 (1981) S. 993 ff. Zum ganzen ferner *Jescheck*, ZStW 98 (1986) S. 5 ff.

III. Die Bildung des Verbrechensbegriffs

1. Die Merkmale des allgemeinen Verbrechensbegriffs bleiben nicht unverbunden nebeneinander stehen (**topische Ordnung**)[11], sondern werden in einen inneren Zusammenhang gebracht, der nach den logischen Gesetzen von Über- und Unterordnung, Regel und Ausnahme gegliedert ist (**systematische Ordnung**). Dieses System muß so vollständig, widerspruchsfrei und genügend differenziert sein, daß alle Einzelteile am richtigen Platz eingeordnet werden können. Da aber immer neue Sachfragen auftreten und alte Probleme mit der Zeit ihr Gesicht verändern, ist die Aufgabe der Systembildung nie vollendet[12].

Beispiele: Die objektiven Bedingungen der Strafbarkeit dürfen nicht außerhalb des Verbrechensbegriffs bleiben, weil sie nirgends untergebracht werden könnten (Mangel der *Vollständigkeit*). Die Rechtswidrigkeit darf nicht mehr als eine rein äußere Kategorie angesehen werden, nachdem die Existenz subjektiver Rechtswidrigkeitsmerkmale nachgewiesen worden ist (Mangel der *Widerspruchsfreiheit*). Die Fahrlässigkeit darf nicht mehr als bloße Schuldform ausgegeben werden, nachdem man erkannt hat, daß ihr objektiver Kern in der Verletzung der „im Verkehr erforderlichen Sorgfalt" besteht (Mangel der *Differenziertheit*).

2. Die Zusammenstellung der Merkmale der strafbaren Handlung in einem System ergibt die klassische, in Deutschland im wesentlichen unangefochtene[13], viergliedrige Definition des Verbrechensbegriffs als **tatbestandsmäßige, rechtswidrige und schuldhafte Handlung,** die auch in der Rechtsprechung anerkannt ist (RG 61, 242 [247]; 66, 397 [398]; BGH 1, 131 [132])[14]. Die Definition bedeutet keine Zerlegung der immer als Ganzes zu verstehenden Tat in Einzelteile, sondern ihre Betrachtung unter verschiedenen Aspekten. Mit der Definition des Verbrechens als einer tatbestandsmäßigen, rechtswidrigen und schuldhaften Handlung sind die **Grundbegriffe** gewonnen, die durch immer mehr ins einzelne gehende juristische Aussagen differenziert werden.

Beispiele: So führt die Einordnung des Vorsatzes in den Tatbestand dazu, daß auch der Tatbestandsirrtum an dieser Stelle zu erörtern ist. So werden als Gegenstück der Rechtswidrigkeit die Rechtfertigungsgründe in ihren objektiven und subjektiven Merkmalen entwickelt. So erweist sich das Bewußtsein der Rechtswidrigkeit als Schuldbestandteil, und auch der Verbotsirrtum muß damit ein Schuldproblem sein. So scheiden die Reflexbewegungen aus dem Handlungsbegriff aus, soweit sie durch den Willen nicht beherrschbar sind und deswegen für die strafrechtliche Zurechnung von vornherein nicht in Betracht kommen.

Beim Aufbau der Verbrechenslehre muß grundsätzlich die „**Einheitlichkeit des Wertungsstandpunkts**"[15] gewahrt bleiben, damit das System nicht von Widersprüchen durchzogen wird. Doch erfordert die Reinheit der Systematik nicht letzte Konsequenz der Einzelaussagen. Vielmehr sind *Ausnahmen* anzuerkennen, wenn sie sich überzeugend begründen lassen und den Systemzusammenhang nicht sprengen.

---

[11] Über das topische Verfahren als den dem systematischen Denken vorausliegenden Denkstil *Viehweg,* Topik und Jurisprudenz S. 31 ff.

[12] Der Anspruch *Hruschkas,* JZ 1984, 3, daß die strafrechtliche Systematik der logischen Stringenz der euklidischen Geometrie nacheifern müsse, wird deswegen allenfalls bei der formellen Seite der Grundbegriffe erfüllbar sein. Wie der Text auch *Schünemann,* in: *derselbe* (Hrsg.), Grundfragen des modernen Strafrechtssystems S. 3 ff.

[13] Einen zweistufigen Verbrechensaufbau, der aber anders konzipiert ist als der der französischen und (teilweise) der italienischen Lehre, hat *Rödig,* Lange-Festschrift S. 56 ff. vorgeschlagen.

[14] Es handelt sich dabei um die im Sinne einer Realdefinition „wesentlichen" Aussagen, vgl. *Engisch,* Welzel-Festschrift S. 354. Über den im Ausland noch vielfach anzutreffenden *zweigliedrigen* Verbrechensbegriff, der nur ein objektives und ein subjektives Element unterscheidet, vgl. *Rodríguez Devesa / Serrano Gómez,* Derecho penal S. 284 ff.; ferner oben Fußnote 10.

[15] Hierzu näher *Engisch,* Einheit der Rechtsordnung S. 26 ff.

Beispiele: So war etwa die unverhältnismäßig hohe Bestrafung der erfolgsqualifizierten Delikte vor Einführung des § 56 a. F. mit dem Schulderfordernis ebensowenig vereinbar wie heute die häufig rein objektive Behandlung der Fahrlässigkeit im Verkehrsstrafrecht. Dagegen ist es kein Widerspruch, sondern eine durch erhöhte Anforderungen an den Normgehorsam begründete Ausnahme, wenn Angehörige bestimmter Berufsgruppen durch Notstand nicht entschuldigt werden (§ 35 I 2).

§ 22 Die Entwicklungsstufen der neueren Verbrechenslehre

Das Bild der gegenwärtigen deutschen Strafrechtsdogmatik erscheint in seiner Vielgestaltigkeit auf den ersten Blick verwirrend. Das Verständnis wird jedoch erleichtert, wenn man sich die Entwicklung der Verbrechenslehre seit mehr als 100 Jahren in großen Zügen vor Augen führt. Ein solcher dogmengeschichtlicher Rückblick ergibt, daß im wesentlichen **drei Entwicklungsstufen** der neueren Verbrechenslehre zu unterscheiden sind: der klassische Verbrechensbegriff, der neoklassische Verbrechensbegriff und der Verbrechensbegriff des Finalismus[1]. Jedes dieser Systeme ist aus seinen geistesgeschichtlichen Wurzeln und aus seinem Zusammenhang mit der Konzeption der voraufgehenden Epoche zu erklären, die man jeweils durch Umbauten im Lehrgebäude zu verbessern und zu überwinden suchte. Da jedoch keine dieser Theorien die anderen je völlig zu verdrängen vermochte, sind noch heute Systemgedanken aus allen drei Bereichen nebeneinander lebendig. Klarheit läßt sich deshalb nur gewinnen, wenn man die gegenwärtig vertretenen Lehrmeinungen in ihren dogmengeschichtlichen Zusammenhang einordnet.

I. Die Vorstufen der neueren Verbrechenslehre

Achenbach, Historische und dogmatische Grundlagen der strafrechtssystematischen Schuldlehre, 1974; *Baratta,* Über Iherings Bedeutung für die Strafrechtswissenschaft, in: *Wieacker / Wollschläger* (Hrsg.), Iherings Erbe, 1970, S. 17; *Berner,* Lehrbuch des deutschen Strafrechts, 1857; *Dornseifer,* Rechtstheorie und Strafrechtsdogmatik Adolf Merkels, 1979; *Hall,* Die Lehre vom corpus delicti, 1933; *v. Ihering,* Das Schuldmoment im römischen Privatrecht, 1867; *Armin Kaufmann,* Lebendiges und Totes in Bindings Normentheorie, 1954; *Luden,* Abhandlungen aus dem gemeinen teutschen Strafrechte, Bd. II: Über den Tatbestand des Verbrechens, 1840; *Marxen,* Die rechtsphilosophische Begründung der Straftatlehre im Nationalsozialismus, ARSP, Beiheft Nr. 18, 1983, S. 55; *A. Merkel,* Kriminalistische Abhandlungen, Bd. I, 1867; *derselbe,* Lehrbuch des deutschen Strafrechts, 1889; *Radbruch,* Drei Strafrechtslehrbücher des 19. Jahrhunderts, Festschrift für E. Rosenfeld, 1949, S. 7; *Schaffstein,* Die europäische Strafrechtswissenschaft im Zeitalter des Humanismus, 1954; *Schünemann,* Einführung in das strafrechtliche Systemdenken, in: *derselbe* (Hrsg.), Grundfragen des modernen Strafrechtssystems, 1984, S. 1; *Schweikert,* Die Wandlungen der Tatbestandslehre seit Beling, 1957; *Stübel,* Über den Tatbestand des Verbrechens, 1805; *Welzel,* Die deutsche strafrechtliche Dogmatik der letzten 100 Jahre und die finale Handlungslehre, JuS 1966, 421; *Erik Wolf,* Große Rechtsdenker der deutschen Geistesgeschichte, 4. Aufl. 1963.

Die gemeinrechtliche Verbrechenslehre kannte bereits die Grundbegriffe der Strafrechtsdogmatik, insbesondere die Unterscheidung zwischen objektiver und subjektiver Zurechnung (imputatio facti und imputatio iuris). Sie beruhte auf den Leistungen der großen Juristen im Zeitalter des Humanismus *(Tiberius Decianus,* Tractatus criminalis, 1590; *Petrus Theodoricus,* Collegium criminale, 1618)[2] und der Aufklärung *(Samuel Pufendorf,* Elementorum Jurisprudentiae Universalis libri duo, 1660; *Chri-*

---
[1] Demgegenüber unterscheidet *Marxen,* ARSP, Beiheft Nr. 18, 1983, S. 55, 61ff. nach der politischen „Haltung" der Autoren eine „formalistische" und eine „finalistische" Phase, doch hat die politische Einstellung die Systematik der Verbrechenslehre allenfalls in der „Kieler Schule" (vgl. unten § 22 IV) beeinflußt.

[2] Zu diesen *Schaffstein,* Die europäische Strafrechtswissenschaft S. 38ff., 59ff.

stian Wolff, Philosophia Practica Universalis, 1738)[3]. Der moderne viergliedrige Verbrechensbegriff der tatbestandsmäßigen, rechtswidrigen und schuldhaften Handlung ist auf dieser Grundlage seit mehr als 100 Jahren in mehreren Etappen **aus Beiträgen verschiedener Dogmatiker** entstanden[4].

Schon in der ersten Hälfte des 19. Jahrhunderts unterschied *Stübel*, Professor in Wittenberg, zwischen dem Unrecht und der Zurechnung der Tat[5]. Bei *Luden*, Professor in Heidelberg, findet sich bereits in ausgeprägter Form ein dreigliedriger Verbrechensbegriff (Handlung, Rechtswidrigkeit und Schuld)[6], den *v. Liszt* und *Beling* später aufgenommen und ausgebaut haben. Nach der herrschenden Doktrin jener Zeit waren jedoch die Begriffe Rechtswidrigkeit und Schuld noch ungeschieden in dem aus der Imputationslehre *Pufendorfs* stammenden Oberbegriff der Zurechnung verschmolzen, dessen Aufgabe es lediglich war, die Tat als Menschenwerk zu erfassen und vom Zufall abzugrenzen[7].

Erst *Rudolf v. Ihering* ist es gewesen, der 1867 für das bürgerliche Recht den Begriff der *objektiven Rechtswidrigkeit* entwickelt hat, indem er nachwies, daß das Verschulden für gewisse Rechtsverletzungen, aus denen sich Rechtsfolgen ergeben, keine Rolle spielt[8]. Der Begriff der objektiven Rechtswidrigkeit wurde durch *Franz v. Liszt*[9] und *Beling*[10] für das Strafrecht nutzbar gemacht und unter Preisgabe der alten Zurechnungslehre in den Verbrechensaufbau übernommen. *Binding* erkannte die systematische Bedeutung dieses Schritts zwar nicht[11], er löste jedoch durch die *Normentheorie*[12] den Begriff der Rechtswidrigkeit vom Strafrecht und gab ihm damit selbständige Bedeutung: die strafbare Handlung verletzt nicht eigentlich das Strafgesetz, da dieses nur die Sanktion aufstellt, sondern die ihm begrifflich vorgelagerten Gebote und Verbote der Rechtsordnung (die Normen), so daß die gesamte Unrechtslehre eigenständig aus dem Inhalt dieser Normen zu erfassen ist. Die Anfänge eines besonderen *Schuldbegriffs* gehen auf *A. Merkel* zurück, der zwar an der überkommenen Zurechnungslehre festhielt[13], aber doch als erster Vorsatz und Fahrlässigkeit unter dem Oberbegriff der pflichtwidrigen Willensbestimmung vereinigte[14]. *Berner* ist es gewesen, der den *Handlungsbegriff* in die Position eines Grundbegriffs des Verbrechensaufbaus gerückt hat, demgegenüber „alles, was man sonst noch vom Verbrechen aussagt", nur „Prädikate" sind[15]. Erst zuletzt wurde das Merkmal der *Tatbestandsmäßigkeit* der strafbaren Handlung theoretisch erfaßt. Nach *Beling* ist der Tatbestand der Inbegriff der Merkmale, die ergeben, um welches Verbrechen es sich

---

[3] Zu Pufendorfs Strafrechtslehre *Erik Wolf*, Große Rechtsdenker S. 345 ff. und *Eb. Schmidt*, Einführung S. 169 ff.

[4] Vgl. dazu *Welzel*, JuS 1966, 421; *Radbruch*, Rosenfeld-Festschrift S. 13 ff.; *Schmidhäuser*, Allg. Teil S. 160 ff.; *Haft*, Allg. Teil S. 12 ff.; *Schünemann*, in: *derselbe* (Hrsg.), Grundfragen des modernen Strafrechtssystems S. 18 ff.

[5] *Stübel*, Über den Tatbestand der Verbrechen, §§ 1 und 2.

[6] *Luden*, Abhandlungen Bd. II S. 110. Vgl. dazu *Hall*, Corpus delicti S. 150 ff.

[7] Charakteristisch ist dafür die Darstellung von *A. Merkel*, Lehrbuch S. 65 ff.

[8] *v. Ihering*, Das Schuldmoment im römischen Privatrecht S. 4 ff.; vgl. dazu *Baratta*, Iherings Bedeutung S. 18 f.

[9] *v. Liszt*, Lehrbuch, 2. Aufl. S. 94.

[10] *Beling*, Grundzüge, 2. Aufl. S. 29.

[11] Vgl. *Binding*, Normen Bd. I S. 244: „Was man das objektive Unrecht nennt, ist reiner Zufall."

[12] Vgl. *Binding*, Normen Bd. I S. 4 - 7, 82, 96, 152 f.; dazu *Armin Kaufmann*, Normentheorie S. 3 ff. und 36 ff.

[13] *A. Merkel*, Abhandlungen Bd. I S. 44.

[14] *A. Merkel*, Lehrbuch S. 66 ff.; vgl. dazu *Achenbach*, Schuldlehre S. 44 ff. sowie *Dornseifer*, Rechtstheorie S. 92 ff.

[15] *Berner*, Lehrbuch S. 108.

typisch handelt: „Die Typizität oder Tatbestandsmäßigkeit als Eigenschaft der Handlung ist damit zum begrifflichen Merkmal des Verbrechens geworden"[16]. Der Tatbestand erlangte auf diese Weise als Beziehungspunkt für das Rechtswidrigkeits- und Schuldurteil und als wichtigster Träger der Garantiefunktion des Strafgesetzes eine beherrschende Stellung im Verbrechensaufbau. So ergab sich für *Beling* am Anfang dieses Jahrhunderts der *vollentwickelte Verbrechensbegriff* wie folgt: „Verbrechen ist die tatbestandsmäßige, rechtswidrige, schuldhafte, einer auf sie passenden Strafdrohung unterstellte und den Strafdrohungsbedingungen genügende Handlung"[17].

II. Der klassische Verbrechensbegriff

Burgstaller, Zur Täterschaftsregelung im neuen StGB, ÖRiZ 1975, 13; *v. Buri,* Über Causalität und deren Verantwortung, 1873; *Claß,* Grenzen des Tatbestandes, Strafr. Abh. Heft 323, 1933; *Delitala,* Il fatto nella teoria generale del reato, 1930; *Jescheck,* Die Entwicklung des Verbrechensbegriffs in Deutschland seit Beling im Vergleich mit der österreichischen Lehre, ZStW 73 (1961) S. 179; *Jiménez de Asúa,* La teoría jurídica del delito, 1931; *Kienapfel,* Zur gegenwärtigen Situation der Strafrechtsdogmatik in Österreich, JZ 1972, 569; *M. E. Mayer,* Die schuldhafte Handlung und ihre Arten, 1901; *Moos,* Der Verbrechensbegriff in Österreich im 18. und 19. Jahrhundert, 1968; *derselbe,* Die finale Handlungslehre, Strafr. Probleme 2, 1974, S. 5; *Nowakowski,* Probleme der Strafrechtsdogmatik, JBl 1972, 19; *Platzgummer,* Die „Allgemeinen Bestimmungen" des Strafgesetzentwurfes usw., JBl 1971, 236; *Radbruch,* Über den Schuldbegriff, ZStW 24 (1904) S. 333; *Arturo Rocco,* Il problema e il metodo de la scienza del diritto penale, Rivista di diritto e procedura penale, 1 (1910) S. 497; *Steininger,* Die moderne Strafrechtsdogmatik usw., ÖJZ 1981, 365; *Welzel,* Naturalismus und Wertphilosophie im Strafrecht, 1935.

1. Der klassische Verbrechensbegriff des Positivismus, der seit der Jahrhundertwende in Deutschland von der herrschenden Lehre vertreten wurde, zeichnete sich durch einen **einfachen, übersichtlichen** und auch **didaktisch vorteilhaften Aufbau** aus. Die Grundlage dieses Systems war der *Handlungsbegriff*, der bei *Beling* und *v. Liszt* noch ganz naturalistisch aufgefaßt war als Körperbewegung (Handlung i. e. S.) und Veränderung der Außenwelt (Erfolg), beide verbunden durch das Band der Kausalität, die nach der *Äquivalenztheorie*[18] alle sachlichen Unterscheidungen in der Herbeiführung des Tatbestandes auszuschließen schien. Die Schwäche dieser am Äußeren haftenden Betrachtungsweise offenbarte sich bei der Unterlassung, die im Strafrecht ebenso wie das positive Tun in den Handlungsbegriff eingeordnet werden muß, aber offensichtlich keine Körperbewegung ist, sondern ihr Gegenteil. Hier ist es *v. Liszt* gewesen, der das Wesen der Unterlassung als erster nicht in einer Art des körperlichen Verhaltens, sondern geistig in dem sozialen Sinn des Geschehens gesehen hat, nämlich darin, daß eine bestimmte Handlung von der Rechtsordnung erwartet wird[19]. Damit waren aber die Grundlagen des naturalistischen Handlungsbegriffs bereits verlassen.

War das Vorliegen einer Handlung bejaht, so mußte weiterhin geprüft werden, ob auch die Prädikate der Tatbestandsmäßigkeit, Rechtswidrigkeit und Schuld gegeben sind. Dabei wurde scharf zwischen den **objektiven** und **subjektiven Bestandteilen** des Verbrechens unterschieden. Die objektive Tatseite sollte Ausdruck finden in den Merkmalen der *Tatbestandsmäßigkeit* und *Rechtswidrigkeit,* die subjektive in dem

---

[16] *Beling,* Die Lehre vom Verbrechen S. 23 f.; vgl. dazu *Schweikert,* Wandlungen der Tatbestandslehre S. 14 ff. Über die Lehre vom „corpus delicti" als Vorstufe der Tatbestandslehre *Hall,* Corpus delicti S. 10 f.

[17] *Beling,* Die Lehre vom Verbrechen S. 7.

[18] Ihr Begründer war *v. Buri,* Über Causalität S. 2 ff.

[19] *v. Liszt,* Lehrbuch, 4. Aufl. S. 141.

Merkmal der *Schuld*. Der Tatbestand wurde dabei verstanden als rein äußere Beschreibung des Handlungsgeschehens ohne jedes Wertprädikat (z. B. die Tötung eines Menschen, die sich bei der Rechtswidrigkeitsprüfung als Kriegshandlung des Soldaten und damit als gerechtfertigt erweisen kann)[20]. Die juristische Würdigung dieses Geschehens sollte erst auf der Ebene der Rechtswidrigkeit, und zwar ebenfalls nach rein objektiven Gesichtspunkten, stattfinden. Der Zusammenhang zwischen Tatbestandsmäßigkeit und Rechtswidrigkeit wurde allein darin gesehen, daß die erstere ein „Indiz" für das Vorliegen der Rechtswidrigkeit darstellen sollte[21].

Der *Schuldbegriff* des klassischen Verbrechensaufbaus vereinigte demgegenüber alle geistigen und seelischen Vorgänge, die sich bei der Tat im Innern des Täters abspielen. Dabei wurde die Zurechnungsfähigkeit als „Schuldvoraussetzung" aufgefaßt, Vorsatz und Fahrlässigkeit verstand man als „Schuldformen" oder „Schuldarten", der Notstand wurde als „Schuldausschließungsgrund" eingestuft[22]. Das Bewußtsein der Rechtswidrigkeit hat man als Schuldmerkmal teils entschieden gefordert[23], teils ebenso entschieden abgelehnt[24]. Ein inhaltlich bestimmter Schuldbegriff fehlte noch, und so mußte ungeklärt bleiben, wie die einzelnen Faktoren zu einer Sinneinheit zusammengefügt werden sollten. Vorläufig begnügte man sich damit, sie unter dem Stichwort des „Subjektiven" enumerativ zu erfassen *(psychologischer Schuldbegriff)*[25].

2. Der klassische Verbrechensbegriff ist aus dem juristischen Denkstil des **wissenschaftlichen Positivismus** hervorgegangen[26]. Hierunter versteht man eine streng auf das positive Recht und seine Auslegung beschränkte Anschauung, die allen Problemen des Rechts mit auf das sinnlich Wahrnehmbare beschränkten Begriffen beizukommen suchte, während philosophische Wertungen, psychologische Erkenntnisse und soziologische Fakten aus der Rechtsdogmatik ausgeschlossen bleiben sollten. So ergab sich ein äußerst *formales* Bild der Eigenschaften des menschlichen Verhaltens, die beim Aufbau des Verbrechensbegriffs zu erfassen sind. Unterschieden wurde zwischen der naturalistisch verstandenen Handlung, dem objektiv-deskriptiv aufgefaßten Tatbestand, der objektiv-normativ abgegrenzten Sphäre der Rechtswidrigkeit und der subjektiv-deskriptiv begriffenen Schuld. In engem Zusammenhang mit dem formal-objektiven Charakter dieses Verbrechensbegriffs steht der *Rechtsstaatsgedanke,* der in dem Streben nach Sicherheit und Berechenbarkeit des Rechts Ausdruck fand und in der Bindung des Richters an einfache, nachprüfbare Systembegriffe verwirklicht werden sollte (*Magna Charta*-Gedanke). Er bildete das Gegengewicht gegen die spezialpräventiven Forderungen der modernen Schule, die von dem gleichen *Liszt* angeführt wurde wie die klassische Strafrechtslehre. So war das klassische Strafrechtssystem ein eigentümlich doppelpoliges Gebilde: es sollte auf der einen Seite durch den Objektivismus und Formalismus der Strafvoraussetzungen ein Höchstmaß an Rechtssicher-

---

[20] *Beling,* Die Lehre vom Verbrechen S. 178 ff.
[21] Über die Bedeutung des Tatbestandes als „Indiz der Rechtswidrigkeit" vgl. *Claß,* Grenzen des Tatbestandes S. 39 ff.
[22] Vgl. *v. Liszt,* Lehrbuch, 1. Aufl., S. 105 ff.; *Radbruch,* ZStW 24 (1904) S. 344 ff.; vgl. ferner *M. E. Mayer,* Die schuldhafte Handlung S. 139.
[23] So *Beling,* Die Lehre vom Verbrechen S. 180 ff.
[24] So *v. Liszt,* Lehrbuch, 1. Aufl., S. 109.
[25] Vgl. zu den Lehren von *Löffler, Radbruch, Kohlrausch* und anderen *Achenbach,* Schuldlehre S. 62 ff.
[26] Hierzu näher *Welzel,* Naturalismus und Wertphilosophie S. 22 ff. In Italien war bezeichnend für den wissenschaftlichen Positivismus der die Dogmatik bis in die 30er Jahre prägende Aufsatz von *Arturo Rocco,* Riv dir proc pen 1 (1910) S. 497, insbes. S. 561 ff., der auch deutsche Einflüsse erkennen läßt.

III. Der neoklassische Verbechensbegriff

Baratta, Relativismus und Naturrecht im Denken Gustav Radbruchs, ARSP 1959, 505; *derselbe*, Positivismo giuridico e scienza del diritto penale, 1966; *derselbe*, Über Iherings Bedeutung für die Strafrechtswissenschaft, in: *Wieacker / Wollschläger* (Hrsg.), Iherings Erbe, 1970, S. 17; *Delitala*, Il fatto nella teoria generale del reato, 1930; *Graf zu Dohna*, Die Rechtswidrigkeit als allgemeingültiges Merkmal im Tatbestande strafbarer Handlungen, 1905; *H. A. Fischer*, Die Rechtswidrigkeit mit besonderer Berücksichtigung des Privatrechts, 1911; *Frank*, Über den Aufbau des Schuldbegriffs, 1907; *Goldschmidt*, Der Notstand ein Schuldproblem, Österr. Zeitschrift f. Strafrecht 4 (1913) S. 129; *derselbe*, Normativer Schuldbegriff, Festgabe für R. v. Frank, Bd. I, 1930, S. 428; *Grünhut*, Begriffsbildung und Rechtsanwendung im Strafrecht, 1926; *derselbe*, Methodische Grundlagen der heutigen Strafrechtswissenschaft, Festgabe für R. v. Frank, Bd. I, 1930, S. 1; *Hegler*, Die Merkmale des Verbrechens, ZStW 36 (1915) S. 19 und 184; *derselbe*, Subjektive Rechtswidrigkeitsmomente im Rahmen des allgemeinen Verbrechensbegriffs, Festgabe für R. v. Frank, Bd. I, 1930, S. 251; *Henkel*, Der Notstand nach gegenwärtigem und zukünftigem Recht, 1932; *Ihering*, Der Zweck im Recht, Bd. I, 3. Aufl. 1893; *G. Jellinek*, Die sozialethische Bedeutung von Recht, Unrecht und Strafe, 2. Aufl. 1908; *Jescheck*, Neue Strafrechtsdogmatik und Kriminalpolitik usw., ZStW 98 (1986) S. 1; *Kern*, Grade der Rechtswidrigkeit, ZStW 64 (1952) S. 255; *Larenz*, Methodenlehre der Rechtswissenschaft, 5. Aufl. 1983; *Marcetus*, Der Gedanke der Zumutbarkeit, 1928; *Marxen*, Der Kampf gegen das liberale Strafrecht, 1975; *M. E. Mayer*, Rechtsnormen und Kulturnormen, 1903; *Mezger*, Die subjektiven Unrechtselemente, GS 89 (1924) S. 207; *derselbe*, Vom Sinn der strafrechtlichen Tatbestände, Festschrift für L. Traeger, 1926, S. 187; *Mittasch*, Die Auswirkungen des wertbeziehenden Denkens in der Strafrechtssystematik, 1939; *Radbruch*, Der Handlungsbegriff in seiner Bedeutung für das Strafrechtssystem, 1904; *derselbe*, Zur Systematik der Verbrechenslehre, Festgabe für R. v. Frank, Bd. I, 1930, S. 158; *derselbe*, Rechtsphilosophie, 3. Aufl. 1932; *Sauer*, Zur Grundlegung des Rechts, ZStW 36 (1915) S. 449; *Schaffstein*, Zur Problematik der teleologischen Begriffsbildung im Strafrecht, 1935; *Schmidhäuser*, Zur Systematik der Verbrechenslehre, Gedächtnisschrift für G. Radbruch, 1968, S. 268; *Schumacher*, Um das Wesen der Strafrechtsschuld, 1927; *Schwinge*, Teleologische Begriffsbildung im Strafrecht, 1930; *Seuffert*, Die Reform des StGB, 1902; *Sieverts*, Beiträge zur Lehre von den subjektiven Unrechtselementen im Strafrecht, 1934; *Spendel*, Gegen den „Verteidigungswillen" als Notwehrerfordernis, Festschrift für P. Bockelmann, 1979, S. 245; *Thierfelder*, Normativ und Wert in der Strafrechtswissenschaft unserer Tage, 1934; *Tjong*, Der Weg des rechtsphilosophischen Relativismus bei Gustav Radbruch, 1967; *Welzel*, Naturalismus und Wertphilosophie im Strafrecht, 1935; *E. Wolf*, Strafrechtliche Schuldlehre, 1928; *derselbe*, Umbruch oder Entwicklung in Gustav Radbruchs Rechtsphilosophie? ARSP 1959, 481; *Zimmerl*, Zur Lehre vom Tatbestand, Strafr. Abh. Heft 238, 1928.

1. Der Aufbau des Verbrechensbegriffs nach dem *Liszt-Beling*schen System wurde bald einem tiefgehenden Umbildungsprozeß unterzogen. Man kann die folgende Entwicklungsstufe als die des „neo-klassischen" Verbrechensbegriffs bezeichnen, weil es

---

[27] Der klassische Verbrechensbegriff ist vor allem in Österreich früher durch *Rittler* herrschend gewesen; vgl. dazu *Jescheck*, ZStW 73 (1961) S. 186 ff. und zur Dogmengeschichte *Moos*, Der Verbrechensbegriff in Österreich im 18. und 19. Jahrhundert, 1968. In der Schweiz wurde er von *Hafter*, Allg. Teil S. 69 f., 96 vertreten. Eine Neuorientierung der österreichischen Lehre hat inzwischen stattgefunden; vgl. *Nowakowski*, JBl 1972, 22; *derselbe*, WK, Vorbem. 13 zu § 2, Vorbem. 1 ff. zu §§ 3 - 5; *Triffterer*, Allg. Teil S. 90 ff.; *Moos*, Strafrechtl. Probleme S. 28 ff.; *Platzgummer*, JBl 1971, 238; *Kienapfel*, JZ 1972, 569 ff.; *Burgstaller*, ÖRiZ 1975, 15; *Steiniger*, ÖJZ 1981, 367. In der Schweiz vertreten einen personalen Unrechtsbegriff heute *Stratenwerth*, *Germann*, *Noll*, *Hauser* und *Rehberg*, während *Schultz*, Einführung I S. 145 die rein objektive Auffassung des Unrechts beibehalten hat (vgl. auch S. 261 f.). In Spanien trat der Umschwung mit der Madrider akademischen Rede von *Jiménez de Asúa* „La teoría jurídica del delito", 1931, in Italien fast gleichzeitig mit dem Werk von *Delitala* „Il fatto nella teoria generale del reato", 1930, ein.

sich nicht so sehr um eine grundsätzliche Abkehr von den früheren Systemgedanken handelte als vielmehr um eine system-immanente, wenn auch durchgreifende Reform. An die Stelle der formalen Folgerichtigkeit eines auf sich selbst beschränkten juristischen Denkens trat nunmehr das Bestreben, den Verbrechensbegriff nach den vom Strafrecht verfolgten Zwecken und den ihm zugrunde liegenden Wertvorstellungen aufzubauen (**teleologische Verbrechenslehre**)[28]. Die Denkweise dieser Epoche wurde wesentlich bestimmt durch die Erkenntnistheorie des **Neukantianismus** *(Stammler, Rickert, Lask)*, die neben die naturwissenschaftliche Methode des Beobachtens und Beschreibens wieder eine eigene geisteswissenschaftliche Methode des Verstehens und Bewertens gestellt hatte[29]. Daraus ergab sich der Anstoß, auch das Wesen des Strafrechts in der Ausrichtung auf *Werte* und *Ideen* zu erblicken, mochte auch deren Inhalt wegen des für den Neukantianismus charakteristischen Verzichts auf die verbindliche Festlegung materialer Wertkriterien weitgehend offen bleiben[30]. In der neoklassischen Verbrechenslehre erreichte die deutsche Strafrechtswissenschaft einen Höhepunkt ihrer Leistungsfähigkeit und internationalen Geltung. Sie begann nunmehr auch auf Italien, Spanien, Polen, Portugal, Griechenland, Argentinien und Brasilien auszustrahlen.

2. Die neue Dogmatik hat nach und nach alle Merkmale des klassischen Verbrechensbegriffs in den **Umbildungsprozeß** einbezogen[31].

a) Die Umarbeitung setzte beim *Handlungsbegriff* ein, der mit seinen naturalistischen Merkmalen am wenigsten in ein wertbezogenes Strafrechtssystem passen konnte.

Beispiele: Die Unzulänglichkeit dieses Handlungsbegriffs zeigte sich besonders bei der Beleidigung. Hier geht es um den Sinn einer Äußerung als Kundgebung von Mißachtung und um die Beeinträchtigung des Geltungsanspruchs des Betroffenen, aber nicht um die dabei auftretenden physiologischen und physikalischen Erscheinungen. Ebenso konnte es nicht zweifelhaft sein, daß es bei der Unterlassung keine Körperbewegung gibt, und auch der Versuch, eine greifbare Realität der Untätigkeit durch die Annahme einer gewollten „Zurückhaltung der motorischen Nerven" *(Beling)* zu retten, mußte jedenfalls bei den unbewußt fahrlässigen Unterlassungsdelikten scheitern.

Die Schwierigkeiten der Handlungslehre hat man auf verschiedene Weise zu lösen gesucht. Auf der einen Seite wurde der Handlungsbegriff abgeschwächt durch den *Begriff des Verhaltens*, der als Wirksamwerden des menschlichen Willens in der Außenwelt verstanden wurde. Die Handlung sollte demgemäß „Willensverhalten"[32], „Willensverwirklichung"[33], „willkürliches Verhalten"[34] oder einfach „menschliches Verhalten"[35] sein, das eine Wirkung in der Außenwelt erzeugt *(kausaler Handlungs-*

---

[28] So besonders *Grünhut*, Begriffsbildung S. 15ff.; *derselbe*, Frank-Festgabe Bd. I S. 19ff.; *E. Wolf*, Schuldlehre S. 80; *Schwinge*, Teleologische Begriffsbildung S. 33ff.; *Schaffstein*, Zur Problematik S. 14ff.; *Mittasch*, Die Auswirkungen des wertbeziehenden Denkens S. 236ff.
[29] Näher über diese Zusammenhänge *E. Wolf*, Schuldlehre S. 73ff.; *Larenz*, Methodenlehre S. 90ff.; *Welzel*, Naturalismus und Wertphilosophie S. 41ff.; *Baratta*, Positivismo S. 97ff.
[30] So führte *Mittasch*, Wertbeziehendes Denken S. 25 das Strafrecht auf die „Staatsidee" als obersten Wert zurück, während *Radbruch*, Rechtsphilosophie S. 9ff. damals noch eine rein relativistische Wertlehre vertrat. Vgl. dazu *Tjong*, Relativismus S. 55. Charakteristisch ist die Folgerung bei *Thierfelder*, Normativ und Wert S. 121, daß der materiale Grundwert des Rechts das Volk als „eine Gemeinschaft mit einer besonderen biologischen Grundlage" sei.
[31] Über den Anteil Radbruchs vgl. *Schmidhäuser*, Radbruch-Gedächtnisschrift S. 271 ff.
[32] *v. Hippel*, Bd. II S. 130.
[33] *M. E. Mayer*, Lehrbuch S. 109.
[34] *Rittler*, Bd. I S. 5.
[35] *Mezger*, Moderne Wege S. 12.

begriff). Auf der anderen Seite wurde angenommen, daß man auf den Handlungsbegriff überhaupt verzichten könne, um mit dem Verbrechensaufbau unmittelbar bei der Tatbestandsmäßigkeit einzusetzen[36]. Den Übergang zu einer späteren Entwicklungsstufe bildete bereits der mehr beiläufig entwickelte *soziale Handlungsbegriff* von *Eb. Schmidt:* die Handlung wurde hier als „soziales Phänomen in ihrer Wirkungsrichtung auf die soziale Wirklichkeit hin" verstanden[37].

b) Weitergehend waren die Wandlungen, die im Bereich der *Tatbestandsmäßigkeit* eintraten. Die rein deskriptive und wertfreie Auffassung des Tatbestands wurde durch die Entdeckung der *normativen* Merkmale erschüttert, die erst durch den ihnen vom Richter beigelegten Wertgehalt einen anwendungsfähigen Sinn gewinnen (z. B. „beschimpfender Unfug" § 168; „Urkunde" § 267; „niedrige Beweggründe" § 211 II; „drohende Zwangsvollstreckung" § 288)[38]. Ebenso wurde die Vorstellung von der rein objektiven, allein durch Außenweltfaktoren bestimmten Auffassung des Tatbestands durch die Entdeckung der *subjektiven* Tatbestandsmerkmale unmöglich gemacht[39].

Beispiel: Wenn ein Student im Juristischen Seminar abends ein Buch mitnimmt, um es nach Gebrauch am anderen Tage zurückzustellen, so fehlt es an der Zueignungsabsicht und damit am Tatbestand des Diebstahls (§ 242). Die Annahme eines rein objektiven, von der Zueignungsabsicht abstrahierenden Diebstahlsbegriffs ist sinnwidrig, denn typisches Diebstahlsunrecht begeht nur, wer auf Verletzung fremden Eigentums abzielt, nicht schon, wer nur eine vorübergehende Besitzentziehung im Sinn hat. Deswegen gehört die Zueignungsabsicht zum Tatbestand des Diebstahls und nicht erst zur Schuld.

c) Zugleich mit der veränderten Auffassung des Tatbestandes wurde auch die Lehre von der *Rechtswidrigkeit* tiefgreifend umgestaltet. War die Rechtswidrigkeit bisher unter dem Einfluß *Bindings* als formeller Verstoß gegen eine Rechtsnorm betrachtet worden, so ergab sich jetzt aus der Zweckbestimmung der Strafvorschriften, daß das Unrecht *materiell* als *Sozialschädlichkeit* aufgefaßt werden muß[40]. Die materielle Betrachtungsweise eröffnete die Möglichkeit, das Unrecht nach der Schwere der Interessenverletzung abzustufen[41]. Liegt in Wirklichkeit gar keine Interessenverletzung vor, so kann die Tat auch nicht rechtswidrig sein. So gelang es mit Hilfe der Lehre von der materiellen Rechtswidrigkeit, neue Rechtfertigungsgründe über den Kreis der gesetzlich anerkannten Fälle hinaus zu entwickeln, z. B. den übergesetzlichen Notstand, der auf der Erwägung beruht, daß es einen sozialen Nutzen darstellt, wenn in auswegloser Lage ein höherwertiges Rechtsgut um den Preis eines geringeren erhalten wird (RG 61, 242 [254]). Besonders bedeutsam war ferner die ver-

---

[36] So *Radbruch,* Frank-Festgabe Bd. I S. 162. Die Unmöglichkeit eines gemeinsamen Oberbegriffs für Handlung und Unterlassung wurde von *Radbruch, Der Handlungsbegriff* S. 143 schon früh behauptet.

[37] So *v. Liszt / Schmidt,* S. 153 Fußnote.

[38] Vgl. *M. E. Mayer,* Lehrbuch S. 182 ff.; *Mezger,* Traeger-Festschrift S. 216 ff.; *Grünhut,* Begriffsbildung S. 5 ff.; *Hegler,* Frank-Festgabe Bd. I S. 274 f.

[39] *H. A. Fischer,* Die Rechtswidrigkeit S. 138; *Hegler,* ZStW 36 (1915) S. 31 ff.; *derselbe,* Frank-Festgabe Bd. I S. 251 ff.; *Sauer,* ZStW 36 (1915) S. 467; *derselbe,* Grundlagen S. 344; *Mezger,* GS 89 (1924) S. 207; *derselbe,* Traeger-Festschrift S. 195 ff. Abschluß durch *Sieverts,* Beiträge, 1934.

[40] *Graf zu Dohna,* Rechtswidrigkeit S. 27; *Hegler,* ZStW 36 (1915) S. 27 ff.; *M. E. Mayer,* Rechtsnormen S. 88; *Mezger,* Traeger-Festschrift S. 198 ff.; *v. Liszt / Schmidt,* S. 176; *Zimmerl,* Zur Lehre vom Tatbestand S. 70 ff. Über die Wurzeln der sozialethischen Betrachtungsweise bei *Ihering, Der Zweck im Recht* (vgl. z. B. Bd. I, 3. Aufl., S. 490 f.) und *G. Jellinek,* Die sozialethische Bedeutung (S. 106 ff.); *Baratta,* Iherings Bedeutung S. 19 ff.

[41] *Kern,* ZStW 64 (1952) S. 276 ff., an dessen Arbeit über „Grade der Rechtswidrigkeit" viele spätere Untersuchungen anknüpfen.

änderte Auffassung des *Verhältnisses* von Tatbestand und Rechtswidrigkeit, die mit der Anerkennung normativer Tatbestandsmerkmale und mit der materiellen Unrechtsauffassung eröffnet war. Der Tatbestand erschien jetzt nicht mehr als wertfreie Beschreibung eines äußeren Vorgangs, sondern als das sinnreiche Hilfsmittel des Gesetzgebers, um die Merkmale des für den Deliktstypus charakteristischen Unrechtsgehalts einer Tat zusammenzufassen. Der Tatbestand wandelte sich damit zum *Unrecht*statbestand im Sinne des Inbegriffs der für die betreffende Deliktsart typischen Momente der Rechtswidrigkeit[42]. Infolge seiner neuen Aufgabe, Vertypung des strafwürdigen Unrechts zu sein, steht der Tatbestand nunmehr nicht mehr gleichrangig neben der Rechtswidrigkeit wie im klassischen System, sondern wird auf seine formale Aufgabe beschränkt, die Merkmale der Rechtswidrigkeit im Strafgesetz festzuhalten, während materielle Verbrechensmerkmale nur noch Rechtswidrigkeit und Schuld sind.

d) Auch in der *Schuldlehre* hat die teleologische Verbrechensauffassung Wandel geschaffen. Hier war es *Frank*, dem die entscheidende Entdeckung zu danken ist. Er sah die Schuld in der pflichtwidrigen Willensbildung, die dem Täter zum Vorwurf gemacht werden kann: „Ein verbotenes Verhalten ist jemandem dann zur Schuld zuzurechnen, wenn man ihm einen Vorwurf daraus machen kann, daß er es eingeschlagen hat" *(normativer Schuldbegriff)*[43]. Nunmehr waren die Fragen, die der psychologische Schuldbegriff offen gelassen hatte, leicht im Zusammenhang zu beantworten: Trotz vorsätzlicher Tat entfällt bei Schuldunfähigkeit der Schuldvorwurf, weil vom Geisteskranken keine dem Recht entsprechende Willensbildung verlangt werden kann. Trotz Schuldfähigkeit und Vorsatz ist bei Notstand (z. B. im Mignonettefall, vgl. oben § 21 I 2) der Schuldvorwurf zu verneinen, weil die Rechtsordnung bei gegenwärtiger, auf andere Weise nicht abwendbarer Lebensgefahr kein Heldentum fordert[44]. Bei der Fahrlässigkeit richtet sich der Schuldvorwurf nicht gegen das Negativum der „mangelnden Erfolgsvorstellung", sondern gegen die vom Täter gezeigte Unaufmerksamkeit bei der Erfüllung seiner Sorgfaltspflicht[45].

3. Das wertbezogene System der neoklassischen Verbrechenslehre, gekennzeichnet durch die Auflösung des Handlungsbegriffs, die Neuorientierung der Funktion des Tatbestandes und die inhaltliche Umbildung von Rechtswidrigkeit und Schuld, wird in Deutschland heute in seiner ursprünglichen Form nur noch von wenigen vertreten[46], beherrscht aber im Ausland einen Teil der Strafrechtstheorie[47]. Die **Schwä-**

---

[42] *Sauer*, Grundlagen S. 307 und 339 ff.; *Mezger*, Lehrbuch S. 182 ff.; *Zimmerl*, Zur Lehre vom Tatbestand S. 64.

[43] *Frank*, Aufbau des Schuldbegriffs S. 11. Der Ausbau der normativen Schuldlehre war insbes. das Werk von *Goldschmidt*, Österr. Z. f. Strafr. 4 (1913) S. 129 ff., 224 ff.; *derselbe*, Frank-Festgabe Bd. I S. 431 ff. Vgl. ferner *Schumacher*, Strafrechtsschuld S. 1 ff. Über die extreme Individualisierung des Schuldurteils bei *Freudenthal* und *Goldschmidt* vgl. *Achenbach*, Schuldlehre S. 143 ff.

[44] *Goldschmidt* (oben Fußnote 43) S. 162 ff.; *Henkel*, Der Notstand S. 16 ff.; *Marcetus*, Zumutbarkeit S. 68.

[45] *Seuffert*, Die Reform des StGB S. 45.

[46] Vgl. z. B. *Kohlrausch / Lange*, Syst. Vorbem. II - IV; *Baumann / Weber*, Allg. Teil S. 175, 387 ff.; *Spendel*, Bockelmann-Festschrift S. 252. Eine Sonderstellung hat *H. Mayer*, Lehrbuch S. 103 und Grundriß S. 60 mit seiner Lehre von der dialektischen Einheit von Unrecht und Schuld, die an *Hegel* und *Binding* anknüpft und auf *Schmidhäuser* eingewirkt hat. Die früheren Vertreter des neoklassischen Verbrechensbegriffs sind inzwischen zum finalistischen Aufbau übergegangen; vgl. *Blei*, Allg. Teil S. 61; *Dreher / Tröndle*, Vorbem. 9 vor § 13; *Preisendanz*, Vorbem. B V 3; *Schönke / Schröder / Lenckner*, Vorbem. 54 vor § 13.

[47] Vgl. für Österreich früher *Nowakowski*, Grundriß S. 39 ff. (anders aber seit JBl 1972, 22 ff., wo der Übergang zur personalen Unrechtslehre eingeleitet wird); für die Schweiz

chen dieses Systems, so wie es in den 20er Jahren entstanden war, lagen politisch in der betonten Neutralität gegenüber den Grundwerten des Strafrechts, die den Stand der Wissenschaft in der heraufziehenden Auseinandersetzung mit der Ideologie des totalitären Staates und den sozialen Problemen des Industriezeitalters entscheidend beeinträchtigt und das Auseinanderfallen von Dogmatik und Kriminalpolitik begünstigt hat[48]. Die *theoretischen* Einwendungen treten demgegenüber zurück. Sie betrafen verschiedene Widersprüche und Lücken, die nach weiteren Umbildungen und Ergänzungen verlangten. So war der Handlungsbegriff zu einer inhaltlosen Formel herabgesunken und bedurfte einer neuen Konzeption, um seine Stellung als Grundbegriff des Systems wiedergewinnen zu können. So war die Auffassung des Vorsatzes als Schuldform nach der Entdeckung der subjektiven Unrechtsmerkmale und dem Sieg des normativen Schuldbegriffs unhaltbar geworden. So bedurfte es einer überzeugenden Methode für die Behandlung des Irrtums über die Rechtswidrigkeit, nachdem schon *Frank* den Schuldgehalt des vermeidbaren Verbotsirrtums aus dem normativen Schuldbegriff abgeleitet hatte[49]. So mußte endlich, nachdem die Schuldseite der Fahrlässigkeitstat erkannt war, auch deren besonderer Unrechtsgehalt selbständig bestimmt werden. Die erforderlichen Veränderungen am Aufbau des Verbrechensbegriffs hat die aus dem Finalismus erwachsende Systematik vorgenommen (vgl. unten § 22 V).

IV. Die Strafrechtslehre der Kieler Schule

Dahm, Der Methodenstreit in der heutigen Strafrechtswissenschaft, ZStW 57 (1938) S. 225; *derselbe*, Der Tätertyp im Strafrecht, Festschrift für H. Siber, Bd. I, 1941, S. 183; *Dahm / Schaffstein*, Liberales oder autoritäres Strafrecht? 1933; *Marxen*, Die rechtsphilosophische Begründung der Straftatlehre im Nationalsozialismus, ARSP, Beiheft Nr. 18, 1983, S. 55; *Mezger*, Wesensschau und konkretes Ordnungsdenken im Strafrecht, Zeitschr. Akad. f. deutsches Recht 1937, 417; *Schaffstein*, Nationalsozialistisches Strafrecht, ZStW 53 (1934) S. 603; *derselbe*, Rechtswidrigkeit und Schuld im Aufbau des neuen Strafrechtssystems, ZStW 57 (1938) S. 295; *Schwinge / Zimmerl*, Wesensschau und konkretes Ordnungsdenken im Strafrecht, 1937.

Vorwiegend aus politischen Gründen entstand in den 30er Jahren die **Kieler Schule**[50], die sich als Wegbereiterin des Nationalsozialismus in der Strafrechtslehre und als Gegenpol zu der liberalen Grundhaltung der Weimarer Zeit fühlte. Die ganzheitliche Betrachtungsweise, die das „Trennungsdenken" des neukantianischen Systems überwinden wollte[51], der Kampf gegen den Ausbau der Entschuldigungsgründe als „Knochenerweichung des Strafrechts" und die Lehre vom Tätertyp, die die Handhabung des Besonderen Teils nach politischen Rücksichten ermögliche,

---

Schwander, Das schweiz. StGB S. 66 ff.; für Italien *Bettiol / Pettoello Mantovani*, Diritto penale S. 323 ff., 501 ff.; für Spanien *Rodríguez Devesa / Serrano Gómez*, Derecho penal S. 362 ff.; für die Niederlande *Pompe*, Handboek S. 39 f. Die französische Lehre ist dagegen bei der auf *Rossi* und *Ortolan* zurückgehenden Unterscheidung von „élément matériel" (objektive Zurechnung) und „élément moral" (subjektive Zurechnung) stehengeblieben; vgl. *Merle / Vitu*, Traité S. 556 ff., 679 ff.; *Stefani / Levasseur / Bouloc*, Droit pénal général, S. 226 ff., 261 ff. Dazu *Jescheck*, ZStW 98 (1986) S. 7 f.

[48] Zur Frage des Relativismus bei Radbruch vgl. *E. Wolf*, ARSP 1959, 397 ff. und *Baratta*, ebenda S. 507 ff. sowie *Tjong*, Relativismus S. 53 ff. Über die das Jahr 1933 vorbereitenden politischen Strömungen in der Strafrechtswissenschaft *Marxen*, Kampf S. 76 ff.

[49] *Frank*, Aufbau des Schuldbegriffs S. 21. Vgl. ferner *Achenbach*, Schuldlehre S. 171 ff.

[50] *Dahm / Schaffstein*, Liberales oder autoritäres Strafrecht, S. 29 ff.; *Schaffstein*, ZStW 53 (1934) S. 603 ff.; *derselbe*, ZStW 57 (1938) S. 295 ff.; *Dahm*, ZStW 57 (1938) S. 225 ff.; *derselbe*, Siber-Festschrift S. 183 ff. Dazu *Marxen*, ARSP, Beiheft Nr. 18, 1983, S. 55 ff.

[51] Gegen die Ganzheitsbetrachtung *Schwinge / Zimmerl*, Wesensschau und konkretes Ordnungsdenken im Strafrecht, 1937; *Mezger*, Zeitschr. Akad. f. deutsches Recht 1937, 417 ff.

V. Der Verbrechensbegriff des Finalismus

Achenbach, Individuelle Zurechnung, Verantwortlichkeit, Schuld, in: *Schünemann* (Hrsg.), Grundfragen des modernen Strafrechtssystems, 1984, S. 135; *P.-A. Albrecht,* Unsicherheitszonen des Schuldstrafrechts, GA 1983, 193; *Bassenge,* Ethik der Strafe, 1934; *Burkhardt,* Das Zweckmoment im Schuldbegriff, GA 1976, 321; *Cerezo Mir,* Die Auseinandersetzung um die finale Handlungslehre in der spanischen Strafrechtswissenschaft, ZStW 84 (1972) S. 1033; *Córdoba Roda,* Zum Verbrechensbegriff im spanischen Strafrecht, Festschrift für R. Maurach, 1972, S. 629; *Dannert,* Die finale Handlungslehre Welzels im Spiegel der italienischen Strafrechtsdogmatik, 1963; *Dreher,* Besprechung von Roxin „Kriminalpolitik und Strafrechtssystem", GA 1971, 217; *Engisch,* Untersuchungen über Vorsatz und Fahrlässigkeit im Strafrecht, 1930; *Exner,* Das Wesen der Fahrlässigkeit, 1910; *Monika Frommel,* Welzels finale Handlungslehre usw., in: *Reifner / Sonnen* (Hrsg.), Strafjustiz und Polizei im Dritten Reich, 1984, S. 86; *Gallas,* Zur Struktur des strafrechtlichen Unrechtsbegriffs, Festschrift für P. Bockelmann, 1979, S. 155; *Hirsch,* Der Streit um Handlungs- und Unrechtslehre usw., ZStW 93 (1981) S. 831 und ZStW 94 (1982) S. 239; *Jakobs,* Studien zum fahrlässigen Erfolgsdelikt, 1972; *derselbe,* Schuld und Prävention, 1976; *Jescheck,* Grundfragen der Dogmatik und Kriminalpolitik im Spiegel der ZStW, ZStW 93 (1981) S. 3; *derselbe,* Neue Strafrechtsdogmatik und Kriminalpolitik in rechtsvergleichender Sicht, ZStW 98 (1986) S. 1; *Armin Kaufmann,* Die Dogmatik der Unterlassungsdelikte, 1959; *derselbe,* Zum Stande der Lehre vom personalen Unrecht, Festschrift für H. Welzel, 1974, S. 393; *Arthur Kaufmann* (Hrsg.), Die ontologische Begründung des Rechts, 1965; *derselbe,* Schuld und Prävention, Festschrift für R. Wassermann, 1985, S. 889; *derselbe,* Unzeitgemäße Betrachtungen zum Schuldgrundsatz, Jura 1986, 225; *Felix Kaufmann,* Die philosophischen Grundprobleme der Lehre von der Strafrechtsschuld, 1929; *Kim,* Zur Fragwürdigkeit und Notwendigkeit des strafrechtlichen Schuldprinzips, 1987; *Maiwald,* Gedanken zu einem sozialen Schuldbegriff, Festschrift für K. Lackner, 1987, S. 149; *Moos,* Die finale Handlungslehre, Strafrechtliche Probleme der Gegenwart, Bd. 2, 1974, S. 5; *Niese,* Vorsatz, Finalität und Fahrlässigkeit, 1951; *Neumann,* Neue Entwicklungen im Bereich der Argumentationsmuster, ZStW 99 (1987) S. 567; *Nowakowski,* Die Entwicklung der Strafrechtslehre in Deutschland nach 1945, JBl 1954, 134 und 159; *derselbe,* Zu Welzels Lehre von der Fahrlässigkeit, JZ 1958, 335 und 388; *Piotet,* La doctrine dite finaliste de l'infraction, SchwZStr 71 (1956) S. 385; *Roxin,* Ein „neues Bild" des Strafrechtssystems, ZStW 83 (1971) S. 369; *derselbe,* Über den Rücktritt vom unbeendeten Versuch, Festschrift für E. Heinitz, 1972, S. 251; *derselbe,* Kriminalpolitik und Strafrechtssystem, 2. Aufl. 1973; *derselbe,* „Schuld" und „Verantwortlichkeit" als strafrechtliche Systemkategorien, Festschrift für H. Henkel, 1974, S. 171 ff.; *derselbe,* Über den Notwehrexzeß, Festschrift für F. Schaffstein, 1975, S. 105; *derselbe,* Zur jüngsten Diskussion über Schuld, Prävention und Verantwortlichkeit im Strafrecht, Festschrift für P. Bockelmann, 1979, S. 279; *derselbe,* Was bleibt von der Schuld im Strafrecht übrig? SchwZStr 104 (1987) S. 356; *Santamaria,* Prospettive del concetto finalistico di azione, 1955; *Schmidhäuser,* Was ist aus der finalen Handlungslehre geworden? JZ 1986, 109; *Schöneborn,* Grenzen einer generalpräventiven Rekonstruktion des Schuldprinzips, ZStW 92 (1980) S. 682; *Schünemann,* Neue Horizonte der Fahrlässigkeitsdogmatik, Festschrift für F. Schaffstein, 1975, S. 159; *derselbe,* Die Funktion des Schuldprinzips im Präventionsstrafrecht, in: *derselbe* (Hrsg.), Grundfragen des modernen Strafrechtssystems, 1984, S. 153; *Stratenwerth,* Die Bedeutung der finalen Handlungslehre für das schweizerische Strafrecht, SchwZStr 81 (1965) S. 179; *derselbe,* Die Zukunft des strafrechtlichen Schuldprinzips, 1977; *derselbe,* Literaturbericht, ZStW 91 (1979) S. 902; *Streng,* Schuld, Vergeltung, Generalprävention, ZStW 92 (1980) S. 637; *Suárez Montes,* Weiterentwicklung der finalen Handlungslehre, Festschrift für H. Welzel, 1974, S. 379; *Triffterer,* Die Theorie der objektiven Zurechnung in der österreichischen Rechtsprechung, Festschrift für U. Klug, Bd. II, 1983, S. 419; *v. Weber,* Grundriß des tschechoslowakischen Strafrechts, 1929; *derselbe,* Zum Aufbau des Strafrechtssystems, 1935; *Welzel,* Strafrecht und Philosophie, Kölner Universitätszeitung 12 (1930) Nr. 9 S. 5; *derselbe,* Kausalität und Handlung, ZStW 51 (1931) S. 703; *derselbe,* Studien zum System des Strafrechts, ZStW 58 (1939) S. 491; *derselbe,* Über die ethischen Grundlagen der sozialen Ordnung, SJZ 1947, 409; *derselbe,* Der Irrtum über die Rechtswidrigkeit des Handelns, SJZ 1948, 368; *derselbe,* Vom irrenden Gewissen, 1949; *derselbe,* Um die finale Handlungslehre, 1949; *derselbe,* Aktuelle Strafrechtsprobleme im Rahmen der finalen Handlungslehre, 1953; *derselbe,* Naturrecht

V. Der Verbrechensbegriff des Finalismus

und Rechtspositivismus, Festschrift für H. Niedermeyer, 1953, S. 279; *derselbe,* Wie würde sich die finalistische Lehre auf den Allg. Teil eines neuen StGB auswirken? Materialien, Bd. I, 1954, S. 45; *derselbe,* Gesetz und Gewissen, DJT-Festschrift, Bd. I, 1960, S. 383; *derselbe,* Naturrecht und materiale Gerechtigkeit, 4. Aufl. 1962; *derselbe,* Fahrlässigkeit und Verkehrsdelikte, 1961; *derselbe,* Vom Bleibenden und vom Vergänglichen in der Strafrechtswissenschaft, Erinnerungsgabe für M. Grünhut, 1965, S. 173; *derselbe,* Die deutsche strafrechtliche Dogmatik der letzten 100 Jahre und die finale Handlungslehre, JuS 1966, 421; *derselbe,* Zur Dogmatik im Strafrecht, Festschrift für R. Maurach, 1972, S. 3; *E. Wolf,* Krisis und Neubau der Strafrechtsreform, 1933; *Würtenberger,* Der schuldige Mensch vor dem Forum der Rechtsgemeinschaft, Festschrift für H.-H. Jescheck, Bd. I, 1985, S. 37; *Zielinski,* Handlungs- und Erfolgsunwert im Unrechtsbegriff, 1973.

1. Der Verbrechensbegriff des Finalismus, der seit dem Anfang der 30er Jahre vor allem durch *Hans Welzel* in mehreren Stufen ausgearbeitet worden ist, beruhte in seinem methodischen Ansatz auf einer Abkehr von der abstrakten Denkweise und dem Wertrelativismus der voraufgegangenen Epoche. *Welzel* wollte wieder das wirkliche Sein der **menschlichen Handlung** zum Zentralbegriff der Verbrechenslehre machen *(ontologische Betrachtungsweise)*[52]. Er gelangte in der Folge zu Einsichten, die eine umfassende Korrektur der im herrschenden System entstandenen Unklarheiten und Widersprüche und allmählich auch eine Ausfüllung der aufgetretenen Lücken ermöglichten[53]. Praktisch wurden damit die Schlußfolgerungen gezogen, die in dem überlieferten Verbrechensbegriff bereits angelegt waren, ohne daß sie von der älteren Dogmatik zu ihrer Zeit schon voll erkannt worden wären. Die im wesentlichen gleichen Ergebnisse lassen sich freilich ebenso erzielen, wenn man *nicht die finale Handlungslehre* zugrunde legt, sondern bei der *Unrechts*lehre einsetzt und dieser eine „personale" Wendung gibt, wie es heute überwiegend geschieht. Zu einem „Schulenstreit" zwischen Finalisten und Anhängern der älteren Systematik besteht somit kein Anlaß[54]. Man kann die epochemachende Bedeutung der Verbrechenslehre *Welzels* voll anerkennen, ohne das neue System ausschließlich von dem finalen Handlungsbegriff her aufzubauen. Die entscheidenden dogmatischen Fortschritte sind auch von der überlieferten Lehre aus überzeugend zu begründen, sofern die dort bereits ausgebildeten Systemgedanken nur konsequent zu Ende geführt werden. Der Unterschied liegt in der ontologischen bzw. der normativen Grundlegung des Aufbaus des Verbrechensbegriffs.

Die Denkweise des Finalismus war bestimmt durch die Wendung von der scharfen Trennung zwischen realer Welt und Recht im Neukantianismus zur **Wirklichkeit des sozialen Seins**[55]. Deswegen bemühte man sich, die jeder Rechtsgestaltung vorgegebenen „sachlogischen Strukturen" herauszuarbeiten und das Strafrecht auf der „Natur der Sache" aufzubauen[56]. So beruht die Lehre von der finalen Struktur der menschlichen Handlung unmittelbar auf Erkenntnissen der neueren Psychologie über die Umsetzung seelischer Akte in die Außenwelt[57]. Auch für die Werterkenntnis berief sich die neue Lehre auf das, was der menschlichen Existenz vorgegeben ist: „das unbedingte Sollen, das verantwortliche Subjekt, die Geordnetheit des sozialethischen

---

[52] Vgl. dazu *Arthur Kaufmann,* Die ontologische Begründung des Rechts, 1965; *Moos,* Strafrechtliche Probleme S. 11f.
[53] Vgl. *Welzel,* JuS 1966, 423.
[54] *Nowakowski,* JZ 1958, 336; *derselbe,* JBl 1954, 159ff.
[55] *Welzel,* Naturalismus und Wertphilosophie S. 49; *derselbe,* Kölner Universitätszeitung 1930, S. 5ff. Die Verknüpfung des Finalismus mit dem politischen Weltbild seiner Entstehungszeit, die *Monika Frommel,* in: Strafjustiz und Polizei im Dritten Reich S. 90ff. betont, hat die Lehre als solche nicht beeinflußt.
[56] *Welzel,* Niedermeyer-Festschrift S. 290.
[57] *Welzel,* Das neue Bild S. IX.

Handelns und die Konkordanz der sozialethischen Ordnungen"[58]. Verbunden mit der Überwindung des Wertneutralismus war der Vorstoß zu einer wirklichen **sozialethischen Begründung des Strafrechts,** die in der personalen Auffassung der Rechtswidrigkeit[59], in dem Postulat der Verantwortlichkeit des Menschen für die sachliche Richtigkeit seiner Willensentscheidungen[60] und in der Wiederentdeckung des Ausgleichsgedankens als ethischem Sinn der Strafe ihren Ausdruck fand[61].

2. Die neue Lehre hat von Anfang an den **final verstandenen Handlungsbegriff** zur Grundlage des Verbrechensaufbaus gemacht[62]. Menschliches Handeln gehört danach einer völlig anderen Kategorie des Seins an als jeder Kausalvorgang in der Natur. Es ist „Ausübung der Zwecktätigkeit". Mit Hilfe seines Kausalwissens vermag der Mensch das Geschehen in gewissen Grenzen zu beherrschen und sein Handeln auf die Zielerreichung planvoll hinzulenken. Die finale Steuerung der Handlung vollzieht sich in der geistigen Vorwegnahme des Ziels, der Auswahl der erforderlichen Handlungsmittel und der Verwirklichung der Handlung in der realen Welt.

Die finale Handlungslehre hat in *v. Weber*[63], *E. Wolf*[64] und *Graf zu Dohna*[65] Vorläufer gehabt, doch handelte es sich hier noch um Äußerungen, aus denen die vollen dogmatischen Konsequenzen für den Umbau des Strafrechtssystems nicht gezogen worden sind.

3. Die Finalität der tatbestandsmäßigen Handlung wurde in dem neuen Verbrechenssystem mit dem Vorsatz gleichgesetzt[66]. Aus der Finalstruktur der Handlung ergab sich die Konsequenz, daß der Vorsatz zusammen mit den anderen subjektiven Unrechtsmerkmalen zum Tatbestand gehören muß, weil es die Aufgabe des Tatbestandes ist, die Handlung in *allen* ihren für die Strafbarkeit wesentlichen Unrechtsmerkmalen zu kennzeichnen.

Daraus folgten an drei Schlüsselstellen der Verbrechenslehre **grundlegende Veränderungen des Aufbaus**[67].

a) Einmal mußte jetzt das *Bewußtsein der Rechtswidrigkeit* aus dem Vorsatz, da dieser reine Willensverwirklichung ist, ausscheiden und zum zentralen Faktor des Schuldbegriffs werden, denn der Vorwurf fehlerhafter Willensbildung trifft den Täter vor allem dann, wenn er sich in Kenntnis der Rechtswidrigkeit zur Tat entschlossen hat.

b) Weiter mußten entsprechend der Trennung von Vorsatz und Bewußtsein der Rechtswidrigkeit nunmehr auch die Irrtumsfälle anders als nach dem bisherigen Schema (Tatsachen- und Rechtsirrtum) unterschieden werden[68]. Nach der neuen Lehre gibt es auf der einen Seite den *Tatbestandsirrtum,* der den Vorsatz und damit die Strafbarkeit ausschließt, weil ohne Vorsatz der Tatbestand nicht erfüllt ist, auf der anderen Seite den *Verbotsirrtum,* der das Bewußtsein der Rechtswidrigkeit verneint. Als weiteres Problem folgte daraus die Frage nach der Behandlung des Verbotsirrtums, wofür *Welzel* die Kriterien der *Vermeidbarkeit* bzw. *Unvermeidbarkeit*

---

[58] *Welzel,* Naturrecht und materiale Gerechtigkeit S. 240. Vgl. auch schon *Welzel,* ZStW 51 (1931) S. 715.
[59] *Welzel,* Lehrbuch S. 58f.; *Hirsch,* ZStW 93 (1981) S. 833ff.
[60] *Welzel,* SJZ 1947, 409ff.; vgl. ferner *derselbe,* DJT-Festschrift Bd. I S. 387.
[61] Vgl. *Bassenge,* Ethik der Strafe S. 22ff.; *Welzel,* Lehrbuch S. 231.
[62] Vgl. *Welzel,* ZStW 51 (1931) S. 711ff.; *derselbe,* ZStW 58 (1939) S. 501ff.; *derselbe,* Um die finale Handlungslehre S. 7ff.; *derselbe,* Das neue Bild S. 1ff.
[63] *v. Weber,* Tschechoslowakisches Strafrecht S. 16; *derselbe,* Aufbau S. 8ff.
[64] *E. Wolf,* Krisis und Neubau S. 39.
[65] *Graf zu Dohna,* Verbrechenslehre S. 28.
[66] In dieser Gleichsetzung sieht *Schmidhäuser,* Allg. Teil S. 173 den Grundfehler des Ansatzes, den er seinerseits durch die Aufspaltung des Vorsatzes zu überwinden sucht (S. 203f.).
[67] Vgl. näher *Welzel,* Materialien Bd. I S. 45ff.
[68] *Welzel,* Aktuelle Strafrechtsprobleme S. 10ff.

einführte[69]. Nur im Falle eines unvermeidbaren Verbotsirrtums sollte der Schuldvorwurf ganz entfallen, sonst sollte er, wenn auch dem Grade nach abgeschwächt, grundsätzlich bestehen bleiben. Diese sog. *strenge Schuldtheorie* sollte auch für den Irrtum über die tatsächlichen Voraussetzungen eines Rechtfertigungsgrundes (z. B. Putativnotwehr) gelten[70].

c) Endlich ergab sich, daß *Teilnahme* (Anstiftung und Beihilfe) nur bei vorsätzlicher Haupttat in Betracht kommen kann, weil ohne den Vorsatz schon der Tatbestand der Haupttat zu verneinen ist[71].

Die mit der Umstellung des Vorsatzes zum Abschluß gelangte Subjektivierung der Rechtswidrigkeit führte außerdem zu einer Wandlung des materiellen Unrechtsbegriffs. Die subjektiven Tatbestandsmerkmale wurden nunmehr unter dem Oberbegriff der „personalen Unrechtselemente" mit dem Vorsatz zusammengefaßt und als „Handlungsunwert" dem „Erfolgsunwert" gegenübergestellt (vgl. auch oben § 7 I 1 a und b)[72]. Die doppelte Betrachtung der Rechtswidrigkeit unter den beiden Aspekten des rechtswidrigen Handlungswillens und der Objektsverletzung zeigte, daß das Unrecht sich nicht in der Kausalität für den sozialschädlichen Erfolg erschöpft, sondern in einer „sozialerheblichen Fehlleistung" des Menschen zu sehen ist, ein Begriff, in dem der verbrecherische Handlungswille und die Erfolgsseite der Tat verschmolzen sind.

4. Auch das Wesen der **Fahrlässigkeit,** deren verschiedenartige Bestandteile bisher hinter der Sammelbezeichnung „Schuldform" verborgen geblieben waren, konnte nunmehr geklärt werden[73]. Als Verletzung der im Verkehr erforderlichen Sorgfalt ist die Fahrlässigkeit Teil des Unrechtstatbestandes, als persönliche Vorwerfbarkeit des Sorgfaltsmangels ist sie Merkmal der Schuld (vgl. unten § 54 I 3). Damit wurde zugleich die prinzipielle Scheidung der Vorsatz- und Fahrlässigkeitstaten vollzogen, die nicht erst als Schuldformen, sondern schon im Unrechtstatbestand auseinandertreten.

Auch diese Lehre war nicht neu. Die Auffassung, daß die Verletzung der objektiven Sorgfaltspflicht neben dem Erfolg die Rechtswidrigkeit der fahrlässigen Handlung bestimmt, findet sich bereits in den klassischen Monographien zur Fahrlässigkeit[74], sie wurde aber nunmehr zu einer neuen Fahrlässigkeitsdogmatik ausgebaut.

5. Der Verbrechensbegriff des Finalismus wurde in der durch *Armin Kaufmann*[75] neu begründeten Lehre vom **Unterlassungsdelikt** vollendet, das nunmehr als dritte allgemeine Erscheinungsform der Straftat neben dem vorsätzlichen und fahrlässigen Begehungsdelikt mit eigenständigem Aufbau seiner Merkmale verstanden wurde. Das Unterlassungsdelikt (vgl. unten §§ 58 - 60) ist für den Finalisten eine besondere Form der Straftat, die nicht einmal vom finalen Handlungsbegriff umfaßt wird und in allen Punkten nur durch die Umkehr der zum Begehungsdelikt entwickelten Systemgedanken zu verstehen ist.

6. Der finale Handlungsbegriff hat sich in Deutschland nur in einem Teil der Strafrechtswissenschaft durchgesetzt[76]. Die **Konsequenzen des Finalismus** für die Umbil-

---

[69] *Welzel,* SJZ 1948, 368; *derselbe,* Vom irrenden Gewissen S. 6ff.
[70] *Welzel,* Das neue Bild S. 70ff.
[71] *Welzel,* ZStW 58 (1939) S. 537ff.
[72] *Welzel,* ZStW 58 (1939) S. 523ff.
[73] *Welzel,* Fahrlässigkeit und Verkehrsdelikte S. 11ff.; vgl. auch *Niese,* Finalität S. 53ff.
[74] *Exner,* Fahrlässigkeit S. 193; *Engisch,* Untersuchungen S. 278, 343ff.
[75] *Armin Kaufmann,* Unterlassungsdelikte S. 92ff., 239ff.
[76] Anhänger sind u. a. *Boldt, Busch, Gössel, Hirsch, Armin Kaufmann, Maurach, Niese, Schaffstein, Stratenwerth, v. Weber, Zielinski.*

dung des Verbrechensbegriffs werden jedoch auch außerhalb des Kreises der Anhänger des finalen Handlungsbegriffs vielfach als sachgerecht anerkannt und selbständig aus dem personalen Unrechtsbegriff begründet[77]. Im Ausland ist der finale Handlungsbegriff überwiegend auf Ablehnung gestoßen[78], aber auch dort gibt es Dogmatiker, die den durch den Finalismus bewirkten Umbau der Verbrechenslehre für berechtigt ansehen[79]. Nicht zu unterschätzen ist ferner der Einfluß, den die Verbrechenslehre des Finalismus auf Rechtsprechung und Gesetzgebung ausgeübt hat:

Die wichtigsten Etappen in der Rechtsprechung waren der Beschluß des Großen Senats des BGH für Strafsachen über die Schuldlehre und über die Behandlung des Verbotsirrtums (BGH 2, 194 [196 ff.]), die Urteile des 5. Senats über die Stellung des Vorsatzes im Unrechtstatbestand (BGH 4, 76 [78]), über die Unterscheidung von Tatbestands- und Verbotsirrtum (BGH 4, 347 [352]) und über das Wesen der Täterschaft (BGH 8, 393 [396]), das Urteil des 2. Senats über das Vorsatzerfordernis bei der Haupttat (BGH 9, 370 [375]) und der Beschluß des Großen Senats für Zivilsachen über das durch die Sorgfaltsverletzung bestimmte Handlungsunrecht bei den fahrlässigen Delikten (BGHZ 24, 21). Bei der Strafrechtsreform wurden die Unterscheidung von Tatbestands- und Verbotsirrtum (§§ 16, 17), die Behandlung des Verbotsirrtums nach der Schuldtheorie (§ 17) und das Erfordernis des Vorsatzes bei der Haupttat für die Teilnahme (§§ 26, 27) in den neuen Allgemeinen Teil übernommen.

VI. Die neueste Entwicklung

Schrifttum oben bei V.

Welche Wege wird die **allgemeine Verbrechenslehre der Zukunft** einschlagen[80]? Es ist damit zu rechnen, daß sich die Systemgedanken, die dem Verbrechensbegriff des Finalismus zugrunde liegen, weiter durchsetzen werden, weil sie auch unabhängig von der finalen Handlungslehre überzeugend sind. In diese Richtung weisen fast alle neueren Lehrdarstellungen und Kommentare. Auch in dem mit der deutschen Dogmatik verbundenen Ausland wird der Neubau des Verbrechensbegriffs allmählich die Oberhand gewinnen. Über den aus dem Finalismus folgenden Systemwandel hinaus sind jedoch auch neuartige Ansätze für den weiteren Ausbau der Verbrechenslehre zu nennen:

---

[77] Vgl. in diesem Sinne führend *Gallas*, Beiträge S. 32 ff.; *derselbe*, Bockelmann-Festschrift S. 155 ff.; weiter *Blei*, Allg. Teil S. 112 f., 206; *Bockelmann / Volk*, Allg. Teil S. 48 ff.; *Dreher / Tröndle*, Vorbem. 4, 9 vor § 13; *Haft*, Allg. Teil S. 65 f.; *Jescheck*, ZStW 93 (1981) S. 17 ff.; *derselbe*, ZStW 98 (1986) S. 9 ff.; *Lackner*, Vorbem. III 1 a, 2 vor § 13, § 15 Anm. III 1, 5 a; *Roxin*, Strafrechtliche Grundlagenprobleme S. 89 ff.; *Schönke / Schröder / Lenckner*, Vorbem. 54 ff. vor §§ 13 ff.; *SK (Rudolphi)*, Vorbem. 18, 36 vor § 1; *Wessels*, Allg. Teil S. 23 f., 38 ff.

[78] Für Österreich vgl. die eingehende Kritik von *Nowakowski*, JZ 1958, 335 ff. und 388 ff. Zur überwiegend negativen Resonanz in Italien vgl. *Dannert*, Die finale Handlungslehre S. 2 ff.; in Portugal *Hünerfeld*, Strafrechtsdogmatik in Deutschland und Portugal S. 207 ff. In der Schweiz folgt *Piotet*, SchwZStr 71 (1956) S. 409 ff. teilweise der finalen Handlungslehre; *Stratenwerth*, SchwZStr 81 (1965) S. 179 ff. und Schweiz. Strafrecht, Allg. Teil I S. 107 ff. vertritt sie; *Schultz*, Einführung I S. 119 ff. lehnt sie ab. In den Niederlanden wendet sich *Hazewinkel-Suringa / Remmelink*, Inleiding S. 132 f. gegen die finale Handlungslehre. In Spanien vertreten sie dagegen *Córdoba Roda*, Maurach-Festschrift S. 629 ff.; *Cerezo Mir*, ZStW 84 (1972) S. 1033 ff. und *Suárez Montes*, Welzel-Festschrift S. 379 ff.; in Italien *Santamaria*, Prospettive, 1955. Vgl. ferner die eingehende Kritik von *Jiménez de Asúa*, Bd. III S. 359 ff.

[79] So in Österreich *WK (Nowakowski)* Vorbem. 9 vor §§ 3 - 5; *Triffterer*, Allg. Teil S. 90 ff.; weitere Nachweise bei *demselben*, Klug-Festschrift Bd. II S. 434 Fußnote 66; in der Schweiz *Germann*, Verbrechen S. 29; *Noll / Trechsel*, Allg. Teil I S. 81; *Hauser / Rehberg*, Strafrecht S. 57; in Spanien *Mir Puig*, Derecho penal S. 114 m. w. Nachw. in Fußnote 29; *Bacigalupo*, Manual S. 73 m. w. Nachw.; in Brasilien *Fragoso*, Lições S. 155.

[80] Vgl. *Welzel*, Grünhut-Erinnerungsgabe S. 173 ff.

VI. Die neueste Entwicklung

1. Der Finalismus im strengen Sinne *Welzels* wird im Aufbau der Verbrechenslehre am getreuesten von *Hirsch* weitergeführt[81]. Andere seiner Schüler haben dagegen bei der Fortentwicklung der Grundgedanken des Finalismus *extreme und nicht akzeptable Positionen* eingenommen. So soll nach *Armin Kaufmann*[82] und *Zielinski*[83] für den personalen Unrechtsbegriff der Handlungsunwert allein maßgebend sein, während der Erfolg, also die eigentliche Rechtsgutsverletzung, nur als objektive Strafbarkeitsbedingung in Betracht komme. Der Unrechtsgehalt der vorsätzlichen Straftat würde dadurch entscheidend verkürzt. Weiter wollen bei den Fahrlässigkeitsdelikten *Stratenwerth*[84] und *Jakobs*[85] schon die Tatbestandsmäßigkeit der Handlung von der individuellen Fähigkeit des Täters zur Erbringung der erforderlichen Sorgfalt und Voraussicht abhängig machen. Die Unterscheidung von Unrecht und Schuld würde dadurch in diesem Bereich eingeebnet.

2. Ein eigenständiges System, durch welches das „Gegeneinander von herkömmlicher Lehre und finaler Handlungslehre" in einer Synthese überwunden werden soll, entwickelt *Schmidhäuser*[86]. Es handelt sich um eine teleologische Systematik der Straftatmerkmale, bei der der sachliche Zusammenhang von Straftat und Strafe im Vordergrund steht (S. 140). Der Zweck der Strafe wird allein in der Generalprävention gesehen (S. 52 ff.). Für die Auslegung des Strafrechts sichert sich *Schmidhäuser* eine weitreichende Freiheit durch die Unterscheidung von Wortlaut- und Auslegungstatbestand (S. 23 f.) unter Preisgabe des möglichen Wortsinns als Grenze zulässiger Auslegung (S. 112). Charakteristisch ist die Aufspaltung des Vorsatzbegriffs, dessen intellektuelle Bestandteile mit dem Unrechtsbewußtsein der Schuld zugeordnet werden, während der Wille, der im engeren Sinne der „Absicht" verstanden wird, zum Unrecht tritt (S. 178 ff.). Die Frage der Willensfreiheit bleibt offen, obwohl sie eigentlich einer Antwort bedürfte, da es zur Begründung der Schuld kaum genügen kann, „die geistige Wertverfehlung festzustellen" (S. 369).

3. Auch der Entwurf von *Roxin*[87] geht von der systematischen Grundeinsicht aus, daß die Merkmale des Verbrechensbegriffs mit den kriminalpolitischen Zwecksetzungen in Einklang gebracht werden müssen (S. 10)[88]. Dabei wird der Tatbestand dem Leitmotiv der Gesetzesbestimmtheit gegenübergestellt (S. 15). Bei den Rechtfertigungsgründen geht es um Konfliktslösungen, die nach einer „begrenzten Zahl materieller Ordnungsprinzipien" vorzunehmen sind (S. 26). Die Schuld wird „kriminalpolitisch von der Strafzwecklehre her geprägt" (S. 33)[89]. Insbesondere sollen die Schuldausschließungsgründe nicht nur auf Zumutbarkeitserwägungen, sondern auch darauf beruhen, daß Strafe in diesen Fällen weder aus general- noch aus spezialprä-

---

[81] *Hirsch*, ZStW 93 (1981) S. 831, ZStW 94 (1982) S. 239. Zur Entwicklung der finalen Handlungslehre bei anderen Autoren *Schmidhäuser*, JZ 1986, 111 ff.
[82] *Armin Kaufmann*, Welzel-Festschrift S. 410 f.
[83] *Zielinski*, Handlungs- und Erfolgsunwert S. 143, 172 ff., 208 ff. Zur Kritik *Gallas*, Bockelmann-Festschrift S. 161 ff.
[84] *Stratenwerth*, Allg. Teil I Rdn. 1097 ff.
[85] *Jakobs*, Studien S. 48 ff., 55 ff.; derselbe, Allg. Teil S. 261 ff. Zur Kritik *Schünemann*, Schaffstein-Festschrift S. 161 ff.
[86] *Schmidhäuser*, Allg. Teil S. IV; derselbe, Studienbuch S. 58 ff. Vgl. zum Lehrbuch die kritische Besprechung der 1. Aufl. von *Roxin*, ZStW 83 (1971) S. 369 ff.
[87] *Roxin*, Kriminalpolitik und Strafrechtssystem, 2. Aufl. 1973.
[88] Der Kritik von *Dreher*, GA 1971, 217 an der zu starren Fixierung der kriminalpolitischen Bezugspunkte hat *Roxin* den Hinweis entgegengesetzt, es handle sich nur um „Leitmotive" (S. 50).
[89] Der gleiche Grundgedanke findet sich schon bei *Felix Kaufmann*, Grundprobleme S. 61 ff.

ventiven Gründen geboten sei[90]. *Roxin* will deswegen das bisherige Schulderfordernis durch die Kategorie des generalpräventiven Strafbedürfnisses ergänzen und faßt beides in dem neuen Systembegriff der „Verantwortlichkeit" zusammen (*funktionaler Schuldbegriff*)[91].

4. Jedoch ist auch diese vermittelnde, am Schuldprinzip neben dem generalpräventiven Strafbedürfnis festhaltende Linie *Roxins* inzwischen durch extreme Forderungen nach Systemveränderung überschritten worden. So will *Jakobs* auf die Kategorie der Schuld ganz verzichten und diese vollständig durch das generalpräventive Strafbedürfnis ersetzen[92]. *Achenbach*[93] schließt sich dem Verzicht auf die Schuld mit der Begründung an, zur Begrenzung übermäßig hoher generalpräventiver Forderungen bedürfe es nicht der Schuld, weil die Gerechtigkeit der Sanktion schon durch die „immanente Grenze der recht verstandenen Generalprävention im Sinne der normativen Orientierung" (Integrationsgeneralprävention[94]) ausreichend gesichert sei. Die Ersetzung der Schuld durch die Generalprävention ist indessen unbedingt abzulehnen[95], weil damit für Strafbegründung wie für Strafzumessung der maßgebende sozialethische Anknüpfungspunkt entfiele, wie die Handhabung der „strict liability" im anglo-amerikanischen Strafrecht[96] oder die der Fahrlässigkeitsdelikte und der „délits purement matériels" in Frankreich[97] zeigt. Schuld und Generalprävention liegen auf verschiedenen Ebenen. Bei der Schuld handelt es sich um die Frage, ob und in welchem Grade die Tat dem Täter persönlich vorgeworfen werden kann, bei der Generalprävention geht es darum, ob und in welchem Grade wegen der Tat eine Sanktion gegen den Täter erforderlich ist, um die Rechtstreue der Allgemeinheit aufrechtzuerhalten. Die Schuld ist zwar auch an der Gefährdung des Rechtsfriedens durch die Tat zu messen, sie wird aber inhaltlich nicht durch die Bedürfnisse der Generalprävention bestimmt[98].

5. Woran es in der gegenwärtigen Dogmatik vor allem fehlt, ist die differenzierte Ausarbeitung der Merkmale des modernen Verbrechensbegriffs an den Punkten, an denen zur Zeit noch mit bedenklichen Generalklauseln gearbeitet wird, so bei den konkreten Gefährdungsdelikten, bei der Abgrenzung von bedingtem Vorsatz und

---

[90] *Roxin*, Henkel-Festschrift S. 171 ff. (Notstand); *derselbe*, Schaffstein-Festschrift S. 116 ff. (Notwehrüberschreitung); *derselbe*, Heinitz-Festschrift S. 273 ff. (Rücktritt vom Versuch); *derselbe*, Bockelmann-Festschrift S. 289 ff. (Verbotsirrtum).

[91] *Roxin*, Henkel-Festschrift S. 181 ff. Zustimmend *Schünemann*, in: *derselbe* (Hrsg.), Grundfragen des modernen Strafrechtssystems S. 169.

[92] *Jakobs*, Schuld und Prävention S. 31 ff. („Schuld als Derivat der Generalprävention"); *derselbe*, Allg. Teil S. 392 ff. (die Grenzen der Schuldzuschreibung sind „auszuhandeln"); ähnlich *Streng*, ZStW 92 (1980) S. 637 ff.

[93] *Achenbach*, in: *Schünemann* (Hrsg.), Grundfragen des modernen Strafrechtssystems S. 135 ff., 150.

[94] Grundlegend dazu *Roxin*, Bockelmann-Festschrift S. 304 ff.

[95] Ebenso *P.-A. Albrecht*, GA 1983, 195 ff.; *Arthur Kaufmann*, Wassermann-Festschrift S. 892 ff.; *derselbe*, Jura 1986, 229 ff. *Lackner*, Vorbem. III 4 a vor § 13; *Maurach / Zipf*, Allg. Teil I S. 417; *Roxin*, SchwZStr 104 (1987) S. 365; *Burkhardt*, GA 1976, 335 ff.; *Schöneborn*, ZStW 92 (1980) S. 682 ff.; *Schönke / Schröder / Lenckner*, Vorbem. 118 a vor §§ 13 ff.; *Stratenwerth*, Schuldprinzip S. 28 ff.; *derselbe*, ZStW 91 (1979) S. 919 ff.; *Würtenberger*, Jescheck-Festschrift Bd. I S. 37 ff.; *Schünemann*, in: *derselbe* (Hrsg.), Grundfragen des modernen Strafrechtssystems S. 174 ff.; *Maiwald*, Lackner-Festschrift S. 161 f.; *Kim*, Schuldprinzip S. 88.

[96] *LaFave / Scott*, Criminal Law S. 218 ff.

[97] *Jescheck*, ZStW 98 (1986) S. 15.

[98] Am Schluß seiner Verteidigung des funktionalen Schuldbegriffs macht sich *Neumann*, ZStW 99 (1987) S. 592 selbst den entscheidenden Einwand, daß nämlich die Zwecktauglichkeit der Strafe eine Funktion ihrer Schuldangemessenheit ist, nicht umgekehrt.

bewußter Fahrlässigkeit, bei den Kriterien für die Vermeidbarkeit des Verbotsirrtums, bei den Maßstäben der Sorgfaltspflichtverletzung und der persönlichen Zurechnung im Rahmen der Fahrlässigkeit, bei den Garantenpflichten und der Gleichstellungsklausel im Bereich der unechten Unterlassungsdelikte, bei der Abgrenzung von Täterschaft und Teilnahme. Manches von dem, was wir im folgenden dazu ausführen, wird später widerlegt werden. Es gibt keine Verbrechenslehre, die mehr sein kann als ein vergänglicher Entwurf. Doch läßt sich sagen, daß der modernen, vom Finalismus herkommenden Systematik ein hoher Grad von Überzeugungskraft innewohnt. Es besteht weniger die Gefahr, daß sie von außen durch neue Systemgedanken aus den Angeln gehoben werden könnte, als daß sie sich durch mangelnden Kontakt mit der Praxis selbst aufhebt.

§ 23 Der strafrechtliche Handlungsbegriff und die damit zusammenhängenden Fragen

Androulakis, Menschliches Verhalten als zentraler Bezugspunkt rechtlicher und insbesondere strafrechtlicher Normierung, Festschrift für J. Zepos, Bd. I, 1973 (Sonderdruck); *Behrendt*, Die Unterlassung im Strafrecht, 1979; *Bloy*, Finaler und sozialer Handlungsbegriff, ZStW 90 (1978) S. 609; *v. Bubnoff*, Die Entwicklung des strafrechtlichen Handlungsbegriffs von Feuerbach bis Liszt unter besonderer Berücksichtigung der Hegelschule, 1966; *Busch*, Moderne Wandlungen der Verbrechenslehre, 1949; *Engisch*, Der finale Handlungsbegriff, Festschrift für E. Kohlrausch, 1944, S. 141; *derselbe*, Besprechung von A. Kaufmann „Die Dogmatik der Unterlassungsdelikte", JZ 1962, 189; *derselbe*, Vom Weltbild des Juristen, 2. Aufl. 1965; *derselbe*, Tun und Unterlassen, Festschrift für W. Gallas, 1973, S. 163; *derselbe*, Logische Überlegungen zur Verbrechensdefinition, Festschrift für H. Welzel, 1974, S. 343; *Franzheim*, Sind falsche Reflexe der Kraftfahrer strafbar? NJW 1965, 2000; *Gössel*, Wertungsprobleme des Begriffs der finalen Handlung usw., 1966; *Hall*, Fahrlässigkeit im Vorsatz, 1959; *Henkel*, Der Mensch im Recht, Studium Generale 1960, 229; *Herzberg*, Die Unterlassung im Strafrecht und das Garantenprinzip, 1972; *Hirsch*, Der Streit um Handlungs- und Unrechtslehre usw., ZStW 93 (1981) S. 831, ZStW 94 (1982) S. 239; *Hruschka*, Strukturen der Zurechnung, 1976; *Jakobs*, Vermeidbares Verhalten und Strafrechtssystem, Festschrift für H. Welzel, 1974, S. 307; *Jescheck*, Der strafrechtliche Handlungsbegriff in dogmengeschichtlicher Entwicklung, Festschrift für Eb. Schmidt, 1961, S. 139; *Armin Kaufmann*, Die Dogmatik der Unterlassungsdelikte, 1959; *derselbe*, Zum Stand der Lehre vom personalen Unrecht, Festschrift für H. Welzel, 1974, S. 393; *Arthur Kaufmann*, Schuld und Strafe, 1966; *derselbe*, Die ontologische Struktur der Handlung, Festschrift für H. Mayer, 1966, S. 79; *derselbe*, Die finale Handlungslehre und die Fahrlässigkeit, JuS 1967, 145; *Kindhäuser*, Intentionale Handlung, 1980; *derselbe*, Kausalanalyse und Handlungszuschreibung, GA 1982, 477; *Klug*, Der Handlungsbegriff des Finalismus als methodologisches Problem, Festschrift für C. A. Emge, 1960, S. 33; *Krümpelmann*, Motivation und Handlung im Affekt, Festschrift für H. Welzel, 1974, S. 327; *Lampe*, Das Problem der Gleichstellung von Handeln und Unterlassen im Strafrecht, ZStW 79 (1967) S. 476; *Maihofer*, Der Handlungsbegriff im Verbrechenssystem, 1953; *derselbe*, Der soziale Handlungsbegriff, Festschrift für Eb. Schmidt, 1961, S. 156; *Maiwald*, Abschied vom strafrechtlichen Handlungsbegriff? ZStW 86 (1974) S. 626; *derselbe*, Grundlagenprobleme der Unterlassungsdelikte, JuS 1981, 473; *Marinucci*, Il reato come „azione", 1971; *H. Mayer*, Vorbemerkungen zur Lehre vom Handlungsbegriff, Festschrift für H. v. Weber, 1963, S. 137; *Michaelowa*, Der Begriff der strafrechtswidrigen Handlung, 1968; *Moos*, Die finale Handlungslehre, Strafrechtl. Probleme 2, S. 5; *Noll*, Der strafrechtliche Handlungsbegriff, Kriminologische Schriftenreihe, Bd. 54, 1971, S. 21; *Nowakowski*, Probleme der Strafrechtsdogmatik, JBl 1972, 19; *Otter*, Funktionen des Handlungsbegriffs im Verbrechensaufbau? 1973; *Radbruch*, Der Handlungsbegriff in seiner Bedeutung für das Strafrechtssystem, 1904; *Roxin*, Zur Kritik der finalen Handlungslehre, ZStW 74 (1962) S. 515; *derselbe*, Literaturbericht, ZStW 82 (1970) S. 675; *derselbe*, Rechtsidee und Rechtsstoff usw., Gedächtnisschrift für G. Radbruch, 1968, S. 260; *Schewe*, Reflexbewegung, Handlung, Vorsatz, 1972; *Schmidhäuser*, Willkürlichkeit und Finalität als Unrechtsmerkmale im Strafrechtssystem, ZStW 66 (1954) S. 27; *derselbe*, Was ist aus der finalen Handlungslehre geworden? JZ 1986, 109; *Eb. Schmidt*, Der Arzt im Strafrecht, 1939; *derselbe*, Soziale Handlungslehre, Festschrift für K. Engisch, 1969, S. 338; *R. Schmitt*,

Ordnungswidrigkeitenrecht, 1970; *Spiegel,* Die strafrechtliche Verantwortlichkeit des Kraftfahrers für Fehlreaktionen, DAR 1968, 283; *Stratenwerth,* Die Bedeutung der finalen Handlungslehre für das schweizerische Strafrecht, SchwZStr 81 (1965) S. 179; *derselbe,* Unbewußte Finalität? Festschrift für H. Welzel, 1974, S. 289; *v. Weber,* Bemerkungen zur Lehre vom Handlungsbegriff, Festschrift für K. Engisch, 1969, S. 328; *Weidemann,* Die finale Handlungslehre und das fahrlässige Delikt, GA 1984, 408; *Welzel,* Ein unausrottbares Mißverständnis? Zur Interpretation der finalen Handlungslehre, NJW 1968, 425; *derselbe,* Zur Dogmatik im Strafrecht, Festschrift für R. Maurach, 1972, S. 3; *Ernst Wolf,* Die Lehre von der Handlung, AcP 180 (1970) S. 181; *E. A. Wolff,* Der Handlungsbegriff in der Lehre vom Verbrechen, 1964; *derselbe,* Das Problem der Handlung im Strafrecht, Gedächtnisschrift für G. Radbruch, 1968, S. 291.

I. Notwendigkeit, Aufgabe und Erfordernisse des Handlungsbegriffs

1. Für den Aufbau der Verbrechenslehre kommen, was ihren Ausgangspunkt anlangt, **zwei Möglichkeiten** in Betracht. Die Dogmatik kann entweder auf die Bildung eines besonderen Handlungsbegriffs verzichten und unmittelbar bei der Tatbestandsmäßigkeit einsetzen, weil eine den juristischen Kategorien vorgelagerte, umfassende Definition der Handlung nicht möglich erscheint oder doch jedenfalls so allgemein bleiben müßte, daß sie keinen systematischen Wert hätte[1]. Oder die Lehre kann versuchen, vor der Erörterung der eigentlichen Verbrechensmerkmale allgemein zu sagen, was im Strafrecht unter einer Handlung zu verstehen ist. Der zweite Weg erscheint noch immer als der richtige, denn auch zuzugeben ist, daß die „Würfel der strafrechtlichen Dogmatik" erst bei Tatbestand, Rechtswidrigkeit und Schuld fallen[2], so ist ein **Handlungsbegriff,** dem diese Merkmale als Eigenschaften angegliedert werden können, doch **notwendig,** und zwar nicht nur aus grammatisch-konstruktiven Gründen. Einmal verwendet das StGB im internationalen Strafrecht (§§ 3 - 7) einen von dem Begriff des Tatbestandes unabhängigen Begriff der „Tat", so daß schon auf dieser dem Tatbestand vorgelagerten Ebene festgestellt werden muß, ob eine „Tat" vorliegt, die für die deutsche Strafgewalt in Betracht kommt (vgl. oben § 18 I 1). Abgesehen von dieser *systematischen* Erwägung besteht auch ein *theoretisches* Interesse an der positiven Kennzeichnung strafrechtserheblichen menschlichen Verhaltens, weil sich daraus die äußerste Grenze der Zurechenbarkeit einer Tat als „Menschenwerk" ergibt[3]. Endlich hat der Handlungsbegriff auch *praktische* Bedeutung, denn er stellt bei sachgerechter Fassung sicher, daß alles, was für die strafrechtliche Beurteilung *nicht* von Belang sein kann, von vornherein ausgeschieden wird[4].

---

[1] Diese schon früher (vgl. oben § 22 III 2a) vertretene Ansicht tritt heute angesichts der Unergiebigkeit des Handlungsbegriffs wieder stärker in den Vordergrund; vgl. *Gallas,* Beiträge S. 30f.; *v. Bubnoff,* Handlungsbegriff S. 149ff.; *Bockelmann / Volk,* Allg. Teil S. 41ff.; *Klug,* Emge-Festschrift S. 33f.; *Roxin,* ZStW 74 (1962) S. 548f.; *derselbe,* ZStW 82 (1970) S. 681; *Schmidhäuser,* Allg. Teil S. 177f.; *Noll,* Der strafrechtliche Handlungsbegriff S. 11; *Otto,* Grundkurs S. 49; *Lackner,* Vorbem. III 1a vor § 13; *Fiandaca / Musco,* Diritto penale S. 94f.; *Marinucci,* Il reato S. 203ff.; *Otter,* Handlungsbegriff S. 199; *Schönke / Schröder / Lenckner,* Vorbem. 40 vor § 13. Auch mit der Formel von *Jakobs,* Allg. Teil S. 120: „Vermeidbarkeit einer Erfolgsdifferenz" wird der vortatbestandliche Handlungsbegriff aufgegeben. In ausländischen Lehrbüchern wird der Handlungsbegriff selten erörtert; das führende französische Lehrbuch von *Merle / Vitu,* Traité S. 562 verlangt nur „un comportement humain". Eine Ausnahme machen die umfassenden Darstellungen des Handlungsbegriffs bei *Jiménez de Asúa,* Bd. III S. 328ff.; *Glanville Williams,* Criminal Law S. 1ff.; *Rodríguez Devesa / Serrano Gómez,* Derecho penal S. 361ff.; *Bettiol / Pettoello Mantovani,* Diritto penale S. 273ff.; *D. Hazewinkel-Suringa / Remmelink,* Inleiding S. 130ff.; *Trifftterer,* Allg. Teil S. 106ff.

[2] So *Schönke / Schröder / Lenckner,* Vorbem. 40 vor § 13.

[3] In diesem Sinne auch *Roxin,* Radbruch-Gedächtnisschrift S. 262; *Noll,* Handlungsbegriff S. 28ff.; *SK (Rudolphi)* Vorbem. 18 vor § 1.

2. Der Handlungsbegriff muß verschiedenen *Erfordernissen* genügen, um seiner Funktion im Gesamtaufbau der Verbrechenslehre gerecht werden zu können[5]. Das ist der Grund dafür, warum die Antwort auf die so einfach erscheinende Frage, was eine „Handlung" ist, solche Schwierigkeiten bereitet. Alle Arten menschlichen Wirkens, die für das Strafrecht überhaupt erheblich sein können – vorsätzliches wie fahrlässiges Verhalten, positives Tun wie Unterlassen – müssen in dem Handlungsbegriff Aufnahme finden *(Klassifikationsfunktion)*. Der Handlungsbegriff muß ferner so viel materiellen Gehalt besitzen, daß die strafrechtlichen Systembegriffe Tatbestandsmäßigkeit, Rechtswidrigkeit und Schuld als nähere Erläuterungen an ihn angeschlossen werden können *(Definitionsfunktion)*. Er darf aber die allgemeinen Verbrechensmerkmale auch nicht vorwegnehmen, weil diese sonst wieder in dem gemeinrechtlichen Sammelbegriff der Zurechnung aufgehen würden *(Verbindungsfunktion)*. Endlich muß der Handlungsbegriff diejenigen Verhaltensweisen von vornherein ausscheiden, die in keinem Falle als strafwürdig in Betracht kommen *(Abgrenzungsfunktion)*.

II. Aufbau und Kritik des kausalen Handlungsbegriffs

1. Nach der überlieferten Auffassung in der deutschen und ausländischen Strafrechtswissenschaft ist Handlung *ein vom Willen beherrschbares (willkürliches) menschliches Verhalten*, das eine bestimmte Folge in der Außenwelt herbeiführt, wobei diese Folge entweder in einer bloßen Körperbewegung (Tätigkeitsdelikte) oder in einer Körperbewegung mit dem dadurch bewirkten Außenwelterfolg (Erfolgsdelikte) bestehen kann **(kausaler Handlungsbegriff)** (vgl. oben § 22 III 2 a)[6]. „Kausal" heißt dieser Handlungsbegriff deswegen, weil der menschliche Wille dabei nur in seiner verursachenden Funktion, nicht aber in seiner den Geschehensverlauf steuernden Kraft erfaßt wird.

Beispiel: Bei einem tödlichen Schuß wird unter dem Gesichtspunkt der Handlung lediglich festgestellt, daß das Verhalten „willensgetragen" war und den Todeserfolg verursacht hat. Ob der Wille auf den Tötungserfolg gerichtet war, wird dagegen erst bei der Schuld untersucht.

2. Die **kritische Prüfung** des kausalen Handlungsbegriffs zeigt, daß mit der Umdeutung aller willensgetragenen Verhaltensweisen in kausale Vorgänge das Wesen der echten Willenshandlungen, die das Hauptkontingent der Straftaten ausmachen, nicht erfaßt wird. Gewiß unterscheidet der Wille „als Ursache" die menschliche Handlung noch immer von bloßen Naturvorgängen, aber das spezifisch Menschliche an der Handlung besteht nicht in der Kausalität des Willens, denn kausal wirken die Naturkräfte auch, sondern in der den Kausalverlauf objektiv gestaltenden „Finalität", zu der allein der Mensch befähigt ist[7]. Weiter vermag der kausale Handlungsbegriff die Unterlassung nicht in sich aufzunehmen[8]. Die Eigenart der Unterlassung besteht gerade darin, daß es an einem erwarteten Willensimpuls fehlt und deswegen ein bestimmter Kausalprozeß *nicht* in Lauf gesetzt wird. Endlich führt der kausale Hand-

---

[4] Die Bedeutung des Handlungsbegriffs betonen besonders *Androulakis*, Zepos-Festschrift S. 13; *Dreher / Tröndle*, Vorbem. 3f. vor § 13; *Hirsch*, ZStW 93 (1981) S. 843ff.; *Maiwald*, ZStW 86 (1974) S. 642; *Maurach / Zipf*, Allg. Teil I S. 184ff.; *Stratenwerth*, Allg. Teil I Rdn. 142; *Wessels*, Allg. Teil S. 20ff.; *Welzel*, Lehrbuch S. 31f.

[5] Vgl. näher *Maihofer*, Handlungsbegriff S. 6ff.

[6] So *Beling*, Lehre vom Verbrechen S. 9, 17; *Baumann / Weber*, Allg. Teil S. 193; *Spiegel*, DAR 1968, 283; *Naucke*, Einführung S. 259; *Mezger*, Lehrbuch S. 91ff.; *Kohlrausch / Lange*, Syst. Vorbem. II B; *Bettiol / Pettoello Mantovani*, Diritto penale S. 280ff.; *Rodríguez Devesa / Serrano Gómez*, Derecho penal S. 369; *Pompe*, Handboek S. 88 (über ältere niederländische Autoren). Ähnlich auch BGH 3, 287 (289).

[7] So mit Recht *Schmidhäuser*, ZStW 66 (1954) S. 28ff.

[8] So mit Recht *E. A. Wolff*, Handlungsbegriff S. 10f.; *Pompe*, Handboek S. 88; *Maurach / Zipf*, Allg. Teil I S. 194.

lungsbegriff zu einem Rückgriff „ad infinitum", weil auch weit zurückliegende, mit der Tat in keinem sinnvollen Zusammenhang stehende Ereignisse (z.B. die Erzeugung des Mörders als notwendige Voraussetzung des Mordes) wenigstens theoretisch in die Handlung einbezogen werden können[9]. Um diesen Schwierigkeiten zu begegnen, haben manche Anhänger des kausalen Handlungsbegriffs zu dem Grundbegriff des „menschlichen Verhaltens" Zuflucht genommen[10], der jedoch, wenn er nicht weiter definiert wird, gänzlich sinnentleert ist.

III. Aufbau und Kritik des finalen Handlungsbegriffs

1. Nach der finalen Handlungslehre ist die menschliche Handlung nicht bloß ein vom Willen getragener kausaler Ablauf, sondern ihrem Wesen nach **Ausübung der Zwecktätigkeit** (vgl. oben § 22 V 2). Die Finalität beruht auf der Fähigkeit des Menschen, die Folgen seines kausalen Eingreifens in gewissen Grenzen vorauszusehen und durch Einsatz seiner Mittel den Ablauf auf das angestrebte Ziel hin planvoll zu steuern. Der das kausale Geschehen lenkende Wille ist deswegen das „Rückgrat der finalen Handlung", der „Steuerungsfaktor, der das äußere Kausalgeschehen überformt". Die finale Steuerung der Handlung vollzieht sich in drei Stufen: sie beginnt mit der gedanklichen Vorwegnahme des Ziels, hieran schließt sich die Auswahl der zur Zielerreichung erforderlichen Handlungsmittel, den Abschluß bildet die Verwirklichung des Handlungswillens in der Welt des realen Geschehens[11].

Beispiel: Bei einem tödlichen Schuß sucht sich der Täter zunächst sein Opfer, wählt die Waffe aus, zielt mit derselben und verwirklicht anschließend den Tötungswillen, indem er abdrückt.

2. Auch gegen den finalen Handlungsbegriff werden **Einwendungen** erhoben, ganz unabhängig davon, ob aus ihm die weitreichenden Folgerungen für das System des Verbrechensbegriffs gezogen werden dürfen, die man aus dieser Konzeption abgeleitet hat[12].

a) Der finale Handlungsbegriff gibt eine zutreffende Beschreibung der gedanklich antizipierten, bewußten Willenshandlungen. Wir kennen jedoch auch Vorgänge, die auf den ersten Blick nicht dem Bilde der voll-finalen Handlung entsprechen. Gleichwohl wird man sie dem Begriff der Finalität deswegen noch zuordnen können, weil die finale Steuerung, mag sie auch nicht bewußt vorhanden sein, doch jederzeit einzusetzen vermag. Das gilt einmal für die *automatisierten Handlungen* (z.B. Gehen, Schreiben, Autofahren)[13], weil hier der nach außen als mechanisch erscheinende Ablauf auf einer (ursprünglich erlernten) Steuerung aus dem Unbewußten beruht, die jederzeit durch Willensakte wieder bewußt gemacht werden kann. Dies gilt weiter für die *spielerisch-schöpferischen Handlungen*[14], da hier Gefühlsassoziationen die Aufgabe der gedanklichen Antizipation der Zielvorstellung übernehmen, die ebenfalls jederzeit ins volle Bewußtsein gerückt werden können. Es gilt endlich auch für die *Affekthandlungen,* bei denen zwar die Antriebskräfte ohne Sinnsteuerung unmittelbar aus der Tiefenschicht hervorbrechen, aber der Handlungsvollzug selbst final gesteuert ist (vgl. den Fall in BGH 11, 20)[15]. Insoweit erscheint die Kritik also unbegründet.

---

[9] So mit Recht *H. Mayer,* v. Weber-Festschrift S. 146f.

[10] In dieser Richtung *Graf zu Dohna,* Verbrechenslehre S. 14; *Mezger,* Moderne Wege S. 12; *Nowakowski,* JBl 1972, 21.

[11] Vgl. näher *Welzel,* Das neue Bild S. 1ff.; *derselbe,* Lehrbuch S. 33ff.; *Hirsch,* ZStW 93 (1981) S. 838 m.w.Nachw.; *Stratenwerth,* SchwZStr 81 (1965) S. 183ff.; *derselbe,* Allg. Teil I Rdn. 147ff.; *Busch,* Moderne Wandlungen S. 7ff. Über die Fortentwicklung der finalen Handlungslehre *Schmidhäuser,* JZ 1986, 109ff.

[12] Zur Kritik vgl. *Roxin,* ZStW 74 (1962) S. 515ff.; *Maurach / Zipf,* Allg. Teil I S. 197ff.; *Schönke / Schröder / Lenckner,* Vorbem. 33 vor § 13.

[13] Vgl. *Stratenwerth,* Welzel-Festschrift S. 289ff.; zweifelnd *Schönke / Schröder / Lenckner,* Vorbem. 33 vor § 13.

[14] Vgl. die Kritik am finalen Handlungsbegriff von *Hall,* Fahrlässigkeit S. 15.

b) Auch der finale Handlungsbegriff kann aber nicht die Aufgabe eines *alle* strafrechtlich relevanten Verhaltensweisen umfassenden Oberbegriffs erfüllen[16]. Die für den Ablauf der finalen Handlung charakteristische Steuerung des Kausalvorgangs durch Willensimpulse fehlt bei der *Unterlassung*, mag die emotionale Beteiligung des „Täters" an dem sich vor ihm abspielenden Vorgang auch noch so stark sein[17]. Darüber hinaus läßt sich aber auch die *fahrlässige Handlung* nicht reibungslos in den finalen Handlungsbegriff einordnen[18]. Gewiß besteht die Fahrlässigkeit, worauf die Finalisten stets hinweisen, meist in einem unsorgfältigen Vollzug einer finalen Handlung, aber die Unsorgfältigkeit des Vollzugs ist gerade kein Moment ihrer Finalität[19]. Die Sorgfaltswidrigkeit kann nicht mit der finalen Handlung gleichgesetzt werden, denn das Urteil der Fehlerhaftigkeit ergibt sich erst im Hinblick auf einen zu vermeidenden Erfolg, der bei der Fahrlässigkeitstat gerade *außerhalb des finalen Zusammenhangs* steht. Daran ändert auch nichts die Tatsache, daß der Willensinhalt für das Maß der Sorgfaltswidrigkeit mitbestimmend sein kann, wie sich besonders bei den erfolgsqualifizierten Delikten zeigt (vgl. z. B. §§ 18, 226). Hier wie auch vielfach sonst bei fahrlässigen Handlungen liegt der Sorgfaltsmangel gar nicht darin, daß sie „unsorgfältig gesteuert" werden, sondern darin, daß sie nicht überhaupt unterblieben sind (vgl. unten § 55 I 3 a). In diesen Fällen läßt sich schwerlich behaupten, daß die „Art und Weise" der Ausführung der Handlung unsorgfältig gewesen wäre.

Beispiele: Die Krankenschwester, die dem Patienten versehentlich eine falsche Injektion gibt, handelt in bezug auf die Injektion unsorgfältig. Eine fahrlässige Tötungshandlung ist jedoch nur dann gegeben, wenn der Todeserfolg voraussehbar war und eingetreten ist. Liegt der Fall dagegen so, daß der Patient wegen seines Zustandes überhaupt keine Injektion erhalten durfte, so läßt sich nicht sagen, daß die Krankenschwester, die trotzdem eine Spritze gibt, bei der Art und Weise des Handlungsvollzugs sorgfaltswidrig verfahren sei; der Fehler liegt hier vielmehr darin, daß sie überhaupt gehandelt hat.

IV. Der soziale Handlungsbegriff

1. Die seinsmäßige Grundkategorie des *aktiven* menschlichen Verhaltens ist die *Finalität*, denn die Fähigkeit, Kausalabläufe zu steuern, begründet die Sonderstellung des Menschen in der Natur. Hinzu tritt als eine nicht nur für das Zivilrecht (vgl. das „Schweigen im Rechtsverkehr"), sondern auch für das Strafrecht bedeutsame zweite Kategorie die *Unterlassung*. Eine Unterlassung liegt vor, wenn ein aktives Tun, das

---

[15] Vgl. die Kritik von *Henkel*, Studium Generale 1960, 237ff. Die Handlungsqualität der Affekttat betonen mit Recht *Krümpelmann*, Welzel-Festschrift S. 334ff.; *Schewe*, Reflexbewegung S. 131.

[16] Dies wird auch von *Welzel*, Lehrbuch S. 31f. und 129f. sowie *Stratenwerth*, Allg. Teil I Rdn. 157 zugegeben. Ebenso *Armin Kaufmann*, Welzel-Festschrift S. 393ff. Die Notwendigkeit eines umfassenden Handlungsbegriffs, der auch spontanes und reflektorisches Verhalten einschließen müsse, betont demgegenüber *v. Weber*, Engisch-Festschrift S. 337.

[17] Über das Fehlen der „aktuellen Finalität" bei der Unterlassung *Armin Kaufmann*, Unterlassungsdelikte S. 66f. Ebenso *Welzel*, Lehrbuch S. 200. Die Verbindung von Handlung und Unterlassung im Begriff der „Handlungs*fähigkeit*" bei *Armin Kaufmann*, Unterlassungsdelikte S. 83 ist abzulehnen, weil die Handlungsfähigkeit Voraussetzung der Handlung, aber nicht selbst Handlung ist. Wenn *Stratenwerth*, Allg. Teil I Rdn. 157 auf die Finalität der erwarteten Handlung abstellt, wird nichts über die Unterlassung als solche ausgesagt.

[18] Vgl. dazu insbesondere *Arthur Kaufmann*, Schuld und Strafe S. 42; derselbe, JuS 1967, 145ff.; *H. Mayer*, Grundriß S. 49; *Bockelmann / Volk*, Allg. Teil S. 46. Dagegen wiederum *Welzel*, NJW 1968, 425ff.; *Stratenwerth*, Allg. Teil I Rdn. 160ff.; *Weidemann*, GA 1984, 408ff.

[19] Auch die Ersetzung des Begriffs „Finalität" durch „Steuerung" (Kybernetik) durch *Welzel*, Maurach-Festschrift S. 7 ändert nichts daran, daß es sich bei der Fahrlässigkeit nur um *mögliche* Steuerung handelt.

nach den Normen des Rechts oder der Sitte, nach den Regeln der Gewohnheit oder der Erfahrung zu *erwarten* war, unterbleibt, obwohl dieses durch Einsatz der Finalität möglich gewesen wäre. Die Unterlassung ist im Hinblick auf die Steuerbarkeit des Geschehens ebenfalls eine seinsmäßige Kategorie, durch das Moment der Erwartung tritt jedoch ein Werturteil hinzu. Ob freilich die Unterlassung dem positiven Tun im Rahmen eines in sich geschlossenen Handlungsbegriffs überhaupt an die Seite gestellt werden kann, ist umstritten. Teils wird die Auffassung vertreten, daß wegen der strukturellen Verschiedenheit von positivem Tun und Unterlassen eine übergeordnete Einheit für beide Erscheinungen des Verhaltens gar nicht herzustellen sei[20], teils wird dagegen angenommen, daß das Unterlassen einen Modus menschlicher Wirksamkeit darstelle, der dem positiven Tun gleichartig ist[21]. Beides ist abzulehnen[22]. Die Formen, in denen die Auseinandersetzung des Menschen mit seiner Umwelt stattfindet (Finalität beim positiven Tun und Steuerbarkeit bei der Unterlassung), sind auf der Ebene der ontologischen Betrachtung nicht zu vereinigen, da die Unterlassung selbst keine Finalität ist, sondern durch den erwarteten Energieeinsatz charakterisiert wird. Beide können jedoch dann zu einem einheitlichen Handlungsbegriff zusammengefaßt werden, wenn es gelingt, einen übergeordneten Gesichtspunkt *wertender* Art aufzufinden, der die im Seinsbereich unvereinbaren Elemente im normativen Bereich vereinigt. Diese Synthese muß in der *Beziehung des menschlichen Verhaltens auf die Umwelt* gesucht werden. Das ist der Sinn des *sozialen* Handlungsbegriffs. **Handlung ist danach sozialerhebliches menschliches Verhalten** (vgl. oben § 22 III 2 a)[23]. Dabei

---

[20] So *Radbruch*, Handlungsbegriff S. 131 ff.; *Gallas*, Beiträge S. 25 f.; *Armin Kaufmann*, Unterlassungsdelikte S. 66 ff.; *Welzel*, Lehrbuch S. 200; *v. Bubnoff*, Handlungsbegriff S. 149 ff.; *Roxin*, ZStW 74 (1962) S. 547 ff. Über die logische Möglichkeit eines Oberbegriffs für Tun und Unterlassen vgl. jedoch *Engisch*, Welzel-Festschrift S. 364 ff. Weitere Nachweise bei *Engisch*, Gallas-Festschrift S. 163 Fußnote 1.

[21] So *Baumann / Weber*, Allg. Teil S. 191; *Gössel*, Wertungsprobleme S. 112; *Maihofer*, Handlungsbegriff S. 14; *Mezger*, Lehrbuch S. 132; *E. A. Wolff*, Handlungsbegriff S. 32.

[22] Abzulehnen ist aber auch der Versuch der Konstruktion eines „negativen Handlungsbegriffs" durch *Herzberg*, Unterlassung S. 156 ff., 174 ff. und *Behrendt*, Unterlassung S. 95, 130, 143 ff. Dagegen überzeugend *Schönke / Schröder / Lenckner*, Vorbem. 38 vor § 13; *Engisch*, Gallas-Festschrift S. 193 ff.; *Wessels*, Allg. Teil S. 21.

[23] Ein sozialer Handlungsbegriff wird heute in verschiedenen Spielarten vertreten; vgl. *Eb. Schmidt*, Der Arzt im Strafrecht S. 75, insbes. Fußnote 29; *derselbe*, Engisch-Festschrift S. 339 ff.; *Engisch*, Kohlrausch-Festschrift S. 161; *derselbe*, Weltbild S. 38; *Maihofer*, Eb. Schmidt-Festschrift S. 170 ff.; *Preisendanz*, Vorbem. B III 1; *Wessels*, Allg. Teil S. 24; *E. A. Wolff*, Handlungsbegriff S. 29 ff.; *derselbe*, Radbruch-Gedächtnisschrift S. 299. Vgl. zum ganzen ferner *Jescheck*, Eb. Schmidt-Festschrift S. 150 ff. sowie eingehend *Bloy*, ZStW 90 (1978) S. 611 ff., inbes. S. 647. Nahe stehen der hier vertretenen Auffassung ferner *H. Mayer*, Grundriß S. 75; *Maurach / Zipf*, Allg. Teil I S. 207; *WK (Nowakowski)* Vorbem. 13 vor § 2; *Würtenberger*, Situation S. 54; *SK (Rudolphi)* Vorbem. 17 ff. vor § 1, der den Begriff des „personal zurechenbaren Verhaltens" zugrunde legt (Rdn. 18). Dagegen führt die Ableitung des Handlungsbegriffs aus der „Welt des Unbewußten" durch *Arthur Kaufmann*, Schuld und Strafe S. 57 in Bereiche, die der Jurist dem Tiefenpsychologen überlassen muß. Dem Text nähert sich *Arthur Kaufmann* jedoch in H. Mayer-Festschrift S. 96 ff. Vgl. auch den „funktionalen Handlungsbegriff" bei *Eser*, Strafrecht I Nr. 3 A Rdn. 23 ff. Der soziale Handlungsbegriff entspricht dem, was *Welzel*, Lehrbuch S. 31 als den „Umkreis strafrechtlicher Normierung" bezeichnet. Er wird deshalb auch von *Stratenwerth*, Allg. Teil I Rdn. 151 anerkannt, weil er der finalen Handlungslehre in ihrem legitimen Bereich nicht widerspricht. Die Handlungslehre von *Ernst Wolf*, AcP 180 (1970) S. 205 ff. bleibt bei einer Beschreibung der verschiedenen denkbaren Verhaltensweisen stehen, ohne jedoch zu sagen, worauf sich das Zurechnungsurteil gründet. Über das Zurechnungsurteil auf der Grundlage der „Regelanwendung" *Hruschka*, Zurechnung S. 13, auf der Grundlage der „Entscheidbarkeit" *Kindhäuser*, Intentionale Handlung S. 202 ff. Ablehnend gegenüber der sozialen Handlungslehre die Mehrzahl der Kritiker; vgl. *Bockelmann / Volk*, Allg. Teil S. 47 f.; *Noll*, Handlungsbegriff S. 27 f.; *Roxin*, ZStW 82 (1970) S. 679 ff.;

bedeutet „*Verhalten*" jede Antwort des Menschen auf eine erkannte oder wenigstens erkennbare Situationsanforderung durch Verwirklichung einer ihm nach seiner Freiheit[24] zu Gebote stehenden Reaktionsmöglichkeit[25]. Das Verhalten kann bestehen in der Ausübung der Zwecktätigkeit (Finalität). Es kann sich aber auch beschränken auf die Verursachung von Folgen, sofern das Geschehen durch Einsatz der Finalität steuerbar ist (Fahrlässigkeit). Es kann sich endlich in der Untätigkeit gegenüber einer bestimmten (nicht notwendigerweise rechtlich begründeten) Handlungserwartung äußern, wobei auch hier vorausgesetzt wird, daß die Möglichkeit der Steuerung überhaupt gegeben ist (Unterlassung)[26]. Das Erfordernis des „*menschlichen*" Verhaltens besagt, daß für das Handeln im strafrechtlichen Sinne nur Äußerungen *einzel*menschlicher Wirksamkeit in Betracht kommen, nicht auch Akte von Personenverbänden. „*Sozialerheblich*" ist ein Verhalten schließlich dann, wenn es das Verhältnis des einzelnen zu seiner Umwelt betrifft und diese durch seine Auswirkungen berührt[27]. Dazu ist erforderlich, daß das Verhalten nach außen wirksam geworden sein muß, wofür beim Unterlassen das Ausbleiben der Wirkungen genügend ist, die das erwartete und steuerbare Tun gehabt hätte (z. B. das Ausbleiben der möglichen Hilfeleistung bei einem Unfall)[28].

Der soziale Handlungsbegriff erfaßt somit *alle* menschlichen Verhaltensweisen, die für das Zurechnungsurteil überhaupt in Betracht kommen. Er enthält ferner die Umrisse einer nicht nur abstrakten, sondern die Seinsweise der Handlung konkret beschreibenden *Definition*, die durch die allgemeinen Verbrechensmerkmale der Tatbestandsmäßigkeit, Rechtswidrigkeit und Schuld näher bestimmt werden kann, ohne diese vorwegzunehmen. Er *scheidet* endlich, wie sogleich zu zeigen sein wird, *diejenigen Verhaltensweisen aus*, die für die strafrechtliche Betrachtung keine Bedeutung haben können.

2. Aus dem sozialen Handlungsbegriff ergibt sich **negativ** der Kreis der Verhaltensweisen, die für eine strafrechtliche Zurechnung von vornherein nicht in Betracht kommen. Diese negative Funktion wird auch von den Gegnern eines allgemeinen Handlungsbegriffs anerkannt[29].

a) Da Handlung die Verwirklichung einer dem Menschen überhaupt zu Gebote stehenden Reaktionsmöglichkeit darstellt, muß die wenigstens potentielle Mitwirkung seiner geistig-seelischen Kräfte als Mindesterfordernis des Handlungsbegriffs angesehen werden[30]. Keine Handlung sind danach die rein somatischen **Körper-**

Rodríguez Devesa / Serrano Gómez, Derecho penal S. 366; *Schönke / Schröder / Lenckner*, Vorbem. 37 vor § 13; *Nowakowski*, JBl 1972, 21.
[24] Über die Freiheit als Merkmal des Handlungsbegriffs *Lampe*, ZStW 79 (1967) S. 496 ff.; *Ernst Wolf*, AcP 180 (1970) S. 212.
[25] Ebenso *E. A. Wolff*, Handlungsbegriff S. 17; *Wessels*, Allg. Teil S. 24; *Maiwald*, JuS 1981, 476 (zur Unterlassung).
[26] Über die Existenzberechtigung eines solchen vorrechtlichen Unterlassungsbegriffs *Engisch*, JZ 1962, 190.
[27] Vgl. *v. Weber*, Engisch-Festschrift S. 331. *Pompe*, Handboek S. 86 spricht hier noch ganz naturalistisch von einem „uiterlijk waarneembar gebeuren", *D. Hazewinkel-Suringa / Remmelink*, Inleiding S. 101 ganz allgemein von „menselijke gedraging".
[28] Vgl. *Jakobs*, Welzel-Festschrift S. 318 ff.
[29] Vgl. *Schönke / Schröder / Lenckner*, Vorbem. 40 vor § 13. Dagegen versteht *Michaelowa*, Begriff S. 82 als Handlung „jede Weise menschlicher Existenz" und lehnt damit die im Text gemachten Einschränkungen ab, während *Marinucci*, Il reato S. 203 auch für die negative Abgrenzung ganz auf die verschiedenen Deliktstypen abstellt. Ebenso *Otter*, Handlungsbegriff S. 179 ff. und *Armin Kaufmann*, Welzel-Festschrift S. 394. Eine enge Fassung gibt dem Begriff der „Nicht-Handlung" zu Recht *Schewe*, Reflexbewegung S. 75; zum Reflexbegriff *derselbe*, ebenda S. 55 ff.; *Stratenwerth*, Welzel-Festschrift S. 297 ff.
[30] Im gleichen Sinne spricht *Kindhäuser*, GA 1982, 495 von der „Kontrollierbarkeit" als Merkmal der Handlung.

reflexe, bei denen Bewegung oder Bewegungslosigkeit unmittelbar durch einen das Nervensystem treffenden Reiz ausgelöst werden, ferner Körperbewegungen im Zustand der **Bewußtlosigkeit,** endlich Wirkungen, die durch **unwiderstehliche Gewalt** (vis absoluta) ausgelöst werden.

Beispiele: Jemand zuckt bei Berührung einer elektrischen Leitung zusammen und verletzt dadurch einen anderen[31]. Der Autofahrer verursacht einen Zusammenstoß infolge von Bewußtlosigkeit durch einen vorher nicht erkennbaren epileptischen Anfall (OLG Schleswig VRS 64, 429). Jemand wird, am Schwimmbecken stehend, ins Wasser gestoßen und stürzt auf einen Schwimmer.

b) Die Handlungsqualität ist ferner dann zu verneinen, wenn jemand entgegen einer Handlungserwartung untätig bleibt, weil ihm die *Handlungsfähigkeit* fehlt und diese auch für jeden anderen in seiner Lage nicht gegeben gewesen wäre.

Beispiele: Wenn der einzige Aufsichtsbeamte nachts von Gefangenen überwältigt und in eine Zelle eingesperrt wird, so daß er den Ausbruch nicht verhindern kann, entfällt § 120 II schon deswegen, weil eine Unterlassung zu verneinen ist. Ebenso liegt kein Hausfriedensbruch durch unbefugtes Verweilen nach § 123 I zweite Alternative vor, wenn ein zum Verlassen der Straßenbahn aufgeforderter Fahrgast nicht während der Fahrt abspringt (RG 75, 355 [358]).

Als Verwirklichung einer dem Menschen nach seiner allgemeinen Natur zu Gebote stehenden Reaktionsmöglichkeit läßt sich das Unterlassen nur dann verstehen, wenn die Fähigkeit zur Vornahme der erwarteten Handlung durch Einsatz der Finalität generell bejaht werden kann. Deswegen gehört die **allgemeine Handlungsfähigkeit** bereits zum Begriff der Unterlassung im Sinne sozialerheblichen „Verhaltens". Bei der Prüfung der Handlungsfähigkeit darf jedoch nicht auf die persönlichen Eigenschaften der im konkreten Fall untätigen Individualperson abgestellt werden, denn wenn durch den Handlungsbegriff derjenige Bereich menschlichen Verhaltens abgegrenzt werden soll, der für die strafrechtliche Zurechnung *überhaupt* in Frage kommt, muß bei der Definition des Unterlassens die generelle Handlungsfähigkeit zugrunde gelegt werden. Danach kann von einem Unterlassen im Sinne des Handlungsbegriffs schon dann gesprochen werden, wenn *ein anderer* anstelle des „Täters", den man sich im Vollbesitz aller Kenntnisse und Fähigkeiten, die in der betreffenden Situation erforderlich wären, zu denken hat, zur Vornahme der erwarteten Handlung in der Lage gewesen wäre[32].

Beispiele: Die Bewohner Berlins haben es nicht unterlassen, einen im Bodensee bei einer Meisterschaft im Wasserskilauf Ertrinkenden zu retten, auch wenn sie im Fernsehen Zeugen des Unglücks geworden sind. Unterlassen hat die Rettung aber ein am Ufer stehender Schwimmer, selbst wenn die Hilfeleistung vielleicht über seine Kräfte gegangen wäre. Zu verneinen ist dagegen die Unterlassung bei dem Freunde des Ertrinkenden, der angesichts des Unglücks das Bewußtsein verliert.

c) Keine Handlungen im Sinne des Strafrechts sind ferner die vielfältigen sozialen Wirkungen, die von **Personenverbänden** ausgehen (vgl. unten § 23 V).

---

[31] Kein Körperreflex ist dagegen die falsche Reaktion des Kraftfahrers auf eine plötzlich auftauchende Gefahrensituation, weil diese Folge bei genügender Übung beherrschbar ist; vgl. dazu OLG Frankfurt VRS 28, 364 und *Franzheim,* NJW 1965, 2000. Ebenso OLG Hamm JZ 1974, 716. Die Möglichkeit „totaler Handlungsunfähigkeit" wird jedoch von *Spiegel,* DAR 1968, 290 anerkannt.

[32] Vgl. *Maihofer,* Eb. Schmidt-Festschrift S. 177. Dagegen wird vielfach schon zum *Begriff* der Unterlassung die *individuelle* Handlungsfähigkeit gerechnet; vgl. *Schönke / Schröder / Stree,* Vorbem. 142f. vor § 13; *Maurach / Gössel / Zipf,* Allg. Teil II S. 158f.; *SK (Rudolphi)* Vorbem. 2 vor § 13; *Stratenwerth,* Allg. Teil I Rdn. 1031; *Nowakowski,* JBl 1972, 21f. und WK *(Nowakowski)* Vorbem. 15 vor § 2.

d) Das Erfordernis eines nach außen in Erscheinung tretenden Verhaltens schließt endlich sämtliche *Vorgänge des seelischen Lebens* (Gedanken, Pläne, Gefühle, Gesinnungen) aus dem strafrechtlichen Handlungsbegriff aus, selbst wenn sie durch Narkoanalyse festgestellt werden könnten („cogitationis poenam nemo patitur", Dig. 48, 19, 18)[33].

3. Aus dem Handlungsbegriff läßt sich nicht entnehmen, aus welchen Gründen ein als Menschenwerk zurechenbares Verhalten strafwürdig erscheint oder nicht. Auskunft darüber gibt erst der Deliktstatbestand. Die Aufgabe des Handlungsbegriffs erschöpft sich darin, den Bereich, der für das Zurechnungsurteil überhaupt in Frage kommt, *inhaltlich* zu bezeichnen und abzugrenzen[34]. Darin liegt auch sein **systematischer Wert.** Dogmatische Folgerungen für den Aufbau der Begriffe Rechtswidrigkeit und Schuld können dagegen aus dem sozialen Handlungsbegriff nicht abgeleitet werden. Der Rahmen für die beiden materiellen Merkmale des Verbrechensaufbaus ist zwar durch den Handlungsbegriff im weitesten Sinne abgesteckt, ihre *inhaltliche* Entfaltung erfolgt jedoch nach anderen Zurechnungskriterien.

V. Sanktionen gegen juristische Personen und Personenvereinigungen

Ackermann, Die Strafbarkeit juristischer Personen usw., 1984; *Burrows,* The responsibility of corporations under criminal law, The Journal of Criminal Science 1948, 1; *Busch,* Grundfragen der strafrechtlichen Verantwortlichkeit der Verbände, 1933; *Engisch,* Empfiehlt es sich, die Strafbarkeit der juristischen Person gesetzlich vorzusehen? Verhandlungen des 40. DJT, Bd. II, 1953, S. E 7; *Göhler,* Das neue Gesetz über Ordnungswidrigkeiten, JZ 1968, 583, 613; *derselbe,* Die strafrechtliche Verantwortlichkeit juristischer Personen, in: ZStW-Beiheft Budapest 1978, S. 100; *Hartung,* Empfiehlt es sich, die Strafbarkeit der juristischen Person gesetzlich vorzusehen? Verhandlungen des 40. DJT, Bd. II, 1953, S. E 43; *Heinitz,* Empfiehlt es sich, die Strafbarkeit der juristischen Person gesetzlich vorzusehen? Verhandlungen des 40. DJT, Bd. I, 1953, S. 67; *derselbe,* Der Ausbau des Strafensystems, ZStW 65 (1953) S. 26; *Huss,* Die Strafbarkeit der juristischen Personen, ZStW 90 (1978) S. 237; *Jescheck,* Die strafrechtliche Verantwortlichkeit der Personenverbände, ZStW 65 (1953) S. 210; *derselbe,* Die Behandlung der Personenverbände im Strafrecht, SchwZStr 70 (1955) S. 243; *derselbe,* Das niederländische StGB im internationalen Zusammenhang, in: van Dijk u. a. (Hrsg.), Criminal Law in Action, 1986, S. 5; *Lange,* Zur Strafbarkeit von Personenverbänden, JZ 1952, 261; *Lang-Hinrichsen,* „Verbandsunrecht". Zugleich ein Beitrag zur Lehre von den Ordnungswidrigkeiten, Festschrift für H. Mayer, 1966, S. 49; *Müller-Gugenberger* (Hrsg.), Wirtschaftsstrafrecht, 1987; *Rotraut Pohl-Sichtermann,* Geldbuße gegen Verbände, 1974; *Riebenfeld,* Die strafrechtliche Verantwortlichkeit von Verbänden, Jahrbuch der Basler Juristenfakultät 1934, S. 232; *Rogall,* Dogmatische und kriminalpolitische Probleme der Aufsichtspflichtverletzung, ZStW 98 (1986) S. 573; *Rotberg,* Für Strafe gegen Verbände, DJT-Festschrift, Bd. II, 1960, S. 193; *Schaffmeister,* Das niederländische Wirtschaftsstrafgesetz, ZStW 85 (1973) S. 782; *R. Schmitt,* Strafrechtliche Maßnahmen gegen Verbände, 1958; *Schünemann,* Unternehmenskriminalität und Strafrecht, 1979; *derselbe,* Die Bedeutung der „Besonderen persönlichen Merkmale" für die strafrechtliche Teilnehmer- und Vertreterhaftung, Jura 1980, 354, 568; *derselbe,* Strafrechtsdogmatische und kriminalpolitische Grundfragen der Unternehmenskriminalität, wistra 1982, 41; *Schwander,* Der Einfluß der Fiktions- und Realitätstheorie auf die Lehre von der strafrechtlichen Verantwortlichkeit der Juristischen Personen, Festgabe für M. Gutzwiller, 1959, S. 603; *Seiler,* Strafrechtliche Maßnahmen als Unrechtsfolgen gegen Personenverbände, 1967; *Tiedemann,* Die „Bebußung" von Unternehmen nach dem 2. WiKG, NJW 1988, 1169; *Torringa,* Strafbaarheid van rechtspersonen, 1984; *v. Weber,* Über die Strafbarkeit juristischer Personen, GA 1954, 237.

---

[33] Hierauf insbesondere stützt *Maiwald,* ZStW 86 (1974) S. 642 die Notwendigkeit der Konzeption eines strafrechtlichen Handlungsbegriffs.

[34] Es handelt sich somit um mehr als um eine bloße „Regelung des Sprachgebrauchs", wie *Klug,* Emge-Festschrift S. 40 meint. Vielmehr zeigen die Kategorien der Finalität, der Steuerungsmöglichkeit, der Erwartung und der Auswirkung auf die Umwelt, was der Sache nach mit dem Handlungsbegriff gemeint ist.

1. Das geltende deutsche Recht kennt **keine Strafbarkeit von juristischen Personen und Personenvereinigungen.**

Die *Rechtsgeschichte* ergibt jedoch in dieser Frage ein wechselvolles Bild[35]. Während im römischen Recht, wenn auch vielleicht mit Einschränkungen, der Satz „societas delinquere non potest" gegolten hat, war die Strafbarkeit der Personenverbände dem germanischen, mittelalterlich-italienischen und gemeinen Recht wohlbekannt. Erst an der Wende des 18. zum 19. Jahrhunderts setzte der Umschwung zur rein individualstrafrechtlichen Auffassung ein, die in Deutschland bis heute herrschend geblieben ist[36]. Dabei spielten freilich nicht mehr die Argumente der beiden großen gesellschaftsrechtlichen Theorien des 19. Jahrhunderts (Fiktionstheorie und Realitätstheorie) die entscheidende Rolle[37], sondern dogmatische und kriminalpolitische Argumente.

Juristische Personen und Personenvereinigungen sind nur durch ihre Organe handlungsfähig und können deswegen selbst nicht bestraft werden. Ihnen gegenüber hat ferner die in der Strafe liegende sozialethische Mißbilligung keinen Sinn, weil ein Schuldvorwurf nur gegenüber verantwortlichen Einzelpersonen erhoben werden kann, nicht aber gegenüber unbeteiligten Mitgliedern oder einer Vermögensmasse. Der berechtigte kriminalpolitische Zweck, den Verbänden mit ihrem juristisch selbständigen Vermögen die Gewinne wieder abzunehmen, die ihnen durch Straftaten ihrer Organe zugeflossen sind, muß und kann auf andere Weise als durch die Strafe erreicht werden (Einziehung, Verfall, Abführung des Mehrerlöses). Dagegen wird die ganze Frage im ausländischen Recht meist viel pragmatischer behandelt als im deutschen, und die Verbandsstrafe ist dort demgemäß häufig anzutreffen, weil sie zweckmäßig erscheint[38].

2. Wenn das deutsche Recht auch die Kriminalstrafe gegen juristische Personen ablehnt, so gibt es doch schon seit langem **Ordnungsstrafen gegen Verbände**[39].

---

[35] Vgl. dazu *R. Schmitt*, Maßnahmen gegen Verbände S. 16 ff.; *Heinitz*, Verhandlungen Bd. I S. 67 ff.

[36] Vgl. *Engisch*, Verhandlungen Bd. II S. E 7 ff.; *Hartung*, ebenda S. E 43 ff.; *Heinitz*, ZStW 65 (1953) S. 51; *Jescheck*, SchwZStr 70 (1955) S. 243; *Lange*, JZ 1952, 261; *R. Schmitt*, Maßnahmen gegen Verbände S. 178 ff., insbes. S. 199; *Maurach / Zipf*, Allg. Teil I S. 181 f.; *Schmidhäuser*, Allg. Teil S. 195 f. Ebenso seit RG 16, 121 (123) die st. Rspr.; vgl. auch BGH 3, 130 (132). Allein auf Besatzungsrecht bezog sich BGH 5, 28 (32) m. abl. Anm. *Bruns*, JZ 1954, 251 und *Heinitz*, JR 1954, 67. Für die Verbandsstrafe jedoch *M. E. Mayer*, Lehrbuch S. 96 f.; *v. Liszt / Schmidt*, S. 156; *Busch*, Grundfragen S. 89 ff.; *v. Weber*, GA 1954, 237; *Baumann / Weber*, Allg. Teil S. 196; *Jakobs*, Allg. Teil S. 125; *Ackermann*, Strafbarkeit juristischer Personen S. 236 f.; *Rotberg*, DJT-Festschrift Bd. II S. 194 ff.

[37] Vgl. dazu *Schwander*, Gutzwiller-Festgabe S. 608 f.

[38] Im Ausland gibt es die echte Verbandsstrafe vor allem in England und den USA, in anderen Ländern meist unter Beschränkung auf Verwaltungsdelikte; vgl. näher *Burrows*, The Journal of Criminal Science 1948, 9; *LaFave / Scott*, Criminal Law S. 228 ff.; *Huss*, ZStW 90 (1978) S. 237 ff. (zu Luxemburg, Frankreich, Belgien); *Jescheck*, ZStW 65 (1953) S. 210. Zur Einführung der Verbandsstrafe in den Niederlanden *D. Hazewinkel-Suringa / Remmelink*, Inleiding S. 111 ff.; *Jescheck*, Das niederländische StGB S. 15 f.; *Torringa*, Strafbaarheid van rechtspersonen, 1984; *Schaffmeister*, ZStW 85 (1973) S. 801 ff. Für die Schweiz empfiehlt *Riebenfeld*, Basler Jahrbuch 1934, S. 234 die Verbandsstrafe gegen Gemeinschaften (im Unterschied zu Gesellschaften). Das französische Avant-projet de Code pénal von 1986 will die Verbandsstrafe einführen, der schweiz. Vorentwurf *Schultz* von 1985 lehnt sie ab, ebenso das belgische Avant-projet de Code pénal von *Robert Legros* S. 129 ff. Ein Sachverständigenausschuß des Europarats empfiehlt ihre Einführung (Council of Europe. European Committee on Crime Problems, PC-R-Cl (87) 5 vom 18. 12. 1987).

[39] Die Praxis hat schon nach § 17 der VO gegen den Mißbrauch wirtschaftlicher Machtstellung von 1923 (RGBl. I S. 1067) Ordnungsstrafen gegen juristische Personen und Personenvereinigungen ausgesprochen. Im Preis- und Verbrauchsregelungsrecht des zweiten Weltkriegs waren Ordnungsstrafen gegen Verbände ausdrücklich vorgesehen. Zur Geschichte *Göhler*,

V. Sanktionen gegen juristische Personen und Personenvereinigungen

Angesichts der Machtstellung der Verbände und der besonderen Wirtschaftskriminalität, die sich im Rahmen der Verbandstätigkeit zu entwickeln vermag, ist es verständlich, daß der Gesetzgeber nicht ohne Sanktionsmöglichkeit auszukommen glaubt. Als Aushilfe wurde im OWiG 1968 die Geldbuße gewählt, weil sie angeblich wertneutral sein und keinen sozialethischen Tadel enthalten soll. Nach § 30 OWiG a. F. konnte eine Geldbuße gegen einen Verband als Nebenfolge ausgesprochen werden, wenn der Täter als vertretungsberechtigtes Organ einer juristischen Person oder als Mitglied eines solchen Organs (z. B. als Geschäftsführer einer GmbH), als Vorstand eines nicht rechtsfähigen Vereins oder als Mitglied eines solchen Vorstands oder als vertretungsberechtigter Gesellschafter einer Personenhandelsgesellschaft (z. B. einer OHG) eine Straftat oder Ordnungswidrigkeit begangen hat, durch die Pflichten des Verbandes verletzt worden sind oder der Verband bereichert worden ist oder bereichert werden sollte. Insbesondere kommt auch eine Verletzung der Aufsichtspflicht nach § 130 OWiG als Grundlage der Verbandsgeldbuße in Betracht (BGH NStZ 1986, 79). Das 2. WiKG vom 15. 5. 1986 hat jetzt das einschränkende Merkmal der „Nebenfolge" in § 30 I OWiG beseitigt, so daß die Geldbuße gegen den Verband als selbständige Rechtsfolge einer Straftat oder Ordnungswidrigkeit seiner Organe verstanden werden kann[40]. Nach dem neuen § 30 II OWiG beträgt die Geldbuße bei vorsätzlicher Straftat bis zu einer Million DM, bei fahrlässiger Straftat bis zu 500 000 DM. Bei Ordnungswidrigkeiten ist das Höchstmaß der für die Zuwiderhandlung angedrohten Geldbuße maßgebend. Die Geldbuße gegen den Verband ist auch dann zulässig, wenn wegen der Tat ein Straf- oder Bußgeldverfahren gegen das verantwortliche Organ nicht eingeleitet oder eingestellt oder wenn von Strafe abgesehen wird (**selbständiges Bußgeldverfahren**); dies gilt nur dann nicht, wenn die Straftat oder Ordnungswidrigkeit des Organs aus rechtlichen Gründen nicht verfolgt werden kann (§ 30 IV OWiG). Der Zweck dieser Geldbuße soll es sein, durch eine den Verband selbst treffende Sanktion Straftaten und Ordnungswidrigkeiten der Organe, die „im Interesse" des Verbandes begangen werden, wirksam entgegenzutreten und die dem Verband zugeflossenen Gewinne abzuschöpfen (vgl. §§ 30 III, 17 IV OWiG). Als weitere Nebenfolgen können die Einziehung (§ 29 OWiG) und die Abführung des Mehrerlöses (§ 10 II WiStG 1954) angeordnet werden. Die entsprechende Verfahrensvorschrift findet sich in §§ 88 OWiG, 444 StPO. Auch im europäischen Wirtschaftsstrafrecht ist die *direkte* Geldbuße gegen Unternehmen vorgesehen[41].

3. Die Geldbuße gegen den Verband als selbständige Sanktion unter Zurechnung der Organstraftat bzw. -ordnungswidrigkeit und Unterstellung eines „Organisationsverschuldens" ist jedoch ebensowenig berechtigt wie die Strafe, weil auch die Geldbuße persönliche Schuld voraussetzt und ein Unwerturteil zum Ausdruck bringt, jedenfalls dann, wenn es sich nicht um bloßes Verwaltungsunrecht handelt (vgl. oben § 7 V 3b)[42]. So ist auch die Geldbuße allein gegenüber natürlichen Personen vertretbar, sie kann der Individualstrafe nicht einfach angehängt werden, wenn man sich nicht dem Vorwurf des „Etikettenschwindels" aussetzen will.

Vorbem. 3 vor § 29a OWiG; zum geltenden OWiG *derselbe,* JZ 1968, 590ff. und Deutsche Landesreferate S. 106ff. Zur neuesten Entwicklung nach dem 2. WiKG *derselbe,* Vorbem. 14 vor § 29a OWiG.

[40] So *Tiedemann,* NJW 1988, 1171ff.; *Müller-Gugenberger,* in: *derselbe* (Hrsg.), Wirtschaftsstrafrecht, § 19 Rdn. 46.

[41] Nachweise bei *Göhler,* Vorbem. 16 vor § 29a OWiG.

[42] Ebenso *R. Schmitt,* Ordnungswidrigkeitenrecht S. 28. Kritisch auch *Tiedemann,* Wirtschaftsstrafrecht S. 146f., 204ff., sowie eingehend *Rotraut Pohl-Sichtermann,* Geldbuße S. 45ff. *Göhler,* Vorbem. 12 vor § 29a OWiG will § 31 BGB entsprechend anwenden. *Schünemann,* Unternehmenskriminalität S. 232ff. und wistra 1982, 49f. will die Verbandsgeldbuße nur als „strafrechtliche Notstandsmaßnahme" zulassen, wenn der Täter nicht festgestellt werden kann.

Die Gewinnabschöpfung ist durch die Ausgestaltung der Vertreterklausel in § 73 III und durch die Sondervorschrift für Organe in § 75 StGB und § 29 OWiG bei Verfall und Einziehung sichergestellt (vgl. unten § 76 I 4). Wenn weiter gesagt wird, daß die gegen das Organ der Körperschaft nach dessen Vermögensverhältnissen festgesetzte Geldstrafe keine genügende Abschreckungskraft habe, so müßten wirksame Freiheitsstrafen verhängt werden, um die Verbandskriminalität auf gerechte Weise zu bekämpfen[43]. Schon die Frage, nach welchen Kriterien die Geldbuße gegen den Verband der Höhe nach festgesetzt werden soll, wird schwerlich eine befriedigende Antwort finden[44]. Besonders bedenklich ist die selbständig festgesetzte Geldbuße gegen den Verband nach § 30 IV OWiG, weil damit der Zusammenhang mit der Tat und der Verurteilung eines einzelnen preisgegeben wird (vgl. dazu den Fall OLG Hamm, JR 1971, 383 m. Anm. *Göhler*). Unanfechtbar sind dagegen die Organ- und Vertreterhaftung (vgl. unten § 23 VI) und der Bußgeldtatbestand der Verletzung der Aufsichtspflicht in Betrieben und Unternehmen (§ 130 OWiG)[45].

VI. Das Handeln für einen anderen
(Organ- und Vertreterhaftung)

Blauth, „Handeln für einen anderen" nach geltendem und kommendem Strafrecht, 1968; *Bruns,* Können Organe juristischer Personen, die im Interesse ihrer Körperschaften Rechtsgüter Dritter verletzten, bestraft werden? Strafr. Abh. Heft 295, 1931; *derselbe,* Über Organ- und Vertreterhaftung im Strafrecht, JZ 1954, 12; *derselbe,* Faktische Betrachtungsweise und Organhaftung, JZ 1958, 461; *derselbe,* Grundprobleme der strafrechtlichen Organ- und Vertreterhaftung, GA 1982, 1; *derselbe,* Die sog. „tatsächliche" Betrachtungsweise im Strafrecht, JR 1984, 133; *Gallas,* Der dogmatische Teil des Alternativentwurfs, ZStW 80 (1968) S. 1; *Gracia Martin,* El actuar en lugar de otro en derecho penal, 1985; *Marxen,* Die strafrechtliche Organ- und Vertreterhaftung usw., JZ 1988, 286; *Müller-Gugenberger* (Hrsg.), Wirtschaftsstrafrecht, 1987; *Rimmelspacher,* Strafrechtliche Organ-, Vertreter- und Verwalterhaftung usw., JZ 1967, 472 und 700; *R. Schmitt,* Die strafrechtliche Organ- und Vertreterhaftung, JZ 1967, 698; 1968, 123; *Schünemann,* Unternehmenskriminalität und Strafrecht, 1979; *derselbe,* Strafrechtsdogmatische und kriminalpolitische Grundfragen der Unternehmenskriminalität, wistra 1982, 41; *Tiedemann,* Literaturbericht Nebenstrafrecht, ZStW 83 (1971) S. 792; *Wiesener,* Die strafrechtliche Verantwortlichkeit von Vertretern und Organen, 1971.

1. Es gibt nicht wenige Strafvorschriften, die nach ihrer Fassung nur für Täter in Frage kommen, die bestimmte **persönliche Merkmale** aufweisen. Diese finden sich in erster Linie im Nebenstrafrecht, da der Gesetzgeber auf besonderen Sachgebieten häufig strafrechtlich sanktionierte Normen aufstellen muß, die ihrer Natur nach nur die Angehörigen eines bestimmten Personenkreises betreffen können (z. B. Arbeitgeber, Gewerbetreibende, Unternehmer). Aber auch das allgemeine Strafrecht kennt derartige Fälle (z. B. §§ 266, 283 ff., 284, 286, 288, 290, 323).

Beispiele: Wer als Geschäftsführer einer GmbH die der Gesellschaft drohende Zwangsvollstreckung durch Beiseiteschaffen von Vermögensgegenständen vereitelt, konnte früher nicht nach § 288 bestraft werden, weil nicht er, sondern die GmbH Schuldner ist (RG 16, 21 [24]; 60, 234). Dagegen hat die Rechtsprechung im Nebenstrafrecht Tatbestände mit besonderen persönlichen Merkmalen teilweise schon von sich aus weiter ausgelegt. So wurde der Grubenvorstand wegen Verletzung von Jugendschutzvorschriften nach dem (inzwischen aufgehobenen) § 151 I 2 GewO als „Gewerbetreibender" bestraft (RG 33, 261 [265]) und der Geschäftsführer einer GmbH als „Kommissionär" im Sinne von § 95 I Nr. 2 BörsG angesehen (BGH 11, 102 [105]). Eine positive Regelung der Organ- und Vertreterhaftung enthielt das Nebenstrafrecht schon bisher in § 244 a. F. KO und § 151 I 1 a. F. GewO (BGH 8, 139; 9, 67)[46].

---

[43] Ebenso *Lang-Hinrichsen,* H. Mayer-Festschrift S. 64 ff.; *Seiler,* Personenverbände S. 211 ff., 241 ff.; *Schmidhäuser,* Allg. Teil S. 196 Fußnote 2. Trotz Ablehnung der Verbandsstrafe *für* die Geldbußenregelung jedoch *Maurach / Zipf,* Allg. Teil I S. 180 f.

[44] Vgl. dazu *Göhler,* § 30 OWiG Rdn. 36.

[45] Vgl. dazu *Rogall,* ZStW 98 (1986) S. 573 ff. (im Ergebnis zustimmend S. 620 ff.); *Schünemann,* wistra 1982, 47 ff. (ablehnend).

2. In § 14 (ebenso in § 9 OWiG), der vor allem zur Bekämpfung der Wirtschaftskriminalität dienen soll, ist das **Handeln für einen anderen** nunmehr generell geregelt[46]. Die Vorschrift unterscheidet zwei Gruppen von Tätern: die Vertreter und die Beauftragten. Absatz 1 dehnt die Anwendung sämtlicher Strafbestimmungen, nach denen besondere persönliche Merkmale die Strafbarkeit begründen, auf vertretungsberechtigte Organe einer juristischen Person (z. B. den Vorstand eines eingetragenen Vereins), Mitglieder eines solchen Organs (z. B. Vorstandsmitglieder einer AG), vertretungsberechtigte Gesellschafter einer Personenhandelsgesellschaft (z. B. den persönlich haftenden Gesellschafter einer KG) und auf gesetzliche Vertreter eines anderen (z. B. die Eltern oder den Konkursverwalter) aus, wenn sie in dieser Eigenschaft handeln und die besonderen persönlichen Merkmale zwar nicht bei ihnen, wohl aber bei dem Vertretenen vorliegen (vgl. den eben genannten Fall der Vollstreckungsvereitelung durch den Geschäftsführer einer GmbH nach § 288). „Besondere persönliche Merkmale" können entgegen dem Wortlaut hier nur solche täterbezogenen Merkmale sein, die den Täterkreis nach der *sozialen Funktion* und der daraus folgenden Verantwortung abstecken (z. B. Schuldner, Unternehmer, Treupflichtiger, Veranstalter eines Glücksspiels). Dagegen bezieht sich § 14 nicht auf die „höchstpersönlichen Merkmale" im Sinne des § 28 (vgl. unten § 61 VII 4a), weil gerade diese dem Vertreter nicht zur Last gelegt werden sollen, wenn sie bei ihm nicht vorliegen[48]. Der Täter muß in seiner Eigenschaft als Organ oder Vertreter gehandelt haben.

3. § 14 II dehnt die Anwendung der strafrechtlichen Tatbestände in gleicher Weise auf Beauftragte in Betrieben, Unternehmen und öffentlichen Verwaltungen aus, die entweder mit der ganzen oder teilweisen Leitung betraut sind (z. B. Prokuristen, Filialleiter) oder dienstliche Pflichten, die an sich den Leiter treffen, in eigener Verantwortung zu erfüllen haben (z. B. der Direktor des Städtischen Fuhrparks). Der Grund zu dieser im Sinne des Bestimmtheitsgebots (vgl. oben § 15 III 3) nicht unbedenklichen Ausweitung der Tatbestände durch eine Generalklausel liegt darin, daß die moderne arbeitsteilige Wirtschaft und Verwaltung den Betriebsinhaber bzw. Leiter einer Verwaltungsstelle vielfach dazu zwingt, die Verantwortung für die Erfüllung strafrechtlich sanktionierter Pflichten zu delegieren, und daß in solchen Fällen auch

---

[46] Vgl. zum bisherigen Rechtszustand und zu seiner Reform *Bruns*, Organe juristischer Personen S. 84ff.; *derselbe*, JZ 1954, 12ff.; ferner Niederschriften, Bd. IV S. 312ff. Eingehend zum ganzen und zum neuen Art. 15bis des spanischen Código penal *Gracia Martín*, El actuar en lugar de otro, 1985.
[47] Zustimmend *Gallas*, ZStW 80 (1968) S. 20ff.; *Schönke / Schröder / Lenckner*, § 14 Rdn. 1. Die Vorschrift ist jedoch rechtstechnisch und kriminalpolitisch umstritten; vgl. die Nachweise ebenda Rdn. 3. Zur Gefahr der Verlagerung von Pflichten von der Verbandsspitze auf Vertreter *Marxen*, JZ 1988, 290f. Zur Frage einer Lösung des Problems im Besonderen Teil vgl. die Diskussion zwischen *Rimmelspacher*, JZ 1967, 472ff., JZ 1967, 700f. und *R. Schmitt*, JZ 1967, 698ff., JZ 1968, 123f. Als Problem der Auslegung der Tatbestände betrachtet die Organ- und Vertreterhaftung *Wiesener*, Die strafrechtliche Verantwortlichkeit S. 185ff.; er sieht § 14 deshalb einerseits als überflüssig, andererseits als zu einschränkend an. Eingehend zu § 14 *Schmid*, in: *Müller-Gugenberger* (Hrsg.), § 25 Rdn. 20ff.
[48] In diesem Sinne vor allem *Blauth*, Handeln für einen anderen S. 52ff., 92ff., 109ff. und *Gallas*, ZStW 80 (1968) S. 21f. Die h. L. hat sich angeschlossen; vgl. *Dreher / Tröndle*, § 14 Rdn. 2; *Lackner*, § 14 Anm. 4; *R. Schmitt*, JZ 1968, 124f.; *SK (Samson)* § 14 Rdn. 9ff.; *Tiedemann*, ZStW 83 (1971) S. 807. Eingehend zu den Konsequenzen der Unterscheidung von *entlastenden* besonderen persönlichen Merkmalen nach § 28 II und solchen Merkmalen *belastender* Art nach § 14 *Schönke / Schröder / Lenckner*, § 14 Rdn. 8ff. („klassisches Beispiel für die Relativität der Rechtsbegriffe") und *LK (Roxin)* § 14 Rdn. 15ff. Zu eng sieht *Schünemann*, Jura 1980, 577, Unternehmenskriminalität S. 137ff. und wistra 1982, 46f. in der Vertreterhaftung einen „normalen Fall der Übernahme der Garantenstellung". Im Ordnungswidrigkeitenrecht soll das Problem angeblich nicht auftreten; vgl. *Göhler*, § 9 OWiG Rdn. 6.

die Vertreter strafrechtlich verantwortlich gemacht werden müssen. Dagegen wäre die Ausdehnung des § 14 auf *alle* Fälle des Handelns für einen anderen nicht zu empfehlen, da die dadurch eintretende unbeschränkte Erweiterung der Tatbestände zu unübersehbaren Konsequenzen führen würde[49]. § 14 III läßt aber immerhin auch faktische Vertretungs- und Auftragsverhältnisse genügen.

Für den „tatsächlichen" Geschäftsführer einer GmbH gelten die Vorschriften des GmbHGes. unmittelbar; § 14 ist hier nicht heranzuziehen (BGH 31, 118 [122 f.]). In allen Fällen, in denen der Handelnde ohnehin schon Normadressat ist, kann § 14 mit seinen zusätzlichen Voraussetzungen nicht angewendet werden[50].

2. Kapitel: Das vorsätzliche Begehungsverbrechen

Das Strafrecht kennt *drei Grundformen der strafbaren Handlung:* das vorsätzliche Begehungsdelikt, das fahrlässige Begehungsdelikt und das (vorsätzliche oder fahrlässige) Unterlassungsdelikt. Während der Handlungsbegriff alle strafrechtlich erheblichen Verhaltensweisen umfaßt (vgl. oben § 23 IV 1), unterscheiden sich die drei Gruppen im Unrechtstatbestand und im Aufbau der Schuldmerkmale erheblich. Für die Gliederung folgt daraus, daß drei Teile gebildet werden müssen. Das nachfolgende 2. Kapitel behandelt Tatbestand, Rechtswidrigkeit und Schuld beim **vorsätzlichen Begehungsverbrechen als Modellfall der strafbaren Handlung.** Die Besonderheiten, die für das fahrlässige Begehungsverbrechen und für das vorsätzliche oder fahrlässige Unterlassungsverbrechen gelten, werden im 3. Kapitel auf dem Hintergrund des vorsätzlichen Begehungsverbrechens dargestellt.

1. Abschnitt: Die Rechtswidrigkeit

Die Lösung eines Strafrechtsfalles beginnt mit der Subsumtion des Sachverhalts unter die Tatbestandsmerkmale der in Betracht kommenden Strafvorschrift. Im Anschluß daran wird geprüft, ob die Rechtswidrigkeit der tatbestandsmäßigen Handlung durch Rechtfertigungsgründe ausgeschlossen ist. Eine *positive* Feststellung der Rechtswidrigkeit der Tat findet also in der *Praxis* gar nicht statt. Die Frage nach der Rechtswidrigkeit in positiver Form tritt bei der Bearbeitung eines Falles deswegen nicht auf, weil es hier nicht auf die Rechtswidrigkeit an sich, sondern auf die *deliktstypische,* d. h. tatbestandsmäßige Rechtswidrigkeit ankommt. Die deliktstypische Rechtswidrigkeit wird aber schon durch die Feststellung der Tatbestandsmäßigkeit bejaht. Die *Strafrechtslehre* muß dagegen auch die Frage beantworten, was **Rechtswidrigkeit als solche** bedeutet und wie ihr Verhältnis zum Tatbestand zu bestimmen ist (Unterabschnitt a). Erst danach ist der **Tatbestand** als Inbegriff der den Deliktstypus kennzeichnenden Unrechtsmerkmale zu erörtern (Unterabschnitt b). Zum Schluß folgen die **Gründe der Rechtfertigung** tatbestandsmäßiger Handlungen (Unterabschnitt c).

---

[49] Eine *allgemeine* Ausdehnung auf gewillkürte Vertreter befürworten dagegen *Bruns,* JZ 1958, 464; *R. Schmitt,* JZ 1968, 124; *Tiedemann,* Wirtschaftsstrafrecht S. 203. Auch *Wiesener,* Die strafrechtliche Verantwortlichkeit S. 185 ff. rügt die Beschränkung des § 14 II auf gewillkürte Vertreter im Rahmen eines Betriebes usw. und schlägt vor, auf die „Übernahme einer Pflichtenstellung" abzustellen (S. 189 f.).

[50] *Bruns,* GA 1982, 22 ff.; *derselbe,* JR 1984, 133 ff.

Unterabschnitt a):
Die Rechtswidrigkeit und ihr Verhältnis zum Tatbestand

§ 24 Begriff und Wesen der Rechtswidrigkeit

I. Formelle und materielle Rechtswidrigkeit

Bockelmann, Strafrecht des Arztes, 1968; *Graf zu Dohna,* Die Rechtswidrigkeit als allgemeines Merkmal im Tatbestande strafbarer Handlungen, 1905; *Engisch,* Der Unrechtstatbestand im Strafrecht, DJT-Festschrift, Bd. I, 1960, S. 401; *Günther,* Strafrechtswidrigkeit und Strafunrechtsausschluß, 1983; *Heinitz,* Das Problem der materiellen Rechtswidrigkeit, Strafr. Abh. Heft 211, 1926; *derselbe,* Zur Entwicklung der Lehre von der materiellen Rechtswidrigkeit, Festschrift für Eb. Schmidt, 1961, S. 266; *F. v. Hippel,* Rechtstheorie und Rechtsdogmatik, 1964; *Armin Kaufmann,* Rechtspflichtbegründung und Tatbestandseinschränkung, Festschrift für U. Klug, Bd. II, 1983, S. 277; *Kern,* Grade der Rechtswidrigkeit, ZStW 64 (1952) S. 255; *Kohlrausch,* Irrtum und Schuldbegriff im Strafrecht, 1903; *Nagler,* Der Begriff der Rechtswidrigkeit, Festgabe für R. v. Frank, Bd. I, 1930, S. 339; *Noll,* Übergesetzliche Rechtfertigungsgründe, im besonderen die Einwilligung des Verletzten, 1955; *Otto,* Personales Unrecht, Schuld und Strafe, ZStW 87 (1975) S. 539; *Platzgummer,* Die „Allgemeinen Bestimmungen" des StGE im Licht der neueren Strafrechtsdogmatik, JBl 1971, 236; *Nowakowski,* Probleme der Strafrechtsdogmatik, JBl 1972, 19; *Roxin,* Verwerflichkeit und Sittenwidrigkeit als unrechtsbegründende Merkmale im Strafrecht, JuS 1964, 373; *Würtenberger,* Vom Rechtsstaatsgedanken in der Lehre der strafrechtlichen Rechtswidrigkeit, Festschrift für Th. Rittler, 1957, S. 125.

1. Rechtswidrigkeit bedeutet **„Widerspruch gegen das Recht"**[1]. Dieser Widerspruch ist folgendermaßen zu verstehen: Der Gesetzgeber stellt zum Schutze des Zusammenlebens der Menschen in der Gemeinschaft bindende Verhaltensvorschriften auf, die Rechtsnormen genannt werden. Die Rechtsnormen sind keine bloßen Zwangsgebote, sondern an der Gemeinschaftsordnung ausgerichtete Forderungen, die an die Einsicht der Rechtsgenossen in ihren vernünftigen Sinn appellieren und demgemäß Anspruch auf staatsbürgerlichen Gehorsam erheben. Sie schreiben entweder ein wertförderndes positives Tun vor (z. B. die Hilfeleistung bei Unfällen, § 323 c) oder verbieten wertwidriges Verhalten (z. B. die vorsätzliche Tötung eines Menschen, § 212), sie bestehen also in Geboten oder Verboten[2]. Das Wesen der Rechtswidrigkeit ist demgemäß darin zu erblicken, daß ein Verhalten gegen eine in einer Rechtsnorm aufgestellte Handlungs- oder Unterlassungspflicht verstößt. Man nennt diese Seite die **formelle Rechtswidrigkeit,** weil dabei allein der Widerspruch der Handlung zum Normbefehl in Betracht gezogen wird. Auch die formelle Rechtswidrigkeit hat jedoch einen materiellen Kern, da durch die Verletzung der Norm die Vertrauensbasis beeinträchtigt wird, die der Gemeinschaftsordnung zugrunde liegt[3].

Neben dem Begriff der *Rechtswidrigkeit* wird, vielfach gleichbedeutend, der Begriff des *Unrechts* verwendet. Die beiden Begriffe sind indessen zu unterscheiden. Rechtswidrigkeit ist der Widerspruch der Handlung zu einer Rechtsnorm. Unrecht ist die als rechtswidrig gewertete Handlung selbst[4].

---

[1] So *Nagler,* Frank-Festgabe Bd. I S. 343. Vgl. ferner *Dreher / Tröndle,* Vorbem. 24 vor § 13; *Lackner,* Vorbem. 3 vor § 13; *LK (Hirsch)* Vorbem. 6 vor § 32; *Schönke / Schröder / Lenckner,* Vorbem. 50 vor § 13. Einen besonderen Begriff der „Strafrechtswidrigkeit" bildet *Günther,* Strafrechtswidrigkeit S. 247; er besagt jedoch nichts anderes als Straftatbestandsmäßigkeit.

[2] Vgl. dazu grundlegend *Binding,* Normen Bd. I S. 108 ff. Binding hat im Handbuch, S. 155 die Normen als „reine Imperative" und das Strafrecht demgemäß als reines Sanktionsrecht aufgefaßt. Richtig ist es jedoch, Norm *und* Sanktion als eine für jedes Rechtsgebiet (auch das bürgerliche und das öffentliche Recht) typische Einheit anzusehen, weil ein wechselseitiges Korrelationsverhältnis zwischen beiden Teilen einer Vorschrift besteht.

[3] Vgl. dazu *Otto,* ZStW 87 (1975) S. 562.

2. Die Rechtswidrigkeit erschöpft sich aber nicht in dem Verhältnis von Handlung und Norm, sondern sie hat auch *inhaltliche* Bedeutung (**materielle Rechtswidrigkeit**)[5]. Rechtswidrig im materiellen Sinne ist eine Handlung mit Rücksicht auf die Beeinträchtigung des durch die betreffende Norm geschützten Rechtsguts[6]. Die materielle Betrachtung der Rechtswidrigkeit zeigt also, aus welchen Gründen der Gesetzgeber ein bestimmtes Verhalten als unerträgliche Verletzung der Gemeinschaftsordnung unter Strafe gestellt hat und daß die Tat im konkreten Fall gegen diese Gründe verstößt. Dabei ist der Ausdruck „Verletzung" nicht naturalistisch als Schädigung eines bestimmten Handlungsobjekts zu verstehen (z. B. als Tötung eines Menschen oder Beschädigung einer Sache), sondern als Zuwiderhandlung gegen den ideellen Wert, der durch die Rechtsnorm geschützt werden soll *(Rechtsgutsverletzung)*. In der Rechtsgutsverletzung liegt ein Schaden für die Gemeinschaft, der es rechtfertigt, das Verbrechen als „gesellschaftsschädliches Verhalten"[7] zu bezeichnen[8].

3. Die materielle Auffassung der Rechtswidrigkeit hat erhebliche **praktische Bedeutung** (vgl. oben § 22 III 2 c).

a) Die materielle Rechtswidrigkeit ist einmal der Orientierungspunkt des Gesetzgebers bei der Aufstellung der Straftatbestände[9] und der Leitgedanke der Strafverfolgungsorgane, wenn sie die für den konkreten Fall in Betracht kommende Strafvorschrift aufsuchen. Der Gesichtspunkt der materiellen Rechtswidrigkeit erlaubt es ferner, das Unrecht nach seiner Schwere abzustufen und die Gradunterschiede in der Strafzumessung zum Ausdruck zu bringen[10]. Die materielle Betrachtungsweise ermöglicht weiter die Auslegung der Tatbestände nach den ihnen zugrunde liegenden Zwecken und Wertvorstellungen.

Beispiele: Bei rein formeller Betrachtung konnte einst im Falle des Umwechselns von amtlich anvertrautem Geld durch einen Beamten zu privaten Zwecken eine Amtsunterschlagung nach § 350 a. F. angenommen werden, sofern ihm nicht eine Dienstvorschrift „ein solches Verfahren

---

[4] Näheres bei *Welzel,* Lehrbuch S. 52. Der Begriff Unrecht wird ferner auch im Sinne der *materiellen* Rechtswidrigkeit verstanden; so bei *Schönke / Schröder / Lenckner,* Vorbem. 53 vor § 13; *SK (Samson)* Vorbem. 2 vor § 32; *Engisch,* DJT-Festschrift S. 402.

[5] Die Unterscheidung wird von manchen anders verstanden als im Text. Formelle Rechtswidrigkeit wird mit Tatbestandserfüllung gleichgesetzt, materiell rechtswidrig wird die tatbestandsmäßige Handlung genannt, wenn sie nicht durch einen Rechtfertigungsgrund gedeckt ist; so *Baumann / Weber,* Allg. Teil S. 256. Die Unterscheidung wird z. T. auch als überflüssig angesehen; vgl. *Dreher / Tröndle,* Vorbem. 24 vor § 13; *LK (Hirsch)* Vorbem. 13 vor § 32; *Schönke / Schröder / Lenckner,* Vorbem. 52 vor § 13; *Bockelmann / Volk,* Allg. Teil S. 87f. Ablehnend auch *Bettiol / Pettoello Mantovani,* Diritto penale S. 344. Wie hier jedoch die unten in Fußnoten 6 bis 8 zitierten Autoren.

[6] Bahnbrechend für die Unterscheidung von formeller und materieller Rechtswidrigkeit war *v. Liszt,* Lehrbuch 12./13. Aufl., 1903, S. 140f. Zur Dogmengeschichte eingehend *Heinitz,* Problem der materiellen Rechtswidrigkeit S. 4ff. Über Kriterien einer materiellen Unterscheidung von Recht und Unrecht *F. v. Hippel,* Rechtstheorie und Rechtsdogmatik S. 271ff. Wie der Text auch *Maurach / Zipf,* Allg. Teil I S. 329.

[7] So *v. Liszt / Schmidt,* S. 176.

[8] Übereinstimmend *Kohlrausch,* Irrtum und Schuldbegriff S. 35; *Graf zu Dohna,* Rechtswidrigkeit S. 38ff.; *Mezger,* Lehrbuch S. 197ff.; *Heinitz,* Eb. Schmidt-Festschrift S. 266ff.; *Noll,* Übergesetzliche Rechtfertigungsgründe S. 17ff.; *Sauer,* Allg. Strafrechtslehre S. 53ff.; *Maurach / Zipf,* Allg. Teil I S. 329; *WK (Nowakowski)* Vorbem. 13 vor § 3; *Antón Oneca,* Derecho penal S. 180; *Rodríguez Devesa / Serrano Gómez,* Derecho penal S. 423f. Dagegen ist das „élément matériel" der französischen Lehre einfach die tatbestandsmäßige Handlung; vgl. *Stefani / Levasseur / Bouloc,* Droit pénal général S. 226ff.

[9] Vgl. *Roxin,* JuS 1964, 375 zu § 240.

[10] Vgl. *Kern,* ZStW 64 (1952) S. 262ff.

mit seinen Kassengeldern erlaubte" (RG 5, 304 [306]; 21, 364 [366]). Ebenso formal ist noch heute die Behandlung des ärztlichen Heileingriffs. Nach der Rechtsprechung wird er als Körperverletzung angesehen, die nur durch Einwilligung gerechtfertigt werden kann (RG 25, 375; BGH 11, 111). Bei materieller Betrachtung der Vorschriften über die Körperverletzung ergibt sich indessen, daß der gelungene ärztliche Heileingriff schon deswegen nicht unter die §§ 223 ff. fällt, weil die Körperintegrität zwar vorübergehend gestört, aber im Ergebnis nicht beeinträchtigt, sondern wiederhergestellt wird. Doch selbst wenn die Behandlung mißlingt und das Leiden dadurch womöglich verschlimmert wird, ist ein kunstgerecht durchgeführter Eingriff für die h. L. deswegen keine Körperverletzung, weil die Heilintention des Arztes das Handlungsunrecht ausschließt. Der Sache nach handelt es sich beim Eingriff ohne Einwilligung des Patienten nicht um Körperverletzung, sondern um eigenmächtige Heilbehandlung (vgl. § 162 E 1962)[11].

b) Eine wichtige Konsequenz der materiellen Betrachtung der Rechtswidrigkeit ist ferner die Möglichkeit, einen Rechtfertigungsgrund auch dann anzunehmen, wenn das Gesetz schweigt, aber die dem Gesetz entsprechende Güter- und Interessenabwägung sagt, daß die der Strafrechtsnorm zugrunde liegenden Zwecke und Wertvorstellungen hinter höherrangigen Gütern und anderen berechtigten Interessen, denen die Handlung dient, zurücktreten müssen.

Beispiele: Ursprünglich wurde die Anwendung von Rechtfertigungsgründen von ihrer förmlichen Anerkennung im Gesetz abhängig gemacht (RG 6, 61 [63]). So wurde die Berechtigung des Bruchs der ärztlichen Schweigepflicht zwecks Offenbarung einer ansteckenden Krankheit früher auf eine Bestimmung der Ehrengerichtsordnung der Ärzte gestützt, die ihnen „gewissenhafte Berufserfüllung" zur Pflicht machte (RG 38, 62 [64]). Demgegenüber führte die materielle Betrachtungsweise der Rechtswidrigkeit schon frühzeitig zur Anerkennung des *Gedankens der sozialen Adäquanz* im Rahmen des Tatbestandes (vgl. unten § 25 IV), wie z. B. wenn ein Gottesdienst durch den normalen Lärm eines erlaubten Gewerbebetriebes gestört wird (RG 37, 150 [151]). Der Endpunkt dieser Entwicklung war die Aufstellung des Prinzips der Güter- und Pflichtenabwägung als *übergesetzlicher Rechtfertigungsgrund* (RG 61, 242 [254]), der jetzt als rechtfertigender Notstand in das Gesetz selbst Aufnahme gefunden hat (§ 34). Eine materielle Betrachtung der Rechtswidrigkeit liegt auch der Anerkennung der „notwehr- und notstandsähnlichen Lage" als Gründe für den Ausschluß des „Strafunrechts" zugrunde[12]. Dasselbe gilt für die „indirekte" und „passive Sterbehilfe".

Freilich ist zuzugeben, daß die Bildung und Abgrenzung der Rechtfertigungsgründe nach materiellen Erwägungen die Rechtssicherheit gefährden kann[13]. Reine Generalklauseln wie: rechtmäßig ist eine Handlung dann, wenn sie „rechtes Mittel zum rechten Zweck" ist[14], oder rechtswidrig ist ein Verhalten, „das nach seiner Tendenz dem Staat und seinen Gliedern mehr schadet als nützt"[15], sollten deshalb niemals unmittelbar zur Lösung des Einzelfalls verwendet werden, sondern bedürfen der Konkretisierung durch Angabe der Gründe, die die tatbestandsmäßige Handlung ausnahmsweise als gerechtfertigt erscheinen lassen (vgl. unten § 31 III 3)[16].

II. Die Rechtsnorm als Bewertungs- bzw. Bestimmungsnorm

Bierling, Juristische Prinzipienlehre, Bd. I, 1894; *v. Caemmerer,* Wandlungen des Deliktsrechts, DJT-Festschrift, Bd. II, 1960, S. 49; *Graf zu Dohna,* Die Rechtswidrigkeit als allgemeines Merkmal im Tatbestande strafbarer Handlungen, 1905; *Ebert / Kühl,* Das Unrecht der vor-

---

[11] Vgl. näher zu der Streitfrage *Bockelmann,* Strafrecht des Arztes S. 62 ff. und unten § 34 III 3a.
[12] Vgl. *Günther,* Strafrechtswidrigkeit S. 324 ff. Dazu *Armin Kaufmann,* Klug-Festschrift Bd. II S. 291 f.
[13] Vgl. *LK (Hirsch)* Vorbem. 34 vor § 34.
[14] So *Graf zu Dohna,* Rechtswidrigkeit S. 48.
[15] So *Sauer,* Grundlagen S. 391.
[16] Dazu *Würtenberger,* Rittler-Festschrift S. 132 ff.

sätzlichen Straftat, Jura 1981, 225; *Engisch,* Auf der Suche nach der Gerechtigkeit, 1971; *Enschedé / Rüter / Stolwijk,* Beginselen van strafrecht, 6. Auflage 1987; *Gallas,* Zur Struktur des strafrechtlichen Unrechtsbegriffs, Festschrift für P. Bockelmann, 1979, S. 155; *Germann,* Über den Grund der Strafbarkeit des Versuchs, 1914; *Goldschmidt,* Der Notstand, ein Schuldproblem, Österr. Zeitschrift für Strafrecht 1913, 129, 224; *derselbe,* Normativer Schuldbegriff, Festgabe für R. v. Frank, Bd. I, 1930, S. 428; *Hardwig,* Die Zurechnung, 1957; *Husserl,* Recht und Welt, 1964; *G. Jellinek,* Die sozialethische Bedeutung von Recht, Unrecht und Strafe, 2. Aufl. 1908; *Armin Kaufmann,* Lebendiges und Totes in Bindings Normentheorie, 1954; *Kelsen,* Hauptprobleme der Staatsrechtslehre, 2. Aufl. 1924; *Krauß,* Die Zurechnung des Erfolges im Unrechtstatbestand, Diss. Göttingen 1963; *derselbe,* Erfolgsunwert und Handlungsunwert im Unrecht, ZStW 76 (1964) S. 19; *Krüger,* Der Adressat des Rechtsgesetzes, 1969; *Larenz,* Der Rechtssatz als Bestimmungssatz, Festschrift für K. Engisch, 1969, S. 150; *Mezger,* Die subjektiven Unrechtselemente, GS 89 (1924) S. 207; *Münzberg,* Verhalten und Erfolg als Grundlagen der Rechtswidrigkeit und Haftung, 1966; *Nagler,* Der heutige Stand der Lehre von der Rechtswidrigkeit, Festschrift für K. Binding, Bd. II, 1911, S. 273; *Nowakowski,* Zur Lehre von der Rechtswidrigkeit, ZStW 63 (1951) S. 287; *derselbe,* Probleme der Strafrechtsdogmatik, JBl 1972, 19; *Salm,* Das versuchte Verbrechen, 1957; *Seiler,* Die Bedeutung des Handlungsunwertes im Verkehrsstrafrecht, Festschrift für R. Maurach, 1972, S. 75; *Stratenwerth,* Handlungs- und Erfolgsunrecht im Strafrecht, SchwZStr 79 (1963) S. 233; *Thon,* Rechtsnorm und subjektives Recht, 1878; *Welzel,* Naturalismus und Wertphilosophie im Strafrecht, 1935; *Wolter,* Objektive und personale Zurechnung usw., 1981; *Zippelius,* Der Aufbau der modernen Unrechtslehre, 1953.

1. Die Auffassung vom Wesen der Rechtswidrigkeit wird entscheidend von der Stellungnahme zu der Frage bestimmt, ob die Rechtssätze **Bewertungs- oder Bestimmungsnormen** oder beides sind. Nach einer Lehre ist die Rechtsnorm, nach der sich die Rechtswidrigkeit einer Handlung bemißt, allein Bewertungsnorm[17]. Danach ordnet der Gesetzgeber das Zusammenleben der Menschen durch die in Rechtsnormen gegossene Feststellung, welche Zustände und Ereignisse der von ihm vorgestellten Gemeinschaftsordnung entsprechen und welche ihr entgegengesetzt sind. Das Recht ist demgemäß zunächst nichts anderes als eine Summe von *Werturteilen,* mit deren Hilfe rechtmäßiges und rechtswidriges Verhalten unterschieden wird. Alle Rechtsnormen sind objektive Bewertungsnormen, die es ermöglichen, das Handeln des Menschen vom Standpunkt der Gemeinschaftsordnung aus zu beurteilen. An den einzelnen gerichtete Imperative enthält das Recht nicht. Es statuiert nach dieser Lehre vielmehr nur ein „unpersönliches Sollen" *(Mezger),* indem es sich darauf beschränkt, Zustände und Ereignisse als „erwünscht" oder „unerwünscht" zu kennzeichnen. Das „Sollen" ist danach „nichts anderes als die Anwendbarkeit des Rechtssatzes auf den vorliegenden Sachverhalt"[18]. Auch die Tat des Geisteskranken erscheint damit ohne weiteres als rechtswidrig, weil sie aufgrund einer einschlägigen Rechtsnorm als Rechtsgutsverletzung zu bewerten ist, mag der Täter auch nicht verantwortlich sein. Als Bestimmungsnorm soll das Recht dagegen erst auf der Ebene der *Schuld* in Erscheinung treten[19]. Dort erst werde danach gefragt, ob und in welchem Grade sich der Mensch von den in den Rechtssätzen enthaltenen Werturteilen wirklich leiten lassen konnte. Die Rechtssätze seien demgemäß nur in einem mittelbaren Sinne Bestim-

---

[17] Vgl. dazu den dogmengeschichtlichen Überblick bei *Mezger,* GS 89 (1924) S. 208 ff. In diesem Sinne *Nagler,* Binding-Festschrift S. 273 ff.; *Mezger,* Lehrbuch S. 164; *Baumann / Weber,* Allg. Teil S. 259; *Bockelmann,* Einführung S. 24 ff.; *Nowakowski,* ZStW 63 (1951) S. 288; *v. Liszt / Schmidt,* S. 174.

[18] So im Anschluß an *Kelsen,* Hauptprobleme S. 348 ff. zugespitzt *Nowakowski,* ZStW 63 (1951) S. 391.

[19] So insbesondere *Goldschmidt,* Österr. Zeitschrift für Strafrecht 1913, 145, 224 ff. sowie Frank-Festgabe Bd. I S. 433 ff., der eine neben der Rechtsnorm stehende „Pflichtnorm" annimmt. Vgl. ferner *Mezger,* Lehrbuch S. 166; *Baumann / Weber,* Allg. Teil S. 259; *Bockelmann,* Einführung S. 25; *Maurach / Zipf,* Allg. Teil I S. 327.

II. Die Rechtsnorm als Bewertungs- bzw. Bestimmungsnorm

mungsnormen, für die Rechtswidrigkeit komme es dagegen allein auf ihre Bewertungsfunktion an.

2. Den Vorzug verdient jedoch die Gegenmeinung. Die Strafrechtsordnung besteht danach aus Willensäußerungen des Gesetzgebers, die ein bestimmtes Verhalten des Rechtsgenossen fordern. Ihre Normen sind demgemäß als an jedermann gerichtete *Sollenssätze* aufzufassen. In den Rechtssätzen, jedenfalls soweit es sich dabei um *Strafvorschriften* handelt, sind öffentliche Pflichten festgelegt, die niemand anders als derjenige Mensch erfüllen kann, den sie im Einzelfall gerade angehen. Die Rechtsnormen sind demgemäß als „**Imperative**" zu verstehen[20], und sie werden von der Gemeinschaft auch in diesem Sinne aufgefaßt. Aufgabe des Rechts ist es, den Menschen „zu inhaltlich richtigem Wollen anzuleiten"[21], bevor überhaupt eine Handlung begangen worden ist, die als rechtswidrig bewertet werden könnte. Da das Recht in der Gemeinschaft *wirken* soll, ist seine Funktion als **Bestimmungsnorm** von vorrangiger Bedeutung. Zugleich hat das Recht aber auch die Aufgabe, das Verhalten des Täters als sachlich falsch zu beurteilen, und ist deswegen **Bewertungsnorm**. Die Rechtssätze haben somit einen *doppelten* Charakter: als Imperative sind sie Bestimmungsnormen, als Maßstab der rechtlichen Mißbilligung des Verhaltens sind sie Bewertungsnormen[22].

Die Normimperative ergehen an *alle* Menschen, für die sie inhaltlich in Betracht kommen. Ein Unterschied nach Alter, geistiger Gesundheit und Erkenntnisvermögen der Normadressaten wird dabei nicht gemacht. Auch Kinder, Jugendliche und Geisteskranke sind den Rechtsnormen unterworfen, die sie jeweils angehen, und die Erfahrung zeigt, daß sie von Rechtsnormen im Regelfall auch tatsächlich bestimmt werden. Nur deswegen vermögen sie am Gemeinschaftsleben in den natürlichen Grenzen teilzunehmen. Das hat die wichtige *praktische* Konsequenz, daß Sicherungs- oder Erziehungsmaßregeln des Richters gegenüber Geisteskranken, Jugendlichen und Kindern keine Polizeiverfügungen sind, die eine von einem gefährlichen Zustand ausgehende Störung der öffentlichen Ordnung bekämpfen sollen, sondern echte Sanktionen, die an eine rechtswidrige Tat anknüpfen. Die *theoretische* Konsequenz der Imperativentheorie ist die Lehre, daß der **Handlungswille das Kernstück der Rechtswidrigkeit** einer Tat sein muß, denn der dem Rechtsbefehl entgegengesetzte menschliche *Wille* ist es, der das in der Norm gelegene Gebot oder Verbot verletzt[23]. Diese Auffassung wird auch durch den **Schutzzweck der Norm** bestätigt. Wenn es der Zweck der

---

[20] Die Begründer der Imperativentheorie waren *Thon*, Rechtsnorm und subjektives Recht S. 8 und *Bierling*, Juristische Prinzipienlehre Bd. I S. 26 ff. In dieser Richtung heute *Engisch*, Einführung S. 22 ff.; *derselbe*, Gerechtigkeit S. 29 f. m. Nachw.; *Ebert / Kühl*, Jura 1981, 232; *Münzberg*, Verhalten und Erfolg S. 53 ff.; *H. Mayer*, Lehrbuch S. 103; *Gallas*, Beiträge S. 49 ff.; *derselbe*, Bockelmann-Festschrift S. 156 ff.; *Armin Kaufmann*, Normentheorie S. 123 ff.; *Stratenwerth*, SchwZStr 79 (1963) S. 247 f.; *Welzel*, Naturalismus und Wertphilosophie S. 85; *Krauß*, ZStW 76 (1964) S. 34; *Krüger*, Der Adressat S. 54, 77 ff.; *Schönke / Schröder / Lenckner*, Vorbem. 51 vor § 13; *Seiler*, Maurach-Festschrift S. 81; *Wolter*, Zurechnung S. 25 ff.; *WK (Nowakowski)* Vorbem. 17 vor § 3; *Zippelius*, Aufbau S. 7. Für das Zivilrecht vgl. *v. Caemmerer*, DJT-Festschrift Bd. II S. 127 ff.; *Husserl*, Recht und Welt S. 118; *Larenz*, Engisch-Festschrift S. 157.

[21] *Graf zu Dohna*, Rechtswidrigkeit S. 150. Ähnlich *Germann*, Versuch S. 129; *G. Jellinek*, Die sozialethische Bedeutung S. 60. Nach *van Bemmelen / van Veen*, Ons strafrecht S. 61 gilt für die Strafrechtsnorm der Satz: „De hele strafbepaling richt sich tot de burger".

[22] So *Gallas*, Bockelmann-Festschrift S. 158; *Bockelmann / Volk*, Allg. Teil S. 34 ff.; *WK (Nowakowski)* Vorbem. 17 vor § 3. Als Werturteil und Verhaltensregel verstehen die Norm auch *Enschedé / Rüter / Stolwijk*, Beginselen S. 3 ff.

[23] Vgl. *Krauß*, Die Zurechnung des Erfolges im Unrechtstatbestand S. 32 ff.; *Hardwig*, Zurechnung S. 142; vor allem *Schmidhäuser*, Allg. Teil S. 181.

Norm ist, Rechtsgüter zu schützen, die in konkreten Handlungsobjekten ihren Ausdruck finden, dann muß für die Normverletzung Art und Maß der Gefährdung des im Tatbestand vorausgesetzten Handlungsobjekts entscheidend sein. Die Gefährdung hängt jedoch nach Beschaffenheit und Ausmaß wesentlich vom Handlungswillen des Täters ab[24].

Für die Rechtswidrigkeit einer Handlung ist indessen *nicht nur* der Handlungswille maßgebend, sondern auch das, was er bewirkt hat, denn es macht zweifellos für das Gewicht des Unrechts einen Unterschied, in welcher Weise der rechtsfeindliche Wille in Erscheinung tritt und ob er insbesondere das durch die Strafvorschrift geschützte Handlungsobjekt verletzt hat oder nicht (vgl. dazu unten § 24 III 1, 2). Die Rechtsnorm ist deswegen nicht nur im Hinblick auf den Handlungsunwert, sondern auch auf den Erfolgsunwert **Bewertungsnorm**. „Die Norm verbindet die Welt des Denkens mit der Welt des Wirkens"[25].

III. Erfolgsunwert und Handlungsunwert im Unrecht

Cerezo Mir, Zur Doppelstellung des Vorsatzes usw., ZStW 93 (1981) S. 1017; *Engisch*, Bemerkungen zu Theodor Rittlers Kritik der Lehre von den subjektiven Tatbestands- und Unrechtselementen, Festschrift für Th. Rittler, 1957, S. 165; *derselbe*, Der Unrechtstatbestand im Strafrecht, DJT-Festschrift, Bd. I, 1960, S. 401; *Figueiredo Dias*, Schuld und Persönlichkeit, ZStW 95 (1983) S. 220; *Fukuda*, Vorsatz und Fahrlässigkeit als Unrechtselemente, ZStW 71 (1959) S. 38; *Gallas*, Zur Struktur des Unrechtsbegriffs, Festschrift für P. Bockelmann, 1979, S. 155; *Hirsch*, Der Streit um Handlungs- und Unrechtslehre, ZStW 93 (1981) S. 831; 94 (1982) S. 239; *Horn*, Konkrete Gefährdungsdelikte, 1973; *Hünerfeld*, Zum Stand der deutschen Verbrechenslehre usw., ZStW 93 (1981) S. 979; *Jakobs*, Studien zum fahrlässigen Erfolgsdelikt, 1972; *Jescheck*, Aufbau und Stellung des bedingten Vorsatzes im Verbechensbegriff, Festschrift für E. Wolf, 1962, S. 473; *derselbe*, Neue Strafrechtsdogmatik und Kriminalpolitik, ZStW 98 (1986) S. 1; *Kadečka*, Gesammelte Aufsätze, 1959; *Armin Kaufmann*, Zum Stande der Lehre vom personalen Unrecht, Festschrift für H. Welzel, 1964, S. 393; *Kienapfel*, Zur gegenwärtigen Situation der Strafrechtsdogmatik in Österreich, JZ 1972, 569; *Krauß*, Erfolgsunwert und Handlungsunwert im Unrecht, ZStW 76 (1964) S. 19; *Krümpelmann*, Die Bagatelldelikte, 1966; *derselbe*, Vorsatz und Motivation, ZStW 87 (1975) S. 888; *E.-J. Lampe*, Das personale Unrecht, 1967; *H. Lampe*, Über den personalen Unrechtsbegriff im Strafrecht, Diss. Göttingen 1954; *Lüderssen*, Die strafrechtsgestaltende Kraft des Beweisrechts, ZStW 85 (1973) S. 288; *Maihofer*, Der Unrechtsvorwurf, Festschrift für Th. Rittler, 1957, S. 141; *Mezger*, Die subjektiven Unrechtselemente, GS 89 (1924) S. 207; *Moos*, Die finale Handlungslehre, Strafrechtl. Probleme 2, S. 5; *derselbe*, Zum Stand der österreichischen Strafrechtslehre, ZStW 93 (1981) S. 1023; *Mylonopoulos*, Über das Verhältnis von Handlungs- und Erfolgsunwert, 1981; *Noll*, Übergesetzliche Rechtfertigungsgründe, im besonderen die Einwilligung des Verletzten, 1955; *Oehler*, Das objektive Zweckmoment in der rechtswidrigen Handlung, 1959; *Otto*, Personales Unrecht, Schuld und Strafe, ZStW 87 (1975) S. 539; *Paeffgen*, Der Verrat in der Annahme eines illegalen Geheimnisses, 1979; *Roxin*, Rechtsidee und Rechtsstoff in der Systematik unseres Strafrechts, Gedächtnisschrift für G. Radbruch, 1968, S. 260; *Rudolphi*, Inhalt und Funktion des Handlungsunwerts im Rahmen der personalen Unrechtslehre, Festschrift für R. Maurach, 1972, S. 51; *Schaffstein*, Handlungsunwert, Erfolgsunwert und Rechtfertigung bei den Fahrlässigkeitsdelikten, Festschrift für H. Welzel, 1974, S. 557; *derselbe*, Putative Rechtfertigungsgründe usw., MDR 1951, 196; *Schöneborn*, Zum „Erfolgsunwert" usw., GA 1981, 70; *Schüler-Springorum*, Der natürliche Vorsatz, MSchrKrim 1973, 363; *Schünemann*, Die deutschsprachige Strafrechtswissenschaft usw., GA 1985, 341; *Schultz*, Literaturanzeigen, SchwZStr 87 (1971) S. 81; *Spendel*, Gegen den Verteidigungswillen usw., Festschrift für P. Bockelmann, 1979,

---

[24] So *Nowakowski*, JBl 1972, 22; WK (*Nowakowski*) Vorbem. 10 vor § 3. *Salm*, Das versuchte Verbrechen S. 31, 34, 79 spricht in diesem Zusammenhang von „Willensgefahr".

[25] So *Armin Kaufmann*, Normentheorie S. 76; vgl. auch *Stratenwerth*, SchwZStr 79 (1963) S. 248. Entgegen *Münzberg*, Verhalten und Erfolg S. 67 ff. ist der Erfolg, jedenfalls im Strafrecht, kein von der Rechtswidrigkeit unabhängiges Merkmal.

III. Erfolgsunwert und Handlungsunwert im Unrecht

S. 245; *Stratenwerth*, Handlungs- und Erfolgsunwert im Strafrecht, SchwZStr 79 (1963) S. 233; *derselbe*, Zur Relevanz des Erfolgsunwertes im Strafrecht, Festschrift für F. Schaffstein, 1975, S. 177ff.; *Suárez Montes*, Weiterentwicklung der finalen Unrechtslehre, Festschrift für H. Welzel, 1974, S. 379; *Wolter*, Objektive und personale Zurechnung usw., 1981; *Zielinski*, Handlungs- und Erfolgsunwert im Unrechtsbegriff, 1973.

1. Die klassische Dogmatik legte ihrem Verbrechensbegriff die Unterscheidung zwischen rein objektiv verstandenem Unrecht und rein subjektiv verstandener Schuld zugrunde. Sie beschränkte deshalb den Begriff der Rechtswidrigkeit auf die Bewertung des durch die Tat verursachten *Zustandes* (vgl. oben § 22 II 1)[26]. Die neuere Verbrechenslehre geht dagegen von der Einsicht aus, daß die Rechtswidrigkeit der Tat sich nicht in der Mißbilligung des Deliktserfolges erschöpft, sondern daß auch die *Art und Weise der Herbeiführung* des rechtlich mißbilligten Zustandes in das Unwerturteil einbezogen werden muß (vgl. oben § 7 I 1 b). Daraus ergibt sich für die heutige Dogmatik die sinnreiche Unterscheidung von **Erfolgs- und Handlungsunwert** im Unrecht[27].

2. Neuerdings wird auf der Grundlage einer rein final verstandenen Unrechtslehre der extreme Standpunkt vertreten, daß **nur der Handlungswille** das Unrecht begründe und daß der **Erfolgsunwert** für das Unrecht überhaupt **keine Bedeutung** habe; dieser sei vom Gesetzgeber in die Strafvorschrift nur deswegen aufgenommen worden, weil das Strafbedürfnis an eine äußere Manifestation der Mißachtung des Verbots geknüpft werde. Im Verbrechensbegriff sei der Erfolgsunwert deswegen nur eine objektive Bedingung der Strafbarkeit (vgl. auch unten § 55 II 1 a)[28]. Diese monistisch-subjektive Auffassung ist jedoch **abzulehnen**[29]. Das Unrecht besteht nicht nur in der Relation zwischen Handlungswillen und Normbefehl, sondern liegt auch in der Verwirklichung des Handlungswillens sowie in dem sozialen Schaden, den der Verletzte und die Gemeinschaft durch die Tat erleiden und der durch den Normbefehl verhindert werden soll. Erst in der Handlung realisiert sich das Risiko für das geschützte Rechtsgut, der Handlungswille ist nur ein Teilstück des Handlungsunrechts. Vollends würde die Ausscheidung des Erfolgsunwerts aus dem Unrecht kriminalpolitisch zu sachwidrigen Ergebnissen führen. So müßte bei der Vorsatztat der beendete Versuch der Vollendung gleichgeordnet, bei der Fahrlässigkeitstat jedes erheblich sorgfaltswidrige Verhalten unter Strafe gestellt werden.

3. Schon ein Blick auf die *geläufigsten Straftatbestände* zeigt, daß der Unrechtsgehalt zahlreicher Deliktstypen nicht allein durch die Verletzung oder Gefährdung des geschützten Handlungsobjekts, sondern auch durch die **Art und Weise der Bege-**

---

[26] So besonders klar *Mezger*, GS 89 (1924) S. 245 f.: „Unrecht ist . . . Veränderung eines rechtlich gebilligten bzw. Herbeiführung eines rechtlich mißbilligten Zustandes, *nicht* rechtlich mißbilligte Veränderung eines Zustandes."

[27] Eine kritische Darstellung der Dogmengeschichte geben *Krauß*, ZStW 76 (1964) S. 20ff. und *E.-J. Lampe*, Das personale Unrecht S. 13ff. Vgl. zum gegenwärtigen Stand der Lehre *Stratenwerth*, SchwZStr 79 (1963) S. 237f.; *Krauß*, ZStW 76 (1964) S. 38ff.; *Krümpelmann*, Bagatelldelikte S. 62ff.; *Rudolphi*, Maurach-Festschrift S. 51ff.; *Hirsch*, ZStW 93 (1981) S. 838ff.; *Lackner*, Vorbem. III 3b vor § 13; *Maurach / Zipf*, Allg. Teil I S. 208ff.; *SK (Rudolphi)* Vorbem. 22ff. vor § 1; *Schönke / Schröder / Lenckner*, Vorbem. 54ff. vor § 13.

[28] So vor allem *Zielinski*, Handlungs- und Erfolgsunwert S. 128ff., 205ff. Ebenso, insbes. auch für die Vorsatztat, *Horn*, Konkrete Gefährdungsdelikte S. 78f.; *Lüderssen*, ZStW 85 (1973) S. 292; *Suárez Montes*, Welzel-Festschrift S. 389; anders aber *Otto*, ZStW 87 (1975) S. 566f.; *derselbe*, Grundkurs S. 125f. Für die Fahrlässigkeitstat *Welzel*, Lehrbuch S. 135f.; *Armin Kaufmann*, Welzel-Festschrift S. 40f.; *Schaffstein*, Welzel-Festschrift S. 559ff. (vgl. unten § 54 I 4 Fußnote 18).

[29] Ebenso die h. M.; vgl. *Gallas*, Bockelmann-Festschrift S. 161ff.; *Jakobs*, Studien S. 120ff.; *Mylonopoulos*, Handlungs- und Erfolgsunwert S. 67ff.; *Paeffgen*, Verrat in der Annahme eines illegalen Staatsgeheimnisses S. 110ff.; *Schöneborn*, GA 1981, 73ff.; *Wolter*, Objektive und personale Zurechnung S. 25; *Krauß*, ZStW 76 (1964) S. 61ff.; *Schönke / Schröder / Lenckner*, Vorbem. 59 vor § 13; *Stratenwerth*, Schaffstein-Festschrift S. 182ff.; *Maurach / Zipf*, Allg. Teil I S. 208f.; *Mazzacuva*, Il disvalore di evento S. 60ff.

hung der Tat bestimmt wird und daß gerade darin die eigentliche Strafwürdigkeit der betreffenden Verbrechensart liegt.

Beispiele: Das Vermögen wird im Strafrecht nicht gegen jede denkbare Beeinträchtigung, sondern nur gegen *bestimmte Angriffsarten* geschützt, die besonders gefährlich erscheinen. Vermögensschädigung durch Täuschung ist Betrug (§ 263), durch Zwang Erpressung (§ 253), durch Treuverletzung Untreue (§ 266), durch Ausbeutung Wucher (§ 302a). Es gibt jedoch kein *allgemeines* Vermögensschädigungsdelikt. Die Gefährdung des Straßenverkehrs (§ 315c I Nr. 2) verlangt neben der Gefährdung von Leib und Leben oder bedeutenden Sachwerten die Übertretung *bestimmter, besonders wichtiger Verkehrsregeln* in grob verkehrswidriger und rücksichtsloser Weise. Diese die Art und Weise der Begehung kennzeichnenden Merkmale der Straftat wären unverständlich, wenn die Verbotsnorm nur den Erfolgsunwert im Auge hätte.

In der Verletzung oder Gefährdung des geschützten Handlungsobjekts liegt der *Erfolgsunwert* der Tat, in der Art und Weise ihrer Begehung der *Handlungsunwert*. Der Handlungsunwert besteht sowohl aus den *äußeren Modalitäten* des Verhaltens des Täters als auch aus Umständen, die *in der Person des Täters* liegen. Demgemäß ist zwischen *tatbezogenem* und *täterbezogenem* (personalem) Handlungsunwert zu unterscheiden. Durch ihre Aufnahme in den Straftatbestand werden Erfolgs- bzw. Handlungs*unwert* zum Erfolgs- bzw. Handlungs*unrecht*.

4. Die Erkenntnis, daß innerhalb des Handlungsunrechts **personale Bestandteile** eine wesentliche Rolle spielen, hat sich in der neueren Dogmatik weitgehend durchgesetzt (*personale* Unrechtslehre)[30]. Die Frage ist heute nur noch, *welche* personalen Merkmale als Bestandteile des Handlungsunrechts angesehen werden müssen und wie das *Rangverhältnis* von Handlungs- und Erfolgsunrecht innerhalb des Straftatbestandes zu bestimmen ist.

a) Zum personalen Handlungsunrecht zählen einmal die **objektiv-täterschaftlichen Merkmale.** In der Regel sind die Deliktstatbestände so formuliert, daß sie von jedermann erfüllt werden können. Es gibt jedoch Strafvorschriften, bei denen die Täterschaft durch objektive Merkmale, die eine bestimmte Pflichtenstellung bezeichnen, auf einen engeren Personenkreis beschränkt ist (z. B. die Rechtsbeugung des § 336) oder bei denen bestimmte Personen wegen der mit der Tat verbundenen Pflichtverletzung schwerer bestraft werden als andere (z. B. die Veruntreuung, § 246 I zweiter Halbsatz) (vgl. dazu näher unten § 26 II 6).

b) Anerkannt sind ferner als Bestandteile des personalen Handlungsunrechts die **subjektiven Unrechtsmerkmale.** Ihre Aufgabe ist es, den auf die Rechtsgutsverletzung gerichteten Handlungswillen des Täters näher zu kennzeichnen und dadurch der

---

[30] Eine Dogmengeschichte der personalen Unrechtslehre gibt *H. Lampe,* S. 25 ff. Zur heutigen deutschen Lehre näher *Maurach / Zipf,* Allg. Teil I S. 208 ff.; *Hirsch,* ZStW 93 (1981) S. 843 ff.; *Stratenwerth,* SchwZStr 79 (1963) S. 237 ff.; *Rudolphi,* Maurach-Feschrift S. 51 ff.; *Otto,* ZStW 87 (1975) S. 539 ff. Die Gegenposition vertritt vor allem *Oehler,* Das objektive Zweckmoment S. 62 ff. In der Schweiz vertreten eine personale Unrechtslehre *Germann,* Das Verbrechen S. 119 ff. und *Noll,* Übergesetzliche Rechtfertigungsgründe S. 29 ff., in Spanien *Cerezo Mir,* Curso S. 338 ff. In engen Grenzen erkennen subjektive Elemente der Rechtswidrigkeit an *Pompe,* Handboek S. 100; *Rodríguez Devesa / Serrano Gómez,* Derecho penal S. 408 ff. Die österreichische Lehre beschränkte früher die Rechtswidrigkeit streng auf die Rechtsgutsverletzung; vgl. *Kadečka,* Gesammelte Aufsätze S. 19 und *Nowakowski,* Grundzüge S. 52. Zwischen diesen beiden Positionen steht *Maihofer,* Rittler-Festschrift S. 156 ff., der die personale Seite des Unrechts zwar bejaht, aber auf den objektiven Sinn des Geschehens beschränkt. Die entscheidende Wende zur Umstellung des Vorsatzes hat *Nowakowski,* JBl 1972, 22 f. vollzogen; vgl. auch WK (*Nowakowski*) Vorbem. 30 vor § 3. Übereinstimmend *Platzgummer,* JBl 1971, 238; *Moos,* Strafrechtl. Probleme S. 28 ff.; *Triffterer,* Allg. Teil S. 51 ff. Ablehnend in diesem Punkte *Kienapfel,* JZ 1972, 575 f.

im Deliktstatbestand enthaltenen äußeren Unrechtsbeschreibung den inneren Unwertakzent zu verleihen (vgl. oben § 22 III 2 b und unten § 30)[31].

c) Der Punkt, an dem sich die Geister scheiden, ist die Frage, ob auch der **Vorsatz Bestandteil des Handlungsunrechts** ist oder erst als Schuldmerkmal in Betracht kommt[32]. Für die finale Handlungslehre ergibt sich die Einordnung des Vorsatzes in das Handlungsunrecht des Tatbestandes von selbst, denn wenn die Handlung ihrer Natur nach nur als finale Sinneinheit verstanden werden kann, dann muß der Tatbestand, da er verbotene Handlungen beschreibt, alle finalen Momente und damit auch den Vorsatz umfassen (vgl. oben § 22 V 3). Auch die soziale Handlungslehre muß dieses ontologische Argument anerkennen, da sie beim positiven Tun ebenfalls auf die Finalität als Grundkategorie abstellt. Die Unrechtsmerkmale müssen jedoch auch *aus dem Wesen der Rechtswidrigkeit* selbst entwickelt werden[33]. Dabei ist davon auszugehen, daß der in der Rechtsnorm verkörperte Wille der Rechtsgemeinschaft auf ein bestimmtes Verhalten der Rechtsgenossen gerichtet ist: Aufgabe der Strafrechts ist es, den Menschen im Hinblick auf den Schutz der für die Gemeinschaft unentbehrlichen Werte zu inhaltlich richtigem Wollen anzuleiten (vgl. oben § 24 II 2). Unrichtiges Wollen ist demgemäß eine jede Willensbetätigung, durch die die strafrechtlich geschützten Gemeinschaftswerte bewußt in Gefahr gebracht werden. Daraus folgt: *Verboten ist eine Willensbetätigung, durch die der Deliktserfolg angestrebt wird, aber auch eine Willensbetätigung, die in dem Bewußtsein stattfindet, daß der Deliktserfolg damit notwendiger- oder möglicherweise verbunden ist*[34]. Damit ergibt sich aus dem Inhalt der Norm, daß außer den subjektiven Unrechtsmerkmalen i. e. S. auch der tatbestandsmäßige Handlungswille selbst Bestandteil des Handlungsunrechts ist. Gegenstand der Wertung durch das Rechtswidrigkeitsurteil sind also sowohl äußere als auch innere Momente der Tat. Das Unrecht verliert jedoch dadurch, daß es auch die subjektiven Merkmale der tatbestandsmäßigen Handlung einschließt, nicht seinen objektiven Charakter, denn der Handlungswille wird immer als Verletzung der *allgemeinen* Anforderungen gewertet, die die Rechtsnorm *jedermann gegenüber* aufstellt. Personales Unrecht ist demnach „objektives Unrecht eines Subjekts"[35]. Der **Vorsatz** als der unmittelbar gegen den Normbefehl gerichtete Handlungswille ist das **Kernstück des personalen Handlungsunrechts**[36].

---

[31] Gegen die Kritik *Rittlers*, Bd. I S. 121 ff. an den subjektiven Unrechtsmerkmalen vgl. *Engisch*, Rittler-Festschrift S. 170 ff. Ablehnend gegen subjektive Unrechtsmerkmale in der deutschen Literatur vor allem *Oehler*, Das objektive Zweckmoment S. 131 ff. Zur Begründung der h. L. eingehend *Baumann / Weber*, Allg. Teil S. 281 ff.

[32] Vgl. dazu näher *Jescheck*, E. Wolf-Festschrift S. 475 ff.; *Fukuda*, ZStW 71 (1959) S. 42 ff.; *Rudolphi*, Maurach-Festschrift S. 65.

[33] Dazu insbes. (ablehnend) *Hirsch*, ZStW 93 (1981) S. 844 ff.

[34] Vgl. dazu grundlegend *Gallas*, Beiträge S. 54. Ebenso *Bockelmann / Volk*, Allg. Teil S. 53 ff.; *Maurach / Zipf*, Allg. Teil I S. 291 f.; *Ebert / Kühl*, Jura 1981, 233; *Welzel*, Lehrbuch S. 64 ff.; *Stratenwerth*, Allg. Teil I Rdn. 240; *Wessels*, Allg. Teil S. 40 f. Dagegen betrachtet *Schmidhäuser*, Allg. Teil S. 201 als Unrecht nur das „Willensverhalten", während die davon unterschiedene „Vorsätzlichkeit" reines Schuldmerkmal bleibt (S. 203).

[35] So *E.-J. Lampe*, Das personale Unrecht S. 208.

[36] So heute die in Deutschland h. L.; vgl. außer den in Fußnote 34 Genannten *Blei*, Allg. Teil S. 97; *Dreher / Tröndle*, Vorbem. 26 vor § 13; *Eser*, Strafrecht I Nr. 3 A Rdn. 27 a; *LK*[9] *(Hirsch)* Vorbem. 8, 160 vor § 51 a. F.; *Armin Kaufmann*, Welzel-Festschrift S. 391; *Krauß*, ZStW 76 (1964) S. 56; *Krümpelmann*, ZStW 87 (1975) S. 890; *Lackner*, Vorbem. III 3 b bb vor § 13; *Otto*, Grundkurs S. 76 f.; *Preisendanz*, Vorbem. B V 3; *Roxin*, Radbruch-Gedächtnisschrift S. 266; *Rudolphi*, Maurach-Festschrift S. 51 ff.; *Schaffstein*, MDR 1951, 196; *Schönke / Schröder / Lenckner*, Vorbem. 54 f. vor § 13; *Zielinksi*, Handlungs- und Erfolgsunwert S. 79 ff. Die im Ausland noch herrschende Gegenposition vertreten in Deutschland *Baumann / Weber*,

Abgesehen von der *bewußten* Gefährdung von Rechtsgütern verbietet die Rechtsnorm, wie später zu zeigen sein wird, auch ein Verhalten, das *unbewußt die im Verkehr erforderliche Sorgfalt zur Vermeidung des Deliktserfolges* verletzt. Dabei handelt es sich jedoch um das personale Handlungsunrecht der *Fahrlässigkeits*delikte (vgl. unten § 55 I 1).

d) Dieses Ergebnis wird durch die **Gestaltung des positiven Rechts** bestätigt: So zeigt die *Handlungsbeschreibung* vieler Vorsatztatbestände (z. B. „täuschen" in § 263, „absetzen helfen" in § 259, „dem Wilde nachstellen" in § 292, „wegnehmen" in § 242, „sich zueignen" in § 246), daß von der Innenseite der tatbestandsmäßigen Handlung nicht abgesehen werden kann, ohne daß die Tat ihren eigentlichen Sinngehalt als strafwürdiges Unrecht verlöre **(Verwendung von finalen Tätigkeitsworten)**.

Beispiele: Ein Amtsträger, der empfangene Gelder zwar der Kasse zuführt, aber die Belege zurückhält, eignet sich die Gelder zu, wenn man „die inneren Zusammenhänge des Geschehensablaufs" berücksichtigt (BGH 24, 115 [120]). Bei der Wegnahme eines Kraftfahrzeugs bestimmt sich die Abgrenzung zwischen § 242 und § 248 b danach, ob Zueignungs- oder Gebrauchsabsicht vorliegt.

Die Stellung des Vorsatzes im Handlungsunrecht ergibt sich ferner aus der **Rechtswidrigkeit des Versuchs,** denn dieser bleibt selbst dann ein Unrecht, wenn der Täter mit einer objektiv ungefährlichen Ausführungshandlung begonnen hat und der Deliktserfolg nach Sachlage nicht eintreten konnte (absolut untauglicher Versuch). Nach § 22 genügt für das Handlungsunrecht schon das Ansetzen zur Tat.

Beispiel: Die Anwendung eines untauglichen Mittels zum Zwecke des Abbruchs einer Schwangerschaft ist wegen des gegen das Abtreibungsverbot gerichteten Willens des Täters rechtswidrig und als versuchtes Vergehen nach §§ 218 IV 1, 22, 23 strafbar, obwohl der Erfolg nicht eintreten konnte (RG 1, 439 [441]).

Schließlich zeigen die Fälle, in denen der Gesetzgeber strafrechtliche **Sanktionen an vorsätzliche, aber schuldlose Tatbegehung** knüpft (§§ 63, 64, 69, 70), daß trotz Wegfalls der Schuld vom Vorsatz als dem Steuerungsfaktor der Tat nicht abgesehen werden kann, weil sonst die Handlung, auf die sich die Rechtsfolge bezieht, nicht als tatbestandsmäßige Handlung festzustellen wäre[37].

Beispiel: Wenn ein Volltrunkener die falsche Wohnungstür öffnet (§ 323 a), so hängt es von seinem Vorsatz ab, ob Versuch von Hausfriedensbruch, Diebstahl oder Vergewaltigung in Betracht kommt oder ob er sich einfach in der Etage geirrt hat.

5. Der Vorsatz ist aber nicht bloß dem Unrechtstatbestand zuzuordnen, sondern er hat eine **Doppelstellung**[38]. Er ist als Richtungsdeterminante des Verhaltens das Kernstück des tatbestandsmäßigen Handlungsunrechts, als Ergebnis des zur Schuld gehörigen Willensbildungsprozesses des Täters aber auch Schuldbestandteil (vgl.

Allg. Teil S. 389; *Spendel,* Bockelmann-Festschrift S. 252; *Engisch,* DJT-Festschrift S. 426 ff.; *Kohlrausch / Lange,* § 59 Anm. II 1; *Naucke,* Einführung S. 259.

[37] Vgl. *Schüler-Springorum,* MSchrKrim 1973, 365.

[38] Diese Auffassung ist im Vordringen begriffen; vgl. *Gallas,* Beiträge S. 56; *derselbe,* Bokkelmann-Festschrift S. 170; *Haft,* Allg. Teil S. 133; *Blei,* Allg. Teil S. 206; *Schünemann,* GA 1985, 361 f.; *Cramer,* Grundbegriffe S. 51 f.; *Eser,* Strafrecht I Nr. 3 A Rdn. 28; *Lackner,* § 15 Anm. II 5 c; *E.-J. Lampe,* Das personale Unrecht S. 234; *Roxin,* Radbruch-Gedächtnisschrift S. 266; *Schönke / Schröder / Lenckner,* Vorbem. 120 vor § 13; *SK (Rudolphi)* § 16 Rdn. 3; *Wessels,* Allg. Teil S. 41 f.; *Wolter,* Zurechnung S. 152. Ebenso in Österreich *WK (Nowakowski)* Vorbem. 11 vor § 13; *Moos,* ZStW 93 (1981) S. 1031 ff., in Portugal *Figueiredo Dias,* ZStW 95 (1983) S. 246. Weiter rechtsvergleichend *Hünerfeld,* ZStW 93 (1981) S. 1000 ff. Ablehnend *Maurach / Zipf,* Allg. Teil I S. 292. Vermittelnd *Hirsch,* ZStW 94 (1982) S. 257 ff.; *Cerezo Mir,* ZStW 93 (1981) S. 1019.

unten § 39 IV 4). Im Unrecht ist der Vorsatz Träger des der Rechtsnorm entgegengesetzten Handlungssinns, in der Schuld Träger des Gesinnungsunwerts der Tat. Es macht nicht nur für den Unrechtsgehalt der Tat, sondern auch für die Art und Schwere des Schuldvorwurfs einen Unterschied, ob der Täter die Tat vorsätzlich ausführt oder ob er es nur an der gebotenen Sorgfalt zur Vermeidung der Rechtsgutsverletzung hat fehlen lassen[39]. Der Vorsatz als Schuldelement hat erhebliche praktische Bedeutung (vgl. unten § 39 IV 4). Die Doppelstellung des Vorsatzes entspricht der Doppelstellung, die auch die Fahrlässigkeit im Bereich der Rechtswidrigkeit und der Schuld kennzeichnet (vgl. unten § 54 I 3).

6. Die **Gegnerschaft** gegen die Ausdehnung des personalen Handlungsunrechts auf den Vorsatz gründet sich auf die doppelte Befürchtung einer Vermischung einerseits von Rechtswidrigkeit und Schuld, andererseits von Rechtsbefehl und Moralgebot[40]. Beide **Bedenken** sind jedoch **unbegründet.**

a) Gewiß bedarf es einer neuen Unterscheidung von Rechtswidrigkeit und Schuld, sobald der Vorsatz als das Kernstück des Schuldbegriffs der überlieferten Verbrechenslehre auch zur Rechtswidrigkeit tritt und damit eine Doppelfunktion gewinnt. Die Trennung von Rechtswidrigkeit und Schuld als Fundamentalsatz der neueren Verbrechenslehre (vgl. oben § 22 I) darf auch durch den personalen Unrechtsbegriff weder eingeebnet noch unklar gemacht werden. Die **Rechtswidrigkeit** bleibt auch nach der personalen Unrechtsauffassung eine **objektive Größe,** weil das Recht an jedermann die gleichen Anforderungen stellt und deren Verletzung für jedermann auch die gleichen Konsequenzen hat. Erst beim Schuldurteil wird die Art und Weise der Willensbildung und das persönliche Können des Täters im Hinblick auf den Normbefehl gemessen. Der objektive Charakter der Rechtswidrigkeit besagt jedoch nicht, daß das Unrecht nur außenweltliche Merkmale umfassen könnte. Vielmehr ist der Begriff „objektiv" im Sinne von **„allgemeingültig"** zu verstehen: die Rechtswidrigkeit ist eine objektive Größe, weil der Normbefehl ohne Ansehen der Person gilt und die Rechtsverletzung daher ohne Rücksicht auf den Wert oder Unwert des Motivationsgefüges beim Täter nach einem generellen Maßstab festgestellt wird. Durch die Beteiligung des Handlungswillens wird der objektive Charakter des Rechtswidrigkeitsurteils nicht preisgegeben. Gegenstand des Rechtswidrigkeitsurteils sind der Handlungs- und Erfolgsunwert der Tat. Der personale Handlungsunwert umfaßt dabei alle diejenigen Faktoren, die die rechtsgutsverletzende Willens*richtung* der tatbestandsmäßigen Handlung betreffen. Gegenstand des Schuldurteils ist dagegen die Art und Weise der zur Tat führenden Willens*bildung,* die auch durch ihr Ergebnis in Gestalt von Vorsatz oder Fahrlässigkeit als Schuldformen mitbestimmt wird[41]. Bei der Prüfung der Rechtswidrigkeit der Tat wird gefragt: was hat der Täter gewollt und was hat er bewirkt? Bei der Prüfung der Schuld wird gefragt: welches Unrecht liegt dem Täter zur Last, auf welche Weise ist der Handlungswille zustande gekommen, wie ist er beschaffen, und läßt sich darauf ein Vorwurf gründen? (vgl. unten § 39 I 1).

b) Eine Vermischung der Maßstäbe von *Recht* und *Individualethik* tritt ebenfalls nicht ein. Auch wenn man den Handlungswillen als Bestandteil des Unrechts auffaßt, bleibt der **Normbefehl** immer ein **rechtliches Gebot** und die Zuwiderhandlung demgemäß ein *Unrecht,* das durch individualethische Kriterien weder verschärft noch abgeschwächt wird. Die Ethik ist als Maßstab für die Bewertung der Willensbildung auf den Schuldbereich beschränkt, sie tritt aber auch dort immer nur in Gestalt der

---

[39] *Jescheck,* ZStW 98 (1986) S. 11 ff.
[40] Vgl. vor allem *Würtenberger,* Situation S. 55 ff., ferner *Schultz,* Einführung I S. 215 ff.
[41] Vgl. *Krümpelmann,* ZStW 87 (1975) S. 897.

Sozialethik, niemals als individuelle Moral in Erscheinung, weil das Recht Anforderungen an den Menschen allein im Hinblick auf das Gemeinwohl stellt und demgemäß nur das, aber auch immer das verlangt, was von dem Staatsbürger nach seiner Stellung in der Gemeinschaft erwartet werden muß. Die Individualethik spielt weder in der überlieferten noch in der neuen Unrechtslehre eine Rolle.

§ 25 Rechtswidrigkeit und Tatbestand

Die *Rechtswidrigkeit* ist ebenso wie die Schuld ein *allgemeines* Verbrechensmerkmal. Die strafwürdigen Formen rechtswidrigen Verhaltens sind jedoch im deutschen Recht aus Gründen der Rechtssicherheit in besonderen, im Gesetz festgelegten Verbrechensbeschreibungen enthalten, die *Tatbestände* genannt werden (Art. 103 II GG). Die Rechtswidrigkeit muß also jeweils im Tatbestand der betreffenden Verbrechensart ihren Ausdruck finden. Die Frage, *wie* das geschieht, betrifft das **Verhältnis von Rechtswidrigkeit und Tatbestand.**

I. Der Tatbestand als Unrechtstypus

Andrejew, Die integrierende Lehre vom Tatbestand, Gedächtnisschrift für Hilde Kaufmann, 1986, S. 639; *Beling,* Die Lehre vom Tatbestand, 1930; *H. Bruns,* Kritik der Lehre vom Tatbestand, 1932; *Burian,* Der Einfluß der deutschen Naturrechtslehre auf die Entwicklung der Tatbestandsdefinition, 1970; *Claß,* Grenzen des Tatbestandes, Strafr. Abh. Heft 323, 1933; *Engisch,* Die normativen Tatbestandsmerkmale im Strafrecht, Festschrift für E. Mezger, 1954, S. 127; *derselbe,* Die Idee der Konkretisierung in Recht und Rechtswissenschaft unserer Zeit, 2. Aufl. 1968; *Günther,* Strafrechtswidrigkeit und Strafunrechtsausschluß, 1983; *Hassemer,* Tatbestand und Typus, 1964; *Lang-Hinrichsen,* Tatbestandslehre und Verbotsirrtum, JR 1952, 302; *Larenz,* Methodenlehre der Rechtswissenschaft, 5. Aufl. 1983; *Mezger,* Wandlungen der strafrechtlichen Tatbestandslehre, NJW 1953, 2; *Roxin,* Literaturbericht, ZStW 82 (1970) S. 675; *Sax,* „Tatbestand" und Rechtsgutsverletzung, JZ 1976, 9 und 80; *Schick,* Kritische Überlegungen zur Genese des Straftatbestandes, in: *Winkler / Antoniolli* (Hrsg.), Forschungen aus Staat und Recht 50, 1981, S. 84; *Schmidhäuser,* Der Unrechtstatbestand, Festschrift für K. Engisch, 1969, S. 433; *Schweikert,* Die Wandlungen der Tatbestandslehre seit Beling, 1957.

1. Nach der von *Beling* begründeten Tatbestandslehre[1] erschöpfte sich der Sinn des Tatbestandes in der Beschreibung des äußeren Bildes einer beliebigen Handlung. Der Tatbestand sagte dagegen nichts über die Rechtswidrigkeit aus, sondern war nicht mehr als der in begrifflichen Merkmalen formulierte Gegenstand eines juristischen Werturteils, das den Rechtsnormen in ihrer Gesamtheit entnommen werden sollte (vgl. oben § 22 II 1). Erst die teleologische Tatbestandslehre (*Hegler, Sauer* und *Mezger*) hat die formale Betrachtungsweise Belings verlassen und sah in den Deliktsbeschreibungen keine werturteilsfreie Sachverhaltsschilderung mehr, sondern die Beschreibung der Typusmerkmale einer bestimmten Verbrechensart (oben § 22 III 2b und c)[2]. Der Tatbestand wurde damit zur „Verbotsmaterie strafrechtlicher Bestimmungen", zur „gegenständlichen Beschreibung des verbotenen Verhaltens"[3]. Dagegen steht die Prüfung der Rechtfertigungsgründe auf einem anderen Blatt und fällt mit der Prüfung der tatbestandsmäßigen Rechtswidrigkeit nicht zusammen[4].

---

[1] Vgl. *Beling,* Verbrechenslehre S. 3, 23 f., 110; *derselbe,* Lehre vom Tatbestand S. 12 f.

[2] Vgl. zu dieser Entwicklung *H. Bruns,* Kritik S. 14 ff.; *Schweikert,* Wandlungen der Tatbestandslehre S. 14 ff. Über die dogmatischen Voraussetzungen eines aus Tatbeständen aufgebauten Strafrechts in der 1. Hälfte des 18. Jahrhunderts *Burian,* Naturrechtslehre S. 113 ff.

[3] *Welzel,* Lehrbuch S. 49.

[4] Insofern ist die Kritik von *Claß,* Grenzen des Tatbestandes S. 147, der Tatbestand habe mit der „Lehre von der Unrechtstypisierung" aufgehört, „selbständiges Element in der Reihe der allgemeinen Verbrechensvoraussetzungen zu sein", nicht begründet. Für die Selbständigkeit der Unrechtsbegründung vor allem *Schmidhäuser,* Allg. Teil S. 193, 282 f.

2. Nach dem gegenwärtigen Stande der Verbrechenslehre ist anzunehmen, daß in den **Tatbestand** alle diejenigen Merkmale Aufnahme finden müssen, die den **materialen Unrechtsgehalt (Verbotssinn) einer Verbrechensart** begründen. Der Tatbestand soll Klarheit darüber schaffen, welches Rechtsgut der Gesetzgeber als Sinn der Strafnorm im Auge gehabt hat, welche Handlungsobjekte in Betracht kommen (zu beidem vgl. näher unten § 26 I), welches Ausmaß der Verwirklichung des Unrechtssachverhalts gegeben sein muß, ob Vorsatz verlangt wird oder Fahrlässigkeit genügt (§ 15) und welche Modalitäten des Angriffsverhaltens erfaßt werden sollen[5]. Eine Handlung, die den Tatbestand eines Strafgesetzes verwirklicht, heißt *rechtswidrige Tat* (§ 11 I Nr. 5). Die Verbotsmaterie sollte durch den Tatbestand *erschöpfend* umschrieben sein, da der Gesetzgeber hier die Gesamtheit der Merkmale anzuführen hat, aus denen sich der typische Unrechtsgehalt der betreffenden Verbrechensart zusammensetzt. Ob und inwieweit es dem Gesetzgeber gelungen ist, die Merkmale der Verbotsnorm konkret zu erfassen und gegenständlich zu umschreiben, ist jedoch nicht entscheidend. Auch wenn das Gesetz nur einen Teil dieser Merkmale selbst bezeichnet, im übrigen aber ihre Formulierung dem Richter im Wege der *Tatbestandsergänzung* überläßt, wie das insbesondere bei den Fahrlässigkeits- und den unechten Unterlassungsdelikten der Fall ist, sind die fehlenden Teilstücke Tatbestandsmerkmale. Ob die Individualisierung der Merkmale, die den Unrechtsgehalt einer bestimmten Deliktsart begründen, durch den Gesetzgeber oder durch den Richter vorgenommen wird, ist zwar eine Frage des verfassungsrechtlichen Bestimmtheitsgebots (vgl. oben § 15 III 3), aber keine Frage der sachlichen Zugehörigkeit dieser Merkmale zum Tatbestand.

Beispiele: Die bei der Nötigung (§ 240 II) getroffene Regelung, die auf die Verwerflichkeit der Mittel-Zweck-Beziehung abstellt, enthält eine Ergänzung des Tatbestandes, kein zusätzliches Rechtswidrigkeitsmerkmal (anders BGH 2, 194 [196]; BayObLG NJW 1963, 824)[6]. Auch die Umstände, nach denen zu beurteilen ist, ob Leistung und Gegenleistung in einem „auffälligen Mißverhältnis" stehen (§ 302 a), sind Tatbestandsmerkmale. Das gleiche gilt für die Garantenstellung beim unechten Unterlassungsdelikt nach § 13 (BGH 16, 155 [158]).

Der Tatbestand als Inbegriff der für eine bestimmte Deliktsart charakteristischen Unrechtsmerkmale umfaßt alles für den Verbotssinn der Norm Typische, aber auch *nur* das Typische und nicht etwa zusätzlich noch die Rechtfertigungsgründe in negativem Sinne (vgl. unten § 25 III)[7]. Die Auffassung des Unrechtstatbestandes als Unrechts*typus* läßt sich auch bei solchen Delikten ohne Schwierigkeit durchführen, die zur Strafbarkeit das Fehlen einer behördlichen Erlaubnis verlangen. Die behördliche Erlaubnis ist entweder wie im § 284 ein negativ gefaßtes Tatbestandsmerkmal oder wie in § 324 ein Rechtfertigungsgrund (vgl. unten § 33 VI 2 und 3)[8].

---

[5] So heute die h. L.; vgl. *Gallas*, Beiträge S. 32 f.; *Baumann / Weber*, Allg. Teil S. 257; *Lackner*, Vorbem. III 3 vor § 13; *Jakobs*, Allg. Teil S. 130; *Bockelmann / Volk*, Allg. Teil S. 37; *Engisch*, Mezger-Festschrift S. 132; *Maurach / Zipf*, Allg. Teil I S. 265; *Schmidhäuser*, Engisch-Festschrift S. 441; *Schönke / Schröder / Lenckner*, Vorbem. 48 vor § 13; *Wessels*, Allg. Teil S. 33; *Hauser / Rehberg*, Strafrecht S. 65; *Fiandaca / Musco*, Diritto penale S. 91 f.; *Cerezo Mir*, Curso S. 306 ff.; WK (*Nowakowski*) Vorbem. 51 vor § 3; *Schultz*, Einführung I S. 119.

[6] Wie der Text *Schönke / Schröder / Eser*, § 240 Rdn. 16. Dagegen *Günther*, Strafrechtswidrigkeit S. 322 f., der § 240 II als „Strafunrechtsausschließungsgrund" ansieht.

[7] Der Tatbestand typisiert nach *Sax*, JZ 1976, 11 die „strafwürdige Rechtsgutsverletzung". Über den Typusbegriff und seine Mittelstellung zwischen Rechtsidee und Lebenssachverhalt *Engisch*, Konkretisierung S. 228, 251; *Hassemer*, Tatbestand S. 109 ff.; *Larenz*, Methodenlehre S. 443 ff. Zur Gesetzgebungslehre *Schick*, Genese S. 84 ff.; zur Beweisbarkeit der Tatbestandsmerkmale im Strafprozeß *Andrejew*, Hilde Kaufmann-Gedächtnisschrift S. 643 ff.

[8] Vgl. *Dreher / Tröndle*, § 284 Rdn. 15 und § 324 Rdn. 7.

3. Dem Unrechtstatbestand als Inbegriff aller den typischen Unrechtsgehalt einer Deliktsart begründenden Merkmale steht der *Schuldtatbestand* gegenüber. Er faßt die den typischen Schuldgehalt einer Verbrechensform kennzeichnenden Merkmale zusammen (vgl. unten § 42 I). Unrechts- und Schuldtatbestand bilden den *Deliktstatbestand*. Er ist der Träger des Strafwürdigkeitsgehalts einer Deliktsart, der sich aus dem typischen Unrechts- und Schuldgehalt zusammensetzt. Weitere Tatbestandsbegriffe lassen sich zu anderen systematischen Zwecken aufstellen[9]. Der *Tatbestand in der Rechtstheorie*[10] bezeichnet die Gesamtheit der Bedingungen des Eintritts einer Rechtsfolge. Im Strafrecht umfaßt er die Summe der Voraussetzungen der Strafbarkeit unter Ausschluß der Prozeßvoraussetzungen. Faßt man alle die Rechtswidrigkeit betreffenden Umstände einschließlich der Rechtfertigungsgründe zusammen, so erhält man den *Gesamttatbestand* (vgl. unten § 25 III 1)[11]. Der *Garantietatbestand* endlich besteht aus denjenigen Merkmalen, die an der Garantiefunktion des Strafgesetzes teilnehmen (vgl. oben § 15 III 2c). Wenn im folgenden vom „Tatbestand" ohne nähere Kennzeichnung die Rede ist, so soll stets der *Unrechts*tatbestand gemeint sein.

II. Die Lehre von den „offenen" Tatbeständen

Engisch, Die normativen Tatbestandsmerkmale im Strafrecht, Festschrift für E. Mezger, 1954, S. 127; *Hirsch,* Soziale Adäquanz und Unrechtslehre, ZStW 74 (1962) S. 78; *Armin Kaufmann,* Lebendiges und Totes in Bindings Normentheorie, 1954; *Kunert,* Die normativen Merkmale der strafrechtlichen Tatbestände, 1958; *Noll,* Strafrecht im Übergang, GA 1970, 176; *Roxin,* Offene Tatbestände und Rechtspflichtmerkmale, 2. Aufl. 1970; *derselbe,* Literaturbericht, ZStW 82 (1970) S. 675; *derselbe,* Kriminalpolitik und Strafrechtssystematik, 2. Aufl. 1973; *Hilde Vianden-Grüter,* Der Irrtum über Voraussetzungen, die für § 240 II StGB beachtlich sind, GA 1954, 359.

1. Die Lehre von den „offenen" Tatbeständen behauptet, daß es im Strafrecht Tatbestände gebe, aus denen sich die Unrechtsmerkmale der betreffenden Deliktsart nicht vollständig, sondern nur teilweise entnehmen ließen. Die Ergänzung des Fehlenden solle durch positive Rechtswidrigkeitsmerkmale vorgenommen werden, die außerhalb des Tatbestands stünden[12]. Als offene Tatbestände werden diejenigen Strafvorschriften bezeichnet, „bei denen ein sachliches Leitbild für die Tatbestandsergänzung fehlt", so daß praktisch eine Differenzierung zwischen verbotenem und erlaubtem Verhalten anhand des Gesetzestextes nicht stattfinden könne (vgl. z. B. §§ 240 II, 253 II, 132a). Die **Lehre von den offenen Tatbeständen** ist jedoch **abzulehnen**[13], denn wenn der Tatbestand als Unrechts*typus* verstanden wird, kann er nur „geschlossen" gedacht werden, weil ihm sonst die Typeigenschaft gerade fehlen würde. Das bedeutet, daß der Tatbestand *sämtliche* den Unrechtsgehalt einer Deliktsart mitbestimmenden Merkmale ohne Ausnahme enthalten muß und daß die *Frage nach der Rechtswidrigkeit* nur *negativ,* d. h. im Sinne ihres Ausschlusses durch Eingreifen von Rechtfertigungsgründen gestellt werden kann. Freilich ist der Grad der Ausformung der Verbotsmaterie bei den einzelnen Strafvorschriften verschieden. Die Ergänzungen, die der Richter aus allgemeinen Werturteilen oder aus dem Zusammenhang mit anderen Merkmalen gewinnt, ergeben jedoch wiederum Tatbestandsmerkmale, für

---

[9] Über die verschiedenen Möglichkeiten *Engisch,* Mezger-Festschrift S. 129 ff.; *LK (Jescheck)* Vorbem. 31 vor § 13; *Schönke / Schröder / Lenckner,* Vorbem. 47 vor § 13.
[10] Vgl. dazu *Mezger,* NJW 1953, 2.
[11] Vgl. *Lang-Hinrichsen,* JR 1952, 303.
[12] So insbes. *Welzel,* Lehrbuch S. 82 f.; *Armin Kaufmann,* Normentheorie S. 101, 257 f.; *Kunert,* Die normativen Tatbestandsmerkmale S. 93 Fußnote 1.
[13] Übereinstimmend *Roxin,* Offene Tatbestände S. 53 ff. und die h. L.; vgl. die Nachweise bei *Roxin,* Offene Tatbestände S. 15 ff. Vgl. ferner *Gallas,* Beiträge S. 39 f.; *Jakobs,* Allg. Teil S. 135; *LK*[9] *(Hirsch)* Vorbem. 16 - 18 vor § 51 a. F.; *Maurach / Zipf,* Allg. Teil I S. 325; *Noll,* GA 1970, 180; *Schmidhäuser,* Allg. Teil S. 286 f.; *Stratenwerth,* Allg. Teil I Rdn. 355; *Schönke / Schröder / Lenckner,* Vorbem. 66 f. vor § 13; *SK (Samson)* Vorbem. 17 vor § 32.

II. Die Lehre von den „offenen" Tatbeständen

die – abgesehen von der Methode ihrer Gewinnung – keine Besonderheiten gelten (vgl. oben § 25 I 2).

Beispiele: Die nach dem öffentlichen Recht zu beurteilende Frage der mangelnden Befugnis zum Tragen einer Uniform ist nach § 132 a I Nr. 4 Tatbestandsmerkmal. Der Täter darf also nicht zum Kreis derjenigen Personen gehören, denen diese Befugnis verliehen ist, und das muß er auch wissen, um vorsätzlich zu handeln. Das Urteil über die Rechtswidrigkeit der Tat ist damit aber noch nicht abgeschlossen, denn das unbefugte Tragen einer Uniform kann ausnahmsweise gerechtfertigt sein. So gilt der Gebrauch der feindlichen Uniform während der Annäherung zu einem Kommandounternehmen als erlaubte Kriegslist. Bei § 240 gehört die in Abs. 2 getroffene Regelung des Mittel-Zweckverhältnisses ebenfalls zum Tatbestand und ist kein besonderes, positiv festzustellendes Rechtswidrigkeitsmerkmal (vgl. oben § 25 I 2). Das hat vor allem für die Lösung der Irrtumsfragen Bedeutung. Wenn der Dieb von dem Bestohlenen mit Anzeige bedroht wird, falls er nicht eine Buße an das Rote Kreuz leistet, ist diese Drohung im Sinne von § 240 II nicht tatbestandsmäßig (BayObLG MDR 1957, 309). Der Irrtum über die Täterschaft des mit Anzeige Bedrohten wäre Tatbestandsirrtum (BGH LM § 240 Nr. 3)[14].

2. Die Untersuchung der Lehre von den offenen Tatbeständen hat jedoch zu einer bedeutsamen Entdeckung geführt. Es gibt Tatbestandsmerkmale, die zwar einen individualisierbaren Sachverhalt voraussetzen, aber zugleich als allgemeine Werturteile abgefaßt sind und in dieser Eigenschaft so viel normativen Gehalt in sich aufgenommen haben, daß die Rechtswidrigkeit praktisch zum Tatbestand gezogen würde, wenn das Werturteil selbst nicht aus diesem ausgeschieden bliebe und als positives Rechtswidrigkeitsmerkmal verstanden würde (**gesamttatbewertende Merkmale**)[15]. Das Werturteil ersetzt hier gewissermaßen die gegenständliche Beschreibung des Unrechtssachverhalts. (Über die entsprechende Erscheinung bei den Rechtfertigungsgründen vgl. unten § 41 III 2 d a. E.).

Beispiele: Die Mittel-Zweck-Beziehung in § 240 II gehört zum Tatbestand, ihre Bewertung als „verwerflich" dagegen zur Rechtswidrigkeit. Der Irrtum über die Verwerflichkeit des Druckmittels ist deswegen Verbotsirrtum. Wenn er es in Ordnung findet, seinen Schuldner durch Drohung mit Anzeige wegen einer von diesem begangenen strafbaren Handlung, die mit der Schuld nichts zu tun hat, zur Zahlung zu zwingen, so handelt er verwerflich im Sinne von § 240 II, seine abweichende Rechtsauffassung unterliegt den Regeln über den Verbotsirrtum. Unabhängig davon ist die Frage, ob ein Rechtfertigungsgrund eingreift, z.B. Selbsthilfe[16].

Die gesamttatbewertenden Merkmale müssen somit in ihre die Grundlagen des Werturteils betreffenden (deskriptiven und normativen) Bestandteile und das Werturteil selbst *zerlegt* werden: die ersteren gehören zum Tatbestand, das letztere zur Rechtswidrigkeit. Die Grenzlinie gegenüber den Rechtfertigungsgründen wird dadurch nicht verwischt. Das Werturteil muß nur zunächst unter Absehen von dem möglicherweise eingreifenden Erlaubnissatz gefunden werden und erst danach ist die Tat unter dem Gesichtspunkt des Rechtfertigungsgrundes zu beurteilen[17]. Die gesamttatbewertenden Merkmale lassen sich auf diese Weise ohne Spannung für die Irrtumsprobleme und das Verhältnis zu den Rechtfertigungsgründen in das Strafrechtssystem einordnen.

---

[14] So *LK*[9] (*Hirsch*) Vorbem. 15 vor § 51 a. F.; *Schönke / Schröder / Eser*, § 240 Rdn. 35; vgl. näher *Hilde Vianden-Grüter*, GA 1954, 359.

[15] Vgl. *Roxin*, Offene Tatbestände S. 132 ff.; *derselbe*, ZStW 82 (1970) S. 682 f.; *Engisch*, Mezger-Festschrift S. 157 ff.; *Schönke / Schröder / Lenckner*, Vorbem. 66 vor § 13; *SK* (*Samson*) Vorbem. 18 vor § 32; BGH 3, 400 (402). Gegen diesen Begriff *Schmidhäuser*, Allg. Teil S. 288.

[16] So *LK*[9] (*Hirsch*) Vorbem. 15 vor § 51 a. F.

[17] Vgl. *Hirsch*, ZStW 74 (1962) S. 119 ff.; BGH 5, 245 (246 f.). Dagegen *Roxin*, ZStW 82 (1970) S. 683; *Schönke / Schröder / Lenckner*, Vorbem. 66 vor § 13. Vgl. dazu auch *Roxin*, Kriminalpolitik S. 25 Fußnote 56.

III. Die Lehre von den negativen Tatbestandsmerkmalen

Dreher, Der Irrtum über Rechtfertigungsgründe, Festschrift für E. Heinitz, 1972, S. 207; *Engisch,* Der Unrechtstatbestand im Strafrecht, DJT-Festschrift, Bd. I, 1960, S. 401; *Gallas,* Zur Struktur des strafrechtlichen Unrechtsbegriffs, Festschrift für P. Bockelmann, 1979, 155; *Hirsch,* Die Lehre von den negativen Tatbestandsmerkmalen, 1960; *Armin Kaufmann,* Tatbestandseinschränkung und Rechtfertigung, JZ 1955, 37; *derselbe,* Lebendiges und Totes in Bindings Normentheorie, 1954; *Arthur Kaufmann,* Die Lehre von den negativen Tatbestandsmerkmalen, JZ 1954, 653; *derselbe,* Tatbestand, Rechtfertigungsgrund und Irrtum, JZ 1956, 353, 393; *Lang-Hinrichsen,* Die irrtümliche Annahme eines Rechtfertigungsgrundes in der Rechtsprechung des BGH, JZ 1953, 362; *Naka,* Die Appellfunktion des Tatbestandsvorsatzes, JZ 1961, 210; *Roxin,* Offene Tatbestände und Rechtspflichtmerkmale, 2. Aufl. 1970; *derselbe,* Die Irrtumsregelung des E 1960 usw., MschrKrim 1961, 211; *derselbe,* Kriminalpolitik und Strafrechtssystematik, 2. Aufl. 1973; *Schaffstein,* Putative Rechtfertigungsgründe und finale Handlungslehre, MDR 1951, 196; *v. Weber,* Negative Tatbestandsmerkmale, Festschrift für E. Mezger, 1954, S. 183; *Wolter,* Objektive und personale Zurechnung usw., 1981.

1. Die Lehre von den offenen Tatbeständen gibt dem Tatbestand, sofern er als Träger des typischen Unrechtsgehalts der jeweiligen Deliktsart verstanden wird, zu wenig, die Lehre von den negativen Tatbestandsmerkmalen gibt ihm dagegen zu viel. Nach dieser im Rückgang begriffenen Theorie soll der Tatbestand nicht bloß die deliktstypischen, sondern **alle die Rechtswidrigkeit betreffenden Umstände** umfassen[18]. Die Voraussetzungen der Rechtfertigungsgründe werden damit als negative Tatbestandsmerkmale verstanden. Sie werden deswegen in den Tatbestand einbezogen, weil erst ihr Fehlen das abschließende Urteil über die Rechtswidrigkeit der Tat ermöglicht. Tatbestandsmerkmale und Voraussetzungen der Rechtfertigungsgründe werden auf diese Weise in einem Gesamttatbestand vereinigt und systematisch auf eine Stufe gestellt (vgl. oben § 25 I 3).

Beispiel: Danach würde die Norm des § 212 (unter Einbeziehung der Notwehr) zu lauten haben: Bei Strafe verboten ist die vorsätzliche Tötung eines Menschen, abgesehen von dem Fall der erforderlichen Verteidigung gegen einen gegenwärtigen rechtswidrigen Angriff.

Die Lehre von den negativen Tatbestandsmerkmalen beruht einmal auf der Voraussetzung, daß der Tatbestand nicht bloß die abstrakte Bewertung einer rechtsgutsbeeinträchtigenden Handlung als Normwidrigkeit enthalte, sondern bereits das konkrete *Unwerturteil* über die Tat selbst einschließe. Man setzt dabei voraus, daß der Gesetzgeber bei Aufstellung des Normbefehls die Ausnahmen bereits *mit*berücksichtigt habe, so daß das Verbot von vornherein durch Unrechtsausschließungsgründe eingeschränkt sei. Ferner wird angenommen, daß die Unterscheidung von Tatbestandsmerkmalen und Rechtfertigungsgründen nicht auf einem sachlichen Gegensatz beruhe, sondern durch stilistische Erfordernisse der Darstellung bedingt sei, so daß Tatbestandsmerkmale jederzeit als Rechtfertigungsgründe gefaßt werden könnten und umgekehrt Rechtfertigungsgründe als Tatbestandsmerkmale. Im praktischen Ergebnis dient die Lehre von den negativen Tatbestandsmerkmalen vor allem der Lösung eines intrikaten *Irrtumsproblems*[19]: wenn die Rechtfertigungsgründe als negative Merkmale in den Tatbestand eingegliedert werden, läßt sich der Irrtum über

---

[18] So *Merkel,* Lehrbuch S. 82; *Frank,* Vorbem. 3 vor § 51; *Engisch,* DJT-Festschrift S. 406; *Arthur Kaufmann,* JZ 1954, 653; *derselbe,* JZ 1956, 353 und 393; *Roxin,* Offene Tatbestände S. 174ff.; *derselbe,* MschrKrim 1961, 213ff.; *derselbe,* Kriminalpolitik S. 25 Fußnote 56; *Schaffstein,* MDR 1951, 199; *SK (Samson)* Vorbem. 9 vor § 32; *v. Weber,* Mezger-Festschrift S. 183ff. Eingehende Darstellung der Dogmengeschichte bei *Hirsch,* Negative Tatbestandsmerkmale S. 21ff.

[19] Vgl. hierzu insbesondere *Lang-Hinrichsen,* JZ 1953, 362ff.; *Arthur Kaufmann,* JZ 1954, 653ff.; *Armin Kaufmann,* JZ 1955, 37ff.

III. Die Lehre von den negativen Tatbestandsmerkmalen

deren Voraussetzungen ohne weiteres als Tatbestandsirrtum behandeln (vgl. unten § 41 III 2 a).

Beispiel: Auf die Abwehr eines vermeintlichen Angriffs wendete die Rechtsprechung unmittelbar § 59 I a. F. (jetzt § 16 I 1) an und verneinte damit die Strafbarkeit der Tat als vorsätzliche Körperverletzung „aus dem Grunde des fehlenden Vorsatzes" (RG 21, 189 [191]; 54, 196 [199]).

2. Die Lehre von den negativen Tatbestandsmerkmalen ist jedoch **abzulehnen**[20].

a) Es gibt zwar Normen, die durch Vorentscheidung von Wertungskollisionen von vornherein allgemein eingeschränkt sind, so daß bestimmte Sachverhalte schon auf der Ebene des Tatbestandes aus dem Bereich der Norm herausfallen. Zu denken ist dabei an Vorschriften, aus deren Verbotskreis einzelne Personengruppen oder auch einzelne Handlungen generell ausgenommen sind[21].

Beispiele: Die Schwangere wird nach § 218 IV 2 nicht wegen versuchter Abtreibung bestraft. Das Verbot der Förderung sexueller Handlungen Minderjähriger durch Gewähren oder Verschaffen von Gelegenheit (§ 180 I 1 Nr. 2) gilt in der Regel nicht für die Personensorgeberechtigten (§ 180 I 2). Das Verbot der Verbreitung von Propagandamaterial verfassungswidriger Organisationen gilt nicht im Rahmen der staatsbürgerlichen Aufklärung (§ 86 III).

Anders liegt es jedoch bei den Rechtfertigungsgründen. Diese beruhen nicht auf generellen Ausnahmen von der Norm, sondern erfordern zur Lösung sozialer Konfliktsituationen *im Einzelfall vorzunehmende Wertabwägungen*, aufgrund deren das Interesse an der unbeeinträchtigten Erhaltung des geschützten Rechtsguts unter Umständen hinter einem anderen von der Rechtsordnung ebenfalls anerkannten Wert zurücktreten muß. Diese nicht schlechthin, sondern nur in den *Grenzen der Erforderlichkeit und Verhältnismäßigkeit* wirksamen Gegenwertungen enthalten keine generelle Einschränkung des allgemeinen Verbots, sondern treten der Verbotsnorm mit ihrem eigenen Wertgehalt im Einzelfall selbständig gegenüber. Sie sind deshalb von den Tatbestandsmerkmalen zu unterscheiden. Die dem Verhältnis von Tatbestand und Rechtfertigungsgründen innewohnende Kollisionsproblematik läßt sich nicht dadurch künstlich harmonisieren, daß die Rechtfertigungsgründe mit negativem Vorzeichen in die Tatbestände aufgenommen werden.

Beispiel: Die Vollstreckung einer Freiheitsstrafe fällt unter den Tatbestand der Freiheitsberaubung (§ 239), ist aber durch das richterliche Urteil gerechtfertigt. Dies wird besonders deutlich, wenn der Richter aufgrund von selbständigen Werterwägungen zu entscheiden hat, ob die Vollstreckung der Freiheitsstrafe zur Bewährung auszusetzen ist (§ 56).

b) Es trifft deswegen auch *nicht* zu, daß die Tatbestandsmerkmale und die Merkmale der Rechtfertigungsgründe einfach mit umgekehrtem Vorzeichen gegeneinander ausgetauscht werden könnten. Die Unterschiede sind vielmehr *sachlich bedingt*. Die tatbestandslose Handlung ist deswegen nicht strafwürdig, weil ihr die strafrechtliche Erheblichkeit abgeht, während der zwar tatbestandsmäßigen, aber gerechtfertigten Handlung die Strafwürdigkeit deswegen fehlt, weil die Tat trotz der Beeinträchtigung des geschützten Rechtsguts ausnahmsweise kein materielles Unrecht darstellt. Auf

---

[20] Ebenso *Bockelmann/Volk,* Allg. Teil S. 40 f.; *Eser,* Strafrecht I Nr. 3 A Rdn. 2; *Hirsch,* Negative Tatbestandsmerkmale S. 347; *Gallas,* Bockelmann-Festschrift S. 169; *Jakobs,* Allg. Teil S. 131 ff.; *Lackner,* Vorbem. III 3a vor § 13; *Armin Kaufmann,* JZ 1955, 37; *v. Liszt/Schmidt,* S. 185; *Maurach/Zipf,* Allg. Teil I S. 323 f.; *Dreher,* Heinitz-Festschrift S. 217 ff.; *Welzel,* Lehrbuch S. 80 f.; *Noll,* GA 1970, 180; *Schmidhäuser,* Allg. Teil S. 285; *Schönke/Schröder/Lenckner,* Vorbem. 14 ff. vor § 13; *Wessels,* Allg. Teil S. 34 f.; *Wolter,* Zurechnung S. 144 ff.

[21] Vgl. *Armin Kaufmann,* Normentheorie S. 250 ff.

dieser Wertdifferenz beruht die für die Generalprävention wichtige „Appellfunktion" des Tatbestandes[22].

Beispiele: Wer seinen *eigenen* Hund, der an einer Krankheit leidet, vorsätzlich tötet, verletzt keine Verbotsnorm (vgl. aber § 17 TierSchG). Wer dagegen einen *fremden* Hund vorsätzlich tötet, hat den Normbefehl des § 303 verletzt und bedarf deswegen eines Rechtfertigungsgrundes, um straflos zu sein (z. B. § 228 BGB). Wer einen ihn angreifenden Rehbock tötet, begeht eine nach § 228 BGB erlaubte Verletzung fremden Jagdrechts (§ 292). Dagegen beruht die Wildfolge (Verfolgung von krankgeschossenem Schalenwild auf fremdem Jagdgebiet) auf einer beschränkten Jagdberechtigung und ist deshalb schon tatbestandsmäßig keine Verletzung fremden Jagdrechts.

3. Während somit der Lehre von den negativen Tatbestandsmerkmalen nicht zu folgen ist, besteht kein Zweifel, daß es echte **Tatbestandsmerkmale** gibt, die **negativ gefaßt** sind[23].

Beispiele: Wer „ohne vernünftigen Grund" ein Wirbeltier tötet, wird nach § 17 Nr. 1 TierSchG bestraft. Die Entführung einer Minderjährigen verlangt, daß die Tat „ohne Einwilligung ihrer Eltern" stattfindet (§ 236).

In diesen Fällen handelt es sich trotz der negativen Fassung der betreffenden Merkmale um die positive Beschreibung des Inhalts der Verbotsnorm. Die sinnlose Tötung eines Wirbeltieres ist strafbar wegen der im gegenwärtigen Kulturzustand selbstverständlichen Gemeinschaft des Menschen mit den höheren Tieren. Die Entführung richtet sich gegen den Willen des Sorgeberechtigten. Mit den Rechtfertigungsgründen haben die negativ gefaßten Tatbestandsmerkmale nichts zu tun.

IV. Tatbestand und soziale Adäquanz

Dölling, Die Behandlung der Körperverletzung im Sport, ZStW 96 (1984) S. 36; *Engisch,* Der Unrechtstatbestand im Strafrecht, DJT-Festschrift, Bd. I, 1960, S. 401; *Fiore,* L'azione socialmente adeguata nel diritto penale, 1966; *Gregori,* Tatbegaezza sociale e teoria del reato, 1969; *Greiser,* Die soziale Adäquanz der Verwendung von NS-Kennzeichen, NJW 1969, 1155; *Hirsch,* Soziale Adäquanz und Unrechtslehre, ZStW 74 (1962) S. 78; *Kienapfel,* Körperliche Züchtigung und soziale Adäquanz im Strafrecht, 1961; *Klug,* Sozialkongruenz und Sozialadäquanz im Strafrechtssystem, Festschrift für Eb. Schmidt, 1961, S. 249; *Krauß,* Erfolgsunwert und Handlungsunwert im Strafrecht, ZStW 76 (1964) S. 19; *Ostendorf,* Das Geringfügigkeitsprinzip als strafrechtliche Auslegungsregel, GA 1982, 333; *Peters,* Sozialadäquanz und Legalitätsprinzip, Festschrift für H. Welzel, 1974, S. 415 ff.; *Roeder,* Die Einhaltung des sozialadäquaten Risikos, 1969; *Roxin,* Bemerkungen zur sozialen Adäquanz im Strafrecht, Festschrift für U. Klug, Bd. II, 1983, S. 303; *Schaffstein,* Soziale Adäquanz und Tatbestandslehre, ZStW 72 (1960) S. 369; *Stratenwerth,* Entwicklungstendenzen der neueren deutschen Strafrechtsdogmatik, Juristen-Jahrbuch 2 (1961/62) S. 195; *Welzel,* Studien zum System des Strafrechts, ZStW 58 (1939) S. 491; *Zipf,* Rechtskonformes und sozialadäquates Verhalten im Strafrecht, ZStW 82 (1970) S. 633; *derselbe,* Einwilligung und Risikoübernahme im Strafrecht, 1970.

1. Die Lehre von der sozialen Adäquanz besagt, daß mit pflichtmäßiger Sorgfalt vorgenommene Handlungen, die vollständig **im Rahmen der geschichtlich gewordenen Ordnung** des Gemeinschaftslebens liegen, keinem Deliktstatbestand unterfallen können, auch wenn sie mit Gefahren für strafrechtlich geschützte Rechtsgüter verbunden sind (z. B. das Betreiben eines Atomreaktors, die Ausübung des Fußballsports, die Teilnahme am Straßenverkehr, die Herstellung von Waffen und Explosivstoffen, das Betreiben von Schienen-, Luft- oder Schiffsverkehrsunternehmen, von

---

[22] Vgl. *Naka,* JZ 1961, 210; *Welzel,* Lehrbuch S. 68; *Schönke / Schröder / Lenckner,* Vorbem. 18 vor § 13. Dies gilt entgegen *SK (Samson)* Vorbem. 11 vor § 13, obwohl an die bloße Feststellung des Tatbestands keine Rechtsfolgen geknüpft sind.

[23] *v. Weber,* Mezger-Festschrift S. 184 f.

Bergbahnen und Skiliften). Die Straftatbestände kennzeichnen durch ihre Verbotsmaterie nur Handlungen, „die aus den geschichtlich gewordenen Ordnungen des Soziallebens schwerwiegend herausfallen"[24]. Sie beschränken sich auf diese Aufgabe, weil der Gesetzgeber sozialadäquates Verhalten nicht verbieten kann und deshalb auch nicht verbieten wollte[25]. Die Grenze des im Rahmen der Gesamtrechtsordnung anzuerkennenden sozialadäquaten Verhaltens deckt sich mit der Grenze der von jedermann einzuhaltenden Sorgfaltspflicht bei dem generell gefährdenden Umgang mit Menschen und Sachgütern[26]. Auch wenn ein tatbestandsmäßiger Erfolg in Gestalt der Beeinträchtigung eines geschützten Handlungsobjekts eingetreten ist und der Täter diesen Erfolg als möglich vorausgesehen oder jedenfalls als unvermeidbar oder wahrscheinlich hingenommen hat, kann die Rechtsordnung nur ein Verhalten verbieten, das sich als Verstoß gegen die objektiv gebotene Sorgfalt darstellt. Daraus folgt, daß zahlreiche gefährliche Verhaltensweisen, die erfahrungsgemäß früher oder später strafrechtlich geschützte Rechtsgüter in Gefahr bringen, dann nicht unter die im Tatbestand formulierte Verbotsnorm fallen, wenn die Handlung sich im Rahmen der im Verkehr erforderlichen Sorgfalt bewegt, und dies ganz unabhängig von den persönlichen Absichten, Vorstellungen und Beweggründen des Täters. *Auch bei den Vorsatzdelikten* kann somit die Zurechnung des Erfolges davon abhängig sein, daß der Täter gegen eine ihm obliegende objektive Sorgfaltspflicht verstößt.

Beispiele: Der Ehemann, der seine Familie verläßt, hält sich noch im Rahmen sozialadäquaten Handelns, auch wenn er weiß, daß er damit die Gefahr des Selbstmordes der Ehefrau heraufbeschwört (BGH 7, 268 [271]). Der Gastwirt, der einem Kraftfahrer Alkohol ausschenkt, braucht nur dann die Weiterfahrt zu verhindern, wenn die Trunkenheit des Gastes einen solchen Grad erreicht hat, daß dieser nicht mehr verantwortlich handeln kann (BGH 19, 152 [155]). Verfassungswidriges Propagandamaterial einer verbotenen Partei kann nach § 86 III zu „wissenschaftlichen oder künstlerischen Zwecken" verbreitet werden (BGH 23, 226 [228]). Als Folge der Produktion von Leuchtgas oder anderen giftigen Chemikalien, bei Großbauten an Staudämmen, Hochhäusern und Tunneln, bei gefährlichen industriellen Betrieben wie Bergwerken oder Steinbrüchen, im Straßen-, Eisenbahn-, Schiffs- und Flugverkehr kommen erfahrungsgemäß Unglücke mit Todesfällen und Körperverletzungen vor, die aber nur bei Verletzung der objektiv gebotenen Sorgfalt eine strafrechtliche Verantwortlichkeit des Unternehmers entstehen lassen. Dasselbe gilt von Verletzungen, die bei manchen Sportarten wie Boxen, Rugby, Eishockey oder Fußball auch bei sorgfältiger Beachtung der Spielregeln einzutreten pflegen[27]. Übliche kleine Täuschungen im Geschäftsleben, wie etwa das Unterdrücken eines Liebhaberinteresses an einem Kaufobjekt, gehören ebenfalls in diesen Zusammenhang.

Alle diese Verhaltensweisen hat der Gesetzgeber bei Aufstellung der Straftatbestände stillschweigend aus dem Wirkungsbereich der Normbefehle ausgeschlossen, so daß der Eintritt des tatbestandsmäßigen Erfolges bei Einhaltung der objektiv gebotenen Sorgfalt dem Täter, unabhängig von seiner inneren Einstellung, nicht zugerechnet wird (*teleologische Reduktion* des Tatbestands)[28, 29].

---

[24] So *Welzel,* Lehrbuch S. 55.
[25] Vgl. *Schaffstein,* ZStW 72 (1960) S. 378 ff.
[26] Vgl. näher *Engisch,* DJT-Festschrift S. 418 ff.; *Krauß,* ZStW 76 (1964) S. 47 ff.; *Stratenwerth,* Juristen-Jahrbuch 2 (1961/62) S. 211.
[27] Vgl. *Zipf,* Einwilligung und Risikoübernahme S. 93 ff.; *Dölling,* ZStW 96 (1984) S. 55 ff. (auch leichte Körperverletzungen bei regelwidrigem Verhalten); *Maurach/Zipf,* Allg. Teil I S. 214.
[28] Insoweit ist der Rechtsgedanke der sozialen Adäquanz als Begrenzung des Tatbestandes unentbehrlich; vgl. OLG München NStZ 1985, 549; *Dreher/Tröndle,* Vorbem. 12 vor § 13; *Maurach/Zipf,* Allg. Teil I S. 214 f.; *Roxin,* Klug-Festschrift Bd. II S. 310; *Stratenwerth,* Allg. Teil I Rdn. 337 ff.; *Wessels,* Allg. Teil S. 11 f.; *Fiore,* L'azione S. 271; *Gregori,* Adeguatezza sociale S. 90 ff. Als Rechtfertigungsgrund betrachten indessen die soziale Adäquanz *Otto,* Grundkurs

2. Der Gedanke der sozialen Adäquanz wird jedoch auch unnötigerweise zur Einschränkung von Tatbeständen herangezogen, wenn schon die gewöhnlichen Auslegungsregeln zur richtigen Abgrenzung führen[30]. Die Anwendung der anerkannten **Auslegungsregeln** ist in diesen Fällen vorzuziehen, da auf diese Weise objektiv nachprüfbare Ergebnisse gewonnen werden (vgl. oben § 17 IV), während die soziale Adäquanz immer ein relativ unsicheres Prinzip bleibt und deshalb erst in letzter Linie herangezogen werden sollte[31].

Beispiele: Freiheitsbeschränkungen im modernen Verkehr fallen schon deswegen nicht unter § 239, weil sie nicht gegen den Willen des Betroffenen stattfinden. Satirische Fastnachtsreden sind keine ernstzunehmende Kundgabe von Mißachtung. Das übliche Neujahrsgeschenk an den Postboten ist deswegen keine Vorteilsannahme nach § 331, weil dadurch das geschützte Rechtsgut der Unkäuflichkeit von Amtshandlungen nicht berührt wird (vgl. aber den Fall bei *Peters,* Welzel-Festschrift S. 426 Fußnote 39). Beleidigungen Dritter durch Äußerungen im engsten Familienkreis enthalten keine Beeinträchtigung des Geltungsanspruchs des Betroffenen (§§ 185, 186). Glücksspiele mit unbedeutendem Einsatz fallen nicht unter § 284, weil hierbei die spezifischen Gefahren für Sitte und Vermögen nicht auftreten. Das Tragen von Uniformen bei Theateraufführungen oder Umzügen berührt § 132a I Nr. 4 deswegen nicht, weil dabei nicht der Eindruck erweckt wird, den betreffenden Personen stünde die Uniform zu. Zu weitgehend sieht dagegen OLG Hamm NJW 1980, 2537 die Verlagerung gepfändeter Waren an einen Ort, wo sie dann von einem anderen Gläubiger gepfändet werden, wegen Geringfügigkeit nicht als Verstrickungsbruch (§ 136 I) an.

3. Vom Ausschluß der Tatbestandsmäßigkeit einer Handlung aus Gründen der sozialen Adäquanz kann nur dann die Rede sein, wenn es am *typischen* Unrechtsgehalt fehlt. Es gibt jedoch auch Erscheinungen, die der sozialen Adäquanz ähnlich sind, mit ihr aber nicht verwechselt werden dürfen. Es handelt sich dabei um Fälle von **Interessenkollisionen,** die in der Weise zu lösen sind, daß das geschützte Rechtsgut hinter einem anderen Sozialwert zurücktreten muß, denn „alles soziale Leben besteht im Einsatz und Verbrauch von Rechtsgütern, wie letztlich alles Leben zugleich Verbrauch von Leben ist"[32]. In diesen Fällen kommen Rechtfertigungsgründe in Betracht (z. B. rechtfertigender Notstand, Nothilfe, behördliche Erlaubnis, mutmaßliche Einwilligung, Eingriffe aufgrund von Amtsrechten), die ihren eigenen juristischen Regeln folgen (vgl. unten §§ 33 IV, 33 VI, 34 VII, 35).

S. 61; *Schmidhäuser,* Allg. Teil S. 298 ff., als Schuldausschließungsgrund *Roeder,* Risiko S. 94. Die h. L. hält im übrigen die Lehre von der sozialen Adäquanz für überflüssig; vgl. *Gallas,* Beiträge S. 37; *Baumann / Weber,* Allg. Teil S. 181 ff.; *H. Mayer,* Lehrbuch S. 150 f.; *LK (Hirsch)* Vorbem. 26 vor § 32; *Schönke / Schröder / Lenckner,* Vorbem. 70 vor § 13; *SK (Samson)* Vorbem. 15 vor § 32. *Peters,* Welzel-Festschrift S. 427 kritisiert die Abstellen auf „normale Handlungsüblichkeit" ohne ethische Qualität. Ein der Sozialadäquanz in der Funktion vergleichbarer Grundgedanke des sozialistischen Strafrechts ist die Straflosigkeit bei fehlender Gesellschaftsgefährlichkeit der Tat (vgl. § 3 I StGB DDR).

[29] Hat sich der Gesetzgeber jedoch die Kontrolle einer gefährlichen Tätigkeit durch das Erfordernis einer behördlichen Erlaubnis vorbehalten, so kann sich die Strafbarkeit aus dem Fehlen der Erlaubnis ergeben (vgl. unten § 33 VI 2).

[30] Vgl. *Roxin,* Klug-Festschrift S. 313; *Ostendorf,* GA 1982, 344 f. („Geringfügigkeitsprinzip"); *Klug,* Eb. Schmidt-Festschrift S. 262 ff. Auch *Welzel,* Lehrbuch S. 54 betrachtet die soziale Adäquanz nur noch als „allgemeines Auslegungsprinzip", ebenso *Kienapfel,* Körperliche Züchtigung S. 98. Beispiele für besondere Tatbestandseinschränkungen, die nicht mittels der Lehre von der sozialen Adäquanz noch weiter zurückgenommen werden dürfen, bieten die §§ 86 III, 86a III; vgl. dazu BGH 23, 226 (228); *Greiser,* NJW 1969, 1156.

[31] So mit Recht *Zipf,* ZStW 82 (1970) S. 650.

[32] So *Welzel,* ZStW 58 (1939) S. 515.

§ 26 Der Aufbau der strafrechtlichen Tatbestände

Amelung, Rechtsgüterschutz und Schutz der Gesellschaft, 1972; *Angioni*, Contenuto e funzioni del concetto di bene giuridico, 1980; *Balog*, Rechtsgüter in Theorie und Praxis, Kriminalsoziologische Bibliographie, 1981, 51; *Bettiol*, Das Problem des Rechtsguts in der Gegenwart, ZStW 72 (1960) S. 276; *Birnbaum*, Über das Erfordernis einer Rechtsverletzung zum Begriff des Verbrechens usw., Neues Archiv des Criminalrechts 15 (1834) S. 149; *Blei*, Die Regelbeispielstechnik usw., Festschrift für E. Heinitz, 1972, S. 419; *Bohnert*, Die Abstraktheit der abstrakten Gefährdungsdelikte, JuS 1984, 182; *Brehm*, Zur Dogmatik des abstrakten Gefährdungsdelikts, 1973; *Burgstaller*, Erfolgszurechnung bei nachträglichem Fehlverhalten usw., Festschrift für H.-H. Jescheck, Bd. I, 1985, S. 357; *Calliess*, Die Rechtsnatur der „besonders schweren Fälle" und Regelbeispiele, JZ 1975, 112; *Cortes Rosa*, Teilnahme an unechten Sonderverbrechen, ZStW 90 (1978) S. 413; *Cramer*, Der Vollrauschtatbestand als abstraktes Gefährdungsdelikt, 1962; *Dahm*, Der Methodenstreit in der heutigen Strafrechtswissenschaft, ZStW 57 (1938) S. 225; *Díez Ripollés*, Die durch eine fahrlässig herbeigeführte schwerere Tatfolge qualifizierten Delikte usw., ZStW 96 (1984) S. 1059; *Dopslaff*, Verzicht auf die Unterscheidung in deskriptive und normative Tatbestandsmerkmale, GA 1987, 11; *Dreher*, Die erschwerenden Umstände im Strafrecht, ZStW 77 (1965) S. 220; *Engelsing*, Eigenhändige Delikte, Strafr. Abh. Heft 212, 1926; *Engisch*, Die normativen Tatbestandsmerkmale im Strafrecht, Festschrift für E. Mezger, 1954, S. 127; *Gallas*, Zur Kritik der Lehre vom Verbrechen als Rechtsgutsverletzung, Festschrift für W. Graf Gleispach, 1936, S. 50; *derselbe*, Abstrakte und konkrete Gefährdung, Festschrift für E. Heinitz, 1972, S. 171; *Geilen*, Unmittelbarkeit und Erfolgsqualifizierung, Festschrift für H. Welzel, 1974, S. 655; *Gössel*, Das Rechtsgut als ungeschriebenes strafbarkeitseinschränkendes Tatbestandsmerkmal, Festschrift für D. Oehler, 1985, S. 97; *Grünhut*, Methodische Grundlagen der heutigen Strafrechtswissenschaft, Festgabe für R. v. Frank, Bd. I, 1930, S. 1; *Haffke*, Delictum sui generis und Begriffsjurisprudenz, JuS 1973, 402; *Hanack*, Grenzen des Sexualstrafrechts, Gutachten A zum 47. DJT, 1968; *Hardwig*, Betrachtungen zum erfolgsqualifizierten Delikt, GA 1965, 97; *V. Hassemer*, Delictum sui generis, 1974; *W. Hassemer*, Tatbestand und Typus, 1968; *derselbe*, Theorie und Soziologie des Verbrechens, 1973; *Hegler*, Die Merkmale des Verbrechens, ZStW 36 (1915) S. 19; *Henkel*, Recht und Wert, Festschrift für F. Schaffstein, 1975, S. 13; *Herzberg*, Eigenhändige Delikte, ZStW 82 (1970) S. 896; *Hirsch*, Zur Problematik des erfolgsqualifizierten Delikts, GA 1972, 65; *derselbe*, Der „unmittelbare" Zusammenhang zwischen Tatbestand und schwerer Folge usw., Festschrift für D. Oehler, 1985, S. 111; *Hirschberg*, Die Schutzobjekte der Verbrechen, Strafr. Abh. Heft 113, 1910; *Honig*, Die Einwilligung des Verletzten, 1919; *Horn*, Konkrete Gefährdungsdelikte, 1973; *Hosni*, Zu den Grundlagen des islamischen Strafrechts, ZStW 97 (1985) S. 609; *Hruschka*, Die Dogmatik der Dauerstraftaten usw., GA 1968, 193; *Jäger*, Strafgesetzgebung und Rechtsgüterschutz bei den Sittlichkeitsdelikten, 1957; *Jakobs*, Kriminalisierung im Vorfeld einer Rechtsgutsverletzung, ZStW 97 (1985) S. 751; *Jescheck* (Hrsg.), Vorverlegung des Strafrechtsschutzes durch Gefährdungs- und Unternehmensdelikte, ZStW-Beiheft Göttingen, 1986; *Jiménez de Asúa*, L'infraction praeterintentionnelle, Rev sc crim 1960, 567; *Arthur Kaufmann*, Anmerkung zu BGH 12, 146, JZ 1959, 375; *Kempermann*, Die Erkenntnis des Verbrechens und seiner Elemente, 1934; *Kindhäuser*, Rohe Tatsachen und normative Tatbestandsmerkmale, Jura 1984, 465; *Klee*, Verbrechen als Rechtsguts- und Pflichtverletzung, DStR 1935, 1; *Kohlrausch*, Die Schuld, in: *Aschrott / v. Liszt* (Hrsg.), Die Reform des Strafgesetzbuchs, Bd. I, 1910, S. 179; *Kollmann*, Die Lehre vom versari in re illicita im Rahmen des Corpus iuris canonici, ZStW 35 (1914) S. 46; *Krehl*, Anmerkung zu BGH 33, 322, StV 1986, 432; *Krey / Schneider*, Die eigentliche Vorsatz-Fahrlässigkeits-Kombination usw., NJW 1970, 640; *Küper*, Gefährdung als Erfolgsqualifikation? NJW 1976, 543; *Küpper*, Der unmittelbare Zusammenhang zwischen Grunddelikt und schwerer Folge usw., 1982; *derselbe*, Anmerkung zu BGH 31, 96, JA 1983, 229; *Kunert*, Die normativen Merkmale der strafrechtlichen Tatbestände, 1958; *Lackner*, Das konkrete Gefährdungsdelikt im Verkehrsstrafrecht, 1967; *Langer*, Das Sonderverbrechen, 1972; *Lang-Hinrichsen*, Zur Frage der Grenzen staatlicher Normsetzung usw., Festschrift OLG Zweibrücken, 1969, 85; *v. Liszt*, Der Begriff des Rechtsguts im Strafrecht und in der Encyklopädie der Rechtswissenschaft, ZStW 8 (1888) S. 133; *Lorenzen*, Zur Rechtsnatur und verfassungsrechtlichen Problematik der erfolgsqualifizierten Delikte, 1981; *Maiwald*, Bestimmtheitsgebot, tatbestandliche Typisierung und die Technik der Regelbeispiele, Festschrift für W. Gallas, 1973, S. 137; *derselbe*, Der Begriff der Leichtfertigkeit usw., GA 1974, 257; *derselbe*, Zurechnungsprobleme im Rahmen erfolgsqualifizierter Delikte, JuS 1984, 439; *derselbe*, Zur Problematik der „besonders schweren Fälle", NStZ 1984, 433; *Marx*, Zur Definition des Begriffs „Rechtsgut", 1972; *Maurach,* Die Behandlung der unselbständigen tatbestandlichen Abwandlungen usw., Materialien, Bd. I, S. 249; *Mezger,* Vom Sinn strafrechtlicher Tatbestände, Festschrift für L. Traeger, 1926, S. 187 ff.; *Meyer-Gerhards,* Subjektive Gefahrmomente usw., JuS 1976, 228; *Montenbruck,* Zur Aufgabe der besonders schweren Fälle, NStZ 1987, 311; *Moos,* Der Verbrechensbegriff in Österreich im 18. und 19. Jahrhundert, 1968; *Müller-Dietz,* Grenzen des Schuldgedankens im Strafrecht, 1967; *Musco,* Bene giuridico e tutela dell'onore, 1974; *Nagler,* Das Verhältnis des eigenständigen Verbrechens zur Verbrechensqualifikation, ZAK 1940, 365; *Noll,* Begriff und Funktion der guten Sitten im Strafrecht, Festschrift OLG Zweibrücken, 1969, 206; *Oehler,* Wurzel, Wandel und Wert der strafrechtlichen Legalordnung, 1950; *derselbe,* Das erfolgsqualifizierte Delikt als Gefährdungsdelikt, ZStW 69 (1957) S. 503; *Oppenheim,* Die Objekte des Verbrechens, 1894; *Otto,* Rechtsgutsbegriff und Deliktstatbestand, in: *Müller-Dietz* (Hrsg.), Strafrechtsdogmatik und Kriminalpolitik, 1971, S. 1; *Padovani,* Appunti sulle origini dell'antigiuridicità obiettiva, Riv dir proc pen 1983, 532; *Polaino,* El bien jurídico en el derecho penal, 1974; *Ingeborg Puppe,* Anmerkung zu BGH 31, 96, NStZ 1983, 22; *Rehberg,* Fremdhändige Täterschaft bei Verkehrsdelikten, Festgabe für H. Schultz, 1977, S. 72; *Rengier,* Erfolgsqualifizierte Delikte usw., 1986; *Roeder,* Der Unbegriff des „extranen" Täters und der „eigenhändigen" Delikte, JBl 1975, 561; *Roxin,* Sinn und Grenzen staatlicher Strafe, JuS 1966, 377; *Rudolphi,* Die verschiedenen Aspekte des Rechtsgutsbegriffs, Festschrift für R. Honig, 1970, S. 151; *derselbe,* Anmerkung zu BGH 26, 175, JR 1976, 74; *Sax,* „Tatbestand" und Rechtsgutsverletzung, JZ 1976, 9, 80; *derselbe,* Sterbehilfe durch vorzeitigen Abbruch einer Intensivbehandlung, JZ 1975, 137; *Schaffstein,* Das Verbrechen als Pflichtverletzung, 1935; *derselbe,* Der Streit um das Rechtsgutsverletzungsdogma, DStr 1937, 335; *Schall,* Auslegungsfragen zu § 179 usw., JuS 1979, 104; *Ellen Schlüchter,* Irrtum über normative Tatbestandsmerkmale, 1983; *C. Schröder,* Zum Begriff des „Amtsträgers", NJW 1984, 2510; *H. Schröder,* Abstrakt-konkrete Gefährdungsdelikte? JZ 1967, 522; *derselbe,* Die Unternehmensdelikte, Festschrift für E. Kern, 1968, S. 457; *derselbe,* Die Gefährdungsdelikte im Strafrecht, ZStW 81 (1969) S. 7; *Schroeder,* Die Gefährdungsdelikte, ZStW-Beiheft Caracas 1982, S. 1; *Schubarth,* Das Problem der erfolgsqualifizierten Delikte, ZStW 85 (1973) S. 754; *Schünemann,* Moderne Tendenzen in der Dogmatik der Fahrlässigkeits- und Gefährdungsdelikte, JA 1975, 792; *Sina,* Die Dogmengeschichte des strafrechtlichen Begriffs „Rechtsgut", 1962; *Spinellis,* Probleme des Hochverrats usw., ZStW 94 (1982) S. 1080; *Tenckhoff,* Die leichtfertige Herbeiführung qualifizierter Tatfolgen, ZStW 88 (1976) S. 897; *Tiedemann,* Tatbestandsfunktionen im Nebenstrafrecht, 1969; *Timpe,* Strafmilderungen des Allgemeinen Teils usw., 1983; *Ulsenheimer,* Zur Problematik des Versuchs erfolgsqualifizierter Delikte, GA 1966, 257; *Wahle,* Zur strafrechtlichen Problematik „besonders schwerer Fälle" usw., GA 1969, 161; *Weber,* Die Vorverlegung des Strafrechtsschutzes usw., ZStW-Beiheft Göttingen, 1986, S. 3; *Wessels,* Zur Problematik der Regelbeispiele usw., Festschrift für R. Maurach, 1972, S. 295; *derselbe,* Die Indizwirkung der Regelbeispiele usw., Festschrift für K. Lackner, 1987, S. 423; *E. Wolf,* Typen der Tatbestandsmäßigkeit, 1931; *derselbe,* Der Sachbegriff im Strafrecht, RG-Festgabe, Bd. V, 1929, S. 44; *Wolter,* Zur Struktur der erfolgsqualifizierten Delikte, JuS 1981, 168; *derselbe,* Der „unmittelbare" Zusammenhang zwischen Grunddelikt und schwerer Folge usw., GA 1984, 443; *derselbe,* Anmerkung zu BGH 33, 322, JR 1986, 465; *Würtenberger,* Das System der Rechtsgüterordnung in der deutschen Strafgesetzgebung seit 1532, Strafr. Abh. Heft 326, 1933; *Zipf,* Dogmatische und kriminalpolitische Fragen bei § 243 II StGB, Festschrift für E. Dreher, 1977, S. 389.

Der *Tatbestand* der strafbaren Handlung entsteht durch die Zusammenfassung der den Unrechtsgehalt der betreffenden Deliktsart begründenden Merkmale. Die Bausteine des Tatbestandes sind das *Rechtsgut,* das *Handlungsobjekt,* der *Täter,* die *Handlung* und der *Erfolg,* jeweils mit ihren sie näher kennzeichnenden Merkmalen. Durch die Verbindung dieser Bestandteile zu Tatbeständen erreicht der Gesetzgeber, daß die verschiedensten Arten von Normbefehlen jeweils auf die kürzeste Formel gebracht werden können. Dafür gibt es eine Reihe von Aufbaumustern (über die Merkmale des *Schuldtatbestandes* vgl. unten § 42 II).

I. Rechtsgut und Handlungsobjekt

1. Ausgangspunkt und Leitgedanke der Tatbestandsbildung ist das **Rechtsgut.** Rechtsgüter sind Lebensinteressen der Gemeinschaft, denen das Strafrecht seinen Schutz gewährt. Schutz durch das Strafrecht bedeutet, daß Handlungen durch Rechtsnormen bei Strafe verboten werden, die geeignet sind, die Lebensinteressen der Gemeinschaft in besonders gefährlicher Weise zu beeinträchtigen (vgl. oben § 1 III 1). Der Tatbestand geht also von der Norm und die Norm vom Rechtsgut aus.

Der Rechtsgutsbegriff hat in die *Dogmengeschichte* erst Anfang des 19. Jahrhunderts Eingang gefunden[1]. Unter dem Einfluß der Lehre vom Gesellschaftsvertrag verstand die Strafrechtslehre der Aufklärung die Straftat als Verletzung subjektiver Rechte; *Feuerbach* sah sich deswegen genötigt, bei jeder Strafvorschrift ein subjektives Recht des einzelnen oder des Staates als Schutzobjekt nachzuweisen[2]. *Birnbaum*, der Begründer der neueren Lehre vom Rechtsgut, erblickte dagegen im Rechtsgut gerade kein Recht, sondern ein von der Staatsgewalt gewährleistetes materielles Gut, das dem einzelnen oder der Gesamtheit zustehen konnte und im natürlichen Sinne als verletzbar gedacht wurde[3]. Eine erste Verfeinerung erfuhr der Begriff bei *Binding* durch die Auffassung des Rechtsguts als eines vom Gesetzgeber gewerteten Zustands („alles, was in den Augen des Gesetzgebers als Bedingung gesunden Lebens der Rechtsgemeinschaft für diese von Wert ist"[4]). Auch *v. Liszt* verlegte das Schwergewicht des Rechtsgutsbegriffs vom subjektiven Recht auf das „rechtlich geschützte Interesse", er sah darin aber im Gegensatz zu *Binding*, der das Rechtsgut nur nebenbei behandelt hat, einen Zentralbegriff im Verbrechensaufbau[5]. Der große Umformungsprozeß der Strafrechtsdogmatik in den zwanziger Jahren unseres Jahrhunderts führte dazu, daß das Rechtsgut nicht mehr im Sinne eines der Norm vorgelagerten konkreten Interesses verstanden wurde; das Rechtsgut wurde vielmehr zum bloßen Hilfsmittel der Auslegung, zur „Abbreviatur des Zweckgedankens"[6], zum „Zweck in seiner kürzesten Form"[7]. Die über das Ziel hinausschießende Kritik an der angeblich „materialistischen" Grundlage des Rechtsgutsbegriffs durch die Kieler Schule[8] brachte eine Akzentverschiebung in der Grundauffassung des Verbrechens von der Rechtsguts- zur *Pflichtverletzung*[9]. Darin deutete sich bereits das die gegenwärtige Diskussion beschäftigende Problem an, in welchem Verhältnis Erfolgs- und Handlungsunrecht zueinander gesehen werden müssen, damit Rechtsguts- und Pflichtverletzung im Rahmen des Verbrechensbegriffs ins Gleichgewicht kommen. Die beiden Begriffspaare sind jedoch nicht gleichbedeutend. Die Rechtsgutsverletzung bedeutet die Beeinträchtigung des Geltungsanspruchs eines ideellen Wertes, das Erfolgsunrecht besteht dagegen in der Schädigung des realen Handlungsobjekts der Tat. Die Pflichtverletzung ist im Grunde nur die ins Personale gewendete Rechtsgutsverletzung, das Handlungsunrecht besteht dagegen aus den objektiven und subjektiven Merkmalen des tatbestandsmäßigen Verhaltens. Der Begriff des Rechtsguts wird heute vor allem unter dem Gesichtspunkt der kriminalpolitischen Berechtigung von Strafvorschriften erörtert (vgl. unten § 26 I 2).

2. Das *Rechtsgut* ist die anerkannte *Grundlage des Aufbaus* und der *Auslegung* der Tatbestände. Der Begriff Rechtsgut darf jedoch nicht einfach mit der ratio legis gleichgesetzt werden, sondern muß einen selbständigen, der Strafnorm vorgelagerten,

---

[1] Vgl. *Amelung*, Rechtsgüterschutz S. 15 ff.; *W. Hassemer*, Theorie S. 25 ff.; *Sina*, Dogmengeschichte S. 14 ff. Doch läßt sich eine Rechtsgüterordnung in der Strafgesetzgebung sehr viel weiter zurückverfolgen; vgl. *Würtenberger*, System S. 13 ff.; *Moos*, Verbrechensbegriff S. 514.

[2] Vgl. *Feuerbach*, Revision S. 56, 65; Lehrbuch §§ 9, 21, 27.

[3] *Birnbaum*, Neues Archiv des Criminalrechts 15 (1834) S. 179. Dazu *Padovani*, Riv dir proc pen 1983, 554 ff.

[4] *Binding*, Normen Bd. I S. 353 f.

[5] *v. Liszt*, ZStW 8 (1888) S. 134 ff.; insbes. S. 151.

[6] *Grünhut*, Frank-Festgabe Bd. I S. 8.

[7] *Honig*, Einwilligung S. 94.

[8] Vgl. *Dahm*, ZStW 57 (1938) S. 228; *Schaffstein*, Das Verbrechen als Pflichtverletzung S. 9; *derselbe*, DStr 1937, 338; *Kempermann*, Die Erkenntnis des Verbrechens S. 13 ff.

[9] Vgl. insbesondere *Gallas*, Gleispach-Festschrift S. 54 ff.; *Klee*, DStr 1935, 15 f.

in sich schlüssigen realen Sinngehalt besitzen, weil er sonst seine systematische Aufgabe als Maßstab für Inhalt und Abgrenzung der Strafvorschrift und als Gegenstück zu den Rechtfertigungsgründen bei Wertungskollisionen nicht erfüllen könnte[10]. Demgemäß ist das Rechtsgut als ein **rechtlich geschützter abstrakter Wert der Sozialordnung** zu verstehen, an dessen Erhaltung die Gemeinschaft ein Interesse hat und der entweder dem einzelnen oder der Gesamtheit als Träger zugeordnet werden kann[11]. Als rein formale Kategorie ist das Rechtsgut ferner die Klasse aller individuellen Gegenstände, die der Schutzzweck der Norm einschließt[12]. Die neuere Theorie betont im Sinne der Vergeistigung des Rechtsgutsbegriffs, daß es sich um Beziehungen von Menschen zu Lebensinteressen handelt[13], z. B. um die Verfügungsmöglichkeit über Sachen (Eigentum), um die Verläßlichkeit von Beweismitteln (Echtheit von Urkunden), um die Einsatzfähigkeit von Haupt und Gliedern (Körperintegrität). *Schmidhäuser* sieht im Rechtsgut den „Achtungsanspruch", der von den Gütern des Gemeinschaftslebens gegenüber jedermann ausgeht[14]. In der Auseinandersetzung über die Grenzen der Strafwürdigkeit dient der Rechtsgutsbegriff heute vielfach dazu, das Strafrecht auf die Sanktionierung gemein*schädlichen* (nicht bloß anstößigen) Verhaltens zu beschränken[15], doch ist die Frage nicht eine solche des Rechtsgutsbegriffs, sondern der Kriminalpolitik, die freilich an die Rangordnung der Werte in der Verfassung, an die sich daraus ergebenden Schutzpflichten und an das Subsidiaritätsprinzip des Strafrechts gebunden ist (vgl. BVerfGE 7, 389 [434 ff.] zu § 175 a. F.; 39, 1 [42 ff.] zur „Fristenlösung" nach § 218 a i. d. F. von BT-Drucks. 7/375).

3. Der Rechtsgutsbegriff hat im Strafrecht verschiedene **Funktionen** zu erfüllen:

a) Die Deliktstatbestände sind nach einem oder mehreren Rechtsgütern ausgerichtet. Die Frage, ob es Strafvorschriften ohne eine Rechtsgutsbeziehung gibt und ob sie nach liberalem Verständnis zulässig wären, wird überwiegend verneint[16]. Bei den reinen Aktverbrechen wie Erregung öffentlichen Ärgernisses (§ 183 a), Tierquälerei

---

[10] Vgl. *Maurach / Zipf*, Allg. Teil I S. 259; *Haft*, Allg. Teil S. 72 f.; *Nowakowski*, Grundriß S. 27 f.; *Hafter*, Allg. Teil S. 9; *Bettiol*, ZStW 72 (1960) S. 285.

[11] Vgl. näher *Hirschberg*, Die Schutzobjekte. S. 68 ff. Wie hier *Baumann / Weber*, Allg. Teil S. 139 ff.; *Blei*, Allg. Teil S. 89; *Krümpelmann*, Bagatelldelikte S. 68 ff.; *Gössel*, Oehler-Festschrift S. 101 f.; *Schönke / Schröder / Lenckner*, Vorbem. 9 vor § 13; *WK (Nowakowski)* Vorbem. 14 vor § 3. Ebenso auch die jüngere italienische und spanische Theorie; vgl. *Musco*, Bene giuridico S. 130; *Polaino*, El bien jurídico S. 270. Zum Wertbegriff *Henkel*, Schaffstein-Festschrift S. 27 ff. Den Versuch einer materialen Bestimmung des Rechtsgutsbegriffs als Grundlage und Grenze der Kriminalpolitik unternehmen *Amelung*, Rechtsgüterschutz S. 314 ff. und *W. Hassemer*, Theorie S. 98 ff. Dagegen mit Recht *Bockelmann / Volk*, Allg. Teil S. 11.

[12] Vgl. *Amelung*, Rechtsgüterschutz S. 175.

[13] So *Rudolphi*, Honig-Festschrift S. 163 („Funktionseinheiten"); *SK (Rudolphi)* Vorbem. 8 vor § 1; *Otto*, Rechtsgutsbegriff S. 8; *derselbe*, Grundkurs S. 7 ff.; *Jakobs*, Allg. Teil S. 33; *Maurach / Zipf*, Allg. Teil I S. 257 f.; *Stratenwerth*, Allg. Teil I Rdn. 210; *Tiedemann*, Tatbestandsfunktionen S. 115; *Marx*, Definition S. 62.

[14] *Schmidhäuser*, Allg. Teil S. 36 f.

[15] So *Jäger*, Sittlichkeitsdelikte S. 6 ff., 121 ff.; *Hanack*, 47. DJT, Bd. I Teil A S. 28 ff.; *Noll*, Festschrift OLG Zweibrücken S. 214 ff.; *Otto*, Rechtsgutsbegriff S. 4; *Roxin*, JuS 1966, 382; *Rudolphi*, Honig-Festschrift S. 161; *Lang-Hinrichsen*, Festschrift OLG Zweibrücken S. 108; *Amelung* und *Hassemer* (oben Fußnote 11). Daß indessen auch die neueste Gesetzgebung in Ausnahmefällen reine Aktverbrechen ohne Sozialschädlichkeit kennt, zeigen die Beispiele unten § 26 I 3 a (vgl. auch *SK [Rudolphi]* Vorbem. 11 vor § 1; *WK [Nowakowski]* Vorbem. 16 vor § 3). Gegen die Eignung des Rechtsgutsbegriffs als kritisches Prinzip der Kriminalpolitik *Balog*, Kriminalsoziologische Bibliographie 1981, S. 61 ff.; *Angioni*, Bene giuridico S. 94.

[16] Vgl. z. B. *H. Mayer*, Lehrbuch S. 52; *Maurach / Zipf*, Allg. Teil I S. 256; *WK (Nowakowski)* Vorbem. 16 vor § 3; *Wessels*, Allg. Teil S. 2 f.

I. Rechtsgut und Handlungsobjekt

(§ 17 TierSchG) und früher Sodomie (§ 175 b a. F.) fehlt jedenfalls das Moment der Sozialschädlichkeit. Man wird deswegen auch sonst die Bestrafung der „Mißachtung fundamentaler Forderungen der Sozialmoral" für zulässig halten dürfen[17]. Das Rechtsgut ist der Zentralbegriff des Tatbestandes, nach dem alle objektiven und subjektiven Merkmale zu bestimmen sind, und damit zugleich ein wichtiges Hilfsmittel der **Auslegung**[18].

Beispiele: Beim Diebstahl (§ 242) sind geschützte Rechtsgüter Eigentum und Gewahrsam. Fehlt es an der Zueignungsabsicht, so kann nur Gebrauchsanmaßung in Betracht kommen (z. B. § 248b), fehlt es am Gewahrsamsbruch, so kann allenfalls Unterschlagung vorliegen (§ 246). Rechtsgut des § 142 ist das Interesse der Unfallbeteiligten an der Aufklärung der Unfallursache zwecks Sicherung ihrer Ersatzansprüche. Deshalb braucht, wer sich nur selbst verletzt oder nur seine eigenen Sachen beschädigt hat, am Unfallort nicht zu warten (BGH 8, 263 [266]), was sich jetzt auch aus dem Text ergibt (vgl. § 142 I Nr. 1).

b) Das Rechtsgut ist ferner als Grundstein des Aufbaus der Tatbestände auch der maßgebliche *Einteilungsgesichtspunkt* bei der Bildung von Tatbestandsgruppen (z. B. Verbrechen gegen das Leben, gegen das Vermögen, gegen die Verkehrssicherheit). Darüber hinaus folgt die gesamte Anordnung der Strafvorschriften im Besonderen Teil (**Legalordnung**) dem Grundgedanken, daß durch Gruppierung und Abstufung der Rechtsgüter eine Gliederung und Rangordnung der geschützten Werte erreicht werden soll[19]. Auch in sich sind die Abschnitte des Besonderen Teils nach dem Gesichtspunkt des jeweils in Betracht kommenden Rechtsguts aufgebaut (vgl. unten § 26 III).

c) Es gibt Rechtsgüter des einzelnen (**Individualrechtsgüter**) (z. B. Leben, Freiheit und Eigentum), bei denen die **höchstpersönlichen Rechtsgüter** eine Untergruppe bilden (z. B. Körperintegrität, Ehre), und Rechtsgüter der Gesamtheit (**Universalrechtsgüter**) (z. B. der Schutz von Staatsgeheimnissen, die Sicherheit des Straßenverkehrs, die Echtheit des Geldes). Die Unterscheidung hat z. B. Bedeutung für die Frage der Zulässigkeit der Notwehr (vgl. unten § 32 II 1 b), ferner dafür, ob der durch die Tat unmittelbar betroffene einzelne in die Rechtsgutsverletzung wirksam einwilligen kann (vgl. unten § 34 II 3). Das Rechtsgut hat weiterhin Bedeutung für den Begriff der fortgesetzten Handlung (vgl. unten § 66 V 2b). Auch die Bestimmung des „Verletzten" im Sinne der Vorschriften des Prozeßrechts (vgl. z. B. § 77 StGB, §§ 22 Nr. 1, 172, 374, 395 StPO) hängt davon ab, wer Träger des geschützten Rechtsguts ist. (Vgl. ferner zum Schutzbereich der Strafrechtsnormen in bezug auf ausländische Rechtsgüter oben § 18 III 8.)

4. Die Rechtsgüter sind nicht als der Sinneswahrnehmung zugängliche Gegenstände zu verstehen, sondern sie sind **geistige Werte der Sozialordnung,** auf denen die Sicherheit, Wohlfahrt und Würde des Daseins der Gemeinschaft beruhen. Der *reale* Gegenstand, an dem sich die tatbestandsmäßige Handlung vollzieht, heißt dagegen **Handlungs- (oder Angriffs)objekt**[20]. Das Handlungsobjekt kann in verschie-

---

[17] So zu Recht *Gallas*, Beiträge S. 14f. In der Welt des islamischen Strafrechts ist das selbstverständlich; vgl. *Hosni*, ZStW 97 (1985) S. 610f.
[18] Auf den Gedanken des Fehlens „strafwürdiger Rechtsgutsverletzung" gründet *Sax*, JZ 1976, 12ff., 80ff. sowie JZ 1975, 144ff. seine einschränkende Interpretation der Tatbestände, z. B. der Selbstmordhilfe und dem vorzeitigen Abbruch einer Intensivbehandlung.
[19] Näher dazu *Oehler*, Legalordnung S. 2ff.
[20] Der Ausdruck geht zurück auf *Oppenheim*, Objekte des Verbrechens S. 154. Vgl. dazu *Maurach / Zipf*, Allg. Teil I S. 259f.; *Schmidhäuser*, Allg. Teil S. 37f. (mit noch weiterer Differenzierung zwischen „Rechtsgutsobjekt" und „Tatobjekt"); *Stratenwerth*, Allg. Teil I Rdn. 209f.

ner Gestalt auftreten: als leib-seelische Einheit (Leib oder Leben eines Menschen), als sozialer Wert (Geltungsanspruch des Beleidigten), als wirtschaftlicher Wert (Vermögen), als Sache (jagdbares Tier), als realer Zustand (Brauchbarkeit eines Gegenstandes). Rechtsgut und Handlungsobjekt sind wie Idee und Erscheinung aufeinander bezogen, aber begrifflich auseinanderzuhalten. Der Erfolgsunwert der Tat liegt in der realen Beeinträchtigung des Handlungsobjekts. Das Rechtsgut ist dagegen als ideeller Wert dem unmittelbaren Zugriff des Täters entzogen. Die Verletzung des geschützten Rechtsguts besteht in der Mißachtung des besonderen Lebensinteresses der Gemeinschaft, das sich in dem Handlungsobjekt lediglich verkörpert.

Beispiele: Beim Widerstand gegen die Staatsgewalt (§ 113) ist geschütztes Rechtsgut die ungestörte Vollstreckungstätigkeit des Staates einschließlich der Sicherheit der Vollstreckungsorgane. Handlungsobjekt ist der angegriffene Vollstreckungsbeamte. Beim Diebstahl (§ 242) sind geschützte Rechtsgüter Eigentum und Gewahrsam. Handlungsobjekt ist die weggenommene Sache. Beim Hausfriedensbruch (§ 123) ist geschütztes Rechtsgut das Hausrecht, Angriffsobjekt die Räumlichkeit, in die der Täter eingedrungen ist.

II. Die Typen der Tatbestände

In den Strafvorschriften des Besonderen Teils ist als Kern der Tatbestand als Träger des Unrechtsgehalts der jeweiligen Deliktsart enthalten. Man spricht jedoch von „Tatbestand" abgekürzt oft auch dann, wenn man die *ganze* Strafvorschrift meint, was aber nicht korrekt ist, da die Strafvorschriften mehr enthalten als den Unrechtstatbestand. Die Tatbestände folgen in ihrem Aufbau gewissen Gesetzmäßigkeiten, die sich aus den verschiedenen Möglichkeiten der Anordnung der Bauelemente ergeben. Auf diese Weise entstehen **Typen der Tatbestände**[21], die im strafrechtlichen Sprachgebrauch einen festen Platz haben und für die Gliederung und Auslegung der Strafvorschriften von Bedeutung sind.

1. Nach der Beziehung zwischen Handlung und Handlungsobjekt werden *Erfolgs- (Material-)* und *(schlichte) Tätigkeitsdelikte* unterschieden.

a) Die **Erfolgsdelikte** setzen in ihrem Tatbestand eine von der Handlung unterschiedene raum-zeitlich abgrenzbare Wirkung am Handlungsobjekt voraus[22]. Auch die Handlung selbst kann zwar als eine Art von „Erfolg" angesehen werden, weil sie eine Wirkung des Willensimpulses des Täters ist, so daß man einen Erfolgsbegriff im engeren und im weiteren Sinne zu unterscheiden hat[23]. Aber nur der Erfolgsbegriff i. e. S. hat dogmatische Bedeutung, denn nur hier stellt sich das Problem des Kausalzusammenhangs (vgl. unten § 28 I 1).

Beispiele: Erfolgsdelikte sind die vorsätzliche und fahrlässige Tötung (§§ 212, 222), die Beleidigung wegen des Erfordernisses des Zugehens der ehrverletzenden Äußerung (§§ 185ff.), die Erregung öffentlichen Ärgernisses (§ 183a), der Diebstahl wegen des Gewahrsamsbruchs (§ 242), der Betrug wegen des Vermögensschadens (§ 263), die Gefährdung des Straßenverkehrs wegen der Herbeiführung einer Gefahr für Leib oder Leben oder für bedeutende Sachwerte (§ 315c).

Eine theoretisch schwierige und praktisch wichtige Sondergruppe der Erfolgsdelikte bilden die **durch den Erfolg qualifizierten Delikte** wie die Körperverletzung mit schweren Folgen (§ 224) oder mit Todesfolge (§ 226), der Raub mit Todesfolge

---

[21] Vgl. besonders *E. Wolf*, Typen der Tatbestandsmäßigkeit S. 12ff. Der Tatbestand ist also nicht nur in sich ein Typus i. S. von *Hassemer*, Tatbestand S. 111, sondern die Tatbestände weisen auch gemeinsame Typusmerkmale auf.

[22] Auf die Unterscheidung des Erfolgs von der Handlung weist besonders *H. Mayer*, Lehrbuch S. 127 hin. Vgl. ferner *Schmidhäuser*, Allg. Teil S. 213f.; *Wessels*, Allg. Teil S. 5.

[23] So *Baumann / Weber*, Allg. Teil S. 201; *Maurach / Zipf*, Allg. Teil I S. 276.

II. Die Typen der Tatbestände

(§ 251) oder die fahrlässige Überschwemmung mit Todesfolge (§ 314). Hier werden bestimmte an sich schon strafbare Handlungen wegen der ihnen innewohnenden besonderen Gefährlichkeit dann, wenn die mit der Tat verbundene typische Gefahr sich in einem Verletzungserfolg verwirklicht, mit wesentlich höherer Strafe bedroht als die einfache Tat[24]. Neben den echten erfolgsqualifizierten Delikten gibt es auch erfolgsqualifizierte Regelbeispiele (z. B. §§ 310b III, 330 IV 2 Nr. 2).

Die erfolgsqualifizierten Delikte gehen auf die „Versari"-Lehre des kanonischen Rechts zurück („Versanti in re illicita imputantur omnia quae sequuntur ex delicto"), die sich im „dolus generalis", der „culpa dolo determinata" und dem „dolus indirectus" des gemeinen Rechts erhalten hat[25]. Die reine Erfolgshaftung wurde erst im RStGB von 1871 eingeführt. Früher versuchte man, die Strenge der Zurechnung des Erfolges nach dem reinen Kausalprinzip der Bedingungstheorie durch Einschaltung des Adäquanzgedankens zu mildern[26], und auch bei den Arbeiten zur Strafrechtsreform hat dieser Gedanke eine Rolle gespielt[27].

Die Durchführung des Schuldprinzips bei den erfolgsqualifizierten Delikten brachte der im Jahre 1953 neu geschaffene § 56 a. F., jetzt § 18, welcher vorschreibt, daß die an den Erfolg der Tat geknüpfte besonders schwere Strafe den Täter nur dann trifft, wenn ihm hinsichtlich dieser Folge wenigstens Fahrlässigkeit zur Last fällt[28, 29]. Die Fahrlässigkeit reduziert sich allerdings bei den erfolgsqualifizierten Delikten auf die Voraussehbarkeit des Erfolgs (vgl. unten § 55 II 3), da alle anderen Fahrlässigkeitsmerkmale schon in der Begehung des Grunddelikts enthalten sind (BGH 24, 213 [215]). Die Rechtsprechung hat sich deswegen bemüht, die objektive Zurechnung des schweren Erfolgs auf die Fälle zu beschränken, in denen dieser die *unmittelbare* Folge der Begehung des Grunddelikts ist, da der Strafgrund allein in der Verwirklichung der dem Grunddelikt anhaftenden spezifischen Gefahr liegt (vgl. unten § 28 IV 7)[30].

Beispiele: Für die Anwendung des § 226 genügt es nicht, wenn das Opfer auf der Flucht zu Tode stürzt (BGH NJW 1971, 152), für § 251 nicht, daß der Beraubte bei der Nacheile tödlich

---

[24] Vgl. näher *Oehler*, ZStW 69 (1957) S. 512; *Maurach / Zipf*, Allg. Teil I S. 460ff. Das ausländische Recht kennt diese Deliktsform vielfach als „délit praeterintentionnel"; vgl. *Jiménez de Asúa*, Rev sc crim 1960, 567.

[25] Vgl. zur „Versari"-Lehre *Kollmann*, ZStW 35 (1914) S. 46ff.; zur „culpa dolo determinata" *Feuerbach*, Lehrbuch 13. Aufl. S. 105; zum „dolus indirectus" *Moos*, Verbrechensbegriff S. 138ff., 248ff. (zu Österreich); zur Entstehung der Zufallshaftung im RStGB *Rengier*, Erfolgsqualifizierte Delikte S. 30ff.

[26] So z. B. *Kohlrausch*, Die Schuld S. 223.

[27] Vgl. über diese Entwicklung *Müller-Dietz*, Schuldgedanke S. 16ff. Für die Beibehaltung der erfolgsqualifizierten Delikte *Hirsch*, GA 1972, 77; *Oehler*, ZStW 69 (1957) S. 512ff.; *Hardwig*, GA 1965, 99; *Ulsenheimer*, GA 1966, 266f.; *Hruschka*, GA 1967, 42ff.; *Küpper*, Der „unmittelbare" Zusammenhang S. 32ff.; *Wolter*, JuS 1981, 169; *Rengier*, Erfolgsqualifizierte Delikte S. 291. Für Abschaffung *Schubarth*, ZStW 85 (1973) S. 775; *Lorenzen*, Erfolgsqualifizierte Delikte S. 87f., 164ff.; *Díez Ripollés*, ZStW 96 (1984) S. 1065ff. Vgl. auch AE, Bes. Teil, 1. Halbbd. 1970 S. 45.

[28] Die Herbeiführung einer bloßen „Gefahr" (z. B. §§ 113 II Nr. 2, 125a Nr. 3, 250 I Nr. 3 StGB, § 29 III Nr. 2 BtMG) ist kein Verletzungserfolg im Sinne von § 18, weswegen bei den genannten Vorschriften der Gefährdungserfolg vorsätzlich herbeigeführt sein muß (BGH 26, 176 [180ff.], 244ff.); vgl. *Küper*, NJW 1976, 545f.; *Meyer-Gerhards*, JuS 1976, 230ff.; *Schönke / Schröder / Eser*, § 250 Rdn. 24.

[29] Auch das österreichische, schweizerische und spanische Strafrecht kennen im gleichen Sinne erfolgsqualifizierte Delikte. Dem deutschen § 18 entspricht in Österreich § 7 II StGB, in Spanien Art. 1 II 2 C. p. In der Schweiz ist das Merkmal der individuellen Voraussehbarkeit in den betreffenden Strafvorschriften selbst enthalten. Zum österreichischen Recht mit Fallbeispielen *Burgstaller*, Jescheck-Festschrift Bd. I S. 357ff.

[30] Dazu näher *Oehler*, ZStW 69 (1957) S. 508ff.; *Wolter*, GA 1984, 443ff.; *Geilen*, Welzel-Festschrift S. 655ff.; *Hirsch*, Oehler-Festschrift S. 111ff.

verunglückt (BGH 22, 362), für § 307 Nr. 1 nicht, wenn der Tod eines Hausbewohners nicht durch den Brand, sondern durch eine Explosion des Zündstoffs herbeigeführt wird (BGH 20, 230). Dagegen wurde § 226 auf den viel erörterten „Hochsitzfall" angewendet, wo ein vorsätzlich herbeigeführter Knöchelbruch dadurch zum Tode des Opfers führte, daß eine mit Lungenentzündung verbundene Embolie eintrat, weil wirksame Gegenmaßnahmen versäumt wurden (BGH 31, 96 [98f.] mit Anm. *Ingeborg Puppe,* NStZ 1983, 22ff. und *Hirsch,* JR 1983, 78)[31]. § 239b II i. Verb. m. § 239a II greift ein, wenn der Tod der Geisel als Folge einer Befreiungsaktion, nicht aber, wenn er durch Situationsverkennung seitens der Polizei eintritt (BGH 33, 322 m. Anm. *Krehl,* Stv 1986, 432 und *Wolter,* JR 1986, 465, 468f. gegen den zweiten Teil der Entscheidung).

Zunehmend verlangt der Gesetzgeber bei den erfolgsqualifizierten Delikten Leichtfertigkeit als gesteigerte Form der Fahrlässigkeit (z.B. §§ 176 IV, 177 III, 218 II Nr. 2, 239a II, 251)[32]. Über den Begriff der Leichtfertigkeit vgl. unten § 54 II 2. Für die Schwierigkeiten der Strafzumessung und der Versuchsbestrafung bei Vorliegen von Tötungs*vorsatz,* die sich daraus ergeben, daß das in § 18 enthaltene Merkmal „wenigstens" in diesen Strafvorschriften fehlt, läßt sich nach geltendem Recht nur die Lösung finden, daß man eine Sperrwirkung der Mindeststrafe des erfolgsqualifizierten Delikts annimmt[33].

Die erfolgsqualifizierten Delikte sind Tatbestände mit einer besonderen Vorsatz-Fahrlässigkeits-Kombination: das vorsätzliche (ausnahmsweise fahrlässige) Grunddelikt ist schon als solches strafbar, während der Eintritt des Erfolgs die Strafbarkeit erhöht *(uneigentliche* Vorsatz-Fahrlässigkeits-Kombination). In anderen Fällen (z.B. § 315c III Nr. 1) ist dagegen der Vorsatzteil der Tat noch nicht selbständig strafbar, die Strafbarkeitsgrenze wird vielmehr erst mit dem Fahrlässigkeitsteil überschritten *(eigentliche* Vorsatz-Fahrlässigkeits-Kombination) (vgl. dazu unten § 54 III 1)[34].

Von den erfolgsqualifizierten Delikten sind die Tatbestände zu unterscheiden, bei denen der Erfolg *strafbegründend* wirkt. Der Erfolg ist hier objektive Bedingung der Strafbarkeit (vgl. unten § 53 II 2a) und gleichzeitig Strafeinschränkungsgrund, weil nur bei seinem Eintritt die an sich schon strafwürdige Grundhandlung strafbar wird (vgl. z.B. §§ 227 I, 320, 323 a)[35].

Erfolgsdelikte, deren Wirkung über einen gewissen Zeitraum anhält, sind entweder Dauer- oder Zustandsdelikte. Bei den **Dauerdelikten**[36] hängt die Aufrechterhaltung des durch die strafbare Handlung geschaffenen rechtswidrigen Zustandes vom Willen des Täters ab, so daß sich die Tat gewissermaßen ständig erneuert (z.B. Freiheitsberaubung, § 239; Straßenverkehrsgefährdung durch Trunkenheit am Steuer nach § 315c I Nr. 1a, vgl. BGH 22, 67 [71]; Trunkenheitsfahrt nach § 316, vgl. BGH VRS 48, 354). Bei den **Zustandsdelikten** besteht der Erfolg ebenfalls in der Herbeiführung eines rechtswidrigen Zustandes, doch ist die Tat rechtlich mit dem Eintritt des Erfolges bereits beendet (z.B. Personenstandsfälschung, § 169; Doppelehe, § 171; Sachbeschädigung, § 303)[37].

---

[31] Dazu kritisch *Maiwald,* JuS 1984, 439ff.; *Küpper,* JA 1983, 229f.

[32] Dazu *Maiwald,* GA 1974, 265ff. Die Einführung des Leichtfertigkeitsmerkmals bei allen durch den Todeserfolg qualifizierten Delikten fordern *Rengier,* Erfolgsqualifizierte Delikte S. 292; *Wolter,* JuS 1981, 178 Fußnote 151.

[33] Vgl. dazu *Tenckhoff,* ZStW 88 (1976) S. 912ff.; *Lackner,* § 251 Anm. 4. Dagegen will *Dreher / Tröndle,* § 18 Rdn. 5 das Wort „wenigstens" ergänzen. Vgl. dagegen BGH 26, 175 m. zust. Anm. *Rudolphi,* JR 1976, 74.

[34] Dazu näher *Krey / Schneider,* NJW 1970, 640f.

[35] Die analoge Anwendung (in bonam partem) des § 18 auf den Fall des § 227 befürwortet *Hirsch,* GA 1972, 77 und *LK (Hirsch)* § 227 Rdn. 1 und 15.

[36] Vgl. dazu näher *Hruschka,* GA 1968, 193ff.

II. Die Typen der Tatbestände

b) Bei den **Tätigkeitsdelikten** erschöpft sich der Unrechtstatbestand dagegen in einer Handlung des Täters, ohne daß ein Erfolg im Sinne einer raum-zeitlich unterscheidbaren Außenwirkung eingetreten sein müßte. Das Tätigkeitsdelikt kann jedoch so beschaffen sein, daß schon das bloße Tun selbst das Handlungsobjekt berührt (wie beim Hausfriedensbruch, § 123), ohne daß diese Beeinträchtigung als tatbestandsmäßiger Erfolg ausgestaltet wäre.

Beispiele: Tätigkeitsdelikte sind die meisten Sittlichkeitsdelikte (§§ 174 ff.), aber auch die Unterschlagung (§ 246) und der Hausfriedensbruch (§ 123).

c) Der **tatbestandsmäßige Erfolg** muß von der **Beeinträchtigung des geschützten Rechtsguts** unterschieden werden. Erfolg bedeutet die von der Handlung raumzeitlich getrennte Verletzung oder Gefährdung des Handlungsobjekts, während die Rechtsgutverletzung die Beziehung der tatbestandsmäßigen Handlung zu dem Achtungsanspruch des durch die Strafvorschrift geschützten Werts betrifft[38]. Auch Tätigkeitsdelikte enthalten also eine Rechtsgutverletzung. Der Erfolg hat auch außerhalb des Tatbestandes Bedeutung, und zwar für den Gerichtsstand des Begehungsorts (§ 7 StPO) und für den Begehungsort im Sinne des internationalen Strafrechts (§ 9) (vgl. oben § 18 IV 2b).

2. Nach der Intensität der Beeinträchtigung des Handlungsobjekts werden **Verletzungs- und (konkrete) Gefährdungsdelikte** unterschieden[39]. Bei den Verletzungsdelikten setzt der Tatbestand eine Schädigung des geschützten Handlungsobjekts voraus, während bei den Gefährdungsdelikten die Gefahr einer Verletzung als Erfolg der Handlung ausreicht[40]. Der Eintritt der Gefahr ist Tatbestandsmerkmal und muß im Einzelfall festgestellt werden[41]. Unter *Gefahr* ist ein ungewöhnlicher, regelwidriger Zustand zu verstehen, bei dem für ein sachkundiges Urteil „nach den obwaltenden konkreten Umständen der Eintritt eines Schadens als wahrscheinlich gelten kann, die Möglichkeit eines solchen nahe liegt" (RG 30, 178 [179]; BGH 8, 28 [32f.]; 13, 66 [70]; 18, 271 [272f.])[42].

Beispiele: Verletzungsdelikte sind der Totschlag (§ 212), die Sachbeschädigung (§ 303), die Erregung öffentlichen Ärgernisses (§ 183a). Die einfache Brandstiftung (§ 308) ist in ihrer ersten Handlungsform Verletzungs-, in ihrer zweiten (abstraktes) Gefährdungsdelikt. Konkrete Gefährdungsdelikte sind die Aussetzung (§ 221), die Herbeiführung von Brandgefahr (§ 310a) und die Verkehrsdelikte (§§ 315 - 315d).

Von den konkreten sind die **abstrakten Gefährdungsdelikte** zu unterscheiden. Sie sind für die konkreten Gefährdungsdelikte eine Vorstufe, deren Strafwürdigkeit

---

[37] Die praktische Bedeutung der Unterscheidung zeigte sich bei der Frage der Anwendbarkeit der Strafvorschrift gegen Hochverrat auf hohe Regierungsbeamte nach dem Sturz der Diktatur in Griechenland; vgl. *Spinellis*, ZStW 94 (1982) S. 1094ff.

[38] Vgl. näher *Schönke / Schröder / Lenckner*, Vorbem. 9 vor § 13; *Schmidhäuser*, Allg. Teil S. 37, 205.

[39] Vgl. *Binding*, Normen Bd. I S. 364ff.; *Maurach / Zipf*, Allg. Teil I S. 276f.; *Schroeder*, ZStW-Beiheft Caracas, 1982, S. 1ff.; *Wessels*, Allg. Teil S. 6; *Weber*, Vorverlegung des Strafrechtsschutzes, ZStW-Beiheft Göttingen, 1987, S. 11ff. mit weiteren Beiträgen über Österreich *(Platzgummer)* S. 37; Italien *(Grasso)* S. 57; Ungarn *(Györgyi)* S. 97; Polen *(Spotowski)* S. 125 und einem Diskussionsbericht *(Maier)* S. 141.

[40] Vgl. *Lackner*, Das konkrete Gefährdungsdelikt S. 7.

[41] Zum Gefährdungsvorsatz vgl. BGH 22, 67 (73ff.); zum Gefahrurteil *Gallas*, Heinitz-Festschrift S. 177ff.

[42] Vgl. zum Gefahrbegriff *Lackner*, Das konkrete Gefährdungsdelikt S. 16ff.; *Horn*, Konkrete Gefährdungsdelikte S. 143ff.; *Schmidhäuser*, Allg. Teil S. 207ff.; *Schünemann*, JA 1975, 793ff.

schon durch die *generelle Gefährlichkeit* einer Handlung für bestimmte Rechtsgüter bedingt ist. Der Eintritt der Gefahr selbst gehört hier nicht zum Tatbestand, weil dem betreffenden Verhalten „typischerweise die Herbeiführung einer konkreten Gefahr eigen ist"[43]. Demgemäß sind die Indizien der Gefährlichkeit im Gesetz selbst bindend festgelegt, während bei den konkreten Gefährdungsdelikten der Eintritt der Gefahr als Tatbestandsmerkmal vom Richter festgestellt werden muß. Abstrakte Gefährdungsdelikte sind auch solche Tatbestände, bei denen die generelle Gefährlichkeit der Handlung durch das Merkmal der „Eignung" zur Herbeiführung eines bestimmten Erfolgs dem Urteil des Richters überlassen ist (z. B. §§ 186, 187, 229, 308 zweiter Halbsatz; § 8 i. Verb. m. 51 I Nr. 1 LMBG)[44]. Das Fehlen jeder Möglichkeit konkreter Gefährdung kann jedoch bei der Auslegung herangezogen werden, um die Strafbarkeit entfallen zu lassen, wenn der Eintritt der Gefahr für die nach dem Tatbestand vorausgesetzten Schutzobjekte (z. B. Menschenleben in § 306 Nr. 2) *absolut ausgeschlossen* war[45]. Die Rechtsprechung ist gegenüber dieser Möglichkeit jedoch mit Recht zurückhaltend (BGH 23, 308 [311]; 23, 313 [315 ff.]; 26, 121 [124]; BGH NJW 1982, 2329). Daß der Gesetzgeber sie aber im Prinzip bejaht, zeigt die Minima-Klausel in § 326 V.

Beispiele: Abstrakte Gefährdungsdelikte sind üble Nachrede und Verleumdung (§§ 186, 187), weil die Tatsachenbehauptungen nur geeignet sein müssen, den Beleidigten in der öffentlichen Meinung herabzuwürdigen oder seinen Kredit zu gefährden, die Aussagedelikte (§§ 153 ff.) wegen der Wahrscheinlichkeit einer Gefährdung der Rechtspflege, die Begünstigung (§ 257) wegen der Eignung der Beistandsleistung, die Vorteilssicherung herbeizuführen, die Volltrunkenheit (§ 323 a) wegen der Beseitigung des Hemmungsvermögens bei dem Berauschten, die Brandstiftung (§ 306 Nr. 2) wegen der Gefährlichkeit für Menschenleben, die Trunkenheit im Straßenverkehr (§ 316) wegen der Gefährlichkeit für die übrigen Verkehrsteilnehmer.

3. Nach den beiden Grundformen des menschlichen Verhaltens, Aktivität und Passivität, werden **Begehungs- und Unterlassungsdelikte** unterschieden (vgl. unten § 58 II). Entsprechend den Erfolgs- und Tätigkeitsdelikten gibt es hier *unechte* und *echte Unterlassungsdelikte.* Das unechte Unterlassungsdelikt besteht in der Nichthinderung des Eintritts des tatbestandsmäßigen Erfolgs entgegen einer Garantenpflicht, das echte Unterlassungsdelikt im bloßen Untätigbleiben gegenüber dem Normbefehl einer Gebotsvorschrift. Während die echten Unterlassungsdelikte schon nach ihrer Definition immer im Gesetz enthalten sein müssen, werden die meisten unechten Unterlassungsdelikte nach § 13 durch Auslegung aus den Tatbeständen der Begehungsdelikte gebildet, und nur wenige hat der Gesetzgeber selbst geregelt (vgl. näher unten § 58 III 4)[46].

Beispiele: Echte Unterlassungsdelikte sind die Nichtanzeige drohender Verbrechen (§ 138), die unterlassene Hilfeleistung (§ 323 c), die unterlassene Mitwirkung bei Strafverfahren (§ 40 WStG). In das Gesetz selbst aufgenommene unechte Unterlassungsdelikte sind die Verletzung

---

[43] Vgl. näher *Cramer,* Der Vollrauschtatbestand S. 68 f.; *Bohnert,* JuS 1984, 182 ff.; *Jakobs,* ZStW 97 (1985) S. 767 ff.

[44] So *Gallas,* Heinitz-Festschrift S. 174 f. gegen *Schröder,* JZ 1967, 22; *Schröder,* ZStW 81 (1969) S. 18 ff.

[45] Zur Möglichkeit des „Gegenbeweises der Ungefährlichkeit" *Cramer,* Vollrauschtatbestand S. 55 ff.; *Schröder,* ZStW 81 (1969) S. 15 ff.; *Schönke / Schröder / Cramer,* Vorbem. 3 a vor § 306; *Baumann / Weber,* Allg. Teil S. 135; *Schmidhäuser,* Allg. Teil S. 255 Fußnote 74; *Schünemann,* JA 1975, 797 f. Mit Recht will aber *Brehm,* Abstraktes Gefährdungsdelikt S. 139 ff. Normen mit reiner „Organisationsfunktion", z. B. die Straßenverkehrsvorschriften, von der Möglichkeit des Gegenbeweises ausnehmen.

[46] Übereinstimmend *Bockelmann / Volk,* Allg. Teil S. 132 f., 151 f.; *Maurach / Zipf,* Allg. Teil I S. 275; *Schmidhäuser,* Allg. Teil S. 654 f.; *Wessels,* Allg. Teil S. 7.

der Fürsorge- oder Erziehungspflicht (§ 170d), die Gesundheitsschädigung durch Vernachlässigung der Sorgepflicht (§ 223b letzter Fall), die mangelhafte Dienstaufsicht (§ 41 WStG).

4. Nach der Anzahl der in der Strafvorschrift geschützten Rechtsgüter gibt es **einfache** und **zusammengesetzte Delikte**. In der Regel schützen die Straftatbestände nur *ein* Rechtsgut (z. B. die Körperintegrität, § 223). Es gibt jedoch Strafvorschriften mit mehreren geschützten Rechtsgütern. So richtet sich der Diebstahl (§ 242) gegen Eigentum und Gewahrsam, der Raub (§ 249) gegen Freiheit, Eigentum und Gewahrsam, die Erpressung (§ 253) gegen Freiheit und Vermögen. Auch die erfolgsqualifizierten Verbrechen (vgl. oben § 26 II 1a) sind in der Regel zusammengesetzte Delikte, z. B. die Körperverletzung mit Todesfolge (§ 226).

5. Nach der Anzahl der im Tatbestand vorausgesetzten Handlungen werden **einaktige** und **mehraktige Delikte** unterschieden. Einaktige Delikte sind z. B. der Totschlag (§ 212) und die Nötigung (§ 240). Mehraktige Delikte sind dagegen aus mehreren Tathandlungen zusammengesetzt. So besteht der räuberische Diebstahl aus vollendeter Wegnahme und qualifizierter Nötigung (§ 252), die Vergewaltigung aus qualifizierter Nötigung und Vollziehung des außerehelichen Beischlafs (§ 177). Eine Mittelstellung zwischen den ein- und mehraktigen Delikten nehmen die **alternativen Mischtatbestände** ein. Bei dieser Gruppe kommen nach dem Gesetz verschiedene Tathandlungen wahlweise in Betracht, die alle von der gleichen Strafdrohung umfaßt werden, wie die gefährliche Körperverletzung, die begangen werden kann mittels einer Waffe, mittels eines hinterlistigen Überfalls, von mehreren gemeinschaftlich oder mittels einer das Leben gefährdenden Behandlung (§ 223a). Aber auch Erfolge und Tatmodalitäten können alternieren, wie die Folgen bei der schweren Körperverletzung (§ 224) oder die Begehungsorte bei der Bannkreisverletzung (§ 106a).

Besondere Gruppen bei den mehraktigen Delikten und bei den Erfolgsdelikten bilden die unvollkommen zweiaktigen Delikte und die kupierten Erfolgsdelikte[47]. Vielfach hat der Gesetzgeber den zweiten Akt der Straftat in den subjektiven Tatbestand verlagert, um dadurch die Verteidigungslinie vorzuschieben[48]. Bei den *unvollkommen zweiaktigen Delikten* genügt die im Zeitpunkt der ersten Tathandlung vorliegende Absicht des Täters, die noch ausstehende zweite Handlung später vorzunehmen; so genügt bei der Urkundenfälschung (§ 267) die Absicht der Täuschung im Rechtsverkehr im Zeitpunkt der Fälschung. Davon sind zu unterscheiden die *kupierten Erfolgsdelikte*. Hier wird der Erfolgseintritt nicht in den Tatbestand einbezogen, sondern es genügt die auf den Erfolg gerichtete Absicht des Täters, z. B. beim Betrug (§ 263) die Vorteilsabsicht. Während bei der ersten Gruppe die Absicht auf *eigenes* weiteres Tun gerichtet ist, ist bei der zweiten der Eintritt des beabsichtigten Erfolges vom eigenen Handeln des Täters *unabhängig*. Demgemäß ist z. B. der Diebstahl (§ 242) ein unvollkommen zweiaktiges Delikt, weil er die Absicht der Zueignung durch eigene Handlung des Täters verlangt.

6. Nach der Abgrenzung des möglichen Täterkreises werden allgemeine Delikte, Sonderdelikte und eigenhändige Delikte unterschieden. Bei **allgemeinen Delikten** kann jedermann Täter sein, wie das „namenlose Wer" am Anfang der meisten Strafvorschriften anzeigt. Bei den **echten Sonderdelikten** kommen dagegen nur im Tatbestand besonders bezeichnete Personen als Täter in Betracht (z. B. Amtsträger[49] oder Soldaten). Die **unechten Sonderdelikte** können zwar von jedermann begangen wer-

---

[47] *Maurach / Zipf*, Allg. Teil I S. 274f. spricht hier von „konstruktiv inkongruenten Delikten", denen er diejenigen Delikte gegenüberstellt, bei denen objektiver und subjektiver Teil genau übereinstimmen („Kongruenz").

[48] *Hegler*, ZStW 36 (1915) S. 31 spricht hier von Delikten „mit überschießender Innentendenz", *Schmidhäuser*, Allg. Teil S. 216ff. von „Zieldelikten".

[49] Zur Amtsträgereigenschaft i. S. von § 11 I Nr. 2c BGHSt 31, 264 (271ff.) (Vorstandsmitglied einer Landesbank) und OLG Hamburg NJW 1984, 624 (Ordnungsgruppe eines privaten Verkehrsbetriebs) m. abl. Anm. *C. Schröder*, NJW 1984, 2510.

den, doch ist die Täterschaft qualifizierter Personen ein Strafschärfungsgrund[50]. Bei den **eigenhändigen Delikten** setzt der Tatbestand einen körperlich oder doch wenigstens persönlich zu vollziehenden Akt voraus, den der Täter selbst vornehmen muß, weil sonst das besondere Handlungsunrecht der betreffenden Deliktsart fehlen würde[51].

Echte Sonderdelikte sind die eigentlichen Amtsverbrechen, z. B. Vorteilsannahme und Bestechlichkeit (§§ 331, 332), Rechtsbeugung (§ 336) sowie alle militärischen Straftaten (§ 1 I und II WStG). *Unechte* Sonderdelikte sind die uneigentlichen Amtsverbrechen, z. B. die Körperverletzung im Amt (§ 340). *Eigenhändige* Delikte[52] sind einmal diejenigen Tatbestände, die die eigene körperliche Beteiligung des Täters an der Tat verlangen, z. B. der Vollrausch (§ 323 a), das unerlaubte Sichentfernen vom Unfallort (§ 142), die Trunkenheit am Steuer nach § 315 c I Nr. 1 a (BGH 18, 6 [9])[53], der Beischlaf zwischen Verwandten (§ 173), der sexuelle Mißbrauch Widerstandsunfähiger (§ 179) (BGH 15, 132; KG NJW 1977, 817). Die zweite Gruppe der eigenhändigen Delikte sind die Tatbestände, die zwar nicht körperliches, aber doch persönliches Handeln verlangen. Hierin gehören die Doppelehe (§ 171), die Rechtsbeugung (§ 336) und die Beleidigung (§ 185). Die dritte Gruppe sind die Aussagedelikte, bei denen das Prozeßrecht das Handeln in eigener Person vorschreibt (§§ 153, 154, 156).

Bei den echten Sonderdelikten und den eigenhändigen Delikten können nur qualifizierte bzw. selbst körperlich oder persönlich handelnde Personen Täter, Mittäter oder mittelbare Täter sein, dagegen ist *Teilnahme* (Anstiftung und Beihilfe) unbeschränkt möglich. Bei den unechten Sonderdelikten wird der nichtqualifizierte Teilnehmer nur nach dem Grunddelikt bestraft (§ 28 II)[54], bei den echten wird die Strafe nach § 49 I gemildert (§ 28 I) (vgl. unten § 61 VII 4 a und d).

7. Nach dem Grade der Erfüllung der Tatbestandsmerkmale werden **Vollendung** und **Versuch** unterschieden (vgl. unten § 49 III 3). In einzelnen Strafvorschriften (z. B. §§ 81, 82, 184 I Nr. 4, 8, 9, III Nr. 3, 316 a, 357) ist ferner das „Unternehmen" mit Strafe bedroht **(Unternehmenstatbestände).** Unternehmen einer Tat bedeutet nach § 11 I Nr. 6 deren Versuch und deren Vollendung. Vollendung und Versuch sind in diesen Strafvorschriften also gleichgestellt (*echte* Unternehmensdelikte). Die Bedeutung der Unternehmensdelikte liegt darin, daß die Strafmilderungsmöglichkeit für den Versuch (§ 23 II) nicht gegeben ist und daß das Rücktrittsprivileg (§ 24) entfällt, was eine Vorverlagerung der vollen Strafbarkeit auf die Versuchsstufe bedeutet[55]. Über die Frage, inwieweit im übrigen die Regeln über den Versuch auf die echten Unternehmensdelikte angewendet werden dürfen, vgl. unten § 49 VIII 2. Darüber hinaus gibt es Tatbestände, die dieselbe Struktur aufweisen wie die echten Unternehmensdelikte, indem sie nämlich schon die Betätigung mit einer bestimmten Tendenz unter Strafe stellen (*unechte* Unternehmensdelikte)[56]. Hierin rechnet man z. B. § 113 („angreifen"), § 257 („Hilfe leisten"), § 292 („nachstellen"). Ob auf sie die allgemeinen Versuchsregeln übertragen werden dürfen, ist umstritten (vgl. unten § 49 VIII 2). Noch weiter reicht die Vorverlagerung der Strafbarkeit bei den **Vorbereitungsdelikten** (z. B. §§ 149, 275, 234 a III, 316 c III).

---

[50] Vgl. die Definition bei *Langer,* Das Sonderverbrechen S. 456.
[51] Vgl. näher *Engelsing,* Eigenhändige Delikte S. 50; *Schmidhäuser,* Allg. Teil S. 512; *Schall,* JuS 1979, 104; ablehnend vom Standpunkt des Einheitstäterbegriffs aus *Roeder,* JBl 1975, 569 ff.
[52] Der Text folgt der Untersuchung von *Herzberg,* ZStW 82 (1970) S. 913 ff.
[53] Vgl. *Rehberg,* Schultz-Festgabe S. 79 ff.
[54] Anders hier *Cortes Rosa,* ZStW 90 (1978) S. 433, der für Schuldspruch nach dem (unechten) Sonderdelikt und Strafausspruch nach dem Allgemeindelikt eintritt.
[55] Vgl. eingehend *Weber,* ZStW-Beiheft Göttingen 1986, S. 7 ff.
[56] *Schröder,* Kern-Festschrift S. 464 ff.; *Schönke / Schröder / Eser,* § 11 Rdn. 64 ff.; *LK (Tröndle)* § 11 Rdn. 69 ff.; *SK (Rudolphi)* § 11 Rdn. 23 ff.

III. Die Bildung von Tatbestandsgruppen

1. Die Strafvorschriften des Besonderen Teils stehen in der Regel nicht unverbunden nebeneinander, sondern weisen bestimmte **innere Zusammenhänge** auf[57]. Es gibt einmal das Verhältnis von *Grunddelikt* und (qualifizierender bzw. privilegierender) *Abwandlung*. Das Grunddelikt ist der Ausgangstatbestand, während sich die Abwandlung als *unselbständige*, durch zusätzliche Merkmale erfolgende Weiterbildung der im Ausgangstatbestand niedergelegten Grundform darstellt. Es gibt ferner das *eigenständige Verbrechen* (delictum sui generis)[58], das zwar einen kriminologischen Zusammenhang mit einem anderen Delikt aufweist, aber eine verselbständigte Abwandlung darstellt und deshalb im Gesetzessystem von jenem anderen Delikt gelöst ist. Ob der Gesetzgeber beim Aufbau der Tatbestandsgruppen den einen oder den anderen Weg einschlagen will, steht in seinem Ermessen und ist daher nur durch vergleichende *Auslegung* der in Betracht kommen Tatbestände zu ermitteln.

Beispiele: Wer als Zeuge oder Sachverständiger einen Meineid schwört (§ 154), verwirklicht damit notwendigerweise alle Merkmale der falschen Aussage (§ 153), weswegen hier eine unselbständige Abwandlung anzunehmen ist (BGH 8, 301 [309]). Dagegen stellt die Bestechlichkeit (§ 332) gegenüber der Vorteilsannahme (§ 331) ein eigenständiges Delikt dar, weil sich die Tat hier im Unterschied zu dem milderen Fall auf eine pflicht*widrige* Diensthandlung bezieht, mag auch die Geschenkannahme beide Strafvorschriften kriminologisch verbinden (BGH 12, 146 [148]). Die Frage, ob trotzdem Fortsetzungszusammenhang möglich ist, steht auf einem anderen Blatt[59].

2. Wenn aus einem Grunddelikt durch Hinzufügung von Merkmalen neue Straftatbestände gebildet werden, die sich als eine spezielle Ausgestaltung des Grunddelikts darstellen, so handelt es sich um **unselbständige Abwandlungen.** Die zusätzlichen Merkmale können eine Erschwerung oder Milderung des Unrechts- bzw. Schuldgehalts des Grunddelikts ausdrücken. Danach werden **qualifizierende** und **privilegierende** Abwandlungen unterschieden.

Neben der Möglichkeit, durch Hinzufügung qualifizierender Merkmale unselbständige Abwandlungen des Grundtatbestandes zu bilden, die in sich abgeschlossene Tatbestände darstellen und zum Grundtatbestand in einem Stufenverhältnis stehen (so § 244 im Verhältnis zu § 242), gibt es die Methode, Strafschärfungsgründe ohne tatbestandliche Ausgestaltung durch *besonders schwere Fälle* auszudrücken (so § 266 II im Verhältnis zu § 266 I), die durch *Regelbeispiele* näher bestimmt sein können (so § 243 im Verhältnis zu § 242). Dabei handelt es sich um Strafzumessungsregeln (vgl. unten § 26 V). Auch Strafmilderungsgründe können anders als durch abgeschlossene Tatbestände ausgedrückt werden. Dies geschieht einmal durch *minder schwere Fälle* (so § 249 II im Verhältnis zu § 249 I), die ebenfalls Strafzumessungsregeln darstellen (vgl. unten § 26 V), zum andern durch die Einführung des *Strafantragserfordernisses* als Prozeßvoraussetzung (so §§ 247, 248 a im Verhältnis zu § 242) (vgl. unten § 85 I 1).

Beispiele: Grunddelikt des Diebstahls ist der einfache Diebstahl (§ 242). Davon sind abgeleitet die Strafschärfung für besonders schwere Fälle mit Regelbeispielen (§ 243, vgl. BGH 23, 254 [257]), als Qualifikationen der Diebstahl mit Waffen und der Bandendiebstahl (§ 244), als Privilegierung das Strafantragserfordernis beim Haus- und Familiendiebstahl (§ 247) und beim Diebstahl geringwertiger Sachen (§ 248 a). Ein eigenständiges Delikt der Diebstahlsgruppe ist der

---

[57] Vgl. die umfassende Darstellung bei *Maurach,* Materialien Bd. I S. 249 ff.; ferner *Maurach / Zipf,* Allg. Teil I S. 271 ff.; *Wessels,* Allg. Teil S. 29 ff.

[58] Vgl. näher *Nagler,* ZAK 1940, 366; *Maurach / Zipf,* Allg. Teil I S. 280; gegen diesen Begriff *Haffke,* JuS 1973, 407.

[59] Vgl. *Arthur Kaufmann,* JZ 1959, 376.

räuberische Diebstahl (§ 252). Grundtatbestand der Verbrechen gegen das Leben ist der Totschlag (§ 212) (anders BGH 1, 368 [370]). Davon sind abgeleitet als qualifizierende Abwandlung der Mord (§ 211), als privilegierende Abwandlungen die Tötung auf Verlangen (§ 216) und die Kindestötung (§ 217) (anders BGH 1, 235 [237]). Ein eigenständiges Delikt ist dagegen die fahrlässige Tötung (§ 222). Minder schwere Fälle des Totschlags mit dem Beispielsfall der Provokation enthält § 213.

Wenn qualifizierende und privilegierende Tatbestandsmerkmale im Rahmen der unselbständigen Abwandlungen zusammentreffen, so gilt, sobald die Rechtsfolgen der qualifizierenden und der privilegierenden Strafvorschrift einander ausschließen, die **Sperrwirkung des milderen Tatbestands,** andernfalls werden die Rechtsfolgen nebeneinander angewendet[60].

Beispiele: Die grausam (§ 211) verübte Kindestötung ist nur nach § 217 zu bestrafen, das qualifizierende Moment kann aber bei der Strafzumessung im Rahmen des § 217 berücksichtigt werden. Der durch Einbruch qualifizierte Haus- und Familiendiebstahl fällt unter die Regelbeispiele des § 243 Nr. 1, der Haus- und Familiendiebstahl mit Waffen unter § 244 I Nr. 1, 2, die Strafverfolgung hängt jedoch in beiden Fällen nach § 247 von der Stellung eines Strafantrags durch den Verletzten ab.

3. Dagegen weisen die **eigenständigen Verbrechen** zwar im geschützten Rechtsgut und in der Handlungsbeschreibung eine gewisse Verwandtschaft mit anderen Delikten auf, die charakteristische Beziehung zu einem Grundtatbestand besteht aber nicht. Der neue Tatbestand hat sich aus dem Zusammenhang seiner Deliktsgruppe gelöst und bildet eine selbständige Rechtsnorm mit eigenem Unwertgehalt.

Beispiel: Der Raub (§ 249) ist ein eigenständiges Delikt, das aus Bestandteilen der qualifizierten Nötigung (§ 240) und des Diebstahls (§ 242) zusammengesetzt ist. Zugleich bildet er das Grunddelikt für qualifizierte Fälle (§§ 250, 251).

Der Begriff des eigenständigen Verbrechens hat jedoch nur eine Ordnungsfunktion, dogmatische Konsequenzen dürfen daraus nicht gezogen werden[61]. Insbesondere ist die Frage, ob die Lockerung der Akzessorietät nach § 28 II bei besonderen persönlichen Merkmalen auch außerhalb unselbständiger Abwandlungen gilt, durch Auslegung der betreffenden Tatbestände zu beantworten (vgl. unten § 61 VII 4b).

IV. Deskriptive und normative Tatbestandsmerkmale

Beim Aufbau der strafrechtlichen Tatbestände verwendet der Gesetzgeber beschreibende (deskriptive) und wertende (normative) Merkmale, die sowohl zur Kennzeichnung äußerer (objektiver) als auch innerseelischer (subjektiver) Umstände herangezogen werden können (über die Bedeutung der Unterscheidung für die Garantiefunktion des Strafgesetzes vgl. oben § 15 I 4). Wenn auch die Terminologie schwankend ist, so besteht doch in der Sache selbst weitgehend Einigkeit[62].

1. **Deskriptive Tatbestandsmerkmale** sind Begriffe, die sowohl der Alltagssprache als auch dem juristischen Sprachgebrauch entnommen sein können und Gegenstände der realen Welt beschreiben. Sie sind einer *Tatsachenfeststellung* zugänglich und können aus diesem Grunde auch dann als „beschreibend" aufgefaßt werden, wenn sie ihren genaueren Inhalt erst durch die Bezugnahme auf eine Norm gewinnen und damit ein gewisses Maß an rechtlichem Gehalt aufweisen[63].

---

[60] Vgl. näher *Maurach / Zipf,* Allg. Teil I S. 280; *Wessels,* Allg. Teil S. 31.
[61] *V. Hassemer,* Delictum sui generis S. 88ff.; *Haffke,* JuS 1973, 407.
[62] Vgl. *M. E. Mayer,* Lehrbuch S. 182ff.; *Mezger,* Traeger-Festschrift S. 221ff.; *Grünhut,* Frank-Festgabe Bd. I S. 21ff.; *Kunert,* Die normativen Merkmale S. 89ff.; *Maurach / Zipf,* Allg. Teil I S. 282; *Kindhäuser,* Jura 1984, 465ff.; *Engisch,* Mezger-Festschrift S. 142ff., dem der obige Text folgt. Ablehnend aber *Dopslaff,* GA 1987, 1ff.

Beispiele: Deskriptive Tatbestandsmerkmale, die Gegenstände der *äußeren* Sinneswelt bezeichnen, sind „Mensch" (§§ 211, 212, 222), „Gebäude", „umschlossener Raum" und „Behältnis" (§ 243 Nr. 1, 2), „elektrische Anlage" (§ 248c), „Drohung mit gegenwärtiger Gefahr für Leib oder Leben" (§ 249), „töten" (§§ 211, 212), „an der Gesundheit beschädigen" (§ 223). Gegenstände der *innerseelischen* Welt sind gemeint mit Merkmalen wie „Habgier" (§ 211 II), „Zueignungsabsicht" (§ 242), „Bereicherungsabsicht" (§ 259), „Ärgernis" (§ 183a). Alle diese Merkmale besitzen zugleich eine gewisse normative Färbung, ohne dadurch jedoch ihren Realitätsgehalt zu verlieren. Das gilt auch für Begriffe, die eine quantitative Abschätzung erfordern wie Handlungen „von einiger Erheblichkeit" (§ 184c Nr. 1) oder eine kognitive Beurteilung notwendig machen wie „Falschheit der Aussage" (§ 153), „Gefahr" (§§ 315a - c) oder „gefährliches Werkzeug" (§ 223a). Deskriptiv sind ferner diejenigen Merkmale, die bestimmte Begriffe des gesetzlichen Tatbestandes unter Verwendung der Umgangssprache bezeichnen wie „Fahrrad" (§ 248b) oder „Beischlaf" (§ 177).

2. **Normative Tatbestandsmerkmale** zielen dagegen „auf Gegebenheiten ab, die überhaupt nur unter logischer Voraussetzung einer Norm vorgestellt und gedacht werden können"[64]. Man zählt hierher die *eigentlichen Rechtsbegriffe*, die *wertbezüglichen* Begriffe und die *sinnbezüglichen* Begriffe. Es versteht sich, daß auch bei den normativen Merkmalen meistens ein Moment der sinnlich erfaßbaren Realität mit im Spiel ist, so daß sie auch wiederum eine Beziehung zur Welt der Tatsachen aufweisen.

Beispiele: Zu den Rechtsbegriffen im Straftatbestand gehören die „Ehe" (§ 171), die „gesetzliche Unterhaltspflicht" (§ 170b), die „Daten" (§ 202a), die „Urkunde" (§ 267), der „Vermögensvorteil" (§ 263), der „Amtsträger" (§§ 331ff. i. Verb. m. § 11 I Nr. 2). Wertbezügliche Begriffe sind der „niedrige Beweggrund" (§ 211 II), die „Gewalt- oder Willkürmaßnahmen" (§ 241a), der „Verstoß gegen die guten Sitten" (§ 226a). Zu den sinnbezüglichen Begriffen zählen der „Angriff auf die Menschenwürde" (§ 130), die „sexuelle Handlung" (§§ 174ff. i. Verb. m. § 184c Nr. 1), das „Geheimnis" (§ 203).

Die normativen Tatbestandsmerkmale erfahren in der Vorsatz- und Irrtumslehre eine besondere Behandlung durch den Begriff der „Parallelwertung in der Laiensphäre" (vgl. unten § 29 II 3a).

V. Besonders schwere Fälle, minder schwere Fälle, Regelbeispiele

1. Die Umgestaltung der Tatbestände zum Zweck der Änderung des Strafrahmens findet nicht nur durch abschließend geregelte, unselbständige Abwandlungen des Grundtatbestandes statt, die selbst qualifizierte oder privilegierte Tatbestände darstellen (vgl. oben § 26 III 2), sondern auch durch unbenannte Strafschärfungs- oder Strafmilderungsgründe. Das Gesetz bezeichnet sie als „besonders schwere Fälle" (z. B. §§ 240 I, 263 III, 266 II, 267 III) bzw. „minder schwere Fälle" (z. B. §§ 154 II, 177 II, 217 II, 249 II, 311 II). Da es hier an einer Beschreibung der Gründe für die Veränderung des Strafrahmens fehlt, der Richter vielmehr frei darüber entscheiden kann, welche Umstände er zur Begründung der Strafschärfung bzw. -milderung heranziehen will, sind die besonders schweren und minder schweren Fälle keine Tatbestandsmerkmale, sondern **Strafzumessungsregeln**, durch die innerhalb der Strafrahmen Abschichtungen von nicht vorher bezeichneten Fallgruppen gebildet werden (BGH 2, 181 [183]; 4, 226 [228])[65]. Ein **besonders schwerer Fall** liegt dann vor, wenn die objektiven und subjektiven Umstände der Tat selbst die erfahrungsgemäß vorkommenden und deshalb bei der Bildung des ordentlichen Strafrahmens berücksich-

---

[63] Auf diesem Wege vermeidet man es, *alle* Tatbestandsmerkmale für solche „normativer Art" erklären zu müssen, wie es *E. Wolf*, RG-Festgabe S. 56 tut.

[64] So *Engisch*, Mezger-Festschrift S. 147. Vgl. ferner *Ellen Schlüchter*, Irrtum S. 7ff.

[65] Aus rechtsstaatlichen Gründen gegen besonders schwere Fälle *Baumann / Weber*, Allg. Teil S. 641; *Maiwald*, Gallas-Festschrift S. 150; *derselbe*, NStZ 1984, 435f.; *Wahle*, GA 1969, 161ff. (der die besonders schweren Fälle in qualifizierte Tatbestände umdeuten will).

tigten Fälle an Strafwürdigkeit so deutlich übertreffen, daß dieser Strafrahmen zum Ausgleich von Unrecht und Schuld nicht ausreicht (BGH 5, 124 [130]; zur Verfassungsmäßigkeit BVerfGE 45, 365 [370ff.]) (vgl. auch die weitergehende Definition in § 62 E 1962)[66]. Der **minder schwere Fall**, der die Funktion der früheren „mildernden Umstände" und „besonders leichten Fälle" mit übernommen hat (BGH 26, 97), kann auf die Gesamtheit der Umstände gestützt werden, die für die Wertung von Tat und Täter in Betracht kommen, gleichgültig, ob sie der Tat selbst innewohnen, ihr vorausgehen, sie begleiten oder ihr nachfolgen, sofern sie nur einen Schluß auf das Maß der Schuld des Täters zulassen (BGH 4, 8 [11]) (vgl. § 63 E 1962)[67].

Über den Vorsatz bei schweren und minder schweren Fällen vgl. unten § 29 II 3 b.

2. Zur Kennzeichnung von erschwerenden Umständen, die den Strafrahmen für die im Tatbestand umschriebene Straftat ändern, verwendet der Gesetzgeber ferner in zunehmendem Maße besonders schwere Fälle, die durch **„Regelbeispiele"** näher bestimmt werden. Diese exemplifizierende Methode ist vor allem von *Lange* für die Strafrechtsreform empfohlen worden[68], der E 1962 hat sie aufgenommen[69] und der Gesetzgeber hat sie seither häufig benutzt (z. B. §§ 94 II, 113 II, 125a, 243, 292 II, 302a II), um den Strafrahmen für bestimmte Deliktsarten durch Einführung einer Fallgruppe zu gliedern, die konkreter umschrieben ist als die unbenannten besonders schweren Fälle. Auch die Regelbeispiele sind keine qualifizierenden Tatbestandsmerkmale[70], sondern **Strafzumessungsregeln** (BGH 23, 254 [256f.]; 26, 104 [105])[71]. Die Besonderheit des Regelbeispiele besteht in einem Doppelten. Einmal stellt das Vorliegen der Merkmale eines Beispiels nur ein *Indiz* für das Vorliegen eines besonders schweren Falls dar. Der Richter kann die Indizwirkung auch verneinen, wenn eine Gesamtbewertung von Tat und Täter ergibt, daß der Unrechts- und Schuldgehalt der Tat trotz Verwirklichung der Merkmale des Regelbeispiels nicht wesentlich vom Durchschnitt der erfahrungsgemäß vorkommenden Fälle der betreffenden Deliktsart abweicht (BGH 20, 121 [125]; 23, 254 [257]; BGH JZ 1987, 366; BayObLG JZ 1973, 384). Beim Diebstahl (§ 243 II) hat der Gesetzgeber die Annahme eines besonders schweren Falls ohne Ermessensspielraum ausgeschlossen, wenn sich die Tat auf eine geringwertige Sache bezieht[72]. Auf der anderen Seite kann der Richter einen besonders schweren Fall auch dann annehmen, wenn die Merkmale keines Regelbeispiels erfüllt sind. Der Sachverhalt kann einmal dem Regelbeispiel ähnlich sein (z. B. jemand stiehlt eine für das Kunst*gewerbe* bedeutende Sache aus einer Ausstellung, § 243 I Nr. 5), so daß das Regelbeispiel also eine Analogiewirkung entfaltet, die ebenso wie in § 223 I („anderes gefährliches Werkzeug") oder in § 315 I Nr. 4 („ähnlicher, ebenso gefährlicher Eingriff") vom Gesetzgeber gewollt ist, weil sich der Richter an den Regelbeispielen orientieren soll. Ein besonders schwerer Fall kann zum andern auch ohne eine solche Analogie angenommen werden, wenn der Schweregrad der Tat

---

[66] Vgl. *Dreher*, ZStW 77 (1965) S. 227ff.; *Lackner*, § 46 Anm. 2a; *Montenbruck*, NStZ 1987, 314 (nur einzelne erschwerende Umstände); *Schönke / Schröder / Lenckner*, Vorbem. 47 vor § 38; *SK (Horn)* § 46 Rdn. 59f.

[67] Vgl. *Dreher / Tröndle*, § 46 Rdn. 42; *Schönke / Schröder / Lenckner*, Vorbem. 48 vor § 38; *Timpe*, Strafmilderung S. 64.

[68] *Lange*, Materialien Bd. I S. 84.

[69] Vgl. E 1962, Begründung S. 184f.

[70] So aber *Calliess*, JZ 1975, 117 m. w. Nachw. (Fußnote 8).

[71] So die h. L.; vgl. *Blei*, Heinitz-Festschrift S. 423; *Dreher / Tröndle*, § 46 Rdn. 43bff.; *Lackner*, § 46 Anm. 2b; *Maiwald*, NStZ 1984, 434; *Schönke / Schröder / Stree*, Vorbem. 44ff. vor § 38; *Wessels*, Maurach-Festschrift S. 299; *derselbe*, Lackner-Festschrift S. 423ff.; *SK (Horn)* § 46 Rdn. 57.

[72] Dazu *Zipf*, Dreher-Festschrift S. 389ff.

(z. B. der besonders hohe Schaden beim Diebstahl) nach Unrecht und Schuld dem Schweregrad der durch die Regelbeispiele gekennzeichneten Fälle entspricht (BGH 29, 319 [322]). Auch bei nur versuchtem Diebstahl ist die Annahme des Regelbeispiels „Einbrechen" zulässig (BGH 33, 370 [374]). Das Vorliegen eines Regelbeispiels gibt dem Richter also im Gegensatz zu den Tatbestandsmerkmalen nur die Möglichkeit der Annahme eines besonders schweren Falls, und andererseits kann der Richter ebenso wie bei den unbenannten Strafschärfungsgründen einen besonders schweren Fall auch dann annehmen, wenn kein Regelbeispiel gegeben ist[73].

Die Regelbeispiele werden weitgehend wie Tatbestandsmerkmale behandelt; vgl. zum Vorsatz unten § 29 II 3 b, zum Versuch unten § 49 III 2, zur Teilnahme unten § 61 VII 4 Fußnote 50, zur Konkurrenz unten § 69 II 3 b Fußnote 31.

3. Unbenannte besonders schwere und minder schwere Fälle und ebenso auch Regelbeispiele verändern die Einstufung einer Tat als Verbrechen oder Vergehen nicht (§ 12 III) (vgl. oben § 7 IV 3).

Unterabschnitt b): Die Merkmale des Unrechtstatbestandes

Da der Unrechtsgehalt einer jeden Deliktsart im Tatbestand verkörpert ist, muß die Einzeltat, um strafrechtswidrig zu sein, den Merkmalen eines gesetzlichen Tatbestandes entsprechen. Diese Übereinstimmung nennt man **Tatbestandsmäßigkeit.** Der Tatbestand setzt sich aus verschiedenen Gruppen von Merkmalen zusammen. Das äußere Gerüst bilden die objektiven Tatbestandsmerkmale (vgl. unten § 27), zu denen auch der Kausalzusammenhang zwischen Handlung und Erfolg gehört (vgl. unten § 28). Das Kernstück des subjektiven Tatbestands ist der Vorsatz, dem als Negativum der Tatbestandsirrtum gegenübersteht (vgl. unten § 29). Zur näheren Kennzeichnung des tatbestandsmäßigen Handlungswillens dienen die subjektiven Tatbestandsmerkmale (vgl. unten § 30).

§ 27 Die objektiven Tatbestandsmerkmale

Françoise Bernard-Tulkens, L'actus reus en droit pénal anglo-américain, Diss. Louvain 1976; *Sauer,* Tatbestand, Unrecht, Irrtum und Beweis, ZStW 69 (1957) S. 1; *Schild,* „Objektiv" und „subjektiv" in der strafrechtswissenschaftlichen Terminologie, Festschrift für A. Verdroß, 1980, S. 215; *Schmidhäuser,* „Objektiver" und „subjektiver" Tatbestand: eine verfehlte Unterscheidung, Festgabe für H. Schultz, 1977, S. 61; *Zimmerl,* Zur Lehre vom Tatbestand, Strafr. Abh. Heft 237, 1928.

I. Das Wesen des „Objektiven" im Tatbestand

1. Im weltlichen Recht wird der böse Wille niemals für sich allein bestraft[1]. Was der Täter gewollt hat, muß immer durch eine Handlung oder die Unterlassung einer erwarteten Handlung nach außen in Erscheinung getreten sein (vgl. oben § 23 IV 2 d). Dieses äußere Erscheinungsbild der Tat ist es, das durch die objektiven Tatbestands-

---

[73] Gegen die exemplifizierende Methode aus rechtsstaatlichen Gründen *Maiwald,* Gallas-Festschrift S. 158 f. mit Beispielen aus der Rechtsprechung, die zeigen, daß der Richter zu einer rein quantitativen, unkontrollierbaren Betrachtungsweise gezwungen ist, sobald er sich von den Regelbeispielen löst.

[1] Das französische Strafrecht erfordert außer dem „élément moral" ein „élément matériel"; vgl. *Stefani / Levasseur / Bouloc,* Droit pénal général S. 226. Auch das anglo-amerikanische Strafrecht verlangt außer der „mens rea" immer einen „actus reus"; vgl. *Honig,* Das amerikanische Strafrecht S. 54; *Glanville Williams,* Criminal Law S. 1 f.; *Françoise Bernard-Tulkens,* L'actus reus, 1976.

merkmale beschrieben wird. Es bildet den „gegenständlich-realen Kern eines jeden Delikts"[2]. Jedoch bezeichnen die objektiven Tatbestandsmerkmale nicht nur Gegenstände der Außenwelt. Hierzu zählt vielmehr **alles, was außerhalb des seelischen Bereichs des Täters gelegen ist**[3]. Die objektiven Tatbestandsmerkmale in diesem weiteren Sinne sind gemeint, wenn in der Vorschrift über den Tatbestandsirrtum (§ 16 I) von „Umständen" die Rede ist, „die zum gesetzlichen Tatbestand gehören". Demgemäß sind die objektiven Tatbestandsmerkmale nur zum Teil Gegenstände und Vorgänge der sinnlich wahrnehmbaren Welt wie „Mensch", „Frau", „Tier", „Sache", „töten", „in Brand setzen", „beschädigen". Meist handelt es sich vielmehr um kompliziertere Begriffe, deren Bedeutungsgehalt sich nur teilweise oder gar nicht der bloßen Anschauung erschließt, sondern durch seelische Vorgänge oder rechtliche und soziale Wertungen bestimmt oder wenigstens mitbestimmt wird.

Beispiele: Ein psychischer Erfolg ist die „Ärgerniserregung" (§ 183 a), ein sozialer die Gefährdung des „Geltungsanspruchs" des Beleidigten (§ 185). Normative Tatbestandsmerkmale wie „Urkunde" (§ 267) oder „sexuelle Handlung" (§ 184 c Nr. 1) verlangen durchweg Wertungen verschiedenster Art. Auch deskriptive Merkmale weisen vielfach eine normative Beziehung auf, die über den Bereich der bloßen Anschauung hinausgeht (vgl. oben § 26 IV 1). Bei den finalen Tätigkeitsworten ist endlich die Handlungsbeschreibung mit dem Täterwillen so vollständig verschmolzen (vgl. oben § 24 III 4 d), daß objektive Tatbestandsmerkmale sogar durch subjektive Momente aus der Psyche des Täters selbst mitbestimmt werden.

Der Begriff des „Objektiven" im Tatbestand kann also nicht einfach dem Reich der äußeren Erscheinungen zugeordnet werden, sondern ist vielfach mit subjektiven Faktoren und normativen Wertungen durchsetzt, so daß eine streng formale Trennung des Tatbestandes in objektive und subjektive Bestandteile überhaupt unmöglich erscheint. Auch die Gleichsetzung des Begriffs der objektiven Tatbestandsmerkmale mit allen außerhalb der Täterpsyche gelegenen Umständen ist nicht ganz korrekt, da bei den finalen Tätigkeitsworten auch der seelische Bereich des Täters mitspielt[4].

2. Der objektive Teil des Tatbestandes hat nichts mit dem *objektiven Charakter des Rechtswidrigkeitsurteils* zu tun. Die Rechtswidrigkeit ist deswegen eine objektive Kategorie, weil ihr Maßstab für jedermann der gleiche ist. In diesem Zusammenhang ist der Begriff des „Objektiven" daher im Sinne von **„Allgemeingültigkeit"** zu verstehen. Dadurch wird jedoch die Einbeziehung von subjektiven Unrechtsmerkmalen in den Tatbestand nicht ausgeschlossen (vgl. oben § 24 III 4 b)[5].

II. Die objektiven Tatbestandsmerkmale im einzelnen

Die objektiven Tatbestandsmerkmale beschreiben die Handlung, das Handlungsobjekt, gegebenenfalls den Erfolg, die äußeren Umstände der Tat und die Person des Täters[6].

---

[2] So *Welzel,* Lehrbuch S. 62; *Sauer,* ZStW 69 (1957) S. 2. Vgl. zum Aufbau ferner *Stratenwerth,* Allg. Teil I Rdn. 200 ff.; *Schönke / Schröder / Lenckner,* Vorbem. 61 ff. vor § 13.

[3] Vgl. zu dieser Abgrenzung *Zimmerl,* Zur Lehre vom Tatbestand S. 12; *Wessels,* Allg. Teil S. 37; *Schild,* Verdroß-Festschrift S. 223 ff.

[4] Die Trennung von „objektivem" und „subjektivem" Tatbestand hält *Schmidhäuser,* Schultz-Festgabe S. 66 ff. überhaupt für verfehlt; er vermeidet sie durch Aufspaltung des Vorsatzes in den Willen, der zur rechtswidrigen Handlung, und die Vorstellung, die zur Schuld tritt.

[5] Gleiche Gegenüberstellung bei *Zimmerl,* Zur Lehre vom Tatbestand S. 29 und *Schild,* Verdroß-Festschrift S. 225 ff.

[6] Vgl. zum folgenden *Beling,* Die Lehre vom Verbrechen S. 76, 81; *M. E. Mayer,* Lehrbuch S. 89 ff.; *Baumann / Weber,* Allg. Teil S. 131 ff.

II. Die objektiven Tatbestandsmerkmale im einzelnen

1. Der Kern eines jeden Tatbestandes ist die **Handlung,** die durch Umstände der verschiedensten Art näher bestimmt sein kann, so durch ihre Beziehung zu Personen oder Sachen, durch ihren Zusammenhang mit Zeit und Raum, durch die Art und Weise ihrer Ausführung und durch ihre Verbindung mit anderen Handlungen.

Beispiele: Eine Störung der Totenruhe (§ 168) begeht, wer an einer Beisetzungsstätte beschimpfenden Unfug verübt. Die Begünstigung (§ 257) bezieht sich auf einen anderen Menschen, der eine rechtswidrige Tat begangen hat, und auf die Vorteile der Tat.

2. Das **Handlungsobjekt** ist der Gegenstand der Außenwelt, an dem oder mit Bezug auf den sich die Tathandlung verwirklicht (vgl. oben § 26 I 4). Als Handlungsobjekte kommen Personen, Sachen und auch unkörperliche Gegenstände in Betracht. Ferner gibt es auch Tatbestände, die überhaupt kein Handlungsobjekt kennen. Es sind dies die reinen Tätigkeitsdelikte wie die Doppelehe (§ 171), die Personenstandsfälschung (§ 169) oder die Fahnenflucht (§ 16 WStG). Auch das Handlungsobjekt ist häufig durch Eigenschaftsworte näher gekennzeichnet.

Beispiele: Handlungsobjekt der Kindestötung (§ 217) ist das neugeborene, nichteheliche Kind. Handlungsobjekt des Diebstahls (§ 242) ist die fremde bewegliche Sache. Ein eheliches Kind kann also nicht Gegenstand der Kindestötung, eine geistige Leistung nicht Gegenstand des Diebstahls sein. Auch das im Einzelfall durch die Tat betroffene Objekt (das Kind X, das Fahrrad des Studenten Y) wird als Handlungs- (oder Angriffs)objekt bezeichnet.

3. Von der Handlung getrennt zu betrachten ist der **Erfolg** im engeren Sinne als die raum-zeitlich unterscheidbare Außenwirkung der Handlung (vgl. oben § 26 II 1a). Der Erfolg ist nicht Handlungsbestandteil, wohl aber (vielfach) objektives Tatbestandsmerkmal. Auch der Erfolg kann im Tatbestand durch zusätzliche Merkmale näher bestimmt sein.

Beispiel: § 224 setzt als Folge der Körperverletzung den Verlust eines wichtigen Gliedes oder die dauernde Entstellung in erheblicher Weise voraus.

4. Die **äußeren Umstände der Tat** kennzeichnen die Situation, in der die Handlung stattfinden muß, um strafwürdig zu sein.

Beispiele: Die Beleidigung eines ausländischen Regierungsmitglieds ist nach § 103 strafbar, wenn der Beleidigte sich in amtlicher Eigenschaft im Inland aufhält. Der Widerstand gegen einen Vollstreckungsbeamten nach § 113 muß sich auf die Vornahme einer Diensthandlung beziehen. § 154 setzt voraus, daß der Täter vor Gericht oder einer anderen zur Abnahme von Eiden zuständigen Stelle falsch schwört.

5. Der **Täterkreis** ist bei den echten Sonderdelikten auf Personen mit bestimmten objektiven Tätermerkmalen beschränkt, bei den unechten Sonderdelikten werden die Angehörigen des qualifizierten Personenkreises strenger bestraft (vgl. oben § 26 II 6). Abgesehen von Tätermerkmalen, die eine rechtliche Eigenschaft oder eine besondere Pflichtenstellung bezeichnen, kommen auch natürliche Eigenschaften in Betracht wie „Mann" (§§ 175, 183) oder „Schwangere" (§ 218 III). Die natürlichen Tätermerkmale gehören ebenfalls zum objektiven Tatbestand.

§ 28 Kausalität und objektive Zurechnung

Beling, Der gegenwärtige Stand der strafrechtlichen Verursachungslehre, GS 101 (1932) S. 1; *Bruns,* Ungeklärte materiell-rechtliche Fragen des Contergan-Prozesses, Festschrift für E. Heinitz, 1972, S. 317 ff.; *Burgstaller,* Das Fahrlässigkeitsdelikt im Strafrecht, 1974; *v. Buri,* Über Causalität und deren Verantwortung, 1873; *derselbe,* Die Causalität und ihre strafrechtlichen Beziehungen, 1885; *v. Caemmerer,* Das Problem des Kausalzusammenhangs im Privatrecht, 1956; *Ebert,* Kausalität und objektive Zurechnung, Jura 1979, 561; *Engisch,* Die Kausalität als Merkmal der strafrechtlichen Tatbestände, 1931; *derselbe,* Anm. zu BGH 1, 332, JZ

1951, 787; *derselbe,* Das Problem der psychischen Kausalität beim Betrug, Festschrift für H. v. Weber, 1963, S. 247; *derselbe,* Vom Weltbild des Juristen, 2. Aufl. 1965; *Eser,* Sterbewille und ärztliche Verantwortung, Medizinrecht 1985, 6; *Frisch,* Das Fahrlässigkeitsdelikt und das Verhalten des Verletzten, 1973; *Fünfsinn,* Anm. zu BGH Stv 1985, 56; *Geilen,* Suizid und Mitverantwortung, JZ 1974, 145; *J. Glaser,* Abhandlungen aus dem österreichischen Strafrecht, 1858; *Gmür,* Der Kausalzusammenhang zwischen Handlung und Erfolg im Strafrecht, 1970; *Hardwig,* Verursachung und Erfolgszurechnung, JZ 1968, 289; *Hart / Honoré,* Causation in the Law, 2. Aufl. 1985; *Hartmann,* Das Kausalproblem im Strafrecht, Strafr. Abh. Heft 27, 1900; *Herzberg,* Beteiligung an einer Selbsttötung usw., JA 1985, 269 (m. Forts.); *Reinhard v. Hippel,* Gefahrurteile und Prognoseentscheidungen in der Strafrechtspraxis, 1972; *Honig,* Kausalität und objektive Zurechnung, Festgabe für R. v. Frank, Bd. I, 1930, S. 174; *Honoré,* Die Kausalitätslehre im anglo-amerikanischen Recht im Vergleich zum deutschen Recht, ZStW 69 (1957) S. 463; *Jakobs,* Vermeidbares Verhalten und Strafrechtssystem, Festschrift für H. Welzel, 1974, S. 307; *Jauernig / Schlechtriem / Stürner,* BGB, 3. Aufl. 1984; *Kahrs,* Das Vermeidbarkeitsprinzip und die conditio-sine-qua-non-Formel im Strafrecht, 1968; *Armin Kaufmann,* Tatbestandsmäßigkeit und Verursachung im Contergan-Verfahren, JZ 1971, 569; *Arthur Kaufmann,* Die Bedeutung hypothetischer Erfolgsursachen im Strafrecht, Festschrift für Eb. Schmidt, 1961, S. 200; *Kienapfel,* Die Fahrlässigkeit usw., Zeitschrift für Verkehrsrecht 1977, 1; *derselbe,* Anm. zu BGH 32, 262, JZ 1984, 751; *Knoche,* Die Entwicklung der Lehre vom Kausalzusammenhang im Zivil- und Strafrecht, Diss. Marburg 1959; *v. Kries,* Die Prinzipien der Wahrscheinlichkeitsrechnung, 1886; *derselbe,* Über den Begriff der Wahrscheinlichkeit und Möglichkeit und ihre Bedeutung im Strafrecht, ZStW 9 (1889) S. 528; *Krümpelmann,* Schutzzweck und Schutzreflex der Sorgfaltspflicht, Festschrift für P. Bockelmann, 1979, S. 443; *H. Lange,* Adäquanztheorie usw., JZ 1976, 198; *Larenz,* Hegels Zurechnungslehre und der Begriff der objektiven Zurechnung, Diss. Göttingen 1927; *Lekschas / Beckert / Schröder,* Kausalitätsprüfung im Strafrecht, NJ 1982, 210; *Maiwald,* Kausalität und Strafrecht, 1980; *Mir Puig,* Die „ex ante"-Betrachtung im Strafrecht, Festschrift für H.-H. Jescheck, Bd. I, 1985, S. 337; *Mueller,* Causing Criminal Harm, in: Essays in Criminal Science, 1961, S. 169; *M. L. Müller,* Die Bedeutung des Kausalzusammenhangs im Straf- und Schadensersatzrecht, 1912; *Naucke,* Über das Regreßverbot im Strafrecht, ZStW 76 (1964), S. 409; *Noll,* Strafrecht im Übergang, GA 1970, 176; *Nowakowski,* Probleme der Strafrechtsdogmatik, JBl 1972, 19; *Otto,* Kausaldiagnose und Erfolgszurechnung im Strafrecht, Festschrift für R. Maurach, 1972, S. 91; *derselbe,* Grenzen der Fahrlässigkeit im Strafrecht, JuS 1974, 702; *derselbe,* Selbstgefährdung und Fremdverantwortung, Jura 1984, 536; *Ingeborg Puppe,* Der Erfolg und seine kausale Erklärung im Strafrecht, ZStW 92 (1980) S. 863; *dieselbe,* Kausalität der Sorgfaltspflichtverletzung, JuS 1982, 292; *dieselbe,* Zurechnung und Wahrscheinlichkeit, ZStW 95 (1983) S. 287; *dieselbe,* Die Beziehung zwischen Sorgfaltswidrigkeit und Erfolg bei den Fahrlässigkeitsdelikten, ZStW 99 (1987) S. 595; *Radbruch,* Die Lehre von der adäquaten Verursachung, 1902; *Roxin,* Gedanken zur Problematik der Zurechnung im Strafrecht, Festschrift für R. Honig, 1970, S. 132; *derselbe,* Zum Schutzzweck der Norm bei fahrlässigen Delikten, Festschrift für W. Gallas, 1973, S. 241; *derselbe,* Anm. zu BGH NStZ 1984, 411; *derselbe,* Anm. zu BGH NStZ 1985, 319; *Salm,* Das vollendete Verbrechen, Bd. I, 2, 1967; *Samson,* Hypothetische Kausalverläufe im Strafrecht, 1972; *Schaffstein,* Die Risikoerhöhung als objektives Zurechnungsprinzip usw., Festschrift für R. Honig, 1970, S. 169; *Ellen Schlüchter,* Grundfälle der Lehre von der Kausalität, JuS 1976, 312 (m. Forts.); *Schmoller,* Die Kategorie der Kausalität usw., ÖJZ 1982, 449; *Schroeder,* Der Kausalzusammenhang im Strafrecht der DDR, Festschrift für B. Meißner, 1985, S. 499; *Schünemann,* Moderne Tendenzen in der Dogmatik der Fahrlässigkeits- und Gefährdungsdelikte, JA 1975, 715; *Schulz,* Gesetzmäßige Bedingung und kausale Erklärung, Festschrift für K. Lackner, 1987, S. 39; *Schumann,* Strafrechtliches Handlungsunrecht und das Prinzip der Selbstverantwortung der anderen, 1986; *Spendel,* Die Kausalitätsformel der Bedingungstheorie für die Handlungsdelikte, Diss. Heidelberg 1948; *derselbe,* Beihilfe und Kausalität, Festschrift für E. Dreher, 1977, S. 167; *Stella,* Leggi scientifiche e spiegazione causale nel diritto penale, 1975; *Stoll,* Kausalzusammenhang und Normzweck im Deliktsrecht, 1968; *derselbe,* Neuere Entwicklungen auf dem Gebiet des Schadensersatzrechtes, 1976; *Stree,* Beteiligung an vorsätzlicher Selbstgefährdung, JuS 1985, 179; *Tarnowski,* Die systematische Bedeutung der adäquaten Kausalitätstheorie für den Aufbau des Verbrechensbegriffs, 1927; *Traeger,* Der Kausalbegriff im Straf- und Zivilrecht, 1904; *Ulsenheimer,* Erfolgsrelevante und erfolgsneutrale Pflichtverletzungen usw., JZ 1969, 364; *Walder,* Die Kausalität im Strafrecht, SchwZStr 93 (1977) S. 113; *E. A. Wolff,* Kausalität von Tun und Unterlassen, 1965; *Wolter,* Adäquanz- und Relevanztheorie, GA 1977, 257; *derselbe,* Objektive und personale Zurechnung usw., 1981.

I. Kausalität und objektive Zurechnung als Grundlagen der strafrechtlichen Verantwortlichkeit

1. Bei den Erfolgsdelikten hängt die Annahme eines vollendeten Verbrechens vom Eintritt des tatbestandsmäßigen Erfolges ab. Handlung und Erfolg stehen jedoch nicht unverbunden nebeneinander, sondern müssen eine ausreichende Beziehung zueinander aufweisen, damit der Erfolg dem Täter als Ergebnis seiner Handlung zugerechnet werden kann. Das Gesetz geht bei der Beschreibung des Zusammenhangs zwischen Handlung und Erfolg offenbar davon aus, daß diese Beziehung in der Kausalität besteht (vgl. z. B. § 222: „Wer durch Fahrlässigkeit den Tod eines Menschen *verursacht*"). **Das Problem der Kausalität** betrifft also im Strafrecht die Frage, wie der **Zusammenhang zwischen Handlung und Erfolg** beschaffen sein muß, damit dieser dem Täter als seine Tat zugerechnet werden kann[1]. Der Täter muß den Erfolg durch seine Handlung mit **verursacht** haben, weil in einem auf Güterschutz ausgerichteten Strafrecht die objektive Zurechnung von Erfolgen, die ohne Zutun des Täters eingetreten sind, in der Regel nicht gerechtfertigt erscheint. Verantwortlich für den Eintritt eines Schadens kann prinzipiell nur jemand gemacht werden, der durch sein Verhalten wenigstens den Anstoß dazu gegeben hat (über Ausnahmen vgl. unten § 28 I 2).

Im Strafrecht kann der *philosophische Kausalitätsbegriff* nicht unverändert verwendet werden, denn Ursache einer Wirkung ist danach die *Gesamtheit der Bedingungen*, bei deren Vorliegen die Folge jeweils eintritt, und demgemäß sind alle Bedingungen, die zusammen die Ursache einer Wirkung bilden, gleich notwendig und gleichwertig, so daß sich eine isolierte Betrachtung einzelner Bedingungen verbietet. Für die Zwecke des Strafrechts kommt es indessen gerade darauf an, eine ganz bestimmte Bedingung, nämlich die menschliche Handlung, herauszugreifen und zu prüfen, ob zwischen dieser und dem Erfolg ein Zusammenhang besteht, der es rechtfertigt, dieses Ereignis dem Täter als Resultat seiner Handlung zuzurechnen. Die gesonderte Betrachtung der Handlung ist im Strafrecht aber nicht nur aus dogmatischen Gründen notwendig, sondern auch innerlich *berechtigt*, weil der Mensch in weitem Umfang zur Steuerung des Kausalverlaufs befähigt ist und deswegen in seinem Verhalten als „Ursache besonderer Art" behandelt werden darf. Zur Bejahung der Ursächlichkeit einer Handlung ist somit mindestens erforderlich, daß sie *mit* zu den Bedingungen des Erfolges gehört: die Handlung muß den Erfolg *mit* bewirkt haben.

2. Indessen versteht es sich nicht von selbst, daß die Beziehung zwischen Handlung und Erfolg immer eine *kausale* sein müßte, und auch nicht, daß die kausale Beziehung immer *genügte*, damit für das Strafrecht ist nicht das Verhältnis von Ursache und Wirkung wesentlich, sondern allein die Frage, ob der Erfolg dem Täter unter dem Gesichtspunkt gerechter Bestrafung objektiv *zugerechnet* werden darf[2]. Zwischen Kausalität und objektiver Zurechnung ist also zu unterscheiden. Unter **objektiver Zurechnung** (Haftung)[3] ist das Urteil über die Frage zu verstehen, ob ein Erfolg als die „Tat" eines bestimmten Menschen anzusehen ist, z. B. ob der Tod des bei einem Mordversuch Verletzten durch einen Verkehrsunfall auf dem Wege zum Arzt dem Mörder als seine Tat zur Last gelegt werden kann[4]. Der Maßstab der objektiven Zurechnung im Bereich des Tatbestandes ist *nicht* derselbe wie im Bereich der Handlungslehre. Während es dort auf die Beherrschbarkeit menschlichen Verhaltens

---
[1] Vgl. *Engisch*, Kausalität S. 4.
[2] Vgl. *Beling*, GS 101 (1932) S. 7.
[3] Vgl. dazu grundlegend *Larenz*, Hegels Zurechnungslehre S. 60 ff.
[4] Grundlegend *Honig*, Frank-Festgabe Bd. I S. 179 f.: „[bei der objektiven Zurechnung ist zu prüfen] die Bedeutsamkeit des Kausalzusammenhangs für die Rechtsordnung, gemessen an den Maßstäben, die mit der Rechtsordnung selbst gegeben sind"; sowie S. 184: „Zurechenbar ist ... derjenige Erfolg, welcher als zweckhaft gesetzt gedacht werden kann."

überhaupt ankommt (vgl. oben § 23 IV 1)[5], sind im Rahmen des Tatbestandes der Sinngehalt der tatbestandlichen Handlung und die Beurteilung ihres Zusammenhangs mit dem Erfolg maßgeblich. Es handelt sich hier also um eine Prüfung nach *normativen* Kriterien.

Die objektive Zurechnung deckt sich im Strafrecht nicht immer mit der Kausalität. *Auf der einen Seite* gibt es Fälle, in denen die objektive Zurechnung auch außerhalb des Kausalzusammenhangs bejaht wird, die Kausalität also *nicht notwendige* Bedingung der Zurechnung ist[6]. Ein wichtiges Beispiel dafür sind die unechten Unterlassungsdelikte (vgl. unten § 59 III 3). Ferner fehlt es am realen Bewirken des Erfolgseintritts dann, wenn jemand einen im Gange befindlichen Rettungsversuch verhindert und der schädliche Erfolg sich deswegen verwirklicht. In beiden Fällen gibt es nur eine hypothetische (gedanklich vermittelte) Kausalität, für die ein Wahrscheinlichkeitsurteil ausreichen muß[7]. Weiter brauchen im Rahmen der objektiven Strafbarkeitsbedingungen der Eintritt der schweren Folge beim Raufhandel (§ 227), die Zahlungseinstellung, Konkurseröffnung oder Ablehnung des Eröffnungsantrages mangels Masse bei den Konkursdelikten (§§ 283 - 283d), die Rauschtat bei der Volltrunkenheit (§ 323a) mit der Straftat selbst nicht in ursächlichem Zusammenhang zu stehen (vgl. unten § 53 II 2a). Endlich wird auch bei der Beihilfe von der Rechtsprechung und einem Teil der Lehre Ursächlichkeit der Unterstützungshandlung für den Erfolg der Haupttat nicht verlangt (vgl. unten § 64 IV 2c). Über die Fälle, in denen *auf der anderen Seite* die objektive Zurechnung einen engeren Ausschnitt im Rahmen der Kausalität bezeichnet, diese also *keine hinreichende* Bedingung der Zurechnung ist, vgl. unten § 28 III, IV.

3. Die **neuere Lehre** betont deswegen mit Recht die Selbständigkeit und gegebenenfalls auch den Vorrang des *normativen Maßstabs* der objektiven Zurechnung gegenüber der *naturwissenschaftlichen Kategorie* der Kausalität[8]. Festzuhalten ist jedoch, daß die Abweichungen von der Begründung der objektiven Zurechnung mittels der Kausalität Ausnahmen sind. In den Normalfällen der täglichen Praxis ist es für die objektive Zurechnung des tatbestandsmäßigen Erfolges erforderlich und genügend, daß ihn der Täter mit verursacht hat[9]. Das ist auch berechtigt, weil das tatbestandsmäßige Unrecht der Erfolgsdelikte in der Herbeiführung der im Tatbestand vorausgesetzten Verletzung des Handlungsobjekts besteht.

II. Die Feststellung der Kausalität

1. Die in Deutschland in Rechtsprechung und Lehre führende Kausalitätstheorie ist die **Bedingungstheorie**[10]. In ihrer überwiegend anerkannten Fassung lautet sie: ein

---

[5] Vgl. *Jakobs*, Welzel-Festschrift S. 314.

[6] Dagegen *Spendel*, Dreher-Festschrift S. 169.

[7] Dazu *Ingeborg Puppe*, ZStW 92 (1980) S. 906ff.

[8] So *Bockelmann / Volk*, Allg. Teil S. 63ff.; *Ebert*, Jura 1979, 568f.; *H. Mayer*, Grundriß S. 72ff.; *Maurach / Zipf*, Allg. Teil I S. 244ff.; *Roxin*, Honig-Festschrift S. 133ff.; *Schaffstein*, Honig-Festschrift S. 170; *Schmidhäuser*, Allg. Teil S. 228ff.; *Schönke / Schröder / Lenckner*, Vorbem. 71, 91ff. vor § 13; *SK (Rudolphi)* Vorbem. 52ff. vor § 1; *Stratenwerth*, Allg. Teil I Rdn. 223; *Wessels*, Allg. Teil S. 51ff.

[9] So ging es auch im Contergan-Prozeß mit Recht um die Frage der Ursächlichkeit des Thalidomids für Nervenschäden und Mißbildungen bei Neugeborenen, die das Gericht bejaht hat; vgl. LG Aachen JZ 1971, 507 (510ff.). Kritisch zur Methode der Feststellung der Kausalität *Armin Kaufmann*, JZ 1971, 572ff.; *Reinhard v. Hippel*, Gefahrurteile S. 69ff.; *Bruns*, Heinitz-Festschrift S. 331ff.

[10] Im *Ausland* wird der Kausalbegriff verschieden gefaßt, je nachdem, wie man ihn im Verbrechensaufbau verwendet. *Rittler*, Bd. I S. 101 und *Nowakowski*, Grundriß S. 48 vertreten die Bedingungstheorie, ebenso nach dem neuen österr. StGB *Kienapfel*, Allg. Teil (österr.) S. 27; *Leukauf / Steininger*, Vorbem. 19 vor § 1; *WK (Burgstaller)* § 6 Rdn. 61; *Schmoller*, ÖJZ 1982, 490. Dagegen tritt *Hafter*, Allg. Teil S. 81ff. für eine Korrektur der Bedingungstheorie durch

II. Die Feststellung der Kausalität

Erfolg ist durch eine Handlung dann verursacht, wenn die Handlung nicht hinweggedacht werden kann, ohne daß der Erfolg entfiele. Die Handlung muß also, um ursächlich zu sein, eine *„conditio sine qua non"* des Erfolges darstellen. Dabei werden alle Bedingungen eines Erfolges als gleichwertig (äquivalent) angesehen, weswegen die Bedingungstheorie auch *Äquivalenztheorie* heißt. Finden sich mehrere Handlungen unter den Erfolgsbedingungen, so sind sie sämtlich ursächlich, da eine Unterscheidung zwischen strafrechtlich relevanter und irrelevanter Kausalität auf der Stufe des Kausalbegriffs nicht gemacht werden kann („regressus ad infinitum"). Die Einschränkung des durch die Kausalität begründeten außerordentlich weiten Haftungszusammenhangs findet mittels dreier Korrekturen statt: durch die Lehre von der objektiven Zurechnung, durch die Handlungsmerkmale des jeweiligen Tatbestands und durch die Erfordernisse von Vorsatz und Fahrlässigkeit.

Beispiel: Bei einer Vereinsfeier fiel ein Gast, der den Hof der Wirtschaft aufsuchen wollte, im Dunkeln in einen unverdeckten Schacht und kam durch den Sturz ums Leben. Ursächlich für den Erfolg waren hier u. a. der Erbauer des Schachts, weiter der Sohn des Gastwirts, der den Schacht nach der Arbeit offen gelassen hatte, ferner der Gastwirt selbst, der sich vor dem Eintreffen der Gäste nicht davon überzeugt hatte, ob der Schacht geschlossen sei, weiter der Vereinsvorstand, der die ursprünglich verschlossene Tür des Saales zum Hof geöffnet hatte, endlich derjenige Angestellte des Gastwirts, der in der Annahme, daß die Tür verschlossen bleiben werde, das Licht im Hof gelöscht hatte (RG 57, 148). Die Frage, wer von allen diesen Personen für den Tod des Gastes *strafrechtlich verantwortlich* gemacht werden kann, bestimmt sich, da die Kausalität für alle Beteiligten zu bejahen ist, allein nach dem Maßstab der Fahrlässigkeit i. S. von § 222.

2. Die Bedingungstheorie[11] ist durch den österreichischen Prozessualisten *Julius Glaser* eingeführt[12] und durch *Maximilian v. Buri*, ein Mitglied des RG zu seiner Gründungszeit, ausgebaut worden[13]. Das RG hat sie in ständiger Rechtsprechung angewendet (RG 1, 373 [374] bis 77, 17 [18]), der BGH hat sich ihr ebenfalls angeschlossen (BGH 1, 332 m. abl. Anm. *Engisch*, JZ 1951, 787; 2, 20 [24]; 7, 112 [114]; 24, 31 [34]), ebenso die übrige Rechtsprechung (OLG Stuttgart JZ 1980, 618). Auch im Schrifttum wird sie ganz überwiegend vertreten[14].

---

den Adäquanzgedanken ein, und auch schweiz. BGE 54 I 348 sowie 68 IV 19 verfechten die Adäquanztheorie. Dazu *Gmür*, Kausalzusammenhang S. 97f. Für die „Formel von der gesetzmäßigen Bedingung" dagegen *Schultz*, Einführung Bd. I S. 124 sowie *Walder*, SchwZStr 93 (1977) S. 136ff. Der französische Kassationshof steht der Bedingungstheorie nahe (vgl. Cass. v. 3.11.1955, D. P. 1956, Jurisprudence S. 25; Cass. v. 15.1.1958, J. C. P. 1959 II Nr. 11 026), ebenso *Merle / Vitu*, Traité S. 661ff. In Italien vertritt *Bettiol / Pettoello Mantovani*, Diritto penale S. 313 die Adäquanztheorie „che circola nelle vene del codice", während *Fiandaca / Musco*, Diritto penale S. 113ff. sowie in Spanien *Cerezo Mir*, Curso S. 325ff. und *Mir Puig*, Derecho penal S. 189ff. der Theorie von der objektiven Zurechnung folgen. Den Gedanken der objektiven Zurechnung betont auch *Pompe*, Handboek S. 94; für die Relevanztheorie *D. Hazewinkel-Suringa / Remmelink*, Inleiding S. 148f. Das neue brasilianische StGB geht in Art. 13 von der Bedingungstheorie aus; dazu *Fragoso*, Lições S. 169ff.; *da Costa jr.*, Comentários, Art. 13 Anm. III 4. Eingehende Darstellung der Kausalitätsprobleme auf der Grundlage der marxistisch-leninistischen Philosophie bei *Lekschas / Beckert / Schröder*, NJ 1982, 210ff. Eine kritische Darstellung der Entwicklung gibt *Schroeder*, Meißner-Festschrift S. 499ff.

[11] Darstellung der Dogmengeschichte bei *Knoche*, Entwicklung S. 23ff., 128ff., 179ff., 221ff.

[12] Vgl. *J. Glaser*, Abhandlungen S. 298.

[13] Vgl. *v. Buri*, Über Causalität S. 1; derselbe, Die Causalität S. 1.

[14] Vgl. *Baumann / Weber*, Allg. Teil S. 219ff.; *Dreher / Tröndle*, Vorbem. 17 vor § 13; *Kohlrausch / Lange*, Vorbem. II B 1; *Lackner*, Vorbem. III 1c vor § 13; *LK⁹ (Heimann-Trosien)* Einleitung Rdn. 91ff.; *v. Liszt / Schmidt*, S. 162; *Preisendanz*, Vorbem. B IV 2; *Stratenwerth*, Allg. Teil I Rdn. 218; *Maurach / Zipf*, Allg. Teil I S. 245f.; *Welzel*, Lehrbuch S. 46.

Die vielerörterten **Bedenken,** die gegen die Bedingungstheorie vorgebracht werden, sind teils überholt, teils lassen sie sich ausräumen. Früher konnte die Bedingungstheorie bei den erfolgsqualifizierten Delikten zu Unbilligkeiten führen, da schon geringfügige tatbestandsmäßige Handlungen oft schwerwiegende Folgen nach sich ziehen (RG 5, 29: Erblindung durch eine leichte Ohrfeige; RG 54, 349: Tod eines Bluters durch einen Steinwurf). Nach 1945 hat die Rechtsprechung in derartigen Fällen außergewöhnlicher Verkettung von Umständen gelegentlich die Adäquanztheorie (vgl. unten § 28 III 2) angewendet (LG Heidelberg SJZ 1948, 207 m. Anm. *Engisch*), doch ist der BGH zur Bedingungstheorie des RG zurückgekehrt (BGH 1, 332: Tod des Helfers eines auf der Straße liegengebliebenen Betrunkenen durch Fahrlässigkeit eines Kraftfahrers). Dieses Problem hat jedoch durch die Einführung des § 18 (§ 56 a. F.) seine Bedeutung verloren. Daß die Bedingungstheorie bei einzelnen Fallgestaltungen teils zu weit und teils zu eng sein soll[15], trifft bei sinnentsprechender Auslegung der Tatbestände nicht zu. Wer den Inhalt eines Wassertrogs in die aus einem Dammbruch austretenden Fluten gießt, hat zwar die Wassermasse rein theoretisch vermehrt, aber keine „Überschwemmung" (§ 312) herbeigeführt[16]. Für dieses Ergebnis bedarf es des korrigierenden Eingreifens der Lehre von der objektiven Zurechnung nicht, es ergibt sich vielmehr bereits durch sinngemäße Auslegung des Tatbestandes. Das Beispiel für die angeblich zu enge Fassung der Bedingungstheorie trifft ebenfalls nicht zu: wer den Rettungswilligen daran hindert, den Ertrinkenden aus dem Wasser zu ziehen, hat die Erfolgsabwendung vereitelt. In diesen Fällen und bei den unechten Unterlassungsdelikten läßt sich die Bedingungstheorie im Rahmen der Prüfung der hypothetischen Kausalität entsprechend anwenden.

3. Die Problematik der Bedingungstheorie liegt nicht hier, sondern im **Nachweis des Ursachenzusammenhangs** mittels der Formel von der „conditio sine qua non". Angewendet wird dabei ein hypothetisches Eliminationsverfahren, bei dem man sich die Handlung, die auf ihre Ursächlichkeit für den Erfolg geprüft werden soll, wegdenkt, damit danach festgestellt werden kann, ob der Erfolg bestehen bliebe oder entfiele. In der Rechtsprechung sind zahlreiche zweifelhafte Fälle nach dieser Formel entschieden worden[17].

Beispiele: Der Kausalzusammenhang wird bejaht bei abnormer körperlicher oder geistiger Beschaffenheit des Opfers einer Körperverletzung (RG 5, 29 [31]; 27, 93) bzw. bei mitwirkendem Verschulden des Verletzten (RG 6, 249 [250]; 22, 173 [175]; BGH 7, 112 [114]), beim tödlichen Sichverschlucken des Unfallopfers im Krankenhaus (OLG Stuttgart JR 1982, 419), beim Zusammentreffen mehrerer, voneinander unabhängiger Handlungen verschiedener Personen (RG 56, 343 [348]; OGH 2, 352 [355]), beim Irrtum über den Kausalverlauf (RG 67, 258; OGH 2, 284 [286]; BGH 10, 291 [294]). Auch das Dazwischentreten eines fahrlässig oder gar vorsätzlich handelnden Dritten bewirkt keine „**Unterbrechung des Kausalzusammenhangs**"[18]. Das ist für Fälle einer durch den Täter ermöglichten *fahrlässigen* Handlung eines Dritten selbstverständlich (RG 34, 91 [92 f.]: ein in der Manteltasche an der Theatergarderobe mit dem Mantel abgegebener geladener und ungesicherter Revolver wird „zum Scherz" abgefeuert; BGH 4, 360

---

[15] Vgl. hierzu *E. A. Wolff,* Kausalität S. 15 ff.

[16] Beispiel von *Traeger,* Der Kausalbegriff S. 41.

[17] Auch im Schrifttum wird die Formel von der conditio sine qua non vielfach angewendet, vgl. *Mezger,* Lehrbuch S. 114; *H. Mayer,* Lehrbuch S. 133; *Lackner,* Vorbem. III 1 c.vor § 13 (die Bedenken werden in Vorbem. III 1 c aa angeführt); *Kohlrausch / Lange,* Vorbem. II B 1; *LK[9] (Heimann-Trosien)* Einleitung Rdn. 91; *Stratenwerth,* Allg. Teil I Rdn. 218 (ebenfalls mit Einschränkungen in Rdn. 219). Nach *Dreher / Tröndle,* Vorbem. 17 vor § 13 ist die Formel „nicht bedenkenfrei, aber gebräuchlich". Für ihre eingeschränkte Brauchbarkeit auch *Salm,* Das vollendete Verbrechen S. 93 ff. *Nowakowski,* JBl 1972, 26 betont den „heuristischen Wert" des Eliminationsverfahrens. Kritisch zum ganzen *Engisch,* Weltbild S. 132 ff.

[18] Das von *Frank,* § 1 Anm. III 2a (S. 14) begründete, von *H. Mayer,* Lehrbuch S. 138 f.; *Naucke,* ZStW 76 (1964) S. 408 ff.; *Jakobs,* Allg. Teil S. 178; *Otto,* Maurach-Festschrift S. 98 ff. vertretene „*Regreßverbot*" in bezug auf alle Vorbedingungen einer vorsätzlichen Herbeiführung des Erfolgs wird als mit dem Wesen der Äquivalenztheorie unvereinbar abgelehnt; vgl. *Baumann / Weber,* Allg. Teil S. 222 f.; *Maurach / Zipf,* Allg. Teil I S. 251 f.; *Schönke / Schröder / Lenckner,* Vorbem. 77 f. vor § 13; *SK (Rudolphi)* Vorbem. 49 vor § 1; *Ellen Schlüchter,* JuS 1976, 378.

[362]: Verkehrsunfall durch die Fahrlässigkeit einer einen unbeleuchteten Lkw anhaltenden Verkehrsstreife), wird aber auch für Fälle *vorsätzlichen* Dazwischentretens Dritter angenommen (RG 61, 318 [320]: Vermietung einer feuergefährlichen Wohnung, die vorsätzlich in Brand gesetzt wird; RG 63, 382 [386]: vorsätzliche Herbeiführung einer vorsätzlich unrichtigen Wahlhandlung; RG 64, 316 [318]: vorsätzliches Alleinlassen der nichtehelich Gebärenden, die das Kind tötet; RG 64, 370 [372]: fahrlässige Überlassung von Gift an den zum Mord bereits Entschlossenen; RG 77, 17 [18]: Körperverletzung durch Überlassung von Rauschmitteln an den Süchtigen). Der Bedingungszusammenhang wird nur dann aufgehoben, wenn ein späteres Ereignis das Fortwirken des früheren vollkommen beseitigt und seinerseits den Erfolg herbeiführt (RG 69, 44 [47f.]: kein Prozeßbetrug, wenn es auf die falsche Zeugenaussage für das Ergebnis nicht ankommt).

4. Die von der Rechtsprechung verwendete Formel, die das wirkliche Geschehen mit einem hypothetischen Kausalverlauf vergleicht, weist jedoch einen **doppelten Fehler** auf[19]. *Einmal* erfaßt sie den Kausalzusammenhang gar nicht unmittelbar, sondern setzt ihn logisch voraus, denn nur wenn man bereits weiß, daß zwischen der Ursache und der Folge ein ursächlicher Zusammenhang besteht, läßt sich sagen, daß ohne diese Ursache auch die Folge nicht eingetreten wäre. Ist die Wirkungsweise der Ursache dagegen unbekannt, belehrt auch das „Wegdenken" nicht darüber, ob sie einen Einfluß gehabt hat oder nicht (vgl. z.B. die umstrittene Frage der Ursächlichkeit des Medikaments Thalidomid für Körperschäden im Embryonalstadium [LG Aachen JZ 1971, 510ff.[20]]). Die Formel hat also allenfalls kontrollierende Bedeutung. Zum *anderen* führt der Vergleich des wirklichen Geschehens mit einem vorgestellten anderen Verlauf dann in die Irre, wenn im Falle des Ausbleibens der Handlung eine andere Ursache denselben Erfolg zeitlich später *(überholende Kausalität)* oder sogar zur gleichen Zeit und in gleicher Weise nach sich gezogen hätte *(hypothetische Kausalität)* oder wenn der Erfolg von zwei oder mehr gleichzeitig und unabhängig voneinander wirksamen Bedingungen herbeigeführt wurde *(kumulative Kausalität)* (z.B. die Ermordung Caesars durch 23 Dolchstiche). An der Kausalität ist hier nicht zu zweifeln und die Rechtsprechung hat deswegen auch stets in diesem Sinne entschieden, obwohl der Ursachenzusammenhang in derartigen Fällen nach dem hypothetischen Eliminationsverfahren an sich zu verneinen gewesen wäre.

Beispiele: Die Inbrandsetzung der noch unversehrten Teile eines in Flammen stehenden Gebäudes bleibt Sachbeschädigung, auch wenn das bereits vorhandene Feuer binnen kurzem alles vernichtet hätte (RG 22, 325). Die Mitwirkung bei der Aufstellung von Listen für die Aussonderung von Geisteskranken bleibt Beihilfe zur Tötung, auch wenn sonst anstelle der Anstaltsärzte andere die Listen aufgestellt hätten (BGH 1, 321 [330]). Der Antrag auf Einweisung von Juden ins KZ ist für deren Tod auch dann ursächlich, wenn die Opfer ohnehin nicht verschont geblieben wären (BGH 2, 20 [24]). Der Betrüger verursacht die Vermögensverfügung auch dann, wenn der Betrogene ihm das Geld auch ohne die falschen Angaben gegeben hätte (BGH 13, 13 [14]). Beim Kettenunfall bleibt die Kausalität der Sorgfaltspflichtverletzung des ersten Fahrers bestehen, auch wenn der Schaden in gleicher Weise vom nachfolgenden Fahrer herbeigeführt worden wäre (BGH 30, 228 [231f.])[21]. Wenn mehrere Beteiligte dem Beraubten tödliche Verletzungen beibringen, so ist jede Tötungshandlung für den Tod ursächlich (RG 19, 141 [145])[22].

---

[19] Vgl. näher *Engisch*, Kausalität S. 14ff.; *derselbe*, Weltbild S. 130ff.; *derselbe*, v. Weber-Festschrift S. 261. Übereinstimmend *Honoré*, ZStW 69 (1957) S. 466ff.; *Arthur Kaufmann*, Eb. Schmidt-Festschrift S. 207ff.; *Armin Kaufmann*, JZ 1971, 574; *Maurach / Zipf*, Allg. Teil I S. 245f.; *Maiwald*, Kausalität S. 5; *Schmidhäuser*, Allg. Teil S. 226f.; *Schönke / Schröder / Lenckner*, Vorbem. 74 vor § 13; *SK (Rudolphi)* Vorbem. 40 vor § 1; *Wessels*, Allg. Teil S. 47.

[20] Vgl. dazu *Armin Kaufmann*, JZ 1971, 572ff.

[21] Dazu eingehend *Ingeborg Puppe*, JuS 1982, 292ff.

[22] Läßt sich nicht feststellen, welche der Verletzungen den Tod herbeigeführt hat, kann freilich für alle Beteiligten nur Versuchsstrafe eintreten, sofern nicht Mittäterschaft vorliegt; vgl. *Mezger*, Lehrbuch S. 115.

Die Wissenschaft hat auf verschiedenen Wegen versucht, den Gedanken des hypothetischen Eliminationsverfahrens auch in diesen Fällen zu retten. *Traeger* wollte darauf abstellen, ob ohne das betreffende Verhalten ein *juristisch* gleichwertiger Erfolg eingetreten wäre[23]. *Hartmann* lenkte den Blick auf die Gestaltung des konkreten Kausal*verlaufs*[24]. Aber auch hiergegen erheben sich Bedenken. Denn so richtig es ist, daß bei der Kausalitätsprüfung immer von dem wirklichen Geschehen in seiner konkreten Gestalt und Entstehungsweise auszugehen ist (OGH 1, 229 [232]; BGH 10, 369 [370]), so gelangt man im Falle völliger Gleichheit des wirklichen und des vorgestellten Kausalverlaufs doch nur zu dem Zirkelschluß, daß die Handlung deswegen als kausal anzusehen ist, weil sie es war, die den Erfolg herbeigeführt hat. *Spendel* hat deshalb eine Verbesserung der gebräuchlichen Kausalitätsformel empfohlen, die die hypothetische Kausalität ausschließen soll. Berücksichtigt werden danach nur die „tatsächlich auch verwirklichten Umstände"[25]. Aber auch das ist unbefriedigend, denn wenn die bereitstehenden, allein wegen der Handlung des Täters nicht verwirklichten Ersatzfaktoren außer Ansatz bleiben, so wird der Gedanke der „conditio sine qua non" praktisch bereits preisgegeben[26]. Außerdem versagt die Spendelsche Formel in den Fällen der kumulativen Kausalität, weil hier die Ersatzbedingungen tatsächlich verwirklicht sind. Deswegen schlägt *Tarnowski* für diese Fälle folgende Fassung vor: von mehreren Bedingungen, die nur alternativ, nicht aber kumulativ hinweggedacht werden können, ohne daß der Erfolg entfiele, ist jede für den Erfolg ursächlich[27]. Doch setzt die Beantwortung der Frage, ob die Bedingungen kumulativ hinweggedacht werden können, wiederum bereits voraus, daß man sich über ihre Ursächlichkeit vorher klargeworden ist.

Richtig ist es deswegen, gar nicht danach zu fragen, ob der Erfolg nach Lage der Dinge auch ohne die Handlung eingetreten wäre, die auf ihre Ursächlichkeit geprüft wird, denn für die Bedingungsqualität einer Handlung kommt es allein darauf an, ob sie den Erfolg aufgrund des Kausalgesetzes *nach unserem Erfahrungswissen* tatsächlich herbeigeführt hat. Dafür aber ist es erforderlich, den Einzelfall auf seine *gesetzmäßigen Zusammenhänge* zu untersuchen, indem danach gefragt wird, ob die Handlung von einer Art gewesen ist, daß sie Folgeerscheinungen von der Art, wie sie im konkreten Fall eingetreten sind, nach unserer Erfahrung herbeiführt. Für die Kausalität im Sinne der Bedingungstheorie kommt es somit allein darauf an, *ob sich an eine Handlung zeitlich nachfolgende Veränderungen in der Außenwelt angeschlossen haben, die mit der Handlung gesetzmäßig verbunden waren* und sich als tatbestandsmäßiger Erfolg darstellen (**Formel von der gesetzmäßigen Bedingung**)[28]. Die Formel von der „conditio sine qua non" kann dazu nichts beitragen, sondern nur das sachkundige Urteil des Fachmanns.

5. Die Formel von der gesetzmäßigen Bedingung führt auch in den Fällen der **überholenden Kausalität** ohne Schwierigkeiten zu überzeugenden Ergebnissen[29].

---

[23] *Traeger,* Der Kausalbegriff S. 46f. Dagegen zutreffend *M. L. Müller,* Die Bedeutung des Kausalzusammenhangs S. 10ff.

[24] *Hartmann,* Das Kausalproblem S. 77. Vgl. hierzu die überzeugende Kritik von *Ingeborg Puppe,* ZStW 99 (1987) S. 596 ff.

[25] *Spendel,* Die Kausalitätsformel S. 38.

[26] *Arthur Kaufmann,* Eb. Schmidt-Festschrift S. 209.

[27] *Tarnowski,* Die systematische Bedeutung S. 47; ebenso *Spendel,* Die Kausalitätsformel S. 82 und *Welzel,* Lehrbuch S. 45.

[28] So *Engisch,* Kausalität S. 21, 25f. und ihm folgend *Arthur Kaufmann,* Eb. Schmidt-Festschrift S. 210; *Noll,* GA 1970, 180; *Hardwig,* GA 1956, 12f.; *Jakobs,* Allg. Teil S. 157; *Ingeborg Puppe,* ZStW 92 (1980) S. 874; *Schönke/Schröder/Lenckner,* Vorbem. 75 vor § 13; *SK (Rudolphi)* Vorbem. 41 vor § 1; *Schulz,* Lackner-Festschrift S. 39ff.; *Samson,* Hypothetische Kausalverläufe S. 31 f. Darüber, daß es auch bei der „psychischen Kausalität" eine Gesetzmäßigkeit gibt, vgl. *Engisch,* v. Weber-Festschrift S. 269 (zu BGH 13, 13 [15]); dazu kritisch *Ingeborg Puppe,* ZStW 95 (1983) S. 297ff. Die Kriterien des gesetzmäßigen Zusammenhangs untersucht im einzelnen *Stella,* Leggi scientifiche S. 231 ff.

[29] Mit Recht betont *Samson,* Hypothetische Kausalverläufe S. 95f., daß auch nach dieser Lehre beim Eingriff in „rettende Kausalverläufe" hypothetische Ersatzursachen berücksichtigt

Beispiel: X trinkt nacheinander zwei Tassen Kaffee. Die erste hat A mit einer tödlichen Dosis Gift versehen, die zweite B, und zwar unabhängig von der Handlung des A. Das Gift des B wirkt jedoch schneller, so daß X daran stirbt. Hier ist die ursächliche Wirkung der Giftdosis des A zu verneinen, weil B durch seine Giftdosis die Wirkung der Handlung des A beseitigt und unabhängig von dieser Handlung eine neue Ursachenreihe in Gang gesetzt und damit den Erfolg herbeigeführt hat *(abgebrochene Kausalität).* A ist daher nur wegen versuchter Tötung verantwortlich (vgl. auch OGH 2, 285).

Die Formel von der „conditio sine qua non" muß hier zu der Aushilfe greifen, daß X zwar auch an dem Gift des A gestorben wäre, aber etwas später, so daß die Giftdosis des B jedenfalls für den Zeitpunkt des Todes des X nicht hinweggedacht werden kann. Kann nicht festgestellt werden, ob X die Tasse des A oder die des B getrunken hat, so sind beide wiederum nur wegen versuchten Totschlags verantwortlich (ähnlich der Fall BGH NJW 1966, 1823) (in dubio pro reo, vgl. oben § 16 II). Haben A und B nicht unabhängig voneinander gehandelt, sondern als Mittäter zusammengewirkt, so sind beide wegen vollendeter Tötung verantwortlich, weil jeder sich das Handeln des anderen als eigene Tat zurechnen lassen muß (vgl. unten § 63 I 2).

III. Beschränkungen der objektiven Zurechnung nach der überlieferten Lehre

1. Die Bedingungstheorie führt, indem sie auf die empirische Gesetzmäßigkeit des Ursachenzusammenhangs abstellt, theoretisch ins Unendliche: auch die Eltern und Voreltern des Mörders haben unter diesem Gesichtspunkt den Tod des Ermordeten mit verursacht. Daraus erklären sich die Versuche, aus der Fülle der nach dem Kausalbegriff mitursächlichen Erfolgsbedingungen die **juristisch bedeutsamen Ursachen** in allgemeingültiger Weise auszusondern. Aufgabe des Kausalbegriffs ist es danach nur noch, die *Gesamtheit* der für die juristische Wertung *überhaupt* in Betracht kommenden Tatsachen zu bezeichnen, während die strafrechtliche Verantwortlichkeit erst innerhalb dieses weitestmöglichen Rahmens festgestellt wird. Die Rechtsprechung (RG 61, 320; BGH 4, 182; 12, 75 [78]; OLG Stuttgart NJW 1959, 2320) und ein Teil der Lehre[30] nehmen die erforderlichen Einschränkungen bei der **Prüfung von Vorsatz und Fahrlässigkeit** vor.

Beispiele: Der Verletzte stirbt an einer ihm durch einen Steinwurf versehentlich zugefügten unerheblichen Kopfwunde, weil er ein Bluter ist (RG 54, 349). Ein Heilkundiger führt durch schonungslose Aufklärung einer Patientin über den bei ihr bestehenden Krebsverdacht eine Geisteskrankheit herbei (RG 66, 181 [184]). Der Täter verletzt durch vorzeitiges Explodierenlassen von Feuerwerkskörpern fahrlässig einen anderen, der später an der für eine Hauttransplantation erforderlichen Narkose stirbt (RG 29, 218 [222]). Durch den Einsturz einer Giebelmauer bei Umbauarbeiten wird ein Arbeiter getötet, der sich nach den Unfallverhütungsvorschriften an dieser Stelle des Bauwerks nicht befinden durfte (RG 56, 343 [350]). Die strafrechtliche Verantwortlichkeit für den *(ungewollten)* Todeserfolg kann in allen diesen Fällen auch als eine Frage der objektiven Voraussehbarkeit von Erfolg und Kausalverlauf betrachtet und unter diesem Gesichtspunkt verneint werden (vgl. unten § 55 II 3). Bei einer Affekttötung, bei der der Täter während der Tat in eine die Schuldfähigkeit ausschließende Bewußtseinsstörung geraten war (§ 20), wurde der Vorsatz nach den Grundsätzen über die Abweichung des wirklichen vom vorgestellten Kausalverlauf beurteilt (BGH 7, 325 [329]).

Der Weg über Vorsatz oder Fahrlässigkeit zur Beschränkung der Haftung ist gangbar. In Wirklichkeit handelt es sich aber um Probleme der *objektiven* Zurechnung (vgl. unten § 28 IV).

---

werden müssen, doch handelt es sich dabei um eine der hypothetischen Kausalität der Unterlassung vergleichbare Struktur (vgl. unten § 59 III 3).
[30] Vgl. *Baumann / Weber,* Allg. Teil S. 222; *LK*[9] *(Heimann-Trosien)* Einleitung Rdn. 94; *Ellen Schlüchter,* JuS 1976, 314, 519; *Welzel,* Lehrbuch S. 45.

2. Zur Begrenzung des strafrechtlich erheblichen Haftungszusammenhangs im Rahmen der Kausalität dient ferner die **Adäquanztheorie**. Sie verlangt, daß der Eintritt des vom Täter verursachten Erfolges bei Vornahme der Handlung bis zu einem gewissen Grade *wahrscheinlich* gewesen sein muß, damit die Handlung als Ursache des Erfolges angesehen werden kann. Die Bedingung müsse dem Erfolg angemessen (adäquat) sein, und angemessen seien nur diejenigen Bedingungen, die *typischerweise* geeignet seien, den Erfolg herbeizuführen[31]. Die Adäquanztheorie wurde ursprünglich als echte Kausalitätstheorie verstanden, nicht jedoch als eine Lehre von der objektiven Zurechnung im Rahmen des nach der Bedingungstheorie abgegrenzten Ursachenzusammenhangs. Doch beruht dies auf einem falschen Begriff der Kausalität. Der sachliche Grund für den Adäquanzgedanken liegt darin, daß nur die Eingehung eines rechtlich mißbilligten *Risikos* dem Sinn der Verbotsnorm entsprechen kann und daß auch nur Erfolge zurechenbar sind, in denen sich dieses Risiko *verwirklicht* hat.

Begründer der Adäquanztheorie war kein Jurist, sondern ein Arzt, der Freiburger Physiologe *Johannes v. Kries*[32]. Er hat seine Lehre jedoch auch für das Strafrecht nutzbar gemacht, um vor allem den Unbilligkeiten abzuhelfen, die bei der Anwendung der Bedingungstheorie auf die erfolgsqualifizierten Delikte auftreten konnten. Nach *v. Kries* ist die Berechtigung der Strafverschärfung für die erfolgsqualifizierten Delikte nur darin zu sehen, daß das Grunddelikt die Gefahr der schweren Folge heraufbeschwört, so daß nur ein den Erfolgseintritt in typischer Weise begünstigendes Verhalten des Täters für die Strafverschärfung in Betracht kommen kann. Die Adäquanztheorie hat zwar Anhängerschaft im strafrechtlichen Schrifttum gefunden[33], sie ist aber niemals von den Strafsenaten des RG bzw. des BGH übernommen worden, weil im Strafrecht Vorsatz und Fahrlässigkeit ausreichende Korrektive für den zu weit gesteckten Rahmen der strafrechtlichen Haftung zu bieten schienen. Dagegen haben die Zivilsenate des RG und des BGH die Adäquanztheorie vielfach angewendet (RGZ 42, 291; 50, 219; 69, 57; seit 78, 270 st. Rspr.), weil es im Zivilrecht eine Haftung ohne Verschulden gibt (Gefährdungshaftung) und weil auch bei der Verschuldenshaftung die Schuld sich nur auf den schadenauslösenden Faktor beziehen muß, während bei einmal gegebener Schuld prinzipiell für alle Folgen, auch für die unverschuldeten, gehaftet wird. Die Adäquanztheorie ist aber als haftungbegrenzendes Prinzip auch für das Zivilrecht viel zu weitmaschig und hat daher in der Praxis kaum eine wirkliche Rolle gespielt, was sich daran erkennen läßt, daß die Rechtsprechung den adäquaten Kausalzusammenhang fast immer bejaht hat. Heute wird deshalb im Zivilrecht die Frage der Haftungsgrenzen überwiegend durch die Berücksichtigung von Sinn und Tragweite der haftungsbegründenden Norm gelöst (BGHZ 27, 137) und nicht durch ungenaue Wahrscheinlichkeitsurteile[34]. Es kommt mit anderen Worten auf den Schutzzweck der verletzten Norm an, und dieser Gedanke beginnt sich auch im Strafrecht bei der Frage nach dem Maßstab für die objektive Zurechnung im Rahmen der Fahrlässigkeitsdelikte durchzusetzen (vgl. unten § 55 II 2 b bb).

Die Adäquanztheorie wird heute als eine Methode der Begrenzung des Rahmens der objektiven Zurechnung nach dem Maßstab der Wahrscheinlichkeit verstanden[35]. Um diesen Rahmen nicht zu sehr einzuengen, hat man der Adäquanz-Formel eine negative Fassung gegeben: „es darf nicht schlechthin unwahrscheinlich sein, daß die Handlung den Erfolg nach sich zieht"[36]. Das Wahrscheinlichkeitsurteil bezieht sich

---

[31] Vgl. näher *Engisch*, Kausalität S. 41 ff.; *Walder*, SchwZStr 93 (1977) S. 144 ff.

[32] Vgl. *v. Kries*, Prinzipien S. 75 ff.; *derselbe*, ZStW 9 (1889) S. 528.

[33] Vgl. *Bockelmann / Volk*, Allg. Teil S. 64 ff.; *Frank*, § 1 Anm. III 1 d; *v. Hippel*, Bd. II S. 144 ff.; *Traeger*, Der Kausalbegriff S. 159 ff.; *Engisch*, Kausalität S. 41 ff.; *Radbruch*, Adäquate Verursachung S. 64 ff. (beschränkt auf die erfolgsqualifizierten Delikte); *Maurach / Zipf*, Allg. Teil I S. 242 ff.; *Ellen Schlüchter*, JuS 1976, 313 ff.; *Stratenwerth*, Allg. Teil I Rdn. 223.

[34] Vgl. *v. Caemmerer*, Kausalzusammenhang S. 11 ff.; *Stoll*, Kausalzusammenhang und Normzweck S. 5 ff.; *derselbe*, Neuere Entwicklungen S. 9 ff. Für Anwendung beider Einschränkungsmethoden *Teichmann*, in: *Jauernig* u. a., Vorbem. V 4 c vor § 249 BGB.

[35] Vgl. *Bockelmann / Volk*, Allg. Teil S. 65; *v. Liszt / Schmidt*, S. 163; *Honig*, Frank-Festgabe Bd. I S. 182; *Engisch*, Weltbild S. 137. Vgl. ferner BGHZ 3, 261 (265 ff.); 18, 286 (288); BGH NJW 1981, 983.

auf das Verhältnis der Handlung zu dem tatbestandsmäßigen Erfolg; es ist bei negativer Fassung ausreichend, um völlig unwahrscheinliche Kausalverläufe auszuscheiden, doch sind diese Fälle relativ selten[37]. Zugrunde zu legen sind dabei die Umstände, die im Zeitpunkt und am Ort der Tat bekannt oder erkennbar waren (ex ante)[38]. Da im Hinblick auf die objektive Zurechnung zu fragen ist, welches Verhalten zwecks Vermeidung des Erfolges *objektiv* richtig ist, darf die Kenntnis und Kenntnismöglichkeit des Täters allein nicht ausschlaggebend sein. Man hat sich vielmehr das *Kausalwissen des Täters* ergänzt zu denken durch die Umstände, die ein „*einsichtiger Mensch*" in seine Überlegungen einbezogen hätte (sog. **objektiv-nachträgliche Prognose**) (BGHZ 3, 261 [266f.]). Von „nachträglicher" Prognose spricht man dabei deswegen, weil es der Richter ist, der sich in den Zeitpunkt der Handlung zurückversetzt denkt. Abgesehen vom Erfolg darf auch die Art und Weise des Kausal*verlaufs* nicht völlig unwahrscheinlich gewesen sein, weil die objektive Zurechnung nur gerechtfertigt ist, wenn sich in dem Erfolg die spezifische Gefahr verwirklicht hat, die in der Handlung angelegt war.

3. Die Unterscheidung zwischen der Kausalität im Sinne der Bedingungstheorie und der Frage der strafrechtlichen Haftung des Täters für den Erfolg ist auch der Ausgangspunkt der **Relevanztheorie**[39]. Auch für diese Lehre folgt aus der Gleichwertigkeit aller Erfolgsursachen nicht ihr gleiches juristisches Gewicht für die Frage der Zurechnung. Im Unterschied zur Adäquanztheorie will die Relevanztheorie aber nicht nach einem Wahrscheinlichkeitsurteil, sondern jeweils nach dem Sinn des in Frage stehenden Tatbestands feststellen, auf welche Erfolgsbedingungen die strafrechtliche Haftung im Einzelfall zu beschränken ist. Sie ist somit ein regulatives Rechtsprinzip ohne sachliche Kriterien, nach denen bei den betreffenden Fallgruppen die Haftungsfrage zu beurteilen ist. Adäquanz- und Relevanztheorie sind neuerdings durch präzisere Zurechnungskriterien ersetzt worden, die die Ausscheidung derjenigen Fälle erlauben, bei denen die objektive Zurechnung trotz adäquater Verursachung und tatbestandlich-relevanter Handlung nicht berechtigt erscheint.

IV. Die neuere Lehre von der objektiven Zurechnung

Die von der Adäquanz- und Relevanztheorie entwickelten Gesichtspunkte für die Beschränkung der strafrechtlichen Haftung sind von der neueren Dogmatik aufgenommen und mit weiteren Argumenten zu einer Lehre von der objektiven Zurechnung verbunden worden, die zwar noch nicht abgeschlossen vorliegt, aber doch schon erkennen läßt, welche Fallgruppen in Betracht kommen und nach welchen Kriterien sie zu lösen sind[40]. Grundlage der Lehre von der objektiven Zurechnung ist die aus dem Wesen der Strafrechtsnorm abgeleitete Erkenntnis, die auch die Adäquanztheorie trägt: Objektiv zurechenbar kann ein durch menschliche Handlung (im Sinne der Bedingungstheorie) verursachter Erfolg nur dann sein, wenn **die Handlung eine**

---

[36] So *Engisch*, Kausalität S. 46; RGZ 152, 401. Vgl. ferner *Traeger*, Kausalbegriff S. 159.

[37] Die Adäquanztheorie wird deshalb als zu weit angesehen, um die Zurechnung auf ernsthafte Risiken zu beschränken; vgl. *Frisch*, Das Fahrlässigkeitsdelikt S. 94f.; *Wolter*, GA 1977, 273. Daß ein Adäquanzurteil überhaupt unmöglich sein soll, wie *Jakobs*, Allg. Teil S. 165 annimmt, ist dagegen nicht einzusehen.

[38] Dazu *Mir Puig*, Jescheck-Festschrift, Bd. I, S. 345.

[39] So *Mezger*, Lehrbuch S. 122ff.; *Gerland*, Lehrbuch S. 116; *Blei*, Allg. Teil S. 104ff.; *Wessels*, Allg. Teil S. 51; BGH 11, 1 (7).

[40] Vgl. *Otto*, Maurach-Festschrift S. 91ff.; *Roxin*, Honig-Festschrift S. 133ff.; *Schaffstein*, Honig-Festschrift S. 169ff.; *Schmidhäuser*, Allg. Teil S. 228ff.; *Schönke / Schröder / Lenckner*, Vorbem. 91ff. vor § 13; *SK (Rudolphi)* Vorbem. 57ff. vor § 1; *Ulsenheimer*, JZ 1969, 364ff.; *Wessels*, Allg. Teil S. 51ff.; *Wolter*, Zurechnung S. 330ff.; *Schünemann*, JA 1975, 721.

rechtlich verbotene Gefährdung des geschützten Handlungsobjekts geschaffen und die Gefahr sich in dem tatbestandsmäßigen Erfolg verwirklicht hat[41]. Für die Lösung der einzelnen Fallgruppen kommen jeweils noch zusätzliche Gesichtspunkte in Betracht, die sich jedoch sämtlich aus dem gleichen Grundgedanken ergeben.

1. Nicht zurechenbar ist unter dem Gesichtspunkt der **Risikoverringerung** ein Erfolg, den der Täter herbeigeführt hat, um den sonst drohenden schwereren Erfolg zu verhindern[42]. Der Retter lenkt z. B. einen lebensbedrohenden Schlag gegen den Kopf des Opfers auf dessen Schulter ab.

2. Die objektive Zurechnung bleibt dagegen bestehen, wenn der Erfolg, hätte nicht der Täter ihn verursacht, zur gleichen Zeit und in gleicher Intensität durch eine andere Ursache herbeigeführt worden wäre (**hypothetische Kausalverläufe**) (BGH 1, 330; 2, 24; 13, 13; 30, 228 m. Anm. *Ingeborg Puppe,* JuS 1982, 660; LG München VRS 62, 40)[43]. Dies gilt auch dann, wenn die hypothetische Ersatzursache ein Naturereignis ist (der Täter läßt durch eine Bombe ein Flugzeug abstürzen, das zur gleichen Zeit durch einen Maschinenschaden abgestürzt wäre). Eine Ausnahme ist auch dann nicht anzunehmen, wenn der hypothetische Ersatztäter seinerseits erlaubt gehandelt hätte (Schulfall von dem Vater, der den Henker beiseite stößt und das Fallbeil selbst auf den Mörder seiner Kinder niedersausen läßt).

3. Zu verneinen ist die objektive Zurechnung dagegen beim **Fehlen eines rechtlich mißbilligten Risikos**[44]. Es handelt sich dabei um die bekannten Schulfälle von dem Knecht, den sein Arbeitgeber bei heraufziehendem Gewitter in den Wald schickt, damit er vom Blitz erschlagen werde, von dem Erbonkel, den der Neffe zu häufigen Flugreisen mit billigen Chartermaschinen überredet, damit er abstürze, von der unwahren Todesmeldung, die den Herztod eines nahen Angehörigen herbeiführen soll. Auch im dritten Fall wird eine rechtlich mißbillige Gefahr zu verneinen sein, es sei denn, daß eine dem Täter bekannte Herzinsuffizienz des Empfängers der Nachricht vorliegt. In diesem Falle wäre auch der Vorsatz zu bejahen, während in den beiden anderen Fällen mangels Beherrschbarkeit des Kausalverlaufs eine vorsätzliche Tötungshandlung gar nicht vorliegt.

4. Die objektive Zurechnung fehlt ferner, wenn der Erfolg **außerhalb des Schutzbereichs der Norm** liegt, die der Täter durch seine Handlung verletzt hat, weil sich in diesem Fall nicht das vom Täter geschaffene, rechtlich mißbilligte Risiko, sondern ein anderes Risiko in dem Erfolg verwirklicht hat[45]. Der durch einen Mordversuch Verletzte wird am Tatort, von dem er

---

[41] Übereinstimmend *SK (Rudolphi)* Vorbem. 57 vor § 11; *Roxin,* Honig-Festschrift S. 135 ff.; *Schönke / Schröder / Lenckner,* Vorbem. 92 vor § 13; *Eser,* Strafrecht I Nr. 4 A Rdn. 16; *Kienapfel,* Zeitschrift für Verkehrsrecht 1977, 7. Etwas anders die Formulierungen von *Kahrs,* Vermeidbarkeitsprinzip S. 267; *Wessels,* Allg. Teil S. 52 f. Vgl. auch *Hart / Honoré,* Causation S. 363 ff.

[42] Vgl. *Bockelmann / Volk,* Allg. Teil S. 63; *Roxin,* Honig-Festschrift S. 136; *Samson,* Hypothetische Kausalverläufe S. 96 ff.; *Schönke / Schröder / Lenckner,* Vorbem. 94 vor § 13; *Ingeborg Puppe,* ZStW 95 (1983) S. 292; *SK (Rudolphi)* Vorbem. 58 vor § 1; *Wessels,* Allg. Teil S. 55 ff.; *E. A. Wolff,* Kausalität S. 17, 23.

[43] Ebenso *Schönke / Schröder / Lenckner,* Vorbem. 97 vor § 13; *Jakobs,* Allg. Teil S. 193 f.; *SK (Rudolphi)* Vorbem. 59 ff. vor § 1. Teilweise abweichend *Kahrs,* Vermeidbarkeitsprinzip S. 78 ff.; *Arthur Kaufmann,* Eb. Schmidt-Festschrift S. 200 ff.; *Samson,* Hypothetische Kausalverläufe S. 86 ff., 142 f.

[44] Ebenso *Otto,* Maurach-Festschrift S. 99 f.; *Roxin,* Honig-Festschrift S. 136 f.; *Schönke / Schröder / Lenckner,* Vorbem. 93 vor § 13; *Jakobs,* Allg. Teil S. 166 ff.; *SK (Rudolphi)* Vorbem. 62 vor § 1; *Wessels,* Allg. Teil S. 57 (mit Abwandlung des Onkelfalls).

[45] Übereinstimmend *Burgstaller,* Fahrlässigkeitsdelikt S. 99 ff.; *Hardwig,* JZ 1968, 291; *Maurach / Zipf,* Allg. Teil I S. 247 f.; *Jakobs,* Allg. Teil S. 184 ff.; *Krümpelmann,* Bockelmann-Festschrift S. 453 ff.; *Roxin,* Gallas-Festschrift S. 242; *Otto,* JuS 1974, 704 ff.; *Schönke / Schröder / Lenckner,* Vorbem. 95 ff. vor § 13; *SK (Rudolphi)* Vorbem. 64 vor § 1; *Wolter,* Objektive Zurechnung S. 341 ff. Wirkt freilich das Verhalten des Erstschädigers beim Zweitschaden fort (der Krankenwagenfahrer fährt z. B. übermäßig schnell, um den Verletzten zu retten), so ist auch der Zweitschaden dem Erstschädiger objektiv zurechenbar, vgl. *Ingeborg Puppe,* ZStW 99 (1987) S. 610 f.

IV. Die neuere Lehre von der objektiven Zurechnung

sich nicht fortbewegen kann, vom Blitz erschlagen, verunglückt auf dem Transport ins Krankenhaus (BGH 1, 332 [334]) oder stirbt an einem ärztlichen Kunstfehler (OLG Celle NJW 1958, 271). Durch einen verborgenen Materialfehler wird während eines unerlaubten Überholvorgangs ein Unfall herbeigeführt (BGH 12, 75 [79]). Anders ist es, wenn der Tod im Krankenhaus durch eine Infektion infolge des durch den Unfall geschwächten Gesundheitszustands des Patienten eintritt (OLG Köln VRS 20, 278; vgl. auch OLG Stuttgart NJW 1982, 295). Auch bei der *Förderung fremder Selbstverletzung* durch freies und voll verantwortliches Handeln des Verletzten entfällt die objektive Zurechnung, weil auch dieses Handeln außerhalb des Schutzbereichs der Tötungs- und Körperverletzungstatbestände liegt (BGH 24, 342: fahrlässige Mitverursachung eines Selbstmords; BGH 32, 262: Beteiligung am Heroingenuß, an dem der andere Beteiligte stirbt; BGH NStZ 1985, 25: Unfalltod eines Beteiligten nach gemeinsamem Rauschmittelgenuß; anders BGH 32, 367 und BGH NStZ 1984, 452 bei Garantenstellung des Täters für Leib oder Leben des Selbstschädigers sowie BGH NStZ 1986, 266 und OLG Stuttgart NStZ 1985, 25 bei überlegenem Sachwissen des Täters)[46]. Dasselbe gilt, wenn das Opfer einer Körperverletzung sich durch eigenes Verschulden, z.B. durch Ablehnung einer lebensrettenden Operation, selbst den Tod zufügt. Dagegen ist bei einer Selbstverletzung durch *gefährliche Rettungshandlungen*, die der Täter mit seiner Straftat ausgelöst hat, die objektive Zurechnung zu bejahen ohne Rücksicht darauf, ob eine Rettungspflicht besteht, da auch der Schutz des Helfers in den Bereich der einschlägigen Strafvorschriften fällt. Hat der Täter durch Fahrlässigkeit andere körperlich gefährdet, so sind ihm der Tod oder der Gesundheitsschaden zuzurechnen, wenn er eine rechtlich mißbilligte Gefahr geschaffen hat, auch wenn sich die Verletzten pflichtgemäß und in Kenntnis der Gefahr in den Gefahrbereich begeben hatten (BGH 17, 359: fahrlässige Übertragung einer Pockenerkrankung auf das Klinikpersonal)[47]. Das Problem der Grenze des Schutzbereichs der verletzten Norm spielt vor allem bei Fahrlässigkeitsdelikten eine Rolle (vgl. unten § 55 II 2 b bb).

5. Nicht zurechenbar ist weiter bei Fahrlässigkeitsdelikten der durch pflichtwidriges Verhalten herbeigeführte Erfolg, der auch bei pflichtgemäßem Verhalten mit an Sicherheit grenzender Wahrscheinlichkeit eingetreten wäre **(Fall des rechtmäßigen Alternativverhaltens).** Umstritten ist hier nur die Frage, wie zu entscheiden ist, wenn die Verletzung der Sorgfaltspflicht eine über das Normalmaß hinaus erheblich gesteigerte Gefährdung des geschützten Handlungsobjekts mit sich brachte *(Problem der Risikoerhöhung)* (vgl. näher unten § 55 II 2 b aa).

6. Auch wenn der Verletzte nur aufgrund seiner **abnormen Konstitution** zu Schaden kommt, ist die objektive Zurechnung zu bejahen, da der Schutzbereich der Norm auch solche atypischen Gefährdungen umfaßt und die rechtlich mißbilligte Gefahr sich in dem Erfolg niedergeschlagen hat (RG 54, 349, BGH 14, 52: Bluterfälle; BGH LM § 222 Nr. 1: Tod des verunglückten Radfahrers wegen Rückgratversteifung; OLG Stuttgart NJW 1956, 1451 f.: Tod des Verunglückten infolge erhöhter Thromboseneigung). Das Problem dieser Fälle liegt in der Frage der Voraussehbarkeit des Todes.

7. Endlich ist die objektive Zurechnung des schweren Erfolgs bei den **erfolgsqualifizierten Delikten** nur dann zu bejahen, wenn der Erfolg dadurch mit dem Grunddelikt verbunden ist, daß sich die im Grunddelikt angelegte spezifische Gefahr im Erfolg niedergeschlagen hat. Dabei kommt es, wie die neuere Rechtsprechung zeigt, nicht auf die Unmittelbarkeit der Beziehung an. Maßgebend ist vielmehr, daß sich die mit der Tathandlung *typischerweise verbundene Gefahr* in dem Erfolg realisiert hat (vgl. oben § 26 II 1 a).

---

[46] Kritisch noch *Geilen,* JZ 1974, 145 ff. Die Straflosigkeit der Beteiligung an der freien und eigenverantwortlichen Selbsttötung oder -gefährdung durch einen Täter ohne Garantenstellung und ohne überlegenes Sachwissen hat sich inzwischen durchgesetzt; vgl. *Roxin,* NStZ 1984, 411; *derselbe,* NStZ 1985, 319; *Schünemann,* JA 1975, 721; *Otto,* Jura 1984, 536; *Kienapfel,* JZ 1984, 533; *Stree,* JuS 1985, 179; *Fünfsinn,* StV 1985, 56; *Herzberg,* JA 1985, 135 f.; *SK (Rudolphi)* Vorbem. 79 ff. vor § 1; *Schönke / Schröder / Lenckner,* Vorbem. 101 ff. vor § 13; *Wessels,* Allg. Teil S. 55; *Schumann,* Selbstverantwortung S. 6. Kritisch zur Garantenhaftung jedoch *Eser,* Medizinrecht 1985, 11 ff.; *Roxin,* NStZ 1985, 319; *Stree,* JuS 1985, 183; *Fünfsinn,* StV 1985, 59. Wie der BGH *Herzberg,* JA 1985, 184 f.

[47] Vgl. *SK (Rudolphi)* Vorbem. 81 vor § 1. Abweichend *Roxin,* Gallas-Festschrift S. 246 ff.; *Burgstaller,* Fahrlässigkeitsdelikt S. 112 ff.

V. Die individualisierenden Kausalitätstheorien

Die individualisierenden Kausalitätstheorien haben heute keine Bedeutung mehr (vgl. dazu 2. Auflage S. 215).

§ 29 Vorsatz und Tatbestandsirrtum

Ambrosius, Untersuchungen zur Vorsatzabgrenzung, 1966; *Arzt*, Bedingter Entschluß und Vorbereitungshandlung, JZ 1969, 54; *Bähr*, Strafbarkeit ohne Verschulden (Strict Liability) im Strafrecht der USA, 1974; *Behrendt*, Vorsatzgrenze usw., in: *Schwarze / Graf Vitzthum* (Hrsg.), Grundrechtsschutz im nationalen und internationalen Recht, 1983, 1; *Bockelmann*, Anmerkung zu BGH 9, 142, JZ 1956, 698; *derselbe*, Über das Verhältnis des Strafrechts zur Moral und zur Psychologie, Gedächtnisschrift für G. Radbruch, 1968, S. 252; *Buchała*, Der Dolus eventualis in der polnischen Strafrechtslehre und Rechtsprechung, Festschrift für H.-H. Jescheck, Bd. I, 1985, S. 377; *Engelmann*, Die Schuldlehre der Postglossatoren und ihre Fortentwicklung, 1895; *Engisch*, Untersuchungen über Vorsatz und Fahrlässigkeit im Strafrecht, 1930; *derselbe*, Der finale Handlungsbegriff, Festschrift für E. Kohlrausch, 1944, S. 141; *derselbe*, Bemerkungen zu Theodor Rittlers Kritik der Lehre von den subjektiven Tatbestands- und Unrechtselementen, Festschrift für Th. Rittler, 1957, S. 165; *Frisch*, Die „verschuldeten" Auswirkungen der Tat, GA 1972, 321; *derselbe*, Vorsatz und Risiko, 1983; *Geck*, Die Grenzen der Vorsatzhaftung im französischen Strafrecht, Diss. Freiburg 1967; *Gehrig*, Der Absichtsbegriff in den Straftatbeständen, 1986; *Geilen*, Zur Problematik des schuldausschließenden Affekts, Festschrift für R. Maurach, 1972, S. 173; *Germann*, Grundlagen der Strafbarkeit nach dem Entwurf des Allgemeinen Teils eines deutschen StGB von 1958, ZStW 71 (1959) S. 157; *derselbe*, Vorsatzprobleme usw., SchwZStr 77 (1961) S. 345; *Großmann*, Die Grenzen von Vorsatz und Fahrlässigkeit, 1924; *Grünwald*, Der Vorsatz des Unterlassungsdelikts, Festschrift für H. Mayer, 1966, S. 281; *Gschwind*, Zur Kriminologie des Vorsatzes, Festschrift für O. A. Germann, 1969, S. 59; *Hardwig*, Die Zurechnung, 1957; *Herzberg*, Die Abgrenzung von Vorsatz und bewußter Fahrlässigkeit usw., JuS 1986, 249; *derselbe*, Wegfall subjektiver Tatbestandsvoraussetzungen usw., Festschrift für D. Oehler, 1985, S. 163; *v. Hippel*, Die Grenze von Vorsatz und Fahrlässigkeit, 1903; *derselbe*, Vorsatz, Fahrlässigkeit, Irrtum, VDA, Bd. III, 1908, S. 373; *Hruschka*, Zum Tatvorsatz bei zweiaktigen Delikten usw., JZ 1973, 12; *derselbe*, Rückkehr zum dolus subsequens, JZ 1973, 278; *derselbe*, Über Schwierigkeiten mit dem Beweis des Vorsatzes, Festschrift für Th. Kleinknecht, 1985, S. 191; *Jakobs*, Die Konkurrenz von Tötungsdelikten mit Körperverletzungsdelikten, 1967; *Jescheck*, Aufbau und Stellung des bedingten Vorsatzes im Verbrechensbegriff, Festschrift für E. Wolf, 1962, S. 473; *Joerden*, Der auf Verwirklichung von zwei Tatbeständen gerichtete Vorsatz, ZStW 95 (1983) S. 565; *Armin Kaufmann*, Der dolus eventualis im Deliktsaufbau, ZStW 70 (1958) S. 64; *Arthur Kaufmann*, Die Parallelwertung in der Laiensphäre, 1982; *Ekkehard Kaufmann*, Die Erfolgshaftung, 1958; *Kindhäuser*, Der Vorsatz als Zurechnungskriterium, ZStW 96 (1984) S. 1; *Köhler*, Vorsatzbegriff und Bewußtseinsform des Vorsatzes, GA 1981, 285; *Krümpelmann*, Motivation und Handlung im Affekt, Festschrift für H. Welzel, 1974, S. 327; *derselbe*, Vorsatz und Motivation, ZStW 87 (1975) S. 888; *Kühl*, Grundfälle zu Vorbereitung und Versuch usw., JuS 1980, 273; *Küper*, Vorsatz und Risiko usw., GA 1987, 479; *Lacmann*, Die Abgrenzung der Schuldformen in der Rechtslehre usw., ZStW 31 (1911) S. 142; *Langer*, Das Sonderverbrechen, 1971; *Lenckner*, Zum Begriff der Täuschungsabsicht in § 267 StGB, NJW 1967, 1890; *Less*, Genügt „bedingtes Wollen" zum strafbaren Verbrechensversuch? GA 1956, 33; *Liebscher*, Strafrecht im Umbruch, ZfRV 1970, 181; *Liepmann*, Gedanken über den Rechtsirrtum im Strafrecht, ZStW 38 (1917) S. 21; 39 (1918) S. 115 (m. Forts.); *Löffler*, Die Schuldformen des Strafrechts in vergleichendhistorischer und dogmatischer Darstellung, 1895; *Morkel*, Abgrenzung zwischen vorsätzlicher und fahrlässiger Straftat, NStZ 1981, 177; *Nowakowski*, Zu Welzels Lehre von der Fahrlässigkeit, JZ 1958, 355, 388; *derselbe*, Probleme der Strafrechtsdogmatik, JBl 1972, 19; *Pallin*, Lage und Zukunftsaussichten der österreichischen Strafrechtsreform im Vergleich mit der deutschen, ZStW 84 (1972) S. 198; *Philipps*, Dolus eventualis als Problem der Entscheidung unter Risiko, ZStW 85 (1973) S. 27; *Platzgummer*, Die Bewußtseinsform des Vorsatzes, 1964; *derselbe*, Die „Allgemeinen Bestimmungen" des StGE im Lichte der neuen Strafrechtsdogmatik, JBl 1971, 236; *Roggemann*, StGB und StPO der DDR, 1976; *Ross*, Über den Vorsatz, 1979; *Roxin*, Zur Abgrenzung von bedingtem Vorsatz und bewußter Fahrlässigkeit, JuS 1964, 53; *derselbe*, Zur Kritik der finalen Handlungslehre, ZStW 74 (1962) S. 516; *derselbe*, Unterlassung usw. im neuen StGB, JuS 1973, 197; *Schewe*, Bewußtsein und Vorsatz, 1967; *derselbe*, Reflexbewegung,

Handlung, Vorsatz, 1972; *Ellen Schlüchter,* Irrtum über normative Tatbestandsmerkmale, 1983; *W. Schmid,* „Bedingter Handlungswille" beim Versuch und im Bereich der strafbaren Vorbereitungshandlungen, ZStW 74 (1962) S. 48; *Schmidhäuser,* Willkürlichkeit und Finalität als Unrechtsmerkmale im Strafrechtssystem, ZStW 66 (1954) S. 27; *derselbe,* Der Begriff des bedingten Vorsatzes usw., GA 1958, 161; *derselbe,* Vorsatzbegriff und Begriffsjurisprudenz im Strafrecht, 1968; *derselbe,* Die Grenze zwischen vorsätzlicher und fahrlässiger Straftat, JuS 1980, 241; *derselbe,* Strafrechtlicher Vorsatzbegriff und Alltagssprachgebrauch, Festschrift für D. Oehler, 1985, S. 135; *R. Schmitt,* Rücktritt von der Verabredung zu einem Verbrechen, JuS 1961, 25; *Schmoller,* Das voluntative Vorsatzelement, ÖJZ 1982, 259; *Schneider,* Über die Behandlung des alternativen Vorsatzes, GA 1956, 257; *Schröder,* Aufbau und Grenzen des Vorsatzbegriffs, Festschrift für W. Sauer, 1949, S. 207; *Spendel,* Zum Begriff des Vorsatzes, Festschrift für K. Lackner, 1987, S. 167; *Steininger,* Der Irrtum über normative Tatbestandsmerkmale, JBl 1987, 205; *Stratenwerth,* Dolus eventualis und bewußte Fahrlässigkeit, ZStW 71 (1959) S. 51; *Warda,* Vorsatz und Schuld bei ungewisser Tätervorstellung usw., Festschrift für R. Lange, 1976, S. 119; *Weigend,* Zwischen Vorsatz und Fahrlässigkeit, ZStW 93 (1981) S. 657; *Welzel,* Vom Vergänglichen und Bleibenden usw., Erinnerungsgabe für M. Grünhut, 1965, S. 173; *E. A. Wolff,* Die Grenzen des dolus eventualis und der willentlichen Verletzung, Festschrift für W. Gallas, 1973, S. 197; *Wolter,* Alternative und eindeutige Verurteilung usw., 1972.

I. Das Erfordernis vorsätzlicher Tatbegehung

1. Für den subjektiven Tatbestand verlangt das Strafrecht **in der Regel Vorsatz,** die Bestrafung fahrlässigen Handelns ist die Ausnahme. Dies ergibt sich aus der allgemeinen Bestimmung über die Fassung der Strafvorschriften, wonach nur vorsätzliches Handeln strafbar ist, fahrlässiges Handeln aber straffrei bleibt, wenn es nicht ausdrücklich mit Strafe bedroht ist (§ 15). Aufgrund dieser Regelung im Allgemeinen Teil konnte der Sprachgebrauch des Gesetzes vereinfacht werden. Das EGStGB hat das überflüssig gewordene Tatbestandsmerkmal „vorsätzlich" überall im Besonderen Teil gestrichen (z. B. §§ 142, 153, 154, 212, 217, 303). Gleichzeitig wurde das Tatbestandsmerkmal „fahrlässig" eingeführt, wo es bisher fehlte (z. B. § 323 III, IV). Wo „wissentliches" Handeln (z. B. §§ 87 I, 109e II, 134, 344) oder ein Handeln „wider besseres Wissen" (z. B. §§ 164 I, 187) vorausgesetzt wird, ist der bedingte Vorsatz ausgeschlossen (vgl. unten § 29 III 2). Wo „Absicht" oder „absichtliches" Handeln verlangt wird (z. B. §§ 87 I, 142 III 2, 167 I Nr. 1, 242, 258), sind in der Regel direkter und bedingter Vorsatz ausgeschlossen (vgl. unten § 29 III 1 b). Aus § 15 folgt ferner, daß es keine andere Form der subjektiven Zurechnung im Strafrecht gibt als Vorsatz und Fahrlässigkeit[1].

2. Was unter Vorsatz zu verstehen ist, sagt § 15 nicht. Die **Definitionen** der Begriffe „Vorsatz", „Absicht" und „Wissentlichkeit" (§§ 16, 17 E 1962) bzw. „Vorsatz" und „Wissentlichkeit" (§ 17 AE) hat der Gesetzgeber aus den Entwürfen nicht übernommen[2], obwohl die Begründung zum E 1962 (S. 129) aus Gründen „der Rechtssicherheit und Rechtsklarheit" vor allem auf die gesetzliche Festlegung der Grenze zwischen Vorsatz und Fahrlässigkeit Wert gelegt hatte. Wesen und Inhalt des Vorsatzes müssen deshalb aus den beiden Irrtumsvorschrif-

---

[1] Im deutschen Strafrecht gibt es keine objektive Verantwortlichkeit wie in Frankreich bei den „infractions purement matérielles" (vgl. *Bouzat,* Traité Bd. I S. 195) oder im anglo-amerikanischen Recht in den Fällen der „strict liability" (vgl. *Grünhut,* Das englische Strafrecht S. 201 ff.; *Honig,* Das amerikanische Strafrecht S. 35 ff.; *Bähr,* Strafbarkeit ohne Verschulden S. 34 ff.). Für Einführung einer Zwischenstufe nach dem Muster der amerikanischen „recklessness", die bedingten Vorsatz und bewußte Fahrlässigkeit umschließen würde, *Weigend,* ZStW 93 (1981) S. 657 ff.

[2] Vgl. zur Begründung BT-Drucksache V/4095 S. 8. Zu Recht fordert *Roxin,* JuS 1973, 201 wenigstens eine Definition des bedingten Vorsatzes, um die Abgrenzung gegenüber der bewußten Fahrlässigkeit gesetzlich festzulegen. Definitionen des Vorsatzes enthalten § 6 StGB DDR, § 5 österr. StGB sowie Art. 18 II schweiz. StGB.

ten der §§ 16, 17 und aus der Gegenüberstellung von Vorsatz und Fahrlässigkeit in § 15 erschlossen werden (vgl. unten § 29 II 2).

3. Bei den erfolgsqualifizierten Delikten (vgl. oben § 26 II 1 a) muß dem Täter oder Teilnehmer bezüglich des schweren Erfolgs „wenigstens Fahrlässigkeit" zur Last fallen (§ 18). Daraus folgt zugleich, daß ein erfolgsqualifiziertes Delikt auch dann in Betracht kommt, wenn der Täter hinsichtlich des Erfolges vorsätzlich handelt. In diesem Fall kann freilich auch eine andere schwerere Strafvorschrift gegeben sein, die dann das erfolgsqualifizierte Delikt verdrängt. In zahlreichen Fällen verlangt das Gesetz jetzt beim erfolgsqualifizierten Delikt nicht nur Fahrlässigkeit, sondern Leichtfertigkeit (z. B. §§ 176 IV, 177 III, 251) (vgl. unten § 54 II 2). Vorsatz bezüglich der schweren Folge fällt dann – anders als nach § 18 – nicht unter den Tatbestand des erfolgsqualifizierten Delikts.

Beispiele: Vorsätzliche Körperverletzung mit fahrlässiger oder bedingt vorsätzlicher Herbeiführung eines schweren Körperschadens (etwa Verlust eines Auges) fällt unter § 224. Ist der schwere Körperschaden dagegen beabsichtigt (der Täter wollte dem Verletzten gerade ein Auge ausschlagen), kommt nur § 225 zur Anwendung. § 251 setzt voraus, daß der Räuber leichtfertig (d. h. durch grobe Fahrlässigkeit) den Tod eines anderen verursacht. Tötet er bedingt vorsätzlich oder gar absichtlich, kommen nur §§ 211/212 in Tateinheit mit § 250 I Nr. 3 in Betracht (zur Sperrwirkung der Mindeststrafe des erfolgsqualifizierten Delikts vgl. oben § 26 II 1 a).

II. Herkunft, Wesen und Gegenstand des Vorsatzes

1. Der Vorsatzbegriff des modernen Strafrechts geht auf das spätere römische Recht zurück und war eine seiner großen Leistungen[3]. Das germanische Recht bewahrte dagegen lange den Gedanken der Erfolgshaftung und ließ nur bestimmte *typische* Fälle der unbeabsichtigten Tat als Zufallswerk straflos[4]. Die mittelalterlich-italienischen Juristen haben aus dem römischen Recht den Begriff des „dolus" übernommen und ihn zur Voraussetzung aller schweren Delikte gemacht. Die CCC und die entstehende deutsche Strafrechtslehre haben sich der italienischen Wissenschaft angeschlossen[5]. Die gemeinrechtliche Praxis kehrte zwar aus Beweisgründen immer wieder zu einer an objektiven Merkmalen (Indizien) orientierten Zurechnung zurück und neigte bei der Behandlung von Folgeschäden einer Straftat zur Wahrscheinlichkeitsbetrachtung (dolus indirectus), doch blieb der Vorsatzbegriff im ganzen ein unangefochtenes gemeinsames Erbe der kontinentaleuropäischen Strafrechtsordnungen[6].

---

[3] Vgl. das berühmte Reskript Kaiser Hadrians (117 - 138) „In maleficiis voluntas spectatur, non exitus" (Dig. 48, 8, 14); dazu näher *Löffler,* Schuldformen S. 67 ff.; *Mommsen,* Römisches Strafrecht S. 85 ff.

[4] Vgl. dazu *Eb. Schmidt,* Einführung S. 31 ff. gegen *Ekkehard Kaufmann,* Die Erfolgshaftung S. 66 ff.

[5] Vgl. *Engelmann,* Die Schuldlehre der Postglossatoren S. 36 ff.; *Schaffstein,* Die allgemeinen Lehren S. 107 ff.

[6] Die gleichen Strukturen des Vorsatzes wie im deutschen Strafrecht finden sich auch in Österreich, vgl. *WK (Nowakowski)* § 5 Rdn. 2 ff.; *Triffterer,* Allg. Teil S. 160 ff.; *Kienapfel,* Allg. Teil, Syst. Darst. (österr.) S. 57 ff., und in der Schweiz, vgl. *Germann,* SchwZStr 77 (1961) S. 348 ff.; *Noll / Trechsel,* Allg. Teil I S. 80 ff. Auch die französische Doktrin unterscheidet beim Vorsatz (dol) ein intellektuelles und ein voluntatives Element (connaissance et volonté); vgl. *Merle / Vitu,* Traité S. 701 ff.; *Geck,* Grenzen der Vorsatzhaftung S. 4 ff. In Italien findet sich eine ganz ähnliche Diskussion wie in Deutschland; vgl. *Fiandaca / Musco,* Diritto penale S. 169 ff. Das gleiche gilt für Spanien, vgl. *Rodríguez Devesa / Serrano Gómez,* Derecho penal S. 459 ff.; *Cerezo Mir,* Curso S. 338 ff. Zur Vorsatzdefinition in Art. 18 I des brasilianischen Código penal *Fragoso,* Lições S. 175 ff. (im Anschluß an die deutsche Lehre) sowie *da Costa jr.,* Comentários, Art. 18 Anm. II, III. Die niederländische Lehre und Rechtsprechung ringen besonders mit der Abgrenzung von bedingtem Vorsatz und bewußter Fahrlässigkeit; vgl. *Pompe,* Handboek S. 172 ff.; *D. Hazewinkel-Suringa / Remmelink,* Inleiding S. 169 ff.; *Pompe,* Das niederländische Strafrecht S. 79 ff.; *van Bemmelen / van Veen,* Ons Strafrecht S. 98 ff. (zum bedingten Vorsatz ähnlich wie der Text S. 100). Anders und an alte

2. Vorsatz bedeutet nach einer gängigen, aber ungenauen Definition das **Wissen und Wollen der zum gesetzlichen Tatbestand gehörenden objektiven Merkmale** (RG 58, 247 [248]; 70, 257 [258])[7]. Genau genommen ist der den Erfolg anstrebende Wille nur bei der häufigsten Vorsatzart, der Absicht (vgl. unten § 29 III 1), unmittelbar Bestandteil des Vorsatzes. Beim direkten Vorsatz (vgl unten § 29 III 2) und beim bedingten Vorsatz (vgl. unten § 29 III 3) fehlt das Anstreben des Erfolgs. Der Täter weiß hier lediglich, daß der Erfolg notwendiger- oder möglicherweise mit der *willentlich* vollzogenen Handlung verbunden ist. Auf eine Definition des Vorsatzes im ganzen wird hier wegen der Verschiedenartigkeit der Vorsatzarten verzichtet[8]. Es genügt, jede Vorsatzart für sich allein zu definieren (vgl. unten § 29 III). Allgemein ist zu sagen, daß zum Vorsatz in allen drei Arten in verschiedener Weise ein intellektuelles und ein voluntatives Moment gehört. Das *intellektuelle* Moment des Vorsatzes (das Wissen) ist aus § 16 über den Tatbestandsirrtum zu entnehmen. Wenn der Vorsatz bei fehlender Kenntnis der zum gesetzlichen Tatbestand gehörenden Umstände ausgeschlossen ist, ergibt sich durch einen Umkehrschluß positiv für den Vorsatz, daß er die Kenntnis dieser Umstände verlangt. Aus der Regelung des Verbotsirrtums in § 17 schließt man ferner für die Abgrenzung des intellektuellen Moments des Vorsatzes, daß dieser nicht das Bewußtsein der Rechtswidrigkeit voraussetzt, denn bei vermeidbarem Verbotsirrtum ist nach § 17 S. 2 der Vorsatztatbestand anzuwenden, wenn auch mit Strafmilderung nach § 49 I. Das *voluntative* Moment des Vorsatzes folgt aus der Gegenüberstellung von Vorsatz und Fahrlässigkeit in § 15, denn schon ein vorjuristisches Verständnis der Begriffe Vorsatz und Fahrlässigkeit ergibt, daß der Unterschied der beiden Formen der subjektiven Zurechnung im Willen zur Verwirklichung der objektiven Tatbestandsmerkmale liegt. Dabei ist jedoch, wie schon gesagt, zu beachten, daß der tatbestandliche Erfolg nur bei der Absicht Inhalt des Willens ist, während sich der Wille beim direkten und bedingten Vorsatz auf den Vollzug der tatbestandsmäßigen Handlung beschränkt.

Beispiel: Wenn die Täter in dem Bewußtsein, daß die Drosselung des Opfers dessen Tod herbeiführen kann, diese Gefahr hinnehmen, den Eintritt des Todes aber vermeiden wollen, fehlt es an dem auf den Erfolg gerichteten Willen. Die Handlung des Drosselns erfolgt aber willentlich. Deswegen kommt zwar Vorsatz, aber nur bedingter Vorsatz in Betracht (BGH 7, 363 [369f.]).

Erfolgshaftung anknüpfend dagegen das anglo-amerikanische Strafrecht in den Fällen des „constructive intent", vgl. *Grünhut,* Das englische Strafrecht S. 194ff. und *Honig,* Das amerikanische Strafrecht S. 116ff. Grundsätzlich gilt aber auch hier: „actus non facit reum nisi mens sit rea"; vgl. dazu *Glanville Williams,* Criminal Law S. 31; *Kenny / Turner,* Outlines S. 26ff.; *LaFave / Scott,* Criminal Law S. 191ff.; *Ross,* Über Vorsatz S. 47ff. In Anknüpfung an die Definition von unbedingtem und bedingtem Vorsatz in § 6 StGB DDR findet sich bei *Lekschas / Renneberg,* Lehrbuch S. 289ff. eine eingehende Darstellung des Vorsatzes, der die „Selbsterkenntnis sozial-negativen Verhaltens" einschließt (S. 300). Vgl. ferner Strafrecht der DDR, § 6 Anm. 3, 4.

[7] So z. B. *Baumann / Weber,* Allg. Teil S. 389; *Dreher / Tröndle,* § 15 Rdn. 2; *Lackner,* § 15 Anm. 2; *Schönke / Schröder / Cramer,* § 15 Rdn. 12; *SK (Rudolphi)* § 16 Rdn. 1; *Wessels,* Allg. Teil S. 60. Gegen diese Definition aber *Schmidhäuser,* Allg. Teil S. 178f.; *derselbe,* Vorsatzbegriff S. 14f.; *derselbe,* Oehler-Festschrift S. 156ff.; *Jakobs,* Allg. Teil S. 214; *Frisch,* Vorsatz und Risiko S. 255ff.; *Weigend,* ZStW 93 (1981) S. 658f.; *Schmoller,* ÖJZ 1982, 285; *Kindhäuser,* ZStW 96 (1984) S. 21ff.

[8] Die Definition von *Jakobs,* Allg. Teil S. 214: „Vorsatz ist das Wissen um die Handlung und ihre Folgen" vernachlässigt den Willen, der als Erfolgswille bei der Absicht, als Handlungswille bei direktem und bedingtem Vorsatz gegeben sein muß. Auch *Frisch,* Vorsatz und Risiko S. 300ff. hält ein Willensmoment für den Vorsatzbegriff nicht für erforderlich. Dagegen, auch für den bedingten Vorsatz, zu Recht *Küper,* GA 1987, 508 sowie *Spendel,* Lackner-Festschrift S. 181ff.

Die Kenntnis des Täters muß sich beziehen auf die in der Vergangenheit liegenden und die gegenwärtigen Tatbestandsmerkmale. Der Täter muß ferner die Voraussicht der künftigen Tatbestandsmerkmale, insbesondere des Erfolges und des Kausalverlaufs in seinen wesentlichen Zügen besitzen. Der Wille besteht in dem Entschluß zur Verwirklichung der Tatbestandshandlung und in der Durchführung dieses Entschlusses, bei der Absicht auch darin, daß der Täter den tatbestandsmäßigen Erfolg anstrebt[9]. Durch den Entschluß unterscheidet sich der Vorsatz vom bloßen Wähnen, Wünschen und Hoffen. Der Vorsatz muß ferner im Zeitpunkt der Tat vorliegen, ein vorausgehender oder nachfolgender Vorsatz (dolus antecedens bzw. subsequens) ist unbeachtlich[10].

Beispiel: Die Ehefrau hatte sich in den Flur der Wohnung geflüchtet, um den Mißhandlungen des Ehemannes zu entgehen. Dort stürzte sie und erlitt dadurch eine Gehirnblutung. Der Ehemann trat ihr mehrmals mit Tötungsvorsatz ins Gesicht. Der Tod erfolgte nach mehreren Stunden infolge der fortschreitenden Gehirnblutung. Keine vollendete, sondern nur versuchte Tötung, da der Tötungsvorsatz der in dem Sturz liegenden Todesursache erst nachfolgte (BGH NStZ 1983, 452). Das Problem einer vorsätzlichen Tötung durch Unterlassen der Hilfeleistung wird in der Entscheidung nicht erörtert.

3. Der **Beziehungspunkt** des Vorsatzes sind alle Merkmale des **objektiven Tatbestandes**.

a) Am einfachsten zu erkennen sind für den Täter die Gegenstände der realen Außenwelt, die unmittelbar der Anschauung zugänglich sind (Mensch, Tier, Mann, Frau, Gebäude, Schiff, Brücke, Wasserleitung). Bei den Verletzungsdelikten (vgl. oben § 26 II 2) muß der Täter ferner die Verletzung, bei den Gefährdungsdelikten die konkrete Gefährdung des Handlungsobjekts (BGH 22, 67 [73 f.]) erkannt und im Falle der Absicht auch gewollt haben (*Verletzungs*- bzw. *Gefährdungs*vorsatz) (vgl. auch BGH 26, 244 [246]). Bei den Erfolgsdelikten muß ferner der Kausalverlauf in seinen wesentlichen Zügen vom Vorsatz umfaßt sein. Bei den *deskriptiven* Tatbestandsmerkmalen (vgl. oben § 26 IV 1), die eine geistige Erkenntnis voraussetzen, muß der natürliche Sinngehalt verstanden worden sein (z.B. „beschädigen", § 303). Bei den *normativen* Tatbestandsmerkmalen (vgl. oben § 26 IV 2) ist volle Bedeu-

---

[9] Dagegen soll sich der Vorsatz nach *Frisch,* Vorsatz und Risiko S. 57 f. nicht auf den Erfolg beziehen. Dagegen zu Recht *Küper,* GA 1987, 803. Über die Anwendung des allgemeinen psychologischen Deutungsschemas auf Vorsatztaten vgl. *Platzgummer,* Die Bewußtseinsform des Vorsatzes S. 26 ff. Dort ist insbesondere gezeigt, daß das intellektuelle Moment des Vorsatzes auch in einer undeutlichen, unreflektierten Vorstellung („Mitbewußtsein") bestehen kann, der man keine Aufmerksamkeit zuwendet (S. 91 ff.). Dazu auch *Schewe,* Bewußtsein S. 120 ff., sowie *Bockelmann,* Radbruch-Gedächtnisschrift S. 255 f. In der Rechtsprechung wird das gelegentlich nicht beachtet (vgl. RG 73, 164 [168]; BGH NJW 1953, 152; richtig BayObLG NJW 1977, 1974; kritisch dazu *Köhler,* GA 1981, 296 ff.). Über einen triebhaften Drang als „Wollen" zutreffend *Gschwind,* Germann-Festschrift S. 59 ff. Seine Konsequenzen für die Strafzumessung (S. 68) sind zu billigen. Über Affekt- und Kurzschlußhandlungen als gesteuertes, aber unbewußtes Verhalten *Schewe,* Reflexbewegung S. 27 ff. Daß auch diese Handlungen im Sinne des Strafrechts vorsätzlich sind, ist nicht zu bezweifeln. *Schewe* stellt dafür auf den äußeren Handlungsablauf ab (S. 110 ff.). *Krümpelmann,* Welzel-Festschrift S. 334 ff. betont mit Recht die Bedeutung der *bewußten Vorstadien* der Affekttat. Über den Beweis des Vorsatzes durch den Schluß aus äußeren Tatsachen *Hruschka,* Kleinknecht-Festschrift S. 201.

[10] Der Vorsatz muß nur bis zu dem als beendet erkannten Versuch fortbestehen, bei Vorsatzaufgabe vor Eintritt des Erfolgs bleibt der Täter wegen Vollendung verantwortlich; vgl. *Herzberg,* Oehler-Festschrift S. 167 ff. Ob bei den zweiaktigen Delikten (vgl. oben § 26 II 5) der Vorsatz schon bei der Vornahme des ersten Akts auch auf die Vornahme des zweiten gerichtet sein muß, ergibt die Auslegung des jeweiligen Tatbestandes (z.B. §§ 249, 237, 257); vgl. dazu *Hruschka,* JZ 1973, 12 und 278; *Dreher,* JZ 1973, 276; *Schönke / Schröder / Cramer,* § 15 Rdn. 28.

tungskenntnis erforderlich (z. B. „fremde bewegliche Sache", § 242 [dazu OLG Celle, Nds. Rpfl. 1985, 148]; „öffentliche Urkunde", § 271; „gemeine Gefahr oder Not", § 323 c; das gleiche gilt für Tätermerkmale wie „Amtsträger", §§ 11 I Nr. 2, 331 ff. oder „Richter", §§ 11 I Nr. 3, 336)[11]. Unter Bedeutungskenntnis ist jedoch nicht eine juristisch exakte Subsumtion zu verstehen, ausreichend ist vielmehr die **„Parallelwertung in der Laiensphäre"**[12]. Das heißt, es muß eine der Bewertung durch den Gesetzgeber „gleichgerichtete Einschätzung des Tatbestandsmerkmals im Gedankenkreis der individuellen Person" vorliegen.

Beispiele: Wer die Leistung eines Pferdes durch Einwirkung auf sein Nervensystem beeinträchtigt (§ 303), kann nicht geltend machen, er habe lebende Tiere nicht als Sachen angesehen (RG 37, 411). Der Einwand eines Kleinhändlers mit Schuhwaren, er habe den Preisaufdruck im Schuh nicht für eine Urkunde (§ 267) gehalten, ist unbeachtlich, wenn er den sachlichen Bedeutungsgehalt der Angabe als beweiserhebliche Erklärung erfaßt hatte (RG 53, 237 [240]). Der Rechtsanwalt, der in derselben Rechtssache beiden Parteien „pflichtwidrig" dient (§ 356), muß den bestehenden Interessengegensatz zwischen den Mandanten erkannt haben (BGH 7, 17 [21 f.]). Beim Meineid muß der Täter wissen, daß er vor einer „zur Eidesabnahme zuständigen Behörde" schwört (BGH 3, 247 [255]; unrichtig BGH 1, 13 [17]). Bei Kreditgeschäften muß er die wirtschaftliche Funktion des Unternehmens als „Kreditinstitut" erkennen (BGH 4, 347 [352]). Bei Rechtsansprüchen kommt es auf die Kenntnis ihres Bestehens bzw. Nichtbestehens an (BGH 5, 90 [92]; 4, 105 [106]). Der Irrtum über die juristische Bezeichnungsweise ist ein Subsumtionsirrtum, der aber als Verbotsirrtum in Betracht kommen kann, so etwa der Einwand, das mutwillige Ablassen der Luft aus der Bereifung eines Kraftfahrzeugs sei keine „Beschädigung" im Sinne von § 303 (BGH 13, 267) (vgl. unten § 29 V 7a).

b) Der Vorsatz muß sich ferner auf die *Regelbeispiele* für einen besonders schweren Fall (z. B. § 243) beziehen, obwohl diese nicht zum Tatbestand gehören, sondern Strafzumessungsgründe sind (BGH 26, 176 [180 ff.]; 244 ff.) (vgl. oben § 26 V 2). Entsprechendes gilt für die *unbenannten „besonders schweren Fälle"* (z. B. § 263 III) (vgl. oben § 26 V 1). Der Vorsatz muß hier die Umstände umfaßt haben, in denen der Richter den besonders schweren Fall erblickt[13], denn es kann keinen Unterschied machen, ob der Gesetzgeber die Voraussetzungen einer Strafschärfung selbst formuliert oder der Entscheidung durch den Richter überlassen hat (a. A. noch RG JW 1936, 1677; RG JW 1938, 504). Darüber hinaus wird der Vorsatz für alle objektiven *Strafzumessungstatsachen* zu verlangen sein. Das gilt auch für die Folgen der Straftat (§ 46 II: *verschuldete* Auswirkungen der Tat), da sie, hätte sie der Gesetzgeber als Tatbestandsmerkmale ausgebildet, ebenfalls vom Vorsatz umfaßt sein müßten[14]. Eine Ausnahme gilt nur dann, wenn es sich um einen Verletzungserfolg handelt, der die Verwirklichung der in der Tatbestandshandlung angelegten typischen Gefahr darstellt. Für diese Fälle ist § 18 analog heranzuziehen und damit Fahrlässigkeit für ausreichend zu halten, da diese Bestimmung anzuwenden wäre, wenn der Gesetzgeber

---

[11] Auch das Alter des Opfers muß der Täter nach h. M. kennen, wenn es im Tatbestand enthalten ist (z. B. § 176); vgl. *Schönke/Schröder/Lenckner,* § 176 Rdn. 10. Anders hierzu *Schmidhäuser,* Allg. Teil S. 490 Fußnote 9.

[12] So die berühmte Lehre von *Mezger,* Lehrbuch S. 238, die er im Anschluß an *Binding,* Normen Bd. III S. 146 ff. entwickelt hat und die allgemein anerkannt ist; vgl. *Maurach/Zipf,* Allg. Teil I S. 302; *Schönke/Schröder/Cramer,* § 15 Rdn. 45; *Jakobs,* Allg. Teil S. 236; *SK (Rudolphi)* § 16 Rdn. 23. Über die Annäherung von Fach- und Alltagssprache im „Kommunikationsprozeß" zwischen Richter und Täter" *Arthur Kaufmann,* Parallelwertung S. 36 ff. Einschränkend *Ellen Schlüchter,* Irrtum S. 115 ff. durch die Lehre, der Täter müsse nur die „Verletzungsbedeutung seines Verhaltens" erkannt haben.

[13] So mit Recht *Schönke/Schröder/Cramer,* § 15 Rdn. 33; *SK (Rudolphi)* § 16 Rdn. 8.

[14] So *Schönke/Schröder/Cramer,* § 15 Rdn. 35; zweifelnd *Lackner,* § 46 Anm. 4 a bb; *SK (Rudolphi)* § 16 Rdn. 8.

die schwere Folge als Tatbestandsmerkmal ausgestaltet hätte (vgl. näher unten § 83 I 3)[15].

c) Die *„gesamttatbewertenden Merkmale"* (vgl. oben § 25 II 2) müssen, damit der Beziehungspunkt des Vorsatzes ermittelt werden kann, in ihre den Sachverhalt kennzeichnenden Bestandteile (Tatbestandsmerkmale) und in die rechtliche Bewertung des Sachverhalts (Rechtswidrigkeit) zerlegt werden. Demgemäß hat der Vorsatz nur den Sachverhalt zu umfassen, während die Bewertung des Sachverhalts nach den Regeln über das Bewußtsein der Rechtswidrigkeit behandelt wird (vgl. unten § 41 II 1a)[16]. Dasselbe gilt auch für die objektiv gefaßten *Schuldmerkmale,* die eine bestimmte äußere Gestaltung der Tat voraussetzen (vgl. unten § 42 II 1). Auch hier muß dem Täter die objektive Situation zum Bewußtsein gekommen sein, während er über die Bewertung seiner Gesinnung nicht nachgedacht zu haben braucht.

4. Auch die **subjektiven Tatbestandsmerkmale** beziehen sich häufig auf objektive Merkmale (so z. B. die Vorteilsabsicht in § 263). Der Bezugspunkt im objektiven Tatbestand muß dann ebenfalls vom Vorsatz umfaßt sein, aber nicht das Merkmal als solches, das selbst einen besonderen psychischen Sachverhalt kennzeichnet[17].

III. Die Arten des Vorsatzes

Drei Arten des Vorsatzes sind zu unterscheiden: die Absicht, der direkte Vorsatz und der bedingte Vorsatz[18].

1. **Absicht** bedeutet, daß der Täter die tatbestandsmäßige Handlung oder den im Tatbestand vorausgesetzten Erfolg oder beides anstrebt[19]. Bei der Absicht dominiert also der *Willensfaktor* des Vorsatzes.

Beispiele: Der Täter will an einem bestimmten Kinde unter 14 Jahren sexuelle Handlungen vornehmen und beabsichtigt somit auch diese Tat (§ 176 I). Dem Exhibitionisten kommt es auf die Handlung i. S. von § 183 als solche an, für die Belästigung als Erfolg genügt bedingter Vorsatz. In verfassungsfeindlicher Absicht handelt, wem es auf die Schädigung der Verfassung ankommt (BGH 18, 246 [248]). Wer einen gefährlichen Zeugen beseitigen will, handelt mit Tötungsabsicht (BGH 21, 283).

---

[15] So *Bruns,* Strafzumessungsrecht S. 422ff.; *Frisch,* GA 1972, 330ff.; *SK (Horn)* § 46 Rdn. 70f. Vorsatz in allen Fällen verlangt *Schönke / Schröder / Stree,* § 46 Rdn. 26f.; mit Fahrlässigkeit begnügt sich *LK (G. Hirsch)* § 46 Rdn. 57. BGH 10, 259 ist überholt.

[16] Ebenso *Schönke / Schröder / Cramer,* § 15 Rdn. 22; *SK (Rudolphi)* § 16 Rdn. 17.

[17] Ebenso *Dreher / Tröndle,* § 16 Rdn. 3, 13; *Schönke / Schröder / Cramer,* § 15 Rdn. 25. Weitergehend *Engisch,* Rittler-Festschrift S. 172.

[18] Zum Teil wird eine davon abweichende Terminologie gebraucht. Bei *Blei,* Allg. Teil S. 113f. heißt die Absicht „unmittelbarer Vorsatz" oder „dolus directus ersten Grades", der direkte Vorsatz „mittelbarer Vorsatz" oder „dolus directus zweiten Grades". *Schönke / Schröder / Cramer,* § 15 Rdn. 63f. unterscheidet nur zwischen „direktem Vorsatz" (dolus directus) und „bedingtem Vorsatz" (dolus eventualis), der direkte Vorsatz umfaßt hier sowohl die Fälle der Absicht als auch die des sicheren Wissens. Sachlich ergeben sich dadurch keine Unterschiede zum obigen Text. Wie der Text *Maurach / Zipf,* Allg. Teil I S. 297f.; *LK (Schroeder)* § 16 Rdn. 76ff.; *SK (Rudolphi)* § 16 Rdn. 36; *Stratenwerth,* Allg. Teil I Rdn. 250ff.; *Wessels,* Allg. Teil S. 62ff. Ebenso wie der Text auch BGH 18, 248; österr. OGH JBl 1972, 377; *Schultz,* Einführung I S. 193ff. Charakteristisch für die rasche Entwicklung der amerikanischen Strafrechtsdogmatik ist die reich differenzierte Ausgestaltung der Arten von Vorsatz und Fahrlässigkeit in Sect. 2.02 des Model Penal Code (Übersetzung von *Honig).* Vgl. dazu *LaFave / Scott,* Criminal Law S. 191ff.

[19] Ebenso *LK (Schroeder)* § 16 Rdn. 86; *SK (Rudolphi)* § 16 Rdn. 36. Zu Unrecht wird von *Schönke / Schröder / Cramer,* § 15 Rdn. 65 die Absicht auf das Erstreben des Erfolgs beschränkt.

a) Von Absicht spricht man insbesondere dann, wenn sie als subjektives Tatbestandsmerkmal auftritt (vgl. unten § 30 II 1), d. h. wenn der Täter einen über den objektiven Tatbestand hinausgehenden Erfolg anstrebt, den er nach dem Tatbestand zwar ins Auge fassen muß, aber nicht zu erreichen braucht, z. B. die Zueignung der gestohlenen Sache beim Diebstahl (RG 49, 140 [142]). Charakteristisch für die Absicht ist, daß der Täter sein Verhalten nach der Zielvorstellung einrichtet und daß er im Interesse der Erreichung des Ziels tätig wird. Dagegen ist es gleichgültig, ob er den Erfolg für sicher oder nur für möglich hält (BGH 21, 283 [284f.]). Gleichgültig ist es auch, ob der Erfolg zugleich der Beweggrund (das Motiv) für die Tat ist oder ob es sich nur um ein Zwischenziel des Täters handelt, das sich als Mittel zur Erreichung weiterer Ziele darstellt, während der Endzweck der Tat jenseits des ersten Ziels gelegen ist (RG 27, 217: das Motiv einer betrügerischen Machenschaft war nicht die Erlangung eines Vermögensvorteils, sondern die Befriedigung des Berufsehrgeizes des Täters)[20]. Die Rechtsprechung verwendet, um jeden Anklang an die Motivation zu vermeiden, im allgemeinen die Formel, daß Absicht dann vorliegt, wenn es dem Täter **darauf ankommt,** den im Gesetz bezeichneten Erfolg herbeizuführen[21].

Beispiele: Wer, um den Fuhrlohn zu verdienen, Diebesbeute transportiert, handelt mit Begünstigungsabsicht (§ 257), weil es ihm darauf ankommt, dem Dieb die Vorteile der Tat zu sichern, mag sein Endziel auch eigener Gewinn gewesen sein (BGH 4, 107 [109])[22]. Die Absicht im Sinne des § 91 a. F. (jetzt § 89) hat, wem es darauf ankommt, die Dienstbereitschaft der Polizei zu untergraben, welche politischen Ziele er damit auch immer verfolgen mag (BGH 18, 151 [155]; vgl. auch BGH 9, 142 [146] m. Anm. *Bockelmann,* JZ 1956, 698, wo der Ausdruck „dolus directus" abweichend gebraucht wird). Dagegen hat ein Berliner Polizeibeamter, der auf der Reisekostenrechnung angibt, ein Flugzeug benutzt zu haben, um nicht aufdecken zu müssen, daß er vorschriftswidrig mit dem Kraftwagen durch die DDR in die Bundesrepublik gefahren war, keine Betrugsabsicht, da es ihm nicht auf die Erlangung der Flugkosten ankam, sondern allein auf die Vermeidung des Disziplinarverfahrens (im Ergebnis richtig KG NJW 1957, 882). Ebenso ist zu entscheiden, wenn jemand im letzten Augenblick ohne Fahrkarte einen Zug besteigt, um einen Lehrgang nicht zu versäumen (anders BGH 16, 1 [5]). Beim Mord können bedingter Vorsatz und Verdeckungsabsicht zusammentreffen (BGH 11, 268 [270]; 15, 291 [297]).

Die Absicht des Täters kann immer nur auf etwas Zukünftiges gerichtet sein. Wenn man den Vorsatz hinsichtlich der der Tat vorausgehenden oder sie begleitenden Umstände meint, spricht man nicht von Absicht, sondern von Gewißheit, Zweifel oder Unkenntnis. Insofern ist der Ausdruck „Absicht" eigentlich zu eng, weil es dem Täter nicht nur auf den Erfolg, sondern auch auf den Handlungsvollzug ankommen kann (vgl. den Fall zu § 183 oben § 29 III 1).

b) Das Gesetz verwendet den Ausdruck „Absicht" bzw. die gleichbedeutende Wendung „um zu" nicht einheitlich, was zu Auslegungschwierigkeiten führen kann[23]. Manchmal wird durch den Ausdruck Absicht nur der bedingte Vorsatz ausgeschlossen, der direkte Vorsatz also für genügend erklärt, z. B. die Absicht, ein behördliches Verfahren herbeizuführen, in § 164 I (BGH 13, 219 [221]). Meist aber ist Absicht im Sinne des zielgerichteten Willens zu verstehen. Im Besonderen Teil wird die Absicht vielfach als subjektives Tatbestandsmerkmal verwendet, so daß dem

---

[20] Bedenklich deswegen die Definition von *Frank,* § 59 Anm. VI, Absicht sei die „motivierende Erfolgsvorstellung". In dieser Richtung aber *Baumann / Weber,* Allg. Teil S. 399, der die Absicht als „Hauptbeweggrund" auffassen will.
[21] Vgl. dazu *Engisch,* Untersuchungen S. 141ff.; ferner *Gehrig,* Der Absichtsbegriff, 1986.
[22] Abw. zu diesem Fall *Jakobs,* Allg. Teil S. 218 Fußnote 32.
[23] So verlangte RG 24, 369 für § 225 den zielgerichteten Willen (Absicht), während nach BGH 21, 194, *LK (Hirsch)* § 225 Rdn. 2, *Schönke / Schröder / Stree,* § 225 Rdn. 2 direkter Vorsatz ausreicht.

Erfolgswillen auf der objektiven Seite kein Gegenstück entspricht (z. B. §§ 242, 263, 184 I Nr. 8 [dazu BGH 29, 72 f.]) (vgl. unten § 30 II 1), doch gibt es auch Gegenbeispiele wie die beabsichtigte schwere Körperverletzung in § 225, die §§ 87 I, 344 und die „finalen" Tätigkeitsworte (vgl. oben § 24 III 4 d). Der E 1962 wollte den Begriff der Absicht in folgender Legaldefinition festlegen: „Absichtlich handelt, wem es darauf ankommt, den Umstand zu verwirklichen, für den das Gesetz absichtliches Handeln voraussetzt" (§ 17 I)[24].

2. **Direkter Vorsatz** (dolus directus) bedeutet, daß der Täter *sicher* weiß, daß bestimmte Tatbestandsmerkmale vorliegen oder während seiner Handlung erfüllt werden, insbesondere daß er den Eintritt des tatbestandsmäßigen Erfolgs **als gewiß voraussieht**[25]. Hier dominiert also der *Wissensfaktor* des Vorsatzes. Dagegen fehlt das für die Absicht charakteristische Moment der die Handlung bestimmenden Zielvorstellung. Da jedoch Gewißheit besteht, daß sich der Tatbestand ohnehin verwirklicht, ist der direkte Vorsatz der Absicht im Unrechts- und Schuldgehalt gleichzuachten[26]. Ebenso wie die Gewißheit ist der Fall zu behandeln, in dem der Täter den Eintritt der tatbestandsmäßigen Nebenfolge für **höchstwahrscheinlich** hält, denn zukünftige Ereignisse können meist nicht mit absoluter Gewißheit vorausgesehen werden. Der Unterschied besteht lediglich darin, daß hier immerhin die Hoffnung im Spiel gewesen sein kann, der Erfolg werde durch einen glücklichen Zufall ausbleiben. Auf die praktisch nicht existierende Chance eines guten Ausgangs kann sich jedoch niemand berufen.

Beispiele: Im Jahre 1875 ließ ein gewisser Thomas eine mit Sprengstoff gefüllte und mit einem Zeitzünder versehene Kiste in Bremerhaven auf einen Überseedampfer verladen, damit diese auf der Seefahrt explodieren und das Schiff zum Sinken bringen sollte. Dem Täter kam es dabei allein auf einen Versicherungsbetrug an, er wußte jedoch genau, daß durch die Explosion auch die Besatzung des Schiffes und die Passagiere zu Tode kommen würden. Die Kiste explodierte jedoch schon auf dem Kai, weil sie den Händen der Verladearbeiter entglitt, und verursachte eine Katastrophe (direkter Vorsatz und aberratio ictus, vgl. unten § 29 V 6 c)[27]. Welche praktische Bedeutung die Unterscheidung von Absicht und direktem Vorsatz haben kann, zeigt der Fall BGH 10, 163 (170), wo für das Merkmal der verfassungsfeindlichen Absicht in § 100d II a.F. direkter Vorsatz als ausreichend angesehen wurde (Fall John). Vgl. auch BayObLG JZ 1968, 29 m. abl. Anm. *Cramer* sowie *Lenckner*, NJW 1967, 1890.

Das StGB verwendet zur Bezeichnung des direkten Vorsatzes die Ausdrücke „wissentlich" (z. B. §§ 87 I, 344) oder „wider besseres Wissen" (z. B. §§ 164 I, 187). Der E 1962 hatte folgende Definition des direkten Vorsatzes vorgesehen: „Wissentlich handelt, wer weiß oder als sicher voraussieht, daß der Umstand gegeben ist oder eintreten wird, für den das Gesetz wissentliches Handeln voraussetzt" (§ 17 II).

3. Die dritte Art des Vorsatzes ist der **bedingte Vorsatz** (dolus eventualis).

a) Bedingter Vorsatz bedeutet, daß der Täter **die Verwirklichung des gesetzlichen Tatbestandes ernstlich für möglich hält und sich mit ihr abfindet**[28]. Der Unrechts-

---

[24] Übereinstimmend die h. L.; vgl. *Blei*, Allg. Teil S. 114; *LK (Schroeder)* § 16 Rdn. 76; *SK (Rudolphi)* § 16 Rdn. 36.
[25] Vgl. näher *Engisch*, Untersuchungen S. 170 ff.
[26] Übereinstimmend *Schönke / Schröder / Cramer*, § 15 Rdn. 67.
[27] Vgl. die Darstellung bei *Binding*, Normen Bd. II S. 851 Fußnote 1.
[28] Übereinstimmend, wenn auch mit Abweichungen, die h. L.: vgl. *Ambrosius*, Untersuchungen S. 70 f.; *Blei*, Allg. Teil S. 115; *Bockelmann / Volk*, Allg. Teil S. 83; *Germann*, SchwZStr 77 (1961) S. 374 ff.; *Eser*, Strafrecht I Nr. 3 A Rdn. 44; *Krümpelmann*, ZStW 87 (1975) S. 895 f.; *Lackner*, § 15 Anm. II 3 b; *Roxin*, JuS 1964, 61; *Stratenwerth*, Allg. Teil I Rdn. 308; *SK (Rudolphi)* § 16 Rdn. 43; *E. A. Wolff*, Gallas-Festschrift S. 222 ff.; *Haft*, Allg.

gehalt des bedingten Vorsatzes ist geringer als der der beiden anderen Vorsatzarten, weil der Erfolg hier weder angestrebt noch als sicher erkannt wird, sondern dem Lauf der Dinge überlassen bleibt. Zum bedingten Vorsatz gehört einmal das Bewußtsein des Vorliegens der konkreten Gefahr, daß sich der Tatbestand verwirklichen werde, zum anderen das Ernstnehmen dieser Gefahr durch den Täter. Ernstnehmen der Gefahr bedeutet, daß der Täter das Risiko der Verwirklichung des Tatbestandes als relativ hoch veranschlagt. Auf diese Weise wird die für den Nachweis des bedingten Vorsatzes notwendige Anknüpfung an die vom Täter erkannte objektive Größe und Nähe der Gefahr erreicht. Auch der bedingte Vorsatz erweist sich insoweit als Bestandteil des Handlungsunrechts, denn er drückt sich in der Einschätzung der Gefahr für das geschützte Handlungsobjekt aus. Zur Vorstellung von der Ernstlichkeit der Gefahr hinzukommen muß weiter, daß sich der Täter mit der Verwirklichung des Tatbestandes abfindet. Damit ist gemeint, daß er sich dafür entscheidet, zur Erreichung des von ihm angestrebten Handlungsziels die Verwirklichung des Tatbestands hinzunehmen und den im Augenblick der Handlung bestehenden Zustand der Ungewißheit auszuhalten. Wer in dieser Weise auf die Gefahr hin handelt, daß sich der Tatbestand der strafbaren Handlung verwirklichen werde, zeigt eine Einstellung zu dem geschützten Rechtsgut, die besonders verwerflich ist, weswegen der bedingte Vorsatz im Schuldgehalt der Absicht und dem direkten Vorsatz gleichgestellt werden kann. Die Einstellung des Täters, die als ein Sich-Abfinden mit der Wahrscheinlichkeit des Erfolgseintritts gekennzeichnet wird, ist kein Bestandteil des Handlungswillens, sondern ein *Schuldmoment:* dem Täter wird wegen seines Gesinnungsmangels gegenüber dem Geltungsanspruch des geschützten Rechtsguts ein stärkerer Vorwurf gemacht als im Falle der bewußten Fahrlässigkeit, weil er dort zwar die Gefahr erkennt, aber auf das Ausbleiben des tatbestandsmäßigen Erfolges vertraut. Der bedingte Vorsatz ist somit zusammengesetzt aus dem Verwirklichungswillen bezüglich der Tatbestandshandlung (voluntatives Element des Handlungsunrechts), weiter aus dem Ernstnehmen der Gefahr des Erfolgseintritts (intellektuelles Moment des Handlungsunrechts) sowie drittens aus dem Sich-Abfinden mit dem Eintritt des tatbestandsmäßigen Erfolgs als Schuldmoment[29].

Beispiele: Die beiden Täter benutzen für einen Raubüberfall einen Lederriemen, mit dem sie das Opfer würgen wollen, um es bewußtlos zu machen, nicht zu töten. Obwohl sie erkennen, daß die Drosselung den Tod herbeiführen kann, setzen sie das Würgen fort, bis das Opfer sich nicht mehr rührt und von ihnen unbemerkt stirbt (BGH 7, 363 insbes. 369). Wenn der Täter mit seinem Kraftfahrzeug scharf auf einen Polizeibeamten zufährt, der im letzten Augenblick beiseite springen kann, kommt es für den bedingten Tötungsvorsatz darauf an, ob er sich mit dem als möglich erkannten Todeserfolg abgefunden hat (BGH VRS 59, 183 [184]; BGH bei *Holtz,* MDR 1980, 812; übereinstimmend für andere Fälle dieser Art BGH NStZ 1983, 407 und 1984, 19). Entsprechendes gilt für einen Stich in den Rücken des Opfers, der nur oberflächlich verlaufen ist (BGH MDR 1983, 854).

b) *Beide Entwürfe* haben für den bedingten Vorsatz Definitionen aufgestellt. Nach § 16 E 1962 handelt bedingt vorsätzlich, „wer die Verwirklichung [des gesetzlichen

---

Teil S. 159; *WK (Nowakowski)* § 5 Rdn. 13 ff.; *Wessels,* Allg. Teil S. 66. Die Rechtsprechung verwendet nicht stets, aber vielfach die Formel des Textes; vgl. BGH VRS 59, 184; BGH bei *Holtz,* MDR 1980, 812; BGH NStZ 1984, 19. Zur Position des polnischen Obersten Gerichts vgl. *Buchala,* Jescheck-Festschrift Bd. I S. 389.

[29] Der Text folgt *Gallas,* Beiträge S. 55; *WK (Nowakowski)* Vorbem. 31 vor § 3; § 5 Rdn. 17. Die Vorauflage S. 241 hatte den Handlungswillen noch auf die Möglichkeit des Eintritts des Erfolgs ausgedehnt durch die Erwägung, der Täter habe den ungewissen Erfolg durch das Sich-Abfinden mit seinem Eintritt in den Handlungsentschluß „einbezogen". Die obige differenzierte Erklärung des bedingten Vorsatzes wird jedoch seiner aus Elementen des Handlungsunrechts und der Schuld zusammengesetzten Erscheinung besser gerecht.

Tatbestandes] für möglich hält und sich mit ihr abfindet"[30]. Diese Formel verzichtet auf das Merkmal der Ernstlichkeit, das jedoch zur Kennzeichnung des Grades der Möglichkeit, den der Täter vor Augen hat, in die Definition aufgenommen werden muß. Nach dem AE § 17 II handelt vorsätzlich, „wer die Verwirklichung der Tatumstände ernstlich für möglich hält und in Kauf nimmt". Der Ausdruck „Sich-Abfinden" ist jedoch dem schon früher in der Rechtsprechung (vgl. RG 59, 3; 67, 425) verwendeten „Inkaufnehmen" vorzuziehen, weil damit deutlich gemacht wird, daß der Täter gerade die Ungewißheit hinnimmt und sich in sie fügt, ohne den Kausalverlauf aus eigener Kraft im Sinne der Vermeidung der Gefahr zu beherrschen.

c) Der Begriff des bedingten Vorsatzes wird mitbestimmt durch die Definition der **bewußten Fahrlässigkeit**, an die er sich unmittelbar anschließt. Bewußte Fahrlässigkeit bedeutet, daß der Täter zwar die konkrete Gefahr erkennt, aber sie entweder nicht ernst nimmt, weil er infolge einer pflichtwidrigen Verletzung der gebotenen Sorgfalt bei der Einschätzung des Grades der Gefahr oder seiner eigenen Fähigkeiten die konkrete Gefährdung des Handlungsobjekts verneint oder die Gefahr zwar ernst nimmt, aber trotzdem pflichtwidrig auf das Ausbleiben des Verletzungserfolges vertraut[31] (vgl. unten § 54 II 1). Während es der Täter beim bedingten Vorsatz „darauf ankommen läßt", ist das Charakteristikum der bewußten Fahrlässigkeit der *Leichtsinn*[32]. Demgemäß stellt der E 1962 in § 18 II die Definition auf, daß bewußt fahrlässig handelt, wer „pflichtwidrig und vorwerfbar im Vertrauen darauf handelt, daß er [den gesetzlichen Tatbestand] nicht verwirklichen werde". Das „Sich-Abfinden mit dem Eintritt" und das „Vertrauen auf das Ausbleiben" des Erfolges sind Komplementärbegriffe, die so ausgelegt werden müssen, daß sie lückenlos aneinander anschließen: wer nicht im Vertrauen auf das Ausbleiben des Erfolges handelt, findet sich mit ihm ab; wer sich mit dem Eintritt des Erfolges abfindet, handelt nicht im Vertrauen auf sein Ausbleiben. Als Prüfstein, ob das eine oder das andere anzunehmen ist, kann die *Frank*sche Formel dienen. „Sagt sich der Täter: mag es so oder anders sein, so oder anders kommen, auf jeden Fall handle ich"[33], so ist bedingter Vorsatz anzunehmen[34]. „Die Grenzen der Schuldformen der bewußten Fahrlässigkeit und des bedingten Vorsatzes liegen eng beieinander" (BGH NStZ 1984, 19).

Beispiele: Wer einem anderen auf die Gefahr hin Beistand leistet, daß dieser ein Verbrechen oder Vergehen begangen hat, handelt mit Strafvereitelungsvorsatz i. S. von § 258 a. F. (RG 53,

---

[30] Über den Zusammenhang dieser Formel mit der Rechtsprechung des schweiz. Bundesgerichts (BGE 81 IV 202; 84 IV 128) vgl. *Germann*, ZStW 71 (1959) S. 161 und *Jescheck*, Niederschriften Bd. XII S. 263. Die gegenwärtige Praxis nimmt bedingten Vorsatz an, wenn der Täter den als möglich vorausgesehenen Erfolg für den Fall seines Eintritts billigt, sich mit ihm abfindet oder ihn in Kauf nimmt (BGE 96 IV 100; 103 IV 68; 104 IV 36). Die im Text empfohlene Formel ist vom österreichischen OGH in st. Rspr. übernommen worden (vgl. OGH JBl 1972, 541; SSt 41, 19; EvBl 1971, 144; 1973, 22; 1975, 192 und 282; 1978, 47). Zustimmend *Pallin*, ZStW 84 (1972) S. 201; *Leukauf / Steininger*, § 5 Rdn. 16; *Liebscher*, ZfRV 1970, 188; *Platzgummer*, JBl 1971, 239. Die Formel des Textes ist ferner aufgenommen in § 5 I zw. Halbs. österr. StGB. Ebenso § 6 II StGB DDR; vgl. dazu *Strafrecht der DDR*, § 6 Anm. 4; *Lekschas / Renneberg*, Lehrbuch S. 307 f.

[31] Vgl. *Bockelmann / Volk*, Allg. Teil S. 84. § 6 II österr. StGB verlangt dagegen das positive Merkmal des Vertrauens nicht; vgl. *WK (Burgstaller)* § 6 Rdn. 10.

[32] Vgl. näher *Stratenwerth*, ZStW 71 (1959) S. 58 und Allg. Teil I Rdn. 1104, 308 (der freilich schon das bloße Ernstnehmen der Gefahr für den bedingten Vorsatz genügen lassen will); *v. Hippel*, Vorsatz und Fahrlässigkeit S. 125 ff.; *Welzel*, Lehrbuch S. 68; *Maurach / Gössel / Zipf*, Allg. Teil II S. 81 f.; *Wessels*, Allg. Teil S. 64.

[33] *Frank*, § 59 Anm. V (S. 190). Dazu *Bockelmann / Volk*, Allg. Teil S. 83.

[34] Bedenken dagegen aber bei *Großmann*, Vorsatz und Fahrlässigkeit S. 68 ff. und *Engisch*, Untersuchungen S. 206.

III. Die Arten des Vorsatzes

342; 55, 126). Dagegen handelt, wer auf der Autobahn wendet (§ 315c I Nr. 2f.), in der Regel nur bewußt fahrlässig bezüglich des Schadenseintritts, aber meist bedingt vorsätzlich im Hinblick auf den Eintritt einer konkreten Gefahr. Die nichteheliche Mutter, die ihr Kind ohne fremde Hilfe zur Welt bringt und sich wenigstens bemüht, das Neugeborene zu Lebensäußerungen zu veranlassen, handelt nur bewußt fahrlässig, wenn dieses mangels ausreichender Betreuung stirbt (BGH GA 1979, 106 im Unterschied zu dem Fall BGH GA 1970, 86).

d) Die Bestimmung des Inhalts des bedingten Vorsatzes und seiner Abgrenzung gegenüber der bewußten Fahrlässigkeit ist äußerst umstritten. Doch werden die *anderen Lehrmeinungen* im praktischen Ergebnis meist auf dasselbe hinauslaufen wie die Theorie der h. L.

aa) Die **Wahrscheinlichkeitstheorie**[35] stellt darauf ab, mit welchem Grad von Wahrscheinlichkeit der Täter die Verwirklichung des Tatbestands erwartet. Gegen diese Lehre spricht, daß die größere oder geringere Wahrscheinlichkeit der Tatbestandsverwirklichung im Bewußtsein des Täters einen fließenden Übergang vom bedingten Vorsatz zur bewußten Fahrlässigkeit darstellen würde. Damit würde schon im Ansatz auf die Bestimmung einer festen Grenze zwischen den beiden Schuldformen verzichtet werden. Die größere oder geringere Wahrscheinlichkeit ist nur ein Indiz für das Ernstnehmen der Gefahr durch den Täter.

bb) Die **Möglichkeitstheorie**[36] vermeidet diese Unsicherheit und nimmt bedingten Vorsatz schon dann an, wenn der Täter die Verwirklichung des Tatbestandes auch nur konkret für möglich gehalten hat. Jedoch wird mit der Anerkennung des Möglichkeitsbewußtseins als alleinigem Vorsatzkriterium die Vorsatzgrenze zu weit in den Bereich der bewußten Fahrlässigkeit hinein verschoben. Eine schärfere Ausprägung der Möglichkeitstheorie ist die **Risikotheorie**. Vorsatz liegt danach dann vor, wenn der Täter sich in voller Einschätzung des mit seinem Handeln verbundenen (nicht mehr tolerierbaren) Risikos für dieses Handeln entscheidet[37]. Gegen die Risikotheorie ist der gleiche Einwand zu erheben wie gegen die Möglichkeitstheorie.

cc) Die **Einwilligungstheorie**[38], die vielfach in der Rechtsprechung verwendet wird (z. B. RG 33, 5; 76, 115 [116]; OGH 2, 254; BGH 14, 240 [256]; BGH GA 1958, 165; BGH 21, 285), verlangt, daß der Täter den Erfolg „gebilligt" oder „billigend in Kauf genommen" haben muß oder daß er „auch bei sicherer Kenntnis des Erfolges" gehandelt haben würde. Zum Nachweis der Einwilligung dient dabei eine andere *Frank*sche Formel, wonach darauf abzustellen ist, wie sich der Täter bei *bestimmter* Kenntnis von der Tatbestandsverwirklichung verhalten hätte[39]. Gegen die Einwilligungstheorie spricht, daß durch Umdeutung des bedingten Vorsatzes in einen hypothetischen direkten Vorsatz der Vorsatzbereich übermäßig eingeschränkt wird, daß man auf diese Weise nicht die Tat, sondern den Täter bewertet (wäre ihm die Tat bei Gewißheit zuzutrauen gewesen?) und daß die Theorie in den Fällen versagt, in denen sich der angestrebte und der für möglich gehaltene Erfolg ausschließen.

Beispiel: Auf dem Jahrmarkt hat ein unsicherer Schütze um 20 DM gewettet, dem Schießbudenfräulein eine Glaskugel aus der Hand schießen zu können, er trifft aber das Fräulein[40]. Nach

---

[35] So *H. Mayer*, Allg. Teil S. 250; *Sauer*, Grundlagen S. 618; *Ross*, Über den Vorsatz S. 149 ff. Eine Variante der Wahrscheinlichkeitstheorie ist auch die Lehre von *Herzberg*, JuS 1986, 259 ff., wonach es für die Abgrenzung auf den Grad der Gefahr für das geschützte Rechtsgut ankommen soll.

[36] So *Jakobs*, Allg. Teil S. 222; *Kindhäuser*, ZStW 96 (1984) S. 25; *Morkel*, NStZ 1981, 177 f.; *Otto*, Grundkurs S. 76; *Langer*, Sonderverbrechen S. 356 f.; *Schmidhäuser*, GA 1958, 178 ff.; *derselbe*, Allg. Teil S. 407, JuS 1980, 242, Oehler-Festschrift S. 158 ff.; *Schröder*, Sauer-Festschrift S. 243. Vgl. auch *Welzel*, Lehrbuch S. 68.

[37] So insbesondere *Frisch*, Vorsatz und Risiko S. 495, der den bedingten Vorsatz sogar als „die eigentliche Grundform" des Vorsatzes ansieht (S. 496), während „Absicht" und „sicheres Wissen" nur für „den Strafeinsatz tragenden Bedürfnisse" Bedeutung haben sollen (S. 501). Ähnlich bereits *Philipp*, ZStW 85 (1973) S. 38.

[38] So *v. Hippel*, Vorsatz und Fahrlässigkeit S. 111 ff.; *Kohlrausch / Lange*, § 59 Anm. III 1c; *Maurach / Zipf*, Allg. Teil I S. 297 ff.; *Baumann / Weber*, Allg. Teil S. 402; *Dreher / Tröndle*, § 15 Rdn. 10 ff.

[39] Vgl. *Frank*, § 59 Anm. V (S. 190). Dazu *Bockelmann / Volk*, Allg. Teil S. 82.

[40] Berühmter Schulfall von *Lacmann*, ZStW 31 (1911) S. 159.

der *Frank*schen Formel wäre hier bedingter Vorsatz immer ausgeschlossen, weil bei Gewißheit des unglücklichen Ausgangs die Wette von vornherein verloren gewesen wäre, womit der Täter nicht einverstanden gewesen sein konnte. Charakteristisch für den bedingten Vorsatz ist eben gerade die Ungewißheit.

dd) Auf die **objektive Manifestation** des Vermeidungswillens stellt *Armin Kaufmann* ab[41]. Maßgebend ist für ihn, „ob der Einsatz von Gegenfaktoren zur Vermeidung des Nebenerfolgs wirklich vollzogen wird". Auch dieser Gesichtspunkt ist jedoch teils zu eng, teils zu weit. Er würde nicht einmal im Falle BGH 7, 363 (vgl. oben § 29 III 3 a) sicher zur Feststellung des Vorsatzes führen, da sich die Täter immerhin darum bemüht hatten, den Tod des Opfers zu vermeiden. In anderen Fällen wäre diese Ansicht zu streng, da jemand auch ohne spezifische Vorkehrungen auf das Ausbleiben des Erfolges vertraut haben kann. Auch dieser Gedanke ist deshalb nur als Indiz gegen das Sich-Abfinden mit dem Erfolg zu verwenden.

ee) Der Theorie der h. L. sehr ähnlich ist die Auffassung, daß es für den bedingten Vorsatz genügt, wenn der Täter es für möglich hält, aber aus *Gleichgültigkeit* gegenüber dem geschützten Rechtsgut *in Kauf nimmt*, daß er den Tatbestand verwirklicht[42]. Der Unterschied liegt darin, daß das Sich-Abfinden eine bewußte Stellungnahme zu der Erkenntnis der Möglichkeit der Tatbestandsverwirklichung verlangt und damit das Schuldmoment des bedingten Vorsatzes besser kennzeichnet als die Gleichgültigkeit, die die eigene Stellungnahme offen läßt.

e) Vom bedingten Vorsatz ist der **„bedingte Handlungswille"** zu unterscheiden. Drei Fälle des bedingten Handlungswillens kommen in Betracht: der Zustand der Unentschlossenheit, der Tatentschluß auf hypothetischer Tatsachengrundlage und der Tatentschluß mit Rücktrittsvorbehalt[43]. Der Zustand der Unentschlossenheit ist noch kein Vorsatz, da zum Vorsatz die definitive Willensentscheidung gehört[44]. So hat noch keinen Tötungsvorsatz, wer beim Ergreifen der Waffe noch nicht weiß, ob er schießen oder nur drohen will (RG 68, 339 [341]). Wer jedoch auf den tatbestandsmäßigen Erfolg mit dem Bewußtsein der Gefährdung des Handlungsobjekts hinarbeitet, handelt vorsätzlich, auch wenn der Tatbestand noch ein weiteres Tun verlangt und der Täter insoweit noch unentschlossen ist (z. B. ist das Öffnen von Briefen durch einen Postbeamten zwecks Prüfung, ob Geld enthalten ist, das er sich dann zueignen will, ein Unterschlagungsversuch, RG 65, 145 [148])[45]. Wer den Tatentschluß faßt, die Verwirklichung aber noch von Bedingungen abhängig macht, die er nicht in der Hand hat, handelt ebenfalls bereits mit Vorsatz. So ist der Entschluß des Ehemanns, die von ihm getrennt lebende Ehefrau zu töten, falls sie nicht zu ihm zurückkehre, bereits Tötungsvorsatz (BGH 21, 14 [18]), der Entschluß, einem Betrunkenen in einer Gastwirtschaft „irgendwie, notfalls mit Gewalt", sein Geld abzunehmen, bereits Raubvorsatz (BGH 14, 383; vgl. auch BGH 21, 319 [322]), desgleichen der Entschluß, Gewalt anzuwenden, falls es überhaupt zur Tat kommen und das Opfer sich wehren sollte (BGH 12, 306 [309]; KG GA 1971, 54 [55]). Auch der Vorbehalt des Rücktritts für den Fall, daß die Straftat sich erübrigen sollte, ändert nichts am Vorsatz. So liegt ein nach damaliger Rechtslage und Lehre bereits versuchtes Devisenvergehen schon dann vor, wenn jemand Geldscheine zur Fahrt ins Ausland in die Sitzpolster seines Kraftwagens einnäht, für den Fall, daß die Devisengenehmigung nicht doch noch rechtzeitig eintreffen sollte (insoweit anders RG 71, 53).

---

[41] Vgl. *Armin Kaufmann*, ZStW 70 (1958) S. 73 ff. Ähnlich *Herzberg*, JuS 1986, 258 ff. mit der Unterscheidung zwischen „abgeschirmter" und „unabgeschirmter" Gefahr sowie *Behrendt*, Vorsatzgrenze S. 30.

[42] So *Engisch*, Untersuchungen S. 233 f.; *Gallas*, Beiträge S. 55; *LK (Schroeder)* § 16 Rdn. 93; *Schönke / Schröder / Cramer*, § 15 Rdn. 78.

[43] Vgl. dazu näher *W. Schmid*, ZStW 74 (1962) S. 51 ff.; *Less*, GA 1956, 33 ff.; *R. Schmitt*, JuS 1961, 25 ff.; teilweise abw. *LK (Schroeder)* § 16 Rdn. 101 ff.

[44] Vgl. über den „Willensruck" als Zentralpunkt jeder Willenshandlung *Ambrosius*, Vorsatzabgrenzung S. 20 ff.

[45] Hierzu *Arzt*, JZ 1969, 54 ff. m. zahlr. Beispielen.

4. Alle drei Vorsatzarten können auch in der Form des „**alternativen Vorsatzes**" auftreten. Ein solcher Fall liegt dann vor, wenn der Täter eine bestimmte Handlung will, dabei aber nicht sicher weiß, welcher von zwei in Betracht kommenden gesetzlichen Tatbeständen dadurch verwirklicht wird[46].

Beispiele: Der Täter schießt auf sein Opfer, um es zu töten oder bewegungsunfähig zu machen. Der Täter eignet sich ein in einem Stalle untergebrachtes Reh zu, das früher als Kitz gefunden und auf dem Hofe großgewachsen war; er weiß dabei nicht, ob das Reh fremdem Jagdrecht unterliegt (§ 292) oder in fremdem Eigentum steht (§ 242) (RG 39, 427 [433]). Der Täter findet eine fremde Brieftasche und weiß nicht, ob sie der Eigentümer verloren (§ 246) oder nur verlegt hat (§ 242).

Problematisch ist bei dem Alternativvorsatz nur die Behandlung des nicht vollendeten Delikts. Hier wird man in bezug auf alle Möglichkeiten den Vorsatz bejahen und Tateinheit annehmen müssen, soweit der Versuch mit Strafe bedroht ist. Tritt einer der möglichen Erfolge ein, so besteht Tateinheit zwischen dem vollendeten und dem versuchten Delikt, soweit das versuchte nicht gegenüber dem vollendeten subsidiär ist (wie die Körperverletzung gegenüber dem Totschlag)[47].

IV. Finalität und Vorsatz

1. *Finalität* (Steuerungsfähigkeit) nennt man die Fähigkeit des Menschen, den Lauf der Dinge im voraus zu überblicken, Kausalvorgänge geistig vorwegzunehmen und das Geschehen durch eigenes Handeln auf ein Ziel hinzulenken (vgl. oben § 23 III 1). Während über die Finalität als solche und ihre fundamentale Bedeutung für die bewußten Willenshandlungen Einigkeit besteht, ist die Frage, in welchem Umfang das Verhalten im Strafrecht als finalgesteuert angesehen werden kann, umstritten[48].

Als Finalität im *engsten* Sinne kann der von der Zielvorstellung beherrschte, das Geschehen auf das Ziel zusteuernde Handlungswille verstanden werden[49]. Die Finalität würde dann strafrechtlich mit der Absicht zusammenfallen, während direkter und bedingter Vorsatz ausgeschlossen blieben, weil hier die Tatbestandsverwirklichung nicht erstrebt wird. In einem *etwas weiteren* Sinne ist final alles Handeln, das überhaupt von der Fähigkeit zur Steuerung des Kausalverlaufs bestimmt wird[50], weil hier jedenfalls das Vermögen besteht und realisiert wird, auf den Gang der Dinge Einfluß zu nehmen. Danach wäre die Finalität strafrechtlich als Absicht und direkter Vorsatz zu bestimmen, während der bedingte Vorsatz und die bewußte Fahrlässigkeit als Fälle der Ungewißheit ausgeschlossen blieben. Einen *noch weiteren* Sinn hat die Finalität, wenn man sie mit dem Vorsatz gleichsetzt[51]. Auch der bedingte Vorsatz wird dann als Ausdruck der Finalität aufgefaßt, weil der Täter hier immerhin den möglichen Eintritt der ihm an sich unerwünschten oder gleichgültigen Nebenfolge hinnimmt und sein Handeln trotzdem auf das erwünschte Ziel zusteuert. Endlich kann die Finalität im *weitesten* Sinne so verstanden werden, daß sie mit dem bewußten Handeln zusammenfällt und damit auch auf die bewußte Fahr-

---

[46] Vgl. *LK (Schroeder)* § 16 Rdn. 106; *Joerden,* ZStW 95 (1983) S. 565; *Maurach / Zipf,* Allg. Teil I S. 298 f.; *Otto,* Grundkurs S. 70; *Wessels,* Allg. Teil S. 67 f.

[47] So die h. L.; vgl. *Jakobs,* Allg. Teil S. 227 f.; *Lackner,* § 15 Anm. II 3 d; *Schönke / Schröder / Cramer,* § 15 Rdn. 80 ff.; *Stratenwerth,* Allg. Teil I Rdn. 301; *Welzel,* Lehrbuch S. 72, während andere stets den Vorsatz des schwereren Delikts für maßgeblich halten; so *LK (Schroeder)* § 16 Rdn. 106; *Kühl,* JuS 1980, 275; *Schneider,* GA 1956, 257. Weiter differenzierend *Wessels,* Allg. Teil S. 67 f.

[48] Vgl. *Roxin,* ZStW 74 (1962) S. 532 ff.; *Welzel,* Grünhut-Erinnerungsgabe S. 173 ff.; *Schewe,* Reflexbewegung S. 27 ff.

[49] So *Schmidhäuser,* ZStW 66 (1954) S. 34.

[50] So *Hardwig,* Zurechnung S. 86 ff.; *Ambrosius,* Vorsatzabgrenzung S. 79.

[51] So die Vertreter der finalen Handlungslehre; vgl. *Welzel,* Lehrbuch S. 35; *Maurach / Zipf,* Allg. Teil I S. 196 f.; *Armin Kaufmann,* ZStW 70 (1958) S. 81; *Stratenwerth,* ZStW 71 (1959) S. 60.

lässigkeit erstreckt wird. Denn wenn jemand angesichts der auch nur als möglich erkannten tatbestandsmäßigen Folgen handelt, so sind diese nicht mehr blind verursacht, sondern Ergebnis des vom Menschen gelenkten Geschehens. Durch das Handeln im Bewußtsein der möglichen Folgen werden diese immerhin als denkbare Resultate der vom Menschen selbst in Gang gesetzten und gesteuerten Kausalität erkannt.

2. Richtig erscheint es, die *Finalität als bewußtes Willensverhalten* im weitesten Sinne zu verstehen. Dabei wird man freilich bei Affekt- und Triebhandlungen ein möglicherweise im akuten Tatstadium unbewußtes, aber zielgerichtetes Handeln auf der Grundlage eines bewußten Vorstadiums einbeziehen müssen (vgl. oben § 29 II 2 Fußnote 9 a. E.). Das bewußte Willensverhalten umfaßt danach den gesamten Bereich des Vorsatzes, schließt aber auch die bewußte Fahrlässigkeit ein, weil diese trotz der an sich unerwünschten Folgen im Bereich der Handlungssteuerung liegt. Bedingter Vorsatz und bewußte Fahrlässigkeit unterscheiden sich nicht im Unrechts-, sondern im Schuldgehalt: der finale Sinn der beiden Verhaltensweisen ist gleich, die Differenz liegt im Grade der Vorwerfbarkeit[52].

V. Der Tatbestandsirrtum

Backmann, Die Rechtsfolgen der aberratio ictus, JuS 1971, 113; *derselbe,* Grundfälle zum strafrechtlichen Irrtum, JuS 1972, 196, 1973, 30 (jeweils m. Forts.) und 1974, 40; *Busch,* Über die Abgrenzung von Tatbestands- und Verbotsirrtum, Festschrift für E. Mezger, 1954, S. 165; *Fornasari,* Anmerkung zu Tribunale di Milano vom 12.2.1986, Riv it dir proc pen 1987, 449; *Franke,* Probleme beim Irrtum über Strafmilderungsgründe, JuS 1980, 172; *Haft,* Grenzfälle des Irrtums über normative Tatbestandsmerkmale, JA 1981, 281; *J. Hall,* Ignorance and Mistake in Criminal Law, Indiana Law Journal 33 (1957) S. 1; *Herdegen,* Der Verbotsirrtum in der Rechtsprechung des BGH, in: 25 Jahre BGH, 1975, S. 195; *Herzberg,* Aberratio ictus und abweichender Tatverlauf, ZStW 85 (1973) S. 867; *derselbe,* Aberratio ictus und error in obiecto, JA 1981, 369, 470; *derselbe,* Wegfall subjektiver Tatbestandsvoraussetzungen vor Vollendung der Tat, Festschrift für D. Oehler, 1985, 163; *Hillenkamp,* Die Bedeutung von Vorsatzkonkretisierungen usw., 1971; *Hruschka,* Die Herbeiführung eines Erfolges durch einen von zwei Akten usw., JuS 1982, 317; *Jakobs,* Studien zum fahrlässigen Erfolgsdelikt, 1972; *Janiszewski,* Zur Problematik der aberratio ictus, MDR 1985, 533; *Armin Kaufmann,* „Objektive Zurechnung" beim Vorsatzdelikt? Festschrift für H.-H. Jescheck, Bd. I, 1985, S. 251; *Arthur Kaufmann,* Das Unrechtsbewußtsein in der Schuldlehre des Strafrechts, 1985; *Kienapfel,* Zur gegenwärtigen Situation der Strafrechtsdogmatik in Österreich, JZ 1972, 569; *derselbe,* Unrechtsbewußtsein und Verbotsirrtum, ÖJZ 1976, 113; *derselbe,* Unrechtsbewußtsein und Verbotsirrtum, in: Strafrechtl. Probleme 4, 1976, S. 112; *Krümpelmann,* Die strafrechtliche Behandlung des Irrtums, ZStW Beiheft Budapest, 1978, S. 6; *Lange,* Der Strafgesetzgeber und die Schuldlehre, JZ 1956, 73; *derselbe,* Nur eine Ordnungswidrigkeit? JZ 1957, 233; *Lang-Hinrichsen,* Zur Problematik der Lehre von Tatbestands- und Verbotsirrtum, JR 1952, 184; *Loewenheim,* Error in objecto und aberratio ictus, JuS 1966, 310; *Maiwald,* Der „dolus generalis", ZStW 78 (1966) S. 30; *H. Mayer,* Das Problem des sogenannten dolus generalis, JZ 1956, 109; *Nierwetberg,* Der strafrechtliche Subsumtionsirrtum, Jura 1985, 238; *Niese,* Die Vorsatzauffassung des OGH in Strafsachen, SJZ 1950, 31; *Nowakowski,* Rechtsfeindlichkeit, Schuld, Vorsatz, ZStW 65 (1953) S. 379; *Noll,* Tatbestand und Rechtswidrigkeit usw., ZStW 77 (1965) S. 1; *Oehler,* Zum Eintritt eines hochgradigen Affekts während der Ausführungshandlung, GA 1956, 1; *Prittwitz,* Zur Diskrepanz zwischen Tatgeschehen und Tätervorstellung, GA 1983, 110; *Ingeborg Puppe,* Zur Revision der Lehre vom „konkreten" Vorsatz usw., GA 1981, 1; *Roxin,* Gedanken zum „dolus generalis", Festschrift für Th. Würtenberger, 1977, S. 109; *Schaffstein,* Tatbestandsirrtum und Verbotsirrtum, Göttinger Festschrift für das OLG Celle, 1961, S. 175; *Schick,* Die Entschuldbarkeit rechtsirrtümlichen Handelns usw., ÖJZ 1969, 535; *Ellen Schlüchter,* Grundfälle zum Bewertungsirrtum usw., JuS 1985, 373 m. Forts.; *Schreiber,* Grenzfälle zu „error in objecto" und „aberratio ictus", JuS 1985, 873; *Schröder,* Tatbestands- und Verbotsirrtum, MDR 1951, 387; *derselbe,* Die Irrtumsrechtsprechung des BGH, ZStW 65 (1953) S. 178; *Schultz,* Zur bundesrechtlichen Rechtsprechung über den Sachverhaltsirrtum, StRB Art. 19,

---

[52] So *Engisch,* Kohlrausch-Festschrift S. 155 f.; *Gallas,* Beiträge S. 54 f.; *Nowakowski,* JZ 1958, 338 f.; *WK (Nowakowski)* § 5 Rdn. 17.

SchwZStr 77 (1961) S. 74; *Thornstedt*, Der Rechtsirrtum im schwedischen Strafrecht, Festschrift für H.-H. Jescheck, 1985, Bd. I, S. 503; *Triffterer*, Zur Theorie der objektiven Zurechnung in der österr. Rechtsprechung, Festschrift für U. Klug, Bd. II, 1983, S. 419; *Warda*, Die Abgrenzung von Tatbestands- und Verbotsirrtum bei Blankettstrafgesetzen, 1955; *derselbe*, Grundzüge der strafrechtlichen Irrtumslehre, Jura 1979, 1, 71, 113, 286; *derselbe*, Zur Gleichwertigkeit der verwechselten Objekte beim error in obiecto, Festschrift für G. Blau, 1985, S. 159; *Welzel*, Der Irrtum über die Rechtswidrigkeit des Handelns, SJZ 1948, 368; *derselbe*, Schuld und Bewußtsein der Rechtswidrigkeit, MDR 1951, 65; *Wolter*, Der Irrtum über den Kausalverlauf usw., ZStW 89 (1977) S. 649; *derselbe*, Vorsätzliche Vollendung ohne Vollendungsvorsatz und Vollendungsschuld? Festschrift für H. Leferenz, 1983, S. 545; *derselbe*, Objektive und personale Zurechnung zum Unrecht, in: *Schünemann* (Hrsg.), Grundfragen des modernen Strafrechtssystems, 1984, S. 103.

Vgl. ferner die Schrifttumsangaben vor § 29.

1. Ausgangspunkt jeder Irrtumslehre muß die *sachliche Unterscheidung der einzelnen Irrtumsfälle* sein.

a) Die Lehre vom **Tatbestandsirrtum** schließt sich unmittelbar an die Lehre vom Vorsatz an, weil der Tatbestandsirrtum nichts anderes ist als die **Verneinung des für den Vorsatz erforderlichen Vorstellungsbildes:** der Täter kennt die Merkmale nicht, auf die sich der Vorsatz nach dem betreffenden Tatbestand erstrecken muß. Auf den Tatbestandsirrtum und *nur* auf diesen bezieht sich § 16. Ein Tatbestandsirrtum liegt danach vor, wenn jemand „bei Begehung der Tat einen Umstand nicht kennt, der zum gesetzlichen Tatbestand gehört". Gemeint sind mit diesen „Umständen" zunächst alle objektiven Merkmale des gesetzlichen Tatbestands. Analog ist die Vorschrift anzuwenden auf alle sonstigen Umstände, auf die sich der Vorsatz beziehen muß (vgl. oben § 29 II 3b, c). Inhaltlich kann der Tatbestandsirrtum sowohl in einer *falschen Vorstellung* als auch *im Fehlen einer Vorstellung* bestehen, denn Irrtum bedeutet ganz allgemein die Nichtübereinstimmung von Bewußtsein und Wirklichkeit[53].

b) Dem Tatbestandsirrtum steht der Irrtum über die Rechtswidrigkeit (**Verbotsirrtum**) gegenüber (vgl. unten § 41 II und III 1)[54]. Tatbestandsirrtum ist der Irrtum über das Vorhandensein der objektiven Voraussetzungen, unter denen der Normbefehl wirksam wird (z.B. ein Jäger verkennt, daß er auf einen Pilzsucher schießt, den er in der Dämmerung für ein Stück Wild gehalten hat). Verbotsirrtum ist dagegen der Irrtum darüber, daß ein bestimmtes, vom Täter in seiner objektiven Beschaffenheit richtig erkanntes Verhalten rechtlich verboten ist (z.B. der ausländische Gastarbeiter weiß nicht, daß in Deutschland der Fang von Singvögeln verboten und strafbar ist). Vgl. zur Abgrenzung OLG Düsseldorf, JZ 1986, 356.

c) Die Unterscheidung zwischen Tatbestands- und Verbotsirrtum hat sich erst in neuerer Zeit durchgesetzt. Das RG hatte seiner Rechtsprechung entsprechend der Tradition die Unterscheidung zwischen **Tatsachenirrtum** (error facti) und **Rechtsirrtum** (error iuris) zugrunde gelegt, die auch im Ausland noch vielfach anzutreffen ist[55] (über die Entwicklung bis zur Gegenwart vgl. 2. Auflage S. 228f.).

---

[53] Ungewißheit hinsichtlich eines objektiven Tatbestandsmerkmals ist kein Irrtum, sondern bedingter Vorsatz oder bewußte Fahrlässigkeit (vgl. oben § 29 III 3a und c); dazu *Warda*, Jura 1979, 5; *Ellen Schlüchter*, Irrtum S. 30ff.

[54] Vgl. zur Dogmengeschichte *H. Mayer*, Lehrbuch S. 257f. sowie *Liepmann*, ZStW 38 (1917) S. 21ff., 39 (1918) S. 115ff. (m. Forts.); zur Rechtsprechung des RG *Krümpelmann*, ZStW Beiheft Budapest 1978 S. 7ff.; zur Gesetzgebungsgeschichte *Ellen Schlüchter*, Irrtum S. 80ff. Zur Sache selbst vor allem *v. Hippel*, Bd. II S. 331, 337ff.; *Graf zu Dohna*, Verbrechenslehre S. 51ff.; *Busch*, Mezger-Festschrift S. 165ff.; *Arthur Kaufmann*, Das Unrechtsbewußtsein S. 61ff.; *Lang-Hinrichsen*, JR 1952, 184; *Schaffstein*, Göttinger Festschrift S. 175ff.; *Schröder*, MDR 1951, 387 und ZStW 65 (1953) S. 180; *Kienapfel*, Strafrechtl. Probleme 4 S. 112ff.

[55] Über das ausländische Recht vgl. für die Schweiz *Schultz*, SchwZStr 77 (1961) S. 74; *Stratenwerth*, Schweiz. Strafrecht, Allg. Teil I S. 152ff., 256ff. (Unterscheidung aufgrund Art. 19,

2. Nach 1945 haben sich einzelne Oberlandesgerichte[56] und der OGH (OGH 2, 117 [129f.]) von der Irrtumsrechtsprechung des RG gelöst, wozu die Aburteilung von nationalsozialistischen Gewaltverbrechen mannigfachen Anlaß bot. Der BGH ist dieser Entwicklung gefolgt und hat in der **Grundsatzentscheidung des Großen Senats für Strafsachen** vom 18.3.1952 der Behandlung des Irrtums die Unterscheidung von Tatbestands- und Verbotsirrtum zugrunde gelegt. Nur für den Tatbestandsirrtum gelte die Regelung des § 59 a. F. (jetzt § 16) über den Vorsatzausschluß, während der Verbotsirrtum den Vorsatz unberührt lasse und je nachdem, ob er verschuldet oder unverschuldet sei, zu einer gemilderten Vorsatzstrafe oder zur Straffreiheit führe (BGH 2, 194 [197])[57]. Auch im Schrifttum besteht heute Einigkeit darüber, daß allein *diese* Unterscheidung die Grundlage für die Lösung der Irrtumsprobleme bilden kann. Gestritten wird im wesentlichen nur noch über die Einordnung des Irrtums über die tatbestandlichen Voraussetzungen von Rechtfertigungsgründen (vgl. unten § 41 III 2). Daß der Täter wissen muß, „was er tut", ehe die Frage gestellt werden kann, ob er sich der Rechtswidrigkeit seines Handelns bewußt geworden ist, wird heute allgemein angenommen. Der Tatbestandsirrtum kann sich ebenso wie der Vorsatz auf sämtliche objektiven Merkmale des Tatbestandes beziehen (vgl. oben § 29

---

20 StGB prinzipiell wie im deutschen Recht). Frankreich hält an der Unterscheidung von „erreur de fait" und „erreur de droit" fest, doch lockert sich die Strenge des Satzes „nul n'est censé ignorer la loi" durch die Lehre vom „erreur de droit invincible"; vgl. *Merle / Vitu,* Traité S. 682 ff., insbes. S. 689 f. Konsequent Italien aufgrund Art. 5 C. p., der die Berücksichtigung auch des unverschuldeten Verbotsirrtums ausschließt (nach *Bettiol / Pettoello Mantovani,* Diritto penale S. 558 „in contrasto con la realtà psicologica ed umana"), aber in Rechtsprechung und Lehre neuerdings eingeschränkt wird; vgl. *Fiandaca / Musco,* Diritto penale S. 195; *Crespi / Stella / Zuccalà,* Art. 5 Anm. IV 1 ff.; *Fornasari,* Anmerkung zu Tribunale di Milano vom 12.2.1986, Riv it dir proc pen 1987, 449 ff. Durch eine lange erwartete Entscheidung vom 23.3.1988 hat der Verfassungsgerichtshof jetzt Art. 5 C. p. im Hinblick auf das Schuldprinzip des Art. 27 Abs. 1 der Verfassung dahingehend eingeschränkt, daß der unvermeidbare Verbotsirrtum ausgenommen ist. Für das anglo-amerikanische Recht vgl. *J. Hall,* Indiana Law Journal 33 (1957) S. 1 ff. Der englische Kodifikationsentwurf hält an dem Satz „Ignorance of the law is no defence" fest; vgl. The Law Commission Nr. 73. Dagegen ist die österreichische Lehre der neueren deutschen Entwicklung gefolgt; vgl. *Rittler,* Bd. I S. 203 ff.; *Nowakowski,* Grundriß S. 72; *Platzgummer,* JBl 1971, 240 m. Beisp. aus der Rspr., die früher den Standpunkt des RG teilte. Das neue österr. StGB regelt Tatbestands- und Verbotsirrtum wie das deutsche (Umkehrschluß aus § 5 I und § 9); zustimmend *Liebscher,* ZfRV 1970, 185; *Kienapfel,* JZ 1972, 577; *Schick,* ÖJZ 1969, 535 ff.; *WK (Nowakowski)* Vorbem. 43 vor § 3. Eingehend zum neuen Recht *Kienapfel,* ÖJZ 1976, 113 ff. In Spanien regelt Art. 6 C. p. in der Fassung der Reform von 1983 Tatbestands- und Verbotsirrtum wie das deutsche Recht in §§ 16, 17; vgl. dazu *Rodríguez Devesa / Serrano Gómez,* Derecho penal S. 631 ff. Die niederländische Lehre und Praxis steht der gegenwärtigen deutschen Unterscheidung von Tatbestands- und Verbotsirrtum nahe; vgl. *Pompe,* Handboek S. 163 ff.; *derselbe,* Das niederländische Strafrecht S. 77 f.; *D. Hazewinkel-Suringa / Remmelink,* Inleiding S. 325 ff. Das neue brasilianische StGB von 1984 unterscheidet wie das deutsche zwischen „error de tipo" (Art. 20) und „error de prohibição (Art. 21); vgl. *Fragoso,* Lições S. 182 ff.; *de Jesus,* Comentários, Art. 20 Anm. 2 c. Zum schwedischen Recht *Thornstedt,* Jescheck-Festschrift, Bd. I S. 504 ff. Das StGB DDR kennt nur den Tatbestandsirrtum (§ 13); vgl. Strafrecht der DDR, § 13 Anm. 1. Neuerdings wird jedoch angenommen, daß zum Vorsatz „die Selbsterkenntnis des Täters gehört, sich zu einem sozial-negativen Verhalten entschieden zu haben"; vgl. *Lekschas / Renneberg,* Lehrbuch S. 300 ff., was der Vorsatztheorie entsprechen dürfte.

[56] So OLG Kiel DRZ 1946, 126; KG DRZ 1947, 198; OLG Frankfurt SJZ 1947, 622 m. Anm. *Radbruch* Sp. 633; OLG Stuttgart DRZ 1949, 164; OLG Oldenburg MDR 1950, 690 m. Anm. *v. Weber.*

[57] Die neue Linie in der Rechtsprechung ist insbesondere durch *Welzel,* SJZ 1948, 368; *derselbe,* MDR 1951, 65 und *Niese,* SJZ 1950, 31 vorbereitet worden. Zur Würdigung *Busch,* Mezger-Festschrift S. 165 ff., der Berichterstatter im Großen Senat gewesen ist, ferner *Herdegen,* in: 25 Jahre BGH S. 195 ff.

V. Der Tatbestandsirrtum

II 3), unter Einschluß der im Tatbestand enthaltenen Rechtsbegriffe (z. B. Eigentum, Urkunde, Ehe, Amtsträger) und anderer normativer Merkmale (z. B. sexuelle Handlung, Menschenwürde, Geheimnis)[58]. Wenn der Täter den Sinngehalt solcher Merkmale nicht wenigstens im Rahmen der Parallelwertung in der Laiensphäre richtig verstanden hat, fehlt es am Vorsatz. Der Täter braucht nicht etwa nur die Tatsachengrundlage des Rechtsbegriffs erkannt zu haben.

Beispiele: Wer einem anderen die Luft aus den Reifen seines Kraftwagens abläßt, kann sich gegenüber dem Vorwurf der Sachbeschädigung (§ 303) nicht darauf berufen, er habe angenommen, Beschädigen bedeute Substanzverletzung der Sache, denn es genügt, daß der Wagen nicht mehr ohne weiteres bestimmungsgemäß verwendet werden kann, und so viel hat der Täter jedenfalls gewußt (BGH 13, 207). Bei Amtsdelikten (§§ 11 I Nr. 2c, 331ff.) muß der Täter wissen, daß er in einem Betrieb, der eine Betätigung der Staatsgewalt darstellt (hier der Bundespost), Tätigkeiten vorzunehmen hat, die gerade der Erfüllung von Aufgaben der öffentlichen Verwaltung dienen (BGH 8, 321 [323]). Beim Parteiverrat (§ 356) liegt ein Tatbestandsirrtum vor, wenn der Rechtsanwalt infolge rechtsirriger Beurteilung der Belange seiner Auftraggeber die Gegensätzlichkeit ihrer Interessen verkannt hat (BGH 15, 332 [338]). Wer den Umfang der Zwangsversteigerung seines Grundstücks nicht kennt, irrt sich über die Fremdheit der von ihm mitgenommenen Gartengewächse (OLG Celle Nds. Rpfl. 1985, 148). Tatbestandsirrtum ist auch der Irrtum des Rechtsanwalts über den Umfang des Vermögensverzeichnisses nach § 807 ZPO (KG JR 1985, 161). Vgl. auch OLG Köln NJW 1981, 63.

3. Bei den **Blankettstrafgesetzen** (vgl. oben § 12 III 2) erhebt sich die Frage, wie der Irrtum über die blankettausfüllende Norm zu behandeln ist. Das RG hatte den Irrtum über das Bestehen oder den Inhalt einer solchen Norm in der Regel als vorsatzausschließenden außerstrafrechtlichen Rechtsirrtum angesehen (RG 49, 323 [327]; 56, 337 [339]). Richtigerweise ist davon auszugehen, daß die blankettausfüllende Norm Bestandteil des Tatbestandes ist, da die Verbotsnorm unverständlich bliebe, wenn die Strafdrohung nicht auf ein konkret umschriebenes Verhalten bezogen wird. Auf die in dieser Weise vervollständigte Strafvorschrift sind dann die allgemeinen Irrtumsregeln anzuwenden: der Irrtum über ein objektives Merkmal der das Blankett ausfüllenden Norm ist Tatbestandsirrtum, der Irrtum über die Existenz der ausfüllenden Norm Verbotsirrtum[59]. Die Gegenmeinung verlangt für den Vorsatz auch das Bewußtsein der Existenz der blankettausfüllenden Norm[60]. Dabei wird vorausgesetzt, daß im Nebenstrafrecht Sonderregeln für die Behandlung des Verbotsirrtums gelten müßten, weil hier nur bei positiver Verbotskenntnis die Bestrafung wegen vorsätzlicher Tatbegehung gerechtfertigt sei. Es handelt sich also um das *allgemeine* Problem der Behandlung des Verbotsirrtums im Nebenstrafrecht, das erst im Zusammenhang mit dem Verbotsirrtum selbst erörtert werden kann (vgl. unten § 41 II 2c.).

Beispiel: In § 38 I BJagdG wird mit Strafe bedroht, wer den Vorschriften über die Schonzeit zuwiderhandelt. Der Irrtum über die Zeitgrenzen der Schonzeit oder über das Datum ist Tatbestandsirrtum (OLG Celle NJW 1954, 1618), der Irrtum über das Verbot, während der Schonzeit zu jagen, Verbotsirrtum (entsprechend BGH 9, 358 [360f.]).

4. Die **Behandlung des Tatbestandsirrtums** beruht auf einem einfachen Grundprinzip. Da der Vorsatz die Kenntnis sämtlicher Merkmale des objektiven Tatbestan-

---

[58] Dazu *Ellen Schlüchter,* Irrtum S. 100ff., die einschränkend verlangt, der Täter müsse „die Verletzungsbedeutung seines Verhaltens" erfaßt haben. *Haft,* JA 1981, 281ff. unterscheidet zwischen „gegenstandsbezogenem" und „begriffsbezogenem" Irrtum. Zum österreichischen Recht *Steininger,* JBl 1987, 205.

[59] So die h. L.; vgl. *LK (Schroeder)* § 16 Rdn. 39; *Schönke / Schröder / Cramer,* § 15 Rdn. 97; *SK (Rudolphi)* § 16 Rdn. 18f.; *Maurach / Zipf,* Allg. Teil I S. 312; *Jakobs,* Allg. Teil S. 234; *Warda,* Abgrenzung S. 36ff.; *Welzel,* Lehrbuch S. 168.

[60] So *Lange,* JZ 1956, 75; *derselbe,* JZ 1957, 233; *Kohlrausch / Lange,* § 59 Anm. V 3d und VI; *Schröder,* MDR 1951, 389.

des voraussetzt und beim Tatbestandsirrtum diese Kenntnis in allen oder in einzelnen Beziehungen fehlt, schließt dieser den Vorsatz aus (§ 16 I 1). Fehlt die Kenntnis der Merkmale eines qualifizierten Delikts, so ist nur der Grundtatbestand anzuwenden. Da die qualifizierenden Merkmale ebenfalls echte Tatbestandsmerkmale sind, werden sie im Unterschied zu § 59 a. F. im neuen § 16 nicht mehr erwähnt.

Beispiel: Der Täter muß wissen, daß einer der am Raub Beteiligten eine Schußwaffe bei sich führt, sonst ist er nicht nach § 250 Nr. 1, sondern nur nach § 249 zu bestrafen (BGH 3, 229 [233 f.]).

Ist der Tatbestandsirrtum auf *Fahrlässigkeit* zurückzuführen, so wird der Täter wegen fahrlässiger Tatbegehung bestraft, sofern ein entsprechender Fahrlässigkeitstatbestand vorhanden ist (§ 16 I 2). Maßgebend für das Fahrlässigkeitsurteil ist der Zeitpunkt der Tat[61].

Beispiel: Der Jäger, der irrtümlich während der Schonzeit jagt, ist zwar nicht nach § 38 I BJagdG, wohl aber nach dem Fahrlässigkeitstatbestand des Abs. 2 zu bestrafen. Dagegen ist der Assistent, der aus Fahrlässigkeit einen Studenten abends im Seminar einschließt, straflos, weil es einen Tatbestand der fahrlässigen Freiheitsberaubung nicht gibt.

Abgesehen von der Bestrafung des auf Fahrlässigkeit beruhenden Tatbestandsirrtums nach der entsprechenden Fahrlässigkeitsstrafnorm wird ein Unterschied zwischen verschuldeter und unverschuldeter Unkenntnis beim Tatbestandsirrtum nicht gemacht (RG 6, 85 [88])[62]. Es kommt auch nicht darauf an, ob der Irrtum auf einem Mangel an Verstand oder an Wertgefühl beruht[63]. Die Behandlung, die der Tatbestandsirrtum auf diese Weise erfährt, ist gerechtfertigt, weil einerseits Mindestvoraussetzung der Bestrafung wegen eines Vorsatzdelikts die Kenntnis sämtlicher den Unrechtsgehalt der betreffenden Deliktsart begründenden objektiven Tatbestandsmerkmale sein muß und andererseits der Schuldgehalt einer durch fahrlässigen Irrtum verursachten Verletzung oder Gefährdung durch die Fahrlässigkeitsstrafe ausreichend erfaßt wird.

5. a) Im Unterschied zu § 59 a. F. ist im neuen § 16 II auch der **Irrtum über privilegierende Tatbestandsmerkmale** geregelt. Der Täter, der solche Privilegierungsmerkmale irrig für gegeben hält, kann wegen vorsätzlicher Begehung nur nach dem milderen Gesetz bestraft werden (RG 31, 285)[64].

Beispiele: Wer irrig ein ernstliches Tötungsverlangen für gegeben hält, kann nur nach § 216 bestraft werden. Wer eine Minderjährige unter 18 Jahren durch List mit der Absicht sexueller Handlungen entführt und dabei irrtümlich annimmt, sie sei mit dieser Absicht einverstanden, kann nicht nach § 235 II, sondern nur nach § 236 bestraft werden (BGH 24, 168).

b) Hält der Täter dagegen ein tatsächlich vorhandenes privilegierendes Merkmal für nicht gegeben, so ist zwischen Unrechts- und Schuldmerkmalen zu unterscheiden[65]. Wenn sich der Irrtum auf ein Schuldmerkmal bezieht (die Mutter hält z. B. das

---

[61] Doch kann auch die vorherige Unterlassung der Einholung von Auskünften Fahrlässigkeit begründen, wenn der Täter damit rechnen mußte, in eine entsprechende Situation zu kommen; vgl. *Schönke / Schröder / Cramer,* § 16 Rdn. 12.

[62] Vgl. *Maurach / Zipf,* Allg. Teil I S. 315f. Kritisch für den Fall der „Tatsachenblindheit" *Jakobs,* Allg. Teil S. 213.

[63] Diesen Unterschied macht *Nowakowski,* ZStW 65 (1953) S. 379f. und Grundriß S. 73, jedoch nicht mehr in *WK,* § 5 Rdn. 27.

[64] Die Vorschrift betrifft nur unrechtsprivilegierende Merkmale; vgl. dazu *Franke,* JuS 1980, 172ff.; *Warda,* Jura 1979, 113ff.

[65] *Dreher / Tröndle,* § 16 Rdn. 8; *Schönke / Schröder / Cramer,* § 16 Rdn. 27; *SK (Rudolphi)* § 16 Rdn. 28b; *Baumann / Weber,* Allg. Teil S. 414f.; *Warda,* Jura 1979, 114ff.

neugeborene Kind, das sie außerehelich empfangen hat, für ehelich), so kann die wirkliche Lage den Täter nicht entlasten, da ein unbekannt gebliebener Umstand als Tatmotiv nicht in Frage kommt (§ 217 scheidet deswegen aus). Beruht die Privilegierung jedoch auf gemildertem Unrecht, so muß die objektive Lage maßgebend sein.

Beispiel: Jemand nimmt eine geringwertige Sache weg, die er irrtümlich für wertvoll hält. Die Annahme eines besonders schweren Falles ist ausgeschlossen (§ 243 II).

c) Analog anzuwenden ist § 16 II auf minder schwere Fälle (z. B. § 213) und Ausnahmen von Regelbeispielen (z. B. § 243 II), soweit die Milderung auf geringerem Unrecht beruht.

Beispiel: Hält der Einbrecher wertvollen Schmuck für eine geringwertige Imitation, so darf entsprechend §§ 243 II, 16 II kein besonders schwerer Fall angenommen werden.

6. Der Vorsatz muß *konkret* sein, d. h. er muß ein nach objektiven Merkmalen individualisiertes Geschehen umfassen. In diesem Zusammenhang sind einige Irrtumsfälle zu erörtern, deren Lösung davon abhängt, welchen **Grad von Bestimmtheit** der Vorstellungsgehalt **des Vorsatzes** aufweisen muß.

a) Beim **Irrtum über das Handlungsobjekt** (error in persona vel in objecto) irrt der Täter über Eigenschaften, insbesondere über die Identität des Handlungsobjekts. Hier kommt es darauf an, ob sich die strafrechtliche Bewertung ändern würde, wenn die Vorstellung des Täters zutreffend wäre. Ist das wirkliche mit dem vorgestellten Tatobjekt tatbestandlich gleichwertig oder nimmt der Täter die Gleichwertigkeit irrtümlich an, so ist der Irrtum unbeachtlich, weil es sich dann um einen bloßen Motivirrtum handelt[66, 67].

Beispiele: Der Knecht Rose erschoß, angestiftet von seinem Dienstherrn Rosahl, in der Dämmerung einen Schüler, den er mit dem Gläubiger des Anstifters verwechselt hatte (Fall Rose-Rosahl, Preuß. Obertribunal GA 7 [1859] S. 332; ebenso RG 18, 337; 19, 179; BGH 11, 268; OLG Neustadt NJW 1964, 311) (zur Anstiftung beim Irrtum des Angestifteten über das Handlungsobjekt vgl. unten § 64 III 4). Ein unerheblicher Objektsirrtum ist ferner bei der Strafvereitelung (§ 258) der Irrtum über Art und Qualifikation der Vortat (RG 50, 218 [221]).

Stehen jedoch die verwechselten Tatobjekte tatbestandlich nicht auf derselben Stufe, so gewinnt der sonst unbeachtliche error in objecto die Bedeutung eines Tatbestandsirrtums.

Beispiele: Ein Bauer ohrfeigt im Warenhaus eine Schaufensterpuppe, von der er sich fixiert glaubt; die Puppe zerbricht: straflose versuchte Körperverletzung und straflose fahrlässige Sachbeschädigung (Fall von *Graf zu Dohna*). Die Person des Eigentümers einer zu stehlenden Sache wird erheblich, wenn der Täter, ohne es zu wissen, selbst Eigentümer ist; er nimmt etwa im Dunkeln aus einem Fahrradschuppen das eigene Fahrrad statt eines fremden weg, auf das er es abgesehen hatte. Der Täter kann dann nur wegen versuchten Diebstahls bestraft werden. Vgl. auch den Fall RG 19, 179 (error in persona als Irrtum über die tatbestandlichen Voraussetzungen des Züchtigungsrechts).

b) Um vorsätzlich zu handeln, muß der Täter nicht nur Handlung und Erfolg kennen, sondern auch den Kausalverlauf in seinen wesentlichen Zügen überblicken, denn der Ursachenzusammenhang ist ebenso Tatbestandsmerkmal wie Handlung und

---

[66] So die h. L.; vgl. *Baumann / Weber*, Allg. Teil S. 409 f.; *Dreher / Tröndle*, § 16 Rdn. 6; *Lackner*, § 15 Anm. II a dd; *Maurach / Zipf*, Allg. Teil I S. 316 f.; *Schönke / Schröder / Cramer*, § 16 Rdn. 58; *SK (Rudolphi)* § 16 Rdn. 29; *Wessels*, Allg. Teil S. 71 f. Zum Gleichwertigkeitsproblem *Warda*, Oehler-Festschrift S. 159 ff. Teilweise kritisch *Herzberg*, JuS 1981, 369 ff., 470 ff.

[67] Zur Abgrenzung gegenüber der aberratio ictus *Herzberg*, JA 1981, 472 f.; *Jakobs*, Allg. Teil S. 248; *Prittwitz*, GA 1983, 118 ff.; *Ingeborg Puppe*, GA 1981, 4 ff.; *Wolter*, Objektive und personale Zurechnung S. 123 ff.; *Schreiber*, JuS 1985, 873.

Erfolg. Da der Kausalverlauf meist nur unvollkommen voraussehbar ist, stellt sich die Frage, wann eine Abweichung des wirklichen vom vorgestellten Kausalverlauf so wesentlich erscheint, daß der Irrtum als Tatbestandsirrtum anzusehen ist (**Irrtum über den Kausalverlauf**). Zuvor ist freilich zu prüfen, ob der Erfolg dem Täter überhaupt objektiv zurechenbar ist (vgl. oben § 28 IV 1, 3, 4, 7)[68]. An die Stelle des vom Täter erwarteten objektiv zurechenbaren Kausalverlaufs muß also ein abweichender, aber ebenfalls objektiv zurechenbarer Kausalverlauf getreten sein[69]. Ist dies der Fall, so schließt die Abweichung gegenüber dem vorgestellten Verlauf den Vorsatz in der Regel nicht aus *(unwesentliche Abweichung)*[70]. Der Grund dafür liegt darin, daß es in diesem Fall immer noch die in der Handlung angelegte Gefahr ist, die sich in einer Verletzung des geschützten Handlungsobjekts niederschlägt, ohne daß sich daran durch den vom Vorsatz abweichenden Kausalverlauf etwas änderte.

Beispiele: A wollte den B durch Schläge mit einem Beilstiel töten, der Verletzte starb aber nicht daran, sondern an der eingetretenen Wundinfektion (RG 70, 257 [258 f.]). Der Täter warf sein Opfer von einer Brücke ins Wasser, um es zu ertränken, der Tod trat aber durch den Aufschlag auf den Brückenpfeiler ein. Der Getötete, der aufgrund des „Urteils" eines Scheinstandgerichts erhängt werden sollte, kam schon vorher bei einem Handgemenge mit seinen Mördern ums Leben, was diese jedoch nicht erkannten, so daß sie den Toten, den sie nur für bewußtlos hielten, anschließend noch aufhängten (BGH GA 1955, 123). Vgl. auch RG DStr 1939, 177. Auch die Fälle, in denen der Täter während der Tötungshandlung zurechnungsunfähig wird, betrachtet die Rechtsprechung als unwesentliche Abweichung im Kausalverlauf (BGH 7, 325 [329]; 23, 133 [135]; anders, wenn der Täter schon vor Beginn der Tat zurechnungsunfähig wird, BGH 23, 356)[71]. Explodiert die Bombe ferner schon bei der Vorbereitung des Anschlags und tötet zufällig das ausersehene Opfer, so kommt nur § 222 in Betracht.

Erfordert die objektiv zurechenbare Abweichung des Kausalverlaufs von der Vorstellung des Täters jedoch ausnahmsweise eine andere rechtlich-sittliche Bewertung der Tat (*wesentliche* Abweichung), so liegt ein vorsatzausschließender Tatbestandsirrtum vor[72]. In der Regel ist in diesem Fall *Versuch* anzunehmen, da der Irrtum nur den Weg zum Erfolg betrifft.

Beispiel: A half dabei, den B zum Befehlsstand zu bringen, wo er in den Wirren des Zusammenbruchs im April 1945 als Defaitist erschossen werden sollte. B wurde jedoch schon unterwegs durch einen Mann des Bewachungspersonals aus eigenem Entschluß getötet. Vollendete Beihilfe zum Totschlag durch A war hier zu verneinen, da die Abweichung zwar noch objektiv zurechenbar war (Lebensgefahr für das Opfer durch die Verbringung), aber die Tat eine andere rechtlich-sittliche Bewertung erforderte, weil A einen Befehl ausführen und B nicht der Willkür der Soldateska ausliefern wollte (anders OGH 2, 63 [64])[73].

---

[68] Ist der Erfolg aber objektiv zurechenbar, so kommt es auch weiterhin darauf an, daß der Kausalverlauf vom Vorsatz umfaßt ist; vgl. *Armin Kaufmann*, Jescheck-Festschrift Bd. I S. 269; *Lackner*, § 15 Anm. II 2 a bb; *Wessels*, Allg. Teil S. 74 f.

[69] Ebenso *H. Mayer*, Lehrbuch S. 249; *Wolter*, ZStW 89 (1977) S. 679.

[70] Vgl. näher *H. Mayer*, JZ 1956, 111; *Oehler*, GA 1956, 3; *Gallas*, Beiträge S. 47; *Schönke / Schröder / Cramer*, § 15 Rdn. 55; *Krümpelmann*, ZStW Beiheft Budapest 1978 S. 25; *SK (Rudolphi)* § 16 Rdn. 31; *Schmidhäuser*, Allg. Teil S. 401 f.; *Stratenwerth*, Allg. Teil I Rdn. 278. Dagegen will *Herzberg*, ZStW 85 (1973) S. 867 ff. in diesen Fällen Vorsatz nur bei „Mitbewußtsein" des abweichenden Kausalverlaufs annehmen. Kritisch dazu mit Recht *SK (Rudolphi)* § 16 Rdn. 32; *Wessels*, Allg. Teil S. 75.

[71] Vgl. dazu *Geilen*, Maurach-Festschrift S. 194 f.; *Wolter*, Leferenz-Festschrift S. 557 ff. In den Fällen des verfrühten Erfolgseintritts wollen *LK (Schroeder)* § 16 Rdn. 34 und *Jakobs*, Allg. Teil S. 245 nur Versuch annehmen.

[72] Vgl. den Fall mit dem durchgehenden Pferd bei *Schönke / Schröder / Cramer*, § 15 Rdn. 55, bei dem wohl schon die objektive Zurechnung entfällt.

[73] Abweichend zum ganzen *Hruschka*, JuS 1982, 320.

c) Das Problem der Bestimmtheit des Vorsatzes stellt sich ferner in den Fällen des Fehlgehens der Tat (**aberratio ictus**). Sie sind vom Objektsirrtum scharf zu unterscheiden, bei dem der Erfolg an demselben Objekt eintritt, an dem er nach der Vorstellung des Täters eintreten sollte. Der Irrtum bezieht sich dort also nur auf die Identität des Handlungsobjekts. Im Falle des Fehlgehens der Tat tritt der Erfolg jedoch bei einem anderen als dem vom Täter ins Auge gefaßten Objekt ein (anders, wenn der Täter auch dieses Objekt mit Eventualvorsatz in die Tat einbezieht; vgl. z.B. RG 2, 335 [336]). Bei *ungleichen* Angriffsobjekten ist die Lösung einfach: wer seinem Feinde die Fensterscheiben einwerfen will, aber aus Versehen den Hausherrn selbst trifft, ist wegen versuchter Sachbeschädigung in Tateinheit mit fahrlässiger Körperverletzung zu bestrafen. Aber auch bei *Objektsgleichheit* ist nach überwiegender Ansicht hinsichtlich der beabsichtigten Straftat Versuch, hinsichtlich des eintretenden Erfolges gegebenenfalls Fahrlässigkeit anzunehmen[74].

Beispiele: Die Ehefrau sendet ihrem Mann, den sie loswerden will, eine Enzianflasche mit Salzsäure. Der Mann läßt zuerst einen Arbeitskollegen trinken, der tot zusammenbricht (Mordversuch in Tateinheit mit fahrlässiger Tötung). Der zur Nachtzeit Überfallene wehrt sich durch Stockschläge, trifft aber die Ehefrau des Angreifers, die diesen zurückhalten wollte. Der Täter ist straffrei, weil die versuchte Verletzung des Angreifers (§ 223 a II) durch Notwehr gedeckt ist, während die eingetretene Verletzung der Frau ihm wegen der begreiflichen Aufregung nicht zum Vorwurf gemacht werden kann, so daß auch eine Bestrafung wegen Fahrlässigkeit ausscheidet (RG 58, 27 [28]; ebenso RG 3, 384; 54, 349; OLG Neustadt NJW 1964, 311). Totschlagsversuch in Tateinheit mit fahrlässiger Körperverletzung im Fall des fehlgegangenen Überfahrens mit dem Kraftfahrzeug, wobei die hinter dem anvisierten Opfer stehende Person verletzt wird (BGH 34, 53 [55]).

Die Gegenmeinung, die vollendete Vorsatztat annehmen will[75], übersieht, daß es nicht genügt, wenn der Vorsatz abstrakt auf eine bestimmte Objekt*art* bezogen ist, sondern daß der Täter ein *bestimmtes* Angriffsobjekt ins Auge gefaßt haben muß. Außerdem zeigt gerade der vorstehende Notwehrfall, daß das Handlungsunrecht ganz verschieden sein kann. Wird dagegen bei falscher Verdächtigung (§ 164) der Verdacht auf eine andere Person gelenkt als beabsichtigt war, so liegt kein Fall des Fehlgehens der Tat vor, sondern eine (unwesentliche) Abweichung im Kausalverlauf, weil das geschützte Rechtsgut primär die staatliche Rechtspflege und nicht die Ehre des Betroffenen ist (BGH 9, 240).

d) Ein Sonderproblem des Irrtums über den Kausalverlauf ergibt sich in den Fällen des sog. **dolus generalis**. Der Täter irrt sich hier nicht über das Tatobjekt, das er verletzt, sondern über den Ablauf der Handlung, die zu der Verletzung führt. Die Tat vollzieht sich in zwei Akten, deren Bedeutung der Täter falsch einschätzt, indem er glaubt, den Erfolg schon durch den ersten Akt erreicht zu haben, während er in Wirklichkeit erst durch den zweiten eintritt, der die Tat verdecken sollte. Die Recht-

---

[74] So *Baumann / Weber*, Allg. Teil S. 414; *Backmann*, JuS 1971, 120; *Blei*, Allg. Teil S. 121; *Bockelmann / Volk*, Allg. Teil S.72; *Maurach / Zipf*, Allg. Teil I S. 318f.; *Lackner*, § 15 Anm. II 2 a cc; *Otto*, Grundkurs S. 86f.; *Schönke / Schröder / Cramer*, § 15 Rdn. 56; SK (*Rudolphi*), § 16 Rdn. 33.

[75] So *Frank*, § 59 Anm. III 2 c; *v. Liszt / Schmidt*, S. 269; *Loewenheim*, JuS 1966, 310; *Welzel*, Lehrbuch S. 73; *Noll*, ZStW 77 (1965) S. 5; *Ingeborg Puppe*, GA 1981, 1 ff. Für besondere Fallgestaltungen nehmen Vollendung an *Roxin*, Würtenberger-Festschrift S. 123 und *Herzberg*, JA 1981, 473 (bei mehreren gleichwertigen gefährdeten Objekten); *Jakobs*, Allg. Teil S. 248 und *Prittwitz*, GA 1983, 127ff. (wenn der Täter das versehentlich getroffene Objekt wenigstens wahrgenommen hat); *Janiszewski*, MDR 1985, 538 (der Täter weiß, welchen objektiven Tatbestand er auf jeden Fall erfüllt). Auch die differenzierende Lösung von *Hillenkamp*, Vorsatzkonkretisierungen S. 116f. ist abzulehnen, da der Vorsatz auch bei den Rechtsgütern, die nicht zu den höchstpersönlichen gehören, auf ganz bestimmte Gegenstände bezogen sein muß.

sprechung nimmt hier einen einheitlichen Vorgang an, der von dem an sich nur auf den ersten Akt bezogenen Vorsatz auch hinsichtlich des zweiten mitgetragen wird. Das Schrifttum greift z. T. auf die gemeinrechtliche Lehre vom „dolus generalis" zurück und nimmt demgemäß ein einheitliches Handlungsgeschehen mit einem das ganze überspannenden „generellen" Vorsatz an, der keine privilegierende rechtliche Beurteilung verdient[76].

Beispiele: Der Mörder wirft das vermeintlich tote Opfer ins Wasser, wo es erst durch Ertrinken den Tod findet (RG 67, 258; BGH 14, 193). Der Täter will, nachdem er das Opfer gewürgt hat und dadurch umgebracht zu haben glaubt, einen Selbstmord durch Erhängen vortäuschen, und erst dadurch kommt der vermeintlich Tote ums Leben (OGH 1, 74 [75f.]). Der Ehemann will, nachdem er seine schlafende Frau durch Gas getötet zu haben glaubt, ebenfalls einen Selbstmord vortäuschen, indem er nochmals Gas ausströmen läßt, was dann den Tod der Frau erst herbeiführt (OGH 2, 285). Vgl. zu dem umgekehrten Fall, daß schon der erste Handlungsakt zum Erfolg führt, oben § 29 V 6 b.

Der Gegenmeinung, die in diesen Fällen versuchten Mord und fahrlässige Tötung annehmen will[77], ist entgegenzuhalten, daß es auf den *ersten* vorsätzlich begangenen Akt ankommt und daß die Abweichung im Kausalverlauf unwesentlich ist, da Fälle, in denen sich der Täter selbst unbewußt zum Werkzeug der Vollendung seiner Tat macht, durchaus im Rahmen der objektiven Zurechnung liegen und auch keinerlei abweichende Bewertung zu seinen Gunsten erfordern[78]. Eine andere Lösung ergäbe sich nur dann, wenn im konkreten Fall die objektive Zurechnung des Erfolgs, der erst durch den zweiten Akt eintritt, zu verneinen wäre[79].

7. Von dem Begriffspaar Tatbestands- und Verbotsirrtum sind **andere Irrtumsfälle** zu unterscheiden.

a) Kennt der Täter den sachlichen Gehalt eines Tatbestandsmerkmals, irrt er aber über dessen strafrechtliche Bezeichnung (er hält z. B. das Typenschild des Kraftwagens nicht für eine Urkunde oder einen Hund nicht für eine Sache), so liegt ein **Subsumtionsirrtum**[80] vor, der als solcher unbeachtlich ist, da zur Bejahung des Vorsatzes nicht mehr als Bedeutungskenntnis im Sinne der „Parallelwertung in der Laiensphäre" verlangt werden kann. Der Irrtum betrifft hier in der Regel nicht den Tatbestand, sondern die Strafbarkeit der Tat. Fehlt trotz Vorliegens der Bedeutungskenntnis das Unrechtsbewußtsein, weil der Täter die Tat wegen des Subsumtionsirrtums für erlaubt gehalten hat, so liegt ein Verbotsirrtum vor (BGH 9, 341 [347]; 13, 135 [138]; 15, 332 [338]).

Beispiele: Der Täter behauptet, nicht erkannt zu haben, daß die Erlangung zusätzlicher Lebensmittelkarten in Zeiten der Bezugsbeschränkung einen „Vermögensvorteil" darstellt (RG

---

[76] So *Welzel*, Lehrbuch S. 74; *Graf zu Dohna*, Verbrechenslehre S. 27; *v. Hippel*, Bd. II S. 337 Fußnote 1; *Baumann / Weber*, Allg. Teil S. 393f.; *Dreher / Tröndle*, § 16 Rdn. 7; *Schönke / Schröder / Cramer*, § 15 Rdn. 57; *SK (Rudolphi)* § 16 Rdn. 35; *Stratenwerth*, Allg. Teil I Rdn. 281; *Triffterer*, Klug-Festschrift S. 437 Fußnote 72; *Wessels*, Allg. Teil S. 76; *Wolter*, Leferenz-Festschrift S. 449f.

[77] So *Engisch*, Untersuchungen S. 72; *Maurach / Zipf*, Allg. Teil I S. 319f.; *Hruschka*, JuS 1982, 319f.; *Frank*, § 59 Anm. IX; *Maiwald*, ZStW 78 (1966) S. 54ff.; *LK (Schroeder)* § 16 Rdn. 31; *Jakobs*, Allg. Teil S. 246; *Backmann*, JuS 1972, 199.

[78] *Roxin*, Würtenberger-Festschrift S. 120ff. folgt der h. L. nur bei Absicht, nicht bei bedingtem Vorsatz.

[79] In dieser Richtung *Jakobs*, Studien S. 99f.; *Schmidhäuser*, Allg. Teil S. 404.

[80] Dazu *Baumann / Weber*, Allg. Teil S. 408; *Backmann*, JuS 1973, 300; *Lackner*, § 15 Anm. II 2b; *LK (Schroeder)*, § 16 Rdn. 41ff.; *Maurach / Zipf*, Allg. Teil I S. 320; *Nierwetberg*, Jura 1985, 238ff.; *Schmidhäuser*, Allg. Teil S. 408; *SK (Rudolphi)* § 16 Rdn. 23; *Warda*, Jura 1979, 81f.

V. Der Tatbestandsirrtum

51, 237 [239]) oder daß er mit der Finanzierung von Teilzahlungsgeschäften ein „Kreditinstitut" betreibt (BGH 4, 347 [352]). Der Angeklagte behauptet, ein 16jähriges Lehrmädchen nicht für einen „Lehrling" gehalten zu haben (schweiz. BGE 78 IV 41). Der Mörder, der alle Umstände der Tat kannte, beruft sich darauf, sein Handeln nicht für „heimtückisch" gehalten zu haben (BGH 22, 77 [80]).

b) Ein Verbotsirrtum eigener Art ist der **Irrtum über Rechtfertigungsgründe** (vgl. unten § 41 III).

c) Weder Tatbestands- noch Verbotsirrtum ist der **Irrtum im Schuldbereich**. Unbeachtlich ist anerkanntermaßen der Irrtum über die eigene Schuldfähigkeit. Eigenen Regeln folgt der Irrtum über die Merkmale des Schuldtatbestandes (vgl. unten § 42 III 1) und über Entschuldigungsgründe (vgl. unten § 48 II).

d) Der **Irrtum über persönliche Strafausschließungsgründe** (vgl. unten § 52 III 1) wird von einigen wie ein Tatbestandsirrtum behandelt[81]. In der engeren Abgrenzung der Fälle, wie sie der Text vornimmt (vgl. unten § 52 II 1), ist dagegen nicht auf die Vorstellung des Täters, sondern auf die objektive Sachlage abzustellen, da die persönlichen Strafausschließungsgründe nicht Bestandteile des Tatbestandes sind und der Unrechtsgehalt der Tat demgemäß durch den Irrtum darüber auch nicht berührt werden kann[82].

Beispiel: Die Annahme des Abgeordneten, daß auch eine im Wandelgang des Bundestages getane Äußerung durch § 36 gedeckt sei, entlastet ihn nicht.

e) Unbeachtlich ist weiter der **Irrtum über objektive Strafbarkeitsbedingungen** (vgl. unten § 53 III 1), weil diese aus kriminalpolitischen Gründen eingefügte Einschränkungen der Strafbarkeit sind, die den Unrechtsgehalt der Tat ebenfalls nicht berühren[83].

Beispiel: In § 323a bezieht sich der Vorsatz nur auf das Sichversetzen in den Rauschzustand, nicht auf die im Rausch begangene Tat und auch nicht auf die Möglichkeit, daß es im Rausch zu strafbaren Handlungen irgendwelcher Art kommen werde (BGH 16, 124; abw. BGH 10, 247).

f) Der **Irrtum über die Strafbarkeit** bezieht sich nicht auf die Rechtswidrigkeit der Tat, sondern auf die Rechtsfolge. Er hatte Bedeutung für *Feuerbachs* Theorie vom psychologischen Zwang, da es hier auf die Kenntnis von der Strafdrohung ankam, die die zur Tat hindrängenden Motive hintanhalten sollte[84]. Sobald man jedoch den Gebotsinhalt der Rechtsnorm als den für das Handeln der Menschen maßgeblichen Imperativ ansieht, wird der Irrtum über die Strafbarkeit bedeutungslos (RG 2, 268 [269]; 54, 152 [161]).

g) Unbeachtlich ist endlich der **Irrtum über Prozeßvoraussetzungen**, etwa über die Erforderlichkeit eines Strafantrags (BGH 18, 123 [125])[85].

§ 30 Die subjektiven Tatbestandsmerkmale

Beling, Die Lehre vom Tatbestand, 1930; *Braun*, Die Bedeutung der subjektiven Unrechtselemente für das System eines Willensstrafrechts, 1936; *Class*, Grenzen des Tatbestandes, Strafr. Abh. Heft 323, 1933; *Graf zu Dohna*, Elemente des Schuldbegriffs, GS 65 (1905) S. 304; *Susanne Ecker*, Die Verwendung und Feststellung subjektiver Verbrechensmerkmale, Diss. Göttingen 1981; *Engisch*, Bemerkungen zu Theodor Rittlers Kritik der Lehre von den subjektiven Tatbestands- und Unrechtselementen, Festschrift für Th. Rittler, 1957, S. 165; *H. A. Fischer*, Die Rechtswidrigkeit mit besonderer Berücksichtigung des Privatrechts, 1911; *Gallas*, Zur Kritik der Lehre vom Verbrechen als Rechtsgutsverletzung, Festschrift für W. Graf Gleis-

---

[81] So *Schönke / Schröder / Cramer*, § 16 Rdn. 33; *Schönke / Schröder / Lenckner*, Vorbem. 132 vor § 13; *Eser*, Strafrecht I Nr. 20 A Rdn. 21f.; *Wessels*, Allg. Teil S. 139ff. (für Fälle, in denen der persönliche Strafausschließungsgrund im Schuldbereich wurzelt).
[82] So *Kohlrausch / Lange*, § 247 Anm. VII; *LK (Schroeder)* § 16 Rdn. 60; *Dreher / Tröndle*, § 16 Rdn. 31; *Welzel*, Lehrbuch S. 356f.; BGH 23, 281; OLG Stuttgart MDR 1970, 162.
[83] Vgl. näher *LK (Schroeder)* § 16 Rdn. 61.
[84] *Feuerbach*, Lehrbuch § 93 verlangte deshalb das Bewußtsein der Strafbarkeit der Tat.
[85] Vgl. *LK (Schroeder)* § 16 Rdn. 62; *Schönke / Schröder / Cramer*, 16 Rdn. 35.

pach, 1936, S. 50; *derselbe*, Der Begriff der „Falschheit" der eidlichen und uneidlichen Aussage, GA 1957, 315; *Goldschmidt*, Normativer Schuldbegriff, Festgabe für R. v. Frank, Bd. I, 1930, S. 428; *Hegler*, Die Merkmale des Verbrechens, ZStW 36 (1915) S. 19; *derselbe*, Subjektive Rechtswidrigkeitsmomente im Rahmen des allgemeinen Verbrechensbegriffs, Festgabe für R. v. Frank, Bd. I, 1930, S. 251; *Jescheck*, Die Entwicklung des Verbrechensbegriffs in Deutschland seit Beling im Vergleich mit der österreichischen Lehre, ZStW 73 (1961) S. 179; *Kadečka*, Willensstrafrecht und Verbrechensbegriff, ZStW 59 (1940) S. 1; *Krauß*, Der psychologische Gehalt subjektiver Elemente im Strafrecht, Festschrift für H.-J. Bruns, 1978, S. 11; *Krümpelmann*, Vorsatz und Motivation, ZStW 87 (1975) S. 888; *Mezger*, Die subjektiven Unrechtselemente, GS 89 (1924) S. 205; *derselbe*, Vom Sinn der strafrechtlichen Tatbestände, Festschrift für L. Traeger, 1926, S. 187; *Nagler*, Der heutige Stand der Lehre von der Rechtswidrigkeit, Festschrift für K. Binding, Bd. II, 1911, S. 273; *Nowakowski*, Probleme der Strafrechtsdogmatik, JBl 1972, 19; *Oehler*, Die mit Strafe bedrohte tatvorsätzliche Handlung im Rahmen der Teilnahme, Berliner Festschrift zum 41. DJT, 1955, S. 255; *derselbe*, Das objektive Zweckmoment der rechtswidrigen Handlung, 1959; *Platzgummer*, Die „Allgemeinen Bestimmungen" des StGE im Lichte der neueren Strafrechtsdogmatik, JBl 1971, 236; *Polaino*, Los elementos subjetivos del injusto en el Código penal español, 1972; *Schudt*, Die subjektiven Unrechtselemente in der neueren Entwicklung, Diss. München 1951; *Sieverts*, Beiträge zur Lehre von den subjektiven Unrechtselementen im Strafrecht, 1934; *Stratenwerth*, Die Funktion strafrechtlicher Gesinnungsmerkmale, Festschrift für H. v. Weber, 1963, S. 171; *Waider*, Die Bedeutung der Lehre von den subjektiven Rechtfertigungselementen usw., 1970; *v. Weber*, Zum Aufbau des Strafrechtssytems, 1935; *Welzel*, Studien zum System des Strafrechts, ZStW 58 (1939) S. 490; *E. Wolf*, Die Typen der Tatbestandsmäßigkeit, 1931; *Zimmerl*, Zur Lehre vom Tatbestand, Strafr. Abh. Heft 237, 1928; *Zipf*, Die Problematik des Meineids usw., Festschrift für R. Maurach, 1972, S. 415.

I. Wesen, Entdeckung und Abgrenzung der subjektiven Tatbestandsmerkmale

1. Der Vorsatz ist das Kernstück des personalen Handlungsunrechts bei den vorsätzlichen Straftaten, er kann deshalb als das *allgemeine* subjektive Tatbestandsmerkmal bezeichnet werden: der Vorsatz bestimmt Anfang, Verlauf, Richtung und Ziel der Handlung. Zum Vorsatz treten jedoch häufig **besondere subjektive Tatbestandsmerkmale** hinzu, die ebenfalls Bestandteile des personalen Handlungsunrechts sind, indem sie den Handlungswillen des Täters näher charakterisieren. Als Modifikationen des tatbestandsmäßigen Handlungswillens weisen sie ebenso wie der Vorsatz die **Struktur der Finalität** auf (vgl. oben § 29 IV) und sind wie dieser auf das geschützte Rechtsgut, das Handlungsobjekt oder die Art und Weise seiner Verletzung bezogen (vgl. oben § 24 III 4 b). Die beiden Bezeichnungen subjektive „Unrechts-" bzw. subjektive „Tatbestandsmerkmale" sind gleichbedeutend; die erste stellt ab auf die Zugehörigkeit der ganzen Merkmalsgruppe zu den das *Unrecht* einer Deliktsart kennzeichnenden Faktoren, die zweite besagt, daß diese Merkmale zum Aufbau des *Tatbestandes* benutzt werden. In der Regel dienen subjektive Tatbestandsmerkmale dazu, das Unrecht einer bestimmten Deliktsart zu *konstituieren*, seltener werden sie dazu verwendet, um auf der Basis eines Grunddelikts *Qualifizierungen* oder *Privilegierungen* vorzunehmen[1].

2. Die *Entdeckung* der subjektiven Unrechtselemente (vgl. oben § 22 III 2b)[2] geht zurück auf *H. A. Fischer*, der zuerst für das Zivilrecht, insbesondere im Hinblick auf bestimmte Rechtfertigungsgründe, nachgewiesen hat, daß vielfach nicht ein objektives Geschehen als solches verboten ist, „sondern daß es verboten oder erlaubt ist, je nach der Gesinnung, mit welcher der

---

[1] Über den zahlenmäßigen Umfang der Verwendung von subjektiven Tatbestandsmerkmalen im Besonderen Teil vgl. *Schudt*, Die subjektiven Unrechtselemente S. 121.

[2] Zur Dogmengeschichte vgl. *Mezger*, GS 89 (1924) S. 208 ff.; *Sieverts*, Subjektive Unrechtselemente S. 4 ff.; *Waider*, Subjektive Rechtfertigungselemente S. 173 ff.

I. Wesen, Entdeckung und Abgrenzung der subjektiven Tatbestandsmerkmale

Täter die Tat begeht"[3]. Auf ähnliche Erscheinungen im Strafrecht hatten schon *Nagler*[4] und *Graf zu Dohna*[5] aufmerksam gemacht. Kurz darauf gelang *Hegler*[6] und *M E. Mayer*[7] fast gleichzeitig die systematische Einordnung dieser Fälle. Beide erblickten die materielle Rechtswidrigkeit zwar noch allein in der Sozialschädlichkeit der Tat, erkannten aber auch, daß diese oft durch die vom Täter verfolgten Zwecke mitbestimmt werde. In ähnlicher Weise zeigte *Sauer*[8], daß die subjektiven Unrechtselemente vielfach den Deliktstypus erst prägen. Die volle Entwicklung der Lehre von den subjektiven Unrechtselementen ist *Mezger*[9] zu danken. Während die subjektiven Merkmale aber bei älteren Autoren noch als Ausnahme von der grundsätzlich durch äußeres körperliches Verhalten bestimmten Rechtswidrigkeit erscheinen, sehen die Anhänger der neueren Systematik in ihrer Existenz eine Bestätigung des personalen Unrechtsbegriffs[10]. Die Lehre von den subjektiven Unrechtselementen ist, obwohl sie vom Standpunkt des rein außenweltlichen Verständnisses der Rechtswidrigkeit auch entschiedene Gegner gefunden hat[11], in Deutschland herrschend geworden. Die von *Oehler*[12] vertretene Ansicht, daß es sich bei den subjektiven Unrechtselementen in Wirklichkeit um Schuldmerkmale handle, ist ebensowenig überzeugend wie die entgegengesetzte Ansicht, daß die Gesinnungsmerkmale sämtlich keine Schuldmerkmale seien, sondern allein dem subjektiven Tatbestand angehörten[13] (vgl. unten § 42 II 3a).

3. Nicht alle Bestandteile einer Strafvorschrift, die seelische Faktoren beschreiben, sind subjektive Unrechtsmerkmale. Vielmehr ist zu unterscheiden zwischen diesen und den **Merkmalen des Schuldtatbestandes.** Maßgebend für die Abgrenzung sind die Kriterien, nach denen auch sonst die Unterscheidung zwischen Unrecht und

---

[3] *H.A. Fischer*, Die Rechtswidrigkeit S. 288f.

[4] *Nagler*, Binding-Festschrift S. 286 Fußnote 8.

[5] *Graf zu Dohna*, GS 65 (1905) S. 310ff.

[6] *Hegler*, ZStW 36 (1915) S. 31ff.; *derselbe*, Frank-Festgabe Bd. I S. 251 ff.

[7] *M.E. Mayer*, Lehrbuch S. 12, 185 ff.

[8] *Sauer*, Grundlagen S. 344.

[9] *Mezger*, GS 89 (1924) S. 259ff.; *derselbe*, Traeger-Festschrift S. 197ff.; *derselbe*, Lehrbuch S. 168ff. Die Endposition *Mezgers* in Moderne Wege S. 22ff. nähert sich bereits dem personalen Unrechtsbegriff.

[10] So *Braun*, Subjektive Unrechtselemente S. 22ff.; *Gallas*, Gleispach-Festschrift S. 58; *Welzel*, ZStW 58 (1939) S. 507; *E. Wolf*, Typen der Tatbestandsmäßigkeit S. 61.

[11] So etwa *Zimmerl*, Lehre vom Tatbestand S. 29ff. (der auf S. 34 bereits auf die Konsequenzen für die Stellung des Vorsatzes hinweist); *Goldschmidt*, Frank-Festgabe Bd. I S. 458ff.; *Beling*, Lehre vom Tatbestand S. 11f.; *Class*, Grenzen S. 175ff.; *Wegner*, Strafrecht S. 111f.; *H. Mayer*, Lehrbuch S. 104f. Ablehnend vor allem die ältere österreichische Schule; vgl. *Rittler*, Bd. I S. 121ff.; *Nowakowski*, Grundriß S. 54f.; *Kadečka*, ZStW 59 (1940) S. 1ff. Der Umschwung zur Anerkennung der subjektiven Unrechtsmerkmale ist jedoch inzwischen durch *Nowakowski*, JBl 1972, 25 und *Platzgummer*, JBl 1971, 238 vollzogen worden. Zur bisherigen österreichischen Lehre *Engisch*, Rittler-Festschrift S. 167ff. und *Jescheck*, ZStW 73 (1961) S. 197ff. Zum heutigen Stand, der der deutschen Lehre entspricht, *Kienapfel*, Allg. Teil, Syst. Darst. (österr.) S. 21f.; *Triffterer*, Allg. Teil S. 95. In der Schweiz folgen der in Deutschland h. L. *Germann*, Verbrechen S.43; *Noll / Trechsel*, Allg. Teil I S. 101f.; *Stratenwerth*, Schweiz. Strafrecht, Allg. Teil I S. 169ff.; *Hauser / Rehberg*, Grundriß S. 66; *Schwander*, Das schweiz. StGB S. 73. Anders *Schultz*, Einführung I S. 139f.; unentschieden *Hafter*, Allg. Teil S. 96. Auch *Bettiol / Pettoello Mantovani*, Diritto penale S. 334ff. anerkennt ausnahmsweise subjektive Unrechtselemente; ebenso *Fiandaca / Musco*, Diritto penale S. 91f. Der deutschen Lehre schließt sich *Rodríguez Devesa / Serrano Gómez*, Derecho penal S. 408ff. an; vgl. ferner *Polaino*, Los elementos subjetivos, 1972; *Cerezo Mir*, Curso S. 335ff. Die französische Theorie berührt das Problem unter dem Stichwort „dol spécial"; vgl. *Merle / Vitu*, Traité S. 701ff.; die niederländische behandelt es unter dem Stichwort „oogmerk"; vgl. *Pompe*, Handboek S. 170ff.; *van Bemmelen / van Veen*, Ons strafrecht S. 108; *D. Hazewinkel-Suringa / Remmelink*, Inleiding S. 178ff.

[12] *Oehler*, Berliner DJT-Festschrift S. 278; *derselbe*, Das objektive Zweckmoment S. 131ff.

[13] So *Maurach / Zipf*, Allg. Teil I S. 308; *Bockelmann / Volk*, Allg. Teil S. 54ff.; *Stratenwerth*, Allg. Teil I Rdn. 330ff.

Schuld vorgenommen wird. Für das Unrecht der Tat mitbestimmend sind demgemäß die subjektiven Bestandteile einer Strafvorschrift nur dann, wenn sie den Handlungswillen des Täters charakterisieren, indem sie die Begehungsweise der Tat, das durch den Tatbestand geschützte Handlungsobjekt oder das Rechtsgut betreffen. Schuldmerkmale sind dagegen alle diejenigen Umstände, die die Willensbildung des Täters näher kennzeichnen, indem sie die Gesinnung, aus der der Tatentschluß erwachsen ist, in einem mehr oder weniger negativen Licht erscheinen lassen (vgl. näher unten § 42 II 3)[14].

II. Die subjektiven Tatbestandsmerkmale im geltenden Recht

Die *Gruppierung der subjektiven Tatbestandsmerkmale* ist im einzelnen *umstritten*[15], doch verliert die Frage an Gewicht, sobald auch der Vorsatz zum Unrechtstatbestand gerechnet wird. Praktische Bedeutung behält dann nur die Abgrenzung gegenüber den Schuldmerkmalen.

1. Die erste Gruppe umfaßt die **„Absichtsdelikte"** (Delikte mit überschießender Innentendenz). Von Absicht in diesem Sinne spricht man dann, wenn der Täter einen Erfolg anstrebt, den er zur Erfüllung des Tatbestandes zwar ins Auge fassen muß, aber nicht zu erreichen braucht. Unterschieden wird zwischen kupierten Erfolgsdelikten und unvollkommen zweiaktigen Delikten (vgl. oben § 26 II 5)[16].

a) Bei den *kupierten Erfolgsdelikten* wird die Tatbestandshandlung durch das Anstreben eines über den objektiven Tatbestand hinausgehenden äußeren Erfolgs ergänzt, der nach der Tat *von selbst*, d. h. ohne Zutun des Täters, eintreten soll. Beispiele sind die Vergiftung (§ 229), der räuberische Diebstahl (§ 252), die Erpressung (§ 253), der Betrug (§ 263), die Vollstreckungsvereitelung (§ 288), die Vorteilsgewährung (§ 333).

b) Bei den *unvollkommen zweiaktigen Delikten* muß der Täter dagegen den über den objektiven Tatbestand hinausgehenden Erfolg nach Erfüllung des Tatbestandes *durch eigenes Handeln* selbst herbeiführen wollen. Beispiele sind die Geldfälschung (§ 146), die Entführung (§ 236), der Diebstahl (§ 242), der Raub (§ 249), die Urkundenfälschung (§ 267), die besonders schwere Brandstiftung (§ 307 Nr. 2).

2. Die zweite Gruppe umfaßt die **„Tendenzdelikte"** (Delikte mit intensivierter Innentendenz). Das Kennzeichen dieser Gruppe ist, daß die Tathandlung durch eine Willensrichtung des Täters beherrscht wird, die ihr erst das eigentliche Gepräge oder die besondere Gefährlichkeit für das geschützte Rechtsgut verleiht.

a) Hierhin gehören einmal die *Sexualdelikte* (§§ 174 ff.), die ihrer Natur nach erfordern, daß die Handlung nicht nur äußerlich dem Schamgefühl gröblich widerspricht, sondern auch in wollüstiger Absicht vorgenommen wird (vgl. den Ausspruch des Mephisto in der Schülerszene des „Faust" über die Medizin).

b) Eine andere Gruppe von Delikten erfordert eine Willensrichtung des Täters, die eine für das geschützte Rechtsgut *besonders gefährliche Tendenz* aufweist. Beispiele sind die Vorteilsabsicht (§ 181 a I Nr. 2), die Bereicherungsabsicht (§ 259), die Nachteilsabsicht (§ 274 I Nr. 1 - 3), das arglistige (§ 109 a) oder hinterlistige Vorgehen (§ 223 a).

---

[14] Ebenso *Wessels*, Allg. Teil S. 114 f.; *Schönke / Schröder / Lenckner*, Vorbem. 63, 122 vor § 13; *Schmidhäuser*, Allg. Teil S. 249.

[15] Vgl. die Einteilung von *Sieverts*, Subjektive Unrechtselemente S. 140 ff., die auf *Hegler*, *Mezger* und *E. Wolf* aufbaut. Ferner *Baumann / Weber*, Allg. Teil S. 281 ff.; *Bockelmann / Volk*, Allg. Teil S. 54 f.; *Jakobs*, Allg. Teil S. 251 ff. Zur psychologischen Struktur der subjektiven Unrechtselemente *Krauß*, Bruns-Festschrift S. 11 ff.; *Krümpelmann*, ZStW 87 (1975) S. 896 ff.

[16] So *Binding*, Lehrbuch Bes. Teil Bd. I S. 12.

c) Zu den Tendenzdelikten gehören ferner die Straftatbestände mit den *Konstitutionsmerkmalen* der Gewerbsmäßigkeit (§§ 180a I, II Nr. 1, III, 181a II, 260, 292 III, 293 III, 302a II Nr. 2), Gewohnheitsmäßigkeit (§§ 284 II, 292 III, 293 III) und Geschäftsmäßigkeit (§ 144)[17]. Die Beziehung zum Unrechtsgehalt des Tatbestands liegt hier in der besonderen Verfestigung eines Handlungswillens, dessen Träger sich durch wiederholte Tatbegehung eine fortlaufende Einnahmequelle verschaffen will oder durch einen Hang zu dem betreffenden Delikt angetrieben wird oder die Straftat zu einem Teil seiner beruflichen Beschäftigung zu machen beabsichtigt (vgl. unten § 66 VI 1).

d) Tendenzdelikte in einem weiteren Sinne wird man endlich auch die *Tatbestände mit „finalen Tätigkeitswörtern"* nennen können (vgl. oben § 24 III 4d), die zwar ein bestimmtes äußeres Geschehen bezeichnen, bei denen aber die vom Täter gegebene Richtung auf den Erfolg das Entscheidende ist[18].

3. Eine dritte Gruppe von Tatbeständen mit subjektiven Merkmalen bilden die **„Ausdrucksdelikte"**[19]. Hier verlangt der Tatbestand, daß ein innerer Wissenszustand beim Täter besteht, zu dem das äußere Verhalten in Widerspruch tritt. Dies ist der Fall bei den Aussagedelikten (§§ 153, 154, 156), sofern man hier das Handlungsunrecht in dem Widerspruch von Wort und Wissen erblickt (subjektive Theorie)[20], sowie stets dann, wenn die Falschaussage sich auf eine innere Tatsache bezieht. Ein anderes Beispiel ist die unterlassene Verbrechensanzeige (§ 138), die voraussetzt, daß der Täter glaubhafte Kenntnis von dem bevorstehenden Verbrechen erhalten hat.

4. Zu den subjektiven Unrechtsmerkmalen sind in ihrem innerseelischen Bestandteil endlich auch die **unechten Gesinnungsmerkmale** zu rechnen, die keine selbständigen sozialethischen Werturteile darstellen, sondern nur die subjektive Kehrseite von besonderen Unrechtsmerkmalen sind (z. B. „grausam", „heimtückisch" in § 211 II, „grob verkehrswidrig" in § 315 c I Nr. 2)[21] (vgl. unten § 42 II 3 a).

III. Die Behandlung der subjektiven Tatbestandsmerkmale

1. Die subjektiven Tatbestandsmerkmale sind ebenso wie der Vorsatz **Bestandteile des Unrechtstatbestandes** der jeweiligen Deliktsart. Sie müssen also auch dann gegeben sein, wenn gegenüber einem Schuldunfähigen eine Maßregel der Besserung und Sicherung verhängt werden soll, weil es sonst an einer mit Strafe bedrohten Handlung fehlte[22].

2. Im Falle der **Mittäterschaft** müssen die im Tatbestand vorausgesetzten subjektiven Merkmale *bei allen Beteiligten* vorliegen, da eine gegenseitige Zurechnung unter Mittätern nur hinsichtlich der objektiven Tatbestandsmerkmale stattfindet (BGH 24, 284 [285]) (vgl. unten § 63 I 3b). Bei **Anstiftung** und **Beihilfe** genügt es dagegen, wenn das subjektive Tatbestandsmerkmal *beim Täter* vorliegt und der Teilnehmer dies weiß (vgl. unten § 64 III 2b und IV 2d).

3. Beim **Versuch** müssen sämtliche subjektiven Tatbestandsmerkmale der betreffenden Deliktsart gegeben sein, da beim Versuch nur die Vollendung des objektiven Tatbestands fehlt (vgl. unten § 49 III 1b).

---

[17] Anders *Nowakowski*, JBl 1972, 25, der die Konstitutionsmerkmale zu den Schuldmomenten rechnet.
[18] Vgl. *v. Weber*, Aufbau S. 8f.; *derselbe*, Grundriß S. 73.
[19] So *Mezger*, Lehrbuch S. 173.
[20] So z. B. *Gallas*, GA 1957, 325; *Zipf*, Maurach-Festschrift S. 426.
[21] Vgl. *Schmidhäuser*, Allg. Teil S. 246ff.; *Wessels*, Allg. Teil S. 38; *Stratenwerth*, v. Weber-Festschrift S. 175.
[22] Über verfassungsrechtliche Probleme bei der prozessualen Feststellbarkeit subjektiver Tatbestandsmerkmale *Susanne Ecker*, Subjektive Verbrechensmerkmale S. 108ff.

Unterabschnitt c): Der Ausschluß der Rechtswidrigkeit

§ 31 Die allgemeinen Grundlagen der Rechtfertigung tatbestandsmäßiger Handlungen

Alwart, Der Begriff des Motivbündels, GA 1983, 433; *Baumgarten,* Notstand und Notwehr, 1911; *Carbonell Mateu,* La justificación penal, 1982; *Cerezo Mir,* Consideraciones generales sobre las causas de justificación, Festschrift für H.-H. Jescheck, Bd. I, 1985, S. 441; *Graf zu Dohna,* Die Rechtswidrigkeit als allgemeingültiges Merkmal im Tatbestande strafbarer Handlungen, 1905; *derselbe,* Recht und Irrtum, 1925; *Doehring,* Befehlsdurchsetzung und Waffengebrauch, 1968; *Dreher,* Der Irrtum über Rechtfertigungsgründe, Festschrift für E. Heinitz, 1972, S. 207; *Engels,* Ausschluß der Notwehr bei tätlichen Auseinandersetzungen zwischen Ehegatten, GA 1982, 109; *Engisch,* Die Einheit der Rechtsordnung, 1935; *derselbe,* Auf der Suche nach der Gerechtigkeit, 1971; *Fletcher,* Individualisation of excusing conditions, Southern California Law Review 47 (1974) S. 1269; *Frisch,* Grund- und Grenzprobleme des sog. subjektiven Rechtfertigungselements, Festschrift für K. Lackner, 1987, S. 113; *Gallas,* Zur Struktur des strafrechtlichen Unrechtsbegriffs, Festschrift für P. Bockelmann, 1979, S. 155; *Günther,* Strafrechtswidrigkeit und Strafunrechtsausschluß, 1983; *Heimberger,* Zur Lehre vom Ausschluß der Rechtswidrigkeit, 1907; *Herdegen,* Der Verbotsirrtum in der Rechtsprechung des BGH, in: 25 Jahre BGH, 1975, S. 195; *Herzberg,* Handeln in Unkenntnis einer Rechtfertigungslage, JA 1986, 90; *Hirsch,* Rechtfertigungsgründe und Analogieverbot, Gedächtnisschrift für U. Tjong, 1985, 50; *Hruschka,* Extrasystematische Rechtfertigungsgründe, Festschrift für E. Dreher, 1977, S. 189; *derselbe,* Der Gegenstand des Rechtswidrigkeitsurteils, GA 1980, 1; *Armin Kaufmann,* Zum Stande der Lehre vom personalen Unrecht, Festschrift für H. Welzel, 1974, S. 393; *derselbe,* Rechtspflichtbegründung und Tatbestandseinschränkung, Festschrift für U. Klug, Bd. II, 1983, S. 277; *Arthur Kaufmann,* Rechtsfreier Raum und eigenverantwortliche Entscheidung usw., Festschrift für R. Maurach, 1972, S. 327; *Kern,* Grade der Rechtswidrigkeit, ZStW 64 (1952) S. 255; *Klinkhardt,* Der administrative Waffengebrauch der Bundeswehr, JZ 1969, 700; *Koch,* Der Einfluß von Zwang und Notstand auf die Verantwortlichkeit des Täters im französischen Strafrecht, Diss. Freiburg 1968; *Kratzsch,* § 53 StGB und der Grundsatz nullum crimen sine lege, GA 1971, 65; *Lampe,* Unvollkommen zweiaktige Rechtfertigungsgründe, GA 1978, 7; *Lange,* Gesetzgebungsfragen bei den Rechtfertigungsgründen, Festschrift für H. v. Weber, 1963, S. 162; *Lenckner,* Der rechtfertigende Notstand, 1965; *derselbe,* Die Rechtfertigungsgründe und das Erfordernis pflichtgemäßer Prüfung, Festschrift für H. Mayer, 1966, S. 165; *derselbe,* Der Grundsatz der Güterabwägung als Grundlage der Rechtfertigung, GA 1985, 295; *Loos,* Zum Inhalt der subjektiven Rechtfertigungselemente, Festschrift für D. Oehler, 1985, S. 227; *Marwald,* Die Leistungsfähigkeit des Begriffs „erlaubtes Risiko" für die Strafrechtssystematik, Festschrift für H.-H. Jescheck, Bd. I, 1985, S. 405; *R. Merkel,* Die Kollision rechtmäßiger Interessen und die Schadensersatzpflicht, 1895; *Münzberg,* Verhalten und Erfolg als Grundlagen der Rechtswidrigkeit und Haftung, 1966; *Naka,* Die Appellfunktion des Tatbestandsvorsatzes, JZ 1961, 210; *Niese,* Finalität, Vorsatz und Fahrlässigkeit, 1951; *Noll,* Übergesetzliche Rechtfertigungsgründe, im besonderen die Einwilligung des Verletzten, 1955; *derselbe,* Übergesetzliche Milderungsgründe aus vermindertem Unrecht, ZStW 68 (1956) S. 181; *derselbe,* Die Rechtfertigungsgründe im Gesetz und in der Rechtsprechung, SchwZStr 80 (1964) S. 160; *derselbe,* Tatbestand und Rechtswidrigkeit: die Wertabwägung als Prinzip der Rechtfertigung, ZStW 77 (1965) S. 1; *Nowakowski,* Zur Lehre von der Rechtswidrigkeit, ZStW 63 (1951) S. 287; *derselbe,* Probleme der Strafrechtsdogmatik, JBl 1972, 19; *Oehler,* Das objektive Zweckmoment in der rechtswidrigen Handlung, 1959; *Perron,* Rechtfertigungs- und Entschuldigungsgründe im deutschen und spanischen Strafrecht, Baden-Baden 1988; *Peters,* „Wertungsrahmen" und „Konflikttypen" usw., GA 1981, 445; *Prittwitz,* Zum Verteidigungswillen bei der Notwehr, GA 1980, 381; *Robinson,* Criminal Law Defenses, Bd. I, II, 1984; *Roxin,* Kriminalpolitik und Strafrechtssystem, 2. Auflage 1973; *derselbe,* Die notstandsähnliche Lage – ein Strafunrechtsausschließungsgrund? Festschrift für D. Oehler, 1985, S. 181; *Rudolphi,* Inhalt und Funktion des Handlungsunwerts usw., Festschrift für R. Maurach, 1972, S. 51; *derselbe,* Pflichtgemäße Prüfung als Erfordernis der Rechtfertigung, Gedächtnisschrift für H. Schröder, 1978, S. 73; *Sax,* Der verbrechenssystematische Standort der Indikationen zum Schwangerschaftsabbruch, JZ 1977, 326; *Schaffstein,* Putative Rechtfertigungsgründe und finale Handlungslehre, MDR 1951, 196; *Schmidhäuser,* Der Unrechtstatbestand, Festschrift für K. Engisch, 1969, S. 433; *derselbe,* Zum Begriff der Rechtfertigung im Strafrecht, Festschrift für K. Lackner,

1987, S. 77; *Eb. Schmidt,* Befehlsdurchsetzung und Waffengebrauch, NZWehr 1968, 161; *Schröder,* Die Not als Rechtfertigungs- und Entschuldigungsgrund im deutschen und schweizerischen Strafrecht, SchwZStr 76 (1960) S. 1; *Schünemann,* Die deutschsprachige Strafrechtswissenschaft nach der Strafrechtsreform usw., GA 1985, 341; *Seelmann,* Das Verhältnis von § 34 StGB zu anderen Rechtfertigungsgründen, 1978; *Spendel,* Notwehr und „Verteidigungswille" usw., Festschrift für D. Oehler, 1985, S. 197; *Stooß,* Die Strafrechtswidrigkeit, ZStW 24 (1904) S. 319; *Stratenwerth,* Prinzipien der Rechtfertigung, ZStW 68 (1956) S. 41; *Triffterer,* Zur subjektiven Seite der Tatbestandsausschließungs- und Rechtfertigungsgründe, Festschrift für D. Oehler, 1985, S. 209; *Vassalli,* La dottrina italiana dell'antigiuridicità, Festschrift für H.-H. Jescheck, Bd. I, 1985, S. 427; *Waider,* Die Bedeutung der Lehre von den subjektiven Rechtfertigungselementen usw., 1970; *Warda,* Zur Konkurrenz von Rechtfertigungsgründen, Festschrift für R. Maurach, 1972, S. 143; *v. Weber,* Der Irrtum über einen Rechtfertigungsgrund, JZ 1951, 261; *Weber,* Besprechung von *Günther,* „Strafrechtswidrigkeit und Strafunrechtsausschluß" (1983), JZ 1984, 276; *Welzel,* Der übergesetzliche Notstand und die Irrtumsproblematik, JZ 1955, 142; *Widmaier,* Die Teilbarkeit der Unrechtsbewertung, JuS 1970, 611; *Witte,* Die strafrechtliche Beurteilung der Durchsetzung von Befehlen mit der Waffe, Diss. Freiburg 1969; *Würtenberger,* Vom Rechtsstaatsgedanken in der Lehre der strafrechtlichen Rechtswidrigkeit, Festschrift für Th. Rittler, 1957, S. 125; *Zielinski,* Handlungs- und Erfolgsunwert im Unrechtsbegriff, 1973.

I. Das Verhältnis von Verbotsnorm und Erlaubsnissatz

1. Den Strafdrohungen liegen Verhaltensnormen zugrunde, die der Gesetzgeber im Interesse des Rechtsfriedens der Gemeinschaft als so wesentlich betrachtet, daß er sie mit der schärfsten Sanktion versehen hat, über die er verfügt. Die Zuwiderhandlungen gegen diese Normen sind in den einzelnen Verbrechensformen beschrieben. Träger des Unrechtsgehalts jeder Deliktsart ist der Tatbestand (vgl. oben § 25 I 2). Tatbestandsmäßigkeit einer Handlung bedeutet also, daß die Tat diejenigen Unrechtsmerkmale aufweist, die eine bestimmte Verbrechensform begründen. Damit entsteht *als Ausgangspunkt der Lehre von den Rechtfertigungsgründen* die Frage, warum die Rechtswidrigkeit überhaupt noch erörtert werden muß, nachdem die Tatbestandsmäßigkeit der Handlung festgestellt ist, denn wenn der Tatbestand Träger des Unrechtsgehalts der jeweiligen Deliktsart ist, dann müßte mit der Tatbestandsmäßigkeit der Handlung auch ihre Rechtswidrigkeit feststehen. **Was bedeutet** demgegenüber **„Ausschluß der Rechtswidrigkeit"**[1]? Daß es eine Rechtfertigung tatbestandsmäßigen Verhaltens gibt, weiß freilich jeder, denn das Leben lehrt uns vielfach, daß Handlungen, die an sich bei Strafe verboten sind, unter bestimmten Voraussetzungen vorgenommen werden *dürfen* und oft genug sogar vorgenommen werden *müssen.*

Beispiele: Rechtmäßig handelt, wer sich des nächtlichen Einbrechers mit Gewalt erwehrt (§ 223). Beim Vollzug der Todesstrafe ist die vorsätzliche Tötung des Verurteilten, bei der Vollstreckung der Freiheitsstrafe die Freiheitsberaubung (§ 239) nicht nur erlaubt, sondern ein Akt strafender Gerechtigkeit. Nicht nur rechtmäßig, sondern auch pflichtmäßig handelt ferner, wer als Bauunternehmer im Auftrag des Eigentümers ein Gebäude abreißt (§ 305) oder als Geschäftsführer einer GmbH dem Buchhalter den dringenden Verdacht von Unterschlagungen vorhält (§ 185).

2. Die Erklärung für den Ausschluß der Rechtswidrigkeit tatbestandsmäßiger Handlungen ergibt sich daraus, daß die Rechtsordnung nicht nur aus **Verboten** besteht, sondern auch *Gewährungen* kennt, die die Verbote unter bestimmten Voraussetzungen aufheben[2]. Die Gewährungen sind in **Erlaubnissätze** gekleidet, die als

---

[1] Vgl. dazu *Graf zu Dohna,* Recht und Irrtum S. 1ff.; *derselbe,* Verbrechenslehre S. 28; *Maurach / Zipf,* Allg. Teil I S. 330f.

[2] Vgl. *Bockelmann / Volk,* Allg. Teil S. 86; *Dreher,* Heinitz-Festschrift S. 218ff.; *Gallas,* Beiträge S. 34f.; *Herdegen,* BGH-Festschrift S. 207; *Lackner,* Vorbem. 3a vor § 13; *LK*

*Rechtfertigungstatbestände*³ den Unrechtstatbeständen gegenübertreten. Wenn ein Rechtfertigungsgrund vorliegt, wird die im Unrechtstatbestand enthaltene Verbotsnorm als Rechtspflicht für den Einzelfall nicht wirksam. Der Unrechtstatbestand selbst vermag die Merkmale des Rechtfertigungstatbestandes nicht in sich aufzunehmen, da er nur zur Zusammenfassung der den Typus der Deliktsform ausmachenden unrechtsbegründenden Merkmale bestimmt und geeignet ist (vgl. oben § 25 I 2 und III 2). Eine Handlung kann jedoch neben den Merkmalen, die dem Normalfall einer bestimmten Deliktsart entsprechen, noch andere Momente aufweisen, die das Rechtswidrigkeitsurteil möglicherweise ausschließen, weil sich aus dem Wesen des Unrechts ergibt, daß die Tat von der Rechtsordnung im ganzen gebilligt wird. Aus diesen Gründen beruht das abschließende Rechtswidrigkeitsurteil auf *zwei* Gedankengängen: einmal auf der Prüfung der Tatbestandsmäßigkeit der Handlung, zum anderen auf der Prüfung der Frage, ob ein Rechtfertigungsgrund eingreift. Ist nach Bejahung der ersten auch die zweite Frage zu bejahen, so ist die Rechtswidrigkeit ausgeschlossen. Die gerechtfertigte Handlung bleibt jedoch tatbestandsmäßig. Die tatbestandsmäßige Handlung und insbesondere ihr Erfolg können nicht ungeschehen gemacht werden, sondern werden nur rechtlich gebilligt. Der Tatbestand erweist sich damit als eine selbständige strafrechtliche Wertungsstufe, die für jedermann ein Warnsignal darstellt, durch welches angezeigt wird, wo die Grenzen einer strafrechtlich sanktionierten Verbotsnorm verlaufen (**Appellfunktion des Tatbestandes**⁴).

Die Bezeichnung der Gegennormen als „Erlaubnissätze" ist, genau genommen, nur aus der Sicht des Strafrechts verständlich. Der eigentliche Sinngehalt der Rechtfertigungsgründe ist jedoch ein viel weiterer; sie sind selbständige Rechtssätze, die nicht in erster Linie etwas Verbotenes rechtfertigen, sondern eigenen und weiterreichenden Zwecken dienen sollen, z. B. dem Schutz des Rechts gegen das Unrecht (Notwehr), der Verwirklichung der Strafurteile (Strafvollstreckung), der Sicherung privater Verfügungsgewalt über den Körper (Einwilligung), dem Grundrecht der freien Meinungsäußerung (Wahrnehmung berechtigter Interessen). Wir haben es also mit einem *Zusammentreffen selbständiger konkurrierender Normen* zu tun, bei dem der Rechtfertigungsgrund der Verbotsnorm deswegen vorgeht, weil, wenn seine Voraussetzungen erfüllt sind, eine atypische Situation gegeben ist, die den Normbefehl des Unrechtstatbestandes im konkreten Fall aufhebt.

3. Das Verhältnis von Tatbestand und Rechtfertigungsgrund wird oft als *Regel-Ausnahme-Beziehung* gedeutet. Daß dabei nicht an die größere oder geringere Häufigkeit der Fälle auf der einen oder anderen Seite gedacht sein kann, zeigt das Beispiel der Vollstreckung der Freiheitsstrafe. Immerhin läßt sich in einem logischen Sinne sagen, daß die Straftatbestände „Regeln" enthalten, die von den Rechtfertigungsgrün-

---

(*Hirsch*) Vorbem. 5 f. vor § 32; *Schönke / Schröder / Lenckner*, Vorbem. 4 vor § 32; *Welzel*, Lehrbuch S. 80 f.; *Wessels*, Allg. Teil S. 78. Über das rechtstheoretische Verhältnis von Imperativen und Gewährungen *Engisch*, Gerechtigkeit S. 46 ff. Die Rechtfertigungsgründe, die die Pflicht zur Befolgung der Norm aufheben und nicht nur eine Ausnahme innerhalb des Systems statuieren, nennt *Hruschka*, Dreher-Festschrift S. 190 „extrasystematische". *Sax*, JZ 1977, 332 ff. versteht die Indikationen des § 218a nicht als Rechtfertigungsgründe, sondern als „negative Strafwürdigkeitsvoraussetzungen". Grundsätzlich nimmt *Günther*, Strafrechtswidrigkeit S. 253 ff. an, daß zahlreiche anerkannte Rechtfertigungsgründe (z. B. §§ 193, 218a) nur die Strafwürdigkeit der Tat beseitigen, diese aber nicht rechtfertigen. Gegen deren Herabstufung zu bloßen „Strafunrechtsausschließungsgründen" jedoch zu Recht *LK (Hirsch)* Vorbem. 10 vor § 32; *Roxin*, Oehler-Festschrift S. 195 f.; *Schönke / Schröder / Lenckner*, Vorbem. 8 vor § 32; *Weber*, JZ 1984, 276 ff. Zustimmend dagegen *Schünemann*, GA 1985, 352 f.

³ Hierzu näher *Noll*, ZStW 77 (1965) S. 8.

⁴ Vgl. näher *Naka*, JZ 1961, 210. Der Tatbestand ist entgegen *SK (Samson)* Vorbem. 11 vor § 32 eine *selbständige rechtliche Wertungsstufe*, auch wenn an die bloße Feststellung der Tatbestandsmäßigkeit keine Rechtsfolgen geknüpft sind, weil es auf die Warnfunktion für die Generalprävention ankommt.

den als „Ausnahmen" durchbrochen werden, weil besondere Voraussetzungen vorliegen müssen, damit der Rechtfertigungsgrund zum Zuge kommen kann. Das Normale ist immer der Achtungsanspruch des Normbefehls. Deswegen wird die Tatbestandsmäßigkeit der Handlung auch als **„Indiz für die Rechtswidrigkeit"**[5] bezeichnet. Damit soll gesagt sein, daß die Erfüllung des Unrechtstypus die Rechtswidrigkeit der Einzeltat so lange begründet, als nicht ausnahmsweise ein Rechtfertigungsgrund eingreift.

II. Die Systematik der Rechtfertigungsgründe

1. Die Wissenschaft hat sich vielfach bemüht, **übergeordnete Prinzipien der Rechtfertigung tatbestandsmäßigen Handelns** herauszuarbeiten, um die anerkannten Rechtfertigungsgründe systematisch erfassen und neue Erlaubnissätze erkennen und formulieren zu können[6]. Zu unterscheiden sind dabei die *monistischen* Theorien, die mit einem einzigen Gesichtspunkt zur Erklärung aller Rechtfertigungsgründe auszukommen suchen, und die *pluralistischen* Theorien, die den Unrechtsausschluß auf eine Mehrheit von Rechtsgedanken zurückführen. Eine monistische Theorie erscheint heute nur möglich, wenn man die Rechtfertigungsgründe auf einem ganz abstrakten und damit notwendigerweise äußerst formalen Prinzip aufbaut, wie etwa auf dem Grundsatz des „vorgehenden Gutsanspruchs"[7], dem „Mehr-Nutzen-als-Schaden"-Prinzip[8], auf der Formel von der „Anwendung des angemessenen Mittels zur Erreichung eines von der Rechtsordnung anerkannten Zwecks"[9], auf dem Leitgedanken der „Wertabwägung"[10] oder auf der „sozial richtigen Regulierung von Interesse und Gegeninteresse"[11]. Sucht man jedoch Aufschluß über Aufbau und Tragweite der *einzelnen* Rechtfertigungsgründe, so führt nur eine Betrachtungsweise zum Ziel, die die Verschiedenartigkeit ihres materiellen Gehalts herausstellt[12]. Auch von den Verfechtern monistischer Theorien wird deswegen zumeist anerkannt, daß die einzelnen Rechtfertigungsgründe unterschiedliche Strukturen aufweisen.

2. Geht man vom Unrechtsbegriff aus, so kommen *zwei* Leitgedanken in Frage, die in mannigfacher Kombination mit anderen Werterwägungen die Grundlage der Rechtfertigungstatbestände bilden. Der eine ist der **Güterabwägungsgedanke**[13], der

---

[5] So im Anschluß an *M. E. Mayer*, Lehrbuch S. 10 Fußnote 21, S. 52 und 182 die h. L.; vgl. *Baumann / Weber*, Allg. Teil S. 265 f.; *Dreher / Tröndle*, Vorbem. 27 vor § 13; *Lackner*, Vorbem. III 3 a vor § 13; *v. Liszt / Schmidt*, S. 185; *Maurach / Zipf*, Allg. Teil I S. 324; *Welzel*, Lehrbuch S. 80; *Wessels*, Allg. Teil S. 78. Im gleichen Sinne auch RG 63, 215 (218). Gegen die Lehre von der Indizwirkung *Schmidhäuser*, Allg. Teil S. 285 f.

[6] Über die historische Entwicklung vgl. *Heimberger*, Ausschluß der Rechtswidrigkeit S. 6 ff. Kritisch dazu *LK (Hirsch)* Vorbem. 48 vor § 32.

[7] So *Schmidhäuser*, Allg. Teil S. 288.

[8] So *Sauer*, Allg. Strafrechtslehre S. 56.

[9] So *Graf zu Dohna*, Die Rechtswidrigkeit S. 48 ff.; *derselbe*, Recht und Irrtum S. 14; *derselbe*, Verbrechenslehre S. 31.

[10] So *Noll*, ZStW 77 (1965) S. 9.

[11] So *Roxin*, Kriminalpolitik und Strafrechtssystem S. 15.

[12] In diesem Sinne geht die h. L. heute von der pluralistischen Theorie aus; vgl. *Baumann / Weber*, Allg. Teil S. 276; *Bockelmann / Volk*, Allg. Teil S. 88; *Maurach / Zipf*, Allg. Teil I S. 333; *Schönke / Schröder / Lenckner*, Vorbem. 7 vor § 32; *LK (Hirsch)* Vorbem. 48 vor § 32. Anders *Schmidhäuser*, Lackner-Festschrift S. 87 ff.

[13] Im weiteren Sinne der „Interessenabwägung" verstanden bei *Binding*, Handbuch S. 760, *R. Merkel*, Kollision S. 49 ff. und vor allem bei *Lenckner*, GA 1985, 300 ff.; streng im Sinne des Güterschutzes bei *Stooß*, ZStW 24 (1904) S. 328; im vergeistigten Sinne der Kollision von „Achtungsansprüchen" bei *Schmidhäuser*, Engisch-Festschrift S. 450 f.

der Auffassung des Verbrechens als Rechtsgutsverletzung (Erfolgsunrecht) entspricht und zu der Frage führt: *Welche Wirkung hat die Tat gehabt?* Der andere ist der **Zweckgedanke,** der der Auffassung des Verbrechens als pflichtwidriger Willensbetätigung (Handlungsunrecht) entspricht und zu der Frage führt: *Worauf hatte es der Täter abgesehen?* Eine andere Deutungsmöglichkeit geht von den Erwägungen aus, die den Gesetzgeber veranlassen können, tatbestandsmäßiges Verhalten zu rechtfertigen. Es sind dies das **Prinzip des überwiegenden Interesses** gegenüber dem Interesse am Schutz des verletzten Rechtsguts (Notwehr, Notstand) und der **Gedanke des mangelnden Interesses** am Strafrechtsschutz (Einwilligung, mutmaßliche Einwilligung)[14]. Im Rahmen dieser allgemeinen Prinzipien spielen bei den einzelnen Rechtfertigungsgründen die verschiedensten Wertgesichtspunkte mit verschiedenem Gewicht und in verschiedenen Kombinationen eine Rolle[15], so die Rechtsbewährung, die Erforderlichkeit, die Verhältnismäßigkeit, die Freiheitsgarantie und insbesondere „die Zuordnung der Rechtsgüter zur Autonomie des einzelnen"[16].

3. Bei der Erfassung des Sinngehalts der einzelnen Rechtfertigungsgründe ist auszugehen vom Begriff der *materiellen Rechtswidrigkeit* (vgl. oben § 24 I 2), denn Rechtfertigung heißt, daß eine Handlung, obwohl sie an sich einer generellen Verbotsnorm widerspricht, im konkreten Falle so beschaffen ist, daß die Verletzung oder Gefährdung des geschützten Handlungsobjekts um höherer Werte willen hinzunehmen *und* auch der vom Täter verfolgte Zweck zu billigen ist. Mit anderen Worten muß infolge des Eingreifens der Gegennorm **sowohl das Erfolgs- als auch das Handlungsunrecht** der Tat ganz oder zum größten Teil **entfallen oder aufgewogen** werden[17]. Mehr läßt sich über das *allen* Rechtfertigungsgründen gemeinsame Grundprinzip nicht sagen, da sie im einzelnen auf ganz verschiedenen Kombinationen von Rechtfertigungsfaktoren beruhen.

Beispiele: Bei der Notwehr (§ 32) sind der Selbstschutz gegen den Angreifer und die Rechtsbewährung maßgebend, während es auf das Wertverhältnis des verletzten und des bedrohten Guts grundsätzlich nicht ankommt. Bei der Sachwehr (§ 228 BGB) ist Grundgedanke nur der Selbstschutz, die Güterabwägung spielt hier jedoch eine Rolle, wenn der Schaden außer Verhältnis zur Gefahr steht. Der zivilrechtliche Notstand (§ 904 BGB) ist mit Rücksicht auf die Verletzung der Autonomie des durch den Eingriff betroffenen, aber am Geschehen unbeteiligten Eigentümers nur bei Gefahr eines unverhältnismäßig großen Schadens gegeben. Beim rechtfertigenden Notstand muß die Tat auch bei klarer Wertdifferenz der widerstreitenden Interessen außerdem noch ein „angemessenes Mittel" sein (§ 34 StGB; § 16 OWiG). Bei den Amtsrechten (z.B. § 127 II StPO) und der Wahrnehmung berechtigter Interessen (§ 193) kann der Eingriff in fremde Rechte auch bei ungewisser Sachlage gerechtfertigt sein, weswegen hier die gewissenhafte Prüfung der Umstände zu den Voraussetzungen der Rechtfertigung gehört (vgl. unten § 31 IV 3). Bei der Einwilligung geht es um die Dispositionsfreiheit des Rechtsgutsträgers, die aber an obersten Wertvorstellungen der Gemeinschaft ihre Grenze findet (§ 226a).

4. Der Katalog der Rechtfertigungsgründe ist niemals abgeschlossen, weil auch die maßgeblichen sozialen Ordnungsprinzipien sich weiterentwickeln. So erkennt Art. 20 IV GG jetzt ein „Widerstandsrecht" an, berücksichtigt BGHZ 27, 290 auch eine „notwehrähnliche Lage" und billigt BGH 20, 342 (368) bei schweren Verstößen gegen die verfassungsmäßige Ordnung dem Bürger ein „Rügerecht" zu. Rechtfertigungsgründe können auch entfallen. So ist die früher zulässige Kriegsrepressalie

---

[14] So *Blei*, Allg. Teil S. 130f.; *Dreher,* Heinitz-Festschrift S. 218; *Lenckner,* Notstand S. 135; *Mezger,* Lehrbuch S. 205; *Schönke / Schröder / Lenckner,* Vorbem. 7 vor § 32.
[15] Vgl. *Roxin,* Kriminalpolitik und Strafrechtssystem S. 26ff.
[16] Vgl. dazu *Stratenwerth,* ZStW 68 (1956) S. 44ff.
[17] Vgl. näher *Noll,* Übergesetzliche Rechtfertigungsgründe S. 48ff.; *Schönke / Schröder / Lenckner,* Vorbem. 13 vor § 32.

durch Art. 33 I, III des IV. Genfer Abkommens zum Schutze der Zivilbevölkerung vom 12. 8. 1949 (BGBl. 1954 II S. 781, 917) verboten worden.

III. Herkunft und Typisierung der Rechtfertigungsgründe

1. Die Rechtsordnung kennt nur einen *einheitlichen Begriff der Rechtswidrigkeit*. Verschieden sind in den einzelnen Rechtsgebieten allein die *Rechtsfolgen* der rechtswidrigen Handlung (z. B. Schadensersatz im bürgerlichen Recht, Aufhebung eines Verwaltungsakts im Verwaltungsrecht, Wiedergutmachung im Völkerrecht, Strafen und Maßregeln im Strafrecht). Demgemäß müssen auch die Rechtfertigungsgründe aus der Gesamtheit der Rechtsordnung hergeleitet werden. Es gilt das Prinzip der **Einheit der Rechtsordnung**[18] (RG 61, 242 [247]; BGH 11, 241 [244]). Das bedeutet, daß z. B. ein nach bürgerlichem oder öffentlichem Recht bestehender Rechtfertigungsgrund unmittelbar auch im Strafrecht anzuwenden ist[19] und daß spezifisch strafrechtliche Rechtfertigungsgründe (z. B. § 193) die Tat auch für alle anderen Rechtsgebiete rechtfertigen[20]. Dabei muß allerdings bedacht werden, daß Erlaubnissätze an bestimmte Tatbestände gebunden sein können, so daß ihre Übertragung auf andere Tatbestände nicht ohne weiteres zulässig ist.

Beispiele: So rechtfertigt die Wahrnehmung berechtigter Interessen (§ 193) nur Ehrverletzungen, ist aber im Bereich der falschen Verdächtigung (§ 164) unanwendbar (RG 72, 96 [98]; 74, 257 [261]). Ebenso sollte § 226 a auf Körperverletzungen beschränkt bleiben, um nicht das Prinzip der guten Sitten zu einer allgemeinen Einschränkung der Verfügungsfreiheit des einzelnen über seine Herrschaftssphäre werden zu lassen (vgl. unten § 34 III 1).

2. Aus der Grenzenlosigkeit ihres Herkunftsbereichs folgt, daß eine erschöpfende Aufzählung aller denkbaren Rechtfertigungsgründe weder in einem Gesetz noch in einer wissenschaftlichen Darstellung möglich ist. Der staatliche Gesetzgeber könnte zudem gar nicht alle Rechtfertigungsgründe selbst regeln, weil sie seiner Zuständigkeit zum Teil entzogen sind, wie etwa die allgemeinen Regeln des Völkerrechts (z. B. über völkerrechtmäßige Kriegshandlungen oder die Befugnisse einer Besatzungsmacht) oder die überpositiven Rechtfertigungsgründe. Endlich ist zu bedenken, daß die äußeren Verhältnisse und die herrschenden Wertvorstellungen der Gesellschaft sich ändern, so daß immer wieder neue Rechtfertigungsgründe entstehen oder bestehende wegfallen oder ausgedehnt bzw. eingeschränkt werden können (vgl. oben § 31 II 4). Daraus folgt, daß eine gesetzliche Regelung gar nicht abschließend sein *dürfte*. Deshalb wird auch weiterhin als Quelle von Erlaubnissätzen neben dem **Gesetzesrecht** auch das **Völkerrecht**, das **Gewohnheitsrecht** und das an den obersten Wertvorstellungen der Gemeinschaft ausgerichtete **überpositive Recht** (Naturrecht) in Betracht kommen.

---

[18] Vgl. *Engisch*, Einheit der Rechtsordnung S. 55 ff.; *Bockelmann / Volk*, Allg. Teil S. 87 f.; *Kern*, ZStW 64 (1952) S. 262; *LK (Hirsch)* Vorbem. 10 vor § 32; *Lange*, v. Weber-Festschrift S. 166; *Maurach / Zipf*, Allg. Teil I S. 333 f.; *Schönke / Schröder / Lenckner*, Vorbem. 27 vor § 32; *SK (Samson)* Vorbem. 19 vor § 32. Zweifelnd *Roxin*, Oehler-Festschrift S. 195. Grundsätzlich anders *Günther*, Strafrechtswidrigkeit S. 100 ff., der für das Strafrecht eine gesteigerte Rechtswidrigkeit, das „Strafunrecht", annimmt. Alle Strafbarkeitsvoraussetzungen, vor allem der Unrechtsgehalt der Tat, sind jedoch im Straftatbestand abschließend geregelt; ein Mehr darf nicht verlangt werden. Vgl. zutreffend *Weber*, JZ 1984, 276 ff.
[19] Vgl. E 1925 § 20: „Eine strafbare Handlung liegt nicht vor, wenn die Rechtswidrigkeit der Tat durch das öffentliche oder bürgerliche Recht ausgeschlossen ist."
[20] Das letztere bestreiten *Jakobs*, Allg. Teil S. 288 und *Seebode*, Klug-Festschrift S. 367 unter Hinweis auf die Behandlung gerechtfertigten Verhaltens als disziplinarisches Unrecht, doch geht es dabei um ein anderes Rechtsgut.

Beispiele: So ergab sich früher aus dem Völkerrecht das Recht der Kriegsrepressalie (BGH 23, 103 [107]). So hat sich der „übergesetzliche" Notstand (vgl. unten § 33 IV 1, 2) nach seiner Anerkennung für den Schwangerschaftsabbruch aus medizinischer Indikation durch RG 61, 242 allmählich im Wege des Gewohnheitsrechts zu einem allgemeinen Rechtfertigungsgrund entwickelt und ist heute im Gesetz geregelt (§ 34 StGB; § 16 OWiG). So beruht das Züchtigungsrecht der Lehrer, soweit es noch besteht, auf Gewohnheitsrecht (BGH 11, 241 [247]) und ist die Staatsnotwehr, beschränkt auf Fälle der Existenzbedrohung des Staates, nicht auf § 32, sondern auf überpositives Recht zu gründen, da der Angriff auf den Bestand des Staates die Grundvoraussetzung einer auf dem Recht beruhenden Gemeinschaftsordnung überhaupt gefährdet (hierauf beruft sich zu Unrecht RG 63, 215 [220]). Eine weitgehende Einschränkung durch überpositives Recht hat dagegen die Befugnis zum Waffengebrauch zur Durchsetzung militärischer Befehle nach § 10 V 2 SG erfahren (früher § 124 MStGB)[21].

3. Die **Garantiefunktion** des Strafgesetzes wird durch die Anerkennung gewohnheitsrechtlicher oder überpositiver Rechtfertigungsgründe schon deswegen nicht in Frage gestellt, weil es sich um Einschränkungen und nicht um Erweiterungen der Strafbarkeit handelt. Aber auch die einschränkende Auslegung übergesetzlicher Rechtfertigungsgründe ist zulässig, da sich die Garantiefunktion des Strafgesetzes nur auf den Gesetzestext erstreckt. Dagegen dürfen strafgesetzlich geregelte Rechtfertigungsgründe (z. B. §§ 32, 34) nicht über die Grenze ihres Wortlauts hinaus eingeschränkt werden, weil darin eine Ausdehnung der Strafbarkeit entgegen dem Gesetzestext läge[22]. Wenn möglich, sollte der Gesetzgeber aus Gründen der Rechtssicherheit und Rechtsgleichheit auf weitgehende Erfassung der Rechtfertigungsgründe bedacht sein[23]. Soweit die Praxis übergesetzliche Rechtfertigungsgründe anerkennt, sind diese nicht auf den Einzelfall zu beschränken, sondern müssen als allgemeine Regeln verstanden werden, die sich auf gleichgelagerte Fälle übertragen lassen[24].

IV. Die subjektiven Rechtfertigungselemente

1. Nach herrschender Auffassung genügt es für die Rechtfertigung tatbestandsmäßigen Handelns nicht, daß die *objektiven* Voraussetzungen des betreffenden Rechtfertigungsgrundes gegeben sind. Der Täter muß vielmehr das Vorliegen der die Tat rechtfertigenden Situation *erkannt* und *zur Ausübung* der ihm dadurch verliehenen Befugnis oder *zur Erfüllung* der ihm dadurch auferlegten Pflicht gehandelt haben[25].

---

[21] So *Witte,* Durchsetzung von Befehlen mit der Waffe S. 92. Die volle Beseitigung des Waffengebrauchsrechts nach § 10 V 2 SG nimmt *Doehring,* Befehlsdurchsetzung S. 18 ff. an; übereinstimmend *Eb. Schmidt,* NZWehr 1968, 161 ff. Vgl. auch *Klinkhardt,* JZ 1969, 700.

[22] So die h. M.; vgl. *Baumann / Weber,* Allg. Teil S. 123; *Bockelmann / Volk,* Allg. Teil S. 17; *Hirsch,* Tjong-Gedächtnisschrift S. 63; *Engels,* GA 1982, 109 ff.; *Maurach / Zipf,* Allg. Teil I S. 126; *Kratzsch,* GA 1971, 72; *Schmidhäuser,* Studienbuch S. 30; *Stratenwerth,* Allg. Teil I Rdn. 169; *Wessels,* Allg. Teil S. 10; *Würtenberger,* Rittler-Festschrift S. 133.

[23] Deswegen regelt § 34 den früheren „übergesetzlichen" Notstand sowie § 218a die Rechtfertigungsgründe für den Abbruch der Schwangerschaft.

[24] Vgl. näher *Würtenberger,* Rittler-Festschrift S. 136 ff.; *Noll,* SchwZStr 80 (1964) S. 168 f.

[25] So BGH GA 1980, 67; OLG Karlsruhe JZ 1984, 240 (241); *Bockelmann / Volk,* Allg. Teil S. 92; *Eser,* Strafrecht I Nr. 11 A Rdn. 8 ff.; *Lenckner,* Notstand S. 187 ff.; *LK (Hirsch)* Vorbem. 50 vor § 32 m. Rspr.; *Maurach / Zipf,* Allg. Teil I S. 337; *Niese,* Finalität S. 17; *Rudolphi,* Maurach-Festschrift S. 57; *Schaffstein,* MDR 1951, 199; *SK (Samson)* Vorbem. 23 vor § 32; *WK (Nowakowski)* Vorbem. 77 vor § 3; *Wessels,* Allg. Teil S. 79; *Triffterer,* Oehler-Festschrift S. 224. Dagegen wollen *Jakobs,* Allg. Teil S. 295; *Frisch,* Lackner-Festschrift S. 135 ff.; *Schönke / Schröder / Lenckner,* Vorbem. 14 vor § 32; *Stratenwerth,* Allg. Teil I Rdn. 489; *Loos,* Oehler-Festschrift S. 236; *Alwart,* GA 1983, 449 ff.; *Prittwitz,* GA 1980, 389 ein Handeln „in Kenntnis" des rechtfertigenden Sachverhalts genügen lassen. Beim Notstand (§ 34) widerspricht diese Ansicht dem Gesetzeswortlaut, beim Züchtigungsrecht und bei der Wahrnehmung

IV. Die subjektiven Rechtfertigungselemente

Auch in der Rechtsprechung hat sich die **Lehre von den subjektiven Rechtfertigungselementen** weitgehend durchgesetzt.

Beispiele: Den Verteidigungswillen bei der Notwehr verlangen RG 54, 196 (199) und BGH 3, 194 (198). Das Handeln „zur" Wahrnehmung berechtigter Interessen muß im Falle des § 193 ein Beweggrund des Täters gewesen sein (RG 61, 400; BGH 2, 111 [114]). Nach RG 62, 137 (138) setzt der gerechtfertigte Abbruch der Schwangerschaft eine „gewissenhafte Prüfung" des Indikationsgrundes durch den Arzt voraus, was jedenfalls *auch* den Rettungswillen einschließt. Die Verfolgung des Erziehungszwecks bei der Ausübung des Züchtigungsrechts fordern RG 67, 324 (327) und BGH 11, 241 (257). Der rechtfertigende Notstand verlangt, daß der Eingriff geschieht, „um die Gefahr abzuwenden" (§ 34).

Für eine *personale Unrechtslehre,* die das Handlungsunrecht maßgeblich von der Willensrichtung des Täters abhängig macht, versteht sich die Forderung, daß bei allen Rechtfertigungsgründen die Absicht des Täters mit der Intention des Erlaubnissatzes übereinstimmen muß, von selbst[26], denn nur unter dieser Voraussetzung ist der Handlungsunwert der Tat aufgehoben[27]. Aber auch vom Standpunkt der *Zwecktheorie* liegt die Berücksichtigung subjektiver Rechtfertigungselemente auf der Hand, da es darauf ankommt, was der Täter erreichen wollte[28]. Dagegen wird eine am *Erfolg* der Handlung orientierte Unrechtslehre mehr dazu neigen, die subjektiven Rechtfertigungselemente entweder ganz abzulehnen[29] oder sie doch nur bei einzelnen Rechtfertigungsgründen anzuerkennen[30]. Nach Aufnahme des Rettungszwecks in § 34 ist die gänzliche Ablehnung subjektiver Rechtfertigungselemente jedoch nicht mehr aufrechtzuerhalten.

2. Der Unterschied der Lehrmeinungen ist indessen im praktischen Ergebnis deswegen von geringerer Bedeutung als man zunächst annehmen möchte, weil auch die Gegner der subjektiven Rechtfertigungselemente den Täter wegen Versuchs bestrafen, wenn er in Unkenntnis des objektiv vorliegenden Rechtfertigungsgrundes gehandelt hat[31]. Der Gegensatz der Auffassungen reduziert sich damit auf die Frage, ob beim Fehlen des auf Ausübung der Befugnis gerichteten Willens nur wegen *versuchten* oder aber wegen *vollendeten Delikts* zu bestrafen ist, was freilich wegen der nur fragmentarischen Strafbarkeit des Versuchs und wegen der fakultativen Strafmilde-

---

berechtigter Interessen führt sie zu unangemessenen Ergebnissen. Rein objektiv verstehen die Rechtfertigungsgründe dagegen *Spendel,* Bockelmann-Festschrift S. 257; *derselbe,* Oehler-Festschrift S. 197ff. sowie *LK (Spendel)* § 32 Rdn. 138 m. Nachw. aus der älteren Literatur und *Oehler,* Zweckmoment S. 165 ff. Für einige Rechtfertigungsgründe, z. B. die Einwilligung, verneinen das Erfordernis der Kenntnis *Gallas,* Bockelmann-Festschrift S. 174; *Baumann / Weber,* Allg. Teil S. 292 f. Neben der Kenntnis der Voraussetzungen des Rechtfertigungsgrundes ist eine spezifische Absicht jedenfalls dann erforderlich, wenn es sich um „unvollkommen zweiaktige Rechtfertigungsgründe" (*Lampe,* GA 1978, 7) handelt, z. B. die Strafverfolgungsabsicht bei § 127 StPO oder die Absicht des privaten Gebrauchs der Vervielfältigung bei § 53 UrhG. Anders auch hier *Frisch,* Lackner-Festschrift S. 145 ff.

[26] Den Zusammenhang der Frage mit den Prämissen der Verbrechenslehre betont mit Recht *Waider,* Subjektive Rechtfertigungselemente S. 167 ff.

[27] So *Maurach / Zipf,* Allg. Teil I S. 338; *Schönke / Schröder / Lenckner,* Vorbem. 13 vor § 32; *SK (Samson)* Vorbem. 23 vor § 32; *Welzel,* Lehrbuch S. 83 f.

[28] Vgl. *Graf zu Dohna,* Verbrechenslehre S. 32; *v. Liszt / Schmidt,* S. 199, 207.

[29] So (früher) *Nowakowski,* ZStW 63 (1951) S. 319; *Oehler,* Das objektive Zweckmoment S. 165 ff.; *Spendel,* Bockelmann-Festschrift S. 257. Auch in diesem Punkte hat *Nowakowski,* JBl 1972, 27 jedoch eine Wendung vollzogen. Vgl. auch *derselbe,* Perspektiven S. 122 ff.

[30] So *Baumann / Weber,* Allg. Teil S. 292 f. und *Gallas,* Bockelmann-Festschrift S. 174, ferner *Waider,* Subjektive Rechtfertigungselemente S. 108 ff.

[31] Vgl. *Baumann / Weber,* Allg. Teil S. 293; *Gallas,* Bockelmann-Festschrift S. 174 f. (für die Einwilligung). Dagegen tritt *Spendel,* DRiZ 1978, 330 ff. und *LK,* § 32 Rdn. 138 für Straflosigkeit ein.

rung immerhin Gewicht hat. Die konsequenten Vertreter der personalen Unrechtslehre[32] und auch die Rechtsprechung (BGH 2, 111 [114]) haben sich für die Vollendungsstrafe entschieden, während andere Anhänger der Lehre von den subjektiven Rechtfertigungselementen nur Versuch annehmen[33]. Richtig ist es, die **Versuchsregeln** auf diesen Fall **entsprechend anzuwenden**[34]. Es ist zwar zuzugeben, daß der Tatbestand der Strafvorschrift einschließlich des Erfolges verwirklicht ist, der Erfolg wird jedoch wegen der objektiv gegebenen Rechtfertigungslage von der Rechtsordnung nicht mißbilligt und deswegen muß der Eintritt des Erfolg*unrechts* verneint werden[35]. Die dem Versuch entsprechende Rechtslage ist damit gegeben, denn ob der tatbestandsmäßige Erfolg als solcher ausbleibt oder ob er zwar eintritt, aber nicht als Unrecht bewertet wird, kann für die Frage der Rechtswidrigkeit der Tat keinen Unterschied machen.

Beispiele: Der Arzt, der eine Schwangerschaft abbricht, ohne zu wissen, daß bei der Schwangeren die objektiven Voraussetzungen einer medizinisch indizierten Schwangerschaftsunterbrechung vorliegen (§ 218a I), ist nur wegen versuchter Abtreibung (§ 218 IV 1) zu bestrafen (anders BGH 2, 111 [114f.]). Der Schuldner, der sich gegen eine rechtswidrige Amtshandlung des Gerichtsvollziehers wehrt, ohne die Rechtswidrigkeit zu kennen, begeht nur einen (nicht strafbaren) versuchten Widerstand (KG GA 1975, 213 [215]).

3. Im Gegensatz zu dem auf Ausübung des Rechtfertigungsgrundes gerichteten Willen ist die **gewissenhafte Prüfung** der objektiven Voraussetzungen des Rechtfertigungsgrundes *kein allgemeines subjektives Rechtfertigungselement*. Vielmehr ist dem Täter der Rechtfertigungsgrund schon dann in vollem Umfange zuzubilligen, wenn er zwar nicht gewissenhaft geprüft hat, die objektiven Voraussetzungen aber trotzdem vorliegen und er im Hinblick auf die rechtfertigende Situation handelt.

Beispiel: Der Arzt kommt aufgrund einer nur oberflächlichen Untersuchung der Schwangeren zu dem objektiv richtigen Ergebnis, daß die Schwangerschaftsunterbrechung medizinisch indiziert ist (§ 218a I), und nimmt im Hinblick darauf den Eingriff vor (anders RG 62, 137 [138]).

Die Verletzung der Prüfungspflicht kann *nur für den Fall* Bedeutung haben, daß die objektiven Voraussetzungen des Rechtfertigungsgrundes in Wirklichkeit *nicht* vorliegen, denn nur dann stellt sich die Frage, wie der Irrtum des Täters über diesen Punkt zu bewerten ist (vgl. unten § 41 III 2 und 3)[36]. Eine Prüfung nur um der Demonstration der Gewissenhaftigkeit willen ist, wenn der Rechtfertigungsgrund im Ergebnis vorliegt, nicht zu verlangen.

Lediglich für diejenigen Rechtfertigungsgründe, bei denen eine *objektiv an sich unrichtige Handlung* mit Rücksicht auf den vom Täter verfolgten rechtlich anerkannten Zweck und die im Zeitpunkt der Tat bestehende Ungewißheit von der Rechtsord-

---

[32] So *LK (Hirsch)* Vorbem. 59, 61 vor § 32; *Niese*, Finalität S. 18 Fußnote 37; *Welzel*, Lehrbuch S. 92; *Zielinski*, Handlungs- und Erfolgsunwert S. 259ff. Ebenso *Dreher / Tröndle*, § 32 Rdn. 14; *Schmidhäuser*, Allg. Teil S. 292.

[33] So *Blei*, Allg. Teil S. 132; *Herzberg*, JA 1986, 190; *Hruschka*, GA 1980, 16 f.; *Jakobs*, Allg. Teil S. 296; *Frisch*, Lackner-Festschrift S. 138f.; *Kohlrausch / Lange*, Vorbem. VI vor § 43; *Eser*, Strafrecht I Nr. 11 A Rdn. 11; *Lenckner*, Notstand S. 185ff.; *Rudolphi*, Maurach-Festschrift S. 58; *Schaffstein*, MDR 1951, 199; *SK (Samson)* Vorbem. 24 vor § 32; *v. Weber*, JZ 1951, 263.

[34] So *Maurach / Zipf*, Allg. Teil I S. 339; *Schönke / Schröder / Lenckner*, Vorbem. 15 vor § 32; *Stratenwerth*, Allg. Teil I Rdn. 492ff.; *Wessels*, Allg. Teil S. 80.

[35] So *Lenckner*, Notstand S. 195ff.

[36] Vgl. *Welzel*, JZ 1955, 143; *Schmidhäuser*, Allg. Teil S. 319. Ablehnend auch insoweit *Rudolphi*, Schröder-Gedächtnisschrift S. 86ff.

nung gebilligt wird (*Grundgedanke des erlaubten Risikos*) (vgl. unten § 36 I 3), muß in allen Fällen auf die gewissenhafte Prüfung der Voraussetzungen durch den Täter abgestellt werden, da hier der Rechtfertigungsgrund nur dem zugute kommen kann, der wenigstens alles getan hat, um sich über die objektive Situation so vollständig wie nur irgend möglich zu unterrichten[37]. Auch die im Ergebnis eintretende Rechtsgutsverletzung ist dann gerechtfertigt. Dies gilt einmal für die Wahrnehmung berechtigter Interessen, wenn sich die ehrenrührige Tatsachenbehauptung nicht beweisen läßt (§ 193), weiter für die Fälle des Handelns mit mutmaßlicher Einwilligung des Verletzten, wenn wirklicher und gemutmaßter Wille im Ergebnis nicht übereinstimmen, endlich für alle hoheitlichen Eingriffe, bei denen der Beamte rechtmäßig handelt, auch wenn sich die von ihm angenommenen Voraussetzungen nicht bewahrheiten (z. B. die vorläufige Festnahme nach § 127 II StPO, wenn sich später die Unschuld des Verdächtigen herausstellt). In allen diesen Fällen ist die Tat nur dann gerechtfertigt, wenn der Täter aufgrund gewissenhafter Prüfung die Überzeugung erlangt hat, zu der tatbestandsmäßigen Handlung befugt zu sein.

Beispiel: Für die Äußerung eines ehrenkränkenden Verdachts, der sich später als unberechtigt erweist, kann sich der Täter nicht auf Wahrnehmung berechtigter Interessen berufen, wenn er die Pflicht versäumt hat, die von ihm behaupteten Tatsachen vorher sorgfältig nachzuprüfen (BGH 14, 48 [51]).

4. Für die gewissenhafte Prüfung des Rechtfertigungsgrundes kommt es in den Fällen der Ungewißheit auf ein objektives **ex ante-Urteil** aus der Sicht des Täters an. Das gleiche gilt, wenn der Rechtfertigungsgrund auf eine Gefahr abstellt (z. B. § 34). Sonst sind die objektiven Voraussetzungen der Rechtfertigungsgründe **ex post** zu beurteilen[38].

V. Die irrtümliche Annahme von Rechtfertigungsgründen

1. Der Täter kann einen objektiv gegebenen Rechtfertigungsgrund verkennen und deswegen ohne das erforderliche subjektive Rechtfertigungselement handeln, was im Ergebnis zur Anwendung der Versuchsstrafe führt (vgl. oben § 31 IV 2). Häufiger ist jedoch der Fall, daß er irrig das Vorliegen eines Rechtfertigungsgrundes annimmt und somit den der Rechtfertigungslage entsprechenden Handlungswillen durchaus besitzt, während der angenommene Rechtfertigungsgrund aber objektiv nicht gegeben ist. Es handelt sich dabei entweder um einen **Erlaubnisirrtum** (indirekter Verbotsirrtum) (vgl. unten § 41 III 1) oder um einen **Erlaubnistatbestandsirrtum** (vgl. unten § 41 III 2). In beiden Fällen geht es um die Bewertung des *Schuld*gehalts der Tat.

2. Die Annahme vollen *Unrechts*-(nicht nur Schuld-)ausschlusses bei unvermeidlichem Irrtum über das Vorliegen eines Rechtfertigungsgrundes[39] führt zur absoluten Subjektivierung der Rechtfertigungsgründe und ist mit dem Gesetz nicht vereinbar.

---

[37] Vgl. *Lenckner*, H. Mayer-Festschrift S. 178 ff.; *LK (Hirsch)* Vorbem. 54 vor § 32; *Schönke / Schröder / Lenckner*, Vorbem. 19 vor § 32; *Maiwald*, Jescheck-Festschrift Bd. I S. 420 ff. Dagegen *SK (Samson)* Vorbem. 28 vor § 32.

[38] So *Schönke / Schröder / Lenckner*, Vorbem. 19a vor § 32. Das generelle Abstellen auf ein ex ante-Urteil würde die Rechtfertigungsgründe auch in dem Bereich subjektivieren, in dem es sich um objektiv feststehende Tatbestandsmerkmale handelt; so aber *Armin Kaufmann*, Welzel-Festschrift S. 402; *Münzberg*, Verhalten und Erfolg S. 235 ff., 345 ff.

[39] So *Zielinski*, Handlungs- und Erfolgsunwert S. 290; *Schönke / Schröder / Lenckner*, Vorbem. 21 vor § 32.

VI. Die Wirkung der Rechtfertigungsgründe

1. Das Eingreifen eines Rechtfertigungsgrundes schließt die Rechtswidrigkeit der tatbestandsmäßigen Handlung aus, d. h. **sie bleibt zwar tatbestandsmäßig, ist aber erlaubt**. Dadurch unterscheiden sich die Rechtfertigungsgründe in ihrer Wirkung von allen anderen Umständen, die die Strafbarkeit ausschließen[40].

Die *Schuldausschließungsgründe* (z. B. entschuldigender Notstand, § 35) beseitigen nur die Vorwerfbarkeit der Willensbildung, nicht die Rechtswidrigkeit der Tat. Die *persönlichen Strafausschließungsgründe* (z. B. § 36) und die objektiven *Bedingungen der Strafbarkeit* (z. B. Zahlungseinstellung und Konkurseröffnung in den Fällen der §§ 283 VI, 283 b III, 283 c III, 284 IV) lassen Unrecht und Schuld unberührt und betreffen nur die Strafbarkeit der Tat, sind also „excuses absolutoires" im Sinne der französischen Theorie. Die *Prozeßvoraussetzungen* (z. B. der Strafantrag, § 248 a) haben es nicht mit den materiellen Merkmalen der Strafbarkeit, sondern nur mit der Verfolgbarkeit der Tat zu tun.

Aus der Rechtfertigung der tatbestandsmäßigen Handlung ergeben sich wichtige *Folgerungen:*

Gegenüber gerechtfertigten Handlungen ist Notwehr ausgeschlossen, weil die Rechtswidrigkeit des Angriffs fehlt. Ist die Haupttat gerechtfertigt, so ist auch keine strafbare Teilnahme daran möglich, weil diese eine vorsätzlich begangene *rechtswidrige* Tat voraussetzt, wohl aber mittelbare Täterschaft (Fall des rechtmäßig handelnden Werkzeugs). Endlich kommen gegenüber einem Täter, dessen Handeln gerecht-

---

[40] Im *Ausland* findet sich die strenge Unterscheidung zwischen Rechtfertigungs- und Entschuldigungsgründen am deutlichsten in den Rechten, die mit der deutschen Dogmatik in engerer Verbindung stehen. Das gilt insbesondere für Österreich (vgl. *Rittler*, Bd. I S. 131 ff., 235 ff.; *Nowakowski*, Grundriß S. 56, 77; *Triffterer*, Allg. Teil S. 205, 280), für die Schweiz (vgl. *Schröder*, SchwZStr 76 [1960] S. 12 ff.; *Schultz*, Einführung I S. 245; *Stratenwerth*, Schweiz. Strafrecht, Allg. Teil I S. 117 ff., 123 f.), für Italien (*Bettiol / Pettoello Montovani*, Diritto penale S. 353 ff., 571 ff.; *Fiandaca / Musco*, Diritto penale S. 302, 309; zu den subjektiven Elementen *Vassalli*, Jescheck-Festschrift Bd. I S. 438 f.) und für Spanien (vgl. *Antón Oneca*, Derecho penal S. 237; *Rodríguez Devesa / Serrano Gómez*, Derecho penal S. 495; *Carbonell Mateu*, Justificación S. 77 f.; *Perron*, Rechtfertigungs- und Entschuldigungsgründe S. 175, 178; zu den subjektiven Elementen *Cerezo Mir*, Jescheck-Festschrift Bd. I S. 447 ff.). In Brasilien unterscheidet *Fragoso*, Lições S. 196 deutlich die beiden Notstandsarten, nicht dagegen Art. 24 C. p. Die niederländische Lehre ist in voller Entwicklung begriffen; bei *Pompe*, Handboek S. 130 ff. wird die Unterscheidung der Notstandsarten in Unrechts- und Schuldausschließungsgründe noch abgelehnt, bei *van Bemmelen / van Veen*, Ons strafrecht S. 147 ff. ist sie für alle in Betracht kommenden Umstände voll durchgeführt. Ebenso jetzt *D. Hazewinkel-Suringa / Remmelink*, Inleiding S. 221 ff. Die Unterscheidung von Rechtfertigungs- und Entschuldigungsgründen ist im französischen Strafrecht zwar auch bekannt (vgl. *Stefani / Levasseur / Bouloc*, Droit pénal général S. 368 ff. [faits justificatifs], S. 404 ff. [causes de non-imputabilité]), sie wird jedoch weniger klar durchgeführt, wie sich insbesondere an der Behandlung des „état de nécessité" zeigt (vgl. dazu *Koch*, Zwang und Notstand S. 72 ff.). Im englischen Recht werden „justification" und „excuse" zwar terminologisch getrennt, aber meist unter dem prozessualen Begriff der „defences" zusammengefaßt (vgl. *Glanville Williams*, Criminal Law S. 722 f.; *Grünhut*, Das englische Strafrecht S. 204 ff.). Auch im amerikanischen Recht wird zwischen einem Mangel der Rechtswidrigkeit und einem Mangel der Schuld nicht scharf unterschieden (vgl. *Honig*, Das amerikanische Strafrecht S. 142 ff.); allerdings werden im Model Penal Code „Allgemeine Grundsätze der Verantwortung" (Art. 2) und „Allgemeine Grundsätze der Rechtfertigung" (Art. 3) auseinandergehalten, was im Ergebnis auf die obige Gegenüberstellung hinausläuft. Klare Unterscheidung mit eingehender Begründung jetzt bei *Robinson*, Criminal Law Defenses Bd. I S. 83 ff., 91 ff., 100 f. Vgl. auch *Fletcher*, Southern California Law Review 47 (1974) S. 1280 ff. Im Strafrecht der DDR werden Notwehr (§ 17), Notstand (§ 18) und Pflichtenkollision (§ 20) als Rechtfertigungsgründe, der Nötigungsstand (§ 19) als Schuldausschließungsgrund bezeichnet (*Strafrecht der DDR*, Vorbem. vor § 17; § 19 Anm. 1; *Lekschas / Renneberg*, Lehrbuch S. 129, 415).

fertigt ist, auch keine Maßregeln nach § 61 in Betracht, mag er bei der Tat auch geisteskrank oder volltrunken gewesen sein.

2. **Alle** Rechtfertigungsgründe haben die **gleiche Wirkung**[41], ob sie die tatbestandsmäßige Handlung nur erlauben (z. B. private Notwehr) oder sogar gebieten (z. B. Nothilfe durch die Polizei). Zwischen „erlaubten", „bloß unverbotenen" und „rechtlich neutralen" Handlungen[42] kann nur in dem Sinne unterschieden werden, daß die unverbotenen und rechtlich neutralen Handlungen gar nicht den Tatbestand eines Strafgesetzes erfüllen, während die erlaubten Handlungen zwar tatbestandsmäßig, aber durch das Eingreifen eines Rechtfertigungsgrundes gedeckt sind.

3. Die Rechtfertigungsgründe gestatten nur Eingriffe in Rechtsgüter, auf deren Träger sich der Erlaubnissatz bezieht, z. B. Rechtsgüter des Angreifers (§ 32), des Einwilligenden (§ 226 a) oder des Eigentümers oder Besitzers der Sache, von der Gefahr ausgeht (§ 228 BGB) oder die im Notstand Rettung zu bringen verspricht (§ 904 BGB). **Verletzungen von rechtlich geschützten Interessen Dritter** bleiben dagegen grundsätzlich **rechtswidrig,** auch wenn sie infolge einer Abirrung der erlaubten Handlung eintreten (vgl. RG 58, 27 und oben § 29 V 6 c).

Eine *Ausnahme* gilt für die *Notrechte,* wenn durch die gerechtfertigte Handlung, z. B. den Gebrauch einer Schußwaffe, zugleich Vorschriften verletzt werden, die überwiegend dem Schutz der öffentlichen Ordnung i. w. S. dienen, denn auch den Notrechten liegt zugleich der Gedanke der vorläufigen Wahrung bzw. Wiederherstellung der Rechtsordnung zugrunde. Vielfach wird die Tat schon nicht tatbestandsmäßig sein (vgl. jetzt § 117 OWiG; § 167 I Nr. 1 im Verhältnis zu § 167 a. F.; dazu RG 21, 168 [171]). Das gilt jedoch nicht immer. So dürfte ausnahmsweise ein Fahruntüchtiger sich mit seinem Wagen auf der Fahrbahn querstellen (§§ 316, 315 b I Nr. 2), um eine Entführung zu verhindern (OLG Celle NJW 1969, 1775)[43]. Dagegen ist eine Urkundenfälschung (§ 267) zur Abwehr eines Angriffs auf ein bestehendes Liebesverhältnis (RG 48, 215 [217]) ebensowenig erlaubt wie die Verletzung des Briefgeheimnisses durch einen Postbeamten zum Schutz gegen wahrheitswidrige Anzeigen bei seiner Behörde (§ 354) (RG JW 1928, 662).

VII. Strafmilderung bei nur teilweise gegebener Rechtfertigung

1. Die materielle Rechtswidrigkeit ist **abstufbar** (vgl. oben § 24 I 3 a). Dies gilt nicht nur für die Unrechtstatbestände, sondern auch für die Rechtfertigungsgründe. Die volle Rechtfertigung einer Handlung verlangt die vollständige Erfüllung des Rechtfertigungstatbestandes nach seinen objektiven und subjektiven Merkmalen. Es gibt jedoch auch Fälle, in denen ein Rechtfertigungsgrund nicht vollständig, sondern nur teilweise erfüllt ist[44].

---

[41] Rechtfertigungsgründe sind deswegen grundsätzlich nebeneinander anwendbar. Nur ausnahmsweise besteht Spezialität mit der Folge, daß die Handlung nicht gerechtfertigt ist, wenn die *besonderen* Voraussetzungen eines (speziellen) Rechtfertigungsgrundes fehlen, unter den der Sachverhalt fällt, obwohl die Voraussetzungen eines anderen (generellen) Rechtfertigungsgrundes an sich gegeben wären (so z. B. § 904 BGB im Verhältnis zu § 34 StGB, § 26 BJagdG gegenüber § 228 BGB); vgl. dazu *Warda,* Maurach-Festschrift S. 166; *LK (Hirsch)* Vorbem. 46 vor § 32; *Seelmann,* Das Verhältnis S. 19 ff.; *Peters,* GA 1981, 445.

[42] Diese Unterscheidungen machen *Baumgarten,* Notstand und Notwehr S. 30; *Beling,* Die Lehre vom Verbrechen S. 168; *Binding,* Handbuch S. 765; *Arthur Kaufmann,* Maurach-Festschrift S. 327. Vgl. auch die „echten Strafunrechtsausschließungsgründe" bei *Günther,* Strafrechtswidrigkeit S. 259. Dagegen mit Recht *Baumann / Weber,* Allg. Teil S. 260; *LK (Hirsch)* Vorbem. 16 f. vor § 32; *Schönke / Schröder / Lenckner,* Vorbem. 8 vor § 32.

[43] *Widmaier,* JuS 1970, 614 will die Rechtfertigung in derartigen Fällen auf rechtfertigenden Notstand oder „allgemeine Interessenabwägung" stützen. Ebenso *LK (Hirsch)* Vorbem. 66 vor § 32.

[44] Vgl. zum folgenden *Noll,* ZStW 68 (1956) S. 184 ff.

Beispiele: Der Verletzte hat zwar in die Mißhandlung eingewilligt, die Tat verstößt aber trotz der Einwilligung gegen die guten Sitten (§ 226a). Beim Notstand liegt ein Wertunterschied der Güter zwar vor, es läßt sich aber nicht sagen, daß das geschützte Interesse das beeinträchtigte *wesentlich* überwiegt (§ 34 StGB; § 16 OWiG).

In Betracht kommen weiter Fälle, in denen der Täter die Grenzen eines anerkannten Rechtfertigungsgrundes *überschreitet,* so daß die Tat nicht voll, sondern nur teilweise gedeckt ist. Auch hier ist der Grad der Rechtswidrigkeit geringer einzuschätzen, als wenn nicht einmal der Rechtfertigungsgrund als solcher vorgelegen hätte.

Beispiele: Der Angegriffene geht in Notwehr über das Maß der erforderlichen Verteidigung hinaus (§ 32 II). Der Lehrer überschreitet die Grenzen des an sich gegebenen Züchtigungsrechts, indem er dem Schüler eine leichte Verletzung zufügt.

2. Nach deutschem Recht ist in allen Fällen gemilderten Unrechts wegen nur teilweise gegebener Rechtfertigung lediglich eine **Strafmilderung** im Bereich des gewöhnlichen Strafrahmens möglich. Gerechter erscheint es, wie im schweizerischen Recht bei der Notwehr (Art. 33 II 1 schweiz. StGB), dem Richter die Befugnis einzuräumen, die Strafe ohne Bindung an Strafart und Strafrahmen des anzuwendenden Tatbestandes zu mildern[45].

§ 32 Die Notwehr

Amelung, Das Problem der heimlichen Notwehr usw., GA 1982, 381; *derselbe,* Die Rechtfertigung von Polizeivollzugsbeamten, JuS 1986, 329; *Arzt,* Notwehr, Selbsthilfe, Bürgerwehr, Festschrift für F. Schaffstein, 1975, S. 77; *Baumann,* Notwehr im Straßenverkehr? NJW 1961, 1745; *derselbe,* Rechtsmißbrauch bei Notwehr, MDR 1962, 349; *Baumgarten,* Notstand und Notwehr, 1911; *Bein,* Zur Angemessenheit einer Notwehrhandlung, NJ 1973, 146; *Bertel,* Notwehr gegen verschuldete Angriffe, ZStW 84 (1972) S. 1; *Bitzilekis,* Die neue Tendenz zur Einschränkung des Notwehrrechts, 1984; *Bockelmann,* Menschenrechtskonvention und Notwehrrecht, Festschrift für K. Engisch, 1969, S. 456; *derselbe,* Notwehr gegen verschuldete Angriffe, Festschrift für R. Honig, 1970, S. 19; *derselbe,* Notrechtsbefugnisse der Polizei, Festschrift für E. Dreher, 1977, S. 235; *Boldt,* Staatsnotwehr und Staatsnotstand, ZStW 56 (1937) S. 183; *Born,* Die Rechtfertigung der Abwehr vorgetäuschter Angriffe, 1984; *Busse,* Nötigung im Straßenverkehr, 1968; *Constantinidis,* Die „actio illicita in causa", 1982; *Courakis,* Zur sozialethischen Begründung der Notwehr, 1978; *Deubner,* Anmerkung zu BGH vom 26.2.1969, NJW 1969, 1184; *Dubs,* Notwehr usw., SchwZStr 89 (1973) S. 337; *Engels,* Der partielle Ausschluß der Notwehr usw., GA 1982, 109; *Felber,* Die Rechtswidrigkeit des Angriffs usw., 1979; *Maria Gabriele Franke,* Die Grenzen der Notwehr im französischen, schweizerischen und österreichischen Strafrecht, Diss. Freiburg 1976; *Frister,* Zur Einschränkung des Notwehrrechts usw., GA 1985, 553; *Fuchs,* Probleme der Notwehr, Strafr. Probleme 8, 1980, S. 1; *Frowein / Peukert,* EMRK-Kommentar, 1985; *Gallas,* Anmerkung zu OLG Stuttgart vom 21.4.1948, DRZ 1949, 43; *derselbe,* Zur Struktur des strafrechtlichen Unrechtsbegriffs, Festschrift für P. Bockelmann, 1979, S. 155; *Geilen,* Eingeschränkte Notwehr unter Ehegatten, JR 1976, 314; *derselbe,* Notwehr und Notwehrexzeß, Jura 1981, 200 m. Forts.; *Grosso,* Difesa legittima e stato di necessità, 1964; *Günther,* Strafrechtswidrigkeit und Strafunrechtsausschluß, 1983; *Gutmann,* Die Berufung auf das Notwehrrecht als Rechtsmißbrauch? NJW 1962, 286; *Haas,* Notwehr und Nothilfe, 1978; *Hassemer,* Die provozierte Provokation usw., Festschrift für P. Bokkelmann, 1979, S. 225; *Henkel,* Recht und Individualität, 1958; *derselbe,* Zumutbarkeit und Unzumutbarkeit als regulatives Rechtsprinzip, Festschrift für E. Mezger, 1954, S. 249; *Herrmann,* Die Notwehr im amerikanischen Strafrecht, ZStW 93 (1981) S. 615; *Himmelreich,* Erforderlichkeit der Abwehrhandlung usw., GA 1966, 129; *Hirsch,* Die Notwehrvoraussetzung der Rechtswidrigkeit des Angriffs, Festschrift für E. Dreher, 1977, S. 211; *Hruschka,* Extrasystematische Rechtfertigungsgründe, Festschrift für E. Dreher, 1977, S. 189; *E. Kaufmann,* Notwehr, HRG, Bd. III, 1984, Sp. 1095; *Kerll,* Das englische Notwehrrecht, Diss.

---

[45] So *Kern,* ZStW 64 (1952) S. 267. Vgl. ferner *LK (Hirsch)* Vorbem. 67 vor § 32; *Schönke / Schröder / Lenckner,* Vorbem. 22 vor § 32.

Freiburg 1977; *Kratzsch,* Grenzen der Strafbarkeit im Notwehrrecht, 1968; *derselbe,* § 53 StGB und der Grundsatz nullum crimen sine lege, GA 1971, 65; *derselbe,* Das (Rechts-)Gebot zu sozialer Rücksichtnahme usw., JuS 1975, 435; *derselbe,* Aufgaben- und Risikoverteilung als Kriterien der Zurechnung usw., Festschrift für D. Oehler, 1985, S. 65; *Krause,* Zur Problematik der Notwehr, Festschrift für H.-J. Bruns, 1978, S. 71; *derselbe,* Zur Einschränkung der Notwehrbefugnis, GA 1979, 329; *derselbe,* Notwehr bei Angriffen Schuldloser usw., Gedächtnisschrift für Hilde Kaufmann, 1986, S. 673; *Krey,* Zur Einschränkung des Notwehrrechts usw., JZ 1979, 702; *Kühl,* Die Beendigung des vorsätzlichen Begehungsdelikts, 1974; *Kunz,* Die organisierte Nothilfe, ZStW 95 (1983) S. 973; *derselbe,* Die automatisierte Gegenwehr, GA 1984, 539; *Lenckner,* Notwehr bei provoziertem und verschuldetem Angriff, GA 1961, 299; *derselbe,* „Gebotensein" und „Erforderlichkeit" der Notwehr, GA 1968, 1; *derselbe,* Anmerkung zu BGH 24, 356, JZ 1973, 253; *Marchal,* De l'état de légitime défense en droit pénal belge, Rev dr pén crim 47 (1967) S. 943; *Marxen,* Die „sozialethischen" Grenzen der Notwehr, 1979; *Mitsch,* Nothilfe gegen provozierte Angriffe, GA 1986, 533; *Montenbruck,* Thesen zur Notwehr, 1983; *Oetker,* Hilfeleistung in Staatsnotwehr und Staatsnotstand, GS 97 (1928) S. 411; *derselbe,* Notwehr und Notstand, Festgabe für R. v. Frank, Bd. I, 1930, S. 360; *Otto,* Rechtsverteidigung und Rechtsmißbrauch im Strafrecht usw., Festschrift für Th. Würtenberger, 1977, S. 129; *Partsch,* Die Rechte und Freiheiten der europäischen Menschenrechtskonvention, in: *Bettermann / Neumann / Nipperdey,* Die Grundrechte, Bd. I, 1, 1966, S. 235; *Perron,* Rechtfertigungs- und Entschuldigungsgründe im deutschen und spanischen Strafrecht, Baden-Baden 1988; *Ritter,* Der Volksgenosse als Helfer in Volksnot, GS 115 (1941) S. 239; *Robinson,* Criminal Law Defenses, Bd. I, II, 1984; *Roxin,* Die provozierte Notwehrlage, ZStW 75 (1963) S. 541; *derselbe,* Kriminalpolitik und Strafrechtssystem, 2. Auflage 1973; *derselbe,* Ein „neues Bild" des Strafrechtssystems, ZStW 83 (1971) S. 369; *derselbe,* Anmerkung zu BGH 24, 356, NJW 1972, 1821; *derselbe,* Die sozialethischen Einschränkungen des Notwehrrechts, ZStW 93 (1981) S. 68; *derselbe,* Von welchem Zeitpunkt an ist der Angriff gegenwärtig usw.? Gedächtnisschrift für U. Tjong, 1985, S. 137; *Rudolphi,* Inhalt und Funktion des Handlungsunwerts usw., Festschrift für R. Maurach, 1972, S. 51; *Schaffstein,* Notwehr und Güterabwägungsprinzip, MDR 1952, 132; *derselbe,* Die strafrechtlichen Notrechte des Staates, Gedächtnisschrift für H. Schröder, 1978, S. 97; *Schmidhäuser,* Über die Wertstruktur der Notwehr, Festschrift für R. Honig, 1970, S. 185; *Eb. Schmidt,* Das Problem des übergesetzlichen Notstands, Mitt IKV, Bd. V, 1931, S. 131; *R. Schmitt,* Tonbänder im Strafprozeß usw., JuS 1967, 19; *Schröder,* Anmerkung zu BGH vom 1. 8. 1961, JR 1962, 187; *derselbe,* Notwehr bei schuldhaftem Vorverhalten usw., JuS 1973, 157; *Schroeder,* Die Notwehr als Indikator politischer Grundanschauungen, Festschrift für R. Maurach, 1972, S. 127; *derselbe,* Zur Strafbarkeit der Fluchthilfe usw., JZ 1974, 113; *derselbe,* Neubestimmung des Notwehrrechts in der Sowjetunion, Festschrift für D. Oehler, 1985, S. 581; *Schroth,* Notwehr in engen persönlichen Beziehungen, NJW 1984, 2562; *Schumann,* Zum Notwehrrecht und seinen Schranken, JuS 1979, 559; *Seelmann,* Grenzen privater Nothilfe, ZStW 89 (1977) S. 36; *derselbe,* Polizeiliche Notwehr und Einheit der Rechtsordnung, Festschrift für U. Klug, Bd. II, 1983, S. 359; *Suppert,* Studien zur Notwehr und „notwehrähnlichen Lage", 1973; *Wagner,* Individualistische oder überindividualistische Notwehrbegründung, 1984; *Woesner,* Die Menschenrechtskonvention in der deutschen Strafrechtspraxis, NJW 1961, 1381.

I. Das Wesen der Notwehr

1. Grundgedanke der Notwehr ist der Satz: **das Recht braucht dem Unrecht nicht zu weichen** (RG 21, 168 [170])[1], mag dieses Prinzip auch zunehmend Einschränkungen aus dem Gedanken sozialer Rücksichtnahme erfahren haben. Wie löst sich aber der Widerspruch zwischen der Befugnis zur Selbstverteidigung und dem in der modernen Gesellschaftsordnung bestehenden Rechtsschutzmonopol des Staates?

Die Erlaubnis zur Verteidigung des Rechts gegen das Unrecht als Befugnis des einzelnen Bürgers kann auf zweierlei Weise begründet werden[2]. *Einmal* läßt sich die Notwehr *individual-*

---

[1] So die h. L.; vgl. *Berner,* Lehrbuch, 5. Aufl. 1871, S. 144, auf den das Wort zurückgeht; *Bockelmann / Volk,* Allg. Teil S. 88; *Preisendanz,* § 32 Anm. I; *Schönke / Schröder / Lenckner,* § 32 Rdn. 1 m. w. Nachw. Daß mit diesem Satz das in einem „gegenwärtigen Angriff" bestehende Unrecht gemeint ist, betont mit Recht *Hirsch,* Dreher-Festschrift S. 223 Fußnote 43.

rechtlich verstehen als das jedermann von Natur aus zustehende Recht der Selbstbehauptung durch Verteidigung der eigenen Person gegen den rechtswidrigen Angriff eines anderen. In diesem Sinne betrachtete die Antike die Notwehr als ein Urrecht des Menschen, das keiner weiteren Begründung bedurfte: *naturalis ratio permittit se defendere*. Beschränkt auf den Schutz von Leib und Leben als höchsten individuellen Rechtsgütern findet sich dieser Gedanke auch im spätrömischen Recht: *vim vi repellere licet* (Dig. 43, 16, 1 § 27). *Zum andern* läßt sich die Notwehr aber auch *sozialrechtlich* verstehen. Danach ist es die Rechts*ordnung*, die dem Unrecht nicht zu weichen braucht. Die Selbstverteidigung des Angegriffenen stellt sich zugleich als Wahrung der allgemeinen Friedensordnung dar, wenn obrigkeitliche Hilfe nicht zur Stelle ist: *deficiente magistratu populus est magistratus*. In diesem Sinne war im germanischen Recht die bußlose Tötung des auf handhafter Tat ergriffenen Diebes erlaubt. Beide Rechtsgedanken finden sich in der CCC noch unverbunden nebeneinander (Art. 139 und 150). Erst das Naturrecht des späten 18. Jahrhunderts hat ein allgemeines Notwehrrecht geschaffen, in dem der Gedanke der Selbstbehauptung des einzelnen gegenüber dem rechtswidrigen Angriff und die Vorstellung von der Verwirkung der durch den Staatsvertrag geschaffenen Friedensrechte des Angreifers verschmolzen waren.

2. Die Befugnis zum **Selbstschutz** und der Gedanke der **Rechtsbewährung** liegen beide auch der Ausgestaltung der Notwehr im geltenden Recht zugrunde, doch überwiegt immer noch die individualistische Betrachtungsweise, wie das der liberalen Tradition des StGB entspricht[3]. Die *individualrechtliche Seite* zeigt sich darin, daß Notwehr nur zum Schutz von Individualrechtsgütern geübt werden darf, dagegen nicht zum Schutz der öffentlichen Ordnung oder der Rechtsordnung selbst. Das Allgemeininteresse an der Wahrung der Rechtsordnung tritt also allein durch das Medium des Einzelrechtsschutzes in Erscheinung. Die individualrechtliche Auffassung der Notwehr macht es auch verständlich, daß das Wertverhältnis von geschütztem und verletztem Rechtsgut grundsätzlich keine Rolle spielt. Es kommt allein auf die Verteidigung des einzelnen gegen den rechtswidrigen Angriff an, nicht darauf, welche Einbußen der Angreifer dabei hinnehmen muß. Deshalb ist auch der Satz, daß dem Angegriffenen keine „turpis fuga", ja nicht einmal ein Ausweichen zugemutet wird (RG 16, 69 [72]), aus der individualrechtlichen Auffassung der Notwehr zu erklären. Die *sozialrechtliche Seite* zeigt sich dagegen in der unbeschränkten Zulassung der Nothilfe (freilich auch nur zum Schutz von Individualrechtsgütern) und in der Einschränkung der Notwehr beim Wegfall des Rechtsbewährungsinteresses sowie bei extremem Mißverhältnis der beteiligten Güter (vgl. unten § 32 III). Auch die Pflicht zu möglichst schonender Ausübung des Notwehrrechts gehört in diesen Zusammenhang. Der Gedanke des Allgemeininteresses an der Wahrung der Rechtsordnung, der bei der Notwehr mitspricht, darf jedoch nicht mit einem angeblichen Strafcharakter der Selbstverteidigung verwechselt werden, der unter anderem dazu führen würde, daß nur schuldhafte Angriffe abgewehrt werden dürften[4].

---

[2] Vgl. zum folgenden *H. Mayer*, Lehrbuch S. 199 ff.; *v. Liszt / Schmidt*, S. 192; *LK (Spendel)* § 32 Rdn. 11 ff.; *Geilen*, Jura 1981, 200; *Lenckner*, GA 1961, 309; *Schröder*, JuS 1973, 158; *Stratenwerth*, Allg. Teil I Rdn. 428. Zur geschichtlichen Entwicklung *Schroeder*, Maurach-Festschrift S. 128 ff.; *Suppert*, Studien S. 43 ff.; *Haas*, Notwehr und Nothilfe S. 19 ff.; *Krause*, Bruns-Festschrift S. 71 ff.; *E. Kaufmann*, HRG Bd. III Sp. 1095.

[3] In der älteren Literatur stand der Selbstverteidigungsgedanke im Vordergrund; vgl. *Binding*, Handbuch S. 732; *Baumgarten*, Notstand und Notwehr S. 102; *Oetker*, Frank-Festgabe Bd. I S. 375; heute *Wagner*, Notwehrbegründung S. 29 ff., 56 ff. Zunehmend wird jedoch in Rechtsprechung und Schrifttum der Gedanke der Bewährung der Rechtsordnung gleichermaßen betont; vgl. BGH 24, 356 (359); BGH MDR 1972, 791; *Dreher / Tröndle*, § 32 Rdn. 2; *LK (Spendel)* § 32 Rdn. 13; *Schönke / Schröder / Lenckner*, § 32 Rdn. 1; *H. Mayer*, Lehrbuch S. 201 f.; *SK (Samson)* § 32 Rdn. 1; *Roxin*, ZStW 75 (1963) S. 566; *derselbe*, Kriminalpolitik S. 26; *derselbe*, ZStW 93 (1981) S. 70 ff. Allein auf die Rechtsbewährung stellt *Schmidhäuser*, Honig-Festschrift S. 193 und Allg. Teil S. 341 ab, was jedoch den Sinngehalt der Notwehr verfehlt. Zur Kritik vgl. *Roxin*, ZStW 83 (1971) S. 387; *Hirsch*, Dreher-Festschrift S. 218 ff.

3. Die Notwehr ist ein **Rechtfertigungsgrund**. Wer sich gegen einen gegenwärtigen rechtswidrigen Angriff zur Wehr setzt, handelt *rechtmäßig*. In Übereinstimmung mit § 227 I BGB ist das jetzt in § 32 I ausdrücklich gesagt. Das Erfordernis der „Gebotenheit" der Verteidigung wurde aus dem früheren Recht (§ 53 I a. F.) deswegen übernommen, weil man damit einen Anknüpfungspunkt für sozialethisch begründete Einschränkungen des Notwehrrechts schaffen wollte (vgl. unten § 32 III 2)[5].

II. Der Aufbau des Notwehrbegriffs

Die **klassische Definition der Notwehr** lautet: „Notwehr ist die Verteidigung, welche erforderlich ist, um einen gegenwärtigen, rechtswidrigen Angriff von sich oder einem anderen abzuwenden" (§ 32 II StGB; § 15 II OWiG; § 227 II BGB).

1. Die Notwehrlage wird demnach ausgelöst durch einen **gegenwärtigen, rechtswidrigen Angriff** gegen ein notwehrfähiges Rechtsgut. Diese Merkmalsgruppe ist deswegen zuerst zu erörtern.

a) Der Begriff des **Angriffs** geht über den der *vis* des römischen Rechts weit hinaus. Angriff ist jede von einem Menschen[6] ausgehende Verletzung oder Gefährdung eines durch die Rechtsordnung geschützten Interesses des Täters oder eines anderen[7]. Obwohl der natürliche Sprachgebrauch unter einem Angriff ein vorsätzliches und aktives Verhalten versteht, ist rechtlich weder das eine noch das andere erforderlich. Der „Angriff" braucht weder absichtlich noch auch nur bedingt vorsätzlich geführt zu werden, vielmehr genügt schon ein fahrlässiges oder sogar ein gänzlich schuldloses und objektiv nicht einmal pflichtwidriges Verhalten, wenn es sich nur als eine drohende Verletzung eines rechtlich geschützten Interesses darstellt[8]. Das Verhalten des Angreifers muß jedoch wenigstens *Handlungsqualität* besitzen (vgl. oben § 23 IV).

Beispiele: Wer als Kutscher bei der Milchablieferung aus Fahrlässigkeit andere Fahrzeuge gefährdet, muß es sich gefallen lassen, daß eine für den Betrieb der Molkerei verantwortliche Person in die Führung seines Gespanns eingreift (OGH 1, 273 [274]). Notwehr ist auch gegenüber Geisteskranken, Kindern und Irrenden grundsätzlich nicht unzulässig (BGH 6, 263 [272]). Dagegen ist gegenüber den üblichen Behinderungen und Belästigungen im Straßenverkehr Notwehr ausgeschlossen, weil diese Zustände mit den obwaltenden Verhältnissen unaufhebbar verbunden sind und deshalb gar kein Angriff gegeben ist (OLG Düsseldorf NJW 1961, 1783; im

---

[4] So aber *Wegner*, Strafrecht S. 123; *H. Mayer*, Grundriß S. 99. Die Schuldhaftigkeit des Angriffs wird auch ohne das Strafmoment vielfach für die Notwehr vorausgesetzt: so *Hruschka*, Strafrecht S. 141 f.; *Jacobs*, Allg. Teil S. 316 ff.; *Krause*, GA 1979, 332 f.; *Otto*, Würtenberger-Festschrift S. 140 ff.; *SK (Samson)* § 32 Rdn. 15; *Schmidhäuser*, Honig-Festschrift S. 196 f. und Allg. Teil S. 348 f.

[5] Vgl. dazu BT-Drucksache V/4095 S. 14; *Schönke / Schröder / Lenckner*, § 32 Rdn. 44.

[6] Tierangriffe sind nach § 228 BGB zu beurteilen. So RG 34, 295 (297) und die h. L.; vgl. *Dreher / Tröndle*, § 32 Rdn. 5; *Maurach / Zipf*, Allg. Teil I S. 344. Anders *LK (Spendel)* § 32 Rdn. 44.

[7] Mit Recht betont *Schmidhäuser*, Allg. Teil S. 346, daß als Angriff nur ein konkret gefährliches Verhalten in Betracht kommt, nicht ein untauglicher Versuch. In diesem Falle fehlt es am Selbstschutzinteresse.

[8] So *Baumann / Weber*, Allg. Teil S. 295 f.; *Geilen*, Jura 1981, 256; *Dreher / Tröndle*, § 32 Rdn. 11; *LK (Spendel)* § 32 Rdn. 57; *Welzel*, Lehrbuch S. 85 f.; *Wessels*, Allg. Teil S. 91. Dagegen verlangen *Schönke / Schröder / Lenckner*, § 32 Rdn. 21 und *Hirsch*, Dreher-Festschrift S. 224 ff. ein objektiv „wenigstens sorgfaltswidriges" Verhalten des Angreifers; hiergegen spricht entscheidend, daß dadurch die Situation für den Angegriffenen unübersichtlich wird. Noch mehr gilt dies gegenüber *Hruschka*, Dreher-Festschrift S. 202, der das „Bewußtsein der Regelwidrigkeit", und *Jakobs*, Allg. Teil S. 316, der Schuld beim Angreifer fordert.

Ergebnis zustimmend *Baumann,* NJW 1961, 1745). Ein Angriff liegt erst vor, wenn verwerflicher Zwang i. S. von § 240 II ausgeübt wird[9].

Auch ein aktives Verhalten ist für den Begriff des Angriffs nicht unbedingt erforderlich. Doch sind die Fälle, in denen schon das bloße Untätigbleiben als Angriff angesehen werden darf, nicht leicht abzugrenzen. Die Frage bleibt weitgehend im Bereich des Rechtsgefühls. Ein Unterlassen ist jedenfalls dann als Angriff zu betrachten, wenn eine *straf- oder ordnungsrechtlich* (a. A. OLG Stuttgart NJW 1966, 745 [748]) sanktionierte Pflicht zum Tätigwerden besteht wie bei den echten Unterlassungsdelikten und in den Fällen einer Garantenpflicht zur Erfolgsabwendung[10].

Beispiele: Ein Kraftfahrer ist grundsätzlich zur Notwehr berechtigt, wenn er auf einer im Gemeingebrauch stehenden Straße am Einfahren in eine Parklücke dadurch gehindert wird, daß sich jemand dort aufgestellt hat, um den Platz für ein noch nicht eingetroffenes Kraftfahrzeug freizuhalten (§ 1 II StVO) (BayObLG NJW 1963, 824; vgl. auch OLG Hamburg NJW 1968, 662)[11]. Ein Angriff auf das Hausrecht ist auch ein Hausfriedensbruch durch unbefugtes Verweilen (§ 123 zweite Alternative) (RG 72, 57 [58]), ein Angriff auf die Freiheit die Nichtfreilassung eines Gefangenen nach Ablauf der Strafzeit. Dagegen ist die Unterlassung der Räumung einer Wohnung nach Ablauf des Mietvertrags kein Angriff, weil der Mieter immerhin Besitzer der Mietsache bleibt (RG 19, 298).

An einem Angriff fehlt es, wenn zwei Kampfhähne aufeinander einschlagen, solange nicht einer der Gegner ersichtlich vom Kampfe abläßt oder abredewidrig gefährliche Waffen verwendet (RG 72, 183; BGH GA 1960, 213).

b) Notwehrfähig ist **jedes rechtlich geschützte Interesse** des Angegriffenen, nicht nur Leib und Leben, sondern auch Freiheit und Ehre (RG 21, 168 [170], letztere auch gegenüber einem militärischen Vorgesetzten, RG 69, 265 [268]), Eigentum und Besitz (selbst der unrechtmäßige, RG 60, 273 [278]), das Jagdrecht (RG 55, 167), das Recht am eigenen Bild (OLG Hamburg MDR 1972, 622; OLG Karlsruhe NStZ 1982, 123), das Hausrecht (BGH GA 1956, 49; BGH StV 1982, 219), das Vermögen, familienrechtliche Verhältnisse (RG 48, 215)[12], die Befugnis zur Ausübung des Gemeingebrauchs (BayObLG NJW 1963, 824), endlich sogar die Intimsphäre[13].

Beispiel: Das zudringliche Beobachten eines Liebespaars kann als Verletzung der Intimsphäre ein rechtswidriger Angriff sein, aber nicht, wenn es sich um einen öffentlichen Park handelt, da dort niemand Anspruch auf einen geschützten Intimbereich hat (BayObLG NJW 1962, 1782).

Rechtsgüter des Staates oder anderer juristischer Personen des öffentlichen Rechts sind notwehrfähig, wenn es sich um Individualrechtsgüter handelt. So darf öffentliches Eigentum gegen Diebstahl und Sachbeschädigung durch jedermann verteidigt werden (z. B. gegen einen Agenten, der sich anschickt, ein neuartiges Gerät der Bun-

---

[9] Vgl. dazu näher *Schönke / Schröder / Lenckner,* § 32 Rdn. 9 m. zahlr. Nachw.

[10] Übereinstimmend *Maurach / Zipf,* Allg. Teil I S. 344f.; *Lackner,* § 32 Anm. 2a; *Stratenwerth,* Allg. Teil I Rdn. 418; *Geilen,* Jura 1981, 204; *Felber,* Rechtswidrigkeit des Angriffs S. 195f.; *LK (Spendel),* § 32 Rdn. 46ff.; *Welzel,* Lehrbuch S. 84; *Wessels,* Allg. Teil S. 91. Kritisch dazu *Bockelmann / Volk,* Allg. Teil S. 89; *Schönke / Schröder / Lenckner,* § 32 Rdn. 10f.

[11] Weitere „Parklückenfälle" bei *Busse,* Nötigung im Straßenverkehr S. 43, 124ff.

[12] Einschränkend für die Ehe, wenn die Verletzung mit Willen des anderen Ehegatten geschieht, *Schönke / Schröder / Lenckner,* § 32 Rdn. 5a; ebenso OLG Köln NJW 1975, 2344.

[13] Nach *Schroeder,* JZ 1974, 114 soll auch die Freizügigkeit des DDR-Bürgers ein notwehrfähiges Rechtsgut sein, doch ist das einer der Fälle, bei denen für die Anwendung des eigenen Rechts die fremde Rechtsordnung berücksichtigt werden muß (vgl. oben § 18 I 1), und diese gewährt die Freizügigkeit nicht (freilich unter Verletzung des Art. 12 II des Internationalen Pakts über bürgerliche und politische Rechte vom 19. 12. 1966, BGBl. 1973 II S. 1534). Vgl. dazu OLG Düsseldorf NJW 1985, 1093. Andererseits ist auch die Abschichtung von „Kernbereich und Umfeld" der Notwehr, wie sie *Montenbruck,* Thesen S. 12ff. vorschlägt, abzulehnen.

II. Der Aufbau des Notwehrbegriffs

deswehr zu stehlen oder unbrauchbar zu machen). Auch Rechtsgüter der Allgemeinheit sind notwehrfähig, wenn ein einzelner durch den Angriff unmittelbar betroffen ist. So darf sich gegen exhibitionistische Handlungen jeder Augenzeuge zur Wehr setzen, da § 183 auch das Schamgefühl des einzelnen schützt. Dagegen steht die Abwehr von Angriffen auf die öffentliche Ordnung oder die Rechtsordnung im ganzen nicht dem einzelnen Bürger, sondern allein dem Staat und seinen Organen zu (BGH 5, 245 [247]; BGH VRS 40, 104 [107]; OLG Düsseldorf NJW 1961, 1783; OLG Stuttgart NJW 1966, 745 [748])[14]. Kein Privatmann dürfte eine pornographische Schrift aus der Auslage eines Kiosks (§ 184 I Nr. 3) entfernen oder bei einem Polizeieinsatz gegen Widerstand leistende Gruppen mitwirken (§ 113), sofern nicht einzelnen gefährdeten Beamten Nothilfe geleistet werden soll (vgl. aber auch § 114 II und RG 25, 253). Von den Fällen des Schutzes der öffentlichen Ordnung durch einzelne Bürger ist die *Staatsnotwehr* zu unterscheiden. Hier geht es um den Schutz der höchsten Güter des Staates selbst. Staatsnotwehr wird dann für zulässig gehalten, wenn der Staat unmittelbar bedroht ist. Doch führt diese Lehre zu unhaltbaren Konsequenzen[15].

Beispiele: So hat das Reichsgericht Staatsnotwehr durch Einzelpersonen zur Verteidigung gegen Hoch- und Landesverrat in einem „Fememord"-Urteil als Rechtfertigungsgrund grundsätzlich anerkannt (RG 63, 215 [220]; die Frage wurde offen gelassen in RG 64, 101 [103] und im Kapp-Putsch-Urteil RG 56, 259 [286]). Diese Auffassung ist abzulehnen, da der politische Kampf im Innern wie gegen das Ausland nicht durch Gewaltakte von Privatpersonen nach Notwehrgesichtspunkten ausgetragen werden kann[16].

Zur Rechtfertigung von Gewaltanwendung bei der Verteidigung der höchsten Güter des Staates durch einzelne kann gegebenenfalls der *rechtfertigende Notstand* (vgl. unten § 33 IV) herangezogen werden, der neben der Interessenlage auch Art und Ausmaß der Gefahr und die Angemessenheit der Verteidigungshandlung berücksichtigt und damit der Situation besser angepaßt werden kann als die Notwehr[17]. Danach wäre eine private Abwehrhandlung nur dann berechtigt, wenn der Staat sich nicht durch eigene Organe rechtzeitig verteidigen kann, die Gefahr unmittelbar gegenwärtig ist und kein anderer Ausweg bleibt, um einen hohen und unersetzlichen Schaden für das Wohl des Ganzen abzuwenden (z. B. ein Privatmann hindert einen mit Staatsgeheimnissen flüchtenden Landesverräter mit Gewalt am Grenzübertritt). Einen Ausschnitt aus dem Staatsnotstand hat der Gesetzgeber positiv geregelt. Gegen Angriffe auf die in Art. 20 I - III GG niedergelegten Kernsätze des Grundgesetzes richtet sich das in Art. 20 IV GG anerkannte subsidiäre *Widerstandsrecht* der Staatsbürger (vgl. unten § 35 IV 4).

---

[14] Übereinstimmend die h. L.; vgl. *Arzt*, Schaffstein-Festschrift S. 84 ff. (mit krit. Bemerkungen zur Schwäche der Ordnungsorgane); *Bockelmann / Volk*, Allg. Teil S. 89; *Blei*, Allg. Teil S. 159; *Jakobs*, Allg. Teil S. 314; *Maurach / Zipf*, Allg. Teil I S. 346; *Lackner*, § 32 Anm. 2 b; *SK (Samson)* § 32 Rdn. 9; *Wessels*, Allg. Teil S. 93. Weitergehend *Schroeder*, Maurach-Festschrift S. 141; *Dreher / Tröndle*, § 32 Rdn. 7 und bes. *LK (Spendel)* § 32 Rdn. 153 ff.

[15] Ablehnend auch *H. Mayer*, Lehrbuch S. 182 f.; vgl. ferner *Oetker*, GS 97 (1928) S. 424 ff.; *Blei*, Allg. Teil S. 158. Für Staatsnotwehr, wenn auch mit Einschränkungen, *Baumann / Weber*, Allg. Teil S. 341 f.; *LK (Spendel)* § 32 Rdn. 161; *Maurach / Zipf*, Allg. Teil I S. 359 f.; *Stratenwerth*, Allg. Teil I Rdn. 419; *Schönke / Schröder / Lenckner*, § 32 Rdn. 6 f.

[16] Vgl. dazu das berüchtigte Gesetz über Maßnahmen der Staatsnotwehr vom 3. 7. 1934 (RGBl. I S. 529), durch das die Mordtaten bei der Niederschlagung des Röhm-Putsches legalisiert werden sollten.

[17] Einen notstandsähnlichen politischen Rechtfertigungsgrund nehmen an *Eb. Schmidt*, Mitt IKV 1931, 156 ff.; *Boldt*, ZStW 56 (1937) S. 200 ff.; *Ritter*, GS 115 (1941) S. 242 ff.; *Welzel*, Lehrbuch S. 88. Gegen rechtfertigenden Notstand zugunsten des Selbstbestimmungsrechts der Südtiroler mit Recht BGH NJW 1966, 310 (311 f.).

c) Der Angriff muß weiter **rechtswidrig** sein, ohne indessen strafbar sein zu müssen. *Rechtswidrig* ist jeder Angriff, der objektiv die Rechtsordnung verletzt. Dafür genügt der bevorstehende Eintritt des *Erfolgs*unrechts (vgl. oben § 24 III 1). Ein vorsätzliches oder gar schuldhaftes Handeln des Angreifers ist nicht erforderlich. Die Verteidigung ist somit auch zulässig gegenüber dem Angriff von Trunkenen (BGH 3, 217 [218]), Geisteskranken (RG 27, 44 [45]), Kindern, im Irrtum befangenen und fahrlässig handelnden Personen (OGH 1, 273 [274]). Selbst gegenüber der drohenden Verletzung durch eine an sich nicht sorgfaltswidrige Handlung ist Notwehr bzw. Nothilfe zulässig, so wenn ein Kraftfahrer beim Zurücksetzen ein spielendes Kind zu überfahren droht, das er nicht sehen konnte[18]. Unangemessene Ergebnisse werden dadurch vermieden, daß in den vorgenannten Fällen das Rechtsbewährungsinteresse zu verneinen ist und die Selbstverteidigung demgemäß nur dann zugelassen wird, wenn der Angegriffene nicht auszuweichen vermag (vgl. unten § 32 III 3 a). Nicht rechtswidrig ist der Angriff, der seinerseits durch Rechtsnormen als zulässiger „Eingriff" erlaubt ist. Auch hier gilt der Grundsatz der Einheit der Rechtsordnung. Rechtswidrig ist deswegen Notwehr gegen Notwehr oder gegen ein Handeln im zivilrechtlichen Notstand (§ 904 BGB), gegen das Züchtigungsrecht der Eltern, gegen eine nach pflichtmäßiger Prüfung vorgenommene vorläufige Festnahme (§ 127 II StPO), selbst wenn sie einen in Wahrheit Unschuldigen trifft (RG 72, 305 [311]), gegen einen Polizeibeamten, der einen Demonstrationszug in zulässiger Weise photographiert (BGH JZ 1978, 762), gegen den irrig beim Nichtschuldner pfändenden Gerichtsvollzieher (RG 61, 297 [299]), gegen eine ehrverletzende Äußerung in Wahrnehmung berechtigter Interessen (§ 193) oder gegen Beschlagnahmeakte einer völkerrechtmäßig handelnden Besatzungsmacht.

Beispiel: Der Gastwirt kann sich nicht dagegen zur Wehr setzen, daß ein Gast seine Einrichtung benutzt, um sich gegen Gewaltakte anderer Gäste zu verteidigen, da der Gast nach § 904 BGB rechtmäßig handelt (RG 23, 116).

d) Der Angriff muß endlich **gegenwärtig** sein. Gegenwärtig ist der Angriff, der unmittelbar bevorsteht, gerade stattfindet oder noch fortdauert (BGH 27, 336 [339])[19]. Die Notwehrlage beginnt bereits, sobald durch den bevorstehenden Angriff für das geschützte Interesse eine unmittelbar drohende Gefahr eingetreten ist (RG 61, 216 [217]). Ob das der Fall ist, hängt vor allem von den dem Angreifer zur Verfügung stehenden Mitteln, insbesondere von den in seiner Hand befindlichen Waffen ab (RG 67, 337 [339]; BGH 25, 229; BGH NJW 1973, 255). Maßgebend ist dafür die *objektive* Sachlage, nicht das Vorstellungsbild des Angegriffenen. Die bloße Angriffsabsicht, die nicht nach außen betätigt worden ist, ist noch kein Angriff (BayObLG NJW 1985, 2600).

---

[18] Übereinstimmend *Baumann / Weber,* Allg. Teil S. 297 ff.; *Bockelmann / Volk,* Allg. Teil S. 90 (mit lehrreichem Beispiel S. 80); *LK (Spendel)* § 32 Rdn. 62; *Gallas,* Bockelmann-Festschrift S. 163 f. Fußnote 21. Dagegen verlangt die überwiegende Lehre nicht nur Erfolgs-, sondern auch Handlungsunrecht, mindestens aber ein objektiv pflichtwidriges Verhalten; vgl. *Hirsch,* Dreher-Festschrift S. 224 ff.; *Maurach / Zipf,* Allg. Teil I S. 346; *Roxin,* ZStW 93 (1981) S. 84 f.; *derselbe,* Jescheck-Festschrift Bd. I S. 458; *Felber,* Rechtswidrigkeit des Angriffs S. 138 ff.; *Schumann,* JuS 1979, 560; *Schönke / Schröder / Lenckner,* § 32 Rdn. 21; *Schaffstein,* MDR 1952, 132; *SK (Samson)* § 32 Rdn. 14, 15 und *Jakobs,* Allg. Teil S. 318, wo sogar subjektive Sorgfaltswidrigkeit verlangt wird. Noch enger *Schmidhäuser,* Honig-Festschrift S. 196 f., weil für ihn mit dem Wegfall des Rechtsbewährungsinteresses jede Berechtigung für die Notwehr entfällt. Ebenso *Bertel,* ZStW 84 (1972) S. 11.

[19] Vgl. *Roxin,* Tjong-Gedächtnisschrift S. 143 („unmittelbares Ansetzen zum Angriff"). Dagegen kommt es auf das Moment der Verschlechterung der Verteidigungschancen nicht an; so aber *SK (Samson)* § 32 Rdn. 10; *Schmidhäuser,* Allg. Teil S. 347.

II. Der Aufbau des Notwehrbegriffs

Beispiele: Der Förster darf auf den Wilderer schießen, der trotz Aufforderung, die Waffe wegzuwerfen, *mit* der Waffe flieht (RG 53, 132 [133]). Dabei wird freilich vorausgesetzt, daß der Wilderer noch die Absicht hatte zurückzuschießen und nicht bloß das Gewehr retten wollte. Dagegen darf bei einer unter Polizeischutz stattfindenden politischen Demonstration kein Teilnehmer ein offenes Messer führen, weil trotz der allgemeinen Gefahr von Gewalttätigkeiten ein gegenwärtiger Angriff zu verneinen ist (RG 65, 159). An einem gegenwärtigen Angriff fehlt es ferner, wenn der unbewaffnete Eindringling sich zur Flucht wendet, mag auch die naheliegende Gefahr bestehen, daß er in einer der kommenden Nächte erneut auftauchen wird (BGH NJW 1979, 2053).

Bei Dauerdelikten ist der Angriff gegenwärtig, solange der rechtswidrige Zustand andauert[20]. Fortdauernd ist ein Angriff auch dann, wenn die Verletzung des geschützten Interesses zwar schon stattgefunden hat, aber in unmittelbarem Anschluß an den Angriff durch eine sofort einsetzende Gegenaktion noch ganz oder teilweise rückgängig gemacht werden kann.

Beispiel: Wenn Obstdiebe sich nach dem Anruf des Eigentümers unter Mitnahme der Beute zur Flucht wenden, so ist ihr Angriff noch gegenwärtig, obwohl die Wegnahme bereits vollendet ist. Der Eigentümer durfte, wenn er die Fliehenden nicht anders aufhalten konnte, äußerstenfalls sogar von der Schußwaffe Gebrauch machen (RG 55, 82 [84 f.])[21]. Über das Wertverhältnis der Güter vgl. unten § 32 III 3 b, über das Verhältnis zur MRK vgl. unten § 32 V.

Das Erfordernis der Gegenwärtigkeit des Angriffs schließt die Verteidigung durch *scharfe Hunde, Selbstschüsse, Fußangeln, Giftköder* nicht aus, weil die Abwehr erst im Augenblick des stattfindenden Angriffs wirksam werden soll[22]. Doch gehen die damit verbundenen Risiken zu Lasten dessen, der sich in dieser Weise verteidigt.

Die von der Rechtsprechung z. B. für heimliche Tonbandaufnahmen zur Abwehr künftiger Erpressungen und anderer Angriffe zugelassene „*Präventiv-Notwehr*" oder Berücksichtigung einer „*notwehrähnlichen Lage*" (BGHZ 27, 284 [286 ff.]; BGH 14, 358 [361]; 19, 325 [332]; BGH NStZ 1982, 254; OLG Celle NJW 1965, 1677 [1679]; OLG Frankfurt NJW 1967, 1047; KG JR 1981, 254) ist abzulehnen[23]. In Wahrheit handelt es sich um Fälle des Notstands nach § 34, die den dort aufgestellten (strengeren) Voraussetzungen genügen müssen.

2. Gegen einen gegenwärtigen, rechtswidrigen Angriff ist die **erforderliche Verteidigung erlaubt.**

a) Die Abwehrhandlung muß einmal vom **Verteidigungswillen** getragen sein (vgl. oben § 31 IV 1). Andere Motive wie Haß, Empörung oder Rache können mitspielen, wenn nur der Verteidigungswille überhaupt vorliegt (RG 54, 196 [199]; BGH 3, 194 [198]; 5, 245 [247]; BGH *Dallinger* MDR 1972, 16). Der Verteidigungswille fehlt aber, wenn bei einer Schlägerei Angriffs- und Verteidigungswille ineinander übergehen (OLG Saarbrücken VRS 42, 419).

b) Gerechtfertigt ist die Verteidigungshandlung ferner nur dann, wenn sie zur Abwehr des Angriffs **erforderlich** ist. Die Erforderlichkeit richtet sich nach den gesamten Umständen, unter denen Angriff und Abwehr stattfinden, insbesondere nach der Intensität des Angriffs, der Gefährlichkeit des Angreifers und seines Vorge-

---

[20] Vgl. *Dreher / Tröndle,* § 32 Rdn. 10; *Kühl,* Die Beendigung S. 151 ff.; *Schönke / Schröder / Lenckner,* § 32 Rdn. 15.

[21] Daß heute wegen des krassen Mißverhältnisses der Güter Notwehr zu verneinen wäre, betont mit Recht *Bockelmann / Volk,* Allg. Teil S. 94.

[22] Zustimmend bei strenger Erforderlichkeitsprüfung *Kunz,* GA 1984, 539 ff.

[23] Das Schrifttum stimmt dieser Rspr. teilweise zu; etwa *Suppert,* Studien S. 356 ff.; *R. Schmitt,* JuS 1967, 19; *SK (Samson)* § 32 Rdn. 10; *Welzel,* Lehrbuch S. 87; *Amelung,* GA 1982, 381 ff. Wie hier aber *Schönke / Schröder / Lenckner,* § 32 Rdn. 17; *Geilen,* Jura 1981, 210; *LK (Spendel)* § 32 Rdn. 127; *Stratenwerth,* Allg. Teil I Rdn. 421. Für Anerkennung der „notstandsähnlichen Lage" allgemein jedoch *Günther,* Strafrechtswidrigkeit S. 337 ff.

hens sowie nach den zur Verfügung stehenden Verteidigungsmitteln (RG 72, 57 [58]). Die Erforderlichkeit der Abwehr ist *objektiv* und *ex ante* zu beurteilen, d. h. so, wie ein besonnener Dritter in der Lage des Angegriffenen die Umstände beurteilt hätte (vgl. oben § 31 IV 4)[24]. Der Angegriffene braucht sich aber nicht auf die reine Abwehr zu beschränken, sondern kann die Verteidigung auch durch Gegenangriff (Trutzwehr) führen (RG 16, 69 [71]). Eine Abwägung des Wertverhältnisses der beteiligten Güter findet bei der Prüfung der Erforderlichkeit der Verteidigungshandlung grundsätzlich *nicht* statt (RG 55, 82 [85 f.]; BGH GA 1969, 23; BGH VRS 30, 281; BGH NStZ 1982, 219)[25]. Der Angegriffene kann sich also gegen die gewaltsame Wegnahme seiner Brieftasche notfalls sogar durch Tötung des Angreifers wehren, wenn für ihn keine schonendere Verteidigungsmöglichkeit besteht (über die Frage der Anwendbarkeit des Art. 2 II a der MRK vgl. unten § 32 V). Gehen die ungewollten Auswirkungen der notwendigen Abwehrhandlung weiter, als erforderlich gewesen wäre, um den Angriff abzuwenden, so ist auch der eingetretene schwere Erfolg durch Notwehr gedeckt, weil es nur auf die Erforderlichkeit der Verteidigungs*handlung* ankommt (BGH 27, 313).

Beispiel: Der Angegriffene verteidigt sich durch einen Schlag mit einem Feuerwehrhelm gegen den etwa gleichstarken Angreifer, der dadurch eine erhebliche Gehörverletzung erleidet (§ 224) (OLG Braunschweig NJW 1953, 997).

c) Die Verteidigungshandlung darf aber auch nicht über das hinausgehen, was zur wirksamen Abwehr des Angriffs erforderlich ist. Da Notwehr keine Strafaktion ist, sondern nur dem Schutz bedrohter Interessen gegen rechtswidrige Angriffe dient, gilt der **Grundsatz der möglichsten Schonung des Angreifers.** Der Verteidiger muß daher unter den verfügbaren wirksamen Abwehrmitteln das am wenigsten schädliche und gefährliche auswählen, ohne freilich dem Angriff ausweichen zu müssen[26]. Die oft gerügte „Totschlägermoral" wird also durch § 32 gerade nicht sanktioniert. Dadurch, daß der Angegriffene selbst einen Angriff beabsichtigte, den er aber nicht ausgeführt hat, wird er jedoch in der Abwehr nicht beschränkt (BGH JR 1983, 205). Auch der Einsatz einer Schußwaffe wird nicht dadurch widerrechtlich, daß der Verteidiger keinen Waffenschein hatte (BGH JZ 1986, 768).

Beispiele: Daß der Angegriffene in einer äußerst gefährlichen Situation auf die Füße des Angreifers zielt, statt auf seinen Oberkörper, kann nicht verlangt werden, da die Verteidigung gegen den überlegenen Gegner sonst nicht sicher gewesen wäre (BGH GA 1965, 147). Der Angegriffene muß jedoch die Unterstützung Dritter in Anspruch nehmen, die zur Abwehr fähig und bereit sind (RG 66, 244 [245]; 71, 133 [134]). Er muß gegebenenfalls sofort verfügbare polizeiliche Hilfe anrufen, um sein Hausrecht durchzusetzen (RG 72, 57 [59]; BGH VRS 30, 281). Die Polizei kann bei der Nothilfe die Rechte aus § 32 in Anspruch nehmen[27]. Der gezielte Todesschuß ist jedoch nur zulässig, wenn Kampfunfähigkeit des Angreifers zum Schutz des bedrohten Rechtsguts nicht genügt (Terroristen- und Geiselfälle) (vgl. unten § 35 I 1 Fußnote 1).

---

[24] Ebenso *Bockelmann,* Dreher-Festschrift S. 247; *LK (Spendel)* § 32 Rdn. 219; *Schönke / Schröder / Lenckner,* § 32 Rdn. 34. Zu Scheinwaffen *Born,* Vorgetäuschte Angriffe S. 150 ff.

[25] So die allg. Auffassung; vgl. *Dreher / Tröndle,* § 32 Rdn. 17; *Kratzsch,* Oehler-Festschrift S. 81.

[26] So die allg. Auffassung; vgl. RG 55, 82 (83); 71, 133 (134); BGH 26, 256; BGH GA 1969, 23; *Dreher / Tröndle,* § 32 Rdn. 16 d; *Lackner,* § 32 Anm. 2 g; *LK (Spendel)* § 32 Rdn. 239; *Wessels,* Allg. Teil S. 93; *Welzel,* Lehrbuch S. 86.

[27] Vgl. *Bockelmann,* Engisch-Festschrift S. 467; *derselbe,* Dreher-Festschrift S. 247; *LK (Spendel)* § 32 Rdn. 263 ff. m. zahlr. Nachw.; *Schönke / Schröder / Lenckner,* § 32 Rdn. 42 a; *Schaffstein,* Schröder-Gedächtnisschrift S. 111 ff.; *Seelmann,* Klug-Festschrift Bd. II S. 359 ff. Ablehnend *Amelung,* JuS 1986, 332 m. Nachw. aus dem öffentlich-rechtlichen Schrifttum; *SK (Samson)* § 32 Rdn. 35.

III. Einschränkungen des Notwehrrechts

1. Die moderne Entwicklung des Notwehrrechts ist die Geschichte seiner sozialethisch begründeten Einschränkungen[28]. Ein **Verstoß gegen Art. 103 II GG** liegt in dieser Entwicklung *nicht*, obwohl durch Begrenzung des Notwehrrechts naturgemäß eine Ausdehnung der Strafbarkeit nach allen Strafvorschriften eintritt, denen dieses Recht als Erlaubnissatz gegenübertreten kann. Entscheidend ist, daß die Einschränkungen, die heute beim Notwehrrecht gemacht werden, aus dem Sinn des § 32 folgen und mit seinem Wortlaut vereinbar sind (einschränkende Auslegung) (vgl. oben § 31 III 3)[29].

2. Der Sonderausschuß für die Strafrechtsreform wollte durch Beibehaltung der Formel, daß die Tat durch Notwehr „geboten" sein müsse, einen Anknüpfungspunkt für die sozialethischen Einschränkungen der Notwehr schaffen (vgl. oben § 32 I 3)[30]. Gleichwohl ist die Berufung auf die Gebotenheitsklausel verfehlt, denn einmal enthält sie lediglich ein regulatives Prinzip ohne weiterführende Kriterien[31], zum anderen ergibt die Gesetzesgeschichte, daß „Gebotenheit" und „Erforderlichkeit" dasselbe bedeuten[32]. Auch die übrigen in Literatur und Rechtsprechung verwendeten **Generalklauseln** treffen nicht den Kern der Sache und tragen nur dazu bei, die Abgrenzung des Notwehrrechts unsicher zu machen. Das gilt für Zumutbarkeitserwägungen[33] ebenso wie für das Angemessenheitsprinzip[34], den Gedanken der sozialen Verantwortung[35], den Verhältnismäßigkeitsgrundsatz[36] und das Verbot des Rechtsmißbrauchs[37].

Beispiele: Der vorübergehende Verzicht auf das Hausrecht sei zumutbar, wenn der Täter durch das Betreten der eigenen Wohnung den unberechenbaren Widersacher erneut zum Angriff reizt, den er möglicherweise nur durch tödliche Verletzungen abwehren kann (BGH NJW 1962, 308)[38]. Gegenüber einem Raufbold im Wirtshaus sei es dem Angegriffenen zuzumuten, die Hilfe des Gastwirts in Anspruch zu nehmen, um eine Schlägerei zu vermeiden (RG 71, 133 [134])[39]. Gegenüber dem Angriff des Ehemannes soll der Frau die Wahl eines möglicherweise tödlichen Abwehrmittels nur dann erlaubt sein, wenn der Mann ihr nach dem Leben trachtet (BGH NJW 1969, 802 m. abl. Anm. *Deubner,* NJW 1969, 1184; BGH NJW 1975, 62 m. Anm. *Kratzsch,* JuS 1975, 435; offen gelassen in BGH NJW 1984, 986)[40].

---

[28] Dazu *Courakis,* Zur sozialethischen Begründung der Notwehr, 1978; *Marxen,* Die „sozialethischen" Grenzen der Notwehr, 1979; *Roxin,* ZStW 93 (1981) S. 68 ff.; *Bitzilekis,* Die neue Tendenz zur Einschränkung des Notwehrrechts, 1984.

[29] Vgl. *Lenckner,* GA 1968, 9; *Stree,* in: *Roxin* u. a., Einführung S. 36 gegen *Kratzsch,* GA 1971, 75 ff.

[30] BT-Drucksache V/4095 S. 14. Darauf stützen sich z. B. auch *Baumann / Weber,* Allg. Teil S. 303; *Dreher / Tröndle,* § 32 Rdn. 12; *Geilen,* Jura 1981, 370; *Himmelreich,* GA 1966, 129; *Lackner,* § 32 Anm. 3a.

[31] So mit Recht *LK (Spendel)* § 32 Rdn. 256; *Maurach / Zipf,* Allg. Teil I S. 351; *Schönke / Schröder / Lenckner,* § 32 Rdn. 44; *Stree,* in: *Roxin,* u. a., Einführung S. 35 f.

[32] Vgl. *Bockelmann,* Honig-Festschrift S. 24.

[33] So RG 66, 244; BGH *Dallinger* MDR 1958, 12; *Henkel,* Mezger-Festschrift S. 272; derselbe, Recht und Individualität S. 67; *Himmelreich,* GA 1966, 130; *Busse,* Nötigung im Straßenverkehr S. 133.

[34] So E 1925 § 21 II; BGH NJW 1969, 802; BayObLG NJW 1963, 825.

[35] So *Kratzsch,* Grenzen der Strafbarkeit S. 175 ff.

[36] So *Eser,* Strafrecht I Nr. 9 A Rdn. 18 ff.; *Schroeder,* Maurach-Festschrift S. 137.

[37] So BGH 24, 356 (359); 26, 143 (146); BGH NJW 1962, 308; *Schröder,* JuS 1973, 153; *Roxin,* NJW 1972, 1821.

[38] Ablehnend *Schröder,* JR 1962, 186; *Gutmann,* NJW 1962, 286. Anders jetzt BGH JR 1984, 205 m. Anm. *Lenckner.*

[39] Ablehnend *Roxin,* ZStW 75 (1963) S. 564.

3. Die sozialethischen Beschränkungen des Notwehrrechts dürfen nicht auf formelhaften, die Rechtssicherheit beeinträchtigenden Generalklauseln aufgebaut, sondern müssen im Zusammenhang mit den **Grundprinzipien** gesehen werden, die dieses Recht konstituieren und begrenzen[41]. Ein Teil der in Literatur und Rechtsprechung anerkannten Fälle ist mit dem fehlenden Rechtsbewährungsinteresse zu erklären, ein anderer Teil beruht auf der extremen Minderung des Selbstschutzinteresses im Verhältnis zur Gefährdung des Angreifers.

a) Gegenüber *Kindern, unreifen Jugendlichen, Trunkenen, Geisteskranken, im Irrtum befangenen, fahrlässig oder im Notstand (§ 35) handelnden Personen* bedarf es **keiner Bewährung der Rechtsordnung,** da deren Geltung durch den Angriff nicht oder nur unwesentlich in Frage gestellt wird. Grundlage des Notwehrrechts ist daher in diesen Fällen allein die Befugnis zur Selbstverteidigung. Das bedeutet, daß der Angegriffene sich auf den Güterschutz beschränken muß und den Angreifer nur dann verletzen darf, wenn er ohne Preisgabe des bedrohten Interesses nicht ausweichen kann[42].

Beispiele: Gegenüber beleidigenden Äußerungen eines Betrunkenen in einer Gastwirtschaft muß man sich auf eine Erwiderung durch Worte beschränken und hat im übrigen dem Angriff auszuweichen (BGH 3, 217); die Rücksichtnahme auf Betrunkene ist aber nicht unbegrenzt (BGH GA 1956, 49; österr. OGH JBl 1973, 273). Der Eigentümer eines Grundstücks darf nicht mit Hunden und Schußwaffen gegen Spaziergänger vorgehen, die einen über sein Grundstück führenden Privatweg benutzen, den sie irrig für einen öffentlichen halten (BayObLG MDR 1965, 65). Der Eigentümer eines Kraftwagens darf nicht den Inhaber einer Reparaturwerkstätte überrollen, der sich in dem irrigen Glauben an das Bestehen eines Werkunternehmerpfandrechts gegen den anfahrenden Wagen stemmt (AG Bensberg NJW 1966, 733). Irrt sich der Festnehmende über die tatsächlichen Umstände und erkennt dies der Betroffene, so ist das Notwehrrecht bei alsbald möglicher Aufklärung beschränkt (BayObLG MDR 1986, 956).

Der Gedanke der wesentlichen Minderung des Rechtsbewährungsinteresses liegt auch der Einschränkung des Notwehrrechts unter *Personen mit engen persönlichen Beziehungen* zugrunde. Die Pflicht zur Rücksichtnahme und zur Bewahrung des anderen Teils vor Schaden steht hier so stark im Vordergrund, daß der Angegriffene ein möglicherweise tödliches Abwehrmittel nicht einsetzen darf, wenn er seinerseits nur eine leichte Körperverletzung zu befürchten hat (BGH NJW 1969, 802; GA 1969, 117; NJW 1975, 62; NJW 1984, 986 zum Verhältnis von Ehegatten; vgl. auch BGH *Dallinger* MDR 1958, 13 zum Verhältnis von Betriebsangehörigen)[43].

Das Rechtsbewährungsinteresse ist ferner dann zu verneinen, wenn der Täter den Angriff absichtlich herausgefordert hat, um den Angreifer unter dem Deckmantel des Notwehrrechts straflos verletzen zu können *(Absichtsprovokation).* Überwiegend wird eine Rechtfertigung durch Notwehr in diesem Falle ganz ausgeschlossen[44]. Rich-

---

[40] Kritisch dazu *Engels,* GA 1982, 124f.; *Schroth,* NJW 1984, 2564.

[41] So *Blei,* Allg. Teil S. 149; *Bockelmann / Volk,* Allg. Teil S. 94; *Felber,* Rechtswidrigkeit des Angriffs S. 168; *Otto,* Würtenberger-Festschrift S. 138; *Schönke / Schröder / Lenckner,* § 32 Rdn. 47; *Wagner,* Notwehrbegründung S. 45.

[42] So die h. L.; vgl. *Blei,* Allg. Teil S. 146; *Bockelmann / Volk,* Allg. Teil S. 93; *Krause,* Hilde Kaufmann-Gedächtnisschrift S. 673 ff.; *LK (Spendel)* § 32 Rdn. 235f. und einschränkend Rdn. 309; *Wessels,* Allg. Teil S. 95; *Schönke / Schröder / Lenckner,* § 32 Rdn. 52; *Maurach / Zipf,* Allg. Teil I S. 354; *Roxin,* Kriminalpolitik S. 28; *Stratenwerth,* Allg. Teil I Rdn. 435. Auf diese Fälle wollen *Hruschka,* Dreher-Festschrift S. 206; *Jakobs,* Allg. Teil S. 318; *Hirsch,* Dreher-Festschrift S. 228f. den Verteidigungsnotstand des § 228 BGB anwenden (vgl. unten § 33 II).

[43] Vgl. dazu *Schönke / Schröder / Lenckner,* § 32 Rdn. 53 sowie oben § 32 III 2 m. Fußnote 40.

tig ist es jedoch, dem Provokateur das Notwehrrecht nicht vollständig zu versagen, sondern nur das Ausweichen vor dem Angriff, selbst um den Preis einer leichten Körperverletzung, zu verlangen[45]. Ist ein Ausweichen unmöglich, so muß auch der Provokateur Notwehr üben können, weil er nicht von Rechts wegen in die ausweglose Lage versetzt werden darf, entweder Leib und Leben dem Angreifer ohne Gegenwehr preisgeben oder Strafe auf sich nehmen zu müssen[46]. Strafe ist nur wegen der Provokationshandlung als solcher angebracht, sofern diese selbst eine strafbare Handlung (z. B. eine Beleidigung) darstellt. Nicht ausgeschlossen, aber gemindert ist das Rechtsbewährungsinteresse in den Fällen, in denen der Täter die *Notwehrlage* zwar ohne Absicht, aber doch *rechtswidig und schuldhaft* durch ein Verhalten *herbeigeführt* hat, dessen *adäquate Folge* der Angriff gewesen ist (z. B. Beleidigungen, Hänseleien). In diesem Falle verliert der Täter die Befugnis, Notwehr zu üben, auch nach h. L. nicht, muß sich jedoch auf den Angreifer nur unwesentlich verletzende oder gefährdende Abwehrhandlungen beschränken. Eine schwere Verletzung des Angreifers ist nur dann zulässig, wenn der Täter nicht ausweichen und auch nicht durch Ausweichen zu einem milderen Verteidigungsmittel gelangen kann[47].

Beispiele: Der Täter war nach einem von ihm verschuldeten leichten Verkehrsunfall mit seinem Wagen geflohen und, nachdem er den Wagen verlassen hatte, von dem Fahrer des anderen Fahrzeugs zu Fuß mit dem Ruf verfolgt worden, er werde ihn umbringen. Als dieser den Fliehenden erreicht hatte und auf ihn einschlug, versetzte ihm der Angegriffene mit einem Finnendolch tödliche Stiche. BGH 24, 356 bejaht das Notwehrrecht grundsätzlich, verlangt aber die Prüfung, ob der Täter durch Ausweichen die nötige Zeit gewinnen konnte, um mit dem Dolch zunächst nur zu drohen oder die Waffe in weniger gefährlicher Weise einzusetzen. Der Täter, der nach einer Wirtshausschlägerei, an der er beteiligt gewesen war, in eine äußerst gefährliche Situation zurückkehrt, muß einem Angreifer, der mit bloßen Fäusten auf ihn zugeht, ausweichen und darf ihn nicht niederstechen (BGH 26, 143). Der überraschte Ehebrecher darf sich gegen den Angriff des Ehemannes nicht mit gefährlichen Schlagwerkzeugen zur Wehr setzen (OLG Hamm NJW 1965, 1928). Wer sich lange bemüht hat, den durch eigenes ungehöriges Verhalten veranlaßten Angriff hinhaltend abzuwehren, darf schließlich auch einen gezielten Faustschlag führen (BGH 26, 256ff.). Ein lediglich sozialethisch nicht zu billigendes Vorverhalten läßt dagegen das volle Notwehrrecht unberührt (BGH 27, 336).

b) Zwar kommt es bei der Notwehr auf das Wertverhältnis des angegriffenen und des durch die Abwehrhandlung beeinträchtigten Rechtsguts nicht an, da sowohl das Selbstschutzinteresse als auch die Rechtsbewährung von dem Wertverhältnis der beteiligten Güter unabhängig sind. Das **Selbstschutzinteresse** kann jedoch im Verhältnis zur Gefährdung des Angreifers eine **extreme Minderung** erfahren und in diesen Fällen ist auch das Rechtsbewährungsinteresse zu verneinen, weil es nicht der

---

[44] Teils wird der Verteidigungs*wille* verneint (so RG HRR 1940 Nr. 1143; BGH *Dallinger* MDR 1954, 335; *Kratzsch,* Grenzen der Strafbarkeit S. 39; *Wessels,* Allg. Teil S. 96). Teils wird eine „actio illicita in causa" (die Provokation) angenommen (so *Baumann / Weber,* Allg. Teil S. 304; *Bertel,* ZStW 84 [1972] S. 14ff.; *Dreher / Tröndle,* § 32 Rdn. 23; *Kohlrausch / Lange,* Vorbem. II 2 vor § 51; *Schmidhäuser,* Allg. Teil S. 357ff.; dagegen *Constantinidis,* „Actio illicita in causa" S. 46ff.). Teils wird eine Garantenpflicht aus Ingerenz konstruiert (so *Marxen,* „Sozialethische" Grenzen S. 58). Teils wird das Notwehrrecht überhaupt verneint (so RG DR 1939, 364; BGH NJW 1962, 309; JR 1984, 205; *Lackner,* § 32 Anm. 3 a; *Roxin,* ZStW 75 [1963] S. 558ff.; *Stratenwerth,* Allg. Teil I Rdn. 436; *Welzel,* Lehrbuch S. 88; *SK [Samson]* § 32 Anm. 27).

[45] Vgl. *Lenckner,* GA 1961, 301ff.; *Schröder,* JuS 1973, 150.

[46] So *Bockelmann,* Honig-Festschrift S. 29ff.; *Hassemer,* Bockelmann-Festschrift S. 243f.; *Hruschka,* Dreher-Festschrift S. 208 Fußnote 29 (Verteidigungsnotstand); *Lenckner,* JZ 1973, 256; *Schroeder,* Maurach-Festschrift S. 140. Differenzierend *Maurach / Zipf,* Allg. Teil I S. 342.

[47] So *Lenckner,* JZ 1973, 255; *Roxin,* NJW 1972, 1821; *Schröder,* JuS 1973, 157.

Sinn der Rechtsordnung sein kann, die Verteidigung zugunsten geringwertiger Güter oder gegen unerhebliche Angriffe um den Preis wesentlicher Schädigungen des Angreifers zuzulassen. Nicht erlaubt ist danach die Notwehr, wenn ein unerträgliches Mißverhältnis zwischen dem angegriffenen Rechtsgut und der Verletzung oder Gefährdung des Angreifers besteht[48].

Beispiele: Ein Wachmann darf den mit einer Sirupflasche im Werte von 10 Pfennigen enteilenden Dieb nicht niederschießen (OLG Stuttgart DRZ 1949, 42 m. zust. Anm. *Gallas*). Das Recht zum Benutzen einer Parklücke darf nicht durch die Drohung, den Störer zu überfahren, erzwungen werden (BayObLG NJW 1963, 824). Ein Pfirsichbaum darf nicht durch eine elektrische Anlage gesichert werden, die den Tod des Diebes verursacht (OLG Braunschweig MDR 1947, 205).

Von den Fällen des krassen Mißverhältnisses der beteiligten Güter ist die *„Unfugabwehr"* zu unterscheiden. Hier verbleibt der gesamte Vorgang im Bagatellbereich, und man wird deswegen vielfach schon das Vorliegen eines „Angriffs" zu verneinen haben[49], so beim unsportlichen Drängeln in einer Skiliftschlange oder beim rücksichtslosen Einsteigen in eine überfüllte Straßenbahn. Im Bagatellbereich können jedoch auch Rechtspositionen angegriffen werden, die nicht ohne weiteres zu vernachlässigen sind, wie z. B. bei der unbefugten Ablagerung von Abfällen im Garten des Nachbarn, bei dreisten Studentenstreichen, unerwünschten Fastnachtsscherzen, groben Unarten auf Volksfesten oder Zudringlichkeiten bei Tanzveranstaltungen. Doch ist in diesen Fällen das bedrohte Interesse meist so geringfügig, daß sich jede Abwehr, die über die bloß wörtliche Zurückweisung hinausginge, nach dem Gesichtspunkt der mangelnden Erheblichkeit des ganzen Vorgangs von selbst verbietet (BGH MDR 1956, 372; Stv 1982, 219)[50].

Beispiele: Der Besucher einer Bar, dem ein anderer Gast während eines Wortwechsels die Hand kräftig auf die Schulter legt, darf nicht mit einem Faustschlag ins Gesicht antworten (BGH LM § 53 Nr. 3). Das Anleuchten eines anderen mit einer Taschenlampe ist in der Regel gar kein Angriff (KG JW 1935, 553).

IV. Die Nothilfe

1. Notwehr kann von jedermann auch zugunsten eines angegriffenen Dritten geleistet werden (§ 32 II: „von sich *oder einem anderen* abzuwenden"), ohne daß dieser wie beim entschuldigenden Notstand (§ 35) ein Angehöriger oder eine andere nahestehende Person sein müßte (Nothilfe). Die **Voraussetzungen der Nothilfe** und ihr zulässiger Umfang unterscheiden sich nicht von der Selbstverteidigung[51]. Sie müssen nach den Verhältnissen des *Dritten* beurteilt werden, dem Hilfe geleistet wird. Insbesondere kommt es außer auf den Verteidigungswillen des Nothelfers auch auf den des Angegriffenen an, denn niemand steht es zu, seine Hilfe einem anderen aufzudrängen, wenn dieser sich nicht verteidigen oder ohne Hilfe eines Dritten auskommen will (BGH 5, 245 [248]; 27, 313; BGH JZ 1976, 138)[52]. Freilich braucht der Dritte von

---

[48] So die h. L.; vgl. *Dreher / Tröndle*, § 32 Rdn. 20; *Krey*, JZ 1979, 702; *LK (Spendel)* § 32 Rdn. 313 ff.; *Maurach / Zipf*, Allg. Teil I S. 355; *Schönke / Schröder / Lenckner*, § 32 Rdn. 50; *SK (Samson)* § 32 Rdn. 22; *Wessels*, Allg. Teil S. 95. Anders vor allem *Schmidhäuser*, Honig-Festschrift S. 198.

[49] Vgl. *Oetker*, Frank-Festgabe Bd. I S. 360 f.

[50] Vgl. ferner *Arzt*, Schaffstein-Festschrift S. 82 f.

[51] *LK (Spendel)* § 32 Rdn. 145; *Schönke / Schröder / Lenckner*, § 32 Rdn. 42. Anders *Seelmann*, ZStW 89 (1977) S. 56 ff. Zur organisierten Nothilfe durch gewerbliche Sicherheitsdienste und „Bürgerwehren" *Kunz*, ZStW 95 (1983) S. 972 ff. Zur Nothilfe bei provozierten Angriffen *Mitsch*, GA 1986, 545.

dem Angriff nichts zu wissen (RG 55, 167). Die Hilfeleistung steht grundsätzlich im freien Belieben, doch können sich Nothilfepflichten aus § 323 c, aus dem Familienrecht oder aus dem Polizeirecht ergeben.

2. Nothilfe ist auch zugunsten des Staates und anderer Körperschaften des öffentlichen Rechts zulässig, wenn es sich um Verteidigung von Individualrechtsgütern handelt (**Staatsnothilfe**). Nothilfe zugunsten der öffentlichen Ordnung und der Rechtsordnung im ganzen ist dem einzelnen jedoch untersagt, ebenso Nothilfe zugunsten des Staates selbst, wenn es sich um den Schutz der staatlichen Rechtsgüter im engeren Sinne handelt (vgl. oben § 32 II 1 b). Zur Nothilfe durch Polizeibeamte vgl. oben § 32 II 2 c.

V. Notwehr und Menschenrechtskonvention

Umstritten ist die Frage, ob das Notwehrrecht nach § 32 durch die **Europäische Konvention zum Schutze der Menschenrechte und Grundfreiheiten** von 1950 (BGBl. 1952 II S. 686) eingeschränkt worden ist, die im Rang eines einfachen Bundesgesetzes gilt (BayVerfGH NJW 1961, 1619). Die MRK erlaubt in Art. 2 II a die absichtliche[53] Tötung eines Menschen (abgesehen von zwei weiteren Fällen) nur dann, wenn sie sich aus der unbedingt erforderlichen Gewaltanwendung zur Verteidigung eines anderen Menschen gegenüber rechtswidriger Gewaltanwendung ergibt. Daraus wird vielfach geschlossen, daß eine vorsätzliche Tötung in Notwehr nur noch dann gerechtfertigt sei, wenn sie zur Verteidigung von Leib, Leben oder Freiheit eines Menschen gegen rechtswidrige Gewaltanwendung stattfindet, so daß z. B. die Tötung des mit der Beute fliehenden Einbrechers durch Schußwaffengebrauch nicht mehr gedeckt wäre[54]. Diese dem kontinentaleuropäischen Rechtsdenken jedenfalls in seiner neueren Entwicklung fremde Einschränkung kann auf das Verhältnis von Privatpersonen untereinander keine Anwendung finden. Entsprechend der Zweckbestimmung der Konvention, Übergriffe des Staates gegenüber Einzelpersonen zu unterbinden, nicht aber in die fundierte Rechtstradition eines Teils der Mitgliedstaaten einzugreifen, ist vielmehr anzunehmen, daß die Menschenrechtskonvention nur das *Verhältnis der Staatsgewalt zu den Bürgern* regeln will und keine Drittwirkung entfaltet[55]. Wird die Staatsgewalt als Nothelfer tätig, so greift Art. 2 II a MRK zwar ein, aber die „absichtliche" Tötung des Angreifers wird zum Schutze von Vermögenswerten als erforderliche Nothilfehandlung von seiten der Polizei niemals in Betracht kommen. Im Ergebnis wird deshalb die Regelung der Notwehr durch die MRK nicht berührt.

---

[52] Vgl. *Blei*, Allg. Teil S. 148; *Schönke / Schröder / Lenckner*, § 32 Rdn. 25 f. Anderer Ansicht hierzu *Schroeder*, Maurach-Festschrift S. 141; *Schmidhäuser*, Allg. Teil S. 356; *LK (Spendel)* § 32 Rdn. 145.

[53] Das Merkmal „intentionally" bzw. „intentionnellement" im englischen bzw. französischen Text bedeutet nicht „Vorsatz" im allgemeinen Sinne, sondern die auf Herbeiführung des Erfolgs gerichtete „Absicht"; vgl. *Kenny / Turner*, Outlines S. 36; *Glanville Williams*, Criminal Law S. 34; *Merle / Vitu*, Traité S. 701 f. Ebenso *Schönke / Schröder / Lenckner*, § 32 Rdn. 62; *Blei*, Allg. Teil S. 147. Anders *Frister*, GA 1985, 560 f.

[54] So *Maunz / Dürig / Herzog*, Art. 1 Rdn. 62 und Art. 2 II Rdn. 15; *Baumann / Weber*, Allg. Teil S. 305; *Woesner*, NJW 1961, 1381; *Stratenwerth*, Allg. Teil I Rdn. 440; *SK (Samson)* § 32 Rdn. 30. *Frowein / Peukert*, Art. 2 MRK Rdn. 11 nimmt eine Verpflichtung des Gesetzgebers an, die Notwehrregelung dem Art. 2 II a anzupassen.

[55] So die h. L.; vgl. *Blei*, Allg. Teil S. 147; *Bockelmann*, Engisch-Festschrift S. 459 ff.; derselbe, Dreher-Festschrift S. 249 f.; *Dreher / Tröndle*, § 32 Rdn. 21; Gutachten des BJM, Niederschriften Bd. II Anh. Nr. 26; *LK (Spendel)* § 32 Rdn. 259; *Schönke / Schröder / Lenckner*, § 32 Rdn. 62; *Maurach / Zipf*, Allg. Teil I S. 351 f.; *Partsch*, Europäische MRK S. 336; *Schmidhäuser*, Allg. Teil S. 343 f.; *Welzel*, Lehrbuch S. 86; *Wessels*, Allg. Teil S. 94.

VI. Notwehrexzeß und Putativnotwehr

1. Trotz Bestehens einer Notwehrlage ist die Verteidigungshandlung dann nicht gerechtfertigt, wenn der Täter die Grenzen der Erforderlichkeit bewußt oder unbewußt überschreitet (**Notwehrexzeß**). Nach § 33 ist jedoch die Schuld ausgeschlossen, wenn er dabei aus Verwirrung, Furcht oder Schrecken gehandelt hat (vgl. unten § 45 II).

2. Die Rechtfertigung der Abwehrhandlung setzt voraus, daß die Notwehrlage wirklich gegeben und die Verteidigung nach Art und Maß erforderlich ist. Irrt sich der Täter darüber (**Putativnotwehr**), so ist die Verteidigung rechtswidrig. Er befindet sich dann in einem Erlaubnistatbestandsirrtum über die Voraussetzungen der Notwehr, der als Irrtum eigener Art anzusehen ist (vgl. unten § 41 III 2).

VII. Ausländisches Recht

Im ausländischen Strafrecht sind die Voraussetzungen der Notwehr meist enger begrenzt als im deutschen Recht. Insbesondere wird vielfach Wertproportionalität des angegriffenen und des verteidigten Rechtsguts gefordert. Das geltende *österreichische* StGB beschränkt die Notwehr auf die Verteidigung von Leben, Gesundheit, körperlicher Unversehrtheit, Freiheit und Vermögen (§ 3 I 1). Nicht notwehrfähig sind danach z. B. Ehre, Intimsphäre und Familienrechte[56]. In § 3 I 2 wird Notwehr ausgeschlossen, wenn das Selbstschutzinteresse im Verhältnis zur Schwere der Beeinträchtigung des Angreifers gering ist[57]. Das *schweizerische* StGB bringt den Proportionalitätsgedanken in Art. 33 I durch die Worte zum Ausdruck, daß der Angriff „in einer den Umständen angemessenen Weise" abzuwehren sei[58]. In *Frankreich* knüpft Art. 328 C. p. seinem Wortlaut nach die Notwehr entsprechend der Tradition an Angriffe auf Leib und Leben, doch wird diese Bestimmung erweiternd ausgelegt. Nach der Lehre hat eine Güterabwägung jedenfalls dann stattzufinden, wenn der Angriff sich nicht gegen Leib und Leben, sondern nur gegen Sachen richtet. Die Tötung oder schwere Verletzung des Angreifers als Abwehrhandlung wird in diesem Falle als rechtswidriger Notwehrexzeß angesehen[59]. Die Rechtsprechung ist allerdings gelegentlich weniger streng, außerdem kennt Art. 329 sogenannte „privilegierte" Notwehrfälle wie die Abwehr von nächtlichen Einbrechern oder von Räubern (ebenso *Legros*, Avant-Projet [belge], Art. 69). Auch im *italienischen* Recht, das in Art. 52 C. p. ausdrücklich bestimmt, daß die Verteidigungshandlung „im Verhältnis zum Angriff stehen muß", wird von der h. L. Proportionalität des durch die Abwehr verletzten im Verhältnis zu dem geschützten Interesse verlangt[60]. Der *spanische* C. p. fordert in Art. 8 Nr. 4 II die „necesidad racional" des Verteidigungsmittels, die vielfach als Proportionalitätsmerkmal ausgelegt wird[61]. Art. 41 I des *niederländischen* W. v. S. enthält keine direkte Andeutung des Proportionalitätsgrundsatzes, in der

---

[56] Vgl. *WK (Nowakowski)* § 3 Rdn. 7; *Kienapfel*, Allg. Teil, Syst. Darst. (österr.) S. 29f. Zur Notwehr gegenüber Betrunkenen OGH JBl 1973, 273.

[57] *WK (Nowakowski)* § 3 Rdn. 23: „nur hier kommt eine Interessenabwägung mit ins Spiel". Nach *Fuchs*, Probleme der Notwehr S. 30 sind weitere Einschränkungen nicht anzuerkennen.

[58] Vgl. *Hafter*, Allg. Teil S. 147; *Schultz*, Einführung I S. 160 m. Kritik an BGE 107 (1981) IV 12 (Schuß auf den mit hoher Beute fliehenden Dieb erlaubt); zust. aber *Noll / Trechsel*, Allg. Teil I S. 113; praktische Beispiele bei *Schwander*, Das schweiz. StGB S. 84 sowie *Dubs*, SchwZStr 89 (1973) S. 337ff.

[59] Vgl. *Bouzat*, Traité Bd. I S. 363ff.; *Merle / Vitu*, Traité S. 532ff.; *Stefani / Levasseur / Bouloc*, Droit pénal général S. 387. Zum belgischen Recht übereinstimmend *Marchal*, Rev dr pén crim 47 (1967) S. 968ff. Vgl. zum französischen, schweizerischen und österreichischen Recht ferner *Maria Gabriele Franke*, Grenzen der Notwehr, Diss. Freiburg 1976.

[60] Vgl. *Bettiol / Pettoello Mantovani*, Diritto penale S. 384ff.; *Fiandaca / Musco*, Diritto penale S. 140ff.; *Grosso*, Difesa legittima S. 17; *Nuvolone*, Sistema S. 194.

[61] So *Jiménez de Asúa*, Tratado, Bd. I S. 217; *Córdoba Roda / Rodríguez Mourullo*, Art. 8 Nr. 4 Anm. II 2; *Cerezo Mir*, Curso S. 438; *Perron*, Rechtfertigungsgründe S. 189f. Dagegen jedoch *Cobo del Rosal / Vives Antón*, Derecho penal S. 346; *Rodríguez Devesa / Serrano Gómez*, Derecho penal S. 563 mit Hinweis auf neuere Rechtsprechung, die bei *Gimbernat Ordeig*, Das spanische Strafrecht S. 337 angeführt ist.

Literatur wird diese Einschränkung jedoch aus dem Merkmal der „Gebotenheit" abgeleitet[62]. Das *englische* Recht kennt jetzt in Art. 3 Criminal Law Act 1967 eine allgemeine Notwehrvorschrift, die auf „reasonable use of force" abstellt und damit dem Proportionalitätsgrundsatz weiten Raum gibt. Doch scheint die Tötung des mit der Beute fliehenden Räubers als letztes Mittel zugelassen zu werden[63]. Auch die Notwehr des *amerikanischen* Strafrechts unterscheidet sich von der des deutschen erheblich. Insbesondere darf hier die Verteidigung gegen einen Angriff, der keine Gefährdung für das Leben darstellt, im allgemeinen nicht in der Anwendung lebensgefährdender Gewalt bestehen[64], und selbst bei einem lebensgefährdenden Angriff wird dem Angegriffenen vielfach zugemutet, zunächst sein Heil im Rückzug zu suchen, bevor er zum äußersten Verteidigungsmittel greift[65]. Das *brasilianische* Recht, das die Verteidigung in Art. 25 C. p. nur „moderademente" zuläßt, setzt zwar keine Proportionalität der Güter voraus, erlaubt aber nicht die Tötung des Angreifers zum Schutz einer geringwertigen Sache[66]. Im StGB *DDR* ist nach § 17 nur die Verteidigung in angemessener Weise gerechtfertigt. Der drohende Schaden darf nicht unverhältnismäßig kleiner sein als die Beeinträchtigung des Angreifers (OG DDR NJ 1973, 579)[67]. In Übereinstimmung mit dem Recht anderer sozialistischer Staaten rechtfertigt § 17 StGB DDR ausdrücklich auch die Abwehr von Angriffen auf die sozialistische Staats- und Gesellschaftsordnung.

§ 33 Der rechtfertigende Notstand

Amelung, Erweitern allgemeine Rechtfertigungsgründe Eingriffsbefugnisse des Staates? NJW 1977, 833; *derselbe,* Nochmals: § 34 als öffentlich-rechtliche Eingriffsnorm? NJW 1978, 623; *derselbe,* Die Rechtfertigung von Polizeivollzugsbeamten, JuS 1986, 329; *Amelung / Schall,* Zum Einsatz von Polizeispitzeln usw., JuS 1975, 565; *Azzali,* Stato di necessità, Novissimo Digesto Italiano, Bd. XVIII, 1971, S. 356 ff.; *Ballerstedt,* Anmerkung zu OLG Freiburg vom 26.10.1950, JZ 1951, 227; *Baumgarten,* Notstand und Notwehr, 1911; *Bockelmann,* Hegels Notstandslehre, 1935; *Böckenförde,* Der verdrängte Ausnahmezustand, NJW 1978, 1881; *Cerezo Mir,* Grundlage und Rechtsnatur des Notstands im spanischen StGB, Gedächtnisschrift für Hilde Kaufmann, 1986, S. 689; *Dencker,* Der verschuldete rechtfertigende Notstand, JuS 1979, 779; *Dingeldey,* Pflichtenkollision und rechtsfreier Raum, Jura 1979, 438; *Graf zu Dohna,* Recht und Irrtum, 1925; *Gallas,* Der dogmatische Teil des Alternativ-Entwurfs, ZStW 80 (1968) S. 1; *Geilen,* Anmerkung zu OLG Frankfurt vom 29.11.1974, JZ 1975, 380; *Gimbernat Ordeig,* Der Notstand usw., Festschrift für H. Welzel, 1974, S. 485; *Goldmann,* Die behördliche Genehmigung als Rechtfertigungsgrund, Diss. Freiburg 1967; *Goldschmidt,* Der Notstand, ein Schuldproblem, Österr. Zeitschrift für Strafrecht 1913, 129; *Grebing,* Die Grenzen des rechtfertigenden Notstands, GA 1979, 81; *Günther,* Strafrechtswidrigkeit und Strafunrechtsausschluß, 1983; *Heinitz,* Zur Entwicklung der Lehre von der materiellen Rechtswidrigkeit, Festschrift für Eb. Schmidt, 1961, S. 266; *Henkel,* Der Notstand nach gegenwärtigem und zukünftigem Recht, 1932; *Hirsch,* Anmerkung zu BGH vom 15.5.1979, JR 1980, 115; *Hold v. Ferneck,* Die Rechtswidrigkeit, Bd. I, 1903, Bd. II, 1905; *Hruschka,* Extrasystematische Rechtfertigungsgründe, Festschrift für E. Dreher, 1977, S. 189; *derselbe,* Rettungspflichten in Notstandssituationen, JuS 1979, 385; *derselbe,* Rechtfertigung oder Entschuldigung im Defensivnotstand? NJW 1980, 21; *derselbe,* Das Strafrecht neu durchdenken! GA 1981, 237; *derselbe,* Anmerkung zu OLG Karlsruhe vom 22.8.1983, JZ 1984, 240; *Jansen,* Pflichtenkollisionen im

---

[62] Vgl. *van Bemmelen / van Veen,* Ons strafrecht. S. 166; *D. Hazewinkel-Suringa / Remmelink,* Inleiding S. 272 ff.; *Pompe,* Das niederländische Strafrecht S. 70.

[63] Vgl. *Smith / Hogan,* Criminal Law S. 328 f. (zweifelnd); *Kerll,* Das englische Notwehrrecht S. 15 ff., 119 f.

[64] Vgl. *Robinson,* Criminal Law Defenses Bd. II S. 82 ff.; *Honig,* Das amerikanische Strafrecht S. 145 ff.; *J. Hall,* General Principles S. 434 f.

[65] Dazu eingehend *Herrmann,* ZStW 93 (1981) S. 615 ff. Zur „retreat rule" *Robinson,* Criminal Law Defenses Bd. II S. 79 ff.

[66] *Fragoso,* Lições S. 193; *da Costa jr.,* Comentários, Art. 25 Anm. 5 f.

[67] Vgl. Strafrecht der DDR, § 17 Anm. 7 (der drohende Schaden darf nicht „bedeutend geringer" sein als der durch die Abwehr zu erwartende); gegen zu starke Einschränkung der Notwehr *Bein,* NJ 1973, 146 ff.; sowie *Lekschas / Renneberg,* Lehrbuch S. 404. Vgl. auch *Schroeder,* Maurach-Festschrift S. 136 f. sowie *derselbe,* Oehler-Festschrift S. 581 ff.

Strafrecht, Strafr. Abh. Heft 269, 1930; *Jescheck,* Das niederländische StGB im internationalen Zusammenhang, in: *van Dijk u. a.* (Hrsg.), Criminal Law in Action, 1986, S. 5; *Arthur Kaufmann,* Rechtsfreier Raum usw., Festschrift für R. Maurach, 1972, S. 327; *Kienapfel,* Der rechtfertigende Notstand, ÖJZ 1975, 421; *derselbe,* Der rechtfertigende Notstand, Strafr. Probleme 3, 1975, S. 39; *Krey,* Grundfälle zu den Straftaten gegen das Leben, JuS 1971, 248; *derselbe,* Der Fall Peter Lorenz usw., ZRP 1975, 97; *Küper,* Noch einmal: Rechtfertigender Notstand, Pflichtenkollision und übergesetzliche Entschuldigung, JuS 1971, 474; *derselbe,* Zum rechtfertigenden Notstand bei Kollision von Vermögenswerten, JZ 1977, 515; *derselbe,* Grund- und Grenzfragen der rechtfertigenden Pflichtenkollision, 1979; *derselbe,* Der „verschuldete" rechtfertigende Notstand, 1983; *derselbe,* Das „Wesentliche" am „wesentlich überwiegenden Interesse", GA 1983, 289; *derselbe,* Notstand I (strafrechtlich), HRG, Bd. III, 1984, Sp. 1063; *derselbe,* Darf sich der Staat erpressen lassen? 1986; *derselbe,* Grundsatzfragen der „Differenzierung" zwischen Rechtfertigung und Entschuldigung, JuS 1987, 81; *Ortrun Lampe,* Defensiver und aggressiver übergesetzlicher Notstand, NJW 1968, 88; *Lange,* Terrorismus kein Notstandsfall? NJW 1978, 784; *Lenckner,* Der rechtfertigende Notstand, 1965; *derselbe,* Der Grundsatz der Güterabwägung als Grundlage der Rechtfertigung, GA 1985, 295; *derselbe,* Das Merkmal der „Nicht-anders-Abwendbarkeit" der Gefahr in §§ 34, 35 StGB, Festschrift für K. Lackner, 1987, S. 95; *derselbe,* Behördliche Genehmigungen und der Gedanke des Rechtsmißbrauchs im Strafrecht, Festschrift für G. Pfeiffer, 1988, S. 27; *Mangakis,* Pflichtenkollision usw., ZStW 84 (1972) S. 447; *Marcetus,* Der Gedanke der Zumutbarkeit, Strafr. Abh. Heft 243, 1928; *Maurach,* Kritik der Notstandslehre, 1935; *Otto,* Pflichtenkollision und Rechtswidrigkeitsurteil, 3. Auflage 1978; *derselbe,* Anmerkung zu OLG München NJW 1972, 2275, NJW 1973, 668; *Palandt,* BGB, 46. Auflage 1987; *Pröchel,* Die Fälle des Notstands nach anglo-amerikanischem Strafrecht, 1975; *Rittler,* Der unwiderstehliche Zwang usw., Festschrift für den OGH, 1950, S. 221; *Robinson,* Criminal Law Defenses, Bd. I, II, 1984; *Roxin,* Kriminalpolitik und Strafrechtssystem, 2. Auflage 1973; *derselbe,* An der Grenze von Begehung und Unterlassung, Festschrift für K. Engisch, 1969, S. 380; *derselbe,* Der durch Menschen ausgelöste Defensivnotstand, Festschrift für H.-H. Jescheck, Bd. I, 1985, S. 457; *Rudolphi,* Teilnahme an einer Notstandstat usw., ZStW 78 (1966) S. 67; *Scarano,* La non esigibilità nel diritto penale, 1948; *Schaffstein,* Der Maßstab für das Gefahrurteil beim rechtfertigenden Notstand, Festschrift für H.-J. Bruns, 1978, S. 89; *Schlosser,* Notstand III (zivilrechtlich), HRG, Bd. III, 1984, Sp. 1083; *Eb. Schmidt,* Das Reichsgericht und der „übergesetzliche Notstand", ZStW 49 (1929) S. 350; *derselbe,* Anmerkung zu OGH 1, 321, SJZ 1949, 559; *Schroeder,* Notstandslage bei Dauergefahr, JuS 1980, 335; *Seelmann,* Das Verhältnis von § 34 zu anderen Rechtfertigungsgründen, 1978; *Siegert,* Notstand und Putativnotstand, 1931; *Stammler,* Darstellung der strafrechtlichen Bedeutung des Notstands, 1878; *Staudinger (Seufert),* Sachenrecht, Bd. III, 1, 11. Auflage 1956; *Stratenwerth,* Prinzipien der Rechtfertigung, ZStW 68 (1956) S. 41; *Sydow,* § 34 StGB – kein neues Ermächtigungsgesetz! JuS 1978, 222; *Ulsenheimer,* Strafbarkeit des Garanten bei Nichtvornahme einer Rettungshandlung, JuS 1972, 254; *Wachinger,* Der übergesetzliche Notstand nach der neuesten Rechtsprechung des Reichsgerichts, Festgabe für R. v. Frank, Bd. I, 1930, S. 469; *v. Weber,* Das Notstandsproblem usw., 1925; *derselbe,* Vom Diebstahl in rechter Hungersnot, MDR 1947, 78; *derselbe,* Die Pflichtenkollision im Strafrecht, Festschrift für W. Kiesselbach, 1947, S. 233; *Weigelin,* Das Brett des Karneades, GS 116 (1942) S. 88; *Welzel,* Anmerkung zu OGH 1, 321, MDR 1949, 373; *derselbe,* Zum Notstandsproblem, ZStW 63 (1951) S. 47.

I. Die Unterscheidung der Notstandsarten

1. Ein Notstand im allgemeinsten juristischen Sinne des Wortes ist ein **„Zustand gegenwärtiger Gefahr für berechtigte Interessen, der sich nur durch Verletzung berechtigter Interessen eines anderen abwenden läßt"**[1]. Der Notstand ist jedoch nichts weniger als eine einheitliche Erscheinung, sondern umfaßt *Fälle von ganz verschiedener Art und Gestalt.* Daß die einzelnen Fallgruppen auch strafrechtlich ver-

---

[1] So *Bockelmann / Volk,* Allg. Teil S. 96; *Maurach / Zipf,* Allg. Teil I S. 362; *Lenckner,* Notstand S. 7; *Wessels,* Allg. Teil S. 83. Die Definition deckt freilich auch andere Rechtfertigungsgründe, insbesondere die Notwehr; vgl. *Schönke / Schröder / Lenckner,* Vorbem. 67 vor § 32.

I. Die Unterscheidung der Notstandsarten

schieden behandelt werden müssen, lehrt schon das Rechtsgefühl. Der Satz „necessitas non habet legem" (Not kennt kein Gebot) ist jedenfalls nicht wörtlich zu nehmen.

Beispiele: Der Angegriffene tötet zu seiner Verteidigung einen wütenden Hund. Beim Löschen eines Brandes muß das Nachbargrundstück beschädigt werden. Der Badegast benutzt gegen den Widerspruch des Eigentümers ein am Strand liegendes Boot, um einen Ertrinkenden zu retten. Der Arzt überschreitet mit seinem Kraftwagen die vorgeschriebene Höchstgeschwindigkeit, um möglichst schnell zu einem Schwerverletzten zu gelangen. Der Bergsteiger durchschneidet das Seil, das ihn mit seinem abgestürzten Gefährten verbindet, um das eigene Leben zu erhalten. Ein Dritter handelt so, um dadurch wenigstens *einen* der beiden Verunglückten zu retten. Der Weichensteller leitet einen Zug auf ein Gleis mit Streckenarbeitern, um eine viel größere Katastrophe zu verhindern. Der Schalterbeamte wird mit der Waffe gezwungen, dem Bankräuber bei der Bergung der Beute zu helfen.

Die Suche nach der richtigen Lösung für die verschiedenen Notstandsfälle hat die Rechtswissenschaft seit der Antike immer wieder beschäftigt[2]. Die neuere Lehre hat einmal die *Adäquitätstheorie* entwickelt[3]. Sie gründet sich auf *Kant*, der die Notstandshandlung zwar nicht als „inculpabilis" ansah, weil sie trotz der Notlage dem kategorischen Imperativ widerspreche, wohl aber als „impunibilis", weil der Täter im Falle eines unwiderstehlichen Zwanges vom Gesetz nicht mehr zum Rechthandeln bestimmt werden könne. Die Notstandstat dürfe demgemäß aus Billigkeitsgründen nicht bestraft werden. *Feuerbach* sah die Zurechnungsfähigkeit des Notstandstäters als ausgeschlossen an. Weitergehend wurde von *Fichte* vertreten, daß die Rechtsordnung im Notstandsfall ihre Gebote und Verbote gewissermaßen zurückziehe und die Entscheidung dem Gewissen des einzelnen anheimstelle *(Exemtionstheorie).* Die entgegengesetzte Lehre besagt, daß jedenfalls dem Leben im Falle der Kollision mit niedrigeren Rechtsgütern ein „Notrecht" zur Seite stehe. Sie geht auf *Hegel* zurück[4]. Auf dieser These ist die *„Kollisionstheorie"* aufgebaut, die von der Wertdifferenz der Rechtsgüter ausgeht[5]. Es handelt sich bei diesen Lösungen also nicht bloß um Abstufungen innerhalb ein und desselben Prinzips[6], sondern um zwei grundverschiedene Betrachtungsweisen. Trotz der Verschiedenheit der Fälle sind in der neueren Dogmatik lange Zeit **„Einheitstheorien"** vertreten worden, die sämtliche Notstände entweder nach dem Adäquitätsgedanken als Entschuldigungs-[7] oder nach dem Kollisionsgedanken als Rechtfertigungsgründe[8] ansehen wollten.

Erst *Goldschmidt*[9] ist es gewesen, der die Notstandslehre aus dem Zustand „geradezu jämmerlicher Verworrenheit"[10] herausgeführt und durch eine differenzierende Betrachtungsweise, die sich im 19. Jahrhundert aber auch schon bei *Berner* (Lehrbuch, 18. Auflage S. 103) findet, einem neuen Verständnis erschlossen hat. Die heute durch die Gegenüberstellung von rechtfertigendem und entschuldigendem Notstand in § 34 und § 35 anerkannte **„Differenzierungstheorie"**[11] fragt, ob die Rechtsord-

---

[2] Vgl. zur Dogmengeschichte *Küper*, HRG Bd. III Sp. 1064ff.; *H. Mayer*, Lehrbuch S. 176ff.; *Weigelin*, GS 116 (1942) S. 88ff.

[3] Vgl. dazu *Hold v. Ferneck*, Die Rechtswidrigkeit Bd. II S. 43ff.

[4] Vgl. dazu *Bockelmann*, Hegels Notstandslehre S. 47ff.

[5] Klarste Formulierung bei *Stammler*, Notstand S. 74.

[6] So aber *Siegert*, Notstand S. 10.

[7] So zuletzt *M. E. Mayer*, Lehrbuch S. 304ff.

[8] So *v. Hippel*, Bd. II S. 231ff. Ebenso neuerdings *Gimbernat Ordeig*, Welzel-Festschrift S. 492ff. Auch *Pompe*, Das niederländische Strafrecht S. 73 ist hier zu nennen.

[9] *Goldschmidt*, Österr. Zeitschrift f. Strafrecht 1913, 196 spricht von einem „Rechtsmikrokosmos", in dem sowohl Schuld- als auch Unrechtsgesichtspunkte zusammentreffen.

[10] So *Löffler*, Österr. Zeitschrift f. Strafrecht 1912, 358.

[11] So heute die allgemeine Auffassung; vgl. *v. Weber*, Das Notstandsproblem S. 16; *Marcetus*, Zumutbarkeit S. 68; *Henkel*, Notstand S. 16ff.; *Lenckner*, Notstand S. 9; *Maurach / Zipf*, Allg. Teil I S. 363f.; *Schmidhäuser*, Allg. Teil S. 329; *Baumann / Weber*, Allg. Teil S. 315; *Schönke / Schröder / Lenckner*, § 35 Rdn. 1; *SK (Rudolphi)* § 35 Rdn. 1; *Welzel*, Lehrbuch S. 180; *Wessels*, Allg. Teil S. 83; RG 61, 242 (252); BGH 2, 242 (243). Eine Sonderstellung nimmt *H. Mayer*, Lehrbuch S. 191 ein, der die Notstandshandlung nach §§ 52, 54 a. F. gemäß

nung die Notstandshandlung unter Berücksichtigung aller maßgeblichen Gesichtspunkte als sachgemäß billigt oder nur als verzeihlich nachsieht[12]. Nach diesem Maßstab lassen sich die Fälle des rechtfertigenden und des entschuldigenden Notstands unterscheiden.

2. **Fälle des rechtfertigenden Notstands,** die im bürgerlichen Recht ihren Platz gefunden haben, sind die Sachwehr (§ 228 BGB) und der zivilrechtliche Notstand (§ 904 BGB)[13]. Den im Gesetz geregelten Notstandsrechten trat bisher der sogenannte „übergesetzliche" Notstand zur Seite, der von Rechtsprechung und Lehre aus dem Prinzip der Güter- und Pflichtenabwägung entwickelt worden ist. Dieser Notstand hat jedoch inzwischen an verschiedenen Stellen eine gesetzliche Regelung als Rechtfertigungsgrund erfahren. Die allgemeine Vorschrift für das Strafrecht findet sich in § 34, für das Ordnungswidrigkeitenrecht in § 16 OWiG. Sonderfälle des rechtfertigenden Notstands sind ferner die medizinische, eugenische, ethische und Notlagenindikation für die Unterbrechung der Schwangerschaft (§ 218a I, II Nr. 1 - 3)[14]. Um die Lösung von Interessenkollisionen handelt es sich auch bei der behördlichen Erlaubnis[15] (vgl. unten § 33 VI). Dem rechtfertigenden Notstand steht der entschuldigende Notstand (§ 35) gegenüber. Die neue Vorschrift faßt die früheren §§ 52, 54 zusammen.

3. Die Unterscheidung von rechtfertigendem und entschuldigendem Notstand hat weitreichende **Konsequenzen**[16]. Im ersten Fall ist die Tat gerechtfertigt. Es gibt deswegen gegen Notstand keine Notwehr und auch keine Möglichkeit strafbarer Teilnahme an der Notstandshandlung. Im zweiten Fall ist die Tat nur entschuldigt. Der von der Notstandshandlung Betroffene darf Notwehr üben, und die Teilnahme an der Notstandstat ist strafbar, sofern der Teilnehmer nicht selbst unter dem Druck einer Notstandslage steht oder Angehöriger bzw. nahestehende Person i. S. von § 35 ist[17]. Auch die bei irrtümlicher Annahme des Vorliegens einer Notstandslage anzuwendenden Vorschriften sind verschieden, je nachdem, ob sich der Irrtum auf einen Fall rechtfertigenden oder entschuldigenden Notstands bezieht.

II. Die Sachwehr (Verteidigungsnotstand)

1. Die **Sachwehr** steht der Notwehr zwar nahe (RGZ 88, 211 [214]), sie weist jedoch charakteristische Besonderheiten auf. Erlaubt ist es nach § 228 BGB, eine fremde (analog auch eine herrenlose) Sache zu beschädigen oder zu zerstören, um eine

---

der Exemtionstheorie als „unverboten" ansieht; vgl. auch *derselbe*, Grundriß S. 92f. *Maurach / Zipf*, Allg. Teil I S. 444ff. vertritt dagegen den Standpunkt, daß in diesen Fällen die „Tatverantwortung" entfalle (vgl. Vorauflage S. 348).

[12] Zu dem fundamentalen Charakter dieser Unterscheidung *Hruschka*, GA 1981, 239f.; *Küper*, JZ 1983, 95 (gegen *Gimbernat Ordeig*, Welzel-Festschrift S. 492ff.).

[13] Vgl. ferner zu den Sonderregelungen nach dem Vorbild des § 904 BGB unten § 33 III 5. Zur Geschichte *Schlosser*, HRG Bd. III Sp. 1083ff.

[14] Dazu, daß jedenfalls das geltende Recht so zu verstehen ist, die h. L.; vgl. *Lackner*, § 218a Anm. 1. Dagegen für Entschuldigungsgründe (außer der medizinischen Indikation) *Dreher / Tröndle*, Vorbem. 9ff. vor § 218.

[15] *Schönke / Schröder / Lenckner*, Vorbem. 28 vor § 32; *Jakobs*, Allg. Teil S. 380 betrachten die behördliche Erlaubnis als Fall der „Einwilligung", doch handelt es sich dabei nicht um freie Disposition des Rechtsgutträgers, sondern um sachgebundene Wertabwägung eines Staatsorgans.

[16] Vgl. näher *Kienapfel*, ÖJZ 1975, 423f.

[17] So die h. L.; vgl. *LK (Hirsch)* § 35 Rdn. 2; *Schönke / Schröder / Lenckner*, § 35 Rdn. 1. Anders *Maurach / Zipf*, Allg. Teil I S. 442f. aufgrund der Tatverantwortungslehre; ferner *Rudolphi*, ZStW 78 (1966) S. 95ff.

II. Die Sachwehr (Verteidigungsnotstand)

von dieser selbst drohende Gefahr abzuwenden, wenn die Beschädigung oder Zerstörung zur Abwendung der Gefahr erforderlich ist und der Schaden nicht außer Verhältnis zu der abgewendeten Gefahr steht. Eine Gefahr droht, wenn der Eintritt eines Schadens wahrscheinlich ist (BGH 18, 272f.). § 228 BGB findet vor allem auf Tierangriffe Anwendung, während § 32 auf Angriffe von Menschen beschränkt ist, wie die Gegenüberstellung von Notwehr und Sachwehr in §§ 227 und 228 BGB ergibt (vgl. oben § 32 II 1a Fußnote 6).

Beispiele: Ein wütender Hund wird vom Angegriffenen getötet. Ein Waldbrand, der Menschen und Sachwerte gefährdet, wird durch Einschläge und Gegenfeuer bekämpft. Ein brennendes Gebäude, das benachbarte Baulichkeiten in Brand zu setzen droht, wird niedergerissen. Ein wildernder Hund wird vom Jagdberechtigten erschossen (RG 34, 295 [296ff.])[18].

Art und Maß der Abwehr der Sachgefahr müssen **erforderlich** sein. Hierzu gilt entsprechend, was zur Erforderlichkeit der Verteidigungshandlung bei der Notwehr gesagt worden ist (vgl. oben § 32 II 2). So muß man z. B. einen Hund zunächst durch Rufe oder Schläge zu vertreiben suchen, ehe man zur Schußwaffe greift (RG 34, 295). Zur Rechtfertigung der Abwehr nach § 228 BGB wird im Gegensatz zur Notwehr weiter verlangt, daß der durch die Verteidigung angerichtete Schaden nicht außer Verhältnis zu der abgewendeten Gefahr stehen darf. Diese Einschränkung ist jedoch nicht mißzuverstehen. Für die Sachwehr ist ebensowenig wie für die Notwehr das Wertverhältnis der beteiligten Güter maßgebend, denn Sachgefahren muß jedermann auch dann abwehren dürfen, wenn der durch die Verteidigungshandlung verursachte Schaden erheblich ist. Grundgedanke der Rechtfertigung nach § 228 BGB ist nicht die Rettung des höherwertigen Guts, sondern das natürliche Recht zur Verteidigung des bedrohten Interesses. Die Rechtmäßigkeit der Sachwehr beruht also nicht auf dem Gesichtspunkt der Werterhaltung (Wegfall des Erfolgsunrechts), sondern auf dem der rechtlichen Billigung der Verteidigungshandlung (Wegfall des Handlungsunrechts)[19]. Der Gedanke des Zurücktretens eines geringfügigen Selbstschutzinteresses bei schwerer Beeinträchtigung des Angreifers, der auch dem Notwehrrecht Grenzen setzt (vgl. oben § 32 III 3b), ist hier jedoch positiv geregelt[20], und zwar in einer Weise, die dem Verteidiger engere Grenzen zieht als bei der Notwehr: der durch die Sachgefahr angerichtete **Schaden darf nicht außer Verhältnis zu dem durch die Sachgefahr drohenden Schaden stehen.** Bereits ein besonders großer Schaden wird bei der Sachwehr durch den rechtlich gebilligten Verteidigungswillen nicht aufgewogen, während bei der Notwehr nur ein *unerträgliches* Mißverhältnis der Güter die Rechtfertigung ausschließt. Der Unterschied erklärt sich dadurch, daß der Angriff von seiten eines Menschen die Persönlichkeit des Angegriffenen als Mitglied der Rechtsgemeinschaft in Frage stellt und damit in der Regel das Rechtsbewährungsinteresse auslöst, während die Sachgefahr nicht mehr als ein Naturereignis ist, das lediglich menschliche Interessen gefährdet, nicht aber eine Mißachtung der Rechtssphäre des Betroffenen bedeutet. Aus diesem Grunde muß der Sachgefahr auch ausgewichen werden, wenn dazu die Möglichkeit besteht. Fehlt das Rechtsbewährungsinteresse ausnahmsweise, so gilt für die Notwehr das gleiche (vgl. oben § 32 III 3a).

2. Auch bei der Sachwehr ist *Nothilfe* (ausdrücklich) gestattet. Der Verteidiger muß auch hier mit *Rettungswillen* handeln, wie § 228 BGB ausdrücklich sagt ("um

---

[18] Der Schutz des Wildes vor wildernden Hunden und Katzen ist heute jedoch nach § 23 BJagdG durch Sondervorschriften der Länder geregelt, z. B. durch § 23 I Nr. 2 LJagdG von Baden-Württemberg i. d. F. vom 20. 12. 1978 (GBl. 1979 S. 12), wo *nicht* wie in § 228 BGB eine Ausnahme für den Fall eines unverhältnismäßig großen Schadens gemacht wird.

[19] Vgl. *Stratenwerth*, ZStW 68 (1956) S. 49ff. Den Güterabwägungsgedanken betont stärker *Schmidhäuser*, Allg. Teil S. 329.

[20] Ebenso *LK⁹ (Baldus)* § 54 Rdn. 25.

abzuwenden"). Das Notrecht besteht selbst bei *verschuldeter Gefahr* (z. B. bei Reizung eines bissigen Hundes), es versagt jedoch, wenn die Gefahr zu dem Zwecke herbeigeführt wird, um eine Sache aufgrund eines angemaßten Rechts vernichten zu können (z. B. Tötung einer fremden Katze auf Singvogeljagd, die man vorher, um sie unschädlich zu machen, in den eigenen Garten gelockt hat), denn die Handlung als ganze ist dann von Anfang an nichts anderes als eine vorsätzliche und rechtswidrige Sachbeschädigung. Der Unterschied zur „Absichtsprovokation" bei der Notwehr (vgl. oben § 32 III 3 a) liegt darin, daß der Täter bei der Auslösung einer Sachgefahr den Kausalverlauf weitgehend beherrscht. Hat der Notstandstäter die Gefahr verschuldet, so ist er, obwohl die Tat rechtmäßig ist, nach § 228 S. 2 BGB zum Schadensersatz verpflichtet.

3. Für Fälle einer **von Menschen ausgehenden Gefahr, der nicht durch Notwehr** begegnet werden darf (z. B. Perforation eines Kindes während der Geburt, bei der es am Angriff fehlt), ist nicht § 228 BGB analog anzuwenden, sondern eine Interessenabwägung nach den Grundsätzen des § 34 vorzunehmen (vgl. unten § 33 IV 5).

III. Der zivilrechtliche Notstand (Angriffsnotstand)

1. Im Gegensatz zu Notwehr und Sachwehr, die auf der rechtlichen Billigung des Verteidigungswillens beruhen, ist der Angriffsnotstand der konsequente Ausdruck des **Güterabwägungsgedankens** (Wegfall des Erfolgsunrechts durch Rettung des höherwertigen Guts)[21]. § 904 BGB läßt sich jedenfalls nicht auf die Lehre von der mutmaßlichen Einwilligung zurückführen[22], denn dem Eigentümer der durch die Notstandstat betroffenen Sache wird als unbeteiligtem Dritten ohne Rücksicht auf seine eigenen Interessen ein Opfer für fremde Interessen auferlegt. Erlaubt sind nach § 904 BGB Eingriffe in fremdes Eigentum (bewegliche Sachen oder Grundstücke)[23], wenn diese zur Abwendung einer gegenwärtigen Gefahr notwendig sind und der drohende Schaden gegenüber dem durch die Einwirkung entstehenden Schaden unverhältnismäßig groß ist.

Beispiele: Ein im Hochgebirge Verirrter sucht vor dem Unwetter in einer verschlossenen Hütte Schutz, er bricht das Schloß auf, macht sich Feuer und ißt von den vorgefundenen Lebensmitteln (§§ 123, 303, 248a). Um einen Schwerkranken in abgelegener Gegend auf die Intensivstation zu bringen, wird mangels eines Taxis ein geparkter fremder Kraftwagen benutzt (§ 248b). Bei einer Schlägerei in einer Wirtschaft verteidigen sich die angegriffenen Gäste mit den Biergläsern des Wirts (RG 23, 116). Ein Spediteur rettet in der Kriegszeit sein Unternehmen vor polizeilichen Eingriffen durch Auslieferung des ihm anvertrauten jüdischen Flüchtlingsguts (OLG Freiburg JZ 1951, 223).

2. § 904 BGB verlangt eine **gegenwärtige Gefahr.** Bei der Sachwehr (§ 228 BGB) braucht die Gefahr dagegen nur „drohend" zu sein (vgl. oben § 33 II 1). In § 904 BGB wird deswegen ein strengerer Maßstab angelegt, weil die Gefahr hier nicht von der Sache ausgeht, die in Anspruch genommen wird. Das Eindringen in die Hütte wird z. B. nicht bei einem bloß drohenden Unwetter, die Inanspruchnahme von Lebensmitteln nicht bei einem nur kürzeren Aufenthalt zulässig sein. Der Eingriff in fremdes Eigentum muß weiter **notwendig** sein, um das bedrohte Gut zu retten. Damit ist das gleiche gemeint wie mit dem Merkmal der Erforderlichkeit bei der Notwehr und Sachwehr, also insbesondere die Beschränkung auf eine zwar wirksame,

---

[21] Ebenso *LK*[9] *(Baldus)* § 54 Rdn. 25; *SK (Samson)* Vorbem. 33 vor § 32.
[22] So aber *v. Weber,* Notstand S. 56 ff.
[23] § 904 BGB gilt entsprechend für Eingriffe in andere absolute Vermögensrechte (vgl. *Ballerstedt,* JZ 1951, 228; *Palandt [Bassenge]* § 904 BGB Anm. 1) und sogar in fremde Gebrauchs- und Nutzungsrechte (OLG Königsberg JW 1925, 1535).

III. Der zivilrechtliche Notstand (Angriffsnotstand)

aber zugleich auch möglichst schonende Einwirkung. Da es sich beim Angriffsnotstand um einen Eingriff in eine unbeteiligte oder allenfalls gefahrvermittelnde Sache handelt (z. B. um das Abreißen einer fremden Bretterhütte, die zwischen dem brennenden und dem eigenen Hause steht) und damit der Eingriff in eine Rechtssphäre freigegeben wird, von der die Gefahr nicht ausgeht, ist das Wertverhältnis der Güter gegenüber § 228 BGB umgekehrt: der **drohende Schaden muß gegenüber dem durch die Einwirkung entstehenden Schaden unverhältnismäßig groß sein**[24]. Der materielle Schadensvergleich reicht jedoch nicht aus, um die Beurteilung der Wertdifferenz abschließend zu erlauben. Vielmehr müssen auch die mit Sachgütern verknüpften besonderen Nutzungsinteressen, ideellen Bindungen und Affektionswerte und der *Grad* der den beteiligten Rechtsgütern *drohenden Gefahren* berücksichtigt werden.

Beispiele: Ein Kirchenraum darf nicht ohne weiteres zur Unterstellung von Hausrat in Anspruch genommen werden, der bei einem Brande gerettet worden ist. In dem oben angeführten Fall des Schwerkranken kommt es darauf an, ob ohne hochspezialisierte ärztliche Hilfe gegenwärtige Lebensgefahr besteht und ob der fremde Kraftwagen vom Nutzungsberechtigten vorübergehend entbehrt werden kann.

3. Selbst wenn diese über die Abwägung des materiellen Wertverhältnisses hinausreichenden Gesichtspunkte Berücksichtigung finden, ist noch nicht alles in Betracht gezogen, was zur Beurteilung des Angriffsnotstandes gehört. Auch ein klares Ergebnis der Interessenabwägung rechtfertigt nicht immer die Anwendung von § 904 BGB, vielmehr muß die Einwirkung auf fremdes Gut auch nach den **obersten Wertbegriffen der Gemeinschaft angemessen sein**[25]. Diese Einschränkung steht nicht im Text des § 904, sondern ergibt sich aus einer allgemeinen Erwägung, die in der Angemessenheitsklausel des § 34 S. 2 Ausdruck gefunden hat (vgl. unten § 33 IV 3d). So gibt es Fälle, in denen der Eingriff in fremdes Eigentum eine für die Rechtsgemeinschaft unerträgliche Verletzung der Autonomie des Betroffenen bedeuten würde und deswegen nicht erlaubt sein kann. Eine Dame in kostbarem Nerzmantel entreißt etwa einer einfach gekleideten Passantin bei plötzlich einsetzendem Platzregen Mantel und Schirm, um die eigene Kleidung zu schützen (Beispiel von *Welzel*). Niemand darf ferner eine individuelle Notlage, für die in begrenztem Umfang öffentliche Mittel zur Verfügung stehen, durch Einwirkung auf fremdes Eigentum in weiterem Umfang abzuwenden suchen (die Ehefrau des schwerkranken Künstlers stiehlt besonders teure Medikamente in der Apotheke, um ihrem Mann besser helfen zu können, als es die Sozialhilfe tut). Endlich ist die Berufung auf Notstand dann ausgeschlossen, wenn es sich um keine individuelle, sondern um eine allgemeine Volksnot handelt, z. B. um die Hungersnot in der ersten Besatzungszeit nach 1945[26]. Für die sachgemäße Entscheidung dieser Fälle muß der Gedanke leitend sein, daß sich die Notstandshandlung unter Berücksichtigung aller Umstände des Einzelfalls und der übergeordneten Wertvorstellungen der Gemeinschaft als *generell* zu billigende Lösung des Interessenkonflikts darstellt.

4. Auch beim Angriffsnotstand ist *Nothilfe* zulässig und eigenes *Verschulden* unschädlich. Der Verteidiger muß auch hier mit *Rettungswillen* handeln, weil sonst der Handlungsunwert der vorsätzlichen Schädigung trotz der im Ergebnis erreichten

---

[24] Dazu *Jakobs*, Allg. Teil S. 356; *Schönke / Schröder / Lenckner*, § 34 Rdn. 30; *Stratenwerth*, Allg. Teil I Rdn. 404.
[25] In diesem Sinne auch *Schmidhäuser*, Allg. Teil S. 337; *Stratenwerth*, Allg. Teil I Rdn. 402f.; *Schönke / Schröder / Lenckner*, § 32 Rdn. 6; *SK (Samson)* Vorbem. 33 vor § 32; anders *Seelmann*, Das Verhältnis S. 49f.
[26] Vgl. OLG Celle HESt 1, 139; anders bei unmittelbarer Lebensgefahr OLG Kiel SJZ 1947, 674. Vgl. auch *v. Weber*, MDR 1947, 78 ff.

Erhaltung des höherwertigen Gutes nicht ausgeglichen ist. Der Eigentümer der beschädigten Sache kann im Gegensatz zu § 228 S. 2 BGB in jedem Fall Schadensersatz verlangen (§ 904 S. 2 BGB), den bei Nothilfe der Begünstigte zu leisten hat.

5. Sonderregelungen nach dem Muster des § 904 BGB gehen vor. Beispiele sind die vorsätzliche Beschädigung von Schiff und Ladung zur Rettung beider aus einer gemeinsamen Gefahr (sog. große Haverei) nach §§ 700 ff. HGB (vgl. auch die Regelung der Haverei nach § 78 I BinnenSchG); das Recht des Strandvogts, bei Seenot zur Rettung von Menschenleben die erforderlichen Fahrzeuge und Gerätschaften in Anspruch zu nehmen, nach § 9 II der Strandungsordnung vom 17.5.1874 (RGBl. S. 73); die Maßnahmen des Kapitäns bei Gefahr für Menschen oder Schiff nach § 106 III Seemannsges.; das Recht der Notlandung für Luftfahrzeuge nach § 25 II Luftverkehrsges.; die Sonderrechte von Bundeswehr, Bundesgrenzschutz, Feuerwehr, Katastrophenschutz, Polizei und Zolldienst nach § 35 StVO.

IV. Der rechtfertigende Notstand (§ 34)

1. Das bürgerliche Recht beschränkt die Sachwehr und den Angriffsnotstand auf Eingriffe in Sachgüter, da die §§ 228, 904 BGB in dieser Hinsicht als abschließende, nicht erweiterungsfähige Regelungen angesehen werden[27]. Das Leben läßt jedoch zahlreiche Notstandslagen entstehen, die nach diesen Vorschriften nicht gelöst werden können, weil entweder andere Güter als Sachen verletzt werden müssen oder eine Abwägung nicht zwischen Gütern, sondern zwischen Pflichten stattzufinden hat.

Beispiele: Der Arzt durchfährt eine Einbahnstraße in der Gegenrichtung, um zu einem Verletzten zu eilen (OLG Hamm VRS 14, 431; OLG Düsseldorf VRS 30, 444). Eine Geisteskranke wird während ihrer Erregungszustände von der Familie eingeschlossen (§ 239) (BGH 13, 197). Ein Meineid (§ 154) wird zur Abwendung einer Leibes- und Lebensgefahr geleistet (BGH GA 1955, 178 [179 f.]). Der Arzt offenbart die ansteckende Erkrankung der Hausgehilfin (§ 203 I Nr. 1), um eine gesundheitliche Schädigung der Kinder des Arbeitgebers zu verhüten. Der Unfallbeteiligte verläßt den Unfallort (§ 142), um einen Schwerverletzten ins Krankenhaus zu fahren[28].

Das Problem des rechtfertigenden Notstands stellte sich einst mit besonderer Dringlichkeit bei der medizinisch indizierten Schwangerschaftsunterbrechung, da diese Fälle früher relativ häufig waren und den Arzt immer wieder in Gewissenskonflikte führten, zumal die Rechtslage unsicher war. Die Möglichkeit der Anerkennung des Güter- und Pflichtennotstands als eines *allgemeinen* Prinzips der Rechtfertigung an sich verbotener Handlungen war schon früher in der Rechtsprechung andeutungsweise hervorgetreten (RG 20, 190 [192]; 36, 78 [80]; 38, 62 [64]). Die Rechtslehre hatte zur Begründung dieses Gedankens die „Güterabwägungstheorie"[29] und die „Zwecktheorie"[30] entwickelt. So war der Weg vorbereitet für das bahnbrechende Urteil des Reichsgerichts vom 11.3.1927 (RG 61, 242 [254]), das anhand einer Schwangerschaftsunterbrechung wegen Selbstmordgefahr den **übergesetzlichen Notstand nach dem Prinzip der Güter- und Pflichtenabwägung** als Rechtfertigungsgrund anerkannt hat (übergesetzlicher Notstand)[31] (vgl. auch RG 62, 137; BGH 2, 111; 3, 7). Der Schwangerschaftsabbruch zur Rettung von Leben oder Gesundheit der Mutter (medizinische Indikation) ist jetzt nach § 218a I gerechtfertigt. Im Wortlaut der Vorschrift kommt freilich nicht zum Ausdruck, daß es sich dabei um einen Rechtfertigungsgrund handelt.

---

[27] Vgl. *Staudinger (Seufert)* § 904 BGB Rdn. 42.
[28] Ein positiv geregeltes Notrecht ist die Nottrauung nach § 67 Personenstandsgesetz.
[29] Vgl. *Binding*, Handbuch S. 762; *Beling*, Grundzüge S. 15.
[30] *Baumgarten*, Notstand und Notwehr S. 61; *Graf zu Dohna*, Recht und Irrtum S. 11.
[31] Vgl. dazu *Eb. Schmidt*, ZStW 49 (1929) S. 350ff.; *Wachinger*, Frank-Festgabe Bd. I S. 472ff.

IV. Der rechtfertigende Notstand (§ 34)

2. Die praktische Bedeutung der Anerkennung des rechtfertigenden Notstands erschöpfte sich jedoch nicht in der Rechtfertigung der Schwangerschaftsunterbrechung aus medizinischen Gründen. Die seit 1927 ergangenen Entscheidungen betreffen vielmehr **die verschiedensten Rechts- und Lebensgebiete**[32].

Anfangs standen Fälle mit *politischem Einschlag* im Vordergrund. In RG 62, 35 (46f.), wo zum ersten Mal der Ausdruck „übergesetzlicher Notstand" erscheint, wird die Frage erörtert, ob die Einfuhr unverzollter Waren in das Ruhrgebiet zur Erhaltung der Wirtschaft des besetzten Landes rechtmäßig war. RG 63, 215 (224ff.) und 64, 101 (104) behandeln das Problem des Staatsnotstands bei der Tötung angeblicher Landesverräter in der „Schwarzen Reichswehr" („Fememord-Urteile"). In RG 65, 422 (427) wird im Falle der Beschimpfung des Reichspräsidenten übergesetzlicher Notstand in Erwägung gezogen. Ein anderes Urteil erwägt unter diesem Gesichtspunkt die Teilnahme an staatsfeindlichen Verbindungen zur Zeit der „Bauernnotbewegung" (RG vom 28. 5. 1932, II D 945/31). Häufig war die Anwendung der Grundsätze des übergesetzlichen Notstands ferner im *Wirtschaftsstrafrecht*. RG 77, 113 (115f.) bejaht die Möglichkeit übergesetzlichen Notstands bei der Wegnahme von Wehrmachtsbenzin für die zivile Versorgung im Kriege. OGH 1, 343 (348ff.) erörtert die Frage des Notstands bei Kompensationsgeschäften zur Erhaltung der Leistungsfähigkeit eines Betriebes, BGH GA 1956, 382 beim Verstoß gegen Devisenvorschriften zur Erhaltung der Liquidität einer Bank. OLG Hamm NJW 1952, 838 und BayObLG NJW 1953, 1603 ziehen den übergesetzlichen Notstand heran bei der Nichteinhaltung von Preisvorschriften zum Schutze der Arbeitsplätze der Belegschaft. BGH 12, 299 (304ff.) (m. abl. Anm. *Bockelmann*, JZ 1959, 498) läßt die Veruntreuung öffentlicher Mittel angesichts der Gefahr hoher wirtschaftlicher Verluste bei gleichzeitiger Gefährdung kulturpolitischer und gesamtpolitischer Belange zu (einschränkend zu Recht BGH NJW 1976, 680, kritisch dazu *Küper*, JZ 1976, 515ff.). Im *Verkehrsstrafrecht* spielte der übergesetzliche Notstand eine zunehmende Rolle. Die Hilfspflicht gegenüber Verletzten geht dem Verbot des Sichentfernens vom Unfallort vor (BGH 5, 124 [127]). Auf die Straßenbahn als schienengebundenes Massenverkehrsmittel müssen andere Verkehrsteilnehmer Rücksicht nehmen, auch wenn kein spezielles Vorfahrtsrecht besteht (BGH 1, 192 [196]). Ein Kraftfahrer darf die zulässige Höchstgeschwindigkeit überschreiten, um einen vorausfahrenden LKW wegen eines Schadens am Fahrzeug zu warnen (OLG Düsseldorf NJW 1970, 674). *Geheimhaltungspflichten* durften nach den Grundsätzen des übergesetzlichen Notstands verletzt werden, wenn der Arzt etwa einer Ansteckungsgefahr vorbeugen wollte (RG 38, 62 [64]) oder der Behörde von der Verkehrsuntauglichkeit eines Patienten Mitteilung machte (OLG München MDR 1956, 565), wenn ein Rechtsanwalt sich in einem gegen ihn geführten Strafverfahren nicht anders zu verteidigen vermochte (BGH 1, 366 [368]) oder ein Richter beim Kollegialgericht dem Vorwurf der Rechtsbeugung durch den Nachweis entgegenzutreten suchte, daß er gegen die betreffende Entscheidung gestimmt habe (BGH GA 1958, 241). Endlich ist eine im Rahmen der *Familienpflege* erforderliche zeitweilige Einschließung einer Geisteskranken als Notstandsmaßnahme gebilligt worden, um sie nicht in Anstaltspflege geben zu müssen (BGH 13, 197 [201]).

3. Der Überblick über die Rechtsprechung ergibt, daß der rechtfertigende Notstand ein allgemeiner Rechtsgedanke ist, der bei Interessenkollisionen verschiedenster Art in Betracht kommt und darum große praktische Bedeutung besitzt. Um der Rechtsprechung eine sichere Grundlage zu geben, wurde der **rechtfertigende Notstand gesetzlich geregelt** (§ 34 StGB; § 16 OWiG; übereinstimmend mit § 39 E 1962). Im Unterschied zur Notwehr beruht der Notstand allein auf dem Prinzip der Erhaltung des gefährdeten höherwertigen Interesses, während der Gedanke der Rechtsbewährung hier keine Rolle spielt. Deshalb muß auch der Gefahr, wenn irgend möglich, ausgewichen werden und ist die Interessenabwägung der maßgebende Grund der Rechtfertigung.

a) Die **Notstandslage** besteht in einer gegenwärtigen Gefahr für Leben, Leib, Freiheit, Ehre, Eigentum oder ein anderes Rechtsgut, die nur durch eine tatbestandsmäßige Handlung abgewendet werden kann. Damit ist jedes Rechtsgut als notstandsfähig anerkannt, einschließlich der Rechtsgüter der Allgemeinheit (z. B. Lebensmittel-

---

[32] Vgl. näher *Heinitz*, Eb. Schmidt-Festschrift S. 269ff.; *Lenckner*, Notstand S. 50ff.

versorgung, Verkehrssicherheit, Bestandsinteresse des Staates). Doch setzt die Angemessenheitsklausel (vgl. unten § 33 IV 3 d) dabei engere Grenzen. Aber auch jedes Rechtsgut darf durch Notstandseingriff in Anspruch genommen werden. Nur für das *Leben* besteht eine Ausnahme, da Menschenleben nicht gegeneinander aufgerechnet werden dürfen[33].

Beispiele: Das Schließen der Schotten in einem durch Wassereinbruch bedrohten U-Boot ist zwar zur Rettung des Schiffs notwendig, die Tötung der dadurch eingeschlossenen Seeleute wird jedoch durch die Rettung der anderen nicht gerechtfertigt, sondern allenfalls entschuldigt (§ 35).

Gegenwärtig ist die Gefahr, wenn nach objektiver Betrachtung ex ante der Eintritt eines Schadens alsbald oder zu einem späteren Zeitpunkt *(Dauergefahr)* so wahrscheinlich ist, daß die notwendigen Maßnahmen zum Schutz des bedrohten Rechtsguts vernünftigerweise sofort zu treffen sind[34].

b) Die Gefahr für das bedrohte Rechtsgut darf ferner **nicht anders abwendbar** sein[35]. Dies bedeutet, daß die im Widerstreit stehenden Güter in der Weise miteinander kollidieren müssen, daß das eine *nur* durch die Opferung des anderen gerettet werden kann. Kommt zur Rettung ein Eingriff in verschiedene Rechtsgüter in Frage, so muß der Notstandstäter unter den mehreren geeigneten Wegen denjenigen auswählen, der die Rettung durch die relativ geringste Beeinträchtigung verspricht. Eine spezifische Kollisionsbeziehung zwischen dem geopferten und dem geretteten Rechtsgut braucht darüber hinaus nicht zu bestehen[36].

c) Weiter muß die **Gesamtabwägung** der widerstreitenden Interessen ergeben, daß das **geschützte Interesse** das durch die Notstandshandlung beeinträchtigte **wesentlich überwiegt**[37]. Das Merkmal „wesentlich" bedeutet dabei, daß das Überwiegen im konkreten Fall **zweifelsfrei** zu bejahen ist[38]. Bei dieser Interessenabwägung erscheinen der Wert der beteiligten Güter und die Höhe der materiellen und ideellen Schäden, die eintreten bzw. zu erwarten sind, zwar als wichtige Faktoren, aber nicht als einzige oder ausschlaggebende Momente der Bewertung. Auch die Nähe und Schwere der dem geschützten Gut drohenden Gefahr, die funktionale Bedeutung der

---

[33] Ein Sonderfall ist die Tötung eines Kindes in der Geburt, um die Mutter zu retten oder vor schwerem Gesundheitsschaden zu bewahren (Perforation); sie wird nach § 34 gerechtfertigt (vgl. unten § 33 IV 5).

[34] In diesem Sinne war der „Spanner"-Fall zu entscheiden, den BGH NJW 1979, 2053 aber nur als entschuldigenden Notstand (§ 35) angesehen hat. Wie hier *Schönke / Schröder / Lenckner*, § 32 Rdn. 17; *Hruschka*, NJW 1980, 22; *Hirsch*, JR 1980, 116 f.; *Schroeder*, JuS 1980, 336.

[35] Damit ist ebenso wie bei der Notwehr die „Erforderlichkeit" des Notstandseingriffs gemeint; vgl. *Stree*, in: Roxin u. a., Einführung S. 40 f. Das Gefahrurteil ist „ex ante" nach der Auffassung eines verständigen Beobachters aus dem Verkehrskreis des Täters, der auch dessen Sonderwissen besitzt, zu fällen; dazu *Schaffstein*, Bruns-Festschrift S. 89 ff. Anders *Schönke / Schröder / Lenckner*, § 34 Rdn. 14 („gesamtes menschliches Erfahrungswissen"). Zum ganzen *Lenckner*, Lackner-Festschrift S. 95 ff.

[36] Der „Konzertreisefall" (BGH 12, 299; dazu *Bockelmann / Volk*, Allg. Teil S. 97) ist nach der Angemessenheitsformel des § 34 S. 2 zu lösen und die Rechtfertigung deswegen zu verneinen (vgl. unten § 33 IV 3 d; anders Vorauflage S. 290). Generell kann ein Zugriff auf fremde Geldmittel nur ganz ausnahmsweise nach § 34 gerechtfertigt sein (BGH NJW 1976, 680).

[37] Vgl. zu den verschiedenen Faktoren *Blei*, Allg. Teil S. 166 ff.; *Dreher / Tröndle*, § 34 Rdn. 10 ff.; *Eser*, Strafrecht I Nr. 12 A Rdn. 23 ff.; *LK (Hirsch)* § 34 Rdn. 53 ff.; *Maurach / Zipf*, Allg. Teil I S. 368 ff.; *Lenckner*, Notstand S. 90 ff.; *derselbe*, GA 1985, 295 ff.; *Küper*, GA 1976, 518; *SK (Samson)* § 34 Rdn. 11 ff.; *Wessels*, Allg. Teil S. 86.

[38] So *Küper*, GA 1983, 296 ff.; *Dreher / Tröndle*, § 34 Rdn. 8; *Jakobs*, Allg. Teil S. 352; *Schönke / Schröder / Lenckner*, § 32 Rdn. 45; *Stratenwerth*, Allg. Teil I Rdn. 458. Anders dagegen *LK (Hirsch)* § 34 Rdn. 76 (qualifiziertes Übergewicht).

IV. Der rechtfertigende Notstand (§ 34)

beteiligten Güter, der Grad der Eignung der Notstandshandlung zur Abwendung der Gefahr, die Unersetzlichkeit des eintretenden Schadens wie endlich auch der Endzweck, den der Notstandstäter verfolgt, müssen mit abgewogen werden. Eine Rolle spielt auch, ob die Gefahr gerade von der Seite droht, in die eingegriffen werden muß[39]. Bei dieser konkreten Betrachtungsweise kann sich ergeben, daß auch einmal das an sich ranghöhere Gut, z. B. das Interesse an der körperlichen Unversehrtheit, hinter dem Schutz eines an sich geringer einzustufenden Sachwerts zurücktreten muß oder daß Vorschriften, die dem Schutz der Allgemeinheit dienen, verletzt werden dürfen, um die unmittelbare Gefahr für Leben oder Gesundheit eines einzelnen abzuwenden.

Beispiele: Beim Abbruch einer Schwangerschaft aus medizinischer Indikation sind die beteiligten Güter, nämlich das Leben der Mutter und das der Leibesfrucht, gleichwertig; das Leben des Kindes ist im Falle der Gefahr eines bloßen Gesundheitsschadens der Mutter sogar höherwertig. Trotzdem greift § 218 a I ein. Beim Warenhausbrand darf die Feuerwehr ihre Löschzüge einsetzen, auch wenn die Gefahr besteht, daß Neugierige durchnäßt werden und sich möglicherweise erkälten. Der Arzt darf die Höchstgeschwindigkeit überschreiten, um möglichst schnell zu einem Schwerkranken zu gelangen, sofern er dabei mit aller nach Sachlage möglichen Vorsicht tut (OLG Frankfurt DAR 1963, 244), insbesondere niemanden konkret gefährdet (OLG Karlsruhe VRS 46, 275). Dagegen darf auch ein Doppelamputierter nicht an seiner Arbeitsstelle auf dem Gehweg parken (OLG Düsseldorf DAR 1982, 336). Dem Volltrunkenen darf der Zündschlüssel weggenommen werden, um eine Trunkenheitsfahrt zu verhindern (OLG Koblenz NJW 1963, 1991). Auf der anderen Seite ist die Einsatzfahrt eines infolge Alkoholgenusses nicht fahrtüchtigen Tanklöschzugführers rechtmäßig, wenn er der einzige Fahrer ist, der zur Verfügung steht und es um die Rettung Verunglückter geht (OLG Celle VRS 63, 449). Verurteilte Terroristen dürfen aus der Strafhaft entlassen werden, um das unmittelbar bedrohte Leben einer Geisel zu retten (Fall Lorenz)[40]. Dagegen ist ein Wertvergleich der Güter überhaupt ausgeschlossen, wenn es sich um eine *rein quantitative Differenzierung von Menschenleben* handeln würde. Deswegen konnte übergesetzlicher Notstand den Ärzten, die sich durch Aufstellung von Vernichtungslisten an den Anstaltstötungen beteiligt hatten, um wenigstens einen Teil ihrer Pfleglinge zu retten, nicht zugebilligt werden (OGH 1, 321 [334]; 2, 117 [121])[41].

Die Notstandslage braucht **nicht unverschuldet** zu sein, ein Verschulden kann jedoch bei der Interessenabwägung eine Rolle spielen. Außerdem kann der Täter, der sein Rechtsgut schuldhaft in die Notstandslage gebracht hat, wegen der Vortat zur Verantwortung gezogen werden[42].

Beispiel: Der Betroffene befuhr mit einem mit Fäkalien schwer beladenen LKW unvorsichtigerweise einen schmalen unbefestigten Feldweg, als sein Fahrzeug in einen Graben absackte. Das Auskippen der Ladung auf den Acker, um einen hohen Schaden an dem LKW zu vermeiden, war nach § 16 OWiG gerechtfertigt. Eine Geldbuße wäre nur zulässig, wenn das Befahren

---

[39] Vgl. den Hinweis von *Ortrun Lampe*, NJW 1968, 90 auf die Analogie zu §§ 228 und 904 BGB. Eingehend dazu *Roxin*, Jescheck-Festschrift Bd. I S. 457 ff. sowie unten § 33 IV 5.

[40] Bejahend dazu *Krey*, ZRP 1975, 97 ff. mit der allerdings abzulehnenden These von einem Beurteilungsspielraum, innerhalb dessen die Entscheidung einen „justizfreien Hoheitsakt" darstelle (S. 100); ferner *Küper*, Darf sich der Staat erpressen lassen? S. 141; *Lange*, NJW 1978, 784; *Schönke / Schröder / Lenckner*, § 32 Rdn. 7; BGH 27, 260 (262 f.) („Kontaktsperrebeschluß"); BVerfGE 46, 160 (164 f.) („Schleyer-Urteil"); 46, 214 (223 f.) („Pohle-Beschluß"). Gegen die Anwendbarkeit des § 34 bei hoheitlichem Handeln *Amelung*, NJW 1977, 833; *derselbe*, NJW 1978, 623; *Böckenförde*, NJW 1978, 1883 f.; *Jakobs*, Allg. Teil S. 354; *SK (Samson)* § 32 Rdn. 5 b; *Sydow*, JuS 1978, 222.

[41] Vgl. dazu *Eb. Schmidt*, SJZ 1949, 559; *Welzel*, ZStW 63 (1951) S. 47 und MDR 1949, 373; *Krey*, JuS 1971, 248. Für Rechtfertigung dagegen *Mangakis*, ZStW 84 (1972) S. 477.

[42] So *Baumann / Weber*, Allg. Teil S. 347; *Dreher / Tröndle*, § 34 Rdn. 6; *Dencker*, JuS 1979, 779; *LK (Hirsch)* § 34 Rdn. 70; *Küper*, „Verschuldeter" Notstand S. 21 ff.; *Schönke / Schröder / Lenckner*, § 34 Rdn. 42.

des Feldweges für sich schon eine Ordnungswidrigkeit gewesen wäre (BayObLG NJW 1978, 2046).

d) Selbst ein klares Überwiegen des Wertes des zu schützenden Interesses rechtfertigt die Notstandstat nicht immer, da die sich aus der Wertdifferenz ergebende Lösung des Interessenkonflikts gegebenenfalls noch anhand eines übergeordneten Maßstabs korrigiert werden muß (vgl. oben § 33 III 3). Die Rechtfertigung der Notstandshandlung hängt nämlich von **zwei Wertungen** ab, von denen die eine den Rangunterschied der Interessen (vgl. oben § 33 IV 3c), die andere den sozialethischen Sinn der Notstandshandlung im Rahmen der Gesamtrechtsordnung erfaßt. Die Notstandshandlung muß nicht nur werterhaltend, sondern auch „angemessen" sein, d. h. die obersten Prinzipien der Gemeinschaft müssen ergeben, daß es sachgemäß, billigenswert und im Interesse der Gerechtigkeit erlaubt ist, die Notstandslage durch Beeinträchtigung des kollidierenden Interesses zu überwinden[43]. Die klassische Entscheidung RG 61, 242 enthielt diesen Gedanken bereits, indem sie die „wirkliche oder mutmaßliche Einwilligung der Schwangeren" zur Bedingung des Eingriffs machte (S. 256) (ebenso § 218a I Nr. 1). Die Angemessenheitsklausel ist in § 34 S. 2 und § 16 S. 2 OWiG ausdrücklich aufgenommen worden, um die Notstandsfrage auch an „den anerkannten Wertvorstellungen der Allgemeinheit" zu messen (vgl. E 1962 Begründung S. 159; BT-Drucksache V/4095 S. 15). Die Klausel ist vor allem nötig als Vorbehalt für rechtlich geordnete Verfahren[44], als Hinweis auf den Versuch, die Einwilligung des Betroffenen zu erreichen[45], als Ausnahme zu Lasten von Personen, die aufgrund ihrer Stellung bestimmte Gefahren hinnehmen müssen, als Schutz für das Selbstbestimmungsrecht und die Menschenwürde[46] des Betroffenen, als Warnung vor Folgewirkungen (z. B. Erschütterung des Vertrauens in die Wahrung des Arztgeheimnisses).

Beispiele: Die Polizei darf zur Aufdeckung eines Rauschgifthandels keine Kontaktpersonen einschleusen, sondern ist an die Durchsuchungsvorschriften der StPO gebunden (anders OLG München NJW 1972, 2275 m. abl. Anm. *Otto,* NJW 1973, 668 und *Amelung / Schall,* JuS 1975, 596ff.). Zugriff auf fremdes Geld wird in der Regel nicht durch § 34 erlaubt sein, weil Notlagen, die sich durch Geld beheben lassen, meist durch andere Verfahren abgedeckt sind oder als unbehebbar hingenommen werden müssen (anders BGH 12, 299 [304f.]). Blutentnahme bei einem Toten zu Beweiszwecken ist unzulässig, da besondere Beweissicherungsverfahren bestehen (anders OLG Frankfurt JZ 1975, 379 m. abl. Anm. *Geilen,* JZ 1975, 380; einschränkend aber OLG Frankfurt NJW 1977, 859). Der Soldat, Feuerwehrmann oder Beamte

---

[43] Die Angemessenheitsklausel wird vielfach als überflüssige Leerformel angesehen, weil alle Gesichtspunkte schon bei der Interessenabwägung zu berücksichtigen seien; so *Baumann / Weber,* Allg. Teil S. 351; *Bockelmann / Volk,* Allg. Teil S. 100; *Krey,* ZRP 1975, 98; *Schönke / Schröder / Lenckner,* § 34 Rdn. 46; *Stree,* in: *Roxin* u. a., Einführung S. 43. Die eigenständige Bedeutung liegt indessen darin, daß vielfach auch ein wesentlich überwiegendes Interesse aus Gründen der Gesamtrechtsordnung nicht durch Notstandseingriff durchgesetzt werden darf; so *Dreher / Tröndle,* § 34 Rdn. 12; *Göhler,* § 16 OWiG Rdn. 12; *Grebing,* GA 1979, 89ff.; *Amelung / Schall,* JuS 1975, 569; *Kienapfel,* ÖJZ 1975, 429; *Hruschka,* JuS 1979, 390; *Preisendanz,* § 34 Anm. 3c; *Stratenwerth,* Allg. Teil I Rdn. 460; *Wessels,* Allg. Teil S. 86ff. Vermittelnd *Eser,* Strafrecht I Nr. 12 A Rdn. 28ff.; *LK (Hirsch)* § 32 Rdn. 79 („Kontrollklausel"); *Maurach / Zipf,* Allg. Teil I S. 373f. Wie der Text wohl auch BGH NJW 1976, 680 (681).

[44] Insoweit zustimmend auch *SK (Samson)* § 34 Rdn. 22. Schon aus diesem Grunde ist die Überwachung wegen Terroristenkontakts verdächtiger Personen durch in ihrer Wohnung heimlich angebrachte Abhöranlagen nicht durch Notstand gerechtfertigt, noch weniger die Überwachung von Verteidigergesprächen, da die Eingriffsrechte der Behörden in derartigen Fällen durch die Notstandsgesetze und die §§ 148 II, 148a StPO abschließend festgelegt sind, wenn nicht unmittelbare Gefahr für Leib oder Leben besteht.

[45] Vgl. *Eser,* Strafrecht I Nr. 12 A Rdn. 31a.

[46] Für diesen Fall auch *Roxin,* Jescheck-Festschrift Bd. I S. 466 Fußnote 30.

der Vollzugspolizei muß zum Schutz von Sachwerten Gefahren für Leib und Leben auf sich nehmen und kann sich nicht auf Notstand berufen, wenn er seine Pflichten verletzt. Der Klinikbesucher, der zufällig eine gerade benötigte seltene Blutgruppe hat, darf nicht zum Blutspenden gezwungen werden, weil Hilfeleistung in solchen Fällen ein Akt sittlicher Freiheit ist[47]. Ein Patient darf nicht gegen seinen Willen zu medizinischen Versuchen herangezogen werden, auch wenn diese für den Fortschritt der Medizin von höchster Bedeutung sind, weil auch dies dem Selbstbestimmungsrecht widerspräche.

4. *Nothilfe* ist auch beim rechtfertigenden Notstand zulässig. Der Täter muß auch hier *mit Rettungswillen* handeln, was in § 34 StGB, § 16 OWiG ausdrücklich gesagt ist[48]. Dagegen bedarf es, wenn die Voraussetzungen des Notstands objektiv vorliegen, *nicht* des Nachweises, daß der Täter eine *gewissenhafte Prüfung* vorgenommen hat (anders RG 62, 137 [138])[49]. Die Verletzung der Prüfungspflicht gewinnt nur dann Bedeutung, wenn die objektiven Notstandsvoraussetzungen fehlen und der Täter dies bei gewissenhafter Prüfung hätte erkennen müssen (vgl. über den Irrtum unten § 41 III 3).

5. Die Regelung des § 34 für den rechtfertigenden Notstand ist auch auf die Fälle anzuwenden, in denen die Gefahr von einem Menschen ausgeht, ohne daß ihr durch Notwehr begegnet werden darf (**durch Menschen ausgelöster Defensivnotstand**)[50]. Hierhin gehört die Abwehr einer von einem Menschen drohenden Schädigung, der die Handlungsqualität fehlt, wenn ein Kraftfahrer etwa bei Eisglätte ohne Sorgfaltsverletzung auf den Bürgersteig gerät (vgl. oben § 32 II 1 a)[51]. Weiterhin ist ein Defensivnotstand gegenüber einer durch Menschen ausgelösten Gefahr im Falle der Notwendigkeit der Perforation eines Kindes während der Geburt zur Rettung der Mutter oder Vermeidung eines schweren Gesundheitsschadens gegeben. Nach § 34 sind endlich die Fälle der nicht gegenwärtigen, aber ständig drohenden Gefahr zu beurteilen (vorübergehende Einschließung der geisteskranken Mutter beim Auftreten von Erregungszuständen, BGH 13, 197; Schuß auf den das Ehepaar terrorisierenden „Spanner", der sich schon zur Flucht gewendet hat, BGH NJW 1979, 2053).

V. Die rechtfertigende Pflichtenkollision

1. Ein Unterfall des Notstands ist die Pflichtenkollision. Eine solche liegt vor, wenn jemand eine ihm obliegende Rechtspflicht nur auf Kosten einer anderen ihm gleichfalls obliegenden Rechtspflicht erfüllen kann, wobei die Verletzung der Pflicht, gegen die er verstößt, eine mit Strafe bedrohte Handlung oder Unterlassung darstellt (RG 59, 404, 406 f.).

---

[47] So *Gallas*, Beiträge S. 70; *Stratenwerth*, Allg. Teil I Rdn. 462; *Wessels*, Allg. Teil S. 89 f.; *Schönke / Schröder / Lenckner*, § 34 Rdn. 41. Anders *Roxin*, Jescheck-Festschrift Bd. I S. 471 Fußnote 40; *Baumann / Weber*, Allg. Teil S. 350.

[48] *Schönke / Schröder / Lenckner*, § 34 Rdn. 48 verlangt dagegen nur Kenntnis von der Notstandslage.

[49] So die h. L.; vgl. *Schönke / Schröder / Lenckner*, § 34 Rdn. 49 m. w. Nachw.; *Göhler*, § 16 OWiG Rdn. 13. Anders *Blei*, Allg. Teil S. 150.

[50] Dazu grundlegend *Roxin*, Jescheck-Festschrift Bd. I S. 468 ff. Ebenso *Lackner*, § 34 Anm. 2 e cc; *Schönke / Schröder / Lenckner*, § 32 Rdn. 30 f.; *SK (Samson)* § 34 Rdn. 16. Dagegen will *LK (Hirsch)* § 34 Rdn. 73 f. hier den Rechtsgedanken des § 228 BGB anwenden, während *Günther*, Strafrechtswidrigkeit S. 337 ff. einem „Strafunrechtsausschließungsgrund" annimmt.

[51] Wer objektive Sorgfaltswidrigkeit für den rechtswidrigen Angriff nach § 32 voraussetzt, muß auch den Fall des drohenden Schadens durch eine an sich sorgfaltsgemäße Handlung nach § 34 lösen (vgl. oben § 32 II 1 a Fußnote 8).

Drei Fallgruppen der Pflichtenkollision sind zu unterscheiden[52]. Eine *Handlungspflicht* kann mit einer *Unterlassungspflicht* in Widerstreit treten. Dies ist etwa der Fall, wenn ein Arzt das Berufsgeheimnis, das ihm einem Patienten gegenüber obliegt (Unterlassungspflicht), bricht, um andere Patienten vor einer Ansteckungsgefahr zu warnen (Handlungspflicht) (RG 38, 62 [64]). Weiter können *zwei Handlungspflichten* in der Weise zusammentreffen, daß nur eine von beiden erfüllt werden kann. Diese Lage tritt z. B. ein, wenn der Arzt von zwei gleichzeitig in der Klinik eingelieferten Schwerverletzten nur einen an die einzige vorhandene Herz-Lungen-Maschine anschließen kann und den anderen sterben lassen muß. Schließlich können *mehrere Unterlassungspflichten* dergestalt kollidieren, daß dem Täter keine erlaubte Handlungsmöglichkeit bleibt. Dies gilt etwa für den „Geisterfahrer" auf der Autobahn, der weder halten noch weiterfahren noch rückwärts fahren noch wenden darf (nach OLG Karlsruhe JZ 1984, 240 m. Anm. *Hruschka* ist in diesem Fall das vorsichtige Wenden gem. § 16 OWiG erlaubt). Die Pflichtenkollision unterscheidet sich vom gewöhnlichen Notstand dadurch, daß der Täter hier eine der kollidierenden Pflichten verletzen *muß*, wie er sich auch immer verhalten mag. Eine rein sittliche Pflicht kann jedoch nicht genügen, um die Pflichtenkollision auszulösen (anders AG Balingen NJW 1982, 1006).

a) Bei der Behandlung der Pflichtenkollision ist zu unterscheiden zwischen Fällen, in denen eine **Abstufung des Ranges der kollidierenden Pflichten** von Rechts wegen vorgenommen werden kann, und anderen Fällen, in denen eine solche Differenzierung nicht möglich ist[53]. Die Abwägung der Pflichten erfolgt dabei nach den Grundsätzen des rechtfertigenden Notstands, wobei freilich zu berücksichtigen ist, daß wegen der Notwendigkeit, eine der beiden Pflichten zu verletzen, schon die geringfügig höhere Pflicht den Vorrang genießt. Maßgebend ist auch hier nicht allein das Wertverhältnis der Rechtsgüter, auf die sich die Pflichten beziehen, vielmehr kommt es entscheidend darauf an, ob sich im Hinblick auf die Gesamtheit der am Konflikt beteiligten Interessen und den vom Täter verfolgten Endzweck sowie unter Beachtung der anerkannten Wertvorstellungen der Allgemeinheit die eine Pflicht als die *höhere* begründen läßt. Die Verletzung der anderen ist dann durch rechtfertigende Pflichtenkollision gedeckt. Am leichtesten zu bestimmen ist das Wertverhältnis der Pflichten, wenn der Rangunterschied der Rechtsgüter, auf die sich die Pflichten beziehen, eindeutig ist. Die auf das höhere Gut bezogene Pflicht ist dann in der Regel auf Kosten der geringeren zu erfüllen. Doch kann sich das Verhältnis im Hinblick auf die weiteren zu berücksichtigenden Umstände auch umkehren. Diese Grundsätze gelten für alle drei Fallgestaltungen der Pflichtenkollision: sowohl für die Konkurrenz einer Handlungspflicht mit einer Unterlassungspflicht als auch für die Konkurrenz zweier Handlungspflichten, von denen jeweils die eine nur auf Kosten der anderen erfüllt werden kann, wie auch endlich für die Kollision mehrerer Unterlassungspflichten[54].

Beispiele: Der Verwahrer darf dem Eigentümer ein Werkzeug nicht zurückgeben, wenn er weiß, daß dieses zu einer Abtreibung benutzt werden soll (RG 56, 168 [170f.]). Der Unfallbeteiligte darf den Unfallort selbst zur Erledigung einer wichtigen geschäftlichen Angelegenheit nicht verlassen (OLG Stuttgart NJW 1956, 245; BayObLG DAR 1958, 107) (Konkurrenz von Handlungs- und Unterlassungspflicht). Wenn ein Passagier und ein Koffer über Bord gefallen

---

[52] Vgl. *Jansen,* Pflichtenkollisionen S. 10; *Küper,* Grund- und Grenzfragen S. 18 ff.; *Schönke / Schröder / Lenckner,* Vorbem. 71 ff. vor § 32; *SK (Samson)* § 34 Rdn. 26 ff.

[53] Vgl. *v. Weber,* Kiesselbach-Festschrift S. 234 ff.; *Gallas,* Beiträge S. 59 f.; *Lackner,* § 34 Anm. 4.

[54] Allgemeine Ansicht; vgl. *Jakobs,* Allg. Teil S. 366 f.; *LK (Hirsch)* § 34 Rdn. 71; *Maurach / Zipf,* Allg. Teil I S. 378 f.; *SK (Samson)* § 34 Rdn. 28; *Schönke / Schröder / Lenckner,* Vorbem. 75 vor § 32.

sind, darf der Kapitän nicht den Koffer auf Kosten des Passagiers retten. Der Soldat darf den Kampfplatz nicht verlassen, um einem Verwundeten zu helfen (Konkurrenz zweier Handlungspflichten). Bei drohendem Auffahrunfall darf der Kraftfahrer nicht mit gleicher Geschwindigkeit weiterfahren, wenn die mit dem Bremsen verbundene Gefahr für den nachfolgenden Verkehr geringer ist (Konkurrenz zweier Unterlassungspflichten).

b) Sind dagegen die kollidierenden Pflichten im Hinblick auf den Wert der beteiligten Rechtsgüter und alle übrigen Umstände *gleichwertig*, so müssen die drei Fallgruppen der Pflichtenkollision unterschieden werden. Wenn eine **Handlungspflicht mit einer Unterlassungspflicht** zusammentrifft, so wird meist angenommen, daß die Unterlassungspflicht vorgehe und daß der Täter demgemäß gerechtfertigt sei, wenn er die ihm gleichzeitig obliegende Handlungspflicht durch Untätigbleiben verletze[55].

Beispiele: Der Chefarzt darf danach, wenn an der einzigen Herz-Lungen-Maschine des Kleinstadtkrankenhauses ein „hoffnungsloser Fall" angeschlossen ist, diesen Patienten nicht absetzen, um einen soeben eingelieferten Schwerverletzten anzuschließen, der gute Überlebenschancen hätte[56]. Die Verletzung der Rettungspflicht gegenüber dem neuen Patienten wäre gerechtfertigt. Bei der Aktion zur Tötung der Geisteskranken durften die Anstaltsärzte zur Aufstellung der „Verlegungslisten" auch nicht mit der Absicht beitragen, durch Opferung der schwersten Fälle zahlreiche andere Anstaltsinsassen zu retten, die bei einer Weigerung der Ärzte, an der Vernichtungsaktion überhaupt mitzuwirken, von willfährigen Parteigängern mit Sicherheit in die Vernichtungsanstalten transportiert worden wären (OGH 1, 321 [336 ff.]; 2, 117 [122]; LG Köln NJW 1952, 358 [359]; BGH NJW 1953, 513 [514]). Die Preisgabe der rettungsfähigen Fälle wäre gerechtfertigt. Ein Stellwerksbeamter, der einen D-Zug infolge falscher Signalstellung auf einen entgegenkommenden, mit einer Schulklasse besetzten Schienenbus zurasen sieht und die Möglichkeit hätte, den Schienenbus im letzten Augenblick auf ein Nebengleis abzulenken, darf diese Rettungschance nicht wahrnehmen, wenn drei auf dem Nebengleis beschäftigte Arbeiter mit hoher Wahrscheinlichkeit erfaßt werden würden. Die Nichtrettung der Schüler auf ihrer Todesfahrt wäre unter diesen Umständen gerechtfertigt.

Richtig erscheint es dagegen, in diesen Fällen auch **keine Rechtfertigung** hinsichtlich der jeweils verletzten Handlungspflicht anzunehmen, sondern beide Pflichten als gleichwertig zu betrachten. Das Unrecht, das in der Versäumung der fast sicheren Rettungschance für Menschenleben liegt, erscheint nicht wesentlich geringer als das Unrecht der Mitwirkung an der Tötung von Menschen, die in den beiden Arztfällen ohnehin verloren gewesen wären, im Weichenstellerfall nur einer allerdings hohen Lebensgefahr ausgesetzt wurden. Handeln und Unterlassen widersprechen hier in gleicher Weise der Rechtsordnung[57].

c) Dieses Ergebnis muß ebenfalls gelten in der anderen Fallgruppe der Pflichtenkollision, in der **zwei gleichwertige Handlungspflichten** zusammenstoßen. Auch hier handelt der Täter hinsichtlich der Pflicht, die unerfüllt bleiben muß, also rechtswidrig. Überwiegend wird jedoch angenommen, daß die Rechtsordnung in einer derartigen Lage die Entscheidung gewissermaßen „freigebe", so daß der Täter in jedem Falle gerechtfertigt sei, ob er nun der einen oder der anderen Pflicht folge[58]. Nach einer anderen Ansicht soll die Tat sogar in einen „rechtsfreien Raum" fallen[59].

---

[55] So *Dreher / Tröndle*, Vorbem. 11 vor § 32; *Küper*, Grund- und Grenzfragen S. 119; *derselbe*, JuS 1987, 90; *LK (Hirsch)* Vorbem. 76 vor § 32; *Jansen*, Pflichtenkollisionen S. 56 ff.; *Armin Kaufmann*, Unterlassungsdelikte S. 137; *Lenckner*, Notstand S. 5, 27; *Schmidhäuser*, Allg. Teil S. 688; *Welzel*, Lehrbuch S. 219.

[56] Vgl. zu diesem Fall *Welzel*, Lehrbuch S. 185; *Krey*, JuS 1971, 248 ff.; *Küper*, JuS 1971, 474 ff.; *LK⁹ (Hirsch)* Vorbem. 179 vor § 51; *Roxin*, Engisch-Festschrift S. 400.

[57] So *Gallas*, Beiträge S. 74 ff.

[58] So *Hruschka*, Dreher-Festschrift S. 192 ff.; *Mangakis*, ZStW 84 (1972) S. 447; *Otto*, Pflichtenkollision S. 130; *Küper*, Grund- und Grenzfragen S. 118; *derselbe*, JuS 1987, 89; *LK (Hirsch)* Vorbem. 72 f. vor § 32; *Schmidhäuser*, Studienbuch S. 412; *Schönke / Schröder / Lenckner*, § 34 Rdn. 73; *SK (Samson)* § 34 Rdn. 29.

Beispiele: Von zwei Unfallverletzten, die gleichzeitig und mit gleicher Überlebenschance ins Krankenhaus eingeliefert werden, wählt der Chefarzt einen aus, der an der einzigen vorhandenen Herz-Lungen-Maschine angeschlossen wird, während der andere sterben muß. Bei einem Brand sind zwei gleichaltrige Kinder in Lebensgefahr, der Vater kann aber nur eines retten, während das andere umkommt.

Entsprechendes wird für die **Kollision gleichwertiger Unterlassungspflichten** zu gelten haben, etwa im Falle des „Geisterfahrers", wenn für ihn keine Möglichkeit rechtmäßigen Verkehrsverhaltens besteht.

2. Ist Rechtfertigung ausgeschlossen, so ist damit jedoch noch nichts über die Strafbarkeit gesagt. Wenn in dieser Weise **gleichwertige Pflichten** in einen unlösbaren Widerstreit treten, so liegt einer der Fälle vor, in denen sich die richtige Entscheidung nicht mehr allgemein bestimmen läßt. Das kann entgegen der herrschenden Meinung nicht dazu führen, daß der Täter in jedem Falle rechtmäßig handelte, wie er sich auch immer entscheiden mag. Vielmehr ist die Erfüllung der einen Pflicht der Rechtsordnung dann ebenso wichtig wie die Erfüllung der anderen, die Verletzung keiner von beiden kann gebilligt werden. Die Konfliktsituation ist nur die unvermeidliche Folge einer existentiellen Notlage, aber an den generellen Wertungen ändert sich dadurch nichts. Der Satz „impossibilium nulla obligatio" (Dig. 50, 17, 185) gilt nur für den Normbefehl, wenn man ihn isoliert betrachtet, nicht aber für den Fall, daß zwei an sich erfüllbare Normbefehle infolge einer paradoxen Ausnahmesituation in einen unlösbaren Widerspruch treten. Die Kollision gleichwertiger Interessen kann daher nur ein *Schuldausschließungsgrund* sein (vgl. unten § 47 I 2)[60].

VI. Die behördliche Erlaubnis als Rechtfertigungsgrund

1. In einigen Vorschriften des Besonderen Teils (z. B. in §§ 284ff., 324ff.[61]) und häufiger im Nebenstrafrecht (z. B. § 23 ApothekenG, § 29 BtMG, § 21 StVG) wird die Strafbarkeit eines bestimmten Verhaltens davon abhängig gemacht, daß dem Täter eine behördliche Erlaubnis fehlt. In diesen Fällen entsteht die Frage, ob es sich bei der behördlichen Erlaubnis um ein negativ gefaßtes Tatbestandsmerkmal handelt, wie z. B. „ohne Einwilligung der Eltern" in § 236 (vgl. oben § 25 III 3), so daß bei Vorliegen der Genehmigung schon der Tatbestand entfällt, oder ob die behördliche Erlaubnis ein Rechtfertigungsgrund ist, der die Rechtswidrigkeit der Tat ausschließt[62].

Beispiel: Beim Glücksspiel (§ 284) hängt die Lösung dieser Frage davon ab, ob die Vorschrift die Errichtung eines staatlichen Monopols für die Ausnutzung der Spielleidenschaft bezweckt oder ob es dabei um den Schutz verantwortungsbewußter Haltung des Volkes geht, die durch Erregung und Ausbeutung des Spieltriebs gefährdet wird. Nimmt man das erste an, so gehörte das Handeln gegen das staatliche Interesse zur Verbotsmaterie, das Fehlen der behördlichen Erlaubnis wäre also Tatbestandsmerkmal. Nimmt man das zweite an, so soll eine sachgemäße Abwägung der beteiligten Interessen stattfinden und die Spielleidenschaft vor Ausbeutung geschützt werden. Die behördliche Erlaubnis ist dann Rechtfertigungsgrund. Das letztere ist in der Tat ihr Sinn in den §§ 284ff.[63].

---

[59] So *Blei,* Allg. Teil S. 214; *Arthur Kaufmann,* Maurach-Festschrift S. 336ff.; *Dingeldey,* Jura 1979, 482.
[60] Ebenso *Dreher / Tröndle,* Vorbem. 11 vor § 32; *Gallas,* Beiträge S. 75ff. Für „Strafunrechtsausschluß" auch hier *Günther,* Strafrechtswidrigkeit S. 333.
[61] Zur unterschiedlichen Formulierung des Erlaubnisvorbehalts im Umweltstrafrecht *Schönke / Schröder / Lenckner,* Vorbem. 12 vor § 324.
[62] *Jakobs,* Allg. Teil S. 380; *LK (Hirsch)* Vorbem. 160 vor § 32; *Dreher / Tröndle,* Vorbem. 5 vor § 32; *Maurach / Zipf,* Allg. Teil I S. 398; *Schönke / Schröder / Lenckner,* Vorbem. 61 vor § 32.

VI. Die behördliche Erlaubnis als Rechtfertigungsgrund

2. Es gibt Strafvorschriften, bei denen das tatbestandsmäßige Handeln für sich allein nicht strafwürdig ist, sondern im Gegenteil eine sozial nützliche, wenn auch gefährliche Tätigkeit darstellt (z. B. Gift- und Arzneimittelhandel, Sprengstoffherstellung, Ausführung von Bauwerken, Betrieb von Bergwerken und Steinbrüchen). Das Interesse des Staates geht in diesen Fällen lediglich dahin, eine Kontrolle darüber ausüben zu können, ob die Gefahrenquelle einwandfrei beherrscht wird und ob die in diesem Bereich tätigen Personen die erforderliche Sachkunde und Zuverlässigkeit besitzen. Der Unrechtsgehalt des Handelns ohne Erlaubnis liegt hier allein darin, daß das Bemühen der Behörde um pflichtmäßige Überwachung des Betriebs vereitelt oder erschwert wird (reine Ungehorsamsdelikte). Das Fehlen der behördlichen Erlaubnis ist hier also **Tatbestandsmerkmal**[64].

Beispiele: Beim Führen eines Kraftfahrzeugs ist das Fehlen der Fahrerlaubnis Tatbestandsmerkmal (§ 21 I, II StVG), weil die Bestimmung den Sinn hat, der Behörde durch das Erfordernis der Fahrprüfung eine Kontrolle der Fahrtüchtigkeit und Eignung des Antragstellers zu ermöglichen. Das gleiche gilt für die Erlaubnis zur Ausübung der Heilkunde nach § 5 HeilpraktikerG.

Liegt die behördliche Erlaubnis vor, so deckt sie auch etwaige schädliche Nebenwirkungen. So ist ein durch erlaubte Ausübung des Gewerbebetriebs verursachter Lärm keine rechtswidrige Störung des Gottesdienstes (RG 35, 150 [151]), weil der Gewerbebetrieb als solcher genehmigt ist. Mit anderen Worten handelt es sich hier um Fälle der sozialen Adäquanz, für die sich der Staat im Hinblick auf die Gefahren, die mit der Tätigkeit verbunden sind, eine Kontrolle durch ein Genehmigungsverfahren vorbehalten hat (vgl. oben § 25 IV 1 Fußnote 29).

3. Die behördliche Erlaubnis ist dagegen **echter Rechtfertigungsgrund** in den Fällen, in denen die Handlung nicht ohne weiteres sozial nützlich oder mindestens wertneutral ist, sondern, wenn sie erlaubt werden soll, eine Interessenabwägung erfordert, bei der die Gegeninteressen erhebliches Gewicht haben. Die behördliche Erlaubnis bringt hier das Interesse der Allgemeinheit an der Wahrung der öffentlichen Sicherheit und Ordnung und am Unterbleiben von Belästigungen und Gefährdungen zur Geltung[65]. Hier liegt auch die Übereinstimmung mit der Notstandssituation. Aufgabe der Behörde ist es, im Genehmigungsverfahren die auftretende Interessenkollision sachgemäß zu lösen und die Gegeninteressen gegebenenfalls durch gefahrbegrenzende Auflagen und Kontrollen zu berücksichtigen. Ist die Erlaubnis unter einer Auflage erteilt, so rechtfertigt sie die an sich verbotene Handlung nur, wenn die Auflage erfüllt ist. Als subjektives Rechtfertigungselement ist auch hier ein Handeln *aufgrund* der Erlaubnis erforderlich.

Beispiele: Die behördliche Erlaubnis ist Rechtfertigungsgrund beim Umgang mit Betäubungsmitteln (§ 29 I Nr. 1 BtMG), bei der Einfuhr von Sprengstoffen (§ 15 SprengstG), bei der Arbeit mit Krankheitserregern (§ 19 I BSeuchG).

Eine nach Verwaltungsrecht *nichtige* behördliche Erlaubnis hat keine Wirkung. Dasselbe wird entsprechend der Lehre bei der Einwilligung (vgl. unten § 34 IV 4) für eine durch *Täuschung* oder *Zwang* erlangte Erlaubnis angenommen. Dies kann jedoch nicht für die tatbestandsausschließende Erlaubnis gelten, bei der die Wirksamkeit ohne Rücksicht auf ihre materielle Fehlerlosigkeit genügt[66]. Im übrigen ist eine

---

[63] So BVerfGE 28, 119 (148); *Jakobs,* Allg. Teil S. 380; *LK (Hirsch)* Vorbem. 160 vor § 32. Anders *Dreher / Tröndle,* § 284 Rdn. 15; *Lackner,* § 284 Anm. 5; *LK (v. Bubnoff)* § 284 Rdn. 14; *Schönke / Schröder / Eser,* § 284 Rdn. 18 (Ausschluß der Tatbestandsmäßigkeit).

[64] Vgl. *Blei,* Allg. Teil S. 156; *LK (Hirsch)* Vorbem. 160 vor § 32; *Schönke / Schröder / Lenckner,* Vorbem. 61 vor § 32.

[65] Vgl. *Goldmann,* Behördliche Genehmigung S. 128 ff.

[66] Bei der rechtfertigenden Erlaubnis, die durch Täuschung oder Zwang erlangt ist, sieht *Lenckner,* Pfeiffer-Festschrift S. 39 ff. die Rücknahme als objektive Strafbarkeitsbedingung an.

fehlerhafte behördliche Erlaubnis bis zur Rücknahme wirksam, auch wenn der Täter die Fehlerhaftigkeit kennt.

VII. Ausländisches Recht

Auch das Ausland berücksichtigt die dem *rechtfertigenden Notstand* zugrunde liegende Problematik und gelangt weitgehend zu den gleichen Ergebnissen. Dies zeigt, daß man es hier mit einem allgemeinen Prinzip der Gerechtigkeit zu tun hat. Das *österreichische* Recht stimmt in diesem Punkte mit dem deutschen überein[67], ohne freilich eine dem § 34 entsprechende Vorschrift zu besitzen. Die *Schweiz* kennt in Art. 34 schweiz. StGB eine positive Notstandsvorschrift, die als Rechtfertigungsgrund angesehen wird[68]. In *Frankreich* werden eindeutige Fälle der Güterkollision nach den Grundsätzen des „état de nécessité" als straflos angesehen; der Anwendungsbereich dieses „fait justificatif" umfaßt jedoch auch Fälle, die nach deutschem Recht zum entschuldigenden Notstand gehören würden[69]. Zu einer lebhaften Diskussion über den Notstand (teils Rechtfertigungs-, teils Schuldausschließungsgrund) kam es in *Italien*[70], zumal Art. 54 C. p. eine allgemeine Notstandsbestimmung enthält, die auch Nothilfe zugunsten von Dritten zuläßt. Auch das *spanische* Recht kennt in Art. 8 Nr. 7 C. p. eine allgemeine Notstandsvorschrift, die vor allem bestimmt, daß der durch die Notstandshandlung verursachte Schaden nicht größer sein darf als der Schaden, der abgewendet werden soll. Zur Rechtfertigung wird ein Wertunterschied verlangt[71]. Das *niederländische* Recht enthält in Art. 40 W. v. S. eine knappe Regelung über „overmacht"[72]. Im *englischen* Recht ist der wichtigste Fall, die Schwangerschaftsunterbrechung, in sect. 1 des Infant Life (Preservation) Act, 1929 sowie in sect. 1 des Abortion Act 1967 geregelt. Weitere Beispiele werden in der Literatur unter dem Stichwort der „necessity" erörtert[73]. Das *amerikanische* Recht behandelt die Fälle des Güternotstands zusammen mit denen des entschuldigenden Notstands unter dem Begriff der „necessity"[74], doch wird bei Eingriffen in fremdes Leben der Notstand weder als Rechtfertigungs- noch als Entschuldigungsgrund anerkannt. Eine umfassende Regelung sieht jetzt der Model Penal Code in Sect. 3.02 vor; die eben genannte Einschränkung scheint dort fallen gelassen zu sein. In *Brasilien* wird rechtfertigender und entschuldigender Notstand an sich klar unterschieden[75], Art. 24 C. p. bringt jedoch beide Fälle unter den Begriff der Unzumutbarkeit. Das StGB *DDR* enthält in § 18

---

[67] Vgl. *Rittler*, Bd. I S. 144; *derselbe*, OGH-Festschrift S. 249; *Kienapfel*, ÖJZ 1975, 421ff.; *derselbe*, Der rechtfertigende Notstand S. 39ff.; *WK (Nowakowski)* Nachbem. 3ff. zu § 3. Der OGH hat auch die Differenzierungstheorie angenommen (OGH ÖRiZ 1959, 63; JBl 1972, 623).

[68] *Hafter*, Allg. Teil S. 157; *Schultz*, Einführung I S. 163; *Stratenwerth*, Schweiz. Strafrecht, Allg. Teil I S. 198f.; *Schwander*, Das schweiz. StGB S. 81ff. mit Rechtsprechungsnachweisen; wichtig ist vor allem BGE 75 (1949) IV 49. Der Vorentwurf von *Hans Schultz* (1985) S. 54 will mit Recht das Erfordernis der Unverschuldetheit des Notstands beseitigen.

[69] *Stefani / Levasseur / Bouloc*, Droit pénal général S. 394ff.; *Merle / Vitu*, Traité S. 543ff.; Cass. v. 25. 6. 1958, D. P. 1958, 693; Cass. v. 27. 12. 1961, J. C. P. 1962, II 12652; Cass. v. 21. 11. 1974, J. C. P. 1975, II 18143. Das französische Avant-projet i. d. F. von 1986 enthält den Notstand als Rechtfertigungsgrund in Art. 122-5.

[70] *Bettiol / Pettoello Mantovani*, Diritto penale S. 390ff.; *Fiandaca / Musco*, Diritto penale S. 147ff.; *Scarano*, La non esigibilità S. 133; *Azzali*, Novissimo Digesto Italiano, Bd. XVIII, S. 356ff.

[71] *Antón Oneca*, Derecho penal S. 265; *Rodríguez Devesa / Serrano Gómez*, Derecho penal S. 567ff.; *Cerezo Mir*, Hilde Kaufmann-Gedächtnisschrift S. 689ff.; *Mir Puig*, Adiciones Bd. I S. 504ff.; *Cobo del Rosal / Vives Antón*, Derecho penal S. 354; *Córdoba Roda / Rodríguez Mourullo*, Art. 8 Nr. 7 Anm. II.

[72] Die Literatur bringt darunter auch Fälle des rechtfertigenden Notstandes; vgl. *Pompe*, Handboek S. 130ff.; *derselbe*, Das niederländische Strafrecht S. 72ff.; *D. Hazewinkel-Suringa / Remmelink*, Inleiding S. 255ff., 292ff.; *Jescheck*, Criminal Law in Action S. 9.

[73] Vgl. *Grünhut*, Das englische Strafrecht S. 205f.; *Smith / Hogan*, Criminal Law S. 157ff., 277ff.; *Glanville Williams*, Criminal Law S. 724ff.; *Pröchel*, Notstand S. 51f.

[74] Vgl. *Robinson*, Criminal Law Defenses Bd. II S. 45ff. („lesser evils defense"); *Honig*, Das amerikanische Strafrecht S. 157ff.; *Pröchel*, Notstand S. 52ff.

[75] So *Fragoso*, Lições S. 195f.; *de Jesus*, Comentários, Art. 24 Anm. 2.

I eine Regelung über den Notstand als Rechtfertigungsgrund, die ebenso wie die Notwehrvorschrift die „sozialistische Staats- und Gesellschaftsordnung" als schutzfähiges Gut einschließt[76]. Die rechtfertigende Pflichtenkollision ist mit dem Erfordernis „verantwortungsbewußter Prüfung" in § 20 geregelt[77].

§ 34 Einwilligung und mutmaßliche Einwilligung des Verletzten

Amelung, Die Einwilligung in die Beeinträchtigung eines Grundrechtsgutes, 1981; *derselbe*, Die Zulässigkeit der Einwilligung bei den Amtsdelikten, Festschrift für H. Dünnebier, 1982, S. 487; *derselbe*, Die Einwilligung des Unfreien, ZStW 95 (1983) S. 1; *Arzt*, Willensmängel bei der Einwilligung, 1970; *Baumann*, Körperverletzung oder Freiheitsdelikt? NJW 1958, 2092; *Berz*, Die Bedeutung der Sittenwidrigkeit für die rechtfertigende Einwilligung, GA 1969, 145; *Bloy*, Freiheitsberaubung ohne Verletzung fremder Autonomie? ZStW 96 (1984) S. 703; *Bokkelmann*, Das Strafrecht des Arztes, 1968; *Boehmer*, Zum Problem der „Teilmündigkeit" Minderjähriger, MDR 1959, 705; *Engisch*, Ärztlicher Eingriff zu Heilzwecken und Einwilligung, ZStW 58 (1939) S. 1; *derselbe*, Die rechtliche Bedeutung der ärztlichen Operation, 1958; *derselbe*, Kritische Bemerkungen zu dem Urteil des BGH vom 27.10.1964, Bayer. Akademie der Wissenschaften, Sitzungsberichte 1965, Heft 4; *derselbe*, Die Strafwürdigkeit der Unfruchtbarmachung mit Einwilligung, Festschrift für H. Mayer, 1966, S. 399; *Eser*, Medizin und Strafrecht usw., ZStW 97 (1985) S. 1; *Firnhaber*, Rechtsgeschäft und Einwilligung bei Vermögensdelikten, Diss. Bonn 1956; *Gallas*, Zur Struktur des strafrechtlichen Unrechtsbegriffs, Festschrift für P. Bockelmann, 1979, S. 154; *Geerds*, Einwilligung und Einverständnis des Verletzten, Diss. Kiel 1953; *derselbe*, Einwilligung und Einverständnis des Verletzten im Strafrecht, GA 1954, 262; *derselbe*, Einwilligung und Einverständnis des Verletzten im Strafgesetzentwurf, ZStW 72 (1960) S. 42; *derselbe*, Anmerkung zu BGH vom 2.12.1982, JR 1983, 254; *Geppert*, Rechtfertigende „Einwilligung" des verletzten Mitfahrers bei Fahrlässigkeitstaten im Straßenverkehr? ZStW 83 (1971) S. 947; *Goldmann*, Die behördliche Genehmigung als Rechtfertigungsgrund, Diss. Freiburg 1967; *Günther*, Strafrechtswidrigkeit und Strafunrechtsausschluß, 1983; *Haefliger*, Über die Einwilligung des Verletzten im Strafrecht, SchwZStr 67 (1952) S. 92; *Hanack*, Die Sterilisation aus sozialer Indikation, JZ 1964, 393; *derselbe*, Anmerkung zu BGH 20, 81, JZ 1965, 221; *Herzberg*, Tanken ohne zu zahlen, JA 1980, 385; *Hirsch*, Delikte gegen die körperliche Unversehrtheit, ZStW 83 (1971) S. 140; *derselbe*, Einwilligung und Selbstbestimmung, Festschrift für H. Welzel, 1974, S. 775; *Honig*, Die Einwilligung des Verletzten, 1919; *Horn*, Der medizinisch nicht indizierte, aber vom Patienten verlangte Eingriff, JuS 1979, 29; *Armin Kaufmann*, Rechtspflichtbegründung und Tatbestandseinschränkung, Festschrift für U. Klug, Bd. II, 1983, S. 277; *Keßler*, Die Einwilligung des Verletzten in ihrer strafrechtlichen Bedeutung, 1884; *Kientzy*, Der Mangel am Straftatbestand infolge Einwilligung des Rechtsgutsträgers, 1970; *Kühne*, Die strafrechtliche Relevanz eines auf Fehlvorstellungen gegründeten Rechtsgutsverzichts, JZ 1979, 241; *Langrock*, Zur Einwilligung in die Verkehrsgefährdung, MDR 1970, 982; *Lenckner*, Die Einwilligung Minderjähriger und deren gesetzlicher Vertreter, ZStW 72 (1960) S. 446; *Marx*, Die Definition des Begriffs „Rechtsgut", 1972; *Maria-Katharina Meyer*, Ausschluß der Autonomie durch Irrtum, 1984; *Noll*, Übergesetzliche Rechtfertigungsgründe, im besonderen die Einwilligung des Verletzten, 1955; *derselbe*, Tatbestand und Rechtswidrigkeit usw., ZStW 77 (1965) S. 1; *derselbe*, Begriff und Funktion der guten Sitten im Strafrecht, Festschrift für das OLG Zweibrücken, 1969, S.206; *Orschekowsky / Benjamin*, Der materielle Verbrechensbegriff, NJ 1958, 812; *Ostendorf*, Grundzüge des konkreten Gefährdungsdelikts, JuS 1982, 426; *Pfersdorff*, Die Einwilligung des Verletzten als Strafausschließungsgrund, Diss. Straßburg 1897; *Riz*, Il consenso dell' avente diritto, 1979; *Roxin*, Verwerflichkeit und Sittenwidrigkeit als unrechtsbegründende Merkmale im Strafrecht, JuS 1964, 373; *derselbe*, Kriminalpolitik und Strafrechtssystem, 2. Auflage 1973; *derselbe*, Über die mutmaßliche Einwilligung, Festschrift für H. Welzel, 1974, S. 447; *derselbe*, Die durch Täuschung herbeige-

---

[76] Vgl. zum „angemessenen Verhältnis" *Strafrecht der DDR*, § 18 Anm. 3. Die Rechtmäßigkeit der Notstandshandlung und gegebenenfalls auch die „moralische und gesetzliche Pflicht jedes Staatsbürgers" zur Gefahrabwehr betonen *Lekschas / Renneberg*, Lehrbuch S. 410.

[77] § 20 StGB DDR bestimmt, daß die höhere Pflicht der untergeordneten vorgeht. Bei gleichwertigen Pflichten entfällt nach *Lekschas / Renneberg*, Lehrbuch S. 418 der Schuldvorwurf, wie sich der Täter auch immer entscheidet.

führte Einwilligung, Gedächtnisschrift für P. Noll, 1984, S. 275; *Rubinstein,* The Victim's Consent in Criminal Law, in: Studies in Comparative Criminal Law, 1975, S. 189; *Rudolphi,* Literaturbericht, ZStW 86 (1974) S. 68; *derselbe,* Anmerkung zu OLG Hamburg vom 19.11.1974, JR 1975, 512; *Sax,* Bemerkungen zum Eigentum als strafrechtlichem Schutzgut, Festschrift für F. Laufke, 1971, S. 321; *Schlehofer,* Einwilligung und Einverständnis, 1985; *Eb. Schmidt,* Empfiehlt es sich, daß der Gesetzgeber die Fragen der ärztlichen Aufklärungspflicht regelt? Verhandlungen des 44. DJT, Bd. I, 1962; *R. Schmitt,* Strafrechtlicher Schutz des Opfers vor sich selbst? Festschrift für R. Maurach, 1972, S. 113; *derselbe,* § 226a StGB ist überflüssig, Gedächtnisschrift für H. Schröder, 1978, S. 263; *Schrey,* Der Gegenstand der Einwilligung des Verletzten, Strafr. Abh. Heft 248, 1928; *Schwalm,* Zum Begriff und Beweis des ärztlichen Kunstfehlers, Festschrift für P. Bockelmann, 1979, S. 539; *Stratenwerth,* Prinzipien der Rechtfertigung, ZStW 68 (1956) S. 41; *S. A. Strauss,* Aspekte van die begrip „Toestemming" usw., 1963; *Traeger,* Die Einwilligung des Verletzten usw., GS 94 (1927) S. 112; *H.-D. Weber,* Der zivilrechtliche Vertrag als Rechtfertigungsgrund, 1986; *Weigend,* Über die Begründung der Straflosigkeit bei Einwilligung, ZStW 98 (1986) S. 44; *Glanville Williams,* Consent and Public Policy, Criminal Law Review 74 (1962) S. 154; *Wilts,* Die ärztliche Heilbehandlung in der Strafrechtsreform, MDR 1970, 971; 1971, 4 und 92; *Wimmer,* Die Bedeutung des zustimmenden Willens usw., 1980; *Zipf,* Einwilligung und Risikoübernahme im Strafrecht, 1970; *derselbe,* Die Bedeutung und Behandlung der Einwilligung im Strafrecht, ÖJZ 1977, 379; *Zitelmann,* Ausschluß der Widerrechtlichkeit, AcP 99 (1906) S. 1.

I. Die Zustimmung des Betroffenen und ihre Behandlung im Strafrecht

1. Die Zustimmung des von der Straftat Betroffenen kann für die strafrechtliche Beurteilung verschiedene Bedeutung haben[1].

a) Einmal gibt es Delikte, die überhaupt nur **mit Zustimmung des anderen Teils** begangen werden können (Begegnungsdelikte, vgl. unten § 64 VI 1), wie der Wucher (§ 302a) oder die Wehrpflichtentziehung durch Verstümmelung (§ 109 I zweite Alternative). Die Zustimmung gehört in diesen Fällen zu den Tatbestandsmerkmalen der strafbaren Handlung. Diese Gruppe ist nicht umstritten und kann hier außer Betracht bleiben.

b) Es gibt ferner Strafvorschriften, bei denen sich die tatbestandsmäßige Handlung nach dem Wortlaut oder dem Sinn der Deliktsbeschreibung unmittelbar und ausschließlich gegen den Willen des Betroffenen richtet, während sie bei Zustimmung völlig unbedenklich ist. In diesen Fällen liegt in dem Widerspruch zu dem Willen des Verletzten der das Unrecht der betreffenden Deliktsart begründende Umstand. Ist der Betroffene einverstanden, so verwandelt sich die strafbare Handlung in einen normalen Vorgang zwischen Rechtsgenossen im Rahmen der überlieferten Sozialordnung. Strafrechtlich bedeutet dies, daß in solchen Fällen bei Zustimmung eine tatbestandsmäßige Handlung nicht vorliegt. Es bedarf keiner Appellfunktion des Tatbestandes (vgl. oben § 31 I 2), weil eine strafrechtlich relevante Wertungsstufe durch die Tat gar nicht erreicht wird. Dieser Fall der Zustimmung wird **„Einverständnis"** genannt[2].

Beispiele: Bei den Delikten gegen die Freiheit der Willensbildung und -betätigung (z.B. §§ 108, 177, 240, 249, 253) schließt das Einverständnis des Betroffenen die Tatbestandsmäßig-

---

[1] Vgl. darüber *Binding,* Handbuch S. 717; *Honig,* Einwilligung S. 119; *Noll,* Übergesetzliche Rechtfertigungsgründe S. 64; *Geerds,* GA 1954, 262; *derselbe,* ZStW 72 (1960) S. 42 ff.

[2] So zuerst *Geerds,* Einwilligung und Einverständnis S. 105 ff.; *derselbe,* GA 1954, 262. Ihm folgt die h. L.; vgl. *Blei,* Allg. Teil S. 133; *Bockelmann / Volk,* Allg. Teil S. 102; *Dreher / Tröndle,* Vorbem. 3a, b vor § 32; *LK (Hirsch)* Vorbem. 96 vor § 32; *Geppert,* ZStW 83 (1971) S. 959 ff.; *Kohlrausch / Lange,* Vorbem. II 3a vor § 51; *Lackner,* Vorbem. 5a vor § 32; *Maurach / Zipf,* Allg. Teil I S. 215; *Schmidhäuser,* Allg. Teil S. 269; *Schönke / Schröder / Lenckner,* Vorbem. 29 vor § 32; *Welzel,* Lehrbuch S. 95; *SK (Samson)* Vorbem. 36 vor § 32.

I. Die Zustimmung des Betroffenen und ihre Behandlung im Strafrecht

keit der Handlung aus. Ein Handeln gegen den Willen der Frau gehört auch zum Tatbestand der Entführung i. S. von § 237. Der „Bruch" fremden Gewahrsams beim Diebstahl (§ 242) kann nicht anders als gegen den Willen des Gewahrsamsinhabers stattfinden (BayObLG JZ 1979, 146). Auch der Hausfriedensbruch (§ 123) erfordert in beiden Begehungsformen ein Handeln gegen den Willen des Hausrechtsinhabers[3].

c) Endlich gibt es Strafvorschriften, bei denen sich die tatbestandsmäßige Handlung, auch wenn der Betroffene an sich über das geschützte Rechtsgut verfügen darf, doch nicht allein gegen dessen Willen richtet, sondern bei denen das Handlungsobjekt, das im Tatbestand vorausgesetzt wird, durch die Tat eine Beeinträchtigung erfährt, die unabhängig vom Willen des Betroffenen ein eigenes Gewicht für die Gemeinschaft hat. Das Handeln mit Zustimmung des Betroffenen ist hier kein normaler Vorgang des Soziallebens, sondern führt zu einer möglicherweise äußerst schmerzlichen Einbuße, die der Träger des Rechtsguts aber im Rahmen seiner Dispositionsfreiheit, aus welchen Gründen auch immer, hinzunehmen bereit ist. Diese Fälle nennt die h. L. **„Einwilligung"** und behandelt die Zustimmung, da die Verfügungsfreiheit des Berechtigten nur in gewissen Grenzen anerkannt wird, als Rechtfertigungsgrund[4].

Beispiele: Wer sich für einen wissenschaftlichen Versuch, bei dem für einige Zeit jeder Kontakt mit der Außenwelt abgeschnitten wird, einschließen läßt, gibt vorübergehend seine Bewegungsfreiheit preis (§ 239)[5]. Wer eine *kosmetische* Operation[6] an sich vornehmen läßt, erduldet zeitweise eine mehr oder weniger weitgehende Beeinträchtigung seiner Körperintegrität (§ 223). Wer seinem Hausarzt gestattet, im Scheidungsprozeß als sachverständiger Zeuge über eine bei ihm vorliegende schwere psychische Störung auszusagen (§ 203 I Nr. 1 StGB, §§ 383 I Nr. 6, 385 II ZPO), gibt gegenüber den Prozeßbeteiligten ein im übrigen streng gehütetes Geheimnis preis[7]. Der Onkel, der dem Neffen gestattet, Teile aus seinem Kraftfahrzeug auszubauen, damit dieser sich für eine Forschungsreise mit den möglicherweise anfallenden Reparaturarbeiten vertraut machen kann, verzichtet vorübergehend auf die Betriebsbereitschaft seines Wagens (§ 303).

2. Während über die Unterscheidbarkeit der beiden Fallgruppen des Einverständnisses und der Einwilligung im Prinzip Einigkeit besteht[8], ist ihre **strafrechtliche Behandlung** neuerdings streitig geworden.

a) Bisher hat man angenommen, daß über das „Einverständnis" und die Voraussetzungen seiner Wirksamkeit allgemeine Grundsätze aufgestellt werden könnten, die bei allen Strafvorschriften, bei denen das Einverständnis eine Rolle spielt, die gleichen wären. So wurde gelehrt, das Einverständnis sei überall „rein tatsächlicher Natur", es

---

[3] Die Bedeutung des zustimmenden Willens bei verschiedenen Straftaten behandelt *Wimmer,* S. 12 ff.

[4] Vgl. *Baumann / Weber,* Allg. Teil S. 320, 329; *Dreher / Tröndle,* Vorbem. 3a, b vor § 32; *Geerds,* ZStW 72 (1960) S. 43; *Lackner,* Vorbem. II 5 b vor § 32; *Otto,* Grundkurs S. 106f.; *LK (Hirsch)* Vorbem. 92 vor § 32; *Hirsch,* Welzel-Festschrift S. 799 Fußnote 75; *Schönke / Schröder / Lenckner,* Vorbem. 33 vor § 32; *SK (Samson)* Vorbem. 38 vor § 32; *Stratenwerth,* Allg. Teil I Rdn. 360; *Wessels,* Allg. Teil S. 99ff.; *Welzel,* Lehrbuch S. 95.

[5] Die überw. Lehre nimmt jedoch bei § 239 tatbestandsausschließende Wirkung der Zustimmung an; vgl. *Bloy,* ZStW 96 (1984) S. 713 Fußnote 31 m. Nachw.

[6] Die *medizinische* Behandlung ist nach h. L. schon tatbestandsmäßig keine Körperverletzung (vgl. unten § 34 III 3 a).

[7] Entgegen der überw. Lehre nimmt *Schönke / Schröder / Lenckner,* § 203 Rdn. 22 in diesem Falle tatbestandsausschließendes Einverständnis an.

[8] Anders vor allem *Kientzy,* Der Mangel am Straftatbestand S. 32 ff., während *Schmidhäuser,* Allg. Teil S. 269 ff.; *Maurach / Zipf,* Allg. Teil I S. 222 und *Zipf,* Einwilligung und Risikoübernahme S. 20 an der Unterscheidung festhalten und nur die Stellung der Einwilligung im Verbrechensaufbau verändern wollen.

§ 34 Einwilligung und mutmaßliche Einwilligung des Verletzten

könne deshalb irrtümlich erteilt sein, der Betroffene brauche auch die Bedeutung des angegriffenen Rechtsguts nicht erfaßt zu haben. Das Einverständnis müsse endlich nicht erklärt und nicht vom Täter zur Kenntnis genommen worden sein[9]. Dagegen erheben sich jedoch **Bedenken,** die berechtigt erscheinen[10]. In Wirklichkeit ist das Einverständnis *nicht* in allen Fällen rein tatsächlicher Natur, und auch die Frage, inwieweit es von Täuschung oder Zwang beeinflußt sein darf, und ob es erklärt sein muß, um zu wirken, läßt sich nicht allgemein, sondern nur im Rahmen der Auslegung der einzelnen Tatbestände nach deren Sinn und Zweck beantworten.

Beispiele: So genügt zum Ausschluß der Vergewaltigung (§ 177) gewiß der natürliche Wille der Frau zum außerehelichen Geschlechtsverkehr. Auf Einsichtsfähigkeit und Irrtum kommt es dabei nicht an (Amphitryon-Sage). Die Freiwilligkeit ist erst bei Gewalt und qualifizierter Drohung zu verneinen, weil der Tatbestand der Vergewaltigung nur dann vorliegt, wenn der außereheliche Geschlechtsverkehr durch Gewalt oder Drohung mit gegenwärtiger Gefahr für Leib oder Leben erzwungen wird. Ganz anders ist die Rechtslage beim Hausfriedensbruch (§ 123), bei dem von seiten des Täters jeder Druck auf den entgegenstehenden Willen des Hausrechtsinhabers das Merkmal des Eindringens verwirklicht, während bei erschlichenem Einverständnis der Tatbestand entfällt[11]. Auch das Maß der für ein wirksames Einverständnis erforderlichen Einsichtsfähigkeit ist bei den einzelnen Tatbeständen verschieden: bei der Entführung (§ 236 a. F., jetzt § 237) genügt zur Verneinung des Tatbestandes der natürliche zustimmende Wille der Frau, auch wenn sie geisteskrank ist (BGH 23, 1 [3]); beim unerlaubten Sichentfernen vom Unfallort (§ 142) dagegen kann ein wirksamer Verzicht auf Feststellungen von einem jugendlichen Beteiligten nicht ausgesprochen werden (OLG Hamm VRS 23, 102 [104]; OLG Karlsruhe GA 1970, 311 [312]). Auch auf die Erklärung des Einverständnisses kann es für den Tatbestandsausschluß ankommen. Wenn die Polizei einen Taschendieb in die Falle gehen läßt, indem sie eine Kriminalbeamtin in Zivil mit Einkaufskorb und obenauf gelegter Geldbörse in das Marktgewühl schickt, so begeht der Täter, der das Geld an sich nimmt, nur einen versuchten Diebstahl, weil das bloße Vorhandensein des Einverständnisses des Gewahrsamsinhabers ausreicht, um den Gewahrsamsbruch auszuschließen (BGH 4, 199). Beim Selbsttanken begeht, wer, ohne zu bezahlen, davonfährt, Betrug (§ 263), nicht Diebstahl (§ 242)[12]. Dagegen wird man in einer „Hausbesetzung" durch Unbefugte auch dann ein Eindringen (§ 123) sehen müssen, wenn der Hauseigentümer sich unter dem Druck der Verhältnisse dem Übergriff stillschweigend fügt. Das Einverständnis des Kraftfahrers mit dem angeblich beabsichtigten Waschen des Wagens enthält keine Preisgabe des Gewahrsams (Trickdiebstahl, nicht Betrug) (BGH VRS 48, 175). Bloßes Dulden sexueller Handlungen aus Angst vor dem Täter ist kein Einverständnis (BGH JR 1982, 254 m. Anm. *Geerds* S. 256).

b) Zweifelhaft ist ferner die Frage der **Stellung der Einwilligung** im System der Verbrechenslehre geworden. Während die überwiegende Lehre die Einwilligung noch immer als Rechtfertigungsgrund betrachtet[13], sieht eine starke Minderheit in der Einwilligung einen Umstand, der den Tatbestand ausschließt[14]. Man versteht das Fehlen

---

[9] So *Geerds,* GA 1954, 265; *Bockelmann / Volk,* Allg. Teil S. 102; *Welzel,* Lehrbuch S. 95; *Wessels,* Allg. Teil S. 101.

[10] So *Arzt,* Willensmängel S. 24 ff.; *LK (Hirsch)* Vorbem. 101 f. vor § 32; *Schönke / Schröder / Lenckner,* Vorbem. 32 vor § 32; *SK (Samson)* Vorbem. 37 vor § 32; *Zipf,* Einwilligung und Risikoübernahme S. 15 ff.; *Stratenwerth,* Allg. Teil I Rdn. 370. Vgl. ferner *Kientzy,* Der Mangel am Straftatbestand S. 65 ff., der freilich alle Fälle des Einverständnisses nach den Regeln der Einwilligung behandeln will, was wiederum nach der entgegengesetzten Richtung zu weit geht.

[11] Vgl. *Schönke / Schröder / Lenckner,* § 123 Rdn. 22; BayObLG 1951, 181.

[12] Vgl. *Herzberg,* JA 1980, 391.

[13] So *Baumann / Weber,* Allg. Teil S. 329; *Blei,* Allg. Teil S. 133; *Bockelmann / Volk,* Allg. Teil S. 102; *Dreher / Tröndle,* Vorbem. 3a, 3b vor § 32; *Geerds,* ZStW 72 (1960) S. 43; *Lackner,* Vorbem. II 5b vor § 32; *LK (Hirsch)* Vorbem. 92 vor § 32; *Otto,* Grundkurs S. 107; *Schönke / Schröder / Lenckner,* Vorbem. 33 vor § 32; *SK (Samson)* Vorbem. 38 vor § 32; *Welzel,* Lehrbuch S. 95; *Wessels,* Allg. Teil S. 101; *Jakobs,* Allg. Teil S. 359 (mit einschränkendem Kriterium für die Annahme einer Einwilligung); *WK (Nowakowski)* Nachbem. 34 zu § 3.

der Einwilligung hier gewissermaßen als ein besonderes negatives Tatbestandsmerkmal und ihr Vorliegen demgemäß in allen Fällen, in denen das Rechtsgut der Verfügungsmacht des Inhabers oder Trägers überlassen ist, als einen Umstand, der dem Vorgang von vornherein die strafrechtliche Relevanz nimmt. Begründet wird diese Ansicht damit, daß bei den Strafvorschriften, die verfügbare Rechtsgüter schützen, das eigentliche Rechtsgut nicht die Unversehrtheit der Objekte, sondern die autonome Herrschaft des Berechtigten über die ihm zugeordneten Rechtsgüter sei. Darin liegt jedoch eine Subjektivierung des Rechtsgutsbegriffs, die der Bedeutung auch des Individualrechtsguts als objektivem Wert der Gemeinschaft nicht gerecht wird. Die Frage, ob die Einwilligung bereits den Tatbestand der strafbaren Handlung ausschließt oder Rechtfertigungsgrund ist, könnte offen bleiben, wenn sie ohne praktische Bedeutung wäre. Das ist indessen nicht der Fall. Die praktischen Konsequenzen liegen vielmehr ebenso, wie wenn man auch sonst die Rechtfertigungsgründe als negative Tatbestandsmerkmale behandeln würde (vgl. oben § 25 III). Einmal hängt die Behandlung des Irrtums über die Voraussetzungen der Einwilligung von deren Stellung im System ab. Weiter ist die Stellung der Einwilligung maßgebend dafür, ob in den Fällen, in denen das Vorliegen der Einwilligung dem Täter unbekannt geblieben ist, Versuch oder Vollendung angenommen werden muß. Endlich kommt es für die Behandlung des Irrtums über die Grenzen der Einwilligung darauf an, ob dieser Irrtum Tatbestands- oder Verbotsirrtum ist.

3. Richtig ist es, die *Einwilligung* weiterhin als **Rechtfertigungsgrund** zu verstehen. Gegenstand des strafrechtlichen Schutzes ist bei Tatbeständen, die Rechtsgüter des einzelnen betreffen, die Unversehrtheit des Substrats, das in Gestalt des jeweils in Betracht kommenden Angriffsobjekts durch die tatbestandsmäßige Handlung beeinträchtigt wird[15]. Körperintegrität, Bewegungsfreiheit, Eigentum, Ehre, Geheimbereich sind zunächst einmal unabhängig vom Willen des Berechtigten als Lebensgüter der Gemeinschaft, die Freiheit, Selbstbestimmung und Menschenwürde konstituieren, geschützt und meist sogar durch die Verfassung garantiert[16]. Wenn der Berechtigte eines dieser Güter dem Zugriff Dritter preisgibt, so bedeutet das trotz der Einwilligung, daß dieser Vorgang strafrechtlich bedeutsam und nicht etwa von vornherein gleichgültig ist. Deswegen wird der zustimmende Wille des Berechtigten auch nicht ohne weiteres als maßgeblich anerkannt, sondern in seiner Wirksamkeit von gewissen Bedingungen abhängig gemacht, die verhindern sollen, daß der Rechtsgutsträger sich selbst schädigt, ohne den Nachteil voll zu überblicken, der mit der Preisgabe des Rechtsguts verbunden ist. So ist es zu erklären, daß die Einwilligung Einsichtsfähigkeit voraussetzt, daß sie grundsätzlich frei von Täuschung und Zwang sein und nach außen erkennbar hervortreten muß. Auch die Bestimmung, daß die Körperverletzung rechtswidrig bleibt, wenn die Tat trotz der Einwilligung gegen die guten Sitten verstößt (§ 226a), zeigt, daß die Einwilligung wegen der überragenden Bedeu-

---

[14] So *Eser*, Strafrecht I Nr. 8 A Rdn. 2; *Armin Kaufmann*, Klug-Festschrift Bd. II S. 282; *Kientzy*, Der Mangel am Straftatbestand S. 65ff.; *Maurach / Zipf*, Allg. Teil I S. 219f.; *Kühne*, JZ 1979, 242; *Roxin*, Kriminalpolitik und Strafrechtssystem S. 25 Fußnote 57; *derselbe*, Welzel-Festschrift S. 449; *Rudolphi*, ZStW 86 (1974) S. 87; *Sax*, Laufke-Festschrift S. 337f.; *Schmidhäuser*, Allg. Teil S. 268f.; *SK (Horn)* § 226a Rdn. 2; *Weigend*, ZStW 98 (1986) S. 47ff.; *Zipf*, Einwilligung und Risikoübernahme S. 28ff.; *derselbe*, ÖJZ 1977, 380f.

[15] So *Hirsch*, Welzel-Festschrift S. 799 Fußnote 75; *Noll*, Festschrift f. d. OLG Zweibrücken S. 222; *Geppert*, ZStW 83 (1971) S. 968; *Schönke / Schröder / Lenckner*, Vorbem. 34 vor § 32. Dagegen hat *Stratenwerth*, Allg. Teil I Rdn. 368 offenbar nur Tatbestände im Auge, die eine *Substanz*verletzung erfordern. Doch ist der Gedanke der vom Willen des Verletzten unabhängigen Rechtseinbuße ein allgemeiner.

[16] Zur „gesetzesvertretenden" Einwilligung bei Grundrechtsgütern *Amelung*, Einwilligung S. 82ff.

tung des Rechtsguts, um das es sich bei der Körperverletzung handelt, vom Gesetzgeber Einschränkungen unterworfen wird, die nur aus dem öffentlichen Interesse an seiner Erhaltung erklärt werden können. Bei der Tötung von fremder Hand ist die Einwilligung sogar ganz ausgeschlossen (§ 216).

Es gibt freilich auch Fälle, in denen das Einverständnis des Betroffenen unmittelbar auf den Tatbestand zurückwirkt. Wer einen alten Schrank zu Brennholz zersägen läßt, ändert dessen Zweckbestimmung, so daß Sachbeschädigung von vornherein ausscheidet (§ 303). Wer für geschlechtliche Zudringlichkeiten Entgegenkommen findet, gibt keine Mißachtung kund (§ 185). Beim Zeichnen einer Urkunde mit fremdem Namen beseitigt das Einverständnis des Namensträgers den Tatbestand des § 267, wenn der Namensträger sich vertreten lassen will und darf, weil die Urkunde dann nicht „unecht" ist.

II. Die Einwilligung als Rechtfertigungsgrund

1. Die Geschichte der Einwilligung als Rechtfertigungsgrund reicht weit zurück[17]. Das bekannte Rechtssprichwort „volenti non fit iniuria" knüpft an die Digestenstelle „nulla iniuria est, quae in volentem fiat" (Dig. 47, 10 de iniur. l.1 § 5) an. Dieser noch heute prinzipiell gültige Rechtssatz bedeutete für das *römische Recht*, daß die Einwilligung in allen Fällen der „iniuria" (Verletzung von Persönlichkeitsrechten unter Einschluß von Leib und Leben) rechtfertigende Kraft besaß, weil jeder Bürger über seinen eigenen Lebensbereich frei verfügen durfte. Für die *Naturrechtslehre*, die das Wesen des Verbrechens in der Verletzung subjektiver Rechte erblickte, kam es darauf an klarzustellen, inwieweit die Rechtsordnung dem Verletzten die Befugnis gibt, auf den Strafschutz zu verzichten *(Kleinschrod, Klein, Feuerbach)*. Die Anhänger der *historischen Rechtsschule (Roßhirt, Stahl)* mußten dagegen die Zulässigkeit einer wirksamen Einwilligung grundsätzlich verneinen, weil das Strafrecht nach ihrer Ansicht nur dem Gemeinwesen dienen soll. Die *Hegelianer (Abegg, Köstlin, Berner, Hälschner)* kehrten dagegen zu dem Kriterium der Verfügbarkeit des angegriffenen Rechtsguts zurück, weil sich bei zulässiger Einwilligung der subjektive Einzelwille nicht mehr als Negation des objektiven Gemeinwillens darstelle. Die *soziologische Rechtsschule* endlich erblickte das Wesen der strafbaren Handlung in der Interessenverletzung und verneinte deshalb die Rechtswidrigkeit bei mangelndem Interesse des Verletzten bis hin zur Preisgabe des eigenen Lebens *(Keßler, Pfersdorff, Graf zu Dohna)*.

2. Zur **Begründung** der rechtfertigenden Kraft der Einwilligung werden **verschiedene Theorien** vertreten. Die *Rechtsgeschäftstheorie* nimmt an, die Einwilligung des Verletzten sei ein Rechtsgeschäft und habe die Wirkung, dem Täter ein widerrufliches Recht zur Verletzung einzuräumen; da die Ausübung eines Rechts aber nicht widerrechtlich sein könne, sei die Einwilligung auch für das Strafrecht ein Rechtfertigungsgrund[18]. Von einer späteren Lehre wird die Einwilligung als Zeichen der *Interessenpreisgabe* durch den Rechtsgutsinhaber angesehen, der Bedeutung zukomme, soweit ihm die Rechtsordnung die Entscheidung über die Erhaltung seiner Güter überlassen habe[19]. Weiter wird angenommen, daß mit der Einwilligung das *Schutzobjekt* zum Teil wegfalle, weil das tatbestandsmäßige Unrecht auch in der Mißachtung des Willens des Verletzten liege[20]. Die Rechtsprechung (BGH 17, 359 [360]) und h. L. vertreten den Standpunkt, daß der Einwilligende durch Preisgabe seiner Interessen *auf Strafschutz verzichte*[21]. Auch ein Gewohnheitsrecht wird angenommen[22].

---

[17] Zur Dogmengeschichte eingehend *Honig*, Einwilligung S. 1 ff.

[18] So *Zitelmann*, AcP 99 (1906) S. 56.

[19] So *Honig*, Einwilligung S. 118; *v. Hippel*, Bd. II S. 244; *Mezger*, Lehrbuch S. 208; *v. Liszt / Schmidt*, S. 217.

[20] So *Stratenwerth*, ZStW 68 (1956) S. 43; *SK (Samson)* Vorbem. 39 vor § 32; *Weigend*, ZStW 98 (1986) S. 47.

[21] So *Dreher / Tröndle*, Vorbem. 3 b vor § 32; *Geerds*, ZStW 72 (1960) S. 43; *Lackner*, Vorbem. 5 vor § 32; *Otto*, Grundkurs S. 107; *Schönke / Schröder / Lenckner*, Vorbem. 33 vor § 32; *Welzel*, Lehrbuch S. 95; *Wessels*, Allg. Teil S. 102.

[22] So *LK (Hirsch)* Vorbem. 92 vor § 32.

Diese Erklärungen vermögen jedoch den Grund für die rechtfertigende Kraft der Einwilligung nicht erschöpfend anzugeben. Die Rechtsgeschäftstheorie verkennt die verschiedene Zweckbestimmung von Straf- und Zivilrecht. Die Interessenpreisgabetheorie sagt nicht, warum die subjektive Verzichtleistung aus möglicherweise höchst unsittlichen Beweggründen den Staat von der Aufgabe objektiven Interessenschutzes entbinden kann. Ebenso erklärt die Rechtsschutzverzichtstheorie nicht, warum der private Verzicht gegenüber der grundsätzlich öffentlichen Rechtsschutzpflicht des Staates durchzugreifen vermag. Der Gedanke des teilweisen Wegfalls des Erfolgsunrechts läßt die Frage offen, ob der entgegenstehende Wille des Rechtsgutsträgers überhaupt zum Tatbestand gezählt werden darf. Die Annahme eines Gewohnheitsrechts sagt nichts über dessen innere Begründung aus.

3. Der entscheidende Gedanke ist ein rechtspolitischer[23]. Die subjektive Wertung der Rechtsgüter durch den einzelnen wird von der Rechtsordnung in gewissen Grenzen als maßgeblich anerkannt, weil der **ungehinderte Gebrauch der persönlichen Freiheit** als solcher im freiheitlichen Rechtsstaat als **sozialer Wert** angesehen wird, der gegenüber dem Gemeinschaftsinteresse an der Erhaltung der Rechtsgüter abzuwägen ist. Soweit die Freiheit des Rechtsgutsinhabers reicht, deckt sie deswegen auch die Verletzung des geschützten Handlungsobjekts, sofern die besonderen Voraussetzungen der Wirksamkeit der Einwilligung gegeben sind. Daraus folgt, daß die Einwilligung nur in bezug auf Individualrechtsgüter in Betracht kommt und auch nur dann Beachtung verdient, wenn der Einwilligende selbst Träger des geschützten Rechtsguts ist, denn eine Freiheit, die sich auf Kosten anderer verwirklichen würde, wäre das Gegenteil eines sozialen Werts. Deshalb gibt es keine wirksame Einwilligung in eine Trunkenheitsfahrt (§ 315c I 1a) (BGH 23, 261 [264]), eine falsche Verdächtigung (§ 164), Personenstandsfälschung (§ 169), Wahlfälschung (§ 107a) oder Abtreibung (§ 218) (vgl. unten § 34 III 4). Ferner muß die Einwilligung in die eigene Tötung unbeachtlich sein, weil das Leben, abgesehen von dem Fall des Selbstmords, nicht der persönlichen Entscheidungsfreiheit unterliegt (§ 216)[24]. Die Einwilligung in die eigene Körperverletzung endlich kann nur beschränkt wirksam sein, da eine sittenwidrige Gesundheitsschädigung erheblichen Ausmaßes trotz der Einwilligung das übergeordnete Gemeinschaftsinteresse an der Wahrung der Körperintegrität gegenüber fremden Eingriffen verletzt (§ 226a)[25]. § 226a ist auch auf die Einwilligung in eine Körpergefährdung und sogar auf die Einwilligung in eine (fahrlässige) Lebensgefährdung entsprechend anzuwenden[26].

III. Der Wirkungsbereich der rechtfertigenden Einwilligung

1. Die Einwilligung des Verletzten hat rechtfertigende Kraft bei den meisten **Straftaten gegen den einzelnen,** weil insoweit eine freiheitliche Rechtsordnung jedermann seine Entschlüsse nach eigenen Wertvorstellungen und selbstgewählten Zwecken treffen läßt.

---

[23] Der Text folgt grundsätzlich *Noll,* Übergesetzliche Rechtfertigungsgründe S. 74ff.; derselbe, ZStW 77 (1965) S. 1ff. Ebenso *Maurach / Zipf,* Allg. Teil I S. 221; *Eser,* Strafrecht I Nr. 8 A Rdn. 7a; *Geppert,* ZStW 83 (1971) S. 952; *Jakobs,* Allg. Teil S. 358; *Stratenwerth,* Allg. Teil I Rdn. 362 (beide nur im Ausgangspunkt).
[24] So mit Recht *Hirsch,* Welzel-Festschrift S. 775ff., 796 (rechtsvergleichend S. 793ff.) gegen *R. Schmitt,* Maurach-Festschrift S. 117ff.; *Marx,* Rechtsgut S. 62ff., 82. Ebenso *Engisch,* H. Mayer-Festschrift S. 412f.
[25] So mit Recht *Hirsch,* Welzel-Festschrift S. 797ff.; derselbe, ZStW 83 (1971) S. 165ff. Über die praktische Bedeutung des § 226a – gegen *Berz,* GA 1969, 149 und *R. Schmitt,* Schröder-Gedächtnisschrift S. 263ff. – *Schönke / Schröder / Stree,* § 226a Rdn. 14ff.
[26] So zu Recht *Schönke / Schröder / Eser,* § 226a Rdn. 4 bzw. *Schönke / Schröder / Lenckner,* Vorbem. 103f. vor § 32; ferner *Ostendorf,* JuS 1982, 432.

Beispiele: Wirksam ist die Einwilligung bei der Beleidigung (§ 185), so daß die Zusendung sexueller Werbeschriften (BGH 11, 67 [72]) durch Einwilligung gerechtfertigt ist (vgl. auch OLG Stuttgart NJW 1962, 62). Die Entbindung des Arztes von der Schweigepflicht durch den Patienten rechtfertigt die Offenbarung eines Privatgeheimnisses (§ 203 I Nr. 1) (RG 71, 21 [22]). Die Zueignung (§ 246) ist gerechtfertigt, wenn Eigentümer oder Verfügungsberechtigter damit einverstanden sind (RG 44, 41 [42]). Bei Vermögensdelikten ist freilich daran zu denken, daß die Einwilligung *nach bürgerlichem Recht weitergehende Wirkungen* haben kann (z. B. als Vertragsangebot nach § 145 BGB, als Übereignungsangebot nach § 929 BGB, als Aneignungsgestattung nach § 956 BGB, jeweils mit Verzicht auf den Zugang der Annahmeerklärung). So hat der Jagdpächter eine vertragsmäßige Befugnis zur Ausübung eigenen Jagdrechts und handelt nicht bloß aufgrund einer jederzeit widerruflichen „Einwilligung" des Eigentümers, so liegt eine sachenrechtliche Übereignung nach § 929 BGB vor, wenn das Forstamt einen Posten Holz im Walde verkauft und dem Käufer die Abholung gestattet, was zur Folge hat, daß die Sache für ihn nicht mehr „fremd" ist[27].

Bei der Körperverletzung hat die Einwilligung nach § 226a dann keine rechtfertigende Kraft, wenn die Tat trotz der Einwilligung gegen die guten Sitten verstößt (vgl. unten § 34 III 2). Ein Teil der Lehre will diesen Rechtssatz entsprechend *auf alle Fälle der Einwilligung* anwenden[28], doch bestehen dagegen *überwiegende Bedenken*, da die Entscheidungsfreiheit des Verletzten nur dort eingeschränkt werden sollte, wo der Gesetzgeber dies ausdrücklich angeordnet hat[29]. Der Rechtfertigungsgrund der Einwilligung würde durch die allgemeine Anwendbarkeit des Korrektivs der guten Sitten in einer im Rechtsstaat schwer vertretbaren Weise relativiert und der Rechtsgutsträger einer unangemessenen staatlichen Bevormundung unterworfen.

2. Eine **Sonderstellung** im Rahmen der Individualrechtsgüter nehmen **Leben** und **Körperintegrität** ein. Die Einwilligung in die eigene, durch vorsätzliche Tat geschehende *Tötung* rechtfertigt diese nicht[30]. Die Tat bleibt mindestens nach § 216 strafbar. Auch die Einwilligung in *vorsätzliche Lebensgefährdung* (z. B. bei der Aussetzung, § 221) hat keine rechtfertigende Kraft (zur fahrlässigen Lebensgefährdung vgl. unten § 56 II 3). Bei der *Körperverletzung* stehen ebenfalls oft unersetzliche Werte auf dem Spiel. Die Gesundheit ist, nicht unähnlich dem Leben, die Grundvoraussetzung für die Erfüllung der meisten Aufgaben des Menschen in der Gemeinschaft. Deswegen erklärt § 226a die mit Einwilligung vorgenommene Körperverletzung dann als rechtswidrig, wenn die Tat trotz der Einwilligung gegen die guten Sitten verstößt[31]. Freilich sollten nur erhebliche Körperverletzungen, insbesondere solche mit Dauerschäden, in den § 226a einbezogen werden[32], weil sonst eine unangebrachte Sittenrichterei die

---

[27] *Firnhaber*, Rechtsgeschäft und Einwilligung bei Vermögensdelikten S. 18, 75. Vgl. ferner *H.-D. Weber*, Der zivilrechtliche Vertrag als Rechtfertigungsgrund, 1986.

[28] So *Baumann / Weber*, Allg. Teil S. 328; *Jakobs*, Allg. Teil S. 361f.; *H. Mayer*, Lehrbuch S. 167; *Welzel*, Lehrbuch S. 97.

[29] Wie hier *Schönke / Schröder / Lenckner*, Vorbem. 37 vor § 32 (abgesehen von menschenunwürdigen Ehrverletzungen, bei denen aber schon die Einwilligung nichtig ist); *Eser*, Strafrecht I Nr. 8 A Rdn. 27; *LK (Hirsch)* § 226a Rdn. 1; *Maurach / Zipf*, Allg. Teil I S. 230; *Noll*, ZStW 77 (1965) S. 21; *Arzt*, Willensmängel S. 36f. Fußnote 49; *Zipf*, Einwilligung und Risikoübernahme S. 35; *Stratenwerth*, Allg. Teil I Rdn. 377; *Kientzy*, Der Mangel am Straftatbestand S. 96f.; *Wessels*, Allg. Teil S. 103. *Schmidhäuser*, Allg. Teil S. 272 will § 226a nur auf die Freiheitsberaubung erstrecken. Zur Verfassungsmäßigkeit von § 226a *LK (Hirsch)* § 226a Rdn. 2 (Reformbedürftigkeit bejaht).

[30] Vgl. dazu oben § 34 II 3 Fußnote 24.

[31] *Roxin*, JuS 1964, 376 sieht als Grund der Einschränkung nicht den unersetzlichen Wert des Rechtsguts an, sondern die „moralische Mißbilligung" der Tat. Dagegen zutreffend *Stratenwerth*, Allg. Teil I Rdn. 376.

[32] Vgl. *Arzt*, Willensmängel S. 36ff.; *LK (Hirsch)* § 226a Rdn. 10; zu eng *SK (Horn)* § 226a Rdn. 9 (nur eine Körperverletzung, die für die Zwecke einer Straftat unternommen wird).

Folge sein müßte. Die Rechtsprechung ist dieser Gefahr durch Einbeziehung des sittenwidrigen Zwecks der Beeinträchtigung nicht selten erlegen.

Beispiele: Sittenwidrig sind aus sadistischen Gründen verabreichte Schläge (RG JW 1929, 1015 [1017]; DR 1943, 234); die Züchtigung mit einem zusammengelegten Strick als Erziehungsmaßnahme eines Trainers (RG JW 1938, 30); masturbatorisch wirkende Handlungen zu Heilzwecken (RG 74, 91 [94]); die medizinisch nicht indizierte Verschreibung von Opiaten an Süchtige (RG 77, 17 [21]); die vorsätzliche Verletzung der einfachsten Regeln bei einem vereinbarten Faustkampf (BGH 4, 88 [92]). Dagegen wurde die Einwilligung in Mensurverletzungen als rechtfertigend angesehen, da ein Sittenverstoß hier nur dann anzunehmen sei, wenn die Tat „nach dem Anstandsgefühl aller billig und gerecht Denkenden zweifellos kriminell strafwürdiges Unrecht ist" (BGH 4, 24 [32]). Sittenwidrig ist die Extraktion sämtlicher Zähne aufgrund eines unsinnigen Verlangens der Patientin (anders BGH NJW 1978, 1206: Unwirksamkeit der Einwilligung wegen Fehlens der Urteilsfähigkeit)[33].

3. Besondere Bedeutung hat die Einwilligung für die Heileingriffe und für die Zulässigkeit von Sterilisation und Kastration:

a) Die h. M. sah schon früher im lege artis durchgeführten **Heileingriff** tatbestandsmäßig keine Körperverletzung, selbst wenn der Gesundheitszustand des Patienten dadurch im Ergebnis verschlechtert worden war[34]. Um das Selbstbestimmungsrecht des Patienten zu schützen, hat jedoch die Rechtsprechung (RG 25, 375; BGHSt 11, 111; 12, 379; 16, 309; BGHZ 29, 33, 46 und 176; BGH NJW 1980, 1905) bisher unbeirrt den Standpunkt vertreten, daß der Heileingriff als Körperverletzung anzusehen sei, jedoch durch die Einwilligung des Patienten gerechtfertigt werde[35]. Diese für das ärztliche Wirken unbefriedigende Rechtslage wird sich erst dann ändern, wenn eine besondere Strafvorschrift über die eigenmächtige Heilbehandlung eingeführt sein wird, die den strafrechtlichen Schutz des Selbstbestimmungsrechts über den Körper sicherstellt (vgl. etwa § 162 E 1962 und § 110 österr. StGB)[36].

b) In der Beurteilung der freiwilligen **Sterilisation** ist BGH 20, 81 (Fall Dr. Dohrn) zu dem Ergebnis gekommen, daß es zur Zeit keine Strafvorschrift gebe, die diese Fälle erfaßte. Wer diese Ansicht nicht teilt[37], wird trotzdem zugeben müssen, daß der Freispruch berechtigt war, weil die Sittenwidrigkeit der Tat nicht nach der Auffassung einzelner Gruppen, sondern nur auf der Grundlage des sittlichen Bewußtseins der großen Mehrheit der Bevölkerung angenommen werden kann[38]. Für die Rechtfertigung der Sterilisation bleibt jedenfalls § 226a maßgebend[39]. Auch die Entfernung der Keimdrüsen **(Kastration)** war mit Einwilligung des Betroffenen schon bisher zulässig, wenn der Eingriff als das einzige Mittel erschien, um diesen von einem abnormen Geschlechtstrieb zu befreien (BGH 19, 201). Die maßgeblichen Vorschriften enthält jetzt das Gesetz über die freiwillige Kastration vom 15. 8. 1969 (BGBl. I S. 1143) in den §§ 2, 3[40].

c) Zur Einwilligung bei **Sportverletzungen** vgl. unten § 56 II 3.

---

[33] Wie hier *Horn,* JuS 1979, 30.
[34] *Engisch,* ZStW 58 (1939) S. 5; *derselbe,* Die rechtliche Bedeutung S. 20; *Eb. Schmidt,* Gutachten zum 44. DJT S. 21; *Kohlrausch / Lange,* § 223 Anm. III; *Bockelmann,* Strafrecht des Arztes S. 62 ff.; *Welzel,* Lehrbuch S. 96; *LK (Hirsch)* Vorbem. 3 ff. vor § 223 m. zahlr. Nachw. (zu modifizierenden Auffassungen Rdn. 4).
[35] Ebenso *Baumann,* NJW 1958, 2094; *Baumann / Weber,* Allg. Teil S. 183; *Schwalm,* Bockelmann-Festschrift S. 539. Zweifelnd *Dreher / Tröndle,* § 223 Rdn. 9b und *Lackner,* § 223 Anm. 5a. Bei Verschlechterung des Gesundheitszustandes auch *Rudolphi,* JR 1975, 512 f.
[36] Vgl. dazu *Wilts,* MDR 1970, 971; 1971, 4 und 92; *Schönke / Schröder / Eser,* § 223 Rdn. 31; *Eser,* ZStW 97 (1985) S. 4 ff.; im Ergebnis auch *SK (Horn)* § 223 Rdn. 35 ff.
[37] Vgl. die überzeugende Kritik von *Engisch,* Kritische Bemerkungen S. 10 ff.; *Hanack,* JZ 1965, 221 ff.
[38] *Engisch,* H. Mayer-Festschrift S. 400; *Roxin,* JuS 1964, 379. Einschränkend *Hanack,* JZ 1964, 400 ff.
[39] Über die gegenwärtige Rechtslage eingehend *LK (Hirsch)* § 226a Rdn. 39 ff.; *Schönke / Schröder / Stree,* § 223 Rdn. 59 ff.
[40] Vgl. dazu näher *LK (Hirsch)* § 226a Rdn. 42; *Schönke / Schröder / Stree,* § 223 Rdn. 55 ff.

4. Dagegen kann es eine wirksame Einwilligung des einzelnen in Angriffe auf **Rechtsgüter der Allgemeinheit** nicht geben, weil sich seine Verfügungsbefugnis darauf nicht bezieht. Nur eine scheinbare Ausnahme ist die Möglichkeit der Einwilligung von Dienststellen des Verfassungsschutzes in Handlungen, die tatbestandsmäßig Gefährdungsdelikte des politischen Strafrechts darstellen[41], denn hier handelt es sich nicht um Einzelpersonen, sondern um die für den Staatsschutz zuständigen Behörden, die in engen Grenzen ein Erlaubnisrecht haben. Der Einwilligung mit Rücksicht auf das Rechtsgut entzogen sind z. B. die Aussagedelikte (§§ 153 ff.), die Doppelehe (§ 171) und die Sittlichkeitsdelikte (§§ 174 ff.) (BGH 7, 312), sofern durch die Zustimmung des anderen Teils nicht schon der Tatbestand entfällt. Bei Straftaten gegen die Allgemeinheit, die in ihrer Auswirkung zugleich den einzelnen betreffen, hat die Rechtsprechung die Wirksamkeit der Einwilligung in der Regel ebenfalls verneint.

Beispiele: Bei gemeingefährlichen Delikten berührt die Einwilligung des Verletzten die Rechtswidrigkeit nicht (BGH 6, 232 [234]). Für die Strafbarkeit der falschen Verdächtigung (§ 164) ist die Einwilligung des Betroffenen, abgesehen vom Wegfall der Bekanntmachungsbefugnis nach § 165, bedeutungslos (BGH 5, 66 [68 f.]). Die Geiselnahme (§ 239 b) wird nicht dadurch gerechtfertigt, daß der gesetzliche Vertreter des Opfers in die Tat einwilligt (BGH 26, 70 [73]). Die Einwilligung des Mitfahrers in seine Gefährdung durch den fahruntüchtigen Kraftfahrer schließt die Rechtswidrigkeit der Tat nach § 315 c I Nr. 1 a nicht aus, da es sich bei der Straßenverkehrsgefährdung um Strafvorschriften zum Schutz der Allgemeinheit handelt (BGH 23, 261 [264])[42]. Unbeachtlich ist auch die Einwilligung in eine Ordnungswidrigkeit nach § 1 II StVO (OLG Frankfurt DAR 1965, 217) und in eine Körperverletzung im Amt (BGH 32, 357 [359])[43].

IV. Die Erfordernisse der Einwilligungserklärung

1. Die Einwilligung ist *keine rechtsgeschäftliche Willenserklärung* im Sinne der §§ 104 ff. BGB. Deswegen kommt es dabei auf die Geschäftsfähigkeit des Verletzten nicht an (BGHZ 29, 36). Ebensowenig hat im Strafrecht eine nach bürgerlichem Recht mögliche *nachträgliche* Zustimmung (Genehmigung) (§ 184 BGB) rechtfertigende Kraft. Die Einwilligung muß sich vielmehr immer auf ein *zukünftiges* Tun oder Unterlassen eines bestimmten anderen Menschen beziehen (BGH 7, 294 [295]; 17, 359 [360]). Die Einwilligung ist auch *keine Rechtshandlung* im Sinne des bürgerlichen Rechts, die teilweise nach Analogie der Willenserklärung behandelt werden dürfte[44], denn im Strafrecht geht es weder um den Schutz des Minderjährigen noch um den Schutz des Rechtsverkehrs, sondern allein um die Frage der Strafwürdigkeit einer

---

[41] Vgl. *Goldmann,* Behördliche Genehmigung S. 218 ff.

[42] Übereinstimmend *Lackner,* Das konkrete Gefährdungsdelikt S. 12; *LK (Rüth)* § 315 c Rdn. 61; *Schaffstein,* Welzel-Festschrift S. 574. Dagegen aber die überw. Meinung; vgl. *Dreher / Tröndle,* § 315 c Rdn. 17; *SK (Horn)* § 315 c Rdn. 22; *Langrock,* MDR 1970, 982; *Schönke / Schröder / Cramer,* § 315 c Rdn. 33. Differenzierend *Geppert,* ZStW 83 (1971) S. 986.

[43] Zur Zulässigkeit der Einwilligung bei den Amtsdelikten *Amelung,* Dünnebier-Festschrift S. 487 ff.

[44] Dagegen verlangen *Dreher / Tröndle,* Vorbem. 3 b vor § 32; *Jakobs,* Allg. Teil S. 203; *Baumann / Weber,* Allg. Teil S. 324; *Traeger,* GS 94 (1927) S. 149; *Lenckner,* ZStW 72 (1960) S. 456; *Schönke / Schröder / Lenckner,* Vorbem. 39 vor § 32; *SK (Samson)* Vorbem. 41 vor § 32, soweit es sich um die Verletzung von Vermögensrechten handelt (z. B. §§ 266, 246, 303), *Geschäftsfähigkeit* des Einwilligenden, während bei höchstpersönlichen Rechtsgütern (Körperintegrität, Geheimsphäre) die natürliche Einsichts- und Urteilsfähigkeit genügen soll. Die Begründung mit dem Prinzip der Einheit der Rechtsordnung überzeugt nicht, da die Wirksamkeit von Verträgen sich nach anderen Regeln bestimmen kann als die Strafwürdigkeit eines Eingriffs in fremdes Vermögen. Wie der Text *Stratenwerth,* Allg. Teil I Rdn. 380.

IV. Die Erfordernisse der Einwilligungserklärung

Handlung, obwohl der Verletzte zugestimmt hat. Bei der Einwilligung handelt es sich um eine **eigenständige Rechtsfigur des Strafrechts**[45], deren Wirksamkeitserfordernisse allein danach zu bestimmen sind, ob die Zustimmung zu dem Angriff auf das geschützte Handlungsobjekt Ausdruck der durch die Rechtsordnung anzuerkennenden persönlichen Entscheidungsfreiheit des Rechtsgutsinhabers ist, denn nur das ist für die Rechtfertigung der Tat maßgebend.

2. Hinsichtlich der Frage, inwieweit die Einwilligung nach außen in Erscheinung getreten sein muß, um als solche Beachtung zu finden, hat sich eine überwiegende Meinung gebildet. Während früher der **Willenserklärungstheorie**[46], wonach die Einwilligung nach außen hin rechtsgeschäftlich erklärt sein mußte, die **Willensrichtungstheorie**[47] gegenüberstand, nach der die bloße innere Zustimmung des Verletzten genügen sollte, wird heute verlangt, daß die Einwilligung äußerlich eindeutig erkennbar geworden sein muß, ohne daß jedoch die Maßstäbe des bürgerlichen Rechts über die Willenserklärung (Geschäftsfähigkeit, Willensmängel, Zugehen) angelegt werden (**vermittelnde Theorie**)[48].

3. *Gegenstand der Einwilligung* ist die Handlung *und* der tatbestandsmäßige Erfolg, soweit er im Zeitpunkt der Einwilligung zu übersehen ist (vgl. jedoch zur Einwilligung in fahrlässige Körpergefährdung unten § 56 II 3)[49]. Was die Wirksamkeit der Einwilligung als solcher angeht, muß der Rechtsgutsinhaber vor allem die **natürliche Einsichts- und Urteilsfähigkeit** besitzen, um die Bedeutung der Preisgabe des geschützten Interesses und die Tragweite der Tat im wesentlichen abschätzen zu können (RG 41, 392 [394]; BGH 4, 88 [92]; 12, 379 [383]; 23, 1 [4]; zu eng BGH NJW 1979, 1206)[50]. Fehlt bei Minderjährigen oder Geisteskranken die natürliche Einsichtsfähigkeit, so hat der personensorgeberechtigte gesetzliche Vertreter das Recht, gegebenenfalls auch die Pflicht zur Einwilligung (BGH 12, 379 [383])[51].

---

[45] So *Blei*, Allg. Teil S. 135; *Bockelmann / Volk*, Allg. Teil S. 103; *Lackner*, Vorbem. II 5 c aa vor § 32; *LK (Hirsch)* Vorbem. 118 vor § 32; *Maurach / Zipf*, Allg. Teil I S. 227; *Kohlrausch / Lange*, Vorbem. II 3 b vor § 51; *Wessels*, Allg. Teil S. 102 f.; *Preisendanz*, Vorbem. 4 b bb vor § 32.

[46] So *Zitelmann*, AcP 99 (1906) S. 51 ff.

[47] So *SK (Samson)* Vorbem. 42 vor § 32; *Jakobs*, Allg. Teil S. 203; *Mezger*, Lehrbuch S. 209; *Sauer*, Allg. Strafrechtslehre S. 136; *Schmidhäuser*, Allg. Teil S. 278 f.

[48] So die Rspr. und h. L.; vgl. BGH 17, 360; BayObLG NJW 1968, 665; OLG Celle MDR 1969, 69; *Baumann / Weber*, Allg. Teil S. 322 f.; *Bockelmann / Volk*, Allg. Teil S. 103; *Dreher / Tröndle*, Vorbem. 3 b vor § 32; *LK (Hirsch)* Vorbem. 109 vor § 32; *Maurach / Zipf*, Allg. Teil I S. 224; *Schönke / Schröder / Lenckner*, Vorbem. 43 vor § 32; *Wessels*, Allg. Teil S. 103; *Welzel*, Lehrbuch S. 97.

[49] Über den Streit um die Frage, ob sich die Einwilligung auf den Erfolg, die Handlung oder auf beides bezieht, *Schrey*, Der Gegenstand der Einwilligung S. 26 ff. Allein auf den Erfolg will *Zipf*, Einwilligung und Risikoübernahme S. 22 die Einwilligung beziehen. Vermittelnd aber *Maurach / Zipf*, Allg. Teil I S. 227.

[50] So auch die h. L.; vgl. *Baumann / Weber*, Allg. Teil S. 324; *Blei*, Allg. Teil S. 135; *Lackner*, Vorbem. II 5 c aa vor § 32; *LK (Hirsch)* Vorbem. 118 vor § 32; *Maurach / Zipf*, Allg. Teil I S. 227; *Noll*, Übergesetzliche Rechtfertigungsgründe S. 127; *Stratenwerth*, Allg. Teil I Rdn. 379.

[51] Ist der Minderjährige selbst einwilligungsfähig, so bedarf es für das Strafrecht der Einwilligung des gesetzlichen Vertreters nicht, so daß bei einem etwaigen *Widerspruch* die Entscheidung des Minderjährigen vorgeht, vgl. *Boehmer*, MDR 1959, 707; *Lenckner*, ZStW 72 (1960) S. 456; *Schönke / Schröder / Lenckner*, Vorbem. 42 vor § 32 (außer bei offensichtlichen Fehlentscheidungen; hierzu a. A. *Jakobs*, Allg. Teil S. 203 Fußnote 176). Wird die erforderliche Einwilligung des gesetzlichen Vertreters in eine Operation pflichtwidrig verweigert, so ist das Vormundschaftsgericht zwecks Bestellung eines Pflegers nach §§ 1666, 1909 BGB anzurufen. Fehlt es dazu an Zeit, so ist ein Fall *rechtfertigenden* Notstands (§ 34) anzunehmen, da Leben und

4. Die Einwilligung muß ferner frei von **Willensmängeln** (Täuschung, Irrtum und Zwang) sein, so daß z. B. die Einwilligung des KZ-Häftlings in seine eigene Entmannung unwirksam ist (BGH 4, 113 [118])[52]. Doch reicht ein bloßer Motivirrtum nicht aus, um die Einwilligung unwirksam zu machen (OLG Stuttgart NJW 1962, 62), und auch ein Irrtum über die Approbation dessen, der einen Heileingriff durchführt, kann in geringfügigen Fällen bedeutungslos sein (BGH 16, 309 [311]; anders bei Erschleichung der Einwilligung durch Täuschung, BGH JR 1988, 122). Ebensowenig kann ein Erklärungsirrtum die Wirksamkeit der Einwilligung berühren, da wie im Zivilrecht (§§ 119 I, 122 BGB) das Vertrauen des Täters auf die – irrtümlich erklärte – Einwilligung Schutz verdient. Dagegen machen ein Irrtum und eine Täuschung, die Ausmaß und Art der Beeinträchtigung des Handlungsobjekts betreffen, die Einwilligung unwirksam, weil diese dann den Eingriff des Täters in die Rechtssphäre des Betroffenen nicht deckt[53]. Die Unwirksamkeit wird auf die Fälle auszudehnen sein, in denen der Betroffene infolge von Täuschung oder Irrtum den altruistischen Zweck seines Rechtsgutsopfers nicht erreicht oder den Sinn der Einwilligung für die Abwendung eigenen oder fremden Schadens verfehlt, weil diese dann nicht Ausdruck seiner Autonomie ist[54]. Die Drohung muß ferner ein erhebliches Übel einschließen[55]. Die Einwilligung ist frei widerruflich, einer Anfechtung im Sinne des bürgerlichen Rechts bedarf es nicht. Unerheblich ist endlich, ob die Einwilligung selbst gegen ein gesetzliches Verbot oder die guten Sitten verstößt, denn die §§ 134, 138 BGB sind auf die Einwilligung ebensowenig anwendbar wie die übrigen Vorschriften des bürgerlichen Rechts über die Willenserklärung (RG 74, 91 [95]; RG DR 1943, 234; BGH 4, 88 [91])[56]. In der Praxis sind jedoch Sittenwidrigkeit der Tat (§ 226a) und Sittenwidrigkeit der Einwilligung schwer zu trennen.

Beispiel: Die ärztlich nicht begründete Verschreibung von Betäubungsmitteln auf Wunsch eines Suchtkranken ist sittenwidrig und deswegen trotz der Einwilligung strafbar nach §§ 223, 226a (RG 77, 17 [21]). Die Einwilligung könnte hier freilich schon mangels Einsichtsfähigkeit des Patienten unwirksam sein (S. 20).

Gesundheit des Kindes der Entscheidungsfreiheit des uneinsichtigen Sorgeberechtigten angesichts der Eilbedürftigkeit der Maßnahme vorgehen. Obwohl hier also ein gesetzlich geregeltes Verfahren vorgesehen ist, greift § 34 ein, weil unmittelbare Lebens- oder Gesundheitsgefahr besteht (vgl. auch oben § 33 IV 3 d Fußnote 44).

[52] Zur Einwilligung Unfreier *Amelung*, ZStW 95 (1983) S. 1 ff.

[53] *Arzt*, Willensmängel S. 20, 30 spricht in diesem Sinne treffend von „rechtsgutsbezogener Täuschung" und „rechtsgutsbezogenem Irrtum". Ebenso *Eser*, Strafrecht I Nr. 8 A Rdn. 15 f.; *Noll*, Übergesetzliche Rechtfertigungsgründe S. 131; *Rudolphi*, ZStW 86 (1974) S. 82; *Schönke / Schröder / Lenckner*, Vorbem. 46 f. vor § 32; *SK (Samson)* Vorbem. 43 vor § 32; *Jakobs*, Allg. Teil S. 204; *Schlehofer*, Einwilligung S. 82 f.; *Maria-Katharina Meyer*, Ausschluß der Autonomie S. 182. Weitergehend *(jeder* Willensmangel) die überw. Lehre; vgl. *Bockelmann / Volk*, Allg. Teil S. 106; *Dreher / Tröndle*, Vorbem. 3 b vor § 32; *LK (Hirsch)* Vorbem. 119 vor § 32; *Maurach / Zipf*, Allg. Teil I S. 224.

[54] So *Roxin*, Noll-Gedächtnisschrift S. 285 ff.

[55] Vgl. *Arzt*, Willensmängel S. 35; *LK (Hirsch)* Vorbem. 120 vor § 32; *Schönke / Schröder / Lenckner*, Vorbem. 48 vor § 32; *Wessels*, Allg. Teil S. 103.

[56] Die Frage ist im Schrifttum umstritten; wie hier *Berz*, GA 1969, 70; *Eser*, Strafrecht I Nr. 8 A Rdn. 25; *LK (Hirsch)* § 226a Rdn. 7; *Maurach / Zipf*, Allg. Teil I S. 227; *Kohlrausch / Lange*, § 226a Anm. III; *Schönke / Schröder / Lenckner*, Vorbem. 38 vor § 32; *Welzel*, Lehrbuch S. 96. Anders *Amelung*, Einwilligung S. 56 f.; *Baumann / Weber*, Allg. Teil S. 327 f.; *H. Mayer*, Lehrbuch S. 167; *Geerds*, GA 1954, 268.

V. Die Kenntnis des Täters von der Einwilligung

Wie bei allen Rechtfertigungsgründen muß auch bei der Einwilligung das subjektive Rechtfertigungselement gegeben sein. Der Täter muß im Sinne der vermittelnden Theorie (vgl. oben § 34 IV 2) **in Kenntnis** und **aufgrund der Einwilligung** gehandelt haben[57]. Die Frage, wie zu entscheiden ist, wenn diese Kenntnis fehlt, ist umstritten. Richtig ist es, in diesem Falle die Versuchsregeln entsprechend anzuwenden, da das Erfolgsunrecht durch die in Wirklichkeit erteilte Einwilligung aufgehoben wird, während das Handlungsunrecht bestehen bleibt (vgl. oben § 31 IV 2)[58].

Beispiel: Der Neffe versetzt auf einem Fastnachtsball die goldene Uhr des Onkels, die ihm dieser für sein Kostüm als „Monopolkapitalist" geliehen hat. Bei der Heimkehr findet er einen Brief des Onkels, der ihm die Uhr schenkt, falls er während seines Studiums einmal dringend in Geldnot geraten sollte. Der Neffe ist strafbar wegen versuchter Unterschlagung (§§ 246, 22).

VI. Ausländisches Recht

Im *Ausland* wird die Frage der Einwilligung des Verletzten als Rechtfertigungsgrund verschieden beurteilt. Die *österreichische* Lehre läßt die Einwilligung in gleichem Umfang zu wie die deutsche[59]. Das neue StGB regelt die Einwilligung in eine Körperverletzung in § 90 I (wie § 226 a dt. StGB), die Einwilligung in eine Sterilisation in § 90 II als Rechtfertigungsgründe. Das *schweizerische* Recht ging früher in seiner liberalen Grundanschauung eher weiter[60]. In *Frankreich* wird die Einwilligung wegen des öffentlich-rechtlichen Charakters des Strafrechts und wegen des Prinzips der „légalité des excuses" in Art. 65 C. p. nur dann zugelassen, wenn sich ein anwendbarer gesetzlicher Text findet oder wenn der Fall einer „autorisation légale" gleichgestellt werden kann[61]. Naturgemäß kennt man auch die Fälle des tatbestandsausschließenden Einverständnisses[62]. Die *spanische* Lehre behandelt die Einwilligung als Rechtfertigungsgrund, unterscheidet aber auch Fälle des Einverständnisses; das ganze wird als eine Frage der Auslegung betrachtet[63]. In den *Niederlanden* betont man den öffentlichen Charakter des Strafrechts und demgemäß die Natur der Einwilligung als Ausnahme[64]. Die *italienische* Lehre anerkennt die Einwilligung auf der Grundlage von Art. 50 C. p. etwa in dem gleichen Umfang wie die deutsche[65]. Das *amerikanische* Recht betont dagegen stark den Vorrang der „public

---

[57] So *Bockelmann / Volk*, Allg. Teil S. 104; *LK (Hirsch)* Vorbem. 140 vor § 32; *Wessels*, Allg. Teil S. 103. Anders (bloße Kenntnis) *Schönke / Schröder / Lenckner*, Vorbem. 51 vor § 32; *SK (Samson)* Vorbem. 47 vor § 32. Das subjektive Element verneint bei der Einwilligung *Gallas*, Bockelmann-Festschrift S. 174, weil die objektiven Voraussetzungen „hier ausschließlich im Wirkungsbereich des Verletzten liegen".

[58] Wie hier *Baumann / Weber*, Allg. Teil S. 329; *Sauer*, Allg. Strafrechtslehre S. 137; *Blei*, Allg. Teil S. 136 f.; *Schönke / Schröder / Lenckner*, Vorbem. 15 vor § 32; *Stratenwerth*, Allg. Teil I Rdn. 494; *Wessels*, Allg. Teil S. 103; *Schmidhäuser*, Allg. Teil S. 278; *Maurach / Zipf*, Allg. Teil I S. 339. Für Vollendung dagegen *Dreher / Tröndle*, § 16 Rdn. 28; *LK (Hirsch)* Vorbem. 59 vor § 32.

[59] Vgl. *Rittler*, Bd. I S. 150 f.; *WK (Nowakowski)* Nachbem. 33 ff. zu § 3; *Triffterer*, Allg. Teil S. 239 ff.; *Leukauf / Steininger*, § 3 Rdn. 34 ff.; *Zipf*, ÖJZ 1977, 379 ff.

[60] So wollte *Hafter*, Allg. Teil S. 170 die Einwilligung bei der Körperverletzung ohne Einschränkung zulassen. Dagegen allerdings jetzt die h. M.; vgl. *Stratenwerth*, Schweiz. Strafrecht, Allg. Teil I S. 189 ff.; *Noll / Trechsel*, Allg. Teil I S. 125; *Noll*, Übergesetzliche Rechtfertigungsgründe S. 83; *Schultz*, Einführung I S. 168. Vgl. auch *Haefliger*, SchwZStr 67 (1952) S. 99.

[61] Vgl. *Stefani / Levasseur / Bouloc*, Droit pénal général S. 400 f.; *Merle / Vitu*, Traité S. 550 ff. Auch das Avant-projet enthält keine Regelung.

[62] *Bouzat*, Traité Bd. I S. 375; *Merle / Vitu*, Traité S. 551.

[63] Eingehende Darstellung jetzt bei *Mir Puig*, Adiciones Bd. I S. 529 ff.

[64] *Pompe*, Handboek S. 10 f. Eingehend dazu und im Sinne des Textes D. *Hazewinkel-Suringa / Remmelink*, Inleiding S. 303 ff. Vgl. auch für das südafrikanische Strafrecht *S. A. Strauss*, Aspekte van die begrip „toestemming", 1963.

morals" und des „public peace" gegenüber der privaten Entscheidungsfreiheit[66]. Im *englischen* Recht werden nur Einzelfälle erörtert[67]. Das *brasilianische* Recht hat für die Einwilligung ähnliche Strukturen entwickelt wie das deutsche, der Código penal enthält aber keine Regelung[68]. Das Strafrecht der *DDR* kennt die Einwilligung, deren Voraussetzungen ähnlich umschrieben werden wie im Strafrecht der Bundesrepublik. Die Einwilligung darf, um wirksam zu sein, nicht „der sozialistischen Gesetzlichkeit und dem Rechtsbewußtsein der Werktätigen widersprechen"[69].

VII. Die mutmaßliche Einwilligung

Ahrens, Geschäftsführung ohne Auftrag als Strafausschließungsgrund, Diss. Göttingen 1909; *Arndt,* Die mutmaßliche Einwilligung als Rechtfertigungsgrund, Strafr. Abh. Heft 268, 1929; *Eichler,* Handeln im Interesse des Verletzten als Rechtfertigungsgrund, Strafr. Abh. Heft 284, 1931; *Hegler,* Die Merkmale des Verbrechens, ZStW 36 (1915) S. 19; *v. Hippel,* Die Bedeutung der Geschäftsführung ohne Auftrag im Strafrecht, RG-Festgabe, Bd. V, 1929, S. 1; *Lenckner,* Die Rechtfertigungsgründe und das Erfordernis pflichtgemäßer Prüfung, Festschrift für H. Mayer, 1966, S. 165; *Mezger,* Die subjektiven Unrechtselemente, GS 89 (1924) S. 207; *Roxin,* Über die mutmaßliche Einwilligung, Festschrift für H. Welzel, 1974, S. 447; *Rudolphi,* Die pflichtgemäße Prüfung als Erfordernis der Rechtfertigung, Gedächtnisschrift für H. Schröder, 1978, S. 73; *Tiedemann,* Die mutmaßliche Einwilligung, insbesondere bei Unterschlagung amtlicher Gelder, JuS 1970, 108; *Unger,* Die Zueignung von Geld usw., 1973; *Voltz,* Die Züchtigung fremder Kinder und die Versuche ihrer Rechtfertigung, ZStW 50 (1930) S. 339.

Vgl. ferner die Schrifttumsangaben vor § 34.

1. Ein **Rechtfertigungsgrund eigener Art,** der jedoch an die Möglichkeit der Einwilligung durch den Rechtsgutsinhaber anknüpft, ist die mutmaßliche Einwilligung[70]. Es handelt sich dabei darum, daß eine Einwilligung, die nach Sachlage wirksam erteilt werden könnte, nicht vorliegt und auch nicht rechtzeitig eingeholt werden kann, weil der Rechtsgutsinhaber bzw. sein gesetzlicher Vertreter nicht erreichbar oder ein dringend behandlungsbedürftiger Kranker nicht bei Bewußtsein ist, daß ihre Erteilung aber bei *objektiver Würdigung* aller Umstände *ex ante* mit Sicherheit zu erwarten gewesen wäre (RG 61, 242 [256]; BGH 16, 309 [312])[71]. Gleichzustellen ist der Fall, daß der Rechtsgutsinhaber auf seine Befragung mit Sicherheit verzichtet hätte[72].

---

[65] Umfassende Darstellung jetzt bei *Riz,* Il consenso dell'avente diritto, 1979; *Bettiol / Pettoello Mantovani,* Diritto penale S. 400 ff.

[66] Vgl. *Honig,* Das amerikanische Strafrecht S. 166; *Hall,* General Principles S. 232. *Robinson,* Criminal Law Defenses Bd. I S. 307 ff. unterscheidet drei Formen der Zustimmung des Verletzten.

[67] Vgl. *Glanville Williams,* Criminal Law S. 770 ff.; *derselbe,* Crim L Rev 74 (1962) S. 154 ff.; *Kenny / Turner,* Outlines S. 208 ff.; *Rubinstein,* The Victim's Consent S. 193 ff.

[68] *Fragoso,* Lições S. 199 f.

[69] Vgl. *Orschekowsky / Benjamin,* NJ 1958, 816; *Lekschas / Renneberg,* Lehrbuch S. 420 f.

[70] Die Entwicklung dieser Lehre ist insbesondere *Mezger,* GS 89 (1924) S. 287 ff. und Lehrbuch S. 218 ff. zu danken. *Günther,* Strafrechtswidrigkeit S. 351 f. nimmt nur einen Strafunrechtsausschließungsgrund an. Dagegen *Roxin,* Welzel-Festschrift S. 448 zu Recht für einen „eigenständigen Rechtfertigungsgrund".

[71] So die h. L.; vgl. *Baumann / Weber,* Allg. Teil S. 332 ff.; *Blei,* Allg. Teil S. 138; *Dreher / Tröndle,* Vorbem. 4 vor § 32; *Lackner,* Vorbem. 6 vor § 32; *LK (Hirsch)* Vorbem. 129 vor § 32; *Maurach / Zipf,* Allg. Teil I S. 383 f.; *Roxin,* Welzel-Festschrift S. 448; *Schönke / Schröder / Lenckner,* Vorbem. 54 vor § 32; *WK (Nowakowski)* Nachbem. 39 zu § 3; *Wessels,* Allg. Teil S. 104. Einen Unterfall des rechtfertigenden Notstands nehmen an *Arndt,* Mutmaßliche Einwilligung S. 67 ff.; *H. Mayer,* Lehrbuch S. 168; *Schmidhäuser,* Allg. Teil S. 317; *Welzel,* Lehrbuch S. 92, aber zu Unrecht, denn es kommt auf den anzunehmenden Willen des Rechtsgutsinhabers an, wie er sich bei objektiver Prüfung der Sachlage darstellt, auch wenn dieser dem Ergebnis der Interessenabwägung entgegensteht (so jetzt auch *Bockelmann / Volk,* Allg. Teil S. 106).

VII. Die mutmaßliche Einwilligung

Beispiele: Bei Einlieferung eines bewußtlosen Schwerverletzten ins Krankenhaus kann die aus medizinischen Gründen sofort vorzunehmende Operation ohne Einwilligung des Patienten durchgeführt werden, wenn anzunehmen ist, daß er bei Kenntnis der Sachlage eingewilligt hätte (vgl. RG 25, 375 [381 f.], wo der Fall aber umgekehrt lag). Ebenso genügt bei einer medizinisch indizierten Schwangerschaftsunterbrechung die mutmaßliche Einwilligung der Frau, wenn ihre nach § 218 a I Nr. 1 an sich erforderliche wirkliche Einwilligung, z. B. wegen Bewußtlosigkeit, nicht eingeholt werden kann (RG 61, 242 [256]). Der Verursacher eines Blechschadens an einem geparkten Kraftfahrzeug darf, statt an der Unfallstelle zu warten (§ 142), den ihm nahestehenden Geschädigten persönlich aufsuchen (BayObLG JZ 1983, 268). Bei sehr erheblichem Sachschaden genügt jedoch bloße Bekanntschaft mit dem Geschädigten nicht, um mutmaßliche Einwilligung in die Entfernung vom Unfallort anzunehmen (OLG Koblenz VRS 57, 13).

Zwei Fallgruppen, bei denen mutmaßliche Einwilligung in Betracht kommt, sind zu unterscheiden[73]:

a) Einmal kann es sich handeln um **interne Güter- und Interessenkollisionen** im Lebensbereich des Verletzten, die durch einen in seinem Sinne stattfindenden Eingriff von außen gelöst werden müssen, weil die eigene Entscheidung nicht rechtzeitig herbeigeführt werden kann. Dieser Fall steht dem rechtfertigenden Notstand (in der Form der Nothilfe) nahe, weil auch hier abzuwägen ist, ob das eine Interesse das andere wesentlich überwiegt. Der Unterschied liegt darin, daß die beteiligten Interessen derselben Person zustehen, daß von dritter, an sich unberufener Seite die Auswahl getroffen werden muß und daß der mutmaßliche Wille des Rechtsgutsträgers immer den Ausschlag gibt.

Beispiele: Der Arzt nimmt bei dem bewußtlos eingelieferten Schwerverletzten eine Amputation vor (§ 224), die nicht verschoben werden kann. Die Ehefrau öffnet einen an den längere Zeit abwesenden Mann gerichteten Brief des Finanzamts, damit eine wichtige Frist nicht versäumt wird (§ 202). Jemand dringt in das Haus des verreisten Nachbarn ein, um ein schadhaftes Wasserrohr abzudichten (§ 123). Vgl. ferner den Fall RG 60, 117 (120).

b) Zum anderen kann der Fall auch so liegen, daß dem Betroffenen die **Preisgabe eigener Interessen zugunsten des Täters oder eines Dritten** zugemutet wird. In dieser Lage beruht die Mutmaßung, daß der Rechtsgutinhaber einverstanden sein werde, entweder auf seinem geringen Interesse an der Erhaltung des betreffenden Guts oder aber auf besonderen Gründen in der Person der Beteiligten[74].

Beispiele: Kinder sammeln in einem überreichen Obstjahr Fallobst unter fremden Bäumen (§ 248 a). Jemand benutzt das abgestellte Fahrrad des Freundes, um einen wichtigen Zug nicht zu versäumen (§ 248 b). Die Hausgehilfin schenkt den abgetragenen Anzug des Hausherrn einem Bettler (§ 242)[75]. Bei Bagatellschaden an einem fremden geparkten Fahrzeug hinterläßt der schuldige Kraftfahrer nur seine Adresse, ohne jedoch zu warten (§ 142). Vgl. ferner den oben erwähnten Fall BayObLG JZ 1983, 268.

2. Die rechtfertigende Kraft der mutmaßlichen Einwilligung beruht auf einer Kombination dreier Gesichtspunkte: einmal muß eine **Interessenabwägung** im Sinne des Verletzten stattfinden, zum anderen muß eine objektive Mutmaßung darüber

---

[72] So *Schönke / Schröder / Lenckner*, Vorbem. 54 vor § 32; *Tiedemann*, JuS 1970, 109. Anders LSG Celle NJW 1980, 1352; *LK (Hirsch)* Vorbem. 136 vor § 32; *Roxin*, Welzel-Festschrift S. 461; *SK (Samson)* Vorbem. 50 vor § 32.

[73] Ebenso *Blei*, Allg. Teil S. 139; *Roxin*, Welzel-Festschrift S. 464; *SK (Samson)* Vorbem. 48 vor § 32.

[74] Für diese zweite Fallgruppe lehnt *Schmidhäuser*, Allg. Teil S. 318 die Rechtfertigung ab.

[75] Läge die Zustimmung des Rechtsgutsinhabers vor, so würde es sich um Fälle des Einverständnisses handeln, das jeweils schon den Tatbestand ausschließt (vgl. oben § 34 I 1 b). Bei der mutmaßlichen Einwilligung ist jedoch nicht in dieser Weise zu differenzieren, da das Einverständnis wirklich vorliegen muß und nicht bloß gemutmaßt werden kann.

angestellt werden, welches **der zu erwartende Willensentschluß** gewesen wäre, wenn er die Situation gekannt hätte, endlich ist der Gedanke des **erlaubten Risikos** heranzuziehen, woraus sich vor allem die Pflicht zu gewissenhafter Prüfung ergibt (vgl. unten § 36 I 3)[76]. Die beiden zuerst genannnten Kriterien stehen nicht unabhängig nebeneinander, sondern weisen eine wechselseitige Beziehung auf. Aus der Interessenabwägung wird sich in der Regel ergeben, ob die Einwilligung des Verletzten zu erwarten gewesen wäre; aus dessen subjektiver Eigentümlichkeit kann aber auch zu schließen sein, daß er selbst eine auf sein „wahres Wohl" abzielende Lösung des Interessenkonflikts nicht gebilligt hätte. Die beiden Gesichtspunkte treten in den zwei Fallgruppen in verschiedener Stärke hervor. Bei internen Interessenkollisionen wird die objektiv vernünftigste Entscheidung in der Regel auch dem mutmaßlichen Willen des Betroffenen entsprechen. Bei Interessenpreisgabe wird es dagegen, abgesehen von Fällen, die wie das Wechseln von Geld durch Entnahme aus einer fremden Kasse kein Gewicht haben[77], stark auf die persönliche Einstellung des Rechtsgutsträgers und des Täters ankommen[78]. In beiden Fällen muß jedoch auch der „unvernünftige Wille" des Trägers des geschützten Rechtsgutes respektiert werden (vgl. den Fall BVerfGE 32, 98ff.), wenn er bekannt ist oder erschlossen werden kann, denn es handelt sich bei der mutmaßlichen Einwilligung nicht um einen Fall erlaubter „Bevormundung durch ungebetene Nothelfer"[79], sondern um die Vertretung eines anderen in seiner Entscheidungsfreiheit. Gerechtfertigt ist die Tat auch dann, wenn sich die Mutmaßung trotz sorgfältiger objektiver Prüfung nachträglich als falsch herausstellt. In diesem Fall beruht die Rechtfertigung des Eingriffs auf dem Gedanken des erlaubten Risikos (vgl. dazu unten § 36 I 3).

Die für die mutmaßliche Einwilligung maßgebenden Gesichtspunkte liegen auch den Vorschriften des bürgerlichen Rechts über die *Geschäftsführung ohne Auftrag* zugrunde. Der Geschäftsführer hat nämlich zu handeln, „wie das Interesse des Geschäftsherrn mit Rücksicht auf dessen wirklichen oder mutmaßlichen Willen es erfordert" (§ 677 BGB). Die früher empfohlene analoge Anwendung dieser Vorschriften im Strafrecht[80] ist jedoch nicht zu billigen, denn sie regeln nur den internen Schadens- und Aufwendungsausgleich, nicht aber die Voraussetzungen des Eingriffs in fremde Rechtsgüter, auf die es für die strafrechtliche Rechtfertigung ankommt. So würde sich eine Bank, die während der Abwesenheit des auf einer Weltreise befindlichen Kunden aus dessen Konto eigenmächtig seine gesetzlichen Unterhaltspflichten erfüllte, gegenüber dem Vorwurf der Untreue (§ 266) schwerlich auf § 679 BGB berufen können[81].

---

[76] So *Lenckner*, H. Mayer-Festschrift S. 181; *Maurach / Zipf*, Allg. Teil I S. 386f.; *Roxin*, Welzel-Festschrift S. 453; *Schönke / Schröder / Lenckner*, Vorbem. 58 vor § 32; *Wessels*, Allg. Teil S. 104.

[77] Selbst beim *Verbrauch* eines minimalen Betrags fremden Geldes in der Gewißheit der Erstattungsfähigkeit ist die Zueignung zu verneinen, so daß der Gesichtspunkt der mutmaßlichen Einwilligung gar nicht eingreift; so *Tiedemann*, JuS 1970, 110ff.; *LK (Hirsch)* Vorbem. 139 vor § 32. Anders OLG Köln NJW 1968, 2348.

[78] Aus der Verschiedenartigkeit der Fallgestaltungen erklärt es sich, daß in der Literatur die beiden Gesichtspunkte unterschiedlich stark betont werden. So heben *Mezger*, Lehrbuch S. 220 und *Blei*, Allg. Teil S. 138 die Einwilligungskomponente hervor, während *Frank*, § 51 Vorbem. III; *Eichler*, Handeln im Interesse des Verletzten S. 53; *Hegler*, ZStW 36 (1915) S. 42 und *Traeger*, GS 94 (1927) S. 154ff. den Interessengesichtspunkt in den Vordergrund stellen.

[79] So treffend *H. Mayer*, Lehrbuch S. 168. Auch bei geringfügigen oder vorübergehenden Beeinträchtigungen bleibt die nach den Umständen einholbare Entscheidung des Betroffenen maßgebend; vgl. *LK (Hirsch)* Vorbem. 136 vor § 32; *Roxin*, Welzel-Festschrift S. 461. Anders *Tiedemann*, JuS 1970, 109; *Unger*, Die Zueignung von Geld, 1973.

[80] So *Zitelmann*, AcP 99 (1906) S. 104; *Ahrens*, Geschäftsführung ohne Auftrag S. 29ff.; *v. Hippel*, RG-Festgabe S. 2ff.

[81] Anders *Welzel*, Lehrbuch S. 93. Wie der Text *LK (Hirsch)* Vorbem. 130 vor § 32; *Stratenwerth*, Allg. Teil I Rdn. 397; *Jakobs*, Allg. Teil S. 372.

VII. Die mutmaßliche Einwilligung

3. Bei der mutmaßlichen Einwilligung müssen die **gleichen Erfordernisse** erfüllt sein, wie sie auch zur Wirksamkeit der wirklichen Einwilligung verlangt werden. Die Mutmaßung hat sich auf den Zeitpunkt der Tat zu beziehen, die Hoffnung auf spätere Zustimmung ist unmaßgeblich (RG 25, 375 [383]). Der Träger des Rechtsguts, dessen mutmaßliche Einwilligung die Tat rechtfertigen soll, muß ferner generell die Einsichts- und Urteilsfähigkeit besitzen, die erforderlich gewesen wäre, um die Bedeutung des Eingriffs richtig zu würdigen. Sonst ist auf den mutmaßlichen Willen des gesetzlichen Vertreters abzustellen. Ferner kommt es auch hier nicht darauf an, ob die mutmaßliche Einwilligung selbst gegen die guten Sitten verstößt. Als Besonderheit gilt, daß der Handelnde, weil ungewiß ist, ob der Eingriff nicht dem wahren Willen des Berechtigten zuwiderläuft, nur aufgrund **gewissenhafter Prüfung** aller Umstände zur Tat schreiten darf[82]. Hat er *nicht* pflichtgemäß geprüft und widerspricht der Eingriff dem wahren Willen des Betroffenen, so ist die Tat rechtswidrig. Trifft der Täter ohne Prüfung das Richtige, so handelt er rechtmäßig, weil Interesse und Wille des Betroffenen gewahrt sind.

4. Praktisch bedeutsam ist die mutmaßliche Einwilligung vor allem für den ärztlichen Eingriff, in geringerem Umfange auch für das Problem der Züchtigung fremder Kinder.

a) Der **eigenmächtige Abbruch der Schwangerschaft** ist nach § 218, die **eigenmächtige Heilbehandlung** vorerst noch nach § 223 (vgl. oben § 34 III 3a) strafbar. Für beide Fälle ist jedoch selbstverständlich, daß die mutmaßliche Einwilligung zur Rechtfertigung ausreicht. So bedarf es der Einwilligung der Schwangeren (§ 218a I Nr. 1) nicht, wenn sie wegen ihres Zustandes nicht wirksam einwilligen kann und auch nicht anzunehmen ist, daß sie die Einwilligung versagen würde. Entsprechendes gilt für die Heilbehandlung. Daraus folgt, daß der Arzt sich bei seiner Entscheidung letztlich auf den Standpunkt des Patienten stellen muß und nicht einfach von dem Gedanken ausgehen darf, daß das zu geschehen habe, was der Patient vernünftigerweise „wollen sollte". Die Grundsätze über die mutmaßliche Einwilligung gelten ferner dann, wenn eine auf voller Kenntnis der Sachlage beruhende Einwilligung des Patienten deswegen nicht eingeholt werden kann, weil die volle Aufklärung über Art und Umfang des Leidens den Behandlungserfolg durch die Schockwirkung der Wahrheit voraussichtlich erheblich beeinträchtigen würde (vgl. § 162 III E 1962)[83].

b) Ein Recht zur **Züchtigung fremder Kinder** wegen grober Unart bei Abwesenheit der Erziehungsberechtigten wurde früher zuweilen auf mutmaßliche Einwilligung gestützt[84]. In schweren Fällen sollte sogar der entgegenstehende Wille der Eltern nach § 679 BGB unbeachtlich sein[85]. Diese Lehre ist jedoch abzulehnen[86]. Die Züchtigung durch einen Fremden, dem die zur Wahrnehmung von Erziehungsaufgaben erforderliche Autoritäts- und Vertrauensposition fehlt, ist ein so schwerer Eingriff, daß die Einwilligung der Eltern nicht unterstellt werden darf[87]. Eine gewaltsame Einwirkung auf fremde Kinder ist deswegen nur im Rahmen des Notwehr- oder Notstandsrechts zulässig, hat dann aber nichts mehr mit Züchtigung zu tun.

---

[82] So *Lenckner*, H. Mayer-Festschrift S. 181; *Maurach / Zipf*, Allg. Teil I S. 386f.; *Roxin*, Welzel-Festschrift S. 453f.; *Schmidhäuser*, Allg. Teil S. 319. Anders *LK (Hirsch)* Vorbem. 140 vor § 32; *Rudolphi*, Schröder-Gedächtnisschrift S. 86ff.; *Jakobs*, Allg. Teil S. 297, der aber den, der nicht geprüft hat, doch das Fehlerrisiko tragen läßt (S. 298).

[83] Vgl. dazu *Maurach / Zipf*, Allg. Teil I S. 377; *LK (Hirsch)* § 226a Rdn. 35.

[84] So *v. Hippel*, RG-Festgabe S. 8ff.; *LK*[8] *(Mezger)* Vorbem. 10c vor § 51.

[85] So *Welzel*, Lehrbuch S. 93. Gegen diese Meinung mit Recht *Voltz*, ZStW 50 (1930) S. 358ff.

[86] So die neuere Rspr., vgl. RG 61, 191 (193); 76, 3 (6); RG DR 1944, 612; BayObLG 15, 30; OLG Saarbrücken NJW 1963, 2379. Ebenso *LK (Hirsch)* § 223 Rdn. 28; *Dreher / Tröndle*, § 223 Rdn. 15a; *Schönke / Schröder / Eser*, § 223 Rdn. 25; *Lackner*, § 223 Anm. 5b aa; *Maurach / Zipf*, Allg. Teil I S. 381; *Schmidhäuser*, Allg. Teil S. 318.

[87] Vgl. *Eichler*, Handeln im Interesse des Verletzten S. 76ff.; *Roxin*, Welzel-Festschrift S. 466; *Voltz*, ZStW 50 (1930) S. 354ff.

Beispiel: Kinder, die ein öffentlich aufgestelltes Denkmal durch Steinwürfe beschädigen, darf man notfalls durch Schläge vertreiben, man darf ihnen jedoch nicht zu Erziehungszwecken eine Tracht Prügel verabreichen.

§ 35 Das Handeln aufgrund von Amtsrechten und verwandte Fälle

Amelung, Die Rechtfertigung von Polizeivollzugsbeamten, JuS 1986, 329; *Arndt,* Grundriß des Wehrstrafrechts, 2. Auflage 1966; *derselbe,* Die strafrechtliche Bedeutung des militärischen Befehls, NZWehrr 1960, 145; *Arzt,* Zum privaten Festnahmerecht, Festschrift für Th. Kleinknecht, 1985, S. 1; *Battenberg,* Das auf Befehl begangene Verbrechen, Strafr. Abh. Heft 189, 1916; *Beling,* Grenzlinien zwischen Recht und Unrecht in der Ausübung der Strafrechtspflege, 1913; *Bertram,* Das Widerstandsrecht des Grundgesetzes, 1970; *Blank,* Die strafrechtliche Bedeutung des Art. 20 IV GG, 1982; *Böckenförde,* Die Kodifizierung des Widerstandsrechts im Grundgesetz, JZ 1970, 168; *Borchert,* Die vorläufige Festnahme nach § 127 StPO, JA 1982, 338; *Bringewat,* Der rechtswidrige Befehl, NZWehrr 1971, 126; *Bruns,* Zur strafrechtlichen Diskussion über das Züchtigungsrecht des Lehrers, JZ 1957, 410; *Doehring,* Das Widerstandsrecht des GG und das überpositive Recht, Der Staat 8 (1969) S. 429; *Dolaptschieff,* Sind rechtswidrige bindende Befehle möglich? ZStW 58 (1939) S. 238; *Fincke,* Darf sich eine Privatperson bei der Festnahme nach § 127 I StPO irren? GA 1971, 41; *derselbe,* Das Risiko des privaten Festnehmers, JuS 1973, 87; *Friebe,* Die strafrechtliche Verantwortlichkeit des Lehrers, 2. Auflage 1958; *Fuhrmann,* Der höhere Befehl als Rechtfertigungsgrund im Völkerrecht, 1963; *Henkel,* Strafverfahrensrecht, 2. Auflage 1968; *Hesse,* Grundzüge des Verfassungsrechts der Bundesrepublik Deutschland, 15. Auflage 1985; *Heuer,* in: *Birtles* u.a., Die Zulässigkeit des Einsatzes staatlicher Gewalt in Ausnahmesituationen, 1976; *Hirsch,* Soziale Adäquanz und Unrechtslehre, ZStW 74 (1962) S. 78; *Isensee,* Das legalisierte Widerstandsrecht, 1969; *Jescheck,* Verantwortung und Gehorsam im Bereich der Polizei, Das Polizeiblatt für das Land Baden-Württemberg 1964, 97; *derselbe,* Befehl und Gehorsam in der Bundeswehr, in: Bundeswehr und Recht 1965, S. 63; *Jung,* Das Züchtigungsrecht des Lehrers, 1977; *Karstendiek,* Nochmals: Züchtigungsrecht heute, DRiZ 1975, 333; *Arthur Kaufmann* (Hrsg.), Widerstandsrecht, 1972; *Kienapfel,* Körperliche Züchtigung und soziale Adäquanz, 1961; *Kohlhaas / Schwenck,* Rechtsprechung in Wehrstrafsachen, 1967; *v. Kopp,* Zum Urteil des BGH über das Züchtigungsrecht der Lehrer, JZ 1955, 319; *Krey / W. Meyer,* Zum Verhalten von Staatsanwaltschaft und Polizei usw., ZRP 1973, 1; *Krüger,* Polizeilicher Schußwaffengebrauch, 3. Auflage 1977; *derselbe,* Die bewußte Tötung bei polizeilichem Schußwaffengebrauch, NJW 1973, 1; *Küper,* Grundsatzfragen der „Differenzierung" zwischen Rechtfertigungs- und Entschuldigungsgründen, JuS 1987, 81; *W. Lange,* Probleme des polizeilichen Waffengebrauchsrechts, MDR 1974, 357; *derselbe,* Der neue Musterentwurf eines einheitlichen Polizeigesetzes usw., MDR 1977, 10; *H. Mayer,* Der bindende Befehl im Strafrecht, Festgabe für R. v. Frank, Bd. I, 1930, S. 598; *M. E. Mayer,* Der rechtswidrige Befehl des Vorgesetzten, Festschrift für P. Laband, 1908, S. 121; *Meincke,* Betreffen oder Verfolgen auf frischer Tat usw., Diss. Hamburg 1963; *Middendorff,* Claus Graf Schenk von Stauffenberg, Festschrift für H.-H. Jescheck, Bd. II, 1985, S. 1175; *Oehler,* Handeln auf Befehl, JuS 1963, 301; *Ostendorf,* Die strafrechtliche Rechtmäßigkeit rechtswidrigen hoheitlichen Handelns, JZ 1981, 165; *Petri,* Abschaffung des elterlichen Züchtigungsrechts, ZRP 1976, 64; *Reindl / Roth,* Die Anwendung des unmittelbaren Zwanges in der Bundeswehr, 1974; *Roxin,* Strafverfahrensrecht, 20. Auflage 1987; *Rüping / Uta Hüsch,* Abschied vom Züchtigungsrecht des Lehrers, GA 1979, 1; *Rupp,* Grundfragen der heutigen Verwaltungsrechtslehre, 1965; *Rupprecht,* Die tödliche Abwehr des Angriffs auf menschliches Leben, JZ 1973, 263; *Scheidle,* Das Widerstandsrecht, 1969; *Ellen Schlüchter,* Das Strafverfahren, 2. Auflage 1983; *J. Schmidt,* Nochmals: Die bewußte Tötung bei polizeilichem Schußwaffengebrauch, NJW 1973, 499; *E. Schneider,* Züchtigungsrecht heute! DRiZ 1975, 149; *Hans Schneider,* Widerstand im Rechtsstaat, 1969; *Schnorr,* Handeln auf Befehl, JuS 1963, 293; *Schölz,* Wehrstrafgesetz, 2. Auflage 1975; *Schreiber,* Befehlsbefugnis und Vorgesetztenverhältnis in der Bundeswehr, 1965; *Schwenck,* Wehrstrafrecht im System des Wehrrechts, 1973; *derselbe,* Die kriegerische Handlung und die Grenzen ihrer strafrechtlichen Rechtfertigung, Festschrift für R. Lange, 1976, S. 97; *derselbe,* Die Gegenvorstellung im System von Befehl und Gehorsam, Festschrift für E. Dreher, 1977, S. 495; *Stratenwerth,* Verantwortung und Gehorsam, 1958; *Trifferer,* Der tödliche Fehlschuß der Polizei, MDR 1976, 355; *derselbe,* Ein rechtfertigender (Erlaubnistatbestands-)Irrtum? Festschrift für W. Mallmann, 1978, S. 373; *Vogler,* Zum Einwand des Handelns auf Befehl im Völkerstrafrecht, Revue de droit pénal militaire 1968, 111;

Vormbaum, Zur Züchtigungsbefugnis von Lehrern und Erziehern, JR 1977, 492; *v. Weber*, Die strafrechtliche Verantwortlichkeit für Handeln auf Befehl, MDR 1948, 34; *Weinkauff*, Über das Widerstandsrecht, 1956; *Westerburg*, Die Polizeigewalt des Luftfahrzeugkommandanten, 1961; *Wiedenbrüg*, Nochmals: Das Risiko des privaten Festnehmers, JuS 1973, 418.

I. Die Anwendung staatlichen Zwangs als Rechtfertigungsgrund

1. In zahlreichen Gesetzen ist die Anwendung staatlichen Zwangs als letztes Mittel zur Erfüllung der verschiedensten öffentlichen Aufgaben vorgesehen. Ein **Staatsorgan**, das aufgrund und im Rahmen dieser **Amtsrechte** den Tatbestand eines Strafgesetzes erfüllt (z. B. vorsätzliche Tötung, Körperverletzung, Freiheitsberaubung, Nötigung, Hausfriedensbruch, Brieföffnung, Sachbeschädigung), **handelt rechtmäßig**. Das gleiche gilt für die von dem Beamten zu seiner Unterstützung (§ 114 II) *herangezogenen* Privatpersonen, während für *freiwillige* Helfer nur die allgemeinen Rechtfertigungsgründe (z. B. §§ 32, 34 StGB, § 127 I StPO) in Betracht kommen.

Beispiele: In der *Zwangsvollstreckung* werden Wohnung und Behältnisse des Schuldners zwangsweise durchsucht (§ 758 ZPO), werden körperliche Sachen im Gewahrsam des Schuldners durch den Gerichtsvollzieher zum Zwecke der Pfändung in Besitz genommen und öffentlich versteigert (§§ 808, 814 ZPO), wird die Herausgabe beweglicher Sachen durch Wegnahme und Übergabe an den Gläubiger erzwungen (§ 883 ZPO), wird der Schuldner zur Herbeiführung einer eidesstattlichen Versicherung (§§ 807, 883 ZPO) gegebenenfalls in Haft genommen (§§ 901 ff. ZPO). Im *Konkursverfahren* wird der Gemeinschuldner Freiheitsbeschränkungen unterworfen (§ 101 II KO), nimmt der Verwalter die Konkursmasse in Besitz und verwertet sie (§ 117 KO) und darf er die an den Gemeinschuldner gerichteten Briefe öffnen (§ 121 I 2 KO). Im *Strafverfahren* werden dringend Tatverdächtige von der Staatsanwaltschaft oder der Polizei vorläufig festgenommen (§ 127 II StPO) oder aufgrund richterlichen Haftbefehls verhaftet (§§ 112 ff. StPO), sind körperliche Untersuchungen, einschließlich der Entnahme von Blutproben, zulässig (§§ 81a und c StPO), kann der Beschuldigte zur Vorbereitung eines Gutachtens über seinen Geisteszustand in ein öffentliches psychiatrisches Krankenhaus gebracht werden (§ 81 StPO), werden Beweismittel und Führerscheine, die der Einziehung unterliegen, beschlagnahmt (§ 94 StPO) und Haussuchungen durchgeführt (§ 102 StPO), wird der zu Freiheitsstrafe Verurteilte durch die Vollstreckungsbehörde in die Vollzugsanstalt eingewiesen (§ 29 StVollstrO). Im *Polizeivollzugsdienst* ist unmittelbarer Zwang gegen Personen und Sachen zulässig (z. B. körperliche Gewalt, Fesselung, Gebrauch von Schlagstöcken, Einsatz von Wasserwerfern oder Tränengas), wenn der polizeiliche Zweck auf andere Weise nicht erreicht werden kann (vgl. für die Vollzugsbeamten des Bundes Ges. über den unmittelbaren Zwang bei Ausübung öffentlicher Gewalt vom 10. 3. 1961, BGBl. I S. 165; für Soldaten der Bundeswehr und zivile Wachpersonen Ges. über die Anwendung unmittelbaren Zwangs usw. vom 12. 8. 1965, BGBl. I S. 796; für die Polizei der Länder das Landesrecht, z. B. Polizeigesetz von Baden-Württemberg i. d. F. vom 16. 1. 1968, GBl. S. 61, §§ 32 ff.). Besondere Vorschriften regeln die Voraussetzungen des *Schußwaffengebrauchs* gegen Personen[1] (vgl. §§ 9 ff. UZwG;

---

[1] Über die allgemeinen Voraussetzungen des Schußwaffengebrauchs durch Beamte des Bundes und der Länder sowie durch Soldaten der Bundeswehr vgl. eingehend *LK (Hirsch)* Vorbem. 150 ff. vor § 32; *LK (Jähnke)* § 212 Rdn. 11 ff. Zum Schußwaffengebrauch der Polizei *W. Lange*, MDR 1974, 357 ff.; *Krüger*, Polizeilicher Schußwaffengebrauch S. 11 ff., zu dem der Bundeswehr *Reindl / Roth*, Die Anwendung des unmittelbaren Zwanges S. 88 ff. Die Polizei darf zur Durchsetzung hoheitlicher Zwecke auch nicht bedingt vorsätzlich töten; vgl. *Krüger*, Polizeilicher Schußwaffengebrauch S. 26; *Maunz / Dürig / Herzog*, Art. 2 II GG Rdn. 18; *LK (Jähnke)* § 212 Rdn. 12. Eine Ausnahme gilt nur für den gezielten Todesschuß gegen Terroristen oder Geiselnehmer, um die Opfer aus unmittelbarer Leibes- und Lebensgefahr oder aus der Einsperrung zu befreien, wenn es kein milderes Mittel gibt; so *Dreher / Tröndle*, Vorbem. 6 vor § 32; *W. Lange*, MDR 1977, 12 ff.; *LK (Hirsch)* Vorbem. 153 vor § 32; *Rupprecht*, JZ 1973, 263 ff.; *J. Schmidt*, NJW 1973, 449 f.; dagegen *Krey / Meyer*, ZRP 1973, 4; *Krüger*, NJW 1973, 1 ff. Zur Rechtmäßigkeit eines tödlichen Fehlschusses bei Durchsetzung einer zulässigen Festnahme BGH MDR 1975, 675. Ablehnend dazu *Triffterer*, MDR 1976, 355 ff. Zu den Irrtumsmöglichkeiten *Triffterer*, Mallmann-Festschrift S. 373 ff. Eine Regelung der Voraussetzungen eines Schusses, „der mit an Sicherheit grenzender Wahrscheinlichkeit tödlich wirken wird",

§§ 15 ff. UZwGBw; §§ 99, 178 StVollzG; §§ 39, 40 Polizeiges. Baden-Württemberg[2]; zum Waffengebrauchsrecht der Forst-, Jagd- und Fischereischutzberechtigten vgl. das in einigen Ländern aufgehobene Ges. vom 26. 2. 1935, RGBl. I S. 313 mit VO vom 7. 3. 1935, RGBl. I S. 377 [RG 72, 305, 306 ff.] sowie § 25 II BJagdG). Im *Medizinalrecht* ist die Zwangseinweisung von Geschlechtskranken (§ 18 II GeschlKrG vom 23. 7. 1953, BGBl. I S. 700) sowie von Geisteskranken und Süchtigen (nach Landesrecht, z. B. in Baden-Württemberg Ges. vom 11. 4. 1983, GBl. S. 113) in die entsprechenden Kranken- und Heilanstalten vorgesehen.

2. Die *besonderen* Voraussetzungen für die Ausübung der einzelnen Zwangsrechte sind im jeweiligen Sachzusammenhang geregelt. Hier können nur die *allgemeinen Voraussetzungen für das Handeln aufgrund von Amtsrechten* erörtert werden[3]. Allgemeine Voraussetzung der Rechtmäßigkeit einer Amtshandlung ist zunächst die **sachliche Zuständigkeit**: die Amtshandlung muß ihrer Art nach zum Kreise der Dienstobliegenheiten des betreffenden Beamten gehören.

Beispiele: Sachlich unzuständig ist der Richter für die Sachpfändung (§ 808 ZPO), der Staatsanwalt zur Anordnung der Untersuchungshaft (§ 114 I StPO), der Revierförster für allgemeine sicherheitspolizeiliche Aufgaben (RG 66, 339 [340]).

Allgemeine Voraussetzung der Rechtmäßigkeit ist ferner die **örtliche Zuständigkeit**. Sie endet für *Landesbeamte* grundsätzlich an der Landesgrenze[4] (Ausnahmen z. B. in § 167 GVG und § 65 Polizeiges. von Baden-Württemberg; RG 71, 122 ist überholt), während *Bundesbeamte* im Rahmen ihrer sachlichen Zuständigkeit im ganzen Bundesgebiet tätig werden dürfen[5]. Weiter ist die Einhaltung der für den Schutz des Betroffenen wesentlichen **Formvorschriften** erforderlich (z. B. die Schriftlichkeit des Haftbefehls nach § 114 StPO oder die Zustellung des Urteils spätestens bei Beginn der Zwangsvollstreckung nach § 750 ZPO). Für alle Zwangsrechte gelten weiter sowohl der **Grundsatz des schonendsten Eingriffs** als auch der **Grundsatz der Verhältnismäßigkeit** als Fundamentalnormen des Rechtsstaats (BVerfGE 19, 342) (vgl. z. B. § 4 I und II UZwG).

3. Die Anwendung staatlichen Zwangs ist auch dann gerechtfertigt, wenn sich später herausstellt, daß die objektiven Voraussetzungen des Eingreifens nicht vorgelegen haben (vgl. oben § 31 IV 3)[6]. Es gilt das „große Vorrecht des Staates zu irren" *(W. Jellinek)*. Dabei wird aber als subjektives Rechtfertigungselement vorausgesetzt, daß der Beamte die tatsächlichen und rechtlichen Bedingungen seines Eingreifens **pflichtmäßig geprüft** hat. Der Irrtum darf auch nur die tatsächlichen Voraussetzungen des Einschreitens, nicht die rechtlichen Grenzen betreffen (BGH 24, 125 [130])[7].

Beispiele: Der Gerichtsvollzieher handelt im Sinne von § 758 ZPO rechtmäßig, wenn er die Wohnung, in der er pfändet, nach pflichtmäßiger Prüfung für die des Schuldners hält, auch wenn sie es in Wirklichkeit nicht ist (RG 61, 297 [299]). Die vorläufige Festnahme nach § 127 II StPO ist rechtmäßig, wenn der Beamte die objektiven Voraussetzungen nach pflichtmäßigem Ermessen bejaht, mag sich auch später herausstellen, daß ein dringender Tatverdacht in Wirklichkeit nicht vorgelegen hat (RG 38, 373 [375]). Auch beim Schußwaffengebrauch ist die gewis-

---

enthält der Musterentwurf eines einheitlichen Polizeigesetzes des Bundes und der Länder vom 11. 6. 1976 in § 41 II 2.

[2] Zu den anderen Landesgesetzen vgl. die Übersicht bei *LK (Hirsch)* Vorbem. 150 vor § 32.

[3] Vgl. näher *LK (v. Bubnoff)* § 113 Rdn. 27 ff.

[4] Von der Einteilung der *Dienstbezirke* ist die Rechtmäßigkeit von Amtshandlungen dagegen in der Regel unabhängig (vgl. BGH 4, 110 [113]; § 63 I Polizeiges. von Baden-Württemberg).

[5] Die Bahnpolizei hat jedoch polizeiliche Befugnisse nur auf dem Bahngebiet (BGH 4, 110 [112]).

[6] Vgl. *Oehler,* JuS 1963, 302; *LK (Hirsch)* Vorbem. 146 f. vor § 32; *Amelung,* JuS 1986, 329 ff.

[7] Für Gleichbehandlung des Rechtsirrtums *LK (v. Bubnoff)* § 113 Rdn. 34.

senhafte Prüfung der Voraussetzungen ausreichend (RG 72, 305 [311]). Nach § 12 II 1 UZwG darf Zweck des Schußwaffengebrauchs nur sein, angriffs- oder fluchtunfähig zu machen. Tritt trotz pflichtmäßiger Vorsicht der Tod ein, so handelt der Beamte gleichwohl rechtmäßig (BGH MDR 1975, 675; unrichtig OLG Frankfurt NJW 1950, 119).

II. Dienstliche Anordnung und militärischer Befehl als Rechtfertigungsgründe

1. Alle Staatstätigkeit vollzieht sich im Zusammenwirken von anordnenden und ausführenden Organen. Die Bediensteten des Staates stehen deshalb in einer hierarchischen Ordnung, die durch **Weisungsbefugnis** und **Gehorsamspflicht** bestimmt ist[8]. Im zivilen Bereich heißen die Weisungen Anordnungen (§ 55 Satz 2 BBG), im militärischen Befehle (§ 2 Nr. 2 WStG). Eine Ausnahme von dem für den öffentlichen Dienst grundlegenden Strukturprinzip der Über- und Unterordnung gilt für die Richter, die nach Art. 97 I GG unabhängig und nur dem Gesetz unterworfen, d. h. in ihrer rechtsprechenden Tätigkeit frei von Weisungen sind. Die Gehorsamspflicht der Beamten ergibt sich aus § 55 Satz 2 BBG, § 37 Satz 2 BRRG und aus Landesrecht, z. B. § 74 Satz 2 LBG Baden-Württemberg, die Gehorsamspflicht der Soldaten ist in § 11 I SG geregelt. Wer in der Bundeswehr befugt ist, Befehle zu erteilen, wird durch die VO über die Regelung des militärischen Vorgesetztenverhältnisses vom 4. 6. 1956 (BGBl. I S. 459) bestimmt[9].

2. Die **Gehorsamspflicht** wird nur durch **verbindliche Weisungen** begründet. Die Verbindlichkeit der Weisung hängt aber nicht von ihrer Rechtmäßigkeit oder gar Zweckmäßigkeit ab, sondern folgt eigenen Regeln, die sich aus der Funktionsverteilung zwischen anordnenden und ausführenden Organen ergeben[10]. Auszugehen ist dabei von dem Grundatz, daß für die Weisung des zuständigen Vorgesetzten die *Vermutung der Rechtmäßigkeit* besteht[11]. So weit die Vermutung der Rechtmäßigkeit reicht, ist die Weisung verbindlich, auch wenn sie in Wirklichkeit rechtswidrig ist. Die Kriterien der Verbindlichkeit sind formeller und materieller Art:

a) *Formelle* Voraussetzung der Verbindlichkeit ist die *abstrakte Zuständigkeit* des Vorgesetzten zur Erteilung der Weisung und die Einhaltung der vorgeschriebenen *Form*.

b) *Materielle* Voraussetzung der Verbindlichkeit ist, daß der Befehl die Rechtsordnung nicht **offensichtlich** verletzt, weil in diesem Fall die Rechtswidrigkeit ohne weiteres auf der Hand liegt. Aus materiellen Gründen unverbindlich ist ferner eine Weisung dann, wenn das aufgetragene Verhalten die **Menschenwürde** verletzt (RG 59, 330 [337]; RKG 1, 180) (vgl. § 56 II 3 BBG, § 38 II BRRG, § 11 I 2 SG, § 22 I WStG, § 7 I 2 UZwG) oder gegen die allgemeinen Regeln des Völkerrechts verstößt (Art. 25 GG). Der wichtigste Fall der Unverbindlichkeit einer Weisung ist die **Strafbarkeit des aufgetragenen Verhaltens** (§ 56 II 3 BBG, § 38 II 2 BRRG, § 75 II 3 LBG

---

[8] Über die Rechtsgrundlagen der Weisungsbefugnis *Schnorr*, JuS 1963, 294 ff.
[9] Über die vom früheren deutschen Wehrrecht abweichende Grundkonzeption der VorgesetztenVO *Schreiber*, Befehlsbefugnis S. 23 f.
[10] Vgl. für den zivilen Bereich *Jescheck*, Das Polizeiblatt 1964, 99 ff.; für den militärischen Bereich *derselbe*, Befehl und Gehorsam S. 77 ff. Zum Ermessensspielraum des Vorgesetzten vgl. OLG Celle, *Kohlhaas / Schwenck*, § 22 WStG Nr. 9.
[11] Der Text folgt *Stratenwerth*, Verantwortung und Gehorsam S. 52, 99 ff., 165 ff. Ebenso *Schmidhäuser*, Allg. Teil S. 323; *Schönke / Schröder / Lenckner*, Vorbem. 87 vor § 32. Mit einer anderen Konstruktion (das Außenrecht gehe der innerdienstlichen Weisung nur dann vor, wenn diese die Menschenwürde oder das Strafrecht verletzt) kommt *Rupp*, Grundfragen S. 60 ff. zum gleichen Ergebnis.

Baden-Württemberg). Dies gilt jetzt auch im militärischen Bereich (§ 22 I WStG, § 11 II 1 SG) und für Vollzugsbeamte des Bundes (§ 7 II 1 UZwG). Die frühere Ausnahme für die Übertretungen (vgl. 2. Auflage S. 292) ist mit deren Abschaffung weggefallen[12]. Für Beamte (abgesehen vom Polizeivollzugsdienst bei Anwendung unmittelbaren Zwangs) ist die Weisung ferner unverbindlich, wenn das aufgetragene Verhalten eine Ordnungswidrigkeit darstellen würde (§ 56 II 3 BBG, § 38 II 2 BRRG, § 75 II 3 LBG Baden-Württemberg).

Eine Besonderheit gilt jedoch, da die Unverbindlichkeit rechtswidriger Weisungen für den Vollzugsdienst und den militärischen Bereich durch die maßgebenden Gesetzesvorschriften auf Straftaten beschränkt ist, nach wie vor für **Ordnungswidrigkeiten**. Verbindlich ist die Anordnung an einen Vollzugsbeamten, die bei der Anwendung unmittelbaren Zwangs zur Begehung einer Ordnungswidrigkeit führt. Entsprechendes gilt für den militärischen Befehl, wenn mit der Ausführung die Begehung einer Ordnungswidrigkeit verbunden ist[13].

Beispiele: Der Soldat muß den Befehl, ein möglicherweise dringendes Fernschreiben auf der Kommandantur mit einem Fahrrad abzuholen, dessen Beleuchtung nicht funktioniert, trotz der damit verbundenen Verkehrsordnungswidrigkeit (§§ 17 I, 49 I Nr. 17 StVO i. Verb. m. § 24 StVG) ausführen[14]. Dasselbe gilt für den Beamten der Bereitschaftspolizei, der in Erwartung einer möglicherweise unfriedlichen Demonstration die Anordnung bekommt, mit dem Wasserwerfer auf dem Bürgersteig in Stellung zu gehen (§ 2 I StVO), auch wenn dies nicht dringend geboten ist (§ 35 I StVO). Dagegen kann sich der Polizeibeamte, der einen Haftbefehl vollstreckt, obwohl er weiß, daß eine Personenverwechslung vorliegt, nicht auf die erteilte Weisung berufen, weil sie für ihn auf eine strafbare Freiheitsberaubung hinausläuft und deswegen unverbindlich ist.

Jeder Zweifel an der Rechtmäßigkeit dienstlicher Anordnungen muß vom *Beamten* unverzüglich bei seinem unmittelbaren Vorgesetzten geltend gemacht und gegebenenfalls beim nächsthöheren Vorgesetzten weiterverfolgt werden (§ 56 II BBG). Im *militärischen* Bereich ist dagegen die Pflicht zur Gegenvorstellung auf Fälle beschränkt, in denen der Untergebene weiß oder es offensichtlich ist, daß der Vorgesetzte den Befehl bei Kenntnis der Sachlage nicht erteilt haben würde (BGH 19, 231 [234]) oder daß die Ausführung einer Straftat verlangt wird. Das gleiche gilt für Vollzugsbeamte bei Anordnungen zur Anwendung von unmittelbarem Zwang[15].

3. Die verbindliche Weisung stellt für den Untergebenen einen **Rechtfertigungsgrund** dar, auch wenn sie ausnahmsweise rechtswidrig ist[16]. Der Grund dafür, daß es

---

[12] Über die weitergehende Rechtfertigung des Handelns auf militärischen Befehl nach dem vor dem zweiten Weltkrieg geltenden ausländischen Recht vgl. *Fuhrmann,* Befehl S. 32 ff. Über den heutigen Stand des Völkerrechts in dieser Frage *Vogler,* Revue de droit pénal militaire 1968, 111 ff. Vgl. zum geltenden ausländischen Recht die Materialien des V. Internationalen Kongresses für Militärstrafrecht in Dublin 1970, Revue de droit pénal militaire 1971, Heft 1.

[13] Die Frage, ob ein Befehl unverbindlich ist, dessen Durchführung die Gefahr eines fahrlässigen Vergehens in sich birgt, ist von der Rechtsprechung bisher offen gelassen worden (vgl. BGH 19, 231 [232]; SchlHOLG, Kohlhaas / Schwenck, § 5 WStG Nr. 2). Für Verbindlichkeit mit Recht *Schwenck,* in: *Kohlhaas / Schwenck,* § 5 WStG Nr. 2 Anmerkung; differenzierend *Schönke / Schröder / Lenckner,* Vorbem. 90 vor § 32.

[14] Vgl. OLG Celle NZWehrr 1962, 77, wo allerdings zu Unrecht angenommen wird, ein solcher Befehl laufe dienstlichen Zwecken zuwider und sei deswegen unverbindlich. Richtig dagegen RG 59, 404 (405).

[15] Zur Gegenvorstellung *Schwenck,* Dreher-Festschrift S. 495 ff.

[16] Ebenso *Stratenwerth,* Verantwortung und Gehorsam S. 168, 182; *Jakobs,* Allg. Teil S. 376 f.; *LK (Hirsch)* Vorbem. 65 vor § 32; *Schönke / Schröder / Lenckner,* Vorbem. 88 a vor § 32; *Schmidhäuser,* Allg. Teil S. 323; *Schölz,* § 2 WStG Rdn. 18 b; *Schwenck,* Wehrstrafrecht

rechtswidrige Weisungen gibt, die gleichwohl verbindlich sind, liegt darin, daß der Gesetzgeber die Gehorsamspflicht des Untergebenen gegenüber dem Vorgesetzten als grundlegendes Ordnungsprinzip jeder Staatstätigkeit in Fällen von geringerer Bedeutung *höher* bewertet als die Gehorsamspflicht gegenüber der Rechtsordnung (**rechtfertigende Pflichtenkollision**, vgl. oben § 33 V 1a)[17]. Der Vorgesetzte bleibt zwar immer an den Grundsatz der Gesetzmäßigkeit der vollziehenden Gewalt gebunden (Art. 20 III GG), nimmt er jedoch eine geringfügige Rechtsverletzung zu dienstlichen Zwecken in Kauf oder erkennt er die Rechtswidrigkeit selbst nicht, so soll im militärischen Bereich und im Polizeivollzugsdienst bei Anwendung von unmittelbarem Zwang die unverzügliche Ausführung der Weisung nicht daran scheitern, daß der Untergebene zunächst zu prüfen hätte, ob die Zuwiderhandlung aus irgendwelchen Gründen, z.B. nach § 35 StVO, gerechtfertigt ist. Gegen die Ausführung einer rechtswidrigen, aber verbindlichen Weisung gibt es *keine Notwehr*, weil der Untergebene rechtmäßig handelt, wohl aber in engen Grenzen ein Notstandsrecht[18].

4. Ohne weiteres gerechtfertigt ist die Ausführung einer **rechtmäßigen Weisung.** Das gilt vor allem für die Fälle, in denen der Vorgesetzte die Voraussetzungen der Anwendung staatlichen Zwangs gewissenhaft geprüft und bejaht hat, während sie in Wirklichkeit aber nicht vorliegen. Der Untergebene ist dann zur Ausführung des Befehls verpflichtet, es sei denn, daß er die Tatsachen kennt, aus denen sich der Irrtum des Vorgesetzten ergibt, oder daß der Irrtum offensichtlich ist (BGH 15, 214 [217]; 19, 231)[19].

Beispiel: Die Anordnung des Polizeipräsidenten für den Einsatz von Wasserwerfern oder Tränengas gegen eine Menschenmenge ist, nachdem er die Verhältnismäßigkeit der Maßnahme pflichtgemäß geprüft und bejaht hat (§§ 3, 5 II Polizeiges. Baden-Württemberg), rechtmäßig, auch wenn sich später herausstellt, daß schonendere Mittel ausgereicht hätten. Die Vollzugspolizei hat die Anordnung auszuführen und handelt dabei rechtmäßig. Demonstranten, die die Beamten angreifen, sind wegen Widerstands gegen die Staatsgewalt (§ 113) strafbar.

5. Ist dagegen der Befehl *unverbindlich*, so handelt der ausführende Untergebene stets *rechtswidrig*, gleichgültig, ob er die Unverbindlichkeit gekannt hat oder nicht. Die Straflosigkeit des ausführenden Organs kann sich dann nur aus Entschuldigungsgründen ergeben (§ 35 StGB, § 7 II 2 UZwG, § 5 I WStG, § 75 IV 3 LBG Baden-Württemberg) (vgl. unten § 46 II).

S. 92; *Wessels*, Allg. Teil S. 122; *Bringewat*, NZWehrr 1971, 133. Die überwiegende Lehre nimmt indessen bei einem rechtswidrigen, aber verbindlichen Befehl nur Schuldausschluß an; so *Amelung,* JuS 1986, 337; *Arndt*, Wehrstrafrecht S. 115; *Baumann / Weber*, Allg. Teil S. 340; *Dreher / Tröndle*, Vorbem. 16 vor § 32; *Küper*, JuS 1987, 92; *LK (Spendel)* § 32 Rdn. 100f.; *Maurach / Zipf*, Allg. Teil I S. 395; *Ostendorf*, JZ 1981, 173; *SK (Samson)* Vorbem. 56 vor § 32; *Oehler*, JuS 1963, 306; *Welzel,* Lehrbuch S. 104; *v. Weber*, MDR 1948, 37. In einem Teil der Literatur wird schon die Möglichkeit eines rechtswidrigen und zugleich verbindlichen Befehls verneint; so *LK (Spendel)* § 32 Rdn. 101; *M. E. Mayer*, Laband-Festschrift S. 121; *Dolaptschieff*, ZStW 58 (1939) S. 249. Doch findet sich schon früh die herrschende Auffassung, die zwischen Rechtswidrigkeit und Verbindlichkeit des Befehls unterscheidet; vgl. *Beling*, Grenzlinien S. 24; *Battenberg*, Befehl S. 2 ff.; *H. Mayer*, Frank-Festgabe Bd. I S. 605.

[17] Vgl. *Stratenwerth*, Verantwortung und Gehorsam S. 166.
[18] Vgl. *Schönke / Schröder / Lenckner*, Vorbem. 11, 88a vor § 32.
[19] Das gilt auch im militärischen Bereich; vgl. SchlHOLG, Kohlrausch / Schwenck, § 5 WStG Nr. 2 a.E.; *LK (Hirsch)* Vorbem. 164 vor § 32; *Maurach / Zipf*, Allg. Teil I S. 395f.; *Schönke / Schröder / Lenckner*, Vorbem. 88 vor § 32; a. A. *Arndt*, NZWehrr 1960, 148. Definition der gerechtfertigten Kriegshandlung bei *Schwenck*, Lange-Festschrift S. 115.

III. Das Züchtigungsrecht des Lehrers

1. Die körperliche Züchtigung des Schülers durch den Lehrer erfüllt den *Tatbestand der Körperverletzung* (§§ 223, 340)[20]. Ein Züchtigungsrecht der Lehrer an den Grund- und Hauptschulen (und auch an den weiterführenden Schulen gegenüber entsprechenden Altersgruppen) wurde bisher von der Rechtsprechung als **Gewohnheitsrecht** anerkannt, wenn hinreichender Anlaß, Erziehungszweck und maßvolle Ausübung zu bejahen waren (BGH 11, 341 [347]; 14, 52; BGH GA 1963, 82; BayObLG NJW 1979, 1371, OLG Schleswig NJW 1956, 1002; OLG Hamm NJW 1956, 1690; OLG Zweibrücken NJW 1974, 1772). Dagegen hatte schon BGH 6, 263 [269] in deutlicher, auf pädagogische Gründe gestützter Ablehnung des Züchtigungsrechts lediglich eingeräumt, „daß in seltenen Ausnahmefällen eine maßvolle körperliche Züchtigung durch den Lehrer am Platze sein mag". Schließlich hat BGH NJW 1976, 1949 die Frage offen gelassen und dem Angeklagten nur einen unvermeidbaren Verbotsirrtum zugebilligt. An Berufsfachschulen wird ein Züchtigungsrecht der Lehrer verneint (BGH 12, 62 [64]).

2. Das **Züchtigungsrecht der Lehrer** kann **als Gewohnheitsrecht heute nicht mehr anerkannt werden**[21]. Dafür spricht schon, daß in der Mehrzahl der Bundesländer die körperliche Züchtigung von Schülern durch Gesetz untersagt worden ist[22]. In der Literatur wird das Züchtigungsrecht der Lehrer ebenfalls durchweg abgelehnt[23]. Auch **verfassungsrechtlich** hat das Züchtigungsrecht der Lehrer keine Grundlage[24]. Die körperliche Züchtigung durch den Lehrer verstößt gegen das Grundrecht der körperlichen Unversehrtheit (Art. 2 II 1 GG). Vom Gesetzesvorbehalt des Art. 2 II 3 gedeckt ist nur die körperliche Züchtigung in Fällen der Notwehr (§ 32), des rechtfertigenden Notstands (§ 34) und der Nothilfe. Der Lehrer hat deshalb das Recht, Angriffe von Schülern gegen ihn selbst, gegen andere Schüler oder gegen öffentliches Eigentum im Notfall auch durch körperliches Zufassen im Sinne der „erforderlichen Verteidigung" abzuwehren (BGH 14, 52). Dagegen läßt sich ein Züchtigungsrecht zu Erziehungszwecken schon aus *formalen* Gründen nicht halten, weil Gewohnheitsrecht kein Gesetz im Sinne von Art. 2 II 3 GG ist (vgl. zu der entsprechenden Frage der Einschränkbarkeit der Grundrechte der Strafgefangenen BVerfGE 33, 1). Aber auch *materiell* ist ein über die Grenzen der Notwehr hinausgehendes Züchtigungsrecht der Lehrer nicht zu rechtfertigen, da der erniedrigende Zwang, sich der Prügelstrafe vor den Augen der Klasse zu stellen, einen schweren Erziehungsfehler darstellt,

---

[20] So die h. L.; vgl. *Baumann / Weber,* Allg. Teil S. 338; *Blei,* Bes. Teil S. 52 f.; *Bockelmann / Volk,* Allg. Teil S. 87; *Bruns,* JZ 1957, 410; *Dreher / Tröndle,* § 223 Rdn. 13; *Friebe,* Verantwortlichkeit des Lehrers S. 137 ff.; *Kohlrausch / Lange,* § 223 Anm. II; *LK (Hirsch)* § 223 Rdn. 28; *Karstendiek,* DRiZ 1975, 333; *Maurach / Zipf,* Allg. Teil S. 390; *Schönke / Schröder / Eser,* § 223 Rdn. 16; *Welzel,* Lehrbuch S. 291; *Wessels,* Allg. Teil S. 105. Gegen die Auffassung, die maßvolle Ausübung des Züchtigungsrechts sei schon tatbestandsmäßig keine Körperverletzung (so z. B. *Kienapfel,* Körperliche Züchtigung S. 101 ff.), überzeugend *Hirsch,* ZStW 74 (1962) S. 111 ff.

[21] Ebenso die h. M.; vgl. *Dreher / Tröndle,* § 223 Rdn. 13; *Jakobs,* Allg. Teil S. 383; *Lackner,* § 223 Anm. 5 b aa; *LK (Hirsch)* § 223 Rdn. 24; *Rüping / Uta Hüsch,* GA 1979, 9; *Schönke / Schröder / Eser,* § 223 Rdn. 20; *SK (Horn)* § 223 Rdn. 12; *Vormbaum,* JR 1977, 497; *Maurach / Zipf,* Allg. Teil I S. 391; *Jung,* Züchtigungsrecht S. 40 ff. Als Strafunrechtsausschließungsgrund aufrechterhalten bei *Günther,* Strafrechtswidrigkeit S. 358.

[22] So in Baden-Württemberg durch Schulgesetz i. d. F. vom 1. 8. 1983 § 90 III 2; die einschlägigen Landesgesetze sind bei *Dreher / Tröndle,* § 223 Rdn. 13 a verzeichnet. Ebenso in Österreich; vgl. *WK (Nowakowski)* Nachbem. 32 zu § 3.

[23] Vgl. die Angaben oben Fußnote 21.

[24] So *Maunz / Dürig / Herzog,* Art. 2 II Rdn. 47 f.; *LK (Hirsch)* § 223 Rdn. 24; *v. Kopp,* JZ 1955, 319; *SK (Horn)* § 223 Rdn. 12; *Vormbaum,* JR 1977, 496 f.

insbesondere dann, wenn in der Familie des betreffenden Kindes körperliche Züchtigung verpönt ist (anders EGMR JuS 1983, 384). Das Schlagen von Schülern durch Lehrer zu Erziehungszwecken ist daher heute ebenso abgeschafft, wie die früher bestehenden Züchtigungsrechte gegen Lehrlinge, Gesinde, Schiffsleute, Strafgefangene und Soldaten nach und nach abgeschafft worden sind. Es gibt heute nur noch ein eng begrenztes **Züchtigungsrecht in der Familie,** das gegenüber kleinen Kindern bei maßvollster Anwendung auch pädagogisch vertretbar sein mag[25]. Dieses Recht kann im Rahmen der elterlichen Pflichten zur Ausübung übertragen werden (BGH 12, 62 [67ff.]), z. B. auf das Kindermädchen oder die Großeltern[26], behält dann aber den Charakter einer auf Ausnahmefälle beschränkten körperlichen Zurechtweisung durch eine dem Kinde nahestehende Person.

IV. Das Handeln „pro magistratu"

1. Der Rechtsstaat verbietet grundsätzlich die Anwendung privater Gewalt zur Durchsetzung zivilrechtlicher Ansprüche und verweist den Gläubiger auf die Anrufung der Justiz. Wenn jedoch obrigkeitliche Hilfe nicht rechtzeitig zu erlangen ist oder zu Unrecht verweigert wird und ohne sofortiges Eingreifen die Gefahr besteht, daß die Verwirklichung des Anspruchs vereitelt oder wesentlich erschwert werden würde, ist **Selbsthilfe** erlaubt (§§ 229 - 231 BGB). Als Mittel der Selbsthilfe sind zugelassen die Wegnahme, Beschädigung oder Zerstörung von Sachen des Schuldners, die Festnahme des Verpflichteten, wenn er fluchtverdächtig ist, und die Beseitigung eines Widerstands des Schuldners gegen eine Handlung, die er zu dulden hat. Auch hier gilt aber das Gebot der Verhältnismäßigkeit von Eingriff, Gefahr und durchzusetzendem Anspruch (RG 69, 308 [312]). Zur Beweissicherung ist das Selbsthilferecht nicht gegeben (BGH 17, 328 [331]), zur Befriedigung des Gläubigers darf es nicht führen (BGH 17, 87 [89]). Im Unterschied zur Notwehr setzt die Selbsthilfe keinen gegenwärtigen Angriff voraus.

Beispiele: Wer im Straßengewühl seinen Darlehensschuldner trifft, von dem er weder Namen noch Anschrift kennt, darf ihm mit Gewalt sein Geld abnehmen, aber nur zur vorläufigen Sicherstellung (§ 230 II BGB) (BGH 17, 87 [89]). Wer seinen Schuldner beim Besteigen eines Flugzeugs trifft, mit dem er offensichtlich für dauernd ins Ausland verschwinden will, darf ihn festnehmen; eine Gefährdung des Lebens ist aber nicht gerechtfertigt (RG 69, 308 [312]).

Besonders geregelte Fälle der Selbsthilfe sind die Besitzkehr (§ 859 II - IV BGB), die Selbsthilfe des Vermieters (§ 561 BGB) und die Selbsthilferechte nach §§ 581 II, 704, 860, 910, 962, 1029 BGB. Die Unmöglichkeit rechtzeitiger obrigkeitlicher Hilfe wird hier nicht vorausgesetzt.

2. **Jedermann** (nicht nur der Verletzte) hat ferner das Recht, einen auf frischer Tat betroffenen oder verfolgten Straftäter **vorläufig festzunehmen,** wenn er der Flucht verdächtig ist oder seine Persönlichkeit nicht sofort festgestellt werden kann (§ 127 I StPO). Zweck des Festnahmerechts ist die Ermöglichung strafgerichtlicher Verfolgung[27]. Der Staat überträgt damit dem Bürger eine öffentliche Funktion (RG 17, 127 [128]). Die Tat, wegen deren die Festnahme stattfindet, muß eine Straftat oder doch

---

[25] Rechtsgrundlage hierfür sind die §§ 1626, 1631, 1705, 1757, 1800 BGB. Viel zu weitgehend BGH NJW 1953, 1440. Für Abschaffung auch des elterlichen Züchtigungsrechts *Petri,* ZRP 1976, 64. Näher zum familienrechtlichen Züchtigungsrecht *LK (Hirsch)* § 223 Rdn. 29ff.; *Maurach / Zipf,* Allg. Teil I S. 390ff.; *SK (Horn)* § 223 Rdn. 13ff.
[26] Näher *LK (Hirsch)* § 223 Rdn. 23; *Schönke / Schröder / Eser,* § 223 Rdn. 26.
[27] So die h. L.; vgl. *Löwe / Rosenberg (Dünnebier),* § 127 StPO Rdn. 4; *LK (Hirsch)* Vorbem. 55 vor § 32; *Kleinknecht-Meyer,* § 127 StPO Rdn. 4; *Roxin,* Strafverfahrensrecht S. 184; *Meincke,* Betreffen oder Verfolgen auf frischer Tat S. 13.

wenigstens eine rechtswidrige Tat i. S. von § 11 I Nr. 5 sein, da gegen schuldunfähige Täter ein Sicherungsverfahren möglich ist (§ 71 StGB, § 413 StPO)²⁸. Das Betreffen auf frischer Tat bedeutet, daß die Ausführung oder die eben beendete Ausführung der Handlung als Straftat für den Beobachter erkennbar sein muß (RG 34, 444 [445]; 65, 392 [394]). Verfolgung auf frischer Tat liegt vor, wenn unmittelbar nach der Wahrnehmung der Tat mit den Verfolgungsmaßnahmen begonnen wird, so daß kein Zweifel über die Identität des Täters bestehen kann. Die Festnahme rechtfertigt die Entziehung der persönlichen Freiheit (§§ 239, 240), wobei festes Zupacken zur Verhinderung des Entweichens des Betroffenen zulässig und selbst eine unbeabsichtigte Verletzung gedeckt ist (OLG Stuttgart NJW 1984, 1694). Nach dem Grundsatz des schonendsten Eingriffs sind gegebenenfalls auch andere Maßnahmen zulässig, die gegenüber der Festnahme weniger einschneidend sind, so die Wegnahme des Zündschlüssels (OLG Saarbrücken NJW 1959, 1911) oder des Personalausweises, das Verhindern der Abfahrt eines Kraftfahrzeugs. Eine Befugnis zur Verletzung von Leib oder Leben des Festzunehmenden hat die Rechtsprechung stets verneint (RG 69, 308 [312]; 71, 49 [52]; 72, 305 [306]; anders bei besonders schwerer Rechtsgutsverletzung BGH *Holtz*, MDR 1979, 985 [986]).

Während es für die Rechtmäßigkeit der vorläufigen Festnahme durch *Beamte* nach § 127 II StPO (Vorliegen der Voraussetzungen eines Haftbefehls) genügt, daß der Festnehmende die Voraussetzungen pflichtgemäß geprüft und bejaht hat (vgl. oben § 35 I 3), handeln *Privatpersonen* schon dann rechtswidrig, wenn die Voraussetzungen der Festnahme nach § 127 I, insbesondere die begangene Tat, objektiv nicht gegeben sind (so OLG Hamm NJW 1972, 1826; KG VRS 45, 35; wohl auch RG 12, 194 [195]; 19, 101 [103]; offen gelassen in BGH GA 1974, 177; anders BGH(Z) NJW 1981, 745; OLG Zweibrücken NJW 1981, 2016)²⁹. Der Grund für diese Unterscheidung liegt einmal darin, daß die pflichtmäßige Ausübung des Ermessens, die beim Beamten mit Rücksicht auf seine Ausbildung und seine besondere strafrechtliche und disziplinarische Verantwortung vorauszusetzen ist, von dem „quivis ex populo" nicht erwartet und ihm deshalb auch nicht anvertraut werden kann. Weiter würde der Ausschluß des Notwehrrechts für den, der zu Unrecht von Privathand festgenommen wird, schwer erträglich sein. Endlich ist der Privatmann nicht wie der Polizeibeamte zur Festnahme bei dringendem Tatverdacht verpflichtet. Im Falle des Irrtums ist der Festnehmende gegen Bestrafung geschützt, da es einen dem § 239 entsprechenden Fahrlässigkeitstatbestand nicht gibt (vgl. unten § 41 III 2 d)³⁰.

3. Auf Übertragung öffentlicher Gewalt beruht ferner die **Bordgewalt des Schiffskapitäns** (§ 106 Seemannsges. vom 26. 7. 1957, BGBl. II S. 713) und **Flugkapitäns**³¹.

---

²⁸ Vgl. *Löwe / Rosenberg (Dünnebier)*, § 127 StPO Rdn. 13; *Wiedenbrüg*, JuS 1973, 420f. Im Bußgeldverfahren gilt das Festhalterecht zur Feststellung der Identität des Betroffenen nach §§ 163 b StPO, 46 OWiG für Beamte entsprechend (OLG Köln NJW 1982, 296).

²⁹ Ebenso *LK (Hirsch)* Vorbem. 156 vor § 32; *Jakobs*, Allg. Teil S. 377f.; *Ellen Schlüchter*, Strafverfahren S. 246; *Kleinknecht / Meyer*, § 127 StPO Rdn. 4; *Maurach / Zipf*, Allg. Teil I S. 396; *Eb. Schmidt*, § 127 StPO Rdn. 8; *Schmidhäuser*, Allg. Teil S. 325; *Schönke / Schröder / Lenckner*, Vorbem. 82 vor § 32; *Welzel*, Lehrbuch S. 94; *Wiedenbrüg*, JuS 1973, 418ff. Dagegen lassen auch beim Privatmann pflichtmäßige Prüfung des Tatverdachts genügen *Arzt*, Kleinknecht-Festschrift S. 5ff.; *Borchert*, JA 1982, 338ff.; *Dreher / Tröndle*, Vorbem. 7 vor § 32; *Löwe / Rosenberg (Dünnebier)* § 127 StPO Rdn. 16; *Roxin*, Strafverfahrensrecht S. 200; *Henkel*, Strafverfahrensrecht S. 286 (dringender Tatverdacht); *Fincke*, GA 1971, 41ff. und JuS 1973, 87ff. (Überzeugung).

³⁰ Eine Bestrafung nach § 230 kommt zwar in Betracht, wie *Fincke*, GA 1971, 41 Fußnote 7 richtig bemerkt, doch wird bei dem von ihm geforderten Verdachtsgrad eine Sorgfaltspflichtverletzung schon objektiv zu verneinen sein (vgl. unten § 55 I); vgl. auch *Fincke*, JuS 1973, 88 Fußnote 5. Hat der Täter aber sorgfaltswidrig die Voraussetzungen des Festnahmerechts angenommen und in dieser Lage den anderen körperlich verletzt, so ist die Strafe auch verdient.

³¹ Vgl. dazu *Westerburg*, Polizeigewalt des Luftfahrzeugkommandanten S. 50ff.; vgl. ferner das *Abkommen von Tokio* über strafbare und andere Handlungen, die sich an Bord von Luftfahrzeugen ereignen, vom 14. 9. 1963, Art. 5 - 10 (BGBl. 1969 II S. 121).

IV. Das Handeln „pro magistratu"

4. Auch die Ausübung des **Widerstandsrechts** stellt in Anbetracht seiner subsidiären Natur ein Handeln „pro magistratu" dar. Aus einem hohen, aber juristisch wenig geklärten Grundsatz des überpositiven Rechts[32], der sich geschichtlich weit zurückverfolgen läßt[33], hat der Bundestag das Widerstandsrecht zu einem Bestandteil des geltenden Verfassungsrechts gemacht. Nicht schwerwiegende Notwendigkeiten unseres Staatswesens, sondern taktische Erwägungen im Zusammenhang mit der Notstandsgesetzgebung des Jahres 1968 sind dafür maßgebend gewesen[34]. Als äußerstes Mittel zur Verteidigung der freiheitlichen demokratischen Grundordnung i. S. von Art. 20 I - III GG (vgl. BT-Drucksache V/2873 S. 9) gibt Art. 20 IV GG nunmehr jedem Deutschen (nicht aber Bewohnern der DDR) das Recht zum Widerstand gegen jedermann, der es unternimmt, diese Ordnung zu beseitigen, wenn andere Abhilfe nicht möglich ist (vgl. schon früher Art. 147 I der Hessischen Verfassung, Art. 19 der Bremischen Verfassung, Art. 23 III der Berliner Verfassung). Das Widerstandsrecht richtet sich sowohl gegen den „Staatsstreich von oben" (z. B. Einführung einer Militärdiktatur) als auch gegen den „Staatsstreich von unten" (z. B. die revolutionäre Beseitigung der parlamentarischen Demokratie)[35]. Da ein „Unternehmen" vorliegen muß, wird das Widerstandsrecht erst ausgelöst, wenn von den Gegnern der Verfassung die Stufe des „Versuchs" erreicht ist, während Vorbereitungshandlungen (z. B. § 83) hingenommen werden müssen, selbst wenn die öffentliche Gewalt aus Schwäche oder aus Mitschuld nicht einschreitet. Erst recht ist das Widerstandsrecht nicht gegeben gegen Meinungsäußerungen zur Beseitigung der Kernsätze der Verfassung (OLG Köln NJW 1970, 1322 [1324]). Das Widerstandsrecht hat subsidiären Charakter, es greift nur dann ein, wenn andere Abhilfe nicht möglich ist. Im Falle eines Umsturzversuches würde ein Widerstandsrecht also erst in dem Zeitpunkt in Betracht kommen, in dem selbst die Notstandsbefugnisse der öffentlichen Gewalt nicht mehr für den Schutz des Kernbestandes der Verfassung genügen[36]. Weiter wird mit Recht angenommen, daß das Widerstandsrecht mit Rücksicht auf die Zweifelhaftigkeit seiner Voraussetzungen, mit der man im konkreten Falle rechnen müßte, nur ausgeübt werden darf, wenn das Unternehmen zur Beseitigung der freiheitlichen demokratischen Ordnung *offensichtlich* ist (so schon BVerfGE 5, 85 [377]). In subjektiver Hinsicht muß die Widerstandshandlung auf Erhaltung der freiheitlichen demokratischen Grundordnung abzielen (BVerfGE 5, 85 [379]).

Obwohl in der Verfassungslehre Einigkeit darüber besteht, daß die Positivierung des Widerstandsrechts in Art. 20 IV GG besser unterblieben wäre[37], hat das *Strafrecht* sich nach der gegenwärtigen Gesetzeslage zu richten und muß demgemäß die Frage beantworten, wie das Widerstandsrecht und insbesondere der Irrtum darüber strafrechtlich zu behandeln sind. Art. 20 IV GG hat einen Ausschnitt aus dem Staatsnotstandsrecht (vgl. oben § 32 II 1b) zum Gegenstand[38]. Das Widerstandsrecht erweist sich damit ebenso wie der Staatsnotstand als ein *Rechtfertigungsgrund*, der bei

---

[32] Als Bestandteil des Naturrechts behandelt das Widerstandsrecht *Weinkauff*, Über das Widerstandsrecht, 1956.

[33] Zur Geschichte des Widerstandsrechts vgl. mehrere Beiträge in: *Arthur Kaufmann* (Hrsg.), Widerstandsrecht, 1972; ferner *Bertram*, Das Widerstandsrecht S. 13 ff. sowie *Middendorff*, Jescheck-Festschrift Bd. II S. 1175 ff. Über Widerstandsfälle aus der Zeit des Nationalsozialismus und ihre Behandlung in der Rechtsprechung vgl. *Scheidle*, Das Widerstandsrecht S. 38 ff.

[34] Zur Gesetzgebungsgeschichte vgl. *Böckenförde*, JZ 1970, 168 ff.

[35] Der Text folgt in der Auslegung des Art. 20 IV GG *Hesse*, Grundzüge S. 284 ff.; *Hans Schneider*, Widerstand S. 13 ff.; *LK (Hirsch)* Vorbem. 83 ff. vor § 32; *Maunz / Dürig / Herzog*, Art. 20 GG Rdn. 11 ff. Zur Einordnung in das System der Rechtfertigungsgründe *Blank*, Widerstandsrecht S. 35 ff.

[36] Vgl. dazu *Heuer*, Die Zulässigkeit des Einsatzes staatlicher Gewalt in Ausnahmesituationen S. 47 ff.

[37] Vgl. z. B. *Isensee*, Widerstandsrecht S. 99: „Eine verfassungsrechtliche Ermächtigung in der Grenzzone zum status naturalis ist ebenso sinnlos wie eine Freiheitsgarantie in anarchischen Zuständen, weil die öffentliche Gewalt als Schutzmacht ausscheidet: sie ist entweder nicht mehr legal oder nicht mehr effektiv." Vgl. auch *Hesse*, Grundzüge S. 284.

[38] Vgl. *Doehring*, Der Staat 8 (1969) S. 437. Anders *Maurach / Zipf*, Allg. Teil I S. 350, der einen Unterfall der Staatsnotwehrhilfe annimmt.

Wahrung der Grundsätze der Erforderlichkeit und Verhältnismäßigkeit auch die Anwendung von Gewalt erlaubt. Der *Irrtum* wird in der Regel ein Irrtum über die Grenzen des Widerstandsrechts sein (vgl. die Fälle OLG Köln NJW 1970, 1322; BGH NJW 1966, 310), so daß die Regeln über den Verbotsirrtum eingreifen, die zur Anwendung der Vorsatztatbestände führen (vgl. unten § 41 III 1)[39]. Die irrige Annahme der Rechtfertigungslage ist ein Erlaubnistatbestandsirrtum (vgl. unten § 41 III 2).

§ 36 Das erlaubte Risiko

Erdsiek, Wahrnehmung berechtigter Interessen ein Rechtfertigungsgrund? JZ 1969, 311; *Eser,* Wahrnehmung berechtigter Interessen als allgemeiner Rechtfertigungsgrund, 1969; *Frisch,* Vorsatz und Risiko, 1983; *Fuhrmann,* Die Wahrnehmung berechtigter Interessen durch die Presse, JuS 1970, 70; *Gallas,* Zur Struktur des strafrechtlichen Unrechtsbegriffs, Festschrift für P. Bockelmann, 1979, S. 155; *Günther,* Strafrechtswidrigkeit und Strafunrechtsausschluß, 1983; *Herzberg,* Vorsatz und erlaubtes Risiko, JR 1986, 6; *Hillenkamp,* Risikogeschäft und Untreue, NStZ 1981, 161; *Hirsch,* Ehre und Beleidigung, 1967; *derselbe,* Soziale Adäquanz und Unrechtslehre, ZStW 74 (1962) S. 78; *Kienapfel,* Das erlaubte Risiko im Strafrecht, 1966; *Klug,* Sozialkongruenz und Sozialadäquanz im Strafrechtssystem, Festschrift für Eb. Schmidt, 1961, S. 249; *Lenckner,* Die Rechtfertigungsgründe und das Erfordernis pflichtgemäßer Prüfung, Festschrift für H. Mayer, 1966, S. 165; *derselbe,* Die Wahrnehmung berechtigter Interessen, ein „übergesetzlicher" Rechtfertigungsgrund? Gedächtnisschrift für P. Noll, 1984, S. 243; *Maiwald,* Zur Leistungsfähigkeit des Begriffs „erlaubtes Risiko" für die Strafrechtssystematik, Festschrift für H.-H. Jescheck, Bd. I, 1985, S. 405; *Noll,* Übergesetzliche Milderungsgründe aus vermindertem Unrecht, ZStW 68 (1956) S. 181; *Preuß,* Untersuchungen zum erlaubten Risiko im Strafrecht, 1974; *Rehberg,* Zur Lehre vom „Erlaubten Risiko", 1962; *Rehbinder,* Die öffentliche Aufgabe und rechtliche Verantwortung der Presse, 1962; *Roeder,* Die Einhaltung des sozialadäquaten Risikos, 1969.

I. Das erlaubte Risiko als Strukturprinzip

1. Das erlaubte Risiko ist *kein selbständiger Rechtfertigungsgrund* (anders die Vorauflage S. 323 f.), weil durch diesen Begriff nicht mehr ausgesagt wird, als daß unter bestimmten Voraussetzungen riskante Handlungen, sogar mit bedingtem Vorsatz einer Rechtsgutsverletzung, zulässig sind, ohne daß diese Voraussetzungen generell umschrieben würden[1]. Es handelt sich beim erlaubten Risiko vielmehr um ein *gemeinsames Strukturprinzip* für verschiedene Rechtfertigungsgründe, deren sachliche Voraussetzungen gesondert geregelt sind[2]. Die gemeinsame Struktur dieser Gruppe besteht darin, daß durch sie der Schutz bestimmter, nicht unbedingt höherwertiger Interessen durch Handlungen ermöglicht werden soll, die in einer objektiv ungewissen Situation auf die Gefahr hin vorgenommen werden, daß das geschützte und auch durchaus schutzwürdige Rechtsgut durch die Handlung verletzt wird, wenn

---

[39] So *Schönke / Schröder / Lenckner,* Vorbem. 65 vor § 32; *Jakobs,* Allg. Teil S. 365. Dagegen empfiehlt *LK (Hirsch)* Vorbem. 91 vor § 32 die Anwendung der strengen Schuldtheorie (vgl. unten § 41 III 2 b), während *Dreher / Tröndle,* Vorbem. 10 vor § 32 die Subsidiaritätsklausel des Art. 20 IV GG als „objektive Bedingung der Rechtfertigung" aus dem Schuldzusammenhang ausgliedern will.

[1] *Maiwald,* Jescheck-Festschrift Bd. I S. 420; *Baumann / Weber,* Allg. Teil S. 321; *LK (Hirsch)* Vorbem. 33 vor § 32; *Schönke / Schröder / Lenckner,* Vorbem. 107b vor § 32; *Preuß,* Untersuchungen S. 225; *Wessels,* Allg. Teil S. 81. Gegen die Lehre vom erlaubten Risiko auch *Bockelmann / Volk,* Allg. Teil S. 106; *Kienapfel,* Erlaubtes Risiko S. 26 f.; *SK (Samson)* Vorbem. 27 f. vor § 32. Das „normrelevante Risiko" als Bezugspunkt des Vorsatzes bei *Frisch,* Vorsatz und Risiko S. 28 betrifft einen anderen Sachverhalt.

[2] *Maiwald,* Jescheck-Festschrift Bd. I S. 425; *Preuß,* Untersuchungen S. 225; *Lenckner,* H. Mayer-Festschrift S. 177 ff.

sich die angenommenen Voraussetzungen im Ergebnis nicht bestätigen[3]. (Zum erlaubten Risiko als Begrenzung der Sorgfaltspflicht bei den Fahrlässigkeitsdelikten vgl. unten § 55 I 2b).

2. In den Fällen der Rechtfertigungsgründe, die nach der Struktur des erlaubten Risikos aufgebaut sind, erhält der Täter nur eine *Handlungserlaubnis* für das riskante Vorgehen, aber *keine Eingriffsbefugnis* in das geschützte Rechtsgut, weil dieses prinzipiell ebenso schutzwürdig ist wie das Interesse, das der Täter wahrnimmt, und die Voraussetzungen, die einen Eingriff rechtfertigen würden, im Zeitpunkt der Vornahme der Handlung nicht feststehen und sich im Ergebnis möglicherweise als fehlend herausstellen[4].

3. Trotz dieser Unsicherheit wird die riskante Handlung vom Gesetzgeber *erlaubt*, um das Interesse, das der Täter wahrnimmt, überhaupt sicherstellen zu können. Wird durch die riskante Handlung eine *Rechtsgutsverletzung* verursacht, die sich als *sachlich ungerechtfertigt herausstellt*, weil die vom Täter angenommenen Voraussetzungen, wie sich nachträglich erweist, schon im Zeitpunkt der Tat nicht vorlagen, so wird dies von der Rechtsordnung *hingenommen*. Mit Rücksicht auf die Ungewißheit der Situation im Zeitpunkt der riskanten Handlung wird diese jedoch bei allen Rechtfertigungsgründen, die die Struktur des erlaubten Risikos aufweisen, nur dann erlaubt, wenn der Täter aufgrund *sorgfältiger Prüfung* der Voraussetzungen hinsichtlich des ungewissen Punkts vorgegangen ist[5].

4. Das Rechtsgut, in das durch die riskante Handlung eingegriffen wird, darf, auch wenn die vom Täter angenommenen Voraussetzungen fehlen, nicht durch *Notwehr* (§ 32) verteidigt werden, weil kein rechtswidriger Angriff vorliegt. Wie weit in derartigen Fällen gegen den Eingriff *rechtfertigender Notstand* in Betracht kommt, läßt sich nur für jeden der betreffenden Rechtfertigungsgründe gesondert entscheiden[6].

II. Rechtfertigungsgründe mit der Struktur des erlaubten Risikos

Es gibt mehrere Rechtfertigungsgründe, die nach dem Strukturprinzip des erlaubten Risikos aufgebaut sind:

1. Ein besonders charakteristischer Fall ist die **Wahrnehmung berechtigter Interessen** bei übler Nachrede (§ 193)[7]. Eine ehrenrührige Tatsachenbehauptung darf auf die Gefahr hin aufgestellt werden, daß sie unwahr oder jedenfalls nicht zu beweisen ist, wenn allein durch die Äußerung des betreffenden Vorwurfs ein berechtigtes öffentliches oder privates Interesse gewahrt werden kann.

Die Frage der Einordnung des § 193 in den Gesamtzusammenhang des Strafrechts ist allerdings umstritten. Die ältere Rechtsprechung und ein Teil der Lehre sehen darin einen Unterfall

---

[3] *Schönke / Schröder / Lenckner*, Vorbem. 11 vor § 32.
[4] *Maiwald*, Jescheck-Festschrift Bd. I S. 425; *Gallas*, Bockelmann-Festschrift S. 162 Fußnote 32; *Schönke / Schröder / Lenckner*, Vorbem. 11 vor § 32. *Günther*, Strafrechtswidrigkeit S. 270 schließt aus der „schlichten Handlungsbefugnis" auf Strafunrechtsausschließungsgründe.
[5] *Schönke / Schröder / Lenckner*, Vorbem. 19 vor § 32; *LK (Hirsch)* Vorbem. 54 vor § 32; *Herzberg*, JR 1986, 9.
[6] *Schönke / Schröder / Lenckner*, Vorbem. 11 vor § 32.
[7] So *Dreher / Tröndle*, § 193 Rdn. 1; *Gallas*, Beiträge S. 37; *Hirsch*, Ehre und Beleidigung S. 200ff.; *Lenckner*, H. Mayer-Festschrift S. 179f.; *Lenckner*, Noll-Gedächtnisschrift S. 249; *Schönke / Schröder / Lenckner*, § 193 Rdn. 8; *Heinitz*, Eb. Schmidt-Festschrift S. 282; *Schmidhäuser*, Allg. Teil S. 321; *Welzel*, Lehrbuch S. 320. Einen Strafunrechtsausschließungsgrund nimmt *Günther*, Strafrechtswidrigkeit S. 314 an.

des rechtfertigenden Notstands[8], was jedoch deswegen nicht befriedigen kann, weil ein wesentliches Überwiegen des geschützten Interesses gegenüber dem Ehrenschutz (vgl. oben § 33 IV 3c) mit Rücksicht auf die für die Risikohandlung typische Ungewißheit der Lage gerade nicht verlangt wird. Andere nehmen einen unspezifischen Fall der Güter- und Interessenabwägung an[9], doch ist eine derartige Generalklausel als Rechtfertigungsgrund dem Strafrecht sonst unbekannt und auch kaum zu begründen. Auch die Deutung der Wahrnehmung berechtigter Interessen als Entschuldigungsgrund[10] kann nicht überzeugen, da die ehrenrührige Äußerung im Falle des § 193 getan werden *darf* und nicht bloß als verzeihlich nachgesehen wird. Einen treffenden Hinweis auf die soziale Funktion des § 193 enthält die Ansicht, daß es sich hier um die Sicherung des ungestörten „Anpassungsprozesses der Meinungs- und Entfaltungsfreiheit" an die Bedürfnisse und Wertvorstellungen der jeweiligen Zeit handelt[11]. Doch wird damit nicht erklärt, warum eine so weitgehende Konzession an die Dynamik des gesellschaftlichen Umbruchs gerade an dieser Stelle des Strafrechts zulässig sein soll.

Eine Tatsachenbehauptung, die sich als üble Nachrede (§ 186) oder Beleidigung (§ 185) darstellt, ist gerechtfertigt, wenn die **Voraussetzungen** der Wahrnehmung berechtigter Interessen nach § 193 vorliegen. Hierzu gehört zunächst, daß die Äußerung das *einzige* Mittel zur Erreichung eines berechtigten Zwecks darstellt und daß der Täter mit der Absicht der Wahrnehmung dieses Interesses gehandelt hat (subjektives Rechtfertigungselement). Als berechtigte Interessen im Sinne des § 193 kommen nicht nur eigene Interessen des Täters sowie andere private Interessen in Betracht, die ihn nahe angehen, sondern ebenso Interessen der Allgemeinheit. Insbesondere darf auch die *Presse* den Schutz des § 193 für sich in Anspruch nehmen, wenn sie genötigt ist, ehrenrührige Tatsachen zu verbreiten, um ihrer der Öffentlichkeit gegenüber bestehenden Informationspflicht zu genügen[12]. Die Äußerung muß sich weiter als *angemessenes* Mittel zur Wahrnehmung des berechtigten Zwecks darstellen. Hierzu gehört einmal, daß das Interesse, welches der Täter wahren will, nach Rang und Gewicht in einem vertretbaren Verhältnis zu dem Ehrenschutz steht, den der Betroffene vom Strafrecht erwarten darf. Insoweit liegt in der Tat eine Interessenabwägung vor, die sich jedoch von der bei dem rechtfertigenden Notstand gebotenen Abwägung unterscheidet. Der Täter darf ferner nicht selbst davon überzeugt sein, daß die Äußerung unwahr ist, und er muß, bevor er sie mitteilt oder verbreitet, seiner *Informationspflicht* genügt haben. Er muß also mit allen ihm zu Gebote stehenden Mitteln geprüft haben, ob die ehrenrührige Tatsachenbehauptung, die er aufstellt, der Wahrheit entspricht und beweisbar ist[13]. Endlich ist erforderlich, daß die Äußerung in *angemessener* Form erfolgt. Aus § 193 ergibt sich zugleich, daß beleidigende Werturteile, die von Tatsachenbehauptungen unabhängig sind, nicht gedeckt sein können,

---

[8] So RG 62, 83 (93); 65, 333 (335); BGHZ 3, 270 (281); *Baumann / Weber,* Allg. Teil S. 352; *Kohlrausch / Lange,* § 193 Anm. I; *Mezger,* Lehrbuch S. 206 f.

[9] So *Lackner,* § 193 Anm. 1; *SK (Rudolphi)* § 193 Rdn. 1; *Blei,* Bes. Teil S. 97; *Noll,* ZStW 68 (1956) S. 192 f.; *Fuhrmann,* JuS 1970, 71. In dieser Richtung auch BGH 18, 182 (184).

[10] So RG 64, 23; RG JW 1939, 400; *Erdsiek,* JZ 1969, 315 f.

[11] So *Eser,* Wahrnehmung berechtigter Interessen S. 40 ff. (gegen die Lehre, § 193 lasse sich deswegen auf andere Tatbestände ausdehnen, aber mit Recht *LK [Hirsch]* Vorbem. 167 vor § 32; *Lenckner,* Noll-Gedächtnisschrift S. 247 ff.). Auf die in Art. 5 GG garantierte Meinungsfreiheit als materiellen Kern des § 193 verweisen auch BGH 12, 287 (293) und BGH MDR 1971, 999.

[12] Die früher ablehnende Auffassung der Rechtsprechung (RG 25, 68; 56, 383; 64, 13; 65, 360) ist heute der im Text vertretenen herrschenden Meinung gewichen, die allein der in den Pressegesetzen der Länder anerkannten öffentlichen Aufgabe der Presse entspricht; vgl. BVerfGE 12, 113 (125 ff.); 24, 278 (282 f.); BGHZ 31, 308; BGH 18, 182 (187); *Fuhrmann,* JuS 1970, 70 ff.; *Rehbinder,* Die öffentliche Aufgabe der Presse S. 120 ff.

[13] *Dreher / Tröndle,* § 193 Rdn. 8; *Lackner,* § 193 Anm. 5 a; *Schönke / Schröder / Lenckner,* § 193 Rdn. 11.

II. Rechtfertigungsgründe mit der Struktur des erlaubten Risikos

da es zur Wahrnehmung des berechtigten Interesses genügt, wenn ehrenrührige Tatsachen geäußert werden dürfen. Der Beleidigte wird ferner im Prozeß dadurch geschützt, daß auf die Frage der Wahrnehmung berechtigter Interessen erst eingegangen werden darf, nachdem die Erweislichkeit der behaupteten Tatsache geprüft worden ist (BGH 11, 273).

Beispiele: Der Prokurist einer Firma darf gegen den Buchhalter den Vorwurf der Unterschlagung erheben, wenn eine Prüfung der Bücher und der Kasse schwerwiegende Verdachtsgründe ergeben hat. Wer dagegen in der Presse allein auf eine ungeprüfte mündliche Mitteilung hin den Verdacht kommunistischer Betätigung gegen Politiker erhebt, kann sich nicht auf § 193 berufen, weil er der ihm obliegenden Informationspflicht nicht genügt hat (BGH 14, 48 [51]). Im Wahlkampf muß sich ein Politiker aufgrund seines früheren Verhaltens den Vorwurf eines „zwiespältigen Charakters" und des Frontwechsels aus Gründen des persönlichen Vorteils gefallen lassen (BGH 12, 287 [293f.]). Berichte aus dem Privatleben eines Politikers, bei denen es allein auf Skandal und Sensation ankommt, liegen außerhalb der öffentlichen Aufgabe, auf die sich die Presse als das von ihr zu wahrende berechtigte Interesse berufen kann (BGH 18, 182 [187]).

2. Weitere Rechtfertigungsgründe, bei denen der Gedanke des erlaubten Risikos zugrunde liegt und die darum eine pflichtgemäße Prüfung der ungewiß bleibenden Voraussetzungen erfordern, sind die **mutmaßliche Einwilligung,** wenn wirklicher und gemutmaßter Wille des Verletzten nicht übereinstimmen (vgl. oben § 34 VII 2)[14] und die Fälle **hoheitlichen Handelns,** wenn die sachlichen Voraussetzungen des Einschreitens von dem Amtsträger bejaht worden sind, in Wirklichkeit aber fehlten (vgl. oben § 35 I 3).

2. Abschnitt: Die Schuld

Die Lehre von der Rechtswidrigkeit betrifft die Frage, unter welchen Voraussetzungen eine Handlung der Rechtsordnung widerspricht. Die Maßstäbe, nach denen menschliches Verhalten als rechtswidrig beurteilt wird, nehmen keine Rücksicht auf die individuellen Eigenschaften des Täters: das Verbot zu stehlen gilt für den Armen ebenso wie für den Reichen, die Normen des Sexualstrafrechts richten sich ebenso an den triebhaften Gewaltmenschen wie an den seelisch ausgeglichenen Normalbürger, die Sorgfaltspflichten des Straßenverkehrs treffen den Anfänger ebenso wie den routinierten Fahrer. Insoweit wird im Strafrecht „ohne Ansehen der Person" geurteilt. Der Gegenstand der Beurteilung ändert sich jedoch, sobald man den Bereich der Schuld betritt. Hier geht es um die Frage, unter welchen Voraussetzungen der Täter als Person von Fleisch und Blut für seine rechtswidrige Handlung verantwortlich gemacht werden darf. Um dies beurteilen zu können, wird geprüft, auf welche Weise der rechtswidrige Handlungswille zustande gekommen ist. Schuld bedeutet danach, daß die *Maximen, von denen sich der Täter bei der Willensbildung hat leiten lassen, negativ zu bewerten sind und daß ihm die Tat deshalb persönlich zum Vorwurf gemacht werden kann,* oder kurz gesagt: **Schuld** ist **Vorwerfbarkeit der Willensbildung.** Der Schuldbegriff gliedert sich je nach dem Zusammenhang, in dem er verwendet wird, in

---

[14] Riskante Geschäfte eines Vermögensverwalters sind, wenn das Einverständnis des Inhabers vorliegt, nicht nach § 266 tatbestandsmäßig. Fehlt das Einverständnis, so kann der Vermögensverwalter doch aufgrund mutmaßlicher Einwilligung gerechtfertigt sein (anders Vorauflage S. 326); vgl. dazu *Hillenkamp,* NStZ 1981, 165 ff.

den *Schuldgrundsatz*, die *Strafbegründungsschuld* und die *Strafbemessungsschuld*[1]. Der Schuldgrundsatz besagt, daß kriminelle Strafe nur darauf gegründet werden darf, daß dem Täter seine Tat zum Vorwurf gemacht werden kann, und daß Strafe auch nur in den Grenzen der Schuld zulässig ist (vgl. oben § 4 I). Die Strafbegründungsschuld ist der Inbegriff der Voraussetzungen, die die Vorwerfbarkeit der Tat im Hinblick auf die Existenz der Strafdrohung begründen oder ausschließen (vgl. unten § 39 IV). Die Strafbemessungsschuld ist der Inbegriff der vom Täter zu verantwortenden Umstände, die bei der Strafzumessung zu berücksichtigen sind (vgl. § 46 I 1 sowie unten § 82 IV 2).

Unterabschnitt a): Die Grundlagen der Schuldlehre

§ 37 Die anthropologischen Grundlagen des Schuldbegriffs

Achenbach, Historische und dogmatische Grundlagen der strafrechtssystematischen Schuldlehre, 1974; *P.-A. Albrecht,* Unsicherheitszonen des Schuldstrafrechts, GA 1983, 193; *Ancel,* La défense sociale nouvelle, 3. Auflage 1981; *v. Baeyer,* Die Freiheitsfrage in der forensischen Psychiatrie usw., Der Nervenarzt 28 (1957) S. 337; *derselbe,* Neurose, Psychotherapie und Gesetzgebung, Handbuch der Neurosenlehre und Psychotherapie, Bd. I, 1959, S. 627; *Baratta,* Strafrechtsdogmatik und Kriminologie, ZStW 92 (1980) S. 107; *Bauer,* Das Verbrechen und die Gesellschaft, 1957; *derselbe,* Das Strafrecht und das heutige Bild vom Menschen, in: Die deutsche Strafrechtsreform, 1967, S. 11; *derselbe,* Vom kommenden Strafrecht, 1969; *Baumann,* Soziale Verantwortung ohne soziale Freiheit? JZ 1969, 181; *Bacigalupo,* Bemerkungen zur Schuldlehre im Strafrecht, Festschrift für H. Welzel, 1974, S. 477; *Bockelmann,* Vom Sinn der Strafe, Heidelberger Jahrbücher, Bd. V, 1961, S. 25; *derselbe,* Willensfreiheit und Zurechnungsfähigkeit, ZStW 75 (1963) S. 372; *derselbe,* Schuld, Schicksal und Verantwortung des Menschen, in: Freiheit und Determination, 1966, S. 91; *derselbe,* Zur Problematik der Sonderbehandlung von Überzeugungsverbrechern, Festschrift für H. Welzel, 1974, S. 543; *derselbe,* Zur Kritik der Strafrechtskritik, Festschrift für R. Lange, 1976, S. 1; *Bodenheimer,* Philosophy of Responsibility, 1980; *Bopp,* Der Gewissenstäter usw., 1974; *Burkhardt,* Charaktermängel und Charakterschuld, in: *Lüderssen / Sack* (Hrsg.), Vom Nutzen und Nachteil der Sozialwissenschaften für das Strafrecht, Bd. I, 1980, S. 87; *derselbe,* Der Wille als konstruktives Prinzip der Strafrechtsdogmatik, in: *Heckhausen* u. a. (Hrsg.), Jenseits des Rubikon: Der Wille in den Humanwissenschaften, 1987, S. 319; *v. Burski,* Die Zeugen Jehovas usw., Diss. Freiburg 1970; *Danner,* Gibt es einen freien Willen? 4. Auflage 1977; *derselbe,* Gedanken zur „psychologischen Wahlfreiheit" des Menschen, MSchrKrim 1971, 48; *Graf zu Dohna,* Willensfreiheit und Verantwortlichkeit, 1907; *derselbe,* Ein unausrottbares Mißverständnis, ZStW 66 (1954) S. 505; *Dreher,* Der psychologische Determinismus Manfred Danners, ZStW 95 (1983) S. 340; *derselbe,* Die Willensfreiheit, 1987; *Dürig,* Art. 103 III GG und die „Zeugen Jehovas", JZ 1967, 426; *Ebbinghaus,* Kant und das 20. Jahrhundert, Studium Generale 1954, 513; *Ebert,* Der Überzeugungstäter usw., 1975; *Ellscheid / Hassemer,* Strafe ohne Vorwurf, Civitas, Jahrbuch für Sozialwissenschaften 9 (1970) S. 27; *Engisch,* Die Lehre von der Willensfreiheit in der strafrechtsphilosophischen Doktrin der Gegenwart, 2. Auflage 1965; *derselbe,* Über die Charakterschuld, MSchrKrim 1967, 108; *derselbe,* Auf der Suche nach der Gerechtigkeit, 1971; *Figueiredo Dias,* Schuld und Persönlichkeit, ZStW 95 (1983) S. 220; *Fischer,* Der Schuldbegriff im Kontext heutiger theologischer Anthropologie, in: *Hertz* (Hrsg.), Handbuch der christlichen Ethik, Bd. 3, 1982, S. 160; *Frey,* Schuld, Verantwortung, Strafe als kriminalpolitisches Problem, in: Schuld-Verantwortung-Strafe, 1964, S. 297; *Gehlen,* Der Mensch, 6. Auflage 1958; *Gimbernat Ordeig,* Strafrechtssystematik auf der Grundlage der Nichtbeweisbarkeit der Willensfreiheit, Festschrift für H. Henkel, 1974, S. 151; *Gödan,* Die Rechtsfigur des Überzeugungstäters, 1975; *Gramatica,* Principi di difesa sociale, 1961; *Haddenbrock,* Die Unbestimmtheitsrelation von Freiheit und Unfreiheit usw., Der Nervenarzt 32 (1961) S. 145; *derselbe,* Per-

---

[1] So *Achenbach,* Schuldlehre S. 3 ff.; *Lackner,* Vorbem. 3 IV vor § 13; *Maurach / Zipf,* Allg. Teil I S. 401; *Roxin,* Bockelmann-Festschrift S. 279; *Schönke / Schröder / Lenckner,* Vorbem. 107 vor § 13; *SK (Rudolphi)* Vorbem. 1 vor § 19; *WK (Nowakowski)* Vorbem. 49 vor § 3.

sonale oder soziale Schuldfähigkeit usw., MSchrKrim 1968, 145; *derselbe,* Freiheit und Unfreiheit der Menschen im Aspekt der forensischen Psychiatrie, JZ 1969, 121; *derselbe,* Strafrechtliche Handlungsfähigkeit und „Schuldfähigkeit" usw., Handbuch der forensischen Psychiatrie, Bd. II, 1972, S. 863; *Haft,* Der Schulddialog, 1978; *Nicolai Hartmann,* Ethik, 3. Auflage 1949; *derselbe,* Einführung in die Philosophie, 3. Auflage 1954; *Hassemer,* Alternativen zum Schuldprinzip? in: *Baumgartner / Eser* (Hrsg.), Schuld und Verantwortung, 1983, S. 89; *Heinitz,* Strafzumessung und Persönlichkeit, ZStW 63 (1951) S. 57; *derselbe,* Der Überzeugungstäter im Strafrecht, ZStW 78 (1966) S. 615; *Heisenberg,* Das Naturbild der modernen Physik, 1955; *Heiß,* Allgemeine Tiefenpsychologie, 1956; *Henkel,* Der Mensch im Recht, Studium Generale 1960, 229; *derselbe,* Die Selbstbestimmung des Menschen als rechtsphilosophisches Problem, Festschrift für K. Larenz, 1973, S. 3; *H. F. Hoffmann,* Die Schichttheorie, 1935; *Holzhauer,* Willensfreiheit und Strafe, 1970; *Hupperschwiller,* Gewissen und Gewissensbildung in jugendkriminologischer Sicht, 1970; *Jescheck,* Das Menschenbild unserer Zeit und die Strafrechtsreform, 1957; *derselbe,* Das Gewissen und die strafrechtliche Verantwortlichkeit, Revista jurídica de Buenos Aires 1959, 24; *Kant,* Kritik der reinen Vernunft [1781], Ausgabe der Wissenschaftlichen Buchgesellschaft, Bd. II, 1956; *Kargl,* Kritik des Schuldprinzips, 1982; *Armin Kaufmann,* Die Dogmatik im AE, ZStW 80 (1968) S. 34; *derselbe,* Strafrechtsdogmatik zwischen Sein und Wert, 1982; *Arthur Kaufmann,* Das Schuldprinzip, 2. Auflage 1976; *derselbe,* Dogmatische und kriminalpolitische Aspekte des Schuldgedankens, JZ 1967, 553; *derselbe,* Schuldprinzip und Verhältnismäßigkeitsgrundsatz, Festschrift für R. Lange, 1976, S. 27; *derselbe,* Schuld und Prävention, Festschrift für R. Wassermann, 1985, S. 889; *derselbe,* Unzeitgemäße Betrachtungen zum Schuldgrundsatz, Jura 1986, 225; *Hilde Kaufmann,* Was läßt die Kriminologie vom Strafrecht übrig? JZ 1962, 193; *W. Keller,* Das Problem der Willensfreiheit, Handbuch der Neurosenlehre und Psychotherapie, Bd. V, 1960, S. 541; *Klug,* Die zentrale Bedeutung des Schutzgedankens für den Zweck der Strafe, 1938; *Kohlrausch,* Sollen und Können als Grundlagen der strafrechtlichen Zurechnung, Festgabe für K. Güterbock, 1910, S. 3; *Kraushaar,* Das Gewissen im Strafrecht usw., GA 1959, 325; *Krümpelmann,* Motivation und Handlung im Affekt, Festschrift für H. Welzel, 1974, S. 327; *derselbe,* Die Neugestaltung der Vorschriften über die Schuldfähigkeit usw., ZStW 88 (1976) S. 6; *derselbe,* Dogmatische und empirische Probleme des sozialen Schuldbegriffs, GA 1983, 337; *Kunz,* Prävention und gerechte Zurechnung, ZStW 98 (1986) S. 823; *Lackner,* Prävention und Schuldunfähigkeit, Festschrift für Th. Kleinknecht, 1985, S. 245; *Lange,* Die moderne Anthropologie und das Strafrecht, in: Schuld-Verantwortung-Strafe, 1964, S. 277; *derselbe,* Ist Schuld möglich? Festschrift für P. Bockelmann, 1979, S. 261; *Lersch,* Aufbau der Person, 11. Auflage 1970; *v. Liszt,* Aufsätze und Vorträge, Bd. II, 1905, S. 25; *Maiwald,* Gedanken zu einem sozialen Schuldbegriff, Festschrift für K. Lackner, 1987, S. 149; *Mangakis,* Über das Verhältnis von Strafrechtsschuld und Willensfreiheit, ZStW 75 (1963) S. 499; *H. Mayer,* Kant, Hegel und das Strafrecht, Festschrift für E. Engisch, 1969, S. 54; *Mergen,* Kriminologie und Strafrecht, 1966; *Mezger,* Über Willensfreiheit, Sitzungsberichte der Bayer. Akademie der Wissenschaften, 1944/46, Heft 9; *Müller-Dietz,* Gewissensfreiheit und Strafrecht, Festschrift für K. Peters, 1974, S. 91; *Nagler,* Der Überzeugungsverbrecher, GS 94 (1927) S. 48; *Nass,* Wandlungen des Schuldbegriffs im Laufe des Rechtsdenkens, 1963; *Neufelder,* Schuldbegriff und Verfassung, GA 1974, 289; *Noll,* Der Überzeugungstäter im Strafrecht, ZStW 78 (1966) S. 638; *Nowakowski,* Freiheit, Schuld, Vergeltung, Festschrift für Th. Rittler, 1957, S. 55; *derselbe,* Probleme der Strafrechtsdogmatik, JBl 1972, 19; *Otto,* Über den Zusammenhang von Schuld und menschlicher Würde, GA 1981, 481; *Peters,* Überzeugungstäter und Gewissenstäter, Festschrift für H. Mayer, 1966, S. 257; *derselbe,* Bemerkungen zur Rechtsprechung der Oberlandesgerichte zur Wehrersatzdienstverweigerung aus Gewissensgründen, JZ 1966, 457; *derselbe,* Abschließende Bemerkungen zu den Zeugen-Jehovas-Prozessen, Festschrift für K. Engisch, 1969, S. 468; *Plack,* Plädoyer für die Abschaffung des Strafrechts, 1974; *Pompe,* Le problème de la responsabilité criminelle, Festschrift für E. de Greeff, Bd. I, 1956, S. 73; *Portmann,* Biologische Fragmente zu einer Lehre vom Menschen, 3. Auflage 1969; *Radbruch,* Der Überzeugungstäter, ZStW 44 (1924) S. 34; *derselbe,* Verhandlungen des 34. DJT, Bd. II, 1927, S. 354; *Ranft,* Hilfspflicht und Glaubensfreiheit usw., Festschrift für E. Schwinge, 1973, S. 111; *Ricoeur,* Philosophie de la volonté, Bd. I, 1949; *Rothakker,* Die Schichten der Persönlichkeit, 5. Auflage 1952; *Roxin,* Sinn und Grenzen staatlicher Strafe, JuS 1966, 377; *derselbe,* Kriminalpolitische Überlegungen zum Schuldprinzip, MSchrKrim 1973, 316; *derselbe,* „Schuld" und „Verantwortlichkeit" als strafrechtliche Systemkategorien, Festschrift für H. Henkel, 1974, S. 171; *derselbe,* Zur jüngsten Diskussion über Schuld usw., Festschrift für P. Bockelmann, 1979, S. 279; *derselbe,* Zur Problematik des Schuldstrafrechts, ZStW 96 (1984) S. 641; *Rudolphi,* Unrechtsbewußtsein, Verbotsirrtum und

Vermeidbarkeit des Verbotsirrtums, 1969; *Schreiber,* Was heißt heute strafrechtliche Schuld usw., Der Nervenarzt 48 (1977) S. 242; *Schüller,* Gewissen und Schuld, in: *Fuchs* (Hrsg.), Das Gewissen, 1979, S. 34; *Seelmann,* Neue Entwicklungen usw., Jura 1980, 505; *Stratenwerth,* Tatschuld und Strafzumessung, 1972; *derselbe,* Literaturbericht, ZStW 85 (1973) S. 469; *derselbe,* Willensfreiheit – eine staatsnotwendige Fiktion? SchwZStr 101 (1984) S. 225; *Streng,* Schuld, Vergeltung, Generalprävention, ZStW 92 (1980) S. 637; *Thiemeyer,* Grundlagenprobleme des normativen Schuldbegriffs, GA 1986, 203; *Thomae,* Bewußtsein, Persönlichkeit und Schuld, MSchrKrim 1961, 114; *Thomae / Schmidt,* Psychologische Aspekte der Schuldfähigkeit, Handbuch der Psychologie, Bd. 11, 1967, S. 326; *Tiedemann,* Zur legislatorischen Behandlung des Verbotsirrtums usw., ZStW 81 (1969) S. 869; *Welzel,* Vom irrenden Gewissen, 1949; *derselbe,* Gesetz und Gewissen, DJT-Festschrift, 1960, S. 383; *derselbe,* Naturrecht und materiale Gerechtigkeit, 4. Auflage 1962; *derselbe,* Vom Bleibenden und vom Vergänglichen in der Strafrechtswissenschaft, Erinnerungsgabe für M. Grünhut, 1965, S. 173; *derselbe,* Die Frage nach der Rechtsgeltung, 1966; *derselbe,* Gedanken zur „Willensfreiheit", Festschrift für K. Engisch, 1969, S. 91; *A. Wenzl,* Philosophie der Freiheit, 1947; *Wieacker,* Privatrechtsgeschichte der Neuzeit, 2. Auflage 1967; *Witter,* Die Grundlagen für die Beurteilung der Schuldfähigkeit im Strafrecht, in: *Witter* (Hrsg.), Der psychiatrische Sachverständige im Strafrecht, 1987, S. 37; *E. Wolf,* Verbrechen aus Überzeugung, 1927; *Würtenberger,* Jurisprudenz und philosophische Anthropologie, Freiburger Dies Universitatis, Bd. 7, 1958/59, S. 85; *derselbe,* Vom rechtschaffenen Gewissen, Festschrift für E. Wolf, 1962, S. 337; *Zipf,* Der strafrechtliche Schuldbegriff, JBl 1980, 186.

I. Schuldgrundsatz und Willensfreiheit

1. **Der Schuldgrundsatz** wird in Deutschland als oberster Leitgedanke der Strafrechtspflege angesehen (vgl. oben § 4 I 2)[2]: kriminelle Strafe darf *nur* auf die Feststellung gegründet werden, daß dem Täter aus der zum Tatentschluß führenden Willensbildung ein Vorwurf gemacht werden kann, und sie darf auch niemals schwerer sein, als es der Täter nach seiner Schuld verdient hat[3]. **Der Schuldgrundsatz hat die Entscheidungsfreiheit des Menschen zur logischen Voraussetzung,** denn nur wenn grundsätzlich die Fähigkeit besteht, sich von Rechtsnormen bestimmen zu lassen, kann der Täter dafür verantwortlich gemacht werden, daß er es zu der rechtswidrigen Tat hat kommen lassen, anstatt die kriminellen Antriebe zu beherrschen. Wenn alles Tun und Lassen nach Art naturhafter Vorgänge durch das kausale Wirken objektiver, dem Einfluß des Willens entzogener Kräfte abschließend bestimmt wäre, hätte es ebensowenig einen Sinn, dem Menschen seine Taten vorzuwerfen, wie es einen Sinn hat, ihn für seine Krankheiten verantwortlich zu machen. Aber auch wenn alle menschlichen Handlungen zwar nicht naturhaft, aber doch psychologisch durch die Eigenart des Charakters, das Übergewicht der gerade vorhandenen Motive und die Reize der Außenwelt unausweichlich festgelegt wären, könnte die Strafe nicht als

---

[2] Nach *Arthur Kaufmann,* Schuldprinzip S. 115 ist das Schuldprinzip „als die eigentliche und tiefste Rechtfertigung des Strafrechts absoluter Natur"; nach BVerfGE 20, 323 (331) hat der Grundsatz nulla poena sine culpa „den Rang eines Verfassungsrechtssatzes". Vgl. ferner BVerfGE 9, 167 (169); 23, 127 (132 f.); 50, 125 (133); 50, 205 (214); BGH 2, 194 (200). Der Verfassungsrang des Schuldgrundsatzes beruht auf der Menschenwürde (Art. 1 GG) und dem Rechtsstaatsprinzip (Art. 28 I 1 GG). Über den Zusammenhang von Schuldgrundsatz und Menschenwürde *Otto,* GA 1981, 486 ff. Die konsequente Gegenposition vertritt *Neufelder,* GA 1974, 303 ff.

[3] Das Schuldprinzip ist Verfassungsrechtssatz nicht nur in seiner die Strafe begrenzenden, sondern auch in seiner sie begründenden Funktion; anders *Roxin,* JuS 1966, 384; *derselbe,* MSchrKrim 1973, 319 ff.; *derselbe,* Bockelmann-Festschrift S. 297; *SK (Rudolphi)* Vorbem. 1 vor § 19; §§ 2 II, 59 AE. Wie der Text die h. L.; vgl. insbes. *Arthur Kaufmann,* JZ 1966, 555; *derselbe,* Jura 1986, 230; *derselbe,* Wassermann-Festschrift S. 890; *Lenckner,* Strafe, Schuld und Schuldfähigkeit S. 18; *Schönke / Schröder / Lenckner,* Vorbem. 109 vor § 13; *Stratenwerth,* ZStW 85 (1973) S. 490; *Wessels,* Allg. Teil S. 107 ff.

sozial*ethisches* Unwerturteil verstanden werden, sondern müßte einen neutralen Sinn bekommen.

Die *konsequenten Gegner der Willensfreiheit* haben deshalb im Anschluß an *Franz v. Liszt* und seine Lehre, wonach der folgerichtige Determinismus „notwendig zur völligen uneingeschränkten Verwerfung der Vergeltungsstrafe, zur ausschließlichen und rückhaltlosen Anerkennung der Zweckstrafe" führen muß[4], ein Strafrechtssystem entworfen, das auf das Schuldprinzip im sozialethischen Sinne verzichtet und die Schuld nur noch formal als die Summe der subjektiven Zurechnungsmerkmale der Tat versteht[5].

2. Ein am Schuldprinzip orientiertes Strafrecht muß sich dagegen mit der **Problematik der Willensfreiheit** auseinandersetzen[6]. Auf den Streit um die Willensfreiheit kann hier aber nur insoweit eingegangen werden, als dabei die Begründung der Strafrechtsschuld in Frage steht[7].

a) Nur von wenigen wurde zuletzt noch das *klassische Dogma vom voraussetzungslosen Indeterminismus* vertreten, wonach der Mensch jederzeit sowohl der Stimme des Gewissens als auch der Stimme der Versuchung folgen könne und Verdienst und Schuld sich demgemäß nach seiner freien Entscheidung bestimmten[8]. Dieser Auffassung stand einmal auch der BGH nahe, als er ausführte: „Mit dem Unwerturteil der Schuld wird dem Täter vorgeworfen, daß er sich für das Unrecht entschieden hat, obwohl er sich für das Recht hätte entscheiden können" (BGH 2, 194 [200]). In ähnlicher Weise sagt die Begründung zum E 1962: „Die Vorwerfbarkeit erfordert, daß der Täter zur Tatzeit fähig war, die bestimmte tatverwirklichende Willensbildung zu vermeiden" (S. 137). Dem Einwand, daß die Annahme der Freiheit eine wissenschaftlich nicht haltbare Durchbrechung des Kausalprinzips darstelle, wird von dieser Seite die These entgegengesetzt, daß selbst für die Naturwissenschaft das Gesetz der Kausalität nicht durchweg gelte, sondern ein „Spielraum der Freiheit"

---

[4] *v. Liszt*, Aufsätze Bd. II S. 52.
[5] Vgl. z. B. *Bauer*, Das Verbrechen S. 17 ff.; *derselbe*, Das heutige Bild S. 16 ff.; *derselbe*, Vom kommenden Strafrecht S. 59 ff.; *Baratta*, ZStW 92 (1980) S. 140 ff.; *Danner*, Gibt es einen freien Willen? S. 190 ff.; *derselbe*, MSchrKrim 1971, 53 ff. (mit klarer Gegenüberstellung der Konsequenzen); *Gramatica*, Principi S. 41 ff. (im Anschluß an das „Progetto preliminare" *Ferris* von 1921); *Kargl*, Kritik des Schuldprinzips, 1982; *Plack*, Plädoyer für die Abschaffung des Strafrechts, 1974; *Streng*, ZStW 92 (1980) S. 656 ff.; *Klug*, Die zentrale Bedeutung des Schutzgedankens S. 108 ff.; *Mergen*, Kriminologie und Strafrecht S. 17. Anders die heutige „Soziale Verteidigung"; vgl. *Marc Ancel*, Défense sociale nouvelle S. 187: „Par là qu'on le veuille ou non, c'est l'idée ou plutôt le sentiment de la faute qui se trouve réintroduit dans le droit pénal". Vgl. dazu auch *Hilde Kaufmann*, JZ 1962, 195 f.; *Lange*, Die moderne Anthropologie S. 281 ff.; *derselbe*, Bockelmann-Festschrift S. 270; *Bockelmann*, Lange-Festschrift S. 1 ff. Auch in Skandinavien verliert die rein utilitaristische Begründung der Strafe an Boden; vgl. *Agge / Thornstedt*, Das schwedische Strafrecht S. 260. Gegen *Danner* eingehend *Dreher*, ZStW 95 (1983) S. 340 ff.
[6] Auch *Mezger* hat seine im Lehrbuch S. 251 aufgestellte These, daß die strafrechtliche Schuld als „juristische Schuld" vom Streit um die Willensfreiheit unabhängig sei, später nicht mehr vertreten. Dagegen stellt *H. Mayer*, Grundriß S. 105 seine Lehre von der subjektiven Zurechnung unabhängig von der Frage der Willensfreiheit auf das Faktum der „Willensherrschaft" ab. Für *Roxin*, ZStW 96 (1984) S. 653 kommt es nur darauf an, ob „der Täter zur Zeit der Tatbegehung grundsätzlich normativ ansprechbar war". *Gimbernat Ordeig*, Henkel-Festschrift S. 166 begnügt sich mit der Feststellung, die Strafe habe „keine metaphysische Vergeltungs- oder Sühnefunktion". Gegen *Gimbernat Bacigalupo*, Welzel-Festschrift S. 481 ff. *Haddenbrock*, MSchrKrim 1968, 151 und JZ 1969, 121 ff. gründet seinen Schuldbegriff nicht auf die Willensfreiheit, sondern auf die Verantwortungsfähigkeit des Menschen. Wie der Text *Schultz*, Einführung I S. 178 f.; *Armin Kaufmann*, Strafrechtsdogmatik S. 271 ff.
[7] Eine Darstellung der wechselvollen Geschichte dieses Problems im 19. Jahrhundert gibt *Holzhauer*, Willensfreiheit und Strafe, 1970.
[8] So *Wegner*, Strafrecht S. 79.

anzunehmen sei⁹. In der philosophischen Anthropologie wird deshalb teilweise der Standpunkt vertreten, daß im Bereich der moralischen und rechtlichen Verantwortung eine besondere Determinationsform, nämlich die durch das Sittengesetz gelte, von dem sich der Mensch zwar bestimmen lassen soll, dem gegenüber er aber auch seine Freiheit bewahrt¹⁰. In diesem Sinne wird neben der auf die Natur bezogenen Denkform der Kausalität eine auf die Psyche bezogene Denkform der „Spontaneität" angenommen, in der gerade das Schöpferische, Autonome und Geistbezogene der menschlichen Persönlichkeit Ausdruck finden soll¹¹. Von der h. L. wird dagegen die Begründung des Schuldvorwurfs durch die Freiheit des Menschen als *individueller* Person für unbeweisbar gehalten¹². Man nimmt statt dessen an, daß nur ein sozialvergleichendes Schuldurteil möglich sei, bei dem danach gefragt wird, ob „man" (ein „Durchschnittsmensch", eine *„maßgerechte Persönlichkeit"*) anstelle des Täters in der Lage gewesen wäre, anders zu handeln¹³. Eine dritte Meinung gründet die Schuld nicht auf die zur Tat führende Willensbildung im Einzelfall, sondern auf die Charakteranlagen des Täters. Ihm wird zum Vorwurf gemacht, daß er sich im Laufe seines Lebens nicht diejenige Willenskraft und sittliche Vernunft erworben hat, die notwendig gewesen wären, um den Antrieben zur rechtswidrigen Tat zu widerstehen¹⁴.

b) Angesichts der Ungeklärtheit dieser Fragen läßt sich zur Begründung der Strafrechtsschuld mit ausreichender Gewißheit nur folgendes sagen¹⁵: Die seelischen Vor-

---

⁹ Vgl. *A. Wenzl*, Philosophie der Freiheit S. 30. Dazu *Heisenberg*, Naturbild S. 26 ff., der allerdings die bloß statistischen Gesetzmäßigkeiten damit deutet, „daß man das betreffende physikalische System nur unvollständig kennt".

¹⁰ *Nicolai Hartmann*, Ethik S. 594, 628 und 635; *derselbe*, Einführung in die Philosophie S. 179 ff.; *H. Mayer*, Lehrbuch S. 230 f.; *Würtenberger*, Freiburger Dies Universitatis 1958/59 S. 94; *Arthur Kaufmann*, Schuldprinzip S. 280 f. Zum Standpunkt der christlichen Ethik *Fischer*, in: *Hertz* u. a. (Hrsg.), Handbuch S. 166: „Freiheit und Verantwortung konstituieren das Person-Sein des Menschen". Diese Lehre hat eine Vertiefung durch *Dreher*, Willensfreiheit S. 379 ff. erfahren, der auf das Freiheits*bewußtsein* als die dem Menschen allein zugängliche Wirklichkeit abstellt.

¹¹ Vgl. *Mezger*, Willensfreiheit S. 13; *Welzel*, Lehrbuch S. 142 ff.; *Mangakis*, ZStW 75 (1963) S. 523; *W. Keller*, Willensfreiheit S. 576; *Arthur Kaufmann*, Schuldprinzip S. 118, 130. Grundsätzlich ebenso *Baumann / Weber*, Allg. Teil S. 366; *Baumann*, JZ 1969, 182; *Maurach / Zipf*, Allg. Teil I S. 470 f.; *Wessels*, Allg. Teil S. 108; *Rudolphi*, Unrechtsbewußtsein S. 12 ff. Zur empirischen Feststellbarkeit des „Andershandelnkönnens" v. *Baeyer*, Der Nervenarzt 28 (1957) S. 337.

¹² Vgl. *Bockelmann / Volk*, Allg. Teil S. 109; *Blei*, Allg. Teil S. 178 f.; *Hassemer*, Einführung S. 215; *Henkel*, Larenz-Festschrift S. 24; *Haddenbrock*, JZ 1969, 121 ff.; *derselbe*, Strafrechtliche Handlungsfähigkeit und „Schuldfähigkeit" S. 893 ff.; *LK (Lange)* § 21 Rdn. 6; Lenckner, Strafe, Schuld und Schuldfähigkeit S. 98; *Roxin*, Henkel-Festschrift S. 175; *derselbe*, ZStW 96 (1984) S. 643; *Stratenwerth*, Allg. Teil I Rdn. 513; *Schmidhäuser*, Allg. Teil S. 154. Vgl. auch *Welzel*, Engisch-Festschrift S. 101.

¹³ So *Nowakowski*, Rittler-Festschrift S. 71; *Graf zu Dohna*, Willensfreiheit S. 17; *derselbe*, ZStW 66 (1954) S. 508; *Blei*, Allg. Teil S. 178 f.; *Bockelmann / Volk*, Allg. Teil S. 110 f.; *LK (Lange)* § 21 Rdn. 6; *Haft*, Allg. Teil S. 116; *Stratenwerth*, SchwZStr 101 (1984) S. 234; *Schönke / Schröder / Lenckner*, Vorbem. 110 vor § 13; *Schreiber*, Der Nervenarzt 1977, 245; *Arthur Kaufmann*, JZ 1967, 560; *derselbe*, Schuldprinzip S. 282; *Krümpelmann*, ZStW 88 (1976) S. 12; *SK (Rudolphi)* § 20 Rdn. 25. Vgl. auch BGH GA 1962, 116.

¹⁴ So *Engisch*, Willensfreiheit S. 65; *derselbe*, MSchrKrim 1967, 110 ff.; *Heinitz*, ZStW 63 (1951) S. 76. Ähnlich *Figueiredo Dias*, ZStW 95 (1983) S. 242: „Einstehenmüssen für die Persönlichkeit". Eingehend zur Charakterschuld *Burkhardt*, Charaktermängel S. 103 ff.

¹⁵ Vgl. *Jescheck*, Das Menschenbild S. 20 ff. Zustimmend zum Text im wesentlichen *Nowakowski*, JBl 1972, 29; *Arthur Kaufmann*, Jura 1986, 225 ff.; *Burkhardt*, in: *Heckhausen* u. a. (Hrsg.), Jenseits des Rubikon S. 337; *Krümpelmann*, GA 1983, 337 ff.; *Otto*, GA 1981, 486 ff.; *Lackner*, Kleinknecht-Festschrift S. 265; *Schönke / Schröder / Lenckner*, Vorbem. 110 vor

gänge, die der Willensbildung zugrunde liegen, folgen nicht einfach den Regeln der Natur wie der Blutdruck, die Atmung oder die Verdauung, sondern richten sich nach eigenen Determinationsgesetzen. **Die Bestimmbarkeit des Handelns beruht auf der Fähigkeit des Menschen, die auf ihn einwirkenden Antriebe zu kontrollieren und seine Entscheidung nach Sinngehalten, Werten und Normen auszurichten.** Der Mensch ist gerade dadurch vor allen Lebewesen ausgezeichnet, daß sein Verhalten einer durch ihn selbst vorgenommenen Sinngebung zu folgen vermag, während das Tier stets in den Mechanismus seiner Instinktwelt eingeschlossen bleibt. Insofern gilt für den Menschen als Gattung unzweifelhaft der Ausspruch des *Thomas von Aquino*: „Differt autem in agendo natura rationalis praedita libero arbitrio ab omni alia natura" (De Veritate, quaestio 24, art. 7, corpus articuli). *Zweierlei* ist dabei aber *unbekannt* und wird der Forschung möglicherweise immer verborgen bleiben, da sich die Freiheit als Teil der transzendenten Welt der empirischen Feststellbarkeit entzieht[16]. *Einmal* ist unbekannt, ob der Schluß von der Freiheit des Menschen als Gattung auf die Freiheit des einzelnen in der konkreten Situation seiner Tat gezogen werden darf, denn die Bedingungen der Entschlußfassung können infolge der ständigen Veränderungen, die in der Seele des Menschen vorgehen, im Experiment nicht mehr vollständig dargestellt werden, selbst wenn man sie sämtlich analysieren könnte. *Zum anderen* wissen wir nicht, auf welche Weise es der Mensch vollbringt, den auf ihn eindringenden kriminellen Antrieben zu widerstehen und den Forderungen des Sittengesetzes Folge zu leisten. Mit anderen Worten ist weder die Existenz noch die Art des Wirkens einer spezifisch menschlichen „Spontaneität" für den individuellen Entscheidungsakt eindeutig zu beweisen. Es ist ebenso gut möglich, daß die konkrete Straftat nur das Ergebnis des gerade vorhandenen Stärkeverhältnisses der seelischen Antriebe ist und daß dem Täter in der Einmaligkeit der Situation einfach die Kräfte gefehlt haben, um sich nach den Normen der Rechtsordnung zu bestimmen, was besonders bei Affekttaten der Fall sein mag, bei denen der Motivsturm geradezu eine Bewußtseinsstörung im Sinne des § 20 herbeiführen kann, wie die forensische Psychiatrie vielfach gezeigt hat. Deswegen läßt sich der Schuldvorwurf gegen den einzelnen nur folgendermaßen formulieren: der Täter hätte in der Situation, in der er sich befand, in dem Sinne anders handeln können, als nach unserer Erfahrung mit gleichliegenden Fällen **ein anderer an seiner Stelle** bei Anspannung der Willenskraft, die dem Täter möglicherweise gefehlt hat, unter den konkreten Umständen anders gehandelt hätte[17]. Die Frage jedoch, ob der Täter die erforderliche Willenskraft hätte aufbringen können und auf welche Weise sich diese im seelischen Kräfteverhältnis durchgesetzt hätte, wenn sie angewendet worden wäre, muß unbeantwortet bleiben[18]. Die Verschiebung

---

§ 13; *Wessels*, Allg. Teil S. 108; *Stratenwerth*, Allg. Teil I Rdn. 513; *Maiwald*, Lackner-Festschrift S. 164; *Thiemeyer*, GA 1986, 226 f.; *Zipf*, JBl 1980, 194. Zur Neubegründung der Freiheitslehre vgl. *v. Baeyer*, Neurose, Psychotherapie S. 633 ff.; *W. Keller*, Das Problem der Willensfreiheit S. 541 ff.; *Portmann*, Biologische Fragmente S. 81 ff.; *Ricoeur*, Philosophie de la volonté S. 64 ff.; *Dreher*, Willensfreiheit S. 379 ff.

[16] Über die Unbeweisbarkeit der individuellen Freiheit vgl. die oben Fußnote 12 zitierten Autoren, ferner *Nowakowski*, Rittler-Festschrift S. 58; *Haddenbrock*, Der Nervenarzt 32 (1961) S. 148, 227 f.; *Engisch*, Willensfreiheit S. 23 ff.

[17] *Engisch*, Willensfreiheit S. 26; *Graf zu Dohna*, ZStW 66 (1954) S. 508 und die oben Fußnote 13 zitierten Autoren. In diesem Sinne stellt *Witter*, in: *Witter* (Hrsg.), Der psychiatrische Sachverständige S. 51 darauf ab, ob und inwieweit – nach dem „typisierenden Vergleich" – „dem Täter noch ein Andershandeln *zugemutet* werden konnte".

[18] Diese Ansicht zwingt Gesetzgeber und Richter jedoch keineswegs etwa im Sinne eines „in dubio pro reo" dazu, die Konsequenzen des Determinismus zu übernehmen, denn diese sind für den Täter keineswegs günstiger, sondern „genau so schlimm, wenn nicht in manchen Fällen schlimmer", wie *Haddenbrock*, JZ 1969, 124 aus psychiatrischer Erfahrung gezeigt hat.

des Problems auf die Handlungserwartung in bezug auf „einen anderen" besagt sachlich zweierlei: einmal können beim erwachsenen Menschen nur *außergewöhnliche Umstände*, die in der Person des Täters oder in der Tatsituation liegen, den Schuldvorwurf ausschließen[19], zum anderen wird bei jedermann vorausgesetzt, daß er sich die zum Bestehen der Tatversuchung erforderliche Willenskraft *erwerben* konnte. Beide Voraussetzungen beruhen nicht auf empirischen Erhebungen über das Gelingen der Sozialisation im Einzelfall, sondern stellen normative Anforderungen der Rechtsordnung an den Täter dar, den sie als verantwortlichen Rechtsgenossen, nicht aber als Unmündigen oder Kranken behandelt. Das Strafrecht gründet sich auf die Entscheidung des Gesetzgebers, daß *diese Art der subjektiven Zurechnung* in einer auf Freiheit aufgebauten Rechtsordnung sowohl *notwendig* als auch *berechtigt* ist.

3. *Einer weiterreichenden Erkenntnis bedarf es für den strafrechtlichen Schuldvorwurf nicht*[20]. Das Zusammenleben der Menschen hängt davon ab, daß das Dasein in der Welt auf einen transzendenten Sinngehalt bezogen wird, wie dieser im einzelnen auch immer begründet werden mag; auf die bloße Tatsache der Existenz von Lebewesen läßt sich eine menschenwürdige Ordnung jedenfalls nicht gründen[21]. Das Recht muß deshalb von den Mitgliedern der Gesellschaft verlangen, daß sie sich von den ihre Existenz tragenden Verhaltensnormen auch bestimmen lassen. Die rein ethische Forderung nach Rechtsgehorsam würde aber zur Erhaltung der Gemeinschaftsordnung nicht ausreichen. Jedermann muß vielmehr für sein Handeln durch Sanktionen verantwortlich gemacht werden können, die an die generelle Erfahrung der Selbstbestimmbarkeit anknüpfen. **Der Gedanke der Verantwortlichkeit** des erwachsenen und seelisch durchschnittlich gesunden Täters ist eine **unbezweifelbare Realität unseres sozialen und moralischen Bewußtseins**[22]. Jeder geht von der Gewißheit der Freiheit als Voraussetzung des eigenen Handelns aus und erwartet ein freies Handeln auch von jedem anderen Menschen[23]. Ebenso gilt auch die Verantwortlichkeit eines jeden Menschen in der Gemeinschaft für jeden anderen Menschen als selbstverständlich. Es wäre eine schlechte Kriminalpolitik, wenn das Strafrecht dieser fundamentalen sozialpsychologischen Tatsache nicht Rechnung tragen und statt dessen das Menschenbild des konsequenten Determinismus zugrunde legen wollte, dessen Voraussetzungen ebensowenig exakt bewiesen werden können wie die der Freiheit[24].

---

[19] Wie *Krümpelmann*, GA 1983, 384 zu Recht sagt, „überspringt" der Schuldbegriff alle „Erschwernisse und Unklarheiten des Motivationsspielraums" beim einzelnen Täter. Bei der Strafzumessungsschuld versucht man freilich nach Möglichkeit, diese zu erfassen und ihr Gewicht nach den Erkenntnissen der Psychiatrie und Psychologie zu bewerten.

[20] So zu Recht *Bockelmann*, ZStW 75 (1963) S. 388; *derselbe*, Vom Sinn der Strafe S. 37f.; *Ebbinghaus*, Studium Generale 1954, 520. Auch nach *Dreher*, Willensfreiheit S. 383 „bedarf die Willensfreiheit keines Beweises, weil mit unserem Freiheitserlebnis die Vorstellung ihrer Existenz uns innewohnt".

[21] Vgl. *Welzel*, Grünhut-Erinnerungsgabe S. 183ff.; *Henkel*, Rechtsphilosophie S. 257ff.; *Wieacker*, Privatrechtsgeschichte S. 603ff.; *Frey*, Schuld, Verantwortung, Strafe S. 320; *Bodenheimer*, Responsibility S. 49.

[22] Es handelt sich also nicht, wie *Kohlrausch*, Güterbock-Festgabe S. 26 annahm, nur um eine „staatsnotwendige Fiktion". Vgl. auch *Haddenbrock*, MSchrKrim 1968, 151ff. und JZ 1969, 126f.; *Lersch*, Aufbau der Person S. 493; *Kaiser*, Kriminologie S. 58f.; *Lenckner*, Strafe, Schuld und Schuldfähigkeit S. 20, 97; *Roxin*, ZStW 96 (1984) S. 651; *Naucke*, Einführung S. 229 („Schuldig-sein-Können" als „selbstverständliches Organisationsprinzip für zwischenmenschliches Verhalten").

[23] Vgl. *Pompe*, de Greeff-Festschrift S. 75ff.; *H. Mayer*, Engisch-Festschrift S. 57f.

[24] Der Schuldgrundsatz kann auch nicht, wie *Ellscheid / Hassemer*, Civitas 9 (1970) S. 27ff. sowie *Hassemer*, Alternativen S. 104ff. vorschlagen, durch das rein formale Prinzip der „Verhältnismäßigkeit" ersetzt werden, das für die Maßregeln gilt (§ 62); dagegen *Arthur Kaufmann*, Lange-Festschrift S. 27ff. Vgl. auch *Seelmann*, Jura 1980, S. 509ff.

II. Das Gewissen als Quelle des Rechts- und Unrechtsbewußtseins

4. Das menschliche Handeln, dessen Freiheit das Schuldprinzip voraussetzt, wird freilich auch im Idealfall nicht nur von den Anforderungen der jeweils einschlägigen Norm bestimmt. Der **Spielraum der Möglichkeiten,** über die der Mensch im Augenblick der Entscheidung verfügt, ist vielmehr **durch zahlreiche echte Kausalfaktoren eingeengt** wie Lebensalter, Geschlecht, Herkunft, Erlebnisse, Krankheit, Temperament, Stimmung, Ermüdung, Erregung, Affekte bis hin zur Volksmentalität und den Einflüssen der Landschaft und des Wetters. Ein gerichtliches Urteil, das bis ins letzte alle auf die Willensbildung des Täters einwirkenden Momente zu berücksichtigen vermöchte, ist undenkbar[25]. Die Unmöglichkeit absoluter Gerechtigkeit spricht jedoch nicht gegen die Möglichkeit und den Wert relativer Gerechtigkeit, zu deren Verwirklichung das Schuldprinzip weitaus am besten geeignet ist, weil alle Menschen diesen Maßstab selbst anwenden und verstehen. Praktisch kann überhaupt nur das Schuldprinzip die Grundlage der Kriminalpolitik bilden, weil Strafen, die nicht als verdient empfunden werden, weder auf den Verurteilten noch auf die Gemeinschaft eine positive Wirkung ausüben. Nur der Schuldgrundsatz läßt sich ferner in der Praxis der Gerichte als Strafzumessungsprinzip durchführen, indem er das richterliche Urteil grundsätzlich auf die Tat beschränkt und nicht mit der gesamten Lebensgeschichte des Angeklagten konfrontiert[26]. Die Generalprävention kann den Schuldgrundsatz schon deswegen nicht ersetzen, weil sie kein Maßprinzip enthält (vgl. zu den Lehren von *Achenbach* und *Jakobs* oben § 22 VI 4). Endlich ist auch eine Resozialisierung des Verurteilten im Strafvollzug nur dann zu erhoffen, wenn er kriminelle Schuld verstehen gelernt hat und sich ernstlich vornimmt, sie in Zukunft zu vermeiden[27].

II. Das Gewissen als Quelle des Rechts- und Unrechtsbewußtseins

1. Der Schuldgrundsatz setzt nicht nur voraus, daß der Mensch sich *frei,* sondern auch, daß er sich *richtig* entscheiden kann. Neben der Freiheit zum Wollen muß die Fähigkeit zum Werten stehen. Die letztere ist sogar das eigentlich Primäre, denn anders könnten die Entschlüsse des Menschen nicht von Sollensnormen bestimmt werden. Das Medium, mit dessen Hilfe Wertbegriffe aufgenommen und eigene Handlungen im voraus beurteilt werden, ist das **Gewissen**[28]. Rational ist es ebensowenig zu erklären wie die Freiheit[29], es wird aber ebenso wie diese von jedermann als selbstverständlich vorausgesetzt. Das Gewissen ist eine a priori im Menschen befindliche Kraft, es entwickelt sich schon seit dem frühesten Kindesalter über mehrere Stufen[30] und führt bei der ausgereiften Persönlichkeit zu jenem natürlichen Rechtsbewußtsein, das den Menschen befähigt, in der Regel ohne tieferes Nachdenken das

---

[25] *Kant,* Kritik der reinen Vernunft S. 501 Fußnote: „Die eigentliche Moralität der Handlungen (Verdienst und Schuld) bleibt uns daher, selbst die unseres eigenen Verhaltens, gänzlich verborgen. Unsere Zurechnungen können nur auf den empirischen Charakter bezogen werden. Wie viel aber davon reine Wirkung der Freiheit, wie viel der bloßen Natur und dem unverschuldeten Fehler des Temperaments, oder dessen glücklicher Beschaffenheit (merito fortunae) zuzuschreiben sei, kann niemand ergründen, und daher auch nicht nach völliger Gerechtigkeit richten."

[26] In dieser Richtung treffend *Stratenwerth,* Tatschuld S. 31.

[27] Zur Möglichkeit eines „Schulddialogs", der vor allem im Strafvollzug hilfreich wäre, *Haft,* Der Schulddialog S. 24 ff., 95 und *Kunz,* ZStW 98 (1986) S. 833.

[28] Vgl. *Wieacker,* Privatrechtsgeschichte S. 610 ff.; *Henkel,* Rechtsphilosophie S. 331; *Welzel,* Naturrecht S. 238; *derselbe,* Die Frage nach der Rechtsgeltung S. 29 ff.; *Hupperschwiller,* Gewissen S. 41 ff. Aus der Sicht der Moraltheologie *Schüller,* Gewissen und Schuld S. 49: „Bestimmung dessen, was sittlich richtig und falsch ist".

[29] So nennt *Nicolai Hartmann,* Ethik S. 135 das Gewissen „Einwirkung einer ‚höheren' Macht, eine Stimme aus einer anderen Welt".

[30] Zum Prozeß der Gewissensbildung *Hupperschwiller,* Gewissen S. 47 ff.

Unrecht zu vermeiden (vgl. unten § 37 III 2)[31]. Die Entscheidungen der Gewissensinstanz sind wie die eines unbestechlichen Richters meist eindeutig und unbedingt, sie werden vom Menschen selbst dann widerspruchslos anerkannt, wenn er sein Versagen vor der Umwelt zu entschuldigen sucht.

2. Im Bereich der Rechtsordnung ist es das **Rechtsgewissen,** das den Menschen befähigt, zwischen Recht und Unrecht zu unterscheiden[32]. Die Geltung der Rechtsnorm steht zwar nicht unter dem Vorbehalt der Anerkennung durch das Gewissen der Bürger[33], wohl aber ist das Rechtsgewissen das natürliche Organ, durch das der einzelne sich rechtliche Gebote und Verbote zu eigen macht, mag auch der Intellekt mit der rein verstandesmäßigen Erkenntnis von Rechtsgeboten zusätzlich beteiligt sein und der Spruch des Gewissens ferner durch pflichtmäßig eingeholte Auskünfte ergänzt werden müssen. Das Strafrecht verlangt von jedermann die „Anspannung des Gewissens", um Zweifel über Recht und Unrecht zu beseitigen (BGH 2, 194 [201]). Als eine Weise menschlichen Fühlens und Erkennens ist das Rechtsgewissen jedoch mit der Möglichkeit von **Fehlentscheidungen** belastet, die aus Gewissensträgheit, -irrtum oder -blindheit entstehen können („irrendes Gewissen")[34]. Fehlt dem Täter das Bewußtsein der Rechtswidrigkeit, so befindet er sich im Verbotsirrtum (vgl. unten § 41 II, III 1). Die Frage der Vermeidbarkeit oder Unvermeidbarkeit des Verbotsirrtums hängt unter anderem davon ab, ob der Täter bei der von ihm zu verlangenden Anspannung des Gewissens zur Einsicht in das Unrechtmäßige seines Tuns gelangen konnte oder nicht (BGH 2, 194 [201 f.]). Der strafrechtliche Schuldvorwurf ist also wesentlich darauf gegründet, daß der Täter bei der Willensbildung sich von seinem Rechtsgewissen *nicht* hat leiten lassen bzw. sein irrendes Gewissen *nicht* korrigiert hat.

3. Vom Gewissensirrtum ist die *dem Recht widersprechende Überzeugung* des Täters zu unterscheiden[35]. Die Geltung der Rechtsnormen hängt zwar nicht von der Zustimmung des einzelnen ab, sondern beruht auf dem Rechtssetzungsakt der Gemeinschaft. Aber trotz der *Verbindlichkeit der Rechtsordnung* kann sich der einzelne durch sein Gewissen zu einem ihr widerstreitenden Verhalten gedrängt fühlen. Wir stehen damit vor dem Problem des **Überzeugungstäters**[36].

Beispiele: Die Weigerung der Anhänger der Sekte „Zeugen Jehovas", den in Art. 12a II GG vorgesehenen Ersatzdienst zu leisten, wird damit begründet, daß für sie auch jede Alternative zum Wehrdienst einen Abfall von den Forderungen ihres Glaubens bedeute und deswegen vom Staate nicht erzwungen werden dürfe. Das Bundesverfassungsgericht (BVerfGE 19, 135 und 23, 127 [132]) hat das Gewissensargument gegenüber der durch die Verfassung selbst begründeten Ersatzdienstpflicht jedoch nicht gelten lassen. Die wiederholte Verurteilung des Ersatzdienstverweigerers wegen Nichtbefolgung eines erneuten Einberufungsbefehls widerspricht indessen bei ernsthafter und dauerhafter Gewissensentscheidung Art. 103 III GG (BVerfGE 23, 191 [203]; zur „Totalverweigerung" ferner OLG Celle NJW 1985, 2428 und OLG Düsseldorf NJW

---

[31] Vgl. zu dem Begriff der „sozial-kulturellen Persönlichkeit" *Thomae,* MSchrKrim 1961, 116.

[32] Vgl. *Wieacker,* Privatrechtsgeschichte S. 611; *Würtenberger,* E. Wolf-Festschrift S. 349 ff.; *Kraushaar,* GA 1959, 327 ff.; *Jescheck,* Revista jurídica de Buenos Aires 1959, 26.

[33] *Engisch,* Auf der Suche nach der Gerechtigkeit S. 72 f.; *Rudolphi,* Unrechtsbewußtsein S. 39.

[34] Vgl. *Welzel,* Vom irrenden Gewissen S. 13 ff.

[35] Vgl. *Welzel,* DJT-Festschrift S. 393 ff.

[36] Vgl. zum Meinungsstand der 20er Jahre: *Radbruch,* ZStW 44 (1924) S. 34 ff.; *derselbe,* Verhandlungen des 34. DJT Bd. II S. 354 ff.; *Nagler,* GS 94 (1927) S. 48 ff.; *E. Wolf,* Verbrechen aus Überzeugung, 1927; ferner in der Großen Strafrechtskommission: Niederschriften Bd. I S. 94 ff.

1985, 2429)[37]. Ein Angehöriger einer religiösen Sekte, der seine dem gleichen Glauben anhängende Ehefrau nicht zu der bei ihr nach einer Geburt erforderlichen, aber nach den Glaubensregeln unzulässigen Bluttransfusion zu überreden versucht, soll nicht nach § 222 oder § 323c bestraft werden können (BVerfGE 32, 98 [106ff.]; vgl. auch OLG Hamm NJW 1968, 212)[38].

Die Rechtsordnung kann die Geltung ihrer Normen nicht von der Billigung durch den einzelnen abhängig machen, weil sie sonst zur unverbindlichen Empfehlung herabsinken und ihre Verläßlichkeit einbüßen würde. Der Überzeugungstäter ist daher nach h. L. weder gerechtfertigt noch entschuldigt (BGH 2, 194 [208])[39]. Auch ein Verbotsirrtum liegt nicht vor, der Überzeugungstäter versagt nur dem von ihm erkannten Gesetzesbefehl den Gehorsam[40]. Dagegen darf eine Gewissensentscheidung gegen das Recht je nach dem ethischen Wert der obwaltenden Motive bei der Strafzumessung berücksichtigt werden (BGH 8, 162 [163])[41]. Bestrebungen, für den Überzeugungstäter eine besondere Strafart einzuführen, die die Unverbrüchlichkeit der Rechtsordnung bekundete, ohne ein Unwerturteil über die Person des Täters zu enthalten, haben sich nicht durchgesetzt (vgl. 2. Auflage S. 309)[42].

III. Das Modell vom Schichtenaufbau der Persönlichkeit

Die **Psychologie** hat, um das Zusammenwirken der beim Fühlen, Denken, Werten, Wollen und Handeln des Menschen beteiligten körperlichen und seelischen Kräfte anschaulich zu machen, die Theorie vom **Schichtenaufbau der Persönlichkeit** entwickelt. Es handelt sich dabei zwar nur um ein Bild, doch zeigt es den Menschen in einer gerade für das Strafrecht anschaulichen Weise sowohl als „Naturwesen" wie auch als „Geistwesen"[43].

1. Der Grundgedanke aller Schichtentheorien[44] liegt in der Unterscheidung zwischen einer *unbewußten Tiefenschicht* und einer *bewußten Persönlichkeitsschicht*[45]. Innerhalb der Tiefenschicht trennt man zwischen Vitalschicht und tiefenseelischer Schicht. Die **Vitalschicht** ist Trä-

---

[37] Vgl. zum ganzen *Peters*, JZ 1966, 457; *Dürig*, JZ 1967, 426; *v. Burski*, Die Zeugen Jehovas S. 135, 143; abschließend *Peters*, Engisch-Festschrift S. 468 ff.

[38] Wegen der Eigenart des Sachverhalts (die Frau selbst lehnte jede Bluttransfusion ab) ergibt die Entscheidung keine allgemeinen Gesichtspunkte für die Behandlung des Überzeugungstäters; vgl. *Ranft*, Schwinge-Festschrift S. 123 ff.; *SK (Rudolphi)* Vorbem. 7 vor § 19.

[39] Vgl. *Gallas*, Beiträge S. 65 f.; *Heinitz*, ZStW 78 (1966) S. 631; *Noll*, ZStW 78 (1966) S. 638 ff.; *LK (Hirsch)* Vorbem. 209 ff. vor § 32; *Maurach / Zipf*, Allg. Teil I S. 457; *Schönke / Schröder / Lenckner*, § 46 Rdn. 15; *Arthur Kaufmann*, Schuldprinzip S. 137 f.; *Schmidhäuser*, Allg. Teil S. 425 ff.; *Welzel*, Lehrbuch S. 176 f. Für Rechtfertigung bei Gewissenstätern dagegen *Peters*, H. Mayer-Festschrift S. 276. Für Entschuldigung *Bopp*, Gewissenstäter S. 251; *Ebert*, Überzeugungstäter S. 84 (für „Täter aus Gewissensnot"); *Müller-Dietz*, Peters-Festschrift S. 108. Für ein „Angebot zu friedlicher Einigung" *Gödan*, Überzeugungstäter S. 285.

[40] Für Verbotsirrtum aber *Armin Kaufmann*, ZStW 80 (1968) S. 40 f.; *Tiedemann*, ZStW 81 (1969) S. 873 Fußnote 11.

[41] Vgl. *Bruns*, Strafzumessungsrecht S. 557 ff.; *LK (Hirsch)* Vorbem. 211 vor § 32 m. Nachw.

[42] Vgl. *Bockelmann*, Welzel-Festschrift S. 549 ff.

[43] Vgl. *Henkel*, Studium Generale 1960, 232 ff. Vor unkritischem Verständnis der Schichtentheorie warnt mit Recht *Nass*, Wandlungen des Schuldbegriffs S. 123 f. Bedeutsam ist auch der Hinweis von *Thomae*, Schuldfähigkeit S. 333, daß die Dominanzverhältnisse zwischen den Schichten nicht „statisch" aufgefaßt werden dürfen. Zum ganzen auch *Schmidhäuser*, Allg. Teil S. 148 f., 372 f.

[44] Der Text folgt im wesentlichen der Darstellung von *Rothacker*, Die Schichten der Persönlichkeit, 1952. Andere, aber nicht völlig abweichende Modelle haben *Lersch*, Aufbau der Person S. 99 ff., 495 f., 530 ff. und *H. F. Hoffmann*, Die Schichttheorie, 1935 entwickelt.

[45] Vgl. näher *Heiß*, Tiefenpsychologie S. 13 ff.

gerin der biologisch-physiologischen Funktionen des Körpers, ohne die kein höheres Leben möglich ist (Atmung, Kreislauf, Stoffwechsel, Bewegung, Sinneswahrnehmungen, Reflexe). Sie gibt ihre Energien laufend an die höheren Schichten ab und ist damit auch der Kraftspeicher für alle seelischen und geistigen Leistungen *("mens sana in corpore sano")*. Die Vitalschicht nimmt andererseits auch ständig Einflüsse aus den höheren Schichten in sich auf (z. B. Herzklopfen, Blutdruckschwankungen und Atmungsstörungen bei starken seelischen Eindrücken). Die **tiefenseelische Schicht** umfaßt die aus der Instinktgebundenheit gelösten Triebe (Selbsterhaltungstrieb, Nahrungstrieb, Geschlechtstrieb), die ererbten und erworbenen seelischen Grundhaltungen (Temperamente), die Talente (z. B. Musikalität, Sprachbegabung), die Skala der Gefühle bis hin zu den höheren Strebungen, Neigungen und Interessen (z. B. Tierliebe, Barmherzigkeit, Rechtschaffenheit, Religiosität). Die tiefenseelische Schicht ist das Zentrum der Antriebe, von denen der Mensch ergriffen, in eine bestimmte Richtung gedrängt, auf Ziele hingelenkt und mit Einfällen und Impulsen versorgt wird. Die Persönlichkeit wird in ihrer Eigenart und Fülle wesentlich durch die Tiefenschicht bestimmt, ohne die es keine höheren geistigen Leistungen gäbe. „Der Mensch kann nicht lange im Bewußtsein oder im bewußten Zustande verharren. Er muß sich immer wieder in das Unbewußte flüchten, denn darin liegt seine Wurzel" *(Goethe)*.

2. Die *Persönlichkeitsschicht* des Menschen wird durch das Ichzentrum bestimmt, in dem die bewußten geistigen Funktionen ihren Sitz haben. Vorgelagert ist dem Ichzentrum jedoch noch eine andere Schicht, die, obwohl sie zur Persönlichkeitsschicht gehört, den Übergang von den unbewußten zu den bewußten seelischen Funktionen darstellt: die **personale Schicht**[46]. Sie ist für das Handeln des Menschen im Recht deswegen besonders bedeutsam, weil sich hier aus den im Leben laufend vollzogenen Vorentscheidungen nach und nach der Charakter herausbildet[47]. In der personalen Schicht sammelt sich der feste Bestand an Lebensregeln, aus denen später neue Handlungsentschlüsse spontan, unreflektiert und gleichsam mühelos, aber mit unverkennbar persönlicher Note hervorgehen. Der Gipfelpunkt des vollbewußten seelisch-geistigen Lebens ist das **Ichzentrum.** Hier liegt die Kontrollinstanz für die der Tiefenschicht entstammenden Antriebe, die an dieser Stelle, sofern sie nicht schon in der personalen Schicht automatisch in die Tat umgesetzt oder abgewiesen werden, auf ihren Sinngehalt und ihren Rangwert zu prüfen sind (bewußtes Gewissen). Im Ichzentrum entstehen die eigentlichen geistig-seelischen Leistungen.

3. Das **Schuldurteil** hat es mit der Gesamtheit der Vorgänge zu tun, die bei der Willensbildung eine Rolle spielen. Es würdigt *alle* dabei mitwirkenden Kräfte, Strebungen und Grundsätze. Der Schuldvorwurf richtet sich in erster Linie gegen das Versagen der Kontrollinstanz, denn dort liegt die letzte Entscheidung über alles Tun und Lassen[48]. Aber auch die Funktionsweise der personalen Schicht ist Gegenstand des Schuldurteils, weil von hier aus das unbewußte Verhalten gesteuert wird. So beruht die Entstehung eines vermeidbaren Verbotsirrtums oft auf dem Ausbleiben einer Warnung aus der personalen Schicht. Insbesondere läßt sich der Schuldgehalt der unbewußten Fahrlässigkeit vielfach nur auf ein Versagen der automatisch wirkenden Sorgfaltsmechanismen gründen. Auch bei den Affekttaten, die unter Umgehung des Ichzentrums durch unmittelbare Entladung bei starker Verengung des Bewußtseins geschehen, bezieht sich der Schuldvorwurf auf die mangelhafte Kontrolle der tiefenseelischen Antriebe durch die Kräfte der personalen Schicht in der Vorphase der Affektspannung[49]. Die Antriebe aus der Tiefenschicht sind mit der Natur des Men-

---

[46] Vgl. dazu näher *Lersch,* Aufbau der Person S. 496 ff.; *Welzel,* Lehrbuch S. 149 f.

[47] Vgl. dazu näher *Gehlen,* Der Mensch S. 400 ff.

[48] Vgl. dazu die Bemerkung von *Rothacker,* Die Schichten der Persönlichkeit S. 92: „Auf dieser ungeheuren Macht des stets auf der Wacht befindlichen Ich beruht der juristische und sittliche Anspruch an mich als verantwortliches Wesen."

[49] Vgl. *Krümpelmann,* Welzel-Festschrift S. 338 ff.

schen gegeben, sie sind zwar kontrollierbar, aber in ihrer Entstehung nicht dem Willen unterworfen. Niemand kann also dem Sexualverbrecher vorwerfen, daß der Geschlechtstrieb in ihm übermächtig wurde und zur Entladung drängte. Das Schuldurteil betrifft immer nur das Funktionieren der Kontrollinstanzen. Noch weniger läßt sich ein Schuldvorwurf auf Vorgänge im biologisch-physiologischen Teil der Tiefenschicht gründen. Deswegen werden Reflexe und Anfälle von Bewußtlosigkeit schon gar nicht als Handlungen im Rechtssinne angesehen (vgl. oben § 23 IV 2 a).

§ 38 Die dogmatischen Grundlagen des Schuldbegriffs

Achenbach, Historische und dogmatische Grundlagen der strafrechtssystematischen Schuldlehre, 1974; *derselbe,* Individuelle Zurechnung, Verantwortlichkeit, Schuld, in: *Schünemann* (Hrsg.), Grundfragen des modernen Strafrechtssystems, 1984, S. 135; *Bacigalupo,* Bemerkungen zur Schuldlehre, Festschrift für H. Welzel, 1974, S. 477; *Baumann,* Schuld und Verantwortung, JZ 1962, 41; *Beling,* Unschuld, Schuld und Schuldstufen usw., 1910; *Bockelmann,* Studien zum Täterstrafrecht, 1. Teil, 1939, 2. Teil, 1940; *derselbe,* Bemerkungen über das Verhältnis des Strafrechts zur Moral und zur Psychologie, Gedächtnisschrift für G. Radbruch, 1968, S. 252; *Anne-Eva Brauneck,* Zum Schuldstrafrecht des neuesten Entwurfs eines StGB, MSchrKrim 1958, 129; *dieselbe,* Der strafrechtliche Schuldbegriff, GA 1959, 261; *Busch,* Moderne Wandlungen der Verbrechenslehre, 1949; *Graf zu Dohna,* Zum neuesten Stande der Schuldlehre, ZStW 32 (1911) S. 323; *Dünnebier,* Über die Vereinheitlichung von Strafe und Sicherungsverwahrung, Tagungsberichte, Bd. I, S. 86; *Engelmann,* Die Schuldlehre der Postglossatoren und ihre Fortentwicklung, 1895; *Engisch,* Untersuchungen über Vorsatz und Fahrlässigkeit im Strafrecht, 1930; *derselbe,* Zur Idee der Täterschuld, ZStW 61 (1942) S. 166; *derselbe,* Bietet die Entwicklung der dogmatischen Strafrechtswissenschaft seit 1930 Veranlassung, in der Reform des Allgemeinen Teils des Strafrechts neue Wege zu gehen? ZStW 66 (1954) S. 339; *derselbe,* Auf der Suche nach der Gerechtigkeit, 1971; *Frank,* Über den Aufbau des Schuldbegriffs, Gießener Festschrift, 1907, S. 3; *Freudenthal,* Schuld und Vorwurf im geltenden Strafrecht, 1922; *Geilen,* Zur Problematik des schuldausschließenden Affekts, Festschrift für R. Maurach, 1972, S. 173; *Goldschmidt,* Der Notstand, ein Schuldproblem, Österr. Zeitschrift für Strafrecht 1913, 129; *derselbe,* Normativer Schuldbegriff, Festgabe für R. v. Frank, Bd. I, 1930, S. 428; *Grünhut,* Gefährlichkeit als Schuldmoment, Festgabe für G. Aschaffenburg (MSchrKrim 1926, Beiheft 1) S. 87; *Hall,* Sicherungsverwahrung und Sicherungsstrafe, ZStW 70 (1958) S. 41; *Hardwig,* Die Zurechnung, 1957; *Hegler,* Die Merkmale des Verbrechens, ZStW 36 (1915) S. 184 ff.; *Heinitz,* Strafzumessung und Persönlichkeit, ZStW 63 (1951) S. 57; *Herren,* Die Gesinnung im Rahmen der vorsätzlichen Tötungsdelikte, 1966; *Hohenleitner,* Schuld als Werturteil, Festschrift für Th. Rittler, 1957, S. 185; *Hold v. Ferneck,* Die Schuld im Rechte und in der Moral, ZStW 32 (1911) S. 249; *Jescheck,* Vom Stil der gegenwärtigen deutschen Strafrechtspflege, SchwZStr 75 (1959) S. 56; *derselbe,* Aufbau und Stellung des bedingten Vorsatzes im Verbrechensbegriff, Festschrift für E. Wolf, 1962, S. 473; *derselbe,* Die kriminalpolitische Konzeption des AE, ZStW 80 (1968) S. 54; *F. Kaufmann,* Die philosophischen Grundprobleme der Lehre von der Strafrechtsschuld, 1929; *Kleinschrod,* Systematische Entwicklung der Grundbegriffe und Grundwahrheiten des peinlichen Rechts, 1. Teil, 2. Auflage 1799; *Kohlrausch,* Irrtum und Schuldbegriff im Strafrecht, 1903; *Krümpelmann,* Motivation und Handlung im Affekt, Festschrift für H. Welzel, 1974, S. 327; *derselbe,* Dogmatische und empirische Probleme des sozialen Schuldbegriffs, GA 1983, 337; *derselbe,* Schuldzurechnung unter Affekt und alkoholisch bedingter Schuldunfähigkeit, ZStW 99 (1987) S. 191; *Löffler,* Die Schuldformen des Strafrechts, 1895; *Mangakis,* Über die Erfolgs- und Schuldhaftung als Kategorien geschichtlicher Betrachtung, ZStW 83 (1971) S. 283; *Maurach,* Schuld und Verantwortung im Strafrecht, 1948; *M. E. Mayer,* Die schuldhafte Handlung und ihre Arten im Strafrecht, 1901; *Mezger,* Die Straftat als Ganzes, ZStW 57 (1938) S. 675; *Miřička,* Die Formen der Strafschuld und ihre gesetzliche Regelung, 1903; *Müller-Dietz,* Grenzen des Schuldgedankens im Strafrecht, 1967; *Muñoz Conde,* Über den materiellen Schuldbegriff, GA 1978, 65; *Nowakowski,* Das Ausmaß der Schuld, SchwZStr 65 (1950) S. 301; *derselbe,* Probleme der Strafrechtsdogmatik, JBl 1972, 19; *Oehler,* Die Achtung vor dem Leben und die Notstandshandlung, JR 1951, 489; *Otto,* Personales Unrecht, Schuld und Strafe, ZStW 87 (1975) S. 539; *derselbe,* Über den Zusammenhang von Schuld und Strafe, GA 1981, 481; *Peters,* Zur Lehre von den persönlichen Strafausschließungsgründen, JR 1949, 496; *derselbe,* Die Tötung von Menschen in Notsituationen, JR 1950, 742; *Pufendorf,* De jure naturae et gentium, Editio nova 1694; *Radbruch,* Über den Schuldbegriff, ZStW 24 (1904) S. 333; *derselbe,* Gesetzliches Unrecht und übergesetzliches Recht, SJZ 1946, 105; *Rosenfeld,* Schuld und Vorsatz im v. Lisztschen Lehrbuch, ZStW 32 (1911) S. 466; *Roxin,* Literaturbericht, ZStW 82 (1970) S. 675; *derselbe,* Kriminalpolitik und Strafrechtssystem, 2. Auflage 1973; *derselbe,* „Schuld" und „Verantwortlichkeit" als strafrechtliche Systemkategorien, Festschrift für H. Henkel, 1974, S. 171; *derselbe,* Zur Problematik des Schuldstrafrechts, ZStW 96 (1984) S. 641; *Rudolphi,* Affekt und Schuld, Festschrift für H. Henkel, 1974, S. 199; *Schmidhäuser,* Gesinnungsmerkmale im Strafrecht, 1958; *derselbe,* Gesinnungsethik und Gesinnungsstrafrecht, Festschrift für W. Gallas, 1973, S. 81; *derselbe,* Über den axiologischen Schuldbegriff usw., Festschrift für H.-H. Jescheck, Bd. I, 1985, S. 485; *Seelig,* Schuld, Lüge, Sexualität, 1955; *v. Weber,* Zum Aufbau des Strafrechtssystems, 1935; *Welzel,* Persönlichkeit und Schuld, ZStW 60 (1941) S. 428; *derselbe,* Zum Notstandsproblem, ZStW 63 (1951) S. 47; *derselbe,* Die Naturrechtslehre Samuel Pufendorfs, 1958; *derselbe,* Recht und Sittlichkeit, Festschrift für F. Schaffstein, 1975, S. 45; *E. Wolf,* Strafrechtliche Schuldlehre, 1928; *derselbe,* Große Rechtsdenker, 4. Auflage 1963; *Zipf,* Der strafrechtliche Schuldbegriff, JBl 1980, 186.

Vgl. ferner die Schrifttumsangaben vor § 37.

I. Rechtsschuld und sittliche Schuld

1. Strafrechtliche Schuld ist primär **Rechtsschuld, nicht sittliche Schuld**[1]. Die Schuld bezieht sich auf Rechtsnormen, Gegenstand des Vorwurfs ist ein *Mangel an Rechtsgesinnung.* Es trifft zwar zu, daß die Gebote und Verbote, die das Strafrecht schützt, weitgehend mit den Normen der Sittlichkeit übereinstimmen[2], doch sind beide Ordnungen voneinander unabhängig[3] und sind Rechtsnormen auch dann bindend, wenn sie vom einzelnen nicht als sittliche Pflichten empfunden werden (vgl. oben § 37 II 3). Für die Verpflichtung zum Rechtsgehorsam genügt es, wenn der Rechtsunterworfene erkennt, daß die Strafvorschrift von den zur Gesetzgebung berufenen Verfassungsorganen in dem vorgeschriebenen Verfahren erlassen ist und einer gerechten Ordnung des Gemeinschaftslebens dienen soll. Nur das „in Gesetzesform gegossene Unrecht" erlangt keine Geltungskraft und darf nicht befolgt werden[4]. Die strafrechtliche Schuld ist ferner deswegen Rechtsschuld, weil sie nach *rechtlichen Maßstäben* gemessen wird. Rechtliche Maßstäbe müssen notwendigerweise auf Erfahrung mit anderen gegründet sein und können individuelle Schuld nicht mit der Feinheit wägen, mit der die sittliche Qualität einer Handlung beurteilt zu werden verlangt (vgl. zur Schuldfähigkeit unten § 40 I 3, zur Unzumutbarkeit unten § 47 II 2)[5]. Insbesondere ist es keine rechtliche Schuld, wenn sich jemand bei seinem Handeln mit bloßer Legalität begnügt, ohne die „Idee der Pflicht aus dem Gesetz" *(Kant)* zur Triebfeder seines Handelns werden zu lassen (dies wäre Moralität). Strafrechtliche Schuld ist endlich Rechtsschuld, weil sie vor dem *Forum der staatlichen Gerichte* in einem rechtlich geordneten Verfahren öffentlich festgestellt werden muß, während die sittliche Schuld nur das Forum des eigenen Gewissens kennt. Wie das Recht auf

---

[1] So die h. L.; vgl. *Binding,* Normen Bd. II S. 274; *Baumann / Weber,* Allg. Teil S. 364 f.; *Hold v. Ferneck,* ZStW 32 (1911) S. 258 ff.; *Gallas,* Beiträge S. 75; *F. Kaufmann,* Die philosophischen Grundprobleme S. 75; *v. Hippel,* Bd. II S. 278; *Mezger,* Lehrbuch S. 251; *Maurach / Zipf,* Allg. Teil I S. 456; *Welzel,* ZStW 63 (1951) S. 53; *Wessels,* Allg. Teil S. 109.

[2] Ohne Bindung des Rechts an die Sittlichkeit würde man „das Recht geradezu substantiell verelenden lassen", so *Engisch,* Gerechtigkeit S. 106; vgl. auch *Bockelmann,* Radbruch-Gedächtnisschrift S. 259; *derselbe,* Einführung S. 28; *Zipf,* JBl 1980, 186 f.

[3] Über die „beiderseitige Unterstützung" von Recht und Sittlichkeit *Henkel,* Rechtsphilosophie S. 78 ff. Über das Recht als „Möglichkeitsvoraussetzung sittlichen Handelns" *Welzel,* Schaffstein-Festschrift S. 50.

[4] *Radbruch,* SJZ 1946, 107.

[5] Vgl. *Stratenwerth,* Allg. Teil I Rdn. 513.

die Sittlichkeit bezogen ist, so hängt aber auch die rechtliche Schuld mit der sittlichen zusammen[6].

2. Diese Lehre wird vielfach *angegriffen* mit der Erwägung, daß eine im vollen Sinne verbindliche Pflicht auch als Rechtspflicht nur dadurch begründet werden könne, daß sie vom Menschen als sittliche Pflicht erlebt und aus freien Stücken zur selbstgewählten Regel des eigenen Handelns gemacht werde; nur solche Pflichten „erzeugen ein inneres Sollen und nicht lediglich ein erzwungenes Müssen"[7]. Auch der E 1962 wollte Strafe nur insoweit zulassen, „als dem Täter sein Handeln sittlich zum Vorwurf gemacht werden kann"[8]. Ebenso zeigte auch die Rechtsprechung wiederholt die Neigung, sittliche Pflichten unmittelbar in Rechtspflichten umzudeuten und demgemäß das Bewußtsein der Rechtswidrigkeit auf die „Normen des Sittengesetzes" zu beziehen (OGH 1, 321 [337]; 2, 117 [122]; BGH 6, 46 [52ff., 59]; 6, 147 [153])[9]. Doch ist die schon von *Samuel Pufendorf* und *Christian Thomasius* überwundene Vermischung von Recht und Sittlichkeit abzulehnen, denn der Eigenwert von Recht und Gerechtigkeit wird dabei unterschätzt und die nur begrenzte Urteilsmöglichkeit des Richters verkannt. Außerdem kann die Schuldfeststellung auf diese Weise mit Emotionen belastet werden, die der Nüchternheit des richterlichen Urteils abträglich sind.

II. Die Entwicklungsstufen der Schuldlehre

1. Die Wurzeln der Schuldlehre liegen in der italienischen Strafrechtswissenschaft des ausgehenden Mittelalters und in der darauf aufbauenden gemeinrechtlichen Jurisprudenz des 16. und 17. Jahrhunderts[10]. Für die neuere Entwicklung ist vor allem die *Schuldauffassung des Naturrechts* von Einfluß gewesen. Hier war es *Samuel Pufendorf* (1634 - 1694), der durch den Begriff der Zurechnung *(imputatio)* die erste entwicklungsfähige Denkform geschaffen hat[11]. Zurechenbarkeit bedeutet, daß die *freie* Handlung als dem Täter zugehörig *(„ad ipsum proprie pertinens")* und darum auch als Grundlage *(„causa moralis")* für seine Verantwortlichkeit angesehen wird. Noch über hundert Jahre später ist auch für *Kleinschrod*[12] die Tatsache, daß die Handlung „mit Freiheit unternommen ward", der „Grund aller Zurechnung". Bei den Hegelianern, die das Verbrechen als frei gewählte Absonderung des Einzelwillens von dem im Gesetz verkörperten Gemeinwillen betrachteten, ruht das gesamte Strafrechtssystem ohnehin auf der subjektiven Zurechnung[13]. *Binding* führte diese an die Voraussetzung der Willensfreiheit gebundene Lehre in die Dogmatik der Gegenwart ein[14].

2. Durch den Niedergang der Lehre von der Willensfreiheit in der zweiten Hälfte des 19. Jahrhunderts wurde der auf ihren Mißbrauch gegründete Schuldbegriff des Naturrechts unhaltbar. An seine Stelle trat der **psychologische Schuldbegriff,** der für die am Faktischen orientierte Grundhaltung des Positivismus charakteristisch war (vgl. oben § 22 II 1 a. E.)[15]. Man ging dabei aus von der Unterscheidung zwischen der Außenseite der Straftat und ihren seelischen Bestandteilen und begnügte sich damit, unter Verzicht auf die Erfassung des Wesensgehalts der Schuld sämtliche psychischen

---

[6] Vgl. *Schmidhäuser,* Allg. Teil S. 371 f. m. Nachw.
[7] So *Arthur Kaufmann,* Schuldprinzip S. 128; vgl. ferner *Graf zu Dohna,* ZStW 32 (1911) S. 326; *Oehler,* JR 1951, 489; *Peters,* JR 1949, 496; *derselbe,* JR 1950, 742.
[8] E 1962, Begründung S. 96.
[9] Vgl. dazu *Jescheck,* SchwZStr 75 (1959) S. 66ff.
[10] Vgl. dazu näher *Engelmann,* Die Schuldlehre der Postglossatoren, 1895; *Schaffstein,* Die allgemeinen Lehren S. 94ff.
[11] *Pufendorf,* De jure naturae et gentium Bd. I Kap. V § 3. Vgl. dazu *Welzel,* Die Naturrechtslehre Samuel Pufendorfs S. 84ff.; *Hardwig,* Die Zurechnung S. 35ff.; *E. Wolf,* Große Rechtsdenker S. 345.
[12] *Kleinschrod,* Grundbegriffe S. 109.
[13] Vgl. *Köstlin,* System S. 128: „Der böse Wille hat seinen Ursprung in der Willkür. Nur mit der Willkür hat es daher das Strafrecht zu tun." Vgl. näher *Hardwig,* Die Zurechnung S. 53ff.
[14] *Binding,* Normen Bd. II S. 270ff. Dazu *Achenbach,* Schuldlehre S. 27ff.
[15] Vgl. näher *Achenbach,* Schuldlehre S. 62ff.

Beziehungen des Täters zum äußeren Geschehen als Schuld zu bezeichnen. „Schuld ist jene subjektive Beziehung der Täter zu dem eingetretenen rechtswidrigen Erfolg, an welche die rechtliche Verantwortlichkeit geknüpft ist"[16].

Der psychologische Schuldbegriff wurde jedoch bald als unzureichend empfunden, weil er keine Auskunft darüber gibt, *welche* psychischen Beziehungen als strafrechtlich relevant anzusehen sind und *warum* sie die Schuld begründen bzw. ihr Fehlen die Schuld ausschließt[17]. So ließ sich nicht erklären, wieso der Täter, selbst wenn er vorsätzlich handelt, also eine psychische Beziehung zum Erfolg durchaus hergestellt hat, ohne Schuld sein soll, sobald er geisteskrank ist (§ 20) oder sich im Notstand (§ 35) befindet. Auch der Schuldgehalt der unbewußten Fahrlässigkeit ließ sich nach dem psychologischen Schuldbegriff nicht begründen, da es hier an einer psychischen Beziehung zum Erfolg gerade fehlt[18].

3. Der heute herrschende **normative Schuldbegriff** (vgl. oben § 22 III 2 d) versucht, die Gesamtheit der seelischen Momente der Tat unter einen materiellen Oberbegriff zu bringen, der eine Bewertung der inneren Tatseite ermöglichen und dadurch verständlich machen soll, welche Faktoren zur Schuld gehören und wie das Fehlen einzelner Merkmale zu beurteilen ist[19]. Den ersten Schritt in dieser Richtung tat *Frank*. Nach ihm ist Schuld ein auf den Normbefehl gestütztes *Werturteil* über einen psychischen Sachverhalt. „Schuld ist Vorwerfbarkeit"[20]. Später sah man die Schuld nicht so sehr in einem Urteil über die subjektive Beschaffenheit der Tat[21] als vielmehr in der *fehlerhaften Beschaffenheit des Handlungswillens* selbst[22]. Die Schuldmerkmale ließen sich auf diese Weise überzeugend anordnen[23]: Die *Schuldfähigkeit* ist als Vorbedingung der Bildung eines dem Recht entsprechenden Handlungswillens Schuldvoraussetzung. Der schuldhafte Handlungswille selbst tritt auf in Gestalt der Schuldformen des *Vorsatzes* (Wissen und Wollen der Tat) und der *Fahrlässigkeit* (Nichtwissen bei Wissensmöglichkeit). Die *Schuldausschließungsgründe* (z. B. Notstand, Notwehrüberschreitung) erklären sich aus der Anomalie der begleitenden Umstände. Als Folgerung aus der normativen Schuldlehre wurde jetzt das Bewußtsein der Rechtswidrigkeit meist in den Vorsatz aufgenommen, weil der Handlungswille im Falle des unvermeidbaren Verbotsirrtums nicht tadelnswert erscheint[24]. Die letzte Konsequenz aus dem normativen Schuldbegriff zog *Freudenthal* mit der Anerkennung der *Unzumutbarkeit* normgemäßen Verhaltens als allgemeinem Schuldausschließungsgrund (vgl. dazu unten § 47 II 1).

---

[16] So *v. Liszt*, Lehrbuch 8. Aufl. S. 154; ebenso *Löffler*, Schuldformen S. 5; *Miřička*, Formen der Strafschuld S. 102; *Kohlrausch*, Irrtum S. 1; *Radbruch*, ZStW 24 (1904) S. 333 ff. *v. Liszt* hat jedoch seit Lehrbuch 18. Aufl. S. 163 die Schuld in Abkehr vom psychologischen Schuldbegriff materiell als „antisoziale Gesinnung des Täters" verstanden.

[17] Vgl. dazu *Binding*, Normen Bd. II S. 277 Fußnote 22.

[18] Vgl. *Radbruch*, ZStW 24 (1904) S. 338 ff., 346.

[19] Vgl. dazu *Hohenleitner*, Rittler-Festschrift S. 190; *LK (Hirsch)* Vorbem. 171 vor § 32; *Stratenwerth*, Allg. Teil I Rdn. 509.

[20] *Frank*, Aufbau des Schuldbegriffs S. 11; *derselbe*, Vorbem. II vor § 51. Vgl. auch *Beling*, Unschuld, Schuld und Schuldstufen S. 7 f.; ferner *M. E. Mayer*, Schuldhafte Handlung S. 106; *Hegler*, ZStW 36 (1915) S. 184 ff. Dazu *Achenbach*, Schuldlehre S. 97 ff.

[21] Vgl. die bekannte Kritik von *Rosenfeld*, ZStW 32 (1911) S. 469, „die Schuld eines Menschen stecke lediglich in den Köpfen anderer". Deutlich in Richtung einer „vom Richter nachträglich hergestellten Wertbeziehung" *Maurach*, Schuld und Verantwortung S. 117.

[22] Vgl. *Goldschmidt*, Österr. Zeitschrift für Strafrecht 1913, 161; *derselbe*, Frank-Festgabe Bd. I S. 432; *Engisch*, Untersuchungen S. 22; *Graf zu Dohna*, Verbrechenslehre S. 31 ff.

[23] Vgl. die Systeme von *v. Hippel*, Bd. II S. 289 ff.; *Mezger*, Lehrbuch S. 267 ff.; *Baumann / Weber*, Allg. Teil S. 374; *Nowakowski*, SchwZStr 65 (1950) S. 302 ff.; *derselbe*, Das österreichische Strafrecht S. 446 ff. (geändert in JBl 1972, 19 ff.).

[24] Vgl. z. B. *v. Hippel*, Bd. II S. 276; *Mezger*, Lehrbuch S. 330 ff.

II. Die Entwicklungsstufen der Schuldlehre

4. Der normative Schuldbegriff erfuhr durch die *finale Handlungslehre* eine weitere Vertiefung, indem nunmehr mit dem Vorsatz der letzte rein psychologische Bestandteil der Tat aus dem Schuldsachverhalt entfernt wurde (**rein normativer Schuldbegriff**) (vgl. oben § 22 V 3 a)[25]. Auf der Grundlage der Schuldlehre von *Erik Wolf*[26] trennte bereits *Graf zu Dohna* scharf zwischen dem Handlungswillen als dem „Objekt der Wertung", der in den subjektiven Tatbestand verwiesen wurde, und der „Wertung des Objekts", die in der Beurteilung der Motivation des Täters besteht[27]. Eine in sich schlüssige Begründung für die rein normative Schuldauffassung hat aber erst *Welzel* gegeben, indem er den Vorsatz als Bestandteil der Handlung und damit zugleich als Bestandteil des Unrechtstatbestandes in Anspruch nahm und dadurch das Ergebnis *Graf zu Dohnas* von der Unrechtslehre her verständlich machte. Unrecht ist danach die Gesamtheit der Eigenschaften des *Handlungswillens*, die ihn als nichtgesollt, Schuld die Gesamtheit der Eigenschaften, die ihn als vorwerfbar erscheinen lassen[28].

5. Die Entwicklung ist jedoch über diese Stufe noch einen Schritt hinausgegangen und scheint nunmehr ein festes Fundament erreicht zu haben[29]. Während der Gegenstand des Rechtswidrigkeits- wie des Schuldurteils bei *Welzel* der gleiche ist, nämlich der Handlungswille, der einmal als nichtgesollt, das andere Mal als vorwerfbar gewertet wird[30], ist es der neueren Lehre gelungen, dem Schuldurteil ein *eigenes Bezugsobjekt* zu sichern: Gegenstand des Schuldurteils ist die Tat im Hinblick auf die **rechtlich fehlerhafte Gesinnung** (tadelnswerte Rechtsgesinnung), aus der der Entschluß zur Tat erwachsen ist (vgl. die Aufnahme der Gesinnung in den Katalog der Strafzumessungsgründe, § 46 II 2 zweite Position). Gebildet wird die Gesinnung durch die Gesamtheit der Handlungsmaximen, die dem Entschluß zur Tat zugrunde liegen. Gesinnung ist also nicht als dauernde Einstellung, sondern als *„aktuelles Gesonnensein"* bei der Bildung des Tatentschlusses zu verstehen[31]. Schuld bedeutet danach: „Vorwerfbarkeit der Tat mit Rücksicht auf die darin betätigte mißbilligte Gesinnung" *(Gallas)*. Was vorgeworfen wird, ist natürlich immer die Tat und nicht allein die Gesinnung[32]. Die Tat bekommt jedoch durch die Gesinnung, aus der sie erwächst,

---

[25] Vgl. *Welzel*, Lehrbuch S. 140 f.; derselbe, ZStW 60 (1941) S. 456; derselbe, Das neue Bild S. 41 ff.; *Maurach / Zipf*, Allg. Teil I S. 410; *Stratenwerth*, Allg. Teil I Rdn. 509. Vgl. ferner *Achenbach*, Schuldlehre S. 209 ff.

[26] Vgl. *E. Wolf*, Strafrechtliche Schuldlehre S. 126; dazu *Jescheck*, E. Wolf-Festschrift S. 474 f.

[27] *Graf zu Dohna*, Verbrechenslehre S. 22, 40. Mit Recht kritisch dazu *LK*[9] *(Hirsch)* Vorbem. 159 vor § 51.

[28] Ebenso *v. Weber*, Grundriß S. 107; derselbe, Aufbau S. 17 (Gegenüberstellung von „Sollen" und „Können"); *Busch*, Moderne Wandlungen S. 11; *Anne-Eva Brauneck*, GA 1959, 261. Vgl. auch *H. Mayer*, Lehrbuch S. 210 ff.

[29] Der nachstehende Text folgt *Gallas*, Beiträge S. 55 ff. Angeschlossen haben sich *Schmidhäuser*, Gesinnungsmerkmale S. 178; derselbe, Allg. Teil S. 148 ff., 366 ff.; derselbe, Gallas-Festschrift S. 93 ff.; derselbe, Jescheck-Festschrift Bd. I S. 400 ff.; *Schönke / Schröder / Lenckner*, Vorbem. 119 vor § 13; *WK (Nowakowski)* Vorbem. 38 vor § 3; *Wessels*, Allg. Teil S. 109. Kritisch dazu *Otto*, ZStW 87 (1975) S. 581; derselbe, GA 1981, 484; *Jakobs*, Allg. Teil S. 392. Die Frage von *Roxin*, Henkel-Festschrift S. 176 f. nach der „inhaltlichen Beschaffenheit der Maßstäbe" für die Fehlerhaftigkeit der Gesinnung läßt sich leicht beantworten: es sind die gleichen, nach denen die Schuld auch bei der Strafzumessung beurteilt wird. Gegen die Ansicht *Roxins* (S. 181), daß statt dessen die Strafzwecklehre den Schuldbegriff tragen könne, zutreffend *Bacigalupo*, Welzel-Festschrift S. 482 ff.

[30] Vgl. *Welzel*, Lehrbuch S. 138; ebenso auch *Maurach / Zipf*, Allg. Teil I S. 460.

[31] Vgl. *Herren*, Die Gesinnung S. 85 ff. („tatrelevante Gesinnung").

[32] Dies ist zur Klarstellung gegenüber der Kritik von *Roxin*, ZStW 82 (1970) S. 687 f. zu betonen.

ihren individuellen Wert- bzw. Unwertgehalt. Die Gesinnung ist somit der *Grund,* weswegen die Tat dem Täter mehr oder weniger schwer vorgeworfen wird.

III. Formeller und materieller Schuldbegriff

1. Der **formelle Schuldbegriff** umfaßt diejenigen innerseelischen Merkmale der Tat, die in einer gegebenen Rechtsordnung als Voraussetzungen der subjektiven Zurechnung positiv verlangt werden[33]. In formeller Hinsicht ist die Schuld also gleich der Gesamtheit der Merkmale, die in einem *historisch gegebenen Strafrechtssystem* als Voraussetzungen der subjektiven Zurechnung angesehen werden.

2. Beim **materiellen Schuldbegriff** geht es dagegen um die Frage, unter welchen Bedingungen es gerechtfertigt erscheint, die subjektive Zurechnung auf ein bestimmtes seelisches Verhalten zu gründen[34]. Der materielle Schuldbegriff kann aufgebaut werden auf Forderungen der Ethik[35] oder der öffentlichen Sicherheit[36], auf der Eigenart der Antriebssteuerung beim Menschen[37] oder dem Zweck der Strafe[38], insbesondere auf den Erfordernissen der Generalprävention[39]. Materiell betrachtet hat der Schuldbegriff den Charakter eines *Postulats,* daß nämlich nur ganz bestimmte Eigenschaften der Handlung oder des Täters als Grundlage des Schuldurteils in Betracht kommen können. Um den materiellen Schuldbegriff geht es bei jeder *rechtspolitischen* Auseinandersetzung über die Frage, unter welchen Voraussetzungen die subjektive Zurechnung der Straftat stattfinden darf.

IV. Einzeltatschuld und Lebensführungsschuld

1. Die Schuld ist entweder *Einzeltatschuld* oder *Lebensführungsschuld* (Täter-, Persönlichkeits-, Charakterschuld). Bei der Einzeltatschuld werden nur diejenigen rechtlich tadelnswerten Gesinnungsfaktoren berücksichtigt, die in der tatbestandsmäßigen Handlung unmittelbar Ausdruck gefunden haben. Bei der Lebensführungsschuld wird das Schuldurteil dagegen auf die Gesamtpersönlichkeit des Täters und ihre Entwicklung ausgedehnt. Der Schuldbegriff des deutschen Strafrechts ist grundsätzlich auf die **Einzeltatschuld** bezogen, was sich schon aus der Entscheidung für das Tatstrafrecht ergibt (vgl. oben § 7 III 2). Das Unrecht, auf das der Schuldvorwurf gestützt ist, besteht in der Begehung einer bestimmten Tat oder in der Unterlassung einer bestimmten, von der Rechtsordnung gebotenen Handlung, nicht jedoch in einer rechtlich mißbilligten Lebensführung. Hinzu kommt die praktische Erwägung, daß es mit den Mitteln des geltenden Strafverfahrensrechts, jedenfalls in der großen Mehrzahl der Fälle, unmöglich sein würde, die Lebensgeschichte des Angeklagten mit ihren oft verborgenen tiefseelischen Zusammenhängen aufzuklären. Dabei bestünde auch die Gefahr, daß die Persönlichkeitserforschung zu einer der Bedeutung der Sache nicht entsprechenden Preisgabe der Intimsphäre des Angeklagten im Gerichtssaal sowie zu einer schulmeisterlich-moralisierenden Rechtsprechung (dagegen treffend OLG Hamm GA 1969, 26) führen würde, was beides weder der Gerech-

---

[33] Vgl. zum ganzen *Engisch,* Untersuchungen S. 38 ff.
[34] Vgl. dazu *Mangakis,* ZStW 83 (1971) S. 290 ff.
[35] So *Arthur Kaufmann,* Schuldprinzip S. 129; *Baumann,* JZ 1962, 43.
[36] So *v. Liszt / Schmidt,* S. 231: „Asoziale Gesinnung des Täters als Symptom der Gefährlichkeit"; vgl. auch *Grünhut,* Aschaffenburg-Festgabe S. 95: „Gefährlichkeit als Schuldmoment".
[37] So *Welzel,* Lehrbuch S. 144.
[38] So *Roxin,* Kriminalpolitik S. 33 ff.; *derselbe,* Henkel-Festschrift S. 181 ff.; *derselbe,* ZStW 96 (1984) S. 653 ff.; *Muñoz Conde,* GA 1978, 73 f.
[39] So *Jakobs,* Allg. Teil S. 394 ff.; *Achenbach,* Individuelle Zurechnung S. 140 ff.

IV. Einzeltatschuld und Lebensführungsschuld

tigkeit noch der Wiedereingliederung des Verurteilten in die Gemeinschaft diente. Endlich entspricht die Einzeltatschuld auch am besten der Idee der tatvergeltenden Strafe, die aus rechtsstaatlichen Gründen auf einen eng begrenzten Ausschnitt aus dem Leben des Täters bezogen und nicht als Versuch einer Generalabrechnung gedacht ist. Nach Aufhebung des § 20a a. F. (Strafschärfung für gefährliche Gewohnheitsverbrecher) ist die Einzeltatschuld auch von Gesetzes wegen die für das geltende Recht maßgebliche Form des Schuldbegriffs[40].

2. Für die Bedeutung der **Lebensführungsschuld**[41] im Strafrecht spricht auf der anderen Seite die Erfahrung, daß das Handeln des Menschen vielfach nicht durch bewußte Überlegung, sondern durch automatisch wirkende Antriebe aus dem Bereich des erworbenen Charakters gesteuert wird (vgl. oben § 37 III 2). Außerdem ergibt sich das wirkliche Gewicht der Tatschuld oft erst aus den persönlichen Eigenschaften des Täters. Die Erforschung der Persönlichkeit ist im Strafprozeß auch keineswegs unmöglich, sondern stellt, zumindest in der Beschränkung auf schwere Kriminalfälle, eine international anerkannte Aufgabe der modernen Strafrechtspflege dar[42]. Der Gesetzgeber ist überdies selbst gelegentlich von der Lebensführungsschuld ausgegangen (vgl. unten § 38 IV 3). Aus diesen Gründen hält ein Teil der Lehre an der Lebensführungsschuld wenigstens in einzelnen Beziehungen fest, um den Menschen so erfassen zu können, wie er wirklich beschaffen ist[43].

3. Richtig erscheint eine **Verbindung der beiden Auffassungen**[44]. Kern des Schuldbegriffs kann nur die Einzeltatschuld sein, das Strafrecht muß aber vielfach auch der Täterschuld Rechnung tragen. Seit der Strafrechtsreform von 1975 ist in zwei wichtigen Bestimmungen die Berücksichtigung der Gesamtpersönlichkeit vorgeschrieben. So erfordert die Beurteilung der Vermeidbarkeit des Verbotsirrtums (§ 17 S. 2) in vielen Fällen einen Blick auf das Vorfeld der Tat[45] und bezieht die Strafzumessungsvorschrift nicht nur für die Prävention (§ 46 I 2), sondern auch für den Schuldgehalt der Tat (§ 46 I 1) die Gesamtpersönlichkeit des Täters, insbesondere sein Vorleben ein (§ 46 II)[46]. Auch die Beurteilung des Affekts[47], der actio libera in causa und der unbewußten Fahrlässigkeit ist ohne Rückgriff auf die Entwicklung der Tätergesinnung oft nicht möglich.

---

[40] Vgl. *Binding*, Normen Bd. II S. 283; *Baumann / Weber*, Allg. Teil S. 359; *Bruns*, Strafzumessungsrecht S. 538 ff.; *Maurach / Zipf*, Allg. Teil I S. 459; *H. Mayer*, Lehrbuch S. 65; *Arthur Kaufmann*, Schuldprinzip S. 187 ff.; *Müller-Dietz*, Grenzen des Schuldgedankens S. 62; *Schmidhäuser*, Allg. Teil S. 373; *Schönke / Schröder / Lenckner*, Vorbem. 105 f. vor § 13; *SK (Rudolphi)* Vorbem. 3 vor § 19; *Wessels*, Allg. Teil S. 109. Kritisch dazu *Jakobs*, Allg. Teil S. 401 ff.

[41] Die Bezeichnung stammt von *Mezger*, ZStW 57 (1938) S. 689. *Bockelmann*, Täterstrafrecht 2. Teil S. 153 spricht von Lebens*entscheidungs*schuld, um den Gehalt an Willensschuld zu betonen.

[42] Vgl. Entschließung II, 3 des VIII. Internationalen Strafrechtskongresses in Lissabon, ZStW 74 (1962) S. 191; ferner *Kaiser*, Kriminologie S. 60 ff.

[43] Vgl. *Engisch*, ZStW 61 (1942) S. 170 ff.; *derselbe*, ZStW 66 (1954) S. 359; *Heinitz*, ZStW 63 (1951) S. 74 ff.; *Hall*, ZStW 70 (1958) S. 46 f.; *Kohlrausch / Lange*, § 20a Anm. II 2; *Mezger*, Moderne Wege S. 35 f.; *Blei*, Allg. Teil S. 426; *Dünnebier*, Tagungsberichte Bd. I S. 94.

[44] In dieser Richtung BGH NJW 1976, 2220; ferner vor allem *Bockelmann*, Untersuchungen S. 12 ff.; *Bockelmann / Volk*, Allg. Teil S. 238; *Anne-Eva Brauneck*, MSchrKrim 1958, 142 ff.; *Jakobs*, Allg. Teil S. 402; *LK*[9] *(Hirsch)* Vorbem. 158 vor § 51; *Seelig*, Schuld S. 25; *Sauer*, Allg. Strafrechtslehre S. 144; *Schönke / Schröder / Lenckner*, Vorbem. 106 vor § 13; *SK (Rudolphi)* Vorbem. 4 vor § 19.

[45] Vgl. *SK (Rudolphi)* § 17 Rdn. 44 ff.

[46] Ablehnend aber *Bruns*, Strafzumessungsrecht S. 543 ff. Nur auf die Prävention bezieht die Täterkomponente *Stratenwerth*, Tatschuld S. 28 ff.

[47] Vgl. dazu *Geilen*, Maurach-Festschrift S. 173 ff.; *Krümpelmann*, Welzel-Festschrift S. 338 ff.; *derselbe*, GA 1983, 354 ff.; *derselbe*, ZStW 99 (1987) S. 221 ff.; *Rudolphi*, Henkel-Festschrift S. 199 ff.

§ 39 Abgrenzung, Inhalt und Aufbau des Schuldbegriffs

Achenbach, Individuelle Zurechnung usw., in: *Schünemann* (Hrsg.), Grundfragen des modernen Strafrechtssystems, 1984, S. 135; *Dreher*, Der Irrtum über Rechtfertigungsgründe, Festschrift für E. Heinitz, 1972, S. 207; *Freudenthal*, Schuld und Vorwurf, 1922; *Gallas*, Zur Struktur des strafrechtlichen Unrechtsbegriffs, Festschrift für P. Bockelmann, 1979, S. 155; *Goldschmidt*, Normativer Schuldbegriff, Festgabe für R. v. Frank, Bd. I, 1930, S. 428; *Hardwig*, Die Gesinnungsmerkmale im Strafrecht, ZStW 68 (1956) S. 14; *derselbe*, Über die unterschiedlichen Unrechtsgehalte und die Abgrenzung von Unrecht und Schuld, JZ 1969, 459; *derselbe*, Grundprobleme der Allgemeinen Strafrechtslehre, 1984; *Heinitz*, Besprechung von Maurach, Deutsches Strafrecht, Allg. Teil, JR 1957, 78; *Jakobs*, Schuld und Prävention, 1976; *Jescheck*, Die Entwicklung des Verbrechensbegriffs in Deutschland seit Beling im Vergleich mit der österreichischen Lehre, ZStW 73 (1961) S. 179; *derselbe*, Die weltanschaulichen und politischen Grundlagen des E 1962, ZStW 75 (1963) S. 1; *derselbe*, Deutsche und österreichische Strafrechtsreform, Festschrift für R. Lange, 1976, S. 365; *derselbe*, Neue Strafrechtsdogmatik und Kriminalpolitik, ZStW 98 (1986) S. 1; *Kadečka*, Von der Schädlichkeit zur Schuld usw., SchwZStr 50 (1936) S. 343; *derselbe*, Willensstrafrecht und Verbrechensbegriff, ZStW 59 (1940) S. 1; *Kantorowicz*, Tat und Schuld, 1933; *Arthur Kaufmann*, Das Schuldprinzip, 2. Auflage 1976; *Kohlrausch*, Sollen und Können, Festgabe für K. Güterbock, 1910, S. 1; *derselbe*, Der Allgemeine Teil des E 1925, in: *Aschrott / Kohlrausch*, Reform des Strafrechts, 1926, S. 1; *Krümpelmann*, Vorsatz und Motivation, ZStW 87 (1975) S. 888; *Lackner*, Prävention und Schuldunfähigkeit, Festschrift für Th. Kleinknecht, 1985, S. 245; *Lampe*, Das personale Unrecht, 1967; *Lange*, Literaturbericht, ZStW 63 (1951) S. 456; *derselbe*, Grundfragen der deutschen Strafrechtsreform, SchwZStr 70 (1955) S. 373; *Lang-Hinrichsen*, Betrachtungen zur Strafrechtsreform, in: Grundfragen der Strafrechtsreform, 1959, S. 53; *Nowakowski*, Freiheit, Schuld, Vergeltung, Festschrift für Th. Rittler, 1957, S. 55; *Robinson*, Criminal Law Defenses, Bd. I, II, 1984; *Roeder*, Die Einhaltung des sozialadäquaten Risikos, 1969; *Roxin*, Kriminalpolitik und Strafrechtssystem, 2. Auflage 1973; *derselbe*, Zur jüngsten Diskussion über Schuld usw., Festschrift für P. Bockelmann, 1979, S. 279; *Schaffstein*, Zur Problematik der teleologischen Begriffsbildung im Strafrecht, 1934; *derselbe*, Das Verbrechen als Pflichtverletzung, 1935; *derselbe*, Rechtswidrigkeit und Schuld im Aufbau des neuen Strafrechtssystems, ZStW 57 (1938) S. 295; *Schünemann*, Die deutschsprachige Strafrechtswissenschaft usw., GA 1985, 341; *Welzel*, Das Gesinnungsmoment im Recht, Festschrift für J. v. Gierke, 1950, S. 290; *Wolter*, Objektive und personale Zurechnung usw., 1981.

Vgl. ferner die Schrifttumsangaben vor §§ 37, 38.

I. Rechtswidrigkeit und Schuld

1. Die **Trennung von Rechtswidrigkeit und Schuld** geht zurück auf die Unterscheidung der gemeinrechtlichen Strafrechtswissenschaft zwischen objektiver und subjektiver Zurechnung (imputatio physica oder facti bzw. imputatio moralis oder juris)[1]. Sie ist seither trotz aller Wandlungen, die in der Dogmengeschichte eingetreten sind, grundlegend geblieben und muß als **Angelpunkt der Verbrechenslehre** bezeichnet werden. Auch daß die Prüfung der Rechtswidrigkeit der der Schuld *vorauszugehen* hat, wird heute allgemein angenommen[2]. Rechtswidrigkeit und Schuld sind die beiden materiellen Kriterien, nach denen die Strafbarkeit einer Handlung bestimmt wird. Prüfung der Rechtswidrigkeit bedeutet, daß eine Tat unter dem Gesichtspunkt der Handlungs- und Erfolgsqualität auf ihre *objektive Richtigkeit* (Übereinstimmung mit den Sollensnormen der Rechtsordnung) untersucht wird.

---

[1] „Imputatio physica" bedeutete zwar nicht Rechtswidrigkeit (diese ist erst viel später als selbständiges Verbrechensmerkmal erkannt worden, vgl. oben § 22 I), sondern Zurechnung der Tat als Willenswerk des Täters. Doch ist gerade dies der Kern dessen, was man heute im Rahmen der Unrechtslehre die objektive Zurechnung nennt; vgl. zu den beiden Begriffen der imputatio *Schaffstein*, Die allgemeinen Lehren S. 37.

[2] Vgl. *SK (Rudolphi)* Vorbem. 2 vor § 19; *Schönke / Schröder / Lenckner*, Vorbem. 19 vor § 13.

I. Rechtswidrigkeit und Schuld

Unrecht heißt dann, daß die Tat in ihren objektiven und subjektiven Merkmalen dem Recht widerspricht. Prüfung der Schuld bedeutet, daß gefragt wird, ob eine Tat dem Täter *persönlich vorgeworfen* werden kann[3] (Übereinstimmung mit den Anforderungen, die die Rechtsordnung an die betätigte Rechtsgesinnung des einzelnen stellt). Schuld heißt dann, daß die rechtswidrige Tat dem Täter deswegen zur Last gelegt wird, weil die Willensbildung auf mangelhafter Rechtsgesinnung beruhte (vgl. oben § 38 II 5).

2. Abweichungen vom Leitgedanken der Trennung von Unrecht und Schuld sind selten. Die Unterscheidbarkeit von Rechtswidrigkeit und Schuld wurde zeitweise in Zweifel gezogen von *Schaffstein*[4], später auch von *Hardwig*[5]. *H. Mayer*[6] läßt die Trennbarkeit von Rechtswidrigkeit und Schuld insofern nicht gelten, als er eine Tat, bei der der Täter ohne Schuld handelt, nicht als objektivierten Willen und damit auch nicht als Unrecht ansieht. *Kantorowicz* betrachtete die Schuld nicht als Verbrechensmerkmal, sondern als Strafbarkeitsbedingung[7]. Die subjektive Verbrechensauffassung in *Österreich* nahm früher an, daß es eine schuldhafte Straftat ohne Rechtswidrigkeit gebe (z. B. beim Versuch)[8]. Heute werden Rechtswidrigkeit und Schuld wie in Deutschland als Voraussetzungen der Strafbarkeit für erforderlich gehalten und inhaltlich getrennt[9]. Österreich hat ferner das Prinzip „keine Strafe ohne Schuld" in § 4 StGB verankert. Auch im *schweiz.* StGB gelten das Schuldprinzip und die Trennung von Unrecht und Schuld als Grundlagen des Systems[10]. In der *französischen* und *anglo-amerikanischen* Strafrechtstheorie fehlt es dagegen an einer der neueren deutschen Dogmatik vergleichbaren Entwicklung der Unrechtslehre[11]. Auf der anderen Seite ist in der *italienischen*[12] und *spanischen*[13] Theorie der Einfluß der deutschen Lehre unverkennbar. In den *Niederlanden* wird die Unterscheidung von Rechtswidrigkeit und Schuld bei *Pompe*[14] noch an die Außen- und Innenseite der Tat angeknüpft, während *van Bemmelen / van Veen*[15] und *Remmelink*[16] die Verbrechenslehre ähnlich der modernen deutschen Auffassung darstellen.

---

[3] Zum Unrecht kommt das „Dafür-Können" des Täters hinzu; so *Schönke / Schröder / Lenckner*, Vorbem. 103, 118 vor § 13; *Arthur Kaufmann*, Schuldprinzip S. 115 ff.; *Stratenwerth*, Allg. Teil I Rdn. 507; *Welzel*, Lehrbuch S. 120.

[4] *Schaffstein*, Problematik S. 31; *derselbe*, Verbrechen als Pflichtverletzung S. 137; *derselbe*, ZStW 57 (1938) S. 326 ff.

[5] *Hardwig*, Zurechnung S. 132. Anders und dem Text verwandt jedoch *derselbe*, JZ 1969, 461 ff. sowie Grundprobleme S. 6 ff.

[6] *H. Mayer*, Lehrbuch S. 105; *derselbe*, Grundriß S. 64.

[7] *Kantorowicz*, Tat und Schuld S. 219 f.

[8] Vgl. in diesem Sinne *Kadečka*, ZStW 59 (1940) S. 17 ff.; *Nowakowski*, Grundriß S. 42 (aufgegeben JBl 1972, 22). Dazu *Jescheck*, ZStW 73 (1961) S. 207.

[9] Vgl. *Triffterer*, Allg. Teil S. 247 f.; *Kienapfel*, Allg. Teil, Syst. Darst. (österr.) S. 52; *Leukauf / Steininger*, § 4 Rdn. 4; *WK (Nowakowski)* Vorbem. 13, 36 vor § 3.

[10] Vgl. *Stratenwerth*, Schweiz. Strafrecht, Allg. Teil I S. 234; *Schultz*, Einführung I S. 180; *Noll / Trechsel*, Allg. Teil I S. 127.

[11] Bemerkenswert jedoch die generelle Unterscheidung der Gründe von „justification" und „excuse" bei *Robinson*, Criminal Law Defenses, Bd. I, S. 83 und 91.

[12] Vgl. *Bettiol / Pettoello Mantovani*, Diritto penale S. 239 ff.; zwei Werturteile „antigiuridicità" und „colpevolezza" unterscheidet auch *Nuvolone*, Sistema S. 108, 265.

[13] Vgl. *Rodríguez Devesa / Serrano Gómez*, Derecho penal S. 404 ff., 432 ff.; *Mir Puig*, Adiciones Bd. I S. 593; *Córdoba Roda / Rodríguez Mourullo*, Art. 3 párs. 2 und 3 Anm. C und D.

[14] Vgl. *Pompe*, Handboek S. 99. Bei *Pompe*, Das niederländische Strafrecht S. 62 ff., 74 ff. ist diese Auffassung schon verlassen.

[15] *van Bemmelen / van Veen*, Ons strafrecht S. 90, 113.

[16] *D. Hazewinkel-Suringa / Remmelink*, Inleiding S. 159 ff.

II. Der Gegenstand des Schuldurteils

1. Gegenstand des Schuldurteils ist die rechtswidrige Tat mit Rücksicht auf die in ihr aktualisierte, rechtlich mißbilligte Gesinnung[17]. *Rechtsgesinnung* ist eine für die praktische Bewährung der Sozialordnung unentbehrliche Eigenschaft der Bürger, weil auf ihr die Einstellung zum Recht und damit der Wille zum Rechtsgehorsam beruht[18]. Sie ist nicht gleichbedeutend mit sittlicher Gesinnung, da es insoweit nicht auf die ethische Bindung durch die Rechtsnormen ankommt, sondern auf die Einsicht in ihre Geltung. Schuld ist ein tadelnswerter Mangel an Rechtsgesinnung, der in einer tatbestandsmäßigen und rechtswidrigen Handlung Ausdruck gefunden hat. Dieser Mangel kann in größerem oder geringerem Maße gegeben sein, wobei Maßstab der höhere oder niedrigere Wert der Motive der Willensbildung ist. Die Schuld ist deswegen ebenso wie das Unrecht ein der Steigerung fähiger Begriff. In dem mißbilligten Mangel an Rechtsgesinnung liegt der Bezugspunkt, auf den die verschiedenen Merkmale des Schuldbegriffs auszurichten und von dem aus sie zu verstehen sind.

Beispiele: Beim geisteskranken Verbrecher fehlt zwar die Rechtsgesinnung, dieser Mangel verdient jedoch keinen Tadel, weil er auf einer seelischen Störung beruht. Beim Verbotsirrtum kommt es darauf an, ob das fehlende Unrechtsbewußtsein sich auf fundamentale Naturrechtssätze bezog, die jeder kennen muß, ob es der Täter absichtlich oder aus Nachlässigkeit an der notwendigen Erkundigung hat fehlen lassen oder ob der Irrtum unvermeidbar war. Beim Handeln auf Befehl ist der Soldat entschuldigt, wenn die Strafrechtswidrigkeit der Tat nicht offensichtlich ist, weil er dann keinen Anlaß zur Erhebung von Gegenvorstellungen hat.

2. Die Auffassung, daß Gegenstand des Schuldurteils der Mangel an Rechtsgesinnung beim Täter ist, unterscheidet sich nicht prinzipiell von anderen Lehren, wonach die Schuld in der „Motivation"[19], in dem „Können der Willensbildung"[20], in dem „rechtlich mißbilligten Ausdruck der Persönlichkeit des Täters"[21] zu suchen ist, denn alle diese Mängel sind nur auf dem Boden einer tadelnswerten Einstellung zum Recht denkbar. In einem weiteren Sinne lassen sich sämtliche im neueren Schrifttum gebrauchten Formulierungen, die einen materiellen Schuldbegriff beschreiben[22], mit der hier vertretenen Auffassung vereinbaren. Eine Ausnahme macht die „kriminalpolitische Theorie" *Roxins*[23]. Sie fragt, „ob unter strafrechtlichen Gesichtspunkten gegen den einzelnen Täter eine Sanktion erforderlich ist". Die Schuld sei nur Schranke der staatlichen Strafgewalt[24]. Maßgebend ist indessen zunächst, ob Strafe *verdient* ist; Schuld ist demgemäß Voraussetzung, nicht bloß Begrenzung der Strafe[25]. Noch einen Schritt weiter gehen *Jakobs*[26], der die „Schuld als Derivat der Generalprävention" ansieht, sowie *Achenbach*[27], der

---

17 Vgl. oben § 38 II 5 Fußnote 29.
18 Vgl. *Henkel*, Rechtsphilosophie S. 82; *Welzel*, v. Gierke-Festschrift S. 296 ff.
19 So *Engisch*, Untersuchungen S. 476; *Krümpelmann*, ZStW 87 (1975) S. 890.
20 So *Welzel*, Lehrbuch S. 140 f.
21 So *Blei*, Allg. Teil S. 173.
22 Die Schuld ist bei *Mezger*, Lehrbuch S. 275 „rechtlich mißbilligter Ausdruck der Persönlichkeit des Täters"; bei *Maurach / Zipf*, Allg. Teil I S. 460 „Abfall des Täters vom Normbefehl"; bei *Lange*, SchwZStr 70 (1955) S. 394 „Vorwurf einer mangelnden sozial-ethischen Anstrengung"; bei *Arthur Kaufmann*, Schuldprinzip S. 129 „freie, selbstverantwortliche Willensentscheidung gegen eine erkannte Pflicht"; bei *Schmidhäuser*, Allg. Teil S. 148 „rechtsgutverletzendes geistiges Verhalten"; bei *Stratenwerth*, Allg. Teil I Rdn. 511 „Möglichkeit, die rechtliche Sollensforderung zu erkennen und sich nach ihr zu richten".
23 Vgl. *Roxin*, Kriminalpolitik und Strafrechtssystem S. 33 ff.; *derselbe*, Henkel-Festschrift S. 181 ff.; *derselbe*, Bockelmann-Festschrift S. 284; Schuld als „notwendige, aber nicht hinreichende Bedingung für eine Zurechnung".
24 Vgl. *Roxin*, MSchrKrim 1973, 319 ff.
25 So *Arthur Kaufmann*, JZ 1967, 555; *Lenckner*, Strafe, Schuld und Schuldfähigkeit S. 18.
26 *Jakobs*, Schuld und Prävention S. 32.
27 *Achenbach*, Individuelle Zurechnung S. 151.

„auf den Begriff der (Strafbegründungs)schuld verzichten" will. In den Hintergrund getreten ist die Lehre von der „Zumutbarkeit" als dem materiellen Grund des Schuldvorwurfs[28].

III. Der Maßstab des Schuldurteils

1. Als Kriterium für die Bewertung des in der Tat hervorgetretenen Mangels an Rechtsgesinnung kommt sowohl ein individueller als auch ein sozial-vergleichender Maßstab in Betracht. Vielfach wird angenommen, daß der Schuldvorwurf auf das **individuelle „Dafür-Können"** des Täters zu gründen sei[29]. Gefragt wird dabei, ob die Individualperson, die als Angeklagter vor Gericht steht, in der Lage gewesen wäre, anders, d. h. entsprechend den Anforderungen der Rechtsordnung, zu handeln. Darauf ist jedoch eine rationale Antwort nicht zu geben, denn sie würde voraussetzen, daß für einen bestimmten einzelnen und eine konkrete Tat die Existenz der Willensfreiheit nachgewiesen werden könnte (vgl. oben § 37 I 2b). Die Frage kann vielmehr sinnvoll nur dahin gestellt werden, ob *„ein anderer"* in der Lage des Täters nach dem Erfahrungsgut der beteiligten Fachdisziplinen der Tatversuchung hätte widerstehen können[30].

Wollte man den individuellen Täter zum Maßstab seiner Schuld nehmen, so würde das Ergebnis auch kriminalpolitisch nicht zu vertreten sein. Das hätte nämlich zur Folge, daß, je charakterloser einer ist, desto geringer das Maß seiner Schuld zu veranschlagen wäre. Diese Erwägung müßte schließlich zur Aufhebung des Schuldvorwurfs gerade gegenüber den gefährlichsten Kriminellen führen, weil der absolute Mangel an Verbundenheit mit der Gemeinschaft auch die absolute Verneinung des Schuldvorwurfs erzwingen würde, während die Rechtsordnung gar nicht umhin kann, ein Mindestmaß an Willensanstrengung zu fordern, wenn sie überhaupt durch Normen (anstelle von unmittelbarem Zwang) aufrechterhalten werden soll. Damit, daß der Täter bei der Tat seinen eigenen Maßstäben gerecht wird, kann sich die Gemeinschaft nicht abfinden. Die Individualität des Verbrechers hindert das Strafrecht nicht daran, auch von ihm das zu verlangen, was ein anderer in gleicher Lage zu leisten vermöchte. Darin liegt das Wesen der subjektiven Zurechnung.

2. **Maßstab für das Schuldurteil** kann demgemäß nur ein **durchschnittliches Können**[31] sein, wie es die Rechtsordnung voraussetzt, indem sie z. B. die Schuldunfähigkeit (§ 20) an fest umschriebene psychopathologische Ausnahmezustände knüpft und damit in allen anderen Fällen seelischer Beeinträchtigung die Schuldfähigkeit bejaht. Das generelle Können ist freilich nicht im Sinne eines statistischen Durchschnitts, sondern als das von der Rechtsgemeinschaft unter normalen Umständen erwartete Können zu verstehen. Der Richter muß also danach fragen, ob „man" unter den gegebenen Umständen hätte anders handeln können. Abzustellen ist dabei nicht auf den Menschen schlechthin („das Menschengeschlecht mit alleiniger Ausnahme des Täters"[32]), sondern auf einen **„maßgerechten, mit den rechtlich geschützten Wer-

---

[28] So *Freudenthal*, Schuld und Vorwurf, 1922; *Goldschmidt*, Frank-Festgabe S. 442.
[29] So z. B. *Freudenthal*, Schuld und Vorwurf S. 7; *Lang-Hinrichsen*, Grundfragen S. 116 ff.; *Maurach / Zipf*, Allg. Teil I S. 470 f.; *v. Weber*, Grundriß S. 108; *Wegner*, Strafrecht S. 145; *Welzel*, Lehrbuch S. 140 f.
[30] Vgl. *Jescheck*, ZStW 75 (1963) S. 10; *Lackner*, Kleinknecht-Festschrift S. 265.
[31] Vgl. *Kohlrausch*, Güterbock-Festgabe S. 24 ff.; *derselbe*, in: Aschrott / Kohlrausch Bd. I S. 26; *Goldschmidt*, Frank-Festgabe Bd. I S. 453; *Kadečka*, SchwZStr 50 (1936) S. 363; *Bockelmann / Volk*, Allg. Teil S. 110 f.; *Blei*, Allg. Teil S. 178 f.; *Miřička*, Strafschuld S. 169; *Nowakowski*, SchwZStr 65 (1950) S. 308; *derselbe*, Grundriß S. 67 f. Auch *Engisch*, Willensfreiheit S. 65 und *Rittler*, Bd. I S. 160 sind hier zu nennen, wiewohl von ihnen der Schuldvorwurf auf den Charakter gestützt wird.
[32] So die überspitzte Formulierung von *Graf zu Dohna*, ZStW 66 (1954) S. 508; dagegen mit Recht *Engisch*, Willensfreiheit S. 22.

ten verbundenen Menschen"[33], der nach Lebensalter, Geschlecht, Beruf, körperlichen Eigenschaften, geistigen Fähigkeiten und Lebenserfahrung dem Täter gleich zu denken ist. Darin, aber auch *nur* darin, liegt die notwendige Konkretisierung des Schuldmaßstabs. Die Abgrenzung zwischen den Eigenschaften, die bei der Gleichsetzung berücksichtigt werden, und denen, die auszuscheiden haben, ist folgendermaßen vorzunehmen: körperliche Fehler, Verstandesdefekte und Mängel an Lebenserfahrung sind dem Täter nicht zuzurechnen, weil er dafür nichts kann; insoweit ist ihm also der Durchschnittsmensch gleichzudenken. Das Zurückbleiben hinter dem Maß an Rechtsgesinnung und Willenskraft aber, das von dem durchschnittlichen Staatsbürger erwartet wird, das ist es, was an dem Täter getadelt wird und seine Schuld ausmacht. Daß dabei von den moralischen Qualitäten eines „anderen" auf die Möglichkeiten zurückgeschlossen wird, die auch dem „einen" in der Tatsituation zu Gebote gestanden hätten, kann nicht als ungerecht empfunden werden, da die Verantwortlichkeit des erwachsenen und seelisch gesunden Menschen eine unentbehrliche Vorbedingung jeder auf Freiheit gegründeten Sozialordnung ist (vgl. oben § 37 I 3).

IV. Die Merkmale des Schuldbegriffs (Strafbegründungsschuld)

1. Das Unwerturteil über die Rechtsgesinnung des Täters wird nicht pauschal aufgrund des Gesamteindrucks der Persönlichkeit gefällt, sondern stützt sich auf die Prüfung der im Gesetz festgelegten **Schuldmerkmale**. Darin liegt einerseits eine rechtsstaatliche Garantie für den Angeklagten, da es nicht einfach dem Ermessen des Richters überlassen bleibt, unter welchen Bedingungen er den Schuldvorwurf bejahen will, andererseits aber auch eine relative Strenge des Strafrechts, weil die Schuldmerkmale *negativ* (als Schuldausschließungsgründe) gefaßt sind, so daß Schuld schon dann bejaht werden muß, wenn für ihren Ausschluß im konkreten Fall keine Anhaltspunkte gegeben sind.

2. Erstes Merkmal des Schuldbegriffs ist die *geistig-seelische Gesundheit* des erwachsenen Täters (Schuldfähigkeit) (vgl. unten § 40)[34]. Bei schweren Ausfallserscheinungen und Störungen ist der Mangel an Rechtsgesinnung nicht zu tadeln, weil dem Täter die normalerweise vorauszusetzende Fähigkeit zur Selbstbestimmung fehlt. Das zweite Merkmal des Schuldbegriffs und das eigentliche Kennzeichen des Mangels an Rechtsgesinnung ist das *Bewußtsein der Rechtswidrigkeit* (vgl. unten § 41 I). Wer sich in voller Verbots*kenntnis* zur Tat entschließt, zeigt eine besonders mißbilligenswerte Einstellung zum Recht. Liegt dagegen ein Verbots*irrtum* vor, so ist der Täter nicht zu tadeln, wenn der Irrtum unvermeidbar war. Die Nichterkenntnis des Rechtsgebots kann aber auf einem vorwerfbaren Mangel an Rechtsgesinnung beruhen, was zur Folge hat, daß der vermeidbare Verbotsirrtum der bewußten Auflehnung gegen das Recht bis zu einem gewissen Grade gleichgestellt wird (vgl. unten § 41 II und III 1). Die Schuld kann weiter *durch besondere deliktstypische Schuldmerkmale,* die die Einstellung des Täters zu seiner Tat näher kennzeichnen, erhöht oder vermindert werden (vgl. unten § 42)[35]. Endlich setzt der Schuldvorwurf die

---

[33] So die Formel von *Nowakowski,* Grundriß S. 67 sowie *WK (Nowakowski)* Vorbem. 47 vor § 3; vgl. auch *derselbe,* Rittler-Festschrift S. 70 und JBl 1972, 29. Übernommen von §§ 10 I, 32 II österr. StGB und vom österr. OGH SSt 29, 83 (S. 263). Würdigung der österreichischen Lehre bei *Jescheck,* Lange-Festschrift S. 374.

[34] Vgl. ferner die Gruppierung der Schuldmerkmale unter den zwei Gesichtspunkten „Möglichkeit der Unrechtseinsicht" (intellektuelles Schuldelement) und „Möglichkeit, sich der Unrechtseinsicht gemäß zu verhalten" (voluntatives Schuldelement) bei *LK (Hirsch)* Vorbem. 175 vor § 32.

[35] Gegen die Bildung eines die deliktsspezifischen Schuldelemente zusammenfassenden besonderen „Schuldtatbestandes" *LK (Hirsch)* Vorbem. 175 a. E. vor § 32.

IV. Die Merkmale des Schuldbegriffs (Strafbegründungsschuld) 387

„*Normalität der begleitenden Umstände*" voraus. Liegen bestimmte im Gesetz vorgesehene Ausnahmesituationen vor, die die Fähigkeit zu normgemäßer Selbstbestimmung erfahrungsgemäß erheblich beeinträchtigen, so wird der Täter entschuldigt, weil dann nicht mangelnde Rechtsgesinnung die Wurzel der Tat ist (vgl. unten §§ 44 - 47).

3. Abgesehen von den selbständigen Merkmalen des Schuldbegriffs wird der **Schuldgehalt der Tat durch ihren Unrechtsgehalt mitbestimmt,** denn zum Vorwurf gemacht wird dem Täter nicht die Willens*bildung* für sich allein, sondern die daraus entstandene Willens*betätigung*. Da das Unrecht Schuldvoraussetzung ist und die Schuld immer auf das Unrecht bezogen werden muß, wirkt sich jede Differenzierung im Unrechtsbereich mittelbar auch auf die Schwere des Schuldvorwurfs aus[36]. Auch der *Vorsatz* als allgemeines subjektives Unrechtsmerkmal ist damit zugleich Gegenstand der den Täter belastenden Zurechnung, denn es macht nicht nur für den Unrechts-, sondern auch für den Schuldgehalt der Tat einen Unterschied, ob der Täter vorsätzlich oder fahrlässig gehandelt hat (vgl. oben § 24 III 5).

4. Der **Vorsatz** ist darüber hinaus auch ein **selbständiges Schuldmerkmal** (Doppelstellung des Vorsatzes). Der Entschluß zur Tat nimmt als Ergebnis des Willensbildungsprozesses alle Determinanten im innerseelischen Bereich des Täters in sich auf, so daß ihm als „Träger des Gesinnungsunwerts" für die Beurteilung des Schuldgehalts der Tat selbständige Bedeutung neben dem Vorsatz als dem „Träger des Handlungssinns" zukommt[37]. In der Regel ist die Festellung des Vorsatzes als des Trägers des personalen Handlungsunrechts der Tat auch zur Charakterisierung der Rechtsgesinnung des Täters ausreichend. Ausnahmsweise kann der Vorsatz jedoch als Ausdruck des Gesinnungsunwerts zu *verneinen* sein, obwohl er als Ausdruck des Handlungswillens gegeben ist (so bei der irrigen Annahme der Voraussetzungen eines Rechtfertigungsgrundes, vgl. unten § 41 III 2 d; bei der vorsätzlichen actio libera in causa, vgl. unten § 40 VI 2; beim Verbotsirrtum im Bereich der Ordnungswidrigkeiten, vgl. unten § 41 II 2 c). Nur bei *Fahrlässigkeitstaten* bedarf es im Rahmen der Schuld stets noch der besonderen Prüfung, ob dem Täter die objektive Sorgfaltspflichtverletzung auch nach seinen persönlichen Fähigkeiten vorzuwerfen ist und ob der Erfolg für ihn voraussehbar war (vgl. unten § 57 II und III). Als *positives* Element wirkt der Vorsatz in seiner Eigenschaft als Träger des Gesinnungsunwerts schließlich beim Aufbau des bedingten Vorsatzes mit (vgl. oben § 29 III 3 a).

Zur Lehre von der Tatverantwortung vgl. Vorauflage S. 348.

---

[36] Vgl. *Gallas*, Beiträge S. 44; *Jakobs*, Allg. Teil S. 405; *Welzel*, Lehrbuch S. 165; *Roxin*, ZStW 82 (1970) S. 691; *SK (Rudolphi)* Vorbem. 2 vor § 19.

[37] Die Lehre von der Doppelstellung des Vorsatzes hat sich im Anschluß an *Gallas*, Beiträge S. 56 f. Fußnote 89; *derselbe*, Bockelmann-Festschrift S. 170 weitgehend durchgesetzt; vgl. *Dreher*, Heinitz-Festschrift S. 224 f.; *Hünerfeld*, ZStW 93 (1981) S. 1000; *Lackner*, § 15 Anm. II 5 c; *Jescheck*, ZStW 98 (1986) S. 11 ff.; *LK (Hirsch)* Vorbem. 172 vor § 32; *Lampe*, Das personale Unrecht S. 234; *Moos*, ZStW 93 (1981) S. 1032; *Roxin*, Kriminalpolitik S. 42 f.; *Schönke / Schröder / Lenckner*, Vorbem. 120 vor § 13; *SK (Rudolphi)* § 16 Rdn. 3; *WK (Nowakowski)* Vorbem. 11 vor § 3; *Schünemann*, GA 1985, 361 f.; *Wessels*, Allg. Teil S. 115; *Wolter*, Zurechnung S. 152.

Unterabschnitt b): Die Merkmale der Schuld

§ 40 Die Schuldfähigkeit (Zurechnungsfähigkeit)

P.-A. Albrecht, Unsicherheitszonen des Schuldstrafrechts, GA 1983, 193; *P.-A. Albrecht / Schüler-Springorum* (Hrsg.), Jugendstrafe an 14- und 15jährigen, 1983; *Aschaffenburg,* Zur Frage: Verminderte Zurechnungsfähigkeit, RG-Festgabe, 1929, S. 242; *v. Baeyer,* Die Freiheitsfrage in der forensischen Psychiatrie usw., Der Nervenarzt 28 (1957) S. 337; *Behrendt,* Affekt und Vorverschulden, 1983; *Berner,* Grundlinien der criminalistischen Imputationslehre, 1843; *Bertel,* Die Zurechnungsfähigkeit, ÖJZ 1975, 622; *Binder,* Die Geisteskrankheit im Recht, 1952; *Blau,* Prolegomena zur strafrechtlichen Schuldfähigkeit, Jura 1982, 393; *Bockelmann,* Willensfreiheit und Zurechnungsfähigkeit, ZStW 75 (1963) S. 372; *de Boor,* Bewußtsein und Bewußtseinsstörungen, 1966; *Brandenberger,* Bemerkungen zu der Verübung einer Tat in selbstverschuldeter Trunkenheit, 1970; *Anne-Éva Brauneck,* Die Jugendlichenreife nach § 105 JGG, ZStW 77 (1965) S. 209; *Bresser,* Jugendzurechnungsfähigkeit oder Strafmündigkeit, ZStW 74 (1962) S. 579; *derselbe,* Noch immer: Die Problematik des § 105 JGG, Festschrift für F. Schaffstein, 1975, S. 323; *Brunner,* Jugendgerichtsgesetz, 8. Auflage 1986; *Bruns,* Die Strafzumessung bei Vollrauschdelikten, Festschrift für K. Lackner, 1987, S. 439; *Cramer,* Der Vollrauschtatbestand als abstraktes Gefährdungsdelikt, 1962; *derselbe,* Anmerkung zu BGH 21, 381, JZ 1968, 273; *Dallinger / Lackner,* Jugendgerichtsgesetz, 2. Auflage 1965; *Dencker,* § 323 a StGB – Tatbestand oder Schuldform? JZ 1984, 453; *Ingrid Diesinger,* Der Affekttäter, 1977; *Dreher,* Verbotsirrtum und § 51 StGB, GA 1957, 97; *derselbe,* Anmerkung zu BGH 21, 27, JR 1966, 350; *Ehrhardt,* Die Schuldfähigkeit in psychiatrisch-psychologischer Sicht, in: Schuld-Verantwortung-Strafe, 1964, S. 277; *Ehrhardt / Villinger,* Forensische und administrative Psychiatrie, in: Psychiatrie der Gegenwart, Bd. III, 1961, S. 181; *Eickmeyer,* Die strafrechtliche Behandlung der Heranwachsenden nach § 105 JGG, 1963; *Eisenberg,* Jugendgerichtsgesetz, 2. Auflage 1985; *Engisch,* Die Lehre von der Willensfreiheit usw., 2. Auflage 1965; *Feest,* Kinderkriminalität, in: *Kaiser* u. a. (Hrsg.), Kleines Kriminologisches Wörterbuch, 2. Auflage 1985, S. 184; *Geilen,* Zur Problematik des schuldausschließenden Affekts, Festschrift für R. Maurach, 1972, S. 173; *Giese / Schorsch,* Zur Psychopathologie der Sexualität, 1973; *Göppinger,* Kriminologische Aspekte zur sogenannten verminderten Schuldfähigkeit, Festschrift für H. Leferenz, 1983, S. 411; *Goldstein,* The Insanity Defense, 1967; *Hadamik,* Über die Bewußtseinsstörung bei Affektverbrechen, MSchrKrim 1953, 11; *derselbe,* Leidenschaft und Schuld, GA 1957, 101; *Haddenbrock,* Strafrechtliche Handlungsfähigkeit und „Schuldfähigkeit", Handbuch der forensischen Psychiatrie, Bd. II, 1972, S. 863; *Hafter,* Normale Menschen? Zurechnungsfähigkeit, Zurechnungsunfähigkeit, SchwZStr 66 (1951) S. 1; *Heiß,* Die Bedeutung der nichtkrankhaften Bewußtseinsstörungen usw., in: Gerichtliche Psychologie, 1962, S. 223; *Heldmann,* Zurechnungsfähigkeit, Zurechnungsunfähigkeit und verminderte Zurechnungsfähigkeit in rechtsvergleichender Darstellung, Diss. Freiburg 1956; *Hentschel / Born,* Trunkenheit im Straßenverkehr, 3. Auflage 1984; *Horn,* Actio libera in causa usw., GA 1969, 289; *Hruschka,* Der Begriff der actio libera in causa und die Begründung ihrer Strafbarkeit, JuS 1968, 554; *derselbe,* Methodenprobleme bei der Tatzurechnung trotz Schuldunfähigkeit des Täters, SchwZStr 90 (1974) S. 48; *Jescheck,* Die Bedeutung nicht-krankhafter Bewußtseinsstörungen usw., in: Gerichtliche Psychologie, 1962, S. 208; *Kaiser,* Jugendstrafrecht, Kleines Kriminologisches Wörterbuch, 2. Auflage 1985, S. 172; *Kallwaß,* Der Psychopath, 1969; *Katzenstein,* Die Straflosigkeit der actio libera in causa, 1901; *Armin Kaufmann,* Schuldfähigkeit und Verbotsirrtum, Festschrift für Eb. Schmidt, 1961, S. 319; *Hilde Kaufmann,* Die Regelung der Zurechnungsfähigkeit im E 1962, JZ 1967, 139; *Hilde Kaufmann / Pirsch,* Das Verhältnis von § 3 JGG zu § 51 StGB, JZ 1969, 358; *W. Keller,* Menschliche Existenz, Willensfreiheit und Schuld, in: Schuld-Verantwortung-Strafe, 1964, S. 201; *Kleinschrod,* Systematische Entwicklung der Grundbegriffe und Grundwahrheiten des peinlichen Rechts, I. Teil, 1794; *Koch,* Die actio libera in causa usw., Diss. Freiburg 1956; *Krause,* Betrachtungen zur actio libera in causa usw., Festschrift für H. Mayer, 1966, S. 305; *derselbe,* Probleme der actio libera in causa, Jura 1980, 169; *Krüger,* Zur Frage des Vorsatzes bei Trunkenheitsdelikten, DAR 1984, 47; *Krümpelmann,* Motivation und Handlung im Affekt, Festschrift für H. Welzel, 1974, S. 327; *derselbe,* Die Neugestaltung der Vorschriften über die Schuldfähigkeit usw., ZStW 88 (1976) S. 6; *derselbe,* Dogmatische und empirische Probleme des sozialen Schuldbegriffs, GA 1983, 337; *derselbe,* Schuldzurechnung unter Affekt und alkoholisch bedingter Schuldunfähigkeit, ZStW 99 (1987) S. 191; *Küper,* Aspekte der „actio libera in causa", Festschrift für H. Leferenz, 1983, S. 573; *Lackner,* Neuorientierung der Rechtsprechung im Bereich des Vollrauschtatbestandes? Festschrift für H.-H. Jescheck, Bd. I, 1985, S. 645; *O. Lange,* Von der strafrechtlichen Verantwortlichkeit des Jugendlichen, SJZ 1949, 397; *Leferenz,* Die rechtsphilosophischen Grundlagen des § 51 StGB, Der Nervenarzt 19 (1948) S. 364; *derselbe,* Die Kriminalität der Kinder, 1957; *derselbe,* Der Entwurf des Allg. Teils eines StGB in kriminologischer Sicht, ZStW 70 (1958) S. 25; *derselbe,* Die Neugestaltung der Vorschriften über die Schuldfähigkeit usw., ZStW 88 (1976) S. 40; *Lejins,* Maßnahmen zur Behandlung abnormer Täter – Erfahrungsbericht aus den USA, Kriminologische Gegenwartsfragen, Heft 15, 1982, S. 7; *Luhte / Rösler,* Die Beurteilung der Schuldfähigkeit bei akuter alkoholtoxischer Bewußtseinsstörung, ZStW 98 (1986) S. 314; *Mannheim / Joseph / Sieverts,* Die kriminalrechtliche Behandlung von jungen Rechtsbrechern (über 18 Jahren) in England, Frankreich und in der Bundesrepublik Deutschland, 1958; *Maurach,* Fragen der actio libera in causa, JuS 1961, 373; *Merkel,* Die hochgradige Neurose usw., Diss. Mainz 1982; *J. E. Meyer,* Psychiatrische Diagnosen und ihre Bedeutung für die Schuldfähigkeit, ZStW 88 (1976) S. 46; *Mezger,* Probleme der strafrechtlichen Zurechnungsfähigkeit, Sitzungsberichte der Bayer. Akademie der Wissenschaften, 1949, Heft 2; *derselbe,* Das Verstehen als Grundlage der Zurechnung, Sitzungsberichte der Bayer. Akademie der Wissenschaften, 1951, Heft 1; *Miehe,* Die Schuldfähigkeit Jugendlicher im Strafrecht der DDR, Festschrift für F. Schaffstein, 1975, S. 353; *Neumann,* Zurechnung und „Vorverschulden", 1985; *Oehler,* Anmerkung zu BGH vom 9.10. 1969, JZ 1970, 380; *Ostendorf,* Die Prüfung der strafrechtlichen Verantwortlichkeit nach § 3 JGG usw., JZ 1986, 664; *Paeffgen,* Actio libera in causa und § 323a StGB, ZStW 97 (1985) S. 513; *Peters,* Literaturbericht, ZStW 66 (1954) S. 423; *derselbe,* Die Beurteilung der Verantwortungsreife, Handbuch der Psychologie, Bd. 11, 1967, S. 260; *derselbe,* Bleibende Grundlagen im Wandel des Jugendrechts, Festschrift für F. Schaffstein, 1975, S. 381; *Pfeiffer,* Die kriminologische Bedeutung der Chromosomenanomalien, Kriminologische Gegenwartsfragen, Heft 9, 1970, S. 119; *Platzgummer,* Die „Allgemeinen Bestimmungen" des Strafgesetzentwurfs im Licht der neueren Strafrechtsdogmatik, JBl 1971, 236; *Lieselotte Pongratz* u. a., Kinderdelinquenz, 1975; *Ingeborg Puppe,* Grundzüge der actio libera in causa, JuS 1980, 346; *Rasch,* Schuldfähigkeit, Lehrbuch der gerichtlichen Medizin, 3. Auflage 1967, S. 55; *derselbe,* Tötung des Intimpartners, 1964; *derselbe,* Angst vor Abartigkeit, NStZ 1982, 177; *Rauch,* Brauchen wir noch eine forensische Psychiatrie? Festschrift für H. Leferenz, 1983, S. 379; *Rautenberg,* Die „verminderte Zurechnungs-/Schuldfähigkeit" usw., Diss. Göttingen 1984; *Remschmidt* u. a., Zum Dunkelfeld kindlicher Delinquenz, MSchrKrim 1975, 133; *Robinson,* Criminal Law Defenses, Bd. I, 1984; *Roxin,* Bemerkungen zur actio libera in causa, Festschrift für K. Lackner, 1987, S. 307; *Rudolf,* Zur Geschichte des Problems der Strafmündigkeit, Kriminalistik und forensische Wissenschaften, 1983, 91; *Schaffstein,* Die Jugendzurechnungsunfähigkeit im Verhältnis zur allgemeinen Zurechnungsfähigkeit, ZStW 77 (1965) S. 191; *derselbe,* Überlegungen zu einem künftigen Jungtäterrecht, Festschrift für K. Peters, 1974, S. 583; *derselbe,* Die strafrechtliche Verantwortlichkeit Heranwachsender mit Herabsetzung des Volljährigkeitsalters, MSchrKrim 1976, 92; *derselbe,* Die entschuldigte Vatertötung, Festschrift für Hermann Stutte, 1979, S. 253; *Schewe,* Reflexbewegung, Handlung, Vorsatz, 1972; *A. Schmidt,* Probleme der Kriminalität geisteskranker Täter, 1970; *H. Th. Schmidt,* Entwicklung und Gestaltung des Jugendstrafrechts in der DDR, ZStW 84 (1972) S. 353; *R. Schmitt,* Die „schwere andere seelische Abartigkeit" in §§ 20 und 21 StGB, ZStW 92 (1980) S. 346; *K. Schneider,* Die psychopathischen Persönlichkeiten, 9. Auflage 1950; *derselbe,* Die Beurteilung der Zurechnungsfähigkeit, 3. Auflage 1956; *Schreiber,* Bedeutung und Auswirkungen der neugefaßten Bestimmungen über die Schuldfähigkeit, NStZ 1981, 46; *Schröder,* Verbotsirrtum, Zurechnungsfähigkeit, actio libera in causa, GA 1957, 297; *derselbe,* Anmerkung zu BGH 21, 27, JZ 1966, 451; *Schüler-Springorum,* Zum Strafrecht für junge Erwachsene, Festschrift für F. Schaffstein, 1975, S. 395; *Schwalm,* Schuld und Schuldfähigkeit usw., JZ 1970, 487; *Schwinghammer,* Die Rechtsfigur der actio libera in causa, Diss. München 1966; *Sluga,* Maßnahmen zur Behandlung abnormer Täter – Erfahrungsbericht aus Österreich, in: *Göppinger / Bresser* (Hrsg.), Kriminologische Gegenwartsfragen, Heft 15, 1982, S. 33; *Streng,* Richter und Sachverständiger usw., Festschrift für H. Leferenz, 1983, S. 397; *Thomae,* Bewußtsein, Persönlichkeit und Schuld, MschrKrim 1961, 114; *Thomae / Schmidt,* Psychologische Aspekte der Schuldfähigkeit bei Bewußtseinsstörung, Lehrbuch der gerichtlichen Medizin, 2. Auflage 1957, S. 130; *Tröndle,* Vollrauschtatbestand und Zweifelsgrundsatz, Festschrift für H.-H. Jescheck, Bd. I, 1985, S. 665; *Undeutsch,* Zur Problematik des psychologischen Sachverständigen, Festschrift für R. Lange, 1976, S. 703; *Venzlaff,* Restaurierung eines „engen" Krankheitsbegriffs usw.? ZStW 88 (1976) S. 57; *Vogt,* Die Forderungen der psychoanalytischen Schulrichtungen usw., 1979; *Waaben / Schultz / Léauté,* Die Behandlung der Trunkenheit im Strafrecht, 1960; *Walder,* Der Affekt und seine Bedeutung im schweizerischen Strafrecht, SchwZStr 81 (1965) S. 24; *v. Weber*, Die strafrechtliche Verantwortlichkeit für die Rauschtat, Festschrift für U. Stock, 1966, S. 59; *Weinschenk*, Beginnt die Schuldfähigkeit wirklich erst mit der Vollendung des 14. Lebensjahres? MschrKrim 1984, 15; *Welp*, Vorangegangenes Tun als Grundlage einer Handlungsäquivalenz der Unterlassung, 1968; *Wilmanns*, Die sogenannte verminderte Zurechnungsfähigkeit usw., 1927; *Witter*, Die Beurteilung Erwachsener im Strafrecht, Handbuch der forensischen Psychiatrie, Bd. II, 1972, S. 966; *derselbe*, Die Bedeutung des psychiatrischen Krankheitsbegriffs für das Strafrecht, Festschrift für R. Lange, 1976, S. 723; *derselbe*, Wissen und Werten bei der Beurteilung der strafrechtlichen Schuldfähigkeit, Festschrift für H. Leferenz, 1983, S. 441; *Gabriele Wolfslast*, Die Regelung der Schuldfähigkeit, JA 1981, 464; *Wolter*, Vollrausch mit Januskopf, NStZ 1982, 54; *derselbe*, Vorsätzliche Vollendung ohne Vollendungsvorsatz usw.? Festschrift für H. Leferenz 1983, S. 545; *Zipf*, Verminderte Zurechnungs- oder Schuldfähigkeit – Vergleich der österreichischen und der deutschen Regelung, Kriminologische Gegenwartsfragen, Heft 15, 1982, S. 157.

I. Der Begriff der Schuldfähigkeit

1. Die Schuldfähigkeit[1] ist das *erste der Merkmale, auf denen das Schuldurteil beruht*[2]. Schuldfähigkeit muß vorliegen, damit der Mangel an Rechtsgesinnung, aus dem der Tatentschluß erwachsen ist, überhaupt tadelnswert erscheinen kann. Nur wer eine bestimmte Altersstufe erreicht hat und nicht an schweren seelischen Störungen leidet, besitzt das **Mindestmaß an Fähigkeit zur Selbstbestimmung,** das von der Rechtsordnung für die strafrechtliche Verantwortlichkeit verlangt wird. Fehlt es an der Schuldfähigkeit, so kann der Täter zwar *handeln* – im Unterschied zur Handlungsunfähigkeit bei Reflexen (z. B. Reaktion auf elektrischen Schlag) oder Bewußtlosigkeit (Schlafwandeln) (vgl. oben § 23 IV 2 a) –, aber er kann nicht *schuldig* werden, weil die Tat nicht auf rechtlich mißbilligenswerter Gesinnung beruht.

Über die heute überholten Lehren, die Schuldfähigkeit als „strafrechtliche Handlungsfähigkeit" oder „Strafempfänglichkeit" verstehen wollten, vgl. 2. Auflage S. 325.

2. Der Begriff der Schuldfähigkeit knüpft einmal an das **Lebensalter** an. Bevor nicht ein sich im Alter ausdrückender biologischer Reifungsprozeß abgeschlossen ist, kann ein Schuldvorwurf entweder überhaupt nicht erhoben werden *(Strafunmündigkeit)* oder er erfordert die Feststellung, daß der Täter einen Grad an intellektueller Entwicklung, sittlicher Reife und Willenskraft erreicht hat, der es rechtfertigt, seine in der Tat aktualisierte Einstellung zum Recht nach jugendgemäßen, aber doch immerhin *strafrechtlichen* Maßstäben zu messen *(bedingte Strafmündigkeit)*. Die Schuldfähigkeit steht ferner in Beziehung zur **geistig-seelischen Gesundheit** des Täters, weshalb sie bei schweren Ausfallserscheinungen zu verneinen ist (§ 20).

---

[1] Die gebräuchlichere Bezeichnung *„Zurechnungsfähigkeit"* knüpft an die subjektive Zurechnung im Sinne der Strafrechtslehre des 19. Jahrhunders an. Zurechnungsfähigkeit bedeutete damals, daß der subjektiven Zurechnung keine Hindernisse entgegenstehen. Der Ausdruck umfaßte damit auch das Fehlen von Irrtum und Zwang (vgl. *Berner*, Imputationslehre S. 52). Im Anschluß an den heute herrschenden normativen Schuldbegriff ist indessen die Bezeichnung „Schuldfähigkeit" vorzuziehen (so jetzt auch §§ 19 - 21).

[2] Nach überwiegender Ansicht soll es sich um eine der Schuld vorgelagerte „Schuldvoraussetzung" handeln; so *Baumann / Weber*, Allg. Teil S. 376; *LK (Lange)* §§ 20, 21 Rdn. 2; *v. Liszt / Schmidt*, S. 239; *Maurach / Zipf*, Allg. Teil I S. 465 f.; *Wessels*, Allg. Teil S. 111; *SK (Rudolphi)* Vorbem. 5 vor § 19; offen gelassen bei *Schönke / Schröder / Lenckner*, Vorbem. 118 vor § 13. Nach *Dreher / Tröndle*, § 20 Rdn. 3 ist § 20 ein Schuldausschließungsgrund. In Wirklichkeit handelt es sich um ein positives Schuldelement *innerhalb* des Schuldbegriffs; ebenso *Frank*, § 51 Vorbem. II; *Blei*, Allg. Teil S. 181 f.; *Stratenwerth*, Allg. Teil I Rdn. 515; *Welzel*, Lehrbuch S. 152 f. Abweichend von seinem anderen systematischen Standpunkt aus *LK (Hirsch)* Vorbem. 177 vor § 32.

3. Während bei bedingt strafmündigen Jugendlichen die Schuldfähigkeit positiv festgestellt und im Urteil dargetan werden muß (RG 58, 128)[3], wird sie beim erwachsenen Täter so lange vorausgesetzt, als nicht Anhaltspunkte dafür bestehen, daß an seiner Verantwortlichkeit zu zweifeln ist (RG 21, 131 [132])[4]. Begründete Zweifel können etwa gegeben sein bei erstmaligen sexuellen Handlungen eines älteren Mannes mit Kindern (BGH NJW 1964, 2213), überhaupt bei Ersttaten in vorgerücktem Alter (BGH NStZ 1983, 34), bei Anzeichen von Triebanomalien (BGH Stv 1984, 507) oder bei einer Häufung von Ladendiebstählen einer bisher unbestraften Frau (OLG Köln MDR 1975, 858). Der Unterschied erklärt sich dadurch, daß bei Jugendlichen das Fehlen der die Verantwortlichkeit begründenden Reife häufig ist, während die geistig-seelischen Defekte, die zum Ausschluß der Verantwortlichkeit nach § 20 führen, verhältnismäßig seltene Ausnahmefälle darstellen. Der Begriff der Schuldfähigkeit schließt in dieser zweiten Hinsicht die verschiedenartigsten Abnormitäten und Störungen geringeren Ausmaßes ein wie Intelligenzmängel, Willensschwäche, außerordentliche Erregbarkeit, übermäßige Triebstärke und ungewöhnliche Erlebnisreaktionen, solange diese nicht den Grad einer krankhaften seelischen Störung, einer tiefgreifenden Bewußtseinsstörung, des Schwachsinns oder einer schweren anderen seelischen Abartigkeit (§ 20) erreichen.

II. Die Stufen der Schuldfähigkeit

1. **Kinder,** d. h. Personen, die zur Zeit der Tat noch nicht 14 Jahre alt sind, erklärt § 19 für schuldunfähig. Absolute Schuldunfähigkeit (Strafunmündigkeit), deren Grenze erst das JGG 1923 von 12 auf 14 Jahre heraufgesetzt hat, bedeutet, daß der Gesetzgeber bei dieser Altersklasse die Schuldfähigkeit ohne Rücksicht auf den individuellen Entwicklungsstand des betreffenden Kindes generell verneint[5]. Es handelt sich um einen Schuldausschließungsgrund[6]. Teilnahme eines Schuldfähigen ist also möglich (§ 29). Verfahrensrechtlich ist die absolute Strafunmündigkeit ein Prozeßhindernis, so daß ein versehentlich eröffnetes Verfahren einzustellen ist[7].

Begeht ein Kind eine rechtswidrige Tat (§ 11 I Nr. 5), so kann das Vormundschaftsgericht Schutzmaßnahmen nach §§ 1631 II, 1666, 1838 BGB treffen oder Erziehungsmaßregeln nach §§ 55 ff. JWG anordnen (Erziehungsbeistandschaft, freiwillige Erziehungshilfe, Fürsorgeerziehung)[8].

2. Ein **Jugendlicher,** d. h. eine Person, die zur Tatzeit 14, aber noch nicht 18 Jahre alt ist (§ 1 II JGG), wird strafrechtlich nur dann zur Verantwortung gezogen, „wenn er nach seiner sittlichen und geistigen Entwicklung reif genug ist, das Unrecht der Tat einzusehen und nach dieser Einsicht zu handeln" (§ 3 S. 1 JGG)[9].

---

[3] Zur Justizpraxis kritisch *Ostendorf,* JZ 1986, 664 ff.
[4] Vgl. *Lackner,* § 20 Anm. 6a; *LK (Lange)* §§ 20, 21 Rdn. 11; *Schönke / Schröder / Lenckner,* § 20 Rdn. 1, 45.
[5] Der E 1962, Begründung S. 137 spricht hier mit der h. L. (vgl. *Dreher / Tröndle,* § 19 Rdn. 2; *Lackner,* § 19 Anm. 1; *Schönke / Schröder / Lenckner,* § 19 Rdn. 3; *Schaffstein / Beulke,* Jugendstrafrecht S. 36) von einer „unwiderlegbaren Vermutung der Schuldunfähigkeit". Kritisch zu § 19 StGB und § 3 JGG *Weinschenk,* MSchrKrim 1984, 15 ff.
[6] Vgl. *Schaffstein / Beulke,* Jugendstrafrecht S. 36; *Schönke / Schröder / Lenckner,* § 19 Rdn. 3.
[7] So die h. L.; vgl. *Eisenberg,* § 1 JGG Rdn. 6; *Dreher / Tröndle,* § 19 Rdn. 2; *Schönke / Schröder / Lenckner,* § 19 Rdn. 5; *Schmidhäuser,* Allg. Teil S. 377; *SK (Rudolphi)* § 19 Rdn. 3; *Schaffstein / Beulke,* Jugendstrafrecht S. 37. Zur Geschichte der Strafmündigkeit *Rudolf,* Kriminalistik und forensische Wissenschaften 1983, 91 ff.
[8] Vgl. über die pädagogische Formbarkeit kriminell anfälliger Kinder *Leferenz,* Die Kriminalität der Kinder S. 16 ff. Über die zahlenmäßige Bedeutung der Kinderkriminalität vgl. *Lieselotte Pongratz* u. a., Kinderdelinquenz S. 89 ff. (polizeilich registrierte Kriminalität); *Remschmidt* u. a., MSchrKrim 1975, 133 ff. (Dunkelfeldforschung). Nach *Weinschenk,* MSchrKrim 1984, 16 machte die Kinderdelinquenz im Jahre 1980 6,3 % aller registrierten Straftaten aus und ist seit 1954 stetig angewachsen. Vgl. auch *Feest,* Kleines Kriminologisches Wörterbuch S. 184 ff.

Ursprünglich stellte das StGB 1871 nach dem Vorbild des französischen Code pénal von 1810 (*„discernement"*) nur auf die intellektuelle Einsichtsfähigkeit des Jugendlichen ab. Bereits *das JGG 1923* zog jedoch aus der neueren jugendpsychologischen Erkenntnis, daß es für die Beurteilung der Verantwortlichkeit des Jugendlichen auch auf die sittliche Reife und die Fähigkeit zur Willensbildung ankommt, die Konsequenz und machte diese Merkmale ebenfalls zur Voraussetzung des strafrechtlichen Schuldurteils.

Die **Einsichtsfähigkeit** des Jugendlichen muß so weit ausgebildet sein, daß er das materielle Unrecht (nicht nur das Unmoralische oder Sittenwidrige) seiner Tat verstehen kann. Dagegen wird die Kenntnis der Strafbarkeit oder des Strafgesetzes hier ebensowenig wie sonst verlangt. Die Einsichtsfähigkeit muß sich auf die konkrete Tat beziehen; sie kann aber im Einzelfall für nur eines der tateinheitlich zusammentreffenden Delikte oder nur für den Grundtatbestand, nicht auch für die qualifizierte Strafvorschrift gegeben sein (unrichtig RG DR 1944, 659; zur „Teilbarkeit" des Unrechtsbewußtseins zutreffend BGH 10, 35)[10]. Die Einsichtsfähigkeit setzt sowohl einen bestimmten intellektuellen Entwicklungsstand als auch einen gewissen sittlichen Reifegrad voraus. Es kann sein, daß der Jugendliche die Norm zwar verstandesmäßig erfaßt, aber aus mangelnder sittlicher Reife nicht ernst nimmt.

Beispiele: Bei sexuellem Mißbrauch von Kindern (§ 176) muß der Jugendliche die Fähigkeit haben, die Tat nicht nur als unmoralisch, sondern auch als *rechtlich verboten* zu erkennen. Es kann sein, daß er zwar das Unrecht der Tat nach dieser Vorschrift, nicht aber unter dem konkurrierenden Gesichtspunkt der Ärgerniserregung (§ 183a) verstehen kann, oder daß es ihm trotz genügender Verstandesreife an der sittlichen Reife für die Unterscheidung von Spiel und Ernst fehlt (vgl. den Fall RG 47, 385).

Der Jugendliche muß aber nicht nur imstande sein, das Unrecht der Tat zu erkennen, sondern er muß auch die Fähigkeit haben, seinen Willen nach dieser Einsicht zu bestimmen (**Handlungsfähigkeit**). Gerade bei jüngeren Jugendlichen, aber auch bei älteren, die unter dem Einfluß von Reifungsstörungen stehen, ist oft die Einsichtsfähigkeit genügend ausgebildet, während es an der nötigen Willenskraft fehlt, um dem Druck übermächtiger Tatmotive widerstehen zu können.

Beispiele: Ein sonst tadelfreier Vierzehnjähriger nimmt seinem Freund nach und nach immer mehr Spielsachen weg und erklärt zu Hause, ein Unbekannter habe sie ihm geschenkt, weil er dem sein Leben plötzlich beherrschenden Besitztrieb keinen Widerstand leisten kann. Ein älterer Jugendlicher wird von seinem Sportlehrer zu gemeinsamen Einbrüchen verführt und wagt es nicht, seine innere Ablehnung gegenüber der Autorität durchzusetzen.

Fehlt es mangels Einsichts- oder Handlungsfähigkeit an der Schuld des Jugendlichen[11] oder kann der Richter diese Möglichkeit nicht ausschließen, so darf er zur Erziehung dieselben Maßnahmen treffen wie der Vormundschaftsrichter (§ 3 S. 2 JGG, vgl. oben § 40 II 1), er braucht also nicht freizusprechen[12]. Schwierig ist das

---

[9] Zur Reform des JGG *Peters*, Schaffstein-Festschrift S. 381ff.; *Kaiser*, Kleines Kriminologisches Wörterbuch S. 176 sowie der „Diskussionsentwurf eines Jugendhilfegesetzes", hrsg. vom Bundesminister für Jugend, Familie und Gesundheit (1973), der für die 14 - 16 Jahre alten Täter nur noch Jugendhilfe vorsieht. Gegen Jugend*strafe* bei den jüngsten Jahrgängen P.-A. *Albrecht / Schüler-Springorum* (Hrsg.), Jugendstrafe an 14- und 15jährigen, 1983.

[10] Vgl. *O. Lange*, SJZ 1949, 397ff.; *Dallinger / Lackner*, § 3 JGG Anm. 22; *Schaffstein / Beulke*, Jugendstrafrecht S. 43; *Brunner*, § 3 JGG Rdn. 6; *Eisenberg*, § 3 JGG Rdn. 7; *Peters*, Zur Beurteilung der Verantwortungsreife S. 260ff.

[11] Die Rspr. hat früher einen persönlichen Strafausschließungsgrund angenommen (RG 31, 161; 53, 143 [144]). Doch ist heute anerkannt, daß die Strafmündigkeit Schuldmerkmal ist; vgl. RG 47, 385 (389); *Schaffstein / Beulke*, Jugendstrafrecht S. 42; *Maurach / Zipf*, Allg. Teil I S. 494f.; *Dallinger / Lackner*, § 3 JGG Anm. 18; *Eisenberg*, § 3 JGG Rdn. 4.

[12] Da die Volljährigkeit seit dem 1.1.1975 mit der Vollendung des 18. Lebensjahres eintritt (Ges. vom 31.7.1974, BGBl. I S. 1713), enden Erziehungsbeistandschaft, freiwillige Erzie-

Verhältnis von § 3 JGG zu § 20 zu bestimmen[13]. Handelt es sich um *reifungsbedingte* Erscheinungen, ist nur § 3 JGG anzuwenden; bei psychopathologischen Störungen, die sich *erfahrungsgemäß nicht auswachsen*, kommt dagegen § 20 mit der Möglichkeit der Unterbringung in einem psychiatrischen Krankenhaus (§ 63) in Frage (§ 7 JGG). Bestehen Zweifel, ob das eine oder andere anzunehmen ist, darf der Mangel der Schuld nur auf den in den Rechtsfolgen milderen § 3 JGG gestützt werden (in dubio pro reo). Ist der Jugendliche strafrechtlich verantwortlich, so zieht die Tat ausschließlich *jugendgemäße Rechtsfolgen* nach sich (Erziehungsmaßregeln nach § 9 JGG; Zuchtmittel nach § 13 JGG; Jugendstrafe nach §§ 17ff. JGG). Die Jugendstrafe ist nach § 18 I 3 JGG auch in ihrer Dauer von den Strafrahmen des allgemeinen Strafrechts gelöst. Von den *Maßregeln des allgemeinen Strafrechts* können nur die Unterbringung in einem psychiatrischen Krankenhaus oder einer Entziehungsanstalt, die Führungsaufsicht und die Entziehung der Fahrerlaubnis (§ 61 Nr. 1, 2, 5 und 6) angeordnet werden (§ 7 JGG)[14].

3. Entsprechend einer alten Forderung der Jugendgerichtsbewegung[15] hat das JGG 1953 für die **Heranwachsenden**, d.h. die zur Tatzeit 18, aber noch nicht 21 Jahre alten Personen (§ 1 II zw. Halbs. JGG), eine Sonderregelung getroffen. *Der Heranwachsende ist strafrechtlich voll verantwortlich*, unterliegt also nicht dem § 3 JGG. Die Rechtsfolgen der Tat sind jedoch dann dem Jugendstrafrecht (§§ 4 - 8, 9 Nr. 1, 10, 11, 13 - 32 JGG) zu entnehmen, wenn der Täter zur Zeit der Tat nach seiner sittlichen und geistigen Entwicklung noch einem Jugendlichen gleichstand[16] oder wenn es sich nach Art, Umständen und Beweggründen um eine Jugendverfehlung (z. B. ein Vergehen nach § 175 I) handelte (§ 105 JGG)[17]. Bei Zweifeln geht das Jugendstrafrecht vor (BGH 12, 116 [119]). Ist auf die Straftat des Heranwachsenden allgemeines Strafrecht anzuwenden, sieht § 106 JGG für die lebenslange Freiheitsstrafe eine Milderungsklausel sowie ein Verbot der Sicherungsverwahrung vor. Eine verbreitete Kritik an § 105 JGG fordert die Einführung eines Sonderstrafrechts für volljährige junge Täter[18].

III. Schuldunfähigkeit wegen seelischer Störungen

1. Das deutsche Strafrecht verwendet in § 20 zur Umschreibung der Schuldunfähigkeit die sogenannnte **gemischte ("biologisch-psychologische") Methode**[19]. Die

---

hungshilfe und Fürsorgeerziehung in diesem Zeitpunkt. Dies gilt auch für die Erziehungsmaßregeln nach § 9 JGG. Wirksam bleiben nur Weisungen nach Nr. 1, die im Rahmen des § 56 c auch gegenüber Erwachsenen zulässig wären.

[13] Vgl. dazu *Bresser*, ZStW 74 (1962) S. 579ff.; *Schaffstein*, ZStW 77 (1965) S. 191ff.; *Hilde Kaufmann / Pirsch*, JZ 1969, 358ff. Zum Fall eines Jugendlichen, bei dem beide Vorschriften zusammenkamen, vgl. *Schaffstein*, Stutte-Festschrift S. 253ff.

[14] Das StGB DDR §§ 65ff. beschränkt den Verantwortungsausschluß bei Jugendlichen auf „gravierende Entwicklungsrückstände und krankheitsnahe Anomalien"; kritisch dazu *Miehe*, Schaffstein-Festschrift S. 374. Zum Jugendstrafrecht der DDR *H. Th. Schmidt*, ZStW 84 (1972) S. 353ff.

[15] Vgl. *Eickmeyer*, Die strafrechtliche Behandlung der Heranwachsenden S. 15f. Über die Stellung der Heranwachsenden im ausländischen Strafrecht vgl. *Mannheim / Joseph / Sieverts*, Die kriminalrechtliche Behandlung von jungen Rechtsbrechern S. 9ff., 27ff. Vgl. ferner für Großbritannien *Schüler-Springorum*, Schaffstein-Festschrift S. 397ff. Das StGB DDR kennt keine Sonderregelung für Heranwachsende.

[16] Vgl. dazu *Anne-Eva Brauneck*, ZStW 77 (1965) S. 209ff.

[17] Kritisch dazu *Bresser*, Schaffstein-Festschrift S. 323ff., der für die Anwendung des Erwachsenenstrafrechts eintritt (S. 331f.).

[18] Vgl. dazu *Schaffstein / Beulke*, Jugendstrafrecht S. 53f. m. w. Nachw.; *derselbe*, Peters-Festschrift S. 600f.; *derselbe*, MSchrKrim 1976, 92ff. Die Anwendung von Jugendstrafrecht auf Heranwachsende ist inzwischen bei den häufigsten Delikten (außer Verkehrsstraftaten) zur Regel geworden; vgl. die Tabelle bei *Schaffstein / Beulke*, Jugendstrafrecht S. 53.

[19] Der Ausdruck ist nicht exakt, besser wäre „psychisch-normative" Methode. *SK (Rudolphi)* § 20 Rdn. 3 spricht von „biologisch-normativer" Methode. Dazu *Jakobs*, Allg. Teil S. 428.

„*biologischen*" Faktoren sind krankhafte seelische Störung, tiefgreifende Bewußtseinsstörung, Schwachsinn und schwere andere seelische Abartigkeit[20]. Kann eines dieser Merkmale festgestellt werden, so ist weiter zu prüfen, ob der Täter deswegen unfähig war, „das Unerlaubte der Tat einzusehen oder nach dieser Einsicht zu handeln" („*psychologische*" Merkmale). Die Annahme der Schuldunfähigkeit setzt also voraus, daß der Richter positive Feststellungen aus *zwei* Merkmalsgruppen treffen kann: erstens muß eine der im Gesetz genannten seelischen Störungen vorliegen, zweitens muß die Störung eine der beiden für die Willensbildung des Menschen entscheidenden Fähigkeiten tiefgreifend beeinträchtigt haben. Die gemischte Methode, die auch in der gerichtlichen Psychiatrie anerkannt ist[21], hat gegenüber der rein biologischen Methode den Vorteil, daß die seelische Störung noch auf ihren Schweregrad und ihre Bedeutung für die konkrete Tat geprüft werden muß[22]. Gegenüber der rein psychologischen Methode besteht der Vorteil darin, daß die Bindung an gesetzlich umschriebene seelische Defekte, deren Wesen und Wirkungsweise durch Psychiatrie und Psychologie erforscht sind, die notwendige Rechtssicherheit gewährt.

2. Die in § 20 erschöpfend[23] aufgezählten *biologischen Merkmale* der Schuldunfähigkeit sind dem psychiatrischen und psychologischen Sprachgebrauch angeglichen worden, bezeichnen aber die gleichen Sachverhalte, die Wissenschaft und Rechtsprechung auch schon unter der Herrschaft des § 51 a. F. in diesem Sinne verstanden hatten.

a) Der Zentralbegriff der biologischen Merkmale in § 20, die **krankhafte seelische Störung**, deckt sich mit dem Begriff der „Psychose" in der Psychiatrie. Ihm stehen die „neurotisch-psychopathischen Störungen" und die „Triebanomalien" gegenüber, die in § 20 als „schwere andere seelische Abartigkeiten" bezeichnet werden. Die (fließende) Grenze liegt dort, wo die Verstehbarkeit der seelischen Reaktion aufhört. Als zweites Kriterium der Abgrenzung kommt hinzu, daß sich krankhafte seelische Störungen durch körperliche Krankheitsprozesse erklären lassen[24]. Als krankhafte seelische Störung sind demnach alle Störungen auf intellektuellem oder emotionalem Gebiet zu bezeichnen, die nicht mehr im Rahmen verstehbarer Erlebniszusammenhänge liegen und auf einer Verletzung oder Erkrankung des Gehirns beruhen. Dazu zählen die traumatischen Psychosen (Hirnverletzungen), die toxisch bedingten Psy-

---

[20] Die Taubstummheit (§ 55 a. F.) ist nicht mehr besonders erwähnt, sondern ist, wenn schwere seelische Ausfallserscheinungen vorliegen, unter die biologischen Merkmale der §§ 20, 21 zu subsumieren. Vgl. *Stree*, in: *Roxin* u. a., Einführung S. 47f.; E 1962 Begründung S. 140.

[21] Vgl. *Ehrhardt / Villinger*, Psychiatrie der Gegenwart Bd. III S. 215ff.; *Rasch*, Lehrbuch der gerichtlichen Medizin S. 71f.; *Binder*, Die Geisteskrankheit S. 163ff.; *Haddenbrock*, Strafrechtliche Handlungsfähigkeit und „Schuldfähigkeit" S. 907ff. Dagegen fordert *Thomae*, MSchrKrim 1961, 120, daß der Gesetzgeber bei den nicht krankhaften Störungen *nur* auf die mangelnde Fähigkeit zur normgemäßen Willensbildung abstellen sollte, was jedoch dem Erfordernis der Rechtssicherheit nicht entsprechen würde. Zur Kritik der Neuregelung im ganzen *Krümpelmann*, ZStW 88 (1976) S. 6ff.; *Leferenz*, ebenda S. 40ff.

[22] Auf das zeitliche Merkmal „bei Begehung der Tat" und seine Problematik für die Beurteilung der Affekttat weist *Krümpelmann*, ZStW 88 (1976) S. 13f. hin.

[23] Für Analogiefähigkeit der Vorschrift *Jakobs*, Allg. Teil S. 429, 433f. („Unzumutbarkeit"); *LK (Lange)* §§ 20, 21 Rdn. 13 („schicksalhafte Persönlichkeitsausfälle"); dagegen zu Recht *Blau*, Jura 1982, 397; *Schönke / Schröder / Lenckner*, § 20 Rdn. 5. Vgl. auch *Vogt*, Die Forderungen der psychoanalytischen Schulrichtungen, 1979.

[24] Vgl. dazu lehrreich *Witter*, Lange-Festschrift S. 723ff. Die Kritik von *Venzlaff*, ZStW 88 (1976) S. 60 an der Restauration des „engen psychiatrischen Krankheitsbegriffs" trifft deswegen nicht zu, weil es dabei nur um eine theoretisch-systematische Ordnung geht und die nicht-psychotischen Zustände, wenn sie „Krankheitswert" haben, als „schwere andere seelische Abartigkeiten" erfaßt werden. Wie der Text *Leferenz*, ZStW 88 (1976) S. 42; *J. E. Meyer*, ZStW 88 (1976) S. 48f.

chosen (Rauschzustände durch Alkohol und andere Rauschmittel; BGH NJW 1969, 563)[25], die Infektionspsychosen (progressive Paralyse) und die hirnorganischen Erkrankungen (Epilepsie). Krankhaft im organischen Sinne sind ferner die Erscheinungen des Schwachsinns infolge von Frühschädigungen des Gehirns oder als Auswirkung der im Alter auftretenden Hirnarteriosklerose oder Hirnatrophie (BGH GA 1965, 156). Zu den echten Geisteskrankheiten rechnen ferner die endogenen Psychosen (Schizophrenie und Zyklothymie), bei denen eine im Körperlichen wurzelnde Ursache von der Psychiatrie angenommen („postuliert") wird, ohne daß diese jedoch bisher unanfechtbar nachgewiesen werden konnte[26, 27].

b) Die **tiefgreifende Bewußtseinsstörung** umfaßt nach der Systematik des § 20 nur noch die nicht-krankhaften Störungen, die entweder rein seelisch bedingt sind oder bei denen noch ein „konstellativer" Faktor hinzukommt (z.B. Alkohol, Erschöpfung, Übermüdung). Sie besteht in einer schwerwiegenden Beeinträchtigung des Selbst- oder Umweltbewußtseins (BGH bei *Holtz*, MDR 1983, 447). Durch das Merkmal „tiefgreifend" soll zum Ausdruck gebracht werden, daß nur solche Bewußtseinsstörungen in Betracht kommen, die einen Grad jenseits des Spielraums des Normalen (z.B. Schlaftrunkenheit, Schreck) erreicht und ähnlich wie eine Psychose das Motivationsgefüge des Betroffenen aus den Angeln gehoben haben[28]. Zu denken ist also nur an besondere Ausnahmefälle (OLG Karlsruhe GA 1972, 316 [317]) wie schwerste Formen hypnotischer oder posthypnotischer Zustände, Halluzinationen, nichtkrankhafte Dämmerzustände. Der Hauptfall der tiefgreifenden Bewußtseinsstörung ist der schwere Affekt (Streß, Haß, Eifersucht, Angst), den die Rechtsprechung schon nach § 51 a.F. unter besonderen Umständen als ausreichenden Grund der Schuldunfähigkeit anerkannt hat (OGH 3, 19 [23]; 80 [82]; BGH 3, 194 [199]; 8, 113 [125]; 11, 20 [23])[29]. Zweifelhaft ist dabei die Frage, ob der Schuldausschluß bei Vermeidbarkeit des Affekts entfällt. Die Rechtsprechung (OGH 3, 19 [23]; BGH 3, 194 [199]; BGH NJW 1959, 2315; NStZ 1984, 259 und 311; StV 1986, 339) und ein Teil der Lehre[30] nehmen dies zu Recht an, weil in dem bewußten Entstehenlassen einer

---

[25] Zur Trunkenheit eingehend *SK (Rudolphi)* § 20 Rdn. 7; *Schönke / Schröder / Lenckner*, § 20 Rdn. 16 f. Zu den forensischen Problemen *Witter*, Die Beurteilung Erwachsener S. 1029 ff.; *Luthe / Rösler*, ZStW 98 (1986) S. 314 ff. Bei einem Blutalkoholwert ab 3‰ wird in der Regel Schuldunfähigkeit angenommen (BGH VRS 28, 191; VRS 61, 261; NStZ 1984, 408), doch ist das keine feste Norm (BGH NStZ 1982, 243). Ab 2‰ ist die Schuldfähigkeit in der Regel vermindert (BGH VRS 17, 187; NStZ 1984, 408), ab 2,5‰ ist Schuldunfähigkeit wahrscheinlich *(Luhte / Rösler*, ZStW 98 [1986] S. 318). Zur Rückrechnung zwecks Bestimmung des Blutalkoholwerts zur Tatzeit BGH NStZ 1985, 452; OLG Köln VRS 65, 426; *Hentschel / Born*, Trunkenheit im Straßenverkehr Rdn. 247 ff. Vgl. auch unten § 40 VII.

[26] Über die Anzahl der kriminellen Geisteskranken *A. Schmidt*, Geisteskranke Täter S. 56 ff., über die Erscheinungsformen S. 146 ff.

[27] Vgl. dazu juristisch *LK (Lange)* §§ 20, 21 Rdn. 17 ff.; medizinisch *Witter*, Die Beurteilung Erwachsener S. 968 ff.

[28] Vgl. BT-Drucksache V/4095 S. 11; *Bockelmann / Volk*, Allg. Teil S. 115; *Maurach / Zipf*, Allg. Teil I S. 479; *LK (Lange)* §§ 20, 21 Rdn. 30; *Schönke / Schröder / Lenckner*, § 20 Rdn. 14; *SK (Rudolphi)* § 20 Rdn. 10; *Schwalm*, JZ 1970, 494.

[29] Zur Affektgenese anhand zahlreicher Fallschilderungen *Rasch*, Tötung des Intimpartners, 1964. Zum Verhältnis von Vorsatz und Schuldfähigkeit bei Affekttaten *Schewe*, Reflexbewegung S. 31 ff., 130 ff.; *Krümpelmann*, Welzel-Festschrift S. 328. Zur forensischen Beurteilung *Rasch*, Schuldfähigkeit S. 83 ff.; *de Boor*, Bewußtsein S. 126 ff.; *Thomae*, Schuldfähigkeit S. 351 ff.; *Witter*, Die Beurteilung Erwachsener S. 1023 ff. Lehrreich die Analyse von 295 Gutachten aus den Jahren 1964 bis 1973 bei Tötungsverbrechen durch *Ingrid Diesinger*, Der Affekttäter S. 92 ff.

[30] So *Geilen*, Maurach-Festschrift S. 188 ff.; *Krümpelmann*, Welzel-Festschrift S. 340 f.; derselbe, GA 1983, 354 ff.; derselbe, ZStW 99 (1987) S. 221 ff.; *LK (Lange)* §§ 20, 21 Rdn. 28;

emotionalen Stauung, die auf unkontrollierbare Entladung in einer bestimmten schweren Straftat hindrängt, durchaus ein Verschulden liegen kann *(Vorverschulden).* Doch ist diese Auffassung mit dem Wortlaut des § 20 schwer vereinbar, weil dort nur auf das Vorliegen der Bewußtseinsstörung „bei Begehung der Tat" abgestellt wird. Auch die Analogie zu § 17 führt nicht weiter, da das Merkmal „bei Begehung der Tat" in § 17 nur auf den Irrtum, in § 20 aber auch auf die Fähigkeit zur Steuerung bezogen ist. Die Lösung liegt in der Anwendung der Grundsätze über die actio libera in causa[31] (vgl. unten § 40 VI).

Beispiele: Tötung und Tötungsversuch gegenüber Ehefrau und Schwiegermutter mit anschließendem Selbstmordversuch im Wutaffekt (OGH 3, 19 [22 f.]); Tötung des trunksüchtigen Bruders in Notwehrexzeß nach heftigem Streit (BGH 3, 194 [199]); einverständliche Tötung der Ehefrau und Selbstmordversuch in Panikstimmung (BGH GA 1955, 26); Mord im Blutrausch (BGH 7, 325 [327]); Tötung der Ehefrau in höchster Erregung nach zermürbenden, mit schweren Tätlichkeiten verbundenen Streitigkeiten (BGH 11, 20 [23]); Tötung der Geliebten des Ehemannes nach jahrelanger tiefer Feindschaft (BGH *Dallinger* MDR 1953, 146); Tötung der Kinder als Kurzschlußhandlung (BGH NJW 1959, 2315)[32].

Der häufigste Fall der Bewußtseinsstörung ist der *Alkoholrausch*[33] (vgl. unten § 40 VII), der jedoch nach seinem Entstehungsgrund (Vergiftung) jetzt zu den krankhaften seelischen Störungen und damit zur ersten Gruppe der biologischen Faktoren zählt (vgl. oben Fußnote 25). Dasselbe gilt für den Drogenrausch.

c) Der in § 20 an dritter Stelle genannte **Schwachsinn** umfaßt die schweren Grade angeborener Intelligenzschwäche ohne nachweisbare körperliche Ursache (Idiotie, Imbezillität, Debilität), während die Defektzustände auf der Grundlage hirnorganischer Krankheitsprozesse nach der Systematik des § 20 unter die erste Gruppe der biologischen Merkmale fallen. Auch hier muß es sich um einen den normalen Motivationszusammenhang im ganzen zerstörenden Ausfall der Verstandeskräfte handeln, wie sich aus der Gleichstellung mit den übrigen biologischen Merkmalen ergibt (BGH NJW 1967, 299)[34].

d) Die an letzter Stelle aufgeführten **„schweren anderen seelischen Abartigkeiten"**[35] sind das Gegenstück zu den Psychosen und bezeichnen die schwersten Erscheinungsformen der Psychopathien, Neurosen und Triebstörungen[36]. Sie unter-

---

Jakobs, Allg. Teil S. 435; *Rudolphi,* Henkel-Festschrift S. 206 ff.; *SK (Rudolphi)* § 20 Rdn. 12. Anders *Dreher / Tröndle,* § 20 Rdn. 10; *Maurach / Zipf,* Allg. Teil I S. 480; *Stratenwerth,* Allg. Teil I Rdn. 536; *Schwalm,* JZ 1970, 493.

[31] So *Hruschka,* JuS 1968, 558; *Behrendt,* Affekt S. 64 ff. („actio libera in omittendo"); *Schönke / Schröder / Lenckner,* § 20 Rdn. 15. Dagegen *Krümpelmann,* GA 1983, 356 Fußnote 80; *Horn,* GA 1969, 290 f.

[32] Vgl. zu dieser Rechtsprechung *Hadamik,* MSchrKrim 1953, 11; *derselbe,* GA 1957, 101; *Thomae,* Schuldfähigkeit S. 328 ff., der z. B. BGH 11, 20 eine der „bedeutsamsten Entscheidungen des letzten Jahrzehnts" nennt (S. 346); *Maurach / Zipf,* Allg. Teil I S. 480; *Krümpelmann,* ZStW 99 (1987) S. 216 ff.

[33] Vgl. dazu *Rasch,* Lehrbuch der gerichtlichen Medizin S. 81 f.; *Cramer,* Der Vollrauschtatbestand S. 6 ff.

[34] Zu den forensischen Problemen vgl. *Witter,* Die Beurteilung Erwachsener S. 985 ff.

[35] Über die diskriminierende Wirkung des verfehlten Ausdrucks „Abartigkeit" *Stree,* in: Roxin u. a., Einführung S. 46.

[36] Zu den Psychopathien vgl. die Typenlehre von *K. Schneider,* Die psychopathischen Persönlichkeiten S. 69 ff.; ferner *Kallwaß,* Der Psychopath, 1969. Bei den sexuellen Triebanomalien will *Krümpelmann,* ZStW 88 (1976) S. 20 ff. im Anschluß an BGH 23, 176 (193) (Fall Bartsch) und an *Giese* (vgl. Giese / Schorsch, Zur Psychopathologie der Sexualität S. 155 ff.) auf den Suchtbegriff abstellen. Dagegen aber *J. E. Meyer,* ZStW 88 (1976) S. 51. Als Fälle der Abartigkeit nennt *Venzlaff,* ZStW 88 (1976) S. 59 „die paranoische Entwicklung, den genuinen

III. Schuldunfähigkeit wegen seelischer Störungen

scheiden sich von den Psychosen einmal dadurch, daß die seelischen Reaktionen zwar abnorm sind, aber noch im Rahmen verstehbarer Erlebniszusammenhänge liegen, zum anderen durch das Fehlen eines vorhandenen oder anzunehmenden körperlichen Krankheitsprozesses[37]. Unter der Geltung des § 51 a. F. waren sie durch Bildung eines besonderen „juristischen Krankheitsbegriffs" in den Bereich möglicher Zurechnungsunfähigkeit einbezogen worden (BGH 14, 30 [32]). Die Hauptschwierigkeit der Abgrenzung des Kreises dieser Abartigkeiten liegt in dem Merkmal „schwer"[38]. Meist wird gesagt, daß sie, um unter § 20 zu fallen, „Krankheitswert" haben müßten. Doch fehlt ihnen sowohl nach der körperlichen wie nach der seelischen Seite gerade die qualitative Besonderheit der echten Geisteskrankheiten, so daß der Vergleich nur im Bereich der Auswirkungen möglich ist, die aber bei der Abgrenzung der biologischen Merkmale nach der Systematik des Gesetzes noch keine Rolle spielen dürften. Im Grunde läßt sich daher nicht mehr sagen, als daß es sich um extreme Ausnahmefälle handelt, bei denen das gesamte Lebensbild des Betroffenen von der durch das psychische Leiden verursachten, immer wiederkehrenden Straffälligkeit und durch die absolute Wirkungslosigkeit strafrechtlicher Sanktionen bestimmt wird[39].

Beispiele: Sittlichkeitsdelikte an Kindern aufgrund einer Störung des Willens-, Gefühls- oder Trieblebens (RG 73, 121 [122]); persönlichkeitsbestimmender Hang zur Homosexualität (RG HRR 1936, 1463; BGH MDR 1953, 46; BGH GA 1962, 185; BGH 14, 30 [32]); Neigung zur Brandstiftung auf neurotischer Grundlage (BGH NJW 1955, 1726); Querulantendelikte wegen neurotischer Überempfindlichkeit (BGH NJW 1966, 1871); Hypersexualität (BGH NJW 1962, 1779; NJW 1982, 2009); hochgradig abartiger Geschlechtstrieb (BGH 19, 201 [204]; 23, 176 [190]); Kleptomanie (OLG Frankfurt GA 1969, 316); exhibitionistische Handlungen vor Kindern (BGH 28, 357).

3. Die Feststellung eines dieser biologischen Merkmale reicht zur Annahme der Schuldunfähigkeit nicht aus. Hinzu kommen muß, daß die seelische Störung eine bestimmende Auswirkung auf die **Einsichts- oder Handlungsfähigkeit** des Täters gehabt hat[40]. Die Unfähigkeit, das Unrecht der Tat einzusehen (*intellektuelles Moment*), bezieht sich auf das materielle Unrecht der Tat und ist wie beim Jugendlichen (vgl. oben § 40 II 2) konkret und bezüglich jedes Straftatbestandes gesondert festzustellen. Es kann also sein, daß der Täter trotz Vorliegens einer seelischen Störung für schuldfähig erklärt wird, weil die Tat z. B. zeitlich außerhalb der Zone eines akuten Anfalls lag oder ihrer Art nach nicht in den durch die Störung betroffenen Bereich fiel. Zum Ausschluß von § 20 genügt es, daß die Einsichts*fähigkeit* gegeben

---

Eifersuchtswahn, vitalisierte depressive Reaktionen, biographisch tief gestaffelte Konfliktskumulationen, extreme seelische Verformungen durch frühkindliche Deprivationssituationen". Zu den Neurosen *Merkel*, Die hochgradige Neurose S. 181 ff.

[37] Nach § 25 E 1962 sollte die „schwere andere seelische Abartigkeit" nur zu verminderter Schuldfähigkeit führen können. Erst der Sonderausschuß hat sie in § 20 aufgenommen (BT-Drucksache V/4095 S. 10). Die befürchtete Gefahr eines „Dammbruchs" ist dann nicht gegeben, wenn die Zuerkennung der Schuldunfähigkeit richtigerweise auf extreme Ausnahmefälle beschränkt bleibt. Zur forensischen Relevanz *P.-A. Albrecht*, GA 1983, 209ff., zum psychiatrischen und psychologischen Schrifttum ausführlich *LK (Lange)* §§ 20, 21 Rdn. 34ff.

[38] So mit Recht *Leferenz*, ZStW 88 (1976) S. 42f. Vgl. auch *R. Schmitt*, ZStW 92 (1980) S. 349; *Schreiber*, NStZ 1981, 48; *Rasch*, NStZ 1982, 182 („strukturell-sozialer Krankheitsbegriff").

[39] Zu den forensischen Problemen juristisch *LK (Lange)* §§ 20, 21 Rdn. 48, medizinisch *Witter*, Die Beurteilung Erwachsener S. 988 ff.; *derselbe*, Lange-Festschrift S. 733.

[40] Da eine empirisch begründete Feststellung zum Einzelfall ebensowenig möglich ist wie beim „Anders-handeln-Können", kommt auch hier nur eine vergleichende Aussage in Betracht; vgl. *Schönke / Schröder / Lenckner*, § 20 Rdn. 26; *SK (Rudolphi)* § 20 Rdn. 25; *Witter*, Leferenz-Festschrift S. 447 ff. Für Eliminierung des Erfordernisses der Einsichts- und Handlungsfähigkeit *Streng*, Leferenz-Festschrift S. 408 f.

ist. Hatte der Täter das Unrecht der Tat trotz der bei ihm vorliegenden seelischen Störungen *tatsächlich erkannt,* so kommt § 20 nicht in Betracht, es sei denn, daß die Handlungsfähigkeit fehlte (BGH GA 1971, 366).

Die Unfähigkeit, das Unrecht der Tat einzusehen, ist aber nicht nur dann bedeutsam, wenn sie auf einer seelischen Störung beruht. Nach der Regelung des Verbotsirrtums in § 17 S. 1 (vgl. unten § 41 II 1 b) ist Schuldausschluß auch dann anzunehmen, wenn der Täter das Unrechtsbewußtsein aus anderen Gründen nicht haben konnte[41]. § 20 behält jedoch auch in der ersten Alternative insofern seine praktische Bedeutung, als die Bestimmung auf seelische Störungen abstellt, bei denen ein Einfluß auf die Einsichtsfähigkeit naheliegt und in schweren Fällen regelmäßig anzunehmen ist[42]. Die Vorschrift gewinnt damit den Charakter einer *Beweisregel.*

Auch bei Vorliegen der Einsicht in das Unrecht der Tat ist die Schuldfähigkeit dann zu verneinen, wenn der Täter wegen der seelischen Störung unfähig war, nach dieser Einsicht zu handeln (*voluntatives* Moment), was vor allem bei Alkoholrausch, Psychopathien, Neurosen und Triebstörungen in Betracht kommt, weil hier trotz klaren Unrechtsbewußtseins in Ausnahmefällen die Antriebe zur Tat so übermächtig werden oder die Hemmungsfaktoren so geschwächt sein können, daß jene nicht mehr beherrschbar sind (vgl. BGH NJW 1952, 353; 1964, 2213)[43].

4. Die Beurteilung der Schuldfähigkeit ist eine **Rechtsfrage,** für die der Richter die Verantwortung trägt (BGH 7, 238 [239]; 8, 113 [118])[44]. Die Entscheidung ist dem Juristen in der Regel jedoch nur mit Hilfe des Sachverständigen möglich (über die Pflicht zur Anhörung eines Sexualforschers bei einer ganz ungewöhnlichen sexuellen Triebanomalie BGH 23, 176 [192ff.]; vgl. ferner BGH GA 1971, 365). Früher war die Beurteilung der Schuldfähigkeit eine Domäne der Psychiater. In neuerer Zeit wird, vor allem zur Untersuchung nicht krankhafter seelischer Störungen, auch der Psychologe herangezogen[45], der jedoch nicht ohne den Psychiater tätig werden sollte, da dem Nichtarzt medizinische Befunde, die bei *allen* seelischen Auffälligkeiten vorliegen können, leicht verborgen bleiben (vgl. auch OLG Karlsruhe GA 1972, 316 [318]).

Die Möglichkeit einer Antwort auf die Frage nach den Auswirkungen einer festgestellten seelischen Störung auf die Einsichts- und Handlungsfähigkeit des Täters wird von einigen Psychiatern verneint[46], weil dieser Versuch auf eine Stellungnahme zur Willensfreiheit des Täters hinausliefe. In Wirklichkeit geht es jedoch bei den psychologischen Merkmalen der Schuldunfähigkeit nur darum, daß der Arzt beurteilen soll, ob die seelische Störung einen solchen *Erheblichkeitsgrad* erreicht hat, daß sie nach den Erkenntnissen der Wissenschaft das Persönlichkeitsge-

---

[41] Vgl. *Dreher,* GA 1957, 97ff.; *Armin Kaufmann,* Eb. Schmidt-Festschrift S. 323f.; *Schröder,* GA 1957, 297ff.

[42] Die selbständige Bedeutung der Vorschrift verneint indessen *Schönke / Schröder / Lenckner,* § 20 Rdn. 27.

[43] In den seit einiger Zeit bekannten Chromosomenaberrationen glaubte man dem Geheimnis der Schwerkriminalität auf die Spur gekommen zu sein, doch hat die Chromosomenforschung bisher nicht ergeben, daß die Anomalie XYY die Steuerungsfähigkeit beeinträchtigt; vgl. *Pfeiffer,* Kriminologische Gegenwartsfragen Heft 9 S. 119ff.; *Göppinger,* Kriminologie S. 175f.

[44] So nachdrücklich *LK (Lange)* §§ 20, 21 Rdn. 57; *SK (Rudolphi)* § 20 Rdn. 23. Zur Rolle des Psychiaters *Rauch,* Leferenz-Festschrift S. 379ff.; *Witter,* ebenda S. 441ff.

[45] Vgl. dazu *Jescheck,* Gerichtliche Psychologie S. 208ff. Über die Möglichkeiten der Begutachtung aus der Sicht des Psychologen vgl. *Heiß,* Gerichtliche Psychologie S. 226ff.; *Thomae,* Schuldfähigkeit S. 391ff.; *Undeutsch,* Lange-Festschrift S. 714ff.; *Haddenbrock,* Strafrechtliche Handlungsfähigkeit und „Schuldfähigkeit" S. 928ff.

[46] So vor allem *K. Schneider,* Zurechnungsfähigkeit S. 17ff. und *Leferenz,* ZStW 70 (1958) S. 35. Wie der Text aber *Rasch,* Lehrbuch der gerichtlichen Medizin S. 62; *Ehrhardt,* Schuldfähigkeit S. 241ff.; *W. Keller,* Menschliche Existenz S. 224f.; *v. Baeyer,* Der Nervenarzt 28 (1957) S. 337; *Witter,* Die Beurteilung Erwachsener S. 993 und passim.

füge des Täters tiefgreifend zu beeinträchtigen vermochte[47]. Es wird also auch hier nicht mehr als eine vergleichende Aussage gefordert (vgl. oben § 39 III 2, § 40 III 3 Fußnote 40).

Wenn die Voraussetzungen des § 20 vorliegen oder auch nur zweifelhaft sind (RG 21, 131 [135]), bleibt der Täter mangels Schuld *straflos*. Tritt während der Ausführung der Tat Schuldunfähigkeit ein (z. B. Affektamnesie bei Tötung durch Messerstiche), bleibt der Täter dennoch wegen Vollendung verantwortlich, da eine unwesentliche Abweichung im Kausalverlauf anzunehmen ist (BGH 23, 133 [135]). Wird der Täter dagegen vor Beginn der Tat schuldunfähig, so liegt eine strafbare Handlung selbst dann nicht vor, wenn die Tat nach dem noch im Zustand der Schuldfähigkeit gefaßten Plan durchgeführt wird (BGH 23, 356 [358]). Das Gericht ordnet die Unterbringung in einem psychiatrischen Krankenhaus an, wenn infolge seines Zustands erhebliche rechtswidrige Taten zu erwarten sind und er deshalb für die Allgemeinheit gefährlich ist (§ 63 I; vgl. unten § 77 II 2 c). Stellt sich die Schuldunfähigkeit schon vor Eröffnung des Hauptverfahrens heraus, kann die Unterbringung im Wege des Sicherungsverfahrens angeordnet werden (§§ 413 ff. StPO).

IV. Verminderte Schuldfähigkeit

1. Die Einführung der verminderten Schuldfähigkeit im Jahre 1933 (§§ 51 II, 55 II a. F.) entsprach einer alten Forderung bedeutender Psychiater[48]. § 21 enthält eine dem bisherigen Recht entsprechende Regelung, die vor allem für die schuldangemessene Behandlung geringerer Grade des Schwachsinns, von Affekttaten sowie von Psychopathien, Neurosen und Triebanomalien bedeutsam ist[49]. Die biologischen Voraussetzungen der verminderten Schuldfähigkeit sind die gleichen wie in § 20. Der *Unterschied* liegt in den *psychologischen Merkmalen:* die Einsichts- oder Handlungsfähigkeit ist infolge der seelischen Störung zwar nicht ausgeschlossen, aber doch erheblich[50] vermindert[51]. Es handelt sich dabei nicht um eine zwischen die volle strafrechtliche Verantwortlichkeit und die Schuldunfähigkeit eingeschobene unklare Zwischenstufe der „Halbzurechnungsfähigkeit". Die verminderte Schuldfähigkeit ist vielmehr ein Unterfall der Schuldfähigkeit und stellt sich deswegen auch nur als **fakultativer Strafmilderungsgrund** wegen verminderter Schuld dar (RG 68, 167). Es erscheint nicht gerecht, daß Menschen, die infolge von seelischen Störungen in ihrer Einsichts- oder Handlungsfähigkeit stark beeinträchtigt sind, wie voll Gesunde behandelt werden[52]. Hat der Täter trotz verminderter Einsichtsfähigkeit das Unerlaubte der Tat tatsächlich erkannt, ist § 21 nicht anwendbar, es sei denn, daß auch die Handlungsfähig-

---

[47] Vgl. näher *Bockelmann*, ZStW 75 (1963) S. 381.

[48] So insbesondere *Aschaffenburg*, RG-Festgabe S. 242 ff. Dagegen *Wilmanns*, Die verminderte Zurechnungsfähigkeit S. 249 ff. Aus juristischer Sicht *Hafter*, SchwZStr 66 (1951) S. 12 ff.

[49] Zustimmend *Krümpelmann*, ZStW 88 (1976) S. 39; *Ehrhardt / Villinger*, Psychiatrie der Gegenwart Bd. III S. 213 f. Kritisch dagegen *Schmidhäuser*, Allg. Teil S. 388; *Göppinger*, Leferenz-Festschrift S. 411 ff.

[50] § 21 wird, soweit verminderte Einsichtsfähigkeit in Betracht kommt, durch die Regelung des vermeidbaren Verbotsirrtums (§ 17 S. 2) überspielt, denn sobald es dem Täter vorzuwerfen ist, daß er das Unerlaubte der Tat nicht erkannt hat, kann die Strafe nach den Regeln des Verbotsirrtums (vgl. unten § 41 II 2 a) auch dann gemildert werden, wenn er verhältnismäßig leicht zur Unrechtseinsicht hätte gelangen können; vgl. dazu *Dreher*, GA 1957, 99; *Schröder*, GA 1957, 301 ff. Für die neben § 17 S. 2 fortbestehende Bedeutung der Vorschrift gilt jedoch das oben § 40 III 3 zu § 20 Ausgeführte entsprechend.

[51] Die Judikatur betont mit Recht, daß Willensschwäche, Charaktermängel und kriminelle Veranlagung für sich allein die Anwendung des § 21 *nicht* rechtfertigen (BGH *Dallinger* MDR 1953, 147; BGH NJW 1958, 2123; BGH 14, 30 [33]).

[52] Vgl. OLG Hamm NJW 1977, 1498; *Maurach / Zipf*, Allg. Teil I S. 490; *Schönke / Schröder / Lenckner*, § 21 Rdn. 1; *Wessels*, Allg. Teil S. 112.

keit vermindert war (BGH 21, 27 [28] m. Anm. *Dreher,* JR 1966, 350 und *Schröder,* JZ 1966, 451). Fehlt die Einsicht infolge der seelischen Störung ganz, ohne daß dies dem Täter zum Vorwurf gemacht werden kann, so ist – auch bei an sich nur verminderter Einsichtsfähigkeit – nicht § 21, sondern § 20 anzuwenden. § 21 ist nur dann gegeben, wenn dem Täter das Fehlen der Einsicht vorzuwerfen ist (BGH NStZ 1986, 264).

2. Strafmilderung nach § 21 bedeutet, daß der Sonderstrafrahmen des § 49 I zugrunde gelegt wird. Der Richter *kann* die Strafe nach dieser Vorschrift mildern, muß es aber nicht, weil die Verminderung der Schuldfähigkeit durch schulderhöhende Umstände, vor allem durch schuldhafte Herbeiführung der seelischen Störung (Trunkenheit), ausgeglichen sein kann (OGH 2, 324 [327]; BGH 7, 28 [31]; BGH *Dallinger* MDR 1972, 16; BGH *Holtz* MDR 1982, 969; OLG Karlsruhe MDR 1972, 881; OLG Koblenz VRS 50, 24)[53]. Die bloße Kann-Milderung ist verfassungsrechtlich nicht zu beanstanden (BVerfGE 50, 5 [12ff.]). Wenn die Tat eine *militärische Straftat* darstellt, gegen das Kriegsvölkerrecht verstößt oder in Ausübung des Dienstes begangen wird, *darf* die Strafe bei selbstverschuldeter Trunkenheit nach § 7 WStG nicht gemildert werden, da Alkohol eine besonders schwere Gefahr für die militärische Disziplin darstellt (RG 68, 167)[54]. Die Unterbringung in einem psychiatrischen Krankenhaus bei Gefährlichkeit des Täters für die Allgemeinheit tritt im Falle des § 21 neben die Strafe (§ 63 I). Das Gericht darf jedoch nicht anstelle der Unterbringung etwa aus Sicherheitsgründen auf eine übermäßig hohe, dem Schuldgehalt nicht entsprechende Freiheitsstrafe erkennen (BGH 20, 264 [267]). Spezialpräventive Gründe für eine Strafschärfung dürfen immer nur im Rahmen der schuldangemessenen Strafe berücksichtigt werden (OLG Karlsruhe MDR 1972, 881).

V. Ausländisches Recht

Die *österreichische* Gesetzgebung folgt in § 11 StGB dem deutschen § 20[55]. Die verminderte Schuldfähigkeit kommt als Strafmilderungsgrund nach §§ 34 Ziff. 1, 35 österr. StGB in Betracht. Auch die *Schweiz*[56] steht dem deutschen Recht nahe, doch sind hier die biologischen Voraussetzungen der Schuldunfähigkeit (Art. 10 StGB) anders umschrieben als die der verminderten Schuldfähigkeit. Der *französische* Code pénal folgt in Art. 64 der rein biologischen Methode[57]. Dagegen wenden die *englische* und *amerikanische* Rechtsprechung für die Feststellung der „insanity" eine auf das intellektuelle Moment beschränkte extrem psychologische Methode an („right and wrong test" bzw. „M'Naghten rule")[58]. In Amerika wird jedoch die psychologische Methode durch den „irresistible impulse test" auch auf das voluntative Element ausgedehnt. Neuerdings deutet sich in der „Durham rule" sogar eine rein biologische Methode

---

[53] Vgl. hierzu eingehend *Bruns,* Strafzumessungsrecht S. 524ff.; *Dreher / Tröndle,* § 21 Rdn. 6; *Jakobs,* Allg. Teil S. 443; *LK (Lange)* §§ 20, 21 Rdn. 83f. (Antinomie der Strafzwecke). Dagegen sehen *Baumann / Weber,* Allg. Teil S. 381; *Maurach / Zipf,* Allg. Teil I S. 493f.; *Stratenwerth,* Allg. Teil I Rdn. 546; *SK (Rudolphi)* § 21 Rdn. 5; *H. Mayer,* Lehrbuch S. 240; *Rautenberg,* Die „verminderte Zurechnungs-/Schuldfähigkeit" S. 228ff.; *Gabriele Wolfslast,* JA 1981, 470 in den bloßen Kann-Milderung einen Verstoß gegen das Schuldprinzip. Kritisch auch *Schönke / Schröder / Lenckner,* § 21 Rdn. 14. Der AE hatte in § 22 obligatorische Strafmilderung vorgesehen.

[54] Führt der Rausch aber zur Schuldunfähigkeit, so ist § 20 anwendbar und es kommt nur eine Bestrafung nach § 323a oder als actio libera in causa (vgl. unten § 40 VI) in Betracht; vgl. *Schölz,* § 7 WStG Rdn. 3.

[55] Vgl. *Bertel,* ÖJZ 1975, 622; *Zipf,* Kriminologische Gegenwartsfragen Heft 15 S. 157ff. Zur Behandlung abnormer Täter nach § 21 österr. StGB *Sluga,* ebenda S. 34ff.

[56] Vgl. *Schultz,* Einführung I S. 182ff. Eingehende Darstellung des schweizerischen Rechts bei *Heldmann,* Zurechnungsfähigkeit S. 10ff. Kritisch zum schweiz. Recht *Binder,* Geisteskrankheit S. 161ff. In der Annahme der Schuldunfähigkeit wegen hochgradigen Affekts ist die Praxis äußerst zurückhaltend; vgl. *Walder,* SchwZStr 81 (1965) S. 53ff.

[57] Die französische Praxis kommt jedoch zu ähnlichen Ergebnissen wie die deutsche; vgl. *Merle / Vitu,* Traité S. 738ff. Das Avant-projet von 1986 wendet die gemischte Methode an (Art. 122-1).

[58] Vgl. *Goldstein,* Insanity S. 45ff.; *Heldmann,* Zurechnungsfähigkeit S. 87ff.

an[59]. Das *italienische* Recht sieht vor allem die Geisteskrankheit als Fall der Schuldunfähigkeit an (Art. 88 C. p.), schließt aber Affekte, Emotionen und Leidenschaften grundsätzlich aus (Art. 90 C. p.). Schwere Fälle von Psychopathien werden jedoch unter den Begriff der Geisteskrankheit gebracht[60]. In *Spanien* sind Geisteskrankheit und Bewußtseinsstörung Gründe für den Schuldausschluß (Art. 8 Nr. 1 C. p.)[61]. Die *Niederlande* haben eine Bestimmung über mangelhafte Entwicklung und krankhafte Störung des „geestvermogens", die nach der gemischten Methode angewendet und als Schuldausschließungsgrund verstanden wird (Art. 37 W. v. S.)[62]. Der *brasilianische* C. p. regelt die Schuldunfähigkeit sowie die verminderte Schuldfähigkeit in Art. 26. Affekte und Leidenschaften sowie verschuldete Trunkenheit sind ausdrücklich ausgeschlossen (Art. 28 C. p.)[63]. Das StGB *DDR* regelt in §§ 15, 16 sowohl die Zurechnungsunfähigkeit als auch die verminderte Zurechnungsfähigkeit nach der gemischten Methode, wobei auf die Fähigkeit abgestellt wird, sich „nach den Regeln des gesellschaftlichen Zusammenlebens zu entscheiden". Fälle „schwerwiegender abnormer Persönlichkeitsentwicklung mit Krankheitswert" werden nur im Sinne verminderter Zurechnungsfähigkeit berücksichtigt[64]. Der unverschuldete Affekt führt fakultativ zu Strafmilderung oder Absehen von Strafe (§ 14 StGB DDR).

VI. Die actio libera in causa

1. Die Frage, ob der Täter schuldfähig oder schuldunfähig ist, bezieht sich auf den Zeitpunkt der Tat (§ 20: „bei Begehung der Tat"). Eine im Gesetz nicht geregelte[65], aber gewohnheitsrechtlich anerkannte Ausnahme[66] davon ist die actio libera in causa. Hierunter versteht man ein **Verhalten, das der Täter verantwortlich handelnd in Gang setzt,** das aber erst zu einem Zeitpunkt in eine tatbestandsmäßige Handlung einmündet, in dem er die Handlungsfähigkeit oder die volle Schuldfähigkeit verloren hat[67].

Beispiele: Der Täter versetzt sich vorsätzlich in einen Rausch, um nach Ausschaltung seiner Hemmungen einen bestimmten Diebstahl begehen zu können (RG 73, 177 [182]). Jemand ist als

---

[59] Vgl. *Goldstein,* Insanity S. 82 ff.; *Honig,* Das amerikanische Strafrecht S. 83 ff., 90 ff.; *J. Hall,* Principles S. 504 ff.; *Robinson,* Criminal Law Defenses Bd. I S. 280 ff. Über Maßnahmen zur Behandlung abnormer Täter *Lejins,* Kriminologische Gegenwartsfragen Heft 15 S. 7 ff.

[60] Vgl. *Bettiol / Pettoello Mantovani,* Diritto penale S. 485 ff.; *Pagliaro,* Principi S. 626 ff.; *Nuvolone,* Sistema S. 259 (Hypnose).

[61] Psychopathien und Neurosen sind in schweren Fällen eingeschlossen; vgl. *Rodríguez Devesa / Serrano Gómez,* Derecho penal S. 585; *Córdoba Roda / Rodríguez Mourullo,* Art. 8 Nr. 1 Anm. III 2; *Mir Puig,* Adiciones Bd. I S. 614 ff.

[62] Vgl. *van Bemmelen / van Veen,* Ons strafrecht S. 180 ff.; ferner die eingehende, auch rechtsvergleichende Darstellung von *D. Hazewinkel-Suringa / Remmelink,* Inleiding S. 233 ff.

[63] Vgl. dazu *Fragoso,* Lições S. 203 ff.; *da Costa jr.,* Comentários, Art. 28 Vorbem. vor Teil A.

[64] Vgl. dazu *Lekschas / Renneberg,* Lehrbuch S. 339 ff.

[65] Über gesetzliche Regelungen im ausländischen Strafrecht vgl. *Koch,* Die actio libera in causa S. 16, 43, 63.

[66] *Hruschka,* JuS 1968, 559 und SchwZStr 90 (1974) S. 62 ff. betont mit Recht, daß es sich nicht bloß um eine scheinbare Ausnahme handelt. Die h. L. sieht dagegen schon in der Herbeiführung der Schuldunfähigkeit den Beginn der tatbestandsmäßigen Handlung; so BGH 17, 333 (335); *Dreher / Tröndle,* § 20 Rdn. 20; *LK (Lange)* §§ 20, 21 Rdn. 71 ff.; *Ingeborg Puppe,* JuS 1980, 348 ff.; *Krause,* Jura 1980, 174; *SK (Rudolphi)* § 22 Rdn. 21; *Jakobs,* Allg. Teil S. 417; *Roxin,* Lackner-Festschrift S. 311 ff.; *Wolter,* Leferenz-Festschrift S. 555 f. Dagegen zu Recht *Schönke / Schröder / Lenckner,* § 20 Rdn. 35; *Küper,* Leferenz-Festschrift S. 591; *Neumann,* Zurechnung S. 24 ff.; *Stratenwerth,* Allg. Teil I Rdn. 551.

[67] So die Definition von *Krause,* H. Meyer-Festschrift S. 315. Dagegen bezieht *Maurach,* JuS 1961, 376 auch die Fälle der Notwehr- und Notstandsprovokation in den Begriff der actio libera in causa ein. Eine engere Auffassung der actio libera in causa als der Text vertritt *Schmidhäuser,* Allg. Teil S. 386, der die Ausdehnung auf den Bereich der Handlungsfähigkeit ablehnt und die actio libera in causa auf die Fälle fehlender Schuldfähigkeit beschränkt wissen will. Ihm folgt *Hruschka,* SchwZStr 90 (1974) S. 76.

Zeuge geladen und nimmt ein Psychopharmakon, das ihn auf eine bestimmte Falschaussage festlegen soll, die er dann im Rauschzustand vor Gericht beschwört[68]. Ein Kraftfahrer fährt trotz deutlicher Anzeichen der Übermüdung weiter und kommt im Schlaf auf den Gehweg ab, wo er ein Kind überrollt (RG 60, 29). Ein Handelsvertreter nimmt eine Überdosis Pervitin, um sich bei großer Belastung frisch zu halten. Im Zustand verminderter Schuldfähigkeit setzt er sich an das Steuer seines Kraftfahrzeugs, obwohl er nicht in der Lage ist, dieses sicher zu führen (vgl. auch BayObLG NJW 1969, 1583)[69].

In den vorgenannten Fällen sind der Diebstahl (§ 242) und der Meineid (§ 154) im Zustand der Schuldunfähigkeit (§ 20) begangen worden. Der Täter kann deshalb nur dann dafür (und nicht bloß nach § 323 a)[70] bestraft werden, wenn man die vollverantwortliche Ingangsetzung des Steuerungsvorgangs *vor* Beginn der tatbestandsmäßigen Handlung („actio praecedens") genügen läßt. Der Kraftfahrer war, als er auf den Gehweg geriet, infolge Bewußtlosigkeit handlungsunfähig. Er kann nur dann wegen fahrlässiger Tötung (§ 222) bestraft werden, wenn man die Fahrlässigkeits*schuld* darin sieht, daß er die Übermüdung vorher bemerken und sein späteres Fehlverhalten voraussehen konnte. Dem Handelsvertreter kommt § 21 bei der Verurteilung wegen fahrlässiger Berauschtheit im Verkehr (§ 316 II) dann nicht zugute, wenn man auf die subjektive Voraussehbarkeit des Fahrens im Rauschzustand im Zeitpunkt der Einnahme des Pervitins abstellt (OLG Koblenz MDR 1972, 622; VRS 46, 440).

2. Rechtsprechung und Schrifttum haben diesen Schritt seit langem getan[71]. Die darin liegende **Einschränkung des § 20** läßt sich zwar mit seinem Wortlaut schwer vereinbaren, ist aber sachlich gerechtfertigt, weil der Defektzustand, in dem die tatbestandsmäßige Handlung begangen wird, mit der voll zu verantwortenden actio praecedens in einem dem Täter vorwerfbaren Zusammenhang steht. Die Art des Zusammenhangs ist bei vorsätzlicher und fahrlässiger actio libera in causa verschieden. Eine **vorsätzliche** actio libera in causa liegt dann vor, wenn der Täter vorsätzlich die eigene Schuldunfähigkeit (bzw. verminderte Schuldfähigkeit) herbeiführt (Handlungsunfähigkeit scheidet bei Vorsatzdelikten aus; vgl. oben § 23 IV 2) und in diesem Zustand vorsätzlich diejenige tatbestandsmäßige Handlung begeht, auf die sein Vorsatz bereits im Zeitpunkt der actio praecedens gerichtet war (BGH 2, 14 [17]; 17, 259 [262]; 21, 381; VRS 23, 212 [213]; DAR 1985, 387; BayObLG NJW 1969, 1583 [1584f.]; VRS 64, 189; VRS 61, 339; OLG Schleswig NStZ 1986, 511). Der Vorsatz muß sich also sowohl auf die Herbeiführung des Defektzustandes als auch auf die Begehung der tatbestandsmäßigen Handlung selbst richten[72]. Maßgebend für die Zulässigkeit der Anwendung des Vorsatztatbestandes trotz Schuldunfähigkeit bei der Begehung der Tat ist die schuldhafte Bildung des Tatentschlusses als Träger des fortwirkenden Handlungswillens im Zustand der Schuldfähigkeit *(Doppelstellung des Vorsatzes)*. Die

---

[68] Beispiel von *Hruschka*, JuS 1968, 556.

[69] Dagegen liegt kein Fall der actio libera in causa, sondern ein Problem der Abweichung des Kausalverlaufs vor, wenn der Täter während der Begehung der Tat (z. B. durch einen Blutrausch) die Zurechnungsfähigkeit verliert (BGH 7, 325 [329]; 23, 133 [135]). Vgl. dazu *Eser*, Strafrecht I Nr. 16 A Rdn. 22ff.

[70] Über das Verhältnis der actio libera in causa zu § 323a *Paeffgen*, ZStW 97 (1985) S. 513ff.

[71] Die Lehre von der actio libera in causa ist von *Kleinschrod*, Systematische Entwicklung S. 25ff., 106f. begründet worden. Zur Dogmengeschichte weiter *Hruschka*, SchwZStr 90 (1974) S. 55ff.

[72] In diesem Sinne schon *Kleinschrod*, Systematische Entwicklung S. 26. Ebenso heute BGH 23, 356 (358); BayObLG VRS 64, 158; *Dreher / Tröndle*, § 20 Rdn. 19; *Jakobs*, Allg. Teil S. 416; *Ingeborg Puppe*, JuS 1980, 348; *H. Mayer*, Lehrbuch S 243; *Schönke / Schröder / Lenckner*, § 20 Rdn. 36; *Oehler*, JZ 1970, 380f.; *LK (Lange)* §§ 20, 21 Rdn. 71; *Stratenwerth*, Allg. Teil I Rdn. 549; *Schmidhäuser*, Allg. Teil S. 386f.; *SK (Rudolphi)* § 20 Rdn. 30; *Wessels*, Allg. Teil S. 113.

VI. Die actio libera in causa

Vorsatzschuld liegt darin, daß der Täter in Kenntnis des Tatvorsatzes seine Schuldfähigkeit beseitigt und damit gewollt die Kontrollierbarkeit des Handlungsentschlusses aufhebt, der dann bei der Tatausführung als voll wirksamer Tatvorsatz die tatbestandsmäßige Handlung steuert[73].

Die Gegenmeinung[74], die eine fahrlässige Herbeiführung des Defektzustandes ausreichen lassen will, verkennt, daß der für die Bestrafung erforderliche *schuldhaft* gebildete Tatvorsatz nur dann gegeben ist, wenn im Zeitpunkt der vollen Verantwortlichkeit wenigstens schon der die Tat vorbereitende *Steuerungsvorgang* eingesetzt hat, während sonst nur ein Vorsatz ohne Schuldgehalt vorliegen würde (in diesem Sinne auch BGH VRS 23, 212 [213], während BGH 21, 381 zu dieser Frage schweigt). Die actio praecedens stellt noch keinen Versuch der Straftat dar[75]. Dieser beginnt vielmehr erst in dem Zeitpunkt, der sich aus den allgemeinen Regeln ergibt (vgl. unten § 49 VII 4). Eine Verletzung des Schuldprinzips liegt in der Anerkennung der vorsätzlichen actio libera in causa jedoch nicht[76], da der Täter immerhin vollverantwortlich die eigene Schuldunfähigkeit als Mittel für die Ausführung der tatbestandsmäßigen Handlung einsetzt und damit den für die actio libera in causa typischen doppelten Vorsatz bildet, der Träger des Handlungs- und Gesinnungsunwerts der Tat ist. Wohl aber handelt es sich um eine Ausnahme von der Regel, daß die Schuldunfähigkeit „bei Begehung der Tat" zur Straflosigkeit führt[77]. Unvereinbar mit dem Schuldprinzip ist jedoch die weitergehende Lehre, die den auf die tatbestandsmäßige Handlung beschränkten Vorsatz genügen lassen will, der erst nach dem Verlust der Schuldfähigkeit als Steuerungsfaktor eingesetzt wird. Die vorsätzliche actio libera in causa stellt eine Parallele zur mittelbaren Täterschaft dar[78] (vgl. unten § 62 II 4): der Täter benützt sich hier gewissermaßen selbst als schuldlos handelndes Werkzeug und wird deshalb wegen vorsätzlicher Tatbegehung bestraft.

Eine **fahrlässige** actio libera in causa ist anzunehmen, wenn der Täter vorsätzlich oder fahrlässig seine Handlungs- oder Schuldunfähigkeit (bzw. verminderte Schuldfähigkeit) herbeiführt und dabei damit rechnen konnte, daß er in diesem Zustand den Tatbestand eines bestimmten Fahrlässigkeitsdelikts verwirklichen würde (RG 22, 413 [415]; BGH VRS 23, 213; BayObLG VRS 60, 369; OLG Celle VRS 25, 33; OLG Hamm NJW 1956, 274; OLG Köln NJW 1967, 306). Die fahrlässige actio libera in causa ist keine überflüssige Rechtsfigur[79], wenn man sie, wie das hier geschieht, auf die Fälle beschränkt, in denen nicht schon die Herbeiführung der Schuldunfähigkeit als solcher eine *tatbestandsmäßige* Fahrlässigkeitshandlung darstellt, denn in diesem Falle muß die Fahrlässigkeits*schuld* ebenfalls aus einem *vor* der sorgfaltswidrigen Tathandlung liegenden Verhalten hergeleitet werden (wer sich vorsätzlich oder fahrlässig betrinkt, ohne daran zu denken, daß er noch Auto fahren muß, führt im Augenblick des Trinkens noch kein Fahrzeug im Verkehr, § 316 II). In anderen Fällen, die häufig

---

[73] Die Lösung über die „culpa praecedens" suchen auch *Küper*, Leferenz-Festschrift S. 579; *Hruschka*, Strafrecht S. 271 ff. (vorausgehende Obliegenheitsverletzung); *Krümpelmann*, ZStW 99 (1987) S. 222 ff. (Vermeidbarkeit des Vorverhaltens); *Schönke/Schröder/Lenckner*, § 20 Rdn. 36 (bewußte Ausschaltung der Steuerungsfähigkeit).

[74] So *Cramer*, JZ 1968, 274 ff.; *Hruschka*, JuS 1968, 558; *Maurach*, JuS 1961, 376; *Maurach/Zipf*, Allg. Teil I S. 486; *Welzel*, Lehrbuch S. 156; *Schwinghammer*, Actio libera in causa S. 37.

[75] Dies verkennt die Kritik von *Welp*, Vorangegangenes Tun S. 135 f.

[76] So aber *Horn*, GA 1969, 306; früher schon *Katzenstein*, Actio libera in causa S. 54 ff.

[77] In Art. 12 schweiz. StGB ist diese Ausnahme ausdrücklich vorgesehen: vgl. dazu *Hruschka*, SchwZStr 90 (1974) S. 61 ff.

[78] Vgl. *v. Hippel*, Bd. II S. 296 Fußnote 2; *Welzel*, Lehrbuch S. 156.

[79] So aber *Horn*, GA 1969, 289 f.

als Beispiele der fahrlässigen actio libera in causa angeführt werden (z. B. die Mutter erdrückt den Säugling im Schlaf, weil sie ihn fahrlässigerweise mit ins Bett genommen hat), liegt allerdings eine ganz gewöhnliche fahrlässige Tötung (§ 222) vor.

VII. Die Behandlung der Trunkenheit im Strafrecht

Das deutsche Strafrecht enthält für die **Behandlung der Trunkenheit relativ strenge Grundsätze,** die aber mit dem Rechtsbewußtsein durchaus in Einklang stehen[80]. Die selbstverschuldete Trunkenheit wird in der Regel nicht strafmildernd berücksichtigt (OGH 2, 325 [327]; BGH NJW 1953, 1760; OLG Koblenz VRS 50, 24), sie führt auch bei erheblich verminderter Schuldfähigkeit meist zur Versagung der Strafmilderung nach § 21[81]. Im Wehrstrafrecht schließt § 7 WStG Strafmilderung bei selbstverschuldetem Rausch generell aus, wenn die Tat eine militärische Straftat ist, gegen das Kriegsvölkerrecht verstößt oder in Ausübung des Dienstes begangen wird. Im Falle der *actio libera in causa* wird der Täter für die im Rausch begangene Tat verantwortlich gemacht, obwohl er zur Zeit der Tat schuldunfähig oder vermindert schuldfähig war (vgl. oben § 40 VI)[82]. Endlich bedroht § 323 a die schuldhafte *Herbeiführung eines Vollrausches* (zum Medikamentenrausch BGH GA 1984, 124) mit Strafe[83], wenn der Täter in diesem Zustand eine Handlung begeht, die wegen § 20 nicht bestraft werden kann[84, 85]. § 323 a greift in den Fällen ein, in denen sich die spätere Begehung einer bestimmten tatbestandsmäßigen Handlung seitens des Täters nicht voraussehen läßt. Nach BGH 10, 247 (250) muß es für den Täter mindestens voraussehbar gewesen sein, daß er im Rausch „irgendwelche Ausschreitungen strafbarer Art" begehen könnte. Richtig erscheint dagegen die weitergehende Ansicht, die den verschuldeten Vollrausch als solchen für strafbar erklärt und demgemäß in § 323 a ein abstraktes Gefährdungsdelikt sieht (vgl. BGH 16, 124 [125]; 20, 284; BayObLG JR 1975, 30)[86].

---

[80] Erweiterung der Vorsatztaten bei Trunkenheit im Straßenverkehr durch strengere Auslegung der §§ 315 c I Nr. 1 a, 316 I StGB sowie des § 24 a I StVG fordert *Krüger,* DAR 1984, 47 ff.

[81] Vgl. *Bruns,* Strafzumessungsrecht S. 531 ff.

[82] Über das Verhältnis von actio libera in causa und § 323 a vgl. *Cramer,* Der Vollrauschtatbestand S. 129 ff.; *Schönke / Schröder / Cramer,* § 323 a Rdn. 31 ff.; *Paeffgen,* ZStW 97 (1985) S. 513 ff.

[83] Zur Strafzumessung bei § 323 a vgl. *Bruns,* Lackner-Festschrift S. 439 ff.; *Wolter,* NStZ 1982, 58 ff.

[84] Über die Anwendbarkeit des § 323 a bei Zweifeln hinsichtlich der Schuldunfähigkeit des Täters bei Begehung der Rauschtat BGH DRiZ 1983, 450; OLG Köln VRS 68, 38; *Lackner,* Jescheck-Festschrift Bd. I S. 663 f.; *Tröndle,* ebenda S. 687 ff.; *Dencker,* JZ 1984, 453 f.

[85] Über das ausländische Recht vgl. *Waaben / Schultz / Léauté,* Die Behandlung der Trunkenheit im Strafrecht, 1960; ferner *v. Weber,* Stock-Festschrift S. 65 ff. Zum italienischen Recht, das die verschuldete Trunkenheit aus der Regelung der Schuldunfähigkeit ausschließt (Art. 92 I C. p.), vgl. *Bettiol / Pettoello Mantovani,* Diritto penale S. 495 ff.; *Pagliaro,* Principi S. 633 ff. Ebenso Art. 28 II bras. C. p. und § 15 III StGB DDR. Auch im englischen Recht ist verschuldete Trunkenheit kein Schuldausschließungsgrund; vgl. *Smith / Hogan,* Criminal Law S. 197, in der Regel auch nicht im amerikanischen Recht; vgl. *Robinson,* Criminal Law Defenses Bd. I S. 248.

[86] Vgl. dazu *Cramer,* Vollrauschtatbestand S. 93; *Schönke / Schröder / Cramer,* § 323 a Rdn. 1, 11. Die Vereinbarkeit des § 330 a. F. (und des Art. 263 schweiz. StGB) mit dem Schuldgrundsatz bezweifelt zu Unrecht *Brandenberger,* Selbstverschuldete Zurechnungsunfähigkeit S. 84 ff.

§ 41 Bewußtsein der Rechtswidrigkeit und Verbotsirrtum

Baumann, Zur Teilbarkeit des Unrechtsbewußtseins, JZ 1961, 564; *derselbe,* Grenzfälle im Bereich des Verbotsirrtums, Festschrift für H. Welzel, 1974, S. 533; *Binding,* Die Schuld im deutschen Strafrecht, 1919; *Bindokat,* Anmerkung zu BGH 15, 377, NJW 1961, 1731; *Bockelmann,* Anmerkung zu OGH 3, 6, NJW 1950, 830; *Börker,* Ein Vorschlag zu der Rechtsprechung über die irrtümliche Annahme der tatbestandlichen Merkmale eines anerkannten Rechtfertigungsgrundes, JR 1960, 168; *Busch,* Moderne Wandlungen der Verbrechenslehre, 1949; *derselbe,* Über die Abgrenzung von Tatbestands- und Verbotsirrtum, Festschrift für E. Mezger, 1954, S. 165; *v. Caemmerer,* Verwirklichung und Fortbildung des Rechts durch den BGH, in: Ansprachen aus Anlaß des 25jährigen Bestehens des BGH, 1975, S. 21; *Dreher,* Der Irrtum über Rechtfertigungsgründe, Festschrift für E. Heinitz, 1972, S. 207; *Ebert,* Der Überzeugungstäter in der neueren Rechtsentwicklung, 1975; *Engisch,* Tatbestandsirrtum und Verbotsirrtum bei Rechtfertigungsgründen, ZStW 70 (1958) S. 566; *Fornasari,* Anmerkung zu Tribunale di Milano vom 12.2.1986, Riv dir proc pen 1987, 449; *Fukuda,* Das Problem des Irrtums über Rechtfertigungsgründe, JZ 1958, 143; *Gallas,* Zur Struktur des strafrechtlichen Unrechtsbegriffs, Festschrift für P. Bockelmann, 1979, S. 155; *Germann,* Gehört das Unrechtsbewußtsein zur Strafbarkeit wegen eines vorsätzlichen Delikts? SchwZStr 68 (1953) S. 371; *Grünwald,* Zu den Varianten der eingeschränkten Schuldtheorie, Gedächtnisschrift für P. Noll, 1984, S. 183; *Hardwig,* Sachverhaltsirrtum und Pflichtirrtum, GA 1956, 369; *Hartung,* Zweifelsfragen des Verbotsirrtums, JZ 1955, 663; *Heitzer,* Ist der putative Rechtfertigungsgrund als Verbotsirrtum zu behandeln? NJW 1953, 210; *Herdegen,* Der Verbotsirrtum in der Rechtsprechung des BGH, in: 25 Jahre BGH, 1975, S. 195; *Hirsch,* Die Lehre von den negativen Tatbestandsmerkmalen, 1960; *derselbe,* Der Streit um Handlungs- und Unrechtslehre usw. (Teil II), ZStW 94 (1982) S. 239; *Horn,* Verbotsirrtum und Vorwerfbarkeit, 1969; *Hruschka,* Conscientia erronea und ignorantia bei Thomas von Aquin, Festschrift für H. Welzel, 1974, S. 115; *Jescheck,* Anmerkung zu BGH 10, 35, JZ 1957, 551; *derselbe,* Strafrecht im Wandel, ÖJZ 1971, 1; *derselbe,* Deutsche und österreichische Strafrechtsreform, Festschrift für R. Lange, 1976, S. 365; *derselbe,* Neue Strafrechtsdogmatik und Kriminalpolitik usw., ZStW 98 (1986) S. 1; *derselbe,* Das niederländische StGB im internationalen Zusammenhang, in: van Dijk u.a. (Hrsg.), Criminal Law in Action, 1986, S. 5; *Armin Kaufmann,* Tatbestandseinschränkung und Rechtfertigung, JZ 1955, 37; *derselbe,* Der dolus eventualis im Deliktsaufbau, ZStW 70 (1958) S. 64; *derselbe,* Schuldfähigkeit und Verbotsirrtum, Festschrift für Eb. Schmidt, 1961, S. 319; *Arthur Kaufmann,* Das Unrechtsbewußtsein in der Schuldlehre des Strafrechts, 1949 (Neudruck 1985); *derselbe,* Zur Lehre von den negativen Tatbestandsmerkmalen, JZ 1954, 653; *derselbe,* Tatbestand, Rechtfertigungsgründe und Irrtum, JZ 1956, 353; *derselbe,* Die Irrtumsregelung im E 1962, ZStW 76 (1964) S. 543; *derselbe,* Einige Anmerkungen zu Irrtümern über den Irrtum, Festschrift für K. Lackner, 1987, S. 185; *Kerscher,* Tatbestands- und Verbotsirrtum im Nebenstrafrecht usw., Diss. München 1969; *Kiefner,* Die gegenwärtige Bedeutung der Maxime „Nul n'est censé ignorer la loi", Deutsche Landesreferate zum VII. Internationalen Kongreß für Rechtsvergleichung 1967, S. 87; *Kienapfel,* Unrechtsbewußtsein und Verbotsirrtum, ÖJZ 1976, 113; *Krümpelmann,* Stufen der Schuld beim Verbotsirrtum, GA 1968, 129; *derselbe,* Die strafrechtliche Behandlung des Irrtums, ZStW-Beiheft Budapest, 1978, S. 6; *Kunz,* Strafausschluß oder -milderung bei Tatveranlassung durch falsche Rechtsauskunft? GA 1983, 457; *Lange,* Irrtumsfragen bei der ärztlichen Schwangerschaftsunterbrechung, JZ 1953, 9; *derselbe,* Der Strafgesetzgeber und die Schuldlehre, JZ 1956, 73; *derselbe,* Die Magna Charta der anständigen Leute, JZ 1956, 519; *derselbe,* Nur eine Ordnungswidrigkeit? JZ 1957, 233; *Langer,* Das Sonderverbrechen, 1972; *derselbe,* Vorsatztheorie und strafgesetzliche Irrtumsregelung, GA 1976, 193; *derselbe,* Gesetzlichkeitsprinzip und Strafmilderungsgründe, Festschrift für H. Dünnebier, 1982, S. 421; *Lang-Hinrichsen,* Zur Problematik der Lehre von Tatbestands- und Verbotsirrtum, JR 1952, 184; *derselbe,* Tatbestandslehre und Verbotsirrtum, JR 1952, 302, 356; *derselbe,* Die irrtümliche Annahme eines Rechtfertigungsgrundes in der Rechtsprechung des BGH, JZ 1953, 362; *derselbe,* Zur Frage der Schuld bei Straftaten und Ordnungswidrigkeiten, GA 1957, 225; *derselbe,* Die kriminalpolitischen Aufgaben der Strafrechtsreform, Verhandlungen des 43. DJT, Bd. I, 1960, S. 5; *Lenckner,* Die Rechtfertigungsgründe und das Erfordernis pflichtgemäßer Prüfung, Festschrift für H. Mayer, 1966, S. 165; *Loos,* Bemerkungen zur „historischen Auslegung", Festschrift für R. Wassermann, 1985, S. 123; *Maiwald,* Unrechtskenntnis und Vorsatz im Steuerstrafrecht, 1984; *Mangakis,* Das Unrechtsbewußtsein in der strafrechtlichen Schuldlehre nach deutschem und griechischem Recht, 1954; *J. Meyer,* Verbotsirrtum im Ordnungswidrigkeitenrecht, NStZ 1981, 513; *Mezger,* Fiktion und Analogie beim sog. Verbotsirrtum, NJW 1961, 869; *Müller-Dietz,* Grenzen des Schuldgedankens im Strafrecht, 1967; *Naka,* Appellfunktion des Tatbestandsvorsatzes, JZ 1961, 210; *Niese,* Finalität, Vorsatz und Fahrlässigkeit, 1951; *derselbe,* Der Irrtum über Rechtfertigungsgründe, DRiZ 1953, 20; *Noll,* Das Unrechtsbewußtsein im schweiz. Strafrecht, Schweizer Beiträge zum IV. Internationalen Kongreß für Rechtsvergleichung 1954, S. 209; *derselbe,* Tatbestand und Rechtswidrigkeit usw., ZStW 77 (1965) S. 1; *Nowakowski,* Rechtsfeindlichkeit, Schuld, Vorsatz, ZStW 65 (1953) S. 379; *derselbe,* Probleme der Strafrechtsdogmatik, JBl 1972, 19; *Oehler,* Die mit Strafe bedrohte tatvorsätzliche Handlung im Rahmen der Teilnahme, Berliner Festschrift zum 41. DJT, 1955, S. 255; *Paeffgen,* Fotografieren von Demonstranten usw., JZ 1978, 738; *Platzgummer,* Bewußtseinsform des Vorsatzes, 1964; *derselbe,* Die „Allgemeinen Bestimmungen" des Strafgesetzentwurfes usw., JBl 1971, 236; *derselbe,* Vorsatz und Unrechtsbewußtsein, Strafrechtliche Probleme der Gegenwart, Bd. I, 1974, S. 49; *Pulitanò,* L'errore di diritto nella teoria del reato, 1976; *Robinson,* Criminal Law Defenses, Bd. I, 1984; *Roxin,* Die Irrtumsregelung des E 1960 und die strenge Schuldtheorie, MSchrKrim 1961, 211; *derselbe,* Die Behandlung des Irrtums im E 1962, ZStW 76 (1964) S. 582; *derselbe,* Literaturbericht, ZStW 78 (1966) S. 214; *derselbe,* Literaturbericht, ZStW 82 (1970) S. 675; *derselbe,* „Schuld" und „Verantwortlichkeit" als strafrechtliche Systemkategorien, Festschrift für H. Henkel, 1974, S. 171; *derselbe,* Über die mutmaßliche Einwilligung, Festschrift für H. Welzel, 1974, S. 447; *Rudolphi,* Unrechtsbewußtsein, Verbotsirrtum und Vermeidbarkeit des Verbotsirrtums, 1969; *derselbe,* Anmerkung zu KG vom 24. 3. 1977, JR 1977, 380; *derselbe,* Das virtuelle Unrechtsbewußtsein usw., in: *Bönner / de Boor* (Hrsg.), Unrechtsbewußtsein, 1982, S. 1; *Sax,* Kriminalpolitik und Strafrechtsreform, JZ 1957, 1; *derselbe,* Dogmatische Streifzüge durch den Entwurf usw., ZStW 69 (1957) S. 412; *Schaffstein,* Tatbestandsirrtum und Verbotsirrtum, Göttinger Festschrift für das OLG Celle, 1961, S. 175; *derselbe,* Putative Rechtfertigungsgründe und finale Handlungslehre, MDR 1951, 196; *Schewe,* Bewußtsein und Vorsatz, 1967; *Schick,* Die Vorwerfbarkeit des Verbotsirrtums bei Handeln auf falschen Rat, Strafrechtliche Probleme 8, 1980, S. 105; *Schlegtendal,* Tatbestand, Vorsatz und Fahrlässigkeit bei den Ordnungswidrigkeiten, Diss. Freiburg 1957; *Ellen Schlüchter,* Irrtum über normative Tatbestandsmerkmale, 1983; *dieselbe,* Grundfälle zum Bewertungsirrtum usw., JuS 1985, 373; *Schmidhäuser,* Über Aktualität und Potentialität des Unrechtsbewußtseins, Festschrift für H. Mayer, 1966, S. 317; *derselbe,* Gesinnungsethik und Gesinnungsstrafrecht, Festschrift für W. Gallas, 1973, S. 81; *derselbe,* Unrechtsbewußtsein und Schuldgrundsatz, NJW 1975, 1807; *derselbe,* Der Verbotsirrtum und das Strafgesetz, JZ 1979, 361; *Eb. Schmidt,* Anmerkung zu OLG Oldenburg vom 20. 6. 1950, SJZ 1950, 837; *Schröder,* Die Notstandsregelung des Entwurfs 1959 II, Festschrift für Eb. Schmidt, 1961, S. 290; *B. Schünemann,* Einführung in das strafrechtliche Systemdenken, Grundfragen des modernen Strafrechtssystems, 1984, S. 1; *H.-W. Schünemann,* Verbotsirrtum und faktische Verbotskenntnis, NJW 1980, 735; *Strauss,* Verbotsirrtum und Erkundigungspflicht, NJW 1969, 1418; *Tiedemann,* Tatbestandsfunktionen im Nebenstrafrecht, 1969; *derselbe,* Zur legislatorischen Behandlung des Verbotsirrtums im Ordnungswidrigkeiten- und Steuerstrafrecht, ZStW 81 (1969) S. 869; *Timpe,* Normatives und Psychisches im Begriff der Vermeidbarkeit des Verbotsirrtums, GA 1983, 51; *Warda,* Die Verbotsirrtumsregelung des § 31 WiStG usw., JR 1950, 546; *derselbe,* Tatbestandsbezogenes Unrechtsbewußtsein, NJW 1953, 1052; *derselbe,* Zur gesetzlichen Regelung des vermeidbaren Verbotsirrtums, ZStW 71 (1959) S. 252; *derselbe,* Schuld und Strafe beim Handeln mit bedingtem Unrechtsbewußtsein, Festschrift für H. Welzel, 1974, S. 499; *derselbe,* Vorsatz und Schuld bei ungewisser Tätervorstellung, Festschrift für R. Lange, 1976, S. 119; *v. Weber,* Der Irrtum über einen Rechtfertigungsgrund, JZ 1951, 260; *derselbe,* Negative Tatbestandsmerkmale, Festschrift für E. Mezger, 1954, S. 183; *Welzel,* Die Regelung von Vorsatz und Irrtum im Strafrecht als legislatorisches Problem, ZStW 67 (1955) S. 196; *derselbe,* Der übergesetzliche Notstand und die Irrtumsproblematik, JZ 1955, 142; *derselbe,* Der Verbotsirrtum im Nebenstrafrecht, JZ 1956, 238; *derselbe,* Diskussionsbemerkung zum Thema „Die Irrtumsregelung im Entwurf", ZStW 76 (1964) S. 619; *Wolter,* Schuldhafte Verletzung einer Erkundigungspflicht, JuS 1979, 482.

I. Das Bewußtsein der Rechtswidrigkeit als Schuldmerkmal

1. Die Anerkennung des Bewußtseins der Rechtswidrigkeit als Schuldmerkmal durch die Grundsatzentscheidung des Großen Senats für Strafsachen vom 18. 3. 1952 (BGH 2, 194 [201]) ist ein **Markstein in der neueren deutschen Strafrechtsgeschichte.** Zwar halten sich die praktischen Auswirkungen dieser Wendung in Gren-

I. Das Bewußtsein der Rechtswidrigkeit als Schuldmerkmal

zen, weil der vermeidbare Verbotsirrtum für die Vorsatzschuld ausreicht und die Rechtsprechung an die Unvermeidbarkeit strenge Anforderungen stellt, doch ist mit dem Erfordernis des Unrechtsbewußtseins für den Schuldvorwurf der Weg zur Vollendung des Schuldprinzips eingeschlagen worden (zur Vorgeschichte vgl. 2. Auflage S. 228, 338)[1]. Der Gesetzgeber hat diese Entwicklung durch Einführung des § 17 zum Abschluß gebracht. Die Vorschrift ergibt zunächst durch Umkehrschluß, daß die Unrechtskenntnis Voraussetzung des vollen Schuldvorwurfs ist. Was die Vorschrift positiv regelt, ist der Verbotsirrtum: Fehlt dem Täter das Unrechtsbewußtsein, so handelt er ohne Schuld, wenn die Unkenntnis für ihn unvermeidbar war (S. 1). Konnte der Täter den Irrtum vermeiden, so kann die dem Vorsatztatbestand zu entnehmende Strafe nach § 49 I gemildert werden (S. 2). Das Unrechtsbewußtsein bildet somit das Kernstück des Schuldvorwurfs, denn der Entschluß zur Tat bei voller Kenntnis der entgegenstehenden Rechtsnorm charakterisiert am deutlichsten den Mangel an Rechtsgesinnung, der den Täter belastet. Das von der Rechtsnorm ausgehende Pflichtmotiv hätte sich unmittelbar auf die Willensbildung auswirken sollen. Wer sich statt dessen bewußt gegen das Recht auflehnt, bekundet damit eine Einstellung zum Recht, die der des gewissenhaften Staatsbürgers entgegengesetzt ist. Aber auch wenn dem Täter die für den vollen Schuldvorwurf erforderliche Unrechtskenntnis fehlt, mit anderen Worten ein Verbotsirrtum vorliegt, kommt ein Schuldvorwurf in Betracht. Dies ist dann der Fall, wenn der Irrtum vermeidbar war. In der Regel wird der Schuldvorwurf bei vermeidbarem Verbotsirrtum jedoch gemildert sein.

2. Während das Unrechtsbewußtsein als Schuldmerkmal auch vor Einführung des § 17 allgemein anerkannt war, blieb seine Stellung im Aufbau des Schuldbegriffs zunächst umstritten. Für die von einer Minderheit vertretene **Vorsatztheorie**[2] stellte neben dem Wissen und Wollen der Tatbestandsmerkmale gerade das Unrechtsbewußtsein den Kern des Vorsatzes dar *(dolus malus)*, so daß bei fehlendem Unrechtsbewußtsein niemals Vorsatzstrafe eintreten konnte. Dagegen betrachtet die auch früher schon herrschende **Schuldtheorie**[3] das Bewußtsein der Rechtswidrigkeit als selbständiges Schuldelement, so daß trotz fehlender Unrechtskenntnis die Vorsatzstrafe gerechtfertigt sein kann, wenn der Verbotsirrtum nämlich vermeidbar ist.

Das seit der Reform von 1975 geltende Recht geht von der Unterscheidung zwischen Tatbestandsirrtum (§ 16) und Verbotsirrtum (§ 17) aus[4]. Der Regelung des Verbotsirrtums liegt die Schuldtheorie zugrunde[5]. Dies ergibt sich daraus, daß der

---

[1] Vgl. *Schmidhäuser*, NJW 1975, 1808; *v. Caemmerer*, BGH-Ansprachen S. 34.

[2] So z.B. *Baumann*, Allg. Teil, 5. Aufl. S. 420ff.; *Hardwig*, GA 1956, 575; *Langer*, Das Sonderverbrechen S. 356ff.; *Lang-Hinrichsen*, JR 1952, 184, 302, 356; derselbe, JZ 1953, 362; derselbe, DJT-Gutachten S. 102ff.; LK[8] *(Mezger)* § 59 Anm. 17 III; *Oehler*, Berliner Festschrift S. 259; *Schönke / Schröder*, 17. Aufl., § 59 Rdn. 81 ff.; *Schmidhäuser*, Allg. Teil, 1. Aufl. S. 327.

[3] So z.B. *Bockelmann*, NJW 1950, 830; *Busch*, Moderne Wandlungen S. 9; derselbe, Mezger-Festschrift S. 168; *Graf zu Dohna*, Verbrechenslehre S. 51; *Kohlrausch / Lange*, § 59 Anm. II 2h; *Gallas*, Beiträge S. 56 Fußnote 89; *Maurach*, Allg. Teil, 4. Aufl. S. 468f.; *Mezger / Blei*, Allg. Teil, 15. Aufl. S. 207ff.; *Niese*, Finalität S. 33ff.; *Schaffstein*, Göttinger Festschrift S. 175ff.; *Eb. Schmidt*, SJZ 1950, 837; *Dreher*, 34. Aufl., § 59 Anm. II E 3; *Warda*, JR 1950, 546 ff.; *v. Weber*, Grundriß S. 122; *Welzel*, Lehrbuch S. 164ff.; *Stratenwerth*, Allg. Teil I, 1. Auflage, Rdn. 612; *Wessels*, Allg. Teil, 3. Aufl. S. 70f.

[4] Über Schwierigkeiten bei der Abgrenzung von Tatbestands- und Verbotsirrtum, die sich einerseits aus der Verwendung von normativen und gesamttatbewertenden Merkmalen, andererseits aus der Existenz von Blankettgesetzen ergeben, *Baumann*, Welzel-Festschrift S. 533 ff.; *Schönke / Schröder / Cramer*, § 17 Rdn. 10b m. zahlr. Nachw. aus der Rspr.; ferner *Dreher / Tröndle*, § 17 Rdn. 11 (vgl. auch unten § 41 II 2 d). Der Irrtum über die Steuerpflicht, der nach BGH 5, 90 (92), BayObLG NJW 1976, 635 Tatbestandsirrtum ist und damit der Bestrafung aus § 370 AO entgegensteht, wird von *Maiwald*, Unrechtskenntnis S. 15ff. als Verbotsirrtum angesehen, der den Vorsatz unberührt läßt.

vermeidbare Verbotsirrtum nach § 17 S. 2 den Vorsatz unberührt läßt und nur zu fakultativer Milderung der Vorsatzstrafe nach § 49 I führt[6]. Auch die Neuregelung des Verbotsirrtums im Ordnungswidrigkeitenrecht (§ 11 II OWiG) beruht auf der Schuldtheorie[7].

3. Auch für den **Inhalt des Unrechtsbewußtseins** hat das neue Recht prinzipiell Klarheit gebracht, indem als Gegenstand der Verbotskenntnis das „Unrecht" genannt wird. Dagegen ist die Frage der Genauigkeit des Unrechtsbewußtseins vom Gesetzgeber offen gelassen worden.

a) **Gegenstand des Unrechtsbewußtseins** ist jedenfalls *nicht* die Kenntnis des verletzten Rechtssatzes oder der Strafbarkeit der Tat (BGH 15, 377 [382 ff.]). Es genügt vielmehr, wenn der Täter weiß, daß sein Verhalten den Erfordernissen der Gemeinschaftsordnung widerspricht und deswegen *rechtlich* verboten ist[8]. Mit anderen Worten reicht die *Kenntnis der materiellen Rechtswidrigkeit* aus, und zwar als „Kenntnis nach Laienart" (BGH 10, 35 [41]), während andererseits das bloße Bewußtsein der Sittenwidrigkeit die Unrechtskenntnis nicht begründet (BGH GA 1969, 61). Jedoch wird häufig gerade dieses Bewußtsein den Verbotsirrtum als vermeidbar erscheinen lassen, weil der Täter dann Anlaß hatte, über die rechtliche Bewertung seiner Handlung nachzudenken.

Beispiele: Die Ehefrau, die von dem durch ihren Mann geplanten Raubüberfall erfährt, aber nichts unternimmt, um ihn davon abzubringen oder die Tat sonst zu verhindern, wird möglicherweise die Anzeigepflicht (§ 138) bzw. das Abhaltegebot (§ 139 III) verkennen, auch wenn sie ihr Stillschweigen als nicht in der Ordnung empfindet (BGH 19, 295 [299]). Der Bauernbursche, der mit einer schwachsinnigen, aber besonders triebhaft veranlagten Frau geschlechtlich verkehrt, wird sich möglicherweise des rechtlichen Verbots nach § 179 I Nr. 1, II nicht bewußt sein, mag er die Handlung auch als unsittlich empfinden (BGH JR 1954, 188).

Für die Unrechtskenntnis genügt das Bewußtsein, gegen eine *formell gültige Rechtsnorm* zu verstoßen, weil der Täter in diesem Falle immerhin weiß, daß er geltendem Recht zuwiderhandelt, mag er auch von der Sozialnützlichkeit seines Verhaltens überzeugt sein (AG Düsseldorf NJW 1985, 1971: keine Steuerabzugsfähigkeit mittelbarer Parteispenden). Der *Überzeugungstäter* besitzt deshalb jedenfalls dann das Unrechtsbewußtsein, wenn er weiß, daß die von ihm mißachtete Norm eine verfassungsmäßig zustande gekommene Rechtsnorm ist (vgl. BGH 2, 194 [208])[9].

---

[5] *Dreher,* Heinitz-Festschrift S. 211; *Dreher / Tröndle,* § 17 Rdn. 2; *Loos,* Wassermann-Festschrift S. 127; *Lackner,* § 17 Rdn. 1; *Schönke / Schröder / Cramer,* § 17 Rdn. 3; *SK (Rudolphi)* § 17 Rdn. 1; *Stree,* in: *Roxin* u. a., Einführung S. 50; *Tiedemann,* ZStW 81 (1969) S. 869; *Wessels,* Allg. Teil S. 126. Dagegen wollen *Schmidhäuser,* NJW 1975, 1810; *derselbe,* JZ 1979, 369 und *Langer,* GA 1976, 206 ff. den § 17 im Hinblick auf das Schuldprinzip nach der Vorsatztheorie auslegen. Kritisch zur Regelung des § 17 S. 2 auch *H.-W. Schünemann,* NJW 1980, 741 ff.

[6] Zur Verfassungsmäßigkeit dieser Regelung vgl. BVerfGE 41, 121 (124 ff.).

[7] Vgl. *Göhler,* § 11 OWiG Rdn. 20 f. Bedenken bei *Tiedemann,* Wirtschaftsstrafrecht Allg. Teil S. 212 ff.; *derselbe,* ZStW 81 (1969) S. 874.

[8] Vgl. *Arthur Kaufmann,* Unrechtsbewußtsein S. 154 ff.; *derselbe,* ZStW 76 (1964) S. 554; *Dreher / Tröndle,* § 17 Rdn. 3; *Kohlrausch / Lange,* § 59 Anm. II 2 h; *Lackner,* § 17 Anm. 2 a; *Schönke / Schröder / Cramer,* § 17 Rdn. 5 ff.; *SK (Rudolphi)* § 17 Rdn. 3 ff.; *Welzel,* Lehrbuch S. 171; *Wessels,* Allg. Teil S. 116. *Rudolphi,* Unrechtsbewußtsein S. 59 f. verlangt zutreffend die Kenntnis, daß die verletzte sozialethische Norm *rechtliche* Anerkennung gefunden habe. Ausreichend ist die Annahme einer Ordnungswidrigkeit (BGH 11, 263 [266]; OLG Düsseldorf NJW 1987, 78); anders *LK (Schroeder)* § 17 Rdn. 8. Allgemein soll nach *LK (Schroeder)* § 17 Rdn. 7 das Bewußtsein der Strafbarkeit (wie bei *Feuerbach*) erforderlich sein.

[9] Ebenso *Ebert,* Überzeugungstäter S. 54; *Jakobs,* Allg. Teil S. 455 f.; *Lackner,* § 17 Anm. 2 a; *LK (Schroeder)* § 17 Rdn. 18; *Rudolphi,* Unrechtsbewußtsein S. 188 ff.; *Schönke / Schröder / Cramer,* § 17 Rdn. 7; *Schmidhäuser,* H. Mayer-Festschrift S. 334.

I. Das Bewußtsein der Rechtswidrigkeit als Schuldmerkmal

Beispiel: Die Übertretung der PolizeiVO über das Verbot der Volksbefragung gegen die Remilitarisierung geschah mit Unrechtsbewußtsein, auch wenn die Täter glaubten, die politische Entwicklung Deutschlands sei verhängnisvoll und müsse durch einen Appell an den Volkswillen verhindert werden (BGH 4, 1 [3]; vgl. auch BayObLG MDR 1966, 693 zur Dienstflucht; LG Berlin und KG JZ 1976, 98 [99] zu einer politisch motivierten Sachbeschädigung). Vgl. ferner oben § 37 II 3.

b) Meistens wird sich der Täter der Rechtswidrigkeit seiner Tat *genau* bewußt sein. Das gilt ohne weiteres für Taten, von denen jedermann weiß, daß sie rechtlich verboten sind (Tötung eines Menschen, Diebstahl, Meineid, Brandstiftung). Es genügt aber auch, daß der Täter, was vor allem im Nebenstrafrecht in Betracht kommt, die Rechtswidrigkeit seines Verhaltens nur ernstlich erwägt und sich mit der Möglichkeit, gegen das Recht zu verstoßen, abfindet **(bedingtes Unrechtsbewußtsein)** (BGH LM § 59 Nr. 6; BGH JR 1952, 285; BGH 4, 1 [4]; weitergehend OLG Düsseldorf MDR 1984, 866)[10]. Teilweise wird angenommen, daß bei Unrechtszweifel (vgl. den Fall OLG Bremen NJW 1960, 163) ein Verbotsirrtum zwar zu verneinen, aber gleichwohl Strafmilderung nach § 49 I oder sogar Straffreiheit zu gewähren sei[11]. Nach der hier zugrunde gelegten Auffassung liegt volle Unrechtskenntnis vor, wenn sich der Täter im Falle des Zweifels mit dem Rechtsverstoß abfindet, sonst ein Verbotsirrtum, der bei Vermeidbarkeit (zur Erkundigungspflicht vgl. BGH 21, 18 [21]) ohnehin nach § 17 S. 2 zur fakultativen Strafmilderung, bei Unvermeidbarkeit nach S. 1 zur Straflosigkeit führt[12].

c) In vielen Fällen wird das Unrechtsbewußtsein bei der Tat *aktuell* gegeben sein und dem Täter klar vor Augen stehen. Das ist vor allem bei Delikten der Fall, die von langer Hand vorbereitet sind und planmäßig durchgeführt werden. Ausreichend ist jedoch auch ein lediglich in der *personalen Schicht* (vgl. oben § 37 III 2) **latent vorhandenes**, bei der Tat selbst jedoch nicht aktualisiertes **Unrechtsbild**, das häufig für Affektverbrechen kennzeichnend ist[13].

d) Das Unrechtsbewußtsein muß den *spezifischen* Unrechtsgehalt der in Betracht kommenden Deliktsart erfassen (BGH VRS 65, 127), was eine Ablehnung der gemeinrechtlichen Theorie vom „versari in re illicita" bedeutet. Da das Unrechtsbewußtsein nur in der Kenntnis der Rechtswidrigkeit der Tat gerade unter dem rechtlichen Gesichtspunkt der jeweils verletzten Strafvorschrift besteht, kann nicht nur bei tatmehrheitlichem, sondern auch bei tateinheitlichem Zusammentreffen mehrerer Strafgesetze das Unrechtsbewußtsein teils vorliegen, teils fehlen (Grundsatz der **„Teilbarkeit des Unrechtsbewußtseins")**[14].

---

[10] Dagegen wollen *Blei*, Allg. Teil S. 199; *Stratenwerth*, Allg. Teil I Rdn. 386; *Warda*, Welzel-Festschrift S. 524 das Bewußtsein der Rechtswidrigkeit nur bei Verbots*kenntnis* annehmen. Richtig ist es jedoch, bei ernstlichem Zweifel des Täters ebenso wie beim bedingten Vorsatz zu fragen, ob er sich mit der Rechtsverletzung abgefunden oder ob er darauf vertraut hat, rechtmäßig zu handeln; ebenso *Dreher / Tröndle*, § 17 Rdn. 5; *Paeffgen*, JZ 1978, 745; *LK (Schroeder)* § 17 Rdn. 23; *Rudolphi*, Unrechtsbewußtsein S. 118; *Kienapfel*, ÖJZ 1976, 116.

[11] So *Blei*, Allg. Teil S. 199; *Armin Kaufmann*, ZStW 70 (1958) S. 86; *Schönke / Schröder / Cramer*, § 17 Rdn. 19; *SK (Rudolphi)* § 17 Rdn. 13; *Kunz*, GA 1983, 468 ff.; *Warda*, Welzel-Festschrift S. 526 ff.; *derselbe*, Lange-Festschrift S. 146.

[12] Wie der Text *Lackner*, § 17 Anm. 2c.

[13] Vgl. die Unterscheidung von „sprachgedanklichem" und „sachgedanklichem" Unrechtsbewußtsein bei *Schmidhäuser*, H. Mayer-Festschrift S. 331; Allg. Teil S. 424 f.; NJW 1975, 1811; ebenso *Rudolphi*, Unrechtsbewußtsein S. 166. Im gleichen Sinne sprechen *Platzgummer*, Bewußtseinsform S. 83 ff. von „Mitbewußtsein"; *Schewe*, Bewußtsein S. 135 ff., 147 ff. von „Orientiert-sein". Ebenso die h. L.; vgl. *Horn*, Verbotsirrtum S. 43; *LK (Schroeder)* § 17 Rdn. 26; *Jakobs*, Allg. Teil S. 456; *Roxin*, ZStW 78 (1966) S. 257; *SK (Rudolphi)* § 17 Rdn. 14; *Schönke / Schröder / Cramer*, § 17 Rdn. 9; *Kienapfel*, ÖJZ 1976, 115.

Beispiele: Der aus Jugoslawien stammende Stiefvater, der mit der minderjährigen Stieftochter geschlechtlich verkehrt, war sich zwar der Rechtswidrigkeit der Tat als Unzucht mit einer Abhängigen (§ 174 Nr. 1 a. F.) und Ehebruch (§ 172 a. F.) bewußt, handelte aber möglicherweise im Verbotsirrtum hinsichtlich der unechten Blutschande (§ 173 II 2 a. F.), da diese dem jugoslawischen (wie jetzt übrigens auch dem deutschen) Recht unbekannt ist (BGH 10, 35 [39] m. Anm. *Jescheck,* JZ 1957, 551; anders früher BGH 3, 342). Entsprechend könnte ein italienischer Gastarbeiter wegen Beischlafs mit der noch nicht 18 Jahre alten Tochter nach § 174 I Nr. 3 strafbar, aber nach § 173 I wegen Verbotsirrtums straflos sein, weil Art. 564 des italienischen C. p. den Inzest nur bei Erregung öffentlichen Ärgernisses mit Strafe bedroht. Wer das Unrecht des Grundtatbestandes kennt, hat auch das Bewußtsein des besonderen Unrechtsgehalts des Qualifikationstatbestandes (BGH 15, 377 [383]). Das Bewußtsein der Beleidigung (§ 185) umfaßt jedoch nicht ohne weiteres das Unrechtsbewußtsein für § 90b (BGH Stv 1982, 218).

4. In allen Fällen, in denen die Rechtswidrigkeit der Tat auf der Hand liegt und der Täter erwachsen und voll schuldfähig ist, wird das Vorliegen des Unrechtsbewußtseins vorausgesetzt[15]. Ausdrückliche Feststellungen im Urteil sind deshalb nur dann geboten, wenn sich der Angeklagte auf einen Verbotsirrtum *berufen* hat (vgl. § 267 II StPO) oder wenn sich *begründete Zweifel* an seinem Unrechtsbewußtsein ergeben, weil er etwa Ausländer ist oder die verletzte Norm nicht zum Kernbereich des kriminellen Strafrechts gehört oder ihre Auslegung zweifelhaft ist, so daß sich das Unrechtsbewußtsein nicht von selbst versteht, oder weil der Täter an das Eingreifen eines Rechtfertigungsgrundes geglaubt haben kann (das entsprechende Regel-Ausnahmeverhältnis besteht bei der Schuldunfähigkeit, vgl. oben § 40 I 3).

II. Der Irrtum über die Verbotsnorm (direkter Verbotsirrtum)

1. **Der Verbotsirrtum ist der Irrtum über die Rechtswidrigkeit der Tat** (vgl. über den Unterschied zum Tatbestandsirrtum oben § 29 V 1 b)[16]. In der Grundsatzentscheidung des BGH heißt es dazu: „Der Irrtum über die Rechtswidrigkeit betrifft das Verbotensein der tatbestandsmäßigen Handlung. Der Täter weiß, was er tut, nimmt aber irrig an, es sei erlaubt" (BGH 2, 194 [197]). Verbotsirrtum ist aber nicht nur die positive Annahme, die Tat sei erlaubt, sondern ebenso wie beim Tatbestandsirrtum (vgl. oben § 29 V 1a) auch das *Fehlen einer Vorstellung* über die rechtliche Bewertung der Tat[17]. Um auch diesen häufigen Fall einzuschließen, heißt es in § 17 S. 1 jetzt ausdrücklich: *„Fehlt* dem Täter bei Begehung der Tat die *Einsicht,* Unrecht zu tun, so handelt er ohne Schuld . . ."* (vgl. BT-Drucksache V/4095 S. 9).

a) **Zwei Grundfälle des Verbotsirrtums** sind zu unterscheiden. Einmal kann es sein, daß der Täter die Verbotsnorm als solche nicht vor Augen hat, die die Tat unmittelbar betrifft, und daß er die Handlung deswegen für erlaubt hält **(direkter Verbotsirrtum).** Beruhen kann dieser Irrtum darauf, daß die Verbotsnorm dem Täter nicht bekannt ist oder daß er sie zwar kennt, aber als ungültig ansieht, oder daß er sie

---

[14] So die allgemeine Meinung; vgl. *Engisch,* ZStW 70 (1958) S. 569f.; *Warda,* NJW 1953, 1052; *Maurach / Zipf,* Allg. Teil I S. 535; *Rudolphi,* Unrechtsbewußtsein S. 78; *Schönke / Schröder / Cramer,* § 17 Rdn. 8; *Welzel,* Lehrbuch S. 171f.; *Wessels,* Allg. Teil S. 116. Auch wenn der Täter sein Verhalten aufgrund einer anderen, tatsächlich aber nicht existierenden Norm für rechtswidrig gehalten hat *(doppelter Verbotsirrtum),* fehlt ihm das Unrechtsbewußtsein; vgl. *SK (Rudolphi)* § 17 Rdn. 10.

[15] Vgl. *Kohlrausch / Lange,* § 59 Anm. II 2h.

[16] Vgl. *Busch,* Mezger-Festschrift S. 168.

[17] Vgl. darüber BayObLG JR 1963, 229; *Armin Kaufmann,* Eb. Schmidt-Festschrift S. 319ff.; *Arthur Kaufmann,* ZStW 76 (1964) S. 557; *Roxin,* ZStW 76 (1964) S. 607; *Stree,* in: *Roxin* u. a., Einführung S. 50; *Welzel,* ZStW 76 (1964) S. 620.

falsch ausgelegt hat und deswegen nicht für anwendbar hält (BGH VRS 65, 127; OLG Düsseldorf NJW 1986, 2001). Direkter Verbotsirrtum ist auch der Irrtum über ein gesamttatbewertendes Merkmal, sofern das Werturteil und nicht der ihm zugrunde liegende Sachverhalt in Frage steht (z. B. „Verwerflichkeit" der Mittel-Zweck-Beziehung in § 240 II) (vgl. oben § 25 II 2). Zum andern besteht die Möglichkeit, daß der Täter bei voller Kenntnis des Verbots als solchen im konkreten Fall irrtümlich an das Eingreifen einer rechtfertigenden Gegennorm glaubt, weil er die rechtlichen Grenzen eines anerkannten Rechtfertigungsgrundes verkennt oder zu seinen Gunsten einen Rechtfertigungsgrund annimmt, der von der Rechtsordnung nicht anerkannt ist (**indirekter Verbotsirrtum**)[18] (vgl. zum indirekten Verbotsirrtum unten § 41 III 1).

b) Der Verbotsirrtum kann vermeidbar oder unvermeidbar sein[19]. Der **unvermeidbare Verbotsirrtum** darf dem Täter nicht zum Vorwurf gemacht werden, denn wer nicht in der Lage ist, das Unrecht der Tat einzusehen, beweist keine tadelnswerte Rechtsgesinnung, wenn er gegen das Recht verstößt. Der unvermeidbare Verbotsirrtum muß deswegen stets entschuldigen. Das bestimmt jetzt ausdrücklich § 17 S. 1. Beim *vermeidbaren* Verbotsirrtum erhebt sich dagegen die Frage, ob, in welchem Grade und mit welcher Begründung ein Schuldvorwurf erhoben werden kann. Hierzu ist grundsätzlich zu sagen: Die Rechtsordnung verlangt mehr, als daß der Mensch nur das vermeidet, was ihm als Unrecht klar vor Augen steht; er hat vielmehr bei allem, was er tut, darum bemüht zu sein, mit dem Recht in Einklang zu bleiben (BGH 2, 194 [201]). Ein freiheitliches Staatswesen kann nur bestehen, wenn seine Bürger sich von dem Willen zu rechtmäßigem Handeln leiten lassen, mag auch die Kenntnis der positiven Norm nicht immer dem vorhandenen Eigenwissen zu entnehmen sein. Alle Lehrmeinungen stimmen deshalb im Ausgangspunkt darin überein, daß der gute Glaube für sich allein den Schuldvorwurf *nicht immer ausschließt*, sondern daß der Mensch in gewissem Umfang auch für die *sachliche Richtigkeit* seiner Entscheidungen einstehen muß, selbst wenn er die Rechtswidrigkeit der Tat nicht erkannt hat. Umstritten war jedoch bisher die Frage der **Behandlung des vermeidbaren Verbotsirrtums**. Die unterschiedlichen Auffassungen in dieser Frage sind indessen überholt (vgl. 2. Auflage S. 342 ff.), denn der Streit zwischen der Vorsatztheorie und ihren Modifikationen auf der einen Seite und der Schuldtheorie auf der anderen ist durch § 17 S. 2 zugunsten der Schuldtheorie entschieden worden (vgl. oben § 41 I 2).

2. Der **vermeidbare Verbotsirrtum** ist nach § 17 S. 2 ein vom Vorsatz unabhängiges Schuldmerkmal, das zur fakultativen Milderung der Vorsatzstrafe gemäß § 49 I führt[20].

a) Durch die Unterscheidung von Unrechtsbewußtsein und Vorsatz kann der vermeidbare Verbotsirrtum im Schuldgehalt dem vollen Bewußtsein der Rechtswidrig-

---

[18] Übereinstimmend *LK (Schroeder)* § 17 Rdn. 9; *Schönke/Schröder/Cramer*, § 17 Rdn. 10; *Kienapfel*, ÖJZ 1976, 115; *Schmidhäuser*, Allg. Teil S. 439; *Nowakowski*, JBl 1972, 30; *Wessels*, Allg. Teil S. 129, 135. Im gleichen Sinne unterscheidet *Maurach/Zipf*, Allg. Teil I S. 526 zwischen „abstraktem" und „konkretem" Verbotsirrtum, ebenso *Lackner*, § 17 Anm. 3.
[19] *Jakobs*, Allg. Teil S. 460 f. unterscheidet hierbei zwischen „Grundlagenirrtum", der bei Sozialisationsdefiziten unvermeidbar sein kann (AG Grevenbroich MDR 1983, 597) und „Irrtum im verfügbaren Bereich". Für die Abgrenzung des vermeidbaren Verbotsirrtums wollen *Roxin*, Henkel-Festschrift S. 187 f. und *Rudolphi*, Das virtuelle Unrechtsbewußtsein S. 28 auf Forderungen der Generalprävention abstellen. Zu Unrecht wird hierbei der Maßstab der Strafwürdigkeit auf die davon ganz unabhängige Frage der Vermeidbarkeit des Verbotsirrtums ausgedehnt.
[20] *Jakobs*, Allg. Teil S. 466 f. will auch die Anwendung des weitergehenden § 49 II zulassen.

keit an die Seite gestellt werden[21]. Da jedoch ein sachlicher Unterschied zwischen dem bewußten Handeln gegen das Recht und der unbewußten, wenn auch durch vermeidbaren Irrtum bewirkten Zuwiderhandlung ebenfalls besteht[22] und Vermeidbarkeit keineswegs nur bei Offensichtlichkeit der Rechtsverletzung anzunehmen ist (wie nach § 5 I WStG beim Handeln auf Befehl), muß die Strafe im zweiten Fall gemildert werden können. Die Milderung ist jedoch nur fakultativ, weil es Fälle gibt, in denen der vermeidbare Verbotsirrtum der vollen Verbotskenntnis im Schuldgehalt gleichsteht (Rechtsfeindschaft, Rechtsblindheit, Gleichgültigkeit gegenüber dem Recht) (vgl. unten § 41 II 2 e).

b) Während die Behandlung des vermeidbaren Verbotsirrtums durch § 17 S. 2 in dem Sinne geklärt ist, daß Vorsatzstrafe mit fakultativer Strafmilderung eintritt, besteht weiterhin Streit über die **Kriterien für die Beurteilung der Vermeidbarkeit des Verbotsirrtums**[23]. Der Maßstab für die Vermeidbarkeit kann nur der gleiche sein, der auch an die Prüfungspflicht des Täters bei der Fahrlässigkeitstat angelegt wird (vgl. unten § 55 I 2)[24]. Auszugehen ist von der Erwägung, daß die Kenntnis der unrechtsindizierenden Tatumstände dem Täter Anlaß sein sollte, das Verhältnis der Tat zur Rechtsordnung zu prüfen[25]. Freilich ist die Stärke der vom Tatbestandsvorsatz ausgehenden Anregung zur Prüfung der Rechtswidrigkeit je nach der Deliktsart verschieden (OLG Hamburg JR 1981, 31: Annahme eines „Widerstandsrechts" gegen ein Hausverbot). Wenn die Tat nicht nur eine Rechtsverletzung, sondern zugleich einen unerträglichen Verstoß gegen die Sittenordnung darstellt („ignorantia crassa"[26]), wird der Verbotsirrtum in der Regel vermeidbar sein, weil die rechtliche Wertung unmittelbar dem Rechtsgefühl entspringt und darum durch *Gewissensanspannung erkennbar ist* (BGH 2, 194 [201]; vgl. oben § 37 II 2). Aber auch wenn die Handlung keine so enge Beziehung zur Sittenordnung aufweist, ergibt sich aus dem

---

[21] Über die Gleichstellung des vermeidbaren Verbotsirrtums mit dem vollen Bewußtsein der Rechtswidrigkeit bei Thomas von Aquin („[ignorantia] semper excusat, nisi ipsa ignorantia sit peccatum") vgl. *Hruschka*, Welzel-Festschrift S. 115 ff. Daß die Grundlage dieser Gleichstellung nicht eine sog. Verantwortungsethik (in Unterschied zu einer Gesinnungsethik) ist, zeigt *Schmidhäuser*, Gallas-Festschrift S. 87. Vgl. dazu auch *Bockelmann / Volk*, Allg. Teil S. 124 f.
[22] Vgl. die Bemerkung des Begründers der Vorsatztheorie *Binding*, Die Schuld S. 18: „Ein tieferer Gegensatz innerhalb rechtlicher wie sittlicher Verschuldung als der zwischen bewußter Auflehnung wider Recht und Sittengesetz und unbewußter Vernachlässigung des einen und des anderen läßt sich überhaupt nicht denken."
[23] Vgl. dazu eingehend *Rudolphi*, Unrechtsbewußtsein S. 217 ff.; SK *(Rudolphi)* § 17 Rdn. 24 ff.; *Krümpelmann*, ZStW Beiheft Budapest 1978 S. 33 ff. *Horn*, Verbotsirrtum S. 99 ff. nimmt einen Anhaltspunkt, sich um die Unrechtserkenntnis zu bemühen, nur dann an, wenn der Täter es zumindest *für möglich hält*, Unrecht zu tun. Rein psychologisch ist die Vermeidbarkeit des Verbotsirrtums aber nicht zu verstehen, es kommt vielmehr darauf an, ob dem Täter aus der Unkenntnis ein Vorwurf zu machen ist; vgl. *Stratenwerth*, Allg. Teil I Rdn. 588; *derselbe*, ZStW 85 (1973) S. 483 ff.
[24] Nach BGH 4, 236 (243); 21, 18 (20); BGH VRS 14, 31; BayObLG NJW 1965, 163 (164) soll dagegen ein strengerer Maßstab gelten. Zweifelnd mit Recht *Dreher / Tröndle*, § 17 Rdn. 8; LK *(Schroeder)* § 17 Rdn. 27; *Lackner*, § 17 Anm. 4 a; *Schönke / Schröder / Cramer*, § 17 Rdn. 12; SK *(Rudolphi)* § 17 Rdn. 30 a; *Stratenwerth*, Allg. Teil I Rdn. 592 f.; *Maurach / Zipf*, Allg. Teil I S. 534.
[25] Vgl. *Engisch*, ZStW 70 (1958) S. 575 ff. *Naka*, JZ 1961, 210 spricht in diesem Zusammenhang von der „Appellfunktion" des Tatbestandsvorsatzes. Anders jedoch SK *(Rudolphi)* § 17 Rdn. 31.
[26] Daß die für die Vermeidbarkeit des Verbotsirrtums geltenden Kriterien auf alte Gerechtigkeitsvorstellungen zurückgehen, betont mit Recht *H. Mayer*, Grundriß S. 126; vgl. auch *derselbe*, Lehrbuch S. 257. *Stratenwerth*, Allg. Teil I Rdn. 589 unterstreicht die Erkennbarkeit des Unrechts bei der Verletzung einer „grundlegenden sozialen Norm".

Tatbestandsvorsatz die *Pflicht zur Erkundigung*[27], sobald ein Sachverhalt in Frage steht, für den *erfahrungsgemäß rechtliche Vorschriften* bestehen (BGH 4, 1 [5]; 21, 18 [21]; BGH NJW 1988, 272 [273]). Das gilt vor allem dann, wenn es sich um den beruflichen Lebenskreis des Täters handelt (BGH 3, 105 [108]; 4, 80 [86]; 9, 164 [172]; 18, 192 [197]). Wenn der Täter die Gültigkeit einer *ihm bekannten* Vorschrift bezweifelt, darf er nicht einfach der ihm günstiger erscheinenden Auffassung folgen (OLG Köln MDR 1954, 374), sondern muß sachkundigen Rat einholen (BGH 5, 111 [119]). Erst die Rechtsauskunft von zuverlässiger Seite entlastet ihn (BGH 20, 342 [372]), sofern eine eingehende Prüfung der Rechtslage wirklich stattgefunden hat (KG JR 1977, 379 [380] m. zust. Anm. *Rudolphi;* KG JR 1978, 167 [168]; BayObLG JuS 1980, 613: Einstellungsbeschluß der Staatsanwaltschaft; OLG Hamburg JR 1978, 291: falscher Rat eines Anwalts; OLG Düsseldorf VRS 60, 313 [316]: keine gefestigte Rechtsprechung)[28]. Verschiedene Maßstäbe gelten für Gebots- und Verbotsnormen: bei der Verbotsnorm führt schon der bloße Zweifel zum Schuldvorwurf, während bei Gebotsnormen (die also Handlungspflichten auslösen) die Grenze des Wissens erreicht sein muß (SchlHOLG SchlHA 1962, 175). Im ganzen läßt sich sagen, daß die Rechtsprechung bemerkenswert hohe Anforderungen an das normative Bewußtsein des Täters stellt. Der Täter hat „alle seine geistigen Erkenntniskräfte und alle seine sittlichen Wertvorstellungen einzusetzen", um zum richtigen Urteil zu gelangen (BGH 4, 1 [5]).

c) Die gleichen Grundsätze für die Beurteilung der Vermeidbarkeit des Verbotsirrtums gelten auch im **Nebenstrafrecht** und **Ordnungswidrigkeitenrecht** (BGH 9, 358 [362]; 13, 135 [138]; 21, 18 [20f.]). Eine Notwendigkeit, in diesem Bereich zur Vorsatztheorie überzuwechseln[29], besteht *nicht*[30]. § 17 gilt nach Art. 1 I EGStGB auch für das Nebenstrafrecht. Auch § 11 II OWiG folgt der Schuldtheorie. Eine klare Abgrenzung zwischen Haupt- und Nebenstrafrecht ist nicht möglich. Außerdem läßt sich auch auf dem Boden der Schuldtheorie in Zweifelsfällen eine gerechte Entscheidung treffen. Für die Lösung der speziell in diesem Bereich auftretenden Schwierigkeiten kommen drei Wege in Betracht: *Einmal* kann die Auslegung ergeben, daß der Gesetzgeber bei einzelnen Vorschriften die Anwendung des Vorsatztatbestandes auf Fälle der positiven Verbotskenntnis beschränken *wollte*[31]. Das folgt zuweilen unmit-

---

[27] Vgl. dazu *Müller-Dietz*, Grenzen des Schuldgedankens S. 85 ff.; *Rudolphi*, Unrechtsbewußtsein S. 222 f.; *Dreher / Tröndle*, § 17 Rdn. 9; *Schönke / Schröder / Cramer*, § 17 Rdn. 16 sowie *Jakobs*, Allg. Teil S. 461, der zwischen „Motivations-" und „Informationsdefizit" unterscheidet. Über die „Zuständigkeit" für das Unrechtsbewußtsein im Sinne von *Jakobs*, Allg. Teil S. 460 vgl. *Timpe*, GA 1983, 68 ff. Zutreffend fordert *Strauss*, NJW 1969, 1419, daß der Täter eine richtige Auskunft auch erhalten haben müßte. Ebenso *Schönke / Schröder / Cramer*, § 17 Rdn. 20; *SK (Rudolphi)* § 17 Rdn. 42; *Wolter*, JuS 1979, 482 ff. (zu OLG Celle NJW 1977, 1644). Dagegen BGH 21, 18 (21); BayObLG NJW 1965, 1924 (1926); OLG Köln NJW 1974, 1831.
[28] Einschränkend auf „besondere Konfliktslagen" *Kunz*, GA 1983, 471. Vom Evidenzgrad des Unrechtsgehalts der verletzten Norm macht *Schick*, Verbotsirrtum bei falschem Rat S. 133 den Schuldvorwurf abhängig.
[29] In diesem Sinne *Lange*, JZ 1956, 79, 519; 1957, 233; *Lang-Hinrichsen*, GA 1957, 228; *Schlegtendal*, Ordnungswidrigkeiten S. 152; *Tiedemann*, ZStW 81 (1969) S. 876 ff.; *derselbe*, Wirtschaftsstrafrecht Allg. Teil S. 212 ff. m. Nachw. Fußnote 22; *Schmidhäuser*, Allg. Teil S. 423.
[30] Vgl. *Welzel*, JZ 1956, 238; *Göhler*, § 11 OWiG Rdn. 21; *Maurach / Zipf*, Allg. Teil I S. 18; *Kerscher*, Tatbestands- und Verbotsirrtum S. 175. Differenzierend *Jakobs*, Allg. Teil S. 453.
[31] Vgl. *Welzel*, Lehrbuch S. 174 f. Über die Ermessensfreiheit des Gesetzgebers *Sax*, ZStW 69 (1957) S. 427; *derselbe*, JZ 1957, 6. In die Richtung der konkreten Tatbestandsauslegung weist auch *Tiedemann*, ZStW 81 (1969) S. 879.

telbar aus dem Gesetz (so bezieht sich der Vorsatz in § 32 III Nr. 1 MarktorganisationsG auf eine der Handlung des Täters entgegenstehende Vorschrift). Insbesondere wird auch das Fehlen der behördlichen Erlaubnis vielfach als Tatbestandsmerkmal zu verstehen sein (vgl. oben § 33 VI 2) (OLG Düsseldorf NStZ 1981, 444)[32]. Beschränkung der Vorsatzstrafe auf Verbotskenntnis wird ferner dann anzunehmen sein, wenn Fälle der Tatfahrlässigkeit in dem durch die Vorschrift erfaßten Sachgebiet nicht denkbar sind, so daß der Fahrlässigkeitstatbestand sinngemäß *nur der Rechtsfahrlässigkeit* vorbehalten sein kann[33]. Zum anderen ist daran zu erinnern, daß auf dem Gebiet des Nebenstraf- und Ordnungswidrigkeitenrechts *erhöhte* Anforderungen an die Erkundigungspflicht für die Angehörigen des jeweiligen Lebenskreises bestehen, dem die betreffende Sonderregelung gilt. Wird diese besondere Pflicht aber schuldhaft verletzt, ist die gemilderte Vorsatzstrafe in der Regel auch nicht ungerecht[34].

Beispiele: Wer sich zu Erwerbszwecken mit der Vermietung von Wohnungen befaßte, mußte mit dem Wohnraumbewirtschaftungsges. vom 23. 6. 1960 (BGBl. I S. 418) vertraut sein (BGH NJW 1957, 129). Wer Grabsteine auf Friedhöfen aufstellt, muß sich erkundigen, ob damit der selbständige Betrieb des Steinmetzhandwerks gegeben ist (OLG Karlsruhe Gewerbearchiv 1973, 302).

Endlich lassen sich durch die Lehre von der **Doppelstellung des Vorsatzes** (vgl. oben § 24 III 5 und § 39 IV 4) überstrenge Verurteilungen wegen einer Vorsatztat dann vermeiden, wenn der Täter zwar den Tatbestand vorsätzlich erfüllt, aber bei rein formalen oder technischen Strafvorschriften eine Erkundigungspflicht verletzt hat[35]. Der Sorgfaltsmangel reicht in solchen Fällen nicht aus, um den Vorwurf *schuldhafter* Bildung des Handlungsvorsatzes zu begründen, vielmehr ist nur Fahrlässigkeitsschuld gegeben.

d) Auch die problematischen **Grenzfälle von Tatbestands- und Verbotsirrtum** lassen sich nach den Grundsätzen über die Unterscheidung der beiden Fallgruppen (vgl. oben § 29 V 1 b) befriedigend lösen[36].

Beispiele: Die Rechtswidrigkeit des Vermögensvorteils ist bei der Erpressung (§ 253) Tatbestandsmerkmal, der Irrtum darüber also Tatbestandsirrtum (BGH 4, 105 [107]). Beim Parteiverrat (§ 356) muß der Rechtsanwalt beiden Parteien in derselben Rechtssache „pflichtwidrig" gedient haben. Das Merkmal der Pflichtwidrigkeit bedeutet, daß der Anwalt für beide Parteien tätig wird, obwohl ein Interessengegensatz besteht. Hat er diesen Gegensatz verkannt, so befindet er sich im Tatbestandsirrtum, glaubt er dagegen, beide Parteien trotz bestehenden Interessengegensatzes beraten zu dürfen, so ist Verbotsirrtum anzunehmen (BGH 15, 332 [338]). Irrt der Täter bei der Nötigung über die „Verwerflichkeit" der Mittel-Zweck-Beziehung (§ 240 II), so liegt ein Verbotsirrtum vor, ein Tatbestandsirrtum dagegen, wenn er die dem Verwerflichkeitsurteil zugrunde liegenden Umstände verkennt[37]. Wer beim unerlaubten Sichentfernen vom Unfallort (§ 142) nicht weiß, daß er Unfallbeteiligter ist, handelt im Tatbestandsirrtum, während der Irrtum über die Warte- und Duldungspflicht Verbotsirrtum ist (BGH 15, 1 [5]).

---

[32] Auf das Fehlen der behördlichen Erlaubnis als Tatbestandsmerkmal weist in diesem Fall *J. Meyer,* NStZ 1981, 514 f. zu Recht hin.

[33] Vgl. die Beispiele bei *Lange,* JZ 1956, 74.

[34] Abweichend dazu *Tiedemann,* Tatbestandsfunktionen S. 330, der, ähnlich wie *Horn,* Verbotsirrtum S. 106, hier den „effektiven Zweifel" des Täters an der Rechtmäßigkeit seines Verhaltens verlangt und die Zugehörigkeit zu einem bestimmten Lebens- und Berufskreis nicht ausreichen läßt.

[35] Vgl. *Jescheck,* ZStW 98 (1986) S. 12 f.; *Schönke / Schröder / Lenckner,* Vorbem. 120 vor § 13.

[36] Vgl. oben § 41 I Fußnote 4; ferner *Blei,* Allg. Teil S. 200 ff.; *Dreher / Tröndle,* § 17 Rdn. 11; *Ellen Schlüchter,* JuS 1985, 373 ff. Zum Ordnungswidrigkeitenrecht *Göhler,* § 11 OWiG Rdn. 30 ff. m. Nachw. aus der Rspr.

[37] Vgl. *Schaffstein,* Göttinger Festschrift S. 195 f.

Wer sich auf die Erklärung des Beifahrers verläßt, der Verletzte habe auf Feststellungen verzichtet, handelt im Tatbestandsirrtum (unrichtig OLG Stuttgart JZ 1959, 579). Wer glaubt, mit der Abgabe eines Schuldanerkenntnisses alles Erforderliche getan zu haben, handelt im Verbotsirrtum (OLG Stuttgart NJW 1978, 900). Der Irrtum über die Öffentlichkeit eines Weges i. S. von § 1 StVG ist Tatbestandsirrtum (anders BayObLGSt 1955, 256). Wer aufgrund einer Vollmacht für einen anderen wählen zu können glaubt, handelt i. S. von § 107a im Verbotsirrtum (OLG Hamm NJW 1957, 638). Zum Tatbestand des unechten Unterlassungsdelikts gehört die Garantenstellung, so daß es z. B. für den Tatbestandsvorsatz ausreichend ist, wenn der Taxifahrer weiß, daß er das Opfer zu dem Ort der Vergewaltigung gefahren hat, der Irrtum über die daraus folgende Rechtspflicht zur Hilfeleistung ist dann Verbotsirrtum (BGH 16, 155 [157ff.]).

e) Wenn der Täter den Verbotsirrtum vermeiden konnte, ist ein Schuldvorwurf wegen der begangenen Tat begründet, doch sieht § 17 S. 2 für diesen Fall **fakultative Strafmilderung** nach § 49 I vor. Der Richter hat sich daher zunächst darüber schlüssig zu werden, ob er die Strafe dem herabgesetzten Strafrahmen entnehmen will. Angesichts des erheblichen Unterschieds im Schuldgehalt zwischen der Begehung der Tat mit vollem Unrechtsbewußtsein und der im vermeidbaren Verbotsirrtum begangenen Tat sollte von der Strafmilderungsmöglichkeit *in der Regel* Gebrauch gemacht werden[38]. Die Strafmilderung ist dagegen abzulehnen, wenn der Verbotsirrtum auf Rechtsblindheit, Rechtsfeindschaft, Gleichgültigkeit oder Leichtfertigkeit beruht (E 1962, Begründung S. 135; BT-Drucksache V/4095 S. 10)[39]. In diesem Falle ist auch die nach dem Vorsatztatbestand vorgesehene Höchststrafe nicht ausgeschlossen, da der Mangel des Unrechtsbewußtseins durch die in der Tat verwirklichte Mißachtung der Rechtsordnung voll ausgeglichen sein kann. Macht der Richter von dem Strafrahmen des § 49 I keinen Gebrauch, müssen die Urteilsgründe jedoch ergeben, daß er sich der Milderungsmöglichkeit bewußt gewesen ist (OLG Hamm VRS 10, 358).

III. Der Irrtum über Rechtfertigungsgründe (indirekter Verbotsirrtum)

1. **Verbotsirrtum ist auch die irrige Annahme eines Rechtfertigungsgrundes,** wenn der Täter über das Bestehen oder die Grenzen einer Erlaubnisnorm irrt **(Erlaubnisirrtum)** (BGH 2, 194 [197]; 22, 223 [225]; BGH JZ 1978, 762). Der Täter verkennt dabei zwar nicht das dem Tatbestand selbst beigelegte Unwertprädikat, sondern irrt nur über das Eingreifen eines Erlaubnissatzes; in beiden Fällen ist aber der Tatbestandsvorsatz gegeben, und der Irrtum bezieht sich allein auf das Verbotensein der Tat. Wir nennen diesen Fall *indirekten Verbotsirrtum,* weil der Täter hier nicht der Auffassung ist, die Tat sei schlechthin erlaubt, sondern die Rechtswidrigkeit im konkreten Falle auf dem Umweg über die irrige Annahme eines Erlaubnissatzes verkennt (vgl. oben § 41 II 1a). **Zwei Fälle des indirekten Verbotsirrtums** sind zu unterscheiden: Der Täter nimmt irrig das Bestehen eines von der Rechtsordnung nicht anerkannten Rechtfertigungsgrundes an (Bestandsirrtum) oder er verkennt die rechtlichen Grenzen eines anerkannten Rechtfertigungsgrundes (Grenzirrtum). Der dritte Fall, in dem der Täter irrig Umstände für gegeben hält, die, wenn sie vorlägen, die Tat rechtfertigen würden (Erlaubnistatbestandsirrtum) ist ein Irrtum eigener Art (vgl. unten § 41 III 2).

Beispiele: Der Arzt glaubt, ohne Einwilligung des Patienten aufgrund eines angenommenen ärztlichen Berufsrechts operieren zu dürfen. Er hält eine ohne hinreichende Aufklärung gege-

---

[38] So *Dreher / Tröndle,* § 17 Rdn. 12; *LK (Schroeder)* § 17 Rdn. 48; *Jakobs,* Allg. Teil S. 466; *Schönke / Schröder / Cramer,* § 17 Rdn. 24; *SK (Rudolphi)* § 17 Rdn. 48. *Langer,* Dünnebier-Festschrift S. 443 sieht in der Nichtanwendung einer einschlägigen Strafmilderungsnorm sogar einen Verstoß gegen Art. 103 II GG.

[39] Vgl. *Maurach / Zipf,* Allg. Teil I S. 522; *Roxin,* ZStW 76 (1964) S. 605; *Warda,* ZStW 71 (1959) S. 262.

bene Einwilligung für ausreichend (BGH 12, 379 [382]). Er irrt über das Vorhandensein der Einwilligung. Vgl. zum Irrtum über die mutmaßliche Einwilligung auch OLG Stuttgart, Die Justiz 1983, 265.

Die *beiden ersten Fälle* werden allgemein als Verbotsirrtum (Erlaubnisirrtum) angesehen und ebenso behandelt wie der direkte Verbotsirrtum[40]. Ebenso wie dort widerspricht die Einstellung des Täters zum Recht den Anforderungen der Rechtsordnung, sie steht im Schuldgehalt dem direkten Verbotsirrtum mindestens gleich, denn der Täter weiß hier sogar, daß sein Handeln grundsätzlich verboten ist. Die Frage der Vermeidbarkeit ist nach entsprechenden Kriterien zu beurteilen wie beim direkten Verbotsirrtum (vgl. oben § 41 II 2 b).

Beispiele: Der Beamte, der die Annahme eines wertvollen Weihnachtsgeschenks von interessierter Seite für gewohnheitsrechtlich erlaubt hält, befindet sich im Verbotsirrtum über einen vom Recht nicht anerkannten Rechtfertigungsgrund und ist nach §§ 331, 17 S. 2 zu bestrafen (unrichtig OLG Neustadt NJW 1963, 1633). Wer dem säumigen Schuldner auf offener Straße gewaltsam das geschuldete Geld abnimmt, handelt im Verbotsirrtum über die Grenzen des Selbsthilferechts (BGH 17, 87 [89f.]), es sei denn, daß er glaubt, gerade auf *dieses* Geld Anspruch zu haben (Tatbestandsirrtum über die „Rechtswidrigkeit" der Zueignung). Der Soldat, der den verbrecherischen Zweck eines Befehls erkennt, ihn aber trotzdem für bindend hält („Befehl ist Befehl"), befindet sich im Verbotsirrtum über einen nicht anerkannten Rechtfertigungsgrund (BGH 22, 223 [225]). (Vgl. auch die Fälle BGH 3, 271 [274]; 357 [365]; BGH *Dallinger* MDR 1975, 723 f.; OLG Hamburg JR 1978, 291).

2. Die Problematik beginnt erst bei dem *Irrtum über Umstände, die, wenn sie vorlägen, einen anerkannten Rechtfertigungsgrund darstellen würden* (**Erlaubnistatbestandsirrtum**). Es handelt sich dabei um einen Irrtum eigener Art, der zwischen dem Tatbestands- und dem indirekten Verbotsirrtum steht[41]. Die Ähnlichkeit mit dem Tatbestandsirrtum liegt in seiner *Struktur:* auch der Erlaubnistatbestandsirrtum bezieht sich auf die (deskriptiven und normativen[42]) Merkmale eines Rechtssatzes. Die Ähnlichkeit mit dem indirekten Verbotsirrtum liegt in der *Folge:* die Tatbestandskenntnis bleibt unberührt und die Appellfunktion des Tatbestands kann sich deswegen voll auswirken, der Irrtum bewirkt lediglich, daß der Täter glaubt, die Verbotsnorm trete ausnahmsweise hinter einem Erlaubnissatz zurück. Es gibt verschiedene Wege, um dieser Irrtumsart gerecht zu werden. Die Frage ist im neuen Recht nicht geregelt worden, obgleich sowohl der E 1962 in § 20 (Irrtum eigener Art) als auch der AE in § 19 II (Tatbestandsirrtum) Vorschläge gemacht haben und auch das neue österreichische StGB in § 8 (wie § 20 E 1962) eine Regelung enthält[43].

a) Die **Lehre von den negativen Tatbestandsmerkmalen** (vgl. oben § 25 III) behandelt die Rechtfertigungsgründe als Bestandteile des Tatbestandes, ihre Voraussetzungen demgemäß als negative Tatbestandsmerkmale und wendet deshalb auf den Erlaubnistatbestandsirrtum unmittelbar § 16 an, so daß nur der vermeidbare Irrtum nach dem Fahrlässigkeitstatbestand bestraft

---

[40] Vgl. *Dreher,* Heinitz-Festschrift S. 212; *Eser,* Strafrecht I Nr. 14 A Rdn. 11; *Lackner,* § 17 Anm. 5 e aa; *LK (Schroeder)* § 17 Rdn. 9; *Engisch,* ZStW 70 (1958) S. 599 f.; *Arthur Kaufmann,* ZStW 76 (1964) S. 563; *Schönke / Schröder / Cramer,* § 17 Rdn. 10; *Schaffstein,* Göttinger Festschrift S. 182; *Wessels,* Allg. Teil S. 135 f.

[41] So *Dreher,* Heinitz-Festschrift S. 223; *Dreher / Tröndle,* § 16 Rdn. 27; *Herdegen,* BGH-Festschrift S. 208; *Lackner,* § 17 Anm. 5 b; *Krümpelmann,* GA 1968, 129 ff.; *Preisendanz,* § 16 Anm. 3 e; *Wessels,* Allg. Teil S. 129.

[42] Dazu *Ellen Schlüchter,* Irrtum S. 175, 179.

[43] Der Gesetzgeber wollte die Frage, ob es sich „um einen Tatbestands- oder Verbotsirrtum oder um einen Irrtum eigener Art handelt", Rechtsprechung und Lehre überlassen (BT-Drucksache V/4095 S. 9; Protokolle V S. 1739 f., 1781). Kritisch dazu *Roxin,* Einführung S. 13 f.; *Dreher,* Heinitz-Festschrift S. 227; *Jescheck,* Lange-Festschrift S. 372; *LK⁹ (Schroeder)* § 59 Rdn. 62.

III. Der Irrtum über Rechtfertigungsgründe (indirekter Verbotsirrtum)

werden kann, sofern ein solcher vorhanden ist (§ 16 I 2)[44]. *Gegen diese Lehre* sprechen außer den oben § 25 III 2 a angeführten systematischen Erwägungen folgende sich aus der Irrtumsproblematik ergebende Gründe: Wenn die Rechtfertigungsmerkmale negative Tatbestandsmerkmale wären, dann müßte sich auch der Vorsatz auf ihre Abwesenheit beziehen[45]. In aller Regel denkt der Täter aber nicht daran, auch nicht im Sinne eines schattenhaften „Mitbewußtseins"[46]. Ebensowenig läßt sich sagen, daß durch das Rechtfertigungsbewußtsein bereits der Handlungsunwert der vorsätzlichen Tat aufgehoben würde[47], denn dieser entfällt nicht schon dann, wenn der Täter sich subjektiv im Recht glaubt, sondern nur, wenn Rechtfertigungsbewußtsein und Rechtfertigungslage übereinstimmen[48]. Die in irrtümlicher Annahme eines Rechtfertigungsgrundes begangene Tat bleibt daher *vorsätzliche* Tat[49]. Die Besonderheit dieses Falles liegt gerade darin, daß die Appellfunktion des Tatbestandes fortbesteht.

b) Die **strenge Schuldtheorie** behandelt den vermeidbaren Irrtum über Tatumstände eines anerkannten Rechtfertigungsgrundes nach den allgemeinen Regeln über den Verbotsirrtum, d. h. nach dem betreffenden Vorsatztatbestand mit Milderungsmöglichkeit[50], was jedoch zu Ergebnissen führt, die mit dem Rechtsgefühl mitunter nicht vereinbar sind[51].

Beispiele: Der Soldat, der infolge fahrlässiger Verwechslung einen Kameraden erschießt, den er für einen Feind gehalten hat, wäre wegen Totschlags zu bestrafen (§ 212). Der Spaziergänger, der dem Straßenräuber ein Auge ausschlägt, obwohl er hätte erkennen können, daß bereits ein Polizeibeamter zu Hilfe eilte, hätte Strafe wegen schwerer Körperverletzung (§ 224) verwirkt.

c) Die überwiegende Lehre[52] und Rechtsprechung (BGH 3, 105 [106]; 194 [196]; 357 [359]; BGH GA 1969, 117 [118]; BGH *Holtz* MDR 1979, 985; BGH NStZ 1983, 500; BayObLG NJW 1955, 1848; OLG Karlsruhe NStZ 1982, 123) folgen einer Mittelmeinung, die auf ein ähnliches Ergebnis hinausläuft wie die Lehre von den negativen Tatbestandsmerkmalen, dieses aber anders begründet (**eingeschränkte Schuld-**

---

[44] So *Baumann / Weber,* Allg. Teil S. 415 f.; *Hruschka,* Strafrecht S. 210; *Arthur Kaufmann,* JZ 1954, 653; *derselbe,* JZ 1956, 353; *derselbe,* ZStW 76 (1964) S. 564 ff.; *Lang-Hinrichsen,* JZ 1953, 362; *Kohlrausch / Lange,* § 59 Anm. V 1; *Roxin,* ZStW 76 (1964) S. 599. Auch einige Vertreter der Schuldtheorie haben sich dieser Lösung angeschlossen: so *Busch,* Mezger-Festschrift S. 180 f.; *Schaffstein,* MDR 1951, 199; *SK (Rudolphi)* § 16 Rdn. 10; *v. Weber,* JZ 1951, 260; *derselbe,* Mezger-Festschrift S. 183. Ebenso auch teilweise die Rspr.: RG 6, 405 (408); 21, 189 (191); 54, 196 (199); 72, 300 (302); BGH 3, 105 (106 f.); 17, 87 (91); BGH *Dallinger* MDR 1975, 365.

[45] So mit Recht *Armin Kaufmann,* JZ 1955, 38.

[46] Anderer Ansicht *Arthur Kaufmann,* JZ 1956, 357; *Roxin,* MSchrKrim 1961, 213.

[47] So *Schaffstein,* MDR 1951, 199; *v. Weber,* JZ 1951, 262; *Stratenwerth,* Allg. Teil I Rdn. 504. Wie der Text *LK (Hirsch)* Vorbem. 8 vor § 32.

[48] Vgl. *Hirsch,* Negative Tatbestandsmerkmale S. 246 Fußnote 75.

[49] Über die praktische Bedeutung des weiterbestehenden Vorsatzes vgl. den Fall OLG Köln NJW 1962, 686 (Anstiftung zur Geheimnisverletzung gegenüber einem Arzt, der sich irrig durch Einwilligung des Patienten zu der Preisgabe für befugt hält); der Anstifter wurde trotz der Strafwürdigkeit der Tat mangels Vorsatzes des Haupttäters freigesprochen. Den Tatvorsatz will *SK (Rudolphi)* § 16 Rdn. 13 allerdings aufrechterhalten, und hier liegt tatsächlich der von *Schmidhäuser,* NJW 1975, 1809 gerügte Widerspruch vor.

[50] So *Bockelmann,* Allg. Teil, 3. Auflage S. 129 (anders *Bockelmann / Volk,* Allg. Teil S. 126 f.); *Fukuda,* JZ 1958, 143; *Heitzer,* NJW 1953, 210; *Hirsch,* Negative Tatbestandsmerkmale S. 314 ff.; *derselbe,* ZStW 94 (1982) S. 257 ff.; *LK (Schroeder)* § 16 Rdn. 52; *Armin Kaufmann,* JZ 1955, 37; *Niese,* DRiZ 1953, 20; *Welzel,* ZStW 67 (1955) S. 208 ff.; *derselbe,* Lehrbuch S. 164 ff.

[51] Vgl. *Börker,* JR 1960, 168; *Engisch,* ZStW 70 (1958) S. 585 f.; *Kohlrausch / Lange,* § 59 Anm. V 1; *Dreher / Tröndle,* § 16 Rdn. 24.

[52] Vgl. *Börker,* JR 1960, 168; *Eser,* Strafrecht I Nr. 14 A Rdn. 16 ff.; *Engisch,* ZStW 70 (1958) S. 583 ff.; *Gallas,* Beiträge S. 56 Fußnote 89; *Krümpelmann,* GA 1968, 129; *Kohlrausch / Lange,* § 59 Anm. V 1; *Noll,* ZStW 77 (1965) S. 8; *Schmidhäuser,* Allg. Teil S. 418; *Stratenwerth,* Allg. Teil I Rdn. 503; *Schönke / Schröder / Cramer,* § 16 Rdn. 14; *Schönke / Schröder / Lenckner,* Vorbem. 18 vor § 13; *Schünemann,* Einführung S. 41.

theorie)⁵³. Der vermeidbare Irrtum über die Voraussetzungen eines Rechtfertigungsgrundes wird zwar nicht als Tatbestandsirrtum angesehen, wohl aber wird § 16 entsprechend angewendet, weil die Strukturähnlichkeit mit dem eigentlichen Tatbestandsirrtum als ausschlaggebend erscheint. Das Unrecht der vorsätzlichen Tat ist damit ausgeschlossen, so daß auch die Möglichkeit der Teilnahme (§§ 26, 27) entfällt.

d) Richtig ist dagegen die im Vordringen begriffene Lehre, wonach der Irrtum über die Voraussetzungen eines anerkannten Rechtfertigungsgrundes allein in der Rechtsfolge dem § 16 untergeordnet wird, so daß der Täter, obwohl er vorsätzliches Handlungsunrecht verwirklicht, nur wegen Fahrlässigkeit bestraft wird (**rechtsfolgenverweisende Schuldtheorie**) (BGH 31, 264 [286 f.])⁵⁴. Der Grund für die Privilegierung des Erlaubnistatbestandsirrtums gegenüber den Fällen des indirekten Verbotsirrtums liegt einmal in der Minderung (nicht Aufhebung) des Handlungsunwerts. Diese ergibt sich aus dem Rechtfertigungsbewußtsein des Täters, das hier auf einen anerkannten Rechtfertigungsgrund bezogen ist (der Täter glaubt, rechtmäßig im Sinne bestehenden Rechts zu handeln)⁵⁵. Zum anderen ist auch der Schuldgehalt der Tat deutlich herabgesetzt: die Motivation, die zur Bildung des Tatvorsatzes geführt hat, beruht nicht auf mangelnder Rechtsgesinnung, sondern auf unsorgfältiger Prüfung der Situation. Wenn der Täter irrig die Voraussetzungen eines anerkannten Rechtfertigungsgrundes annimmt, fehlt es an dem für Vorsatzdelikte sonst typischen Abfall von den Wertvorstellungen der Rechtsgemeinschaft. Die Bestrafung aufgrund des Vorsatztatbestandes erscheint nicht gerechtfertigt, weil der Vorsatz infolge des Irrtums anders gebildet worden ist als in den Normalfällen der Vorsatzschuld und deswegen nicht als Träger des für Vorsatztaten charakteristischen *Gesinnungsunwerts* erscheint⁵⁶. Freilich besteht auch ein sachlicher Unterschied gegenüber dem Tatbestandsirrtum: der Täter kennt den Tatbestand, und die Appellfunktion des Tatbestandsvorsatzes kann deshalb voll zur Geltung kommen, so daß an sich auch ein strengerer Maßstab gerechtfertigt wäre. Doch betrifft der Vorwurf, der gegen den Täter zu erheben ist, gleichwohl nur seine mangelnde Aufmerksamkeit, was im Schuldgehalt einem Fahrlässigkeitsvorwurf entspricht. Bedenken könnten allenfalls wegen der Straflosigkeit bei Fehlen eines Fahrlässigkeitstatbestandes erhoben wer-

---

⁵³ Nach *Grünwald*, Noll-Gedächtnisschrift S. 189 soll zwischen den verschiedenen Varianten der eingeschränkten Schuldtheorie kein sachlicher Unterschied bestehen; dies ist jedoch nur dann richtig, wenn man im Hinblick auf die Möglichkeit der Teilnahme nach §§ 26, 27 annimmt, daß beim Erlaubnistatbestandsirrtum der Vorsatz als Träger des Handlungswillens unberührt bleibt.

⁵⁴ *Maurach / Zipf*, Allg. Teil I S. 516; *Herdegen*, BGH-Festschrift S. 208; *Krümpelmann*, GA 1968, 142 ff.; *Lackner*, § 17 Anm. 5 b; *Preisendanz*, § 16 Anm. 3 e. Der Einwand der Fahrlässigkeitsfiktion (so *Hirsch*, Negative Tatbestandsmerkmale S. 205; *Welzel*, ZStW 67 [1955] S. 215) trifft nicht zu, da die Strafbarkeit der Tat als Fahrlässigkeitsdelikt nach Unrecht und Schuld selbständig begründet werden muß (vgl. *Wessels*, Allg. Teil S. 274). Ablehnend auch *Arthur Kaufmann*, Lackner-Festschrift S. 193 ff.

⁵⁵ *Nowakowski*, JBl 1972, 30 will an dieser Stelle den Handlungsunwert des Vorsatzes überhaupt verneinen. Die gleiche Betrachtungsweise führt ihn dazu, bei Vorliegen eines vom Täter nicht erkannten Rechtfertigungsgrundes die Versuchsregeln nicht nur analog, sondern direkt anzuwenden (S. 28) (vgl. oben § 31 IV 2).

⁵⁶ So *Dreher*, Heinitz-Festschrift S. 224 f.; *Dreher / Tröndle*, § 16 Rdn. 27; *Gallas*, Bockelmann-Festschrift S. 170; *Lackner*, § 17 Anm. 5 b; *Blei*, Allg. Teil S. 206; *Wessels*, Allg. Teil S. 132; *Platzgummer*, JBl 1971, 239. Vgl. auch BGH 3, 105 (107): „Der im Irrtum über den wahren Sachverhalt handelnde Täter ist vielmehr *an sich rechtstreu*". Vgl. ferner BGH 31, 264 (287): Ausschluß der „*Strafbarkeit* wegen vorsätzlicher Tat". Der Vorwurf der Widersprüchlichkeit (so *Schmidhäuser*, NJW 1975, 1809 Fußnote 13) ist demgegenüber unberechtigt, da Vorsatz*unrecht* und Vorsatz*schuld* nicht dasselbe sind. Gegen die Lehre von der fehlenden Vorsatzschuld LK (*Hirsch*) Vorbem. 172 vor § 32; *Schünemann*, Einführung S. 41 Fußnote 89.

III. Der Irrtum über Rechtfertigungsgründe (indirekter Verbotsirrtum)

den[57], doch wird man sich in diesen Fällen mit der zivilrechtlichen Schadensersatzfolge begnügen können (vgl. zum Irrtum über die Voraussetzungen von § 127 I StPO oben § 35 IV 2 a. E.). Die Besonderheit dieser Lehre liegt darin, daß sie den Vorsatz als Träger des Handlungsunrechts bestehen läßt, so daß strafbare Teilnahme durch Personen, die den Sachverhalt kennen, möglich bleibt (siehe das Vorsatzerfordernis in §§ 26, 27).

Der Erlaubnistatbestandsirrtum kann sich wie der Tatbestandsirrtum auf deskriptive und normative Merkmale des Rechtfertigungsgrundes beziehen. Die Unterscheidung zwischen Tatsachen- und Rechtsirrtum darf auch an dieser Stelle nicht wieder aufleben[58]. Die *Kriterien für die Beurteilung der Vermeidbarkeit* ergeben sich einmal aus der Erwägung, daß der Täter den vollen Tatbestandsvorsatz hat und deswegen zu besonders sorgfältiger Prüfung der von ihm angenommenen Rechtfertigungslage verpflichtet ist. Dabei ist freilich zu berücksichtigen, daß die Prüfung durch drohende Gefahr erschwert sein kann (z. B. bei Putativnotwehr oder bei Putativeinwilligung in eine Operation). Weiter spielt bei der Beurteilung der Vermeidbarkeit die Frage eine Rolle, ob sich der Irrtum auf Tatsachen oder Rechtsbegriffe des Erlaubnissatzes bezieht, denn auf seine fünf Sinne pflegt man sich meist zu verlassen, während bei der Urteilsbildung im normativen Bereich immer Vorsicht geboten ist. Nach diesen Grundsätzen lassen sich auch die Grenzfälle lösen, die der Rechtsprechung Schwierigkeiten bereitet haben.

Beispiele: Hat der Lehrer irrig eine Verfehlung des Schülers angenommen, die eine Züchtigung verdiente, so liegt ein Irrtum über den Erlaubnistatbestand vor; hat er das Züchtigungsrecht dagegen aus einer Fehlvorstellung über Art und Umfang überschritten, jedoch nur ein Verbotsirrtum über die Grenzen (BGH 3, 105 [106, 110]). Geht der Angegriffene wegen einer Täuschung über die Stärke des Angriffs über die Grenzen der erforderlichen Verteidigung hinaus, so befindet er sich im Irrtum über den Erlaubnistatbestand (BGH 3, 194 [196]); verkennt er dagegen die Einschränkungen, die die Rechtsprechung für die Angemessenheit der Verteidigungshandlung aufgestellt hat (z. B. BGH NJW 1962, 308; BayObLG NJW 1965, 163), liegt ein indirekter Verbotsirrtum vor. Der Irrtum über die Rechtswidrigkeit des Angriffs betrifft den Erlaubnistatbestand (unrichtig RG 72, 300 [302]). Der Irrtum über die Sittenwidrigkeit der Tat bei der Körperverletzung (§ 226a) bezieht sich auf ein „gesamttatbewertendes Merkmal" (vgl. oben § 25 II 2); der Irrtum über die Bewertungsgrundlage betrifft den Erlaubnistatbestand, derjenige über die Bewertung selbst dagegen die Grenzen des Rechtfertigungsgrundes[59]. Reine Grenzirrtümer sind die Fälle BGH 12, 379 (383); BGH 17, 87 (91) und BGH *Dallinger* MDR 1975, 723 f.; ein Bestandsirrtum liegt im Fall BGH 20, 223 sowie im Fall OLG Hamburg JR 1978, 291 vor.

3. Von den Grundsätzen über die Behandlung des Erlaubnistatbestandsirrtums macht die Rechtsprechung eine **Ausnahme beim rechtfertigenden Notstand** (§ 34). Sie verläßt nämlich im Falle des Putativnotstands die eingeschränkte Schuldtheorie und wendet bei Verletzung der von ihr vorausgesetzten Pflicht zur umfassenden Prüfung der Sach- und Rechtslage die strenge Schuldtheorie an, so daß der Täter aus dem Vorsatz- und nicht nur aus dem Fahrlässigkeitstatbestand bestraft wird[60]. Der Grund liegt vor allem darin, daß Putativnotstandstaten in wichtigen Fällen mit der Fahrlässigkeitsstrafe nicht erfaßt werden könnten, so daß schwer erträgliche Strafbarkeitslücken entstünden (z. B. bei §§ 218, 239, 240)[61].

---

[57] *Dreher*, Heinitz-Festschrift S. 227 schlägt zu weitgehend eine besondere Fahrlässigkeitsvorschrift vor. *Krümpelmann*, ZStW Beiheft Budapest 1978 S. 49 ff. will den Vorsatztatbestand mit Strafmilderung nach § 49 anwenden. *Jakobs*, Allg. Teil S. 309 wendet bei Bestehen einer Fahrlässigkeitsstrafdrohung den Vorsatztatbestand an, entnimmt die Strafe aber dem Fahrlässigkeitstatbestand („unselbständige Schuldtheorie").

[58] Vgl. *Engisch*, ZStW 70 (1958) S. 585 ff. Inkonsequent in diesem Punkte noch die Rspr.; vgl. BGH 3, 105 (106 f.); 271 (274); 357 (364); BayObLG NJW 1952, 1848.

[59] Vgl. zum entsprechenden Fall des direkten Irrtums ebenso *Schaffstein*, Göttinger Festschrift S. 195; anders hierzu aber *Engisch*, ZStW 70 (1958) S. 585.

[60] Zustimmend vom Standpunkt der strengen Schuldtheorie aus LK (*Hirsch*) § 34 Rdn. 91; *Welzel*, JZ 1955, 142 ff.

Beispiele: Wenn der Arzt die Schwangerschaft in der irrigen Annahme einer Lebensgefahr für die Mutter zu Unrecht abbricht, weil er es an gewissenhafter Prüfung hat fehlen lassen, wird vorsätzliche Abtreibung nach § 218 angenommen (RG 62, 137 [138]; BGH NJW 1951, 412; BGH 3, 7 [11 ff.]).

Die besondere Irrtumsregelung für den rechtfertigenden Notstand, welche der E 1962 im Anschluß an diese Rechtsprechung in § 39 II vorgesehen hatte (vgl. Begründung S. 160 f.)[62], ist jedoch weder in § 34 StGB noch in § 16 OWiG übernommen worden. Man wird deshalb den Übergang zur strengen Schuldtheorie im Falle des rechtfertigenden Notstands schon im Hinblick auf das Gesetzlichkeitsprinzip **nicht mehr** für **zulässig** halten dürfen und demgemäß auch in diesem Falle die allgemeinen Grundsätze über die Behandlung des Erlaubnistatbestandsirrtums anzuwenden haben[63].

4. Beizubehalten ist die **Vorsatzstrafe wegen nicht pflichtgemäßer Prüfung** indessen bei denjenigen Rechtfertigungsgründen, bei denen auch ein objektiv unrichtiges Ergebnis mit Rücksicht auf die Angemessenheit des Eingriffs bei ungewisser Sachlage unter dem Gesichtspunkt des erlaubten Risikos gebilligt wird (vgl. oben § 36 II)[64]. Es sind dies die mutmaßliche Einwilligung, wenn der Eingriff dem wirklichen Willen des Betroffenen widerspricht (vgl. oben § 34 VII 3), die Anwendung staatlichen Zwangs, wenn die sachlichen Voraussetzungen des Eingriffs tatsächlich fehlen (vgl. oben § 35 I 3), und die Wahrnehmung berechtigter Interessen (§ 193), die immer erst dann eingreift, wenn sich die Nichterweislichkeit der ehrenrührigen Tatsachenbehauptung herausgestellt hat (BGH 11, 273) (vgl. oben § 36 II 2 a). Wer in diesen Fällen wegen mangelhafter Prüfung die Voraussetzungen des Rechtfertigungsgrundes irrtümlich annimmt, muß nach dem Vorsatztatbestand bestraft werden.

Beispiele: Hat der Lehrer dem Schüler aufgrund mutmaßlicher Einwilligung der Eltern eine Ohrfeige gegeben, so ist er wegen vorsätzlicher Körperverletzung strafbar, wenn die Züchtigung dem wirklichen Willen der Eltern widersprach und er die Sachlage nicht gewissenhaft geprüft hat (RG 61, 191 [194]). Der Jagdschutzberechtigte ist wegen eines Schusses auf einen vermeintlichen Dieb nach dem Gesetz über den Waffengebrauch der Forst- und Jagdschutzberechtigten vom 26. 2. 1935 (RGBl. I S. 313) nur dann gerechtfertigt, wenn er das Vorliegen der Voraussetzungen des Schußwaffengebrauchs gewissenhaft geprüft hat (RG 72, 305 [311 ff.]). Wer aufgrund von ungenügenden Informationen eine nicht erweislich wahre, ehrenrührige Tatsachenbehauptung aufstellt, wird trotz guten Glaubens wegen übler Nachrede bestraft (§ 186) (BGH 14, 48 [51]).

Wird in diesen Fällen die Prüfungspflicht verletzt, so handelt der Täter rechtswidrig. Aber auch die Vorsatzschuld ist dann zu bejahen, denn der Täter verhält sich angesichts des bestehenden Risikos einer Rechtsgutsverletzung nur dann gewissenhaft, wenn er alles getan hat, um dieses so klein wie möglich zu halten.

5. Trifft ein *Erlaubnistatbestandsirrtum* mit einem *Grenzirrtum* zusammen (z. B. der Lehrer nimmt irrtümlich die Voraussetzungen des Züchtigungsrechts an und geht gutgläubig zugleich

---

[61] Vgl. *Dreher,* Heinitz-Festschrift S. 226 f.

[62] Ablehnend dazu *Arthur Kaufmann,* ZStW 76 (1964) S. 571; *Roxin,* ZStW 76 (1964) S. 587; *Schröder,* Eb. Schmidt-Festschrift S. 294.

[63] So *Baumann / Weber,* Allg. Teil S. 351; *Dreher / Tröndle,* § 34 Rdn. 18; *Göhler,* § 16 OWiG Rdn. 15; *Lackner,* § 34 Anm. 5 c; *Herdegen,* BGH-Festschrift S. 208 f.; *Lenckner,* H. Mayer-Festschrift S. 165 ff.; *Schönke / Schröder / Lenckner,* § 34 Rdn. 50; *SK (Samson)* § 34 Rdn. 25; *Stratenwerth,* Allg. Teil I Rdn. 475. Zweifelnd *Stree,* in: *Roxin* u. a., Einführung S. 44 f. Für Fortsetzung der bisherigen Rspr. aber *Blei,* Allg. Teil S. 170 f.; für analoge Anwendung des § 35 II *LK (Hirsch)* § 34 Rdn. 91.

[64] So *Lenckner,* H. Mayer-Festschrift S. 178 ff.; *Schönke / Schröder / Lenckner,* Vorbem. 19 vor § 32; *LK (Hirsch)* Vorbem. 54 vor § 32; *Roxin,* Welzel-Festschrift S. 458; *Lackner,* § 17 Anm. 5 c.

über die erlaubten Grenzen hinaus), so ist mit Rücksicht auf den Grenzirrtum der Vorsatztatbestand anzuwenden (§ 17 S. 2). Der Erlaubnistatbestandsirrtum spielt keine Rolle, da der Täter auch bei der von ihm angenommenen Sachlage nicht gerechtfertigt wäre[65].

IV. Ausländisches Recht

Im Ausland enthält das neue *österreichische* StGB in § 9 eine dem deutschen § 17 entsprechende Bestimmung[66], gibt aber zusätzlich in Abs. 2 die Maßstäbe für die Vermeidbarkeit des Verbotsirrtums an[67]. Außerdem regelt § 8 den Erlaubnistatbestandsirrtum nach der rechtsfolgenverweisenden Schuldtheorie[68]. Nach dem österreichischen Recht kommt in der Behandlung der Irrtumsprobleme das *schweizerische* Recht dem deutschen am nächsten. Art. 19 StGB erfaßt den Tatbestandsirrtum, Art. 20 StGB den Verbotsirrtum, der aber auch bei „zureichenden Gründen" nur bis zur Möglichkeit des Absehens von Strafe führt (BGE 106 IV 193)[69]. Die Rechtsprechung behandelt das Unrechtsbewußtsein als selbständiges Schuldmerkmal (BGE 70 IV 98), stellt aber strenge Anforderungen an die Unverschuldetheit des Verbotsirrtums (BGE 74 IV 152; 98 IV 303; 99 IV 186)[70]. Das *spanische* Recht enthält jetzt in Art. 1 II C. p. das Schuldprinzip und in Art. 6 bis a) III C. p. eine Regelung des Verbotsirrtums, die dem deutschen § 17 entspricht[71]. Auch im *niederländischen* Recht wird der unvermeidbare Verbotsirrtum als Schuldausschließungsgrund neuerdings anerkannt[72]. Andere führende Rechte halten an dem Grundsatz „error juris nocet" fest, der allenfalls bei Unkenntnis außerstrafrechtlicher Normen abgemildert wird. So gründet sich die *französische* Praxis auf das alte Prinzip „nul n'est censé ignorer la loi"[73]. In *Italien* schließt Art. 5 C. p. die Berücksichtigung des Verbotsirrtums generell aus, doch beginnt sich die Rechtsprechung von dieser Vorschrift zu lösen[74]. Auch in der *anglo-amerikanischen* Judikatur wird die Unkenntnis der Rechtswidrigkeit meist als unerheblich angesehen[75]. Im neuen *brasilianischen* Recht ist der unvermeidbare Verbotsirrtum als Schuldausschlie-

---

[65] Vgl. *Wessels*, Allg. Teil S. 136.

[66] Dazu *Kienapfel*, ÖJZ 1976, 117ff.; *Platzgummer*, Strafrechtliche Probleme I S. 58ff.; *Triffterer*, Allg. Teil S. 430ff.; *Leukauf / Steininger*, § 9 Rdn. 5.

[67] Vgl. näher *Jescheck*, Lange-Festschrift S. 373; *derselbe*, ÖJZ 1971, 3.

[68] Vgl. *Foregger / Serini*, § 8 StGB Anm. I.

[69] Vgl. dazu *Schwander*, Das schweiz. StGB S. 91f., 98ff.; kritisch *Schultz*, Einführung I S. 232. Wie der deutsche § 17 jetzt Vorentwurf Art. 23 mit Begründung S. 63ff.

[70] Dagegen vertritt *Germann*, Das Verbrechen S. 186f. die Vorsatztheorie, die er in SchwZStr 68 (1953) S. 374 durch die Lehre von der Rechtsblindheit einschränkt. Die der deutschen sehr ähnliche Rechtsprechung zur Vermeidbarkeitsfrage behandeln kritisch *Noll*, Schweizer Beiträge S. 215ff.; *Noll / Trechsel*, Allg. Teil I S. 142f.

[71] Vgl. *Rodríguez Devesa / Serrano Gómez*, Derecho penal S. 631ff.; *Mir Puig*, Adiciones Bd. I S. 640ff.; *Cobo del Rosal / Vives Antón*, Derecho penal S. 365, 459ff.

[72] Vgl. *Pompe*, Handboek S. 163; *van Bemmelen / van Veen*, Ons strafrecht S. 187; *D. Hazewinkel-Suringa / Remmelink*, Inleiding S. 326ff. m. Nachw. aus der Rspr. Vgl. ferner *Jescheck*, Criminal Law in Action S. 9f.

[73] Vgl. *Bouzat*, Traité Bd. I S. 270ff.; *Merle / Vitu*, Traité S. 684ff.; *Stefani / Levasseur / Bouloc*, Droit pénal général S. 422ff. (mit Beispielen für den außerstrafrechtlichen Rechtsirrtum). Über die Herkunft dieses Satzes *Kiefner*, Deutsche Landesreferate 1967 S. 87ff. Im Avant-projet (1986) wurde die Berücksichtigung des „erreur de droit" in der Fassung von 1983 wieder gestrichen.

[74] Gegen diese Regelung „in contrasto con la realtà psicologica ed umana" *Bettiol / Pettoello Mantovani*, Diritto penale S. 558; ebenso *Pagliaro*, Principi S. 425 („resultato, che appare iniquo a una sana coscienza giuridica"); *Nuvolone*, Sistema S. 286f. Über die neuere Rechtsprechung bei Übertretungen aufgrund der „teoria della buona fede scusante" *Crespi u.a. (Pulitanò)*, Commentario breve, Art. 5 Anm. IV 3; *Pulitanò*, L'errore di diritto S. 428 und *Bonafede*, in: *Bricola / Zagrebelski*, Codice penale, Parte generale I S. 337f. Zur ersten Gerichtsentscheidung, die bei einem Vergehen den Verbotsirrtum anerkennt (Trib. di Milano vom 12.2.1986), *Fornasari*, Riv dir proc pen 1987, 449. Zur Reform des Art. 5 C. p. *Romano*, Commentario Art. 5 Rdn. 12ff. Zur Entscheidung des italienischen Verfassungsgerichtshofs vom 23. 3. 1988, die den unvermeidbaren Verbotsirrtum als Schuldausschließungsgrund anerkennt, vgl. oben § 29 V 1 c Fußnote 55.

ßungsgrund anerkannt, während der vermeidbare Verbotsirrtum zur Milderung der Vorsatzstrafe führt (Art. 21 C. p.)[76]. In der *DDR* wird der Verbotsirrtum noch nach der Vorsatztheorie behandelt (vgl. oben § 29 V 1 c Fußnote 55 a. E.)[77].

§ 42 Der Schuldtatbestand und seine Merkmale

Bloy, Die dogmatische Bedeutung der Strafausschließungs- und Strafaufhebungsgründe, 1976; *Daniel,* Der Irrtum über Strafminderungsumstände, Diss. Tübingen 1910; *Engisch,* Der Unrechtstatbestand im Strafrecht, DJT-Festschrift, Bd. I, 1960, S. 401; *Frank,* Über den Aufbau des Schuldbegriffs, Gießener Festschrift, 1907, S. 3; *Gallas,* Täterschaft und Teilnahme, Materialien, Bd. I, 1954, S. 121; *Geilen,* Unterlassene Verbrechensanzeige und ernsthafte Abwendungsbemühung, JuS 1965, 426; *Goldschmidt,* Normativer Schuldbegriff, Festgabe für R. v. Frank, Bd. I, 1930, S. 428; *Hardwig,* Die Gesinnungsmerkmale im Strafrecht, ZStW 68 (1956) S. 14; *Hegler,* Die Merkmale des Verbrechens, ZStW 36 (1915) S. 184; *derselbe,* Subjektive Rechtswidrigkeitsmomente im Rahmen des allgemeinen Verbrechensbegriffs, Festgabe für R. v. Frank, Bd. I, 1930, S. 251; *Kantorowicz,* Tat und Schuld, 1933; *Küper,* Zur irrigen Annahme von Strafmilderungsgründen, GA 1968, 321; *Lampe,* Das personale Unrecht, 1967; *Lange,* Die Schuld des Teilnehmers, JR 1949, 165; *Langer,* Das Sonderverbrechen, 1972; *Maihofer,* Objektive Schuldelemente, Festschrift für H. Mayer, 1966, S. 185; *Martens,* Der Irrtum über Schuldmilderungsgründe, Strafr. Abh. Heft 246, 1928; *Mezger,* Wandlungen der strafrechtlichen Tatbestandslehre, NJW 1953, 2; *Noll,* Übergesetzliche Rechtfertigungsgründe, im besonderen die Einwilligung des Verletzten, 1955; *Nowakowski,* Zur Lehre von der Rechtswidrigkeit, ZStW 63 (1951) S. 287; *Schmidhäuser,* Gesinnungsmerkmale im Strafrecht, 1958; *derselbe,* Der Unrechtstatbestand, Festschrift für Karl Engisch, 1969, S. 433; *Schweikert,* Die Wandlungen der Tatbestandslehre seit Beling, 1957; *Stratenwerth,* Zur Funktion strafrechtlicher Gesinnungsmerkmale, Festschrift für H. v. Weber, 1963, S. 171; *Thierfelder,* Objektiv gefaßte Schuldmerkmale, Strafr. Abh. Heft 308, 1932; *Tiedemann,* Tatbestandsfunktionen im Nebenstrafrecht, 1969; *Wendt,* Anmerkung zu BGH 1, 203, JZ 1951, 723; *Würtenberger,* Die geistige Situation der deutschen Strafrechtswissenschaft, 2. Aufl. 1959.

I. Wesen und Funktion des Schuldtatbestandes

1. Der Tatbestand i. w. S. faßt alle diejenigen Merkmale zusammen, von denen die Strafwürdigkeit einer Handlung abhängt (vgl. oben § 7 I 1). Er umschließt sowohl Unrechts- als auch Schuldmerkmale und ist darum gleichbedeutend mit dem Deliktstypus (z. B. Mord, Kindestötung, Gefährdung des Straßenverkehrs). **Innerhalb des Tatbestandes i. w. S. sind Unrechts- und Schuldtatbestand zu unterscheiden** (vgl. oben § 25 I 3)[1]. Zum Unrechtstatbestand gehören diejenigen Merkmale des Deliktstypus, in denen der Verbotssinn der betreffenden Rechtsnorm ausgedrückt ist (vgl.

---

[75] Vgl. *Grünhut,* Das englische Strafrecht S. 197; *Honig,* Das amerikanische Strafrecht S. 131 ff.; *Glanville Williams,* Criminal Law S. 288 ff.; *J. Hall,* Principles S. 407 ff.; *Kenny / Turner,* Outlines S. 60 f.; *Robinson,* Criminal Law Defenses Bd. I S. 252.

[76] Dazu *Fragoso,* Lições S. 212 ff.; *da Costa jr.,* Comentários, Art. 21 Anm. 3.

[77] Vgl. zur Geschichte und Rechtsvergleichung im ganzen *Jiménez de Asúa,* Bd. VI S. 357 ff.; zum griechischen Recht *Mangakis,* Das Unrechtsbewußtsein S. 17 ff., 79 ff.

[1] Zum Schuldtatbestand *Gallas,* Beiträge S. 43 ff.; früher schon in diesem Sinne *Goldschmidt,* Frank-Festgabe Bd. I S. 461 ff.; *Lange,* JR 1949, 166; *Mezger,* NJW 1953, 2. Vgl. auch *Stratenwerth,* v. Weber-Festschrift S. 190. Diese Lehre hat inzwischen Fortschritte gemacht; vgl. *Engisch,* DJT-Festschrift Bd. II S. 413; *Maihofer,* H. Mayer-Festschrift S. 199 ff.; *Schmidhäuser,* Allg. Teil S. 452 ff.; *derselbe,* Studienbuch S. 185 ff.; *Jakobs,* Allg. Teil S. 405 ff.; *WK (Nowakowski)* Vorbem. 53 vor § 3; *Schönke / Schröder / Lenckner,* Vorbem. 47 vor § 13; *Tiedemann,* Tatbestandsfunktionen S. 229. Gegner sind *Bockelmann / Volk,* Allg. Teil S. 55 f.; *Hirsch,* Negative Tatbestandsmerkmale S. 13 Fußnote 1; *LK (Hirsch)* Vorbem. 175 vor § 32; *Maurach / Zipf,* Allg. Teil I S. 324; *Welzel,* Lehrbuch S. 55. Sie leugnen entweder die Existenz von besonderen Schuldmerkmalen oder ihre Typizität für bestimmte Deliktsarten.

I. Wesen und Funktion des Schuldtatbestandes

oben § 25 I 2), der Schuldtatbestand umfaßt dagegen diejenigen Faktoren, die die in der Tat aktualisierte Rechtsgesinnung des Täters näher kennzeichnen.

Was den Schuldtatbestand anlangt, so sind allerdings zwei Einschränkungen zu machen: *Einmal* können zum Schuldtatbestand nur Merkmale gezählt werden, die den Schuldgehalt der Tat *ausschließlich* und *unmittelbar* beschreiben, weil sonst die Unterscheidung von Unrecht und Schuld verlorenginge[2]. Gemeint ist hier also nicht der Schuldgehalt der Tat, der schon in der subjektiven Zurechnung des begangenen Unrechts besteht, sondern es kommen nur zusätzliche Merkmale in Frage, die die Schuld in *selbständiger* Weise und nicht nur als Reflex der Unrechtsmerkmale charakterisieren. *Zum anderen* umfaßt der Schuldtatbestand allein die *Typusmerkmale* einer bestimmten Deliktsart, so daß Schuldfähigkeit und Bewußtsein der Rechtswidrigkeit als *allgemeine* (nicht typusgebundene) Schuldmerkmale hier ausscheiden. Auch die Entschuldigungsgründe sind an dieser Stelle nicht zu berücksichtigen, weil sie in der Regel (eine Ausnahme machen § 157 und § 258 V) gleichfalls nicht auf eine bestimmte Deliktsart bezogen sind (vgl. unten §§ 44 - 47)[3].

2. Deliktstypische Schuldmerkmale hat es schon im StGB von 1871 gegeben[4], doch ist die Vorliebe für ihre Verwendung, vor allem in Gestalt von Gesinnungsmerkmalen, erst ein Kennzeichen der neueren Strafrechtsentwicklung. Dies hängt zusammen mit dem Bestreben des Gesetzgebers, die juristischen Maßstäbe stärker nach der *Täterpersönlichkeit* auszurichten (**„Individualisierung des Strafrechts"**) und die Deliktstypen *nach ethischen Wertbegriffen* zu differenzieren (**„Ethisierung des Strafrechts"**). Voraussetzung dafür war die Anerkennung eines materiellen Schuldbegriffs, der in der Schuld nicht nur die Summe der subjektiven Zurechnungsgründe, sondern einen tadelnswerten Mangel an Rechtsgesinnung erblickt (vgl. oben § 38 II 5), denn erst dadurch wurde die Schuld zu einer steigerungsfähigen Größe. So werden seit jeher, in neuerer Zeit aber zunehmend, spezielle Schuldmerkmale dazu verwendet, den strafwürdigen Bereich abzugrenzen (strafbegründende bzw. strafausschließende Schuldmerkmale) oder abzustufen (strafschärfende bzw. strafmildernde Schuldmerkmale).

Beispiele: Die Gefährdung anderer im Straßenverkehr, die nach §§ 1 II, 49 I Nr. 1 StVO ordnungswidrig ist, wird unter bestimmten das Unrecht qualifizierenden Umständen strafbar, wenn der Täter außerdem „rücksichtslos" handelt (§ 315c I Nr. 2) (BGH VRS 23, 292; OLG Köln VRS 59, 123: „extrem" verwerfliche Verkehrsgesinnung). Gesinnungsmerkmal ist ferner die „Böswilligkeit" in §§ 90a I Nr. 1, 130 Nr. 3 und 223b. Bei Unzucht zwischen Männern kann das Gericht zugunsten von Beteiligten unter 21 Jahren von Strafe absehen (§ 175 II Nr. 1). Straflos bleiben beim Beischlaf zwischen Verwandten Abkömmling und Geschwister, wenn sie zur Zeit der Tat noch nicht 18 Jahre alt waren (§ 173 III). Der Mord (§ 211) wird als qualifizierter Tatbestand gegenüber dem Totschlag durch Merkmale hervorgehoben, die zum Teil gesteigerte Schuld ausdrücken (z. B. niedrige Beweggründe). Bei der Kindestötung (§ 217) wird die gemilderte Schuld durch die nichteheliche Mutterschaft und den psychischen Einfluß des Geburtsvorgangs gekennzeichnet[5].

---

[2] Vgl. dazu *Gallas*, Beiträge S. 44; ferner die Kritik von *Stratenwerth*, v. Weber-Festschrift S. 181 ff. an der extensiven Verwendung des Gesinnungsbegriffs durch *Schmidhäuser*, Gesinnungsmerkmale S. 175 ff., aufgrund deren *Schmidhäuser*, Allg. Teil S. 246 f., 455 f. seine Lehre modifiziert hat.

[3] Dagegen bildet *Jakobs*, Allg. Teil S. 405 ff. einen „Gesamtschuldtatbestand", der einmal das Unrecht als Bezugspunkt der Schuld, weiter sämtliche positiven Schuldmerkmale, endlich sogar die Fälle der Unzumutbarkeit einschließen soll. Ähnlich umfassend *Schmidhäuser*, Engisch-Festschrift S. 447.

[4] Die „Überlegung", bis 1941 einziges den Mord kennzeichnendes Merkmal, war richtigerweise als Schuldelement zu verstehen (*Frank*, § 211 Anm. I 2: „Abwägung der kontrastierenden Motive"), wurde indessen von der Rspr. (RG JW 1936, 1128; RG 74, 84 [86]) als subjektives Unrechtsmerkmal betrachtet.

[5] Vgl. *Wessels*, Allg. Teil S. 115.

3. **Aufgabe des Schuldtatbestandes** ist es, diejenigen selbständigen Merkmale des Deliktstypus zusammenzufassen, die die in der Tat aktualisierte Einstellung des Täters zu dem spezifischen Rechtsgebot entweder als besonders tadelnswert oder als relativ intakt erscheinen lassen. Auch die systematische Stellung der Merkmale des Schuldtatbestandes ist eine besondere, so daß für sie andere Irrtums- und Teilnahmeregeln gelten als für die Unrechtsmerkmale (vgl. unten § 42 III).

II. Die Merkmale des Schuldtatbestandes

Drei Gruppen von Schuldtatbestandsmerkmalen sind zu unterscheiden:

1. Einmal gibt es **objektiv gefaßte Schuldmerkmale**[6]. Nach der älteren Lehre hat hier der Gesetzgeber an das Vorliegen gewisser äußerer Umstände, die geeignet sind, einen den Schuldvorwurf mildernden oder ausschließenden Einfluß auf die Willensbildung auszuüben, die *unwiderlegliche Vermutung* geknüpft, daß sie auch tatsächlich von Einfluß gewesen sind[7]. Dagegen gründet *Maihofer* die objektiv gefaßten Schuldmerkmale nicht auf eine Vermutung, sondern unmittelbar auf die für bestimmte Situationen „typische Sozial- und Dispositionsschuld"[8]. Richtig ist es, auch hier von dem Grundgedanken der Schuldlehre auszugehen: die Einstellung des Täters zum Recht erscheint bei Vorliegen eines Schuldmilderungsgrundes anders, und zwar weniger tadelnswert, als im Normalfall, sofern der Täter den ihn entlastenden Umstand gekannt hat (vgl. auch unten § 42 III 1a). Daß schon die bloße *Eignung* dieser Merkmale zur Privilegierung ausreicht, ohne daß auf ihre wirkliche Bedeutung für die Willensbildung abgestellt wird, benachteiligt den Täter nicht, da die objektiv gefaßten Schuldmerkmale sämtlich Schuldmilderungs- oder -ausschließungsgründe sind und somit niemals belastend, sondern immer nur entlastend wirken können. Sie müssen dem Täter aber bekannt gewesen sein, weil sie sonst nicht motivierend gewirkt haben können.

Beispiele: Die Privilegierung der Kindestötung (§ 217) berücksichtigt die seelische Lage der nichtehelichen Mutter und die psychischen Auswirkungen des Geburtsvorgangs, selbst wenn diese Umstände auf die Tat ohne Einfluß gewesen sein sollten (RG 77, 246)[9]. Dagegen beruht die Strafmilderung für die Tötung auf Verlangen (§ 216) wegen der Verwandtschaft des Falles mit der Einwilligung auf gemildertem Unrecht[10]. Objektiv gefaßte Entschuldigungsgründe sind die Angehörigenprivilegien bei der Nichtanzeige von Verbrechen (§ 139 III 1)[11] und bei der Strafvereitelung (§ 258 VI)[12], die in der notstandsähnlichen Lage ihren Grund haben. Die

---

[6] Vgl. *Frank,* Aufbau des Schuldbegriffs S. 5 ff.; *Hegler,* Frank-Festgabe S. 252 ff.; *v. Liszt / Schmidt,* S. 189 ff.; *Mezger,* Lehrbuch S. 270; *Thierfelder,* Objektiv gefaßte Schuldmerkmale S. 44 ff.; *Schönke / Schröder / Lenckner,* Vorbem. 123 vor § 13; *LK (Jescheck)* Vorbem. 74 vor § 13; *Wessels,* Allg. Teil S. 114 f. Gegen die Anerkennung objektiv gefaßter Schuldmerkmale *Blei,* Allg. Teil, 17. Aufl. S. 162; *Bockelmann / Volk,* Allg. Teil S. 56.

[7] Vgl. *Daniel,* Der Irrtum über Strafminderungsumstände S. 44; *Schönke / Schröder / Lenckner,* Vorbem. 123 vor § 13; *Nowakowski,* ZStW 63 (1951) S. 320; *Küper,* GA 1968, 325.

[8] *Maihofer,* H. Mayer-Festschrift S. 215.

[9] Vgl. *Maurach / Schroeder,* Bes. Teil I S. 47. Daß der Gesetzgeber *beide* Gesichtspunkte berücksichtigen wollte, ergibt *Goltdammer,* Materialien Teil II S. 279 f.

[10] Vgl. *R. Schmitt,* Maurach-Festschrift S. 117 f. Dagegen stellt *Maurach / Schroeder,* Bes. Teil I S. 45 mit der h. L. auch hier auf die „notstandsähnliche Konfliktslage" ab, was dazu führt, daß der Täter auch bei irriger Annahme des Verlangens in den Genuß des Privilegs kommt.

[11] Die Frage ist streitig; wie hier *Geilen,* JuS 1965, 432; *Schönke / Schröder / Cramer,* § 139 Rdn. 4; *SK (Rudolphi)* § 139 Rdn. 6; *LK (Hanack)* § 139 Rdn. 23; *Welzel,* Lehrbuch S. 518. Dagegen nehmen *Lackner,* § 139 Anm. 3; *Maurach / Schroeder,* Bes. Teil II S. 313; *Dreher / Tröndle,* § 139 Rdn. 6 einen persönlichen Strafausschließungsgrund an.

[12] Ebenso *Schmidhäuser,* Allg. Teil S. 490. Meist wird aber trotz Anerkennung des notstandsähnlichen Charakters ein persönlicher Strafausschließungsgrund angenommen; vgl. *Maurach /*

II. Die Merkmale des Schuldtatbestandes

Jugendlichkeit des Täters bzw. Beteiligten wird berücksichtigt bei der uneidlichen Falschaussage des noch nicht Eidesmündigen (§ 157 II), beim Beischlaf zwischen Verwandten (§ 173 III)[13] und bei der Unzucht zwischen Männern (§ 175 II Nr. 1).

2. Bei den **subjektiv gefaßten Schuldmerkmalen**[14] genügt dagegen die bloße Eignung zur Entlastung des Täters nicht. Vielmehr muß ein, wenn auch nur vorgestellter, äußerer Umstand auf die Willensbildung des Täters *tatsächlich* eingewirkt haben.

Beispiele: Ein subjektiv gefaßter Schuldmilderungsgrund ist der Aussagenotstand (§ 157 I)[15] und die Provokation beim Totschlag (§ 213). Ein subjektiv gefaßtes *strafschärfendes* Schuldmerkmal ist beim Mord (§ 211) die Absicht, eine andere Straftat zu ermöglichen oder zu verdecken[16].

3. Umstritten in ihrer Abgrenzung und zweifelhaft hinsichtlich ihres Standorts im Verbrechensbegriff sind die **Gesinnungsmerkmale.**

a) Die durch Gesinnungsmerkmale gekennzeichneten Seelenzustände (z. B. Habgier, Roheit, Rücksichtslosigkeit) können, weil kein Richter die Gabe besitzt, dem Menschen ins Herz zu sehen, nicht direkt festgestellt werden, sondern ergeben sich erst durch einen *Rückschluß* aus den äußeren Umständen der Tat[17]. Gesinnungsmerkmale setzen also stets eine bestimmte, mit prozeßordnungsmäßigen Mitteln feststellbare äußere Sachlage voraus (BGH 18, 102 [107]) und stimmen darin mit den objektiv und subjektiv gefaßten Schuldmerkmalen überein. Ihre Eigentümlichkeit liegt darin, daß hier das „sittlich-wertwidrige geistige Verhalten" im Tatbestand *unmittelbar* angegeben wird[18], wobei es dem Richter überlassen bleibt, aus der Gestaltung des Einzelfalls diejenigen Tatumstände herauszugreifen, die den Rückschluß auf das im Tatbestand geforderte Gesinnungsmerkmal zulassen. Da jedoch die Faktoren, aus denen auf eine bestimmte Gesinnung geschlossen werden kann, teils dem Unrechts-, teils dem Schuldbereich angehören, sind auch die Gesinnungsmerkmale nicht einheitlich als Schuldmerkmale, sondern teils als solche, teils als Unrechtsmerkmale zu betrachten **(differenzierende Auffassung)**[19]. Nur diejenigen Gesinnungselemente, die nicht auf einem entsprechenden Bezugspunkt im Unrechtsbereich aufbauen, sondern unmittelbar und ausschließlich aus Sachverhalten geschlossen werden, die zum

---

Schroeder, Bes. Teil II S. 326; *Dreher / Tröndle*, § 258 Rdn. 16; *Lackner*, § 258 Anm. 7; *SK (Samson)* § 258 Rdn. 50. Wie hier jedoch *Kantorowicz*, Tat und Schuld S. 255. *Schönke / Schröder / Stree*, § 258 Rdn. 39 nimmt einen persönlichen Strafausschließungsgrund an, „der freilich im Schuldbereich wurzelt".

[13] Die Frage ist streitig; wie hier *Frank*, § 173 Anm. III; *Hegler*, ZStW 36 (1915) S. 215; *Bloy*, Strafausschließungsgründe S. 146f. Dagegen für persönlichen Strafausschließungsgrund *Schönke / Schröder / Lenckner*, § 173 Rdn. 9; *Dreher / Tröndle*, § 173 Rdn. 8; *SK (Horn)* § 173 Rdn. 9; *LK (Dippel)* § 173 Rdn. 18. Für negatives Tatbestandsmerkmal RG 19, 391 (393); *Kohlrausch / Lange*, § 173 Anm. III 3.

[14] Vgl. *Thierfelder*, Objektiv gefaßte Schuldmerkmale S. 80ff.; *v. Liszt / Schmidt*, S. 291ff.; *Martens*, Der Irrtum über Strafmilderungsgründe S. 23; *Wessels*, Allg. Teil S. 115; *Schönke / Schröder / Lenckner*, Vorbem. 123 vor § 13.

[15] Vgl. *Maurach / Schroeder*, Bes. Teil II S. 187f.; *LK (Willms)* § 157 Rdn. 10ff.

[16] Ein subjektives *Unrechts*merkmal ist trotz der finalen Struktur nicht anzunehmen, weil die Absicht weder das Rechtsgut noch die Begehungsweise der Tat betrifft, wohl aber unmittelbar die Einstellung des Täters zur Tat kennzeichnet und damit Aufschluß über die Motivation der Tat gibt.

[17] Vgl. *Stratenwerth*, v. Weber-Festschrift S. 177.

[18] So die Definition von *Schmidhäuser*, Gesinnungsmerkmale S. 217 und Allg. Teil S. 455.

[19] So *Schmidhäuser*, Allg. Teil S. 247; *Baumann / Weber*, Allg. Teil S. 286; *Lampe*, Das personale Unrecht S. 234; *Langer*, Sonderverbrechen S. 346f.; *Schönke / Schröder / Lenckner*, Vorbem. 122 vor § 13; *Stratenwerth*, v. Weber-Festschrift S. 187; *Welzel*, Lehrbuch S. 79; *Wessels*, Allg. Teil S. 38. Vgl. auch *Hardwig*, ZStW 68 (1956) S. 29ff.

Schuldbereich gehören, können als echte Schuldmerkmale angesprochen werden. Dagegen sind Gesinnungsmerkmale, die sich lediglich als die subjektive Kehrseite von spezifischen Unrechtsmerkmalen darstellen, selbst nichts anderes als subjektive Unrechtsmerkmale (unechte Gesinnungsmerkmale). Die Unterscheidung ist oft schwierig, muß aber durchgeführt werden, weil sich sonst die Irrtums- und Teilnahmeprobleme nicht sachgerecht lösen lassen (vgl. unten § 42 III).

Beispiele: Beim Mord (§ 211) sind die sittlich-wertwidrigen Motivationen (Mordlust, Befriedigung des Geschlechtstriebs, Habgier, niedrige Beweggründe) echte Gesinnungsmerkmale, während die Merkmale, die die Gefährlichkeit oder Verwerflichkeit der Begehungsweise betreffen (Heimtücke, Grausamkeit, Anwendung gemeingefährlicher Mittel) als Kennzeichen eines besonderen Handlungsunrechts dem Unrechtstatbestand angehören und nur *mittelbar* auch die Gesinnung beschreiben. Echte Gesinnungsmerkmale sind ferner die „Roheit" und „Böswilligkeit" bei der Mißhandlung von Schutzbefohlenen (§ 223 b) und die „Rücksichtslosigkeit" bei der Straßenverkehrsgefährdung (§ 315 c I Nr. 2) (OLG Stuttgart VRS 41, 274), während die „Gröblichkeit" der Begehungsweise (§§ 167 I Nr. 1, 170 d, 315 c I Nr. 2) und die „Hinterlist" (§ 223 a) zum Unrechtstatbestand gehören, weil sie die Art und Weise der Tatausführung betreffen.

Abweichende Lehrmeinungen betrachten die Gesinnungsmerkmale teils als Steigerung des Tatvorsatzes[20], teils ausschließlich als Kennzeichen des personalen Handlungsunrechts[21], teils als reine Schuldbestandteile[22]. Jedoch wird allein die differenzierende Betrachtungsweise der Tatsache gerecht, daß die äußeren Bezugspunkte der Gesinnungsmerkmale über den gesamten Unrechts- und Schuldbereich verteilt sind.

b) Gegen die zunehmende Verwendung von Gesinnungsmerkmalen im Strafrecht bestehen freilich **rechtsstaatliche Bedenken**[23]. Einmal wird durch ihre den Unrechts- und Schuldbereich überspannende Stellung im Verbrechensaufbau die Unterscheidung der beiden Seiten der Straftat erschwert. Weiter widerspricht es dem Grundsatz der Bestimmtheit der Tatbestände, daß dem Richter die Freiheit eingeräumt wird, nach eigenem Ermessen die Anknüpfungspunkte auszuwählen, aus denen er auf das Vorhandensein der im Tatbestand vorausgesetzten Gesinnung schließen will. Endlich muß die unvermeidliche Subjektivität der Maßstäbe für die Beurteilung von Gesinnungsmerkmalen die Gleichheit der Rechtsanwendung gefährden. Der Höhepunkt in der Verwendung von Gesinnungsmerkmalen scheint allerdings überschritten zu sein. Die neuere Gesetzgebung zeigt die entgegengesetzte Tendenz[24].

III. Irrtums- und Teilnahmeprobleme

1. Die Behandlung der **Irrtumsfragen** im Bereich des Schuldtatbestandes ist umstritten. Für die Lösung hat man von der Unterscheidung der drei Merkmalsgruppen auszugehen:

a) Bei den *objektiv gefaßten Schuldmerkmalen* muß der Täter den objektiven Bezugspunkt kennen, weil sonst ein Einfluß auf seine Willensbildung ausgeschlossen ist und deswegen auch seine in der Tat aktualisierte Einstellung zum Recht davon

---

[20] So *H. Mayer*, Lehrbuch 254.
[21] So *Bockelmann / Volk*, Allg. Teil S. 56; *Maurach / Zipf*, Allg. Teil I S. 308; *Noll*, Übergesetzliche Rechtfertigungsgründe S. 31 ff., 41 f.; *Schweikert*, Tatbestandslehre S. 138.
[22] So *Lange*, JR 1949, 166 f.; *Gallas*, Beiträge S. 57; *Würtenberger*, Situation S. 56 f.
[23] Vgl. *H. Mayer*, Grundriß S. 54; *Stratenwerth*, v. Weber-Festschrift S. 190; *derselbe*, Allg. Teil I Rdn. 334.
[24] So ist in § 170 d das Merkmal der „Gewissenlosigkeit" gestrichen worden und ist § 170 c mit dem gleichen Merkmal ganz gefallen. Dasselbe gilt für § 170 a mit dem Merkmal der „Böswilligkeit". In § 134 ist dieses Merkmal entfernt worden. In § 90 a I Nr. 1 und in § 130 Nr. 3 ist die „Böswilligkeit" jedoch erhalten geblieben.

III. Irrtums- und Teilnahmeprobleme

nicht berührt sein kann. Dagegen braucht nicht nachgewiesen zu werden, daß der dem Täter bekannte Umstand tatsächlich für die Motivation der Tat die entscheidende Rolle gespielt hat. Hat er aber das Vorliegen eines objektiv gefaßten Schuldmerkmals irrtümlich angenommen, so muß ihm das zugute kommen, weil seine Willensbildung dann unter den gleichen Bedingungen stattgefunden hat, wie wenn der Umstand wirklich vorgelegen hätte *(Subjektivierung der objektiv gefaßten Schuldmerkmale)*[25].

Beispiele: Hält die Mutter ihr nichteheliches Kind für ehelich, so kann sie sich nicht auf § 217 berufen, während die Vorschrift im umgekehrten Falle Anwendung findet. Der Täterin, die sich als rechtsgültig verlobt betrachtet (§ 11 I Nr. 1 a), weil sie die Ehe des von ihr Begünstigten irrtümlich als geschieden ansieht, muß § 258 VI zugute kommen (anders RG 61, 270, wo ein persönlicher Strafausschließungsgrund angenommen wird). Der Irrtum über das eigene Lebensalter (§§ 157 II, 173 III, 175 II Nr. 1) bleibt dagegen außer Ansatz, ebenso wie auch der Irrtum über die Schuldfähigkeit unbeachtlich ist, weil es sich dabei nur um gesetzliche Anhaltspunkte für den Schuldvorwurf handelt, nicht um Situationen, die die Motivation beeinflussen können.

b) Bei den *subjektiv gefaßten Schuldmerkmalen* müssen die äußeren Umstände, auf die der Tatbestand Bezug nimmt, dem Täter bekannt gewesen sein und auf seine Willensbildung tatsächlich Einfluß gehabt haben. Es genügt aber auch, wenn er diese Umstände *irrig* angenommen und der bloßen Vorstellung Einfluß auf seine Willensbildung eingeräumt hat.

Beispiele: War dem Zeugen die objektiv gegebene Gefahr gerichtlicher Bestrafung nicht bewußt, so ist § 157 I nicht anwendbar. Der Aussagenotstand kommt dagegen auch dann zum Zuge, wenn der Täter die Gefahr nur irrtümlich angenommen hat (RG 69, 41; 77, 219 [222]; BGH 8, 301 [317])[26].

c) Bei den zum Schuldtatbestand gehörenden *Gesinnungsmerkmalen* kommt es lediglich darauf an, daß Umstände objektiver oder subjektiver Art festgestellt werden, die nicht schon das Unrecht betreffen und einen Rückschluß auf das vom Tatbestand geforderte sittlich-wertwidrige geistige Verhalten erlauben. Auch wenn der Täter sich irrt, ist dieser Rückschluß unter Umständen möglich.

Beispiel: Ein Parteifunktionär, der die Bundesrepublik in einer Versammlung aus bewußt feindlicher Gesinnung verächtlich macht, handelt i. S. von § 90 a I Nr. 1 böswillig, auch wenn er die seiner Kritik zugrunde liegenden Tatsachen irrtümlich für wahr hält.

2. Im Rahmen der **Teilnahme** müssen alle Merkmale des Schuldtatbestandes nach dem Grundsatz behandelt werden, daß die Schuld der Mittäter, Anstifter und Gehilfen von der Schuld der anderen Beteiligten unabhängig ist (§ 29). Das gilt für strafbegründende wie strafausschließende, für strafschärfende wie strafmildernde Schuldmerkmale. In diesem Punkte unterscheiden sich die Schuldmerkmale von den subjektiven Unrechtsmerkmalen, bei denen eine Lockerung der Akzessorietät nur dann eintritt, wenn es sich um „besondere persönliche Merkmale" handelt (§ 28) (vgl. näher unten § 61 VII 5).

Beispiele: Handelt der Anstifter aus niedrigen Beweggründen, der Täter dagegen nur vorsätzlich, so muß wegen Anstiftung zum Mord (§ 211) bestraft werden (anders BGH 1, 368 [371], wo der niedrige Beweggrund als Unrechtsmerkmal angesehen wird). Ebenso mußte der Gehilfe selbst böswillig i. S. von § 1 I KWVO handeln, es genügte nicht, daß er lediglich die Böswilligkeit des Täters kannte (anders OGH 2, 50 [57]). Handelt der Anstifter zu einer vorsätzlichen

---

[25] So schon *Binding,* Normen Bd. III S. 322 ff.; vgl. ferner *Thierfelder,* Objektiv gefaßte Schuldmerkmale S. 100; *Maurach / Schroeder,* Bes. Teil I S. 48; *Dreher / Tröndle,* § 217 Rdn. 2; *LK (Jähnke)* § 217 Rdn. 11; *Welzel,* Lehrbuch S. 287; *Schönke / Schröder / Eser,* § 217 Rdn. 11; *Küper,* GA 1968, 326.
[26] Vgl. *Maurach / Schroeder,* Bes. Teil II S. 188; *Schönke / Schröder / Lenckner,* § 157 Rdn. 6; *LK (Willms)* § 157 Rdn. 10; zu § 213 entsprechend *Wendt,* JZ 1951, 723.

Verkehrsstraftat nach § 315 c I Nr. 2 nicht rücksichtslos, weil er mit der überschnellen Fahrt ein an sich billigenswertes Ziel verfolgt, so kann er nur nach §§ 1 II StVO, 14 OWiG, 49 I Nr. 1 StVO wegen einer Ordnungswidrigkeit mit einer Geldbuße belegt werden.

Unterabschnitt c): Die Entschuldigungsgründe

§ 43 Die Grundlagen der Entschuldigung tatbestandsmäßig-rechtswidriger Handlungen

Anne-Eva Brauneck, Der strafrechtliche Schuldbegriff, GA 1959, 261; *Fletcher,* The Individualisation of Excusing Conditions, Southern California Law Review 47 (1974) S. 1269; *Gallas,* Pflichtenkollision als Schuldausschließungsgrund, Festschrift für E. Mezger, 1954, S. 311; *Goldschmidt,* Der Notstand, ein Schuldproblem, Österr. Zeitschrift für Strafrecht 1913, 129; *Günther,* Strafrechtswidrigkeit und Strafunrechtsausschluß, 1983; *Henkel,* Zumutbarkeit und Unzumutbarkeit als regulatives Rechtsprinzip, Festschrift für E. Mezger, 1954, S. 249; *Kadish,* Excusing Crime, California Law Review 75 (1987) S. 272 ff.; *Armin Kaufmann,* Lebendiges und Totes in Bindings Normentheorie, 1954; *derselbe,* Die Dogmatik der Unterlassungsdelikte, 1959; *Küper,* Noch einmal: Rechtfertigender Notstand usw., JuS 1971, 474; *Maihofer,* Der Unrechtsvorwurf, Festschrift für Th. Rittler, 1957, S. 141; *Maurach,* Kritik der Notstandslehre, 1935; *derselbe,* Schuld und Verantwortung im Strafrecht, 1948; *Oetker,* Notwehr und Notstand, Festgabe für R. v. Frank, Bd. I, 1930, S. 359; *Roxin,* „Schuld" und „Verantwortlichkeit" als strafrechtliche Systemkategorien, Festschrift für H. Henkel, 1974, S. 171; *derselbe,* Zur jüngsten Diskussion über Schuld, Prävention und Verantwortlichkeit, Festschrift für P. Bockelmann, 1979, S. 279; *Eb. Schmidt,* Das Problem des übergesetzlichen Notstands, Mitt IKV, Bd. V, 1931, S. 131; *Schünemann,* Die Funktion des Schuldprinzips im Präventionsstrafrecht, in: Schünemann (Hrsg.), Grundfragen des modernen Strafrechtssystems, 1984, S. 153; *Stratenwerth,* Die Zukunft des strafrechtlichen Schuldprinzips, 1977; *Streng,* Schuld, Vergeltung, Generalprävention, ZStW 92 (1980) S. 637; *Vogler,* Der Irrtum über Entschuldigungsgründe, GA 1969, 103; *W. Weber,* Zumutbarkeit und Nichtzumutbarkeit als rechtliche Maßstäbe, Juristen-Jahrbuch 3 (1962/63) S. 212.

I. Ausschluß der Rechtswidrigkeit und Entschuldigung

1. *Ausschluß der Rechtswidrigkeit* bedeutet, daß eine tatbestandsmäßige Handlung durch das Eingreifen eines Erlaubnissatzes gerechtfertigt wird, weil sie unter den besonderen Umständen ihrer Begehung kein materielles Unrecht darstellt (vgl. oben § 31 II 3). Damit sind die Möglichkeiten der Straflosigkeit aber nicht erschöpft. Es gibt Taten, die zwar tatbestandsmäßig-rechtswidrig sind und auch von einem schuldfähigen und mit Unrechtsbewußtsein handelnden Täter begangen werden, aber dennoch straffrei bleiben, weil die Rechtsordnung unter bestimmten Voraussetzungen keinen Schuldvorwurf erhebt[1]. Die Umstände, die den Schuldvorwurf entfallen lassen, heißen **Entschuldigungsgründe** (vgl. unten §§ 44 - 47).

2. Die Möglichkeit der Entschuldigung von tatbestandsmäßig-rechtswidrigen Handlungen beruht darauf, daß Rechtswidrigkeits- und Schuldurteil nach Gegenstand und Maßstab verschieden sind. Bei der Prüfung der *Rechtswidrigkeit* wird der betätigte Handlungswille auf seine Übereinstimmung mit der Rechtsordnung untersucht, bei der Prüfung der *Schuld* wird gefragt, ob die in der Tat hervorgetretene Gesinnung als Ausdruck einer tadelnswerten Einstellung des Täters zum Recht angesehen werden kann. Die Entschuldigungsgründe lassen sich allerdings nicht ganz auf

---

[1] Vgl. zu dieser Unterscheidung im kontinentalen Recht und im common law *Fletcher,* Southern California Law Review 47 (1974) S. 1280 ff.

das Schema der Zweiteilung von Unrecht und Schuld bringen, sondern haben insofern eine **Doppelstellung,** als sie auf einer Minderung sowohl des Unrechts- als auch des Schuldgrades der Tat beruhen. Die Situation ist einmal der eines Rechtfertigungsgrundes angenähert, zum anderen ist die Motivation des Täters wegen außergewöhnlicher Umstände verständlich. Der Gesetzgeber zieht aus dieser doppelten Herabsetzung des kriminellen Gehalts den Schluß, daß die Tat in solchen Fällen nicht mehr strafwürdig ist und deswegen straffrei bleiben muß (vgl. unten § 43 III 2 b)[2].

3. Obwohl die Folge der *Straflosigkeit* bei Rechtfertigungs- und Entschuldigungsgründen dieselbe ist, hat sie doch in beiden Fällen verschiedene Bedeutung. Die gerechtfertigte Tat wird von der Rechtsordnung **gebilligt**[3], die entschuldigte nur **nachgesehen.** Bei der ersteren ist deshalb strafbare Teilnahme ausgeschlossen, bei der letzteren dagegen rechtlich möglich. Ob auch der Teilnehmer entschuldigt ist, richtet sich nach den bei ihm persönlich vorliegenden Umständen (§ 29). Weiter ist die Irrtumsregelung für Rechtfertigungs- und Entschuldigungsgründe verschieden (vgl. oben § 41 III und unten § 48 II). Endlich ist gegen eine rechtswidrige, aber entschuldigte Handlung Notwehr zulässig, während diese gegen eine gerechtfertigte Tat ausgeschlossen ist.

II. Schuldausschluß und Entschuldigung

1. Schuldfähigkeit und Bewußtsein der Rechtswidrigkeit sind *schuldbegründende Merkmale.* Ist der Täter nicht schuldfähig oder handelt er in unvermeidbarem Verbotsirrtum, so fehlt es von vornherein an der Schuld. Schuldunfähigkeit und unvermeidbarer Verbotsirrtum sind deshalb **Schuldausschließungsgründe:** in beiden Fällen ist ein tadelnswerter Mangel an Rechtsgesinnung zu verneinen, weil der Täter unfähig ist, das Unrecht der Tat einzusehen bzw. sich von dieser Einsicht leiten zu lassen. Weder die Bildung noch die Betätigung des rechtswidrigen Handlungswillens können deshalb Gegenstand eines Schuldvorwurfs sein.

2. Anders ist es dagegen bei den **Entschuldigungsgründen**[4]. Sie bewirken zwar eine Herabsetzung des Unrechts- und Schuldgehalts der Tat (vgl. unten § 43 III 2 b). Doch ist das Unrecht keineswegs vollständig aufgehoben, da der Erfolgsunwert der Tat dadurch, daß diese zugleich dem Schutz von Werten dient, nur verringert wird. Auch ein voller Schuldausschluß ist zu verneinen, da Schuldfähigkeit und Verbotskenntnis durch die bei der Tat vorliegende Ausnahmesituation nicht beseitigt werden[5]. Die Entschuldigungsgründe sind daher als *Unrechts- und Schuldminderungsgründe* zu betrachten, denen der Gesetzgeber *strafbefreiende* Kraft beigelegt hat, weil die Grenze der Strafwürdigkeit nicht erreicht ist.

---

[2] *Maurach / Zipf,* Allg. Teil I S. 432 f. nimmt in diesen Fällen einen „Ausschluß der Tatverantwortung" an (vgl. Vorauflage S. 348), aber dem Anliegen dieser Lehre ist mit der Erkenntnis des Grundes für den Verzicht auf den Schuldvorwurf bereits Genüge getan (vgl. *Schönke / Schröder / Lenckner,* Vorbem. 109 vor § 32).

[3] Nach *Günther,* Strafrechtswidrigkeit S. 251 ff. gibt es neben den eigentlichen Rechtfertigungsgründen andere Gründe, „die nur das Strafunrecht ausschließen", ohne daß die Handlung von der Rechtsordnung gebilligt würde (vgl. oben § 31 I 2 Fußnote 2).

[4] Die Unterscheidung entspricht der überw. L.; vgl. *Bockelmann / Volk,* Allg. Teil S. 127; *Eser,* Strafrecht I Nr. 19 A Rdn. 6; *LK (Hirsch)* Vorbem. 182 vor § 32; *Armin Kaufmann,* Unterlassungsdelikte S. 151 ff.; *Schönke / Schröder / Lenckner,* Vorbem. 108 vor § 32; *SK (Rudolphi)* Vorbem. 5, 6 vor § 19; *Vogler,* GA 1969, 104; *Welzel,* Lehrbuch S. 179; *Wessels,* Allg. Teil S. 117. Ablehnend *Roxin,* Bockelmann-Festschrift S. 288 f.

[5] Anders dazu *Baumann / Weber,* Allg. Teil S. 447; *Blei,* Allg. Teil S. 207; *Dreher / Tröndle,* Vorbem. 14 vor § 32, die Schuld*ausschluß* annehmen.

III. Die Grundgedanken der Entschuldigungsgründe

1. Während die Rechtfertigungsgründe nur aus einer Vielzahl von Gesichtspunkten erklärt werden können (vgl. oben § 31 II 1), wird für die Entschuldigungsgründe meist angenommen, daß sie sich sämtlich auf den Grundgedanken der **Unzumutbarkeit normgemäßen Verhaltens** zurückführen lassen[6]. Damit ist zwar nichts Unrichtiges gesagt, aber eine sachliche Begründung nicht gewonnen; Zumutbarkeit und Unzumutbarkeit sind nur „regulative Prinzipien", die nicht den Inhalt der Entscheidung, sondern nur den Weg dazu angeben, indem sie den Richter anweisen, alle im Einzelfall relevanten Umstände zu berücksichtigen und dann richtig zu entscheiden[7]. Man braucht sich mit einem inhaltlich so unbestimmten Prinzip indessen nicht zu begnügen, denn die Kriterien der Entschuldigungsgründe sind in den gesetzlich geregelten Fällen keineswegs unbestimmt, und auch für den übergesetzlichen Fall der Pflichtenkollision hat die Lehre konkrete Maßstäbe entwickelt.

2. Das Schrifttum hat sich vielfach bemüht, als gemeinsamen Nenner der Entschuldigungsgründe eine *materielle* Erklärung der Straflosigkeit aufzufinden.

a) Teilweise werden die Entschuldigungsgründe in Parallele zur Schuldunfähigkeit gebracht, weil die Lage des Betroffenen mit der des Schuldunfähigen vergleichbar sei[8], doch ist diese *psychologische Deutung* nicht überzeugend, da sich auch in Ausnahmelagen die meisten Menschen von Rechtsnormen bestimmen lassen. Andere nehmen an, daß in den Fällen der Entschuldigungsgründe das von der Rechtsordnung vorausgesetzte *„generelle Können"* des Durchschnittsbürgers (als „Sozialperson") zu verneinen sei[9]. Nach der „Einheitstheorie" (vgl. oben § 33 I 1) muß sich die Rechtsordnung, jedenfalls beim Notstand, sogar jedes mißbilligenden Werturteils enthalten, so daß die Handlung im Ergebnis als *unverboten* erscheint[10]. Andere sehen den übermächtigen Motivationsdruck als hinreichenden *Schuldausschließungsgrund* an[11]. Endlich wird die Straffreiheit auf die erhebliche *Minderung des Schuldgehalts* der Tat gestützt, die den Verzicht auf den Schuldvorwurf rechtfertige[12].

b) Eine im Vordringen befindliche Lehrmeinung bemüht sich, diese verschiedenen Gesichtspunkte, die jeweils nur Teilaspekte des Problems berühren, in einer differenzierten Lösung zusammenzufassen. Abgestellt wird dabei auf die **Bewertung der Unrechts- und Schuldquantität** der Tat bei den einzelnen Entschuldigungsgründen[13]. Danach haben die Entschuldigungsgründe auf den Grad sowohl des Unrechts

---

[6] So *Baumann / Weber*, Allg. Teil S. 453; *Blei*, Allg. Teil S. 207; *Jakobs*, Allg. Teil S. 409; *LK (Hirsch)* Vorbem. 183 vor § 32; *Kohlrausch / Lange*, § 52 Anm. I; *Lackner*, Vorbem. III vor § 32; *Welzel*, Lehrbuch S. 179.

[7] Dazu eingehend *Henkel*, Mezger-Festschrift S. 267 f.; *Schönke / Schröder / Lenckner*, Vorbem. 110 vor § 32. Vgl. auch *Eb. Schmidt*, Mitt IKV Bd. V S. 147 f., der auf die Notwendigkeit einer Ausfüllung durch materielle Elemente hinweist; ähnlich *Oetker*, Frank-Festgabe Bd. I S. 388 und *W. Weber*, Juristen-Jahrbuch 3 (1962/63) S. 239.

[8] So *Frank*, Vorbem. I vor § 51 und § 52 Anm. I; *Anne-Eva Brauneck*, GA 1959, 269; *Baumann / Weber*, Allg. Teil S. 446; *Henkel*, Mezger-Festschrift S. 291 f.; *LK (Hirsch)* § 35 Rdn. 3; BT-Drucksache V/4095 S. 16; RG 66, 397 (398).

[9] So *Maurach*, Schuld und Verantwortung S. 42 f.; *Maurach / Zipf*, Allg. Teil I S. 433; *Maihofer*, Rittler-Festschrift S. 158 ff.

[10] So *Gerland*, Lehrbuch S. 150; *Maurach*, Kritik der Notstandslehre S. 93 ff.; *H. Mayer*, Lehrbuch S. 191; *derselbe*, Grundriß S. 92.

[11] So *Goldschmidt*, Österr. Zeitschrift für Strafrecht 1913, 162.

[12] So *Bockelmann*, Untersuchungen S. 84 f.; *Gallas*, Mezger-Festschrift S. 323; *Schmidhäuser*, Allg. Teil S. 460, der von einem Wegfall der „Rechtsschuld" spricht.

[13] So *Eser*, Strafrecht I Nr. 19 A Rdn. 4; *LK (Hirsch)* Vorbem. 183 vor § 32; *Armin Kaufmann*, Normentheorie S. 202 ff.; *derselbe*, Unterlassungsdelikte S. 156 ff.; *Küper*, JuS 1971, 477; *SK (Rudolphi)* Vorbem. 6 vor § 19; *Schönke / Schröder / Lenckner*, Vorbem. 111 vor § 32;

als auch der Schuld Einfluß. In allen Fällen wird das *personale Handlungsunrecht* durch den vom Täter verfolgten berechtigten Zweck (Rettung aus Gefahr, Erfüllung der Gehorsamspflicht) gemindert. Aber auch das *Erfolgsunrecht* der Tat ist, jedenfalls bei Notstand und Notwehrüberschreitung, um den Wert des Gutes herabgesetzt, das der Täter gerettet oder geschützt hat. Weiter ist bei allen Entschuldigungsgründen auch der *Schuldgehalt* der Tat geringer, weil sich der Täter in einer außergewöhnlichen Lage befindet, die normgemäße Selbstbestimmung zwar nicht ausschließt, aber doch wesentlich erschwert (Gefahr für Leben, Leib oder Freiheit, Notwehraffekt, Unterordnungsverhältnis). Die Handlung ist deswegen nicht in gleichem Maße Ausdruck einer tadelnswerten Rechtsgesinnung des Täters, wie wenn sie unter gewöhnlichen Umständen stattgefunden hätte. Die Wertung aller dieser zugunsten des Täters sprechenden Umstände führt dazu, daß die Rechtsordnung, obwohl Unrecht und Schuld nur gemindert und nicht ausgeschlossen sind, von der Erhebung des strafrechtlichen Schuldvorwurfs absieht, mag auch ein sittlicher Unwert der Tat gleichwohl zu bejahen sein. Sobald sich jedoch die *Grundlage des Werturteils verschiebt,* ändert sich auch das Ergebnis; daraus erklärt es sich, daß der Schuldvorwurf gegenüber Personen, die zum Ertragen der Notstandsgefahr verpflichtet sind (Soldaten, Feuerwehrleute, Polizeibeamte), bestehen bleibt (vgl. unten § 44 IV 2), daß gewisse Fälle des Notwehrexzesses trotz Verwirrung, Furcht oder Schrecken bestraft werden (vgl. unten § 45 II 4) und daß die Ausführung eines offensichtlich strafrechtswidrigen Befehls nicht entschuldigt wird (vgl. unten § 46 II 3 b).

c) Die *funktionale Schuldlehre* (vgl. oben § 22 VI 3, 4) versucht dagegen, die Erklärung der Entschuldigungsgründe durch die Berücksichtigung des Präventionszwecks der Strafe bei der inhaltlichen Definition des Schuldgehalts der Tat zu gewinnen[14]. Richtig ist, daß der „generalpräventive Aspekt" bei der Frage der Strafwürdigkeit der Tat eine Rolle spielt. Der Schuldgehalt der Tat selbst bleibt jedoch als Gegenstand des Urteils über die Strafwürdigkeit ganz unabhängig von der kriminalpolitischen Frage, ob aus präventiven Gründen die Notwendigkeit des Einschreitens durch Strafe besteht[15].

§ 44 Der entschuldigende Notstand

Achenbach, Wiederbelebung der allgemeinen Nichtzumutbarkeitsklausel? JR 1975, 492; *Arndt,* Anmerkung zu OLG Kiel vom 26. 3. 1947, SJZ 1947, 330; *Bernsmann,* Zum Handeln von Hoheitsträgern usw., Festschrift für G. Blau, 1985, S. 23; *Blei,* Zumutbarkeit und Vorverhalten beim entschuldigenden Notstand, JA 1975, 307; *Bockelmann,* Zur Schuldlehre des OGH, ZStW 63 (1951) S. 13; *Broglio,* Der strafrechtliche Notstand im Lichte der Strafrechtsreform, 1928; *Gimbernat Ordeig,* Der Notstand: ein Rechtswidrigkeitsproblem, Festschrift für H. Welzel, 1974, S. 485; *Goldschmidt,* Der Notstand, ein Schuldproblem, Österr. Zeitschrift für Strafrecht 1913, 129; *Hanack,* Zur Problematik der gerechten Bestrafung nationalsozialistischer Gewaltverbrechen, 1967; *Hefermehl,* Der verursachte entschuldigende Notstand, Diss. Tübingen 1980; *Henkel,* Der Notstand nach gegenwärtigem und zukünftigem Recht, 1932; *derselbe,* Zumutbarkeit und Unzumutbarkeit als regulatives Rechtsprinzip, Festschrift für E. Mez-

---

Stratenwerth, Allg. Teil I Rdn. 601; *Wessels,* Allg. Teil S. 117. Dagegen *Schmidhäuser,* Allg. Teil S. 461 f.

[14] Vgl. *Jakobs,* Allg. Teil S. 471: Entschuldigung nur dann, „wenn der Konflikt als Zufall erledigt oder Dritten zugeschoben werden kann"; *Roxin,* Henkel-Festschrift S. 182 ff.; *derselbe,* Bockelmann-Festschrift S. 282 f.; *Hassemer,* Einführung S. 218 ff.; *Streng,* ZStW 92 (1980) S. 656 ff.

[15] Ebenso *Lackner,* Vorbem. III 4a vor § 13; *Schönke / Schröder / Lenckner,* Vorbem. 111 vor § 32; *SK (Rudolphi)* Vorbem. 1a vor § 19; *Stratenwerth,* Schuldprinzip S. 42. Vor dem „generalpräventiven Strafbedürfnis" als Leitstern der Kriminalpolitik warnt mit Recht auch *Schünemann,* Die Funktion des Schuldprinzips S. 177.

ger, 1954, S. 249; *Hirsch,* Anmerkung zu BGH vom 15.5.1979, JR 1980, 115; *Hruschka,* Rechtfertigung oder Entschuldigung im Defensivnotstand, NJW 1980, 21; *Jäger,* Verbrechen unter totalitärer Herrschaft, 1967; *Jescheck,* Deutsche und österreichische Strafrechtsreform, Festschrift für R. Lange, 1976, S. 365; *Koch,* Der Einfluß von Zwang und Notstand auf die Verantwortlichkeit des Täters nach französischem Strafrecht, Diss. Freiburg 1968; *Küper,* Der entschuldigende Notstand – ein Rechtfertigungsgrund? JZ 1983, 88; *derselbe,* Notstand I, HRG, Bd. III, 1984, Sp. 1063; *Kuhnt,* Pflichten zum Bestehen des strafrechtlichen Notstands (§§ 52, 54 StGB), Diss. Freiburg 1966; *Lekschas / Loose / Renneberg,* Verantwortung und Schuld im neuen StGB, 1964; *Marcetus,* Der Gedanke der Zumutbarkeit usw., Strafr. Abh. Heft 243, 1928; *Maurach,* Kritik der Notstandslehre, 1935; *Moos,* Der Verbrechensbegriff in Österreich im 18. und 19. Jahrhundert, 1968; *Neumann,* Zurechnung und „Vorverschulden", 1985; *Nowakowski,* Probleme der Strafrechtsdogmatik, JBl 1972, 19; *Otto,* Pflichtenkollision und Rechtswidrigkeitsurteil, 3. Auflage 1978; *Platzgummer,* Die „Allgemeinen Bestimmungen" des Strafgesetzentwurfs usw., JBl 1971, 236; *Pröchel,* Die Fälle des Notstands nach angloamerikanischem Strafrecht, 1975; *Rittler,* Der unwiderstehliche Zwang (§ 2g StGB) in der Rechtsprechung des OGH, Festschrift zur Hundertjahrfeier des OGH, 1950, S. 221; *Robinson,* Criminal Law Defenses, Bd. I, 1984; *Roesen,* Rechtsfragen der Einsatzgruppen-Prozesse, NJW 1964, 133; *Roxin,* „Schuld" und „Verantwortlichkeit" als strafrechtliche Systemkategorien, Festschrift für H. Henkel, 1974, S. 171; *derselbe,* Kriminalpolitik und Strafrechtssystem, 2. Auflage 1973; *derselbe,* Die notstandsähnliche Lage – ein Strafunrechtsausschließungsgrund? Festschrift für D. Oehler, 1985, S. 181; *Scarano,* La non esigibilità nel diritto penale, 1948; *Schroeder,* Notstandslage bei Dauergefahr, JuS 1980, 336; *Siegert,* Notstand und Putativnotstand, 1931; *Timpe,* Strafmilderungen des Allgemeinen Teils usw., 1983; *derselbe,* Grundfälle zum entschuldigenden Notstand usw., JuS 1984, 859; 1985, 35, 117; *Vogler,* Der Irrtum über Entschuldigungsgründe, GA 1969, 103; *Watzka,* Die Zumutbarkeit normgemäßen Verhaltens im strafrechtlichen Notstand, Diss. Freiburg 1967; *v. Weber,* Das Notstandsproblem usw., 1925; *derselbe,* Vom Diebstahl in rechter Hungersnot, MDR 1947, 78; *derselbe,* Die strafrechtliche Verantwortlichkeit für Handeln auf Befehl, MDR 1948, 34; *Weimar,* Darf sich der Luftfahrer im Notstand auf § 54 StGB berufen? Zeitschrift für Luftrecht 1956, 107.

Vgl. ferner die Schrifttumsangaben vor § 43.

Der entschuldigende Notstand (§ 35)[1] ist vom rechtfertigenden Notstand (§ 34) zu unterscheiden: er ist **Entschuldigungs-, nicht Rechtfertigungsgrund** (BGH 2, 242 [243]) (vgl. über Einheits- und Differenzierungstheorie oben § 33 I 1)[2]. Trotz des Gesetzeswortlauts („handelt ohne Schuld") stellt der Notstand einen Entschuldigungsgrund dar (über den Unterschied zu den Schuldausschließungsgründen vgl. oben § 43 II), der auf der Minderung des Unrechts und der doppelten Herabsetzung des Schuldgehalts der Tat beruht (vgl. oben § 43 III 2b)[3]. Im entschuldigenden Notstand handelt, wer in einer gegenwärtigen Gefahr für Leben, Leib oder Freiheit eine rechtswidrige Tat (§ 11 I Nr. 5) begeht, um die Gefahr von sich, einem Angehörigen oder einer anderen ihm nahestehenden Person abzuwenden (§ 35 I 1). Satz 2 schränkt

---

[1] Zur Geschichte *Küper,* HRG Bd. III Sp. 1064 ff.

[2] Eingehende Begründung bei *Küper,* JZ 1983, 91 ff. gegen *Gimbernat Ordeig,* Welzel-Festschrift S. 492 f., der einen Rechtfertigungsgrund annimmt. Im „Spanner-Fall" hat BGH NJW 1979, 2053 entschuldigenden Notstand bejaht, während nach *Hirsch,* JR 1980, 17 § 34, nach *Hruschka,* NJW 1980, 22 und *Schroeder,* JuS 1980, 340 § 228 BGB (analog) anzuwenden gewesen wären.

[3] So mit Recht *Schönke / Schröder / Lenckner,* § 35 Rdn. 2. Der Hinweis von *Achenbach,* JR 1975, 494 auf den Gesetzestext überschätzt die Bedeutung des Wortlauts für die Dogmatik. Der direkte Rückgriff auf die Strafzwecklehre, den *Roxin,* Kriminalpolitik S. 33 f. und Henkel-Festschrift S. 183 vornimmt, vernachlässigt die Begründung für den Wegfall des Strafbedürfnisses, die in nichts anderem als dem stark herabgesetzten Unrechts- und Schuldgehalt der Tat liegt. Weitergehend stellt *Jakobs,* Allg. Teil S. 473 darauf ab, ob der Täter „für die Konfliktlage zuständig ist"; *Timpe,* Strafmilderungen S. 300 sowie JuS 1984, 863 unterscheidet zwischen „alltäglichen" und „zufälligen" Konfliktlagen. Beides wird dem Sinn des § 35 nicht gerecht; vgl. *SK (Rudolphi)* § 35 Rdn. 3 a.

die Vorschrift durch eine ausnahmsweise eingreifende Zumutbarkeitsklausel ein (BT-Drucksache V/4095 S. 16).

Beispiele: Eine Mutter entführt ihr nichteheliches Kind aus der Fürsorgeerziehung (§ 21 Preuß. Ges. über die Fürsorgeerziehung von 1900), weil es dort trotz ihrer Bemühungen um Abhilfe körperlich zu verkommen droht (RG 41, 214 [216]). Der Bräutigam, der seiner Braut überdrüssig geworden ist, zwingt einen jugendlichen Freund unter Todesdrohung, sie zu erschießen (RG 64, 30 [31]). Ein Zeuge leistet aus Angst vor Gewalttaten politischer Gegner einen Meineid (RG 66, 222 [226]). Bei einem Schiffsuntergang haben sich zwei Schiffbrüchige auf eine Planke gerettet, die nur einen tragen kann; der Stärkere stößt den Schwächeren ins Meer zurück und dieser ertrinkt („Brett des Karneades" nach dem griechischen Philosophen *Karneades,* 214 - 129 v. Chr., der diesen Fall gebildet hat)[4].

Über das Verhältnis des § 35 zu §§ 52, 54 a.F. vgl. Vorauflage S. 388.

I. Die Notstandslage

Die **Voraussetzungen des entschuldigenden Notstands** sind eng begrenzt und dürfen vom Richter nicht erweitert werden, weil der Gesetzgeber *nur* unter den im Gesetz festgelegten Bedingungen auf den Schuldvorwurf verzichtet (RG 66, 397 [399])[5].

1. **Notstandsfähige Rechtsgüter** sind nach § 35 – im Unterschied zum rechtfertigenden Notstand (§ 34) – nur **Leben, Leib und Freiheit.** Diese Beschränkung erklärt sich aus dem Grundgedanken des entschuldigenden Notstands, denn nur wenn es um Gefahren für fundamentale Rechtsgüter geht, läßt sich sagen, daß die normgemäße Selbstbestimmung wesentlich erschwert ist. Der Leibesnotstand umfaßt auch die Gefahr sexuellen Mißbrauchs. Freiheit ist nur die Bewegungsfreiheit i. S. von § 239, nicht die allgemeine Handlungs- und Entscheidungsfreiheit i. S. von § 240 (weitergehend BGH NJW 1979, 2053). Geringfügige Beeinträchtigungen von körperlicher Unversehrtheit und Freiheit scheiden aus, wie schon die Gleichstellung mit dem Leben in § 35 ergibt (RG 29, 77 [78]; 66, 397 [400]; BGH DAR 1981, 226)[6].

Beispiele: Krankheitsgefahr durch drohende Überschwemmung eines Gehöfts kann das Durchstechen eines Damms mit erheblichem Sachschaden an anderer Stelle (§ 313) entschuldigen (RG JW 1933, 700). Dagegen reicht die Drohung mit Schlägen nicht aus, um einen Meineid (§ 154) zu entschuldigen (RG 66, 397). Ein Brennereibesitzer, der bei Gefahr von Plünderung Branntwein, der an die Monopolverwaltung abzuliefern gewesen wäre, freihändig verkauft, um sich vor finanziellen Verlusten zu schützen, wurde nicht durch Notstand entschuldigt, wohl aber im vorliegenden Falle durch mutmaßliche Einwilligung (vgl. oben § 34 VII 1 b) gerechtfertigt (RG 60, 117 [120]). Entschuldigt ist die Entfernung vom Unfallort (§ 142), wenn der Täter seine schwer verletzte Ehefrau ins Krankenhaus begleitet, um ihr menschlich beizustehen (OLG Köln VRS 66, 128).

---

[4] *Stratenwerth,* Allg. Teil I Rdn. 599 verweist in diesem Zusammenhang auf die große Wirkung *Kants,* der diesen Fall zwar nicht als entschuldigt (inculpabilis), aber als straflos (impunibilis) angesehen hat.

[5] So RG 60, 117 (120); *Achenbach,* JR 1975, 496; *Lackner,* § 35 Anm. 2b; *LK (Hirsch)* § 35 Rdn. 10; *Maurach / Zipf,* Allg. Teil I S. 447f.; *Schönke / Schröder / Lenckner,* § 35 Rdn. 4; *SK (Rudolphi)* § 35 Rdn. 5. *Stree,* in: *Roxin* u.a., Einführung S. 57 bemängelt, daß für ähnlich gelagerte Fälle (z. B. Gefahr des Verlusts aller Habe durch einen Brand) keine fakultative Strafmilderung vorgesehen ist. *Stratenwerth,* Allg. Teil I Rdn. 606 und *Jakobs,* Allg. Teil S. 472 wollen in derartigen Fällen § 35 I 1 bzw. § 35 I 2 zw. Halbsatz analog anwenden. Zum gleichen Ergebnis gelangt OLG Hamm, NJW 1976, 721 bei Gefahr schweren wirtschaftlichen Schadens durch Zulassung eines übergesetzlichen Notstands (vgl. unten § 47 II 2).

[6] Vgl. *Dreher / Tröndle,* § 35 Rdn. 4; *LK (Hirsch)* § 35 Rdn. 16 (unter dem Gesichtspunkt der Zumutbarkeit); *Jakobs,* Allg. Teil S. 472; *Schönke / Schröder / Lenckner,* § 35 Rdn. 6; *SK (Rudolphi)* § 35 Rdn. 8.

2. Weiter muß eine **gegenwärtige, nicht anders abwendbare Gefahr** bestehen. Wodurch die Gefahr heraufbeschworen wurde, ist gleichgültig. Es kommen Naturereignisse (RG 72, 246: Gefahr einer Schlagwetterexplosion), gefährliche Zustände von Sachen (RG 59, 69: Gefahr des Einsturzes eines baufälligen Hauses) und Gefahren, die von Menschen ausgehen (RG 66, 222: politischer Terror; BGH NJW 1966, 1823: unmenschliches Verhalten eines Familientyrannen) in Frage. Unter einer *gegenwärtigen* Gefahr ist ein Zustand zu verstehen, der den Eintritt eines Schadens als sicher oder als höchstwahrscheinlich erscheinen läßt, wenn nicht alsbald Abhilfe geschaffen wird (RG 66, 222 [225]; BGH NJW 1951, 769). Gegenwärtig ist auch eine *Dauergefahr,* sofern diese jederzeit akut werden kann[7].

Beispiele: Tötung des jähzornigen, trunksüchtigen Vaters im Schlaf, um Mutter und Schwester gegen weitere wüste Ausschreitungen zu schützen (RG 60, 318 [321], einschränkend aber OGH 1, 369 [370]); Meineid aus Furcht vor der Rache politischer Gegner (RG 66, 98 [100]); Meineid aus Angst vor der Todesdrohung des durch die Aussage Belasteten (BGH 5, 371 [373]); Tötung des tyrannischen Familienoberhaupts, gegen das die Behörden nicht einschreiten, durch Schläge mit einer Bratpfanne (BGH NJW 1966, 1823); Tötung eines Menschen durch einen Jugendlichen, der durch Todesdrohung zu der Tat gezwungen wird (RG 64, 30); Verängstigung einer Familie durch wiederholtes nächtliches Eindringen ins Schlafzimmer (BGH NJW 1979, 2053).

Die Gefahr muß ferner *nicht anders abwendbar* sein (RG 59, 69 [71]; BGH NJW 1966, 1823 [1824f.]). Die Notstandstat stellt sich damit dar als das letzte zumutbare (BGH GA 1961, 113) und zugleich wirksame Mittel, das dem Bedrohten zur Verfügung steht. Gibt es rechtmäßige Mittel der Abwehr, so haben diese Vorrang (BayObLG GA 1973, 208 [209]: Beschwerde statt Fahnenflucht). Auch eine in geringerem Maße rechtswidrige Handlung ist vorzuziehen (RG 66, 222 [227]: unzulässige Aussageverweigerung statt Meineid). Der Bedrohte muß dabei gegebenenfalls auch eigene Rechtseinbußen hinnehmen (RG 66, 222 [227]; BGH LM § 52 StGB Nr. 8: Ordnungsgeld und Ordnungshaft nach § 70 StPO; RG 66, 397: Schläge und wirtschaftliche Nachteile)[8]. Die Benutzung des milderen, möglicherweise mit Nachteilen für ihn selbst verbundenen Mittels ist dem Bedrohten um so mehr zuzumuten, je schwerer der Notstandseingriff wiegt[9]. Den Notstandstäter trifft bei diesen Abwägungen eine **Prüfungspflicht,** an die je nach der Schwere der Straftat und der Nähe der Gefahr verschieden hohe Anforderungen gestellt werden. Wer nicht sorgfältig prüft und deswegen die Notstandsvoraussetzungen zu Unrecht annimmt, muß sich seinen Irrtum zum Vorwurf machen lassen (vgl. unten § 44 V 1 b).

Beispiele: Wer vom sowjetischen Geheimdienst zu Spitzeldiensten gezwungen wird, muß versuchen, einen Weg zu finden, um die Verschleppung unschuldiger Opfer zu verhindern (BGH NJW 1952, 111 [113]). Wer, besonders bei schweren Verbrechen, gar keine Überlegungen anstellt, wie die Straftat zu vermeiden wäre, kann sich nicht auf Notstand berufen (BGH 18, 311).

3. Die Notstandstat ist nicht nur dann entschuldigt, wenn die Gefahr dem Täter selbst droht, sondern auch, wenn ein **Angehöriger** oder eine **andere ihm nahestehende Person** betroffen ist. Der Gesetzgeber begründet dies durch die Erwägung,

---

[7] Vgl. *Schönke / Schröder / Lenckner,* § 35 Rdn. 14; *SK (Rudolphi)* § 35 Rdn. 7; *Wessels,* Allg. Teil S. 120.
[8] Vgl. dazu *LK (Hirsch)* § 35 Rdn. 45; *Schönke / Schröder / Lenckner,* § 35 Rdn. 13; *SK (Rudolphi)* § 35 Rdn. 10; *Wessels,* Allg. Teil S. 118.
[9] Mit Recht betont *Schönke / Schröder / Lenckner,* § 35 Rdn. 13, daß die Zumutbarkeitsprüfung hier schon im Rahmen der Würdigung der Notstandshandlung nach § 35 I 1 vorzunehmen ist, so daß Satz 2 insoweit gegenstandslos ist, wiewohl die Strafmilderungsmöglichkeit durch analoge Anwendung des 2. Halbsatzes auch in diesem Falle bestehen bleibt.

daß der Täter die Notstandsgefahr einer ihm durch Familienbande oder enge persönliche Beziehungen verbundenen Person wie eine ihm selbst drohende Gefahr empfinden wird.

Der Begriff des **Angehörigen**, der in § 11 I Nr. 1 für das ganze StGB abschließend geregelt ist, umfaßt Verwandte und Verschwägerte auf- und absteigender Linie (also z. B. Schwiegermutter und -sohn, aber nicht Onkel und Neffen) (§§ 1589 S. 1, 1590 I BGB), Ehegatten und deren Geschwister, Geschwister und deren Ehegatten, ferner Verlobte. Zu den Angehörigen zählen ferner Personen, die miteinander durch Annahme als Kind (§ 1754 BGB) verbunden sind, endlich Pflegeeltern und Pflegekinder. Maßgebend für Verwandtschaft und Schwägerschaft ist die blutmäßige Abstammung (BGH 3, 245 [246]), wie jetzt in § 11 I Nr. 1a ausdrücklich anerkannt ist. Entgegen der früheren Rechtsprechung (vgl. 2. Auflage S. 364) bestimmt das seit der Reform von 1975 geltende Recht, daß die Auflösung einer Ehe (Tod, Scheidung, Nichtigerklärung, Aufhebung) die durch die Ehe begründete Angehörigenbeziehung unberührt läßt. Beim Verlöbnis kommt es auf die bürgerlichrechtliche Wirksamkeit nicht an, so daß auch ein beschränkt Geschäftsfähiger ohne Einwilligung des gesetzlichen Vertreters verlobt sein kann (RG 38, 242 [243]), doch ist ein Verlöbnis bei bestehender Ehe oder anderweitiger Verlobung nichtig (RG 61, 270; 71, 152 [154]; BayObLG NJW 1983, 831). Durch die Einbeziehung von dem Täter **nahestehenden Personen** sollen persönliche Verhältnisse berücksichtigt werden, die an Intensität des Zusammengehörigkeitsgefühls der Beziehung zwischen Angehörigen vergleichbar sind (z. B. Verwandte, die nicht Angehörige sind, eheähnliche Gemeinschaften, Liebesverhältnisse, enge Freundschaften, langjährige Hausgemeinschaften)[10].

II. Die Notstandshandlung

1. Als Notstandshandlung kommt an sich jeder Eingriff in fremde Rechtsgüter in Betracht, sogar die Tötung eines Menschen. Doch ist beim Notstand, da es hier nicht wie bei der Notwehr um die Verteidigung des Rechts gegen das Unrecht geht (vgl. oben § 32 II 2 b), der **Proportionalitätsgrundsatz** zu beachten. Eine Rettungshandlung bei Leibesgefahr wird deshalb nur dann entschuldigt, wenn das Erfolgsunrecht der Tat durch die Abwendung des drohenden Körperschadens *wesentlich* herabgesetzt wird (vgl. oben § 44 I 1). Doch soll auch bei Massentötungen § 35 nicht schlechthin ausgeschlossen sein (BGH NJW 1964, 730). Ebenso wie bei der Notwehr muß der Betroffene ferner den schonendsten Weg der Rettung wählen (BGH 2, 242 [245]), er darf sich z. B. bei Bedrohung durch Zuschauer nach einem Verkehrsunfall nur so weit vom Unfallort entfernen, wie es notwendig ist, um aus dem Bereich der unmittelbaren Gefahr zu entkommen (BayObLG DAR 1956, 15 [16]).

2. Die Notstandshandlung muß weiter vorgenommen werden, **um die Gefahr abzuwenden**. Darin liegt das für die Minderung des Handlungsunrechts wie auch des Schuldgehalts der Tat ausschlaggebende Moment: der Täter handelt mit Rettungswillen *und* unter dem Druck einer außergewöhnlichen Motivationslage. Er muß die Notstandssituation also nicht nur gekannt haben, sondern das Motiv der Rettung aus Lebens- oder Leibesgefahr muß für ihn auch *wirksam* gewesen sein, wenn auch möglicherweise neben anderen Motiven[11]. Insofern sind die subjektiven Voraussetzungen des entschuldigenden Notstands anders als bei den objektiv gefaßten Schuldmerkmalen, wo lediglich die Kenntnis von der Ausnahmesituation, nicht jedoch ihr tatsäch-

---

[10] Vgl. dazu E 1962 Begründung S. 161; *Dreher / Tröndle*, § 35 Rdn. 7; *LK (Hirsch)* § 35 Rdn. 30ff.; *Schönke / Schröder / Lenckner*, § 35 Rdn. 15; *SK (Rudolphi)* § 35 Rdn. 9; *Stree*, in: Roxin u. a., Einführung S. 57.

[11] Vgl. *Baumann / Weber*, Allg. Teil S. 448f.; *Blei*, Allg. Teil S. 209; *Bockelmann / Volk*, Allg. Teil S. 129; *Dreher / Tröndle*, § 35 Rdn. 8; *Lackner*, § 35 Anm. 2d; *LK (Hirsch)* § 35 Rdn. 38ff.; *Maurach / Zipf*, Allg. Teil I S. 448f.; *Stratenwerth*, Allg. Teil I Rdn. 614; *v. Weber*, MDR 1948, 40. Dagegen will *Jakobs*, Allg. Teil S. 473 bloße Kenntnis der Notstandslage ausreichen lassen. Vgl. auch *Timpe*, JuS 1984, 860.

licher Einfluß auf die Willensbildung festgestellt werden muß (vgl. oben § 42 III 1 a). Auch der *Befehlsnotstand*, d. h. die Gefahr, bei Befehlsverweigerung erschossen zu werden, setzt voraus, daß der Untergebene den als rechtswidrig erkannten Befehl ausgeführt hat, *um* sich selbst oder Angehörige bzw. andere nahestehende Personen aus drohender Lebensgefahr zu retten[12].

Beispiele: Wer mit Eifer und Bereitwilligkeit an Judenverfolgungen mitgewirkt hat, kann sich nicht auf Notstand berufen, selbst wenn Leib oder Leben im Falle der Befehlsverweigerung gefährdet gewesen wären und er dies gewußt hätte (OGH 1, 310 [313]; vgl. auch BGH 3, 271 [275]; 18, 311).

3. Auch wenn der Täter durch einen Dritten mit den Nötigungsmitteln des § 35 zu einer im Verhältnis zur Gefahr geringen Rechtsverletzung gezwungen wird (z. B. einem Hausfriedensbruch), bleibt die Notstandshandlung *rechtswidrig*, weil dem Verletzten nicht das Notwehrrecht genommen werden darf. § 34 greift hier nicht zugunsten des Genötigten ein, da die Angemessenheitsklausel des Satzes 2 entgegensteht[13].

III. Die Einschränkung des Notstands durch die Zumutbarkeitsklausel

1. Die Entschuldigung durch Notstand tritt nicht ein, wenn es dem Täter nach den Umständen zugemutet werden konnte, die Gefahr hinzunehmen (§ 35 I 2). Die Zumutbarkeitsklausel knüpft an die Erwägung des **wesentlich verringerten Unrechts- und Schuldgehalts der Tat** an, die der Entschuldigung durch Notstand zugrunde liegt (vgl. oben § 44 vor I)[14]. Ist der Wert des bedrohten Rechtsguts wesentlich geringer als der Wert des Rechtsguts, in das durch die Notstandstat eingegriffen wird, so ist auch die Unrechtsminderung geringer. Sie kann bei starker Disproportionalität der beteiligten Güter bis auf den Nullpunkt herabsinken. Zugleich sinkt auch die der Unrechtsminderung entsprechende Minderung des Schuldgehalts der Tat. Auch der auf dem Täter lastende Motivationsdruck und damit der mit diesem Gesichtspunkt verbundene zweite Schuldminderungsgrund kann nach den Umständen (z. B. geringer Grad der Gefahr, Bestehen einer Garantenstellung gegenüber dem Opfer der Notstandstat) so stark absinken oder so weitgehend kompensiert werden, daß das Bestehen der Notstandssituation für den Täter als zumutbar erscheint.

2. Zwei **Beispielsfälle** für die Zumutbarkeit des Bestehens der Notstandslage nennt das Gesetz, die aber weder zwingend noch abschließend zu verstehen sind, sondern als Richtlinie für die Auslegung der Zumutbarkeitsklausel dienen sollen[15].

a) Die Zumutbarkeit kann einmal deswegen zu bejahen sein, weil der Täter die **Notstandsgefahr verursacht** hat.

Nach früherem Recht durfte der Täter die Kollisionslage, d. h. die Notwendigkeit, sich aus der Notstandssituation nur durch Verletzung eines anderen befreien zu können, nicht **schuld-**

---

[12] Vgl. dazu *Jäger*, Verbrechen unter totalitärer Herrschaft S. 89 ff. Freilich muß auch hier der Grundsatz „in dubio pro reo" beachtet werden; vgl. *Roesen*, NJW 1964, 136. Vgl. ferner die umfassende Darstellung der Rechtsprechung zu dieser Frage bei *Hanack*, Bestrafung nationalsozialistischer Gewaltverbrechen S. 45 ff.

[13] So zu Recht *Baumann / Weber*, Allg. Teil S. 343; *Blei*, Allg. Teil S. 170; *LK (Spendel)* § 32 Rdn. 212; *Schönke / Schröder / Lenckner*, § 34 Rdn. 41; *Wessels*, Allg. Teil S. 120. Anders aber *Jakobs*, Allg. Teil S. 343; *Roxin*, Oehler-Festschrift S. 188; *Schmidhäuser*, Allg. Teil S. 331; *SK (Samson)* § 34 Rdn. 8.

[14] Vgl. *Schönke / Schröder / Lenckner*, § 35 Rdn. 18; *LK (Hirsch)* § 35 Rdn. 47 ff.; *Lackner*, § 35 Anm. 3; *SK (Rudolphi)* § 35 Rdn. 11; BT-Drucksache V/4095 S. 16.

[15] So auch *Blei*, Allg. Teil S. 210; *derselbe*, JA 1975, 307 ff.; *Dreher / Tröndle*, § 35 Rdn. 10; *Lackner*, § 35 Anm. 3 b; *Maurach / Zipf*, Allg. Teil I S. 445; *Schönke / Schröder / Lenckner*, § 35 Rdn. 18. Zur Begründung der beiden Ausnahmen eingehend *Neumann*, Zurechnung S. 207 ff., mit eigener Lösung S. 231 ff.

III. Die Einschränkung des Notstands durch die Zumutbarkeitsklausel

haft herbeigeführt haben. Die Rechtsprechung verstand dabei unter „Schuld" subjektive Pflichtwidrigkeit des Notstandstäters (RG 36, 334 [341]).

Das jetzige Recht scheint die Zumutbarkeit schon dann bejahen zu wollen, wenn der Täter die Gefahr nur *verursacht* hat. Darin liegt jedoch nur dem Wortlaut nach eine Verschärfung gegenüber dem bisherigen Recht, denn es muß stets auf die Zumutbarkeit des Bestehens der Notlage abgestellt werden, und der Schuldgehalt der Tat wird durch den schuldindifferenten Vorgang der bloßen Verursachung der Kollisionslage (z. B. Zeugenschaft durch zufälliges Beobachten einer Tat) nicht berührt (anders 2. Auflage S. 363). Wie bisher wird man daher den Leitgedanken dieser ersten Einschränkung der Notstandsentschuldigung darin sehen können, daß die Entschuldigung dann entfällt, **wenn der Täter die Kollisionslage objektiv und subjektiv pflichtwidrig herbeigeführt hat**[16]. Die Verminderung von Handlungsunrecht und Schuld ist dann nicht mehr so erheblich, daß auf Bestrafung generell verzichtet werden könnte.

Beispiele: Der Ehemann kann sich gegen den Vorwurf der Kuppelei durch Duldung sexueller Beziehungen der Frau (§ 181 I Nr. 2 a. F.) nicht auf entschuldigenden Notstand berufen, wenn er die Gefahr, von ihr angezeigt zu werden, durch die Begehung eines Verbrechens selbst verschuldet hat (RG 72, 19). Der Wettermann, der eine gefährliche Schlagwetterbildung im Bergwerk pflichtwidrig nicht gemeldet hat, ist nicht nach § 35 entschuldigt, wenn er es später aus Furcht für sein eigenes Leben unterläßt, die Belegschaft eines bedrohten Stollens zu warnen, nachdem er die akute Gefahr einer Explosion erkannt hat (RG 72, 246 [249]). Wer in die DDR zurückkehrt, obwohl er weiß, daß er dort wegen eines Wirtschaftsdelikts gesucht wird, kann nicht entschuldigenden Notstand geltend machen, wenn er bei einem gewaltsamen Ausbruch aus der Strafanstalt einen Aufsichtsbeamten tötet (BGH ROW 1958, 33 [34]).

Die bisherige Streitfrage, auf wen beim Angehörigennotstand das Erfordernis der Unverschuldetheit der Kollisionslage zu beziehen ist (vgl. 2. Auflage S. 363 Fußnote 6), wurde im neuen Recht dahin klargestellt, daß die Entschuldigung nur dann ausgeschlossen ist, wenn *der Täter selbst* die Notstandssituation verursacht hat. Das kann jedoch nur in dem Sinne gelten, daß er die pflichtwidrig herbeigeführte Gefahr hinzunehmen hat, wenn sie ihm selbst droht. Droht die Gefahr dem an der Kollisionslage schuldlosen Angehörigen (z. B. dem Sohn, den der Vater in leichtsinniger Weise auf eine gefährliche Segelpartie mitgenommen hat), so wird die Entschuldigung der Notstandstat trotz eigenen Verschuldens zu bejahen sein, denn nichts liegt näher, als dem Angehörigen zu helfen, den man selbst pflichtwidrig in Lebensgefahr gebracht hat[17]. Hat der Angehörige die Gefahr verschuldet, muß grundsätzlich dasselbe gelten, denn der Motivationsdruck ist der gleiche, auch wenn der Bedrohte sich die ihn treffende Notlage selbst zuzuschreiben hat (der Sohn hat sich selbst in leichtsinniger Weise durch eine Segelpartie in Lebensgefahr gebracht)[18]. Maßgebend ist mit anderen Wor-

---

[16] So OLG Hamm JZ 1976, 610 (612); *Blei*, Allg. Teil S. 209; *Bockelmann / Volk*, Allg. Teil S. 128; *Dreher / Tröndle*, § 35 Rdn. 11; *Maurach / Zipf*, Allg. Teil I S. 430; *Preisendanz*, § 35 Anm. 4a; *Schönke / Schröder / Lenckner*, § 35 Rdn. 20. Vgl. auch *Timpe*, JuS 1985, 36f. Anders BT-Drucksache V/4095 S. 17. Bloße objektive Pflichtwidrigkeit wollen *Wessels*, Allg. Teil S. 119; *Jakobs*, Allg. Teil S. 475; *LK (Hirsch)* § 35 Rdn. 49; *SK (Rudolphi)* § 35 Rdn. 15 ausreichen lassen.

[17] So *Dreher / Tröndle*, § 35 Rdn. 11; *SK (Rudolphi)* § 35 Rdn. 17; *Stree*, in: *Roxin* u. a., Einführung S. 58 f.; *Schmidhäuser*, Allg. Teil S. 468; zum früheren Recht *LK*[9] *(Baldus)* § 54 Rdn. 7; *Welzel*, Lehrbuch S. 180. Anders *Baumann / Weber*, Allg. Teil S. 450; *Maurach / Zipf*, Allg. Teil I S. 445; *Lackner*, § 35 Anm. 3a; *Wessels*, Allg. Teil S. 119; *LK (Hirsch)* § 35 Rdn. 65; *Hefermehl*, Notstand S. 134.

[18] Ebenso *Schmidhäuser*, Allg. Teil S. 468. Anders *Blei*, Allg. Teil S. 210; *Dreher / Tröndle*, § 35 Rdn. 11; *Schönke / Schröder / Lenckner*, § 35 Rdn. 24; *SK (Rudolphi)* § 35 Rdn. 17; *Preisendanz*, § 35 Anm. 4c cc; *Wessels*, Allg. Teil S. 119; zum früheren Recht OLG Köln NJW 1953, 116.

ten die Zumutbarkeitsklausel, ohne daß ein Umkehrschluß aus dem Beispielsfall gezogen werden dürfte.

b) Zweitens ist die Hinnahme der Gefahr regelmäßig dann zuzumuten, wenn der Täter „in einem **besonderen Rechtsverhältnis**" steht. Gemeint sind damit die Rechtspflichten zum Bestehen des Notstands[19].

Die erhöhte Gefahrtragungspflicht gilt z. B. für Soldaten (§ 6 WStG), Zivildienstleistende (§ 27 III Zivildienstges.), Seeleute (§§ 29 II - IV, 106, 109 Seemannsges.), Luftfahrer[20], Polizeivollzugsbeamte[21], Feuerwehrleute, Wettermänner im Bergwerk (RG 72, 246 [249 f.]), Mitglieder privater Schutzorganisationen wie Rotes Kreuz, Bergwacht oder Gesellschaft zur Rettung Schiffbrüchiger, Ärzte und Krankenpfleger (BGH NJW 1964, 730), Richter, Staatsanwälte, Diplomaten, Bademeister, Bergführer[22]. Die Rechtsprechung hat eine erhöhte Gefahrtragungspflicht ferner auch bei illegaler politischer Tätigkeit in einem totalitären Staat bejaht (OLG Freiburg HESt 2, 200 [202]; OGH 3, 121 [130]), sie hat ferner von jedermann das Bestehen einer die Gesamtbevölkerung gleichmäßig treffenden Hungers- oder Wohnungsnot verlangt (OLG Celle HESt 1, 139 [140]; anders jedoch bei echter Lebensgefahr mit Recht OLG Kiel SJZ 1947, 674; OLG Neustadt NJW 1951, 852)[23]. Rechtspflichten, den Notstand zu bestehen, können sich auch aus freiwillig eingegangener Gefahrengemeinschaft ergeben (Bergtour, Segelfahrt, Expedition)[24].

Maßgebend für den Ausschluß der entschuldigenden Wirkung des Notstands ist in den Fällen der Pflicht zum Bestehen des Notstands die **Veränderung des Unrechts- und Schuldgehalts der Tat**. Die Beherrschung des Selbsterhaltungstriebs wird von Personen, denen Notstandspflichten kraft ihres Berufs auferlegt sind, auch unter dem Druck einer Lebensgefahr verlangt, weil die Gemeinschaft sich gerade unter diesen Umständen auf sie verlassen können muß. Das Handlungsunrecht ist, wenn der Täter die Notstandstat begeht, gegenüber gewöhnlichen Notstandsfällen durch die für die Gemeinschaft besonders wichtige Rechtspflicht zum Bestehen des Notstands wesentlich erhöht. Auch die Schuld dessen, der in dieser Lage versagt, wiegt schwerer, da im Hinblick auf die Rechtspflicht zum Einsatz der eigenen Person das Motiv der Selbstrettung weniger Nachsicht verdient[25]. Die Zumutbarkeit des Bestehens der Not-

---

[19] Vgl. zu den einzelnen Gruppen eingehend *Otto*, Pflichtenkollision S. 89 ff. und *Kuhnt*, Pflichten zum Bestehen des strafrechtlichen Notstands S. 85 ff.; zu den anzulegenden Wertmaßstäben vgl. *Watzka*, Die Zumutbarkeit normgemäßen Verhaltens S. 80 ff. Vgl. zur Bemessung der Pflichten eingehend *LK (Hirsch)* § 35 Rdn. 55 f.; *SK (Rudolphi)* § 35 Anm. 12. Zu den Pflichten des Seemanns vgl. auch den amerikanischen Fall US v. Holmes (1842) bei *Honig*, Das amerikanische Strafrecht S. 162 f. Über den Mangel ausdrücklicher Regelungen im Soldaten- und Beamtenrecht *Bernsmann*, Blau-Festschrift S. 43 ff.

[20] *Weimar*, Zeitschrift für Luftrecht 1956, 110 ff.

[21] Vgl. *Bernsmann*, Blau-Festschrift S. 44 ff. Das gleiche wird jedoch nicht generell für Beamte schlechthin angenommen, vgl. OLG Tübingen NJW 1947/48, 700 (701).

[22] BGH NJW 1964, 730 (731) beschränkt die Pflicht zum Bestehen des Notstands auf die „mit der jeweiligen Berufstätigkeit in notwendiger Weise verbundenen typischen Gefahren", so daß der Polizeibeamte, der von seinem Vorgesetzten unter Todesdrohung zur Mitwirkung bei einem Verbrechen gezwungen wird, selbstverständlich nach § 35 entschuldigt wäre. Das gleiche wird für den Soldaten gelten müssen, so daß § 6 WStG in einem solchen Falle nicht eingreift. Vgl. auch *Bockelmann*, ZStW 63 (1951) S. 43 Fußnote 52.

[23] Vgl. dazu *v. Weber*, MDR 1947, 80.

[24] Vgl. zur Gefahrengemeinschaft *LK (Hirsch)* § 35 Rdn. 53; *Stratenwerth*, Allg. Teil I Rdn. 613.

[25] Eine psychologische Begründung (gesteigerte Zumutbarkeit) findet sich meist in der älteren Literatur; vgl. *Broglio*, Notstand S. 49; *Henkel*, Mezger-Festschrift S. 293 f.; *Marcetus*, Zumutbarkeit S. 63 ff.; *Maurach*, Kritik der Notstandslehre S. 117 Fußnote 505; *Siegert*, Notstand S. 55.

standslage findet ihre Grenze in Fällen, in denen die Pflichterfüllung den unmittelbar vor Augen stehenden sicheren Tod bedeuten würde[26].

3. Abgesehen von den Beispielsfällen ergibt sich eine Pflicht zum Bestehen des Notstands vor allem dann, wenn **rechtmäßige behördliche Eingriffe** im öffentlichen Interesse hingenommen werden müssen[27]. Zu nennen sind körperliche Eingriffe nach § 81a StPO, § 17 II GeschlKrG oder nach dem Impfgesetz sowie Eingriffe in die Freiheit durch rechtmäßige Verhaftung oder vorläufige Festnahme und insbesondere auch durch Vollstreckung einer Freiheitsstrafe. Auch die *zu Unrecht verhängte,* aber rechtskräftige Freiheitsstrafe muß hingenommen werden, ohne daß sich der Gefangene, der beim Ausbruch etwa einen Aufsichtsbeamten tötet, auf § 35 berufen könnte (RG Recht 1915, 1222; RG 54, 338 [341]; OLG Kiel SJZ 1947, 323 [330]), sofern das Verfahren als solches rechtsstaatlichen Grundsätzen genügte (BGH LM § 52 Nr. 8; BGH ROW 1958, 33)[28]. Auch Angehörige müssen den Vollzug einer in rechtsstaatlichem Verfahren angeordneten Freiheitsstrafe an einem Familienmitglied hinnehmen[29].

4. Endlich kann sich aus dem **Bestehen einer Garantenpflicht** zugunsten des Opfers der Notstandstat ergeben, daß der Notstandstäter die Gefahr hinzunehmen hat. So wird sich der Vater bei einer Schiffskatastrophe nicht dadurch retten können, daß er das Kind dem Tode preisgibt[30]. Auch die aus einer rechtmäßigen Verteidigung in Notwehr resultierende Gefahr für den Angreifer muß hingenommen werden, so daß der Angehörige nicht entschuldigt ist, der etwa den Verteidiger tötet, um den Angreifer zu retten[31].

IV. Strafmilderung bei Zumutbarkeit der Notstandslage

1. Ist das Bestehen der Notstandsgefahr für den Täter zumutbar, handelt er jedoch dieser Pflicht zuwider, so ist er zwar nicht entschuldigt, der Unrechts- und Schuldgehalt der Tat wird aber gegenüber der Normalsituation einer gleichschweren Straftat in der Regel noch immer erheblich herabgesetzt sein. Deshalb enthält § 35 I 2 zw. Halbsatz eine **fakultative Strafmilderungsvorschrift,** die auf den allgemeinen Milderungsschlüssel des § 49 I verweist.

2. Ausgenommen von der Strafmilderungsmöglichkeit hat der Gesetzgeber aber *aus Gründen der Generalprävention* (vgl. BT-Drucksache V/4095 S. 16) die Fälle, in denen der Täter in einem besonderen Rechtsverhältnis steht. Obwohl hier der Unrechts- und Schuldgehalt der Tat wegen der Verletzung einer im Interesse der Allgemeinheit zu erfüllenden Berufspflicht in der Regel schwerer wiegen wird als in sonstigen Fällen zumutbarer Notstandsgefahr, erscheint der vollständige Ausschluß des § 49 I doch zu streng, da die Lage für den Pflichtigen einen so übermächtigen Motiva-

---

[26] Vgl. *Dreher / Tröndle,* § 35 Rdn. 12; *Maurach / Zipf,* Allg. Teil I S. 447; *Schölz,* § 6 WStG Rdn. 6; *Schönke / Schröder / Lenckner,* § 35 Rdn. 23.
[27] Vgl. *Dreher / Tröndle,* § 35 Rdn. 13; *Schönke / Schröder / Lenckner,* § 35 Rdn. 26; *Timpe,* JuS 1985, 36.
[28] Vgl. *Maurach / Zipf,* Allg. Teil I S. 447; *Schönke / Schröder / Lenckner,* § 35 Rdn. 26; *Arndt,* SJZ 1947, 330ff. Anders für den Fall einer in einem zwar rechtsstaatlichen Verfahren angeordneten, materiell aber ungerechtfertigten lebenslangen Freiheitsstrafe *Schönke / Schröder / Lenckner,* § 35 Rdn. 26, sogar zugunsten von Angehörigen. Dagegen zu Recht *Timpe,* JuS 1985, 36.
[29] Vgl. *SK (Rudolphi)* § 35 Rdn. 12.
[30] Vgl. *SK (Rudolphi)* § 35 Rdn. 18; *Schönke / Schröder / Lenckner,* § 35 Rdn. 31.
[31] Anders *Stree,* in: *Roxin* u. a., Einführung S. 60.

tionsdruck enthalten kann, daß die Pflichtverletzung eine wesentlich mildere Beurteilung verdient als die gewöhnliche Straftat[32]. Strafmilderung innerhalb des Regelstrafrahmens ist jedoch zulässig und wird meist angebracht sein[33].

3. Wenn die Notstandstat nur deswegen nicht entschuldigt ist, weil der Täter nicht das zumutbare mildeste Mittel gewählt hat (vgl. oben § 44 II 1), muß die Strafmilderungsvorschrift des § 35 I 2 zw. Halbsatz entsprechende Anwendung finden, da es keinen Unterschied machen kann, aus welchen Gründen der Täter in der Notstandssituation versagt hat[34].

V. Der Irrtum über den Notstand

1. Der **Putativnotstand** besteht in der irrigen Annahme von Umständen, die, wenn sie vorlägen, die Tat entschuldigen würden. Er ist in § 35 II geregelt (vgl. unten § 48). Es handelt sich dabei weder um einen Tatbestands-, noch um einen Erlaubnis- oder Erlaubnistatbestandsirrtum, sondern um einen **Irrtum eigener Art,** der weder den Vorsatz noch das Unrechtsbewußtsein berührt[35]. Die Behandlung des Putativnotstands folgt aber im wesentlichen der Regelung des Verbotsirrtums (§ 17)[36].

a) Irrt der Täter über die *tatsächlichen* Voraussetzungen des Notstands (z. B. über Art und Stärke der Gefahr, Vorhandensein eines milderen Mittels, Identität des Bedrohten als Angehörigen), so ist er **entschuldigt,** wenn der Irrtum für ihn **unvermeidbar** war. Bezieht sich der Irrtum dagegen auf die *Zumutbarkeit* der Wahl eines milderen Mittels oder auf die Zumutbarkeit des Bestehens der Notstandsgefahr überhaupt, so ist der Täter nicht entschuldigt und kann auch keine Strafmilderung erwarten, da nur das Gesetz und nicht die Vorstellung des Täters dafür maßgebend sein kann, was in einer konkreten Situation von Rechts wegen verlangt wird und was nicht[37].

b) War der Irrtum dagegen **vermeidbar,** so muß (darin liegt der Unterschied zu § 17 S. 2) **die Strafe nach § 49 I gemildert werden** (§ 35 II 2). Anwendbar ist dabei der Strafrahmen des Vorsatztatbestandes (anders § 10 II 2 österr. StGB, der nur Fahrlässigkeitsstrafe vorsieht). Bei der Frage der Vermeidbarkeit kommt es darauf an, ob der Täter das Vorliegen der Notstandsvoraussetzungen *gewissenhaft geprüft* hat (BGH 18, 311; BGH NJW 1952, 111 [113]; BGH NJW 1972, 832 [834])[38].

2. Keine Strafmilderung erfährt der Irrtum über die Grenzen des entschuldigenden Notstands (z. B. über die Notstandsfähigkeit von Ehre und Vermögen) ebenso wie der irrige Glaube an das Bestehen eines vom Gesetz nicht anerkannten Entschuldigungsgrundes[39].

---

[32] Ebenso *Stree,* in: *Roxin* u. a., Einführung S. 61. *Jakobs,* Allg. Teil S. 476 läßt die Beschränkung entgegen dem Wortlaut für bestimmte Fälle nicht gelten.
[33] Vgl. *Dreher / Tröndle,* § 35 Rdn. 15; *LK (Hirsch)* § 35 Rdn. 68; *Lackner,* § 35 Anm. 3 c; *Schönke / Schröder / Lenckner,* § 35 Rdn. 36 f.; *SK (Rudolphi)* § 35 Rdn. 18 a; *Timpe,* JuS 1984, 275 ff.
[34] Vgl. *Schönke / Schröder / Lenckner,* § 35 Rdn. 13.
[35] So *Blei,* Allg. Teil S. 210; *Lackner,* § 35 Anm. 4; *Roxin,* ZStW 76 (1964) S. 608; *Schönke / Schröder / Lenckner,* § 35 Rdn. 40.
[36] Zur Begründung *Vogler,* GA 1969, 113 ff.
[37] So mit Recht *Schönke / Schröder / Lenckner,* § 35 Rdn. 42.
[38] Vgl. *Lackner,* § 35 Anm. 5. Einschränkend zur Vermeidbarkeitsfrage *Schmidhäuser,* Allg. Teil S. 470.
[39] Vgl. *Blei,* Allg. Teil S. 210 f.; *Schönke / Schröder / Lenckner,* § 35 Rdn. 45; *LK (Hirsch)* § 35 Rdn. 76; *SK (Rudolphi)* § 35 Rdn. 19.

VI. Ausländisches Recht

Das ausländische Recht berücksichtigt beim entschuldigenden Notstand das Wertverhältnis der Güter in stärkerem Maße als das deutsche. In *Österreich* führt § 10 StGB im Anschluß an die jüngste Rechtsprechung des OGH (SSt 29, 83)[40] den individuellen Notstand als allgemeinen Entschuldigungsgrund und ohne Beschränkung auf Sympathiepersonen ein, begrenzt nur durch das angemessene Verhältnis der beteiligten Güter und den vor allem von *Nowakowski*[41] entwickelten objektivierten Schuldmaßstab[42]. Art. 34 des *schweizerischen* StGB, der beide Notstandsarten umfaßt, wird als entschuldigender Notstand so ausgelegt, daß das gefährdete Gut mindestens ebenso wertvoll sein muß wie das Gut, in welches eingegriffen wird[43]. In Art. 64 des *französischen* C. p. ist die „contrainte" zwar als Entschuldigungsgrund aufgeführt, doch übt die Judikatur äußerste Zurückhaltung bei der Anerkennung von Notstandsfällen[44]. Der *italienische* C. p. enthält das Proportionalitätsprinzip ausdrücklich in Art. 54[45]. Im *englischen* Recht ist die Opferung fremden Lebens zur Rettung des eigenen nach den Regeln des klassischen Mignonette-Falls (vgl. oben § 21 I 2) strafbar[46]. Das gleiche wird für das *amerikanische* Strafrecht anzunehmen sein[47]. Der *spanische* Código penal unterscheidet in Art. 8 n. 7 nicht zwischen rechtfertigendem und entschuldigendem Notstand und geht über die Gleichwertigkeit der beteiligten Rechtsgüter nicht hinaus, doch ist die Furcht vor einer gleichen oder größeren Rechtsguteinbuße (Art. 8 n. 10 C. p.) eindeutig ein Entschuldigungsgrund[48]. Die *niederländische* Rechtsprechung hat den entschuldigenden Notstand lange abgelehnt, doch wird die „overmacht" (Art. 40 W. v. S.) heute meist in diesem Sinne verstanden[49]. Das *brasilianische* Recht kennt als Entschuldigungsgründe den unwiderstehlichen Zwang (Art. 22 C. p.) und den entschuldigenden Notstand (Art. 24 C. p.)[50]. Das StGB der *DDR* legt dem Notstand keine entschuldigende Wirkung bei, jedoch wird Strafmilderung gewährt und in Fällen außergewöhnlicher Belastung von Strafe abgesehen (§ 18 II)[51]. Der Nötigungsstand ist dagegen in § 19 I StGB DDR geregelt und wird als Unterfall des Angriffsnotstands angesehen, gegen den aber Notwehr zulässig ist[52].

---

[40] Zur früheren Rspr. *Rittler*, OGH-Festschrift S. 237.

[41] Vgl. *Nowakowski*, Grundzüge S. 67, 71; *derselbe*, JBl 1972, 28f. Zur Dogmengeschichte *Moos*, Verbrechensbegriff S. 448 ff.

[42] Zum ganzen *Jescheck*, Lange-Festschrift S. 373 f.; *Platzgummer*, JBl 1971, 242 f.; *Triffterer*, Allg. Teil S. 283 ff.; *Kienapfel*, Allg. Teil, Syst. Darst. (österr.) S. 76.

[43] Vgl. *Germann*, Verbrechen S. 219; *Hafter*, Allg. Teil S. 156; *Schwander*, Das schweiz. StGB S. 82; *Schultz*, Einführung I S. 165; *Noll / Trechsel*, Allg. Teil I S. 144. Der Vorentwurf hält an der Regelung beider Notstandsarten in einer Vorschrift (Art. 17) fest.

[44] Vgl. *Bouzat*, Traité Bd. I S. 348 ff.; *Merle / Vitu*, Traité S. 728 ff.; *Koch*, Zwang und Notstand S. 50 ff. Das Avant-projet (1986) enthält die gleiche Regelung (Art. 122-2).

[45] Vgl. dazu *Bettiol / Pettoello Mantovani*, Diritto penale S. 395; *Fiandaca / Musco*, Diritto penale S. 151; *Nuvolone*, Sistema S. 197 f.; ferner *Scarano*, La non esigibilità S. 70 f.

[46] Vgl. *Grünhut*, Das englische Strafrecht S. 205; *Kenny / Turner*, Outlines S. 73; kritisch dazu *Glanville Williams*, Criminal Law S. 744 f.

[47] Vgl. *Honig*, Das amerikanische Strafrecht S. 158; *J. Hall*, General Principles S. 426 ff.; *Pröchel*, Notstand S. 77 ff.; Model Penal Code, Sect. 3.02. Kritisch dazu *Robinson*, Criminal Law Defenses Bd. I S. 368 ff. Allgemein auch *Kadish*, California Law Review 75 (1987) S. 272 ff.

[48] Vgl. dazu *Antón Oneca*, Derecho penal S. 272; *Rodríguez Devesa / Serrano Gómez*, Derecho penal S. 672 ff., 645 ff. (mit berühmten Beispielen); *Córdoba Roda / Rodríguez Mourullo*, Art. 8 n. 10 Anm. III 2; *Mir Puig*, Adiciones Bd. I S. 506 ff.; *Cobo del Rosal / Vives Antón*, Derecho penal S. 476 ff.

[49] Vgl. *van Bemmelen / van Veen*, Ons strafrecht S. 151 ff.; *D. Hazewinkel-Suringa / Remmelink*, Inleiding S. 251 ff.

[50] Vgl. dazu *Fragoso*, Lições S. 218 ff.; *da Costa jr.*, Comentários, Art. 22 Anm. 1, Art. 24 Anm. 2.

[51] Vgl. *Lekschas / Loose / Renneberg*, Verantwortung S. 106 ff.

[52] Vgl. *Lekschas / Renneberg*, Lehrbuch S. 414 ff.

§ 45 Die Notwehrüberschreitung

Bitzilekis, Die neue Tendenz zur Einschränkung des Notwehrrechts, 1984; *Fischer,* Die straflose Notwehrüberschreitung, Diss. Frankfurt 1971; *Gallas,* Der dogmatische Teil des Alternativentwurfs, ZStW 80 (1968) S. 1; *Geilen,* Notwehr und Notwehrexzeß, Jura 1981, 378; *Roxin,* Über den Notwehrexzeß, Festschrift für F. Schaffstein, 1975, S. 105; *derselbe,* „Schuld" und „Verantwortlichkeit" als strafrechtliche Systemkategorien, Festschrift für H. Henkel, 1974, S. 171; *Rudolphi,* Notwehrexzeß nach provoziertem Angriff, JuS 1969, 461; *Schröder,* Notwehrüberschreitung und Putativnotwehr, ZAK 1944, 123; *derselbe,* Anmerkung zu BGH vom 1.8.1961, JR 1962, 187; *Timpe,* Grundfälle zum entschuldigenden Notstand und zum Notwehrexzeß, JuS 1985, 117.

I. Notwehr und Notwehrüberschreitung

1. Die Notwehr rechtfertigt nur Verteidigungshandlungen, die zur Abwehr eines gegenwärtigen rechtswidrigen Angriffs bei möglichster Schonung des Angreifers *erforderlich* sind (vgl. oben § 32 II 2b und c). Überschreitet der Verteidiger diese Grenze, so handelt er rechtswidrig *(intensiver Notwehrexzeß).* Rechtswidrig handelt der Verteidiger auch, wenn er sich wehrt, obwohl der Angriff noch nicht oder nicht mehr gegenwärtig ist *(extensiver Notwehrexzeß).* Im ersten Fall überschreitet der Täter das Maß, im zweiten die zeitlichen Grenzen der Notwehr.

2. Beide Fälle der Notwehrüberschreitung sind strafbar, wenn zur Rechtswidrigkeit der Tat die übrigen Verbrechensmerkmale hinzutreten. Hat der Verteidiger das Maß der erforderlichen Abwehr oder die zeitlichen Grenzen der Notwehr **bewußt** überschritten, so ist er wegen vorsätzlicher Tat verantwortlich. Ein *Verbotsirrtum* entlastet ihn in diesem Falle nicht, da niemand sich darauf berufen kann, daß er auch eine nicht erforderliche Verteidigung, eine Präventivaktion oder einen nachträglichen Denkzettel für erlaubt gehalten habe (vgl. oben § 41 III 1). Hat der Angegriffene dagegen **unbewußt** mehr getan, als zur Verteidigung erforderlich war, oder hat er zu früh reagiert, weil er irrtümlich annahm, der Angriff sei schon im Gange, so liegt ein Irrtum über die Voraussetzungen der Notwehr vor *(Putativnotwehr),* der nach den Regeln über den Erlaubnistatbestandsirrtum zu behandeln ist (Strafe nach der Fahrlässigkeitsvorschrift bei Vermeidbarkeit des Irrtums) (vgl. oben § 41 III 2d).

II. Überschreitung der Notwehr aus Verwirrung, Furcht oder Schrecken

1. Das Gebot der Rechtsordnung, in einer Notwehrlage trotz Gefahr und Bedrängnis das schonendste Abwehrmittel zu wählen, stellt den Verteidiger vor eine schwierige Aufgabe, da er Besonnenheit und Rechtsgehorsam in einer Lage bewahren soll, in der die Selbstbeherrschung leicht verloren geht. Es kommt hinzu, daß der Angreifer sich die ihm zugefügte Verletzung selbst zuzuschreiben hat. Schon im vorigen Jahrhundert ist daher eine Strafmilderungsmöglichkeit eingeführt worden. In § 41 des preußischen StGB von 1851 wurde die Notwehrüberschreitung aus Bestürzung, Furcht oder Schrecken sogar der Notwehr selbst gleichgestellt, obwohl die Entwürfe von der Auffassung ausgegangen waren, daß die Notwehrüberschreitung aus „asthenischen" Affekten dem Täter lediglich nicht zugerechnet werden sollte[1].

2. Heute wird der Täter nach § 33 „nicht bestraft", wenn er die Grenzen der Notwehr aus Verwirrung, Furcht oder Schrecken überschreitet. Das neue Recht hat das frühere Merkmal „Bestürzung" durch „Verwirrung" ersetzt, um den seelischen Zustand des Angegriffenen treffender zu kennzeichnen (vgl. E 1962 § 38, Begründung S. 158), außerdem ergibt das Wort „aus" (statt „in"), daß ein innerer Zusammenhang zwischen dem Affekt und dem Übergriff des Täters bestehen muß (vgl. BT-

---

[1] Vgl. *Goltdammer,* Materialien Bd. I S. 422.

II. Überschreitung der Notwehr aus Verwirrung, Furcht oder Schrecken

Drucksache V/4095 S. 15)[2]. Der Strafausschluß nach § 33 kann verschieden begründet werden. Nach richtiger Ansicht handelt es sich um einen **Entschuldigungsgrund** (RG 56, 33; BGH 3, 194 [198]; BGH GA 1969, 23 [24]; NStZ 1981, 299)[3]. Obwohl die Tat immer noch rechtswidrig und der Schuldgehalt der Tat lediglich gemindert ist, verzichtet der Gesetzgeber auf die Erhebung des Schuldvorwurfs, weil ihm der Unrechts- und Schuldgehalt der Tat so weit herabgesetzt erscheint, daß die Strafwürdigkeitsgrenze nicht erreicht ist (vgl. oben § 43 III 2 b). Das Erfolgsunrecht ist bei der Notwehrüberschreitung um den Wert des vom Täter geschützten Gutes gemindert, das Handlungsunrecht ist durch die Notwehrlage und den Rettungswillen weitgehend aufgehoben, und die Schuld erscheint dadurch in einem anderen Licht, daß Verwirrung, Furcht oder Schrecken die normgemäße Willensbildung wesentlich erschwert haben[4]. Verwirrung, Furcht oder Schrecken müssen zwar die Ursache der Notwehrüberschreitung gewesen sein und angesichts der Straflosigkeit wird man einen erheblichen Grad des Affekts annehmen müssen, doch können auch andere Affekte wie Zorn (BGH 3, 194 [198]), Kampfeseifer, Haß oder Empörung mitgespielt haben, wenn nur die asthenischen Affekte bestimmend waren (BGH GA 1969, 23 [24])[5].

3. § 33 wird beim **intensiven Notwehrexzeß** sowohl auf den Fall der bewußten wie der unbewußten Überschreitung angewendet (RG 21, 189 [191]; 56, 33 [34]; BGH NStZ 1987, 20; BayObLG JR 1952, 113)[6]. Im Falle *bewußter* oder gar *absichtlicher* Überschreitung der Grenzen der erforderlichen Verteidigung kommt die

---

[2] Die in § 38 I E 1962 vorgesehene Strafmilderungsmöglichkeit für *alle* Fälle des intensiven Notwehrexzesses wurde als zu weitgehend gestrichen, da die Milderung im Rahmen des normalen Strafrahmens ausreiche (vgl. BT-Drucksache V/ 4095 S. 14). Zustimmend *Stree*, in: *Roxin* u. a., Einführung S. 39; dagegen *Gallas*, ZStW 80 (1968) S. 23.

[3] Ebenso die h. L.; vgl. *Baumann / Weber*, Allg. Teil S. 311; *Blei*, Allg. Teil S. 211; *Bockelmann / Volk*, Allg. Teil S. 130; *Dreher / Tröndle*, § 33 Rdn. 3; *Jakobs*, Allg. Teil S. 482; *Geilen*, Jura 1981, 378; *LK (Spendel)* § 33 Rdn. 37; *Lackner*, § 33 Anm. 1; *Kohlrausch / Lange*, § 53 Anm. X; *v. Liszt / Schmidt*, S. 199; *Schönke / Schröder / Lenckner*, § 33 Rdn. 2; *SK (Rudolphi)* § 33 Rdn. 1; *Welzel*, Lehrbuch S. 88; *Stratenwerth*, Allg. Teil I Rdn. 446 ff.; *Schmidhäuser*, Allg. Teil S. 471 (daß die Regelung überflüssig sei, ist nicht zuzugeben); *Wessels*, Allg. Teil S. 121. Dagegen sieht *Maurach / Zipf*, Allg. Teil I S. 453 in der formalisierten Regelung des § 33 einen Beweis für seine Stufenlehre der Zurechenbarkeit (Tatverantwortung) (vgl. Vorauflage S. 348). Für einen persönlichen Strafausschließungsgrund *M. E. Mayer*, Lehrbuch S. 282 f.; *Fischer*, Notwehrüberschreitung S. 80 ff.; *v. Hippel*, Bd. II S. 213; für eine Beweisregel *LK[9] (Baldus)* § 53 Rdn. 48; *Schröder*, ZAK 1944, 123 ff. Dagegen gründet *Roxin*, Schaffstein-Festschrift S. 117 ff. und Henkel-Festschrift S. 189 den Ausschluß der Strafbarkeit auch hier unmittelbar auf die Strafzwecklehre. Weitergehend stellen *Jakobs*, Allg. Teil S. 482 und *Timpe*, JuS 1985, 119 allein darauf ab, ob das Opfer auf seine eigene *schuldhafte* Verursachung des Exzeßverhaltens des Täters verwiesen werden kann.

[4] So *Rudolphi*, JuS 1969, 462 f.; *SK (Rudolphi)* § 33 Rdn. 1; *Schönke / Schröder / Lenckner*, § 33 Rdn. 2; *Eser*, Strafrecht I Nr. 11 A Rdn. 29; *LK (Spendel)* § 33 Rdn. 39 f.; *Wessels*, Allg. Teil S. 121; *Fischer*, Notwehrüberschreitung S. 70 ff.

[5] Die berühmte Bemerkung *M. E. Mayers*, Lehrbuch S. 282 f., hier werde „die Zurechnung, diese feinste Leistung der Strafrechtspflege, durch eine grobe Regel mattgesetzt", trifft also auf das geltende Recht nicht mehr zu.

[6] Ebenso die h. L.; vgl. *Baumann / Weber*, Allg. Teil S. 311; *Blei*, Allg. Teil S. 212; *Dreher / Tröndle*, § 33 Rdn. 3; *Eser*, Strafrecht I Nr. 11 A Rdn. 40; *Frank*, § 53 Anm. II; *Lackner*, § 33 Anm. 1; *LK (Spendel)* § 33 Rdn. 52; *LK (Hirsch)* Vorbem. 191 vor § 32; *Jakobs*, Allg. Teil S. 483; *Maurach / Zipf*, Allg. Teil I S. 451; *Roxin*, Schaffstein-Festschrift S. 110; *Stratenwerth*, Allg. Teil I Rdn. 441; *Wessels*, Allg. Teil S. 121; *Rudolphi*, JuS 1969, 463. Für Beschränkung auf unbewußte Überschreitung dagegen *Binding*, Handbuch S. 753; *Schönke / Schröder / Lenckner*, § 33 Rdn. 6; *Schröder*, ZAK 1944, 123 ff.; *Welzel*, Lehrbuch S. 89; *LK[9] (Baldus)* § 53 Rdn. 43; *Schmidhäuser*, Allg. Teil S. 472. Diese Auffassung läßt sich, wie *Roxin*, Schaffstein-Festschrift S. 108 ff. gezeigt hat, angesichts der Gesetzgebungsgeschichte nicht halten.

gesetzliche Regelung dem Angegriffenen weit entgegen, doch läßt sich zur Begründung immerhin anführen, daß der Täter einen gegenwärtigen rechtswidrigen Angriff abwehrt und niemand für seine Reaktionen verantwortlich gemacht werden kann, wenn er durch den Angriff und die Emotionen der Abwehr außer sich gerät.

Beispiel: Nach heftigem Wortwechsel wird der Täter von seinem wütenden Gegner mit bloßen Händen angegriffen; er verteidigt sich mit dem Messer, weil er einen Faustkampf aus Furcht nicht wagt, obwohl er dem Angreifer an Körperkraft offensichtlich überlegen ist (nach RG 21, 189 [191 f.]).

Hat der Täter dagegen die Grenzen der erforderlichen Verteidigung *unbewußt* überschritten, so befindet er sich entweder in einem Erlaubnistatbestandsirrtum über die Voraussetzungen der Notwehr (Stärke des Angriffs, Vorhandensein schonenderer Abwehrmittel) oder in einem Verbotsirrtum über ihre Grenzen (vgl. oben § 41 III 1 und 2). § 33 hat in diesem Fall lediglich die Bedeutung, daß der Irrtum mit Rücksicht auf die seelische Verfassung des Angegriffenen *immer* als unvermeidbar angesehen wird, so daß er weder nach dem Fahrlässigkeits- noch nach dem Vorsatztatbestand bestraft werden kann.

Beispiele: Der Pächter einer Kirschenallee gibt gegenüber Kirschendieben einen ungezielten Schreckschuß ab, der einem der Diebe das Leben kostet, weil er aus Furcht vor den ihm als gewalttätig bekannten Männern seine Waffe unvorsichtigerweise nicht senkrecht nach oben, sondern schräg in Richtung auf die Kirschbäume hält (RG 56, 33 [34]). Ein junger Mann verteidigt seine Schwester auf dem Tanzboden gegen wiederholte, an sich nicht besonders gefährliche Belästigungen einer Gruppe von Jugendlichen, indem er, erschreckt durch die große Zahl seiner Angreifer, einen von ihnen mit einer Flasche auf den Kopf schlägt (OLG Oldenburg Nds. Rpfl. 1951, 211). Ein Schüler verteidigt sich gegen die Faustschläge eines körperlich überlegenen Mitschülers „aus übersteigerter Furcht" durch einen tödlichen Messerstich ins Herz, anstatt die Waffe auf einen weniger gefährdeten Körperteil zu lenken (BGH JR 1980, 210 [211]).

4. Beim **extensiven Notwehrexzeß** ist dagegen die Anwendung des **§ 33 ausgeschlossen** (RG 54, 36 [37]; 61, 216 [217]; 62, 76 [77]; OGH 3, 121 [124]; BayObLG JR 1952, 113), da in diesem Falle die unrechtsmindernde Wirkung der Notwehrlage nicht gegeben ist[7].

Beispiel: Der Verteidiger hat den Angriff durch einen Schuß abgeschlagen, gibt aber auf den wehrlos am Boden liegenden Angreifer noch zwei weitere Schüsse ab (RG 62, 76).

Der Täter ist bei bewußter Notwehrüberschreitung ohne weiteres nach dem Vorsatztatbestand verantwortlich. Irrt der Verteidiger aber über die Gegenwärtigkeit des Angriffs, so ist ein gewöhnlicher Erlaubnistatbestandsirrtum gegeben, bei dem Verwirrung, Furcht und Schrecken im Rahmen der Vermeidbarkeitsprüfung zu berücksichtigen sind. Auch in den übrigen Fällen der **Putativnotwehr** (z. B. Irrtum über den Angriff als solchen oder die Rechtswidrigkeit des Angriffs) kommt § 33 nicht zum Zuge, weil bei fehlender Notwehrlage kein Anlaß besteht, Affektzustände durch volle Entschuldigung zu privilegieren (BGH NJW 1962, 308 [309])[8]. Der Vorwurf

---

[7] So beschränkte schon *Goltdammer,* Materialien Bd. I S. 422 die entschuldigte Notwehrüberschreitung auf ein Fehlgreifen in der Wahl der Mittel. Ebenso heute *Dreher / Tröndle,* § 33 Rdn. 2; *Eser,* Strafrecht I Nr. 11 A Rdn. 45; *Lackner,* § 33 Anm. 2; *Kohlrausch / Lange,* § 53 Anm. X; *LK*[9] *(Baldus)* § 53 Rdn. 45; *Maurach / Zipf,* Allg. Teil I S. 451 ff.; *Stratenwerth,* Allg. Teil I Rdn. 448; *Schmidhäuser,* Allg. Teil S. 473; *Wessels,* Allg. Teil S. 121; *H. Mayer,* Grundriß S. 101; *SK (Rudolphi)* § 33 Rdn. 2; *Welzel,* Lehrbuch S. 89. Anders *Baumann / Weber,* Allg. Teil S. 310 f.; *Blei,* Allg. Teil S. 211; *Jakobs,* Allg. Teil S. 483 f.; *Otto,* Grundkurs S. 176; *Roxin,* Schaffstein-Festschrift S. 117; *Schönke / Schröder / Lenckner,* § 33 Rdn. 7; *Timpe,* JuS 1985, 121, die § 33 auch auf den extensiven Exzeß anwenden; für den nachzeitigextensiven Exzeß auch *LK (Spendel)* § 33 Rdn. 8.

II. Überschreitung der Notwehr aus Verwirrung, Furcht oder Schrecken

der Fahrlässigkeit kann jedoch im Einzelfall auch beim Putativnotwehrexzeß entfallen, wenn der Täter aus Verwirrung, Furcht oder Schrecken das Maß der notwendigen Abwehr verkannt hat (BGH NJW 1968, 1885).

5. Da auch die **provozierte Notwehrlage** das (eingeschränkte) Recht zur Selbstverteidigung gibt, wenn der Angegriffene nicht ausweichen kann (vgl. oben § 32 III 3 a), muß in diesem Falle § 33 ebenfalls eingreifen können[9].

Beispiele: Wer einen Betrunkenen durch Bemerkungen zum Angriff reizt, kann, wenn er den Gegner ersticht, durch § 33 entschuldigt sein (anders BGH NJW 1962, 308 [309])[10]. Der Ehebrecher, der von dem Ehemann überrascht wird, kann sich auf § 33 berufen, wenn er nicht fliehen kann und deshalb den Angreifer mit einer Bierflasche niederschlägt (anders OLG Hamm NJW 1965, 1928).

§ 46 Das Handeln auf dienstliche Weisung

v. Ammon, Der bindende rechtswidrige Befehl, Strafr. Abh. Heft 217, 1926; *Arndt,* Die strafrechtliche Bedeutung des militärischen Befehls, NZWehrr 1960, 145; *derselbe,* Grundriß des Wehrstrafrechts, 2. Auflage 1966; *Comtesse,* Das schweiz. Militärstrafgesetz, 1946; *Ducklau,* Die Befehlsproblematik bei NS-Tötungsverbrechen, Diss. Freiburg 1976; *Fuhrmann,* Der höhere Befehl als Rechtfertigung im Völkerrecht, 1963; *Hanack,* Zur Problematik der gerechten Bestrafung nationalsozialistischer Gewaltverbrecher, 1967; *Janssen,* Die strafrechtliche Verantwortlichkeit des Soldaten für auf Befehl begangene Straftaten in rechtsvergleichender Betrachtung, Diss. Bonn 1939; *Jescheck,* Die Verantwortlichkeit der Staatsorgane nach Völkerstrafrecht, 1952; *derselbe,* Verantwortung und Gehorsam im Bereich der Polizei, Polizeiblatt für das Land Baden-Württemberg 1964, 97; *derselbe,* Befehl und Gehorsam in der Bundeswehr, in: Bundeswehr und Recht, 1965, S. 63; *Kohli,* Handeln auf Befehl im schweizerischen Militärstrafrecht, 1975; *Logoz,* Vers un nouveau code pénal militaire, SchwZStr 30 (1917) S. 237; Materialien des V. Internationalen Kongresses der Gesellschaft für Militärstrafrecht zum Thema „L'obéissance militaire", Revue de droit pénal militaire X (1971) Heft 1; *Müller-Rappard,* L'ordre supérieur militaire et la responsabilité pénale du subordonné, 1965; *Nuvolone,* Valori costituzionali della disciplina militare usw., Rassegna della giustizia militare 1979, 22; *Oehler,* Die strafrechtliche Verantwortlichkeit des militärischen Untergebenen für Handeln auf Befehl im französischen Recht, Festschrift für U. Stock, 1966, S. 237; *Queralt y Jiménez,* La obediencia debida en el Código penal, 1986; *Rodríguez Devesa,* La obediencia debida en el CPM de 1985, Festschrift für E. Correia (im Druck); *Schirmer,* Befehl und Gehorsam, 1965; *Schölz,* Zur Verbindlichkeit des Befehls usw., Festschrift für E. Dreher, 1977, S. 479; *Schwaiger,* Der Anwendungsbereich des § 5 WStG, NZWehrr 1961, 64; *Schwenck,* Wehrstrafrecht im System des Wehrrechts, 1973; *Schwinge,* Befehl und Gehorsam, ZAK 1938, 147; *Stoecker,* § 47 MStGB in geschichtlicher, rechtsvergleichender und rechtspolitischer Betrachtung, Diss. Marburg 1938; *Stratenwerth,* Verantwortung und Gehorsam, 1958; *Vogler,* Zum Einwand des Handelns auf Befehl im Völkerstrafrecht, Revue de droit pénal militaire 1968, 111; *v. Weber,* Die strafrechtliche Verantwortlichkeit für Handeln auf Befehl, MDR 1948, 34; *Würtenberger,* Der Irrtum über die Völkerrechtmäßigkeit des höheren Befehls im Strafrecht, MDR 1948, 271.

Vgl. ferner die Schrifttumsangaben vor § 35.

---

[8] Dazu eingehend *Rudolphi,* JuS 1969, 463 f. Für analoge Anwendung des § 33 auf einzelne Fälle des Putativnotwehrexzesses dagegen *Roxin,* Schaffstein-Festschrift S. 120; *Schönke / Schröder / Lenckner,* § 33 Rdn. 8; *Fischer,* Notwehrüberschreitung S. 97; *SK (Rudolphi)* § 33 Rdn. 6.

[9] So *Dreher / Tröndle,* § 33 Rdn. 3; *Bitzilekis,* Die neue Tendenz S. 194; *LK (Spendel)* § 33 Rdn. 74; *Lackner,* § 33 Anm. 4; *Maurach / Zipf,* Allg. Teil I S. 453; *Rudolphi,* JuS 1969, 465 f.; *Roxin,* Schaffstein-Festschrift S. 123 f.; *Schönke / Schröder / Lenckner,* § 33 Rdn. 9; *SK (Rudolphi)* § 33 Rdn. 5.

[10] Vgl. hierzu kritisch *Schröder,* JR 1962, 189.

I. Das Handeln auf dienstliche Weisung als Rechtfertigungs- bzw. als Entschuldigungsgrund

1. Die Gehorsamspflicht des Untergebenen wird durch jede *verbindliche Weisung* begründet; dies gilt für Beamte wie für Soldaten. **Der Untergebene, der eine verbindliche Weisung ausführt, handelt,** da er zum Gehorsam verpflichtet ist, **rechtmäßig,** selbst wenn der ihm erteilte Auftrag inhaltlich der Rechtsordnung widerspricht (z. B. eine Ordnungswidrigkeit oder eine unerlaubte Handlung darstellt) (vgl. oben § 35 II 3)[1].

2. Eine **Weisung, der die Verbindlichkeit fehlt,** kommt dagegen nur als **Entschuldigungsgrund** in Betracht. Der Untergebene, der eine strafrechtswidrige Weisung ausführt, handelt tatbestandsmäßig und rechtswidrig, selbst wenn er an die Verbindlichkeit der Anordnung glaubt[2]. Daß die strafrechtswidrige Weisung jedoch einen Entschuldigungsgrund darstellen kann, ergibt sich für den *Beamten* aus § 56 II 3 BBG, § 38 II 2 BRRG, § 75 II 3 LBG Baden-Württemberg: ist die Strafbarkeit des ihm aufgetragenen Verhaltens für den Beamten *nicht erkennbar,* so ist er von eigener Verantwortung frei. Für den *Soldaten* reicht die Wirkung des Befehls als Entschuldigungsgrund dagegen weiter: in eigener Person ist der Untergebene nur dann verantwortlich, wenn er *erkennt,* daß die Ausführung des Befehls eine Straftat darstellt oder wenn dies nach den ihm bekannten Umständen *offensichtlich* ist (§ 5 I WStG, § 11 II 2 SG). Die entsprechende Regelung gilt für Vollzugsbeamte des Bundes, wenn sie auf Anordnung unmittelbaren Zwang anzuwenden haben (§ 7 II 2 UZwG)[3].

3. Der Grund dafür, daß die Begehung einer mit Strafe bedrohten Handlung auf dienstliche Weisung entschuldigt sein kann, liegt ähnlich wie beim entschuldigenden Notstand und der Notwehrüberschreitung in der **wesentlichen Minderung des Handlungsunrechts und des Schuldgehalts** der Tat (vgl. oben § 43 III 2b). Der Untergebene glaubt sich im Recht, er wird mit dem Willen zur Erfüllung der Gehorsamspflicht tätig, die beim Beamten durch das Disziplinarrecht, beim Soldaten sogar durch das Strafrecht (§§ 19 - 22 WStG) sanktioniert ist[4]. Auch der Schuldvorwurf, der gegen den Untergebenen wegen der Nichterkenntnis der Strafbarkeit des aufgetragenen Verhaltens erhoben werden kann, ist gemildert, da die Prüfungspflicht beim Handeln auf dienstliche Weisung eingeschränkt ist. Der *Beamte* hat nur dann die Pflicht, die Verbindlichkeit einer Anordnung des zuständigen Vorgesetzten in Zweifel zu ziehen, wenn Anhaltspunkte dafür gegeben sind, daß von ihm die Begehung einer strafbaren Handlung verlangt wird. Grundsätzlich muß er darauf vertrauen können, daß sich alle Anordnungen des Vorgesetzten in dem durch die verfassungsmäßige Bindung an Gesetz und Recht (Art. 20 III GG) gezogenen Rahmen halten.

---

[1] So schon früher *v. Ammon,* Der bindende rechtswidrige Befehl S. 48. Vgl. heute *LK (Hirsch)* Vorbem. 165 vor § 32; *Jakobs,* Allg. Teil S. 376f.; *Schölz,* § 2 WStG Rdn. 18b; *Schönke / Schröder / Lenckner,* Vorbem. 88a vor § 32; *Schwenck,* Wehrstrafrecht S. 92; *Stratenwerth,* Verantwortung S. 181ff.; *Wessels,* Allg. Teil S. 122.

[2] Vgl. *Baumann / Weber,* Allg. Teil S. 451; *Dreher / Tröndle,* Vorbem. 16 vor § 32; *Schönke / Schröder / Lenckner,* Vorbem. 121 vor § 32; *Schölz,* § 5 WStG Rdn. 5; *Wessels,* Allg. Teil S. 122.

[3] Für die Vollzugsbeamten der Länder fehlt z. T. noch eine derartige Regelung (vgl. z. B. §§ 32ff. Polizeiges. Baden-Württemberg i. d. F. vom 16. 1. 1968, GBlBW S. 61), doch wird § 7 UZwG vorläufig entsprechend anzuwenden sein. Der Erlaß des Innenministeriums von Baden-Württemberg vom 13. 5. 1969 (Gemeinsames Amtsblatt S. 350) enthält eine dem § 7 II 2 UZwG entsprechende Regelung. Für Vollzugsbedienstete, die auf Weisung eines Vorgesetzten im Strafvollzug unmittelbaren Zwang anwenden, gilt § 97 II StVollzG, der dem § 7 II UZwG entspricht.

[4] Zum Irrtum über die Verbindlichkeit des Befehls *Schölz,* Dreher-Festschrift S. 483ff.

Den *Soldaten* (und entsprechend den *Vollzugsbeamten* bei Anwendung unmittelbaren Zwangs aufgrund dienstlicher Anordnung) trifft grundsätzlich überhaupt keine Prüfungspflicht. In der Regel steht ihm nicht einmal ein Prüfungs*recht* zu, denn er hat Befehle „nach besten Kräften vollständig, gewissenhaft und unverzüglich auszuführen" (§ 11 I 2 SG). Der Soldat ist nur dann zu Gegenvorstellungen berechtigt und verpflichtet, wenn er erkennt, daß sich der befehlende Vorgesetzte im Irrtum über tatsächliche Umstände befindet und bei Kenntnis der wahren Sachlage den Befehl wahrscheinlich nicht erteilt haben würde, oder wenn dies nach den ihm bekannten Umständen offensichtlich ist (BGH 19, 231 [234]). Das gleiche gilt, wenn der Untergebene erkennt oder wenn es offensichtlich ist, daß er durch die Befolgung des Befehls an einer Straftat mitwirken würde (§ 11 II 1 SG).

4. Der Entschuldigungsgrund des Handelns auf dienstliche Weisung ist *nicht eine Variante* des unvermeidbaren Verbotsirrtums, sondern ein Entschuldigungsgrund eigener Art[5]. Während im übrigen jedermann die Rechtmäßigkeit seiner Handlungen selbst zu verantworten hat und deswegen auch für die sachliche Richtigkeit seiner Entschlüsse strafrechtlich einstehen muß, gelten innerhalb des Behördenapparats und der militärischen Hierarchie andere Gesetze. Entscheidend ist für den Untergebenen das Vertrauen auf die Autorität des Vorgesetzten und die Gewohnheit des Gehorchens, während die sachliche Richtigkeit der erteilten Weisungen grundsätzlich vom Vorgesetzten allein zu verantworten ist. Da somit Recht und Pflicht bei Beamten und Soldaten mit Rücksicht auf die notwendige Unterordnung in anderer Weise ausgestaltet sind als sonst, muß auch der Entschuldigungsgrund des Handelns auf dienstliche Weisung nach eigenen Regeln behandelt werden (BGH 5, 239 [244]; BGH LM § 47 MStG Nr. 3). Nur der Irrtum des Untergebenen, ein Befehl rechtfertige jede Tat unter allen Umständen („Befehl ist Befehl"), wäre ein Verbotsirrtum, der allerdings heute nicht mehr als unvermeidbar gelten könnte (BGH 22, 223)[6].

II. Die Grenzen der entschuldigenden Wirkung einer unverbindlichen Weisung

Eine unverbindliche Weisung kommt als Entschuldigungsgrund nur dann in Frage, **wenn der Untergebene sie als verbindlich angesehen hat und ansehen durfte**[7]. Fehlt es daran, so sind weder das Handlungsunrecht noch der Schuldgehalt der Tat so weit herabgesetzt, daß der Schuldvorwurf entfallen könnte[8].

1. Weiß der Untergebene, daß noch nicht einmal die **formellen Voraussetzungen** einer verbindlichen Weisung (vgl. oben § 35 II 2a) erfüllt sind, so fehlt für die Vermutung der Rechtmäßigkeit jede Grundlage. Der Untergebene befindet sich dann gegenüber dem Vorgesetzten in einer Lage, die sich von keinem anderen rein tatsächlichen Gewaltverhältnis unterscheidet.

Beispiele: Die Weisung des Fahrdienstleiters an den Zugführer, zwecks Durchführung eines gesetzwidrigen Streiks einen Zug nicht abfahren zu lassen, ist schon wegen Zuständigkeitsüberschreitung unverbindlich (RG 56, 412 [418]) und kann den Untergebenen, der dies erkennt, nicht entlasten. Der auf persönlicher Verärgerung beruhende Befehl eines militärischen Vorge-

---

[5] So *Dreher / Tröndle,* Vorbem. 16 vor § 32; *Schölz,* § 5 WStG Rdn. 1; *Schwenck,* Wehrstrafrecht S. 90; *Wessels,* Allg. Teil S. 122. Anders (Sonderregelung des Irrtums) *Maurach / Zipf,* Allg. Teil I S. 450; *Jakobs,* Allg. Teil S. 467; *Schönke / Schröder / Lenckner,* Vorbem. 121 vor § 32; *LK (Schroeder)* § 17 Rdn. 52ff.
[6] So *Arndt,* Grundriß S. 119; *Schwenck,* Wehrstrafrecht S. 96. Für Anwendung von § 5 WStG auch in diesem Falle *Schölz,* § 5 WStG Rdn. 8.
[7] Deswegen kann sich auf einen dienstlichen Befehl nicht berufen, wer diesen durch eine bewußt unwahre Meldung herbeigeführt hat (BGH 19, 33 [35]).
[8] Vgl. zur strafrechtlichen Verantwortlichkeit des Beamten *Jescheck,* Polizeiblatt 1964, 100 ff.; zur strafrechtlichen Verantwortlichkeit des Soldaten *derselbe,* Befehl und Gehorsam in der Bundeswehr S. 89 f.

setzten, eine Zivilperson festzunehmen und zur Polizei zu bringen, liegt außerhalb des Bereichs dienstlicher Zwecke und ist daher nicht verbindlich; der Untergebene, der dies erkennt, ist nicht entschuldigt (nach RG 71, 284).

2. Weiß der Untergebene, daß die **materiellen Voraussetzungen** einer verbindlichen Weisung fehlen (vgl. oben § 35 II 2 b), weil insbesondere durch die Ausführung eine strafbare Handlung begangen würde, so kann er sich auf die Vermutung der Rechtmäßigkeit gleichfalls nicht berufen, weil er dann vom Gegenteil bereits positive Kenntnis hat. Wissen bedeutet in diesem Zusammenhang *sichere* Kenntnis (BGH 5, 239 [244]; 19, 231 [234]; 22, 223 [225])[9]. Der Untergebene, der eine Weisung in sicherer Kenntnis ihrer Strafrechtswidrigkeit ausführt, ist somit nicht entschuldigt. Das gilt gleichermaßen für Beamte (§ 56 II 3 BBG; § 38 II 2 zw. Halbs. BRRG; § 75 II 3 zw. Halbs. LBG Baden-Württemberg), für Soldaten (§ 5 I WStG; § 11 II 2 SG) und für Vollzugsbeamte bei Anwendung von unmittelbarem Zwang (§ 7 II 2 UZwG).

Beispiele: Der Gemeindediener, der auf Anordnung des Bürgermeisters eine Festnahme durchführt, deren Rechtswidrigkeit ihm bekannt ist, macht sich der Freiheitsberaubung schuldig (RG 6, 432 [440]; vgl. auch RG 54, 337). Ein Soldat, der sich im März 1945 auf Befehl, aber in Kenntnis von dessen verbrecherischem Charakter an der Erschießung von Fremdarbeitern beteiligt hatte, wurde zu Recht wegen Mordes verurteilt (BGH 15, 214 [217]).

3. Die Zweifel beginnen bei der Frage, ob eine Weisung schon dann aufhört, den Untergebenen vom Schuldvorwurf zu entlasten, wenn dieser die Strafrechtswidrigkeit der ihm aufgetragenen Handlung zwar nicht positiv gekannt hat, aber *bei genügender Aufmerksamkeit hätte erkennen können.*

a) Für den **Beamten** gilt die Regel, daß eine Anordnung schon dann als Entschuldigungsgrund ausscheidet, wenn ihm die Strafbarkeit oder Ordnungswidrigkeit des aufgetragenen Verhaltens **erkennbar** war (§ 56 II 3 BBG, § 38 II 2 zw. Halbs. BRRG; dagegen ist der Beamte nach § 75 II 3 zw. Halbs. LBG Baden-Württemberg nur dann nicht entschuldigt, wenn die Strafbarkeit bzw. Ordnungswidrigkeit „ohne weiteres" erkennbar ist). Für die Erkennbarkeit kommt es darauf an, daß Anhaltspunkte gegeben sind, die dem Beamten Bedenken gegen die Rechtmäßigkeit der Anordnung aufdrängen mußten.

Beispiele: Den Anstaltsärzten, die an der Tötung von Geisteskranken mitgewirkt haben, war die Strafbarkeit des ihnen aufgetragenen Verhaltens erkennbar, und sie waren deshalb durch die Anordnungen ihrer Vorgesetzten nicht entschuldigt (OLG Frankfurt SJZ 1947, 621 [627f.]). Entsprechendes gilt für die Gestapo-Beamten, die an der Verschleppung der jüdischen Bevölkerung beteiligt waren (BGH 2, 234 [240f.]).

Die enge Begrenzung der entschuldigenden Wirkung dienstlicher Weisungen im zivilen Bereich ist deswegen berechtigt, weil Beamte für die Rechtmäßigkeit ihrer dienstlichen Handlungen die volle persönliche Verantwortung tragen (§ 56 I BBG, § 38 I BRRG, § 75 I LBG Baden-Württemberg), weil sie in der Regel Zeit und Gelegenheit haben, die ihnen erteilten Anordnungen zu prüfen und weil der zivile Staatsapparat durch Gegenvorstellungen nicht lahmgelegt, sondern in seiner Autorität als Rechtsinstitution gestärkt wird.

b) Im **militärischen Bereich** liegen die Dinge dagegen anders, weil ein Prüfungsrecht des Untergebenen hier nicht anerkannt werden kann. Früher schadete dem Untergebenen *nur die positive Kenntnis,* daß der Vorgesetzte durch den Befehl ein Verbrechen oder Vergehen „bezweckte" (§ 47 I Nr. 2 MStGB 1940)[10]. Nach gelten-

---

[9] Vgl. *Schölz*, § 5 WStG Rdn. 8.
[10] Streng im Sinne des „Bezwecktseins" der Straftat *Schwinge*, ZAK 1938, 147ff.; *Stoecker*, § 47 MStGB S. 55. Vgl. ferner RMG 13, 180 (184); 19, 190 (195). Die praktische Bedeutung der

II. Die Grenzen der entschuldigenden Wirkung einer unverbindlichen Weisung   449

dem Recht ist er dagegen schon dann nicht entschuldigt, wenn die Strafrechtswidrigkeit der Befehlsausführung nach den ihm bekannten Umständen **offensichtlich,** d. h. für jedermann ohne weiteres Nachdenken erkennbar ist (§ 5 I WStG, § 11 II 2 SG)[11]. Die gleiche Regelung gilt für Vollzugsbeamte des Bundes bei Anwendung von unmittelbarem Zwang (§ 7 II 2 UZwG). Die Verantwortlichkeit des Untergebenen bei offensichtlicher Strafrechtswidrigkeit des Befehls gilt auch für fahrlässige Straftaten, etwa für eine befohlene Ordnungswidrigkeit eines Fahrers im Straßenverkehr, die mit hoher Wahrscheinlichkeit zur Tötung eines Passanten führen muß (zur Pflicht des Untergebenen, Gegenvorstellungen zu erheben, BGH 19, 231 [233ff.])[12]. Der Grund dafür, daß Soldaten milder behandelt werden als Beamte, aber strenger als nach dem bis 1945 geltenden Wehrstrafrecht, liegt in den Erfordernissen des militärischen Dienstes, wie sie in einem Rechtsstaat verstanden werden müssen. Ein Prüfungsrecht des Untergebenen wäre auch heute mit dem Wesen des militärischen Dienstes unvereinbar, Gewissenlosigkeit und Rechtsblindheit können dagegen auch im militärischen Bereich nicht entschuldigt werden. Der Schuldgehalt der Tat liegt darin, daß bei offensichtlicher Strafrechtswidrigkeit, selbst wenn die Tat auf Befehl begangen wird, ein unverzeihliches Versagen der Rechtsgesinnung des Untergebenen festzustellen ist (§ 9 II österr. StGB nimmt in entsprechender Weise Vermeidbarkeit des Verbotsirrtums an, „wenn das Unrecht für den Täter wie für jedermann leicht erkennbar war"). Obwohl die Verhältnisse im Polizeidienst nicht völlig gleich liegen, findet diese Regelung auch auf Vollzugsbeamte bei Ausübung unmittelbaren Zwangs Anwendung.

Beispiele: Der Kapitän eines Blockadebrechers, der befehlsgemäß einen als Spion verhafteten Soldaten mit dem torpedierten Schiff untergehen ließ, würde nach § 5 WStG nicht entschuldigt sein, da der Befehl offensichtlich verbrecherisch war (vgl. BGH 5 StR 321/66 bei *Hanack,* Bestrafung nationalsozialistischer Gewaltverbrecher S. 57). Wird einem Soldaten, der nur infanteristisch ausgebildet ist, die Durchführung einer Sprengung befohlen, wobei es nach den ihm bekannten Umständen offensichtlich ist, daß ihn der Vorgesetzte mit einem Pionier verwechselt, so muß er sich melden und ist im Falle eines Unglücks durch den Befehl nicht entschuldigt (vgl. auch BGH 19, 231 [234]).

c) Für den Untergebenen, der nicht nach § 5 I WStG entschuldigt ist, sieht § 5 II einen **besonderen Strafmilderungsgrund** wegen geminderter Schuld vor, wenn die Lage, in der er sich bei Ausführung des Befehls befand, die normgemäße Willensbildung wesentlich erschwerte (z. B. verzweifelte Gefechtslage, Zermürbung durch hohe Verluste, Erschöpfung durch langdauernden Einsatz). Das Gericht *kann* in diesem Falle die Strafe innerhalb des nach § 49 I zu bildenden milderen Strafrahmens zumessen, bei Vergehen auch ganz von Strafe absehen. Außerdem schließt § 5 WStG *andere Entschuldigungsgründe nicht aus.* Der Untergebene kann z. B. nach § 35 wegen Befehlsnotstands entschuldigt sein (vgl. oben § 44 II 2)[13].

Beschränkung auf positive Kenntnis zeigen Entscheidungen aus dem ersten Weltkrieg: Zwei Marineoffiziere wurden wegen Beihilfe zum Totschlag verurteilt, weil sie auf Befehl ihres Kommandanten Rettungsboote eines torpedierten englischen Lazarettschiffs versenkt hatten, um das begangene Kriegsverbrechen zu verschleiern, während der Kommandant eines U-Boots freigesprochen wurde, weil er den Befehl zur Versenkung eines Lazarettschiffs für eine völkerrechtlich zulässige Repressalie gehalten hatte (RG in: Verh. d. Reichstags, I. Wahlperiode 1920/21, Bd. 368, Anlage Nr. 2584 S. 75 [87] bzw. 28 [31]). Vgl. ferner aus dem zweiten Weltkrieg OLG Stuttgart HESt 2, 223 (Befehl, keine Gefangenen zu machen); OLG Freiburg JZ 1951, 85 (Erschießung eines Fahnenflüchtigen nach der Kapitulation ohne Gerichtsverfahren) m. abl. Anm. *v. Weber.* Weitere Beispiele bei *Arndt,* NZWehrr 1960, 147.

[11] Vgl. dazu *Maurach / Zipf,* Allg. Teil I S. 450; *Schölz,* § 5 WStG Rdn. 10f.; *Schwenck,* Wehrstrafrecht S. 147; *Schirmer,* Befehl S. 92ff. m. zahlr. Beisp.; *Schwaiger,* NZWehrr 1961, 64ff.; *Schönke / Schröder / Lenckner,* Vorbem. 121a vor § 32.

[12] Darauf weist zu Recht *LK (Hirsch)* Rdn. 165 vor § 32 hin.

III. Ausländisches Recht[14]

1. Das *österreichische* Recht enthält in § 3 II MilStG nur die Bestimmung, daß von der Verfolgung eines Soldaten, der eine Straftat auf Befehl begangen hat, bei Geringfügigkeit abgesehen werden kann. Anzuwenden sind im übrigen die allgemeinen Regeln über Irrtum und Notstand[15]. Die *Schweiz* steht dagegen auf dem Boden des früheren deutschen Rechts: nach Art. 18 MStGB ist der Untergebene nur dann strafbar, wenn er *weiß*, daß er durch die Befolgung des Befehls an einem Verbrechen oder Vergehen mitwirkt; im übrigen ist er entschuldigt. Die Ausdehnung der Verantwortlichkeit auf Handlungen, deren Strafbarkeit der Untergebene erkennen *konnte*, wird als mit der militärischen Disziplin unvereinbar abgelehnt[16]. Nach dem *französischen* Dekret vom 1.10.1966 über die militärische Disziplin ist der Untergebene voll verantwortlich, wenn er einen auf eine rechtswidrige Handlung gerichteten Befehl ausführt (Art. 22 Nr. 3). Ob die überlieferten Grundsätze des französischen Militärstrafrechts, nach denen der gutgläubige Untergebene entschuldigt war, wenn die Rechtswidrigkeit der befohlenen Handlung nicht offensichtlich war[17], weiter Anwendung finden werden, ist zweifelhaft[18]. Dem § 5 WStG entspricht die Regelung des Art. 4 der „Norme di principio sulla disciplina militare", Ges. vom 11.7.1978 Nr. 382[19]. Auch im geltenden *britischen* Recht[20] ist der Untergebene, der an die Gehorsamspflicht glaubt, straflos, es sei denn, daß der Befehl offensichtlich rechtswidrig („manifestly illegal") ist (Manual of Military Law 1958, Teil I, Kap. V, Art. 24)[21]. Auf der gleichen Linie liegt jetzt auch das *amerikanische* Recht: hat der Untergebene die Rechtswidrigkeit des Befehls nicht erkannt und hat er sie auch als vernünftiger Mensch nicht erkennen können, so ist er entschuldigt (Basic Field Manual, Rules of Land Warfare, 1956, Art. 409)[22]. Das *spanische* Recht stimmt im wesentlichen mit dem deutschen überein (Art. 8 Nr. 12 C. p., Art. 25 Código penal militar von 1985)[23]. Das *niederländische* Recht stellt die Frage der Verantwortlichkeit des Untergebenen in das Ermessen des Gerichts[24]. Im *brasilianischen* Recht ist der offensichtlich rechtswidrige Befehl nicht verbindlich, der Vorgesetzte ist als mittelbarer Täter strafrechtlich verantwortlich (Art. 22 C. p.). Der Untergebene, der einen nicht offensichtlich rechtswidrigen Befehl ausführt, ohne die Rechtswidrigkeit zu erkennen, ist entschuldigt; die Offensichtlichkeit der Rechtswidrigkeit bestimmt sich nach den Umständen der Tat und der Intelligenz und Kultur des Untergebenen[25]. Das StGB der *DDR* enthält in § 258 I die Bestim-

---

[13] Vgl. *Maurach / Zipf*, Allg. Teil I S. 451; *Jakobs*, Allg. Teil S. 469; *Schölz*, § 5 WStG Rdn. 12 ff.

[14] Vgl. dazu *Fuhrmann*, Der höhere Befehl S. 56 ff., 127 ff.; *Janssen*, Strafrechtl. Verantwortlichkeit des Soldaten S. 14 ff.; *Jescheck*, Völkerstrafrecht S. 255 ff.; *Stratenwerth*, Verantwortung und Gehorsam S. 27 ff.; *v. Weber*, MDR 1948, 35 ff.; *Würtenberger*, MDR 1948, 271 ff. Vgl. ferner die Materialien zum Thema „L'obéissance militaire usw.", Rev dr pén mil X (1971) S. 51 ff.

[15] Zu § 535 des früheren österreichischen StGB, der den Befehl als Entschuldigungsgrund ausdrücklich ausschloß, vgl. *Rittler*, Bd. I S. 135 f.

[16] *Comtesse*, Art. 18 MStGB Anm. 6; *Logoz*, SchwZStr 30 (1917) S. 250 ff.; *Kohli*, Handeln auf Befehl S. 37 ff.

[17] Vgl. dazu *Müller-Rappard*, L'ordre supérieur S. 102 ff.; *Oehler*, Stock-Festschrift S. 250 ff.

[18] Auch der französische Beitrag von *Paucot*, Rev dr pén mil X (1971) S. 160 ff. gibt darüber keinen Aufschluß.

[19] Vgl. *Bettiol / Pettoello Mantovani*, Diritto penale S. 373 ff.; *Nuvolone*, Rassegna di giustizia militare 1979, 22 ff.

[20] Über die eigenartige Rechtsentwicklung in Großbritannien und den USA vgl. *Fuhrmann*, Der höhere Befehl S. 32 ff.; *Vogler*, Rev dr pén mil VII (1968) S. 123 ff.; *Stubbs*, Rev dr pén mil X (1971) S. 283 ff.

[21] Vgl. *Grünhut*, Das englische Strafrecht S. 206; *Kenny / Turner*, Outlines S. 67.

[22] *Honig*, Das amerikanische Strafrecht S. 165; *Dommer*, Rev dr pén mil X (1971) S. 305 ff.

[23] Vgl. *Rodríguez Devesa / Serrano Gómez*, Derecho penal S. 521 ff.; *Cobo del Rosal / Vives Antón*, Derecho penal S. 479 f.; *Mir Puig*, Adiciones Bd. I S. 547 ff.; *Rodríguez Devesa*, Correia-Festschrift (im Druck). Zur Guardia Civil *Queralt y Jiménez*, Obediencia S. 452 ff.

[24] Vgl. *Kersten*, Rev dr pén mil X (1971) S. 256 f.

[25] Vgl. *Fragoso*, Lições S. 221 f.; *da Costa jr.*, Comentários, Art. 22 Anm. 2.

mung, daß beim Handeln auf Befehl der Untergebene nur dann strafrechtlich verantwortlich ist, wenn die Ausführung des Befehls offensichtlich gegen die anerkannten Normen des Völkerrechts oder gegen Strafgesetze verstößt[26].

2. Der Ausschnitt aus fremden Rechten zeigt, daß eine übereinstimmende Regelung des Befehlsproblems nicht besteht. Immerhin läßt sich daraus entnehmen, daß keine der genannten Rechtsordnungen dem Grundsatz des unbedingten Gehorsams folgt, aber auch keine den Untergebenen völlig schutzlos läßt[27]. Die Regelung des § 5 WStG liegt etwa in der Mitte zwischen diesen beiden Extremen und stimmt mit anderen großen Rechtsordnungen überein.

§ 47 Pflichtenkollision und Unzumutbarkeit als übergesetzliche Entschuldigungsgründe

Achenbach, Wiederbelebung der allgemeinen Nichtzumutbarkeitsklausel im Strafrecht? JR 1975, 492; *Baratta*, Antinomie giuridiche e conflitti di coscienza, 1963; *Bloy*, Die dogmatische Bedeutung der Strafausschließungs- und Strafaufhebungsgründe, 1976; *Anne-Eva Brauneck*, Der strafrechtliche Schuldbegriff, GA 1959, 261; *Drost*, Die Zumutbarkeit bei vorsätzlichen Delikten, GA 77 (1933) S. 175; *End*, Existentielle Handlungen im Strafrecht, 1959; *Eser*, Sterbewille und ärztliche Verantwortung, Medizinrecht 1985, 6; *Freudenthal*, Schuld und Vorwurf im geltenden Strafrecht, 1922; *Gallas*, Pflichtenkollision als Schuldausschließungsgrund, Festschrift für E. Mezger, 1954, S. 311; *Goldschmidt*, Normativer Schuldbegriff, Festgabe für R. v. Frank, Bd. I, 1930, S. 428; *Großmann*, Die Grenze von Vorsatz und Fahrlässigkeit, 1924; *Grünhut*, Grenzen des übergesetzlichen Notstands, ZStW 51 (1931) S. 455; *Günther*, Strafrechtswidrigkeit und Strafunrechtsausschluß, 1983; *Hanack*, Anmerkung zu LG Hamburg vom 9. 3. 1976, NJW 1976, 1758; *Hartung*, Anmerkung zu OGH 2, 117, NJW 1950, 151; *Henkel*, Der Notstand nach gegenwärtigem und künftigem Strafrecht, 1932; *derselbe*, Zumutbarkeit und Unzumutbarkeit als regulatives Rechtsprinzip, Festschrift für E. Mezger, 1954, S. 249; *Arthur Kaufmann*, Rechtsfreier Raum usw., Festschrift für R. Maurach, 1972, S. 327; *Küper*, Noch einmal: Rechtfertigender Notstand, Pflichtenkollision und übergesetzliche Entschuldigung, JuS 1971, 474; *Lang-Hinrichsen*, Epoché und Schuld, Festschrift für J. Bärmann, 1975, S. 583; *Liepmann*, Literaturbericht, ZStW 43 (1922) S. 710; *Lücke*, Der allgemeine Schuldausschließungsgrund der Unzumutbarkeit usw., JR 1975, 55; *Mangakis*, Die Pflichtenkollision als Grenzsituation des Strafrechts, ZStW 84 (1972) S. 447; *Marcetus*, Der Gedanke der Zumutbarkeit, Strafr. Abh. Heft 243, 1928; *Maurach*, Kritik der Notstandslehre, 1935; *Moos*, Der Verbrechensbegriff in Österreich im 18. und 19. Jahrhundert, 1968; *Nowakowski*, Probleme der Strafrechtsdogmatik, JBl 1972, 19; *Oehler*, Die Achtung vor dem Leben und die Notstandshandlung, JR 1951, 489; *Otto*, Pflichtenkollision und Rechtswidrigkeitsurteil, 3. Auflage 1978; *Peters*, Zur Lehre von den persönlichen Strafausschließungsgründen, JR 1949, 496; *Platzgummer*, Die „Allgemeinen Bestimmungen" des Strafgesetzentwurfs usw., JBl 1971, 236; *Roxin*, „Schuld" und „Verantwortlichkeit" als strafrechtliche Systemkategorien, Festschrift für H. Henkel, 1974, S. 171; *Schaffstein*, Die Nichtzumutbarkeit als allgemeiner übergesetzlicher Schuldausschließungsgrund, 1933; *Eb. Schmidt*, Das Problem des übergesetzlichen Notstands, Mitt IKV Bd. V (1931) S. 131; *derselbe*, Anmerkung zu OGH 1, 321, SJZ 1949, 559; *R. Schmitt*, Der Arzt und sein lebensmüder Patient, JZ 1984, 866; *Schumacher*, Um das Wesen der Strafrechtsschuld, 1927; *Siegert*, Notstand und Putativnotstand, 1931; *Spendel*, Der Conditio-sine-qua-non-Gedanke als Strafmilderungsgrund, Festschrift für K. Engisch, 1969, S. 509; *Wachinger*, Der übergesetzliche Notstand nach der neuesten Rechtsprechung des RG, Festgabe für R. v. Frank, Bd. I, 1930, S. 469; *v. Weber*, Die Pflichtenkollision im Strafrecht, Festschrift für W. Kiesselbach, 1947, S. 233; *Wegner*, Zum Notstand im Entwurf eines allgemeinen deutschen StGB 1925, JR 1925, 578; *Welzel*, Anmerkung zu OGH 1, 321, MDR 1949, 373; *derselbe*, Zum Notstandsproblem, ZStW 63 (1951) S. 47; *Wittig*, Der übergesetzliche Schuldausschließungsgrund der Unzumutbarkeit in verfassungsrechtlicher Sicht, JZ 1969, 546.

---

[26] Vgl. zum Maßstab der Offensichtlichkeit *Strafrecht der DDR*, § 258 Anm. 3 b. Zum Ausschluß des Befehlsnotstands vgl. § 95 StGB DDR.
[27] Vgl. *Vogler*, Rev dr pén mil VII (1968) S. 126 f. Zur deutschen Rspr. in der Zeit von 1945 bis 1965 *Ducklau*, Die Befehlsproblematik bei NS-Tötungsverbrechen, Diss. Freiburg 1976.

Rechtfertigungsgründe werden aus der Rechtsordnung im ganzen hergeleitet, sie können dem Gesetzesrecht, dem Gewohnheitsrecht oder dem überpositiven Recht angehören. Die Rangverhältnisse der Rechtsnormen sind zu vielfältig und zu sehr von der Gestaltung des Einzelfalls abhängig, als daß sie im voraus allgemein festgelegt werden könnten (vgl. oben § 31 III 1 und 2). Die **Entschuldigungsgründe sind** dagegen an das Gesetz, und zwar **an das Strafgesetz gebunden,** denn die Frage, ob gegen den Täter einer tatbestandsmäßig-rechtswidrigen und schuldhaften Handlung im Hinblick auf den verminderten Unrechts- und Schuldgehalt der Tat (vgl. oben § 43 III 2b) kein Schuldvorwurf erhoben wird, kann grundsätzlich nur durch den Gesetzgeber selbst nach strafrechtlichen Gesichtspunkten entschieden werden, weil sonst Rechtsungleichheit und Subjektivismus die Folge wären[1]. Übergesetzliche Entschuldigungsgründe sind deshalb nur als eng begrenzte Ausnahmen in Fällen anzuerkennen, in denen der Unrechts- und Schuldgehalt der Tat in charakteristischer Weise herabgesetzt ist[2].

I. Die Pflichtenkollision als übergesetzlicher Entschuldigungsgrund

1. Bei der Beurteilung von Pflichtenkollisionen ist von der Frage auszugehen, ob eine der kollidierenden Pflichten nach den Regeln des übergesetzlichen Notstands als die *höhere* bestimmt werden kann. Der Kollisionsfall löst sich dann nach dem allgemeinen Grundsatz, daß in der konkreten Situation allein die höhere Pflicht verbindlich ist. Die geringere Pflicht tritt zurück, ihre Verletzung ist durch **rechtfertigende Pflichtenkollision** gedeckt (vgl. oben § 33 V 1a).

2. Die Frage, ob einer **Pflichtenkollision** Bedeutung **als Entschuldigungsgrund** zukommt, ist erst aufzuwerfen, nachdem festgestellt ist, daß der Täter rechtswidrig gehandelt hat. Das ist einmal dann der Fall, wenn er die niedrigere Pflicht auf Kosten der höheren erfüllt. Hat sich der Täter dabei über das Wertverhältnis der kollidierenden Pflichten geirrt, so liegt ein Irrtum über die Voraussetzungen des rechtfertigenden Notstands vor (vgl. oben § 41 III 2d). Es gibt jedoch auch Fälle, in denen die Grundsätze des rechtfertigenden Notstands keine Entscheidung über das Rangverhältnis zulassen. Das gilt insbesondere dann, wenn es sich um Pflichten handelt, von deren Erfüllung bzw. Nichterfüllung jeweils Menschenleben abhängen. In diesem Fall greift der allgemeine Grundsatz ein, daß wegen des unvergleichbaren personalen Werts des Menschenlebens jede rein quantitative oder qualitative Differenzierung ausgeschlossen ist, so daß die Rechtsordnung auch nicht die Tötung oder Preisgabe eines einzigen Menschen zugunsten des Überlebens vieler anderer billigen kann (vgl. oben § 33 V 1b). Man kann in diesen Fällen von *nicht abwägbaren* oder auch von *gleichwertigen* Pflichten sprechen[3]. Wer diejenige Pflicht wählt, durch deren Erfüllung die größere Anzahl von Menschen oder das unter irgendeinem Gesichtspunkt wertvoller erscheinende Leben auf Kosten anderer Menschenleben gerettet wird, handelt also trotz dieser werterhaltenden Tendenz nicht rechtmäßig, weil damit zugleich die ranggleiche Pflicht gegenüber denen, die geopfert werden müssen, verletzt wird (vgl. oben § 33 V 1b und c).

---

[1] Ebenso *LK (Hirsch)* Vorbem. 184 vor § 32; *Lackner,* Vorbem. III vor § 32; *Maurach / Zipf,* Allg. Teil I S. 436; *Schönke / Schröder / Lenckner,* Vorbem. 124 vor § 32; *Wessels,* Allg. Teil S. 123. Auch BGH 2, 194 (204) ist nur so zu verstehen, daß auf eng begrenzte Ausnahmen hingewiesen werden sollte. Vgl. in diesem Sinne vor allem RG 66, 397 (399) sowie BGH NJW 1953, 513 (514).

[2] Vgl. dazu *Schmidhäuser,* Allg. Teil S. 476f.

[3] Vgl. *v. Weber,* Kiesselbach-Festschrift S. 248; *Gallas,* Beiträge S. 61; *Schmidhäuser,* Allg. Teil S. 479f.; *Baratta,* Antinomie giuridiche S. 102ff.

I. Die Pflichtenkollision als übergesetzlicher Entschuldigungsgrund 453

Beispiele: Als 1939 die Aktion zur Tötung der Geisteskranken einsetzte, haben einzelne Anstaltsärzte an der Aufstellung der „Verlegungslisten" nur deswegen mitgewirkt, weil sie durch Opferung der gänzlich hoffnungslosen Fälle anderen Anstaltsinsassen mit der bewußt unwahren Angabe, sie seien arbeitsfähig oder heilbar, das Leben retten konnten, während sie im Falle einer Weigerung durch willfährige Parteigänger des Regimes ersetzt worden wären, die niemanden geschont hätten *(Kollision von gleichwertigen Handlungs- und Unterlassungspflichten)* (OGH 1, 321 [336 ff.]; 2, 117 [122]; LG Köln NJW 1952, 358 [359]; BGH NJW 1953, 513 [514]). Ein Vater kann bei einem Schiffsunglück nur eines seiner zwei in gleicher Lebensgefahr befindlichen Kinder retten. Nach einem Massenunfall auf der Autobahn wählt der Chefarzt einen Schwerverletzten aus, der an die einzige im Krankenhaus vorhandene Herz-Lungen-Maschine angeschlossen wird, während ein zweiter, der an sich die gleichen Überlebenschancen hätte, sterben muß *(Kollision gleichwertiger Handlungspflichten)*[4]. Der Arzt läßt die durch den Selbstmordversuch bereits irreparabel geschädigte bewußtlose Patientin sterben, ohne einen Rettungsversuch durch die ihr unerwünschte Intensivmedizin zu unternehmen *(Kollision von Verpflichtung zum Lebensschutz und Achtung des Selbstbestimmungsrechts)*[5].

In derartigen Fällen ist eine **rechtlich unlösbare Pflichtenkollision** gegeben. Die Anstaltsärzte durften weder einzelne Patienten opfern, um andere retten zu können, noch durften sie durch Ablehnung jeder Mitwirkung an der Tötungsaktion alle Patienten der Vernichtung preisgeben. Der Vater darf die Rettung keines seiner Kinder unterlassen. Der Chefarzt darf keinem der beiden Schwerverletzten die allein Rettung versprechende Hilfe durch den Anschluß an die Herz-Lungen-Maschine versagen. Der Arzt darf im Falle der Suizidpatientin weder auf die Intensivbehandlung verzichten noch ihr Selbstbestimmungsrecht mißachten, doch wird seine „Gewissensentscheidung" respektiert (BGH 32, 367 [381]). In solchen Fällen ist die Erfüllung der einen Pflicht der Rechtsordnung ebenso wichtig wie die Erfüllung der anderen, nur die Ausweglosigkeit der Konfliktslage macht die Erfüllung beider Pflichten zur gleichen Zeit unmöglich. Der Mensch, der in einer solchen unlösbaren Pflichtenkollision steht, handelt somit, wie er sich auch immer entscheiden mag, in jedem Falle *rechtswidrig* (vgl. oben § 33 V 1b und c).

3. In den Fällen einer rechtlich unlösbaren Pflichtenkollision ist die Entscheidung damit in den *Schuldbereich* verwiesen. Es kann sein, daß der Täter die Alternative, die er wählt, nach gewissenhafter Prüfung für die rechtlich verbindliche hält, etwa weil er sich damit für das kleinere Übel entscheidet. Dann läge ein *unvermeidbarer Verbotsirrtum* (Bestandsirrtum) vor, der ihn auf jeden Fall vom Schuldvorwurf entlastet. Aber auch wenn sich der Täter der Ausweglosigkeit der Lage bewußt ist und mit voller Verbotskenntnis handelt, ist er *entschuldigt*[6]. Der Grund liegt darin, daß **sowohl**

---

[4] Weitere Beispielsfälle bei *End*, Existentielle Handlungen S. 60 ff.
[5] Dazu kritisch *R. Schmitt*, JZ 1984, 868; *Eser*, Medizinrecht 1985, 15 f.
[6] So die überw. L.; vgl. *Baumann / Weber*, Allg. Teil S. 452; *Jakobs*, Allg. Teil S. 468; *Dreher / Tröndle*, Vorbem. 15 vor § 32; *Lackner*, Vorbem. III 3 vor § 32; *End*, Existentielle Handlungen S. 10 ff.; *Gallas*, Beiträge S. 76; *Hartung*, NJW 1950, 155; *Henkel*, Mezger-Festschrift S. 300; *Maurach / Zipf*, Allg. Teil I S. 438; *Eb. Schmidt*, SJZ 1949, 568 ff.; *Schönke / Schröder / Lenckner*, Vorbem. 117 vor § 32; *v. Weber*, Kiesselbach-Festschrift S. 250; *Welzel*, MDR 1949, 375; *derselbe*, Lehrbuch S. 184 ff.; *Schmidhäuser*, Allg. Teil S. 476 f. Für einen *persönlichen Strafausschließungsgrund* aber OGH 1, 321 (335); 2, 117 (126); zustimmend *Peters*, JR 1949, 496 ff.; *Oehler*, JR 1951, 489 ff.; *LK*[8] *(Jagusch)* § 54 Anm. 10. Für einen „Strafunrechtsausschließungsgrund" *Günther*, Strafrechtswidrigkeit S. 333 ff., für einen Rechtfertigungsgrund *Anne-Eva Brauneck*, GA 1959, 271. Für „Unverbotenheit" der Tat *Blei*, Allg. Teil S. 213 f.; *Arthur Kaufmann*, Maurach-Festschrift S. 336 ff. Für „Offenlassen der Schuldfrage" *Lang-Hinrichsen*, Bärmann-Festschrift S. 602. Für Strafmilderungsgrund *Spendel*, Engisch-Festschrift S. 523 ff. Differenzierend *Otto*, Pflichtenkollision S. 99 ff. Nach Fallgruppen unterscheidet auch *Mangakis*, ZStW 84 (1972) S. 472 ff., der jedoch alle diese Fälle auf der Unrechtsebene und nicht erst im Schuldbereich löst.

der Unrechts- als auch der Schuldgehalt der Tat wesentlich herabgesetzt ist[7], der Unrechtsgehalt im Hinblick auf die vom Täter erfüllte Pflicht, der Schuldgehalt deswegen, weil im Falle einer unlösbaren Pflichtenkollision mehr als gewissenhaftes Handeln nicht zu verlangen ist. „Die Rechtsordnung kann die seelische Einstellung des Täters nicht mißbilligen, der in einer Situation, die nur noch Raum für eine persönliche Entscheidung läßt, diese Entscheidung nach gewissenhafter Prüfung trifft und sich dabei von Erwägungen leiten läßt, die seine Achtung vor den Grundwerten des Rechts bezeugen" (*Gallas*). Damit ist aber nicht gesagt, daß der Täter sich unbedingt für das „kleinere Übel" entscheiden müßte, um entschuldigt zu sein[8]. Vielmehr muß auch derjenige vom Schuldvorwurf frei bleiben, der es nicht über sich bringt, mit eigener Hand in den Lauf des Schicksals einzugreifen.

II. Die Unzumutbarkeit als übergesetzlicher Entschuldigungsgrund

1. Die normative Schuldlehre, die das Wesen der Schuld in der Bewertung der Willensbildung erblickt und den Schuldvorwurf demgemäß auf das individuelle „Anders-handeln-können" des Täters gründet (vgl. oben § 38 II 3), führte in letzter Konsequenz zu der Forderung, die *Unzumutbarkeit* normgemäßen Verhaltens als **allgemeinen übergesetzlichen Entschuldigungsgrund** anzuerkennen. Von einem aus der Not der Nachkriegszeit geborenen individualethischen Schuldbegriff ausgehend kam *Freudenthal* zu dem Ergebnis, „daß keine kriminelle Strafe verdient, wer nach den Umständen der Tat ihre Begehung nicht vermeiden konnte"[9]. Er dachte dabei ebenso an „Gefahren für die wirtschaftliche und soziale Existenz" wie an den „drohenden Zwang, die dringendsten Rücksichten allgemein menschlicher Art verletzen zu müssen". Während sich diese *subjektivistische* Unzumutbarkeitslehre angesichts der damit verbundenen Gefahren für die Festigkeit und Gleichmäßigkeit der Strafrechtspflege nicht durchsetzen konnte[10], hat die Annahme eines übergesetzlichen Entschuldigungsgrundes auf der Basis der *Motivationsfähigkeit des Durchschnittsmenschen* eine Zeitlang Anerkennung gefunden (§ 25 E 1930)[11], zumal auch die Judikatur dieser Auffassung zuzuneigen schien (RG 30, 25; 36, 78; 58, 97; 58, 226; 60, 101; 63, 223; vgl. zu dieser Rechtsprechung unten § 47 II 3).

2. **Diese Lehre ist jedoch abzulehnen**[12]; sie ist heute in den Hintergrund getreten (anders aber noch OLG Hamm NJW 1976, 721)[13]. Nachdem zunächst das RG klar-

---

[7] So *Schönke / Schröder / Lenckner,* Vorbem. 117 vor § 32; *Küper,* JuS 1971, 477; *LK (Hirsch)* Vorbem. 200 vor § 32. Dagegen stellen *Roxin,* Henkel-Festschrift S. 195 und *Achenbach,* JR 1975, 495 auch hier unmittelbar auf die Strafzwecklehre ab.

[8] So aber die überw. L.; vgl. *Welzel,* Lehrbuch S. 185; LG Köln NJW 1952, 358 (359); dagegen *Gallas,* Beiträge S. 76.

[9] *Freudenthal,* Schuld und Vorwurf S. 25 ff.; zurückhaltend dagegen *Mezger,* Lehrbuch S. 373 f.

[10] Vgl. dagegen vor allem *Großmann,* Vorsatz und Fahrlässigkeit S. 11 ff.; *Schumacher,* Wesen der Strafrechtsschuld S. 25 ff.; *Liepmann,* ZStW 43 (1922) S. 713 („Verweichlichung staatsbürgerlicher Pflichten"); *Maurach,* Kritik der Notstandslehre S. 132 ff.

[11] Vgl. *Goldschmidt,* Frank-Festgabe Bd. I S. 448 ff.; *v. Liszt / Schmidt,* S. 263; *Henkel,* Notstand S. 62; *Eb. Schmidt,* Mitt IKV Bd. V (1931) S. 164; *Siegert,* Notstand S. 44 ff.; *Wegner,* JR 1925, 582; mit Beschränkung auf die Fahrlässigkeit auch *Frank,* § 51 Vorbem. II 2; *Marcetus,* Zumutbarkeit S. 57 f. Der Gedanke lebt heute fort in dem allgemeinen entschuldigenden Notstand des § 10 österr. StGB (OGH SSt 29, 83). Vgl. dazu *Platzgummer,* JBl 1971, 242; *Kienapfel,* Allg. Teil, Syst. Darst. (österr.) S. 75 ff. Auf die Anknüpfung des Gedankens bei *Wessely* und *Wahlberg* weist *Moos,* Der Verbrechensbegriff in Österreich S. 414, 456 hin.

[12] Vgl. schon früher *Wachinger,* Frank-Festgabe Bd. I S. 496; *Grünhut,* ZStW 51 (1931) S. 466; *Schaffstein,* Nichtzumutbarkeit S. 78 ff.; *Drost,* GA 77 (1933) S. 175 ff.; *Maurach,* Kritik S. 118 ff.

[13] So die h. L.; vgl. *Blei,* Allg. Teil S. 213; *Bockelmann / Volk,* Allg. Teil S. 131; *Bloy,* Strafausschließungsgründe S. 127; *Eser,* Strafrecht I Nr. 19 A Rdn. 43; *LK (Hirsch)* Vorbem. 184 vor § 32; *Henkel,* Mezger-Festschrift S. 295; *Kohlrausch / Lange,* Vorbem. III vor § 51; *Schönke / Schröder / Lenckner,* Vorbem. 122 vor § 32; *Maurach / Zipf,* Allg. Teil I S. 435 f.;

gestellt hatte, „daß nach geltendem Recht dem Täter bei vorsätzlichen Straftaten andere als die im Gesetz umschriebenen Entschuldigungsgründe nicht zugebilligt werden können" (RG 66, 397 [399]), setzte sich auch in der Wissenschaft die Erkenntnis durch, daß das Strafrecht im Schuldbereich Maßstäbe braucht, die zwar auf die Bewertung der Willensbildung zugeschnitten, aber doch formalisiert und gesetzlich festgelegt sein müssen. Ein übergesetzlicher Entschuldigungsgrund der Unzumutbarkeit würde, ob man ihn subjektiv oder objektiv versteht, die generalpräventive Wirkung des Strafrechts schwächen und zu Ungleichheit in der Rechtsanwendung führen, da die „Unzumutbarkeit" kein brauchbarer Maßstab ist. Außerdem stellen die Entschuldigungsgründe nach der klaren Systematik des Gesetzes Ausnahmevorschriften dar, die einer ausdehnenden Anwendung nicht fähig sind. Selbst in schwierigen Lebenslagen muß die Gemeinschaft Rechtsgehorsam fordern können, auch wenn dem Betroffenen erhebliche Opfer abverlangt werden[14].

3. Die **Unzumutbarkeit** spielt **als regulatives Prinzip** in einzelnen Beziehungen eine Rolle, sie ist aber auch in diesen Fällen nicht als allgemeiner übergesetzlicher Entschuldigungsgrund zu verstehen.

a) Nach § 258 V ist straffrei, wer durch die Strafvereitelung zugunsten eines anderen erreichen will, daß er selbst nicht bestraft wird. Die Berücksichtigung der notstandsähnlichen Lage führt hier zur Anerkennung eines besonderen, streng an den Tatbestand der Strafvereitelung gebundenen Entschuldigungsgrundes[15]. Wer dagegen zum Zwecke der Selbstbegünstigung einen anderen Tatbestand erfüllt (z. B. Betrug, Meineid, falsche Verdächtigung), bleibt nicht etwa straflos (BGH 2, 375 [378]; 15, 53 [54]). Ein besonderer Entschuldigungsgrund ist auch das Angehörigenprivileg in § 139 III 1 und § 258 VI[16]. Bei vorsätzlicher Herbeiführung eines Verkehrsunfalls wird der Täter im Hinblick auf die Wartepflicht (§ 142) von einer Minderheit als entschuldigt angesehen[17].

b) Die Rechtsprechung hat ferner das Maß der vom Täter persönlich zu verlangenden Sorgfalt bei der **bewußten Fahrlässigkeit** durch den Zumutbarkeitsgedanken eingeschränkt. Es handelt sich dabei aber nicht um einen übergesetzlichen Entschuldigungsgrund, sondern um die Begrenzung der individuellen Sorgfaltspflicht: Wer mit der Verwirklichung des Straftatbestandes rechnet, aber darauf vertraut, den Erfolg vermeiden zu können, soll nicht genötigt sein, von seiner Handlung Abstand zu nehmen, wenn schwerwiegende und achtenswerte Beweggründe dafür sprechen, das Risiko zu wagen[18].

Stratenwerth, Allg. Teil I Rdn. 603; SK (*Rudolphi*) Vorbem. 10 vor § 19; *Wessels*, Allg. Teil S. 122; *Welzel*, Lehrbuch S. 182. Anders jedoch *Nowakowski*, JBl 1972, 29f.; *Baumann / Weber*, Allg. Teil S. 455 (Anwendung auf eine „Zwangssituation ähnlicher Stärke", wie sie in § 35 als entschuldigend anerkannt ist); *Schmidhäuser*, Allg. Teil S. 477 („analoge Anwendung"); *Wittig*, JZ 1969, 547 („Verwirklichung des Verfassungssatzes nulla poena sine culpa in atypischen Fällen"); *Lücke*, JR 1955, 55ff. (Analogie zu § 242 BGB); *Jakobs*, Allg. Teil S. 490f. („Unzuständigkeit des Täters für die Bedingungen der Tat"). Dagegen deutlich *Blei*, JA 1975, 238; *Achenbach*, JR 1975, 495.

[14] Vgl. *Rodríguez Devesa / Serrano Gómez*, Derecho penal S. 644, die Rechtsordnung verlange in vielen Fällen „en contra de los intereses individuales y en beneficio de la comunidad, que el individuo se sacrifique". Nach *Stree*, in: *Roxin* u. a., Einführung S. 57 hätte der Gesetzgeber Strafmilderung und sogar Absehen von Strafe fakultativ zulassen sollen. In einem System staatlich befohlener Verbrechen (Judenmorde in einem Vernichtungslager) will LG Hamburg NJW 1976, 1756 m. zust. Anm. *Hanack* einen übergesetzlichen Schuldminderungsgrund in Analogie zu §§ 17 S. 2, 35 II, 13 II annehmen.

[15] Vgl. BGH 9, 71 (73); *Dreher / Tröndle*, § 258 Rdn. 13; *Schmidhäuser*, Studienbuch S. 257; *Welzel*, Lehrbuch S. 182.

[16] LK (*Hirsch*) Vorbem. 198 vor § 32.

[17] So *Dreher / Tröndle*, § 142 Rdn. 36; LK (*Hirsch*) Vorbem. 199 vor § 32. Anders BGH 24, 382 (385f.); *Schönke / Schröder / Cramer*, § 142 Rdn. 15.

[18] Vgl. hierzu *Dreher / Tröndle*, § 15 Rdn. 16; LK (*Hirsch*) Vorbem. 194 vor § 32; *Schönke / Schröder / Lenckner*, Vorbem. 126 vor § 32.

Beispiel: Der Täter hatte als Droschkenkutscher ein Pferd, das unter bestimmten, ihm bekannten Umständen regelmäßig durchging („Leinenfänger"), eingespannt, weil er durch Widerspruch gegenüber dem Arbeitgeber seine Stelle zu verlieren fürchtete. Er wurde, nachdem ein Unfall geschehen war, freigesprochen, weil es ihm nicht „als Pflicht zugemutet werden konnte, den Verlust seiner Stellung auf sich zu nehmen" (RG 30, 25 [28]; vgl. übereinstimmend RG 36, 78 [80]; 57, 172 [174]; 74, 195 [198]) (vgl. näher unten § 57 IV).

c) Auch bei den **Unterlassungsdelikten** wird die Handlungspflicht durch das regulative Prinzip der Zumutbarkeit begrenzt. Für die unterlassene Hilfeleistung ergibt sich dies schon unmittelbar aus dem Gesetz (§ 323 c), aber auch bei den unechten Unterlassungsdelikten hat die Rechtsprechung eine entsprechende Einschränkung der sich aus der Garantenstellung ergebenden Handlungspflichten angenommen (RG 58, 97 [98]; 58, 226 [227]; BGH 6, 46 [57]) (vgl. dazu unten § 59 VIII 3) oder doch erwogen (BGH NStZ 1984, 164)[19].

§ 48 Der Irrtum über Entschuldigungsgründe

Anne-Eva Brauneck, Der strafrechtliche Schuldbegriff, GA 1959, 261; *Dreher,* Anmerkung zu OLG Köln vom 19. 10. 1961, MDR 1962, 592; *Frank,* Über den Aufbau des Schuldbegriffs, Gießener Festschrift, 1907, S. 3; *Goldschmidt,* Der Notstand ein Schuldproblem, Österr. Zeitschrift f. Strafrecht 1913, 129; *Hegler,* Die Merkmale des Verbrechens, ZStW 36 (1915) S. 184; *Henkel,* Der Notstand nach gegenwärtigem und zukünftigem Recht, 1932; *Arthur Kaufmann,* Die Irrtumsregelung im Strafgesetz-Entwurf 1962, ZStW 76 (1964) S. 543; *Krümpelmann,* Die strafrechtliche Behandlung des Irrtums, in: ZStW Beiheft Budapest, 1978, S. 6; *Niese,* Die Rechtsprechung des BGH in Strafsachen, JZ 1955, 320; *Radbruch,* Zur Systematik der Verbrechenslehre, Festgabe für R. v. Frank, Bd. I, 1930, S. 158; *Roxin,* Die Behandlung des Irrtums im Entwurf 1962, ZStW 76 (1964) S. 582; *Schröder,* Die Notstandsregelung des Entwurfs 1959 II, Festschrift für Eb. Schmidt, 1961, S. 290; *Vogler,* Der Irrtum über Entschuldigungsgründe im Strafrecht, GA 1969, 103; *Welzel,* Die Regelung von Vorsatz und Irrtum im Strafrecht usw., ZStW 67 (1955) S. 198.

I. Die Rechtsnatur des Irrtums über Entschuldigungsgründe

1. Ebenso wie beim Irrtum über Rechtfertigungsgründe (vgl. oben § 41 III 1) sind auch beim Irrtum über Entschuldigungsgründe drei Fälle zu unterscheiden. Der **Irrtum über das Bestehen** eines Entschuldigungsgrundes ist ebenso **bedeutungslos** wie der **Irrtum über seine Grenzen,** da nur der Gesetzgeber darüber entscheiden kann, in welchen Fällen mit Rücksicht auf die wesentliche Minderung des Unrechts- und Schuldgehalts der Tat kein Schuldvorwurf erhoben wird[1].

Beispiele: Tötung eines geisteskranken Angehörigen, dessen Pflege die Familie stark belastet, unter Berufung auf einen „allgemeinen übergesetzlichen Entschuldigungsgrund der Unzumutbarkeit". Fahnenflucht eines Soldaten, um wirtschaftliche Nachteile der Einziehung zum Wehrdienst zu vermeiden (OLG Hamm NJW 1976, 721).

2. Bedeutsam ist dagegen der **Irrtum über die Voraussetzungen eines anerkannten Entschuldigungsgrundes.** Durch die Regelung des Irrtums über die Voraussetzungen des entschuldigenden Notstands in § 35 II (vgl. oben § 44 V 1) ist nunmehr auch gesetzlich anerkannt, daß es sich dabei weder um einen Tatbestands- noch um einen Verbotsirrtum handelt, sondern daß ein **Irrtum eigener Art** vorliegt[2].

---

[19] Vgl. *LK (Hirsch)* Vorbem. 193 vor § 32; *Schönke / Schröder / Lenckner,* Vorbem. 125 vor § 32.

[1] Vgl. *Dreher / Tröndle,* § 35 Rdn. 17; *LK (Hirsch)* § 35 Rdn. 78; *Schönke / Schröder / Lenckner,* § 35 Rdn. 45; *SK (Rudolphi)* § 35 Rdn. 19; *Wessels,* Allg. Teil S. 136.

[2] Eigenen Regeln folgt ferner auch der Irrtum über die Merkmale des Schuldtatbestandes (vgl. oben § 42 III 1) und der Irrtum über die Notwehrlage bei der Notwehrüberschreitung (Putativnotwehrexzeß) (vgl. oben § 45 II 4).

Beispiele: Die Zeugin schwört einen Meineid zugunsten des Angeklagten, der sie durch Todesdrohungen dazu bestimmt hat; die Gefahr war jedoch nicht gegenwärtig, weil der Angeklagte im Falle einer wahren Aussage in Haft geblieben wäre, was die Zeugin nicht wissen konnte (BGH 5, 371 [374]). Der jugendliche Täter gibt den tödlichen Schuß ab, weil nach seiner möglicherweise irrigen, aber für ihn realen Vorstellung die Alternative nur die ist, selbst erschossen zu werden (RG 64, 31 [32]). Der bei einer Vereinsfeier mitwirkende Arzt, der telefonisch zu seinem plötzlich lebensgefährlich erkrankten Kind gerufen wird, setzt sich fahruntüchtig ans Steuer, ohne daran zu denken, daß er eine Taxe benutzen könnte (OLG Hamm VRS 14, 431). Ein Soldat nimmt auf Befehl eines Offiziers, den er irrig für seinen Vorgesetzten hält, in einer Wirtschaft einen Ausländer fest, der sich in auffälliger Weise nach Angelegenheiten der Bundeswehr erkundigt (§ 5 WStG).

II. Die Behandlung des Irrtums über die Voraussetzungen eines Entschuldigungsgrundes

1. Der **unvermeidbare** Irrtum über die Voraussetzungen eines anerkannten Entschuldigungsgrundes entschuldigt den Täter, weil er subjektiv unter den gleichen Bedingungen handelt, wie wenn die dem Entschuldigungsgrund entsprechende Lage wirklich gegeben gewesen wäre. Er hat den Rettungs- bzw. Gehorsamswillen, wodurch das Handlungsunrecht herabgesetzt wird, und auch seine Willensbildung steht voll unter dem Einfluß der Vorstellung des Zwangs bzw. einer dem Vorgesetzten gegenüber bestehenden Gehorsamspflicht. Darum erscheint auch seine in der Tat sich äußernde Rechtsgesinnung nicht tadelnswerter, als wenn die von ihm irrig angenommene Lage wirklich bestanden hätte. Diese in der Rechtsprechung (RG 66, 222 [227]; OLG Hamm VRS 14, 231 [232]) und in der Literatur[3] schon früher einhellig vertretene Auffassung ist in der Strafrechtsreform von 1975 durch § 35 II 1 gesetzlich anerkannt worden (vgl. oben § 44 V 1a).

2. Umstritten war bis dahin die Frage, wie der **vermeidbare** Irrtum über die Voraussetzungen eines Schuldausschließungsgrundes zu behandeln sei (vgl. 2. Auflage S. 382f.).

Ein Teil der Lehre[4] und die Rechtsprechung (zuletzt BGH 18, 311 [312]) ließen in diesem Fall nur Fahrlässigkeitsstrafe eintreten. So konnte der Zeuge, der aus Angst vor der Gewalttätigkeit politischer Gegner einen Meineid schwor, nur wegen fahrlässigen Falscheids (§ 163) verurteilt werden (RG 66, 222 [227]), und der KZ-Wachmann, dem aus Gleichgültigkeit kein Ausweg einfiel, wie er die Ausführung des ihm erteilten Mordbefehls umgehen könnte, war nur wegen fahrlässiger Tötung (§ 222) zu bestrafen (BGH 18, 311 [312]).

Das neue Recht hat dagegen in § 35 II beim vermeidbaren Irrtum über die Voraussetzungen des entschuldigenden Notstands (vgl. oben § 44 V 1b) die strengere **Vorsatzlösung** angenommen, die schon früher in einem Teil des Schrifttums vertreten worden war[5]. Danach ist die Vorsatzstrafdrohung anzuwenden, aber die Strafe wegen

---

[3] Vgl. *Frank*, Aufbau S. 19; *Goldschmidt*, Österr. Zeitschrift f. Strafrecht 1913, 136, 166ff.; *Hegler*, ZStW 36 (1915) S. 216 Fußnote 113; *Olshausen*, § 52 Anm. 6; *Radbruch*, Frank-Festgabe Bd. I S. 166; *v. Liszt / Schmidt*, S. 288f.; *LK*[9] *(Baldus)* § 52 Rdn. 25; § 54 Rdn. 22; *LK*[9] *(Hirsch)* Vorbem. 169 vor § 51; *Arthur Kaufmann*, ZStW 76 (1964) S. 577f.; *Niese*, JZ 1953, 323; *Roxin*, ZStW 76 (1964) S. 609f.; *Stratenwerth*, Allg. Teil I Rdn. 624; *Vogler*, GA 1969, 116; *Welzel*, Lehrbuch S. 182.

[4] So *Baumann*, Allg. Teil, 5. Aufl. S. 412f.; *Anne-Eva Brauneck*, GA 1959, 270; *Dreher*, MDR 1962, 593; *Kohlrausch / Lange*, § 52 Anm. V; *Henkel*, Notstand S. 135ff.; *Roxin*, ZStW 76 (1964) S. 612; *Schröder*, Eb. Schmidt-Festgabe S. 297.

[5] So *Arthur Kaufmann*, ZStW 76 (1964) S. 578; *v. Liszt / Schmidt*, S. 288f.; *LK*[9] *(Baldus)* § 52 Rdn. 26; § 54 Rdn. 21; *LK*[9] *(Hirsch)* Vorbem. 169 vor § 51; *LK*[9] *(Schroeder)* § 59 Rdn. 68; *Maurach*, Allg. Teil, 4. Aufl. S. 480; *Stratenwerth*, Allg. Teil I, 1. Aufl. Rdn. 660; *Welzel*, Lehrbuch S. 182 und ZStW 67 (1955) S. 222f.; *Vogler*, GA 1969, 116; in dieser Richtung auch BGH GA 1967, 113 (114); BGH NJW 1952, 111.

des gegenüber dem Normalfall immer noch herabgesetzten Schuldgehalts der Tat nach § 49 I zu mildern.

Die im Schrifttum empfohlene (vgl. 2. Auflage S. 383f.) entsprechende Anwendung des *Absehens von Strafe* wie beim Aussagenotstand (§ 157) läßt sich *nicht* mehr vertreten, weil diese Möglichkeit nicht in den § 35 II aufgenommen worden ist[6]. Auch die Anwendung von § 49 II ist nicht vorgesehen und deswegen nicht zulässig[7].

3. Die Regelung des § 35 II wird als die vom Gesetz anerkannte Lösung des Problems der Behandlung des vermeidbaren Irrtums über die Voraussetzungen eines Entschuldigungsgrundes über den Notstand hinaus auf andere Fälle entsprechend anzuwenden sein[8].

Beispiele: Der Soldat nimmt das Vorliegen eines Befehls irrig an, er glaubt etwa, der Befehlende sei sein Vorgesetzter, oder er nimmt irrig an, er befinde sich im Dienst oder es werde Anspruch auf Gehorsam erhoben (§ 5 WStG). Bei der Pflichtenkollision glaubt der Täter irrig an die Unlösbarkeit der Zwangslage, weil er etwa die noch bestehende Transportfähigkeit des Patienten verkennt.

3. Abschnitt: Die Stufen der vorsätzlichen Straftat

Die Strafvorschriften des Besonderen Teils beschreiben das Verbrechen regelmäßig im Stadium seiner Vollendung. Damit erhebt sich die Frage, ob die der Vollendung vorgelagerten Stufen der vorsätzlichen Tat straffrei bleiben oder ob sie in gewissen Grenzen von den für die Vollendung des Delikts aufgestellten Strafdrohungen mit umfaßt werden. Es gibt *mehrere* solcher *Stufen:* die vorsätzliche strafbare Handlung durchläuft von dem ersten Gedanken an die Tat bis zu ihrem Abschluß einen mehr oder weniger langen Weg (iter criminis), der von der Entschlußfassung über die Vorbereitung, den Anfang der Ausführung, den Abschluß der Tatbestandshandlung, den Eintritt des Erfolgs bis zur Beendigung der Tat führt. Die mit der Verwirklichung sämtlicher Tatbestandsmerkmale eingetretene Vollendung des Verbrechens löst die volle gesetzliche Strafdrohung aus. Der bloße Gedanke ist dagegen niemals strafbar (vgl. oben § 23 IV 2d), der geäußerte Entschluß zur Tat nur nach § 30 II („Sich-Bereiterklären" zu einem Verbrechen). Zwischen diesen Grenzen stellt sich die Frage nach der Strafbarkeit der Vorbereitungshandlungen und des Versuchs.

§ 49 Begriff, Tatbestand und Bestrafung des Versuchs

Alwart, Strafwürdiges Versuchen, 1982; *Arzt,* Bedingter Entschluß und Vorbereitungshandlung, JZ 1969, 54; *J. Baumgarten,* Die Lehre vom Versuche der Verbrechen, 1888; *Becher,* Zur Abgrenzung von Vorbereitung und Versuch, Diss. Münster 1973; *Berz,* Grundlagen des Versuchsbeginns, Jura 1984, 511; *Bitzilekis,* Über die strafrechtliche Bedeutung der Abgrenzung von Vollendung und Beendigung, ZStW 99 (1987) S. 723; *Blei,* Versuch und Rücktritt nach neuem Recht, JA 1975, 95, 167; *Bloy,* Die dogmatische Bedeutung der Strafausschließungs- und Strafaufhebungsgründe, 1976; *Bockelmann,* Über das Verhältnis der Begünstigung zur Vortat, NJW 1951, 620; *Börker,* Die Milderung der Strafe für den Versuch, JZ 1956, 477; *Bruns,* Die Tragweite des Verbots der Doppelverwertung von Strafmilderungsgründen, JR 1980, 226;

---

[6] Vgl. *LK[9] (Hirsch)* Vorbem. 169 vor § 51; *LK[9] (Schroeder)* § 59 Rdn. 68.

[7] Dafür aber *Jakobs,* Allg. Teil S. 424.

[8] So *Baumann/Weber,* Allg. Teil S. 446; *LK (Hirsch)* § 35 Rdn. 79; *Eser,* Strafrecht I Nr. 19 A Rdn. 34; *Krümpelmann,* ZStW Beiheft Budapest 1978 S. 53f.; *Schölz,* § 5 WStG Rdn. 3; *Schönke/Schröder/Cramer,* § 16 Rdn. 30; *Wessels,* Allg. Teil S. 137. Einschränkend zur Tragweite des § 35 II *Schmidhäuser,* Allg. Teil S. 470.

Burgstaller, Über den Verbrechensversuch, JBl 1969, 521; *derselbe,* Versuch und Rücktritt, Strafr. Probleme 3, 1975, S. 7; *derselbe,* Der Versuch nach § 15 StGB, JBl 1976, 113; *v. Buri,* Zur Lehre vom Versuche, GS 19 (1867) S. 60; *derselbe,* Der Versuch des Verbrechens mit untauglichen Mitteln oder an einem untauglichen Objekt, GS 20 (1868) S. 325; *derselbe,* Versuch und Causalität, GS 32 (1880) S. 321; *Burkhardt,* Das Unternehmensdelikt und seine Grenzen, JZ 1971, 352; *derselbe,* Vorspiegelung von Tatsachen als Vorbereitungshandlung zum Betrug, JuS 1983, 426; *Coester,* Die Vorbereitungshandlung im E 1927, Strafr. Abh. Heft 329, 1933; *Delaquis,* Der untaugliche Versuch, 1904; *Dreher,* Was bedeutet Milderung der Strafe für den Versuch? JZ 1956, 682; *derselbe,* Doppelverwertung von Strafzumessungsumständen, JZ 1957, 155; *derselbe,* Gedanken zur Strafzumessung, JZ 1968, 209; *Dreßler,* Vorbereitung und Versuch im Strafrecht der DDR im Vergleich mit dem Recht der Bundesrepublik Deutschland, 1982; *Engisch,* Der Unrechtstatbestand im Strafrecht, DJT-Festschrift, Bd. I, 1960, S. 401; *Fiedler,* Vorhaben und Versuch im Strafrecht, 1967; *Frank,* Vollendung und Versuch, VDA, Bd. V, 1908, S. 163; *Furtner,* Rechtliche Vollendung und tatsächliche Beendigung bei einer Straftat, JR 1966, 169; *Gallas,* Anmerkung zu RG vom 22.4.1937, ZAK 1937, 437; *Geilen,* Raub und Erpressung, Jura 1979, 53 m. Forts.; *v. Gemmingen,* Die Rechtswidrigkeit des Versuchs, Strafr. Abh. Heft 306, 1932; *Germann,* Über den Grund der Strafbarkeit des Versuchs, 1914; *Gössel,* Über die Vollendung des Diebstahls, ZStW 85 (1973) S. 591; *derselbe,* Anmerkung zu BGH 26, 201, JR 1976, 249; *Grolmann,* Grundsätze der Criminalrechtswissenschaft, 1798; *Hall,* Über das Mißlingen, Festschrift für E. Wolf, 1962, S. 454; *Hau,* Die Beendigung der Straftat und ihre rechtlichen Wirkungen, 1974; *Hennig,* Vorbereitung und Versuch im Strafrecht der DDR, 1966; *Herzberg,* Der Versuch beim unechten Unterlassungsdelikt, MDR 1973, 89; *derselbe,* Täterschaft und Teilnahme, 1977; *Hettinger,* Das Doppelverwertungsverbot bei strafrahmenbildenden Umständen, 1982; *Hillenkamp,* Anmerkung zu OLG Hamm MDR 1976, 155, MDR 1977, 242; *Reinhard v. Hippel,* Untersuchungen über den Rücktritt vom Versuch, 1966; *Hirsch,* Zur Problematik des erfolgsqualifizierten Delikts, GA 1972, 65; *Hold v. Ferneck,* Der Versuch, 1922; *Horn,* Der Versuch, ZStW 20 (1900) S. 309; *Horstkotte,* Zusammentreffen von Milderungsgründen (§ 50 StGB), Festschrift für E. Dreher, 1977, S. 265; *Hruschka,* Die Dogmatik der Dauerstraftaten und das Problem der Tatbeendigung, GA 1968, 193; *derselbe,* Anmerkung zu BGH 22, 227, JZ 1969, 607; *derselbe,* Anmerkung zu BGH 31, 105, JZ 1983, 216; *Isenbeck,* Beendigung der Tat bei Raub und Diebstahl, NJW 1965, 2326; *Jescheck,* Wesen und rechtliche Bedeutung der Beendigung der Straftat, Festschrift für H. Welzel, 1974, S. 683; *derselbe,* Versuch und Rücktritt bei Beteiligung mehrerer Personen, ZStW 99 (1987) S. 111; *Armin Kaufmann,* Die Dogmatik der Unterlassungsdelikte, 1959; *derselbe,* Die Dogmatik im Alternativentwurf, ZStW 80 (1968) S. 34; *Klein,* Grundsätze des gemeinen peinlichen Rechts, 2. Auflage 1799; *Kleinschrod,* Systematische Entwicklung der Grundbegriffe und Grundwahrheiten des peinlichen Rechts, Teil I, 1794; *Koch,* Der Rücktritt vom formell vollendeten Delikt, Strafr. Abh. Heft 398, 1939; *Monika Kölz-Ott,* Eventualvorsatz und Versuch, 1974; *Kratzsch,* Die Bemühungen um Präzisierung der Ansatzformel usw., JA 1983, 420, 578; *derselbe,* Verhaltenssteuerung und Organisation im Strafrecht, 1985; *Krug,* Die Lehre vom Versuche der Verbrechen, 1854; *Kühl,* Die Beendigung des vorsätzlichen Begehungsdelikts, 1974; *derselbe,* Grundfälle zu Vorbereitung, Versuch usw., JuS 1980, 120 m. Forts.; *Küper,* Versuchs- und Rücktrittsprobleme bei mehreren Tatbeteiligten, JZ 1979, 775; *derselbe,* Grenzfragen der Unfallflucht, JZ 1981, 251; *derselbe,* Zur Abgrenzung von Vorbereitung und Versuch, NJW 1984, 777; *Lampe,* Genügt für den Entschluß des Täters in § 43 StGB sein bedingter Vorsatz? NJW 1958, 332; *Lange,* Strafrechtsreform, 1972; *Laubenthal,* Der Versuch des qualifizierten Delikts usw., JZ 1987, 1065; *Barbara Lehmann,* Die Bestrafung des Versuchs nach deutschem und amerikanischem Recht, 1962; *Less,* Genügt „bedingtes Wollen" zum strafbaren Verbrechensversuch? GA 1956, 33; *E. v. Liszt,* Die Lehre vom Versuch, ZStW 25 (1905) S. 24; *Luden,* Abhandlungen aus dem gemeinen teutschen Strafrecht, Bd. I, 1836; *Maurach,* Fragen der actio libera in causa, JuS 1961, 373; *H. Mayer,* Zur Abgrenzung des Versuchs von der Vorbereitungshandlung, SJZ 1949, 172; *D. Meyer,* Abgrenzung der Vorbereitung vom Versuch usw., JuS 1977, 19; *J. Meyer,* Kritik an der Neuregelung der Versuchsstrafbarkeit, ZStW 87 (1975) S. 598; *Mittermaier,* Beiträge zur Lehre vom Versuche der Verbrechen, Neues Archiv des Criminalrechts I (1816) S. 165; *derselbe,* Über den Anfangspunkt der Strafbarkeit der Versuchshandlungen, Neues Archiv des Criminalrechts II (1818) S. 602; *derselbe,* Die rechtliche Bedeutung des Ausdrucks: Anfang der Ausführung, GS 11 (1859) S. 197; *Nagler,* Die Neuordnung der Strafbarkeit von Versuch und Beihilfe, GS 115 (1941) S. 24; *Noll,* Strafrecht im Übergang, GA 1970, 176; *Oehler,* Das erfolgsqualifizierte Delikt als Gefährdungsdelikt, ZStW 69 (1957) S. 503; *derselbe,* Das objektive Zweckmoment in der rechtswidrigen Handlung,

1959; *Platzgummer,* Die „Allgemeinen Bestimmungen" des Strafgesetzentwurfes usw., JBl 1971, 236; *Ingeborg Puppe,* Grundzüge der actio libera in causa, JuS 1980, 346; *Roeder,* Der Allgemeine Teil des österr. StG-Entwurfes, 1965; *derselbe,* Die Erscheinungsformen des Verbrechens, 1953; *Roxin,* Der Anfang des beendeten Versuchs, Festschrift für R. Maurach, 1972, S. 213; *derselbe,* Über den Tatentschluß, Gedächtnisschrift für H. Schröder, 1978, S. 145; *derselbe,* Tatentschluß und Anfang der Ausführung, JuS 1979, 1; *Roxin / Schünemann / Haffke,* Strafrechtliche Klausurenlehre, 4. Auflage 1982; *Rudolphi,* Zur Abgrenzung zwischen Vorbereitung und Versuch, JuS 1973, 20; *derselbe,* Die zeitlichen Grenzen der sukzessiven Beihilfe, Festschrift für H.-H. Jescheck, Bd. I, 1985, S. 559; *Salm,* Das versuchte Verbrechen, 1957; *Sauermann,* Der Versuch als „delictum sui generis", Strafr. Abh. Heft 227, 1927; *W. Schmid,* „Bedingter Handlungswille" beim Versuch usw., ZStW 74 (1962) S. 48; *R. Schmitt,* Rücktritt von der Verabredung zu einem Verbrechen, JuS 1961, 25; *derselbe,* Vorsätzliche Tötung und vorsätzliche Körperverletzung, JZ 1962, 389; *Schröder,* Die Unternehmensdelikte, Festschrift für E. Kern, 1968, S. 457; *Schünemann,* Strafrechtswissenschaft nach der Strafrechtsreform, GA 1986, 293; *Seeger,* Über die Ausbildung der Lehre vom Versuch in der Wissenschaft des Mittelalters, 1869; *Seiler,* Neue Wege in der Strafrechtsreform, JBl 1969, 113; *Spendel,* Zur Notwendigkeit des Objektivismus im Strafrecht, ZStW 65 (1953) S. 519; *derselbe,* Kritik der subjektiven Versuchstheorie, NJW 1965, 1881; *derselbe,* Zur Neubegründung der objektiven Versuchstheorie, Festschrift für U. Stock, 1966, S. 89; *derselbe,* Zur Kritik der subjektiven Versuchs- und Teilnahmetheorie, JuS 1969, 314; *Spotowski,* Erscheinungsformen der Straftat im deutschen und polnischen Recht, 1979; *Stratenwerth,* Anmerkung zu OLG Hamm vom 23. 5. 1960, JZ 1961, 95; *derselbe,* Die fakultative Strafmilderung beim Versuch, Festgabe zum Schweiz. Juristentag, 1963, S. 247; *Stree,* Zur Auslegung der §§ 224, 226 StGB, GA 1960, 289; *derselbe,* Beginn des Versuchs bei qualifizierten Straftaten, Festschrift für K. Peters, 1974, S. 179; *Thomsen,* Über den Versuch der durch eine Folge qualifizierten Delikte, 1895; *Tiedemann,* Der Versuch der Zweckentfremdung im Steuerstrafrecht, JR 1973, 412; *derselbe,* Bekämpfung der Wirtschaftskriminalität, Gutachten C zum 49. DJT, 1972; *Timpe,* Strafmilderungen des Allgemeinen Teils usw., 1983; *Tittmann,* Handbuch des gemeinen deutschen peinlichen Rechts, Teil I, 1806; *Treplin,* Der Versuch, ZStW 76 (1964) S. 441; *Ulsenheimer,* Zur Problematik des Versuchs erfolgsqualifizierter Delikte, GA 1966, 257; *Vogler,* Versuch und Rücktritt bei Beteiligung mehrerer, ZStW 98 (1986) S. 331; *Waiblinger,* Die Abgrenzung des strafbaren Versuchs usw., SchwZStr 72 (1957) S. 121; *derselbe,* Subjektivismus und Objektivismus in der neueren Lehre und Rechtsprechung vom Versuch, ZStW 69 (1957) S. 189; *Waider,* Strafbare Versuchshandlungen der Jagdwilderei, GA 1962, 176; *Walder,* Strafrechtsdogmatik und Kriminologie usw., Festschrift für H. Leferenz, 1983, S. 537; *Weber,* Die Vorverlegung des Strafrechtsschutzes usw., ZStW Beiheft Göttingen, 1987, S. 1; *Wessels,* Zur Problematik der Regelbeispiele usw., Festschrift für R. Maurach, 1972, 295; *Wittenbeck,* Probleme der Vorbereitung und des Versuchs einer Straftat, NJ 1967, 369; *Zachariä,* Die Lehre vom Versuche der Verbrechen, Teil I, 1836, Teil II, 1839; *Zielinski,* Handlungs- und Erfolgsunwert im Unrechtsbegriff, 1973; ZStW Beiheft Göttingen, 1987, Zur Vorverlegung des Strafrechtsschutzes durch Gefährdungs- und Unternehmensdelikte (m. zahlr. Beiträgen).

I. Überblick über die Dogmengeschichte des Versuchs

Während das germanische Recht nur einzelne typische Versuchsfälle kannte (z. B. Auflauern, Schwertzücken), zum Teil aber, vor allem beim Tötungsversuch, auch viel weitergehende Regeln aufstellte[1], enthielt die CCC in Art. 178 auf der Grundlage der mittelalterlich-italienischen Strafrechtslehre[2] bereits eine allgemeine Versuchsdefinition von hohem wissenschaftlichen Rang, die in der Folgezeit bis ins 19. Jahrhundert hinein herrschend gewesen ist[3]. Der Versuch wird hier als besondere Verbrechensform der Vollendung an die Seite gestellt, er wird durch die Erfordernisse des Vorsatzes und des Anfangs der Ausführung subjektiv wie objektiv bestimmt und damit zugleich von der Vorbereitungshandlung abgegrenzt. Die Versuchsstrafe wird angemessen gemildert, der Rücktritt als negatives Element in die Begriffsbestimmung auf-

---

[1] Vgl. *v. Hippel,* Bd. I S. 118; *Wilda,* Strafrecht der Germanen S. 598 ff.

[2] Dazu *Seeger,* Über die Ausbildung der Lehre vom Versuch, 1869.

[3] Eingehende Darstellung und Würdigung bei *J. Baumgarten,* Die Lehre vom Versuche S. 109 ff.

genommen⁴. Die Strafrechtswissenschaft des 19. Jahrhunderts hat sich vor allem um das Problem der Einbeziehung der Vorbereitungshandlungen in den strafbaren Versuch und um die Fragen des untauglichen Versuchs bemüht. Die Antworten waren verschieden je nachdem, ob der Strafgrund des Versuchs (wie in der CCC) in dem verbrecherischen Willen des Täters oder in der Gefährdung des durch den Tatbestand geschützten Handlungsobjekts gesehen wurde. Während die ältere Lehre vielfach die Strafbarkeit der Vorbereitungshandlungen annahm⁵, gewann später unter dem Einfluß des auf Begrenzung der Staatsgewalt drängenden liberalen Denkens die entgegengesetzte Auffassung die Oberhand⁶. In der Kontroverse um die Strafbarkeit des untauglichen Versuchs traten sich schon zu Anfang des 19. Jahrhunderts eine objektive⁷ und eine subjektive Richtung⁸ gegenüber. Die erste verneinte die Strafbarkeit, die zweite bejahte sie mit gewissen Einschränkungen. Das preußische StGB von 1851 legte sich in enger Anlehnung an Art. 2 des französischen Code pénal von 1810 auf eine restriktive Linie fest: § 31 schloß die Strafbarkeit sowohl der Vorbereitungshandlungen als auch des absolut untauglichen Versuchs aus⁹. Auch die Rechtsprechung folgte anfangs dieser Richtung¹⁰. Obwohl das RStGB in § 43 die Regelung des preußischen Rechts fast wörtlich übernahm, schwenkte das RG unter dem Einfluß der Lehre *v. Buris*¹¹ in die Gegenrichtung um (RG 1, 439 [441]: Strafbarkeit des absolut untauglichen Versuchs; RG 51, 341 [343]; 59, 1: Ausdehnung des Versuchs auf gewisse Vorbereitungshandlungen).

II. Der Strafgrund des Versuchs

Die Strafwürdigkeit des Versuchs kann auf verschiedene Weise begründet werden.

1. Nach der *älteren Lehre*¹² liegt die Strafwürdigkeit des Versuchs allein in der **Gefährdung des durch den Tatbestand geschützten Handlungsobjekts** *(objektive Theorie)*. Da der Vorsatz bei allen Tatstufen (Vorbereitung, Ausführung, Vollendung) der Art nach der gleiche ist, wird die Abgrenzung des Versuchs gegenüber der Vorbereitungshandlung auf *objektivem* Gebiet gesucht. Der Rechtsgrund der Strafbarkeit des Versuchs liegt danach nicht im Täterwillen, sondern in der nahen Gefahr der Verwirklichung des tatbestandsmäßigen Erfolgs. Der Versuch wird somit wegen

---

⁴ Zur Geschichte des Rücktritts *Bloy*, Die dogmatische Bedeutung S. 147 ff.

⁵ So *Klein*, Grundsätze S. 124; *Kleinschrod*, Grundbegriffe Teil I S. 63 f.; *Tittmann*, Handbuch Teil I S. 268 f.; *Grolmann*, Grundsätze S. 39; *Feuerbach*, Lehrbuch 4. Aufl. S. 44. Ebenso noch heute grundsätzlich das sowjetische Strafrecht (Art. 15 StGB der RSFSR) und § 7 Nr. 1 des StGB der Tschechoslowakei.

⁶ So *Mittermaier*, Neues Archiv des Criminalrechts I (1816) S. 168; *derselbe*, Neues Archiv des Criminalrechts II (1818) S. 605; *Zachariä*, Die Lehre vom Versuche, Teil I S. 202; *Luden*, Abhandlungen Bd. I S. 305; *Krug*, Versuch S. 16 ff.; vermittelnd *Köstlin*, System S. 233. Ebenso heute die meisten Strafrechtsordnungen; vgl. *Jescheck*, ZStW 99 (1987) S. 115.

⁷ So *Feuerbach*, Lehrbuch 4. Aufl. S. 43; *Zachariä*, Die Lehre vom Versuche Teil I S. 239.

⁸ So *Tittmann*, Handbuch Teil I S. 267; *Grolmann*, Grundsätze S. 39; vermittelnd *Mittermaier*, Neues Archiv des Criminalrechts I (1816) S. 183 ff. und GS 11 (1859) S. 209 ff., der hier die Unterscheidung zwischen absolut und relativ untauglichen Mitteln einführte.

⁹ Vgl. *Goltdammer*, Materialien Bd. I S. 245, 248 und 272.

¹⁰ Preuß. Obertribunal GA 1854, 548 und 822 f.; Archiv des Criminalrechts 1854, 498.

¹¹ *v. Buri*, GS 19 (1867) S. 71 ff.; *derselbe*, GS 20 (1868) S. 325 ff.; *derselbe*, GS 32 (1880) S. 357 ff.

¹² So vor allem *Feuerbach*, Lehrbuch 4. Aufl. S. 43; *Berner*, Lehrbuch S. 153 ff.; *Frank*, VDA Bd. V S. 249; *v. Hippel*, Bd. II S. 403 f.; *Hold v. Ferneck*, Der Versuch S. 13; *v. Liszt / Schmidt*, S. 302; *Olshausen*, § 43 Anm. 2 a; *Wegner*, Strafrecht S. 222. Diese rein objektive Theorie vertreten heute *Spendel*, ZStW 65 (1953) S. 522; *derselbe*, NJW 1965, 1888; *derselbe*, Stock-Festschrift S. 98 ff.; *derselbe*, JuS 1969, 314 ff.; *Dicke*, JuS 1968, 157; *Treplin*, ZStW 76 (1964) S. 447. Eine Variante der objektiven Theorie ist die Lehre vom „Mangel am Tatbestand" (so vor allem *Graf zu Dohna*, Versuch S. 95 und Verbrechenslehre S. 56 f.; *Frank*, § 43 Anm. I), wonach Versuch überhaupt nur dann anzunehmen ist, wenn der Erfolg und damit das „tatbestandliche Schlußstück" fehlt.

der hohen Wahrscheinlichkeit des Eintritts des *Erfolgsunrechts* bestraft. Da diese Wahrscheinlichkeit grundsätzlich erst mit dem Anfang der Ausführung und nur bei Tauglichkeit der Versuchshandlung zu bejahen ist, führt die *objektive Theorie* zur Einschränkung der Strafbarkeit des Versuchs gegenüber der Vorbereitungshandlung und zur Ablehnung der Strafbarkeit des absolut untauglichen Versuchs. Wegen des fehlenden Erfolgsunrechts gelangt die objektive Theorie ferner zur obligatorischen Strafmilderung.

Beispiele: Erst mit der Absendung des Drohbriefs an das Erpressungsopfer beginnt der Versuch, weil erst in diesem Zeitpunkt eine Vermögensgefährdung entsteht (RG 30, 98 [99]). Das Ergreifen der geladenen, aber noch gesicherten Pistole ist nur dann Mordversuch, wenn der Täter alsbald zu schießen beabsichtigt (RG 68, 339 [340]). Ferner ist das Eindringen in einen Raum, in dem sich die zu stehlende Sache gar nicht befindet, kein Diebstahlsversuch, auch wenn der Täter sie dort vermutet (Preuß. Obertribunal GA 1854, 548).

Die **rein objektive Theorie** ist heute **überholt,** da § 22 neben dem Ansetzen des Täters zur Verwirklichung des Tatbestandes auf „seine Vorstellung von der Tat" abstellt und § 23 III von der Strafbarkeit des untauglichen Versuchs ausgeht[13].

2. Nach der heute h. L. ist Strafgrund des Versuchs der **betätigte rechtsfeindliche Wille** *(subjektive Theorie)*[14]. Maßgebend ist somit nicht die tatsächliche Gefährdung des geschützten Handlungsobjekts durch die Tat, sondern das im betätigten Verbrechensvorsatz verwirklichte *Handlungsunrecht*. Die *subjektive Theorie* führt zur Ausdehnung des Bereichs des strafbaren Versuchs auf Kosten der Vorbereitungshandlung, zur Anerkennung der Strafbarkeit auch des absolut untauglichen Versuchs und zur prinzipiellen Gleichbestrafung von Versuch und Vollendung, da der rechtsfeindliche Wille in beiden Fällen der gleiche ist.

Beispiele: Schon die Herstellung einer falschen Bescheinigung, die erst später zum Zwecke der Täuschung vorgelegt werden soll, ist Betrugsversuch (RG 51, 341 [343]). Der Gebrauch eines untauglichen Abtreibungsmittels ist ebenso Abtreibungsversuch (RG 1, 439 [441]) wie die auf Abtreibung gerichtete Handlung an einer nicht schwangeren Frau (RG 8, 198 [203]). Der Mittäter, auf den versehentlich, aber im Rahmen des Tatplans, von einem anderen Mittäter geschossen wurde, ist selbst wegen versuchten Totschlags strafbar (BGH 11, 268 [271]).

Auch die **rein subjektive Theorie** ist heute **nicht mehr haltbar,** da das objektive Moment des unmittelbaren Ansetzens zur Verwirklichung des Tatbestandes in § 22 eingeführt wurde, um der durch die subjektive Theorie bewirkten Ausuferung der Versuchsstrafbarkeit entgegenzutreten, und da § 23 III beim grob unverständigen Versuch das Absehen von Strafe ermöglicht[15].

3. Eine dritte (vermittelnde) Lehre geht zwar von der *subjektiven Theorie* aus, verbindet diese jedoch mit *objektiven Merkmalen* **(subjektiv-objektive Theorie).** Danach ist zwar Strafgrund des Versuchs der einer Verhaltensnorm entgegengesetzte Wille, die Strafwürdigkeit der auf die Tat gerichteten Willensäußerung wird aber nur dann bejaht, wenn dadurch das Vertrauen der Allgemeinheit auf die Geltung der Rechtsordnung erschüttert und das Gefühl der Rechtssicherheit und damit der

---

[13] Vgl. *Lackner,* § 22 Anm. 2a; *Schönke / Schröder / Eser,* Vorbem. 20 vor § 22; *Kühl,* JuS 1980, 507.

[14] So *Baumann / Weber,* Allg. Teil S. 470; *Dreher / Tröndle,* § 22 Rdn. 24; *Delaquis,* Der untaugliche Versuch S. 204f.; *Germann,* Strafbarkeit des Versuchs S. 147ff.; *derselbe,* Das Verbrechen S. 63; *Lackner,* § 22 Anm. 2a; *LK*[9] *(Busch)* § 43 Rdn. 1; *H. Mayer,* Lehrbuch S. 278; *Otto,* Grundkurs S. 195; *Preisendanz,* § 22 Anm. 1; *Schmidhäuser,* Allg. Teil S. 592; *Welzel,* Lehrbuch S. 192f. Vgl. auch BT-Drucksache V/4095 S. 11.

[15] Vgl. *Jescheck,* SchwZStr 91 (1975) S. 29; *Roxin,* Einführung S. 15.

Rechtsfriede beeinträchtigt werden kann (**Eindruckstheorie**)[16]. Die Strafwürdigkeit des Versuchs wird ferner auch auf die *Gefährlichkeit des Täters* gegründet, wobei man darauf abstellt, daß die Gefährdung des geschützten Handlungsobjekts in seinem Tatwillen liege (**Tätertheorie**)[17]. Die *vermittelnden Theorien* führen zu einer Kombination subjektiver und objektiver Kriterien bei der Abgrenzung von Vorbereitung und Versuch, zur Straflosigkeit des grob unverständigen Versuchs und zur fakultativen Strafmilderung.

Beispiele: Das Bemühen um die Gewinnung eines zur Abtreibung geneigten Arztes ist noch als Vorbereitung anzusehen (BGH 4, 17 [18]), ebenso die Gewinnung des Betrugsgehilfen (anders RG 77, 172). Nicht als Versuch strafbar ist ferner die Anwendung abergläubischer Mittel zur Tötung eines Menschen (RG 33, 321 [323]). Versuchter Diebstahl wurde dagegen schon angenommen, als der Täter an den Rädern eines abgestellten Kraftwagens rüttelte, um festzustellen, ob das Lenkrad ungesperrt sei, weil er das geeignet befundene Wagen sofort wegegnommen werden sollte (BGH 22, 80). Noch kein Versuch darum, wenn der zum Totschlag Entschlossene an der Haustür klingelt, zur Tatausführung aber noch den Weg bis zur Wohnungstür des Opfers zurücklegen und dort Einlaß finden müßte (BGH Stv 1984, 420). Vgl. auch NStZ 1981, 435.

Der subjektiven Theorie ist grundsätzlich zu folgen, denn bestraft wird beim Versuch der betätigte verbrecherische Wille. Dieser Gesichtspunkt muß jedoch durch den Gedanken des Eindrucks der Tat auf die Allgemeinheit ergänzt werden, weil nur eine Willensbetätigung, die das Vertrauen der Allgemeinheit in die Geltung der Rechtsordnung zu erschüttern vermag, Strafe verdient. Das geltende Recht läßt sich mit der starken Betonung des Ansetzens zur Tat (§ 22), der fakultativen Strafmilderung (§ 23 II) und der Möglichkeit des Absehens von Strafe beim grob unverständigen Versuch am besten von der Eindruckstheorie her verstehen. Sie begründet die Strafbarkeit des Versuchs zutreffend mit der Notwendigkeit der *Bewährung der Rechtsordnung*[18].

III. Der Tatbestand des Versuchs

Der Versuch setzt nach § 22, der sich an die Kurzformel des § 24 AE, nicht aber an die explizitere Fassung des § 26 E 1962 anlehnt, dreierlei voraus[19]: den Entschluß zur Verwirklichung des Tatbestands als subjektives Element, das unmittelbare Ansetzen zur Tatbestandsverwirklichung als objektives Element und das Fehlen der Vollendung des Tatbestands als begriffsnotwendigen negativen Faktor. Alle drei Momente sind stets an einem besonderen Tatbestand auszurichten. Der **Versuch** ist somit **ein**

---

[16] So *v. Bar,* Gesetz und Schuld Bd. II S. 527 ff.; *Blei,* Allg. Teil S. 232; *Burgstaller,* JBl 1969, 529 f.; *Eser,* Strafrecht II Nr. 31 A Rdn. 34; *Grünwald,* Welzel-Festschrift S. 712; *v. Gemmingen,* Die Rechtswidrigkeit des Versuchs S. 160 ff.; *Maurach / Gössel / Zipf,* Allg. Teil II S. 17 f.; *LK (Vogler)* Vorbem. 52 vor § 22; *Mezger,* Lehrbuch S. 397; *J. Meyer,* ZStW 87 (1975) S. 604; *Roxin,* JuS 1979, 1; *Schönke / Schröder / Eser,* Vorbem. 23 vor § 22; *SK (Rudolphi)* Vorbem. 13, 14 vor § 22; *Stratenwerth,* Allg. Teil I Rdn. 657; *Salm,* Das versuchte Verbrechen S. 103 f.; *Wessels,* Allg. Teil S. 170; *Schünemann,* GA 1986, 311. Früher schon *Horn,* ZStW 20 (1900) S. 597. Die Lehre von *Schmidhäuser,* Studienbuch S. 348 und *Alwart,* Strafwürdiges Versuchen S. 163 ff. beschränkt den Versuch auf *Gefährdungs*unwert und *Ziel*unwert, wodurch der untaugliche Versuch entgegen dem Gesetz auf den Fall der Absicht beschränkt würde.

[17] So *Bockelmann,* Untersuchungen S. 146 f., 162; *Engisch,* DJT-Festschrift S. 435; *Kohlrausch / Lange,* Vorbem. III 4 vor § 43; *Oehler,* Das objektive Zweckmoment S. 121; *Waiblinger,* ZStW 69 (1957) S. 214. Früher schon *E. v. Liszt,* ZStW 25 (1905) S. 36.

[18] Darauf zielt auch die Formel von *Jakobs,* Allg. Teil S. 590: „Verdeutlichung des Normbruchs in einem tatbestandsnahen Verhalten".

[19] Zur Struktur des Versuchs vgl. *Fiedler,* Vorhaben S. 60 ff.; *Reinhard v. Hippel,* Untersuchungen S. 26 ff.

unselbständiger Tatbestand[20], da seine Merkmale nicht aus sich selbst heraus zu verstehen sind, sondern auf den Tatbestand einer bestimmten Verbrechensform bezogen werden müssen (es gibt keinen „Versuch an sich", sondern nur z. B. versuchten Mord, Diebstahl oder Betrug).

1. Der Versuch erfordert den vollen subjektiven Tatbestand. Dazu gehört einmal der **Vorsatz** (vgl. oben § 29 III). Dieser muß wie beim vollendeten Delikt auf sämtliche objektiven Tatbestandsmerkmale gerichtet sein. Bei qualifizierten Tatbeständen müssen auch die Erschwerungsmerkmale mit umfaßt sein. Der Vorsatz kommt auch als *bedingter* Vorsatz in Betracht, sofern dieser nach dem betreffenden Tatbestand ausreicht[21]. Wie beim vollendeten Delikt ist vom bedingten Vorsatz der „bedingte Handlungswille" zu unterscheiden (vgl. oben § 29 III 3 e). Wer zur Tat noch nicht entschlossen ist, sondern nur die Voraussetzungen ihrer Begehung auskundschaftet, hat keinen Vorsatz (bloße *Tatgeneigtheit*). Unbedingt ist der Handlungswille jedoch, wenn der Entschluß endgültig gefaßt ist und nur der Eintritt einer vom Willen des Täters unabhängigen Bedingung abgewartet wird, die über den Beginn der Ausführungshandlung entscheiden soll (Tatentschluß auf *unsicherer Tatsachengrundlage*) (RG 16, 133 [135]; BGH 12, 306 [310]; 21, 14 [18]). Unbedingter Handlungswille liegt auch dann vor, wenn der Täter die Möglichkeit des Rücktritts in Erwägung zieht (Tatentschluß mit *Rücktrittsvorbehalt*)[22].

Beispiele: Kein Versuch der Unterschlagung (§ 246), wenn der Postbeamte einen Brief öffnet, um sich erst nach Prüfung des Inhalts schlüssig zu werden, ob die Aneignung sich lohne (RG 65, 145 [148]). § 354 II Nr. 1 ist natürlich erfüllt. Diebstahlsversuch liegt dagegen vor, wenn der Täter ein Haus mit dem Entschluß betritt, mitzunehmen, was immer sich Brauchbares finden läßt (RG 70, 201 [203]), aber auch dann, wenn er, zur Tat entschlossen, erst feststellen will, ob er etwas Stehlenswertes findet (OLG Hamm MDR 1976, 155). Raubvorsatz liegt vor, wenn die Täter Gewalt anwenden wollen, sofern der Erpressungsversuch mißlingt (KG GA 1971, 54 [55]). Beim Einnähen von Devisen in die Fußmatte eines Kraftwagens, mit dem die Fahrt ins Ausland gewagt werden soll, falls die Ausfuhrgenehmigung nicht erteilt wird, liegt zwar unbedingtes Wollen der Devisenstraftat (anders RG 71, 53), aber noch kein Ansetzen zur Verbringung ins Ausland vor.

Aus der Notwendigkeit des Vorsatzes beim Versuch sind zwei Folgerungen abzuleiten:

a) Einmal gibt es *keinen fahrlässigen Versuch*, denn wer fahrlässig handelt, betätigt nicht den Entschluß, ein Verbrechen oder Vergehen zu verüben (vgl. unten § 54 IV)[23].

b) Zum anderen müssen, abgesehen vom Vorsatz als dem allgemeinen subjektiven Tatbestandsmerkmal, auch die bei der betreffenden Deliktsart vorausgesetzten *besonderen subjektiven Tatbestandsmerkmale* (vgl. oben § 30 II) gegeben sein, da sie im Aufbau des Verbrechensbegriffs auf derselben Ebene liegen wie der Vorsatz[24].

---

[20] Vgl. dazu *Sauermann*, Versuch S. 31 ff.; *LK (Vogler)* § 22 Rdn. 1.

[21] Vgl. BGH 22, 330 (332 ff.); 31, 374 (378); *Roxin*, Schröder-Gedächtnisschrift S. 145 ff.; *Schönke / Schröder / Eser*, § 22 Rdn. 17 m. w. Nachw. Anders *Lampe*, NJW 1958, 333. Einschränkend für den untauglichen Versuch *Monika Kölz-Ott*, Eventualvorsatz S. 147.

[22] Die Rechtsprechung des RG und des BGH ist schwankend; vgl. näher *Less*, GA 1956, 36 ff.; *Maurach / Gössel / Zipf*, Allg. Teil II S. 25; *W. Schmid*, ZStW 74 (1962) S. 48 ff.; *R. Schmitt*, JuS 1961, 25 ff.; *Schönke / Schröder / Eser*, § 22 Rdn. 18 ff.; *SK (Rudolphi)* § 22 Rdn. 3 ff. *Arzt*, JZ 1969, 54 ff. will das „bedingte Wollen" nicht gelten lassen, aber zu Unrecht, da die Vorbereitung einer tatbestandsmäßigen Handlung mit Vorbehalt des endgültigen Entschlusses als psychologisches Phänomen nicht selten ist (vgl. BGH 21, 14 [17]).

[23] So *LK (Vogler)* § 22 Rdn. 8; *Schönke / Schröder / Eser*, § 22 Rdn. 22.

III. Der Tatbestand des Versuchs

2. Als objektives Merkmal verlangt der Versuch, daß der Täter **„zur Verwirklichung des Tatbestandes unmittelbar ansetzt".** Unmittelbares Ansetzen ist die Aufnahme einer Tätigkeit, die ohne weitere Zwischenglieder zur Verwirklichung des Tatbestandes führen soll. Ob dies der Fall ist, wird nach dem Täterplan beurteilt, d. h. nach der „Vorstellung des Täters von der Tat". Maßgebend ist somit eine objektive Einschätzung der Tatnähe der Handlung auf der Grundlage der Vorstellung, die sich der Täter von dem Wege und der Art und Weise der Verwirklichung seines Tatentschlusses gemacht hat (**individuell-objektive Theorie**) (vgl. näher unten § 49 IV)[25].

Bei den schweren Fällen, die durch *Regelbeispiele* anschaulich gemacht sind (z. B. § 243 I 2), wird man für den Versuch verlangen müssen, daß der Täter zur Verwirklichung des Grundtatbestandes ansetzt, da die Regelbeispiele als solche keine Tatbestandsmerkmale i. S. v. § 22 sind[26]. Eine weitergehende Lehre läßt im Anschluß an den E 1962 (Begründung S. 144, 403) das Ansetzen zur Verwirklichung des Regelbeispiels genügen, auch wenn darin noch nicht das Ansetzen zur Tathandlung liegt[27]. Anerkannt ist, daß die Regelbeispiele des § 243 ihre Indizwirkung auch bei nur versuchtem Diebstahl entfalten (BGH 33, 370). Ist das Regelbeispiel nur versucht, so muß dasselbe gelten (anders BayObLG JR 1981, 118).

3. Die Tat darf endlich nicht vollendet sein. Die **Vollendung** bestimmt sich *nicht* danach, ob der Täter seine Absicht erreicht hat, sondern tritt schon mit der Erfüllung sämtlicher Tatbestandsmerkmale ein (vgl. aber bei zusammengesetzten Sachen OLG Karlsruhe, Die Justiz 1972, 361). Je nach der Fassung des Tatbestands (Verletzungs-, Gefährdungs- oder kupiertes Erfolgsdelikt) kann die Vollendung zu einem früheren oder späteren Zeitpunkt eintreten. Der Begriff ist also rein formeller Natur. Von der Vollendung ist die **Beendigung** (materielle Vollendung) der Tat zu unterscheiden[28]. Die Delikte, bei denen ein von der Vollendung verschiedener Zeitpunkt der Beendigung festgestellt werden kann, lassen sich nach ihrer Struktur in vier Gruppen einteilen:

Es handelt sich einmal um *Delikte mit vorverlegtem Vollendungszeitpunkt* (Absichtsdelikte, Gefährdungsdelikte, Unternehmensdelikte). Die zweite Gruppe, bei denen die Beendigung der Vollendung nachfolgt, ist durch die *iterative Struktur* der Tatbestände gekennzeichnet (Dauerdelikte, zweiaktige Delikte, Tatbestände mit einer Vielzahl von Einzelakten). Eine dritte Gruppe bilden die Fälle, in denen der *End- oder Gesamterfolg* der Tat durch Handlungen erzielt wird, die nicht mehr im formellen Sinne der Beschreibung des Tatbestands entsprechen, wie die Bergung der Diebstahlsbeute (BGH 20, 194 [196]), die Sicherung des Schmuggelguts nach Überschreitung der Grenze (BGH 3, 40 [44]) oder die Vernichtung des ganzen Gebäudes bei der Brandstiftung (OLG Hamm JZ 1961, 94 [95]). Die vierte Gruppe sind die

---

[24] Vgl. *Schönke / Schröder / Eser*, § 22 Rdn. 23; *LK (Vogler)* § 22 Rdn. 22; *Wessels*, Allg. Teil S. 171.

[25] Vgl. *Baumann / Weber*, Allg. Teil S. 494; *Blei*, Allg. Teil S. 228; *derselbe*, JA 1975, 96; *Bockelmann / Volk*, Allg. Teil S. 208f.; *Maurach / Gössel / Zipf*, Allg. Teil II S. 18; *Roxin*, Einführung S. 15; *Rudolphi*, JuS 1973, 23; *Schönke / Schröder / Eser*, § 22 Rdn. 32; *SK (Rudolphi)* § 22 Rdn. 11; *Stratenwerth*, Allg. Teil I Rdn. 665; *Wessels*, Allg. Teil S. 172. Eingehend *Kratzsch*, JA 1983, 578ff.

[26] So *Baumann / Weber*, Allg. Teil S. 487; *Blei*, Allg. Teil S. 224f.; *Laubenthal*, JZ 1987, 1069; *LK (Vogler)* § 22 Rdn. 85; *SK (Rudolphi)* § 22 Rdn. 18; *Stree*, Peters-Festschrift S. 181; *Schönke / Schröder / Eser*, § 22 Rdn. 58; *Wessels*, Maurach-Festschrift S. 305.

[27] So *Dreher / Tröndle*, § 22 Rdn. 21; *Lackner*, § 46 Anm. 2b dd; *LK[9] (Heimann-Trosien)* § 243 Rdn. 47. Vgl. auch OLG Hamm MDR 1976, 155 m. krit. Anm. *Hillenkamp*, MDR 1977, 242.

[28] Vgl. dazu *Jescheck*, Welzel-Festschrift S. 685ff.; *Hau*, Die Beendigung der Straftat S. 70ff.; *Furtner*, JR 1966, 169; *Schönke / Schröder / Eser*, Vorbem. 4 vor § 22; *Wessels*, Allg. Teil S. 169; *LK (Vogler)* Vorbem. 23ff. vor § 22; *Küper*, JZ 1981, 251ff.

Fälle der *natürlichen Handlungseinheit* (vgl. unten § 66 III) und der *fortgesetzten Handlung* (vgl. unten § 66 V)[29].

Die Unterscheidung zwischen Vollendung und Beendigung hat nach verschiedenen Richtungen hin *praktische Bedeutung*[30]. Einmal wird angenommen, daß bei Distanzdelikten im internationalen Strafrecht die Beendigung der Tat im Sinne der Verwirklichung der tatbestandsmäßigen Absicht als Erfolg nach § 9 I anzusehen ist (vgl. oben § 18 IV 2b). Weiter ist in der Zwischenzeit noch Teilnahme möglich (BGH 2, 344 [346f.]; 6, 248 [251]) (vgl. für die Mittäterschaft unten § 63 II 2, für die Beihilfe unten § 64 IV 2b). Weiter werden dem Täter qualifizierende Tatbestandsmerkmale, die er während dieses Zeitraums verwirklicht, noch zugerechnet (BGH 20, 194 [196]; 22, 227; BGH GA 1971, 82). Für die Konkurrenz stellen sich die Straftaten, bei denen Vollendung und Beendigung auseinanderfallen, als Handlungseinheit dar, so daß eine Überschneidung, die erst in dieser letzten Phase eintritt, Idealkonkurrenz begründet (RG 60, 315 [316f.]; BGH JZ 1952, 89; GA 1955, 245 [246f.]; JZ 1975, 130 [131]). Endlich beginnt die Strafantragsfrist (vgl. unten § 85 I 4) sowie die Verfolgungsverjährung (vgl. unten § 86 I 2) erst mit der Beendigung der Tat.

Beispiele: Die Erpressung (§ 253) ist vollendet, sobald der Genötigte das Geld hergibt, auch wenn es der Täter im Ergebnis nicht erlangt (BGH 19, 342 [343]), beendigt aber erst mit der Erlangung der Beute. Auch beim Diebstahl setzt die Beendigung der Tat die Sicherung der erlangten Sachherrschaft voraus. Wenn der Bestohlene die mit der Beute fliehenden Täter verfolgt, ist der Diebstahl zwar vollendet, aber noch nicht beendet, so daß die Unterstützung der Fliehenden durch einen Dritten Beihilfe zum Diebstahl sein kann (BGH 6, 248 [249])[31]. Dagegen gibt es keine Beihilfe mehr, wenn die Beute des Räubers bereits an den Verletzten zurückgelangt ist (BGH JZ 1985, 299) oder der Unfallbeteiligte, ohne verfolgt zu werden, sich von der Unfallstelle abgesetzt hat (OLG Stuttgart NJW 1981, 878 [879]).

IV. Die Abgrenzung von Versuch und Vorbereitung

1. Der Versuch beginnt nach § 22, wenn der Täter „nach seiner Vorstellung von der Tat zur Verwirklichung des Tatbestandes unmittelbar ansetzt". Der Gesetzgeber hat in der Strafrechtsreform von 1975 die alte Formel vom „Anfang der Ausführung" (§ 43 a. F.), die in ihrer für die praktischen Bedürfnisse zu engen Form von der Rechtsprechung überdehnt worden war (RG 71, 53; BGH 6, 302 [303]; OLG Karlsruhe JR 1973, 425), durch eine Fassung ersetzt, in der ein subjektives Kriterium (Vorstellung des Täters von der Tat) mit einem objektiven Merkmal (unmittelbares Ansetzen zur Verwirklichung des Tatbestandes) verbunden ist. Diese schon früher vertretene[32] sog. **„individuell-objektive Theorie"**[33] soll durch Beschränkung des Versuchs

---

[29] Kritisch zur Lehre von der Beendigung der Straftat wegen der Vernachlässigung der Handlungsbeschreibung des Tatbestands *Gallas,* ZAK 1937, 438; *Isenbeck,* NJW 1965, 2329; *Hruschka,* GA 1968, 193; *Gössel,* ZStW 85 (1973) S. 644ff.; *Herzberg,* Täterschaft S. 71f.; *Rudolphi,* Jescheck-Festschrift Bd. I S. 567ff.; *Jakobs,* Allg. Teil S. 585f.; *Bitzilekis,* ZStW 99 (1987) S. 749f. Differenzierend zwischen Verhaltens- und Erfolgsbeendigung *Kühl,* Die Beendigung S. 80ff.; *derselbe,* JuS 1982, 189. Bedenken auch bei *Lackner,* Vorbem. 2 vor § 22.

[30] Vgl. *Jescheck,* Welzel-Festschrift S. 696ff.; *Hau,* Die Beendigung der Straftat S. 114ff.

[31] Kritisch dazu *Gallas,* ZAK 1937, 438; *Isenbeck,* NJW 1965, 2329; *Roxin / Schünemann / Haffke,* Strafrechtliche Klausurenlehre S. 232f.; *Rudolphi,* Jescheck-Festschrift Bd. I S. 568f.

[32] Vgl. *Welzel,* Lehrbuch S. 190; *Jescheck,* Niederschriften Bd. II S. 194.

[33] So *Bockelmann / Volk,* Allg. Teil S. 207; *Baumann / Weber,* Allg. Teil S. 494; *Dreher / Tröndle,* § 22 Rdn. 8; *LK (Vogler)* § 22 Rdn. 58ff. („tatbestandsspezifische Frage"); *Lackner,* § 22 Anm. 1b; *J. Meyer,* ZStW 87 (1975) S. 604 Fußnote 34; *Otto,* Grundkurs S. 198; *Roxin,* JuS 1979, 3; *Rudolphi,* JuS 1973, 23; *Schönke / Schröder / Eser,* § 22 Rdn. 25; *SK (Rudolphi)* § 22 Rdn. 11; *Wessels,* Allg. Teil S. 172. *Schmidhäuser,* Allg. Teil S. 611 spricht im gleichen

IV. Die Abgrenzung von Versuch und Vorbereitung

auf die der Verwirklichung des Tatbestands unmittelbar vorangehende Phase der immer weiteren Verlagerung des Versuchsbeginns in das Vorfeld der Tat entgegenwirken[34].

Überholt ist damit die *rein subjektive Theorie,* die für den Versuchsbeginn allein auf die Vorstellung des Täters vom Anfang der Ausführung abstellte und damit weit in den Bereich der Vorbereitung hineinführte, ebenso wie die entgegengesetzte *formell-objektive Theorie,* nach der beim Versuch mit der tatbestandsmäßigen Handlung im strengen Sinne begonnen sein mußte. Auch die in der Rechtsprechung vielfach verwendete *Frank'sche Formel* von der „natürlichen Auffassung" hat ihre Bedeutung verloren (vgl. 2. Auflage S. 390f.). Dagegen ist die *materiell-objektive Theorie,* die für den Versuch eine unmittelbare Gefährdung des geschützten Handlungsobjekts verlangt, noch immer von Wert, da dieses Kriterium in denjenigen Fällen weiterhin verwendet werden muß, in denen die Ansatzformel versagt (vgl. unten § 49 IV 6).

2. Auszugehen ist bei der Abgrenzung zwischen Versuch und Vorbereitung von der „Vorstellung des Täters von der Tat", denn das nur bruchstückhaft verwirklichte äußere Geschehen läßt sich, jedenfalls beim unbeendeten Versuch, nur vom **Täterplan** her verstehen[35]. Es kommt also für die Frage, ob bereits ein unmittelbares Ansetzen zur Verwirklichung des Tatbestandes anzunehmen ist, darauf an, wie sich der Täter den Ablauf der Tat gedacht hat und wann und in welcher Weise er mit der tatbestandsmäßigen Ausführungshandlung beginnen wollte.

Beispiele: Wenn die zum Überfall auf eine Tankstelle entschlossenen Täter mit übergezogenen Gesichtsmasken und schußbereiter Pistole an der Haustür des Tankwarts läuten, um ihn sogleich nach dem Öffnen zu berauben, so liegt ein Versuch des schweren Raubes (§ 250 I Nr. 1) vor, auch wenn niemand erscheint (BGH 26, 201 [203f.] m. zust. Anm. *Gössel,* JR 1976, 249ff.). Dagegen ist die Einleitung einer Steuerhinterziehung nach § 370 I, II AO 1977 (Verkauf von Heizöl als Dieselkraftstoff) durch Aufbau der erforderlichen Geschäftsbeziehungen noch kein Ansetzen zur zweckwidrigen Verwendung als Kraftstoff, da das Öl noch bestellt und zur Abnehmerin transportiert werden muß (anders nach früherem Recht OLG Karlsruhe JR 1973, 425[36]). Kein Versuch, sondern nur eine Vorbereitung der Betäubungsmitteleinfuhr (§ 31 II BtMG) ist auch die Reise des Täters ins Ausland, um die Ware dort abzuholen (BGH *Dallinger* MDR 1975, 21). Kein Versuch ist ferner das Bemühen des Täters, ein Kind zu unzüchtigen Handlungen geneigt zu machen, wenn die Tat erst später an einem anderen Ort stattfinden soll (OLG Celle NJW 1972, 1823). Das Ansinnen an eine Prostituierte, regelmäßig Beträge aus ihrem Unzuchtserwerb abzuführen, ist Versuch des § 181 a a.F. (BGH 19, 350 [351]), das Ansinnen, sich zu diesem Zweck der Gewerbsunzucht erst zuzuwenden, ist dagegen nur Vorbereitung (BGH 6, 98 [99]). Die Aufforderung an einen Minderjährigen, gemeinsam im Hotel zu übernachten, ist noch kein Versuch des § 175 a Nr. 3 a.F. (OLG Oldenburg MDR 1963, 155), der fingierte Einbruch noch kein versuchter Versicherungsbetrug (BGH NJW 1952, 430), der Weg zum Tatort noch kein versuchter Diebstahl (BGH *Dallinger* MDR 1966, 197). Beim Aufbau einer Brandstiftungsanlage kommt es darauf an, ob der Täter selbst die Zündung betätigen will (Vorbereitung) oder ob sie ein gutgläubiger Dritter auslösen soll (Versuch) (RG 66, 141). Das Betätigen einer Lichthupe als Signal für den Überfall auf einen Geldtransport, der sofort danach einsetzen sollte, ist bereits Versuch des Raubes (BGH *Holtz* MDR 1977, 807f.[37]). Versuch ist auch das Betreten der zu überfallenden Poststelle (BGH GA 1980, 24). Das Aufkleben präparierter Briefmarken auf einen Brief, die erst nach Rücksendung durch den Adressaten nochmals verwendet werden sollten, ist dagegen noch kein Versuch des § 148 II (anders aber OLG Koblenz NJW 1983, 1625; dagegen zu Recht *Küper,* NJW 1984, 777f.).

Sinne von „Ganzheitstheorie". *Jakobs,* Allg. Teil S. 602f. stellt zusätzlich auf den sozialen Zusammenhang ab.

[34] Vgl. E 1962 Begründung S. 144; BT-Drucksache V/4095 S. 11. Über ihre Auswirkungen in der Rechtsprechung vgl. *Becher,* Zur Abgrenzung S. 54ff.; *Berz,* Jura 1984, 511ff.

[35] Vgl. das Beispiel von dem geplanten Giftmord bei *SK (Rudolphi)* § 22 Rdn. 11; vgl. ferner *Baumann / Weber,* Allg. Teil S. 495.

[36] Ein Versuch liegt nach *Tiedemann,* JR 1973, 413f. aber deswegen vor, weil der Täter die rechtzeitige Anzeige an das Finanzamt unterlassen hat.

[37] Dazu eingehend *Küper,* JZ 1979, 775ff.

3. Durch das Merkmal des **unmittelbaren Ansetzens zur Verwirklichung des Tatbestandes** soll der Versuch „bis hart an die Grenze der Tatbestandshandlung herangerückt" werden[38]. Versuchshandlungen sind also nur Geschehnisse, „die der Verwirklichung eines Tatbestandsmerkmals unmittelbar vorgelagert sind"[39]. Maßgebend ist dabei, daß das noch nicht tatbestandsmäßige Verhalten nach dem Gesamtplan des Täters so eng mit der eigentlichen Ausführungshandlung verknüpft sein muß, daß es *ohne wesentliche Zwischenschritte* in die entscheidende Phase der Tat übergehen kann (BGH NStZ 1987, 20)[40].

Beispiele: Vorbereitung ist das bloße Auflauern (BGH *Dallinger* MDR 1973, 728, 900), Versuch dagegen das Auflauern, wenn beim Eintreffen der Straßenbahn, mit der ein zu beraubender Kassenbote erwartet wird, die Angriffs- und Fluchtmittel von den bereitstehenden Tätern in Bewegung gesetzt werden (BGH NJW 1952, 514). Versuch ist das Eindringen in das Gebäude, aus dem gestohlen werden soll, falls sich etwas findet (OLG Hamm MDR 1976, 155). Vorbereitung ist das Verladen der Ware für ein Ausfuhrdelikt (anders BGH 20, 150) oder für ein Lebensmittelvergehen (anders BGH 12, 54), Versuch dagegen der Transport zur Grenze bzw. zur Gaststätte[41]. Versuch ist auch die körperliche Einwirkung auf ein Kind (Betäubung), um ihm anschließend die Pulsadern aufzuschneiden (RG 59, 157), Vorbereitung der Gefangenenbefreiung (§ 120) ist das Betreten des Dienstgebäudes, wo dem Gefangenen Ausbruchswerkzeuge zugespielt werden sollen (anders BGH 9, 63 [64]). Das Warten des kaufbereiten Abnehmers in der Wohnung des Händlers auf den Verkauf der vereinbarten Menge Haschisch ist noch kein Versuch des Drogenerwerbs (OLG Celle NJW 1986, 78).

4. Bei **qualifizierten Tatbeständen** beginnt der Versuch nach der Regel des § 22 mit dem Ansetzen zur Verwirklichung des Tatbestandes, wobei es unerheblich ist, ob der Täter zuerst mit der qualifizierenden Handlung oder mit der Handlung des Grundtatbestandes beginnt. Setzt der Täter bei dem qualifizierenden Merkmal an (er macht z. B. vor der Brandstiftung Löschgeräte unbrauchbar, § 307 Nr. 3), so muß nach dem Gesamtplan im unmittelbaren Anschluß daran die Verwirklichung der Handlung des Grundtatbestandes folgen sollen[42]. Das Mitführen eines Revolvers auf der Fahrt zum Tatort genügt jedoch nicht zur Annahme eines versuchten schweren Raubes nach § 250 I Nr. 1, wenn die Waffe anschließend in dem Fahrzeug verbleibt und nicht bei der Tat verfügbar ist (BGH 31, 105 m. zust. Anm. *Hruschka*, JZ 1983, 216).

---

[38] So treffend *Roxin*, Einführung S. 15f.; *Schönke / Schröder / Eser*, § 22 Rdn. 35. Ähnlich *Dreher / Tröndle*, § 22 Rdn. 11; *Preisendanz*, § 22 Anm. 4a. Dagegen sieht *Lackner*, § 22 Anm. 1b in der Neufassung gegenüber dem bisherigen Recht „nichts wesentlich anderes", auch *Schmidhäuser*, Allg. Teil S. 611 hält die Änderung in der Terminologie für „gleichgültig". Ähnlich *Stratenwerth*, Allg. Teil I Rdn. 666ff.; *D. Meyer*, JuS 1977, 21. Weitere Präzisierung der Ansatzformel bei *Kratzsch*, JA 1983, 382ff.; vgl. auch *derselbe*, Verhaltenssteuerung S. 69ff. Über das kriminologische Verständnis der Ansatzformel *Walder*, Leferenz-Festschrift S. 540ff.

[39] So *Bockelmann / Volk*, Allg. Teil S. 208.

[40] So *Schönke / Schröder / Eser*, § 22 Rdn. 39; *SK (Rudolphi)* § 22 Rdn. 13; *Wessels*, Allg. Teil S. 172. Zu eng wohl *LK (Vogler)* § 22 Rdn. 60, indem er ein Verhalten verlangt, das „sich durch zulässige Interpretation sprachlich und sachlich in den jeweiligen Tatbestand einbeziehen läßt".

[41] Kriminalpolitische Bedenken gegen die „Ansatzformel" bei Wirtschaftsdelikten äußert *Tiedemann*, 49. DJT 1972 S. 52; *derselbe*, JR 1973, 412; *derselbe*, Wirtschaftsstrafrecht, Allg. Teil S. 221 ff. Vgl. dazu m. zahlr. Beisp. aus der Rspr. *Dreher / Tröndle*, § 22 Rdn. 17a; *J. Meyer*, ZStW 87 (1975) S. 610; *Lange*, Strafrechtsreform S. 34f.; *Schmidt-Hieber*, in: *Müller-Gugenberger*, § 8 Rdn. 22ff.

[42] Vgl. *Arzt*, JZ 1959, 59; *Schönke / Schröder / Eser*, § 22 Rdn. 58; *LK (Vogler)* § 22 Rdn. 78f.; *SK (Rudolphi)* § 22 Rdn. 18; *Stree*, Peters-Festschrift S. 192; *Wessels*, Allg. Teil S. 174f.

IV. Die Abgrenzung von Versuch und Vorbereitung

5. Nicht unmittelbar vom Wortlaut, wohl aber vom Sinn der Ansatzformel gedeckt sind die Fälle, in denen der Täter bereits mit der **tatbestandsmäßigen Ausführungshandlung** selbst oder bei mehraktigen Delikten mit der ersten tatbestandsmäßigen Handlung begonnen hat, denn in diesen Fällen ist er über das bloße Ansetzen schon hinausgelangt.

Beispiele: Der tätliche Angriff auf den Begleiter des zu Beraubenden ist tatbestandsmäßig Gewalt als erste Stufe des Raubes (BGH 3, 297), das Abschließen der Ladentür Beginn der Drohung (RG 69, 327 [331]). Eine Täuschungshandlung, durch die erst die notwendige Vertrauensgrundlage für die Hingabe des geplanten Darlehens geschaffen werden soll, ist dagegen nur eine Vorbereitung zum Betrug (OLG Karlsruhe NJW 1982, 59[43]). Betrugsversuch gegenüber einem Makler ist nicht schon die Vorspiegelung der Zahlungsbereitschaft durch den Kunden, sondern erst das Ansetzen zum Abschluß des die Zahlungspflicht auslösenden Geschäfts (BGH 31, 178 [182f.]).

Wenn der Täter einen Teilakt des Tatbestandes bereits verwirklicht hat, ergibt sich die Annahme des Versuchs ohne weiteres daraus, daß das Ansetzen nur als *Mindestvoraussetzung* zu verstehen ist und man eine Klarstellung in dieser Richtung für überflüssig gehalten hat (vgl. BT-Drucksache V/4095 S. 11), was jedoch kein guter gesetzgeberischer Stil ist[44].

6. Die Neuregelung der Versuchsgrenze durch § 22 ist zugeschnitten auf den unbeendigten Versuch des allein handelnden Begehungstäters und bringt insoweit einen Zuwachs an rechtsstaatlicher Bestimmtheit der Strafbarkeitsgrenze. Bei **anderen Erscheinungsformen** des Versuchs paßt die Ansatzformel jedoch nicht und muß **ersetzt** oder **modifiziert** werden. So fehlt es an einem Anknüpfungspunkt für das Ansetzen bei den *Unterlassungsdelikten*, da sich der Täter hier rein passiv verhält. In diesen Fällen wird daher weiterhin auf den Zeitpunkt der unmittelbaren Gefährdung des geschützten Handlungsobjekts bzw. auf die Erhöhung einer bereits bestehenden Gefahr abzustellen sein (vgl. unten § 60 II 2)[45]. In anderen Fällen ist die Ansatzformel zwar an sich anwendbar, führt aber zu Ergebnissen, die viel zu weit gehen und gerade das Gegenteil der Einschränkung der Versuchsstrafbarkeit bewirken, die mit ihr erreicht werden sollte. So wird man bei der *mittelbaren Täterschaft* nicht die Einwirkung des Hintermanns auf das Werkzeug, sondern das Ansetzen zur Verwirklichung des Tatbestandes durch das Werkzeug und damit die Gefährdung des geschützten Handlungsobjekts für das richtige Kriterium halten müssen (vgl. unten § 62 IV 1). Auch bei der *actio libera in causa* kann nicht das Ansetzen zur Herbeiführung der Schuldunfähigkeit (z. B. das vorsätzliche Sich-Betrinken), sondern nur das Ansetzen zur Verwirklichung des Tatbestands selbst der maßgebende Zeitpunkt sein (vgl. unten § 49 VII 4). Endlich beginnt der *beendigte Versuch* erst, wenn der Täter das Geschehen endgültig aus seinem Herrschaftsbereich entläßt, wenn also etwa die Brandstiftungsanlage so angelegt ist, daß die Zündung durch einen Kurzschluß oder die Betätigung des Lichtschalters durch irgendeinen Dritten erfolgen kann (RG 66, 141 [142])[46].

---

[43] Dazu lehrreich *Burkhardt*, JuS 1983, 426 ff. mit dem Hinweis, daß auch bei Teilverwirklichung des Tatbestandes das „unmittelbare Ansetzen" auf den Gesamttatbestand bezogen werden muß. Vgl. auch *Jakobs*, Allg. Teil S. 605.

[44] Die Fassung des § 26 E 1962 war auch in diesem Punkte besser; vgl. *Blei*, Allg. Teil S. 228.

[45] So *Jescheck*, SchwZStr 91 (1975) S. 30; *J. Meyer*, ZStW 87 (1975) S. 605; *Roxin*, Einführung S. 16; *Schönke / Schröder / Eser*, § 22 Rdn. 50; *Tiedemann*, JR 1973, 412.

[46] So *Roxin*, Maurach-Festschrift S. 226. Kritisch dazu *Blei*, JA 1975, 167; *Herzberg*, MDR 1973, 89; *LK (Vogler)* § 24 Rdn. 46.

V. Die Bestrafung des Versuchs

1. Strafwürdig ist der Versuch einerseits bei den schweren Delikten, weil hier schon das unmittelbare Ansetzen zur Tat geeignet ist, das Gefühl der Rechtssicherheit in der Allgemeinheit zu erschüttern. Der Versuch muß andererseits aus generalpräventiven Gründen auch bei denjenigen Delikten der mittleren Kriminalität mit Strafe bedroht werden, bei denen der Tatanreiz besonders groß ist, wie z. B. bei Gefangenenbefreiung (§ 120 III), gefährlicher Körperverletzung (§ 223 a II), Inverkehrbringen von Falschgeld (§ 147 II), Nötigung (§ 240 III), Diebstahl (§ 242 II), Erpressung (§ 253 III), Hehlerei (§ 259 III), Betrug (§ 263 II), Urkundenfälschung (§ 267 II). So erklärt sich die auf Art. 2 und 3 des französischen Code pénal zurückgehende Regelung, daß der Versuch bei **Verbrechen** immer, bei **Vergehen** nur in den gesetzlich bestimmten Fällen strafbar ist (§ 23 I)[47]. Für die Abgrenzung der beiden Arten von strafbaren Handlungen ist die *abstrakte* Betrachtungsweise maßgebend (vgl. oben § 7 IV 2).

Beispiel: Auch in einem besonders schweren Fall der Untreue (§ 266 II) ist der Versuch nicht mit Strafe bedroht (RG JW 1937, 169).

2. Nach § 23 II *kann* der Versuch milder bestraft werden als die vollendete Tat[48]. Der gemilderte Strafrahmen ergibt sich aus § 49 I. Beim Zusammentreffen mehrerer gesetzlicher Milderungsgründe kann der Strafrahmen mehrfach herabgesetzt werden[49] (BayObLG NJW 1951, 284).

Beispiel: Bei versuchter sexueller Nötigung (§ 178) durch einen vermindert schuldfähigen Täter senkt sich der Strafrahmen von einem Jahr bis zu zehn Jahren auf einen Monat bis zu fünf Jahren sieben Monaten zwei Wochen.

Die bloß **fakultative Strafmilderung** entspricht der Eindruckstheorie (vgl. oben § 49 II 3), nach der es von der Nähe der Tat zur Vollendung, von der Gefährlichkeit des Versuchs und der Intensität des verbrecherischen Willens abhängt, ob die Tat die Beurteilung nach dem normalen oder nach dem milderen Strafrahmen verdient[50].

Bei der Wahl zwischen dem Normalstrafrahmen und dem Sonderstrafrahmen des § 49 I darf der Richter nur Umstände berücksichtigen, die die Tat in ihrer Eigenschaft

---

[47] Bei Ordnungswidrigkeiten kann der Versuch immer nur dann geahndet werden, wenn das Gesetz es ausdrücklich bestimmt (§ 13 II OWiG), was nur ausnahmsweise der Fall ist; vgl. *Göhler,* OWiG, § 13 Rdn. 1.

[48] Die *obligatorische* Strafmilderung für den Versuch wurde unter Hinweis auf die Erfordernisse des „Willensstrafrechts" durch § 4 der GewaltverbrecherVO vom 5. 12. 1939 (RGBl. I S. 2378) beseitigt. Die Neufassung des § 44 erfolgte durch die VO vom 29. 5. 1943 (RGBl. I S. 341). Das deutsche Recht wurde damit dem früheren österr. StGB § 8 und dem schweiz. StGB Art. 21 ff. angeglichen. Vgl. dazu *Nagler,* GS 115 (1941) S. 27 ff. § 23 II ist entgegen § 25 II AE, aber in Übereinstimmung mit § 27 II 2 E 1962 bei der fakultativen Strafmilderung geblieben, während § 15 I österr. StGB das Prinzip der Gleichbestrafung zugrunde legt.

[49] Das neue Recht hat das in § 65 II E 1962 enthaltene Verbot der Doppelmilderung nicht übernommen. § 50 schließt die Doppelmilderung nur für den Fall aus, daß die Annahme eines minder schweren Falles darauf gestützt wird, daß ein gesetzlicher Milderungsgrund nach § 49 vorliegt; vgl. dazu *Horstkotte,* Dreher-Festschrift S. 272 ff.; *LK (G. Hirsch)* § 50 Rdn. 2; *Bruns,* JR 1980, 226; BGH JR 1980, 246. Vgl. unten § 82 V 4.

[50] Vgl. dazu *Bruns,* Strafzumessungsrecht S. 438 ff.; *Schmidhäuser,* Allg. Teil S. 595; *Schönke / Schröder / Eser,* § 23 Rdn. 6; *J. Meyer,* ZStW 87 (1975) S. 612 ff.; *LK (Vogler)* § 23, Entstehungsgeschichte S. 107; BT-Drucksache V/4095 S. 11. Für *obligatorische* Strafmilderung wegen des Wegfalls des Erfolgsunrechts dagegen *Baumann / Weber,* Allg. Teil S. 477 f.; *Stratenwerth,* Allg. Teil I Rdn. 682; *derselbe,* Schweiz. Juristentags-Festgabe S. 256. Für *Gleichbestrafung* von Vollendung und Versuch *Roeder,* Erscheinungsformen S. 14; *Zielinski,* Handlungs- und Erfolgsunwert S. 213 ff.

als Versuch betreffen und sie im Hinblick darauf als immer noch schwerwiegend genug oder als verhältnismäßig milde erscheinen lassen, weil die Veränderung des Strafrahmens allein mit versuchsspezifischen Gesichtspunkten zu begründen ist[51]. Dagegen muß bei der Zumessung der konkreten Strafe innerhalb des gemilderten Strafrahmens die Tatsache, daß nur ein Versuch vorliegt, ausscheiden, weil sonst ein Umstand, der schon bei der Aufstellung des gesetzlichen Strafrahmens berücksichtigt worden ist, innerhalb dieses Rahmens ein zweites Mal berücksichtigt würde (vgl. unten § 82 V 2)[52].

Der BGH läßt dagegen für die Wahl zwischen den beiden Strafrahmen „eine Gesamtbetrachtung aller Tatumstände und der Täterpersönlichkeit" entscheiden, so daß zur Ablehnung der Strafmilderung z. B. auch der Umstand herangezogen werden darf, daß der Täter gerade eine Gefängnisstrafe verbüßt hat (BGH 16, 351 [353]; 17, 266; BGH Stv 1981, 514; GA 1984, 374)[53]. Ferner soll bei Bemessung der konkreten Strafe innerhalb des gewählten Rahmens der Umstand, daß es sich nur um einen Versuch handelt, nochmals verwendet werden dürfen (BGH 17, 266). Dies scheint indessen nur dann berechtigt und auch geboten, wenn es beim Regelstrafrahmen bleibt, weil bei dessen Aufstellung der Versuch nicht berücksichtigt worden ist. Im Regelstrafrahmen *muß* die Tatsache, daß es beim Versuch geblieben ist, strafmildernd berücksichtigt werden, weil das Fehlen des Erfolgsunrechts die versuchte Tat bei im übrigen gleichen Umständen immer milder erscheinen läßt als die vollendete[54].

In § 49 I ist eine abgestufte Herabsetzung sowohl der Höchst- als auch der Mindeststrafe für den Versuch vorgesehen. An die Stelle des Normalstrafrahmens tritt ein Sonderstrafrahmen mit umfangmäßig beschränkter Strafmilderung.

Die innerhalb des Sonderstrafrahmens zugemessene Strafe braucht die im Regelstrafrahmen angedrohte Mindeststrafe nicht zu unterschreiten[55], doch muß die Urteilsbegründung ergeben, daß sich der Richter der Möglichkeit der Milderung unterhalb der Mindeststrafe bewußt gewesen ist (BGH JZ 1956, 500).

VI. Die Bestrafung von Vorbereitungshandlungen

1. **Vorbereitungshandlungen** bleiben **in der Regel straflos,** weil sie von der Vollendung zu weit entfernt sind, als daß sie das Rechtsgefühl der Allgemeinheit ernstlich erschüttern könnten. Es kommt hinzu, daß bei Vorbereitungshandlungen auch der Deliktsvorsatz meist nicht eindeutig nachweisbar sein wird[56].

---

[51] So *Dreher,* JZ 1956, 638; *derselbe,* JZ 1957, 155f.; *Dreher / Tröndle,* § 23 Rdn. 3; *Jakobs,* Allg. Teil S. 608f. (der freilich, falls die versuchsbezogenen Gründe nicht ausreichen, andere fakultative Strafmilderungsgründe einbeziehen will); *LK (Vogler)* § 23 Rdn. 10; *Schönke / Schröder / Eser,* § 23 Rdn. 7; *SK (Rudolphi)* § 23 Rdn. 3; *Lackner,* § 49 Anm. 3a aa; *Timpe,* Strafmilderungen S. 91ff.; OLG Hamm NJW 1958, 561.

[52] Vgl. BGH 16, 351 (354); *Bruns,* Strafzumessungsrecht S. 448; *Dreher / Tröndle,* § 23 Rdn. 3; *Schönke / Schröder / Eser,* § 23 Rdn. 10. Mit Recht weist jedoch *SK (Rudolphi)* § 23 Rdn. 4 darauf hin, daß die besonderen Eigenschaften des in Frage stehenden Versuchs, z. B. seine Untauglichkeit, berücksichtigt werden dürfen.

[53] Ebenso die h. L.; vgl. *Baumann / Weber,* Allg. Teil S. 477; *Bockelmann / Volk,* Allg. Teil S. 211; *Bruns,* Strafzumessungsrecht S. 446f.; *Hettinger,* Das Doppelverwertungsverbot S. 174; *Maurach / Gössel / Zipf,* Allg. Teil II S. 40; *Stratenwerth,* Schweiz. Juristentags-Festgabe S. 261.

[54] So *Schönke / Schröder / Eser,* § 23 Rdn. 9; *Dreher,* JZ 1957, 156; *Stratenwerth,* Schweiz. Juristentags-Festgabe S. 255; anders *Bruns,* Strafzumessungsrecht S. 449; *Blei,* Allg. Teil S. 234.

[55] Anders *Börker,* JZ 1956, 478; gegen ihn zutreffend *Dreher,* JZ 1956, 683; *Dreher / Tröndle,* § 23 Rdn. 3.

[56] Vgl. *Maurach / Gössel / Zipf,* Allg. Teil II S. 40.

2. Nur aus *besonderen kriminalpolitischen Gründen* versteht sich der Gesetzgeber dazu, Vorbereitungshandlungen ausnahmsweise unter Strafe zu stellen[57].

a) Einmal handelt es sich dabei um die *unselbständige Ausdehnung* gewisser Tatbestände, deren Eigenart einen besonders frühen Zugriff erfordert, weil sonst mit der Strafe nichts auszurichten wäre, wie die Vorbereitung eines hochverräterischen Unternehmens (§ 83), die landesverräterische Ausspähung (§ 96 I), die Vorbereitung eines Verschleppungsverbrechens (§ 234a III) oder eines Anschlags auf ein Luftfahrzeug (§ 316c III).

b) Weiter sind Vorbereitungshandlungen von typischer Ausprägung und hoher Gefährlichkeit als *selbständige Delikte* speziell unter Strafe gestellt, ohne daß der Täter dabei schon ein ganz bestimmtes Verbrechen im Auge haben müßte, wie die Vorbereitung der Geldfälschung (§ 149), das Inverkehrbringen von Mitteln zum Abbruch der Schwangerschaft (§ 219c), der Versicherungsbetrug (§ 265), die Vorbereitung eines Angriffskrieges (§ 80).

c) Endlich sind in § 30 die wegen der psychischen Bindung der Beteiligten besonders gefährlichen Fälle der Vorbereitung der Teilnahme unter Strafe gestellt (vgl. unten § 65).

3. Die Fälle strafbarer Vorbereitung geben zu verschiedenen Zweifelsfragen Anlaß.

Der *Versuch* ist nicht bei den unselbständigen (BGH 6, 85 [87]), wohl aber bei den meisten selbständigen Vorbereitungstatbeständen strafbar (so z. B. die Brandstiftung in dem irrtümlichen Glauben, die Sache sei versichert, als versuchter Versicherungsbetrug nach § 265, RG 68, 430 [436]; die versuchte Ausspähung nach § 96 I, BGH 6, 385 [387]). Kein Versuch ist jedoch bei der Vorbereitung eines hochverräterischen Unternehmens möglich (§ 83), weil diese Vorschrift selbst schon das Vorfeld des Hochverrats so weit erfaßt, wie ein Strafbedürfnis besteht[58]. Dagegen kann die für den Versuch geltende *Rücktrittsvorschrift* (§ 24) auf die in eigenen Tatbeständen erfaßten Vorbereitungshandlungen keine Anwendung finden, da sie formell vollendete Taten darstellen (BGH 15, 198 [199]). Doch gelten vielfach Sonderbestimmungen (vgl. §§ 31, 83a, 84 V, 85 III, 87 III, 98 II, 316c IV), die bei ähnlich gelagerten Fällen analog anzuwenden sind (BGH 6, 85 [87]) (vgl. unten § 51 V 2)[59]. Eine strafbare *Teilnahme* ist sowohl an selbständigen als auch an unselbständigen Vorbereitungshandlungen denkbar[60].

VII. Sonderfälle des Versuchs

1. Ein Versuch ist auch bei **schlichten Tätigkeitsdelikten** (vgl. oben § 26 II 1b) möglich, und zwar einmal dann, wenn die Tätigkeit nicht schon mit ihrer Vornahme vollendet ist, sondern einen gewissen Zeitraum beansprucht, zum anderen in den Fällen der irrtümlichen Annahme eines Tatbestandsmerkmals (untauglicher Versuch).

Beispiele: Der Meineid ist versucht, wenn mit der Eidesleistung begonnen wird (BGH 4, 172 [176]). Glaubt der Täter irrtümlich, an einem Kind unter 14 Jahren sexuelle Handlungen vorzunehmen, so liegt ein untauglicher Versuch des § 176 vor (vgl. auch RG 47, 189 [191]).

2. Bei den **erfolgsqualifizierten Delikten** (vgl. oben § 26 II 1a) sind zwei Fallgruppen zu unterscheiden[61].

a) Einmal besteht die Möglichkeit, daß der Täter die schwere Folge bereits durch den Versuch des Grunddelikts herbeiführt und hinsichtlich dieser Folge fahrlässig (§ 18) oder leichtfertig handelt. In diesen Fällen ist Strafbarkeit nach dem qualifizier-

---

[57] Vgl. dazu *Schönke / Schröder / Eser*, Vorbem. 13f. vor § 22.
[58] Vgl. *Lackner*, § 83 Anm. 3; *LK (Vogler)* Vorbem. 89f. vor § 22; *Maurach / Gössel / Zipf*, Allg. Teil II S. 9; *Schönke / Schröder / Eser*, Vorbem. 29 vor § 22.
[59] Vgl. dazu *Schönke / Schröder / Eser*, § 24 Rdn. 117; *G. Koch*, Der Rücktritt S. 71.
[60] Dies gilt entgegen *Coester*, Die Vorbereitungshandlung S. 141ff. auch für die Beihilfe zu unselbständigen Vorbereitungshandlungen.
[61] Vgl. *Thomsen*, Über den Versuch S. 57f.; *LK (Vogler)* Vorbem. 71ff. vor § 22; *Oehler*, ZStW 69 (1957) S. 520f.; *Baumann / Weber*, Allg. Teil S. 486f.; *Schönke / Schröder / Cramer*, § 18 Rdn. 8ff.; *SK (Rudolphi)* § 18 Rdn. 7; *Hirsch*, GA 1972, 75f.; *Wessels*, Allg. Teil S. 179.

VII. Sonderfälle des Versuchs

ten Tatbestand dann anzunehmen, wenn der Erfolg mit der *Handlung* verknüpft ist (z. B. in den §§ 177 III, 251), dagegen abzulehnen, wenn der qualifizierende Erfolg auf dem *Erfolg* des Grunddelikts aufbaut (z. B. in den §§ 224, 226[62], 307, 309), weil im zweiten Falle der Versuch des Grunddelikts nach dem Tatbestand keine ausreichende Grundlage für die Zurechnung des schweren Erfolgs darstellt[63].

Beispiele: Versuchte Vergewaltigung mit Todesfolge (§ 177 III) liegt vor, wenn schon die Gewaltanwendung zum Tode des Opfers führt, bevor es überhaupt zum Geschlechtsverkehr gekommen ist (RG 69, 332). Entsprechendes gilt für § 251 (RG 62, 422 [423]). Bei der Brandstiftung mit Todesfolge (§ 307 Nr. 1) muß dagegen der Tod durch den Brand selbst, nicht durch den Zündstoff herbeigeführt worden sein (RG 40, 321 [324]; wohl auch BGH 20, 230 [231]; anders aber BGH 7, 37 [39]).

b) Davon zu unterscheiden sind die anderen Fälle, in denen der Täter das Grunddelikt versucht oder vollendet und dabei die schwere Folge beabsichtigt, aber nicht erreicht. Der Erfolg wirkt sich hierbei als gewöhnliches erschwerendes Tatbestandsmerkmal aus, da § 18 den Vorsatz nicht ausschließt („wenigstens")[64]. Diese Lehre gilt freilich nur für diejenigen erfolgsqualifizierten Delikte, die kein Gegenstück in einem Vorsatzdelikt haben.

Beispiele: Versuchte schwere Freiheitsberaubung nach § 239 II (über eine Woche) ist gegeben, wenn der Täter, um sich eines unbequemen Verwandten zu entledigen, diesen bewußt widerrechtlich in eine geschlossene Anstalt verbringt, die ihn aber als geistig gesund sofort wieder entläßt (RG 61, 179; BGH 10, 306 [309]; BGH GA 1958, 304). Entsprechendes muß für § 224 gelten, da der schwere Erfolg hier bedingt vorsätzlich herbeigeführt werden kann[65] (BGH 21, 194 m. abl. Anm. *Schröder*, JZ 1967, 368), während sonst § 225 vorliegt.

3. Über den *Versuch des Unterlassungsdelikts* vgl. unten § 60 II, über den *Versuch der Teilnahme* vgl. unten § 65 II, III, über den Versuch der *mittelbaren Täterschaft* vgl. unten § 62 IV 1, über den Versuch der *Mittäterschaft* vgl. unten § 63 IV 1.

4. Der **Versuch der vorsätzlichen actio libera in causa** (vgl. oben § 40 VI 2) beginnt bei den Begehungsdelikten nicht schon mit der Herbeiführung der Handlungs- oder Schuldunfähigkeit, sondern erst mit dem Ansetzen zur Ausführung der mit Strafe bedrohten Handlung selbst, weil es vorher sowohl an der unmittelbaren Gefährdung des geschützten Rechtsguts als auch an der äußeren Eindruckskraft des Geschehens fehlt[66]. Bei den Unterlassungsdelikten (omissio libera in causa) wird an

---

[62] BGH 14, 110 (112) läßt dagegen als Ursache der Todesfolge schon die Körperverletzungs-*handlung* genügen (anders RG 44, 137 [139]). Zustimmend *Stree*, GA 1960, 290ff., der sogar eine *versuchte* Körperverletzung ausreichen läßt (S. 296). Dagegen mit Recht *Maurach / Schroeder*, Bes. Teil I S. 105.

[63] Ebenso *Dreher / Tröndle*, § 18 Rdn. 4; *Geilen*, Jura 1979, 614; *Blei*, Allg. Teil S. 222; *Lackner*, § 18 Anm. 5a; *LK (Vogler)* Vorbem. 74ff. vor § 22; *Schmidhäuser*, Allg. Teil S. 642; *Schönke / Schröder / Cramer*, § 18 Rdn. 9; *SK (Rudolphi)* § 18 Rdn. 7. Anders dazu *Ulsenheimer*, GA 1966, 267ff., der darauf abstellt, ob sich die besondere, dem Grunddelikt anhaftende Gefahr in der schweren Folge verwirklicht hat. Dagegen wird Versuch von *Maurach / Gössel / Zipf*, Allg. Teil II S. 108f. überhaupt ausgeschlossen, weil die erfolgsqualifizierten Delikte – entgegen § 11 II – als Fahrlässigkeitstaten angesehen werden.

[64] Ebenso *Baumann / Weber*, Allg. Teil S. 487; *Dreher / Tröndle*, § 18 Rdn. 6; *Laubenthal*, JZ 1987, 1068; *LK (Vogler)* Vorbem. 83ff. vor § 22; *Lackner*, § 18 Anm. 5b; *Hirsch*, GA 1972, 75 Fußnote 50; *Schönke / Schröder / Cramer*, § 18 Rdn. 10; *SK (Rudolphi)* § 18 Rdn. 8; *Stree*, GA 1960, 295; *Ulsenheimer*, GA 1966, 273ff.

[65] Ebenso *Maurach / Schroeder*, Bes. Teil I S. 104; *R. Schmitt*, JZ 1962, 392; *Dreher / Tröndle*, § 224 Rdn. 14; *SK (Rudolphi)* § 18 Rdn. 8; zweifelnd *Blei*, Allg. Teil S. 222.

[66] Ebenso *Schönke / Schröder / Eser*, § 22 Rdn. 55; *LK (Vogler)* § 22 Rdn. 106f.; *Stratenwerth*, Allg. Teil I Rdn. 551 und teilweise *Schmidhäuser*, Allg. Teil S. 617f. Der Ansicht von *Roxin*, Maurach-Festschrift S. 220f.; *Dreher / Tröndle*, § 20 Rdn. 19; *Ingeborg Puppe*, JuS

den Zeitpunkt des Eintritts der Unfreiheit angeknüpft, weil es hier einen Anfang der Ausführung im Sinne der Begehungsdelikte nicht gebe[67]. Richtig ist es jedoch, den Versuch in dem Zeitpunkt beginnen zu lassen, in dem der Täter die ihm obliegende Handlung hätte vornehmen müssen.

VIII. Das Unternehmensdelikt

1. Neben der Vollendung der Straftat, dem Versuch und den mit selbständiger Strafe bedrohten Vorbereitungshandlungen gibt es im Strafgesetzbuch noch eine weitere Form der strafbaren Handlung: das Unternehmensdelikt (vgl. oben § 26 II 7). § 11 I Nr. 6 enthält folgende Definition dieser Verbrechensform: Unternehmen einer Tat ist deren **Versuch und deren Vollendung** (zur Gesetzesgeschichte vgl. 2. Auflage S. 397). Der Sinn des Unternehmensdelikts ist eine Verschärfung der strafrechtlichen Reaktion, indem der Versuch hier nicht milder behandelt, sondern der Vollendung gleichgestellt wird.

2. Für die **Behandlung der Unternehmensdelikte** gilt folgendes[68]:

Die Strafe darf in den Fällen, in denen das Unternehmen auf der Stufe des Versuchs verblieben ist, nicht nach § 23 II gemildert werden, weil das Unternehmen immer als Vollendung bestraft werden soll. Die Grenze des Unternehmensdelikts gegenüber der Vorbereitungshandlung verläuft ebenso wie die des Versuchs; Vorbereitungshandlungen bleiben also aus dem Unternehmensbegriff ausgeschlossen. Während der Versuch als Unternehmensdelikt strafbar ist, sind die Vorstufen des Unternehmensdelikts – also gewissermaßen der „Versuch des Versuchs" – nicht strafbar, weil die Grenze sonst zu weit ins Vorfeld verlegt würde[69]. Das Unternehmensdelikt ist jedoch in den Fällen des Versuchs mit untauglichen Mitteln und am untauglichen Objekt strafbar, weil es sich, wenn das Unternehmen im Versuchsstadium steckenbleibt, um einen Versuch im Sinne des § 22 handelt (RG 39, 321 [323f.]; 56, 225; 72, 80). Die Rücktrittsvorschrift des § 24 kommt für das Unternehmensdelikt nicht in Betracht, weil Vollendungsstrafe angedroht ist. Wohl aber sind die vorhandenen Sondervorschriften über den Rücktritt (§§ 31, 83a und 316a II) auf alle Unternehmensdelikte, einschließlich der „unechten", analog anzuwenden (vgl. unten § 51 V 3)[70]. Bei den „unechten" Unternehmensdelikten (vgl. oben § 26 II 7) ist nur der Versuch mit untauglichen Mitteln, nicht aber der Versuch am untauglichen Objekt strafbar, da abgesehen von der Eignung des Unternehmens zur Erreichung seines Ziels sämtliche Tatbestandsmerkmale gegeben sein müssen[71].

1980, 347; *SK (Rudolphi)* § 22 Rdn. 21 und *Maurach*, JuS 1961, 374, daß der Versuch schon mit dem Eintritt der Trunkenheit beginne, kann nicht zugestimmt werden, da die actio libera in causa keine Vorverlegung der tatbestandsmäßigen Handlung bedeutet.

[67] So *Schönke / Schröder / Eser*, § 22 Rdn. 56 gegen *Maurach*, JuS 1961, 374, 377.

[68] Vgl. näher *Schröder*, Kern-Festschrift S. 459ff.; *Dreher / Tröndle*, § 11 Rdn. 34; *LK (Vogler)* Vorbem. 93ff. vor § 22; *Schönke / Schröder / Eser*, § 11 Rdn. 58ff.; *SK (Rudolphi)* § 11 Rdn. 23ff.; *Weber*, ZStW-Beiheft Göttingen 1987 S. 7ff. Die abweichende Meinung von *Burkhardt*, JZ 1971, 352ff., der die Fälle des Mangels am Tatbestand aus dem Unternehmensbegriff ausgliedern will, berücksichtigt nicht die historische Entwicklung, die sich seit einem Jahrhundert in Anlehnung an den Versuch vollzogen hat und in Rechtsprechung und Lehre anerkannt ist.

[69] So die ganz h. L.; vgl. z. B. *LK (Tröndle)* § 11 Rdn. 74 m. Nachw.; *Burkhardt*, JZ 1971, 357.

[70] So *Schönke / Schröder / Eser*, § 11 Rdn. 67; *Schröder*, Kern-Festschrift S. 462f. Anders BGH 15, 198 (199); *Baumann / Weber*, Allg. Teil S. 480; *Dreher / Tröndle*, § 11 Rdn. 34; *LK (Tröndle)* § 11 Rdn. 77; *Burkhardt*, JZ 1971, 357f.; *Preisendanz*, § 11 Anm. VI 1; *Jakobs*, Allg. Teil S. 584; *Schmidhäuser*, Allg. Teil S. 640 Fußnote 34; *SK (Rudolphi)* § 11 Rdn. 26, 30.

Beispiel: Bei der Begünstigung (§ 257) kommt es nicht darauf an, ob die Hilfeleistung dem Vortäter die Vorteile der Tat wirklich sichert. Es würde jedoch nicht zur Bestrafung ausreichen, wenn der Täter nur irrig annimmt, daß der Gegenstand, auf den sich die Hilfeleistung bezieht, aus einer rechtswidrigen Vortat stammt.

IX. Ausländisches Recht[72]

Das *ausländische* Recht zeigt in den beiden bedeutendsten Streitfragen der Versuchslehre ein buntes Bild. Das neue *österreichische* StGB dehnt die Strafdrohung der Vorsatzdelikte allgemein auf den Versuch aus und sieht nur Milderung innerhalb des Normalstrafrahmens vor (§§ 15 I, 34 Nr. 13). Für die Abgrenzung von Versuch und Vorbereitung wird in § 15 II eine dem deutschen § 22 verwandte individuell-objektive Formel verwendet, die die Rechtsprechung zwingt, von ihrem bisherigen rein subjektivistischen Standpunkt[73] abzugehen (vgl. etwa OGH EvBl 1975, 71)[74]. Der absolut untaugliche Versuch bleibt auch nach neuem Recht straffrei (§ 15 III)[75]; für die Abgrenzung gegenüber der Vorbereitungshandlung wird die Eindruckstheorie verwendet[76]. Die *schweizerische* Rechtsprechung hat die objektive Abgrenzungsformel des Art. 21 I StGB im Sinne der „Unwiderruflichkeitstheorie"[77] stark subjektiviert (BGE 71 IV 211; 83 IV 145; 87 IV 155)[78] und bestraft nach Art. 23 I StGB auch den untauglichen Versuch. In *Frankreich* wird die Abgrenzungsfrage nach einer die Nähe zur Verwirklichung des Tatbestandes betonenden Formel gelöst[79], der untaugliche Versuch gilt im allgemeinen als strafbar[80]. Der *italienische* C. p. verlangt in Art. 56 I Handlungen, die in unmißverständlicher Weise auf die Verwirklichung der Straftat abzielen und nach Art. 49 II auch tauglich sein müssen; beide Voraussetzungen werden objektiv ausgelegt[81]. Die *englische* Theorie und Praxis folgt der Lehre vom „dolus ex re" („mens rea must be evidenced by what the accused has actually done") und hält auch den untauglichen Versuch für strafbar; Beweisfragen stehen im Vordergrund[82]. Sect. 1 des Criminal Attempts Act 1981 definiert den Versuch als „act which is more than merely preparatory to the commission of the offence". Die Auslegung in der Praxis ist eng, doch gibt es selbständig strafbare Vorbereitungshandlungen, die das Vorfeld der wichtigsten Straftaten abdecken (z. B. unerlaubter Besitz von Schußwaffen oder von Diebeswerkzeug)[83]. In der reichhaltigen

---

[71] So *Burkhardt,* JZ 1971, 355; *Schönke / Schröder / Eser,* § 11 Rdn. 66; anders *Bockelmann,* NJW 1951, 622f.; *Armin Kaufmann,* Unterlassungsdelikte S. 234f.; *Waider,* GA 1962, 183f. Für Bestrafung nur des tauglichen Versuchs *SK (Rudolphi)* § 11 Rdn. 29.

[72] Zum Sonderproblem von Versuch und Rücktritt bei mehreren Beteiligten vgl. *Jescheck,* ZStW 99 (1987) S. 111ff.; zum Unternehmensdelikt die Beiträge von *Platzgummer, Grasso, Györgyi, Spotowski* in ZStW-Beiheft Göttingen 1987. Zur Vergleichung des deutschen und polnischen Rechts *Spotowski,* Erscheinungsformen S. 32ff., 52ff., 63ff., 79ff.

[73] Vgl. die bei *Rittler,* Bd. I S. 262 angeführten Entscheidungen und seine Kritik (S. 263); *Nowakowski,* Grundriß S. 91; *Burgstaller,* JBl 1969, 522.

[74] Vgl. *Burgstaller,* JBl 1976, 117ff.; *derselbe,* Strafrechtliche Probleme 3 S. 7ff.; *Leukauf / Steininger,* § 15 Rdn. 6; *Foregger / Serini,* § 15 Anm. IV; *Triffterer,* Allg. Teil S. 356ff.; *Kienapfel,* Allg. Teil, Syst. Darst. (österr.) S. 80.

[75] Vgl. *Burgstaller,* JBl 1969, 523ff., 530ff.; *Roeder,* Der Allgemeine Teil S. 33ff.; *Platzgummer,* JBl 1971, 246; *Kienapfel,* Grundriß S. 90ff.

[76] So *Burgstaller,* JBl 1976, 122.

[77] Im Anschluß an *Germann,* Verbrechen S. 191f. und *Waiblinger,* SchwZStr 72 (1957) S. 127. Für die objektive Theorie aber grundsätzlich *Hafter,* Allg. Teil S. 204. Dazu *Schultz,* Einführung I S. 270f.; *Stratenwerth,* Schweiz. Strafrecht, Allg. Teil I S. 281ff.

[78] Vgl. *Pfenninger,* Das schweizerische Strafrecht S. 232; *Noll,* GA 1970, 181f.

[79] Vgl. die Rechtsprechung bei *Bouzat,* Traité Bd. I S. 293f. und *Merle / Vitu,* Traité S. 583ff. Vgl. ferner *Stefani / Levasseur / Bouloc,* Droit pénal général S. 246ff.

[80] Vgl. die Rechtsprechung bei *Bouzat,* Traité Bd. I S. 300f. und *Merle / Vitu,* Traité S. 594ff. Vgl. ferner *Stefani / Levasseur / Bouloc,* Droit pénal général S. 256.

[81] Vgl. *Bettiol / Pettoello Mantovani,* Diritto penale S. 617ff.; *Pagliaro,* Principi S. 528ff.; *Romano,* Commentario Art. 56 C. p. Rdn. 15ff., Art. 49 C. p. Rdn. 14ff.

[82] Vgl. *Kenny / Turner,* Outlines S. 104, 106f.; *Glanville Williams,* Criminal Law S. 622ff., 635ff. m. zahlr. Nachw.; *Smith / Hogan,* Criminal Law S. 163ff. m. neuerer Rspr.

amerikanischen Praxis werden bei der Abgrenzung von Vorbereitung und Versuch ebenfalls objektive Kriterien verwendet, beim untauglichen Versuch wird Straflosigkeit in den Fällen der „legal impossibility" und der „apparent impossibility" angenommen[84]. Die Definition des Versuchs in der Gesetzgebung verlangt nach dem Muster von Sect. 5.01(1)[c] Model Penal Code „an act . . . constituting a substantial step in a course of conduct planned to culminate in the commission of a crime". Das *spanische* Recht folgt bei der Abgrenzung des Versuchs von der Vorbereitung einer streng objektiven Betrachtungsweise (Art. 3 III C. p.), bestraft aber seit der Neufassung im Jahre 1944 auch den untauglichen Versuch (Art. 52 II C. p.)[85]. Im *niederländischen* Recht wird die Abgrenzungsfrage überwiegend objektiv beantwortet[86], der absolut untaugliche Versuch wird aus dem Bereich der Strafbarkeit ausgeschlossen[87]. Das *brasilianische* Recht verlangt streng objektiv für den Versuch einen Anfang der Ausführung (Art. 14 II C. p.). Auch in der Lehre ist eine objektive Abgrenzung herrschend[88]. Das StGB der *DDR* stellt in § 21 Vorbereitung und Versuch unter Strafe, soweit das Gesetz dies ausdrücklich bestimmt, was auch bei Verbrechen nicht immer der Fall ist. Bei der Abgrenzung von Vorbereitung und Versuch wird eine objektive Linie unter Berücksichtigung des Täterplans verfolgt[89]. Der untaugliche Versuch ist strafbar (OG NJ 1967, 353; NJ 1974, 182f.) mit Ausnahme von Handlungen, die Ausdruck völliger Unkenntnis der Naturgesetze sind[90].

§ 50 Der untaugliche Versuch und das Wahndelikt

Baumann, Das Umkehrverhältnis zwischen Versuch und Irrtum im Strafrecht, NJW 1962, 16; *Bindokat*, Zur Frage des doppelten Irrtums, NJW 1963, 745; *Blei*, Das Wahnverbrechen, JA 1973, 601; *Bruns*, Zur Frage der Strafbarkeit des „Versuchs" eines untauglichen Subjekts, DStr 1938, 161; *derselbe*, Der untaugliche Täter im Strafrecht, 1955; *derselbe*, Die Strafbarkeit des Versuchs eines untauglichen Subjekts, GA 1979, 161; *Burkhardt*, Rechtsirrtum und Wahndelikt, JZ 1981, 681; *derselbe*, Zur Abgrenzung von Versuch und Wahndelikt im Steuerstrafrecht, wistra 1982, 178; *Dicke*, Zur Problematik des untauglichen Versuchs, JuS 1968, 157; *Engisch*, Der „umgekehrte Irrtum" und das „Umkehrprinzip", Festschrift für E. Heinitz, 1972, S. 185; *Foth*, Neuere Kontroversen um den Begriff des Wahnverbrechens, JR 1965, 366; *Gössel*, Zur Strafbarkeit des Versuchs nach dem 2. StrRG, GA 1971, 225; *Haft*, Der doppelte Irrtum im Strafrecht, JuS 1980, 588; *Hardwig*, Der Versuch bei untauglichem Subjekt, GA 1957, 170; *Herdegen*, Der Verbotsirrtum in der Rechtsprechung des BGH, BGH-Festschrift, 1975, S. 195; *Herzberg*, Das Wahndelikt in der Rechtsprechung des BGH, JuS 1980, 469; *Hirsch*, Die Lehre von den negativen Tatbestandsmerkmalen, 1960; *Armin Kaufmann*, Rechtspflichtbegründung und Tatbestandseinschränkung, Festschrift für U. Klug, Bd. II, 1983, S. 277; *Kohn*, Der untaugliche Versuch und das Wahnverbrechen, Strafr. Abh. Heft 53, 1904; *Kriegsmann*, Wahnverbrechen und untauglicher Versuch, Strafr. Abh. Heft 51, 1904; *Langer*, Das Sonderverbrechen, 1972; *Maurach*, Die Beiträge der neueren höchstrichterlichen Rechtsprechung zur

---

[83] Die Law Commission hat den Criminal Attempts Act 1981 in Clause 53 des Entwurfs eines Criminal Code übernommen; vgl. dazu Law Commission, Report S. 140ff.

[84] Vgl. *Honig*, Das amerikanische Strafrecht S. 177ff., 186ff. m. zahlr. Nachw.; *Barbara Lehmann*, Die Bestrafung des Versuchs S. 78ff., 116ff.

[85] Vgl. *Antón Oneca*, Derecho penal S. 410, 416f.; *Rodríguez Devesa / Serrano Gómez*, Derecho penal S. 783ff.; *Cobo del Rosal / Vives Antón*, Derecho penal S. 494, 502; *Córdoba Roda / Rodríguez Mourullo*, Art. 3 párs. 2 y 3, Anm. III 1 B und Art. 51 y 52, Anm. II 2; *Mir Puig*, Adiciones Bd. II S. 718ff.

[86] Vgl. *van Bemmelen / van Veen*, Ons strafrecht S. 197ff.; *D. Hazewinkel-Suringa / Remmelink*, Inleiding S. 334ff. m. Rspr.

[87] Vgl. *Pompe*, Handboek S. 214ff.; *D. Hazewinkel-Suringa / Remmelink*, Inleiding S. 344ff. m. Rspr.

[88] *Fragoso*, Lições S. 251 f.; *de Jesus*, Comentários, Art. 14 Anm. 2c; *da Costa jr.*, Comentários, Art. 14 Anmerkung (S. 145).

[89] Vgl. *Hennig*, Vorbereitung und Versuch S. 30ff.; *Wittenbeck*, NJ 1967, 370; *Dreßler*, Vorbereitung und Versuch S. 82f.

[90] Vgl. *Hennig*, Vorbereitung und Versuch S. 47; *Strafrecht der DDR* § 21 Anm. 1; *Lekschas / Renneberg*, Lehrbuch S. 369f.

Bestimmung des Wahnverbrechens, NJW 1962, 716, 767; *Niethammer*, Besprechung von Mezger, Strafrecht I, Allg. Teil, DRZ 1949, 428; *Nowakowski*, Besprechung von Welzel, Das deutsche Strafrecht, JZ 1958, 415; *Ingeborg Puppe*, Die logische Tragweite des sog. Umkehrschlusses, Festschrift für K. Lackner, 1987, S. 199; *Roxin*, Offene Tatbestände und Rechtspflichtmerkmale, 1959; *Sax*, Zum logischen und sachlichen Gehalt des sog. „Umkehrschlusses aus § 59 StGB", JZ 1964, 241; *Ellen Schlüchter*, Der Irrtum über normative Tatbestandsmerkmale, 1983; *dieselbe*, Grundfälle zum Bewertungsirrtum, JuS 1985, 373; *Schneider*, Der abergläubische Versuch, GA 1955, 265; *Schoetensack*, Verbrechensversuch und deutscher Strafgesetz-Vorentwurf, Festschrift für K. Binding, Bd. II, 1911, S. 375; *derselbe*, Der Versuch und der Amtliche Entwurf eines Allgemeinen Deutschen StGB, GS 91 (1925) S. 378; *Seidman*, Witch Murder and Mens Rea: A Problem of Society under Radical Social Change, Modern Law Review 28 (1965) S. 46; *Spendel*, Der sogenannte Umkehrschluß aus § 59 StGB nach der subjektiven Versuchstheorie, ZStW 69 (1957) S. 441; *Stöger*, Versuch des untauglichen Täters, 1961; *Stratenwerth*, Der Versuch des untauglichen Subjekts, Festschrift für H.-J. Bruns, 1978, S. 59; *Traub*, Die umgekehrte „Parallelwertung in der Laiensphäre" – Wahndelikt oder untauglicher Versuch? JuS 1967, 113.

Vgl. ferner die Schrifttumsangaben vor § 49.

I. Die Strafbarkeit des untauglichen Versuchs

1. Ein untauglicher Versuch liegt vor, wenn die auf die Verwirklichung eines Straftatbestandes abzielende Handlung des Täters aus tatsächlichen oder rechtlichen Gründen unter den gegebenen Umständen nicht zur Vollendung führen kann. Dies ist der Fall bei **Untauglichkeit des Objekts**, des **Mittels** oder des **Subjekts**. Auch die Fälle, in denen das vom Täter in Aussicht genommene *Handlungsobjekt nicht am Tatort* ist oder diesem entgegen seiner Erwartung fern bleibt, gehören hierher (Untauglichkeit des Mittels).

Beispiele: Der Tötungsversuch an der Leiche (RG 1, 451 [452]) ist Versuch am untauglichen Objekt, der Abtreibungsversuch mit Kopfschmerztabletten (RG 17, 58) ist Versuch mit untauglichen Mitteln, jeweils aus tatsächlichen Gründen. Der Betrugsversuch bei Rechtmäßigkeit des erstrebten Vermögensvorteils (RG 42, 92) oder der Diebstahlsversuch bei Unkenntnis der Einwilligung des Gewahrsamsinhabers (RG JW 1926, 2752) sind Versuche am untauglichen Objekt aus rechtlichen Gründen. Versuch des untauglichen Subjekts ist die Begehung eines Amtsdelikts durch jemand, der die Nichtigkeit seiner Ernennung zum Beamten nicht kennt. Die Förderung sexueller Handlungen eines Minderjährigen durch jemand, der sich aufgrund eines Testaments schon für den Vormund hält, ist Versuch des § 180 III durch ein untaugliches Subjekt. Ein Versuch mit untauglichen Mitteln liegt auch vor, wenn sich die Räuber beim Eintreffen der Straßenbahn in Bewegung setzen, aber der erwartete Kassenbote nicht darin ist (BGH NJW 1952, 514), sowie beim Diebesgriff in die leere Tasche oder beim Anschlagen der Pistole auf das erwartete Opfer, das dem Tatort fernbleibt (RG 77, 1 [2]). Versuch mit untauglichen Mitteln ist auch die mißlungene Gewinnung des Tatmittlers, der nur zum Schein den ihm verschleierten Mordauftrag übernimmt, durch den Hintermann (BGH 30, 363 [366]).

Die strafrechtliche Behandlung dieser Fälle hängt davon ab, aus welchen Gründen der Versuch als strafwürdig angesehen wird (vgl. oben § 49 II). Die alte Streitfrage der Bestrafung des untauglichen Versuchs ist heute im wesentlichen im Sinne der gemischten individuell-objektiven Theorie entschieden (vgl. unten § 50 I 4).

2. Die **objektive Theorie** fordert eine durch die Handlung bewirkte *tatsächliche Gefährdung* des geschützten Handlungsobjekts. Sie geht vom *Erfolgsunrecht* als dem eigentlichen Grund der Strafwürdigkeit der Tat aus und verlangt demgemäß auch vom Versuch, daß er sich als in der Entstehung begriffenes Erfolgsunrecht darstellen müsse. Die objektive Theorie ist mit dem geltenden Recht (§§ 22, 23 III) nicht mehr vereinbar und hat nur noch wenige Anhänger[1] (dazu eingehend 2. Auflage S. 400).

---

[1] So *Spendel*, NJW 1965, 1881; *derselbe*, Stock-Festschrift S. 89 ff.; vgl. auch *Dicke*, JuS 1968, 161.

3. Auch die Lehre vom **Mangel am Tatbestand,** die den Versuch begrifflich auf das Fehlen des Erfolgs beschränken wollte (vgl. 2. Auflage S. 400), widerspricht dem geltenden Recht, da § 23 III ergibt, daß die Fälle des untauglichen Objekts und des untauglichen Mittels gleich behandelt werden[2].

4. Maßgebend für die Strafbarkeit des Versuchs ist der rechtsfeindliche Wille des Täters, jedoch nicht als Erscheinung für sich, sondern in seiner Wirkung auf die Gemeinschaft verstanden. Das Vertrauen der Allgemeinheit in die Geltung der Rechtsordnung als einer das Sozialleben objektiv gestaltenden Macht würde erschüttert werden, wenn straflos bliebe, wer sich eine erhebliche Straftat ernstlich vorgenommen und zu ihrer Ausführung angesetzt hat (**individuell-objektive** oder **Eindruckstheorie**). Auch eine Tat, die nicht vollendet werden kann, weil ein wesentliches Hindernis vom Täter übersehen wurde, kann diese Wirkung haben, da sich der Täter immerhin zu der Tat fähig gezeigt hat und das Ausbleiben des Erfolgs auf einem Zufall beruhen kann (vgl. oben § 49 II 3). In der Beeinträchtigung des Gefühls gesicherten Rechtsfriedens liegt der durch den tauglichen wie den untauglichen Versuch herbeigeführte Schaden für die Gemeinschaft, zu dem beim tauglichen Versuch noch die Gefährdung des geschützten Handlungsobjekts hinzukommt. Diese aus der Generalprävention als Aufgabe des Strafrechts abgeleitete Lehre ist heute herrschend[3]. Sie wurde vom RG häufig vertreten, und auch der BGH hat sich ihr wiederholt angeschlossen. Das geltende Recht stellt in § 22 auf die „Vorstellung von der Tat" ab, die sich der Täter macht, erlaubt aber bei grobem Unverstand des Täters eines absolut untauglichen Versuchs, von Strafe abzusehen (§ 23 III).

Beispiele: Abtreibungsversuch mit untauglichen Mitteln (RG 1, 439 [441]; 17, 158); Abtreibungsversuch an der nicht Schwangeren (RG 8, 198 [203]; 47, 65); Abtreibungsversuch an der nicht Schwangeren mit untauglichen Mitteln (RG 34, 217 [219]); Vornahme unzüchtiger Handlungen an einem Kind, das der Täter irrig für jünger als 14 Jahre hält (RG 39, 316); Diebstahlsversuch bei Irrtum des Täters über die Einwilligung des Gewahrsamsinhabers (RG JW 1926, 2752; BGH 4, 199); Hehlereiversuch bei irriger Annahme einer strafbaren Vortat (RG 64, 130 [132]); versuchter Meineid bei irrtümlicher Annahme der Zuständigkeit der Behörde (BGH 3, 248 [255]); Raubversuch, wenn das Opfer nicht am Tatort erscheint (BGH NJW 1952, 514); Totschlagsversuch bei zu geringer Dosis Gift (BGH 11, 324).

5. Die vorstehenden Entscheidungen gehen freilich zum Teil noch von einer *rein* subjektiven Theorie aus, die sowohl für die Abgrenzung zur Vorbereitung als auch für den Grad der Gefährlichkeit des untauglichen Versuchs allein auf den Täterwillen abstellte. Nach geltendem Recht sind jedoch im Hinblick auf das Erfordernis des rechtserschütternden Eindrucks des Geschehens zwei Einschränkungen zu machen:

a) Einmal muß der Täter ebenso wie beim tauglichen Versuch nach seinem Gesamtplan unmittelbar zu der Ausführungshandlung **angesetzt haben** (vgl. oben § 49 IV 3). Dies bedeutet beim untauglichen Versuch, daß die Handlung für die Abgrenzungsfrage so zu betrachten ist, als wäre sie tauglich (so ausdrücklich § 22).

Beispiele: Der Einkauf des Abtreibungsmittels durch die nicht schwangere Frau ist Vorbereitungshandlung, die Anwendung des Mittels versuchte Abtreibung (RG 18, 198 [200 f.]), die allerdings bei der Frau nicht mehr strafbar ist (§ 218 IV 2).

---

[2] Für die Lehre vom Mangel am Tatbestand jedoch *Schmidhäuser,* Allg. Teil S. 607. Anders jetzt *Schmidhäuser,* Studienbuch S. 344 und *Alwart,* Strafwürdiges Versuchen S. 163 ff., deren dualistische Versuchstheorie aber den bedingten Vorsatz beim untauglichen Versuch straflos läßt; vgl. dazu *SK (Rudolphi)* Vorbem. 13 a vor § 22.

[3] *Baumann / Weber,* Allg. Teil S. 497 ff.; *Blei,* Allg. Teil S. 230 ff.; *Bockelmann / Volk,* Allg. Teil S. 210; *Burgstaller,* JBl 1976, 122; *Dreher / Tröndle,* § 22 Rdn. 24; *LK (Vogler)* § 22 Rdn. 136; *Lackner,* § 22 Anm. 2b; *Maurach / Gössel / Zipf,* Allg. Teil II S. 34; *Schönke / Schröder / Eser,* § 22 Rdn. 65; *Stratenwerth,* Allg. Teil I Rdn. 685; *Welzel,* Lehrbuch S. 193; *Wessels,* Allg. Teil S. 179; *SK (Rudolphi)* § 23 Rdn. 5.

I. Die Strafbarkeit des untauglichen Versuchs

b) Zum anderen muß der Versuch ein Mindestmaß an Gefährlichkeit aufweisen. Dieses fehlt, wenn die Tat nach der Art des Gegenstandes, an dem, oder des Mittels, mit dem sie begangen wurde, **„überhaupt" nicht zur Vollendung führen konnte** und der Täter dies **aus grobem Unverstand** verkannt hat (§ 23 III).

aa) Durch die *objektive* Begrenzung sollen Fälle aus der Strafbarkeit ausgeschieden werden, „in denen weder eine konkrete noch eine abstrakte Gefährdung" bestand (BT-Drucksache V/4095 S. 12). Der alte Streit um die Abgrenzung zwischen absolut und relativ untauglichem Versuch (vgl. 2. Auflage S. 400) braucht damit aber nicht wieder aufzuleben[4]. Eine logisch eindeutige Grenzlinie ist gar nicht zu ziehen, für praktische Zwecke genügt auch vollauf das Kriterium, daß ein mit Durchschnittswissen ausgestatteter besonnener Mensch, der den Tatplan kennt, die Tat nicht ernstnehmen kann[5].

bb) Eindeutige Konturen gewinnt die Abgrenzung aber erst durch das *subjektive* Merkmal, das zusammen mit dem objektiven als Einheit verstanden werden muß[6]. Grober Unverstand ist nicht die falsche Vorstellung über den Sachverhalt, selbst wenn sich der Täter bei ganz geringer Aufmerksamkeit nicht hätte täuschen dürfen (er entnimmt dem Vorratsschrank irrtümlich destilliertes Wasser statt der daneben stehenden Salzsäure), sondern „eine völlig abwegige Vorstellung von gemeinhin bekannten Ursachenzusammenhängen" (E 1962, Begründung S. 145)[7].

Beispiele: Abtreibungsversuch mit Kamillentee (RG 1, 439). Dagegen wurde beim Abtreibungsversuch mit Senfbädern und Seifenwasser die Unverstandsklausel des Art. 23 II schweiz. StGB nicht angewendet, weil diese Mittel „in weiten Kreisen des Volkes im Rufe der Tauglichkeit" stehen (schweiz. BGE 70 IV 49 [50]). Der Versuch, ein Flugzeug mit der Pistole abzuschießen, beruht auf grobem Unverstand, nicht aber die Überschätzung der Reichweite einer Schußwaffe.

Die Einschränkung der Strafbarkeit des untauglichen Versuchs durch § 23 III führt allerdings, obwohl in diesen Fällen ein Strafbedürfnis im Grunde zu verneinen ist, nicht zur vollen Straflosigkeit (wie nach § 15 III österr. StGB)[8], sondern nur zur Möglichkeit des Absehens von Strafe oder gar nur zur fakultativen Strafmilderung nach § 49 II, der freilich weiter reicht als Abs. 1, da der Richter hiernach in allen Fällen bis zum gesetzlichen Mindestmaß der angedrohten Strafe herabgehen und statt auf Freiheitsstrafe auf Geldstrafe erkennen kann[9].

6. **Straflos** bleibt der **irreale oder abergläubische Versuch** (anders 2. Auflage S. 402 Fußnote 7a)[10], z. B. der Versuch, einen Menschen durch Teufelsbeschwörung

---

[4] Vgl. *Lackner*, § 23 Anm. 3b; *Roxin*, Einführung S. 18; *Schönke / Schröder / Eser*, § 23 Rdn. 15. Bedenken äußert in dieser Hinsicht *Bockelmann / Volk*, Allg. Teil S. 210.

[5] So E 1962 Begründung S. 145; *Bockelmann / Volk*, Allg. Teil S. 210; *Burgstaller*, JBl 1976, 122; *Gössel*, GA 1971, 228; *LK (Vogler)* § 23 Rdn. 33; *Lackner*, § 24 Anm. 3b; *Maurach / Gössel / Zipf*, Allg. Teil II S. 41; *Preisendanz*, § 23 Anm. 6a.

[6] Vgl. *Dreher / Tröndle*, § 23 Rdn. 6; *LK (Vogler)* § 23 Rdn. 34f.; *Lackner*, § 23 Anm. 3d; *Roxin*, Einführung S. 18; *Schönke / Schröder / Eser*, § 23 Rdn. 17. Im neuen österr. StGB § 15 III fehlt dieses zweite Kriterium.

[7] Vgl. *Dreher / Tröndle*, § 23 Rdn. 6; *Gössel*, GA 1971, 225; *Lackner*, § 23 Anm. 3d; *Roxin*, Einführung S. 19; *Schönke / Schröder / Eser*, § 23 Rdn. 17; *SK (Rudolphi)* § 23 Rdn. 7; *Wessels*, Allg. Teil S. 179f.

[8] Kritisch dazu *J. Meyer*, ZStW 87 (1975) S. 615; *Roxin*, Einführung S. 21f.; *Schönke / Schröder / Eser*, § 23 Rdn. 18; *Stratenwerth*, Allg. Teil I Rdn. 694f.; *LK (Vogler)* § 23 Rdn. 36.

[9] Das Absehen von Strafe soll nach BT-Drucksache V/4095 S. 12 immerhin die Regel sein.

[10] So die h. L.; vgl. *Baumann / Weber*, Allg. Teil S. 498f.; *Blei*, Allg. Teil S. 232; *Dreher / Tröndle*, § 23 Rdn. 5; *LK (Vogler)* §. 23 Rdn. 30; *Gössel*, GA 1971, 235; *Jescheck*, SchwZStr 91 (1975) S. 30; *Lackner*, § 23 Anm. 3a; *Maurach / Gössel / Zipf*, Allg. Teil II S. 34f.; *J. Meyer*,

zu töten (RG 33, 321). In der Regel wird es hier schon am Vorsatz fehlen[11], aber auch wenn formell ein Versuch zu bejahen wäre, könnte die Anwendung von Zaubermitteln und ähnlichen Methoden auf die Gemeinschaft keinen Eindruck mehr machen[12]. Anders ist es natürlich, wenn eine Gruppe extremer Sektierer aus wahnhaften Gründen einen Menschen mit *realen* Mitteln zu töten versucht.

II. Die Straflosigkeit des Wahndelikts

1. Von dem untauglichen Versuch ist das **Wahnverbrechen** zu unterscheiden, das nach allgemeiner Auffassung nicht bestraft wird, weil die Grenzen der Strafbarkeit durch das Gesetz und nicht durch die Vorstellungen des Täters bestimmt werden[13]. Beim untauglichen Versuch nimmt der Täter irrig ein nicht vorliegendes objektives Tatbestandsmerkmal an (**umgekehrter Tatbestandsirrtum**). Beim Wahnverbrechen bezieht sich der Irrtum dagegen auf das Verbotensein der Tat: der Täter nimmt irrig an, sein Verhalten falle unter eine Verbotsnorm, die es in Wirklichkeit nicht gibt (**umgekehrter Verbotsirrtum**)[14]. Der Täter kann sich dabei über die *Existenz* der Verbotsnorm als solcher irren (der Täter hält eine Falschaussage, die er als Angeklagter macht, für strafbar, OLG Bamberg NJW 1949, 876), er kann die *Grenzen* einer bestehenden Vorschrift falsch auslegen (der Täter hält lose Bezugskartenabschnitte für Urkunden, BGH 13, 235 [240f.]), oder er kann endlich die *rechtfertigende Wirkung* eines Erlaubnissatzes verkennen (der Arzt hält den Abbruch der Schwangerschaft aus medizinischen Gründen für strafbar)[15].

Beispiele: Wahnverbrechen ist der Irrtum über die Anwendbarkeit eines nicht einschlägigen Steuergesetzes (RG 64, 229 [238f.]), der Irrtum über das Bestehen einer Wartepflicht nach § 142, wenn sich der Verkehrsteilnehmer nur selbst verletzt hat (BGH 8, 263 [268]), der Irrtum über die Tragweite des Offenbarungseides (BGH 14, 345 [350]), der Irrtum, daß sich aus dem Sachverhalt eine Garantenpflicht ergebe (BGH 16, 155 [160]). Wer glaubt, eine kostbare

---

ZStW 87 (1975) S. 618; *Roxin,* Einführung S. 20; *Schönke / Schröder / Eser,* § 23 Rdn. 13f.; *SK (Rudolphi)* § 22 Rdn. 34f.; *Wessels,* Allg. Teil S. 180. Vgl. ferner *Schneider,* GA 1955, 267. Kritisch zu der Unterscheidung von grob unverständigem und irrealem Versuch *Stratenwerth,* Allg. Teil I Rdn. 692ff. Für Einbeziehung in § 23 III *Baumann / Weber,* Allg. Teil S. 499.

[11] So in dem Schulfall *Graf zu Dohnas,* Verbrechenslehre S. 57, daß jemand „mit dem Fuße aufstößt in der Meinung, er könne dadurch seinen Antipoden in die Luft sprengen".

[12] Vgl. *Bockelmann,* Untersuchungen S. 160f. Eine erhebliche soziale Bedeutung hat dagegen die versuchte Tötung durch Zaubermittel in Afrika, sie beunruhigt die ländliche Bevölkerung aufs tiefste; vgl. *Seidman,* Modern Law Review 28 (1965) S. 46ff.

[13] Vgl. *Baumann / Weber,* Allg. Teil S. 483f.; *Foth,* JR 1965, 366; *Maurach / Gössel / Zipf,* Allg. Teil II S. 35f.; *Schönke / Schröder / Eser,* § 22 Rdn. 78; *SK (Rudolphi)* § 22 Rdn. 30; *Welzel,* Lehrbuch S. 194; *Schmidhäuser,* Allg. Teil S. 601f.; *LK (Vogler)* § 22 Rdn. 143.

[14] Vgl. *SK (Rudolphi)* § 22 Rdn. 30f. Kritisch dazu *Engisch,* Heinitz-Festschrift S. 190ff. Das „Umkehrprinzip", auf das sich die Rechtsprechung wiederholt berufen hat (RG 42, 92 [94]; 66, 124 [126f.]; 72, 109 [112]; BGH 13, 235 [239f.]; 14, 345 [350]), ist nicht als ein zusätzliches Argument für die Strafbarkeit des untauglichen Versuchs zu verstehen, sondern als ein Abgrenzungskriterium zwischen untauglichem Versuch und Wahnverbrechen, und für diese Unterscheidung kommt es in der Tat darauf an, *welcher* Irrtum sich umkehrt. So mit Recht *Sax,* JZ 1964, 245; *Baumann,* NJW 1962, 16; *Schönke / Schröder / Eser,* § 22 Rdn. 69; *Ellen Schlüchter,* Irrtum S. 145ff. Zutreffend betont *Spendel,* ZStW 69 (1957) S. 449ff. und NJW 1965, 1885f., daß die Umkehrung der in § 16 festgelegten Irrtumsregelung nichts über die Strafbarkeit oder Straflosigkeit des untauglichen Versuchs aussagt. Über die begrenzte Anwendbarkeit des Umkehrschlusses allgemein *Ingeborg Puppe,* Lackner-Festschrift S. 243ff.

[15] Vgl. *Blei,* JA 1973, 601ff.; *Roxin,* Offene Tatbestände S. 159f.; *Kriegsmann,* Wahnverbrechen S. 51; *Kohn,* Der untaugliche Versuch S. 51ff.; *Schönke / Schröder / Eser,* § 22 Rdn. 79ff.; *Wessels,* Allg. Teil S. 180. Zur Entwicklung der Rspr. vgl. *Maurach,* NJW 1962, 716ff., 767ff.; *Herzberg,* JuS 1980, 469.

Schweizer Uhr in Basel erworben zu haben und diese vor dem Zollbeamten verbirgt, während es sich in Wirklichkeit um eine billige Fälschung handelt, begeht versuchte Zollhinterziehung, sofern echte Schweizer Uhren zu verzollen sind. Wer dagegen eine echte Uhr in der Annahme verbirgt, sie sei zollpflichtig, während Uhren in Wirklichkeit aus der Liste der zollpflichtigen Waren gestrichen sind, begeht ein Wahndelikt.

2. Während die Abgrenzung von untauglichem Versuch und Wahndelikt in den Fällen des Irrtums über die Existenz der Verbotsnorm (Bestandsirrtum) einfach ist, ergeben sich beim Irrtum über normative Tatbestandsmerkmale (Grenzirrtum) erhebliche Schwierigkeiten, weil zweifelhaft sein kann, ob der Irrtum als umgekehrter Tatbestandsirrtum aufzufassen ist (irrtümliche Parallelwertung in der Laiensphäre, vgl. oben § 29 II 3 a) oder ob er einen **umgekehrten Subsumtionsirrtum** darstellt (vgl. oben § 29 V 7 a). Im ersten Fall läge untauglicher Versuch, im zweiten ein Wahndelikt vor[16]. Die richtige Entscheidung ergibt sich daraus, ob der Irrtum den Sachverhalt betrifft (untauglicher Versuch) oder den Normbereich (Wahndelikt)[17].

Beispiele: Wahnverbrechen (umgekehrter Subsumtionsirrtum) ist der irrige Glaube, eine falsche Urkunde mit einem amtlichen Bescheid sei eine falsche *öffentliche* Urkunde (RG 66, 124 [126]), eine Dienststelle, die nicht einmal eine Behörde ist, sei zur Entgegennahme von eidesstattlichen Versicherungen zuständig (BGH 1, 13 [16]), ein Papier sei trotz Fehlens der Ausstellerangabe und trotz Mangels der Beweisbestimmung Urkunde im Sinne von § 267 (BGH 13, 235 [241]), ein unterschlagener Gegenstand falle unter die Offenbarungspflicht des § 807 ZPO (BGH 14, 345 [350]), eine Spruchkammer sei zur eidlichen Vernehmung des Betroffenen zuständig (OLG Bamberg NJW 1949, 879)[18]. Untauglicher Versuch (umgekehrter Tatbestandsirrtum) ist dagegen die irrige Annahme der Zuständigkeit des Gerichts zur Vereidigung in einem Verfahren, in dem der Eid gesetzlich nicht zugelassen ist (BGH 3, 248 [253]; 5, 111 [117]), die irrige Annahme der Gültigkeit einer Sicherungsübereignung eines Kraftfahrzeugs, das vom Täter im Wege der versuchten Unterschlagung veräußert wird (OLG Stuttgart NJW 1962, 65 [66]), der Irrtum über das Vorliegen einer Straftat bei der Strafvereitelung (BGH 15, 210).

Besondere Schwierigkeiten bereitet der Fall des *doppelten Irrtums*. Der Täter verkennt dabei ein Merkmal des Tatbestandes, doch wird dieser Irrtum dadurch wieder ausgeglichen, daß er durch einen zweiten Irrtum wiederum zur Annahme dieses Tatbestandsmerkmals gelangt. Die Rechtsprechung nimmt hier zu Recht Strafbarkeit wegen Vollendung an, weil der Täter das maßgebliche Tatbestandsmerkmal im Ergebnis richtig erkannt hat, selbst wenn der zu seinen Lasten wirkende zweite Irrtum, isoliert betrachtet, zur Annahme eines Wahndelikts führen würde.

Beispiele: Der Täter veräußerte Maschinen, die er unter Eigentumsvorbehalt gekauft hatte, vor Zahlung des Kaufpreises an einen Dritten; er hatte zwar den Eigentumsvorbehalt auf dem Lieferschein nicht gelesen, nahm aber an, der Käufer erwerbe überhaupt erst mit der Zahlung des Kaufpreises Eigentum. BayObLG NJW 1963, 310 verurteilte zu Recht wegen vollendeter Unterschlagung nach § 246[19].

---

[16] Vgl. *Eser*, Strafrecht II Nr. 36 A Rdn. 16 ff.; *Maurach / Gössel / Zipf*, Allg. Teil II S. 35 f.; *Schönke / Schröder / Eser*, § 22 Rdn. 84 ff.; *SK (Rudolphi)* § 22 Rdn. 32. Dagegen will *Foth*, JR 1965, 370 auch beim umgekehrten Subsumtionsirrtum untauglichen Versuch annehmen.

[17] Die neuere Lehre unterscheidet zwischen dem „Rechtsirrtum über die Reichweite des Tatbestandes", der zum Wahndelikt führt, und dem „Rechtsirrtum im Vorfeld des Tatbestandes", der versuchsbegründend sein soll; so *Blei*, JA 1973, 604; *Herdegen*, BGH-Festschrift S. 206; *Herzberg*, JuS 1980, 472 ff. Weitergehend nehmen *Schönke / Schröder / Eser*, § 22 Rdn. 89; *Burkhardt*, JZ 1981, 683 ff.; *derselbe*, wistra 1982, 179 f.; *Jakobs*, Allg. Teil S. 595 ff. entgegen der Rspr. an, daß jeder Rechtsirrtum zum Wahndelikt führe. Dagegen zu Recht *LK (Vogler)* § 22 Rdn. 147 ff.; *SK (Rudolphi)* § 22 Rdn. 32 b. Auch die Unterscheidung *Hafts*, JuS 1980, 591 zwischen gegenstandsbezogenem und begriffsbezogenem Irrtum führt nicht weiter.

[18] Ablehnend *Traub*, JuS 1967, 116 f., der eine Rückkehr zu der alten Unterscheidung zwischen Sachverhalts- und Bewertungsirrtum befürwortet.

[19] Dazu differenzierend *Baumann / Weber*, Allg. Teil S. 485 f.; *Bindokat*, NJW 1963, 746 ff. Für Strafbarkeit wegen Versuchs *Foth*, JR 1965, 371 f. Für Strafbarkeit wegen Vollendung

III. Der Irrtum über die Tauglichkeit des Subjekts

1. **Ein Irrtum über die Tauglichkeit des Subjekts** liegt vor, wenn jemand bei Begehung eines Sonderdelikts irrig die nach dem Tatbestand vorausgesetzte Täterqualität für sich annimmt.

Beispiele: Ein Zivilangestellter der Bundeswehr hält sich für einen Soldaten (§ 1 I WStG) und glaubt deshalb, daß sein Fernbleiben vom Dienst Fahnenflucht sei (§ 16 WStG). Ein Amtsträger, dessen Ernennung wegen eines Formfehlers nichtig ist, läßt sich bestechen (§ 332). Ein Soldat glaubt aufgrund eines dienstlichen Auftrags Vorgesetzter anderer Soldaten im Sinne von §§ 30 ff. WStG zu sein.

Zu unterscheiden sind hier die eigentlichen Sonderdelikte von den Fällen, in denen die Untauglichkeit des Subjekts von der Untauglichkeit des Objekts bestimmt wird (vgl. unten § 50 III 3).

2. Die Frage der Behandlung des Irrtums über die Tauglichkeit des Subjekts bei den **eigentlichen Sonderdelikten** ist stark umstritten.

a) Überwiegend wird angenommen, daß es sich um einen *Fall strafbaren untauglichen Versuchs* handle, weil die besonderen Eigenschaften, die beim Sonderdelikt die Täterqualität begründen, echte Tatbestandsmerkmale seien (BGH 8, 321 [323]), so daß der Irrtum als umgekehrter Tatbestandsirrtum angesehen werden müsse[20]. Das RG hat sich dieser Ansicht, die es anfänglich in einer frühen Entscheidung nebenbei abgelehnt hatte (RG 8, 198 [200])[21], später angeschlossen (RG JW 1938, 798; RG 72, 110)[22]. Vgl. auch RKG 2, 53 und 164.

b) Die Gegenmeinung sieht in dem Versuch des untauglichen Täters einen *Unterfall des straffreien Wahnverbrechens*, weil die besonderen Rechtspflichten, die die Sonderstellung des Täters konstituieren (Amtsträger, Arzt, Soldat), überhaupt nur von dem verletzt werden könnten, dem sie wirklich obliegen[23]. Durch diese Lehre wird somit eine partielle Rückkehr zur Theorie vom Mangel am Tatbestand vollzogen.

c) Richtig ist es, auch hier zwischen umgekehrtem Tatbestandsirrtum und umgekehrtem Subsumtionsirrtum zu *unterscheiden*[24]. Die Putzfrau, die sich für eine Beam-

---

Hirsch, Negative Tatbestandsmerkmale S. 229. Vgl. ferner die Fälle bei *Schönke / Schröder / Eser*, § 17 Rdn. 10a.

[20] So *Blei*, Allg. Teil S. 231 f.; *Bruns*, Der untaugliche Täter S. 38 ff.; *derselbe*, GA 1969, 161 ff.; *Burgstaller*, JBl 1976, 125 ff.; *Dreher / Tröndle*, § 22 Rdn. 28; *Eser*, Strafrecht II Nr. 36 A Rdn. 45; *Wessels*, Allg. Teil S. 181; *Lackner*, § 22 Anm. 2 bb; *Maurach / Gössel / Zipf*, Allg. Teil II S. 39; *Olshausen*, § 43 Anm. 6a; *Schönke / Schröder / Eser*, § 22 Rdn. 75 f.; *Nowakowski*, JZ 1958, 416; *SK (Rudolphi)* § 22 Rdn. 28; *v. Weber*, Grundriß S. 77. Dagegen will *Foth*, JR 1965, 371 den Fall des Irrtums über die Tauglichkeit des Subjekts dem abergläubischen Versuch gleichstellen; *Stöger*, Versuch des untauglichen Täters S. 68 ff. will ihn dann bestrafen, wenn der Handelnde „potentieller Täter" ist.

[21] Von dieser Entscheidung ist schon RG GA 32 (1884) S. 243 (244) wieder abgerückt.

[22] Vgl. dazu *Bruns*, DStr 1938, 161 ff. Im RG hatte sich schon vor 1933 dieser Standpunkt durchgesetzt; obwohl es sich um politisch-ideologische Straftatbestände handelte, waren die beiden Urteile nach *Niethammer*, DRZ 1949, 429 rein juristisch motiviert.

[23] So *Baumann / Weber*, Allg. Teil S. 498; *Armin Kaufmann*, Klug-Festschrift Bd. II S. 286; *Jakobs*, Allg. Teil S. 597; *Hardwig*, GA 1957, 175; *v. Hippel*, Bd. II S. 437; *Kohlrausch / Lange*, Vorbem. VI a vor § 43; *Langer*, Sonderverbrechen S. 498; *H. Mayer*, Lehrbuch S. 288; *Schmidhäuser*, Allg. Teil S. 618 f.; *Schoetensack*, Binding-Festschrift Bd. II S. 390 f.; *derselbe*, GS 91 (1925) S. 381; *Stratenwerth*, Allg. Teil I Rdn. 698 f.; *derselbe*, Bruns-Festschrift S. 59 ff.; *Welzel*, Lehrbuch S. 194.

[24] So *Bruns*, Der untaugliche Täter S. 18 ff.; *derselbe*, GA 1979, 183 ff.; *Eser*, Strafrecht II Nr. 36 A Rdn. 45; *Blei*, Allg. Teil S. 232; *Schönke / Schröder / Eser*, § 22 Rdn. 76; *SK (Rudol-*

tin hält, weil sie in einer Behörde arbeitet, begeht ein Wahndelikt nach § 332, wenn sie dem Geheimagenten gegen Entgelt den Inhalt der Papierkörbe überläßt. Der Beschuldigte, der vom Richter unzulässigerweise vereidigt wird, begeht auch keinen versuchten Meineid (BGH 10, 8 [10]). Dagegen gibt es durchaus ernst zu nehmende Fälle des Versuchs des untauglichen Subjekts, die strafbar erscheinen, weil es bei normativen Tatbestandsmerkmalen rechtlich keinen Unterschied machen kann, ob sich der Irrtum auf die Täterqualität, das Handlungsobjekt oder die Modalitäten der Tat bezieht. Wer (tatsächliche oder rechtliche) Umstände irrig annimmt, die, wenn sie vorlägen, seine Täterqualität begründen würden, begeht einen untauglichen Versuch des betreffenden Sonderdelikts (irrtümliche Parallelwertung in der Laiensphäre). Dies gilt auch für *täterschaftlich beschränkte Gemeindelikte* (z. B. § 142) und für die *Garantenstellung bei unechten Unterlassungsdelikten*.

Beispiele: Ein Gemeindebediensteter, dessen Anstellung als Beamter infolge Unzuständigkeit der Anstellungsbehörde nichtig ist, kann versuchte Falschbeurkundung im Amt nach § 348 begehen (unrichtig OLG Kiel SchlHA 1949, 297 [298]). Die Vertrauensperson, die glaubt, schon aufgrund der Benennung im Testament nach § 1777 III BGB Vormund zu sein, vergeht sich nach § 174 I Nr. 1 in Versuchsform, wenn sie ihr „Mündel" zur Unzucht mißbraucht. Ein Verkehrsteilnehmer, der irrig einen Verkehrsunfall annimmt und sich entfernt, beging einen früher nach § 142 II a. F. strafbaren Versuch der Unfallflucht (BayObLG 1952, 31). Wer eine Abtreibung nicht verhindert, obwohl er irrtümlich annimmt, das zu erwartende Kind sei sein eigenes, ist nach § 218 IV strafbar.

3. Fordert der Straftatbestand dagegen eine Beziehung zwischen Täter und Tatobjekt in der Weise, daß die **Täterqualität schon aus der Objektseigenschaft** folgt, so liegt nach allgemeiner Auffassung untauglicher Versuch vor, wenn der Täter diese Eigenschaften und damit auch seine eigene Täterqualität zu Unrecht bejaht. Hier kann es nach der allgemeinen Regel der subjektiven Theorie nur auf den Tätervorsatz ankommen (RG 8, 198 [199]: Abtreibungsversuch der nicht Schwangeren; RG 47, 189 [191]: versuchte Blutschande durch Geschlechtsverkehr mit der vermeintlichen Tochter) (beide Fälle sind nach geltendem Recht nicht mehr strafbar)[25].

§ 51 Der Rücktritt vom Versuch

Allfeld, Der Rücktritt vom Versuch usw., Festgabe für R. v. Frank, Bd. II, 1930, S. 74; *Arzt,* Zur Erfolgsabwendung beim Rücktritt vom Versuch, GA 1964, 1; *Baumann,* Noch einmal: Kenntnis des Verletzten und tätige Reue, JuS 1971, 631; *Blei,* Die Entdeckung der Tat durch den Verletzten (§ 46 Nr. 2 StGB), JA 1971, 297; *Bloy,* Die dogmatische Bedeutung der Strafausschließungs- und Strafaufhebungsgründe, 1976; *derselbe,* Zurechnungsstrukturen des Rücktritts vom beendeten Versuch, JuS 1987, 528; *Bockelmann,* Anmerkung zu RG 75, 393, DR 1942, 432; *derselbe,* Wann ist der Rücktritt vom Versuch freiwillig? NJW 1955, 1417; *derselbe,* Versuch und Vorbereitung, Niederschriften, Bd. II, S. 171; *Borchert / Hellmann,* Die Abgrenzung der Versuchsstadien usw., GA 1982, 429; *Bottke,* Strafrechtswissenschaftliche Methodik und Systematik usw., 1979; *derselbe,* Zur Freiwilligkeit und Endgültigkeit des Rücktritts, JR 1980, 441; *Bringewat,* Kenntnis des Verletzten und tätige Reue, JuS 1971, 403; *Burkhardt,* Der „Rücktritt" als Rechtsfolgebestimmung, 1975; *Graf zu Dohna,* Die Freiwilligkeit des Rücktritts

---

phi) § 22 Rdn. 28; *Wessels,* Allg. Teil S. 181; *Ellen Schlüchter,* Irrtum S. 164 ff.; *dieselbe,* JuS 1985, 529; einschränkend will *LK (Vogler)* § 22 Rdn. 159 die Strafbarkeit des untauglichen Täters nur bei täterschaftlich begrenzten Gemeindelikten und bei irriger Annahme eines eine Garantenpflicht begründenden Sachverhaltes gelten lassen. Das 2. StrRG hat die Frage offen gelassen; vgl. BT-Drucksache V/4095 S. 11. § 25 III Nr. 1 AE wollte die Straflosigkeit des Versuchs des untauglichen Täters einführen.
[25] Vgl. *Kohlrausch / Lange,* Vorbem. VIb vor § 43; *Maurach / Gössel / Zipf,* Allg. Teil II S. 38; *Schönke / Schröder / Eser,* § 22 Rdn. 76; *SK (Rudolphi)* § 22 Rdn. 26; *Stratenwerth,* Allg. Teil I Rdn. 701; *Welzel,* Lehrbuch S. 195.

vom Versuch im Lichte der Judikatur des RG, ZStW 59 (1940) S. 541; *Dopffel,* Zur Lehre vom Rücktritt vom Versuch, GS 94 (1927) S. 422; *Dreher,* Anmerkung zu BGH 22, 176, JR 1969, 105; *derselbe,* Anmerkung zu BGH 24, 48, NJW 1971, 1046; *Feuerbach,* Kritik des Kleinschrodischen Entwurfs zu einem peinlichen Gesetzbuche für die Chur-Pfalz-Bayerischen Staaten, Teil II, 1804; *Franzius,* Versuch und Vorbereitungshandlungen, Materialien, Bd. II, 1, S. 309; *Geilen,* Zur Abgrenzung zwischen beendetem und unbeendetem Versuch, JZ 1972, 335; *Georgiadis,* Rücktritt vom Versuch und tätige Reue usw., 1939; *Giffhorn,* Über Bedeutung und Begriff der „Freiwilligkeit" beim Rücktritt vom Versuch und bei der tätigen Reue, Diss. Göttingen 1948; *Gössel,* Über den fehlgeschlagenen Versuch, ZStW 87 (1975) S. 3; *Goldschmidt,* Die Lehre vom unbeendigten und beendigten Versuch, Strafr. Abh. Heft 8, 1897; *Gores,* Der Rücktritt des Tatbeteiligten, 1982; *Grünwald,* Zum Rücktritt des Tatbeteiligten im künftigen Recht, Festschrift für H. Welzel, 1974, S. 201; *Gutmann,* Die Freiwilligkeit beim Rücktritt vom Versuch und bei der tätigen Reue, 1963; *Haft,* Der Rücktritt des Tatbeteiligten bei Vollendung der Straftat, JA 1979, 306; *Heinitz,* Streitfragen der Versuchslehre, JR 1956, 248; *Henkel,* Anmerkung zu RG 71, 242, JW 1937, 2375; *Herzberg,* Wegfall subjektiver Tatbestandsvoraussetzungen usw., Festschrift für D. Oehler, 1985, S. 163; *derselbe,* Der Rücktritt durch Aufgeben der weiteren Tatausführung, Festschrift für G. Blau, 1985, S. 97; *derselbe,* Beendeter oder unbeendeter Versuch, NJW 1986, 2466; *derselbe,* Grund und Grenzen der Strafbefreiung beim Rücktritt, Festschrift für K. Lackner, 1987, S. 325; *Herzog,* Rücktritt vom Versuch und tätige Reue, 1889; *Reinhard v. Hippel,* Untersuchungen über den Rücktritt vom Versuch, 1966; *Hruschka,* Zur Frage des Wirkungsbereichs eines freiwilligen Rücktritts vom unbeendeten Versuch, JZ 1969, 495; *Jakobs,* Die Bedeutung des Versuchsstadiums für die Voraussetzungen eines strafbefreienden Rücktritts, JuS 1980, 714; *Jescheck,* Anmerkung zu BGH 7, 296, MDR 1955, 562; *Kadel,* Anmerkung zu BGH 34, 53, JR 1987, 117; *Kienapfel,* Anmerkung zu BGH 31, 170, JR 1984, 72; *Krauß,* Der strafbefreiende Rücktritt vom Versuch, JuS 1981, 883; *Krauthammer,* Der Rücktritt vom Versuch, Strafr. Abh. Heft 310, 1932; *Küper,* Anmerkung zu OLG Karlsruhe NJW 1978, 331, ebenda S. 956; *derselbe,* Anmerkung zu BGH 31, 170, JZ 1983, 264; *Lackner,* Anmerkung zu BGH 20, 279, JR 1966, 106; *Lange,* Anmerkung zu BGH 11, 324, JZ 1958, 671; *Lang-Hinrichsen,* Bemerkungen zum Begriff der „Tat" im Strafrecht, Festschrift für K. Engisch, 1969, S. 353; *Lenckner,* Probleme beim Rücktritt des Beteiligten, Festschrift für W. Gallas, 1973, S. 281; *Maiwald,* Die natürliche Handlungseinheit, 1964; *H.-W. Mayer,* Zur Frage des Rücktritts vom unbeendeten Versuch, MDR 1984, 187; *Meister,* Strafbefreiender Rücktritt durch Erfolgsabwendung beim untauglichen Versuch, DStr 1943, 160; *Muñoz Conde,* Der mißlungene Rücktritt: eine Wiederkehr der Erfolgshaftung? GA 1973, 33; *derselbe,* Theoretische Begründung und systematische Stellung der Straflosigkeit beim Rücktritt vom Versuch, ZStW 84 (1972) S. 756; *Otto,* Fehlgeschlagener Versuch und Rücktritt, GA 1967, 144; *derselbe,* Kausaldiagnose und Erfolgszurechnung, Festschrift für R. Maurach, 1972, S. 91; *derselbe,* Versuch und Rücktritt bei mehreren Tatbeteiligten, JA 1980, 641, 707; *Ingeborg Puppe,* Der halbherzige Rücktritt, NStZ 1984, 488; *dieselbe,* Zur Unterscheidung von beendetem und unbeendetem Versuch, NStZ 1986, 14; *Ranft,* Strafgrund der Berauschung und Rücktritt von der Rauschtat, MDR 1972, 737; *Roxin,* Kriminalpolitik und Strafrechtssystem, 2. Auflage 1973; *derselbe,* Über den Rücktritt vom unbeendeten Versuch, Festschrift für E. Heinitz, 1972, S. 251; *derselbe,* Der fehlgeschlagene Versuch, JuS 1981, 1; *v. Scheurl,* Rücktritt vom Versuch und Tatbeteiligung mehrerer, 1972; *Schmidhäuser,* Zur Systematik der Verbrechenslehre, Gedächtnisschrift für G. Radbruch, 1968, S. 268; *Schröder,* Der Rücktritt des Teilnehmers vom Versuch nach §§ 46 und 49 a, MDR 1949, 714; *derselbe,* Die Freiwilligkeit des Rücktritts vom Versuch, MDR 1956, 321; *derselbe,* Grundprobleme des Rücktritts vom Versuch, JuS 1962, 81; *derselbe,* Die Koordinierung der Rücktrittsvorschriften, Festschrift für H. Mayer, 1966, S. 377; *derselbe,* Die Unternehmensdelikte, Festschrift für E. Kern, 1968, S. 457; *Schwalm,* Versuch und Vorbereitung, Niederschriften, Bd. II, S. 187; *Sonnen,* Fehlgeschlagener Versuch und Rücktrittsvoraussetzungen, Jura 1980, 158; *Streng,* Tatbegriff und Teilrücktritt, JZ 1984, 652; *Tröndle,* Die Rechtsprechung des BGH in Strafsachen, GA 1962, 225; *Ulsenheimer,* Grundfragen des Rücktritts vom Versuch usw., 1976; *Walter,* Der Rücktritt vom Versuch als Ausdruck des Bewährungsgedankens usw., 1980; *derselbe,* Bestimmung der Freiwilligkeit usw., GA 1981, 403.

Vgl. auch die Schrifttumsangaben vor § 49.

I. Der Rechtsgrund der Straflosigkeit bei freiwilligem Rücktritt vom Versuch

1. § 24 gewährt bei freiwilligem Rücktritt vom Versuch **volle Straflosigkeit.** Diese Großzügigkeit des Gesetzgebers ist nicht selbstverständlich, sondern bedarf der Begründung.

Wenn der Rücktritt vom Versuch auch heute in der Mehrzahl der Auslandsrechte Straflosigkeit zur Folge hat[1], so ließ doch noch das gemeine Recht nur die ordentliche Strafe entfallen[2]. Dementsprechend enthalten die Art. 21, 22 des schweiz. StGB nur eine abgestufte Strafzumessungsregelung, die jedoch über das Absehen von Strafe nicht hinausgeht[3]. Angesichts dieser Unterschiede hat die Rechtfertigung der Straflosigkeit des Versuchs bei freiwilligem Rücktritt die Wissenschaft seit jeher beschäftigt. Die älteren sog. *„Rechtstheorien"*, die im Rücktritt ein zwingendes rechtliches Hindernis für die Bestrafung des Versuchs sehen wollten (*Zachariä, Luden, Berner, Binding*), werden heute kaum mehr vertreten[4]. Es sind nämlich nicht Gründe der juristischen Logik, sondern Gründe des *gesetzgeberischen Ermessens*, die heute zur Rechtfertigung der Straflosigkeit des Versuchs im Falle des Rücktritts herangezogen werden. Die Frage, *welche* Gründe dies sind, hat nicht nur theoretische Bedeutung, sondern wirkt sich praktisch vor allem für die Bestimmung des Begriffs der „Freiwilligkeit" aus.

2. Ein Teil der Lehre vertritt die Theorie von der *„goldenen Brücke"*[5], die auf *Feuerbach*[6] zurückgeht (**kriminalpolitische Theorie**). Sie besagt, daß dem Täter durch die Verheißung der Straffreiheit ein *Anreiz* gegeben werden soll, den Versuch vor der Vollendung aufzugeben und gegebenenfalls den Erfolg abzuwenden. Das RG hat sich dieser Lehre angeschlossen[7], der BGH ist ihr dagegen nur anfänglich gefolgt[8]. Zur Kritik wird vor allem geltend gemacht, daß die Verheißung der Straflosigkeit im entscheidenden Augenblick auf die Entschlüsse des Täters keinen Einfluß hat, zumal sie in der Bevölkerung weithin unbekannt ist[9]. Die bisherige Rechtsprechung zeigt, daß alle möglichen Motive beim Rücktritt vom Versuch eine Rolle spielen, niemals jedoch die Erwägung, sich von einer schon verwirkten Strafe wieder befreien zu können[10]. Allenfalls läßt sich mit *Feuerbach* in negativer Weise sagen, daß der Gesetzgeber dem Täter den Rückweg nicht geradezu durch die Vorstellung abschneiden sollte, er werde auf jeden Fall bestraft werden.

3. Nach einer neueren Lehre, die heute überwiegend vertreten wird und der zu folgen ist, soll § 24 den freiwilligen Rücktritt vom Versuch *belohnen* (**Gnaden-** oder

---

[1] Vgl. *Franzius*, Materialien Bd. II, 1 S. 324; *Jescheck*, ZStW 99 (1987) S. 120ff.

[2] Vgl. *Schaffstein*, Die allgemeinen Lehren S. 168.

[3] Vgl. *Hafter*, Allg. Teil S. 209ff. Ebenso Art. 12 des Vorentwurfs *Schultz*. In gleicher Richtung *Burkhardt*, Der „Rücktritt" S. 184ff.; *Schönke / Schröder / Eser*, § 24 Rdn. 108; *Ulsenheimer*, Rücktritt S. 346f. m. weit. Nachw. Fußnote 550.

[4] Vgl. die Darstellungen bei *Herzog*, Rücktritt vom Versuch S. 147ff.; *Georgiadis*, Rücktritt vom Versuch S. 24ff.; *Gutmann*, Die Freiwilligkeit S. 13ff. Eine Ausnahme macht *Reinhard v. Hippel*, Untersuchungen S. 58.

[5] So im Anschluß an *v. Liszt*, Lehrbuch 1. Aufl. S. 143f. vor allem *Allfeld*, Frank-Festgabe Bd. II S. 76; *Frank*, VDA Bd. V S. 242; *v. Hippel*, Bd. II S. 411; *Kohlrausch / Lange*, § 46 Anm. I; *v. Liszt / Schmidt*, S. 315; *Maurach*, Allg. Teil, 4. Auflage S. 518; *Mezger*, Lehrbuch S. 403; *Olshausen*, § 46 Anm. 1. Dagegen eingehend *Ulsenheimer*, Rücktritt S. 68ff.

[6] *Feuerbach*, Kritik des Kleinschrodischen Entwurfs S. 102ff.

[7] RG 6, 341; 17, 243 (244); 63, 158 (159); 72, 349 (350); 73, 53 (60).

[8] BGH 6, 85 (87).

[9] Vgl. *M. E. Mayer*, Lehrbuch S. 370 Fußnote 7.

[10] So *Ulsenheimer*, Rücktritt S. 69; *Bockelmann*, NJW 1955, 1420; *Baumann / Weber*, Allg. Teil S. 502; *Heinitz*, JR 1956, 249; *Jescheck*, MDR 1955, 563; *Lang-Hinrichsen*, Engisch-Festschrift S. 368; *LK (Vogler)* § 24 Rdn. 8f.; *H. Mayer*, Grundriß S. 146; *Otto*, GA 1967, 150; *Schröder*, MDR 1956, 322; *Welzel*, Lehrbuch S. 196; *Wessels*, Allg. Teil S. 180.

Prämientheorie)[11]. Wer freiwillig zurücktritt und die Vollendung verhindert oder sich ernsthaft darum bemüht, wenn die Vollendung ohnehin unterbleibt, hebt bei der Gemeinschaft den rechtserschütternden Eindruck seiner Tat wieder auf und verdient deswegen Nachsicht. Es kommt hinzu, daß er die Schuldhaftigkeit des Versuchs durch das Gegengewicht des verdienstlichen Handelns bis zu einem gewissen Grade wieder ausgleicht. Sein Verdienst liegt freilich allein in der Freiwilligkeit des Rücktritts, ein besonderer *ethischer* Wert des Rücktritts*motivs* wird nicht verlangt[12].

4. Die Rechtsprechung des BGH begründet die Straflosigkeit des Rücktritts unter anderem auch mit dem *Wegfall des Strafzwecks,* was nicht dasselbe ist wie Belohnung **(Strafzwecktheorie)** (BGH 9, 48 [52]; 14, 75 [80]; auch schon 6, 85 [87])[13]. Wenn der Täter freiwillig von der Vollendung der Tat Abstand nimmt, so zeige er, daß sein Wille zur Durchführung des Verbrechens nicht stark genug gewesen ist. Strafe sei deshalb weder aus spezial- noch aus generalpräventiven Gründen geboten, und auch die Gerechtigkeit erfordere in solchen Fällen eine Strafe nicht. Gegen diese Lehre spricht, daß der Wille des Täters im Augenblick des Versuchs durchaus stark genug zur Vollendung gewesen sein kann, denn der Rücktritt wird oft durch rein zufällige äußere Umstände herbeigeführt[14]. Auch die Gefährlichkeit von Tat und Täter erscheint in der Regel wegen des Rücktritts kaum geringer. Die Strafwürdigkeit der Tat wird durch den Rücktritt also nicht ohne weiteres aufgehoben. Zu den Argumenten der Strafzwecktheorie muß somit der Gedanke der Gnadentheorie hinzukommen, daß der Täter mit der an sich verdienten Strafe verschont werden sollte, wenn er freiwillig wieder unter die Herrschaft des Rechts zurückgekehrt ist[15].

5. Eine Gesamtbetrachtung, die die getrennte Würdigung der Versuchshandlung und des Rücktritts als „contrarius actus" überwinden will, wird durch die **Einheitstheorie**[16] angestrebt. Diese Theorie sagt aber nicht, aus welchem Grunde im heutigen deutschen Recht bei Freiwilligkeit des Rücktritts Straflosigkeit eintritt, sondern versteht den Rücktritt einfach als Strafzumessungsgesichtspunkt.

---

[11] So *Baumann / Weber,* Allg. Teil S. 502; *Bockelmann,* NJW 1955, 1420; *Bockelmann / Volk,* Allg. Teil S. 214; *Dreher / Tröndle,* § 24 Rdn. 3; *Heinitz,* JR 1956, 249; *H. Mayer,* Grundriß S. 145; *LK⁹ (Busch)* § 46 Rdn. 4; *Otto,* GA 1967, 150; *Schröder,* MDR 1956, 322; *Schmidhäuser,* Allg. Teil S. 625; *Welzel,* Lehrbuch S. 196; *Wessels,* Allg. Teil S. 181. Differenzierend zwischen beendigtem und unbeendigtem Versuch *Arzt,* GA 1964, 9. Rechtsgeschichtlich ist die Gnadentheorie alt, sie findet sich schon im preuß. ALR Teil II 20 § 43. Kritisch *Ulsenheimer,* Rücktritt S. 74 ff.

[12] Dafür aber *Bockelmann,* NJW 1955, 1421 m. Nachw. aus der Rspr.; *Bockelmann / Volk,* Allg. Teil S. 214 f.; *Sauer,* Allgemeine Strafrechtslehre S. 116; *Giffhorn,* Freiwilligkeit S. 107.

[13] Ebenso eine im Vordringen begriffene Lehre; vgl. *Blei,* Allg. Teil S. 236; *Ranft,* MDR 1972, 743; *Roxin,* Heinitz-Festschrift S. 269; *Otto,* Grundkurs S. 209; *Schönke / Schröder / Eser,* § 24 Rdn. 2; *SK (Rudolphi)* § 24 Rdn. 4. Vgl. auch *Stratenwerth,* Allg. Teil I Rdn. 706 und *Muñoz Conde,* ZStW 84 (1972) S. 761 f. Stark spezialpräventiv akzentuiert ist das Bewährungsprinzip als Grundlage der Straflosigkeit des Rücktritts bei *Walter,* Rücktritt S. 59 ff.; zur Freiwilligkeit insbes. GA 1981, 403 ff. Eine Variante der Strafzwecktheorie ist die Schulderfüllungstheorie von *Herzberg,* Lackner-Festschrift S. 349, wonach die Strafdrohung sich erledigt, „wenn der Täter seine Pflicht zur Beendigung und Wiedergutmachung des Unrechtsverhaltens durch eine ihm zuzurechnende Leistung erfüllt".

[14] Vgl. auch *Schröder,* JuS 1962, 81; vgl. ferner *Ulsenheimer,* Rücktritt S. 78 ff.

[15] Eine *Verbindung verschiedener Gedanken* für die Begründung der Straflosigkeit des freiwilligen Rücktritts wird jetzt vielfach angenommen; vgl. *LK (Vogler)* § 24 Rdn. 20; *Maurach / Gössel / Zipf,* Allg. Teil II S. 43 f.; *Schönke / Schröder / Eser,* § 24 Rdn. 2; *Stratenwerth,* Allg. Teil I Rdn. 706; *Jakobs,* Allg. Teil S. 613.

[16] So *Lang-Hinrichsen,* Engisch-Festschrift S. 370 ff. In dieser Richtung auch *Schmidhäuser,* Allg. Teil S. 623 f.; *Roxin,* Kriminalpolitik S. 36 ff.; *SK (Rudolphi)* § 24 Rdn. 5; *Muñoz Conde,* ZStW 84 (1972) S. 778. Vgl. ferner *Eser,* Strafrecht II Nr. 32 A Rdn. 21 ff.

6. Die eigentliche materielle Begründung für die Straflosigkeit des Versuchs bei freiwilligem Rücktritt will die **Schuldtheorie** durch die Annahme eines Entschuldigungsgrundes geben[17]. Die Schuld wird jedoch durch den Rücktritt nicht aufgehoben, sondern nur nachträglich bis zu einem gewissen Grade ausgeglichen, und dieses Bemühen des Täters wird durch die Straflosigkeit belohnt. Durch die Annahme eines Schuldausschließungsgrundes, der systematisch dem Notstand (§ 35) gleichstünde, wird dieser Gesichtspunkt überbewertet.

II. Die Unterscheidung von unbeendigtem und beendigtem Versuch

1. Ausgangspunkt der Rücktrittsregelung ist nach wie vor die Unterscheidung zwischen unbeendigtem und beendigtem Versuch, die auch § 24 I 1 zugrunde liegt[18]. Der Gesetzgeber geht von der Erwägung aus, daß Straffreiheit in der Regel nur dann in Betracht kommt, wenn die Tat nicht vollendet worden ist. Ist der Erfolg in dem Zeitpunkt, in dem der Täter zurücktreten möchte, bereits eingetreten, so ist die Tat vollendet, auch wenn er dies nicht wußte, und § 24 I 1 kommt nicht in Betracht[19]. Ist sie dagegen im Versuchsstadium stecken geblieben, so muß unterschieden werden: Hat der Täter noch nicht alles getan, was ihm für den Eintritt der Vollendung notwendig erscheint, so genügt es für den Rücktritt, daß er vom Weiterhandeln Abstand nimmt (**Rücktritt vom unbeendigten Versuch**). Sind jedoch nach seiner Meinung alle Erfolgsbedingungen geschaffen, so daß der Eintritt des Erfolgs nur noch von dem selbständigen Wirken der Kausalfaktoren oder vom Handeln Dritter abhängt, so muß er für den Rücktritt eigene Gegenaktivität zur Abwendung des Erfolges entfalten (**Rücktritt vom beendigten Versuch**)[20]. Die Unterscheidung hat erhebliche praktische Bedeutung, da sowohl die Voraussetzungen als auch die Chancen der Straflosigkeit in den beiden Fällen verschieden sind. Im ersten Fall genügt die bloße Unterlassung des Weiterhandelns, der Täter hat es also selbst in der Hand, diese Voraussetzung zu erfüllen; im zweiten muß er dagegen aktiv werden und trägt deshalb auch das Risiko für das Gelingen der Erfolgsabwendung.

2. Unbeendigter und beendigter Versuch können nur nach einem **subjektiven Maßstab** voneinander abgegrenzt werden, da die Frage, ob noch etwas von seiten des Täters zur Vollendung der Tat zu geschehen hat, allein von seinem Tatplan und seiner Vorstellung vom Tatverlauf abhängt (BGH 14, 75 [79]; 22, 330 [331])[21]. Unbeendigt ist der Versuch danach, wenn der Täter *glaubt*, noch nicht alles zur Vollendung Erforderliche getan zu haben, beendigt ist der Versuch dagegen dann, wenn *nach*

---

[17] So vor allem *Ulsenheimer*, Rücktritt S. 103 ff.; ferner *SK (Rudolphi)* § 24 Rdn. 6; *Roxin*, Heinitz-Festschrift S. 273 ff.; *Haft*, JA 1979, 312; *Bottke*, Methodik S. 603 ff.

[18] Vgl. *Dreher / Tröndle*, § 24 Rdn. 4; *Lackner*, § 24 Anm. 2; *Schönke / Schröder / Eser*, § 24 Rdn. 5; *SK (Rudolphi)* § 24 Rdn. 15.

[19] Vgl. *Eser*, Strafrecht II Nr. 33 A Rdn. 47 a; *Lenckner*, Gallas-Festschrift S. 290 f.; *Muñoz Conde*, GA 1973, 33 f.; *Schönke / Schröder / Eser*, § 24 Rdn. 25. Der zwischenzeitliche Wegfall des Tatvorsatzes ist ohne Bedeutung, da dieser nur bis zum unbeendigten Versuch vorzuliegen braucht; vgl. *SK (Rudolphi)* § 16 Rdn. 34; *Stratenwerth*, Allg. Teil I Rdn. 283. Dagegen stellt *Herzberg*, Oehler-Festschrift S. 173 auf den Zeitpunkt des beendigten Versuchs ab.

[20] Vgl. dazu *Goldschmidt*, Unbeendigter und beendigter Versuch S. 62 ff. Davon ganz unabhängig ist die Frage, wann beim Versuch ein unmittelbares Ansetzen zur Verwirklichung des Tatbestandes anzunehmen ist (vgl. dazu oben § 49 IV 6).

[21] So die h. L.; vgl. *Baumann / Weber*, Allg. Teil S. 507; *Blei*, Allg. Teil S. 212; *Ingeborg Puppe*, NStZ 1986, 14; *Geilen*, JZ 1972, 335 ff.; *Kohlrausch / Lange*, § 46 Anm. III; *LK (Vogler)* § 24 Rdn. 34; *Maurach / Gössel / Zipf*, Allg. Teil II S. 44 f.; *Mezger*, Lehrbuch S. 400; *Olshausen*, § 46 Anm. 3; *Schönke / Schröder / Eser*, § 24 Rdn. 12; *Welzel*, Lehrbuch S. 196; *Wessels*, Allg. Teil S. 184. Eine im wesentlichen objektive Abgrenzung empfiehlt dagegen *Henkel*, JW 1937, 2376 f.; ebenso *Ulsenheimer*, Rücktritt S. 225 ff.; *Borchert / Hellmann*, GA 1982, 436 ff.

seiner Vorstellung alle Schritte getan worden sind, die zur Vollendung notwendig erscheinen. Ist er im Zweifel, ob seine Handlung bereits ausreicht, um den Erfolg herbeizuführen, muß beendigter Versuch angenommen werden. Hat er im Zeitpunkt der letzten Ausführungshandlung auch nur mit der Möglichkeit des Erfolgseintritts gerechnet, liegt bereits ein beendigter Versuch vor (BGH 31, 170 [175]; 33, 295 [300])[22].

Beispiele: Fällt ein Katheter, der bei einer Frau zum Zwecke der Abtreibung eingesetzt wurde, vorzeitig heraus, so liegt unbeendigter Versuch vor, wenn ihn die Schwangere nicht wieder einsetzt, obwohl sie annimmt, daß nur längeres Belassen im Körper wirksam sein würde (RG 57, 278 [280]). Löst der Täter den Würgegriff am Halse seines Opfers erst, wenn er mit der Möglichkeit rechnet, daß es an den Folgen der Strangulierung sterben werde, liegt ein beendigter Versuch vor (BGH *Dallinger* MDR 1970, 381). Das gleiche gilt, wenn der Eifersuchtstäter von seinem Opfer abläßt, nachdem er ihm lebensgefährliche Messerstiche beigebracht hat (BGH 23, 330 [332]). Beendigter Versuch liegt vor, wenn der Täter seinem Opfer, das er bestehlen wollte, Stichverletzungen beibringt und es bis zur Bewußtlosigkeit würgt, um die Zeugin auszuschalten, dann aber in dem Glauben flüchtet, daß das Opfer an den Verletzungen sterben könnte (BGH 31, 170).

3. Zweifelhaft war bisher die Frage der Abgrenzung von unbeendigtem und beendigtem Versuch, wenn der Täter zur Erreichung des Erfolgs von vornherein **mehrere Handlungen** ins Auge faßt, aber vor der Vollendung von der weiteren Durchführung der Tat Abstand nimmt, oder wenn er zwar zunächst nur an eine einzige Handlung gedacht hat, die den Erfolg wider Erwarten noch nicht herbeiführt, dann aber nicht weiter handelt, obwohl andere wirksame Mittel zur Verfügung stünden.

a) Die Rechtsprechung wendete auch auf diese Fälle die *subjektive Methode* an. Wenn der Täter geglaubt hatte, die Tat mit einer einzigen Handlung ausführen zu können, sollte beendigter Versuch vorliegen, auch wenn er nach Erkennen des Mißerfolgs mit dem gleichen Mittel oder mit anderen verfügbaren Mitteln hätte weiterhandeln können (BGH 10, 129 [131]; 14, 75 [79]). Hatte er jedoch von vornherein mehrere Handlungen in Aussicht genommen, so sollte, auch wenn alle diese Akte fehlgeschlagen waren, unbeendigter Versuch anzunehmen sein, sofern dem Täter nach seiner Vorstellung noch ein weiteres taugliches Mittel zur Verfügung stand (BGH GA 1966, 208; BGH 22, 330 [332]) *(Tatplantheorie).* Da jedoch auf diese Weise der besonders gefährliche Täter, der von vornherein alle Möglichkeiten des Ablaufs der Tat einkalkuliert, privilegiert wird, während der unüberlegte Täter benachteiligt ist, hat der BGH in einem derartigen Fall das unbefriedigende Ergebnis durch eine Sachverhaltsunterstellung korrigiert (BGH 22, 176).

b) Im Schrifttum wurde zum Teil auch in den Fällen, in denen der BGH aufgrund der subjektiven Methode zu einer Gesamtbetrachtung gelangte und damit im Ergebnis zum unbeendigten Versuch kam, auf die Einzelakte abgestellt und damit einer strengeren Betrachtungsweise der Vorzug gegeben, da dann jeder mißlungene Einzelakt als beendigter Versuch erscheint *(Einzelaktstheorie)*[23].

c) Der BGH hat in seiner neuesten Rechtsprechung sowohl die Tatplan- als auch die Einzelaktstheorie verworfen. Unabhängig davon, was der Täter sich beim Beginn der Tat vorgestellt hat und ohne daß es auf die größere oder geringere Selbständigkeit der Einzelakte ankommt, wird beendigter Versuch angenommen, wenn der Täter im Zeitpunkt der letzten Ausführungshandlung den Eintritt des Erfolges für möglich hält (BGH 31, 170 [175]; 33, 295 [299]; BGH NStZ 1984, 116). Maßgebend ist der „Rücktrittshorizont" des Täters[24].

---

[22] Zustimmend *Küper,* JZ 1983, 264; *Kienapfel,* JR 1984, 72; *LK (Vogler)* § 24 Rdn. 64; *H. W. Mayer,* MDR 1984, 187; *Hassemer,* JuS 1983, 556; *Ingeborg Puppe,* NStZ 1986, 15; *Rudolphi,* NStZ 1983, 361; *Schönke / Schröder / Eser,* § 24 Rdn. 169; *Wessels,* Allg. Teil S. 186.

[23] So *Baumann / Weber,* Allg. Teil S. 489; *Gutmann,* Freiwilligkeit S. 92ff.; *Maiwald,* Natürliche Handlungseinheit S. 92f.; *Eser,* Strafrecht II Nr. 33 A Rdn. 30ff.; *Jakobs,* JuS 1980, 714; *Ulsenheimer,* Rücktritt S. 240f.

II. Die Unterscheidung von unbeendigtem und beendigtem Versuch

Beispiele: Der Täter schießt seinen Feind in den Kopf und läßt ihn schwerverletzt liegen, obwohl er noch weitere Schüsse auf sein Opfer hätte abgeben können, die mit Sicherheit zum Tode geführt hätten (BGH 33, 295). Der Täter versetzt seinem Opfer einen lebensgefährlichen Stich in die Brust (BGH JZ 1986, 309).

d) Hat der Täter nach dem Scheitern des ersten Teils seines Versuchs, der in diesem Zeitpunkt noch unbeendigt war, wie er weiß, noch weitere einsatzbereite Tatmittel zur Verfügung, um den angestrebten Erfolg zu erreichen, so ist eine Fortsetzung des begonnenen Versuchs anzunehmen, wenn die weiteren Teilakte mit den früheren, die erfolglos geblieben sind, eine „natürliche Handlungseinheit" bilden (BGH 21, 319 [322])[25]. Voraussetzung dafür ist der enge zeitliche Zusammenhang der Teilakte, die nur quantitative Steigerung des Unrechtsgehalts durch die Wiederholung der Versuchshandlungen und das Fortbestehen der einheitlichen Motivationslage (vgl. unten § 66 III 2).

Beispiel: Der Täter hatte seinen Feind vorsätzlich mit dem Kraftwagen zu überfahren versucht. Als er an den Tatort zurückkehrte und feststellte, daß sein Opfer unverletzt war, würgte er es, möglicherweise in Tötungsabsicht, bis diesem „schwarz vor den Augen wurde", ließ dann aber von ihm ab (BGH 34, 53 m. zust. Anm. *Rengier,* JZ 1986, 964). Ebenso BGH NStZ 1984, 453; NJW 1985, 2428; NJW 1986, 1001; NStZ 1986, 264.

Der BGH nahm hier einen einheitlichen Lebensvorgang an, so daß der zweite Versuchsteil mit dem ersten eine natürliche Handlungseinheit bilden würde[26]. Der Täter könnte dann von dem gesamten Tötungsversuch, auch von dem gescheiterten ersten Teil, strafbefreiend zurückgetreten sein (BGH 34, 57f.). Der neuen Rechtsprechung ist in beiden Richtungen zuzustimmen, da auf diese Weise die Rücktrittsmöglichkeit im Interesse des Opfers erweitert und dem Sinn der Straffreiheit als Belohnung für verdienstliches Handeln entsprochen wird.

4. Der Rücktritt vom Versuch setzt immer voraus, daß der Täter die Vollendung noch für möglich hält. Kommt er dagegen zur Überzeugung, daß er den Erfolg mit den ihm zu Gebote stehenden Mitteln im unmittelbaren Fortgang des Geschehens nicht mehr erreichen kann, so liegt ein **fehlgeschlagener Versuch** (BGH 34, 56) vor, von dem ein Rücktritt nicht möglich ist, da man einen Vorsatz, der nicht mehr zu verwirklichen ist, auch nicht aufgeben kann[27]. Aus diesem Grunde kommt es in einem derartigen Falle auch nicht auf die Unterscheidung von beendigtem und unbeendigtem Versuch an.

Beispiele: Wenn der Täter einen größeren Geldbetrag rauben will, aber nur einen geringfügigen vorfindet, ist der Versuch fehlgeschlagen und die Frage des Rücktritts gar nicht mehr zu erörtern (anders BGH 4, 56). Wenn das Opfer des Raubversuchs beteuert, kein Geld zu besitzen, so richtet sich die Frage des unbeendigten Versuchs danach, ob sich der Täter von einer Fortsetzung seiner Drohungen Erfolg verspricht; ist das nicht der Fall, so liegt ebenfalls ein fehlgeschlagener Versuch vor (BGH 4, 180 [181]). Hat die Täterin erkannt, daß das Rattengift nicht gewirkt hat und die Opfer deswegen gar nicht in Lebensgefahr sind, so kann sie nicht zurücktreten (BGH GA 1971, 51). Fehlgeschlagen ist der Erpressungsversuch, wenn der Tatplan mit den eingesetzten und den noch zur Hand liegenden einsatzbereiten Nötigungsmitteln nicht mehr vollendet werden kann und der Täter dies erkennt (BGH vom 12.9.1985, 4 Str 415/85). Vgl. ferner OLG Karlsruhe NJW 1978, 331 m. Anm. *Küper,* NJW 1978, 956.

---

[24] So *LK (Vogler)* § 24 Rdn. 65.
[25] Zustimmend *Ingeborg Puppe,* NStZ 1986, 16.
[26] Zustimmend *Kadel,* JR 1987, 118; dagegen *Herzberg,* NJW 1986, 2466ff.
[27] So eingehend *Schmidhäuser,* Allg. Teil S. 627ff.; *SK (Rudolphi)* § 24 Rdn. 8ff.; *Roxin,* JuS 1981, 1ff.; *Herzberg,* Blau-Festschrift S. 97ff.; *LK (Vogler)* § 24 Rdn. 23ff.; *Otto,* GA 1967, 144ff. Ablehnend zu Unrecht *Gössel,* ZStW 87 (1975) S. 3ff.: *Sonnen,* Jura 1980, 158ff.

III. Der Rücktritt vom unbeendigten Versuch (§ 24 I 1 erste Alternative)

Der strafbefreiende **Rücktritt vom unbeendigten Versuch** erfordert, daß der Täter in einem Zeitpunkt, in dem er noch nicht alles zur Vollendung der Tat Erforderliche getan zu haben glaubt, freiwillig die weitere Ausführung der Tat aufgibt.

1. Das **objektive** Moment des Rücktritts liegt beim unbeendigten Versuch lediglich darin, daß der Täter nicht weiterhandelt. Zu beachten ist aber, daß er seinen Vorsatz *endgültig* aufgegeben haben muß, da er sonst die Gewährung der Straffreiheit nicht verdiente.[28] Ein *Teilrücktritt*, z. B. von der Tötung des Opfers beim Raubmord, ist jedoch möglich[29].

2. Das **subjektive** Moment des Rücktritts liegt in der *Freiwilligkeit* der Aufgabe des Tatentschlusses. Freiwilligkeit bedeutet, daß der Rücktritt nicht durch zwingende Hinderungsgründe veranlaßt ist, sondern aus einem *autonomen* (selbstgesetzten) Motiv erwächst, das aber nicht ethisch wertvoll zu sein braucht (BGH 7, 296 [299] m. zust. Anm. *Jescheck*, MDR 1955, 563: freiwilliger Rücktritt vom Notzuchtsversuch im Hinblick auf das Versprechen späterer Hingabe; *anders* noch RG 75, 393 [395] m. zust. Anm. *Bockelmann*, DR 1942, 432; BGH NJW 1980, 602: auch wer mit dem Rücktritt vom Betrugsversuch ein Geschäft machen will, handelt freiwillig)[30]. Der Täter muß aus eigenem Antrieb unter die Rechtsordnung zurückgekehrt sein[31]. Vielfach wird die Frage der Freiwilligkeit auch dann erörtert (und verneint), wenn die Vollendung der Tat nach der Vorstellung des Täters *unmöglich* geworden ist oder für ihn *keinen Sinn* mehr hat (z. B. RG 39, 37 [38]; 65, 145 [149]; 70, 1 [3]; RG JW 1935, 2734; BGH 4, 56 [59]; 9, 48 [53]; 13, 156; 20, 279 m. krit. Anm. *Lackner*, JR 1966, 106). In diesen Fällen liegt indessen gar kein Rücktritt vor, sondern ein *fehlgeschlagener Versuch* (vgl. oben § 51 II 4)[32]. Rücktritt ist dagegen anzunehmen, aber die Frei-

---

[28] So die Rspr. und ein Teil der Lehre: RG 72, 349 (351); BGH 7, 296 (297); 21, 319 (321f.); *Baumann / Weber*, Allg. Teil S. 504; *Bockelmann / Volk*, Allg. Teil S. 212; *Kohlrausch / Lange*, § 46 Anm. VIII; *Jescheck*, MDR 1955, 563; *LK (Vogler)* § 24 Rdn. 79; *Schönke / Schröder / Eser*, § 24 Rdn. 39f. (mit der *zutreffenden Einschränkung*, daß der Vorbehalt, die Tat irgendwann bei geeigneter Gelegenheit erneut zu versuchen, den Rücktritt nicht ausschließt); *Welzel*, Lehrbuch S. 198; *Wessels*, Allg. Teil S. 187. Die Gegenmeinung, die das Abstandnehmen von der „konkreten" Tatausführung genügen läßt, vertreten *Allfeld*, Frank-Festgabe Bd. II S. 79; *Heinitz*, JR 1956, 252; *Lenckner*, Gallas-Festschrift S. 302f.; *v. Liszt / Schmidt*, S. 317; *Maurach / Gössel / Zipf*, Allg. Teil II S. 47; *Mezger*, Lehrbuch S. 405; *Blei*, Allg. Teil S. 242; *Schmidhäuser*, Allg. Teil S. 631; *Stratenwerth*, Allg. Teil I Rdn. 714. Das Abstellen auf die Motive des Täters bei *SK (Rudolphi)* § 24 Rdn. 18 dürfte zu unlösbaren Beweisschwierigkeiten führen. Zum ganzen lehrreich *Bottke*, Methodik S. 373 ff.

[29] Vgl. *Streng*, JZ 1984, 652ff.; *LK (Vogler)* § 24 Rdn. 208. Anders jedoch, wenn der Täter das geschützte Rechtsgut nach Aufgabe des ersten Teilakts im zweiten Teilakt in schwererer Weise angreift, so beim Übergang vom Versuch sexueller Nötigung (§ 178) zur Vergewaltigung (§ 177) (BGH 33, 142 m. zust. Anm. *Streng* NStZ 1985, 360) oder vom Betrug zur Erpressung.

[30] So die Rspr. und die h. L.; RG 35, 102; 37, 402 (404); 61, 115 (117); BGH GA 1968, 279; *Baumann / Weber*, Allg. Teil S. 505; *Heinitz*, JR 1956, 251; *LK (Vogler)* § 24 Rdn. 86; *Maurach / Gössel / Zipf*, Allg. Teil II S. 48f.; *Blei*, Allg. Teil S. 240f.; *Schönke / Schröder / Eser*, § 24 Rdn. 56; *Dreher / Tröndle*, § 24 Rdn. 6; *Lackner*, § 24 Anm. 3b; *Wessels*, Allg. Teil S. 189. Anders zum ethischen Wert des Rücktrittsmotivs die oben in Fußnote 12 genannten Autoren; ferner *Bottke*, Methodik S. 469ff. sowie JR 1980, 441 ff.; *SK (Rudolphi)* § 24 Rdn. 25. Anders auch *Jakobs*, Allg. Teil S. 623: „Freiwillig ist eine Motivation zum Rücktritt, die mit der Motivation zur konkreten Tat unverträglich ist". Ob es „*Regeln der Verbrechervernunft*" gibt, die *Roxin*, Heinitz-Festschrift S. 255ff. und *SK (Rudolphi)* § 24 Rdn. 25 zur Lösung der Freiwilligkeitsfrage heranziehen wollen, und ob diese, wenn es sie gibt, dazu etwas aussagen, ist zweifelhaft.

[31] Vgl. vor allem *Ulsenheimer*, Rücktritt S. 314.

willigkeit zu verneinen, wenn die Vollendung an sich noch möglich gewesen wäre, aber für den Täter so schwerwiegende Nachteile zur Folge gehabt hätte, daß er sie *vernünftigerweise* nicht in Kauf nehmen konnte (BGH 9, 48 [52f.]: Rücktritt vom Notzuchtsversuch, weil das Opfer den Täter erkannt hat). Bei der Beurteilung der Freiwilligkeit ist vom Vorstellungsbild des Täters auszugehen, so daß auch ein freiwilliger Rücktritt vom *untauglichen* Versuch möglich ist, solange der Täter von der Tauglichkeit überzeugt ist (RG 68, 82 [83]: der Täter läßt vom Betrugsversuch ab, ohne zu wissen, daß er bereits in die Falle gegangen ist; BGH 11, 324: Rücktritt vom beendigten Tötungsversuch mit zu geringer Giftdosis). In § 24 I 2 ist ausdrücklich anerkannt: Für den Rücktritt vom untauglichen Versuch wird verlangt, daß der Täter sich freiwillig und ernsthaft bemüht haben muß, die Vollendung zu verhindern[33]. Insbesondere schließt die Entdeckung der Tat, wenn sie dem Täter bekannt ist, die Freiwilligkeit aus (vgl. unten § 51 IV 2).

Beispiele: Freiwillig ist der Rücktritt aus Gewissensgründen (RG 14, 19 [22]), aus Schamgefühl (RG 47, 74 [79]), aus Furcht vor Strafe (RG 54, 326), aus Schreck (BGH MDR 1952, 530, anders noch RG 68, 238), wegen schlechten Geschmacks des Abtreibungsmittels (RG 35, 102), wegen eindringlicher Vorhalte des Mittäters (BGH 21, 319 [321]). *Unfreiwillig* ist der Rücktritt aus Furcht vor bevorstehender Entdeckung (RG 37, 402 [406]; 38, 402 [404]; BGH NStZ 1984, 116) oder vor dem Abschneiden des Rückwegs (RG DJ 1938, 596 [597])[34]. Bei psychischen Hemmungen kommt es darauf an, ob sie zwingender Natur waren (BGH GA 1986, 418; BGH Stv 1984, 329).

3. Ein Sonderproblem des Rücktritts vom unbeendigten Versuch ist der **Irrtum über die Tauglichkeit der Rücktrittshandlung**. Tritt der Erfolg *früher* ein, als der Täter erwartet hatte und bevor er mit dem Rücktrittsbemühen einsetzt, so nützt ihm der Rücktritt nichts, weil die Tat in diesem Zeitpunkt bereits vollendet ist, auch wenn er vom Eintritt des Erfolgs nichts wußte. Ein strafbefreiender Rücktritt ist auch dann ausgeschlossen, wenn der Erfolg entgegen der Erwartung des Täters erst *nach* Abstandnahme von der weiteren Ausführung der Tat eintritt[35]. In Frage kommt in diesen Fällen allenfalls eine Lage, bei der die objektive Zurechnung entfällt (vgl. oben § 28 IV 4) oder ein vorsatzausschließender Irrtum über den Kausalverlauf vorliegt (vgl. oben § 29 V 6b) und deshalb lediglich ein Versuch anzunehmen ist. Von diesem Versuch kann nach den allgemeinen Regeln zurückgetreten werden[36].

IV. Der Rücktritt vom beendigten Versuch (§ 24 I 1 zweite Alternative)

Der strafbefreiende **Rücktritt vom beendigten Versuch** erfordert, daß der Täter freiwillig die Vollendung der Tat verhindert (BGH 33, 295 [301]).

1. In **objektiver Hinsicht** verlangt der Rücktritt vom beendigten Versuch *mehr* als der Rücktritt vom unbeendigten Versuch, denn die Tat ist hier schon bis zum

---

[32] Dieses Bedenken trifft auch auf die bekannte Testformel von *Frank,* § 46 Anm. II zu: „Freiwillig ist der Rücktritt, wenn der Täter sich sagt: ich will nicht zum Ziel kommen, selbst wenn ich könnte; unfreiwillig, wenn er sich sagt: ich kann nicht zum Ziel kommen, selbst wenn ich wollte." Kritisch dazu auch *Roxin,* Heinitz-Festschrift S. 254.

[33] Die objektive Eignung der auf Verhinderung der Vollendung zielenden Tätigkeit ist nicht erforderlich, wohl aber muß der Zurücktretende daran geglaubt haben; vgl. *Grünwald,* Welzel-Festschrift S. 715f.; *Lenckner,* Gallas-Festschrift S. 297ff.; *Schönke / Schröder / Eser,* § 24 Rdn. 71.

[34] Daß es sich hier vielfach nicht um Unfreiwilligkeit im logischen Sinne handelt, sondern um die praktische Frage, welchen Preis jemand für die Tat vernünftigerweise zu zahlen bereit ist, betont mit Recht *Graf zu Dohna,* ZStW 59 (1940) S. 544ff.

[35] Für die Möglichkeit des Rücktritts vom vermeintlich unbeendigten Versuch aber *Eser,* Strafrecht II Nr. 33 A Rdn. 48; *Schönke / Schröder / Eser,* § 24 Rdn. 24; *Schröder,* JuS 1962, 82; *v. Scheurl,* Rücktritt S. 48f.; *LK (Schroeder)* § 16 Rdn. 34.

[36] Wie hier *Baumann / Weber,* Allg. Teil S. 504; *Schmidhäuser,* Allg. Teil S. 501; *Stratenwerth,* Allg. Teil I Rdn. 716; *Krauß,* JuS 1981, 886; *SK (Rudolphi)* § 24 Rdn. 16.

Abschluß der Ausführungshandlung gelangt. Der Täter muß den Erfolg durch *eigene Tätigkeit*, gegebenenfalls unter Mithilfe von *Dritten*, abwenden (RG 15, 44 [46]: Verhinderung der schädigenden Vermögensverfügung des Betrogenen durch einen Bevollmächtigten). Seine Tätigkeit muß ferner auf die Erfolgsabwendung *abzielen* (RG 63, 158 [159]: ohne den Willen, die Tat aufzugeben oder abzubrechen, ist ein Rücktritt nicht denkbar). Der für den Rücktritt vom beendigten Versuch häufig verwendete Ausdruck „tätige Reue" ist jedoch irreführend, da Reue hier ebensowenig das Rücktrittsmotiv gewesen sein muß wie beim Rücktritt vom unbeendigten Versuch (RG 61, 115 [117]). Der Rücktritt muß endlich auch *gelingen*: tritt der Erfolg trotz der Gegeninitiative des Täters ein, so bleibt er wegen vollendeter Tat verantwortlich (BGH VRS 61, 262)[37]. Nur wenn die Erfolgsabwendung durch den Verletzten selbst vorsätzlich verhindert wird, ist die analoge Anwendung des § 24 I 2 gerechtfertigt[38]. Nach dieser Vorschrift genügt für den Rücktritt, wie schon erwähnt (vgl. oben § 51 III 2), das freiwillige und ernsthafte Rücktrittsbemühen, wenn der Erfolg aus anderen Gründen als wegen des Rücktritts unterbleibt, z. B. weil der Versuch ohne Wissen des Täters untauglich war (BGH 11, 329) oder der Erfolg durch das selbständige Eingreifen Dritter vereitelt wird. Dies war auch schon früher die Auffassung der Rechtsprechung und h. L. (vgl. 2. Auflage S. 411 Fußnote 27).

2. Bisher wurde angenommen, daß es für den Rücktritt vom beendigten Versuch genüge, wenn der Täter „eine neue Kausalkette in Gang setzt, die für die Nichtvollendung der Tat mit ursächlich wird" (BGH StV 1981, 514 [515]; BGH NJW 1985, 813; BGH 31, 295, 301)[39]. Es kommt danach nicht darauf an, ob der Täter noch mehr hätte tun können (BGH StV 1981, 396). Der BGH hat jedoch inzwischen verlangt, daß der Zurücktretende sich nicht mit Maßnahmen begnügen dürfe, die möglicherweise unzureichend sind, selbst wenn sie für die Abwendung des Erfolgs im Ergebnis mit ursächlich und damit ausreichend waren (BGH 31, 46 [49]: Der Täter hatte seine von ihm mit Tötungsvorsatz schwerverletzte Frau nur bis zu einem Nebeneingang des Krankenhauses gefahren, wo sie von Dritten bewußtlos gefunden wurde; ebenso BGH NJW 1986, 1001; früher schon in dieser Richtung BGH *Dallinger* MDR 1972, 751). Der Täter müsse vielmehr alle „Verhinderungsmöglichkeiten ausschöpfen"[40].

3. Auch beim beendigten Versuch setzt der Rücktritt **Freiwilligkeit** voraus, während nach früherem Recht (§ 46 Nr. 2 a. F.) die Straflosigkeit davon abhing, daß die Tat im Zeitpunkt der Erfolgsabwendung „noch nicht entdeckt war". Rechtsprechung und h. L. haben das objektive Merkmal der Entdeckung jedoch schon damals „subjektiviert" (vgl. 2. Auflage S. 411 f.), und da die Freiwilligkeit des Rücktritts zu verneinen sein wird, wenn die Entdeckung dem Täter bekannt war, behalten die dazu entwickelten Rechtsgrundsätze ihre Bedeutung (BGH *Dallinger* MDR 1975, 724; BGH NStZ 1981, 388). Straflosigkeit ist demnach anzunehmen, wenn die Tat zwar objektiv entdeckt war, der Täter aber davon nichts gewußt hat. Die Tat ist entdeckt,

---

[37] Die Möglichkeit des Absehens von Strafe trotz Mißlingens der Erfolgsabwendung ist nur in §§ 83a I, II, 84 V, 85 III, 129 VI Nr. 1, 129a V vorgesehen. Über die analoge Anwendung dieser Vorschriften *Schröder*, H. Mayer-Festschrift S. 386 ff.

[38] Vgl. *Arzt*, GA 1964, 1; *Baumann / Weber*, Allg. Teil S. 510; *Lenckner*, Gallas-Festschrift S. 392 f.; *Otto*, Maurach-Festschrift S. 99; *Schönke / Schröder / Eser*, § 24 Rdn. 62; *Schröder*, JuS 1962, 82; *SK (Rudolphi)* § 24 Rdn. 28.

[39] So auch die h. L.; vgl. *Dreher / Tröndle*, § 24 Rdn. 7; *LK (Vogler)* § 24 Rdn. 120; *Grünwald*, Welzel-Festschrift S. 715 Fußnote 38; *Schönke / Schröder / Eser*, § 24 Rdn. 59; *SK (Rudolphi)* § 24 Rdn. 27; *Wessels*, Allg. Teil S. 188 f.

[40] Im gleichen Sinne *Lackner*, § 24 Anm. 4a; *LK (Vogler)* § 24 Rdn. 122; *Bloy*, JuS 1987, 528 ff. Dagegen zu Recht *Ingeborg Puppe*, NStZ 1984, 490, weil § 24 I 1 nicht mehr verlangt, als daß der Täter den Erfolg verhindert („Ende gut, alles gut").

wenn sie von einem Unbeteiligten, der den Erfolg verhindern oder ein Strafverfahren veranlassen könnte, in ihrer kriminellen Eigenschaft im wesentlichen erkannt ist (RG 38, 402 [403]: jemand entdeckt an der Rauchentwicklung in einem Zimmer den Brandstiftungsversuch; RG 68, 242 [243]: ein bei einem Giftmordversuch anwesendes Kind hat die Tat nur dann entdeckt, wenn es erkennt, daß ein Verbrechen im Gange ist; BGH NJW 1969, 1073: ein Giftmordversuch ist entdeckt, wenn der Ehemann von einem Kleinkind erfährt, daß die Mutter ihm etwas eingegeben hat, und er daraus den richtigen Schluß zieht). Die Gewinnung des Rücktrittsgehilfen ist nicht Entdeckung, sondern Teil der Erfolgsabwendung (BGH 11, 324 [325]. Auch der *Verletzte* kann die Tat entdeckt haben, sofern er seinerseits den Erfolg verhindern oder die Strafverfolgung des Täters veranlassen könnte (RG 66, 61 [62f.]; BGH JR 1952, 414)[41]. Nach der Rechtsprechung (RG 26, 77 [78]; BGH 24, 48 [50]) soll dieser Grundsatz allgemeine Geltung haben. Richtig ist es jedoch, die Entdeckung der Tat durch das Opfer dann nicht zum Ausschluß des Rücktritts führen zu lassen, wenn sie nach dem Tatbestand notwendig ist wie bei Gewalt- und Drohungsdelikten, weil sonst der Rücktritt hier praktisch immer ausgeschlossen wäre[42].

V. Der Rücktritt vom vollendeten Delikt, von selbständigen Vorbereitungshandlungen und vom Unternehmensdelikt

1. Auch bei **vollendetem Delikt** ist ausnahmsweise ein Rücktritt möglich, so wenn der Vollendungszeitpunkt in dem betreffenden Tatbestand besonders früh liegt, selbst wenn sich der Täter erfolglos bemüht, die Tat rückgängig zu machen, wie bei der Bildung krimineller Vereinigungen (§§ 129 VI Nr. 1, 129a V), oder wenn der Täter den Eintritt des eigentlichen Schadens verhindert, wie bei der Brandstiftung nach § 310 (BGH 18, 363 [364]) und beim Anschlag auf ein Luftfahrzeug (§ 316c IV), oder wenn er den eingetretenen Erfolg durch eigene Tätigkeit wieder aufhebt, wie z. B. bei der rechtzeitigen Berichtigung einer Falschaussage nach §§ 158, 163 II[43].

Die Sondervorschriften über den Rücktritt vom vollendeten Delikt gewährten ursprünglich nur im Falle des § 310 und beim Rücktritt von der unterlassenen Verbrechensanzeige (§ 139 IV 1) volle Straflosigkeit, während sonst lediglich Strafmilderung oder das Absehen von Strafe in Betracht kam. Das 1. StrRG hat jedoch auch bei den Parteidelikten (§§ 84 V zweiter Halbsatz, 85 III) sowie beim Sprengstoffverbrechen (§ 311c III), bei der Transportgefährdung (§ 315 VI 2) und bei den gefährlichen Eingriffen in den Straßenverkehr (§ 315b VI) in den Fahrlässigkeitsfällen die Straflosigkeit eingeführt, wenn der Schadenserfolg abgewendet wird. Bei dem erpresserischen Menschenraub (§ 239a III) und bei der Geiselnahme (§239b II) gibt es beim Rücktritt freilich nur fakultative Strafmilderung nach § 49 I wie beim Versuch, dagegen bei Zusammenarbeit mit den Strafverfolgungsorganen nach § 31 BtMG Strafmilderung nach § 49 II oder Absehen von Strafe (zu den Voraussetzungen BGH NStZ 1984, 414; OLG Düsseldorf MDR 1984, 605).

2. Besondere Rücktrittsvorschriften gelten ferner für **Vorbereitungshandlungen**, die zu eigenen Straftatbeständen ausgestaltet sind (vgl. oben § 49 VI 2).

Zu erwähnen sind der Rücktritt vom Versuch der Beteiligung (§ 31), der Rücktritt von der Vorbereitung des Hochverrats (§ 83a II), die Aufgabe der Tat oder die Abwendung der Gefahr bei der Vorbereitung eines Sprengstoffdeliktes (§ 311c III Nr. 2), der Rücktritt von der Vorbereitung des Anschlags auf ein Luftfahrzeug (§ 316c III, IV).

---

[41] Vgl. *Baumann,* JuS 1971, 631; *Bringewat,* JuS 1971, 403; *Dreher,* NJW 1971, 1048; *Dreher / Tröndle,* § 24 Rdn. 9; *LK (Vogler)* § 24 Rdn. 130; *Eser,* Strafrecht II Nr. 34 A Rdn. 16ff.

[42] Vgl. *Blei,* Allg. Teil S. 244; *derselbe,* JA 1971, 298; *Mezger,* Lehrbuch S. 406; *Schönke / Schröder / Eser,* § 24 Rdn. 52; *LK (Vogler)* § 24 Rdn. 130; *SK (Rudolphi)* § 24 Rdn. 29.

[43] Vgl. *Koch,* Rücktritt vom vollendeten Delikt S. 44ff.; *Schönke / Schröder / Eser,* § 24 Rdn. 116.

Die *analoge* Anwendung dieser Vorschriften auf ähnlich gelagerte Fälle, bei denen Sonderregelungen fehlen, ist geboten (so BGH 6, 87 zu § 234a III)[44].

3. Endlich gelten auch für den Rücktritt vom **Unternehmensdelikt** (vgl. oben § 26 II 7) Sondervorschriften, wenn auch vorerst nur in drei Fällen, nämlich beim Rücktritt vom Unternehmen des Hochverrats (§ 83a I), vom räuberischen Angriff auf Kraftfahrer (§ 316a II) und vom Unternehmen der Flugzeugentführung (§ 316´ IV). Die *analoge* Anwendung dieser Sondervorschriften auf alle Unternehmensdelikte, einschließlich der „unechten", erscheint gerechtfertigt (anders aber BGH 15, 198 [199] zu § 122 II) (vgl. oben § 49 VIII 2)[45].

VI. Die Wirkung des Rücktritts

1. Der freiwillige Rücktritt bewirkt die Straflosigkeit des Zurücktretenden. Er ist nach herrschender Ansicht ein **persönlicher Strafaufhebungsgrund** (vgl. unten § 52 II 2), denn durch den Rücktritt werden weder Tatbestandsmäßigkeit noch Rechtswidrigkeit berührt, und auch die Schuld wird nur bis zu einem gewissen Grade ausgeglichen[46]. Für die Anhänger der kriminalpolitischen Begründung der Straflosigkeit des Rücktritts ist diese Konsequenz selbstverständlich, denn die Erwägungen, die zur Anerkennung des Rücktrittsprivilegs führen, haben mit der Tat selbst nichts zu tun. Aber auch die neuere Lehre, die auf die Belohnung des in der Freiwilligkeit des Rücktritts liegenden Verdiensts abstellt, kann den Rücktritt als persönlichen Strafaufhebungsgrund verstehen, weil die Schuld durch den Rücktritt nicht beseitigt, sondern nur nachträglich kompensiert wird[47]. Dagegen führt die nach der Einheitstheorie (vgl. oben § 51 I 5) gebotene Gesamtbetrachtung von Versuch und Rücktritt dazu, diesen als *negatives Strafwürdigkeitsmerkmal* zu verstehen, das einerseits nicht unbedingt an die formelle Nichtvollendung des Delikts gebunden ist, andererseits auch durch bloße Strafmilderung oder durch Absehen von Strafe berücksichtigt werden kann[48].

2. Die Wirkung des Rücktritts besteht nach § 24 I 1 darin, daß der Täter nicht „wegen Versuchs" bestraft wird[49]. Straflos ist also nur der Versuch „als solcher". Ist

---

[44] Vgl. *Schönke / Schröder / Eser,* § 24 Rdn. 116ff.

[45] Vgl. *Schröder,* Kern-Festschrift S. 462ff.; *Schönke / Schröder / Eser,* § 24 Rdn. 118; *Bottke,* Methodik S. 340ff.

[46] Vgl. RG 72, 349 (350); BGH 7, 296 (299); BGH StV 1982, 1; *Baumann / Weber,* Allg. Teil S. 503; *Blei,* Allg. Teil S. 247; *Dreher / Tröndle,* § 24 Rdn. 3; *LK (Vogler)* § 24 Rdn. 22; *Lackner,* § 24 Anm. 1; *Kohlrausch / Lange,* § 46 Anm. II; *Maurach / Gössel / Zipf,* Allg. Teil II S. 58; *Schönke / Schröder / Eser,* § 24 Rdn. 4; *Welzel,* Lehrbuch S. 196; *Wessels,* Allg. Teil S. 181. Für Einbeziehung des Rücktritts als negatives Merkmal in den Versuchstatbestand *Reinhard v. Hippel,* Rücktritt S. 72ff. Ebenso ein Teil der spanischen Strafrechtslehre: vgl. *Muñoz Conde,* ZStW 84 (1972) S. 764 Fußnote 30. Gegen diese Lehre mit Recht *Roxin,* Heinitz-Festschrift S. 275; *Muñoz Conde,* ZStW 84 (1972) S. 767. Ähnlich wie *Reinhard v. Hippel* jedoch *Bloy,* Dogmatische Bedeutung S. 175ff. (Wegfall der Strafwürdigkeit auf der Ebene des Unrechts). Für Entschuldigungsgrund *Roxin,* Heinitz-Festschrift S. 273; *SK (Rudolphi)* § 24 Rdn. 6; *Ulsenheimer,* Grundfragen des Rücktritts S. 90. Dagegen nennt *Jakobs,* Allg. Teil S. 612 weitergehend den Rücktritt einen „Deliktsausgleichungsgrund, und zwar auf *allen* Stufen des Delikts". Für Strafzumessungsgrund *Bottke,* Methodik S. 603ff.; *Burkhardt,* Rücktritt S. 121. Anders auch *v. Scheurl,* Rücktritt S. 14.

[47] Vgl. *Allfeld,* Frank-Festgabe Bd. II S. 76; *Wessels,* Allg. Teil S. 180.

[48] So *Lang-Hinrichsen,* Engisch-Festschrift S. 373; *Schmidhäuser,* Radbruch-Gedächtnisschrift S. 280; *derselbe,* Allg. Teil S. 623f. In dieser Richtung auch *Stratenwerth,* Allg. Teil I Rdn. 707; *Burkhardt,* Rücktritt S. 116.

[49] Die viel stärker differenzierten Rechtsfolgen des Rücktritts in anderen Vorschriften (z. B. §§ 83a, 315 VI) sind in § 24 nicht aufgenommen worden und darum auch nicht analog anzuwenden; vgl. *Burkhardt,* Rücktritt S. 184ff.; *Schönke / Schröder / Eser,* § 24 Rdn. 108.

VI. Die Wirkung des Rücktritts

in dem Versuch eine bereits vollendete Straftat enthalten, so bleibt diese trotz des freiwilligen Rücktritts strafbar (**qualifizierter Versuch**). Das gilt sowohl bei Ideal- als auch bei Gesetzeskonkurrenz. Eine vollendete Tat kann nicht deshalb straflos bleiben, weil der Täter damit zugleich ein anderes Delikt versucht hat.

Beispiele: Beim strafbefreienden Rücktritt vom Einbruchsdiebstahl (§ 243 I Nr. 1) können Sachbeschädigung und Hausfriedensbruch übrigbleiben (RG 40, 430). Wer vom Versuch der Vergewaltigung (§ 177) zurücktritt, bleibt gegebenenfalls wegen sexueller Nötigung nach § 178 (RG 23, 225; BGH 7, 296 [300]; 17, 1 [2]; OLG Düsseldorf NJW 1983, 767: auch wenn diese bei Vollendung wegen Gesetzeskonkurrenz entfiele) oder wegen gefährlicher Körperverletzung nach § 223a strafbar (BGH 9, 48 [53]). Tritt der Zeuge vor der Eidesleistung vom Meineid zurück, so ist er an sich wegen falscher uneidlicher Aussage nach § 153 strafbar, doch ist hier § 158 anzuwenden (BGH 8, 301 [315]). Beim Rücktritt vom Giftmordversuch kann der Täter wegen Vergiftung nach § 229 verantwortlich sein[50]. Beim Rücktritt vom Mordversuch bleibt die bereits vollendete Körperverletzung bestehen (über das Verhältnis von Tötungs- und Körperverletzungsvorsatz BGH 16, 122)[51].

Zweifelhaft ist die Frage, ob das im Versuch enthaltene *Gefährdungsdelikt* durch den Rücktritt wiederauflebt. Hierbei ist zwischen konkreten und abstrakten Gefährdungsdelikten zu unterscheiden[52]. Die Rücktrittswirkung umfaßt auch das vollendete *konkrete* Gefährdungsdelikt, soweit es sich auf dasselbe Rechtsgut bezieht, weil die Gefährdung nur die Vorstufe seiner Verletzung ist (so läßt der Rücktritt nach § 310 auch die Bestrafung nach § 310a entfallen und schließt der Rücktritt vom Mordversuch die Bestrafung wegen *lebensgefährdender* Körperverletzung nach § 223a aus). Dagegen bleibt die Strafbarkeit des *abstrakten* Gefährdungsdelikts wegen seiner generellen Gefährlichkeit auch im Falle des Rücktritts bestehen (z. B. bleibt die Vorbereitung nach § 149 strafbar, wenn der Täter vom Versuch der Geldfälschung zurücktritt, soweit nicht zugleich die Voraussetzungen des § 149 II oder III erfüllt sind).

3. Bei Beteiligung mehrerer an der Straftat[53] verschafft der Rücktritt als *persönlicher* Strafaufhebungsgrund nur demjenigen Beteiligten Straffreiheit, der *selbst* zurückgetreten ist (vgl. unten § 52 III 2), nicht aber den übrigen Beteiligten (Mittätern, Anstiftern, Gehilfen) (RG 56, 209 [210]; BGH 4, 172 [179]). Diese müssen ihrerseits zurücktreten, wenn sie sich Straffreiheit verdienen wollen. Die Voraussetzungen dafür regelt § 24 II[54]. Hat der Teilnehmer sich vergeblich bemüht, den Täter umzustimmen, ist der Rücktritt mißlungen[55]. Der Rücktritt kann einmal dadurch erfolgen, daß der Teilnehmer freiwillig die Vollendung der Tat, bei der er mitgewirkt hat, verhindert (§ 24 II 1). Begeht der Haupttäter die Tat trotz der Bemühungen des Teilnehmers in abgewandelter Form (z. B. zu anderer Zeit an einem anderen Objekt), so ist der Rücktritt erfolgreich, wenn sich die neue Tat als Exzeß des

---

[50] Vgl. den von *Dopffel*, GS 94 (1927) S. 422 geschilderten Fall.

[51] Nach *Olshausen*, § 46 Anm. 2 soll die Straffreiheit auch geringfügige Vordelikte umfassen (z. B. § 303 gegenüber § 243 I Nr. 1), doch ist es sachgerecht, in solchen Fällen § 154 StPO anzuwenden, wie es *LK (Vogler)* § 24 Rdn. 204 und *Schönke / Schröder / Eser*, § 24 Rdn. 110 befürworten.

[52] Ebenso *Maurach / Gössel / Zipf*, Allg. Teil II S. 59; *Schönke / Schröder / Eser*, § 24 Rdn. 110; *LK (Vogler)* § 24 Rdn. 198ff.; *Tröndle*, GA 1962, 231; *Schmidhäuser*, Allg. Teil S. 640.

[53] Zum ausländischen Recht vgl. *Jescheck*, ZStW 99 (1987) S. 141ff.

[54] Dazu *Dreher / Tröndle*, § 24 Rdn. 15; *Lackner*, § 24 Anm. 7; *Gores*, Rücktritt S. 138; *Otto*, JA 1980, 707; *Krauß*, JuS 1981, 888; *v. Scheurl*, Rücktritt S. 14; *Wessels*, Allg. Teil S. 192f.

[55] Vgl. *Lenckner*, Gallas-Festschrift S. 289f.; *LK (Vogler)* § 24 Rdn. 162; *Jakobs*, Allg. Teil S. 621; *Schönke / Schröder / Eser*, § 24 Rdn. 76.

Haupttäters darstellt (vgl. unten § 64 III 4 und IV 3, § 63 I 3 b)[56]. Wird die Tat ohne Zutun des Teilnehmers nicht vollendet (untauglicher oder fehlgeschlagener Versuch, Rücktritt des Haupttäters), so genügt das freiwillige und ernsthafte Bemühen des Teilnehmers, die Vollendung der Tat zu verhindern (§ 24 II 2 erste Alternative)[57]. Selbst wenn die Tat begangen wird, kann der Teilnehmer vorher zurücktreten. Erforderlich ist dazu sein freiwilliges und ernsthaftes Bemühen, die Vollendung der Tat zu verhindern, und das Gelingen der vollständigen Rücknahme des eigenen Tatbeitrags (§ 24 II 2 zweite Alternative). Für den Rücktritt genügt es dagegen nicht, daß der Teilnehmer lediglich seinen Tatbeitrag zurücknimmt, ohne sich um die Verhinderung der Vollendung zu bemühen[58]. Daß der Teilnehmer nur einen einzigen erfolgversprechenden Verhinderungsversuch unternimmt[59], genügt ebenfalls nicht: wenn er erkennt, daß er durch Beseitigung seines Tatbeitrags die Vollendung nicht verhindern kann, muß er weiter darum bemüht bleiben[60]. Für den Rücktritt reicht es jedoch aus, daß der betreffende Tatbeteiligte mit dem die Vollendung hindernden Rücktritt des anderen Tatbeteiligten einverstanden ist[61].

Beispiele: Wenn der Angestiftete aufgrund der Gegenbemühungen des Anstifters die weitere Ausführung der Tat aufgibt, so daß sie auf der Stufe des Versuchs stehen bleibt, so tritt auch für den Anstifter Straffreiheit ein (RG 47, 358 [361]; 56, 209 [210]). Der Gehilfe, der zugesagt hat, eine betrügerische Forderung vor Gericht durch einen Meineid zu unterstützen, tritt wirksam zurück, wenn er durch eine wahre Aussage die Vollendung des beabsichtigten Betrugs vereitelt (RG 62, 405 [406]), nicht jedoch der Gehilfe, der lediglich seinen Aufpasserposten verläßt (BGH GA 1966, 209). Der Mittäter kann sich Straffreiheit nur dadurch verdienen, daß er die ursächliche Wirkung seines Tatbeitrags beseitigt oder die Vollendung der Tat verhindert; in der vollendeten Tat „darf nichts enthalten sein, was sich mit dem von ihm bereits ausgeführten Teil der Gesamthandlung in ursächliche Verbindung bringen läßt" (RG 54, 177 [178]; 59, 412 [413]; BGH NJW 1951, 410). Ist bei der mittelbaren Täterschaft der Gehilfe auf Weisung des Hintermanns zurückgetreten, so kommt der Rücktritt auch diesem zugute (RG 39, 37 [41]), sonst nicht. Der Beteiligte, der vor Beginn des Banküberfalls „einen kurzen verbalen Versuch" macht, die Mittäterin von dem Vorhaben abzubringen und den von ihm übernommenen Tatbeitrag nicht leistet, ist nicht zurückgetreten (BGH 28, 346 [348]).

---

[56] Vgl. *Dreher / Tröndle*, § 24 Rdn. 16; *LK (Vogler)* § 24 Rdn. 166 ff. (zur Tatidentität Rdn. 171); *Grünwald*, Welzel-Festschrift S. 713; *v. Scheurl*, Rücktritt S. 120; *Schönke / Schröder / Eser*, § 24 Rdn. 87 ff.; *SK (Rudolphi)* § 24 Rdn. 39.

[57] Diese zweite Möglichkeit für den Rücktritt des Teilnehmers entspricht der Regelung des § 24 I für den Rücktritt des Täters selbst.

[58] Vgl. *Dreher / Tröndle*, § 24 Rdn. 16; *Lackner*, § 24 Anm. 7 a; *Preisendanz*, § 24 Anm. 7 c; *Schönke / Schröder / Eser*, § 24 Rdn. 98; *SK (Rudolphi)* § 24 Rdn. 36. Die darin liegende Verschärfung gegenüber dem früheren Recht, nach welchem die Beseitigung des eigenen Tatbeitrags genügte (vgl. 2. Auflage S. 414), wird mit der größeren Gefährlichkeit der Tat mehrerer begründet (BT-Drucksache V/4095 S. 12), was jedoch nicht überzeugt, da der Rücktritt des Teilnehmers gerade voraussetzt, daß von seinem Tatbeitrag nichts bestehen geblieben ist. Kritisch dazu auch *Grünwald*, Welzel-Festschrift S. 701; *J. Meyer*, ZStW 87 (1975) S. 619; *Lenckner*, Gallas-Festschrift S. 305; *Roxin*, Einführung S. 24; *v. Scheurl*, Rücktritt S. 148 f.; *Stratenwerth*, Allg. Teil I Rdn. 844; *LK (Vogler)* § 24 Rdn. 155 ff.; *Walter*, Rücktritt S. 134 f.; positiv aber *Gores*, Rücktritt S. 232. Im Grunde steht hinter der Neuregelung der Gedanke, daß, wer einmal mitgemacht hat, nicht tatenlos zusehen darf, wie die anderen weitermachen; so *Dreher / Tröndle*, § 24 Rdn. 16. Doch liegt darin eine Haftung für fremde Tat, die unserem Strafrecht sonst fremd ist.

[59] So *Grünwald*, Welzel-Festschrift S. 716 ff.; *SK (Rudolphi)* § 24 Rdn. 41.

[60] So *Lenckner*, Gallas-Festschrift S. 299; *Schönke / Schröder / Eser*, § 24 Rdn. 103; *Gores*, Rücktritt S. 204 f.

[61] *LK (Vogler)* § 24 Rdn. 170; *Dreher / Tröndle*, § 24 Rdn. 15.

4. Abschnitt: Voraussetzungen der Strafbarkeit außerhalb von Unrecht und Schuld

Unrecht und Schuld reichen in der Regel als materielle Voraussetzungen der Strafbarkeit aus. Es gibt jedoch Fälle, in denen damit das Strafbedürfnis noch nicht abschließend festgestellt ist, sondern die Entscheidung über die Strafbarkeit der Tat erst aufgrund von Merkmalen fällt, die jenseits von Unrecht und Schuld liegen. Diese zusätzlichen Momente betreffen die Frage der Strafbarkeit nur dann, wenn sie dem *materiellen* Strafrecht angehören. Handelt es sich dagegen um *Prozeßvoraussetzungen* oder *Prozeßhindernisse* (wie Strafantrag oder Amnestie), so wird nicht die Strafbarkeit, sondern die *Verfolgbarkeit* der Tat berührt. Zwischen den Prozeßvoraussetzungen und den Tatbestandsmerkmalen gibt es somit eine Gruppe von Faktoren, die weder zur einen noch zur anderen Kategorie gehören. Es sind dies die persönlichen Strafausschließungs- und Strafaufhebungsgründe (vgl. unten § 52) und die objektiven Bedingungen der Strafbarkeit (vgl. unten § 53).

§ 52 Die persönlichen Strafausschließungs- und Strafaufhebungsgründe

Bloy, Die dogmatische Bedeutung der Strafausschließungs- und Strafaufhebungsgründe, 1976; *Bulla*, Zum Irrtum beim Familiendiebstahl, JuS 1974, 231; *Kielwein*, Unterlassung und Teilnahme, GA 1955, 225; *Koch*, Zum Antragsrecht beim „Familiendiebstahl", GA 1962, 304; *Peters*, Zur Lehre von den persönlichen Strafausschließungsgründen, JR 1949, 496; *Rittler*, Strafbarkeitsbedingungen, Festgabe für R. v. Frank, Bd. II, 1930, S. 1; *Schmidhäuser*, Objektive Strafbarkeitsbedingungen, ZStW 71 (1959) S. 545; *Stree*, In dubio pro reo, 1962; *v. Weber*, Das Absehen von Strafe, MDR 1956, 705.

I. Das Wesen der persönlichen Ausnahmen von der Strafbarkeit

1. Die persönlichen Ausnahmen von der Strafbarkeit sind Umstände, die weder das geschützte Rechtsgut noch die Begehungsweise der Tat noch die in der Tat bekundete Einstellung des Täters zum Recht betreffen, sondern jenseits von Unrecht und Schuld stehen, aber gleichwohl mit der **Person** des Täters zusammenhängen[1]. Die **Strafwürdigkeit** der Tat ist in Fällen, in denen solche Umstände in Betracht kommen, an sich zu bejahen, doch geben Unrecht und Schuld hier nicht allein den Ausschlag. Die besonderen persönlichen Ausnahmen haben vielmehr zur Folge, daß das **Strafbedürfnis** für die Tat von vornherein ausgeschlossen ist oder nachträglich wieder aufgehoben wird[2]. Der Sinngehalt dieser Gegengründe der Bestrafung ist teils außerstrafrechtlicher Natur wie der Schutz der parlamentarischen Rede- und Abstimmungsfreiheit bei der Indemnität der Abgeordneten (vgl. oben § 19 II 2), teils handelt es sich um spezifisch strafrechtliche Gesichtspunkte wie den Gedanken, daß der Täter für den freiwilligen Rücktritt vom Versuch belohnt werden soll (vgl. oben § 51 I 3).

---

[1] Ebenso *Baumann / Weber*, Allg. Teil S. 459 ff.; *Bulla*, JuS 1974, 231; *Dreher / Tröndle*, Vorbem. 17 vor § 32; *Eser*, Strafrecht I Nr. 20 A Rdn. 11; *Lackner*, Vorbem. III 5 a vor § 13; SK (*Rudolphi*) Vorbem. 14 vor § 19; *Wessels*, Allg. Teil S. 138. Gegen das Merkmal „persönlich" LK (*Hirsch*) Vorbem. 213 vor § 32; für Trennung in sachliche und persönliche Merkmale *Maurach / Zipf*, Allg. Teil I S. 464 f.; *Schönke / Schröder / Lenckner*, Vorbem. 131 vor § 32. Richtig ist, daß es auch sachliche Strafausschließungsgründe gibt, z. B. § 37 und § 186, die deswegen auch für Teilnehmer wirken.

[2] Ebenso *Stratenwerth*, Allg. Teil I Rdn. 196 f.; *Schmidhäuser*, Allg. Teil S. 488 ff. Dagegen nimmt *Jakobs*, Allg. Teil S. 281 „rollenbezogene Bedingungen der Ausschließung von Unrecht oder seiner Straftatbestandlichkeit" an.

Der Gesetzgeber besitzt die Freiheit, derartigen Erwägungen Raum zu geben, denn es gilt zwar der Satz „Keine Strafe ohne Schuld", aber nicht auch seine Umkehrung.

2. Einzelne persönliche Umstände außerhalb von Unrecht und Schuld sind nicht als Strafausschließungsgründe ausgestaltet, sondern haben nur die Wirkung von *Prozeßvoraussetzungen*. So sind Diebstahl und Unterschlagung in Haus und Familie Antragsdelikte (§ 247). Dasselbe gilt für Hehlerei (§ 259 II), Betrug (§ 263 IV), Erschleichen von Leistungen (§ 265a III) und Untreue (§ 266 III). Die nachhaltige Einwirkung auf den Täter durch Lockspitzel wurde bisher als *Prozeßhindernis* (BGH NStZ 1981, 70; 1981, 394; 1982, 156) angesehen, wird in der neuesten Rechtssprechung jedoch als *Strafmilderungsgrund* eingestuft (BGH 32, 345 [355]; BGH NJW 1986, 75f.).

II. Die Arten der persönlichen Ausnahmen von der Strafbarkeit

Die persönlichen Ausnahmen von der Strafbarkeit sind entweder Straf*ausschließungs*- oder Straf*aufhebungs*gründe[3].

1. **Persönliche Strafausschließungsgründe** sind gewisse der Bestrafung entgegenstehende Umstände, die *zur Zeit der Tat* vorliegen müssen. Hierhin gehört die Indemnität der Abgeordneten (Art. 46 I GG, § 36 StGB) (vgl. oben § 19 II 2). Die Straflosigkeit der wahrheitsgetreuen Parlamentsberichte (§ 37 StGB) (vgl. oben § 19 II 3) ist ebenfalls ein Strafausschließungsgrund, bei dem aber die Besonderheit vorliegt, daß er nicht persönlich, sondern sachlich wirkt, so daß er den Beteiligten zugute kommt.

Der Kreis der persönlichen Strafausschließungsgründe wird vielfach weiter gezogen, als es hier geschieht. *Peters*[4] rechnet dazu auch den Fall der unlösbaren Pflichtenkollision (vgl. dagegen oben § 47 I 3). Ferner betrachtet die überwiegende Lehre das Privileg der Minderjährigkeit in § 173 III[5] und das Angehörigenprivileg in § 258 VI[6] als persönliche Strafausschließungsgründe (vgl. dagegen oben § 42 II 1). Teilweise wird auch die völkerrechtliche Befreiung der Exterritorialen vom Gerichtszwang als persönlicher Strafausschließungsgrund gedeutet (vgl. dagegen oben § 19 III 2)[7].

2. **Persönliche Strafaufhebungsgründe** sind Umstände, die erst nach Begehung der strafbaren Handlung eintreten und die bereits entstandene Strafbarkeit rückwirkend wieder beseitigen. Hauptbeispiel ist der Rücktritt vom Versuch nach §§ 24, 31, 159 (RG 16, 347; 37, 402 [405]; 56, 149 [150]), dem der ausnahmsweise strafbefreiende Rücktritt von vollendeter Tat, von selbständigen Vorbereitungshandlungen und von Unternehmensdelikten (vgl. oben § 51 V) zur Seite tritt. In manchen Fällen des Rücktritts ist nicht Straflosigkeit, sondern nur Strafmilderung oder das Absehen von Strafe vorgesehen (z. B. §§ 83a, 84 V, 87 III, 158 I, 316a II)[8]. Ein persönlicher

---

[3] Die Unterscheidung ist üblich; vgl. *Dreher / Tröndle*, Vorbem. 17 vor § 32; *Schönke / Schröder / Lenckner*, Vorbem. 127, 133 vor § 32; *SK (Rudolphi)* Vorbem. 14 vor § 19. Dagegen aber *LK (Hirsch)* Vorbem. 213 vor § 32.

[4] *Peters*, JR 1949, 498.

[5] So z.B. *Baumann / Weber*, Allg. Teil S. 461; *Dreher / Tröndle*, § 173 Rdn. 8; *Lackner*, § 173 Anm. 7; *Schönke / Schröder / Lenckner*, § 173 Rdn. 9.

[6] So *Dreher / Tröndle*, § 258 Rdn. 16; *Lackner*, § 258 Anm. 8; *Maurach / Schroeder*, Bes. Teil II S. 326; *Schönke / Schröder / Stree*, § 258 Rdn. 39. Wie der Text *LK (Hirsch)* Vorbem. 215 vor § 32; *SK (Rudolphi)* Vorbem. 10 vor § 19.

[7] Zu den materiellrechtlichen Bestrafungshindernissen außerhalb von Unrecht und Schuld zählt *Bloy*, Die dogmatische Bedeutung S. 57, 73, 87, 211 Exterritorialität, Indemnität und Immunität (soweit es sich nicht bloß um die Unzulässigkeit der Verhaftung handelt) sowie den Gnadenerweis. Einen Gesamtüberblick gibt *LK (Hirsch)* Vorbem. 214 vor § 32.

[8] Absehen von Strafe bedeutet nicht Freispruch, sondern Schuldspruch ohne Strafausspruch, vgl. dazu *v. Weber*, MDR 1956, 707. Der Unterschied liegt, abgesehen vom Inhalt der Ent-

Strafaufhebungsgrund ist ferner der Erlaß der Strafe nach Ablauf der Bewährungszeit (§§ 56 g I 1, 57 III). Dagegen haben eine *Doppelnatur* die Begnadigung, die Amnestie und die Strafverfolgungsverjährung: sie sind sowohl Strafaufhebungsgründe als auch Prozeßhindernisse[9].

Auch der Kreis der persönlichen Strafaufhebungsgründe wird zum Teil weiter gezogen, als es hier geschieht. So erscheinen vielfach das Angehörigenprivileg[10] und die Sondervorschrift für Rechtsanwälte, Verteidiger und Ärzte[11] in § 139 III 2 sowie die Ausübung der Wahlmöglichkeit[12] in § 139 IV als persönliche Strafaufhebungsgründe. Es handelt sich jedoch im ersten Fall um einen Entschuldigungsgrund (vgl. oben § 42 II 1), im zweiten um den Rechtfertigungsgrund des Berufsgeheimnisses[13], im dritten um den Ausschluß der Tatbestandsmäßigkeit der unterlassenen Verbrechensanzeige[14].

III. Die Behandlung der persönlichen Ausnahmen von der Strafbarkeit

1. Da die persönlichen Strafausschließungsgründe außerhalb von Unrecht und Schuld stehen, braucht sich weder der Vorsatz des Täters noch die Verbotskenntnis auf sie zu beziehen. Es kommt nur auf ihr Vorhandensein an, ein **Irrtum** in dieser Richtung ist **unbeachtlich**[15].

Beispiel: Nach früherem Recht war bei Diebstahl und Unterschlagung gegen den Ehegatten ein persönlicher Strafausschließungsgrund gegeben (§ 247 II a.F.). Der Dieb war nach § 242 strafbar, selbst wenn er irrig annahm, die gestohlene Sache gehöre seiner Frau, im umgekehrten Fall dagegen straflos (BGH 23, 281). Entsprechendes gilt auch für das Strafantragserfordernis nach § 247 (BGH 18, 123 [125f.]).

2. Die persönlichen Strafausschließungs- und Strafaufhebungsgründe sind Umstände, die **nur auf diejenigen Beteiligten** an einer Straftat anzuwenden sind, **bei denen sie zutreffen** (§ 28 II) (vgl. unten § 61 VII 4 a cc)[16].

Beispiel: Wenn von mehreren Beteiligten am Versuch einer Geldfälschung (§ 146) einer zurücktritt, bleiben die anderen strafbar (RG 59, 412).

3. Da die persönlichen Strafausschließungs- und Strafaufhebungsgründe als Merkmale der Strafbarkeit zum materiellen Strafrecht gehören, kann kein Zweifel sein, daß auf sie auch der Grundsatz „in dubio pre reo" (vgl. oben § 16 II 1) Anwendung findet[17]. Dasselbe muß für den Fall der Amnestie gelten[18].

---

scheidung, auch darin, daß der Angeklagte bei Absehen von Strafe als verurteilt gilt und daher nach § 465 I 2 StPO die Verfahrenskosten zu tragen hat (vgl. unten § 81 I, II).

[9] Ebenso *Baumann / Weber*, Allg. Teil S. 462; *Dreher / Tröndle*, Vorbem. 4 vor § 78; *SK (Rudolphi)* Vorbem. 10 vor § 78; *Jakobs*, Allg. Teil S. 283; für reine Prozeßhindernisse aber *Maurach / Gössel / Zipf*, Allg. Teil II S. 684f.; *LK (Jähnke)* Vorbem. 9 vor § 78; *Schönke / Schröder / Stree*, Vorbem. 3 vor § 78.

[10] So *Dreher / Tröndle*, § 139 Rdn. 6; *Lackner*, § 139 Anm. 3; *Maurach / Schroeder*, Bes. Teil II S. 313.

[11] So *Maurach / Schroeder*, Bes. Teil II S. 313; *Welzel*, Lehrbuch S. 518.

[12] So *Lackner*, § 139 Anm. 4.

[13] So *Dreher / Tröndle*, § 139 Rdn. 7. Nach *Kielwein*, GA 1955, 231 ist die Unterlassung in diesem Falle nicht einmal tatbestandsmäßig.

[14] So *Schönke / Schröder / Cramer*, § 139 Rdn. 6.

[15] Vgl. BGH 23, 281; OLG Stuttgart MDR 1970, 162; *Baumann / Weber*, Allg. Teil S. 460; *LK (Hirsch)* Vorbem. 216 vor § 32; *Schönke / Schröder / Lenckner*, Vorbem. 132 vor § 32; *Schmidhäuser*, ZStW 71 (1959) S. 559.

[16] Vgl. *Rittler*, Frank-Festgabe Bd. II S. 8; *Schönke / Schröder / Lenckner*, Vorbem. 132 vor § 32.

[17] Vgl. BayObLG NJW 1961, 1222; *Peters*, JR 1949, 499; *Stree*, In dubio pro reo S. 29ff.; *Schönke / Schröder / Lenckner*, Vorbem. 134 vor § 32. Vgl. auch *Koch*, GA 1962, 304.

Beispiel: Wenn nicht festgestellt werden kann, ob der Abgeordnete die beleidigende Äußerung in einer Ausschußsitzung des Bundestags oder während einer Pause getan hat, ist § 36 anzuwenden.

§ 53 Die objektiven Bedingungen der Strafbarkeit

Bemmann, Zur Frage der objektiven Bedingungen der Strafbarkeit, 1957; *derselbe,* Welche Bedeutung hat das Erfordernis der Rauschtat im § 330a StGB, GA 1961, 65; *Bockelmann,* Bedingungen der Strafbarkeit, Niederschriften, Bd. V, S. 84; *H. Bruns,* Kritik der Lehre vom Tatbestand, 1932; *H.-J. Bruns,* Zur neuesten Rechtsprechung über die Strafbarkeit der Volltrunkenheit, JZ 1958, 105; *Cramer,* Der Vollrauschtatbestand als abstraktes Gefährdungsdelikt, 1962; *Finger,* Tatbestandsmerkmale und Bedingungen der Strafbarkeit, GA 50 (1903) S. 32; *Hardwig,* Studien zum Vollrauschtatbestand, Festschrift für Eb. Schmidt, 1961, S. 459; *derselbe,* Der Vollrauschtatbestand, GA 1964, 140; *Haß,* Die Entstehungsgeschichte der objektiven Strafbarkeitsbedingung, Diss. Kiel 1969; *derselbe,* Zu Wesen und Funktion der objektiven Strafbarkeitsbedingung usw., Rechtstheorie 3 (1972) S. 23; *Hegler,* Die Merkmale des Verbrechens, ZStW 36 (1915) S. 184; *Hirsch,* Ehre und Beleidigung, 1967; *derselbe,* Zur Problematik des erfolgsqualifizierten Delikts, GA 1972, 65; *Jescheck,* Straftaten gegen das Ausland, Festschrift für Th. Rittler, 1957, S. 275; *Kantorowicz,* Tat und Schuld, 1933; *Armin Kaufmann,* Lebendiges und Totes in Bindings Normentheorie, 1954; *Arthur Kaufmann,* Zur Frage der Beleidigung von Kollektivpersönlichkeiten, ZStW 72 (1960) S. 418; *derselbe,* Unrecht und Schuld beim Delikt der Volltrunkenheit, JZ 1963, 425; *Hilde Kaufmann,* Strafanspruch, Strafklagrecht, 1968; *Krause,* Die objektiven Bedingungen der Strafbarkeit, Jura 1980, 449; *Lackner,* Vollrausch und Schuldprinzip, JuS 1968, 215; *Land,* System der äußeren Strafbarkeitsbedingungen, Strafr. Abh. Heft 229, 1927; *Lange,* Die Behandlung der Volltrunkenheit in der Strafrechtsreform, JR 1957, 242; *Lang-Hinrichsen,* Zur Frage der Zurechnung von Folgen der Straftat bei der Strafzumessung, GA 1957, 1; *derselbe,* Zur Krise des Schuldgedankens im Strafrecht, ZStW 73 (1961) S. 210; *H. Mayer,* Die folgenschwere Unmäßigkeit (§ 330a StGB), ZStW 59 (1940) S. 283; *Müller-Dietz,* Grenzen des Schuldgedankens im Strafrecht, 1967; *Radbruch,* Tat und Schuld, SchwZStr 51 (1937) S. 249; *Rittler,* Strafbarkeitsbedingungen, Festgabe für R. v. Frank, Bd. II, 1930, S. 1; *Roeder,* Wahrheitsbeweis und Indiskretionsdelikt, Festschrift für R. Maurach, 1972, S. 347; *Roxin,* Strafverfahrensrecht, 20. Auflage 1987; *Sauer,* Die beiden Tatbestandsbegriffe, Festschrift für E. Mezger, 1954, S. 117; *Sax,* „Tatbestand" und Rechtsgutsverletzung, JZ 1976, 9; *Schaad,* Die objektiven Strafbarkeitsbedingungen im schweiz. Strafrecht, 1964; *Schmidhäuser,* Objektive Strafbarkeitsbedingungen, ZStW 71 (1959) S. 545; *Schwalm,* Gibt es objektive Strafbarkeitsbedingungen? MDR 1959, 906; *Schweikert,* Strafrechtliche Haftung für riskantes Verhalten? ZStW 70 (1958) S. 394; *Stratenwerth,* Objektive Strafbarkeitsbedingungen im Entwurf eines StGB 1959, ZStW 71 (1959) S. 565; *Stree,* Objektive Bedingungen der Strafbarkeit, JuS 1965, 465; *Tiedemann,* Objektive Strafbarkeitsbedingungen und die Reform des deutschen Konkursstrafrechts, ZRP 1975, 129; *v. Weber,* Die strafrechtliche Verantwortlichkeit für die Rauschtat, Festschrift für U. Stock, 1966, S 59; *Welzel,* Der Irrtum über die Rechtmäßigkeit der Amtsausübung, JZ 1952, 19; *Zimmerl,* Zur Lehre vom Tatbestand, Strafr. Abh. Heft 237, 1928.

I. Begriff und Funktion der objektiven Bedingungen der Strafbarkeit

1. Objektive Bedingungen der Strafbarkeit sind **Umstände, die in unmittelbarem Zusammenhang mit der Tat** stehen, aber **weder zum Unrechts- noch zum Schuldtatbestand** zählen[1]. Sie gehören sämtlich zu den *materiellen* Voraussetzungen der

---

[18] Vgl. *Stree,* In dubio pro reo S. 73; *Dreher / Tröndle,* Vorbem. 17 vor § 32; *Schönke / Schröder / Lenckner,* Vorbem. 134 vor § 32. Dagegen aber RG 56, 49 (50); 71, 259 (263); BGH JZ 1951, 655. Differenzierend BGH NJW 1958, 392; OLG Hamm NJW 1955, 75, 644.

[1] Vgl. *Blei,* Allg. Teil S. 87; *Dreher / Tröndle,* § 16 Rdn. 32; *Bockelmann / Volk,* Allg. Teil S. 31 f.; *Schmidhäuser,* ZStW 71 (1959) S. 558; *Kantorowicz,* Tat und Schuld S. 237 ff.; *LK*[9] *(Hirsch)* Vorbem. 188 vor § 51; *Maurach / Zipf,* Allg. Teil I S. 287; *Schönke / Schröder / Lenckner,* Vorbem. 124 vor § 13; *SK (Rudolphi)* Vorbem. 13 vor § 19; *WK (Nowakowski)* Vorbem. 72 vor § 3; *Wessels,* Allg. Teil S. 43 f. Dagegen betont *Sax,* JZ 1976, 14 ff. gerade ihre

I. Begriff und Funktion der objektiven Bedingungen der Strafbarkeit

Strafbarkeit, weisen aber unter sich erhebliche Verschiedenheiten auf, da sie teilweise eine echte Sondergruppe bilden, teilweise aber den Tatbestandsmerkmalen nahe stehen. Trotz dieser Unterschiede werden sie sämtlich nach demselben Prinzip behandelt: für die Frage der Strafbarkeit kommt es allein auf die Tatsache ihres Vorliegens oder Nichtvorliegens an, während Vorsatz und Fahrlässigkeit sich nicht auf sie zu beziehen brauchen[2]. Das bedeutet, daß der Täter strafbar ist, wenn die objektive Bedingung bei der Tat gegeben ist oder später eintritt, selbst wenn er sie nicht gekannt hat bzw. ihren Eintritt nicht voraussehen konnte, daß er aber auch nicht wegen Versuchs bestraft werden kann, wenn er an das Vorliegen oder den Eintritt der objektiven Bedingung geglaubt hat, während sie in Wirklichkeit fehlte oder ausgeblieben ist.

2. Ein zutreffendes Bild von der *Funktion* der objektiven Bedingungen der Strafbarkeit läßt sich nur gewinnen, wenn man *verschiedene Fallgruppen* unterscheidet[3].

a) Die **echten Strafbarkeitsbedingungen sind reine Strafeinschränkungsgründe**, sie sind darum auch vom Schuldprinzip her nicht zu beanstanden. Man kann sie als das sachliche Gegenstück zu den persönlichen Strafausschließungs- und Strafaufhebungsgründen betrachten (vgl. oben § 52), mit denen sie im Verbrechensaufbau auf der gleichen Stufe stehen (vgl. BGH 11, 273 [274])[4]. Der Gesetzgeber verneint in bestimmten Fällen, obwohl Unrecht und Schuld an sich gegeben sind, das Strafbedürfnis, wenn nicht noch ein weiterer Umstand hinzutritt, der entweder die Tat selbst oder die Entwicklung nach der Tat betreffen kann und dieser im Verhältnis zur Umwelt ein größeres Gewicht gibt[5]. Mit der *Strafwürdigkeit* der Tat (vgl. oben § 7 I 1 a) ist zwar in der Regel auch das Straf*bedürfnis* zu bejahen, es gibt jedoch Fälle, in denen noch eine besondere Beeinträchtigung der durch die betreffende Strafvorschrift geschützten Ordnungswerte hinzutreten muß, ehe die kriminalpolitische Notwendigkeit der Strafe anerkannt wird[6].

Beispiel: So werden ausländische Staaten gegen Angriffe nach §§ 102 ff. nur dann geschützt, wenn durch das Bestehen diplomatischer Beziehungen und die Verbürgung der Gegenseitigkeit ein Mindestmaß an politisch-völkerrechtlichem Kontakt garantiert ist (§ 104 a), weil sonst die Strafe kriminalpolitisch sinnlos wäre[7].

Zugehörigkeit zum Unrechtstatbestand. *Jakobs*, Allg. Teil S. 275 ff. nimmt „rückwirkende aufschiebende Bedingungen des Unrechts" bzw. der „Straftatbestandlichkeit" an.

[2] Ihre Herkunft erklärt *Haß*, Entstehungsgeschichte S. 71 aus dem „Zweck, § 59 auszuschalten"; vgl. auch *derselbe*, Rechtstheorie 3 (1972) S. 33.

[3] Vgl. die Kritik von *Armin Kaufmann*, Normentheorie S. 213 an dem „Sammelbegriff für Merkmale, deren richtige Eingruppierung zweifelhaft ist"; ferner *Maurach / Zipf*, Allg. Teil I S. 288; *M. E. Mayer*, Lehrbuch S. 101. Die Einteilung in unechte und echte Strafbarkeitsbedingungen findet sich auch bei *Krause*, Jura 1980, 452; *Triffterer*, Allg. Teil S. 194 und *Wessels*, Allg. Teil S. 44.

[4] Vgl. *Stree*, JuS 1965, 467.

[5] Vgl. *Gallas*, Niederschriften Bd. V S. 104.

[6] So die h. L.; *Finger*, GA 50 (1903) S. 43 („äußere Bedingungen der Strafbarkeit"); *Hegler*, ZStW 36 (1915) S. 223 ff.; *Lang-Hinrichsen*, GA 1957, 9; *Radbruch*, SchwZStr 51 (1937) S. 254 f.; *Rittler*, Frank-Festgabe Bd. II S. 15; *Schmidhäuser*, ZStW 71 (1959) S. 561; *derselbe*, Allg. Teil S. 484 f.; *Schwalm*, MDR 1959, 906; *Stratenwerth*, ZStW 71 (1959) S. 567; *Stree*, JuS 1965, 467; *Schaad*, Objektive Strafbarkeitsbedingungen S. 36.

[7] Entgegen der Wortfassung des § 104 a, der für Prozeßvoraussetzungen spricht, werden die beiden genannten Merkmale von der h. L. als objektive Bedingungen der Strafbarkeit ausgelegt; vgl. *Jescheck*, Rittler-Festschrift S. 282; *Kohlrausch / Lange*, § 104 a Anm. I; *Maurach / Schroeder*, Bes. Teil II S. 288; *Schönke / Schröder / Eser*, § 104 a Rdn. 2; *LK (Willms)* § 104 a Rdn. 2, 3; *Dreher / Tröndle*, § 104 a Rdn. 1; *Lackner*, § 104 a Anm. 1; *SK (Rudolphi)* Vorbem. 13 vor § 19. Für Prozeßvoraussetzungen dagegen *Bemmann*, Bedingungen der Strafbarkeit S. 31.

§ 53 Die objektiven Bedingungen der Strafbarkeit

Der *Unterschied der Strafbarkeitsbedingungen gegenüber den persönlichen Strafausschließungs- und Strafaufhebungsgründen* (vgl. oben § 52) besteht darin, daß diese an die Person der Beteiligten gebunden sind, während beim Fehlen einer objektiven Bedingung die Tat für jedermann straflos ist. Von den *Erfolgsqualifikationen* (vgl. oben § 26 II 1 a) unterscheiden sich die Starfbarkeitsbedingungen dadurch, daß jene strafschärfende Merkmale des Unrechtstatbestandes sind, die wenigstens durch Fahrlässigkeit herbeigeführt sein müssen (§ 18) oder Leichtfertigkeit voraussetzen, während diese außerhalb von Unrecht und Schuld stehen.

Abweichende Lehrmeinungen zu den *echten* Strafbarkeitsbedingungen sind selten. *Sauer*[8], *Land*[9] und *Sax*[10] rechnen die objektiven Bedingungen der Strafbarkeit wegen ihrer engen Verknüpfung mit dem Tatunrecht zum Tatbestand. Eine mit dem Text im Prinzip übereinstimmende, im einzelnen aber abweichende Unterteilung des ganzen Komplexes in Unrechtsmerkmale, objektive Schuldmerkmale und echte Strafbarkeitsbedingungen hat *Zimmerl*[11] vorgenommen. *Bemmann*[12] lehnt die objektiven Strafbarkeitsbedingungen ganz ab, weil es im Rahmen des Verbrechensaufbaus für sie weder einen Platz noch eine Funktion gebe.

b) Neben den echten gibt es **unechte Strafbarkeitsbedingungen,** die praktisch eine größere Rolle spielen als jene und gegen die sich die eigentlichen dogmatischen Bedenken richten. Dabei handelt es sich einmal um **verkappte Strafschärfungsgründe,** die ihrem Wesen nach zum Unrechtstatbestand gehören, aber formell als Strafbarkeitsbedingungen ausgestaltet sind, weil sie der Gesetzgeber von dem Erfordernis der Vorsatz- bzw. Fahrlässigkeitsbeziehung unabhängig machen wollte. Der Sache nach stellen sie Einschränkungen des Schuldprinzips aus kriminalpolitischen Gründen dar[13].

Beispiel: Beim Vollrausch (§ 323 a) ist Strafgrund an sich nur die vorsätzliche oder fahrlässige Berauschung, während die Rauschtat selbst objektive Bedingung der Strafbarkeit ist[14]. Die *Höhe* der Strafdrohung läßt sich jedoch nicht durch die abstrakte Gefährlichkeit des Rauschzustandes erklären, sondern nur durch den *zusätzlichen Unrechtsgehalt,* der in der Rauschtat selbst liegt. Der Ausgleich muß dadurch herbeigeführt werden, daß die Strafzumessung in Fällen, in denen der Täter mit der Begehung der Rauschtat nicht rechnen konnte, im untersten Bereich des Strafrahmens verbleibt[15].

---

[8] Vgl. *Sauer,* Grundlagen S. 335 ff.; *derselbe,* Mezger-Festschrift S. 118.

[9] Vgl. *Land,* Strafbarkeitsbedingungen S. 22 ff.

[10] Vgl. *Sax,* JZ 1976, 16 („Tatbestandselemente, weil sie die dem Unrechtstatbestand als Tatbestandsteil zugehörige Rechtsgutsverletzung mitbestimmen").

[11] Vgl. *Zimmerl,* Lehre vom Tatbestand S. 24 ff.

[12] Vgl. *Bemmann,* Bedingungen der Strafbarkeit S. 52 ff. Dagegen bezieht sich die Kritik von *Bockelmann,* Niederschriften Bd. V S. 84 ff. nicht auf die *echten* Strafbarkeitsbedingungen (vgl. Niederschriften Bd. V S. 91).

[13] Durch einschränkende Auslegung der §§ 186, 227 I und 330a a. F. versucht *LK*[9] *(Hirsch)* Vorbem. 189 vor § 51 diese Fälle mit dem Schuldprinzip in Einklang zu bringen.

[14] Vgl. dazu BGH 16, 124 (125 f.); 187 (190); 20, 284; *Bemmann,* GA 1961, 69; *Bockelmann,* Niederschriften Bd. VIII S. 147; *H.-J. Bruns,* JZ 1958, 108; *Cramer,* Der Vollrauschtatbestand S. 108 ff.; *Hardwig,* GA 1964, 142 ff.; *derselbe,* Eb. Schmidt-Festschrift S. 466 ff.; *Arthur Kaufmann,* JZ 1963, 428 ff.; *Lackner,* JuS 1968, 216 ff.; *Maurach / Schroeder,* Bes. Teil II S. 304; *Müller-Dietz,* Schuldgedanke S. 77; *Schönke / Schröder / Cramer,* § 323 a Rdn. 1, 13. Dagegen faßt *H. Mayer,* ZStW 59 (1940) S. 307 ff. § 330a a. F. als erfolgsqualifiziertes Delikt auf. Eine Art von konkretem Gefährdungsdelikt sehen darin *Lange,* JR 1957, 242 und *Welzel,* Lehrbuch S. 474; in dieser Richtung auch BGH 10, 247 (250). Für die Herausnahme der selbstverschuldeten Trunkenheit aus dem § 51 a. F. im Anschluß an das italienische Recht *v. Weber,* Stock-Festschrift S. 73.

[15] Vgl. *H.-J. Bruns,* JZ 1958, 110; *Schönke / Schröder / Cramer,* § 323 a Rdn. 30 a.

Zum anderen finden sich als unechte Strafbarkeitsbedingungen Merkmale, die in Wirklichkeit nichts anderes als **verschleierte strafbegründende Tatumstände** darstellen und ebenfalls allein aus kriminalpolitischen Gründen formell aus dem Unrechts- und Schuldzusammenhang ausgegliedert sind.

Beispiel: Nachdem die Stellung der „Rechtmäßigkeit der Diensthandlung" im § 113 durch die Irrtumsregelung in Abs. 4 zweifelhaft geworden ist[16], läßt sich nur noch § 186 anführen, der die Bestrafung wegen übler Nachrede bei Nichterweislichkeit der Wahrheit auch dann vorschreibt, wenn der Beleidiger an die Wahrheit seiner Äußerung geglaubt hat[17].

Die Bedenken, die gegen die unechten Strafbarkeitsbedingungen vom Schuldprinzip her zu erheben sind, lassen sich teilweise durch die Erwägung ausräumen, daß der Täter das für jedermann ohne weiteres erkennbare *Risiko* eingeht, daß die objektive Strafbarkeitsbedingung gegeben sein könnte[18].

Wer sich in einen die Schuldfähigkeit ausschließenden Rausch versetzt, begründet damit vorwerfbar eine Gefahr für die Allgemeinheit, da niemand seine Reaktionen im Zustand der Volltrunkenheit sicher voraussehen und beherrschen kann. Wer eine ehrenrührige Tatsache über einen Dritten behauptet, muß dafür einstehen, daß er die Wahrheit beweisen kann.

3. Die objektiven Bedingungen der Strafbarkeit sind von den **Prozeßvoraussetzungen** zu unterscheiden[19]. In den Strafbarkeitsbedingungen ist der jeweils vorausgesetzte besondere Grad der Beeinträchtigung der rechtlich geschützten Ordnung ausgedrückt, während die Prozeßvoraussetzungen auf Umstände Rücksicht nehmen, die der Durchführung eines Strafverfahrens entgegenstehen[20]. Beim Fehlen einer Strafbarkeitsbedingung im Zeitpunkt der Hauptverhandlung ergeht *Freispruch*, beim Fehlen einer Prozeßvoraussetzung wird das Verfahren *eingestellt*.

Beispiel: Während bei den Straftaten gegen ausländische Staaten (§§ 102 ff.) das Bestehen diplomatischer Beziehungen und die Verbürgung der Gegenseitigkeit objektive Bedingungen der Strafbarkeit sind, stellen das Strafverlangen des verletzten ausländischen Staates und die Ermächtigung der Bundesregierung (§ 104a) Prozeßvoraussetzungen dar, die aus politischen Gründen aufgestellt sind, da die Durchführung des Strafverfahrens mehr schaden als nützen kann, wenn die beteiligten Staaten es nicht wollen[21].

---

[16] Vgl. die Übersichten bei *Schönke / Schröder / Eser*, § 113 Rdn. 1 und bei *Lackner*, § 113 Anm. 7a aa. Als Erklärung kommt jedenfalls eine objektive Bedingung der Strafbarkeit nicht mehr in Betracht (so früher BGH 4, 161 [163]).

[17] Für objektive Bedingung der Strafbarkeit BGH 11, 273 (274); *Baumann / Weber*, Allg. Teil S. 466 Fußnote 10; *Lackner*, § 186 Anm. 6; *Maurach / Zipf*, Allg. Teil I S. 288; *Roeder*, Maurach-Festschrift S. 356 f.; *Schönke / Schröder / Lenckner*, § 186 Rdn. 10. Dagegen verlangt *Hirsch*, Ehre und Beleidigung S. 152 ff., daß der Täter in bezug auf die Wahrheit mindestens sorgfaltswidrig gehandelt hat.

[18] Vgl. dazu im Anschluß an *H. Bruns*, Kritik der Lehre vom Tatbestand S. 32 ff. näher *Schweikert*, ZStW 70 (1958) S. 408; ferner *Baumann / Weber*, Allg. Teil S. 464; *Hardwig*, Eb. Schmidt-Festschrift S. 459 Fußnote 2; *Lackner, Rösch, Schäfer*, Niederschriften Bd. V S. 93, 106, 108; *Wessels*, Allg. Teil S. 44; *Krause*, Jura 1980, 449 ff. Dagegen *Lang-Hinrichsen*, ZStW 73 (1961) S. 221 f.

[19] Vgl. *Schmidhäuser*, ZStW 71 (1959) S. 550 ff.; *Dreher / Tröndle*, Vorbem. 19 vor § 32; *LK (Hirsch)* Vorbem. 217 f. vor § 32; *Kleinknecht / Meyer*, StPO Einl. Rdn. 141 ff.

[20] Gegen die hypothetische „Testformel" von *Hilde Kaufmann*, Strafanspruch S. 134 bestehen Bedenken, die besonders beim Strafantrag deutlich werden (S. 152 ff.). Vgl. dazu auch *Stratenwerth*, Allg. Teil I Rdn. 197.

[21] Vgl. *LK (Willms)* § 104a Rdn. 4 ff.

II. Die einzelnen objektiven Bedingungen der Strafbarkeit

Die **Einordnung aller als objektive Bedingungen der Strafbarkeit angesprochenen Merkmale**[22] in das **durch ihre Funktion bestimmte Schema** bereitet keine Schwierigkeiten.

1. *Echte objektive Bedingungen der Strafbarkeit* sind nach h. L. das Bestehen diplomatischer Beziehungen und die Verbürgung der Gegenseitigkeit bei den Straftaten gegen ausländische Staaten (§ 104 a)[23]. Hierhin gehören jetzt auch die Zahlungseinstellung, Konkurseröffnung und Ablehnung des Eröffnungsantrags mangels Masse nach der Neufassung der Konkursdelikte durch das 1. WiKG (§§ 283 VI, 283 b II, 283 c III, 283 d IV), weil der Unrechtstatbestand dieser Vorschriften nunmehr mit dem Schuldprinzip übereinstimmt, so daß die objektive Bedingung der Strafbarkeit nur noch einen Strafeinschränkungsgrund darstellt (vgl. zum früheren Recht 2. Auflage S. 423)[24]. Eine *allgemeine* (nicht an einen bestimmten Tatbestand gebundene) Bedingung der Strafbarkeit ist das Gegebensein der deutschen Strafgewalt nach den Regeln des internationalen Strafrechts (vgl. oben § 18 V)[25].

2. Bei den *unechten objektiven Bedingungen der Strafbarkeit* ist zwischen Umständen zu unterscheiden, die in Wahrheit Strafschärfungsgründe sind, und anderen, die sich als strafbegründende Merkmale darstellen. In allen diesen Fällen handelt es sich um Einschränkungen des Schuldprinzips, die nur bis zu einem gewissen Grade durch den *Risikogedanken* gerechtfertigt werden können.

a) Unechte objektive Bedingungen der Strafbarkeit, die der Sache nach *Strafschärfungsgründe* darstellen, sind der Eintritt der schweren Folge beim Raufhandel (§ 227 I)[26] und die Begehung der Rauschtat beim Vollrausch (§ 323 a)[27]. In diesen Fällen weist schon das vom Schulderfordernis umfaßte Grundverhalten ein gewisses Maß an Strafwürdigkeit auf, weil dadurch eine Gefährdung der Allgemeinheit oder bestimmter einzelner Personen herbeigeführt wird. Formell wird die Strafbarkeit der Tat aber erst durch den Eintritt der Strafbarkeitsbedingung begründet. Die Tatsache, daß die Strafdrohung den Schuldgehalt des Grundverhaltens erheblich übersteigt, zeigt jedoch, daß es sich materiell um Strafschärfungsgründe handelt, die aus dem Unrechts- und Schuldzusammenhang herausgelöst sind. Das Schuldprinzip muß in diesen Fällen dadurch gewahrt werden, daß der Richter sich bei der Strafzumessung im untersten Bereich hält, wenn der Täter mit dem Eintritt der objektiven Bedingung der Strafbarkeit nicht rechnen konnte.

b) Einzige[28] unechte objektive Bedingung der Strafbarkeit, die der Sache nach ein *strafbegründendes Tatbestandsmerkmal* darstellt, ist noch die Nichterweislichkeit der Wahrheit der behaupteten Tatsache bei der üblen Nachrede (§ 186). Die rechtliche Stellung der Nichterweislichkeit der Wahrheit im Rahmen des § 186 ist besonders umstritten[29]. Geht man davon aus, daß Strafgrund der üblen Nachrede nicht die Beeinträchtigung des guten Rufs, sondern die

---

[22] Vgl. den Überblick bei *LK*⁹ *(Hirsch)* Vorbem. 188 vor § 51.
[23] Vgl. oben § 53 Fußnote 7.
[24] Vgl. *Tiedemann,* ZRP 1975, 132 ff.
[25] *Kantorowicz,* Tat und Schuld S. 236 (Tabelle Ziff. 1); *Mezger,* Lehrbuch S. 178.
[26] Vgl. BGH 14, 132 (134 f.); 15, 369 (370); 33, 100 (103); *Maurach / Schroeder,* Bes. Teil I S. 111; *Schönke / Schröder / Stree,* § 227 Rdn. 1. Dagegen hält *Bemmann,* Bedingungen der Strafbarkeit S. 45 den Eintritt der schweren Folge für ein Tatbestandsmerkmal. *Hirsch,* GA 1972, 77 und *LK (Hirsch)* § 227 Rdn. 1, 15 versteht die Vorschrift als Vorsatz-Sorgfaltswidrigkeitskombination.
[27] Vgl. oben § 53 Fußnote 14.
[28] Vgl. oben § 53 Fußnote 17.
[29] Für Bedingung der Strafbarkeit bzw. Strafausschließungsgrund RG 65, 422 (425); 69, 80 (81); BGH 11, 273 (274); *Dreher / Tröndle,* § 186 Rdn. 12; *LK*⁹ *(Herdegen)* § 186 Rdn. 2; *Kohlrausch / Lange,* § 186 Anm. VIII; *Maurach / Schroeder,* Bes. Teil I S. 216; *Blei,* Bes. Teil S. 93; *Schönke / Schröder / Lenckner,* § 186 Rdn. 10. Nach *Arthur Kaufmann,* ZStW 72 (1960) S. 437 hat das Merkmal der Nichterweislichkeit die *rein prozessuale* Funktion der Umkehrung des Beweisrisikos. Eine besondere Vorsatz-Sorgfaltswidrigkeitskombination nehmen an *Hirsch,* Ehre und Beleidigung S. 168 ff.; *Welzel,* Lehrbuch S. 313.

Gefährdung des *verdienten* Geltungsanspruchs des Beleidigten ist, kann die Unwahrheit der ehrenrührigen Behauptung nur Tatbestandsmerkmal sein, weil der Unrechtsgehalt der Tat in der Behauptung einer *unwahren* Tatsache liegt. Andererseits verlangt der Ehrenschutz des Beleidigten, daß der Beleidiger seine Behauptung auch beweisen muß. Dies zwingt den Gesetzgeber dazu, die Strafvorschrift so zu gestalten, daß der Beleidiger zu verurteilen ist, wenn er den Wahrheitsbeweis nicht zu führen vermag, mag er auch im guten Glauben an die Wahrheit der behaupteten Tatsache gehandelt haben. Die Nichterweislichkeit muß deshalb als (unechte, und zwar strafbegründende) Bedingung der Strafbarkeit angesehen werden[30].

III. Die Behandlung der objektiven Bedingungen der Strafbarkeit

1. Die objektiven Strafbarkeitsbedingungen sind Umstände, die außerhalb des Unrechts- und Schuldtatbestandes stehen, von deren Vorliegen aber die Strafbarkeit der Tat und die Möglichkeit der Teilnahme abhängen. Da sie nicht zum Tatbestand gehören, brauchen sich **weder Vorsatz noch Fahrlässigkeit** auf sie zu erstrecken. Der *Irrtum* ist demgemäß rechtlich *ohne Bedeutung*. Auch die unechten objektiven Strafbarkeitsbedingungen werden so behandelt, als ob sie nicht zum Unrechtstatbestand gehörten, weil sie der Gesetzgeber aus kriminalpolitischen Gründen aus dem Vorsatz- bzw. Fahrlässigkeitszusammenhang herausgelöst hat (vgl. BGH 21, 334 [364 ff.])[31].

2. Der Eintritt der objektiven Strafbarkeitsbedingungen ist für **Ort** und **Zeit** der Tat gleichgültig. Deswegen ist im Falle der Unterstützung des Täters durch einen anderen nach Beendigung der Tat, aber vor dem Eintritt der Bedingung Begünstigung (§ 257) bzw. Strafvereitelung (§ 258) und nicht Beihilfe anzunehmen[32].

3. Die objektiven Strafbarkeitsbedingungen nehmen dagegen an allen für die Tatbestandsmerkmale aufgestellten **rechtsstaatlichen Sicherungen** teil. Für sie gelten die Garantiefunktion des Strafgesetzes (vgl. oben § 15 III 2 c), die Erfordernisse des Strengbeweises im Strafverfahren (§§ 244 - 256 StPO) und die Notwendigkeit der Zweidrittelmehrheit bei allen dem Angeklagten nachteiligen Entscheidungen des Gerichts (§ 263 StPO)[33].

3. Kapitel: Die besonderen Erscheinungsformen der strafbaren Handlung

Alle für das Strafrecht bedeutsamen Geschehnisse stellen sich dar als *„sozialerhebliches menschliches Verhalten"* (vgl. oben § 23 IV 1). Dies gilt für positives Tun wie für das Unterlassen, für vorsätzliches wie für fahrlässiges Handeln. Der Aufbau des Verbrechensbegriffs wurde bisher anhand des *vorsätzlichen Begehungsverbrechens* als Modellfall der strafbaren Handlung dargestellt (vgl. oben 2. Kapitel Vorbemerkung vor § 24). Das nachfolgende 3. Kapitel behandelt auf dieser Grundlage die beiden anderen Erscheinungsformen der strafbaren Handlung: das *fahrlässige Begehungsver-*

---

[30] Über die Begründung der Strafbarkeit der üblen Nachrede (§ 186) durch den Risikogedanken vgl. *Hardwig*, Eb. Schmidt-Festschrift S. 462; *Hirsch*, Ehre und Beleidigung S. 169.
[31] Vgl. *Schönke / Schröder / Cramer*, § 16 Rdn. 34; *Dreher / Tröndle*, § 16 Rdn. 32; *SK (Rudolphi)* Vorbem. 13 vor § 19.
[32] Vgl. *Kohlrausch / Lange*, System. Vorbem. VI A; *Stree*, JuS 1965, 473; *LK⁹ (Hirsch)* Vorbem. 190 vor § 51; *Schönke / Schröder / Lenckner*, Vorbem. 126 vor § 13.
[33] Vgl. *Gallas*, Niederschriften Bd. V S. 104 f.; *Schmidhäuser*, ZStW 71 (1959) S. 556 f.; *Roxin*, Strafverfahrensrecht S. 123, 127.

brechen (1. Abschnitt) und das (vorsätzliche oder fahrlässige) *Unterlassungsverbrechen* (2. Abschnitt). Erörtert werden auf dem Hintergrund der Dogmatik des vorsätzlichen Begehungsverbrechens die *Abweichungen* im Aufbau der Verbrechenslehre, die bei den beiden anderen Erscheinungsformen der strafbaren Handlung auftreten[1]. Die Grundstruktur des Verbrechens als einer tatbestandsmäßigen, rechtswidrigen und schuldhaften Handlung findet sich auch bei der Fahrlässigkeitstat und dem Unterlassungsdelikt wieder, die bisherige Gliederung ist daher auch den beiden Abschnitten des 3. Kapitels zugrunde gelegt. Darüber hinaus sind auch die Untergliederungen des Verbrechensbegriffs, die anhand des vorsätzlichen Begehungsverbrechens entwickelt wurden (vgl. oben §§ 24 - 53), entsprechend auf die beiden anderen Grundformen der strafbaren Handlung anzuwenden. So gibt es auch hier die Begriffe Erfolgs- und Handlungsunrecht, Rechtsgut und Handlungsobjekt, das Erfordernis der objektiven Zurechenbarkeit des Erfolgs, den Ausschluß der Rechtswidrigkeit durch Rechtfertigungsgründe, das Erfordernis der Schuldfähigkeit, den Verbotsirrtum, den Verzicht auf den Schuldvorwurf bei Vorliegen von Entschuldigungsgründen und die Abhängigkeit der kriminalrechtlichen Sanktion von objektiven Bedingungen der Strafbarkeit. Vielfach muß jedoch eine *Anpassung* der bisher entwickelten allgemeinen Lehren an die besonderen Erscheinungsformen der Fahrlässigkeits- und der Unterlassungstat vorgenommen werden.

1. Abschnitt: Das fahrlässige Begehungsverbrechen

§ 54 Begriff und Arten der Fahrlässigkeit

Arzt, Leichtfertigkeit und recklessness, Gedächtnisschrift für H. Schröder, 1978, S. 119; *Baumgarten,* Der Aufbau der Verbrechenslehre, 1919; *Berner,* Grundlinien der kriminalistischen Imputationslehre, 1843; *Binavince,* Die vier Momente der Fahrlässigkeit, 1969; *Binding,* Die Schuld im deutschen Strafrecht, 1919; *Bockelmann,* Verkehrsrechtliche Aufsätze und Vorträge, 1967; *Bohnert,* Das Bestimmtheitserfordernis im Fahrlässigkeitstatbestand, ZStW 94 (1982) S. 68; *Boldt,* J. S. F. von Böhmer und die gemeinrechtliche Strafrechtswissenschaft, 1936; *derselbe,* Zur Struktur der Fahrlässigkeits-Tat, ZStW 68 (1956) S. 335; *Burgstaller,* Grundzüge einer neuen Fahrlässigkeitsdogmatik, Strafr. Probleme 1, 1973, S. 105; *derselbe,* Das Fahrlässigkeitsdelikt im Strafrecht, 1974; *Caspari,* Formen und Grenzen strafbarer Fahrlässigkeit im amerikanischen Strafrecht, Diss. Freiburg 1972; *Coenders,* Richtlinien aus den Lehren Feuerbachs usw., 1914; *Córdoba Roda,* Die Regelung der Fahrlässigkeit im spanischen Strafrecht, ZStW 81 (1969) S. 425; *Cornil,* Die Fahrlässigkeit im französisch-belgischen Strafrecht, ZfRV 1964, 30; *Cramer,* Gedanken zur Reform der fahrlässigen Körperverletzung usw., DAR 1974, 317; *Brigitte Dieckmann,* Das fahrlässige Erfolgsdelikt im französischen Strafrecht, Diss. Freiburg 1969; *Dölling,* Fahrlässige Tötung bei Selbstgefährdung des Opfers, GA 1984, 17; *Dubs,* Die fahrlässigen Delikte im modernen Strafrecht, SchwZStr 78 (1962) S. 31; *Engisch,* Untersuchungen über Vorsatz und Fahrlässigkeit im Strafrecht, 1930; *derselbe,* Der Unrechtstatbestand im Strafrecht, DJT-Festschrift, Bd. I, 1960, S. 401; *Enneccerus / Nipperdey,* Allgemeiner Teil des Bürgerlichen Rechts, Bd. I, 2, 15. Auflage 1960; *Erenius,* Criminal negligence and individuality, 1976; *Exner,* Das Wesen der Fahrlässigkeit, 1910; *Frey,* Reobjektivierung des Strafrechts im Zeitalter der Technik, Festschrift zum Zentenarium des Schweiz. Juristenvereins, 1961, S. 269; *Geilen,* Suicid und Mitverantwortung, JZ 1974, 145; *Germann,* Rechtssicherheit, SchwZStr 49 (1935) S. 257; *Gössel,* Norm und fahrlässiges Verbrechen, Festschrift für H.-J. Bruns, 1978, S. 43; *derselbe,* Alte und neue Wege der Fahrlässigkeitslehre, Festschrift für K. Bengl, 1984, S. 23; *Graßberger,* Aufbau, Schuldgehalt und Grenzen der Fahr-

---

[1] Zustimmend *Nowakowski,* JBl 1972, 30. Ebenso der Aufbau bei *Blei,* Allg. Teil S. 295, 309; *Kienapfel,* Allg. Teil, System. Darst. (österr.) S. 94, 110; *Maurach / Gössel / Zipf,* Allg. Teil II S. 53, 119; *Stratenwerth,* Allg. Teil I S. 266, 291; *Triffterer,* Allg. Teil S. 297, 322; *Wessels,* Allg. Teil S. 195, 213.

lässigkeit, unter besonderer Berücksichtigung des Verkehrsstrafrechts in Österreich, ZfRV 1964, 18; *Hall,* Über die Leichtfertigkeit, Festschrift für E. Mezger, 1954, S. 229; *derselbe,* Fahrlässigkeit im Vorsatz, 1959; *Hannequart,* Rev dr pén crim 42 (1961 - 62) S. 484; *Hardwig,* Verursachung und Erfolgszurechnung, JZ 1968, 289; *Henkel,* Zumutbarkeit und Unzumutbarkeit als regulatives Rechtsprinzip, Festschrift für E. Mezger, 1954, S. 249; *Herzberg,* Die Schuld beim Fahrlässigkeitsdelikt, Jura 1984, 402; *Hirsch,* Soziale Adäquanz und Unrechtslehre, ZStW 74 (1962) S. 78; *derselbe,* Der Streit um Handlungs- und Unrechtslehre usw., ZStW 94 (1982) S. 239; *His,* Das Strafrecht des deutschen Mittelalters, Teil I, 1920; *Horn,* Konkrete Gefährdungsdelikte, 1973; *Jakobs,* Studien zum fahrlässigen Erfolgsdelikt, 1972; *derselbe,* Das Fahrlässigkeitsdelikt, in: ZStW Beiheft Teheran, 1974, S. 6; *Jescheck,* Aufbau und Behandlung der Fahrlässigkeit im modernen Strafrecht, 1965; *Kadečka,* Gesammelte Aufsätze, 1959; *Armin Kaufmann,* Das fahrlässige Delikt, ZfRV 1964, 41; *derselbe,* Zum Stande der Lehre vom personalen Unrecht, Festschrift für H. Welzel, 1974, S. 393; *Arthur Kaufmann,* Das Schuldprinzip, 2. Auflage 1976; *Kienapfel,* Strafrechtsdogmatik in Österreich, JZ 1972, 569; *Köhler,* Die bewußte Fahrlässigkeit, 1982; *Kohlrausch,* Die Schuld, in: *Aschrott / v. Liszt,* Die Reform des RStGB, Bd. I, 1910, S. 179; *Krauß,* Erfolgsunwert und Handlungsunwert im Unrecht, ZStW 76 (1964) S. 19; *Lampe,* Täterschaft bei fahrlässiger Straftat, ZStW 71 (1959) S. 579; *Larenz,* Lehrbuch des Schuldrechts, Bd. I, 12. Auflage 1979; *Löffler,* Die Schuldformen des Strafrechts, 1895; *Maihofer,* Zur Systematik der Fahrlässigkeit, ZStW 70 (1958) S. 159; *Maiwald,* Der Begriff der Leichtfertigkeit usw., GA 1974, 257; *Montenbruck,* Strafrahmen und Strafzumessung, 1983; *Müller-Dietz,* Grenzen des Schuldgedankens im Strafrecht, 1967; *Naucke,* Über das Regreßverbot im Strafrecht, ZStW 76 (1964) S. 409; *Niese,* Finalität, Vorsatz und Fahrlässigkeit, 1951; *Nowakowski,* Die Theorie der Fahrlässigkeit, JBl 1953, 506; *derselbe,* Probleme der Strafrechtsdogmatik, JBl 1972, 19; *Nuñez Barbero,* El delito culposo, 1975; *Oehler,* Das objektive Zweckmoment in der rechtswidrigen Handlung, 1959; *derselbe,* Die erlaubte Gefahrsetzung und die Fahrlässigkeit, Festschrift für Eb. Schmidt, 1961, S. 232; *Otto,* Grenzen der Fahrlässigkeitshaftung usw., JuS 1974, 702; *Paeffgen,* Der Verrat in irriger Annahme eines illegalen Geheimnisses, 1979; *Platzgummer,* Die „Allgemeinen Bestimmungen" des Strafgesetzentwurfs usw., JBl 1971, 236; *Radbruch,* Erfolgshaftung, VDA, Bd. II, S. 227; *Roeder,* Die Einhaltung des sozialadäquaten Risikos, 1969; *Roxin,* Zum Schutzzweck der Norm bei fahrlässigen Delikten, Festschrift für W. Gallas, 1973, S. 241; *derselbe,* Literaturbericht, ZStW 82 (1970) S. 675; *derselbe,* Anmerkung zu BGH 32, 262, NStZ 1984, 410; *Rudolphi,* Vorhersehbarkeit und Schutzzweck der Norm usw., JuS 1969, 549; *Salm,* Das vollendete Verbrechen, Bd. I, 1, 1963, Bd. I, 2, 1967; *Schaffstein,* Tatbestandsirrtum und Verbotsirrtum, Göttinger Festschrift für das OLG Celle, 1961, S. 175 ff.; *derselbe,* Handlungsunwert usw. bei den Fahrlässigkeitsdelikten, Festschrift für H. Welzel, 1974, S. 557; *Schmidhäuser,* Zum Begriff der bewußten Fahrlässigkeit, GA 1957, 305; *derselbe,* Zum Begriff des bedingten Vorsatzes usw., GA 1958, 161; *derselbe,* Fahrlässige Straftat ohne Sorgfaltspflichtverletzung, Festschrift für F. Schaffstein, 1975, S. 129; *Eb. Schmidt,* Der Arzt im Strafrecht, 1939; *Schröder,* Aufbau und Grenzen des Vorsatzbegriffs, Festschrift für W. Sauer, 1949, S. 207; *Schröder / Gäbler,* Zum Problem der „verantwortungslosen Gleichgültigkeit" usw., in: *Lekschas / Seidel / Dettenborn,* Studien zur Schuld, 1975, S. 93; *Schünemann,* Moderne Tendenzen in der Dogmatik der Fahrlässigkeits- und Gefährdungsdelikte, JA 1975, 435 ff.; *derselbe,* Neue Horizonte der Fahrlässigkeitsdogmatik, Festschrift für F. Schaffstein, 1975, S. 159; *Seiler,* Die Bedeutung des Handlungsunwerts usw., Festschrift für R. Maurach, 1972, S. 75; *Spendel,* Fahrlässige Teilnahme an Selbst- und Fremdtötung, JuS 1974, 749; *Stratenwerth,* Die Bedeutung der finalen Handlungslehre für das schweiz. Strafrecht, SchwZStr 81 (1965) S. 179; *derselbe,* Grundfragen des Verkehrsstrafrechts, Basler Juristische Mitteilungen 1966, 53; *derselbe,* Die Relevanz des Erfolgsunwertes usw., Festschrift für F. Schaffstein, 1975, S. 177; *derselbe,* Zur Individualisierung des Sorgfaltsmaßstabes beim Fahrlässigkeitsdelikt, Festschrift für H.-H. Jescheck, Bd. I, 1985, S. 285; *Stree,* Beteiligung an vorsätzlicher Selbstgefährdung, JuS 1985, 179; *Struensee,* Der subjektive Tatbestand des fahrlässigen Delikts, JZ 1987, 53; *Tenckhoff,* Die leichtfertige Herbeiführung qualifizierter Tatfolgen, ZStW 88 (1976) S. 897; *Torio López,* El deber objetivo de cuidado usw., Anuario de derecho penal 1974, 25; *Tröndle,* Abschaffung der Strafbarkeit der fahrlässigen Tötung usw. bei leichtem Verschulden? DRiZ 1976, 129; *Ulsenheimer,* Erfolgsrelevante und erfolgsneutrale Pflichtverletzungen im Rahmen der Fahrlässigkeitsdelikte, JZ 1969, 364; *Volk,* Reformüberlegungen zur Strafbarkeit der fahrlässigen Körperverletzung usw., GA 1976, 161; *Wacke,* Fahrlässige Vergehen im römischen Strafrecht, Revue Internationale des Droits de l'Antiquité, 1979, 505; *Walder,* Probleme bei Fahrlässigkeitsdelikten, ZBJV 104 (1968) S. 161; *Wegscheider,* Zum Begriff der Leichtfertigkeit,

ZStW 98 (1986) S. 624; *Welzel,* Fahrlässigkeit und Verkehrsdelikte, 1961; *Wolter,* Alternative und eindeutige Verurteilung usw., 1972; *derselbe,* Adäquanz- und Relevanztheorie, GA 1977, 257; *Zielinski,* Handlungs- und Erfolgsunwert im Unrechtsbegriff, 1973.

Vgl. auch die Schrifttumsangaben vor § 54 III.

I. Der Begriff der Fahrlässigkeit

1. Die **Entwicklung des Fahrlässigkeitsbegriffs** (culpa) ist ebenso wie die Entdeckung des Vorsatzes (dolus) (vgl. oben § 29 II 1) dem römischen Recht[2] und der italienischen Strafrechtswissenschaft des 15. und 16. Jahrhunderts zu danken[3], während das germanische und das mittelalterlich-deutsche Recht bis zur Rezeption zwar die milder bestraften „Ungefährwerke" kannten, diese aber vielfach nur kasuistisch anhand von oft recht fragwürdigen äußeren Merkmalen zu erfassen vermochten[4]. Erstmals findet sich in der CCC von 1532 bei einzelnen Tatbeständen eine Beschreibung der Fahrlässigkeit, verbunden mit einer deutlichen Abgrenzung gegenüber Vorsatz und Zufall (Art. 134, 146 und 180). Eine allgemeine Begriffsbestimmung der Fahrlässigkeit enthält aber erst das ALR von 1794 in Teil II, Titel 20, § 28. Das preuß. StGB von 1851 und das RStGB von 1871 haben dagegen auf Definitionen verzichtet.

2. *Vorsatz* ist das Wissen und Wollen der zum gesetzlichen Tatbestand gehörenden objektiven Merkmale der Tat (vgl. oben § 29 II 2). *Fahrlässig* handelt dagegen, wer den Tatbestand eines Strafgesetzes infolge *un*gewollter Verletzung einer Sorgfaltspflicht verwirklicht und dies pflichtwidrig nicht erkennt oder dies zwar für möglich hält, aber pflichtwidrig darauf vertraut, daß der Erfolg nicht eintreten werde[5]. Die **Fahrlässigkeit** ist also nicht eine mildere Form des Vorsatzes, sondern **etwas anderes als der Vorsatz** (BGH 4, 340 [341]), doch ist der Unrechts- und Schuldgehalt der fahrlässigen Straftat geringer als der der Vorsatztat, weil der Täter hier dem Gebot der Rechtsordnung nicht mit Willen, sondern nur aus Unaufmerksamkeit entgegenhandelt. Deswegen kommt Fahrlässigkeit nicht in Betracht, wenn feststeht, daß Vorsatz gegeben ist. Besteht dagegen nur der unbewiesene Verdacht des Vorsatzes, so kann wegen Fahrlässigkeit verurteilt werden, wenn deren Voraussetzungen vorliegen (RG 59, 83 [84]; OLG Hamburg JR 1950, 408 [409]).

Die vielfach angenommene Möglichkeit der *Wahlfeststellung* zwischen Vorsatz- und Fahrlässigkeitstat ist abzulehnen, weil die beiden Arten der strafbaren Handlung in einem Stufenverhältnis des Mehr oder Weniger stehen und deshalb der Grundsatz „in dubio pro reo" eingreifen muß[6]. Abzulehnen ist auch die Annahme, daß bei ungeklärter Sachlage die Fahrlässigkeitsdelikte als *„Auffangtatbestände"* die Lücke zu füllen hätten, die entsteht, wenn Vorsatz nicht nachgewiesen werden kann (vgl. oben § 16 II 2)[7].

---

[2] Vgl. *Paulus,* Dig. 9, 2, 31: „culpam autem esse, quod cum a diligenti providieri potuerit non esset provisum". Dazu *Mommsen,* Römisches Strafrecht S. 88 ff.; *Wacke,* Revue Internationale des Droits de l'Antiquité 1979, 505.

[3] Vgl. *v. Hippel,* Bd. II S. 355; *Schaffstein,* Die allgemeinen Lehren S. 146 ff.

[4] Vgl. *Eb. Schmidt,* Einführung S. 32, 71; *Wilda,* Strafrecht der Germanen S. 544 ff.; *His,* Strafrecht des deutschen Mittelalters S. 86 ff.

[5] Eine lesbare Definition des komplexen Fahrlässigkeitsbegriffs ist ebenso wie die des Vorsatzes nur in vereinfachter Form möglich. Vgl. weiter zum Fahrlässigkeitsbegriff die unter sich vielfach abweichenden Lehren von *Binding,* Normen Bd. IV S. 451 ff.; *Exner,* Fahrlässigkeit S. 207 ff.; *Engisch,* Vorsatz und Fahrlässigkeit S. 266 ff., 365 ff.; *v. Hippel,* Bd. II S. 357 ff.; *Mezger,* Lehrbuch S. 351 ff.; *Baumann / Weber,* Allg. Teil S. 430 f.; *Dreher / Tröndle,* § 15 Rdn. 12; *Lackner,* § 15 Anm. III; *Maurach / Gössel / Zipf,* Allg. Teil II S. 69; *SK (Samson)* Anh. zu § 16 Rdn. 1; *Wessels,* Allg. Teil S. 195. *Jakobs,* Allg. Teil S. 258 versteht die Fahrlässigkeit als einen „Fall von Irrtum". Vgl. ferner den Überblick bei *LK (Schroeder)* § 16 Rdn. 122 ff.

[6] Die Frage ist umstritten. Wie hier *LK (Tröndle)* § 1 Rdn. 101; *Wolter,* Alternative und eindeutige Verurteilung S. 214; *Maurach / Gössel / Zipf,* Allg. Teil II S. 61.

[7] Ebenso *LK (Tröndle)* § 1 Rdn. 100.

I. Der Begriff der Fahrlässigkeit

3. Die Fahrlässigkeit ist nicht, wie früher allgemein angenommen wurde und auch heute noch vielfach gelehrt wird, eine bloße Schuldform neben dem Vorsatz[8], sondern ein besonderer **Typus der strafbaren Handlung,** der sowohl im Unrechts- als auch im Schuldbereich eine eigenständige Struktur aufweist[9]. Die Fahrlässigkeit bestimmt sich nach einem **doppelten Maßstab.** Geprüft wird einmal, welches Verhalten im Hinblick auf die Vermeidung von ungewollten Rechtsgutsverletzungen in einer bestimmten Gefahrenlage *objektiv* gesollt ist, zum andern, ob dieses Verhalten vom Täter nach seinen *individuellen* Eigenschaften und Fähigkeiten auch persönlich verlangt werden kann (BGH 31, 96 [101]). Das tatbestandsmäßige Unrecht der Fahrlässigkeitstat wird demgemäß nicht abschließend durch die Verursachung des Erfolges, z. B. den Tod eines Menschen (§ 222), bestimmt[10]. Hinzukommen muß, daß der Erfolg auf einer Verletzung derjenigen Sorgfaltsanforderungen beruht, die die Rechtsordnung an den gewissenhaften und einsichtigen Angehörigen des Verkehrskreises des Täters in der Tatsituation stellt, und daß der Erfolg für einen solchen Menschen auch vorausehbar gewesen ist. Der Tatbestand der Fahrlässigkeitsdelikte ist daher über seinen Wortlaut hinaus durch zusätzliche richterliche Wertungen zu ergänzen[11]. Darin liegt keine Verletzung des Bestimmtheitsgebots (vgl. oben § 15 III 3), da die Konkretisierung der sich ständig weiter entwickelnden Diligenzpflichten anders als im Wege der Gerichtspraxis nicht denkbar ist und der Bürger sich darüber durch eigene Anschauung im Grunde leichter unterrichten kann als über den Inhalt von Gesetzen[12]. Auch bei den fahrlässigen *Tätigkeitsdelikten* (z. B. § 163) ergeben sich die Sorgfaltsgebote nicht abschließend aus dem Gesetz, sondern erst aus der Gerichtspraxis, die beim fahrlässigen Falscheid z. B. der Auskunftsperson je nach ihrer Stellung im Prozeß ein unterschiedliches Maß an Vorbereitungs-, Informations- und Konzentrationspflichten auferlegt (BGH 13, 190 [191]; 18, 359 [362])[13]. Erst wenn die objek-

---

[8] So *Baumann / Weber,* Allg. Teil S. 430f.; *Gerland,* Lehrbuch S. 139; *v. Hippel,* Bd. II S. 364; *Mezger,* Lehrbuch S. 357; *Kohlrausch / Lange,* § 59 Anm. IV 3b; *Olshausen,* Vorbem. 9 vor § 59; *Oehler,* Das objektive Zweckmoment S. 74f.; *derselbe,* Eb. Schmidt-Festschrift S. 240ff.; *v. Liszt / Schmidt,* S. 272; *Schmidhäuser,* Allg. Teil S. 428f.; *Frank,* § 59 Anm. VIII; *Roeder,* Sozialadäquates Risiko S. 94; *Schultz,* Einführung I S. 203.

[9] So heute die h. L.; vgl. *Blei,* Allg. Teil S. 299; *Bockelmann / Volk,* Allg. Teil S. 158, 167; *Bockelmann,* Verkehrsrechtliche Aufsätze S. 202ff.; *Boldt,* ZStW 68 (1956) S. 344f.; *Burgstaller,* Das Fahrlässigkeitsdelikt S. 23f.; *Erenius,* Criminal Negligence S. 149ff., 164ff.; *Engisch,* Vorsatz und Fahrlässigkeit S. 334ff.; *derselbe,* DJT-Festschrift Bd. I S. 428; *Gallas,* Beiträge S. 53f.; *Eser,* Strafrecht II Nr. 21 A Rdn. 9ff.; *Hall,* Fahrlässigkeit im Vorsatz S. 22; *Henkel,* Mezger-Festschrift S. 282; *Hirsch,* ZStW 74 (1962) S. 95; *Jescheck,* Fahrlässigkeit S. 7ff.; *Armin Kaufmann,* ZfRV 1964, 45; *Kienapfel,* JZ 1972, 575; *Maihofer,* ZStW 70 (1958) S. 184ff.; *H. Mayer,* Grundriß S. 129; *Nowakowski,* JBl 1972, 31f.; *Niese,* Finalität S. 61; *Rudolphi,* JuS 1969, 549; *Platzgummer,* JBl 1971, 240; *Schönke / Schröder / Cramer,* § 15 Rdn. 119; *Schünemann,* JA 1975, 516; *Schaffstein,* Welzel-Festschrift S. 558; *Ulsenheimer,* JZ 1969, 364; *Walder,* ZBJV 104 (1968) S. 169f., 184f.; *Wessels,* Allg. Teil S. 195f.; *Welzel,* Fahrlässigkeit und Verkehrsdelikte S. 11; *derselbe,* Lehrbuch S. 131ff. Aus der Rspr. in diesem Sinne BGH 20, 315 (320ff.); BGH VRS 14, 30; OLG Köln NJW 1963, 2381; OLG Hamm VRS 60, 38; BGHZ 24, 21. Früher haben Rechtsprechung und Lehre den objektiven Maßstab der Fahrlässigkeit im Rahmen des Schuldbegriffs mit berücksichtigt; vgl. RG 39, 2 (5); 67, 12 (19); *v. Hippel,* Bd. II S. 361ff.; *Eb. Schmidt,* Der Arzt im Strafrecht S. 173; vgl. dazu *Schönke / Schröder / Cramer,* § 15 Rdn. 114. Abweichend der Aufbau des Fahrlässigkeitsdelikts bei *Gössel,* Bengl-Festschrift. S. 28ff.

[10] Zu dem Streit um die Stellung des Erfolgs im Unrechtstatbestand des Fahrlässigkeitsdelikts vgl. unten § 55 II 1a.

[11] Vgl. *Welzel,* Fahrlässigkeit und Verkehrsdelikte S. 15; *Wessels,* Allg. Teil S. 197f.

[12] Vgl. *Bockelmann,* Verkehrsrechtliche Aufsätze S. 208f.; *H. Mayer,* Grundriß S. 129; im Ergebnis auch *Bohnert,* ZStW 94 (1982) S. 80.

[13] Vgl. dazu *Dreher / Tröndle,* § 163 Rdn. 4ff.; *LK (Willms)* § 163 Rdn. 6ff.

tive Seite der Fahrlässigkeitstat festgestellt ist (**Unrechtstatbestand**), kann weiter geprüft werden, ob das generelle Sorgfalts- und Voraussichtsgebot dem individuellen Täter nach seiner Intelligenz und Bildung, seiner Geschicklichkeit und Befähigung, seiner Lebenserfahrung und sozialen Stellung auch erfüllbar gewesen ist (**Schuldtatbestand**)[14].

Beispiele: Bei telefonischer Mitteilung eines ernsten Krankheitsbildes ist die Ablehnung des Hausbesuchs durch den Bereitschaftsarzt objektiv und subjektiv pflichtwidrig (BGH 7, 211 [212]). Die Einhaltung des ausreichenden Sicherheitsabstandes auf der Autobahn ist eine Grundregel des Kraftfahrzeugverkehrs, die jeder Autofahrer kennen und beachten muß (BGH 17, 223 [226]).

Der *praktische Wert der gesonderten Erfassung des objektiven Moments der Fahrlässigkeit* als Kern der tatbestandsmäßigen Rechtswidrigkeit ergibt sich aus folgenden Erwägungen[15]: Einmal wird durch die selbständige Bewertung des Handlungsunrechts der Fahrlässigkeitstat ein Gegengewicht gegen die in der Praxis häufig zu stark betonte Erfolgshaftung geschaffen. Zweitens können an die Fahrlässigkeitstat, auch wenn der Täter schuldunfähig ist, sichernde Maßregeln geknüpft werden (§§ 63, 64, 69, 70). Weiter sind die Voraussetzungen der Strafbarkeit nach § 323a, wenn die Rauschtat ein Fahrlässigkeitsdelikt ist, durch die objektiven Kriterien der Fahrlässigkeit richtig zu bestimmen, auch wenn der Täter die ihm individuell obliegende Sorgfaltspflicht mit Rücksicht auf seine Trunkenheit nicht erfüllen konnte. Ferner wird die Rechtsprechung, wenn sie von der objektiven Seite der Fahrlässigkeit ausgeht, dazu veranlaßt, die Sorgfaltsgebote für bestimmte Situationen in allgemeinen Regeln niederzulegen (vgl. z. B. den Vertrauensgrundsatz im Straßenverkehr oder bei Arbeitsteilung im Beruf), was die Garantiefunktion des Strafgesetzes verstärkt. Endlich enthalten die objektiven Kriterien der Fahrlässigkeit die Anerkennung einer oberen Haftungsgrenze, die überspitzte Anforderungen an den einzelnen abschneidet und damit dem Gleichheitssatz dient[16].

4. Der **Unrechtstatbestand** der Fahrlässigkeitstat wird somit durch drei Merkmale bestimmt: durch die **Erkennbarkeit der Gefahr** der Verwirklichung des Tatbestandes, durch ein Handeln, das im Hinblick auf diese Gefahr die **objektiv gebotene Sorgfalt** vermissen läßt[17] und (bei den fahrlässigen Erfolgsdelikten) durch den **Ein-**

---

[14] Abweichend davon wird die individuelle Erfüllbarkeit des Sorgfalts- und Voraussichtsgebots bereits in den Unrechtstatbestand des Fahrlässigkeitsdelikts eingeordnet von *Stratenwerth,* Allg. Teil I Rdn. 1097; *derselbe,* Jescheck-Festschrift Bd. I S. 285ff.; *Otto,* Grundkurs S. 151; *Jakobs,* Studien S. 48, 64ff.; *derselbe,* Allg. Teil S. 261ff.; *SK (Samson)* § 16 Anhang Rdn. 13ff.; *Gössel,* Bruns-Festschrift S. 51f. Dagegen eingehend und überzeugend *Schünemann,* Schaffstein-Festschrift S. 160ff.; JA 1975, 512ff.; *Armin Kaufmann,* Welzel-Festschrift S. 404ff.; *Hirsch,* ZStW 94 (1982) S. 266ff.; *Herzberg,* Jura 1984, 406ff.; *Wessels,* Allg. Teil S. 198f.

[15] Dagegen *Jakobs,* ZStW-Beiheft Teheran 1974 S. 20 Fußnote 45.

[16] Eine solche Haftungsbegrenzung halten jedoch für unberechtigt *Schönke / Schröder / Cramer,* § 15 Rdn. 139ff.; *Jakobs,* Allg. Teil S. 263; *derselbe,* Studien S. 55ff.; *derselbe,* ZStW-Beiheft Teheran 1974 S. 21 Fußnote 45; *Otto,* JuS 1974, 707f.; *Stratenwerth,* Allg. Teil I Rdn. 1098; *derselbe,* Jescheck-Festschrift Bd. I S. 300ff.; *SK (Samson)* Anhang zu § 16 Rdn. 15; während *Blei,* Allg. Teil S. 299 auch von der Auffassung des Textes aus den Nichtgebrauch von Sonderfähigkeiten als objektiven Sorgfaltsverstoß behandelt. Wie der Text die h. L., die den richtigen Standpunkt vertritt, daß mehr als die „im Verkehr erforderliche Sorgfalt" vom Strafrecht nicht gefordert werden kann, wobei freilich auf standardisierte Sonderfähigkeiten (Fernlastfahrer, Chefarzt) durchaus abgestellt werden darf; vgl. *Schmidhäuser,* Schaffstein-Festschrift S. 151; *Schünemann,* ebenda S. 165ff.; *derselbe,* JA 1975, 514; *Hirsch,* ZStW 94 (1982) S. 273; *LK (Schroeder)* § 16 Rdn. 146f.

[17] Gegen die Sorgfaltspflichtverletzung als selbständiges Merkmal des Fahrlässigkeitsdelikts *LK (Schroeder)* § 16 Rdn. 126ff.; *Wolter,* GA 1977, 267f.; *Schmidhäuser,* Schaffstein-Festschrift S. 131ff., die nur auf die Voraussehbarkeit der Rechtsgutsbeeinträchtigung abstellen wollen. Der Normverstoß und damit das Handlungsunrecht liegen aber gerade in der Verletzung der konkreten Anforderungen, die die Rechtsordnung in einer bestimmten Situation an den Täter im Hinblick auf die Voraussehbarkeit des Erfolgs stellt. Wie der Text die h. L.; vgl.

tritt des tatbestandsmäßigen Erfolgs, soweit er auf der Sorgfaltsverletzung beruht[18]. Zur Begründung der Haftung auf Schadensersatz *nach bürgerlichem Recht* reichen diese Voraussetzungen aus, weil im Vertragsschluß eine Garantieübernahme für die zur ordnungsgemäßen Erfüllung erforderlichen persönlichen Fähigkeiten gesehen werden kann und dieser Gedanke jedenfalls bei Unfällen auch für die Deliktshaftung gelten muß[19]. Für die *Bestrafung* kommt jedoch das Erfordernis der **Fahrlässigkeitsschuld** hinzu, weil es hier nicht um den Ausgleich von Schäden, sondern um den Ausspruch eines sozialethischen Unwerturteils geht, das nur den Täter treffen darf, der diesen Vorwurf verdient hat.

a) Die *Frage des Schuldgehalts* der Fahrlässigkeit ist seit jeher *umstritten*. Im Naturrecht stellte die Fahrlässigkeit noch keine echte Schuldform dar, sondern wurde als ein Quasidelikt angesehen, bei dem Strafmilderung eintrat[20]. *Feuerbach* mußte dagegen versuchen, die Lehre von der Fahrlässigkeit durch die Annahme eines Willensentschlusses mit seiner auf den verbrecherischen Willen bezogenen Straftheorie (psychologischer Zwang) in Einklang zu bringen[21]. Auch die *Hegelianer* bemühten sich, ein *Willensmoment* in der Fahrlässigkeit nachzuweisen, und erblickten es in dem Wissen und Wollen der Bedingungen, aus denen der rechtswidrige Erfolg als reale Möglichkeit erwächst[22]. In ähnlicher Weise konstruierte *Binding* die Fahrlässigkeit als Willensschuld durch den Gedanken, daß jedenfalls die Handlung als Vorgang gewollt sei[23]. Andere leugnen den Schuldgehalt der Fahrlässigkeit mangels eines auf den Erfolg gerichteten Willens überhaupt[24] oder doch jedenfalls für den Bereich der unbewußten Fahrlässigkeit (vgl. unten § 54 II 1)[25].

b) Diese Lehren sind jedoch abzulehnen. Auch bei der Fahrlässigkeit ist Gegenstand des Schuldvorwurfs die **tadelnswerte Rechtsgesinnung** des Täters (vgl. oben § 39 II 1). Die Anforderungen der Rechtsordnung sind hier darauf gerichtet, daß jedermann seine persönlichen Fähigkeiten im Rahmen der objektiven Haftungsgrenze

---

Lackner, § 15 Anm. III 1; *Schönke / Schröder / Cramer,* § 15 Rdn. 122, 125; *Wessels,* Allg. Teil S. 198.

[18] Als bloße objektive Bedingung der Strafbarkeit wollen den Erfolg verstehen *Armin Kaufmann,* ZfRV 1964, 41ff.; *derselbe,* Welzel-Festschrift S. 410f.; *Horn,* Konkrete Gefährdungsdelikte S. 78ff.; *Schaffstein,* Welzel-Festschrift S. 561; *Zielinski,* Handlungs- und Erfolgsunwert S. 128ff., 200ff. (vgl. dazu schon oben § 24 III 2). Doch liegt das Unrecht des Fahrlässigkeitsdelikts nach geltendem Recht außer in der sorgfaltswidrigen Handlung auch in dem dadurch verursachten realen Schaden; so *Bockelmann / Volk,* Allg. Teil S. 157; *Krauß,* ZStW 76 (1964) S. 61f.; *Stratenwerth,* Schaffstein-Festschrift S. 187ff.; *Schünemann,* ebenda S. 169ff.; *derselbe,* JA 1975, 442ff.; *Schönke / Schröder / Cramer,* § 15 Rdn. 129; *Paeffgen,* Verrat in irriger Annahme eines illegalen Geheimnisses S. 110ff. Vgl. ferner *Volk,* GA 1976, 171ff. zu den praktischen Konsequenzen.

[19] So die h. L.; vgl. *Larenz,* Schuldrecht Bd. I S. 232ff. Dagegen soll nach *Enneccerus / Nipperdey,* Allgemeiner Teil Bd. II S. 1321ff. bei der Fahrlässigkeit auch im Zivilrecht die individuelle Leistungsfähigkeit berücksichtigt werden, was aber wohl nur für diejenigen Fälle der Deliktshaftung gelten kann, bei denen der Gedanke der Garantieübernahme nicht zutrifft.

[20] Vgl. *Boldt,* Böhmer S. 387.

[21] *Feuerbach,* Lehrbuch 13. Aufl. S. 92f.

[22] Vgl. *Köstlin,* System S. 165; *Berner,* Imputationslehre S. 227ff.

[23] *Binding,* Die Schuld S. 127; auch *Mezger,* Lehrbuch S. 355ff. verlangt „ein Moment *bewußten pflichtwidrigen Wollens*".

[24] Vgl. *Baumgarten,* Verbrechenslehre S. 116ff.; *Germann,* SchwZStr 49 (1935) S. 322f.

[25] So z.B. *Bockelmann,* Verkehrsrechtliche Aufsätze S. 213ff.; zweifelnd *Bockelmann / Volk,* Allg. Teil S. 168 („Verkennung des Risikos"); *Germann,* Das Verbrechen S. 94; *J. Hall,* Principles S. 372; *Kohlrausch,* Die Schuld S. 208f.; *Arthur Kaufmann,* Schuldprinzip S. 156ff.; *Sauer,* Allgemeine Strafrechtslehre S. 180; *Glanville Williams,* Criminal Law S. 122f. Demgegenüber stellt *Erenius,* Criminal Negligence S. 87ff. nicht auf diese rein theoretische Frage der Willensschuld, sondern darauf ab, welche Verteidigungsmittel (defences, exceptions) dem Täter gegen den Vorwurf der Fahrlässigkeit zur Verfügung stehen.

einzusetzen hat, um Gefahren für das geschützte Rechtsgut rechtzeitig erkennen und vermeiden zu können[26]. Der Schuldvorwurf bezieht sich bei der *bewußten* Fahrlässigkeit darauf, daß der Täter sorgfaltswidrig gehandelt hat, obwohl er die Verwirklichung des Tatbestandes als mögliche Folge seines Tuns voraussah. Aber auch bei der *unbewußten* Fahrlässigkeit ist der Schuldvorwurf keine Fiktion. Er bezieht sich hier darauf, daß der Täter entweder der gefährlichen Situation keine genügende Aufmerksamkeit geschenkt oder den Schluß von der an sich erkannten Gefahr auf die Gefährdung des Handlungsobjekts nicht gezogen oder aber dem Bewußtsein dieser Gefährdung bei seiner Entschlußfassung nicht genügend Raum gegeben hat. Strafwürdig ist die Fahrlässigkeit freilich nur dann, wenn die mangelnde Aufmerksamkeit auf Gesinnungsfehlern, z. B. Rücksichtslosigkeit, Gleichgültigkeit, mangelnder Sorge für andere, mit anderen Worten auf einem funktionellen Versagen des Wertgefühls beruht[27], während fehlende körperliche oder geistige Fähigkeiten, Lücken des Wissens und der Erfahrung, Mängel an Umsicht und Geschick, Fehler in Situationen der Überforderung strafrechtlich nicht zu vertreten sind (vgl. jedoch zum Übernahmeverschulden unten § 57 II 3). Auch bei der unbewußten Fahrlässigkeit liegt die Schuld in einem Gesinnungsfehler, nämlich in der Unterschreitung des Mindestmaßes an Aufmerksamkeit, das die Rechtsordnung zur Vermeidung von Verlusten und Schäden an Werten und Gütern der Gemeinschaft objektiv fordern muß, sofern Alter, Kräfte, Beruf und Lebenserfahrung des Täters den Anspruch als erfüllbar erscheinen lassen[28]. Das Gebot der Aufmerksamkeit hat im technischen Zeitalter, wie die vielen Unglücke infolge „menschlichen Versagens" zeigen, gleiche Berechtigung wie die Pflicht, seinen bewußten Willen mit den Normen der Rechtsordnung in Einklang zu halten.

5. Das geltende Strafrecht kennt kein allgemeines Fahrlässigkeitsdelikt (wie das bürgerliche Recht z. B. in § 823 I BGB), sondern nur *einzelne Fahrlässigkeitstatbestände*, die in das StGB selbst nur sparsam aufgenommen worden sind, im Nebenstrafrecht dagegen häufig vorkommen. Wie bei den Vorsatzstraftaten wird unterschieden zwischen *Erfolgs-* (z. B. §§ 222, 230, 309, 345 II) und *Tätigkeitsdelikten* (§§ 163, 316 II), zwischen *Begehungs-* und *Unterlassungsdelikten* (§ 138 III). *Strafbar* ist fahrlässiges Handeln nur, wenn das Gesetz es ausdrücklich vorsieht (§ 15; entsprechend § 10 OWiG). Für viele wichtige Vorsatzdelikte wie Abbruch der Schwangerschaft (§ 218), Freiheitsberaubung (§ 239), Straftaten gegen die sexuelle Selbstbestimmung (§§ 174 ff.) und die meisten Vermögensdelikte gibt es im Bereich der Fahrlässigkeit kein Gegenstück, weil insoweit die Strafwürdigkeit durch den Gesetzgeber verneint wird. Neue Fahrlässigkeitstatbestände haben das 1. WiKG (§§ 264 III, 283 IV, V, 283b II) und das 18. StÄG in allen Strafvorschriften zum Umweltschutz (§§ 324 III ff.) eingeführt.

II. Arten und Grade der Fahrlässigkeit

1. *Zwei Arten der Fahrlässigkeit* werden herkömmlicherweise unterschieden: die **unbewußte** und die **bewußte Fahrlässigkeit**[29]. Bei der unbewußten Fahrlässigkeit

---

[26] So im Gegensatz zur „Willenstheorie" die „Gefühlstheorie"; vgl. *Exner,* Fahrlässigkeit S. 173 ff.; *Kadečka,* Gesammelte Aufsätze S. 69; *Engisch,* Vorsatz und Fahrlässigkeit S. 470. Über bewußte Fahrlässigkeit als Willensschuld neuerdings wieder *Köhler,* Fahrlässigkeit S. 373 ff.

[27] So mit Recht *Nowakowski,* JBl 1953, 508; vgl. auch *derselbe,* JBl 1972, 31.

[28] Vgl. *Coenders,* Feuerbach S. 28 ff.; *Löffler,* Schuldformen S. 9; *Armin Kaufmann,* ZfRV 1964, 53; *Welzel,* Lehrbuch S. 150 ff.; *Stratenwerth,* Allg. Teil I Rdn. 1104; *Schönke/Schröder/Cramer,* § 15 Rdn. 201; *Maurach/Gössel/Zipf,* Allg. Teil II S. 110 f.; *Wessels,* Allg. Teil S. 210. Insbes. zur „Erfolgsschuld" *Müller-Dietz,* Schuldgedanke S. 77 ff.; *Dubs,* SchwZStr 78 (1962) S. 45 ff. Zweifelnd *Roxin,* ZStW 82 (1970) S. 687; *Bockelmann/Volk,* Allg. Teil S. 168 f.

(negligentia) denkt der Täter infolge einer Verletzung der gebotenen Sorgfalt nicht an die Möglichkeit, daß er den gesetzlichen Tatbestand verwirklichen könnte, bei der bewußten Fahrlässigkeit (luxuria) erkennt er zwar das Vorliegen der konkreten Gefahr für das geschützte Handlungsobjekt, vertraut jedoch infolge Unterschätzung ihres Grades oder Überschätzung seiner eigenen Kräfte oder einfach in der Hoffnung auf sein Glück pflichtwidrig darauf, daß der gesetzliche Tatbestand sich nicht verwirklichen werde[30]. Ebenso wie der Vorsatz (vgl. oben § 29 II 3a) kann auch die Fahrlässigkeit nicht nur auf einen Verletzungs-, sondern auch auf einen Gefährdungserfolg bezogen sein. Auch *bewußte* Fahrlässigkeit ist hinsichtlich einer Gefährdung denkbar: der Täter hält in diesem Falle den Eintritt der Gefahr zwar für möglich, vertraut aber darauf, daß sie sich nicht verwirklichen werde[31].

Die Rechtsprechung hat sich die Unterscheidung von bewußter und unbewußter Fahrlässigkeit zu eigen gemacht. Fahrlässigkeit liegt vor, „wenn feststeht, daß der Täter die Sorgfalt, zu der er nach den Umständen und seinen persönlichen Kenntnissen und Fähigkeiten verpflichtet und imstande war, außer acht gelassen hat und daß er infolgedessen entweder den Erfolg, den er bei Anwendung der pflichtgemäßen Sorgfalt hätte voraussehen können, nicht vorausgesehen hat – unbewußte Fahrlässigkeit – oder den Eintritt des Erfolgs zwar für möglich gehalten, aber darauf vertraut hat, er werde nicht eintreten – bewußte Fahrlässigkeit" (RG 56, 343 [349] zum Baukunstfehler; RG 58, 130 [134] zur fahrlässigen Unterlassung; RG 67, 12 [18] zum medizinischen Kunstfehler).

Bei beiden Arten der Fahrlässigkeit, die in der Praxis oft nicht scharf zu unterscheiden sind, liegt der Unrechts- und Schuldgehalt in einem *Mangel an gebotener Aufmerksamkeit*, denn auch die bewußte Fahrlässigkeit beruht auf pflichtwidriger Verkennung zwar nicht des Vorhandenseins, wohl aber des Grades der Gefahr, des Umfangs der Sorgfaltspflicht oder der Begrenztheit der eigenen Fähigkeiten. Auch im Schuldgehalt besteht zwischen den beiden Arten der Fahrlässigkeit *kein Stufenverhältnis*, denn die Einstellung dessen, der die Gefahr nicht einmal wahrnimmt, kann stärker zu mißbilligen sein als der Leichtsinn des bewußt Fahrlässigen, der lediglich die eigenen Kräfte überschätzt (BGH NJW 1962, 1780 [1781]; OLG Karlsruhe DAR 1968, 220)[32]. Die praktische Bedeutung der Unterscheidung von bewußter und unbewußter Fahrlässigkeit[33] liegt vornehmlich darin, daß auf diese Weise eine klare Grenzlinie zum bedingten Vorsatz gezogen werden kann (vgl. oben § 29 III 3 c)[34].

---

[29] Die Lehre geht auf *Feuerbach*, Lehrbuch, 13. Aufl. S. 93 zurück, der hier anstelle der quantitativen culpa-Grade des gemeinen Rechts erstmalig eine qualitative Unterscheidung vornimmt.

[30] Vgl. die Definitionen in E 1962 § 18 I (unbewußte Fahrlässigkeit) und II (bewußte Fahrlässigkeit), die aber beide nicht in den endgültigen Text des Allgemeinen Teils aufgenommen worden sind.

[31] Die auf die *Verletzung* des Handlungsobjekts bezogene bewußte Fahrlässigkeit ist nur dann gleichbedeutend mit Gefährdungsvorsatz, wenn der Täter die Gefahr des Eintritts einer Verletzung ernstnimmt und sich mit ihr abfindet; vgl. dazu *Schaffstein*, Göttinger Festschrift OLG Celle S. 180. Gegen die *generelle* Gleichsetzung von bewußter Fahrlässigkeit und Gefährdungsvorsatz durch *Arthur Kaufmann*, Schuldprinzip S. 154 mit Recht *LK (Schroeder)* § 16 Rdn. 120.

[32] Vgl. *LK (Schroeder)* § 16 Rdn. 121; *Maurach / Gössel / Zipf*, Allg. Teil II S. 110.

[33] Sie wird von *Kohlrausch / Lange*, § 59 Anm. IV 3 geleugnet; vgl. dagegen aber *Maurach / Gössel / Zipf*, Allg. Teil II S. 110f.; *Dubs*, SchwZStr 78 (1962) S. 35f.; *LK (Schroeder)* § 16 Rdn. 117; *Lackner*, § 15 Anm. III 6; *Binavince*, Fahrlässigkeit S. 142.

[34] Vom Standpunkt seiner abweichenden Abgrenzung des bedingten Vorsatzes aus (vgl. oben § 29 III 3 d aa) mußte *Schröder* den Begriff der bewußten Fahrlässigkeit für verfehlt halten; vgl. *Schröder*, Sauer-Festschrift S. 237. Ebenso *Schmidhäuser*, GA 1957, 313; *derselbe*, GA 1958, 167; *derselbe*, Allg. Teil S. 435; *Jakobs*, Allg. Teil S. 259; *derselbe*, ZStW-Beiheft Teheran 1974 S. 10.

2. *Verschiedene Grade der Fahrlässigkeit* (culpa lata, levis und levissima), wie sie das gemeine Strafrecht einst dem Zivilrecht entlehnt hatte[35] und wie sie der Gesetzgeber dort noch heute verwendet (zur „groben" und „leichten" Fahrlässigkeit tritt die „diligentia quam in suis") (§§ 276, 277 BGB)[36], kennt das geltende Strafrecht als allgemeine Regel *nicht*. Doch wird zunehmend als gesteigerte Form der Fahrlässigkeit vom Gesetzgeber **Leichtfertigkeit** verlangt (z. B. §§ 97 II, 109g IV, 138 III, 264 III, 283 IV Nr. 2, V Nr. 2, 345 II StGB; §§ 21, 41 III WStG). Dies gilt insbesondere für viele erfolgsqualifizierte Delikte (z. B. §§ 176 IV, 177 III, 178 III, 239a II, 251, 316c II). Auch im Ordnungswidrigkeitenrecht wird der Begriff der Leichtfertigkeit zunehmend verwendet (z. B. §§ 378 - 381 AO 1977)[37]. Leichtfertigkeit entspricht der groben Fahrlässigkeit des bürgerlichen Rechts (BGH 14, 240 [255]; 20, 315 [327])[38], sie liegt danach vor, wenn die erforderliche Sorgfalt „in ungewöhnlich großem Maße" verletzt worden ist bzw. wenn der Täter das nicht beachtet hat, „was im gegebenen Fall jedem einleuchten mußte" (RGZ 141, 129 [131]; BGHZ 10, 14 [16]; 17, 191 [199]; BGHSt 33, 66; OLH Hamm NStZ 1983, 459). Bei der Prüfung des Schuldgehalts der Tat ist die Leichtfertigkeit ebenfalls nach dem individuellen Maßstab zu messen, d. h. der Täter selbst mußte die Umstände ohne weiteres wahrnehmen können, die sein Verhalten als leichtfertig erscheinen lassen[39]. Doch gilt der Satz „Culpa lata dolo aequiperatur" *(Ulpian* Dig. 11, 6, 1 § 1) im Strafrecht nicht.

Der AE enthält in § 16 II den beachtlichen Vorschlag, *geringfügig fahrlässiges Verhalten* überhaupt *straffrei* zu lassen, weil es dabei an krimineller Schuld fehle[40].

III. Die Behandlung der Vorsatz-Fahrlässigkeitskombinationen

Baumann, Kritische Gedanken zur Beseitigung der erfolgsqualifizierten Delikte, ZStW 70, (1958) S. 227; *Cramer*, Das Strafensystem des StGB nach dem 1. 4. 1970, JurA 1970, 183; *Gössel*, Dogmatische Überlegungen zur Teilnahme am erfolgsqualifizierten Delikt, Festschrift für R. Lange, 1976, S. 219; *Hänle*, Die Teilnahme an den erfolgsqualifizierten Delikten, Diss. Tübingen 1970; *Hardwig*, Betrachtungen zum erfolgsqualifizierten Delikt, GA 1965, 97; *Hirsch*, Zur Problematik des erfolgsqualifizierten Delikts, GA 1972, 65; *Janiszewski*, Anmerkung zu BGH vom 22. 7. 1966, MDR 1967, 229; *Jescheck*, Erfolgsdelikte, Niederschriften, Bd. II, S. 246; *Else Koffka*, Erfolgsdelikte, Niederschriften, Bd. II, S. 234; *Krey / Schneider*, Die eigentlichen Vorsatz-Fahrlässigkeits-Kombinationen usw., NJW 1970, 640; *Lang-Hinrichsen*, Zur Krise des Schuldgedankens im Strafrecht, ZStW 73 (1961) S. 210; *Oehler*, Das erfolgsqualifizierte Delikt und die Teilnahme an ihm, GA 1954, 33; *derselbe*, Das erfolgsqualifizierte

---

[35] Vgl. *Boldt*, Böhmer S. 402.
[36] Vgl. *Larenz*, Schuldrecht Bd. I S. 239ff.
[37] Vgl. *Göhler*, § 10 OWiG Rdn. 20.
[38] Vgl. *Maiwald*, GA 1974, 258; *Jakobs*, ZStW-Beiheft Teheran 1974 S. 30ff.; *Tenckhoff*, ZStW 88 (1976) S. 898ff.; *Volk*, GA 1976, 175ff.; *Maurach / Gössel / Zipf*, Allg. Teil II S. 72; *Hall*, Mezger-Festschrift S. 244. Vgl. auch die Definition in E 1962 § 18 III, die aber nicht in den endgültigen Text Aufnahme gefunden hat.
[39] Zu weitgehend verlangt *Maiwald*, GA 1974, 265, der Täter müsse auch die Fähigkeit gehabt haben, die Beurteilung seines Verhaltens als leichtfertig vorauszusehen. Dagegen auch *SK (Rudolphi)* § 18 Rdn. 5. Eine traditionelle, die Unrechts- und Schuldseite der Leichtfertigkeit umfassende Definition gibt *Wegscheider*, ZStW 98 (1986) S. 657, während *Arzt*, Schröder-Gedächtnisschrift im Anschluß an amerikanisches Recht außer auf den groben Sorgfaltsverstoß noch auf die Gleichgültigkeit des Täters abstellt.
[40] Ebenso *Bockelmann*, Verkehrsrechtliche Aufsätze S. 216ff.; *Stratenwerth*, Basler Juristische Mitteilungen 1966, 72f.; *derselbe*, Allg. Teil I Rdn. 1135ff.; *Arzt*, Schröder-Gedächtnisschrift S. 130f. Auf Leichtfertigkeit will *Cramer*, DAR 1974, 322 die Erfolgshaftung im Verkehrsstrafrecht beschränken, Bagatellfolgen will *Volk*, GA 1976, 179ff. ausscheiden. Ablehnend dazu *Tröndle*, DRiZ 1976, 132; *Dreher / Tröndle*, § 16 Rdn. 21. Zu Recht verweist *LK (Schroeder)* § 16 Rdn. 215 auf § 153 StPO.

III. Die Behandlung der Vorsatz-Fahrlässigkeitskombinationen

Delikt als Gefährdungsdelikt, ZStW 69 (1957) S. 503; *Rudolphi*, Anmerkung zu BGH 26, 175, JR 1976, 74; *Schubarth*, Das Problem der erfolgsqualifizierten Delikte, ZStW 85 (1973) S. 754; *Traub*, Zur Bedeutung des Wortes „wenigstens" in § 56 StGB, NJW 1957, 370.

Das Strafrecht kennt zahlreiche Tatbestände, bei denen für die Tathandlung Vorsatz verlangt wird, während hinsichtlich des Verletzungs- oder Gefährdungserfolgs Fahrlässigkeit ausreicht. Die Frage, die sich hierbei stellt, ist einmal, ob diese zusammengesetzten Strafvorschriften als Vorsatz- oder als Fahrlässigkeitstatbestände zu behandeln sind. Zum anderen ergibt sich das Problem, welche Struktur die Fahrlässigkeit in derartigen Fällen aufweist.

1. Für die **eigentlichen Vorsatz-Fahrlässigkeitskombinationen**, z. B. die Straßenverkehrsgefährdung nach § 315c III Nr. 1 (vgl. oben § 26 II 1a), enthält das geltende Recht in § 11 II die Regel, daß sie „im Sinne dieses Gesetzes", d. h. praktisch im Hinblick auf die Teilnahme (OLG Stuttgart VRS 50, 265), den Versuch (z. B. § 353b I 2)[41], die Fortsetzungstat und die Strafzumessung (§§ 56g II, 66) als Vorsatztatbestände anzusehen sind[42]. Der Vorsatzteil des zusammengesetzten Tatbestandes ist zwar nicht selbständig mit Strafe bedroht, er stellt aber in sich immerhin eine Ordnungswidrigkeit, einen Disziplinarverstoß oder sonst eine erheblich rechtswidrige Handlung dar, die ihr besonderes Gewicht dadurch gewinnt, daß sie den Gefährdungserfolg herbeigeführt hat. Es ist deshalb gerechtfertigt, in der Abgrenzungsfrage den Schwerpunkt auf den Vorsatzteil des Tatbestandes zu legen.

Beispiel: Der Taxifahrer, der an mehreren Fußgängerüberwegen vorsätzlich falsch fährt, um einen Reisenden, der ihn zu dieser Fahrweise bestimmt hat, so schnell wie möglich zum Bahnhof zu transportieren, und dabei wiederholt Fußgänger in Lebensgefahr bringt, ist wegen fortgesetzten Vergehens nach § 315c III Nr. 1 i. Verb. m. Abs. I Nr. 2c, der Reisende wegen Anstiftung dazu zu verurteilen.

Die Fahrlässigkeit weist bei den eigentlichen Vorsatz-Fahrlässigkeitskombinationen die Besonderheit auf, daß die Sorgfaltsverletzung in bezug auf den Erfolg schon in der vorsätzlichen Handlung besteht, denn wer z. B. vorsätzlich die Vorfahrt nicht beachtet (§ 315c I Nr. 2a), handelt im Hinblick auf die Gefährdung der Verkehrsteilnehmer (§ 315c III Nr. 1) in der Regel sorgfaltswidrig, so daß nur noch zu fragen ist, ob der Gefährdungserfolg auch voraussehbar war. Da der Vorsatzteil des Tatbestandes für sich betrachtet aber nur ein abstraktes Gefährdungsdelikt darstellt, kann die Sorgfaltsverletzung im Hinblick auf den Erfolg ausnahmsweise zu verneinen sein, wenn der Eintritt der Gefahr nach den besonderen Umständen des Falles ausgeschlossen erschien (vgl. oben § 26 II 2).

2. Die zweite Gruppe der Vorsatz-Fahrlässigkeitskombinationen bilden die **erfolgsqualifizierten Delikte** (*uneigentliche Vorsatz-Fahrlässigkeitskombinationen*, vgl. oben § 26 II 1a). Es handelt sich dabei um Straftaten mit einem typischen Gefährlichkeitsgehalt, die, wenn sich die im Grundtatbestand angelegte Gefahr verwirklicht, mit ganz wesentlich höherer Strafe bedroht sind als die einfache Tat. Für diese Gruppe bestimmt § 18, daß die höhere Strafe den Täter nur dann trifft, „wenn er die Folge wenigstens fahrlässig herbeigeführt hat"[43]. Erfolgsqualifizierte Delikte sind als

---

[41] Ablehnend *Krey / Schneider*, NJW 1970, 644; *SK (Rudolphi)* § 11 Rdn. 36.

[42] Zustimmend *Dreher / Tröndle*, § 11 Rdn. 38; *LK (Tröndle)* § 11 Rdn. 95ff.; *Lackner*, § 11 Anm. 11a; *Schönke / Schröder / Eser*, § 11 Rdn. 86; *Janiszewski*, MDR 1967, 229; vgl. auch BT-Drucksache IV/651 S. 25. Dagegen sehen das Schwergewicht beim Fahrlässigkeitsteil des Tatbestandes *Cramer*, JurA 1970, 196f.; *Krey / Schneider*, NJW 1970, 641ff.; *Gössel*, Lange-Festschrift S. 227, 238; *LK (Schroeder)* § 18 Rdn. 5. Vgl. auch BGH MDR 1966, 229.

[43] Aus der Verwendung des Merkmals „wenigstens" folgt, daß grundsätzlich auch Vorsatz in Betracht kommt, z. B. für § 224 bedingter Vorsatz, während bei direktem Vorsatz § 225 ein-

Restbestand der alten Erfolgshaftung im StGB noch reichlich vertreten (z. B. §§ 221 III, 224, 226, 229 II, 239 II, III, 307 Nr. 1, 312, 321 II, 330, 340 II), auch in Kombination mit einer Fahrlässigkeitstat als Grundtatbestand (§§ 309, 314)[44]. Ihre Vereinbarkeit mit dem Schuldprinzip ist trotz des § 18 zweifelhaft, weil die Strafdrohung in einer die reine Fahrlässigkeitsschuld erheblich überschreitenden Weise verschärft wird[45].

Beispiel: Wenn sich beim Schlag mit einer geladenen Pistole ein Schuß löst und der Getroffene getötet wird, ist die Mindeststrafe nach § 226 Freiheitsstrafe nicht unter drei Jahren, in minder schweren Fällen Freiheitsstrafe von drei Monaten bis zu fünf Jahren. Der Schlag für sich allein wird dagegen nach § 223 a mit Freiheitsstrafe bis zu fünf Jahren oder Geldstrafe, die fahrlässige Tötung für sich allein nach § 222 ebenso bestraft (BGH NJW 1960, 683).

Um die erfolgsqualifizierten Delikte näher an das Schuldprinzip heranzurücken, wird zunehmend Leichtfertigkeit statt einfacher Fahrlässigkeit verlangt (vgl. oben § 26 II 1 a). Da in diesen Fällen jedoch nicht wie in § 18 „wenigstens" Leichtfertigkeit vorausgesetzt ist, kommt das erfolgsqualifizierte Delikt bei Vorsatz hinsichtlich der Tatfolge nicht in Betracht (BGH 26, 175 zu § 251 m. zust. Anm. *Rudolphi,* JR 1976, 74)[46].

Für die erfolgsqualifizierten Delikte ist die Regelung des § 11 II selbstverständlich. Daß sie als Vorsatztaten behandelt werden müssen, ergibt sich schon daraus, daß ihr Grundtatbestand für sich allein eine selbständig strafbare Vorsatztat darstellt[47]. Die vorsätzliche Grundtat enthält als Verletzungsdelikt auch stets einen Verstoß gegen die gebotene Sorgfalt im Hinblick auf die Vermeidung der besonderen Folge. Die Fahrlässigkeit, die § 18 verlangt, besteht hier also *allein in der Voraussehbarkeit der schweren Folge*[48], z. B. in dem eben genannten Fall des Schlags mit einer geladenen Pistole in der Voraussehbarkeit der Auslösung eines tödlichen Schusses (ebenso BGH 24, 213 [215]). Der Erfolg muß allerdings, da es sich nicht bloß um eine Adäquanzbeziehung, sondern um Fahrlässigkeits*schuld* handelt, *auch für den Täter* nach seinen persönlichen Fähigkeiten voraussehbar gewesen sein[49].

---

greift. Vgl. dazu BGH 9, 135 (136); 24, 213; *Schönke / Schröder / Cramer,* § 18 Rdn. 5; *SK (Rudolphi)* § 18 Rdn. 5; *Traub,* NJW 1957, 370.

[44] Über das Nebenstrafrecht vgl. *Hänle,* Die Teilnahme S. 14.

[45] Vgl. *Arthur Kaufmann,* Schuldprinzip S. 244; *Kohlrausch / Lange,* § 56 Anm. III (S. 211f.); *Hardwig,* GA 1965, 98; *LK (Schroeder)* § 18 Rdn. 34; *SK (Rudolphi)* § 18 Rdn. 1. Für Abschaffung der erfolgsqualifizierten Delikte de lege ferenda *Jescheck,* Niederschriften Bd. II S. 248; *Schubarth,* ZStW 85 (1973) S. 775. Zugunsten des vor Einführung des § 56 a. F. bestehenden Rechtszustandes dagegen *Baumann,* ZStW 70 (1958) S. 236ff.; gegen ihn mit Recht *Lang-Hinrichsen,* ZStW 73 (1961) S. 224f. Für die Beibehaltung erfolgsqualifizierter Delikte mit beachtlichen Gründen *Hirsch,* GA 1972, 77. Für Korrektur der Strafdrohungen *Jakobs,* ZStW-Beiheft Teheran 1974 S. 37f.

[46] Über die Konsequenzen für die Strafzumessung vgl. *Maiwald,* GA 1974, 270; *Lackner,* § 251 Anm. 4. Dagegen will *Dreher / Tröndle,* § 18 Rdn. 16 mit beachtlichen Gründen § 18 auch auf die Tatbestände anwenden, die Leichtfertigkeit voraussetzen. Eine Sperrwirkung der Mindeststrafe des § 251 bei Tötungsvorsatz befürworten zu Recht *Lackner,* § 251 Anm. 4; *Tenckhoff,* ZStW 88 (1976) S. 912ff. Vgl. auch *Montenbruck,* Strafrahmen S. 201ff.

[47] Außer Betracht bleiben hier die §§ 309, 314, bei denen der Grundtatbestand eine Fahrlässigkeitstat ist.

[48] So ausdrücklich § 17 E 1919, ferner Art. 123 II schweiz. StGB. Ebenso *Else Koffka,* Niederschriften Bd. II S. 242; *Jescheck,* ebenda S. 248; *Lackner,* § 18 Anm. 3c; früher schon *Radbruch,* VDA Bd. II S. 251. Zu Recht verlangt aber *Wessels,* Allg. Teil S. 211 über den Vorsatz hinaus auch die Erkennbarkeit der spezifischen Gefahr des Eintritts der schweren Folge und, wenn der Tatbestand Leichtfertigkeit voraussetzt, das Vorliegen der gesteigerten Sorgfaltspflichtverletzung.

Wenn beim erfolgsqualifizierten Delikt *mehrere Personen zusammenwirken,* so ist immer von dem vorsätzlich verübten Grunddelikt auszugehen. Ob der verschärfte Strafrahmen auf einen der Beteiligten (Mittäter, Anstifter, Gehilfe) anzuwenden ist, hängt nach §§ 29, 18 allein davon ab, ob *für diesen Beteiligten* die schwere Folge voraussehbar war, gleichgültig ob der Haupttäter insoweit vorsätzlich, fahrlässig oder ohne Verschulden gehandelt hat[50].

Beispiel: Wer einen anderen zu einem Raub anstiftet, bei dem das Opfer im Falle der Gegenwehr mit einem Knüppel auf den Kopf geschlagen werden soll, ist wegen Anstiftung zum Raub mit Todesfolge (§§ 251, 26) zu verurteilen, wenn der Beraubte bei der Tat ums Leben kommt und der Anstifter dies ohne weiteres hätte voraussehen können (BGH 19, 339 [341f.]).

Zum *Versuch* bei den erfolgsqualifizierten Delikten vgl. oben § 49 VII 2, zur *Konkurrenz* vgl. unten § 67 III 3.

IV. Versuch und Teilnahme bei Fahrlässigkeitstaten

Bei **fahrlässigen Straftaten** gibt es **weder Versuch** (vgl. oben § 49 III 1 a) **noch Teilnahme** (vgl. unten § 61 VI), obwohl beides im Falle der bewußten Fahrlässigkeit an sich denkbar wäre. Wenn mehrere einen tatbestandsmäßigen Erfolg fahrlässig verursachen, ist jeder als Täter für das ganze verantwortlich[51]. Zweifelsfragen ergeben sich jedoch in den Fällen, in denen jemand durch fahrlässiges Verhalten dazu beiträgt, daß ein anderer eine vorsätzliche Straftat begehen kann. Benutzt z. B. der Mörder die Sorglosigkeit eines Apothekers, um sich Gift für die Ausführung der Tat zu verschaffen, so ist jedenfalls am Vorliegen des Kausalzusammenhangs nicht zu zweifeln (keine Unterbrechung des Kausalzusammenhangs durch die Vorsatztat; vgl. oben § 28 II 3)[52]. Das Problem liegt nicht bei der objektiven Zurechnung der Vorsatztat, sondern bei der Abgrenzung der Sorgfaltspflicht des Fahrlässigkeitstäters. Zwei Fallgruppen sind zu unterscheiden:

1. Enthält die Sorgfaltsverletzung schon in sich die **Gefahr des Eintritts des tatbestandsmäßigen Erfolgs,** so liegt die Ausnutzung der günstigen Situation zu einer Vorsatztat im Rahmen des rechtlich mißbilligten Risikos, und die Verantwortlichkeit des sorglos Handelnden wegen des Erfolgs der Vorsatztat richtet sich dann nach den allgemeinen Regeln.

Beispiele: Der Mörder kann das Gift in der Apotheke unbemerkt an sich nehmen, weil es von dem Apotheker vorschriftswidrig aufbewahrt worden ist. Jemand vermietet eine stark feuergefährliche Wohnung, in der die Mieter später bei einem Brand umkommen, den ein Dritter vorsätzlich gelegt hat (RG 61, 318 [320]). Ein hochgefährlicher Sexualtäter benutzt den vom Arzt bewilligten Ausgang aus dem Landeskrankenhaus zu einer Vergewaltigung (LG Göttingen NStZ 1985, 410). Fahrlässige Tötung bzw. Körperverletzung seitens des Verantwortlichen sind zu bejahen.

2. Fehlt es an einem rechtlich mißbilligten Risiko – jemand leiht dem Freund ein Jagdgewehr, ohne daran zu denken, daß dieser damit seine Frau ermorden könnte – so ist die objektive Zure-

---

[49] Für Beschränkung der erfolgsqualifizierten Delikte auf die Adäquanzbeziehung *Hardwig,* GA 1965, 100; *Jescheck,* Niederschriften Bd. II S. 249ff.; *Arthur Kaufmann,* Schuldprinzip S. 245; *Kohlrausch/Lange,* § 56 Anm. III; *Oehler,* ZStW 69 (1957) S. 512ff. Doch ist zuzugeben, daß diese Lösung mit dem Schuldprinzip noch weniger vereinbar ist als § 18.
[50] Vgl. *Dreher/Tröndle,* § 18 Rdn. 3; *Lackner,* § 18 Anm. 3b; *Schönke/Schröder/Cramer,* § 18 Rdn. 7; *SK (Rudolphi)* § 18 Rdn. 6; zum Teil abweichend *Oehler,* GA 1954, 37ff.; *Hänle,* Die Teilnahme S. 58ff.
[51] Vgl. dazu näher *Gallas,* Beiträge S. 91; *Maurach/Gössel/Zipf,* Allg. Teil II S. 70; *Stratenwerth,* Allg. Teil I Rdn. 1149ff.; *Welzel,* Allg. Teil S. 99, 189.
[52] Vgl. *Spendel,* JuS 1974, 753ff.

chenbarkeit des Erfolgs an sich zu verneinen. Das von manchen angenommene **Regreßverbot**[53] ist indessen **abzulehnen**[54]. Auch in einem solchen Fall kann es so sein, daß der Hintermann aufgrund seines Sonderwissens die Vorsatztat voraussehen konnte. Er ist dann für den Erfolg als Fahrlässigkeitstäter verantwortlich. Auch die Rechtsprechung hat sich diesen Standpunkt zu eigen gemacht.

Beispiele: Dem Kaufmann, der eine Erkundigungspflicht verletzt, ist die vorsätzliche verbotene Warenausfuhr durch den Geschäftsfreund zuzurechnen, wenn er den Gang der Dinge voraussehen konnte (RG 58, 366 [368]). Die Mutter der unehelich gebärenden Tochter ist wegen fahrlässiger Tötung (begangen durch Unterlassen) verantwortlich, wenn sie sich während der Geburt aus der Wohnung entfernt, obwohl sie voraussehen konnte, daß die Tochter das Kind töten würde (RG 64, 316 [319]). Die Geliebte, die dem Ehemann Gift verschafft, mit dem er seine Frau tötet, ist wegen fahrlässiger Tötung verantwortlich, wenn sie erkennen konnte, wozu das Gift dienen sollte (RG 64, 370 [373]).

Stratenwerth[55] nimmt in diesen Fällen an, daß eine Fahrlässigkeitshaftung des Hintermanns nur dann in Betracht komme, wenn der Vorsatztäter bereits erkennbar zur Tat *entschlossen* gewesen sei. Doch ist eine derartige Einschränkung der Sorgfaltspflicht unbegründet, denn es trifft nicht zu, daß man im allgemeinen auf das Ausbleiben einer Vorsatztat vertrauen dürfe, auch wenn Anhaltspunkte für das Gegenteil bestehen. Auch die Ermöglichung oder Erleichterung einer vorsätzlichen Straftat, zu der sich ein anderer erkennbar entschließen *könnte*, muß die Fahrlässigkeitshaftung begründen. Freilich wird die Voraussehbarkeit in derartigen Fällen seltener zu bejahen und fast nie zu beweisen sein.

3. Die **fahrlässige Mitverursachung fremder Selbstgefährdung oder -verletzung,** sei diese vorsätzlich oder fahrlässig begangen, begründet keine strafrechtliche Verantwortlichkeit für den Täter, weil insoweit das Prinzip der Eigenverantwortlichkeit des Verletzten eingreift, das eine Sorgfaltspflichtverletzung gegenüber dem, der sich selbst verletzt, ausschließt. Die strafrechtliche Verantwortlichkeit des die Selbstgefährdung oder -verletzung fördernden Täters beginnt erst dort, wo er aufgrund überlegen Sachwissens das Risiko besser erfaßt als der sich selbst Gefährdende[56].

Beispiele: Nicht strafbar ist, wer fahrlässig den Selbstmord eines anderen erleichtert (BGH 24, 342). Dagegen ist wegen fahrlässiger Tötung strafbar, wer mit einem Angetrunkenen eine Wettfahrt auf Motorrädern veranstaltet, bei der der andere infolge eigenen Verschuldens tödlich verunglückt (BGH 7, 112). Der Gastwirt, der einem Kraftfahrer Alkohol ausgeschenkt hat, muß dessen Weiterfahrt nur dann verhindern, wenn der andere sich nicht mehr eigenverantwortlich verhalten kann (BGH 19, 152; 26, 35). Die Abgabe von Rauschgift an einen Süchtigen, der sich damit tötet oder verletzt, begründet keine Verantwortlichkeit wegen fahrlässiger Tötung oder Körperverletzung dessen, der dem anderen das Rauschgift verschafft hat (BGH 32, 262 m. Anm. *Roxin*, NStZ 1984, 410; vgl. ferner OLG Stuttgart VRS 67, 429). Dasselbe gilt für die gemeinsame Einnahme eines selbstgebrauten Stechapfeltees, der bei einem Beteiligten zum Tode, bei anderen zu Körperschäden führt, wobei vorausgesetzt wird, daß sich die Opfer über die Gefährlichkeit des Getränks im klaren waren (BGH NStZ 1985, 25).

---

[53] Vgl. *Frank,* § 1 Anm. III 2 a; *H. Mayer,* Lehrbuch S. 138; *Lampe,* ZStW 71 (1959) S. 615; *Naucke,* ZStW 76 (1964) S. 409 ff.
[54] Vgl. *Baumann / Weber,* Allg. Teil S. 223; *Maurach / Zipf,* Allg. Teil I S. 251 f.; *Schönke / Schröder / Lenckner,* Vorbem. 77 vor § 13; *Spendel,* JuS 1974, 755 (der aber im Ergebnis S. 756 aus einem anderen Grunde für Straflosigkeit eintritt).
[55] *Stratenwerth,* Allg. Teil I Rdn. 1162.
[56] Vgl. *Dölling,* GA 1984, 71 ff. m. umfass. Nachw.; *Schönke / Schröder / Cramer,* § 15 Rdn. 155; *Stree,* JuS 1985, 179 ff.; *Wessels,* Allg. Teil S. 200. Zu BGH 24, 342 kritisch *Geilen,* JZ 1974, 145 ff.

V. Ausländisches Recht

Die Aufgliederung der Fahrlässigkeit nach dem doppelten Maßstab in einen Rechtswidrigkeits- und einen Schuldbestandteil hat auch in Österreich[57], in der Schweiz[58] und in Kanada[59] Anhänger gefunden. Dagegen ist die *französische* Lehre vom Wesen und den Grenzen der Fahrlässigkeit auf einer „klassisch" zu nennenden Stufe verblieben[60]; die Rechsprechung neigt nach dem Grundsatz von der Identität der Fahrlässigkeit im Zivil- und Strafrecht zur Ausdehnung und Strenge[61]. Die *italienische* Lehre legte bisher bei der Fahrlässigkeit ebenfalls einen sowohl objektiven als auch subjektiven Maßstab zugrunde, rechnete das ganze aber zur Schuld; die neuere Dogmatik beginnt sich indessen auch in Italien durchzusetzen[62]. Das gleiche läßt sich vom gegenwärtigen Stand der *spanischen* Lehre sagen[63]. Die Originalität des spanischen Rechts besteht in Art. 565 C. p., der einen Generaltatbestand der Fahrlässigkeit enthält[64]. Auch in den *Niederlanden* wird die objektive und subjektive Komponente der Fahrlässigkeit unter dem Oberbegriff der Schuld erörtert, wobei im übrigen die gleichen Probleme auftreten wie in der deutschen Lehre[65]. Im *anglo-amerikanischen* Strafrecht reicht einfache Fahrlässigkeit nicht zur Bestrafung aus, verlangt wird ein mit „criminal, culpable oder gross negligence" bezeichneter höherer Grad von Unvorsichtigkeit als für die unerlaubte Handlung im Zivilrecht, so daß die strafrechtliche Verantwortlichkeit nicht unerheblich eingeschränkt ist[66]. Das *brasilianische* Recht erwähnt die Fahrlässigkeit ohne Definition in Art. 18 II C. p., die Lehre schließt sich der neueren deutschen Dogmatik an[67]. In der *DDR* wird die Fahrlässigkeit mit ihren objektiven und

---

[57] Vgl. *Burgstaller*, Das Fahrlässigkeitsdelikt S. 23 f.; *derselbe*, Grundzüge. 105 ff.; WK (*Burgstaller*) § 6 Rdn. 26; *Graßberger*, ZfRV 1964, 20 ff.; *Rittler*, Bd. I S. 217 ff.; *Kienapfel*, JZ 1972, 775; *Nowakowski*, JBl 1972, 30 f.; *Platzgummer*, JBl 1971, 240; *Seiler*, Maurach-Festschrift S. 79. Den doppelten Maßstab vertritt auch *Roeder*, Sozialadäquates Risiko S. 51, der aber bei Einhaltung der objektiv gebotenen Sorgfalt einen Schuldausschließungsgrund annimmt (S. 94). Anders *Triffterer*, Allg. Teil S. 302.

[58] Vgl. BGE 69 (1943) IV 231; *Frey*, Schweiz. Juristenvereins-Festschrift S. 343 f.; *Schwander*, Das schweiz. StGB S. 94; *Walder*, ZBJV 104 (1968) S. 169 f., 184 f. Kritisch aber *Schultz*, SchwZStr 83 (1967) S. 319. Für individuelle Bemessung der Sorgfaltspflicht im Unrecht *Stratenwerth*, Schweiz. Strafrecht, Allg. Teil I S. 401 ff.; *Hauser / Rehberg*, Grundriß S. 165 f.; *Noll / Trechsel*, Allg. Teil I S. 225 f. Dagegen behandelt *Schultz*, Einführung I S. 202 ff. die objektive wie die subjektive Seite der Sorgfaltspflicht im Rahmen der Schuld.

[59] *Binavince*, Fahrlässigkeit S. 227 ff.

[60] Vgl. *Cornil*, ZfRV 1964, 35; *Bouzat*, Traité Bd. I S. 195 ff.; *Stefani / Levasseur / Bouloc*, Droit pénal général S. 280 ff. Ähnlich wie die moderne deutsche Doktrin lehrt aber *Merle / Vitu*, Traité S. 708 ff. Vgl. zum Thema den Bericht über den VIII. Internat. Strafrechtskongreß 1961 von *Hannequart*, Rev dr pén crim 42 (1961 - 62) S. 484 ff.; ferner Colloque sur le problème des délits involontaires, Rev sc crim 1962, 241 ff.

[61] Vgl. die Beispiele bei *Jescheck*, Fahrlässigkeit S. 14 f., 19, 24; ferner *Brigitte Dieckmann*, Das fahrlässige Erfolgsdelikt im französischen Strafrecht, 1969.

[62] Vgl. *Bettiol / Pettoello Mantovani*, Diritto penale S. 518 ff.; *Nuvolone*, Sistema S. 278 ff. Der neueren deutschen Dogmatik folgen *Fiandaca / Musco*, Diritto penale S. 306 ff.; *Romano*, Commentario Art. 43 C. p. Rdn. 51 ff.

[63] Vgl. *Rodríguez Devesa / Serrano-Gómez*, Derecho penal S. 472 ff. Der Einfluß der modernen deutschen Lehre ist jedoch unverkennbar; vgl. *Nuñez Barbero*, El delito culposo S. 102 ff.; *Torio López*, Anuario 1974, 49 ff.; *Mir Puig*, Adiciones Bd. II S. 790 ff.; *Cobo del Rosal / Vives Antón*, Derecho penal S. 427 ff.

[64] Vgl. *Córdoba Roda*, ZStW 81 (1969) S. 429 ff.

[65] Vgl. *van Bemmelen / van Veen*, Ons strafrecht S. 115 ff.; *Pompe*, Das niederländische Strafrecht S. 82 f. Eingehende Darstellung der Rechtsprechung unter diesem Aspekt bei *D. Hazewinkel-Suringa / Remmelink*, Inleiding S. 192 f., 196.

[66] Vgl. zum englischen Recht *Grünhut*, Das englische Strafrecht S. 195 f.; *Kenny / Turner*, Outlines S. 38 m. Rspr. in Fußnote 3; *Smith / Hogan*, Criminal Law S. 52 f., 81 ff. Verschiedene Grade der Fahrlässigkeit definiert die Law Commission in Clause 22 S. 183 f.; dazu Report S. 67 ff. Zum amerikanischen Recht *Honig*, Das amerikanische Strafrecht S. 114 ff. m. Nachw.; *LaFave / Scott*, Criminal Law S. 208 ff.; *Caspari*, Die Fahrlässigkeit im amerikanischen Strafrecht, 1972; ferner *Jescheck*, Fahrlässigkeit S. 15, 19 f.

subjektiven Merkmalen zur Schuld gerechnet. Die verschiedenen Formen der Fahrlässigkeit (§§ 7, 8 StGB) und der Begriff der Pflicht (§ 9 StGB) sind gesetzlich definiert. Die unbewußte Fahrlässigkeit (§ 8 III StGB) ist durch das Erfordernis verantwortungsloser Gleichgültigkeit bzw. disziplinloser Einstellung eingeschränkt[68].

§ 55 Der Unrechtstatbestand der fahrlässigen Straftat

Baumann, Schuld und Verantwortung, JZ 1962, 41; *Bindokat,* Verursachung durch Fahrlässigkeit, JuS 1985, 32; *Bockelmann,* Das Strafrecht des Arztes, in: Lehrbuch der gerichtlichen Medizin, 3. Auflage 1967, S. 1; *Bohnert,* Fahrlässigkeitsvorwurf und Sondernorm, JR 1982, 6; *Burgstaller,* Erfolgszurechnung bei nachträglichem Fehlverhalten usw., Festschrift für H.-H. Jescheck, Bd. I, 1985, S. 357; *v. Caemmerer,* Das Problem der überholenden Kausalität im Schadensersatzrecht, Gesammelte Schriften, Bd. I, 1968, S. 411; *Deutsch,* Fahrlässigkeit und erforderliche Sorgfalt, 1963; *Ebert,* Kausalität und objektive Zurechnung, Jura 1979, 561; *Engelmann,* Rechtsbeachtungspflicht und rechtliche Schuld (Sonderdruck aus Festschrift für L. Traeger), 1926; *Exner,* Fahrlässiges Zusammenwirken, Festgabe für R. v. Frank, Bd. I, 1930, S. 569; *P. Frisch,* Das Fahrlässigkeitsdelikt und das Verhalten des Verletzten, 1973; *Gallas,* Die strafrechtliche Verantwortlichkeit der am Bau Beteiligten, 1963; *Gimbernat Ordeig,* Die innere und die äußere Problematik der inadäquaten Handlungen usw., Diss. Hamburg 1962; *Hall,* Über die Kausalität und Rechtswidrigkeit der Unterlassung, Erinnerungsgabe für M. Grünhut, 1964, S. 213; *Hanau,* Die Kausalität der Pflichtwidrigkeit, 1971; *Henkel,* Anmerkung zu OLG Stuttgart vom 17. 2. 1956, NJW 1956, 1451; *v. Hippel,* Vorsatz, Fahrlässigkeit, Irrtum, VDA, Bd. III, 1908, S. 373; *Jakobs,* Vermeidbares Verhalten und Strafrechtssystem, Festschrift für H. Welzel, 1974, S. 307; *Jescheck,* Verhütung von Straftaten gegen das Leben und die Körperintegrität durch Fahrlässigkeit, MSchrKrim (Sonderheft zum IV. Congrès International de Défense Sociale) 1956, 38; *Kahrs,* Das Vermeidbarkeitsprinzip und die conditio-sine-qua-non-Formel im Strafrecht, 1968; *Kamps,* Ärztliche Arbeitsteilung und strafrechtliches Fahrlässigkeitsdelikt, 1981; *Arthur Kaufmann,* Die Bedeutung hypothetischer Erfolgsursachen im Strafrecht, Festschrift für Eb. Schmidt, 1961, S. 200; *derselbe,* Kritisches zur Risikoerhöhungslehre, Festschrift für H.-H. Jescheck, Bd. I, 1985, S. 273; *Kienapfel,* Die Fahrlässigkeit usw., Zeitschrift für Verkehrsrecht 1977, 1; *Kindhäuser,* Anmerkung zu OLG Karlsruhe vom 20. 11. 1984, JR 1985, 480; *Kirschbaum,* Der Vertrauensschutz im deutschen Straßenverkehrsrecht, 1980; *Krümpelmann,* Schutzzweck und Schutzreflex der Sorgfaltspflicht, Festschrift für P. Bockelmann, 1979, S. 443; *derselbe,* Zur Kritik der Lehre vom Risikovergleich usw., GA 1984, 491; *derselbe,* Die normative Korrespondenz zwischen Verhalten und Erfolg usw., Festschrift für H.-H. Jescheck, Bd. I, 1985, S. 313; *Kühl,* Anmerkung zu BGH 32, 228, JR 1983, 32; *Küper,* Pflichtwidrigkeitszusammenhang beim Fahrlässigkeitsdelikt, Festschrift für K. Lackner, 1987, S. 247; *Lenckner,* Technische Normen und Fahrlässigkeit, Festschrift für K. Engisch, 1969, S. 490; *Mannheim,* Der Maßstab der Fahrlässigkeit im Strafrecht, Diss. Königsberg 1912; *Maurach,* Adäquanz der Verursachung oder der Fahrlässigkeit? GA 1960, 97; *Mir Puig,* Die „ex ante"-Betrachtung im Strafrecht, Festschrift für H.-H. Jescheck, Bd. I, 1985, S. 337; *Mittasch,* Der Nachweis der Ursächlichkeit beim fehlerhaften Risiko, DRechtsw 8 (1943) S. 46; *Mühlhaus,* Die Fahrlässigkeit in Rechtsprechung und Rechtslehre, 1967; *Münzberg,* Verhalten und Erfolg als Grund der Rechtswidrigkeit und Haftung, 1966; *Neumann,* Zurechnung und „Vorverschulden", 1985; *Niewenhuis,* Gefahr und Gefahrverwirklichung usw., 1984; *Nowakowski,* Zu Welzels Lehre von der Fahrlässigkeit, JZ 1958, 335, 388; *Ingeborg Puppe,* Kausalität der Sorgfaltspflichtverletzung, JuS 1982, 660; *dieselbe,* Zurechnung und Wahrscheinlichkeit, ZStW 95 (1983) S. 287; *dieselbe,* Anmerkung zu BGH 33, 61, JZ 1985, 295; *dieselbe,* Die Beziehung zwischen Sorgfaltswidrigkeit und Erfolg usw., ZStW 99 (1987) S. 595; *Radbruch,* Aussetzung, VDB, Bd. V, 1905, S. 185; *Ranft,* Berücksichtigung hypothetischer Bedingungen beim fahrlässigen Erfolgsdelikt, NJW 1984, 1425; *Roxin,* Pflichtwidrigkeit und Erfolg bei fahrlässigen Delikten, ZStW 74 (1962) S. 411; *derselbe,* Literaturbericht, ZStW 78 (1966) S. 214; *derselbe,* Gedanken zur Problematik der Zurechnung im Strafrecht, Fest-

---

[67] *Fragoso,* Lições S. 228 ff. (Definition S. 229); *de Jesus,* Comentários, Art. 18 Anm. 2 a; *da Costa jr.,* Comentários, Art. 18 Anm. IV 3.

[68] Vgl. *Schröder / Gäbler,* Studien zur Schuld S. 93 ff. Für „Präzisierung des Pflichtenkreises" *Lekschas / Renneberg,* Lehrbuch S. 289.

schrift für R. Honig, 1970, S. 133; *Samson,* Hypothetische Kausalverläufe im Strafrecht, 1972; *Schaffstein,* Die Risikoerhöhung als objektives Zurechnungsprinzip usw., Festschrift für R. Honig, 1970, S. 169; *Ellen Schlüchter,* Zusammenhang zwischen Pflichtwidrigkeit und Erfolg usw., JA 1984, 673; *Schröder,* Anmerkung zu OLG Oldenburg vom 1. 12. 1970, NJW 1971, 1143; *Schroeder / Kauffmann,* Sport und Recht, 1972; *Seebald,* Nachweis der modifizierenden Kausalität des pflichtwidrigen Verhaltens, GA 1969, 193; *Spendel,* Zur Unterscheidung von Tun und Unterlassen, Festschrift für Eb. Schmidt, 1961, S. 183; *derselbe,* Conditio sine qua non-Gedanke und Fahrlässigkeitsdelikt, JuS 1964, 14; *Stoll,* Kausalzusammenhang und Normzweck im Deliktsrecht, 1968; *Stratenwerth,* Arbeitsteilung und ärztliche Sorgfaltspflicht, Festschrift für Eb. Schmidt, 1961, S. 383; *derselbe,* Bemerkungen zum Prinzip der Risikoerhöhung, Festschrift für W. Gallas, 1973, S. 227; *Struensee,* Der subjektive Tatbestand des fahrlässigen Delikts, JZ 1987, 53; *Triffterer,* Die „objektive Voraussehbarkeit" usw., Festschrift für P. Bockelmann, 1979, S. 201; *Ulsenheimer,* Das Verhältnis zwischen Pflichtwidrigkeit und Erfolg bei den Fahrlässigkeitsdelikten, 1965; *derselbe,* Pflichtwidrigkeitszusammenhang und Vertrauensgrundsatz usw., Festschrift für W. Weissauer, 1986, S. 164; *Volk,* Anscheinsbeweis und Fahrlässigkeit im Strafprozeß, GA 1973, 161; *Wessels,* Anmerkung zu BGH 21, 59, JZ 1967, 449; *Dorothee Wilhelm,* Probleme der medizinischen Arbeitsteilung, Medizinrecht 1983, 45; *dieselbe,* Verantwortung und Vertrauen bei Arbeitsteilung in der Medizin, 1984; *Wimmer,* Die Fahrlässigkeit beim Verletzungsdelikt, ZStW 70 (1958) S. 196; *derselbe,* Das Zufallsproblem beim fahrlässigen Verletzungsdelikt, NJW 1958, 521; *E. A. Wolff,* Kausalität von Tun und Unterlassen, 1965; *Wolter,* Objektive und personale Zurechnung usw., 1981.

Vgl. ferner die Schrifttumsangaben vor § 54.

I. Die Verletzung der objektiven Sorgfaltspflicht (das Handlungsunrecht)

1. Aufgabe der Strafrechtsnormen ist es, die Rechtsgenossen zu inhaltlich richtigem Wollen anzuleiten (vgl. oben § 24 II 2 und III 4 c)[1]. Jede Rechtsnorm, die fahrlässiges Verhalten unter Strafe stellt, verlangt deshalb von jedermann die **Anwendung der objektiv gebotenen Sorgfalt,** die erforderlich ist, um durch richtiges Wollen die Verwirklichung des Tatbestandes zu vermeiden (neminem laede)[2]. Über Art und Maß der anzuwendenden Sorgfalt geben die Fahrlässigkeitstatbestände jedoch in der Regel keine Auskunft.

Beispiele: So nennt § 222 bei der fahrlässigen Tötung nur den Erfolg nebst dem Kausalitätserfordernis und verlangt im übrigen Fahrlässigkeit, ohne anzugeben, was damit gemeint ist. Auch § 163, ein Tätigkeitsdelikt, sagt nichts über Art und Maß der Sorgfalt, die vom Eidespflichtigen gefordert wird, um Falschaussagen zu vermeiden.

Dagegen enthält das *bürgerliche Recht* eine allgemeine Bestimmung darüber, was inhaltlich unter Fahrlässigkeit zu verstehen ist[3]. Fahrlässig handelt nach § 276 I 2 BGB, **„wer die im Verkehr erforderliche Sorgfalt außer acht läßt".** Maßgebend ist danach, was in der Gemeinschaft an Vorsicht und Aufmerksamkeit *„erforderlich"* ist, um Rechtsgutsverletzungen zu vermeiden, nicht eine tatsächliche Übung, die nachlässig sein kann, auch wenn sie in weiten Kreisen anzutreffen ist (z. B. im Autobahnverkehr das zu nahe Auffahren oder die ständige Benutzung der Überholspur, BGH 16, 145 [151]; vgl. auch RG 39, 1 [4]). Diese Formel des bürgerlichen Rechts ist als

---

[1] Über die Rechtsnorm als Verhaltensrichtlinie auch bei ungewollten Reaktionen *Jakobs,* Welzel-Festschrift S. 309 ff.; *Stratenwerth,* Allg. Teil I Rdn. 142; *Schönke / Schröder / Cramer,* § 15 Rdn. 124.
[2] Zu der These *Schmidhäusers* „Fahrlässige Straftat ohne Sorgfaltspflichtverletzung" vgl. oben § 54 I 4 Fußnote 17.
[3] Vgl. hierzu *Larenz,* Schuldrecht Bd. I S. 232 ff.; *Enneccerus / Nipperdey,* Allgemeiner Teil Bd. II S. 1307 ff.

Grundnorm des objektiven Maßstabs der Fahrlässigkeit auch zur Ergänzung des Tatbestandes der Fahrlässigkeits*straftaten* heranzuziehen[4].

2. a) Die erste Pflicht, die sich aus dem allgemeinen Sorgfaltsgebot ergibt, besteht darin, die **Gefahr** für das geschützte Rechtsgut zu **erkennen** und richtig einzuschätzen, denn alle Vorkehrungen zur Vermeidung eines Schadens hängen nach Art und Maß von der Erkenntnis der drohenden Gefahr ab. Es handelt sich hierbei um die „**innere Sorgfalt**", die *Binding* als „Vorprüfungspflicht" bezeichnet hat[5]. Sie besteht in der Beobachtung der Bedingungen, unter denen eine Handlung stattfindet, in der Berechnung ihres Verlaufs und etwaiger Veränderungen der Begleitumstände sowie in der Überlegung, wie sich eine erkannte Gefahr entwickeln und auswirken kann. Für den Grad der dabei erforderlichen Aufmerksamkeit sind insbesondere die *Nähe der Gefahr* und der *Wert des gefährdeten Rechtsguts* maßgebend.

Beispiele: Beim Verkauf von Streichhölzern an Kinder kommt es an auf deren Alter, die Glaubwürdigkeit ihrer Angabe, im Auftrag der Eltern zu handeln, und auf die häuslichen Verhältnisse (RG 76, 1 [3]). Bei telefonisch übermittelten Anzeichen einer schweren Erkrankung muß der Arzt mit Lebensgefahr rechnen und darf sich nicht auf eine Ferndiagnose beschränken (BGH 7, 211 [213]). Bei offensichtlich unachtsamen oder erkennbar gebrechlichen Personen, bei kleinen Kindern und unter Umständen auch bei Jugendlichen muß der Kraftfahrer darauf gefaßt sein, daß sie plötzlich vom Straßenrand auf die Fahrbahn treten (BGH 3, 49 [51]; vgl. auch BGH 9, 92 [94]; OLG Hamburg VRS 57, 187). Im Baustellenbereich muß der Kraftfahrer damit rechnen, daß ein dort Beschäftigter unachtsam auf die Fahrbahn tritt (OLG Hamm VRS 58, 257). Der Kraftfahrer darf Kleinkinder nur in Gegenwart einer Begleitperson mitnehmen (OLG Karlsruhe, Die Justiz 1976, 435). Besondere Vorsorge ist bei Einleitung eines Überholvorgangs auf der Autobahn geboten (BGH 5, 271 [274]), ferner beim Rückwärtsfahren (OLG Koblenz VRS 58, 256) sowie beim Rechtsabbiegen, um Radfahrer nicht zu gefährden (OLG Köln VRS 59, 425). Im Verkehrsraum eines Großbetriebes muß der Kraftfahrer mit Unachtsamkeiten des Personals an einem Bahnübergang rechnen (OLG Karlsruhe VRS 56, 345).

b) Maßstab für die vom Täter zu fordernde Aufmerksamkeit beim Erkennen von Gefahren ist der „**gewissenhafte und besonnene Mensch des Verkehrskreises, dem der Handelnde angehört**" (RGZ 126, 329 [331]), und zwar in der konkreten Situation, in der er sich befunden hat, und bei Betrachtung der Gefahrlage „**ex ante**" (BGH VRS 5, 368; OLG Köln NJW 1963, 2382)[6]. Bei Beurteilung der objektiven Erkennbarkeit der Gefahr ist ferner das *besondere Kausalwissen des Täters* zu berücksichtigen, z. B. seine Kenntnis von der Gefährlichkeit einer Kreuzung (OLG Braunschweig VRS 13, 286) oder von der Tatsache, daß aus einem Gebäude zu einer bestimmten Zeit Schulkinder auf die Straße strömen (vgl. dazu oben § 28 III 2)[7].

---

[4] *Bockelmann / Volk*, Allg. Teil S. 159 f.; *Bockelmann*, Verkehrsrechtliche Aufsätze S. 203; *v. Hippel*, VDA Bd. III S. 569; *Welzel*, Fahrlässigkeit und Verkehrsdelikte S. 15.

[5] *Binding*, Normen Bd. I S. 499 ff., 530 ff., 546 ff.; *derselbe*, Die Schuld S. 120 ff. Vgl. ferner *Engisch*, Vorsatz und Fahrlässigkeit S. 269 ff.; *Deutsch*, Fahrlässigkeit S. 94 ff.; *Nowakowski*, JBl 1972, 30; *LK (Schroeder)* § 16 Rdn. 127 ff.; *Wessels*, Allg. Teil S. 198.

[6] So die h. L.; vgl. *Larenz*, Schuldrecht Bd. I S. 232 ff.; *Blei*, Allg. Teil S. 300 f.; *Bockelmann*, Verkehrsrechtliche Aufsätze S. 220 Fußnote 27; *Burgstaller*, Das Fahrlässigkeitsdelikt S. 31 ff.; *Deutsch*, Fahrlässigkeit S. 128 ff.; *Engisch*, Vorsatz und Fahrlässigkeit S. 283 ff., 334 ff.; *Gallas*, Beiträge S. 53 f.; *LK (Schroeder)* § 16 Rdn. 150; *Schönke / Schröder / Cramer*, § 15 Rdn. 135 ff.; *Lackner*, § 15 Anm. III 2a aa; *Nowakowski*, JBl 1972, 31 f.; *Welzel*, Fahrlässigkeit und Verkehrsdelikte S. 24 f.; *Wessels*, Allg. Teil S. 198; *Zielinski*, Handlungs- und Erfolgsunwert S. 168 ff. Vgl. zur „ex ante"-Betrachtung auch *Mir Puig*, Jescheck-Festschrift Bd. I S. 341 ff. Zu dem subjektiv-individuellen Maßstab von *Stratenwerth* u. a. vgl. oben § 54 I 3 Fußnote 14.

[7] So mit Recht *Welzel*, Lehrbuch S. 132; *Burgstaller*, Das Fahrlässigkeitsdelikt S. 64 ff.; *Schönke / Schröder / Cramer*, § 15 Rdn. 139a; *Wessels*, Allg. Teil S. 199. Im „Sonderwissen" liegt nach *Struensee*, JZ 1987, 57 ff. das finale Moment bei den Fahrlässigkeitsdelikten.

I. Die Verletzung der objektiven Sorgfaltspflicht (das Handlungsunrecht) 523

Beispiele: Abzustellen ist somit auf das Erkenntnisvermögen des „gewissenhaften Kraftfahrers" im Autobahnverkehr (BGH 16, 145 [161]), des „gewissenhaften Rennfahrers" beim Nürburgrennen (BGHZ 5, 318 [320]), des „verantwortungsbewußten Führers eines schweren Lkw" vor der Einfahrt in eine längere Gefällstrecke (BGH 7, 307 [309]), des „gewissenhaften nichtärztlichen Heilbehandlers", der einem bedrohlichen Krankheitsbild gegenübersteht (RG 67, 12 [23]), eines „mit einer gefahrvollen Führungsaufgabe betrauten Offiziers" bei einer Lehrvorführung im Scharfschießen (BGH 20, 315 [319]). Vgl. ferner die reiche Kasuistik bei *Schönke / Schröder / Cramer*, § 15 Rdn. 204 ff. und *LK (Schroeder)* § 16 Rdn. 195 ff.

Dabei dürfen weder unmögliche noch auch nur überspannte Anforderungen gestellt werden (RGZ 169, 215)[8], denn unter den Bedingungen des technischen Zeitalters gehört ein gewisses Maß an Gefährdung zu den normalen Bedingungen des täglichen Lebens (vgl. oben § 25 IV 1). Sorgfaltswidrig ist nur die *Überschreitung des erlaubten Risikos*. Hält sich eine schadenstiftende Handlung in diesem Rahmen, so fehlt es am Tatbestandsmerkmal der Sorgfaltswidrigkeit[9].

Beispiele: Mit einem seltenen und schwer erkennbaren Materialfehler an seinem Lastzug braucht der Fahrer nicht zu rechnen (BGH 12, 75 [80]), wohl aber der Theaterbesucher damit, daß eine geladene und ungesicherte Pistole, die sich in der Tasche seines an der Garderobe abgegebenen Mantels befindet, von einem anderen aus Unachtsamkeit abgefeuert werden kann (RG 34, 91 [94]). Zu weit geht es, wenn ein Lkw-Fahrer, der von der Polizei wegen eines Beleuchtungsdefekts angehalten wird, sich nicht soll darauf verlassen dürfen, daß die Beamten ihre Sicherungsleuchten so lange stehen lassen, bis Abhilfe geschaffen ist (BGH 4, 360 [363]). Der Kraftfahrer braucht nicht damit zu rechnen, daß Fußgänger am Straßenrand, die ihn gesehen haben, plötzlich in seine Fahrbahn treten (BayObLG VRS 52, 371; 55, 183), der Kraftfahrzeughalter nicht damit, daß dem Fahrer inzwischen die Fahrerlaubnis entzogen sein könnte (BayObLG VRS 54, 204).

3. Aus der Erkennbarkeit der Gefahr ergibt sich die Pflicht zu sachgemäßem äußeren Verhalten mit dem Ziel, den Eintritt des tatbestandsmäßigen Erfolges zu vermeiden („äußere Sorgfalt")[10].

a) Die Sorgfaltspflicht besteht im einfachsten Falle darin, daß von einer Handlung, die geeignet ist, den Tatbestand der fahrlässigen Straftat zu verwirklichen, Abstand genommen werden muß (**Sorgfalt als Unterlassung gefährlicher Handlungen**)[11].

Beispiele: Wenn gewisse Rohstoffe trotz Desinfektion nicht gefahrlos verarbeitet werden können, muß ihre Verwendung unterbleiben (RG 63, 211 [214]). Bei fortschreitender Verschlimmerung eines Krankheitsbildes hat der Täter, der das Verfahren des „Gesundbetens" anwendet, von der weiteren Behandlung Abstand zu nehmen (RG 50, 37 [42]). Auf ein Motorradrennen mit einem Betrunkenen darf sich niemand einlassen (BGH 7, 112 [115]). Handlungen, die wegen ihrer Gefährlichkeit generell verboten sind, enthalten ferner die Tatbestände der Verkehrsdelikte (z. B. §§ 315 ff.).

Ein Sonderfall der Verletzung einer Unterlassungspflicht ist das „*Übernahmeverschulden*"[12]. Eine objektive Pflichtwidrigkeit kann schon darin liegen, daß jemand

---

[8] *v. Bar*, Gesetz und Schuld Bd. II S. 456 f.; *v. Hippel*, VDA Bd. III S. 570; *Larenz*, Schuldrecht Bd. I S. 233; *Mannheim*, Fahrlässigkeit S. 44; *Walder*, ZBJV 104 (1968) S. 171.
[9] So die h. L.; vgl. *Bockelmann / Volk*, Allg. Teil S. 161; *Engisch*, DJT-Festschrift S. 418 f.; *Jakobs*, Allg. Teil S. 169; *Schönke / Schröder / Lenckner*, Vorbem. 94 vor § 32; *Welzel*, Lehrbuch S. 132. Zu Recht hält *LK (Hirsch)* Vorbem. 32 vor § 32 den Begriff des erlaubten Risikos in diesem Zusammenhang für systematisch entbehrlich (anders oben § 36, wo das erlaubte Risiko ein gemeinsames Strukturprinzip bestimmter Rechtfertigungsgründe darstellt).
[10] Vgl. *Engisch*, Vorsatz und Fahrlässigkeit S. 273 ff. Daß „äußere Sorgfalt" nur die Konsequenz der „inneren" ist, wie *Jakobs*, Studien S. 62 f. einwendet, ist nicht zu bezweifeln, spricht aber nicht gegen den Wert der Unterscheidung.
[11] Vgl. *Engisch*, Vorsatz und Fahrlässigkeit S. 283 ff.; *Nowakowski*, JZ 1958, 337.
[12] Vgl. dazu näher *Bockelmann*, Verkehrsrechtliche Aufsätze S. 211; *Jakobs*, Allg. Teil S. 264; *Maurach / Gössel / Zipf*, Allg. Teil II S. 92 f.; *Dreher / Tröndle*, § 15 Rdn. 16; *LK*

eine Handlung, die sich der Geübte ohne weiteres zutrauen dürfte, überhaupt vornimmt oder übernimmt, obwohl ihm die erforderliche Sachkunde fehlt (vgl. RG 59, 355 [356]; 67, 12 [20] für den nicht approbierten Heilpraktiker; BGH VRS 5, 477 für den übermüdeten Kraftfahrer; OLG Hamm VRS 25, 455 für den Anfänger im Autofahren bei besonders schwierigen Straßenverhältnissen; BGH 10, 133 [134] für den Zeitschriftenhändler, der jugendgefährdende Schriften verkauft; BGH NJW 1984, 655 [zivilrechtl.] für den in der Ausbildung befindlichen Assistenzarzt, der allein eine schwierige Operation durchführt).

b) Häufiger ist jedoch der Fall, daß die gefahrgeneigte Handlung an sich vorgenommen werden darf, weil sie wegen ihres sozialen Nutzens im Leben der modernen Gesellschaft nicht entbehrt werden kann, wie die Verwendung schneller Verkehrsmittel, der Einsatz von gefährlichen Maschinen in der Industrie, die Benutzung von giftigen Medikamenten in der Medizin, die Teilnahme am Skisport auf vorbereiteten Abfahrten (vgl. unten § 55 I 3 d Fußnote 18). Hier geht die Sorgfaltspflicht dahin, bei Ausführung der Handlung alle *erforderlichen Vorsichts-, Kontroll- und Überwachungsmaßregeln* anzuwenden, um die damit verbundenen Gefahren auszuschalten oder doch in Grenzen zu halten **(Sorgfalt als vorsichtiges Handeln in Gefahrsituationen)**[13]. Je größer der soziale Wert der vom Täter vorgenommenen Handlung ist, desto eher werden Gefahren bei der Ausführung in Kauf genommen werden dürfen (z. B. bei der Raumfahrt oder der friedlichen Nutzung der Atomenergie).

Beispiele: Der Arzt muß als besonders wirksam anerkannte Behandlungsmethoden auch dann anwenden, wenn sie von der eigenen Schulmeinung abweichen (RG 74, 60; BGH NJW 1960, 2253). Er hat ferner die Pflicht der Kontrolle richtiger Übermittlung seiner Verordnungen (BGH 3, 91 [96]; 6, 282 [286]) und eine Aufsichts- und Überwachungspflicht gegenüber ungeschultem oder neu eingestelltem Personal (BGH NJW 1955, 1488). Besondere Vorsichtspflichten des Kraftfahrers gelten bei der Rückwärtsausfahrt aus Grundstücken (BGH 2, 226 [229]), beim Linkseinbiegen in Grundstücke (BGH 15, 178 [182f.]) und beim Abstellen von Fahrzeugen am Berg (BGH 17, 181 [185]). Der Skiläufer muß die Regeln der Fédération Internationale de Ski (FIS) kennen und beachten.

c) Die erforderliche Sorgfalt kann ferner in der Erfüllung von *Vorbereitungs- und Informationspflichten* vor Ausführung der gefahrgeneigten Handlung bestehen **(Sorgfalt als Erfüllung einer Erkundigungspflicht)**[14]. Hier geht es darum, daß der Täter sich rechtzeitig die Kenntnisse, Erfahrungen und Fähigkeiten verschafft, ohne die die Vornahme der Handlung wegen des damit verbundenen Risikos unverantwortlich wäre. Die in Betracht kommenden Pflichten sind nach Art und Umfang verschieden. Es kann sich um die schnell zu erledigende Prüfung eines Einzelfalls (etwa die Erhebung der Krankengeschichte, BGH 21, 59) wie auch um eine fachliche Fortbildung handeln, die eine Lebensarbeit darstellt. Die Erkundigungspflicht kann insbesondere darin bestehen, sich die für eine bestimmte Tätigkeit aufgestellten Rechtsvorschriften und sonstigen Verhaltensnormen anzueignen.

Beispiele: Der Steuerpflichtige muß sich fachlich unterrichten, um seine Steuerpflicht zu erkennen (RG 57, 329; 59, 53 [54]; 61, 259 [263]). Der Altmetallhändler muß durch Erkundigung die strafbare Herkunft des angekauften Eisens in Erfahrung bringen (RG 60, 349 [350] zu § 18 UnedMG [aufgehoben]). Der Arzt hat sich über die Fortschritte der Heilkunde und die

---

(*Schroeder*) § 16 Rdn. 141 f.; *Stratenwerth*, Allg. Teil I Rdn. 1105; *Neumann*, Zurechnung S. 186; *H. Mayer*, Lehrbuch S. 271; *Schönke / Schröder / Cramer*, § 15 Rdn. 196; *Schmidhäuser*, Allg. Teil S. 444; *Wessels*, Allg. Teil S. 198.

[13] Vgl. *Engisch*, Vorsatz und Fahrlässigkeit S. 290ff.; *Wimmer*, ZStW 70 (1958) S. 214ff. Rechtsprechung zu Skiunfällen bringt *Schönke / Schröder / Cramer*, § 15 Rdn. 217.

[14] *Engisch*, Vorsatz und Fahrlässigkeit S. 306ff.; *Binding*, Normen Bd. IV S. 501; *Engelmann*, Rechtsbeachtungspflicht S. 37ff.

Entwicklung der Medikamente auf dem laufenden zu halten (RG 64, 263 [269]; 67, 12 [23]). Die Prozeßpartei muß sich auf ihre Aussage vor Gericht vorbereiten, um ein falsches Erinnerungsbild rechtzeitig korrigieren zu können (RG 62, 126 [129f.]). Der Kraftfahrer muß sich über alle Bestimmungen des Straßenverkehrsrechts informieren, die für ihn maßgebend werden können; das gilt besonders für Fahrten im Ausland.

d) Die Pflicht zur Anwendung der äußeren Sorgfalt kann **rechtlich verschiedene Grundlagen** haben. Sie kann einmal auf dem *Gesetz* beruhen. So ergeben sich die Regeln des Straßenverkehrs weitgehend aus der StVO und der StVZO, „sie sind das Ergebnis einer auf langer Erfahrung und auf Überlegung beruhenden umfassenden Voraussicht möglicher Gefahren" (BGH 12, 75 [78]). In Betracht kommen weiter *Polizeiverordnungen, Einzelanordnungen der Gewerbepolizei* zur Verhütung von Arbeits- und Betriebsunfällen und autonome Satzungen wie *Betriebsordnungen* und *Unfallverhütungsvorschriften* der Berufsgenossenschaften[15]. Im übrigen gelten die *allgemeinen Sorgfaltsregeln*, die die Rechtsprechung für bestimmte Tätigkeiten oder Berufe herausgearbeitet oder übernommen hat (z. B. der Vertrauensgrundsatz im Straßenverkehr[16] oder die „lex artis" der Heilberufe[17]). *Spezielle* Sorgfaltspflichten können sich ferner aus der *Lebenserfahrung* ergeben. Sie beruhen letztlich auf der Fahrlässigkeitsstrafvorschrift selbst, weil diese jedermann die Pflicht auferlegt, sich in jeder Lage so zu verhalten, daß die Verletzung des geschützten Handlungsobjekts vermieden wird (RG 19, 51 [53]). So folgt etwa die beim Skilauf auf belebten Pisten erforderliche Sorgfalt aus den Erfordernissen der konkreten Situation (OLG Köln NJW 1962, 1110 [1111]; OLG Karlsruhe NJW 1964, 55 [56]), doch haben sich gewohnheitsrechtlich schon bestimmte Regeln herausgebildet[18].

Die Verletzung von *Sondernormen* über die anzuwendende Sorgfalt besagt zwar nicht in allen Fällen, daß der Täter fahrlässig gehandelt hat (RG 56, 343 [349]; 76, 1 [2]; BGH MDR 1951, 274), doch ist die Zuwiderhandlung gegen bindende Vorschriften immerhin ein „Beweisanzeichen" dafür, daß eine Sorgfaltspflichtverletzung vorliegt (RG 67, 12 [21]; BGH 4, 182 [185])[19]. Auf der anderen Seite ist die Einhaltung bestehender Vorschriften nicht immer ausreichend, wenn die Besonderheit der Situation mehr oder anderes verlangt als das, was geschrieben steht (RG 59, 341 [342]; 77, 28 [31]). So modifiziert § 1 II StVO gegebenenfalls die sonst geltenden Sorgfaltsregeln des Straßenverkehrsrechts (vgl. auch § 11 II StVO).

e) Ebenso wie bei der Erkennbarkeit von Gefahren ist der anzuwendende Maßstab auch hier das Verhalten eines gewissenhaften und besonnenen Angehörigen des Verkehrskreises des Täters bei Betrachtung der Lage „ex ante". Hinsichtlich der Frage, *wen* die Verantwortung für die Erfüllung einer bestimmten Sorgfaltspflicht trifft, ist das Prinzip der **Arbeitsteilung** zu beachten, das die Grundsätze über die Fahrlässigkeitshaftung des isoliert handelnden einzelnen modifiziert und eine sinnvolle Verteilung der Aufgaben beim Zusammenwirken mehrerer, wie z. B. zwischen Arzt und Hilfspersonal, möglich macht (vgl. BGH NJW 1955, 1487 [1488]; BGH 6, 282 [288];

---

[15] Vgl. dazu *Bohnert,* JR 1982, 6ff.; *Gallas,* Verantwortlichkeit der am Bau Beteiligten S. 36; *Jescheck,* MSchrKrim 1956, 46ff.; *Lackner,* § 15 Anm. III 2a bb. Über technische Normen (DIN-, VDE-, VDI-Normen) vgl. *Lenckner,* Engisch-Festschrift S. 492ff.
[16] Er besagt, daß der verkehrsgerecht handelnde Kraftfahrer nicht mit verkehrswidrigem Verhalten anderer Verkehrsteilnehmer zu rechnen braucht, solange das Gegenteil nicht deutlich erkennbar oder nach der Erfahrung zu erwarten ist; vgl. dazu *Schönke / Schröder / Cramer,* § 15 Rdn. 209ff.; *LK (Schroeder)* § 16 Rdn. 168ff.; *Kirschbaum,* Der Vertrauensschutz, 1980.
[17] Vgl. dazu *Bockelmann,* Das Strafrecht des Arztes S. 39ff.; *Schönke / Schröder / Cramer,* § 15 Rdn. 215.
[18] Vgl. dazu *Lossos, Pichler, Padrutt,* in: Schroeder / Kauffmann, Sport und Recht S. 57ff., 83ff., 100ff., ferner die FIS-Regeln (S. 264) (vgl. oben § 55 I 3b).
[19] Vgl. näher *Volk,* GA 1973, 170ff.

OLG Hamm NJW 1969, 2211)[20]. Der Vorgesetzte muß seine Mitarbeiter sorgfältig auswählen, anleiten und überwachen, darf sich darauf aber auch beschränken, wenn nicht erkennbare Anhaltspunkte für Fehlleistungen gegeben sind. Der Untergebene darf sich seinerseits auf die Richtigkeit der ihm erteilten Anweisungen verlassen.

II. Eintritt, Verursachung und Voraussehbarkeit des Erfolgs (das Erfolgsunrecht)

1. Zum Tatbestand der fahrlässigen Erfolgsdelikte gehört weiter der Eintritt des tatbestandsmäßigen Erfolgs, der ebenso wie bei den Vorsatzdelikten ein *Verletzungs-* oder ein *konkreter Gefährdungserfolg* sein kann (vgl. oben § 26 II 2).

Beispiele: Fahrlässige Verletzungsdelikte sind fahrlässige Tötung (§ 222), fahrlässige Körperverletzung (§ 230), fahrlässige Brandstiftung (§ 309). Fahrlässige konkrete Gefährdungsdelikte sind die Herbeiführung von Brandgefahr (§ 310a), die Baugefährdung (§ 323 IV), die schwere Umweltgefährdung (§ 330 VI) und die verschiedenen Tatbestände der fahrlässigen Verkehrsgefährdung (§§ 315 IV, V, 315a III, 315b IV, V, 315c III). Fahrlässige abstrakte Gefährdungsdelikte enthalten die §§ 163, 316 II, 327 III und die §§ 3 - 6, 21 GjS (BGH 8, 80 [89]; 10, 133).

a) Der Unrechtsgehalt der Sorgfaltspflichtverletzung wird durch den Eintritt oder das Ausbleiben des Erfolgs weder vermehrt noch vermindert; die Handlung bleibt unsachgemäß, auch wenn nichts „passiert", und es ist bekanntlich oft ein Werk des Zufalls, ob durch eine Fahrlässigkeit jemand getötet oder verletzt wird[21]. Trotz dieses „*Zufallsmoments*"[22] ist es nicht richtig, den Eintritt des Erfolgs als objektive Strafbarkeitsbedingung anzusehen[23] oder ihn im Hinblick auf die Rechtswidrigkeit der Fahrlässigkeit für weniger wichtig zu halten[24]. **Handlung und Erfolg** sind eng miteinander verbunden und **müssen als Einheit verstanden werden**[25]. Einmal ist der Zweck der Verhaltensnormen der Objektsschutz; zum zweiten bestimmt die Gefahr für das geschützte Handlungsobjekt Art und Maß der erforderlichen Sorgfalt; weiter muß sich die Sorgfaltspflichtverletzung gerade in dem eingetretenen Erfolg ausgewirkt haben (vgl. unten § 55 II 2b); ferner muß der Erfolg im Zeitpunkt der Handlung voraussehbar gewesen sein (vgl. unten § 55 II 3); endlich bestimmt sich nach dem Erfolg nicht nur, ob überhaupt, sondern auch, weswegen und wie hoch bestraft wird[26]. Der „Rest von Erfolgshaftung", der im Erfolgsunrecht der Fahrlässigkeitstat fortlebt, besteht also nur darin, daß, wer Glück gehabt hat, milder oder gar nicht bestraft wird, obwohl ihm eine Verletzung der objektiv geforderten Sorgfalt ebenfalls zur Last gelegt werden muß.

b) Das Verständnis der *fahrlässigen Gefährdungsdelikte* wird dadurch erschwert, daß hier mit einem doppelten Gefahrbegriff gearbeitet werden muß[27]. Einmal erfordert die Sorgfaltspflichtverletzung, daß die Handlung nach dem Urteil des einsichtigen Beobachters eine Gefahr

---

[20] Vgl. *Stratenwerth*, Eb. Schmidt-Festschrift S. 393 ff.; *Schönke / Schröder / Cramer*, § 15 Rdn. 151 ff. Zu dem hochwichtigen Problem der Arbeitsteilung in der Medizin insbes. *Kamps*, Ärztliche Arbeitsteilung, 1981; *Dorothee Wilhelm*, Arbeitsteilung in der Medizin, 1984; *dieselbe*, Medizinrecht 1983, 45.

[21] Vgl. *Engisch*, Vorsatz und Fahrlässigkeit S. 341 f.

[22] Vgl. *Exner*, Fahrlässigkeit S. 83; *Radbruch*, VDB Bd. V S. 201 Fußnote 2; *Binavince*, Die vier Momente S. 203 ff.

[23] Zu den Lehren, die den Erfolg bei den Fahrlässigkeitsdelikten als objektive Strafbarkeitsbedingung verstehen wollen, vgl. oben § 54 I 4 Fußnote 18.

[24] So aber *Welzel*, Fahrlässigkeit und Verkehrsdelikte S. 21; *derselbe*, Lehrbuch S. 136.

[25] Vgl. *Wimmer*, NJW 1958, 521.

[26] Der Erfolg hat also keineswegs nur eine die Strafbarkeit begrenzende Funktion; vgl. *Krauß*, ZStW 76 (1964) S. 61 f.

[27] Vgl. *Welzel*, Lehrbuch S. 137; *Lackner*, Niederschriften Bd. IX S. 333 ff.

II. Eintritt, Verursachung und Voraussehbarkeit des Erfolgs (das Erfolgsunrecht) 527

für das geschützte Rechtsgut mit sich gebracht hat, zum anderen besteht der Erfolg gerade darin, daß ein bestimmtes Handlungsobjekt durch die Sorgfaltsverletzung gefährdet wurde. Die beiden Gefahrbegriffe unterscheiden sich dadurch, daß die Gefährlichkeit der Handlung *abstrakt* danach zu beurteilen ist, ob sie ihrer Art nach das geschützte Rechtsgut beeinträchtigen konnte, während die Gefährdung des Handlungsobjekts *konkret* danach festgestellt wird, ob es in den Wirkungsbereich der gefährlichen Handlung gelangt ist.

Beispiel: Vor einer Kuppe ist das Überholen verboten und als Ordnungswidrigkeit zu ahnden, auch wenn kein Fahrzeug entgegenkommt (§§ 5 II 1, 49 I Nr. 5 StVO). Befand sich jedoch ein Fahrzeug in Gegenrichtung unsichtbar hinter der Kuppe, so ist dieses in den Wirkungsbereich des falschen Überholvorgangs gelangt, und es liegt darum eine fahrlässige Straßenverkehrsgefährdung (§ 315 c I Nr. 2 b, III Nr. 2) vor, wenn der Täter außerdem grob verkehrswidrig und rücksichtslos gehandelt hat.

2. Der Erfolg muß ferner durch die Handlung des Täters *ursächlich herbeigeführt worden sein.*

a) Erste Voraussetzung der objektiven Zurechnung des Erfolgs ist der **Kausalzusammenhang,** der nach den allgemeinen Regeln der Bedingungstheorie festgestellt wird (*Formel von der gesetzmäßigen Bedingung,* vgl. oben § 28 II 4)[28].

b) Bei der Fahrlässigkeit genügt es jedoch nicht, daß die sorgfaltswidrige Handlung eine Ursache des Erfolges bildet. Der Erfolg kann dem Täter vielmehr nur dann objektiv zugerechnet werden, wenn er seine **spezifische Voraussetzung gerade in der Sorgfaltspflichtverletzung gehabt hat,** denn nur in der Sorgfaltspflichtverletzung liegt im Unterschied zur Vorsatztat das Handlungsunrecht des Fahrlässigkeitstäters.

Der besondere Rechtswidrigkeitszusammenhang, der damit gefordert wird, ist nichts anderes als die Anwendung der Lehre von der objektiven Zurechnung auf die Fahrlässigkeitsdelikte (vgl. oben § 28 IV 4, 5). Der Rechtswidrigkeitszusammenhang setzt zweierlei voraus: einmal daß der Erfolg bei sorgfaltsgemäßem Verhalten vermieden worden wäre, zum andern daß die durch die sorgfaltswidrige Handlung verletzte Norm gerade der Vermeidung solcher Erfolge wie des im konkreten Fall eingetretenen diente.

aa) Der Rechtswidrigkeitszusammenhang ist zu verneinen, wenn der Täter den tatbestandsmäßigen Erfolg zwar durch das sorgfaltswidrige Verhalten verursacht hat, der Erfolg aber auch bei sorgfältigem Verhalten eingetreten wäre (**Fall des rechtmäßigen Alternativverhaltens,** vgl. oben § 28 IV 5)[29].

Beispiele: Ein Apotheker verabfolgt mehrfach eine giftige Arznei ohne Vorlage eines neuen Rezepts, was zum Tode des Patienten führt; es besteht aber die Wahrscheinlichkeit, daß der behandelnde Arzt das Rezept auf Anfrage erneuert hätte, weil kein äußerer Anlaß bestand, die Kur zu unterbrechen (RG 15, 151 [155]). Bei einer Operation wird zur Narkose fehlerhafterweise statt Novokain Kokain verwendet, woran der Patient stirbt; er wäre jedoch infolge Überempfindlichkeit gegen jede Art von Narkotika möglicherweise auch bei Anwendung von Novokain gestorben (RG HRR 1926, Nr. 2302)[30]. Ein Fabrikant läßt undesinfizierte chinesische Zie-

---

[28] Vgl. *Maurach / Gössel / Zipf,* Allg. Teil II S. 78; *Schönke / Schröder / Cramer,* § 15 Rdn. 159; *SK (Samson)* § 16 Anh. Rdn. 23.

[29] So die h. L.; vgl. *Blei,* Allg. Teil S. 301 f.; *Bindokat,* JuS 1985, 32 ff.; *Bockelmann / Volk,* Allg. Teil S. 162; *Eser,* Strafrecht I Nr. 6 A Rdn. 5 ff.; *Kienapfel,* Zeitschrift für Verkehrsrecht 1977, 11 f.; *Lackner,* § 15 Anm. III 2 b; *Oehler,* Eb. Schmidt-Festschrift S. 238; *Schönke / Schröder / Cramer,* § 15 Rdn. 161 ff.; *SK (Samson)* § 16 Anh. Rdn. 25; *Stratenwerth,* Allg. Teil I Rdn. 1107; *Wessels,* Allg. Teil S. 201 ff. Anders *Spendel,* Eb. Schmidt-Festschrift S. 198. Kritisch auch *Ranft,* NJW 1984, 1425. Eingehend zum ganzen *Küper,* Lackner-Festschrift S. 249 ff.

[30] Vgl. dazu Eb. *Schmidt,* Der Arzt im Strafrecht S. 161 f. und *Exner,* Frank-Festgabe Bd. I S. 583.

genhaare verarbeiten, was zum Tode mehrerer Arbeiterinnen durch Milzbrandbakterien führt; die Ansteckungsgefahr wäre jedoch auch durch Desinfektion nicht völlig auszuschließen gewesen (RG 63, 211 [213]). Ein Heilpraktiker überweist eine krebskranke Patientin zu spät in klinische Behandlung, so daß operative Hilfe nicht mehr möglich ist; sie wäre jedoch wahrscheinlich auch bei rechtzeitiger Operation nicht zu retten gewesen (RG 75, 324). Ein Lkw-Fahrer überholt einen Radfahrer mit zu geringem Seitenabstand, dieser gerät dabei unter den Anhänger und wird getötet; der Unfall wäre aber mit hoher Wahrscheinlichkeit auch bei richtiger Fahrweise eingetreten, weil der Radfahrer erheblich betrunken war (BGH 11, 1). Vgl. auch BGH VRS 21, 341 (342); BGH 21, 59 (61); OLG Karlsruhe DAR 1984, 19. Eine Entlastung des Täters tritt nicht dadurch ein, daß der gleiche Erfolg durch einen *Dritten* herbeigeführt worden wäre (BGH 30, 228 [331f.] m. Bespr. *Ingeborg Puppe,* JuS 1982, 660 und Anm. *Kühl,* JR 1983, 32), und natürlich dann nicht, wenn er bei ordnungsmäßiger Fahrweise vermieden worden wäre (OLG Stuttgart Die Justiz 1985, 407).

Zweifel bestehen hinsichtlich der Lösung dieser Fälle nur dann, wenn nicht aufgeklärt werden kann, ob der Erfolg mit an Sicherheit grenzender Wahrscheinlichkeit vermieden worden wäre. Nach der h. L.[31], der auch die Rechtsprechung folgt (BGH 11, 1 [7]; 21, 59 [61]; 24, 31 [34]; OLG Hamm DAR 1963, 245; OLG Stuttgart 1963, 335; OLG Karlsruhe GA 1970, 313), muß immer freigesprochen werden, wenn nicht mit an Sicherheit grenzender Wahrscheinlichkeit festgestellt werden kann, daß der Erfolg bei sachgemäßem Handeln vermieden worden wäre (Lösung nach der Formel „in dubio pro reo"). Dagegen berücksichtigt OLG Karlsruhe JR 1985, 479 m. zust. Anm. *Kindhäuser* jetzt auch die Risikoerhöhung als Grundlage der Zurechnung. Nach OLG Oldenburg NJW 1971, 631 m. abl. Anm. *Schröder* soll die objektive Zurechnung sogar dann zu verneinen sein, wenn bei pflichtgemäßem Verhalten ein geringerer Schaden eingetreten wäre[32]. Die *Gegenmeinung* bejaht die objektive Zurechnung des Erfolgs schon dann, wenn ein vorschriftsmäßiges Verhalten möglicherweise zur Vermeidung des Erfolgs geführt hätte und das Gegenteil nicht bereits „nach menschlichem Ermessen" zu erwarten war[33]. Zu folgen ist jedoch einer *Mittelmeinung,* nach der die objektive Zurechnung des Erfolgs *schon dann,* aber auch *erst dann* zu bejahen ist, wenn die Verletzung der Sorgfaltspflicht nachweisbar[34] eine gegenüber der Normalgefahr erheblich *gesteigerte Gefährdung des Handlungsobjekts* mit sich brachte, weil die jeweils in Betracht kommenden Sorgfaltspflichten zwecks Vermeidung des Erfolgs auch dann beobachtet werden müssen, wenn nicht sicher ist, ob ihre Einhaltung dieses Ergebnis haben wird[35]. Der Satz „in dubio pro reo" greift

---

[31] So *Bockelmann / Volk,* Allg. Teil S. 162; *Krümpelmann,* GA 1984, 491ff.; *derselbe,* Bokkelmann-Festschrift S. 462f.; *Ebert,* Jura 1979, 572f.; *Hirsch,* ZStW 94 (1982) S. 251ff.; *Ellen Schlüchter,* JA 1984, 676; *LK (Schroeder)* § 16 Rdn. 189f.; *Lampe,* ZStW 71 (1959) S. 603; *Kahrs,* Das Vermeidbarkeitsprinzip S. 268; *Oehler,* Eb. Schmidt-Festschrift S. 239; *Ulsenheimer,* Pflichtwidrigkeit und Erfolg S. 149; *derselbe,* JZ 1969, 366; *derselbe,* Weissauer-Festschrift S. 164ff.; *Welzel,* Lehrbuch S. 136; *Wessels,* Allg. Teil S. 202f.

[32] Richtig dagegen BayObLG VRS 19, 128, wo angenommen wird, daß zugunsten, aber auch zu Lasten des Täters der Eintritt des geringeren Schadens zugrunde zu legen ist.

[33] So *Eb. Schmidt,* Der Arzt im Strafrecht S. 201; *Arthur Kaufmann,* Eb. Schmidt-Festschrift S. 229; *derselbe,* Jescheck-Festschrift Bd. I S. 282; *Spendel,* Eb. Schmidt-Festschrift S. 190; *derselbe,* JuS 1964, 17; wohl auch *Hall,* Grünhut-Erinnerungsgabe S. 229f.

[34] Die *Feststellung* der Risikosteigerung verlangt mit Recht *Stratenwerth,* Gallas-Festschrift S. 235ff.

[35] So *Roxin,* ZStW 74 (1962) S. 430ff.; *derselbe,* Honig-Festschrift S. 133ff.; ihm folgend *Burgstaller,* Das Fahrlässigkeitsdelikt S. 139ff.; *Kienapfel,* Zeitschrift für Verkehrsrecht 1977, 11; *Wolter,* Objektive und personale Zurechnung S. 334ff.; *Ingeborg Puppe,* ZStW 95 (1983) S. 293ff.; *dieselbe,* ZStW 99 (1987) S. 602ff.; *Jescheck,* Fahrlässigkeit S. 17; *Lackner,* § 15 Anm. III 1a bb; *Otto,* JuS 1974, 708; *Schaffstein,* Honig-Festschrift S. 171; *Schünemann,* JA 1975, 647ff.; *Rudolphi,* JuS 1969, 553; *Stratenwerth,* Gallas-Festschrift S. 239; *Seebald,* GA 1969, 213; *Wolff,* Kausalität S. 27. Für das Zivilrecht zustimmend *Hanau,* Kausalität S. 130ff.

II. Eintritt, Verursachung und Voraussehbarkeit des Erfolgs (das Erfolgsunrecht)

erst dann ein, wenn zweifelhaft bleibt, ob durch das sorgfaltswidrige Verhalten eine wesentliche Erhöhung des Risikos eingetreten ist (**Risikoerhöhungslehre**). Gefährliches Handeln, das für einen tatbestandsmäßigen Erfolg ursächlich geworden ist, darf nicht straflos bleiben, wenn lediglich nicht mit letzter Sicherheit ausgeschlossen werden kann, daß der Erfolg auch bei sorgfaltsgemäßem Handeln eingetreten wäre.

bb) Der Rechtswidrigkeitszusammenhang fehlt ferner dann, wenn der vom Täter durch sorgfaltswidriges Handeln verursachte Erfolg **außerhalb des Schutzbereichs der verletzten Norm** liegt (vgl. oben § 28 IV 4)[36]. Es handelt sich dabei um eine generelle Begrenzung der objektiven Zurechnung, die auch für die Schadensersatzhaftung im Zivilrecht[37] und auch für Vorsatztaten[38] gilt.

Beispiele: Fahren zwei Radfahrer bei Dunkelheit ohne Licht hintereinander und stößt ein entgegenkommender Radfahrer mit dem ersten zusammen, so ist der zweite Radfahrer für den Unfall nicht verantwortlich, weil die für ihn bestehende Beleuchtungspflicht nicht den Sinn hat, daß *andere* Fahrzeuge beleuchtet werden (RG 63, 392 [394])[39]. Ebenso ist die Tatsache, daß ein Kraftfahrer bei Einhaltung der zulässigen Höchstgeschwindigkeit die Unfallstelle erst erreicht haben würde, nachdem sie der Verunglückte bereits passiert hatte, für den Erfolg irrelevant, denn Geschwindigkeitsbegrenzungen haben nicht den Zweck, das Eintreffen des Kraftfahrers an einem bestimmten Ort zu verzögern (BGH VRS 5, 284 [286]; VRS 20, 129 [131]; VRS 26, 203; OLG Hamm VRS 10, 459 [461]; OLG Stuttgart NJW 1959, 351; unrichtig OLG Karlsruhe NJW 1958, 430 und jetzt wieder BGH 33, 61 [65] m. krit. Anm. *Ingeborg Puppe*, JZ 1985, 297 sowie ZStW 99 [1987] S. 614f.). Wenn der Tod des Patienten infolge eines Narkoseunfalls erst zu einem nur wenig späteren Zeitpunkt eingetreten wäre, falls der behandelnde Arzt vorher einen Internisten zu Rate gezogen hätte, so ist das Beruhen des Todes auf der Sorgfaltsverletzung zu verneinen, da es nicht der Sinn dieser Pflicht ist, das Leben des Patienten um kurze Zeit zu verlängern (BGH 21, 59 [61] m. Anm. *Wessels*, JZ 1968, 449). Die Pflicht, an einem haltenden Schulbus langsam vorbeizufahren, dient nicht dem Schutz eines Erwachsenen, der unachtsam auf die Fahrbahn tritt (OLG Hamm VRS 60, 38)[40].

3. Der **Erfolg** in seiner konkreten Gestalt und der **Kausalverlauf in seinen wesentlichen Merkmalen** müssen endlich *voraussehbar* gewesen sein[41]. War nicht der Tod, sondern nur eine Körperverletzung voraussehbar, so ist § 230 anzuwenden,

---

Der Risikoerhöhungslehre folgt auch die österr. Judikatur; vgl. die Nachweise bei *Burgstaller*, Das Fahrlässigkeitsdelikt S. 135 Fußnote 35. Dagegen *Jakobs*, Allg. Teil S. 195ff.; *Schönke / Schröder / Cramer*, § 15 Rdn. 172; *SK (Samson)* § 16 Anh. Rdn. 27 a sowie die oben Fußnote 31 genannten Autoren. Differenzierend *Krümpelmann*, Jescheck-Festschrift Bd. I S. 331ff., der auf die „Gefährdetheit" des Anspruchs des Verletzten auf Interessenschutz abstellt.

[36] Einhellige Meinung; vgl. *Bockelmann / Volk*, Allg. Teil S. 164f.; *Burgstaller*, Das Fahrlässigkeitsdelikt S. 96; *Lackner*, § 15 Anm. III 1 a bb; *Eser*, Strafrecht I Nr. 7 A Rdn. 3; *Hardwig*, JZ 1968, 291; *Niewenhuis*, Gefahr S. 130ff.; *Roxin*, Gallas-Festschrift S. 241ff.; *Schönke / Schröder / Cramer*, § 15 Rdn. 173; *SK (Samson)* § 16 Anh. Rdn. 28; *Ulsenheimer*, JZ 1969, 364ff.; *Wessels*, Allg. Teil S. 199f. Vgl. auch *Gimbernat Ordeig*, Inadäquate Handlungen S. 133ff.

[37] Vgl. *v. Caemmerer*, Gesammelte Schriften Bd. I S. 445ff.; *Stoll*, Kausalzusammenhang S. 13ff.

[38] Vgl. *Nowakowski*, JBl 1972, 26, 31; *Münzberg*, Verhalten S. 128ff.

[39] Vgl. dazu *Exner*, Frank-Festgabe Bd. I S. 585.

[40] Die Begrenzung der Fahrlässigkeitshaftung durch den Schutzbereich der Norm will *Burgstaller*, Jescheck-Festschrift Bd. I S. 362ff. auch auf die Fälle des nachträglichen Fehlverhaltens Dritter oder des Verletzten selbst anwenden. Ebenso *WK (Burgstaller)* § 6 Rdn. 70. Hier werden diese Fälle bei der Voraussehbarkeit eingeordnet (vgl. unten § 55 II 3 a. E.).

[41] *Bockelmann*, Verkehrsrechtliche Aufsätze S. 206; *LK (Schroeder)* § 16 Rdn. 132ff.; *Schönke / Schröder / Cramer*, § 15 Rdn. 178f.; *SK (Samson)* § 16 Anh. Rdn. 29; *Welzel*, Lehrbuch S. 136; *Wessels*, Allg. Teil S. 198; zur systematischen Stellung abweichend *Triffterer*, Bokkelmann-Festschrift S. 221. Vgl. dazu die eingehend begründete Entscheidung BGH 23, 156 (165ff.) über die Voraussehbarkeit des Einschlafens am Steuer.

obwohl der Todeserfolg eingetreten ist (RG 28, 273). Wird beim Zusammenstoß zweier Radfahrer der eine nur wegen einer bei ihm vorliegenden Rückgratversteifung getötet, so muß die Voraussehbarkeit des Kausalverlaufs verneint werden (anders BGH LM § 222 Nr. 1). In der Voraussehbarkeit des Erfolgs und der Kausalkette liegt neben dem Erfordernis des Beruhens des Erfolges auf der Sorgfaltsverletzung das *zweite Moment der Verknüpfung von Erfolgs- und Handlungsunrecht.* Die Frage der Voraussehbarkeit ist einfach zu beantworten bei der *bewußten* Fahrlässigkeit, denn hier hat der Täter die Gefahr immerhin erkannt, wenn er auch pflichtwidrig darauf vertraut hat, daß der Erfolg ausbleiben werde (vgl. OLG Stuttgart JuS 1977, 52). Die Zweifel beginnen bei der *unbewußten* Fahrlässigkeit, weil dabei der Täter die Gefahr entweder überhaupt nicht gesehen oder jedenfalls nicht ernst genommen hat. Maßgebend für die Voraussehbarkeit ist ebenfalls ein *objektiver Maßstab*[42], der auf das Erkenntnis- und Urteilsvermögen des gewissenhaften und besonnenen Angehörigen des Verkehrskreises des Täters und außerdem auf dessen etwa vorhandenes zusätzliches Kausalwissen abstellt (in BGH 12, 75 [80] hätte der Fahrer z. B. den verborgenen Bruch der Federaugen gekannt).

Die *Rechtsprechung* neigt dazu, die Voraussehbarkeit *weit auszudehnen*[43]. Für die Bejahung soll es schon genügen, wenn zwar *nicht der Geschehensablauf* als solcher, wohl aber der *Erfolg in seinem Endergebnis* vorausgesehen werden konnte, es sei denn, daß der Verlauf so sehr außerhalb aller Lebenserfahrung lag, daß auch bei Anwendung der gebotenen Sorgfalt niemand damit zu rechnen brauchte (Ablehnung der Voraussehbarkeit des Kausalverlaufs beim Fehlen des adäquaten Kausalzusammenhangs) (RG 73, 370 [372]; BGH 3, 62 [63f.]; 4, 360 [363]; 12, 75 [77]; BGH GA 1960, 111; OLG Stuttgart JZ 1980, 618 [620]).

Beispiele: Voraussehbar sollen sein der Tod eines durch einen Steinwurf nur leicht Getroffenen, der an der Bluterkrankheit litt (RG 54, 349 [351]), der tödliche Verlauf einer Schwarzfahrt, die durch ungenügenden Verschluß des Wagens ermöglicht wurde (BGH VRS 20, 282), der Tod des bei einem Verkehrsunfall nur leicht Verletzten durch eine Embolie aufgrund von erhöhter Thromboseneigung (OLG Stuttgart NJW 1956, 1451 m. abl. Anm. *Henkel*), eine tödliche Gehirnblutung infolge von Aufregung bei einem Verkehrsunfall (OLG Hamm VRS 26, 426), der Tod des Schwerverletzten, bei dessen Behandlung dem Arzt möglicherweise ein Fehler unterlaufen ist (OLG Stuttgart JZ 1980, 618 [620]). *Abgelehnt* wurde die Voraussehbarkeit dagegen beim Tod des Unfallopfers durch eine an sich harmlose Narkose (OLG Hamm VRS 18, 356), beim Tod durch Herzinfarkt als Folge eines falschen Überholvorgangs (OLG Stuttgart VRS 18, 365), beim Tod eines Herzkranken als Folge eines leichten Auffahrunfalls (OLG Karlsruhe JuS 1977, 52), bei einem Autobusunglück durch eine Wasseransammlung auf der Autobahn infolge Pflichtverletzung des Dienstpersonals (BGH 10, 121 [124]), beim Tod des Unfallopfers durch „Sich-Verschlucken" beim Essen von Suppe in der Klinik (OLG Stuttgart NJW 1982, 295). Auch ein völlig unerwartetes Mitverschulden des Verletzten oder dritter Personen kann die Vorhersehbarkeit des Erfolgs ausschließen (RG 73, 239 [242]; 73, 370 [373]; BGH NJW 1956, 1527; BGH VRS 28, 202 [206]; BayObLG VRS 62, 368)[44].

§ 56 Die Rechtfertigungsgründe bei der fahrlässigen Straftat

Alwart, Der Begriff des Motivbündels, GA 1983, 433; *Baumann,* Die Rechtswidrigkeit der fahrlässigen Handlung, MDR 1957, 646; *Becker,* Sportverletzung und Strafrecht, DJ 1938, 1720; *Berz,* Die Bedeutung der Sittenwidrigkeit für die rechtfertigende Einwilligung, GA 1969, 145; *Bickelhaupt,* Einwilligung in die Trunkenheitsfahrt, NJW 1967, 713; *v. Caemmerer,*

---

[42] Vgl. zu der Lehre, die die Voraussehbarkeit subjektiv auffassen will, oben § 54 I 3 Fußnote 14.

[43] Zustimmend *Mühlhaus,* Fahrlässigkeit S. 47f.; dagegen *Maurach,* GA 1960, 97; *Maurach / Gössel / Zipf,* Allg. Teil II S. 113f.; *Blei,* Allg. Teil S. 300f.; *Schönke / Schröder / Cramer,* § 15 Rdn. 179; *Welzel,* Lehrbuch S. 176.

[44] Dazu *P. Frisch,* Das Fahrlässigkeitsdelikt und das Verhalten des Verletzten, 1973.

Wandlungen des Deliktsrechts, Gesammelte Schriften, Bd. I, 1968, S. 452; *Dach,* Zur Einwilligung bei Fahrlässigkeitsdelikten, Diss. Mannheim 1979; *Engisch,* Der Unrechtstatbestand im Strafrecht, DJT-Festschrift, Bd. I, 1960, S. 401; *Ensthaler,* Einwilligung und Rechtsgutspreisgabe, Diss. Göttingen 1983; *Eser,* Zur strafrechtlichen Verantwortlichkeit des Sportlers usw., JZ 1978, 368; *Geppert,* Rechtfertigende „Einwilligung" des verletzten Mitfahrers usw., ZStW 83 (1971) S. 947; *Hansen,* Die Einwilligung des Verletzten bei Fahrlässigkeitstaten usw., Diss. Bonn 1963; *Himmelreich,* Notwehr und unbewußte Fahrlässigkeit, 1971; *Kohlhaas,* Strafrechtlich wirksame Einwilligung bei Fahrlässigkeitstaten? DAR 1960, 348; *Larenz,* Lehrbuch des Schuldrechts, Bd. II, 12. Auflage 1981; *Kienapfel,* Das erlaubte Risiko im Strafrecht, 1966; *Mahling,* Die strafrechtliche Behandlung von Sportverletzungen, Diss. Berlin 1940; *Nipperdey,* Rechtswidrigkeit, Sozialadäquanz, Schuld im Zivilrecht, NJW 1957, 1777; *Preuß,* Untersuchungen zum erlaubten Risiko im Strafrecht, 1974; *Schild,* Das strafrechtliche Problem der Sportverletzung usw., Jura 1982, 464 m. Forts.; *Eb. Schmidt,* Schlägermensur und Strafrecht, JZ 1954, 369; *R. Schmitt,* Subjektive Rechtfertigungselemente bei Fahrlässigkeitsdelikten? JuS 1963, 64; *Stoll,* Zum Rechtfertigungsgrund des verkehrsrichtigen Verhaltens, JZ 1958, 137; *derselbe,* Das Handeln auf eigene Gefahr, 1961; *Weimar,* Der „Rechtfertigungsgrund" des verkehrsrichtigen Verhaltens, JuS 1962, 133; *Wiethölter,* Der Rechtfertigungsgrund des verkehrsrichtigen Verhaltens, 1960; *Zipf,* Einwilligung und Risikoübernahme im Strafrecht, 1970; *derselbe,* Die Bedeutung und Behandlung der Einwilligung im Strafrecht, ÖJZ 1977, 379.

Vgl. ferner die Schrifttumsangaben vor §§ 54 und 55.

I. Die Anwendbarkeit der Rechtfertigungsgründe bei fahrlässigen Straftaten

1. Mit der Verwirklichung des deliktstypischen Handlungs- und Erfolgsunrechts ist der Unrechtstatbestand des fahrlässigen Erfolgsdelikts erfüllt. Ebenso wie bei der Vorsatztat ist damit zugleich die Rechtswidrigkeit „indiziert", d. h. sie ist anzunehmen, sofern nicht ausnahmsweise ein Rechtfertigungsgrund eingreift (vgl. oben § 31 I 3). Nach allgemeiner Auffassung kann die **Rechtswidrigkeit der tatbestandsmäßigen Fahrlässigkeitstat** ebenso durch **Rechtfertigungsgründe ausgeschlossen** sein wie die der Vorsatztat[1]. Jedoch bringt der Unterschied in der Struktur der Vorsatz- und Fahrlässigkeitstatbestände auch *Besonderheiten* für die Rechtfertigungsgründe mit sich.

2. So ist einmal zweifelhaft, ob *alle* Rechtfertigungsgründe auch bei den Fahrlässigkeitstaten in Betracht kommen. Man wird das jedenfalls für die Fälle zu verneinen haben, in denen eine objektiv an sich unrichtige Handlung mit Rücksicht auf den damit verfolgten Zweck von der Rechtsordnung gebilligt wird, denn hier ist mindestens eine **gewissenhafte Prüfung** vom Täter zu verlangen, so daß sorgfaltswidriges Handeln von vornherein nicht gerechtfertigt sein kann. Dies gilt für die Wahrnehmung berechtigter Interessen, das Handeln mit mutmaßlicher Einwilligung, wenn wirklicher und gemutmaßter Wille im Ergebnis nicht übereinstimmen, und für gewisse Amtshandlungen (vgl. oben § 31 IV 3).

3. Zum anderen ist streitig, ob auch bei Fahrlässigkeitstaten **das subjektive Rechtfertigungselement** zu verlangen ist[2] oder ob hier das Vorliegen der *objektiven* Vor-

---

[1] Vgl. BGH 25, 229; OLG Hamm NJW 1962, 1169; *Bockelmann / Volk,* Allg. Teil S. 166; *Burgstaller,* Das Fahrlässigkeitsdelikt S. 150; *Dreher / Tröndle,* § 15 Rdn. 15; *Eser,* Strafrecht II Nr. 21 A Rdn. 18; *LK (Hirsch)* Vorbem. 49 vor § 32; *Jakobs,* Allg. Teil S. 299; *Maurach / Gössel / Zipf,* Allg. Teil II S. 120 ff.; *Schönke / Schröder / Lenckner,* Vorbem. 92 vor § 32; *Schaffstein,* Welzel-Festschrift S. 562; *SK (Samson)* § 16 Anh. Rdn. 31; *Stratenwerth,* Allg. Teil I Rdn. 1112; *Schmidhäuser,* Allg. Teil S. 292 f.; *Schünemann,* JA 1975, 787; *Welzel,* Lehrbuch S. 137 f.; *Wessels,* Allg. Teil S. 210.

[2] So *Maurach / Gössel / Zipf,* Allg. Teil II S. 121; *Alwart,* GA 1983, 455; *Jakobs,* Allg. Teil S. 299; *Welzel,* Lehrbuch S. 97; *Geppert,* ZStW 83 (1971) S. 979; *Eser,* Strafrecht II Nr. 21 A

aussetzungen des Rechtfertigungsgrundes genügt[3] (vgl. zu den subjektiven Rechtfertigungselementen oben § 31 IV 1). Richtig ist es, bei fahrlässigen *Erfolgs*delikten auf das subjektive Rechtfertigungselement zu verzichten, da durch die rechtfertigende Situation ebenso wie bei den Vorsatzdelikten das Erfolgsunrecht entfällt und im Unterschied zu diesen das Handlungsunrecht hier für sich allein nicht strafbar ist (es gibt keinen fahrlässigen Versuch). Beim fahrlässigen *Tätigkeits*delikt muß der Täter jedoch zum Zwecke der Ausübung der ihm durch den Rechtfertigungsgrund gegebenen Befugnis gehandelt haben[4].

Beispiele: Wenn der Heilpraktiker dem Patienten durch einen Kunstfehler eine Körperverletzung zufügt, ohne zu wissen, daß dieser in Erwartung einer hohen Versicherungssumme damit einverstanden ist, kann der Täter nicht nach § 230 bestraft werden. Wer dagegen von einem Trinkgelage zu einer Unfallstelle fährt, ohne an seine Fahruntauglichkeit zu denken (§ 316 II), ist nur dann nach § 34 gerechtfertigt, wenn er Hilfe bringen will (OLG Hamm VRS 20, 232).

4. Endlich ergibt sich aus dem Stufenverhältnis von Vorsatz und Fahrlässigkeit, daß die sorgfaltswidrige Tat gerechtfertigt ist, wenn der Erfolg auch bei vorsätzlichem Handeln **im Ergebnis gerechtfertigt** wäre.

Beispiel: Wer in Notwehr einen Warnschuß abgibt, ist auch dann nach § 32 gerechtfertigt, wenn er aus Unachtsamkeit den Angreifer tötet, sofern nach Sachlage auch ein gezielter Schuß gerechtfertigt gewesen wäre (BGH 25, 229)[5].

II. Notwehr, rechtfertigender Notstand und Einwilligung des Verletzten bei Fahrlässigkeitstaten

Als Rechtfertigungsgründe bei Fahrlässigkeitstaten kommen insbesondere Notwehr, rechtfertigender Notstand und Einwilligung des Verletzten in Betracht.

1. Nicht nur vorsätzliches, sondern auch fahrlässiges Handeln kann nach allgemeiner Ansicht durch **Notwehr** gedeckt sein[6], sofern nur der Angreifer selbst durch die Verteidigungshandlung verletzt wird und nicht ein unbeteiligter Dritter (wie im Fall RG 58, 27). Innerhalb der Grenzen dessen, was *als Abwehrhandlung* erforderlich ist, wird auch ein Verletzungserfolg gerechtfertigt, den der Täter an sich nicht gewollt hat und den er bei Anwendung der gebotenen Sorgfalt hätte vermeiden können (vgl. oben § 56 I 4). Doch muß dabei immer geprüft werden, ob sich die Eingehung eines besonders hohen Risikos etwa als Mißbrauch des Notwehrrechts darstellt.

Beispiele: Ein Polizeibeamter gibt auf weite Entfernung Schreckschüsse auf Obstdiebe ab, er hält dabei die Waffe kurz über den Baum, damit die Diebe merken, daß die Schreckschüsse ihnen gelten; durch einen Schuß wird einer der Diebe getötet. Die Tat ist gerechtfertigt, wenn *diese* Art der Abgabe der Schüsse erforderlich war, um die Diebe zu verjagen (RG JW 1925, 962) (der Fall wäre heute anders zu entscheiden). Bejaht wurde der Verteidigungs*wille* (nicht aber die Erforderlichkeit der Verteidigung) in einem Falle, in dem der Angegriffene sich ein Schlachtmesssser vor den Körper hielt in der Erwartung, dadurch den Angreifer in Schach halten zu können; dieser stürzte sich jedoch auf ihn und wurde tödlich verletzt (BGH MDR 1958, 12).

Rdn. 21 b; *LK (Hirsch)* Vorbem. 58 vor § 32; *Zielinksi,* Handlungs- und Erfolgsunwert S. 255 f.

[3] So *R. Schmitt,* JuS 1963, 68; *Schaffstein,* Welzel-Festschrift S. 573 f.; *Himmelreich,* Notwehr S. 100 ff.; *Stratenwerth,* Allg. Teil I Rdn. 1119.

[4] So zutreffend *Schönke / Schröder / Lenckner,* Vorbem. 98 f. vor § 32; *Stratenwerth,* Allg. Teil I Rdn. 1120 f.; *SK (Samson)* § 16 Anh. Rdn. 32.

[5] Weitere Beispiele bei *Schönke / Schröder / Lenckner,* Vorbem. 96 vor § 32.

[6] Vgl. *Maurach / Gössel / Zipf,* Allg. Teil II S. 122; *Schönke / Schröder / Lenckner,* Vorbem. 95 f. vor § 32; *Welzel,* Lehrbuch S. 138; *Himmelreich,* Notwehr S. 52 ff.; *Wessels,* Allg. Teil S. 210.

II. Notwehr, rechtfertigender Notstand und Einwilligung bei Fahrlässigkeitstaten 533

Notwehr ist dann anzunehmen, wenn der Angegriffene nur einen Warnschuß abgeben will, damit aber den Angreifer trifft, sofern auch ein gezielter Schuß gerechtfertigt gewesen wäre (BGH 25, 229; OLG Hamm NJW 1962, 1169 gegen OLG Frankfurt NJW 1950, 119). Notwehr war gegeben in einem Fall, in dem ein Knecht, dessen Gespann rechtswidrig angehalten wurde, mit dem Zügel auf die Pferde einschlug, um rasch vorbeizukommen, und dabei versehentlich den Angreifer traf (OLG Dresden JW 1929, 2760).

2. Zur Rechtfertigung fahrlässigen Handelns kommt ferner **rechtfertigender Notstand** in Betracht (§ 34)[7]. Es geht dabei in der Regel um Verkehrsverstöße, die ihrer Art nach erhebliche Gefahren für andere Verkehrsteilnehmer mit sich bringen. Deshalb ist hier stets zu prüfen, ob trotz der Gefahr für den Straßenverkehr und des in der Regel nur geringfügigen Zeitgewinns das Interesse, das der Täter wahren will, das Interesse an der Erhaltung der Verkehrssicherheit *wesentlich* überwiegt (vgl. oben § 33 IV 3 c).

Beispiele: Hat der Arzt auf der Fahrt zu einem in Lebensgefahr schwebenden Patienten versehentlich die in Ortschaften zugelassene Höchstgeschwindigkeit überschritten, ohne andere Verkehrsteilnehmer zu gefährden, so ist rechtfertigender Notstand zu bejahen (OLG Düsseldorf VRS 30, 444; OLG Schleswig VRS 30, 462), anders jedoch, wenn der Arzt in gleicher Lage grob verkehrswidrig eine gefährliche Linkskurve mit erheblicher Gefährdung des Gegenverkehrs schneidet (OLG Stuttgart, Die Justiz 1963, 37). Das fahrlässige Überfahren einer Katze ist immer durch rechtfertigenden Notstand erlaubt, wenn durch Bremsen oder Ausweichen auch nur die Möglichkeit der Gefährdung eines Menschen besteht (vgl. OLG Köln VRS 16, 442). Ein Pilot landet auf einem Flughafen mit zu kurzer Landebahn, weil der Zielflughafen durch Schneefall unbrauchbar geworden ist.

3. Fahrlässige Handlungen können endlich durch **Einwilligung** des Verletzten oder **mutmaßliche Einwilligung** (OLG Frankfurt MDR 1970, 695) gerechtfertigt sein[8]. Ebenso wie bei der Einwilligung in eine Vorsatztat kommt es auch hier darauf an, daß das gefährdete Rechtsgut der Verfügungsbefugnis des Einwilligenden unterliegt (vgl. oben § 34 II 3). Deshalb ist die Einwilligung in eine ihrem Wesen nach gegen die Allgemeinheit gerichtete Verkehrsgefährdung nach § 315c (BGH 6, 232 [234]; 23, 261 [264])[9] oder in eine individuelle *Lebens*gefährdung, die im Ergebnis zum Tode des Verletzten führt, ohne rechtliche Wirkung (BGH 7, 112 [114]; BGH VRS 17, 279; BayObLG NJW 1957, 1245 [1246]; OLG Hamburg VRS 35, 201)[10]. Dagegen ist die Einwilligung in eine fahrlässige Körpergefährdung in den Grenzen des § 226a zulässig, sie hat vor allem im *Straßenverkehr* und bei *Sportverletzungen* praktische Bedeutung.

---

[7] Vgl. *Schaffstein*, Welzel-Festschrift S. 574 ff.; *Schönke / Schröder / Lenckner*, Vorbem. 101 vor § 32; *Maurach / Gössel / Zipf*, Allg. Teil II S. 122 ff.

[8] Vgl. dazu *Baumann / Weber*, Allg. Teil S. 321 f.; *Dreher / Tröndle*, § 226a Rdn. 5; *LK (Hirsch)* Vorbem. 106 vor § 32; *Lackner*, § 226a Anm. 1; *Maurach / Gössel / Zipf*, Allg. Teil II S. 81 f.; *Dach*, Einwilligung S. 28 ff.; *Ensthaler*, Einwilligung S. 47 ff.; *Schönke / Schröder / Lenckner*, Vorbem. 102, 106 vor § 32; *Schaffstein*, Welzel-Festschrift S. 565 ff.; *Welzel*, Lehrbuch S. 97; *Zipf*, ÖJZ 1977, 382. Bei Einwilligung will *Frisch*, Das Fahrlässigkeitsdelikt S. 118 ff. schon die Sorgfaltspflichtverletzung und damit die Tatbestandsmäßigkeit verneinen.

[9] Differenzierend *Geppert*, ZStW 83 (1971) S. 986. Wie der Text *Schaffstein*, Welzel-Festschrift S. 574.

[10] Die Frage ist in der Literatur stark umstritten. Wie der Text *Bickelhaupt*, NJW 1967, 713; *Geppert*, ZStW 83 (1971) S. 953 ff.; *Maurach / Gössel / Zipf*, Allg. Teil II S. 94 f.; *Zipf*, Einwilligung S. 73. Für Beachtlichkeit der Einwilligung in Lebensgefährdung *Schaffstein*, Welzel-Festschrift S. 570 ff.; *Berz*, GA 1969, 148. Eine Mittelmeinung vertreten *LK (Hirsch)* Vorbem. 95 vor § 32; *Schild*, Jura 1982, 524; *Schönke / Schröder / Lenckner*, Vorbem. 104 vor § 32 (Maßstab des § 226a); *Stratenwerth*, Allg. Teil I Rdn. 1116; *SK (Samson)* § 16 Anh. Rdn. 33. Vgl. auch OLG Hamm MDR 1971, 67.

Beispiele: Wenn vier Personen auf einem dadurch völlig überladenen Motorroller fahren, so nehmen sie die Gefahr eines Unfalls in Kauf und die eingetretene Körperverletzung (§ 230) ist durch Einwilligung gerechtfertigt (BGH DAR 1959, 300)[11]. Ausreichend ist die Einwilligung in die Gefährdung; in den eingetretenen *Verletzungserfolg* wird kaum jemand einwilligen wollen (BGHZ 34, 355 [360]; KG VRS 7, 184 [186]; OLG Celle NJW 1964, 736)[12]. Fahrlässige Sportverletzungen, die im Rahmen der Regeln vorkommen (z. B. ein Zusammenprall auf dem Fußballfeld) und sogar geringfügige unabsichtliche Regelverstöße sind durch Einwilligung gedeckt[13], nicht jedoch vorsätzliche oder grob fahrlässige Regelwidrigkeiten, die zu Körperverletzungen führen (BayObLG NJW 1961, 2072 [2073]), auch nicht die Verletzung eines Zuschauers während einer Spielpause durch einen fahrlässigen Ballabstoß eines Spielers aus Verärgerung (OLG Karlsruhe, Die Justiz 1981, 444). Mutmaßliche Einwilligung liegt vor, wenn der Notarzt den bewußtlosen Schwerverletzten am Unfallort mit unzureichenden Mitteln operiert, um sein Leben zu retten[14].

Im Zivilrecht wird heute beim „Handeln auf eigene Gefahr" nicht mehr auf die Einwilligung, sondern nach §§ 242, 254 BGB auf angemessene Risikoverteilung abgestellt, aus der sich dann erst Haftungsausschluß bzw. -beschränkung für den Schädiger ergeben (BGHZ 34, 355)[15].

III. Sonderprobleme beim erlaubten Risiko und verkehrsrichtigen Verhalten

1. Einen besonderen Rechtfertigungsgrund des **erlaubten Risikos** gibt es auch bei den Fahrlässigkeitstaten **nicht** (vgl. zu den Vorsatztaten oben § 36 I 1) (anders Vorauflage S. 479). Die Fälle, in denen eine Sorgfaltspflichtverletzung ausnahmsweise nicht rechtswidrig ist, sind in die anerkannten Rechtfertigungsgründe einzuordnen, also nach Gesichtspunkten der Notwehr, des Notstands, der Einwilligung oder der mutmaßlichen Einwilligung zu lösen[16]. In der Lehre werden als Fälle des erlaubten Risikos auch diejenigen Handlungen bezeichnet, die ihrer Natur nach gefährlich sind, aber vorgenommen werden dürfen, wenn die im Verkehr erforderliche Sorgfalt beobachtet wird, die also gar nicht tatbestandsmäßig sind (z. B. das Autofahren). Es handelt sich dabei jedoch um nichts anderes als um den objektiven Maßstab der Sorgfalt bei der Vornahme gefahrgeneigter Handlungen, bei dessen Einhaltung schon die Tatbestandsmäßigkeit der Fahrlässigkeitstat entfällt (vgl. oben § 55 I 2b).

2. Das gleiche gilt für die Auffassung des „**verkehrsrichtigen Verhaltens**" im Straßen- und Eisenbahnverkehr als Rechtfertigungsgrund (BGHZ 24, 21 [28])[17]. Auch das verkehrsrichtige Verhalten ist kein Erlaubnissatz, der das durch den Verletzungserfolg indizierte tatbestandsmäßige Erfolgsunrecht der Fahrlässigkeitstat wieder aufhöbe. Verkehrsrichtiges Verhalten bedeu-

---

[11] Dagegen zu Unrecht *Kohlhaas,* DAR 1960, 348.
[12] Dagegen bezieht *Eb. Schmidt,* JZ 1954, 372 die Einwilligung, wenn sie wirksam sein soll, auch bei Fahrlässigkeitstaten auf Handlung *und Erfolg;* ebenso *Geppert,* ZStW 83 (1971) S. 974. Dagegen überzeugend das zivilrechtliche Schrifttum; vgl. *Stoll,* Handeln auf eigene Gefahr S. 93 f.
[13] Vgl. *Eser,* JZ 1978, 368 ff. (mit verschiedenen Abstufungen S. 371); *Becker,* DJ 1938, 1721; *Mahling,* Sportverletzungen S. 68; *Maurach / Schroeder,* Bes. Teil I S. 91; *Kohlrausch / Lange,* § 226 a Anm. IV 1; *LK (Hirsch)* § 226 a Rdn. 12; *Schönke / Schröder / Stree,* § 226 a Rdn. 16; *Welzel,* Lehrbuch S. 96; *Zipf,* Einwilligung S. 95.
[14] Dazu *Blei,* Allg. Teil S. 300.
[15] Vgl. dazu grundlegend *Stoll,* Das Handeln auf eigene Gefahr S. 305 ff.; ferner *Hansen,* Die Einwilligung des Verletzten S. 146 ff.
[16] Ebenso *Baumann / Weber,* Allg. Teil S. 321; *Blei,* Allg. Teil S. 302 f.; *Bockelmann / Volk,* Allg. Teil S. 106; *Kienapfel,* Erlaubtes Risiko S. 26 f.; *Preuß,* Erlaubtes Risiko S. 226 ff.; *LK (Hirsch)* Vorbem. 33 vor § 32; *Schönke / Schröder / Lenckner,* Vorbem. 107 vor § 32.
[17] Zustimmend *Baumann,* MDR 1957, 646; *Oehler,* Eb. Schmidt-Festschrift S. 244. Dagegen zu Recht *Wessels,* Allg. Teil S. 210.

tet vielmehr, daß es an einer Sorgfaltspflichtverletzung und damit am Handlungsunrecht des Fahrlässigkeitstatbestandes fehlt[18].

§ 57 Die Schuld bei der fahrlässigen Straftat

Arzt, Zum Verbotsirrtum beim Fahrlässigkeitsdelikt, ZStW 91 (1979) S. 857; *Baumann,* Schuldvermutung im Verkehrsstrafrecht? NJW 1959, 2293; *derselbe,* Probleme der Fahrlässigkeit bei Straßenverkehrsunfällen, Kriminalbiol. Gegenwartsfragen, Heft 4, 1960, S. 100; *Booß,* Keine Schuldvermutung im Verkehrsstrafrecht! NJW 1960, 373; *Sigrid Fischer,* Vergessen als Fahrlässigkeit, Strafr. Abh. Heft 346, 1934; *Heitzer,* Unrechtsbegriff und Schuldbegriff beim Fahrlässigkeitsdelikt, NJW 1951, 828; *Kienapfel,* Die Fahrlässigkeit usw., Zeitschrift für Verkehrsrecht 1977, 1; *Klee,* Anmerkung zu RG vom 25. 11. 1938, JW 1939, 547; *Schlosky,* Straftaten in Volltrunkenheit, JW 1936, 3425; *Schmidt-Leichner,* Verkehrsstrafrecht ohne Schuldfeststellung? NJW 1960, 996; *Schöne,* Fahrlässigkeit, Tatbestand und Strafgesetz, Gedächtnisschrift für Hilde Kaufmann, 1986, S. 649; *Welzel,* Die deutsche strafrechtliche Dogmatik der letzten 100 Jahre und die finale Handlungslehre, JuS 1966, 421; *Wimmer,* Über unzulässige Vertiefung der Schuldfrage bei Fehlleistungen von Kraftfahrern, NJW 1959, 1753; *derselbe,* Vereinfachungen im allgemeinen Strafrecht bei der Bestrafung von Verkehrsübertretungen, DAR 1960, 245.

Vgl. ferner die Schrifttumsangaben vor §§ 54 und 55.

Schuld bedeutet bei den fahrlässigen Straftaten grundsätzlich ebenso wie bei den Vorsatzdelikten die *Vorwerfbarkeit der tatbestandsmäßigen und rechtswidrigen Handlung* mit Rücksicht auf die darin zum Ausdruck gelangte *rechtlich mißbilligte Gesinnung* (vgl. oben § 39 II 1)[1]. Erst durch die Trennung der zum Unrechtstatbestand gehörenden objektiven Bestandteile der Fahrlässigkeit von der *Fahrlässigkeitsschuld* wird deren gegenständliche Erfassung möglich[2]. Die Merkmale der Fahrlässigkeitsschuld sind jedoch zum Teil *andere* als die der schuldhaft vorsätzlichen Handlung. Ihre Feststellung wird im Strafverfahren oft vernachlässigt[3].

I. Schuldfähigkeit und Unrechtsbewußtsein

1. Auch bei der Fahrlässigkeit ist das erste Merkmal, auf dem das Schuldurteil aufbaut, die **Schuldfähigkeit,** die auch hier an das Lebensalter und die geistig-seelische Gesundheit des Täters geknüpft ist (vgl. oben § 40 II, III). Wer schuldunfähig ist, kann auch im Sinne der Fahrlässigkeit *nicht schuldhaft* handeln[4]. Die Fahrlässigkeit des Schuldunfähigen beschränkt sich auf die objektive *Sorgfaltswidrigkeit* des *Handlungsvollzugs* und die *Voraussehbarkeit des Erfolgs.* An die Erfüllung des Unrechtstatbestands können auch bei der Fahrlässigkeitstat die gegen den schuldunfähigen Täter vorgesehenen *kriminalrechtlichen Maßregeln* angeknüpft werden (§§ 63, 64,

---

[18] Wie der Text ablehnend die h. L.; vgl. *v. Caemmerer,* Gesammelte Schriften Bd. I S. 551; *Engisch,* DJT-Festschrift Bd. I S. 418f.; *Nipperdey,* NJW 1957, 1780; *Stoll,* JZ 1958, 140; *Weimar,* JuS 1962, 135; *Wiethölter,* Verkehrsrichtiges Verhalten S. 9ff. Vgl. zum ganzen *Larenz,* Schuldrecht Bd. II S. 608ff.

[1] Vgl. *Bockelmann,* Verkehrsrechtliche Aufsätze S. 210; *Burgstaller,* Das Fahrlässigkeitsdelikt S. 182f.; *WK (Burgstaller)* § 6 Rdn. 78ff.; *Lackner,* § 15 Anm. III 5 a; *Herzberg,* Jura 1984, 402ff.; *Blei,* Allg. Teil S. 303f.; *Nowakowski,* JBl 1972, 31; *Schönke / Schröder / Cramer,* § 15 Rdn. 188; *Welzel,* Fahrlässigkeit und Verkehrsdelikte S. 30; *Wessels,* Allg. Teil S. 210.

[2] Vgl. *Welzel,* JuS 1966, 424f.

[3] Dies kritisiert mit Recht *Baumann,* Probleme der Fahrlässigkeit S. 105f. Ebenso *Schönke / Schröder / Cramer,* § 15 Rdn. 200; *Stratenwerth,* Allg. Teil I Rdn. 1138.

[4] Vgl. *Burgstaller,* Das Fahrlässigkeitsdelikt S. 183f.; *Schönke / Schröder / Cramer,* § 15 Rdn. 189; *Stratenwerth,* Allg. Teil I Rdn. 1126. Dagegen wurde früher aufgrund der Auffassung der Fahrlässigkeit als Schuldform vielfach angenommen, der Schuldunfähige könne überhaupt nicht fahrlässig *handeln;* vgl. *Schlosky,* JW 1936, 3427; *Klee,* JW 1939, 548.

69, 70), wobei freilich vorausgesetzt wird, daß ihm die Tat im übrigen zur Last gelegt werden kann[5].

2. Die Fahrlässigkeitsschuld setzt ferner ebenso wie die Schuld bei der Vorsatztat das **Bewußtsein der Rechtswidrigkeit** bzw. die **Vermeidbarkeit des Verbotsirrtums** voraus (vgl. oben § 41 I 1)[6]. Verbotsirrtum und Mangel an Voraussicht werden bei der Fahrlässigkeit meist zusammenfallen. Selbständige Bedeutung hat das Bewußtsein der Rechtswidrigkeit jedoch auch hier, und zwar insofern, als der Täter wissen muß, daß es sich bei den objektiven Sorgfaltanforderungen, die im konkreten Falle zu erfüllen sind, um *echte Rechtspflichten* und nicht bloß um Gebote der Höflichkeit oder der auf Sitte und Anstand zu nehmenden Rücksicht handelt. Hat der Täter seine Sorgfaltspflicht nicht erkannt (unbewußte Fahrlässigkeit), so ist zu fordern, daß sie ihm als *Rechtspflicht* hätte erkennbar sein müssen (vgl. unten § 57 II). Bei den fahrlässigen Erfolgsdelikten muß der Täter ferner wissen bzw. wissen können, daß der Erfolg, den er herbeiführt, von der Rechtsordnung mißbilligt wird. Handelt es sich um fahrlässige Tötung oder Körperverletzung, so ist darüber kein Wort zu verlieren. Dagegen kann bei den Gefährdungen im Straßenverkehr, die wie übermäßiges Auffahren, Schneiden nach Überholvorgängen oder Geschwindigkeitserhöhung beim Überholtwerden ständig vorkommen, das Unrechtsbewußtsein fehlen, da viele darin nicht ein Unrecht, sondern den Ausdruck eines anerkennenswerten sportlichen Temperaments sehen. Ausreichend für den Schuldvorwurf ist das *potentielle* Unrechtsbewußtsein, doch wiegt der vermeidbare Verbotsirrtum bei der Strafzumessung auch im Rahmen der Fahrlässigkeit weniger schwer als das volle Unrechtsbewußtsein.

II. Die Erkennbarkeit und Erfüllbarkeit der objektiven Sorgfaltspflicht

1. Der Schuldvorwurf hängt bei der Fahrlässigkeit weiter davon ab, daß der Täter **nach seinen persönlichen Fähigkeiten** in der Lage ist, die Sorgfaltsanforderungen, die nach dem objektiven Maßstab an ihn zu stellen sind, zu erkennen und zu erfüllen. Maßgebend ist bei dieser Prüfung nicht die Leistungsfähigkeit des besonnenen und gewissenhaften Angehörigen des Verkehrskreises des Täters *(objektiver Maßstab)*, sondern *dieser selbst mit seinem individuellen Niveau* an Kräften, Erfahrungen und Kenntnissen *(subjektiver Maßstab)* (RG 39, 2 [5]; 56, 343 [349]; 58, 130 [134 f.])[7]. Freilich ist auch hier ein Urteil über das persönliche Können nur in der Weise mög-

---

[5] Zu Recht betont *Stratenwerth*, Allg. Teil I Rdn. 1127, daß für die Strafbarkeit wegen einer Fahrlässigkeitstat im Rauschzustand nach § 323a zu prüfen ist, ob die objektiv erforderliche Sorgfalt vom Täter in nüchternem Zustand zu verlangen gewesen wäre (RG DStr 1936, 180 [181]); ebenso *Schönke / Schröder / Cramer*, § 15 Rdn. 190.

[6] Das Erfordernis des aktuellen oder potentiellen Unrechtsbewußtseins auch bei der Fahrlässigkeit betonen mit Recht *Bockelmann*, Verkehrsrechtliche Aufsätze S. 213; *Burgstaller*, Das Fahrlässigkeitsdelikt S. 196 ff.; *WK (Burgstaller)* § 6 Rdn. 78; *Lackner*, § 15 Anm. III 5 b; *LK (Schroeder)* § 17 Rdn. 2; *Maurach / Gössel / Zipf*, Allg. Teil II S. 131 f.; *Sauer*, Allgemeine Strafrechtslehre S. 180; *Schönke / Schröder / Cramer*, § 15 Rdn. 191; *Welzel*, Fahrlässigkeit und Verkehrsdelikte S. 32; *Stratenwerth*, Allg. Teil I Rdn. 1128. Nach *Arzt*, ZStW 91 (1979) S. 884 ist jedoch bei Fahrlässigkeitsdelikten die Vorsatztheorie anzuwenden. Dagegen zu Recht *Schöne*, Hilde Kaufmann-Gedächtnisschrift S. 669 ff.

[7] So die h. L.; vgl. *Baumann*, Probleme der Fahrlässigkeit S. 105; *Bockelmann*, Verkehrsrechtliche Aufsätze S. 210 ff.; *Engisch*, Vorsatz und Fahrlässigkeit S. 349 ff.; *Exner*, Fahrlässigkeit S. 217; *Lackner*, § 15 Anm. III 5 a; *Mannheim*, Fahrlässigkeit S. 61 ff.; *Mühlhaus*, Fahrlässigkeit S. 32; *Preisendanz*, Vorbem. C 4 S. 30; *Schönke / Schröder / Cramer*, § 15 Rdn. 193; *SK (Samson)* § 15 Anh. Rdn. 34; *Welzel*, Lehrbuch S. 175. Zu der abweichenden Lehre, die die individuelle Erfüllbarkeit des Sorgfaltsgebots bereits in den Unrechtstatbestand einordnet, vgl. oben § 54 I 3 Fußnote 14.

II. Die Erkennbarkeit und Erfüllbarkeit der objektiven Sorgfaltspflicht 537

lich, daß gefragt wird, ob „ein anderer", den man sich an Lebensalter, Intelligenz und Kenntnissen dem Täter gleich zu denken hat, an seiner Stelle und in seiner Lage nach unserer Erfahrung fähig gewesen wäre, den Anforderungen an innere und äußere Sorgfalt zu genügen, die zur Vermeidung des tatbestandsmäßigen Erfolges zu stellen waren; persönliche Charaktermängel wie Rücksichtslosigkeit, Gleichgültigkeit, Unaufmerksamkeit bleiben als Belastung des Täters bestehen (vgl. oben § 39 III 1)[8].

2. **Umstände, die dem Täter nicht zum Vorwurf gereichen,** sind körperliche Mängel, Verstandesfehler, Wissens- und Erfahrungslücken, Altersabbau sowie besondere Situationsschwierigkeiten, denen er nicht gewachsen sein konnte. Freilich bleibt dabei stets der Gesichtspunkt des „Übernahmeverschuldens" vorbehalten.

Beispiele: Mangelhafte intellektuelle Begabung kann eine fehlerhafte Rangierbewegung im Eisenbahnverkehr entschuldigen (RG 22, 163 [164 f.]). Wenn der Zeuge wegen geringer Verstandeskräfte nicht fähig ist zu erkennen, daß er die Unwahrheit bekundet, kann er nicht nach § 163 bestraft werden (RG JW 1928, 1505). Fahruntüchtigkeit infolge von unerkennbar fortschreitendem Altersabbau ist nicht vorwerfbar[9]. Plötzlich eintretende Ermüdung, auf die der Fahrer nicht durch ihm bekannte oder erkennbare körperliche oder geistige Mängel vorbereitet ist, kann auch schwere Verkehrsverstöße entschuldigen (BGH VRS 7, 181 [182]; BGH DAR 1958, 194). Fehlende Fahrpraxis darf dem Ungeübten nicht vorgeworfen werden (BGH DAR 1956, 106; KG VRS 7, 184 [185]). Dem Fahrschüler fällt ein Fehler nur dann zur Last, wenn er ihn nach Maßgabe seines subjektiven Wissens und Könnens unschwer hätte vermeiden können (OLG Hamm VRS 56, 347). Die mangelnde Fähigkeit eines Heilpraktikers, eine Blinddarmzündung zu erkennen, kann den Schuldvorwurf ausschließen (RG 67, 12 [19 f.]). Bestürzung infolge unerwartet auftretender Gefahren kann falsche Reaktionen entschuldigen, so ein nächtlicher Angriff (RG 58, 27 [30]), ein plötzliches Versagen der Fußbremse eines Omnibus auf schwieriger Gefällstrecke, insbesondere bei gleichzeitiger Übermüdung und geringer Übung des Fahrers (BGH DAR 1956, 106 [107]), ein plötzliches Ausscheren eines Lastzuges auf der Autobahn (BGH VRS 10, 213 [214]) oder ein unvorhersehbares vorzeitiges Aufblenden auf der Gegenfahrbahn (BGH 12, 81 [84]). Endlich kann ein Mitverschulden des Verletzten die Schuld des Täters zwar nicht aufheben, aber doch wesentlich mildern (RG 59, 355 [359]; BGH 4, 182 [187]; 17, 299 [302 f.]).

3. Der Schuldvorwurf kann schon darin begründet sein, daß jemand eine Tätigkeit vornimmt, für die ihm die erforderlichen Kenntnisse und Fähigkeiten fehlen (**Übernahmeverschulden**) (vgl. oben § 55 I 3 a). Hier stellt sich jedoch die Frage, wie zu entscheiden ist, wenn es dem Täter bereits an der nötigen Einsicht gebricht, um sich auch nur ein Urteil über das Ungenügen seiner eigenen Leistungsfähigkeit bilden zu können[10]. Das Schrifttum verlangt in konsequenter Weise, daß es dem Täter *erkennbar* gewesen sein muß, daß er den Anforderungen der von ihm übernommenen Tätigkeit nicht gewachsen sein werde[11]. Doch wird diese Voraussetzung in der Judikatur jedenfalls nicht ausdrücklich gemacht, so daß der Eindruck einer systemwidrigen Objektivierung des Schuldmaßstabs entsteht (RG 50, 37 [45]; 59, 355 [356]; 64, 263 [271]; 67, 12 [20]; BGH 10, 133 [134]; KG VRS 7, 184 [185]).

Das Übernahmeverschulden zeigt in dem zeitlich vorverlegten Ansatz für den Schuldvorwurf Verwandtschaft mit der *actio libera in causa* (vgl. oben § 40 VI 1). Der Unterschied besteht

---
[8] So vor allem die österreichische Lehre; vgl. *Burgstaller,* Das Fahrlässigkeitsdelikt S. 189; WK *(Burgstaller)* § 6 Rdn. 84; *Nowakowski,* JBl 1972, 31; *Kienapfel,* Zeitschrift für Verkehrsrecht 1977, S. 13 f.
[9] Beispiel von *Bockelmann,* Verkehrsrechtliche Aufsätze S. 211 ff.
[10] Vgl. *Larenz,* Schuldrecht Bd. I S. 234; ferner zum Zivilrecht BGH JZ 1968, 103.
[11] Vgl. *Bockelmann,* Verkehrsrechtliche Aufsätze S. 211; *Burgstaller,* Das Fahrlässigkeitsdelikt S. 193; *derselbe,* Grundzüge S. 126; WK *(Burgstaller)* § 6 Rdn. 106; *Dreher / Tröndle,* § 15 Rdn. 16; *Nowakowski,* JBl 1953, 510 f.; *Schönke / Schröder / Cramer,* § 15 Rdn. 196; *Stratenwerth,* Allg. Teil I Rdn. 1105; *Schmidhäuser,* Allg. Teil S. 444; *LK (Schroeder)* § 16 Rdn. 140 f.

darin, daß dort von dem Täter schuldhaft ein Zustand der Unfreiheit (Handlungsunfähigkeit, Schuldunfähigkeit) herbeigeführt wird, in dem er eine mit Strafe bedrohte Handlung begeht, während ihm hier von vornherein die persönlichen Voraussetzungen zur Übernahme einer bestimmten Tätigkeit fehlen, was er hätte erkennen müssen.

4. Die persönlichen Fähigkeiten des Täters als Grundlage des Schuldvorwurfs lassen sich wie jede subjektive Tatsache nur aus objektiven Anhaltspunkten *rückschließend feststellen*. Vielfach wird der Richter dabei vom persönlichen Eindruck des Täters, seiner sozialen Stellung, seiner Lebenserfahrung und Lebensbewährung sowie von allgemeinen Erfahrungssätzen ausgehen können und die Fahrlässigkeitsschuld als bewiesen ansehen dürfen, wenn es keine Anhaltspunkte gibt, die für das Gegenteil sprechen (**Anscheinsbeweis**, BGH DAR 1954, 17 [18])[12].

Damit ist jedoch der *subjektive* Maßstab der Fahrlässigkeitsschuld nicht preisgegeben[13], sondern nur ein Weg für seine prozessuale Handhabung gezeigt. Vom Schuldprinzip kann sich ein Strafrecht, sofern es erzieherisch wirken will, gerade bei der Fahrlässigkeit nicht lossagen, weil die Strafe dem Täter seine persönliche Verantwortung vor Augen führen muß und die Urteilsgründe ihm zeigen sollen, inwiefern *gerade er* die Fahrlässigkeitstat hätte vermeiden können und in Zukunft auch vermeiden können wird. Dabei ist freilich zu berücksichtigen, daß „niemand die Idealforderung ständiger gespanntester Aufmerksamkeit und raschester, zweckmäßigster Reaktion zu verwirklichen" vermag[14].

III. Die subjektive Voraussehbarkeit des Erfolgs und des Kausalverlaufs

1. Bei den fahrlässigen Erfolgsdelikten müssen der tatbestandsmäßige Erfolg und der Kausalverlauf in ihren wesentlichen Zügen nicht nur objektiv vorhersehbar gewesen sein (vgl. oben § 55 II 3), sondern zur Vorwerfbarkeit der Erfolgsverursachung gehört außerdem, daß auch der Täter nach seinen persönlichen Fähigkeiten und Kenntnissen diese Voraussicht hätte haben können (RG 3, 208 [209]; 30, 25 [28]; 64, 316 [320]; 74, 195 [198]; BGH 24, 213 [216 f.])[15]. **Der subjektive Maßstab** der Voraussehbarkeit des Erfolgs ist grundsätzlich der gleiche wie bei der Erkennbarkeit und Erfüllbarkeit der Sorgfaltspflicht.

Beispiele: Für die Voraussehbarkeit der Folgen eines Schlages auf den Kopf kommt es auf den Bildungsstand (RG 73, 257 [263]) und die Intelligenz des Täters an (OLG Köln NJW 1963, 2381 [2383]). Das Versagen des Gedächtnisses eines Lehrers in bezug auf die Mitteilung, ein bestimmter Schüler sei ein „Leichtbluter", ist nicht vorwerfbar, wenn dieser Schüler durch eine Unart die Klasse gefährdet und eine sofortige Abwehr erforderlich ist (BGH 14, 52 [54])[16]. Eine in intellektueller Hinsicht primitive Bäuerin, die bei ihrer Tochter eine nicht steril durchgeführte Abtreibung vornimmt, kann den Tod als Folge des Eingriffs nicht voraussehen (schweiz.

---

[12] Vgl. dazu *Bockelmann*, Untersuchungen S. 268; *derselbe*, Verkehrsrechtliche Aufsätze S. 24; *Burgstaller*, Das Fahrlässigkeitsdelikt S. 194f.; *WK (Burgstaller)* § 6 Rdn. 88; *Volk*, GA 1973, 166ff.; *Wimmer*, NJW 1959, 1756ff.; *derselbe*, DAR 1960, 247f. Dagegen *Baumann*, NJW 1959, 2293f.

[13] Eine *Objektivierung* der Fahrlässigkeitsschuld fordern indessen *Frey*, Schweiz. Juristenvereins-Festschrift S. 343ff.; *Salm*, Das vollendete Verbrechen Bd. I, 1 S. 69ff., 114, 117ff., 137, 203; *Booß*, NJW 1960, 373. Dagegen zu Recht *Bockelmann*, Verkehrsrechtliche Aufsätze S. 23; *Schmidt-Leichner*, NJW 1960, 996f.; *Baumann*, Probleme der Fahrlässigkeit S. 106.

[14] So *Stratenwerth*, Allg. Teil I Rdn. 1137.

[15] Vgl. *Burgstaller*, Das Fahrlässigkeitsdelikt S. 187; *WK (Burgstaller)* § 6 Rdn. 90; *H. Mayer*, Lehrbuch S. 271; *Welzel*, Fahrlässigkeit und Verkehrsdelikte S. 30f; *derselbe*, Lehrbuch S. 175f.; *Schmidhäuser*, Allg. Teil S. 445; *Schönke / Schröder / Cramer*, § 15 Rdn. 197; *Wessels*, Allg. Teil S. 210.

[16] Vgl. über die Grenzen der Konzentrationspflicht *Sigrid Fischer*, Vergessen als Fahrlässigkeit S. 86ff.

BGE 69 IV 228 [232]). Die Großmutter, die zum ersten Mal eine U-Bahn betritt und deswegen nicht weiß, daß sich die Türen vor der Abfahrt automatisch schließen, kann nicht voraussehen, daß sie ihr Enkelkind gefährdet, wenn sie es nicht weit genug von der Tür entfernt hält (Fall von *Schmidhäuser*). Voraussehbar ist jedoch, daß ein Fußgänger, der die Straße überqueren will, vor dem herannahenden Kraftfahrzeug zurückläuft (OLG Hamm VRS 59, 114), und daß ein Kind nicht auf der halben Fahrbahn stehen bleibt, sondern die andere Seite zu erreichen sucht (OLG Hamm VRS 59, 260).

2. Die subjektive Voraussehbarkeit des Erfolgs ist unproblematisch bei der *bewußten* Fahrlässigkeit, denn hier hat der Täter die Gefährlichkeit der Situation für das geschützte Handlungsobjekt selbst erkannt und ernst genommen, wenn er auch pflichtwidrig darauf vertraut hat, daß sich der Erfolg nicht verwirklichen werde (OLG Stuttgart JuS 1977, 52). Die Schwierigkeit liegt auch hier bei der *unbewußten* Fahrlässigkeit, denn die Gefährlichkeit vieler alltäglicher Lebensvorgänge, insbesondere in der Medizin, im Bauwesen oder im Straßenverkehr, läßt bei fast jeder Sorgfaltsverletzung die schwersten Folgen als voraussehbar erscheinen, und zwar für jedermann, weil der mögliche Kausalverlauf einfach genug ist, um auch dem beschränktesten Gemüt einzuleuchten. Es gibt jedoch bei Fahrlässigkeitstaten auch kompliziertere Zusammenhänge, die die besondere Prüfung der persönlichen Fähigkeit des Täters zur Voraussicht von Erfolg und Kausalverlauf durchaus erforderlich machen (z. B. Stehenlassen einer giftigen Flüssigkeit in einem an sich verschlossenen Raum, in den jedoch Kinder beim Spielen durchs Fenster gelangen können). Sonderwissen belastet den Täter, z. B. die Kenntnis der Herzkrankheit des Opfers, das durch eine leichtsinnig übermittelte Schocknachricht zu Tode erschreckt wird.

IV. Die Unzumutbarkeit normgemäßen Verhaltens

Abgesehen von den Gründen, die in der Person des Täters liegen, kann der Schuldvorwurf der Fahrlässigkeit ferner dann entfallen, wenn äußere Umstände die Erfüllung der objektiven Sorgfaltspflicht als *unzumutbar* erscheinen lassen[17]. Im Gegensatz zu den vorsätzlichen Handlungen, bei denen auch gegenüber stärkstem Motivationsdruck Rechtsgehorsam verlangt wird, sofern nicht besondere im Gesetz selbst vorgesehene Ausnahmefälle vorliegen (z. B. § 35) (vgl. oben § 47 II 2), berücksichtigt die Rechtsprechung bei Fahrlässigkeitstaten, vor allem in Konfliktsituationen, die anomale Beschaffenheit der äußeren Umstände im Verhältnis zu den persönlichen Eigenschaften des Täters schon dann, wenn diese ihm die Erfüllung der Sorgfaltspflicht in außergewöhnlichem Maße erschweren. Es handelt sich dabei jedoch nicht schon um eine Sorgfaltsgrenze im objektiven Bereich der Rechtswidrigkeit[18], auch nicht um die Anerkennung eines „übergesetzlichen" Entschuldigungsgrundes der Unzumutbarkeit[19], sondern um die Begrenzung der den Täter persönlich treffenden

---

[17] Vgl. dazu *Bockelmann / Volk*, Allg. Teil S. 167f.; *Burgstaller*, Das Fahrlässigkeitsdelikt S. 198ff.; *WK (Burgstaller)* § 6 Rdn. 96ff.; *Dreher / Tröndle*, § 15 Rdn. 16; *LK (Hirsch)* Vorbem. 194 vor § 32; *Heitzer*, NJW 1951, 829; *Kienapfel*, Zeitschrift für Verkehrsrecht 1977, 14f.; *Kohlrausch / Lange*, § 59 Anm. IV 4; *Maurach / Gössel / Zipf*, Allg. Teil II S. 128ff.; *Schönke / Schröder / Cramer*, § 15 Rdn. 202; *SK (Samson)* § 16 Anh. Rdn. 36; *Nowakowski*, JBl 1953, 509f.; *Welzel*, Lehrbuch S. 183f.; *Jakobs*, Studien S. 141ff.; *derselbe*, Allg. Teil S. 485f.; *Wessels*, Allg. Teil S. 211. Ausdrücklich erwähnt die Zumutbarkeit § 6 I österr. StGB. Skeptisch gegenüber der Unzumutbarkeit wegen der Abgrenzungsschwierigkeiten *Schünemann*, JA 1975, 791f.

[18] So *H. Mayer*, Lehrbuch S. 141; *derselbe*, Grundriß S. 135; *Henkel*, Mezger-Festschrift S. 286.

[19] So *Baumann / Weber*, Allg. Teil S. 455; *Bockelmann / Volk*, Allg. Teil S. 168; *Schmidhäuser*, Allg. Teil S. 477f.; *Stratenwerth*, Allg. Teil I Rdn. 1132; *Welzel*, Lehrbuch S. 183.

Sorgfaltspflicht (OLG Frankfurt VRS 41, 32 [35]) (vgl. oben § 47 II 3 b)[20]. Darin liegt eine Verfeinerung des Schuldprinzips, gegen welche freilich praktische Bedenken, insbesondere unter dem Gesichtspunkt des Gleichheitssatzes, bestehen. Sicher ist jedenfalls, daß immer nur eine *objektive* Wertung der Motive des Täters in Betracht kommen kann[21].

Beispiele: Ihren Ausgang hat die Rechtsprechung von dem „Leinenfängerfall" genommen (RG 30, 25), der aber heute mit Rücksicht auf den Rechtsschutz für Arbeitnehmer und die erhöhte Gefährlichkeit verkehrsunsicherer Fahrzeuge anders entschieden werden würde[22]. RG 36, 78 (80) verneinte ferner bei einem Vater die Pflichtwidrigkeit der Unterlassung rechtzeitiger Klinikunterbringung des schwerkranken Kindes, weil er sich davon durch die flehentlichen Bitten des Kindes selbst und seiner kurz zuvor im gleichen Krankenhaus verstorbenen Frau hatte abhalten lassen. RG 57, 172 (174) nahm an, daß einem Fährmann, der auf der Memel bei Sturm und Hochwasser gekentert war, kein Vorwurf zu machen sei, weil ihn die beiden Fahrgäste trotz seines Hinweises auf die Gefährlichkeit der Überfahrt unausgesetzt gedrängt und zuletzt seinen persönlichen Mut in Zweifel gezogen hatten. RG 74, 195 (198) lehnte den Schuldvorwurf gegen einen Straßenbahnschaffner ab, der zur ordnungsgemäßen Beleuchtung seines Anhängers einer (fehlerhaften) Dienstvorschrift hätte entgegenhandeln müssen. Vgl. auch BGH 2, 194 (204); 4, 20 (23).

2. Abschnitt: Das Unterlassungsverbrechen

Das *Unterlassungsverbrechen* ist ebenso wie das fahrlässige Begehungsverbrechen eine besondere Erscheinungsform der strafbaren Handlung. Das vorsätzliche Unterlassungsverbrechen wird hier ebenso wie die Fahrlässigkeitstat auf der Grundlage des vorsätzlichen Begehungsdelikts dargestellt (vgl. oben §§ 24 - 53). Unterlassungsverbrechen können aber nicht nur vorsätzlich, sondern auch fahrlässig begangen werden. Das fahrlässige Unterlassungsverbrechen wird entsprechend dem vorsätzlichen in Anlehnung an das fahrlässige Begehungsverbrechen behandelt (vgl. oben § 54 - 57). Die Unterlassungsverbrechen fallen ebenso wie die Begehungsverbrechen unter den Oberbegriff des „sozialerheblichen menschlichen Verhaltens" (vgl. oben § 23 IV 1 und 2), sie unterscheiden sich aber von den durch positives Tun begangenen Straftaten so wesentlich, daß eine unmittelbare Übertragung der für die Begehungsdelikte entwickelten Rechtsbegriffe und -regeln nicht möglich ist. Die Dogmatik der Begehungsdelikte muß deshalb an die besonderen Gegebenheiten der Unterlassungsverbrechen angepaßt werden.

Doch kann dabei nicht schematisch nach einem angeblich geltenden „*Umkehrprinzip*"[1] verfahren werden, welches besagen soll, daß bei den Unterlassungsdelikten gleichliegende Erscheinungen immer nur umgekehrte Wirkungen erzeugen können bzw. gleiche Wirkungen nur dann eintreten können, wenn die zugrunde liegenden Erscheinungen umgekehrte Strukturen aufweisen. Vielmehr muß von Problem zu Problem eine *sinngemäße Umstellung* der für die Begehungsdelikte entwickelten Denkformen auf die Unterlassungsdelikte stattfinden. Da die Unterlassung nicht die gleiche Realität besitzt wie das positive Tun, sondern nur als Enttäuschung der

---

[20] So *Burgstaller,* Das Fahrlässigkeitsdelikt S. 199; *WK (Burgstaller)* § 6 Rdn. 98. Dagegen erkennt *Schönke / Schröder / Cramer,* § 15 Rdn. 202 der Unzumutbarkeit eine „Doppelfunktion" zu.
[21] So mit Recht *Welzel,* Lehrbuch S. 184. Vgl. ferner *Burgstaller,* Das Fahrlässigkeitsdelikt S. 200f. m. Beisp.
[22] So *Bockelmann,* Verkehrsrechtliche Aufsätze S. 211; *Mühlhaus,* Fahrlässigkeit S. 43f.
[1] So *Armin Kaufmann,* Unterlassungsdelikte S. 87ff.; *Welzel,* Lehrbuch S. 203. Wie hier *Schönke / Schröder / Stree,* Vorbem. 138 vor § 13; *Schmidhäuser,* Allg. Teil S. 653f. Fußnote 1; *Arzt,* JA 1980, 555; *Haffke,* ZStW 87 (1975) S. 44ff.

Erwartung einer bestimmten, dem Täter möglichen Handlung gedacht werden kann, müssen in den Begriff der Unterlassung Merkmale aufgenommen werden, die bei den Begehungsdelikten kein Gegenstück haben. Durch diese Umstellungen und Ergänzungen gestaltet sich der Aufbau der Unterlassungsdelikte komplizierter als der der Begehungsdelikte.

§ 58 Begriff, Arten und Grundproblematik des Unterlassungsverbrechens

Androulakis, Studien zur Problematik der unechten Unterlassungsdelikte, 1963; *Arzt,* Zur Garantenstellung beim unechten Unterlassungsdelikt, JA 1980, 553, 647, 712; *Bertel,* Begehungs- oder Unterlassungsdelikt? JZ 1965, 53; *Binding,* Der Entwurf eines StGB f. d. Nordd. Bund in seinen Grundsätzen, 1869; *Bockelmann,* Strafrecht des Arztes, 1968; *Böhm,* Die Rechtspflicht zum Handeln bei den unechten Unterlassungsdelikten, Diss. Frankfurt 1957; *derselbe,* Methodische Probleme der Gleichstellung des Unterlassens mit der Begehung, JuS 1961, 177; *Boldt,* Anmerkung zu RG 74, 309, DR 1941, 195; *Bruns,* Anmerkung zu BGH vom 3.11.1981, JR 1982, 465; *Busch,* Zur gesetzlichen Begründung der Strafbarkeit unechten Unterlassens, Festschrift für H. v. Weber, 1963, S. 192; *Cadoppi,* La distinzione fra reato omissivo proprio ed improprio, 1984; *Clemens,* Die Unterlassungsdelikte im deutschen Strafrecht von Feuerbach bis zum RStGB, Strafr. Abh. Heft 149, 1912; *Dahm,* Bemerkungen zum Unterlassungsproblem, ZStW 59 (1940) S. 133; *Ulrike v. Dellingshausen,* Sterbehilfe und Grenzen der Lebenserhaltungspflicht des Arztes, 1981; *Graf zu Dohna,* Zur Lehre von den Kommissivdelikten durch Unterlassung, DStr 1939, 142; *Drost,* Der Aufbau der Unterlassungsdelikte, GS 109 (1937) S. 1; *Engisch,* Besprechung von Kaufmann, Die Dogmatik der Unterlassungsdelikte, JZ 1962, 189; *derselbe,* Vom Weltbild des Juristen, 2. Auflage 1965; *derselbe,* Tun und Unterlassen, Festschrift für W. Gallas, 1973, S. 163; *Fiandaca,* Il reato commissivo mediante omissione, 1979; *Fünfsinn,* Der Aufbau des fahrlässigen Verletzungsdelikts durch Unterlassen, 1985; *Gallas,* Anmerkung zu BGH 2, 150, JZ 1952, 371; *derselbe,* Unterlassene Hilfeleistung nach deutschem Strafrecht, Deutsche Landesreferate zum IV. Int. Kongreß für Rechtsvergleichung, 1955, S. 344; *Geilen,* Neue juristisch-medizinische Grenzprobleme, JZ 1968, 145; *derselbe,* Das Leben des Menschen in den Grenzen des Rechts, FamRZ 1968, 121; *Georgakis,* Hilfspflicht und Erfolgsabwendungspflicht im Strafrecht, 1938; *Gössel,* Zur Lehre vom Unterlassungsdelikt, ZStW 96 (1984) S. 321; *Grasso,* Il reato omissivo improprio, 1983; *derselbe,* Orientamenti legislativi in tema di omesso impedimento dell'evento, Riv dir proc pen 1978, 872; *Grünwald,* Das unechte Unterlassungsdelikt, Diss. Göttingen 1957; *derselbe,* Zur gesetzlichen Regelung der unechten Unterlassungsdelikte, ZStW 70 (1958) S. 412; *derselbe,* Die Beteiligung durch Unterlassen, GA 1959, 110; *Haffke,* Unterlassung der Unterlassung? ZStW 87 (1975) S. 44; *Henke,* Handbuch des Criminalrechts und der Criminalpolitik, I. Teil, 1823; *Henkel,* Das Methodenproblem bei den unechten Unterlassungsdelikten, MSchrKrim 1961, 178; *Herzberg,* Die Unterlassung im Strafrecht und das Garantenprinzip, 1972; *Hirsch,* Ehre und Beleidigung, 1967; *Honig,* Zur Frage der Strafbarkeit der Unterlassung im römischen Recht, Festschrift für E. Heilfron, 1930, S. 63; *derselbe,* Die Entwicklung des Unterlassungsdelikts vom Römischen bis zum Gemeinen Recht, Festgabe für R. Schmidt, 1932 (Sonderdruck); *Infractions d'omission,* Actes du Colloque préparatoire tenu à Urbino, Rev int dr pén 1984, No. 3- 4; *Jescheck,* Strafrechtsreform in Deutschland, SchwZStr 91 (1975) S. 1; *Jescheck / Goldmann,* Die Behandlung der unechten Unterlassungsdelikte im deutschen und ausländischen Strafrecht, ZStW 77 (1965) S. 109; *Armin Kaufmann,* Die Dogmatik der Unterlassungsdelikte, 1959; *derselbe,* Methodische Probleme der Gleichstellung des Unterlassens mit der Begehung, JuS 1961, 173; *Arthur Kaufmann,* Die Bedeutung hypothetischer Erfolgsursachen im Strafrecht, Festschrift für Eb. Schmidt, 1961, S. 200; *Arthur Kaufmann / Hassemer,* Der überfallene Spaziergänger, JuS 1964, 151; *Kienapfel,* Aktuelle Probleme der unechten Unterlassungsdelikte, Strafr. Probleme 2, 1974, S. 77; *derselbe,* Die Garantenpflichten usw., JBl 1975, 13, 80; *derselbe,* Die Gleichwertigkeit von Tun und Unterlassen, ÖJZ 1976, 197; *derselbe,* Die Abgrenzung von Tun und Unterlassen, ÖJZ 1976, 281; *Kissin,* Die Rechtspflicht zum Handeln bei den Unterlassungsdelikten, Strafr. Abh. Heft 317, 1933; *Kohler,* Studien aus dem Strafrecht, Teil I, 1890; *Landsberg,* Die sog. Commissivdelikte durch Unterlassung im deutschen Strafrecht, 1890; *Lenckner,* Ärztliche Hilfeleistungspflicht und Pflichtenkollision, Medizinische Klinik 64 (1969) S. 1000; *Luden,* Abhandlungen aus dem gemeinen teutschen Strafrechte, Bd. I, 1836, Bd. II, 1840; *Maiwald,* Grundlagenprobleme der Unterlassungsdelikte, JuS 1981, 473; *H. Mayer,* Die gesetzliche Bestimmtheit der Tatbestände, Materialien, Bd. I, S. 259; *Meister,* Echtes und unechtes Unterlassungsdelikt, MDR 1953, 649; *Metzen,* Die Problematik und Funktion der fakultativen Strafmilderung usw., Diss. Köln 1977; *Meyer-Bahlburg,* Beitrag zur Erörterung der Unterlassungsdelikte, Diss. Hamburg 1962; *derselbe,* Zur gesetzlichen Regelung der unechten Unterlassungsdelikte, MSchrKrim 1965, 247; *derselbe,* Die Garantenstellung bei den Unterlassungsdelikten, GA 1968, 49; *Nagler,* Die Problematik der Begehung durch Unterlassung, GS 111 (1938) S. 1; *Nickel,* Die Problematik der unechten Unterlassungsdelikte usw., 1972; *Otto / Brammsen,* Die Grundlagen der strafrechtlichen Haftung des Garanten, Jura 1985, 530, 592, 646; *Ranft,* Zur Unterscheidung von Tun und Unterlassen im Strafrecht, JuS 1963, 340; *Roxin,* Pflichtwidrigkeit und Erfolg bei fahrlässigen Delikten, ZStw 74 (1962) S. 411; *derselbe,* Täterschaft und Tatherrschaft, 4. Auflage 1984; *derselbe,* An der Grenze von Begehung und Unterlassung, Festschrift für K. Engisch, 1969, S. 380; *derselbe,* Kriminalpolitik und Strafrechtssystem, 2. Auflage 1973; *Rudolphi,* Die Gleichstellungsproblematik der unechten Unterlassungsdelikte und der Gedanke der Ingerenz, 1966; *Samson,* Begehung und Unterlassung, Festschrift für H. Welzel, 1974, S. 579; *Samson / Horn,* Steuerunehrlichkeit durch Unterlassen, NJW 1970, 593; *Sauer,* Kausalität und Rechtswidrigkeit der Unterlassung, Festgabe für R. v. Frank, Bd. I, 1930, S. 202; *Sax,* Zur rechtlichen Problematik der Sterbehilfe usw., JZ 1975, 137; *Schaffstein,* Die unechten Unterlassungsdelikte usw., Festschrift für W. Graf Gleispach, 1936, S. 70; *derselbe,* Tatbestandsirrtum und Verbotsirrtum, Göttinger Festschrift für das OLG Celle, 1961, S. 175; *Eb. Schmidt,* Der Arzt im Strafrecht, 1939; *R. Schmitt,* Zur Systematik der Unterlassungsdelikte, JZ 1959, 432; *Schöne,* Unterlassene Erfolgsabwendungen und Strafgesetz, 1974; *Schünemann,* Grund und Grenzen der unechten Unterlassungsdelikte, 1971; *derselbe,* Die Unterlassungsdelikte usw., ZStW 96 (1984) S. 287; *Schwalm,* Begehen durch Unterlassen, Niederschriften, Bd. XII, S. 74; *J. Schwarz,* Die Unterscheidung zwischen echten und unechten Unterlassungsdelikten, Diss. Freiburg 1967; *Separovič,* Die Behandlung der Unterlassungsdelikte in Jugoslawien, ZStW 77 (1965) S. 149; *Sgubbi,* Responsabilità penale per omesso impedimento dell'evento, 1975; *Sieber,* Die Abgrenzung von Tun und Unterlassen usw., JZ 1983, 431; *Silva Sánchez,* El delito de omisión, 1986; *Spangenberg,* Über Unterlassungsverbrechen und deren Strafbarkeit, Neues Archiv des Criminalrechts IV (1821) S. 527; *Spendel,* Zur Unterscheidung von Tun und Unterlassen, Festschrift für Eb. Schmidt, 1961, S. 183; *Stübel,* Über die Teilnahme mehrerer Personen an einem Verbrechen, 1828; *Timpe,* Strafmilderungen des Allgemeinen Teils usw., 1983; *Traeger,* Das Problem der Unterlassungsdelikte im Straf- und Zivilrecht, Festgabe für L. Enneccerus, 1913 (Sonderdruck); *Vogt,* Das Pflichtproblem der kommissiven Unterlassung, ZStW 63 (1951) S. 381; *Welp,* Vorangegangenes Tun als Grundlage einer Handlungsäquivalenz der Unterlassung, 1968; *Welzel,* Zur Dogmatik der echten Unterlassungsdelikte usw., NJW 1953, 327.

I. Grundzüge der Dogmengeschichte der Unterlassungsdelikte

1. Das Grundproblem der im Strafgesetz nicht geregelten Unterlassungsdelikte ist die Frage, unter welchen Voraussetzungen die Nichthinderung des Eintritts eines tatbestandsmäßigen Erfolgs seiner Herbeiführung durch positives Tun *gleichgestellt* werden kann. Während sich dazu in der Literatur des 18. Jahrhunderts nur gelegentliche Äußerungen im Zusammenhang mit den Tötungsdelikten finden[2], war die deutsche Strafrechtswissenschaft seit *Feuerbach* darum bemüht, die *Rechtspflichten zur Erfolgsabwendung* systematisch zu erfassen[3]. Daneben stand lange die Frage nach der *Kausalität der Unterlassung* für den nichtabgewendeten Erfolg im Vordergrund des Interesses. Erst in unserer Zeit ist das Problem der Gleichstellung bei den Delikten mit *besonderen Handlungsmerkmalen* erkannt worden (§ 13 zweiter Halbsatz)[4].

---

[2] Vgl. dazu *Clemens,* Unterlassungsdelikte S. 6ff.; *Nagler,* GS 111 (1938) S. 3ff.; *Schaffstein,* Die allgemeinen Lehren S. 56ff.; *Honig,* R. Schmidt-Festgabe (Sonderdruck) S. 25ff. (über Vorstufen in der Glosse). Zum römischen Recht vgl. *Honig,* Heilfron-Festschrift S. 63ff. Zur Geschichte weiter *Schünemann,* ZStW 96 (1984) S. 287ff.

[3] Dazu eingehend *Welp,* Vorangegangenes Tun S. 25ff.

[4] Vgl. dazu *Schönke / Schröder / Stree,* § 13 Rdn. 4; *Schmidhäuser,* Allg. Teil S. 682f.; *SK (Rudolphi)* § 13 Rdn. 18; *LK (Jescheck)* § 13 Rdn. 5.

2. *Feuerbach*[5] ließ mit der für die Freiheitsidee der Aufklärung charakteristischen Begründung, daß „die ursprüngliche Verbindlichkeit des Bürgers nur auf Unterlassungen geht", allein Gesetz und Vertrag als Rechtsgrund einer Verbindlichkeit zur Erfolgsabwendung genügen. *Spangenberg*[6] und *Henke*[7] erkannten darüber hinaus auch enge Lebensverhältnisse (z. B. Ehe und nahe Verwandtschaft) als Verpflichtungsgrund an. *Stübel*[8] endlich fügte das gefährdende vorausgegangene Tun als Grundlage der Erfolgsabwendungspflicht hinzu. Damit war das Fundament für die spätere Entwicklung der Unterlassungsdelikte gelegt. Mit dem Eindringen des naturwissenschaftlichen Denkens in die Strafrechtstheorie begannen um die Mitte des 19. Jahrhunderts die Versuche, das Gleichstellungsproblem durch den Nachweis einer echten *Kausalität der Unterlassung* für den eingetretenen Erfolg zu lösen. Diese Entwicklung ist hier nicht weiter zu verfolgen (vgl. unten § 59 III 2), da sich nach vielen Um- und Irrwegen die Erkenntnis durchgesetzt hat, daß die Kausalität nicht die entscheidende Frage der Unterlassung ist[9]. „Die Strafbarkeit der Unterlassung ist von der Annahme ihrer Kausalität völlig unabhängig"[10]. Maßgebend ist vielmehr der normative Gesichtspunkt, daß jemand, auf dessen Eingreifen die Gemeinschaft vertraut, durch Unterlassen der erwarteten Tätigkeit Interessen verletzt, die seiner Fürsorge anvertraut sind und mangels anderweitiger Sicherung schutzlos bleiben[11]. Das Gleichstellungsproblem war damit zu einer *Frage der Rechtswidrigkeit* geworden. Lange wurden die für die Unterlassungsdelikte relevanten Rechtspflichten rein *formal* mit ihrer Herkunft (Gesetz, Gewohnheitsrecht, Vertrag, vorausgegangenes Tun) begründet[12]. Aber schon früh setzten die Versuche ein, Rechtspflichten zur Erfolgsabwendung *materiell* aus der Schutzaufgabe des Strafrechts herzuleiten. So wurde auf den sozialen Pflichtenkreis des Unterlassenden[13], auf das gesunde Volksempfinden[14] und auf die Bedürfnisse der inneren Ordnung sozialer Gemeinschaften[15] abgestellt. Den vorläufigen Abschluß der dogmengeschichtlichen Entwicklung bildete die Lehre *Naglers*[16]. Danach ist die Gleichstellung ein Problem der *Ergänzung des Tatbestandes* des dem Unterlassungsdelikt entsprechenden Begehungsdelikts durch Merkmale, die den Unterlassenden kennzeichnen „als *Garanten* für den Nichteintritt des Erfolgs, dem es obliegt, rechtsfeindliche Energien unschädlich zu machen". Auf dieser Grundlage hat die Lehre von den Garantenpflichten in der neueren Dogmatik eine immer weitere Verfeinerung erfahren (vgl. näher unten § 59 IV).

II. Die Unterscheidung von positivem Tun und Unterlassen

1. Die Rechtsnormen sind entweder Verbots- oder Gebotsnormen. Durch eine *Verbotsnorm* wird eine bestimmte Handlung untersagt, eine Unterlassung also anbefohlen; die Rechtsverletzung besteht in der Vornahme der verbotenen Handlung. Durch eine *Gebotsnorm* wird eine bestimmte Handlung angeordnet, ein positives

---

[5] *Feuerbach,* Lehrbuch 3. Aufl. § 24.
[6] *Spangenberg,* Neues Archiv des Criminalrechts IV (1821) S. 539.
[7] *Henke,* Handbuch S. 395 f.
[8] *Stübel,* Über die Teilnahme S. 61.
[9] Vgl. dazu *Jescheck / Goldmann,* ZStW 77 (1965) S. 114 f.; *Maurach / Gössel / Zipf,* Allg. Teil II S. 150; *Rudolphi,* Die Gleichstellungsproblematik S. 7 ff.; *Schmidhäuser,* Allg. Teil S. 684 ff.
[10] *v. Liszt,* Lehrbuch 6. Aufl. S. 108.
[11] So *Kohler,* Studien Teil I S. 46 f.; *Traeger,* Unterlassungsdelikte S. 21.
[12] So insbes. die Rspr.; vgl. RG 58, 130 (131); 63, 392 (394); 74, 309 (311); auch noch BGH 2, 150 (153); 19, 167 (168). Ferner die führenden Lehrbücher: *v. Hippel,* Bd. II S. 161 ff.; *v. Liszt / Schmidt,* S. 190 ff.; *M. E. Mayer,* Lehrbuch S. 191 f.; *Mezger,* Lehrbuch S. 138 ff. Daran anknüpfend noch *Stratenwerth,* Allg. Teil I Rdn. 989 ff.; *Blei,* Allg. Teil S. 287; *Otto,* Grundkurs S. 131; *Arzt,* JA 1980, 648. Ablehnend *Maurach / Gössel / Zipf,* Allg. Teil II S. 161.
[13] Vgl. dazu *Sauer,* Grundlagen S. 460; *derselbe,* Frank-Festgabe Bd. I S. 220; *Kissin,* Die Rechtspflicht zum Handeln S. 102 ff., 107 ff.
[14] So *Schaffstein,* Gleispach-Festschrift S. 95. Kritisch *Graf zu Dohna,* DStr 1939, 142 ff.
[15] So *Dahm,* ZStW 59 (1940) S. 170 ff.; *Boldt,* DR 1941, 196.
[16] *Nagler,* GS 111 (1938) S. 51, 59.

Tun also anbefohlen; die Rechtsverletzung besteht in der Unterlassung dieses Tuns[17]. **Alle Unterlassungsdelikte,** ob echte oder unechte (vgl. darüber unten § 58 III), **sind Zuwiderhandlungen gegen Gebotsnormen**[18].

Beispiele: § 142 I verbietet das Sich-Entfernen vom Unfallort und ist somit eine Verbotsnorm, § 142 II und III enthalten die Pflicht, nachträglich Feststellungen zu ermöglichen, und sind damit Gebotsnormen[19].

Im Strafrecht überwiegen naturgemäß die Verbotsnormen, weil es grundsätzlich nicht Aufgabe von Strafsanktionen sein kann, die Rechtsgenossen durch persönlichen Einsatz zur Rettung gefährdeter Rechtsgüter anzuhalten. Dennoch gibt es nicht wenige Tatbestände strafbaren Unterlassens im StGB (z. B. §§ 138, 123 zweiter Fall, 174ff., 264 I Nr. 2, 265b I Nr. 2, 283 I Nr. 5, 7b, 283b I Nr. 3b, 223b I dritter Fall, 315c I Nr. 2g, 323c, 340 I zweiter Fall, 357 dritter Fall) und besonders im Nebenstrafrecht (vgl. z. B. § 401 AktG, § 21 I Nr. 2 zweiter Fall StVG)[20]. Es gibt ferner Tatbestandsmerkmale, in denen positives Tun und Unterlassen in einem Begriff zusammengefaßt sind (z. B. § 266: Verletzung der Pflicht, fremde Vermögensinteressen wahrzunehmen; § 353b II: eine geheime Nachricht an einen anderen gelangen lassen). Die praktische Bedeutung der im Gesetz nicht geregelten Unterlassungsdelikte übertrifft jedoch die gesetzlich geregelten Fälle, weil Rechtsprechung und Lehre annehmen, daß die meisten Begehungsdelikte, zu deren Tatbestand ein Verletzungs- oder Gefährdungserfolg gehört[21], auch durch Nichtabwendung des Erfolges begangen werden können, sofern eine Rechtspflicht zum Eingreifen besteht. Darüber hinaus findet sich die Meinung, daß auch bei Tätigkeitsdelikten eine Begehung durch Unterlassen in Betracht kommt[22]. Für die Lösung eines Strafrechtsfalls stellt sich damit als erstes die Frage, ob aus einem bestimmten Geschehensablauf **ein positives Tun oder ein Unterlassen** als der für die strafrechtliche Beurteilung relevante Ausschnitt herauszugreifen ist.

Beispiel: Wenn jemand den Angreifer in Notwehr niederschlägt und liegen läßt, so daß er verblutet, ist sowohl an eine Tötung durch positives Tun als auch durch pflichtwidriges Unterlassen zu denken[23]. Wenn ein Anwalt bei einem Erpressungsversuch seiner Partner schweigend anwesend ist, kann psychische Beihilfe durch positives Tun oder Unterlassen in Betracht kommen (für positives Tun BGH JZ 1983, 462 m. im Ergebnis zust. Bespr. *Sieber,* JZ 1983, 437). Positives Tun ist auch die Überlassung des Steuers an einen Fahruntüchtigen (OLG Karlsruhe NJW 1980, 1859).

---

[17] So *Engisch,* Weltbild S. 37 Fußnote 70.

[18] So *Armin Kaufmann,* Unterlassungsdelikte S. 3ff.; *derselbe,* JuS 1961, 173f.; *Welzel,* Lehrbuch S. 200; *Stratenwerth,* Allg. Teil I Rdn. 1022; *LK (Jescheck)* Vorbem. 83 vor § 13; *Maurach / Gössel / Zipf,* Allg. Teil II S. 142f.; *Schmidhäuser,* Allg. Teil S. 659. Anders *R. Schmitt,* JZ 1959, 432, der mit der älteren Lehre annimmt, daß das unechte Unterlassungsdelikt *zugleich* gegen eine Verbotsnorm verstoße. Ebenso *Baumann / Weber,* Allg. Teil S. 236; Wessels, Allg. Teil S. 214.

[19] Auch § 142 I wird übrigens von der h. L. als echtes Unterlassungsdelikt angesehen (Pflicht, durch Dableiben und Angabe der eigenen Beteiligung Feststellungen zu ermöglichen); so *Dreher / Tröndle,* § 142 Rdn. 6; *Lackner,* § 142 Anm. 4; *Schönke / Schröder / Cramer,* § 142 Rdn. 2; *SK (Rudolphi)* § 142 Rdn. 5; wie der Text *Maurach / Schroeder,* Bes. Teil I S. 358.

[20] In neueren Gesetzen sind die (echten) Unterlassungen nicht selten als Ordnungswidrigkeiten eingestuft, was mit dem geringeren Unrechtsgehalt der Verletzung von Auskunfts- und ähnlichen Pflichten zusammenhängt; vgl. z. B. § 28 I Nr. 2, 5, 6, 11, II Nr. 1, 4 GaststG.

[21] Über Ausnahmen vgl. *SK (Rudolphi)* § 13 Rdn. 14.

[22] So *Schönke / Schröder / Stree,* Vorbem. 160 vor § 13; *Steiner,* MDR 1971, 261. Dagegen *Bockelmann / Volk,* Allg. Teil S. 133.

[23] Vgl. zu diesen Fällen der „Sukzession der Verhaltensformen" *Welp,* Vorangegangenes Tun S. 118ff., 321ff.; *Herzberg,* Unterlassung S. 284ff.

2. In der Regel kann die Frage, ob ein Sachverhalt als Tun oder Unterlassen aufzufassen ist, nach dem *natürlichen Verständnis der Dinge* leicht beantwortet werden. Es gibt jedoch auch Fälle, die nicht auf den ersten Blick klar liegen[24].

Beispiele: Insbesondere lassen sich Fahrlässigkeitstaten, bei denen die Sorgfaltspflichtverletzung in einem Handeln ohne die erforderlichen Sicherheitsvorkehrungen besteht, meist sowohl als positives Tun wie auch als Unterlassen verstehen (vgl. den Apotheker-, Kokain-, Ziegenhaar-, Heilpraktiker- und Radfahrerfall oben § 55 II 2b aa). Zweifelhaft sind ferner folgende Fälle: Eine Frau holt ihren betrunkenen Ehemann im Wirtshaus ab, um ihn heimzugeleiten, läßt ihn aber wegen eines unterwegs entstandenen Streits an einer gefährlichen Stelle zurück, so daß er bei dem Versuch, allein weiterzugehen, in einen Bach stürzt und ertrinkt (österr. OGH SSt Bd. 31 [1960] Nr. 1). Der Angeklagte läßt in einem Beschwerdeschreiben die Anrede „Herr" vor dem Namen des Amtsrichters weg (RG LZ 1915, 446); jemand ignoriert die zum Gruß ausgestreckte Hand. Der Gastwirt schenkt einem betrunkenen Kraftfahrer Alkohol aus und hindert ihn später nicht an der Heimfahrt (BGH 19, 152). Der Freund, der aus Gefälligkeit das Steuer für den betrunkenen Kraftfahrer übernommen hat, läßt diesen später auf sein Verlangen allein weiterfahren (OLG Karlsruhe JZ 1960, 178). Der Betriebsleiter genehmigt eine Dienstfahrt durch einen fahruntüchtigen Kraftfahrer (OLG Hamburg VRS 25, 433 [434]). Jemand hindert bei einem Badeunfall einen Rettungswilligen durch Zwang oder Täuschung an seinem Rettungswerk. Der Hauseigentümer verwehrt einem Kind, das von einem wütenden Hund verfolgt wird, gewaltsam den rettenden Zutritt. Der Arzt setzt einen Schwerverletzten von der Herz-Lungenmaschine ab, um einen anderen Patienten mit besserer Heilungsaussicht anzuschließen.

In derartigen Zweifelsfällen führen folgende Überlegungen zum richtigen Ergebnis: Hat jemand den Erfolg durch ein objektiv tatbestandsmäßiges positives Tun verursacht, so ist dieses der für das Strafrecht maßgebliche Anknüpfungspunkt (**Kausalitätskriterium**)[25]. Danach ist weiter zu fragen, ob der Täter vorsätzlich oder fahrlässig gehandelt hat. Bei vorsätzlicher oder fahrlässiger Tat kommt allein das positive Tun für die strafrechtliche Würdigung in Betracht. Erst wenn feststeht, daß das aktive Handeln des Täters zwar vorsätzlich oder fahrlässig, aber sozialadäquat, rechtmäßig oder schuldlos war, muß weiter geprüft werden, ob der Täter ein zu erwartendes positives Tun, durch das der Erfolg abgewendet worden wäre, unterlassen hat[26].

Danach ist im Apotheker-[27], Kokain-, Ziegenhaar-[28] und Radfahrerfall positives sorgfaltswidriges Tun, im Heilpraktikerfall dagegen Unterlassung rechtzeitiger Klinikeinweisung anzu-

---

[24] Vgl. zum folgenden *Engisch*, Gallas-Festschrift S. 168 ff.; *LK (Jescheck)* Vorbem. 83 vor § 13; *Samson*, Welzel-Festschrift S. 579 ff.; *Spendel*, Eb. Schmidt-Festschrift S. 183 ff.; *Ranft*, JuS 1963, 340 ff.; *Meyer-Bahlburg*, GA 1968, 49; *Maurach / Gössel / Zipf*, Allg. Teil II S. 141 f.; *SK (Rudolphi)* Vorbem. 5 ff. vor § 13; *Kienapfel*, Strafr. Probleme 2 S. 83 ff.; *derselbe*, ÖJZ 1976, 281 ff. mit reichem Fallmaterial.

[25] Ebenso *Böhm*, Die Rechtspflicht zum Handeln S. 18 ff.; *Grünwald*, Das unechte Unterlassungsdelikt S. 21 ff.; *Roxin*, ZStW 74 (1962) S. 415 ff.; *Samson*, Welzel-Festschrift S. 589 ff.; *SK (Rudolphi)* Vorbem. 7 vor § 13; *Sieber*, JZ 1983, 434 ff.; *Welzel*, Lehrbuch S. 203; *Eser*, Strafrecht II Nr. 25 A Rdn. 15. Zur omissio libera in causa *Bertel*, JZ 1965, 53 ff.; *Schönke / Schröder / Stree*, Vorbem. 144 vor § 13.

[26] Die „Testfrage" von *Schmidhäuser*, Allg. Teil S. 700 f., der sich die Handlungsmöglichkeit wegdenkt und dann fragt, ob ein Begehungsdelikt übrigbleibt, geht wohl ebenfalls von dem im Text verwendeten Kausalitätskriterium aus. Auch das Kriterium des „Energieeinsatzes", auf das *Engisch*, Gallas-Festschrift S. 170 ff.; *Maurach / Gössel / Zipf*, Allg. Teil II S. 141; *Otto / Brammsen*, Jura 1985, 530 und *Gössel*, ZStW 96 (1984) S. 326 abstellen, kommt auf die „Kausalitätsprobe" heraus, wenn man davon ausgeht, daß kausal nur positives Tun sein kann. Wie *Engisch* auch *Androulakis*, Unechte Unterlassungsdelikte S. 55 ff. und *Welp*, Vorangegangenes Tun S. 109 ff. Wie der Text im Ergebnis auch *Kienapfel*, ÖJZ 1976, 286 f.

[27] Zu Unrecht nimmt *Mezger*, Lehrbuch S. 116 Fußnote 21 hier Unterlassung an. Entsprechend Obergericht Bern SchwJZ 1945, 42 (43) bei einem Bergunfall wegen mangelnder Seilsicherung sowie OLG Karlsruhe Die Justiz 1976, 435 bei der Mitnahme eines Kleinkindes im Kraftwagen ohne Türsicherung.

nehmen. Im Ehegattenfall ist maßgebend die Unterlassung weiteren Geleits. Das Schreiben des Briefes ohne Anrede ist ein positives Tun, die Nichtannahme des Grußes Beleidigung durch Unterlassen. Beim Gastwirt kann schon das weitere Ausschenken von Alkohol an den betrunkenen Kraftfahrer fahrlässiges positives Tun sein, möglicherweise ist aber auch erst die Nichthinderung der Weiterfahrt und damit ein Unterlassen maßgebend, wenn der Gastwirt nämlich erst später die vollständige Trunkenheit des Gastes bemerkt hat. Der Freund, der das Steuer wieder abgibt, hat die Weiterfahrt des Fahruntüchtigen nicht verhindert. Der Betriebsleiter hat die Trunkenheitsfahrt durch positives Tun (Genehmigung) verursacht. Ebenso ist auch die Verhinderung der Rettungstat positives Tun, nicht anders die Verwehrung des Eintritts für das Kind, wenn dieses von dem Hund gebissen wird[29]. In dem Arztfall nimmt die überwiegende Meinung ein Unterlassen an („Unterlassen durch Tun") und ein positives Tun nur, wenn ein unbefugter Dritter eingreift[30]. Richtigerweise ist aber auch das Handeln des Arztes als Begehung anzusehen, da er ein Rettungswerk, das an sich selbsttätig weiterlaufen würde, abbricht[31]. Welche Chance des Gelingens diesem Rettungswerk zukommt, kann für die Abgrenzung von Tun und Unterlassen nicht maßgebend sein.

Einem fahrlässigen positiven Tun kann allerdings eine vorsätzliche Unterlassung nachfolgen (BGH 7, 287 [288]). Auch kann ein rechtmäßiges positives Tun von einer rechtswidrigen fahrlässigen Unterlassung begleitet sein (BGH 7, 268 [272]). Die bloße Anwesenheit eines Menschen an einem bestimmten Ort, die für einen deliktischen Erfolg kausal wird, ist als Unterlassen anzusehen, z. B. wenn der neutrale Zeuge eines Überfalls das Opfer dadurch einschüchtert, daß er diesem als Mittäter erscheint[32].

3. Rechtsprechung und Lehre orientieren sich in dieser Frage an unkontrollierbaren Formeln, die sich mehr oder weniger mit einem Appell an das Rechtsgefühl begnügen. Die überwiegende Meinung stellt auf den „Schwerpunkt des Täterverhaltens" ab[33]. *Eb. Schmidt* will den „sozialen Sinn" des Geschehens entscheiden lassen[34]. *Spendel*[35] und *Arthur Kaufmann*[36] sind der Meinung, daß ein Verhalten, welches sowohl Begehungs- als auch Unterlassungselemente enthält, „im Zweifel" als positives Tun zu betrachten sei. Gewiß wird man auch aufgrund solcher Kriterien in der Regel zum richtigen Ergebnis kommen, aber eine wirkliche Hilfe bieten sie nicht. Die Rechtsprechung zeigt deswegen in diesem Punkte eine Unsicherheit (vgl. BGH 6, 46 [59]; 8, 8 [10]; BGH NJW 1959, 1979; OLG Stuttgart FamRZ 1959, 74; OLG Karlsruhe GA 1980, 429), die um so bedenklicher ist, als es von der Entscheidung über positives Tun oder Unterlassen abhängt, ob eine Garantenpflicht gegeben sein muß (vgl. unten § 59 IV), ob ein

---

[28] Für Unterlassung zu Unrecht *Mezger*, Lehrbuch S. 116 Fußnote 21; *Eb. Schmidt*, Der Arzt im Strafrecht S. 79. Wie der Text aber *Blei*, Allg. Teil S. 311; *Baumann / Weber*, Allg. Teil S. 237; *Engisch*, Gallas-Festschrift S. 184ff.; *Maurach / Gössel / Zipf*, Allg. Teil II S. 141; *Schönke / Schröder / Stree*, Vorbem. 158 vor § 13; *Schmidhäuser*, Allg. Teil S. 700.

[29] Anders *Ranft*, JuS 1963, 342f.; *Arthur Kaufmann / Hassemer*, JuS 1964, 156. Wie der Text *Bockelmann / Volk*, Allg. Teil S. 135; *Roxin*, Engisch-Festschrift S. 387; *Schönke / Schröder / Stree*, Vorbem. 159 vor § 13.

[30] So *Armin Kaufmann*, Unterlassungsdelikte S. 107f.; *Engisch*, Gallas-Festschrift S. 177f.; *Roxin*, Engisch-Festschrift S. 395ff.; *Geilen*, FamRZ 1968, 125; *Welzel*, Lehrbuch S. 203f.; *Wessels*, Allg. Teil S. 213; *Schönke / Schröder / Stree*, Vorbem. 159a vor § 13; *Ulrike v. Dellingshausen*, Sterbehilfe S. 426ff., 468.

[31] So *Bockelmann*, Strafrecht des Arztes S. 112, 125 Fußnote 45; *Baumann / Weber*, Allg. Teil S. 239; *Blei*, Allg. Teil S. 312; *Samson*, Welzel-Festschrift S. 601; *Sax*, JZ 1975, 137ff.

[32] So zu Recht *Sieber*, JZ 1983, 434ff.

[33] So BGH 6, 46 (59); OLG Stuttgart FamRZ 1959, 74; *H. Mayer*, Lehrbuch S. 112; *Blei*, Allg. Teil S. 310; *Ranft*, JuS 1963, 340ff.; *Schönke / Schröder / Stree*, Vorbem. 159a vor § 13; *Wessels*, Allg. Teil S. 215.

[34] *Eb. Schmidt*, Der Arzt im Strafrecht S. 75ff., 160ff. Ebenso *LK*[9] *(Heimann-Trosien)* Einl. Rdn. 135; *Meyer-Bahlburg*, GA 1968, 49; *Geilen*, JZ 1968, 151; *Lenckner*, Med. Klinik 64 (1969) S. 1004f.

[35] *Spendel*, Eb. Schmidt-Festschrift S. 194.

[36] *Arthur Kaufmann*, Eb. Schmidt-Festschrift S. 212.

III. Die Unterscheidung von echten und unechten Unterlassungsdelikten

hypothetisches Kausalurteil ausreicht (vgl. unten § 59 III 4) und ob die Strafmilderungsmöglichkeit des § 13 II eingreift (vgl. unten § 58 V).

III. Die Unterscheidung von echten und unechten Unterlassungsdelikten

1. Die Unterlassungsverbrechen gliedern sich in zwei Gruppen: die **echten Unterlassungsverbrechen** (delicta omissiva) und die **unechten Unterlassungsverbrechen** (delicta commissiva per omissionem).

Die Unterscheidung geht auf *Luden*[37] zurück. Er erblickte das Wesen der echten Unterlassungsdelikte darin, daß sie lediglich in der Übertretung eines Gebots bestünden und nicht auf Verletzung fremder subjektiver Rechte gerichtet seien, während den „Verbrechen, welche durch Unterlassungshandlungen begangen werden", die Richtung auf eine Rechtsgutsverletzung eigen sei. Die „Unechtheit" der zweiten Gruppe liegt danach darin, daß der Täter sich hier nicht auf reine Unbotmäßigkeit beschränkt, sondern durch Untätigkeit einen Erfolg verwirklicht, der normalerweise durch ein positives Tun herbeigeführt wird. Die unechten Unterlassungsdelikte sind nach dieser Ansicht „eigentlich" Begehungsdelikte.

2. Heute ist die Frage, worin der Unterschied zwischen echten und unechten Unterlassungsdelikten besteht, umstritten. Richtigerweise wird man im Anschluß an die überlieferte Auffassung echte Unterlassungsdelikte als Straftaten anzusehen haben, die sich in der **Nichtvornahme einer vom Gesetz geforderten Handlung** erschöpfen (BGH 14, 280 [281])[38]. Zwar soll mit der geforderten Handlung auch letztlich ein von der Rechtsordnung negativ bewerteter Erfolg verhindert werden, doch macht der Gesetzgeber die Erfolgsabwendung dem Unterlassenden nicht zur Pflicht und den Eintritt eines bestimmten Erfolgs deswegen auch nicht zum Tatbestandsmerkmal. Die echten Unterlassungsdelikte sind darum das Gegenstück zu den reinen Tätigkeitsdelikten (vgl. oben § 26 II 1 b).

Beispiele: § 138 macht jedem, der von dem Vorhaben eines bestimmten schweren Verbrechens glaubhaft erfährt, die rechtzeitige Anzeige an die Behörde oder den Bedrohten zur Pflicht, ohne von ihm die *Verhinderung* der Tat zu verlangen. Bei einem Unfall muß jedermann nach § 323c die ihm zumutbare bestmögliche Hilfe leisten (BGH 21, 50 [54]) ohne Rücksicht darauf, ob dadurch der „Erfolg" (z. B. der Tod des Verunglückten) abgewendet werden kann oder nicht (BGH 17, 166 [172]). So kann die Hilfeleistung allein in einer seelischen Unterstützung bestehen, wenn diese geeignet ist, den Selbsterhaltungswillen des Verunglückten zu stärken (OLG Stuttgart MDR 1964, 1024).

Bei den *unechten* Unterlassungsdelikten wird dem „Garanten" dagegen eine **Pflicht zur Erfolgsabwendung** auferlegt. Der Eintritt des Erfolges gehört zum Tatbestand, der Garant, der seine Erfolgsabwendungspflicht verletzt, wird mit der strafrechtlichen Verantwortlichkeit für den tatbestandsmäßigen Erfolg belastet. Die unechten Unterlassungsdelikte sind darum das Gegenstück zu den Erfolgsdelikten (vgl. oben § 26 II 1 a).

---

[37] *Luden*, Abhandlungen Bd. II S. 219 ff.
[38] Wie hier *Blei*, Allg. Teil S. 313; *Bockelmann / Volk*, Allg. Teil S. 133; *Böhm*, JuS 1961, 178; *Gallas*, Deutsche Landesreferate S. 349; *Georgakis*, Hilfspflicht und Erfolgsabwendungspflicht S. 15 f.; *LK*[9] *(Heimann-Trosien)* Einl. Rdn. 143; *Meister*, MDR 1953, 658; *M. E. Mayer*, Lehrbuch S. 190; *Kienapfel*, Strafr. Probleme 2 S. 79 f.; *Vogt*, ZStW 63 (1951) S. 404; *Wessels*, Allg. Teil S. 213; *SK (Rudolphi)* Vorbem. 10 vor § 13; *Schöne*, Unterlassene Erfolgsabwendungen S. 56 ff., 115 ff. Im gleichen Sinne sind § 13 und § 12 AE abgefaßt. Vgl. auch *Jescheck / Goldmann*, ZStW 77 (1965) S. 121 f. Zur Dogmatik der echten Unterlassungsdelikte *Welzel*, NJW 1953, 327 ff. Vgl. auch *Cadoppi*, La distinzione S. 89, der den Unterschied in der Förderung eines sozialen Nutzens bzw. in der Verhinderung eines sozialen Schadens sieht.

Beispiele: Der zuständige Polizeibeamte, der von dem Bevorstehen eines bestimmten schweren Verbrechens glaubhaft Kenntnis erhält, muß die Tat notfalls unter Einsatz seines Lebens verhindern; sonst macht er sich wegen Beihilfe zu dem begangenen Verbrechen strafbar. Der Kraftfahrer, der einen Unfall verursacht hat, muß den Verunglückten ärztlich versorgen lassen; sonst kann er wegen vorsätzlicher Tötung verantwortlich gemacht werden (BGH 7, 287 [288]).

Die Gegenargumente, die sich auf Entscheidungen aus der Praxis stützen, sind nicht durchschlagend. Bei der durch Unterlassung begangenen Begünstigung (§ 257)[39] muß die objektive Eignung der erwarteten Handlung festgestellt werden, dem Vortäter die Vorteile der Tat zu entziehen[40]. Durch die Unterlassung muß also wenigstens die konkrete Gefahr einer Besserstellung des Vortäters nicht abgewendet worden sein. Der Mißbrauch von Kindern durch Dulden unzüchtiger Handlungen (RG 10, 158 [160]; BGH 5, 147 [149])[41] ist kein unechtes, sondern ein echtes Unterlassungsdelikt. Bei der „Beleidigung durch Unterlassen" handelt es sich entweder um echte Unterlassungsdelikte (die durch § 185 mit umfaßt werden) oder nicht um Beleidigung[42]. In den Hehlereifällen (RG 52, 204; OLG Celle HESt 1, 110) besteht der Erfolg wie auch sonst bei der Teilnahme durch Unterlassen in der Unterstützung der Haupttat[43].

Sachlich zutreffender als die Bezeichnung „echtes" und „unechtes" Unterlassungsdelikt wäre deshalb die Bezeichnung *„einfaches"* und *„qualifiziertes"* Unterlassungsdelikt[44]. Doch ist der herkömmliche Sprachgebrauch so eingebürgert, daß man davon nicht abgehen sollte, obwohl an der ursprünglichen Begründung, daß die unechten Unterlassungsdelikte „eigentlich" Begehungsdelikte seien, heute nicht mehr festgehalten werden kann[45].

3. Nach der Gegenmeinung sollen echte und unechte Unterlassungsdelikte nur durch ein äußerlich-formales Kriterium zu unterscheiden sein. Die echten Unterlassungsdelikte haben danach ihre Regelung **im Gesetz** gefunden, die unechten sind dagegen **außerhalb des Gesetzes** durch Rechtsprechung und Lehre geschaffen worden[46]. Dem ist entgegenzuhalten, daß dadurch der sachliche Unterschied zwischen echten und unechten Unterlassungsdelikten eingeebnet und die Erkenntnis preisgegeben wird, daß es im Gesetz selbst unechte Unterlassungsdelikte gibt, die anders zu behandeln sind als die echten (vgl. unten § 58 III 4).

Auch nach der Art der verletzten Norm (Gebots- oder Verbotsnorm) läßt sich die Unterscheidung von echten und unechten Unterlassungsdelikten nicht durchführen[47],

---

[39] Hierauf stützt sich die Gegenansicht von *R. Schmitt*, JZ 1959, 432.

[40] Entsprechend wird für die Begünstigung durch positives Tun die objektive Eignung der Handlung verlangt, den Vortäter günstiger zu stellen; vgl. *Lackner*, § 257 Anm. 3; *Maurach / Schroeder*, Bes. Teil II S. 330 und (für § 257 a. F.) RG 36, 76 (77); 58, 13 (15); 76, 122 (123); BGH 4, 221 (225); BGH NJW 1971, 526; *Kohlrausch / Lange*, § 257 Anm. IV.

[41] Auf diese und die nachfolgenden Fälle verweist *Meyer-Bahlburg*, MSchrKrim 1965, 247.

[42] Vgl. *Hirsch*, Ehre und Beleidigung S. 238 ff.

[43] Vgl. dazu *Bockelmann*, Untersuchungen S. 126; *Androulakis*, Unechte Unterlassungsdelikte S. 164.

[44] So *Drost*, GS 190 (1937) S. 7 f.; ähnlich früher schon *Landsberg*, Commissivdelikte durch Unterlassung S. 181 f., der „reines" und „folgeweises" Unterlassungsdelikt unterschied. Für „primäres" und „sekundäres" Unterlassungsdelikt *Jakobs*, Allg. Teil S. 640, 642.

[45] Gegen die übliche Terminologie nachdrücklich *Schmidhäuser*, Allg. Teil S. 658, der ebenso wie der Text zwischen „erfolgsfreiem und erfolgsbezogenem" Unterlassen unterscheidet.

[46] So *Armin Kaufmann*, Unterlassungsdelikte S. 206 ff., 275 ff.; *derselbe*, JuS 1961, 174; *Maurach / Gössel / Zipf*, Allg. Teil II S. 143; *Schönke / Schröder / Stree*, Vorbem. 137 vor § 13; *R. Schmitt*, JZ 1959, 432; *Welzel*, Lehrbuch S. 202 f. *Stratenwerth*, Allg. Teil I Rdn. 987 hält das ganze für eine Frage der Zweckmäßigkeit.

[47] So aber *Baumann / Weber*, Allg. Teil S. 197 f.; *v. Hippel*, Bd. II S. 153 f.; *v. Liszt / Schmidt*, S. 173.

IV. Garantiefunktion bei nicht geregelten unechten Unterlassungsdelikten

denn auch bei den letzteren verstößt der die erwartete Handlung unterlassende Garant allein gegen ein Handlungsgebot, nicht zugleich gegen das Verbot der Erfolgsverursachung. Ebenso kann die Frage, ob eine Garantenpflichtverletzung erforderlich ist oder nicht, das Unterscheidungsmerkmal nicht darstellen[48], denn gesucht wird gerade die Antwort auf die Frage, *wann* und *warum* zur Strafbarkeit des Unterlassens die Garantenstellung als zusätzliches Tatbestandsmerkmal gefordert wird. Endlich bringt auch der „sachlogische" Gesichtspunkt, daß nach der Begehungsgleichheit oder -ungleichheit abzugrenzen sei[49], keine Lösung, weil auch das unechte Unterlassungsdelikt nicht der Begehung durch positives Tun gleichsteht.

4. Das StGB enthält eine Reihe von *echten Unterlassungsdelikten*. Zu nennen sind insbesondere das Sich-nicht-Entfernen beim Hausfriedensbruch (§ 123 zweite Alternative), die unterlassene Verbrechensanzeige (§ 138), mehrere Sexualdelikte (§ 174 ff. durch das Merkmal „oder an sich vornehmen läßt"), die Nichtermöglichung nachträglicher Feststellungen nach Entfernung vom Unfallort (§ 142 II), der Subventions- (§ 264 I Nr. 2) und Kreditbetrug (§ 265 b I Nr. 2), der Kapitalanlagebetrug durch Verschweigen nachteiliger Tatsachen (§ 264a I), der Bankrott (§ 283 I Nr. 5, 7b), die Verletzung der Buchführungspflicht (§ 283b I Nr. 2, 3b), die unterlassene Hilfeleistung (§ 323c). Auch in anderen Gesetzen finden sich echte Unterlassungsdelikte, so die Gehorsamsverweigerung in § 20 I Nr. 2 WStG, die Unterlassung der Stellung des Konkursantrags in § 84 GmbHGes., die Pflichtverletzung von Vorstandsmitgliedern in § 401 AktG. Bei einzelnen Tätigkeitsdelikten ist die Rechtsprechung ferner durch Auslegung zu dem Ergebnis gekommen, daß der Tatbestand auch durch ein bloßes Untätigbleiben erfüllt werden kann, so bei der Rechtsbeugung (§ 336) (BGH 10, 294 [298]).

Das StGB kennt ferner eine Reihe von *unechten Unterlassungsdelikten*. Hier hat der Gesetzgeber selbst bestimmt, daß und unter welchen Bedingungen die Nichtabwendung des tatbestandsmäßigen Erfolgs der Herbeiführung des Erfolgs durch positives Tun gleichgestellt wird. Zu nennen sind die Selbstverstümmelung (§ 109 zweite Handlungsform), die Gesundheitsschädigung Abhängiger durch Vernachlässigung der Sorgepflicht (§ 223b dritte Handlungsform), die Gefährdung des Straßenverkehrs durch Nichtkennzeichnung von liegengebliebenen Fahrzeugen (§ 315c I Nr. 2g), das Begehenlassen einer Körperverletzung im Amt (§ 340), das Geschehenlassen von Amtsdelikten (§ 357). Daneben gibt es unechte Unterlassungsdelikte, die keine Entsprechung in einem Begehungsdelikt haben, wie die Verletzung der Fürsorge- oder Erziehungspflicht gegenüber Personen unter 16 Jahren (§ 170d). Unechte Unterlassungsdelikte sind auch in anderen Gesetzen anzutreffen, so im WStG der Ungehorsam (§ 19), die leichtfertige Nichtbefolgung eines Befehls (§ 21), das Dulden einer Mißhandlung oder entwürdigenden Behandlung Untergebener (§§ 30 II, 31 II), die mangelhafte Dienstaufsicht (§ 41), in § 370 I Nr. 2, 3 AO 1977 die Verkürzung von Steuereinnahmen (BGH 23, 319 [322]). Noch größere Bedeutung haben jedoch die im Gesetz nicht geregelten Fälle, in denen die Praxis die Nichtabwendung des tatbestandsmäßigen Erfolgs nach der Strafbestimmung des entsprechenden Begehungsdelikts bestraft.

IV. Die Garantiefunktion des Strafgesetzes bei den gesetzlich nicht geregelten unechten Unterlassungsdelikten

1. Beim unechten Unterlassungsdelikt wird der tatbestandsmäßige Erfolg dem Garanten, der dessen Eintritt nicht abgewendet hat, ebenso zur Last gelegt, wie wenn er ihn durch positives Tun herbeigeführt hätte. In den eben genannten Strafvorschriften hat der Gesetzgeber die Nichtabwendung des Erfolgs der Verursachung durch aktives Handeln ausdrücklich gleichgestellt. Es gibt ferner einige Tatbestände von Erfolgsdelikten, die *ihrem Wortlaut nach* nicht bloß auf ein positives Tun, sondern auch auf ein Unterlassen anzuwenden sind, wie z. B. die Kindestötung (§ 217), wenn

---

[48] So aber *J. Schwarz*, Echte und unechte Unterlassungsdelikte S. 104. Mit Recht weist *Meyer-Bahlburg*, GA 1966, 204 ff. darauf hin, daß auch bei den echten Unterlassungsdelikten Garantenmerkmale zu finden sind.

[49] So *Schünemann*, ZStW 96 (1984) S. 302f.

die Mutter ihr neugeborenes uneheliches Kind dadurch umbringt, daß sie es nicht versorgt, oder die Untreue in der Form des Treubruchstatbestandes, wenn es z. B. der Sorgepflichtige unterläßt, eine Steuerrückvergütung zu beantragen (§ 266 zweite Alternative), oder das Bewirken einer Falschbeurkundung (§ 271), wenn der Täter sie entgegen einer Rechtspflicht geschehen läßt. Solche Tatbestände sind jedoch Ausnahmen. In der Regel beschreiben die Strafvorschriften nur die Verursachung des Erfolgs durch aktives Handeln, nicht auch die Nichthinderung durch Unterlassen eines erwarteten Tuns. Der **Wortlaut der Begehungsdelikte** mußte deswegen bei der Anwendung auf Fälle pflichtwidrigen Unterlassens früher in dreifacher Weise **modifiziert** werden: Einmal wurde vorausgesetzt, daß Begehungstatbestände *überhaupt* durch Nichthinderung des Erfolgs erfüllt werden können; zweitens mußte, da nicht jedermann Täter eines unechten Unterlassungsdelikts sein kann, durch einschränkende Merkmale festgelegt werden, welches der Kreis der *Garanten* ist, die als Täter in Betracht kommen; endlich bedurfte es der Annahme, daß für die objektive Zurechnung ein *hypothetischer Kausalzusammenhang* ausreicht.

2. Die danach notwendige Anpassung der Erfolgsdelikte, die ein positives Tun voraussetzen, an die Besonderheiten der Nichtabwendung des tatbestandsmäßigen Erfolgs wurde im Wege **richterlicher Tatbestandsergänzung** vorgenommen (BGH 16, 155 [158])[50]. Die Frage der Vereinbarkeit dieses Vorgehens mit der Garantiefunktion des Strafgesetzes (Art. 103 II GG) stellte sich dabei unter zwei Gesichtspunkten[51]. Einmal war zweifelhaft, ob im Gesetz nicht geregelte unechte Unterlassungsdelikte überhaupt anerkannt werden können und ob die wirkliche Kausalität des positiven Tuns durch die hypothetische Kausalität des Unterlassens ersetzt werden darf (Frage der Vereinbarkeit mit dem *Analogieverbot*, vgl. oben § 15 III 2 a). Zum andern wurde eingewendet, daß die Abgrenzung des Täterkreises durch die von der Rechtsprechung verwendeten Garantenmerkmale nicht in so eindeutiger Weise vorgenommen werden könne, daß die Grenze des gesetzlichen Tatbestandes klar erkennbar bleibt (Frage der Vereinbarkeit mit dem *Bestimmtheitsgebot*, vgl. oben § 15 III 3). Während in der Rechtsprechung die Vereinbarkeit der im Gesetz nicht geregelten unechten Unterlassungsdelikte mit dem Gesetzlichkeitsprinzip nie in Zweifel gezogen wurde (so schon RG 10, 100 [101]), hat die Wissenschaft die hier offensichtlich bestehenden Spannungen stark empfunden (vgl. dazu 2. Auflage S. 461 ff.). Im Ergebnis wurde die Anerkennung unechter Unterlassungsdelikte von der h. L. als gewohnheitsrechtlich zulässige Auslegung der Tatbestände der entsprechenden Begehungsdelikte verstanden[52].

3. Der doppelte Zweifel an der Vereinbarkeit des im Gesetz nicht geregelten unechten Unterlassungsdelikts mit dem **Gesetzlichkeitsprinzip** sollte bei der Strafrechtsreform von 1975 durch den neuen § 13 beseitigt werden (vgl. BT-Drucksache V/ 4095 S. 8)[53]. Außerdem sollten der Rechtsprechung wenigstens Hinweise für die den Vorstellungen des Gesetzgebers entsprechende Handhabung der Voraussetzungen des unechten Unterlassungsdelikts gegeben werden[54]. Beide Ziele sind auch bis zu

---

[50] Vgl. *Nagler*, GS 111 (1938) S. 51 ff.; *Gallas*, JZ 1952, 373; *Kohlrausch / Lange*, System. Vorbem. II B II 3; *LK*[8] (*Mezger*) Einl. S. 34; *Eb. Schmidt*, Der Arzt im Strafrecht S. 80; *Schaffstein*, Göttinger Festschrift S. 202; *Welzel*, Lehrbuch S. 209.

[51] Kritisch insbes. *H. Mayer*, Materialien Bd. I S. 277; *derselbe*, Grundriß S. 80; *Grünwald*, ZStW 70 (1958) S. 418; *Stratenwerth*, Allg. Teil I Rdn. 988; *Schöne*, Unterlassene Erfolgsabwendungen S. 277 ff. Anders – allerdings aufgrund einer „korrigierten Interpretation des Art. 103 II GG" – *Nickel*, Die Problematik der unechten Unterlassungsdelikte S. 179 ff.

[52] Vgl. z. B. *Baumann*, Allg. Teil, 5. Aufl. S. 230; *Böhm*, JuS 1961, 179; *Engisch*, JZ 1962, 192; *Gallas*, ZStW 80 (1968) S. 20; *Meyer-Bahlburg*, Unterlassungsdelikte S. 151 ff.; *Schönke / Schröder*, 17. Aufl. Vorbem. 100 a zum Allg. Teil.

[53] Vgl. *Baumann / Weber*, Allg. Teil S. 242; *Dreher / Tröndle*, § 13 Rdn. 1; *Jescheck*, SchwZStr 91 (1975) S. 23; *Preisendanz*, § 13 Anm. I; *Lackner*, § 13 Anm. 1; *Schönke / Schröder / Stree*, § 13 Rdn. 5; *Roxin*, Einführung S. 2; *SK* (*Rudolphi*) § 13 Rdn. 1 ff.; *WK* (*Nowakowski*) Vorbem. 2 vor § 2.

[54] Vgl. E 1962 Begründung S. 124; *Schwalm*, Niederschriften Bd. XII S. 76.

IV. Garantiefunktion bei nicht geregelten unechten Unterlassungsdelikten 551

einem gewissen Grade erreicht worden. Bedenken hinsichtlich des **Analogieverbots** sind nicht mehr begründet[55], denn der Gesetzgeber hat in § 13 ausdrücklich erklärt, daß nach dem Strafgesetzbuch als Täter auch verantwortlich sein soll, wer den zum Tatbestand gehörenden Erfolg entgegen einer Rechtspflicht nicht abwendet. Damit ist zugleich anerkannt, daß für die Kausalitätsfeststellung ein Urteil über den hypothetischen Kausalverlauf ausreicht, welches immer nur ein Wahrscheinlichkeitsurteil sein kann[56].

4. Dagegen ist durch § 13 dem **Bestimmtheitsgebot** noch nicht in vollem Umfang Genüge getan[57], obwohl immerhin klargestellt wurde, daß die das Erfolgsabwendungsgebot auslösende Handlungspflicht eine *rechtliche* (nicht bloß sittliche) Pflicht sein muß und daß bei den Erfolgsdelikten mit besonderen Handlungsmerkmalen zusätzlich zu prüfen ist, ob das Unterlassen der Verwirklichung des gesetzlichen Tatbestands durch ein Tun entspricht. Was zur Erfüllung des Bestimmtheitsgebots noch fehlt, ist einmal die nähere Umschreibung der Garantenstellungen, aus denen sich die Erfolgsabwendungspflicht herleitet, zum anderen die Kennzeichnung der Umstände, auf die die Gleichwertigkeitsprüfung zu beziehen ist. Nach beiden Richtungen erlaubt jedoch der Stand der Dogmatik im gegenwärtigen Zeitpunkt noch keine abschließende Festlegung im Allgemeinen Teil[58], und mehr als eine in ihrer Struktur eindeutige Generalklausel wird man deswegen vom Gesetzgeber nicht verlangen dürfen. Immerhin ergeben die gesetzlich geregelten unechten Unterlassungsdelikte (vgl. oben § 58 III 4) Anhaltspunkte dafür, nach welchen Grundsätzen das Garantenproblem in den nicht geregelten Fällen zu lösen ist. Man wird sich deshalb mit dem Bestimmtheitsgrad der von Rechtsprechung und Lehre herausgearbeiteten Garantenmerkmale vorläufig begnügen müssen, weil die Rechtssicherheit auf diesem Wege immer noch am besten gewährleistet wird (vgl. unten § 59 IV). Auch die Abschwä-

---

[55] Ebenso *Bockelmann / Volk*, Allg. Teil S. 137; *Dreher / Tröndle*, § 13 Rdn. 3; *Roxin*, Einführung S. 2f.; *SK (Rudolphi)* § 13 Rdn. 3; *Schönke / Schröder / Stree*, § 13 Rdn. 5. Zu Unrecht hält *Otto*, Grundkurs S. 134 den § 13 für „sinnlos".

[56] Legitimiert wird § 13 durch die legislative Tradition, die auch im ausländischen Recht anzutreffen ist. Handlung und Unterlassung werden in der Gesetzgebung seit Beginn des 19. Jahrhunderts vielfach gleichgestellt; vgl. z. B. das Kriminalgesetzbuch für Holland von 1809, Art. 97 und das Braunschweigische StGB von 1840, § 4. Im Entwurf des preuß. StGB von 1851 wurde die Gleichstellungsvorschrift nur infolge eines Mißverständnisses gestrichen, und in das RStGB von 1871 wurde eine solche Bestimmung allein deswegen nicht übernommen, weil man die Anwendbarkeit der Begehungstatbestände auf die pflichtwidrig unterlassene Erfolgsabwendung in Übereinstimmung mit Rechtsprechung und Lehre für selbstverständlich hielt; vgl. dazu *Clemens*, Unterlassungsdelikte S. 17ff., 34ff.; *Binding*, Der Entwurf S. 42f. Vgl. im ausländischen Recht § 2 österr. StGB; Art. 40 II italienischer C. p. von 1930; Sect. 2.01 IIIb Model Penal Code der USA von 1962; Art. 10 schweiz. Vorentwurf 1987. Auch das StGB der DDR enthält in § 1 I eine Gleichstellungsvorschrift; vgl. dazu *Lekschas / Renneberg*, Lehrbuch S. 232ff., 251ff.

[57] Ebenso *Eser*, Strafrecht II Nr. 26 A Rdn. 9; *Jescheck*, SchwZStr 91 (1975) S. 24; *Lackner*, § 13 Anm. 7; *Roxin*, Einführung S. 3; *Schönke / Schröder / Stree*, § 13 Rdn. 6; *Stratenwerth*, Allg. Teil I Rdn. 988; *Fünfsinn*, Aufbau S. 20f. Positiver äußern sich *SK (Rudolphi)* § 13 Rdn. 3 und *Jakobs*, Allg. Teil S. 647ff. Zum Bestimmtheitsgebot allgemein BVerfGE 26, 41 (43) (zu § 360 I Nr. 11 a. F. StGB).

[58] Vgl. ausdrücklich BT-Drucksache V/4095 S. 8. Die Regelungsversuche für die Garantenstellung waren bisher sämtlich unbefriedigend. Das gilt sowohl für die Verweisung des Problems in den Besonderen Teil (so *Grünwald*, ZStW 70 [1958] S. 425ff.; *Busch*, v. Weber-Festschrift S. 192ff.; *Schöne*, Unterlassene Erfolgsabwendungen S. 243ff.; dagegen *Meyer-Bahlburg*, MSchrKrim 1965, 252) als auch für eine konkretere Regelung im Allgemeinen Teil (so § 12 AE; skeptisch dessen Verfasser letztlich selbst [S. 203]; vgl. dazu *Herzberg*, Die Unterlassung S. 362) wie auch endlich für die unergiebige Kurzformel von *Schünemann*, Grund und Grenzen S. 380.

chung des Kausalitätserfordernisses läßt sich vom Bestimmtheitsgebot her nicht beanstanden, da mehr als ein Wahrscheinlichkeitsurteil beim Unterlassen einer Erfolgsabwendung ohnehin nicht denkbar ist[59] und die „an Sicherheit grenzende Wahrscheinlichkeit" den höchsten Grad der Gewißheit darstellt, der menschlichem Erkenntnisvermögen bei hypothetischen Urteilen überhaupt erreichbar ist (vgl. unten § 59 III 4). Auch in manchen Fällen des positiven Tuns, so bei der Verhinderung einer Rettungshandlung, kommt es darauf an, ob diese mit an Sicherheit grenzender Wahrscheinlichkeit zur Abwendung des Erfolgs geführt hätte. Allein bei der Gleichstellungsklausel wäre die Klarstellung möglich, angebracht und zu verlangen gewesen, worauf sich die Prüfung der Entsprechung von Unterlassung und positivem Tun eigentlich bezieht (vgl. dazu unten § 59 V)[60].

V. Fakultative Strafmilderung bei unechten Unterlassungsdelikten

1. Entsprechend einer verbreiteten Forderung des Schrifttums (vgl. 2. Auflage S. 463 Fußnote 58) hat der Gesetzgeber für unechte Unterlassungsdelikte in § 13 II eine fakultative Strafmilderung vorgesehen. Sie besteht wie beim Versuch (§ 23 II) darin, daß der gemilderte Strafrahmen des § 49 I an die Stelle des Normalstrafrahmens treten kann. Die Milderungsmöglichkeit beruht darauf, daß **regelmäßig der Schuldgehalt** des Unterlassens geringer ist als der des positiven Tuns, da mehr verbrecherische Energie dazu gehört, den Verbrechensentschluß durch aktive Handlung in die Tat umzusetzen, als entgegen einer Garantenpflicht zur Erfolgsabwendung einem Geschehensablauf untätig zuzusehen, der sich auf einen tatbestandsmäßigen Erfolg zubewegt[61]. Dies gilt im Prinzip ebenso für reine Verursachungs- wie für Erfolgsdelikte mit besonderen Handlungsmerkmalen. **Ausnahmsweise** kann auch der **Unrechtsgehalt** des unechten Unterlassungsdelikts geringer sein als der des entsprechenden Begehungsdelikts, obwohl § 13 an sich auf der vollen Gleichstellung im Handlungs- und Erfolgsunrecht beruht[62]. Trotz Garantenpflichtverletzung kann nämlich beim Erfolgsdelikt das „Handlungsunrecht" des Unterlassungsdelikts weniger Gewicht haben als beim entsprechenden Begehungsdelikt (das Handlungsunrecht ist größer, wenn der Ehemann die Frau mit Tötungsabsicht ins Wasser stößt, als wenn er sie nur nicht rettet), und auch beim Erfolgsdelikt mit besonderer Handlungsbeschreibung bedarf es für das Handlungsunrecht im Rahmen der Gleichstellungsklausel nur einer „Entsprechung", aber keiner vollen Gleichheit[63].

2. Mit Recht ist in § 13 II nur eine **fakultative** Strafmilderung vorgesehen, weil in vielen Fällen der unechten Unterlassungsdelikte weder der Unrechts- noch der Schuldgehalt geringer ist als bei den entsprechenden Begehungsdelikten[64]. Das gilt für Vorsatz- wie für Fahrlässigkeitstaten.

---

[59] Vgl. *Bockelmann / Volk*, Allg. Teil S. 68, 136.

[60] Vgl. *Jescheck*, SchwZStr 91 (1975) S. 24f.

[61] Vgl. *Dreher / Tröndle*, § 13 Rdn. 20; *Armin Kaufmann*, Unterlassungsdelikte S. 300ff.; *Lackner*, § 13 Anm. 5a; *Preisendanz*, § 13 Anm. IX; *Roxin*, Einführung S. 8ff.; *Schönke / Schröder / Stree*, § 13 Rdn. 64; *SK (Rudolphi)* § 13 Rdn. 65; *Schmidhäuser*, Allg. Teil S. 659. Zweifelnd *Jakobs*, Allg. Teil S. 706f. Kritisch zur Berechtigung der Strafmilderung überhaupt *Timpe*, Strafmilderungen S. 161ff.

[62] Vgl. dazu *Herzberg*, Die Unterlassung S. 7ff.

[63] Auf dem Gedanken, die Strafmilderungsmöglichkeit nach § 13 II zu legitimieren, beruht nach BT-Drucksache V/4095 S. 8 die Fassung der Entsprechungsklausel, während E 1962 § 13 noch „Gleichwertigkeit" verlangt und deshalb die Milderungsmöglichkeit ausgeschlossen hatte (vgl. Begründung S. 126).

[64] *Roxin*, Einführung S. 9 weist mit Recht darauf hin, daß Strafmilderung dann nicht in Betracht kommen wird, wenn vom Unterlassungstäter nur eine Tätigkeit verlangt wird, die „in

Beispiele: Die Mutter läßt ihre Kinder in der verschlossenen ungeheizten Wohnung unversorgt zurück, wo das jüngste stirbt, während die anderen schwere Gesundheitsschäden davontragen (BGH 21, 44; die besonders ungünstige soziale Lage der Mutter kann aber, obwohl die Versorgung der Kinder natürlich das „Normale" ist, die Strafmilderung nach § 13 II rechtfertigen; BGH JR 1982, 464 m. zust. Anm. *Bruns*). Der Weichensteller läßt den heranbrausenden D-Zug versehentlich in die falsch stehende Weiche einfahren, so daß er mit einem entgegenkommenden Personenzug zusammenstößt.

3. Entsprechend der Straffestsetzung beim Versuch (vgl. oben § 49 V 2) hat der Richter beim unechten Unterlassungsdelikt **zwei Strafzumessungsentscheidungen** zu treffen[65]. Einmal ist nach § 13 II zu prüfen, ob die Strafmilderungsmöglichkeit dem Urteil überhaupt zugrunde gelegt werden darf. Hierbei ist allein zu fragen, ob der Unrechts- und Schuldgehalt der Tat in ihrer Eigenschaft *als Unterlassung* eine mildere Beurteilung verdient (BGH JR 1982, 465: „unterlassungsbezogene Umstände"). Wird von dem milderen Strafrahmen des § 49 I zugunsten des Unterlassungstäters Gebrauch gemacht, so sind in diesen Grenzen alle anderen Strafzumessungstatsachen (aber nicht mehr die unterlassungsbezogenen) zu berücksichtigen.

4. Die **Strafmilderung** nach § 13 II **gilt nicht** für echte Unterlassungsdelikte, auch nicht für diejenigen Tätigkeitsdelikte, die durch Unterlassung begangen werden können (z. B. §§ 153, 154, 163, 266, 336). Ferner scheidet § 13 II bei denjenigen unechten Unterlassungsdelikten aus, die im StGB oder in anderen Gesetzen vollständig geregelt sind, weil der Gesetzgeber für diese Fälle den Strafrahmen bereits abschließend festgelegt hat (vgl. oben § 58 III 4)[66].

VI. Ausländisches Recht

Das *ausländische Recht*[67] weist im Aufbau der unechten Unterlassungsdelikte vielfach ähnliche Strukturen auf wie das deutsche, jedoch besteht dort die Tendenz, den Kreis der Garantenpflichten enger zu begrenzen und teilweise auch nur besonders wichtigen Rechtsgütern, insbesondere Leib und Leben, strafrechtlichen Schutz gegen Pflichtverletzungen durch Unterlassen zu gewähren (so vor allem das *amerikanische* Recht). Das neue *österreichische* StGB enthält in § 2 eine Vorschrift über „Begehung durch Unterlassung", die dem § 13 nachgebildet ist, aber die strenge Gleichwertigkeitsklausel des E 1962 beibehält[68]. Das *schweizerische* Recht kennt keine dem § 13 entsprechende Vorschrift, behandelt die Probleme jedoch ebenso wie das deutsche[69] (BGE 74 [1948] IV 166, E. 1; 96 [1970] IV 174 [Fall Bührli]); anders aber Vorentwurf 1987 Art. 10, der die Garantenpflichten auf Gesetz, freiwillige Übernahme und vorausgegangene Gefahrschaffung beschränkt. Eine Sonderstellung haben *Frankreich* und *Belgien,* weil die Unterlassung hier nur in den gesetzlich geregelten Fällen bestraft wird (Cour de Poitiers 20. 11. 1901, D. P. 1902, II, S. 81)[70]. Die dadurch bedingte Strafbarkeitslücke wird durch Umdeutung vorsätzlicher Unterlassungsdelikte in fahrlässige Begehungsdelikte und durch weitgefaßte echte Unterlassungstatbestände größtenteils geschlossen. Ein Gewinn an rechtsstaatlicher Sicherheit

---

den normalen Regelablauf des Lebens von vornherein eingeplant ist" (dazu aber einschränkend BGH JR 1982, 464). Vgl. auch *Metzen,* Problematik und Funktion S. 166 ff.

[65] Vgl. *SK (Rudolphi)* § 13 Rdn. 66; *Bruns,* JR 1982, 466.

[66] Vgl. *Lackner,* § 13 Anm. 5 c; *SK (Rudolphi)* § 13 Rdn. 4 f. Anders *Maurach / Gössel / Zipf,* Allg. Teil II S. 180; *Schünemann,* ZStW 96 (1984) S. 317.

[67] Vgl. dazu näher *Jescheck / Goldmann,* ZStW 77 (1965) S. 109 ff., ferner Rev int dr pén 1984, 473 mit den Landesberichten und dem Generalbericht von *Novoa Monreal* zum Thema „Infractions d'omission" des XIII. Internationalen Strafrechtskongresses. Zum jugoslawischen Recht *Separović,* ZStW 77 (1965) S. 149 ff.

[68] Zur Auslegung vgl. *WK (Nowakowski)* § 2 Rdn. 1 ff.; *Kienapfel,* Strafr. Probleme 2 S. 77 ff.; derselbe, JBl 1975, 13, 80; derselbe, ÖJZ 1976, 197.

[69] Vgl. *Schultz,* Einführung I S. 127 f., 140 f.; *Stratenwerth,* Schweiz. Strafrecht Allg. Teil I S. 370 ff.

[70] Vgl. *Grasso,* Il reato omissivo improprio S. 66 ff.

ist damit jedoch nicht verbunden, vielmehr zeigt die übermäßige Ausdehnung der Hilfeleistungspflicht nach Art. 63 II franz. C. p. die Nachteile einer solchen Regelung[71]. In *Spanien* bestehen gegen die Zulassung im Gesetz nicht vorgesehener unechter Unterlassungsdelikte zwar ebenfalls wegen des Legalitätsprinzips gewisse Bedenken, die Lehre weist aber etwa denselben Stand wie die deutsche auf[72]. Dasselbe gilt für die *italienische* Lehre auf der Grundlage der Gleichstellung von Handlung und Unterlassung in Art. 40 II C. p., doch fehlt ebenso wie im spanischen Recht eine ausgebildete Theorie der Garantenpflichten[73]. Die *niederländische* Lehre unterscheidet wie die deutsche zwischen „eigenlijke" und „oneigenlijke omissiedelikten", hat aber noch keine Begründung der Garantenpflichten entwickelt, sondern behandelt das ganze als Kausalitätsproblem[74]. Auch das *englische* Recht kennt strafrechtliche Verantwortlichkeit für das Unterlassen, wenn eine Pflicht zum Handeln besteht; das Hauptproblem liegt in der Abgrenzung der Handlungspflichten[75]. Über eine viel stärker entwickelte Pflichtenlehre verfügt das *amerikanische* Recht[76]. Das *brasilianische* Recht enthält in Art. 13 § 2 eine Regelung des unechten Unterlassungsdelikts mit Angabe der Garantenstellungen[77]. Im StGB der *DDR* sind Handlung und Unterlassung gleichgestellt (§ 1 I), doch fehlt es an einer näheren Regelung. § 9 StGB DDR enthält eine Definition des Begriffs der Pflichten, die als Erfolgsabwendungpflichten verstanden werden[78] und damit auch die Grundlage für unechte Unterlassungsdelikte bilden.

§ 59 Der Tatbestand des Unterlassungsverbrechens

Aldosser, Inwiefern können durch Unterlassungen strafbare Handlungen begangen werden? 1882; *Bärwinkel*, Die Struktur der Garantieverhältnisse bei den unechten Unterlassungsdelikten, 1968; *Blei*, Garantenpflichtbegründung beim unechten Unterlassen, Festschrift für H. Mayer, 1966, S. 119; *Bockelmann*, Betrug verübt durch Schweigen, Festschrift für Eb. Schmidt, 1961, S. 437; *Brammsen,* Die Entstehungsvoraussetzungen der Garantenpflichten, 1986; *Bringewat,* Der Notwehrer als Garant aus vorangegangenem Tun, MDR 1971, 716; *v. Buri*, Über die Begehung der Verbrechen durch Unterlassung, GS 21 (1869) S. 189; *v. Caemmerer*, Gesammelte Schriften, Bd. I, 1968; *Cramer*, Teilnahmeprobleme im Rahmen des § 330a, GA 1961, 97; *Doering*, Strafrechtliche Garantenpflicht aus homosexueller Lebensgemeinschaft? MDR 1972, 664; *Engisch*, Die Kausalität als Merkmal der strafrechtlichen Tatbestände, 1931; *derselbe,* Der finale Handlungsbegriff, Festschrift für E. Kohlrausch, 1944, S. 141; *derselbe,* Das Problem der psychischen Kausalität beim Betrug, Festschrift für H. v. Weber, 1963, S. 247; *Frellesen,* Die Zumutbarkeit der Hilfeleistung, 1980; *Fünfsinn*, Der Aufbau des fahrlässigen Verletzungsdelikts durch Unterlassen, 1985; *Gallas*, Strafbares Unterlassen im Falle einer Selbsttötung, JZ 1960, 649, 686; *derselbe,* Die strafrechtliche Verantwortlichkeit

---

[71] Vgl. den vieldiskutierten Arztfall Cass. 15. 3. 1961, D. P. 1961, 610. Dazu *Stefani / Levasseur / Bouloc,* Droit pénal général S. 228 ff.

[72] Vgl. *Antón Oneca,* Derecho penal S. 170 ff. (ältere Stufe); *Rodríguez Devesa / Serrano Gómez,* Derecho penal S. 385 ff.; *Mir Puig,* Adiciones Bd. II S. 841 ff., 872 ff. (neuere Stufe). Zum deutschen Recht *Silva Sánchez,* El delito de omisión, 1986.

[73] *Sgubbi,* Responsabilità penale per omesso impedimento dell'evento, 1975; *Grasso,* Il reato omissivo improprio S. 97 ff.; *derselbe,* Riv dir proc pen 1978, 912 ff.; *Fiandaca,* Il reato commissivo mediante omissione, 1979; *Romano,* Commentario, Art. 40 Rdn. 28.

[74] Vgl. *van Bemmelen / van Veen,* Ons strafrecht S. 64 f., 140 f.; *D. Hazewinkel-Suringa / Remmelink,* Inleiding S. 134 ff. (eingehende Erörterung von Dogmengeschichte und Rechtsprechung).

[75] Vgl. *Glanville Williams,* Criminal Law S. 4 ff.; *Kenny / Turner,* Outlines S. 19 ff.; *Smith / Hogan,* Criminal Law S. 43 ff. Vgl. ferner *The Law Commission,* Clause 20, wo die Strafbarkeit für im Gesetz nicht ausdrücklich geregeltes pflichtwidriges Unterlassen auf „murder, manslaughter, intentional serious injury" und „detention of another" beschränkt wird.

[76] Vgl. eingehend *Honig,* Das amerikanische Strafrecht S. 69 ff.; *LaFave / Scott,* Criminal Law S. 182 ff. Zum anglo-amerikanischen Recht ferner *Grasso,* Il reato omissivo improprio S. 83 ff.

[77] Dazu *Fragoso,* Lições S. 240 ff.; *de Jesus,* Comentários, Art. 13 Anm. 4; *da Costa jr.,* Comentários, Art. 13 Anm. 6.

[78] Vgl. *Strafrecht der DDR,* § 9 Anm. 2 f. Vgl. dazu die Garantenlehre bei *Lekschas / Renneberg,* Lehrbuch S. 253 ff.

§ 59 Der Tatbestand des Unterlassungsverbrechens 555

der am Bau Beteiligten, 1963; *Geilen,* Garantenpflichten aus ehelicher und eheähnlicher Gemeinschaft, FamRZ 1961, 147; *derselbe,* Stillschweigen des Angehörigen beim Mordkomplott, FamRZ 1964, 385; *derselbe,* Zur Mitverantwortung des Gastwirts bei Trunkenheit am Steuer, JZ 1965, 469; *derselbe,* Unterlassene Verbrechensanzeige und ernsthafte Abwendungsbemühung, JuS 1965, 426; *Geyer,* Grundriß zu Vorlesungen über gemeines deutsches Strafrecht, 1884; *J. Glaser,* Abhandlungen aus dem österreichischen Strafrecht, Bd. II, 1858; *Granderath,* Die Rechtspflicht zur Erfolgsabwendung aus einem vorangegangenen gefährdenden Verhalten usw., Diss. Freiburg 1961; *Grünhut,* Grenzen des übergesetzlichen Notstands, ZStW 51 (1931) S. 454; *Grünwald,* Der Vorsatz des Unterlassungsdelikts, Festschrift für H. Mayer, 1966, S. 281; *Hall,* Über die Kausalität und Rechtswidrigkeit der Unterlassung, Erinnerungsgabe für M. Grünhut, 1964, S. 213; *Hanau,* Die Kausalität der Pflichtwidrigkeit, 1971; *Hardwig,* Vorsatz bei Unterlassungsdelikten, ZStW 74 (1962) S. 27; *derselbe,* Die Zurechnung, 1957; *Heinitz,* Anmerkung zu BGH vom 25. 2. 1954, JR 1954, 270; *Henkel,* Zumutbarkeit und Unzumutbarkeit als regulatives Rechtsprinzip, Festschrift für E. Mezger, 1954, S. 249; *Herzberg,* Die Kausalität beim unechten Unterlassungsdelikt, MDR 1971, 881; *derselbe,* Garantenpflichten auf Grund gerechtfertigten Vorverhaltens, JuS 1971, 74; *derselbe,* Zur Garantenstellung aus vorangegangenem Tun, JZ 1986, 986; *Honig,* Die Intimsphäre als Kriterium strafbaren Begehens durch Unterlassen, Festschrift für F. Schaffstein, 1975, S. 89; *derselbe,* Kausalität und objektive Zurechnung, Festgabe für R. v. Frank, Bd. I, 1930, S. 174; *Höpfner,* Zur Lehre vom Unterlassungsdelikte, ZStW 36 (1915) S. 103; *Horn,* Anmerkung zu BayObLG vom 18. 8. 1978, JR 1979, 291; *Hruschka,* Über Tun und Unterlassen und über Fahrlässigkeit, Festschrift für P. Bockelmann, 1979, S. 421; *Kahrs,* Das Vermeidbarkeitsprinzip und die conditiosine-qua-non-Formel usw., 1968; *Armin Kaufmann,* Unterlassung und Vorsatz, Festschrift für H. v. Weber, 1963, S. 207; *Arthur Kaufmann,* Bemerkungen zum Irrtum beim unechten Unterlassungsdelikt, JZ 1963, 504; *Kielwein,* Unterlassung und Teilnahme, GA 1955, 225; *Krug,* Abhandlungen aus dem Strafrecht, 1855; *Küper,* Grund- und Grenzfragen der rechtfertigenden Pflichtenkollision, 1979; *Kugler,* Ingerenz und Selbstverantwortung, Diss. Bochum 1972; *Lackner,* Anmerkung zu KG vom 3. 1. 1968, JR 1979, 291; *Lampe,* Ingerenz oder dolus subsequens? ZStW 72 (1960) S. 93; *derselbe,* Die Problematik der Gleichstellung von Handeln und Unterlassen, ZStW 79 (1967) S. 47; *Landscheidt,* Zur Problematik der Garantenpflichten aus verantwortlicher Stellung in bestimmten Räumlichkeiten, 1985; *Langer,* Das Sonderverbrechen, 1972; *Maaß,* Betrug verübt durch Schweigen, 1982; *Maiwald,* Kausalität und Strafrecht, 1980; *A. Merkel,* Kriminalistische Abhandlungen, Bd. II, 1867; *Naucke,* Anmerkung zu BGH 27, 10, JR 1977, 290; *Nowakowski,* Probleme der Strafrechtsdogmatik, JBl 1972, 19; *Otto,* Vorangegangenes Tun als Grundlage strafrechtlicher Haftung, NJW 1974, 528; *Pallin,* Lage und Zukunftsaussichten der österr. Strafrechtsreform usw., ZStW 84 (1972) S. 198; *Peters,* Bemerkungen zur Rechtsprechung der Oberlandesgerichte zur Wehrersatzdienstverweigerung aus Gewissensgründen, JZ 1966, 457; *derselbe,* Überzeugungstäter und Gewissenstäter, Festschrift für H. Mayer, 1966, S. 257; *Pfander,* Die Rechtspflicht zum Handeln aus Vertrag beim unechten Unterlassungsdelikt, Diss. Basel 1967; *Pfleiderer,* Die Garantenstellung aus vorangegangenem Tun, 1968; *Platzgummer,* Die Bewußtseinsform des Vorsatzes, 1964; *Ingeborg Puppe,* Der Erfolg und seine kausale Erklärung im Strafrecht, ZStW 92 (1980) S. 863; *Roxin,* Zur Kritik der finalen Handlungslehre, ZStW 74 (1962) S. 515; *derselbe,* Ein „neues Bild" des Strafrechtssystems, ZStW 83 (1971) S. 369; *Rudolphi,* Anmerkung zu BGH 25, 218, JR 1974, 160; *derselbe,* Häusliche Gemeinschaften als Entstehungsgrund für Garantenstellungen, NStZ 1984, 149; *derselbe,* Anmerkung zu BGH vom 15. 7. 1986, JR 1987, 336; *Sauer,* Das Unterlassungsdelikt, GS 114 (1940) S. 279; *Schaffstein,* Die Risikoerhöhung als objektives Zurechnungsprinzip, Festschrift für R. Honig, 1970, S. 169; *Ellen Schlüchter,* Grundfälle zur Lehre von der Kausalität, JuS 1976, 793; *Schünemann,* Zur Kritik der Ingerenz-Garantenstellung, GA 1974, 231; *derselbe,* Moderne Tendenzen in der Dogmatik der Fahrlässigkeits- und Gefährdungsdelikte, JA 1975, 647; *Schultz,* Besprechung von Kaufmann, Die Dogmatik der Unterlassungsdelikte, SchwZStr 77 (1961) S. 208; *W. Schwarz,* Die Kausalität bei den Begehungsdelikten durch Unterlassung, Strafr. Abh. Heft 254, 1929; *Spendel,* Zur Dogmatik der unechten Unterlassungsdelikte, JZ 1973, 137; *Storsberg,* Der gegenwärtige Umfang der Nothilfepflicht im StGB, Diss. Göttingen 1952; *Stree,* Garantenstellung kraft Übernahme, Festschrift für H. Mayer, 1966, S. 145; *derselbe,* Ingerenzprobleme, Festschrift für U. Klug, Bd. II, 1983, S. 395; *Struensee,* Die Struktur der fahrlässigen Unterlassungsdelikte, JZ 1977, 217; *Tenckhoff,* Garantenstellung des Wohnungsinhabers usw., JuS 1978, 308; *Ulsenheimer,* Zumutbarkeit normgemäßen Verhaltens bei Gefahr eigener Strafverfolgung, GA 1972, 1; *Wachsmuth / Schreiber,* Sicherheit und Wahrscheinlichkeit usw., NJW 1982, 2094; *Walder,* Die Kausalität im Strafrecht,

SchwZStr 93 (1977) S. 152; *Weber,* Garantenstellung kraft Sachherrschaft? Festschrift für D. Oehler, 1985, S. 83; *Welp,* Anmerkung zu BGH 23, 327, JZ 1971, 433; *Welzel,* Anmerkung zu OLG Karlsruhe vom 15. 10. 1959, JZ 1960, 179; *Winkelbauer,* Anmerkung zu BGH vom 15. 7. 1986, JZ 1986, 1119; *E. A. Wolff,* Kausalität von Tun und Unterlassen, 1965; *Würtenberger,* Zur Kausalität der Unterlassung, ZAK 1942, 167.

Vgl. ferner die Schrifttumsangaben vor § 58.

I. Das Vorliegen der tatbestandsmäßigen Situation

Unterlassung bedeutet nicht „Nichtstun", sondern „etwas Bestimmtes nicht tun"[1]. Wie die erwartete, aber unterbliebene Handlung hätte aussehen sollen, ergibt sich bei manchen *echten Unterlassungsdelikten* unmittelbar aus dem Gesetz. So hat sich, wer unbefugt in fremden Räumen verweilt, nach § 123 zweite Alternative auf die Aufforderung des Berechtigten daraus zu entfernen. Bei anderen ist der Inhalt der Handlungspflicht allgemeiner umschrieben. So ist nach § 323 c bei Unglücksfällen „Hilfe zu leisten"; was im einzelnen zu geschehen hat, ergibt sich hierbei aus den gesamten Umständen des Sachverhalts. Auch bei den *unechten Unterlassungsdelikten* bestimmt sich der Inhalt der Handlungspflicht meist nach den Umständen. Ausschlaggebend ist dabei das Ziel der Bewahrung des geschützten Handlungsobjekts vor tatbestandsmäßiger Verletzung oder Gefährdung.

Beispiel: Wird ein Kind mit kochendem Wasser verbrüht, so ergibt sich aus Umfang und Grad der Verbrühung, aus Alter und Konstitution des Kindes, aus Ort und Zeit des Unfalls, was zu geschehen hat, ob nämlich die Auflegung von Brandsalbe genügt, ob ein Arzt zugezogen werden muß oder ob die Überführung ins Krankenhaus notwendig ist.

Der Sachverhalt, aus dem sich der konkrete Inhalt der Handlungspflicht jeweils erkennen läßt, ist die **tatbestandsmäßige Situation**[2]. Der Tatbestand des Unterlassungsdelikts beschreibt in unterschiedlichem Umfang die näheren Umstände, aus denen die Handlungspflicht entsteht. Er bezeichnet das Ziel, das durch aktives Eingreifen erreicht werden soll, gibt das Rechtsgut an, das zu schützen ist, nennt gegebenenfalls die begleitenden Momente und kennzeichnet ausdrücklich oder stillschweigend die gebotene Handlung selbst. Die tatbestandsmäßige Situation ist bei den im Gesetz geregelten Unterlassungsdelikten durch den Tatbestand selbst weitgehend, wenn auch nicht immer abschließend beschrieben. Bei den außerhalb des Gesetzes durch Umbildung von Begehungstatbeständen geschaffenen Unterlassungsdelikten muß das Fehlende sinngemäß ergänzt werden.

Beispiele: Bei der unterlassenen Verbrechensanzeige (§ 138) besteht die tatbestandsmäßige Situation darin, daß ein bestimmtes schweres Verbrechen geplant ist und durch Anzeige noch verhindert werden kann (RG 71, 385 [386]). Gebotene Handlung ist dabei die rechtzeitige Anzeige an die Behörde oder den Bedrohten, handlungspflichtig ist jeder, der glaubhafte Kenntnis erlangt. Bei der Mißhandlung Schutzbefohlener (§ 223 b I dritte Handlungsform) liegt eine Gefahr für die Gesundheit von abhängigen Personen vor, die durch ordnungsgemäße Versorgung abgewendet werden kann. Die gebotene Handlung besteht in der Leistung der nach den Umständen erforderlichen Fürsorge (Nahrung, Kleidung, Unterkunft, ärztliche Hilfe), sie ist von dem Sorgepflichtigen zu erbringen. Bei einem Mordanschlag von Mutter und älterem Sohn auf den Ehemann und Vater besteht die tatbestandsmäßige Situation in der durch den Tat-

---

[1] *Blei,* Allg. Teil S. 309; *Gallas,* Beiträge S. 26; *Mezger,* Lehrbuch S. 132; *Maurach / Gössel / Zipf,* Allg. Teil II S. 140; *Schönke / Schröder / Stree,* Vorbem. 139 vor § 13; *Schmidhäuser,* Allg. Teil S. 654; *SK (Rudolphi)* Vorbem. 4 vor § 13.

[2] Vgl. *Armin Kaufmann,* Unterlassungsdelikte S. 96 ff.; *Jakobs,* Allg. Teil S. 650 Fußnote 17; *Schönke / Schröder / Stree,* Vorbem. 146 vor § 13; *Welzel,* Lehrbuch S. 204, 211; *Schmidhäuser,* Allg. Teil S. 678 ff.; *SK (Rudolphi)* Vorbem. 11 vor § 13; *Welzel,* NJW 1953, 328.

plan geschaffenen Lebensgefahr, die gebotene Handlung ist die Verhinderung der Tat; handlungspflichtig ist der andere in der Hausgemeinschaft lebende jüngere Sohn (BGH 19, 167)[3].

II. Das Ausbleiben der erwarteten Handlung und die individuelle Handlungsfähigkeit

1. Zum Tatbestand des Unterlassungsdelikts gehört naturgemäß das **Ausbleiben** der nach der tatbestandsmäßigen Situation **erforderlichen Handlung**[4]. Der Arzt, dem ein schweres Krankheitsbild mitgeteilt worden ist, leistet dem Hilferuf keine Folge (BGH 17, 166). Nach einem Verkehrsunfall bringt der unverletzt gebliebene Beteiligte den Schwerverletzten nicht ins Krankenhaus (BGH 7, 287 [288]). Am Tatbestand des *vorsätzlichen* Unterlassungsdelikts fehlt es schon dann, wenn der Täter sich erfolglos bemüht hat, seine Handlungspflicht zu erfüllen. Die schriftliche Anzeige eines bevorstehenden Bankraubs erreicht z. B. die Polizei zu spät, weil der Mitwisser es versäumt hat, die Behörde telefonisch zu verständigen. Wer mit Gebotserfüllungstendenz falsch handelt oder unbewußt zu wenig tut, kann deshalb nur wegen eines *fahrlässigen* Unterlassungsdelikts bestraft werden[5].

2. Die **allgemeine Handlungsfähigkeit,** d. h. die Möglichkeit, daß jemand, den man sich im Vollbesitz aller Kenntnisse und Fähigkeiten des Durchschnittsmenschen zu denken hat, die gebotene Handlung vornehmen könnte, gehört schon im Rahmen der Handlungslehre zum Begriff des Unterlassens als eines sozialerheblichen menschlichen Verhaltens (vgl. oben § 23 IV 2b). Die Frage der Tatbestandsmäßigkeit der Unterlassung muß jedoch auf denjenigen einzelnen bezogen werden, der als Unterlassungstäter im konkreten Fall in Betracht kommt, denn nur die Unterlassung einer Handlung, die gerade *diesem* möglich gewesen wäre, kann *Unrechtsqualität* haben. Zum Tatbestand des Unterlassungsdelikts gehört somit die **individuelle Handlungsfähigkeit,** die freilich schon dann zu bejahen ist, wenn der Täter geeignete Hilfskräfte hätte einsetzen können (OLG Hamm VRS 34, 149)[6]. Vorausgesetzt wird dabei, daß es dem Täter möglich gewesen wäre, *in sinnvoller Weise* das Erforderliche zu tun.

Beispiele: Handlungsfähig ist der wegen Brandstiftung (§ 306 Nr. 2) durch Unterlassen angeklagte Versicherungsnehmer, dem es „ein leichtes" gewesen wäre, seine Ehefrau von der Tat abzuhalten (RG 64, 273 [276]). Dagegen kann ein Kriminalbeamter nicht wegen einer durch Unterlassung begangenen Strafvereitelung im Amt (§ 258a) bestraft werden, wenn er über die Grenzen seiner Leistungsfähigkeit hinaus belastet ist und deswegen seine Rückstände nicht aufzuarbeiten vermag (BGH 15, 18 [22]). Handlungsfähigkeit ist zu verneinen, wenn der Täter den

---

[3] Vgl. dazu *Geilen,* FamRZ 1964, 385.

[4] Vgl. *Armin Kaufmann,* Unterlassungsdelikte S. 106; *LK (Jescheck)* Vorbem. 88 vor § 13; *Schönke / Schröder / Stree,* Vorbem. 151 vor § 13; *Stratenwerth,* Allg. Teil I Rdn. 1022; *SK (Rudolphi)* Vorbem. 12 vor § 13; *Welzel,* Lehrbuch S. 204, 211 f.; *Wessels,* Allg. Teil S. 217.

[5] Vgl. *Armin Kaufmann,* Unterlassungsdelikte S. 109 ff., 133 f., 310; *Schönke / Schröder / Stree,* Vorbem. 151 vor § 13; *Welzel,* Lehrbuch S. 204, 211 f. Mit Recht verlangt *Stratenwerth,* Allg. Teil I Rdn. 1049, daß der Täter auf die Wirksamkeit seiner Bemühungen vertraut haben muß, wenn der Vorsatz ausgeschlossen sein soll. Beispiel schweiz. BGE 73 IV 164: um ein nach schwerer Mißhandlung bewußtloses Kind bemüht man sich mit unzureichenden Hausmitteln, statt einen Arzt zuzuziehen.

[6] So die h. L.; vgl. *Blei,* Allg. Teil S. 315; *Bockelmann / Volk,* Allg. Teil S. 134; *Eser,* Strafrecht II Nr. 26 A Rdn. 13 ff.; *Nagler,* GS 111 (1938) S. 70; *Kielwein,* GA 1955, 228; *Maurach / Gössel / Zipf,* Allg. Teil II S. 144 f.; *Sauer,* GS 114 (1940) S. 315; *Schönke / Schröder / Stree,* Vorbem. 141 f. vor § 13; *SK (Rudolphi)* Vorbem. 13 vor § 13; *Schmidhäuser,* Allg. Teil S. 681; *Wessels,* Allg. Teil S. 217. Dagegen legt *Maiwald,* JuS 1981, 479 f. für die Frage der Handlungsfähigkeit einen objektiven Maßstab zugrunde. Auch *Jakobs,* Allg. Teil S. 650 f. läßt die „abstrakte Handlungsfähigkeit" genügen.

drohenden Erfolg nur durch einen anderen gleichwertigen Erfolg hätte ersetzen können (BGH *Dallinger* MDR 1971, 361: Fenstersturz statt Flammentod).

Während das Erfordernis der individuellen Handlungsfähigkeit als solches überwiegend anerkannt wird, ist die Frage, *unter welchen Voraussetzungen* diese Fähigkeit angenommen werden kann, umstritten.

Teils wird das Möglichkeitsurteil allein auf objektive Gesichtspunkte gestützt[7], teils wird dagegen, abgesehen von der rein physischen Handlungsmöglichkeit, als „Wissensbasis" die Kenntnis des Handlungsziels verlangt[8], teils wird die Schuldfähigkeit des Unterlassenden[9], teils sogar die freie Motivationsmöglichkeit als Vorbedingung der Handlungsfähigkeit angesehen[10].

Richtig ist es, die Wahrheit in der Mitte zu suchen. Die Handlungsfähigkeit erfordert als erstes, daß der Unterlassende die tatbestandsmäßige Situation kennt. Weiter ist zu verlangen, daß die *äußeren Voraussetzungen* (räumliche Nähe, geeignete Hilfsmittel) für die Vornahme der Handlung gegeben sind und die erforderlichen *eigenen Kräfte* zur Verfügung stehen (physische Kräfte, technische Kenntnisse, intellektuelle Fähigkeiten). Darüber hinaus muß der Unterlassungstäter sich die gebotene Handlung als mögliches Willensziel *vorstellen* oder bei Anwendung der erforderlichen Sorgfalt wenigstens *vorstellen können*[11]. In beiden Richtungen ist ein *objektiver* Maßstab anzulegen: es kommt also darauf an, ob ein einsichtiger Beobachter bei Prüfung des Sachverhalts „ex ante" dazu gelangt wäre, sich die gebotene Handlung als Willensziel vorzustellen und die äußeren Möglichkeiten für ausreichend zu halten[12].

III. Erfolg und Kausalität bei den unechten Unterlassungsdelikten

1. Zur Vollendung des unechten Unterlassungsdelikts gehört der **Eintritt des tatbestandsmäßigen Erfolgs.** Festgestellt werden muß also z. B. der Tod des Verletzten bei der fahrlässigen Tötung durch Unterlassen der Rettungshandlung (BGH 11, 353 [356]), das Fortbestehen des Verdachts bei der falschen Verdächtigung durch Unterlassen der Berichtigung (BGH 14, 240 [246]), der Tod des Opfers durch Nichthinderung des Mordanschlags (BGH 19, 167).

2. Der Erfolg muß dem Unterlassungstäter aber auch objektiv zurechenbar sein. Bei den Begehungsdelikten setzt die objektive Zurechnung voraus, daß der Täter den Erfolg verursacht hat (vgl. oben § 28 I 1). Wird der tatbestandsmäßige Erfolg dagegen lediglich nicht abgewendet, so erhebt sich die Frage, unter welchen Bedingungen hier die *objektive Zurechnung* stattzufinden hat. Gibt es mit anderen Worten eine „**Kausalität des Unterlassens**"?

Die Strafrechtswissenschaft hat sich lange darum bemüht, auch bei der Unterlassung eine „causa efficiens" im Sinne einer realen, die Wirkung erzeugenden Kraft nachzuweisen[13]. So erblickte *Luden* das kausale Moment darin, daß der Unterlassende in der Zeit, in der er den

---

[7] So *Schönke / Schröder / Stree*, Vorbem. 143 vor § 13; *Grünwald*, Das unechte Unterlassungsdelikt S. 14; *SK (Rudolphi)* Vorbem. 3 vor § 13; *Schünemann*, Unterlassungsdelikte S. 30f.; *Wessels*, Allg. Teil S. 217; *Schmidhäuser*, Allg. Teil S. 681.

[8] So *Armin Kaufmann*, Unterlassungsdelikte S. 41 f., 100 ff.

[9] So *Honig*, Frank-Festgabe Bd. I S. 191 f.; *Storsberg*, Nothilfepflicht S. 54.

[10] So *Androulakis*, Unterlassungsdelikte S. 155; *E. A. Wolff*, Kausalität S. 46 Fußnote 26.

[11] Wie hier *Engisch*, Kohlrausch-Festschrift S. 164; *Gallas*, Beiträge S. 53; *Mezger*, Lehrbuch S. 133; *Stratenwerth*, Allg. Teil I Rdn. 1032; *Welzel*, Lehrbuch S. 204 f., 212.

[12] Vgl. *Gallas*, Deutsche Landesreferate S. 349; BGH 14, 213 (216); 19, 295 (299). Teilweise abweichend *Maiwald*, JuS 1981, 478.

[13] Vgl. dazu näher *W. Schwarz*, Die Kausalität S. 8 ff.; *Traeger*, Unterlassungsdelikte S. 27 ff.; *Welp*, Vorangegangenes Tun S. 166 ff.

III. Erfolg und Kausalität bei den unechten Unterlassungsdelikten

Erfolg hätte abwenden sollen, eine andere Tätigkeit entfaltet habe, „und diese ist dann die alleinige Ursache des verbrecherischen Erfolges"[14]. *Krug*[15], *Julius Glaser*[16] und *Adolf Merkel*[17] wollten dagegen nicht eine gleichzeitige, sondern eine vorangegangene Handlung als Ursache ansehen, gelangten damit aber zur Anerkennung des „dolus subsequens". Andere[18] sahen in der Unterlassung eine psychisch wirkende Ursache, indem nämlich erst die Untätigkeit des Handlungspflichtigen einen Außenstehenden auf den Gedanken bringe, den Erfolg herbeizuführen. Die Interferenztheorien[19] erblickten in der Aufgabe des natürlichen Hinderungswillens die positive Vernichtung einer den Erfolg abhaltenden Bedingung und sahen damit in der Unterlassung ein aktives Tun. Schließlich begnügte man sich mit einer bloßen „Rechtskausalität"[20], was praktisch darauf hinauslief, daß die Kausalität mit der Rechtspflicht zur Erfolgsabwendung gleichgesetzt wurde. Am Ende der Entwicklung wurde die Kausalität der Unterlassung überhaupt geleugnet[21], der Streit um diese Frage erschien im Ergebnis als „einer der unfruchtbarsten, welche die strafrechtliche Wissenschaft je geführt hat"[22].

3. Eine *Kausalität der Unterlassung* im Sinne eines realen Bewirkens des Erfolgs wird heute *überwiegend abgelehnt*[23]. Die Kausalität als Seinskategorie erfordert eine wirkliche Energiequelle, die fähig ist, einen Kraftaufwand zu erbringen, und daran gerade fehlt es bei der Unterlassung („ex nihilo nihil fit"). Doch ist für die juristische Betrachtungsweise der naturwissenschaftliche Kausalbegriff nicht maßgebend (vgl. oben § 28 I 3), wie sich schon daraus ergibt, daß bei den im Gesetz geregelten unechten Unterlassungsdelikten (vgl. oben § 58 III 4) sowie in § 13 selbst das Bestehen einer „Kausalbeziehung" zwischen Unterlassung und Erfolg ohne weiteres vorausgesetzt wird[24]. Es kommt im Recht nicht auf Kausalbeziehungen im Sinne der Mechanik, sondern allein darauf an, ob die dem Unterlassenden mögliche Handlung den Erfolg abgewendet hätte[25]. Danach steht die unterlassene Handlung dann mit dem eingetretenen Erfolg in dem gesetzmäßigen Zusammenhang, der beim positiven Tun die Kausalität ausmacht (vgl. oben § 28 II 4), **wenn das gedachte Tun den Erfolg abgewendet hätte,** anderenfalls kommt nur Versuch in Betracht (BGH Stv 1985, 229). Die für das wirkliche Tun gebräuchliche Testformel der Bedingungstheorie wird

---

[14] *Luden*, Abhandlungen Bd. I S. 474, Bd. II S. 221 ff.
[15] *Krug*, Abhandlungen S. 21 ff.
[16] *J. Glaser*, Abhandlungen S. 289 ff.
[17] *A. Merkel*, Kriminalistische Abhandlungen Bd. II S. 76 ff.
[18] So *Geyer*, Grundriß S. 124; *Aldosser*, Unterlassungen S. 94 ff.
[19] *v. Buri*, GS 21 (1869) S. 196 ff.; *Binding*, Normen Bd. II S. 516 ff., 536 ff., 555 ff. Ähnlich *H. Mayer*, Lehrbuch S. 112 f.
[20] *v. Bar*, Gesetz und Schuld Bd. II S. 268 f.; *Höpfner*, ZStW 36 (1915) S. 114; *Kohler*, Studien Teil I S. 46.
[21] So *Gerland*, Lehrbuch S. 166 f.; *v. Liszt / Schmidt*, S. 172 f.
[22] *v. Liszt*, Lehrbuch 21./22. Aufl. S. 128.
[23] So *Traeger*, Der Kausalbegriff S. 71; *Bockelmann*, Eb. Schmidt-Festschrift S. 449; *Gallas*, Beiträge S. 25 f.; *Armin Kaufmann*, Unterlassungsdelikte S. 61; *Arthur Kaufmann*, Eb. Schmidt-Festschrift S. 214 ff.; *Lackner*, § 13 Anm. III 1 c bb; *Maiwald*, Kausalität S. 83; *Schönke / Schröder / Stree*, § 13 Rdn. 61; *Dreher / Tröndle*, Vorbem. 20 vor § 13; *Welzel*, Lehrbuch S. 212; *Schmidhäuser*, Allg. Teil S. 684; *Stratenwerth*, Allg. Teil I Rdn. 1025; im Ergebnis auch *Jakobs*, Allg. Teil S. 654. Die Gegenansicht vertreten *Baumann / Weber*, Allg. Teil S. 239; *Blei*, Allg. Teil S. 315 f.; *Engisch*, v. Weber-Festschrift S. 264 f.; *Ingeborg Puppe*, ZStW 92 (1980) S. 895 ff.; *Hall*, Grünhut-Erinnerungsgabe S. 224; *Spendel*, JZ 1973, 139.
[24] *Grünwald*, ZStW 70 (1958) S. 417 f.
[25] So *Blei*, Allg. Teil S. 316; *Bockelmann / Volk*, Allg. Teil S. 135 f.; *Böhm*, JuS 1961, 178; vor allem *Engisch*, Kausalität S. 29 ff.; *derselbe*, MSchrKrim 1939, 426 f.; *derselbe*, JZ 1962, 190; *derselbe*, Weltbild S. 135 f.; *Herzberg*, MDR 1971, 882; *Schönke / Schröder / Stree*, § 13 Rdn. 61; *Wessels*, Allg. Teil S. 218. Stärker im Sinne eines eigentlichen „Bewirkens" durch Unterlassen *Androulakis*, Unterlassungsdelikte S. 83 ff.; *E. A. Wolff*, Kausalität S. 36 ff. Für Anwendung der Adäquanztheorie *Maurach / Gössel / Zipf*, Allg. Teil II S. 153.

daher bei der Unterlassung dahin abgewandelt, daß die Kausalität zu bejahen ist, „wenn die erwartete Handlung nicht hinzugedacht werden kann, ohne daß der Erfolg entfiele" („duplex negatio est affirmatio") (so RG 58, 130 [131]; 63, 392 [393]; 75, 49 [50]), wobei auch hier die gleichen Vorbehalte gegen ihre Brauchbarkeit anzubringen sind (vgl. oben § 28 II 4).

4. Die Rechtsprechung verlangt, um den Maßstab der Kausalitätsprüfung dem beim positiven Tun verwendeten Maßstab möglichst anzugleichen, daß die gedachte Handlung den Erfolg *mit einer an Sicherheit grenzenden Wahrscheinlichkeit* verhindert haben müßte (RG 15, 151 [153f.]; 51, 127; 58, 130 [131]; 74, 350 [352]; 75, 49 [50]; 75, 372 [374]; BGH 6, 1 [2]; 7, 211 [214]; BGH NStZ 1981, 229; NStZ 1985, 26)[26].

Beispiele: Eine „begründete Aussicht", daß der betrunkene Kraftfahrer durch Zureden von der Weiterfahrt hätte abgehalten werden können, genügt für die Kausalität des Unterlassens nicht (BGH NJW 1954, 1047 [1048]). Die Unterlassung der Anbringung von Warnlampen an einer Baugrube ist für den Unfall nicht ursächlich, wenn die nächtlichen Unfugstifter mit der Absperrung möglicherweise auch die Lampen entfernt hätten (OLG Hamm NJW 1959, 1551). Wer es dagegen ablehnt, bei einem Brand seine Kinder aus der Dachwohnung in die Arme unten aufgestellter Helfer zu werfen, hat ihren Tod in den Flammen verursacht, wenn die Lebensrettung auf diesem Wege mit Sicherheit gelungen wäre (BGH *Dallinger* MDR 1971, 361f.). Wie beim positiven Tun gilt auch hier der Grundsatz „in dubio pro reo", doch bleibt, wenn die objektive Zurechnung des Erfolgs zu verneinen ist, immer noch die Möglichkeit der Bestrafung wegen Versuchs (BGH StV 1985, 229).

Volle Gewißheit bezüglich der Kausalität wie beim positiven Tun ist bei der Unterlassung freilich nicht zu verlangen, weil der Prüfung nicht ein wirklicher, sondern nur ein möglicher Verlauf zugrunde gelegt werden kann, der mit absoluter Sicherheit nicht zu berechnen ist (**hypothetische Kausalität**)[27]. Das Maß an verbleibender Unsicherheit entspricht aber nur der Begrenztheit des menschlichen Erkenntnisvermögens (RG 75, 372 [374])[28]. Das heißt indessen nicht, daß bei der Unterlassung zur Prüfung der Kausalität die Adäquanztheorie angewendet würde, die Ergebnisse der Bedingungstheorie sind hier nur weniger zuverlässig als beim positiven Tun. Erst wenn mit an Sicherheit grenzender Wahrscheinlichkeit feststeht, daß die erwartete Handlung den Erfolg abgewendet hätte, kann ebenso wie beim positiven Tun nach der Adäquanztheorie (vgl. oben § 28 III 2) weiter gefragt werden, ob der Eintritt des Erfolgs mit Rücksicht auf den geringen Gefährlichkeitsgrad der Unterlassung „schlechthin

---

[26] Zustimmend die h. L.; vgl. *Baumann / Weber,* Allg. Teil S. 239 f.; *Lackner,* Vorbem. III 1c bb vor § 13; *Blei,* Allg. Teil S. 316; *Schönke / Schröder / Stree,* § 13 Rdn. 61; *LK (Jescheck)* § 13 Rdn. 18; *Ellen Schlüchter,* JuS 1976, 793; *Welzel,* Lehrbuch S. 212; *Würtenberger,* ZAK 1942, 167; *Herzberg,* MDR 1971, 882. Kritisch *Walder,* SchwZStr 93 (1981) S. 152 ff. Abzulehnen ist dagegen die Entscheidung RG 75, 324 (328), die sich mit einer „der allgemeinen Lebenserfahrung entsprechenden *Wahrscheinlichkeit"* begnügt. Ebensowenig kann die im Schrifttum vertretene Gegenmeinung gebilligt werden, daß es für die Bejahung der Kausalität genüge, wenn die unterlassene Handlung die Rettungschance verbessert hätte; so *Stratenwerth,* Allg. Teil I Rdn. 1028 ff.; *Kahrs,* Vermeidbarkeitsprinzip S. 46 ff.; *Hardwig,* Zurechnung S. 162; *SK (Rudolphi)* Vorbem. 16 vor § 13; *Schaffstein,* Honig-Festschrift S. 172. Dagegen zutreffend *Herzberg,* MDR 1971, 882; *Schünemann,* JA 1975, 655. Auch bei den *fahrlässigen* Unterlassungsdelikten reicht die Risikoerhöhung für die objektive Zurechnung des Erfolgs nicht aus; so aber *Schaffstein,* Honig-Festschrift S. 172 f., zust. *Hanau,* Die Kausalität S. 78 ff. in Entsprechung zur Behandlung der fahrlässigen Begehungsdelikte (vgl. oben § 55 II 2b aa), denn dem Begehungstäter ist immerhin ein wirklich kausales gefährdendes Tun vorzuwerfen, während der Unterlassungstäter lediglich untätig bleibt. Eine Abschwächung des Grades an Sicherheit befürworten zu Unrecht auch *Wachsmuth / Schreiber,* NJW 1982, 2094.

[27] Vgl. *v. Weber,* Grundriß S. 61; *Welzel,* Lehrbuch S. 212 f.

[28] Darauf weist mit Recht *Bockelmann / Volk,* Allg. Teil S. 135 hin. Damit erledigen sich auch die Bedenken von *Schmidhäuser,* Allg. Teil S. 685 f.

unwahrscheinlich" war. Heute wird man statt dessen die Lehre von der objektiven Zurechnung anwenden.

Beispiel: Die objektive Zurechnung ist zu verneinen, wenn ein Passant, der bei Glatteis ein Bein gebrochen hat, weil der Bürgersteig nicht gestreut war, auf dem Transport zum Krankenhaus durch einen Verkehrsunfall getötet wird (vgl. oben § 28 IV 4: Erfolg liegt außerhalb des Schutzbereichs der Norm).

IV. Die Garantenstellung beim unechten Unterlassungsdelikt (erstes Gleichstellungskriterium)

1. Bei den Begehungsdelikten beruht die objektive Zurechnung auf der Verursachung des tatbestandsmäßigen Erfolgs. Bei den unechten Unterlassungsdelikten reicht dagegen die Tatsache, daß eine mögliche Handlung den Erfolg verhindert hätte, nicht aus, um die Rechtsgutsverletzung jedem Handlungsfähigen als von ihm zu verantwortendes Unrecht zur Last legen zu können, denn eine Pflicht, überall helfend einzugreifen, wo immer es not tut, kann es nicht geben. Seit *Feuerbach* (vgl. oben § 58 I 2) ist deshalb anerkannt, daß die Rechtsordnung dem Bürger grundsätzlich nur die Pflicht auferlegt, *aktive* Handlungen zu unterlassen, durch die Rechtsgüter Dritter beeinträchtigt werden können, daß aber immer ein **„besonderer Rechtsgrund"** nachgewiesen werden muß, wenn jemand ausnahmsweise dafür verantwortlich gemacht werden soll, daß er es unterlassen hat, zum Schutz fremder Rechtsgüter positiv tätig zu werden. Die Gleichstellung des Unterlassens mit dem positiven Tun setzt deshalb voraus, daß der Unterlassungstäter als *„Garant"* für die Abwendung des Erfolgs einzustehen hat. Alle Erfolgsabwendungspflichten beruhen auf dem *Grundgedanken,* daß der Schutz des gefährdeten Rechtsguts von einer positiven Leistung einer bestimmten Person *abhängt* und die Beteiligten sich auf den aktiven Einsatz dieser Person *verlassen* und *verlassen dürfen*[29]. Deswegen verlangt § 13 I für die Gleichstellung des Unterlassens mit dem positiven Tun auf der Ebene der Erfolgsverursachung, daß der Täter „rechtlich dafür einzustehen hat, daß der Erfolg nicht eintritt". Durch das objektive Tätermerkmal der Garantenstellung gewinnen die unechten Unterlassungsdelikte den Charakter *echter Sonderdelikte*[30].

2. Die Frage ist jedoch, *auf welche Weise* die für das Strafrecht maßgebenden Garantenpflichten eindeutig bezeichnet und abgegrenzt werden können. Die überlieferte Einteilung stützt sich auf den *Entstehungsgrund* der Rechtspflichten (**formelle Rechtspflichtlehre**)[31]. Anerkannt sind danach **Gesetz, Vertrag** und **vorangegange-**

---

[29] Vgl. *E. A. Wolff,* Kausalität S. 40; *Maiwald,* JuS 1981, 481f.; speziell zur Ingerenz *Welp,* Vorangegangenes Tun S. 177ff. Den Testgedanken der „sozialen Rolle" führt *Bärwinkel,* Garantieverhältnisse S. 111ff. ein. Dagegen *Schünemann,* Unterlassungsdelikte S. 132ff., der seinerseits die Zurechnung auf den Gedanken der „Herrschaft über den Grund des Erfolges" aufbaut (S. 236). *Jakobs,* Allg. Teil S. 660 gliedert die Garantenpflichten nach dem Haftungsgrund in solche kraft Organisationszuständigkeit (z. B. Verkehrssicherungspflichten, Ingerenz) und solche kraft institutioneller Zuständigkeit (z. B. Ehe, Verwandtschaft). *Otto,* Grundkurs S. 135 und *Brammsen,* Garantenpflichten S. 129ff. stellen auf eine verfestigte und allgemein anerkannte Handlungserwartung ab.
[30] Vgl. *Welzel,* Lehrbuch S. 208.
[31] So *Dreher / Tröndle,* § 13 Rdn. 5ff.; *Lackner,* § 13 Anm. 3a; *Maurach / Gössel / Zipf,* Allg. Teil II S. 164ff.; *Welzel,* Lehrbuch S. 213ff.; *WK (Nowakowski)* § 2 Rdn. 18ff. Dagegen will *Blei,* H. Mayer-Festschrift S. 133 die Garantenpflichten auf Gesetz und vorausgegangenes Tun beschränken, zu denen noch die Sicherungspflichten im eigenen sozialen Herrschaftsbereich und die Störung organisierter Schutzvorkehrungen hinzutreten sollen (S. 142). Vgl. auch *Blei,* Allg. Teil S. 321ff. § 12 AE beschränkt die Garantenpflichten auf Gesetz, Übernahme und vorangegangenes Tun. Daran knüpft die Darstellung von *Stratenwerth,* Allg. Teil I Rdn. 990ff. an.

nes **gefährdendes Tun** (RG 58, 130 [131]; 63, 392 [394]; BGH 4, 20 [22]; 11, 353 [355]), wozu später noch die **enge Lebensbeziehung** getreten ist (RG 69, 321 [323]; 74, 309; BGH 2, 151 [153]; 19, 167 [169]). Garantenpflichten können dagegen nicht aus der tatbestandsmäßigen Situation eines *echten* Unterlassungsdelikts hergeleitet werden, weil es sich dort um *jedermann* treffende Rechtspflichten handelt (RG 64, 273 [276]; 73, 52 [55]; BGH 3, 65 [67]). Da nur ein *rechtlich* anerkannter Grund der Verpflichtung zum Einstehen für die Abwendung eines Erfolgs in Betracht kommt, scheiden *sittliche* Pflichten als Grundlage strafrechtlicher Verantwortlichkeit aus (RG 66, 71 [73]; BGH 7, 268 [271]), was jetzt in § 13 I ausdrücklich ausgesprochen ist.

Die überlieferte Einteilung stellt nicht auf den Inhalt der Rechtspflicht ab und vermag deshalb auch keine sachlichen Abgrenzungsmerkmale anzugeben (BGH 19, 167 [168]). Diesem Mangel versucht die neuere, von *Armin Kaufmann* begründete Lehre dadurch abzuhelfen, daß sie die Garantenpflichten nach *materiellen* Gesichtspunkten bestimmt. Sie unterscheidet zwischen Garantenpflichten, die in einer *Schutzfunktion für ein bestimmtes Rechtsgut* bestehen (Obhutspflichten), und anderen, bei denen dem Garanten die *Überwachung einer Gefahrenquelle* obliegt (Sicherungs- oder Beherrschungspflichten) (**Funktionenlehre**)[32]. Die materielle Betrachtungsweise zeigt einen Weg, um die Garantenproblematik auf der Grundlage des sozialen Sinngehalts der verschiedenen Pflichten zu lösen, doch dürfen dabei auch deren Entstehungsgründe nicht aus dem Auge verloren werden, weil sonst der Ausweitungsgefahr Tor und Tür geöffnet würde. Anzustreben ist deswegen eine *Verbindung* der formellen und der materiellen Betrachtungsweise[33].

3. **Schutzpflichten in bezug auf bestimmte Rechtsgüter** können entstehen aus natürlicher Verbundenheit mit dem Träger des Rechtsguts, aus engen Gemeinschaftsbeziehungen und aus der Übernahme der Obhut. Zur Abgrenzung der sich aus diesen drei Entstehungsgründen ergebenden Garantenpflichten ist weiter erforderlich, daß entweder ein *Abhängigkeitsverhältnis* zwischen den Beteiligten besteht oder daß der Träger des Rechtsguts oder die sonst für dessen Schutz verantwortliche Person im Vertrauen auf die Bereitschaft des Garanten *erhöhte Gefahren* in Kauf genommen oder auf *anderweitige Schutzvorkehrungen* verzichtet haben[34].

a) Der stärkste und einleuchtendste Rechtsgrund, aus dem sich Garantenpflichten ergeben können, ist die **natürliche Verbundenheit,** die aber, um strafrechtliche Wirkungen zu äußern, auf einem *rechtlichen* Band beruhen muß. So sind vor allem die nächsten Familienangehörigen sich in der Regel gegenseitig verpflichtet, drohende

---

[32] So die h. L.; vgl. *Androulakis*, Unterlassungsdelikte S. 205 ff.; *Baumann / Weber*, Allg. Teil S. 244 f.; *Armin Kaufmann*, Unterlassungsdelikte S. 283 ff.; *Eser*, Strafrecht II Nr. 25 A Rdn. 49 ff.; *Henkel*, MSchrKrim 1961, 190; *Jescheck / Goldmann*, ZStW 77 (1965) S. 123; *Schönke / Schröder / Stree*, § 13 Rdn. 9; *Rudolphi*, Gleichstellungsproblematik S. 101; *Schmidhäuser*, Allg. Teil S. 666; *SK (Rudolphi)* § 13 Rdn. 24 f.; *Wessels*, Allg. Teil S. 217 ff. Auch *Jakobs*, Allg. Teil S. 661 ff. verwendet die Funktionenlehre innerhalb seines Systems. Eine auf dem Gedanken der „Begehungsgleichheit" aufgebaute materielle Garantenlehre, die eine „Herrschaft über die wesentliche Erfolgsursache" und eine „Herrschaft über die Anfälligkeit des Opfers" unterscheidet, entwickelt *Schünemann*, Unterlassungsdelikte S. 280, erzielt damit aber keinen Gewinn an Rechtssicherheit.

[33] So *Geilen*, FamRZ 1964, 390 f.; *Rudolphi*, Gleichstellungsproblematik S. 54; *Stree*, H. Mayer-Festschrift S. 146 f.; *LK (Jescheck)* § 13 Rdn. 19; *Schönke / Schröder / Stree*, § 13 Rdn. 8.

[34] Dies betont für die Garantenpflicht kraft Übernahme mit Recht *Stree*, H. Mayer-Festschrift S. 154 f., doch müssen die gleichen Gesichtspunkte auch für die anderen Fälle gelten. Ebenso *SK (Rudolphi)* § 13 Rdn. 49.

IV. Die Garantenstellung beim unechten Unterlassungsdelikt

Leibes- und Lebensgefahr voneinander abzuwenden[35]. Zweifelhaft ist jedoch, wie weit der Kreis der Garanten unter diesem Gesichtspunkt zu ziehen ist und ob auch geringere Rechtsgüter als Leib und Leben geschützt werden.

Beispiele: Die Eltern sind den in der Hausgemeinschaft lebenden Kindern zum Schutz gegen Leibes- und Lebensgefahr verpflichtet (BGH 7, 268 [272]; RG 66, 71 [74]), dagegen wohl nicht die Kinder den Eltern, es sei denn, diese stünden ausnahmsweise zu jenen in einem Abhängigkeitsverhältnis (anders BGH 19, 167, wo die Garantenpflicht der erwachsenen Kinder ohne Einschränkung bejaht wird[36]; vgl. auch BGH NStZ 1984, 149 [153]). Der Vater hat kraft natürlicher Verbundenheit mit dem Kinde die Pflicht, eine Abtreibungshandlung der Ehefrau zu verhindern (RG DStr 1936, 179; BGH *Dallinger* MDR 1973, 369). Entgegen RG 56, 168 [169] wird das auch für die nichteheliche Schwangerschaft zu gelten haben. Die Ehefrau hat die Pflicht, eine Brandstiftung am Eigentum des Mannes zu verhindern (OGH 3, 1 [4]). Eine Beistandspflicht gilt für Großeltern gegenüber Enkeln (RG 39, 397 [398]; 66, 316 [317]; 72, 373 [374]; OGH 1, 87 [88]) und für Geschwister[37], doch ist dabei immer zu prüfen, ob die besonderen einschränkenden Bedingungen der Garantenpflicht vorliegen. Auch im Verhältnis der Ehegatten zueinander wird eine auf § 1353 BGB gestützte Garantenpflicht zum Schutz von Leib und Leben angenommen (RG 71, 187 [189]; BGH 2, 150 [153] m. Anm. *Gallas,* JZ 1952, 371; BGH NStZ 1984, 73; OLG Oldenburg DAR 1955, 300), wobei die obengenannten einschränkenden Momente offenbar unterstellt werden. Die Rechtsprechung erstreckt die Garantenpflicht sogar auf Schwägerschaft (BGH 13, 162 [166]) und Verlöbnis (BGH JR 1955, 104)[38].

b) Eine anerkannte Quelle von Garantenpflichten sind ferner **enge Gemeinschaftsbeziehungen.** Maßgebend ist auch hier, daß aufgrund gegenseitigen Vertrauens Abhängigkeitsverhältnisse entstehen, erhöhte Risiken eingegangen werden oder anderweitige Sicherheitsvorkehrungen unterbleiben (Gefahrengemeinschaft, eheähnliches Zusammenleben, Pflegeverhältnisse)[39].

Beispiele: Der Führer einer Bergtour ist verpflichtet, den aus Schwäche zurückbleibenden Geführten mit allen vorhandenen Kleidungsstücken auszustatten, während er selbst Hilfe holt (BG Praxis 46 [1957] S. 302 [306]; vgl. ferner Obergericht Bern SchwJZ 1945, 42 [44f.]). Die Aufnahme pflegebedürftiger Personen in den Haushalt macht die erforderliche Fürsorge zur Rechtspflicht (RG 69, 321; 73, 389 [391]; 74, 309 [311]). Entsprechendes wurde für eine homosexuelle Lebensgemeinschaft angenommen (AG Duisburg MDR 1971, 10). Bloße Hausgemeinschaft begründet jedoch für sich allein noch keine Garantenstellung (BGH NStZ 1983, 117; NStZ 1984, 163; NStZ 1985, 122)[40]. Aus einem bloßen Zechgelage folgt ferner noch keine Garantenpflicht, jeder Beteiligte hat vielmehr selbst für sicheres Geleit zu sorgen (BGH NJW 1954, 1047). Auch eine allgemeine Garantenpflicht zur Abwendung von Vermögensschäden aus Betriebsgemeinschaft ist abzulehnen (anders BGH 2, 325 [326]).

c) Ein dritter Rechtsgrund für die Begründung einer Schutzposition ist die **freiwillige Übernahme** gegenüber dem Gefährdeten oder einem Dritten zugunsten des

---

[35] Ebenso *Schönke / Schröder / Stree,* § 13 Rdn. 18; *Schmidhäuser,* Allg. Teil S. 667; *LK*[9] *(Heimann-Trosien)* Einl. Rdn. 167ff.; *Welzel,* Lehrbuch S. 213f.; *Wessels,* Allg. Teil S. 220. Dagegen läßt *Schünemann,* Unterlassungsdelikte S. 357 als Gleichstellungskriterium nur die „tatsächliche personale Schutzherrschaft" gelten.
[36] Zustimmend *Geilen,* FamRZ 1964, 391; kritisch *H. Mayer,* Grundriß S. 79; *SK (Rudolphi)* § 13 Rdn. 49; *Schünemann,* Unterlassungsdelikte S. 357f.
[37] Ablehnend *Jakobs,* Allg. Teil S. 677.
[38] Ablehnend mit Recht *Geilen,* FamRZ 1961, 155ff.; *Schönke / Schröder / Stree,* § 13 Rdn. 18; *SK (Rudolphi)* § 13 Rdn. 49.
[39] Ebenso *Maurach / Gössel / Zipf,* Allg. Teil II S. 167f.; *Schönke / Schröder / Stree,* § 13 Rdn. 25; *Bärwinkel,* Garantieverhältnisse S. 137f. Dagegen aus Gründen der Rechtssicherheit *Doering,* MDR 1972, 665. Über die Beteiligung der Intimsphäre als Kriterium enger Gemeinschaftsbeziehungen *Honig,* Schaffstein-Festschrift S. 98ff.
[40] Dazu eingehend *Rudolphi,* NStZ 1984, 149ff.

Gefährdeten[41]. Insbesondere hier kommt es darauf an, daß andere sich im Vertrauen auf die Einsatzbereitschaft des Garanten einer größeren Gefahr aussetzen, als sie es sonst getan hätten, oder auf anderweitigen Schutz verzichten, denn nur dann rechtfertigt die Übernahme eine strafrechtliche Haftung[42]. Die zulässige Übertragung von Pflichten auf Dritte entlastet den primär Verantwortlichen (BGH NJW 1964, 1223; BGH 19, 286). Maßgebend für die Garantenstellung ist nicht die Rechtsgültigkeit des Vertragsabschlusses, sie wird vielmehr durch die tatsächliche Übernahme begründet. Daher kann die Garantenpflicht auch ausnahmsweise über die Geltung eines Vertrages hinaus andauern (RG 16, 269 [271]; 64, 81 [84])[43], sie geht jedoch nicht über die Grenzen des Vertrages hinaus (BGH NJW 1983, 350).

Beispiele: Garant ist, wer als erfahrener Alpinist eine Bergtour zu führen (BG Praxis 46 [1957] S. 302 [307]), als Arzt seine Patienten zu behandeln (RG DR 1943, 897; RG 74, 350 [354]), als Bereitschaftsarzt andere Ärzte zu vertreten (BGH 7, 211 [212]), als Arbeitgeber Lohnsteuer abzuführen hat (BGH 23, 319 [322]). Der Todeswunsch des Selbstmörders jedoch entlastet den Hausarzt nicht von seiner Garantenpflicht (BGH 32, 367 [374] Fall Dr. Wittig). Der zuständige Arzt ist nach stationärer Aufnahme des Patienten Garant für dessen Leben (BGH NStZ 1983, 263), ebenso der dienstältere Klinikarzt, der den jüngeren berät (BGH NJW 1979, 1258). Garant ist auch der Gastwirt, der einen schwer betrunkenen Gast auf die belebte Verkehrsstraße hinausführt und dort seinem Schicksal überläßt (BGH 26, 35, 39). Wer sich dagegen aus Gefälligkeit für einen fahruntüchtigen Kraftfahrer ans Steuer setzt, braucht diesen nach einer Fahrpause nicht daran zu hindern, daß er wieder selbst fährt (OLG Karlsruhe JZ 1960, 178 m. zust. Anm. *Welzel*). Die Rechtsprechung hat auch die Garantenpflicht aus freiwilliger Übernahme stark überdehnt (BGH 5, 187 [190]: Pflicht zur Verhinderung von Diebstählen im Betrieb aufgrund des Arbeitsvertrags; BGH 6, 198: Pflicht zur Mitteilung der nachträglich eingetretenen Zahlungsunfähigkeit an den vorleistungspflichtigen Vertragspartner beim Werkvertrag; BGH JZ 1986, 967 m. krit. Anm. *Winkelbauer*, JZ 1986, 1119 und *Rudolphi*, JR 1987, 336 ff.: Beihilfe zur Förderung der Prostitution seitens des Leiters des städtischen Ordnungsamts durch Nichthinderung eines Bordellbetriebs).

4. Die **Verantwortlichkeit für bestimmte Gefahrenquellen** ist der Grundgedanke der *zweiten Gruppe* von Garantenstellungen. Auch hier sind drei Untergruppen zu unterscheiden. Einmal kann durch ein gefährdendes Vorverhalten eine für andere bedrohliche Situation entstehen, die der Garant zu beseitigen hat. Zweitens können Gefahrenquellen, die im eigenen sozialen Herrschaftsbereich gelegen sind, die Garantenpflicht auslösen. Endlich gibt es eine Pflicht zur Kontrolle des Handelns von Personen, die der Garant zu beaufsichtigen hat. Der Umfang dieser Garantenpflichten, die aus der „Nähe zur Gefahr" entstehen, ist enger als der Pflichtenkreis, der aus einer Schutzposition für ein bestimmtes Rechtsgut erwächst. Während dort die Garantenpflicht auf Verteidigung des Schutzobjekts gegen *jede* Art von Beeinträchtigung gerichtet ist, hat der Garant hier *nur* die Gefahrenquelle selbst unter Kontrolle zu halten.

a) Die **Garantenpflicht aus vorangegangenem gefährdenden Tun** beruht auf dem Verbot, andere zu verletzen („neminem laede"). Wer eine Störung der auf Vermeidung von Rechtsgutsverletzungen angelegten sozialen Schutzordnung herbeiführt *(Ingerenz)*, muß dafür sorgen, daß sich die von ihm geschaffene Gefahr nicht in einen

---

[41] Ebenso *Maurach / Gössel / Zipf*, Allg. Teil II S. 166 f.; *Schmidhäuser*, Allg. Teil S. 669 f.; *LK*[9] *(Heimann-Trosien)* Einl. Rdn. 183 ff.; *SK (Rudolphi)* § 13 Rdn. 58 ff.; *Schönke / Schröder / Stree*, § 13 Rdn. 26 ff.; *Stratenwerth*, Allg. Teil I Rdn. 997 ff.; *Welzel*, Lehrbuch S. 214.

[42] Vgl. *Stree*, H. Mayer-Festschrift S. 154 f.; *Blei*, ebenda S. 121 ff.; *Jakobs*, Allg. Teil S. 671; *SK (Rudolphi)* § 13 Rdn. 58 ff. Über den Vertrauensgedanken vgl. auch *Pfander*, Die Rechtspflicht zum Handeln aus Vertrag S. 163 ff. Dagegen *Stratenwerth*, Allg. Teil I Rdn. 1002.

[43] Zu weit geht jedoch RG 17, 260 (261), weil in diesem Falle nach Ablauf des Pflegevertrages die Gemeinde für die Versorgung des Hilfsbedürftigen verantwortlich war. Die zeitliche und gegenständliche Beschränkung der Pflichtübernahme betont mit Recht *Kienapfel*, JBl 1975, 22.

IV. Die Garantenstellung beim unechten Unterlassungsdelikt

tatbestandsmäßigen Erfolg umsetzt (RG 24, 339; 64, 273 [276]; BGH 4, 20 [22]; 26, 35 [37])[44]. Um jedoch klarzustellen, daß nicht schon aus bloßer Verursachung einer Gefahr eine Pflicht zur Erfolgsabwendung erwachsen kann, muß der Gedanke der Ingerenz in dreifacher Hinsicht eingeschränkt werden[45]. Einmal muß das vorangegangene Tun die *nahe (adäquate)* Gefahr des Schadenseintritts herbeigeführt haben[46]. Zweitens muß das Vorverhalten *objektiv pflichtwidrig* (wenn auch nicht schuldhaft) gewesen sein (BGH 17, 321; 19, 152; 23, 327; 25, 218)[47]. Die Pflichtwidrigkeit muß endlich in der Verletzung einer Norm bestehen, die gerade dem Schutz des betreffenden Rechtsguts dient[48]; abzulehnen ist deswegen BGH 17, 321 (323), wo die Pflicht zur Abwendung des Meineids im Ehescheidungsprozeß auf ein ehebrecherisches Verhältnis des Beklagten zur Zeugin gegründet wird (vgl. auch zutreffend OLG Schleswig NStZ 1982, 116). Als Ingerent ist vor allem strafrechtlich verantwortlich, wer entweder ein bestehendes Schutzverhältnis aufhebt, indem er den Rechtsgutsträger selbst oder eine andere schutzbereite Person ausschaltet, oder wer eine neue Gefahrenquelle eröffnet, die entweder in der Auslösung von Naturkräften oder in der Nichtbeaufsichtigung von ihm anvertrauten Personen bestehen kann.

Beispiele: Die *Nähe der Gefahr* wird in der Rechtsprechung jetzt allgemein vorausgesetzt. So erfordert die Meineidsbeihilfe durch Unterlassen, daß eine besondere, dem Prozeß nicht mehr eigentümliche Gefahr des Meineids geschaffen worden ist (RG 75, 271 [274f.]; BGH NJW 1953, 1399; NJW 1954, 1818; BGH 17, 321 [322]); der Fahruntüchtige oder Trunkene muß in eine gesteigerte Gefahrensituation gebracht worden sein (BayObLG NJW 1953, 556; OLG Karlsruhe JZ 1960, 178; OLG Oldenburg NJW 1961, 1938). Auch das Erfordernis der *Pflicht-*

---

[44] Ebenso *Baumann / Weber,* Allg. Teil S. 248ff.; *Blei,* Allg. Teil S. 323ff.; *Bockelmann / Volk,* Allg. Teil S. 141f.; *Maurach / Gössel / Zipf,* Allg. Teil II S. 154ff.; *Jakobs,* Allg. Teil S. 661; *Lackner,* § 13 Anm. 3a dd; *Schmidhäuser,* Allg. Teil S. 671; *Schönke / Schröder / Stree,* § 13 Rdn. 32; *Stree,* H. Mayer-Festschrift S. 156f.; *Welp,* Vorangegangenes Tun S. 177ff. Einschränkend *Pfleiderer,* Garantenstellung aus vorangegangenem Tun S. 128ff.; ablehnend *Lampe,* ZStW 72 (1960) S. 106; *Langer,* Das Sonderverbrechen S. 504; *Roxin,* ZStW 83 (1971) S. 403; *Schünemann,* Unterlassungsdelikte S. 106ff., 165ff., 231ff., 308ff.; *derselbe,* GA 1974, 233ff.

[45] So vor allem *Rudolphi,* Gleichstellungsproblematik S. 110ff.; *SK (Rudolphi)* § 13 Rdn. 38f.; *Schönke / Schröder / Stree,* § 13 Rdn. 34.

[46] So die h. L.; vgl. *Granderath,* Vorangegangenes gefährdendes Verhalten S. 156ff.; *Maurach / Gössel / Zipf,* Allg. Teil II S. 169; *Blei,* Allg. Teil S. 323; *Rudolphi,* Gleichstellungsproblematik S. 120f.; *Schönke / Schröder / Stree,* § 13 Rdn. 34; *Kienapfel,* JBl 1975, 83; *Stratenwerth,* Allg. Teil I Rdn. 1005f., der mit Recht auf die Eignung des Vorverhaltens zur Herbeiführung der Gefahr und die daraus sich ergebende Verhinderungspflicht abstellt.

[47] So *v. Hippel,* Bd. II S. 166; *Kohlrausch / Lange,* Vorbem. II 3d; *Mezger,* Lehrbuch S. 147; *Blei,* Allg. Teil S. 324; *Lackner,* § 13 Anm. 3a dd; *Henkel,* MSchrKrim 1961, 183; *Rudolphi,* Gleichstellungsproblematik S. 157ff.; *Schönke / Schröder / Stree,* § 13 Rdn. 35; *Welzel,* Lehrbuch S. 216; *Schmidhäuser,* Allg. Teil S. 673f.; *Wessels,* Allg. Teil S. 222f.; *WK (Nowakowski)* § 2 Rdn. 27. Eine verbreitete Meinung läßt jedoch *jede* gefahrbegründende Handlung ohne Rücksicht auf ihre rechtliche Qualifikation genügen; vgl. *Baumann / Weber,* Allg. Teil S. 248; *Bockelmann / Volk,* Allg. Teil S. 141; *Granderath,* Vorangegangenes gefährdendes Verhalten S. 149ff.; *Heinitz,* JR 1954, 270; *Herzberg,* JuS 1971, 74; *derselbe,* Die Unterlassung S. 294ff.; *v. Liszt / Schmidt,* S. 191; *Maurach / Gössel / Zipf,* Allg. Teil II S. 171; *Olshausen,* Vorbem. 7c vor § 47; *Vogt,* ZStW 63 (1951) S. 403; *Welp,* Vorangegangenes Tun S. 209ff. (differenzierend für die Notwehr S. 271ff.; ebenso *Maiwald,* JuS 1981, 483). Einschränkend *Jakobs,* Allg. Teil S. 667f. Differenzierend auch *Stratenwerth,* Allg. Teil I Rdn. 1009, der bei erlaubten Risiko-Vorhandlungen im Unterschied zu „Eingriffsrechten" das Erfordernis der Pflichtwidrigkeit verneint. Vgl. ferner *Otto / Brammsen,* Jura 1985, 649ff. Die Fälle der Verkehrssicherungspflichten sind unten § 59 IV 4b behandelt; dort geht es um *erlaubte* Vorhandlungen.

[48] Vgl. *Stree,* Klug-Festschrift Bd. II S. 399ff.; *LK (Jescheck)* § 13 Rdn. 33; *Wessels,* Allg. Teil S. 223.

widrigkeit des Vorverhaltens beginnt sich in der Rechtsprechung durchzusetzen (anders früher RG 51, 9 [12]; BGH 3, 203 [205]; nicht erörtert in BGH 11, 353)[49]. Aus dem Ausschank von Alkohol als einer „allgemein als sozialüblich anerkannten Verhaltensweise" folgt nicht die Pflicht des Gastwirts, strafbare Handlungen der Gäste zu verhindern (BGH 19, 152 [154], anders früher BGH 4, 20). Die Verletzung des Angreifers in Notwehr macht den Angegriffenen nicht zum Garanten (BGH 23, 327)[50]. Ein Kraftfahrer, der sich verkehrsgerecht verhalten hat, hat gegenüber dem allein schuldigen Unfallopfer keine Garantenstellung (BGH 25, 218 [221] m. zust. Anm. *Rudolphi*, JR 1974, 160); anders aber, wenn der Kraftfahrer sich verkehrswidrig verhalten hatte und dieses Verhalten in unmittelbarem Zusammenhang mit dem Unfall stand (BGH 34, 82 [84] m. Anm. *Herzberg*, JZ 1986, 987, der das Kriterium der Pflichtwidrigkeit hier preisgegeben sieht). Beispiele für die *Ausschaltung des Rechtsgutsträgers* bietet die Rechtsprechung zu § 221 (RG 31, 165 [166]; 54, 273; BGH 4, 113 [115])[51]. Der uneheliche Vater, der die Verlobte veranlaßt, vor der Niederkunft einen menschenleeren Ort aufzusuchen, damit das Kind dort umkommen soll, *schaltet die sonst vorhandenen Schutzinstanzen aus* (RG 66, 71). Hauptfall der Garantenstellung aus vorangegangenem Tun ist die *Eröffnung neuer Gefahrenquellen.* So hat insbesondere der Kraftfahrer, der einen anderen pflichtwidrig in Lebensgefahr bringt, als Garant für ärztliche Hilfe zu sorgen (BGH VRS 13, 120 [122]; BGH 7, 287 [288]; vgl. auch BGH 25, 218). Wer einen anderen betrunken macht, so daß dieser nicht mehr verantwortlich handeln kann, muß Gefahren für ihn selbst oder dritte Personen abwenden (BGH 19, 152 [155])[52]. Auch bei eigenverantwortlicher Selbstgefährdung eines anderen (Überlassung von Heroin zum Eigengebrauch) ist die Garantenstellung des Lieferanten zu bejahen, wenn der andere in Todesgefahr gerät (BGH NStZ 1984, 452; anders OLG Stuttgart MDR 1981, 157). Selbst die pflichtwidrige Schaffung der Gefahr einer Straftat von seiten einer voll verantwortlichen Person soll strafrechtliche Haftung für das Unterlassen der Verbrechensverhütung nach sich ziehen können (BGH 2, 279 [283f.]; 17, 321 [323]), wenn auch meist nur als Beihilfe durch Unterlassen[53].

b) Entsprechend der Verkehrssicherungspflicht im Zivilrecht (BGH NJW 1961, 868 [869]; NJW 1962, 791 [792])[54] besteht auch im Strafrecht eine **Garantenpflicht für die Überwachung von Gefahrenquellen,** die innerhalb des eigenen Herrschaftsbereichs gelegen sind, und zwar ohne Rücksicht auf freiwillige Übernahme der Obhut oder pflichtwidriges vorangegangenes Tun[55] (dieser Gesichtspunkt ist somit von den beiden zuvor behandelten Gründen der Garantenpflicht zu unterscheiden[56]). Die Begründung dafür liegt darin, daß die Umwelt sich darauf verlassen können muß, daß, wer die Verfügungsgewalt über einen bestimmten Herrschaftsbereich oder einen abgegrenzten Raum ausübt, der anderen offen steht oder aus dem auf andere eingewirkt werden kann, die Gefahren beherrscht, die sich durch gefährliche Zustände oder Situationen, durch Tiere, Anlagen oder Einrichtungen in diesem Bereich ergeben können.

---

[49] Die Gegenmeinung verweist vor allem auf die Notwehrsituation und befürchtet für den verletzten Angreifer eine Art von „Friedlosigkeit" (*Baumann / Weber,* Allg. Teil S. 248), aber zu Unrecht, denn der Angegriffene bleibt immer nach § 323c hilfeleistungspflichtig.

[50] Die lebhaft umstrittene Entscheidung wird abgelehnt von *Eser,* Strafrecht II Nr. 27 A Rdn. 11; *Herzberg,* MDR 1971, 74ff.; *Welp,* JZ 1971, 433f. Zustimmend zu Recht *Bringewat,* MDR 1971, 716ff.; *Schönke / Schröder / Stree,* § 13 Rdn. 37; *SK (Rudolphi)* § 13 Rdn. 41.

[51] Vgl. dazu *SK (Horn)* § 221 Rdn. 6.

[52] Vgl. *Cramer,* GA 1961, 101; *Geilen,* JZ 1965, 469ff.

[53] Vgl. *Gallas,* JZ 1960, 687; *SK (Rudolphi)* § 13 Rdn. 42.

[54] Vgl. *v. Caemmerer,* Gesammelte Schriften Bd. I S. 562f.; Zusammenstellung der strafrechtlichen Rechtsprechung bei *Schünemann,* Unterlassungsdelikte S. 303ff.

[55] Vgl. *Schönke / Schröder / Stree,* § 13 Rdn. 43ff.; *LK*[9] *(Heimann-Trosien)* Einl. Rdn. 186ff.; *SK (Rudolphi)* § 13 Rdn. 26ff.; *Granderath,* Vorangegangenes gefährdendes Verhalten S. 161ff.; *Schmidhäuser,* Allg. Teil S. 675f.; *Stratenwerth,* Allg. Teil I Rdn. 1019ff.

[56] Vgl. *Kugler,* Ingerenz S. 147ff.; *Otto,* NJW 1974, 532; *Schünemann,* Unterlassungsdelikte S. 284ff.

IV. Die Garantenstellung beim unechten Unterlassungsdelikt

Beispiele: Garant ist, wer als Mieter die Streupflicht übernimmt (OLG Celle NJW 1961, 1939), wer es übernimmt, die Kraftfahrzeuge eines Betriebs auf Verkehrssicherheit zu überwachen (OLG Hamm VRS 20, 465) oder bei einem plötzlichen Halt den nachfolgenden Verkehr zu warnen (BGH VRS 17, 424 [428]). Die pflichtwidrige Unterlassung der Beleuchtung eines Hausflurs führt zur Anwendung des § 230, wenn sich infolge der Dunkelheit jemand verletzt (RG 14, 362 [363]). In der Überwachungspflicht liegt der Grund für die Verantwortlichkeit des Kraftfahrzeugbesitzers, der den Wagen nicht in verkehrssicherem Zustand hält (BGH VRS 17, 388 [390]) oder Fahrunfähigen oder Fahrunkundigen die Führung des Fahrzeugs ermöglicht (BGH 18, 359 [361]; BGH VRS 14, 191 [195]; VRS 20, 282). Der Hauseigentümer muß wegen der Gefahr für die Allgemeinheit eine Brandstiftung abwenden (OGH 3, 1 [3f.] mit anderer Begründung). Bei der Bauleitung ergeben sich abgestufte Kontrollpflichten für die verschiedenen Beteiligten (BGH 19, 286 [288f.]; OLG Karlsruhe NJW 1977, 1930; OLG Stuttgart NStZ 1985, 124). Der Tierhalter ist in den Grenzen der Sorgfaltspflicht dafür verantwortlich, daß seine Tiere keine Schäden anrichten (OLG Bremen NJW 1957, 72; OLG Bremen VRS 23, 41 [42]). Ein Fußballplatz muß gegen die Bundesstraße abgesichert sein (BGH VRS 18, 48 [51]). Für Skipisten besteht eine Verkehrssicherungspflicht (BGH GA 1971, 333; NJW 1973, 1379). Der trunksüchtige Kraftfahrzeughalter muß im Zustand der Nüchternheit sein Kfz abschaffen (omissio libera in causa) (BayObLG JR 1979, 289 m. Anm. *Horn*).

Dagegen kann der Gastwirt nicht wegen Hehlerei durch Mitwirken beim Absatz verurteilt werden, wenn er das Anbieten von Diebesgut im Lokal nicht verhindert (anders RG 58, 299; zutreffend aber OLG Schleswig NJW 1954, 285), denn die Gasträume sind keine Gefahrenquelle[57]. Auch eine Notzucht in einer Gastwirtschaft kann für den Gastwirt, der die Tat geschehen läßt, nur die Strafbarkeit nach § 323 c auslösen (BGH GA 1971, 337). Erst recht gilt dies für eine Körperverletzung (anders BGH NJW 1966, 1763). Bedenken bestehen auch dagegen, eine Garantenstellung durch Aufnahme eines anderen in die Wohnung zu begründen (so aber BGH 27, 10 m. abl. Anm. *Naucke*, JR 1977, 290)[58]. Endlich läßt sich auch durch die „Monopolstellung" in einem abgegrenzten Herrschaftsbereich eine höhere als die allgemeine Hilfeleistungspflicht nicht begründen[59], z. B. wenn der Kapitän eines Schiffes an Bord einen blinden Passagier entdeckt und sich seiner nicht annimmt, so daß dieser einen Gesundheitsschaden erleidet[60].

c) Aus dem Gesichtspunkt der Nähe zur Gefahr kann sich auch eine **Garantenhaftung für das Handeln dritter Personen** ergeben, und zwar ebenfalls ohne Rücksicht auf vorangegangenes Tun oder freiwillige Übernahme[61]. Maßgebend ist dabei der Gedanke, daß die Allgemeinheit im Hinblick auf bestehende Autoritäts- und Aufsichtsstellungen darauf vertraut, daß der Pflichtige Gefahren, die von der zu überwachenden Person ausgehen, beherrscht.

Beispiele: Erziehungsberechtigte haben dafür zu sorgen, daß die ihrer Aufsicht unterstehenden Minderjährigen keine Straftaten begehen (BGH FamRZ 1958, 211); nicht aber der Vater gegenüber dem erwachsenen Sohn (anders KG JR 1969, 27 m. abl. Anm. *Lackner*). Die Garantenstellung von vorgesetzten Amtsträgern (§ 357) und militärischen Vorgesetzten (§ 41 WStG) ist im Gesetz selbst geregelt. Für Schiffsoffiziere ergibt § 108 SeemannsG die Verpflichtung, Schmuggelgeschäfte der Schiffsmannschaft zu verhindern (RG 71, 176 [177]). Desgleichen besteht eine Garantenpflicht des Lehrers hinsichtlich strafbarer Handlungen seiner Schüler im Schulbereich. Das Gefängnispersonal ist dafür verantwortlich, daß die Gefangenen keine strafbaren Handlungen begehen (RG 53, 292).

---

[57] Wie der Text *Stratenwerth*, Allg. Teil I Rdn. 1020; *LK⁹ (Heimann-Trosien)* Einl. Rdn. 190; *SK (Rudolphi)* § 13 Rdn. 37; *Herzberg*, Die Unterlassung S. 332 f.
[58] Wie der Text *Maurach / Gössel / Zipf*, Allg. Teil II S. 168; *Jakobs*, Allg. Teil S. 666; *Stratenwerth*, Allg. Teil I Rdn. 1020. Vgl. auch BGH 30, 391 (395).
[59] So zutreffend *Stratenwerth*, Allg. Teil I Rdn. 1020.
[60] Zum ganzen *Landscheidt*, Stellung in Räumlichkeiten S. 73 ff. Eine Garantenpflicht des Hauseigentümers hinsichtlich einer auf die Hauswand aufgesprühten Beleidigung verneint mit Recht *Weber*, Oehler-Festschrift S. 93.
[61] Ebenso *Schönke / Schröder / Stree*, § 13 Rdn. 51 ff.; *SK (Rudolphi)* § 13 Rdn. 32 ff.; *Schünemann*, Unterlassungsdelikte S. 323 ff.; *Stratenwerth*, Allg. Teil I Rdn. 994.

Dagegen ist die Garantenpflicht der Beamten der Vollzugspolizei für die Verhinderung von strafbaren Handlungen auf den Gedanken der Übernahme zu gründen (vgl. oben § 59 IV 3c). Auch eine Rechtspflicht des Vorarbeiters zur Verhinderung eines Diebstahls von seiten eines ihm unterstellten Arbeiters zum Nachteil des Auftraggebers besteht nicht (OLG Karlsruhe GA 1971, 281), dagegen soll der Bauingenieur Garant dafür sein, daß sein Fahrer unterwegs keinen Alkohol trinkt und nach einem Unfall seiner Wartepflicht genügt (BGH VRS 24, 34). Keinerlei Hinderungspflichten in bezug auf Straftaten ergeben sich aus der ehelichen Lebensgemeinschaft (anders RG 64, 162 [166]; 74, 283 [285]; BGH 6, 322 [323f.]; BGH NJW 1953, 591; BGH LM § 47 Nr. 5; zweifelnd jetzt aber BGH 19, 295 [297]; wie der Text OLG Stuttgart NJW 1986, 1767 [1768f.])[62]. Das schweizerische Bundesgericht hat eine Pflicht zum Einschreiten des Firmeninhabers gegen verbotene Waffengeschäfte von leitenden Angestellten angenommen (BGE 96 IV 155) (Fall Bührle).

5. Die Garantenpflicht kann sich auch aus mehreren der vorgenannten Gründe ergeben (z. B. rettet der Vater das Kind nicht, das er selbst pflichtwidrig in Lebensgefahr gebracht hat; vgl. auch den Fall BGH JR 1957, 347). Eine solche **Konkurrenz von Garantenpflichten** verstärkt die Zumutbarkeit der Rettungshandlung (vgl. unten § 59 VIII). Liegen unvereinbare Handlungspflichten gegenüber verschiedenen Personen vor, ist ein Fall der Pflichtenkollision gegeben (vgl. oben § 47 I).

V. Die Entsprechung in den Handlungsmerkmalen (zweites Gleichstellungskriterium)

1. Die objektive Zurechnung des tatbestandsmäßigen Erfolgs beruht bei den unechten Unterlassungsdelikten darauf, daß an die Stelle der Verursachung des Erfolgs durch positives Tun die Nichtabwendung entgegen einer Garantenpflicht tritt (vgl. oben § 59 IV 1)[63]. Neben den reinen Verursachungsdelikten wie Totschlag (§ 212), Körperverletzung (§ 223), Sachbeschädigung (§ 303), fahrlässige Brandstiftung (§ 309) gibt es jedoch Begehungsdelikte, bei denen nicht die Herbeiführung des Erfolgs für sich allein, sondern nur die Herbeiführung *auf eine bestimmte Art und Weise* tatbestandsmäßig ist.

Beispiele: Beim Betrug (§ 263) muß der Vermögensschaden durch „Täuschung", bei der Erpressung (§ 253) durch „Gewalt oder Drohung mit einem empfindlichen Übel" verursacht werden. Die Förderung sexueller Handlungen Minderjähriger (§ 180) setzt ein Vorschubleisten „durch Vermittlung oder durch Gewährung oder Verschaffung von Gelegenheit" voraus. Eine gefährliche Körperverletzung (§ 223a) liegt nur dann vor, wenn der Gesundheitsschaden „mittels eines gefährlichen Werkzeugs" oder auf andere besonders gefährliche Weise zugefügt wird.

Das spezifische Handlungsunrecht besteht bei diesen Strafvorschriften nicht nur in der Verursachung des tatbestandsmäßigen Erfolgs, sondern *auch* in der Art und Weise der Begehung der Tat. Wie verhält es sich aber in diesen Fällen mit dem **Handlungsunrecht der Unterlassungsdelikte,** da das bloße Untätigbleiben positive Handlungsmerkmale in der Regel nicht erfüllen kann[64]? § 13 verlangt als zweites Gleichstellungskriterium, daß das Unterlassen der Verwirklichung des gesetzlichen Tatbestands durch ein Tun *entsprechen* muß. Das spezifische Handlungsunrecht der Nicht-

---

[62] *H. Mayer,* Materialien Bd. I S. 275 spricht angesichts der bisherigen Praxis nicht zu Unrecht von „Sippenhaftung". Im gleichen Sinne jetzt die h. L.; *Maurach / Gössel / Zipf,* Allg. Teil II S. 161; *Tenckhoff,* JuS 1978, 311; *Schönke / Schröder / Stree,* § 13 Rdn. 53; *LK*[9] (*Heimann-Trosien*) Einl. Rdn. 173; *Lackner,* § 13 Anm. 3c; *Wessels,* Allg. Teil S. 222; *Geilen,* FamRZ 1961, 157ff.; *Bärwinkel,* Garantieverhältnisse S. 154ff.; *Schmidhäuser,* Allg. Teil S. 668; *Welzel,* Lehrbuch S. 214.

[63] *Arzt,* JA 1980, 553 spricht von einer „Siebfunktion" der Garantenstellung.

[64] *Schmidhäuser,* Allg. Teil S. 682 schließt in diesen Fällen die Möglichkeit tatbestandsmäßigen Unterlassens überhaupt aus.

hinderung des Erfolgs bei den Delikten mit besonderen Handlungsmerkmalen kann dem positiven Tun aber nur dann entsprechen, wenn sich der Erfolg etwa in der vom Tatbestand geforderten Weise, also z. B. durch Täuschung, Zwang, Verschaffung von Gelegenheit, Verwendung eines gefährlichen Werkzeugs oder in gleichwertiger Weise verwirklicht hat (BGH 28, 300 [307]: das Unterlassen der Entstörung des Fahrtenschreibers ist keine störende Einwirkung i. S. von § 268 III)[65]. Allein dies ist der Sinn der Gleichwertigkeitsklausel in § 13 I. Dagegen kann das fehlende Handlungsunrecht nicht durch eine „Gesamtbewertung" der Tat aufgewogen werden, weil das zu einer Gefährdung der Rechtssicherheit führen würde[66]. Wo die Merkmale der Entsprechung zu suchen sind, wenn wie etwa beim Betrug der Täter nicht täuscht, sondern nur einen Irrtum aufkommen oder gar nur bestehen läßt, ist zweifelhaft. Man wird jedenfalls sowohl im Unrechts- als auch im Schuldbereich anzusetzen haben, so wenn der Täter den Irrtum selbst (unvorsätzlich) herbeigeführt oder wenn er ein besonders enges Vertrauensverhältnis mißbraucht hat[67].

2. Einzelne Delikte erfordern darüber hinaus das Vorliegen *besonderer täterschaftlicher Merkmale*. Diese können beim Unterlassungstäter ohne weiteres gegeben sein, wenn es sich um rechtliche Statusmerkmale handelt (z. B. Amtsträger, §§ 11 I Nr. 2, 340 oder Arzt, § 278). Dagegen ist bei Delikten, die eine bestimmte Lebensweise voraussetzen (z. B. Zuhälterei, § 181a) oder die nur eigenhändig vorgenommen werden können (vgl. oben § 26 II 6), eine Unterlassungstäterschaft ausgeschlossen, weil Täter nur sein kann, wer selbst in der inkriminierten Weise lebt bzw. die Tat in eigener Person begeht[68].

VI. Der Vorsatz bei den Unterlassungsdelikten

Auch die für die Begehungsdelikte entwickelten Regeln über den Vorsatz (vgl. oben § 29 III) können auf den Vorsatz bei den Unterlassungsdelikten nicht unmittelbar angewendet werden. Sie bedürfen vielmehr der **Anpassung** an die Tatsache, daß es an einem vom Verwirklichungswillen getragenen positiven Tun fehlt. Bei den Unterlassungsdelikten ist einmal der objektive Tatbestand und damit der *Gegenstand des Vorsatzes* anders aufgebaut als bei den Begehungsdelikten, zum anderen muß auch die *Struktur des Vorsatzes* teilweise anders bestimmt werden.

---

[65] Vgl. dazu *Gallas*, Niederschriften Bd. XII S. 80; *derselbe*, ZStW 80 (1968) S. 19 f.; *Jescheck*, Niederschriften Bd. XII S. 96 f.; *Blei*, Allg. Teil S. 330; *Bockelmann / Volk*, Allg. Teil S. 142; *Jakobs*, Allg. Teil S. 649; *Herzberg*, Die Unterlassung S. 66 ff.; *Armin Kaufmann*, Unterlassungsdelikte S. 288; *derselbe*, JuS 1964, 177; *Lackner*, § 13 Anm. 4; *LK[9]* (*Heimann-Trosien*) Einl. Rdn. 198; *Kienapfel*, ÖJZ 1976, 199 f.; *Roxin*, Einführung S. 6 f.; *Rudolphi*, Gleichstellungsproblematik S. 57 ff.; *Schönke / Schröder / Stree*, § 13 Rdn. 4; *SK (Rudolphi)* § 13 Rdn. 18; *Stratenwerth*, Allg. Teil I Rdn. 1036; *Welzel*, Lehrbuch S. 219; *Eser*, Strafrecht II Nr. 25 A Rdn. 42; *Wessels*, Allg. Teil S. 224; AE Begründung zu § 12 a. E. Zweifelnd gegenüber der Gleichstellungsformel *Baumann / Weber*, Allg. Teil S. 252; *Schöne*, Unterlassene Erfolgsabwendungen S. 338. Abzulehnen ist dagegen die Meinung, daß auch bei den Erfolgsdelikten ohne besondere Handlungsmerkmale noch eine Gleichwertigkeitsprüfung stattzufinden habe; so aber *Androulakis*, Unterlassungsdelikte S. 219 ff.; *Henkel*, MSchrKrim 1961, 178 f.; *Arthur Kaufmann / Hassemer*, JuS 1964, 153; *Pallin*, ZStW 84 (1972) S. 200; *WK (Nowakowski)* § 2 Rdn. 13; österr. OGH JBl 1972, 276.

[66] So aber E 1962, Begründung S. 125. Vgl. in dieser Richtung *Blei*, Allg. Teil S. 331; *Arzt*, JA 1980, 717; *Dreher / Tröndle*, § 13 Rdn. 17; *Lackner*, § 13 Anm. 4; OLG Karlsruhe MDR 1975, 771.

[67] Vgl. *LK[9]* (*Heimann-Trosien*) Einl. Rdn. 198; *Roxin*, Einführung S. 7; *Jakobs*, Allg. Teil S. 689 f. (mit Beispielen); *Stratenwerth*, Allg. Teil I Rdn. 1036.

[68] Vgl. *Armin Kaufmann*, Unterlassungsdelikte S. 288; *Rudolphi*, Gleichstellungsproblematik S. 63; *SK (Rudolphi)* § 13 Rdn. 10.

1. Zum *objektiven Tatbestand der Unterlassungsdelikte* gehören die tatbestandsmäßige Situation, das Ausbleiben der gebotenen Handlung und die individuelle Handlungsfähigkeit in der konkreten Situation (BGH NJW 1953, 1838; OLG Köln NJW 1973, 861). Bei den unechten Unterlassungsdelikten treten außerdem der tatbestandsmäßige Erfolg und die an Sicherheit grenzende Wahrscheinlichkeit seiner Abwendbarkeit hinzu. Zweifelhaft war lange die Frage, ob ferner auch die *Garantenpflicht* zum objektiven Tatbestand des Unterlassungsdelikts zu zählen sei (so früher für die unechten Unterlassungsdelikte BGH 2, 150 [155]; 3, 82 [89]; 4, 327 [331]; 5, 187 [189]; 14, 229 [232]; für die echten Unterlassungsdelikte RG 52, 99 [102]; 75, 160 [163]; BGH GA 1959, 87 [89]; BGH JZ 1958, 506 [508]). Inzwischen hat der BGH jedoch im Anschluß an die Schuldtheorie den *richtigen Standpunkt* gewonnen[69]. Danach gehören zum Tatbestand der unechten Unterlassungsdelikte **nur die Merkmale der Garantenstellung,** nicht aber die daraus folgende Handlungspflicht selbst; diese ist ebenso Bestandteil der Rechtswidrigkeit wie die Unterlassungspflicht bei den Begehungsdelikten (BGH 16, 155 [158])[70]. Auf der gleichen Linie liegt die für die echten Unterlassungsdelikte getroffene Unterscheidung zwischen dem im Tatbestand umschriebenen Sachverhalt, an den sich die Rechtspflicht zum Handeln knüpft, und der Handlungspflicht selbst, die nicht zum Tatbestand gehört (BGH 19, 295 [298])[71]. Damit ist der Gegenstand des Vorsatzes klar abgegrenzt, zweifelhaft ist jedoch, wie seine Struktur zu bestimmen ist.

2. Inhalt des Vorsatzes bei den Begehungsdelikten ist das Wissen und Wollen der zum gesetzlichen Tatbestand gehörenden objektiven Merkmale (vgl. oben § 29 II 2). Das Wollen liegt dabei in der Steuerung des aktiven Tuns, wobei der Täter sich mit der Verwirklichung des gesetzlichen Tatbestandes mindestens abfindet, das Wissen liegt darin, daß der Täter die Verwirklichung des gesetzlichen Tatbestandes mindestens ernstlich für möglich hält (vgl. oben § 29 III 3 a). Die Frage ist, ob es bei der Unterlassung eine **vergleichbare Beziehung** des Täters zum objektiven Tatbestand gibt[72].

a) Es kann sein, daß der Unterlassungstäter angesichts der tatbestandsmäßigen Situation und im Bewußtsein der eigenen Handlungsfähigkeit geradezu den **Entschluß** faßt, untätig zu bleiben[73].

---

[69] Ebenso die h. L.; vgl. *Androulakis,* Unterlassungsdelikte S. 253 ff.; *Blei,* Allg. Teil S. 335; *Baumann / Weber,* Allg. Teil S. 240 f.; *Dreher / Tröndle,* § 16 Rdn. 12; *Armin Kaufmann,* Unterlassungsdelikte S. 129 ff., 306 f.; *Arthur Kaufmann,* JZ 1963, 504 ff.; *Lackner,* § 15 Anm. II 1 c; *Maurach / Gössel / Zipf,* Allg. Teil II S. 173 f.; *Schaffstein,* Göttinger Festschrift S. 198 ff.; *Schönke / Schröder / Cramer,* § 15 Rdn. 91 f.; *Welzel,* Lehrbuch S. 219; *Wessels,* Allg. Teil S. 225; *WK (Nowakowski)* § 2 Rdn. 32. *Stratenwerth,* Allg. Teil I Rdn. 1039 verlangt mit Recht auch hier „Parallelwertung in der Laiensphäre" (die in BGH 16, 155 im Bewußtsein der Übernahme der Pflicht zur sicheren Beförderung liegt). Dagegen rechnet *Kohlrausch / Lange,* System. Vorbem. II 3 auch die Garantenpflicht zum Tatbestand.

[70] Anders jedoch *E. A. Wolff,* Kausalität S. 49 ff. und *Stratenwerth,* Allg. Teil I Rdn. 1039, der auch bezüglich der Garanten*pflicht* eine Parallelwertung in der Laiensphäre fordert.

[71] So die h. L.; vgl. *Geilen,* JuS 1965, 427; *Welzel,* NJW 1953, 329.

[72] Gleichheit von Begehungs- und Unterlassungsvorsatz nimmt an *Lampe,* ZStW 72 (1960) S. 99; *derselbe,* ZStW 79 (1967) S. 508 ff.

[73] Daß es diese Möglichkeit, an die die Interferenztheorien für die Kausalität der Unterlassung anknüpften, wirklich gibt, ist überwiegende Meinung; vgl. *Bockelmann / Volk,* Allg. Teil S. 143; *Engisch,* JZ 1962, 190; *Hardwig,* ZStW 74 (1962) S. 34; *Lampe,* ZStW 72 (1960) S. 98 ff.; *Maurach / Gössel / Zipf,* Allg. Teil II S. 173; *H. Mayer,* Grundriß S. 81; *Roxin,* ZStW 74 (1962) S. 530; *Schultz,* SchwZStr 77 (1961) S. 209; *E. A. Wolff,* Kausalität S. 47 f.; *Stratenwerth,* Allg. Teil I Rdn. 1042.

VI. Der Vorsatz bei den Unterlassungsdelikten

Beispiele: Der diensthabende Arzt entscheidet, daß ein Schwerverletzter bei Nacht in das Krankenhaus nicht aufzunehmen sei, weil kein Bett mehr frei ist (OLG Köln NJW 1957, 1609 [1610]). Der Taxifahrer, der mehrere junge Leute und ein Mädchen an einen einsamen Feldweg gefahren hat, entschließt sich, eine in seinem Wagen stattfindende Vergewaltigung nicht zu verhindern, um „mit der Sache nichts zu tun zu haben" (BGH 16, 155 [159]).

In diesen Fällen lassen sich Wissen und Wille ebenso feststellen und unterscheiden wie beim Begehungsdelikt. Der Arzt *will* den Patienten, der Taxifahrer *will* das Notzuchtopfer seinem Schicksal überlassen, beide wissen auch genau, was vorgeht.

b) Ein eigentlicher Entschluß, den Dingen angesichts einer gefährlichen Entwicklung ihren Lauf zu lassen, ist jedoch nicht immer nachweisbar[74]. Er fehlt insbesondere dann, wenn die tatbestandsmäßige Situation keine dramatische Zuspitzung erfährt, sondern allmählich heranreift und der Unterlassungstäter sich gerade zu keinem Entschluß aufraffen kann.

Beispiele: Die Ehefrau entdeckt nach und nach, daß ihr Mann mit dem Plan eines Bankraubs umgeht. Als er eines Morgens mit einem Schraubenhammer das Haus verläßt, denkt sie bei sich: „Jetzt macht er was", sagt aber nichts (BGH 19, 295 [296]). Die Ehefrau erkennt mit der Zeit, daß ihr Geliebter dem Ehemann nach dem Leben trachtet, unternimmt aber nichts, um den Mord zu verhindern (nach RG 73, 52).

In derartigen Fällen kann von einem als Willensentscheidung verstehbaren Entschluß zum Untätigbleiben schwerlich die Rede sein. Vielmehr erschöpft sich der Vorsatz in der **Kenntnis** der tatbstandsmäßigen Situation und dem **Bewußtsein** der eigenen Handlungsfähigkeit. Eine Beteiligung des Willens an der Unterlassung ist nicht mehr gegeben. Deswegen ist bei *dieser* Vorsatzart auch keine „Absicht" möglich (vgl. oben § 29 III 1)[75]. Es genügt in diesen Fällen, wenn dem Unterlassenden wenigstens am Rande bewußt wird[76], was geschieht und was er tun sollte, so wie z.B. die Ehefrau des Bankräubers ahnt, was bevorsteht, und sich sagt, daß sie wenigstens versuchen müßte, den Mann von seinem Verbrechensplan abzubringen (§ 139 III). Absichtsdelikte wie der Betrug (§ 263) sind gleichwohl möglich, wenn sich der Täter nämlich dazu entschließt, einen bestimmten Irrtum nicht aufzuklären, um den ihm aus der Vermögensverfügung des Irrenden zufließenden Vorteil zu erlangen[77]. Die Schwierigkeit liegt, wenn ein Entschluß fehlt, vor allem in der Abgrenzung des bedingten Vorsatzes von der bewußten Fahrlässigkeit, weil ein eigentlicher Willensruck, in den die Möglichkeit der Tatbestandsverwirklichung aufgenommen werden könnte, gar nicht stattfindet (vgl. oben § 29 III 3a). Maßgebend ist bei dieser Sachlage die **Vorstellung** des Unterlassenden von der tatbestandsmäßigen Situation, der Garantenstellung und der Handlungsmöglichkeit sowie die persönliche Einstellung zu dem Geschehensablauf: hält der Unterlassende die Tat ernstlich für möglich und findet er sich mit der Verwirklichung des Tatbestandes ab, wie die Ehefrau des Bankräubers, so ist bedingter Vorsatz anzunehmen, hat er darauf vertraut, daß der andere vor der Tat doch letztlich zurückschrecken werde, wie möglicherweise die Ehefrau des Ermordeten, so kommt nur bewußte Fahrlässigkeit in Betracht[78].

---

[74] Vgl. *Grünwald*, H. Mayer-Festschrift S. 285ff.; Bedenken jedoch bei *Nowakowski*, JBl 1972, 32.

[75] So *Grünwald*, H. Mayer-Festschrift S. 289. Den Unterlassungsvorsatz leugnet Armin *Kaufmann*, Unterlassungsdelikte S. 126 überhaupt.

[76] Vgl. *Bockelmann / Volk*, Allg. Teil S. 144; *Grünwald*, H. Mayer-Festschrift S. 294f.; *Jakobs*, Allg. Teil S. 689f.; *Platzgummer*, Bewußtseinsform S. 63ff., 82f.; *Schaffstein*, Göttinger Festschrift S. 201 Fußnote 67; *Maurach / Gössel / Zipf*, Allg. Teil II S. 173f.; *Wessels*, Allg. Teil S. 225.

[77] So auch *Schönke / Schröder / Cramer*, § 15 Rdn. 94; SK (*Rudolphi*) Vorbem. 27f. vor § 13; *Maaß*, Betrug verübt durch Schweigen S. 7f.

3. Der herrschenden Meinung steht die Lehre gegenüber, daß es bei den Unterlassungsdelikten überhaupt keinen Vorsatz gebe, sondern daß hier das Handlungsunrecht auf andere Weise bestimmt sei: nämlich durch das *Fehlen des Entschlusses,* die gebotene Handlung vorzunehmen, in Kenntnis der tatbestandsmäßigen Situation[79]. Dagegen spricht jedoch, daß ein reines Negativum den Vorsatz nicht ersetzen könne. Wenn der Unterlassungstäter sich die gebotene Handlung nicht wenigstens „am Rande des Bewußtseins" vorgestellt hat, kann er höchstens fahrlässig gehandelt haben[80].

VII. Die Fahrlässigkeit bei den Unterlassungsdelikten

1. Fahrlässige „Begehung" kommt auch bei Unterlassungsdelikten in Betracht. Bei den *echten Unterlassungsdelikten* ist Fahrlässigkeit im Strafgesetzbuch in einigen Fällen unter Strafe gestellt (z. B. §§ 138 III, wo aber immerhin Kenntnis von der bevorstehenden Tat verlangt wird; 283 V Nr. 1 i. Verb. m. Abs. 1 Nr. 5; 326 IV i. Verb. m. Abs. 2)[81]. *Gesetzlich geregelte unechte Unterlassungsdelikte,* für die Fahrlässigkeit genügt, sind die Gefährdung des Straßenverkehrs durch Nichtkenntlichmachen von haltenden oder liegengebliebenen Fahrzeugen (§ 315c I Nr. 2g i. Verb. m. Abs. 3) und die mangelhafte Dienstaufsicht (§ 41 III WStG). Dabei wurde früher Kenntnis der tatbestandsmäßigen Situation verlangt (so in §§ 121 II, 347 II a. F.), nach geltendem Recht genügt jedoch auch insoweit Fahrlässigkeit (so in § 315c III Nr. 2 und in § 41 III WStG). Die *im Gesetz nicht geregelten unechten Unterlassungsdelikte* können immer dann durch Fahrlässigkeit begangen werden, wenn der entsprechende Begehungstatbestand Fahrlässigkeit genügen läßt (z. B. §§ 222, 230, 309, 345 II).

2. Die **Struktur der Fahrlässigkeit** ist bei den Unterlassungsdelikten im Prinzip die gleiche wie bei den Begehungsdelikten (vgl. oben § 54 I 3 und 4), es ergeben sich aber besondere Möglichkeiten der Fahrlässigkeit[82].

Beispiele: Der Sorgfaltsmangel kann sich beziehen auf die Erkenntnis der tatbestandsmäßigen Situation (der Geschäftsführer der GmbH erkennt den Eintritt der Zahlungsunfähigkeit nicht, § 84 GmbHG) oder auf die Prüfung der eigenen Handlungsfähigkeit (der Fahrer des liegengebliebenen Fahrzeugs denkt nicht daran, daß er ein Warndreieck mitführt, § 315c Nr. 2g, III). In Betracht kommt ferner mangelhafte Ausführung der Rettungshandlung selbst (der Mitwisser des Verbrechensplans denkt nicht an telefonische Übermittlung der Anzeige, § 138 III; der Bademeister wirft dem ertrinkenden Kind einen Rettungsring zu, statt selbst ins Wasser zu springen; der Freund versorgt selbst den durch Schlafmittel Vergifteten, zieht aber keinen Arzt zu [AG Duisburg MDR 1971, 1027]; der Mitbewohner kommt nicht auf die Idee, sich wegen der lebensgefährlichen Vernachlässigung eines Kleinkindes an das Jugendamt zu wenden [BGH NStZ 1985, 122], § 222)[83]. Die Fahrlässigkeit kann sich endlich bei den unechten Unterlas-

---

[78] Vgl. *SK (Rudolphi)* Vorbem. 26 vor § 13; *Schönke / Schröder / Cramer,* § 15 Rdn. 94; *Stratenwerth,* Allg. Teil I Rdn. 1048.

[79] So *Armin Kaufmann,* Unterlassungsdelikte S. 66ff., 110ff., 309ff.; *derselbe,* v. Weber-Festschrift S. 218ff.; *Welzel,* Lehrbuch S. 201.

[80] Vgl. das Beispiel von *Grünwald,* H. Mayer-Festschrift S. 293. Vgl. aber auch die Bedenken von *Geilen,* JuS 1965, 428 gegen die Prämiierung des völlig gleichgültigen Unterlassungstäters. Wie der Text auch *Stratenwerth,* Allg. Teil I Rdn. 1044f.; *LK (Schroeder)* § 16 Rdn. 216ff.; *Schönke / Schröder / Cramer,* § 15 Rdn. 90; *SK (Rudolphi)* Vorbem. 21ff. vor § 13; *Schmidhäuser,* Allg. Teil S. 694.

[81] Häufiger sind diese Fälle im Nebenstrafrecht (vgl. z. B. § 401 II AktG; § 84 II GmbHGes.; § 21 II Nr. 1 i. Verb. m. Abs. 1 Nr. 2 StVG) und sehr häufig im Ordnungswidrigkeitenrecht (vgl. z. B. § 32 I Nr. 1, 3, 7, 10 - 13 BtMG; § 46 I Nr. 5 AtomG).

[82] Vgl. *Armin Kaufmann,* Unterlassungsdelikte S. 172ff.; *Schmidhäuser,* Allg. Teil S. 695; *Welzel,* Lehrbuch S. 207, 222f.; *Struensee,* JZ 1977, 217ff.; *Fünfsinn,* Aufbau S. 48ff.; *Hruschka,* Bockelmann-Festschrift S. 424ff.; *Jakobs,* Allg. Teil S. 692f.; *Schönke / Schröder / Cramer,* § 15 Rdn. 141.

[83] Wer *bewußt* weniger tut als zur Rettung erforderlich ist, handelt vorsätzlich; vgl. den von *Stratenwerth,* Allg. Teil I Rdn. 1049 angeführten Fall schweiz. BGE 73 IV 164 (vorsätzliche

sungsdelikten auf den bevorstehenden Eintritt des tatbestandsmäßigen Erfolgs beziehen (die Mutter, die ein Kleinkind 24 Stunden unversorgt läßt, denkt nicht daran, daß es dadurch einen Gesundheitsschaden davontragen könnte, § 230). Dies ist vor allem für die erfolgsqualifizierten Delikte von Bedeutung (vgl. oben § 54 III 2).

3. Für die *unechten Unterlassungsdelikte* kommt die **Besonderheit** hinzu, daß bei Fahrlässigkeitstaten Garantenpflicht und objektive Sorgfaltspflicht (vgl. oben § 55 I) teilweise zusammenfallen, dennoch aber begrifflich unterschieden werden müssen, um ihre Tragweite jeweils richtig bemessen zu können[84].

Beispiele: Der Bauunternehmer hat zum Zweck der Verkehrssicherung bei Eröffnung einer Gefahrenquelle durch Ausheben der Baugrube die Pflicht, die üblichen Absperrvorkehrungen zu treffen, seine Sorgfaltspflicht geht aber darüber auch nicht hinaus. Andererseits darf der Garant auch nicht weniger tun als sich aus der Sorgfaltspflicht ergibt. Wer z. B. eine Bergbahn für Skiläufer eröffnet, muß bei extremer Vereisung die Abfahrtsstrecken rechtzeitig sperren (BGH NJW 1973, 379).

Schließlich kann sich hier die Fahrlässigkeit auch auf die Garantenstellung selbst beziehen[85].

Beispiel: Die Lehrerin, die einem gefährlichen Kletterspiel von Kindern, bei dem eines später tödlich verunglückt, vom Lehrerzimmer aus zusieht, handelt fahrlässig, wenn sie nicht prüft, ob es sich um Kinder der eigenen Schule handelt, denen sie das Spiel verbieten müßte.

VIII. Die Zumutbarkeit bei den Unterlassungsdelikten

1. Beim *Begehungsdelikt* kann eine Handlungspflicht mit einer Unterlassungspflicht in der Weise zusammentreffen, daß dem Täter keine andere Wahl bleibt, als entweder die eine oder die andere zu verletzen. In diesem Falle ist der Täter durch *rechtfertigende Pflichtenkollision* gedeckt, wenn er die höherrangige Handlungspflicht erfüllt (vgl. oben § 33 V 1 a). Die entsprechende Möglichkeit gibt es auch beim *Unterlassungsdelikt:* der Täter kann die Handlungspflicht nicht erfüllen, ohne zugleich eine höherrangige Unterlassungspflicht zu verletzen. Um ein Problem der Zumutbarkeit handelt es sich dabei nicht.

Beispiele: Der Geistliche, dem sich der Täter als Seelsorger anvertraut hatte, unterläßt mit Rücksicht auf das Beichtgeheimnis die Anzeige bevorstehender Mordtaten eines Triebverbrechers (§ 139 II). Der Rechtsanwalt übergeht als Zeuge einen Punkt, auf den sich seine Schweigepflicht nach § 203 I Nr. 3 bezieht (RG 70, 390 [393]).

Um ein Problem der Zumutbarkeit geht es ebenfalls nicht bei der Konkurrenz *gleichwertiger* Handlungs- und Unterlassungspflichten (vgl. im einzelnen oben § 33 V 1b, c).

2. Die **Unzumutbarkeit normgemäßen Verhaltens** läßt jedoch bei einzelnen *echten Unterlassungsdelikten* schon die Handlungspflicht und damit den Tatbestand entfallen (vgl. oben § 47 II 3 c). So gilt für die unterlassene Hilfeleistung (§ 323 c) die Einschränkung, daß niemand eine ernstliche Selbstgefährdung oder eine andere beträchtliche Einbuße hinnehmen muß, um seiner Hilfspflicht zu genügen[86]. So ist von der Anzeigepflicht nach § 138 befreit, wer im Verdacht steht, an dem Verbrechen oder

---

Tötung, wenn die Mutter bei dem durch ihre Mißhandlungen bewußtlosen Kind nur untaugliche Hausmittel anwendet, weil sie den Arzt fürchtet).
[84] Vgl. *Gallas,* Verantwortlichkeit der am Bau Beteiligten S. 32 ff.
[85] Dagegen *Welzel,* Lehrbuch S. 223.
[86] Zu beachten ist jedoch die strenge Auslegung der Zumutbarkeit in den Fällen, in denen der Unterlassungstäter den Unfall mit verursacht hat (BGH GA 1956, 120 [121]; BGH 11, 353, [354 f.]: die Gefahr der Strafverfolgung wird nicht als Unzumutbarkeitsgrund anerkannt). Zustimmend *SK (Rudolphi)* Vorbem. 33 vor § 13; *Ulsenheimer,* GA 1972, 22 ff.

seiner Planung beteiligt gewesen zu sein (BGH FamRZ 1964, 416 [418])[87]. Die Begrenzung der Handlungspflicht durch die **Unzumutbarkeit** ist hier also **tatbestandsgebunden** (OLG Karlsruhe MDR 1975, 771)[88]. Die zu §§ 138 und 323c entwickelten Grundsätze können jedoch nicht auf alle Unterlassungsdelikte übertragen werden, nicht einmal auf alle echten.

Beispiele: Der verfolgte Verbrecher kann gegenüber der Aufforderung des Hausherrn, sich zu entfernen (§ 123 I zweite Alternative), nicht auf die Gefahr der Verhaftung verweisen. Der Kraftfahrer, der sein liegengebliebenes Fahrzeug nicht kenntlich macht (§ 315c I Nr. 2g), kann nicht einwenden, daß ihm der Verkehr auf der Autobahn zu gefährlich gewesen sei; er muß notfalls außerhalb der Fahrbahn zurücklaufen.

3. Bei den *unechten Unterlassungsdelikten* hat die Rechtsprechung in einigen Entscheidungen den Gedanken der **Unzumutbarkeit als allgemeines Prinzip der Begrenzung der Garantenpflicht** verwendet (RG 58, 97 [98]; 226 [227]; 69, 321 [324]; 77, 125 [127]; BGH 6, 46 [57f.]; 7, 268 [271]; BGH NJW 1964, 731 [732]; BGH NStZ 1984, 164 [Zumutbarkeit der Anzeige des Ehemanns hier aber bejaht]), jedoch *zu Unrecht,* denn den Garanten trifft die Pflicht zur Erfolgsabwendung in gleicher Weise wie den Begehungstäter die Pflicht, den Erfolg nicht durch positives Tun herbeizuführen. Die Gleichwertigkeit liegt in der Garantenstellung des Unterlassungstäters und bei besonderen Handlungsmerkmalen in der nach § 13 I zw. Halbs. erforderlichen Entsprechung. Der beim Unterlassungsdelikt regelmäßig gegebenen Minderung des Schuldgehalts der Tat ist durch die fakultative Strafmilderung bereits Rechnung getragen (vgl. oben § 58 V 1). Deswegen kann die Unzumutbarkeit beim Garanten auch nur im Rahmen des entschuldigenden Notstands (§ 35) berücksichtigt werden[89].

4. Die Unzumutbarkeit des Eingreifens in einen für das geschützte Handlungsobjekt gefährlichen Kausalverlauf kann dann als übergesetzlicher Schuldausschließungsgrund in Betracht kommen, wenn der Täter die Handlung, zu der er rechtlich an sich verpflichtet wäre, aus **Gewissensgründen** unterläßt. Das gilt jedenfalls dann, wenn er sich dabei auf das Grundrecht der *Glaubensfreiheit* in Art. 4 I GG stützen kann (BVerfGE 32, 93). Dagegen sieht *Peters* das auf einer Gewissensentscheidung beruhende Unterlassen *generell* nicht als strafwürdig an, denn wer diese Entscheidung fällt, sei „gemäß Art. 4 GG frei von staatlichem Zwang zum Handelnmüssen"[90].

---

[87] Kritisch dazu *Geilen,* FamRZ 1964, 386 ff.
[88] Ebenso *Dreher / Tröndle,* § 13 Rdn. 16 a. E.; *Frellesen,* Zumutbarkeit S. 211 ff.; *Grünhut,* ZStW 51 (1931) S. 467; *Henkel,* Mezger-Festschrift S. 280 f.; *Lackner,* § 13 Anm. 2c; *H. Mayer,* Lehrbuch S. 119; *Schönke / Schröder / Stree,* Vorbem. 155 vor § 13; *Wessels,* Allg. Teil S. 224 f. Für Rechtfertigung *Jakobs,* Allg. Teil S. 694; *Küper,* Grund- und Grenzfragen S. 97 ff.; *Schmidhäuser,* Allg. Teil S. 690. Für Entschuldigungsgrund *Baumann / Weber,* Allg. Teil S. 455; *Peters,* JZ 1966, 458; *SK (Rudolphi)* Vorbem. 31 vor § 13; *Stratenwerth,* Allg. Teil I Rdn. 1054 f.; *Welzel,* Lehrbuch S. 220 f.; *derselbe,* JZ 1958, 495 f.
[89] Ebenso *Blei,* Allg. Teil S. 336; *Jakobs,* Allg. Teil S. 695; *Maurach / Gössel / Zipf,* Allg. Teil II S. 177 f. Die generelle Anwendung des Zumutbarkeitsprinzips im Sinne einer (unkontrollierbaren) Interessenabwägung vertreten dagegen *Dreher / Tröndle,* § 13 Rdn. 16; *Lackner,* § 13 Anm. 2c; *Schönke / Schröder / Stree,* Vorbem. 156 vor § 13; *SK (Rudolphi)* Vorbem. 31 vor § 13.
[90] Vgl. *Peters,* H. Mayer-Festschrift S. 276 ff.; *derselbe,* JZ 1972, 85 f.

§ 60 Unrechtsbewußtsein und Gebotsirrtum, Versuch und Teilnahme bei den Unterlassungsdelikten

Bamberger, Versuch beim Unterlassungsdelikt, Diss. Bonn 1978; *Baumgarten,* Die Lehre vom Versuche der Verbrechen, 1888; *Börker,* Der Irrtum des Unterlassungstäters über die Rechtspflicht zum Handeln, JR 1956, 87; *Busch,* Über die Abgrenzung von Tatbestands- und Verbotsirrtum, Festgabe für E. Mezger, 1954, S. 165; *Frank,* Vollendung und Versuch, VDA, Bd. V, S. 165; *Fuhrmann,* Der Irrtum über die Garantenpflicht usw., GA 1962, 161; *S. Glaser,* Der Versuch des Unterlassungsdelikts, MSchrKrim 1935, 254; *Grünwald,* Der Versuch des unechten Unterlassungsdelikts, JZ 1959, 46; *Herdegen,* Der Verbotsirrtum in der Rechtsprechung des BGH, in: 25 Jahre Bundesgerichtshof, 1975, S. 195; *Herzberg,* Der Versuch beim unechten Unterlassungsdelikt, MDR 1973, 89; *Lönnies,* Rücktritt und tätige Reue beim unechten Unterlassungsdelikt, NJW 1962, 1950; *Maihofer,* Der Versuch der Unterlassung, GA 1958, 289; *D. Meyer,* Anstiftung zum Unterlassen, MDR 1975, 286; *Oehler,* Konkurrenz von unechtem und echtem Unterlassungsdelikt, JuS 1961, 154; *Roxin,* Der Anfang des beendeten Versuchs, Festschrift für R. Maurach, 1972, S. 213; *Rudolphi,* Die Strafbarkeit des versuchten unechten Unterlassungsdelikts, MDR 1967, 1; *Schmidhäuser,* Gesinnungsethik und Gesinnungsstrafrecht, Festschrift für W. Gallas, 1973, S. 81; *Stree,* Teilnahme am Unterlassungsdelikt, GA 1963, 1; *Vogler,* Zur Bedeutung des § 28 StGB usw., Festschrift für R. Lange, 1976, 265; *Zachariä,* Die Lehre vom Versuche der Verbrechen, Teil I, 1836.

Vgl. ferner die Schrifttumsangaben vor §§ 58, 59.

I. Unrechtsbewußtsein und Gebotsirrtum

1. *Gegenstand des Unrechtsbewußtseins* ist bei den Begehungsdelikten das rechtliche *Verbot* einer bestimmten Handlung: der Täter muß wissen, daß er die betreffende Handlung von Rechts wegen nicht vornehmen darf (vgl. oben § 41 I 3a). Bei den Unterlassungsdelikten bezieht sich das Unrechtsbewußtsein dagegen auf das rechtliche *Gebot,* eine bestimmte Handlung vorzunehmen: **der Täter muß wissen, daß er die betreffende Handlung von Rechts wegen nicht unterlassen darf.** Ist somit der Bezugspunkt des Unrechtsbewußtseins bei den beiden Grundtypen der strafbaren Handlung verschieden, so ist doch die Struktur die gleiche. Alle bei den Begehungsdelikten gemachten Ausführungen gelten daher hier entsprechend (vgl. oben § 41 I und II).

2. Der *Verbotsirrtum* besteht bei den Begehungsdelikten in dem Irrtum über die Unterlassungspflicht: der Täter kennt die Verbotsnorm nicht, aus der sich die materielle Rechtswidrigkeit seiner Handlung ergibt, er hält sie für ungültig oder legt sie falsch aus (vgl. oben § 41 II 1). Dementsprechend liegt bei den Unterlassungsdelikten ein *Gebotsirrtum* dann vor, wenn der Täter sich über seine Handlungspflicht irrt: **er verkennt die Gebotsnorm,** aus der sich die materielle Rechtswidrigkeit seines Untätigbleibens ergibt. Der Gebotsirrtum bei den Unterlassungsdelikten betrifft ebenso wie der Verbotsirrtum bei den Begehungsdelikten nicht den Tatbestand, sondern die *Rechtswidrigkeit.* Denn zum Tatbestand des echten Unterlassungsdelikts gehört nur die tatbestandsmäßige Situation, nicht jedoch die sich daraus ergebende Handlungspflicht (BGH 19, 295 [298]; 25, 13 [18]), zum Tatbestand des unechten Unterlassungsdelikts gehören nur die Merkmale der Garantenstellung, nicht die Garantenpflicht selbst (BGH 16, 155 [158]; BGH GA 1968, 336) (vgl. oben § 59 VI 1). Daraus folgt, daß Verbotsirrtum und Gebotsirrtum gleich zu behandeln sind[1]. Die Ausfüh-

---

[1] *Blei,* Allg. Teil S. 335f.; *Bockelmann / Volk,* Allg. Teil S. 154; *Börker,* JR 1956, 87ff.; *Busch,* Mezger-Festschrift S. 179; *Dreher / Tröndle,* § 16 Rdn. 12; *Fuhrmann,* GA 1962, 170ff.; *Herdegen,* BGH-Festgabe S. 198f.; *Jakobs,* Allg. Teil S. 690f.; *Armin Kaufmann,* Unterlassungsdelikte S. 140; *Arthur Kaufmann,* JZ 1963, 504; *Maurach / Gössel / Zipf,* Allg. Teil II S. 179; *Preisendanz,* § 13 Anm. IV 2; *SK (Rudolphi)* Vorbem. 25 vor § 13; *Schönke /*

rungen zum Verbotsirrtum, insbesondere über den anzuwendenden § 17, gelten also für den Gebotsirrtum ebenfalls entsprechend (vgl. oben § 41 II 2 a).

3. Lediglich für die **Vermeidbarkeit des Gebotsirrtums** müssen **besondere Regeln** aufgestellt werden. Einmal versteht sich die Pflicht zum Handeln in der Regel nicht in gleichem Maße von selbst wie die Pflicht zum Unterlassen. Deswegen ist bei den Unterlassungsdelikten die Möglichkeit eines Gebotsirrtums *immer* in Erwägung zu ziehen, während der Verbotsirrtum bei den Begehungsdelikten nur dann erörtert werden muß, wenn der Sachverhalt dazu Veranlassung gibt (vgl. oben § 41 I 4). Zum andern liegen die Unterlassungsdelikte häufiger außerhalb des Bereichs des allgemeinen sittlichen Bewußtseins. Anders als bei den Begehungsdelikten, bei denen schon aus dem Vorsatz die Anregung zur Prüfung der Rechtswidrigkeit folgt, muß daher in der Regel ein *besonderer Anlaß* für den Unterlassungstäter bestehen, sich die Gebotsnorm vor Augen zu führen (vgl. BGH 19, 295 [299]). Endlich ergibt sich bei den unechten, gesetzlich nicht geregelten Unterlassungsdelikten die Gebotsnorm nicht allein aus dem strafrechtlichen Verbot, ein bestimmtes Rechtsgut zu beeinträchtigen, sondern erst aus einer nicht dem Strafrecht angehörenden Pflichtnorm, zum Schutze eines gefährdeten Rechtsguts durch positives Tun einzugreifen. Der Irrtum des Unterlassungstäters kann sich hier also sowohl auf die *strafrechtliche Verbotsnorm* als auch auf die *Garantenpflicht* beziehen.

Beispiele: Der Irrtum des angelnden Arztes über die Rechtspflicht zur Unfallhilfe (§ 323 c) ist Gebotsirrtum und vermeidbar, da sich die Hilfspflicht, gerade wenn ärztliches Handeln erforderlich ist, von selbst versteht (BGH 2, 296). Dagegen wird man der Ehefrau, die wegen Aussichtslosigkeit gar nicht erst den Versuch macht, ihren Mann nach § 139 III 1 von dem geplanten Bankraub abzubringen (BGH 19, 295 [296, 299]), ihren Irrtum über die Handlungspflicht, sofern man diese überhaupt bejaht, zugute halten müssen[2]. Der Taxifahrer (vgl. oben § 59 VI 2a) dagegen kennt nicht nur das Notzuchtverbot, sondern die Schwere des vor seinen Augen verübten Verbrechens, in das er seinen Fahrgast hineingeführt hatte, mußte ihm Anlaß sein, sich auch über seine Pflicht zum Eingreifen klar zu werden (BGH 16, 155 [156]).

II. Der Versuch der Unterlassung

Die Frage, ob es bei den vorsätzlichen Unterlassungsdelikten auch die **Stufe des Versuchs** geben kann, ist in der Strafrechtswissenschaft schon früh gestellt und, jedenfalls für das unechte Unterlassungsdelikt, überwiegend bejaht worden[3]. Heute nimmt die h. L. an, daß ein Versuch sowohl beim echten als auch beim unechten Unterlassungsdelikt in Betracht kommt, und zwar sowohl in der Form des tauglichen als auch des untauglichen Versuchs[4].

Schröder / Cramer, § 15 Rdn. 92; *Welzel,* Lehrbuch S. 206, 219f.; *Wessels,* Allg. Teil S. 228. Dagegen verlangen schon für den Vorsatz das Bewußtsein der Pflicht *Schmidhäuser,* Allg. Teil S. 694f.; *Stratenwerth,* Allg. Teil I Rdn. 1039.

[2] Von *Dreher / Tröndle,* § 139 Rdn. 5 wird die Handlungspflicht auch bei Aussichtslosigkeit bejaht, während sie *Geilen,* JuS 1965, 430 entschieden verneint.

[3] Vgl. *Zachariä,* Die Lehre vom Versuche S. 66ff.; *J. Baumgarten,* Die Lehre vom Versuche S. 438; *Landsberg,* Die Commissivdelikte durch Unterlassung S. 172; *v. Liszt,* Lehrbuch 12./ 13. Aufl. S. 207; *Frank,* VDA Bd. V S. 209f.; *derselbe,* § 43 Anm. V 1; *S. Glaser,* MSchrKrim 1935, 258; *Sauer,* GS 114 (1940) S. 304.

[4] So *Baumann / Weber,* Allg. Teil S. 482; *Grünwald,* JZ 1959, 46ff.; *Jakobs,* Allg. Teil S. 702; *Maihofer,* GA 1958, 289ff.; *Maurach / Gössel / Zipf,* Allg. Teil II S. 26ff.; *Oehler,* JuS 1961, 154; *Schönke / Schröder / Eser,* Vorbem. 27 vor § 22; *SK (Rudolphi)* Vorbem. 50 vor § 13; *LK (Vogler)* Vorbem. 60 vor § 22; *Stratenwerth,* Allg. Teil I Rdn. 1057; *Wessels,* Allg. Teil S. 228ff. Dagegen gibt es nach *Armin Kaufmann,* Unterlassungsdelikte S. 204ff. und *Welzel,* Lehrbuch S. 206, 221 nur eine Unterlassung des Erfüllungsversuchs als ein den Unterlassungsdelikten eigentümliches Phänomen, das dem beendeten untauglichen Versuch gleichzu-

II. Der Versuch der Unterlassung

1. Da, abgesehen von § 138, jede Verzögerung der gebotenen Handlung (vgl. zu § 323 c BGH 14, 213 [215 f.]; 17, 166 [169 f.]) bereits die Vollendung der Tat darstellt, ist bei den **echten Unterlassungsdelikten** überhaupt nur ein Versuch in Gestalt des untauglichen Versuchs denkbar. Strafvorschriften, in denen auch der Versuch eines echten Unterlassungsdeliktes unter Strafe gestellt ist, sind selten. In Betracht kommt einmal die Rechtsbeugung (§ 336). Sie kann durch Unterlassen rechtlich gebotener Handlungen begangen werden (BGH 10, 294 [298]); der Versuch ist mit Strafe bedroht, da es sich um ein Verbrechen handelt[5]. Zum anderen ist an die Unterlassung der Führung von Handelsbüchern oder der Aufstellung von Bilanzen oder Inventaren zu denken (§ 283 III i. Verb. m. Abs. 1 Nr. 5, 7b).

Beispiele: Ein untauglicher Versuch der Rechtsbeugung (§ 336) liegt vor, wenn der Richter die Bestellung eines Pflichtverteidigers bewußt unterläßt, obwohl er irrig annimmt, die Untersuchungshaft habe bereits mehr als drei Monate gedauert (§ 140 I Nr. 5 StPO). Bei der Nichtanzeige drohender Verbrechen (§ 138) ist auch ein tauglicher Versuch denkbar[6], denn hier gibt es einen *Zeitraum* für die Vornahme der gebotenen Handlung, der mit der ersten Möglichkeit der Anzeige beginnt und mit der letzten Möglichkeit, eine rechtzeitige Anzeige zu erstatten, endet[7]. Ein „unmittelbares Ansetzen" ist jedoch erst dann anzunehmen, wenn der Unterlassungstäter die *größte Erfolgschance* der Anzeige ungenützt verstreichen läßt[8], etwa die Möglichkeit einer sicheren, schriftlichen oder mündlichen Mitteilung an die Behörde, während ihm später nur eine telefonische Warnung des Bedrohten oder die Verhinderung des Verbrechens (§ 139 IV 1) übrig bleibt. Der Untätige muß dabei freilich *entschlossen* sein, *auch später* nicht zu handeln, was schwer nachweisbar sein wird.

2. Bei den **unechten Unterlassungsdelikten** ist der Versuch dagegen von erheblicher praktischer Bedeutung (vgl. den Fall der Nichthinderung des Selbstmords des Ehegatten, BGH NStZ 1984, 73). Die Strafbarkeit ergibt sich bei einigen der im Gesetz geregelten Fälle ausdrücklich, so beim Begehenlassen einer schweren Körperverletzung durch einen Amtsträger im Amt (§ 340 II), beim Geschehenlassen einer rechtswidrigen Tat durch einen Untergebenen, wenn es sich dabei um ein Verbrechen handelt (§ 357), und bei der mangelhaften Dienstaufsicht (§ 41 I, II WStG). Wichtiger noch ist die Möglichkeit des Versuchs durch Unterlassen bei *allen* Erfolgsdelikten, wenn die Voraussetzungen der §§ 22, 23 vorliegen. Zweifelhaft ist die Frage, wann der Versuch jeweils beginnt. Die Formel vom „unmittelbaren Ansetzen zur Verwirklichung des Tatbestandes" (§ 22) führt hier nicht weiter, weil bei der Unterlassungstat ein dem Ansetzen zur aktiven Begehung vergleichbarer Moment nicht gegeben ist. Deshalb muß auf den Zeitpunkt der unmittelbaren Gefährdung des geschützten Handlungsobjekts bzw. auf die Erhöhung einer bereits bestehenden Gefahr abgestellt werden (vgl. oben § 49 IV 6). Maßgebend ist beim Unterlassungsdelikt nach einer Lehrmeinung der *erste* Zeitpunkt, zu dem die Handlung möglich gewesen wäre[9],

---

stellen sei. Zustimmend *Haffke*, ZStW 87 (1975) S. 58. Für Straflosigkeit des untauglichen Unterlassungsversuchs *Rudolphi*, MDR 1967, 2 ff.; *SK (Rudolphi)* Vorbem. 55 vor § 13; *Schmidhäuser*, Allg. Teil S. 716; *derselbe*, Gallas-Festschrift S. 96 f. (Wahndelikt). Überhaupt für Straflosigkeit des Versuchs beim Unterlassungsdelikt *Herzberg*, MDR 1973, 89 f. (Gesinnungsstrafrecht).

[5] Zustimmend *Maurach / Gössel / Zipf*, Allg. Teil II S. 26; *Schönke / Schröder / Eser*, § 22 Rdn. 53.

[6] Das Beispiel hat nur theoretische Bedeutung, da der Versuch in § 138 nicht mit Strafe bedroht ist.

[7] Vgl. *Maihofer*, GA 1958, 294.

[8] So mit Recht *Grünwald*, JZ 1959, 48; *Bamberger*, Versuch S. 205. Welche Gefahren für die Rechtssicherheit entstehen, wenn ein dem „unmittelbaren Ansetzen" entsprechendes Merkmal *nicht* zur Voraussetzung der Bestrafung des Unterlassungsversuchs gemacht wird, zeigt Sondergericht Prag DR 1944, 24 m. abl. Anm. *Dahm*.

[9] So *Herzberg*, MDR 1973, 89; *Maihofer*, GA 1958, 297; *Lönnies*, NJW 1962, 1950.

nach einer anderen Meinung der *letzte*[10]. Richtig ist es jedoch, den Beginn des Versuchs in dem Zeitpunkt anzunehmen, in dem durch Verzögerung der Rettungshandlung eine unmittelbare *Gefahr* für das geschützte Handlungsobjekt entsteht bzw. eine bestehende Gefahr sich vergrößert[11]. Angenommen wird auch der Zeitpunkt, in dem der Täter den Kausalverlauf aus der Hand gibt[12]. *Unbeendigt* ist der Versuch, wenn der Täter glaubt, die gebotene Handlung noch nachholen zu können, *beendigt,* wenn nach seiner Vorstellung die Nachholung den Erfolg nicht mehr verhindern könnte.

Beispiele: Bei einem Streit in der Backstube versetzt ein Bäckergehilfe seinem Arbeitskollegen einen so heftigen Stoß in den Rücken, daß dieser mit dem Oberkörper in den Teigbottich gerät und von dem Hebel der Mischmaschine in die Teigmasse gedrückt wird (OGH 1, 357 [359f.]). Entschließt sich der Täter, den anderen umkommen zu lassen, so liegt ein untauglicher Versuch des Totschlags vor, wenn er ihn noch für lebend hält, während er in Wirklichkeit in dem Zeitpunkt schon tot war, in dem er die Maschine frühestens hätte abstellen können. Dagegen ist ein beendigter tauglicher Versuch anzunehmen, wenn der Verunglückte dadurch im letzten Augenblick gerettet wird, daß der Meister die Teigmaschine abstellt. Ein Versuch der Mißhandlung von Schutzbefohlenen (§ 223b I dritte Handlungsform) ist es, wenn der Obhutspflichtige mit dem Vorsatz der Gesundheitsschädigung anfängt, die erforderliche Fürsorge zu vernachlässigen, und das Opfer dadurch zu leiden beginnt. Beendigt ist der Versuch, wenn der Eintritt eines Gesundheitsschadens nicht mehr abzuwenden ist. Ein Kraftfahrer, der einen Fußgänger angefahren hat und ihn an der Unfallstelle liegen läßt, um sich dadurch eines gefährlichen Zeugen zu entledigen, begeht versuchte vorsätzliche Tötung, wenn er annimmt, das Unfallopfer lebe noch und könne durch sofortige Hilfe gerettet werden, während der Verletzte in Wirklichkeit sofort tot war (BGH VRS 13, 120 [123]) oder zwar nicht sofort getötet wurde, aber auch durch ärztliche Hilfe nicht hätte gerettet werden können (BGH 7, 287 [288]), oder wenn der Verletzte durch die Hilfe Dritter gerettet wird[13]. Beendet ist der Versuch, wenn der Kraftfahrer nicht mehr zur Unfallstelle zurückkehren kann.

3. Beim Versuch des Unterlassungsdelikts ist auch ein strafbefreiender **Rücktritt** nach § 24 (vgl. oben § 51) möglich[14]. Der Unterlassungstäter nimmt etwa die gebotene Handlung doch noch vor, es gelingt ihm z. B. unter größten Schwierigkeiten im letzten Augenblick, die durch einen Raubüberfall bedrohte Bank telefonisch zu warnen, nachdem er vorher die Anzeige an die Polizei unterlassen hatte (§ 138 I), oder der Kraftfahrer fährt nach einem Unfall davon, besinnt sich dann aber, kehrt zurück und bringt den Verletzten ins Krankenhaus, wodurch er gerettet wird. Im Unterschied zu den Begehungsdelikten setzt der Rücktritt vom Unterlassungsversuch also immer eine *aktive Tätigkeit* voraus. Deswegen erhebt sich die Frage, ob dem Zurücktretenden ebenso wie beim beendigten Versuch des Begehungsdelikts ein Mißerfolg der Rettungshandlung in jedem Falle zuzurechnen ist. Gerechtfertigt erscheint dies indessen nur dann, wenn der Zurücktretende mit seinem Eingreifen so lange wartet, daß die Verhinderung des Erfolgs nur durch riskantere Mittel als die ihm ursprünglich obliegenden Handlungen erreicht werden kann[15]. *Vor* diesem Zeitpunkt kann das Mißlingen der Erfolgsverhinderung nur als Fahrlässigkeitstat in Betracht kommen.

---

10 So *Armin Kaufmann,* Unterlassungsdelikte S. 210ff.; *Welzel,* Lehrbuch S. 221.

11 So *Rudolphi,* MDR 1967, 1; *SK (Rudolphi)* Vorbem. 51ff. vor § 13; *Stratenwerth,* Allg. Teil I Rdn. 1059; *Eser,* Strafrecht II Nr. 31 A Rdn. 53; *Schönke / Schröder / Eser,* § 22 Rdn. 50; *Roxin,* Einführung S. 16; *Wessels,* Allg. Teil S. 229. Unmittelbar an die Formel des § 22 anknüpfend *Maurach / Gössel / Zipf,* Allg. Teil II S. 27f.

12 So insbes. *Roxin,* Maurach-Festschrift S. 213ff. Dagegen aber mit Recht *LK (Vogler)* § 22 Rdn. 113 (die Ansicht in der Vorauflage S. 519f. und in LK § 13 Rdn. 47 wird aufgegeben).

13 Gegen diese Rechtsprechung zu Unrecht *Welzel,* JZ 1958, 495; zweifelnd auch *Grünwald,* JZ 1959, 46.

14 Vgl. dazu näher *Grünwald,* Das unechte Unterlassungsdelikt S. 91ff.; *Maihofer,* GA 1958, 298; *Schönke / Schröder / Eser,* § 24 Rdn. 27f.; *SK (Rudolphi)* Vorbem. 56 vor § 13.

15 So zu Recht *Lönnies,* NJW 1962, 1952; *Schönke / Schröder / Eser,* § 24 Rdn. 29f., beide mit Beispielen. Anders hierzu *SK (Rudolphi)* Vorbem. 56 vor § 13.

III. Unterlassung und Teilnahme

Für die Problematik der Teilnahme sind bei der Unterlassung zwei Fallgruppen zu unterscheiden: die **Teilnahme** an einem Unterlassungsdelikt **durch positives Tun** und die Teilnahme **durch Unterlassen** an einem Begehungs- oder Unterlassungsdelikt.

1. Anstiftung und Beihilfe durch positives Tun sind auch bei Unterlassungsdelikten möglich[16]. Die *Anstiftung* besteht hier in der vorsätzlichen Herbeiführung des Entschlusses des Unterlassungstäters, in Kenntnis der tatbestandsmäßigen Situation (bei unechten Unterlassungsdelikten auch in Kenntnis der Garantenstellung) untätig zu bleiben (§ 26). Eine (in der Regel psychische) *Beihilfe* ist ebenfalls möglich, z. B. durch die Bestärkung des Unterlassungstäters in seinem Entschluß, untätig zu bleiben (§ 27). Da es sich um Anstiftung und Beihilfe durch positives Tun handelt, taucht die Garantenproblematik hier nicht auf. § 28 I (vgl. unten § 61 VII 4a) ist auf diese Fälle nicht anzuwenden, weil die Garantenmerkmale nicht „besondere" persönliche Merkmale sind, sondern nur die Gleichstellung von Begehung und Unterlassung im Erfolgsunrecht begründen[17].

Beispiele: Anstiftung zur Gläubigerbegünstigung (§ 283c) durch Nichtstellung des Konkursantrags, den der Unterlassungstäter nach §§ 64, 84 GmbHG hätte stellen müssen (RG 48, 18 [21]; entsprechend für die Beihilfe BGH 14, 280 [282]). Beihilfe durch Förderung der Nichterfüllung von Anzeige- und Ablieferungspflichten (RG 51, 39 [41]; 77, 268 [269]) oder durch Bestärkung des im Urlaub befindlichen Soldaten in dem Entschluß, nicht rechtzeitig zur Truppe zurückzukehren (§ 15 WStG) (RG 27, 157).

Mittäterschaft zwischen mehreren Unterlassungstätern ist gegeben, wenn diese eine ihnen gemeinsam obliegende Pflicht nicht erfüllen (RG 66, 71 [74]) (vgl. unten § 63 IV 2). Auch die Möglichkeit von Mittäterschaft zwischen Begehungs- und Unterlassungstätern wird angenommen[18], doch entspricht es der Tatherrschaftslehre besser, den Unterlassenden in diesem Falle als Gehilfen anzusehen (vgl. unten § 64 IV 5).

Beispiele: Ein Diebstahl in einem Warenlager wird dadurch bewerkstelligt, daß vereinbarungsgemäß der Wachmann das Tor unverschlossen läßt, während andere eindringen und die Beute wegschaffen. Der Sohn des Bauern zündet im Einverständnis mit der Mutter, die untätig bleibt, den Hof an (OGH 3, 1).

Endlich gibt es auch *mittelbare Täterschaft* durch Bestimmung eines Werkzeugs, das eine gebotene Handlung unterläßt, so wenn jemand den Handlungspflichtigen und -willigen durch Zwang oder Täuschung an der Gebotserfüllung hindert (vgl. oben § 58 II 2). In diesem Falle übernimmt der Hintermann selbst die Tatherrschaft durch positives Tun, während das Werkzeug unter seinem Einfluß untätig bleibt. Dagegen ist die Möglichkeit einer durch Unterlassen begangenen mittelbaren Täter-

---

[16] So die h. L.; vgl. *Baumann / Weber*, Allg. Teil S. 573; *Dreher / Tröndle*, § 13 Rdn. 19; *Jakobs*, Allg. Teil S. 700; *LK (Roxin)* § 26 Rdn. 31; § 27 Rdn. 35; *Kielwein*, GA 1955, 232; *Maurach / Gössel / Zipf*, Allg. Teil II S. 286; *D. Meyer*, MDR 1975, 287; *Roxin*, Täterschaft und Tatherrschaft S. 510 ff.; *Stree*, GA 1963, 10, 14; *Schönke / Schröder / Cramer*, Vorbem. 85 vor § 25; *SK (Rudolphi)* Vorbem. 44 vor § 13; *Stratenwerth*, Allg. Teil I Rdn. 1075. Die von *Armin Kaufmann*, Unterlassungsdelikte S. 190 ff. und *Welzel*, Lehrbuch S. 206, 221 vertretene Gegenmeinung, die statt Anstiftung bzw. Beihilfe Täterschaft durch positives Tun annehmen will, scheitert, wie die Beispielsfälle des Textes zeigen, sobald dem Teilnehmer die Täterqualität fehlt, sie ist aber auch in sich nicht begründet. Ablehnend auch *Schönke / Schröder / Cramer*, Vorbem. 86 vor § 25.

[17] Vgl. unten § 61 VII 4a Fußnote 57.

[18] So *Maurach / Gössel / Zipf*, Allg. Teil II S. 265; *Roxin*, Täterschaft und Tatherrschaft S. 470 f.; *Schönke / Schröder / Cramer*, § 25 Rdn. 79; *LK (Roxin)* § 25 Rdn. 154; *Stratenwerth*, Allg. Teil I Rdn. 1067 ff.

schaft des Hintermannes selbst zu verneinen[19]. Der Pfleger, der die rechtswidrige Handlung eines Geisteskranken geschehen läßt, ist unmittelbarer „Unterlassungstäter" (Garantenhaftung für das Handeln dritter Personen) (vgl. unten § 62 IV 2).

2. Über die Probleme der *Teilnahme durch Unterlassen* vgl. unten § 64 III 6 und IV 5.

4. Kapitel: Täterschaft und Teilnahme

§ 61 Die Grundlagen der Lehre von Täterschaft und Teilnahme

Arzt, „Gekreuzte" Mordmerkmale? JZ 1973, 681; *Baumann,* Die Tatherrschaft in der Rechtsprechung des BGH, NJW 1962, 374; *derselbe,* Beihilfe bei eigenhändiger voller Tatbestandserfüllung, NJW 1963, 561; *derselbe,* Täterschaft und Teilnahme, JuS 1963, 51, 85, 125; *derselbe,* Die strafrechtliche Problematik der nationalsozialistischen Gewaltverbrechen, in: *Henkys* (Hrsg.), Die nationalsozialistischen Gewaltverbrechen, 1964, 267; *derselbe,* Dogmatik und Gesetzgeber, Festschrift für H.-H. Jescheck, 1985, Bd. I, S. 105; *Beling,* Der gegenwärtige Stand der strafrechtlichen Verursachungslehre, GS 101 (1932) S. 1; *Anna Benakis,* Täterschaft und Teilnahme im deutschen und griechischen Strafrecht, 1961; *Bindokat,* Anmerkung zu OLG Köln vom 19.10.1961, NJW 1962, 686; *v. Birkmeyer,* Die Lehre von der Teilnahme usw., 1890; *derselbe,* Teilnahme am Verbrechen, VDA, Bd. II, 1908, S. 1; *Bloy,* Die Beteiligungsform als Zurechnungstypus im Strafrecht, 1985; *Bockelmann,* Die moderne Entwicklung der Begriffe Täterschaft und Teilnahme im Strafrecht, Deutsche Beiträge zum VII. Int. Strafrechtskongreß, ZStW Beiheft Athen, 1957, S. 46; *derselbe,* Zur Problematik der Beteiligung an vermeintlich vorsätzlich rechtswidrigen Taten, Festschrift für W. Gallas, 1973, S. 261; *H. Bruns,* Kritik der Lehre vom Tatbestand, 1932; *Burgstaller,* Zur Täterschaftsregelung im neuen StGB, ÖRiZ 1975, 13; *v. Buri,* Die Causalität und ihre strafrechtlichen Beziehungen, 1885; *Cortes Rosa,* Teilnahme am unechten Sonderverbrechen, ZStW 90 (1978) S. 413; *Cramer,* Die Beteiligung an einer Zuwiderhandlung nach § 9 OWiG, NJW 1969, 1929; *derselbe,* Grundbegriffe des Rechts der Ordnungswidrigkeiten, 1971; *derselbe,* Gedanken zur Abgrenzung von Täterschaft und Teilnahme, Festschrift für P. Bockelmann, 1979, S. 389; *Dahm,* Täterschaft und Teilnahme im Amtl. Entwurf eines AStGB, Diss. Heidelberg 1926; *derselbe,* Anmerkung zu OLG Stuttgart vom 6.3.1959, MDR 1959, 508; *Detzer,* Die Problematik der Einheitstäterlösung, Diss. Erlangen-Nürnberg 1972; *Dietz,* Täterschaft und Teilnahme im ausländischen Strafrecht, 1957; *Graf zu Dohna,* Das RG zur Teilnahmelehre, DStr 1940, 120; *v. Dohnanyi,* Täterschaft und Teilnahme, in: *Gürtner* (Hrsg.), Das kommende deutsche Strafrecht, Allg. Teil, 1934, S. 73; *Dreher,* Anmerkung zu BGH 23, 39, JR 1970, 146; *derselbe,* Plädoyer für den Einheitstäter im Ordnungswidrigkeitenrecht, NJW 1970, 217; *Engelmann,* Der geistige Urheber des Verbrechens nach dem italienischen Recht des Mittelalters, Festschrift für K. Binding, Bd. II, 1911, S. 287; *Engisch,* Die Kausalität als Merkmal strafrechtlicher Tatbestände, 1931; *derselbe,* Entwicklung der dogmatischen Strafrechtswissenschaft usw., ZStW 66 (1954) S. 339; *Gallas,* Anmerkung zu OGH 1, 365, DRZ 1950, 67; *derselbe,* Täterschaft und Teilnahme, Materialien, Bd. I, 1954, S. 121; *derselbe,* Täterschaft und Teilnahme, Niederschriften, Bd. II, S. 67; *derselbe,* Die moderne Entwicklung der Begriffe Täterschaft und Teilnahme im Strafrecht, Deutsche Beiträge zum VII. Int. Strafrechtskongreß, ZStW Beiheft Athen, 1957, S. 3; *Geerds,* Besprechung von Roxin, Täterschaft und Tatherrschaft, GA 1965, 216; *Geppert,* Zur Problematik des § 50 II usw., ZStW 82 (1970) S. 40; *Gerl,* Die besonderen persönlichen Merkmale usw., Diss. Berlin 1975; *Germann,* Die Bestimmungen über die Teilnahme im Entwurf eines schweiz. StGB, Strafr. Abh. Heft 207, 1923; *Gimbernat Ordeig,* Gedanken zum Täterbegriff und zur Teilnahmelehre, ZStW 80 (1968) S. 915; *Goetzeler,* Der Ideengehalt des extensiven (intellektuellen) Täterbegriffs und seine Auswirkungen, SJZ 1949, 837; *Grebing,* Strafrechtslehrertagung 1975, ZStW 88 (1976) S. 162; *Gropp,* Suizidbeteiligung und Sterbehilfe in der Rechtsprechung, NStZ 1985, 97; *Grünhut,* Grenzen strafbarer Täterschaft und Teilnahme, JW 1932, 366; *Gulphe,* La distinction entre coauteurs et complices, Rev sc crim 1948, 665; *Hanack,* Zur Problema-

---

[19] Vgl. *Roxin,* Täterschaft und Tatherrschaft S. 472; *LK (Roxin)* § 25 Rdn. 155; *Stree,* GA 1963, 12; *Schönke / Schröder / Cramer,* § 25 Rdn. 56; *Stratenwerth,* Allg. Teil I Rdn. 1066.

§ 61 Die Grundlagen der Lehre von Täterschaft und Teilnahme 581

tik der gerechten Bestrafung nationalsozialistischer Gewaltverbrecher, 1967; *Hardwig,* Über den Begriff der Täterschaft, JZ 1965, 667; *Hartung,* Der „Badewannenfall", JZ 1954, 430; *Hegler,* Zum Wesen der mittelbaren Täterschaft, RG-Festgabe, 1929, S. 304; *Heidland,* Die besonderen persönlichen Merkmale usw., Diss. Heidelberg 1971; *Heimberger,* Die Teilnahme am Verbrechen in der Gesetzgebung und Literatur von Schwarzenberg bis Feuerbach, 1896; *Heinitz,* Teilnahme und unterlassene Hilfeleistung beim Selbstmord, JR 1954, 403; *derselbe,* Gedanken über Täter- und Teilnehmerschuld im deutschen und italienischen Strafrecht, Berliner Festschrift zum 41. DJT, 1955, S. 93; *Herzberg,* Täterschaft und Teilnahme, 1977; *derselbe,* Die Problematik der „besonderen persönlichen Merkmale", ZStW 88 (1976) S. 68; *derselbe,* Der agent provocateur und die „besonderen persönlichen Merkmale", JuS 1983, 737; *derselbe,* Täterschaft, Mittäterschaft und Akzessorietät der Teilnahme, ZStW 99 (1987) S. 49; *Höpfel,* Einige Fragen der subjektiven Tatseite bei Beteiligung mehrerer, ÖJZ 1982, 314; *Hünerfeld,* Mittelbare Täterschaft und Anstiftung usw., ZStW 99 (1987) S. 228; *Jäger,* Betrachtungen zum Eichmann-Prozeß, MSchrKrim 1962, 73; *Jährig,* Die persönlichen Umstände usw., Diss. Köln 1974; *Jakobs,* Niedrige Beweggründe beim Mord usw., NJW 1969, 489; *derselbe,* Anmerkung zu BGH 23, 39, NJW 1970, 1089; *Jescheck,* Anstiftung, Gehilfenschaft und Mittäterschaft im deutschen Strafrecht, SchwZStr 71 (1956) S. 225; *derselbe,* Strafrechtsreform in Deutschland, SchwZStr 90 (1975) S. 1; *derselbe,* Versuch und Rücktritt bei Beteiligung mehrerer Personen, ZStW 99 (1987) S. 111; *Kadish,* Complicity, Cause and Blame usw., California Law Review 73 (1985) S. 323; *Kantorowicz,* Tat und Schuld, 1933; *Kienapfel,* Der Einheitstäter im Strafrecht, 1971; *derselbe,* Erscheinungsformen der Einheitstäterschaft, in: *Müller-Dietz* (Hrsg.), Strafrechtsdogmatik und Kriminalpolitik, 1971, 21; *derselbe,* Das Prinzip der Einheitstäterschaft, JuS 1974, 1; *derselbe,* Die Einheitstäterregelung der §§ 12 ff. und 32 ff. StGB, JBl 1974, 113; *derselbe,* Zur Täterschaftsregelung im StGB, ÖRiZ 1975, 165; *Klee,* Zur Abgrenzung von Teilnahme und Täterschaft, ZAK 1940, 188; *Kohlrausch,* Das kommende deutsche Strafrecht, ZStW 55 (1936) S. 384; *derselbe,* Täterschuld und Teilnehmerschuld, Festschrift für E. Bumke, 1939, S. 39; *Korn,* Täterschaft oder Teilnahme bei staatlich organisierten Verbrechen, NJW 1965, 1206; *Lampe,* Über den Begriff und die Formen der Teilnahme am Verbrechen, ZStW 77 (1965) S. 262; *Lange,* Der moderne Täterbegriff und der Strafgesetzentwurf, 1935; *derselbe,* Beteiligter und Teilnehmer, Festschrift für R. Maurach, 1972, S. 235; *Langer,* Das Sonderverbrechen, 1972; *derselbe,* Zum Begriff der „besonderen persönlichen Merkmale", Festschrift für R. Lange, 1976, S. 241; *derselbe,* Zur Strafbarkeit des Teilnehmers gemäß § 28 Abs. 1 StGB, Festschrift für Ernst Wolf, 1985, S. 335; *Letzgus,* Vorstufen der Beteiligung, 1972; *Léauté,* Coactivité, complicité et provocation en droit français, SchwZStr 72 (1957) S. 1; *Liepmann,* Einleitung in das Strafrecht, 1910; *Lüderssen,* Zum Strafgrund der Teilnahme, 1979; *Maiwald,* Historische und dogmatische Aspekte der Einheitstäterlösung, Festschrift für P. Bockelmann, 1979, S. 343; *H. Mayer,* Täterschaft, Teilnahme, Urheberschaft, Festschrift für Th. Rittler, 1957, S. 243; *Maria-Katharina Meyer,* Tatbegriff und Teilnehmerdelikt, GA 1979, 252; *Mezger,* Teilnahme an unvorsätzlichen Handlungen, JZ 1954, 312; *Mühlberger,* Zur strafrechtlichen Verantwortlichkeit von Teilnehmern, NJ 1973, 287; *Niese,* Die finale Handlungslehre und ihre praktische Bedeutung, DRiZ 1952, 21; *Nowakowski,* Tatherrschaft und Täterwille, JZ 1956, 545; *Oehler,* Die mit Strafe bedrohte tatvorsätzliche Handlung im Rahmen der Teilnahme, Berliner Festschrift zum 41. DJT, 1955, S. 255; *Peters,* Probleme der deutschen Strafrechtsreform, SchwZStr 77 (1961) S. 161; *Piotet,* Systematik der Verbrechenselemente und Teilnahmelehre, ZStW 69 (1957) S. 14; *Platzgummer,* Die „Allgemeinen Bestimmungen" des Strafgesetzentwurfs usw., JBl 1971, 236; *Roeder,* Exklusiver Täterbegriff und Mitwirkung am Sonderdelikt, ZStW 69 (1957) S. 223; *Roxin,* Straftaten im Rahmen organisatorischer Machtapparate, GA 1963, 193; *derselbe,* Zur Dogmatik der Teilnahmelehre im Strafrecht, JZ 1966, 293; *derselbe,* Täterschaft und Tatherrschaft, 4. Aufl. 1984; *derselbe,* Kriminalpolitik und Strafrechtssystem, 2. Aufl. 1973; *derselbe,* Bemerkungen zum „Täter hinter dem Täter", Festschrift für R. Lange, 1976, S. 173; *Sammarco,* Il concetto di autore e partecipe usw., Riv dir proc pen 1979, 1009; *Sax,* Dogmatische Streifzüge durch den Entwurf des Allg. Teils eines StGB usw., ZStW 69 (1957) S. 412; *derselbe,* Der Bundesgerichtshof und die Täterlehre, JZ 1963, 329; *derselbe,* Die Problematik des „Teilnehmerdelikts", ZStW 90 (1978) S. 927; *Schäfer,* Täterschaft und Teilnahme, Niederschriften, Bd. II, S. 75; *Schlutter,* Zur Dogmengeschichte der Akzessorietät der Teilnahme, Strafr. Abh. Heft 420, 1941; *Eb. Schmidt,* Die mittelbare Täterschaft, Festgabe für R. v. Frank, Bd. II, 1930, S. 106; *R. Schmitt,* Ordnungswidrigkeitenrecht, 1970; *Schmoller,* Grundstrukturen der Beteiligung mehrerer an der Straftat usw., ÖJZ 1983, 337; *Schöneborn,* Kombiniertes Teilnahme- und Einheitstätersystem, ZStW 87 (1975) S. 902; *Schröder,* Der Täterbegriff als „technisches" Problem, ZStW 57 (1938) S. 459; *Schroeder,* Täterschaft und Teilnahme bei eigenhändiger Tatbestandsverwirklichung, ROW 1964, 97; *derselbe,* Der Täter hinter dem Täter, 1965; *Schultz,* Täterschaft und Teilnahme im modernen schweizerischen Strafrecht, SchwZStr 71 (1956) S. 244; *Schumann,* Zum Einheitstätersystem des § 14 OWiG, 1979; *Schünemann,* Die Bedeutung der „besonderen persönlichen Merkmale" usw., Jura 1980, 354, 568; *Schwalm,* Täterschaft und Teilnahme, Niederschriften, Bd. II, S. 88; *Seebald,* Teilnahme am erfolgsqualifizierten und am fahrlässigen Delikt, GA 1964, 161; *Seiler,* Neue Wege in der Strafrechtsreform, JBl 1969, 113; *Seminara,* Tecniche normative e concorso di persone nel reato, 1987; *Spendel,* Zur Kritik der subjektiven Versuchs- und Teilnahmetheorie, JuS 1969, 314; *derselbe,* Fahrlässige Teilnahme an Selbst- und Fremdtötung, JuS 1974, 749; *derselbe,* Der „Täter hinter dem Täter" usw., Festschrift für R. Lange, 1976, S. 147; *Spotowski,* Erscheinungsformen der Straftat im deutschen und polnischen Recht, 1979; *Straub,* Täterschaft und Teilnahme im englischen Strafrecht, 1952; *Stree,* Beteiligung an vorsätzlicher Selbstgefährdung, JuS 1985, 179; *Vogler,* Zur Bedeutung des § 28 StGB für die Teilnahme am unechten Unterlassungsdelikt, Festschrift für R. Lange, 1976, S. 265; *Wagner,* Amtsverbrechen, 1975; *Welp,* Der Einheitstäter im Ordnungswidrigkeitenrecht, VOR 1972, 299; *Welzel,* Studien zum System des Strafrechts, ZStW 58 (1939) S. 491; *derselbe,* Zur Kritik der subjektiven Teilnahmelehre, SJZ 1947, 645; *derselbe,* Teilnahme an unvorsätzlichen Handlungen? JZ 1954, 429; *Wessels,* Zur Problematik der Regelbeispiele usw., Festschrift für R. Maurach, 1972, S. 295; *Zimmerl,* Grundsätzliches zur Teilnahmelehre, ZStW 49 (1929) S. 39.

I. Die systematische Stellung der Lehre von Täterschaft und Teilnahme

1. Die Strafvorschriften des Besonderen Teils kennzeichnen in der Regel Handlungen von Einzelpersonen (anders die sog. „Massendelikte", §§ 121 StGB, 27, 28 WStG). Täter ist der namenlose „wer", mit dem die meisten Deliktsbeschreibungen beginnen. Der Gesetzgeber geht dabei von der Voraussetzung aus, daß Täter ist, wer sämtliche Merkmale des Tatbestandes in eigener Person verwirklicht. Das Strafgesetzbuch kennzeichnet den **Alleintäter** demgemäß durch die Vorschrift: „Als Täter wird bestraft, wer die Straftat selbst begeht" (§ 25 I). **Der Mensch handelt** jedoch meist nicht allein, sondern **im Zusammenwirken mit anderen.** Das gilt ganz besonders für die Begehung von Straftaten. Die Rechtsordnung steht damit vor dem Problem der Beteiligung mehrerer an einer strafbaren Handlung.

2. Die Teilnahmelehre ist ein **Stück der Lehre vom Tatbestand**[1]. Täter ist einmal, wer in eigener Person alle Tatbestandsmerkmale der strafbaren Handlung verwirklicht (§ 25 I erster Fall). Der Begriff der Täterschaft ist jedoch nicht auf eigenhändige Alleintäterschaft beschränkt, sondern umfaßt auch den Fall, daß sich der Täter eines anderen als „Werkzeug" bedient. Als Täter wird somit auch bestraft, „wer die Straftat durch einen anderen begeht" (§ 25 I zweiter Fall) (**mittelbare Täterschaft**). Weiter gibt es die Möglichkeit, daß mehrere miteinander verbundene Personen an einer Tat als Täter mitwirken (**Mittäterschaft**). § 25 II bestimmt demgemäß: „Begehen mehrere die Straftat gemeinschaftlich, so wird jeder als Täter bestraft". In Betracht kommt ferner, daß mehrere Personen unabhängig voneinander an derselben Tat als Täter beteiligt sind (**Nebentäterschaft**). Während der Täter die tatbestandsmäßige Handlung selbst oder durch einen anderen begeht oder an ihr als Mittäter mitwirkt, stehen Anstifter und Gehilfe außerhalb des Tatbestandes. Sie werden durch besondere Strafvorschriften erfaßt: **Anstifter** ist, „wer vorsätzlich einen anderen zu dessen vorsätzlich begangener rechtswidriger Tat bestimmt hat" (§ 26), **Gehilfe,** „wer vorsätzlich einem anderen zu dessen vorsätzlich begangener rechtswidriger Tat Hilfe geleistet hat" (§ 27). Die Voraussetzungen der Strafbarkeit von Anstiftung und Beihilfe ergeben sich somit nur teilweise aus dem jeweiligen Deliktstatbestand, im übrigen erst aus

---

[1] So die h. L.; vgl. *Blei,* Allg. Teil S. 251; *Cramer,* Bockelmann-Festschrift S. 389 ff.; *Herzberg,* Täterschaft S. 3; *Gallas,* Materialien Bd. I S. 132; *Schönke / Schröder / Cramer,* Vorbem. 1 vor § 25; *Welzel,* Lehrbuch. S. 98; *Wessels,* Allg. Teil S. 144.

II. Der Einheitstäterbegriff und die Unterscheidung verschiedener Beteiligungsformen 583

ergänzenden Vorschriften des Allgemeinen Teils, die aber auf die Tatbestände des Besonderen Teils Bezug nehmen².

3. Die Aufgliederung der Erscheinungsformen der Beteiligung an der strafbaren Handlung ist keine Sache des freien gesetzgeberischen oder richterlichen Ermessens. Es handelt sich vielmehr um die *Beschreibung von Lebensvorgängen*, die durch ihren sozialen Sinn auch für die juristische Beurteilung weitgehend festgelegt sind³. Begriffe wie Täterschaft, mittelbare Täterschaft, Mittäterschaft, Anstiftung und Beihilfe sind durch die Natur der Sache vorgeprägt und müssen deshalb auch juristisch einen dem natürlichen Verständnis entsprechenden Inhalt bewahren.

Beispiele: Wer einen Menschen eigenhändig tötet, ist Täter des Mordes und nicht Gehilfe, auch wenn er auf Weisung eines ausländischen Geheimdienstes handelt (anders BGH 18, 87 [95]) oder anderen Tätern gegenüber nur nicht als Feigling erscheinen möchte (anders BGH *Dallinger* MDR 1974, 547; richtig dagegen BGH 8, 393: eigenhändige Tötung des Ehemanns unter dem beherrschenden Einfluß von dessen Ehefrau). Anstiftung zu einer unvorsätzlichen Haupttat ist unmöglich, weil es gerade am Entschluß des Haupttäters fehlt, den der Anstifter hervorrufen muß (anders BGH 4, 355 [356]). Mittäterschaft ist gegeben, wenn zwei Personen bei einem Banküberfall arbeitsteilig zusammenwirken (der eine nimmt das Geld, der andere sichert), ohne daß dabei der Grad des Interesses an der Beute eine Rolle spielte (anders BGH *Dallinger* MDR 1973, 729).

II. Der Einheitstäterbegriff und die Unterscheidung verschiedener Beteiligungsformen

Für die Behandlung der Teilnahmeprobleme gibt es grundsätzlich **zwei verschiedene Lösungsmöglichkeiten**. Man kann entweder alle Arten der Beteiligung auf den gemeinsamen Nenner eines umfassenden Täterbegriffs bringen (Urheber, Einheitstäter) oder zwischen mehreren Beteiligungsformen nach dem sachlichen Gewicht der Tatbeiträge unterscheiden.

1. Der **Einheitstäterbegriff**⁴ betrachtet jeden Beteiligten, der einen ursächlichen Beitrag zur Verwirklichung des Tatbestandes leistet, als Täter, ohne Rücksicht dar-

---

² Die Beziehung zwischen den Teilnahmevorschriften des Allgemeinen und den Tatbeständen des Besonderen Teils wird in der Lehre verschieden aufgefaßt. *Schmidhäuser*, Allg. Teil S. 498; *Lüderssen*, Strafgrund S. 119, *Maria-Katharina Meyer*, GA 1979, 257; *Herzberg*, GA 1971, 2 und *Sax*, ZStW 90 (1978) S. 956f. sprechen von eigenständigen „Teilnehmerdelikten", *Stratenwerth*, Allg. Teil I Rdn. 858 betont dagegen zu Recht primär den unselbständigen Beitrag zur Haupttat. Ebenso *Maurach / Gössel / Zipf*, Allg. Teil II S. 192. Vgl. auch *LK (Roxin)* Vorbem. 17 vor § 26, der das Unrecht der Teilnahme sowohl aus dem Unrecht der Haupttat als auch aus dem eigenen Unrecht des Teilnehmers ableitet.

³ So *Bockelmann*, Untersuchungen S. 111; *Gallas*, Niederschriften Bd. II S. 67; *Lampe*, ZStW 77 (1965) S. 263, 308; *Stratenwerth*, Die Natur der Sache S. 15f.; *Roxin*, Täterschaft und Tatherrschaft S. 26; *Schmidhäuser*, Allg. Teil S. 500; *Welzel*, Lehrbuch S. 94ff. Dagegen aber *Engisch*, Eb. Schmidt-Festschrift S. 109ff.; *Maiwald*, Bockelmann-Festschrift S. 360; *Schröder*, ZStW 57 (1938) S. 460; *Schönke / Schröder / Cramer*, Vorbem. 1 vor § 25.

⁴ Ablehnend in Deutschland die h. L.; vgl. *Blei*, Allg. Teil S. 248f.; *Bockelmann*, ZStW Beiheft Athen 1957 S. 46ff.; *Bockelmann / Volk*, Allg. Teil S. 174; *Cramer*, NJW 1969, 1929ff.; *Dreher*, NJW 1970, 218; *Gallas*, Materialien Bd. I S. 140ff.; *derselbe*, ZStW Beiheft Athen 1957 S. 39ff.; *LK (Roxin)* Vorbem. 3ff. vor § 25; *Maiwald*, Bockelmann-Festschrift S. 351ff.; *Roxin*, Täterschaft und Tatherrschaft S. 451; *Schmidhäuser*, Allg. Teil S. 501f.; *Wessels*, Allg. Teil S. 142; *SK (Samson)* § 25 Rdn. 2; *Stratenwerth*, Allg. Teil I Rdn. 735; *Schöneborn*, ZStW 87 (1975) S. 90. Empfohlen wird der Einheitstäterbegriff nach dem Muster des § 12 österr. StGB von *Schwalm*, Engisch-Festschrift S. 551f.; *Roeder*, ZStW 69 (1957) S. 238f.; *Geerds*, GA 1965, 218; *Rittler*, Bd. I S. 283ff.; *Seiler*, JBl 1969, 117; *Detzer*, Einheitstäterlösung S. 275. Für eine „funktionale" Einheitstäterschaft eingehend *Kienapfel*, Erscheinungsformen S. 34ff.; *derselbe*, JuS 1974, 6ff. Ihren Wert erblickt *Kienapfel*, Einheitstäter S. 31 vor allem im Verzicht

auf, welche Bedeutung seiner Mitwirkung im Rahmen des Gesamtgeschehens zukommt. Diese Frage gewinnt erst für die Strafzumessung Bedeutung und soll dort unabhängig von allen dogmatischen Unterscheidungen der Teilnahmelehre allein nach dem Sinn und Zweck der Strafe beantwortet werden. Das Kriterium der strafrechtlichen Erheblichkeit eines Verhaltens ist danach allein die *Kausalität,* das Erfordernis der Akzessorietät entfällt. Dem Richter bleibt es dabei überlassen, jeden Mitwirkenden nach der Intensität seines verbrecherischen Willens und der Bedeutung seines Tatbeitrags zu bestrafen. Diese besonders von der modernen Schule[5], aber auch vom „Willensstrafrecht"[6] empfohlene Auffassung macht es möglich, sämtliche Strafbarkeitslücken (vgl. den Fall OLG Stuttgart JZ 1959, 579) zu schließen und die Sanktionen allein nach der Täterpersönlichkeit auszurichten.

Gegen den Einheitstäterbegriff, so sehr er auch auf den ersten Blick einfach und praktisch erscheinen mag, sprechen schwerwiegende *Bedenken.* Einmal geht durch die Umdeutung sämtlicher Tatbeiträge in die Verursachung von Rechtsgutverletzungen das spezifische Handlungsunrecht der jeweiligen Tatbestandes verloren. Zum anderen müßten bei eigenhändigen und Sonderdelikten auch außenstehende Beteiligte wegen der bloßen Kausalität ihrer Mitwirkung als Täter angesehen werden, obwohl sie gerade nicht eigenhändig gehandelt haben bzw. nicht als Täter qualifiziert sind. Ferner würden mit der Preisgabe des Akzessorietätsprinzips die Grenzen der Tatbestände eingeebnet werden. Der Einheitstäterbegriff führt weiter zu einer unerwünschten Ausdehnung der Strafbarkeit, da der Versuch der Mitwirkung in allen Fällen strafbar wird, in denen nach dem Tatbestand die Strafbarkeit des Versuchs vorgesehen ist, während versuchte Teilnahme sonst nur in engen Grenzen mit Strafe bedroht ist (§§ 30, 120 III, 159). Entsprechendes gilt für die Beihilfe (so §§ 12, 15 I österr. StGB). Endlich führt der Einheitstäterbegriff zu einer Vergröberung der Maßstäbe, weil er die Möglichkeit gemilderter Strafrahmen für Anstiftung und Beihilfe ausschließt.

2. Das deutsche Strafrecht hat das Einheitstäterprinzip deswegen nicht übernommen, sondern unterscheidet zwischen **verschiedenen Formen der Beteiligung.** Dieser Standpunkt, der freilich durch die subjektive Teilnahmetheorie der Rechtsprechung erheblich an praktischer Bedeutung verliert (vgl. unten § 61 IV 2), hat auch im Gesetz Ausdruck gefunden. Durch die §§ 25 bis 27 wird dem Einheitstäterbegriff für das Strafrecht eine Absage erteilt[7]. Freilich gilt dies nur für die vorsätzliche Beteiligung, während bei der fahrlässigen Straftat jede Form kausaler Mitwirkung Täterschaft ist (vgl. unten § 61 VI).

a) Die differenzierende Behandlung der Beteiligungsformen entspricht der *geschichtlichen Überlieferung*[8]. Die Ausarbeitung einer besonderen Teilnahmetheorie war das Werk der italienischen Strafrechtswissenschaft des ausgehenden Mittelalters. Von dort wurde diese Lehre noch unfertig in die Art. 177, 107 und 148 der CCC übernommen. Die gemeinrechtliche Wissenschaft unterschied daher nach dem Vorbild der Italiener zwischen verschiedenen Formen der Teilnahme, wenn auch anders als unser heutiges Recht. Erst unter dem Einfluß *Böhmers*

---

auf die Akzessorietät und in der Möglichkeit „ganzheitlicher" Strafzumessung. Zurückhaltend dagegen *Burgstaller,* ÖRiZ 1975, 13 ff., der die Bedeutung des § 12 österr. StGB auf die gleiche Strafdrohung für alle Beteiligten reduziert; gegen ihn *Kienapfel,* ÖRiZ 1975, 165 ff.

[5] Vgl. *Kienapfel,* Einheitstäter S. 11 ff.; ferner, wiewohl Gegner der modernen Schule, *v. Birkmeyer,* VDA Bd. II S. 82 ff.

[6] *v. Dohnanyi,* Täterschaft und Teilnahme S. 75 ff.

[7] So die einhellige Meinung; vgl. *Baumann / Weber,* Allg. Teil S. 512; *Bloy,* Beteiligungsform S. 149 ff.; *Bockelmann / Volk,* Allg. Teil S. 174; *Dreher / Tröndle,* Vorbem. 1 b vor § 25; *Herzberg,* Täterschaft S. 1 f.; *Jakobs,* Allg. Teil S. 493 f.; *Lackner,* Vorbem. 1 vor § 25; *Maurach / Gössel / Zipf,* Allg. Teil II S. 187 ff.; *Schönke / Schröder / Cramer,* Vorbem. 1 vor § 25; *SK (Samson)* § 25 Rdn. 2; *Roxin,* Einführung S. 27.

[8] Vgl. dazu *Engelmann,* Binding-Festschrift Bd. II S. 394 ff.; *Heimberger,* Die Teilnahme S. 98 ff.; *Maiwald,* Bockelmann-Festschrift S. 344 ff.; *Schaffstein,* Die allgemeinen Lehren S. 169 ff.

II. Der Einheitstäterbegriff und die Unterscheidung verschiedener Beteiligungsformen 585

setzte sich die objektive Unterscheidung zwischen Täterschaft und Teilnahme nach dem Kriterium der Vornahme einer Ausführungshandlung (causa physica) bzw. einer diese bloß unterstützenden Handlung (causa moralis) durch. Die heutige Abgrenzung zwischen Täterschaft, Anstiftung und Beihilfe stammt aus dem französischen Code pénal (Art. 60) und ist über das preußische StGB von 1851 in das RStGB gelangt[9].

b) Unter der Überschrift „Täterschaft und Teilnahme" regelt das geltende Recht sämtliche Formen der Beteiligung an der Straftat und beschreibt sie nach generellen Merkmalen. Täterschaft und Teilnahme liegen jedoch, wie schon der Wortlaut der §§ 25 bis 27 unmittelbar ergibt, nicht auf derselben Ebene. Die Trennungslinie verläuft zwischen dem Täter, dem Mittäter und dem mittelbaren Täter auf der einen Seite und dem Anstifter und Gehilfen auf der anderen, denn auch Mittäter und mittelbarer Täter begehen die strafbare Handlung als Täter, wenn auch der erste im Zusammenwirken mit einem anderen Täter, der zweite durch einen anderen als Werkzeug, während sich Anstifter und Gehilfe an fremder Straftat beteiligen. Anstiftung und Beihilfe als die Formen der Teilnahme setzen daher immer die Täterschaft eines anderen voraus. Die Abhängigkeit der Teilnahme von der Haupttat nennt man *Akzessorietät* (vgl. unten § 61 VII). Anstiftung und Beihilfe sind ferner nur als *vorsätzliche* Beteiligung an fremder Tat mit Strafe bedroht[10]. Fahrlässige Teilnahme ist indessen nicht ohne weiteres straflos, sondern kann, soweit das betreffende Delikt auch bei fahrlässiger Begehung unter Strafe gestellt ist, als fahrlässige Täterschaft erfaßt werden (vgl. unten § 61 VI).

c) Für das **Ordnungswidrigkeitenrecht** ist dagegen in § 14 OWiG das *Einheitstäterprinzip* eingeführt worden, weil die Gründe, die für die Differenzierung sprechen, hier angeblich nicht gelten sollen. Jedenfalls bringt aber die Einbeziehung der Beihilfe, die bei Übertretungen nicht strafbar war (§ 49 I a. F.), eine erhebliche Ausweitung des OWiG[11]. Bedenklich ist auch, daß besondere persönliche Merkmale, die die Möglichkeit der Ahndung begründen, stets sämtliche Beteiligte belasten, selbst wenn sie nur bei einem von ihnen vorliegen[12]. Eine wichtige Einschränkung des Einheitstäterbegriffs hat BGH 31, 309 durch die Entscheidung vorgenommen, daß Beteiligung an der Ordnungswidrigkeit eines anderen vorsätzliches Handeln des anderen voraussetzt[13].

3. Durch die Regeln des Strafgesetzbuchs ist das Verhältnis von Täterschaft und Teilnahme zwar nach seiner inneren Struktur, aber nicht für die praktische Rechtsanwendung abschließend bestimmt. Die Frage, nach welchen *Kriterien* zwischen der Begehung einer eigenen Tat als Täter, Mittäter oder mittelbarer Täter und der Unterstützung einer fremden Tat durch Anstiftung oder Beihilfe zu unterscheiden ist, gehört zu den umstrittensten und zweifelhaftesten Problemen des deutschen Strafrechts. Ausgangspunkt des Streites war die Frage der Abgrenzung zwischen Mittäterschaft und Beihilfe, später hat sich die Auseinandersetzung auf das Verhältnis von

---

[9] Vgl. *Goldtammer*, Materialien Teil I S. 299.

[10] Zum deutschen Recht und Schrifttum aus italienischer Sicht *Sammarco*, Riv dir proc pen 1979, 1009 ff.

[11] Vgl. *Göhler*, § 14 OWiG Rdn. 2; kritisch *Cramer*, Grundbegriffe S. 80 ff.; *R. Schmitt*, Ordnungswidrigkeitenrecht S. 36 ff.; *Lange*, Maurach-Festschrift S. 237 ff., der auf weitere bedenkliche Ausdehnungsmöglichkeiten hinweist, und mit eingehender Begründung ablehnend *Welp*, VOR 1972, 299 ff. Vgl. im übrigen zu der Kontroverse zwischen *Cramer*, *Dreher* und *Kienapfel* oben § 7 V Fußnote 38. Positiv beurteilt § 14 OWiG im ganzen *Schumann*, Einheitstätersystem S. 70 ff.

[12] *Göhler*, § 14 OWiG Rdn. 12a verweist auf die Möglichkeit, das Fehlen persönlicher Eigenschaften entsprechend § 28 I StGB bei der Zumessung der Geldbuße zu berücksichtigen, doch enthält das Gesetz für diesen Fall keine dem § 49 I Nr. 2 S. 2 entsprechende Obergrenze der Geldbuße.

[13] Dazu *Göhler*, § 14 OWiG Rdn. 5.

mittelbarer Täterschaft und Anstiftung ausgedehnt. Hinzugetreten ist das Problem des „Täters hinter dem Täter".

Beispiele: Wenn die Schwester der unehelichen Mutter auf deren Verlangen das neugeborene Kind ertränkt, um dieser die Schande zu ersparen, so fragt es sich, ob sie wegen der eigenhändigen Begehung als Täterin oder wegen des fehlenden Eigeninteresses nur als Gehilfin zu bestrafen ist (vgl. RG 74, 84). Bestimmt ein ausländischer Geheimdienst einen Agenten zur Tötung eines Exilpolitikers, so kommt für die Auftraggeber grundsätzlich Anstiftung des Täters, mittelbare Begehung durch ein abhängiges Werkzeug oder Mittäterschaft, für den Ausführenden Alleintäterschaft, Mittäterschaft oder Beihilfe in Betracht (vgl. BGH 18, 87). Für den „Mann in der Zentrale organisatorischer Machtapparate", der seine Leute für sich arbeiten läßt, könnte Mittäterschaft, mittelbare Täterschaft oder Nebentäterschaft angenommen werden (vgl. unten § 62 II 8).

Bei der Abgrenzungsfrage ist auszugehen vom Täterbegriff, denn erst von hier aus läßt sich klären, was unter Teilnahme i. e. S. zu verstehen ist *(primärer Täterbegriff)*[14]. Dagegen ist es nicht angängig, den Täterbegriff gewissermaßen durch eine Subtraktion zu gewinnen, indem als Täter innerhalb des Rahmens der Kausalität jeder angesehen wird, der nicht Teilnehmer ist, weil auf diese Weise der Täterbegriff seine rechtlichen Konturen verlieren würde *(sekundärer Täterbegriff)*[15].

III. Restriktiver Täterbegriff und objektive Teilnahmetheorie

1. Das geltende Recht enthält in § 25 I eine Begriffsbestimmung der Alleintäterschaft und der mittelbaren Täterschaft, die darauf abstellt, daß Täter ist, wer die Straftat „begeht". Da die strafbaren Handlungen aber nichts anderes sind als die im Besonderen Teil beschriebenen Verbrechensformen, liegt es nahe, den Täterbegriff an den Tatbestand der jeweiligen Deliktsart anzuknüpfen. Täter ist danach nur, wer die tatbestandsmäßige Handlung selbst begeht, während die bloße Mitverursachung des Erfolgs durch andere als tatbestandsmäßige Handlung keine Täterschaft begründen kann (**restriktiver Täterbegriff**)[16]. Vom restriktiven Täterbegriff her bedeutet die Aufstellung besonderer Teilnahmeformen wie Anstiftung und Beihilfe, daß die *Strafbarkeit* auf außerhalb des Tatbestandes liegende Handlungen *ausgedehnt* wird, denn nach dem Tatbestand selbst würde nur derjenige zu bestrafen sein, der in eigener Person getötet, gestohlen oder Widerstand geleistet hat. Andere Beteiligte, die den Täter nur zur Tat bestimmt oder ihm dabei geholfen haben, müßten ohne die besonderen Strafvorschriften für Anstiftung und Beihilfe straflos bleiben.

2. Wenn die Vornahme der tatbestandsmäßigen Handlung schon objektiv etwas anderes bedeutet als deren Unterstützung, so ergibt sich von selbst, daß Täterschaft und Teilnahme auch nach objektiven Kriterien unterschieden werden müssen. Der restriktive Täterbegriff verbindet sich deswegen mit einer **objektiven Teilnahmetheorie.** Diese wird in zwei Spielarten vertreten:

---

[14] So die h. L.; vgl. *Lange,* Der moderne Täterbegriff S. 4 ff.; *Kohlrausch / Lange,* Vorbem. I vor § 47; *H. Mayer,* Grundriß S. 151; *Roxin,* Täterschaft und Tatherrschaft S. 27; *Welzel,* Lehrbuch S. 98; *Schmidhäuser,* Allg. Teil S. 397.

[15] In dieser Richtung aber *Bockelmann,* Untersuchungen S. 76 Fußnote 106.

[16] Die Bezeichnungen „restriktiver" und „extensiver" Täterbegriff gehen auf *Zimmerl,* ZStW 49 (1929) S. 41, 45 zurück. Für den ersteren vor allem die ältere Lehre; vgl. *Beling,* Die Lehre vom Verbrechen S. 250; *Graf zu Dohna,* Verbrechenslehre S. 59; *Frank,* Vorbem. II vor § 47; *Hegler,* RG-Festgabe S. 307; *v. Hippel,* Bd. II S. 453 ff.; *Grünhut,* JW 1932, 366; *Wegner,* Strafrecht S. 249. Vgl. dazu ferner *Roxin,* Täterschaft und Tatherrschaft S. 34 sowie *Maurach / Gössel / Zipf,* Allg. Teil II S. 205 ff. und *Blei,* Allg. Teil S. 252 ff., die vom restriktiven Täterbegriff ausgehen.

III. Restriktiver Täterbegriff und objektive Teilnahmetheorie

a) Die ältere **formell-objektive Theorie**[17] hält sich streng an den Wortlaut der Handlungsbeschreibungen der Tatbestände und sieht ohne Rücksicht auf das Gewicht seiner Mitwirkung im Rahmen des Gesamtgeschehens jeden als Täter an, dessen Verhalten in den Kreis dessen fällt, was der Tatbestand erfassen will, während jeder andere kausale Tatbeitrag damit notwendigerweise nur noch Teilnahme sein kann.

b) Der Mangel der formell-objektiven Theorie zeigte sich bei den reinen Erfolgsdelikten, weil die Handlung hier allein in der Verursachung des tatbestandsmäßigen Erfolges besteht und eine zur Differenzierung von Täterschaft und Teilnahme geeignete Beschreibung des Handlungsunrechts fehlt. Für diese Fälle gibt die **materiell-objektive Theorie**[18] eine Ergänzung durch den Gesichtspunkt der größeren Gefährlichkeit, die den Tatbeitrag des Täters gegenüber dem des Gehilfen auszeichnen soll. Abgestellt wurde ferner auf angebliche Unterschiede in der Art und Intensität der Kausalbeziehung[19].

3. Der **restriktive Täterbegriff ist als Ausgangsposition zu billigen**, da er auf der Handlungsbeschreibung der gesetzlichen Tatbestände beruht und damit an dem Punkte anknüpft, an dem der Gesetzgeber selbst zu erkennen gegeben hat, was er bei den einzelnen Deliktstypen unter Täterschaft verstanden wissen will[20]. Die formell-objektive Theorie hat in § 25 I insofern Ausdruck gefunden, als jedenfalls derjenige Täter ist, der die Straftat selbst begeht. Darüber hinaus läßt sich diese Theorie nicht halten. Sie hat zwar unbestreitbar den Vorzug der Klarheit, doch muß dieser Gewinn durch den Formalismus einer starren Bindung an den Gesetzeswortlaut zu teuer erkauft werden. Ein durchschlagender Einwand gegen diese Lehre ist vor allem die Tatsache, daß sie die mittelbare Täterschaft überhaupt nicht und die Mittäterschaft nur bei denjenigen Beteiligten zu erfassen vermag, die wenigstens einen Teil des Tatbestandes erfüllen.

Beispiele: Wer seinen 5jährigen Sohn zu der Erbtante schickt, um ihr die vergifteten Pralinen zum Geburtstag zu überreichen, ist Mörder in mittelbarer Täterschaft und nicht etwa mangels einer vorsätzlich begangenen Haupttat straflos. Wer nach gemeinsamem Tatplan die Aufmerksamkeit der Tante ablenkt, während ein anderer ihr das Gift in die Kaffeetasse schüttet, ist Mittäter des Giftmordes und nicht bloß Gehilfe.

Auch die materiell-objektive Theorie reicht, wenn sie rein objektiv verstanden wird, nicht aus, um alle relevanten Momente der Straftat zu erfassen, denn die Gefährlichkeit der einzelnen Tatbeiträge wird nicht nur durch das äußere Geschehen, sondern auch durch den Gesamtplan der Beteiligten bestimmt. Abstufungen in der Kausalbeziehung wären, selbst wenn man sie vornehmen könnte, ebenfalls nicht ausschlaggebend, da für die Zurechnung einer Tat die Art und Weise der Steuerung des Kausalgeschehens maßgebend ist.

---

[17] Vgl. *Grünhut*, JW 1932, 366; *Hegler*, RG-Festgabe S. 307; *v. Hippel*, Bd. II S. 453f.; *v. Liszt / Schmidt*, S. 334f.; *Mezger*, Lehrbuch S. 444; *Zimmerl*, ZStW 49 (1929) S. 46. Dazu *Stratenwerth*, Allg. Teil I Rdn. 737f.

[18] So z. B. *Liepmann*, Einleitung S. 70; *Dahm*, Täterschaft und Teilnahme S. 43. Zu den verschiedenen Ausprägungen der materiell-objektiven Theorie *Roxin*, Täterschaft und Tatherrschaft S. 38ff.

[19] Vgl. *Feuerbach*, Lehrbuch, 13. Aufl. S. 74f.; *v. Birkmeyer*, Die Lehre von der Teilnahme S. 112f.; *Frank*, Vorbem. II (S. 104) vor § 47: Täterschaft sei das Setzen einer „Ursache", Teilnahme das Setzen einer „Bedingung". Dazu kritisch *Engisch*, Kausalität S. 79; *Stratenwerth*, Allg. Teil I Rdn. 741.

[20] Vgl. *Bloy*, Beteiligungsform S. 115ff.; *Maurach / Gössel / Zipf*, Allg. Teil II S. 207; *Lackner*, Vorbem. 2 vor § 25; *Schönke / Schröder / Cramer*, Vorbem. 6 vor § 25.

Beispiele: Wenn A der Tante den Kaffee reicht, in den B auf Geheiß des A Gift geschüttet hat, so ist A Täter, B Gehilfe. Weiß A von dem Gift nichts, so wird B zum mittelbaren Täter, obwohl sich an dem äußeren Tatverlauf nichts geändert hat.

IV. Extensiver Täterbegriff und subjektive Teilnahmetheorie

1. Dem restriktiven Täterbegriff wurde, vor allem in dem Bestreben, die mit seiner konsequenten Anwendung verbundenen Strafbarkeitslücken auszufüllen, der **extensive Täterbegriff** gegenübergestellt[21]. Dogmatische Grundlage dieser Lehre ist – insoweit übereinstimmend mit dem Einheitstäterbegriff (vgl. oben § 61 II 1) – der die Bedingungstheorie tragende Gedanke von der Gleichwertigkeit aller Erfolgsbedingungen (vgl. oben § 28 II 1). Täter ist danach jeder, der den tatbestandsmäßigen Erfolg mit verursacht hat, ohne daß sein Tatbeitrag in einer tatbestandsmäßigen Handlung bestehen müßte. Auch Anstifter und Gehilfen sind danach an sich Täter, doch zeigt die Aufstellung besonderer Strafvorschriften für die Teilnahme, daß diese Formen der Beteiligung im Rahmen des umfassenden Täterbegriffs anders behandelt werden sollen als die Täterschaft selbst. Anstiftung und Beihilfe erscheinen damit als *Strafeinschränkungsgründe.* Wenn jeder durch einen kausalen Beitrag an der Tat Beteiligte, sofern er nicht als Anstifter oder Gehilfe in den Genuß eines Strafeinschränkungsgrundes gelangt, als Täter gilt, so ergibt sich die Strafbarkeit des mittelbaren Täters, der einen anderen für sich handeln läßt, ebenso wie die des Mittäters, der selbst keine tatbestandsmäßige Handlung vornimmt, von selbst. Der extensive Täterbegriff gewährleistet damit, daß es keinen kausalen Tatbeitrag geben kann, der nicht wenigstens prinzipiell vom Strafrecht erfaßt würde.

2. Wenn sich Täterschaft und Teilnahme aber objektiv nicht unterscheiden lassen, weil sie für eine kausale Betrachtungsweise gleichwertig sind, so bleibt nur die Möglichkeit, die Unterscheidung in einem subjektiven Kriterium zu suchen. Mit dem extensiven Täterbegriff verbindet sich deswegen die **subjektive Teilnahmetheorie**[22]. Täter ist danach, wer einen kausalen Tatbeitrag, worin er auch immer bestehen mag, mit **Täterwillen** leistet, Teilnehmer dagegen, wer dabei bloß den **Teilnehmerwillen** hat. Der Täter will die Tat „als eigene", er hat den „animus auctoris", der Teilnehmer will die Tat „als fremde", er hat den „animus socii". Diese Animus-Formeln hat sich das RG unter Berufung auf die Motive zu eigen gemacht (RG 3, 181 [182 f.])[23] und auch die Rechtsprechung des BGH bedient sich ihrer, wenn man von isoliert gebliebenen Entscheidungen absieht, die einer sogleich zu besprechenden dritten Lehrmeinung zuneigen (BGH JR 1955, 304 [305]; BGH 8, 393 [396]; 19, 135 [139]; 28, 346 [348 f.]; BGH GA 1984, 287; NStZ 1982, 27; NStZ 1985, 165). Die Unterscheidung zwischen Täterschaft und Teilnahme ist damit in der praktischen Rechtsanwendung von einer Tatbestands- weitgehend zu einer Strafzumessungsfrage geworden.

Beispiele: Auch wer bei der Notzucht an der Gewaltanwendung gegenüber dem Opfer mitwirkt, kann trotzdem nur Gehilfe sein (RG 3, 181 [182 f.]). Wer beim Mord nur die Sicherung

---

[21] So *Baumann,* JuS 1963, 126 f. (einschränkend *Baumann / Weber,* Allg. Teil S. 535 ff.); *Goetzeler,* SJZ 1949, 837 ff.; *Lange,* Der moderne Täterbegriff S. 37 ff.; *Kohlrausch,* ZStW 55 (1936) S. 393; *Mezger,* Lehrbuch S. 415 f.; *Olshausen,* Vorbem. 20 vor § 47; *Eb. Schmidt,* Frank-Festgabe Bd. II S. 117 ff.; *Roeder,* ZStW 69 (1957) S. 238.

[22] Sie stammt von *Köstlin,* System §§ 93, 94 und wird vertreten von *Baumann / Weber,* Allg. Teil S. 536; *Bockelmann,* Untersuchungen S. 76; *Olshausen,* Vorbem. 24 vor § 47; *v. Weber,* Grundriß S. 65. Dazu *Roxin,* Täterschaft und Tatherrschaft S. 51 ff.; *Stratenwerth,* Allg. Teil I Rdn. 742 ff.

[23] Die theoretischen Grundlagen hat auch hier *v. Buri,* Die Causalität S. 41 f. gelegt.

des Täters übernimmt, ohne an der Tötungshandlung mitzuwirken, kann gleichwohl Mittäter sein (RG 63, 101). Wer eine eigenhändig und voll verantwortlich handelnde Frau zur Abtreibung an sich selbst bestimmt, ist Täter und nicht nur Anstifter, sofern er den Täterwillen hat (RG 74, 21 [23]). Wer das neugeborene Kind auf Veranlassung und im Interesse der unehelichen Mutter tötet, ist nur Gehilfe, nicht Täter (RG 74, 84 [85])[24]; entsprechend BGH VRS 24, 184 [188]). Wer die ungerechtfertigte Verhaftung eines anderen bewirkt, ist Täter der Freiheitsberaubung (BGH 3, 4 [5]). Selbst zwei eigenhändige Tötungen im Auftrag eines ausländischen Geheimdienstes können als bloße Beihilfe zum Mord erscheinen (BGH 18, 87 [90])[25]. Wer einen Verunglückten, der durch den Unfall auf das Kraftfahrzeug geschleudert und dort festgeklemmt wurde, nach Aufforderung durch den Fahrer vom fahrenden Pkw abwirft und dadurch tötet, ist nur Gehilfe (BGH GA 1963, 187). Wer bei einem Bankraub in der Schalterhalle die Sicherung übernimmt, ist Mittäter und nicht nur Gehilfe, wenn er mit Täterwillen handelt (BGH *Dallinger* MDR 1973, 729). Trotz eigenhändiger Ausführung des Totschlags ist der Beteiligte nur Gehilfe, wenn er ohne Eigeninteresse ist und nur vor den anderen Beteiligten nicht als Feigling erscheinen will (BGH *Dallinger* MDR 1974, 547)[26]. Auch bloße Kuriertätigkeit ist Handeltreiben i. S. v. § 29 I Nr. 1 BtMG, wenn der Täter die Anschaffung der Drogen aus dem Ausland, um sie dem deutschen Händlerring zuzuführen, als eigene Tat will (BGH MDR 1979, 71).

3. Der extensive Täterbegriff und die subjektive Teilnahmelehre sind **abzulehnen**. Sie *widersprechen dem Aufbauprinzip des geltenden Strafrechts*, das aus vornehmlich objektiv umschriebenen und abgegrenzten Tatbeständen besteht[27]. Die Strafvorschriften werden durch die Ausdehnung der Strafbarkeit auf jeden kausalen und schuldhaften Tatbeitrag praktisch aufgelöst. Besonders bei den eigenhändigen Verbrechen und den Sonderdelikten zeigt die Existenz spezieller Tatbestände für die mittelbare Täterschaft (§§ 160, 271), daß der Außenstehende vom Gesetzgeber keineswegs generell als möglicher Täter betrachtet wird, mag er die Tat auch noch so sehr „als eigene" gewollt haben. Es kommt hinzu, daß die Animus-Formel kein rational nachprüfbares Merkmal für die Unterscheidung liefert, sondern das Abgrenzungsproblem zu einer Frage der Strafzumessung macht. Auch wenn, wie es häufig in der Praxis geschieht (RG JW 1937, 2509; RG 74, 84 [85]; BGH 6, 226 [229]; 18, 87 [95]); BGH MDR 1979, 79), auf den verschiedenen Grad des Interesses der Beteiligten an der Tat abgestellt wird, um dadurch ein objektives Indiz für Stärke und Art des verbrecherischen Willens zu gewinnen (**Interessentheorie**), ist kein brauchbares Kriterium gefunden, da nicht wenige Tatbestände ein Handeln in fremdem Interesse ausdrücklich vorsehen (z. B. §§ 216, 253, 263, 289). Es bleibt daher nur die Möglichkeit, den maßgeblichen Gesichtspunkt in der *Gesinnung* der Beteiligten zu suchen, doch wird damit die Ebene des Tatbestandes verlassen und zu einer gefühlsmäßigen Schuldbetrachtung übergegangen (charakteristisch BGH 18, 87 [95f.]). Die subjektive Theorie widerspricht endlich in ihrer wesentlichsten Konsequenz, daß der eigenhändig und vollverantwortlich Handelnde auch bloß Gehilfe sein kann, wenn er die

---

[24] Kritisch dazu *Klee*, ZAK 1940, 188; *Graf zu Dohna*, DStr 1940, 120; über die Hintergründe dieser Entscheidung *Hartung*, JZ 1954, 430.

[25] Zustimmend *Baumann*, NJW 1963, 562ff.; *Korn*, NJW 1965, 1206ff. Kritisch dazu *Schroeder*, ROW 1964, 102ff. Scharf ablehnend *Maurach / Gössel / Zipf*, Allg. Teil II S. 203.

[26] Eingehende Analysen der schwankenden Rechtsprechung des BGH finden sich bei *Baumann*, NJW 1962, 374ff.; *Dreher / Tröndle*, Vorbem. 2 vor § 25; *Sax*, JZ 1963, 329ff.; *Roxin*, Täterschaft und Tatherrschaft S. 558ff.; *LK (Roxin)* § 25 Rdn. 12ff.

[27] Vgl. zur Kritik der subjektiven Teilnahmetheorie *Beling*, GS 101 (1932) S. 10; *Bloy*, Beteiligungsform S. 99f.; *Bockelmann / Volk*, Allg. Teil S. 176; *H. Bruns*, Kritik der Lehre vom Tatbestand S. 56; *Gallas*, Materialien Bd. I S. 123ff.; *derselbe*, ZStW Beiheft Athen 1957 S. 7ff.; *Herzberg*, Täterschaft S. 5f.; *M. E. Mayer*, Lehrbuch S. 402; *Roxin*, Täterschaft und Tatherrrschaft S. 589f.; *derselbe*, Kriminalpolitik S. 20f.; *Sax*, JZ 1963, 330ff.; *Stratenwerth*, Allg. Teil I Rdn. 745ff.; *Spendel*, JuS 1969, 314ff.; *SK (Samson)* § 25 Rdn. 17; *Wessels*, Allg. Teil S. 146.

Tat nicht „als eigene" will, dem geltenden Recht, da § 25 I („wer die Tat selbst begeht") für diesen Fall ausdrücklich die Annahme von Täterschaft vorschreibt (OLG Stuttgart NJW 1978, 715 [716])[28].

V. Die Lehre von der Tatherrschaft

1. Weder eine rein objektive noch eine rein subjektive Theorie ist somit geeignet, das Wesen der Täterschaft überzeugend zu begründen und zugleich Täterschaft und Teilnahme zutreffend gegeneinander abzugrenzen. Es muß vielmehr eine Synthese der beiden Lehrmeinungen gesucht werden, von denen jede eine Seite der Sache richtig bezeichnet, aber, wenn sie isoliert angewandt wird, den Sinn des Ganzen verfehlt. Das ist das Ziel der **Lehre von der Tatherrschaft,** die, von *Lobe* begründet[29] und von *Roxin*[30] wesentlich gefördert, heute eine führende Stellung in der Wissenschaft errungen hat[31]. Ausgangspunkt für die Lösung ist der restriktive Täterbegriff mit seiner Anknüpfung an den gesetzlichen Tatbestand. Täterschaft kann somit nicht durch jede beliebige Mitverursachung des tatbestandsmäßigen Erfolgs, sondern grundsätzlich nur durch Vornahme einer tatbestandsmäßigen Handlung begründet werden. Die tatbestandsmäßige Handlung wird jedoch weder allein als ein Handeln mit einer bestimmten Einstellung noch als reines Außenweltgeschehen, sondern als *objektivsubjektive Sinneinheit* verstanden. Die Tat erscheint damit als das Werk eines das Geschehen steuernden Willens[32]. Aber nicht nur der Steuerungswille ist für die Täterschaft maßgebend, sondern auch das sachliche Gewicht des Tatanteils, den jeder

---

[28] So *Bockelmann / Volk,* Allg. Teil S. 175 f.; *Dreher / Tröndle,* Vorbem. 2 vor § 25; *Herzberg,* Täterschaft S. 2 f.; *Preisendanz,* Vorbem. 2 b cc vor § 25; *Roxin,* Einführung S. 28 f.; *derselbe,* Täterschaft und Tatherrschaft S. 546 ff.; *Schönke / Schröder / Cramer,* Vorbem. 75 vor § 25; *SK (Samson)* § 25 Rdn. 19; *Wessels,* Allg. Teil S. 146. In diesem Sinne auch E 1962, Begründung S. 149 und AE, Begründung S. 167. Abweichend für Extremfälle (z. B. Tötung auf Befehl) – und insoweit berechtigt – *Baumann,* Jescheck-Festschrift Bd. I S. 108 ff.; *LK (Jähnke)* § 212 Rdn. 6; *Lackner,* § 25 Anm. 1 a.

[29] *LK[5] (Lobe),* 1933, Einleitung S. 123.

[30] *Roxin,* Täterschaft und Tatherrschaft S. 60 ff., 546 ff. Die Tatherrschaftslehre soll jedoch bei den „Pflichtdelikten" (z. B. §§ 142, 266, Amtsdelikte, unechte Unterlassungsdelikte) dadurch ersetzt werden, daß der Träger der Pflicht ohne Rücksicht auf die Art und das Gewicht seines Tatbeitrags immer Täter ist; so *Roxin,* Täterschaft und Tatherrschaft S. 354; *LK (Roxin)* § 25 Rdn. 29; ihm folgend *Jakobs,* Allg. Teil S. 492; *Schönke / Schröder / Cramer,* Vorbem. 60 vor § 25; *Wessels,* Allg. Teil S. 144 f. Richtig ist daran nur, daß bei allen Sonderdelikten Täter nur sein kann, wer Träger der Pflicht ist. Daraus folgt aber nicht, daß jeder Pflichtträger auch Täter sein muß; vielmehr muß er entweder die Tatherrschaft haben oder daran teilhaben oder er ist mittelbarer Täter, der mit einem qualifikationslosen Werkzeug zusammenwirkt (vgl. unten § 62 II 7). Kritisch dazu auch *Stratenwerth,* Allg. Teil I Rdn. 756 f., 793 ff.

[31] So *Blei,* Allg. Teil S. 253 f.; *Bockelmann / Volk,* Allg. Teil S. 177; *Eser,* Strafrecht II 37 A Rdn. 14 ff.; *Gallas,* Materialien Bd. I S. 128; *derselbe,* ZStW Beiheft Athen 1957 S. 13; *Heinitz,* JR 1954, 405; *Herzberg,* Täterschaft S. 8; *Jakobs,* Allg. Teil S. 508 (mit weiterer Unterteilung des Begriffs der Tatherrschaft); *Jescheck,* SchwZStr 71 (1956) S. 234; *Kohlrausch / Lange,* Vorbem. I 4 vor § 47; *Lackner,* Vorbem. 2 c vor § 25; *Maurach / Gössel / Zipf,* Allg. Teil II S. 208 ff.; *Niese,* DRiZ 1952, 23; *Sax,* ZStW 69 (1957) S. 432 ff.; *Schroeder,* Der Täter hinter dem Täter S. 70 f.; *Welzel,* Lehrbuch S. 100; *Stratenwerth,* Allg. Teil I Rdn. 749 ff.; *SK (Samson)* § 25 Rdn. 18; *Wessels,* Allg. Teil S. 146. Ein früher Ansatz zu dieser Lehre findet sich auch schon bei *Welzel,* ZStW 58 (1939) S. 539 („finale Tatherrschaft"). Eine subjektiv verankerte Tatherrschaftslehre vertritt *Nowakowski,* JZ 1956, 546. In diesem Zusammenhang ist auch die „Ganzheitstheorie" von *Schmidhäuser,* Allg. Teil S. 582 zu nennen, die sich aber nicht definitorisch, sondern phänomenologisch versteht.

[32] So *Gallas,* Materialien Bd. I S. 128. Dabei ist *Engisch,* ZStW 66 (1954) S. 383 f. durchaus zuzugeben, daß es sich um ein „Bild" handelt, aber mehr als eine bildhafte Umschreibung des Sachverhalts ist nicht möglich.

Beteiligte übernimmt. Täter kann deshalb nur sein, wer auch nach der Bedeutung seines objektiven Beitrags den Ablauf der Tat mit beherrscht.

2. Daraus folgt zunächst, daß die **eigenhändige, voll verantwortliche Verwirklichung aller Tatbestandsmerkmale immer Täterschaft** begründet (so OLG Stuttgart NJW 1978, 715 [716]; anders RG 74, 84 [85] und BGH 18, 87 [89]). Das ist auch der Sinn des § 25 I erster Fall, wonach als Täter bestraft wird, „wer die Straftat selbst begeht" (vgl. oben § 61 IV 3).

3. Der Täterbegriff ist jedoch nicht, wie die formell-objektive Theorie annahm, auf die Vornahme einer im strengen Wortsinn tatbestandsmäßigen Handlung zu beschränken. Die Auslegung der Tatbestände ergibt vielmehr, daß die Handlungsbeschreibung, wenn der Erfolg durch das Zusammenwirken mehrerer zustande kommt, in einer materiellen, den Wortsinn auflockernden Weise verstanden werden muß. Der Tatbestand kann dadurch unter gewissen Voraussetzungen auch von solchen Beteiligten erfüllt werden, die zwar eine tatbestandsmäßige Handlung im formellen Sinne nicht vornehmen, aber trotzdem die Tatherrschaft innehaben oder an dieser beteiligt sind.

a) Es handelt sich dabei einmal um die von Lehre und Rechtsprechung anerkannten Fälle der **mittelbaren Täterschaft** (§ 25 I zweiter Fall), bei denen der Hintermann sich zur Begehung der Tat eines anderen Menschen als Werkzeug bedient und durch sein „Übergewicht" eine der unmittelbaren Begehung gleichwertige Tatherrschaft erlangt (BGH 32, 38 [42]: Verleitung zum Selbstmord als Tötungsdelikt kraft überlegenen Wissens)[33]. Wer zur Tat dagegen eine tatbestandsmäßig, rechtswidrig und voll verantwortlich handelnde Person bestimmt, ist Anstifter, selbst wenn er den anderen rein tatsächlich mehr oder weniger „beherrscht", denn die Herbeiführung des Tatentschlusses bleibt Anstiftung, auch wenn dieser wie meist unter dem starken Einfluß des Hintermanns gefaßt wird[34].

b) Die zweite Gruppe von Fällen betrifft das Zusammenwirken mehrerer bei der **Mittäterschaft** (§ 25 II). Hier müssen zunächst alle Beteiligten Mitträger des gemeinsamen Tatentschlusses sein, weil sie nur dadurch zu Teilhabern an der Ausübung der Tatherrschaft werden können. Darüber hinaus muß jeder auch objektiv einen Tatbeitrag leisten, der durch seine Bedeutung für den Erfolg qualifiziert ist und jedenfalls über eine bloße Vorbereitungshandlung hinausgeht. Durch die zweckmäßigste Art der „Rollenverteilung" kann es sich jedoch bei der Mittäterschaft ergeben, daß auch ein Tatbeitrag, der formell nicht in den Rahmen der tatbestandsmäßigen Handlung fällt, zur täterschaftlichen Bestrafung ausreicht. Es muß sich nur um ein *notwendiges* Teilstück der Ausführung des Gesamtplans im Rahmen sinnvoller „Arbeitsteilung" handeln *(funktionelle Tatherrschaft)*[35].

---

[33] So zuerst *Hegler,* RG-Festgabe S. 307.
[34] So auch *Gallas,* Materialien Bd. I S. 134; derselbe, ZStW Beiheft Athen 1957 S. 14ff.; *H. Mayer,* Lehrbuch S. 313; *Dreher/Tröndle,* § 26 Rdn. 4; *Herzberg,* Täterschaft S. 19; *Roxin,* Täterschaft und Tatherrschaft S. 161 ff.; *Stratenwerth,* Allg. Teil I Rdn. 771; *Welzel,* SJZ 1947, 650; *Wessels,* Allg. Teil S. 153 f. Für Täterschaft bei Willensherrschaft des Hintermanns dagegen die im Vordringen begriffene Lehre vom „Täter hinter dem Täter"; vgl. in diesem Sinne *Baumann,* NJW 1963, 564; *Blei,* Allg. Teil S. 258; *Cramer,* Bockelmann-Festschrift S. 393; *Hardwig,* GA 1954, 260f.; *Jäger,* MSchrKrim 1962, 79; *Maurach/Gössel/Zipf,* Allg. Teil II S. 237f.; *Kohlrausch/Lange,* Vorbem. I 5B 1, 2f. vor § 47; bei vermeidbarem Verbotsirrtum und Willensherrschaft kraft organisatorischer Machtapparate auch *Roxin,* Täterschaft und Tatherrschaft S. 199ff., 242ff.; derselbe, Lange-Festschrift S. 177ff.; derselbe, GA 1963, 199ff.; *LK (Roxin)* § 25 Rdn. 68, 88ff. Grundlegend *Schroeder,* Der Täter hinter dem Täter S. 119ff. Gegen diese Lehre zutreffend *Spendel,* Lange-Festschrift S. 171.

Beispiele: Wer als Anführer einer Einbrecherbande am Tatort den Einsatz seiner Leute leitet, ist Mittäter, auch wenn er selbst die Beute nicht in eigener Person wegnimmt. Wer dagegen erst unmittelbar vor der Tat in den vorbereiteten Plan eines Raubmordes eingeweiht wird und sich dann darauf beschränkt, die Mordwaffe zur Verfügung zu stellen und den Tätern dadurch Mut zu machen, daß er in der Nähe des Tatorts verbleibt, ist nur Gehilfe (anders OGH 1, 365 [367]). Wer eine Blockade gegen die Polizei durch Aufrufe und Leitungstätigkeit mitbeherrscht, ist Mittäter i. S. v. §§ 105, 125, 125a, auch wenn er sich nicht am Tatort befindet (BGH 32, 165 [180] Fall Startbahn West). Wer sich in voller Kenntnis aller Umstände in die Agententätigkeit eingliedert, ist, auch wenn er nur Hilfsdienste leistet, Mittäter i. S. v. § 99 (BGH NStZ 1984, 287).

4. In der **Rechtsprechung des BGH** herrscht noch immer verbal die subjektive Theorie (vgl. oben § 61 IV 2). Dabei ist nach dem zweiten Weltkrieg die Problematik der NS-Gewaltverbrechen von Einfluß gewesen. Bei der Aburteilung von befohlenen Mordtaten im Rahmen von Organisationen haben sich die Gerichte in der Regel gescheut, Täterschaft anzunehmen, wenn die Ausführenden im Machtbereich der Befehlsgeber lebten, und sind statt dessen im Wege der subjektiven Teilnahmetheorie auf Beihilfe ausgewichen[36]. Die neuere Rechtsprechung hat die früher rein subjektive Theorie inzwischen stark mit objektiven Kriterien durchsetzt, indem auf eine Gesamtwertung abgestellt wird, bei der es auf das Interesse und die Tatherrschaft oder wenigstens den Willen zur Tatherrschaft als „Anhaltspunkte" ankommt[37]. Damit ist ein praktisch brauchbarer Kompromiß gefunden.

Beispiele: Beim Devisenvergehen kommt es für die Mittäterschaft darauf an, inwieweit jeder Beteiligte den Ablauf der Tat mit beherrscht hat (BGH JR 1955, 304 [305]). Wer einen Menschen mit eigener Hand tötet, ist Täter, auch wenn er es unter dem Einfluß und in Gegenwart eines anderen sowie ausschließlich in dessen Interesse tut (BGH 8, 393 [396]). Beim einseitig fehlgeschlagenen Doppelselbstmord ist der Überlebende Täter nach § 216, wenn er das zum Tode führende Geschehen bis zuletzt in der Hand hatte (BGH 19, 135 [140]). Für die Annahme der Mittäterschaft bei der räuberischen Erpressung kommt es auf den Täterwillen an, über dessen Vorliegen aber „in wertender Betrachtung" zu entscheiden ist, wobei Interesse und Grad der Tatherrschaft eine Rolle spielen (BGH 28, 346 [348f.]). Mittäterschaft beim Mord setzt voraus, daß beide Angeklagte die Tat als eigene gewollt haben, wofür „Anhaltspunkte" aber im Grad des eigenen Interesses, im Umfang der Tatbeteiligung und in der Tatherrschaft oder doch wenigstens dem Willen zur Tatherrschaft zu finden sind (BGH GA 1984, 287). Übereinstimmend BGH NStZ 1982, 27; 1984, 287; 1985, 165.

VI. Die Beteiligung an der fahrlässigen Straftat

Wenn mehrere Personen infolge *unbewußter Fahrlässigkeit* gemeinsam eine Straftat begehen, ist eine Unterscheidung von Täterschaft und Teilnahme nicht möglich, weil es allen Beteiligten in gleicher Weise an der Voraussicht des tatbestandsmäßigen Erfolges fehlt und deshalb von einer Beherrschung des Geschehens bei keinem von ihnen die Rede sein kann[38]. Dagegen ist bei der *bewußten Fahrlässigkeit* eine Aufglie-

---

[35] Vgl. *Gallas,* DRZ 1950, 67f.; *Roxin,* Täterschaft und Tatherrschaft S. 275ff., 615ff.; *Maurach / Gössel / Zipf,* Allg. Teil II S. 248; *Lackner,* § 25 Anm. 2b bb; *Stratenwerth,* Allg. Teil I Rdn. 823; *SK (Samson)* § 25 Rdn. 43; *Wessels,* Allg. Teil S. 149. Einschränkend *Herzberg,* Täterschaft S. 57ff.

[36] Vgl. dazu kritisch *Baumann,* in: *Henkys,* Die nationalsozialistischen Gewaltverbrechen S. 317; *Hanack,* Bestrafung nationalsozialistischer Gewaltverbrecher S. 34ff.; *LK⁹ (Busch)* Vorbem. 19a vor § 47; ferner die Entschließung der Kommission des DJT, JZ 1966, 715.

[37] Vgl. *Roxin,* Täterschaft und Tatherrschaft S. 589f.

[38] Vgl. *Gallas,* Materialien Bd. I S. 128f.; *derselbe,* ZStW Beiheft Athen 1957 S. 18; *Herzberg,* Täterschaft S. 72ff.; *Jakobs,* Allg. Teil S. 540; *Maurach / Gössel / Zipf,* Allg. Teil II S. 213; *Schönke / Schröder / Cramer,* Vorbem. 18 vor § 25; *Stratenwerth,* Allg. Teil I Rdn. 1152; *Welzel,* Lehrbuch S. 99.

derung, wie sie derjenigen bei der Vorsatztat entsprechen würde, an sich denkbar, weil die Beteiligten sich hier die Verwirklichung des Tatbestandes als mögliche Folge ihres Tuns immerhin vorstellen. Das Gesetz bedroht jedoch in §§ 26, 27 nur die vorsätzliche Teilnahme mit Strafe. Maßgebend für Abstufungen innerhalb der Fahrlässigkeit ist allein der Grad der Sorgfaltspflichtverletzung, und dieser bemißt sich nach anderen Kriterien, als sie die Tatherrschaftslehre liefern kann[39]. **Täter der fahrlässigen Straftat ist daher jeder, der** unter Verletzung der im Verkehr erforderlichen Sorgfalt **dazu beiträgt, den Tatbestand zu verwirklichen**, wobei freilich zu beachten ist, daß er, soweit es sich nicht um ein reines Erfolgsdelikt handelt (z. B. §§ 222, 230, 309), auch die Handlungsmerkmale erfüllen muß, um strafbar zu sein (z. B. §§ 163, 310b IV, 315c III Nr. 2, 316 II, 326 IV)[40]. Einen Unterschied zwischen Täterschaft und Teilnahme gibt es auch bei der bewußten Fahrlässigkeit nicht (vgl. oben § 54 IV).

Beispiele: Wenn die Begleiterin den Kraftfahrer zu leichtsinniger Fahrweise anspornt und dadurch einen Unfall mit verursacht, sind beide Täter der fahrlässigen Tötung (nur der Fahrer aber wird auch nach § 315c I Nr. 2b i. Verb. m. Abs. 3 Nr. 2 bestraft). Fahrlässige Tötung in Nebentäterschaft liegt vor, wenn zwei Bauarbeiter gemeinschaftlich einen Balken so unvorsichtig auf die Straße werfen, daß ein Passant getötet wird.

VII. Die Abhängigkeit der Teilnahme von der Haupttat (Akzessorietät)

1. Die Teilnahme (Anstiftung und Beihilfe) ist von der Existenz einer vorsätzlichen Haupttat abhängig (**Akzessorietät**), denn erst durch die Begehung der Haupttat vollendet sich der Unrechtstatbestand der §§ 26, 27. Darüber hinaus spielt das Erfordernis der Akzessorietät auch bei der Mittäterschaft eine Rolle. Da hier der Tatbeitrag des einen Beteiligten durch den des anderen bis zur vollen Erfüllung des Deliktstatbestandes ergänzt wird, entsteht gleichfalls die Frage, welche Merkmale des Verbrechensbegriffs bei jedem der verbundenen Teilakte gegeben sein müssen[41]. Die Akzessorietät verlangt, daß die Haupttat bestimmte rechtliche Eigenschaften aufweisen muß.

Bis 1943[42] galt der Grundsatz der **strengen Akzessorietät**, wonach der Haupttäter eine „strafbare" Handlung begangen haben mußte. Darunter verstand man eine Handlung, die nach Tatbestand, Rechtswidrigkeit und Schuld alle Merkmale der Strafbarkeit aufweisen mußte, abgesehen von den persönlichen Strafausschließungsgründen und den Prozeßvoraussetzungen[43]. Überstürzt und ohne klare Voraussicht der Konsequenzen[44] führte die VO vom 29. 5. 1943 (RGBl. I S. 341) die **limitierte Akzessorietät** ein, um angebliche Strafbarkeitslücken auszufüllen, obwohl § 4 JGG 1923 die Akzessorietätsfrage bei der Teilnahme an Straftaten Jugendlicher schon längst im Sinne der Limitierung gelöst hatte und die übrigen Fälle durch die allseits anerkannte Figur der mittelbaren Täterschaft ohne weiteres erfaßt werden konnten. Die Haupttat brauchte nur noch eine „mit Strafe bedrohte Handlung" zu sein (§§ 48 I, 49 a. F.).

---

[39] Vgl. *Roxin,* Täterschaft und Tatherrschaft S. 180 ff. Fahrlässige Beteiligung an einer Vorsatztat ist nach h. L. fahrlässige Nebentäterschaft (vgl. oben § 54 IV). Gegen Strafbarkeit des fahrlässig Handelnden in solchen Fällen *Spendel,* JuS 1974, 756. Vorsätzliche Teilnahme an fahrlässiger oder vorsätzlicher Selbstgefährdung ist nur dann als Körperverletzung oder Tötung strafbar, wenn der Teilnehmer kraft überlegenen Sachwissens das Risiko besser erfaßt als der sich selbst Gefährdende (BGH 32, 262 [265]; BGH NStZ 1984, 452; zustimmend *LK (Jähnke)* § 222 Rdn. 21; *Stree,* JuS 1985, 181 ff.).
[40] So zu Recht *Jakobs,* Allg. Teil S. 540.
[41] Ebenso *LK⁹ (Busch)* Vorbem. 28 vor § 47.
[42] Über die ältere Entwicklung des Begriffs des Akzessorietät vgl. *Schlutter,* Zur Dogmengeschichte der Akzessorietät S. 13 ff.
[43] Vgl. *Frank,* § 48 Anm. II 2; § 49 Anm. I; RG 31, 395 (396); 57, 272 (273); 70, 26 (27). Anders schon damals *Kantorowicz,* Tat und Schuld S. 120 f.
[44] Vgl. *Oehler,* Festschrift zum 41. DJT S. 255.

Wie das zu verstehen war, erläuterte § 50 I a. F. durch die Bestimmung, daß jeder Beteiligte „ohne Rücksicht auf die Schuld des anderen nach seiner Schuld strafbar" sein sollte. Umstritten war bei dieser Regelung vor allem die Frage, ob die Möglichkeit der Teilnahme vom Vorsatz des Täters abhängt oder nicht (vgl. dazu 2. Auflage S. 498 f.).

2. Das seit der Reform von 1975 geltende Recht hat diesen Streit in Übereinstimmung mit der schon bisher herrschenden Lehre und teilweise auch der Rechtsprechung (BGH 9, 370) dahin entschieden, daß Anstiftung und Beihilfe eine **vorsätzlich begangene rechtswidrige Haupttat** (§ 11 I Nr. 5) voraussetzen[45]. Dies hat vor allem Bedeutung für Sonder- und eigenhändige Delikte, da hier mittelbare Täterschaft ausscheidet.

Beispiele: Wer einen Arzt zur fahrlässigen Mitteilung einer Tatsache verleitet, auf die sich die Schweigepflicht bezieht, kann nicht wegen Anstiftung zur Geheimnisverletzung (§ 203 Nr. 1) bestraft werden (anders BGH 4, 355; 5, 47). Wer dem Fahrer eines unfallbeteiligten Kraftwagens vorspiegelt, der andere Beteiligte habe auf Feststellungen verzichtet, kann nicht wegen Beihilfe zu § 142 bestraft werden (OLG Stuttgart JZ 1959, 579)[46].

Die Kritik an dieser Regelung stützt sich auf die eintretenden Strafbarkeitslücken[47], doch ist es wichtiger, daß die durch den Vorsatz gewährleistete Bestimmtheit der Tatbestände, auf die sich die Teilnahme bezieht, erhalten bleibt.

3. Zweifelhaft ist die Frage geblieben, ob es für die Strafbarkeit des Teilnehmers genügt, wenn der **Teilnehmer irrig daran geglaubt hat,** der Täter werde vorsätzlich handeln. Der Tatbestand der Haupttat bleibt bei dieser Betrachtungsweise wenigstens in der Vorstellung der Teilnehmers unangetastet. Auch der Teilnahmetatbestand bleibt gewahrt, denn der Teilnehmer hat an einer rechtswidrigen Tat mitgewirkt, die sich nach seiner Vorstellung mit der Verwirklichung des vollen objektiven und subjektiven Tatbestands deckte. Die Vorschrift des § 32 E 1962, die eine nur vorgestellte Vorsätzlichkeit ausdrücklich genügen lassen wollte, ist 1975 jedoch nicht in das neue Recht übernommen worden (vgl. BT-Drucksache V/4095 S. 13). Nachdem das Gesetz in den §§ 26, 27 ausdrücklich den Vorsatz des Haupttäters für die Strafbarkeit des Teilnehmers verlangt, wird man sich ohne Verletzung des Analogieverbots nicht mit vermeintlichem Vorsatz begnügen dürfen (KG NJW 1977, 817 [819])[48] (anders die 2. Auflage S. 499). Das bedeutet, daß nur noch wegen versuchter Anstiftung zu einem Verbrechen nach § 30 bestraft werden kann, während alle anderen Fälle straflos bleiben.

---

[45] Vgl. zustimmend *Baumann / Weber,* Allg. Teil S. 555 ff.; *Bockelmann,* Gallas-Festschrift S. 261 ff. m. w. Nachw. in Fußnote 2; *Dreher / Tröndle,* Vorbem. 10 vor § 25; *Lackner,* Vorbem. 4 a vor § 25; *Maurach / Gössel / Zipf,* Allg. Teil II S. 342; *SK (Samson)* Vorbem. 27 vor § 26; *Stratenwerth,* Allg. Teil I Rdn. 880; *Wessels,* Allg. Teil S. 156.

[46] Vgl. dazu *Herzberg,* JuS 1975, 577 f.; *Roxin,* Einführung S. 31.

[47] Auch die Kritiker halten jedoch die Regelung der §§ 26, 27 für eindeutig und bindend; vgl. *Roxin,* Einführung S. 32; *derselbe,* Täterschaft und Tatherrschaft S. 552 f.; *Jakobs,* Allg. Teil S. 548; *LK (Roxin)* Vorbem. 23 vor § 26; *Schmidhäuser,* Allg. Teil S. 539 Fußnote 11; *Schönke / Schröder / Cramer,* Vorbem. 32 vor § 25. Eine bloß „verletzungsbewußte Haupttat" läßt *Langer,* Sonderverbrechen S. 468 genügen (zu diesem Begriff S. 301), eine „willentlich vorgenommene Handlung des Täters" soll nach *Schmidhäuser,* Studienbuch S. 274 ausreichen.

[48] So die überwiegende Meinung; vgl. *Bockelmann,* Gallas-Festschrift S. 261 ff.; *Herzberg,* Täterschaft S. 45 f.; *Jescheck,* SchwZStr 90 (1975) S. 32; *Letzgus,* Vorstufen S. 31; *Maurach / Gössel / Zipf,* Allg. Teil II S. 342; *LK (Roxin)* § 25 Rdn. 98; *Preisendanz,* § 25 Anm. III 2c aa; *Roxin,* Täterschaft und Tatherrschaft S. 556 ff.; *SK (Samson)* Vorbem. 27 vor § 26; *Schönke / Schröder / Cramer,* Vorbem. 35 vor § 25; *Stratenwerth,* Allg. Teil I Rdn. 963; *Wessels,* Allg. Teil S. 156. Die Gegenmeinung vertreten *Baumann / Weber,* Allg. Teil S. 557 f.; *Dreher / Tröndle,* Vorbem. 10 vor § 25; *Lackner,* Vorbem. 4 a vor § 25; *Eser,* Strafrecht II Nr. 41 A Rdn. 22 f.; *Schöneborn,* ZStW 87 (1975) S. 911 Fußnote 38.

4. Die Teilnahme trägt ihren Unrechtsgehalt nicht in sich selbst, sondern bezieht ihn aus der Förderung fremder Tat. Deswegen darf die Limitierung der Akzessorietät an sich nicht so weit gehen, daß der Unrechtsgehalt der Haupttat eingeschränkt wird. Eine starre Regelung der Akzessorietät, die jedes die Haupttat qualifizierende oder privilegierende Unrechtsmerkmal unbesehen auf alle Beteiligten ausdehnte, würde indessen ungerecht wirken, weil das die Strafbarkeit ändernde Moment in so hohem Maße an die Person gebunden sein kann, daß es nur denjenigen Beteiligten belasten oder entlasten darf, bei dem es auch tatsächlich vorliegt[49]. Deswegen bestimmt § 28 II, daß **besondere persönliche Merkmale**, die die Strafe **schärfen, mildern** oder **ausschließen,** nur demjenigen Beteiligten zugerechnet werden, bei dem sie vorliegen[50]. Dies bedeutet, daß straferhöhende bzw. strafmildernde besondere persönliche Merkmale bei der Wahl des anzuwendenden Straftatbestandes nur bei dem Täter bzw. Teilnehmer zu berücksichtigen sind, bei dem sie vorliegen. Bei Anstiftung zur Körperverletzung im Amt wird z. B. der Beamte nach § 340 I, der nicht qualifizierte Anstifter nach § 223 bestraft[51]. Die Lage des Teilnehmers kann durch diese Regelung nicht nur gemildert, sondern auch verschärft werden, denn strafschärfende persönliche Merkmale, die zwar bei ihm, nicht aber beim Täter vorliegen, belasten ihn, strafmildernde persönliche Umstände, die zwar beim Täter, aber nicht bei ihm vorliegen, kommen ihm nicht zugute. Zusätzlich zu § 28 II bestimmt § 28 I zugunsten des nichtqualifizierten Teilnehmers, daß beim Fehlen besonderer persönlicher Merkmale, die die Strafbarkeit des Täters **begründen,** Strafmilderung nach § 49 I eintritt. Die Konsequenz, daß der nichtqualifizierte Anstifter oder Gehilfe straflos bleibt, z. B. der Anstifter zu einem echten Amtsdelikt wie der Rechtsbeugung (§ 336), hat der Gesetzgeber aus kriminalpolitischen Gründen *nicht* gezogen.

a) Zweifelhaft ist, was man unter „besonderen persönlichen Merkmalen" zu verstehen hat[52]. Nach der Definition des § 14 I handelt es sich um „besondere persönliche Eigenschaften, Verhältnisse oder Umstände". Für die **strafändernden persönlichen Merkmale** des § 50 II a. F. wurde früher teilweise das *Moment der Dauer* verlangt (RG 25, 266 [267]; OGH 1, 95 [104]; OLG Braunschweig MDR 1948, 183). Doch kommt es nicht darauf, sondern nur auf den **höchstpersönlichen Charakter des Merkmals** an[53]. Zu unterscheiden ist zwischen tatbezogenen und täterbezogenen

---

[49] Dazu eingehend *Schünemann,* Jura 1980, 356 f.
[50] Der Grundgedanke des § 28 II ist auf Regelbeispiele entsprechend anzuwenden, so daß z. B. der Erschwerungsgrund des § 243 I Nr. 3 den Teilnehmer nur dann belastet, wenn er selbst gewerbsmäßig handelt; vgl. *Wessels,* Maurach-Festschrift S. 307; *Dreher / Tröndle,* § 46 Rdn. 49.
[51] Dagegen wollen *LK (Roxin)* § 28 Rdn. 4f.; *Cortes Rosa,* ZStW 90 (1978) S. 433 und *Wagner,* Amtsverbrechen S. 386 ff. den vom Täter verwirklichten Tatbestand auf den Teilnehmer anwenden, während der Tatbestand, der sich nach § 28 II für den Teilnehmer ergibt, nur für die Strafzumessung in Betracht kommen soll.
[52] Vgl. die Darstellungen von *Heidland,* Die besonderen persönlichen Merkmale S. 28 ff.; *Jährig,* Die persönlichen Umstände S. 56 ff.; *Gerl,* Die besonderen persönlichen Merkmale S. 81 ff.
[53] So die h. L.; vgl. *Blei,* Allg. Teil S. 268; *Dreher / Tröndle,* § 28 Rdn. 3 ff.; *Gallas,* ZStW Beiheft Athen 1957 S. 35; *Kohlrausch / Lange,* § 50 Anm. III; *LK*[9] *(Busch)* § 50 Rdn. 17 f.; *Maurach / Gössel / Zipf,* Allg. Teil II S. 350; *Schönke / Schröder / Cramer,* § 28 Rdn. 15; *SK (Samson)* § 28 Rdn. 16; *Welzel,* Lehrbuch S. 120 ff.; *Wessels,* Allg. Teil S. 158. Dagegen bezieht *Stratenwerth,* Allg. Teil I Rdn. 935 den § 28 (abgesehen von Schuldmerkmalen) nur auf Sonderpflichten (z. B. § 266 zweite Handlungsform oder § 340 im Verhältnis zu § 223). Ebenso *Arzt,* JZ 1973, 685 und *LK (Roxin)* § 28 Rdn. 30 ff. Auf Sonderpflichten und Eigenhändigkeit beschränkt *Jakobs,* Allg. Teil S. 565 ff. den § 28, während *Schünemann,* Jura 1980, 364 ff. alle persönlichen Merkmale einbeziehen will („Einheitslösung"). Zur Kritik der Rechtsprechung *Langer,* Ernst Wolf-Festschrift S. 339 ff.

persönlichen Merkmalen (beim Mord z. B. einerseits die Heimtücke, BGH 23, 103 [105], andererseits die niedrigen Beweggründe, BGH 22, 375 [378 ff.] und die Verdeckungsabsicht, BGH 23, 39)[54]. Unter § 28 fallen nur die **täterbezogenen persönlichen Merkmale,** während die tatbezogenen Merkmale, da sie das von jedermann begehbare Unrecht der Haupttat kennzeichnen, nach den allgemeinen Regeln der Akzessorietät behandelt werden[55]. Zu den persönlichen Eigenschaften, Verhältnissen und Umständen gehören demgemäß *nicht alle* Merkmale, die die personale Seite des Handlungsunrechts mitbestimmen (vgl. oben § 24 III 4). Auszunehmen sind einmal der *Vorsatz*, zum anderen von den subjektiven Unrechtsmerkmalen die *Absichten* (RG 56, 171 [173]) (vgl. oben § 30 II 1), weil sie nur ins Subjektive vorverlegte Merkmale des objektiven Tatbestands darstellen[56]. Auch die *Garantenpflichten* bei den unechten Unterlassungsdelikten gehören nicht hierher, denn das im Tatbestand des unechten Unterlassungsdelikts enthaltene Verbot richtet sich an jedermann, und die Garantenpflicht hat nur die Bedeutung, positives Tun und Unterlassen bei der Zurechnung des tatbestandsmäßigen Erfolgs gleichzustellen[57]. Endlich sind hier auch die objektiven Tätermerkmale des § 14 I Nr. 1 - 3 nicht gemeint, auf die bei richtiger Auslegung die in derselben Vorschrift enthaltene Definition der besonderen persönlichen Merkmale nicht zu beziehen ist (vgl. oben § 23 VI 2).

aa) *Strafschärfende persönliche Eigenschaften, Verhältnisse oder Umstände* sind z. B. die Gewerbs- und Gewohnheitsmäßigkeit (RG 26, 3; 61, 268; 71, 72), das Anvertrautsein der Sache in § 246 zweite Handlungsform (besondere Vertrauensstellung des Täters)[58] und die Amtsträgereigenschaft bei den unechten Amtsdelikten (RG 65, 102 [105]; 75, 289 [290]; BGH NJW 1955, 720). § 28 II gilt auch für die Teilnahme von Zivilpersonen an militärischen Straftaten nach § 1 III WStG, wenn die Tat zugleich nach allgemeinem Strafrecht strafbar ist, so daß z. B. der Soldat wegen Nötigung eines Vorgesetzten nach § 24 WStG, der als Anstifter oder Gehilfe teilnehmende Zivilist aber nach § 240 bestraft wird[59].

bb) Ein *strafmilderndes persönliches Merkmal* ist das Handeln auf ernstliches und ausdrückliches Verlangen des Getöteten (§ 216), während die sonst in diesem Zusammenhang gewöhnlich genannten Umstände (z. B. verminderte Schuldfähigkeit, § 21; die Eigenschaft als nichteheliche Mutter, § 217) richtigerweise Schuldmilderungsgründe darstellen, die schon durch die Limitierung der Akzessorietät nach § 29 für die Beurteilung der Teilnahme ausscheiden (vgl. unten § 61 VII 4 c).

cc) Daß die *persönlichen Strafausschließungs-* und *Strafaufhebungsgründe* die Verantwortlichkeit des Teilnehmers unberührt lassen (z. B. der strafbefreiende Rücktritt vom Versuch nach

---

[54] Vgl. *Bockelmann / Volk*, Allg. Teil S. 199 f.; *Dreher / Tröndle*, § 28 Rdn. 2; *Lackner*, § 28 Anm. 2 a; *Schönke / Schröder / Cramer*, § 28 Rdn. 15; *SK (Samson)* § 28 Rdn. 16; *Wessels*, Allg. Teil S. 158.

[55] Die Unterscheidung von *Langer*, Lange-Festschrift S. 261 zwischen „Gemeinunrecht" und „Sonderunrecht" ist zu eng, weil sie nur Tatbestandsmerkmale betrifft und z. B. die Gewerbsmäßigkeit nicht mit einschließt. Auch die Unterscheidung von *Herzberg*, ZStW 88 (1976) S. 68 ff., Täterschaft S. 124 ff. und JuS 1983, 738 ff. zwischen „wertneutralen" und „wertbezogenen" persönlichen Merkmalen trifft nicht den Kern der Sache. Vgl. dazu die Diskussionsbemerkung von *Gallas* bei *Grebing*, ZStW 88 (1976) S. 173 f. sowie *LK (Roxin)* § 28 Rdn. 27 ff. und *SK (Samson)* § 28 Rdn. 18 a ff.

[56] Vgl. *Schönke / Schröder / Cramer*, § 28 Rdn. 20.

[57] So zutreffend *Geppert*, ZStW 82 (1970) S. 70; *Gerl*, Die besonderen persönlichen Verhältnisse S. 165; *Herzberg*, ZStW 88 (1976) S. 108; *Lackner*, § 28 Anm. 2 a; *Preisendanz*, § 28 Anm. 3; *Schönke / Schröder / Cramer*, § 28 Rdn. 19; anders *Baumann / Weber*, Allg. Teil S. 584; *Dreher / Tröndle*, § 28 Rdn. 6; *Eser*, Strafrecht II Nr. 42 A Rdn. 12; *Jakobs*, Allg. Teil S. 569; *Langer*, Lange-Festschrift S. 262; *LK (Roxin)* § 28 Rdn. 40; *Roxin*, Täterschaft und Tatherrschaft S. 515; *Stratenwerth*, Allg. Teil I Rdn. 935; *SK (Samson)* § 28 Rdn. 21 sowie mit eingehender Begründung *Vogler*, Lange-Festschrift S. 283.

[58] Die Frage ist umstritten; wie hier *Schönke / Schröder / Eser*, § 246 Rdn. 29 m. Nachw.

[59] Vgl. *Schölz*, WStG § 1 Rdn. 42, § 24 Rdn. 17.

§ 24, die Indemnität der Abgeordneten nach Art. 46 I GG), war schon unter der Herrschaft der strengen Akzessorietät anerkannt, denn eine „extreme Akzessorietät" hat es nie gegeben (vgl. oben § 52 III 2)[60].

b) Die Lockerung der Akzessorietät nach § 28 II kommt bei *unselbständigen Abwandlungen* des Grundtatbestandes zum Zuge (vgl. oben § 26 III 2). Ob die Vorschrift auch auf *eigenständige Delikte* (vgl. oben § 26 III 3) angewendet werden kann, ist durch Auslegung zu ermitteln. Wenn ein gemeinsamer Ausgangstatbestand fehlt, zu dem ein besonderes persönliches Merkmal als strafschärfend oder -mildernd in Beziehung gesetzt werden könnte, muß die Frage verneint werden[61].

c) Die **Merkmale des Schuldtatbestandes**, insbesondere die Gesinnungsmerkmale (vgl. oben § 42 II 3), sind keine besonderen persönlichen Merkmale im Sinne des § 28, sondern fallen unter § 29, der den Grundsatz der Schuldunabhängigkeit der Beteiligung ausspricht[62]. Für die strafändernden Merkmale des Schuldtatbestandes (z. B. § 217) spielt die Frage der Einordnung in § 28 oder § 29 im Ergebnis keine Rolle, da insoweit beide Vorschriften die Akzessorietät ausschließen, wohl aber für die strafbegründenden Merkmale (vgl. dazu unten § 61 VII 4 d).

Beispiel: Wer die nichteheliche Mutter zur Kindestötung anstiftet, wird nach §§ 212, 26 bestraft, während auf die Täterin § 217 Anwendung findet (§ 29).

d) Die **strafbegründenden persönlichen Merkmale** sind von der Regelung des § 28 II ausgenommen, weil sie in der Person des Täters gegeben sein müssen, damit überhaupt der Tatbestand einer strafbaren Handlung vorliegt. Ihr Fehlen kann daher beim Teilnehmer nur als Strafmilderungsgrund berücksichtigt werden. § 28 I hat die obligatorische Strafmilderung nach § 49 I eingeführt, weil Unrecht und Schuld des nicht qualifizierten Teilnehmers in *allen* Fällen als wesentlich geringer erscheinen als die des Täters und dieses Gefälle eine Öffnung des Strafrahmens *nach unten* erfordert[63]. Strafmilderung nach § 28 I und § 27 II kommt ihm freilich nur einmal zugute (BGH 26, 53). Hat die Annahme der Beihilfe jedoch eine eigene sachliche Grundlage und folgt nicht nur aus dem Fehlen eines persönlichen Merkmals, so tritt doppelte Strafmilderung ein (BGH NStZ 1981, 299).

Beispiel: Wer einen Postbeamten zur Unterdrückung eines Briefes anstiftet, ist strafbar nach dem Strafrahmen des § 354 (RG 28, 100 [102]; 71, 330 [332]), der jedoch gemäß §§ 28 I, 49 I zu mildern ist. Ebenso für die Begünstigung im Amt (§ 346 a. F., jetzt § 258a) BGH 5, 75 (81 f.). In beiden Fällen nimmt die Rechtsordnung im Unterschied zur Lehre ein echtes Amtsdelikt an.

---

[60] Vgl. *Stratenwerth*, Allg. Teil I Rdn. 929.
[61] So die h. L.; vgl. *Blei*, Allg. Teil S. 269 f.; *LK⁹ (Busch)* § 50 Rdn. 14; *H. Mayer*, Lehrbuch S. 340; *Schönke/Schröder/Cramer*, § 28 Rdn. 23; *SK (Samson)* § 28 Rdn. 23; *Stratenwerth*, Allg. Teil I Rdn. 940. Für Ausschluß der eigenständigen Delikte *Baumann/Weber*, Allg. Teil S. 582; *Heinitz*, Festschrift zum 41. DJT S. 112; *Maurach/Gössel/Zipf*, Allg. Teil II S. 348.
[62] Die Frage der Einordnung der Schuldtatbestandsmerkmale ist streitig; wie der Text *Herzberg*, Täterschaft S. 121 f.; *Langer*, Lange-Festschrift S. 252 ff.; *Maurach/Gössel/Zipf*, Allg. Teil II S. 349; *LK (Roxin)* § 28 Rdn. 13 f.; *Schmidhäuser*, Allg. Teil S. 547; *Wessels*, Allg. Teil S. 159. Die h. L. wendet § 29 jedoch nur auf die *allgemeinen* Regeln über Schuldausschluß und Schuldminderung an (z. B. §§ 17, 19, 20, 33, 35); so *Gallas*, ZStW Beiheft Athen 1957 S. 156; *derselbe*, Diskussionsbeitrag bei *Grebing*, ZStW 88 (1976) S. 174; *Lackner*, § 28 Anm. 1; *SK (Samson)* § 28 Rdn. 14; *Schönke/Schröder/Cramer*, § 28 Rdn. 5; *Stratenwerth*, Allg. Teil I Rdn. 926; *Vogler*, Lange-Festschrift S. 267. Der neue § 14 II des österr. StGB folgt der im Text vertretenen Auffassung; vgl. *Triffterer*, Allg. Teil S. 419.
[63] Vgl. *Lackner*, § 28 Anm. 2; *LK (Roxin)* § 28 Rdn. 37 ff.; *Schönke/Schröder/Cramer*, § 28 Rdn. 25. Kritisch zu § 28 I *Schmidhäuser*, Allg. Teil S. 550.

Die strafbegründenden bzw. strafschärfenden persönlichen Merkmale, die beim Täter bzw. Teilnehmer vorliegen, brauchen nicht identisch zu sein, sondern können auseinanderfallen[64].

Fehlt ein strafbegründendes Merkmal des Schuldtatbestandes beim Teilnehmer, so ist § 29 anzuwenden mit der Folge, daß der Teilnehmer straflos bleibt. Darin liegt der entscheidende Unterschied zur h. L., die in diesem Fall nur Strafmilderung nach §§ 28 I, 49 I annimmt (vgl. oben § 61 VII 4 c, insbes. Fußnote 62).

Beispiel: Wer, um sich in Not ein paar Mark zu verdienen, einen Wahlaufruf gegen die CSU verteilt, in dem das Land Bayern böswillig verächtlich gemacht wird, ist nicht nach §§ 90 a I Nr. 1, 27 strafbar, weil er selbst nicht böswillig gehandelt hat.

Fehlt dagegen ein spezielles Schuldmerkmal, z. B. die Rücksichtslosigkeit der Vorfahrtverletzung (§ 315 c I Nr. 2 a), beim Täter, so ist der Teilnehmer deswegen straflos, weil dann der Tatbestand der Haupttat gar nicht gegeben ist und das Vorliegen des Tatbestands, den der Täter erfüllt, nach §§ 26, 27 I die unverzichtbare Grundvoraussetzung der Strafbarkeit der Teilnahme darstellt (anders BayObLG NJW 1985, 1566 zum Merkmal der „Beharrlichkeit" in § 184 a)[65].

5. Die Regelung des § 28 umfaßt somit alle besonderen persönlichen Merkmale, die dem *Unrechts*bereich angehören. Für den *Schuld*bereich schließt § 29 die Akzessorietät ganz aus, was an sich schon aus der Limitierung der Akzessorietät durch §§ 26, 27 folgt. Der Grundsatz der **Schuldunabhängigkeit** bedeutet, daß von mehreren Beteiligten jeder nur nach seiner eigenen Schuld bestraft wird. Die Selbständigkeit des Schuldvorwurfs gilt für die allgemeinen Schuldausschließungs- und Schuldminderungsgründe (§§ 17, 19 - 21, 33, 35) ebenso wie für die besonderen Schuldtatbestandsmerkmale. Für die erste Gruppe ist jedoch zu beachten, daß bei Schuldausschließungs- und Entschuldigungsgründen in der Person des „Täters" der Hintermann zum mittelbaren Täter wird, wenn er diesen Umstand zur Tat ausnutzt (vgl. unten § 62 II 4 - 6), für die zweite, daß beim Fehlen eines Merkmals des Schuldtatbestands in der Person des Täters auch der Teilnehmer nicht bestraft werden kann, der dieses Merkmal an sich aufweist.

VIII. Ausländisches Recht

Von den *ausländischen Rechtsordnungen* verwenden nur wenige den Einheitstäterbegriff[66], während die meisten ebenso wie das deutsche Recht *verschiedene Beteiligungsformen* unterscheiden[67]. Hauptbeispiel einer konsequenten *Einheitstäterregelung* sind die §§ 12, 14 des österreichischen StGB[68]. Besondere persönliche Merkmale, die das Unrecht betreffen, wirken nach § 14 I 1 für und gegen alle Beteiligten, wenn sie auch nur bei einem von ihnen vorliegen. In der

---

[64] Vgl. BGH 23, 39 m. Anm. *Jakobs,* NJW 1970, 1089. Kritisch dazu *Arzt,* JZ 1973, 682 ff.

[65] So zu Recht *LK (Roxin)* § 28 Rdn. 12; ebenso *Herzberg,* ZStW 88 (1976) S. 72; *Jakobs,* Allg. Teil S. 563; *Langer,* Lange-Festschrift S. 252 ff. Zweifelnd *Dreher / Tröndle,* § 28 Rdn. 7; ablehnend *Schönke / Schröder / Cramer,* § 28 Rdn. 5; *SK (Samson)* § 28 Rdn. 12; *Stratenwerth,* Allg. Teil I Rdn. 926 (der Einwand des Fehlens des Garantietatbestandes trifft diese vermittelnde Lösung allerdings nicht).

[66] Vgl. *Kienapfel,* Einheitstäterschaft S. 30 ff.; ferner *derselbe,* Der Einheitstäter S. 17 Fußnote 36.

[67] Vgl. dazu *Dietz,* Täterschaft und Teilnahme S. 108 ff. Auslandsrechtliches Material ferner in Rev int dr pén 1956, 156 ff.; 1957, 49 ff. Zum griechischen Recht *Anna Benakis,* Täterschaft und Teilnahme S. 37 ff., 60 ff., 122 ff. Zum Vergleich deutschen und polnischen Rechts *Spotowski,* Erscheinungsformen S. 83 ff.; *Herzberg,* ZStW 99 (1987) S. 73 ff.; *Hünerfeld,* ebenda S. 228 ff. Zur Rechtsvergleichung allgemein *Jescheck,* ebenda S. 124 ff.

[68] Vgl. *Kienapfel,* JBl 1974, 113 ff.; *Platzgummer,* JBl 1970, 244 ff. Vgl. ferner die Kontroverse zwischen *Burgstaller,* ÖRiZ 1975, 13 ff. und *Kienapfel,* ÖRiZ 1975, 165 ff. Vermittelnd dazu *Schmoller,* ÖJZ 1983, 337 ff. und *Höpfel,* ÖJZ 1982, 314 ff.

VIII. Ausländisches Recht

Schweiz ist bei der Abgrenzung der verschiedenen Beteiligungsformen die subjektive Theorie führend[69]; die Rechtsprechung verlangt vorsätzliches und schuldhaftes Handeln des Haupttäters[70], während die Lehre der limitierten Akzessorietät ohne Vorsatzerfordernis beim Haupttäter den Vorzug gibt[71]. Das *französische* Recht bekennt sich in Art. 59 C. p. zum Grundsatz der Gleichbestrafung von Täterschaft und Teilnahme. Die Lehre grenzt nach objektiven Gesichtspunkten ab[72]. In der Rechtsprechung finden sich zwar Entscheidungen, die in weitgehender Weise subjektive Kriterien verwenden[73], doch haben sie scharfe Kritik gefunden[74]. Der ursprünglich strenge Grundsatz des „emprunt de criminalité" ist nach und nach zur limitierten Akzessorietät ohne Vorsatzerfordernis bei der Haupttat abgeschwächt worden[75]. Der *italienische* C. p. enthält in Art. 110 den Einheitstäterbegriff, so daß sich weder das Problem der Unterscheidungskriterien noch das der Akzessorietät stellt[76]. Sogar bei eigenhändigen und Sonderdelikten soll nach Art. 117 C. p. jede kausale Mitwirkung für die Täterschaft ausreichen[77]. Das *spanische* Recht geht von einem restriktiven Täterbegriff aus, grenzt objektiv zwischen den verschiedenen Beteiligungsformen ab und legt die limitierte Akzessorietät zugrunde[78]. In den *Niederlanden* wird wie im deutschen Recht zwischen den bekannten Formen der Beteiligung unterschieden. Die Abgrenzung wird nach objektiven Merkmalen vorgenommen[79]. Das *brasilianische* Recht legt in Art. 29 C. p. nach italienischem Vorbild den Einheitstäterbegriff zugrunde, doch wird in der Wissenschaft zwischen verschiedenen Formen der Beteiligung nach objektiven Kriterien unterschieden[80]. Im *englischen* Recht findet die Abgrenzung zwischen Täterschaft und Teilnahme ebenfalls nach rein objektiven Gesichtspunkten statt: Täter ist, wer eigenhändig eine Ausführungshandlung vornimmt, alle anderen Beteiligten sind Teilnehmer, die in ein kompliziert abgestuftes Schema eingeordnet werden[81]. Die Strafbarkeitslücken der strengen Akzessorietät werden durch weitreichende Anerkennung von mittelbarer Täterschaft (principal by the means of an innocent agent) ausgeglichen[82]. Das *amerikanische* Recht steht in den neueren Gesetzbüchern im Unterschied zum englischen Recht dem Einheitstäterbegriff nahe (vgl. Model Penal Code Sect. 2.06), nur der „accessory after the fact" (Begünstigung) wird noch besonders hervorgehoben. Soweit Beteiligungsformen nach common law unterschieden werden müssen, gelten objektive Abgrenzungskriterien[83]. In der *DDR* enthält § 22 StGB ein-

---

[69] Vgl. *Germann*, Die Bestimmungen über die Teilnahme S. 36; *Schultz*, SchwZStr 71 (1956) S. 244 ff.; BGE 69 (1943) IV S. 97; 76 (1950) IV S. 160; 77 (1951) IV S. 91.

[70] BGE 71 (1945) IV S. 135; 85 (1959) IV S. 135.

[71] So *Germann*, Das Verbrechen S. 78 f.; *Schwander*, Das schweiz. StGB S. 129; *Schultz*, Einführung I S. 291; anders aber *Stratenwerth*, Schweiz. Strafrecht. Allg. Teil I S. 335, der den Vorsatz zum Tatbestand der Haupttat fordert.

[72] *Bouzat*, Traité S. 751 f.; *Merle / Vitu*, Traité S. 628; *Stefani / Levasseur / Bouloc*, Droit pénal général S. 306 f.

[73] Vgl. z. B. Cass. vom 14. 1. 1921, Sirey 1922 I S. 235; Cass. vom 13. 4. 1922, Sirey 1923 I S. 41.

[74] Vgl. *Gulphe*, Rev sc crim 1948, 682 f.

[75] Vgl. *Léauté*, SchwZStr 72 (1957) S. 14 ff.

[76] Abweichend *Detzer*, Einheitstäterlösung S. 112 ff. Zur Kritik *Seminara*, Tecniche normative S. 1 ff.

[77] Vgl. dazu mit kritischen Anmerkungen *Bettiol / Pettoello Mantovani*, Diritto penale S. 674 ff.; ferner *Nuvolone*, Sistema S. 380; *Pagliaro*, Principi S. 583 ff.; *Fiandaca / Musco*, Diritto penale S. 275 ff.; *Heinitz*, Festschrift zum 41. DJT S. 96 ff.; *Kienapfel*, Einheitstäterschaft S. 30 ff.

[78] Vgl. *Gimbernat Ordeig*, ZStW 80 (1968) S. 915 ff.; *Rodríguez Devesa / Serrano Gómez*, Derecho penal S. 815 ff.; *Antón Oneca*, Derecho penal S. 433 ff.; *Mir Puig*, Adiciones Bd. II S. 909 ff.

[79] Vgl. dazu mit Rechtsprechung *Pompe*, Handboek S. 233 ff.; *van Bemmelen / van Veen*, Ons strafrecht S. 218 ff.; *D. Hazewinkel-Suringa / Remmelink*, Inleiding S. 356 ff.

[80] *Fragoso*, Lições S. 262 ff.; *de Jesus*, Comentários, Art. 29 Anm. 3 ff.; *da Costa jr.*, Art. 29 Anm. 5 f.

[81] *Straub*, Täterschaft und Teilnahme S. 67.

[82] Vgl. *Kenny / Turner*, Outlines S. 111; *Glanville Williams*, Criminal Law S. 349 ff.

[83] Vgl. *Honig*, Das amerikanische Strafrecht S. 218, 233; *Kadish*, California Law Review 73 (1985) S. 336 ff.

gehende Vorschriften über Täterschaft und Teilnahme. § 22 I regelt Täterschaft und mittelbare Täterschaft (unter Ausschluß des „Täters hinter dem Täter"), § 22 II regelt als Formen der Teilnahme Anstiftung, Mittäterschaft und Beihilfe mit objektiver Abgrenzung. Die Akzessorietät wird so verstanden, daß der Haupttäter vorsätzlich und rechtswidrig, aber nicht schuldhaft gehandelt haben muß[84].

§ 62 Die mittelbare Täterschaft

Baumann, Mittelbare Täterschaft oder Anstiftung bei Fehlvorstellungen über den Tatmittler? JZ 1958, 230; *Binding*, Die drei Subjekte strafrechtlicher Verantwortlichkeit usw., GS 71 (1908) S. 1; *derselbe*, Das Subjekt des Verbrechens usw., GS 76 (1910) S. 87; *Drost*, Anstiftung und mittelbare Täterschaft, ZStW 51 (1931) S. 359; *Engelsing*, Eigenhändige Delikte, Strafr. Abh. Heft 212, 1926; *Exner*, Fahrlässiges Zusammenwirken, Festgabe für R. v. Frank, Bd. I, 1930, S. 569; *Gallas*, Anmerkung zu BGH 2, 150, JZ 1952, 371; *derselbe*, Strafbares Unterlassen im Falle der Selbsttötung, JZ 1960, 649, 686; *Grünwald*, Die Beteiligung durch Unterlassen, GA 1959, 110; *Hegler*, Mittelbare Täterschaft bei nicht rechtswidrigem Handeln der Mittelsperson, Festgabe für R. Schmidt, Bd. I, 1932 (Sonderdruck); *Herzberg*, Mittelbare Täterschaft bei rechtmäßig oder unverboten handelndem Werkzeug, 1967; *derselbe*, Eigenhändige Delikte, ZStW 82 (1970) S. 896; *derselbe*, Der Versuch beim unechten Unterlassungsdelikt, MDR 1973, 89; *derselbe*, Der Anfang des Versuchs der mittelbaren Täterschaft, JuS 1985, 1; *Hillenkamp*, Die Bedeutung von Vorsatzkonkretisierungen bei abweichendem Kausalverlauf, 1971; *Hirsch*, Anmerkung zu BGH vom 18.7.1978, JR 1979, 429; *Jäger*, Verbrechen unter totalitärer Herrschaft, 1967; *Johannes*, Mittelbare Täterschaft bei rechtmäßigem Handeln des Werkzeugs. Ein Scheinproblem, 1963; *Kadel*, Versuchsbeginn bei mittelbarer Täterschaft, GA 1983, 299; *Armin Kaufmann*, Die Dogmatik der Unterlassungsdelikte, 1959; *Kienapfel*, Anmerkung zu BGH 32, 262, JZ 1984, 750; *Kühl*, Versuch in mittelbarer Täterschaft, JuS 1983, 180; *Küper*, Der Versuchsbeginn bei mittelbarer Täterschaft, JZ 1983, 361; *J. Meyer*, Kritik an der Neuregelung der Versuchsstrafbarkeit, ZStW 87 (1975) S. 598; *Maria-Katharina Meyer*, Ausschluß der Autonomie durch Irrtum, 1984; *Ingeborg Puppe*, Grundzüge der actio libera in causa, JA 1980, 345; *Roxin*, Der Anfang des beendeten Versuchs, Festschrift für R. Maurach, 1972, S. 213; *derselbe*, Literaturbericht, ZStW 85 (1973) S. 76; *derselbe*, Anmerkung zu BGH 32, 38, NStZ 1984, 70; *Rudolphi*, Ist die Teilnahme an einer Notstandstat strafbar? ZStW 78 (1966) S. 67; *derselbe*, Strafbarkeit der Beteiligung an den Trunkenheitsdelikten im Straßenverkehr, GA 1970, 353; *Schilling*, Verbrechensversuch des Mittäters und des mittelbaren Täters, 1975; *Schröder*, Eigenhändige und Sonderdelikte bei Fahrlässigkeitstatbeständen, Festschrift für H. v. Weber, 1963, S. 233; *Schumann*, Strafrechtliches Handlungsunrecht und das Prinzip der Selbstverantwortung, 1986; *Schweiger*, Das Urteil des BGH zur Frage der Denunziation, NJW 1952, 1200; *Sippel*, Mittelbare Täterschaft bei deliktisch handelndem Werkzeug, NJW 1983, 2226; *Sowada*, Täterschaft und Teilnahme beim Unterlassungsdelikt, Jura 1986, 399; *Tröndle*, Zur Frage der Teilnahme an unvorsätzlicher Haupttat, GA 1956, 129; *v. Uthmann*, Objektive und subjektive Tatherrschaft, NJW 1961, 1908; *Welzel*, Anmerkung zu OLG Bamberg vom 27.7.1949, DRZ 1950, 303.

Vgl. ferner die Schrifttumsangaben vor § 61.

I. Wesen und Abgrenzung der mittelbaren Täterschaft

1. Die **mittelbare Täterschaft** ist eine Form der Täterschaft und wird ebenso wie die unmittelbare Täterschaft durch das **Bestehen der Tatherrschaft** charakterisiert (vgl. oben § 61 V 3 a)[1]. Mittelbarer Täter ist, wer den Straftatbestand in der Weise ver-

---

[84] Vgl. *Lekschas / Renneberg*, Lehrbuch S. 371 ff., 379, 388 f.; *Mühlberger*, NJ 1973, 287 f.

[1] So *Blei*, Allg. Teil S. 256; *Bockelmann / Volk*, Allg. Teil S. 179; *Hegler*, R. Schmidt-Festschrift S. 21; *derselbe*, RG-Festgabe S. 307; *Gallas*, Materialien Bd. I S. 133; *derselbe*, ZStW Beiheft Athen 1957 S. 15; *Kohlrausch / Lange*, Vorbem. I B 2 vor § 47; *Maurach / Gössel / Zipf*, Allg. Teil II S. 221; *Jakobs*, Allg. Teil S. 523; *LK (Roxin)* § 25 Rdn. 45; *Lackner*, § 25 Anm. 1 b; *Welzel*, Lehrbuch S. 102; *Stratenwerth*, Allg. Teil I Rdn. 760; *Wessels*, Allg. Teil S. 152. An die Stelle der Tatherrschaft setzt *Schumann*, Handlungsunrecht S. 79 ff. den engeren

wirklich, daß er sich zur Ausführung der tatbestandsmäßigen Handlung eines anderen als „**Werkzeug**" bedient. Die Tatherrschaft setzt bei mittelbarer Täterschaft voraus, daß sich das Gesamtgeschehen als Werk des steuernden Willens des Hintermanns darstellt und daß dieser den Tatmittler durch seinen Einfluß in der Hand hat. Das Strafgesetzbuch erwähnt die mittelbare Täterschaft in § 25 I (als Täter wird bestraft, wer die Straftat „durch einen anderen" begeht), ohne freilich wie E 1958 § 28 II die verschiedenen Erscheinungsformen der mittelbaren Täterschaft zu definieren[2].

Dogmengeschichtlich hat die mittelbare Täterschaft ursprünglich nur die Rolle eines „Lückenbüßers" gespielt. Man wollte damit diejenigen Fälle erfassen, bei denen die Bestrafung wegen Anstiftung mit Rücksicht auf die strenge Akzessorietät der Teilnahme nicht möglich war. Auch die Limitierung der Akzessorietät durch die VO vom 29. 5. 1943 (vgl. oben § 61 VII 1) hatte seinerzeit den Sinn, den Anwendungsbereich der Anstiftung auf Kosten der mittelbaren Täterschaft zu erweitern.

Heute wird jedoch mit Recht allgemein angenommen, daß die Täterschaft auch in der Form der mittelbaren Täterschaft gegenüber der Teilnahme den *Vorrang* genießt (primärer Täterbegriff, vgl. oben § 61 II 3) und daß deswegen bei Vorliegen von Tatherrschaft mittelbare Täterschaft des Hintermanns auch dann anzunehmen ist, wenn Anstiftung infolge der Limitierung der Akzessorietät konstruktiv an sich möglich wäre (z. B. im Fall des schuldlos handelnden Werkzeugs)[3].

2. Die Rechtsfigur der mittelbaren Täterschaft ist jedoch nicht unbegrenzt verwendbar. Die **Möglichkeit mittelbarer Täterschaft endet** einmal dort, wo das Werkzeug selbst *voll verantwortlicher Täter* ist, denn das Strafgesetz geht davon aus, daß der unmittelbar Handelnde in diesem Falle für die Tat in eigener Person als Täter einzustehen hat, so daß die Beteiligung eines Hintermanns nur in der Form der „Teilhabe an der Tatherrschaft" (Mittäterschaft) oder als Anstiftung oder Beihilfe in Betracht kommt (vgl. oben § 61 V 2)[4]. Mittelbare Täterschaft ist ferner dann ausgeschlossen, wenn der Tatbestand die *körperliche* oder wenigstens *persönliche Vornahme* der tatbestandsmäßigen Handlung durch den Täter verlangt *(eigenhändige Delikte)* oder wenn dem Hintermann die besondere *Qualifikation (echte Sonderdelikte)* (vgl. oben § 26 II 6) fehlt, die der Tatbestand der betreffenden Deliktsart voraussetzt[5]. Endlich ist die Möglichkeit *fahrlässiger mittelbarer Täterschaft* zu vernei-

---

Begriff der „Handlungsherrschaft". Bei Pflichtdelikten (z. B. Amtsdelikten) will *Roxin*, Täterschaft und Tatherrschaft S. 360 die Pflichtverletzung an die Stelle der Tatherrschaft treten lassen. Richtig ist es jedoch, generell bei der Tatherrschaftslehre zu bleiben (vgl. oben § 61 V Fußnote 30). Stehen nämlich mehrere Beteiligte in der gleichen Pflicht, kommt es wiederum allein auf die Tatherrschaft an. Ist bei einem echten Sonderdelikt der ausführende Beteiligte „qualifikationslos", ist die Tatherrschaft des Hintermanns normativ zu begründen (vgl. unten § 62 II 7). *Schmidhäuser*, Allg. Teil S. 58 f. will die mittelbare Täterschaft aus der Lehre von der objektiven Zurechnung ableiten. *SK (Samson)* § 25 Rdn. 22 hält sie bei den reinen Erfolgsdelikten für überflüssig, läßt damit aber das Kriterium für die Abgrenzung zur Teilnahme offen.

[2] Der E 1962 hatte bereits in § 29 I wegen der „Vielgestaltigkeit der Formen der mittelbaren Täterschaft" auf eine solche Umschreibung verzichtet (Begründung S. 149).

[3] Vgl. *Baumann / Weber*, Allg. Teil S. 548; *Binding*, GS 71 (1908) S. 4 f.; *Gallas*, Materialien Bd. I S. 135; *H. Mayer*, Lehrbuch S. 305; *Schönke / Schröder / Cramer*, § 25 Rdn. 23.

[4] Zu Recht gründet *Schumann*, Handlungsunrecht S. 73 ff. diesen Satz auf das Prinzip der Selbstverantwortung. Ein Sonderfall der mittelbaren Täterschaft ist das deliktisch handelnde Werkzeug, das nur einen Teil des ihm vom mittelbaren Täter angesonnenen Tatplans überblickt (Raub, nicht Tötung); mittelbare Täterschaft ist hier hinsichtlich des dem Werkzeug verborgen gebliebenen Tatplans möglich (BGH 30, 363 [365] m. abl. Bespr. *Sippel*, NJW 1983, 2226).

[5] Vgl. näher *LK*[9] *(Busch)* § 47 Rdn. 30 f.; *Jakobs*, Allg. Teil S. 524; *Herzberg*, ZStW 82 (1970) S. 314 ff.; *Schönke / Schröder / Cramer*, § 25 Rdn. 44, 45; *Stratenwerth*, Allg. Teil I Rdn. 756, 758.

nen, da bei der Fahrlässigkeit mangels eines die Tat steuernden Willens keine Tatherrschaft möglich ist und eine solche Figur hier auch entbehrlich erscheint, weil jeder sorgfaltswidrig Handelnde, der den Erfolg mit herbeiführt, ohnehin als Nebentäter betrachtet wird (vgl. oben § 61 VI)[6].

3. Das Werkzeug muß sich gegenüber dem Hintermann, damit dessen Tatherrschaft bejaht werden kann, in einer *unterlegenen Stellung* befinden. **Alle Strafbarkeitsvoraussetzungen** müssen demgemäß **in der Person des Hintermanns** gegeben sein und sind nur auf diesen zu beziehen[7]. Die Unterlegenheit kann auf Zwang, Irrtum, Schuldunfähigkeit oder auch nur auf der Tatsache beruhen, daß die Tat, zu der der Hintermann das Werkzeug verleitet hat, von diesem gar nicht als Straftat begangen werden kann, weil ihm die erforderliche Qualifikation oder Absicht fehlt. Die Frage, wann diese unterlegene Stellung im einzelnen gegeben ist, kann freilich zweifelhaft sein und wird bei den verschiedenen Fallgruppen der mittelbaren Täterschaft nicht einheitlich beantwortet (vgl. unten § 62 II). Mittelbare Täterschaft setzt jedenfalls nicht immer voraus, daß der Hintermann das Werkzeug zur Tat *veranlaßt* hat. Auch bei einer Mitwirkung, die sich äußerlich als *Beihilfe* darstellt, kann mittelbare Täterschaft dann in Betracht kommen, wenn es von dem Verhalten des Hintermanns abhängt, ob die Tat überhaupt begangen wird (der Neffe schüttet z. B. unbemerkt Gift in die Kaffeetasse, die die Pflegerin nichtsahnend der Erbtante reicht)[8]. Darüber hinaus wird man aber bei den Erfolgsdelikten auch eine äußerlich ganz unwesentliche Mitwirkung in einer Nebenrolle ausreichen lassen müssen, wenn der unmittelbar Handelnde ohne Vorsatz ist, weil dann der Hintermann als einziger die Zusammenhänge überblickt (jemand reicht z. B. einem anderen auf dessen Bitte ein Glas Wasser zur Auflösung eines Medikaments, hat aber erkannt, daß der andere irrtümlich ein tödliches Gift ergriffen hat)[9]. Die Grenze der mittelbaren Täterschaft ist jedoch erreicht, wenn das Strafgesetz das Verhalten des unmittelbar Handelnden als volldeliktische Vorsatztat bewertet, weil dann rechtlich eine Beherrschung durch den Hintermann nicht mehr möglich ist[10].

II. Die Fallgruppen der mittelbaren Täterschaft

Die Fälle der mittelbaren Täterschaft weisen im wesentlichen klare Konturen auf, die durch Rechtsprechung und Lehre nach und nach herausgearbeitet worden sind. Die bestehenden Zweifel beschränken sich auf Fragen der Abgrenzung und der Begründung.

---

[6] Wie hier *Baumann*, JuS 1963, 92; *Maurach / Gössel / Zipf*, Allg. Teil II S. 219; *LK⁹ (Busch)* § 47 Rdn. 33; *Schönke / Schröder / Cramer*, § 25 Rdn. 59; *Schröder*, v. Weber-Festschrift S. 236f. Eine Strafbarkeitslücke entsteht bei §§ 315c III, 316 II als fahrlässigen eigenhändigen Delikten (BGH 18, 6 [9]; *Schönke / Schröder / Cramer*, § 315c Rdn. 36a; *Rudolphi*, GA 1970, 359). Für mittelbare fahrlässige Täterschaft *Exner*, Frank-Festgabe Bd. I S. 570; *LK⁸ (Mezger)* § 47 Anm. 9a; *Kohlrausch / Lange*, § 47 Anm. I B 3; *Schmidhäuser*, Allg. Teil S. 519; bei Pflichtdelikten auch *LK (Roxin)* § 25 Rdn. 159.

[7] Ebenso *LK⁹ (Busch)* § 47 Rdn. 45; *Schönke / Schröder / Cramer*, § 25 Rdn. 7.

[8] Vgl. *Gallas*, Materialien Bd. I S. 138; *Maurach / Gössel / Zipf*, Allg. Teil II S. 232; *Mezger*, Lehrbuch S. 429; *LK⁹ (Busch)* § 47 Rdn. 32; *Stratenwerth*, Allg. Teil I Rdn. 767.

[9] So *Nowakowski*, JZ 1956, 549; *Roxin*, Täterschaft und Tatherrschaft S. 175ff. Anders aber *M. E. Mayer*, Lehrbuch S. 377; *Binding*, GS 76 (1910) S. 102 Fußnote 2.

[10] Anders für die Fälle des vermeidbaren Verbotsirrtums, des Irrtums über den konkreten Handlungssinn, über das Ausmaß des Schadens und die Willensherrschaft kraft organisatorischer Machtapparate die Lehre vom „Täter hinter dem Täter"; vgl. *Roxin*, Lange-Festschrift S. 179ff. Dagegen zu Recht *Schumann*, Handlungsunrecht S. 75ff.; *Maria-Katharina Meyer*, Ausschluß der Autonomie S. 170, 185.

II. Die Fallgruppen der mittelbaren Täterschaft

1. Der Fall des **tatbestandslos handelnden Werkzeugs** ist gegeben, wenn jemand sich unter dem übermächtigen Einfluß eines anderen *selbst* tötet oder verletzt. Der Tatmittler kann hier die tatbestandsmäßige Ausführungshandlung in eigener Person deswegen nicht vornehmen, weil der betreffende Tatbestand die Tötung oder Verletzung *eines anderen* verlangt. Die Tatherrschaft des Hintermanns besteht in diesem Fall darin, daß er das Werkzeug infolge von Irrtum, Zwang oder mangelnder Einsicht oder Willenskraft in der Hand hat[11].

Beispiele: Vorsätzliche Tötung ist gegeben, wenn A den nichtsahnenden B veranlaßt, eine Hochspannungsleitung zu berühren, Körperverletzung, wenn der Lehrherr den Lehrling zwingt, ein ungereinigtes Stück Darm zu essen (RG 26, 242). Mord ist anzunehmen, wenn die Eltern ein Kind durch Schläge, Drohungen und fortwährende seelische Zermürbung in den Tod treiben (Fall der Hildegard Hoefeld)[12], Körperverletzung, wenn im KZ die Häftlinge zu längerem Aufenthalt in eiskaltem Wasser gezwungen werden (OGH 2, 5 [7]). Ein Fall des Zwangs zur Selbstverletzung (§ 186) ist es auch, wenn jemand an einen Beamten einen beleidigenden Brief richtet, den dieser kraft Dienstvorschrift seinem Vorgesetzten zur Kenntnis bringen muß (RG 41, 61 [64]). Vorsätzliche Tötung ist die Veranlassung eines geisteskranken Familienmitglieds zum Selbstmord. Ebenso wenn jemand einen anderen, der ihm blindlings vertraut, durch Suggestion zum Selbstmord treibt, während dieser glaubt, in eine neue Existenz einzugehen (BGH 32, 38 m. Anm. *Roxin,* NStZ 1984, 70, „Sirius-Fall"). Ebenso bei Verursachung des Selbstmords durch die Täuschung, mit aus dem Leben scheiden zu wollen (BGH GA 1986, 509). Dagegen ist die Förderung des Selbstmords einer voll verantwortlichen Person auch bei Erregung eines Motivirrtums straflos, weil der Hintermann nicht die Tatherrschaft hat (RG 70, 313 [315]; BGH 2, 150 [151 f.] m. Anm. *Gallas,* JZ 1952, 371[13])[14]. Auch die Förderung des Drogenkonsums durch einen eigenverantwortlich Handelnden ist erst dann ein Körperverletzungs- oder Tötungsdelikt, wenn der Beteiligte kraft überlegenen Sachwissens das Risiko besser erfaßt als der sich selbst Gefährdende (BGH 32, 262 m. Anm. *Kienapfel,* JZ 1984, 750; BGH NStZ 1984, 452; NStZ 1985, 25; MDR 1984, 503). Ebenso bei Herbeiführung eines lebensgefährlichen Alkoholrauschs eines Unerfahrenen BGH NStZ 1986, 266. Anders bei ärztlicher Garantenstellung BGH JR 1979, 429 m. abl. Anm. *Hirsch.*

2. Ein Fall des tatbestandslos handelnden Werkzeugs liegt konstruktiv an sich auch dann vor, wenn es am Vorsatz des Tatmittlers fehlt, doch wird diese Gruppe meist unter dem Stichwort **„vorsatzlos handelndes Werkzeug"** gesondert zusammengefaßt[15]. Die Behandlung dieser Fälle als mittelbare Täterschaft entspricht dem Rechtsgefühl am meisten, denn niemand würde daran zweifeln, daß, wer den Handelnden absichtlich in einen Tatbestandsirrtum versetzt oder einen vorhandenen ausnutzt, die Tatherrschaft hat und deshalb auch als Täter verantwortlich sein muß (vgl. das germanische Sagenmotiv von dem Lichtgott Balder, der auf Veranlassung des Loki durch ein Wurfgeschoß des blinden Hödur getötet wird). Auch bei unbewußt fahrlässigem

---

[11] Vgl. dazu *Jakobs,* Allg. Teil S. 527; *LK (Roxin)* § 25 Rdn. 83; *Maurach / Gössel / Zipf,* Allg. Teil II S. 238 ff.; *Roxin,* Täterschaft und Tatherrschaft S. 225 ff.; *Schönke / Schröder / Cramer,* § 25 Rdn. 8 ff.; *SK (Samson)* § 25 Rdn. 30; *Stratenwerth,* Allg. Teil I Rdn. 765. Unmittelbare Täterschaft liegt dagegen vor, wenn das Verhalten des „Vordermanns" sogar der Handlungsqualität entbehrt; ebenso *Stratenwerth,* Allg. Teil I Rdn. 762 f.

[12] Vgl. die Schilderung bei *Lange,* Der moderne Täterbegriff S. 32 f.

[13] Vgl. auch *Gallas,* JZ 1960, 687; ferner *Stratenwerth,* Allg. Teil I Rdn. 774.

[14] Weitergehend *Maurach / Gössel / Zipf,* Allg. Teil II S. 239 (psychologische Tatherrschaft); *Roxin,* Täterschaft und Tatherrschaft S. 227. Für Beschränkung der mittelbaren Täterschaft auf den „klassischen Bereich" aber mit Recht *Schroeder,* Der Täter hinter dem Täter S. 92. Zur *fahrlässigen* Teilnahme am Selbstmord vgl. BGH 24, 342; *Spendel,* JuS 1974, 749 ff.

[15] Vgl. dazu *Bockelmann / Volk,* Allg. Teil S. 179; *Maurach / Gössel / Zipf,* Allg. Teil II S. 233; *Blei,* Allg. Teil S. 258; *Roxin,* Täterschaft und Tatherrschaft S. 170 ff.; *Schmidhäuser,* Allg. Teil S. 522 f.; *SK (Samson)* § 25 Rdn. 31; *Stratenwerth,* Allg. Teil I Rdn. 764 ff.; *Wessels,* Allg. Teil S. 152.

Handeln des Vordermanns hat der Hintermann die Tatherrschaft, wenn er dessen Sorgfaltswidrigkeit kennt[16].

Beispiele: Wer einen Gutgläubigen mit zollpflichtiger Ware über die Grenze schickt, begeht Zollhinterziehung als mittelbarer Täter (RG 39, 298). Wer unberechtigt Eisenbahnschwellen durch einen gutgläubigen Käufer vom Bahngelände abholen läßt, ist mittelbarer Täter des Diebstahls (RG 47, 147 [148]; RG 70, 212). Mittelbarer Täter einer vorsätzlichen Tötung ist, wer einem anderen, der sich mit einem ungeladenen Gewehr einen Scherz erlauben möchte, eine geladene Waffe reicht. Der Arzt, der den gutgläubigen Apotheker zur Abgabe von Rauschgiften an Unbefugte veranlaßt, macht sich des unerlaubten Inverkehrbringens als mittelbarer Täter schuldig (RG 62, 369 [390]). Wer einen anderen zum Raub ausschickt, bei dem dieser das Opfer unbewußt töten soll, ist mittelbarer Täter des Tötungsdelikts (BGH 30, 363 [365])[17].

Dagegen ist die Annahme mittelbarer Täterschaft im Falle der Täuschung des vorsätzlich Handelnden über das *Ausmaß des tatbestandsmäßigen Unrechts* (z. B. über den Wert des zerstörten Bildes)[18] oder über einen *qualifizierenden Tatumstand* (z. B. die Eigenschaft des in Brand gesetzten Gebäudes als Wohnhaus)[19] abzulehnen. Es liegt Anstiftung vor, der weitergehende Vorsatz des Hintermanns ist bei der Strafzumessung zu berücksichtigen. Auch die Hervorrufung eines *error in persona* (vgl. oben § 29 V 6 a) ist kein Fall mittelbarer Täterschaft[20]. Wer dem Täter durch Identitätstäuschung ein anderes Opfer unterschiebt, ist, wenn er auf den Täter einwirkt, Anstifter, sonst Nebentäter[21].

3. Besonders deutlich zeigt sich die Rückbeziehung aller Strafbarkeitsvoraussetzungen auf den Hintermann bei der mittelbaren Täterschaft durch ein **rechtmäßig handelndes Werkzeug**[22]. Das Werkzeug selbst handelt in diesen Fällen zwar objektiv und subjektiv rechtmäßig (z. B. der Polizeibeamte, der aufgrund einer bewußten Falschverdächtigung gutgläubig eine Festnahme vornimmt, vgl. oben § 35 I 3), aber es kommt nicht auf dessen rechtmäßiges Handeln, sondern auf die Unrechtmäßigkeit des Handelns des Hintermanns an, und dieser weiß, daß die Freiheitsentziehung der Sache nach nicht gerechtfertigt ist. Die Tatherrschaft wird hier dadurch begründet, daß das Werkzeug sich aufgrund der bestehenden Rechtsvorschriften so verhalten *muß*, wie es der bösgläubige Hintermann bezweckt[23].

Beispiele: Die Bewirkung der Festnahme eines Unschuldigen durch Irreführung der Behörde ist Freiheitsberaubung (RG HRR 1935, 471; BGH 3, 4 [6]; 10, 306 [307]; BGH LM § 3 Nr. 2). Wer den Richter im Zivilprozeß durch bewußt unwahre Parteibehauptungen zu einer den Gegner benachteiligenden Entscheidung veranlassen will, begeht versuchten Prozeßbetrug (RG 72, 150).

---

[16] So zu Recht *Stratenwerth*, Allg. Teil I Rdn. 766 gegen *Roxin*, Täterschaft und Tatherrschaft S. 189 ff.

[17] So zu Recht *Kadel*, GA 1983, 302.

[18] So *Roxin*, Lange-Festschrift S. 184 ff. Wie der Text *Stratenwerth*, Allg. Teil I Rdn. 781.

[19] So aber *Roxin*, Lange-Festschrift S. 186 ff.

[20] So aber *Roxin*, Täterschaft und Tatherrschaft S. 212 ff.; derselbe, Lange-Festschrift S. 189 ff.

[21] So mit Recht *Herzberg*, Täterschaft S. 49 f.; *Stratenwerth*, Allg. Teil I Rdn. 784; *Welzel*, Lehrbuch S. 111.

[22] Vgl. dazu *Blei*, Allg. Teil S. 258; *Hegler*, R. Schmidt-Festgabe S. 21 ff.; *Herzberg*, Mittelbare Täterschaft S. 28 ff.; *Jakobs*, Allg. Teil S. 528 ff.; *Maurach / Gössel / Zipf*, Allg. Teil II S. 233 ff.; *LK (Roxin)* § 25 Rdn. 55, 63; *Schönke / Schröder / Cramer*, § 25 Rdn. 26 ff.; *SK (Samson)* § 25 Rdn. 32; *Wessels*, Allg. Teil S. 152.

[23] Nicht zu billigen ist jedoch das vom extrem subjektiven Standpunkt gewonnene Ergebnis von *Johannes*, Mittelbare Täterschaft S. 59, daß es bei der mittelbaren Täterschaft grundsätzlich gar nicht darauf ankommen soll, ob das Werkzeug rechtmäßig oder rechtswidrig handelt (vgl. dagegen den Fall BGH 3, 110).

II. Die Fallgruppen der mittelbaren Täterschaft

Hat der Hintermann absichtlich eine **Notwehrlage** herbeigeführt, damit der Verteidiger als dessen Werkzeug den Angreifer verletze, so ist mittelbare Täterschaft des Hintermanns nur dann anzunehmen, wenn sowohl gegenüber dem Angreifer als auch gegenüber dem Verteidiger Tatherrschaft besteht. Der Verteidiger wird durch den vom mittelbaren Täter provozierten Angriff in eine Notlage versetzt, die ihm keine andere Wahl läßt, als den Angreifer zu verletzen, er ist ihm dadurch in die Hand gegeben. Beim Angreifer ist die gegenüber dem mittelbaren Täter unterlegene Stellung dagegen nur dann zu bejahen, wenn es sich um ein Kind oder um einen Geisteskranken handelt, während die arglistige Verursachung eines Motivirrtums nicht ausreicht[24].

Eine *wahre* Anzeige, selbst wenn sie aus üblen Motiven erfolgt, begründet dagegen niemals mittelbare Täterschaft, weil der Anzeigende selbst rechtmäßig handelt (BGH 3, 110 [114 f.])[25]. Die Verurteilung von Denunzianten aus der NS-Zeit wegen Verbrechens gegen die Menschlichkeit nach dem KRG Nr. 10 beruhte auf dem Gedanken der Preisgabe materiell unschuldiger Personen an ein unmenschliches System in unmittelbarer Täterschaft nach einer auf diese Fälle zugeschnittenen Sondervorschrift (OGH 1, 6; 1, 11; 2, 17; 2, 67).

4. Während die bisher behandelten Fallgruppen im wesentlichen unstreitig sind, entstehen Zweifel, wenn jemand eine Straftat durch ein **schuldunfähiges Werkzeug** (Kind, Betrunkener, Geisteskranker) ausführen läßt, denn diese Fälle können wegen der Limitierung der Akzessorietät konstruktiv sowohl der mittelbaren Täterschaft als auch der Anstiftung zugeordnet werden. Maßgebend ist hier wie stets die Tatherrschaft des Hintermanns[26]. Sie liegt mit Sicherheit dann vor, wenn dieser die Schuldunfähigkeit des Tatmittlers, z. B. durch Trunkenheit, absichtlich herbeigeführt hat, um ihn für sein Vorhaben gefügig zu machen. Aber auch bei bloßer Kenntnis der Schuldunfähigkeit und Ausnutzung dieses Zustands zur Tat wird mittelbare Täterschaft anzunehmen sein. Ist das Kind oder der Geisteskranke dagegen ausnahmsweise zu einem eigenen Entschluß fähig, liegt nach §§ 26, 29 Anstiftung vor[27].

Beispiel: Der Angeklagte benutzte seinen 13jährigen Enkel zur Vornahme einer Brandstiftung. Da der Junge für die Tat zwar „nicht volles, so doch genügendes Verständnis" gehabt hat, war Anstiftung und nicht mittelbare Täterschaft anzunehmen (RG 61, 265 [267]).

5. Entsprechendes gilt, wenn das Werkzeug in einem **unvermeidbaren Verbotsirrtum** handelt. Tatherrschaft des Hintermanns ist nicht nur dann anzunehmen, wenn er den Irrtum absichtlich herbeiführt, sondern auch, wenn er ihn nur kennt und ausnutzt. Ist der Irrtum jedoch für den die Tat unmittelbar Ausführenden vermeidbar, so handelt er zwar mit gemilderter Schuld (vgl. oben § 41 II 2 a, III 2 d), aber doch straf-

---

[24] So *Herzberg*, Mittelbare Täterschaft S. 29; *Jakobs*, Allg. Teil S. 530; *Schönke / Schröder / Cramer*, § 25 Rdn. 28; *SK (Samson)* § 25 Rdn. 32; *Stratenwerth*, Allg. Teil I Rdn. 789; *Welzel*, Lehrbuch S. 105; *LK (Roxin)* § 25 Rdn. 55. Ohne diese Einschränkung jedoch die überwiegende Ansicht, vgl. *Drost*, ZStW 51 (1931) S. 369; *Maurach / Gössel / Zipf*, Allg. Teil II S. 235; *Schroeder*, Der Täter hinter dem Täter S. 100.
[25] Dazu *Schweiger*, NJW 1952, 1200; *Maurach / Gössel / Zipf*, Allg. Teil II S. 235; *Eser*, Strafrecht II Nr. 38 A Rdn. 22. Dagegen wollte OLG Bamberg DRZ 1950, 302 m. abl. Anm. *Welzel* den Anzeiger, wenn der Richter ein formell gültiges, aber sittenwidriges Gesetz anzuwenden hat, wegen Freiheitsberaubung in mittelbarer Täterschaft verurteilen.
[26] Vgl. *Blei*, Allg. Teil S. 259; *Bockelmann / Volk*, Allg. Teil S. 181; *Gallas*, Materialien Bd. I S. 134; *Kohlrausch / Lange*, Vorbem. I B 2a vor § 47; *Maurach / Gössel / Zipf*, Allg. Teil II S. 236; *Schönke / Schröder / Cramer*, § 25 Rdn. 39ff.; *Stratenwerth*, Allg. Teil I Rdn. 778; *Welzel*, Lehrbuch S. 103; *Wessels*, Allg. Teil S. 152.
[27] Dagegen nimmt *Roxin*, Täterschaft und Tatherrschaft S. 591 Teilnahme nur dann an, wenn der Schuldunfähige den Tatentschluß selbständig gefaßt hat und der Hintermann die Tat lediglich fördert. Für mittelbare Täterschaft in allen Fällen, in denen dem Hintermann die Schuldunfähigkeit des zur Tat Veranlaßten bekannt ist, *Herzberg*, Täterschaft S. 30.

rechtlich voll verantwortlich; der Tatbeitrag des Hintermanns wird dadurch zur Teilnahme relativiert[28].

Beispiel: Begeht der Soldat ein Verbrechen oder Vergehen auf Befehl, so ist seine Schuld ausgeschlossen, wenn er die Strafrechtswidrigkeit der Tat weder erkannt hat noch ohne weiteres erkennen mußte (vgl. oben § 46 II 3 b). Der Vorgesetzte ist dann nach § 33 WStG mittelbarer Täter. Handelt der Untergebene dagegen schuldhaft, so ist er Täter, wenn auch nach § 5 II wegen geringer Schuld Strafmilderung oder Absehen von Strafe eintreten kann. Den Vorgesetzten trifft in diesem Fall nach § 33 WStG die Strafe als Anstifter[29].

6. Allgemein anerkannt ist weiter der Fall des **unfrei handelnden Werkzeugs.** Wer einen anderen absichtlich in eine Notstandslage nach § 35 bringt, aus der sich dieser nur durch die vom Hintermann bezweckte Straftat befreien kann, ist als mittelbarer Täter der Notstandstat verantwortlich. Wer dagegen eine Notstandslage bereits vorfindet und den Notstandstäter durch Weisung des Rettungsweges oder sonstige Unterstützung lediglich fördert, ohne die äußere Lage zu Lasten des Opfers der Notstandstat umzugestalten, begeht Anstiftung bzw. Beihilfe zur Notstandstat und ist deswegen auch strafbar[30].

Beispiele: Der Bräutigam, der einen Jugendlichen durch Todesdrohungen zwingt, seine Verlobte, deren er überdrüssig geworden ist, zu erschießen (§ 35), ist mittelbarer Täter des Mordes (RG 64, 30 [32]). Entsprechendes gilt für den erzwungenen Abtreibungsversuch (RG 31, 395 [398]) sowie für den Versuch, das Werkzeug mit der Waffe zu zwingen, einen Menschen zu überfahren (BGH NStZ 1986, 547).

7. Schwierigkeiten bereitet der Tatherrschaftslehre die Begründung der mittelbaren Täterschaft bei der Tatausführung durch ein **absichtsloses bzw. qualifikationsloses Werkzeug**[31]. Ein Ausweichen auf Anstiftung oder Beihilfe ist hier nicht möglich, weil dem Tatmittler gerade die deliktstypische Absicht bzw. die die Strafbarkeit begrün-

---

[28] So *Bloy*, Beteiligungsform S. 351; *Bockelmann / Volk*, Allg. Teil S. 181; *Gallas*, Materialien Bd. I S. 134; *Jakobs*, Allg. Teil S. 532; *Stratenwerth*, Allg. Teil I Rdn. 780. Dagegen wird mittelbare Täterschaft auch bei vermeidbarem Verbotsirrtum angenommen von *Herzberg*, Täterschaft S. 23 (entgegen JuS 1974, 374); *Maurach / Gössel / Zipf*, Allg. Teil II S. 237; *Preisendanz*, § 25 Anm. 3 d bb; *Roxin*, Lange-Festschrift S. 178 ff.; *Lackner*, § 25 Anm. 1 b bb; *Schumann*, Handlungsunrecht S. 78. Nach *Welzel*, Lehrbuch S. 103 liegt in diesem Falle immer Teilnahme vor, während *Blei*, Allg. Teil S. 260 mittelbare Täterschaft nur annimmt, wenn der Hintermann den Verbotsirrtum herbeigeführt hat, um den Handelnden zu der Tat zu veranlassen.

[29] Vgl. näher *Schroeder*, Der Täter hinter dem Täter S. 135 ff., der sich mit Recht gegen BGH 8, 393 (397) wendet, wo auch der vollverantwortliche Soldat nur als Gehilfe angesehen wird. Wie der Text auch *LK (Roxin)* § 25 Rdn. 56; *Schönke / Schröder / Cramer*, § 25 Rdn. 29.

[30] Ebenso *Blei*, Allg. Teil S. 259; *LK Roxin*, § 25 Rdn. 51; *Jakobs*, Allg. Teil S. 533 f.; *Welzel*, Lehrbuch S. 102 f.; *Roxin*, Täterschaft und Tatherrschaft S. 153; *Herzberg*, Täterschaft S. 13 ff.; *Stratenwerth*, Allg. Teil I Rdn. 773. Straflosigkeit der Teilnahme an einer Haupttat, die nach § 35 oder § 33 entschuldigt ist, nehmen an *Maurach / Zipf*, Allg. Teil I S. 428 (Tatverantwortung fehlt); *Rudolphi*, ZStW 78 (1966) S. 98 f.; *SK (Rudolphi)* § 35 Rdn. 21 (zumindest Strafmilderung); für letzteres auch *LK (Roxin)* § 29 Rdn. 3.

[31] Vielfach wird angenommen, daß die Tatherrschaftslehre beim qualifikationslosen Werkzeug überhaupt versage und daß die mittelbare Täterschaft hier auf die Verletzung der Sonderpflicht durch den Hintermann (z. B. die Amtspflicht) gegründet werden müsse; so *Roxin*, Täterschaft und Tatherrschaft S. 360 ff.; *derselbe*, ZStW 85 (1973) S. 102; *LK (Roxin)* § 25 Rdn. 91; *Bloy*, Beteiligungsform S. 233 ff.; *Jakobs*, Allg. Teil S. 537; *Wagner*, Amtsverbrechen S. 378 ff.; *SK (Samson)* § 25 Rdn. 35; *Schroeder*, Der Täter hinter dem Täter S. 88. Straflosigkeit nehmen dagegen *Herzberg*, Täterschaft S. 34 und *Stratenwerth*, Allg. Teil I Rdn. 797 an. Die Figur des „absichtslosen Werkzeugs" lehnt *Roxin*, Täterschaft und Tatherrschaft S. 341 ff. und *LK (Roxin)* § 25 Rdn. 94 f. ganz ab und nimmt statt dessen Täterschaft des Werkzeugs mit Anstiftung durch den Hintermann an. *Herzberg*, Täterschaft S. 35; *Bloy*, Beteiligungsform S. 240 und *Stratenwerth*, Allg. Teil I Rdn. 801 sind auch hier für Straflosigkeit.

dende Eigenschaft fehlt und er deswegen nicht Täter sein kann. Von einer Willensherrschaft des Hintermanns über das Werkzeug kann aber ebensowenig die Rede sein, sofern nicht außerdem Zwang, Irrtum oder Schuldunfähigkeit auf seiten des Werkzeugs hinzutreten. Maßgebend muß hier die Erwägung sein, daß die Tatherrschaft in diesen Fällen *normativ* aufzufassen ist[32]. Die Straftat kann von dem Tatmittler ohne die Mitwirkung des Hintermanns gar nicht begangen werden, ein strafrechtlich erhebliches Geschehen entsteht überhaupt erst dadurch, daß dieser die vom Gesetzgeber geforderte Absicht oder Eigenschaft mitbringt. Der rechtlich beherrschende Einfluß des Hintermanns ist somit für die Täterschaft entscheidend. Der Kritik an dieser Lehre ist freilich zuzugeben, daß abgesehen von dem rechtlichen Moment, daß die Straftat dem Handelnden ohne den qualifizierten Hintermann gar nicht zugänglich ist, auch das psychologische Moment hinzukommen muß, daß der Hintermann den Handelnden zur Tat bestimmt hat. Man kann deshalb in diesen Fällen von *normativ-psychologischer Tatherrschaft* sprechen. Fehlt es an einer Einwirkung, so liegt nur ein Unterlassungsdelikt des Hintermanns vor[33].

Beispiele: Mittelbarer Täter des Diebstahls ist, wer sich durch einen bösgläubigen Helfer einen Ball aus einem fremden Garten holen läßt, um ihn sich selbst zuzueignen (RG 39, 37 [39]). Ein Bürgermeister, der als Ortspolizeibehörde eine Urkunde über den Transport von Gefangenen auszustellen hat, begeht Falschbeurkundung im Amt nach § 348 I, wenn er die Urkunde durch seinen Privatangestellten falsch ausstellen läßt (nach RG 28, 109 [110]).

8. Neuerdings wird vielfach auch eine **Tatherrschaft kraft organisatorischer Machtapparate** angenommen, so daß der „Schreibtischtäter", der die Organisation in der Hand hat, immer als mittelbarer Täter erscheint[34]. Dieser Ansicht ist jedoch nur dann zuzustimmen, wenn die Ausführenden nicht selbst als voll verantwortliche Täter betrachtet werden können (z. B. nach § 5 I WStG). Sind sie das aber, so ist der Mann in der Zentrale, gerade weil er die Organisation beherrscht, Mittäter[35]. Die Gemeinsamkeit des Tatentschlusses wird durch die Zugehörigkeit zur Organisation hergestellt.

III. Die Behandlung der Irrtumsfälle

Drei Gruppen von Irrtumsfällen sind zu unterscheiden.

1. Der **Hintermann nimmt irrig an,** der unmittelbar Handelnde habe den **Tatvorsatz** bzw. sei **schuldfähig,** während dieser in Wirklichkeit ohne Vorsatz handelt bzw. schuldunfähig ist.

Beispiele: Der ungetreue Forstwart verkauft in eigenem Namen Holz im Wald und läßt es von dem Käufer abfahren, wobei er diesen zu Unrecht für bösgläubig hält. Jemand dingt zur Ausführung einer Mordtat einen Verbrecher, der aber unerkennbar geisteskrank ist.

In beiden Fällen glaubt der Hintermann, eine Anstiftung zum Diebstahl bzw. zum Mord zu begehen, handelt aber objektiv als mittelbarer Täter, ohne indessen seine

---

[32] So *Blei,* Allg. Teil S. 257 f.; *Bockelmann / Volk,* Allg. Teil S. 180; *Gallas,* Materialien Bd. I S. 135 f.; *Dreher / Tröndle,* § 25 Rdn. 18 f.; *Cramer,* Bockelmann-Festschrift S. 398; *Hegler,* R. Schmidt-Festgabe S. 22; *Lackner,* § 25 Anm. 1 b bb; *Welzel,* Lehrbuch S. 104; *Wessels,* Allg. Teil S. 152 (nur für das absichtslose Werkzeug); *Maurach / Gössel / Zipf,* Allg. Teil II S. 231 f. (mit differenzierter Lösung); *Schönke / Schröder / Cramer,* Vorbem. 78 f. vor § 25; E 1962 Begründung S. 149.

[33] So *Schmidhäuser,* Allg. Teil S. 328; *SK (Samson)* § 25 Rdn. 35.

[34] So *Dreher / Tröndle,* § 25 Rdn. 3; *LK (Roxin)* § 25 Rdn. 30; *Maurach / Gössel / Zipf,* Allg. Teil II S. 238; *Roxin,* Täterschaft und Tatherrschaft S. 242 ff.; *Schmidhäuser,* Allg. Teil S. 526 f.; *Stratenwerth,* Allg. Teil I Rdn. 790 f.

[35] Wie der Text *SK (Samson)* § 25 Rdn. 36 und *Jakobs,* Allg. Teil S. 536. Zur Situation der Untergebenen vgl. *Jäger,* Verbrechen unter totalitärer Herrschaft S. 166 ff.

Tatherrschaft zu erkennen, so daß er auch nicht wegen mittelbarer Täterschaft bestraft werden kann[36]. Ein Teil der Lehre will hier versuchte Teilnahme bejahen[37], was freilich nur im Falle der Anstiftung zu einem Verbrechen (§ 30 I) zur Strafbarkeit führt. Richtig ist im Falle des unerkennbar geisteskranken Täters die Bestrafung wegen *vollendeter Anstiftung* (vgl. E 62 § 32), da objektiv vollendete mittelbare Täterschaft (also ein Mehr gegenüber der Anstiftung) und subjektiv Anstiftervorsatz sowie auch der nach § 26 erforderliche Vorsatz beim Täter gegeben sind[38]. Fehlt freilich beim Täter der Vorsatz wie im Falle des vermeintlichen Holzdiebstahls, so kommt nur versuchte Anstiftung in Betracht (vgl. oben § 61 VII 3). **Im umgekehrten Fall,** in dem der unmittelbar Handelnde voll verantwortlich ist, während der Hintermann irrig annimmt, daß Vorsatz oder Schuldfähigkeit fehlten, glaubt er die Tatherrschaft zu besitzen, während er in Wirklichkeit nur eine Anstiftung bewirkt. Auch hier ist im Ergebnis vollendete Anstiftung anzunehmen, da der Anstiftungsvorsatz im Tatherrschaftsbewußtsein enthalten ist[39]. Entsprechendes gilt für den Fall, daß der Hintermann irrig annimmt, das Werkzeug beim Diebstahl werde ohne Zueignungsabsicht handeln (RG 57, 274 nimmt jedoch Täterschaft an).

2. Im dritten Fall unterliegt das Werkzeug einem **Objektsirrtum** (vgl. oben § 29 V 6a). Hier wird von einem Teil der Lehre darauf abgestellt, ob der Tatmittler vorsätzlich handelt oder nicht. Bei vorsätzlichem Handeln soll der Objektsirrtum dem Hintermann als mittelbarem Täter ebensowenig zugute kommen, wie wenn er selbst unmittelbar gehandelt hätte. Nur bei unvorsätzlichem Handeln des Werkzeugs wird dagegen ein Fall der aberratio ictus angenommen[40] (vgl. oben § 29 V 6c). Die Gegenmeinung will das menschliche Werkzeug ganz dem mechanischen gleichstellen und behandelt deswegen beide Fälle nach den Regeln der aberratio ictus, wie wenn eine Waffe ihr Ziel verfehlt[41]. Richtig ist die zweite Meinung, weil der Vorsatz des mittelbaren Täters ebenso wie der Anstiftervorsatz den Erfolg der Tat umfassen muß und der Objektsirrtum des Werkzeugs deswegen beim mittelbaren Täter als aberratio ictus in Erscheinung tritt.

Beispiele: A bestimmt B unter Todesdrohung, seinen Feind C zu erschießen; B erschießt aber infolge einer Personenverwechslung den D. A läßt durch das nichtsahnende Hausmädchen B

---

[36] Dennoch für mittelbare Täterschaft *Kohlrausch / Lange,* Vorbem. I B 2a vor § 47; *H. Mayer,* Lehrbuch S. 329; *Eb. Schmidt,* Frank-Festgabe Bd. II S. 131; *v. Uthmann,* NJW 1961, 1909.

[37] So *Bockelmann,* Untersuchungen S. 96; *Blei,* Allg. Teil S. 261; *Heinitz,* Festschrift zum 41. DJT S. 106; *Maurach / Gössel / Zipf,* Allg. Teil II S. 226; *Tröndle,* GA 1956, 143; *Welzel,* Lehrbuch S. 123; *Letzgus,* Vorstufen S. 29 ff.; *Stratenwerth,* Allg. Teil I Rdn. 963.

[38] So die überwiegende Meinung; vgl. *Baumann / Weber,* Allg. Teil S. 558; *Cramer,* Bockelmann-Festschrift S. 400; *Lackner,* Vorbem. 4a vor § 25; *LK (Roxin)* § 25 Rdn. 99; *Gallas,* Materialien Bd. I S. 139; *Mezger,* Lehrbuch S. 449; *Sax,* MDR 1954, 69; *Schroeder,* ROW 1964, 104; *Roxin,* Täterschaft und Tatherrschaft S. 267 f.; *Schönke / Schröder / Cramer,* Vorbem. 80 vor § 25.

[39] So *Gallas,* Materialien Bd. I S. 139; *LK (Roxin)* § 25 Rdn. 101; *Roxin,* Täterschaft und Tatherrschaft S. 271 ff.; *Schmidhäuser,* Allg. Teil S. 530; *Wessels,* Allg. Teil S. 156; *Stratenwerth,* Allg. Teil I Rdn. 959 f.; *Schönke / Schröder / Cramer,* Vorbem. 80 vor § 25. Für mittelbare Täterschaft wegen des „Täterwillens" jedoch *Baumann,* JZ 1958, 233. Für versuchte mittelbare Täterschaft *Herzberg,* Täterschaft S. 45; *Maurach / Gössel / Zipf,* Allg. Teil II S. 227; *SK (Samson)* § 25 Rdn. 38. Für versuchte Täterschaft in Tateinheit mit vollendeter Teilnahme *LK (Roxin)* § 25 Rdn. 100 f.

[40] So *Jakobs,* Lehrbuch S. 538; *Welzel,* Lehrbuch S. 75.

[41] So *LK (Roxin)* § 25 Rdn. 103; *Hillenkamp,* Vorsatzkonkretisierungen S. 49 ff.; *LK (Schroeder)* § 16 Rdn. 14; *Roxin,* Täterschaft und Tatherrschaft S. 215; *Schmidhäuser,* Allg. Teil S. 530; *SK (Rudolphi)* § 16 Rdn. 30; *Wessels,* Allg. Teil S. 156 f.

für C eine Tasse vergifteten Kaffee bereitstellen, den aber D zu trinken bekommt, weil die B diesen mit C verwechselt. In beiden Fällen ist A nur wegen Tötungsversuchs strafbar.

3. Der mittelbare Täter ist nicht für strafbare Handlungen verantwortlich, die das Werkzeug über den Tatplan hinaus aus eigenem Antrieb oder in irrtümlichem Verständnis des vom Hintermann Bezweckten begeht (**Exzeß**), weil dieser Teil des Geschehens seiner Tatherrschaft entzogen ist[42].

IV. Versuch und Unterlassung bei der mittelbaren Täterschaft

1. Mittelbare Täterschaft kann auch in **Versuchsform** begangen werden. Umstritten ist jedoch die Frage, *in welchem Zeitpunkt* das Versuchsstadium i. S. von § 22 beginnt (vgl. oben § 49 IV 6). Auch hier wird von einem Teil der Lehre zwischen dem gutgläubigen und dem bösgläubigen Werkzeug unterschieden. Beim gutgläubigen Werkzeug soll der Versuch schon mit der Einwirkung durch den Hintermann beginnen, weil dieser Fall ebenso behandelt werden müsse, wie wenn eine mechanische Ursachenkette in Gang gesetzt wird. Beim bösgläubigen Werkzeug beginne der Versuch dagegen erst mit der Ausführungshandlung des Werkzeugs[43].

Beispiele: Die Vorlage einer unrichtigen Warenbestandsliste an den gutgläubigen Vergleichsverwalter, die dieser den Gläubigern alsbald übermitteln soll, wäre danach bereits versuchter Betrug (BGH 4, 270 [273]). Das Einschütten des Gifts in den Tee, den die gutgläubige Pflegerin dem Opfer sogleich darreichen wird, wäre versuchte Vergiftung (RG 59, 1; vgl. 66, 141 [142]). Wer den gutgläubigen Käufer durch Täuschung veranlaßt, ihm nicht gehörende Eisenträger aus einem Warenlager abzufahren, beginge schon mit der Täuschungshandlung versuchten Diebstahl (RG 70, 212 [213]). Wer den gedungenen Verbrecher zu einem Raub in Bewegung setzt, der aber, dem Werkzeug unbewußt, zur Tötung des Opfers führen soll, beginge schon versuchten Mord (BGH 30, 363 [365]). Wer dagegen einen Freifahrtschein dadurch erlangen will, daß er einen am Urlaubsziel im Lazarett liegenden Soldaten brieflich dafür zu gewinnen sucht, sich als seinen Verwandten auszugeben, der den Besuch erbittet, würde nur eine Vorbereitungshandlung begehen, weil das in Aussicht genommene Werkzeug dolos gewesen wäre (anders RG 77, 172 [175]).

Die Unterscheidung von gut- und bösgläubigem Werkzeug ist jedoch auch an dieser Stelle nicht begründet. Der Versuch setzt nach § 22 voraus, daß der Täter nach seinem Gesamtplan unmittelbar zur Verwirklichung des Tatbestandes ansetzt (vgl. oben § 49 IV 1). Das gilt auch für die mittelbare Täterschaft. Versuch liegt deswegen immer dann vor, wenn der Tatmittler zur Ausführung der Straftat ansetzt[44]. Aber auch schon im Vorstadium kann Versuch dann zu bejahen sein, wenn der mittelbare Täter die Tatherrschaft aus der Hand gibt, wobei es keinen Unterschied macht, ob das Werkzeug dolos oder nicht dolos handelt (BGH 30, 363 [365])[45].

---

[42] Ebenso *Maurach / Gössel / Zipf*, Allg. Teil II S. 228; *Schmidhäuser*, Allg. Teil S. 531; *Wessels*, Allg. Teil S. 155; mit subjektiver Begründung auch *Baumann / Weber*, Allg. Teil S. 549.

[43] So *Blei*, Allg. Teil S. 261 f.; *Kohlrausch / Lange*, Vorbem. II 3 vor § 43; *Mezger*, Lehrbuch S. 386, 401; LK[9] (*Busch*) § 43 Rdn. 33; *Welzel*, Lehrbuch S. 191. Dagegen nehmen Versuch bei Einwirkung auf den Tatmittler in jedem Falle an: *Baumann*, JuS 1963, 92 f.; *Baumann / Weber*, Allg. Teil S. 542 f.; *Bockelmann / Volk*, Allg. Teil S. 183; *Jakobs*, Allg. Teil S. 537; eingehend *Schilling*, Verbrechensversuch S. 104 (sog. „Einzellösung").

[44] Für den Beginn der Ausführungshandlung des Werkzeugs als maßgebenden Zeitpunkt des Versuchs treten ein: *Frank*, § 43 Anm. II 2 a a. E.; *Hegler*, R. Schmidt-Festgabe S. 66 f.; *v. Hippel*, Bd. II S. 475; *Eb. Schmidt*, Frank-Festgabe Bd. II S. 132; *Kühl*, JuS 1983, 182; *Küper*, JZ 1983, 369; *Kadel*, GA 1983, 299; LK (*Vogler*) § 22 Rdn. 101; *Maurach / Gössel / Zipf*, Allg. Teil II S. 243 f.; *Stratenwerth*, Allg. Teil I Rdn. 838 (sog. „Gesamtlösung"). *Otto*, Grundkurs S. 232 stellt auf die unmittelbare Gefährdung des Rechtsguts ab.

[45] So treffend *Roxin*, Maurach-Festschrift S. 227 ff.; ferner *Dreher / Tröndle*, § 22 Rdn. 18; LK (*Roxin*) § 25 Rdn. 106; *Herzberg*, MDR 1973, 94 f.; derselbe, JuS 1985, 6; *J. Meyer*, ZStW

2. Ob eine Tat in mittelbarer Täterschaft auch durch **Unterlassung** begangen werden kann, ist *streitig*. Ein Teil der Lehre bejaht die Möglichkeit mittelbarer Täterschaft, wenn jemand entgegen einer Garantenpflicht die strafbare Handlung des Werkzeugs nicht verhindert[46]. Der Pfleger in einer Heilanstalt unterläßt es z. B. willentlich, einen Geisteskranken daran zu hindern, einen Mitpatienten anzugreifen. Zutreffend erscheint jedoch die im Vordringen begriffene Gegenmeinung[47], die in diesen Fällen unmittelbare Täterschaft durch Unterlassen annimmt, weil die Nichthinderung der Tat eines Schuldunfähigen, den man zu beaufsichtigen hat, die volle Garantenhaftung für das Handeln dritter Personen auslöst (vgl. oben § 59 IV 4 c).

§ 63 Die Mittäterschaft

Berolzheimer, Die akzessorische Natur der Teilnahme, Diss. München 1909; *Beulke*, Anmerkung zu OLG Köln vom 5. 9. 1978, JR 1980, 423; *Bindokat*, Fahrlässige Mittäterschaft im Strafrecht, JZ 1979, 434; *v. Buri*, Urheberschaft und Beihilfe, GA 17 (1869) S. 233; *derselbe*, Die Mittäterschaft im Sinne des deutschen StGB, GS 25 (1873) S. 237; *Busse*, Täterschaft und Teilnahme bei Unterlassungsdelikten, Diss. Göttingen 1974; *Maria da Conceição Valdágua*, Versuchsbeginn des Mittäters, ZStW 98 (1986) S. 839; *Fincke*, Der Täter neben dem Täter, GA 1975, 161; *Furtner*, Zur Frage der Anrechnung erschwerender Umstände usw., JR 1960, 367; *Gössel*, Sukzessive Mittäterschaft und Täterschaftstheorien, Festschrift für H.-H. Jescheck, Bd. I, 1985, S. 537; *Hardwig*, Zur Abgrenzung von Mittäterschaft und Beihilfe, GA 1954, 353; *Kion*, Grundfragen der Kausalität bei Tötungsdelikten, JuS 1967, 499; *Kühl*, Grundfälle zur Vorbereitung usw., JuS 1982, 189; *Küper*, Versuchsbeginn und Mittäterschaft, 1978; *derselbe*, Zur Problematik der sukzessiven Mittäterschaft, JuS 1981, 568; *Niese*, Anmerkung zu BGH 2, 344, NJW 1952, 1176; *Oehler*, Das erfolgsqualifizierte Delikt und die Teilnahme an ihm, GA 1954, 33; *Otto*, Versuch und Rücktritt bei mehreren Tatbeteiligten, JA 1980, 641; *Roxin*, Die Mittäterschaft im Strafrecht, JA 1979, 519; *Rudolphi*, Zur Tatbezogenheit des Tatherrschaftsbegriffs usw., Festschrift für P. Bockelmann, 1979, S. 369; *Schröder*, Anmerkung zu BGH 11, 268, JR 1958, 427; *Seelmann*, Mittäterschaft im Strafrecht, JuS 1980, 571; *Winter*, Die Entwicklung der Mittäterschaft im 19. Jahrhundert, Diss. Heidelberg 1981; *Zimmerl*, Zur Lehre vom Tatbestand, Strafr. Abh. Heft 237, 1928.

Vgl. ferner die Schrifttumsangaben vor §§ 61, 62.

I. Begriff und Abgrenzung der Mittäterschaft

1. **Wenn mehrere eine Tat gemeinschaftlich begehen, wird jeder als Täter bestraft (§ 25 II).** Das Gesetz selbst nennt die Beteiligten in diesem Falle „Mittäter". Die Mittäterschaft ist ebenso wie die mittelbare Täterschaft eine Form der Täterschaft. Voraussetzungen und Abgrenzung der Mittäterschaft sind trotz dieser gesetzlichen Regelung umstritten[1].

a) Auch die Mittäterschaft wird durch Tatherrschaft begründet. Da an ihrer Ausübung aber mehrere beteiligt sind, muß die **Tatherrschaft** eine *gemeinschaftliche* sein (vgl. oben § 61 V 3 b). Jeder Mittäter beherrscht das Gesamtgeschehen im Zusammen-

---

87 (1975) S. 608; *Ingeborg Puppe*, JuS 1980, 348 f.; *Schönke / Schröder / Eser*, § 22 Rdn. 54; *SK (Rudolphi)* § 22 Rdn. 20; *Wessels*, Allg. Teil S. 176 f.

[46] So *Baumann / Weber*, Allg. Teil S. 547; *Blei*, Allg. Teil S. 232; *Engelsing*, Eigenhändige Delikte S. 42; *Maurach / Gössel / Zipf*, Allg. Teil II S. 240; *Schmidhäuser*, Allg. Teil S. 706.

[47] So *Grünwald*, GA 1959, 122; *Armin Kaufmann*, Unterlassungsdelikte S. 294; *Roxin*, Täterschaft und Tatherrschaft S. 471; *Schönke / Schröder / Cramer*, Vorbem. 63 vor § 25; *SK (Rudolphi)* § 13 Rdn. 33; *Sowada*, Jura 1986, 410; *Welzel*, Lehrbuch S. 206; *Stratenwerth*, Allg. Teil I Rdn. 1066.

[1] Zur Geschichte *Winter*, Die Entwicklung der Mittäterschaft im 19. Jahrhundert, 1981.

I. Begriff und Abgrenzung der Mittäterschaft

wirken mit einem oder mehreren anderen. Die Mittäterschaft besteht somit in einer „Arbeitsteilung", die die Tat entweder überhaupt erst möglich macht oder erleichtert oder doch das Tatrisiko wesentlich herabsetzt. Sie verlangt auf der *subjektiven Seite*, daß die Beteiligten sich durch einen gemeinsamen Tatentschluß miteinander verbinden, wobei jeder eine im Rahmen des ganzen wesentliche Teilaufgabe übernehmen muß, die ihn als Mitträger der Verantwortung für die Ausführung der Gesamttat erscheinen läßt. Der gemeinsame Tatentschluß ist die Klammer, die die einzelnen Teilstücke zum ganzen zusammenfügt. In *objektiver Beziehung* muß das, was jeder Mittäter bewirkt, ein **bestimmtes Maß an funktionaler Bedeutung** aufweisen, so daß sich die Mitwirkung eines jeden in der ihm zugefallenen Rolle als wesentliches Teilstück der Verwirklichung des Gesamtplans darstellt *(funktionelle Tatherrschaft)*[2].

b) Die *subjektive Teilnahmetheorie* verweist dagegen auch hier auf den Täterwillen[3]. Es soll allein darauf ankommen, daß jeder Beteiligte die Tat unter Mitwirkung der anderen „als eigene" gewollt hat (vgl. oben § 61 IV 2). Bei Vorliegen des Täterwillens soll im Rahmen des gemeinschaftlichen Tatentschlusses *jeder kausale Tatbeitrag*, auch wenn er äußerlich noch so geringe Bedeutung hat, für die objektiven Erfordernisse der Mittäterschaft ausreichen. Die Rechtsprechung[4] hat sich dieser Lehre frühzeitig angeschlossen (RG 2, 160 [163]; 3, 181 [182]). Sie bediente sich ihrer in der Weise, daß die Begriffe Mittäterschaft und Beihilfe, aber auch Mittäterschaft und Anstiftung so weit aufgelockert wurden, wie dies nach den Bedürfnissen der Strafzumessung erforderlich erschien.

Beispiele: Die bloße psychische Förderung der Tat durch Ratschläge kann Mittäterschaft bei der Zollhinterziehung sein (RG 35, 13 [17]), die Beschreibung der örtlichen und sonstigen Verhältnisse Mittäterschaft beim Diebstahl (RG 53, 138). Das Ausdenken des Plans und die Erkundung der Gelegenheit für einen Raub ist ebenfalls bereits Mittäterschaft (BGH NJW 1951, 410). Wer den Brandstifter lediglich zum Tatort befördert, kann bereits Mittäter der Brandstiftung sein (RG HRR 1934, 147). Bei einer Tat von zwei Männern nach § 179 II kann auch derjenige, welcher selbst nur billigend am Tatort anwesend ist, ohne sich selbst an der Geisteskranken zu vergreifen, Mittäter sein (RG 71, 364). Die Mutter, die den Sohn zur Tötung des Vaters bestimmt und die Tatausführung mit ihm bespricht, ist Mittäterin (RG DR 1944, 147 [148]). Andererseits kann, wer selbst den tödlichen Schuß abgegeben hat, nur als Gehilfe erscheinen, sofern er sich einem anderen Beteiligten völlig untergeordnet hat (OGH 1, 95 [102]). Dasselbe gilt auch für die Mitwirkung an der Ausführung eines Bandenschmuggels (BGH 8, 70 [73]). Wer einen anderen zum Diebstahl eines Kraftwagens anstiftet, mit dem eine gemeinsame Fahrt unternommen werden soll, ist Mittäter (BGH 16, 12 [13]). Andererseits ist, wer im Auftrag eines ausländischen Geheimdienstes zwei Morde ausführt, mangels eigenen Täterwillens nur Gehilfe, wenn er sich den Auftraggebern nur widerstrebend gebeugt hat (BGH 18, 87 [95]). Im Zweifel ist nicht Mittäterschaft, sondern Beihilfe anzunehmen (BGH 23, 203 [207]).

---

[2] So *Blei*, Allg. Teil S. 278; *Bockelmann / Volk*, Allg. Teil S. 186; *Jakobs*, Allg. Teil S. 511; *LK (Roxin)* § 25 Rdn. 108; *Eser*, Strafrecht II Nr. 39 A Rdn. 6; *Lackner*, § 25 Anm. 2b bb; *Gallas*, Materialien Bd. I S. 136f.; *Maurach / Gössel / Zipf*, Allg. Teil II S. 248; *Roxin*, Täterschaft und Tatherrschaft S. 277ff.; *Welzel*, Lehrbuch S. 107; *Schmidhäuser*, Allg. Teil S. 509; *Seelmann*, JuS 1980, 574; *SK (Samson)* § 25 Rdn. 43; *Stratenwerth*, Allg. Teil I Rdn. 823; *Wessels*, Allg. Teil S. 148. Kritisch dazu *Herzberg*, Täterschaft S. 57ff., der einschränkend verlangt, daß der Tatbeitrag des Mittäters „in enger Beziehung zur eigentlichen Tatbestandshandlung" stehen muß (S. 66); vgl. auch *Schönke / Schröder / Cramer*, Vorbem. 83 vor § 25.

[3] So *Baumann / Weber*, Allg. Teil S. 536ff.; *Baumann*, JuS 1963, 90; *Olshausen*, Vorbem. 24 vor § 47; *LK*[9] *(Busch)* § 47 Rdn. 6. Den Übergang zur Tatherrschaftslehre stellte *LK*[8] *(Mezger)* § 47 Anm. 2c her durch die Formel, daß es auf die „objektive" Würdigung des willentlichen Handelns" ankomme.

[4] Sie folgte auch hier den aus der Kausalitätslehre *v. Buris* gezogenen Konsequenzen; vgl. *v. Buri*, GA 17 (1869) S. 233ff.; *derselbe*, GS 25 (1873) S. 237ff. Zur Kritik vgl. *v. Birkmeyer*, Die Lehre von der Teilnahme S. 194ff.

c) Die *formell-objektive Theorie* (vgl. oben § 61 III 2 a), die früher in der Literatur herrschte[5], wurde unter Hinweis auf den klaren Wortlaut des § 47 a. F. (gemeinschaftlich „ausführen") zuletzt noch von *H. Mayer* vertreten[6]. Er verlangte als objektive Voraussetzung der Mittäterschaft die Beteiligung an der tatbestandsmäßigen Ausführungshandlung; erst innerhalb des Ausführungsstadiums sollte das subjektive Moment des Willensanteils an der Tat über Täterschaft oder Teilnahme entscheiden.

d) Die **neuere Rechtsprechung** geht zwar vom Täterwillen aus, verwendet aber zur Begründung der Mittäterschaft vornehmlich objektive Merkmale wie die Ausarbeitung des Tatplans, den Umfang der Tatbeteiligung, den Grad des eigenen Interesses am Erfolg, die Tatherrschaft oder doch wenigstens den Willen zur Tatherrschaft (BGH 33, 50 [53]; BGH GA 1984, 287; NStZ 1982, 27; NStZ 1985, 165). Maßgebend ist weiter insbesondere die „gleichberechtigte Partnerschaft" der Beteiligten (BGH GA 1984, 572f.).

2. Für die Mittäterschaft gilt nicht das Prinzip der Zurechnung kraft Akzessorietät (vgl. aber unten § 63 V), sondern die **unmittelbare gegenseitige Zurechnung** aller Tatbeiträge, die im Rahmen des gemeinsamen Tatentschlusses geleistet werden (RG 58, 279; 66, 236 [240]; OLG Hamm NJW 1971, 1954). Der Grund dafür liegt darin, daß die Mittäterschaft ihren Unrechtsgehalt in sich selbst trägt und ihn nicht von fremder Tat bezieht. Dabei gelten für die *Irrtumsfälle* die allgemeinen Regeln. Der unbeachtliche Objektsirrtum eines Mittäters kommt auch keinem der anderen Beteiligten zugute. Abweichungen ergeben sich nur daraus, daß die Mittäterschaft bei jedem Beteiligten Täterschaft ist, so daß jeder auch für den Tatanteil des anderen ein tauglicher Täter sein muß (vgl. unten § 63 I 3 b). Richtet sich z. B. eine gemeinschaftliche Sachbeschädigung infolge Irrtums des Handelnden gegen das Eigentum eines der Mittäter selbst, so kommt *für diesen* nur versuchte Sachbeschädigung in Frage[7]. Daraus ergibt sich auch die Lösung des folgenden Falles, in dem der Angriff infolge eines Irrtums des unmittelbar Handelnden für einen der Mittäter die vom Tatbestand geforderte Richtung „gegen einen anderen" verliert.

Beispiel: Ein Mittäter schießt aufgrund des gemeinschaftlichen Tatentschlusses in der Dunkelheit auf einen vermeintlichen Verfolger, der aber in Wirklichkeit einer der anderen Mittäter ist. BGH 11, 268 (271) hat hier auch für den Mittäter, dem der Schuß galt, versuchten Mord angenommen, obwohl die Tat, wenn er sie gegen sich selbst verübt hätte, nur strafloser versuchter Selbstmord gewesen wäre[8]. Aus zwei Gründen liegt hier nur Versuch vor, einmal weil der Schuß sein Ziel verfehlt hat, zum andern weil derjenige, dem er galt, die Tat als Täter nicht hätte vollenden können.

---

[5] Ihr Begründer war *Feuerbach*, Lehrbuch § 53. Als Hauptvertreter sind zu nennen: *Beling*, Die Lehre vom Verbrechen S. 408; *Graf zu Dohna*, Verbrechenslehre S. 59f.; *Frank*, § 47 Anm. II; *v. Hippel*, Bd. II S. 454; *v. Liszt / Schmidt*, S. 334; *Wegner*, Strafrecht S. 255.

[6] *H. Mayer*, Lehrbuch S. 313f.; *derselbe*, Grundriß S. 161. Ähnlich zum früheren Recht *Gimbernat Ordeig*, ZStW 80 (1968) S. 931ff.; zum geltenden Recht *Herzberg*, Täterschaft S. 66; *Roxin*, JA 1979, 522; *Rudolphi*, Bockelmann-Festschrift S. 372ff.

[7] Ebenso *SK (Samson)* § 25 Rdn. 49. Anders *Schröder*, JR 1958, 428, der hier ausnahmsweise die Teilnahmegrundsätze vorgehen lassen will, so daß *vollendete* Sachbeschädigung anzunehmen wäre. Dagegen spricht, daß die Mittäterschaft gerade keine Teilnahme ist. Abweichend auch *Roxin*, Täterschaft und Tatherrschaft S. 286f.; *Baumann*, JuS 1963, 127.

[8] Zustimmend *Baumann*, JuS 1963, 126f.; *Dreher / Tröndle*, § 25 Rdn. 8; *Jakobs*, Allg. Teil S. 513; *Küper*, Versuchsbeginn S. 40; *Maurach / Gössel / Zipf*, Allg. Teil II S. 259; *Lackner*, § 25 Anm. 2 c cc; *Schönke / Schröder / Cramer*, § 25 Rdn. 89; zweifelnd *Eser*, Strafrecht II Nr. 39 A Rdn. 10ff. Ablehnend *Schmidhäuser*, Allg. Teil S. 508; *Herzberg*, Täterschaft S. 63; *Spendel*, JuS 1969, 314; *Roxin*, JA 1979, 519f.; *Rudolphi*, Bockelmann-Festschrift S. 380; *Seelmann*, JuS 1980, 572. Vgl. auch *Schröder*, JR 1958, 428.

I. Begriff und Abgrenzung der Mittäterschaft

Da die gegenseitige Zurechnung bei der Mittäterschaft nicht nach Akzessorietätsregeln stattfindet, kann die rechtliche Beurteilung der einzelnen Tatbeiträge auseinanderfallen, solange noch die Einheit des ganzen im Rahmen des gemeinschaftlichen Tatentschlusses gewahrt ist (RG 12, 8 [11])[9].

Beispiele: Mittäterschaft beim Betrug wird nicht dadurch ausgeschlossen, daß einer der Beteiligten eigennützig, der andere fremdnützig handelt (RG 59, 104 [107]). Ein Mittäter kann wegen Raubs, der andere wegen Diebstahls verantwortlich sein. Ein Tatbeitrag kann in einem Tun, der andere in einem Unterlassen bestehen; so wenn der Nachtwächter aufgrund gemeinschaftlichen Entschlusses die Sicherung eines Gebäudes unterläßt, damit die Diebe freien Zugang haben. Doch wird hier besser Beihilfe durch Unterlassen anzunehmen sein. Dagegen liegt ein Exzeß vor, der insoweit Alleintäterschaft begründet, wenn einer der Mittäter über die vereinbarte Körperverletzung hinausgeht und das Opfer vorsätzlich tötet (RG 44, 321 [324]).

3. Die *Grenzen der Mittäterschaft* ergeben sich daraus, daß es sich um eine Form der Täterschaft handelt, die auf gemeinsamem Tatentschluß beruht.

a) Es gibt deswegen **keine Mittäterschaft bei Fahrlässigkeitstaten,** da es hier an dem gemeinsamen Tat*entschluß* fehlt[10]. Wenn mehrere in fahrlässiger Weise zusammenwirken, ist jeder Beteiligte Nebentäter und die einzelnen Tatanteile müssen auf ihren Fahrlässigkeitsgehalt gesondert geprüft werden (vgl. unten § 63 II 3)[11].

b) Da Mittäterschaft eine Form der Täterschaft darstellt, kann Mittäter nur sein, wer auch hinsichtlich der anderen Tatbeiträge **tauglicher Täter** ist[12]. Deshalb gibt es keine Mittäterschaft bei eigenhändigen Delikten ohne eigene Vornahme der tatbestandsmäßigen Handlung (OGH 1, 303 [304] für die Amtsanmaßung; RG 61, 199 [201] für den Meineid; unrichtig RG 71, 350 [353]) und ebensowenig bei den echten Sonderdelikten ohne die erforderliche Eigenschaft (RG 42, 382 für die Bestechlichkeit). Mittäterschaft kommt ferner dann nicht in Frage, wenn der Tatbestand ein bestimmtes rechtliches Merkmal beim Täter voraussetzt und dieses bei dem betreffenden Beteiligten nicht vorliegt, wie die Inhaberschaft des Gewahrsams bei der Unterschlagung (RG 59, 79 [81]; BGH 2, 317 [318]), der Wille, über das Geschenk für eigene Zwecke zu verfügen, bei der Bestechlichkeit (BGH 14, 123 [127]), die eigene Unfallbeteiligung beim Sichentfernen vom Unfallort (BGH 15, 1 [3]), die Eigennützigkeit beim Handeltreiben mit Betäubungsmitteln (BGH NJW 1986, 2584). Dagegen kann Mittäter einer Steuerhinterziehung auch sein, wer selbst nicht Steuerschuldner ist (BGH NStZ 1986, 463). Auch die subjektiven Tatbestandsmerkmale wie die Zueignungsabsicht beim Diebstahl und Raub oder die Vorteilsabsicht bei der Hehlerei müssen bei jedem Beteiligten vorliegen, der als Mittäter angesehen werden soll (BGH NJW 1987, 77; GA 1986, 417; OLG Hamburg MDR 1975, 772). Die gemeinsame strafrechtliche Verantwortlichkeit der Mittäter reicht aber nur so weit, wie der

---

[9] Vgl. *Blei,* Allg. Teil S. 282; *Dreher / Tröndle,* § 25 Rdn. 5; *Lackner,* § 25 Anm. 2c; *Schmidhäuser,* Allg. Teil S. 513; *Stratenwerth,* Allg. Teil I Rdn. 828.

[10] So BGH VRS 18, 415 (421f.); *Baumann / Weber,* Allg. Teil S. 527f.; *Bindokat,* JZ 1979, 434; *Dreher / Tröndle,* § 25 Rdn. 5; *v. Liszt / Schmidt,* S. 337; *LK (Roxin)* § 25 Rdn. 156; *Maurach / Gössel / Zipf,* Allg. Teil II S. 268; *Schönke / Schröder / Cramer,* § 25 Rdn. 101; *SK (Samson)* § 25 Rdn. 54, 41.

[11] Dagegen treten für die Möglichkeit fahrlässiger Mittäterschaft ein: *Berolzheimer,* Teilnahme S. 49; *Exner,* Frank-Festgabe Bd. I S. 572; *Frank,* § 47 Anm. III; *Kohlrausch / Lange,* § 47 Anm. III; *Mezger,* Moderne Wege S. 32; *Zimmerl,* Lehre vom Tatbestand S. 107; *Schmidhäuser,* Allg. Teil S. 515.

[12] Einhellige Meinung; vgl. *Baumann / Weber,* Allg. Teil S. 528; *Blei,* Allg. Teil S. 275; *Bokkelmann / Volk,* Allg. Teil S. 189f.; *Dreher / Tröndle,* § 25 Rdn. 6; *Lackner,* § 25 Anm. 2b; *LK (Roxin)* § 25 Rdn. 114; *Schönke / Schröder / Cramer,* § 25 Rdn. 81; *SK (Samson)* § 25 Rdn. 49; *Wessels,* Allg. Teil S. 150.

gemeinsame Tatentschluß geht. Handlungen einzelner Beteiligter, die darüber hinausführen (**Exzeß**), können nur diesen als Alleintätern zur Last gelegt werden[13]. Dabei werden freilich Handlungen einbezogen, mit denen nach den Umständen gerechnet werden muß (BGH GA 1985, 270).

Beispiele: Ein Mittäter tötet das Opfer, obwohl nur eine Körperverletzung verabredet war (RG 44, 321 [324]), er verwendet zur Körperverletzung ein Messer (§ 223 a), während nur ein Faustkampf stattfinden sollte (RG 67, 367 [369]). Unterschlagen werden von den Mittätern andere Gegenstände als vereinbart war (RG 57, 307). Ein Mittäter begeht einen Raub, während nur eine Nötigung geplant war (BGH GA 1968, 121). Ein Mittäter beim Raub tötet das Opfer, das nur betäubt werden sollte (BGH NJW 1973, 377).

Unwesentliche Abweichungen im Kausalverlauf kommen aber auch hier keinem der Beteiligten zugute. Ein Exzeß kann auch während der Tat stillschweigend in den gemeinsamen Tatentschluß einbezogen werden (BGH *Dallinger* MDR 1971, 545).

Bei erfolgsqualifizierten Delikten trifft die Strafschärfung nur denjenigen Beteiligten, dem selbst Fahrlässigkeit hinsichtlich der schweren Folge zur Last fällt (§ 18)[14].

II. Der gemeinsame Tatentschluß

1. Die **notwendige subjektive Komponente** der Mittäterschaft ist der **gemeinsame Tatentschluß**. Die gegenseitige Zurechenbarkeit der Tatbeiträge wird allein dadurch gerechtfertigt. Ein einseitiges Einverständnis genügt nicht, vielmehr müssen „alle in bewußtem und gewolltem Zusammenwirken handeln" (RG 8, 42 [44]; BGH 6, 248 [249]). In der Willensübereinstimmung muß die Rollenverteilung festgelegt sein, durch die der gemeinschaftlich angestrebte Erfolg mit vereinten Kräften erreicht werden soll (BGH 24, 286 [288]). Die Art der Rollenverteilung muß ferner ergeben, daß die Verantwortung für die Ausführung der Tat auf den Schultern aller Beteiligten ruht[15].

Das Einverständnis kann freilich auch stillschweigend oder durch schlüssiges Handeln hergestellt werden (RG 49, 239 [241]; OGH 2, 352 [355]). Die Mittäter brauchen sich nicht einmal gegenseitig zu kennen, „sofern sich jeder nur bewußt ist, daß neben ihm noch ein anderer oder andere mitwirken und diese von dem gleichen Bewußtsein erfüllt sind" (RG 58, 279)[16].

2. Das Einverständnis der Beteiligten wird in der Regel *vor* Beginn der Tat hergestellt werden *(Komplott).* Doch kann ein Mittäter auch *während* der Tat bis zu deren Beendigung (vgl. oben § 49 III 3) hinzutreten (zur Beendigung insbesondere BGH 2, 344 [345]; BGH GA 1966, 210; JZ 1981, 596 mit abl. Anm. *Küper,* JZ 1981, 568)[17] und ist dann für die ihm bekannten, von den anderen Beteiligten begangenen Tatanteile mitverantwortlich, soweit sie ihm zustatten kommen und er sie durch sein Eintreten gefördert hat *(sukzessive Mittäterschaft)*[18].

---

[13] Einhellige Meinung; vgl. *Baumann / Weber,* Allg. Teil S. 541; *Bockelmann / Volk,* Allg. Teil S. 190f.; *Dreher / Tröndle,* § 25 Rdn. 8a; *LK (Roxin)* § 25 Rdn. 121; *Maurach / Gössel / Zipf,* Allg. Teil II S. 259; *Schönke / Schröder / Cramer,* § 25 Rdn. 93; *SK (Samson)* § 25 Rdn. 51; *Wessels,* Allg. Teil S. 151.

[14] Vgl. *Maurach / Gössel / Zipf,* Allg. Teil II S. 260; *LK (Roxin)* § 25 Rdn. 122; *Jakobs,* Allg. Teil S. 513; *Oehler,* GA 1954, 37; *Schönke / Schröder / Cramer,* § 18 Rdn. 7.

[15] Vgl. *Maurach / Gössel / Zipf,* Allg. Teil II S. 256ff.; *Schönke / Schröder / Cramer,* § 25 Rdn. 70ff.; *Stratenwerth,* Allg. Teil I Rdn. 810ff.; *Welzel,* Lehrbuch S. 107.

[16] Dagegen wird der gemeinsame Tatentschluß bei *Jakobs,* Allg. Teil S. 512 zu Unrecht durch den einseitigen „Einpassungsentschluß" ersetzt.

[17] Vgl. eingehend und kritisch zur Rechtsprechung *Gössel,* Jescheck-Festschrift Bd. I S. 537ff. mit einschränkendem Ergebnis S. 552ff.; ferner *Baumann / Weber,* Allg. Teil S. 540; *Furtner,* JR 1960, 367; *Maurach / Gössel / Zipf,* Allg. Teil II S. 263; *Dreher / Tröndle,* § 25 Rdn. 9; *Kühl,* JuS 1982, 189f.

II. Der gemeinsame Tatentschluß

Die Frage hat durch die Umgestaltung des § 243 einen Teil ihrer Bedeutung verloren, da die Annahme eines besonders schweren Falls des Diebstahls bei dem hinzutretenden Täter unabhängig davon ist, ob man ihn als Mittäter ansieht. Früher galt dagegen folgendes: Wenn A nach dem Aufbrechen eines Kiosks durch B hinzutrat und mit diesem gemeinschaftlich die darin vorgefundenen Waren entwendete, war auch A wegen Einbruchsdiebstahls (§ 243 I Nr. 2 a. F.) zu bestrafen (BGH 2, 344 [346] m. zust. Anm. *Niese*, NJW 1952, 1146; BGH GA 1966, 210; OGH 2, 209 [210]). So früher schon für die Beihilfe RG 52, 202, anders jedoch für die Mittäterschaft RG Rspr. 8, 80 (82). Ablehnend auch OLG Frankfurt NJW 1969, 1915. Handlungen, die eine selbständige Straftat begründen und beim Eintritt bereits abgeschlossen sind, belasten den später hinzutretenden Mittäter jedoch nicht (BGH *Dallinger* MDR 1969, 533). Auch bei sukzessiver Mittäterschaft muß die Tat durch den neuen Beitrag gefördert worden sein (BGH *Dallinger* MDR 1975, 365f.; BGH NStZ 1985, 215). Eindeutig jetzt BGH GA 1986, 229: beim Raubüberfall auf eine Tankstelle ist Mittäter auch für die an sich nicht geplante Körperverletzung des Opfers, wer, ohne daran mitzuwirken, am Tatort verbleibt und dadurch eine psychische, die Körperverletzung fördernde Wirkung erzielt. Bei späterer Erweiterung des Tatplans muß aber gegenseitiges Einverständnis vorliegen (BGH StV 1985, 145); ebenso zur Begründung sukzessiver Mittäterschaft (OLG Köln JR 1980, 422 [423] m. Anm. *Beulke*).

3. Wenn mehrere Personen den tatbestandsmäßigen Erfolg gemeinschaftlich herbeiführen, ohne durch einen gemeinsamen Tatentschluß verbunden zu sein, liegt **Nebentäterschaft** vor[19]. Sie ist selten bei Vorsatztaten, häufig dagegen bei der *Fahrlässigkeit*, weil fahrlässiges Zusammenwirken mehrerer eine alltägliche Erscheinung ist und Mittäterschaft hier nicht in Frage kommt (vgl. oben § 63 I 3 a).

Beispiele: Zwei Wilderer schießen unabhängig voneinander auf den Förster (RG 8, 42 [44]). Mutter und Tochter töten ohne Verabredung durch selbständige Tatbeiträge den Ehemann und Stiefvater (BGH NJW 1966, 1823). Zum Abschluß eines Kegelabends veranstalten A und B auf Vorschlag des X eine Wettfahrt zu dritt auf Motorrädern, bei der der betrunkene X durch eigenes Verschulden ums Leben kommt. A und B sind hier beide wegen fahrlässiger Tötung verantwortlich, weil sie sich auf die Wettfahrt mit dem Betrunkenen eingelassen haben (nach BGH 7, 112). Entsprechendes gilt für Gast und Gastwirt, wenn dieser dem schon Fahruntüchtigen weiter zu trinken gibt und jener auf der Heimfahrt einen tödlichen Unfall verursacht (BGH 4, 20 [21]), oder wenn ein Unfall auf die Unachtsamkeit zweier Fahrer zurückzuführen ist (BGH VRS 28, 202; BayObLG NJW 1960, 1964).

Auch die *Ausnutzung fahrlässigen Verhaltens* durch eine voll verantwortliche Person zu einer Vorsatztat ist Nebentäterschaft.

Der Begriff der Nebentäterschaft hat nur Sinn als zusammenfassende Bezeichnung für alle Erscheinungsformen, die Gegenstück der Mittäterschaft sind. Dogmatisch hat er keinen eigenständigen Wert, da es sich nur um ein zufälliges Zusammentreffen mehrerer Fälle von Alleintäterschaft handelt[20]. Das Problem der Nebentäterschaft liegt bei der Frage nach der Kausalität der verschiedenen Tatbeiträge für einen gemeinsam herbeigeführten Erfolg (vgl. oben § 28 II 5)[21].

---

[18] Gegen sukzessive Mittäterschaft, wenn der Beitretende nicht selbst die von den anderen Beteiligten verwirklichten Tatteile noch mit bewirkt hat, zu Recht *Eser*, Strafrecht II Nr. 40 A Rdn. 16ff.; *Herzberg*, Täterschaft S. 153; *LK (Roxin)* § 25 Rdn. 136; *Roxin*, Täterschaft und Tatherrschaft S. 289f.; *Schmidhäuser*, Allg. Teil S. 510; *Stratenwerth*, Allg. Teil I Rdn. 818ff.; *SK (Samson)* § 25 Rdn. 48; *Schönke/Schröder/Cramer*, § 25 Rdn. 91; *Wessels*, Allg. Teil S. 149.

[19] Vgl. näher *Baumann/Weber*, Allg. Teil S. 525; *LK (Roxin)* § 25 Rdn. 160f.; *Fincke*, GA 1975, 164ff. (Darstellung der Fallgruppen); *Maurach/Gössel/Zipf*, Allg. Teil II S. 264f.; *Stratenwerth*, Allg. Teil I Rdn. 830ff.; *Schönke/Schröder/Cramer*, § 25 Rdn. 100; *Wessels*, Allg. Teil S. 148; *Schmidhäuser*, Allg. Teil S. 517.

[20] Ebenso *Fincke*, GA 1975, 176; *SK (Samson)* § 25 Rdn. 56.

[21] Vgl. *Kion*, JuS 1967, 499.

III. Die gemeinschaftliche Tatausführung

1. Nach § 25 II verlangt die Mittäterschaft gemeinschaftliche Tatausführung. Jeder Beteiligte, der als Mittäter angesehen werden soll, muß daher einen **objektiven Tatbeitrag** leisten. Die Frage, was man unter einem solchen zu verstehen hat, ist jedoch umstritten. Nach der **Tatherrschaftslehre** müssen alle Mittäter an der Ausübung der Tatherrschaft beteiligt sein *(funktionelle Tatherrschaft)*. Diese Voraussetzung ist jedenfalls immer dann gegeben, wenn jeder der Beteiligten aufgrund des gemeinsamen Tatentschlusses in eigenhändiger und voll verantwortlicher Weise ein Tatbestandsmerkmal verwirklicht (vgl. oben § 61 V 2). Keiner braucht jedoch in seiner Person allein alle Tatbestandsmerkmale zu erfüllen, da jedem die Tatbeiträge der anderen Beteiligten aufgrund und im Rahmen des gemeinsamen Tatentschlusses als eigene Handlung zugerechnet werden. Daraus folgt, daß bei *mehraktigen Delikten* (vgl. oben § 26 II 5) für die Annahme von Mittäterschaft die Vornahme *eines* Tatteils genügt[22].

Beispiel: Bei einer Vergewaltigung (§ 177), bei der einer der Beteiligten die Gewalt anwendet, während der andere den Geschlechtsverkehr ausführt, sind beide Mittäter (BGH 27, 205 [206]; BGH NStZ 1985, 70).

Die Tatherrschaft ist jedoch auf Fälle eigenhändiger Begehung einer tatbestandsmäßigen Handlung nicht beschränkt. Vielmehr kann der Ablauf des Gesamtplans eine *Rollenverteilung* notwendig oder zweckmäßig machen, die den einzelnen Beteiligten auch Tatbeiträge außerhalb des gesetzlichen Tatbestandes zuweist und die Ausführung der Tat von der auf diese Weise festgelegten Zusammenarbeit abhängig macht (vgl. oben § 61 V 3 b)[23]. Verlangt wird jedoch mindestens ein die Tat fördernder Beitrag (BGH NStZ 1985, 165). Auf die persönliche Anwesenheit am Tatort kommt es dabei allerdings nicht unbedingt an (RG 54, 152 [153]; OLG Düsseldorf MDR 1963, 521).

Beispiele: Bei einem Bankraub wird so vorgegangen, daß ein Beteiligter im Kraftwagen mit laufendem Motor wartet, ein anderer die Alarmanlage ausschaltet, ein dritter den Ausgang sichert, ein vierter das Kassenpersonal mit der Pistole in Schach hält und ein fünfter die Beute zusammenrafft. Alle sind Mittäter nach §§ 25 II, 250 I Nr. 1, obwohl nur der vierte und fünfte ein Tatbestandsmerkmal erfüllen. Gehilfe ist jedoch, wer nur als Fahrer gegen festes Entgelt beim Diebstahl mitwirkt (BGH StV 1983, 50) oder die Drogen aus dem Ausland antransportiert, ohne an der Einfuhr und dem Absatz beteiligt zu sein (BGH JZ 1985, 100). Vgl. auch RG 55, 60 über einen Fall von gemeinschaftlichem Hausfriedensbruch.

Jeder Tatbeitrag muß jedoch ein *Teilstück der Tatausführung* sein. Eine Mitwirkung bei der Vorbereitung der Tat genügt allein nicht, weil damit noch kein Anteil an der Tatherrschaft übernommen wird[24]. Wer aber die Planung und Organisation der Tat übernimmt, gestaltet den Ablauf und hat damit teil an der Tatherrschaft (RG DJ 1940, 629; BGH 33, 50 [53]; BGH NStZ 1982, 27)[25]. Die Lieferung von Waffen oder

---

[22] Vgl. *Schönke / Schröder / Cramer,* § 25 Rdn. 65.

[23] Vgl. *Roxin,* Täterschaft und Tatherrschaft S. 277 ff.; *Kohlrausch / Lange,* § 47 Anm. I 1; *Lackner,* § 25 Anm. 2 b bb; *LK (Roxin)* § 25 Rdn. 128; *Stratenwerth,* Allg. Teil I Rdn. 823; *Welzel,* Lehrbuch S. 110 f.; *Schmidhäuser,* Allg. Teil S. 509; *SK (Samson)* § 25 Rdn. 47; *Wessels,* Allg. Teil S. 148 f.

[24] Vgl. *Roxin,* Täterschaft und Tatherrschaft S. 292 ff.; *Gallas,* Materialien Bd. I S. 113; *Gimbernat Ordeig,* ZStW 80 (1968) S. 928; *Herzberg,* Täterschaft S. 66; *Rudolphi,* Bockelmann-Festschrift S. 369; *Bloy,* Beteiligungsform S. 196 ff.; wohl auch *Schmidhäuser,* Allg. Teil S. 509; *Stratenwerth,* Allg. Teil I Rdn. 824. Dagegen aber die st. Rspr. (BGH 14, 123 [128]; 16, 12 [14]; 28, 346 [348]; BGH NJW 1951, 410; OLG Köln JR 1980, 422) und ein erheblicher Teil der Lehre (vgl. unten Fußnote 26).

[25] So *Maurach / Gössel / Zipf,* Allg. Teil II S. 255; *Welzel,* Lehrbuch S. 110 f.; *Stratenwerth,* Allg. Teil I Rdn. 824, während *Roxin,* Täterschaft und Tatherrschaft S. 299 Leitung oder Absi-

Diebeswerkzeug ist dagegen nur Beihilfe. Wer an der Tatherrschaft teilhat, kann sich nicht darauf berufen, daß er in Wirklichkeit nur Gehilfenvorsatz gehabt habe (anders RG 74, 84; BGH 18, 87).

2. Nach der **subjektiven Teilnahmetheorie**, der vor allem die Rechtsprechung folgt, genügt es dagegen zur Annahme von Mittäterschaft bereits, wenn ein Beteiligter mit Täterwillen *irgendeinen* kausalen Tatbeitrag leistet, mag es sich dabei auch sachlich nur um Planung, Vorbereitung, Anstiftung oder Unterstützung handeln (vgl. oben § 63 I 1 b)[26].

Zur Begründung der Ausdehnung der täterschaftlichen Mitverantwortung auf Personen, die selbst nur im Vorfeld oder am Rande des Tatbestandes tätig geworden sind, wird darauf verwiesen, daß die Mittäterschaft als *Sonderfall der mittelbaren Täterschaft* zu verstehen sei. Weil jeder Tatbeitrag jedem Beteiligten als eigene Tat zugerechnet wird, komme es auf das eigene tatbestandsmäßige Handeln nicht an (RG 63, 101 [103]; 66, 236 [240]; 71, 23 [24])[27]. Dieses Argument ist jedoch nicht stichhaltig, da es bei der Mittäterschaft an der für die mittelbare Täterschaft charakteristischen alleinigen Tatherrschaft des Hintermanns gerade fehlt[28].

IV. Versuch und Unterlassung bei der Mittäterschaft

1. **Mittäterschaft an versuchter Tat** liegt infolge der unmittelbaren Zurechnung für alle Beteiligten schon dann vor, wenn einer der Mittäter im Rahmen des gemeinsamen Tatentschlusses zur Verwirklichung des Tatbestandes ansetzt (§ 22) (sog. *Gesamtlösung*). Mittäterschaft setzt freilich auch hier voraus, daß die anderen Beteiligten nach der im gemeinsamen Tatentschluß festgelegten Rollenverteilung Tatbeiträge übernommen haben, die sie an der Tatherrschaft beteiligt hätten und die zur Ergänzung der begangenen Versuchshandlung zu leisten gewesen wären[29].

Beispiel: Ein Mittäter sollte die Urkundenfälschung vornehmen, der andere die Falschurkunde im Rechtsverkehr gebrauchen. Wenn der eine mit der Fälschungshandlung begonnen hat, ist auch der andere wegen versuchter Urkundenfälschung (§ 267) verantwortlich (nach RG 58, 279). Vgl. auch den eigenartigen Versuchsfall BGH 11, 268; ferner BGH NJW 1980, 1759 und NStZ 1981, 99.

Über den *Rücktritt vom Versuch* bei der Mittäterschaft vgl. oben § 51 VI 3.

2. Auch bei **Unterlassungsdelikten** kommt Mittäterschaft in Betracht[30]. Mittäterschaft wird einmal dann angenommen, wenn einer der Beteiligten einen Tatbeitrag durch positives Tun leistet, während der andere es entgegen einer Rechtspflicht unter-

---

cherung am Tatort oder doch wenigstens eine Verbindung während der Tatausführung verlangt; so auch *LK (Roxin)* § 25 Rdn. 129 f.

[26] So *Baumann / Weber*, Allg. Teil S. 531 f., 536; *Dreher / Tröndle*, § 25 Rdn. 7; *Jakobs*, Allg. Teil S. 514; *Maurach / Gössel / Zipf*, Allg. Teil II S. 254; *LK⁹ (Busch)* § 47 Rdn. 20 f.; *Schönke / Schröder / Cramer*, § 25 Rdn. 66.

[27] Vgl. *Kohlrausch / Lange*, Vorbem. I C vor § 47.

[28] Vgl. dazu *Schroeder*, Der Täter hinter dem Täter S. 100 ff.; *Roxin*, Täterschaft und Tatherrschaft S. 276.

[29] So die h. L.; vgl. *Baumann*, JuS 1963, 86 f.; *Dreher / Tröndle*, § 22 Rdn. 18; *Jakobs*, Allg. Teil S. 521; *Otto*, JA 1980, 646; *Küper*, Versuchsbeginn S. 69; *LK (Vogler)* § 22 Rdn. 88 ff.; *LK (Roxin)* § 25 Rdn. 88 f.; *Maurach / Gössel / Zipf*, Allg. Teil II S. 267; *Schmidhäuser*, Allg. Teil S. 616; *Schönke / Schröder / Eser*, § 22 Rdn. 54; *SK (Samson)* § 25 Rdn. 55; *Welzel*, Lehrbuch S. 191; *Wessels*, Allg. Teil S. 176. Die Gegenposition vertritt *Schilling*, Verbrechensversuch S. 104, der für jeden Mittäter den Versuch erst mit seinem eigenen Tatbeitrag beginnen läßt (sog. *Einzellösung);* ebenso *Rudolphi*, Bockelmann-Festschrift S. 383 ff.; *Bloy*, Beteiligungsform S. 264 ff.; *Maria da Conceição Valdágua*, ZStW 98 (1986) S. 870 ff. (mit eingehender Begründung).

[30] Zum ganzen eingehend *Sowada*, Jura 1986, 399 ff.

läßt, ihn daran zu hindern (OGH 3, 1 [4]; BGH NJW 1966, 1763) (vgl. oben § 60 III 1). Doch entspricht es der Tatherrschaftslehre besser, den Unterlassenden in diesem Falle als Gehilfen anzusehen, weil er sich gegenüber dem aktiven Täter in der Regel in einer untergeordneten Stellung befindet (BGH NStZ 1985, 24; BayObLG VRS 60, 188 [189]) (vgl. unten § 64 IV 5). Mittäterschaft ist dagegen die Unterlassung der Erfolgsabwendung entgegen einer mehrere Personen gemeinschaftlich treffenden Rechtspflicht zum Handeln (RG 66, 71: Vater und Mutter unterlassen gemeinsam die Versorgung des neugeborenen nichtehelichen Kindes)[31]. Doch braucht hier die für die Mittäterschaft charakteristische gegenseitige Zurechnung der Tatbeiträge gar nicht stattzufinden, da jeder Unterlassungstäter als Garant ohnehin für den ganzen Erfolg verantwortlich ist. Der eigentliche Fall der Mittäterschaft liegt nur dann vor, wenn die gemeinschaftliche Pflicht nur gemeinsam erfüllt werden kann (z. B. die Einkommensteuererklärung zusammen veranlagter Ehegatten)[32]. Fehlt es an einer gemeinschaftlichen Pflicht, so kann gleichwohl Mittäterschaft gegeben sein, wenn sich nämlich mehrere in der gleichen tatbestandsmäßigen Situation Handlungspflichtige gemeinschaftlich entschließen, nicht tätig zu werden, z. B. mehrere Unfallbeteiligte, die einen Verletzten ins Krankenhaus gebracht haben, vereinbaren, sich nicht zu melden (§ 142 II)[33].

V. Die Bestrafung der Mittäterschaft

Jeder Mittäter wird nach dem für ihn zutreffenden Strafgesetz **als Täter bestraft** (§ 25 II). Ist einer der Beteiligten unerkennbar geisteskrank, so berührt das die Strafbarkeit der anderen Mittäter nicht, da auch hier die Regel gilt, daß jeder nach seiner Schuld bestraft wird (§ 29)[34]. Strafschärfende oder strafmildernde persönliche Merkmale sind nur demjenigen Beteiligten zuzurechnen, bei dem sie vorliegen (§ 28 II), ohne daß dadurch das Verhältnis der Mittäterschaft in Frage gestellt würde (bei gemeinschaftlicher gefährlicher Körperverletzung durch einen Amtsträger und einen Nichtqualifizierten ist der erstere nach § 340, der letztere nach § 223a zu bestrafen)[35]. Auch Anstiftung und Beihilfe können in Mittäterschaft begangen werden (RG 71, 23) und sind dann nach § 26 bzw. § 27 II strafbar[36].

§ 64 Anstiftung und Beihilfe

Backmann, Die Rechtsfolgen der aberratio ictus, JuS 1971, 113; *Baumann,* Nichthinderung einer Selbsttötung, JZ 1987, 131; *Bemmann,* Zum Fall Rose-Rosahl, MDR 1958, 817; *derselbe,* Die Umstimmung des Tatentschlossenen usw., Festschrift für W. Gallas, 1973, S. 273; *Bindokat,* Fahrlässige Beihilfe, JZ 1986, 421; *Bohne,* Kuppelei, Festgabe für R. v. Frank, Bd. II, 1930, S. 440; *Bringewat,* Die Strafbarkeit der Beteiligung an fremder Selbsttötung, ZStW 87 (1975) S. 801; *Bruns,* Anmerkung zu BGH 26, 53, JR 1975, 510; *derselbe,* Zur Frage der Folgen

---

[31] Vgl. *Dreher / Tröndle,* § 25 Rdn. 7a; *Maurach / Gössel / Zipf,* Allg. Teil II S. 365f.; *LK (Roxin)* § 25 Rdn. 147 (Unterlassungsdelikte als Pflichtdelikte); *Busse,* Unterlassungsdelikte S. 312ff.; *Stratenwerth,* Allg. Teil I Rdn. 1067ff.

[32] Die Möglichkeit einer „Unterlassungsmittäterschaft" wird geleugnet von *Grünwald,* GA 1959, 111; *Armin Kaufmann,* Unterlassungsdelikte S. 189; *Welzel,* Lehrbuch S. 206, weil es keinen Unterlassungsvorsatz gebe. Dagegen zutreffend *Maurach / Gössel / Zipf,* Allg. Teil II S. 265f.; *Roxin,* Täterschaft und Tatherrschaft S. 469f.

[33] So *Schmidhäuser,* Allg. Teil S. 705.

[34] Vgl. *Maurach / Gössel / Zipf,* Allg. Teil II S. 269f.; *LK (Roxin)* § 25 Rdn. 117; *Roxin,* Täterschaft und Tatherrschaft S. 288f.

[35] Vgl. *Baumann,* JuS 1963, 86; *Maurach / Gössel / Zipf,* Allg. Teil II S. 270; *Stratenwerth,* Allg. Teil I Rdn. 827ff.

[36] Vgl. *LK (Roxin)* § 25 Rdn. 118.

§ 64 Anstiftung und Beihilfe

tatprovozierenden Verhaltens polizeilicher Lockspitzel, Stv 1984, 388; *derselbe,* Über die Unterschreitung der Schuldrahmengrenze usw., MDR 1987, 177; *Claß,* Die Kausalität der Beihilfe, Festschrift für U. Stock, 1966, S. 115; *Coenders,* Über die objektive Natur der Beihilfe, ZStW 46 (1925) S. 1; *Cramer,* Anmerkung zu BGH 19, 339, JZ 1965, 31; *Dreher,* Kausalität der Beihilfe, MDR 1972, 553; *derselbe,* Der Paragraph mit dem Januskopf, Festschrift für W. Gallas, 1973, S. 307; *Engisch,* Das Problem der psychischen Kausalität beim Betrug, Festschrift für H. v. Weber, 1963, S. 247; *Esser,* Die Bedeutung des Schuldteilnahmebegriffs im Strafrechtssystem, GA 1958, 321; *Freudenthal,* Die notwendige Teilnahme am Verbrechen, Strafr. Abh. Heft 37, 1901; *Gallas,* Anmerkung zu RG 71, 193, ZAK 1937, 438; *derselbe,* Anmerkung zu BGH 8, 137, JR 1956, 226; *Geilen,* Suizid und Mitverantwortung, JZ 1974, 145; *Gössel,* Dogmatische Überlegungen zur Teilnahme am erfolgsqualifizierten Delikt usw., Festschrift für R. Lange, 1976, S. 219; *Grünwald,* Die Beteiligung durch Unterlassen, GA 1959, 110; *derselbe,* Der praktische Fall, JuS 1965, 311; *Hanack / Sasse,* Zur Anwendung des § 56 StGB auf den Teilnehmer, DRiZ 1954, 216; *Heilborn,* Der agent provocateur, 1901; *Herzberg,* Anstiftung und Beihilfe als Straftatbestände, GA 1971, 1; *derselbe,* Zum strafrechtlichen Schutz des Selbstmordgefährdeten, JZ 1986, 1021; *Hillenkamp,* Die Bedeutung von Vorsatzkonkretisierungen bei abweichendem Tatverlauf, 1971; *derselbe,* Anmerkung zu OLG Celle vom 13.1.1987, JR 1987, 254; *Hruschka,* Alternativfeststellung zwischen Anstiftung und sog. psychischer Beihilfe, JR 1983, 177; *Isenbeck,* Beendigung der Tat bei Raub und Diebstahl, NJW 1965, 2326; *Kielwein,* Unterlassung und Teilnahme, GA 1955, 223; *Kohlrausch,* Anmerkung zu RG 72, 373, ZAK 1939, 245; *Kratzsch,* Recht – mit zweierlei Maß? JR 1975, 102; *Kühl,* Die Beendigung des vorsätzlichen Begehungsdelikts, 1974; *Küper,* Der „agent provocateur" im Strafrecht, GA 1974, 321; *Lange,* Die notwendige Teilnahme, 1940; *derselbe,* Die Schuld des Teilnehmers, insbesondere bei Tötungs- und Wirtschaftsverbrechen, JR 1949, 165; *Leß,* Der Unrechtscharakter der Anstiftung, ZStW 69 (1957) S. 43; *Loewenstein,* Error in obiecto und aberratio ictus, JuS 1966, 314; *Lüderssen,* Zum Strafgrund der Teilnahme, 1967; *derselbe,* Verbrechensprophylaxe durch Verbrechensprovokation? Festschrift für K. Peters, 1974, S. 349; *derselbe,* Die V-Leute-Problematik usw., Jura 1985, 113; *Martin,* Beihilfe zur Anstiftung, DRiZ 1955, 290; *Maurach,* Beihilfe zum Meineid durch Unterlassung, DStr 1944, 1; *derselbe,* Zur neueren Judikatur über Meineidsbeihilfe durch Unterlassen, SJZ 1949, 541; *D. Meyer,* Das Erfordernis der Kollusion bei der Anstiftung, Diss. Hamburg 1973; *derselbe,* Zum Problem der Kettenanstiftung, JuS 1973, 755; *derselbe,* Anstiftung durch Unterlassen? MDR 1975, 982; *J. Meyer,* Zur V-Mann-Problematik aus rechtsvergleichender Sicht, Festschrift für H.-H. Jescheck, Bd. II, 1985, S. 1311; *Maria-Katharina Meyer,* Tatbegriff und Teilnehmerdelikt, GA 1979, 252; *Montenbruck,* Abweichung der Teilnehmervorstellung von der verwirklichten Tat, ZStW 84 (1972) S. 323; *Müller-Dietz / Backmann,* Der praktische Fall, JuS 1971, 412; *Nagler,* Die Teilnahme am Sonderverbrechen, 1903; *derselbe,* Die Neuordnung der Strafbarkeit von Versuch und Beihilfe, GS 115 (1941) S. 24; *Oehler,* Das erfolgsqualifizierte Delikt und die Teilnahme an ihm, GA 1954, 33; *Ostendorf / Meyer-Seitz,* Die strafrechtlichen Grenzen des polizeilichen Lockspitzeleinsatzes, Stv 1985, 73; *Otto,* Straflose Teilnahme, Festschrift für R. Lange, 1976, S. 197; *derselbe,* Anstiftung und Beihilfe, JuS 1982, 557; *Plate,* Zur Strafbarkeit des agent provocateur, ZStW 84 (1972) S. 294; *Ingeborg Puppe,* Der Erfolg und seine kausale Erklärung, ZStW 92 (1980) S. 363; *dieselbe,* Zurechnung und Wahrscheinlichkeit, ZStW 95 (1983) S. 286; *dieselbe,* Der objektive Tatbestand der Anstiftung, GA 1984, 101; *Ranft,* Garantiepflichtwidriges Unterlassen der Deliktshinderung, ZStW 94 (1982) S. 815; *derselbe,* Das garantiepflichtwidrige Unterlassen der Taterschwerung, ZStW 97 (1985) S. 268; *Rogall,* Die verschiedenen Formen des Veranlassens fremder Straftaten, GA 1979, 11; *Roxin,* Die Strafbarkeit von Vorstufen der Beteiligung, JA 1979, 169; *derselbe,* Anmerkung zu BGH 34, 63, JZ 1986, 906; *Roxin / Schünemann / Haffke,* Strafrechtliche Klausurenlehre, 4. Aufl. 1982; *Rudolphi,* Anmerkung zu BGH vom 17.5.1982, Stv 1982, 518; *derselbe,* Die zeitlichen Grenzen der sukzessiven Beihilfe, Festschrift für H.-H. Jescheck, Bd. I, 1985, S. 559; *Salomon,* Vollendete und versuchte Beihilfe, Diss. Göttingen 1968; *Samson,* Hypothetische Kausalverläufe im Strafrecht, 1972; *derselbe,* Die Kausalität der Beihilfe, Festschrift für K. Peters, 1974, S. 121 ff.; *Sax,* Über Rechtsbegriffe, Festschrift für H. Nottarp, 1961, S. 133; *derselbe,* Zur Problematik des „Teilnehmerdelikts", ZStW 90 (1978) S. 927; *Schaffstein,* Rechtswidrigkeit und Schuld im Aufbau des neuen Strafrechtssystems, ZStW 57 (1938) S. 295; *derselbe,* Die Risikoerhöhung als objektives Zurechnungsprinzip im Strafrecht usw., Festschrift für R. Honig, 1970, S. 169; *Schmidhäuser,* Selbstmord und Beteiligung am Selbstmord usw., Festschrift für H. Welzel, 1974, S. 801; *Schumann,* Strafrechtliches Handlungsunrecht und das Prinzip der Selbstverantwortung, 1986; *derselbe,* Verfahrenshindernis bei Einsatz von V-Leuten? JZ 1986, 66; *Schünemann,* Der polizeiliche

Lockspitzel, Stv 1985, 424; *Schwind*, Grundfälle der „Kettenteilnahme", MDR 1969, 13; *Seebald*, Teilnahme am erfolgsqualifizierten und am fahrlässigen Delikt, GA 1964, 161; *Sieber*, Die Abgrenzung von Tun und Unterlassen bei der „passiven" Gesprächsteilnahme, JZ 1983, 431; *Sommer*, Verselbständigte Beihilfehandlungen usw., JR 1986, 485; *derselbe*, Das tatbestandslose Tatverhalten des agent provocateur, JR 1986, 485; *Spendel*, Beihilfe und Kausalität, Festschrift für E. Dreher, 1977, S. 167; *Erika Stork*, Anstiftung eines Tatentschlossenen zu einer vom ursprünglichen Tatplan abweichenden Tat, Diss. Münster 1969; *Stratenwerth*, Der agent provocateur, MDR 1953, 717; *Stree*, Bestimmung eines Tatentschlossenen zur Tatänderung, Festschrift für E. Heinitz, 1972, S. 277; *derselbe*, Begünstigung, Strafvereitelung und Hehlerei, JuS 1976, 137; *Tiedemann / Sieber*, Die Verwertung des Wissens von V-Leuten im Strafverfahren, NJW 1984, 753; *Trechsel*, Der Strafgrund der Teilnahme, 1967; *Vogler*, Zur Frage der Ursächlichkeit der Beihilfe usw., Festschrift für E. Heinitz, 1972, S. 295; *Widmaier*, Der mißverständliche Bestechungsversuch, JuS 1970, 242; *Wolter*, Notwendige Teilnahme und straflose Beteiligung, JuS 1982, 343; *Ziege*, Die Bedeutung des § 56 StGB für Anstiftung und Beihilfe, NJW 1954, 179; *Zöller*, Die notwendige Teilnahme, Diss. Bonn 1970.

Vgl. ferner die Schrifttumsangaben vor §§ 61 - 63.

I. Der Strafgrund der Teilnahme

Anstiftung und Beihilfe sind gegenüber der Täterschaft Strafausdehnungsgründe (vgl. oben § 61 III 1). Die Strafbarkeit von Anstiftung und Beihilfe bedarf deshalb besonderer *Begründung*. Aus dem Strafgrund der Teilnahme ergibt sich, wie die Begriffe Anstiftung und Beihilfe gegenüber dem straffreien Bereich abzugrenzen sind.

1. Nach der älteren **Schuldteilnahmetheorie**[1] wird der Teilnehmer deswegen bestraft, weil er den Täter in Schuld und Strafe geführt und außerdem bei der Tat mitgewirkt hat („peccat in se et alium peccare facit")[2]. Diese Lehre ist schon deswegen nicht mehr haltbar, weil sie dem § 29 widerspricht, der Teilnahme auch an schuldloser Haupttat zuläßt[3]. Die Fälle der Teilnahme an der Tat des schuldunfähigen Täters sind zwar in der Praxis selten, da meistens mittelbare Täterschaft vorliegen wird. Doch ist auch in den Normalfällen wenigstens das *Maß* der Schuld des Teilnehmers von der des Täters ganz unabhängig, was gegen die Schuldteilnahmetheorie überhaupt spricht[4].

2. Herrschend ist heute die an der Akzessorietät der Teilnahme orientierte **Förderungs- (oder Verursachungs)theorie**[5]. Danach liegt der Strafgrund der Teilnahme

---

[1] Zur Dogmengeschichte vgl. *Lange*, Notwendige Teilnahme S. 36 ff.

[2] So *Kohlrausch*, Bumke-Festschrift S. 48; *Leß*, ZStW 69 (1957) S. 47; *H. Mayer*, Lehrbuch S. 318 ff.; *derselbe*, Rittler-Festschrift S. 254 ff.; *derselbe*, Grundriß S. 155; *Nagler*, Teilnahme am Sonderverbrechen S. 142; *Schaffstein*, ZStW 57 (1938) S. 323.

[3] *H. Mayer*, Grundriß S. 155 ff. wendet deshalb in Fällen der Teilnahme an schuldloser Haupttat die „Urhebertheorie" an, doch sollte durch § 50 I a. F. (jetzt § 29) gerade nicht die Strafbarkeit der Urheberschaft begründet werden. Eine Abwandlung der Schuldteilnahmetheorie entwickelt für das schweizerische und deutsche Recht *Trechsel*, Strafgrund S. 32, 54 f. durch die Lehre von der „sozialen Desintegration", der der Haupttäter durch den Anstifter ausgesetzt werde, während Strafgrund der Gehilfenschaft nur der kausale Beitrag zur Haupttat sei (S. 107). Auch diese Lehre scheitert jedoch am positiven Recht, da § 26 für die Bestrafung des Anstifters allein auf die Straftat des Täters und nicht darauf abstellt, inwieweit dieser durch die Folgen der Tat aus der Bahn geworfen worden ist (ebenso übrigens auch Art. 24 schweiz. StGB); vgl. dazu *SK (Samson)* Vorbem. 6 vor § 26; *Stratenwerth*, Allg. Teil I Rdn. 854.

[4] So zutreffend *Stratenwerth*, Allg. Teil I Rdn. 853; *SK (Samson)* Vorbem. 5 vor § 26; *Schönke / Schröder / Cramer*, Vorbem. 20 vor § 25.

[5] So *Baumann / Weber*, Allg. Teil S. 553 f.; *Bockelmann*, Untersuchungen S. 93 f.; *Esser*, GA 1958, 333; *Heinitz*, Berliner Festschrift zum 41. DJT S. 101; *Lange*, JR 1949, 168; *Kohlrausch / Lange*, § 48 Anm. III; *Maurach / Gössel / Zipf*, Allg. Teil II S. 283 f.; *Rudolphi*, GA 1970, 365; *Preisendanz*, Vorbem. 3 vor § 25 ; *Schönke / Schröder / Cramer*, Vorbem. 22 vor § 25; *Welzel*, Lehrbuch S. 115; *Wessels*, Allg. Teil S. 157. Diese Lehre wird bei *Stratenwerth*, Allg. Teil I Rdn. 858 durch die Betonung des *un*selbständigen Charakters des Beitrags des Teil-

darin, daß der Teilnehmer eine tatbestandsmäßige und rechtswidrige Handlung durch Erwecken des Tatvorsatzes herbeiführt oder durch Rat oder Tat unterstützt und dabei selbst schuldhaft handelt. Aus der Förderungstheorie ergibt sich, daß der Wille des Teilnehmers auf Ausführung der Haupttat gerichtet sein muß (RG 15, 315 [316]) und daß für die Haupttat Vorsatz zu verlangen ist (BGH 9, 370 [382]). Nur diese Theorie ist mit dem Gesetz vereinbar, indem sie klarstellt, daß der Teilnehmer nicht selbst die im Deliktstatbestand enthaltene Norm verletzt, sondern daß sein Unrecht darin besteht, daß er an der Normverletzung des Täters mitwirkt. Das Unrecht der Teilnehmertat muß deshalb nach Grund und Maß vom Unrecht der Haupttat abhängig sein (§§ 26, 27, 28).

3. Davon abweichend nimmt *Lüderssen*[6] selbständige, vom Unrecht der Haupttat gelöste Teilnahmetatbestände an; er geht davon aus, daß der Teilnehmer nicht für die Förderung fremder Tat, sondern für eigenes tatbestandliches Unrecht verantwortlich gemacht werde. Die Abhängigkeit der Strafbarkeit des Teilnehmers vom Vorliegen der Haupttat sei „rein faktischer Natur". Auf diese Weise wird die Akzessorietät der Teilnahme und damit auch die an den Tatbeständen des Besonderen Teils ausgerichtete Struktur von Anstiftung und Beihilfe preisgegeben. Strafbar wird damit z. B. auch die Teilnahme am Selbstmord; die Teilnahme an der unterlassenen Hilfeleistung durch positives Tun wird sogar zur Teilnahme am Tötungsverbrechen[7]. Mit dem geltenden Recht ist diese Lehre nicht vereinbar. Das gleiche Bedenken richtet sich gegen die Annahme eines nicht nur im Schuld-, sondern auch im Unrechtstatbestand selbständigen *„Teilnehmerdelikts"*, das nur aus Gründen der Strafwürdigkeit prinzipiell von einer begangenen Haupttat abhängig gemacht werde[8]. Gegen seine eigene Auffassung der Teilnahmevorschriften als „echte Deliktstatbestände" führt *Herzberg*[9] selbst mögliche Einwendungen an, die überzeugend sind. Die Beihilfe läßt sich jedenfalls als „abstraktes Gefährdungsdelikt" nach der Struktur der Teilnahmevorschriften nicht verstehen[10].

II. Die Akzessorietät von Anstiftung und Beihilfe

Die Akzessorietät der Teilnahme ist oben in § 61 VII behandelt, da sie auch für die Mittäterschaft eine Rolle spielt. Die Abhängigkeit der Anstiftung und Beihilfe von der Haupttat ist an dieser Stelle erörtert.

III. Die Anstiftung

1. **Anstiftung ist das vorsätzliche Bestimmen eines anderen zu der von ihm vorsätzlich begangenen rechtswidrigen Tat** (§ 26). Der Anstifter beschränkt sich darauf, bei dem Täter den Tatentschluß hervorzurufen, an der Tatherrschaft selbst hat er

---

nehmers zur Verwirklichung des tatbestandsmäßigen *Unrechts* durch den Täter verdeutlicht (*Unrechtsteilnahmetheorie*). Ähnlich *SK (Samson)* Vorbem. 14ff. vor § 26; *Lackner*, Vorbem. 4 vor § 25 ; *LK (Roxin)* Vorbem. 7 vor § 26; *Otto*, JuS 1982, 558 („akzessorischer Rechtsgutsangriff"). Ähnlich auch *Jakobs*, Allg. Teil S. 546 (die Verursachung der Haupttat ist eigenes Unrecht des Teilnehmers). Nicht eigentlich abweichend die Gefährdungstheorie von *Otto*, Lange-Festschrift S. 209f., da Gefährdung nichts anderes als Verursachung von Gefahr ist. Auf die „Solidarisierung mit fremdem Unrecht" stellt dagegen *Schumann*, Handlungsunrecht S. 49ff. ab, was aber mit der Akzessorietät der Teilnahme nicht vereinbar ist.

[6] *Lüderssen*, Strafgrund S. 119ff.

[7] Vgl. *Lüderssen*, Strafgrund S. 168, 192. Vgl. dagegen *Schönke / Schröder / Cramer*, Vorbem. 21 vor § 25 .

[8] So *Schmidhäuser*, Allg. Teil S. 532f.; *Sax*, ZStW 90 (1978) S. 927ff.; *Maria-Katharina Meyer*, GA 1979, 252ff. Vgl. dagegen *Maurach / Gössel / Zipf*, Allg. Teil II S. 283; *SK (Samson)* Vorbem. 9 vor § 26.

[9] Vgl. *Herzberg*, GA 1971, 2, 8ff.

[10] Zur Problematik der Teilnahme am Selbstmord BGH 24, 342; 32, 367 (371, 374); vgl. dazu *Geilen*, JZ 1974, 145ff.; *Spendel*, JuS 1974, 749ff.; *Schmidhäuser*, Welzel-Festschrift S. 819ff.; *Bringewat*, ZStW 87 (1975) S. 623ff.; *Gropp*, NStZ 1985, 97ff.; *Herzberg*, JZ 1986, 1022; *Baumann*, JZ 1987, 131.

§ 64 Anstiftung und Beihilfe

keinen Anteil. Dadurch unterscheidet sich die Anstiftung von der Mittäterschaft (vgl. oben § 61 V 3 b). Für die subjektive Theorie ist dagegen maßgebend, daß der Anstifter lediglich den Teilnehmer- und nicht den Täterwillen hat (vgl. oben § 61 IV 2). Anstiftung ist immer *geistige Beeinflussung* des Täters durch Kollusion; das Verschaffen einer günstigen Gelegenheit, die den Täter in Versuchung führen soll, reicht zur Annahme von Anstiftung nicht aus[11].

2. Strafbare Teilnahme setzt eine **Verbindung von Haupttat und Anstifterhandlung** voraus.

a) **Die Mittel der Anstiftung** sind in **§ 26 nicht genannt.** Doch sagte das Gesetz schon früher ausdrücklich in § 48 a. F., daß es sich bei seinen Angaben (Geschenke, Versprechen, Drohungen, Mißbrauch des Ansehens oder der Gewalt, Herbeiführung eines Irrtums) nur um *Beispiele* handelte, so daß auch der Ausspruch eines Wunsches (RG 36, 402 [405]), einer Frage (BGH GA 1980, 183) oder einer Bitte (RG HRR 1942, 741), das Mittel der Überredung (RG 53, 189 [190]) oder selbst ein scheinbares Abraten in Betracht kamen. Grundsätzlich sind alle Mittel für die Anstiftung tauglich, sofern es sich um Mittel geistiger Beeinflussung handelt. Anstiftung ist auch in Form der Anstiftung zur Anstiftung zur Haupttat denkbar (**Kettenanstiftung**)[12]. Der in der Kette stehende Anstifter braucht dabei weder Zahl und Namen der Zwischenglieder noch den Namen des Haupttäters zu kennen (BGH 6, 359 [361 f.]; 7, 234 [237]), wenn er nur eine konkrete Vorstellung von der Haupttat hat. Anstiftung kann ferner in der Form der *Mitanstiftung* und *Nebenanstiftung* (OLG Düsseldorf SJZ 1948, 479) sowie auch in Form der *mittelbaren Anstiftung* begangen werden, wobei der Anstifter gegenüber dem Täter nicht in Erscheinung tritt, sondern sich eines Dritten als „Werkzeug" bedient (BGH 8, 137 [139] m. Anm. *Gallas*, JR 1956, 225)[13].

b) Der Anstifter muß weiter **vorsätzlich** handeln, wobei bedingter Vorsatz genügt (RG 72, 26 [29]). Fahrlässige Anstiftung ist als solche nicht strafbar, kann aber fahrlässige Täterschaft darstellen. Der Vorsatz des Anstifters muß einmal auf die Herbeiführung des Tatentschlusses, zum anderen auf die Ausführung der Haupttat durch den Täter, einschließlich der subjektiven Tatbestandsmerkmale und der Verwirklichung des tatbestandsmäßigen Erfolgs, gerichtet sein *(doppelter Vorsatz)*. Ein Tatbestandsirrtum beim Anstifter läßt den Anstiftervorsatz entfallen, ein Verbotsirrtum oder Erlaubnistatbestandsirrtum (vgl. oben § 41 III 2 d) berührt dagegen nur die Schuld des Anstifters[14].

Von der h. L. wird angenommen, daß der Anstifter die *Vollendung* der Haupttat anstreben müsse; wolle er es nur bis zum Versuch der Haupttat kommen lassen *(agent provocateur)*, dann

---

[11] So *Jakobs*, Allg. Teil S. 551; *LK (Roxin)* § 26 Rdn. 12; *H. Mayer*, Lehrbuch S. 321; *D. Meyer*, Das Erfordernis der Kollusion S. 141 f.; *derselbe*, MDR 1975, 982; *Otto*, JuS 1982, 560; *Rogall*, GA 1979, 12; *Schmidhäuser*, Allg. Teil S. 553; *Schönke / Schröder / Cramer*, § 26 Rdn. 7; *Roxin*, Täterschaft und Tatherrschaft S. 484; *Stratenwerth*, Allg. Teil I Rdn. 881; *Welzel*, Lehrbuch S. 116; *Wessels*, Allg. Teil S. 161. Dagegen *Blei*, Allg. Teil S. 285; *Bloy*, Beteiligungsform S. 329; *Herzberg*, Täterschaft S. 146 f.; *Lackner*, § 26 Anm. 2; *SK (Samson)* § 26 Rdn. 5; *Dreher / Tröndle*, § 26 Rdn. 3; *Preisendanz*, § 26 Anm. 4, die auch das Schaffen einer Reizsituation genügen lassen wollen. Zur „Diebesfalle" OLG Celle JR 1987, 253 m. Anm. *Hillenkamp*. Zu weit in der Gegenrichtung geht *Ingeborg Puppe*, GA 1984, 112 ff., die für die Anstiftung „eine Art Pakt mit dem Täter" fordert.

[12] Vgl. dazu eingehend *D. Meyer*, JuS 1973, 755 ff.; ferner *Eser*, Strafrecht II Nr. 44 A Rdn. 3 ff.; *Schönke / Schröder / Cramer*, § 26 Rdn. 9.

[13] Vgl. dazu *LK (Roxin)* § 26 Rdn. 35; *Schönke / Schröder / Cramer*, § 25 Rdn. 7; *Stratenwerth*, Allg. Teil I Rdn. 967. Dagegen aber *Maurach / Gössel / Zipf*, Allg. Teil II S. 297 f.

[14] Vgl. *Welzel*, Lehrbuch S. 117; dagegen nimmt *Schönke / Schröder / Cramer*, § 26 Rdn. 15 beim Irrtum des Anstifters über die Notwehr des Haupttäters ebenfalls Tatbestandsirrtum an.

III. Die Anstiftung

sei er straflos (RG 15, 315 [317]; 44, 172 [174]; BGH GA 1975, 333)[15]. Diese Auffassung ist jedoch auch vom Standpunkt der Verursachungstheorie dann nicht richtig, wenn der „agent provocateur" das Handlungsobjekt einer *Gefährdung* durch den Täter aussetzt und sich auch mit der Möglichkeit einer Verletzung des geschützten Rechtsguts abfindet[16]. Fehlt es daran, so muß der „agent provocateur" freilich nach der Verursachungstheorie straflos sein, obwohl er es zum Versuch kommen läßt, weil seinem Verhalten dann die auch für den Teilnehmer erforderliche Angriffsrichtung auf das geschützte Rechtsgut abgeht. Der Einsatz von *V-Leuten* und *Lockspitzeln* wird zur Bekämpfung von besonders gefährlicher und schwer aufklärbarer Kriminalität (Rauschgifthandel, organisierte Hehlerei, illegaler Waffenhandel) von der Rechtsprechung für zulässig gehalten (BVerfGE 57, 250 [284]; BGH 32, 115 [122]). Verboten ist jedoch die nachhaltige Einwirkung des Lockspitzels zwecks Begehung einer Straftat und die Einwirkung auf bisher unverdächtige Personen (BGH GA 1975, 333; NStZ 1984, 78). Die Überschreitung dieser Grenzen wird nur als Strafmilderungsgrund berücksichtigt (BGH 32, 345 [355]; 33, 283; 33, 356 [362]; BGH NJW 1986, 75), dies aber sogar durch Unterschreitung der schuldangemessenen Strafe (BGH NJW 1986, 1764)[17].

Der Vorsatz des Anstifters muß ferner konkret, d. h. auf eine *bestimmte Tat* und einen *bestimmten Täter* gerichtet sein, bei dem der Tatentschluß herbeigeführt werden soll. Sobald der Personenkreis, an den sich die Aufforderung richtet, nicht mehr individuell bestimmbar ist, scheidet Anstiftung aus[18]. Dagegen brauchen weder Zeit und Ort der Tat, noch das Opfer, noch alle Einzelheiten der Begehungsweise endgültig festgelegt zu sein, weil diese Fragen oft erst von der späteren Entwicklung abhängen (RG 34, 327 [328]). Der Vorsatz muß sich jedoch auf die Ausführung einer „in ihren wesentlichen Merkmalen oder Grundzügen konkretisierten Tat" beziehen (BGH 34, 63 [66] m. abl. Anm. *Roxin,* JZ 1986, 908)[19].

Einen *Auffangtatbestand* bildet die öffentliche Aufforderung zu Straftaten (§ 111). Die Vorschrift kommt zum Zuge, wenn es an der Bestimmtheit der aufzufordernden Personen fehlt[20].

c) Endlich muß die Anstifterhandlung den **Tatentschluß des Haupttäters** herbeiführen. Ist der Anzustiftende bereits zur Tat entschlossen *(omnimodo facturus),* so

---

[15] So *Baumann / Weber,* Allg. Teil. S. 560f.; *Blei,* Allg. Teil. S. 284; *Dreher / Tröndle,* § 26 Rdn. 8; *Jakobs,* Allg. Teil. S. 566; *Küper,* GA 1974, 335; *Maurach / Gössel / Zipf,* Allg. Teil II S. 306ff.; *Maaß,* Jura 1981, 514ff.; *Lackner,* § 26 Anm. 4; *Schmidhäuser,* Allg. Teil. S. 555; *LK (Roxin)* § 26 Rdn. 17ff.; *Schönke / Schröder / Cramer,* § 26 Rdn. 16; *Sommer,* JR 1986, 485ff.; *Welzel,* Lehrbuch S. 117; *Stratenwerth,* Allg. Teil I Rdn. 889. Dagegen für volle Strafbarkeit des agent provocateur *Heilborn,* Der agent provocateur S. 85ff.; *H. Mayer,* Lehrbuch S. 336 (aufgrund der Schuldteilnahmetheorie, anders Grundriß S. 163); *P. Merkel,* Frank-Festgabe Bd. II S. 147; *Olshausen,* § 48 Anm. 1; früher auch *Stratenwerth,* MDR 1953, 717ff. (m. w. Nachw. in Fußnoten 1 und 2). Im ausländischen Recht wird der agent provocateur öfter als strafbar angesehen; vgl. *Jescheck,* ZStW 99 (1987) S. 134ff.; *J. Meyer,* Jescheck-Festschrift Bd. II S. 1323ff.

[16] So *Plate,* ZStW 84 (1972) S. 306ff.; *Otto,* JuS 1982, 561 Fußnote 48; *SK (Samson)* Vorbem. 38 vor § 26. Dagegen aber *Herzberg,* GA 1971, 12; *Küper,* GA 1974, 333, insbes. Fußnote 81; *Stratenwerth,* Allg. Teil I Rdn. 891.

[17] Zu der äußerst umstrittenen Frage der Rechtsfolgen des Einsatzes von V-Leuten und Lockspitzeln für Strafbarkeit und strafprozessuale Behandlung des Betroffenen *Bruns,* StV 1984, 388; *Lüderssen,* Jura 1985, 113; *J. Meyer,* Jescheck-Festschrift Bd. II S. 1311; *Ostendorf / Meyer-Seitz,* StV 1985, 73; *Schumann,* JZ 1986, 66; *Tiedemann / Sieber,* NJW 1984, 753; *Schünemann,* StV 1985, 424. Gegen die Unterschreitung der schuldangemessenen Strafe (BGH NJW 1986, 1764) zu Recht *Bruns,* MDR 1987, 177; *Dreher / Tröndle,* § 26 Rdn. 8a. Ein Verfahrenshindernis nimmt das Strafgericht Basel-Stadt JZ 1986, 100 an.

[18] Vgl. *LK (Roxin)* § 26 Rdn. 10; *Schönke / Schröder / Cramer,* § 26 Rdn. 14; *Stratenwerth,* Allg. Teil I Rdn. 888.

[19] Übereinstimmend *Jakobs,* Allg. Teil. S. 553f.; *Lackner,* § 26 Anm. 4b; *SK (Samson)* § 26 Rdn. 7; *Wessels,* Allg. Teil. S. 161. Dagegen *LK (Roxin)* § 26 Rdn. 9 (es genüge, wenn die „wesentlichen Dimensionen des Unrechts" festliegen).

[20] Vgl. *Lackner,* § 111 Anm. 1; anders aber *Dreher,* Gallas-Festschrift S. 324.

kommt nur versuchte Anstiftung (§ 30 I) oder psychische Beihilfe in Betracht (RG 13, 121 [122]; 36, 402 [404]; 72, 373 [375]; BGH *Dallinger* MDR 1972, 569)[21].

Wer den zum Raub Entschlossenen bestimmt, bei der Tat eine Waffe zu verwenden, soll jedoch nicht nur wegen Anstiftung zu dem zusätzlichen Tatteil, sondern wegen Anstiftung zum schweren Raub überhaupt schuldig sein (BGH 19, 339 [340] m. abl. Anm. *Cramer*, JZ 1965, 31). Nach dem Grundgedanken der Anstiftung muß dagegen (psychische) Beihilfe zum schweren Raub in Tateinheit mit Anstiftung zur Körperverletzung angenommen werden[22].

3. Die **Tat, zu der angestiftet ist,** muß entweder **vollendet** sein oder wenigstens einen mit Strafe bedrohten **Versuch** darstellen. Ist die Haupttat nicht einmal versucht worden, so beschränkt sich die Strafbarkeit auf den Fall, daß ein *Verbrechen* begangen werden sollte (§ 30 I). Die Haupttat muß ferner *vorsätzlich* begangen sein (vgl. oben § 61 VII 2). Möglich ist auch Anstiftung durch einen Nichtqualifizierten zum echten Sonderdelikt[23]. Nach § 28 I trifft den Anstifter in diesem Fall aber nicht mehr die volle Täterstrafe des echten Sonderdelikts, die Strafe wird vielmehr nach § 49 I gemildert (vgl. oben § 61 VII 4d).

4. Der Anstifter haftet nur insoweit, als die Haupttat mit seinem Vorsatz übereinstimmt. Wenn der Haupttäter dagegen mehr tut, als vom Anstifter gewollt war **(Exzeß),** ist dieser nur bis zur Grenze seines Anstiftervorsatzes verantwortlich[24]. Zu unterscheiden ist zwischen den Fällen, in denen der Täter eine *andere* Tat begeht als die, zu der ihn der Anstifter bestimmen wollte (*qualitativer* Exzeß), und den Fällen, in denen der Täter im Rahmen der ihm angesonnenen Tat *mehr* tut als der Anstifter beabsichtigte (*quantitativer* Exzeß). Bei allen Abweichungsfällen ist jedoch zu berücksichtigen, daß die Grenzen des Anstiftervorsatzes weiter gezogen werden müssen als die Grenzen des Vorsatzes bei Mittäterschaft und mittelbarer Täterschaft, weil es zum Wesen der Anstiftung gehört, daß der Anstifter dem Täter die Einzelheiten der Ausführung anheimstellt[25].

Beispiele: Wer einen anderen zum Raub anstiftet, ist für die Tat nicht verantwortlich, wenn dieser statt dessen eine Vergewaltigung begeht. Vielmehr liegt eine nach §§ 30 I, 249 strafbare erfolglose Anstiftung vor. Wer einen anderen zum einfachen Diebstahl anstiftet, ist nur nach §§ 26, 242 zu bestrafen, wenn der Täter statt dessen ohne sein Wissen einen Raub begeht (RG 67, 343). Wer einen anderen zur Körperverletzung anstiftet, ist nur nach §§ 26, 223 ff. verantwortlich, wenn der Angestiftete das Opfer vorsätzlich tötet (BGH 2, 223 [225]; vgl. auch BGH 11, 66). *Unwesentliche* Abweichungen der Haupttat vom Anstiftervorsatz kommen jedoch für die Entlastung des Anstifters nicht in Betracht: Die Mutter stiftet den Sohn zur gemeinschaftlichen Tötung des Stiefvaters an, er führt die Tat jedoch allein aus (RG 70, 293 [295]); der Angeklagte will den Zeugen zu einer positiven Falschaussage bestimmen, dieser beschwört jedoch nur, von der Sache nichts zu wissen (BGH LM § 154 StGB Nr. 37).

---

[21] Vgl. dazu *Kohlrausch*, ZAK 1939, 245; *Schönke/Schröder/Cramer*, § 26 Rdn. 5; *LK (Roxin)* § 26 Rdn. 2; *Letzgus*, Vorstufen S. 32 f.

[22] Ebenso *Bemmann*, Gallas-Festschrift S. 273; *Eser*, Strafrecht II Nr. 43 A Rdn. 8; *Grünwald*, JuS 1965, 311 Fußnote 32; *Letzgus*, Vorstufen S. 33; *LK (Roxin)* § 26 Rdn. 6; *Ingeborg Puppe*, ZStW 92 (1980) S. 887; *Schönke/Schröder/Cramer*, § 26 Rdn. 6; *SK (Samson)* § 26 Rdn. 4; *Welzel*, Lehrbuch S. 117. Wie der BGH jedoch *Baumann/Weber*, Allg. Teil S. 559 Fußnote 20; *Dreher/Tröndle*, § 26 Rdn. 3; *Stree*, Heinitz-Festschrift S. 291 ff.; *Lackner*, § 26 Anm. 2; *Preisendanz*, § 26 Anm. 3c; *Maurach/Gössel/Zipf*, Allg. Teil II S. 302; *Otto*, JuS 1982, 561; *LK*⁹ *(Busch)* § 48 Rdn. 14; *Wessels*, Allg. Teil S. 162; *Erika Stork*, Anstiftung eines Tatentschlossenen S. 175.

[23] Kritisch dazu *Langer*, Sonderverbrechen S. 484 ff.; *Schmidhäuser*, Allg. Teil S. 546 Fußnote 25.

[24] Vgl. *Baumann/Weber*, Allg. Teil S. 565 ff.; *Maurach/Gössel/Zipf*, Allg. Teil II S. 308 ff.; *Schönke/Schröder/Cramer*, § 26 Rdn. 17.

[25] Zur Systematisierung vgl. *Baumann/Weber*, Allg. Teil S. 565 ff.; *Schmidhäuser*, Allg. Teil S. 444 f.; *Letzgus*, Vorstufen S. 43 ff.; *Montenbruck*, ZStW 84 (1972) S. 323 ff.

III. Die Anstiftung

Der *Irrtum über das Handlungsobjekt*, der auf seiten des Täters in der Regel unwesentlich ist (vgl. oben § 29 V 6a), wird in Übereinstimmung mit dem Urteil des Preuß. Obertribunals im Falle Rose-Rosahl (GA 7 [1859] S. 322) von einem Teil der Lehre auch für den Anstifter als unwesentlich angesehen, weil der Anstifter den Vorsatz des Täters hervorgerufen habe und deswegen ebensowenig entlastet werden könne wie dieser[26]. Richtig ist es jedoch, mit einer vordringenden Meinung zugunsten des Anstifters einen vom Vorsatz nicht gedeckten Tatverlauf anzunehmen[27]. Da der Anstiftervorsatz auch den Erfolg der Haupttat zu umfassen hat, wirkt sich der Objektsirrtum des Täters beim Anstifter als aberratio ictus aus (vgl. oben § 29 V 6c). Der Anstifter kann daher nur wegen versuchter Anstiftung zum Mord nach §§ 30 I, 211[28], möglicherweise in Tateinheit mit fahrlässiger Täterschaft bestraft werden (ebenso für die mittelbare Täterschaft oben § 62 III 2).

Bei den *erfolgsqualifizierten Delikten* haftet der Anstifter für die schwere Folge nur dann, wenn ihm insoweit Fahrlässigkeit zur Last fällt (§ 18). Die Tat des Anstifters stellt sich in diesen Fällen als vorsätzliche Anstiftung zum Grunddelikt und fahrlässige Nebentäterschaft hinsichtlich der schweren Folge dar (BGH 19, 339 [341f.] m. zust. Anm. *Cramer*, JZ 1965, 32)[29]. Dieses Ergebnis wird durch § 11 II und § 18, der die Teilnahme ausdrücklich einschließt, gestützt.

5. Der **Anstifter** wird nach dem auf die Haupttat anzuwendenden Gesetz **bestraft** (§ 26), soweit sich nicht mit Rücksicht auf besondere persönliche Merkmale Abweichungen ergeben (§ 28 I, II). Dies gilt auch dann, wenn die Haupttat nicht über den Versuch hinaus gelangt ist. Das Strafgesetzbuch hat an dem Prinzip der Gleichbestrafung zu Recht festgehalten und die in § 28 II AE vorgesehene fakultative Strafmilderung abgelehnt[30], weil der Anstifter zur Tat den Anstoß gibt und oft die treibende Kraft ist (BT-Drucksache V/4095 S. 13). Die Strafe des Anstifters kann demgemäß im Einzelfall auch schwerer ausfallen als die des Täters, so wenn er den Unrechtsgehalt der Tat im Unterschied zum Täter voll übersieht. Deshalb besteht kriminalpolitisch kein Anlaß, der Anstiftung die schwersten Fälle durch die Figur des „Täters hinter dem Täter" zu entziehen[31].

---

[26] So *Backmann*, JuS 1971, 119; *Dreher/Tröndle*, § 26 Rdn. 15; *Kohlrausch/Lange*, § 48 Anm. VII; *Loewenheim*, JuS 1966, 314; *LK*[9] *(Busch)* § 48 Rdn. 22; *Maurach/Gössel/Zipf*, Allg. Teil II S. 310; *Schönke/Schröder/Cramer*, § 26 Rdn. 18; *Welzel*, Lehrbuch S. 75, 117; *Müller-Dietz/Backmann*, JuS 1971, 416.

[27] So *Baumann/Weber*, Allg. Teil S. 568; *Binding*, Normen Bd. III S. 213; *Bemmann*, MDR 1958, 817ff.; *Blei*, Allg. Teil S. 285; *Eser*, Strafrecht II Nr. 43 A Rdn. 21; *Hillenkamp*, Vorsatzkonkretisierungen S. 63ff.; *Letzgus*, Vorstufen S. 55ff.; *LK (Roxin)* § 26 Rdn. 26; *Roxin*, Täterschaft und Tatherrschaft S. 215; *Schmidhäuser*, Allg. Teil S. 561; *Stratenwerth*, Allg. Teil I Rdn. 287; *Wessels*, Allg. Teil S. 164; *SK (Samson)* Vorbem. 40 vor § 26. Anders in Schillers Gedicht „Der Gang nach dem Eisenhammer", weil hier der Irrtum über die Individualisierung des Opfers beim Anstifter selbst lag.

[28] Für Anstiftung zum Versuch dagegen *Schmidhäuser*, Allg. Teil S. 561; *Stratenwerth*, Allg. Teil I Rdn. 287. Die Ausführung am falschen Objekt ist jedoch in der Regel kein Versuch der Ausführung am richtigen Objekt.

[29] Ebenso *Baumann/Weber*, Allg. Teil S. 556; *Eser*, Strafrecht II Nr. 43 A Rdn. 23; *Jakobs*, Allg. Teil S. 554; *Schönke/Schröder/Cramer*, § 26 Rdn. 17; *SK (Rudolphi)* § 18 Rdn. 6; *Schmidhäuser*, Allg. Teil S. 563 (Zusammentreffen vorsätzlicher und fahrlässiger Teilnahme); *Welzel*, Lehrbuch S. 122; *LK (Roxin)* § 26 Rdn. 28f. Abweichend *Oehler*, GA 1954, 38 (der Täterschaft hinsichtlich des erfolgsqualifizierten Tatbestands annimmt); *Hanack/Sasse*, DRiZ 1954, 217 und *Ziege*, NJW 1954, 179 (die bedingten Vorsatz des Teilnehmers verlangen); *Seebald*, GA 1964, 165ff. (der Teilnahme an einem qualifizierten Fahrlässigkeitsdelikt annimmt). Ablehnung *Gössel*, Lange-Festschrift S. 236, weil er alle Vorsatz-Fahrlässigkeitskombinationen für Fahrlässigkeitsdelikte hält.

[30] Vgl. *Gallas*, ZStW 80 (1968) S. 32; dazu kritisch *Stratenwerth*, Allg. Teil I Rdn. 892; *Jakobs*, Allg. Teil S. 555.

[31] So aber *Schroeder*, Der Täter hinter dem Täter S. 204.

6. Eine *Anstiftung durch Unterlassen* ist rechtlich nicht möglich[32]. Der Anstifter muß den Handlungsentschluß des Täters im Wege psychischer Beeinflussung hervorrufen. Durch Untätigkeit wird aber nur dessen selbständige Entstehung nicht verhindert, was im Hinblick auf das Handlungsunrecht der Anstiftung etwas wesentlich anderes ist.

IV. Die Beihilfe

1. **Beihilfe** ist die **vorsätzliche Unterstützung eines anderen bei dessen vorsätzlich begangener rechtswidriger Tat** (§ 27 I). Der Gehilfe beschränkt sich darauf, eine fremde Tat zu fördern; an der Tatherrschaft hat er ebensowenig Anteil wie der Anstifter; der Täter braucht nicht einmal von der ihm zuteil gewordenen Unterstützung zu wissen (sog. heimliche Beihilfe). In diesem Punkte unterscheidet sich die Beihilfe von der Mittäterschaft, da diese die funktionale Tatherrschaft auf der Grundlage eines gemeinsamen Tatentschlusses voraussetzt (vgl. oben § 63 I 1 a). Für die subjektive Theorie liegt die Unterscheidung dagegen allein in der „inneren Einstellung und Willensrichtung des Handelnden" (vgl. oben § 63 I 1 b).

2. Ebenso wie die Anstiftung setzt auch die Beihilfe eine **Verbindung von Haupttat und Gehilfenhandlung** voraus.

a) § 27 I spricht nur von „**Hilfe leisten**" und nennt die Mittel der Beihilfe nicht, die früher mit „Rat" und „Tat" umschrieben waren. Gleichwohl wird man wie bisher zwischen intellektueller (psychischer) und technischer (physischer) Beihilfe zu unterscheiden haben[33]. Die Mittel der Beihilfe sind unbeschränkt, so daß *jede* vorsätzliche Förderung fremder Vorsatztat eine Beihilfe darstellt (BayObLG NJW 1984, 1366: Lieferung von Material für Sendungen an einen ungenehmigten Sender). Selbst wenn jemand eigenhändig ein Tatbestandsmerkmal der Haupttat verwirklicht, kann ausnahmsweise nur Beihilfe gegeben sein, sofern er nämlich an dem für die Mittäterschaft konstitutiven gemeinsamen Tatentschluß keinen Anteil hat (vgl. oben § 63 II 1). Täterschaft *in jedem Falle* wird nur durch eigenhändige, voll verantwortliche Verwirklichung *aller* Tatbestandsmerkmale begründet (vgl. oben § 61 V 2). Psychische Beihilfe kann insbesondere durch Stärkung des Tatwillens des Haupttäters geleistet werden. Sie kommt unter anderem dann in Betracht, wenn der Täter ein ihm vom Gehilfen gestelltes Werkzeug unbenutzt läßt, sich aber seelisch durch dessen Mitwirkung gestärkt fühlt[34].

Beispiele: Der Freund gibt dem Täter „für alle Fälle" Diebeswerkzeug mit, das dieser aber nicht benötigt, weil er die Tür unverschlossen findet (vgl. den in RG 58, 113 [115 f.] erwähnten Fall; ferner RG 38, 156). Die Geliebte stellt dem Gattenmörder die Eheschließung für den Fall der Tötung der Ehefrau in Aussicht (RG 72, 52 [53]). Die im voraus gegebene Zusage, gestohlene Rinder nach der Tat abzusetzen, begründet Beihilfe zum Diebstahl (BGH 8, 390 [391]). Eine Verkäuferin stärkt den Tatentschluß eines bei einem nächtlichen Warenhausdiebstahl beteiligten Kollegen, indem sie ihm durch Benutzung seiner Straßenbahnkarte einen Alibibe-

---

[32] So die überwiegende Lehre; vgl. *Baumann / Weber*, Allg. Teil S. 562; *Busse*, Unterlassungsdelikte S. 139; *Grünwald*, GA 1959, 122; *Armin Kaufmann*, Unterlassungsdelikte S. 292; *H. Mayer*, Lehrbuch S. 321; *D. Meyer*, MDR 1975, 982; *Roxin*, Täterschaft und Tatherrschaft S. 484; *Schönke / Schröder / Cramer*, § 26 Rdn. 7. Anders *Maurach / Gössel / Zipf*, Allg. Teil II S. 304; *Lackner*, § 26 Anm. 3; *LK*[9] *(Busch)* § 48 Rdn. 14; *Schmidhäuser*, Allg. Teil S. 707.

[33] Vgl. *Schönke / Schröder / Cramer*, § 27 Rdn. 12; *SK (Samson)* § 27 Rdn. 11; *Lackner*, § 27 Anm. 3.

[34] Ebenso *LK (Roxin)* § 27 Rdn. 10; *Otto*, JuS 1982, 564. Stark einschränkend aber *Samson*, Hypothetische Kausalverläufe S. 189 ff.; *SK (Samson)* § 27 Rdn. 15; für Straflosigkeit der psychischen Beihilfe durch Bestärken des Tatentschlusses *Hruschka*, JR 1983, 178 f. Die Beweisschwierigkeiten betont *Stratenwerth*, Allg. Teil I Rdn. 899.

weis in Aussicht stellt (BGH NJW 1951, 451). Jemand ruft dem Unfallbeteiligten, der sich bereits entfernt, zu, er solle weiterfahren (BGH VRS 23, 209). Ein Rechtsanwalt stärkt den Erpressungsversuch seiner Klienten durch weitere Anwesenheit bei dem Gespräch mit dem Opfer, nachdem er erkannt hat, was diese beabsichtigen (BGH JZ 1983, 462 m. Anm. *Rudolphi*, Stv 1982, 518 ff.)[35]. Vgl. auch BGH 14, 280 (282).

b) Auch der **Zeitraum für die Beihilfe** ist weit bemessen. Die Unterstützung braucht nicht zur Haupttat selbst oder zur Verwirklichung eines Tatbestandsmerkmals geleistet zu werden, sondern kann sich lediglich auf eine *Vorbereitungshandlung* beziehen, sofern die Haupttat wenigstens in strafbarer Weise versucht wird (RG 59, 376 [380]: Stärkung des Tatentschlusses durch Versprechen des Fernbleibens vom Tatort; RG 61, 360 [362]: Nachweis der Adresse eines Abtreibers; RG 71, 193: Beihilfe durch Unterlassung des Löschens eines gelegten Brandes; RG DR 1941, 987: Beihilfe zur Abgabe einer falschen eidesstattlichen Versicherung eines Prüflings durch Mithilfe an der Examensarbeit). Beihilfe ist ferner nicht nur bis zur formellen Vollendung, sondern ebenso wie Mittäterschaft bis zur materiellen *Beendigung* der Haupttat möglich (BGH 6, 248 [251]; 19, 323 [325]; BGH NJW 1985, 814; BayObLG JZ 1981, 241) (vgl. oben § 49 III 3)[36].

Beispiele: Nach der Inbrandsetzung eines Gebäudes ist Beihilfe noch möglich, wenn sich der Vorsatz des Brandstifters auf die Einäscherung des ganzen Gehöfts erstreckt (RG 71, 193 [194]; OGH 3, 1 [3]). Beihilfe zum Diebstahl durch Gewaltanwendung gegen den Eigentümer kann noch geleistet werden, wenn die Diebe bereits auf der Flucht sind (BGH 6, 248 [251]). Ableugnung des Besitzes von vorläufig untergestelltem Schmuggelgut ist Beihilfe zur Zollhinterziehung (OLG Köln NJW 1956, 154). Die Lieferung von Mikrosendern an Privatpersonen ist Beihilfe zur Errichtung einer nicht genehmigten Fernmeldeanlage (OLG Frankfurt NJW 1971, 1622). Beihilfe zum unerlaubten Entfernen vom Unfallort kann noch geleistet werden, solange sich der Täter noch nicht endgültig in Sicherheit gebracht hat (BayObLG JZ 1981, 241).

c) Zweifelhaft ist, was man **objektiv** unter einer **Hilfeleistung** zur Haupttat zu verstehen hat. Bei der Anstiftung ist klar, welchen objektiven Tatbeitrag das Gesetz von seiten des Anstifters voraussetzt: er muß den Täter zur Tat bestimmt haben. Der Begriff der Hilfeleistung sagt jedoch nichts darüber aus, welche Voraussetzungen die Beihilfe erfüllen muß, um den Anforderungen des § 27 zu genügen. Die Frage ist darum zweifelhaft und umstritten[37]. Fest steht nur, daß bloß *versuchte Beihilfe nicht* strafbar ist, da die im Jahre 1943 eingeführte Strafbarkeit des Beihilfeversuchs zum Verbrechen (§ 49 a III a. F.) durch das 3. StÄG von 1953 als zu weitgehend aufgehoben worden ist (vgl. BT-Drucksache I/3713 S. 31).

Nach der **Rechtsprechung** genügt es, daß die den Tatbestand verwirklichende Handlung des Täters zu irgendeinem Zeitpunkt vor ihrer Beendigung durch die Hilfeleistung *gefördert* worden ist, während der Erfolg der Haupttat dadurch nicht

---

[35] Zustimmend *Sieber*, JZ 1983, 437.
[36] So die h. L.; vgl. *Baumann / Weber*, Allg. Teil S. 573; *Blei*, Allg. Teil S. 287; *Bockelmann / Volk*, Allg. Teil S. 198; *Dreher / Tröndle*, § 27 Rdn. 4; *Lackner*, § 27 Anm. 2b; *LK*[9] *(Busch)* § 49 Rdn. 21; *Otto*, JuS 1982, 565; *Roxin*, Täterschaft und Tatherrschaft S. 291; *Schönke / Schröder / Cramer*, § 27 Rdn. 13, 17; *Wessels*, Allg. Teil S. 166; *Schmidhäuser*, Allg. Teil S. 567f. Grundsätzlich ablehnend zur Möglichkeit der Beihilfe nach Vollendung der Haupttat *Gallas*, ZAK 1937, 439; *Sax*, Nottarp-Festschrift S. 137 Fußnote 11; *Herzberg*, Täterschaft S. 71f.; *Roxin / Schünemann / Haffke*, Strafrechtliche Klausurenlehre S. 232f.; differenzierend *Kühl*, Die Beendigung S. 94ff.; *SK (Samson)* § 27 Rdn. 18. Dagegen beschränkt *Rudolphi*, Jescheck-Festschrift Bd. I S. 576 die Beihilfe auf den Zeitraum bis zum Abschluß des tatbestandsmäßigen Verhaltens des Haupttäters. Ablehnung auch *LK (Roxin)* § 27 Rdn. 22; *Jakobs*, Allg. Teil S. 559f.; *Maurach / Gössel / Zipf*, Allg. Teil II S. 315.
[37] Vgl. die eingehenden Darstellungen bei *Dreher*, MDR 1972, 553ff.; *Letzgus*, Vorstufen S. 71ff.; *LK (Roxin)* § 27 Rdn. 14ff.; *SK (Samson)* § 27 Rdn. 5ff.

ursächlich mitbewirkt sein muß (RG 6, 169; 11, 63; 58, 113 [114f.]; 67, 191 [193]; 71, 176 [178]; 73, 153 [154]; RG DR 1941, 978; BGH 8, 390 [391]; BGH VRS 8, 199 [201]; BGH *Dallinger* MDR 1972, 16; BGH NStZ 1985, 318; OGH 1, 321 [330]; 2, 23 [44]; BayObLG 1959, 132 [138]; OLG Freiburg JZ 1951, 85; OLG Hamburg JR 1953, 27; OLG Karlsruhe NStZ 1985, 78)[38]. Auch Fälle, in denen ein durch den Gehilfen geliefertes Werkzeug vom Täter bei der Tat nicht benutzt worden war, hat die Rechtsprechung als Förderung der Haupttat angesehen, selbst wenn eine Stärkung des Tatentschlusses (psychische Beihilfe) nicht ausdrücklich festgestellt wurde (RG 6, 169; 58, 113 [114f.]; BGH *Dallinger* MDR 1972, 16).

Im **Schrifttum** wird dagegen überwiegend die Kausalität des Gehilfenbeitrags für den Erfolg der Haupttat gefordert[39], wobei freilich nicht zu vergessen ist, daß ein objektiver Unterschied zwischen „fördern" und „verursachen" gar nicht besteht[40] und daß ein „Hinzudenken von Reserveursachen" für die Frage der Kausalität auch bei der Beihilfe nicht zulässig ist[41]. Dadurch wird der Unterschied der Position des Schrifttums zur Rechtsprechung fast zu einem Streit um Worte. Eine neuere Lehre will auf das Erfordernis der Kausalität jedoch ganz verzichten. Sie betrachtet die Beihilfe demgemäß als abstraktes[42] oder als konkretes Gefährdungsdelikt[43] und begnügt sich mit einer Erhöhung der Chancen für den Erfolg der Haupttat (**Risikoerhöhungslehre**).

Richtig ist es, an dem Erfordernis der **Kausalität der Beihilfe festzuhalten,** da ihre Auffassung als bloßes Gefährdungsdelikt die Beihilfe, die nach geltendem Recht ihren Unrechtsgehalt durch die Mitverursachung der Haupttat empfängt, zum selbständigen Teilnahmedelikt nach dem Muster der Begünstigung (§ 257) umgestalten und zur Bestrafung der versuchten Beihilfe führen würde. Freilich genügt es für die Kausalität der Beihilfe, daß diese die Haupttat ermöglicht, erleichtert, beschleunigt oder intensiviert hat[44]. Das bedeutet, daß in Fällen, in denen der Gehilfe ein Werkzeug geliefert

---

[38] Zur älteren Literatur vgl. Vorauflage S. 564 Fußnote 35. Zustimmend heute z. B. *Blei,* Allg. Teil S. 288f.; *Preisendanz,* § 27 Anm. 3 d; *Wessels,* Allg. Teil S. 165f.

[39] Vgl. *Baumann / Weber,* Allg. Teil S. 572; *Bloy,* Beteiligungsform S. 289; *Bockelmann / Volk,* Allg. Teil S. 197; *Dreher,* MDR 1953, 553ff.; *Dreher / Tröndle,* § 27 Rdn. 2; *Eser,* Strafrecht II Nr. 45 A Rdn. 7; *Jakobs,* Allg. Teil S. 556; *Lackner,* § 27 Anm. 2a; *Letzgus,* Vorstufen S. 74; *Maurach / Gössel / Zipf,* Allg. Teil II S. 316; *LK (Roxin)* § 27 Rdn. 14ff.; *Schmidhäuser,* Allg. Teil S. 569f.; *Schönke / Schröder / Cramer,* § 27 Rdn. 10; *SK (Samson)* § 27 Rdn. 9f.; *Samson,* Peters-Festschrift S. 130; *Spendel,* Dreher-Festschrift S. 185ff.; *Welzel,* Allg. Teil S. 119.

[40] So zu Recht *Bockelmann / Volk,* Allg. Teil S. 197; *LK[8] (Mezger)* § 49 Anm. 2; *Samson,* Hypothetische Kausalverläufe S. 55.

[41] So zu Recht *Ingeborg Puppe,* ZStW 95 (1983) S. 292.

[42] So *Herzberg,* GA 1971, 7.

[43] So *Salomon,* Beihilfe S. 134ff.; *Schaffstein,* Honig-Festschrift S. 184; *Otto,* Lange-Festschrift S. 210; *Stratenwerth,* Allg. Teil I Rdn. 899. Auch *Vogler,* Heinitz-Festschrift S. 311 will die „generelle Eignung der Mitwirkung für die Rechtsgutsverletzung durch die Haupttat" ausreichen lassen (abstrakt-konkretes Gefährdungsdelikt). Dagegen zu Recht *Samson,* Hypothetische Kausalverläufe S. 202ff.; *derselbe,* Peters-Festschrift S. 123ff.; *LK (Roxin)* § 27 Rdn. 17f. „Solidarisierung" des Gehilfen mit dem Haupttäter verlangt *Schumann,* Handlungsunrecht S. 57ff.

[44] *Samson,* Peters-Festschrift S. 132; *SK (Samson)* § 27 Rdn. 10. Im gleichen Sinne spricht *Claß,* Stock-Festschrift S. 126 von „Zufluß- oder Verstärkerkausalität"; ebenso *Dreher,* MDR 1972, 555. Damit erledigt sich auch der Fall der Erschwerung der Haupttat, der nach den Grundsätzen der objektiven Zurechnung nicht in Betracht kommt (vgl. oben § 28 IV 1). Auch die Beseitigung der Folgen einer Straftat ist natürlich keine Beihilfe (OLG Düsseldorf JZ 1985, 590).

hat, das zur Tat nicht benutzt wird (RG 58, 113), Beihilfe nur unter dem Gesichtspunkt der psychischen Unterstützung des Haupttäters angenommen werden kann[45]. Daß auch *psychische* Unterstützung für eine Tat *ursächlich* sein kann, ist nach der Formel von der gesetzmäßigen Bedingung (vgl. oben § 28 II 4) nicht zu bezweifeln[46], nur darf man auch hier nicht die Frage stellen, ob die Tat ohne die Gehilfenhandlung unterblieben wäre (vgl. BGH JZ 1983, 462; BGH VRS 59, 185; OLG Freiburg JZ 1951, 85)[47]. Die besondere Schwierigkeit bei der Beihilfe liegt in der *Feststellung* der Kausalität, weil die Hilfeleistung neben der Haupttat lediglich als *mitwirkende* Ursache für den tatbestandsmäßigen Erfolg auftritt (jemand reicht dem Einbrecher zur Erfrischung eine Flasche Cola). Jede, auch die geringste Hilfe, die die Tat objektiv fördert, ist als kausaler Tatbeitrag ausreichend, während eine bedeutende Unterstützung, deren sich der Täter nicht bedient, (straflose) versuchte Beihilfe bleibt.

d) Der Gehilfe muß endlich **vorsätzlich** handeln (BGH JR 1975, 119[48]). Fahrlässige Beihilfe ist als solche nicht strafbar, kann aber fahrlässige Täterschaft sein[49]. Als Vorsatzart ist wie bei der Anstiftung bedingter Vorsatz ausreichend (RG 72, 20 [24]; BGH 2, 279 [281]; BGH *Holtz* MDR 1981, 808). Der Vorsatz des Gehilfen muß sich sowohl auf die Ausführung der Haupttat selbst als auch auf ihre Förderung beziehen, ebenso wie bei der Anstiftung muß also der *Vorsatz* ein *doppelter* sein (BGH 3, 65; BGH NStZ 1985, 318)[50]. Für Tatbestands- und Verbotsirrtum des Gehilfen gilt das zur Anstiftung Gesagte entsprechend (vgl. oben § 64 III 2b). Auch der Vorsatz des Gehilfen muß sich auf eine individuell bestimmte Haupttat richten (RG 59, 245 [246]), doch braucht bei Unterstützungshandlungen im Vorbereitungsstadium die Person des Täters noch nicht festzustehen (RG 11, 87 [88]; 31, 35 [37]; BGH GA 1981, 133; NJW 1982, 2453 [2454]). Für den Vorsatz des Gehilfen ist die persönliche Billigung der Haupttat nicht erforderlich (OLG Karlsruhe GA 1971, 281).

Ebenso wie für die Anstiftung wird von der h. L. auch für die Beihilfe verlangt, daß der Vorsatz auf *Vollendung* der Haupttat gerichtet sein muß (BGH *Dallinger* MDR 1973, 554). Wer die Tat nur bis zum Versuch kommen lassen will oder von vornherein weiß, daß sie nicht zur Vollendung gelangen kann (untauglicher Versuch), sei nicht wegen Beihilfe strafbar (RG 15, 315 [317]; 17, 377; 60, 23)[51]. Der Apotheker z. B., der der Schwangeren bewußt ein zur Abtreibung untaugliches Mittel gibt, damit sie sich mit der Zeit eines besseren besinne, begeht keine Beihilfe zum Abtreibungsversuch. Wenn der Gehilfe das Handlungsobjekt einer Gefährdung aussetzt und dessen Verletzung in Kauf nimmt, muß jedoch auch hier Teilnahme am Versuch angenommen werden (vgl. oben § 64 III 2b).

3. Die **Tat, zu der Hilfe geleistet wird,** muß **vollendet** sein oder wenigstens zu einem mit Strafe bedrohten **Versuch** geführt haben. Erfolglose Beihilfe ist nur noch bei der Gefangenenbefreiung (§ 120 III) und bei der Hehlerei in Form der Absatzhilfe (§ 259 III) unter Strafe gestellt. Die Haupttat muß nach § 27 I vorsätzlich begangen sein (vgl. oben § 61 VII 2). Beihilfe zu fahrlässiger Tat ist als solche nicht strafbar, kann aber mittelbare Täterschaft sein (vgl. oben § 62 II 2). Für die Beihilfe zum ech-

---

[45] Vgl. *Bockelmann*, DR 1941, 987 ff.; *Spendel*, Dreher-Festschrift S. 186.
[46] Vgl. *Engisch*, v. Weber-Festschrift S. 269.
[47] Vgl. *Claß*, Stock-Festschrift S. 121 ff.; ferner *Coenders*, ZStW 46 (1925) S. 3 ff.
[48] Zur Beweiswürdigung kritisch *Kratzsch*, JR 1975, 102 ff.
[49] Dazu *Bindokat*, JZ 1986, 421 ff.
[50] Vgl. *Baumann / Weber*, Allg. Teil S. 574; *Eser*, Strafrecht II Nr. 46 A Rdn. 2; *Frank*, § 49 Anm. II; *Letzgus*, Vorstufen S. 66; *LK (Roxin)* § 27 Rdn. 28.
[51] So die h. L.; vgl. *Letzgus*, Vorstufen S. 66; *LK (Roxin)* § 27 Rdn. 31; *Baumann / Weber*, Allg. Teil S. 574; *Maurach / Gössel / Zipf*, Allg. Teil II S. 318; *Stratenwerth*, Allg. Teil I Rdn. 901; *Schönke / Schröder / Cramer*, § 27 Rdn. 25; *Welzel*, Lehrbuch S. 120; *Wessels*, Allg. Teil S. 165.

ten Sonderdelikt gilt das zur Anstiftung Gesagte entsprechend (vgl. oben § 64 III 3). Auch der Gehilfe ist nicht für den **Exzeß** des Täters verantwortlich (vgl. oben § 64 III 4).

4. **Die Strafe für den Gehilfen** richtet sich nach der Strafdrohung für den Täter, doch **muß** die Strafe nach § 49 I gemildert werden (§ 27 II 2). Bei Beihilfe zum Versuch kann somit doppelte Strafmilderung eintreten (dagegen kann die sowohl in § 27 II als auch in § 28 I vorgeschriebene Strafmilderung nur einmal gewährt werden, BGH 26, 53 m. zust. Anm. *Bruns*, JR 1975, 510; anders bei zwei Milderungsgründen von verschiedenem sachlichen Gehalt, BGH GA 1980, 255). In der Reform von 1975 ist das Strafgesetzbuch zu der bis 1939 geltenden *obligatorischen* Strafmilderung zurückgekehrt[52] (übereinstimmend E 1962, § 31 II 2 und AE, § 29 II 2). Dem liegt der Gedanke zugrunde, daß der Unrechtsgehalt der Beihilfe wegen ihrer nur verstärkenden Förderung der Haupttat und ihres nur mittelbaren Einflusses auf den Erfolg in *allen* Fällen geringer ist als der Unrechtsgehalt der Haupttat und daß deswegen auch die Schuld des Gehilfen leichter wiegt als die des Täters. Verselbständigte Beihilfe (z. B. Unterstützen der Vereinigung in §§ 129 I, 129 a III) gilt als Täterschaft und geht der Beihilferegelung in § 27 vor[53].

5. Beihilfe kann auch durch **Unterlassen** geleistet werden, sofern dem Gehilfen eine Garantenpflicht obliegt (vgl. oben § 59 IV)[54]. Die Frage der Abgrenzung von Mittäterschaft und Beihilfe ist dabei in der Regel unproblematisch, da neben dem die Tatherrschaft ausübenden Täter eines vorsätzlichen Begehungsdelikts der Tatbeitrag des die Tat nicht hindernden Garanten grundsätzlich nur die **Bedeutung von Beihilfe** besitzt[55]. Die Tatherrschaft geht erst dann auf den Unterlassenden über, wenn der Handelnde den Tatablauf nicht mehr beherrscht.

Beispiele: Wer als Aufsichtsbeamter Diebstähle durch Gefangene bei Außenarbeiten duldet, begeht Beihilfe zum Diebstahl (RG 53, 292; vgl. auch OLG Karlsruhe GA 1971, 281). Der Vorgesetzte, der die unerlaubte Entfernung des Untergebenen vom Unfallort nicht hindert, ist Gehilfe (RG 69, 349). Der Schiffsoffizier, der den Schmuggel der Schiffsmannschaft zuläßt, macht sich der Beihilfe zur Zollhinterziehung schuldig (RG 71, 176[56]). Die Geliebte des verheirateten Mannes, die diesen an der Tötung der Frau nicht hindert, kann der Beihilfe zum Mord schuldig sein (RG 73, 53 [54]). Der Gastwirt, der billigend eine Körperverletzung eines Gastes in seinen Räumen duldet, kann nur wegen Beihilfe verantwortlich gemacht werden (anders BGH NJW 1966, 1763). Die Versicherte, die die Brandstiftung an dem versicherten Gebäude

---

[52] Über die Ersetzung der obligatorischen durch die fakultative Strafmilderung vgl. *Nagler*, GS 115 (1941) S. 36 ff.

[53] Kritisch dazu *Sommer*, JR 1981, 490 ff.

[54] Die Frage ist umstritten; wie hier *Busse*, Unterlassungsdelikte S. 325 ff.; *Frank*, § 49 Anm. I 2; *Dreher / Tröndle*, § 27 Rdn. 7; *Otto*, JuS 1982, 564 f.; *Lackner*, § 27 Anm. 4; *Preisendanz*, § 27 Anm. 3 b; *Maurach / Gössel / Zipf*, Allg. Teil II S. 287; *Jakobs*, Allg. Teil S. 696; *Schönke / Schröder / Cramer*, § 27 Rdn. 15; *Wessels*, Allg. Teil S. 226; einschränkend *LK (Roxin)* § 25 Rdn. 150; *Roxin*, Täterschaft und Tatherrschaft S. 476 ff., der in der Regel Unterlassungstäterschaft annimmt (S. 485); *Herzberg*, Täterschaft S. 83; *Stratenwerth*, Allg. Teil I Rdn. 1079. Gegen die Möglichkeit von Beihilfe durch Unterlassen *Armin Kaufmann*, Unterlassungsdelikte S. 291 ff.; *Grünwald*, GA 1959, 110 ff.; *Welzel*, Lehrbuch S. 222. Zum ganzen *Sowada*, Jura 1986, 399 ff.

[55] So *Bockelmann / Volk*, Allg. Teil S. 203 f.; *Gallas*, JZ 1952, 372; derselbe, JZ 1960, 687 Fußnote 67; *Lackner*, § 27 Anm. 4; *Kielwein*, GA 1955, 227; *Ranft*, ZStW 94 (1982) S. 823 ff.; *Schmidhäuser*, Allg. Teil S. 707. Dagegen *Bloy*, Beteiligungsform S. 218; *LK (Roxin)* § 25 Rdn. 153; *Stratenwerth*, Allg. Teil I Rdn. 1077. Nach der Art der Garantenpflicht (Beschützergaranten bzw. Überwachungsgaranten) differenzieren *Herzberg*, Täterschaft S. 82 ff. und *Schönke / Schröder / Cramer*, Vorbem. 89 ff. vor § 25.

[56] Dazu *Ranft*, ZStW 97 (1985) S. 300 f.

nicht hindert, ist wegen Beihilfe zu §§ 306 Nr. 2, 265 zu bestrafen (BGH *Dallinger* MDR 1951, 144f.). Zur Meineidsbeihilfe durch Unterlassen vgl. BGH 4, 327; 14, 229; 17, 321[57]. Vgl. ferner BGH 30, 391 (393); BGH NStZ 1985, 24.

V. Das Zusammentreffen mehrerer Beteiligungsformen

1. *An Teilnahmehandlungen* ist wiederum *Teilnahme* möglich[58]. Dabei ist Anstiftung zur Anstiftung gleichbedeutend mit Anstiftung zur Haupttat (Kettenanstiftung, vgl. oben § 64 III 2a). Anstiftung zur Beihilfe, Beihilfe zur Anstiftung[59] und Beihilfe zur Beihilfe (BGH 6, 361; 8, 137) sind mittelbare Beihilfe zur Haupttat *(Kettenbeihilfe)* (keine doppelte Herabsetzung des Strafrahmens![60]) (RG 14, 318 [320]; 23, 300 [306]; 59, 396).

2. Wenn *in einer Person* Täterschaft und Teilnahme oder Anstiftung und Beihilfe in bezug auf die gleiche Tat zusammentreffen (der Täter stiftet z. B. einen anderen zur Mittäterschaft oder Beihilfe an oder stiftet an und leistet außerdem Beihilfe zur Haupttat), so treten die schwächeren Formen der Beteiligung hinter den stärkeren zurück, d. h. die Anstiftung geht der Beihilfe, die Mittäterschaft der Anstiftung und der Beihilfe vor (Subsidiarität, vgl. unten § 69 II 2a) (RG 62, 72 [73]; BGH 4, 244 [247]; Sonderfälle in RG 70, 138; 293 [296f.])[61].

3. Wird durch dieselbe Handlung zu mehreren Taten angestiftet oder Beihilfe geleistet, so liegt nur *eine* Anstiftung oder Beihilfe in gleichartiger oder verschiedenartiger Idealkonkurrenz vor (RG 70, 26 [31]). Mehrere Hilfeleistungen zu einer Haupttat stehen in Fortsetzungszusammenhang oder Realkonkurrenz[62].

VI. Die notwendige Teilnahme

1. *Notwendige Teilnahme* ist dann gegeben, wenn ein Tatbestand so gefaßt ist, daß zu seiner Erfüllung begrifflich die Beteiligung von mehr als einer Person erforderlich ist, wie Tötung auf Verlangen (§ 216), Wucher (§ 302a), Beischlaf zwischen Verwandten (§ 173), sexueller Mißbrauch von Schutzbefohlenen (§ 174), Förderung sexueller Handlungen Minderjähriger (§ 180), Strafvereitelung (§ 258), Zuhälterei (§ 181a) oder Gläubigerbegünstigung (§ 283c). Mit Recht wird darauf hingewiesen, daß der Ausdruck „notwendige Teilnahme" nicht ganz exakt ist, weil es sich einmal auch um Mittäterschaft handeln kann und weil die Mitwirkung zum andern die Stufe der Teilnahme nicht zu erreichen braucht[63]. Die Fälle der notwendigen Teilnahme werden eingeteilt in Konvergenz- und Begegnungsdelikte[64]. Bei den **Konvergenzdelikten** richten sich die Willensäußerungen der Beteiligen von derselben Seite her auf dasselbe Ziel, wie bei der Gefangenenmeuterei (§ 121), dem schweren Hausfriedens-

---

[57] Vgl. dazu eingehend im Sinne der Begrenzung der Strafbarkeit *Bockelmann*, Untersuchungen S. 126 ff.; *Maurach*, DStr 1944, 1 ff.; *derselbe*, SJZ 1949, 541 ff.; Schönke / Schröder / Lenckner, Vorbem. 38 ff. vor § 153.
[58] Über die einzelnen Fallgestaltungen *Schwind*, MDR 1969, 13ff.; *LK (Roxin)* § 27 Rdn. 36ff.; *Stratenwerth*, Allg. Teil I Rdn. 965 ff.; *Schmidhäuser*, Allg. Teil S. 584 f.
[59] Vgl. *Martin*, DRiZ 1955, 299; *SK (Samson)* Vorbem. 50 vor § 26. Dagegen nimmt Schönke / Schröder / Cramer, § 27 Rdn. 18 bei der Hilfeleistung für den Anstifter nicht mittelbare Beihilfe zur Haupttat, sondern Beihilfe zur Anstiftung an.
[60] Ebenso *LK (Roxin)* § 27 Rdn. 43; *Schönke / Schröder / Cramer*, § 27 Rdn. 18. Differenzierend *Stratenwerth*, Allg. Teil I Rdn. 971 f.
[61] Vgl. *LK (Roxin)* § 27 Rdn. 43; *Schönke / Schröder / Cramer*, Vorbem. 51 vor § 25; *Stratenwerth*, Allg. Teil I Rdn. 973 f.
[62] So *Schönke / Schröder / Cramer*, § 27 Rdn. 38. Anders *LK (Roxin)* § 27 Rdn. 36: nur *eine* Beihilfe, da das Unrecht aus einer einzigen Haupttat hergeleitet wird.
[63] So *Herzberg*, Täterschaft S. 133; *LK (Roxin)* Vorbem. 27 vor § 26; *Maurach / Gössel / Zipf*, Allg. Teil II S. 274; *Stratenwerth*, Allg. Teil I Rdn. 944.
[64] So grundlegend *Freudenthal*, Notwendige Teilnahme S. 1, 122. Zur Entwicklung vgl. *LK*[9] *(Busch)* § 50 Rdn. 25.

bruch (§ 124) und dem Bandendiebstahl (§ 244 I Nr. 3). Da in diesen Fällen kraft Gesetzes alle Beteiligten als Täter strafbar sind, stellt sich das Problem der notwendigen Teilnahme nicht. Bei den **Begegnungsdelikten** richten sich die Willensäußerungen der Beteiligten zwar auch auf dasselbe Ziel, aber von verschiedenen Seiten her, so daß sich die Handlungen gewissermaßen aufeinander zu bewegen[65], wie bei der Förderung sexueller Handlungen Minderjähriger (§ 180). Hier droht das Gesetz in einzelnen Strafvorschriften nur bestimmten Beteiligten Strafe an, während es die anderen straflos läßt. Das gilt z. B. für den sexuellen Mißbrauch von Schutzbefohlenen (§ 174), den Beischlaf zwischen Verwandten bei noch nicht 18 Jahre alten Beteiligten (§ 173 III), die Vorteilsannahme (§ 331), die Begünstigung (§ 257 III 1) oder die Strafvereitelung (§ 258 V). Problematisch ist in diesen Fällen, ob sich aus dem Wesen der Teilnahme oder dem Sinn der betreffenden Strafvorschrift ergibt, daß der notwendig Beteiligte auch dann nicht wegen Anstiftung oder Beihilfe bestraft werden kann, wenn er über die Rolle hinausgegangen ist, die ihm der jeweilige Tatbestand zuweist. Die Rechtsprechung hat eine solche Beschränkung bisher abgelehnt und **Strafbarkeit des notwendig Beteiligten** dann angenommen, wenn er den anderen Teil zur Tat **anstiftet** oder ihn in **„rollenüberschreitender Weise"** unterstützt[66].

Beispiele: Strafbar ist die Hehlerei des Anstifters oder Gehilfen zur Vortat (BGH 7, 134; 8, 390 [392]; 13, 403 [406]), die Anstiftung zur Gefangenenbefreiung durch den Gefangenen selbst (RG 61, 31 [33]; BGH 4, 396 [401]; 17, 369 [373]; straflos freilich die wechselseitige Hilfe sich gemeinsam befreiender Gefangener); die Anstiftung und Beihilfe durch die begünstigte Partei zum Parteiverrat (RG 71, 114 [116]). Das gleiche gilt im Bereich der Sittlichkeitsdelikte: so wird die Anstiftung des Verkuppelten zur Kuppelei (§ 180 a. F.) als strafbar angesehen (RG 26, 369 [370]; BGH 10, 386 [387]; 15, 377 [382])[67], ebenso die des Zuhälters durch die Dirne (BGH 19, 107). Strafbar ist ferner die Anstiftung und Beihilfe zur Gläubigerbegünstigung (§ 283 c) durch den Begünstigten (RG 65, 416 [417]; 61, 314 [315 f.])[68], die Anstiftung zum Verkauf über den Höchstpreis durch den Käufer (RG 70, 344 [347]), die Anstiftung zum verbotenen Alkoholausschank durch den Gast (RG 70, 233 [234])[69].

2. Die **Strafbarkeit der notwendigen Teilnahme** wird dagegen im *Schrifttum* mit Recht wesentlich **eingeschränkt**[70].

a) Übereinstimmung (auch mit der Rechtsprechung; vgl. BGH 10, 283 [284]) besteht zunächst darüber, daß der notwendig Beteiligte *immer* straflos ist, soweit die Strafvorschrift gerade seinen *Schutz* bezweckt. In diesen Fällen wird die Mitwirkung des anderen Teils meist nicht einmal die Stufe der Beihilfe erreichen, so wenn ein Schulkind die unzüchtige Berührung durch den Lehrer geschehen läßt. Straflos ist als geschützte Person aber auch die Schülerin, die den Lehrer zu sexuellen Handlungen mit ihr selbst anstiftet (§ 174 I Nr. 1), der Minderjährige, der an der Vereitelung des Personensorgerechts mitwirkt (§ 235), der Bewucherte, der den Geldgeber zum Abschluß des wucherischen Geschäfts veranlaßt (§ 302 a) (RG 18, 273 [281])[71].

---

[65] So *Lange*, Notwendige Teilnahme S. 12.
[66] Auch diese Grenze wird von *Jakobs*, Allg. Teil S. 577 und *Herzberg*, Täterschaft S. 137 f. bestritten.
[67] Zustimmend *Blei*, Allg. Teil S. 264.
[68] Zustimmend *Herzberg*, Täterschaft S. 137 f.; *Otto*, Lange-Festschrift S. 214.
[69] Zustimmend *Otto*, Lange-Festschrift S. 214; *Schönke / Schröder / Cramer*, Vorbem. 49 vor § 25.
[70] Vgl. dazu *Baumann / Weber*, Allg. Teil S. 587; *Herzberg*, Täterschaft S. 133 ff.; *LK (Roxin)* Vorbem. 31 ff. vor § 26; *Otto*, Lange-Festschrift S. 210 ff.; *Maurach / Gössel / Zipf*, Allg. Teil II S. 277; *SK (Samson)* Vorbem. 49 vor § 26; *Welzel*, Lehrbuch S. 122 f.; *Stratenwerth*, Allg. Teil I Rdn. 945 ff.; *Schmidhäuser*, Allg. Teil S. 583 f.; *Wolter*, JuS 1982, 348 ff.
[71] Vgl. *LK (Roxin)* Vorbem. 33 vor § 26; *SK (Samson)* Vorbem. 47 vor § 26; *Otto*, Lange-Festschrift S. 211; *Wessels*, Allg. Teil S. 167.

b) Ferner wird bei Strafvorschriften, die die Unterstützung eines Straftäters verbieten, Straflosigkeit der aktiven Teilnahme des Begünstigten angenommen, weil die für die Tat charakteristische Motivationslage eine rollenüberschreitende Mitwirkung als mehr oder weniger selbstverständlich erscheinen läßt. Danach müssen Anstiftung und Beihilfe zur Gefangenenbefreiung durch den Gefangenen selbst (§ 120) straflos bleiben[72]. Bei der Strafvereitelung (§ 258 V) ist die Straflosigkeit dessen, der durch die Tat begünstigt werden soll (z. B. wegen Anstiftung zur Strafvereitelung) jetzt durch das Gesetz selbst vorgeschrieben. Dasselbe gilt für den an der Vortat Beteiligten bei der Begünstigung (§ 257 III), doch bleibt die Anstiftung eines Unbeteiligten strafbar[73]. In den Fällen der §§ 120, 258 a V ist es die wesentliche *Minderung der Schuld* (notstandsähnliche Lage), die zur Straflosigkeit führt[74].

c) Endlich hält ein Teil der Lehre die Straflosigkeit des notwendig Beteiligten auch dann für gerechtfertigt, wenn die *Initiative* zu der Tat *typischerweise* von seiner Seite auszugehen pflegt. Unter diesem Gesichtspunkt würden die Anstiftung zur Förderung der Prostitution zu eigenen Gunsten (§ 180a), die Anstiftung zum Verkauf unter Verletzung der Preisbindung durch den Käufer und die Teilnahme der Dirne an der Zuhälterei (§ 181a) straflos sein[75]. Maßgebend ist hier der Gedanke der *kriminalpolitischen Zwecklosigkeit* derartiger Verbote. Dagegen ist die Strafbarkeit der Anstiftung zur Gläubigerbegünstigung (§ 283 c) oder zum Parteiverrat (§ 356) weder zwecklos noch ungerecht[76].

Einzelfragen müssen durch Auslegung der Strafvorschriften des Besonderen Teils beantwortet werden[77].

§ 65 Versuchte Anstiftung zum Verbrechen und andere Vorstufen der Beteiligung

Blei, Anmerkung zu BGH 10, 388, NJW 1958, 30; *Börker,* Zur Bedeutung besonderer persönlicher Eigenschaften bei der versuchten Anstiftung zu einem Verbrechen, JR 1956, 286; *Bottke,* Strafrechtswissenschaftliche Methodik usw., 1979; *derselbe,* Rücktritt vom Versuch der Beteiligung, 1980; *J.-D. Busch,* Die Teilnahme an der versuchten Anstiftung, NJW 1959, 1119; *derselbe,* Die Strafbarkeit der erfolglosen Teilnahme usw., Diss. Marburg 1964; *R. Busch,* Zur Teilnahme an den Handlungen des § 49a StGB, Festschrift für R. Maurach, 1972, S. 245; *Coenders,* Zum neuen Strafgesetz, RG-Festgabe, Bd. V, 1929, S. 266; *Dreher,* Anmerkung zu

---

[72] So *Binding,* Lehrbuch Bd. II 2 S. 590; *Kohlrausch / Lange,* Vorbem. IV 1 vor § 47; *LK (Roxin)* Vorbem. 34 vor § 26; *Maurach / Schroeder,* Bes. Teil II S. 155; *Welzel,* Lehrbuch S. 507.

[73] Kritisch dazu *Stree,* JuS 1976, 138; *Lackner,* § 257 Anm. 7.

[74] Übereinstimmend *Stratenwerth,* Allg. Teil I Rdn. 950. Dagegen geht die von *Herzberg,* GA 1971, 10 empfohlene Behandlung des Triebmotivs als strafausschließendes Merkmal (§ 28 II) zu weit, weil dadurch auch Fälle straffrei gelassen würden, bei denen die Straflosigkeit unverdient wäre (z. B. Anstiftung zu § 283c). Auch die gesetzeslogischen Konsequenzen, die *Zöller,* Die notwendige Teilnahme S. 170 ff., 230 ff. aus der angeblich „mittäterschaftsähnlichen" Struktur der notwendigen Teilnahme zieht, sind schon deswegen nicht überzeugend, weil sich diese Struktur keineswegs immer nachweisen läßt.

[75] So *Bohne,* Frank-Festgabe Bd. II S. 471; *Gerland,* Lehrbuch S. 417; *Kohlrausch / Lange,* Vorbem. IV 2 vor § 47; *Welzel,* Lehrbuch S. 123; *Schmidhäuser,* Allg. Teil S. 583 f.; *Maurach / Gössel / Zipf,* Allg. Teil II S. 277. Zum Schutzzweck des § 181a BayObLG JZ 1974, 460.

[76] So mit Recht *Maurach / Gössel / Zipf,* Allg. Teil II S. 276; *Schönke / Schröder / Stree,* § 283 Rdn. 21, § 356 Rdn. 25; *Stratenwerth,* Allg. Teil I Rdn. 952. *Herzberg,* Täterschaft S. 139 geht hier einen Schritt zu weit, indem er auch die Strafbarkeit der bloßen Entgegennahme des Vorteils als Beihilfe annimmt.

[77] So zu Recht *LK (Roxin)* Vorbem. 36 vor § 26; *Wolter,* JuS 1982, 348 f.

BGH 3, 228, NJW 1953, 313; *derselbe,* Grundsätze und Probleme des § 49a StGB, GA 1954, 11; *derselbe,* Anmerkung zu BGH 6, 308, MDR 1955, 119; *derselbe,* Anmerkung zu BGH 14, 156, NJW 1960, 1163; *derselbe,* Anmerkung zu BGH 24, 38, MDR 1971, 410; *Gallas,* Der dogmatische Teil des Alternativentwurfs, ZStW 80 (1968) S. 1; *Jakobs,* Kriminalisierung im Vorfeld einer Rechtsgutsverletzung, ZStW 97 (1985) S. 751; *Armin Kaufmann,* Anmerkung zu BGH 9, 131, JZ 1956, 606; *Kern,* Die Äußerungsdelikte, 1919; *Kühl,* Grundfälle zu Vorbereitung usw., JuS 1979, 874; *derselbe,* Anmerkung zu BGH 32, 133 und BGH vom 7.10.1983, JZ 1984, 292; *Küper,* Versuchs- und Rücktrittsprobleme bei mehreren Tatbeteiligten, JZ 1979, 775; *derselbe,* Die Problematik des Rücktritts von der Verbrechensverabredung, JR 1984, 265; *Langer,* Zum Begriff der „besonderen persönlichen Merkmale", Festschrift für R. Lange, 1976, S. 241; *Letzgus,* Vorstufen der Beteiligung, 1972; *Maiwald,* Literaturbericht, ZStW 88 (1976) S. 712; *Maurach,* Die Problematik der Verbrechensverabredung (§ 49a II StGB), JZ 1961, 137; *H. Mayer,* Teilnahme und Gefangenenmeuterei, JZ 1956, 434; *Meister,* Zweifelsfragen zur versuchten Anstiftung, MDR 1956, 16; *Otto,* Personales Unrecht usw., ZStW 87 (1975) S. 539; *derselbe,* Die Aussagedelikte, JuS 1984, 161; *Roxin,* Die Strafbarkeit von Vorstufen der Beteiligung, JA 1979, 169; *R. Schmitt,* Rücktritt von der Verabredung zu einem Verbrechen, JuS 1961, 25; *Schröder,* Grundprobleme des Rücktritts vom Versuch, JuS 1962, 81; *derselbe,* Grundprobleme des § 49a StGB, JuS 1967, 289; *derselbe,* Anmerkung zu BGH 24, 38, JZ 1971, 563; *Vogler,* Funktion und Grenzen der Gesetzeseinheit, Festschrift für P. Bockelmann, 1979, S. 715; *Vogler / Kadel,* Eine verhängnisvolle Bitte, JuS 1976, 245; *Zipf,* Probleme der versuchten Bestimmung zu einer Straftat, Strafr. Probleme 8, 1980, S. 143.

Vgl. ferner die Schrifttumsangaben vor §§ 61 - 64.

I. Allgemeine Grundlagen

1. Die maßgebende Vorschrift über die Strafbarkeit von Vorstufen der Teilnahme ist § 30. Bis zum Jahre 1974 hat § 49a gegolten, der eine wechselvolle Geschichte gehabt hat. Eingeführt wurde die Strafbarkeit bestimmter Vorstufen der Teilnahme durch ein Gesetz vom 26.2.1876, nachdem sich unter dem Eindruck des Kulturkampfs in Preußen der Belgier Duchesne gegenüber dem Erzbischof von Paris erboten hatte, Bismarck gegen Zahlung von 60 000 Francs zu ermorden *(„Duchesne-Paragraph")*[1]. Durch VO vom 29.5.1943 wurde die Strafbarkeit auf Verabredung eines Verbrechens, Eintreten in eine ernsthafte Verhandlung und erfolglose Beihilfe zu einem Verbrechen ausgedehnt und die Strafdrohung verschärft[2]. Das 3. StÄG vom 4.8.1953 hat § 49a eine neue Gestalt gegeben: die Strafbarkeit der erfolglosen Beihilfe und der Verbrechensverhandlung wurde wieder beseitigt, die Rücktrittsvorschriften wurden verbessert. Das geltende Recht hat in den §§ 30, 31 grundsätzlich die bisherige Regelung übernommen, und zwar übereinstimmend mit §§ 35, 36 E 1962, aber gegen §§ 32, 33 AE, der die Bereiterklärung, die Annahme eines Erbietens und die Verabredung auch bei Verbrechen straflos lassen wollte. Die zuletzt genannten Fälle erschienen dem Gesetzgeber deswegen strafwürdig, weil „sehr gefährliche Bindungen entstehen können" (so BT-Drucksache V/4095 S. 13).

2. Vorbereitungshandlungen des Einzeltäters sind auch bei schwersten Verbrechen in der Regel straflos, die Strafbarkeit beginnt erst mit dem unmittelbaren Ansetzen zur Verwirklichung des Tatbestandes (§ 22). Davon macht § 30 eine Ausnahme für gewisse auf Verbrechen gerichtete **Vorbereitungshandlungen,** die sich als **Vorstufen der Beteiligung** darstellen. § 30 I erfaßt die versuchte Anstiftung zu einem Verbrechen, § 30 II andere Vorbereitungshandlungen (Erklärung der Bereitschaft, Annahme

---

[1] Zur Entstehungsgeschichte vgl. *J.-D. Busch,* Erfolglose Teilnahme S. 47ff.; *LK (Roxin)* § 30 vor Rdn. 1.

[2] Gegen diese Entwicklung bereits *Coenders,* RG-Festgabe S. 277f. („eine Vorschrift von geradezu unheimlicher Unsicherheit"). Kritisch zum § 49a a.F. insbesondere *Kohlrausch / Lange,* § 49a Anm. II, III („Ausdruck polizeilichen Geistes"); ferner *Baumann / Weber,* Allg. Teil S. 590; *Busch,* Maurach-Festschrift S. 252ff.; *Stratenwerth,* Allg. Teil I Rdn. 921. Für die kriminalpolitische Berechtigung des § 30 dagegen *Letzgus,* Vorstufen S. 126ff. (besondere Gefährlichkeit des konspirativen Tatentschlusses); *Jakobs,* Allg. Teil S. 630 (Kommunikation über das Stattfinden des Verbrechens); *LK (Roxin)* § 30 Rdn. 9f. (abgesehen vom Sich-Bereiterklären in § 30 II); *Kühl,* JuS 1979, 874f.; *Roxin,* JA 1979, 170f.

I. Allgemeine Grundlagen

des Erbietens eines anderen, Verabredung), die materiell Vorstufen von Mittäterschaft, Anstiftung oder Beihilfe darstellen. Der *Strafgrund* des § 30 liegt in der besonderen Gefährlichkeit konspirativer Bindungen, die durch Einbeziehung anderer Personen in den Tatentschluß entstehen[3]. Maßgebend für die Strafwürdigkeit ist die Stärkung und Festigung des Tatentschlusses des präsumtiven Täters, der durch die geistige Verbindung mit den anderen Beteiligten bei der Stange gehalten wird[4]; bei der mißlungenen Anstiftung und dem erfolglosen Sich-Bereiterklären wäre es allein das ernstliche Herantragen eines Verbrechensplans an einen anderen, den der Täter danach nicht mehr in der Hand hat[5].

3. Systematisch handelt es sich um Erscheinungsformen, die der Teilnahme verwandt sind. Da die Haupttat hier jedoch nicht wirklich begangen wird, beschränkt sich der Unwert der Tat auf ein im geistigen Bereich verbleibendes Handlungsunrecht, das objektiv allein durch die *Äußerung* der verbrecherischen Absicht bzw. des Einverständnisses mit dieser in Erscheinung tritt[6]. In allen Fällen – mit Ausnahme der systemfremden mißlungenen Anstiftung und des erfolglosen Sich-Erbietens, die noch weiter im Vorfeld liegen – beruht die Strafwürdigkeit der Tat auf der konspirativen Bindung des Tatentschlusses an einen fremden Willen. Die Einordnung des § 30 in den Abschnitt über die Teilnahme rechtfertigt sich durch die Abhängigkeit der Strafbarkeit von dem vorgestellten Verbrechen, dessen Vollendung alle Beteiligten wollen müssen *(hypothetische Akzessorietät)*[7]. Auch die Limitierung der Akzessorietät gilt für § 30, so daß z. B. die versuchte Anstiftung eines unerkennbar Geisteskranken strafbar ist. Es ist jedoch nicht zu verkennen, daß auch die Einordnung in den Abschnitt über den Versuch begründet werden könnte, da die für die Teilnahme charakteristische Abhängigkeit von der Haupttat mangels der Existenz einer solchen nicht besteht und durch eine bloß „hypothetische Akzessorietät" auch nicht ersetzt werden kann. Es handelt sich deshalb um *selbständig strafbare Vorbereitungshandlungen,* die aber in ihrer Struktur, da es sich um Konspirationsfälle handelt, die Erscheinungsformen der Teilnahme aufweisen (BGH 9, 131 [134]; 14, 378 [379])[8].

4. Für den **Verbrechenscharakter** der geplanten Straftat ist nicht die wirkliche Sachlage, sondern die davon möglicherweise abweichende Vorstellung des Handeln-

---

[3] Vgl. *Lackner,* § 30 Anm. 1; *Maurach / Gössel / Zipf,* Allg. Teil II S. 322; *Kühl,* JuS 1979, 874; *Schröder,* JuS 1967, 289; eingehend *Letzgus,* Vorstufen S. 126 ff.

[4] Aus diesem Grunde will *Letzgus,* Vorstufen S. 141 ff. de lege ferenda die Strafbarkeit nach § 30 I auf den Fall der *erfolglosen* Anstiftung (der Tatvorsatz wird herbeigeführt, aber die Tat unterbleibt) beschränken, während die *mißlungene* Anstiftung (nicht einmal der Tatentschluß wird herbeigeführt) straflos bleiben soll (S. 145). Entsprechendes hätte für das erfolglose Sich-Erbieten nach § 30 II zu gelten, weil in diesem Falle ein Tatentschluß ebensowenig zustande kommt (S. 175 f.). Kritisch dazu *Maiwald,* Literaturbericht, ZStW 88 (1976) S. 720. Dagegen denkt *Busch,* Maurach-Festschrift S. 256 de lege ferenda an eine differenzierte Regelung im Besonderen Teil bei den einzelnen Deliktsarten.

[5] *LK (Roxin)* § 30 Rdn. 9. Dagegen nicht überzeugend *Jakobs,* ZStW 97 (1985) S. 756.

[6] § 30 ist Äußerungsdelikt im Sinne von *Kern,* Die Äußerungsdelikte S. 9 ff.; Erklärungen können daher auch durch konkludentes Verhalten erfolgen.

[7] So die h. M.; vgl. *Baumann / Weber,* Allg. Teil S. 590; *Dreher / Tröndle,* § 30 Rdn. 2; *Letzgus,* Vorstufen S. 219 ff.; *Kohlrausch / Lange,* § 49 a Anm. II (wenn auch kritisch); *Maurach,* JZ 1961, 138; *Maurach / Gössel / Zipf,* Allg. Teil II S. 322; *LK (Roxin)* § 30 Rdn. 39; *Schönke / Schröder / Cramer,* § 30 Rdn. 3; *Schmidhäuser,* Allg. Teil S. 644; *Schröder,* JuS 1967, 289. Dagegen nimmt *H. Mayer,* Lehrbuch S. 341 im Anschluß an *Binding,* Lehrbuch Bd. II 2 S. 838 ff. einen selbständigen Tatbestand an (Angriff gegen die rechtstreue Gesinnung des Partners).

[8] So *Letzgus,* Vorstufen S. 219 ff.; *LK (Roxin)* § 30 Rdn. 2 gegen die Teilnahmetheorie bei *Maurach / Gössel / Zipf,* Allg. Teil II S. 322.

den maßgebend, da durch § 30 ebenso wie beim Versuch der geäußerte rechtsfeindliche Wille erfaßt werden soll (BGH 4, 254; BGH NJW 1951, 666 [667]; GA 1963, 126; NJW 1982, 2738). Anzuwenden ist auch hier die abstrakte Betrachtungsweise (vgl. oben § 7 IV 2).

Umstritten ist jedoch die Frage, wie zu entscheiden ist, wenn *besondere persönliche Merkmale* (§ 28) die Tat zum Verbrechen machen (z. B. die Amtsträgereigenschaft)[9]. Für die Qualifizierung der in Aussicht genommenen Tat stellt die Lehre überwiegend auf die Person des Anstifters bzw. des ein Erbieten Annehmenden ab (nicht auf die als Täter in Aussicht genommene Person), wendet also § 28 II auch auf die Frage der Verbrechensnatur der Tat an[10]. Richtig ist es jedoch, ein Verbrechen im Sinne des § 30 nur dann anzunehmen, wenn die besonderen persönlichen Merkmale in der Person dessen gegeben sind, *der die Tat begehen soll,* denn es sind nicht die gefährlichen Täter, die § 30 erfassen will, sondern die besonders schweren *Taten.* Deren Vorbereitung soll unter Strafe gestellt werden[11]. Daraus folgt zugleich, daß nur diejenigen persönlichen Merkmale zur Begründung der Verbrechensnatur der beabsichtigten Tat herangezogen werden dürfen, die ihren materiellen Unrechtsgehalt betreffen (also nicht etwa der Rückfall wie in RG 32, 267), da nur im Falle eines erhöhten Unrechtsgehalts der beabsichtigten Tat das erhöhte Schutzbedürfnis der Allgemeinheit zu bejahen ist, das die Anwendung des § 30 rechtfertigt[12]. Der Einwand, daß der erfolglose Anstifter nach § 30 schärfer hafte als der Mittäter, dem ein die Tat zum Vergehen herabstufendes besonderes persönliches Merkmal zugute kommt (z. B. beim Versuch nach § 313, der in Abs. 2 nicht mit Strafe bedroht ist), läßt sich dadurch ausräumen, daß man in einem derartigen Sonderfall auch nach § 30 Straflosigkeit eintreten läßt (argumentum a maiore ad minus).

Beispiel: Für die Frage, ob erfolglose Anstiftung zum Mord oder zum Totschlag anzunehmen ist, kommt es allein darauf an, wie sich der Anstifter (§ 30 I) die Ausführung der Tat vorgestellt hat (BGH NJW 1951, 666). Vgl. zu § 347 a. F. (jetzt § 120 II) ferner BGH 6, 308 (309f.). Auf den Anstifter sollte es auch nach BGH 14, 353 (355f.) im Falle von § 218 III a. F. (jetzt § 218 I) ankommen.

5. Die **Strafe** ist in allen Fällen des § 30 die Versuchsstrafe des vorbereiteten Verbrechens, doch ist die Strafmilderung im Unterschied zu § 23 II *obligatorisch.* Wäre das geplante Verbrechen ein minder schwerer Fall, so wäre der dafür vorgesehene Strafrahmen nach § 49 I zu mildern (BGH 32, 133 [136]). § 28 II ist anzuwenden, so daß die erfolglose Anstiftung eines Amtsträgers nach § 345 für den Nichtqualifizierten nach §§ 239, 30, 49 I bestraft wird. Bei § 28 I (echtes Amtsdelikt) tritt doppelte Versuchsmilderung ein. Da es sich bei § 30 immer um Versuchsfälle handelt, ist bei grobem Unverstand § 23 III anzuwenden (§ 30 I 3) (vgl. oben § 50 I 5b).

---

[9] Der Gesetzgeber hat die Frage, die in § 35 III E 1962 und in § 32 II AE kontrovers geregelt war, bewußt offen gelassen (BT-Drucksache V/4095 S. 13); kritisch dazu *Roxin,* Einführung S. 26f.

[10] So *Blei,* Allg. Teil S. 292; *Jakobs,* Allg. Teil S. 632; *Heinitz,* Berliner Festschrift für den 41. DJT S. 117; *Kohlrausch / Lange,* § 49a Anm. IV 3; *Lackner,* § 30 Anm. 1a; *Langer,* Lange-Festschrift S. 249; *Maurach,* JZ 1961, 141; *Maurach / Gössel / Zipf,* Allg. Teil II S. 326; *Schröder,* JuS 1967, 292f.; *Schönke / Schröder / Cramer,* § 30 Rdn. 14; *SK (Samson)* § 30 Rdn. 11; *Schmidhäuser,* Allg. Teil S. 645; *Vogler / Kadel,* JuS 1976, 249; *Wessels,* Allg. Teil S. 159. Verbrechensqualität in der Person beider Beteiligten verlangt *Baumann / Weber,* Allg. Teil S. 592.

[11] So *Bockelmann / Volk,* Allg. Teil S. 217; *LK[9] (Busch)* § 49a Rdn. 21ff.; *J.-D. Busch,* Erfolglose Teilnahme S. 149f.; *Börker,* JR 1956, 286; *Dreher,* NJW 1953, 313; *derselbe,* GA 1954, 17; *derselbe,* MDR 1955, 119; *Dreher / Tröndle,* § 30 Rdn. 6; *LK (Roxin)* § 30 Rdn. 43; *Preisendanz,* § 30 Anm. 3a; *Letzgus,* Vorstufen S. 205; *Meister,* MDR 1956, 16; *Niese,* JZ 1955, 324; *Stratenwerth,* Allg. Teil I Rdn. 915; *Welzel,* Lehrbuch S. 118. Bei der Verabredung (§ 30 II) genügt zur Bestrafung für alle Beteiligten, daß für einen der Komplottanten die Tat ein Verbrechen wäre; ebenso *LK[9] (Busch)* § 49a Rdn. 32; *Dreher,* GA 1954, 16; *Letzgus,* Vorstufen S. 206ff. Nach *Schönke / Schröder / Cramer,* § 30 Rdn. 14; *Schröder,* JuS 1967, 292f.; *Maurach,* JZ 1961, 141 soll dagegen bei der Verabredung der präsumtive Mittäter, für den die verabredete Tat nur ein Vergehen darstellte, nicht nach § 30 II bestraft werden können.

[12] So *Gallas,* ZStW 80 (1968) S. 33; *Dreher,* GA 1954, 16f.; *Letzgus,* Vorstufen S. 205f.

II. Die versuchte Anstiftung (§ 30 I)

Bestraft wird nach § 30 I einmal die **versuchte Anstiftung zu einem Verbrechen**[13]. Ausdrücklich für strafbar erklärt ist zum anderen in Übereinstimmung mit der früheren Rechtsprechung und Lehre (vgl. 2. Auflage S. 534) die erfolglose Anstiftung zur Verbrechensanstiftung (**versuchte Kettenanstiftung**), während die versuchte Anstiftung zur Verbrechensbeihilfe und die Beihilfe zur versuchten Verbrechensanstiftung straflos bleiben, weil die versuchte Beihilfe auch als solche nicht mehr mit Strafe bedroht ist (BGH 14, 156 [157]; 31, 10 [11])[14]. In § 159 ist die Vorschrift auf die beiden Vergehen der falschen uneidlichen Aussage (§ 153) und der falschen Versicherung an Eides Statt (§ 156) ausgedehnt. Die Überschreitung des Rahmens der Verbrechen ist gerechtfertigt durch die spezifische Gefährlichkeit dieser beiden Rechtspflegedelikte[15].

1. Als *Handlung* muß ein unmittelbares Ansetzen (§ 22) zur Bestimmung eines anderen zum Verbrechen vorliegen[16]. Richtig ist es dabei zu verlangen, daß die Erklärung dem Adressaten wenigstens zugegangen sein muß, weil sonst das Minimum an Gefährlichkeit nicht erreicht ist, das für die Strafwürdigkeit der Tat erforderlich erscheint[17]. Die Vollendung der Anstiftung kann fehlen, weil der Anzustiftende den Tatentschluß nicht faßt (*mißlungene* A.), weil er ihn nicht ausführt (*erfolglose* A.) oder weil er zur Tat schon vorher entschlossen war (*untaugliche* A.) (vgl. oben § 64 III 2c). Wenn der Angestiftete die Haupttat wenigstens in der Form eines strafbaren Versuchs begeht, greift § 26 ein, da die Anstiftung dann nicht mehr versucht, sondern vollendet ist.

2. Der Täter muß weiter den *doppelten Vorsatz des Anstifters* haben, d. h. er muß den Anzustiftenden zu dem Verbrechen bestimmen und zugleich die Ausführung der Haupttat herbeiführen wollen. Auch was den Grad der Bestimmtheit des Vorsatzes anlangt, gelten die für den Anstifter aufgestellten Regeln (vgl. oben § 64 III 2b). Die Ernstlichkeit der Aufforderung setzt nur voraus, daß der Anstifter damit rechnet, daß der Anzustiftende die Aufforderung ernst nimmt[18]. Freilich muß er auch selbst die Ausführung der Haupttat wollen. Deshalb scheidet § 30 I aus, wenn die Tat nur mit dem Auffordernden gemeinsam begangen werden kann und dieser den Vorschlag nicht ernst gemeint hat (BGH 18, 160).

---

[13] Zur Kritik des § 15 österr. StGB, der von den Vorstufen der Teilnahme *nur* die erfolglose Anstiftung, diese aber auch bei Vergehen unter Strafe stellt, *Zipf*, Strafr. Probleme 8 S. 165ff.

[14] Für Strafbarkeit der Beihilfe zu § 30 aber *Dreher*, GA 1954, 17f.; *derselbe*, NJW 1960, 1163f.; *Busch*, Maurach-Festschrift S. 255.

[15] Mit Recht hat BGH 24, 38 die Strafbarkeit des Anstifters aus § 159 verneint, wenn die eidesstattliche Versicherung des Täters als untauglicher Versuch straflos ist, denn *gefährlich* ist ein Tatentschluß nur, wenn er bei Verwirklichung mit Strafe bedroht wäre. Anders *Schröder*, JZ 1971, 563; *Dreher*, MDR 1971, 410; *Otto*, JuS 1984, 170; *Lackner*, § 159 Anm. 3.

[16] BGH 8, 294 (296) will dafür „jedes Handeln" genügen lassen. Mit Recht betont dagegen *H. Mayer*, JZ 1956, 435, daß ein Versuch *geistiger Beeinflussung* vorliegen muß, da es sich um versuchte Anstiftung handelt; ebenso *LK (Roxin)* § 30 Rdn. 12.

[17] So RG 26, 81; 47, 230; *Eser*, Strafrecht II Nr. 47 A Rdn. 19; *Letzgus*, Vorstufen S. 41 Fußnote 89; *Schmidhäuser*, Allg. Teil S. 647 Fußnote 43; *Schröder*, JuS 1967, 290; *SK (Samson)* § 30 Rdn. 14; *Stratenwerth*, Allg. Teil I Rdn. 917. Die Gegenmeinung, daß die Erklärung nicht einmal in den Besitz des Adressaten gelangt sein müsse, vertreten BGH 8, 261; 31, 10 (11); *Lackner*, § 30 Anm. 2a; *Maurach/Gössel/Zipf*, Allg. Teil II S. 324; *Schönke/Schröder/Cramer*, § 30 Rdn. 19; *Blei*, Allg. Teil S. 291; *Bockelmann/Volk*, Allg. Teil S. 216; *Dreher*, GA 1954, 14; *Dreher/Tröndle*, § 30 Rdn. 9; *LK (Roxin)* § 30 Rdn. 15f.; *Preisendanz*, § 30 Anm. 3d; *Wessels*, Allg. Teil S. 160.

[18] Vgl. *Schröder*, JuS 1967, 292 sowie auch *Letzgus*, Vorstufen S. 182f. m. w. Nachw. in Fußnote 289.

III. Verabredung, Annahme des Anerbietens, Erklärung der Bereitschaft in bezug auf Verbrechen (§ 30 II)

Mit Strafe bedroht sind weiter nach § 30 II gewisse Vorbereitungshandlungen, die sich als Vorstufen von Mittäterschaft, Anstiftung und Beihilfe darstellen.

1. Praktisch wichtig und in hohem Grade strafwürdig ist vor allem die **Verabredung eines Verbrechens;** sie kommt besonders bei Terrorismus, Raub und anderen Gewaltdelikten, insbesondere bei den Straftaten nach §§ 239a, 239b, 316c vor. Beim schweren Diebstahl (§§ 243, 244) ist sie häufig, aber nicht strafbar. Verabredung bedeutet, daß sich mindestens zwei Menschen ernstlich darüber einig werden, eine als Verbrechen mit Strafe bedrohte Handlung *als Mittäter* zu begehen oder einen anderen gemeinschaftlich dazu anzustiften (BGH NStZ 1982, 244)[19]. Die Verabredung ist also nichts anderes als der gemeinschaftliche Tatentschluß im Sinne des § 25 II (vgl. oben § 63 II 1)[20]. Eine bloße Vorbesprechung ist noch keine Verabredung (BGH 12, 306 [309]), doch steht die Abhängigkeit der Ausführung der Tat von erst zu schaffenden Bedingungen der Annahme einer Verabredung nicht entgegen (vgl. zum bedingten Handlungswillen oben § 29 III 3e)[21]. Unter § 30 II fällt jetzt, wie gesagt, auch die Verabredung zu einer Anstiftung zum Verbrechen, sofern die Anstiftungshandlung in der Form der Mittäterschaft ausgeführt werden soll. An den Grad der Bestimmtheit des Verbrechensplans stellt die Praxis mit Recht keine allzu hohen Anforderungen, sofern dieser selbst nur ernst gemeint ist. Strafbar ist auch die Anstiftung zur Verbrechensverabredung[22].

Beispiele: § 30 II ist anzunehmen, wenn Mittäter sich zur Ausführung eines Angriffs auf Kraftfahrer (§ 316a) an die Autobahn begeben (OLG Köln NJW 1951, 612), wenn die Räuber noch nicht wissen, ob sie die Raststätte oder die Tankstelle überfallen wollen (BayObLG NJW 1954, 1257). Zu eng OLG Hamburg MDR 1948, 368 („irgendwo in Hamburg" soll für die Verabredung einer räuberischen Erpressung nicht ausreichen). Wenn die Räuber an der Haustür des Opfers klingeln und mit dessen Erscheinen rechnen, um es alsbald mit der Waffe zu bedrohen, liegt schon Versuch, nicht mehr nur Verabredung vor (BGH NStZ 1984, 506).

2. Die **Annahme des Anerbietens** bedeutet, daß der Täter sich mit der Bereitschaft eines anderen, ein bestimmtes Verbrechen begehen oder zu ihm anstiften zu wollen, durch seine Zustimmung einverstanden erklärt. Seine eigene Mitwirkung liegt darin, daß er durch die Annahme den Tatentschluß des Sich-Erbietenden festigt (erfolglose psychische Beihilfe)[23]. Führt er den Tatentschluß erst herbei, so liegt erfolglose Anstiftung nach § 30 I vor. Nicht zu folgen ist der Auffassung, daß zwar die Annahmeerklärung, nicht aber das Anerbieten ernstlich gemeint sein müßte, denn nur ein unter der Bedingung der Annahme *entschlossener* Wille stellt eine Gefahr dar, die die Strafe gegen den Annehmenden rechtfertigt (anders BGH 10, 388)[24].

---

[19] Vgl. *Baumann / Weber,* Allg. Teil S. 592 f.; *Dreher,* GA 1954, 14; *Kohlrausch / Lange,* § 49a Anm. V 1; *Lackner,* § 30 Anm. 3a; *LK (Roxin)* § 30 Rdn. 59; *Maurach / Gössel / Zipf,* Allg. Teil II S. 329; *Schönke / Schröder / Cramer,* § 30 Rdn. 25; *Letzgus,* Vorstufen S. 110; *Schmidhäuser,* Allg. Teil S. 644; *Stratenwerth,* Allg. Teil I Rdn. 921.

[20] Zur Struktur der Verabredung vgl. im einzelnen *Letzgus,* Vorstufen S. 105 ff.

[21] Vgl. *Maurach,* JZ 1961, 139; *Schröder,* JuS 1967, 291; *R. Schmitt,* JuS 1961, 25.

[22] So *Schönke / Schröder / Cramer,* § 30 Rdn. 36; dagegen *Maurach,* JZ 1951, 143.

[23] So *Dreher,* GA 1954, 18; *Dreher / Tröndle,* § 30 Rdn. 11; *LK⁹ (Busch)* § 49a Rdn. 36; *Blei,* Allg. Teil S. 293. Anderer Ansicht die h. L.; vgl. *Letzgus,* Vorstufen S. 97 f. m. Nachw.; *Jakobs,* Allg. Teil S. 633; *LK (Roxin)* § 30 Rdn. 88; *Schönke / Schröder / Cramer,* § 30 Rdn. 24; *SK (Samson)* § 30 Rdn. 22.

[24] Wie der Text RG 57, 243 (245); *Blei,* NJW 1958, 30; *Kohlrausch / Lange,* § 49a Anm. V 3; *Letzgus,* Vorstufen S. 184 f.; *Schmidhäuser,* Allg. Teil S. 646. Dagegen aber *Lackner,* § 30 Anm. 3a; *Maurach / Gössel / Zipf,* Allg. Teil II S. 330; *LK (Roxin)* § 30 Rdn. 92; *Dreher / Tröndle,* § 30 Rdn. 11; *Otto,* ZStW 87 (1975) S. 569 Fußnote 105; *Preisendanz,* § 30 Anm. 4b; *Schönke / Schröder / Cramer,* § 30 Rdn. 28.

Für die Annahmeerklärung genügt es, wenn der Annehmende damit rechnet, daß der andere aufgrund der Erklärung die Tat ausführen werde.

3. Am weitesten ist der Gesetzgeber in der Bestrafung des **Sich-Bereiterklärens** gegangen: erfaßt wird hier nicht die Gefahr, daß ein anderer infolge der Erklärung des Täters ein Verbrechen begehen könnte, sondern schon die ernstlich gemeinte (BGH 6, 346 [347]) *Äußerung der eigenen Bereitschaft*, die allerdings jemandem zugehen muß, von dessen Zustimmung der Täter die Ausführung des Verbrechens abhängig macht. Die Bereitwilligkeit muß gegenüber einer Person erklärt werden, die der Erklärung erst zustimmen soll. Das Sich-Bereiterklären kann ferner in der Weise erfolgen, daß der Erklärende die Aufforderung zur Tat durch einen anderen annimmt. Ist der Erklärende von dem anderen angestiftet worden, bedarf es nicht einmal des Zugangs der Erklärung[25]. Dieser Fall erfaßt den präsumtiven Täter bei der erfolglosen Anstiftung. Sogar die Erklärung der Bereitschaft zu einer Anstiftung reicht nach geltendem Recht ausdrücklich aus.

IV. Der Rücktritt vom Versuch der Beteiligung (§ 31)

1. Die Rücktrittsvorschrift des § 24 findet nur auf Versuchshandlungen i. S. von § 22 Anwendung[26]. Für den **Rücktritt von den Vorstufen der Beteiligung** hat der Gesetzgeber deshalb in § 31 Sondervorschriften geschaffen (BGH 15, 198). Der Rücktritt muß immer freiwillig sein (BGH 12, 306 [308f., 311][27]) (vgl. oben § 51 III 2). Tritt der Täter des in Aussicht genommenen Verbrechens später freiwillig vom Versuch nach § 24 zurück, so lebt die Strafbarkeit nach § 30 nicht wieder auf, da keine erfolglose Vorbereitungshandlung mehr vorliegt, wenn ein mit Strafe bedrohter Versuch stattgefunden hat (BGH 14, 378; BGH NStZ 1983, 364)[28] (vgl. unten § 69 III 1). Diese Folge wird man auch dann anzunehmen haben, wenn die Tat, die versucht wurde, weniger schwer wiegt als die geplante, weil die Straflosigkeit der *Tat* auch die Straflosigkeit der *Teilnahme* und ihrer *Vorstufen* als den geringeren Formen des Handlungsunrechts umfassen muß[29].

2. § 31 ist auf die einzelnen Fälle der erfolglosen Teilnahme zugeschnitten. Das geltende Recht hat Zweifelsfragen beseitigt und die Rücktrittsregelung verbessert (vgl. 2. Auflage S. 536). Beim **Anstiftungsversuch** genügt an sich das Aufgeben der Einwirkung auf den anderen; sobald jedoch die (subjektiv vom Anstifter zu beurteilende) Gefahr besteht, daß der Anzustiftende die Tat begeht, muß der Anstifter diese Gefahr abwenden (§ 31 I Nr. 1)[30]. Für den Rücktritt von der **Bereiterklärung** verlangt Nr. 2, daß der Täter sein Vorhaben in nach außen

---

[25] So *LK (Roxin)* § 30 Rdn. 83; *Letzgus*, Vorstufen S. 94 Fußnote 27; *Maurach / Gössel / Zipf*, Allg. Teil II S. 330; *Schröder*, JuS 1967, 291. Dagegen verlangen den Zugang auch in diesem Falle *Dreher / Tröndle*, § 30 Rdn. 10; *Schönke / Schröder / Cramer*, § 30 Rdn. 23; *SK (Samson)* § 30 Rdn. 21.

[26] Vgl. *Schröder*, JuS 1962, 85.

[27] Vgl. dazu kritisch *R. Schmitt*, JuS 1961, 25 ff.

[28] So auch *Baumann / Weber*, Allg. Teil S. 594; *Lackner*, § 31 Anm. 3; *LK⁹ (Busch)* § 49 a Rdn. 11; *Maurach*, JZ 1961, 145; *Roxin*, JA 1979, 175; *Küper*, JZ 1979, 783; *Schönke / Schröder / Cramer*, § 30 Rdn. 40. Dagegen aber *Dreher / Tröndle*, § 30 Rdn. 16.

[29] Ebenso *Roxin*, JA 1979, 175; *LK (Roxin)* § 30 Rdn. 80; *Bottke*, Methodik S. 564 f.; *Schönke / Schröder / Cramer*, § 30 Rdn. 40; *Schmidhäuser*, Allg. Teil S. 648. Die Gegenmeinung vertreten *Maurach*, JZ 1961, 146; *LK⁹ (Busch)* § 49 a Rdn. 11; *Vogler*, Bockelmann-Festschrift S. 728 f.

[30] Vgl. hierzu näher *SK (Samson)* § 31 Rdn. 7 ff., zur Frage des Irrtums des Anstifters über das Bestehen der Gefahr Rdn. 11. Für subjektives Verständnis der Gefahr wie der Text *LK (Roxin)* § 31 Rdn. 5 ff.; *Schönke / Schröder / Cramer*, § 31 Rdn. 5; *SK (Samson)* Rdn. 11. Für objektive Beurteilung wie E 1962, Begründung S. 155 *Dreher / Tröndle*, § 31 Rdn. 5; *Lackner*, § 31 Anm. 1 a; *LK⁹ (Busch)* § 49 a Rdn. 45; *Maurach / Gössel / Zipf*, Allg. Teil II S. 333. Dagegen will *Bottke*, Rücktritt S. 62 f. den § 31 II analog anwenden.

erkennbarer Weise[31] aufgibt, z. B. durch Widerruf gegenüber dem Erklärungsempfänger. Für den Rücktritt von der **Verabredung** und der **Annahme des Anerbietens** ist nach Nr. 3 die Verhinderung der Tat erforderlich. Auch bloße Untätigkeit kann dafür genügen, wenn nach der Vorstellung des Zurücktretenden die verabredete Tat ohne ihn nicht begangen werden kann (BGH 32, 133 [134f.]) oder wenn jeder der Beteiligten für sich zurücktritt, ohne dies dem anderen zu offenbaren (BGH JZ 1984, 290 m. zust. Anm. zu beiden Entscheidungen von *Kühl*, JZ 1984, 292 und *Küper*, JR 1984, 265). Mißlingt der Rücktritt von der Verabredung, weil die anderen Beteiligten die Tat ausführen, so haftet der Rücktrittswillige als Mittäter oder Gehilfe (BGH 28, 346 [348f.]). Nach § 31 II genügt freiwilliges und ernsthaftes Bemühen um die Verhinderung, wenn die Tat ohne Zutun des Zurücktretenden unterbleibt (der Anstiftungsversuch ist ohne sein Wissen fehlgeschlagen) oder wenn sie unabhängig von seinem vorausgegangenen Verhalten begangen wird (der Anzustiftende war schon zur Tat entschlossen)[32].

V. Die Subsidiarität des § 30

Die **Strafbarkeit nach § 30 ist subsidiär,** da es sich um Vorstufen der Teilnahme handelt (vgl. unten § 69 II 2b). Die Vorschrift tritt zurück, sobald das geplante Verbrechen wenigstens in Versuchsform ausgeführt wird[33]. Dies gilt auch dann, wenn bei der Ausführung der Tat über den Verbrechensplan hinausgegangen wird, nicht aber, wenn die ausgeführte Tat eine ganz andere oder weniger schwere ist als die geplante. In dem zuletzt genannten Fall ist Tateinheit mit § 30 anzunehmen[34]. Tateinheit besteht auch, wenn der Anstiftungsversuch zugleich eine andere Straftat darstellt (BGH 6, 308 [311]).

Beispiele: § 30 tritt zurück, wenn der Raub, zu dem aufgefordert wurde, wirklich begangen wird, mag auch an die Stelle des erfolglos Aufgeforderten ein anderer getreten sein (BGH 8, 38). Die erfolglose Anstiftung zum Meineid steht dagegen in Tateinheit mit Anstiftung zur uneidlichen Falschaussage, wenn der Zeuge wider Erwarten nicht vereidigt wird (BGH 9, 131 [134] unter Aufgabe von BGH 1, 131 [135]). Die Strafbarkeit wegen Verbrechensverabredung (§ 30 II) lebt nicht wieder auf, wenn die Komplottanten nach § 24 II vom Versuch zurücktreten (BGH 14, 378) (vgl. oben § 65 IV 1).

5. Kapitel: Einheit und Mehrheit von Straftaten

Wenn mehrere Gesetzesverletzungen zusammentreffen, erhebt sich die Frage, ob die Rechtsfolgen gesondert bemessen und dann addiert werden sollen *(Kumulationsprinzip)* oder ob ein weniger strenges System anzuwenden ist. In Betracht kommen dafür die Verschärfung der schwersten Strafe *(Asperationsprinzip),* die Straffestsetzung allein nach dem schwersten der verletzten Gesetze *(Absorptionsprinzip),* die Verknüpfung der Strafdrohungen der verschiedenen verletzten Gesetze zu einer gemein-

---

[31] Ebenso *Dreher / Tröndle*, § 31 Rdn. 6; *Lackner*, § 31 Anm. 1b; *Baumann / Weber*, Allg. Teil S. 593. Die bloße innerliche Willensumkehr soll indessen genügen nach *Bottke*, Rücktritt S. 47f.; *Jakobs*, Allg. Teil S. 635; *LK (Roxin)* § 31 Rdn. 17; *Schönke / Schröder / Cramer*, § 31 Rdn. 7; *SK (Samson)* § 31 Rdn. 17.

[32] Vgl. hierzu näher *SK (Samson)* § 31 Anm. 14ff.; *Bottke*, Rücktritt S. 59ff.

[33] BGH 14, 378 (379); BGH NStZ 1983, 364; *Baumann / Weber*, Allg. Teil S. 594; *Blei*, Allg. Teil S. 292; *Lackner*, § 30 Anm. 6; *LK (Roxin)* § 30 Rdn. 51; *Küper*, JZ 1979, 782; *Maurach*, JZ 1961, 145; *Schröder*, JuS 1967, 294f.; *Schönke / Schröder / Cramer*, § 30 Rdn. 38.

[34] Ebenso heute der BGH und die h. L.; vgl. BGH 9, 131 m. zust. Anm. *Armin Kaufmann*, JZ 1956, 607; *Baumann / Weber*, Allg. Teil S. 594; *Dreher / Tröndle*, § 30 Rdn. 16; *Lackner*, § 30 Anm. 6; *LK (Roxin)* § 30 Rdn. 53; *Preisendanz*, § 30 Anm. 5b; *Letzgus*, Vorstufen S. 63f.; *Maurach / Gössel / Zipf*, Allg. Teil II S. 331; *Schröder*, JuS 1967, 294; *Schönke / Schröder / Cramer*, § 30 Rdn. 39; *Vogler*, Bockelmann-Festschrift S. 725.

samen Strafdrohung *(Kombinationsprinzip)* und die Bestimmung einer einheitlichen Strafe ohne Rücksicht auf die Zahl der Gesetzesverletzungen und die Art ihres Zusammentreffens *(Prinzip der Einheitsstrafe)*[1]. Im geltenden Recht ist die Frage der anzuwendenden Sanktion im Dritten Abschnitt „Rechtsfolgen der Tat" unter dem Dritten Teil „Strafbemessung bei mehreren Gesetzesverletzungen"[2] in Übereinstimmung mit den Grundlinien des früheren Rechts geregelt. Drei Fallgruppen werden dabei unterschieden[3]. Verletzt *eine* Handlung *dasselbe* Strafgesetz mehrmals, so wird die Strafe nach dem Absorptionsprinzip dem mehrmals verletzten Gesetz nur einmal entnommen (§ 52 I). Wenn *eine* Handlung *verschiedene* Strafgesetze verletzt, so werden die Strafdrohungen dieser Gesetze nach dem Kombinationsprinzip zu einer gemeinsamen Strafdrohung zusammengefaßt (§ 52 II - IV). Wenn dagegen *mehrere* Handlungen desselben Täters zur gleichen Zeit abgeurteilt werden, findet teils das Asperations-, teils das Kumulationsprinzip Anwendung (§§ 53 - 55). In einer weiteren Gruppe von Fällen, die im Gesetz nicht geregelt ist, liegt eine mehrfache Gesetzesverletzung nur scheinbar vor, während sich in Wirklichkeit aus dem Verhältnis der beteiligten Strafvorschriften ergibt, daß nur eine einzige anzuwenden ist und die anderen zurücktreten. Die erste Fallgruppe nennt man *Idealkonkurrenz,* die zweite *Realkonkurrenz,* die dritte *Gesetzeskonkurrenz* (oder besser Gesetzeseinheit oder scheinbare Konkurrenz)[4]. Die Judikatur spricht bei Idealkonkurrenz von *Tateinheit,* bei Realkonkurrenz von *Tatmehrheit* (BGH 4, 303 [304]; 4, 345; 8, 243); dies sind auch die Überschriften von § 52 bzw. § 53.

§ 66 Handlungseinheit und Handlungsmehrheit

Bindokat, Zur Frage des prozessualen Tatbegriffs, GA 1967, 362; *Blei,* Die natürliche Handlungseinheit, JA 1973, 95; *Bringewat,* Fortsetzungstat und „in dubio pro reo", JuS 1970, 329; *Bruns,* Ungeklärte materiell-rechtliche Fragen des Contergan-Prozesses, Festschrift für E. Heinitz, 1972, S. 317; *v. Buri,* Einheit und Mehrheit der Verbrechen, 1879; *Dahm,* Das Strafrecht Italiens im ausgehenden Mittelalter, 1931; *Doerr,* Das fortgesetzte Delikt, GS 71 (1908) Beilageheft; *derselbe,* Die Lehre vom fortgesetzten Delikt usw., Festgabe für R. v. Frank, Bd. II, 1930, S. 210; *Graf zu Dohna,* Betrachtungen über das fortgesetzte Verbrechen, DStr 1942, 19; *Fleischer,* Die materiellrechtliche Bewältigung von Serienstraftaten, NJW 1979, 248; *Geerds,* Zur Lehre von der Konkurrenz im Strafrecht, 1961; *derselbe,* Anmerkung zu BGH 18, 376, JZ 1964, 593; *Geppert,* Grundzüge der Konkurrenzlehre, Jura 1982, 358; *Hartung,* Tateinheit und künstliche Verbrechenseinheiten usw., SJZ 1950, 326; *Hellmer,* Das Zusammentreffen von natürlicher Handlungs- und rechtlicher Tateinheit bei Verletzung höchstpersönlicher Interessen, GA 1956, 65; *Herzberg,* Ne bis in idem – Die Sperrwirkung des rechtskräftigen Strafurteils, JuS 1972, 113; *v. Hippel,* Die allgemeinen Lehren vom Verbrechen in den Entwürfen, ZStW 42 (1921) S. 525; *Honig,* Studien zur juristischen und natürlichen Handlungseinheit, 1925; *Höpfner,* Einheit und Mehrheit der Verbrechen, Bd. I, 1901; *Hruschka,* Der Begriff der „Tat" im Strafverfahrensrecht, JZ 1966, 700; *Jescheck,* Die Konkurrenz, ZStW 67 (1955) S. 529; *Kindhäuser,* Normverstoß und natürliche Handlungseinheit, JuS 1985, 105; *J. Ch. Koch,* Insti-

---

[1] Zu den Prinzipien der Konkurrenzlehre näher *LK (Vogler)* Vorbem. 3f. vor § 52; *Jakobs,* Allg. Teil S. 712; *SK (Samson)* Vorbem. 4ff. vor § 52; *Wegscheider,* Konkurrenz S. 20ff.

[2] Die Titelüberschrift zeigt, daß man sich an der „Nahtstelle zwischen der Lehre von der Straftat und der Lehre von den Unrechtsfolgen" befindet (*Wessels,* Allg. Teil S. 231).

[3] Die Vorschläge zur Einführung des *Prinzips der Einheitsstrafe* (vgl. 1. Auflage S. 483) sind zwar vom AE in § 64, nicht aber vom E 1962 (vgl. Begründung S. 189ff.) und auch nicht vom neuen Recht (vgl. BT-Drucksache V/4094 S. 25) übernommen worden (zum ausländischen Recht vgl. unten § 67 V). Vgl. dazu *Rebmann,* Bengl-Festschrift S. 99ff. (mit positivem Ergebnis S. 114); *Schönke / Schröder / Stree,* Vorbem. 7f. vor § 52; *Stratenwerth,* Allg. Teil I Rdn. 1208. Zur Einheitsstrafe im Jugendrecht *Schaffstein / Beulke,* Jugendstrafrecht S. 64ff.

[4] Der Ausdruck Konkurrenz kommt von dem „concursus delictorum" der gemeinrechtlichen Lehre.

tutiones juris criminalis, 9. Aufl. 1791; *F. W. Koch,* Zur fortgesetzten Fahrlässigkeitstat, NJW 1956, 1267; *Kohlrausch,* Der Sammelbegriff der Sammelstraftat, ZAK 1938, 473; *Kühl,* Das leidige Thema der Konkurrenzen, JA 1978, 475; *Maiwald,* Die natürliche Handlungseinheit, 1964; *derselbe,* Die Feststellung tatmehrheitlicher Deliktsbegehung, NJW 1978, 300; *D.* und *U. Mann,* Materielle Rechtskraft und fortgesetzte Handlung, ZStW 75 (1963) S. 251; *Marxen,* Der prozessuale Tatbegriff in der neueren Rechtsprechung, Stv 1985, 472; *Mezger,* Der Fortsetzungszusammenhang im Strafrecht, JW 1938, 3265; *Noll,* Tatbestand und Rechtswidrigkeit usw., ZStW 77 (1965) S. 1; *Nowakowski,* Fortgesetztes Verbrechen und gleichartige Verbrechensmenge, 1950; *Ostendorf,* Negative Folgen der Fortsetzungstat? DRiZ 1983, 426; *Preiser,* Aufspaltung der Sammelstraftat usw., ZStW 58 (1939) S. 743; *derselbe,* Einheitsstrafe für eine Mehrheit gleichartiger Handlungen usw., ZStW 71 (1959) S. 341; *Ingeborg Puppe,* Idealkonkurrenz und Einzelverbrechen, 1979; *dieselbe,* Funktion und Konstitution der ungleichartigen Idealkonkurrenz, GA 1982, 143; *dieselbe,* Anmerkung zu BGH vom 28. 11. 1984, JR 1985, 245; *Rebmann,* Überlegungen zur Einheitsstrafe im Erwachsenenstrafrecht, Festschrift für Karl Bengl, 1984, 99; *Roth-Stielow,* Kritisches zur fortgesetzten Handlung, NJW 1955, 450; *Roxin,* Strafverfahrensrecht, 20. Aufl. 1987; *Rüping,* Beendigung der Tat und Beginn der Verjährung, GA 1985, 437; *Schlosky,* Über Tateinheit und fortgesetztes Verbrechen, ZStW 61 (1942) S. 245; *Eb. Schmidt,* Anmerkung zu OLG Düsseldorf vom 8. 12. 1949, SJZ 1950, 286; *derselbe,* Anmerkung zu OLG Bremen vom 4. 5. 1950, JZ 1951, 21; *derselbe,* Zum Begriff der Sammelstraftat, JZ 1952, 136; *R. Schmitt,* Die Konkurrenz im geltenden und künftigen Strafrecht, ZStW 75 (1963) S. 43, 179; *Schmoller,* Bedeutung und Grenzen des fortgesetzten Delikts, 1988; *Schultz,* Die strafrechtliche Rechtsprechung des Bundesgerichts im Jahre 1964, ZBJV 102 (1966) S. 41; *Stratenwerth,* Zum Verbrauch der Strafklage beim Fortsetzungszusammenhang, JuS 1962, 220; *Stree,* In dubio pro reo, 1962; *derselbe,* Teilrechtskraft und fortgesetzte Tat, Festschrift für K. Engisch, 1969, S. 671; *Struensee,* Die Konkurrenz bei Unterlassungsdelikten, 1971; *Wahle,* Die sog. „Handlungseinheit durch Klammerwirkung", GA 1968, 97; *Warda,* Grundfragen der strafrechtlichen Konkurrenzlehre, JuS 1964, 81; *derselbe,* Funktion und Grenzen der natürlichen Handlungseinheit, Festschrift für D. Oehler, 1985, S. 241; *Wegscheider,* Echte und scheinbare Konkurrenz, 1980; *Werle,* Die Konkurrenz bei Dauerdelikt usw., 1981; *Wolter,* Normative Handlungseinheit usw., Stv 1986, 315.

Ausgangspunkt der Konkurrenzlehre ist die **Unterscheidung von Handlungseinheit und Handlungsmehrheit,** weil darauf die Differenzierung der Rechtsfolgen in den §§ 52 und 53 aufbaut[5]. Zu betonen ist bei der Unterscheidung, daß der sachlichrechtliche Begriff der *„Handlungseinheit"* und der verfahrensrechtliche Begriff der *„Tat"* i. S. von § 264 StPO voneinander unabhängig sind (RG 24, 370 [372]; BGH 10, 396 [397]; 23, 141 [144ff.])[6]. Gemeint ist in § 264 StPO der dem Strafverfahren zugrunde liegende geschichtliche Vorgang in seiner Gesamtheit.

I. Herkunft und Kriterien der Begriffe Handlungseinheit und Handlungsmehrheit

1. Die Gliederung der Konkurrenzlehre nach den beiden Grundbegriffen Handlungseinheit und Handlungsmehrheit geht auf die gemeinrechtliche Strafrechtswissenschaft zurück. Hier ist

---

[5] So die h. L.; vgl. *Bockelmann / Volk,* Allg. Teil S. 252; *Geppert,* Jura 1982, 361; *Maurach / Gössel / Zipf,* Allg. Teil II S. 359; *Lackner,* Vorbem. II vor § 52; *LK (Vogler)* Vorbem. 2 vor § 52; *R. Schmitt,* ZStW 75 (1963) S. 46; *Schönke / Schröder / Stree,* Vorbem. 10 vor § 52; *Stratenwerth,* Allg. Teil I Rdn. 1207f.; *Warda,* JuS 1964, 82; *Wessels,* Allg. Teil S. 232. Prinzipiell abweichend *Ingeborg Puppe,* Idealkonkurrenz S. 170ff., 282ff. und GA 1982, 151ff., die nicht vom Handlungsbegriff, sondern von der „Unrechtsverwandtschaft der verletzten Tatbestände" und dem „relevanten Zeitausschnitt aus dem Leben des Täters" ausgeht. Dagegen spricht vor allem die Unsicherheit der beiden Grundbegriffe und die Tatsache, daß diese Lehre mit § 52 nicht vereinbar ist. Vgl. zur Kritik *Werle,* Konkurrenz S. 119ff.; *SK (Samson)* Vorbem. 16a u. b vor § 52; *Jakobs,* Allg. Teil S. 717 Fußnote 18; *Maurach / Gössel / Zipf,* Allg. Teil II S. 364.

[6] Zu dem verfahrensrechtlichen Begriff näher *Löwe / Rosenberg (Gollwitzer)* § 264 StPO Rdn. 3ff.; *Roxin,* Strafverfahrensrecht S. 118ff.; *Bindokat,* GA 1967, 362ff.; *Hruschka,* JZ 1966, 700ff.; *Marxen,* Stv 1985, 472ff.

I. Herkunft und Kriterien der Begriffe Handlungseinheit und Handlungsmehrheit

es *J. Ch. Koch*[7] gewesen, der durch die Unterscheidung von concursus simultaneus (Handlungseinheit), concursus successivus (Handlungsmehrheit) und concursus continuatus (fortgesetzte Handlung) und die Lösung dieser Fälle nach dem Absorptions-, Asperations- bzw. Einheitsprinzip die Grundlagen der Entwicklung geschaffen hat. Die Unterscheidung von Ideal- und Realkonkurrenz findet sich durchweg in den deutschen Partikularstrafgesetzbüchern des 19. Jahrhunderts, sie ist über das preußische StGB von 1851[8] ohne tiefgreifende Veränderungen in das RStGB von 1871 übergegangen. Die Regelung der Konkurrenzprobleme ist somit eines der ältesten Teilstücke des geltenden Strafrechts, sie hat auch den Sturm der Strafrechtsreform ohne wesentliche Änderungen überstanden.

2. Menschliches Verhalten besteht aus einer kontinuierlichen Folge von Handlungen und Unterlassungen. Deshalb erhebt sich die Frage, nach welchen **Kriterien** dieser Prozeß in Abschnitte zu zerlegen ist, die als Handlungseinheiten bzw. Handlungsmehrheiten aufgefaßt werden können. Eine Aufgliederung in kleinste Teilstücke nach der Anzahl der Muskelinnervationen (physiologische Handlungseinheit) hätte offensichtlich keinen Sinn, denn da die Konkurrenzlehre Regeln für die Anwendung verschiedener Strafrahmen aufstellen soll, je nachdem, ob *eine* Handlung vorliegt oder *mehrere* Handlungen anzunehmen sind, kann für die Unterscheidung nur eine *juristische* Betrachtungsweise in Frage kommen. Folgende Gesichtspunkte sind dafür denkbar: Die alte Unterscheidung nach der Zahl der eingetretenen *Erfolge* ist heute aufgegeben, da eine Mehrheit von Erfolgen, selbst wenn diese höchstpersönliche Rechtsgüter beeinträchtigen, durch eine einzige Willensbetätigung herbeigeführt sein kann und in diesem Falle auch nur eine Handlung anzunehmen ist (BGH 1, 20; 16, 397; RG 70, 26 [31])[9]. Auch die Zahl der verwirklichten *Tatbestände* kann nicht maßgebend sein, da § 52 gerade davon ausgeht, daß mehrere Gesetzesverletzungen durch eine Handlung begangen werden können. Der strafrechtliche *Handlungsbegriff* ist für die Lösung ebenfalls nicht ergiebig, da es dort nur um die Festlegung der Mindestanforderungen geht, die menschliches Verhalten generell erfüllen muß, um strafrechtlicher Würdigung zugänglich zu sein (vgl. oben § 23 IV 3).

3. Rechtsprechung und h. L. legen bei der Bestimmung des Handlungsbegriffs der Konkurrenzlehre die **natürliche Lebensauffassung** zugrunde[10]. Eine Mehrheit von äußerlich trennbaren Bestandteilen eines Geschehensablaufs soll dann eine einheitliche Handlung bilden, wenn die verschiedenen Teilakte von einem einheitlichen Willensentschluß getragen sind und zeitlich und räumlich in so engem Zusammenhang stehen, daß sie von einem unbeteiligten Beobachter als Einheit empfunden werden[11].

---

[7] Vgl. *J. Ch. Koch*, Institutiones juris criminalis, § 24. Die italienische Theorie und Praxis des ausgehenden Mittelalters folgte dagegen meist dem Kumulationsprinzip entsprechend der Zahl der Erfolge und der Zahl der strafbaren Handlungen, die einzelnen Konkurrenztypen finden sich aber auch schon bei den italienischen Kriminalisten; vgl. *Dahm*, Das Strafrecht Italiens im ausgehenden Mittelalter S. 237ff. Zum ganzen auch *Schaffstein*, Die allgemeinen Lehren S. 212ff., 218f.

[8] Vgl. dazu *Goltdammer*, Materialien Bd. I S. 447f., 453ff.

[9] Vgl. *Warda*, JuS 1964, 82; *Schönke / Schröder / Stree*, § 52 Rdn. 26; *Welzel*, Lehrbuch S. 318. Anders dagegen für den Fall der Tötung mehrerer Menschen durch eine Handlung (z. B. durch einen Sprengstoffanschlag) *Eb. Schmidt*, JZ 1951, 22; *Baumann / Weber*, Allg. Teil S. 654; *Geerds*, Konkurrenz S. 272ff. Dagegen zu Recht *LK (Vogler)* § 52 Rdn. 35. Vgl. auch BayObLG NJW 1984, 68.

[10] Der Begriff der „Handlung im natürlichen Sinne" ist vom Begriff der „natürlichen Handlungseinheit" (vgl. unten § 66 III) zu unterscheiden; vgl. *LK (Vogler)* Vorbem. 8 vor § 52; *Kühl*, Jura 1978, 478; *Schönke / Schröder / Stree*, Vorbem. 11 vor § 52.

[11] Vgl. *Baumann / Weber*, Allg. Teil S. 653f.; *Dreher / Tröndle*, Vorbem. 2 vor § 52; *LK (Vogler)* Vorbem. 8 vor § 52; *Schönke / Schröder / Stree*, Vorbem. 11 vor § 52; *Warda*, JuS 1964, 83. Dagegen stellt *Blei*, Allg. Teil S. 342f. nur auf die Zahl der Willensakte, *H. Mayer*, Lehrbuch S. 407 nur auf den einheitlichen Willensentschluß ab. Kritisch gegenüber der Lehre

Beispiele: Mehrere sexuelle Handlungen an oder vor einem Kinde bei derselben Gelegenheit sind danach eine einheitliche Handlung (BGH 1, 168 [170]), ebenso Entführung (nicht Hausfriedensbruch) und anschließende Vergewaltigung (BGH 18, 29 [32ff.]) oder mehrere auf der Flucht vor der Polizei begangene Straftaten (BGH VRS 65, 428) oder mehrere Schüsse auf verschiedene Personen (BGH JZ 1985, 250). Trotz vorübergehender Aufgabe des Diebstahlsvorsatzes liegt eine einheitliche Handlung vor, wenn die Tat nach Beendigung der Störung durch die Polizei fortgesetzt wird (BGH 4, 219). Auch beim Wechsel in der Wahl des Tötungsmittels ist Handlungseinheit anzunehmen, wenn der Täter den Tatentschluß nach dem unerwarteten ersten Fehlschlag alsbald auf andere Weise zu verwirklichen sucht (BGH 10, 129). Mehrere zu verschiedenen Zeitpunkten vorgenommene Abtreibungshandlungen an derselben Frau sollen dagegen keine Handlungseinheit darstellen (RG 58, 113 [116f.]). Tatmehrheit ist auch bei Anstiftung zum Diebstahl und anschließender Sachhehlerei anzunehmen (BGH 22, 206 [209]), ebenso bei Körperverletzung und anschließender Tötung des Opfers (BGH NJW 1984, 1568).

Die Formel von der „natürlichen Lebensauffassung" führt indessen nicht weiter, sondern verdeckt nur die wirklichen Gründe für die Annahme des Vorliegens einer Handlung als Gegenstand der Beurteilung. Weder gibt es vorrechtliche soziale Handlungseinheiten, die den Rechtsbegriffen als feste Größen ohne weiteres zugeordnet werden könnten, noch kann die Einheit des Täterplans ausschlaggebend sein[12], da dem Tatentschluß viele Einzelakte entspringen können, die schon aus Gründen der Gerechtigkeit nicht zu einer Handlungseinheit zusammengezogen werden dürfen (z. B. Diebstahl der Mordwaffe, Tötung des Opfers, Raub eines Kraftwagens zur Flucht). Maßgebend für die Abgrenzung kann vielmehr nur der **Sinn der jeweils verletzten gesetzlichen Tatbestände** sein, wie er durch Auslegung zu erschließen ist[13].

II. Die tatbestandliche Handlungseinheit im engeren Sinne

Vielfach ergibt sich die Annahme von Handlungseinheit schon aus der einfachen Verwirklichung des Tatbestandes selbst.

1. Eine einheitliche Handlung ist immer die **Erfüllung der Mindestvoraussetzungen des gesetzlichen Tatbestandes,** mag sich auch das tatbestandsmäßige Verhalten bei rein phänomenologischer Betrachtung in mehrere Einzelakte zerlegen lassen (so ist eine Handlung i. S. von § 218 I die aus zahlreichen Einzelakten bestehende Durchführung einer Abtreibung)[14].

2. *Eine* Handlung liegt ferner dann vor, wenn der Tatbestand selbst die Vornahme mehrerer Einzelakte voraussetzt (**mehraktige Delikte,** vgl. oben § 26 II 5). So ist eine Handlung i. S. von § 177 die Gewaltanwendung und die Ausübung des außerehelichen Beischlafs, eine Handlung i. S. von § 307 Nr. 3 die Brandstiftung und die Entfernung der Löschgerätschaften. Auch wenn der zweite Akt im Tatbestand nur als *subjektives Unrechtsmerkmal* (Absicht) erscheint, wird im Falle seiner tatsächlichen Vornahme eine einzige Handlung angenommen (eine Handlung i. S. von § 267 ist die Fälschung einer Urkunde und das Gebrauchmachen von ihr zum Zwecke der Täuschung)[15].

---

von der natürlichen Lebensauffassung mit Recht *Geerds,* Konkurrenz S. 244ff.; *Ingeborg Puppe,* GA 1982, 163f.; *Kindhäuser,* JuS 1985, 105.

[12] So aber die für einen großen Teil der Praxis (vgl. etwa BGH VRS 28, 359 [361]; VRS 48, 191; BGH 22, 67 [76f.]) charakteristische Auffassung von *Schlosky,* ZStW 61 (1942) S. 257. Gegen die Annahme, daß die Handlungseinheit durch den Täterplan hergestellt werden könne, schon *v. Buri,* Einheit und Mehrheit der Verbrechen S. 37. Ebenso *LK (Vogler)* Vorbem. 10 vor § 52; *Maiwald,* Natürliche Handlungseinheit S. 68ff.; *Schönke / Schröder / Stree,* Vorbem. 24 vor § 52.

[13] So *LK (Vogler)* Vorbem. 14 vor § 52; *Maurach / Gössel / Zipf,* Allg. Teil II S. 368.

[14] Vgl. *Blei,* Allg. Teil S. 346; *LK (Vogler)* Vorbem. 15 vor § 52; *Geerds,* Konkurrenz S. 264; *R. Schmitt,* ZStW 75 (1963) S. 46.

3. Eine tatbestandliche Handlungseinheit im engeren Sinne bildet endlich das **Dauerdelikt**. Hier wird durch die Straftat ein rechtswidriger Zustand geschaffen, den der Täter aufrecht erhält und durch dessen Fortdauer der Straftatbestand ununterbrochen weiter verwirklicht wird (vgl. oben § 26 II 1 a)[16]. Das ist z. B. der Fall beim Hausfriedensbruch (§ 123), bei der Verletzung der Fürsorgepflicht (§ 170 d), der Freiheitsberaubung (§ 239), der Transportgefährdung durch Hindernisbereiten (§ 315 b I Nr. 2), selbst wenn nacheinander verschiedene Personen gefährdet werden (BGH 22, 67 [71f.]), und beim Fahren ohne Fahrerlaubnis (§ 21 I Nr. 1 StVG). Die Begründung des rechtswidrigen Zustands bildet zusammen mit allen Akten, die seiner Aufrechterhaltung dienen sollen, eine einheitliche Handlung (z. B. die Einsperrung und Fesselung des Opfers bei § 239) (vgl. unten § 67 III 2).

III. Die tatbestandliche Handlungseinheit im weiteren Sinne

In anderen Fällen ist Handlungseinheit nach dem Sinn der betreffenden Strafvorschrift auch dann anzunehmen, wenn der Täter über die einfache Verwirklichung des Tatbestandes hinausgeht (*natürliche Handlungseinheit*).

1. In Betracht kommt einmal die **wiederholte Verwirklichung** des gleichen Tatbestandes in kurzer zeitlicher Abfolge. Manche Strafvorschriften schließen schon in die Handlungsbeschreibung eine unbestimmte Vielzahl von Einzelakten ein, wie die Agententätigkeit (§§ 98, 99), die Geldfälschung (§ 146), die Vornahme sexueller Handlungen (§§ 174 ff.) (BGH 1, 168) oder die Schlägerei (§ 227)[17]. Aber auch wenn der Tatbestand dies nicht ausdrücklich vorsieht, kommt bei wiederholter Tatbestandserfüllung Handlungseinheit in Betracht, z. B. bei der Abfassung und Übersendung eines Schriftstücks mit mehreren Beleidigungen (RG 34, 134 [135]), bei der Anstiftung verschiedener Haupttäter durch eine Besprechung (RG 70, 26 [31]), bei der Ausführung eines Diebstahls durch eine Mehrheit von Wegnahmehandlungen (BGH 10, 230), bei der Beleidigung durch mehrere Schimpfworte[18]. Voraussetzung für die Annahme von Handlungseinheit ist in diesen Fällen, daß die Rechtsgutsverletzung durch die mehrfache Wiederholung des Tatbestandes nur eine rein quantitative Steigerung erfährt (einheitliches Unrecht) und daß die Tat außerdem auf einer einheitlichen Motivationslage beruht (einheitliche Schuld)[19]. Die natürliche Handlungseinheit wird nicht dadurch ausgeschlossen, daß *höchstpersönliche Rechtsgüter* verschiedener Träger verletzt werden (BGH 1, 20 [22]; RG 27, 19 [21])[20].

---

[15] Vgl. *LK (Vogler)* Vorbem. 16 vor § 52; *Geppert*, Jura 1982, 362; *Maurach / Gössel / Zipf*, Allg. Teil II S. 370; *Schönke / Schröder / Stree*, Vorbem. 14 vor § 52; *SK (Samson)* Vorbem. 23 vor § 52; *Stratenwerth*, Allg. Teil I Rdn. 1211; *Welzel*, Lehrbuch S. 225; *Warda*, JuS 1964, 84 f.; *Wessels*, Allg. Teil S. 234.

[16] Vgl. *Maurach / Gössel / Zipf*, Allg. Teil II S. 373; *LK (Vogler)* Vorbem. 17 ff. vor § 52; *Blei*, Allg. Teil S. 346; *Dreher / Tröndle*, Vorbem. 41 vor § 52; *Schönke / Schröder / Stree*, Vorbem. 81 vor § 52; *SK (Samson)* Vorbem. 26 f. vor § 52; *Stratenwerth*, Allg. Teil I Rdn. 1218.

[17] Vgl. *LK (Vogler)* Vorbem. 30 vor § 52; *SK (Samson)* Vorbem. 25 vor § 52.

[18] Vgl. *Binding*, Handbuch S. 544; *Doerr*, GS 72 (1908) Beilageheft S. 86; *Honig*, Studien S. 77 ff.; *Höpfner*, Einheit und Mehrheit S. 222 ff.; *Kohlrausch / Lange*, Vorbem. II A vor § 73; *LK (Vogler)* Vorbem. 31 vor § 52; *Schönke / Schröder / Stree*, Vorbem. 17 vor § 52; *Stratenwerth*, Allg. Teil I Rdn. 1214, 1216; *Warda*, JuS 1964, 84.

[19] So treffend *Maiwald*, Natürliche Handlungseinheit S. 72 ff.; *SK (Samson)* Vorbem. 28 ff. vor § 52; *Stratenwerth*, Allg. Teil I Rdn. 1216.

[20] Ebenso *Bockelmann / Volk*, Allg. Teil S. 253; *Blei*, Allg. Teil S. 344 f.; *Dreher / Tröndle*, Vorbem. 2 c vor § 52; *Hellmer*, GA 1956, 68; *LK (Vogler)* Vorbem. 32 f. vor § 52. Anders *Maiwald*, Natürliche Handlungseinheit S. 81; *derselbe*, NJW 1978, 302; *SK (Samson)* Vorbem. 29 vor § 52.

2. Handlungseinheit kann ferner vorliegen bei **fortlaufender Tatbestandsverwirklichung** durch eine Folge von Einzelakten, mit denen sich der Täter dem tatbestandsmäßigen Erfolg nach und nach annähert[21]. Das ist etwa der Fall beim Übergang vom Versuch zur Vollendung, bei der Durchführung eines Einbruchsdiebstahls in zwei Etappen (BGH 4, 219), beim Handeltreiben nach § 29 I Nr. 1 BtMG (BGH 25, 290), beim Wechsel der Ausführungsart einer vorsätzlichen Tötung (BGH 10, 129; BGH NJW 1967, 60). Maßgebend für die Annahme von Handlungseinheit ist dabei das Fortbestehen der gleichen Motivationslage bei einheitlicher Tatsituation[22]. Bei Vorsatzwechsel von Körperverletzung zu Tötung scheidet natürliche Handlungseinheit aus (BGH NJW 1984, 1568; Stv 1986, 293), ebenso bei Ausdehnung des Vorsatzes auf ein zweites Opfer (BGH NJW 1977, 2321).

3. Die *Rechtsprechung* neigt dazu, den Begriff der natürlichen Handlungseinheit *auszudehnen*. Einbezogen werden z. B. Fälle, in denen die verschiedenen Handlungen lediglich gleichzeitig oder in einem engen raum-zeitlichen Zusammenhang oder zur Erreichung eines einheitlichen Zwecks vorgenommen werden (vgl. z. B. RG 11, 355 [359]; OLG Celle SJZ 1947, 272; OLG Bremen JR 1953, 388; BGH *Dallinger* MDR 1973, 17; JZ 1985, 250; VRS 66, 20; 57, 277); auch bei mehreren fahrlässigen Ordnungswidrigkeiten (BayObLG wistra 1982, 38). Eine „natürliche Handlungseinheit" über die obengenannten Fallgruppen hinaus ist jedoch abzulehnen[23]. Das RG ist der Tendenz der Untergerichte zur Ausdehnung wiederholt entgegengetreten, ohne indessen die Entwicklung aufhalten zu können. So hat der BGH selbst bei einer Unfallflucht mit Gewaltanwendung gegen die Polizei den einheitlichen Fluchtwillen des Täters genügen lassen, um zwischen mehreren, sachlich weit auseinanderliegenden Delikten eine natürliche Handlungseinheit herzustellen (BGH 22, 67 [76 f.]; BGH VRS 28, 359 [361]; einschränkend VRS 48, 191; OLG Koblenz, VRS 47, 341). „Massenverbrechen" bilden jedoch keine Handlungseinheit (BGH 1, 219 [221]).

IV. Handlungseinheit und Handlungsmehrheit bei Fahrlässigkeits- und Unterlassungsdelikten

Besonderheiten gelten für die Annahme von Handlungseinheit bzw. -mehrheit bei Fahrlässigkeits- und Unterlassungstaten.

1. Bei *fahrlässigen Erfolgsdelikten* liegt Handlungseinheit immer dann vor, wenn der tatbestandsmäßige Erfolg nur einmal eingetreten ist, mag auch eine Mehrheit von Sorgfaltspflichtverletzungen zugrunde liegen (BGH VRS 9, 353). Sind dagegen mehrere tatbestandsmäßige Erfolge eingetreten oder derselbe Erfolg mehrmals, so kommt es darauf an, ob der Täter zwischen dem Eintritt der verschiedenen Erfolge jeweils erneut in der Lage gewesen ist, dem Sorgfaltsgebot zu genügen. Handlungseinheit ist z. B. anzunehmen, wenn der Kraftwagen des Täters ins Schleudern gerät und unmittelbar nacheinander mehrere Personen verletzt (BayObLG NJW 1984, 68), Handlungsmehrheit, wenn der Täter durch Außerachtlassung der Verkehrssicherungspflicht in längerem zeitlichen Abstand drei Unfälle verschuldet (RG 16, 290)[24]. Bei

---

[21] *Jakobs*, Allg. Teil S. 734 ff.; *LK (Vogler)* Vorbem. 34 vor § 52.

[22] So *Maiwald*, Natürliche Handlungseinheit S. 90. Zur Unterbrechung der Handlungseinheit durch das Moment der „ethischen Abmahnung" mittels einer Verurteilung vgl. *v. Bar*, Gesetz und Schuld Bd. III S. 564; *Schönke / Schröder / Stree*, Vorbem. 19 vor § 52.

[23] Ebenso *Schönke / Schröder / Stree*, Vorbem. 22 ff. vor § 52; *SK (Samson)* Vorbem. 21 vor § 52; *Jakobs*, Allg. Teil S. 745 f.; *Maurach / Gössel / Zipf*, Allg. Teil II S. 366 ff.; *Blei*, Allg. Teil S. 347 ff.; *R. Schmitt*, ZStW 75 (1963) S. 58; *Stratenwerth*, Allg. Teil I Rdn. 1217; *Warda*, Oehler-Festschrift S. 261; *Wessels*, Allg. Teil S. 235. Für Einführung einer „normativen Handlungseinheit" *Wolter*, Stv 1986, 320. Ganz ablehnend zur natürlichen Handlungseinheit *Kindhäuser*, JuS 1985, 105.

[24] Vgl. *Höpfner*, Einheit und Mehrheit S. 250; *Bockelmann / Volk*, Allg. Teil S. 254; *Maiwald*, Natürliche Handlungseinheit S. 111; *LK (Vogler)* Vorbem. 42 vor § 52.

fahrlässigen Tätigkeitsdelikten muß ebenfalls darauf abgestellt werden, ob der Täter das Sorgfaltsgebot zwischen den einzelnen Teilakten jeweils neu zu erfüllen vermochte. So liegt bei mehrfachem fahrlässigen Verstoß gegen Preisvorschriften Handlungsmehrheit vor (RG 53, 226 [227])[25].

2. Nach den gleichen Grundsätzen ist auch bei den *Unterlassungsdelikten* zu verfahren[26]. Unterläßt es der Täter entgegen einer Garantenpflicht, mehrere tatbestandsmäßige Erfolge abzuwenden *(unechtes Unterlassungsdelikt),* so ist *eine* Unterlassung dann anzunehmen, wenn er nur alle Erfolge zusammen abwenden konnte. *Mehrere* Unterlassungen liegen dagegen vor, wenn nach dem Eintritt des einen Erfolges die Abwendung des anderen noch möglich gewesen wäre. So ist bei Verletzung der Unterhaltspflicht gegenüber mehreren Berechtigten eine Mehrheit von Unterlassungen gegeben (BGH 18, 376 [379]; BayObLG NJW 1960, 1730). Unterläßt der Täter beim *echten Unterlassungsdelikt* gleichzeitig die Erfüllung mehrerer Handlungsgebote, so ist eine Mehrheit von Unterlassungen dann anzunehmen, wenn die verschiedenen Handlungspflichten nacheinander erfüllt werden konnten (RG 76, 140 [144]; BGH JR 1985, 244)[27].

V. Die fortgesetzte Handlung

1. Die Zusammenfassung einer Mehrheit von Einzelakten zur Handlungseinheit durch Auslegung des Tatbestandes ist nur in verhältnismäßig engen Grenzen möglich. Nicht gelöst wird auf diese Weise ein häufiger Fall rein tatsächlichen Zusammenhangs, den man „gleichartige Verbrechensmenge" genannt hat[28]. Es handelt sich dabei darum, „daß einer und derselben Person eine Menge dem gleichen Deliktstypus unterfallender Taten zur Last liegt, deren individuelle prozessuale Feststellung und Behandlung sinnlos und unmöglich ist". Die Rechtsprechung hat sich in diesen Fällen durch Annahme einer „**rechtlichen Handlungseinheit**" bemüht, dem Zwang zur Feststellung aller Einzelakte und zur Anwendung der Regeln über die Realkonkurrenz (§§ 53 ff.) zu entgehen (RG 70, 243 [244]: „eine lästige, überflüssige und wunderlich anmutende Arbeit"; vorsichtiger aber BGH 5, 136 [138]). Diesem Zweck dient die **fortgesetzte Handlung**[29]. Den praktischen Vorteilen dieser Aushilfe stehen jedoch einmal erhebliche kriminalpolitische *Nachteile* gegenüber: Infolge der Nichtanwendung des § 54 ist der Strafrahmen enger als bei der Tatmehrheit, was sich im Sinne unangebrachter Milde auswirkt; die Strafzumessung verliert an Genauigkeit und Nachprüfbarkeit, weil keine Einzelstrafen ausgeworfen werden müssen; die Möglichkeit der Verhängung von Sicherungsverwahrung nach § 66 II wird eingeschränkt; die Rechtskraftwirkung schneidet die weitere Verfolgung auch dann ab, wenn wesentliche Teile der Tat erst später entdeckt werden (RG 70, 243; BGH NStZ 1982, 213); der Beginn der Verjährung wird verzögert[30] (BGH 1, 84 [91f.]; BGH JZ

---

[25] Vgl. *Maiwald,* Natürliche Handlungseinheit S. 112.
[26] Dazu von ihrem abweichenden Standpunkt aus kritisch *Ingeborg Puppe,* JR 1985, 246f.
[27] Vgl. zum ganzen *Geerds,* Konkurrenz S. 262f.; *Höpfner,* Einheit und Mehrheit S. 164ff.; LK *(Vogler)* Vorbem. 40f. vor § 52; *Maiwald,* Natürliche Handlungseinheit S. 105ff.; *Herzberg,* MDR 1971, 883; *Schönke / Schröder / Stree,* Vorbem. 28 vor § 52; *Struensee,* Konkurrenz S. 37ff.; *Wessels,* Allg. Teil S. 234.
[28] So *Nowakowski,* Fortgesetztes Verbrechen S. 51. Zur modernen Problematik der Serienkriminalität in der Wirtschaft *Fleischer,* NJW 1979, 250.
[29] Vgl. dazu *Graf zu Dohna,* DStr 1942, 21; *Maurach / Gössel / Zipf,* Allg. Teil II S. 374ff.; *Dreher / Tröndle,* Vorbem. 25ff. vor § 52; *Geppert,* Jura 1982, 363ff.; LK *(Vogler)* Vorbem. 44ff. vor § 52; *Lackner,* Vorbem. IV 3a vor § 52; *Schönke / Schröder / Stree,* Vorbem. 30ff. vor § 52; SK *(Samson)* Vorbem. 33ff. vor § 52.
[30] Dagegen aber *Schönke / Schröder / Stree,* Vorbem. 33 vor § 52; *Ostendorf,* DRiZ 1983, 429; *Rüping,* GA 1985, 443ff.; *Noll,* ZStW 77 (1965) S. 4.

1985, 352; anders nur bei Presseinhaltsdelikten, BGH 27, 18 [22])[31]. Zum anderen leidet auch die Praxis selbst unter der zum Teil fiktiven Natur und der Fragwürdigkeit der Merkmale der fortgesetzten Handlung, ohne einen wirklichen Entlastungseffekt zu verspüren, da die Einzelakte der fortgesetzten Handlung ohnehin aufgeklärt werden müssen (BGH Stv 1982, 17; Stv 1984, 363) und die Festsetzung der Einzelstrafen dann keine besondere Mühe mehr macht. Es ist deshalb kein Wunder, daß sich die Stimmen für die Preisgabe der fortgesetzten Handlung mehren[32].

2. Die *Voraussetzungen der fortgesetzten Handlung* sind trotz der großen praktischen Bedeutung dieser Rechtsfigur keineswegs vollständig geklärt. Sie werden, je nachdem, ob man mehr ihre Vorteile oder ihre Nachteile im Auge hat, bald weiter, bald enger gefaßt.

a) Objektiv erforderlich ist einmal die **Gleichartigkeit der Begehungsweise** (Einheit des objektiven Handlungsunrechts). Dazu gehört, daß den durch die Einzelakte verletzten Strafvorschriften materiell die gleiche Norm zugrunde liegt und daß auch der Tathergang im wesentlichen die gleichen äußeren und inneren Merkmale aufweist. Fortsetzungszusammenhang ist z. B. möglich zwischen einfachem und schwerem Diebstahl (RG 53, 262 [263]; BGH MDR 1967, 13); zwischen Diebstahl von Diebeswerkzeug und Tatausführung (OLG Düsseldorf JZ 1984, 1000); zwischen leichter und gefährlicher Körperverletzung (RG 57, 81), zwischen einfacher und räuberischer Erpressung (BGH 22, 90 [94]), nicht aber zwischen Diebstahl und Unterschlagung (RG 58, 228 [229]; BGH GA 1962, 78) oder zwischen einfachem Diebstahl und Raub (BGH *Dallinger* MDR 1973, 554). Die Gleichartigkeit ist nicht ausgeschlossen, wenn die Einzelakte teils in Versuchsform, teils als vollendete Tat begangen werden (BGH *Dallinger* MDR 1975, 542), wohl aber bei Zusammentreffen von positivem Tun und Unterlassen (RG 68, 315 [317]; anders jetzt BGH 30, 207 [211 f.]). Die Gleichartigkeit der Begehungsweise setzt endlich auch einen gewissen zeitlichen und räumlichen Zusammenhang voraus.

b) Die Einzelakte müssen ferner das **gleiche Rechtsgut** beeinträchtigen (Einheit des Erfolgsunrechts)[33]. Diese Bedingung fehlt z. B., wenn sexueller Mißbrauch von Kindern (§ 176) und Beischlaf zwischen Verwandten (§ 173) zusammentreffen. Handelt es sich um *höchstpersönliche Rechtsgüter*, so ist eine fortgesetzte Handlung ausgeschlossen, wenn sich die Einzelakte gegen verschiedene Rechtsgutsträger richten (RG 70, 243 [245]; BGH NStZ 1984, 311: Tötung verschiedener Personen; anders bei natürlicher Handlungseinheit, BGH JZ 1985, 250; RG 53, 274: sexueller Mißbrauch verschiedener Kinder; BGH 18, 26 [28]: Vergewaltigung verschiedener Frauen; BGH 26, 24 [26]: Nötigung verschiedener Personen). Diese Einschränkung ist begründet, denn bei höchstpersönlichen Rechtsgütern sind in bezug auf jeden Einzelakt sowohl das Handlungs- und Erfolgsunrecht als auch der Schuldgehalt der Tat so verschieden, daß es nicht vertretbar erscheint, auf gesonderte Wertungen im Urteil zu verzichten[34].

---

[31] Vgl. *Dreher / Tröndle*, Vorbem. 40 vor § 52; *Wessels*, Allg. Teil S. 237.

[32] So *Jakobs*, Allg. Teil S. 751; *Jescheck*, ZStW 67 (1955) S. 553 f.; *Preiser*, ZStW 71 (1959) S. 383 f.; *Schmidhäuser*, Allg. Teil S. 728 f.; *R. Schmitt*, ZStW 75 (1963) S. 59 ff.; *Schultz*, ZBJV 102 (1966) S. 55; *Wahle*, GA 1968, 109. Für Beibehaltung jedoch *LK (Vogler)* Vorbem. 47 vor § 52; *Maurach / Gössel / Zipf*, Allg. Teil II S. 378; allein für die täterfreundlichen Folgen *Ostendorf*, DRiZ 1983, 431.

[33] Gegen dieses Erfordernis *Jakobs*, Allg. Teil S. 747.

[34] So auch die h. L.; vgl. *Baumann / Weber*, Allg. Teil S. 670; *Blei*, Allg. Teil S. 351; *Dreher / Tröndle*, Vorbem. 29 vor § 52; *Geerds*, Konkurrenz S. 304; *Jescheck*, ZStW 67 (1955) S. 552 f.; *Maiwald*, Natürliche Handlungseinheit S. 80 ff.; *Maurach / Gössel / Zipf*, Allg. Teil II S. 381; *H. Mayer*, Lehrbuch S. 409; *Lackner*, Vorbem. IV 3a bb vor § 52; *LK (Vogler)* Vor-

V. Die fortgesetzte Handlung

c) Für die Abgrenzung der fortgesetzten Handlung entscheidend ist die **Einheitlichkeit des Vorsatzes** (Einheit des personalen Handlungsunrechts). Die Rechtsprechung fordert einen echten *Gesamtvorsatz*, der den Gesamterfolg der Tat in seinen wesentlichen Zügen nach Ort, Zeit, Person des Verletzten und Begehungsart in der Weise umfassen muß, daß sich die Einzelakte nur als sukzessive Verwirklichung des spätestens während des letzten Teilakts (BGH 23, 33 [35]; BGH JZ 1984, 55; NStZ 1985, 407) einheitlich gewollten Ganzen darstellen (RG 66, 45 [47]; BGH 1, 313 [315]; 16, 124 [128]; 19, 323; 21, 319 [322]; 26, 4 [7f.]; OLG Köln GA 1975, 123)[35]. Dieser relativ engen Auffassung der fortgesetzten Handlung ist zuzustimmen, da im Gesetz jeder Anhaltspunkt dafür fehlt, daß der Richter befugt sein sollte, aus mehreren Taten eine einzige zu machen, sofern die Einzelakte nicht wenigstens von einem sie tragenden subjektiven Band zusammengehalten werden. Es ist jedoch nicht zu übersehen, daß ein Gesamtvorsatz im strengen Sinne in Wirklichkeit nur selten vorkommt, weswegen die Gerichte, wenn die fortgesetzte Handlung überhaupt praktische Bedeutung gewinnen soll, zu künstlichen Begründungen genötigt werden[36].

Die Lehre begnügt sich aus diesem Grunde vielfach mit einem kriminologisch verstandenen *Fortsetzungsvorsatz*, der sich als ein psychisch immer gleichartiges Versagen des Täters in der gleichen Tatsituation darstellt[37]. Teilweise wird auch eine *rein objektive Theorie* der Fortsetzungstat vertreten, die allein auf die äußeren Merkmale der Gleichartigkeit von Begehungsart und Rechtsgut, auf den zeitlichen Zusammenhang der Einzelakte und die Ausnutzung derselben Gelegenheit abstellt[38].

Beispiele: Um mehrere Betrügereien zur fortgesetzten Tat zusammenzufassen, muß der Vorsatz von vornherein auf die Gesamtheit der verschiedenen Vermögensbeschädigungen gerichtet gewesen sein; der allgemein gefaßte Entschluß, möglichst viele Betrügereien bestimmter Art zu begehen (RG 44, 392 [396]) oder möglichst viele Straßenpassanten auszurauben (BGH MDR 1972, 752), genügt nicht. Gesamtvorsatz liegt vor, wenn der Täter den Entschluß gefaßt hat, aus einer bestimmten Werkstätte unter Ausnutzung der bestehenden günstigen Umstände mög-

---

bem. 55 vor § 52; *Schönke / Schröder / Stree,* Vorbem. 43ff. vor § 52; *Welzel,* Lehrbuch S. 221. Anders dagegen *Stratenwerth,* Allg. Teil I Rdn. 1223; *SK (Samson)* Vorbem. 36 vor § 52; *Struensee,* Konkurrenz S. 86ff.

[35] So auch *Baumann / Weber,* Allg. Teil S. 667f.; *Bockelmann / Volk,* Allg. Teil S. 256; *Dreher / Tröndle,* Vorbem. 26ff. vor § 52; *Preisendanz,* Vorbem. IV 1 vor § 52; *v. Weber,* Grundriß S. 100; *LK (Vogler)* Vorbem. 57ff. vor § 52; *Lackner,* Vorbem. IV 3a cc vor § 52; *Wessels,* Allg. Teil S. 237. Kritisch dazu *Stratenwerth,* Allg. Teil I Rdn. 1229ff.; *Jakobs,* Allg. Teil S. 748f. Die gegen den Gesamtvorsatz vorgebrachten Einwände von *Preiser,* ZStW 71 (1959) S. 346; *Maurach / Gössel / Zipf,* Allg. Teil II S. 379; *Schönke / Schröder / Stree,* Vorbem. 52 vor § 52; *SK (Samson)* Vorbem. 44 vor § 52 sind nicht überzeugend, da eine Handlungseinheit, die ohne Rücksicht auf den unterschiedlichen Unrechts- und Schuldgehalt der Einzelakte aus rein pragmatischen Gründen angenommen würde, um die Arbeit der Justiz zu vereinfachen, der rechtlichen Begründung entbehre.

[36] Warum hier freilich der Grundsatz „in dubio pro reo" nicht gelten soll, wie von der Rechtsprechung angenommen wird (vgl. BGH 23, 33 [35]; BGH MDR 1980, 984; NStZ 1983, 311; ebenso *Dreher / Tröndle,* Vorbem. 28 vor § 52; *Maurach / Gössel / Zipf,* Allg. Teil II S. 377), ist nicht einzusehen; richtig *Lackner,* Vorbem. IV 3a cc vor § 52; *Schönke / Schröder / Cramer,* Vorbem. 63 vor § 52; *Stree,* In dubio pro reo S. 24ff.; *Bringewat,* JuS 1970, 331 m. Nachw.

[37] So *Blei,* Allg. Teil S. 354f.; *v. Hippel,* Bd. II S. 542; *Maurach / Gössel / Zipf,* Allg. Teil II S. 379; *Mezger,* JW 1938, 3268; *Roth-Stielow,* NJW 1955, 451; *Schönke / Schröder / Stree,* Vorbem. 52 vor § 52; *SK (Samson)* Vorbem. 44 vor § 52; *Eb. Schmidt,* SJZ 1950, 286; *Welzel,* Lehrbuch S. 229; *Göhler,* Vorbem. 14 vor § 19 OWiG (für das Ordnungswidrigkeitenrecht). Ein Modell mit „beweglichen Kriterien" auf der Grundlage der „Überwindung der entscheidenden Hemmstufe" entwickelt *Schmoller,* Fortgesetztes Delikt S. 56ff.

[38] So *Graf zu Dohna,* Verbrechenslehre S. 66; *derselbe,* DStr 1942, 19; *Frank,* § 74 Anm. V 2c (S. 240); *Honig,* Studien S. 137; *M. E. Mayer,* Lehrbuch S. 167; *v. Liszt / Schmidt,* S. 352.

lichst viele Fahrräder zu entwenden, nicht aber, wenn er sich lediglich vorgenommen hat, zahlreiche Fahrraddiebstähle zu begehen, deren Ausführung nach Ort, Zeit und Art noch ungewiß ist (RG 66, 236 [239]; 72, 211 [214]). Nicht ausreichend ist für die Annahme einer Fortsetzungstat bei 36 Einbrüchen, daß die Angeklagten „von vornherein" eine Reihe von im wesentlichen gleichartigen Diebstählen ins Auge faßten (BGH NStZ 1986, 408; vgl. auch BGH NJW 1983, 2827). Einen bloßen Fortsetzungsvorsatz hat jedoch BGH NJW 1962, 115 in einem Fall wiederholter Kindesmißhandlung genügen lassen. Ein Gesamtüberblick über die Tat wird nicht verlangt (BGH 26, 4 [8]).

d) Wird für die fortgesetzte Handlung Gesamtvorsatz gefordert, so kann es bei *Fahrlässigkeitstaten* keinen Fortsetzungszusammenhang geben (RG 73, 230 [231]; 76, 68 [71]; BGH 5, 371 [376]; 22, 67 [71])[39]. Dagegen besteht für die objektive Theorie zu dieser Einschränkung kein Anlaß[40]. Aber auch vom Standpunkt des Fortsetzungsvorsatzes aus soll fortgesetzte Handlung bei Fahrlässigkeitstaten möglich sein[41]. Doch zeigt es sich dabei deutlich, daß der Fortsetzungsvorsatz nicht Vorsatz i. S. von § 16 ist.

3. Die *Behandlung der Fortsetzungstat* wird dadurch bestimmt, daß ihre Teilakte ohne Ausnahme **eine einzige Straftat** bilden (RG 68, 297 [298]). Daraus ergeben sich verschiedene Konsequenzen. Nur eine einzige Strafe ist nach dem Strafrahmen des schwersten Delikts festzusetzen, doch kann die Schwere und Zahl der Einzelakte strafschärfend berücksichtigt werden (RG DR 1944, 329; BGH Dallinger MDR 1975, 724)[42]. Im Sinne von § 66 II ist die fortgesetzte Handlung nur *eine* Tat. Wenn die Einzelakte teils die einfache, teils die qualifizierte Form desselben Delikts erfüllen, so wird nur die qualifizierte Strafvorschrift angewendet (RG 67, 183 [188]: versuchter Mord und versuchter Totschlag). Treffen Versuch und Vollendung zusammen, so ist die Tat in vollendeter Form begangen (BGH NJW 1957, 1288). Ist dagegen das Delikt in der leichteren Form vollendet, in der schwereren Form nur versucht, ist Idealkonkurrenz anzunehmen (§ 52)[43]. Die Fortsetzungstat ist mit dem ersten Teilakt vollendet, beendet aber erst, wenn alle Teilakte ausgeführt sind (RG 66, 36). Die Verjährung der Fortsetzungstat beginnt deswegen erst mit der Beendigung des letzten Teilakts (RG 64, 33 [40]; BGH 1, 84 [91 f.]) (vgl. dazu oben § 66 V 1 mit Fußnote 30, 31). Dagegen ist das Strafantragserfordernis für jeden Einzelakt gesondert zu prüfen (BGH 17, 157). Die Rechtskraft des Urteils umfaßt alle vor der Verkündung begangenen Einzelakte, gleichgültig ob sie das Gericht gekannt hat oder auch nur kennen konnte (RG 72, 211 [212]; BGH 6, 92 [95]; 15, 268 [272]; 33, 122 [124])[44].

---

[39] Ebenso *Baumann / Weber*, Allg. Teil S. 668; *Doerr*, Frank-Festgabe Bd. II S. 212; *Lackner*, Vorbem. IV 3 a cc vor § 52; *LK (Vogler)* Vorbem. 70, 73 vor § 52 (nur bei Vorsatz-Fahrlässigkeitskombinationen wie § 315c I Nr. 1a i. Verb. m. Abs. 3 Nr. 1); *Welzel*, Lehrbuch S. 229. Anders *Stratenwerth*, Allg. Teil I Rdn. 1232; *Schönke / Schröder / Stree*, Vorbem. 55 vor § 52; *SK (Samson)* Vorbem. 45 vor § 52. Vgl. auch BayObLG wistra 1982, 38.

[40] Vgl. *Frank*, § 74 Anm. V 2c (S. 240); *v. Hippel*, ZStW 42 (1921) S. 545; *Honig*, Studien S. 135.

[41] So OGH 1, 344 (347); *F. W. Koch*, NJW 1956, 1268; *Maurach / Gössel / Zipf*, Allg. Teil II S. 380; *Schönke / Schröder / Stree*, Vorbem. 55 vor § 52; *Welzel*, Lehrbuch S. 229.

[42] Vgl. näher *Bruns*, Strafzumessungsrecht S. 464; *Schönke / Schröder / Stree*, Vorbem. 65 vor § 52; *LK (Vogler)* Vorbem. 84 vor § 52.

[43] So mit Recht *Lackner*, Vorbem. IV 3c bb vor § 52; *Schönke / Schröder / Stree*, Vorbem. 66 vor § 52.

[44] So auch die h. L.; vgl. *LK (Vogler)* Rdn. 93 vor § 52; *Löwe / Rosenberg (Schäfer)*, Einleitung Kap. 12 Rdn. 65 f.; *Schönke / Schröder / Stree*, Vorbem. 69 vor § 52; *Dreher / Tröndle*, Vorbem. 39 vor § 52; *Stratenwerth*, JuS 1962, 220. Für eine prozessuale Aufspaltung der fortgesetzten Handlung dagegen *D. und U. Mann*, ZStW 75 (1963) S. 258ff.

VI. Die Sammelstraftat

1. *Früher* wurde auch die *Sammelstraftat* (Kollektivdelikt) als *rechtliche Handlungseinheit* angesehen. Sammelstraftaten nennt man Tatbestände, die zu ihrer Erfüllung Gewerbsmäßigkeit, Gewohnheitsmäßigkeit oder Geschäftsmäßigkeit des Handelns voraussetzen und darin ein die Einzelakte verbindendes Element besitzen (vgl. oben § 30 II 2c). **Gewerbsmäßigkeit** bedeutet, daß sich der Täter durch wiederholte Begehung der Tat eine fortlaufende Einnahmequelle verschaffen will (RG 66, 19 [21]; BGH 1, 383). **Gewohnheitsmäßigkeit** wird angenommen, wenn die Tat auf einem durch wiederholte Begehung erworbenen Hang zu dem betreffenden Verbrechen beruht (RG 59, 142; BGH 15, 377 [380]). **Geschäftsmäßigkeit** liegt vor, wenn der Täter beabsichtigt, die Tat durch wiederholte Begehung zu einem Teil seiner wirtschaftlichen oder beruflichen Beschäftigung zu machen (RG 72, 313 [315]).

2. Die Zusammenfassung gewerbsmäßigen, gewohnheitsmäßigen oder geschäftsmäßigen Handelns zu einer rechtlichen Handlungseinheit wäre sowohl dogmatisch als auch kriminalpolitisch verfehlt, weil die Einheit hier nur durch die *Intensität* des die verschiedenen Einzelakte tragenden Handlungswillens begründet wird und die juristische Anerkennung einer solchen rein kriminologischen Einheit gerade das Gewohnheitsverbrechertum begünstigte, da § 54 und § 66 II ausgeschlossen würden. Die **Aufspaltung der Sammelstraftat** durch die Rechtsprechung (RG 72, 164 [dazu Bericht des III. Strafsenats SJZ 1950, 334]; 72, 257 [258]; 72, 401; 73, 216; BGH 1, 41) ist deswegen im Schrifttum überwiegend gebilligt worden[45]. Wie andere Delikte können gewerbs- und gewohnheitsmäßig begangene Taten im Fortsetzungszusammenhang stehen, wenn mit den anderen Voraussetzungen auch der Gesamtvorsatz gegeben ist (BGH 26, 4 [8]; BayObLG 1951, 488 [490]).

§ 67 Die Idealkonkurrenz

Achenbach, „Tat", „Straftat", „Handlung" und die Strafrechtsreform, MDR 1975, 19; *Baumgarten*, Die Lehre von der Idealkonkurrenz und Gesetzeskonkurrenz, Strafr. Abh. Heft 103, 1909; *derselbe*, Die Idealkonkurrenz, Festgabe für R. v. Frank, Bd. II, 1930, S. 188; *Bockelmann*, Zur Lehre von der Idealkonkurrenz, ZAK 1941, 293; *Coenders*, Über die Idealkonkurrenz usw., 1921; *Cramer*, Das Strafensystem usw., JurA 1970, 183; *H. Dreher*, Real- und Idealkonkurrenz im französischen und deutschen Strafrecht usw., Diss. Freiburg i. Br. 1950; *Keller*, Anmerkung zu BGH vom 3. 6. 1982, JR 1983, 210; *Lippold*, Zur Konkurrenz bei Dauerdelikten usw., 1985; *Mezger*, Anmerkung zu RG 75, 19, DR 1941, 922; *Montenbruck*, Zur „Beteiligung an einer Schlägerei", JR 1986, 138; *Niese*, Empfiehlt sich die Einführung einer einheitlichen Strafe auch im Falle der Realkonkurrenz? Materialien, Bd. I, S. 155; *Oehler*, Das erfolgsqualifizierte Delikt als Gefährdungsdelikt, ZStW 69 (1957) S. 503; *Oske*, Das Konkurrenzverhältnis der Dauerdelikte zu den übrigen Straftaten, MDR 1965, 532; *Rippich*, Die verfahrensrechtlichen Auswirkungen der Idealkonkurrenz und Realkonkurrenz usw., Strafr. Abh. Heft 322, 1935; *Schröder*, Konkurrenzprobleme bei den erfolgsqualifizierten Delikten, NJW 1956, 1737; *Schweling*, Die Bemessung der Gesamtstrafe, GA 1955, 289; *Stoecker*, Die Konkurrenz, Materialien, Bd. II, 1, S. 449; *Wegscheider*, Echte und scheinbare Konkurrenz, 1980; *Zagrebelski*, Concorso di reati e reato continuato, in: *Vassalli* (Hrsg.), Dizionario di diritto e procedura penale, 1986, S. 85 ff.

Vgl. ferner die Schrifttumsangaben vor § 66.

---

[45] Vgl. *Geerds*, Konkurrenz S. 270; *Hartung*, SJZ 1950, 333; *Jakobs*, Allg. Teil S. 744 f.; *Kohlrausch*, ZAK 1938, 473; *Kohlrausch / Lange*, Vorbem. II B 3 a vor § 73; *Löwe / Rosenberg (Schäfer)* Einleitung Kap. 12 Rdn. 70 f.; *Maurach / Gössel / Zipf*, Allg. Teil II S. 420 f.; *Preiser*, ZStW 58 (1939) S. 748 ff.; *R. Schmitt*, ZStW 75 (1963) S. 62; *Schönke / Schröder / Stree*, Vorbem. 93 vor § 52; *Schmidhäuser*, Allg. Teil S. 729; *Stratenwerth*, Allg. Teil I Rdn. 1239. Die Gegenmeinung von *H. Mayer*, Lehrbuch S. 410; *Sauer*, Allgemeine Strafrechtslehre S. 230; *Eb. Schmidt*, SJZ 1950, 292 und JZ 1952, 136; *Welzel*, Lehrbuch S. 230 läßt sich nur auf die Einheit krimineller Lebensführung gründen, die aber dem Tatprinzip des geltenden Strafrechts widerspricht.

I. Das Wesen der Idealkonkurrenz

1. Idealkonkurrenz liegt vor, wenn der Täter durch dieselbe Handlung mehrere Strafgesetze oder dasselbe Strafgesetz mehrmals verletzt (§ 52 I)[1]. Voraussetzung der Idealkonkurrenz ist also zweierlei: einmal muß **Handlungseinheit** gegeben sein (BGH 33, 163) (vgl. oben § 66 II - V), zum anderen muß durch die eine Handlung eine Mehrheit von Gesetzesverletzungen stattgefunden haben. Dabei kommt sowohl die Anwendbarkeit verschiedener Strafgesetze als auch die Möglichkeit in Betracht, daß dasselbe Strafgesetz mehrfach anzuwenden ist. Den ersten Fall nennt man ungleichartige, den zweiten gleichartige Idealkonkurrenz. Die Einrichtung der Idealkonkurrenz schafft also die für das Strafrecht unentbehrliche Möglichkeit, eine Handlung einmal unter dem Gesichtspunkt verschiedener Straftatbestände, zum anderen unter dem Gesichtspunkt der Verletzung verschiedener gleichartiger Tatobjekte erschöpfend zu erfassen *(Klarstellungsfunktion der Idealkonkurrenz)*[2]. Der Sinn der milderen Behandlung der Ideal- gegenüber der Realkonkurrenz, indem nur auf *eine* Strafe erkannt wird, liegt darin, daß eine Tat, auch wenn sie mehrere Strafgesetze oder dasselbe Strafgesetz mehrmals verletzt, im Schuldgehalt milder zu bewerten ist als eine Mehrheit von Taten. Der Ausdruck „Tateinheit" (vgl. oben Vorbemerkung vor § 66) trifft nur die eine Seite der Sache, nämlich die Existenz einer einzigen Handlung, läßt aber das Wesentliche außer Betracht, daß nämlich entweder eine Mehrheit von Tatbeständen oder derselbe Tatbestand mehrfach herangezogen werden muß, um den Unrechtsgehalt der Tat nach allen Richtungen zu kennzeichnen.

Beispiele: Gewaltsamer Geschlechtsverkehr des Vaters mit der noch nicht 18 Jahre alten Tochter ist zugleich Vergewaltigung (§ 177), Beischlaf zwischen Verwandten (§ 173 I), sexueller Mißbrauch von Schutzbefohlenen (§ 174 I Nr. 3) und möglicherweise Körperverletzung (§ 223). Täuschung des Geschäftspartners über die eigene Kreditwürdigkeit mittels einer gefälschten Bankauskunft ist Betrug (§ 263) und Urkundenfälschung (§ 267). Tötung mehrerer Menschen durch einen Sprengstoffanschlag ist Mord in der entsprechenden Anzahl von Fällen (§ 211).

2. Zur Erklärung des Wesens der Idealkonkurrenz sind die Einheits- und die Mehrheitstheorie aufgestellt worden[3]. Die **Einheitstheorie** nimmt an, daß wegen des Vorliegens nur einer Handlung im Falle der Idealkonkurrenz auch nur eine Straftat gegeben sei, obwohl mehrere Straftatbestände angewendet werden[4]. Die **Mehrheitstheorie** betont dagegen, daß die Verletzung mehrerer Strafgesetze zur Annahme mehrerer Straftaten führen müsse, obwohl äußerlich gesehen nur eine Handlung vorliegt[5]. Der Theorienstreit betrifft indessen nur eine konstruktive Frage ohne praktische Bedeutung. Er ist nicht viel mehr als ein Streit um Worte[6], da über das Wesen der

---

[1] Der Ausdruck „Idealkonkurrenz" ist so zu verstehen, daß eine Handlung der „Idee" nach den *Typus* mehrerer Gesetzesverletzungen erfüllt, während bei der „Realkonkurrenz" „realiter" mehrere *Handlungen* vorliegen. Zur Änderung des Begriffs „Straftat" in „Handlung" in § 52 I vgl. *Achenbach*, MDR 1975, 20.

[2] So treffend *Schönke / Schröder / Stree*, § 52 Rdn. 2.

[3] Dazu *LK (Vogler)* Vorbem. 6 vor § 52; *Ingeborg Puppe*, Idealkonkurrenz S. 27 ff.

[4] So *Baumann / Weber*, Allg. Teil S. 651; *Blei*, Allg. Teil S. 343; *Baumgarten*, Frank-Festgabe Bd. II S. 189; *Höpfner*, Einheit und Mehrheit S. 101 ff.; *v. Liszt / Schmidt*, S. 359 Fußnote 6; *Maurach / Gössel / Zipf*, Allg. Teil II S. 363 f.; *LK (Vogler)* Vorbem. 4 vor § 52; *M. E. Mayer*, Lehrbuch S. 156 Fußnote 2; *Mezger*, Lehrbuch S. 469.

[5] So *Binding*, Handbuch S. 569 ff.; *Coenders*, Idealkonkurrenz S. 12 f.; *Dreher / Tröndle*, Vorbem. 4 vor § 52; *Frank*, § 73 Anm. 1; *Jakobs*, Allg. Teil S. 737 f.; *H. Mayer*, Lehrbuch S. 412; *derselbe*, Grundriß S. 191; *Niese*, Materialien Bd. I S. 156; *Schmidhäuser*, Allg. Teil S. 736.

[6] *Maiwald*, Natürliche Handlungseinheit S. 64.

Sache Einigkeit besteht, daß nämlich nur *eine* Handlung vorliegt, auf die *mehrere* Strafgesetze im Wege einer Kombination von Strafdrohungen angewendet werden[7].

Auch die *verfahrensrechtliche* Behandlung der Idealkonkurrenz ist von beiden Standpunkten aus dieselbe[8]. Auch wenn man davon ausgeht, daß nur eine Straftat vorliegt, kann der Strafantrag geteilt werden (RG 62, 83 [87]) und ist der Angeklagte wegen aller idealkonkurrierenden Strafgesetze zu verurteilen, da die Tat unter verschiedenen rechtlichen Gesichtspunkten betrachtet werden muß. Ebenso besteht auch vom Standpunkt der Mehrheitstheorie aus kein Bedenken dagegen, daß durch die rechtskräftige Aburteilung das Strafklagerecht hinsichtlich aller zusammentreffenden Tatbestände verbraucht wird und daß bei Verneinung eines der im Eröffnungsbeschluß als idealkonkurrierend angeführten Strafgesetze kein Freispruch erfolgt.

II. Die Erscheinungsformen der Idealkonkurrenz

Idealkonkurrenz bedeutet, daß durch eine Handlung mehrere Straftatbestände verwirklicht werden. Die verschiedenen Gesetzesverletzungen brauchen jedoch nicht deckungsgleich zu sein, für die Annahme von Idealkonkurrenz genügt es vielmehr, wenn sie wenigstens teilweise übereinstimmen. Je nach dem Ausmaß und der Art der Übereinstimmung sind mehrere Erscheinungsformen der Idealkonkurrenz zu unterscheiden.

1. Das Gesetz nennt in § 52 I einmal den Normalfall, daß eine Handlung zwei oder mehr *verschiedene* Strafgesetze verletzt (**ungleichartige Idealkonkurrenz**)[9].

Mehrere Kombinationen kommen dabei in Betracht. Die Tatbestände können sich in der Handlungsbeschreibung vollständig decken, aber *verschiedene Erfolge* voraussetzen; das ist z. B. gegeben, wenn jemand durch einen Schuß einen Menschen tötet und zugleich eine Sache beschädigt (§§ 212, 303) oder durch eine Körperverletzung einen anderen zu einer Handlung nötigt (§§ 223, 240). Der Fall kann aber auch so liegen, daß der Täter durch die *Tathandlung* zugleich einen in einem anderen Tatbestand erfaßten *Erfolg* herbeiführt; so wenn ein sexueller Mißbrauch eines Kindes (§ 176) zu einer fahrlässigen Körperverletzung (§ 230) führt. Auch zwei reine *Tätigkeitsdelikte*, z. B. Meineid (§ 154) und Verleumdung (§ 187) oder räuberischer Angriff auf Kraftfahrer (§ 316a) und versuchte Vergewaltigung (§§ 177, 22) (BGH VRS 60, 102) oder Einfuhr und Handeltreiben bei Drogen (BGH NJW 1983, 602), können in Form der ungleichartigen Idealkonkurrenz zusammentreffen. Endlich liegt Idealkonkurrenz vor, wenn ein versuchter qualifizierter mit einem vollendeten einfachen Tatbestand zusammentrifft (BGH 21, 78 [80]: versuchter Raub und vollendeter Diebstahl).

Idealkonkurrenz liegt ferner auch dann vor, wenn durch eine Handlung *dasselbe* Strafgesetz mehrfach verletzt wird (**gleichartige Idealkonkurrenz**). Diese Möglichkeit ist jetzt in § 52 I ausdrücklich genannt, sie wurde aber schon früher von der Rechtsprechung und h. L.[10] bejaht.

Beispiele: Wenn jemand in einer Besprechung fünf Personen zum Meineid überredet, treffen die fünf Anstiftungen in Idealkonkurrenz zusammen (RG 70, 334 [335]). Idealkonkurrenz liegt

---

[7] So *Graf zu Dohna*, Verbrechenslehre S. 64; *Geerds*, Konkurrenz S. 324 ff.; *v. Hippel*, Bd. II S. 504 ff.; *Jescheck*, ZStW 67 (1955) S. 533; *Cramer*, JurA 1970, 206; *Schönke / Schröder / Stree*, § 52 Rdn. 3.

[8] Vgl. *LK (Vogler)* § 52 Rdn. 50 ff. Dagegen hat die Unterscheidung von Ideal- und Realkonkurrenz erhebliche verfahrensrechtliche Konsequenzen, vgl. dazu näher *Rippich*, Die verfahrensrechtlichen Auswirkungen S. 9 ff.

[9] Prinzipiell anders unterscheidet *Ingeborg Puppe*, GA 1982, 143 ff. nach Unrechtsverwandtschaft (Idealkonkurrenz) und Unrechtsfremdheit (Realkonkurrenz) bei den verwirklichten Tatbeständen (vgl. oben § 66 Fußnote 5).

[10] So *Frank*, § 73 Anm. III; *v. Hippel*, Bd. II S. 520; *Jescheck*, ZStW 67 (1955) S. 547; *LK*[8] *(Jagusch)* § 73 Anm. 3b; *Kohlrausch / Lange*, § 73 Anm. II; *Mezger*, Lehrbuch S. 468; *Olshausen*, § 73 Anm. 4; *R. Schmitt*, ZStW 75 (1963) S. 185.

auch vor, wenn ein Schuß mehrere Personen tötet, ein Schimpfwort zwei Personen zugerufen wird, durch eine Aufforderung zwei Kinder zur Verübung unzüchtiger Handlungen veranlaßt werden (BGH 1, 20 [22]), eine unzüchtige Handlung vor mehreren Kindern stattfindet (BGH 6, 81 [82]) oder ein Annoncenbetrug zwei Opfer schädigt (BGH *Dallinger* MDR 1970, 381 f.).

Gleichartige Idealkonkurrenz ist nicht nur bei Straftaten gegen höchstpersönliche Rechtsgüter (z. B. Leib, Leben, Freiheit, Ehre) oder Rechtsgüter des Staates oder der Allgemeinheit (z. B. Rechtspflege oder Sicherheit des Rechtsverkehrs) möglich[11], sondern auch bei Straftaten gegen *Vermögensrechte*[12]. Da Vermögensrechte Individualpersonen „zustehen", wird der Achtungsanspruch des in der Strafvorschrift geschützten Rechtsguts mehrfach verletzt, wenn die Tat mehrere Opfer schädigt. Der praktische Unterschied der beiden Auffassungen ist freilich gering, da auch bei gleichartiger Idealkonkurrenz die Höchststrafe des betreffenden Tatbestandes maßgebend bleibt.

2. Idealkonkurrenz verlangt nicht die volle Deckung der Handlungen, die in den zusammentreffenden Tatbeständen vorausgesetzt werden. Ausreichend ist vielmehr die **„teilweise Identität der Ausführungshandlungen"** im objektiven Tatbestand der konkurrierenden Strafgesetze (RG 32, 137 [139 f.]; 52, 298 [300]; BGH 7, 149 [151]; 18, 29 [34]; 28, 18 [19]; BGH NStZ 1985, 546)[13]. Für die Abgrenzung der Tatbestände ist dabei nicht ihre formelle Vollendung, sondern ihre *materielle Beendigung* maßgebend (BGH 26, 24 [27]: Bankraub und Geiselnahme zur Sicherung der Beute; BayObLG NJW 1983, 406: Diebstahl und Trunkenheitsfahrt zur Bergung des Diebesguts) (vgl. oben § 49 III 3). Die Möglichkeiten der Idealkonkurrenz werden durch diese Lehre nicht unwesentlich ausgeweitet[14].

Beispiele: Idealkonkurrenz besteht zwischen Raub (§ 249) und Erpressung (§ 253), wenn die Gewaltanwendung sowohl zur Wegnahme als auch zur Herausgabe von Sachen führt (RG 55, 239 [241]), zwischen Körperverletzung (§ 223) und Widerstand (§ 113), wenn der Gerichtsvollzieher mit Schlägen bedacht wird (RG 41, 82 [84]). Da die Urkundenfälschung (§ 267) erst mit dem Gebrauchmachen von der falschen Urkunde *beendet* ist, wird Idealkonkurrenz mit Betrug (§ 263) angenommen, wenn der Fälscher die Urkunde zum Zwecke der Täuschung vorlegt (BGH JZ 1952, 89; BGH GA 1955, 245 [246]; einschränkend jetzt aber BGH 17, 97 [99] zu § 267). Entführung (§ 237) und Vergewaltigung (§ 177) stehen in Tateinheit, wenn der Entführer die hilflose Lage der Frau zur Tat ausnutzt (BGH 18, 29 [34]), ebenso Vergewaltigung (§ 177) und sexuelle Nötigung (§ 178), wenn die Gewaltanwendung einheitlich ist (BGH GA 1981, 168).

3. Das Verhältnis der Idealkonkurrenz kann endlich dadurch hergestellt werden, daß zwei an sich selbständige Handlungen jeweils mit einer dritten Handlung in Idealkonkurrenz stehen, so daß sie sich allein in diesem Punkte decken (**Handlungseinheit durch Klammerwirkung**)[15]. Diese von der Rechtsprechung schon frühzeitig (RG 44, 223 [228]) für zulässig gehaltene Erweiterung des Anwendungsbereichs des

---

[11] So aber *LK (Vogler)* § 52 Rdn. 35; *Schönke / Schröder / Stree*, § 52 Rdn. 29.
[12] So zutreffend BGH *Dallinger* MDR 1970, 381 f.; *SK (Samson)* § 52 Rdn. 25.
[13] Ganz h. L.; vgl. *Frank*, § 74 Anm. I; *Geerds*, Konkurrenz S. 279; *Baumann / Weber*, Allg. Teil S. 657; *Bockelmann / Volk*, Allg. Teil S. 259; *Kohlrausch / Lange*, Vorbem. II a vor § 73; *Maurach / Gössel / Zipf*, Allg. Teil II S. 400 f.; *LK (Vogler)* § 52 Rdn. 22; *Schönke / Schröder / Stree*, § 52 Rdn. 9; *Schmidhäuser*, Allg. Teil S. 736 f.; *Stratenwerth*, Allg. Teil I Rdn. 1242; *Welzel*, Lehrbuch S. 231; *Wessels*, Allg. Teil S. 238. Kritisch zu der Formel des RG wegen der Zufälligkeit der Ergebnisse aber *Honig*, Studien S. 25 ff., insbes. S. 42. Das Vorliegen von Handlungseinheit „bei natürlicher Betrachtung" verlangt für die Fälle der Teilidentität *Wahle*, GA 1968, 110.
[14] Zustimmend *LK (Vogler)* § 52 Rdn. 23; *Schönke / Schröder / Stree*, § 52 Rdn. 11; *SK (Samson)* § 52 Rdn. 12; *Stratenwerth*, Allg. Teil I Rdn. 1244; *Struensee*, Konkurrenz S. 24 f.; *Warda*, JuS 1964, 87. Ablehnend *Jakobs*, Allg. Teil S. 754.
[15] Dazu eingehend *Wahle*, GA 1968, 97 ff.

§ 52 ist anzuerkennen, wenn der die Idealkonkurrenz vermittelnde Tatbestand im Unrechtsgehalt den anderen, an sich selbständigen Straftaten *annähernd gleichkommt* (BGH NStZ 1982, 69; JR 1983, 210; NStZ 1984, 408)[16]. Die Klammerwirkung wird dagegen mit Recht abgelehnt, wenn auch nur *eine* der zu verbindenden Handlungen einen wesentlich stärkeren Unrechtsgehalt aufweist als das Verbindungsstück, weil zwei an sich selbständige Taten nicht dadurch der strengeren Strafzumessungsregel des § 53 entzogen werden können, daß jede von ihnen mit demselben leichteren Delikt zusammentrifft (BGH 1, 67 [69]; 3, 165 [167]; BGH NJW 1975, 985 [986]; JR 1983, 210 m. zust. Anm. *Keller*). Die neuere Rechtsprechung vertritt jedoch den Standpunkt, daß die Klammerwirkung nicht entfällt, wenn nur eines der beiden anderen Delikte schwerer ist als das die Tateinheit vermittelnde Bindeglied (BGH 31, 29 [30]: das Vergehen der Ausübung der tatsächlichen Gewalt über eine Waffe verbindet den unerlaubten Waffenerwerb und den Totschlag zur Tateinheit)[17]. Bei dem Schwerevergleich wird nicht auf die abstrakten Strafdrohungen, sondern auf die konkrete Fallgestaltung abgestellt (BGH 33, 4 [7]).

Beispiele: Den Gesichtspunkt der „Wertgleichheit" vernachlässigt noch RG 68, 216 (218): der unbefugte Gebrauch eines Kraftfahrzeugs (§ 248 b) soll die während der Fahrt begangene fahrlässige Tötung (§ 222) und Verkehrsunfallflucht (§ 142) zur Idealkonkurrenz verbinden. Richtig dagegen RG HRR 1935 Nr. 535: die unbefugte Titelführung hat keine Klammerwirkung hinsichtlich mehrerer selbständiger Betrugshandlungen; BGH 2, 246 (247): mehrere Mordversuche werden durch das Zusammentreffen mit einem einheitlichen Raubversuch nicht zur Idealkonkurrenz zusammengefaßt; BGH 18, 66 (69): das Fahren ohne Fahrerlaubnis kann mehrere Kraftfahrzeugdiebstähle nicht zur Einheit zusammenschließen. Die für das Verkehrsstrafrecht praktisch wichtige Klammerwirkung der Trunkenheitsfahrt (§ 316) hat der BGH dadurch eingeschränkt, daß er bei Eintritt eines Unfalls eine Zäsur annimmt, so daß die fahrlässige Tötung mit der Unfallflucht nicht verbunden wird (BGH 21, 203 [204]; OLG Celle VRS 61, 345).

III. Sonderfälle der Idealkonkurrenz

1. **Vorsätzliche und fahrlässige Handlungen** können in Idealkonkurrenz stehen, z. B. vorsätzliche Transportgefährdung (§ 315) mit fahrlässiger Tötung (§ 222) (RG DR 1943, 753), Beihilfe zur Abtreibung (§§ 218 I, 27) mit fahrlässiger Tötung (BGH 1, 278 [280]), vorsätzliches Vergehen nach § 323 a und fahrlässige actio libera in causa zu § 222 (BGH 17, 333 [337])[18].

2. Bei **Dauerdelikten** (vgl. oben § 26 II 1 a) ist zu unterscheiden[19]. Handlungen, die nur gelegentlich eines Dauerdelikts vorgenommen werden, z. B. die Beleidigung des Hausherrn, der den Eindringling zur Rede stellt (§ 123), stehen nach allgemeiner Ansicht mit dem Dauerdelikt in Realkonkurrenz. Idealkonkurrenz ist dagegen anzunehmen bei Straftaten, die der Aufrechterhaltung des rechtswidrigen Zustands die-

---

[16] Ebenso *Geerds*, Konkurrenz S. 280 ff.; *Geppert*, Jura 1982, 370; *Lackner*, § 52 Anm. 2 b aa; *Maurach / Gössel / Zipf*, Allg. Teil II S. 401 ff.; *LK (Vogler)* § 52 Rdn. 27 ff.; *Schönke / Schröder / Stree*, § 52 Rdn. 16; *Dreher / Tröndle*, Vorbem. 5 f. vor § 52; *Welzel*, Lehrbuch S. 232; *Wessels*, Allg. Teil S. 239. Dagegen wollen *Jakobs*, Allg. Teil S. 757; *R. Schmitt*, ZStW 75 (1963) S. 48; *Schmidhäuser*, Allg. Teil S. 592; *Stratenwerth*, Allg. Teil I Rdn. 1246; *Wahle*, GA 1968, 107 ff. die Fälle der „Verklammerung" ganz der Realkonkurrenz zuweisen. Anders auch *Ingeborg Puppe*, GA 1982, 156 sowie *Werle*, Konkurrenz S. 205 ff.

[17] Dazu *Wessels*, Allg. Teil S. 239; *Lackner*, § 52 Anm. 2 b bb.

[18] Vgl. *Lackner*, § 52 Anm. 2 c; *Schönke / Schröder / Stree*, § 52 Rdn. 7; *SK (Samson)* § 52 Rdn. 7; *Jakobs*, Allg. Teil S. 754; *Welzel*, Lehrbuch S. 232.

[19] Vgl. *Lackner*, § 52 Anm. 2 c; *LK (Vogler)* Vorbem. 23 f. vor § 52; *Lippold*, Konkurrenz S. 29 ff.; *Schönke / Schröder / Stree*, Vorbem. 88 ff. vor § 52; *Schmidhäuser*, Allg. Teil S. 738; *Stratenwerth*, Allg. Teil I Rdn. 1245; *Welzel*, Lehrbuch S. 232.

nen, wie die Körperverletzung des Hausherrn, der sich gegen den Eindringling zur Wehr setzt. Teilweise wird darüber hinaus Idealkonkurrenz auch dann angenommen, wenn das Dauerdelikt die Voraussetzungen für die Begehung einer anderen Straftat schaffen soll, z. B. das unbefugte Führen einer Schußwaffe dient zur Verübung eines Raubs (RG 66, 117 [119])[20]. In der Regel verlangt die Rechtsprechung jedoch zu Recht auch beim Dauerdelikt die teilweise Deckung der Tathandlungen (RG 32, 137 [140]; 54, 288 [289]; BGH LM § 177 Nr. 8; BGH 18, 29 [34]; 27, 66 [67]; 29, 288 [290]; BGH GA 1967, 21), läßt also eine Lockerung der allgemeinen Grundsätze über die Idealkonkurrenz auch bei Bestehen einer Mittel-Zweck-Beziehung nicht zu[21]. Auch mehrere Dauerdelikte stehen zueinander in Tateinheit, wenn sich die Ausführungshandlungen wenigstens teilweise decken, z. B. Fahren ohne Fahrerlaubnis (§ 21 I Nr. 1 StVG) und Trunkenheitsfahrt (§ 316) (BayObLG GA 1975, 54).

3. Besondere Konkurrenzprobleme stellen sich weiter bei den **erfolgsqualifizierten Delikten** sowohl im Verhältnis zu den Fahrlässigkeits- als auch zu den Vorsatztatbeständen, die die fahrlässige bzw. vorsätzliche Herbeiführung des qualifizierenden Erfolges als solchen unter Strafe stellen[22]. Kann der Täter die qualifizierende Folge *nur* fahrlässig herbeiführen, weil bei Vorsatz ein anderer Deliktstypus gegeben wäre, ist die Frage nach dem Verhältnis zu dem betreffenden Fahrlässigkeitstatbestand nicht zweifelhaft. Nach § 18 kommt allein Gesetzeskonkurrenz, und zwar Spezialität (vgl. unten § 69 II 1) in Betracht, da das erfolgsqualifizierte Delikt den Fahrlässigkeitstatbestand *immer* einschließt (vgl. BGH 8, 54 zum Verhältnis von § 226 und § 222)[23]. Wenn dagegen der qualifizierende Erfolg nicht nur fahrlässig, sondern auch vorsätzlich verwirklicht werden kann, ohne daß der Grundtatbestand des erfolgsqualifizierten Delikts entfällt, muß Idealkonkurrenz zu dem betreffenden Vorsatz- bzw. Fahrlässigkeitstatbestand angenommen werden, da dann nur auf diese Weise klarzustellen ist, ob die schwere Folge im konkreten Fall vorsätzlich oder fahrlässig herbeigeführt wurde. Deshalb stehen Brandstiftung mit Todesfolge (§ 307 Nr. 1) sowie Freiheitsberaubung mit Todesfolge (§ 239 III) mit §§ 211, 212 bzw. mit § 222 in Tateinheit.

4. Die Erörterung der Konkurrenzprobleme bei den **Unterlassungsdelikten** hat auszugehen von den Begriffen der „Unterlassungseinheit" und „Unterlassungsmehrheit" (vgl. oben § 66 IV 2)[24]. Bei Unterlassungseinheit kommt sowohl gleichartige als auch ungleichartige Idealkonkurrenz in Betracht.

Beispiel: Wenn ein Wachmann einen Bankeinbruch dadurch unterstützt, daß er im Einvernehmen mit den Tätern eine Hintertür unverschlossen läßt und zugleich aus Fahrlässigkeit übersieht, daß diese imstande sein könnten, beim Aufschweißen eines Geldschranks einen Brand zu verursachen, ist er wegen Beihilfe zum Einbruchsdiebstahl (§§ 242, 243 I Nr. 1, 27) in Idealkonkurrenz mit fahrlässiger Brandstiftung (§ 309), beides begangen durch Unterlassen, zu verurteilen.

---

[20] Zustimmend *Schönke / Schröder / Stree,* Vorbem. 91 vor § 52; *Jakobs,* Allg. Teil S. 756; *Welzel,* Lehrbuch S. 232; *Wessels,* Allg. Teil S. 239.
[21] Ebenso *Baumann / Weber,* Allg. Teil S. 657; *Oske,* MDR 1965, 534; *Schmidhäuser,* Allg. Teil S. 738.
[22] Vgl. dazu *Schröder,* NJW 1956, 1737 ff.
[23] So auch *LK (Schroeder)* § 18 Rdn. 43; *Schönke / Schröder / Cramer,* § 18 Rdn. 6; *SK (Rudolphi)* § 18 Rdn. 9; anders *Kohlrausch / Lange,* § 56 Anm. IV 5; *Oehler,* ZStW 69 (1957) S. 519, die Idealkonkurrenz annehmen.
[24] Vgl. *Welzel,* Lehrbuch S. 233; *Struensee,* Konkurrenz S. 46 ff.; *LK (Vogler)* Vorbem. 39 f. vor § 52; *Maiwald,* Natürliche Handlungseinheit S. 107 ff. Kritisch dazu *Ingeborg Puppe,* JR 1985, 246 f. („trübes Kapitel der Konkurrenzlehre").

Umstritten ist dagegen die Frage, ob ein Unterlassungs- auch mit einem Begehungsdelikt in Idealkonkurrenz stehen kann. Sie ist nach richtiger Ansicht zu verneinen, da sich Unterlassen und positives Tun auch nicht teilweise decken, sondern nur zeitlich zusammentreffen können (RG 68, 315 [317f.]; BGH 6, 229 [230])[25]. So ist Idealkonkurrenz zwischen unterlassener Hilfeleistung (§ 323c) und Sichentfernen vom Unfallort (§ 142) zu verneinen (anders aber RG 75, 355 [360]; BGH GA 1956, 120), ebenso zwischen Sichentfernen vom Unfallort und vorsätzlicher Tötung, begangen durch unterlassene Hilfeleistung (anders aber BayObLG NJW 1957, 1485). Anders ist es nur dann, wenn das Unterlassungsdelikt ein Dauerdelikt darstellt und das Begehungsdelikt der Aufrechterhaltung dieses Zustandes dienen soll, z. B. Vereiteln der Zwangsvollstreckung (§ 288) zwecks Nichtleistung des Unterhalts (§ 170b).

IV. Die Behandlung der Idealkonkurrenz

Bei Annahme des Verhältnisses der Idealkonkurrenz muß klargestellt werden, wie der **Schuldspruch** in diesen Fällen abzufassen und **welcher Strafrahmen** auf die Tat anzuwenden ist.

1. Einfach sind diese Fragen bei der **gleichartigen Idealkonkurrenz** zu beantworten. Der *Schuldspruch* muß hier zwar die mehrfache Verletzung desselben Gesetzes zum Ausdruck bringen, wegen deren der Angeklagte verurteilt wird („A wird wegen Mordes an drei Menschen zu lebenslanger Freiheitsstrafe verurteilt"). Die *Strafe* wird dem mehrfach verletzten Gesetz aber nur einmal entnommen (§ 52 I). Im Rahmen der angedrohten Höchststrafe dieses Tatbestandes wird die Tatsache der mehrfachen Verletzung desselben Gesetzes in der Regel strafschärfend zu berücksichtigen sein (§ 46 II: „Die Art der Ausführung und die verschuldeten Auswirkungen der Tat"). Die mehrfache Gesetzesverletzung kann vor allem die Annahme eines besonders schweren Falls rechtfertigen (der Vormund verletzt z. B. durch dasselbe nachteilige Geschäft die Vermögensinteressen dreier Mündel, § 266 II)[26].

2. Bei der **ungleichartigen Idealkonkurrenz** muß der *Schuldspruch* alle zusammentreffenden Strafgesetze angeben („A wird wegen Vergewaltigung in Tateinheit mit gefährlicher Körperverletzung zu drei Jahren Freiheitsstrafe verurteilt"). Dies ist zwar in § 52 nicht ausdrücklich ausgesprochen, aber selbstverständlich, weil sich der volle Unrechtsgehalt der Tat erst aus sämtlichen anwendbaren Strafgesetzen ergibt[27]. Die Strafe wird aus einem nach dem *Kombinationsprinzip* (§ 52 II - IV) gebildeten *Strafrahmen* entnommen, der aus den Strafrahmen sämtlicher verletzten Gesetze zusammengestellt wird[28]. Der Strafrahmen der Hauptstrafe wird nach oben durch die schwerste Höchststrafe der zusammentreffenden Gesetze, nach unten durch die strengste Mindeststrafe bestimmt. Höchst- bzw. Mindeststrafe des zu bildenden gemeinsamen Strafrahmens werden nicht nach der abstrakten Betrachtungsweise festgestellt, die bei der Einteilung der strafbaren Handlungen in Verbrechen und Vergehen nach § 12 am Platze ist (vgl. oben § 7 IV 2). Maßgebend ist vielmehr, welches der konkurrierenden Gesetze in Anbetracht der im *konkreten* Fall vorliegenden Straf-

---

[25] Ebenso *Lackner,* § 52 Anm. 2c; *Kohlrausch / Lange,* § 73 Anm. I; *Schönke / Schröder / Stree,* § 52 Rdn. 19; *Stratenwerth,* Allg. Teil I Rdn. 1245. Dagegen aber *Baumann / Weber,* Allg. Teil S. 654f.; *Jakobs,* Allg. Teil S. 755.

[26] Vgl. *Schönke / Schröder / Stree,* § 52 Rdn. 33; *LK (Vogler)* § 52 Rdn. 39.

[27] Vgl. *Baumgarten,* Idealkonkurrenz S. 89ff.; *Bockelmann,* ZAK 1941, 294; *Maurach / Gössel / Zipf,* Allg. Teil II S. 404; *Stratenwerth,* Allg. Teil I Rdn. 1248; *SK (Samson)* § 52 Rdn. 26.

[28] Vgl. *Maurach / Gössel / Zipf,* Allg. Teil II S. 405f.; *LK (Vogler)* § 52 Rdn. 40ff.; *Schönke / Schröder / Stree,* § 52 Rdn. 34; *Schmidhäuser,* Allg. Teil S. 783; *Stratenwerth,* Allg. Teil I Rdn. 1250ff.

schärfungs- bzw. Strafmilderungsgründe die strengste Höchst- bzw. Mindeststrafe zuläßt (zum früheren Recht vgl. RG 75, 14 [18]; 75, 19 [22]; 76, 59 [60])[29].

Beispiele: Trifft Untreue (§ 266) mit Parteiverrat (§ 356) zusammen, so ist, wenn keine Besonderheiten vorliegen, die Mindeststrafe drei Monate (§ 356), die Höchststrafe fünf Jahre (für § 266 und § 356 gleich). Liegt gleichzeitig § 356 II vor, so ist die Mindeststrafe ein Jahr. Ist ein besonders schwerer Fall der Untreue gegeben, so kommt nur der Strafrahmen des § 266 II zur Anwendung. Geldstrafe kann neben Freiheitsstrafe bei Bereicherungsabsicht (§ 41) verhängt werden (§ 52 III).

Das seit 1975 geltende Recht droht nur noch entweder Freiheitsstrafe allein oder wahlweise Freiheitsstrafe und Geldstrafe an. Die schwerere Strafart ist die Freiheitsstrafe. Der Strafarrest ist nur noch Ersatzfreiheitsstrafe (§ 11 WStG) oder kurzfristige Freiheitsstrafe für Soldaten (§ 12 WStG), jedoch keine selbständig angedrohte Strafart mehr. Die allein angedrohte Geldstrafe und die kumulative Geldstrafandrohung wurden 1975 beseitigt (vgl. für das Landesrecht Art. 3, 290 EGStGB).

3. *Geldstrafe* kann nach § 52 III neben Freiheitsstrafe verhängt werden, wenn die Voraussetzungen des § 41 vorliegen (vgl. das vorstehende Beispiel). Auf *Nebenstrafen, Nebenfolgen* und *Maßnahmen* (§ 11 I Nr. 8) muß oder kann erkannt werden, wenn eines der anwendbaren Gesetze sie vorschreibt oder zuläßt (§ 52 IV). Endlich ist bei der *Strafzumessung* das Vorliegen mehrerer Gesetzesverletzungen innerhalb des Kombinationsstrafrahmens in der Regel strafschärfend zu berücksichtigen (RG 22, 388 [393]; 49, 401 [402]; BGH MDR 1966, 26; OLG Hamburg JR 1951, 86; OLG Köln MDR 1956, 374)[30].

4. **Verfahrensrechtlich**[31] ist bedeutsam, daß es keinen Teilfreispruch hinsichtlich einzelner idealkonkurrierender Tatbestände gibt und daß durch das rechtskräftige Urteil die Strafklage hinsichtlich aller Teilaspekte verbraucht ist (ne bis in idem). Die Möglichkeit der Einstellung besteht für diejenigen Tatbestände, die für die zu erwartende Strafe oder Maßregel nicht beträchtlich ins Gewicht fallen (§ 154a StPO)[32].

V. Ausländisches Recht

Im ausländischen Recht[33] ist vielfach die Einheitsstrafe für beide Konkurrenzarten vorgesehen, so in *Österreich* (§ 28 StGB)[34], in der *Schweiz* (Art. 68 StGB)[35] und *Frankreich* (Art. 5 C. p.)[36]. Das *italienische* Recht behandelt die Realkonkurrenz im wesentlichen nach dem Prinzip der Kumulation mit Höchstgrenzen (Art. 71 ff. C. p.), die Idealkonkurrenz nach dem Absorptionsprinzip mit Strafschärfung (Art. 81 C. p.) und wendet dieses auch auf die allein

---

[29] Vgl. *Maurach / Gössel / Zipf,* Allg. Teil II S. 405; *Schönke / Schröder / Stree,* § 52 Rdn. 37; *Bockelmann / Volk,* Allg. Teil S. 260.

[30] So auch die h. L.; *Bruns,* Strafzumessungsrecht S. 469; *Lackner,* § 52 Anm. 4b; *LK (Vogler)* § 52 Rdn. 46; *Maurach / Gössel / Zipf,* Allg. Teil II S. 405; *Schönke / Schröder / Stree,* § 52 Rdn. 47; *SK (Samson)* § 52 Rdn. 27.

[31] Dazu näher *LK (Vogler)* § 52 Rdn. 49 ff.; *Schönke / Schröder / Stree,* § 52 Rdn. 48 ff.

[32] Für bessere Nutzung dieser Möglichkeit *Montenbruck,* JR 1986, 142.

[33] Vgl. die umfassende Darstellung von *Geerds,* Konkurrenz S. 71 ff.; ferner *LK (Vogler)* Vorbem. 147 vor § 52.

[34] Vgl. näher *Leukauf / Steininger,* § 28 Rdn. 13; *Triffterer,* Allg. Teil S. 446 f.; *Wegscheider,* Konkurrenz S. 44. Zum früheren Recht, dessen Regelung übernommen wurde, *Rittler,* Bd. I S. 338 ff.; *Nowakowski,* Grundriß S. 120 f.

[35] Vgl. *Hafter,* Allg. Teil S. 378; *Pfenninger,* Das schweizerische Strafrecht S. 233; *Stratenwerth,* Schweiz. Strafrecht, Allg. Teil I S. 429 f. Auch der Vorentwurf bleibt in Art. 51 bei der Einheitsstrafe.

[36] Vgl. *Merle / Vitu,* Traité S. 470, 946; *Stefani / Levasseur / Bouloc,* Droit pénal général S. 628 ff.; *H. Dreher,* Real- und Idealkonkurrenz S. 55 ff.

durch den „medesimo disegno criminale" bestimmte fortgesetzte Handlung an (Art. 81 II C. p.)[37]. Spanien geht bei der Realkonkurrenz vom Kumulationsprinzip aus, kombiniert dieses aber mit dem Absorptions- und dem Asperationsprinzip sowie mit gewissen Höchstgrenzen (Art. 69f. C. p.)[38]. Für die Idealkonkurrenz gilt das Absorptionsprinzip mit Strafschärfung (Art. 71 C. p.). Nach *niederländischem* Recht gilt für die Idealkonkurrenz dasselbe (Art. 55 W. v. S.). Bei der Realkonkurrenz wird nur eine Strafe ausgesprochen, für die gewisse Höchstgrenzen gelten (Art. 57ff. W. v. S.)[39]. Im *brasilianischen* Recht wird bei Idealkonkurrenz das Absorptionsprinzip angewendet, wobei die schwerste Strafdrohung um ein Sechstel bis zur Hälfte erhöht wird (Art. 70 C. p.), bei Realkonkurrenz das Kumulationsprinzip (Art. 69). Das fortgesetzte Verbrechen ist durch objektive Merkmale gekennzeichnet (Art. 71)[40]. Im *englischen* Recht wird bei Tatmehrheit das Kumulationsprinzip angewendet, das aber durch die fakultative Zulassung gleichzeitiger Vollstreckung mehrerer Freiheitsstrafen eine Milderung erfährt. Für einen Teil der Fälle der Idealkonkurrenz (merger of offences) gilt das Absorptionsprinzip, sonst auch Kumulation[41]. Die gleichen Grundsätze finden sich überwiegend im *amerikanischen* Strafrecht[42]. Im StGB der *DDR* ist für Ideal- und Realkonkurrenz die Einheitsstrafe mit Schärfungsmöglichkeit vorgesehen (§§ 63, 64)[43].

§ 68 Die Realkonkurrenz

Bender, Doppelte Gesamtstrafe oder „Einheits"-Gesamtstrafe? NJW 1964, 807; *Bringewat*, Die Bildung der Gesamtstrafe, 1987; *Bruns*, Zum Verbot der Doppelverwertung von Tatbestandsmerkmalen usw., Festschrift für H. Mayer, 1966, S. 353; *Cramer*, Das Strafensystem usw., JurA 1970, 183; *Dreher*, Doppelverwertung von Strafbemessungsumständen, JZ 1957, 155; *Henßler*, Unterlassene Gesamtstrafenbildung nach § 79 StGB als Revisionsgrund, NJW 1953, 452; *Küper*, Zur Problematik der nachträglichen Gesamtstrafenbildung, MDR 1970, 885; *derselbe*, Anmerkung zu OLG Hamm vom 20. 3. 1970, NJW 1970, 1559; *derselbe*, Anmerkung zu BGH 25, 380, NJW 1975, 547; *Maiwald*, Nachträgliche Gesamtstrafenbildung und das Verbot der reformatio in peius, JR 1980, 353; *Niederreuther*, Die prozessuale Behandlung der Realkonkurrenz im geltenden und künftigen Recht, Strafr. Abh. Heft 278, 1930; *Sacksofsky*, Die Problematik der doppelten Gesamtstrafe, NJW 1963, 894; *Schorn*, Fragen zur Gesamtstrafe, JR 1964, 45; *Schrader*, Bildung einer Gesamtstrafe nach vollstreckter Einzelstrafe, MDR 1974, 718; *Schweling*, Die Bemessung der Gesamtstrafe, GA 1955, 289; *Stree*, Anmerkung zu BGH 33, 367, JR 1987, 73; *Vogt*, Die nachträgliche Bildung einer Gesamtgeldstrafe usw., NJW 1981, 890.

Vgl. ferner die Schrifttumsangaben vor § 66.

I. Das Wesen der Realkonkurrenz

1. Das Gegenstück zur Idealkonkurrenz ist die Realkonkurrenz. Sie liegt vor, wenn der Täter **mehrere selbständige Straftaten** begangen hat, die **in demselben Strafverfahren abgeurteilt** werden (§§ 53ff.). Voraussetzung der Realkonkurrenz ist

---

[37] Vgl. *Bettiol / Pettoello Mantovani*, Diritto penale S. 691ff.; *Pagliaro*, Principi S. 584ff.; *Nuvolone*, Sistema S. 360ff.; *Fiandaca / Musco*, Diritto penale S. 372ff.; *Zagrebelski*, Dizionario S. 85ff.

[38] Vgl. *Rodríguez Devesa / Serrano Gómez*, Derecho penal S. 848ff.; *Antón Oneca*, Derecho penal S. 456ff.; *Mir Puig*, Adiciones Bd. II S. 1023ff., 1031ff. Zu den Höchstgrenzen *Córdoba Roda / Rodríguez Mourullo*, Art. 70 Anm. II.

[39] Dazu eingehend *Pompe*, Handboek S. 274ff.; *van Bemmelen / van Veen*, Ons strafrecht S. 267ff., 273ff.; *D. Hazewinkel-Suringa / Remmelink*, Inleiding S. 718ff.

[40] Vgl. *Fragoso*, Lições S. 364ff.; *de Jesus*, Comentários, Art. 70 Anm. 4, Art. 69 Anm. 5c, Art. 71 Anm. 1; *da Costa jr.*, Comentários, Art. 70 Anm. 5, Art. 69 Anm. 4, Art. 71 Anm. 5.

[41] Vgl. *Stoecker*, Materialien Bd. II, 1 S. 452f.; *Grünhut*, Das englische Strafrecht S. 190f.

[42] Vgl. *Honig*, Das amerikanische Strafrecht S. 239f.; Model Penal Code Sect. 7.06.

[43] Von Tateinheit und Tatmehrheit, für die das Prinzip der Einheitsstrafe gilt, werden die Fälle der Gesetzeseinheit (Spezialität, Subsidiarität, Konsumtion) unterschieden; vgl. *Lekschas / Renneberg*, Lehrbuch S. 446ff. sowie *Strafrecht der DDR*, §§ 63, 64 Anm. 2, 3.

also einmal das Vorliegen einer Handlungsmehrheit (vgl. oben § 66 I), zum anderen die Möglichkeit gemeinsamer Aburteilung. Nicht jede Handlungsmehrheit führt zur Anwendung der Strafzumessungsregeln über die Realkonkurrenz. Es kann sein, daß die Handlungsmehrheit als ein Fall der Gesetzeseinheit (Konsumtion) anzusehen ist und deswegen nicht den §§ 53 ff. unterliegt (vgl. unten § 69 II 3), es kann auch sein, daß es an der Möglichkeit gemeinsamer Aburteilung in demselben Strafverfahren fehlt. Wie bei der Idealkonkurrenz wird auch bei der Realkonkurrenz zwischen gleichartigen und ungleichartigen Konkurrenzfällen unterschieden. *Gleichartige* Realkonkurrenz liegt vor, wenn der Täter dieselbe Straftat mehrmals begangen hat, *ungleichartige* Realkonkurrenz, wenn verschiedene Straftatbestände zusammentreffen. Der gebräuchliche Ausdruck *„Tatmehrheit"* bezeichnet das Wesen der Sache ebensowenig erschöpfend wie der Ausdruck *„Tateinheit"* bei der Idealkonkurrenz, denn eine Mehrheit von Straftaten wird nicht immer nach den Regeln der Realkonkurrenz behandelt.

Beispiele: Mehrere während einer Fahrt begangene Verkehrsverstöße stehen grundsätzlich in Tatmehrheit (OLG Hamm VRS 46, 338). Fahrlässige Straßenverkehrsgefährdung und unerlaubtes Sichentfernen vom Unfallort stehen in Tatmehrheit (OLG Saarbrücken VRS 46, 21), ebenso Trunkenheitsfahrt (mit Unfall) und Unfallflucht (OLG Celle GA 1982, 41). Die Weiterveräußerung von Betäubungsmitteln ist gegenüber dem Besitz (§ 29 I 3 BtMG) eine selbständige Straftat.

2. Die Vorschriften über die Realkonkurrenz gehören nicht nur dem materiellen Recht, sondern **auch dem Verfahrensrecht** an, denn ob die Möglichkeit gemeinsamer Aburteilung für eine Mehrheit von strafbaren Handlungen gegeben ist, hängt von den Regeln des Strafprozesses ab[1]. Um aber die unvermeidlichen Zufälligkeiten der Verfahrensgestaltung auszugleichen, hat der Gesetzgeber die Möglichkeit der nachträglichen Bildung einer Gesamtstrafe nach § 55 StGB und § 460 StPO geschaffen. Der Anwendungsbereich der Regeln über die Realkonkurrenz wird durch diese Vorschriften wesentlich *erweitert*.

II. Die Behandlung der Realkonkurrenz

1. Die Regelung der Realkonkurrenz in den §§ 53 ff. hat an der nach dem **Asperationsprinzip** zu bildenden Gesamtstrafe festgehalten[2] und hat dieses Verfahren auf die Geldstrafe ausgedehnt, weil die frühere Addierung von Geldstrafen die Schwere der Strafe zu Lasten des Verurteilten ebenso unproportional veränderte wie die Addierung von Freiheitsstrafen (§ 53 I)[3]. Im Jugendstrafrecht gilt dagegen das Prinzip der einheitlichen Sanktion (§ 31 JGG).

Die *lebenslange Freiheitsstrafe*, die früher von der Bildung der Gesamtstrafe ausgeschlossen war und stets gesondert ausgesprochen werden mußte, ist durch das 23. StÄG vom 13. 4. 1986 (BGBl. I S. 393) in die Gesamtstrafenregelung der §§ 53 ff. einbezogen worden[4]. Selbständig zu erkennen ist jedoch weiterhin auf *Geldbuße* nach dem OWiG, wenn in einem Strafverfahren neben einer Straftat eine in Tatmehrheit stehende Ordnungswidrigkeit abzuurteilen ist, weil der Gesetzgeber von einem Wesensunterschied zwischen Geldstrafe und Geldbuße ausgegangen ist

---

[1] Vgl. dazu *Niederreuther,* Die prozessuale Behandlung der Realkonkurrenz S. 12 ff.
[2] Kritisch dazu *Schmidhäuser,* Allg. Teil S. 784; *Cramer,* JurA 1970, 212; *Jakobs,* Allg. Teil S. 758 f. Über die Schwierigkeiten bei der Bildung der Gesamtstrafe *Bruns,* Strafzumessungsrecht S. 470 f. Zustimmend *Baumann / Weber,* Allg. Teil S. 653, 674; *Bringewat,* Gesamtstrafe S. 1.
[3] Vgl. *Schönke / Schröder / Stree,* Vorbem. 4 vor § 52.
[4] Dazu *Bringewat,* Gesamtstrafe S. 91 f.

(OLG Köln NJW 1979, 379)[5]. Insoweit bleibt es also beim Kumulationsprinzip. Auch mehrere Geldbußen werden addiert (§ 20 OWiG)[6].

2. Zu unterscheiden ist weiter zwischen den Fällen, in denen die Bildung einer Gesamtstrafe vorgeschrieben, und den Fällen, in denen sie lediglich zugelassen ist. Eine **Gesamtstrafe muß** gebildet werden, wenn mehrere Freiheitsstrafen (auch lebenslange Freiheitsstrafe sowie Strafarrest nach § 9 WStG) oder mehrere Geldstrafen jeweils gesondert verwirkt sind (§ 53 I). Im ersten Fall wird eine Gesamtfreiheitsstrafe, im zweiten eine Gesamtgeldstrafe ausgesprochen. Eine **Gesamtfreiheitsstrafe kann** auch gebildet werden, wenn Freiheits- und Geldstrafe zusammentreffen (§ 53 II 1). Jedoch kann das Gericht in diesem Falle auf Geldstrafe auch gesondert erkennen (§ 53 II 2). Sind mehrere Geldstrafen verwirkt, so ist auf eine Gesamtgeldstrafe zu erkennen (§ 53 II 2 zweiter Halbsatz).

Umstritten ist dabei die Frage, ob in diesem Falle die Bildung der Gesamtstrafe in der Regel stattzufinden hat (BGH *Dallinger* MDR 1973, 17; BayObLG MDR 1982, 770; OLG Koblenz GA 1978, 188)[7] oder ob umgekehrt in der Regel auf Freiheits- und Geldstrafe gesondert zu erkennen ist[8] oder ob dem Gesetz überhaupt *kein Regel-Ausnahmeverhältnis* entnommen werden kann[9]. Richtig erscheint die zuletzt genannte Ansicht. Die erste würde den Verurteilten über Gebühr benachteiligen, da sich die Geldersparnis dann regelmäßig in den viel schwereren Freiheitsverlust umsetzte, und sie widerspricht auch dem kriminalpolitischen Grundsatz des Vorrangs der Geldstrafe im Bereich der geringeren Kriminalität. Für das umgekehrte Regelverhältnis gibt es angesichts der Fassung des Gesetzes, die eher für das Gegenteil spricht, keinen Anhaltspunkt. Kriminalpolitisch ist es jedenfalls die beste Lösung, dem Richter bei der spezialpräventiv sehr bedeutsamen Entscheidung, ob die Freiheitsstrafe auf Kosten der Geldstrafe erhöht werden soll, freie Hand zu lassen, so daß er die allgemeinen Strafzumessungsregeln anwenden kann.

Eine *Geldstrafe* darf nur dann *nicht* in eine Gesamtstrafe mit einer Freiheitsstrafe einbezogen werden, wenn sie als fakultative *zweite Hauptstrafe* ausgesprochen worden ist, weil sonst der besondere kriminalpolitische Zweck, der mit der Geldstrafe in diesem Falle verbunden ist – z.B. die Abschöpfung der durch die Tat erlangten Bereicherung (§ 41) – verlorengehen würde (§§ 53 III, 52 III). Waren in dieser Weise mehrere Geldstrafen ausgesprochen, die gegenüber der Freiheitsstrafe selbständig zu bleiben haben, so wird aus ihnen nach der Regel des § 53 I wiederum eine Gesamtgeldstrafe gebildet (BGH 23, 260). Andere Geldstrafen, die nicht selbständig bleiben, werden nach § 53 I in die Gesamtgeldstrafe einbezogen, falls sie das Gericht nicht nach § 53 II 1 in die Freiheitsstrafe einbeziehen will (BGH 25, 380 m. zust. Anm. *Küper,* NJW 1975, 547)[10].

3. Im Gesetz nicht geregelt und zweifelhaft ist die Frage, ob aus einer *Freiheitsstrafe* und einer *Ersatzfreiheitsstrafe*, die im Falle der Uneinbringlichkeit an die Stelle einer gesondert verhängten Geldstrafe zu treten hätte (§ 43), eine Gesamtfreiheitsstrafe zu bilden ist, um den Verurteilten nicht im Ergebnis dadurch zu benachteiligen, daß das Gericht die für ihn günstigere

---

[5] Ablehnend dazu *Cramer,* JurA 1970, 205; kritisch auch *Schönke / Schröder / Stree,* § 53 Rdn. 16.
[6] Über die verfahrensrechtlichen Schwierigkeiten, die der Einführung der Gesamtgeldbuße entgegengestanden haben, vgl. Begründung zu § 13 Entwurf OWiG, BT-Drucksache V/ 1269.
[7] So *Baumann / Weber,* Allg. Teil S. 677; *Dreher / Tröndle,* § 53 Rdn. 3; LK[9] (*Mösl*) § 74 Rdn. 10; *Maurach / Gössel / Zipf,* Allg. Teil II S. 423; E 1962 Begründung S. 193; wohl auch *Stratenwerth,* Allg. Teil I Rdn. 1261.
[8] So *Schönke / Schröder / Stree,* § 53 Rdn. 20.
[9] So *Bringewat,* Gesamtstrafe S. 94 f.; *Cramer,* JurA 1970, 210; LK (*Vogler*) § 53 Rdn. 16; *Lackner,* § 53 Anm. 3 b; SK (*Samson*) § 53 Rdn. 14.
[10] So auch *Schönke / Schröder / Stree,* § 53 Rdn. 23; *Bringewat,* Gesamtstrafe S. 102 f.

Möglichkeit der gesonderten Verhängung der Geldstrafe gewählt hat. Die Frage ist zu *verneinen*, da nichts dafür spricht, daß der Gesetzgeber das früher für diese Fälle in § 78 II a. F. ausdrücklich angeordnete Kumulationsprinzip preisgeben wollte und durch die Bildung einer Gesamtstrafe auch Schwierigkeiten bei teilweiser Bezahlung der Geldstrafe und bei Anwendung der §§ 56 und 57 entstehen würden (BayObLG MDR 1971, 860; LG Flensburg GA 1984, 577)[11].

4. Für *Nebenstrafen* usw. verweist § 53 III auf die Regelung bei der Idealkonkurrenz (vgl. oben § 67 IV 3). Diese Rechtsfolgen müssen oder können somit angeordnet werden, wenn sie auch nur neben einer Einzelstrafe vorgeschrieben oder zulässig sind.

III. Die Bildung der Gesamtstrafe

1. Wie die Gesamtstrafe zustande kommt, bestimmt § 54. Die Bildung der Gesamtstrafe vollzieht sich in **drei Stufen**.

a) Zunächst ist für jede Straftat im Urteil eine **Einzelstrafe** auszuwerfen, wobei hinsichtlich der Strafzumessung grundsätzlich so zu verfahren ist, als ob die Einzeltat *allein* zur Aburteilung stünde; bei Geldstrafen ist auch jeweils die Tagessatzhöhe anzugeben (BGH 30, 93 [96]). Die isolierte Würdigung der Einzeltat gilt an sich auch für die Frage, ob nach § 47 ausnahmsweise eine kurzfristige Freiheitsstrafe zu verhängen ist. Doch wird die Berücksichtigung der Tatsache, daß der Täter mehrere Straftaten begangen hat, zu Recht schon an diesem Punkte zugelassen, weil sonst eine spezialpräventiv möglicherweise dringend erforderliche Freiheitsstrafe auch bei Bildung einer Gesamtstrafe nicht zustande kommen könnte (BGH 24, 268 [271]; BGH *Dallinger* MDR 1970, 196; OLG Hamm NJW 1977, 2087f.)[12]. Die Einzelstrafen haben in mehrfacher Hinsicht selbständige rechtliche Bedeutung[13] und bedürfen daher auch selbständiger Begründung (BGH 24, 268f.).

b) Im Anschluß daran wird nach den Grundsätzen, die auch bei der Idealkonkurrenz gelten (vgl. oben § 67 IV 2), die schwerste Einzelstrafe ermittelt, die **Einsatzstrafe** heißt. Sind nur *gleichartige* Einzelstrafen verhängt (z. B. zwei Freiheitsstrafen von zehn bzw. acht Monaten), so ist Einsatzstrafe die höchste Einzelstrafe. Sind dagegen *ungleichartige* Einzelstrafen ausgesprochen (z. B. ein Jahr Freiheitsstrafe und Geldstrafe in Höhe von zehn Tagessätzen von je 100 DM), so ist Einsatzstrafe die Freiheitsstrafe als die ihrer Art nach schwerste Strafe (§ 54 I). Ist eine der Einzelstrafen eine lebenslange Freiheitsstrafe, so ist auf diese auch als Gesamtstrafe zu erkennen (§ 54 I 1).

c) Ist die Einsatzstrafe festgestellt, so findet zum Schluß die **Erhöhung** dieser Strafe nach dem Asperationsprinzip statt. Dabei ist eine **doppelte Obergrenze** zu beachten. Einmal darf die Gesamtstrafe nach § 54 II 1 nicht die Summe der Einzelstrafen erreichen (*relative* Obergrenze). Wird eine Gesamtstrafe aus Freiheits- und Geldstrafe gebildet (§ 53 II 1), so dient zur Berechnung der relativen Obergrenze, soweit Geldstrafen in Betracht kommen, die allgemeine Regel, daß ein Tagessatz einem Tag Freiheitsstrafe entspricht (§§ 43 S. 2, 54 III). Zum andern darf die Gesamtstrafe bei Freiheitsstrafe 15 Jahre, bei Geldstrafe 720 Tagessätze nicht übersteigen

---

[11] Ebenso *Bringewat*, Gesamtstrafe S. 104ff.; *Dreher / Tröndle*, § 53 Rdn. 2; *Lackner*, § 53 Anm. 3 b; *LK (Vogler)* § 53 Rdn. 18. Anders *Schönke / Schröder / Stree*, § 53 Rdn. 27; *SK (Samson)* § 53 Rdn. 15; *Cramer*, JurA 1970, 210.

[12] Ebenso *Bockelmann / Volk*, Allg. Teil S. 261; *Dreher / Tröndle*, § 47 Rdn. 10; *LK (Vogler)* § 53 Rdn. 4; *Schönke / Schröder / Stree*, § 53 Rdn. 10; anders *Cramer*, JurA 1970, 208; *SK (Horn)* § 47 Rdn. 6.

[13] Vgl. *Lackner*, § 53 Anm. 3a.

III. Die Bildung der Gesamtstrafe

(*absolute* Obergrenze). Die Höchststrafdrohung der verletzten Strafvorschriften kann dabei überschritten werden. Innerhalb dieses Rahmens ist die Gesamtstrafe als **gesonderter Akt der Strafzumessung** *zu bestimmen*. § 54 I 3 gibt dafür eigene, über den § 46 hinausgehende Bewertungsgrundsätze (BGH 24, 268 [269] m. zust. Anm. *Jagusch*, NJW 1972, 454). Nach dieser Vorschrift müssen die *Person des Täters* und die *einzelnen Straftaten* zusammenfassend gewürdigt werden, was eine besondere Begründung der Gesamtstrafe erforderlich macht, die die Rechtsprechung früher zu Unrecht nur ausnahmsweise verlangt hat (BGH 8, 205 [211])[14]. Auf diese Weise soll erreicht werden, daß die Bildung der Gesamtstrafe sich nicht in einer schematischen oder willkürlichen Erhöhung der Einsatzstrafe erschöpft, sondern die Täterpersönlichkeit und die Einzeltaten in ihrem Zusammenhang und ihrer Häufung widerspiegelt (vgl. früher RG 44, 302 [306])[15]. Bei der Würdigung der Person des Täters wird deshalb vor allem abzustellen sein auf die Frage, ob die Taten Ausdruck eines kriminellen Hangs sind oder nur unzusammenhängende Gelegenheitsdelikte darstellen. „Serientäterschaft" ist in der Regel strafschärfend zu berücksichtigen (BGH 24, 268 [270]). Auch die Wirkung der Strafe auf das künftige Leben des Täters (§ 46 I 2) ist unter dem Gesichtspunkt des Vorliegens einer Mehrheit von strafbaren Handlungen zu prüfen. Die zusammenfassende Würdigung der Einzeltaten wird insbesondere das Gesamtgewicht des Unrechtsgehalts und die Frage des inneren Zusammenhangs der Einzelakte einzuschätzen haben. Strafzumessungserwägungen, die schon bei der Bemessung der Einzelstrafen verwendet worden sind, dürfen wegen des *„Verbots der Doppelverwertung"* (vgl. unten § 82 V 3) bei der Bildung der Gesamtstrafe nicht mehr berücksichtigt werden (anders BGH 8, 205 [210f.]; 24, 268 [270f.]; OLG Köln NJW 1953, 275 [276])[16].

Die *Einzelstrafen* behalten trotz der Bildung der Gesamtstrafe, die allein im Urteilstenor erscheint, in mehrfacher Hinsicht ihre *Bedeutung*. An sie knüpfen sich die im Urteil ausgesprochenen Nebenwirkungen (§§ 53 III, 52 IV); mit ihnen können außerstrafrechtliche Rechtsfolgen verbunden werden (z. B. die Entziehung der Jagderlaubnis); wird die Gesamtstrafe im Rechtsmittelverfahren aufgehoben, so bleiben die Einzelstrafen grundsätzlich bestehen; Einzelstrafen können selbständig rechtskräftig werden, sie dürfen jedoch nicht im voraus vollstreckt werden.

2. Eine **Gesamtstrafe** kann nach § 55 auch **nachträglich** gebildet werden. Voraussetzung dafür ist einmal, daß die später abgeurteilte Tat *vor* der früheren Verurteilung begangen worden war und demgemäß schon in dem ersten Verfahren zur Bildung einer Gesamtstrafe hätte herangezogen werden müssen, wenn sie dem Gericht damals bekannt gewesen wäre. Maßgeblicher Zeitpunkt für die Frage, ob die später abgeurteilte Tat vor der früheren Verurteilung begangen wurde, ist die Verkündung des *letzten* Urteils, durch das über die Schuld- und Straffrage entschieden wurde und in dem das Gericht demgemäß auf eine Gesamtstrafe hätte erkennen können (§ 55 I 2) (ebenso schon BGH 15, 66 [69]; 17, 173 [175]; zum Strafbefehl, bei dem es auf den Zeitpunkt des Erlasses ankommt, BGH 33, 230 [232])[17]. Weiter darf die frühere Strafe im Zeitpunkt der späteren Aburteilung noch nicht vollstreckt, verjährt oder erlassen sein, weil nur

---

[14] Kritisch *Bruns*, Strafzumessungsrecht S. 145ff.; *Bringewat*, Gesamtstrafe S. 178ff.

[15] So zu Recht BT-Drucksache V/4094 S. 26; *Bringewat*, Gesamtstrafe S. 141ff.; *Bruns*, Strafzumessungsrecht S. 473ff.; *Geerds*, Konkurrenz S. 373ff.; *Dreher / Tröndle*, § 54 Rdn. 6; *LK (Vogler)* § 54 Rdn. 7ff.; *Schorn*, JR 1964, 45ff.; *Schweling*, GA 1955, 289ff.; *Lackner*, § 54 Anm. 3d; *Schönke / Schröder / Stree*, § 54 Rdn. 14.

[16] Wie der Text *Dreher*, JZ 1957, 157; *Dreher / Tröndle*, § 54 Rdn. 6; *Jakobs*, Allg. Teil S. 760f.; *SK (Samson)* § 54 Rdn. 9; *Schönke / Schröder / Stree*, § 54 Rdn. 15; *Schweling*, GA 1955, 292. Für Doppelverwertung aber *Bruns*, Strafzumessungsrecht S. 473f.; derselbe, H. Mayer-Festschrift S. 374f.; *Geerds*, Konkurrenz S. 376 Fußnote 765; *LK (Vogler)* § 54 Rdn. 11.

[17] Die Fassung des § 55 I 2 ist in diesem die Straffrage einschließenden Sinne zu verstehen; vgl. *Bringewat*, Gesamtstrafe S. 153.

eine noch nicht erledigte Strafe in das neue Verfahren einbezogen und zur Bildung einer Gesamtstrafe verwendet werden kann (zum Härteausgleich durch Unterschreitung der Einsatzstrafe BGH 31, 102 [104], durch Anrechnung von Leistungen auf Bewährungsauflagen BGH 33, 326). Maßgeblicher Zeitpunkt der „späteren Verurteilung" ist das letzte tatrichterliche Urteil (BGH 2, 230 [232]; 15, 66 [71])[18]. Ist schon in dem früheren Urteil auf eine Gesamtstrafe erkannt worden, so wird diese aufgelöst und auf der Grundlage der damals ausgesprochenen Einzelstrafen und der Strafe des zweiten Urteils erneut die Einsatzstrafe ermittelt. Diese wird dann nach den allgemeinen Regeln über die Bildung der Gesamtstrafe verschärft. Nebenstrafen usw. werden einheitlich durch das spätere Urteil ausgesprochen. Sind sie in der früheren Entscheidung enthalten, so bleiben sie grundsätzlich bestehen (§ 55 II). War für die früher erkannte Strafe Strafaussetzung zur Bewährung (§ 56) bewilligt worden, so steht dies der nachträglichen Bildung einer Gesamtstrafe nicht entgegen. Die Strafaussetzung wird durch die Einbeziehung in das neue Urteil gegenstandslos, bei der Bildung der Gesamtstrafe hat der zweite Richter auch über die Strafaussetzung neu zu entscheiden (BGH 7, 180). Maßgebend ist dafür die Höhe der Gesamtstrafe (§ 58 I). Die Anrechnung der bereits abgelaufenen Bewährungszeit und der vom Verurteilten erbrachten Leistungen ist in § 58 II geregelt. Liegen die Taten, die den Gegenstand der neuen Verurteilung bilden, teils vor, teils nach der früheren Verurteilung, so müssen *zwei* selbständige Gesamtstrafen gebildet werden (RG 4, 53 [55]; BGH GA 1955, 244)[19]. Ist die nachträgliche Bildung einer Gesamtstrafe nach § 55 in dem späteren Urteil unterblieben, weil das Gericht von dem früheren Urteil keine Kenntnis gehabt hat, so kann die Entscheidung im Beschlußwege nach § 460 StPO nachgeholt werden[20]. Das Verfahren richtet sich nach § 462 StPO. Ausnahmsweise kann die Bildung der Gesamtstrafe dem Nachtragsverfahren dann überlassen bleiben, wenn das frühere Urteil zwar rechtskräftig ist, der Angeklagte jedoch einen aussichtsreichen Wiedereinsetzungsantrag gestellt hat (BGH 23, 98)[21,22]. Über die Zäsurwirkung einer früheren Verurteilung im Rahmen einer nachträglichen Gesamtstrafenbildung BGH 33, 367 (369) m. krit. Anm. *Stree,* JR 1987, 73 ff.[23]

§ 69 Die Gesetzeseinheit

Baumann, Straflose Nachtat und Gesetzeskonkurrenz, MDR 1959, 10; *derselbe,* Amtsunterschlagung und Betrug, NJW 1961, 1141; *Bockelmann,* Anmerkung zu OLG Hamm vom 4.11.1952, JZ 1953, 233; *derselbe,* Zur Konkurrenz der Vermögensdelikte, JZ 1960, 621; *Bruns,* Anmerkung zu BGH 30, 166, JR 1982, 166; *Burgstaller,* Die Scheinkonkurrenz im Strafrecht, JBl 1978, 393; *Graf zu Dohna,* Grenzen der Idealkonkurrenz, ZStW 61 (1942) S. 131; *Dreher,* Anmerkung zu OLG Braunschweig vom 28.6.1963, MDR 1964, 167; *Dünnebier,* Die Subsidiaritätsklausel, GA 1954, 271; *Gelbert,* Die mitbestrafte Tat, Diss. Heidelberg 1934; *Hirschberg,* Zur Lehre von der Gesetzeskonkurrenz, ZStW 53 (1934) S. 34; *Honig,* Straflose Vor- und Nachtat, 1927; *Klug,* Zum Begriff der Gesetzeskonkurrenz, ZStW 68 (1956) S. 399; *Köhler,* Die Grenzlinien zwischen Idealkonkurrenz und Gesetzeskonkurrenz, 1900; *Kohlmann,* Schließt die Verjährung der Vortat auch die Bestrafung wegen der Nachtat aus? JZ 1964, 492; *Krauß,* Zum Begriff der straflosen Nachtat, GA 1965, 173; *v. Krog,* Die straflosen Vor- und Nachtaten, Diss. Hamburg 1976; *Lenckner,* Anmerkung zu OLG Stuttgart vom 4.4.1973, JZ 1973, 741, 794; *Mezger,* Anmerkung zu RG 70, 357, JW 1937, 627; *Peters,* Einheitsstrafe bei Verbrechensmehrheit, Festschrift für E. Kohlrausch, 1944, S. 199; *Pflaum,* Über Gesetzeskonkurrenz, Diss. Erlangen 1898; *Rittmann,* Wesen und Bedeutung der Konsumtion im Rahmen

---

[18] Dagegen ist nach *Schönke / Schröder / Stree,* § 55 Rdn. 25 auf den Zeitpunkt der letzten richterlichen Entscheidung vor dem Eintritt der Rechtskraft, nach *Schrader,* MDR 1974, 719 auf das erstinstanzliche Urteil abzustellen.

[19] Für Bildung einer einzigen Gesamtstrafe *Sacksofsky,* NJW 1963, 894; dagegen mit Recht *Bender,* NJW 1964, 807.

[20] Die unterlassene Gesamtstrafenbildung nach § 55 bleibt aber trotz dieser Möglichkeit nachträglicher Korrektur ein Revisionsgrund (BGH 12, 1); vgl. *Henßler,* NJW 1953, 453.

[21] Vgl. dazu *Küper,* MDR 1970, 885 ff. Vgl. ferner OLG Hamm, NJW 1970, 1200 m. Anm. *Küper,* NJW 1970, 1559.

[22] Zum Verbot der reformatio in peius bei der nachträglichen Bildung einer Gesamtstrafe vgl. *Bringewat,* Gesamtstrafe S. 215 ff.; *Maiwald,* JR 1980, 353 ff.; *Schönke / Schröder / Stree,* § 55 Rdn. 42. Zur nachträglichen Bildung einer Gesamtgeldstrafe *Vogt,* NJW 1981, 890 ff.

[23] Gegen diese Rechtsprechung zutreffend *SK (Samson)* § 53 Rdn. 9.

der strafrechtlichen Konkurrenzlehre, Diss. Tübingen 1955; *R. Schmitt,* Die Konkurrenz im geltenden und künftigen Recht, ZStW 75 (1963) S. 43, 179; *Schneider,* Zur Gesetzeskonkurrenz im strafrechtlichen Gutachten, JZ 1953, 660; *Schneidewin,* Inwieweit ist es möglich und empfehlenswert, die Art der Konkurrenz zwischen mehreren Straftatbeständen im Gesetz auszudrücken? Materialien, Bd. I, S. 221; *Schröder,* Anmerkung zu BGH 20, 235, JZ 1965, 729; *Seier,* Die Gesetzeseinheit und ihre Rechtsfolgen, Jura 1983, 225; *Wessels,* Zur Problematik der Regelbeispiele usw., Festschrift für R. Maurach, 1972, S. 295; *Wolter,* Verurteilung aus nicht tatbestandsmäßiger Nachtat? GA 1974, 161.

Vgl. ferner die Schrifttumsangaben vor § 66.

I. Das Wesen der Gesetzeseinheit

1. Neben die beiden echten Konkurrenzarten (Ideal- und Realkonkurrenz) treten andere Fallgestaltungen, bei denen mehrere Strafgesetze nur scheinbar zusammentreffen, während in Wirklichkeit eines die anderen ausschließt (**unechte Konkurrenz**). Der gemeinsame Grundgedanke dieser Gruppe besteht darin, daß der Unrechts- und Schuldgehalt einer strafbaren Handlung schon nach *einem* der in Betracht kommenden Strafgesetze erschöpfend bestimmt werden kann, so daß ein weitergehendes Strafbedürfnis entfällt (BGH 11, 15 [17]; 25, 373)[1]. Da nur das primäre Gesetz angewendet wird und das verdrängte Gesetz im Schuldspruch gar nicht in Erscheinung tritt, erscheint es angebracht, den herkömmlichen, aber irreführenden Ausdruck „Gesetzes*konkurrenz*" durch „Gesetzes*einheit*" zu ersetzen[2]. Während der Gesetzgeber für die Ideal- und Realkonkurrenz besondere Vorschriften über die Bildung des Strafrahmens und die Art und Weise der Strafzumessung aufgestellt hat, ist die Gesetzeseinheit im Allgemeinen Teil nicht erwähnt, weil im Ergebnis nur *ein* Strafgesetz angewendet wird, obwohl zunächst mehrere Vorschriften anwendbar erscheinen. Ebenso ist die Frage, *ob* verschiedene Strafbestimmungen zueinander im Verhältnis der Gesetzeseinheit stehen, im Gesetz nicht ausdrücklich geregelt, sondern kann nur durch Auslegung der in Betracht kommenden Tatbestände beantwortet werden. Angesichts der Unübersehbarkeit der Möglichkeiten, die sich dabei ergeben, hat der Gesetzgeber wohl zu Recht darauf verzichtet, Konkurrenzverhältnisse durch allgemeingültige Regeln äußerlich festzulegen[3].

---

[1] Ebenso *R. Schmitt,* ZStW 75 (1963) S. 48; *Baumann / Weber,* Allg. Teil S. 660; *Burgstaller,* JBl 1978, 393; *Blei,* Allg. Teil S. 357f.; *LK (Vogler)* Vorbem. 101 vor § 52; *Schmidhäuser,* Allg. Teil S. 730; *Schönke / Schröder / Stree,* Vorbem. 102 vor § 52; *Seier,* Jura 1983, 227; *SK (Samson)* Vorbem. 57 vor § 52; *Stratenwerth,* Allg. Teil I Rdn. 1175. In ähnlicher Weise stellt *Geerds,* Konkurrenz S. 163 darauf ab, ob „wirklich oder nur scheinbar eine Mehrheit von Strafberechtigungen" gegeben ist. Vgl. auch *Köhler,* Die Grenzlinien S. 62, der das Hauptgewicht darauf legt, ob die Mehrheit der Tatbestände eine „Mehrheit von Schuldvorstellungen" erwecken mußte. *Vogler,* Bockelmann-Festschrift S. 721f.; *Jakobs,* Allg. Teil S. 715; *v. Krog,* Die straflosen Vor- und Nachtaten S. 14; *Wegscheider,* Konkurrenz S. 211f. erklären die Gesetzeseinheit überzeugend mit dem Verbot der Doppelbestrafung. Dagegen kann man die Auffassung von *Ingeborg Puppe,* Idealkonkurrenz S. 313ff., die als Gesetzeseinheit allein den Fall der Spezialität gelten läßt, nur für richtig halten, wenn man ihrer Konzeption von der Idealkonkurrenz als Unrechtsverwandtschaft folgt (vgl. oben § 66 Fußnote 5).

[2] So BGH 11, 15 (17); 18, 26 (27); 25, 373; 28, 11 (15). Vgl. ferner *Bockelmann / Volk,* Allg. Teil S. 257f.; *Geerds,* Konkurrenz S. 156; *v. Liszt / Schmidt,* S. 356 Fußnote 2; *LK (Vogler)* Vorbem. 101 vor § 52; *Schönke / Schröder / Stree,* Vorbem. 102 vor § 52; *Pflaum,* Gesetzeskonkurrenz S. 9; *Sauer,* Allgemeine Strafrechtslehre S. 231; *Schmidhäuser,* Allg. Teil S. 730; *Wessels,* Allg. Teil S. 241f. Im Sinne einer „Konkurrenz *um* die Anwendung" versteht *Hirschberg,* ZStW 53 (1934) S. 37 den Ausdruck Gesetzeskonkurrenz. *Kohlrausch / Lange,* Vorbem. III vor § 73 spricht von Ausschluß (Konsumtion), *Burgstaller,* JBl 1978, 393 von „Scheinkonkurrenz".

[3] Vgl. dazu *Schneidewin,* Materialien Bd. I S. 229; E 1962 Begründung S. 191; BT-Drucksache V/4094 S. 25.

2. Die Unterscheidung der echten Konkurrenzarten von der Gesetzeseinheit hat dadurch erheblich an Bedeutung verloren, daß die Rechtsprechung dem verdrängten Gesetz auch bei der letzteren nach und nach in verschiedener Richtung Einfluß auf die Entscheidung des Einzelfalls eingeräumt hat (vgl. unten § 69 III)[4]. Immerhin bleiben aber trotz dieser *Annäherung* doch bedeutsame **Unterschiede zu den echten Konkurrenzarten** bestehen. Einmal wird bei der Gesetzeseinheit die zurücktretende Strafvorschrift nicht in den Schuldspruch aufgenommen, trägt also auch zur Kennzeichnung der Tat nichts bei. Zum anderen steht der Mitberücksichtigung des ausgeschlossenen Gesetzes bei der Strafzumessung nicht selten die Tatsache entgegen, daß dessen Merkmale im Tatbestand des anzuwendenden Gesetzes bereits enthalten sind (Verbot der Doppelverwertung). Endlich bleibt das verdrängte Gesetz dann endgültig aus dem Spiel, wenn das primär anzuwendende Gesetz eine Privilegierung enthält, die der Täter durch den Rückgriff auf das verdrängte Gesetz verlieren würde (vgl. unten § 69 III 1)[5].

II. Die Fallgruppen der Gesetzeseinheit

Während Ideal- und Realkonkurrenz durch die ihnen jeweils zugeordneten Grundbegriffe der Handlungseinheit und Handlungsmehrheit klar unterschieden sind, kann Gesetzeseinheit in beiden Fällen vorliegen und sich demgemäß sowohl als „scheinbare (unechte) Idealkonkurrenz" wie auch als „scheinbare (unechte) Realkonkurrenz" darstellen[6]. Die **Abgrenzung der Gesetzeseinheit** muß daher nach anderen Kriterien vorgenommen werden. Die Fragen, die hierbei auftreten, sind bis in die Terminologie hinein *stark umstritten*. Die überwiegende Meinung unterscheidet zwischen Spezialität, Subsidiarität und Konsumtion[7].

1. Das Verhältnis der **Spezialität** liegt vor, wenn eine Strafvorschrift alle Merkmale einer anderen aufweist und sich nur dadurch von dieser unterscheidet, daß sie mindestens noch ein weiteres Merkmal enthält, das den Sachverhalt unter einem besonderen Gesichtspunkt erfaßt[8]. Maßgebend sind die Rechtsgüter, gegen die sich der Angriff des Täters richtet, und die Tatbestände, die das Gesetz zu ihrem Schutz aufstellt (BGH 31, 380). Bei der Spezialität ist das logische Abhängigkeitverhältnis der *Subordination* gegeben, denn jede Handlung, die den Tatbestand des speziellen Delikts erfüllt, verwirklicht notwendigerweise zugleich auch den Tatbestand des allgemeinen,

---

[4] Nach *Schönke / Schröder / Stree*, Vorbem. 103 vor § 52 habe die Praxis den Unterschied „nahezu auf Null reduziert".

[5] Vgl. *Bruns*, Strafzumessungsrecht S. 467.

[6] Vgl. *M. E. Mayer*, Lehrbuch S. 501, 511; *Hirschberg*, ZStW 53 (1934) S. 50; *Blei*, Allg. Teil S. 357; *Schönke / Schröder / Stree*, Vorbem. 102 vor § 52; *Wessels*, Allg. Teil S. 238. Anders *Baumann*, MDR 1959, 10 Fußnote 1 und *Maurach / Gössel / Zipf*, Allg. Teil II S. 392, die den Begriff der Gesetzeseinheit auf die Handlungseinheit beschränken.

[7] Wie der Text z. B. *Baumann / Weber*, Allg. Teil S. 660; *Blei*, Allg. Teil S. 358 ff.; *Bockelmann / Volk*, Allg. Teil S. 258; *Burgstaller*, JBl 1978, 395; *Dreher / Tröndle*, Vorbem. 18 ff. vor § 52; *Jakobs*, Allg. Teil S. 719 ff.; *LK (Vogler)* Vorbem. 105 vor § 52; *Lackner*, Vorbem. VI 1a vor § 52; *SK (Samson)* Vorbem. 60 ff. vor § 52; *Preisendanz*, Vorbem. III vor § 52; *Welzel*, Lehrbuch S. 234 f.; *Wessels*, Allg. Teil S. 242 f.; *Schmidhäuser*, Allg. Teil S. 730 ff. Gesondert erfassen die straflose Nachtat *Stratenwerth*, Allg. Teil I Rdn. 1195 f.; *Wessels*, Allg. Teil S. 243 f. Gegen den selbständigen Begriff der Konsumtion *Kohlrausch / Lange*, Vorbem. III vor § 73; *Maurach / Gössel / Zipf*, Allg. Teil II S. 396; *Klug*, ZStW 68 (1956) S. 406 ff.; *Schönke / Schröder / Stree*, Vorbem. 131 vor § 52.

[8] So die klare Definition von *Honig*, Straflose Vor- und Nachtat S. 113; vgl. ferner *Geerds*, Konkurrenz S. 193; *LK (Vogler)* Vorbem. 108 ff. vor § 52; *R. Schmitt*, ZStW 75 (1963) S. 49; *Schönke / Schröder / Stree*, Vorbem. 110 vor § 52; *Burgstaller*, JBl 1978, 396.

II. Die Fallgruppen der Gesetzeseinheit

während das Umgekehrte nicht gilt[9]. Im Strafrecht hat das zur Folge, daß das allgemeine Gesetz zurücktritt: „*lex specialis derogat legi generali*".

Spezialität besteht immer im *Verhältnis zwischen dem Grundtatbestand und seinen* qualifizierenden bzw. privilegierenden *Abwandlungen* (vgl. oben § 26 III 2). So sind etwa Mord (§ 211) und Kindestötung (§ 217) spezielle Strafvorschriften im Verhältnis zum Totschlag (§ 212), Diebstahl mit Waffen und Bandendiebstahl (§ 244) sowie Haus- und Familiendiebstahl (§ 247) im Verhältnis zum einfachen Diebstahl (§ 242)[10]. Ebenso stehen auch die zu *eigenständigen Delikten* erhobenen Sondertatbestände (vgl. oben § 26 III 3) zu ihrem Ausgangstatbestand im Verhältnis der Spezialität, so der Raub (§ 249) zum Diebstahl (§ 242) und zur Nötigung (§ 240). Zweifel entstehen nur dann, wenn der Grundtatbestand durch *verschiedene Erschwerungsgründe* qualifiziert ist und die Frage auftritt, in welchem Verhältnis diese qualifizierenden Tatbestände zueinander stehen, z. B. die gefährliche Körperverletzung (§ 223 a) zur absichtlichen schweren Körperverletzung (§ 225) und zur Körperverletzung mit Todesfolge (§ 226). Entgegen der Rechtsprechung[11] ist hier in der Regel Idealkonkurrenz anzunehmen, weil sonst der besondere Unrechtsgehalt des zurücktretenden Gesetzes verloren ginge.

Das Gegenstück zur Spezialität ist die *Alternativität*. Sie liegt dann vor, wenn zwei Tatbestände einander widerstreitende Handlungsbeschreibungen enthalten und sich deswegen gegenseitig ausschließen wie Diebstahl (§ 242) und Unterschlagung (§ 246)[12]. Da die Gesetzeseinheit – abgesehen vom Fall der straflosen Vor- bzw. Nachtat – mindestens eine teilweise Deckung der Tatbestandshandlungen voraussetzt, scheidet die Alternativität als Untergruppe der Gesetzeseinheit schon aus logischen Gründen aus.

2. Subsidiarität bedeutet, daß eine Strafvorschrift nur hilfsweise für den Fall Anwendung finden soll, daß nicht schon eine andere Strafvorschrift eingreift. Das als Auffangtatbestand gedachte Gesetz tritt hinter dem primär anzuwendenden Gesetz zurück: „*lex primaria derogat legi subsidiariae*". Den materiellen Grund der Subsidiarität sieht *Honig* darin, „daß verschiedene Strafrechtssätze dasselbe Rechtsgut in verschiedenen Angriffsstadien schützen"[13]. Die logische Struktur der Subsidiarität ist nicht die der Subordination, sondern die der *Überschneidung* (Interferenz)[14].

Beispiele: Es gibt Fälle der falschen Verdächtigung (§ 164), die zugleich die Vortäuschung einer Straftat (§ 145 d) enthalten, es gibt jedoch auch Sachverhalte, die nur unter den einen oder den anderen Tatbestand fallen. Dasselbe Verhältnis besteht zwischen Betrug (§ 263) und Automatenmißbrauch (§ 265 a), zwischen erpresserischem Menschenraub (§ 239 a) und Geiselnahme (§ 239 b) (BGH 25, 386).

---

[9] Über die logische Beziehung zwischen dem generellen und dem speziellen Gesetz *Klug*, ZStW 68 (1956) S. 405 f.

[10] Über die bei § 243 auftretenden Konkurrenzprobleme vgl. *Schönke / Schröder / Eser*, § 243 Rdn. 59.

[11] Gesetzeseinheit zwischen § 223 a und §§ 224, 225 nehmen an BGH 21, 194 (195) und BGH NJW 1967, 297.

[12] So *Hirschberg*, ZStW 53 (1934) S. 48; *Honig*, Straflose Vor- und Nachtat S. 113; *v. Liszt / Schmidt*, S. 357; *Maurach / Gössel / Zipf*, Allg. Teil II S. 388; *LK (Vogler)* Rdn. 106 vor § 52. Ein früher weitergehender Begriff der Alternativität ist durch Bereinigung der Strafrahmen inzwischen gegenstandslos geworden, vgl. dazu *Klug*, ZStW 68 (1956) S. 409 ff.

[13] *Honig*, Straflose Vor- und Nachtat S. 113; vgl. ferner *Hirschberg*, ZStW 53 (1934) S. 46 ff. sowie *Burgstaller*, JBl 1978, 400 ff. mit den Fallgruppen Versuch-Vollendung, Vorbereitung-Versuch und Gefährdung-Verletzung. Dagegen begnügt sich *Geerds*, Konkurrenz S. 179 gegen *Honig* mit einer formellen Definition. *Jakobs*, Allg. Teil S. 722 betrachtet die Subsidiarität als Fall der Spezialität.

[14] Vgl. dazu näher *Klug*, ZStW 68 (1956) S. 406; *Schmidhäuser*, Allg. Teil S. 732; *Stratenwerth*, Allg. Teil I Rdn. 1190.

Das Verhältnis der Subsidiarität ergibt sich entweder aus dem Wortlaut des Gesetzes[15] oder durch Auslegung des Sinnzusammenhangs mehrerer Strafvorschriften. Man unterscheidet demgemäß zwischen *ausdrücklicher (formeller)* und *sachgegebener (materieller)* Subsidiarität[16]. Die hilfsweise Geltung eines Gesetzes kann in der Weise geregelt sein, daß es hinter *jeder* anderen Strafvorschrift zurücktreten soll (so früher § 143 I 2 a. F.) (*absolute* S.). In der Regel genießt jedoch nur ein Tatbestand den Vorrang, der die Handlung mit *schwererer* Strafe bedroht (z. B. §§ 125, 145d, 248b, 265a) (*relative* S.). Meist wird weiter anzunehmen sein, daß die subsidiäre Strafvorschrift nur hinter einem Gesetz zurücktreten soll, das Handlungen *gleicher krimineller Angriffsrichtung* erfaßt, weil das der innere Grund für den Vorrang des primär anzuwendenden Gesetzes ist (BGH 6, 297 [298])[17]. Diese Beschränkung ergibt sich teils aus dem Wortlaut (z. B. §§ 98 I, 99 I, 145d I), teils aus dem Sinn des Gesetzes.

a) Sachgegebene Subsidiarität gilt einmal, wenn in *einer* Person Täterschaft und Teilnahme bzw. verschiedene Formen der Teilnahme hinsichtlich der gleichen Straftat zusammentreffen, für die schwächere im Verhältnis zur stärkeren Beteiligungsform (vgl. oben § 64 V 2)[18]. Hat jemand z. B. zu der Tat, zu der er angestiftet hat, auch Beihilfe geleistet, ist letztere subsidiär; hat der Täter sich einen Mittäter geworben, ist er nur wegen Mittäterschaft, nicht auch wegen Anstiftung verantwortlich. Subsidiär ist auch die fahrlässige Tatbegehung gegenüber der vorsätzlichen in bezug auf das gleiche Handlungsobjekt, z. B. wenn ein Kraftfahrer vorsätzlich die Rettung eines von ihm verletzten Fußgängers unterläßt, der mangels sofortiger Hilfeleistung stirbt (anders BGH 7, 287 [288]).

b) Die zweite Gruppe der sachgegebenen Subsidiarität bilden die *Durchgangsdelikte*. Diese erfassen Vorstufen der Deliktsverwirklichung und verlieren ihre selbständige Bedeutung, sobald auf einer späteren Stufe eine weitergehende Beeinträchtigung des geschützten Rechtsguts eintritt *(straflose Vortat)*. Hierhin gehören die selbständig strafbaren Vorbereitungshandlungen (z. B. § 30, vgl. oben § 65 V), der Versuch und die Delikte, die ihrer Natur nach stets mehrere Tatbestände durchlaufen müssen, wie z. B. die Tötung den Bereich der Körperverletzung (BGH 16, 122; 21, 265; 22, 248). Subsidiär ist unter dem Gesichtspunkt der straflosen Vortat ferner das konkrete Gefährdungsdelikt gegenüber dem Verletzungsdelikt, sofern der Gefährdungserfolg nicht über den eingetretenen Schaden hinausgeht, während das abstrakte Gefährdungsdelikt wegen seiner Angriffsrichtung gegen die Allgemeinheit selbständige Bedeutung behält[19].

Beispiele: So ist die Aussetzung des neugeborenen Kindes (§ 221) gegenüber der Kindestötung (§ 217) subsidiär (RG 68, 407 [409]), während für § 315c im Verhältnis zu § 222 Idealkonkurrenz anzunehmen ist[20].

3. Umstritten ist besonders der Fall der **Konsumtion** (BGH 10, 312 [314f.])[21]. Allgemein läßt sich darüber nur sagen, daß Konsumtion dann anzunehmen ist, wenn

---

[15] Vor der Verwendung der Subsidiaritätsklausel im Gesetz warnt *Schneidewin*, Materialien Bd. I S. 224. Über Auslegungszweifel BGH GA 1974, 149.

[16] Vgl. *LK (Vogler)* Vorbem. 118ff. vor § 52; *Schönke / Schröder / Stree,* Vorbem. 106ff. vor § 52; *SK (Samson)* Vorbem. 63ff. vor § 52; *Stratenwerth,* Allg. Teil I Rdn. 1191ff.

[17] Ebenso *LK (Vogler)* Vorbem. 119 vor § 52; *SK (Samson)* Vorbem. 63 vor § 52; abweichend *Schönke / Schröder / Stree,* § 52 Vorbem. 106, der im Zweifel unbedingtes Zurücktreten annehmen will.

[18] Vgl. *Schönke / Schröder / Cramer,* Vorbem. 107 vor § 52; *SK (Samson)* Vorbem. 70 vor § 52.

[19] Vgl. *Schönke / Schröder / Stree,* Vorbem. 129 vor § 52; *Stratenwerth,* Allg. Teil I Rdn. 1193 für die Gemeingefahr in §§ 312ff.

[20] So *Lackner,* § 315c Anm. 10; *Dreher / Tröndle,* § 315c Rdn. 23.

[21] Vgl. zum Begriff der Konsumtion *Baumann / Weber,* Allg. Teil S. 662f.; *Burgstaller,* JBl 1978, 459; *Geerds,* Konkurrenz S. 222; *Köhler,* Die Grenzlinien S. 88ff.; *Rittmann,* Konsumtion S. 40ff.; *Schmidhäuser,* Allg. Teil S. 733; *SK (Samson)* Vorbem. 71ff. vor § 52; *Welzel,* Lehrbuch S. 235. Für überflüssig halten den Begriff der Konsumtion *Klug,* ZStW 68 (1956) S. 415; *Maurach / Gössel / Zipf,* Allg. Teil II S. 396; *Schönke / Schröder / Stree,* Vorbem. 131

II. Die Fallgruppen der Gesetzeseinheit

der Unrechts- und Schuldgehalt einer tatbestandsmäßigen Handlung eine andere Tat bzw. einen anderen Tatbestand mit einschließt, so daß bereits die Verurteilung unter dem *einen* rechtlichen Gesichtspunkt den Unwert des Gesamtgeschehens erschöpfend ausdrückt: „*lex consumens derogat legi consumptae*"[22]. Der Unterschied der Konsumtion gegenüber der Subsidiarität liegt darin, daß hier verschiedene Straftaten in *typischen Verbindungen* auftreten, was der Gesetzgeber bei der Aufstellung der Strafrahmen der in Betracht kommenden Tatbestände berücksichtigt hat[23]. Was gemeint ist, läßt sich nur anhand der in die Konsumtion einbezogenen Fälle erklären.

a) Eine der Straftat nachfolgende tatbestandsmäßige Handlung, die den durch die erste Tat erlangten rechtswidrigen Gewinn sichern, ausnutzen oder verwerten soll, wird konsumiert, wenn kein neues Rechtsgut verletzt ist und der Schaden quantitativ nicht über das bereits eingetretene Maß hinaus erweitert wird (straflose oder besser **mitbestrafte Nachtat**)[24]. Das *Typische* des Zusammenhangs zwischen Tat und Nachtat besteht hier darin, daß der Täter in der Regel auch die Nachtat begehen muß, wenn die Haupttat für ihn einen Sinn haben soll. So ist die Zueignung der gestohlenen Sache durch den Dieb keine selbständig zu erfassende Unterschlagung (nach BGH 14, 38 [45] soll es sogar am Tatbestand der Unterschlagung fehlen[25]), weil damit nur die Zueignungsabsicht des § 242 verwirklicht wird, wohl aber ist der Verkauf der Sache an einen gutgläubigen Dritten als Betrug zu bestrafen, weil in dem Vermögen des Erwerbers ein neues Rechtsgut verletzt wird (RG 49, 16 [20]). Entsprechendes gilt für das Verhältnis von Unterschlagung und Betrug (RG 62, 61)[26]. Wird mittels einer gestohlenen Urkunde dem Bestohlenen durch Betrug ein zusätzlicher Schaden zugefügt, so ist die Nachtat selbständig strafbar (RG 49, 405 [408]; 64, 281 [284])[27]. Die Nachtat ist auch dann straflos, wenn die Vortat mit geringerer Strafe bedroht ist, z. B. Unterschlagung (§ 246) gegenüber Anstiftung zur Hehlerei (§§ 26, 259), oder wenn sie tatsächlich nicht bestraft werden kann (z. B. wegen Straflosigkeit des Versuchs, fehlenden Strafantrags oder eingetretener Verjährung[28]), denn der die Vortat

---

vor § 52 und *R. Schmitt*, ZStW 75 (1963) S. 55. Dagegen tritt bei *Kohlrausch / Lange*, Vorbem. III vor § 73 der Ausdruck „Konsumtion" (mit den Untergliederungen Spezialität, Subsidiarität und straflose Nachtat) an die Stelle des Ausdrucks „Gesetzeseinheit".

[22] Vgl. *Blei*, Allg. Teil S. 360; *Dreher / Tröndle*, Vorbem. 20 vor § 52; *Lackner*, Vorbem. VI 1 a cc vor § 52; *LK (Vogler)* Vorbem. 131 vor § 52; *Stratenwerth*, Allg. Teil I Rdn. 1187 ff.

[23] Im Unterschied zur Spezialität liegt bei der Konsumtion nicht das Verhältnis der Subordination vor; vgl. *Klug*, ZStW 68 (1956) S. 409.

[24] Vgl. *Honig*, Straflose Vor- und Nachtat S. 81; *Geerds*, Konkurrenz S. 205 ff.; *LK (Vogler)* Vorbem. 137 vor § 52; *Wessels*, Allg. Teil S. 244. Eine Ausweitung des Begriffs der Nachtat befürwortet *Baumann*, MDR 1959, 10 ff. Dagegen sehen *Maurach / Gössel / Zipf*, Allg. Teil II S. 414 f. und *Jakobs*, Allg. Teil S. 726 die Nachtat als „durch die Vortat abschließend bewertet" an. *Schönke / Schröder / Stree*, Vorbem. 112 vor § 52; *R. Schmitt*, ZStW 75 (1963) S. 55 und im wesentlichen auch *Stratenwerth*, Allg. Teil I Rdn. 1195 ordnen die straflose Nachtat in die Kategorie der Subsidiarität ein.

[25] Dagegen zu Recht *Baumann*, NJW 1961, 1141; *Bockelmann*, JZ 1960, 621; *Schönke / Schröder / Eser*, § 242 Rdn. 76; *Stratenwerth*, Allg. Teil I Rdn. 1196.

[26] Weitere Rechtsprechung bei *Gelbert*, Die mitbestrafte Tat S. 6 ff., 12 ff., 19 ff. Zum Sicherungsbetrug insbes. *Schönke / Schröder / Cramer*, § 263 Rdn. 184 f.

[27] Zweifelhaft ist die Frage, ob auch die spätere Zerstörung der Sache durch § 242 bzw. § 246 mit abgegolten ist, wie die Rechtsprechung (RG 35, 64 [65]) und die h. L. mit *Schönke / Schröder / Stree*, Vorbem. 114 vor § 52 annimmt. Sie ist zu verneinen, da die Zerstörung der Beute keine Zueignungshandlung ist; vgl. *Jakobs*, Allg. Teil S. 727; *Jescheck*, ZStW 67 (1955) S. 535; *Krauß*, GA 1965, 180; *Sauer*, Allgemeine Strafrechtslehre S. 242. Zweifelnd *Dreher / Tröndle*, Vorbem. 50 vor § 52.

[28] So OLG Braunschweig, NJW 1963, 1936. Zustimmend *Baumann / Weber*, Allg. Teil S. 684; *Blei*, Allg. Teil S. 363; *Maurach / Gössel / Zipf*, Allg. Teil II S. 418; *Krauß*, GA 1965, 178; *Schönke / Schröder / Stree*, Vorbem. 116 vor § 52; *SK (Samson)* Vorbem. 76 vor § 52; *Stratenwerth*, Allg. Teil I Rdn. 1204; *Welzel*, Lehrbuch S. 228. Dagegen BGH *Dallinger* MDR 1955, 269; BGH JZ 1968, 710; GA 1971, 83; *Dreher*, MDR 1964, 167; *Geerds*, Konkurrenz S. 229; *Kohlmann*, JZ 1964, 492; *LK (Vogler)* Vorbem. 146 vor § 52; *Sauer*, Allg. Strafrechts-

erfassende Straftatbestand bildet in diesen Fällen die *ausschließliche* Bewertungsgrundlage für das Gesamtgeschehen. Für *Dritte* bleibt die Nachtat dagegen geeignete Grundlage eigener Strafbarkeit wegen *Teilnahme, Hehlerei* und *Begünstigung*, da es nicht an der Tatbestandsmäßigkeit der Nachtat, sondern nur an der Strafbarkeit des Nachtäters fehlt (RG 67, 70 [77]).

b) Konsumiert wird ferner die **typische Begleittat**[29]. Ein solcher Fall ist dann anzunehmen, wenn der Gesetzgeber bei Aufstellung einer qualifizierten Strafvorschrift den Umstand schon in Rechnung gestellt hat, daß die Tat regelmäßig im Zusammenhang mit einer anderen Tat von wesentlich geringerem Unrechtsgehalt auftritt, die gegenüber der Haupttat nicht ins Gewicht fällt[30]. Das gilt z.B. für den Hausfriedensbruch (§ 123) und die Sachbeschädigung (§ 303) im Verhältnis zum Einbruchsdiebstahl (§ 243 Nr. 1) (RG 40, 430 [431]; BGH 22, 127 [129])[31], für die Beleidigung (§ 185) im Verhältnis zu den Sittlichkeitsdelikten (RG 45, 344; BGH 8, 357 [359] für Spezialität), für die Sachbeschädigung (§ 303) im Verhältnis zum Totschlag (§ 212), für den räuberischen Angriff auf Kraftfahrer (§ 316a) im Verhältnis zum versuchten Raub (§§ 249, 22) (BGH 25, 373), für den Erwerb nicht zugelassener Munition (§ 18 I Nr. 3 WaffG 1968) im Verhältnis zum Besitz (§ 25 I Nr. 3 WaffG 1938) (BayObLGE 73, 171), für die Unterschlagung (§ 246) im Verhältnis zur Untreue (§ 266) (OLG Stuttgart, JZ 1973, 739 [741] m. zust. Anm. *Lenckner,* JZ 1973, 796). Der Gedanke der Konsumtion der Begleittat darf jedoch dann nicht angewendet werden, wenn das Nebendelikt aus dem regelmäßigen Verlauf herausfällt und einen eigenen Unrechtsgehalt aufweist, so wenn der Einbrecher eine besonders wertvolle Sache (z.B. ein Kirchenfenster) zerstört, um den Diebstahl ausführen zu können. Idealkonkurrenz, nicht Konsumtion ist auch für das Verhältnis des § 251 zu § 250 – mit Ausnahme von Nr. 3 – anzunehmen (anders BGH 21, 183).

III. Die Behandlung der Gesetzeseinheit

Bei Vorliegen von Gesetzeseinheit hätte das verdrängte Gesetz an sich gänzlich aus der Betrachtung auszuscheiden, doch ist der Grundsatz der vollen Deliktsabsorption durch die Rechtsprechung erheblich modifiziert worden (**Kombinationsprinzip**)[32]. Da das zurücktretende Gesetz auf die Entscheidung Einfluß haben kann, muß es in allen Fällen, in denen ein solcher Einfluß in Betracht kommt, geprüft und festgestellt werden[33].

1. Beim Rücktritt vom Versuch wird eine im Versuch enthaltene vollendete Straftat *(qualifizierter Versuch)*, auch wenn der betreffende Tatbestand an sich wegen Gesetzeseinheit ausgeschlossen ist, mit dem Wegfall der Versuchsstrafe selbständig strafbar (vgl. oben § 51 VI 2). Kann das Primärdelikt wegen eines persönlichen Strafausschließungsgrundes oder wegen fehlenden Strafantrags nicht bestraft werden, so darf – abgesehen von dem Fall der mitbestraften Nachtat (vgl. oben § 69 II 3a) – auf das verdrängte Delikt zurückgegriffen werden.

---

lehre S. 242; *Schmidhäuser,* Allg. Teil S. 734; *Wessels,* Allg. Teil S. 244. Vgl. ferner *Wolter,* GA 1974, 161 ff.

[29] Vgl. dazu *Geerds,* Konkurrenz S. 216 ff.; *Hirschberg,* ZStW 53 (1934) S. 43 ff.; *Jakobs,* Allg. Teil S. 724 f.; *LK (Vogler)* Vorbem. 132 vor § 52; *Welzel,* Lehrbuch S. 235; *Stratenwerth,* Allg. Teil I Rdn. 1188 f.

[30] Für weitgehende Einschränkung der Idealkonkurrenz durch den Gedanken der typischen Begleittat *Graf zu Dohna,* ZStW 61 (1942) S. 136; *Peters,* Kohlrausch-Festschrift S. 222.

[31] Daran hat sich dadurch, daß § 243 I 1 nur noch eine Strafzumessungsregel darstellt, nichts geändert; vgl. *Dreher / Tröndle,* § 243 Rdn. 45; *Schönke / Schröder / Eser,* § 243 Rdn. 59; *Wessels,* Maurach-Festschrift S. 308.

[32] Vgl. dazu *Dreher / Tröndle,* Vorbem. 23 vor § 52; *Dünnebier,* GA 1954, 273 f.; *Jescheck,* ZStW 67 (1955) S. 535 f.; *Schönke / Schröder / Stree,* Vorbem. 141 vor § 52; *SK (Samson)* Vorbem. 78 vor § 52; *Stratenwerth,* Allg. Teil I Rdn. 1200 ff. Anders *Geerds,* Konkurrenz S. 230 ff.; *Burgstaller,* JBl 1978, 469 (für das österr. Recht).

[33] So mit Recht *Schneider,* JZ 1953, 660.

III. Die Behandlung der Gesetzeseinheit 671

Beispiel: Der Sohn verübt einen Einbruch in die Wohnung der Eltern (§ 247), und die Betroffenen stellen nur Strafantrag wegen *Hausfriedensbruch* (§ 123) und *Sachbeschädigung* (§ 303).

Der verdrängte Tatbestand bleibt jedoch unanwendbar, wenn der Täter durch den Primärtatbestand *privilegiert* werden soll (BGH 24, 262 [266]). Die Strafbarkeit nach dem ausgeschlossenen Delikt kann in diesem Fall nicht wiederaufleben, weil der Täter sonst schlechter gestellt würde, als wenn die primäre Strafvorschrift anwendbar wäre. So kann nicht auf § 240 zurückgegriffen werden, wenn der Strafantrag nach §§ 237, 238 ausbleibt (BGH 19, 320 [321])[34]. Auch die Strafbarkeit nach § 30 I, II lebt nicht wieder auf, wenn der Täter späterhin vom Versuch zurücktritt (vgl. oben § 65 IV 1).

2. Das verdrängte Gesetz hat ferner auf den **Strafrahmen** des anzuwendenden Gesetzes Einfluß. So muß eine höhere Mindeststrafe (BGH 1, 152 [156]; 10, 312 [315]) berücksichtigt werden und darf das Gericht dem verdrängten Gesetz Nebenstrafen und Maßnahmen (§ 11 I Nr. 8) entnehmen (BGH 7, 307 [312]; 8, 46 [52])[35]. Das Ergebnis entspricht also der Regelung bei der Idealkonkurrenz.

3. Auch bei der **Strafzumessung** kann das durch Gesetzeseinheit ausgeschlossene Gesetz strafschärfend berücksichtigt werden, soweit es sich nicht um Merkmale handelt, die schon zum Tatbestand des anzuwendenden Gesetzes gehören (RG 59, 147 [148]; 62, 61 [62]; 63, 423 [424]; RG HRR 1939 Nr. 471; OGH 2, 324 [328]; BGH 19, 188 [189])[36].

---

[34] Ebenso *Schönke / Schröder / Stree*, Vorbem. 136 vor § 52; *Stratenwerth*, Allg. Teil I Rdn. 1204; *Welzel*, Lehrbuch S. 235. Anders *Jakobs*, Allg. Teil S. 731.
[35] So mit Recht *Bockelmann*, JZ 1953, 235; *Cramer*, JurA 1970, 207; *Dreher / Tröndle*, Vorbem. 23 vor § 52; *Lackner*, Vorbem. VI 1 c vor § 52; *Schönke / Schröder / Stree*, Vorbem. 141 vor § 52; *SK (Samson)* Vorbem. 78 vor § 52. Dagegen besteht keine Bindung an die Höchststrafe des verdrängten Gesetzes (BGH 30, 166 [167f.] m. zust. Anm. *Bruns*, JR 1982, 166).
[36] Vgl. *Bruns*, Strafzumessungsrecht S. 465ff.; *Schönke / Schröder / Stree*, Vorbem. 141 vor § 52. Den Bedenken von *Maurach / Gössel / Zipf*, Allg. Teil II S. 391f. und *Geerds*, Konkurrenz S. 231f. ist durch die im Text gemachte Einschränkung Rechnung getragen.

Dritter Hauptteil: Die Rechtsfolgen der Straftat

Die Problematik der Rechtsfolgen der Straftat besitzt heute den **gleichen wissenschaftlichen Rang,** der seit jeher den Fragen der Verbrechenslehre beigemessen wird. Auch ihre **praktische Bedeutung** ist groß. Für den Verurteilten selbst und für die Allgemeinheit stehen die Rechtsfolgen sogar im Vordergrund, denn die Frage, welche Behandlung durch Staat und Gesellschaft dem straffälligen Menschen zuteil wird, ist für dessen zukünftiges Schicksal oft entscheidend und beginnt darum auch die Gemeinschaft, die sich mit ihm auseinanderzusetzen hat, zunehmend zu beschäftigen. Die Rechtsfolgen der Straftat gliedern sich in Strafen, Maßnahmen und Nebenfolgen. Als Strafen kennt das geltende Recht Freiheitsstrafe, Strafarrest, Jugendstrafe, Geldstrafe und Fahrverbot. Unter den Maßnahmen versteht das StGB die Maßregeln der Besserung und Sicherung, den Verfall, die Einziehung und die Unbrauchbarmachung (§ 11 I Nr. 8). Weitere Maßnahmen gibt es im Nebenstrafrecht (Verbot der Tierhaltung, § 20 TierSchG; Entziehung des Jagdscheins, § 41 BJagdG; Abführung des Mehrerlöses, §§ 8 - 10 WiStG). Als Nebenfolgen sind der Verlust der Amtsfähigkeit, der Wählbarkeit und des Stimmrechts vorgesehen (§ 45). Die Ausgestaltung der Rechtsfolgen der Straftat ist für den Rang einer Strafrechtsordnung im internationalen Vergleich und für die Wirksamkeit des Strafrechts als Mittel der Erhaltung von Rechtsfrieden und Rechtssicherheit entscheidend. Die **Reform** dieses ganzen Rechtsgebiets ist mit dem Inkrafttreten der Neufassung des StGB am 1. 1. 1975 vorläufig **abgeschlossen** (über das Reformprogramm vgl. 2. Auflage S. 566 ff.). Jedoch ist die *sozialtherapeutische Anstalt* (§ 65 a. F.), nachdem man das Inkrafttreten der sie betreffenden Vorschriften wiederholt hinausgeschoben hatte, schließlich als Maßregel der Besserung und Sicherung wieder abgeschafft und in eine bloße Modalität des Vollzugs der Freiheitsstrafe umgewandelt worden (vgl. oben § 9 I 2 und unten § 77 IV).

§ 70 Krise des Sanktionensystems und deutsche Strafrechtsreform

Ahrens, Die Einstellung in der Hauptverhandlung usw., 1978; *H.-J. Albrecht,* Legalbewährung bei zu Geldstrafe und Freiheitsstrafe Verurteilten, 1982; *derselbe,* Ansätze und Perspektiven für die gemeinnützige Arbeit, BewH 1985, 121; *H.-J. Albrecht / Schädler,* Community Service, 1986; *Ancel,* Directions et directives de politique criminelle dans le mouvement de réforme pénale moderne, Festschrift für H.-H. Jescheck, Bd. II, 1985, S. 779; *Blau,* Die gemeinnützige Arbeit usw., Gedächtnisschrift für Hilde Kaufmann, 1986, S. 189; *Brüggemann,* Abwälzung und Rückwälzung von Geldstrafen usw., GA 1968, 161; *Karin Cornils,* Neuere Entwicklung der Kriminalpolitik in den nordischen Ländern, ZStW 99 (1987) S. 873; *Council of Europe,* Alternative Penal Measures to Imprisonment, 1976; *Dünkel,* Rechtliche, rechtsvergleichende und kriminologische Probleme der Strafaussetzung zur Bewährung, ZStW 95 (1983) S. 1039; *derselbe,* Strafaussetzung zur Bewährung usw., in: *Dünkel / Spieß,* Alternativen zur Freiheitsstrafe, 1983, S. 397 ff.; *Dünkel / Spieß* (Hrsg.), Alternativen zur Freiheitsstrafe, 1983; *Eser / Karin Cornils* (Hrsg.), Neuere Tendenzen der Kriminalpolitik, 1987; *Frehsee,* Schadenswiedergutmachung als Instrument strafrechtlicher Sozialkontrolle, 1987; *Göhler,* Zur Entlastung der Gerichte in Bußgeldsachen, DRiZ 1983, 105; *Grebing,* Die Geldstrafe in rechtsvergleichender Darstellung, in: *Jescheck / Grebing* (Hrsg.), Die Geldstrafe im deutschen und ausländischen Recht, 1978, S. 1183; *Heinz,* Strafrechtsreform und Sanktionsentwicklung usw., ZStW 94 (1982) S. 632; *derselbe,* Strafrechtliche Sozialkontrolle – Beständigkeit im Wandel? BewH 1984,

13; *derselbe,* Neue Formen der Bewährung in Freiheit usw., Festschrift für H.-H. Jescheck, Bd. II, 1985, S. 955; *Herrmann,* Neuere Entwicklungen in der amerikanischen Strafrechtspflege, JZ 1985, 602; *Barbara Huber,* Community Service als Alternative zur Freiheitsstrafe, JZ 1980, 638; *International Penal and Penitentiary Foundation,* Community Service as an Alternative to the Prison Sentence, 1987; *Jescheck,* Das neue deutsche Strafrecht im internationalen Zusammenhang, Jahrbuch der Max-Planck-Gesellschaft 1975, S. 49; *derselbe,* Die Krise der Kriminalpolitik, ZStW 91 (1979) S. 1037; *derselbe,* Der Einfluß der IKV und der AIDP auf die internationale Entwicklung der Kriminalpolitik, ZStW 92 (1980) S. 997; *derselbe,* Das neue deutsche Strafrecht in der Bewährung, Jahrbuch der Max-Planck-Gesellschaft 1980, S. 18; *derselbe,* Alternativen zur Freiheitsstrafe, Essays in honour of S. Dando, 1983, S. 83; *derselbe,* Die Freiheitsstrafe bei Franz v. Liszt usw., Festschrift für U. Klug, Bd. II, 1983, S. 257; *derselbe,* Criminal Law Reform: Continental Europe, in: *Kadish* (Hrsg.), Encyclopedia of Crime and Justice, Bd. II, 1983, S. 483; *derselbe,* Die Freiheitsstrafe und ihre Surrogate in rechtsvergleichender Darstellung, in: *Jescheck* (Hrsg.), Die Freiheitsstrafe und ihre Surrogate im deutschen und ausländischen Recht, Bd. III, 1984, S. 1939; *derselbe,* Rechtsvergleichende Bemerkungen zur Neugestaltung des Mindestprogramms der Défense Sociale, Festschrift für G. Blau, 1985, S. 425; *derselbe,* Le nouveau droit pénal allemand mis à l'épreuve, Archives de politique criminelle, Nr. 8, 1985, S. 153; *Kaiser,* Resozialisierung und Zeitgeist, Festschrift für Th. Würtenberger, 1977, S. 359; *derselbe,* Das Sanktionssystem in der deutschen Strafrechtsreform, in: *Hirsch* (Hrsg.), Deutsch-Spanisches Strafrechtskolloquium, 1987, S. 121; *derselbe,* Neue Wege im schweizerischen Maßnahmenvollzug, ZStW 100 (1988) S. 228; *Kerner / Kästner* (Hrsg.), Gemeinnützige Arbeit in der Strafrechtspflege, 1986; *Köhler,* Zur Kritik an der Zwangsarbeitsstrafe, JZ 1987, 145; *Krieg* u. a., Weil du arm bist, mußt du sitzen, MSchrKrim 1984, 25; *Küper,* Gesamte Strafrechtswissenschaft in internationaler Dimension, GA 1987, 337; *Kury,* Diversion – Möglichkeiten und Grenzen am Beispiel amerikanischer Programme, in: *Kury / Hedwig Lerchenmüller* (Hrsg.), Diversion, Bd. 1, 1981, S. 165; *dieselben,* Diversion, Bd. 1, 2, 1981; *v. Liszt,* Kriminalpolitische Aufgaben, Aufsätze und Vorträge, Bd. I, 1905, S. 290; *Pallin,* Vorschlag einer kombinierten Geld-Freiheits-Strafe, Festschrift für R. Wassermann, 1985, S. 961; *derselbe,* Alternativen zur Freiheitsstrafe, in: Strafverfahrensreform, Schriftenreihe des BJM, Bd. 1, 1980, S. 55; *Pfohl,* Gemeinnützige Arbeit als strafrechtliche Sanktion, 1983; *derselbe,* Entwicklung und Perspektiven der gemeinnützigen Arbeit, BewH 1985, 110; *Rieß,* Zur Entwicklung der Geschäftsbelastung in der ordentlichen Gerichtsbarkeit, DRiZ 1982, 101; *Roxin,* Zur Entwicklung der Kriminalpolitik seit den Alternativentwürfen, JA 1980, 549; *derselbe,* Die Wiedergutmachung im System der Strafzwecke, in: *Schöch* (Hrsg.), Wiedergutmachung und Strafrecht, 1987, S. 37; *Schädler,* Der „Weiße Fleck" im Sanktionensystem, ZRP 1985, 186; *Schaffmeister,* Durch Modifikation zu einer neuen Strafe, Festschrift für H.-H. Jescheck, Bd. II, 1985, S. 991; *Schaffstein,* Überlegungen zur Diversion, ebenda S. 937; *Schall,* Die Sanktionsalternative der gemeinnützigen Arbeit usw., NStZ 1985, 104; *Schüler-Springorum,* Die Mindestgrundsätze der Vereinten Nationen für die Jugendgerichtbarkeit, ZStW 99 (1987) S. 809; *Schultz,* Krise der Kriminalpolitik?, Festschrift für H.-H. Jescheck, Bd. II, 1985, S. 791; *Tak /van Kalmthout,* Dienstverlening en sanctiestelsels, 1985; *Walter,* Wandlungen in der Reaktion auf Kriminalität, ZStW 95 (1983) S. 32; *Weigend,* „Neoklassizismus" – ein transatlantisches Mißverständnis, ZStW 94 (1982) S. 801; *derselbe,* Die kurze Freiheitsstrafe – eine Sanktion mit Zukunft? JZ 1986, 260; *Zipf,* Teilaussetzung bei Freiheits- und Geldstrafen, Festschrift für H.-H. Jescheck, Bd. II, 1985, S. 977.

Das strafrechtliche Sanktionensystem kennt nur wenige Maßnahmen, die im Rechtsstaat anwendbar und angesichts der hohen und immer noch steigenden Kriminalitätsrate nicht von vornherein aussichtslos sind[1]. Im Grunde kommen als allgemein verfügbare Strafsanktionen nur Freiheits- und Geldstrafe in Betracht, die aber jeweils mit unvermeidlichen Nachteilen verbunden sind. Neue Wege der Kriminalpolitik wie gemeinnützige Arbeit und Diversionsprogramme als Ersatz für das förmliche Strafverfahren eröffnen zwar positive Perspektiven, erfordern aber Freiwilligkeit seitens der Betroffenen und erhebliche organisatorische Vorkehrungen. Die Möglichkeiten

---

[1] Über „das verfassungsrechtliche Gebot des sinn- und maßvollen Strafens" BVerfGE 45, 187 (259f.). Die Wiedergutmachung als „eigenständige Sanktion" empfiehlt *Roxin,* in: *Schöch* (Hrsg.), Wiedergutmachung und Strafrecht S. 51, doch kann Wiedergutmachung die Strafe nicht ersetzen.

der Auswahl für den Gesetzgeber sind somit begrenzt und machen Kompromisse nötig, mit denen man leben muß.

I. Die Krise des strafrechtlichen Sanktionensystems

Seit dem Ende der 60er Jahre ist durch die Erschütterung einer Reihe von Grundannahmen der vorausgegangenen Epoche (Bereitschaft der Staaten zu durchgreifender Humanisierung des Strafrechts; Möglichkeit der Resozialisierung des erwachsenen Straftäters durch Behandlung; Eindämmung der Kriminalität durch Wohlstand) international eine Krise der Kriminalpolitik offenbar geworden, die vor allem die Freiheitsstrafe betrifft, aber auch die anderen strafrechtlichen Sanktionen ergriffen hat[2].

1. Zur Todesstrafe vgl. unten § 71 II.

2. a) Die **Freiheitsstrafe** ist in der Mehrzahl der Staaten noch immer die am meisten angewendete strafrechtliche Sanktion[3]. Man verläßt sich dabei auf die resozialisierende Kraft des Strafvollzugs, sofern dieser nur genügend lange Zeit auf den Gefangenen einzuwirken vermag. Diese Annahme steht jedoch im Widerspruch zu der Erkenntnis der Wissenschaft, daß die Freiheitsstrafe eher eine entsozialisierende als resozialisierende Wirkung hat und deshalb nur als „ultima ratio" eingesetzt werden sollte. In Übereinstimmung mit dieser Forderung hat der VI. Kongreß der Vereinten Nationen über Verbrechensverhütung und die Behandlung von Straftätern vom Jahre 1980 in der von der Generalversammlung der UN einstimmig gebilligten Resolution Nr. 8 den Staaten die Entwicklung von Alternativen zur Freiheitsstrafe, wie Strafaussetzung zur Bewährung und gemeinnützige Arbeit, zur Pflicht gemacht[4]. Die gleiche Forderung wurde mit noch größerer Dringlichkeit in der gleichfalls von der Generalversammlung der UN einstimmig gebilligten Resolution Nr. 16 von dem VII. Kongreß der Vereinten Nationen im Jahre 1985 wiederholt und zum zentralen Verhandlungsgegenstand für den VIII. Kongreß im Jahre 1990 bestimmt[5]. Noch deutlicher tritt das ultima-ratio-Prinzip in Nr. 19 der von dem VII. Kongreß beschlossenen „Mindestgrundsätze der Vereinten Nationen für die Jugendgerichtsbarkeit" hervor: „Die stationäre Unterbringung des Jugendlichen hat stets als letztes Mittel zu gelten; sie darf nicht länger als absolut nötig angeordnet werden"[6].

b) Die **unbestimmte Freiheitsstrafe** ist seltener geworden, seit sie von den in der Kriminalpolitik führenden Ländern wie Schweden, Kalifornien und England in letzter Zeit abgeschafft worden ist[7]. Die Gründe für die Rückkehr zur festbestimmten Freiheitsstrafe liegen darin, daß die unbestimmte Strafe dem Gefangenen unverdiente Leiden auferlegt, zu unnötig langem Freiheitsentzug führt, der Willkür der „parole boards" Tor und Tür öffnet und in der Rückfallstatistik keine besseren Ergebnisse bringt als die bestimmte Freiheitsstrafe. Sie ist, wo sie noch besteht, ein Relikt aus

---

[2] *Jescheck*, ZStW 91 (1979) S. 1037 ff.; *Ancel*, Jescheck-Festschrift Bd. II S. 783 ff.; *Kaiser*, Würtenberger-Festschrift S. 359 ff.; *Schultz*, Jescheck-Festschrift Bd. II S. 791 ff.

[3] Vgl. *Jescheck*, Die Freiheitsstrafe Bd. III S. 1975 ff.

[4] Deutsche Übersetzung von *J. Meyer* in ZStW 93 (1981) S. 375. Ebenso schon früher mit detaillierten Empfehlungen Council of Europe, Alternative Penal Measures to Imprisonment, 1976. Vgl. *Jescheck*, Essays in honour of S. Dando S. 83 ff.; *Pallin*, in: Strafverfahrensreform S. 55 ff.; *Dünkel / Spieß* (Hrsg.), Alternativen zur Freiheitsstrafe, 1983; *Sievering* (Hrsg.), Alternativen zur Freiheitsstrafe, 1982.

[5] United Nations, Seventh UN Congress on the Prevention of Crime and the Treatment of Offenders, 1986, A/Conf. 121/22/Rev. 1.

[6] Abgedruckt ZStW 99 (1987) S. 276; vgl. dazu *Schüler-Springorum*, ZStW 99 (1987) S. 828 ff.

[7] Vgl. dazu *Jescheck*, Die Freiheitsstrafe Bd. III S. 2033.

einer Zeit, in der man an die Möglichkeit der Erziehung des Gefangenen durch lange Haftdauer und Ungewißheit des Entlassungszeitpunkts glaubte.

c) Eine bemerkenswerte Wandlung ist in der Beurteilung der **kurzfristigen Freiheitsstrafe** (unter sechs Monaten) eingetreten. Nachdem *Franz v. Lizst* einst das Wort vom „Kreuzzug gegen die kurze Freiheitsstrafe"[8] geprägt hatte, ist in Ländern, die den Forderungen der modernen Kriminalpolitik besonders aufgeschlossen sind wie die Niederlande, Schweden, England und die Schweiz, eine Rückkehr zur kurzen Freiheitsstrafe vor allem im Kampf gegen die leichte und mittlere Kriminalität zu beobachten[9]. Man geht dabei von der Überzeugung aus, daß die Einwände, die gegen die kurze Freiheitsstrafe erhoben werden, durch geeignete Gestaltung des Vollzugs (Wochenendvollzug, tageweise Verbüßung, Halbfreiheit) weitgehend ausgeräumt werden können und daß sich die trotzdem eintretende Desintegration für den Betroffenen jedenfalls besser begrenzen läßt als bei der noch viel stärker entsozialisierenden längeren Freiheitsstrafe. Auch die Länder mit Schwerpunkt bei der kurzen Freiheitsstrafe sehen darin freilich keinen positiven Beitrag zur Kriminalpolitik, sondern eher eine unverzichtbare Aushilfe. Auch dort stellt sich damit das Problem der Auffindung von Alternativen zur Freiheitsstrafe.

d) Das wichtigste Mittel zur Vermeidung des Vollzugs der Freiheitsstrafe ist die **Strafaussetzung zur Bewährung**[10]. Hier zeigt sich jedoch, daß in manchen Ländern die volle Aussetzung der Strafe ohne ein für den Verurteilten fühlbares Übel als zu milde im Hinblick auf die Generalprävention empfunden wird. Man greift deswegen zur Teilvollstreckung der Freiheitsstrafe[11] oder verbindet die volle Aussetzung mit einer Zusatzgeldstrafe[12]. Einigkeit besteht darüber, daß die sinnvolle Strafaussetzung einen ausgebauten Bewährungsdienst[13] erforderlich macht, der die wichtigsten existenzsichernden Maßnahmen für den Probanden, insbesondere Wohnungs- und Arbeitsplatzsuche, Schuldenregelung und Familienfürsorge, zu übernehmen hat und für die ihm abverlangte immer ausgedehntere und anspruchsvollere Tätigkeit angemessen ausgebildet und besoldet werden muß. Ein Problem liegt umgekehrt auch in der Gefahr der Überbetreuung und der Ausweitung des Netzes sozialer Kontrolle, wodurch dem Probanden seine Selbständigkeit verlorengeht und bürokratische Kontrollen in unnötiger Weise die Freiheit beschränken. Ein weiteres Problem, das die Eignung der Strafaussetzung als Alternative der Freiheitsstrafe einschränkt, liegt in der Tatsache, daß (in der Bundesrepublik Deutschland) etwa ein Drittel der Strafaussetzungen widerrufen werden muß, weil der Proband in der Bewährungszeit wieder straffällig wird, so daß die Freiheitsstrafe in einem erheblichen Anteil der Fälle durch die Strafaussetzung letztlich doch nicht vermieden wird.

3. a) Die **Geldstrafe** ist zwar nicht in der Mehrzahl der Länder, wohl aber gerade dort, wo Verhältnisse herrschen, die mit denen in der Bundesrepublik Deutschland

---

[8] *v. Liszt*, Aufsätze und Vorträge Bd. I S. 347. Dazu *Jescheck*, Klug-Festschrift Bd. II S. 264f. Deswegen wollte der AE in § 36 I die Freiheitsstrafe erst mit einem Mindestmaß von sechs Monaten beginnen lassen und damit die kurze Freiheitsstrafe ganz abschaffen.

[9] Dazu *Jescheck*, Die Freiheitsstrafe Bd. III S. 2047; *Weigend*, JZ 1986, 261 ff.; *Kaiser*, Kriminologie S. 296 f.

[10] Vgl. *Jescheck*, Die Freiheitsstrafe Bd. III S. 2096 ff.; *Dünkel*, in: Alternativen zur Freiheitsstrafe S. 397 ff.; *derselbe*, ZStW 95 (1983) S. 1058 ff.

[11] Vgl. *Jescheck*, Die Freiheitsstrafe Bd. III S. 2106 ff.; *Zipf*, Jescheck-Festschrift Bd. II S. 977 ff.

[12] Vgl. *Jescheck*, Die Freiheitsstrafe Bd. III S. 2057 ff.; *Pallin*, Wassermann-Festschrift S. 963 f.

[13] Dazu *Heinz*, Jescheck-Festschrift Bd. II S. 965 ff.; *Kaiser*, Kriminologie S. 297 ff.

vergleichbar sind, zur wichtigsten strafrechtlichen Sanktion geworden[14]. Die Neubewertung der Geldstrafe, die im 19. Jahrhundert noch fast ganz auf Bagatelldelikte beschränkt blieb, war eine Folge der verbreiteten Kritik an der kurzen Freiheitsstrafe, die nach einer für die Praxis handlichen Alternative verlangte. Zwei Modelle für die Regelung der Geldstrafe stehen in der internationalen Entwicklung im Vordergrund. Es gibt einmal das noch vorherrschende System der *Geldsummenstrafe*[15], bei dem die Strafe von vornherein in einer bestimmten Gesamtsumme festgesetzt wird und die wirtschaftlichen Verhältnisse des Verurteilten aufgrund einer Generalklausel eine nicht klar erkennbare Berücksichtigung finden. Es gibt zum anderen das neuerdings in mehreren Ländern eingeführte skandinavische *Tagessatz-* oder *Tagesbußensystem*[16], dessen grundlegende Besonderheit in der Trennung des Zumessungsakts in zwei Schritte besteht: erstens wird nach der Schwere der Tat und dem Maß der Schuld des Täters die Anzahl der Tagessätze bestimmt, zweitens wird nach den wirtschaftlichen Verhältnissen des Verurteilten die Höhe des Tagessatzes festgelegt. Der Endbetrag der Geldstrafe ergibt sich aus einer Multiplikation der beiden Werte. Der Vorteil des Tagessatzsystems wird darin gesehen, daß die Höhe der Geldstrafe durch die Aufteilung der Zumessung in zwei getrennte Entscheidungsakte für den Verurteilten und die Allgemeinheit leichter zu verstehen ist *(Gedanke der Transparenz)* und daß die Belastung durch den hohen Stellenwert der wirtschaftlichen Verhältnisse bei der Zumessung der Geldstrafe dem fundamentalen Unterschied von Arm und Reich besser angepaßt werden kann *(Gedanke der Opfergleichheit).*

b) Mit der Geldstrafe sind jedoch auch beträchtliche **Nachteile** verbunden[17], weswegen diese bisher nirgends die kurze Freiheitsstrafe bis zu sechs Monaten vollständig ersetzen und auch nicht merklich in den Bereich der Freiheitsstrafe von sechs Monaten bis zu einem Jahr vordringen konnte. Dem Einwand, daß die Geldstrafe einen Eingriff in ein ungleich verteiltes Gut darstellt und deswegen ungerecht sei, läßt sich immerhin mit dem Hinweis begegnen, daß die Unterschiede der wirtschaftlichen Verhältnisse der Betroffenen bei der Strafzumessung berücksichtigt werden können. Dagegen ist die Ersatzfreiheitsstrafe, die dem Verurteilten droht, der auch eine geringe Geldstrafe, selbst bei Gewährung von Zahlungserleichterungen, nicht aufbringen kann, ein schwerwiegender Mangel, da Armut auf diese Weise zur unverdienten Einbuße an der Freiheit und damit an dem höchsten verfügbaren Rechtsgut des Betroffenen führt, während der Bessergestellte die Strafe nur am Vermögen zu spüren bekommt. Indessen gibt es verschiedene Wege der Abhilfe, so die Bindung der Ersatzfreiheitsstrafe an eine neue richterliche Entscheidung wie in Schweden, das Absehen von der Vollstreckung in Härtefällen, die Aussetzung der Ersatzfreiheitsstrafe zur Bewährung und vor allem die Ersatzarbeit für gemeinnützige Zwecke[18]. Ein weiterer Einwand gegen die Geldstrafe, der sich nicht ganz ausräumen läßt, ist ihre Abwälzbarkeit, indem die Bezahlung heimlich durch Dritte übernommen wird, eine Möglichkeit, an die vor allem im Wirtschaftsstrafrecht zu denken ist, wenn Angestellte sich im Firmeninteresse strafbar gemacht haben. Der Hinweis auf die Strafbarkeit des Dritten wegen Begünstigung[19] besagt nicht viel, weil derartige Vorgänge im

---

[14] Vgl. *Grebing*, Die Geldstrafe S. 1195.
[15] Vgl. *Grebing*, Die Geldstrafe S. 1249f.
[16] Vgl. *Grebing*, Die Geldstrafe S. 1250ff.
[17] Vgl. *Grebing*, Die Geldstrafe S. 1207ff.
[18] Vgl. *H.-J. Albrecht / Schädler* (Hrsg.), Community Service, 1986; *Jescheck*, Die Freiheitsstrafe Bd. III S. 1996ff.; *Kerner / Kästner* (Hrsg.), Gemeinnützige Arbeit in der Strafrechtspflege, 1986.
[19] Über die Strafbarkeit der Bezahlung einer Geldstrafe durch Dritte nach § 258 II *LK (Tröndle)* Vorbem. 39 vor § 40; *Brüggemann*, GA 1968, 164ff.

I. Die Krise des strafrechtlichen Sanktionensystems

Dunkeln bleiben und praktisch nicht zu verhindern sind. Ein möglicher Mangel der Geldstrafe wird endlich darin gesehen, daß diese in Konkurrenz zu dem Entschädigungsanspruch des Verletzten treten kann. Hiergegen gibt es jedoch den Gegeneinwand, daß die Opferentschädigung im Falle einer Freiheitsstrafe des Täters noch viel stärker gefährdet wäre und daß außerdem die Möglichkeit besteht, im Gesetz die Überweisung der Geldstrafe an den Verletzten vorzusehen[20].

4. Eine neuartige Sanktion für die leichte bis mittlere Kriminalität, der sich als Alternative zur Freiheitsstrafe die Aufmerksamkeit in vielen Ländern zuwendet, ist die **gemeinnützige Arbeit**[21]. Sie ist nach dem Beispiel Englands (1972)[22] in mehreren europäischen Ländern als primäre Hauptstrafe eingeführt worden[23]. Der kriminalpolitische Wert der gemeinnützigen Arbeit liegt darin, daß der Verurteilte durch den Verlust von Freizeit empfindlich bestraft wird[24], ohne jedoch die Freiheit und damit den Kontakt zu seiner Umwelt zu verlieren, und daß die Sanktion in einer aktiven Leistung besteht. Bedenken im Hinblick auf das Verbot der Zwangsarbeit, wie es insbesondere in Deutschland in Art. 12 II, III GG Ausdruck gefunden hat, lassen sich durch das Erfordernis der Einwilligung des Verurteilten ausräumen[25], die auch schon deswegen eingeholt werden muß, weil gemeinnützige Arbeit anders nicht sinnvoll durchgeführt werden kann. Die Anfangserfolge der neuen Sanktion sind ermutigend. Man darf von ihr jedoch nicht zu viel im Sinne der Vermeidung von Freiheitsstrafen erwarten, da gemeinnützige Arbeit in der Praxis wahrscheinlich meist die Geldstrafe und nur selten eine sonst drohende Freiheitsstrafe ersetzen wird[26].

5. Große Bedeutung wird endlich der **Diversion** als Alternative der Freiheitsstrafe beigemessen. Diversion, in deutscher Übersetzung etwa „Umleitung", ist eine Möglichkeit strafrechtlicher Reaktion ohne formelle Sanktionierung. Diversion bedeutet, daß in Fällen kleinerer Straftaten an die Stelle des formellen Strafverfahrens Maßnahmen in der Gemeinschaft treten, die eine rasche Integration vor allem jugendlicher und heranwachsender Straftäter ohne Stigmatisierung gestatten. Die Probanden werden in kleine Gruppen aufgenommen, die in Gemeinden, Kirchen, Vereinen und ad hoc gebildeten Organisationen bestehen, und dort beraten, betreut und in soziale Aufgaben eingeführt. Die Diversionsprogramme sind vor allem in den USA in unübersehbarer Fülle entstanden[27], sie haben sich aber auch in Europa ausgebreitet, wenn auch in weit geringerem Maße. In der Bundesrepublik Deutschland gibt es bisher noch keine Ansätze für die Entwicklung solcher Programme für Erwachsene[28], jedoch existieren bereits mehrere Modelle, bei denen man sich um straffällige Jugendliche und Heranwachsende bemüht[29]. Bedenken gegen die Einordnung von Straffälli-

---

[20] Vgl. *Grebing*, Die Geldstrafe S. 1210f.; *Frehsee*, Schadenswiedergutmachung S. 372ff.

[21] International Penal and Penitentiary Foundation, Community Service, 1987 (m. zahlr. Länderberichten); *Blau*, Hilde Kaufmann-Gedächtnisschrift S. 189ff.; *Pfohl*, Gemeinnützige Arbeit als strafrechtliche Sanktion S. 122f.; *Jescheck*, Die Freiheitsstrafe Bd. III S. 2124; *Grebing*, Die Geldstrafe S. 1227f.; *Pfohl*, BewH 1985, 110ff.

[22] *Barbara Huber*, JZ 1980, 638ff.

[23] *Tak / van Kalmthout*, Dienstverlening en sanktiestelsels, 1985; zu Dänemark, Norwegen, Finnland *Karin Cornils*, ZStW 99 (1987) S. 883ff.

[24] *Schaffmeister*, Jescheck-Festschrift Bd. II S. 999ff.

[25] Gegen gemeinnützige Arbeit als „Zwangsarbeit" jedoch *Köhler*, GA 1987, 160.

[26] So *H.-J. Albrecht*, BewH 1985, 130.

[27] Vgl. *Herrmann*, JZ 1985, 608; *Walter*, ZStW 95 (1983) S. 82ff.; *Kury*, in: Diversion Bd. 1 S. 165ff.; ferner die Berichte von *Kirchhoff*, *Mengelkoch* u.a., *Herriger*, ebenda S. 246ff., 285ff., 327ff.

[28] So *Heinz*, Jescheck-Festschrift Bd. II S. 970f.

gen in Diversionsprogramme werden vor allem aus rechtsstaatlichen Gründen erhoben[30], weil die richterliche Überwachung fehlt und die rechtsstaatlichen Garantien für die Betroffenen nicht gesichert sind. Besonders naheliegend ist hier ferner die Gefahr der Ausdehnung der sozialen Kontrolle auf Fälle, die sonst mit einer folgenlosen Einstellung des Verfahrens geendet hätten[31].

II. Das Sanktionensystem der deutschen Strafrechtsreform

Hauptaufgabe der deutschen Strafrechtsreform von 1975 war „die moderne Ausgestaltung des Sanktionensystems als taugliches Instrument der Kriminalpolitik mit dem Ziel einer Verhütung künftiger Straftaten, vor allem durch Resozialisierung des Straftäters"[32]. Um angesichts der internationalen Krise des Sanktionensystems diesem Ziel näherzukommen, hat die deutsche Strafrechtsreform einen **Mittelweg** eingeschlagen, der rationale Lösungen mit der Forderung nach Humanität und Effizienz der Strafrechtspflege zu verbinden sucht[33]. Zur Zeit spricht nichts dafür, „das vorhandene System grundlegend zu ändern" (Bericht der Bundesregierung zur Beurteilung des strafrechtlichen Sanktionensystems vom 7. 7. 1986, BT-Drucksache 10/5828 S. 1).

1. a) Die **Freiheitsstrafe** (§§ 38 f.) ist als Rückgrat des Strafensystems bestehen geblieben, da sie für die schwere und die durch Geldstrafe nicht ausreichend zu erfassende mittlere Kriminalität sowie auch für den häufigen Rückfall die einzige Reaktion ist, die in Betracht kommt, und da sie als Ersatzfreiheitsstrafe (§ 43) bei Uneinbringlichkeit der Geldstrafe nicht vollständig entbehrt werden kann. Die Zuchthausstrafe und alle Ehrenstrafen sind jedoch abgeschafft worden, um eine unnötige Stigmatisierung des Verurteilten zu vermeiden. Auch die lebenslange Freiheitsstrafe ist weiterhin vorgesehen, im wesentlichen für Mord (§ 211 I); sie ist jedoch durch § 57a in das System der bedingten Entlassung einbezogen worden. Die unbestimmte Freiheitsstrafe wurde in das deutsche System nicht übernommen, weil sie dem Schuldprinzip widerspricht. Die Forderung nach Beschränkung der Freiheitsstrafe als „ultima ratio" hat in der Anhebung des Mindestmaßes von einem Tag auf einen Monat (§ 38 II) und vor allem in der weitgehenden Ersetzung der Freiheitsstrafe unter sechs Monaten durch die Geldstrafe (§ 47) Ausdruck gefunden[34]. Die radikale Lösung des § 36 I AE, die kurze Freiheitsstrafe ganz abzuschaffen, wurde jedoch nicht übernommen[35]. Auf der anderen Seite wurde die starre Rückfallschärfung, die eine Mindestfreiheitsstrafe von sechs Monaten vorsah (§ 48), im Jahre 1986 abgeschafft, so daß bei Bagatellrückfällen jetzt auch auf Geldstrafe erkannt werden kann[36].

---

[29] Vgl. *Heinz,* Jescheck-Festschrift Bd. II S. 970 ff., ferner die Beiträge von *Monica Wilhelm-Reiß, Marks* und *Busch,* in: *Kury / Hedwig Lerchenmüller* (Hrsg.), Diversion Bd. 2 S. 575 ff., 598 ff., 622 ff.

[30] So *Schaffstein,* Jescheck-Festschrift Bd. II S. 948 ff.

[31] So *Walter,* ZStW 95 (1983) S. 43.

[32] So der Erste Schriftliche Bericht des Sonderausschusses für die Strafrechtsreform, BT-Drucksache V/4094 S. 3. Vgl. auch den Überblick von *Kaiser,* in: *Hirsch* (Hrsg.), Deutsch-Spanisches Strafrechtskolloquium S. 121.

[33] Zur Bewährung dieses Systems vgl. *Jescheck,* Jahrbuch der Max-Planck-Gesellschaft 1980, S. 18 ff.; *derselbe,* Archives de politique criminelle, Nr. 8, 1985, S. 153 ff.

[34] Zum Ausnahmecharakter der kurzen Freiheitsstrafe Erster Schriftlicher Bericht des Sonderausschusses für die Strafrechtsreform, BT-Drucksache V/4094 S. 6; Zweiter Bericht, BT-Drucksache V/4095 S. 19.

[35] Dazu kritisch *Roxin,* JA 1980, 549.

[36] Vgl. dazu BT-Drucksache 10/2720 S. 10.

b) Die **Strafaussetzung zur Bewährung** als wichtigstes Mittel zur Vermeidung der Vollstreckung der Freiheitsstrafe wurde bis zu zwei Jahren erweitert (§ 56), Auflagen und Weisungen wurden verbessert (§§ 56b, 56c), die Bewährungshilfe wurde großzügig ausgebaut (§ 56d)[37]. Teilvollstreckung und Zusatzgeldstrafe sind nicht übernommen worden, um die Lage des Probanden in der Bewährungszeit nicht unnötig zu erschweren.

c) Im praktischen **Ergebnis**[38] ist die Freiheitsstrafe durch die Reform auf etwa 18 % aller Verurteilungen von Erwachsenen zusammengeschmolzen. Mehr als 65 % dieser Freiheitsstrafen werden zur Bewährung ausgesetzt. Die Rate der Unterstellungen unter einen hauptamtlichen Bewährungshelfer hat laufend zugenommen. Trotz dieses auf den ersten Blick günstigen Eindrucks hält sich die Verwirklichung des ultima-ratio-Prinzips in der deutschen Strafrechtspflege in relativ engen Grenzen. Einmal werden trotz des § 47 jährlich mehr als 50 000 kurze Freiheitsstrafen ausgesprochen, davon ein beträchtlicher Anteil unbedingt. Weiter beschränkt sich die Ersetzung der Freiheitsstrafe durch Geldstrafe auf den Bereich bis zu drei Monaten (90 Tagessätze), während die Geldstrafe im Bereich von drei bis zu sechs Monaten (180 Tagessätze) erheblich zurücktritt und im Bereich der Strafen von sechs Monaten bis zu einem Jahr (360 Tagessätze) keine Rolle spielt. Entsprechend sind die mittel- und langfristigen Freiheitsstrafen von Jahr zu Jahr deutlich angestiegen, was mit der Zunahme der schweren Kriminalität, aber auch mit einer Verschärfung der Strafzumessungspraxis zu erklären ist. Endlich wird die Strafaussetzung zur Bewährung in etwa einem Drittel der Fälle widerrufen und führt die Geldstrafe in etwa 5 % der Fälle zur Vollstreckung einer Ersatzfreiheitsstrafe, was im Jahr mehr als 30 000 Vollstreckungen ausmacht. Aus diesen Gründen ist auch die erhoffte Entlastung des Strafvollzugs nicht eingetreten. Die Gefangenenzahlen liegen zur Zeit wieder fast ebenso hoch wie vor der Reform[39].

2. a) Für die Regelung der **Geldstrafe** hat der deutsche Gesetzgeber das Tagessatzsystem eingeführt (§ 40), das sich nach den Ergebnissen der Rückfallforschung bewährt hat[40]. Etwa 82 % aller Strafen gegenüber Erwachsenen sind Geldstrafen. Diese sind für Arme erschwinglicher, für Bessergestellte fühlbarer geworden. Gleichwohl nimmt die Zahl der uneinbringlichen Geldstrafen zu[41], weil die wirtschaftliche Lage der Randgruppen oft auch die Aufbringung eines geringen Geldbetrags so sehr erschwert, daß die Beitreibung erfolglos bleiben muß. Die hohe Zahl der dadurch bedingten Ersatzfreiheitsstrafen wird durch die Möglichkeit des Absehens von der Vollstreckung in Härtefällen (§ 459f StPO) kaum vermindert. Inzwischen sind jedoch aufgrund des Art. 293 EGStGB, nachdem Hamburg (1968) und Berlin (1978) vorangegangen waren, in allen Bundesländern Regelungen eingeführt worden, wonach die Vollstreckungsbehörde dem Verurteilten gestatten kann, die Ersatzfreiheitsstrafe durch freie Arbeit abzuwenden[42]. Die Organisation liegt bei der Gerichtshilfe oder (wie in Bremen) bei einem privaten Verein. Obwohl noch keine abschließenden Erfahrungen über den Erfolg dieser Maßnahme vorliegen, besteht Grund zu

---

[37] Dazu *Dünkel*, ZStW 95 (1983) S. 1043 ff.; *Göppinger*, Kriminologie S. 362 ff.
[38] Vgl. zum folgenden *Heinz*, ZStW 94 (1982) S. 632 ff.
[39] Dazu *Heinz*, BewH 1984, 22 (mit Angabe der Maßnahmen der Justizverwaltung).
[40] *H.-J. Albrecht*, Legalbewährung S. 236 ff.
[41] Vgl. die Tabellen bei *H.-J. Albrecht*, BewH 1985, 127 f.
[42] Vgl. dazu *Kerner / Kästner* (Hrsg.), Gemeinnützige Arbeit S. 151 ff. (mit Praxisberichten); *Heinz*, Jescheck-Festschrift Bd. II S. 963 ff.; *Schädler*, ZRP 1985, 186 ff.; *Schall*, NStZ 1985, 104 ff.; *Krieg* u. a., MSchrKrim 1984, 24 ff.; *H.-J. Albrecht / Schädler*, Community Service S. 175 ff.

der Annahme, daß die freie Arbeit sich bei genügendem Pesonalaufwand sinnvoll durchführen läßt. Ist einmal ein ausreichendes Angebot gemeinnütziger Arbeitsstellen für Geldstrafenschuldner vorhanden, wird der schwerste Nachteil der Geldstrafe überwunden sein.

b) Das Feld der Vermögenssanktionen ist durch die Umwandlung der Übertretungen in **Ordnungswidrigkeiten,** die mit nicht-krimineller Geldbuße (§ 1 OWiG) geahndet werden, stark ausgeweitet worden[43]. Eine freiheitsentziehende Ersatzsanktion im eigentlichen Sinne gibt es bei der Geldbuße nicht, sondern nur die Erzwingungshaft (§ 96 OWiG), die aber nicht angeordnet werden darf, wenn der Betroffene seine Zahlungsunfähigkeit dartut[44], eine Lösung, die, erweitert auf den Nachweis der Arbeitsunfähigkeit im Hinblick auf die Ersatzarbeit, auch im Strafrecht in Betracht kommt.

3. Die **gemeinnützige Arbeit** ist als primäre Hauptstrafe in Deutschland nicht eingeführt worden[45] — entgegen einem Vorschlag des § 52 AE, der die gemeinnützige Arbeit auf Antrag des Verurteilten anstelle von Geldstrafe (also nicht nur anstelle von Ersatzfreiheitsstrafe) zulassen wollte. Als Auflage bei der Strafaussetzung zur Bewährung (§ 56b II Nr. 3) ist gemeinnützige Arbeit vorgesehen und wird vor allem bei Probanden angewendet, die eine Geldleistung nicht erbringen könnten.

4. Die Möglichkeit der **Diversion** ergibt sich im Erwachsenenstrafrecht aus § 153a StPO, der erst durch das EGStGB 1974 eingeführt worden ist. Nach dieser Vorschrift kann die Staatsanwaltschaft mit Zustimmung des Gerichts und des Beschuldigten bei einem Vergehen von der Erhebung der öffentlichen Klage absehen und dem Beschuldigten zugleich Auflagen machen und Weisungen erteilen, wenn diese Maßnahmen dazu geeignet sind, bei geringer Schuld das öffentliche Interesse an der Strafverfolgung zu beseitigen. Bei geringfügigen Vermögensvergehen[46], die nicht mit einer erhöhten Mindeststrafe bedroht sind, also z. B. bei so wichtigen Tatbeständen wie Diebstahl (§ 242), auch in einem besonders schweren Fall (§ 243), entfällt sogar das Erfordernis der gerichtlichen Zustimmung (§§ 153a I 6, 153 I 2). Ist die Klage bereits erhoben, so hat das Gericht die gleichen Befugnisse (§ 153a II StPO). Die Möglichkeit der vorläufigen Einstellung des Strafverfahrens gegen Auflagen und Weisungen hat große praktische Bedeutung erlangt[47], doch gibt es für Erwachsene, abgesehen vom Verkehrsunterricht und von der Heilbehandlung für Drogenabhängige (§ 37 BtMG), noch keine Diversionsprogramme. Im Jahre 1981 entfielen fast 97% aller Auflagen bei der Staatsanwaltschaft auf Geldbußen, und auch bei gerichtlicher Einstellung war die Geldbuße die weitaus häufigste Auflage[48]. Gegenüber Erwachsenen wird die Diversionsmöglichkeit des § 153a StPO also fast ausschließlich als verkappte Geldstrafe gebraucht, die in einem summarischen Verfahren auferlegt wird. Dagegen werden im Jugendstrafrecht die §§ 45, 47 JGG in großem Umfang dazu benutzt, echte Diversionsmaßnahmen anzuordnen wie Betreuungsweisungen, erzieherische Gruppenarbeit, gemeinnützige Arbeit, Täter-Opfer-Kontakte, zum Teil auch in

---

[43] Die Gesamtzahl der Bußgeldbescheide wird von *Göhler,* DRiZ 1983, 107 auf 4,7 bis 5,2 Millionen pro Jahr geschätzt.

[44] Über die hohe Zahl der Erzwingungshaftanträge vgl. *Rieß,* DRiZ 1982, 101 Tab. 5 Ziff. 15.

[45] Skeptisch zur Verwendung der gemeinnützigen Arbeit als Hauptstrafe *H.-J. Albrecht,* BewH 1985, 130. Vorschläge zur zeitlichen Begrenzung der Arbeitsleistung bei *Pfohl,* BewH 1985, 118f.

[46] Die Schadensgrenze wird bei 50 DM angenommen; vgl. *Löwe / Rosenberg (Meyer-Goßner),* § 153 StPO Rdn. 51.

[47] Vgl. die Zahlenangaben bei *Heinz,* Jescheck-Festschrift Bd. II S. 970.

[48] So *Heinz,* Jescheck-Festschrift Bd. II S. 971 Fußnote 71; *Ahrens,* Die Einstellung S. 90.

Zusammenarbeit mit Polizei, Jugendgerichtshilfe, freien Trägern der Jugendhilfe und Staatsanwaltschaft.

5. **Wiedergutmachung** ist nur als Auflage vorgesehen (§§ 56 b II Nr. 1, 57 III 1 StGB; 153 a I Nr. 1, II 1 StPO).

III. Das deutsche Sanktionensystem im internationalen Vergleich

1. Die deutsche Strafrechtsreform steht im **Zusammenhang mit der internationalen Reformbewegung,** die seit dem Ende der 50er Jahre eingesetzt hat[49]. Ihr Ziel ist es, das Strafrecht so umzugestalten, daß es den Anforderungen der pluralistischen Massengesellschaft, der Technisierung vieler Lebensbereiche, des ständig anwachsenden Straßenverkehrs, der Wirtschaftskriminalität und der Gefährdung der menschlichen Existenz durch Umweltschäden standhalten und zugleich auch dem einzelnen und seinem Verlangen nach Gerechtigkeit Genüge tun kann. Daß in Deutschland ein neues Strafrecht geschaffen werden konnte, welches im internationalen Vergleich zwar nicht zu den progressivsten zählt, aber doch viele alte Vorurteile zugunsten eines gemäßigten Modernismus überwunden hat, ist das Ergebnis eines tiefgreifenden Lern- und Umdenkungsprozesses gewesen. Dieser Prozeß ist nicht nur aus Eigenimpulsen entstanden, sondern erklärt sich vor allem durch die internationale Verbundenheit der Strafrechtswissenschaft und Kriminologie, zu der Deutschland nach dem Ende des zweiten Weltkriegs zurückgefunden hat. Ohne die Kongresse, Konferenzen, Kolloquien und persönlichen Verbindungen im Rahmen der internationalen strafrechtlichen und kriminologischen Vereinigungen, des Europarats und der Vereinten Nationen wäre die rasche Überwindung überholter Vorstellungen im deutschen Strafrechtsdenken nicht möglich gewesen[50]. Auch alle anderen Länder, die an dem großen Werk der Strafrechtsreform aktiv teilnehmen, haben durch die internationale Solidarität der „gesamten Strafrechtswissenschaft"[51] wesentliche Impulse empfangen.

2. Die Neuordnung des Sanktionensystems im deutschen Strafrecht **stimmt mit den großen internationalen Tendenzen der Kriminalpolitik überein**[52]. Dies gilt für die Verwendung der Freiheitsstrafe als „ultima ratio", für die Einschränkung, aber nicht vollständige Beseitigung der kurzen Freiheitsstrafe, für die Abschaffung der Zuchthausstrafe und aller Ehrenstrafen sowie den Ausbau der Geldstrafe (unter Einschluß der Ersatzarbeit) und der Geldbuße zu einer den Gesellschaftsschutz im Bereich der leichten Kriminalität voll gewährleistenden Sanktion. Der Verzicht auf die sozialtherapeutische Anstalt als richterliche Maßregel braucht kein Nachteil zu sein, sofern diese als Modifikation des Vollzugs der Freiheitsstrafe erhalten bleibt und weiter ausgebaut wird. Daß die Geldstrafe in das Feld der Freiheitsstrafe von sechs Monaten bis zu einem Jahr noch nicht vordringen konnte, ist dem Zögern der Praxis zuzuschreiben, nicht dem Gesetzgeber, der Geldstrafe bis zu 360 Tagessätzen durchaus vorgesehen hat (§ 40 I 1). Auch die Verwendung der Strafaussetzung zur Bewährung bei Freiheitsstrafen bis zu zwei Jahren entspricht dem Entwicklungsstand im

---

[49] *Jescheck,* Encyclopedia of Crime and Justice Bd. II S. 483 ff.; *derselbe,* Jahrbuch der Max-Planck-Gesellschaft 1975, 49 ff.; *Eser / Karin Cornils* (Hrsg.), Neuere Tendenzen der Kriminalpolitik, 1987.
[50] Vgl. zur Association Internationale de Droit Pénal *Jescheck,* ZStW 92 (1980) S. 997 ff., zur Défense Sociale *derselbe,* Blau-Festschrift S. 425 ff.
[51] Vgl. das treffende Stichwort *Küpers* „Gesamte Strafrechtswissenschaft in internationaler Dimension", GA 1987, 337.
[52] Die Kritik von *Horn, Lüderssen* und *Schünemann,* in: *Eser / Karin Cornils* (Hrsg.), Neuere Tendenzen der Kriminalpolitik S. 147 ff., 161 ff., 209 ff. betrifft mehr die Praxis als den Gesetzgeber.

Ausland[53]. Dies gilt auch für den Verzicht auf Teilvollstreckung und Zusatzgeldstrafe. Der Ausbau der Bewährungshilfe und die Verwendung der Auflagen und Weisungen steht dem Standard in den fortschrittlichsten Ländern nicht nach. Die Einführung der gemeinnützigen Arbeit als primärer Hauptstrafe kommt erst in Betracht, wenn aus dem Ausland und dem Inland (mit der Verwendung der Ersatzarbeit anstelle der Ersatzfreiheitsstrafe) genügend Erfahrungen vorliegen. Die Übernahme echter Diversionsprogramme aus dem Jugend- ins Erwachsenenrecht ist wenig wahrscheinlich, da von der Möglichkeit der Auflage gemeinnütziger Leistungen für Erwachsene (§ 153 a I Nr. 3 StPO) bisher so gut wie kein Gebrauch gemacht wurde. Die deutsche Sanktionspolitik liegt hier gegenüber den USA und verschiedenen europäischen Ländern zurück, wird aber in diesem Punkte nur zu begrenzten Fortschritten bereit sein. Ein zu weitgehender Abbau des Strafrechts und eine über den Bagatellbereich, die Verkehrsdelikte und die Drogenkriminalität hinausgehende Einführung von außerstrafrechtlichen Sozialisationsprogrammen anstelle repressiver Sanktionen würde die Generalprävention schwächen und die prozessualen Garantien für den Betroffenen zu sehr einschränken.

3. Die deutsche Sanktionspolitik **unterscheidet sich von den internationalen Tendenzen** vor allem durch die starke Betonung des Schuldprinzips (vgl. oben § 4 I). Dieses ist vom Grundgesetz vorgegeben, das jeden Bürger als freien, zur Selbstverantwortung fähigen und berufenen Menschen ansieht, dem gegenüber die Strafe nur als ein Tadel zu rechtfertigen ist, der nach Art und Maß verdient sein muß. Das Schuldprinzip hat abgesehen von seiner verfassungsrechtlichen Notwendigkeit auch große praktische Bedeutung als Schutz des einzelnen gegen übermäßige Eingriffe des Staates. Im Ausland ist es im Vordringen begriffen[54], die deutsche Position also keineswegs mehr isoliert. Die Zweispurigkeit von Strafen und Maßregeln, die aus dem Schuldprinzip folgt, ist auch im Ausland anzutreffen[55]. Sie ist im Vollzug, abgesehen von der selten verhängten Sicherungsverwahrung, durch ein flexibles System des Austauschs von Strafe und Maßregel (Vikariieren nach § 67) der Einspurigkeit stark angenähert worden und widerspricht deshalb nicht direkt der Tendenz zur Einspurigkeit, die international im Vordringen begriffen ist.

§ 71 Exkurs: Die Todesstrafe

Alt, Das Problem der Todesstrafe, 1960; *Althaus,* Die Todesstrafe als Problem der christlichen Ethik, Sitzungsberichte d. Bayer. Akademie der Wissenschaften, philos.-histor. Klasse, 1955, Heft 2; *Amnesty International,* Die Todesstrafe, 1979; *Ancel,* Le problème de la peine de mort, Rev dr pén crim 44 (1963 - 64) S. 373; *derselbe,* L'abolition de la peine de mort et le problème de la peine de remplacement, Studies in Penology to the Memory of Sir Lionel Fox, 1964, S. 1; *derselbe,* Quelques observations sur l'abolition de la peine de mort, Crime and Criminal Policy, Festschrift für López-Rey, 1985, S. 33; *Barbero Santos,* La pena de muerte en el Derecho histórico y actual, in: *Barbero Santos* (Hrsg.), La pena de muerte, 2. Aufl. 1978, S. 17; *Bassiouni / Lahey / Sang,* La peine de mort aux Etats Unis usw., Rev sc crim 1973, 23; *Baumann,* Zur Diskussion über die Todesstrafe, ARSP 1960, 73; *Berdugo,* La pena de muerte en el derecho iberoamericano, in: *Barbero Santos* (Hrsg.), La pena de muerte, 2. Aufl. 1978, S. 87; *Beristain,* Katholizismus und Todesstrafe, ZStW 89 (1977) S. 215; *Bockelmann,* Todesstrafe,

---

[53] Vgl. *Jescheck,* Die Freiheitsstrafe Bd. III S. 2103; *Dünkel,* ZStW 95 (1983) S. 1057 ff.

[54] Vgl. z. B. für die nordischen Länder *Madeleine Löfmarck,* in: *Eser / Karin Cornils* (Hrsg.), Neuere Tendenzen der Kriminalpolitik S. 19 ff.; für Spanien Art. 6 bis a) III C. p. in der Fassung der Reform von 1983; für Portugal Art. 17 C. p. von 1982, für Brasilien Art. 21 C. p. von 1984, für die Défense Sociale *Ancel,* Jescheck-Festschrift Bd. II S. 789.

[55] Vgl. *Schultz,* Bericht und Vorentwurf S. 161 ff. Grundsätzlich zustimmend *Kaiser,* ZStW 100 (1988) S. 232 ff.

Niederschriften, Bd. XI, S. 14; *derselbe,* Die rationalen Gründe gegen die Todesstrafe, in: Die Frage der Todesstrafe, 1962, S. 131; *Broda,* Europäische Menschenrechtskonvention und Todesstrafe, in: Auf dem Weg zur Menschenwürde, T. 1, 1980, S. 75; *Colóquio comemorativo do centenário da abolição da pena de morte em Portugal,* Bd. I - II, o. J., aber 1968, Bd. III später; *Dombois,* Mensch und Strafe, 1957; *Dreher,* Für und wider die Todesstrafe, ZStW 70 (1958) S. 543; *Düsing,* Die Geschichte der Abschaffung der Todesstrafe usw., 1952; *Ermecke,* Zur ethischen Begründung der Todesstrafe heute, 2. Aufl. 1963; *Etcheberry,* La controversia filosófica sobre la pena de muerte, 1987; *Sir Ernest Gowers,* A Life for a Life, 1956; *Graven,* Le problème de la peine de mort et sa réapparition en Suisse, Rev crim pol tech 1952, 3; *Große Strafrechtskommission,* Beratungen zur Todesstrafe, Niederschriften Bd. XI, 1959; *Heinz,* Die Todesstrafe unter juristischen und kriminologischen Aspekten, in: Weltweite Abschaffung der Todesstrafe, 1981, S. 26; *Heldmann,* Der Homicide Act 1957, ZStW 71 (1959) S. 314; *Helfer,* Todesstrafe, HWB Krim, Bd. III, 1975, S. 326; *v. Hentig,* Die Strafe, Bd. II, 1955; *Herrmann,* Der Supreme Court der Vereinigten Staaten erklärt die Todesstrafe für verfassungswidrig, JZ 1972, 615; *derselbe,* Neuere Entwicklungen in der amerikanischen Strafrechtspflege, JZ 1985, 602; *Jaywardene,* Life or Death usw., Canadian Journal of Criminology 15 (1973) S. 265; *Arthur Kaufmann,* Schuld und Strafe, 1966; *Keller,* Die Todesstrafe in kritischer Sicht, 1968; *Kohlrausch,* Todesstrafe, HWB Krim, Bd. II, 1. Aufl. 1936, S. 795; *Lange,* Die Todesstrafe im deutschen Strafrecht, in: Colóquio comemorativo, Bd. I, S. 161; *Lang-Hinrichsen,* Zur Frage der Todesstrafe, JR 1961, 321; *Liepmann,* Die Todesstrafe, 1912; *Maurach,* Juristische Argumente gegen die Todesstrafe, in: Todesstrafe? 1960, S. 24; *Middendorff,* Todesstrafe – Ja oder Nein? 1962; *Möhrenschlager,* Ausländische und internationale Bestrebungen gegen die Todesstrafe, Festschrift für H. Dünnebier, 1982, S. 611; *derselbe,* Internationale Konferenz über die Todesstrafe in Syrakus, ZStW 100 (1988) S. 252; *Ohm,* Das Todesurteil in seiner Auswirkung auf die Persönlichkeit, 1956; *Patrick,* The Status of Capital Punishment: A World Perspective, JCrimL 1965, 397; La peine de mort, Revue internationale de droit pénal, 1987, Heft 3/4; La pena di morte nel mondo, Convegno internazionale di Bologna, 1982; *Royal Commission on Capital Punishment 1949 - 1953,* Report, 1953; *Sarstedt,* Die Todesstrafe, in: Rechtsstaat als Aufgabe, 1987, S. 81; *Schmidhäuser,* Vom Sinn der Strafe, 2. Aufl. 1971; *Eb. Schmidt,* Goethe und das Problem der Todesstrafe, SchwZStr 63 (1948) S. 444; *Sello,* Die Irrtümer der Strafjustiz und ihre Ursachen, Bd. I, 1911; *Stratenwerth,* Juristische Erwägungen zur Todesstrafe, in: Nein zur Todesstrafe, 1978, S. 37; Todesstrafe? Theologische und juristische Argumente, 1960; *United Nations,* Economic and Social Council, Capital Punishment, Report of the Secretary General, E/1985/43; *United Nations,* VIIth UN Congress on the Prevention of Crime and the Treatment of Offenders, 1985, A/Conf. 121/22/Rev. 1; *Welzel,* Todesstrafe, Niederschriften, Bd. XI, S. 47; *Würtenberger,* Zur naturrechtlichen Problematik der Todesstrafe, Festschrift für J. Messner, 1961, S. 521.

I. Die Abschaffung der Todesstrafe in Deutschland

1. Die Todesstrafe ist durch Art. 102 GG abgeschafft[1]. Maßgebend für diese Entscheidung des Parlamentarischen Rats war vor allem die Erschütterung über den Mißbrauch, der mit der Todesstrafe im Dritten Reich getrieben worden ist[2]. Aber auch abgesehen von dieser besonderen historischen Situation muß die Todesstrafe heute geradezu als „unerlaubt" bezeichnet werden[3]. Die Auslieferung an einen Staat, in welchem dem Täter die Todesstrafe droht, ist demgemäß nur zulässig, wenn zugesichert wird, daß die Todesstrafe nicht verhängt oder nicht vollstreckt werden würde (§ 8 IRG). An der **Ablehnung der Todesstrafe** ist in einem auf die Prinzipien der Humanität und der Vernunft aufgebauten Strafrecht unbedingt **festzuhalten,** denn einen rationalen Grund für ihre Wiedereinführung gibt es nicht, wohl aber absolut überzeu-

---

[1] Vgl. zur Vorgeschichte *Düsing,* Abschaffung der Todesstrafe S. 276 ff.; zur Geschichte überhaupt *Kohlrausch,* HWB Krim Bd. II S. 795 ff.; *v. Liszt / Schmidt,* S. 372 ff.
[2] Vgl. die Zahlen bei *Bockelmann,* Niederschriften Bd. XI S. 15 und *Arthur Kaufmann,* Schuld und Strafe S. 13.
[3] So *Schmidhäuser,* Allg. Teil S. 759; vgl. ferner *Heinz,* in: Weltweite Abschaffung der Todesstrafe S. 26 ff.; *Stratenwerth,* in: Nein zur Todesstrafe S. 37 ff.; *Sarstedt,* in: Rechtsstaat als Aufgabe S. 81 ff., bes. S. 90.

gende Gründe dagegen[4]. Auch bei Taten mit schwerster Schuld darf der Täter nicht mit Lebensvernichtung bestraft werden, da ein solches existentielles Verdammungsurteil dem menschlichen Richter nicht zusteht[5]. Die Todesstrafe ist kriminalpolitisch nicht notwendig, da sie keine stärkere Abschreckungswirkung erreicht als die lebenslange Freiheitsstrafe[6]. Sie wirkt aber nicht selten ungerecht, weil sich ihre Voraussetzungen im Gesetz nicht in der Weise allgemein bestimmen lassen, daß nur diejenigen Fälle getroffen werden, in denen sie allenfalls verdient wäre. Die Todesstrafe ist ferner im Falle eines Justizirrtums ein nicht wiedergutzumachendes Unglück[7], und sie übt einen schädlichen Einfluß auf die Psyche der Allgemeinheit aus, so daß von ihr eher eine verbrechensfördernde als eine vorbeugende Wirkung zu erwarten ist[8]. Auch für den Notstands- und Kriegsfall sollte die Todesstrafe ausgeschlossen bleiben[9]. Nur wenn bei einem vollständigen Zusammenbruch der öffentlichen Ordnung (z. B. nach einem Atomwaffenschlag) allein die Todesstrafe übrig bliebe, um in dem allgemeinen Chaos das Überleben wenigstens eines Teils der Bevölkerung zu ermöglichen, könnte auf sie zurückgegriffen werden[10], doch ist das kein Fall, für den der Gesetzgeber Vorsorge treffen könnte, weil dann der Aufbau einer neuen staatlichen Ordnung unter vorerst unbekannten Voraussetzungen erst beginnen müßte.

2. Die **öffentliche Meinung** nimmt zur Todesstrafe eine wechselnde Stellung ein[11]. Neuere Umfragen der Meinungsforscher zeigen, daß in der Bevölkerung eine geringe Mehrheit gegen die Todesstrafe besteht, die sich allerdings unter dem Eindruck schwerster Gewaltverbrechen, insbesondere terroristischer Morde, rasch in eine Minderheit zurückverwandeln kann. Bestrebungen zur Wiedereinführung muß der Gesetzgeber jedoch Widerstand leisten und die Bevölkerung vor allem darüber aufklären, daß die Existenz der Todesstrafe nichts an der Zahl und Grausamkeit der Gewaltverbrechen ändern und auch die Welle des Terrorismus nicht brechen würde, sondern eher die entgegengesetzte Wirkung haben könnte, da Fanatiker darin die

---

[4] Vgl. *Bockelmann,* Die rationalen Gründe gegen die Todesstrafe S. 131 ff.; *Dreher,* ZStW 70 (1958) S. 553 ff.; *Arthur Kaufmann,* Schuld und Strafe S. 17 ff.; *Lange,* Die Todesstrafe im deutschen Strafrecht S. 171; *Kaiser,* Kriminologie S. 291 ff.; Entschließung des Colóquio comemorativo 1967 in Coimbra, Bd. III S. 147 f.; ferner die Mehrzahl der Äußerungen in den Niederschriften der Großen Strafrechtskommission, Bd. XI S. 31 ff.

[5] Vgl. *Beristain,* ZStW 89 (1977) S. 227 f.; *Etcheberry,* La controversia filosófica S. 19. Anders dazu *Dombois,* Mensch und Strafe S. 130 f.; *Welzel,* Niederschriften Bd. XI S. 48.

[6] Vgl. dazu die Zahlen in *United Nations,* Capital Punishment S. 54 ff. und bei *Lange,* Die Todesstrafe im deutschen Strafrecht S. 167 f. Ferner *Maurach,* Juristische Argumente S. 33 ff. sowie *Helfer,* HWB Krim Bd. III S. 343 ff. und die auf Kanada bezüglichen Zahlen bei *Jaywardene,* CanJCrim 15 (1973) S. 268 f.

[7] Hierzu insbes. *v. Hentig,* Die Strafe Bd. II S. 181; vgl. ferner die Fälle von zweifelsfreien Justizirrtümern bei *Keller,* Todesstrafe S. 143 ff.; weiter die umfassende ältere Fallsammlung von *Sello,* Die Irrtümer der Strafjustiz, 1911 sowie dazu *Liepmann,* Die Todesstrafe S. 137 ff.

[8] Um dies zu zeigen, braucht man nicht einmal auf die Schilderung der Hinrichtung des „Königsmörders" Damiens in Paris im Jahre 1757 zurückzugreifen (vgl. *Schmidhäuser,* Vom Sinn der Strafe S. 8 ff.). Der Bericht von einer Hinrichtung auf dem elektrischen Stuhl im Jahre 1953 genügt (vgl. *Middendorff,* Todesstrafe S. 71 f.). Vgl. ferner Baumann, ARSP 1960, 85 ff. Über die Figur des Henkers *Eb. Schmidt,* SchwZStr 63 (1948) S. 456 ff.

[9] Sie ist auch im Kriege unnötig; so haben z. B. die USA im zweiten Weltkrieg nur in einem einzigen Fall die Todesstrafe gegen einen eigenen Soldaten vollstreckt.

[10] So *Alt,* Todesstrafe S. 163 ff.; skeptisch *Lang-Hinrichsen,* JR 1961, 325 f.

[11] Vgl. die Zahlen bei *Dreher,* ZStW 70 (1958) S. 548; *Lange,* Die Todesstrafe im deutschen Strafrecht S. 163 und *Kaiser,* Kriminologie S. 292. Gegen die Bemühungen von *Althaus,* Die Todesstrafe S. 25 und *Ermecke,* Todesstrafe S. 33 ff. um eine absolute Begründung der Todesstrafe überzeugend *Würtenberger,* Zur naturrechtlichen Problematik S. 527 ff.

erwünschte Bestätigung sähen, sich im Kriegszustand mit Staat und Gesellschaft zu befinden.

II. Die Todesstrafe im Völkerrecht, in Kongreßbeschlüssen und im Ausland

1. Im **Völkerrecht** gibt es Ansätze für eine Entwicklung in Richtung auf die Abschaffung der Todesstrafe[12]. Die Europäische Menschenrechtskonvention von 1950 ging in Art. 2 I 2 noch ohne weiteres von der uneingeschränkten Zulässigkeit der Todesstrafe aus[13]. Dagegen beschränkte sie der Internationale Pakt über bürgerliche und politische Rechte von 1966 in Art. 6 II auf schwerste Verbrechen und bestimmt in Abs. 6, daß aus Art. 6 kein Argument gegen die Abschaffung der Todesstrafe hergeleitet werden dürfe. Die Beschränkung der Todesstrafe auf schwerste Verbrechen findet sich auch im Art. 4 der Amerikanischen Menschenrechtskonvention von 1969. Der erste völkerrechtliche Vertrag, der den entscheidenden Schritt zur Abschaffung der Todesstrafe getan hat, ist das Protokoll Nr. 6 zur Europäischen Menschenrechtskonvention von 1983 (Art. 2), das freilich von der Türkei, dem einzigen Europaratsstaat mit praktizierter Todesstrafe, nicht unterzeichnet worden ist. Belgien, Irland und Griechenland, die die Todesstrafe noch kennen, aber nicht vollstrecken, gehören zu den Unterzeichnerstaaten. Die Bundesrepublik ratifiziert das Protokoll Nr. 6 im Jahre 1988 (vgl. BT-Drucks. 11/1468). Der Entwurf einer dem Protokoll Nr. 6 entsprechenden Vereinbarung wurde von der Bundesrepublik Deutschland in Gemeinschaft mit anderen Ländern im Jahre 1980 in der Form eines Zusatzprotokolls zu dem internationalen Pakt über bürgerliche und politische Rechte bei den Vereinten Nationen eingebracht. Der Entwurf hat aber bei den Mehrheitsverhältnissen in der Generalversammlung zur Zeit keine Aussicht, angenommen zu werden. Das Europäische Auslieferungsübereinkommen von 1959 (BGBl. II 1964, 1371) bestimmt in Art. 11, daß der ersuchte Staat die Auslieferung ablehnen darf, wenn die Handlung im ersuchenden Staat mit der Todesstrafe bedroht ist, sofern dieser nicht die Zusicherung gibt, daß diese Strafe nicht vollstreckt wird. Die Frage, ob die Zusicherung als ausreichend zu erachten ist, hat nach § 8 IRG das Oberlandesgericht im Zulässigkeitsverfahren zu prüfen (BGH 34, 256 [262 ff.]).

2. Die **Stellungnahme der internationalen wissenschaftlichen Kongresse** zur Todesstrafe ist nicht einheitlich. Das internationale Kolloquium zur Erinnerung an die Aufhebung der Todesstrafe in Portugal im Jahre 1867, das im Jahre 1967 in Coimbra stattgefunden hat, gelangte zu dem klaren Votum, „daß die Todesstrafe universell und endgültig für alle Verbrechen abgeschafft werde"[14]. Dasselbe gilt von der Konferenz der Amnesty International im Jahre 1977 in Stockholm (Erklärung von Stockholm vom 11.12.1977)[15]. Auch der internationale Kongreß von 1982 über die Todesstrafe in Bologna lehnte diese eindeutig ab und verlangte eine bessere Information der Öffentlichkeit über ihre Zwecklosigkeit[16]. Dagegen mußte auf dem V. Kongreß der Vereinten Nationen für Verbrechensverhütung und Behandlung Straffälliger im Jahre 1980 in Caracas ein von der Bundesrepublik Deutschland, Ekuador, Österreich und Schweden vorgelegter Resolutionsentwurf für die Abschaffung der Todesstrafe zurückgezogen werden, weil er von der großen Mehrheit der anwesenden Staatenvertreter abgelehnt worden wäre. Der VII. Kongreß der Vereinten Nationen im Jahre 1985 in Mailand verabschiedete zwar Resolutionen gegen „Extra-legal arbitrary and

---

[12] Vgl. dazu eingehend *Möhrenschlager*, Dünnebier-Festschrift S. 621 ff.
[13] Vgl. dagegen *Broda*, in: Auf dem Wege zur Menschenwürde S. 75 ff.
[14] Abgedruckt in: Colóquio comemorativo Bd. III S. 148.
[15] Abgedruckt in: *Amnesty International*, Die Todesstrafe S. 279 f.
[16] Erklärung in: La pena di morte nel mondo S. 243 f.

summary executions" und für „Safeguards guaranteeing the rights of those facing the death penalty"[17], die auch von der Generalversammlung der UN bestätigt wurden, nahm aber das Problem der Abschaffung der Todesstrafe als solcher nicht wieder auf. Auf dem Todesstrafenkongreß des Istituto Superiore Internazionale di Scienze Criminali in Syrakus im Jahre 1987 bildete die Opposition der afrikanischen und asiatischen Staaten, insbesondere der islamischen Länder, einen starken Block gegen die Abschaffung der Todesstrafe[18].

3. **In der Welt** stellt die Gruppe der Länder, die die Todesstrafe abgeschafft haben, eine **kleine Minderheit** dar[19]. Es sind dies fast alle westeuropäischen Staaten, Kanada, einige Staaten der USA, Australien und einige Länder Lateinamerikas[20], während die USA mit dem Bundesrecht und der Mehrheit der Einzelstaaten, fast alle afrikanischen und asiatischen Länder sowie fast alle sozialistischen Staaten an der Todesstrafe festhalten. 1986 wurden in der Welt 743 Personen hingerichtet. In Westeuropa hat Liechtenstein, wo freilich schon seit dem 18. Jahrhundert keine Vollstreckung mehr stattgefunden hat, die Todesstrafe im Jahre 1987 formell abgeschafft, in Mittelamerika Haiti, in Asien folgten die Philippinen durch Verfassungsgesetz. Einige Länder wie Australien, die Bundesrepublik Deutschland, Österreich, Frankreich, Finnland, Island, die Niederlande, Norwegen, Portugal, die Philippinen und Schweden haben auf die Todesstrafe auch für die Kriegszeit und im Wehrstrafrecht verzichtet. Eindrucksvoll ist insbesondere die Entwicklung in der Schweiz, in Großbritannien, Frankreich, Spanien und den USA verlaufen. Das schweiz. StGB von 1937, das auf die Todesstrafe nach langen Auseinandersetzungen verzichtete, wurde mit Rücksicht darauf beim Referendum nur gegen starke Gegnerschaft der Anhänger der Todesstrafe angenommen[21]. In Großbritannien wurde die Todesstrafe für Mord im Jahre 1965 nach dramatischen Meinungskämpfen im Parlament zunächst für fünf Jahre probeweise abgeschafft[22]. Die endgültige Abschaffung erfolgte 1969. Die Todesstrafe bleibt jedoch angedroht für Hochverrat (im Kriege) und für Piraterie. Im Jahre 1979 gab es im Parlament den Versuch, die Todesstrafe wieder einzuführen, der jedoch eindeutig scheiterte. Ein gleicher Versuch hat 1987 in Kanada mit dem gleichen Ergebnis stattgefunden. In Frankreich hat die sozialistische Regierung unter Präsident Mitterrand die Todesstrafe im Jahre 1981 abgeschafft, ohne daß es im Parlament zu den erwarteten schweren Auseinandersetzungen gekommen wäre[23]. Auch Spanien, das die Todesstrafe immer gekannt und vollstreckt hat, ist im Jahre 1978 mit der neuen Verfassung (Art. 15) auf die Seite der Gegner getreten[24], nachdem noch in den letzten Tagen der Diktatur mehrere Todesurteile vollstreckt worden waren. In den USA hat

---

[17] UN, VIIth Congress S. 77, 83.

[18] La peine de mort, Rev int dr pén 1987, Heft 3/4. Vgl. hierzu den Bericht von *Möhrenschlager,* der zugleich einen Überblick über den gegenwärtigen Stand der Todesstrafendebatte enthält, ZStW 100 (1988) S. 252ff.

[19] Vgl. *Möhrenschlager,* Dünnebier-Festschrift S. 612ff.; ferner die Übersichten in: UN, Economic and Social Council, Capital Punishment, Report of the Secretary General, E/1985/43 sowie UN, Crime and Criminal Justice Newsletter, Special Combined Issue on Capital Punishment, Nr. 12/13, November 1986. Neu hinzugetreten sind die DDR, Liechtenstein, Haiti und die Philippinen.

[20] *Berdugo,* in: *Barbero Santos* (Hrsg.), La pena de muerte S. 87ff.

[21] *Graven,* Rev crim pol tech 1958, 429ff.

[22] Vgl. dazu Royal Commission on Capital Punishment 1949 - 1953, Report, 1953; *Gowers,* A Life for a Life, 1956; *Heldmann,* ZStW 71 (1959) S. 338f.

[23] *Ancel,* Rev dr pén crim 44 (1963 - 64) S. 373ff.; *derselbe,* Fox-Gedächtnisschrift S. 1ff.; *derselbe,* Crime and Criminal Policy S. 33ff.

[24] Zur Geschichte *Rodríguez Devesa / Serrano Gómez,* Derecho penal S. 891ff.; *Barbero Santos,* in: *Barbero Santos* (Hrsg.), La pena de muerte S. 17ff.

II. Die Todesstrafe im Völkerrecht, in Kongreßbeschlüssen und im Ausland 687

der Supreme Court die Todesstrafe im Jahre 1972 zunächst für unvereinbar mit dem in der amerikanischen Verfassung enthaltenen Verbot grausamer und ungewöhnlicher Strafen erklärt[25]. Daraufhin entwickelten die Einzelstaaten besondere Kriterien und auch ein eigenes Verfahren für die Entscheidung über die Todesstrafe. Unter diesen Voraussetzungen wird diese heute vom Supreme Court als verfassungsmäßig angesehen[26]. Das Problem ist jedoch damit nicht gelöst, weil über tausend Verurteilte in den Todeszellen auf die Entscheidung über die Vollstreckung warten. Ein großer Lichtblick ist die Abschaffung der Todesstrafe in der DDR als erstem sozialistischen Staat im Jahre 1987 (Beschluß des Staatsrats der DDR vom 17. 7. 1987, GBl. DDR 1987, 192. Die Volkskammer hat am 18. 12. 1987 die erforderlichen Änderungen des StGB und der StPO beschlossen).

1. Kapitel: Strafen und Nebenfolgen

Die Rechtsfolgen der Straftat sind seit dem Jahre 1969 durch die Strafrechtsreform weitgehend neugestaltet worden. Der Allgemeine Teil des StGB von 1975 in der Neufassung vom 10. 3. 1987 (BGBl. I S. 945) bietet das Bild **eines modernen Sanktionensystems, das am Schuldprinzip orientiert ist, aber die Zweispurigkeit bei der Gestaltung der Maßregeln stark modifiziert hat**[1]. Der nächste Schritt würde schon den Übergang zum einspurigen Modell mit bewußter Preisgabe des unterschiedlichen Sinngehalts von Strafe und Maßregel bedeuten.

Die allgemeine Tendenz des neuen Strafrechts läßt sich durch das Schlagwort kennzeichnen: **so wenig Strafen wie nötig, so viel Sozialhilfen wie möglich.** Die Freiheitsstrafe unter sechs Monaten ist zu einem erheblichen Teil durch die Geldstrafe ersetzt worden. Der Anteil der vollstreckten Ersatzfreiheitsstrafen ist zwar bis auf über 5% der Geldstrafen angestiegen, doch verspricht die Einführung der gemeinnützigen Arbeit anstelle der Ersatzfreiheitsstrafe, daß zukünftig wenigstens ein Teil der Vollstreckungen abgewendet werden kann. Die Freiheitsstrafen von mittlerer Dauer (sechs Monate bis zu zwei Jahren) haben beträchtlich zugenommen, ebenso die langen Freiheitsstrafen von mehr als zwei Jahren. Mehr als 65% aller Freiheitsstrafen werden jedoch zur Bewährung ausgesetzt, etwa ein Drittel davon muß allerdings doch noch vollstreckt werden, weil der Verurteilte in der Bewährungszeit eine neue Straftat begeht. Der Anteil der vollstreckten Freiheitsstrafen ist gleichwohl auf 7% aller Strafen zurückgegangen[2]. Mehr als 30% der Gefangenen kommen in den Genuß der Aussetzung des Strafrestes (§ 57). In allen Fällen, in denen dies angezeigt ist, wird bei Aussetzung Bewährungshilfe angeordnet, die dem Probanden in der Bewährungs-

---

[25] Furman v. Georgia, United States Reports 408 (1972) S. 238. Vgl. dazu *Bassiouni / Lahey / Sang*, Rev sc crim 1973, 79 ff.; *Herrmann*, JZ 1972, 615 ff.
[26] Vgl. *Herrmann*, JZ 1985, 606, sowie die dort in Fußnote 39, 40 zitierten Urteile des Supreme Court.
[1] Vgl. *Jescheck*, SchwZStr 91 (1975) S. 32 ff.; *Sturm*, Dreher-Festschrift S. 522 ff. Über die Stufen der Strafhöhe, die das neue Recht zur Verfügung stellt, vgl. *Grünwald*, Schaffstein-Festschrift S. 221 ff.; *Horn*, Die strafrechtlichen Sanktionen S. 3 ff., der freilich ohne Rücksicht auf die Art der Sanktion rein nach der Zeitdauer einteilt. Vgl. ferner die Gesamtdarstellung von *Zipf*, JuS 1974, 137 ff.
[2] Vgl. *Heinz*, BewH 1984, 17. Für Verkürzung der Haftzeit durch Verkürzung der Strafmaße und Ausdehnung der bedingten Entlassung aufgrund eines europäischen Zahlenvergleichs *Dünkel*, in: Freiheit statt Strafe S. 151 ff., 183 ff.; *H.-J. Albrecht / Dünkel / Spieß*, MSchrKrim 1981, 321.

zeit zur Seite steht. Die leichtere Kriminalität wird durch Einstellung (§ 153 StPO) oder vorläufige Einstellung des Strafverfahrens gegen Zahlung eines Geldbetrags zugunsten einer gemeinnützigen Einrichtung oder der Staatskasse (§ 153 a StPO) vorweg erledigt. Bagatellzuwiderhandlungen werden durch die nicht-kriminelle Geldbuße nach dem OWiG geahndet. Die Maßregeln (§ 61) sind als Ergänzung der Strafe wichtig, haben jedoch, abgesehen von der Entziehung der Fahrerlaubnis, zahlenmäßig eine viel geringere Bedeutung als die Strafen (vgl. oben § 5 V 2)[3].

§ 72 Die Freiheitsstrafe

H.-J. Albrecht / Dünkel / Spieß, Empirische Sanktionsforschung usw., MSchrKrim 1981, 310; *Ancel*, L'abolition de la peine de mort et le problème de la peine de remplacement, Studies in Penology to the Memory of Sir Lionel Fox, 1964, S. 1; *derselbe*, La peine privative de liberté du point de vue de la politique criminelle moderne, Festgabe für H. Schultz, 1977, S. 453; *Arzt*, Die Delikte gegen das Leben, ZStW 83 (1971) S. 1; *Beckmann*, Ist die lebenslange Freiheitsstrafe noch ein verfassungsrechtliches Problem? GA 1979, 441; *derselbe*, Die Aussetzung des Strafrestes bei lebenslanger Freiheitsstrafe, NJW 1983, 537; *Bemmann*, Für und wider die Vereinheitlichung der Freiheitsstrafe, GA 1967, 129; *Annette Bernards*, Frankreich, in: *Jescheck* (Hrsg.), Die Freiheitsstrafe und ihre Surrogate im deutschen und ausländischen Recht, Bd. I, 1983, S. 259; *Bode*, Die bedingte Aussetzung der lebenslangen Freiheitsstrafe, Festschrift für H. J. Faller, 1984, S. 325; *A. Böhm*, Strafvollzug, 2. Aufl. 1986; *K. Böhm*, Zusammentreffen der lebenslangen Freiheitsstrafe usw., NJW 1982, 135; *Bresser*, Die Begutachtung zur Sozialprognose „Lebenslänglicher" und Sicherungsverwahrter, JR 1974, 265; *Bruns*, Gesetzesänderung durch Richterspruch? Festschrift für Th. Kleinknecht, 1985, S. 49; *Calliess / Müller-Dietz*, Strafvollzugsgesetz, 4. Aufl. 1986; *Karin Cornils*, Schweden, in: *Jescheck* (Hrsg.), Die Freiheitsstrafe und ihre Surrogate im deutschen und ausländischen Recht, Bd. I, 1983, S. 781; *Cramer*, Unfallprophylaxe durch Strafen und Geldbußen? 1975; *Dreher*, Richterliche Aussetzung des Strafrestes auch bei lebenslanger Freiheitsstrafe? Festschrift für R. Lange, 1976, S. 323; *Dünkel*, Gegenwärtige kriminalpolitische Strömungen zur (sozialtherapeutischen) Behandlung usw., in: *Bundeszusammenschluß für Straffälligenhilfe* (Hrsg.), Sozialtherapie als kriminalpolitische Aufgabe, 1981, S. 27; *derselbe*, Die Öffnung des Vollzugs – Anspruch und Wirklichkeit, ZStW 94 (1982) S. 669; *derselbe*, Alternativen zur Freiheitsstrafe im europäischen Vergleich, in: *Ortner* (Hrsg.), Freiheit statt Strafe, 2. Aufl. 1986, S. 147; *Dünkel / Rosner*, Die Entwicklung des Strafvollzugs usw., 2. Aufl. 1982; *Dupréel*, Jeunes adultes et courtes peines, Studies in Penology to the Memory of Sir Lionel Fox, 1964, S. 77; *Egeler*, Stigmatisierung durch Kurzstrafen?, in: *Schweiz. Nationalkomitee für Geistige Gesundheit* (Hrsg.), Stigmatisierung usw., 1981, S. 111; *Erichsen*, Zur Verfassungswidrigkeit der lebenslangen Freiheitsstrafe, NJW 1976, 1721; *Eser*, Empfiehlt es sich, den Tatbestand des Mordes usw. neu abzugrenzen? Gutachten D zum 53. DJT, 1980, S. 3; *derselbe*, Die Tötungsdelikte in der Rechtsprechung usw., NStZ 1981, 383; 1983, 433; 1984, 49; *Feige*, Vom Vollzug der lebenslangen Freiheitsstrafe, in: *Helga Einsele* u. a., Die Reform der lebenslangen Freiheitsstrafe, 1972, S. 1; *derselbe*, Der Sozialisationsgedanke im Vollzug der Freiheitsstrafe, Zeitschrift für Strafvollzug 1982, 323; *Fünfsinn*, Die Rechtsfolgenlösung zur Umgehung der lebenslangen Freiheitsstrafe bei Mord, Jura 1986, 136; *Ganter*, Die Spruchpraxis der Europäischen Kommission für Menschenrechte auf dem Gebiet des Strafvollzugs, 1974; *Mechthild Goeman*, Das Schicksal der Lebenslänglichen, 1977; *Groll*, Die Geschichte der Einheitsstrafe, Diss. Kiel 1972; *Grünwald*, Das Rechtsfolgensystem des AE, ZStW 80 (1968) S. 89; *derselbe*, Offene Fragen im System der Hauptstrafen, Festschrift für F. Schaffstein, 1975, S. 219; *Haberstroh*, Grundlagen des Strafvollzugsrechts, Jura 1982, 617; *Hanack*, Die lebenslange Freiheitsstrafe, Kriminologische Gegenwartsfragen 1974, Heft 11, S. 72; *Heijder*, The Recent Trends Toward Reducing the Prison Population in The Netherlands, International Journal for Offender Therapy and Comparative Criminology 18 (1974) S. 233; *Heinz*, Strafrechtliche Sozialkontrolle usw., BewH 1984, 13; *Horn*, Die strafrechtlichen Sanktionen, 1975; *Horstkotte*, Rückblick auf die Strafrechtsreform von 1969 usw., BewH 1984, 2; *Jescheck*, Der erste Kongreß der Vereinten Nationen usw.,

---

[3] Das Ergebnis kommt der „stratégie différenciée" nahe, wie sie die „Défense sociale nouvelle" fordert; vgl. *Ancel*, Schultz-Festgabe S. 459 ff. Positiv auch im wesentlichen der Rückblick von *Horstkotte*, BewH 1984, 2 ff.

ZStW 67 (1955) S. 659; *derselbe,* Exécution des peines privatives de liberté infligées à des militaires, Recueils de la Société internationale de droit pénal militaire, Bd. II, 1975, S. 21; *derselbe,* Strafrechtsreform in Deutschland usw., SchwZStr 91 (1975) S. 1; *derselbe,* Die Freiheitsstrafe und ihre Surrogate in rechtsvergleichender Darstellung, in: *Jescheck* (Hrsg.), Die Freiheitsstrafe und ihre Surrogate im deutschen und ausländischen Recht, Bd. III, 1984, S. 1939; *derselbe,* Das Strafensystem des Vorentwurfs des schweiz. StGB usw., Festschrift für K. Lackner, 1987, S. 901; *Jescheck / Triffterer* (Hrsg.), Ist die lebenslange Freiheitsstrafe verfassungswidrig? 1978; *Kaiser,* Strafvollzug im europäischen Vergleich, 1983; *derselbe,* Strafvollzug aus internationaler Sicht, in: *Schuh,* Aktuelle Probleme des Straf- und Maßnahmenvollzugs, 1987, S. 378; *Arthur Kaufmann,* Lebenslänglich, Radius 1975, Heft 1, S. 44; *Kerner,* Kriminologische Aspekte bei der Reform der lebenslangen Freiheitsstrafe, Kriminologische Gegenwartsfragen 1974, Heft 11, S. 85; *derselbe,* Der Wandel der höchstrichterlichen Rechtsprechung zu den Mordmerkmalen usw., Festschrift der Juristischen Fakultät Heidelberg, 1986, S. 419; *Kürzinger,* Bundesrepublik Deutschland, in: *Jescheck* (Hrsg.), Die Freiheitsstrafe und ihre Surrogate im deutschen und ausländischen Recht, Bd. III, 1984, S. 1737; *Kunert,* Gerichtliche Aussetzung des Restes der lebenslangen Freiheitsstrafe, NStZ 1982, 89; *Kunz,* Die kurzfristige Freiheitsstrafe usw., SchwZStr 103 (1986) S. 182; *Kury,* Die Behandlung Straffälliger, Bd. 1, 1986, Bd. 2, 1987; *Lackner,* Zur rechtlichen Behandlung der Mehrfachtäter usw., Festschrift für H. Leferenz, 1983, S. 609; *Laubenthal,* § 57a StGB usw., JA 1984, 471; *Meier-Beck,* Schuld und Generalprävention im Vollzug der Freiheitsstrafe, MDR 1984, 447; *Müller-Dietz,* Lebenslange Freiheitsstrafe und bedingte Entlassung, in: *Helga Einsele* u. a., Die Reform der lebenslangen Freiheitsstrafe, 1972, S. 35; *derselbe,* Strafvollzugsrecht, 2. Aufl. 1978; *derselbe,* Mord, lebenslange Freiheitsstrafe und bedingte Entlassung, Jura 1983, 568 und 628; *derselbe,* Schuldschwere und Urlaub aus der Haft, JR 1984, 353; *derselbe,* Strafvollzug, Tatopfer und Strafzweck, GA 1985, 147; *National Swedish Correctional Administration,* Facts on Swedish Corrections, 1975; *Ohm,* Haltungsstile Lebenslänglicher, 1959; *Quensel,* Kurzfristige Freiheitsstrafen, Festschrift für H. v. Hentig, 1967, S. 287; *Rengier,* Der Große Senat für Strafsachen auf dem Prüfstand, NStZ 1982, 225; *Röhl,* Über die lebenslange Freiheitsstrafe, 1969; *Irene Sagel-Grande,* Niederlande, in: *Jescheck* (Hrsg.), Die Freiheitsstrafe und ihre Surrogate im deutschen und ausländischen Recht, Bd. I, 1983, S. 373; *Simson,* Neue Entwicklungslinien im schwedischen Kriminalrecht, Festschrift für E. Dreher, 1977, S. 747; *Spendel,* „Heimtücke" und gesetzliche Strafe bei Mord, JR 1983, 269; *Stree,* Das Merkmal der besonders schweren Schuld in § 57a StGB, NStZ 1983, 289; *Sturm,* Die Strafrechtsreform, JZ 1970, 81; *derselbe,* Grundlinien der neueren Strafrechtsreform, Festschrift für E. Dreher, 1977, S. 513; *Katja Taver,* Die Entstehung der Freiheitsstrafe in ihrer Zweiteilung usw., Diss. Basel 1973; *Teichler / Willamowski,* Zur Entwicklung der Strafen ohne Freiheitsentzug in den sozialistischen Staaten, NJ 1982, 349; *Triffterer,* Die lebenslange Freiheitsstrafe usw., ZRP 1976, 91; *Triffterer / Bietz,* Strafaussetzung für „Lebenslängliche"? ZRP 1974, 141; *Uppenkamp,* Die Begnadigung und ihre Bedeutung bei der lebenslangen Freiheitsstrafe, Diss. Münster 1972; *Veh,* Mordtatbestand und verfassungskonforme Rechtsanwendung, 1986; *Walter,* Stellung und Bedeutung der Freiheitsstrafe in rechtsvergleichender Sicht, Zeitschrift für Strafvollzug 1985, 325; *Weigend,* Die kurze Freiheitsstrafe – eine Sanktion mit Zukunft?, JZ 1986, 260; *Zipf,* Die Rechtsfolgen der Tat im neuen StGB, JuS 1974, 137; *derselbe,* Die „Verteidigung der Rechtsordnung", Festschrift für H.-J. Bruns, 1978, S. 205.

Das neue Recht hat die **einheitliche Freiheitsstrafe**[4] eingeführt (zur Reform vgl. 2. Auflage S. 574). Daneben gibt es als primäre Freiheitsstrafen nur noch den Strafarrest von zwei Wochen bis zu sechs Monaten (§§ 9 - 12 WStG), der als militärische Strafe allein bei Straftaten von Soldaten verhängt werden darf, sowie die Jugendstrafe von sechs Monaten bis zu fünf, für schwerste Verbrechen bis zu zehn Jahren, und als unbestimmte Strafe bis zu vier Jahren (§§ 17 - 19 JGG) (für Heranwachsende gelten §§ 105 f. JGG). Die Freiheitsstrafe ist in der Regel mit einem zeitlich begrenzten Strafrahmen angedroht; lebenslang ist die Freiheitsstrafe, wenn das Gesetz dies

---

[4] Zur älteren Geschichte der Zweiteilung bis zum 19. Jahrhundert *Katja Taver,* Die Entstehung der Freiheitsstrafe usw., Diss. Basel 1973; zur Entwicklung der einheitlichen Freiheitsstrafe seit dem 19. Jahrhundert *Groll,* Die Geschichte der Einheitsstrafe, Diss. Kiel 1972. Zum neuen Recht umfassend *Kürzinger,* Bundesrepublik Deutschland, in: *Jescheck* (Hrsg.), Freiheitsstrafe Bd. III S. 1737 ff.

besonders vorsieht (§ 38 I). Als Ersatzfreiheitsstrafe tritt gewöhnliche Freiheitsstrafe an die Stelle einer uneinbringlichen Geldstrafe, wobei ein Tagessatz einem Tag Freiheitsstrafe entspricht und das Mindestmaß ein Tag ist (§ 43).

I. Die lebenslange Freiheitsstrafe

1. Nach der Abschaffung der Todesstrafe durch Art. 102 GG ist die lebenslange Freiheitsstrafe die **schwerste Strafart des geltenden Rechts**. Sie ist angedroht als absolute, d. h. dem richterlichen Ermessen entzogene Strafe bei Mord (§ 211 I)[5] und beim schwersten Fall des Völkermords (§ 220 a I Nr. 1), in einigen Strafvorschriften als Regelstrafe wahlweise neben zeitiger Freiheitsstrafe (z. B. §§ 80, 81 I, 307), manchmal für besonders schwere Fälle allein (z. B. §§ 212 II, 316 a I 2) oder neben zeitiger Freiheitsstrafe (z. B. §§ 94 II, 100 II, 310 b III), manchmal als Regelstrafe, die in minder schweren Fällen durch zeitige Freiheitsstrafe ersetzt wird (§ 220a I Nr. 2 - 5, II), endlich bei einigen erfolgsqualifizierten Delikten neben zeitiger Freiheitsstrafe (z. B. §§ 229 II, 239 a II, 251, 312).

Beim unechten Unterlassungsdelikt (§ 13 II), beim vermeidbaren Verbotsirrtum (§ 17 S. 2), bei verminderter Schuldfähigkeit (§ 21), Versuch (§ 23 II) und Zumutbarkeit des Bestehens der Gefahr im Falle des entschuldigenden Notstands (§ 35 I 2 zweiter Halbsatz) sowie beim Rücktritt vom erpresserischen Menschenraub (§ 239a III) und von der Geiselnahme (§ 239b II) *kann*, wenn das Verbrechen mit lebenslanger Freiheitsstrafe bedroht ist, auf Freiheitsstrafe nicht unter drei Jahren erkannt werden (§ 49 I Nr. 1). Die Höchststrafe ist in diesem Falle fünfzehn Jahre (§ 38 II). Die Strafmilderung ist *zwingend* vorgeschrieben bei Beihilfe (§ 27 II 2), zugunsten des nichtqualifizierten Teilnehmers bei strafbegründenden persönlichen Merkmalen (§ 28 I), beim Versuch der Beteiligung (§ 30 I 2) und beim Irrtum über das Vorliegen der Voraussetzungen des entschuldigenden Notstands (§ 35 II 2). Bei *Heranwachsenden* kann der Richter, wenn allgemeines Strafrecht angewendet wird, anstelle von lebenslanger Freiheitsstrafe auf eine Freiheitsstrafe von zehn bis fünfzehn Jahren erkennen (§ 106 I JGG).

2. Die lebenslange Freiheitsstrafe, deren **Verfassungsmäßigkeit** aus verschiedenen Gründen in Zweifel gezogen worden war[6], hat in dieser Hinsicht durch das Bundesverfassungsgericht im Urteil vom 21. 6. 1977 eine klare Bestätigung erfahren (BVerfGE 45, 187)[7]. Zwar läßt sich bei der lebenslangen Freiheitsstrafe ebensowenig wie bei der Todesstrafe empirisch nachweisen, daß sie eine stärkere präventive Wirkung ausübte als etwa eine lange zeitige Freiheitsstrafe. Doch ist die lebenslange Freiheitsstrafe nach der Abschaffung der Todesstrafe für die Erhaltung des Rechtsbewußtseins und des Gefühls der Rechtssicherheit in der Bevölkerung notwendig[8].

---

[5] BGH (Großer Senat) 30, 105 hat jedoch in Fällen heimtückischer Tötung bei Vorliegen außergewöhnlicher Umstände eine übergesetzliche Strafmilderung nach § 49 I Nr. 1 zugelassen; zustimmend *Rengier*, NStZ 1982, 225, dagegen aus verfassungsrechtlichen Gründen ablehnend zu Recht die h. M., z. B. *Bruns*, Kleinknecht-Festschrift S. 49; *Dreher / Tröndle*, § 211 Rdn. 17; *Lackner*, Vorbem. 4b vor § 211; *Schönke / Schröder / Eser*, § 211 Rdn. 10 b; *Spendel*, JR 1983, 269; *Veh*, Mordtatbestand S. 123. Zusammenfassend *Fünfsinn*, Jura 1986, 136 ff.

[6] Vgl. Vorlagebeschluß des LG (Schwurgericht) Verden NJW 1976, 980. Dazu *Röhl*, Über die lebenslange Freiheitsstrafe S. 153 ff.; *Triffterer*, ZRP 1976, 92. Zweifelnd *Erichsen*, NJW 1976, 1721. Gegen die lebenslange Freiheitsstrafe allgemein *Arzt*, ZStW 83 (1971) S. 23 f.; *Bemmann*, GA 1967, 139; *Grünwald*, ZStW 80 (1968) S. 99; *Arthur Kaufmann*, Radius 1975, Heft 1 S. 29ff.; *Müller-Dietz*, in: *Helga Einsele* u. a., Die Reform der lebenslangen Freiheitsstrafe S. 38 ff.; *Hanack*, Kriminologische Gegenwartsfragen, 1974, Heft 11 S. 72 ff.; *Kerner*, ebenda S. 85 ff.; *Schmidhäuser*, Allg. Teil S. 761; *Triffterer / Bietz*, ZRP 1974, 174 f.

[7] Vgl. dazu die Dokumentation der Anhörung von Sachverständigen vor dem BVerfG in: *Jescheck / Triffterer*, Ist die lebenslange Freiheitsstrafe verfassungswidrig? 1978; kritisch *Beckmann*, GA 1979, 441 ff.

[8] Vgl. *Ancel*, Fox-Studies S. 11 ff.; *Dreher*, Lange-Festschrift S. 327 ff.; *Röhl*, Über die lebenslange Freiheitsstrafe S. 199.

Durch ihre Androhung im Gesetz, ihre Verhängung durch das Schwurgericht und ihre Durchführung im Strafvollzug wird vor aller Augen klargestellt, daß es höchste Rechtsgüter gibt, deren vorsätzliche Verletzung ein besonders schweres Verbrechen darstellt, daß die Rechtsgemeinschaft darauf mit der dauernden Ausschließung aus der Gemeinschaft der freien Menschen antwortet und daß bei außergewöhnlichem Unrechts- und Schuldgehalt einer Tat die Humanität hinter die Generalprävention zurückgestellt wird. Auch die *absolute* Androhung der lebenslangen Freiheitsstrafe bei Mord verletzt die Verfassung nicht, da die Mordmerkmale (§ 211 II), soweit sie nicht schon aus sich selbst heraus die schwerste Strafe als einzige Sanktion rechtfertigen, durch Auslegung auf einen Kernbereich eingeengt werden können[9]. Endlich kann die Verfassungsmäßigkeit der lebenslangen Freiheitsstrafe auch nicht mit der Begründung angegriffen werden, daß ihr Vollzug gegen die Menschenwürde verstoße. Jahrelange Haft führt verständlicherweise bei nicht wenigen Gefangenen zu schweren Persönlichkeitsstörungen, doch gilt dies auch für die zeitige Freiheitsstrafe von langer Dauer. Es handelt sich dabei also um ein Problem langer Freiheitsstrafen überhaupt. Auf der anderen Seite gibt es auch zahlreiche Beispiele von einstigen „Lebenslänglichen", die sich nach der Begnadigung, wenn auch unter Überwindung oft erheblicher Schwierigkeiten, voll in die Gesellschaft wieder eingliedern konnten[10]. Dem persönlichkeitszerstörenden Einfluß langer Haft wirkt eine sinnvolle Gestaltung des Vollzugs entgegen. Die lebenslange Freiheitsstrafe ist nach §§ 2, 3 StVollzG voll in die Bemühungen um die Erhaltung und Stärkung der Lebenstüchtigkeit der Gefangenen einbezogen (vgl. auch Art. 10 III 1 des Internationalen Pakts über bürgerliche und politische Rechte, BGBl. 1973 II S. 1534). Auch Urlaub aus der Haft ist für „Lebenslängliche" vorgesehen (§ 13 III StVollzG).

3. Voraussetzung einer sinnvollen Gestaltung des Vollzugs der lebenslangen Strafe ist freilich, daß dem Verurteilten die Hoffnung auf Entlassung, wenn auch erst nach vielen Jahren, verbleibt[11]. Das Bundesverfassungsgericht hat diese Bedingung zur Grundlage seiner Entscheidung gemacht und die Forderung aufgestellt, daß die Voraussetzungen, unter denen die Aussetzung der lebenslangen Freiheitsstrafe zulässig ist, sowie das anzuwendende Verfahren *gesetzlich* geregelt sein müssen. Deswegen wurde im Jahre 1981 der § 57 a über die **Aussetzung der lebenslangen Freiheitsstrafe** in das StGB eingefügt[12]. Entsprechend der Regelung für die Aussetzung des Strafrestes bei der zeitigen Freiheitsstrafe (§ 57 I 1 Nr. 2, 3) muß eine günstige soziale Prognose vorliegen und der Verurteilte einwilligen. Die Mindestverbüßungszeit (OLG Hamburg MDR 1984, 163) beträgt fünfzehn Jahre und liegt damit unter dem Durchschnitt der Praxis der Gnadenbehörden vor Einführung des § 57 a[13]. Das Besondere an der Regelung des § 57 a ist die Schuldschwereklausel in Abs. 1 Nr. 2, die die Aus-

---

[9] Zur Heimtücke BGH 32, 382, zur Verdeckungsabsicht BGH 27, 346 und 28, 77 (79 ff.). Dazu *Kerner*, Heidelberg-Festschrift S. 429 ff.; *Eser*, NStZ 1981, 383; 1983, 433; 1984, 49. Bedenken gegen die Möglichkeit verfassungskonformer Auslegung der Mordmerkmale bei *Maurach / Gössel / Zipf*, Allg. Teil II S. 453. *Eser*, Gutachten D zum 53. DJT S. 200 empfiehlt für den Mord als Grundtatbestand Freiheitsstrafe nicht unter acht Jahren und nur in besonders schweren Fällen lebenslange Freiheitsstrafe.
[10] Vgl. dazu *Bresser*, JR 1974, 265 ff.; *Mechthild Goeman*, Das Schicksal der Lebenslänglichen S. 57 ff.
[11] Vgl. *Ohm*, Haltungsstile Lebenslänglicher S. 18 ff.; *Helga Einsele* u. a., Die Reform der lebenslangen Freiheitsstrafe S. 25 ff.; *Feige*, ebenda S. 6 ff.
[12] Vgl. *Bode*, Faller-Festschrift S. 325 ff.; *Müller-Dietz*, Jura 1983, 628 ff.; *Laubenthal*, JA 1984, 471 ff.; *Maurach / Gössel / Zipf*, Allg. Teil II S. 598 f.
[13] Vgl. die Zahlen bei *Bode*, Faller-Festschrift S. 326 f. Die Praxis der Strafvollstreckungskammern hat jedoch nicht zu einer Automatik bei 15 Jahren geführt (vgl. BT-Drucksache 10/5828 S. 3).

setzung ausschließt, wenn die besondere Schwere der Schuld die weitere Vollstreckung gebietet. Sie erklärt sich daraus, daß hinter einer lebenslangen Freiheitsstrafe ein sehr verschiedener Schuldgehalt stehen kann (Massentötung im KZ bzw. Konfliktsmord), der auch auf den Zeitpunkt der Aussetzung Einfluß haben muß (BT-Drucksache VIII/3218 S. 7). Der Verurteilte hat bei Vorliegen der Voraussetzungen des § 57a einen Rechtsanspruch auf Aussetzung der weiteren Vollstreckung zur Bewährung (BGH 32, 93 [94]). Die Mindestverbüßungszeit ist als Reaktion auf das Schuldmindestmaß anzusehen und dient damit als Ausgangspunkt für die Bewertung wesentlicher zusätzlicher Schuldmomente (OLG Karlsruhe NStZ 1983, 74; OLG Hamm NStZ 1983, 318)[14]. Maßgebend ist eine Gesamtbewertung aller das Schuldmaß mitbestimmenden Umstände (OLG Koblenz GA 1983, 278; OLG Karlsruhe NStZ 1983, 74). Trotz besonders schwerer Tatschuld kann die weitere Vollstreckung wegen hohen Alters des Verurteilten (BVerfG NJW 1986, 2241 [2242]; OLG Hamm MDR 1986, 601), wegen Krankheit oder überzeugender innerer Umkehr nicht geboten sein (OLG Karlsruhe NStZ 1983, 74 [75]). Ist auf lebenslange Freiheitsstrafe als Gesamtstrafe erkannt (§ 54 I 1), so werden bei der Schuldschwerebewertung alle Einzeltaten zusammenfassend gewürdigt (§ 57b)[15]. Die Entscheidung über die Aussetzung der lebenslangen Freiheitsstrafe obliegt nach §§ 462a, 454 StPO der Strafvollstreckungskammer. Neben der Aussetzung nach § 57a bleibt eine Entlassung im Gnadenwege weiterhin zulässig (zum Gnadenverfahren vgl. Vorauflage S. 618)[16,17].

II. Die zeitige Freiheitsstrafe

1. Das **Höchstmaß** der zeitigen Freiheitsstrafe beträgt fünfzehn Jahre[18], ihr **Mindestmaß** einen Monat (§ 38 II), doch gelten diese Grenzen nur, soweit nicht die anzuwendende Strafvorschrift eine geringere Höchststrafe oder eine höhere Mindeststrafe vorsieht (vgl. z. B. §§ 243 I, 249, 250, 251). Das Höchstmaß von fünfzehn Jahren darf auch bei der Bildung einer Gesamtstrafe nicht überschritten werden (§ 54 II 2). Das Mindestmaß für die *Ersatzfreiheitsstrafe* ist ein Tag (§ 43 S. 2).

2. Die **Zeiteinheiten** für die Bemessung der Freiheitsstrafe sind in § 39 geregelt. Dabei wird zwischen Freiheitsstrafen unter einem Jahr und Freiheitsstrafen von längerer Dauer unterschieden. Freiheitsstrafe unter einem Jahr wird nach vollen Wochen und Monaten, Freiheitsstrafe von längerer Dauer nach vollen Monaten und Jahren bemessen (über eine Ausnahme bei der Gesamtstrafenbildung BGH 16, 167). Zur Strafzeitberechnung vgl. §§ 37 ff. StVollstrO.

---

[14] So *Lackner*, § 57a Anm. 2 b aa; *Kunert*, NStZ 1982, 94; *Stree*, NStZ 1983, 290. Gegen die Schuldschwereklausel *Beckmann*, NJW 1983, 543.

[15] So zum Mehrfachtäterproblem schon vor Einführung des § 57b im Jahre 1986 *K. Böhm*, NJW 1982, 135 ff.; dagegen *Lackner*, Leferenz-Festschrift S. 618 ff.

[16] Vgl. *Kunert*, NStZ 1982, 95 f.

[17] Im Ausland wird die bedingte Entlassung durch gerichtliche Entscheidung gewährt in Österreich und Italien, durch eine kantonale Verwaltungsbehörde in der Schweiz, durch den Justizminister in Frankreich, durch den Home Secretary in England. Nur die Begnadigung ist dagegen vorgesehen in Schweden und in den Niederlanden.

[18] Die vom E 1962 vorgeschlagene Anhebung des Höchstmaßes der Freiheitsstrafe auf 20 Jahre hat das neue Recht als unnötig und im Sinne der Resozialisierung bedenklich nicht übernommen; vgl. dazu *Sturm*, JZ 1970, 83. Der Unterschied zur lebenslangen Freiheitsstrafe wird dadurch betont, zumal bei der zeitigen Freiheitsstrafe die Aussetzung des Strafrestes nach Verbüßung von zwei Dritteln oder sogar nur der Hälfte der verhängten Strafe in Betracht kommt (§ 57 I und II), während bei der lebenslangen Freiheitsstrafe mindestens 15 Jahre verbüßt sein müssen (§ 57a I Nr. 1).

III. Die kurzfristige Freiheitsstrafe

1. Die **kurzfristige Freiheitsstrafe** ist im geltenden Recht nicht beseitigt, aber energisch **zurückgedrängt** worden (vgl. zur Reform 2. Auflage S. 574f.). Freiheitsstrafe unter einem Monat ist nur noch als Ersatzfreiheitsstrafe (§§ 38 II, 43 S. 2) und als Strafarrest und Ersatzstrafarrest gegenüber Soldaten (§§ 9 I, 11 WStG) zulässig. Freiheitsstrafe von einem Monat bis unter sechs Monaten darf nach § 47 I nur noch dann verhängt werden, wenn dies wegen besonderer Umstände, die sowohl in der Tat als auch in der Persönlichkeit des Täters liegen können, zur Einwirkung auf den Täter[19] oder zur Verteidigung der Rechtsordnung[20] unerläßlich ist (ultima-ratio-Klausel) (vgl. dazu BT-Drucksache V/4094 S. 5; BGH 24, 40 [42]). § 47 I gilt auch für Verbrechen (bei Strafmilderung nach § 49) und ist auch dann anzuwenden, wenn die Strafe nach § 56 zur Bewährung ausgesetzt wird. Ist kurzfristige Freiheitsstrafe nach § 47 ausgeschlossen, so spricht das Gericht eine Geldstrafe aus. Für den Fall, daß die anzuwendende Strafvorschrift keine Geldstrafe androht, stützt der Richter den Ausspruch der Geldstrafe auf § 47 II. Ist in der anzuwendenden Strafvorschrift ein erhöhtes Mindestmaß der Freiheitsstrafe angedroht, so ist auch das Mindestmaß der Geldstrafe entsprechend erhöht; 30 Tagessätze entsprechen dabei einem Monat Freiheitsstrafe (§ 47 II 2) (vgl. unten § 84 I).

Beispiel: Bei der Mißhandlung von Schutzbefohlenen beträgt die Mindestgeldstrafe nach § 223 b I 90 Tagessätze (= drei Monate Freiheitsstrafe).

2. Zu entbehren ist die kurzfristige Freiheitsstrafe im Strafensystem nicht[21]. Für Soldaten ist das Mindestmaß des Strafarrestes zwei Wochen (§ 9 I WStG), weil die Wahrung der militärischen Disziplin ein kurzes scharfes Durchgreifen erfordern kann[22]. Ferner kann die kurze Freiheitsstrafe bei Verkehrstätern[23] und bei Wirtschaftsstraftätern[24] wegen ihrer starken Abschreckungswirkung auf sozial eingeordnete Personen heilsam sein und hat bei diesen Gruppen in der Regel auch nicht die befürchtete entsozialisierende Wirkung. Aber auch unabhängig von der Zugehörigkeit des Täters zu diesem Personenkreis kann die kurze Freiheitsstrafe aus spezialpräventiven Gründen (Schockwirkung der Freiheitsstrafe, Einsatz von Bewährungsmaßnahmen: BGH 24, 164 [166]) oder zur Verteidigung der Rechtsordnung (BGH 24, 40 [46]) unerläßlich sein.

3. Auch Länder mit besonders fortschrittlicher Kriminalpolitik haben die kurzfristige Freiheitsstrafe beibehalten[25]. So wird in *Schweden* besonders bei Trunkenheit im Straßenverkehr

---

[19] Gemeint ist die angesichts der Persönlichkeit des Täters unentbehrliche Schockwirkung der Freiheitsstrafe in Verbindung mit den im Falle einer Aussetzung möglichen Bewährungsmaßnahmen; vgl. *Grünwald*, Schaffstein-Festschrift S. 227f.; *Weigend*, JZ 1986, 266; *Maurach / Gössel / Zipf*, Allg. Teil II S. 563 ff.

[20] Es geht dabei im wesentlichen um die Erhaltung der Rechtstreue der Bevölkerung im Sinne der positiven Generalprävention; vgl. dazu *Lackner*, § 47 Anm. 2 c cc; *Maiwald*, GA 1983, 62 ff.; *Zipf*, Bruns-Festschrift S. 216.

[21] Hierzu *Kunz*, SchwZStr 103 (1986) S. 198 ff.; ferner im Sinne einer allgemeinen Senkung des Sanktionsniveaus mit der kurzen Freiheitsstrafe als Auffangsanktion *Walter*, Zeitschrift für Strafvollzug 1986, 329; *Weigend*, JZ 1986, 267. Über die auch bei kurzen Strafen unvermeidliche Stigmatisierung *Egeler*, in: Stigmatisierung S. 111 ff.

[22] Vgl. über weitere Gründe *Schölz*, § 9 WStG Anm. 3. Zum Vollzug der kurzen Freiheitsstrafe gegenüber Soldaten rechtsvergleichend *Jescheck*, Recueils S. 21 ff.

[23] Vgl. *Cramer*, Unfallprophylaxe S. 20 ff.

[24] Vgl. *Tiedemann*, Wirtschaftsstrafrecht S. 73 f., 247 ff.

[25] Vgl. *Jescheck*, Die Freiheitsstrafe Bd. III S. 2039 ff.; *Dupréel*, Fox-Studies S. 77; *Quensel*, v. Hentig-Festschrift S. 300 ff.

häufig Freiheitsstrafe bis zu vier Monaten verhängt[26]. Auch in den *Niederlanden* nehmen die kurzfristigen Freiheitsstrafen zu[27]. In der *Schweiz* ist die kurze Freiheitsstrafe „das bei weitem am häufigsten eingesetzte registrierte Sanktionsmittel"[28]. Auch in *Frankreich* stand die kurze Freiheitsstrafe früher im Mittelpunkt der Praxis, doch sind im Jahre 1975 verschiedene Surrogate eingeführt worden (Nebenstrafen und Nebenfolgen als Hauptsanktion, Aufschub des Strafausspruchs, Aufschub der Straffestsetzung)[29].

IV. Der Vollzug der Freiheitsstrafe

1. Der Vollzug der Freiheitsstrafe richtet sich nach dem **Gesetz über den Vollzug der Freiheitsstrafe und der freiheitsentziehenden Maßregeln der Besserung und Sicherung** vom 16. 3. 1976 (BGBl. I S. 581)[30]. Den Vollzug von Freiheitsstrafe, Strafarrest und Jugendarrest an Soldaten durch die Behörden der Bundeswehr regelt die Bundeswehrvollzugsordnung vom 29. 11. 1972 (BGBl. I S. 2205), deren allgemeiner Grundsatz ist, daß der Soldat in der Regel am Dienst teilnimmt (§ 2 II BwVollzO). Das Strafvollzugsgesetz enthält als wichtigste Neuerung den Vorrang der Resozialisierung als Vollzugsziel (§ 2 S. 1 StVollzG)[31]. Zu diesem Zweck soll das Leben im Vollzug den allgemeinen Lebensverhältnissen so weit als möglich angeglichen werden (§ 3 I StVollzG) und soll der Gefangene an der Gestaltung seiner Behandlung und an der Erreichung des Vollzugsziels mitwirken (§ 4 I StVollzG)[32]. Der Schutz der Allgemeinheit vor weiteren Straftaten tritt hinter dem Resozialisierungsziel zurück (§ 2 S. 2 StVollzG). Für jeden Gefangenen wird auf der Grundlage einer Behandlungsuntersuchung (§ 6 StVollzG) ein Vollzugsplan aufgestellt (§ 7 StVollzG). Die Gefangenen sollen nach Möglichkeit im offenen Vollzug untergebracht werden (§ 10 StVollzG). Außenbeschäftigung und Freigang, Ausführung und Ausgang sind als Lockerungen des Vollzugs vorgesehen (§ 11 StVollzG). Urlaub kann bis zu 21 Kalendertagen im Jahr gewährt werden (§ 13 StVollzG)[33]. Die Gefangenen arbeiten gemeinsam (§ 17 StVollzG) und sind während der Ruhezeit allein in ihren Haftträumen untergebracht (§ 18 StVollzG). Das Arbeitsentgelt der Gefangenen beträgt vorläufig nur 5% des durchschnittlichen Arbeitsentgelts aller Versicherten in der gesetzlichen Rentenversicherung der Arbeiter und Angestellten (§§ 43, 200 StVollzG)[34] und

---

[26] Vgl. *Simson*, Dreher-Festschrift S. 758; *National Swedish Correctional Administration*, Facts S. 4; *Karin Cornils*, in: *Jescheck* (Hrsg.), Die Freiheitsstrafe Bd. I S. 811.

[27] Vgl. *Heijder*, International Journal of Offender Therapy 19 (1974) S. 238; *Irene Sagel-Grande*, in: *Jescheck* (Hrsg.), Die Freiheitsstrafe Bd. I S. 415 ff.

[28] So *Kunz*, SchwZStr 103 (1986) S. 185.

[29] Vgl. *Annette Bernards*, in: *Jescheck* (Hrsg.), Die Freiheitsstrafe Bd. I S. 283, 306 ff.

[30] Vgl. als Überblick *Haberstroh*, Jura 1982, 617 ff.; ferner die empirische Untersuchung von *Dünkel/Rosner*, Die Entwicklung des Strafvollzugs in der Bundesrepublik Deutschland seit 1970, 2. Aufl. 1982; zur Lage in Europa *Kaiser*, Strafvollzug im europäischen Vergleich, 1983.

[31] Zur verfassungsrechtlichen Grundlage BVerfGE 35, 202 (235); 40, 276 (284 f.) sowie *Kaiser/Kerner/Schöch*, Strafvollzug S. 86 ff. Zu der zunehmenden Berücksichtigung von Generalprävention und Schuld des Gefangenen bei der Vollzugsgestaltung (z. B. BVerfGE 64, 261; OLG Karlsruhe JR 1978, 213; OLG Hamm MDR 1981, 1044; OLG München, Zeitschrift für Strafvollzug 1979, 69; OLG Frankfurt NStZ 1983, 140) zu Recht kritisch *Müller-Dietz*, GA 1985, 155 ff., 160 ff.; *derselbe*, JR 1984, 359 ff.; ebenso *Meier-Beck*, MDR 1984, 447 ff. Bei Vollzugslockerungen aber der Rechtsprechung zustimmend *A. Böhm*, Strafvollzug S. 35 f. Über die Struktur der „Resozialisierungsanstalt" *Feige*, Zeitschrift für Strafvollzug 1982, 328 ff.

[32] Die Vorschrift unterstreicht die Subjektrolle des Gefangenen und das Prinzip der Zusammenarbeit im Sinne der Resozialisierung; vgl. *Müller-Dietz*, Strafvollzug S. 87.

[33] Eingehende Untersuchung der Vollzugspraxis mit im wesentlichen positivem Ergebnis bei *Dünkel*, ZStW 94 (1982) S. 669 ff. Zur Sozialtherapie im Vollzug (§ 9 StVollzG) *Dünkel*, in: Sozialtherapie S. 27 ff. Zur empirischen Behandlungsforschung *Kury*, Die Behandlung Straffälliger, Bd. 1 1986, Bd. 2 1987.

ist damit niedriger als der Betrag, der schon bisher in einigen Ländern als Arbeitsbelohnung bezahlt wurde. Die Gefangenen werden bei der Arbeitslosenversicherung versichert, dagegen sollen die Bestimmungen über die Kranken- und Rentenversicherung erst durch ein besonderes Bundesgesetz in Kraft gesetzt werden (§ 198 III StVollzG). Der Gefangene hat das Recht der Beschwerde an den Anstaltsleiter (§ 108 StVollzG) und das Recht, auf die Entscheidung der Strafvollstreckungskammer anzutragen, wenn er geltend macht, durch eine Maßnahme oder ihre Ablehnung oder Unterlassung in seinen Rechten verletzt zu sein (§§ 108 ff. StVollzG)[35]. Die §§ 23 ff. EGGVG gelten nur noch für den Jugendstraf- und Jugendarrestvollzug sowie für den Vollzug der Untersuchungshaft. Die Entlassung der Gefangenen wird durch Übergangsmaßnahmen vorbereitet (§ 15 StVollzG) und durch soziale Hilfen gefördert (§§ 74 f. StVollzG). Im ganzen hat der Strafvollzug seit dem Erlaß des Strafvollzugsgesetzes von 1976 erhebliche Fortschritte gemacht. Die Rückfallziffer ist zwar noch immer hoch, doch gelangen in den Vollzug ganz überwiegend Personen, die schon im Vollzug gewesen waren (fast 80 %[36]) und die mehr als andere zu erneutem Rückfall neigen, so daß auch eine nur begrenzte Anzahl gelungener Fälle von Resozialisierung schon einen Erfolg darstellt.

2. **Internationale Mindestanforderungen** für die Ausgestaltung des Strafvollzugs in den nationalen Rechtsordnungen sind in den „Einheitlichen Mindestgrundsätzen für die Behandlung der Gefangenen" aufgestellt[37]. Sie wurden im Jahre 1955 vom Ersten Kongreß der Vereinten Nationen über Verbrechensverhütung und die Behandlung Straffälliger in Genf angenommen[38] und durch eine Entschließung des Wirtschafts- und Sozialrats der Vereinten Nationen vom 31. 7. 1957 den Regierungen zur Annahme und Anwendung empfohlen. Die (verbesserte) europäische Fassung der Mindestregeln wurde am 19. 10. 1973 vom Ministerkomitee des Europarats verabschiedet. An ihre Stelle sind neuerdings die vom Ministerkomitee am 12. 2. 1987 verabschiedeten „Règles pénitentiaires européennes" getreten[39]. Die zentrale Bestimmung dieser Regeln lautet: „Der Freiheitsentzug hat unter materiellen und sittlichen Bedingungen zu erfolgen, die die Achtung der Menschenwürde gewährleisten" (Erster Teil Nr. 1). Die Mindestgrundsätze der Vereinten Nationen für die Jugendgerichtsbarkeit von 1985[40] sehen in Nr. 27 die Anwendung der Mindestgrundsätze für die Behandlung von Strafgefangenen auf die stationären Maßnahmen für Jugendliche vor.

V. Ausländisches Recht

Die Freiheitsstrafe ist auch im Ausland[41] noch immer das Rückgrat des Strafensystems, wenn auch die Kritik an ihr überall zunimmt. Der Anteil der Freiheitsstrafen an der Gesamtheit der gerichtlichen Verurteilungen wie auch der Anteil der Vollstreckungen gegenüber der Strafaus-

---

[34] Eine Anhebung war zum 31. 12. 1980 vorgesehen, der Termin ist jedoch nicht eingehalten worden; vgl. dazu *Calliess / Müller-Dietz*, § 200 StVollzG Anmerkung.

[35] Zu den Entscheidungen der Europäischen Menschenrechtskommission über Beschwerden wegen Verletzung der Menschenrechte vgl. *Ganter*, Die Spruchpraxis der Europäischen Kommission für Menschenrechte auf dem Gebiet des Strafvollzugs, 1974.

[36] Vgl. *Kaiser / Kerner / Schöch*, Strafvollzug S. 287.

[37] Englischer Text der „Standard Minimum Rules for the Treatment of Prisoners" in: UN, Sales No. 1956 IV. 4. Deutsche Übersetzungen in ZStW 67 (1955) S. 667 und Zeitschrift für Strafvollzug 1958, 141.

[38] Vgl. den Bericht von *Jescheck*, ZStW 67 (1955) S. 664; zum heutigen Strafvollzug aus internationaler Sicht *Kaiser*, in: *Schuh* (Hrsg.), Aktuelle Probleme S. 379 ff.

[39] Recommandation No R (87) 3 et Exposé des motifs, Strasbourg 1987.

[40] Deutsche Übersetzung in ZStW 99 (1987) S. 253. Ein Entwurf von Mindestregeln für den Vollzug freiheitsentziehender Sanktionen an Jugendlichen soll dem VIII. Kongreß der Vereinten Nationen über Verbrechensvorbeugung und die Behandlung Straffälliger im Jahre 1990 vorgelegt werden.

[41] Vgl. die Angaben bei *Jescheck* (Hrsg.), Die Freiheitsstrafe und ihre Surrogate im deutschen und ausländischen Recht, Bd. III S. 1975 ff.

setzung zur Bewährung ist jedoch sehr verschieden. *Österreich* kennt sowohl die lebenslange als auch die zeitige Freiheitsstrafe, die mindestens einen Tag und höchstens 20 Jahre beträgt. Eine Prioritätsregel zugunsten der Geldstrafe gilt wie in Deutschland im Bereich bis zu sechs Monaten (§ 37 österr. StGB). Die *Schweiz* hat anders als Deutschland und Österreich die Unterscheidung von Zuchthaus, Gefängnis und Haft aufrechterhalten[42] und droht auch die lebenslängliche Freiheitsstrafe an. Eine dem § 47 dt. StGB entsprechende Prioritätsregel zugunsten der Geldstrafe kennt das schweizerische Recht nicht. Im Vordergrund steht der bedingte Strafvollzug, der bei Freiheitsstrafe von nicht mehr als 18 Monaten gewährt werden kann. In *Frankreich* ist die lebenslange Freiheitsstrafe an die Stelle der im Jahre 1981 abgeschafften Todesstrafe getreten. Es gibt mehrere Arten der Freiheitsstrafe, jedoch einheitlichen Vollzug. Eine ausdrückliche Prioritätsregel zugunsten von Surrogaten der Freiheitsstrafe kennt das französische Recht nicht, doch hat das Reformgesetz vom 11. 7. 1975 eine Reihe von Sanktionen zum Ersatz der kurzen Freiheitsstrafe zur Verfügung gestellt. Im *italienischen* Strafrecht gibt es sowohl die lebenslange Freiheitsstrafe als auch die zeitige Freiheitsstrafe von 15 Tagen bis zu 24 Jahren und von fünf Tagen bis zu drei Jahren (bei Übertretungen). Das wichtige Reformgesetz „Modifiche al sistema penale" von 1981 brachte die Entkriminalisierung der Bagatelldelikte, führte Surrogate für die kurze Freiheitsstrafe ein, modernisierte die Geldstrafe und schuf neue Ersatzsanktionen bei Uneinbringlichkeit der Geldstrafe, nachdem der Verfassungsgerichtshof die Ersatzfreiheitsstrafe für verfassungswidrig erklärt hatte. Die Strafaussetzung zur Bewährung steht noch stärker im Vordergrund als in der Schweiz. In *Spanien* wurde die Todesstrafe 1978 abgeschafft, aber die lebenslange Freiheitsstrafe nicht eingeführt. Die zeitige Freiheitsstrafe ist im Regelfall von einem Tag bis zu 30 Jahren, ausnahmsweise bis zu 40 Jahren angedroht. Vorgesehen sind vier Arten der Freiheitsstrafe, deren Vollstreckung durch Strafaussetzung zur Bewährung in bestimmten Grenzen vermieden werden kann. In den *Niederlanden* gibt es zwar die lebenslange Freiheitsstrafe, doch wird sie nur höchst selten angewendet. Das Mindestmaß der zeitigen Freiheitsstrafe ist ein Tag, das Höchstmaß 15 Jahre, in wenigen Tatbeständen auch 20 Jahre. Neben der Gefängnisstrafe ist die Haftstrafe praktisch bedeutungslos. Die kurzfristige Freiheitsstrafe hat zunehmende Bedeutung. In *England* ist die lebenslange Freiheitsstrafe obligatorisch für Mord, fakultativ für andere schwere Verbrechen angedroht. Für die „statutory offences" liegt die Höchststrafdrohung bei 20 Jahren, die Mindeststrafe beträgt einen Tag. Es gibt nur die einheitliche Freiheitsstrafe des „imprisonment". Als Surrogate der kurzfristigen Freiheitsstrafe kennt man den „community service", die „probation", die „suspended sentence" und das „deferment of judgement". In den meisten Staaten der *USA* kann für schwere Verbrechen lebenslange Freiheitsstrafe verhängt werden. Die Höchstgrenzen der Freiheitsstrafe sind von Staat zu Staat verschieden und reichen von 20 Jahren (Pennsylvania) bis zu 50 Jahren (Arkansas). Im Strafrechtssystem des Bundes kann der Richter sogar eine beliebige Zahl von Jahren als Maximum festsetzen. Unterschiedliche Arten der Freiheitsstrafe sind dem amerikanischen Recht nicht bekannt, doch gibt es erhebliche tatsächliche Unterschiede, je nachdem, ob die Freiheitsstrafe in lokalen oder in staatlichen Gefängnissen vollzogen wird. Allgemeine Vorschriften zur Vermeidung der kurzfristigen Freiheitsstrafe gibt es nicht; die Freiheitsstrafe ist in den USA immer noch eine sehr häufige Strafart, jedoch hat der Supreme Court die Ersatzfreiheitsstrafe bei unverschuldeter Armut für verfassungswidrig erklärt. In *Brasilien* ist die lebenslange Freiheitsstrafe durch die Verfassung verboten, das Höchstmaß der Freiheitsstrafe beträgt 30 Jahre. In der *DDR* wurde die Todesstrafe im Jahre 1987 abgeschafft, schwerste Strafe ist die lebenslange Freiheitsstrafe. Die zeitige Freiheitsstrafe beträgt sechs Monate bis 15 Jahre, doch kann ausnahmsweise auch Freiheitsstrafe von drei bis sechs Monaten ausgesprochen werden. Neben der Freiheitsstrafe ist als kurze Strafe die Haftstrafe von einer Woche bis zu sechs Wochen vorgesehen. Die Freiheitsstrafe ist an sich eine Einheitsstrafe, doch werden ein allgemeiner und ein erleichterter Vollzug unterschieden. Surrogate der kurzfristigen Freiheitsstrafe sind die Verurteilung auf Bewährung, die Geldstrafe und der (praktisch bedeutungslose) öffentliche Tadel[43].

---

[42] Der Vorentwurf von *Schultz* legt in Art. 32 die Einheitsstrafe von sechs (drei) Monaten bis 20 Jahren zugrunde und schafft die lebenslange Freiheitsstrafe ab; vgl. dazu *Jescheck,* Lackner-Festschrift S. 903 ff.

[43] Zu den Strafen ohne Freiheitsentzug in den sozialistischen Staaten *Teichler / Willamowski,* NJ 1982, 349 ff.

§ 73 Die Geldstrafe

H.-J. Albrecht, Die Geldstrafe als Mittel moderner Kriminalpolitik, in: *Jescheck / Kaiser* (Hrsg.), Die Vergleichung als Methode der Strafrechtswissenschaft und der Kriminologie, 1980, S. 235; *derselbe,* Strafzumessung und Vollstreckung bei Geldstrafen, 1980; *derselbe,* Alternativen zur Freiheitsstrafe, MSchrKrim 1981, 265; *derselbe,* Legalbewährung bei zu Geldstrafe und Freiheitsstrafe Verurteilten, 1982; *derselbe,* Ansätze und Perspektiven für die gemeinnützige Arbeit, BewH 1985, 121; *Baumann,* Entwurf eines StGB, Allg. Teil, 1963; *derselbe,* Von den Möglichkeiten einer Laufzeitgeldstrafe, JZ 1963, 733; *derselbe,* Beschränkung des Lebensstandards anstatt kurzfristiger Freiheitsstrafen, 1968; *Blei,* Zum Nachdenken, JA 1976, 319; *Bonneville de Marsangy,* De l'amélioration de la loi criminelle, 2. Teil, 1864; *Andrea Brenn,* Die Buße und ihr Vollzug nach dem Schweizer StGB, 1975; *Brüggemann,* Abwälzung und Rückwälzung von Geldstrafen usw., GA 1964, 161; *Burgstaller,* Das neue österreichische Strafrecht in der Bewährung, ZStW 94 (1982) S. 723; *Cross,* The English sentencing system, 2. Aufl. 1975; *Decocq,* Les modifications apportées par la loi du 11 juillet 1975 à la théorie générale du droit pénal, Rev sc crim 1976, 5; *Dolcini* u. a., Commentario delle „Modifiche al sistema penale", 1982; *Driendl,* Die Reform der Geldstrafe in Österreich, 1978; *Engels,* Vollstreckungsvereitelung durch Zahlung fremder Geldstrafe? Jura 1981, 581; *Ermgassen,* Skandinavien, in: *Jescheck / Grebing* (Hrsg.), Die Geldstrafe im deutschen und ausländischen Recht, 1978, S. 855; *Fleischer,* Die Strafzumessung bei Geldstrafen, Diss. Gießen 1983; *Frank,* Das „Nettoeinkommen" des § 40 II 2 StGB, MDR 1976, 626; *Fricke,* Vervollkommnung der „sozialistischen Gesetzlichkeit", Deutschland-Archiv 1977, 452; *Friebel,* Zur Regelung der Geldstrafe in einem neuen StGB, NJ 1959, 201; *Monika Frommel,* Die Bemessung des Tagessatzes bei Ehegatten, NJW 1978, 862; *Görner,* Bemerkungen zur Anwendungsmöglichkeit der Geldstrafe, NJ 1962, 217; *Graven,* La revision des concepts sur les courtes peines privatives de liberté et la peine pécuniaire, SchwZStr 79 (1963) S. 401; *Grebing,* Probleme der Tagessatz-Geldstrafe, ZStW 88 (1976) S. 1049; *derselbe,* Recht und Praxis der Tagessatz-Geldstrafe, JZ 1976, 745; *derselbe,* Geldstrafenverhängung nach dem Tagessatzsystem, SchwZStr 98 (1981) S. 45; *Heinz,* Neue Formen der Bewährung in Freiheit usw., Festschrift für H.-H. Jescheck, Bd. II, 1985, S. 955; *Horn,* Das Geldstrafensystem usw., NJW 1974, 625; *derselbe,* Die strafrechtlichen Sanktionen, 1975; *derselbe,* Geldstrafe bei Verheirateten usw., JZ 1976, 585; *derselbe,* Zwei Jahre neues Geldstrafensystem usw., JR 1977, 95; *Horstkotte,* Die Strafzumessung nach Einführung des Tagessatzsystems, in: 13. Deutscher Verkehrsgerichtstag, 1975, S. 77; *Barbara Huber,* England und Wales, in: *Jescheck / Grebing* (Hrsg.), Die Geldstrafe im deutschen und ausländischen Recht, 1978, S. 341; *Jescheck,* Die Kriminalpolitik der deutschen Strafrechtsreformgesetze usw., Festschrift für W. Gallas, 1973, S. 27; *derselbe,* Modern Criminal Policy in the Federal Republic of Germany and the German Democratic Republic, Essays in Honour of Sir L. Radzinowicz, 1974, S. 509; *derselbe,* Deutsche und österreichische Strafrechtsreform, Festschrift für R. Lange, 1976, S. 365; *derselbe,* Die Geldstrafe als Mittel moderner Kriminalpolitik in rechtsvergleichender Sicht, Festschrift für Th. Würtenberger, 1977, S. 257; *derselbe,* Das niederländische StGB im internationalen Zusammenhang, in: *van Dijk* u. a. (Hrsg.), Criminal Law in Action, 1986, S. 5; *Jescheck / Grebing* (Hrsg.), Die Geldstrafe im deutschen und ausländischen Recht, 1978; *Jousselin,* La contrainte par corps, 1906; *Kerner / Kästner* (Hrsg.), Gemeinnützige Arbeit in der Strafrechtspflege, 1986; *Klußmann,* Nochmals: Das Geldstrafensystem usw., NJW 1974, 1275; *Knaus,* Das Problem der kurzfristigen Freiheitsstrafe, 1973; *Krieg* u. a., Weil du arm bist, mußt du sitzen, MSchrKrim 1984, 25; *v. Liszt,* Kriminalpolitische Aufgaben, ZStW 9 (1889) S. 452, 737; *Thea Lyon,* DDR, in: *Jescheck / Grebing* (Hrsg.), Die Geldstrafe im deutschen und ausländischen Recht, 1978, S. 193; *D. Meyer,* Gedanken zu Fragen der Schätzung des Einkommens usw., DAR 1976, 147; *derselbe,* Zu Fragen bei der Festsetzung der Höhe eines Tagessatzes usw., MDR 1976, 274; *derselbe,* Anmerkung zu OLG Hamm vom 10. 12. 1975, NJW 1976, 1110; *derselbe,* Anmerkung zu BGH 26, 325, NJW 1976, 2219; *Nowakowski,* Das Tagesbußensystem usw., ÖJZ 1972, 197; *Otto,* Generalprävention und externe Verhaltenskontrolle, 1982; *Pélier,* Réflexions sur le recouvrement des condamnations pécuniaires, Recueil Dalloz Chronique 1964, 223; *Pfohl,* Entwicklung und Perspektiven der gemeinnützigen Arbeit, BewH 1985, 110; *Plagemann,* USA, in: *Jescheck* (Hrsg.), Die Freiheitsstrafe und ihre Surrogate im deutschen und ausländischen Recht, Bd. II, 1983, S. 1611; *Pradel,* Le recul de la courte peine d'emprisonnement usw., Recueil Dalloz Chronique 1976, 63; *Rolinski,* Ersatzstrafe oder gemeinnützige Arbeit? MSchrKrim 1981, 52; *Rüth,* Die Strafzumessung nach Einführung der Tagessätze, in: 13. Deutscher Verkehrsgerichtstag, 1975, S. 94; *Irene Sagel-Grande,* Die Änderungen im Bereich der Rechtsfolgen strafbaren Handelns im Strafrecht der DDR, ZStW 87 (1975) S. 762; *Schädler,* Der „Weiße Fleck" im Sanktionensystem, ZRP 1985, 186; *Ruth-Ellen Schaeffer,* Die Bemessung der Tagessatzhöhe usw., 1978; *Schall,* Ehegattensplitting und Tagessatzsystem, JuS 1977, 307; *derselbe,* Die Sanktionsalternative der gemeinnützigen Arbeit usw., NStZ 1985, 104; *Seib,* Die Strafzumessung nach Einführung der Tagessätze, in: 13. Deutscher Verkehrsgerichtstag, 1975, S. 106; *Softley,* A survey of fine enforcement, 1973; *Stile,* Neue italienische Kriminalpolitik usw., ZStW 96 (1984) S. 172; *Stree,* Anmerkung zu BGHZ 41, 223, JZ 1964, 588; *derselbe,* Anmerkung zu OLG Celle vom 24.5.1982, JR 1983, 205; *Thornstedt,* Skandinavische Erfahrungen mit dem Tagesbußensystem, ZStW 86 (1974) S. 595; *Tröndle,* Die Geldstrafe in der Praxis usw., ZStW 86 (1974) S. 545; *derselbe,* Anmerkung zu OLG Celle vom 24.6.1975, JR 1975, 472; *derselbe,* Geldstrafe und Tagessatzsystem, ÖJZ 1975, 589; *derselbe,* Anmerkung zu BayObLG vom 30.7.1975, JR 1976, 162; *derselbe,* Anmerkung zu OLG Celle vom 8.3.1977, JR 1977, 385; *Vogler,* Demontage des Tagessatzsystems? JR 1978, 353; *Weber,* Aussetzung des Restes der Ersatzfreiheitsstrafe nach § 57 StGB? Gedächtnisschrift für H. Schröder, 1978, S. 175; *Westen,* Fines, imprisonment and the poor usw., California Law Review 57 (1969) S. 778; *Wulfen,* Die Strafzumessung unserer Gerichte, Archiv für Kriminalanthropologie 14 (1904) S. 116; *Würtenberger,* Zur Reform des Geldstrafenwesens, ZStW 64 (1952) S. 17; *Zipf,* Die Geldstrafe und ihre Funktion zur Eindämmung der kurzen Freiheitsstrafe, 1966; *derselbe,* Kriminalpolitik, 1. Aufl. 1973, 2. Aufl. 1980; *derselbe,* Probleme der Neuregelung der Geldstrafe in Deutschland, ZStW 86 (1974) S. 513; *derselbe,* Die Rechtsfolgen der Tat im neuen StGB, JuS 1974, 137; *derselbe,* Die Bemessung des Tagessatzes, JBl 1977, 304.

I. Stellung und Entwicklung der Geldstrafe im Sanktionensystem

1. Die Geldstrafe ist nach der Freiheitsstrafe die **zweite Hauptstrafe** des geltenden Rechts. Sie wird in der Regel nicht neben der Freiheitsstrafe, sondern allein angeordnet, da mit der Geldstrafe unter anderem gerade auch der Zweck verfolgt wird, die Freiheitsstrafe zu vermeiden. Die Verbindung von Geldstrafe und Freiheitsstrafe ist – abgesehen von dem Fall ihres Zusammentreffens bei Tatmehrheit (§ 53 II 2) (vgl. oben § 68 II 2) – nur ausnahmsweise und fakultativ vorgesehen, wenn der Täter sich durch die Tat bereichert oder zu bereichern versucht hat (§ 41) (vgl. unten § 73 II 3). Die Geldstrafe ist heute die bei weitem am häufigsten angewendete Sanktion in der Strafrechtspflege (vgl. oben § 5 V 1).

2. Der Siegeszug der Geldstrafe begann um die Jahrhundertwende als Folge des Kampfes gegen die kurzfristige Freiheitsstrafe. Die Wortführer dieses Kampfes waren in Deutschland *Franz v. Liszt*[1], in Frankreich *Bonneville de Marsangy*[2]. Im Jahre 1882 war das Verhältnis von Freiheitsstrafe und Geldstrafe in der Praxis der deutschen Gerichte bei Verbrechen und Vergehen noch 75 % zu 25 %. Von den zu Gefängnis verurteilten Personen erhielten 80 % eine Strafe unter drei Monaten. Im Jahre 1913 hatte die Geldstrafe die Freiheitsstrafe fast eingeholt (48,5 % Freiheitsstrafe, 47 % Geldstrafe) und die kurzfristige Freiheitsstrafe überholt[3]. Die *erste Reform* der Geldstrafe fand im Vorgriff auf die Gesamtreform des Strafrechts durch die Geldstrafengesetze der Jahre 1921 bis 1924 statt. Sie führte mit der Heraufsetzung der Geldstrafenhöhe, der Schaffung einer allgemeinen Umwandlungsvorschrift für Freiheitsstrafen unter drei Monaten (§ 27b a.F.), der zwingend vorgeschriebenen Berücksichtigung der wirtschaftlichen Verhältnisse des Täters (§ 27c a.F.), der Einräumung von Zahlungsfristen und Ratenzahlungen (§ 28 a.F.) und der Möglichkeit der Tilgung der Geldstrafe durch freie Arbeit (§ 28b a.F.) zu einem relativ modernen Rechtszustand, der bis zu der zweiten Reform von 1975 gegolten hat[4].

---

[1] Vgl. *v. Liszt,* ZStW 9 (1889) S. 738 ff.

[2] Vgl. *Bonneville de Marsangy,* De l'amélioration de la loi criminelle S. 251.

[3] Vgl. *Wulfen,* Archiv für Kriminalanthropologie 14 (1904) S. 116, der die Geldstrafe damals schon „die Hauptstrafe der Zukunft" nennt.

[4] Vgl. zur Würdigung *LK (Tröndle)* Vorbem. 6 ff. vor § 40; zur Vorbereitung der zweiten Reform *Würtenberger,* ZStW 64 (1952) S. 17 ff.

3. Die Einführung des in Finnland, Schweden und Dänemark[5] erprobten **Tagessatzsystems**[6] durch das 2. StRG (§§ 40 - 43) stellt die *zweite Reform* der Geldstrafe in Deutschland dar. Das neue System der Bemessung der Geldstrafe wurde nach eingehender Diskussion in der Großen Strafrechtskommission[7] in die §§ 51 ff. des E 1962 übernommen und fand von dort Eingang in das neue Recht[8]. Das Modell der Laufzeitgeldstrafe[9] aus § 49 IV AE wurde dagegen nicht eingeführt. Durch die Übernahme des Tagessatzsystems soll die Geldstrafe entsprechend ihrer umfassenden Aufgabe im neuen Strafensystem sowohl gerechter und für Täter wie Allgemeinheit verständlicher, als auch fühlbarer und besser nachprüfbar werden. Entscheidend ist der Gedanke der *Opfergleichheit* durch Verselbständigung der wirtschaftlichen Leistungsfähigkeit des Täters als Strafzumessungsfaktor gegenüber allen anderen Strafbemessungsgründen.

II. Wesen, Vor- und Nachteile und Anwendungsbereich der Geldstrafe

1. Die Geldstrafe ist **echte öffentliche Strafe** (RG 2, 33 [41]; für Doppelnatur später RG GA 49 [1903] S. 131), nicht ein bloßes öffentlichrechtliches Forderungsrecht des Staates. Dies zeigt sich deutlich an der Beseitigung der früheren Nachlaßhaftung (§ 30 a. F.) durch § 459c III StPO. Deshalb darf der Verurteilte nicht mit Ansprüchen aufrechnen, die er gegen den Staat hat, obwohl sonst im Rahmen des § 395 BGB gegen öffentlichrechtliche Forderungen aufgerechnet werden kann (OLG Braunschweig NJW 1951, 246)[10]. Unzulässig ist ferner die Bezahlung der Geldstrafe durch einen Dritten ebenso wie die Schenkung des Betrages an den Verurteilten, damit dieser die Geldstrafe selbst bezahlen kann[11]. Die Pflicht zur Aufbringung der Geldstrafe trifft den Verurteilten höchstpersönlich und darf ihm von niemandem abgenommen werden, wenn die Strafe nicht ihren Sinn verlieren soll.

---

[5] Über Abschaffungstendenzen in Dänemark (die aber nicht für Finnland und Schweden gelten) vgl. *Ermgassen*, Skandinavien, in: *Jescheck / Grebing* (Hrsg.), Die Geldstrafe S. 951 f. Über Schweden vgl. *Thornstedt*, ZStW 86 (1974) S. 606 ff.

[6] Über die Entstehung des Tagessatzsystems, als dessen geistige Väter der Norweger *Getz*, der Däne *Torp* und der Schwede *Thyrén* (Vorentwurf des Allg. Teils eines schwedischen StGB von 1916 § 20) gelten, vgl. eingehend *Ermgassen*, Skandinavien, in: *Jescheck / Grebing* (Hrsg.), Die Geldstrafe S. 896 ff.

[7] Vgl. Niederschriften Bd. I S. 155 ff.; E 1962 Begründung S. 169 ff.

[8] Vgl. dazu BT-Drucksache V/4095 S. 20; ferner *Zipf*, Die Geldstrafe S. 103 ff.; *derselbe*, ZStW 86 (1974) S. 515 ff.; *Tröndle*, ZStW 86 (1974) S. 575 ff.; *Grebing*, ZStW 88 (1976) S. 1050 ff.; *Albrecht*, in: *Jescheck / Kaiser* (Hrsg.), Die Vergleichung S. 235 ff.

[9] Vgl. dazu *Baumann*, Entwurf eines StGB, § 35; *derselbe*, JZ 1963, 733 ff.; *derselbe*, Beschränkung des Lebensstandards S. 44 ff.

[10] Vgl. auch *LK (Tröndle)* Vorbem. 37 vor § 40.

[11] Einhellige Meinung; vgl. *LK (Tröndle)* Vorbem. 39 vor § 40; *v. Liszt / Schmidt*, S. 393. Umstritten ist die Frage, in welchen Fällen Strafvereitelung (§ 258 II) gegeben ist, wenn ein anderer dem Verurteilten die Geldstrafe abnimmt; zum Meinungsstand vgl. *Stree*, JZ 1964, 588. Richtig dürfte folgendes sein: Strafvereitelung ist die Zahlung der Geldstrafe für den Verurteilten (RG 30, 232 [235]), weiter auch eine Hilfe, die dem Verurteilten materiell die Geldstrafe vor der Zahlung abnimmt (anders BGHZ 41, 223 [230]), nicht dagegen ein Darlehen oder eine nachträgliche Entschädigung (RGZ 169, 267 [268]; BGHZ 23, 222 [224]), es sei denn, daß dem Verurteilten der spätere Ersatz vor der Zahlung der Geldstrafe zugesagt worden ist (so *Blei*, JA 1976, 320; *Schönke / Schröder / Stree*, § 258 Rdn. 28; *Stree*, JZ 1964, 590; *Dreher / Tröndle*, § 258 Rdn. 9; anders hierzu wegen der Unmöglichkeit, verbotene nachträgliche Zuwendungen abzugrenzen, *SK [Samson]* § 258 Rdn. 35; *Engels*, Jura 1981, 584). Über weitere Fälle der Abwälzung und Rückwälzung von Geldstrafen *Brüggemann*, GA 1968, 166 ff.; BGH NJW 1966, 1270 (1272). Eine dem § 258 II entsprechende Vorschrift gibt es für die Geldbuße nach dem OWiG nicht.

2. Die moderne Kriminalpolitik stützt sich stark auf die Geldstrafe, der sie nicht nur als Sanktion gegenüber der Kleinkriminalität absoluten Vorrang einräumt, sondern auch im unteren Bereich der mittleren Kriminalität den Vorzug gibt (§ 47)[12]. Die Ausbreitung der Geldstrafe wurde durch die Erwägung unterstützt, daß der Strafvollzug durch Umstellung auf eine geringere Zahl längerstrafiger Gefangener qualitativ wesentlich verbessert werden kann[13]. Auch die wirtschaftliche Entwicklung mit dem allgemeinen Anstieg der Einkommen hat eine effektivere Verwendung der Geldstrafe und ihren Einsatz in einem viel breiteren Umfang als früher möglich gemacht, wobei freilich das Problem der Arbeitslosen und Randgruppenangehörigen ungelöst ist. Der entscheidende **Vorteil der Geldstrafe** gegenüber der Freiheitsstrafe besteht darin, daß sie den Verurteilten nicht aus Familie und Beruf herausreißt und somit keine soziale Katastrophe bedeutet, ohne doch eine bloße Bagatelle darzustellen[14]. Mit der Freiheitsstrafe hat die Geldstrafe den Vorteil der Abstufbarkeit gemeinsam. Dadurch wird eine gerechte Anpassung der Strafhöhe an Unrecht und Schuld und darüber hinaus auch an die wirtschaftlichen Verhältnisse des Täters möglich. Für die Geldstrafe spricht endlich ihre Verteilbarkeit über einen längeren Zeitraum durch Bewilligung von Ratenzahlungen und die damit gegebene Möglichkeit, sie hoch genug anzusetzen, um bei dem Verurteilten einen empfindlichen Abschreckungseffekt zu erzielen. Der wichtigste **Nachteil der Geldstrafe** liegt in ihrer ungleichmäßigen Wirkung auf Arm und Reich. Dieser Mangel ist auch bei voller Berücksichtigung der wirtschaftlichen Verhältnisse des Täters nicht ganz auszuschließen. Er tritt besonders in der Vollstreckung der Ersatzfreiheitsstrafe bei Zahlungsunfähigkeit des Verurteilten hervor, eine Folge, die aber durch die Bereitschaft zur Leistung von Ersatzarbeit (Art. 293 EGStGB) vermieden werden kann. Negative Auswirkungen auf die Familie des Verurteilten, die durch die Geldstrafe verursacht werden, sind ebenfalls unbestreitbar, sie treten jedoch bei der Freiheitsstrafe in viel stärkerem Maße in Erscheinung. Auch der Verwaltungsaufwand für die Geldstrafe, selbst im Falle der Überwachung von Ratenzahlungen, ist wesentlich geringer als bei der Freiheitsstrafe. Auf der anderen Seite wird man die generalpräventive Wirkung der Geldstrafe schwächer einschätzen müssen als die der Freiheitsstrafe[15], und deswegen ist auch an deren vollständige Beseitigung nicht zu denken. Spezialpräventiv scheint die Geldstrafe nicht weniger wirksam zu sein als die vollzogene oder ausgesetzte Freiheitsstrafe[16].

3. Die Geldstrafe besitzt einen **breiten Anwendungsbereich.** Sie ist *im Besonderen Teil* bei allen Vergehen wahlweise neben einer ohne besonderes Mindestmaß vorgesehenen Freiheitsstrafe angedroht (so auch die Neufassung aller Strafdrohungen durch Art. 12 I EGStGB). Auch in minder schweren Fällen kann Geldstrafe wahlweise neben Freiheitsstrafe angedroht sein, wenn im Normalfall nur Freiheitsstrafe mit erhöhtem Mindestmaß vorgesehen ist (z. B. §§ 223 b II, 224 II). Die Reihenfolge von Freiheits- und Geldstrafe in der Strafdrohung bedeutet keine Rangfolge, im Gegenteil: § 47 ordnet für den Bereich, in dem Freiheitsstrafe unter sechs Monaten in

---

[12] Vgl. *Zipf,* ZStW 86 (1974) S. 538 ff.

[13] Vgl. *Zipf,* Kriminalpolitik, 1. Aufl. S. 104.

[14] Nach *Kaiser,* Kriminologie S. 310 hat das Tagessatzsystem zu einer höheren Quote an höheren Geldstrafen geführt. Über den deutlichen Zusammenhang zwischen Tagessatzhöhe und Monatseinkommen des Angeklagten *H.-J. Albrecht,* Strafzumessung S. 209.

[15] Über die Wirkungsweise der Geldstrafe ist freilich noch wenig bekannt; vgl. dazu *Kaiser,* Kriminologie S. 305. Zu Unrecht will *Zipf,* Die Geldstrafe S. 64 auf diese Prüfung ganz verzichten. Über die positive Funktion der Generalprävention allgemein *Otto,* Generalprävention S. 279 ff.

[16] Vgl. *H.-J. Albrecht,* Legalbewährung S. 238; *derselbe,* MDR 1981, 276 („Austauschbarkeit der kriminalrechtlichen Sanktionen" in dem Bereich, in dem Geldstrafe zulässig ist).

Betracht kommt, den Vorrang der Geldstrafe an. Geldstrafe als einzige Strafdrohung ist nicht mehr vorgesehen, ebensowenig die Geldstrafe als obligatorische oder fakultative zweite Hauptstrafe in einzelnen Strafvorschriften (vgl. z. B. § 266 a. F.). Auch die frühere Multiplargeldstrafe ist beseitigt (Art. 12 II EGStGB). Im *Allgemeinen Teil* ist Geldstrafe nach § 47 II in allen Fällen angedroht, in denen die anzuwendende Strafvorschrift eine solche Androhung nicht enthält (vgl. unten § 84 I 2 b), wenn eine Freiheitsstrafe von sechs Monaten und darüber nicht in Betracht kommt und auch ein Ausnahmefall der zulässigen kurzen Freiheitsstrafe nach § 47 I nicht vorliegt. Der Anwendungsbereich der Geldstrafe erweitert sich ferner durch die beiden allgemeinen Strafmilderungsvorschriften des § 49 I Nr. 3 und II. Endlich gibt § 41 allgemein die Möglichkeit, Geldstrafe neben Freiheitsstrafe zu verhängen, wenn sich der Täter durch die Tat bereichert oder zu bereichern versucht hat (BGH 32, 60: auch bei nur mittelbarer Bereicherung, jedoch Berücksichtigung der Geldstrafe bei der Bemessung der Freiheitsstrafe; BGH NJW 1985, 1719: Aussetzung der Freiheitsstrafe neben Geldstrafe). Die Vorschriften, die die Geldstrafe für militärische Straftaten ausschlossen, sind durch das *WStG* gestrichen worden. Eine Einschränkung für die Anwendung der Geldstrafe bei Straftaten von Soldaten gilt aber nach § 10 WStG im Interesse der Disziplin. Das *Jugendstrafrecht* kennt die Geldstrafe nicht, wohl aber die Geldauflage zugunsten einer gemeinnützigen Einrichtung als Zuchtmittel (§ 15 I Nr. 3 JGG). Die praktisch sehr wichtige *Geldbuße*, durch die Ordnungswidrigkeiten geahndet werden (§§ 1, 17 OWiG), ist keine Geldstrafe, sondern eine eigenständige repressive Sanktion ohne den Unwertakzent der Kriminalstrafe.

III. Die Bemessung der Geldstrafe nach dem Tagessatzsystem

Nach dem überlieferten Gesamtsummensystem erfolgte die Zumessung der Geldstrafe in einem einzigen Akt[17]. Das unterschiedliche Gewicht der beiden Faktoren Schuld und wirtschaftliche Leistungsfähigkeit des Täters war dabei nur an der Ersatzfreiheitsstrafe ablesbar. Der **Grundgedanke des Tagessatzsystems** besteht demgegenüber darin, daß bei der Bemessung der Geldstrafe die beiden Faktoren – Unrecht und Schuld auf der einen Seite, finanzielle Belastbarkeit des Angeklagten auf der anderen – getrennt in Ansatz gebracht werden. Die **Bemessung der Geldstrafe** erfolgt danach insgesamt in **drei Akten**.

1. Im *ersten Akt* bestimmt der Richter nach den allgemeinen Grundsätzen der Strafzumessung (§ 46), d. h. nach dem Grade des Unrechts und der Schuld sowie nach den Erfordernissen der General- und Spezialprävention, die **Anzahl der Tagessätze** innerhalb des Rahmens von fünf und, wenn das Gesetz nichts anderes bestimmt (z. B. §§ 106 a, 160), 360 vollen Tagessätzen (§ 40 I) bzw. bei der Gesamtstrafe 720 vollen Tagessätzen (§ 54 II) (BGH 27, 70 [72]; BayObLG JZ 1975, 538; OLG Schleswig NStZ 1983, 317)[18]. Eine Eigentümlichkeit besteht hier nur insofern, als „die persönlichen und wirtschaftlichen Verhältnisse" des Täters (§ 46 II) prinzipiell erst beim zweiten Bemessungsakt berücksichtigt werden, denn die besondere Vorschrift des

---

[17] Vgl. dazu *Horn*, NJW 1974, 625; *Zipf*, Die Geldstrafe S. 39.
[18] So die allg. Meinung; vgl. *Blei*, Allg. Teil S. 399; *Dreher / Tröndle*, Vorbem. 2 vor § 40; *Lackner*, § 40 Anm. 5; *LK (Tröndle)* § 40 Rdn. 13 f.; *Maurach / Gössel / Zipf*, Allg. Teil II S. 458 f.; *Schönke / Schröder / Stree*, § 40 Rdn. 2 ff.; *Vogler*, JR 1978, 353 ff.; *Fleischer*, Strafzumessung S. 27 ff. Differenzierend bezüglich der Zulässigkeit und der Verteilung der general- und spezialpräventiven Gesichtspunkte *Klußmann*, NJW 1974, 1275; *Zipf*, JuS 1974, 139; *Grebing*, ZStW 88 (1976) S. 1092. Die hypothetische Vorprüfung *(SK [Horn])* § 40 Rdn. 4; *Schönke / Schröder / Stree*, § 40 Rdn. 4), wieviele Tage Freiheitsstrafe die Tat „wert" wäre, überträgt zu Unrecht Kriterien einer anderen Strafart auf die Geldstrafe. Dagegen auch *LK (Tröndle)* § 40 Rdn. 9 ff.

§ 40 II 1, nach der die persönlichen und wirtschaftlichen Verhältnisse des Täters erst die Höhe des Tagessatzes bestimmen, schließt die Berücksichtigung dieser Umstände bei der Bemessung der Anzahl der Tagessätze aus. Bei dem ersten Akt sind die persönlichen und wirtschaftlichen Verhältnisse nur dann heranzuziehen, wenn sie Unrecht und Schuld beeinflußt haben, z. B. im Falle eines Diebstahls aus wirtschaftlicher Not[19].

Entgegen der strengen Trennung der beiden Bemessungsschritte wird teilweise angenommen, daß der Richter schon bei diesem ersten Schritt auch die Endsumme der Geldstrafe im Auge behalten muß, die sich erst aus der Höhe der Tagessätze ergibt[20]. Zur Begründung wird angeführt, daß auch die Geldstrafe im Ergebnis nicht entsozialisierend wirken dürfe (§ 46 I 2). Der Richter müsse deswegen, um dieses Resultat zu vermeiden, die beiden Faktoren der Strafzumessung zwar getrennt in Ansatz bringen, sie vorher aber doch miteinander vergleichen, um die in der Progression liegende Verschärfung der Geldstrafe auszuschließen, die z. B. schon bei einer erhöhten Mindeststrafe sehr erheblich sein könne (so etwa beim besonders schweren Fall des Diebstahls 90 Tagessätze, §§ 243 Abs. 1 S. 1, 47 Abs. 2 S. 2). Diese **„Abweichung vom System"** erscheint begründet, denn auch bei der Bemessung der Geldstrafe geht es nicht darum, eine Gedankenoperation mit aller theoretischen Konsequenz zu Ende zu führen, sondern es kommt darauf an, bei voller Wahrung der Klarheit der einzelnen Phasen der Strafzumessung ein gerechtes, auch für den Täter tragbares Endergebnis zu erzielen, das infolge des Progressionseffekts bei hoher Tagessatzanzahl verfehlt werden würde[21].

2. Der *zweite Akt* dient der Festsetzung der **Höhe der Tagessätze** nach den persönlichen und wirtschaftlichen Verhältnissen des Täters (§ 40 II 1). Auszugehen ist dabei von dem Nettoeinkommen, das der Täter durchschnittlich an einem Tag hat oder bei zumutbarem Einsatz seiner Arbeitskraft haben könnte (§ 40 II 2) (OLG Hamm NJW 1978, 230: potentielles Einkommen nur, wenn der Täter keinen Verdienst hat oder seine Erwerbskraft bewußt herabsetzt)[22]. Die Grenzen für einen Tagessatz sind nach unten mit 2 DM zu niedrig, nach oben mit 10 000 DM zu hoch angesetzt (§ 40 II 3). Der Tagessatz ist in vollen DM, nicht in Pfennigbeträgen festzulegen (OLG Köln, MDR 1976, 597). Unter Nettoeinkommen im Sinne von § 40 II sind zu verstehen alle Einkünfte aus selbständiger oder unselbständiger Arbeit, aus Kapital, Zinsen, Dividenden und Beteiligungen, aus Gewerbebetrieb, Land- und Forstwirtschaft, Vermietung, Verpachtung, ferner Renten, Versorgungsleistungen wie Arbeitslosenunterstützung und Unterhaltsbezüge einschließlich der Naturalleistungen. Abzuziehen sind Steuern und Sozialabgaben, freiwillige Versicherungsbeiträge, Werbungskosten, Betriebsausgaben und -verluste, Beiträge zur Weiterversiche-

---

[19] So *Bockelmann / Volk*, Allg. Teil S. 224; *Grebing*, ZStW 88 (1976) S. 1057; *Horn*, NJW 1974, 625; *Schönke / Schröder / Stree*, § 40 Rdn. 4; *Seib*, in: 13. Deutscher Verkehrsgerichtstag 1975, S. 107; *Rüth*, ebenda S. 95; *SK (Horn)* § 40 Rdn. 4.

[20] In diesem Sinne *Horstkotte*, in: 13. Deutscher Verkehrsgerichtstag 1975, S. 81 f.; *Horn*, JR 1977, 99; *Lackner*, § 40 Anm. 6b cc; *LK (Tröndle)* § 40 Rdn. 57 f.; *Schönke / Schröder / Stree*, § 40 Rdn. 6; *SK (Horn)* § 40 Rdn. 13; *Tröndle*, JR 1977, 385. Für strenge Trennung der beiden Schritte der Strafzumessung aber *Maurach / Gössel / Zipf*, Allg. Teil II S. 459; *Vogler*, JR 1978, 354; *Grebing*, ZStW 88 (1976) S. 1088 ff.; *derselbe*, JZ 1976, 750 und 751; *Zipf*, JBl 1977, 305. Der Bundesgerichtshof neigt offenbar zu der Auffassung, daß bei großer Zahl der Tagessätze im Sinne eines gerechten Ergebnisses die Höhe der Tagessätze zu senken ist (BGH 26, 325 [331] m. abl. Anm. *D. Meyer*, NJW 1976, 2219 f.; zurückhaltend BGH 27, 70 [73]). Die Beschränkung der Revision auf die Tagessatzhöhe wird jedoch zugelassen (BGH 27, 70).

[21] Vgl. *Tröndle*, ÖJZ 1975, 299; *Dreher / Tröndle*, Vorbem. 2 vor § 40.

[22] Zur Begründung der Ersetzung des ursprünglich vorgesehenen Einbußeprinzips BT-Drucksache VII/1261 S. 5. Zur Kritik des Nettoeinkommensprinzips vgl. *Baumann / Weber*, Allg. Teil S. 606; *Grebing*, ZStW 88 (1976) S. 1063 ff.; *Jescheck*, Gallas-Festschrift S. 43; *derselbe*, Lange-Festschrift S. 378; *SK (Horn)* § 40 Rdn. 6. Die Abmilderung des strengen Nettoeinkommensprinzips durch die Rechtsprechung hat jedoch dieser Kritik den Boden entzogen; vgl. *Grebing*, SchwZStr 98 (1981) S. 55 ff.

III. Die Bemessung der Geldstrafe nach dem Tagessatzsystem

rung[23]. Nicht zum Einkommen gehören das Kindergeld und andere familienbezogene Zuwendungen wie das Wohnungsgeld[24]. Zugrunde zu legen ist das durchschnittliche Nettoeinkommen im Zeitpunkt der Verurteilung. Voraussehbare Verschlechterungen oder Verbesserungen des Einkommens, z. B. aufgrund vorübergehender Arbeitslosigkeit oder nach Entlassung aus dem Wehrdienst, können auf diese Weise berücksichtigt werden. Die Anknüpfung an das potentielle Nettoeinkommen macht es möglich, bewußten Einkommensminderungen entgegenzutreten (vgl. BGH *Dallinger* MDR 1975, 541; OLG Koblenz NJW 1976, 1275).

Bei der Bemessung der Höhe der Tagessätze gibt es eine Reihe von **Sonderproblemen:**

a) Die erste Frage betrifft die Anrechnung von Unterhaltspflichten des Täters. Gegenüber der anfangs vertretenen Ansicht, daß nur außergewöhnlich hohe Unterhaltspflichten berücksichtigt werden dürften[25], hat sich inzwischen der richtige Standpunkt durchgesetzt, daß *sämtliche Unterhaltspflichten* bei der Festsetzung der Höhe der Tagessätze angerechnet werden müssen (BayObLG JZ 1977, 353 [355]; OLG Celle NJW 1975, 2029; OLG Oldenburg MDR 1975, 1038; OLG Schleswig MDR 1976, 243; OLG Hamburg MDR 1976, 156; OLG Hamm NJW 1976, 722; OLG Karlsruhe Die Justiz 1976, 393; OLG Koblenz NJW 1976, 1275 [1276]; OLG Düsseldorf NJW 1977, 260)[26]. Man denkt als Berechnungsmodus an taxmäßige Abschläge, wie etwa 20 % für die Ehefrau[27] und 10 % für jedes Kind[28]. Sachgerechter ist es jedoch, für unterhaltsberechtigte Kinder als Anhaltspunkt die Sätze der Regelunterhalt-Verordnung vom 27. 6. 1970 (BGBl. I S. 1010) in der jeweils geltenden Fassung zugrunde zu legen (so OLG Hamm NJW 1976, 722; vgl. auch OLG Celle JR 1977, 382 [384]).

b) Größere Schwierigkeiten als die Unterhaltspflichten, deren Anrechnung im Grunde selbstverständlich ist, bereiten *sonstige laufende Zahlungsverpflichtungen,* die einen Teil des Einkommens des Täters für längere Zeit binden (vgl. eingehend OLG Karlsruhe Die Justiz 1976, 477). Zu denken ist an Aufwendungen für eine Eigentumswohnung oder einen Bausparvertrag, an Leistungen für eine qualifizierte Berufsausbildung des Täters oder seiner Kinder, an Raten eines Kreditvertrages oder Anschaffungsdarlehens, an Vorauszahlungen für eine größere Urlaubsreise. Die Frage ist, nach welchen Gesichtspunkten der Richter diese Zahlungsverpflichtungen bewerten soll. Die Lösung kann nur in einer allgemeinen Formel liegen, die aber den Richter zwingt, sich das Problem überhaupt vor Augen zu führen, während diese Frage bei der Gesamtsummenstrafe meist gar nicht ins Blickfeld tritt. Demgemäß wird man nur sagen können, daß die für die Lebensführung erforderlichen Zahlungsverpflichtungen zu berücksichtigen sind, soweit sie angemessen erscheinen[29]. Eine Frage für sich bilden Schadens-

---

[23] Vgl. *Dreher / Tröndle,* § 40 Rdn. 7; *Frank,* MDR 1976, 626 ff.; *Lackner,* § 40 Anm. 6 a; *LK (Tröndle)* § 40 Rdn 22 f.; *Maurach / Gössel / Zipf,* Allg. Teil II S. 462; *Schönke / Schröder / Stree,* § 40 Rdn. 9; *Ruth-Ellen Schaeffer,* Tagessatzhöhe S. 63 ff.

[24] So OLG Karlsruhe Die Justiz 1976, 477; OLG Celle JR 1977, 384; *Frank,* MDR 1976, 627; *Schönke / Schröder / Stree,* § 40 Rdn. 14. Anders OLG Düsseldorf NJW 1977, 260; *LK (Tröndle)* § 40 Rdn. 22.

[25] Vgl. dazu *Grebing,* ZStW 88 (1976) S. 1071 Fußnote 85.

[26] Vgl. dazu *Grebing,* JZ 1976, 746 m. Nachw. in Fußnote 23; *Tröndle,* JR 1975, 472.

[27] Der Abzug der Hälfte des Nettoeinkommens als Unterhalt für die einkommenslose Ehefrau (so OLG Hamm NJW 1976, 722 [723]) m. abl. Anm. *D. Meyer,* NJW 1976, 1110; OLG Frankfurt NJW 1976, 2220) wird als viel zu weitgehend mit Recht abgelehnt; vgl. OLG Düsseldorf NJW 1977, 260; OLG Karlsruhe Die Justiz 1977, 204; OLG Celle JR 1977, 382; *Horn,* JZ 1976, 585 f.; *Grebing,* JZ 1976, 747; *Schall,* JuS 1977, 311. Nach BGH 27, 228 (231) muß von Fall zu Fall entschieden werden. Für das Ehegatten-Splitting jedoch *Monika Frommel,* NJW 1978, 862 ff.

[28] So z. B. *Horstkotte,* in: 13. Deutscher Verkehrsgerichtstag 1975, S. 85; *Dreher / Tröndle,* § 40 Rdn. 17.

[29] So die h. L.; vgl. *Dreher / Tröndle,* § 40 Rdn. 20; *Lackner,* § 40 Anm. 6 b aa; *Schönke / Schröder / Stree,* § 40 Rdn. 14 a; *Tröndle,* ÖJZ 1975, 592 und JR 1976, 163; *Grebing,* ZStW 88 (1976) S. 1078: nur „außergewöhnliche Belastungen", nicht jedoch „investitionsbedingte Aufwendungen" (so auch OLG Celle JR 1977, 382 [384]); zweifelnd *SK (Horn)* § 40 Rdn. 7.

ersatzleistungen sowie Rechtsanwalts- und Verfahrenskosten wegen der begangenen Straftat. Der Staat tritt hierbei als Konkurrent mit dem Verletzten, mit dem Verteidiger und mit sich selber auf. Auch hier ist ein strenger Standpunkt geboten. Bei der Abwicklung der finanziellen Konsequenzen einer Straftat muß die Geldstrafe den Vorrang haben, weil ihre generalpräventive Wirkung zu sehr abgeschwächt würde, wenn sie hinter Zahlungsverpflichtungen rangierte, die den Täter als Folge der Straftat kraft Gesetzes ohnehin treffen[30].

c) In einer besonderen Verlegenheit befindet sich der Richter bei der Bemessung der Höhe der Tagessätze gegenüber Personen, die *keine eigenen* oder nur *geringe eigene Einkünfte* besitzen, wie nichtberufstätige Hausfrauen, Arbeitslose, Studenten, Schüler, Strafgefangene (BayObLG NJW 1986, 2842; OLG Zweibrücken, GA 1979, 72). Die Praxis hilft sich damit, daß bei Hausfrauen und in der Familie lebenden Schülern der auf sie entfallende Unterhaltsbetrag[31], bei Studenten das Stipendium oder der Wechsel, bei Arbeitslosen die Unterstützung (OLG Karlsruhe Die Justiz 1986, 308) zugrunde gelegt wird (über die Tagessatzhöhe bei Personen, die vom Existenzminimum leben müssen, OLG Hamburg JR 1982, 160; MDR 1978, 243). Einkünfte eines Studenten aus Ferienarbeit oder einer Nebenbeschäftigung können nur herangezogen werden, wenn sie tatsächlich erzielt worden sind (OLG Frankfurt NJW 1976, 635; OLG Köln NJW 1976, 636; ebenso für Österreich OGH EvBl 1976, 217). Alles andere würde den Sinn des Studiums ins Gegenteil verkehren (vgl. dazu auch OLG Köln VRS 61, 344).

d) Ein schwieriges Problem bildet endlich die Frage, ob und in welchem Umfang das *Vermögen* des Täters bei der Berechnung der Höhe der Tagessätze herangezogen werden darf. Es handelt sich dabei nicht bloß um eine theoretische Frage, weil die Geldstrafe als die normale Sanktion bei Verkehrsdelikten gerade gegenüber Bevölkerungsgruppen in Betracht kommt, die sonst selten vor dem Strafrichter erscheinen. Einkünfte aus dem Vermögen sind naturgemäß in das Nettoeinkommen des Täters einzubeziehen. Aber auch der Kapitalwert von Bank- und Sparkonten sowie der Wertpapierbesitz werden zu berücksichtigen sein (vgl. § 40 III). Große Vermögen machen den Beschuldigten gegenüber den Belastungen der Geldstrafe weniger empfindlich und müssen deshalb im Sinne der Opfergleichheit herangezogen werden, wobei für die Einkommensermittlung auf steuerrechtliche Grundsätze zurückgegriffen werden kann (OLG Hamm MDR 1983, 1043). Dagegen scheut sich die Rechtsprechung, die Veräußerung einer vom Täter und seiner Familie bewohnten Eigentumswohnung oder eines Eigenheims zu verlangen, weil die Geldstrafe sonst die entsozialisierende Wirkung haben würde, die gerade vermieden werden soll[32].

Die Einkünfte des Täters, sein Vermögen und die anderen Grundlagen für die Bemessung der Höhe der Tagessätze können vom Richter **geschätzt** werden (§ 40 III) (vgl. dazu unten § 76 I 6). Ein anderes Verfahren ist in der Praxis, vor allem im (summarischen) Strafbefehlsverfahren (§§ 407 ff. StPO), kaum möglich. Der Angeklagte selbst ist zu Aussagen auch in diesem Punkte nicht verpflichtet, weil es sich nicht um Angaben zur Identität der Person, sondern um die Gewinnung der Grundlagen für die Strafzumessung handelt. Auf diese bezieht sich aber das Schweigerecht des Angeklagten ebenso wie auf die Tat selbst. In der Praxis macht man von der Möglichkeit der Schätzung in weitestem Umfang Gebrauch. Besondere Ermittlungen oder Beweiserhebungen, abgesehen vom ausgeübten Beruf, dem Familienstand, dem Alter und der Zahl der unterhaltsberechtigten Kinder sowie dem Aufwand und Lebenszuschnitt, werden selten angestellt (vgl. OLG Celle JR 1983, 203 m. krit. Anm. *Stree*[33]; zur

---

[30] Tatsächliche Schadenswiedergutmachung wird aber zu berücksichtigen sein; vgl. OLG Schleswig MDR 1976, 243. Der ganze Komplex spielt ferner eine Rolle bei der Gewährung von Zahlungserleichterungen; vgl. *D. Meyer*, MDR 1976, 278.

[31] Abzulehnen ist auch hier die Festsetzung der Höhe des Tagessatzes für die einkommenslose Ehefrau nach der Hälfte des beiden Ehegatten für den Lebensunterhalt zur Verfügung stehenden Gesamtbetrags (so OLG Hamm NJW 1976, 723 m. abl. Anm. *D. Meyer*, NJW 1976, 1110 f.); vgl. dagegen *Grebing*, JZ 1976, 748; *Ruth-Ellen Schaeffer*, Tagessatzhöhe S. 106 ff.

[32] Vgl. OLG Celle NStZ 1983, 315; *Lackner*, § 40 Anm. 6 b bb; *Dreher / Tröndle*, § 40 Rdn. 22; *LK (Tröndle)* § 40 Rdn. 52; *Schönke / Schröder / Stree*, § 40 Rdn. 12; *SK (Horn)* Rdn. 7. Konkreter Vorschlag bei *Ruth-Ellen Schaeffer*, Tagessatzhöhe S. 178.

Schätzung eines Arzteinkommens OLG Koblenz VRS 65, 355). Zwar ist dieses Verfahren immer noch besser, als wenn die Höhe der Geldstrafe ohne jede Prüfung der dem Täter zumutbaren Einbuße einfach gefühlsmäßig festgesetzt würde, aber genauer als durch freie Schätzung sollten die Grundlagen für die Bemessung der Tagessätze doch untersucht werden. Zu denken ist insbesondere an einen spezialisierten Erhebungsbogen der Polizei und an die Entwicklung praktikabler Tabellen für die Nettoeinkünfte der verschiedenen Tarif- und Besoldungsgruppen[34]. Davon müßte der Richter dann auch bei freiberuflich tätigen Personen ausgehen. Die Würdigung aller Umstände, die für die Höhe des Tagessatzes zu berücksichtigen sind, bleibt aber Sache des **Ermessens** des mit der Strafzumessung befaßten Tatrichters (BGH NJW 1977, 1459; OLG Celle JR 1977, 382).

3. Der *dritte Akt* der Bemessung der Geldstrafe betrifft die Entscheidung darüber, ob dem Verurteilten die Zahlung der aus dem Produkt der Anzahl der Tagessätze und ihrer Höhe sich ergebenden Geldstrafe mit dem Eintritt der Rechtskraft sofort und in voller Höhe zumutbar ist oder ob **Zahlungserleichterungen** zu gewähren sind. Nach § 42 hat das erkennende Gericht über Zahlungsfristen bzw. die Gestattung von Teilzahlungen im Urteil oder Strafbefehl zu entscheiden, während nach der Rechtskraft die Vollstreckungsbehörde (§ 459a StPO) bzw. die Gnadeninstanz (vgl. § 41 Gnadenordnung von Baden-Württemberg vom 23.3.1971) zuständig ist. Auszugehen ist von dem Grundsatz, daß die Geldstrafe in einem Betrag alsbald nach Rechtskraft bezahlt werden muß[35]; bei Gewährung von Ratenzahlung gewinnt die Geldstrafe dagegen den Charakter der „Laufzeitgeldstrafe"[36]. Die Höhe der Tagessätze darf nicht durch die Zubilligung von Ratenzahlungen zum Nachteil des Täters beeinflußt werden[37]. Zahlungserleichterungen sind dann zu gewähren, wenn dem Verurteilten die sofortige Bezahlung des vollen Betrags nach seinen persönlichen und wirtschaftlichen Verhältnissen nicht zuzumuten ist (z. B. Höhe der Geldstrafe, Familiengröße, Krankheit, Verschuldung, Berufswechsel, Alter) oder wenn sonst die Wiedergutmachung des Schadens durch den Verurteilten erheblich gefährdet wäre (§ 459 I 2 StPO). Trotz der Vergünstigung muß die Geldstrafe eine empfindliche Belastung bleiben und darf sich nicht in ein „bequemes Abzahlungsgeschäft" verwandeln[38]. Bei Gewährung von Ratenzahlung kann das Gericht (bzw. die Vollstreckungsbehörde) nach § 42 S. 2 eine *Verfallklausel* aufnehmen, die den Widerruf der Vergünstigung (§ 459a II StPO) ersetzt[39]. Bei nicht fristgerechter Zahlung einer Rate wird in diesem Falle der gesamte Restbetrag der Geldstrafe fällig, was lediglich durch einen Aktenvermerk festzustellen ist (§ 459a III 1 StPO).

---

[33] Vgl. dazu *Dreher / Tröndle*, § 40 Rdn. 26; *Lackner*, § 40 Anm. 7; *LK (Tröndle)* § 40 Rdn. 59ff.; *D. Meyer*, DAR 1976, 148; *Grebing*, ZStW 88 (1976) S. 1097ff. Die Auffassung der Schätzung als ultima ratio (so BT-Drucksache V/4095 S. 21), auf die *Maurach / Gössel / Zipf*, Allg. Teil II S. 460 hinweist, hat sich in der Praxis nicht durchgesetzt.

[34] Vgl. die Vorschläge von *Fleischer*, Strafzumessung S. 255ff. und *Ruth-Ellen Schaeffer*, Tagessatzhöhe S. 208ff.

[35] Vgl. *Horn*, NJW 1974, 626; *LK (Tröndle)* § 42 Rdn. 5; *Maurach / Gössel / Zipf*, Allg. Teil II S. 460; *Zipf*, in: *Roxin* u. a., Einführung S. 73.

[36] Vgl. *Zipf*, ZStW 86 (1974) S. 517. Die Praxis ist nach der Untersuchung von *H.-J. Albrecht*, Strafzumessung S. 279 „äußerst ratenzahlungsfreundlich".

[37] Vgl. *Lackner*, § 40 Anm. 6d; *Tröndle*, ÖJZ 1975, 595.

[38] Vgl. *Maurach / Gössel / Zipf*, Allg. Teil II S. 460; *Tröndle*, ÖJZ 1975, 595.

[39] Nach *Lackner*, § 42 Anm. 3 ist die Verfallklausel aufzunehmen, „wenn eine bestimmte Wahrscheinlichkeit für die Fähigkeit des Verurteilten zu rechtzeitiger Zahlung spricht, sein Zahlungswille aber zweifelhaft ist". Das von *Horn*, Die strafrechtlichen Sanktionen S. 13f. sowie NJW 1974, 629 entworfene Berechnungsschema für die Ratenhöhe ist zu kompliziert, um praktikabel zu sein.

IV. Die Vollstreckung der Geldstrafe

1. Die kriminalpolitische Wirksamkeit der Geldstrafe hängt entscheidend davon ab, daß sie bezahlt oder jedenfalls beigetrieben wird[40]. **Vollstreckungsbehörde** ist nach §§ 451 StPO, 4 I StVollstrO die **Staatsanwaltschaft**. Dadurch ist eine zügige Durchführung des Vollstreckungsverfahrens sichergestellt. Die Vollstreckungsbehörde ist auch zur Änderung oder Aufhebung der Entscheidung des Gerichts über eine Zahlungserleichterung nach § 42 zuständig (§ 459a II 1 StPO), kann zum Nachteil des Verurteilten von der Entscheidung des Gerichts aber nur aufgrund neuer Tatsachen oder Beweismittel abweichen (§ 459a II 2 StPO). Die der Vollstreckungsbehörde obliegenden Aufgaben sind nach § 31 II RPflG dem Rechtspfleger übertragen. Über Einwendungen entscheidet der Staatsanwalt, an dessen Stelle der Rechtspfleger tätig geworden ist; gegen dessen Entscheidung kann nach § 458 II StPO das Gericht angerufen werden. Zur technischen Hilfe bei der Vollstreckung der Geldstrafe sind EDV-Anlagen und Computer eingeführt worden, die sämtliche büromäßigen Vorgänge ohne manuellen Arbeitsgang ausführen und eine jederzeit präsente Kontrolle ermöglichen.

2. Für das **Vollstreckungsverfahren** gelten die §§ 459 - 459h StPO, ferner subsidiär die Justizbeitreibungsordnung vom 11. 3. 1937 (RGBl. I S. 298). Hinzu tritt weiter die Strafvollstreckungsordnung i. d. F. vom 1. 1. 1978. Nach § 48 StVollstrO richtet sich die Vollstreckung von Geldstrafen nach der Einforderungs- und Beitreibungsanordnung vom 20. 11. 1974 (BAnz. Nr. 230). Nach § 1 EBAO bestimmt sich die Einforderung und Beitreibung von Geldstrafen nach der Justizbeitreibungsordnung und dieser Anordnung. Sofern nicht Zahlungserleichterungen gewährt werden, beträgt die Zahlungsfrist zwei Wochen nach Rechtskraft (§ 3 EBAO). Nach der Zahlungsaufforderung (§§ 4 I, 5 I EBAO) erfolgt in der Regel noch eine Mahnung, wenn nicht rechtzeitig gezahlt wird (§ 7 EBAO). Anschließend beginnt die Vollstreckung. Der Versuch der Vollstreckung der Geldstrafe kann, damit „überflüssiger Verwaltungsaufwand vermieden"[41] wird, unterbleiben, wenn zu erwarten ist, daß diese in absehbarer Zeit zu keinem Erfolg führen wird (§ 459c II StPO)[42]. Die Strafvollstreckungskammer (§§ 462 I 1, 462a StPO) kann ferner nach § 459d StPO anordnen, daß die Vollstreckung der Geldstrafe unterbleibt, wenn zugleich Freiheitsstrafe zu vollstrecken oder zur Bewährung ausgesetzt ist und die Vollstreckung der Geldstrafe die Wiedereingliederung des Verurteilten erschweren würde. Auf diese Weise können die nachteiligen Wirkungen der kumulativen Geldstrafe (§ 41) noch im Vollstreckungsverfahren aufgefangen werden. Die Vollstreckung richtet sich nach § 6 JBeitrO, der auf die ZPO verweist, und §§ 8 ff. EBAO. Für die Geldstrafe haftet das bewegliche und unbewegliche Vermögen des Verurteilten. Bei der Vollstreckung in bewegliche Sachen erteilt die Vollstreckungsbehörde nach § 9 EBAO dem Vollziehungsbeamten (Gerichtsvollzieher) direkt den Vollstreckungsauftrag. Den Pfändungs- und Überweisungsbeschluß erläßt die Vollstreckungsbehörde selbst (§ 6 II 2 JBeitrO). Das Zwangsversteigerungsverfahren in das unbewegliche Vermögen richtet sich dagegen nach den allgemeinen Vorschriften.

3. An die Stelle einer uneinbringlichen Geldstrafe tritt nach § 43 S. 1 die **Ersatzfreiheitsstrafe**. Sie ist nicht nur Zwangsmittel, um die Bezahlung der Geldstrafe durchzusetzen – eine heilsame Wirkung, die sie freilich oft genug hat[43] – sondern echte Strafe, die im Falle der Vollstreckung an die Stelle der uneinbringlichen Geldstrafe tritt. Kann die Geldstrafe nicht eingebracht werden oder ist die Vollstreckung wegen Aussichtslosigkeit nach § 459c II unterblieben, so wird auf Anordnung der

---

[40] Vgl. *Tröndle*, ZStW 86 (1974) S. 560.

[41] So *Kleinknecht / Meyer*, § 459c StPO Rdn. 3.

[42] Die Zwangsvollstreckung endet nach der Untersuchung von *H.-J. Albrecht*, Strafzumessung S. 251 in 80 % der Fälle ohne Erfolg.

[43] Die Vollstreckung der Ersatzfreiheitsstrafe wird in 15 % der Fälle angeordnet, aber nur in 4,3 % der Fälle durchgeführt, weitaus am meisten übrigens bei der Gruppe der Arbeitslosen; vgl. *H.-J. Albrecht*, Strafzumessung S. 271. Die Quote der Vollstreckungen liegt heute höher als vor zehn Jahren, nämlich bei 6 - 7 % aller Geldstrafen.

Vollstreckungsbehörde die Ersatzfreiheitsstrafe vollstreckt (§ 459e I StPO), wobei einem Tagessatz ein Tag Freiheitsstrafe entspricht[44] und das Mindestmaß (im Unterschied zu § 38 II) ein Tag ist (§ 43 S. 2 und 3). Der Strafrichter (§ 462a II StPO) bzw. die Strafvollstreckungskammer (§ 462, 462a StPO) können aber nach § 459f StPO anordnen, daß die Vollstreckung der Ersatzfreiheitsstrafe unterbleibt, wenn sie für den Verurteilten eine *unbillige Härte* wäre, was nicht schon dann der Fall ist, wenn den Verurteilten an der Uneinbringlichkeit der Geldstrafe kein Verschulden trifft (BGH 27, 90 [93]; OLG München GA 1984, 185 [187])[45]. Nach § 49 II StVollstrO regt die Vollstreckungsbehörde eine solche Anordnung bei der Strafvollstreckungskammer an, wenn ihrer Ansicht nach die Voraussetzungen des § 459f StPO vorliegen. Ebenso kann selbstverständlich der Verurteilte selbst einen solchen Antrag stellen. Bei Zahlung des Restbetrages ist der Verurteilte zu entlassen; entrichtet er nur einen Teil, verkürzt sich entsprechend die Dauer der Ersatzfreiheitsstrafe. Die Aussetzung des Restes einer Ersatzfreiheitsstrafe aufgrund § 57 ist nach überwiegender, aber umstrittener Rechtsprechung nicht zulässig[46].

V. Abwendung der Ersatzfreiheitsstrafe durch freie Arbeit

1. Die Geldstrafe ist seit Einführung des Tagessatzsystems auch auf sozial schwache und strafrechtlich erheblich vorbelastete Gruppen ausgedehnt worden[47]. Diese an sich positive Entwicklung hat jedoch die negative Kehrseite, daß die Zahl der Vollstreckungen der Ersatzfreiheitsstrafe zugenommen hat[48]. Um die Ungerechtigkeit, die darin liegt, daß ein Verurteilter, weil er arm ist, eine Freiheitsstrafe verbüßen muß, während der Bessergestellte wegen der gleichen Tat nur eine Geldeinbuße erleidet, abzumildern, ist in **Art. 293 EGStGB** als Surrogat der Ersatzfreiheitsstrafe die **freie Arbeit** vorgesehen[49]. Durch diese Vorschrift werden die Landesregierungen ermächtigt, durch Rechtsverordnung Regelungen zu treffen, wonach die Vollstreckungsbehörde dem Verurteilten gestatten kann, die Vollstreckung einer Ersatzfreiheitsstrafe durch freie, unentgeltliche Arbeit abzuwenden.

2. Alle **Bundesländer** haben inzwischen solche Verordnungen erlassen, die meisten als Rechtsverordnung, einige als Gnadenregelung (was unzweckmäßig ist, da es sich um Recht und nicht um Gnade handelt)[50]. Die Durchführung liegt in der Hand

---

[44] Gegen diese überstrenge Relation *Blei*, Allg. Teil S. 402; *Dreher / Tröndle*, § 43 Rdn. 4; *Grebing*, ZStW 88 (1976) S. 1111; *Jescheck*, Lange-Festschrift S. 379; *Tröndle*, ZStW 86 (1974) S. 575; *derselbe*, ÖJZ 1975, 598; *Zipf*, in: *Roxin* u. a., Einführung S. 74. Dafür aber *Horn*, JR 1977, 100; *SK (Horn)* § 43 Rdn. 2; *Vogler*, JR 1978, 355.

[45] Diese restriktive Regelung ist erforderlich, um die Wirkung der drohenden Vollstreckung der Ersatzfreiheitsstrafe als Druckmittel auf zahlungsunwillige Verurteilte zu erhalten; vgl. *Dreher / Tröndle*, § 43 Rdn. 10; *Kleinknecht / Meyer*, § 459f StPO Rdn. 5; *Zipf*, in: *Roxin* u. a., Einführung S. 74, der freilich bei unverschuldeter Uneinbringlichkeit immer Nachsicht üben will.

[46] Vgl. näher unten § 79 II 1 Fußnoten 57 und 58.

[47] Vgl. *H.-J. Albrecht*, Strafzumessung S. 268ff.

[48] Nach *Heinz*, Jescheck-Festschrift Bd. II S. 963 dürften 1968 lediglich 2,5% der Geldstrafen in vollstreckte Freiheitsstrafen umgewandelt worden sein, 1971 bereits 3,8%, 1982 schon 6,8%. 1987 dürfte die Quote der vollstreckten Ersatzfreiheitsstrafen wenig unter 7% gelegen haben.

[49] Dazu *H.-J. Albrecht*, BewH 1985, 125ff.; *Dreher / Tröndle*, § 43 Rdn. 8; *Pfohl*, BewH 1985, 110ff.; *Rolinski*, MSchrKrim 1981, 52; *Krieg* u. a., MschrKrim 1984, 25; *Schädler*, ZRP 1985, 186; *Schall*, NStZ 1985, 104ff.

[50] Vgl. den Überblick bei *Heinz*, Jescheck-Festschrift Bd. II S. 963 Fußnote 50, ferner für Schleswig-Holstein *Kerner / Kästner* (Hrsg.), Gemeinnützige Arbeit S. 422.

der um zusätzliche Sozialarbeiter verstärkten Gerichtshilfe oder bei einem privaten Verein (wie in Bremen). Als Arbeiten kommen Außenarbeiten im Bereich öffentlicher Gebäude, pflegerische Arbeiten auf Friedhöfen, Parkplätzen, in öffentlichen Gärten und Parks, Wegebau und -erhaltung, Umweltschutzmaßnahmen und ähnliches in Betracht. Die Stundenzahl, die für einen Tagessatz nicht bezahlter Geldstrafe geleistet werden muß, liegt zwischen 6 und 8 Stunden; eine bundeseinheitliche Regelung ist notwendig, auch im Hinblick auf eine gerechte Relation zwischen einer Arbeitsstunde und dem unterschiedlichen Geldbetrag, den sie vertritt, sowie auf die Unfall- und die Haftpflichtversicherung. Die Erfahrungen der Länder mit der Anwendung der freien Arbeit sind nicht ungünstig. Es hat sich gezeigt, daß die Aufgabe bei guter Organisation und Kontrolle durch zusätzliches Personal durchgeführt werden kann und daß auch eine Entlastung des Strafvollzugs eintritt[51].

VI. Die Geldstrafe im ausländischen Recht[52]

Das Tagessatzsystem für die Regelung der Geldstrafe ist in *Finnland* und *Schweden* eingeführt und in beiden Ländern unbestritten. In *Dänemark* gilt es nicht für das wichtige Nebenstrafrecht und wird dort auch im übrigen möglicherweise wieder abgeschafft werden. *Norwegen* hat es nie eingeführt. *Österreich* hat das Tagessatzsystem in § 19 StGB übernommen und gründet darauf ebenso wie das deutsche Recht (§ 47) die Prioritätsklausel gegenüber der kurzfristigen Freiheitsstrafe (§ 37 österr. StGB)[53]. Die *Schweiz* hat die Geldstrafe nach dem überlieferten System beibehalten (Art. 48 StGB) und kennt auch die Umwandlung in Haft, wobei 30 Franken Buße einem Tag Haft gleichgesetzt werden (Art. 49 Ziff. 3 StGB)[54]. Die Geldstrafe spielt zahlenmäßig nicht die gleiche Rolle wie in der deutschen Praxis, die kurzfristige Freiheitsstrafe mit bedingtem Vollzug wird fast ebenso häufig angewendet[55]. Die Übernahme des Tagessatzsystems wird im Vorentwurf von *Schultz* (Art. 33) vorgeschlagen, ebenso die Einführung der gemeinnützigen Arbeit als Hauptstrafe (Art. 41).

In *Frankreich* sieht erst die durch das Gesetz vom 11.7.1975 neugestaltete Art. 41 I c.p. vor, daß die Höhe der Geldstrafe festgesetzt wird, „en tenant compte . . . des ressources et des charges des prévenus". Die Praxis ist freilich früher schon so verfahren. Das gleiche Gesetz enthält mehrere Alternativen zur kurzfristigen Freiheitsstrafe[56], doch macht die Praxis davon wenig Gebrauch, sondern verwendet weiterhin in erheblichem Maße die kurzfristige Freiheitsstrafe mit Aussetzung. Unzureichend ist vor allem die Vollstreckung der Geldstrafe[57], für die es als Zwangsmittel keine Ersatzfreiheitsstrafe, sondern nur eine Erzwingungshaft (contrainte par corps) gibt[58]. Mit der 1983 eingeführten gemeinnützigen Arbeit (Art. 43-3-1 ff. C.p.) sollen Straftäter erfaßt werden, die sonst zu einer Freiheitsstrafe ohne Bewährung verurteilt würden. Die neue Geldstrafe nach dem Tagessatzsystem (Art. 43-8 f. C.p.) ist ebenfalls als Surrogat der Gefängnisstrafe gedacht. Im *italienischen* Recht ist durch das wichtige Reformgesetz

---

[51] Vgl. die Erfahrungsberichte für die Bundesländer in: *Kerner / Kästner* (Hrsg.), Gemeinnützige Arbeit S. 161 ff.

[52] Vgl. dazu eingehend *Jescheck / Grebing*, Die Geldstrafe im deutschen und ausländischen Recht, 1978. Ferner zu Österreich, der Schweiz und Italien *Jescheck*, Würtenberger-Festschrift S. 257 ff.

[53] Über die in mehrfacher Hinsicht vorbildliche österreichische Regelung *Jescheck*, Lange-Festschrift S. 378 f.; vgl. ferner *Nowakowski*, ÖJZ 1972, 197 ff.; *Tröndle*, ÖJZ 1975, 589 ff.; *Burgstaller*, ZStW 94 (1982) S. 727 ff.; *Driendl*, Die Reform der Geldstrafe in Österreich, 1978.

[54] Vgl. *Andrea Brenn*, Die Buße und ihr Vollzug nach dem Schweizer StGB, 1975.

[55] Vgl. *Graven*, SchwZStr 79 (1963) S. 401 ff.; *Knaus*, Das Problem der kurzfristigen Freiheitsstrafe, 1973.

[56] Vgl. *Pradel*, Recueil Dalloz Chronique 1976, 63 ff.; *Decocq*, Rev sc crim 1976, 25.

[57] In der Literatur wird behauptet, daß zwei Drittel bis drei Viertel der Geldstrafen unbezahlt blieben; vgl. *Pélier*, Recueil Dalloz Chronique 1964, 223 f.; *Bouzat*, Traité Bd. I S. 582; *Stefani / Levasseur / Bouloc*, Droit pénal général S. 534 Fußnote 3.

[58] Vgl. *Jousselin*, La contrainte par corps S. 31 ff.

„Modifiche al sistema penale" vom Jahre 1981 nach der Entscheidung des Verfassungsgerichtshofs über die Verfassungswidrigkeit der Ersatzfreiheitsstrafe die Geldstrafe neu geregelt worden[59]. Die Bemessung wurde an die wirtschaftlichen Verhältnisse des Täters gebunden (Art. 133 bis C. p.) und die Möglichkeit der Ratenzahlung eingeführt (Art. 133 ter C. p.). Bei Uneinbringlichkeit verwandelt sich die Geldstrafe in kontrollierte Freiheit, außerdem kann auf Antrag des Verurteilten Ersatzarbeit zugelassen werden. Der *spanische* Código penal schreibt in Art. 63 die Berücksichtigung der finanziellen Leistungsfähigkeit des Täters vor und läßt in Art. 90 II Ratenzahlungen zu. Im Anteproyecto von 1983 ist die Geldstrafe nach Tages-, Wochen- und Monatssätzen vorgesehen, die entsprechend dem System der Laufzeitgeldstrafe kontinuierlich fällig werden sollen (Art. 45ff.)[60]. In den *Niederlanden* hat das Gesetz über Vermögenssanktionen vom Jahre 1983 die Geldstrafe in den Mittelpunkt des Sanktionensystems gestellt: Geldstrafe kann bei allen Straftaten anstelle von Freiheitsstrafe verhängt werden. Die Geldstrafenmaxima wurden 1984 in fünf Kategorien eingeteilt, in die die Straftatbestände nach ihrer Schwere eingeteilt sind. Anzahl und Höhe der Geldstrafen haben absolut und im Verhältnis zur Freiheitsstrafe stark zugenommen. Die Transaktionsbefugnis von Staatsanwaltschaft und Polizei wurde wesentlich ausgedehnt[61].

Der Anteil der Geldstrafe ist in *England* bei den Magistrates' Courts sehr hoch, die Beitreibungspraxis, der auch die Ersatzfreiheitsstrafe zur Verfügung steht, ist wirksam[62]. Der Criminal Justice Act 1972 hat als neue Surrogate der kurzen Freiheitsstrafe den „community service" und das „day training centre" eingeführt[63]. Die Geldstrafenpraxis in den *USA* weist erhebliche Mängel auf, vor allem deswegen, weil die wirtschaftliche Leistungsfähigkeit des Verurteilten zu wenig berücksichtigt wird und darum die Ersatzfreiheitsstrafe viel zu häufig vollstreckt werden muß[64]. Die Ersatzfreiheitsstrafe ist jedoch nach ständiger Rechtsprechung des Supreme Court verfassungswidrig, wenn der Verurteilte die Geldstrafe ohne eigenes Verschulden nicht aufbringen kann[65]. Das *brasilianische* Recht hat nach der Tradition des Código penal von 1830 das Tagessatzsystem im geltenden Recht eingeführt (Art. 49 C. p.)[66]. In der *DDR* ist die Geldstrafe, die ursprünglich als „Ausdruck kapitalistischer Verhältnisse" ideologisch stark abgewertet worden war[67], im StGB von 1968 (§ 36) beibehalten worden und nimmt heute wieder „unter den Maßnahmen der strafrechtlichen Verantwortlichkeit einen wichtigen Platz ein"[68]. Dies gilt vor allem seit der Reform vom 19. 12. 1974 (GBl. I 1975 S. 14), die sich bemüht hat, dem Anwachsen der Kriminalität angesichts der nicht ausreichenden gesellschaftlichen Sanktionen mit schärferen generalpräventiven Mitteln entgegenzutreten[69]. Nach der erneuten Reform vom 7. 4. 1977 (GBl. I S. 100), die das Steuer der Kriminalpolitik noch mehr in Richtung auf die Generalprävention gewendet hat[70], dürfte sich diese Tendenz fortsetzen. Die Geldstrafe spielt gleichwohl im Vergleich zur Bundesrepublik eine geringere Rolle und dürfte 30 % der Verurteilungen nicht überschreiten[71].

---

[59] *Dolcini* u. a., Commentario S. 451ff.; *Stile*, ZStW 96 (1984) S. 178ff.

[60] Vgl. *Rodríguez Devesa / Serrano Gómez*, Derecho penal S. 923 Fußnote 2 (über die ansteigende Tendenz); *Muñoz Conde*, Adiciones Bd. II S. 1088ff.

[61] Vgl. *Jescheck*, Criminal Law in Action S. 14.

[62] *Softley*, A survey of fine enforcement, 1973; *Barbara Huber*, England und Wales, in: *Jescheck / Grebing* (Hrsg.), Die Geldstrafe S. 349f.

[63] Vgl. *Cross*, The English Sentencing System S. 26.

[64] Vgl. *Westen*, California Law Review 57 (1969) S. 778ff.

[65] Vgl. *Plagemann*, USA, in: *Jescheck* (Hrsg.), Die Freiheitsstrafe Bd. II S. 1656.

[66] Vgl. *Fragoso*, Lições S. 328ff.; *de Jesus*, Comentários, Art. 49 Anm. 1; *da Costa jr.*, Comentários, Art. 49 Anm. 2c.

[67] Vgl. *Görner*, NJ 1962, 217; *Friebel*, NJ 1959, 201f.; *Jescheck*, Radzinowicz-Festschrift S. 517.

[68] So *Lekschas / Renneberg*, Lehrbuch S. 471.

[69] *Irene Sagel-Grande*, ZStW 87 (1975) S. 785ff.

[70] Vgl. *Fricke*, Deutschland-Archiv 1977, 452ff.

[71] Vgl. *Thea Lyon*, DDR, in: *Jescheck / Grebing* (Hrsg.), Die Geldstrafe S. 237.

§ 74 Das Fahrverbot

Bode, Voraussetzungen des Fahrverbots, DAR 1970, 57; *Bruns,* Die Entziehung der Fahrerlaubnis usw., GA 1954, 161; *Cramer,* Straßenverkehrsrecht, Bd. I, 2. Aufl. 1977; *derselbe,* Die Austauschbarkeit der Entziehung der Fahrerlaubnis gegen ein Fahrverbot, NJW 1968, 1764; *derselbe,* Zur Reform von Fahrerlaubnisentziehung und Fahrverbot, Gedächtnisschrift für H. Schröder, 1978, S. 533; *Hartung,* Der BGH zur Entziehung der Fahrerlaubnis, JZ 1954, 137; *derselbe,* Das Zweite Gesetz zur Sicherung des Straßenverkehrs, NJW 1965, 86; *Himmelreich / Hentschel,* Fahrverbot – Führerscheinentzug, 5. Aufl. 1986; *Janiszewski,* Keine Reformbedürftigkeit von Fahrerlaubnisentziehung und Fahrverbot, DAR 1977, 312; *Lackner,* Das Zweite Gesetz zur Sicherung des Straßenverkehrs, JZ 1965, 92; *Nüse,* Zu den neuen Vorschriften zur Sicherung des Straßenverkehrs, JR 1965, 41; *Pohlmann,* Das Fahrverbot in vollstreckungsrechtlicher Sicht, Rechtspfl 1965, 73; *Schmidt-Leichner,* Anmerkung zu BGH 5, 168, NJW 1954, 159; *Sonnen,* Fahrverbot und Entziehung der Fahrerlaubnis, JA 1983, 300; *Warda,* Das Zweite Gesetz zur Sicherung des Straßenverkehrs, MDR 1965, 1; *derselbe,* Das Fahrverbot gemäß § 37 StGB, GA 1965, 65; *v. Weber,* Die Sonderstrafe, DRiZ 1951, 153; *Wollentin-Brekkerfeld,* Verfahrensrechtliche Schwierigkeiten bei der Durchsetzung des Fahrverbots, NJW 1966, 632.

I. Rechtsnatur und Regelung des Fahrverbots

1. Das Fahrverbot ist die einzige **Nebenstrafe** des geltenden Rechts (§ 44); es wird durch die Überschrift als solche ausgewiesen[1]. Ein Fahrverbot kann nach § 25 StVG aber auch durch die Verwaltungsbehörde als Nebenfolge auferlegt werden, wenn gegen den Betroffenen wegen einer Verkehrsordnungswidrigkeit nach § 24 StVG, die er unter grober oder beharrlicher Verletzung der Pflichten eines Kraftfahrzeugführers begangen hat, eine Geldbuße festgesetzt wird[2]. Das Fahrverbot ist von der Entziehung der Fahrerlaubnis nach § 69 zu unterscheiden (vgl. unten § 78 II). Die Entziehung der Fahrerlaubnis ist eine Maßregel der Besserung und Sicherung, die auf die mangelnde Eignung des Täters zum Führen von Kraftfahrzeugen abstellt, während das Fahrverbot als *Denkzettel* wegen eines schuldhaften erheblichen Versagens im Straßenverkehr aus Gründen der Spezial- und Generalprävention gedacht ist, wenn der Täter seiner Persönlichkeit nach noch nicht als ungeeignet zum Führen von Kraftfahrzeugen erscheint[3,4]. Als Strafe wird das Fahrverbot nach den allgemeinen Regeln der Strafzumessung behandelt (über die Bedeutung des Fahrverbots im Rahmen der gesamten Strafzumessung BGH 29, 58 [60 ff.])[5]. Die Anordnung setzt im Unterschied

---

[1] Zuerst vorgeschlagen durch *v. Weber,* DRiZ 1951, 153 ff. Näher dazu *Hartung,* NJW 1965, 88 f.; *Lackner,* JZ 1965, 94 f.; *Nüse,* JR 1965, 42; *Warda,* MDR 1965, 1 f.; *Cramer,* Straßenverkehrsrecht, § 44 StGB Anm. 1; *Himmelreich / Hentschel,* Fahrverbot S. 140. Als Hauptstrafe, wie nach dem französischen Gesetz vom 11. 7. 1975, kann das Fahrverbot nicht verwendet werden.

[2] Zum Fahrverbot nach § 25 StVG *Himmelreich / Hentschel,* S. 170 ff.; über das Verhältnis von Geldbuße und Fahrverbot vgl. BVerfGE 27, 36 (40 ff.); BGH 24, 11 (13).

[3] BVerfGE 27, 36 (40 ff.) (zu § 25 StVG); OLG Düsseldorf, VRS 68, 262 (263); *Dreher / Tröndle,* § 44 Rdn. 2; *Lackner,* § 44 Anm. 1; *LK (Schäfer)* § 44 Rdn. 2; *Maurach / Gössel / Zipf,* Allg. Teil II S. 471; *Sonnen,* JA 1983, 300 f.; *Schönke / Schröder / Stree,* § 44 Rdn. 1; *SK (Horn)* § 44 Rdn. 3; *Warda,* GA 1965, 72 ff.

[4] Wegen der weitgehenden Deckungsgleichheit der beiden Sanktionen im praktischen Gebrauch wird in diesem Zusammenhang von „Etikettenschwindel" gesprochen; vgl. zur Kritik *Cramer,* NJW 1968, 1764 ff.; *LK (Schäfer)* § 44 Rdn. 1; *Naucke,* Einführung S. 104 f. Zur Reform *Cramer,* Schröder-Gedächtnisschrift S. 544 ff. Dagegen zu Recht *Janiszewski,* DAR 1977, 312 ff.

[5] Das Fahrverbot kann insofern ungerecht wirken, als es den beruflich auf das Kraftfahrzeug angewiesenen Verurteilten ungleich schwerer trifft als den Sonntagsfahrer; vgl. dazu OLG Celle VRS 62, 38 (39); OLG Stuttgart Die Justiz 1964, 174; *LK (Schäfer)* § 44 Rdn. 14.

zu § 25 StVG nicht voraus, daß der Täter wiederholt, hartnäckig oder besonders verantwortungslos gehandelt hat (BGH 24, 348). Das Fahrverbot besteht in dem Verbot an den Verurteilten, Kraftfahrzeuge jeder oder einer bestimmten Art für die Dauer von einem Monat bis zu drei Monaten zu führen[6]. Der Verurteilte behält die Fahrerlaubnis, darf aber für die festgesetzte Frist von ihr keinen Gebrauch machen. Das Verbot ist durch den Vergehenstatbestand des § 21 I Nr. 1, 2; II Nr. 1 StVG gesichert. Das Fahrverbot wird mit der Rechtskraft des Urteils oder Strafbefehls (§ 407 II Nr. 1 StPO) wirksam; ein von einer deutschen Behörde erteilter Führerschein wird während der Dauer des Verbots von der Vollstreckungsbehörde amtlich verwahrt, in ausländischen Fahrausweisen wird das Fahrverbot vermerkt (§ 44 III). Die Verbotsfrist beginnt aber erst vom Zeitpunkt der Verwahrung oder des Vermerks an zu laufen, was den rechtsunkundigen Verurteilten erheblich benachteiligen kann (§ 44 IV).

2. Die Verurteilung zu Fahrverbot setzt eine Straftat (nicht nur eine rechtswidrige Tat i. S. von § 11 I Nr. 5) voraus. Im übrigen aber entsprechen die **Voraussetzungen** denen des § 69: der Täter muß die Straftat bei oder im Zusammenhang mit dem Führen eines Kraftfahrzeugs oder unter Verletzung der Pflichten eines Kraftfahrzeugführers begangen haben (vgl. unten § 78 II 3a), wobei freilich zu beachten ist, daß § 69 im Unterschied zu § 44 einen Eignungsmangel voraussetzt. Die Rechtsprechung hat diese Begriffe weit ausgelegt[7].

Der Begriff des Führens eines Kraftfahrzeugs bezieht sich auf die eigentlichen Verkehrsdelikte und auf Straftaten, die durch das Führen eines Kraftfahrzeugs begangen werden, wie fahrlässige Tötung. Der Täter braucht das Kraftfahrzeug aber nicht einmal selbst gelenkt zu haben (BGH 10, 333 [335]). Im Zusammenhang mit dem Führen eines Kraftfahrzeugs ist eine Straftat begangen, wenn die Benutzung des Wagens zu einer anderen Straftat beigetragen hat[8]. Beispiele sind Straftaten, die der Täter als reisender Betrüger begeht (BGH 5, 179 [181 f.]), Sittlichkeitsdelikte im Kraftwagen (BGH 7, 165), der Abtransport der Beute nach einem Raubüberfall (BGH 10, 333 [336]), der Betrug sogar erst zum Zwecke der Erlangung des Kraftwagens (BGH 17, 218), das Erschwindeln von Tankstellenleistungen (BGH VRS 30, 275), die Mißhandlung anderer Verkehrsteilnehmer bei Streitigkeiten wegen verkehrswidrigen Verhaltens (BayObLG NJW 1959, 2126; OLG Köln NJW 1963, 2379), die Inbetriebnahme eines mit abgefahrenen Reifen ausgestatteten Lastzugs durch den Halter (OLG Stuttgart NJW 1961, 690), nicht aber eine Vergewaltigung nach dem Ende der Fahrt (BGH 22, 328). Eine unter Verletzung der Pflichten eines Kraftfahrzeugführers begangene Straftat ist die Überlassung des Steuers an einen Fahruntüchtigen oder an jemanden, der keine Fahrerlaubnis besitzt, sowie der Widerstand gegen die Staatsgewalt bei einer Blutentnahme (OLG Hamm VRS 8, 46).

Wenn der Täter wegen vorsätzlicher oder fahrlässiger Trunkenheitsfahrt (§§ 315c I Nr. 1a, III, 316) verurteilt wird und die Entziehung der Fahrerlaubnis nach § 69 unterbleibt, ist das Fahrverbot nach § 44 in der Regel anzuordnen (§ 44 I 2). Diese eigentümliche *Einschränkung des Strafzumessungsermessens* des Richters erklärt sich dadurch, daß auch § 25 I 2 StVG vorsieht, daß in der Regel ein Fahrverbot anzuordnen ist, wenn eine Geldbuße nach § 24a StVG wegen Überschreitung der 0,8-Promillegrenze festgesetzt wird (OLG Hamm NJW 1975, 1983) (vgl. BT-Drucksache VII/133 S. 7).

°3. Bei **ausländischen Fahrberechtigungen** ist das Fahrverbot nach Art. 24 V des Internationalen Abkommens über den Straßenverkehr vom 19. 9. 1949 nur bei einem Verstoß gegen Verkehrsvorschriften zulässig (§ 44 II). Eine neue europäische Regelung enthält die „Convention

---

[6] Zu der verfahrensrechtlichen Problematik vgl. *Wollentin-Breckerfeld*, NJW 1966, 632 ff.; zu den vollstreckungsrechtlichen Fragen vgl. *Pohlmann*, Rechtspfl. 1965, 73 ff.
[7] Vgl. *Cramer*, Straßenverkehrsrecht, § 44 StGB Anm. 17 ff.; *Bode*, DAR 1970, 57 ff.; *Himmelreich / Hentschel*, S. 4 ff.; *Schönke / Schröder / Stree*, § 69 Rdn. 10 ff.
[8] Vgl. dazu näher *Bruns*, GA 1954, 185 ff.; *Hartung*, JZ 1954, 138; *Schmidt-Leichner*, NJW 1954, 162.

européenne sur les effets internationaux de la déchéance du droit de conduire un véhicule à moteur" (1976) des Europarats (Série des Traités européens No 88).

II. Die Anwendung von Fahrverbot und Entziehung der Fahrerlaubnis in der Praxis

1. Das **Fahrverbot** (§ 44) wird als äußerst wirksame Sonderstrafe für Kraftfahrer zunehmend angewendet; im Jahre 1967 verzeichnete die Statistik 9829, im Jahre 1974 bereits 12 840, im Jahre 1985 sogar 36 928 Fahrverbote.

2. Die **Entziehung der Fahrerlaubnis** (§ 69) ist freilich viel häufiger; im Jahre 1967 waren es 96 169, im Jahre 1974 schon 135 081, im Jahre 1985 sogar 172 520 Fälle. Der Grund für die Bevorzugung der Entziehung der Fahrerlaubnis liegt vor allem darin, daß ein Zeitraum von höchstens drei Monaten von den Gerichten als zu gering angesehen wird. Dies zeigt sich daran, daß bei der Entziehung der Fahrerlaubnis im Jahre 1974 in 65,1 % der Fälle eine Sperre nach § 69a zwischen sechs Monaten und zwei Jahren ausgesprochen wurde, während die Sperrfrist bis zu sechs Monaten von 46,6 % im Jahre 1967 auf 31,4 % im Jahre 1974 zusammengeschrumpft ist. Außerdem geht die Entziehung der Fahrerlaubnis wegen ihrer weiterreichenden Wirkung (die Fahrberechtigung geht verloren und muß wieder erworben werden) dem Fahrverbot bei der Erwägung über die Anordnung der einen oder der anderen Sanktion vor.

3. Nach § 51 V ist eine vorläufige Entziehung der Fahrerlaubnis (§ 111a StPO) sowie eine Verwahrung, Sicherstellung oder Beschlagnahme des Führerscheins (§ 94 StPO) auf das Fahrverbot **anzurechnen.**

§ 75 Die Nebenfolgen

Esser, Die Ehrenstrafe, 1956; *Jekewitz,* Der Verlust des Abgeordnetenmandats aufgrund strafrichterlicher Entscheidung usw., DÖV 1969, 781; *derselbe,* Der Ausschluß vom aktiven und passiven Wahlrecht usw., GA 1977, 161; *derselbe,* Freiheitsentzug und Abgeordnetenmandat, GA 1981, 433; *Petzold,* Die Veröffentlichung von Strafurteilen durch Aushang an der Gemeindetafel, MDR 1962, 264; *Rittler,* Die Ehrenstrafen im künftigen Strafrecht, SchwZStr 37 (1924) S. 10; *Schomburg,* Die öffentliche Bekanntmachung einer strafrechtlichen Verurteilung, ZRP 1986, 65; *v. Stackelberg,* Die Folgen der strafgerichtlichen Verurteilung, ZStW Beiheft Athen 1957, S. 181.

Die Strafrechtsreform hat die Aberkennung der bürgerlichen Ehrenrechte beseitigt (vgl. 2. Auflage S. 594). Als Statusfolgen einer strafgerichtlichen Verurteilung sind in § 45 nur noch der Verlust der Amtsfähigkeit, der Wählbarkeit und des Stimmrechts vorgesehen[1]. Der Gesetzgeber bezeichnet sie als Nebenfolgen und bringt damit zum Ausdruck, daß es sich nicht um Nebenstrafen[2] handelt wie beim Fahrverbot (§ 44), aber auch nicht um Maßregeln im Sinne von §§ 61 ff., sondern um **Sanktionen eigener Art,** die mit einer Verurteilung zu Strafe kraft Gesetzes verbunden sind oder durch Richterspruch verbunden werden können.

---

[1] Über Rechtsverluste außerhalb des Strafrechts, die aufgrund einer strafgerichtlichen Verurteilung eintreten oder eintreten können und deswegen vom Richter nach § 46 I 2 berücksichtigt werden müssen, vgl. z. B. §§ 9 I Nr. 2, 24 BRRG; §§ 12 I Nr. 2, 48 BBG; § 32 Nr. 1 GVG; §§ 10, 30 WehrpflichtG; §§ 38, 46 II SoldG; §§ 9, 45 ZDG; § 21 II HandwO; § 17 IV BJagdG; § 5 II WaffG. Vgl. dazu weiter *v. Stackelberg,* ZStW Beiheft Athen S. 183 ff.; *LK (Tröndle)* § 45 Rdn. 34 ff.

[2] In § 56 E 1962 waren der Verlust der Amtsfähigkeit, der Wählbarkeit und des Stimmrechts noch als Nebenstrafen eingestuft und dem Fahrverbot (§ 58) an die Seite gestellt; ebenso zum geltenden Recht *Lackner,* § 45 Anm. 3.

I. Der Verlust der Amtsfähigkeit, der Wählbarkeit und des Stimmrechts (§§ 45 ff.)

1. Der Verlust der Amtsfähigkeit bedeutet den **Verlust der Fähigkeit, öffentliche Ämter zu bekleiden.** Mit dem Verlust der Amtsfähigkeit gehen zugleich die Ämter verloren, die der Verurteilte innehat, soweit das Gesetz nicht – wie z. B. § 47 I Nr. 3 BWahlG[3] – etwas anderes bestimmt (§ 45 IV). Ihr Neuerwerb nach Ablauf der gesetzlichen oder im Urteil bestimmten Frist ist aber nicht ausgeschlossen. Öffentliche Ämter sind alle inländischen Dienststellungen, die aus der Staatsgewalt abgeleitet sind und staatlichen Zwecken dienen (RG 62, 24 [26 f.]). Hierzu zählen auch Gemeindeämter, Ämter in Körperschaften und Anstalten des öffentlichen Rechts wie den Universitäten und der Sozialversicherung (RG 44, 121 [129]). Der Verlust der Amtsfähigkeit führt auch zum Verlust der Wählbarkeit für den Bundestag (§ 15 II Nr. 2 BWahlG) und zur Versagung der Zulassung bzw. zur Rücknahme der Zulassung zur Anwaltschaft (§§ 7 Nr. 2, 14 I Nr. 3 BRAO). Die Notare bekleiden nach § 1 BNotO ein öffentliches Amt, eine strafgerichtliche Verurteilung hat nach § 49 BNotO den Amtsverlust in gleicher Weise zur Folge wie für einen Landesjustizbeamten. Für Schöffen ergibt sich das Erfordernis der Amtsfähigkeit aus § 32 Nr. 1 GVG[4]. Der Verlust der Wählbarkeit (des passiven Wahlrechts) besteht in dem **Verlust der Fähigkeit, Rechte aus öffentlichen Wahlen zu erlangen.** Der Verlust der Wählbarkeit hat ebenfalls den Verlust der Rechtsstellungen zur Folge, die der Verurteilte innehat (§ 45 IV), z. B. den Verlust des Landtagsmandats. Öffentliche Wahlen sind alle (inländischen) Wahlen in öffentlichen Angelegenheiten, z. B. Wahlen zu den Gesetzgebungsorganen des Bundes oder eines Landes, zu den Kreis- und Gemeindevertretungen, zu den Organen der Universitäten, zur Industrie- und Handelskammer, zu den Organen der Sozialversicherung. Kirchliche Wahlen fallen ebensowenig unter § 45 wie kirchliche Ämter, weil es sich hier nur um die Regelung des weltlichen Bereichs handelt[5].

2. Der Verlust der Amtsfähigkeit und der Wählbarkeit kann automatisch oder durch Richterspruch eintreten.

a) **Automatisch** tritt der Verlust der Amtsfähigkeit und der Wählbarkeit ein als Folge der Verurteilung zu Freiheitsstrafe von mindestens einem Jahr wegen eines Verbrechens (§ 45 I)[6]. Der Verlust der Amtsfähigkeit und der Wählbarkeit dauert in diesem Falle fünf Jahre.

b) Das Gericht **kann** die Amtsfähigkeit und die Wählbarkeit für die Dauer von zwei bis fünf Jahren aberkennen, soweit das Gesetz dies besonders vorsieht (§ 45 II). Der **Verlust des Stimmrechts** kann nur durch Richterspruch eintreten, soweit das Gesetz es besonders bestimmt (§ 45 V). Alle drei Sanktionen sind vorgesehen z. B. in §§ 92a, 101, 102 II, 109i, der Amtsverlust und der Verlust der Wählbarkeit in §§ 129a VI, 264 V 1, 375 I AO 1977, der Verlust der Wählbarkeit und des Stimmrechts in § 108c, der Verlust der Amtsfähigkeit in § 358. Der Schutz des Staates, seiner Einrichtungen und Funktionen steht hinter diesen Vorschriften. Die Statusfolge wird bei Anordnung durch Richterspruch ihrer überwiegenden Art nach als Nebenstrafe angesehen, auf die die allgemeinen Strafzumessungsregeln des § 46

---

[3] Dazu *Jekewitz,* DÖV 1969, 783.
[4] Vgl. weitere Rechtsvorschriften über die Auswirkungen des Verlusts der Amtsfähigkeit bei *Dreher / Tröndle,* § 45 Rdn. 2.
[5] Vgl. RG 47, 49 (51); *Dreher / Tröndle,* § 45 Rdn. 2, 3; *LK (Tröndle)* § 45 Rdn. 5, 27; *Schönke / Schröder / Stree,* § 45 Rdn. 7, 9; *SK (Horn)* § 45 Rdn. 4, 6.
[6] Kritisch dazu *Jekewitz,* GA 1977, 169; 1981, 438.

anwendbar sind[7]. Da die Statusverluste jedoch vom Gesetzgeber ausdrücklich als Nebenfolgen und nicht als Nebenstrafen bezeichnet werden, soll dem Richter hier ein weiterer Ermessensspielraum eröffnet werden. Maßgebend sind daher in erster Linie Gesichtspunkte der General- und Spezialprävention, insbesondere die Notwendigkeit der Fernhaltung des Täters von allen Bereichen öffentlicher Verantwortung und die Einwirkung auf das allgemeine Rechtsbewußtsein, ohne daß der Richter dabei streng an das Schuldprinzip gebunden wäre[8].

3. Die **Wirkung der Nebenfolgen** tritt mit der Rechtskraft des Urteils ein (§ 45a I). Die Berechnung der Fristen ist in § 45a II, III geregelt. Zu beachten ist vor allem, daß die Dauer der Nebenfolge erst vom Zeitpunkt der Erledigung einer Freiheitsstrafe oder freiheitsentziehenden Maßregel an berechnet wird.

4. Eine Maßnahme der Rehabilitation ist die **Wiederverleihung** der nach § 45 I, II und V verlorenen Fähigkeiten und Rechte durch Richterspruch (§ 45b). Für das Verfahren gilt § 462 I 2 StPO, zuständig ist das Gericht des ersten Rechtszuges (§ 462a II StPO).

II. Die Bekanntgabe der Verurteilung (§§ 103 II, 165, 200)

1. Die Bekanntgabe der Verurteilung ist eine Nebenfolge (§ 6 I 2 JGG), die bei falscher Verdächtigung (§ 165), Beleidigung (§ 200) und Beleidigung von Organen und Vertretern ausländischer Staaten (§ 103 II) vorgesehen ist, wenn die Tat öffentlich oder durch Verbreiten von Schriften und anderen Darstellungen (§ 11 III) begangen ist und ihretwegen auf Strafe erkannt wird[9]. Die Nebenfolge dient der **Genugtuung für den Verletzten**[10] und dem ideellen Schadensersatz, indem die Verdächtigung richtiggestellt bzw. die Ehrenkränkung beseitigt wird (für Doppelcharakter RG 73, 24 [26f.]; BGH 10, 306 [311]; OLG Nürnberg NJW 1951, 124). Häufiger ist die Bekanntgabe der Verurteilung im *Nebenstrafrecht*, wo die wirtschaftlichen Folgen der Sanktion den Verurteilten empfindlicher treffen können als die Strafe selbst (§§ 23 I UWG, 111 UrhG, 142 III PatG, 25 III GMG, 30 II WZG).

2. Das Gericht ordnet die Bekanntgabe im Urteil oder Strafbefehl (§ 407 II Nr. 1 StPO) an, jedoch ist ein Antrag des Verletzten, des sonst Strafantragsberechtigten (vgl. unten § 85 I 3) oder des Staatsanwalts (§ 103 II 2) erforderlich. Art und Umfang der Bekanntmachung bestimmt das Gericht in seiner Entscheidung (§ 200 II)[11]. Die Vollstreckung erfolgt durch die Vollstreckungsbehörde (§§ 451 StPO, 59 II StVollstrO), jedoch nur auf Verlangen des Antragstellers (§ 463c II StPO).

---

[7] So BGH *Dallinger* MDR 1956, 9; *Dreher / Tröndle*, § 45 Rdn. 7, 9; *Lackner*, § 45 Anm. 3; *LK (Tröndle)* § 45 Rdn. 15; *Schönke / Schröder / Stree*, § 45 Rdn. 4. Ganz als „Nebenstrafen" versteht die Nebenfolgen *Schmidhäuser*, Allg. Teil S. 772.

[8] So mit Recht *Bockelmann / Volk*, Allg. Teil S. 229f.; *Maurach / Gössel / Zipf*, Allg. Teil II S. 475; *SK (Horn)* § 45 Rdn. 12. Gegen § 45 grundsätzlich *Baumann / Weber*, Allg. Teil S. 602.

[9] Für Beibehaltung der Urteilsbekanntmachung *Esser*, Ehrenstrafe S. 85, dagegen schon früh *Rittler*, SchwZStr 37 (1924) S. 379f. Dagegen auch – abgesehen von Fällen der „Medienbeleidigung" – *Schomburg*, ZRP 1986, 67f.

[10] Vgl. *Baumann / Weber*, Allg. Teil S. 623f.; *Blei*, Allg. Teil S. 386; *Dreher / Tröndle*, § 200 Rdn. 1; *LK (Tröndle)* Vorbem. 38 vor § 38; *Schönke / Schröder / Lenckner*, §§ 165, 200 Rdn. 1; *Schmidhäuser*, Allg. Teil S. 773. Als „Nebenfolge mit strafähnlichem Charakter" versteht die Urteilsbekanntmachung *Preisendanz*, § 200 Anm. 1.

[11] Zum Aushang an der Gemeindetafel *Petzold*, MDR 1962, 264.

§ 76 Verfall und Einziehung

Bauer, Anmerkung zu BGH 20, 192, JZ 1965, 491; *Eser,* Die strafrechtlichen Sanktionen gegen das Eigentum, 1969; *derselbe,* Informationsfreiheit und Einziehung, NJW 1970, 784; *derselbe,* Zum Eigentumsbegriff im Einziehungsrecht, JZ 1972, 146; *derselbe,* Anmerkung zu BGH 25, 10, JZ 1973, 171; *Faller,* Güterabwägung bei der Einziehung von Schriften usw., MDR 1971, 1; *Gilsdorf,* Die verfassungsrechtlichen Schranken der Einziehung, JZ 1958, 641, 685; *Güntert,* Die Gewinnabschöpfung als strafrechtliche Sanktion, 1983; *Haensell,* Die Zulässigkeit der Einziehung von Kraftfahrzeugen, Diss. Kiel 1972; *Hoffmann-Walldorf,* Kann ein Kraftfahrzeug, wenn der Fahrer keinen Führerschein besitzt, eingezogen werden? NJW 1954, 1147; *Horn,* Anmerkung zu BGH 32, 60, JR 1984, 211; *K. Meyer,* Anmerkung zu BGH 24, 222, JR 1972, 385; *derselbe,* Anmerkung zu BGH 25, 10, JR 1973, 338; *Nüse,* Anmerkung zu BGH 20, 102, JR 1965, 231; *Potrykus,* Die Einfuhr unzüchtiger Schriften aus dem Ausland, MDR 1969, 269; *Reich,* Anmerkung zu BGH 25, 10, NJW 1973, 105; *Rutkowsky,* Anmerkung zu BGH 19, 123, NJW 1964, 164; *Schäfer,* Zum Eigentumsrecht im Einziehungsrecht, Festschrift für E. Dreher, 1977, S. 283; *R. Schmitt,* Aktivierung des „Verfalls"! Gedächtnisschrift für P. Noll, 1984, S. 295; *Willms,* Anmerkung zu BGH 23, 208, JZ 1970, 514.

Verfall und Einziehung werden vom Gesetzgeber in § 11 I Nr. 8 als *Maßnahmen*[1] bezeichnet. Dieser im wesentlichen der Vereinfachung der Gesetzestechnik dienende Begriff (vgl. z. B. §§ 52 IV, 55 II, 258 I, II) besagt sachlich, daß es sich jedenfalls nicht um Nebenstrafen handelt. Die Gegenüberstellung in § 11 I Nr. 8 zeigt zugleich, daß Verfall und Einziehung auch keine Maßregeln der Besserung und Sicherung sind. Die kriminalpolitischen Zwecke, die mit den Maßnahmen des Verfalls und der Einziehung verfolgt werden, lassen sich nicht allgemein, sondern nur im jeweiligen Zusammenhang bestimmen.

I. Der Verfall (§§ 73 - 73 d)

1. Während das frühere Recht die Entziehung des aus der Straftat erlangten Gewinns und des für ihre Begehung gewährten Entgelts nur in wenigen Vorschriften als Nebenstrafe und außerdem in § 27c II a. F. als Aufgabe der Geldstrafe kannte, enthält das seit 1975 geltende Recht allgemeine Bestimmungen über die **Abschöpfung unrechtmäßig erlangter Vermögensvorteile** (§§ 73 ff.) (BGH 31, 145 [148]; BGH NJW 1986, 1624). Es handelt sich dabei nicht mehr um eine Nebenstrafe, sondern um eine der Kondiktion des § 812 BGB entsprechende Maßnahme zur Wiederherstellung der dem Recht entsprechenden Güterzuordnung (BT-Drucksache V/4095 S. 39)[2]. Voraussetzung ist deswegen nur mehr eine rechtswidrige, nicht notwendig schuldhafte Tat (§ 11 I Nr. 5). Die Vorschriften über den Verfall gelten für das gesamte Strafrecht mit Ausnahme des WiStG, wo im Falle überhöhter Preise statt des Verfalls die Abführung des Mehrerlöses vorgesehen ist (§ 8 IV WiStG). Der Verfall bedeutet eine klare, notwendige und sachgerechte Regelung der Abschöpfung unrechtmäßiger Gewinne, die durch die Geldstrafe nur über die Höhe der Tagessätze mittelbar und ungenau bewerkstelligt und neben Freiheitsstrafe nur durch die kumulative Geldstrafe (§ 41) erreicht werden könnte.

Beispiele: Bestechungslohn unterliegt dem Verfall, ohne daß die Einkommensteuer abgezogen wird (BGH 30, 314). Dem Verfall unterliegt auch der aus verbotenen Betäubungsmittelge-

---
[1] Gegen diese Kategorie *Maurach / Gössel / Zipf,* Allg. Teil II S. 439.
[2] So *Baumann / Weber,* Allg. Teil S. 616f.; *Bockelmann / Volk,* Allg. Teil S. 304; *Dreher / Tröndle,* § 73 Rdn. 1; *Eser,* Sanktionen S. 89ff., 284ff.; *Lackner,* § 73 Anm. 1; *LK (Schäfer)* Vorbem. 4 vor § 73; *SK (Horn)* § 73 Rdn. 3; *Schmidhäuser,* Allg. Teil S. 771; *Schönke / Schröder / Eser,* Vorbem. 19 vor § 73. Dagegen wollen *Maurach / Gössel / Zipf,* Allg. Teil II S. 478 und *Blei,* Allg. Teil S. 385 die Rechtsnatur des Verfalls nach der begangenen Tat und der Person des Bereicherten wechseln lassen.

schäften erzielte Erlös (BGH NStZ 1984, 27), jedoch unter Abzug der dem Betroffenen entstandenen Unkosten, da der Verfall nur dazu dient, dem Täter den erlangten Vermögensvorteil zu entziehen (BGH 28, 369).

2. Die **Voraussetzungen** der Verfallserklärung sind folgende: Einmal muß eine *rechtswidrige Tat* (§ 11 Nr. 5) gegeben sein, die also auch von einem ohne Schuld (z. B. §§ 20, 17 S. 1) handelnden Täter oder Teilnehmer begangen sein kann[3]. Auch eine Fahrlässigkeitstat kommt als Grundlage einer Verfallserklärung in Betracht, z. B. ein fahrlässiger Verstoß gegen das LMBG[4]. Weiter muß der Täter oder Teilnehmer für die Tat oder unmittelbar aus der Tat einen *Vermögensvorteil* erlangt haben. Gemeint sind damit nicht nur Sachen und Rechte, sondern auch Gebrauchsvorteile und ersparte Aufwendungen, wie etwa die Nutzung eines Kraftwagens als Bestechungsgeld, mit einem Worte alles, was nach § 812 I BGB Gegenstand eines Bereicherungsanspruchs sein kann (BT-Drucksache V/4095 S. 39).

3. Der **Umfang** des Verfalls beschränkt sich auf die Vorteile, die der Tatbeteiligte für die Tat oder *unmittelbar* aus der Tat erlangt hat, wobei freilich nicht vorausgesetzt wird, daß der Täter noch im Sinne von § 818 III BGB bereichert sein muß. Bei Wegfall der Bereicherung kann aber die Anordnung des Verfalls unterbleiben (§ 73 c I 2). *Mittelbar* erlangte Vermögensvorteile (Nutzungen, Surrogate) können nur in den Grenzen des § 73 II für verfallen erklärt werden. *Zwingend* vorgeschrieben ist der Verfall in § 73 II 1 für die gezogenen *Nutzungen,* z. B. den Mietzins für ein dem Täter als Tatentgelt übertragenes Grundstück (§§ 99, 100 BGB). *Fakultativ* ist die Verfallserklärung bei den *Surrogaten,* d. h. den Gegenständen, die der Tatbeteiligte durch Veräußerung eines erlangten Gegenstandes (z. B. Kaufpreis für den verkauften Kraftwagen) oder als Ersatz für dessen Zerstörung, Beschädigung oder Entziehung (z. B. die Versicherungssumme für den beschädigten Kraftwagen) oder aufgrund eines erlangten Rechts (z. B. durch Einziehung einer abgetretenen Forderung) erworben hat (vgl. § 818 I BGB). Die Anordnung des Verfalls unterbleibt nach § 73 I 2, wenn der *Verletzte* aus der Tat einen zivilrechtlichen Anspruch auf den Vermögensvorteil bzw. die Surrogate (§ 73 II 2) (BGH GA 1986, 274; OLG Düsseldorf MDR 1986, 423) hat, die dem Tatbeteiligten zugeflossen sind, da die Abschöpfung unrechtmäßiger Gewinne auch der Wiederherstellung des Rechts des Verletzten dienen soll und dessen Position deshalb nicht verschlechtert werden darf (vgl. E 1962 Begründung S. 241) (einschränkend für den Bestechungslohn BGH 33, 37 [38 f.]). Wegen des Vorrangs des Verletzten wird der Verfall bei Vermögensdelikten in der Regel nicht angeordnet werden können (zur Sicherstellung zugunsten des Verletzten vgl. § 111 b III StPO)[5].

4. Die Anordnung des Verfalls richtet sich nach § 73 I 1 grundsätzlich **nur gegen den Täter oder Teilnehmer,** doch macht § 73 III und IV davon zwei *Ausnahmen*. Einmal wird nach § 73 III die Anordnung des Verfalls gegen einen an der Tat unbeteiligten Dritten dann ausgesprochen, wenn der Täter oder Teilnehmer **für den anderen gehandelt** und dieser dadurch den Vermögensvorteil erlangt hat, wobei es auf die

---

[3] Der Vorsatz gehört freilich bei den Vorsatzdelikten zum Tatbestand der rechtswidrigen Tat (vgl. oben § 24 III 4 c); vgl. auch *Dreher / Tröndle,* § 73 Rdn. 2; *SK (Horn)* § 73 Rdn. 4.

[4] Vgl. *Schönke / Schröder / Eser,* § 73 Rdn. 4, der für den Fall fehlender Fahrlässigkeitsschuld mit Recht auf das Erfordernis der objektiven Sorgfaltspflichtverletzung hinweist.

[5] Über weitere Gründe für die geringe praktische Bedeutung des Verfalls *Güntert,* Die Gewinnabschöpfung S. 91 ff. Läßt sich der Verletzte nicht ermitteln, wird die unrechtmäßig erlangte Sache allerdings nicht dem Täter belassen, sondern zugunsten des Fiskus versteigert (Nr. 75 V RiStBV). Zu Recht fordert *R. Schmitt,* Noll-Gedächtnisschrift S. 301 dafür aber eine bessere Rechtsgrundlage. Über § 41 als „Verfall-Ersatz" *Horn,* Anmerkung zu BGH 32, 60, JR 1984, 212.

I. Der Verfall (§§ 73 - 73 d) 717

Rechtsnatur der Beziehung zu dem anderen nicht ankommt (vgl. § 822 BGB)[6]. Die Beteiligung des Dritten am Verfahren richtet sich nach § 442 II StPO.

Beispiele: Der Steuerberater läßt dem Kunden einen unberechtigten Steuervorteil zukommen. Der Angestellte begeht einen Betrug zugunsten des Betriebsinhabers, der Vormund zugunsten des Mündels (§ 14 I Nr. 3). Der an der Diensthandlung Interessierte überweist das Bestechungsgeld an die Ehefrau des Amtsträgers.

Zum anderen steht das **Eigentum eines Dritten** der Anordnung des Verfalls gegen den Tatbeteiligten nach § 73 IV dann nicht entgegen, wenn es der Dritte gewesen ist, der den Vermögensvorteil dem Tatbeteiligten für die Tat oder sonst in Kenntnis der Tatumstände gewährt hat. Die Beteiligung des Dritten am Verfahren ergibt sich aus §§ 442 I, 431 StPO.

Beispiel: Der Verfall des Bestechungsgeldes im Falle des § 331 kann gegen den Amtsträger auch dann angeordnet werden, wenn der Dritte wegen Nichtigkeit der Übereignung nach §§ 134, 138 BGB Eigentümer geblieben ist.

5. Der **Verfall des Wertersatzes** ist in § 73a vorgesehen, und zwar anstelle des Verfalls nach § 73, soweit dieser wegen der Beschaffenheit des Erlangten (z. B. bloße Gebrauchsvorteile) oder aus einem anderen Grunde (z. B. Wegfall der Bereicherung) nicht möglich ist oder wenn von dem Verfall eines Surrogats nach § 73 II 2 abgesehen wird. Neben dem Verfall eines Gegenstandes nach § 73 wird der Wertersatz angeordnet, wenn dessen Wert zur Zeit der Entscheidung hinter dem Wert des zunächst Erlangten zurückbleibt (z. B. Teilveräußerung, Beschädigung). Der Wertersatz verwirklicht die der Gerechtigkeit entsprechende Forderung, daß der Tatbeteiligte die aus der Tat oder für die Tat erlangten Vermögensvorteile auch dann verlieren soll, wenn sie nicht in entziehbaren Sachen oder Rechten bestehen oder wenn er nicht mehr bereichert ist.

6. Der Umfang des Erlangten, dessen Wert sowie auch die Höhe des Anspruchs des Verletzten (§ 73 I 2) können aus Gründen der Verfahrensvereinfachung nach § 73b geschätzt werden. Die Möglichkeit der **Schätzung** bedeutet hier ebenso wie bei der Feststellung der Grundlagen für die Bemessung eines Tagessatzes (§ 40 III), daß der Richter von den Anforderungen des Strengbeweises nach § 244 StPO befreit ist, ohne aber unschwer erreichbare Beweismittel deswegen vernachlässigen zu dürfen (§ 287 ZPO).

7. Die Strenge der Vorschriften über den Verfall wird durch eine **Härteklausel** gemildert. Nach § 73c I unterbleibt der Verfall, wenn die Anordnung für den Betroffenen eine unbillige Härte bedeuten würde.

Beispiel: Der Amtsträger hat einen das Bestechungsgeld übersteigenden Betrag bereits vor Einleitung des Strafverfahrens an das Rote Kreuz überwiesen (OLG Hamm NJW 1973, 716 [719])[7].

8. Bei Anordnung des Verfalls eines bestimmten Gegenstandes geht das Eigentum an der Sache oder das betreffende Recht **mit der Rechtskraft** der Entscheidung ohne besonderen Übertragungsakt **auf den Staat über**, aber anders als bei der Einziehung (§ 74e I) nur dann, wenn das Recht dem Betroffenen in diesem Zeitpunkt zusteht

---

[6] Handelt es sich freilich um eine juristische Person oder eine Personenvereinigung und wird gegen diese eine Geldbuße festgesetzt, so schließt dies die Anordnung des Verfalls wegen derselben Tat nach § 30 V OWiG aus, weil auch die Geldbuße dem Zweck dient, unrechtmäßig erlangte Gewinne abzuschöpfen (vgl. *Göhler,* § 30 OWiG Rdn. 37).

[7] Weitere Beispiele bei *Dreher / Tröndle,* § 73c Rdn. 2; vgl. auch LG Saarbrücken NStZ 1986, 267.

(§ 73 d I 1). Rechte Dritter an dem Gegenstand bleiben bestehen (§ 73 d I 2). Vor der Rechtskraft wirkt die Anordnung nach § 73 d II als relatives Veräußerungsverbot zugunsten des Fiskus im Sinne von §§ 135, 136 BGB.

II. Die Einziehung (§§ 74 - 75)

Die früher nur bruchstückhaft geregelte Einziehung ist schon bei der Reform des Rechts der Ordnungswidrigkeiten durch das EGOWiG von 1968 mit dem Ziel der „**Schaffung fester, überschaubarer** und rechtsstaatlichen Anforderungen entsprechender **Grundsätze**"[8] neu gestaltet worden. Es ist heute in den §§ 74 ff. enthalten.

1. Die Einziehung wird ebenso wie der Verfall vom Gesetzgeber als Maßnahme bezeichnet (§ 11 I Nr. 5), sie dient jedoch verschiedenartigen Zwecken und besitzt deswegen **keine einheitliche Rechtsnatur**[9]. Die Einziehung hat *strafähnlichen Charakter*[10], wenn sie sich gegen den Täter oder Teilnehmer richtet, dem die Gegenstände zur Zeit der Entscheidung gehören (§ 74 II Nr. 1), oder wenn die Dritteinziehung angeordnet wird (§ 74a). Auch in diesen beiden Fällen dient die Einziehung aber zugleich dem Schutz der Allgemeinheit, der Generalprävention, dem Gedanken der Verwirkung des Eigentums an den Tatwerkzeugen und der spezialpräventiven Einflußnahme auf den Täter, der durch die Einziehung, z. B. des zur Tat benutzten Kraftwagens, härter getroffen werden kann als durch die Strafe[11]. Sie unterliegt deswegen nicht dem Schuldprinzip (§ 46), sondern nur dem Grundsatz der Verhältnismäßigkeit. Nach § 74b I muß daher die Einziehung, sofern sie nicht vom Gesetz zwingend vorgeschrieben ist, unterbleiben, wenn sie zur Bedeutung der Sache außer Verhältnis stünde (z. B. keine Einziehung des zur Tat benutzten Kraftwagens bei geringfügigem Zolldelikt). Außerdem kann das Gericht in den Fällen der §§ 74, 74a die Einziehung im Urteil vorbehalten und durch weniger einschneidende Maßregeln ersetzen wie die Anweisung, die Gegenstände unbrauchbar zu machen oder darüber in bestimmter Weise zu verfügen, wenn der Zweck der Einziehung auch auf diese Weise erreicht werden kann (§ 74b II). Die Einziehung ist dagegen *Sicherungsmaßnahme*[12], wenn sie ohne Rücksicht auf die Frage des Eigentums oder der Anrüchigkeit im Falle von Dritteinziehung als sogenannte unterschiedslose Einziehung zum Schutze der Allgemeinheit stattfindet, weil die Gegenstände als solche nach Art und Umständen die Allgemeinheit gefährden (z. B. ein Sprengstoffpaket) oder die Gefahr besteht, daß sie der Begehung rechtswidriger Taten dienen werden (z. B. Diebeswerkzeug) (§ 74 II Nr. 2, III).

2. Zwei **Voraussetzungen** der Einziehung müssen gegeben sein. Einmal muß eine vorsätzliche rechtswidrige Tat vorliegen, die bei der Einziehung gegenüber Täter oder

---

[8] So *LK (Schäfer)* Vorbem. 9 vor § 73.

[9] Vgl. *Eser*, Die strafrechtlichen Sanktionen S. 57.

[10] So *Blei*, Allg. Teil S. 447; *Lackner*, § 74 Anm. 1; *SK (Horn)* § 74 Rdn. 3, 4. Nach früherem Recht nahm die Rechtsprechung in diesem Falle eine *Nebenstrafe* an; vgl. BGH 2, 337; 8, 206 (214); 10, 28 (33); 16, 47. Ebenso nach geltendem Recht BGH NJW 1983, 2710; JZ 1984, 103; NStZ 1985, 362; *Dreher / Tröndle*, § 74 Rdn. 2; *LK (Schäfer)* § 74 Rdn. 4; *Maurach /Gössel / Zipf*, Allg. Teil II S. 480; *Schönke / Schröder / Eser*, Vorbem. 15 vor § 73 (wie der Text aber Vorbem. 17 bezüglich der Dritteinziehung); *Schmidhäuser*, Allg. Teil S. 768f. Zweifelnd *Baumann / Weber*, Allg. Teil S. 618.

[11] Übereinstimmend *Lackner*, § 74 Anm. 1a. Zur Kritik vgl. *Haensell*, Die Zulässigkeit der Einziehung von Kraftfahrzeugen S. 114ff.

[12] So die allgemeine Meinung; vgl. BGH 6, 62 zum früheren Recht; OLG Düsseldorf NJW 1972, 1382; *Dreher / Tröndle*, § 74 Rdn. 2; *Lackner*, § 74 Anm. 1b; *LK (Schäfer)* § 74 Rdn. 6; *Maurach / Gössel / Zipf*, Allg. Teil II S. 480; *SK (Horn)* § 74 Rdn. 4; *Schmidhäuser*, Allg. Teil S. 837.

II. Die Einziehung (§§ 74 - 75)

Teilnehmer auch schuldhaft begangen sein muß, während bei der unterschiedslosen Einziehung das Schulderfordernis entfällt (§ 74 I, III). Ausreichend ist, daß die Tat in strafbarer Weise versucht oder vorbereitet worden ist (BGH 13, 311 zu § 49a a. F.). Die Einziehung steht jedoch auch als Sicherungsmaßnahme *im Ermessen* des Gerichts. Die Einziehung setzt weiter voraus, daß die Gegenstände durch ein Verbrechen oder vorsätzliches Vergehen hervorgebracht (**producta sceleris**) oder zur Begehung bzw. Vorbereitung der Tat gebraucht oder bestimmt gewesen sind (**instrumenta sceleris**). Die Einziehung umfaßt die in § 74 I bezeichneten „*Gegenstände*", d. h. nicht wie im früheren Recht nur körperliche Sachen, sondern auch Rechte (vgl. §§ 74e I, 74f I). Als strafähnliche Maßnahme ist die Einziehung zulässig, wenn die Gegenstände dem Täter oder Teilnehmer zur Zeit der Entscheidung *gehören* (körperliche Sachen) oder *zustehen* (Rechte). Maßgebend ist die formale Rechtsposition (BGH 19, 123 m. abl. Anm. *Rutkowsky*, NJW 1964, 164), nicht die wirtschaftliche Zugehörigkeit des Gegenstandes, so daß bei Sicherungs- und Vorbehaltseigentum auf den Sicherungsnehmer bzw. Vorbehaltsverkäufer abzustellen ist (BGH 24, 222)[13]. Die Umdeutung des § 74 II Nr. 1 im Sinne der „wirtschaftlichen Betrachtungsweise" ist nicht erforderlich[14], da auch Anwartschaftsrechte (des Vorbehaltskäufers oder Sicherungsgebers) eingezogen werden können (BGH 25, 10 m. abl. Anm. *Eser*, JZ 1973, 171)[15]. Der Staat muß danach den Gegenstand durch Zahlung der Schuld auslösen, was viel gerechter ist als die Entschädigung nach § 74f. Der Täter oder Teilnehmer, dem der Gegenstand zur Zeit der Entscheidung gehört, braucht ihn nicht selbst bei der Tat benutzt zu haben; es genügt, wenn ihn ein anderer Beteiligter mit seinem Willen verwendet hat. Der Gegenstand braucht sogar zu der Tat bloß bestimmt gewesen zu sein, sofern diese nur später in strafbarer Weise begangen wird (RG 59, 250).

Beispiele: Unmittelbar durch die Tat hervorgebracht *(producta sceleris)* sind die gefälschte Urkunde (§ 267) und das Falschgeld (§ 150). Nicht eingezogen werden kann dagegen der *Gewinn* aus einer Straftat wie der Erlös aus dem Verkauf hehlerisch erlangter Sachen (RG 54, 223) oder die Beute des Wilddiebs (RG 70, 92 [94]). Der Gewinn unterliegt dem Verfall, ebenso das Handgeld des gedungenen Verbrechers (vgl. oben § 76 I 3). Gegenstände, die zu der Straftat gebraucht worden oder bestimmt gewesen sind *(instrumenta sceleris),* sind z.B. Diebeswerkzeuge, Fälschungsmittel (§ 150), die Tatwaffe (RG 44, 140 [142]; BGH 31, 80: auch bei Begehung als Rauschtat); das beim Mitglied einer terroristischen Vereinigung sichergestellte Geld, das zur Begehung neuer Taten dienen könnte (BGH NStZ 1985, 262); der Kraftwagen, der zur Sicherung eines Schmuggelunternehmens eingesetzt wurde (BGH 3, 355); der Motorroller, mit dem der Täter das Opfer der Vergewaltigung an den Tatort gebracht hat (BGH NJW 1955, 1327); der Kraftwagen, der zu weiteren Fahrten ohne Fahrerlaubnis dienen kann (OLG Karlsruhe Die Justiz 1986, 308; OLG Koblenz VRS 70, 7; OLG Hamburg MDR 1982, 515: auch bei Begehung der Tat nach § 21 I Nr. 1 StVG als Rauschtat)[16]. Nicht nach § 74 einziehbar ist dagegen ein Gegenstand, auf den sich die Straftat lediglich „*bezieht*", wie der Kraftwagen, der benutzt wird, ohne zum Verkehr zugelassen zu sein (OLG Karlsruhe VRS 9, 549) sowie die Waffe, die jemand ohne Waffenschein besitzt (OLG Hamm NJW 1954, 1169)[17]. Zur Straftat gebraucht ist dagegen wiederum der Kraftwagen, mit dem der Täter eine Unfallflucht begeht

---

[13] Ebenso BGH 24, 222; OLG Karlsruhe NJW 1974, 709; OLG Hamm VRS 50, 420; *LK (Schäfer)* § 74 Rdn. 27; *K. Meyer*, JR 1972, 385; *Schäfer*, Dreher-Festschrift S. 289ff.; *Maurach / Gössel / Zipf*, Allg. Teil II S. 482.

[14] So aber *Dreher / Tröndle*, § 74 Rdn. 12; *Eser*, Die strafrechtlichen Sanktionen S. 309ff.; derselbe, JZ 1972, 146ff.; *Göhler*, § 22 OWiG Rdn. 13; *Lackner*, § 74 Anm. 2c aa; *Schönke / Schröder / Eser*, § 74 Rdn. 24; *SK (Horn)* § 74 Rdn. 16.

[15] Kritisch dazu OLG Karlsruhe NJW 1974, 709 (710); *Reich*, NJW 1973, 105f.; *K. Meyer*, JR 1973, 338. Zustimmend *Baumann / Weber*, Allg. Teil S. 618 Fußnote 14; *Preisendanz*, § 74 Anm. 2; *Schäfer*, Dreher-Festschrift S. 300ff.

[16] Vgl. dazu *Hoffmann-Walldorf*, NJW 1954, 1147f.

[17] Über Sondervorschriften, die die Einziehung von Beziehungsgegenständen vorsehen, *Dreher / Tröndle*, § 74 Rdn. 19; *LK (Schäfer)*, § 74 Rdn. 19.

(BGH 10, 337) oder die Diebesbeute abtransportiert (BGH NJW 1952, 892). Eingezogen werden kann wegen der Ausdehnung des § 74 auf Rechte jetzt auch ein Miteigentumsanteil an einem Fahrrad (anders früher BGH 2, 337)[18] und das zu einer politischen Straftat bestimmte Bankguthaben (anders früher BGH 19, 158 [163]), nicht dagegen das Vermögen insgesamt oder ein Sondervermögen[19].

3. Die **Einziehung gegenüber einem Dritten**, d. h. gegenüber einer Person, der der in § 74 I bezeichnete Gegenstand im Zeitpunkt der Entscheidung gehört oder zusteht, ohne daß sie Täter oder Teilnehmer ist, kann nur unter den engen Voraussetzungen stattfinden, die die Rechtsprechung im Hinblick auf die Eigentumsgarantie des Art. 14 III GG schon früher zu den §§ 401, 414 a. F. RAO entwickelt hat (BGH 1, 351; 2, 311; 2, 320; 2, 328; 4, 344; 6, 11; 8, 70; 19, 123 [125f.]). Nach § 74a Nr. 1 setzt die Einziehung voraus, daß der Dritte wenigstens *leichtfertig* (vgl. oben § 54 II 2) dazu beigetragen hat, daß die Sache oder das Recht Mittel oder Gegenstand der Tat oder ihrer Vorbereitung gewesen ist: der Autovermieter hätte z. B. bei Beobachtung der geringsten Sorgfalt ohne weiteres erkennen können, daß der Kraftwagen zu einer Zollstraftat benutzt werden sollte (BGH 1, 351 [357]). Die Einziehung gegen den Dritten ist nach § 74a Nr. 2 ferner dann zulässig, wenn dieser den Gegenstand in Kenntnis der Umstände, welche die Einziehung gegen den Täter zugelassen hätten, in verwerflicher Weise erworben hat: der Gebrauchtwagenhändler hat z. B. den zur nächtlichen Jagdwilderei benutzten Kraftwagen in Kenntnis dieser Tatsache gekauft, da ihn der Täter mit Rücksicht auf die drohende Einziehung billig abstoßen wollte (BGH 6, 11 [13]). Die Eigentumsgarantie des Art. 14 GG tritt in diesem Falle zurück, weil der Dritte zu der Tat in einer Beziehung gestanden hat, die auch ihm gegenüber eine strafähnliche Maßnahme rechtfertigt[20]. In diesen Fällen wird dem Dritten nach § 74f II auch keine Entschädigung gewährt. Als besondere rechtsstaatliche Sicherung sieht § 74a jedoch vor, daß die Vorschrift nur angewendet werden darf, wenn das Gesetz ausdrücklich auf sie verweist (vgl. z. B. §§ 92b S. 2, 101a S. 2, 264 V 2, 285b S. 2, 295 S. 2; § 39 II AWG). Die Verweisung findet sich in den Fällen, in denen typischerweise Hintermänner eine Rolle spielen, ohne direkt Teilnehmer zu sein (BT-Drucksache V/1319 S. 54). Die Stellung der *Einziehungsbeteiligten* im Strafprozeß ist in den §§ 431 ff. StPO geregelt (vgl. unten § 76 III).

4. Eine Ergänzung des § 74 I, II Nr. 1 enthält § 74c über die **Einziehung des Wertersatzes**. Die Einziehung gegen den Täter oder Teilnehmer als strafähnliche Maßnahme setzt voraus, daß dieser im Zeitpunkt der Entscheidung Eigentümer der Sache oder Inhaber des Rechts ist. Hat er den Gegenstand nach der Tat an einen Dritten veräußert, kann die Einziehung diesem gegenüber nur dann angeordnet werden, wenn der Gegenstand bei dem Dritten noch vorhanden ist und einer der in § 74a enthaltenen besonderen Gründe vorliegt (vgl. oben § 76 II 3). Fehlt es daran, so ist die Einziehung nicht ausführbar (freilich ist ein gutgläubig-lastenfreier Erwerb durch den Dritten nicht möglich, solange sich der Gegenstand durch Beschlagnahme nach

---

[18] So mit Recht *Dreher / Tröndle*, § 74 Rdn. 3; *LK (Schäfer)* § 74 Rdn. 47, 49; *SK (Horn)* § 74 Rdn. 5; *Schönke / Schröder / Eser*, § 74 Rdn. 6; OLG Karlsruhe NJW 1974, 709 (711). Anders *Lackner*, § 74 Anm. 2c aa; *Göhler*, § 22 OWiG Rdn. 11.

[19] Vgl. *LK (Schäfer)* § 74 Rdn. 13.

[20] Über die kriminalpolitische Unentbehrlichkeit der Vorschrift vgl. *LK (Schäfer)* § 74a Rdn. 4. Die Kritik von *Eser*, Die strafrechtlichen Sanktionen S. 221 ff. an dieser Einziehungsmöglichkeit ist nicht begründet. Insbesondere bestehen auch unter dem Gesichtspunkt des Schuldprinzips keine Bedenken, da der Dritte vorwerfbar gehandelt haben muß und die Einziehung nur eine strafähnliche Maßnahme ist, die dem Schuldprinzip nicht unterliegt (vgl. oben § 76 II 1); vgl. *Dreher / Tröndle*, § 74a Rdn. 1; *Lackner*, § 74a Anm. 1; *SK (Horn)* § 74a Rdn. 2. Kritisch insbesondere *Eser*, Die strafrechtlichen Sanktionen S. 224 ff.; *Baumann / Weber*, Allg. Teil S. 619 f.; *Schönke / Schröder / Eser*, § 74a Rdn. 2.

§ 111b I StPO im behördlichen Gewahrsam befindet; vgl. OLG München NJW 1982, 2330). Das gleiche gilt, wenn der Täter oder Teilnehmer den Gegenstand verbraucht oder die Einziehung sonst durch Zerstörung oder Beiseiteschaffen der Sache vereitelt hat (dem Täter muß der Gegenstand zur Zeit der Tat gehört oder zugestanden haben, weswegen der Wertersatz bei unerlaubt erworbenen Betäubungsmitteln wegen § 134 BGB entfällt; vgl. BGH 31, 145 [147f.]; 33, 233). Für diese Fälle sieht § 74c die Möglichkeit der Einziehung eines Geldbetrags bis zu der Höhe vor, die dem Wert des Gegenstandes entspricht. Die Anordnung der Einziehung des Wertersatzes läßt einen Zahlungsanspruch des Staates gegen den Angeklagten entstehen (BGH 28, 369 [370]). Die Einziehung des Wertersatzes hat von allen Formen der Einziehung am stärksten strafähnlichen Charakter[21].

Nach § 74c II kann die Einziehung des Wertersatzes ferner dann angeordnet werden, wenn der Täter oder Teilnehmer den Gegenstand mit dem Rechte eines Dritten belastet hat, dessen Erlöschen im Falle der Einziehung nicht ohne Entschädigung angeordnet werden könnte. Die Anordnung kann auch neben der Einziehung getroffen werden.

5. Die **unterschiedslose Einziehung** der producta und instrumenta sceleris als Sicherungsmaßnahmen ermöglicht § 74 II Nr. 2. Gegenstände, die nach ihrer Art *und* nach den begleitenden Umständen die Allgemeinheit gefährden oder bei denen die Gefahr besteht, daß sie zur Begehung mit Strafe bedrohter Handlungen dienen werden, können eingezogen werden, ohne daß es darauf ankommt, ob der Eigentümer der Sache oder der Inhaber des Rechts Täter oder Teilnehmer des Verbrechens oder vorsätzlichen Vergehens gewesen ist. Die Eigentumsgarantie des Art. 14 GG greift hier mit Rücksicht auf die Gemeinwohlklausel des Abs. 2 nicht ein, weil weitere erhebliche Störungen der Rechtsordnung zu erwarten sind (BGH 20, 253 [255]). Die Berücksichtigung von Art und Umständen bedeutet, daß es nicht nur auf die Gefährlichkeit des Gegenstandes an sich ankommt (z. B. Sprengstoffe, Gifte, Waffen und Munition), sondern daß auch die Begleitumstände so beschaffen sein müssen, daß mit einer Gefährdung der Allgemeinheit zu rechnen ist. Die zweite Gruppe der Gegenstände, bei denen die Gefahr besteht, daß sie zur Begehung rechtswidriger Taten dienen werden, umfaßt z. B. die Mordwaffe, Wildererwaffen, Diebeswerkzeug, Falschgeld und gefälschte Urkunden[22]. Da es um den Schutz der Allgemeinheit geht, braucht die Tat, die die Einziehung auslöst, nach § 74 III nur eine rechtswidrige Tat (§ 11 I Nr. 5) zu sein, so daß es weder auf die Schuldfähigkeit noch auf das Unrechtsbewußtsein des Täters ankommt (RG 53, 81 [89]), wohl aber auf den Vorsatz. Wenn das Eigentum an einer Sache oder die Inhaberschaft an einem Recht, die mit Rücksicht auf den Schutz der Allgemeinheit eingezogen werden, einem Dritten zusteht, ist dieser mit Rücksicht auf Art. 14 III GG aus der Staatskasse angemessen zu *entschädigen* (§ 74f I)[23]. Eine Entschädigung wird nur dann nicht gewährt, wenn die Einziehung durch ein dem Dritten vorwerfbares Verhalten auch ihm gegenüber gerechtfertigt wäre (§ 74f II Nr. 1 und 2) oder wenn die entschädigungslose Einziehung schon aufgrund von außerstrafrechtlichen Vorschriften (z. B. nach den Polizei-

---

[21] Vgl. *Baumann/Weber*, Allg. Teil S. 621, der diese Einziehung deshalb zu Unrecht für „absolut unsinnig" hält; *Dreher/Tröndle*, § 74c Rdn. 1; *LK (Schäfer)* § 74c Rdn. 10; *Maurach/Gössel/Zipf*, Allg. Teil II S. 483; *Schönke/Schröder/Eser*, § 74c Rdn. 2; *SK (Horn)* § 74c Rdn. 2.

[22] Es muß sich um eine *konkrete* Gefahr handeln (BGH 23, 64 [69]). Wollte man aber wie *Schönke/Schröder/Eser*, § 74 Rdn. 34; *SK (Horn)* § 74 Rdn. 23 und *Eser*, Sanktionen S. 257ff. verlangen, daß die rechtswidrige Tat in ihren Umrissen bereits einigermaßen klar bestimmbar sein muß, so würde die Vorschrift kaum anwendbar sein. Richtig *LK (Schäfer)* § 74 Rdn. 56; *Maurach/Gössel/Zipf*, Allg. Teil II S. 482.

[23] Kritisch zur Behandlung der Entschädigung *Gilsdorf*, JZ 1958, 690f.

gesetzen der Länder) zum Schutz der Allgemeinheit zulässig wäre (§ 74f II Nr. 3), weil dann kein Grund besteht, den Dritten im Strafverfahren zu privilegieren[24].

6. Die §§ 74ff. geben kein erschöpfendes Bild von den Möglichkeiten der Einziehung im geltenden Recht. Sowohl der Besondere Teil als auch das Nebenstrafrecht enthalten Vorschriften, die die Einziehung über den § 74 I hinaus vorschreiben oder zulassen. So ist insbesondere vielfach vorgesehen, daß die Einziehung nicht in das Ermessen des Gerichts gestellt bleibt, sondern stattfinden *muß* (z. B. §§ 150, 285b S. 1). Weiter kommt in Betracht, daß außer den „producta et instrumenta sceleris" auch diejenigen Gegenstände durch die Einziehung erfaßt werden, auf die sich die Straftat „bezieht" (z. B. §§ 92b Nr. 2, 101a Nr. 2, 132a IV, 264 V 2, 322 Nr. 2 StGB, § 21 III StVG[25]). Für diese **erweiterte** Einziehung bestimmt § 74 IV, daß die Gegenstände dem Täter oder Teilnehmer entweder gehören oder zum Schutze der Allgemeinheit einziehbar sein müssen. Außerdem ist die Einziehung von Gegenständen im Eigentum Dritter nach § 74a nur dann zulässig, wenn das Gesetz ausdrücklich auf diese Vorschrift verweist. Damit ist eine einheitliche Regelung für das gesamte Recht der Einziehung im StGB und im Nebenstrafrecht geschaffen und erhebliche Rechtsunsicherheit beseitigt worden.

7. Die **Einziehung und Unbrauchbarmachung von Schriften und anderen Darstellungen** hat in § 74d eine Sonderregelung erfahren, da bei Eingriffen in den Bereich der geistigen Erzeugnisse Gesichtspunkte berücksichtigt werden müssen, die in der allgemeinen Einziehungsvorschrift des § 74 keine Rolle spielen. Einmal müssen die Grundrechte der Art. 5 und 10 GG gewahrt bleiben, zum anderen geht es um den Schutz ganz bestimmter Rechtsgüter wie Ehre, Staatssicherheit, Geheimbereich. Die Einziehung bzw. Unbrauchbarmachung von Schriften und Darstellungen ist unter gewissen Voraussetzungen *zwingend* vorgeschrieben (eine Ausnahme ergibt sich nur im Hinblick auf die verfassungsrechtlich gebotene Güterabwägung, BGH 23, 208 [212]; 267 [270])[26]. Sie ist ihrer Rechtsnatur nach eine *Sicherungsmaßnahme*, da einer Gefährdung der Allgemeinheit vorgebeugt werden soll (BGH 5, 168 [178]; 16, 49 [56]; 19, 63 [75]). Deshalb schließt auch der Eintritt der Strafverfolgungsverjährung gegenüber dem Täter die Einziehung von Schriften und deren Unbrauchbarmachung im selbständigen Verfahren nach § 76a II Nr. 1 nicht aus (BGH 31, 226; OLG Frankfurt NJW 1983, 1208)[27]. Nach § 74d I sind einzuziehen Schriften und andere Darstellungen (§ 11 III), deren *Inhalt*[28] so beschaffen ist, daß jede vorsätzliche Verbreitung in Kenntnis dieses Inhalts den Tatbestand eines Strafgesetzes verwirklichen würde, z. B. als Vorbereitung eines hochverräterischen Unternehmens (§ 83), als Volksverhetzung durch antisemitische Schriften nach § 130 (BGH 16, 49 [56]), als Beleidigung (§§ 185ff.), als Verbreitung sogenannter harter Pornographie nach § 184 III (zum früheren Recht vgl. RG 47, 404; OLG Hamm NJW 1970, 1754 [1756])[29]. Erforderlich ist weiter, daß jedenfalls *ein* Stück einem anderen ausgehändigt wird, wenn der Täter damit rechnet, daß dieser die Schrift oder Darstellung weiteren Personen zugänglich machen werde (BGH 19, 63 [71]); eine Schuld des Täters wird dage-

---

[24] Beispiele bei *LK (Schäfer)* § 74f Rdn. 7; *Schönke / Schröder / Eser*, § 74f Rdn. 8.
[25] Die Einziehung des Kraftfahrzeugs ist auch beim Fahren ohne Fahrerlaubnis als Rauschtat zulässig; vgl. KG VRS 57, 26.
[26] Ebenso *LK (Schäfer)* § 74d Rdn. 25; *Schönke / Schröder / Eser*, § 74d Rdn. 20; *SK (Horn)* § 74d Rdn. 19; *Willms*, JZ 1970, 515.
[27] Ebenso *Dreher / Tröndle*, § 76a Rdn. 8; *LK (Schäfer)* § 76a Rdn. 11; *Löwe / Rosenberg (Schäfer)* § 440 StPO Rdn. 13; *Göhler*, § 27 OWiG Rdn. 6.
[28] Ein Verstoß gegen *Form*vorschriften reicht nicht aus (RG 16, 114 [118]).
[29] Vgl. dazu *Potrykus*, MDR 1969, 270.

gen, weil es sich um eine Sicherungsmaßnahme handelt, nicht verlangt (RG 36, 145). Dem Verbreiten ist das Ausstellen, Anschlagen, Vorführen oder sonstige öffentliche Zugänglichmachen gleichgestellt (§ 74d IV). Nicht eingezogen, sondern nur unbrauchbar gemacht werden die zur Herstellung der Schrift oder Darstellung gebrauchten oder bestimmten Vorrichtungen wie Platten, Formen, Drucksätze und sonstigen Vervielfältigungsmittel. Die Einziehung nach § 74d ist jedoch keine unterschiedslose, sondern erstreckt sich nach § 74d II nur auf Stücke, die sich im Besitz der bei ihrer Verbreitung oder deren Vorbereitung mitwirkenden Personen befinden (z. B. Verfasser, Verleger, Herausgeber, Redakteur, Drucker, Händler) oder öffentlich ausgelegt sind oder bei der Versendung dem Empfänger noch nicht ausgehändigt wurden. Wenn der Empfänger die Schrift erhalten hat, ist die Einziehung also nicht mehr möglich. Die Einziehung nach §74d III erfaßt ferner die Fälle, in denen nach dem Inhalt der Schrift die Verbreitung nur *bei Hinzutreten weiterer Umstände* den Tatbestand eines Strafgesetzes verwirklichen würde, z. B. im Hinblick auf § 184 I, II oder § 21 i. Verb. m. §§ 3 - 6 GjS. Die Sicherungsmaßnahme ist hier auf Gegenstände beschränkt, die sich im Besitz des Täters oder Teilnehmers oder eines Vertreters des Täters bzw. Teilnehmers befinden oder zwar in diesem Zeitpunkt noch nicht in deren Besitz gelangt, wohl aber schon zur Verbreitung bestimmt sind. Die Einziehung setzt in diesem Falle weiter voraus, daß sie *erforderlich* ist, um ein gesetzwidriges Verbreiten der Schrift bzw. Darstellung durch diesen Personenkreis zu verhindern. Die Gefahr der Verbreitung durch andere reicht zur Einziehung nach § 74d III also nicht aus. Verfall, Einziehung und Unbrauchbarmachung unterliegen nach § 2 V auch nicht als strafähnliche Maßnahmen dem Rückwirkungsverbot (überholt ist daher BGH 16, 49 [56]).

Die **Freiheit von Kunst und Wissenschaft, Forschung und Lehre** darf durch § 74d nicht eingeschränkt werden, da Art. 5 III GG keinen Gesetzesvorbehalt kennt. Gegenüber Kunstwerken sind daher nur Einschränkungen hinsichtlich der Art und Weise ihrer Verbreitung zulässig (§§ 74d V, 74b II, III), soweit die Verbreitung des Kunstwerks durch andere verfassungsrechtlich geschützte Rechtsgüter beeinträchtigen würde, z. B. die ungestörte Religionsausübung (Art. 4 II GG), den besonderen Schutz von Ehe und Familie (Art. 6 I GG), die Pflege und Erziehung der Kinder (Art. 6 II GG), da Art. 5 III GG insoweit durch andere rangmäßig gleichstehende Grundrechte unmittelbar begrenzt wird (vgl. dazu BGH 20, 192)[30]. Die **Informationsfreiheit** (Art. 5 I 1 GG) hat einziehungsbeschränkende Bedeutung im Sinne der „Wechselwirkung" zwischen dem Grundrecht und den allgemeinen Gesetzen (BVerfGE 7, 198 [208]; 27, 71 [85ff.]; 104 [109ff.]; BGH 23, 209 [210])[31].

8. Die Einziehung hat unmittelbar **dingliche Wirkung.** Das Eigentum an der Sache bzw. das eingezogene Recht gehen mit der Rechtskraft der Entscheidung auf den Staat über (§ 74e). **Rechte Dritter** an dem Gegenstand bleiben wegen der Verfassungsschranke bezüglich der Enteignung in Art. 14 III GG grundsätzlich bestehen (§ 74e II 1)[32]. Im Falle der unterschiedslosen Einziehung zum Schutz der Allgemeinheit (§ 74 II Nr. 2) ordnet das Gericht nach § 74e II 2 jedoch das Erlöschen dieser Rechte an (Entschädigung nach § 74f). Es kann das Erlöschen ferner auch in anderen Fällen anordnen, wenn der Dritte nach § 74f II Nr. 1 oder 2 wegen eigenen Verschuldens nicht zu entschädigen ist (§ 74e II 3). Vor der Rechtskraft wirkt die Anordnung der Einziehung als relatives Veräußerungsverbot im Sinne von § 136 BGB (§§ 74e III, 73d II).

---

[30] Zustimmend *Nüse,* JR 1965, 231; *Eser,* Die strafrechtlichen Sanktionen S. 197ff.; *Faller,* MDR 1971, 1ff. Für uneingeschränkte Freiheit der Kunst dagegen *Bauer,* JZ 1965, 491.
[31] Vgl. dazu *Eser,* NJW 1970, 784ff.; *LK (Schäfer)* § 74d Rdn. 26f.
[32] Vgl. dazu *Eser,* Die strafrechtlichen Sanktionen S. 369ff.; *LK (Schäfer)* § 74e Rdn. 7.

III. Verfahren und Vollstreckung bei Verfall und Einziehung

1. Für Verfall, Einziehung und Unbrauchbarmachung gelten besondere Verfahrensvorschriften (§§ 430 - 441, 442 I StPO). Ähnlich dem § 154a StPO gibt § 430 StPO die Möglichkeit, das Strafverfahren durch Ausscheidung der Einziehung bzw. des Verfalls zu vereinfachen und zu beschleunigen; Verfall und Einziehung des Wertersatzes können aber in Durchbrechung der Rechtskraft auch nachträglich angeordnet werden, wenn eine der für den Wertersatz in den §§ 73a oder 74c bezeichneten Voraussetzungen erst nachträglich eingetreten oder bekannt geworden ist (§ 76). Am **Strafverfahren** gegen einen bestimmten Täter werden diejenigen Personen beteiligt, die glaubhaft machen, daß der einzuziehende Gegenstand ihnen gehört oder zusteht oder daß sie ein sonstiges Recht daran haben *(Verfalls- oder Einziehungsbeteiligte)* (§§ 431 ff. StPO). Wer Verfallsbeteiligter ist, bestimmt § 442 II 1 StPO. Dritte, die am Einziehungsprozeß nicht beteiligt worden sind, können ihre Rechte auch nach der Rechtskraft der Entscheidung in einem *Nachverfahren* gemäß § 439 StPO geltend machen. Dies gilt nach § 442 II 2 StPO auch für Verfallsbeteiligte. Wenn wegen der Straftat aus *tatsächlichen* Gründen keine bestimmte Person verfolgt oder verurteilt werden kann (der Täter ist z.B. flüchtig, im Ausland [OLG Hamm NJW 1970, 1754], unbekannt oder nach der Tat in Geisteskrankheit verfallen), werden Verfall, Einziehung und Unbrauchbarmachung nach §§ 73, 73a, 74 II 1, 74a, 74c und 74d im **objektiven Verfahren** nach § 76a I selbständig durchgeführt (§§ 440f. StPO). In den Fällen der Einziehung zum Schutz der Allgemeinheit (§ 74 II Nr. 2) und der Einziehung bzw. Unbrauchbarmachung von Schriften und Darstellungen (§ 74d) ist das objektive Verfahren auch dann zulässig, wenn aus *rechtlichen* Gründen keine bestimmte Person verfolgt werden kann (der Täter war z.B. schon zur Tatzeit geisteskrank). Fehlt es am Strafantrag oder an einer ihm sachlich gleichstehenden Prozeßvoraussetzung, so ist das objektive Verfahren unzulässig (§ 76a II 2). Zur Strafverfolgungsverjährung vgl. oben § 76 II 7 bei Fußnote 27.

2. Die **vorläufige Sicherstellung** von Gegenständen, bei denen dringende Gründe für das Vorliegen der Voraussetzungen des Verfalls oder der Einziehung sprechen, ist in §§ 111b ff. StPO geregelt. Der Verfall, die Einziehung und die Unbrauchbarmachung einer Sache werden dadurch **vollstreckt,** daß die Sache, wenn sie sich noch nicht in amtlichem Gewahrsam befindet, auf Anordnung der Vollstreckungsbehörde dem Verurteilten oder Einziehungsbeteiligten weggenommen wird (§ 459g I StPO). Handelt es sich um die Vollstreckung von Anordnungen, die zu einer Geldzahlung verpflichten, so finden die für die Vollstreckung der Geldstrafe (allerdings ohne die Ersatzfreiheitsstrafe) geltenden Vorschriften entsprechende Anwendung (§ 459g II StPO).

2. Kapitel: Maßregeln der Besserung und Sicherung

Die nach der Tatschuld bemessene Strafe vermag die vorbeugende Aufgabe des Strafrechts nur in begrenztem Umfang zu erfüllen. Aus Gründen der Sicherung der Allgemeinheit kann eine längere Freiheitsentziehung, als sie nach der Schuld des Täters verdient ist, notwendig, aus Gründen der Resozialisierung des Täters eine andere Art der Einwirkung unter Freiheitsentziehung als durch den gewöhnlichen Strafvollzug erforderlich sein. Ferner müssen zum Schutz der Gemeinschaft auch gewisse Eingriffe ohne Freiheitsentziehung vorgesehen werden. Endlich sind bei Gefährlichkeit auch Maßregeln gegenüber schuldunfähigen Tätern unentbehrlich. Aus diesen Gründen hat das Strafgesetzbuch an der **Zweispurigkeit der Strafen und Maßregeln festgehalten** (§ 61), das bestehende System aber durch die Umkehrung der Vollstreckung (§ 67), die Möglichkeit des Wechsels zwischen verschiedenen

Unterbringungsarten (§ 67 a) und die Einführung der Aussetzung der Maßregeln zur Bewährung (§ 67 b f.) wesentlich verbessert (vgl. oben § 9 I)[1].

Das Maßregelsystem des geltenden Rechts gliedert sich nach dem für den Verurteilten und die Gesellschaft entscheidenden Gesichtspunkt der Notwendigkeit bzw. Vermeidbarkeit einer Anstaltsunterbringung in *Maßregeln mit Freiheitsentziehung* (vgl. unten § 77) und *Maßregeln ohne Freiheitsentziehung* (vgl. unten § 78). Dagegen ist eine Unterscheidung in Maßregeln der Besserung und Maßregeln der Sicherung, wie sie § 61 an sich vorauszusetzen scheint, nicht möglich, da alle Maßregeln die Gemeinschaft vor zukünftigen Straftaten schützen sollen und sie dieses Ziel sämtlich auch durch resozialisierende Einwirkung auf die Person des Täters anstreben (vgl. allgemein zu den Maßregeln oben § 9)[2]. Das Gewicht der freiheitsentziehenden Maßregeln wurde durch die Abschaffung der als ihr Kernstück gedachten Unterbringung in einer sozialtherapeutischen Anstalt (§ 61 Nr. 3 a. F.) im Jahre 1984 erheblich vermindert (vgl. oben § 9 I 2).

§ 77 Maßregeln mit Freiheitsentziehung

P. Albrecht, Die allgemeinen Voraussetzungen der Anordnung freiheitsentziehender Maßnahmen usw., 1981; *Athen,* Zur gegenwärtigen Situation der Behandlung psychisch kranker Rechtsbrecher, MschrKrim 1985, 34; *Bae,* Der Grundsatz der Verhältnismäßigkeit im Maßregelrecht, 1985; *Baumann,* Unterbringungsrecht, 1966; *Baur,* Anmerkungen zum gegenwärtigen Zustand des Maßregelvollzugs usw., in: *Blau / Kammeier* (Hrsg.), Straftäter in der Psychiatrie, 1984, S. 17; *Becker,* Die freiheitsentziehenden Maßregeln des neuen Strafrechts usw., Diss. Freiburg 1977; *Beristain,* Medidas penales en derecho contemporáneo, 1974; *Blau,* Anmerkung zu BGH 31, 132, JR 1984, 27; *derselbe,* Regelungsmängel beim Vollzug der Unterbringung gemäß § 63 StGB, Festschrift für H.-H. Jescheck, Bd. II, 1985, S. 1014; *Blei,* Verhältnismäßigkeitsgrundsatz und Maßregeln usw., JA 1971, 235; *derselbe,* Anmerkung zu BGH JZ 1975, 493, JA 1975, 660; *Böhm,* Zur Sozialtherapie, NJW 1985, 1813; *Brückner,* Sicherungsverwahrung, DRiZ 1955, 291; *Brunner,* Anmerkung zu BGH 26, 67, JR 1976, 116; *Bruns,* Zur Problematik rausch-, krankheits- oder jugendbedingter Willensmängel usw., JZ 1964, 473; *derselbe,* Die Maßregeln der Sicherung und Besserung in der E 1956, ZStW 71 (1959) S. 210; *Cramer,* Der Vollrauschtatbestand als abstraktes Gefährdungsdelikt, 1962; *Creutz,* Psychiatrische Erfahrungen mit § 42 b und c usw., Allg. Zeitschrift für Psychiatrie 111 (1939) S. 137; *Cross,* Punishment, Prison and the Public, 1971; *Dietze,* Antidrogengesetz und Drogenprobleme, GA 1972, 129; *Dreher,* Liegt die Sicherungsverwahrung im Sterben? DRiZ 1957, 51; *derselbe,* Zur Auslegung des § 42 e I Nr. 1 StGB usw., MDR 1972, 826; *Ehrhardt,* Der Vollzug im psychiatrischen Krankenhaus, Kriminologische Gegenwartsfragen 11 (1974) S. 153; *Exner,* Erfahrungen mit den Maßregeln usw., in: Arbeitsbericht über die Sitzungen der Gesellschaft für deutsches Strafrecht, 1939, S. 91; *Finzi,* Las medidas de seguridad y corrección en Alemania usw., Nuevo Pensamiento Penal 1976, 183; *Frisch,* Prognoseentscheidungen im Strafrecht, 1983; *Geilen,* Sukzessive Zurechnungsunfähigkeit, Unterbringung und Rücktritt, JuS 1972, 73; *Greiser,* Die Serientat usw., NJW 1971, 789; *Grünwald,* Sicherungsverwahrung usw., ZStW 76 (1964) S. 633;

---

[1] Zur „Krisis der Zweispurigkeit" LK (*Hanack*) Vorbem. 13 ff. vor § 61; *Müller-Dietz,* Grundfragen S. 70 ff.; *Baur,* in: *Blau / Kammeier,* Straftäter in der Psychiatrie S. 17 ff. Als „generalpräventive Ergänzung der Schuldstrafe" versteht die Maßregeln *P. Albrecht,* Maßnahmen S. 25.

[2] Vgl. zur Einteilung und Benennung *Baumann / Weber,* Allg. Teil S. 711 ff.; *Maurach / Gössel / Zipf,* Allg. Teil II S. 606 ff.; *Schmidhäuser,* Allg. Teil S. 825 ff.; *Welzel,* Lehrbuch S. 263. Über die Antinomie zwischen Sicherungs- und Besserungszweck *H. Mayer,* Grundriß S. 179. Über den Strafe und Maßregel nicht unterscheidenden Begriff der „Sanktion" in der Soziologie vgl. *Müller,* JZ 1977, 385. Einen Überblick über das ausländische Recht gibt *Beristain,* Medidas S. 100 ff. (Spanien), S. 311 ff. (übriges Ausland); das Recht der Maßregeln in Deutschland vergleicht mit dem schweizerischen Recht *Becker,* Die freiheitsentziehenden Maßregeln, 1977.

Gruhle, Die Unterbringung psychopathischer Verbrecher, MschrKrim 1953, 6; *Haisch,* § 42b StGB – Erfahrungen aus der Sicht des Krankenhauspsychiaters, NJW 1965, 330; *Hall,* Sicherungsverwahrung und Sicherungsstrafe, ZStW 70 (1958) S. 41; *Hanack,* Das juristische Konzept der sozialtherapeutischen Anstalt usw., Kriminologische Gegenwartsfragen 10 (1972) S. 68; *Heinze,* Erläuterungen zum Rahmenentwurf eines Maßregelvollzugs-Gesetzes, in: *Lauter / Schreiber* (Hrsg.), Rechtsprobleme in der Psychiatrie, 1978; *Herrmann,* Der Drogenmißbrauch und seine Bekämpfung, ZStW 86 (1974) S. 423; *Horn,* Neuerungen der Kriminalpolitik im deutschen StGB, ZStW 89 (1977) S. 547; *Horstkotte,* Die Vorschriften des 1. StrRG über den Rückfall und die Maßregeln usw., JZ 1970, 152; *derselbe,* Strafrechtliche Fragen zur Entlassungspraxis nach § 67d Abs. 2 StGB, MschrKrim 1986, 332; *In der Beeck,* Zwangsunterbringung oder § 42b StGB, NJW 1963, 2358; *Jescheck,* Die kriminalpolitische Konzeption des AE, ZStW 80 (1968) S. 54; *Jung,* Das Ende der Maßregel der sozialtherapeutischen Anstalt, JuS 1985, 248; *derselbe,* Fortentwicklung des Sanktionensystems, JuS 1986, 741; *Kaiser,* Neue Wege im schweizerischen Maßnahmenvollzug, ZStW 100 (1988) S. 228; *Koch,* Wann ist die Unterbringung eines Geisteskranken erforderlich? MDR 1961, 561; *Else Koffka,* Anmerkung zu BGH 24, 134, JR 1971, 424; *Kreuzer,* Der Drogenmißbrauch und seine Bekämpfung, ZStW 86 (1974) S. 379; *derselbe,* Drogen und Delinquenz, 1975; *Kühne,* Staatliche Drogentherapie auf dem Prüfstand, 1985; *Lang-Hinrichsen,* Probleme der Sicherungsverwahrung usw., Festschrift für R. Maurach, 1972, S. 311; *Marquardt,* Dogmatische und kriminologische Aspekte des Vikariierens von Strafe und Maßregel, 1972; *Moos,* Die vorbeugenden Maßnahmen im neuen österr. Strafrecht, in: *Bundesministerium für Justiz* (Hrsg.), Zum neuen Strafrecht, 1973, S. 53; *B. Müller,* Anordnung und Aussetzung freiheitsentziehender Maßregeln, 1981; *E. Müller,* Sanktionen in juristischer und soziologischer Sicht, JZ 1977, 381; *Müller-Dietz,* Grundfragen des strafrechtlichen Sanktionensystems, 1979; *derselbe,* Rechtsfragen der Unterbringung nach § 63 StGB, NStZ 1983, 145, 203; *derselbe,* Anmerkung zu BGH vom 16.8.1984, JR 1985, 119; *derselbe,* Unterbringung im psychiatrischen Krankenhaus und Verfassung, JR 1987, 45; *Neu,* Zur erheblichen Straftat usw., MDR 1972, 915; *Neumann,* § 42c und seine heutige Anwendungspraxis, MschrKrim 1962, 24; *Niese,* Die Rechtsprechung des BGH in Strafsachen, JZ 1953, 547; *Nowakowski,* Die Maßnahmenkomponente im StGB, Festschrift für Ch. Broda, 1976, S. 193; *Ohle,* Zum gegenwärtigen Stand der Maßregelvollzugsgesetzgebung, KrimJ 1985, 125; *Penners,* Zum Begriff der Aussichtslosigkeit einer Entziehungskur nach § 64 Abs. 2 StGB, 1987; *Rasch,* Die Prognose im Maßregelvollzug als kalkuliertes Risiko, Festschrift für G. Blau, 1985, S. 309; *derselbe,* Nachruf auf die sozialtherapeutische Anstalt, BewH 1985, 319; *derselbe,* Forensische Psychiatrie, 1986; *Maria Rieder,* Die Unterbringung in einer Anstalt für gefährliche Rückfalltäter, ÖJZ 1976, 390; *Rietzsch,* Die Anordnung der Sicherungsverwahrung, in: *Freisler / Schlegelberger* (Hrsg.), Dringende Fragen der Sicherungsverwahrung, 1938, S. 25; *Röhl,* Fragen und Fragwürdigkeit der Sicherungsverwahrung, JZ 1955, 145; *Rudolph,* Zum Vollzug und zur bedingten Entlassung aus der Sicherungsverwahrung, DRiZ 1956, 176; *Saage / Göppinger,* Freiheitsentziehung und Unterbringung, 2. Aufl. 1975; *Sax,* Grundsätze der Strafrechtspflege, in: *Neumann / Nipperdey / Scheuner* (Hrsg.), Die Grundrechte, Bd. III/2, 1959, S. 909; *Schäfer / Wagner / Schafheutle,* Gesetz gegen gefährliche Gewohnheitsverbrecher usw., 1934; *Schlegl,* Der Rücktritt vom Versuch eines zurechnungsunfähigen Täters usw., NJW 1968, 25; *R. Schmitt,* Was hat die Strafrechtsreform von der Zweispurigkeit übrig gelassen? Festschrift für Th. Würtenberger, 1977, S. 277; *Schottky,* Psychiatrische und kriminalbiologische Fragen bei der Unterbringung nach § 42b und c usw., Allg. Zeitschrift für Psychiatrie 117 (1941) S. 287; *Schröder,* Die „Erforderlichkeit" von Sicherungsmaßregeln, JZ 1970, 92; *Steigertahl,* Der Vollzug der Unterbringung im Arbeitshaus usw., Blätter für Gefängniskunde 69 (1938/39) S. 30; *Stratenwerth,* Zur Rechtsstaatlichkeit der freiheitsentziehenden Maßnahmen im Strafrecht, SchwZStr 82 (1966) S. 337; *Stree,* Deliktsfolgen und Grundgesetz, 1966; *derselbe,* In dubio pro reo, 1962; *Streng,* Vikariierens-Prinzip und Leidensdruck, Stv 1987, 41; *Tondorf,* Die katastrophale Lage psychisch Kranker im Maßregelvollzug, ZRP 1985, 118; *Venzlaff,* Praktische Schwierigkeiten des Maßregelvollzugs, in: *Ev. Akademie Hofgeismar* (Hrsg.), Maßregelvollzug in einem psychiatrischen Krankenhaus, 1981, S. 12; *Volkaert,* Maßregelvollzug, 2. Aufl. 1986; *Weihrauch,* Die materiellen Voraussetzungen der Sicherungsverwahrung, NJW 1970, 1897; *Zipf,* Die Rechtsfolgen der Tat im neuen StGB, JuS 1974, 147, 273; *derselbe,* Kriminalpolitik, 2. Aufl. 1980.

I. Allgemeines

1. Trotz der Schwierigkeiten bei ihrer Rechtfertigung und Durchführung (vgl. oben § 9 II) und trotz der gegen sie vorgebrachten verfassungsrechtlichen, rechtsethischen und praktischen **Bedenken**[3] sind die mit Freiheitsentziehung verbundenen Maßregeln in keinem der drei in Deutschland aufeinanderfolgenden grundverschiedenen politischen Systeme auf entscheidenden Widerstand gestoßen[4]. Sie wurden im demokratischen Rechtsstaat der *Weimarer Republik* entworfen (vgl. E 1930 §§ 55ff.), im totalitären Machtstaat des *Nationalsozialismus* eingeführt (Gewohnheitsverbrechergesetz vom 24. 11. 1933) und im liberalen und sozialen Rechtsstaat der *Bundesrepublik* beibehalten, ausgebaut und elastischer gestaltet (§§ 61 ff.).

2. Die Maßregeln sind keine Strafen und unterliegen deswegen nicht dem Schuldgrundsatz des § 46 I 1. Sie unterliegen aber dem als Fundamentalsatz des Rechtsstaats unmittelbar und allgemein geltenden **Grundsatz der Verhältnismäßigkeit** (BVerfGE 16, 94 [202]; BGH 20, 232 [233]), der wegen des mit den Maßregeln verbundenen tiefen Eingriffs in Grundrechte des Betroffenen in § 62 ausdrücklich ausgesprochen wird[5]. Die Vorschrift gilt außer für die freiheitsentziehenden Maßregeln auch für die Führungsaufsicht und das Berufsverbot, jedoch bedarf es der Prüfung der Verhältnismäßigkeit nach § 69 I 2 nicht bei der Entziehung der Fahrerlaubnis, weil diese gegenüber einer zum Führen von Kraftfahrzeugen ungeeigneten Person nicht unverhältnismäßig sein kann. Bei der Beurteilung der Verhältnismäßigkeit ist abzustellen auf die Bedeutung der vom Täter begangenen und zu erwartenden Taten sowie auf den Grad der von ihm ausgehenden Gefahr, d. h. auf die Wahrscheinlichkeit neuer Straftaten. Für die Verhältnismäßigkeit einer Maßregel kommt es vor allem auf die *Bedeutung der zu erwartenden Taten* an, während die begangenen Taten auch weniger gewichtig sein können, da bei den Maßregeln das Sicherheitsbedürfnis der Allgemeinheit im Vordergrund steht (BGH 24, 134 m. zust. Anm. *Else Koffka*, JR 1971, 235 ff.)[6]. Aus dem Verhältnismäßigkeitsgrundsatz ergibt sich für die Auswahl bei mehreren in Betracht kommenden Maßregeln das *Prinzip des geringstmöglichen Eingriffs*. Auch auf die *Nachentscheidungen* wird der Verhältnismäßigkeitsgrundsatz angewendet (BVerfGE 70, 297 [315]: Entlassung eines wegen eines mittelschweren Diebstahls langjährig Untergebrachten aus dem psychiatrischen Krankenhaus; OLG Hamm NJW 1970, 1982: Entlassung eines im psychiatrischen Krankenhaus untergebrachten Betrügers, von dem mit Sicherheit weitere Zechprellereien *geringen* Umfangs zu erwarten waren; OLG Karlsruhe NJW 1971, 204: Entlassung aus der Sicherungsverwahrung trotz Gefahr geringer oder *mittlerer* Diebstähle). Für die Prognose wird eine nach der Schwere der zu erwartenden Taten abgestufte Wahrscheinlichkeit verlangt, dagegen setzt auch der Verhältnismäßigkeitsgrundsatz keine Gewißheit voraus (BVerfGE 70, 297 [313]: „vertretbares Risiko"; OLG Schleswig DAR 1954, 139; OLG Hamm NJW 1971, 1620)[7].

---

[3] Vgl. insbesondere *H. Mayer*, Strafrechtsreform S. 46 f.; *derselbe*, Grundriß S. 179 f.; *Röhl*, JZ 1955, 145 ff.; *Stratenwerth*, SchwZStr 82 (1966) S. 337 ff.; *Stree*, Deliktsfolgen S. 217 ff.

[4] Auch im *österr.* StGB §§ 21 - 23 und im *schweiz.* Vorentwurf von *Schultz* Art. 60 ff. werden die Maßregeln beibehalten. Zustimmend *Kaiser*, ZStW 100 (1988) S. 250 f.

[5] Dazu eingehend *Bae*, Verhältnismäßigkeit S. 72 ff.; *Müller-Dietz*, JR 1987, 45.

[6] Vgl. BT-Drucksache V/4094 S. 17; *Dreher / Tröndle*, § 62 Rdn. 2 ff.; *Lackner*, § 62 Anm. 2; *Maurach / Gössel / Zipf*, Allg. Teil II S. 608 f.; *Müller-Dietz*, JR 1987, 45 ff.; *Blei*, JA 1971, 235 ff.

[7] So auch *Dreher / Tröndle*, Vorbem. 3 vor § 61; *Rasch*, Blau-Festschrift S. 319. Zur Prognose als Grundlage des Maßregelrechts *Frisch*, Prognoseentscheidungen S. 22 ff.; *LK (Hanack)* Vorbem. 100 vor § 61; *LK (Horstkotte)* § 67 c Rdn. 48 ff.; *SK (Horn)* § 61 Rdn. 7 ff. Die bloße Möglichkeit der Wiederholung lassen zu Recht nicht ausreichen *Geppert*, NJW 1971, 2156;

3. Der **Erfolg der Maßregeln** wurde nach ihrer Einführung im Jahre 1933 zunächst *positiv* beurteilt[8]. Ein autoritärer Staat wird selten Bedenken tragen, die ihm gebotenen Machtmittel schrankenlos auszunützen. Die Maßregeln können dadurch zweifellos in hohem Grade „effektiv" gemacht werden. Die engen Grenzen, die der Rechtsstaat der Anwendung von Maßregeln zieht und ziehen muß, bedingen dagegen eine viel *skeptischere Beurteilung* ihrer Wirkung, da heute gar nicht daran zu denken ist, eine wirklich ins Gewicht fallende Zahl von mehrfach erheblich Rückfälligen auf Dauer in Haft zu halten (vgl. über die relativ geringe Zahl der Maßregelanordnungen mit Freiheitsentziehung oben § 5 V 2 im Verhältnis zur großen Zahl der häufig Rückfälligen oben § 5 II).

II. Die Unterbringung in einem psychiatrischen Krankenhaus (§ 63)

1. Der **Zweck der Unterbringung** im psychiatrischen Krankenhaus ist der Schutz der Allgemeinheit vor Personen, die wegen Schuldunfähigkeit nach § 20 nicht oder wegen verminderter Schuldfähigkeit regelmäßig nur unter Zubilligung einer Milderung nach §§ 21, 49 I bestraft werden können, jedoch für die öffentliche Sicherheit fortdauernd gefährlich sind. Die Notwendigkeit der Ergänzung der Freiheitsstrafe durch die Maßregel tritt hier besonders deutlich in Erscheinung, da Strafe entweder nicht zulässig oder zur Sicherung der Gemeinschaft nicht ausreichend ist und der gewöhnliche Strafvollzug auch die notwendige medizinische, psychotherapeutische und sozialpflegerische Behandlung der vermindert schuldfähigen Kriminellen nicht zu leisten vermag. Die *zahlenmäßige Bedeutung* der Maßregel ist erheblich: im Jahre 1985 wurde gegen 425 Personen die Unterbringung nach § 63 angeordnet, die Sicherungsverwahrung dagegen nur in 39 Fällen (vgl. oben § 5 V 2). Die **Hauptschwierigkeit** der Maßregel besteht gegenwärtig in der angemessenen Versorgung derjenigen Personen, die nicht im medizinischen Sinne geisteskrank sind und darum keiner psychiatrischen Behandlung bedürfen, sondern als schuldunfähige oder vermindert schuldfähige Affekttäter, Triebverbrecher, Neurotiker oder Psychopathen in die für Kranke bestimmte Anstalt eingewiesen werden. Die psychiatrischen Krankenhäuser können für diese Personengruppen meist nichts Positives leisten, werden aber durch ihre Gegenwart in der Anstalt bei der eigentlichen Krankenversorgung empfindlich gestört und behindert. Durchführung und Dauer der Unterbringung im psychiatrischen Krankenhaus unterliegen zunehmender Kritik. Die Unterbringungsbedingungen bleiben hinter denen des Strafvollzugs zurück[9], und die Dauer der Unterbringung übersteigt oft die Dauer des Strafvollzugs bei einer vergleichbaren Straftat ganz erheblich[10]. Abhilfe ist nur von einer zeitlichen Begrenzung der Unterbringung (mit der Möglichkeit wiederholter Einweisung) und der Einrichtung besonderer Anstalten für den Maßregelvollzug zu erwarten (vgl. dazu BT-Drucksache 10/5828 S. 6)[11].

Müller, Maßregeln S. 132 f.; *Stree*, In dubio pro reo S. 91 ff.; *Schönke / Schröder / Stree*, Vorbem. 9 vor § 61; *Schröder*, JZ 1970, 93.

[8] *Exner*, Arbeitsbericht über die Sitzungen der Gesellschaft für deutsches Strafrecht S. 91 ff. (vgl. über die unbegrenzten Machtmittel der Polizei in der Zeit von 1933 - 1945 S. 105).

[9] Vgl. *Blau*, Jescheck-Festschrift Bd. II S. 1015 ff.; *Rasch*, Forensische Psychiatrie S. 85; *Müller-Dietz*, NStZ 1983, 204 ff.; *Tondorf*, ZRP 1985, 118 ff. Umfassend *Volkaert*, Maßregelvollzug, 1984; *Callies / Müller-Dietz*, § 138 StVollzG Rdn. 3.

[10] *Athen*, MschrKrim 1985, 34 ff.; *Blau*, Jescheck-Festschrift Bd. II S. 1025; *Horstkotte*, MschrKrim 1986, 332.

[11] Über die aufgrund von § 138 StVollzG seit 1976 ergangenen Ländergesetze zum Maßregelvollzug *Blau*, Jescheck-Festschrift Bd. II S. 1020; *Müller-Dietz*, NStZ 1983, 146 ff.; *Ohle*, KrimJ 1985, 125 ff. Zum Rahmenentwurf eines „Gesetzes über den Vollzug von Maßregeln der Besserung und Sicherung in einem psychiatrischen Krankenhaus und in einer Entziehungsanstalt" von 1977 (BT-Drucksache 8/2565) vgl. *Heinze*, in: *Lauter / Schreiber* (Hrsg.), Rechtsprobleme S. 78 ff.

Die Unterbringung im psychiatrischen Krankenhaus ist auch bei Anwendung von Jugendstrafrecht vorgesehen (§ 7 JGG). Ist der Täter nach § 21 vermindert schuldfähig, zugleich aber nach § 3 JGG strafrechtlich nicht verantwortlich, so ist die Unterbringung zulässig (BGH 26, 67 m. zust. Anm. *Brunner*, JR 1976, 116).

2. Die **Voraussetzungen der Unterbringung** betreffen einmal die auslösende Tat, zweitens den Grad der Schuldfähigkeit des Täters, drittens die Gefährdung der öffentlichen Sicherheit.

a) Die **auslösende Tat** muß eine rechtswidrige Tat i. S. von § 11 Nr. 5 sein. Mit Rücksicht auf die Schwere des Eingriffs können aber geringfügige Vergehen für die Unterbringung im psychiatrischen Krankenhaus nicht ausreichen (BGH LM § 42b Nr. 10: unwesentliche Sachbeschädigung; BGH 20, 232: geringfügige Notbetrugstaten; BGH GA 1965, 282: unbedeutende Zechprellereien; BGH NJW 1970, 1242: eine unwesentliche sexuelle Annäherung an ein Kind); doch genügt nach der angeführten Rechtsprechung auch eine Straftat ohne besonderes Gewicht, sofern sie nur für eine erhebliche Gefährlichkeit des Täters symptomatisch ist (BGH 24, 134 [136]). Der Begriff der rechtswidrigen Tat erfordert Tatbestandsmäßigkeit und Rechtswidrigkeit der Handlung. Das Vorliegen eines Rechtfertigungsgrundes steht deshalb der Unterbringung des Täters entgegen (RG HRR 1938 Nr. 40). Wer den *Vorsatz* zum Unrechtstatbestand rechnet (vgl. oben § 24 III 4c), muß ihn auch als Voraussetzung der Unterbringung nach § 63 fordern. Von den Gegnern dieser Lehre wird immerhin ein „natürlicher Vorsatz" verlangt, weil sich ohne Feststellung der inneren Tatseite vielfach nicht sicher ausmachen ließe, welcher Tatbestand anzunehmen ist (BGH 3, 287 [289])[12]. Ein *Tatbestandsirrtum*, der durch die seelische Störung des Täters bedingt ist, soll die Unterbringung aber nicht ausschließen, da es der Sinn des § 63 sei, gerade auch derartigen Gefahren für die öffentliche Sicherheit zu begegnen[13]. Diese Auffassung ist jedoch abzulehnen, denn auf den Vorsatz als Träger der tatbestandsmäßigen Handlung kann der Verbrechensbegriff nicht verzichten[14].

Beispiel: Ein mittelloser geisteskranker Künstler schließt Darlehensverträge ab, die er nicht erfüllen kann, er glaubt jedoch wegen seiner manischen Veranlagung, er werde im Zeitpunkt der Fälligkeit auf irgendeine Weise zu Geld gekommen sein (für Betrug BGH 3, 287 [289]; zweifelnd BGH 18, 235 [237]).

Anders ist es, wenn sich der Irrtum nicht auf den Tatbestand, sondern auf die Merkmale von *Rechtfertigungs- oder Entschuldigungsgründen* bezieht, da hier der Tatbestandsvorsatz und etwaige subjektive Unrechtsmerkmale erhalten bleiben (BGH 10, 355 [357f.]: ein Geisteskranker, der an Verfolgungswahn leidet, glaubt angegriffen zu sein und verletzt einen anderen Menschen; RG 73, 314: ein Geisteskranker kommt durch wahnhafte Vorstellungen zur Annahme einer Notstandssituation im Sinne von § 35)[15].

Auch die *versuchte Tat* ist, wenn der Versuch in der betreffenden Strafvorschrift unter Strafe gestellt ist, eine rechtswidrige Tat i. S. von § 63. Beim *Rücktritt vom Versuch* nach § 24 ist die Möglichkeit der Unterbringung nach § 63 zu verneinen, weil die

---

[12] Vgl. *Cramer*, Der Vollrauschtatbestand S. 116 ff.; *Lackner*, § 63 Anm. 2a; *Schönke / Schröder / Stree*, § 63 Rdn. 5; *Schmidhäuser*, Allg. Teil S. 748.
[13] So *Baumann / Weber*, Allg. Teil S. 716; *Bockelmann / Volk*, Allg. Teil S. 284; *Kohlrausch / Lange*, § 42b Anm. A I 2; *LK (Hanack)* § 63 Rdn. 24ff.; *H. Mayer*, Grundriß S. 180; *Schönke / Schröder / Stree*, § 63 Rdn. 7.
[14] So *Blei*, Allg. Teil S. 433; *Bruns*, JZ 1964, 478; *Dreher / Tröndle*, § 63 Rdn. 2a; *Maurach / Gössel / Zipf*, Allg. Teil II S. 614; *Preisendanz*, § 63 Anm. 2d; *Niese*, JZ 1953, 548; *SK (Horn)* § 63 Rdn. 4; *Welzel*, Lehrbuch S. 264.
[15] Ebenso *Welzel*, Lehrbuch S. 264.

Belohnung in Gestalt der Sanktionsfreiheit (vgl. oben § 51 I 3) auch dem schuldunfähigen Täter zugute kommen muß (BGH 31, 132 [135 f.] m. zust. Anm. *Blau,* JR 1984, 27)[16]. Ist der Täter trotz des Rücktritts gefährlich, so greifen die landesrechtlichen Unterbringungsvorschriften ein.

b) Weiterhin muß der Täter bei der Tat **schuldunfähig** (§ 20) oder **vermindert schuldfähig** (§ 21) gewesen sein. Bei verminderter Schuldfähigkeit tritt die Unterbringung im psychiatrischen Krankenhaus *neben* die Strafe (§ 67 I).

Ist zweifelhaft, ob voller Schuldausschluß oder verminderte Schuldfähigkeit anzunehmen ist, und wird der Täter deswegen nach dem Grundsatz in dubio pro reo freigesprochen, so ist § 63 dennoch anwendbar, weil die Vorschrift in beiden Fällen in Betracht kommt (BGH 18, 167; 22, 1 [4] m. zust. Anm. *Sax,* JZ 1968, 533). Dagegen ist die Unterbringung nicht zulässig, wenn offen bleibt, ob der Täter voll schuldfähig oder vermindert schuldfähig ist, weil bei einem voll verantwortlichen Menschen die Unterbringung ausgeschlossen wäre (RG 70, 127 [128]; BGH 34, 22 [26]; BGH NStZ 1986, 237). Während in diesem Falle immerhin noch Strafe eintritt, entfällt beim Zweifel über die Schuldfähigkeit jede Sanktion: die Strafe, weil zugunsten des Angeklagten Schuldunfähigkeit anzunehmen ist, die Unterbringung, weil auch die Voraussetzungen des § 21 nicht feststehen[17]. Die Schuldunfähigkeit muß auf einem länger dauernden seelischen Zustand beruhen, der zwar nicht eine Krankheit zu sein braucht, wohl aber im Schweregrad einer krankhaften seelischen Störung entsprechen muß (BGH 34, 22 [27 f.]: schwere reaktive Depression). Alkoholeinfluß genügt nicht (BGH GA 1986, 34). Die Unterbringung ist nur zulässig, wenn die Bestrafung *allein* an der Schuldunfähigkeit des Täters scheitert (BGH 31, 132).

c) Endlich muß eine ungünstige Prognose vorliegen. Das Gesetz verlangt dazu, daß aufgrund einer Gesamtwürdigung von Tat und Täter von diesem infolge seines Zustandes *erhebliche* rechtswidrige Taten zu erwarten sind[18] und er deshalb **für die Allgemeinheit gefährlich ist.** Nicht ausreichend sind Taten eines lästigen Kleinkriminellen wie beleidigende Eingaben bei Behörden (RG JW 1935, 2367; KG DRZ 1948, 134), kleinere Betrügereien aus Not (BGH 20, 232) oder von vornherein aussichtslose Betrugsversuche (BGH MDR 1971, 1026). Die mittlere Kriminalität wird jedoch erfaßt (BGH 27, 246 [248]). Die zu erwartenden Taten müssen ferner die Folge der seelischen Störung oder schweren Abartigkeit sein, dürfen also nicht aus einer bloßen Konfliktsituation entstehen (BGH 27, 246 [247 f.]). Außerdem darf die Gefahr nicht auf eine andere für den Täter weniger einschneidende Weise abzuwenden sein (Grundsatz des geringstmöglichen Eingriffs).

Beispiele: Als schonendere Maßnahmen kommen in Betracht Familienbetreuung (RG 69, 12 [13]; BGH NJW 1961, 450), freiwilliger Eintritt in ein psychiatrisches Krankenhaus (anders RG 76, 134), Einrichtung einer Vormundschaft (RG HRR 1938 Nr. 40; BGH LM § 42 b Nr. 18; OLG Saarbrücken NJW 1964, 1633 [1634]; einschränkend aber BGH 15, 279 [284 ff.]), freiwillige psychotherapeutische Behandlung (OLG Stuttgart JZ 1951, 53), Unterbringung durch die Verwaltungsbehörde nach den Unterbringungsgesetzen der Länder[19] (die Rechtsprechung ist nicht einheitlich; vgl. BGH 7, 61 [63]; 12, 50; 17, 123 [126 f.]; 19, 348; 24, 98)[20].

---

[16] So *Schlegel,* NJW 1968, 25; *Dreher / Tröndle,* § 63 Rdn. 2 a; *Lackner,* § 63 Anm. 2 a; *LK (Hanack)* § 63 Rdn. 34; *Maurach / Gössel / Zipf,* Allg. Teil II S. 614; *Schönke / Schröder / Stree,* § 63 Rdn. 6; *(SK (Horn)* § 63 Rdn. 8. Dagegen soll nach *Geilen,* JuS 1972, 79 die Unterbringung nur dann unterbleiben, wenn im Hinblick auf den Rücktritt die Gefährlichkeit zu verneinen ist.

[17] Kritisch dazu *Geilen,* JuS 1972, 75.

[18] So schon bisher die Rechtsprechung; vgl. BGH GA 1965, 282.

[19] Vgl. z. B. in *Baden-Württemberg* Gesetz über die Unterbringung von Geisteskranken und Suchtkranken vom 11. 4. 1983 (GBl. S. 133). Zu den Unterbringungsgesetzen der Länder vgl. *Saage / Göppinger,* Freiheitsentziehung und Unterbringung, 1975; *Dreher / Tröndle,* Vorbem. 9 vor § 61.

[20] Vgl. auch *H. Mayer,* Grundriß S. 181; dagegen gibt *In der Beeck,* NJW 1963, 2358 ff. durchweg der Einweisung nach § 63 den Vorzug.

3. Wenn die Voraussetzungen der Unterbringung vorliegen, **muß** sie angeordnet werden. Die **Dauer** der Unterbringung in dem psychiatrischen Krankenhaus ist zeitlich nicht begrenzt; die Maßregel währt so lange, wie der Zweck es erfordert, möglicherweise also lebenslänglich (§ 67d). Bei Schuldunfähigkeit wird die Unterbringung allein verhängt, bei verminderter Schuldfähigkeit tritt sie neben die Strafe (BGH 11, 319). Die Durchführung der Maßregel erlaubt abgesehen von der Freiheitsentziehung *tiefe Eingriffe in die Persönlichkeitssphäre*[21]. Die Behandlung richtet sich nach ärztlichen Gesichtspunkten; Heilung oder wenigstens Besserung des Zustands wird angestrebt; Aufsicht, Betreuung und Pflege werden dem Untergebrachten zuteil (§ 136 StVollzG). Im übrigen ist das Landesrecht maßgebend (§ 138 StVollzG). Besonders schwierig ist die Lage der Untergebrachten, die nicht im medizinischen Sinne geisteskrank sind, weil sie unter der Umgebung des psychiatrischen Krankenhauses ebenso leiden wie die Anstalt unter ihnen (vgl. oben § 77 II 1)[22].

4. Wird ein Strafverfahren durchgeführt und stellt sich in dessen Verlauf die Schuldunfähigkeit des Angeklagten heraus, so wird die Unterbringung in diesem Verfahren nach Vernehmung eines Sachverständigen (§ 246a StPO) ausgesprochen (BGH 22, 185). Steht die Schuldunfähigkeit von vornherein fest oder wird sie im Vorverfahren erkannt, so kann die Staatsanwaltschaft bei dem Gericht den Antrag stellen, die Unterbringung des Täters in einem besonderen Sicherungsverfahren selbständig anzuordnen (§§ 413 ff. StPO, 71 I StGB).

III. Die Unterbringung in einer Entziehungsanstalt (§ 64)

1. Im Vordergrund der Unterbringung in der Entziehungsanstalt steht nicht der Sicherungs-, sondern der **Besserungszweck**. Die Anordnung unterbleibt deshalb, wenn eine Entziehungskur von vornherein aussichtslos erscheint (§ 64 II)[23], was freilich nicht mit dem Fehlen einer geeigneten Anstalt für Suchtkranke begründet werden darf (BGH 28, 327 [329])[24]. Der Trinker und der Rauschgiftsüchtige[25], der wegen einer im Zusammenhang mit seiner Sucht begangenen rechtswidrigen Tat verurteilt oder nur wegen erwiesener oder nicht auszuschließender Schuldunfähigkeit nicht verurteilt wird, soll einer Anstaltsbehandlung zugeführt werden, wenn die Gefahr weiterer erheblicher Taten infolge dieses Hanges besteht. *Zahlenmäßig* hat die Unterbringung in der Entziehungsanstalt größere Bedeutung als die Unterbringung nach § 63, sie ist ferner dreizehnmal so häufig wie die Anordnung der Sicherungsverwahrung (vgl. oben § 5 V 2). Die Unterbringung nach § 64 kommt auch in Betracht, wenn Jugendstrafrecht angewendet wird (§ 7 JGG).

2. Die **Voraussetzungen der Unterbringung** betreffen einmal die Persönlichkeit des Täters, zweitens die auslösende Tat, drittens die Prognose. Der Täter muß den

---

[21] Vgl. dazu näher *Baumann*, Unterbringungsrecht S. 41ff. Über die Zusammensetzung der Untergebrachten und die Ergebnisse der Behandlung seinerzeit *Creutz*, Allg. Zeitschrift für Psychiatrie 111 (1939) S. 137ff.; *Schottky*, ebenda 117 (1941) S. 287ff.

[22] Vgl. näher *Gruhle*, MschrKrim 1953, 9f.; *Haisch*, NJW 1965, 330; *Venzlaff*, Praktische Schwierigkeiten, in: Maßregelvollzug S. 12ff. Zur Kritik des Maßregelvollzugs im psychiatrischen Krankenhaus ferner oben § 77 II 1 Fußnote 9.

[23] Dazu *Penners*, Zum Begriff der Aussichtslosigkeit einer Entziehungskur, 1987.

[24] Der durch das 23. StÄG eingeführte § 67d V bestimmt jetzt, daß die Strafvollstreckungskammer die Unterbringung in der Entziehungsanstalt auch nachträglich als aussichtslos abbrechen kann. So schon früher OLG Celle JR 1982, 467; ebenso *LK (Horstkotte)* § 67c Rdn. 10; *LK (Hanack)* § 64 Rdn. 92.

[25] Für Drogenabhängige gibt es nach §§ 35 - 37 BtMG die Möglichkeit, die Vollstreckung einer Freiheitsstrafe von nicht mehr als zwei Jahren oder der Maßregel der Unterbringung in einer Entziehungsanstalt für längstens zwei Jahre zugunsten einer freiwilligen Behandlung zurückzustellen oder bei laufender Behandlung sogar von der Verfolgung abzusehen, wenn keine höhere Strafe zu erwarten ist.

Hang haben, alkoholische Getränke[26] oder andere Rauschmittel (z. B. Haschisch, LSD, Heroin, Kokain, Opium)[27] im Übermaß zu sich zu nehmen. Unter einem Hang versteht man die auf Disposition oder Gewohnheit beruhende intensive Neigung zu Alkohol oder Drogen, unter Übermaß die immer wiederholte Berauschung mit dadurch bewirkter Schädigung der Gesundheit oder Arbeitsfähigkeit (BGH 3, 339). Die auslösende Tat muß im Rausch begangen (z. B. § 323a) oder auf den Hang zurückzuführen sein (OLG Celle NJW 1958, 270: Betrug oder Urkundenfälschung zur Rauschmittelbeschaffung). Verurteilung bedeutet, daß mindestens ein Schuldspruch, z. B. nach § 59 oder § 60, vorliegen muß. Beim ursächlichen Zusammenhang verlangt die Rechtsprechung, daß die Tat Symptomwert für die Sucht haben muß (BGH *Dallinger* MDR 1971, 895 sowie *Dallinger* MDR 1972, 196). Endlich wird verlangt, daß die Gefahr besteht, daß der Täter infolge seines Hanges neue erhebliche (also nicht bloß geringfügige) rechtswidrige Taten begehen wird. Selbstgefährdung fällt nicht darunter, da die Süchtigenfürsorge nicht Aufgabe des Strafrechts ist (OLG Hamm NJW 1974, 614). Sowohl in bezug auf die Wahrscheinlichkeit als auch hinsichtlich der Erheblichkeit der neuen Taten werden bei § 64 im Hinblick auf den vorrangigen Heilungszweck geringere Anforderungen gestellt als für § 63[28]. Auch hier genießen schonendere Maßnahmen den Vorzug[29]. Gegenüber den Unterbringungsgesetzen soll § 64 nach dem Spezialitätsprinzip vorgehen[30].

3. Nach § 64 **muß** das Gericht, wenn die Voraussetzungen der Maßregel vorliegen, die Unterbringung anordnen. Sie tritt, wenn der Täter wegen der auslösenden Tat bestraft wird, neben die Strafe. Die **Dauer** ist auf höchstens zwei Jahre begrenzt (§ 67d I); diese Zeit darf auch bei wiederholter Anordnung durch dasselbe Gericht sowie bei mehrfacher Anordnung durch verschiedene Gerichte nicht überschritten werden. Die Unterbringung wird in der Regel in geschlossenen Stationen psychiatrischer Krankenhäuser vollzogen[31]. Welche Anstalt zuständig ist, ergibt der Vollstreckungsplan (§§ 53 I, 22 I StVollstrO). Ziel der Behandlung ist die Heilung und die Behebung der dem Hang zugrunde liegenden Fehlhaltung (§ 137 StVollzG). Der Vollzug der Unterbringung richtet sich im übrigen nach Landesrecht (§ 138 StVollzG)[32].

4. Auch die Unterbringung in der Entziehungsanstalt kann im Sicherungsverfahren selbständig angeordnet werden, wenn das Strafverfahren wegen Schuld- oder Verhandlungsunfähigkeit des Täters nicht durchzuführen ist (§§ 413ff. StPO, 71 I StGB).

IV. Die Unterbringung in einer sozialtherapeutischen Anstalt

Das Gesetz zur Änderung des Strafvollzugsgesetzes vom 20. 12. 1984 hat die Unterbringung in einer sozialtherapeutischen Anstalt als Maßregel abgeschafft und § 65 deswegen aufgehoben.

---

[26] Zum Persönlichkeitsbild des Trinkers mit Beispielen *Neumann,* MschrKrim 1962, 24ff.

[27] Eingehende Darstellungen der gesamten Problematik des Drogenmißbrauchs und seiner Bekämpfung bei *Dietze,* GA 1972, 129ff.; *Herrmann,* ZStW 86 (1974) S. 423ff.; *Kreuzer,* ZStW 86 (1974) S. 379ff.; *derselbe,* Drogen und Delinquenz, 1975; *LK*[9] *(Lang-Hinrichsen),* Anhang zu § 42c.

[28] Vgl. *Bockelmann / Volk,* Allg. Teil S. 286f.; *Dreher / Tröndle,* § 64 Rdn. 6; *LK (Hanack)* § 64 Rdn. 69; *Lackner,* § 64 Anm. 2d; *Preisendanz,* § 64 Anm. 4.

[29] So zu Recht *LK (Hanack)* § 64 Rdn. 82ff. Anders die h. L.; vgl. z. B. *Schönke / Schröder / Stree,* § 64 Rdn. 10, der hier das Prinzip des geringstmöglichen Eingriffs ebenso wie für § 63 verneint.

[30] Vgl. näher *Baumann,* Unterbringungsrecht S. 71.

[31] Zum Vollzug näher *Baumann,* Unterbringungsrecht S. 66ff.; *Steigertahl,* Blätter für Gefängniskunde 69 (1938/39) S. 38ff.

[32] Zu den Ländergesetzen für den Maßregelvollzug vgl. oben § 77 II 1 Fußnote 11.

Die Maßregel wurde in eine Modifikation des Vollzugs der Freiheitsstrafe nach § 9 StVollzG umgewandelt (sog. Vollzugslösung) (über die Gründe vgl. oben § 9 I 2)[33]. Der schweiz. Vorentwurf Art. 65 von *Schultz* hat die Unterbringung in der sozialtherapeutischen Anstalt dagegen als Maßregel aufgenommen[34]. Im Interesse einer wirksamen Behandlung häufig Rückfälliger mit schweren Persönlichkeitsstörungen ist die Erhaltung und der Ausbau der sozialtherapeutischen Anstalten im Strafvollzug auch in der Bundesrepublik Deutschland geboten. Eingehend zur sozialtherapeutischen Anstalt Vorauflage S. 656 f.

V. Die Unterbringung in der Sicherungsverwahrung (§ 66)

1. Der **Zweck der Sicherungsverwahrung**, der einschneidendsten Maßregel des früheren und des geltenden Rechts, ist der **Schutz der Gesellschaft vor dem gefährlichen Hangtäter**, gegenüber dem selbst ein langandauernder Strafvollzug sich als wirkungslos erwiesen hat[35]. Der Vorrang des Sicherungszwecks schließt jedoch nicht aus, daß im Vollzug der Sicherungsverwahrung eine intensive, auf die Eigenart des Hangtäters zugeschnittene Behandlung mit dem Ziel der Resozialisierung und eine sorgfältige Vorbereitung der bedingten Aussetzung zur Bewährung stattfinden (§§ 67d II StGB, 134 StVollzG)[36]. Durch die Reform von 1969 wurden einerseits die Voraussetzungen der Anordnung der Sicherungsverwahrung wesentlich verschärft, um nicht länger, wie dies bisher überwiegend der Fall gewesen ist, die passiven und mehr aus Schwäche als aus krimineller Energie handelnden Täter aus dem Bereich der geringen oder mittleren Vermögenskriminalität zu erfassen[37] (BT-Drucksache V/4094 S. 18f.; BGH 30, 220 [222]: Sicherungsverwahrung als „letzte Notmaßnahme der Kriminalpolitik") (vgl. oben § 9 III 1). Andererseits wurde die Einweisung der wirklich gefährlichen Verbrecher aus dem Bereich der schweren Kriminalität dadurch erleichtert, daß für die Gefährlichkeitsprognose jetzt auf den Zeitpunkt der Verurteilung und nicht mehr wie bisher auf den meist in ferner Zukunft liegenden Zeitpunkt der Entlassung aus dem Strafvollzug abgestellt wird[38]. Weiter wurde der im Schuldstrafrecht nicht zu rechtfertigende § 20a a.F. über die Strafschärfung gegen gefährliche Gewohnheitsverbrecher (vgl. dazu 1. Auflage S. 570ff.) aufgehoben und die Sicherungsverwahrung in ihren Voraussetzungen von dieser Verbindung gelöst. Die Maßregel, die gegenüber Jugendlichen (§ 7 JGG) und Heranwachsenden (§ 106 II 1 JGG) unzulässig ist, wird nach der bisherigen Praxis gegen Personen unter 30 Jahren in der Regel nicht angeordnet.

Die Sicherungsverwahrung[39] wurde in den ersten Jahren nach ihrer Einführung zum Zwecke einer durchgreifenden Bekämpfung der Rückfallkriminalität aller Spielarten *häufig* angewendet.

---

[33] Vgl. dazu BT-Drucksache 10/309 und 10/2213; ferner *Jung*, JuS 1985, 248; *Böhm*, NJW 1985, 1813; *Rasch*, BewH 1985, 319. Zur Sozialtherapie *Calliess / Müller-Dietz*, § 9 StVollzG Rdn. 3.
[34] Dazu *Kaiser*, ZStW 100 (1988) S. 242ff.
[35] Vgl. *Baumann / Weber*, Allg. Teil S. 724; *Bockelmann / Volk*, Allg. Teil S. 287; *Lackner*, § 66 Anm. 1; *LK (Hanack)* § 66 Rdn. 1; *Maurach / Gössel / Zipf*, Allg. Teil II S. 620; *Schmidhäuser*, Allg. Teil S. 832; *Schönke / Schröder / Stree*, § 66 Rdn. 2.
[36] Vgl. hierzu *Rudolph*, DRiZ 1956, 176ff. Zur bisherigen Rückfallquote *Brückner*, DRiZ 1955, 291. Die durch die Neugestaltung des § 66 eingetretene Abnahme der Zahl der Sicherungsverwahrten soll u. a. im Vollzug Kräfte für verstärkte Anstrengungen zur Resozialisierung und Entlassungsvorsorge freimachen; vgl. BT-Drucksache V/4094 S. 21.
[37] Dazu *Grünwald*, ZStW 76 (1964) S. 643 f.
[38] Vgl. hierzu *Blei*, JA 1971, 273; *Dreher / Tröndle*, § 66 Rdn. 2; *Horstkotte*, JZ 1970, 156; *Schröder*, JZ 1970, 93 f.
[39] Über die Geschichte der Sicherungsmaßnahmen gegen gefährliche Verbrecher seit der CCC *Rietzsch*, in: *Freisler / Schlegelberger* (Hrsg.), Dringende Fragen der Sicherungsverwahrung S. 25 ff.

Nach 1945 zeigten die Gerichte dagegen *große Zurückhaltung*, weil sie gegen die Schwere des nicht an das Schuldprinzip gebundenen und dadurch erheblich haftverlängernden Eingriffs starke Bedenken hatten[40]. Während bis 1939 durchschnittlich gegen 1000 Personen im Jahr die Sicherungsverwahrung angeordnet wurde und an einem Stichtag im Jahre 1938 fast 4000 Sicherungsverwahrte gezählt wurden[41], betrug die Zahl der Verurteilungen seit 1967 nur noch etwas mehr als 200 im Jahr, im Jahre 1970 noch 110, im Jahre 1985 gar nur noch 39, und die Gesamtzahl der im Vollzug befindlichen Sicherungsverwahrten am 31. 3. 1986 nur noch 242[42] (vgl. oben § 5 V 2 und § 5 VI).

Nicht durchgreifend sind die **verfassungsrechtlichen Bedenken,** die gegen die Sicherungsverwahrung erhoben wurden[43]. Wer die Freiheit wiederholt zu schweren Straftaten mißbraucht und auch für die Zukunft erheblich gefährlich ist, darf im Interesse des berechtigten Sicherheitsbedürfnisses der Gesellschaft den notwendigen Einschränkungen in seiner Bewegung unterworfen werden (zum Vollzug der Sicherungsverwahrung BVerfGE 2, 118 [120]) (vgl. ferner oben § 9 II 1)[44].

2. Zu unterscheiden ist zwischen der zwingend vorgeschriebenen Sicherungsverwahrung bei Tätern mit mehreren Vor*strafen* (§ 66 I) und der in das Ermessen des Gerichts gestellten Sicherungsverwahrung bei Tätern mit mehreren Vor*taten* (§ 66 II). Die **Sicherungsverwahrung bei Tätern mit mehreren Vorstrafen** ist an vier Voraussetzungen gebunden:

a) Einmal müssen nach § 66 I Nr. 1 *zwei rechtskräftige Vorverurteilungen* wegen vorsätzlicher Straftaten zu Freiheitsstrafe (auch Jugendstrafe) von *mindestens einem Jahr* (früher sechs Monate) vorliegen, wobei die Verurteilung zu einer Gesamtstrafe als eine einzige Verurteilung anzusehen ist (§ 66 III 1)[45]. Da nur schwere Kriminalität erfaßt werden soll, wird man bei einer Gesamtstrafe verlangen müssen, daß sie mindestens eine Einzelstrafe von einem Jahr oder mehr enthalten haben muß (BGH 24, 243 [245]; 345 [347])[46]. Neben *lebenslanger* Freiheitsstrafe ist Sicherungsverwahrung nicht zulässig, wenn ausschließlich auf diese Strafe erkannt ist (BGH 33, 398); anders ist es, wenn neben lebenslanger Freiheitsstrafe als Gesamtstrafe eine in die Gesamtstrafe einbezogene Einzelstrafe verwirkt ist, hinsichtlich deren die Voraussetzungen der Sicherungsverwahrung gegeben sind (BGH NJW 1985, 2839; MDR 1986, 1040). Bei der einheitlichen Jugendstrafe (§ 31 JGG) gilt entsprechend die Voraussetzung, daß wenigstens wegen einer Tat Jugendstrafe von mindestens einem Jahr verwirkt gewesen sein muß (BGH 26, 152)[47]. Im Interesse der Bekämpfung des internationalen Verbrechertums werden auch Vorverurteilungen herangezogen, die im Aus-

---

[40] Vgl. dazu *Dreher,* DRiZ 1957, 52 ff.

[41] Vgl. die Statistik bei *Exner,* Arbeitsbericht über die Sitzungen der Gesellschaft für deutsches Strafrecht S. 92.

[42] Über die zahlenmäßige Entwicklung der Sicherungsverwahrung vgl. auch *LK (Hanack)* § 66 Rdn. 23 ff.

[43] So von *H. Mayer,* Lehrbuch S. 380; *derselbe,* Grundriß S. 185 und *Hall,* ZStW 70 (1958) S. 54 (beide jedoch zum alten Recht).

[44] So die ganz h. M.; vgl. *Bruns,* ZStW 71 (1959) S. 212; *Baumann / Weber,* Allg. Teil S. 711; *Dreher / Tröndle,* § 66 Rdn. 2; *Lackner,* § 66 Anm. 1; *LK (Hanack)* § 66 Rdn. 21; *Sax,* in: *Neumann / Nipperdey / Scheuner* (Hrsg.), Die Grundrechte Bd. II, 2 S. 964 ff.; *Schönke / Schröder / Stree,* § 66 Rdn. 3; *SK (Horn)* § 66 Rdn. 2; *Stree,* Deliktsfolgen S. 223.

[45] Dies gilt auch für die nachträgliche Bildung einer Gesamtstrafe nach § 55 StGB, § 460 StPO; vgl. BGH 30, 220; *Lackner,* § 66 Anm. 3 c aa; *SK (Horn)* § 66 Rdn. 7.

[46] So auch *Horstkotte,* JZ 1970, 155; *Lackner,* § 66 Anm. 3 b aa; *LK (Hanack)* § 66 Rdn. 32; *Schönke / Schröder / Stree,* § 66 Rdn. 10; *SK (Horn)* § 66 Rdn. 8. Anders *Dreher,* MDR 1972, 826 ff.; *Lenckner,* Strafe, Schuld und Schuldfähigkeit S. 202.

[47] Ebenso *Blei,* JA 1975, 660. Zweifelnd *Dreher / Tröndle,* § 66 Rdn. 5 a.

V. Die Unterbringung in der Sicherungsverwahrung (§ 66)

land ergangen sind (§ 66 III 5). Was die zeitliche *Reihenfolge* anlangt, so muß die zweite Tat nach der Rechtskraft der ersten Vorverurteilung begangen sein[48].

b) Eine Neuerung ist, daß für die Sicherungsverwahrung jetzt eine *Vorverbüßung* von Freiheitsstrafen oder freiheitsentziehenden Maßregeln verlangt wird, die insgesamt *zwei Jahre* gedauert haben muß (§ 66 I Nr. 2). Die Vorverbüßung kann durch den Vollzug einer Mehrheit von Verurteilungen veranlaßt gewesen sein, von denen aber jede auf Freiheitsstrafe von mindestens einem Jahr gelautet haben muß. Durch diese Voraussetzung sollte der Charakter der Sicherungsverwahrung als letztes Mittel der Kriminalpolitik besonders betont werden (vgl. BT-Drucksache V/4094 S. 20). Angerechnete Freiheitsentziehung (z. B. Untersuchungshaft, Auslieferungshaft, § 51) gilt als verbüßte Strafe (§ 66 III 2).

c) Nach den zwei rechtskräftigen Vorverurteilungen und der Vorverbüßung muß der Täter die die Sicherungsverwahrung auslösende Tat begangen haben[49]. Diese muß eine *vorsätzliche Straftat* sein, wegen der er zu mindestens *zwei Jahren Freiheitsstrafe* verurteilt wird (früher kein Mindestmaß). Bei Gesamtstrafe muß eine Einzelstrafe die Höhe von mindestens zwei Jahren erreichen (BGH NJW 1972, 834).

d) Neben den drei formellen Voraussetzungen steht die entscheidende **materielle Voraussetzung,** die den Zweck hat, die Sicherungsverwahrung auf die wirklich gefährlichen, schweren Straftäter zu beschränken[50]. Eine Gesamtwürdigung des Täters und seiner Taten muß ergeben, daß er infolge eines Hanges zu erheblichen Straftaten für die Allgemeinheit gefährlich ist[51]. Im Sinne der Beschränkung der Sicherungsverwahrung auf die Schwerkriminalität ist die Vorschrift *restriktiv* auszulegen (OLG Schleswig SchlHA 1971, 67)[52].

Das **Bild des Hangtäters** wird durch die Herkunft aus schwer defizitären Sozial- und Erziehungsverhältnissen, durch bisherige kriminelle Tätigkeit (insbesondere Frühkriminalität und hohe Rückfallgeschwindigkeit), durch die Art der Straftaten (insbesondere Spezialistentum und berufsmäßige Begehung), durch Bindungslosigkeit (z. B. Fehlen eines festen Wohnsitzes und familiärer Beziehungen), Intelligenzmängel und schwere Charakterfehler (insbesondere Arbeitsscheu) gekennzeichnet[53]. Die in die Gesamtwürdigung einzubeziehenden Vortaten müssen *Symptomtaten* sein, d. h. gerade die für den Täter charakteristische Art und Richtung der Kriminalität erkennen lassen (BGH GA 1969, 25 [26]; BGH 24, 153 [156]). Der Hang muß sich ferner auf *erhebliche Staftaten* beziehen (BGH JZ 1980, 532; NJW 1980, 1055; GA 1984, 330; NStZ 1984, 309; NStZ 1986, 165)[54]. Dieser Begriff wird im Gesetz durch Beispiele erläutert, auf

---

[48] Ebenso BT-Drucksache V/4094 S. 19; *Horstkotte*, JZ 1970, 155; *Maurach / Gössel / Zipf*, Allg. Teil II S. 622; *LK (Hanack)* § 66 Rdn. 30. Dagegen verzichten auf die Rechtskraft der ersten Vorverurteilung *Blei*, Allg. Teil S. 438; *Dreher / Tröndle*, § 66 Rdn. 5a; *Lackner*, § 66 Anm. 3 c aa; *Schönke / Schröder / Stree*, § 66 Rdn. 7; *SK (Horn)* § 66 Rdn. 6.

[49] Ebenso *Horstkotte*, JZ 1970, 155; *Lackner*, § 66 Anm. 3 b; *LK (Hanack)* § 66 Rdn. 43; *Maurach / Gössel / Zipf*, Allg. Teil II S. 621; *SK (Horn)* § 66 Rdn. 6. Anders *Schönke / Schröder / Stree*, § 66 Rdn. 16; *Dreher / Tröndle*, § 66 Rdn. 5a, die auch hier nicht die Rechtskraft der Vorverurteilungen verlangen.

[50] Vgl. *Horstkotte*, JZ 1970, 155; *Lackner*, § 66 Anm. 6 a bb; BT-Drucksache V/4094 S. 19 f.

[51] Durch die Wahl des kriminologischen Typusbegriffs „Hangtäter" anstelle von „Gewohnheitsverbrecher" (§§ 20a, 42 e a. F.) sollte klargestellt werden, daß die kriminelle Neigung nicht auf Gewöhnung beruhen muß, sondern auch durch Willensschwäche, körperliche Defekte oder unbeherrschbare Anlagefaktoren bedingt sein kann; vgl. *Maurach / Gössel / Zipf*, Allg. Teil II S. 623. Insbesondere kommt Sicherungsverwahrung auch gegenüber vermindert Schuldfähigen in Betracht (BGH 24, 160 [161 f.]).

[52] So *Schönke / Schröder / Stree*, § 66 Rdn. 21; *Weihrauch*, NJW 1970, 1897.

[53] Vgl. dazu eingehend *Schönke / Schröder / Stree*, § 66 Rdn. 22 ff.; *LK (Hanack)* § 66 Rdn. 65 ff.

die die Anordnung der Sicherungsverwahrung aber naturgemäß nicht beschränkt ist (BGH 24, 153 [154f.]; OLG Hamburg NJW 1971, 1574). Genannt sind Taten, „durch welche die Opfer seelisch oder körperlich schwer geschädigt werden oder schwerer wirtschaftlicher Schaden angerichtet wird"[55]. Die Erheblichkeit der zu erwartenden Rechtsverletzungen kann sich aus einer *Vielzahl* von Straftaten an sich geringeren Gewichts ergeben (z. B. aus einer zu erwartenden fortlaufenden Aktivität als Taschendieb oder reisender Betrüger), wobei freilich Fälle der Bagatellkriminalität nunmehr gänzlich auszuscheiden haben, auch wenn mit einem gehäuften Auftreten zu rechnen ist (BGH 24, 153 [155]; OLG Hamm MDR 1971, 155; OLG Köln MDR 1971, 154; OLG Celle NJW 1970, 1199; OLG Hamburg NJW 1971, 1574)[56]. Der Hangtäter muß endlich für die *Allgemeinheit gefährlich* sein. Dies bedeutet, daß im Zeitpunkt der Aburteilung (BGH 24, 160 [164]; BGH GA 1985, 381) die Wahrscheinlichkeit bestehen muß, daß der Täter aufgrund seines Hanges weitere erhebliche Straftaten begehen wird und daß weniger einschneidende Maßnahmen nicht ausreichend sind oder nicht zur Verfügung stehen (z. B. Überwachung durch die Polizei, BGH NJW 1951, 203; Unterbringung in der Entziehungsanstalt [§ 64]; Familienbetreuung, RG 72, 356 [358]; Unterbringung in einem psychiatrischen Krankenhaus, RG HRR 1935 Nr. 1094)[57].

Bei Vorliegen der Voraussetzungen nach § 66 **muß** die Sicherungsverwahrung angeordnet werden (BGH JZ 1969, 196 m. abl. Anm. *Hellmer*). Einen Ermessensspielraum hat das Gericht nur bei der Feststellung der Merkmale der materiellen Voraussetzung.

3. Die fakultative Anordnung der **Sicherungsverwahrung bei Tätern mit mehreren Vortaten** (§ 66 II) schafft die Möglichkeit, in Ausnahmefällen den gefährlichen „Serientäter" auch dann zu erfassen, wenn es ihm bisher gelungen ist, sich einer Verurteilung oder der Strafverbüßung zu entziehen (BT-Drucksache V/4094 S. 21) (BGH NJW 1976, 300)[58]. Der Täter muß in diesem Falle durch drei vorsätzliche Symptomtaten jeweils Freiheitsstrafe von mindestens einem Jahr verwirkt haben und wegen einer oder mehrerer dieser Taten (Gesamtstrafe) zu einer Freiheitsstrafe von mindestens drei Jahren verurteilt werden. Noch nicht abgeurteilte Taten dürfen jedoch nur einbezogen werden, wenn sie gleichzeitig abgeurteilt werden (BGH 25, 44). Da Vorstrafen und Vorverbüßungen hier völlig fehlen können, mußte die Grenzmarke der auslösenden Verurteilung besonders hoch angesetzt werden. Die materielle Voraussetzung der Hangtäterschaft ist im übrigen die gleiche wie im Falle des § 66 I Nr. 3. Die Anordnung steht im pflichtmäßigen *Ermessen* des Gerichts (BGH NStZ 1985, 201).

4. Durch die sog. **Rückfallverjährung** (§ 66 III 3, 4) bleibt für die Feststellung der formellen Voraussetzungen des § 66 I und II eine frühere Tat außer Betracht, wenn zwischen ihr und der folgenden Tat mehr als fünf Jahre verstrichen sind; in die Frist wird jedoch ein Zeitraum nicht eingerechnet, während dessen der Täter auf behördliche Anordnung in einer Anstalt verwahrt worden ist (zur Verwertung von Symptomtaten, für die Rückfallverjährung eingetreten ist, bei Feststellung der Hangtätereigenschaft BGH NStZ 1983, 71).

---

[54] Hierzu näher mit Vorschlägen für die Abgrenzung des Begriffs der „Erheblichkeit" *Lang-Hinrichsen*, Maurach-Festschrift S. 314ff.; ferner *Lackner*, § 66 Anm. 6a bb; *LK (Hanack)* § 66 Rdn. 104ff.; *Schönke / Schröder / Stree*, § 66 Rdn. 39ff.

[55] Vgl. dazu *Greiser*, NJW 1971, 789ff. Bei der Schadensbewertung ist auf einen objektiven Maßstab abzustellen (BGH 24, 160 [163]; BGH GA 1984, 330).

[56] Zustimmend *Dreher / Tröndle*, § 66 Rdn. 14; *LK (Hanack)* § 66 Rdn. 115f.; *Schönke / Schröder / Stree*, § 66 Rdn. 40; *Lang-Hinrichsen*, Maurach-Festschrift S. 315; *Zipf*, JuS 1974, 275; *Horstkotte*, JZ 1970, 155, letzterer aber nur bei „einheitlicher Planung". Dagegen *Weihrauch*, NJW 1970, 1898; *Neu*, MDR 1972, 915, die nur die Erheblichkeit der Einzeltat ausreichen lassen wollen. *Lackner*, § 66 Anm. 6a bb stellt mit Recht auf den „friedensstörenden Charakter der Häufung der Straftaten" ab.

[57] Sehr zurückhaltend *Lackner*, § 66 Anm. 6a cc.

[58] Vgl. dazu *Maurach / Gössel / Zipf*, Allg. Teil II S. 622; *Horstkotte*, JZ 1970, 155; *LK (Hanack)* § 66 Rdn. 52.

5. Die **Dauer** der Unterbringung in der Sicherungsverwahrung ist unbestimmt. Das Höchstmaß der ersten Unterbringung in der Sicherungsverwahrung beträgt zehn Jahre (§ 67 d I 1 dritter Fall). Die Strafvollstreckungskammer (§§ 463 III, 454, 462 a StPO) setzt jedoch die weitere Vollstreckung zur Bewährung aus, sobald die Sozialprognose günstig erscheint (§ 67 d II)[59].

6. Der **Vollzug** der Sicherungsverwahrung richtet sich nach den §§ 129 - 135 StVollzG. Das *Vikariieren* von Freiheitsstrafe und Maßregel ist für die Sicherungsverwahrung *ausgeschlossen* worden (§ 67 I), da keine spezifische Behandlung durchgeführt werde, die durch den Vorwegvollzug der Strafe gefährdet werden könnte, und der Sicherungsverwahrte nicht besser gestellt werden dürfe als zu Freiheitsstrafe Verurteilte (BT-Drucksache V/4095 S. 31)[60]. Einen Ausgleich bietet aber § 67 c I, wonach die Strafvollstreckungskammer nach dem Vollzug der Freiheitsstrafe die Maßregel zur Bewährung aussetzen kann. Vollzugsziel ist neben dem Schutz der Allgemeinheit auch die Hilfe für den Verurteilten, die ihn befähigen soll, sich in das Leben in Freiheit wieder einzugliedern (§ 129 StVollzG). Für den Vollzug gelten an sich die Vorschriften über den Vollzug der Freiheitsstrafe entsprechend (§ 130 StVollzG), doch gibt es Sondervorschriften, die die Sicherungsverwahrung von der Freiheitsstrafe unterscheiden sollen (§§ 131 - 133 StVollzG). Wesentliche Unterschiede zwischen Straf- und Verwahrungsvollzug sind unter den Bedingungen des Anstaltsbetriebs jedoch kaum möglich. Der Alternativ-Entwurf eines Strafvollzugsgesetzes bemüht sich stärker, die den Verurteilten schwer belastende Verwahrung so erträglich wie möglich zu gestalten (§§ 176 - 182).

7. Im *Ausland* hat Schweden die Internierung, Frankreich die „tutelle pénale" abgeschafft. In England ist die Verwahrung (preventive detention) im Jahre 1973 durch eine verlängerte Freiheitsstrafe (extended sentence) ersetzt worden. Österreich hat in den §§ 23, 24 österr. StGB eine dem deutschen Recht entsprechende Unterbringung gefährlicher Rückfallverbrecher eingeführt[61]. Der schweizerische Vorentwurf will jedoch die Verwahrung von Gewohnheitsverbrechern abschaffen[62]. In der DDR übernimmt die sehr weitgefaßte und strenge Strafschärfung gegen Rückfalltäter (§ 44 StGB DDR) zugleich die Aufgabe der Sicherung der Gesellschaft[63].

VI. Einspurigkeit im Vollzug der mit Freiheitsentziehung verbundenen Maßregeln

1. Die Reform hat die Maßregeln mit Freiheitsentziehung insbesondere dadurch tiefgreifend umgestaltet, daß die strenge Unterscheidung von Strafe und Maßregel (Zweispurigkeit) auf der Stufe der Anordnung durch weitgehende **Einspurigkeit auf der Stufe des Vollzugs** ersetzt worden ist. Darin liegt kein Widerspruch, da es einen guten Sinn hat, dem Angeklagten und der Öffentlichkeit im Urteil des erkennenden Gerichts klar vor Augen zu führen, was Strafe und Maßregel in bezug auf Tat und Täter bedeuten, und da ferner die Voraussetzungen von Strafe und Maßregel verschieden sind und im Gesetz auch verschieden festgelegt werden müssen. Auf der Stufe des Vollzugs kommt es dagegen allein darauf an, die bestmöglichen Voraussetzungen für die Resozialisierung des Verurteilten zu schaffen und zugleich das Strafmaß als Orientierungspunkt für die Dauer des Maßregelvollzugs festzuhalten[64].

---

[59] Nach *Dreher*, DRiZ 1957, 52 fand die bedingte Entlassung aufgrund § 42 f II a. F. im Durchschnitt schon nach drei Jahren statt, doch dürfte die Vollzugszeit jetzt länger geworden sein, da nur noch schwere Fälle erfaßt werden.

[60] Dagegen *Hanack*, Kriminologische Gegenwartsfragen 10 (1972) S. 77 f.; *Jescheck*, ZStW 80 (1968) S. 83. In der Schweiz tritt nach Art. 42 Ziff. 1 schweiz. StGB die Verwahrung an die Stelle des Vollzugs der Freiheitsstrafe, dagegen gilt in Österreich nach § 24 österr. StGB die gleiche Regelung wie in Deutschland; vgl. *Maria Rieder*, ÖJZ 1976, 390 ff.

[61] Vgl. *Moos*, in: *Bundesministerium für Justiz* (Hrsg.), Zum neuen Strafrecht S. 69 ff.

[62] *Schultz*, Bericht und Vorentwurf S. 183 ff. Dagegen *Kaiser*, ZStW 100 (1988) S. 246 f.

[63] Vgl. *Lekschas / Renneberg*, Lehrbuch S. 484 f.

[64] Vgl. *R. Schmitt*, Würtenberger-Festschrift S. 277 ff. Über die Konzeption eines aus Strafen und Maßregeln zusammengesetzten Sanktionensystems *Nowakowski*, Broda-Festschrift S. 197 ff. (insbes. S. 211 ff.).

2. Folgende Vorkehrungen sind getroffen worden, um im Vollzug von Freiheitsstrafe und freiheitsentziehender Maßregel durch ein **flexibles System** unter Einbeziehung der Führungsaufsicht „zu einer einheitlichen Gesamteinwirkung" auf den Verurteilten zu gelangen[65].

a) Nach § 67 I wird die Unterbringung im psychiatrischen Krankenhaus und in der Entziehungsanstalt grundsätzlich *vor* der gleichzeitig verhängten Freiheitsstrafe vollzogen *(Vikariieren)* (BayObLG NJW 1981, 1522)[66]. Dies gilt auch dann, wenn die Zurückstellung der Strafvollstreckung nach § 35 BtMG in Betracht kommt (BGH JR 1985, 119 m. zust. Anm. *Müller-Dietz*). Die Sicherungsverwahrung ist dabei allerdings ausgenommen (vgl. dazu oben § 77 V 6). Das erkennende Gericht ordnet jedoch ausnahmsweise den Vorwegvollzug der Strafe oder eines Teils der Strafe (Ergänzung durch das 23. StÄG vom 13. 4. 1986) an, wenn deren Zweck dadurch leichter erreicht werden kann (§ 67 II). Zu denken ist z. B. an den Fall, daß der Verurteilte die Entziehungsbehandlung erst unmittelbar vor der Entlassung durchlaufen soll (BGH NJW 1986, 142) oder daß einem Drogenabhängigen durch den Aufenthalt in der Strafanstalt gezeigt werden soll, „welche Nachteile ihn auf seinem künftigen Lebensweg erwarten, wenn er sich einer Therapie widersetzt" (BT-Drucksache 10/2720 S. 13)[67]. Die Strafvollstreckungskammer kann den Vorwegvollzug der Strafe auch nachträglich anordnen (z. B. um den Vollzug in einer sozialtherapeutischen Anstalt nach § 9 StVollzG zu ermöglichen, OLG Hamm NJW 1979, 2359) oder wieder aufheben, wenn dafür Umstände in der Person des Verurteilten sprechen (§ 67 III). Entscheidend ist dabei die Bestimmung, daß die Zeit des Maßregelvollzugs kraft Gesetzes voll auf die Strafe angerechnet wird, bis zwei Drittel der Strafzeit erledigt sind (§ 67 IV 1) und daß der nach Anrechnung des Maßregelvollzugs verbleibende Rest der Freiheitsstrafe unter den Voraussetzungen des § 57 I 1 Nr. 2, 3 (günstige Sozialprognose, Einwilligung) zur Bewährung ausgesetzt werden kann, wenn auch durch die Anrechnung die Hälfte der Strafe erledigt ist (freilich nicht früher, wie bisher teilweise angenommen wurde) (§ 67 V 1)[68].

b) Weiter ist der *Austausch von Maßregeln* im Vollzug vorgesehen (§ 67a). Die Strafvollstreckungskammer kann einen im psychiatrischen Krankenhaus oder in der Entziehungsanstalt untergebrachten Täter nachträglich in den Vollzug der anderen Maßregel überweisen, wenn die Resozialisierung dadurch besser gefördert werden würde. Die Behandlung kann damit im Vollzug einem etwaigen Persönlichkeitswandel des Verurteilten angepaßt werden. Auch die Sicherungsverwahrung ist hier einbezogen, naturgemäß nur in dem Sinne, daß der Verurteilte aus dem Verwahrungsvollzug herausgenommen und in den Vollzug einer der beiden anderen Maßregeln überwiesen werden kann (§ 67a II). Die Fristen für die Dauer der Unterbringung und für die Überprüfung richten sich nach der im Urteil angeordneten Unterbringungsart, damit ein Austausch der Maßregeln den Verurteilten nicht benachteiligt (§ 67a IV).

c) Neu eingeführt sind ferner zwei Möglichkeiten der *Aussetzung von Maßregeln zur Bewährung*. Bei der Unterbringung im psychiatrischen Krankenhaus oder in der Entziehungsanstalt kommt die Aussetzung durch das erkennende Gericht schon gleichzeitig mit der Anordnung der Maßregel in Betracht, wenn besondere Umstände dafür sprechen, daß der Zweck der Maßregel bereits dadurch erreicht werden kann (z. B. Familienunterbringung, freiwillige, auch ambulante ärztliche Behandlung, Entmündigung) (BGH *Dallinger* MDR 1975, 724)[69]. Mit der

---

[65] So *Zipf*, Kriminalpolitik, S. 72; derselbe, JuS 1974, 276. Vgl. ferner *Baumann / Weber*, Allg. Teil S. 712f.; *Bockelmann / Volk*, Allg. Teil S. 292ff.; *Blei*, Allg. Teil S. 445; *Schmidhäuser*, Allg. Teil S. 828 („sachgerechte Zweckmäßigkeitsbetrachtung").

[66] Dazu eingehend und zustimmend, aber gegen die Ausnahme im § 67 II *Marquardt*, Dogmatische und kriminologische Aspekte des Vikariierens, 1972. Vgl. ferner *Horn*, ZStW 89 (1977) S. 554.

[67] Die in BT-Drucksache V/4095 S. 31, aber auch (abgeschwächt) in BT-Drucksache 10/2720 S. 13 zum Ausdruck gelangte Vorstellung, der durch den Strafvollzug erzeugte „Leidensdruck" könne für den Maßregelvollzug günstigere Voraussetzungen schaffen, widerspricht dem Sinn und Zweck der Vollzugsreform; dagegen zu Recht *Hanack*, Kriminologische Gegenwartsfragen 10 (1972) S. 80; *LK (Hanack)* § 67 Rdn. 34f.; *Müller-Dietz*, NStZ 1983, 145ff.; *Streng*, StV 1987, 41f.; *Kühne*, Drogentherapie S. 56ff. Zustimmend jedoch BGH 33, 285 (286f.); BGH StV 1981, 66f.; GA 1986, 119.

[68] Vgl. *Jung*, JuS 1986, 744.

Aussetzung tritt kraft Gesetzes Führungsaufsicht ein (§ 67b II). Zweitens gibt es die Aussetzung der Maßregel zur Bewährung durch die Stafvollstreckungskammer, wenn die Freiheitsstrafe vorweg vollzogen wird, insbesondere also bei der Sicherungsverwahrung (§ 67c I)[70]. Angewendet wird hierbei entsprechend die für die vorläufige Entlassung aus dem Maßregelvollzug geltende Formel des § 67d II, wonach es darauf ankommt, ob das Risiko der Rückkehr in die Freiheit verantwortet werden kann[71]. Auch hier tritt mit der Aussetzung kraft Gesetzes Führungsaufsicht ein (§ 67c I 2).

VII. Die Dauer der Unterbringung

1. Alle Maßregeln werden, auch soweit im Gesetz Höchstfristen vorgesehen sind, im Urteil **ohne zeitliche Begrenzung** angeordnet, weil die Dauer der Unterbringung von der Erreichung des mit der Maßregel verfolgten Zwecks abhängt. Unbefristet ist die Unterbringung im psychiatrischen Krankenhaus und in der Sicherungsverwahrung, wenn diese schon einmal angeordnet worden war. Höchstfristen gelten nach § 69d I für die Unterbringung in der Entziehungsanstalt (zwei Jahre) und für die erste Unterbringung in der Sicherungsverwahrung (zehn Jahre)[72]. Ist die Höchstfrist abgelaufen, so wird der Untergebrachte entlassen; die Maßregel ist ohne Rücksicht auf die Zweckerreichung erledigt (§ 67d III). Nur bei Entlassung aus der ersten Sicherungsverwahrung wegen Ablaufs der Höchstfrist tritt Führungsaufsicht ein (§ 67d IV).

2. Vor Ablauf der Höchstfrist und in den Fällen ohne Höchstfrist ordnet die Strafvollstreckungskammer (§§ 463 III, 454, 462a I StPO) die **Aussetzung des Maßregelvollzugs** zur Bewährung an, sobald verantwortet werden kann zu erproben, ob der Verurteilte in Freiheit keine rechtswidrigen Taten mehr begehen wird (§ 67d II). Bei der Prognose kommt es nur darauf an, ob Taten zu erwarten sind, deren Erheblichkeitsgrad die Anordnung der Maßregel rechtfertigen würde (OLG Hamburg NJW 1970, 1933; OLG Hamm NJW 1970, 1332, 1982; OLG Celle NJW 1970, 1199; OLG Karlsruhe NJW 1971, 204; NJW 1974, 1390; OLG Köln MDR 1971, 154; OLG Oldenburg NJW 1971, 1951). Nach § 67d II 2 tritt mit der Aussetzung kraft Gesetzes Führungsaufsicht ein. Die Strafvollstreckungskammer kann die Frage der Aussetzung einer Maßregel zur Bewährung jederzeit prüfen (§ 67e I 1), sie muß die Prüfung innerhalb bestimmter Fristen vornehmen (§ 67e I 2). Diese betragen bei der Entziehungsanstalt sechs Monate, beim psychiatrischen Krankenhaus ein Jahr, bei der Sicherungsverwahrung zwei Jahre (§ 67e II). Nach dem durch das 23. StÄG vom 13. 4. 1986 eingeführten § 67d V kann die Strafvollstreckungskammer nach einer Mindestvollzugszeit von einem Jahr die Unterbringung in der Entziehungsanstalt wegen Aussichtslosigkeit abbrechen. In diesem Falle unterbleibt die Anrechnung des Maßregelvollzugs auf die Freiheitsstrafe (§ 67 IV 2).

3. Der **Widerruf der Aussetzung** ist in § 67g geregelt. Zuständig ist das erkennende Gericht im Falle des § 67b, sonst die Strafvollstreckungskammer. Widerrufsgründe sind einmal rechtswidrige Taten und Verstöße gegen die dem Probanden obliegenden Pflichten während der Führungsaufsicht (§ 67g I) (OLG Karlsruhe MDR 1980, 71: Weisungsverstöße bei ausgesetzter

---

[69] Vgl. *Dreher / Tröndle*, § 67b Rdn. 3, der der Vorschrift Ausnahmecharakter beimißt; anders zu Recht *LK (Horstkotte)* § 67b Rdn. 45.

[70] Liegt der Beschluß der Strafvollstreckungskammer über die Aussetzung des Maßregelvollzugs bei Strafende noch nicht vor, so wird mit dem Vollzug der Sicherungsverwahrung begonnen (BVerfGE 42, 1).

[71] Vgl. *Dreher / Tröndle*, § 67c Rdn. 3a; *Lackner*, § 67c Anm. 1b; *LK (Horstkotte)* § 67c Rdn. 46.

[72] Eine Höchstfrist von zehn Jahren ist auch für die „extended sentence" nach sect. 28 II des englischen Powers of Criminal Courts Act (1973) vorgesehen. Vgl. zur „extended sentence" *Cross*, Punishment S. 42ff.

Sicherungsverwahrung müssen für den Hang symptomatisch sein), weiter die Gefahr neuer rechtswidriger Taten durch Verschlechterung des körperlichen oder seelischen Zustandes des Probanden in den Fällen der Unterbringung nach §§ 63, 64 (§ 67 g II), endlich die Tatsache, daß dem Gericht während der Dauer der Führungsaufsicht Umstände bekannt werden, die zur Versagung der Aussetzung geführt hätten und zeigen, daß der Zweck der Maßregel die weitere Unterbringung erfordert (§ 67 g III). Wird die Aussetzung nicht widerrufen, so ist die Maßregel mit dem Ende der Führungsaufsicht (§§ 68 c, 68 e) erledigt (§ 67 g V).

§ 78 Maßregeln ohne Freiheitsentziehung

Arndt, Entziehung der Fahrerlaubnis und Fahrverbot, SchlHA 1969, 10; *Bachof,* Die Rechtsprechung des BVerwG, JZ 1966, 58; *Baumann,* Ist durch das 2. Straßenverkehrssicherungsgesetz eine Verbesserung der Verkehrssituation zu erwarten? DAR 1965, 225; *Berz* und *Brockelt,* Wie kann die Maßregel der Entziehung der Fahrerlaubnis verbessert werden? 18. Verkehrsgerichtstag, 1980, S. 305, 285; *Bettermann,* Die allgemeinen Gesetze als Schranke der Pressefreiheit, JZ 1964, 601; *Blau,* Die Kriminalpolitik der deutschen Strafrechtsreformgesetze, ZStW 89 (1977) S. 510; *Bode,* Fortentwicklung des Fahrerlaubnisrechts, Blutalkohol 1983, 39; *Braun,* Vorübungen zur Führungsaufsicht, BewH 1969, 202; *Bruns,* Die Entziehung der Fahrerlaubnis usw., GA 1954, 161; *Copič,* Berufsverbot und Pressefreiheit, JZ 1963, 494; *Cramer,* Die Austauschbarkeit der Entziehung der Fahrerlaubnis gegen ein Fahrverbot, NJW 1968, 1764; *derselbe,* Voraussetzungen für eine gerichtliche Entziehung der Fahrerlaubnis, MDR 1972, 558; *derselbe,* Straßenverkehrsrecht, Band I, 2. Aufl. 1977; *derselbe,* Zur Reform von Fahrerlaubnis und Fahrverbot, Gedächtnisschrift für H. Schröder, 1978, S. 533; *Eyermann,* Untersagung der Berufsausübung durch Strafurteil und Verwaltungsakt usw., JuS 1964, 269; *Geppert,* Die Bemessung der Sperrfrist bei der strafgerichtlichen Entziehung der Fahrerlaubnis, 1968; *derselbe,* Totale und teilweise Entziehung der Fahrerlaubnis, NJW 1971, 2154; *derselbe,* Nachschulung alkoholauffälliger Täter, Blutalkohol 1984, 55; *v. Glasenapp,* Die blinde Führungsaufsicht, ZRP 1979, 31; *Grohmann,* § 69 a VII StGB erhält neues Leben, DRiZ 1982, 342; *Groth,* Die verfassungsrechtliche Zulässigkeit usw., NJW 1979, 743; *Grünwald,* Sicherungsverwahrung usw., ZStW 76 (1964) S. 633; *Hanack,* Das juristische Konzept der sozialtherapeutischen Anstalt usw., Kriminologische Gegenwartsfragen 10 (1972) S. 68; *Hentschel,* Teilnahme ungeeigneter Kraftfahrer am Straßenverkehr mit ausländischen Führerscheinen, NJW 1976, 2060; *derselbe,* Die Abkürzung der Sperrfrist usw., 17. Deutscher Verkehrsgerichtstag 1979, 33; *derselbe,* Reform der strafgerichtlichen Fahrerlaubnisentziehung, DAR 1984, 248; *derselbe,* Probleme der Praxis usw., Butalkohol 1986, 1; *Himmelreich / Hentschel,* Fahrverbot – Führerscheinentzug, 5. Aufl. 1986; *Horn,* Neuerungen der Kriminalpolitik im deutschen StGB, ZStW 89 (1977) S. 547; *Jacobsen,* Strafvollstreckung zwischen Gefängnis und Psychiatrie, MschrKrim 1984, 254; *Jagusch / Hentschel,* Straßenverkehrsrecht, 29. Aufl. 1987; *Janiszewski,* Entzug der Fahrerlaubnis im Strafbefehlsverfahren, DAR 1961, 134; *derselbe,* Entziehung der Fahrerlaubnis – und kein Ende, GA 1981, 385; *derselbe,* Verkehrsstrafrecht, 2. Aufl. 1984; *derselbe,* Überblick über Entscheidungen usw., NStZ 1985, 112; *Jescheck,* Strafrechtsreform in Deutschland, SchwZStr 91 (1975) S. 1; *Lackner,* Nochmals: Entziehung der Fahrerlaubnis usw., NJW 1953, 1172; *derselbe,* Das Zweite Gesetz zur Sicherung des Straßenverkehrs, JZ 1965, 120; *Lang-Hinrichsen,* Umstrittene Probleme bei der strafgerichtlichen Untersagung der Berufsausübung, Festschrift für E. Heinitz, 1972, S. 477; *Krehl,* Regel und Ausnahme bei der Entziehung der Fahrerlaubnis, DAR 1986, 33; *Martens,* Anmerkung zu BayObLG vom 5. 4. 1957, NJW 1957, 1289; *J. Martens,* Verweigerung der Fahrerlaubnis nach Ablauf der Sperrfrist? NJW 1963, 139; *Menken,* Die Aussetzung der Fahrerlaubnisentziehung usw., DAR 1978, 40; *Mohr,* Fahrerlaubnisentzug auch künftig Sicherungsmaßregel? DAR 1960, 280; *derselbe,* Entzug der Fahrerlaubnis und richterliches Fahrverbot, DAR 1961, 47; *Ostermann,* Das Rückfallgeschehen bei Alkoholersttätern, Blutalkohol 1987, 11 ff.; *Preisendanz,* Die „Große Reform" usw., DAR 1981, 307; *Preiser,* Bewährungs- und Sicherungsaufsicht, ZStW 81 (1969) S. 249; *derselbe,* Die Führungsaufsicht, ZStW 81 (1969) S. 912; *Raabe,* Die Führungsaufsicht im 2. StrRG, Diss. Hamburg 1973; *Reißmüller,* Das Monopol des BVerfG aus Art. 18 GG, JZ 1960, 529; *Rosner,* Alkohol am Steuer, Fahrerlaubnisentziehung und Nachschulung, 1988; *Schmid,* Die Neuerteilung der Fahrerlaubnis usw., DAR 1968, 1; *Schmitt Glaeser,* Parteiverbot und Strafrecht, JZ 1970, 59; *Schultz,* Kriminalpolitische Bemerkungen zum E 1962, JZ 1966, 113; *Schulz,* Die Führungsaufsicht, 1982; *Schwenck,* Umfang und Wirkung von Meinungs- und Pressefreiheit, NJW 1962, 1321; *Screvens,* L'interdiction professionnelle en droit pénal, 1957; *Stöckel,* Das

Institut der Führungsaufsicht, Bayerische Verwaltungsblätter 1975, 5; *Stree*, Deliktsfolgen und Grundgesetz, 1960; *Tiedemann*, L'interdiction professionnelle en droit comparé, Liber amicorum Raymond Screvens, 1986, S. 93; *Warda*, Obligatorische Entziehung der Fahrerlaubnis, JZ 1962, 304; *derselbe*, Das Fahrverbot gem. § 37 StGB, GA 1965, 65; *Weber*, Strafersatz durch Berufsverbote, NJW 1951, 699; *v. Weber*, Die Rechtsnatur der Entziehung der Fahrerlaubnis, JZ 1960, 52; *Weidermann*, Erste Erfahrungen mit der Führungsaufsicht, in: *Schwind / Blau* (Hrsg.), Strafvollzug in der Praxis, 1976, S. 415; *Wilke*, Die Verwirkung der Pressefreiheit und das strafrechtliche Berufsverbot, 1964; *derselbe*, Anmerkung zu BGH vom 25.5.1965, NJW 1965, 2211; *Willms*, Art. 18 GG und der strafrechtliche Staatsschutz, NJW 1964, 225; *Wimmer*, Entziehung der Fahrerlaubnis usw., NJW 1959, 1513; *Winkler*, Kurse für alkoholanfällige Kraftfahrer usw., Festschrift für den Bund gegen Alkohol im Straßenverkehr, 1982, 239; *Zabel*, Nachschulung, Blutalkohol 1981, 113; *Zipf*, Die Rechtsfolgen der Tat im neuen StGB, JuS 1974, 273.

Die Maßregeln ohne Freiheitsentziehung unterliegen *nicht* der Kritik, die an der Zweispurigkeit von Freiheitsstrafen und freiheitsentziehenden Maßregeln geübt wird. Daß Rechte, die an sich jedermann zustehen, bei schwerwiegendem Mißbrauch der damit verbundenen Befugnisse zum Schutz der Allgemeinheit entzogen werden können, leuchtet ein (vgl. oben § 9 II 1). Auch daß neben einer Verwirkung dieser Rechte zugleich Strafe zulässig sein muß, ist nicht zu bezweifeln. Umstritten ist allein die neu eingeführte Führungsaufsicht (vgl. unten § 78 I 1). Die dem geltenden Recht bekannten Maßregeln ohne Freiheitsentziehung haben *verschiedenes Gewicht*. Die Führungsaufsicht besteht in einer laufenden Kontrolle des Probanden (vgl. unten § 78 I 3). Von größter Bedeutung für die Verkehrssicherheit ist die einschneidende Entziehung der Fahrerlaubnis (vgl. unten § 78 II). Das Berufsverbot (vgl. unten § 78 III) ist zahlenmäßig zwar nicht häufig, stellt aber abgesehen von der Freiheitsentziehung den stärksten denkbaren Eingriff in die Freiheit des einzelnen dar.

I. Die Führungsaufsicht (§§ 68 ff.)

Die Führungsaufsicht ist neben der flexiblen Verknüpfung von Freiheitsstrafe und freiheitsentziehenden Maßregeln im Vollzug (vgl. oben § 77 VI) das wichtigste Teilstück der Reform des Maßregelsystems.

1. **Aufgabe** der Führungsaufsicht ist anders als bei der Strafaussetzung zur Bewährung (vgl. unten § 79 I 1) der Versuch, schwer gefährdeten Kriminellen mit ungünstiger Sozialprognose die notwendige Lebenshilfe beim Übergang von der Freiheitsentziehung in die Freiheit zu geben und zugleich den Schutz der Allgemeinheit vor dem gefährlichen Täter anders als durch Einsperrung sicherzustellen (vgl. oben § 9 II 1). Beide Aufgaben haben große praktische Bedeutung für eine zugleich humane und wirksame Bekämpfung der Rückfallkriminalität (zur Verfassungsmäßigkeit der Führungsaufsicht BVerfGE 55, 28). Sie sind auch nicht unvereinbar, sofern die mit modernen Mitteln unter starkem persönlichen Einsatz der Aufsichtspersonen durchgeführte soziale Hilfe in den Vordergrund gestellt (so BT-Drucksache V/4095 S. 35) und die Sicherung der Allgemeinheit im Wege einer möglichst unauffälligen Kontrolle durchgeführt wird[1]. Das Gelingen dieser Aufgabe ist hauptsächlich eine praktische Frage. Es kommt dabei darauf an, daß die Aufsichtsstellen mit unbürokratisch und initiativ arbeitenden Kräften besetzt werden, die ihre Möglichkeiten und Grenzen kennen, und daß die Zusammenarbeit mit den zur Betreuung eingesetzten Bewährungshelfern funktioniert (§ 68 a)[2]. Mißerfolge sind freilich unvermeidlich, da es sich

---

[1] Daß die Entwicklung in dieser Richtung verläuft, zeigt *Blau*, ZStW 89 (1977) S. 522f. In diesem Sinne auch *Dreher / Tröndle*, Vorbem. 2 vor § 68.
[2] Vgl. *Jescheck*, SchwZStr 91 (1975) S. 42; *Lackner*, Vorbem. 1 vor § 68; *Lenckner*, Strafe, Schuld und Schuldfähigkeit S. 220f.; *LK (Hanack)* Vorbem. 26 vor § 68; *Maurach / Gössel /*

meist um stark gefährdete und schwer einzugliedernde Personen handeln wird, bei denen der Rückfall ohne die Hilfe und Anleitung der Führungsaufsicht so gut wie sicher wäre[3].

Die verbreitete Kritik an der Führungsaufsicht[4] ist verfrüht[5] und läßt auch konstruktive Vorschläge vermissen, wie die beiden Aufgaben der Lebenshilfe und der ambulanten Sicherung auf andere Weise gelöst werden sollten.

2. Bei den **Voraussetzungen** der Führungsaufsicht sind zwei Fallgruppen zu unterscheiden:

a) Es gibt einmal die Führungsaufsicht *nach Strafverbüßung*. Die Maßregel *kann* bei Gefahr der Begehung weiterer Straftaten durch den Täter angeordnet werden bei Straftaten, bei denen das Gesetz wegen der Rückfallhäufigkeit die Führungsaufsicht besonders vorsieht[6], sofern Freiheitsstrafe von mindestens sechs Monaten verwirkt ist[7]. Sie tritt kraft Gesetzes ein, wenn der Betroffene eine Freiheitsstrafe von mindestens zwei Jahren voll verbüßt hat (§ 68 f), weil ihm wegen schlechter Prognose die Aussetzung eines Strafrestes (§ 57) nicht gewährt werden konnte[8].

b) Es gibt ferner die Führungsaufsicht *im Zusammenhang mit einer freiheitsentziehenden Maßregel* (§ 68 II). Führungsaufsicht tritt hier immer *kraft Gesetzes* ein, und zwar bei Aussetzung einer freiheitsentziehenden Maßregel zur Bewährung (§§ 67 b, 67 c I, II, 67 d II) und bei Ablauf der vollen Zehnjahresfrist im Falle der erstmaligen Unterbringung in der Sicherungsverwahrung (§ 67 d IV).

3. Die **Durchführung** der Maßregel ist so geordnet, daß der Proband einer bei dem Landgericht eingerichteten Aufsichtsstelle (Art. 295 EGStGB) untersteht und

---

Zipf, Allg. Teil II S. 634; *Preiser*, ZStW 81 (1969) S. 912 ff.; *Schmidhäuser*, Allg. Teil S. 836. Keine grundsätzliche Kritik bei *Bockelmann / Volk*, Allg. Teil S. 296; skeptisch wegen der Überlastung der Bewährungshelfer *SK (Horn)* § 68 Rdn. 5.

[3] Vgl. *Braun*, BewH 1969, 202 ff.

[4] Vgl. AE, Begründung S. 159; *Grünwald*, ZStW 76 (1964) S. 662 ff.; *Horn*, ZStW 89 (1977) S. 555 f.; *Schultz*, JZ 1966, 123 (zur Sicherungsaufsicht des E 1962); *Baumann / Weber*, Allg. Teil S. 728; *Hanack*, Kriminologische Gegenwartsfragen 10 (1972) S. 88 ff.; *Zipf*, in: Roxin u. a., Einführung S. 100; *derselbe*, JuS 1974, 276 f.

[5] Die ersten Erfahrungsberichte zeigen, daß die Führungsaufsicht bei geeigneter Organisation und Koordination ihre Aufgabe erfüllen kann; vgl. *Weidermann*, in: *Schwind / Blau* (Hrsg.), Strafvollzug in der Praxis S. 415 ff.; *v. Glasenapp*, ZRP 1979, 31 ff.; *Schulz*, Führungsaufsicht S. 163 ff. Eher skeptisch *Jacobsen*, MschrKrim 1984, 262 ff.

[6] Die Strafvorschriften, die in Betracht kommen, sind sehr verschieden: neben der Bildung terroristischer Vereinigungen (§ 129 a VII) stehen die einfache Körperverletzung (§§ 223, 228) und der einfache Diebstahl (§§ 242, 245). Vgl. den Überblick bei *Lackner*, § 68 Anm. 2 a aa. Von dieser Möglichkeit machen die Gerichte nur zurückhaltend Gebrauch; vgl. *Schulz*, Führungsaufsicht S. 159.

[7] Bei Gesamtstrafe muß eine der Einzelstrafen sechs Monate erreichen; so zutreffend *Lackner*, § 68 Anm. 2 a bb. Anders *Dreher / Tröndle*, § 68 Rdn. 4; *Schönke / Schröder / Stree*, § 68 Rdn. 7. Wird Führungsaufsicht angeordnet, ist Strafaussetzung zur Bewährung ausgeschlossen, weil der Täter nicht gleichzeitig eine schlechte und eine gute Prognose haben kann; so mit Recht *Dreher / Tröndle*, § 68 Rdn. 5; anders *SK (Horn)* § 68 Rdn. 14.

[8] Die Gewährung einer Lebenshilfe für „Vollverbüßer" ist kriminalpolitisch besonders wichtig; so zu Recht *Dreher / Tröndle*, § 68 f Rdn. 1; ablehnend hierzu *Raabe*, Die Führungsaufsicht S. 181 ff. Im Falle des § 68 f muß eine *Gesamtstrafe* von zwei Jahren genügen, da es hier auf die lange Verbüßungszeit bei schlechter Prognose, nicht auf die Schwere der Einzeltat ankommt; so zu Recht *Dreher / Tröndle*, § 68 f Rdn. 2; zweifelnd *SK (Horn)* § 68 f Rdn. 5. Die Frage ist in der Rechtsprechung umstritten; wie der Text OLG Hamburg MDR 1982, 689; anders OLG Karlsruhe GA 1981, 269.

für ihn außerdem immer ein Bewährungshelfer bestellt wird (§ 68 a)⁹. Das Gericht kann dem Verurteilten Weisungen erteilen, die von der Aufsichtsstelle und dem Bewährungshelfer kontrolliert werden (§ 68 b). Die Weisungen können sich nach dem Katalog des § 68 b I beziehen auf den Wohnort, auf Aufenthaltsverbote, auf das Verbot von Kontakten mit bestimmten Personen, auf die Untersagung bestimmter Tätigkeiten, auf das Verbot, bestimmte Gegenstände zu besitzen sowie Kraftfahrzeuge zu halten oder zu führen, und auf bestimmte Meldepflichten. Die Schwierigkeit bei diesen Weisungen besteht darin, daß das Gericht sie nach § 68 b I 2 so genau umschreiben muß, daß der Bestimmtheitsgrundsatz des Art. 103 II GG nicht verletzt wird, da die Weisungen nach § 68 I unter einer Strafdrohung (§ 145 a) stehen, die freilich umstritten ist¹⁰. Andere Weisungen, die nicht strafbewehrt sind, kann das Gericht nach seinem Ermessen erteilen (§ 68 b II).

4. Die **Dauer** der Führungsaufsicht beträgt mindestens zwei Jahre, auch in den Fällen des Eintritts kraft Gesetzes nach § 68 II (OLG Hamm MDR 1983, 953)¹¹, höchstens fünf Jahre (§ 68 c). Die Höchstdauer verkürzt sich jedoch, wenn das Gericht dies von vornherein oder nachträglich beschließt (§§ 68 c I 2, 68 d) oder wenn es die Führungsaufsicht wegen Zweckerreichung vorzeitig aufhebt (§ 68 e). Für die Zuständigkeit gilt § 462 a StPO.

II. Die Entziehung der Fahrerlaubnis (§§ 69 ff.)

1. Die Entziehung der Fahrerlaubnis ist die **häufigste** und kriminalpolitisch **wichtigste Maßregel des geltenden Rechts** (vgl. oben § 5 V 2). Sie ist durch das Erste Straßenverkehrssicherungsgesetz vom 19. 12. 1952 (BGBl. I S. 832) geschaffen und durch das Zweite Straßenverkehrssicherungsgesetz vom 26. 11. 1964 (BGBl. I S. 921) erweitert worden. Dieses Gesetz führte einen Katalog von Straftaten ein, bei deren Begehung der Täter *in der Regel* als ungeeignet zum Führen von Kraftfahrzeugen anzusehen ist (§ 69 II). Es hat ferner der Entziehung der Fahrerlaubnis als Maßregel das *Fahrverbot als Nebenstrafe* (§ 44) gegenübergestellt (vgl. oben § 74). Der Maßregelcharakter der Entziehung der Fahrerlaubnis (BGH 7, 165 [168]; 15, 393 [398]) ist dadurch noch unterstrichen worden¹². Das 1. StrRG hat § 69 I 2 hinzugefügt, der

---

⁹ Vgl. hierzu *Stöckel,* Bayerische Verwaltungsblätter 1975, 9.
¹⁰ Der durch richterliche Weisung im Rahmen des § 68 b I auszufüllende Blankett-Tatbestand widerspricht an sich nicht dem Art. 103 II GG, er wird aber nur dann praktisch, wenn keine Reststrafe oder -maßregel mehr zu vollstrecken ist. Nach Vollverbüßung einer Strafe oder Maßregel ist indessen eine Kriminalstrafe wegen eines Weisungsverstoßes unter dem Gesichtspunkt der Verhältnismäßigkeit nicht zu rechtfertigen. Der Gesetzgeber sollte in diesen Fällen ebenso wie bei § 68 b II auf eine kriminalrechtliche Sanktion verzichten, zumal die Aufsichtsstelle, die allein strafantragsberechtigt ist, durch das Antragsrecht in einen das notwendige Vertrauensverhältnis störenden Gegensatz zu den Probanden gedrängt wird. Gegen eine Strafvorschrift auch *Blei,* Allg. Teil S. 441; *Grünwald,* ZStW 76 (1964) S. 664; *Hanack,* Kriminologische Gegenwartsfragen 10 (1972) S. 89; *LK (Hanack)* § 145 a Rdn. 3 ff., 37 ff.; *Horn,* ZStW 89 (1977) S. 556; *Raabe,* Die Führungsaufsicht S. 152 (für einzelne Weisungen); aus kriminalpolitischen Gründen auch *Lackner,* § 145 a Anm. 1. Vgl. zur Begründung der Strafvorschrift aber E 1962, Begründung S. 221; BT-Drucksache V/4095 S. 46; *Dreher / Tröndle,* Vorbem. 5 vor § 68; *Preiser,* ZStW 81 (1969) S. 257 f.; *Schönke / Schröder / Stree,* § 145 a Rdn. 2; *SK (Horn)* § 145 a Rdn. 1. Für Verfassungsmäßigkeit des § 145 a *Groth,* NJW 1979, 743 ff.
¹¹ So mit Recht *Dreher / Tröndle,* § 68 c Rdn. 2; anders *SK (Horn)* § 68 Rdn. 14, § 68 e Rdn. 7.
¹² Vgl. *Dreher / Tröndle,* § 69 Rdn. 2; *Hentschel,* Blutalkohol 1986, 2 ff.; *Himmelreich / Hentschel,* Fahrverbot S. 1 f.; *Lackner,* § 69 Anm. 1; *LK (Rüth)* § 69 Rdn. 1; *Schönke / Schröder / Stree,* § 69 Rdn. 2; *Jagusch / Hentschel,* Straßenverkehrsrecht, § 69 Rdn. 1; *Warda,* GA

klarstellt, daß „die Entziehung der Fahrerlaubnis bei mangelnder Fahreignung des Verurteilten ohne weiteres dem Grundsatz der Verhältnismäßigkeit gerecht wird" (BT-Drucksache V/4094 S. 24). Die Gesamtregelung ist jetzt in drei Vorschriften aufgegliedert: § 69 enthält die Voraussetzungen der Entziehung der Fahrerlaubnis, § 69a behandelt die Frage der Sperre für die Erteilung einer neuen Fahrerlaubnis, § 69b regelt die Entziehung der Fahrerlaubnis bei ausländischer Fahrberechtigung. Die Entziehung der Fahrerlaubnis ist auch gegenüber Jugendlichen zulässig (§ 7 JGG)[13].

Neben der Entziehung der Fahrerlaubnis durch den Richter im Strafverfahren gibt es die **Entziehung der Fahrerlaubnis durch die Verwaltungsbehörde** nach §§ 4 StVG, 15b StVZO. Dagegen ist die Maßregel im Ordnungswidrigkeitenrecht im Gegensatz zum Fahrverbot (§ 25 StVG) nicht vorgesehen. Voraussetzung der Entziehung der Fahrerlaubnis nach Verwaltungsrecht ist nur, daß sich jemand als ungeeignet zum Führen von Kraftfahrzeugen erwiesen hat. Die §§ 4 I StVG, 15b I StVZO reichen also weiter als § 69, da dieser die Begehung einer rechtswidrigen Tat voraussetzt. Für die Entziehung durch die Verwaltungsbehörde kommen vor allem körperliche und geistige Gebrechen in Betracht, die noch nicht zu einer Verkehrsstraftat geführt haben[14]. Die Konkurrenz zwischen Strafrichter und Verwaltungsbehörde ist so geregelt, daß der Strafrichter den Vorrang hat. *Während* eines Strafverfahrens, in dem die Entziehung der Fahrerlaubnis nach § 69 in Frage kommt, darf der Sachverhalt, der Gegenstand des Strafverfahrens ist, in einem Entziehungsverfahren der Verwaltungsbehörde nicht berücksichtigt werden (§ 4 II 1 StVG) (Sperrwirkung); *nach* dem Strafverfahren darf die Verwaltungsbehörde bei einer Entscheidung nicht zum Nachteil des Betroffenen von den Feststellungen des Urteils hinsichtlich des Sachverhalts, der Schuldfrage und der Eignung zum Führen von Kraftfahrzeugen abweichen (§ 4 III StVG) (Feststellungswirkung)[15].

2. **Zweck der Maßregel** ist die **Gewährleistung der Verkehrssicherheit** durch vorübergehende oder dauernde Ausschließung von Personen, die den Anforderungen des Kraftfahrzeugverkehrs körperlich, geistig oder charakterlich nicht gewachsen sind, von der Teilnahme am Straßenverkehr als Führer von Kraftfahrzeugen. Obwohl die Entziehung der Fahrerlaubnis von dem Betroffenen begreiflicherweise als einschneidende Strafe empfunden wird, insbesondere wenn dieser den Kraftwagen für seine Berufstätigkeit braucht, handelt es sich um eine reine Sicherungsmaßregel, die vom Richter nicht mit Schulderwägungen gerechtfertigt werden darf (BGH VRS 11, 425). Die Anordnung der Maßregel beeinflußt jedoch die Strafzumessung, da die Strafe dadurch von ihrer spezialpräventiven Aufgabe entlastet wird (BT-Drucksache IV/651 S. 16; OLG Hamm DAR 1955, 22)[16].

3. Die **Voraussetzungen** der Entziehung der Fahrerlaubnis betreffen einmal die auslösende Tat, zum anderen den Eignungsmangel.

a) Der Täter muß eine **rechtswidrige Tat** (§ 11 I Nr. 5) begangen haben[17]. Die Tat muß also tatbestandsmäßig und rechtswidrig, braucht aber nicht schuldhaft zu sein. Der Täter muß wegen dieser Tat verurteilt oder nur deswegen nicht verurteilt worden

---

1965, 66. Gegen die „Zweispurigkeit" jedoch *Mohr,* DAR 1960, 280; *derselbe,* DAR 1961, 47. Für die Entziehung der Fahrerlaubnis als Strafe *v. Weber,* JZ 1960, 54; als strafähnliche Maßnahme *Wimmer,* NJW 1959, 1513. Bei der Entziehung der Fahrerlaubnis wegen charakterlicher Mängel hält *Cramer,* NJW 1968, 1765 die Maßregel für eine Strafe; dagegen zu Recht *Schönke / Schröder / Stree,* § 69 Rdn. 2. Vgl. dazu auch *Cramer,* MDR 1972, 558 und *SK (Horn)* § 69 Rdn. 3, die auf die *faktische* Nebenstrafwirkung hinweisen.

[13] Vgl. dazu *Janiszewski,* NStZ 1985, 112.

[14] Vgl. *Jagusch / Hentschel,* Straßenverkehrsrecht, § 4 StVG Rdn. 9.

[15] Vgl. näher *Jagusch / Hentschel,* Straßenverkehrsrecht, § 4 StVG Rdn. 15ff.; *Himmelreich / Hentschel,* Fahrverbot S. 304ff.

[16] Ebenso *Dreher / Tröndle,* § 69 Rdn. 1; *SK (Horn)* § 69 Rdn. 3.

[17] Eine Ordnungswidrigkeit reicht dagegen für § 69 nicht aus; vgl. *Cramer,* Straßenverkehrsrecht, § 69 StGB Anm. 16.

II. Die Entziehung der Fahrerlaubnis (§§ 69 ff.)

sein, weil er schuldunfähig oder möglicherweise schuldunfähig ist. Die Tat muß weiter eine bestimmte **Beziehung zum Führen von Kraftfahrzeugen**[18] aufweisen, sie muß nämlich bei oder im Zusammenhang mit dem Führen eines Kraftfahrzeugs oder unter Verletzung der Pflichten eines Kraftfahrzeugführers begangen worden sein (vgl. über die gleichlautenden Voraussetzungen des Fahrverbots oben § 74 I 2). Der Zusammenhang mit dem Führen eines Kraftfahrzeugs setzt voraus, daß dieses dem Täter für die Vorbereitung oder Durchführung der Tat oder für ihre Ausnutzung oder Verdeckung dienlich sein soll (BGH 22, 328; OLG Düsseldorf VRS 67, 255). Endlich muß sich aus der Tat (nicht aus anderen Umständen) ergeben, daß der Täter zum Führen von Kraftfahrzeugen **ungeeignet** ist[19]. Der in der Person des Täters liegende Eignungsmangel muß mit anderen Worten in der Tat selbst Ausdruck gefunden haben. In Betracht kommen vor allem körperliche und geistige Mängel, ein geringer Grad der Fahrtüchtigkeit, einschlägige Vorstrafen, charakterliche Fehler (BGH 5, 179; 7, 165; BGH NJW 1964, 1167; OLG Karlsruhe MDR 1980, 246). Das Gericht hat alle diese Umstände im Wege einer *Gesamtwürdigung von Tat und Täter* gegenüber den in seiner Person liegenden positiven Umständen abzuwägen. Maßgebender Zeitpunkt für die Beurteilung der Eignung ist – auch in der Rechtsmittelinstanz – die Hauptverhandlung (BGH 7, 165 [175]). Daraus folgt, daß berücksichtigt werden muß, wenn ein aus der Tat an sich zu schließender Eignungsmangel schon durch eine längere Beschlagnahme des Führerscheins (§ 94 III StPO) oder eine vorläufige Entziehung der Fahrerlaubnis (§ 111 a StPO)[20] beseitigt worden ist (BayObLG NJW 1971, 206). Wenn die mangelnde Eignung feststeht, bedarf es nach der Rechtsprechung einer *Prognose* hinsichtlich des zukünftigen Täterverhaltens *nicht*, denn bei der Eigenart des Straßenverkehrs bedeutet mangelnde Eignung in jedem Falle, daß der Täter eine Gefahr für die Verkehrssicherheit darstellt (BGH 5, 168 [173]; 7, 165 [168]; BayObLG NJW 1954, 1337; OLG Stuttgart NJW 1953, 1882; OLG Karlsruhe NJW 1954, 1945)[21]. Auch die Verhältnismäßigkeit der Anordnung (z. B. im Hinblick auf den Verlust des Arbeitsplatzes) ist nicht zu prüfen (§ 69 I 2).

b) Eine **erhebliche Verschärfung** der Maßregel enthält § 69 II, der das Ermessen des Richters hinsichtlich der Annahme des Eignungsmangels dadurch einschränkt, daß er den Täter bei Begehung bestimmter Taten *in der Regel* als *ungeeignet* zum Führen von Kraftfahrzeugen erklärt[22]. Aufgenommen in den Katalog sind diejenigen Straftaten, die erfahrungsgemäß einem hohen Grad von Verantwortungslosigkeit entspringen (BT-Drucksache IV/651 S. 17): so die Gefährdung des Straßenverkehrs (§ 315c), die Trunkenheit im Verkehr (§ 316), das unerlaubte Sichentfernen vom Unfallort (§ 142), wenn der Täter weiß oder wissen muß, daß bei dem Unfall ein

---

[18] Auch führerscheinfreie Kraftfahrzeuge, z. B. Mofas, sind eingeschlossen; vgl. BayObLG NJW 1955, 561.

[19] Vgl. näher *Bruns*, GA 1954, 185 ff.; *Himmelreich / Hentschel*, Fahrverbot S. 15 ff. Über die Beziehung zwischen Tat und Persönlichkeit *Jagusch / Hentschel*, Straßenverkehrsrecht, § 69 StGB Rdn. 12. Die zu weite Ausdehnung der Vorschrift bei Charaktermängeln rügen *Cramer*, Straßenverkehrsrecht, § 69 StGB Rdn. 31 und *Schmidhäuser*, Allg. Teil S. 834 m. Nachw.

[20] Ein in der Bundesrepublik ausgestellter Führerschein kann nach § 94 III StPO beschlagnahmt werden, wenn die Voraussetzungen des § 111 a I StPO vorliegen. Für die Beschlagnahme eines ausländischen Führerscheins gilt § 111 a VI StPO. Vgl. *Kleinknecht / Meyer*, § 111 a StPO Rdn. 15, 18.

[21] Ebenso *Bruns*, GA 1954, 166 ff.; *Cramer*, Straßenverkehrsrecht, § 69 StGB Anm. 31; *Lackner*, MDR 1953, 74; *Lenckner*, Strafe, Schuld und Schuldfähigkeit S. 226. Anders *Schmidhäuser*, Allg. Teil S. 834 f.: *Schönke / Schröder / Stree*, § 69 Rdn. 30.

[22] Hierzu näher *Lackner*, JZ 1965, 120 ff.; *Warda*, JZ 1962, 304 ff. Bedenken dagegen bei *Baumann*, DAR 1965, 230. Gegen eine starre Handhabung der Vermutung *Krehl*, DAR 1986, 36 f.

Mensch getötet oder nicht unerheblich verletzt worden oder an fremden Sachen bedeutender Schaden entstanden ist[23] und die Begehung dieser Taten im Vollrausch (§ 323 a). Bedenken bestehen in diesem Zusammenhang nur gegen die Aufnahme des § 316 II, da es sich hier um ein abstraktes Gefährdungsdelikt handelt, das unter dem Einfluß naheliegender Versuchungen häufig begangen wird und keineswegs immer symptomatische Bedeutung für den Eignungsmangel besitzt. In den Fällen des § 69 II ergibt sich der Eignungsmangel *allein* aus der begangenen Tat, eine Gesamtwürdigung von Tat und Täter findet in der Regel nicht statt (BGH VRS 25, 246; OLG Köln MDR 1966, 690). Doch läßt die Regel auch Ausnahmen zu (OLG Stuttgart Die Justiz 1972, 207)[24]. Wenn besondere Umstände vorliegen, die Tat und Täter in einem anderen Licht erscheinen lassen, als dies bei den genannten Straftaten normalerweise der Fall ist, kann der Eignungsmangel verneint werden, so etwa bei außergewöhnlich leichter Fahrlässigkeit oder bei einer notstandsähnlichen Situation[25]. Dabei wird auch die Teilnahme an einer *Nachschulung* für alkoholauffällige Kraftfahrer berücksichtigt (OLG Hamburg VRS 60, 192; OLG Köln VRS 59, 25)[26].

4. Bei Vorliegen der Voraussetzungen **muß** die Fahrerlaubnis entzogen werden. Hat der Täter keine Fahrerlaubnis, so wird nach § 69 a I 3 nur eine Sperrfrist für die zukünftige Erteilung einer Fahrerlaubnis festgesetzt (OLG Zweibrücken GA 1983, 423 [425]: die isolierte Sperre ist selbst eine Maßregel). Selbst wenn sich der Eignungsmangel nur auf bestimmte Arten von Kraftfahrzeugen bezieht, muß die Fahrerlaubnis ganz entzogen werden (BGH 6, 183; BGH NStZ 1983, 168); § 69 a II gibt lediglich die Möglichkeit, bestimmte Fahrzeugarten von der Sperre auszunehmen (BayObLG JZ 1983, 33) (vgl. unten § 78 II 5). Die Fahrerlaubnis erlischt mit der Rechtskraft des Urteils (bzw. des Strafbefehls, § 407 II Nr. 2 StPO[27]), ein von einer deutschen Behörde erteilter Führerschein wird eingezogen (§ 69 III). Die Maßregel steht unter dem Strafschutz des § 21 I StVG. Das Kraftfahrzeug, das der Täter benutzt hat, obwohl ihm die Fahrerlaubnis entzogen war, kann nach § 21 III Nr. 1, 2 StVG eingezogen werden.

Eine *ausländische Fahrberechtigung* (dazu § 41 ff. des Übereinkommens über den Straßenverkehr vom 8. 11. 1968 und § 4 VO über internationalen Kraftfahrzeugverkehr i. d. F. vom 23. 11. 1982, BGBl. I S. 1533) darf nach § 69 b I 1 nur dann entzogen werden, wenn die Tat gegen Verkehrsvorschriften verstößt, also nicht bei Zusammenhangstaten im Sinne von § 69 I[28]. Diese Beschränkung ergibt sich aus Art. 24 V des Internationalen Abkommens über den Straßenverkehr vom 19. 9. 1949. Nach § 69 b I 2 hat die Entziehung in diesem Falle ferner nur die beschränkte *Wirkung eines Fahrverbots während der Sperre* für den Bereich der Bundesrepublik, da durch die Entscheidung einer inländischen Behörde die im Ausland erteilte Fahrberechtigung als solche nicht berührt wird. Der ausländische Fahrausweis wird auch nicht eingezogen, sondern nur mit einem Vermerk über die Sperrfrist versehen (§ 69 b II); über die Eintragung

---

[23] Ein solcher wird ab 1200 DM angenommen; vgl. OLG Stuttgart VRS 62, 123; OLG Schleswig DAR 1984, 122; OLG Düsseldorf VRS 71, 274.

[24] Vgl. *Jagusch / Hentschel*, Straßenverkehrsrecht, § 69 StGB Rdn. 16; *Cramer*, Straßenverkehrsrecht, § 69 StGB Rdn. 41.

[25] Vgl. die Beispiele bei *Krehl,* DAR 1986, 36f.

[26] Zur Nachschulung und ihrer Bedeutung für die Entscheidungen nach 69 II und § 69 a VII vgl. *Geppert*, Blutalkohol 1984, 55 ff.; *Bode*, Blutalkohol 1983, 50 ff.; *Zabel*, Blutalkohol 1981, 113 ff.; *Himmelreich / Hentschel*, Fahrverbot S. 30 f., 255; *Grohmann*, DRiZ 1982, 342; *Winkler*, Festschrift Bund gegen Alkohol S. 29 ff. Für die Möglichkeit richterlicher Anordnung der Nachschulung *Menken*, DAR 1978, 42. Die Rückfallquote der Nachgeschulten ist allerdings nur geringfügig besser als die der nicht Nachgeschulten; vgl. *Ostermann*, Blutalkohol 1987, 19 und *Rosner*, Alkohol am Steuer S. 245 ff. (zum Modellversuch Baden-Württemberg).

[27] Vgl. dazu *Janiszewski*, DAR 1961, 134.

[28] Kritisch dazu *Hentschel*, NJW 1976, 2060.

II. Die Entziehung der Fahrerlaubnis (§§ 69 ff.)

entscheidet die Vollstreckungsbehörde (BayObLG NJW 1979, 1788). Die Beschlagnahme eines ausländischen Führerscheins regelt § 111a VI 2 StPO. Auf von der DDR erteilte Fahrerlaubnisse muß § 69b entsprechend angewendet werden, da die Behörden der Bundesrepublik Hoheitsakte von DDR-Behörden nicht aufheben können (vgl. auch oben § 20 III 2)[29].

5. Zugleich mit der Entziehung der Fahrerlaubnis erläßt das Gericht eine **Sperre** für die Dauer von sechs Monaten bis zu fünf Jahren oder für immer (§ 69a I)[30]. Bei wiederholter Entziehung innerhalb von drei Jahren beträgt die Mindestsperrfrist ein Jahr (§ 69a III). Ist eine vorläufige Maßnahme nach § 111a StPO oder § 94 III StPO vorausgegangen, so verkürzt sich das Mindestmaß der Sperre um die Dauer dieser Maßnahme, jedoch dürfen drei Monate nicht unterschritten werden (§ 69a IV, VI). Die Sperre bedeutet, daß dem Täter während der im Urteil angegebenen Zeit durch die Verwaltungsbehörde *keine neue Fahrerlaubnis* erteilt werden darf[31]. Einen Rechtsanspruch auf Wiedererteilung nach Ablauf der Sperrfrist hat er nicht; die Verwaltungsbehörde prüft vielmehr die Eignung des Bewerbers erneut in vollem Umfang (BVerfGE 20, 365 m. krit. Anm. *Rupp*, NJW 1968, 147). Die Sperre beginnt mit der Rechtskraft des Urteils (§ 69a V 1).

Von der Sperre können bestimmte Arten von Kraftfahrzeugen im Sinne von § 5 I 2 StVZO (OLG Saarbrücken NJW 1970, 1052; OLG Hamm NJW 1971, 1618) ausgenommen werden (z.B. Lkw, landwirtschaftliche Traktoren oder Kleinkrafträder), wenn der Zweck der Maßregel dadurch nicht gefährdet wird (§ 69a II); eine neue Fahrerlaubnis darf dem Verurteilten dann insoweit ohne Einhaltung einer Frist erteilt werden[32]. Der Verurteilte hat in diesem Falle auch einen Rechtsanspruch auf Wiedererteilung. Das Gericht kann die Sperre nach § 69a VII *vorzeitig aufheben* (auch eine für immer angeordnete Sperre; vgl. OLG Düsseldorf VRS 63, 273), wenn der Täter zum Führen von Kraftfahrzeugen nicht mehr ungeeignet erscheint, es ist dabei aber an Mindestfristen gebunden[33]. Das Verfahren richtet sich nach §§ 463 V, 462 StPO. Zur Bedeutung der Teilnahme an einer Nachschulung (OLG Koblenz VRS 69, 28; OLG Düsseldorf JZ 1984, 61) vgl. oben § 78 II 3 Fußnote 26.

6. Zur **Reform** der Entziehung der Fahrerlaubnis werden zahlreiche Vorschläge[34] gemacht, was nicht verwunderlich ist, da diese Maßregel in einer großen Anzahl von Fällen weit über die Grenzen der eigentlichen Kriminalität hinaus ins tägliche Leben vieler Bürger eingreift und schwerwiegende Folgen, oft auch für die berufliche Existenz des Betroffenen, nach sich zieht. An der Ausgestaltung als Maßregel und an der Zuständigkeit des Strafrichters ist jedoch festzuhalten[35]. Einzelne Mängel des Gesetzes lassen sich weitgehend durch Auslegung bereinigen[36].

---

[29] Ebenso *Schönke / Schröder / Stree*, § 69b Rdn. 3; *Cramer*, Straßenverkehrsrecht, § 69b StGB Rdn. 1a; *Jagusch / Hentschel*, Straßenverkehrsrecht, § 69b Rdn. 1.

[30] Die Bemessung der Sperrfrist hängt davon ab, bis zu welchem Zeitpunkt angenommen werden kann, daß der Verurteilte die Eignung zum Führen von Kraftfahrzeugen wiedererlangt haben wird (BGH 15, 393 [397]). Vgl. dazu *Geppert*, Die Bemessung der Sperrfrist, 1968. Zur Berechnung der Fristen bei der Entziehung der Fahrerlaubnis und beim Fahrverbot *Arndt*, SchlHA 1969, 10ff.; *Himmelreich / Hentschel*, Fahrverbot S. 67ff.

[31] Über die Frage der Wiedererteilung der Fahrerlaubnis nach Ablauf der Sperrfrist *J. Martens*, NJW 1963, 139; *Schmid*, DAR 1968, 1; *Dreher / Tröndle*, § 69a Rdn. 16 m. Nachw.

[32] Vgl. *Lackner*, JZ 1965, 122; *Geppert*, NJW 1971, 2154ff. zu OLG Hamm NJW 1971, 1618.

[33] Dazu *Hentschel*, DAR 1979, 317ff.

[34] Vgl. z.B. *Berz* und *Brockelt*, in: 18. Deutscher Verkehrsgerichtstag 1980, S. 305ff., 285ff.; *Cramer*, Schröder-Gedächtnisschrift S. 533ff.; *Preisendanz*, DAR 1981, 307ff.

[35] So *Hentschel*, Blutalkohol 1986, 1ff.; *Janiszewski*, GA 1981, 385ff.; *derselbe*, Verkehrsstrafrecht S. 211f.

[36] *Hentschel*, DAR 1984, 248ff.

III. Das Berufsverbot (§§ 70 ff.)

1. Das Strafrecht gibt dem Richter die Möglichkeit, dem Täter aus Anlaß einer rechtswidrigen Tat die Ausübung seines Berufs oder Gewerbes zu untersagen. **Zweck des Berufsverbots** ist der **Schutz der Allgemeinheit** gegen Personen, die bei Ausübung ihrer Berufstätigkeit rechtswidrige Taten (§ 11 I Nr. 5) begehen, welche einen Mißbrauch des Berufs oder Gewerbes oder eine grobe Pflichtverletzung darstellen (BT-Drucksache V/4095 S. 38). Das Berufsverbot wird nicht häufig angeordnet (vgl. oben § 5 V 2), ist aber sehr einschneidend. Es ist Sicherungsmaßregel, nicht Nebenstrafe[37]. Nach § 132a StPO kann der Richter dem Beschuldigten die Ausübung des Berufs oder Gewerbes *vorläufig* verbieten, wenn dringende Gründe dafür sprechen, daß ein Berufsverbot nach § 70 angeordnet werden wird (BGH 28, 84; OLG Karlsruhe Die Justiz 1985, 107). Die Verletzung eines Berufsverbots ist nach § 145c mit Strafe bedroht.

Neben der Untersagung der Berufsausübung durch den Richter im Strafurteil gibt es das **Berufsverbot durch die Verwaltungsbehörde** (z. B. §§ 35 und 59 GewO, § 38 BSeuchenges., §§ 15ff. Gaststättenges.)[38]. Die dem § 4 StVG (vgl. oben § 78 I 1) entsprechende Vorschrift des § 35 III GewO regelt das Verhältnis zwischen dem strafgerichtlichen Berufsverbot und dem verwaltungsrechtlichen Untersagungsverfahren im Rahmen der Gewerbeordnung. Sonst gibt es dazu keine Vorschriften, so daß Justiz und Verwaltung in ihrem Verhältnis zueinander frei sind[39].

2. **Voraussetzung** des Berufsverbots ist nach § 70 I, daß der Täter wegen einer rechtswidrigen Tat, die er unter Mißbrauch seines Berufs oder Gewerbes oder unter grober Verletzung der mit ihnen verbundenen Pflichten begangen hat, verurteilt oder nur deswegen nicht verurteilt wird, weil er bei der Tat schuldunfähig oder möglicherweise schuldunfähig war. Der Mißbrauch setzt bewußte und planmäßige Ausnutzung der Berufstätigkeit zu Straftaten voraus (BGH *Dallinger* MDR 1968, 550), die Pflichtverletzung kann aber auch fahrlässig begangen sein. Die Tat muß in innerem Zusammenhang mit den Berufspflichten des Täters stehen (BGH NJW 1983, 2099), der Täter muß den Beruf tatsächlich ausüben (BGH 22, 144 [146]).

Beispiele: Dem Händler mit Heilmitteln, der auf seinen Geschäftsreisen mehrfach die Gelegenheit zu Abtreibungen ausgenutzt hat, darf die Ausübung des Kaufmannsberufs nicht untersagt werden, weil die Abtreibungen nicht in innerem Zusammenhang mit seiner Tätigkeit als Wandergewerbetreibenden standen (RG 68, 397 [398]). Die Verurteilung wegen Steuerhinterziehung rechtfertigt nicht ein Verbot der Ausübung des Fußbodenlegergewerbes (KG JR 1980, 247). Auch die Verletzung der Pflicht, die Arbeitnehmeranteile an die Krankenkasse abzuführen, rechtfertigt ein Berufsverbot gegen den Arbeitgeber nicht, weil die Abführung dieser Beträge keine spezifische Berufspflicht ist, sondern jedermann obliegen kann (BayObLG NJW 1957, 958)[40]. Eine typische Mißbrauchstat ist der Morphiumdiebstahl einer Krankenschwester in der Klinik (OLG Hamburg NJW 1955, 1568) oder die Versorgung inhaftierter Terroristen mit Waffen durch den Verteidiger (BGH 28, 84).

---

[37] Die Verwendung des Berufsverbots als Strafe fordert *Weber*, NJW 1951, 699f. In Frankreich ist das Berufsverbot nach Art. 43-2 C. p. jetzt als Hauptstrafe vorgesehen; vgl. dazu *Stefani / Levasseur / Bouloc*, Droit pénal général S. 538f. Zum ausländischen Recht allgemein *Screvens*, L'interdiction professionnelle, 1957.

[38] Vgl. die Überblicke bei *LK (Hanack)* § 70 Rdn. 85 und *LK (Horstkotte)* § 145c Rdn. 2.

[39] Vgl. zum Verhältnis der beiden Zuständigkeiten BVerwG 15, 282; *Bachof*, JZ 1966, 63; *Eyermann*, JuS 1964, 269ff.; *Dreher / Tröndle*, § 70 Rdn. 17; *LK (Hanack)* § 70 Rdn. 47f., 79; *Lang-Hinrichsen*, Heinitz-Festschrift S. 495ff. (gegen BVerwG 15, 282, S. 499f.); *Schönke / Schröder / Stree*, § 70 Rdn. 2, 14; *Tiedemann*, Liber amicorum Screvens S. 109ff.

[40] Zustimmend *Schönke / Schröder /·Stree*, § 70 Rdn. 7; *Maurach / Gössel / Zipf*, Allg. Teil II S. 640; anders *Dreher / Tröndle*, § 70 Rdn. 3; *LK (Hanack)* § 70 Rdn. 29; *Lackner*, § 70 Anm. 2b; *Lang-Hinrichsen*, Heinitz-Festschrift S. 492ff.; *Martens*, NJW 1957, 1289; *SK (Horn)* § 70 Rdn. 5; *Tiedemann*, Liber amicorum Screvens S. 101.

Die Gesamtwürdigung von Tat und Täter muß ferner ergeben, daß die Gefahr weiterer erheblicher Taten der bezeichneten Art besteht. Da das Berufsverbot einen tiefen Eingriff in das Grundrecht der freien Berufsausübung (Art. 12 I 2 GG) darstellt, kommt dem Merkmal der Erheblichkeit besondere Bedeutung zu. Das Berufsverbot ist nur dann *erforderlich,* wenn nicht nur die Möglichkeit, sondern die *Wahrscheinlichkeit* weiterer Straftaten besteht (BGH GA 1955, 149 [151]). Es darf nicht verhängt werden, wenn schonendere Vorkehrungen ausreichen wie freiwillige Aufgabe des Berufs, Verpachtung des Gewerbebetriebs, Untersagung nur eines Teils der Berufstätigkeit (RG DJ 1937, 819). Auch die Untersagung der Ausbildung von Lehrlingen nach § 24 I HandwO durch die Verwaltungsbehörde kann den Ausspruch des Berufsverbots unnötig machen.

3. Liegen die Voraussetzungen des § 70 vor, so steht die Untersagung der Berufsausübung im **Ermessen des Gerichts,** das dabei den Grad der Wahrscheinlichkeit neuer Straftaten und das Ausmaß der Gefährdung der Allgemeinheit zu berücksichtigen hat (BT-Drucksache V/4095 S. 37f.). Auch gegen einen Beamten kann trotz der Eingriffsmöglichkeiten der Disziplinarbehörde ein Berufsverbot verhängt werden, es sei denn, daß der Täter die Amtsfähigkeit nach § 45 I als automatische Nebenfolge einer Verbrechensstrafe von mindestens einem Jahr oder nach § 45 II durch Ausspruch des Gerichts ohnehin verliert. Die Art des Berufs, Gewerbes oder Gewerbezweiges muß im Urteil *genau* angegeben werden, um Rechtsunsicherheit zu vermeiden (§ 260 II StPO) (vgl. auch BGH VRS 30, 275). Die Mindestdauer des Berufsverbots beträgt ein Jahr, die regelmäßige Höchstdauer fünf Jahre. Ein dauerndes Berufsverbot kann angeordnet werden, wenn selbst die Höchstfrist zur Abwehr der von dem Täter drohenden Gefahr nicht ausreicht (§ 70 I 2).

Umstritten ist die Frage der Zulässigkeit des **Berufsverbots gegen Journalisten** im Hinblick auf die in Art. 5 I 2 GG gewährleistete Pressefreiheit und die in Art. 18 GG vorgesehene Verwirkung dieses Grundrechts durch Entscheidung des BVerfG. Nach überwiegender Ansicht kann ein Berufsverbot auch gegen Journalisten ausgesprochen werden, da § 70 ein allgemeines Gesetz im Sinne von Art. 5 II GG darstellt (BGH 17, 38; BGH NJW 1965, 1388; vgl. aber auch BVerfGE 10, 118[41])[42]. Nach BVerfGE 25, 88 (97ff.) widerspricht § 70 dem Art. 18 GG jedenfalls dann nicht, wenn das Berufsverbot mit der Verurteilung aufgrund einer Strafvorschrift verbunden ist, die dem Schutz des Staates vor verfassungswidrigen Parteien dient[43]. In den Fällen der Zuständigkeit des BVerfG, nach Art. 18 GG die Verwirkung des Grundrechts der Pressefreiheit auszusprechen, wenn diese nämlich zum Kampf gegen die freiheitliche demokratische Grundordnung mißbraucht wird, ist ein Entscheidungsvorbehalt zugunsten des Verfassungsorgans anzunehmen[44].

4. Das Berufsverbot hat zur **Folge,** daß der Verurteilte die betreffende Tätigkeit auch nicht für einen anderen ausüben oder durch eine von seinen Weisungen abhängige Person für sich ausüben lassen darf (§ 70 III). Wirksam wird das Verbot mit der Rechtskraft des Urteils (§ 70 IV 1).

5. Die **Aussetzung des Berufsverbots** zur Bewährung ist nach einjähriger Dauer zulässig (§ 70a). Dabei kann von Weisungen Gebrauch gemacht und ein Bewährungs-

---

[41] Dazu *Reißmüller,* JZ 1960, 529ff.
[42] Zustimmend *Bettermann,* JZ 1964, 601ff.; *Wilke,* NJW 1965, 2211; *Willms,* NJW 1964, 227f.; *Dreher / Tröndle,* § 70 Rdn. 4; *Schönke / Schröder / Stree,* § 70 Rdn. 4; *Schmidhäuser,* Allg. Teil S. 834. Einschränkend *Copič,* JZ 1963, 497; *Schwenck,* NJW 1962, 1323; *Lang-Hinrichsen,* Heinitz-Festschrift S. 482; *SK (Horn)* § 70 Rdn. 7; *Stree,* Deliktsfolgen und Grundgesetz S. 226; einschränkend für den Bereich des Art. 18 GG auch *Wilke,* Die Verwirkung der Pressefreiheit S. 118ff. sowie *Tiedemann,* Liber amicorum Screvens S. 115.
[43] Vgl. dazu *Schmitt Glaeser,* JZ 1970, 59ff.; *Lang-Hinrichsen,* Heinitz-Festschrift S. 484ff.; *LK (Hanack)* § 70 Rdn. 69.
[44] Vgl. dazu *Lang-Hinrichsen,* Heinitz-Festschrift S. 482ff.

helfer bestellt werden (§§ 70a III 1, 56c, 56d). Läuft die Bewährungszeit ab, ohne daß die Aussetzung widerrufen wurde, so erklärt das Gericht das Berufsverbot für erledigt (§ 70b V). Der Widerruf ist in § 70b I - IV geregelt. Zuständigkeit und Verfahren ergeben sich aus §§ 463 I, 462a I, II, 463 V, 462 StPO.

3. Kapitel: Strafaussetzung, Verwarnung mit Strafvorbehalt, Straffreiheit

Das System der Strafen und Maßregeln wird durch andere kriminalrechtliche Reaktionsmittel ergänzt, die die Sanktionen des klassischen Strafrechts teils abwandeln, teils ersetzen. Im Vordergrund steht dabei als Kernstück der modernen Kriminalpolitik die *Strafaussetzung zur Bewährung,* der die schon viel früher eingeführte (§§ 23 - 26 i. d. F. vor dem 3. StÄG) *Aussetzung des Strafrestes* an die Seite tritt (vgl. unten § 79). Eine der echten „probation" nahekommende Sanktion ist die *Verwarnung mit Strafvorbehalt* (vgl. unten § 80). Nicht auf kriminalpolitischen Gründen, sondern auf Schulderwägungen beruhen dagegen zwei dem geltenden Recht ebenfalls schon lange bekannte Möglichkeiten, trotz Vorliegens einer strafbaren Handlung Straffreiheit zu gewähren: das *Absehen von Strafe* und die *Kompensation* (vgl. unten § 81).

§ 79 Strafaussetzung und Aussetzung des Strafrestes zur Bewährung

Aufsattler u. a., Analyse richterlicher Entscheidungen über die Strafrestaussetzung, MschrKrim 1982, 305; *Baumann,* Die Auflagenkataloge im Strafrecht, GA 1958, 193; *Baur,* Die Bewährungsauflage der Schadenswiedergutmachung und das Zivilrecht, GA 1957, 338; *Blei,* Anmerkung zu AG Berlin-Tiergarten NJW 1972, 257, JA 1972, 309; *Böhm / Erhard,* Die Praxis der bedingten Strafrestaussetzung, MschrKrim 1984, 365; *Bruns,* Zur rechtsdogmatischen Problematik strafrichterlicher Auflagen, NJW 1959, 1393; *derselbe,* Rechtsgrundlage und Zulässigkeitsgrenzen strafrichterlicher Auflagen usw., GA 1959, 193; *Dora v. Caemmerer,* Probation, 1952; *Cramer,* Das Strafensystem des StGB nach dem 1.4.1970, JurA 1970, 183; *Damian,* Die Entwicklung der Strafaussetzung zur Bewährung usw., BewH 1983, 185; *Demski,* Psychotherapeutische Behandlung als Bewährungsauflage, NJW 1958, 2100; *Dilcher,* Die Bewährungsauflage der Schadenswiedergutmachung im Verhältnis zur zivilrechtlichen Haftung, NJW 1956, 1346; *Dreher,* Nach Ablauf der Bewährungszeit begangene Straftaten können den Widerruf einer Strafaussetzung zur Bewährung usw. nicht rechtfertigen, MDR 1964, 75; *derselbe,* Anmerkung zu KG vom 13.11.1969, JR 1970, 228; *Dünkel,* Prognostische Kriterien zur Abschätzung des Erfolgs usw., MschrKrim 1981, 279; *derselbe,* Probleme der Strafaussetzung zur Bewährung usw., ZStW 95 (1983) S. 1039; *derselbe,* Kriminalpolitische Bewertung der Strafaussetzung, in: *Dünkel / Spieß* (Hrsg.), Alternativen zur Freiheitsstrafe, 1983, S. 503; *derselbe,* Strafaussetzung zur Bewährung und Bewährungshilfe im internationalen Vergleich, ebenda S. 397; *Dünkel / Ganz,* Kriterien der richterlichen Entscheidung bei der Strafrestaussetzung, MschrKrim 1985, 157; *Dünnebier,* Zur Strafzumessung bei Trunkenheitsdelikten im Straßenverkehr usw., JR 1970, 241; *Eisel,* Grundsätze der Halbstrafenaussetzung, Stv 1986, 312; *Eisenberg / Ohder,* Aussetzung des Strafrestes zur Bewährung, 1987; *Feltes,* Strafaussetzung zur Bewährung usw., 1986; *Foth,* Die Fristberechnung usw., DRiZ 1976, 277; *Frank,* Der Widerruf der Strafaussetzung zur Bewährung usw., MDR 1982, 353; *Frisch,* Prognoseentscheidungen im Strafrecht, 1983; *Geerds,* Anmerkung zu BGH 22, 192, JZ 1969, 341; *Hanack,* Rechtliches Gehör usw. beim Widerruf der Strafaussetzung zur Bewährung, JZ 1966, 43; *Heinz,* Strafrechtsreform und Sanktionsentwicklung, ZStW 94 (1982) S. 632; *derselbe,* Bewährungshilfe im sozialen Rechtsstaat, BewH 1982, 154; *Hesener,* Die Arbeitsbeziehung Bewährungshelfer-Proband, 1986; *Hirschmann,* Die Indikation zur Psychotherapie usw., NJW 1961, 245; *Horn,* „Vertrauensschutz" contra Aussetzungswiderruf? Gedächtnisschrift für Hilde Kaufmann, 1986, S. 545; *Horstkotte,* Der Allgemeine Teil des StGB nach dem 1.9.1969, NJW

1969, 1601; *derselbe,* Die Vorschriften des 1. StrRG über die Strafbemessung, JZ 1970, 122; *Barbara Huber,* Community Service Order als Alternative zur Freiheitsstrafe, JZ 1980, 638; *Jagusch,* Über die Strafaussetzung zur Bewährung, JZ 1953, 688; *Jescheck,* Die Freiheitsstrafe in rechtsvergleichender Darstellung, in: *Jescheck* (Hrsg.), Die Freiheitsstrafe und ihre Surrogate im deutschen und ausländischen Recht, Bd. III, 1984, S. 1939; *Jütting,* Die kurze Freiheitsstrafe und der Begriff „Verteidigung der Rechtsordnung", Diss. Hamburg 1973; *Armin Kaufmann,* Die Strafaussetzung zur Bewährung und das Verbot der reformatio in peius, JZ 1958, 297; *Kratzsch,* Verstoß gegen Auflagen und Weisungen usw., JR 1972, 369; *Kunert,* Kurze Freiheitsstrafe und Strafaussetzung zur Bewährung usw., MDR 1969, 709; *derselbe,* Der zweite Abschnitt der Strafrechtsreform, NJW 1970, 537; *Lackner,* Die Strafaussetzung zur Bewährung und die bedingte Entlassung, JZ 1953, 428; *derselbe,* Anmerkung zu BGH 10, 288, JZ 1957, 757; *derselbe,* Anmerkung zu BGH 10, 182, MDR 1957, 498; *derselbe,* Anmerkung zu BGH 20, 213, JZ 1965, 542; *derselbe,* Strafrechtsreform und Praxis der Strafrechtspflege, JR 1970, 1; *Lenckner,* Die kurze Freiheitsstrafe usw., JurA 1971, 319; *Maassen,* Erste Zweifelsfragen zum Strafrechtsbereinigungsgesetz, MDR 1954, 2; *Maatz,* Die „Erstverbüßer-Regelung" usw., MDR 1985, 797; *Maiwald,* Die Verteidigung der Rechtsordnung usw., GA 1983, 49; *Mrozynski,* Die Wirkung der Unschuldsvermutung usw., JZ 1978, 255; *derselbe,* Aussetzung des Strafrestes und Resozialisierung, JR 1983, 133; *derselbe,* Zur Problematik strafrechtlicher Weisungen, JR 1983, 397; *Naucke* u. a., Verteidigung der Rechtsordnung, 1971; *Oske,* Formelle Rechtsfragen zum Widerruf der Strafaussetzung, MDR 1966, 290; *derselbe,* Strittige Fragen zur Bewährungszeit, MDR 1970, 189; *Payer,* § 14 StGB in der Fassung des 1. StrRG, 1971; *Pentz,* Nochmals: Die Bewährungsauflage der Schadenswiedergutmachung, NJW 1956, 1867; *Riedl,* Die Auflagen und Weisungen usw., Diss. Tübingen 1972; *Schall,* Verjährungseinrede bei Wiedergutmachungsauflage, NJW 1977, 1045; *Schätzler,* Handbuch des Gnadenrechts, 1976; *Schlothauer,* Strafaussetzung zur Bewährung usw. (Rechtsprechungsübersicht), NStZ 1983, 209; *Eb. Schmidt,* Reform des Strafvollzugs, ZStW 64 (1952) S. 1; *H. W. Schmidt,* Die Anhörung des Verurteilten bei bedingter Entlassung nach § 26 StGB, MDR 1961, 195; *W. Schmidt,* Rechtliche Gründe gegen eine Zusammenrechnung mehrerer Freiheitsstrafen, NJW 1976, 1927; *Schrader,* Der Widerruf der Strafaussetzung nach Ablauf der Bewährungsfrist, NJW 1973, 1832; *Schreiber,* Besondere Umstände usw., Festschrift für F. Schaffstein, 1975, 275; *Schröder,* Zur Verteidigung der Rechtsordnung, JZ 1971, 241; *Schroeder,* Anmerkung zu LG Tübingen vom 22. 6. 1973, JZ 1974, 683; *Schwenck,* Die Strafaussetzung zur Bewährung bei militärischen Straftaten, NZWehr 1966, 4; *Sessar,* Schadenswiedergutmachung in einer künftigen Kriminalpolitik, Festschrift für H. Leferenz, 1983 S. 145; *Spieß,* Wie bewährt sich die Strafaussetzung? MschrKrim 1981, 296; *Stöckel,* Strafaussetzung, Bewährungshilfe, Widerruf, 1981; *Stree,* Deliktsfolgen und Grundgesetz, 1960; *Sturm,* In dubio pro reo, 1962; *derselbe,* Die Strafrechtsreform, JZ 1970, 81; *Sydow,* Erfolg und Mißerfolg der Strafaussetzung zur Bewährung, 1963; *Terhorst,* Bewährungsprognosen und der Grundsatz „in dubio pro reo", MDR 1978, 973; *Tiedemann,* Anmerkung zu BGH vom 27. 8. 1974, JZ 1975, 185; *Vogler,* Die strafschärfende Verwertung strafbarer Vor- und Nachtaten und die Unschuldsvermutung, Festschrift für Th. Kleinknecht, 1985, S. 429; *Weber,* Aussetzung des Restes der Ersatzfreiheitsstrafe, Gedächtnisschrift für H. Schröder, 1978, S. 175; *Würtenberger,* Zur Rechtsnatur der Bewährungshilfe im Strafrecht, MDR 1955, 9; *Zipf,* Rechtsfolgen der Tat im neuen StGB, JuS 1974, 137; *derselbe,* Anmerkung zu OLG Karlsruhe vom 8. 8. 1974, JR 1975, 296; *derselbe,* Die „Verteidigung der Rechtsordnung", Festschrift für H.-J. Bruns, 1978, S. 205; *derselbe,* Teilaussetzung bei Freiheits- und Geldstrafen, Festschrift für H.-H. Jescheck, Bd. II, 1985, S. 976.

I. Die Strafaussetzung zur Bewährung (§§ 56 ff.)

1. Der **wichtigste Teil des kriminalpolitischen Reformwerks** der Zeit nach dem zweiten Weltkrieg ist die Strafaussetzung zur Bewährung (vgl. oben § 8 VI 3). Sie verbindet das im Strafausspruch gelegene sozialethische Unwerturteil mit dem durch die drohende Strafvollstreckung verstärkten Appell an den eigenen Willen des Verurteilten zur sozialen Einordnung. Sie gibt ihm durch Weisungen (§ 56 c) und Bewährungshilfe (§ 56 d) wirksame Unterstützung für seine Lebensführung in der Bewährungszeit und vermeidet zugleich die Schäden, die mit dem Vollzug der Freiheitsstrafe verbunden sein können. Sie vermag durch Auflagen, die der Genugtuung für das begangene Unrecht dienen (§ 56 b), die Vergünstigung, die in der Verschonung von der

Vollstreckung der Freiheitsstrafe liegt, in gerechter Weise auszugleichen. Während in der Sache selbst über das Wesen der Strafaussetzung Einigkeit besteht, ist die Frage, welche Konsequenzen daraus für ihre *Rechtsnatur* zu ziehen sind, umstritten. Die Strafaussetzung ist ein **selbständiges strafrechtliches Reaktionsmittel** mit einer Mehrzahl von Wirkungsmöglichkeiten[1]. Sie ist Strafe insofern, als eine Freiheitsstrafe im Urteil ausgesprochen und der Täter dadurch zum Vorbestraften wird. Sie hat den Charakter eines Zuchtmittels im Sinne von § 13 II JGG, wenn sie mit Auflagen verbunden wird, die der Genugtuung für das begangene Unrecht dienen, wie Wiedergutmachung, Geldbußen und gemeinnützige Leistungen (§ 56b II Nr. 1 - 3). Sie nähert sich einer Maßregel der Sozialfürsorge, wenn Weisungen erteilt werden, die in die zukünftige Lebensführung des Verurteilten eingreifen (§ 56c II), insbesondere wenn dieser unter die Aufsicht und Leitung eines Bewährungshelfers gestellt wird (§ 56d). Sie hat endlich einen aktiv-sozialpädagogischen Einschlag, indem sie den Verurteilten anspornt, während der Bewährungszeit die Aufgabe seiner Einordnung in die Gemeinschaft nach Kräften selbst in die Hand zu nehmen.

Die Rechtsprechung sieht jedoch in der Strafaussetzung zur Bewährung wegen ihrer rechtlichen Ausgestaltung nur eine *Modifikation der Strafvollstreckung* (BGH 7, 182 [184]; BGH JZ 1956, 101; BGH 24, 40 [43]; 164 [166]; 31, 25 [28], die aber die Eigenständigkeit der Strafaussetzung als „besondere ambulante Behandlungsart" betonen)[2]. Andere halten sie für eine bessernde Maßregel[3]. Jedenfalls handelt es sich *nicht* um einen Gnadenakt (BT-Drucksache V/4094 S. 9)[4].

2. Die **Strafrechtsreform** hat die **Strafaussetzung zur Bewährung stark ausgebaut**[5]. Die Obergrenze der aussetzungsfähigen Strafe wurde erheblich erweitert, die zur Aussetzung hinzutretenden Anordnungen wurden in Auflagen und Weisungen gegliedert, die Bewährungshilfe wurde verselbständigt, die formellen Hindernisse für die Strafaussetzung wurden beseitigt (BGH GA 1983, 472), der Gesichtspunkt der Generalprävention als Gegenindikation wurde wesentlich eingeengt, der Zwang zum Widerruf bei Nichtbewährung wurde eingeschränkt (vgl. zum früheren Recht 1. Auflage S. 548ff.). Das neue Recht gliedert die Strafaussetzung zur Bewährung nach der Höhe der auszusetzenden Freiheitsstrafe in **drei Stufen,** deren gemeinsamer Nenner die gegenüber dem bisherigen Recht erleichterte soziale Prognose zugunsten des Täters ist. Freiheitsstrafen unter sechs Monaten, wenn sie das Gericht nach § 47 I überhaupt ausspricht, werden bei günstiger Sozialprognose *immer* ausgesetzt; Frei-

---

[1] Im Prinzip ähnlich *Baumann / Weber,* Allg. Teil S. 694; *SK (Horn)* § 56 Rdn. 2 („dritte Spur im Strafrecht"); *Bruns,* NJW 1959, 1394 („neue selbständige Sanktion"); *derselbe,* Strafzumessungsrecht S. 349; *Jagusch,* JZ 1953, 688 („selbständige Strafart"); *Geerds,* JZ 1969, 342 („völlig selbständige Sanktionsart"); *Zipf,* JuS 1974, 145 („Sanktionsmittel eigener Art"); *Welzel,* Lehrbuch S. 252 („Strafmittel besonderer Art"); *Schmidhäuser,* Allg. Teil S. 809 („vorläufige Straflosigkeit in Kombination mit nicht-vergeltenden Strafrechtsfolgen eigener Art"). Ebenso in kriminalpolitischer Hinsicht *Maurach / Gössel / Zipf,* Allg. Teil II S. 583 („eigenständige Reaktionsweise").

[2] Ebenso *Bruns,* GA 1956, 201; *Dreher / Tröndle,* § 56 Rdn. 1a; *LK (Ruß)* § 56 Rdn. 2; *Lackner,* § 56 Anm. 2a; *Kohlrausch / Lange,* § 23 Vorbem. II 8; *Maassen,* MDR 1954, 2; *Schönke / Schröder / Stree,* § 56 Rdn. 4; *Sturm,* JZ 1970, 84.

[3] So z. B. *Eb. Schmidt,* ZStW 64 (1952) S. 7; *Armin Kaufmann,* JZ 1958, 298. *Bockelmann / Volk,* Allg. Teil S. 262 nimmt „eine aus Elementen der Strafe und der Maßregel gemischte Sanktion" an.

[4] Neben § 56 StGB ist jedoch die Aussetzung der Vollstreckung einer Freiheitsstrafe von nicht mehr als sechs Monaten auch in §§ 20ff. der Gnadenordnung vom 6. 2. 1935 (DJ S. 203) vorgesehen. Die Gnadenordnungen der Länder enthalten keine Zeitgrenze (vgl. z. B. Gnadenordnung von Baden-Württemberg § 28, *Schätzler,* Handbuch S. 171).

[5] Vgl. BT-Drucksache V/4094 S. 9; *Sturm,* JZ 1970, 84ff.; *Horstkotte,* NJW 1969, 1604f. Zur Geschichte eingehend *Damian,* BewH 1982, 185ff.

heitsstrafen von sechs Monaten bis zu einem Jahr werden *nur dann nicht* ausgesetzt, wenn die Verteidigung der Rechtsordnung die Vollstreckung gebietet (§ 56 I, III); Freiheitsstrafen von mehr als einem Jahr bis zu zwei Jahren werden ausgesetzt, wenn „besondere Umstände" vorliegen (§ 56 II). Diese Regelung hält sich im Rahmen der internationalen Entwicklung und ist gut ausgewogen[6]. Die Strafaussetzung hat sich auch bei ihrer Ausdehnung auf stärker belastete und prognostisch ungünstiger beurteilte Personengruppen bewährt[7]. Eine gesetzliche Weiterentwicklung hat durch das 23. StÄG vom 13. 4. 1986 nur zurückhaltend stattgefunden: so wird jetzt für die Aussetzung von Freiheitsstrafen von mehr als einem Jahr bis zu zwei Jahren nach dem Vorbild der Rechtsprechung (BGH 29, 370; BGH GA 1982, 39) eine „Gesamtwürdigung von Tat und Persönlichkeit des Verurteilten" gefordert (§ 56 II) und damit der früheren Begrenzung der Vorschrift auf Ausnahmefälle[8] abgesagt. Die vielfach geforderte Ausdehnung auf Freiheitsstrafen bis zu drei Jahren wurde nicht eingeführt (BT-Drucksache 10/4391 S. 16), auch nicht die Anwendung auf die Ersatzfreiheitsstrafe (BT-Drucksache V/4094 S. 10).

3. Die **günstige soziale Prognose** für den Täter, die in jedem Fall gegeben sein muß, besteht in der Erwartung, daß sich der Verurteilte schon den Urteilsspruch als solchen zur Warnung dienen lassen und keine Straftaten mehr begehen wird (§ 56 I 1)[9]. Die Aussicht auf ein „gesetzmäßiges und geordnetes Leben" (§ 23 II a. F.) wird mit Recht nicht mehr verlangt, da es für den Vorbeugungszweck der Strafaussetzung allein auf die Verhinderung von neuen Straftaten ankommt (in dieser Richtung schon früher BGH 20, 203). Erwartung bedeutet nicht Gewißheit (BGH 7, 6 [10]; BGH NStZ 1986, 27)[10]. Das Gericht muß bereit sein, ein vertretbares Risiko einzugehen, doch ist bei ernstlichen Zweifeln an der Fähigkeit des Verurteilten, die ihm gebotene Resozialisierungschance wahrzunehmen, die Prognosefrage zu verneinen. Der Grundsatz „in dubio pro reo" gilt nur für die Tatsachen, die dem Wahrscheinlichkeitsurteil zugrunde liegen, von diesem selbst muß das Gericht überzeugt sein[11]. Die Prognose erfordert eine Gesamtwürdigung aller Umstände, die einen Schluß auf das künftige Verhalten des Täters ermöglichen. Dazu gehören namentlich seine Persönlichkeit (z. B. Intelligenz und Charakter), sein Vorleben (z. B. einschlägige und son-

---

[6] Die Regelung der bedingten Strafnachsicht in § 43 österr. StGB ähnelt der deutschen, doch ist die Zweijahresgrenze 1987 uneingeschränkt in die Aussetzbarkeit einbezogen worden. Art. 41 schweiz. StGB läßt den bedingten Strafvollzug bis zu 18 Monaten Freiheitsstrafe zu, der Vorentwurf Art. 57 bis zu drei Jahren. Der „sursis" des französischen Rechts kommt nach Art. 734 - 1 C. p. p. bei Freiheitsstrafen bis zu fünf Jahren in Betracht. Der italienische Codice penale kennt die Strafaussetzung in Art. 163 bei Freiheitsstrafe bis zu zwei Jahren (für Jugendliche bis zu drei Jahren, für Heranwachsende und bejahrte Täter bis zu zweieinhalb Jahren). Bis zur Höchstgrenze von zwei Jahren gibt es die „suspended sentence" im englischen Recht. Rechtsvergleichend weiter *Dünkel*, ZStW 95 (1983) S. 1057 ff.; *Dünkel / Spieß* (Hrsg.), Alternativen zur Freiheitsstrafe S. 21 ff.; *Jescheck*, Die Freiheitsstrafe Bd. III S. 2103 ff.

[7] Vgl. *Spieß*, MschrKrim 1981, 296 ff.; *Dünkel*, ZStW 95 (1983) S. 1070 ff.; *Dünkel / Spieß* (Hrsg.), Alternativen zur Freiheitsstrafe S. 503 ff.

[8] Zum Ausnahmekriterium der früheren Rechtsprechung *Feltes*, Strafaussetzung S. 30.

[9] Die Nichtaussetzung nur für „Fälle mit einer Schlechtprognose" bei *Frisch*, Prognoseentscheidungen S. 133 ff. führt dazu, daß der Raum für die Vollstreckung von Freiheitsstrafe „überaus eng" wird.

[10] Vgl. *Bockelmann / Volk*, Allg. Teil S. 263 f.; *LK (Ruß)* § 56 Rdn. 10; *SK (Horn)* § 56 Rdn. 11.

[11] *Bruns*, Strafzumessungsrecht S. 349; *Lackner*, § 56 Anm. 4a; *LK (Ruß)* § 56 Rdn. 10 f.; *Schönke / Schröder / Stree*, § 56 Rdn. 16; *Stree*, In dubio pro reo S. 112. Anders *Frisch*, Prognoseentscheidungen S. 50 ff. (alle „Fraglich"-Fälle sind auszusetzen); *SK (Horn)* § 56 Rdn. 11a (Aussetzung schon dann, wenn die Resozialisierungschance bei vollstreckter Freiheitsstrafe nicht wahrscheinlicher ist).

stige Vorstrafen), die Umstände seiner Tat (z. B. Motivationen und Ziele), sein Verhalten nach der Tat (z. B. die Wiedergutmachung des Schadens, Reue), seine Lebensverhältnisse (z. B. Beruf, Arbeitsplatz, Ehe und Familie) und die zu erwartenden Wirkungen der Aussetzung (z. B. Bewährungshilfe) (§ 56 I 2). Bestimmte Deliktsgruppen wie Sexualdelikte, Gewaltverbrechen oder Trunkenheit am Steuer (OLG Karlsruhe VRS 50, 98) regelmäßig von der Strafaussetzung auszuschließen, ist unzulässig[12]. Auch auf die Schwere von Unrecht und Schuld bei der abgeurteilten Tat kommt es nur insoweit an, als sich daraus die Wiederholungsgefahr ergeben kann[13]. Die Prognose ist rein spezialpräventiv zu verstehen, generalpräventive Gesichtspunkte sind dabei nicht zu berücksichtigen. Die Unschuldsvermutung des Art. 6 II Menschenrechtskonvention hindert das Gericht nicht, dabei auch Straftaten vor rechtskräftiger Aburteilung einzubeziehen (OLG Stuttgart Die Justiz 1976, 262). Strafaussetzung kommt auch bei Freiheitsstrafen in Betracht, die wegen eines Verbrechens verhängt worden sind.

4. Das Gericht muß ferner eine **Freiheitsstrafe** innerhalb bestimmter Grenzen (bei einer Gesamtstrafe ist nach § 58 deren Höhe maßgebend) ausgesprochen haben; die schuldangemessene Strafe darf nicht unterschritten werden, um dem Angeklagten die Vergünstigung der Strafaussetzung gewähren zu können (BGH 29, 319 [321 f.]). *Geldstrafen* können nicht zur Bewährung ausgesetzt werden[14]. Der Grad der Bindung bzw. des Ermessens des Gerichts ist verschieden, je nachdem zu welcher Stufe der Freiheitsstrafe der betreffende Strafausspruch gehört.

a) **Bei Freiheitsstrafen unter sechs Monaten** ist die Aussetzung der Vollstreckung dem Richter **zwingend vorgeschrieben.** Er ist nicht befugt, irgendwelchen generalpräventiven Erwägungen Raum zu geben, da ihm ein Ermessen nur in bezug auf die Prognose zusteht (BGH 24, 40 [43]; OLG Hamm DAR 1973, 101). Selbst wenn die „Verteidigung der Rechtsordnung" an sich die Vollstreckung erfordern würde, oder wenn die kurzfristige Freiheitsstrafe gerade „zur Einwirkung auf den Täter" verhängt worden ist (§ 47 I), muß sie zur Bewährung ausgesetzt werden, sofern die soziale Prognose günstig ist (BGH 24, 164 [166])[15].

Nur für die Vollstreckung von Strafarrest gilt nach § 14a I WStG richterliche Ermessensfreiheit insofern, als die Aussetzung nur dann stattfindet, „wenn nicht die Wahrung der Disziplin die Vollstreckung gebietet"[16].

b) **Bei Freiheitsstrafen von sechs Monaten bis zu einem Jahr** ist die Aussetzung der Vollstreckung dem Richter **im Regelfall** ebenfalls vorgeschrieben. Die Vollstreckung wird nur dann nicht ausgesetzt, „wenn die **Verteidigung der Rechtsordnung** sie gebietet" (§ 56 III). Dieser Begriff, der gleichbedeutend im § 47 I zur Einschränkung der kurzfristigen Freiheitsstrafe verwendet wird (vgl. oben § 72 III 1 und unten § 84 I 3 c), betrifft dort die Frage, ob eine Freiheitsstrafe *unter* sechs Monaten *zu verhängen* ist, er ist hier für die davon verschiedene Frage maßgebend, ob eine Freiheitsstrafe von *mindestens* sechs Monaten *zu vollstrecken* ist. Der vom Sonderausschuß

---

[12] Vgl. *Lackner*, JR 1970, 9.

[13] Vgl. *Dreher / Tröndle*, § 56 Rdn. 4; BT-Drucksache V/ 4094 S. 11.

[14] Vgl. dazu näher BT-Drucksache V/4094 S. 10. Die Aussetzung auch der Geldstrafe gibt es dagegen in Österreich (§ 43 StGB), in Frankreich (Art. 734 - 1 C. p. p.) und in Italien (Art. 163 C. p.), nicht aber in der Schweiz (Art. 41 StGB), woran der Vorentwurf Art. 57 festhält.

[15] Übereinstimmend *Dreher / Tröndle*, § 56 Rdn. 7; *Dünnebier*, JR 1970, 127; *Horstkotte*, JZ 1970, 127; *LK (Ruß)* § 56 Rdn. 26; *Lackner*, § 56 Anm. 7; *Schönke / Schröder / Stree*, § 56 Rdn. 33; *Schmidhäuser*, Allg. Teil S. 811.

[16] Vgl. dazu *Schölz*, Wehrstrafgesetz, § 10 Anm. 11 f., § 14 Anm. 3; *Schwenck*, NZWehrr 1966, 4.

I. Die Strafaussetzung zur Bewährung (§§ 56 ff.)

des Bundestags für die Strafrechtsreform vorgeschlagene Ausdruck „Bewährung der Rechtsordnung"[17] wurde erst im Plenum des Bundestags in „Verteidigung der Rechtsordnung" abgeändert; eine sachliche Abweichung war damit aber nicht beabsichtigt[18]. Allenfalls läßt sich sagen, daß der endgültig gewählte Ausdruck noch restriktiver ist als der Vorschlag des Sonderausschusses. Die Bedeutung des Begriffs ist zweifelhaft, da gesetzgeberisches Material nicht vorhanden und eine Anlehnung an schon eingeführte Rechtsbegriffe nicht möglich ist[19]. Die „Verteidigung der Rechtsordnung" hat jedenfalls einen engeren Sinn als der „Strafzweck" in § 27b oder das „öffentliche Interesse" in § 23 III Nr. 1 i. d. F. vor dem 1. StrRG[20]. Er enthält nur einen „Teilaspekt der Generalprävention"[21]. Nach einer tastenden, aber schon auf den maßgeblichen Gedanken der Erschütterung der Rechtstreue der Bevölkerung hindeutenden Rechtsprechung der Oberlandesgerichte (OLG Stuttgart NJW 1970, 258; OLG Düsseldorf NJW 1970, 767; OLG Hamm NJW 1970, 1614; KG JR 1970, 227; OLG Frankfurt NJW 1971, 667) hat der Bundesgerichtshof dem Begriff der Verteidigung der Rechtsordnung im Sinne der kriminalpolitischen Gesamtkonzeption des Reformgesetzgebers eine betont **restriktive Auslegung** gegeben (BGH 24, 40 [44 ff.]; BGH NStZ 1985, 165; vgl. ferner BayObLG NJW 1978, 1337; OLG Hamburg NStZ 1985, 165). Maßgebend ist danach auf der einen Seite die Aufgabe der Strafe, „die Unverbrüchlichkeit der Rechtsordnung vor der Rechtsgemeinschaft zu erweisen und zugleich künftigen ähnlichen Rechtsverletzungen potentieller Täter vorzubeugen", auf der anderen Seite der „Gesichtspunkt der Erhaltung der Rechtstreue der Bevölkerung", der hier jedoch in *begrenzender* Funktion verwendet wird. Eine Vollstreckung der Strafe ist deshalb nur dann geboten, „wenn anderenfalls eine ernstliche Gefährdung der rechtlichen Gesinnung der Bevölkerung als Folge schwindenden Vertrauens in die Funktion der Rechtspflege zu besorgen wäre". Dies wird jedenfalls dann angenommen, „wenn der bloße Strafausspruch ohne Vollstreckung von der Bevölkerung angesichts der außergewöhnlichen konkreten Fallgestaltung als ungerechtfertigte Nachgiebigkeit und unsicheres Zurückweichen vor dem Verbrechen verstanden werden könnte" (BGH 24, 40 [44 ff.]). Die Aussetzung muß „für das allgemeine Rechtsempfinden schlechthin unverständlich erscheinen" (BGH VRS 47, 14; OLG Koblenz VRS 48, 182: Trunkenheitsfahrt mit schweren Unfallfolgen; OLG Koblenz GA 1975, 121: Kindesmißhandlung; BGH GA 1976, 113 [114]: Werbung für terroristische Vereinigung; BGH JZ 1975, 183 m. zust. Anm. *Tiedemann*: gewerbsmäßige Abgabenhinterziehung; OLG Hamm NJW 1973, 1891: Gefährdung der Determinierungsfunktion des Strafrechts; OLG Karlsruhe NJW 1975, 1936: schwere Folgen der Rauschtat)[22].

---

[17] Vgl. BT-Drucksache V/4094 S. 11.
[18] Vgl. Verhandlungen des Deutschen Bundestags, Stenographische Berichte, Bd. 70, S. 12764 ff. Zur Entstehungsgeschichte vgl. *Horstkotte*, NJW 1969, 1603; *Sturm*, JZ 1970, 85; *Payer*, § 14 StGB S. 10 ff.
[19] Vgl. *Maurach / Gössel / Zipf*, Allg. Teil II. S. 529; LK (*G. Hirsch*) § 47 Rdn. 31; *Lackner*, § 47 Anm. 2c aa; *Lenckner*, JurA 1971, 342; *Schröder*, JZ 1971, 241. Das heißt jedoch nicht, daß die §§ 47 I, 56 III insoweit überhaupt unanwendbar wären, wie *Naucke* u. a., Verteidigung der Rechtsordnung S. 137 annehmen, denn die Rechtsprechung hat dem Begriff inzwischen eine klare Profilierung gegeben; vgl. *Blei*, Allg. Teil S. 392; *Zipf*, Bruns-Festschrift S. 216 ff.; *Maiwald*, GA 1983, 49.
[20] Vgl. LK (*Ruß*) § 56 Rdn. 28; *Dreher*, JR 1970, 767; *Kunert*, MDR 1969, 709.
[21] So *Horstkotte*, NJW 1969, 1603 f.; *derselbe*, JZ 1970, 127; LK (*G. Hirsch*) § 47 Rdn. 32; *Jütting*, Die kurze Freiheitsstrafe S. 128; LK (*Ruß*) § 56 Rdn. 32; *Kunert*, MDR 1969, 709; *derselbe*, NJW 1970, 539. Weitergehend (ebenso wie § 43 I 1 österr. StGB) *Cramer*, JurA 1970, 203; *Schönke / Schröder / Stree*, § 56 Rdn. 35, 38.
[22] Vgl. dazu *Dreher / Tröndle*, § 56 Rdn. 8a m. zahlr. Nachw.; SK (*Horn*) § 56 Rdn. 21 ff. Zur weiteren Reform *Zipf*, JuS 1974, 145.

Wenn danach also auch eine „umfassende Berücksichtigung aller Strafzwecke" für die Entscheidung nach § 56 III nicht mehr in Betracht kommt, so bedarf es doch weiterhin einer **Gesamtwürdigung** aller die Tat und den Täter kennzeichnenden Umstände, und zwar unter den vorstehend genannten Gesichtspunkten (BGH 24, 40 [46]; 64 [66]; OLG Karlsruhe NJW 1974, 283). Im Einzelfall kommen in Betracht[23] die besondere Schwere der Tatfolgen, die erhebliche verbrecherische Intensität, die Hartnäckigkeit des rechtsmißachtenden Verhaltens, das dreiste Spekulieren auf Strafaussetzung, das Vorliegen zahlreicher einschlägiger Vortaten und Vorstrafen, der Rückfall in einer früheren Bewährungszeit, soweit in den zuletzt genannten Beispielsfällen nicht schon die günstige Sozialprognose zu verneinen ist. Auch wenn die Tat „Ausdruck einer verbreiteten Einstellung ist, die eine durch einen erheblichen Unwertgehalt gekennzeichnete Norm nicht ernst nimmt" (BGH 24, 40 [47]), kann die Vollstreckung zur Verteidigung der Rechtsordnung geboten sein, was z. B. bei der Trunkenheitsfahrt mit schweren Folgen nach § 315c I Nr. 1a, III in Betracht kommt (BGH 24, 64 [69]).

c) **Freiheitsstrafen von mehr als einem Jahr bis zu zwei Jahren** können bei Vorliegen einer günstigen Prognose dann ausgesetzt werden, wenn „nach der Gesamtwürdigung von Tat und Persönlichkeit des Verurteilten besondere Umstände vorliegen" (§ 56 II) (Fassung des 23. StÄG vom 13. 4. 1986) (BGH 29, 370 [375]). Es handelt sich dabei nicht um eine Ausnahmevorschrift (so noch BGH 29, 319 [324]), sondern um die Berücksichtigung von Milderungsgründen, die über den Durchschnitt der Fälle erheblich herausragen (BGH GA 1982, 39; NStZ 1984, 361; NStZ 1984, 360; NStZ 1981, 389; OLG Köln MDR 1986, 161)[24]. Die Aussetzung ist auch dann zulässig, wenn neben der Freiheitsstrafe eine Zusatzgeldstrafe (§ 41) festgesetzt worden ist (BGH JR 1986, 70).

d) Die **Aussetzung eines Teils der Freiheitsstrafe** ist **nicht zulässig,** weil dadurch gerade der Vollstreckung kurzer Freiheitsstrafen Vorschub geleistet würde[25]. Doch wird die Strafaussetzung durch Anrechnung von **Untersuchungshaft** nach § 51 in Übereinstimmung mit der früheren Rechtsprechung nicht ausgeschlossen (§ 56 IV), maßgebend für die Aussetzungsfähigkeit ist indessen die Dauer der verhängten Strafe. Ist die Strafe durch Anrechnung von Untersuchungshaft erledigt, so kommt Strafaussetzung nicht mehr in Betracht (BGH 31, 25).

5. Über die Strafaussetzung zur Bewährung wird nach § 260 IV 4 StPO im **Urteil** von Amts wegen entschieden (BGH 7, 97 [99]). Die Zubilligung der Strafaussetzung bewirkt, daß die ausgesprochene Strafe nicht vollstreckt wird, es sei denn, daß das Gericht die Strafaussetzung später nach § 56f I widerruft. Im Unterschied zur Entscheidung über die Strafaussetzung selbst trifft das Gericht die Anordnungen über Bewährungszeit, Auflagen, Weisungen und Bewährungshilfe (§§ 56a - 56d) durch

---

[23] Vgl. *LK (Ruß)* § 56 Rdn. 36; *Lackner,* § 56 Anm. 5b bb.

[24] Ebenso *Dreher / Tröndle,* § 56 Rdn. 9dff. m. zahlr. Nachw.; *Lackner,* § 56 Anm. 6; *SK (Horn)* § 56 Rdn. 28, desgleichen schon früher *Maurach / Gössel / Zipf,* Allg. Teil II S. 587; *LK (Ruß)* § 56 Rdn. 37; *Schönke / Schröder / Stree,* § 56 Rdn. 28; *Schreiber,* Schaffstein-Festschrift S. 288f. Zusammenfassend *Schlothauer,* Stv 1983, 209.

[25] Das französische Recht läßt dagegen in Art. 738 III C. p. p. eine Teilaussetzung ausdrücklich zu und erblickt in der Kombination von kurzem Vollzug und anschließender Aussetzung ein wichtiges Mittel der Kriminalpolitik. Für Teilaussetzung von Freiheitsstrafen über zwei Jahre *Zipf,* Jescheck-Festschrift Bd. II S. 987ff. Der 1987 neu eingeführte § 43a österr. StGB enthält vier bedeutsame Neuerungen: die teilausgesetzte Geldstrafe, die ausgesetzte Freiheitsstrafe mit unbedingter Geldstrafe, die teilausgesetzte Freiheitsstrafe und deren Ausdehnung auf Freiheitsstrafen zwischen zwei und drei Jahren. Der schweiz. Vorentwurf sieht die Teilaussetzung nicht vor.

I. Die Strafaussetzung zur Bewährung (§§ 56 ff.)

einen besonderen **Beschluß,** der zusammen mit dem Urteil zu verkünden ist (§ 268 a I StPO). Dies hat den Sinn, daß für die Anfechtung dieser Entscheidungen der selbständige Beschwerdeweg nach § 305 a StPO eröffnet wird. Die Beschwerde kann freilich nur darauf gestützt werden, daß eine getroffene Anordnung gesetzwidrig sei. Die Art und Weise der Ausübung des richterlichen Ermessens kann nur dann angegriffen werden, wenn eine Rechtsverletzung geltend gemacht wird. Folgende Anordnungen sind dem Beschlußverfahren vorbehalten:

a) Das Gericht setzt eine **Bewährungszeit** innerhalb der Grenzen von mindestens zwei und höchstens fünf Jahren fest, die mit der Rechtskraft der Entscheidung über die Strafaussetzung beginnt. In diesem Rahmen kann die Bewährungszeit je nach der Entwicklung des Verurteilten nachträglich verkürzt oder verlängert werden (§ 56 a). Die Verjährung der Strafvollstreckung ruht während der Bewährungszeit, weil noch nicht feststeht, ob die Vollstreckung endgültig unterbleibt (§ 79 a Nr. 2 b).

b) Das Gericht kann dem Verurteilten nach § 56 b **Auflagen** erteilen. Während das frühere Recht sowohl Auflagen kannte, die der Genugtuung für das begangene Unrecht dienen sollten, als auch solche, mit denen eine Hilfe und Kontrolle bei der Wiedereingliederung des Verurteilten beabsichtigt war, beschränkt das geltende Recht die Auflagen auf den Genugtuungszweck[26] und überläßt die soziale Eingliederungshilfe den Weisungen. Die Auflagen sind dazu bestimmt, die Ausgleichsfunktion der Strafe zu verstärken, da diese im Falle der Aussetzung der Vollstreckung auf den Schuldspruch und den Strafausspruch beschränkt bleibt, so daß dem Täter die Verurteilung aus Gründen der Gerechtigkeit und Gleichheit auf andere Weise fühlbar gemacht werden muß. Bei den Auflagen dürfen jedoch an die Persönlichkeit des Verurteilten keine unzumutbaren Anforderungen gestellt werden. Die früher bestehende Befugnis des Gerichts, Auflagen auch außerhalb des gesetzlichen Katalogs auszusprechen, hatte zu Bedenken im Hinblick auf das Bestimmtheitsgebot des Art. 103 II GG geführt[27]. Das geltende Recht sieht deshalb eine *abschließende* Regelung vor (BT-Drucksache V/4094 S. 12). Die Anordnung, nach Kräften den durch die Tat verursachten *Schaden wiedergutzumachen* (§ 56 b II Nr. 1), verstärkt die zivilrechtliche Schadensersatzpflicht durch die Sanktion des Widerrufs der Strafaussetzung bei gröblichem oder beharrlichem Verstoß (§ 56 f I Nr. 3). Der Strafrichter ist bei seinem Ausspruch über die Wiedergutmachungspflicht an das bürgerliche Recht gebunden; eine darüber hinausgehende Auflage wäre gesetzwidrig (OLG Hamburg MDR 1980, 246; OLG Stuttgart NJW 1980, 1114)[28]. Dies gilt freilich nicht für die Verjährungseinrede (OLG Stuttgart MDR 1971, 1023; OLG Hamm NJW 1976, 527)[29]. Die Bestimmung ist ein erster Schritt in Richtung auf die Berücksichtigung der Opferinteressen[30], sie wird aber selten angewendet. Praktisch am häufigsten ist die Auflage, einen *Geldbetrag* zugunsten einer *gemeinnützigen Einrichtung* oder des *Staates* zu

---

[26] Vgl. dazu *Bockelmann / Volk*, Allg. Teil S. 267; *Lackner*, § 56 b Anm. 1; *LK (Ruß)* § 56 b Rdn. 1; *Maurach / Gössel / Zipf*, Allg. Teil II S. 589; *Schmidhäuser*, Allg. Teil S. 821 („verkappte Ersatzstrafen"); *Riedl*, Die Auflagen und Weisungen S. 32 f.

[27] In diesem Sinne insbesondere *Bruns*, GA 1956, 211 ff.; *derselbe*, GA 1959, 200 ff.; *derselbe*, NJW 1959, 1393 ff.; *Baumann / Weber*, Allg. Teil S. 697 Fußnote 27; *Baumann*, GA 1958, 202 ff.; *Maunz / Dürig / Herzog*, Art. 2 I Rdn. 78.

[28] So *Baur*, GA 1957, 340; *Dreher / Tröndle*, § 56 b Rdn. 6; *LK (Ruß)* § 56 b Rdn. 4; *Lackner*, § 56 b Anm. 3 a; *Pentz*, NJW 1956, 1867; *Schmidhäuser*, Allg. Teil S. 821; *SK (Horn)* § 56 b Rdn. 4; anders *Dilcher*, NJW 1956, 1346 f.; *Frehsee*, NJW 1981, 1253 f.; *Schönke / Schröder / Stree*, § 56 b Rdn. 9. Vgl. auch BGH 9, 365 und OLG München MDR 1957, 700: Gesetzwidrigkeit der Auflage, die Verfahrenskosten zu bezahlen.

[29] Dazu *Schall*, NJW 1977, 1045.

[30] Dazu *Sessar*, Leferenz-Festschrift S. 145 ff.

zahlen (§ 56b II Nr. 2)[31]. Die Auswahl der Einrichtung sollte, wenn möglich, in der Weise erfolgen, daß eine Beziehung zur Tat erkennbar wird (z. B. Rotes Kreuz bei Verkehrsdelikten, Tierschutzverein bei Tierquälerei). Die Möglichkeit, die Zahlung eines Geldbetrages zugunsten der Staatskasse anzuordnen, nähert die Auflage stark der Geldstrafe an[32]. Das Tagessatzsystem (§ 40) wird dabei nicht angewendet, der Richter hat sich aber auch hier an den persönlichen und wirtschaftlichen Verhältnissen des Täters zu orientieren (§ 40 II 1)[33]. Die Auflage muß dem Gebot der Zumutbarkeit (§ 56b I 2) und dem Verhältnismäßigkeitsprinzip als verfassungsrechtlichen Grundregeln des Rechtsstaats entsprechen (OLG Hamm VRS 37, 262)[34]. Die sonst noch in Betracht kommenden *gemeinnützigen Leistungen* (§ 56b II Nr. 3) sind etwa die Arbeit beim Roten Kreuz oder in der Verkehrswacht bei Verkehrsunfällen, die Reinigung von Wald und Flur bei Umweltverschmutzung, die Mitwirkung in der Trinkerfürsorge bei Rauschtaten, die Arbeit im Krankenhaus bei Körperverletzungen[35], wobei die Stundenzahl im Ermessen des Gerichts steht. Die Grenzen der Verhältnismäßigkeit und der Zumutbarkeit müssen dabei allerdings stets gewahrt sein[36]. Um den Verurteilten zu *freiwilliger Mitarbeit* zu gewinnen, sieht § 56b III vor, daß er sich zu selbstgewählten Leistungen erbieten kann, wodurch sich der Ausspruch einer Auflage in der Regel erübrigt.

c) Die spezialpräventive Hilfe und Kontrolle bei der Resozialisierung des Verurteilten wird, soweit solche Maßnahmen überhaupt erforderlich sind, durch **Weisungen** geleistet (§ 56c)[37]. Im Unterschied zu den Auflagen, die der Genugtuung dienen, ist der Katalog der Weisungen nicht abschließend geregelt, damit sich die Gerichte bei der Auswahl dem Einzelfall völlig anpassen können (BT-Drucksache V/4094 S. 12, anders AE, Begründung zu § 42). Doch gelten auch hier die Verfassungsschranken[38] sowie eine Zumutbarkeitsklausel (§ 56c I 2). Weisungen dürfen auch nicht andere Sanktionen ersetzen, für die besondere Voraussetzungen gelten (z. B. ein Berufsverbot).

Beispiele: Grundgesetzwidrig wäre die Anweisung zu regelmäßigem Kirchenbesuch (Art. 4 I GG), zum Beitritt zu einem Verein (Art. 9 I GG) oder zur Trennung von den eigenen Kindern (Art. 6 III GG). Unzumutbar ist die Weisung der Rückkehr zur Familie, wenn die Beteiligten seit Jahren getrennt leben und keine Aussicht auf Wiederherstellung der Gemeinschaft besteht

---

[31] Vgl. die Übersicht bei *Sydow,* Erfolg und Mißerfolg der Strafaussetzung S. 43.

[32] Vgl. dazu *Bruns,* GA 1956, 210; *Baumann,* GA 1958, 198; ferner *LK (Ruß)* § 56b Rdn. 11; *Schönke / Schröder / Stree,* § 56b Rdn. 12. Diese Möglichkeit ist vorgesehen, weil oft keine tatadäquate gemeinnützige Einrichtung in Frage kommt; vgl. BT-Drucksache V/4094 S. 12.

[33] Weitergehend *SK (Horn)* § 56b Rdn. 9.

[34] Vgl. *Dreher / Tröndle,* § 56b Rdn. 4; *Lackner,* § 56b Anm. 3b; *Maurach / Gössel / Zipf,* Allg. Teil II S. 589; *Schönke / Schröder / Stree,* § 56b Rdn. 11.

[35] Eine ähnliche, jedoch als Hauptstrafe verwendete Sanktion kennt das englische Recht in der „Community Service Order", eingeführt durch den Powers of Criminal Courts Act 1973; vgl. *Barbara Huber,* JZ 1980, 638ff.

[36] Die Bedenken hinsichtlich der Verfassungsmäßigkeit dieser Bestimmung (Bestimmtheitsgebot und Verbot der Zwangsarbeit) bei *Schönke / Schröder / Stree,* § 56b Rdn. 14ff.; *Blau,* Hilde Kaufmann-Gedächtnisschrift S. 206; *Mrozynski,* JR 1983, 400 werden von der h. L. zu Recht nicht geteilt; vgl. *Dreher / Tröndle,* § 56b Rdn. 8; *Lackner,* § 56b Anm. 3d; *Schmidhäuser,* Allg. Teil S. 822; *Maurach / Gössel / Zipf,* Allg. Teil II S. 590; zweifelnd *LK (Ruß)* § 56b Rdn. 13; *SK (Horn)* § 56b Anm. 12.

[37] Dazu *Mrozynski,* JR 1983, 397ff.

[38] Hierzu *Dreher / Tröndle,* § 56c Rdn. 2; *LK (Ruß)* § 56c Rdn. 3, 12; *Schönke / Schröder / Stree,* § 56c Rdn. 8; *SK (Horn)* § 56c Rdn. 4; *Riedl,* Die Auflagen und Weisungen S. 75ff.; vgl. ferner *Stree,* Deliktsfolgen und Grundgesetz S. 137.

I. Die Strafaussetzung zur Bewährung (§§ 56 ff.)

(OLG Nürnberg GA 1959, 317). Unzulässig ist die Ausweisung eines Ausländers (OLG Karlsruhe Die Justiz 1964, 90) oder die Anordnung, der Ausweisungsverfügung der Ausländerpolizei zu folgen (OLG Koblenz MDR 1985, 600).

Der **Katalog** im § 56c II nennt die wichtigsten Beispiele für zulässige Weisungen. Besondere Bedeutung für die Resozialisierung des Verurteilten haben Weisungen, die sich auf *Aufenthalt* (z.B. Wirtshausverbot, Ausgehverbot bei Nacht) (OLG Düsseldorf MDR 1984, 686), Ausbildung (Erlernen eines Berufs, Berufsfortbildung) (OLG Hamm NStZ 1985, 310), Arbeit (OLG Celle NJW 1971, 718: Anweisung zur Aufnahme abhängiger Arbeit zwecks Sicherung von Unterhaltspflichten), Freizeit (Verbot des Besuchs von Glücksspielhallen) und auf die Ordnung der wirtschaftlichen Verhältnisse beziehen (Aufstellung eines Einnahmen- und Ausgabenplans) (§ 56c II Nr. 1). Eine wichtige Ergänzung ist die *Meldepflicht*, die bei Personen mit unstetem Lebenswandel unentbehrlich ist (Nr. 2). Die *Umgangsbeschränkungen* dienen der Unterbrechung des Kontakts mit Personen, die für den Verurteilten als präsumtive Beteiligte oder Opfer einen Anreiz zu Straftaten bilden können (Nr. 3). Ein Verbot des Besitzes von *Waffen* und *Verbrechenswerkzeugen* aller Art ermöglicht die Nr. 4. Die Weisung, *Unterhaltspflichten* nachzukommen (Nr. 5), muß sich wiederum im Rahmen der gesetzlichen Unterhaltsregelung halten (OLG Schleswig NStZ 1985, 269). Nur *mit Einwilligung* des Betroffenen ist die Weisung zulässig, sich einer *Heilbehandlung* oder einer *Entziehungskur* zu unterziehen[39] bzw. in einem geeigneten Heim oder einer geeigneten Anstalt Aufenthalt zu nehmen, weil sonst jede Art von therapeutischer Einwirkung aussichtslos wäre (§ 56c III)[40]. § 56c IV ermöglicht auch bei den Weisungen die freiwillige Zusage des Verurteilten, die dem Zwang zur Resozialisierung in allen geeigneten Fällen vorzuziehen ist. Die Überwachung der Lebensführung des Verurteilten einschließlich der Erfüllung der Auflagen und Weisungen obliegt dem erkennenden Gericht, das auch das Amtsgericht des Wohnsitzes damit betrauen kann (§§ 453b, 453, 462a II StPO).

d) Das Kernstück der Weisungen ist die Unterstellung des Verurteilten unter die Aufsicht und Leitung eines **Bewährungshelfers**[41]. Das Strafgesetzbuch hat die auf die Bewährungshilfe bezüglichen Vorschriften verselbständigt und in § 56d zusammengefaßt. Die Anordnung von Bewährungshilfe ist immer dann geboten, wenn der Verurteilte des ständigen Anhalts an einen Betreuer und der laufenden Beratung und Stütze in den verschiedensten persönlichen, beruflichen, behördlichen und familiären Angelegenheiten bedarf. Indessen ist die Unterstellung unter den Bewährungshelfer auch der nachhaltigste Eingriff in die Lebensführung des Verurteilten und kommt deshalb nach dem Verhältnismäßigkeitsgrundsatz nur dann in Betracht, wenn schwächere Weisungen nicht ausreichen[42]. § 56d II sieht vor, daß Bewährungshilfe *in der*

---

[39] Vgl. *Hirschmann,* NJW 1961, 247; *Demski,* NJW 1958, 2100.

[40] Wegen der Übereinstimmung dieser Weisungen mit den Anordnungen nach §§ 63 und 64 fordert *Schönke / Schröder / Stree,* § 56c Rdn. 25 mit Recht, daß die Schranken dieser Bestimmungen hier entsprechend gelten müssen. Anders *LK (Ruß)* § 56c Rdn. 18, der aber immerhin annimmt, daß eine Heilbehandlung nicht länger dauern darf, als der Verurteilte einverstanden ist.

[41] Zur Entwicklung der Bewährungshilfe *Damian,* BewH 1982, 199 ff.; zur Bewährungshilfe im Ursprungsland England *Dora v. Caemmerer,* Probation, 1952. Über die Zusammenarbeit zwischen Bewährungshelfer und Proband *Hesener,* Die Arbeitsbeziehung S. 257 ff. Zur Entstehung der Vorschrift *Lackner,* JR 1953, 428 ff.; zur Rechtsnatur der Bewährungshilfe *Würtenberger,* MDR 1955, 9. Über Modelle der Bewährungshilfe und ihre Effizienz *Dünkel,* in: *Dünkel / Spieß* (Hrsg.), Alternativen zur Freiheitsstrafe S. 446 ff.; *Heinz,* BewH 1982, 154 ff. Die Landesgesetze über den Bewährungsdienst sind bei *Dreher / Tröndle,* § 56d Rdn. 2 zusammengestellt; der Bewährungsdienst für Erwachsene ist außer in Hamburg in die Justiz eingegliedert.

[42] Vgl. BT-Drucksache V/4094 S. 12; *Lackner,* § 56d Anm. 1b; *Sturm,* JZ 1970, 86.

Regel angeordnet wird, wenn eine Strafe von mehr als neun Monaten ausgesetzt wird und der Verurteilte noch nicht 27 Jahre alt ist, weil bei einer erheblichen Straftat in dieser Altersgruppe eine besonders wirksame Lebenshilfe geboten erscheint. Der Bewährungshelfer wird durch das Gericht bestellt und untersteht dessen Anweisungen (§ 56d IV), sein Auftrag gilt für die ganze Dauer der Bewährungszeit oder nur für einen Teil derselben (§ 56d I). Die Aufgabe des Bewährungshelfers ist Hilfe und Betreuung durch Rat und Tat (insbesondere bei der Bereitstellung von Arbeitsplatz und Unterkunft), Kontrolle der Auflagen und Weisungen im Einvernehmen mit dem Gericht (§ 453 StPO), regelmäßige Berichterstattung und bei gröblichen oder beharrlichen Verstößen gegen Auflagen und Weisungen eine Meldung an das Gericht (§ 56d III)[43].

e) Das Gericht kann Entscheidungen über Auflagen, Weisungen und Bewährungshilfe (§§ 56b - d) auch nachträglich, d. h. nach dem Beschluß gemäß § 268a StPO und bis zum Ende der Bewährungszeit treffen, ändern oder aufheben, wodurch die bestmögliche Anpassung der begleitenden Anordnungen an die Entwicklung des Verurteilten eröffnet wird (§ 56e)[44]. Die Verlängerung der Bewährungszeit regelt § 56a II 2 (OLG Frankfurt NJW 1975, 270; OLG Schleswig NStZ 1986, 363). Nachträgliche Entscheidungen setzen freilich voraus, daß nach dem Aussetzungsbeschluß neue, damals noch unbekannte Umstände hervorgetreten sind (OLG Stuttgart NJW 1969, 1220). Das Verfahren bestimmt sich nach § 453 StPO, die Zuständigkeit nach § 462a StPO.

6. Wenn sich der Verurteilte nicht bewährt, **widerruft** das Gericht die Strafaussetzung (§ 56f)[45]. Das Verfahren ergibt sich ebenfalls aus § 453 StPO, zuständig ist das Gericht des ersten Rechtszuges (§ 462a II StPO)[46]. Die Widerrufsgründe sind nicht dem Ermessen des Gerichts überlassen, sondern in § 56f I Nr. 1 - 3 abschließend geregelt; im Zweifel ist zugunsten des Verurteilten zu entscheiden[47]. Es muß sich stets um ein Verhalten während der Bewährungszeit handeln (OLG Stuttgart Die Justiz 1972, 318)[48]. In Betracht kommt vor allem die Begehung einer Straftat in der Bewährungszeit oder zwischen der Entscheidung über die Strafaussetzung und deren Rechtskraft (Nr. 1), da die Prognose nach § 56 I darauf abgestellt ist, daß der Verurteilte keine Straftaten mehr begehen wird (OLG Hamm NJW 1973, 911), jedoch braucht eine rechtskräftige Verurteilung nicht vorzuliegen (BGH MDR 1987, 160; OLG Stuttgart NJW 1976, 200)[49]. Ein weiterer Widerrufsgrund ist der gröbliche oder beharrliche Verstoß gegen Weisungen (Nr. 2)[50]. Dies erklärt sich daraus, daß die Erfüllung der begleitenden Anordnungen der Strafaussetzung zu den wichtigsten

---

[43] Vgl. *Kunert,* MDR 1969, 712; *LK (Ruß)* § 56d Rdn. 5.

[44] Mit Recht verneint aber *Schönke / Schröder / Stree,* § 56e Rdn. 3 die Befugnis des Gerichts, Auflagen nachträglich zu verschärfen, da das Genugtuungsbedürfnis im Zeitpunkt der Aussetzung abschließend beurteilt werden muß, mit Einschränkungen auch *SK (Horn)* § 56e Rdn. 3. Anders OLG Hamburg MDR 1980, 598; *Dreher / Tröndle,* § 56e Rdn. 1; *LK (Ruß)* § 56e Rdn. 4; *Lackner,* § 56e Anm. 1b. Einen Verstoß gegen das Verbot der reformatio in peius verneint auch BGH JZ 1982, 514. Eine Änderung der Entscheidung zuungunsten des Verurteilten kommt jedoch bei der Schadenswiedergutmachung in Betracht, weil sich der Schaden oft erst später endgültig beurteilen läßt; vgl. *LK (Ruß)* § 56e Rdn. 4; *SK (Horn)* § 56e Rdn. 4.

[45] Die Strafaussetzung muß in annähernd 35 % der Fälle widerrufen werden; vgl. dazu *Kaiser,* Kriminologie S. 301; *Heinz,* ZStW 94 (1982) S. 653; BT-Drucksache 10/5828 S. 3.

[46] Vgl. näher *Hanack,* JZ 1966, 43ff.; *LK (Ruß)* § 56f Rdn. 13f.

[47] So *LK (Ruß)* § 56f Rdn. 2; *Schönke / Schröder / Stree,* § 56f Rdn. 2; *Terhorst,* MDR 1978, 977.

[48] Über die Mängel dieser Regelung *Dreher / Tröndle,* § 56f Rdn 1. Dazu OLG Zweibrücken MDR 1976, 333 und OLG Stuttgart Die Justiz 1972, 330.

[49] Anders im Hinblick auf die Unschuldsvermutung des Art. 6 II MRK *Mrozynski,* JZ 1978, 258; *Vogler,* Kleinknecht-Festschrift S. 436ff.

[50] Vgl. dazu *Kratzsch,* JR 1972, 369ff.

Pflichten des Verurteilten während der Bewährungszeit gehört. Im Zusammenhang damit steht der Widerrufsgrund, daß sich der Verurteilte der Aufsicht und Leitung des Bewährungshelfers beharrlich entzieht und dadurch Anlaß zu der Besorgnis gibt, daß er erneut Straftaten begehen wird (Nr. 2). Die dritte Möglichkeit ist, daß der Verurteilte gegen Auflagen gröblich oder beharrlich verstößt (Nr. 3). Die Widerrufsgründe sind nicht formal zu verstehen, sondern als Anzeichen des Versagens des Verurteilten in der Bewährungszeit. Dieser muß durch sein Verhalten gezeigt haben, daß die Erwartung, die der Strafaussetzung zugrunde lag, sich nicht erfüllt hat[51]. Das Gericht hat darüber hinaus die weitreichende Befugnis, auch bei Nichtbewährung vom Widerruf abzusehen, wenn zunächst eine Verlängerung der Bewährungsfrist, auch nach Ablauf der Bewährungszeit und unter Überschreiten ihres gesetzlichen Höchstmaßes, oder weitere Auflagen und Weisungen oder die Unterstellung unter einen Bewährungshelfer ausreichend erscheinen (§ 56f II) (OLG Karlsruhe Die Justiz 1980, 446)[52].

Der Widerruf ist möglich von der Rechtskraft der Aussetzung bis zum Straferlaß nach § 56g und kann auch auf eine Straftat gestützt werden, die der Verurteilte zwischen der Entscheidung über die Strafaussetzung und deren Rechtskraft begangen hat (§ 56f I 2). Auch nach Ablauf der Bewährungszeit kann der Widerruf noch ausgesprochen werden, doch wird man in entsprechender Anwendung des § 56g II 2 verlangen müssen, daß die Entscheidung binnen Jahresfrist ergeht, da diese Bestimmung zeigt, daß der Verurteilte nach dem Willen des Gesetzgebers in angemessener Zeit über sein Schicksal Gewißheit erhalten soll[53]. Leistungen, die der Verurteilte zur Erfüllung von Bedingungen der Strafaussetzung erbracht hat, werden grundsätzlich nicht erstattet (§ 56f III 1). Doch kann das Gericht nach Satz 2 die Zahlung eines Geldbetrags und andere gemeinnützige Leistungen auf die zu vollstreckende Freiheitsstrafe anrechnen und wird das in der Regel tun, weil die Genugtuungsfunktion nunmehr wieder voll von der Strafe übernommen wird[54]. Bei Wegfall einer bewilligten Strafaussetzung wegen nachträglicher Bildung einer Gesamtstrafe (§§ 55 I, 58 I, II 2) *muß* die Anrechnung in aller Regel erfolgen (BGH 33, 326).

7. Wenn kein Widerruf erfolgt und somit von der Bewährung des Verurteilten auszugehen ist, **erläßt das Gericht die Strafe** nach Ablauf der Bewährungszeit (§ 56g I 1). Der Erlaß wird nach § 12 I Nr. 3 BZRG in das Zentralregister eingetragen. Drei Jahre nach dem Urteil werden Verurteilungen zu Freiheitsstrafe bis zu einem Jahr nicht mehr in das Führungszeugnis aufgenommen, wenn die Aussetzung nicht widerrufen worden und im Register keine weitere Freiheitsstrafe eingetragen ist (§ 34 I Nr. 1b BZRG) (vgl. unten § 87 III 1b). Der Erlaß beseitigt also nicht die Vorstrafe, sondern hat nur zur Folge, daß die Vollstreckung endgültig unterbleibt[55]. Über den Erlaß sollte möglichst bald nach dem Ablauf der Bewährungszeit entschieden werden, weil jede unnötige Verzögerung den Grundsätzen des Rechtsstaats widerspricht[56].

§ 56g II gibt dem Gericht die Möglichkeit des Widerrufs des Straferlasses, wenn der Verurteilte wegen einer in der Bewährungszeit begangenen vorsätzlichen Straftat zu Freiheitsstrafe

---

[51] Vgl. *Maurach / Gössel / Zipf*, Allg. Teil II S. 593; *Sturm*, JZ 1970, 86.
[52] Vgl. *Lackner*, § 56f Anm. 3a; *Frank*, MDR 1982, 358f.
[53] So *Schönke / Schröder / Stree*, § 56f Rdn. 13. Rechtsprechung und h. L. stellen dagegen ohne konkrete Fristbindung lediglich auf den Vertrauensschutz für den Betroffenen ab (OLG Stuttgart MDR 1982, 949; OLG Düsseldorf GA 1983, 87; OLG Hamm NStZ 1984, 362; OLG Koblenz MDR 1985, 70). Ebenso *LK (Ruß)* § 56f Rdn. 12; *Frank*, MDR 1982, 360. Zur Kritik *Horn*, Hilde Kaufmann-Gedächtnisschrift S. 545ff. (Lösungsvorschlag S. 554f.).
[54] Übereinstimmend *LK (Ruß)* § 56f Rdn. 15; *Schönke / Schröder / Stree*, § 56f Rdn. 19; *SK (Horn)* § 56f Rdn. 39.
[55] Nicht zu Unrecht spricht *Schmidhäuser*, Allg. Teil S. 809 von einer durch das Gericht verfügten *materiellen* Straflosigkeit in zwei Stufen.
[56] Vgl. *Horn*, Hilde Kaufmann-Gedächtnisschrift S. 554f.; *Lackner*, § 56g Anm. 1; *Sturm*, JZ 1970, 87.

von mindestens sechs Monaten verurteilt wird. Der Widerruf steht im Ermessen des Gerichts, damit Tat und Täter individuell berücksichtigt werden können. Die Entscheidung muß jedoch innerhalb eines Jahres nach Ablauf der Bewährungszeit und innerhalb von sechs Monaten nach Rechtskraft der neuen Verurteilung erfolgen.

II. Die Aussetzung des Strafrestes zur Bewährung (§ 57)

1. Eine bedingte Entlassung des zu längerer Zuchthaus- oder Gefängnisstrafe Verurteilten nach Verbüßung von drei Vierteln, mindestens aber einem Jahr der Strafe kannte schon das *RStGB von 1871* in den §§ 23 - 26 a. F. Die Zuständigkeit lag jedoch damals beim Justizministerium, nicht beim Richter. Die bedingte Entlassung als richterliche Maßnahme ist erst durch das 3. StÄG vom 4. 8. 1953 eingeführt worden (§ 26 a. F.). Sie ist durch die Reform von 1975 unter der Bezeichnung „Aussetzung des Strafrestes" wesentlich erweitert und durch das 23. StÄG vom 13. 4. 1986 nochmals ausgedehnt worden. Die *Ersatzfreiheitsstrafe* wurde nicht einbezogen[57], ihre Aussetzung ist nach überwiegender Rechtsprechung nicht zulässig[58]. Die Frage sollte durch den Gesetzgeber im positiven Sinne entschieden werden, da kein Grund besteht, den Geldstrafenschuldner schlechter zu stellen als den zu Freiheitsstrafe Verurteilten.

2. Die Aussetzung des Strafrestes hat den **Zweck**, die Dauer des Strafvollzugs der Entwicklung des Täters in der Anstalt anzupassen und ihn zugleich zu bewegen, sein Schicksal während des Vollzugs durch positive Anstrengungen selbst zu gestalten (vgl. auch § 4 I 1 StVollzG). Außerdem soll der Verurteilte dazu angespornt werden, sich nach der Entlassung durch Bewährung in der Freiheit den Erlaß des Strafrestes zu verdienen. Geeignete Auflagen und Weisungen, insbesondere die Bewährungshilfe sollen die Wiedereingliederung des Entlassenen in die Gemeinschaft erleichtern. Die Aussetzung des Strafrestes ist eine *Strafvollstreckungsmaßnahme*[59], über die die Strafvollstreckungskammer zu entscheiden hat (§§ 454, 462a I StPO)[60]. Dagegen handelt es sich nicht um eine nachträgliche Modifikation des Strafausspruchs.

3. Die Aussetzung des Strafrestes bei **zeitigen Freiheitsstrafen**[61] ist in **zwei Stufen** aufgebaut. Die Aussetzung ist, wenn *zwei Drittel* der verhängten Strafe, mindestens jedoch zwei Monate verbüßt sind, *obligatorisch* (§ 57 I). Sie setzt die günstige Täterprognose und die Einwilligung des Verurteilten voraus[62]. Die Prognosevorschrift (Nr. 2) ist rein spezialpräventiv zu verstehen, sie setzt nicht wie § 56 I die Wahrscheinlichkeit künftig straffreier Führung voraus. Sie bringt durch ihre Fassung zum Ausdruck, daß das Gericht ein vertretbares Risiko verantworten soll[63]. Das Gericht berücksichtigt bei der Prognose dieselben bzw. die entsprechenden Faktoren wie bei der Strafaussetzung nach § 56 I 2. Hinzu kommt als wichtiges Kriterium das Verhal-

---

[57] Kritisch *Weber*, Schröder-Gedächtnisschrift S. 180 ff.; *Frank*, NJW 1978, 141 ff.; *Dölling*, NStZ 1981, 86 ff.

[58] So z. B. OLG Celle MDR 1977, 65; OLG Düsseldorf NJW 1980, 250; OLG Karlsruhe Die Justiz 1978, 146; OLG Stuttgart MDR 1986, 1043. Ebenso *Lackner*, § 57 Anm. 1; *LK (Ruß)* § 57 Rdn. 3; *SK (Horn)* § 57 Rdn. 3. Für Anwendung des § 57 auf die Ersatzfreiheitsstrafe aber *Dreher / Tröndle*, § 57 Rdn. 2a; *Blei*, JA 1972, 83; *Maurach / Gössel / Zipf*, Allg. Teil II S. 598; *Preisendanz*, § 57 Anm. 2c.

[59] So zu Recht *Dreher / Tröndle*, § 57 Rdn. 1; *Eisel*, Stv 1986, 313; *LK (Ruß)* § 57 Rdn. 1; *Schönke / Schröder / Stree*, § 57 Rdn. 2.

[60] Auch hier gibt es die entsprechende Maßnahme als Gnadenakt nach § 20 S. 2 der Gnadenordnung vom 6. 2. 1935 und nach den Gnadenbestimmungen der Länder (vgl. unten § 88 II 1).

[61] Zur Aussetzung des Strafrestes bei lebenslanger Freiheitsstrafe vgl. oben § 72 I 3.

[62] Zur Verweigerung der Einwilligung *Böhm / Erhard*, MschrKrim 1984, 376 f.

[63] BVerfGE 70, 297; KG JA 1986, 457; OLG Karlsruhe Die Justiz 1982, 437; OLG Köln MDR 1973, 861. Ebenso *Lackner*, § 57 Anm. 2b bb; *LK (Ruß)* § 57 Rdn. 10; *Mrozynski*, JR 1983, 136; *SK (Horn)* § 57 Rdn. 9.

ten des Verurteilten im Vollzug⁶⁴. *Fakultativ* ist die Aussetzung des Strafrestes, wenn der Täter *die Hälfte* einer zeitigen Freiheitsstrafe, mindestens jedoch sechs Monate, verbüßt hat. Zwei Fälle sind hier zu unterscheiden. Neu eingeführt durch das 23. StÄG vom 13. 4. 1986 wurde in § 56 II Nr. 1 die Halbzeitentlassung bei entsprechender Sozialprognose für Erstverbüßer, wenn die Freiheitsstrafe zwei Jahre nicht übersteigt, „da der erste Freiheitsentzug in aller Regel am spürbarsten empfunden wird" (BT-Drucksache 10/2720 S. 11)⁶⁵. Die Aussetzung des Strafrestes ist zweitens nach § 57 II Nr. 2 dann möglich, wenn „die Gesamtwürdigung von Tat, Persönlichkeit des Verurteilten und seiner Entwicklung während des Strafvollzugs ergibt, daß besondere Umstände vorliegen". Entsprechend der Aussetzungsmöglichkeit bei längeren Freiheitsstrafen nach § 56 II (vgl. oben § 79 I 4 c) wird man auch hier annehmen können, daß es sich nicht um eine Ausnahmevorschrift, sondern um die Berücksichtigung von Fällen handelt, die über den Durchschnitt erheblich herausragen (OLG Stuttgart Stv 1985, 831). Der Gesichtspunkt der Generalprävention ist bei der Entscheidung nach § 57 II zu berücksichtigen (OLG Frankfurt MDR 1980, 597). Angerechnete Untersuchungshaft und die Anrechnung von Leistungen des Verurteilten (§ 56 f III 2) gelten nach § 57 IV als verbüßte Strafe. Nach § 57 III sind die Bestimmungen über die Bewährungszeit, die Auflagen und Weisungen, die Bewährungshilfe, den Widerruf⁶⁶ und den Straferlaß (§§ 56 a bis 56 d) entsprechend anzuwenden⁶⁷. Die Bewährungszeit darf jedoch die Dauer des Strafrestes nicht unterschreiten. Um den großen Schwierigkeiten, denen sich der Verurteilte nach längerer Freiheitsentziehung in der Gesellschaft gegenübersieht, besser zu begegnen, erklärt § 57 III 2 die Bewährungshilfe zur Regel, wenn der Verurteilte mindestens ein Jahr verbüßt hat. Neu eingeführt durch das 23. StÄG vom 13. 4. 1986 wurde ferner eine erste Andeutung der Berücksichtigung des Opferinteresses durch § 57 V, der dem Gericht die Möglichkeit gibt, die Aussetzung des Strafrestes zu versagen, wenn der Verurteilte unzureichende oder falsche Angaben über den Verbleib der Beute macht (BT-Drucksache 10/2720 S. 11 f.). Sind mehrere selbständige Freiheitsstrafen zu vollstrecken, so wird jede Vollstreckung im Zeitpunkt der Aussetzungsfähigkeit der betreffenden Strafe unterbrochen und zum Schluß über die Aussetzung aller Strafreste gleichzeitig entschieden (§ 454 b StPO). Bei Straferlaß sind die Registerfolgen in § 34 I 1 b BZRG ebenso geregelt wie nach der Strafaussetzung zur Bewährung (vgl. unten § 87 III 1 b).

§ 80 Die Verwarnung mit Strafvorbehalt

Baumann, Über die Denaturierung eines Rechtsinstituts (§ 59 StGB), JZ 1980, 464; *Berz,* Anmerkung zu BayObLG vom 30. 9. 1975, MDR 1976, 332; *Cremer,* Erlebt die Verwarnung mit Strafvorbehalt eine (Re-)Naissance? NStZ 1982, 449; *Dencker,* Ein Plädoyer für § 59 StGB,

---

⁶⁴ Die maßgebenden Gründe für die Entscheidung der Strafvollstreckungskammer sind die Stellungnahmen der Justizvollzugsanstalt und der Staatsanwaltschaft, die Anzahl, Art und Höhe der Vorstrafen und der persönliche Eindruck des Verurteilten bei der Anhörung (§ 454 I 3 StPO); vgl. *Aufsattler* u. a., MschrKrim 1982, 305 ff.; *Dünkel / Ganz,* MschrKrim 1985, 157 ff.; *Eisenberg / Ohder,* Aussetzung des Strafrestes S. 44 ff. Über die günstigere Rückfallquote der bedingt Entlassenen, insbesondere bei Bewährungsaufsicht, im Verhältnis zu den Vollverbüßern *Dünkel,* MschrKrim 1981, 292. Aussetzung in allen Zweifelsfällen befürwortet *Frisch,* Prognoseentscheidungen S. 142 ff.

⁶⁵ Zustimmend *Maatz,* MDR 1985, 802 f.

⁶⁶ Über prognoserelevante Merkmale sowie über Merkmale, bei denen der Widerruf mit hoher Wahrscheinlichkeit zu erwarten ist, *Stöckel,* Strafaussetzung S. 48 ff. bzw. 66 ff. Erneute Aussetzung nach früherem Widerruf ist zulässig (OLG Stuttgart MDR 1983, 150).

⁶⁷ Vgl. *Oske,* MDR 1970, 861; *Dreher / Tröndle,* § 57 Rdn. 10; *H. W. Schmidt,* MDR 1961, 195.

StV 1986, 399; *Dreher,* Die Verwarnung mit Strafvorbehalt, Festschrift für R. Maurach, 1972, S. 275; *Grau,* Verwarnung mit Strafvorbehalt, in: *Gürtner* (Hrsg.), Das kommende deutsche Strafrecht, 2. Aufl. 1935, S. 183; *Grünwald,* Das Rechtsfolgensystem des AE, ZStW 80 (1968) S. 89; *derselbe,* Offene Fragen im System der Hauptstrafen, Festschrift für F. Schaffstein, 1975, S. 219; *Horn,* Ist die Verwarnung mit Strafvorbehalt noch zu retten? NJW 1980, 106; *Jescheck,* Die kriminalpolitische Konzeption des AE, ZStW 80 (1968) S. 54; *Jung,* Fortentwicklung des strafrechtlichen Sanktionssystems, JuS 1986, 741; *Legat,* Kann und soll der Anwendungsbereich der Verwarnung mit Strafvorbehalt erweitert werden? DAR 1985, 105; *Peters,* Verwarnung mit Strafvorbehalt, DStr 1934, 310; *Rezbach,* Die Verwarnung unter Strafvorbehalt, 1970; *Rüth,* Änderungen auf dem Gebiet des Straf- und Ordnungswidrigkeitenrechts, DAR 1975, 1; *Schöch,* Anmerkung zu OLG Düsseldorf vom 15. 5. 1984, JR 1985, 378; *Schreiber,* Besondere Umstände in der Tat usw., Festschrift für F. Schaffstein, 1975, S. 276; *Zipf,* Die Rechtsfolgen der Tat im neuen StGB, JuS 1974, 137; *derselbe,* Anmerkung zu BayObLG vom 4. 11. 1975, JR 1976, 512.

I. Die Vorgeschichte der Einführung der Verwarnung mit Strafvorbehalt

1. Die Verwarnung mit Strafvorbehalt war schon in den §§ 60 - 63 des E 1936 enthalten[1]. Sie sollte zulässig sein, wenn der Täter Freiheitsstrafe bis zu einem Monat oder Geldstrafe bis zu 90 Tagessätzen verwirkt hatte, und war damals als einzige spezialpräventive Milderungsmöglichkeit in der Hand des Richters vorgesehen, während die Strafaussetzung zur Bewährung nicht aufgenommen wurde. In der **Großen Strafrechtskommission** wurde der kriminalpolitische Gedanke der Verwarnung aufgegriffen[2] und eingehend erörtert[3], aber aus verschiedenen Gründen abgelehnt (E 1962 Begründung S. 196)[4].

2. Dagegen wollte der **Alternativ-Entwurf** die Verwarnung mit Strafvorbehalt auf breitester Grundlage „als die erste Stufe strafrechtlicher Reaktion im Bereiche der sogenannten Massenkriminalität gegenüber Ersttätern" einführen (AE Begründung S. 113) und in diesem Bereich die vom Richter wirklich zu verhängende Strafe dem Rückfall vorbehalten. Die Verwarnung sollte deshalb immer dann zulässig sein, wenn der Täter bei günstiger Sozialprognose erstmals Freiheitsstrafe bis zu einem Jahr oder entsprechende Geldstrafe verwirkt hatte[5].

3. Der **Sonderausschuß des Bundestages** für die Strafrechtsreform hat die Verwarnung mit Strafvorbehalt wieder aufgenommen, aber betont als Ausnahmeregelung ausgestaltet[6], wie an der eng gefaßten Würdigkeitsklausel des § 59 I Nr. 2 und an der generalpräventiven Einschränkung des § 59 II zu erkennen ist (BT-Drucksache V/ 4095 S. 24). Auch die Rechtsprechung verstand die Verwarnung bisher als Ausnahme (BGH GA 1978, 207; BayObLG JR 1976, 511 m. zust. Anm. *Zipf;* OLG Düsseldorf GA 1985, 273 m. w. Nachw.; dagegen aber OLG Zweibrücken VRS 66, 196 und 198) und machte deswegen kaum Gebrauch von der neuen Sanktionsart (vgl. aber BGH *Dallinger* MDR 1976, 14). Diese Zurückhaltung ist verständlich, denn die Verwarnung mit Strafvorbehalt ist die bisher „bedeutendste Konzession an die Spezialprävention auf Kosten des Schuldprinzips"[7]. Unterdessen ist die Würdigkeitsklausel des

---

[1] Vgl. dazu *Peters,* DStr 1934, 310ff.; *Grau,* in: *Gürtner* (Hrsg.), Das kommende deutsche Strafrecht S. 183 ff. (beide mit rechtsvergleichenden Hinweisen).

[2] Vgl. *Welzel,* Niederschriften Bd. I S. 103 ff.

[3] Vgl. die Fundstellen bei *Dreher / Tröndle,* Vorbem. 2 vor § 59.

[4] Vgl. Niederschriften Bd. I S. 311.

[5] Eine eingehende Darstellung und Begründung gibt *Rezbach,* Die Verwarnung unter Strafvorbehalt, 1970. Zur Kritik vgl. *Dreher,* Maurach-Festschrift S. 179ff.; *Grünwald,* ZStW 80 (1968) S. 111; *Jescheck,* ZStW 80 (1968) S. 72f.; *Lackner,* Vorbem. 1 vor § 59.

[6] Vgl. zu den Beratungen im Sonderausschuß *Dreher,* Maurach-Festschrift S. 277f.

[7] So *Bockelmann / Volk,* Allg. Teil S. 275. Auch die französische Praxis hat die der Verwarnung entsprechende, durch Gesetz vom 11. 7. 1975 neu eingeführte Sanktion des „ajournement du prononcé de la peine" (Art. 469 - 3 C. p. p.) vorläufig nicht angenommen, offenbar weil der Verzicht auf alsbaldigen Strafausspruch und die Aussetzung des Verfahrens zur Bewährung als

§ 59 I Nr. 2 durch das 23. StÄG vom 13.4.1986 ausgedehnt und der Neufassung der §§ 56 II, 57 II Nr. 2 angepaßt worden. Dies ist als Hinweis des Gesetzgebers zu verstehen, der die Praxis veranlassen möchte, von der sanktionspolitischen Möglichkeit des § 59, die zwischen der Strafaussetzung nach § 56 und der vorläufigen Einstellung nach § 153 a StPO liegt, häufiger Gebrauch zu machen[8].

II. Wesen und Rechtsnatur der Verwarnung

1. Die Verwarnung mit Strafvorbehalt **bedeutet**, daß die Schuld des Täters durch den Schuldspruch festgestellt und die verwirkte Strafe im Urteil bestimmt, ihre Verhängung aber ausgesetzt wird und der Täter eine Verwarnung erhält (§ 59 I). Sie ist damit nach dem Absehen von Strafe (§ 60) (vgl. unten § 81 II) die mildeste Sanktion des geltenden Rechts. Ihr sanktionierender Charakter kommt in dem die Tat feststellenden Schuldspruch, in der Bestimmung einer Unrecht und Schuld entsprechenden Strafe und in der Verwarnung zum Ausdruck. Verstärkt wird diese Seite der Reaktion durch die Möglichkeit, Auflagen zu erteilen (§ 59a II), die ebenso wie bei der Strafaussetzung zur Bewährung (vgl. oben § 79 I 5 b) der Genugtuung wegen des begangenen Unrechts dienen. Die spezialpräventive Seite der Verwarnung besteht in der Verschonung des Täters mit dem Strafmakel und der Auferlegung einer Bewährungszeit (§ 59a I)[9]. Die Verwarnung hat eine Doppelstellung; sie dient außer dem Tadel wegen der begangenen Tat auch der Verhütung künftiger Straftaten. Die spezialpräventive Zielsetzung wurde dadurch verstärkt, daß das 23. StÄG vom 13.4.1986 als Weisungen die Erfüllung von Unterhaltspflichten sowie die ambulante Heilbehandlung oder Entziehungskur eingeführt hat (§ 59a III), was vor allem bei Drogenabhängigen in Betracht kommt.

2. Daraus ergibt sich für die Rechtsnatur der Verwarnung, daß sie keine Strafe und auch keine Maßregel ist, sondern eine **kriminalrechtliche Sanktion strafähnlicher Art**, indem nämlich Schuld und Strafe festgestellt werden und die öffentliche Mißbilligung der Tat in der Verwarnung Ausdruck findet, während der Ausspruch der Strafe noch offen bleibt[10].

---

zu weitgehende Milderung des Strafrechts empfunden wird. In der Bundesrepublik hat jedoch die Zahl der Verwarnungen immerhin von 956 im Jahre 1975 auf 2143 im Jahre 1983 zugenommen; vgl. *Schöch*, JR 1985, 378.

[8] So *Jung*, JuS 1986, 745; im gleichen Sinne schon zum früheren Recht *Horn*, NJW 1980, 106 f.; *Baumann*, JZ 1980, 464 ff.; *Legat*, DAR 1985, 110; *Dencker*, Stv 1986, 402 ff. Dagegen hält *Cremer*, NStZ 1982, 453 die Verwarnung mit Strafvorbehalt für entbehrlich.

[9] Im ausländischen Recht entspricht der Verwarnung mit Strafvorbehalt der *französische* Aufschub des Strafausspruchs nach Art. 469-3 C. p. p. (vgl. oben Fußnote 7) und die nach *englischem* Common law zulässige Anordnung des „binding over in a fixed sum". Eine ähnliche Struktur hat im Strafrecht der *DDR* die Verurteilung auf Bewährung (§ 33 StGB), vorbehalten bleibt hier jedoch eine Freiheitsstrafe zwischen drei Monaten und zwei Jahren; in ihrer Funktion entspricht die Verurteilung auf Bewährung also mehr der englischen „probation". Der *schweiz.* Vorentwurf Art. 59 enthält das „Aussetzen des Entscheides" bei verwirkter Freiheitsstrafe bis zu einem Jahr.

[10] Die Rechtsnatur der Verwarnung mit Strafvorbehalt wird verschieden bestimmt; vgl. *Dreher / Tröndle*, Vorbem. 3 vor § 59 und *Dreher*, Maurach-Festschrift S. 294 („strafrechtliches Reaktionsmittel eigener Art mit maßnahmeähnlichem Charakter"); *Lackner*, § 59 Anm. 2 („mit den Zuchtmitteln des JGG vergleichbar"); *Maurach / Gössel / Zipf*, Allg. Teil II S. 601 („Ergänzung zu der auf Freiheitsstrafen beschränkten Strafaussetzung"); *Schönke / Schröder / Stree*, § 59 Rdn. 3 („Rechtsinstitut eigener Art"); *Schmidhäuser*, Allg. Teil S. 812 („Rechtsinstitut zwischen Strafaussetzung und Absehen von Strafe"); *SK (Horn)* § 59 Rdn. 2 („größte Verwandtschaft mit der dritten Spur").

3. Die Verwarnung mit Strafvorbehalt hat viel **Kritik** gefunden, aber zu Unrecht. Der Gesetzgeber hat diese neue Sanktion nicht „verfälscht und verwässert"[11], sondern innerhalb der Skala der Sanktionen im Rahmen seines Ermessens als Ausnahme konzipiert. Auch das Schuldprinzip selbst wird nicht eigentlich verletzt[12], da die Strafe aufgrund des Schuldspruchs bestimmt und das Ausbleiben ihrer Verhängung davon abhängig gemacht wird, daß Unrecht und Schuld gegenüber vergleichbaren Fällen deutlich gemindert sind. Das Gefälle zum OWiG, das die Verwarnung nicht kennt[13], kann durch Geldauflagen nach §§ 59a II, 56b II Nr. 2 ausgeglichen werden. Eine Abschwächung der generalpräventiven Wirkung der Geldstrafe[14] ist nicht zu befürchten, da es sich immer um Fälle handeln muß, die sich vom Durchschnitt eindeutig abheben. Mit der Strafaussetzung zur Bewährung ist jede Überschneidung vermieden. Fälle des § 59 werden zwar meist auch nach §§ 153, 153a StPO zu erledigen sein (vgl. unten § 81 I 4), aber es ist legitim, auch dem Richter im unteren Bereich ein eigenes Sanktionsmittel an die Hand zu geben, bei dem er nicht von der Zustimmung der Staatsanwaltschaft abhängig ist. Der Strafmakel könnte zwar auch dadurch abgemildert werden, daß die Bestimmung über die nicht in das Führungszeugnis aufzunehmenden Geldstrafen von 90 auf 180 Tagessätze erweitert würde (§ 32 II Nr. 5a BZRG), aber es macht immer noch einen erheblichen Unterschied, ob die Strafe verhängt wird und nur nicht ins Führungszeugnis gelangt, oder ob sie gar nicht ausgesprochen wird.

III. Die Voraussetzungen der Verwarnung

1. Die Strafe, die der Täter verwirkt hat, kann nur eine **Geldstrafe bis zu 180 Tagessätzen** sein (BayObLG NJW 1976, 301 m. zust. Anm. *Berz*, MDR 1976, 332; NStZ 1982, 258)[15]. Die Obergrenze ist auch für eine Gesamtgeldstrafe maßgebend (§§ 59c I, 53 I). Daß auf die Geldstrafe nach § 51 I Untersuchungshaft anzurechnen ist, steht dem Ausspruch der Verwarnung mit Strafvorbehalt nicht entgegen[16]. Neben der Verwarnung kann ohne Vorbehalt auf Verfall, Einziehung oder Unbrauchbarmachung erkannt werden, auch wenn die Maßnahme im Einzelfall strafähnlichen Charakter hat (§ 59 III 1). Neben Maßregeln kommt Verwarnung dagegen nicht in Betracht (§ 59 III 2), weil der Täter nicht resozialisierungsbedürftig ist, was bei der Entziehung der Fahrerlaubnis nicht immer einleuchtet, da die mangelnde Eignung des Täters als Kraftfahrer der Annahme besonderer Umstände i. S. von § 59 I Nr. 2 nicht entgegenzustehen braucht.

2. Die Verwarnung setzt weiter eine **günstige Sozialprognose** voraus (§ 59 I Nr. 1). Es muß zu erwarten sein, daß der Täter auch ohne den Ausspruch der Strafe keine Straftaten mehr begehen wird, wobei der Eindruck der Verwarnung und die Wirkung von Auflagen (§ 59a II) in Rechnung zu stellen sind. Im Unterschied zu § 56 I 2 gibt es hier noch eine formelle Ausschlußklausel: in der Regel ist die Verwarnung nämlich zu versagen, wenn der Täter während der letzten drei Jahre vor der Tat verwarnt oder zu Strafe verurteilt worden ist (§ 59 II).

3. Im Zentrum der Voraussetzungen der Verwarnung steht die **Würdigkeitsklausel** (§ 59 I Nr. 2), die die gesamte Regelung mit dem Schuldprinzip vereinbar macht. Eine Gesamtwürdigung von Tat und Täter muß besondere Umstände ergeben, die

---

[11] So *Baumann / Weber,* Allg. Teil S. 703.
[12] Bedenken in dieser Richtung bei *Bockelmann / Volk,* Allg. Teil S. 275; *Dreher,* Maurach-Festschrift S. 283; *Gallas,* Niederschriften Bd. III S. 127; *Preisendanz,* § 59 Anm. 1a.
[13] Hierauf weist *Zipf,* JuS 1974, 146 hin.
[14] So *Zipf,* in: *Roxin* u. a., Einführung S. 86.
[15] Vgl. *Dreher / Tröndle,* § 59 Rdn. 2a; *Lackner,* § 59 Anm 3; *LK (Ruß)* § 59 Rdn. 2; *SK (Horn)* § 59 Rdn. 18. Anders *Rüth,* DAR 1975, 3; *Schöch,* JR 1978, 74f., die auch ein Fahrverbot zulassen wollen, was sehr sinnvoll sein könnte.
[16] Allg. M.; vgl. *Dreher / Tröndle,* § 59 Rdn. 2a; *LK (Ruß)* § 59 Rdn. 2; *Lackner,* § 59 Anm. 3; *Schönke / Schröder / Stree,* § 59 Rdn. 6.

den Fall aus dem Rahmen vergleichbarer Fälle so deutlich herausheben, daß die Privilegierung angezeigt erscheint, vor allem auch im Hinblick auf schwere persönliche und berufliche Nachteile, die mit der Bestrafung für den Täter verbunden wären (BayObLG JR 1976, 511; OLG Hamm NJW 1976, 1221)[17]. Derartige Fälle gelangen zwar selten bis zur Hauptverhandlung, erfordern dann aber aus Gründen der Gerechtigkeit die milde Sanktion des § 59, falls das Verfahren nicht nach §§ 153 oder 153a StPO eingestellt wird (BGH *Dallinger* MDR 1976, 14: geringfügige sexuelle Entgleisung eines unbestraften, hochbegabten Lehrers gegenüber einer Schülerin; AG Landstuhl MDR 1976, 66: fahrlässige Tötung im Straßenverkehr bei geringem Eigenverschulden des Täters und schwerem Mitverschulden des Opfers; AG Alzey DAR 1975, 163: fahrlässige Tötung beim Eiltransport einer Blutkonserve durch einen Polizeibeamten; OLG Köln NStZ 1982, 333: Hausbesetzung).

4. Schließlich darf nicht die **Verteidigung der Rechtsordnung** die Verurteilung zu Strafe gebieten. Der Begriff entspricht dem in § 47 I (vgl. unten § 84 I 3c) und in § 56 III (vgl. oben § 79 I 4b), doch ist daran zu denken, daß es hier nicht um die Verhängung einer kurzfristigen Freiheitsstrafe und auch nicht um die Vollstreckung einer Freiheitsstrafe von mindestens sechs Monaten geht, sondern darum, ob der Ausspruch und die (dann unvermeidliche) Vollstreckung einer Geldstrafe bis zu 180 Tagessätzen notwendig erscheint, um die Rechtstreue der Bevölkerung und das Vertrauen in die Sicherheit der Strafrechtspflege nicht zu erschüttern. Das wird bei Verkehrsdelikten meistens der Fall sein (BayObLG JR 1976, 511; OLG Koblenz VRS 59, 203)[18].

IV. Die Entscheidung und ihre Durchführung

1. Liegen die Voraussetzungen des § 59 vor, so **kann** das Gericht eine Verwarnung mit Strafvorbehalt aussprechen. Man wird diese Regelung aber als zwingend zu verstehen haben, da alle denkbaren Ermessenskriterien schon bei den Voraussetzungen zu prüfen sind[19]. Das Gericht erläßt einen Schuldspruch, bestimmt die Geldstrafe, deren Verhängung vorbehalten bleibt, nach den Regeln des § 40 über die Verhängung der Geldstrafe in Tagessätzen und verwarnt den Täter. Alle diese Entscheidungen ergehen im Urteilsausspruch (§ 260 IV 3, 4 StPO) bzw. im Strafbefehl (§ 407 II Nr. 1 StPO)[20].

2. Das Gericht bestimmt ferner die Dauer der **Bewährungszeit,** die hier (anders als in § 56a II 2) wegen der viel leichteren Fälle zwischen einem Jahr und drei Jahren liegt (§ 59a I) und erteilt dem Täter gegebenenfalls **Auflagen,** für die die §§ 56b und 56e entsprechend gelten. In Betracht kommt neben der Schadenswiedergutmachung vor allem die Zahlung eines Geldbetrages (§ 56b II Nr. 2), um eine ungerechtfertigte Privilegierung des Verwarnten zu vermeiden. Auch das eigene Anerbieten des Verurteilten zu angemessenen Leistungen, die der Genugtuung für das begangene Unrecht die-

---

[17] So *Dreher,* Maurach-Festschrift S. 293; *Lackner,* § 59 Anm. 4b aa; *Schönke / Schröder / Stree,* § 59 Rdn. 11 ff. Kritisch dazu *Grünwald,* Schaffstein-Festschrift S. 237 ff. Bedenken wegen der Praktikabilität der Regelung auch bei *Schreiber,* Schaffstein-Festschrift S. 290 f. Zu weitgehend *SK (Horn)* § 59 Rdn. 11 (Anwendung auf alle Ersttäter im Bereich der Kleinkriminalität mit günstiger Sozialprognose).
[18] Vgl. dazu *Dreher / Tröndle,* § 59 Rdn. 5; *Schönke / Schröder / Stree,* § 59 Rdn. 15. Anders *LK (Ruß)* § 59 Rdn. 7.
[19] So *Dreher / Tröndle,* § 59 Rdn. 2; *Lackner,* 59 Anm. 6; *Rezbach,* Die Verwarnung S. 72; *SK (Horn)* § 59 Rdn. 14. Dagegen aber *LK (Ruß)* § 59 Rdn. 8; *Maurach / Gössel / Zipf,* Allg. Teil II S. 602.
[20] Zur Tenorierung vgl. *SK (Horn)* § 59 Rdn. 21.

nen (§ 56b III), sollte bei der Verwarnung in der Regel durch entsprechende richterliche Fragen herbeigeführt werden (§ 265a StPO). Hinzu treten gegebenenfalls die in § 59a III bezeichneten **Weisungen,** für die §§ 56c III, IV, 56e entsprechend gelten. Die Entscheidung über die Bewährungszeit und über Auflagen und Weisungen ergeht durch einen besonderen Beschluß, der mit dem Urteil verkündet wird (§ 268a I StPO) und selbständig durch Beschwerde anfechtbar ist (§ 305a StPO). Der Vorsitzende belehrt den Angeklagten über den Sinn der Bewährungszeit und der Auflagen und Weisungen (§ 268a III StPO), das Gericht überwacht die Lebensführung des Verurteilten, insbesondere die Erfüllung der Auflagen und Weisungen (§ 453b StPO).

3. Die Verwarnung mit Strafvorbehalt wird zwar in das **Zentralregister** eingetragen (§ 4 Nr. 3 BZRG), aber nicht in das Führungszeugnis aufgenommen (§ 32 II Nr. 1 BZRG).

V. Verurteilung zu der vorbehaltenen Strafe und Erledigung der Verwarnung

1. Das Gericht **verurteilt** den Verwarnten zu der **vorbehaltenen Strafe,** wenn die Voraussetzungen des § 56f I erfüllt sind (§ 59b I), d. h. wenn dieser durch eine Straftat während der Bewährungszeit die in ihn gesetzte Erwartung enttäuscht oder gegen Auflagen oder Weisungen gröblich oder beharrlich verstößt. Von einer Verlängerung der Bewährungszeit oder der Erteilung weiterer Auflagen oder Weisungen (§ 56f II) wird das Gericht in der Regel absehen, weil bei der Verwarnung an den Verurteilten während der Bewährungszeit wegen des hohen Vertrauensvorschusses strengere Anforderungen zu stellen sind als bei der Strafaussetzung[21]. Die Verurteilung wird durch das erkennende Gericht ohne mündliche Verhandlung nach Anhörung von Staatsanwaltschaft und Betroffenem durch Beschluß ausgesprochen (§§ 462a II, 453 StPO). Wird der Verwarnte nicht zu der vorbehaltenen Strafe verurteilt, so stellt das Gericht nach Ablauf der Bewährungszeit durch Beschluß (§ 453 StPO) fest, daß es bei der Verwarnung sein Bewenden hat (§ 59b II). Die Reaktion auf die Straftat ist damit erledigt.

2. Wird die vorbehaltene Strafe ausgesprochen, so wird die Entscheidung in das **Zentralregister** eingetragen (§ 12 II 1 BZRG). Wird festgestellt, daß es bei der Verwarnung bleibt, so wird die nach § 4 Nr. 3 BZRG erfolgte Eintragung aus dem Register entfernt (§ 12 II 2 BZRG), was nach § 51 I BZRG ein Verwertungsverbot zur Folge hat (BGH 28, 338 [340]).

§ 81 Absehen von Strafe und Straffreierklärung

Baumann, Die Beweislast bei § 199 StGB, NJW 1958, 452; *derselbe,* Zwei Jahre 1. StRG im Verkehrsstrafrecht, JR 1972, 60; *Beling,* Die geschichtliche Entwicklung der Retorsion und Kompensation usw., 1894; *Birkmeyer,* Das Absehen von Strafe nach dem Vorentwurf, 1910; *Cramer,* Das Strafensystem des StGB usw., JurA 1970, 183; *derselbe,* Ahndungsbedürfnis und staatlicher Sanktionsanspruch, Festschrift für R. Maurach, 1972, S. 487; *Dencker,* Strafrechtsreform im EG? JZ 1973, 144; *Dreher,* Die Behandlung der Bagatellkriminalität, Festschrift für H. Welzel, 1974, S. 917; *Eser,* Absehen von Strafe – Schuldspruch unter Strafverzicht, Festschrift für R. Maurach, 1972, S. 257; *Hartung,* Anmerkung zu BayObLG 1958, 244, NJW 1959, 640; *Hassemer,* Das Absehen von Strafe als kriminalpolitisches Instrument, Festschrift für W. Sarstedt, 1981, S. 65; *Heinitz,* Die Individualisierung der Strafen und Maßnahmen, 1960; *Horstkotte,* Die Vorschriften des 1. StRG über die Strafbemessung, JZ 1970, 122; *Jescheck,* Die

---

[21] So *Lackner,* § 59b Anm. 1; *LK (Ruß)* § 59b Rdn. 2; *Schönke / Schröder / Stree,* § 59b Rdn. 2. Anders *Dreher / Tröndle,* § 59b Rdn. 1; *SK (Horn)* § 59b Rdn. 4.

kriminalpolitische Konzeption des AE, ZStW 80 (1968) S. 54; *Kantorowicz,* Tat und Schuld, 1933; *Kern,* Grade der Rechtswidrigkeit, ZStW 64 (1952) S. 255; *derselbe,* Anmerkung zu BGH 10, 373, JZ 1958, 373; *Krümpelmann,* Die Bagatelldelikte, 1966; *Küper,* Die Grundlagen der Kompensation usw., JZ 1968, 651; *Küster,* Zum Wesen der strafrechtlichen Kompensation, NJW 1958, 1659; *Lange,* Die Systematik der Strafdrohungen, Materialien, Bd. I, S. 69; *Maiwald,* Das Absehen von Strafe nach § 16 StGB, ZStW 83 (1971) S. 663; *derselbe,* Anmerkung zu OLG Karlsruhe vom 7.3.1974, JZ 1974, 773; *Ministerium für Justiz Baden-Württemberg* (Hrsg.), Absprachen im Strafprozeß usw., 1987; *Müller-Dietz,* Absehen von Strafe usw., Festschrift für R. Lange, 1976, S. 303; *Nagler,* Die Strafe, 1918; *Naucke,* Der Begriff der „geringen Schuld" (§ 153 StPO) im Straftatsystem, Festschrift für R. Maurach, 1972, S. 197; *Reiff,* Vom Wesen und der Anwendung der Kompensation, NJW 1958, 982; *derselbe,* Weitere Gedanken zum Wesen der strafrechtlichen Kompensation, NJW 1959, 181; *G. Schmidt,* Schuldspruch und Rechtskraft, JZ 1966, 89; *Antje Schmitt,* Untersuchungen zu § 16 StGB, Diss. Freiburg 1974; *Schoetensack,* Retorsion, VDA, Bd. II, S. 397; *Schröder,* In welcher Weise empfiehlt es sich, die Grenzen des strafrichterlichen Ermessens im künftigen StGB zu regeln? Verhandlungen des 41. DJT, Bd. I, 1955, S. 57; *derselbe,* Die Koordinierung der Rücktrittsvorschriften, Festschrift für H. Mayer, 1966, S. 377; *Marlene Schroers,* Das Absehen von Strafe usw., Diss. Heidelberg 1975; *Schwarz,* Erwiderung von Beleidigungen (§ 199 StGB), NJW 1958, 10; *Stree,* In dubio pro reo, 1962; *Wagner,* Die selbständige Bedeutung des Schuldspruchs usw., GA 1972, 33; *Waiblinger,* Die Bedeutung der Schuldigerklärung im Strafprozeß, Festschrift für H. F. Pfenninger, 1956, S. 157; *v. Weber,* Das Absehen von Strafe, MDR 1956, 705; *Zickendraht-Wendelstadt,* Straffreierklärung und Absehen von Strafe, Diss. Hamburg 1973; *Zipf,* Die Rechtsfolgen der Tat im neuen StGB, JuS 1974, 137; *derselbe,* Anmerkung zu OLG Karlsruhe vom 7.3.1974, JR 1975, 162.

I. Das Absehen von Strafe in Bagatellfällen

1. **„Absehen von Strafe ist Schuldspruch ohne Strafausspruch"**[1]. Die Einrichtung des Absehens von Strafe war schon in den Entwürfen seit 1909 vorgesehen[2], sie wurde aber erst durch das Gesetz vom 28.6.1935 (RGBl. I S. 839) in das geltende Recht eingeführt (§ 175 II a.F.). Seither hat der Gesetzgeber in immer größerem Umfang von dieser Möglichkeit der Individualisierung der Strafsanktion Gebrauch gemacht[3]. Es handelt sich dabei einmal um Fälle, in denen das Absehen von Strafe wegen des *Bagatellcharakters* der Tat gerechtfertigt erscheint.

Der Bagatellcharakter ergibt sich entweder aus dem geringen Unrechtsgehalt (§§ 139 I, 175 II Nr. 2) oder aus dem geringen Schuldgehalt der Tat (§ 157 I und II; § 175 II Nr. 1; § 21 V GjS) oder regelmäßig aus einer Verbindung von beiden Gesichtspunkten (§§ 23 III, 30 I 3, 84 IV, 85 III, 86 IV, 86a III, 89 III, 129 V, 233; § 20 II Nr. 1 Vereinsges.)[4,5].

---

[1] So *v. Weber,* MDR 1956, 707. Ihm folgt die einhellige Meinung; vgl. z.B. BGH 4, 172 [176]; 16, 399 [403]; AE § 58; *Dreher / Tröndle,* § 23 Rdn. 7; *Maurach / Gössel / Zipf,* Allg. Teil II S. 603; *Schönke / Schröder / Stree,* Vorbem. 54 vor § 38; *Schmidhäuser,* Allg. Teil S. 803; *Wagner,* GA 1972, 35.

[2] Vgl. *Birkmeyer,* Das Absehen von Strafe nach dem Vorentwurf, 1910; *Krümpelmann,* Bagatelldelikte S. 198 ff.

[3] Das *französische* Recht kennt das Absehen von Strafe in der durch Gesetz vom 11.7.1975 eingeführten „dispense de peine" (Art. 469-2 C. p. p.), das *italienische* Recht als „perdono giudiziale" für Jugendliche (Art. 169 C. p.), das *englische* Recht in Gestalt des „absolute discharge". In *Österreich* führt dagegen die Feststellung der mangelnden Strafwürdigkeit der Tat im Sinne von § 42 StGB zum Freispruch (§ 259 Nr. 4 StPO). In der *Schweiz* ist in einzelnen Vorschriften das Umgangnehmen von Bestrafung fakultativ vorgesehen (z.B. Art. 21 II, 304 Ziff. 2 StGB), im Jugendstrafrecht gibt es eine allgemeine Regelung (Art. 88, 98 StGB). Der Vorentwurf führt das Absehen von Strafe bei fehlender Strafwürdigkeit in Art. 54 generell ein.

[4] Vgl. zu den Fallgruppen auch *Zickendraht-Wendelstadt,* Straffreierklärung S. 166 ff.

[5] Über die ausgedehnte Verwendung des Absehens von Strafe im Besonderen Teil des E 1962 vgl. *Krümpelmann,* Bagatelldelikte S. 197 Fußnote 18. Gegen die Übernahme des Absehens von Strafe in den E 1962 insbes. *Lange,* Materialien Bd. I S. 79 f.

§ 81 Absehen von Strafe und Straffreierklärung

Wichtiger noch ist die zweite Gruppe von Fällen, in denen das Absehen von Strafe dazu dient, beim *Rücktritt von vollendeter Tat* den Täter, der sich durch einen „actus contrarius" Straflosigkeit verdient hat, zu belohnen (vgl. oben § 51 V).

Diese besonderen Rücktrittsvorschriften sind inzwischen zahlreich geworden (§§ 83 a, 84 V, 85 III, 98 II 1, 99 III, 129 VI, 129 a V, 311 c II, IV, 315 VI, 315 b VI, 316 a II StGB; § 20 II Nr. 2 Vereinsges.). Mit Recht fordert *Schröder*[6] für diese Fälle die Straflosigkeit des Täters wie in §§ 24, 31 (vgl. unten § 81 I 2), die er sich durch seinen Rücktritt „verdient" habe. Doch lassen sich diese Unstimmigkeiten de lege lata nicht lösen.

2. Das Absehen von Strafe ist kein Gnadenakt, sondern beruht in den bisher genannten Fällen auf dem **Wegfall der Strafwürdigkeit** im Hinblick auf das geringe Maß an Unrecht und Schuld bzw. die Kompensation der Schuld durch den freiwilligen Rücktritt[7]. Es handelt sich nicht nur um eine Modalität der Strafzumessung[8], sondern um eine **besondere Sanktion** des Strafrechts, deren Eigenart darin besteht, daß der Täter wegen der Tat verurteilt wird, aber straffrei bleibt[9].

Das Absehen von Strafe ist zu unterscheiden von der *Straflosigkeit* des Täters (§§ 24, 31), die ebenfalls beim Rücktritt von vollendeter Tat mehrfach vorgesehen ist (§§ 98 II 2, 99 III, 129 VI zweiter Halbsatz, 129 a V, 139 IV, 310, 311 c III, IV, 315 VI 2, 3, 315 b VI). Die Straflosigkeit führt zum Freispruch.

3. Das Absehen von Strafe steht im **Ermessen des Gerichts,** es wird im Urteil ausgesprochen (§ 260 IV 4 StPO). Der Täter ist dadurch verurteilt, aber nicht vorbestraft, der Ausspruch wird deswegen auch nicht im Bundeszentralregister vermerkt. Der Verurteilte hat aber nach § 465 I 2 StPO die Kosten des Verfahrens zu tragen (BGH 4, 172 [176])[10].

Liegen die Voraussetzungen des Absehens von Strafe vor, so kann die Staatsanwaltschaft mit Zustimmung des Gerichts von der Erhebung der öffentlichen Klage absehen; ist die Klage bereits erhoben, so kann das Gericht mit Zustimmung der Staatsanwaltschaft *und des Angeschuldigten* bis zum Beginn der Hauptverhandlung das Verfahren einstellen (§ 153 b StPO)[11]. Häufigster Fall der Anwendung des § 153 b StPO ist das Absehen von Strafe nach § 31 BtMG.

4. Wichtiger als das Absehen von Strafe ist für die Behandlung der Bagatellkriminalität die **prozessuale Lösung**[12]. Rechtlich handelt es sich dabei um Fälle der Anwendung des Opportunitätsprinzips[13], bei denen – abgesehen von Vermögensdelikten mit geringem Schadensbetrag (§§ 153 I 2, 153 a I 6 StPO) – Übereinstimmung von Staatsanwaltschaft und Gericht vorausgesetzt wird, der Sache nach um Maßnahmen der Kriminalpolitik von größter praktischer Bedeutung, die mit Schwerpunkt in der Hand der Staatsanwaltschaft liegen. Die *Einstellung des Straf-*

---

[6] Vgl. *Schröder*, H. Mayer-Festschrift S. 390. Ebenso *Schönke / Schröder / Stree*, Vorbem. 54 vor § 38; *v. Weber*, MDR 1956, 707; *Maiwald*, ZStW 83 (1971) S. 668.

[7] So *v. Weber*, MDR 1956, 705; *Schröder*, Verhandlungen des 41. DJT Bd. I S. 94; *Schönke / Schröder / Stree*, Vorbem. 54 vor § 38; *Krümpelmann*, Bagatelldelikte S. 196.

[8] Daß es sich *auch* um eine solche handelt, ist BGH 16, 399 (401) aber zuzugeben. Vgl. dazu ferner *LK (Tröndle)* Vorbem. 45 vor § 38.

[9] Vgl. *Maiwald*, ZStW 83 (1971) S. 669. Über die selbständige Bedeutung des Schuldspruchs als Sanktion vgl. *Waiblinger*, Pfenninger-Festschrift S. 157 ff.; *G. Schmidt*, JZ 1966, 91 ff.; *Wagner*, GA 1972, 42 ff.; *Marlene Schroers*, Das Absehen von Strafe S. 87 ff.

[10] Für Gleichstellung in der Kostenfrage mit der Straflosigkeit in den Fällen des Rücktritts *Schröder*, H. Mayer-Festschrift S. 390.

[11] Vgl. näher *LK (G. Hirsch)* § 60 Rdn. 49.

[12] Ebenso *Dreher*, Welzel-Festschrift S. 933 ff.; *Cramer*, Maurach-Festschrift S. 496. Über das Verhältnis des Absehens von Strafe zur Einstellung nach § 153 StPO *Wagner*, GA 1972, 44 ff.; *Zickendraht-Wendelstadt*, Straffreierklärung S. 181 ff.

[13] Dagegen betrachtet *Naucke*, Maurach-Festschrift S. 208 ff. die „geringe Schuld" in § 153 StPO als persönlichen Strafausschließungsgrund, jedoch ist die Vorschrift im deutschen Recht – anders als § 42 österr. StGB – nicht in dieser Weise konzipiert.

verfahrens wegen Geringfügigkeit ist bei Vergehen, geringer Schuld des Täters und fehlendem öffentlichen Interesse an der Verfolgung in jeder Lage des Verfahrens möglich (§ 153 StPO). Der weitaus größte Teil der Bagatellkriminalität, insbesondere bei Ersttätern, wird auf diese Weise bereits im Vorverfahren durch die Staatsanwaltschaft erledigt. Durch das EGStGB neu eingeführt wurde das vorläufige Absehen von Klage gegen Auflagen und Weisungen (§ 153a StPO) (vgl. oben § 8 VI 1). Die aus verschiedenen Gründen gegen diese Bestimmung vorgebrachte Kritik[14] ist nicht begründet. Es handelt sich um eine im Ausland längst bewährte Erledigung von Bagatellvergehen durch eine rasche, diskrete und schonende Sanktion an der Eingangsstufe des Strafverfahrens, die der vorbehaltlosen Einstellung nach § 153 StPO vorzuziehen ist, da der Täter hier immerhin einen Denkzettel erhält. Durch Eintragung der Maßnahme in ein Register (wie es bereits innerdienstlich bei den Staatsanwaltschaften geführt wird) sollte jedoch sichergestellt werden, daß die bedingte Einstellung nur Ersttätern gewährt wird.

II. Das Absehen von Strafe nach § 60

1. Eine *allgemeine* Vorschrift über das Absehen von Strafe kannte das frühere Recht ebensowenig wie der E 1962[15]. Erst § 58 AE sah den Schuldspruch unter Strafverzicht vor, „wenn der Täter durch die Folgen der Tat bereits hinreichend bestraft erscheint oder die Tat einer außergewöhnlich schweren Konfliktslage entsprungen ist"[16]. Die auf den ersten dieser beiden Gründe beschränkte Vorschrift des § 16 a. F. (jetzt § 60) wurde **erst vom Sonderausschuß** in den Entwurf eingefügt (vgl. Protokolle V S. 2116 ff.; BT-Drucksache V/4094 S. 6 f.).

2. Der neue § 60 schreibt das Absehen von Strafe vor, „wenn **die Folgen der Tat, die den Täter getroffen haben, so schwer** sind, daß die Verhängung einer **Strafe offensichtlich verfehlt wäre**". Die Sanktion liegt auch hier allein im Schuldspruch, der allerdings durch die den Täter treffenden schweren Folgen fühlbar ergänzt wird. Die Vorschrift gilt allgemein und nicht nur für Bagatelldelikte; sie ist insbesondere und gerade auch in Fällen anzuwenden, in denen der Unrechts- und Schuldgehalt der Tat schwerwiegend ist (BGH 27, 298 [300 f.]: vorsätzliche Tötung; OLG Düsseldorf VRS 42, 273)[17]. Eine obere Grenze setzt freilich § 60 Satz 2, der das Absehen von Strafe ausschließt, „wenn der Täter für die Tat eine Freiheitsstrafe von mehr als einem Jahr verwirkt hat"[18]. Die Entscheidung, ob eine Freiheitsstrafe von mehr als einem Jahr verwirkt wäre, ist unter Berücksichtigung aller Strafzumessungsgesichtspunkte zu treffen, als ob es den § 60 nicht gäbe[19]. Nur die Tatfolgen, die der Täter selbst angerichtet hat, kommen in Betracht, nicht gesetzliche Folgen oder Maßnahmen Dritter, wie Verlust der Amtsfähigkeit oder des Arbeitsplatzes, Ehescheidung, Rückgang des geschäftlichen Umsatzes, gesellschaftlicher Boykott[20]. Die Folgen können körperlicher oder wirtschaftlicher Art sein, sie können den Täter auch nur mittelbar schwer getroffen haben, wenn nämlich die unmittelbare Tatfolge einen Angehörigen

---

[14] Vgl. oben § 8 VI 1 Fußnote 74. Vgl. dazu auch *JM Baden-Württemberg* (Hrsg.), Absprachen im Strafprozeß, 1987.

[15] Dagegen *Lange*, Materialien Bd. I S. 78 und die Mehrheit der Großen Strafrechtskommission, Niederschriften Bd. I S. 115 ff. Ebenso *Schröder*, Verhandlungen des 41. DJT Bd. I S. 93; *Heinitz*, Individualisierung S. 25. Zu den Gründen *Maiwald*, ZStW 83 (1971) S. 673; zu den Entwürfen *Müller-Dietz*, Lange-Festschrift S. 303 ff.

[16] Vgl. hierzu kritisch *Jescheck*, ZStW 80 (1968) S. 72.

[17] Vgl. *Baumann*, JR 1972, 61.

[18] Über die praktischen Schwierigkeiten bei der Anwendung dieser Vorschrift vgl. *Maiwald*, ZStW 83 (1971) S. 690 ff.; *Müller-Dietz*, Lange-Festschrift S. 316 ff.

[19] *Lackner*, § 60 Anm. 3 a; *LK (G. Hirsch)* § 60 Rdn. 14.

[20] Vgl. *Jescheck*, ZStW 80 (1968) S. 72. Anders *Schönke/Schröder/Stree*, § 60 Rdn. 6; *LK (G. Hirsch)* § 60 Rdn. 30. Auch seelische Belastung durch Schuldgefühle reicht nicht aus (anders bei krankhafte Depressionen); vgl. *Dreher/Tröndle*, § 60 Rdn. 6; *Horstkotte*, JZ 1970, 127; *Lackner*, § 60 Anm. 2b; *LK (G. Hirsch)* § 60 Rdn. 29; *Schönke/Schröder/Stree*, § 60 Rdn. 8; *Wagner*, GA 1972, 51. Weitergehend *SK (Horn)* § 60 Rdn. 8, der überhaupt „leichtere Folgen" ausreichen lassen will.

oder eine ihm sonst nahestehende Person schwer geschädigt hat und der Täter darunter selbst entsprechend leidet. Der gleichzeitige Eintritt von schweren Schäden für Dritte steht der Anwendung des § 60 nicht entgegen. Selbstschädigungen, die der Täter gewollt oder wenigstens als möglich vorausgesehen hat, müssen jedoch ausscheiden, weil sonst gerade die Konfliktsituationen des § 58 AE erfaßt würden, die der Gesetzgeber aus generalpräventiven Gründen *nicht* einbeziehen wollte (anders aber BGH *Dallinger* MDR 1972, 750f.)[21]. Die Strafe in allen ihren Funktionen – Ausgleich von Unrecht und Schuld, Generalprävention, Spezialprävention – muß angesichts der den Täter treffenden schweren Tatfolgen vollständig ihren Sinn verloren haben (OLG Karlsruhe NJW 1974, 1006 m. Anm. *Zipf,* JR 1975, 162)[22]. Das Mißverhältnis muß so erheblich sein, daß der Sachverhalt eindeutig als *Ausnahmefall* gekennzeichnet ist (BT-Drucksache V/4094 S. 7). § 60 drückt diesen Gedanken nicht ganz korrekt durch das prozessuale Merkmal der „Offensichtlichkeit" aus (BGH 27, 298 [300])[23].

Beispiele: § 60 wurde *angewendet* zugunsten einer Mutter, die in einer erheblichen reaktiven Depression ihren kleinen Sohn getötet hatte (BGH 27, 298); zugunsten eines Kraftfahrers, der infolge einer Windbö einen Zusammenstoß auf der Gegenfahrbahn verschuldete, bei dem die eigene Ehefrau und die Ehefrau des anderen Kraftfahrers getötet wurden (OLG Celle NJW 1971, 575); zugunsten eines Kraftfahrers, der durch eine verschuldete Schleuderbewegung einen Zusammenstoß herbeiführte, bei dem er selbst schwer und ohne Heilungsmöglichkeit verletzt und die Beifahrerin getötet wurde (OLG Frankfurt NJW 1971, 767); auf die fahrlässige Tötung von Vater und Braut bei Trunkenheitsfahrt (OLG Stuttgart DAR 1974, 221); auf den verschuldeten Unfalltod des Vaters bei schwerer Verletzung eines Dritten (OLG Hamm DAR 1973, 247). § 60 wurde *abgelehnt* bei heftigem Erschrecken der Täterin über die von ihr verschuldete überaus gefährliche Verkehrslage für ihr eigenes Kind (BayObLG NJW 1971, 766), bei Gehirnerschütterung und Totalschaden am Kraftwagen auf seiten des Täters ohne Drittschaden (OLG Koblenz VRS 44, 415) sowie bei fahrlässiger Tötung der Ehefrau durch einen Verkehrsunfall, bei dem der Täter einen anderen Kraftfahrer durch eine äußerst leichtfertige Überholbewegung schwer gefährdet hatte (OLG Köln NJW 1971, 2036; anders OLG Karlsruhe NJW 1976, 1006 m. zust. Anm. *Zipf,* JR 1975, 162 und krit. Anm. *Maiwald,* JZ 1974, 773)[24].

3. Das Absehen von Strafe unter den Voraussetzungen des § 60 ist nicht wie in den Bagatellfällen (vgl. oben § 81 I) durch fehlende Strafwürdigkeit, sondern durch den **Mangel des Strafbedürfnisses** gerechtfertigt (OLG Karlsruhe NJW 1974, 1006)[25]. Der Täter hat sich durch die ihn treffenden schweren Tatfolgen gewissermaßen selbst bestraft („poena naturalis"), eine darüber hinausgehende Strafsanktion ist aus keinem der anerkannten Strafgründe mehr erforderlich[26]. Allerdings wird die Einstellung des Strafverfahrens nach § 153b StPO in den Fällen des § 60 nur dann in Betracht kommen, wenn auch Unrecht und Schuld nicht schwerwiegend sind und keine erhebliche

---

[21] So *Maiwald,* ZStW 83 (1971) S. 689; *Blei,* Allg. Teil S. 415; *Schmidhäuser,* Allg. Teil S. 803. Anders aber die Beispiele in BT-Drucksache V/4094 S 7.

[22] Zum Verfehltsein von Strafe eingehend *Antje Schmitt,* Untersuchungen S. 67ff.

[23] Der Grundsatz „in dubio pro reo" gilt für alle Tatsachenfeststellungen, die dem Urteil über die offensichtliche Verfehltheit der Verhängung einer Strafe zugrunde liegen, aber natürlich nicht für dieses selbst; vgl. BGH 27, 298 (301); *Dreher / Tröndle,* § 60 Rdn. 4; *LK (G. Hirsch)* § 60 Rdn. 41f.; *Schönke / Schröder / Stree,* § 60 Rdn. 8.

[24] Dazu, daß die gegensätzlichen Entscheidungen mit ihrer Gesamtabwägung die vom Gesetzgeber gemeinte Evidenz des Ergebnisses für Entscheidungen nach § 60 stark in Frage stellen, *Müller-Dietz,* Lange-Festschrift S. 311ff.

[25] Vgl. *Bockelmann / Volk,* Allg. Teil S. 277; *Cramer,* JurA 1970, 194; *Maiwald,* ZStW 83 (1971) S. 695; *Müller-Dietz,* Lange-Festschrift S. 309; *Schmidhäuser,* Allg. Teil S. 803; *Wagner,* GA 1972, 35; *Zipf,* JuS 1974, 147. Zur Unterscheidung von Strafwürdigkeit und Strafbedürfnis vgl. oben § 7 I 1a.

[26] Vgl. *Eser,* Maurach-Festschrift S. 260 mit Hinweisen auf das viel weitergehende, ideologisch anders motivierte Absehen von Strafe in § 25 StGB DDR (S. 261ff.).

III. Die Straffreierklärung (Kompensation)

Schädigung Dritter gegeben ist, weil sonst der Schuldspruch als Sanktion nicht entbehrt werden kann. Neben dem Absehen von Strafe kann nach § 69 die Fahrerlaubnis entzogen werden, was in den einschlägigen Fällen häufig in Betracht kommt. Über die verfahrensrechtliche Behandlung vgl. oben § 81 I 3.

4. Eine allgemeine Regelung über das Absehen von Strafe ist für Ausnahmefälle notwendig oder doch jedenfalls kriminalpolitisch sinnvoll[27]. Die Einführung einer **außerordentlichen Strafmilderung**[28], die im Absehen von Strafe nicht enthalten ist (BGH 21, 139 [141]), würde jedoch zur Folge haben, daß die Gerichte die Mindeststrafe nach eigenem Ermessen unterschreiten könnten, wobei sie nach verschiedenen Maßstäben verfahren und dadurch zu ungleichen Ergebnissen gelangen würden.

III. Die Straffreierklärung (Kompensation)

1. Viel älter als das Absehen von Strafe ist die Einrichtung der Straffreierklärung (**Kompensation** oder **Retorsion**)[29]. Bei wechselseitigen Beleidigungen kann der Richter beide Beleidiger oder einen von ihnen für straffrei erklären (§ 199). Außerdem gibt es die Straffreierklärung (wie es richtig heißen muß) und zusätzlich die Möglichkeit der Strafmilderung (§ 49 II) bei gegenseitigen Köperverletzungen (§ 223) und bei Beleidigungen, die mit Körperverletzungen erwidert werden, sowie im umgekehrten Falle; einbezogen sind ferner fahrlässige Körperverletzungen (§ 230), soweit nicht eine schwere Folge (§ 224) eingetreten ist (§ 233)[30]. Der *Rechtsgrund* für die Möglichkeit der Straffreierklärung ist *verschieden*, je nachdem, ob man die Straflosigkeit des Ersttäters oder die des Zweittäters (genauer eigentlich: des zuerst handelnden oder des danach handelnden Täters) ins Auge faßt (RG 70, 329 [330f.]): Gedanke der „Selbstvergeltung" einerseits, Berücksichtigung der „Gemütserregung" andererseits)[31]. In beiden Fällen handelt es sich um eine eigenartige **Sanktion des materiellen Strafrechts**[32], nicht um eine Einrichtung des Prozeßrechts (Verbrauch der Strafklage)[33] oder um einen der Begnadigung ähnlichen Akt[34].

---

[27] So *Hassemer*, Sarstedt-Festschrift S. 76ff.

[28] So *LK (G. Hirsch)* § 60 Rdn. 43; *Maiwald*, ZStW 83 (1971) S. 683ff.; *Schönke / Schröder / Stree*, § 60 Rdn. 11; *Marlene Schroers*, Das Absehen von Strafe S. 106ff.

[29] Vgl. *Beling*, Die geschichtliche Entwicklung S. 67ff. In dem Ausdruck „Kompensation" klingt noch die ursprüngliche zivilrechtliche Begründung der Straffreierklärung durch den Gedanken der Aufrechnung an; vgl. *Schoetensack*, VDA Bd. II S. 404. Der Ausdruck „Retorsion" bezieht sich auf den Vorgang selbst.

[30] Die Neufassung des § 233 durch das 1. StrRG sollte nur der Vereinfachung dienen (BT-Drucksache V/4094 S. 34), hat aber erhebliche Zweifelsfragen aufgeworfen, doch besteht zwischen „Straffreierklärung", wie es früher in § 233 übereinstimmend mit § 199 hieß, und der heutigen Fassung „Absehen von Strafe" kein sachlicher Unterschied, da auch im ersten Fall ein Schuldspruch ergeht und die Kostenfolge aus § 468 StPO für beide Fälle gilt. Vgl. dazu *Zickendraht-Wendelstadt*, Straffreierklärung S. 131. Eine sachliche Änderung sollte jedenfalls nicht vorgenommen werden, es handelt sich also weiterhin um einen Fall der Kompensation; vgl. *Dreher / Tröndle*, § 233 Rdn. 5; *LK (Hirsch)* § 233 Rdn. 1; *Lackner*, § 233 Rdn. 5; *Schönke / Schröder / Stree*, § 233 Rdn. 3.

[31] Über den „Dualismus der Grundgedanken" *Schoetensack*, VDA Bd. II S. 406; *v. Liszt / Schmidt*, S. 435. Dem Vorschlag von *Küster*, NJW 1958, 1659ff., die Straffreierklärung *einheitlich* auf den Gedanken der „Genugtuung" zu gründen, steht das Bedenken entgegen, daß es ein großer Unterschied ist, ob sich jemand Genugtuung verschafft oder ob jemand die Genugtuung eines anderen hinnehmen muß; vgl. *LK (Hirsch)* § 233 Rdn. 2; *Zickendraht-Wendelstadt*, Straffreierklärung S. 113ff.

[32] So ausdrücklich BayObLG 1958, 244 (247); *Hartung*, NJW 1959, 641; *Küper*, JZ 1968, 654; *Stree*, In dubio pro reo S. 34; *Wagner*, GA 1972, 39.

[33] So *Schwarz*, NJW 1958, 10. Zustimmend *Baumann*, NJW 1958, 453 Fußnote 9.

[34] So *Reiff*, NJW 1958, 983; *derselbe*, NJW 1959, 182.

a) Der *Ersttäter* kann für straffrei erklärt werden, weil das Bedürfnis für eine öffentliche Strafe entfällt, wenn er durch den Zweittäter im Wege einer auf derselben Linie liegenden Erwiderung schon eine Art von Privatbestrafung empfangen hat (**Ausgleichstheorie**)[35]. Insoweit handelt es sich freilich um „archaische Bestimmungen", die auf einer überwundenen privatrechtlichen Strafauffassung beruhen und „nicht mehr im gegenwärtigen Rechtsbewußtsein wurzeln"[36].

b) Anders ist es bei der Straffreierklärung des *Zweittäters*. Hier handelt es sich um den Wegfall der Strafwürdigkeit mit Rücksicht auf eine wesentliche **Herabsetzung des Schuld- und Unrechtsgehalts** der Tat (vgl. die Parallele bei den Entschuldigungsgründen oben § 43 III 2 b)[37]. Berücksichtigt wird auf der einen Seite als Schuldminderungsgrund die Erregung, unter der der Zweittäter regelmäßig steht, wenn er eine ihm angetane Beleidigung oder Körperverletzung auf der Stelle erwidert. Von Bedeutung ist aber auf der anderen Seite auch die *Unrechtsminderung*, die in der Provokation durch den Verletzten liegt und als eine der Notwehr zwar nicht gleichkommende, aber doch verwandte Situation zu verstehen ist (RG 7, 100 [102]; 38, 339 [341]; 70, 329 [331]; BGH 10, 373 [374])[38].

2. Die **Voraussetzungen** der Straffreierklärung sind verschieden, je nachdem, ob es um den Ersttäter oder um den Zweittäter geht.

a) Der **Ersttäter** muß tatbestandsmäßig, rechtswidrig und schuldhaft gehandelt haben und seine Tat muß auch verfolgbar sein, da er ungeachtet der Straffreierklärung immerhin verurteilt wird. Die Zweittat braucht dagegen nur eine tatbestandsmäßige und rechtswidrige zu sein, weil es insoweit allein auf die ausgleichende *Wirkung* der Erwiderung ankommt. Diese muß auch objektiv vorliegen und nicht bloß vorgestellt sein, da eine nur eingebildete Erwiderung die öffentliche Strafe nicht überflüssig machen würde. Die Erwiderung muß ferner in einem so engen zeitlichen und sachlichen Zusammenhang mit der Ersttat stehen („auf der Stelle"), daß sie ein objektiver Beobachter noch als Ausgleich von Unrecht und Schuld empfinden kann[39].

b) Der **Zweittäter** ist nur dann straffrei, wenn eine Affekthandlung tatsächlich vorgelegen hat (RG 38, 339 [341]; 67, 248; 70, 329 [331]; OLG Braunschweig SJZ 1948, 767 [769]). Das Merkmal „auf der Stelle" ist somit in bezug auf die Zweittat so auszulegen, daß die durch die Ersttat ausgelöste Gemütserregung noch fortgewirkt (OLG Köln MDR 1973, 688) und die Zweittat mit verursacht haben muß („Subjektivierung" des objektiven Merkmals)[40]. Die Ersttat muß ferner grundsätzlich nicht nur tatbestandsmäßig und rechtswidrig, sondern auch schuldhaft gewesen sein, da sonst der Affekt des Täters nicht entschuldbar erscheint[41]. Glaubt der Täter *irrig*, daß eine

---

[35] So inbesondere RG 2, 181 (183); *Binding*, Normen Bd. I S. 32; *Nagler*, Die Strafe S. 596 Fußnote 2; *Olshausen*, § 199 Anm. 1; *Schoetensack*, VDA Bd. II S. 407; *Lackner*, § 199 Anm. 1; *LK (Hirsch)* § 233 Rdn. 2.

[36] So *Kantorowicz*, Tat und Schuld S. 184; *Wagner*, GA 1972, 39 Fußnote 65.

[37] Der Text folgt *Kern*, ZStW 64 (1952) S. 286, 290 sowie den eingehend begründeten Ausführungen von *Küper*, JZ 1968, 655 ff. Vgl. ferner *Lackner*, § 199 Anm. 1; *LK (Hirsch)* § 233 Rdn. 2; *H. Mayer*, Lehrbuch S. 241; *Schönke / Schröder / Lenckner*, § 199 Rdn. 1; *Stree*, In dubio pro reo S. 33; *v. Weber*, MDR 1956, 706.

[38] Gegen die Annahme einer notwehrähnlichen Lage *LK (Hirsch)* § 233 Rdn. 2.

[39] *Küper*, JZ 1968, 655 Fußnote 45 stellt in dieser Hinsicht nur auf das Empfinden des Betroffenen ab.

[40] Ebenso *Schönke / Schröder / Lenckner*, § 199 Rdn. 9; *Dreher / Tröndle*, § 199 Rdn. 2; *LK[9] (Herdegen)* § 199 Rdn. 10; *LK (Hirsch)* § 233 Rdn. 16.

[41] Anders in diesem Punkte *Küper*, JZ 1968, 659; *LK (Hirsch)* § 233 Rdn. 14. Wie hier aber die h. L., vgl. z. B. *Olshausen*, § 199 Anm. 3 e m. Nachw.; *Dreher / Tröndle*, § 199 Rdn. 3; *Lackner*, § 199 Rdn. 2; *SK (Rudolphi)* § 199 Rdn. 7.

tatbestandsmäßige, rechtswidrige und schuldhafte Beleidigung oder Körperverletzung vorliege, die er erwidert, so ist zu unterscheiden: Bezieht sich der Irrtum auf das Vorliegen der auslösenden Tat oder auf ihre Rechtswidrigkeit, so entfällt die Möglichkeit der Straffreierklärung, wenn der Täter fahrlässig gehandelt hat (Analogie zum vermeidbaren Irrtum über einen Entschuldigungsgrund, vgl. oben § 48 II 2) (OLG Hamburg NJW 1966, 1977)[42]. Bezieht sich der Irrtum dagegen auf die Schuld (der Täter hält z. B. den Geisteskranken, der ihn beleidigt, für gesund), so muß er so gestellt werden, als habe der andere Teil schuldhaft gehandelt.

3. Die Straffreierklärung steht im **Ermessen des Richters.** Er kann einen der Beteiligten oder beide oder gar keinen für straffrei erklären, je nachdem, in welchem Grade der Unrechts- und Schuldgehalt des jeweiligen Tatteils herabgesetzt ist. Richtet sich die Ersttat gegen die Ehefrau (KG JW 1930, 1316; KG JR 1957, 388; OLG Düsseldorf DRiZ 1933 Nr. 624) oder gegen dem Täter sonst nahestehende Personen (OLG Hamburg NJW 1965, 1611), so sind die §§ 199, 233 ebenfalls anwendbar. Da es sich bei der Straffreierklärung um eine Einrichtung des materiellen Strafrechts handelt, ist an der Anwendbarkeit des Satzes „in dubio pro reo" nicht zu zweifeln[43]. Es genügt also für die Straffreiheit, wenn die Einlassung des Angeklagten, er habe seine „Strafe" schon empfangen oder auf eine andere Straftat geantwortet, nicht widerlegt werden kann (BGH 10, 373 m. zust. Anm. *Kern,* JZ 1958, 373; BayObLG 1958, 244 [247]). Der Täter wird wegen der Tat schuldig gesprochen und verurteilt, aber für straffrei erklärt. Für die Kostenentscheidung erlaubt § 468 StPO eine differenzierende Regelung[44].

4. Kapitel: Die Strafzumessung

§ 82 Die allgemeinen Lehren der Strafzumessung

H.-J. Albrecht, Gleichmäßigkeit und Ungleichmäßigkeit in der Strafzumessung, in: Kerner / Kury / Sessar (Hrsg.), Deutsche Forschungen zur Kriminalitätsentstehung usw., Bd. 6/2, 1983, S. 1297; *Allen,* The Decline of the Rehabilitative Ideal, 1981; *Andenaes,* Strafzumessung, ZStW 69 (1957) S. 651; *derselbe,* Punishment and Deterrence, 1974; *Adolf Arndt,* Das Strafmaß, SJZ 1946, 30; *Arnold / Buchholz,* Die Rolle von Strafzumessungstheorien in der BRD, NJ 1983, 240; *Bader,* Das Ermessen des Strafrichters, JZ 1955, 525; *Badura,* Generalprävention und Würde des Menschen, JZ 1964, 337; *Baumann,* Grenzen der individualen Gerechtigkeit im Strafrecht, in: Summum ius, summa iniuria, 1963, S. 117; *Bean,* Punishment, 1981; *Bettermann,* Verwaltungsakt und Richterspruch, Gedächtnisschrift für W. Jellinek, 1955, S. 361; *Bruckmann,* Vorschlag zur Reform der Strafzumessungsregeln, ZRP 1973, 30; *Bruns,* Die Generalprävention als Zweck und Zumessungsgrund der Strafe, Festschrift für H. v. Weber, 1963, S. 75; *derselbe,* Zum Verbot der Doppelverwertung usw., Festschrift für H. Mayer, 1966, S. 353; *derselbe,* Zum Revisionsgrund der „ungerecht" bemessenen Strafe, Festschrift für K. Engisch, 1969, S. 708; *derselbe,* Zum „Toleranzbereich" usw., Festschrift für H. Henkel, 1974, S. 287; *derselbe,* Die Tragweite des Verbots der Doppelverwertung von Strafmilderungsgründen, JR 1980, 226; *derselbe,* Literaturbericht, ZStW 92 (1980) S. 723; *derselbe,* Grundprobleme des Strafzumessungsrechts, ZStW 94 (1982) S. 111; *derselbe,* Das Recht der Strafzumessung, 2. Aufl. 1985; *derselbe,* Gesetzesänderung durch Richterspruch? Festschrift für

---

[42] So *Küper,* JZ 1968, 661. Für Straflosigkeit ohne Rücksicht auf Fahrlässigkeit dagegen *Lackner,* § 199 Anm. 2; *Schönke / Schröder / Lenckner,* § 199 Rdn. 6. Den Irrtum behandeln kontrovers *LK⁹ (Herdegen)* § 199 Rdn. 6 und *Dreher / Tröndle,* § 199 Rdn. 6.

[43] Vgl. *Schönke / Schröder / Lenckner,* § 199 Rdn. 4; *Stree,* In dubio pro reo S. 33.

[44] § 465 I 2 StPO ist trotz des geänderten Wortlauts auf § 233 nicht anzuwenden; vgl. *Kleinknecht / Meyer,* § 468 StPO Rdn. 1.

§ 82 Die allgemeinen Lehren der Strafzumessung

Th. Kleinknecht, 1985, S. 49; *Burgstaller,* Grundprobleme des Strafzumessungsrechts in Österreich, ZStW 94 (1982) S. 127; *Cramer,* Das Strafensystem des StGB nach dem 1. 4. 1970, JurA 1972, 183; *Cross,* The English Sentencing System, 3. Aufl. 1981; *Dawson,* Sentencing, 1969; *Deckers,* Neuere Tendenzen in der Revisionsrechtsprechung zum Strafzumessungsrecht, in: 8. Strafverteidigertag, 1985, S. 81; *Devlin,* Sentencing Offenders in Magistrates' Courts, 1970; *Dolcini,* Probleme der Strafzumessung in Italien, ZStW 94 (1982) S. 373; *Dreher,* Über die gerechte Strafe, 1947; *derselbe,* Doppelverwertung von Strafbemessungsumständen, JZ 1957, 155; *derselbe,* Zur Spielraumtheorie usw., JZ 1967, 41; *derselbe,* Gedanken zur Strafzumessung, JZ 1968, 209; *derselbe,* Über Strafrahmen, Festschrift für H.-J. Bruns, 1978, 141; *Drost,* Das Ermessen des Strafrichters, 1930; *Dubs,* Analytische Bewertung als Grundlage richterlicher Strafzumessung, Festgabe zum Schweiz. Juristentag, 1963, S. 9; *derselbe,* Grundprobleme des Strafzumessungsrechts in der Schweiz, ZStW 94 (1982) S. 161; *Engisch,* Die Idee der Konkretisierung usw., 2. Aufl. 1968; *derselbe,* Karl Peters und der Ermessensbegriff, Festschrift für K. Peters, 1974, S. 15; *Exner,* Studien über die Strafzumessungspraxis der deutschen Gerichte, 1931; *Foth,* Strafschärfung/Strafmilderung usw., JR 1985, 397; *Frisch,* Revisionsrechtliche Probleme der Strafzumessung, 1971; *derselbe,* Gegenwärtiger Stand und Zukunftsperspektiven der Strafzumessungsdogmatik, ZStW 99 (1987) S. 349, 751; *Gallas,* Der dogmatische Teil des AE, ZStW 80 (1968) S. 1; *Grasnick,* Über Schuld, Strafe und Sprache, 1987; *Graßberger,* Die Strafzumessung, 1932; *Groth,* Die Berücksichtigung der Folgen einer Strafe bei der Strafzumessung, Diss. Hamburg 1975; *Grünwald,* Tatrichterliches Ermessen bei der Strafzumessung? MDR 1959, 713, 808; *Haag,* Rationale Strafzumessung, 1970; *Hassemer,* Die rechtstheoretische Bedeutung des gesetzlichen Strafrahmens, Gedächtnisschrift für G. Radbruch, 1968, S. 281; *derselbe,* Automatisiertes und rationale Strafzumessung, in: Gesetzesplanung, 1972, S. 95; *derselbe,* Generalprävention und Strafzumessung, in: *Hassemer / Lüderssen / Naucke* (Hrsg.), Hauptprobleme der Generalprävention, 1979, S. 29; *derselbe,* Über die Berücksichtigung von Folgen usw., Festschrift für H. Coing, 1982, Bd. I, S. 493; *derselbe,* Die Formalisierung der Strafzumessungsentscheidung, ZStW 90 (1978) S. 64; *Heinitz,* Strafzumessung und Persönlichkeit, ZStW 63 (1951) S. 57; *Henkel,* Die „richtige" Strafe, 1969; *Hettinger,* Das Doppelverwertungsverbot bei strafrahmenbildenden Umständen, 1982; *Reinhard v. Hippel,* Die Strafzumessung und ihr Ruf, Festschrift für R. Lange, 1976, S. 285; *v. Hirsch,* Doing Justice, 1976; *Horn,* Wider die „doppelspurige" Strafhöhenbemessung, Festschrift für F. Schaffstein, 1975, S. 241; *Horstkotte,* Die Vorschriften des 1. StrRG über die Strafzumessung, JZ 1970, 122; *derselbe,* Zusammentreffen von Milderungsgründen (§ 50 StGB), Festschrift für E. Dreher, 1977, S. 265; *derselbe,* Strenge Strafen, milde Strafen, „gerechte" Strafen, in: Loccumer Protokolle 20/1980 S. 118; *Institut für Konfliktforschung* (Hrsg.), Pönometrie, 1977 (m. zahlr. Beitr.); *Jagusch,* Die Praxis der Strafzumessung, 1956; *Jakobs,* Schuld und Prävention, 1976; *Kahl,* Reform der Strafzumessung, DJZ 1906, 895; *Kaiser,* Verkehrsdelinquenz und Generalprävention, 1970; *derselbe,* Praxis der Strafzumessung und der Sanktionen im Verkehrsrecht, Kriminologische Gegenwartsfragen, 1972, Heft 10, S. 92; *Arthur Kaufmann,* Der AE und das Erbe Radbruchs, Gedächtnisschrift für G. Radbruch, 1968, S. 324; *Köhler,* Über den Zusammenhang zwischen Strafrechtsbegründung und Strafzumessung, 1983; *Kohlrausch,* Fortschritte und Rückschritte in den kriminalpolitischen Bestimmungen usw., Mitt. IKV, Neue Folge, Bd. 3, 1928, S. 5; *Kunert,* Der zweite Abschnitt der Strafrechtsreform, NJW 1970, 537; *Kunz,* Überlegungen zur Strafbemessung usw., in: *Kielwein* (Hrsg.), Entwicklungslinien der Kriminologie, 1985, S. 29; *Lackner,* Über neue Entwicklungen in der Strafzumessungslehre, 1978; *Lange,* Die Systematik der Strafdrohungen, Materialien, Bd. I, S. 69; *Lang-Hinrichsen,* Betrachtungen zur Strafrechtsreform, in: Grundfragen der Strafrechtsreform, 1959, S. 53; *v. Linstow,* Berechenbares Strafmaß, 1974; *Ludwig,* Der Sühnegedanke im schweizerischen Strafrecht, 1952; *Maiwald,* Bestimmtheitsgebot usw., Festschrift für W. Gallas, 1973, S. 137; *M. E. Mayer,* Die schuldhafte Handlung und ihre Arten im Strafrecht, 1901; *Middendorff,* Internationales Kolloquium über Strafzumessung, ZStW 80 (1968) S. 1030; *Montenbruck,* Strafrahmen und Strafzumessung, 1983; *Müller-Dietz,* Strafzumessung und Behandlungsziel, MDR 1974, 1; *derselbe,* Probleme der Strafzumessung, in: *Wadle* (Hrsg.), Recht und Gesetz im Dialog, 1982, S. 43; *derselbe,* Integrationsprävention und Strafrecht, Festschrift für H.-H. Jescheck, 1985, Bd. II, S. 813; *Nickisch,* Die Strafzumessung im deutschen und italienischen Recht, Diss. Berlin 1958; *Nowakowski,* Probleme der Strafzumessung, in: Strafrechtliche Probleme 2, 1974, S. 167; *Opp / Peukert,* Eine empirische Untersuchung über die Höhe des Strafmaßes, in: *Blankenburg* (Hrsg.), Empirische Rechtssoziologie, 1975, S. 134; *Pallin,* Die Strafzumessung in rechtlicher Sicht, 1982; *Peters,* Die kriminalpolitische Stellung des Strafrichters usw., 1932; *derselbe,* Strafzumessung, HWB Krim, Bd. II, 1. Aufl. 1936, S. 737, 2. Aufl.

Ergänzungsband, 1977, S. 132; *derselbe,* Gedanken zur Kriminalstrafe, Stimmen der Zeit 160 (1956/57) S. 12; *derselbe,* Strafprozeß, 4. Aufl. 1985; *Pfenninger,* Die Freiheit des Richters in der Strafzumessung, SchwJZ 30 (1933/34) S. 193; *Pfersich,* Die Strafzumessung im Lichte der modernen amerikanischen Schule, 1956; *Roxin,* Franz v. Liszt und die kriminalpolitische Konzeption des AE, ZStW 81 (1969) S. 613; *derselbe,* Strafzumessung im Lichte der Strafzwecke, Festgabe für H. Schultz, 1977, S. 463; *derselbe,* Prävention und Strafzumessung, Festschrift für H.-J. Bruns, 1978, S. 183; *Sarstedt / Hamm,* Die Revision in Strafsachen, 5. Aufl. 1983; *Schaffstein,* Spielraum-Theorie usw., Festschrift für W. Gallas, 1973, S. 99; *Eb. Schmidt,* Probleme staatlichen Strafens in der Gegenwart, SJZ 1946, 204; *derselbe,* Strafzweck und Strafzumessung usw., Materialien, Bd. I, S. 9; *L. Schmidt,* Die Strafzumessung in rechtsvergleichender Darstellung, 1961; *Schneidewin,* Anmerkungen zu BGH 7, 28, JZ 1955, 505; *Schöch,* Strafzumessungspraxis und Verkehrsdelinquenz, 1973; *derselbe,* Grundlagen und Wirkungen der Strafe, Festschrift für F. Schaffstein, 1975, S. 255; *Schöneborn,* Schuldprinzip und generalpräventiver Aspekt, ZStW 88 (1976) S. 349; *Schreiber,* Strafzumessungsrecht, NStZ 1981, 341; *Schröder,* Grenzen des strafrichterlichen Ermessens usw., Verhandlungen des 41. DJT, Bd. I, 2, 1955, S. 57; *Schünemann,* Plädoyer für eine neue Theorie der Strafzumessung, in: *Eser / Karin Cornils* (Hrsg.), Neuere Tendenzen der Kriminalpolitik, 1987, S. 209; *Schultz,* Probleme der Strafrechtsreform in der Schweiz, ZStW 67 (1955) S. 291; *derselbe,* Schweizer Strafrecht, ZStW 83 (1971) S. 1045; *Schwalm,* Schuld und Schuldfähigkeit usw., JZ 1970, 487; *Spendel,* Zur Lehre vom Strafmaß, 1954; *derselbe,* § 51 II StGB und das Problem der Strafzumessung, NJW 1956, 775; *derselbe,* Die Begründung des richterlichen Strafmaßes, NJW 1964, 1758; *derselbe,* Zur Entwicklung der Strafzumessungslehre, ZStW 83 (1971) S. 203; *Steininger,* Prozessuale Aspekte der Strafzumessung, ÖRiZ 1982, 247; *Steinmüller,* EDV und Recht, JA Sonderheft 6, 1970; *Stile,* Il giudizio di prevalenza o equivalenza tra le circostanze, 1971; *derselbe,* Probleme und Besonderheiten der Strafzumessung in Italien, ZStW 94 (1982) S. 161; *Stratenwerth,* Tatschuld und Strafzumessung, 1972; *Stree,* Deliktsfolgen und Grundgesetz, 1960; *Streng,* Strafzumessung und relative Gerechtigkeit, 1984; *Theune,* Zum Strafzumessungsrecht, NStZ 1985, 158; 1986, 153; *Tiedemann,* Gleichheit und Sozialstaatlichkeit im Strafrecht, GA 1964, 353; *Timpe,* Strafrechtliche Milderungen des Allgemeinen Teils des StGB und das Doppelverwertungsverbot, 1983; *derselbe,* Anmerkung zu BGH vom 11.10.1984, JR 1986, 76; *Tröndle,* Gedanken über die Strafzumessung, GA 1968, 298; *Wahle,* Die strafrechtliche Problematik „besonders schwerer Fälle" usw., GA 1969, 161; *Walker,* Sentencing in a Rational Society, 1969; *Warda,* Dogmatische Grundlagen des richterlichen Ermessens im Strafrecht, 1962; *v. Weber,* Die richterliche Strafzumessung, 1956; *Weigend,* Strafzumessung durch die Parteien, ZStW 94 (1982) S. 200; *Wessels,* Zur Problematik der Regelbeispiele usw., Festschrift für R. Maurach, 1972, S. 295; *Würtenberger,* Zur Phänomenologie der richterlichen Erfahrung bei der Strafzumessung, Festschrift für G. Husserl, 1968, S. 177; *derselbe,* Kriminalpolitik im sozialen Rechtsstaat, 1970; *Zipf,* Die Rechtsfolgen der Tat im neuen StGB, JuS 1974, 137; *derselbe,* Die Strafmaßrevision, 1969; *derselbe,* Die Strafzumessung, 1977; *derselbe,* Die „Verteidigung der Rechtsordnung", Festschrift für H.-J. Bruns, 1978, S. 205; *derselbe,* Die Bedeutung der Grundlagenformel des § 32 I StGB, ÖJZ 1979, 197.

I. Strafbemessung und Strafzumessung

1. Strafzumessung ist die *Bestimmung der Rechtsfolgen einer Straftat durch den Richter* nach Art, Schwere und Vollstreckbarkeit im Wege der Auswahl aus einer Vielheit von gesetzlich vorgesehenen Möglichkeiten. Die Strafzumessung umfaßt nicht, wie der Name zu sagen scheint, nur die Festsetzung der Strafe, sondern auch die Strafaussetzung zur Bewährung mit den Auflagen und Weisungen, die Verwarnung mit Strafvorbehalt, das Absehen von Strafe, die Straffreierklärung, die Anordnung von Maßregeln der Besserung und Sicherung, den Ausspruch des Verfalls und der Einziehung sowie die Verhängung von Nebenfolgen[1]. Nur ausnahmsweise

---

[1] In der internationalen Fachsprache hat sich für Strafzumessung in diesem Sinne der englische Ausdruck „sentencing" eingebürgert (vgl. *Walker,* Sentencing in a Rational Society, 1969). Dagegen geht der französische Ausdruck „traitement" (englisch „treatment") weiter, da er den gesamten Vorgang der Behandlung des Rechtsbrechers von der Einleitung des Strafverfahrens bis zur Erledigung der Strafe oder Maßregel bezeichnet.

schreibt das Gesetz selbst eine fest bestimmte Strafe vor. Im StGB gilt das nur für die lebenslange Freiheitsstrafe bei Mord (§ 211 I)[2] und bei Völkermord in seiner schwersten Form der Tötung von Mitgliedern einer geschützten Gruppe (§ 220a I Nr. 1). Sonst stellt der Gesetzgeber dem Richter einen mehr oder weniger weit gespannten *Strafrahmen* zur Verfügung (vgl. oben § 15 I 5), in dessen Grenzen die Strafe festzusetzen ist. Als Ausgangspunkt der Strafzumessungslehre hat man somit zwischen **gesetzlicher Strafbemessung** und **richterlicher Strafzumessung** zu unterscheiden[3].

2. Die gesetzliche Strafbemessung erschöpft sich nicht in der Aufstellung eines Strafrahmens, der für alle der Strafvorschrift unterzuordnenden Fälle gleich ist. Der Gesetzgeber hat vielmehr häufig innerhalb der Strafrahmen für die verschiedenen Schweregrade besondere **Wertgruppen** gebildet, die der Bindung und Führung des Richters bei der Strafzumessung dienen sollen[4]. Es handelt sich dabei um die unbenannten Strafänderungen in Gestalt „**besonders schwerer**" (z. B. §§ 212 II, 263 III) oder „**minder schwerer**" (z. B. §§ 177 II, 249 II) **Fälle.** Zur näheren Kennzeichnung besonders schwerer Fälle verwendet der Gesetzgeber zunehmend die Technik der „**Regelbeispiele**" (z. B. §§ 94 II 2, 243 I 2)[5]. Die weiteren Differenzierungen des früheren Rechts (vgl. 2. Auflage S. 642) sind weggefallen, um die gesetzliche Strafbemessung übersichtlicher zu gestalten (vgl. zum ganzen oben § 26 V).

Für die *Anwendung des Sonderstrafrahmens* kommt es darauf an, daß die Tat in ihrem Gesamtbild so sehr vom Durchschnitt der vorkommenden Fälle abweicht, daß es gerechtfertigt erscheint, sie in die herausgehobene Wertgruppe einzuordnen. Bei den besonders schweren Fällen kommen in diesem Zusammenhang nur solche objektiven und subjektiven Umstände in Betracht, die die Tat unmittelbar charakterisieren (RG 69, 164 [169]; BGH 2, 181 [182]; 4, 8 [10f.]; 5, 124 [130]), während die minder schweren Fälle wie früher die „mildernden Umstände" sämtliche Gesichtspunkte umfassen, die für die Wertung von Tat und Täter von Bedeutung sein können (BGH 26, 97), gleichgültig, ob sie der Tat selbst innewohnen und sie begleiten oder ihr vorausgehen oder nachfolgen (BGH 4, 8 [9]; BGH NJW 1960, 1869). Zunächst ist zu entscheiden, welcher Strafrahmen im Einzelfall anzuwenden ist; erst danach erfolgt die Strafzumessung (BGH NStZ 1983, 407). Zur Einordnung des Durchschnittsfalls in den gesetzlichen Strafrahmen BGH 27, 2.

3. In der Strafzumessung wird die Strafdrohung des Gesetzes für den Einzelfall konkretisiert. Sie ist damit der entscheidende Punkt, an dem im Rahmen eines Strafprozesses die Einzigartigkeit des Täters und der Tat volle Berücksichtigung finden

---

[2] Der Große Senat des BGH hat freilich in Fällen heimtückischer Tötung, wenn aufgrund außergewöhnlicher Umstände die Verhängung lebenslanger Freiheitsstrafe als unverhältnismäßig erscheint, den Strafrahmen des § 49 I Nr. 1 (Freiheitsstrafe nicht unter drei Jahren) angewendet (BGH 30, 105 [118ff.]; vgl. dazu ablehnend *Lackner*, Vorbem. 4b vor § 211 m. zahlr. Nachw.; ebenso *Bruns*, Kleinknecht-Festschrift S. 49ff.).

[3] Vgl. *Bruns*, Strafzumessungsrecht S. 36ff.; *derselbe*, Recht der Strafzumessung S. 43ff. Über das Verhältnis beider Begriffe *Montenbruck*, Strafrahmen und Strafzumessung, 1983. Gleichbedeutend ist die Unterscheidung von *Lange*, Materialien Bd. I S. 85 zwischen „gesetzlicher Strafbestimmung" und „richterlicher Strafbemessung". Zu dem rechtstheoretischen Verhältnis von Strafrahmen und Strafzumessung vgl. ferner *Hassemer*, Radbruch-Gedächtnisschrift S. 284ff. Richterliche Entscheidungen im Vollzug als zweite Stufe des Entscheidungsvorgangs obliegen jetzt in der Regel der Strafvollstreckungskammer (vgl. § 462a I StPO).

[4] Vgl. näher *Lange*, Materialien Bd. I S. 78ff.; *Dreher / Tröndle*, § 46 Rdn. 41ff.; *Lackner*, § 46 Anm. 2a, b; *Maurach / Gössel / Zipf*, Allg. Teil II S. 494ff.; *LK (G. Hirsch)* Vorbem. 44 vor § 46; *Schönke / Schröder / Stree*, Vorbem. 44ff. vor § 38; *Zipf*, Strafmaßrevision S. 24ff.; *derselbe*, Strafzumessung S. 10ff.

[5] Zur Verfassungsmäßigkeit BVerfGE 45, 363 (373); vgl. ferner *Wahle*, GA 1969, 161ff.; *Wessels*, Maurach-Festschrift S. 295ff. Kritisch zur Regelbeispieltechnik *Maiwald*, Gallas-Festschrift S. 151ff.

kann[6]. Die Strafzumessung ist neben der Beweiswürdigung und der Anwendung des Strafrechtssatzes auf den festgestellten Sachverhalt die **selbständige dritte Funktion des Strafrichters**, die den Höhepunkt seiner Spruchtätigkeit darstellt[7]. Der Richter muß sich dabei von persönlichen Vorurteilen, Sympathien und Emotionen freimachen und sein Urteil allein an objektiven Bewertungskriterien ausrichten. Da die gesetzlichen Strafrahmen weit sind und im Interesse der Individualisierung der Strafzumessung auch weit sein müssen, während der Nachprüfbarkeit von Strafzumessungsentscheidungen in der Revisionsinstanz relativ enge Grenzen gesetzt sind, ist trotz der Aufgliederung in Wertgruppen die Gefahr eines Ermessensmißbrauchs sowohl im Sinne von übermäßiger Strenge als auch übermäßiger Milde und daraus folgend auch die Gefahr der Uneinheitlichkeit in der Strafzumessungspraxis gegeben[8]. Sie kann nur durch konsequente Unterordnung des Strafzumessungsvorgangs unter die den Ermessensakt leitenden rechtlichen Gesichtspunkte in Grenzen gehalten werden (vgl. unten § 82 II).

4. Die Strafzumessungspraxis der deutschen Gerichte ist, weil es früher eine vollentwickelte Strafzumessungslehre und ein ausgebautes Strafzumessungsrecht nicht gegeben hat, immer wieder in *Krisen* geraten, die durch ihre rasche Folge und die extremen Schwankungen des Pendelausschlags nicht wenig dazu beigetragen haben, das Vertrauen der Allgemeinheit in die Justiz zu beeinträchtigen. So war die Strafzumessung der Weimarer Zeit von einer volkstümlich-moralisierenden Einstellung zum Verbrechen und zum straffälligen Menschen getragen, die den präventiven Aufgaben des Strafrechts kaum gerecht werden konnte[9]. Diese Haltung wurde unter dem Einfluß des Nationalsozialismus abgelöst durch eine vielfach an Grausamkeit heranreichende übermäßige Härte, die auf tiefer Verkennung des Sinns und der Möglichkeiten der Generalprävention beruhte[10]. Der Zusammenbruch des Regimes im Jahre 1945 brachte zunächst eine starke Reaktion in die entgegengesetzte Richtung der übermäßigen Milde, was bald zu der Forderung nach einer „neuen selbständigen Lehre über die Strafe als Schutz" führte[11]. Die innere Unsicherheit der Nachkriegszeit mündete schließlich in eine Rückkehr zu den moralisierenden Maßstäben der Vergangenheit, die der Kritik durch eine wissenschaftlich begründete Strafzumessungslehre nicht hat standhalten können[12]. Die neueste Entwicklung ist gekennzeichnet durch den Aufschwung, den die Strafzumessungslehre insbesondere durch das Werk von *Bruns*[13] und die dadurch angeregten Arbeiten genommen hat. Als Folge der besseren

---

[6] *Engisch*, Konkretisierung S. 199 ff. bedient sich dieses Beispiels zwar nicht zur Veranschaulichung seiner These, aber man muß es doch an dieser Stelle anführen, denn nirgends so sehr wie hier kann man sagen, daß sich die Gerechtigkeit ganz dem Einzelfall zuwendet.

[7] So *Spendel*, NJW 1964, 1758 f.; *derselbe*, Strafmaß S. 58 ff. *Dreher*, Bruns-Festschrift S. 163 spricht von einem „schöpferischen Akt".

[8] Zur „erstaunlich gleichförmigen" Strafzumessung, allerdings innerhalb eines Bundeslandes, *H.-J. Albrecht*, in: *Kerner / Kury / Sessar* (Hrsg.), Deutsche Forschungen Bd. 6/2 S. 1297 ff., 1326. Stärkere Unterschiede in der Beurteilung von fiktiven Fällen im Bereich der mittleren Kriminalität (Betrug, Untreue, Verkehrsdelikt), dagegen hohe Übereinstimmung bei Bagatell- (Ladendiebstahl) und Schwerkriminalität (vorsätzliche Tötung) ergab die Befragung von Richtern und Staatsanwälten in Niedersachsen durch *Streng*, Strafzumessung S. 95 ff.

[9] Vgl. *Exner*, Strafzumessungspraxis S. 94.

[10] *Eb. Schmidt*, SJZ 1946, 205. Vgl. dazu weiter OGH 2, 23 (28 ff.); BGH 10, 294 (300 f.). Die unmittelbare Folge dieser Praxis war das ausdrückliche Verbot grausamer und übermäßig hoher Strafen in MilRegG Nr. 1 Art. IV Ziff. 8. Das Verbot „unmenschlicher oder erniedrigender Strafe" findet sich jetzt in Art. 3 MRK und erweitert um das Verbot „grausamer Strafe" in Art. 7 IPbürgR.

[11] So *Adolf Arndt*, SJZ 1946, 31.

[12] Vgl. *Dreher*, Gerechte Strafe S. 21 f.; *Stratenwerth*, Tatschuld S. 4.

[13] Über den Stand der Strafzumessungslehre vgl. *Bruns*, Strafzumessungsrecht S. 8 ff.; *derselbe*, ZStW 94 (1982) S. 112 ff.; *derselbe*, ZStW 92 (1980) S. 723 ff.; *Frisch*, ZStW 99 (1987) S. 349 ff., 567 ff.; *Spendel*, Strafmaß S. 240; *Zipf*, Strafmaßrevision S. 18 ff. Eine Rationalisierung der Strafzumessung anhand eines wirtschaftswissenschaftlichen Entscheidungsmodells versucht *Haag*, Rationale Strafzumessung, 1970. Ablehnend mit Recht *Spendel*, ZStW 83 (1971)

wissenschaftlichen Durchdringung der Strafzumessung hat sich auch die Rechtsprechung, mit besonderer Intensität die des Bundesverfassungsgerichts, auf der Grundlage des Schuldprinzips, des Übermaßverbots und der §§ 46 StGB und 267 III StPO wesentlich verbreitert und verfeinert.

II. Die Strafzumessung als Ermessensakt

1. Die Festsetzung der Strafe in den Grenzen des Strafrahmens ist ein Akt richterlichen Ermessens. Dieses Ermessen ist jedoch *nicht frei*[14] wie das Ermessen der Verwaltungsbehörde, wenn diese zwischen mehreren rechtlich gleichwertigen Entscheidungen eine Auswahl allein nach Zweckmäßigkeitsgesichtspunkten zu treffen hat[15], sondern es handelt sich um ein ausnahmslos „**rechtlich gebundenes Ermessen**" (BGH 1, 175 [177])[16]. Die Ausübung des Ermessens des Richters bei der Strafzumessung hängt von teilweise ungeschriebenen **Strafzumessungsgrundsätzen** ab. Diese Grundsätze ergeben sich aus den Strafzwecken in ihrem Verhältnis zu den Strafzumessungstatsachen. Das geltende Recht gibt dem Richter jetzt **zwei zentrale geschriebene Zumessungsregeln:** Die Schuld ist Grundlage der Strafzumessung; der Richter hat auch die Wirkungen der Strafe für das künftige Leben des Täters in der Gesellschaft zu berücksichtigen (§ 46 I)[17]. Insoweit ist die Strafzumessung ohne Zweifel „strukturell Rechtsanwendung"[18]. Es ist jedoch nicht zu verkennen, daß der Entscheidungsakt des Richters auch eine *„individuelle Komponente"* enthält, die der rationalen Nachprüfung nicht in vollem Umfange zugänglich ist, da es um die gerechte Umwertung von Unrechts- und Schuldquantität in Strafgrößen geht und die Strafzumessungsgrundsätze nur Richtlinien darstellen, die nicht die gleiche Konkretheit aufweisen wie

---

S. 240ff. Ähnliche Versuche einer berechenbaren Strafzumessung unternehmen *v. Linstow,* Berechenbares Strafmaß S. 61ff., 206 und *Bruckmann,* ZRP 1973, 33f. Vgl. zur Möglichkeit der Automation ablehnend *Reinhard v. Hippel,* Lange-Festschrift S. 294, 302; sehr zurückhaltend auch *Steinmüller,* EDV und Recht S. 95. Die Einrichtung einer automatisierten Strafzumessungsdokumentation empfiehlt *Hassemer,* Automatisierte und rationale Strafzumessung S. 100ff. Zur Rationalität oder Irrationalität der Strafzumessung vgl. ferner die Beiträge in dem Heft des *Instituts für Konfliktforschung* (Hrsg.), Pönometrie, 1977; weiter *Hassemer,* ZStW 90 (1978) S. 69ff.; *Schreiber,* NStZ 1981, 340f.

[14] Zu Recht sagt *Peters,* Strafprozeß S. 641: nur innerhalb bestimmter Grenzen „setzt der Richter nach seinem Ermessen die Strafe fest". Vgl. ferner *Schröder,* Verhandlungen des 41. DJT, Bd. I, 2 S. 62; *Schöch,* Strafzumessungspraxis S. 14.

[15] So vor allem *Bettermann,* W. Jellinek-Gedächtnisschrift S. 365.

[16] So die h.L.; vgl. *Bruns,* Strafzumessungsrecht S. 91ff.; *derselbe,* Henkel-Festschrift S. 294f.; *Baumann / Weber,* Allg. Teil S. 628f.; *Frisch,* Revisionsrechtliche Probleme S. 146; *Peters,* HWB Krim, 2. Aufl. Ergänzungsband S. 135ff.; *Schmidhäuser,* Allg. Teil S. 633; *Maurach / Gössel / Zipf,* Allg. Teil II S. 552ff. (betont stärker den Gesichtspunkt der Rechtsanwendung); *Warda,* Dogmatische Grundlagen S. 125, 173ff.; *Würtenberger,* Husserl-Festschrift S. 194; *Zipf,* Strafmaßrevision S. 161ff.

[17] Vgl. dazu *Horstkotte,* JZ 1970, 122ff. Zur praktischen Bedeutung dieser fundamentalen Aussagen *Lackner,* Gallas-Festschrift S. 123f.; *LK (G. Hirsch)* § 46 Rdn. 4; *Schönke / Schröder / Stree,* § 46 Rdn. 1; *Zipf,* JuS 1974, 143 gegen die Kritik von *Stratenwerth,* Tatschuld S. 5ff. Dagegen empfiehlt *Schünemann,* in: *Eser / Karin Cornils* (Hrsg.), Neuere Tendenzen der Kriminalpolitik S. 224ff. die Ersetzung des Schuldprinzips durch die „Tatproportionalität der Strafzumessung" und die Beschränkung der Spezialprävention auf den Sicherungszweck. Beides ist mit der Intention des § 46 I nicht vereinbar. Die zu geringe Beachtung des § 46 I 2 in der Praxis rügt *Müller-Dietz,* in: *Wadle* (Hrsg.), Recht und Gesetz im Dialog S. 52ff. Die Grenzen der Verrechtlichung der Strafzumessung betont zu Recht *Lackner,* Neue Entwicklungen S. 34f., die Grenzen der Folgenberücksichtigung bei der Strafzumessung *Hassemer,* Coing-Festschrift Bd. I S. 518ff.

[18] Vgl. *Bruns,* Strafzumessungsrecht S. 91; *derselbe,* ZStW 94 (1982) S. 113; *Maurach / Gössel / Zipf,* Allg. Teil II S. 553; *Warda,* Dogmatische Grundlagen S. 119; *Zipf,* Strafmaßrevision S. 165ff.

II. Die Strafzumessung als Ermessensakt

die gesetzlichen Tatbestandsmerkmale (BGH JZ 1977, 68)[19]. Zu weit geht in der Zubilligung von Ermessensfreiheit aber BGH 21, 57 (58 f.).

2. So sehr die Strafzumessung auch der Individualisierung der Straftatfolgen zu dienen hat, so sehr muß der Richter doch darauf bedacht sein, nicht den **Gleichheitssatz** des Art. 3 GG zu verletzen. Der Gleichheitssatz verlangt, daß bei der Strafzumessung keine willkürlichen Unterscheidungen gemacht werden[20].

Beispiele: Unzulässig ist deshalb eine Erhöhung der Strafe mit der Begründung, der Angeklagte sei Ausländer (BGH NJW 1972, 2191; OLG Celle NJW 1953, 1603; vgl. aber auch BGH *Dallinger* MDR 1975, 195), ebenso die erschwerende Berücksichtigung der langjährigen Verkehrspraxis des Fahrlässigkeitstäters (KG DAR 1955, 19) oder der gehobenen sozialen Stellung des Täters eines Verkehrsdeliktes (OLG Hamm NJW 1956, 1849) oder der Jugend des Verkehrsopfers (OLG Köln DAR 1963, 306).

Die oberstrichterliche Praxis ist jedoch in der Berücksichtigung von angeblichen Verstößen gegen den Gleichheitssatz mit Recht *zurückhaltend*. Einmal wird verlangt, daß das Vorliegen sachfremder Erwägungen sich aufdrängen müsse; grundsätzlich habe der Angeklagte nur Anspruch auf die Einhaltung des gesetzlichen Strafrahmens (BVerfGE 4, 1 [7]; BGH 1, 183; 7, 86 [89])[21]. Zum anderen wird in einer unterschiedlichen Strafzumessungspraxis verschiedener Gerichte und verschiedener Kammern innerhalb desselben Gerichts wie auch in einem Wechsel der Strafzumessungspraxis derselben Kammer keine Verletzung des Gleichheitssatzes gesehen (BVerfGE 1, 332 [345 f.]; BGH VRS 21, 54; BayVerfGH GA 1964, 151; 1970, 184 [186])[22].

3. Die **Kontrolle der Strafzumessung** ist durch das Berufungsgericht in vollem, durch das Revisionsgericht in begrenztem, von der Rechtsprechung aber zunehmend erweitertem Umfange möglich. Ausgangspunkt der Überprüfung der Strafzumessung in der Revisionsinstanz ist § 267 III 1 StPO, der die Angabe der für die Strafbemessung bestimmenden Umstände in den Urteilsgründen vorschreibt (BGH 24, 268 [271]). Da das Revisionsverfahren jedoch nur die Nachprüfung des angefochtenen Urteils auf *Rechts*fehler erlaubt (§ 337 StPO), kann auch die Strafzumessung nur insoweit Gegenstand einer Revisionsrüge sein, als es sich dabei um fehlerhafte Rechtsanwendung handelt (BGH 7, 28 [29]), während der in der Strafzumessung enthaltene Bestandteil an persönlicher Bewertung sowohl der Gerechtigkeits- als auch der Zweckmäßigkeitsfrage (§ 46 I 1 und 2) einer Nachprüfung im Revisionsverfahren entzogen bleibt (vgl. oben § 82 II 1). Die Strafzumessung kann daher nur dann vom Revisionsgericht beanstandet werden, wenn entweder die Begründung in diesem Punkte widersprüchlich oder so lückenhaft ist, daß sich das Revisionsgericht über das Vorliegen oder Nichtvorliegen von Rechtsfehlern kein Urteil zu bilden vermag (BGH *Dallinger* MDR 1970, 559; OLG Frankfurt VRS 37, 60) oder wenn der Tatrichter die maßgebenden Strafzumessungsgrundsätze verkannt oder falsch angewendet hat (BGH 17, 35 [36])[23].

---

[19] So *Engisch*, Einführung S. 130; *Heinitz*, ZStW 63 (1951) S. 57; *Henkel*, Die „richtige" Strafe S. 34 ff.; *Peters*, HWB Krim Bd. II 1. Aufl. 1936, S. 743; *Schönke / Schröder / Stree*, § 46 Rdn. 7; *v. Weber*, Strafzumessung S. 13; *Würtenberger*, Kriminalpolitik S. 175 ff.

[20] Vgl. dazu *Bruns*, Strafzumessungsrecht S. 508 ff.; *Stree*, Deliktsfolgen und Grundgesetz S. 61 ff.; *Tiedemann*, GA 1964, 360 ff.

[21] *Baumann*, Summum ius S. 135 fordert deswegen eine Einengung der Strafrahmen, die aber der Gerechtigkeit der Strafzumessung kaum dienen würde. Mit Recht verweist dagegen *Schönke / Schröder / Stree*, § 46 Rdn. 68 auf die „Unwägbarkeit persönlicher Entscheidungen".

[22] Vgl. *Bruns*, Strafzumessungsrecht S. 508; *Schönke / Schröder / Stree*, § 46 Rdn. 68. Zu den Hintergründen unterschiedlicher Strafzumessung nicht überzeugend *Opp / Peukert*, Empirische Untersuchung S. 141 ff.

[23] Für eine solche begrenzte Nachprüfbarkeit der Strafzumessung *Bruns*, Engisch-Festschrift S. 708 ff.; *derselbe*, Strafzumessungsrecht S. 663 ff.; *derselbe*, Recht der Strafzumessung S. 296 ff.; *Deckers*, in: 8. Strafverteidigertag, 1985, S. 81 ff.; LK (*G. Hirsch*) § 46 Rdn. 123 ff.; *Maurach / Gössel / Zipf*, Allg. Teil II S. 556 f.; *Sarstedt / Hamm*, Die Revision in Strafsachen S. 317 f.; *Schönke / Schröder / Stree*, § 46 Rdn. 65; *Warda*, Dogmatische Grundlagen S. 180 ff.;

Beispiele: In einem Fall von Homosexualität zwischen erwachsenen Männern war das Gesetz dadurch verletzt, daß das Gericht auf die damals niedrigste mögliche Strafe von 3 DM erkannt hatte, weil es die Strafbestimmung des § 175 a.F. kriminalpolitisch für verfehlt hielt (LG Hamburg NJW 1951, 853; vgl. auch BGH NStZ 1984, 117). Es handelte sich hierbei um eine *unzulässige* Strafzumessungserwägung. Im Falle eines vielfach Vorbestraften wurde die Verhängung der Mindeststrafe für jeden Einzelfall als zu milde angesehen (RG 76, 325). Extrem überbewertet war dagegen der Strafzweck der Generalprävention, wenn ein Gericht im Kriege die beiläufige Unmutsäußerung eines Soldaten als Wehrkraftzersetzung mit der Todesstrafe ahndete (BGH 3, 110 [119]). Hier handelt es sich um *mißbräuchliche* Strafzumessungserwägungen (BGH 10, 294 [301]). *Rechtlich fehlerhaft* ist eine Begründung, die nach Zurückverweisung der Sache durch das Revisionsgericht und Anwendung eines milderen Strafrahmens das Gleichbleiben des Strafausspruchs nicht verständlich macht (BGH JR 1983, 375). Rechtlich nicht haltbar ist auch eine angesichts des Unrechts- und Schuldgehalts der Tat *unvertretbar zu milde oder zu strenge Strafe* (BGH 29, 319; BGH NStZ 1983, 268; NStZ 1985, 415; Stv 1986, 57)[24]. *Unvollständig* ist die Begründung, wenn zwingend vorgeschriebene beamtenrechtliche Disziplinarmaßnahmen unberücksichtigt bleiben (BGH NStZ 1982, 507; NStZ 1985, 215).

III. Die Gliederung des Strafzumessungsvorgangs

Der Strafzumessungsvorgang gliedert sich in die Bestimmung der Strafzwecke, die Feststellung der Strafzumessungstatsachen und die Erörterung der Strafzumessungserwägungen[25].

1. Ausgangspunkt der Strafzumessung ist die **Bestimmung der Strafzwecke,** denn nur von klar definierten Strafzwecken aus läßt sich beurteilen, welche Tatsachen im Einzelfall für die Strafzumessung bedeutsam sind und wie diese gegebenenfalls bewertet werden müssen. Die Strafe ist ein *komplexer Begriff* und deshalb sind bei dieser Bestandsaufnahme verschiedene Strafzwecke zu berücksichtigen. Die Strafe dient einmal der *gerechten Vergeltung* von Unrecht und Schuld, wobei dem Schuldgrundsatz sowohl eine die Strafe begründende als auch begrenzende Funktion zukommt (vgl. oben § 4 I 1 und 3)[26]. Die Strafzumessung hat deshalb zunächst der Ausgleichsfunktion der Strafe gerecht zu werden (§ 46 I 1) (vgl. oben § 8 II 2) (BVerfGE 6, 389 [439]; 20, 323 [331]; 25, 269 [286]; 45, 187 [253ff.]; BGH 1, 67 [70]; 7, 28 [31]; 20, 264 [266]; 24, 132). Gleichberechtigt neben der gerechten Vergeltung steht der Strafzweck

---

v. Weber, Strafzumessung S. 7ff.; *Zipf,* Strafmaßrevision S. 183ff.; *derselbe,* Strafzumessung S. 80ff. Für *volle* Revisibilität der Strafzumessung dagegen *Grünwald,* MDR 1959, 713ff., 808ff.; *Frisch,* ZStW 99 (1987) S. 802; *derselbe,* Revisionsrechtliche Probleme S. 316ff. Eine prozessuale Abgrenzungsmethode, die auf die begrenzte Mitteilbarkeit der Strafzumessungsgründe abstellt, entwickeln *Bruns,* Strafzumessungsrecht S. 700ff.; *derselbe,* Henkel-Festschrift S. 287ff. und *Frisch,* Revisionsrechtliche Probleme S. 260ff.

[24] Vgl. zur neueren Rechtsprechung des BGH die Überblicke von *Theune,* NStZ 1985, 158ff.; 1986, 153ff.

[25] So grundlegend *Spendel,* Strafmaß S. 192f. Ihm folgt die h.L.; vgl. *Bruns,* Strafzumessungsrecht S. 46ff.; *Zipf,* Strafmaßrevision S. 22.

[26] So die h.L.; *Baumann / Weber,* Allg. Teil S. 629f.; *Blei,* Allg. Teil S. 423; *Bruns,* Strafzumessungsrecht S. 311ff.; *Jagusch,* Strafzumessung S. 97; *Arthur Kaufmann,* Radbruch-Gedächtnisschrift S. 325 Fußnote 8; *LK (G. Hirsch)* § 46 Rdn. 12; *Lackner,* § 46 Anm. 3a; *Maurach / Gössel / Zipf,* Allg. Teil II S. 505ff.; *Schönke / Schröder / Stree,* § 46 Rdn. 8; *Spendel,* Strafmaß S. 87ff.; *Zipf,* Strafmaßrevision S. 44. Ein Teil der neueren Lehre bestimmt dagegen die Strafmaßschuld nicht mehr selbständig nach Tat und Täter, sondern nach der Erwägung, was zur Aufrechterhaltung des Rechtsfriedens (Generalprävention) erforderlich ist; vgl. *Jakobs,* Schuld und Prävention S. 8ff.; *Hassemer,* in: Hassemer / Lüderssen / Naucke (Hrsg.), Hauptprobleme der Generalprävention S. 34f.; *Kunz,* in: Kielwein (Hrsg.), Entwicklungslinien der Kriminologie S. 36ff. Wie der Text geht aber *Roxin,* Bruns-Festschrift S. 196f. von der gerechten Schuldstrafe aus und läßt diese für die Generalprävention genügen, weil sie bereits die „Aufgabe des Strafrechts als Schutz der Rechts- und Friedensordnung" erfüllt.

der *Spezialprävention* (vgl. oben § 8 II 3 b)[27]. Die Strafe muß deswegen auch danach bemessen werden, daß sie zur Wiedereingliederung des Täters in die Gemeinschaft beiträgt und ihn in seiner sozialen Stellung nicht mehr als unbedingt notwendig beeinträchtigt (§ 46 I 2). Diese Forderung hat in der bekannten spezialpräventiven Formel *Kohlrauschs* Ausdruck gefunden: „Bei der Strafzumessung hat das Gericht hauptsächlich zu erwägen, welche Mittel nötig sind, um den Täter wieder zu einem gesetzmäßigen und geordneten Leben zu führen"[28]. Zur Spezialprävention gehört ferner auch, was oft übersehen wird, der Schutz der Allgemeinheit vor dem gefährlichen Täter (§ 2 S. 2 StVollzG). Ein unentbehrlicher Strafzweck ist endlich die Generalprävention (vgl. oben § 8 II 3 a)[29]. Die Strafe muß danach auch so bemessen werden, daß sie die Wirkung der Tat als negatives Beispiel auf die Allgemeinheit neutralisiert und zugleich dazu beiträgt, das Rechtsbewußtsein der Gemeinschaft zu stärken und dem Gerechtigkeitsbedürfnis des von der Tat und ihren Folgen betroffenen Personenkreises Genugtuung zu verschaffen *(Bewährung der Rechtsordnung)* (BVerfGE 45, 253; BGH 6, 125 [126 f.]; 17, 321 [324]; 24, 40 [44 ff.]; BGH NJW 1966, 1276; NStZ 1983, 50). Auch der Strafzweck der Abschreckung anderer ist in der Rechtsprechung anerkannt (BGH 20, 264 [267]; 28, 318 [326]; BGH *Dallinger*, MDR 1971, 720; GA 1986, 509; NStZ 1986, 358)[30].

2. Nach der Bestimmung der Strafzwecke müssen die **Strafzumessungstatsachen** festgestellt werden (vgl. näher unten § 83)[31]. Es handelt sich dabei um diejenigen Tatumstände des Einzelfalls, die im Hinblick auf die Strafzwecke für Art und Höhe der Strafe und für die Strafaussetzung zur Bewährung Bedeutung haben, wie etwa der Wert der gestohlenen Sache (Erfolgsunrecht), die besondere Brutalität des Sittlichkeitsverbrechers (Handlungsunrecht), das Handeln aus Not beim Betrug (Schuld), die bedrohliche Zunahme einer bestimmten Verbrechensart in einem bestimmten Bereich (Generalprävention), die Unbestraftheit des Angeklagten (Spezialprävention). Die genannten Umstände müssen dabei einmal unter dem Gesichtspunkt geprüft werden, *ob sie überhaupt* Einfluß auf die Strafzumessung haben können, zum anderen ist danach zu fragen, in *welcher Richtung* sie die Höhe und Art der

---

[27] Vgl. *Bruns*, Strafzumessungsrecht S. 320 ff.; *Henkel*, Die „richtige" Strafe S. 19; *Groth*, Die Berücksichtigung der Folgen S. 130 ff.; *Nowakowski*, Strafzumessung S. 189; *Eb. Schmidt*, Materialien Bd. I S. 26 f.; *Stree*, Deliktsfolgen und Grundgesetz S. 47 ff. Dagegen gibt *Horstkotte*, JZ 1970, 123 der Spezialprävention „ein besonderes Gewicht", während *Dreher / Tröndle*, § 46 Rdn. 3 die Vorschrift im Sinne eines ausgewogenen Verhältnisses der Strafzwecke versteht. Über die (unvermeidliche) Diskrepanz zwischen § 46 StGB und § 2 S. 1 StVollzG *Müller-Dietz*, MDR 1974, 5.

[28] *Kohlrausch*, Mitt IKV Neue Folge Bd. 3 S. 7. Nach *Horstkotte*, in: Loccumer Protokolle 20/1980 S. 132 kommt freilich die Trennung der Erwägungen nach § 46 I 1 und § 46 I 2 in der großen Mehrzahl der Strafurteile nicht zum Ausdruck.

[29] So *Andenaes*, Punishment S. 34 ff.; *Dreher*, Gerechte Strafe S. 118 ff.; *Drost*, Ermessen des Strafrichters S. 171; *Jagusch*, Strafzumessung S. 98; *Lackner*, § 46 Anm. 3 c bb; *LK (G. Hirsch)* § 46 Rdn. 20 ff.; *Müller-Dietz*, Jescheck-Festschrift Bd. II S. 825 ff.; *Schönke / Schröder / Stree*, § 46 Rdn. 5; *SK (Horn)* § 46 Rdn. 10 ff.; *Zipf*, Strafmaßrevision S. 105 ff.; *derselbe*, Bruns-Festschrift S. 218 ff. Die Gegenmeinung, die annimmt, daß die Berücksichtigung der Generalprävention bei der Strafzumessung einen Verstoß gegen Art. 1 GG enthalte, vertritt *Badura*, JZ 1964, 337 ff. Kritisch dazu *Bruns*, v. Weber-Festschrift S. 92 ff.; *derselbe*, Strafzumessungsrecht S. 324 ff. (weitergehend im Sinne der Rechtsprechung aber *derselbe*, Recht der Strafzumessung S. 97 ff.); *Köhler*, Zusammenhang S. 62; *Warda*, Dogmatische Grundlagen S. 162 ff. Ähnlich das bekannte Wort von *Kohlrausch*, Mitt IKV Neue Folge Bd. 3 S. 14: „Um Generalprävention braucht man sich nicht zu sorgen."

[30] Gegen dieses „Konglomerat von Überlegungen" grundsätzlich *Schmidhäuser*, Allg. Teil S. 795.

[31] Vgl. *Bruns*, Strafzumessungsrecht S. 357 ff.; *derselbe*, Recht der Strafzumessung S. 244.

Strafe und die Aussetzungsfrage mitbestimmen. Dabei wird sich nicht selten ergeben, daß die Strafzumessungstatsachen je nach dem Strafzweck, auf den sie bezogen werden, gegensätzliche Bedeutung haben können (**Ambivalenz der Strafzumessungstatsachen**)[32].

Beispiele: Wenn der rückfällige Dieb in besonders schlechten sozialen Verhältnissen aufgewachsen ist und lebt, spricht das unter dem Gesichtspunkt des Schuldprinzips für eine geringe Geldstrafe, unter dem Gesichtspunkt der Resozialisierung kann dagegen eine längere Freiheitsstrafe mit offenem Vollzug (§ 10 StVollzG) und anschließende Bewährungshilfe am Platz sein. Wenn der Täter unter dem Eindruck häufiger Fälle des Handtaschenraubs gegenüber Frauen „es auch einmal versucht hat", verdient er nach dem Schuldprinzip Nachsicht, nach dem Gedanken der Generalprävention dagegen strenge Strafe. Vgl. auch OLG Köln MDR 1957, 247.

3. Den Abschluß des Strafzumessungsvorgangs bilden die **Strafzumessungserwägungen**. Sie betreffen die Frage, wie die Strafzumessungstatsachen im Hinblick auf die Strafzwecke zu bewerten und in Strafgrößen umzusetzen sind[33]. Aufgabe des Richters ist hier „die vernünftige, widerspruchsfreie und zureichende gedankliche Verknüpfung" der Strafzumessungstatsachen mit den Strafzwecken[34]. Dabei hängt die Richtigkeit bzw. Fehlerhaftigkeit der Strafzumessungserwägungen ab von der Einschätzung des Verhältnisses der Strafzwecke zueinander und von der Bewertung der maßgeblichen Faktoren innerhalb dieses Verhältnisses (**Strafzumessungsgrundsätze**).

Beispiele: Strafzumessungsgrundsätze unter dem Gesichtspunkt geminderten Unrechts sind die notwehrähnliche Lage oder das Ausbleiben des Erfolgs. Strafzumessungsgrundsätze unter dem Gesichtspunkt gemilderter Schuld sind die strafmildernde Berücksichtigung des Verbotsirrtums, des entschuldbaren Affekts oder der verminderten Schuldfähigkeit sowie der strafmildernde Einfluß des auf Schuldeinsicht beruhenden Geständnisses, der Wiedergutmachung des Schadens und der Bemühung um Ausgleich mit dem Verletzten (§ 46 II a. E.). Die Zumessung der Geldstrafe nach den wirtschaftlichen Verhältnissen des Täters berücksichtigt die Strafempfindlichkeit, die Verschonung des Ersttäters mit der Freiheitsstrafe die Spezialprävention.

Die maßgeblichen Strafzumessungsgrundsätze können nach dem Verhältnis der Strafzwecke zueinander verschieden sein. Nach geltendem Recht (§ 46 I) hat das Gericht auszugehen von der **Vereinigungstheorie**, die die Herstellung eines ausgewogenen Verhältnisses der verschiedenen Strafzwecke verlangt (vgl. oben § 8 V). Die Strafe muß also so bemessen werden, daß sowohl die Ausgleichsfunktion im Hinblick auf den Unrechts- und Schuldgehalt der Tat gewährleistet ist, als auch die Erfüllung der Resozialisierungsaufgabe gegenüber dem Täter wenigstens möglich gemacht wird. Außerdem muß die Allgemeinheit gegen den gefährlichen Täter geschützt werden, was wegen der strafbegrenzenden Funktion des Schuldprinzips vielfach nur durch Maßregeln möglich sein wird. Endlich verlangt die Bewährung der Rechtsordnung, daß die Strafe so bemessen wird, daß sie als sozialpädagogische Kraft in der Allgemeinheit zu wirken vermag. In vielen Fällen wird eine praktische Harmonisierung der

---

[32] Vgl. *Bruns,* Strafzumessungsrecht S. 619; *Horstkotte,* JZ 1970, 125; *Stratenwerth,* Tatschuld S. 24. Über „sachfremde" und deswegen als Strafzumessungstatsachen nicht zu berücksichtigende Umstände *Bruns,* Strafzumessungsrecht S. 359 ff. m. zahlr. Nachw.

[33] Vgl. *Bruns,* Strafzumessungsrecht S. 613 ff. Die berühmte Formel von *M. E. Mayer,* Die schuldhafte Handlung S. 190: „Das Motiv entlastet, der Charakter belastet" ist in dieser Vereinfachung nicht richtig, da es auf die *Bewertung* der Motive und Charakteranlagen ankommt. Nach *Bruns,* Recht der Strafzumessung S. 243 ff. geht es dabei wie im Text um die Festlegung der Bewertungsrichtung, die Abwägung der Strafzumessungsfaktoren gegeneinander (BGH MDR 1980, 105) und die Umsetzung der gewonnenen Ergebnisse in Art und Maß der Strafe. Über die Bedeutung des „Regelfalls" für die Bewertungsrichtung (strafschärfend oder -mildernd) *Horn,* Stv 1986, 168 ff.; kritisch dazu *Foth,* JR 1985, 397.

[34] So *Spendel,* Strafmaß S. 239.

III. Die Gliederung des Strafzumessungsvorgangs

Strafzwecke, bei der jeder von ihnen im Richterspruch Wirklichkeit gewinnt, möglich sein[35]. Wo jedoch die Strafzwecke zu gegensätzlichen und nicht zu vereinbarenden Strafzumessungserwägungen führen (**Antinomie der Strafzwecke**), hat nicht ohne weiteres die gerechte Vergeltung den Vorrang, wie heute noch überwiegend angenommen wird[36], sondern die konkurrierenden Gesichtspunkte müssen sämtlich insoweit eingeschränkt werden, wie es notwendig ist, um jeden von ihnen in bestmöglicher Weise wirksam werden zu lassen[37]. Das bedeutet praktisch folgendes: Den Bezugspunkt und die obere Grenze der Strafzumessung bildet auch im Konfliktsfall das Schuldprinzip, weil es die Grundlage allen staatlichen Strafens darstellt. Insoweit kann man in der Tat von einem „Vorrang" der gerechten Vergeltung sprechen. Eine schuldüberschreitende Strafe ist weder aus Gründen der Resozialisierung noch zum Schutze der Allgemeinheit gegen den gefährlichen Täter zulässig (BVerfGE 45, 187 [260]; 50, 5 [12]; 54, 100 [108]; BGH 20, 264 [267]; BGH *Dallinger* MDR 1973, 727; OLG Hamm MDR 1972, 254)[38]. Bis zu dieser Grenze dürfen die anderen Strafzwecke jedoch mit ihrem vollen Gewicht in die Waagschale gelegt werden. Auch die Generalprävention kann immer nur bis zur oberen Grenze der nach dem Schuldprinzip vertretbaren Strafhöhe Berücksichtigung finden (BGH VRS 27, 102; BGH MDR 1956, 180)[39]. Eine verbreitete Unsitte braucht aber keineswegs als Schuldminderungsgrund angesehen zu werden, weil der Täter immerhin weiß, daß er zur weiteren Schwächung der Rechtsordnung beiträgt (BGH NJW 1964, 261: Materialdiebstähle am Arbeitsplatz; OLG Bremen NJW 1954, 404 [405]: häufiges Fehlverhalten im Straßenverkehr). Wo indessen die Resozialisierung des Täters durch eine der Ausgleichsfunktion der Strafe voll entsprechende Sanktion gefährdet wäre, hat die gerechte Vergeltung im Hinblick auf die Präventionsaufgabe des Strafrechts in angemessener Weise zurückzutreten, was insbesondere durch die Wahl der Strafart und durch Strafaussetzung zur Bewährung geschehen kann[40]. Die Ausgleichsfunktion der Strafe bleibt aber auch in diesem Falle nicht unberücksichtigt, sondern findet ihren Aus-

---

[35] Kritisch dazu *Bruns*, Strafzumessungsrecht S. 215f. Wie der Text aber *Frisch*, ZStW 99 (1987) S. 364ff.

[36] So insbesondere *Bruns*, Strafzumessungsrecht S. 219f.; *Dreher / Tröndle*, § 46 Rdn. 9; *Jagusch*, Strafzumessung S. 97; *Maurach / Gössel / Zipf*, Allg. Teil II S. 523; *H. Mayer*, Lehrbuch S. 362; *Welzel*, Lehrbuch S. 258; *Schönke / Schröder / Stree*, § 46 Rdn. 8; *Zipf*, Strafmaßrevision S. 55ff. Aus der Rechtsprechung vgl. RG 68, 106 (109); BGH 7, 28 (31).

[37] So *Bruns*, Recht der Strafzumessung S. 94ff. (Spezialprävention), 97ff. (Generalprävention); *Lackner*, § 46 Anm. 3a; *LK (G. Hirsch)* § 46 Rdn. 118.

[38] Die Frage ist sehr umstritten. *Dreher / Tröndle*, § 46 Rdn. 12 hält eine Überschreitung aus general- wie spezialpräventiven Gründen für zulässig, soweit „die Strafe in ihrem Kern noch Schuldstrafe bleibt", *Horstkotte*, JZ 1970, 124 nur aus Gründen der Spezialprävention. Ebenso wohl der Sonderausschuß; vgl. BT-Drucksache V/4094 S. 5. Dagegen die h. L.; vgl. *Badura*, JZ 1964, 337; *Bruns*, Strafzumessungsrecht S. 307; *Cramer*, JurA 1970, 190; *Henkel*, Die „richtige" Strafe S. 42; *Lackner*, § 46 Anm. 3b aa; *LK (G. Hirsch)* Vorbem. 14 vor § 46; *Maurach / Zipf*, Allg. Teil I S. 89; *Gallas*, ZStW 80 (1968) S. 6; *Kunert*, MDR 1970, 538; *Roxin*, ZStW 81 (1969) S. 629ff.; *Schönke / Schröder / Stree*, Vorbem. 13 vor § 38; *SK (Horn)* § 46 Rdn. 21; *Schaffstein*, Gallas-Festschrift S. 103; *Schwalm*, JZ 1970, 488; *Zipf*, Strafmaßrevision S. 62. Vgl. in diesem Sinne besonders § 59 I 1 AE.

[39] Vgl. *LK (G. Hirsch)* § 46 Rdn. 24; *Maurach / Zipf*, Allg. Teil I S. 81; *Schöneborn*, ZStW 88 (1976) S. 362ff. Über die Rolle der Generalprävention in der Verkehrsstrafrechtspflege vgl. *Kaiser*, Verkehrsdelinquenz S. 394ff.; über Merkmale der Strafzumessungspraxis in Verkehrssachen *Kaiser*, Kriminologische Gegenwartsfragen S. 95f. sowie *Schöch*, Strafzumessungspraxis S. 147ff.

[40] Wie hier *Peters*, Stellung des Strafrichters S. 70; *derselbe*, Stimmen der Zeit 160 (1956/57) S. 24; *Pfenninger*, SchwJZ 30 (1933/34) S. 214; *Andenaes*, ZStW 69 (1957) S. 653ff., der richtig betont, daß es sich bei der Strafzumessung um eine Mischung von traditionalen, rationalen und emotionalen Faktoren handelt. Dazu auch *Würtenberger*, Husserl-Festschrift S. 184ff.

druck im Strafausspruch selbst, in dem Ausspruch einer Nebenstrafe (§ 44) oder in den Bewährungsauflagen, die der Genugtuung dienen. „Von ihrer Bestimmung als gerechter Schuldausgleich darf sich die Strafe weder nach oben noch nach unten inhaltlich lösen" (BGH 24, 132 [134]; 29, 319 [321]; 32, 60 [65]; OLG Hamm NJW 1977, 2087).

Um die Konkordanz der Strafzwecke im Einzelfall möglich zu machen, hat die Rechtsprechung die **Spielraumtheorie** entwickelt. Danach ist die schuldangemessene Strafe keine punktförmige Größe, sondern „es besteht hier ein Spielraum, der nach unten durch die schon schuldangemessene Strafe und nach oben durch die noch schuldangemessene Strafe begrenzt wird". Innerhalb dieser Grenzen können die anderen Strafzwecke berücksichtigt werden (BGH 7, 28 [32]; 16, 351 [353]; 20, 264 [267]; OLG Hamburg NJW 1955, 1938 [1939])[41]. Die Spielraumtheorie ist jedoch *abzulehnen*[42]. Es ist zwar richtig, daß es für eine konkrete Tat keine fest bestimmte gerechte Strafe als objektive Größe gibt, ebensowenig gibt es aber feste Grenzwerte der gerechten Strafe nach oben bzw. unten. Der Akt der Strafzumessung kann vielmehr nur so verstanden werden, daß der Richter von der nach *seiner* Auffassung schuldangemessenen Strafe ausgeht (**Punktstrafe**) und diese zugunsten der anderen Strafzwecke durch Kombination verschiedener Sanktionsmöglichkeiten modifiziert. Er darf dabei von seinem Ausgangspunkt nur soweit abweichen, daß die Strafe noch immer einen vor der Rechtsgemeinschaft vertretbaren inneren Zusammenhang mit ihrer Grundlage behält (Strafzumessung als **sozialer Gestaltungsakt**)[43].

Eine strenge Trennung der Schuld- und Präventionsgesichtspunkte nimmt die „**Stellenwert**"- oder „**Stufentheorie**" vor[44]. Danach soll die Schuld *allein* bei der Bestimmung der Strafhöhe, die Spezialprävention bei allen anderen Entscheidungen im Rahmen der Strafzumessung (Art der Strafe, Strafaussetzung, Verwarnung mit Strafvorbehalt), und nur bei diesen, zu berücksichtigen sein. Hiergegen spricht, daß die Schuld auch bei der Wahl der Strafart (Freiheits- oder Geldstrafe) und die Spezialprävention auch bei der Strafhöhe eine Rolle spielt[45].

IV. Die Strafzumessungsrichtlinien des § 46

1. Das StGB kannte **bisher keine allgemeinen Richtlinien** für die Strafzumessung. Einzelne Anhaltspunkte ergaben sich aus den §§ 27a, 27b und 27c a. F., die aus der Geldstrafenreform der Weimarer Republik stammten (vgl. oben § 73 I 2). Nachdem sämtliche Entwürfe Strafzumessungsrichtlinien mit dem Ziel einer Stütze für die Rechtsprechung aufgestellt hatten, folgte auch der E 1962 im § 60 diesem Beispiel. Diese Bestimmung, die noch allein auf das Prinzip der

---

[41] So vor allem *Bruns*, Recht der Strafzumessung S. 105 ff.; schon früher *Peters*, Stellung des Strafrichters S. 68; zustimmend *Schaffstein*, Gallas-Festschrift S. 107 ff.; *Lackner*, § 46 Anm. 3b; *Nowakowski*, Strafzumessung S. 180 f.; *Preisendanz*, Vorbem. 1 c vor § 46; *Maurach / Gössel / Zipf*, Allg. Teil II S. 508 (Schuldrahmentheorie); *Roxin*, Schultz-Festschrift S. 466; *Schönke / Schröder / Stree*, Vorbem. 10 vor § 38; *Lang-Hinrichsen*, Grundfragen S. 115; *Spendel*, NJW 1956, 775; derselbe, NJW 1964, 1765; *v. Weber*, Strafzumessung S. 7, 12; *Zipf*, Strafmaßrevision S. 55.

[42] Vgl. die von verschiedenen Punkten ansetzende Kritik von *Bruns*, Strafzumessungsrecht S. 263 ff.; *Bader*, JZ 1955, 526; *Dreher*, JZ 1967, 45 f.; *Dreher / Tröndle*, § 46 Rdn. 10; *Frisch*, Revisionsrechtliche Probleme S. 175 ff.; derselbe, ZStW 99 (1987) S. 362; *Henkel*, Die „richtige" Strafe S. 32; *Jagusch*, Strafzumessung S. 89; *Schneidewin*, JZ 1955, 506; *Schünemann*, in: *Eser / Karin Cornils* (Hrsg.), Neuere Tendenzen S. 209.

[43] Vgl. *Dreher*, Gerechte Strafe S. 64 ff.; derselbe, JZ 1967, 45 f., 1968, 211; *Dreher / Tröndle*, § 46 Rdn. 12; *Engisch*, Peters-Festschrift S. 28; *Henkel*, Die „richtige" Strafe S. 31, 39. Gegen beide Theorien *Grasnick*, Über Schuld S. 269 ff., weil Gegenstand des Schuldurteils nicht die Tat, sondern nur die Lebensgeschichte des Täters sein könne.

[44] So schon *Henkel*, Die „richtige" Strafe S. 22 ff.; ausgebaut bei *Horn*, Schaffstein-Festschrift S. 241 ff.; *SK (Horn)* § 46 Rdn. 33 ff.; *Horn*, Bruns-Festschrift S. 165 ff.; *Schöch*, Schaffstein-Festschrift S. 259 ff.; derselbe, Strafzumessungspraxis S. 92 ff.

[45] Dagegen auch *Dreher / Tröndle*, § 46 Rdn. 5; *Roxin*, Schultz-Festschrift S. 478 Fußnote 36; *Lackner*, § 46 Anm. 3c aa; *Spendel*, ZStW 83 (1971) S. 231. Andererseits bezweifelt *Bruns*, Dreher-Festschrift S. 263 lediglich die Vereinbarkeit mit § 46 I.

Schuldstrafe abgestellt war, hat der Sonderausschuß übernommen, aber durch Aufnahme der spezialpräventiven Klausel des § 46 I 2 ergänzt und dadurch das Gefüge des ganzen im Sinne der Gleichrangigkeit der Strafzwecke verändert[46].

2. **Grundlage** der Strafzumessung ist die **Schuld des Täters** (§ 46 I 1). In dieser fundamentalen Aussage wird das Schuldprinzip ausdrücklich anerkannt (vgl. oben § 4 I 2) und zum Ausdruck gebracht, daß der Sinn der Strafe jedenfalls auch im Schuldausgleich zu sehen ist (vgl. oben § 8 II 2)[47]. Gemeint ist hierbei nicht die Schuld als Systembegriff des Verbrechensaufbaus *(Strafbegründungsschuld)*, sondern das verschuldete Unrecht in seiner Gesamtheit **(Strafzumessungsschuld)** (BGH 20, 264 [266]; BGH Stv 1983, 332). Ebenso wie jene ist die Strafzumessungsschuld ein Steigerungsbegriff, so daß es schwerere und leichtere Schuld gibt. Für ihren Umfang ist wichtig, daß die Strafzumessungsschuld nicht nur auf die Tat, sondern auch auf die Täterpersönlichkeit bezogen werden muß[48]. Gleichrangig neben der Orientierung an der Schuld steht nach § 46 I 2 die Pflicht des Richters, bei jedem Strafzumessungsakt die zu erwartenden Wirkungen der Strafe auf das künftige Leben des Täters in der Gesellschaft zu berücksichtigen **(spezialpräventive Klausel)**. Damit wird einmal jeder absoluten Straftheorie, die im Schuldausgleich einen Selbstzweck sieht, eine Absage erteilt. Strafe ist nur gerechtfertigt, „wenn sie sich zugleich als notwendiges Mittel zur Erfüllung der präventiven Schutzaufgabe des Strafrechts erweist" (BGH 24, 40 [42]). Für die Strafzumessung im Einzelfall ergibt sich daraus, daß der Richter darauf zu achten hat, daß die Sanktion der Wiedereingliederung des Täters in die Gesellschaft, soweit nötig, dient und ihn auf der anderen Seite, soweit möglich, nicht aus gesicherten sozialen Verhältnissen herausreißt[49]. Die **Generalprävention** ist zwar in § 46 nicht erwähnt, aber als derjenige Strafzweck, der die Aufgabe des Strafrechts als Schutz der Rechts- und Friedensordnung (vgl. oben § 1 I 1) am unmittelbarsten verwirklicht, gar nicht zu entbehren[50] (vgl. oben § 82 III 1).

3. § 46 II gibt für die Strafzumessung in Form von regulativen Rechtsprinzipien **Richtlinien,** die schon bisher in der Rechtsprechung durch lange Übung als verbindlich angesehen wurden. Nach Satz 1 sind die Umstände, die für und gegen den Täter sprechen, gegeneinander abzuwägen. Hierzu hat der Richter die Strafzumessungstat-

---

[46] Über die Gesetzgebungsgeschichte, insbes. die maßgebliche Rolle des AE bei der Neubewertung der Strafzwecke vgl. *LK (G. Hirsch)* § 46 Rdn. 1 a; *Horstkotte,* JZ 1970, 122 ff. Die Forderung nach Aufstellung von Strafzumessungsrichtlinien ist schon alt; vgl. *Kahl,* DJZ 1906, 898; ferner *Peters,* HWB Krim, 1. Aufl. 1936, Bd. II S. 745; *Bruns,* Strafzumessungsrecht S. 96 ff. und die Resolution des VII. Internat. Strafrechtskongresses in Athen, ZStW 70 (1958) S. 146. Dagegen AE, Begründung S. 115.
[47] So die h. L.; vgl. z. B. *Cramer,* JurA 1970, 189; *Dreher/Tröndle,* § 46 Rdn. 3; *Lackner,* § 46 Anm. 3a; *LK (G. Hirsch)* § 46 Rdn. 4; *Maurach/Gössel/Zipf,* Allg. Teil II S. 523 f.; *Schönke/Schröder/Stree,* § 46 Rdn. 1. Ebenso BGH 24, 132 (134). Die Ansicht von *Horstkotte,* JZ 1970, 124, der den § 46 I 1 nur als Kennzeichnung des „Einstiegs" für den Richter versteht, wird dem Sinn der Bestimmung nicht gerecht. Auch die Forderung *Stratenwerths,* Tatschuld S. 13, 31, den Begriff der Tatschuld ganz ohne Persönlichkeitsmomente zu verstehen, entspricht nicht dem § 46 I 1, wie schon die Berücksichtigung der Vorstrafen zeigt (vgl. auch unten § 83 III 2).
[48] So zu Recht *Bruns,* Recht der Strafzumessung S. 146 f.; *Lackner,* Gallas-Festschrift S. 130; *LK (G. Hirsch)* § 46 Rdn. 6 gegen *Stratenwerth,* Tatschuld S. 28 ff. und *Zipf,* Strafzumessung S. 24; vgl. ferner eingehend *Frisch,* ZStW 99 (1987) S. 380 ff.
[49] Vgl. *Dreher/Tröndle,* § 46 Rdn. 5; *Horstkotte,* JZ 1970, 124; *Lackner,* § 46 Anm. 3c aa; *LK (G. Hirsch)* § 46 Rdn. 19; *Maurach/Gössel/Zipf,* Allg. Teil II S. 531 ff.; *Schönke/Schröder/Stree,* § 46 Rdn. 5.
[50] Vgl. *LK (G. Hirsch)* § 46 Rdn. 21 f.; *Lackner,* § 46 Anm. 3c bb; *Horstkotte,* JZ 1970, 124 f.; *Schönke/Schröder/Stree,* § 38 Rdn. 12, § 46 Rdn. 5.

sachen zunächst mit den Strafzwecken unter Anwendung der Strafzumessungsgrundsätze in Beziehung zu setzen, um dadurch ihren Stellenwert im Einzelfall zu ermitteln. Danach sind die Ergebnisse gegeneinander abzuwägen. § 46 II 2 nennt in einem nicht abschließenden **Katalog** die Umstände, die als Strafzumessungstatsachen in Betracht kommen (vgl. unten § 83 I 2 - 4, II 1, 2, III 1 - 3). Sie sind in einem doppelten Sinne **ambivalent:** sie können *einmal* für und gegen den Täter sprechen, und sie können *zum anderen* sowohl das Maß der Schuld als auch die Erfordernisse der Spezialprävention in verschiedenem Lichte erscheinen lassen[51].

V. Das Verbot der Doppelverwertung von Strafzumessungstatsachen

1. Das Verbot der Doppelverwertung bedeutet in seiner einfachsten Form, daß **Merkmale des gesetzlichen Tatbestandes** sowie Gesichtspunkte, die auf jede Straftat derselben Art zutreffen, nicht bei der Strafzumessung strafschärfend oder -mildernd verwertet werden dürfen, weil sie bei der Aufstellung des Strafrahmens vom Gesetzgeber schon berücksichtigt worden sind (§ 46 III)[52]. Das gleiche gilt für den gesetzgeberischen Zweck eines Tatbestandes oder für Umstände, die regelmäßig mit diesem verbunden sind.

Beispiele: Bei der fahrlässigen Tötung darf der Umstand, daß die leichtfertige Handlungsweise des Täters den Tod eines Menschen zur Folge gehabt hat, nicht nochmals zu seinem Nachteil verwertet werden (RG 57, 379; OLG Koblenz VRS 48, 180), bei der schweren Jagdwilderei nicht der Umstand, daß Schlingenstellen eine besonders üble Ausführungsart der Wilderei darstellt (RG 70, 220 [223]), beim Rückfall nicht die mehrfache Tatbegehung (BGH *Dallinger* MDR 1967, 898). Ebensowenig darf beim Meineid der Umstand strafschärfend herangezogen werden, daß gerichtliche Falschaussagen besonders verwerflich sind (BGH 17, 321 [324]) oder daß der Rechtsprechung durch falsche Zeugenaussagen erheblicher Schaden droht (OLG Düsseldorf 1985, 276). Gegen das Doppelverwertungsverbot verstößt auch die strafschärfende Berücksichtigung des Gewinnstrebens beim Drogenhandel (BGH NJW 1980, 1344), der Gefährlichkeit der Abgabe verschreibungspflichtiger Arzneimittel ohne Rezept (BGH NStZ 1982, 463), des Nichtrücktritts vom Versuch (BGH NStZ 1983, 217), des Einsatzes einer Waffe beim schweren Raub (BGH JZ 1982, 868).

2. Weiter darf auch die Tatsache, daß die Tat im **Versuchsstadium** stecken geblieben ist, daß der Täter vermindert zurechnungsfähig war oder nur Beihilfe geleistet hat, nicht nochmals zu seinen Gunsten verwertet werden, wenn sich der Richter dazu entschlossen hat, den nach § 49 I gemilderten Strafrahmen anzuwenden (vgl. oben § 49 V 2) (BGH 16, 351 [354]). Modalitäten in der Art dieser Umstände dürfen berücksichtigt werden (BGH 26, 311; BGH NJW 1985, 335)[53].

3. Ferner dürfen Umstände, die bei der Bemessung der Einzelstrafen verwertet worden sind, nicht nochmals bei der **Bildung der Gesamtstrafe** berücksichtigt werden (vgl. oben § 68 III 1 c)[54].

---

[51] So treffend *Horstkotte,* JZ 1970, 125.

[52] Vgl. *Dreher,* JZ 1957, 155; *Dreher / Tröndle,* § 46 Rdn. 37; *Bruns,* Strafzumessungslehre S. 363 ff.; *derselbe,* H. Mayer-Festschrift S. 375 f.; *derselbe,* Recht der Strafzumessung S. 132 ff.; *Hettinger,* Das Doppelverwertungsverbot S. 153 ff.; *Lackner,* § 46 Anm. 4c aa; *LK (G. Hirsch)* § 46 Rdn. 99 ff.; *Timpe,* Strafmilderungen S. 45 ff. Auch durch rhetorische Ausschmückungen („blühendes Menschenleben", „Mann auf der Höhe seines Schaffens", „rüstiger Greis") läßt sich das Verbot der Doppelverwertung nicht umgehen; vgl. *Jagusch,* Strafzumessung S. 103. Vgl. auch BayObLG NJW 1974, 250.

[53] So *Dreher,* JZ 1957, 155; 1968, 213; *Dreher / Tröndle,* § 46 Rdn. 38 a; *Bruns,* H. Mayer-Festschrift S. 373 ff.; *derselbe,* Recht der Strafzumessung S. 138 f.; *LK (G. Hirsch)* § 46 Rdn. 107; *Timpe,* Strafmilderungen S. 63 f.

[54] So *Dreher / Tröndle,* § 46 Rdn. 39; *SK (Samson)* § 54 Rdn. 9. Anders *Bruns,* Recht der Strafzumessung S. 140; *LK (G. Hirsch)* § 46 Rdn. 108; zweifelnd *LK (Vogler)* § 54 Rdn. 8.

4. Ein Fall des Doppelverwertungsverbots bei der **Wahl des Strafrahmens** ist in § 50 geregelt. Nach dieser Vorschrift darf ein Umstand, der einen minder schweren Fall begründet und *zugleich* ein besonderer gesetzlicher Milderungsgrund nach § 49 ist (z. B. die verminderte Schuldfähigkeit nach § 21), nur einmal berücksichtigt werden[55]. So schließt die Anwendung des § 213 wegen eines minderschweren Falles des Totschlags (Motiv, einem Kind ein unerträgliches Schicksal zu ersparen) die nochmalige Strafmilderung nach §§ 21, 49 I wegen verminderter Zurechnungsfähigkeit (reaktive Depression) aus (BGH 27, 298 [299]; BGH JR 1986, 75 m. abl. Anm. *Timpe*). § 50 verbietet die doppelte Milderung aber dann nicht, wenn der minder schwere Fall in den Umständen eine selbständige sachliche Begründung findet, weil dann der Fall des Zusammentreffens gar nicht vorliegt (BGH 26, 53 [54]; BGH *Holtz* MDR 1977, 106f.; BGH JR 1980, 246)[56].

VI. Ausländisches Recht

In den Auslandsrechten zeigt sich vielfach das Ringen zwischen einer konservativen, am Schuldprinzip orientierten Strafzumessung der Praxis und einer an den Ergebnissen der modernen Verhaltensforschung ausgerichteten Zweckstrafe in der Wissenschaft[57]. In *Österreich* geht man wie in Deutschland davon aus, daß der Schuldausgleich den Rahmen für die Strafzumessung absteckt[58]. Das neue StGB enthält in § 32 I nur das Schuldprinzip, nicht die spezialpräventive Klausel[59]. Die Strafzumessungsrichtlinien in § 32 II und III konkretisieren in praxisnaher Weise das Schuldprinzip. Auch in Österreich gab es Versuche einer Formalisierung der Strafzumessung[60]. Das *schweizerische* StGB enthält einen ganzen Abschnitt über die Strafzumessung (Art. 63 - 69). Die Teilrevision von 1971 hat daran nichts Wesentliches geändert[61]. An der Spitze steht der Grundsatz, daß der Richter die Strafe nach dem Verschulden des Täters zumißt[62]. Eine stärker von der Spezialprävention bestimmte Strafzumessung wird von *Schultz* gefordert[63]. Für *Frankreich* ist charakteristisch der starke Gegensatz zwischen den spezialpräventiven Vorstellungen der Défense sociale, die auch von einem Teil der Lehre vertreten werden, und der konservativen Haltung der Praxis[64]. Das Projet de loi portant réforme du Code pénal (1986) kennt in Art. 132 - 22 nur eine Bestimmung über die Strafzumessungstatsachen.

---

[55] Vgl. dazu eingehend *Hettinger*, Doppelverwertungsverbot S. 223 ff.; *Horstkotte*, Dreher-Festschrift S. 272 ff.; vgl. ferner *Dreher / Tröndle*, § 50 Rdn. 2ff.; *LK (G. Hirsch)* § 50 Rdn. 4ff.

[56] Zustimmend *Bruns*, JR 1980, 226 ff.

[57] Vgl. zum ganzen *L. Schmidt*, Die Strafzumessung in rechtsvergleichender Darstellung, 1961.

[58] Vgl. *Nowakowski*, Strafzumessung S. 178 ff.; *Rittler*, Bd. I S. 328; *Pallin*, Strafzumessung S. 3; *Burgstaller*, ZStW 94 (1982) S. 131 ff.

[59] Dazu *Zipf*, ÖJZ 1979, 197 ff. Über die geringen Anforderungen an die Begründung *Steininger*, ÖRiZ 1982, 250.

[60] *Graßberger*, Die Strafzumessung S. 78 geht von der Vorstellung aus, daß es in jedem Strafrahmen eine „gesetzliche Normalstrafe" gebe, die dann nach den Umständen des Einzelfalls zu modifizieren sei, wobei vor allem der Eindruck der Straftat auf die Umwelt berücksichtigt werden soll. Ähnlich der Aufbau des Strafzumessungsvorgangs bei *Dubs*, Festgabe zum Schweiz. Juristentag 1963, S. 20 ff.

[61] Vgl. *Schultz*, ZStW 83 (1971) S. 1055.

[62] In diesem Sinne entschieden *Ludwig*, Der Sühnegedanke im schweizerischen Strafrecht S. 8 ff. Eine abgewogene Darstellung auf der Grundlage der Schuld als „erstem und weitaus bedeutendstem Strafzumessungsgrund" gibt *Schwander*, Das schweiz. StGB S. 233 ff. Streng auf dem Boden des Schuldprinzips unter Ausschluß spezialpräventiver Erwägungen *Dubs*, ZStW 94 (1982) S. 169 ff.

[63] *Schultz*, ZStW 67 (1955) S. 296 ff.; *derselbe*, Einführung II S. 77 f. Der schweiz. Vorentwurf Art. 46 behält das Schuldprinzip bei, läßt aber die Unterschreitung des Schuldmaßes aus spezialpräventiven Gründen zu.

[64] Vgl. das Ergebnis der von *Chazal* veranlaßten Richterumfrage in Frankreich bei *Middendorff*, ZStW 80 (1968) S. 1031.

Die Strafzumessung selbst ist eine freie Ermessensentscheidung des Richters, „il dispose sur ce point d'une entière liberté et n'est pas tenu de motiver spécialement sa décision"[65]. In *Italien* ist die Strafzumessung der Gerichte streng formalisiert durch die arithmetische Berechnungsmethode bei der Berücksichtigung der im Einzelfall gegebenen Straferhöhungs- und Strafmilderungsgründe (Art. 63ff. C. p.)[66], doch zwingt die ausgiebige Behandlung der Strafzumessung im Gesetz auch wiederum die Wissenschaft zu vertiefter Darstellung der Probleme[67]. Im *englischen* Recht ist der Richter zwar streng an die eng auszulegenden Tatbestände des strafbaren Verhaltens gebunden, aber frei in der Wahl und Bemessung der Rechtsfolgen, zumal es abgesehen vom Mord keine gesetzlich festgelegten Mindeststrafen gibt. Die englischen Gerichte können daher sowohl mit Maßnahmen ohne Strafcharakter (discharge, probation) als auch mit der langfristigen Sicherungsstrafe (extended sentence) in hohem Maße spezialpräventiven Erwägungen Raum geben, tun das aber keineswegs immer, sondern orientieren sich stark am Schuldprinzip[68]. In den *USA* war in einigen Staaten das Bestreben charakteristisch, die Strafzumessung den Gerichten als zu „normativ" eingestellten Organen zu entziehen und besonderen, sachverständig zusammengesetzten Fachgremien anzuvertrauen[69]. Dagegen enthält der Model Penal Code in Art. 6 und 7 ein reich gestuftes System *gesetzlicher* Regeln für die Strafbemessung. Seit Mitte der 60er Jahre ist in der Praxis ein Umschwung von der stark spezialpräventiven Orientierung[70] zum „just desert"-Modell zu beobachten[71], wobei freilich die große Bedeutung der einvernehmlichen Strafzumessung im Wege des „plea bargaining" mildernd wirkt[72,73]. Das *spanische* Recht kennt zahlreiche formale Bestimmungen über die Strafrahmenbildung im Einzelfall (Art. 49ff. C. p.), betont aber die Ermessensfreiheit des Richters in den gegebenen Grenzen[74]. Im *niederländischen* Recht ist die Ermessensfreiheit des Richters besonders groß, weil es keine deliktspezifischen Mindeststrafen gibt. Die Strafzwecke werden erörtert, aber dem richterlichen Ermessen anheimgestellt. Große Bedeutung für die Einheitlichkeit der Strafzumessung haben die Richtlinien der Generalstaatsanwälte und die Begründungsregeln des Art. 359 V, VI W. v. S., die die Freiheitsstrafe zurückdrängen sollen[75]. *Brasilien* besitzt in Art. 59 C. p. eine Strafzumessungsvorschrift, die das Schuldprinzip an die Spitze stellt, im übrigen aber Repression und Prävention gleichen Rang gibt[76]. Das StGB der *DDR* enthält in § 61 „Grundsätze der Strafzumessung". Das Gericht muß dabei vor allem „die Grundsätze der sozialistischen Gerechtigkeit verwirklichen" (Abs. 1). Verlangt wird ferner in jedem Falle die „klassenmäßige Bewertung" der Straftat[77].

---

[65] So *Stefani / Levasseur / Bouloc,* Droit pénal général S. 577. Die Praxis folgt dabei einer Vereinigungstheorie mit starker Betonung des Unrechtsgehalts der Tat und der Schuldschwere.

[66] Vgl. *Nickisch,* Die Strafzumessung im deutschen und italienischen Recht, Diss. Berlin 1958.

[67] Vgl. *Stile,* Il giudizio di prevalenza, 1971; *derselbe,* ZStW 94 (1982) S. 173ff., zur Praxis insbes. S. 188ff.; *Dolcini,* ZStW 94 (1982) S. 373 (zu den Strafzumessungstatsachen des Art. 133 C. p.).

[68] Vgl. *Grünhut,* Das englische Strafrecht S. 240f. Zur pragmatischen Strafzumessung der englischen Gerichte vgl. *Cross,* The English Sentencing System, 1971; *Devlin,* Sentencing Offenders in Magistrates' Courts, 1970. Nach *Smith / Hogan,* Criminal Law S. 7 steht die Vergeltung in der Praxis im Vordergrund und hat sich auch gegenüber spezialpräventiven Tendenzen behauptet. Vgl. auch *Walker,* Sentencing S. 14.

[69] Vgl. dazu *Pfersich,* Die Strafzumessung S. 131ff.

[70] Vgl. *LaFave / Scott,* Criminal Law S. 28.

[71] *v. Hirsch,* Doing Justice S. 13ff.; *Bean,* Punishment S. 17; *Allen,* The Decline of the Rehabilitative Ideal S. 67.

[72] Vgl. dazu *Weigend,* ZStW 94 (1982) S. 200ff.

[73] Eine umfassende Darstellung der amerikanischen Praxis gibt *Dawson,* Sentencing, 1969.

[74] Vgl. *Rodríguez Devesa / Serrano Gómez,* Derecho penal S. 932ff.; 952ff.; *Muñoz Conde,* Adiciones Bd. II S. 1205.

[75] Vgl. *D. Hazewinkel-Suringa / Remmelink,* Inleiding S. 703ff., 706f., 709f.

[76] Das Schuldprinzip betonen stark *Fragoso,* Lições S. 336ff.; *de Jesus,* Comentários, Bd. 2, Art. 59 Anm. 1; *da Costa jr.,* Comentários, Anm. 1.

[77] So *Lekschas / Renneberg,* Lehrbuch S. 439. *Arnold / Buchholz,* NJ 1983, 240ff. erklären sich die Strafzumessungslehren in der Bundesrepublik mit den „politisch-ideologischen Prozessen innerhalb des modernen imperialistischen Herrschaftssystems".

§ 83 Die Strafzumessungstatsachen

Baumann, Das Verhalten des Täters nach der Tat, NJW 1962, 1793; *Bockelmann,* Wie würde sich ein konsequentes Täterstrafrecht auf ein neues StGB auswirken? Materialien, Bd. I, S. 29; *Bruns,* Prozessuale Strafzumessungsverbote usw.? NStZ 1981, 81; *derselbe,* Anmerkung zu BGH vom 28. 5. 1980, NStZ 1981, 60; *derselbe,* Die Strafzumessung bei Vollrauschdelikten, Festschrift für K. Lackner, 1987, S. 439; *Ellscheid,* Alternativen zur Strafmaßschuld, in: *Wadle* (Hrsg.), Recht und Gesetz im Dialog, 1982, S. 77; *Engisch,* Zur Idee der Täterschuld, ZStW 61 (1942) S. 166; *Ev. Akademie Hofgeismar* (Hrsg.), Das Tatopfer als Subjekt, 1981; *Frehsee,* Schadenswiedergutmachung als Instrument strafrechtlicher Sozialkontrolle, 1987; *Frisch,* Die „verschuldeten" Auswirkungen der Tat, GA 1972, 321; *Grünwald,* Zur Ankündigung von Strafmilderung für den Fall eines Geständnisses, NJW 1960, 1941; *Havekost,* Die Wiedergutmachung des Schadens als Strafaufhebungsgrund, ZRP 1980, 308; *Heinitz,* Anmerkung zu BGH 10, 259, JZ 1958, 176; *Heldmann,* Strafrechtliche Sonderbehandlung der Frau, MschrKrim 1957, 86; *Hertz,* Das Verhalten des Täters nach der Tat, 1973; *Hillenkamp,* Verwirkung des Strafanspruchs durch Verfahrensverzögerung? JR 1975, 133; *derselbe,* Vorsatztat und Opferverhalten, 1981; *derselbe,* Möglichkeiten der Erweiterung des Instituts der tätigen Reue, in: *Schöch* (Hrsg.), Wiedergutmachung und Strafrecht, 1987, S. 81; *Horn,* Systematischer Leitsatzkommentar zum Sanktionenrecht, 1987; *Horstkotte,* Die Vorschriften des 1. StrRG über den Rückfall usw., JZ 1970, 152; *Kath. Akademie Trier* (Hrsg.), Straffälligkeit und Wiedergutmachung, 1981; *Kern,* Grade der Rechtswidrigkeit, ZStW 64 (1952) S. 255; *Keutgen,* Über die Strafzumessungspraxis der deutschen Gerichte bei Sittlichkeitsdelikten, in: Bekämpfung der Sittlichkeitsdelikte, 1959, S. 193; *Klug,* Probleme der Strafzumessung bei Diebstahl, Einbruch und Raub, in: Bekämpfung von Diebstahl, Einbruch und Raub, 1958, S. 291; *Else Koffka,* Anmerkung zu BGH 24, 198, JR 1972, 471; *Kohlhaas,* Zur Strafbemessung bei Autodiebstählen, DAR 1962, 281; *Kommentar* zum StGB, Bd. 3, 1986 (Reihe Alternativ-Kommentare); *Kühne,* Anmerkung zu EGMR vom 15. 7. 1982, EuGRZ 1983, 382; *Lackner,* Anmerkung zu BGH 12, 129, JR 1959, 226; *Lang-Hinrichsen,* Zur Frage der Zurechnung von Folgen der Straftat bei der Strafzumessung, GA 1957, 1; *derselbe,* Bemerkungen zum Begriff der „Tat" im Strafrecht, Festschrift für K. Engisch, 1969, S. 353; *Lenckner,* Die kurze Freiheitsstrafe nach dem StrRG, JurA 1971, 319; *Maeck,* Opfer und Strafzumessung, 1983; *Mannheim,* Über Gleichmäßigkeit und Systematik in der richterlichen Strafzumessung, ZStW 42 (1921) S. 40; *Meier,* Die Strafzumessung bei Rückfall, in: *Kerner / Kury / Sessar* (Hrsg.), Deutsche Forschungen zur Kriminalitätsentstehung, Bd. 6/2, 1983, S. 1333; *Mittelbach,* Zur Problematik des § 170b StGB, MDR 1958, 470; *Müller-Dietz,* Schuldgefühl und Strafzumessung, Gedächtnisschrift für Z. U. Tjong, 1985, S. 126; *Nagler,* Herausgehobenes oder eigenständiges Verbrechen, ZAK 1940, 383; *Peters,* Grenzen des strafrichterlichen Ermessens usw., in: Verhandlungen des 41. DJT, Bd. I, 2, 1955, S. 1; *derselbe,* Anmerkung zu BGH 25, 24, JR 1973, 164; *Roxin,* Die Wiedergutmachung im System der Strafzwecke, in: *Schöch* (Hrsg.), Wiedergutmachung und Strafrecht, 1987, S. 37; *Rudolphi,* Literaturbericht, ZStW 85 (1973) S. 104; *Sachs,* Bewertung des Leugnens und Verschweigens usw., SJZ 1949, 102; *Salm,* Die Rechtsprechung des BGH über den strafbefreienden Irrtum, ZStW 69 (1957) S. 522; *Sauer,* System des Strafrechts, Bes. Teil, 1954; *Schafheutle,* Anmerkung zu BGH 3, 169, JZ 1953, 45; *Eb. Schmidt,* Strafzweck und Strafzumessung in einem künftigen StGB, Materialien, Bd. I, S. 9; *Schwalm,* Der Stand der Strafrechtsreform, MDR 1959, 797; *Schweikert,* Strafrechtliche Haftung für riskantes Verhalten? ZStW 70 (1958) S. 394; *Seibert,* Fehler bei der Strafzumessung, MDR 1952, 457; 1959, 258; 1966, 805; *derselbe,* Fehler bei Strafurteilen, DRiZ 1955, 32; *derselbe,* Strafzumessung, DRiZ 1966, 183; *Sessar,* Offender Restitution as Part of a Future Criminal Policy, in: *Miyazawa / Ohya,* Victimology in Comparative Perspective, 1986, S. 392; *Streng,* Schuld, Vergeltung, Generalprävention, ZStW 92 (1980) S. 637; *Ulsamer,* Art. 6 MRK und die Dauer von Strafverfahren, Festschrift für H. J. Faller, 1984, S. 373; *Vogler,* Die strafschärfende Verwertung strafbarer Vor- und Nachtaten usw., Festschrift für Th. Kleinknecht, 1985, S. 429; *Wagner,* Die Rechtsprechung des BayObLG zum Strafausspruch bei Trunkenheit am Steuer, DRiZ 1970, 277; *v. Weber,* Anmerkung zu BGH 10, 259, MDR 1957, 693; *Weigend,* Das Opferschutzgesetz usw., NJW 1987, 1170; *Wessels,* Schweigen und Leugnen im Strafverfahren, JuS 1966, 169; *Wimmer,* Gestehen und Leugnen im Strafprozeß, ZStW 50 (1930) S. 538.

Vgl. ferner die Schrifttumsangaben vor § 82.

Im Rahmen einer Darstellung des Allgemeinen Teils des Strafrechts können nur diejenigen Strafzumessungstatsachen behandelt werden, die bei *allen* Strafvorschriften in Betracht kommen. Einen *Besonderen Teil* der Strafzumessungslehre, in dem die für die einzelnen Tatbestände spezifischen Strafzumessungstatsachen zu erörtern wären, gibt es noch nicht[1]. Der Richter wägt nach § 46 II 1 die Umstände, die für und gegen den Täter sprechen, gegeneinander ab. § 46 II 2 enthält einen Katalog der Strafzumessungstatsachen, die namentlich zu berücksichtigen sind. Diese können sowohl strafschärfend als auch strafmildernd in Betracht kommen. Ihre Bedeutung für die Strafzumessung festzulegen, ist Aufgabe des Richters; er muß dabei „die gesetzlichen, höchstrichterlichen oder sonst anerkannten Bewertungsgrundsätze beachten" (BGH NStZ 1987, 405). Ein Verbot der Strafschärfung wegen des Fehlens strafmildernder Umstände gibt es nicht, jedoch dürfen rein „fiktive Erwägungen, die zu dem Lebenssachverhalt keinen Bezug haben, nicht herangezogen werden" (BGH NStZ 1981, 60 m. Anm. *Bruns*).

I. Der Unrechts- und Schuldgehalt der Tat

1. Grundlage der Strafzumessung ist die Bedeutung der Tat für die verletzte Rechtsordnung (**Unrechtsgehalt**) und die Schwere des Vorwurfs, der dem Täter wegen der Tat gemacht werden muß (**Schuldgehalt**) (RG 58, 106 [109]; BGH 3, 179; 20, 264 [266]). Die beiden für die Strafzumessung grundlegenden Faktoren stehen jedoch nicht beziehungslos nebeneinander. Die strafrechtliche Schuld ist auf das Unrecht bezogen: sie wird in ihrem Ausmaß wesentlich mitbestimmt durch den verschuldeten Unrechtsgehalt der Tat. Die Schuld weist daneben aber auch selbständige Merkmale auf, die im Unrecht der Tat kein Gegenstück haben (z. B. den Grad der Schuldfähigkeit, die mehr oder weniger leichte Vermeidbarkeit des Verbotsirrtums, echte Gesinnungsmerkmale). Unrecht und Schuld sind, wenn sie als materielle Verbrechensmerkmale verstanden werden, steigerungsfähige Begriffe (vgl. oben § 24 I 3a und oben § 39 II 1)[2]. Das bedeutet, daß u. a. die Größe des Schadens, die Art und Weise der Tatausführung und die Erschütterung des Rechtsfriedens beim Grade des Unrechts der Tat mitsprechen, ebenso wie Rücksichtslosigkeit, Überlegung, Not, Versuchung, Affekte, die die Einsichts- und Steuerungsfähigkeit mindern, Jugendlichkeit, geistige Störungen oder Irrtum für den Grad der Schuld mit zu veranschlagen sind.

2. Das **Gewicht der Rechtsverletzung** wird einmal gemessen an der Höhe und Qualität des angerichteten *Schadens,* wobei sowohl der Grad der materiellen (RG HRR

---

[1] Vgl. dazu *Bruns,* Strafzumessungsrecht S. 29 ff. Zusammenhängende Abschnitte über die Behandlung der Konkurrenzen bei den wichtigsten Einzeldelikten enthält der Kommentar von *Schönke / Schröder* (z. B. § 242 Rdn. 75 ff.; § 263 Rdn. 181 ff.; § 267 Rdn. 100), Ausführungen zur Strafzumessung i. e. S. das Werk von *Sauer,* System des Strafrechts, Besonderer Teil, 1954 (z. B. Diebstahl S. 38 f.; Betrug S. 95 f.; Urkundenfälschung S. 183, 201 f.). Zu verweisen ist ferner auf Einzeldarstellungen, z. B. *Mannheim,* ZStW 42 (1921) S. 49 ff.; *Keutgen,* in: Bekämpfung der Sittlichkeitsdelikte S. 194 ff.; *Kohlhaas,* DAR 1962, 281; *Mittelbach,* MDR 1958, 470; *Klug,* in: Bekämpfung von Diebstahl, Einbruch und Raub S. 295 ff.; *Kaiser,* Verkehrsdelinquenz S. 397 ff.; *derselbe,* Kriminologische Gegenwartsfragen S. 98 ff.; *Schöch,* Strafzumessungspraxis und Verkehrsdelinquenz, 1973; *Wagner,* DRiZ 1970, 277 ff. Hinweise finden sich weiter bei den Einzeldelikten im HWB Krim, 2. Aufl., Bd. I - III und Ergänzungsband (1965 - 1979). Eine Zusammenstellung von Leitsätzen der Rechtsprechung zu Einzeldelikten enthält *Horn,* Systematischer Leitsatzkommentar § 46 Rdn. 8 ff. Ausführliche Angaben zur Strafzumessung bietet neuerdings der Kommentar zum Strafgesetzbuch, Bd. 3 (§§ 80 - 145 d), 1986 (Reihe Alternativkommentare).

[2] Vgl. *Nagler,* ZAK 1940, 384; *Kern,* ZStW 64 (1952) S. 255 ff.; ferner die Beispiele bei *Seibert,* MDR 1959, 258. Vgl. auch die vorbildliche Regelung in § 32 II 2, III österr. StGB.

1940 Nr. 1214) als auch der seelischen (RG JW 1939, 752) Folgen der Straftat erschwerend bzw. mildernd in Betracht kommt. Auch Schäden, die außerhalb des eigentlichen Tatbestandsbereichs eingetreten sind, dürfen dabei berücksichtigt werden[3]. In Erwägung zu ziehen ist ferner der *Grad der Gefährdung* des geschützten Handlungsobjekts beim Versuch und bei den Gefährdungsdelikten. Strafmildernd wirken das Bemühen des Täters um Wiedergutmachung des Schadens (BGH MDR 1953, 146; OLG Köln NJW 1958, 2079) sowie um Erreichung eines Ausgleichs mit dem Verletzten (§ 46 II 2 a. E.) (BT-Drucksache 10/6124 S. 17)[4] und das Verhalten, insbesondere das mitwirkende Verschulden des Verletzten (BGH 3, 218 [220])[5]. Die Größe der Rechtsverletzung hängt ferner ab von der *Art und Weise der Ausführung der Tat.* So sind etwa beim Diebstahl eine nachfolgende Gewalttat des Angeklagten (RG JW 1936, 737 [738]), bei der Körperverletzung die besondere Brutalität des Tathergangs (RG DR 1943, 754), bei einem Verkehrsdelikt die überhöhte Geschwindigkeit (BGH VRS 12, 46) strafschärfend, beim Drogenhandel der Einsatz eines Lockspitzels strafmildernd (BGH 32, 345 [355]; BGH JZ 1986, 103) zu berücksichtigen. Auch der bei der Tat aufgewendete *Wille* (§ 46 II 2) ist ein die Strafzumessung mitbestimmender Faktor der *subjektiven* Seite der Tatausführung. Vorsatz und Fahrlässigkeit scheiden sich hier als Strafzumessungstatsachen (zwischen den Vorsatzstufen differenzierend BGH JZ 1981, 595). Hartnäckigkeit und Willensschwäche sind die Eckwerte der ambivalenten Bedeutung des Willens, die für Unrechtsgehalt und Spezialprävention durchaus gegenläufig sein kann (zum Gewissenstäter BayObLG 1976, 70 [73 f.])[6].

3. Da das rein objektive Unrecht für sich allein die Strafzumessung in einem Schuldstrafrecht nicht bestimmen kann, dürfen **nur die verschuldeten Auswirkungen** der Tat strafschärfend herangezogen werden (§ 46 II 2). Demgegenüber hat das RG früher überwiegend eine *objektive* Linie eingehalten, weil seinerzeit der objektive Charakter der Straftat viel stärker betont wurde (RG JW 1933, 1131; RG JW 1937, 3217; RG DR 1943, 139 [140]). Eine *Mittelstellung* nahm bisher der BGH ein. Nach seiner Auffassung mußte der Täter nur die Gefahr*lage* schuldhaft herbeigeführt haben, während die daraus erwachsenen Schadens*folgen* für ihn nicht vorausehbar gewesen zu sein brauchten (BGH 10, 259 [263 f.]; 11, 263 [266]; 23, 375 [376]; BGH VRS 14, 285; BGH MDR 1958, 15)[7]. Die h. L. verlangte dagegen schon immer Ver-

---

[3] Vgl. näher *Bruns,* Strafzumessungsrecht S. 398 f.; *Frisch,* GA 1972, 321; ferner die Rechtsprechungsnachweise bei *Schönke / Schröder / Stree,* § 46 Rdn. 19. Zur Problematik grundsätzlich *v. Weber,* MDR 1957, 693.

[4] Nach § 167 österr. StGB ist die Wiedergutmachung des Schadens vor Kenntnisnahme der Behörde bei bestimmten Delikten sogar ein Strafaufhebungsgrund; vgl. dazu *Havekost,* ZRP 1980, 308 ff. Für das deutsche Recht zum gleichen Problem de le ferenda *Hillenkamp,* in: *Schöch* (Hrsg.), Wiedergutmachung und Strafrecht S. 87 ff. *Roxin,* ebenda S. 52 empfiehlt sogar, die Wiedergutmachung „zu einer ,dritten Spur' des Strafrechts auszubauen"; ähnlich *Sessar,* in: Victimology in Comparative Perspective S. 399 ff. Zum ganzen ferner *Frehsee,* Schadenswiedergutmachung als Instrument strafrechtlicher Sozialkontrolle, 1987. Zu praktischen Fragen der Wiedergutmachung als Strafzumessungsgrund vgl. die Referate in: *Ev. Akademie Hofgeismar* (Hrsg.), Das Tatopfer als Subjekt S. 65 ff. sowie in: *Kath. Akademie Trier* (Hrsg.), Straffälligkeit und Wiedergutmachung, 1981. Auf die Gefahr, daß fehlende Genugtuungsbemühungen negativ bewertet werden könnten, weist *Weigend,* NJW 1987, 1176 hin.

[5] Hierzu eingehend und grundlegend *Hillenkamp,* Vorsatztat S. 211 ff.; vgl. weiter *Maeck,* Opfer und Strafzumessung S. 23 ff.; ferner die Rechtsprechungsnachweise bei *Schönke / Schröder / Stree,* § 46 Rdn. 24.

[6] Zur Bedeutung des Willens eingehend *LK (G. Hirsch)* § 46 Rdn. 71 ff.

[7] Zustimmend *Baumann / Weber,* Allg. Teil S. 635; *Peters,* Verhandlungen des 41. DJT Bd. I, 2 S. 30; *Salm,* ZStW 69 (1957) S. 579. Im Sinne einer Anerkennung der „Risikohaftung" auch *Schweikert,* ZStW 70 (1958) S. 395.

schulden hinsichtlich der Tatfolgen[8]. § 46 II 2 hat die Streitfrage zwar im letzteren Sinne entschieden, aber nicht geklärt, welche Art von Verschulden vorausgesetzt wird. Deswegen sind weiterhin zwei Meinungen möglich. Die eine will bei Vorsatztaten § 16, bei Fahrlässigkeitstaten § 18 anwenden[9]. Die andere sieht in *allen* Fällen die Voraussehbarkeit der Auswirkung im Sinne von § 18 als genügende Verschuldensbasis für die Zurechnung an[10]. Richtig ist bei denjenigen Folgen, die eine Verwirklichung der vom Täter geschaffenen typischen Gefahren darstellen, die zuletzt genannte Ansicht, da § 18 auch bei Vorsatztaten nicht mehr als nur die Voraussehbarkeit des qualifizierenden Erfolges verlangt (BGH VRS 15, 112; 21, 45 und 337) (vgl. oben § 29 II 3 b und oben § 54 III 2). In anderen Fällen muß bei Vorsatzdelikten hinsichtlich der schweren Folge Vorsatz gegeben sein (BGH *Dallinger* MDR 1966, 26: der Verletzte ist Schwerkriegsbeschädigter, was der Täter nicht wußte; BGH *Dallinger* MDR 1969, 533: die gestohlenen Edelsteine sind entgegen der Vorstellung des Täters keine Imitation)[11]. Entgegen der ausdrücklichen Regelung, daß nur die *verschuldeten* Auswirkungen der Tat berücksichtigt werden dürfen (§ 46 II 2 Mitte), bezieht die Rechtsprechung bei § 323 a auch die Häufigkeit und Schwere der Rauschtat, die eigentlich eine objektive Bedingung der Strafbarkeit ist, in die Strafzumessung ein (BGH 16, 122 [127]; 23, 375 [376]; BGH DAR 1982, 200; MDR 1982, 811)[12].

4. Der **Schuldgehalt** der Tat steht unter den Strafzumessungstatsachen, die das StGB dem Richter als „Leitlinie" an die Hand gibt (so BT-Drucksache V/4094 S. 5), mit Recht an der Spitze[13]. Die „Beweggründe und Ziele des Täters, die Gesinnung, die aus der Tat spricht, das Maß der Pflichtwidrigkeit" (§ 46 II 2) sind sämtlich Umstände, die die Willensbildung des Täters in einem mehr oder weniger günstigen Licht erscheinen lassen und damit den Grad der Vorwerfbarkeit der Tat vermindern oder erhöhen (vgl. oben § 38 II 5). Unter den Tatmotiven werden *äußere Anreize* (z. B. wirtschaftliche Not, politische Verhetzung, Zwang) und *innere Beweggründe* (z. B. Haß, Gewinnsucht, Mitleid, gerechter Zorn) unterschieden. Bei beiden Gruppen kommt es für die Strafzumessung darauf an, den Stärkegrad des Motivs festzustellen und seinen ethischen Wert zu ermitteln. Auch die *Ziele*, die der Täter verfolgt, müssen auf ihre ethische Qualität geprüft werden. Es macht für den Schuldgehalt der Tat einen Unterschied, ob ein Arzt einem Sterbenden eine zu hohe Dosis Morphium gibt, um ihn von seinem Leiden zu erlösen, oder ob ein Erbschleicher dasselbe tut, um zu verhindern, daß der Kranke das Testament vor seinem Tode noch abändert. Die Gesinnung des Täters ist nicht mit seinem Charakter gleichzusetzen, sondern als ein auf die Einzeltat bezogenes „aktuelles Gesonnensein" bei der Willensbildung und bei der Ausführung der Tat zu verstehen[14] (RG 67, 280: kaum überbietbare Niedrig-

---

[8] Vgl. *Bruns,* Strafzumessungsrecht S. 413; *derselbe,* Recht der Strafzumessung S. 158f.

[9] So *Schönke / Schröder / Stree,* § 46 Rdn. 26.

[10] So BGH NStZ 1985, 453 und die überwiegende Lehre; vgl. *Dreher / Tröndle,* § 46 Rdn. 23; *Heinitz,* JZ 1958, 176; *Jagusch,* Strafzumessung S. 111; *Maurach / Gössel / Zipf,* Allg. Teil II S. 515; *Lang-Hinrichsen,* GA 1957, 11; *LK (G. Hirsch)* § 46 Rdn. 57; *Schwalm,* MDR 1959, 799.

[11] So *Bruns,* Strafzumessungsrecht S. 423 ff.; *derselbe,* Recht der Strafzumessung S. 164 f.; *Frisch,* GA 1972, 330 ff.; *SK (Horn)* § 46 Rdn. 105 ff. Zweifelnd *Lackner,* § 46 Anm. 4 a bb.

[12] Dagegen zu Recht *Bruns,* Lackner-Festschrift S. 499 ff. Anders *Frisch,* ZStW 99 (1987) S. 758.

[13] Vgl. zum folgenden *Bruns,* Strafzumessungsrecht S. 548 ff.; *LK (G. Hirsch)* § 46 Rdn. 65 ff.; *Schönke / Schröder / Stree,* § 46 Rdn. 12 ff. Gegen die Orientierung der Strafzumessung an der Schuld wegen der Projektion des Strafbedürfnisses der Gesellschaft auf den Täter *Streng,* ZStW 92 (1980) S. 656 f.; *Ellscheid,* in: *Wadle* (Hrsg.), Recht und Gesetz im Dialog S. 95.

[14] Vgl. *LK (G. Hirsch)* § 46 Rdn. 68; *Schönke / Schröder / Stree,* § 46 Rdn. 16.

keit der Gesinnung bei der Tötung der Eltern; RG 76, 323 [326]: verwerfliche Gesinnung eines Gewohnheitsbetrügers; BGH 5, 124 [131]: niederträchtige Gesinnung beim unerlaubten Sichentfernen vom Unfallort; BGH NJW 1979, 1835: nicht die schlechte Praxisführung bei Verurteilung eines Rechtsanwalts wegen fortgesetzten Betrugs). Auch die Gesinnung des Täters muß nach den Normen der Sozialethik bewertet werden (z. B. ablehnende Einstellung zum geschützten Rechtsgut, geringere Vorwerfbarkeit der Tat infolge äußerer Umstände, neurotischer Veranlagung, Verbotsirrtums, unausweichlicher Affektsituation oder akuter psychischer Störung)[15]. Alle diese Wertungen dürfen nicht nach den subjektiven Moralvorstellungen des Richters oder nach der Lehrmeinung einer besonderen philosophischen Richtung, sondern nur nach dem objektiven Wertbewußtsein der Allgemeinheit getroffen werden. Ohne ein Zurückgreifen auf sittliche Maßstäbe ist indessen eine Strafzumessung nach geltendem Recht nicht möglich[16]. Zu berücksichtigen ist für den Schuldgehalt der Tat schließlich das *Maß der Pflichtwidrigkeit*, das besonders bei den Fahrlässigkeitsdelikten die Strafzumessung beeinflußt (vgl. oben § 57 II).

II. Die Täterpersönlichkeit

Wesentlich für die Strafzumessung sowohl unter Schuld- als auch unter Präventionsgesichtspunkten ist ferner die *Täterpersönlichkeit* (BGH NStZ 1981, 389; NStZ 1982, 433), die freilich nur insoweit bei der Strafzumessung berücksichtigt werden kann, als sie zu der Tat in Beziehung steht (BGH Stv 1983, 567; Stv 1984, 21; MDR 1984, 89)[17].

1. Zu berücksichtigen sind hier einmal die **persönlichen und wirtschaftlichen Verhältnisse** des Täters (§ 46 II 2)[18]. Freilich sind gerade diese Umstände mit Vorsicht zu behandeln, weil nirgends so sehr wie hier die Ambivalenz der Strafzumessungstatsachen in Erscheinung tritt. So spielen bei den *persönlichen* Verhältnissen Herkunft und Erziehung, Familienstand, körperliche und geistige Gesundheit, berufliche und soziale Stellung, Wohnungsverhältnisse und endlich die Strafempfindlichkeit des Täters (BGH 7, 28 [31]; BGH NStZ 1983, 408; OLG Hamm NJW 1957, 1003) eine nur im Einzelfall fixierbare Rolle. Sicher ist jedoch, daß eine gehobene soziale Stellung nur dann strafschärfend zu verwerten ist, wenn die Straftat gerade zu dem besonderen Pflichtenkreis des Täters in Beziehung steht (BGH *Dallinger* MDR 1966, 26; MDR 1981, 453; NStZ 1981, 258) (kein „*Prominentenstrafrecht*")[19]. Auch

---

[15] Zur strafrechtlichen Sonderbehandlung der Frau wegen der psychischen Auswirkungen der weiblichen Generationsvorgänge vgl. *Heldmann*, MschrKrim 1957, 86.

[16] Vgl. dazu den Vortrag von *Engisch* über „Recht und Sittlichkeit" nach dem Bericht von *Weber*, JZ 1966, 200. Zustimmend *Bruns*, Recht der Strafzumessung S. 245.

[17] Vgl. *Bruns*, Recht der Strafzumessung S. 182 f.; *Bockelmann*, Materialien Bd. I S. 34 f.; *Heinitz*, ZStW 63 (1951) S. 71 ff.; *Eb. Schmidt*, SJZ 1946, 207; *Schönke / Schröder / Stree*, § 46 Rdn. 29 ff.; *Lang-Hinrichsen*, Engisch-Festschrift S. 358 ff.; *LK (G. Hirsch)* § 46 Rdn. 62; *Zipf*, Strafmaßrevision S. 119 ff. Dagegen will *Stratenwerth*, Tatschuld S. 28 ff. – und im wesentlichen auch *Zipf*, Strafzumessung S. 24 f. – die Täterpersönlichkeit aus der Würdigung der Tatschuld vollständig herausnehmen und nur unter dem Blickwinkel der Prävention betrachten. Die Trennung von Tat und Täter ist aber in dieser Weise nicht durchführbar; man braucht nur an die Frage des Verschuldens bei verminderter Schuldfähigkeit, Verbotsirrtum oder Fahrlässigkeit sowie an den Rückfall zu denken. Dagegen auch *Rudolphi*, ZStW 85 (1973) S. 111 ff.

[18] Vgl. dazu näher *Bruns*, Strafzumessungsrecht S. 484 ff.; *derselbe*, Recht der Strafzumessung S. 193 ff.; *SK (Horn)* § 46 Rdn. 116 ff.

[19] Vgl. *Stree*, Deliktsfolgen und Grundgesetz S. 67 ff.; *Bruns*, Recht der Strafzumessung S. 193 ff. Dagegen will *Frisch*, ZStW 99 (1987) S. 764 nur eine Garantenpflicht gegenüber dem vom Täter verletzten Rechtsgut ausreichen lassen.

die *wirtschaftlichen* Verhältnisse können auf die Strafzumessung einen verschiedenen Einfluß haben, je nachdem, ob sie als Tatmotive beim Schuldgehalt oder davon unabhängig bei der Prüfung der Strafempfindlichkeit des Täters berücksichtigt werden[20]. Bei der Bemessung der Geldstrafe bestimmen die persönlichen und wirtschaftlichen Verhältnisse des Täters die Höhe der Tagessätze, sind aber bei der Bemessung ihrer Anzahl in der Regel noch nicht in Betracht zu ziehen (vgl. oben § 73 III 1). Die Berücksichtigung der persönlichen und wirtschaftlichen Verhältnisse darf nicht dazu führen, daß der Richter wegen der besonders günstigen Vermögensverhältnisse des Täters auf Freiheitsstrafe erkennt, weil der Angeklagte sogar durch die Höchstgeldstrafe nicht empfindlich genug getroffen werden würde (OLG Düsseldorf NJW 1965, 1614), oder daß der Angeklagte umgekehrt deswegen eine Freiheitsstrafe erhält, weil er wegen seines geringen Einkommens die Geldstrafe ohnehin nicht bezahlen könnte (RG 77, 137 [139]; BayObLG JZ 1958, 316).

2. Zur Täterpersönlichkeit gehören ferner **Maß und Art der Resozialisierungsbedürftigkeit des Angeklagten** sowie die Frage, **ob eine solche überhaupt gegeben ist.** Die Berücksichtigung der Persönlichkeit im Hinblick auf die Auswirkungen der Strafe für das künftige Leben des Täters in der Gesellschaft ist dem Gericht schon durch § 46 I 2 ausdrücklich zur Pflicht gemacht. So können etwa Elternhaus, Erziehung, Schulbildung, Beruf, Umgang, Gesundheitszustand, Intelligenz, Arbeitsplatz und gesichertes Auskommen, Familienstand, Unterhaltspflichten und insbesondere auch eine teilweise Änderung dieser Verhältnisse die Wirkungen, die von der Strafe zu erwarten sind, in ganz verschiedenem Lichte erscheinen lassen. Insbesondere kommt es für die Wahl zwischen Freiheitsstrafe und Geldstrafe, für die Dauer der Freiheitsentziehung, für die Anzahl der Tagessätze bei der Geldstrafe, für die Strafaussetzung zur Bewährung und für die Auswahl der Auflagen und Weisungen auf die Erwägung an, wie sich der Bestrafungsvorgang im ganzen einschließlich des Vollzugs einer etwaigen Freiheitsstrafe auf den Täter, seine berufliche und soziale Stellung und auf seine charakterliche Festigung im Hinblick auf die Verhütung künftiger Straftaten auswirken würde.

III. Das Vorleben des Täters, sein Verhalten nach der Tat, die überlange Verfahrensdauer

1. Durch die Berücksichtigung des **Vorlebens des Täters** und **seines Verhaltens nach der Tat** (§ 46 II 2) wird der Kreis der Strafzumessungstatsachen wesentlich erweitert, doch ist diese Ausdehnung für eine gerechte und zugleich verbrechensvorbeugende Reaktionsweise unentbehrlich. Der Anklagegrundsatz (§§ 151, 155, 264 StPO) wird durch die Einbeziehung von Vorgängen, die vor oder nach der Tat liegen, nicht verletzt (BGH NJW 1951, 769 [770]). Allerdings darf die Strafzumessung mittels ihrer enormen Spannweite *nicht* zu einer *Gesamtabrechnung* mit dem Angeklagten führen, weil es nicht Sache des Strafrechts sein kann, die ganze Lebensgeschichte eines Menschen vor den Richterstuhl zu ziehen[21]. Bei Straftaten von geringerer Bedeutung verbietet sich eine vertiefte Persönlichkeitserforschung schon wegen des auch im Strafprozeß zu wahrenden Persönlichkeitsschutzes und im Hinblick auf das Erfordernis der Prozeßökonomie (vgl. oben § 38 IV 1). Aber auch bei schwerwiegenden Straftaten darf die Berücksichtigung des Vorlebens und des Verhaltens des Angeklagten nach der Tat nicht zur Gesinnungsbestrafung führen (BGH NJW 1954, 1416), vielmehr dürfen nur solche Umstände in die Strafzumessung einbezogen wer-

---

[20] Vgl. *Bruns,* Recht der Strafzumessung S. 198f.; *Dreher / Tröndle,* § 46 Rdn. 26; *LK (G. Hirsch)* § 46 Rdn. 87f.

[21] Vgl. *Bruns,* Recht der Strafzumessung S. 147.

III. Vorleben des Täters, Verhalten nach der Tat, überlange Verfahrensdauer

den, die **eine Beziehung zur Tat** aufweisen und deswegen als *Indizien* für die Schuld oder die Gefährlichkeit des Täters angesehen werden können (BGH MDR 1954, 693; BGH 5, 124 [132]; BGH MDR 1955, 146; NStZ 1984, 259; KG DAR 1957, 107)[22].

2. Aus dem **Vorleben des Täters**[23] kann die bisherige gute Führung strafmildernd berücksichtigt werden, sofern sie die Tat als ein isoliertes Versagen einer im übrigen intakten Persönlichkeit erscheinen läßt (BGH 8, 186; BGH GA 1956, 154; NJW 1966, 894; NStZ 1982, 376). Zum Nachteil des Angeklagten fallen *Vorstrafen* besonders ins Gewicht, sie sind in der Praxis der weitaus wichtigste Strafzumessungsgrund. In der Regel dürfen sie nur dann herangezogen werden, wenn es sich um einschlägige Verurteilungen handelt, aus denen auf die erhöhte Schuld des rückfälligen Täters oder auf seine Gefährlichkeit für die Zukunft geschlossen werden kann (BGH MDR 1963, 331; BayObLG MDR 1976, 598; OLG Hamm NJW 1959, 305)[24]. Die Berücksichtigung nicht einschlägiger Vorstrafen ist jedoch nicht ausgeschlossen (BGH 24, 198 [199] m. Anm. *Else Koffka*, JR 1972, 471; KG VRS 30, 200). Die Verwertung von Vorstrafen wird durch § 51 BZRG allerdings stark eingeschränkt (vgl. unten § 87 IV 2). Strafen, die im Zentralregister getilgt oder tilgungsreif sind, dürfen danach dem Betroffenen im Rechtsverkehr nicht mehr vorgehalten und daher auch bei der Strafzumessung zu seinem Nachteil nicht berücksichtigt werden (BGH 24, 378 [380]; BGH NStZ 1983, 19; BayObLG 1972, 3). Auch Vortaten, deren Verfolgung nach §§ 154, 154a StPO eingestellt worden ist, können strafschärfend berücksichtigt werden, wenn sie prozeßordnungsgemäß festgestellt sind und der Angeklagte darauf hingewiesen wird (BGH 30, 147; 30, 165; 30, 197)[25]. Ein nicht strafbares, aber verwerfliches Vorverhalten kann nur dann zum Nachteil des Angeklagten verwertet werden, wenn eine Beziehung zur Tat besteht (BGH 1, 51: Zerrüttung der Familie durch Trunksucht und liederlichen Lebenswandel; BGH 6, 243 [245]: Verschweigen von Vorstrafen bei der Anstellung als Beamter; BGH MDR 1954, 151: sorgfältige Vorbereitung der künftigen Straftat; BGH NJW 1985, 870: Vorgeschichte eines Totschlags).

3. Auch das **Nachverhalten des Täters**[26] kann Rückschlüsse auf seine Schuld oder Gefährlichkeit zulassen, freilich ist hier noch schärfer als beim Vorverhalten auf die Indizwirkung (BGH 1, 105 [106]; BGH MDR 1971, 895) des betreffenden Umstandes zu achten (BGH 17, 143 und OLG Oldenburg NJW 1968, 1293 über die Berücksichtigung des sog. „Nachtrunks" bei § 142)[27]. Strafmildernd kann insbesondere die

---

[22] So die h. L.; vgl. schon *Beling*, Die Lehre vom Verbrechen S. 245ff.; ferner *Baumann*, NJW 1962, 1795ff.; *Bruns*, Strafzumessungsrecht S. 565; *Dreher*, ZStW 77 (1965) S. 225ff.; *Maurach / Gössel / Zipf*, Allg. Teil II S. 534; *Schönke / Schröder / Stree*, § 46 Rdn. 30; *Seibert*, MDR 1952, 458; *Spendel*, Strafmaß S. 230ff.

[23] Vgl. näher *Bruns*, Strafzumessungsrecht S. 578ff.; *derselbe*, Recht der Strafzumessung S. 228f.; *LK (G. Hirsch)* § 46 Rdn. 84; *Schönke / Schröder / Stree*, § 46 Rdn. 30.

[24] Ebenso die h. L.; *Bruns*, Recht der Strafzumessung S. 223; *Lackner*, § 46 Anm. 4 b aa; *LK (G. Hirsch)* § 46 Rdn. 79ff.; *Schönke / Schröder / Stree*, § 46 Rdn. 31; *SK (Horn)* § 46 Rdn. 124ff. Dagegen erblickt *Frisch*, ZStW 99 (1987) S. 772 im Rückfall weder eine Erhöhung des Unrechts- noch des Schuldgehalts der Tat. Zur Häufigkeit der Berücksichtigung von Vorstrafen als Strafzumessungsgrund vgl. *Meier*, in: *Kerner / Kury / Sessar*, Deutsche Forschungen Bd. 6/2 S. 1341ff.

[25] Zustimmend *Bruns*, NStZ 1981, 81ff. Der Einwand *Voglers*, Kleinknecht-Festschrift S. 438ff., ein solches Vorgehen verletze die Unschuldsvermutung des Art. 6 II MRK, greift nicht durch, da die Vortaten zur Überzeugung des Gerichts feststehen müssen.

[26] Vgl. näher *Bruns*, Strafzumessungsrecht S. 591ff.; *derselbe*, Recht der Strafzumessung S. 230ff.; *LK (G. Hirsch)* § 46 Rdn. 93ff.; *Maurach / Gössel / Zipf*, Allg. Teil II S. 517ff.; *Hertz*, Das Verhalten des Täters nach der Tat S. 129.

[27] Kritisch dazu *Baumann*, NJW 1962, 1793.

Wiedergutmachung des Schadens und das Bemühen um Ausgleich mit dem Verletzten (§ 46 II a. E.) (vgl. oben § 83 I 2), strafschärfend das besonders rohe Verhalten nach der Tat (RG DR 1943, 754: der Täter läßt das durch einen Schrotschuß schwer verletzte Opfer liegen) und die Begehung neuer Straftaten ins Gewicht fallen (BGH *Dallinger* MDR 1957, 528)[28].

4. Ein Sonderproblem des Verhaltens nach der Tat ist das **Prozeßverhalten des Angeklagten.** Das Gericht hat dabei besonders darauf zu achten, daß der Gebrauch prozessualer Rechte dem Angeklagten bei der Strafzumessung auch nicht mittelbar zum Nachteil gereichen darf (BGH 5, 124 [132]; BGH NJW 1955, 1158; *Dallinger* MDR 1973, 370; NStZ 1981, 343)[29]. So kann ihm z. B. die Aussageverweigerung nicht angekreidet werden, da der Angeklagte in jedem Stadium des Prozesses nach §§ 136 I 2, 163a IV 2, 243 IV 1 StPO das Recht hat zu schweigen (BGH 5, 238 [239]). Gegen eine bei den Instanzgerichten nicht seltene Praxis, Geständnis und Leugnen *schematisch* zu seinen Gunsten bzw. Ungunsten zu veranschlagen, bestehen schwere Bedenken, da auf diese Weise die Verteidigungsfreiheit im Prozeß eingeschränkt wird (BGH GA 1981, 572 m. Rechtspr.; OGH 2, 220; OLG Hamm SJZ 1950, 844)[30]. Nur soweit das Geständnis oder das Leugnen des Angeklagten „Schlüsse auf das Maß seiner persönlichen Schuld oder den Grad seiner Gefährlichkeit zuläßt" (BGH 1, 103 [105]; 105 [106]; BGH NStZ 1983, 118), darf es bei der Strafzumessung berücksichtigt werden (vgl. auch BGH 1, 342)[31]. Zur Frage der Verwertung des Leugnens des Beschuldigten bei der Festsetzung der Strafe hat sich eine stark differenzierte Kasuistik entwickelt[32].

5. Strafmildernd anzurechnen ist die von den Strafverfolgungsorganen verschuldete und den Angeklagten psychisch stark belastende **überlange Verfahrensdauer,** die seinen Anspruch aus Art. 6 I 1 MRK verletzt, daß seine Sache in angemessener Frist gehört wird (BVerfGE [Vorprüfungsausschuß] NJW 1984, 967 [968]; BGH 24, 239 [242]; BGH NStZ 1983, 135; JZ 1986, 103[33]; EGMR EuGRZ 1983, 371 [379] m. Anm. *Kühne*), ferner auch der längere Zeitablauf seit der Tat (BGH NStZ 1986, 217).

§ 84 Strafzumessung in besonderen Fällen

H.-J. Albrecht, Kriminologische Aspekte der Rückfallkriminalität usw., in: *Jescheck / Kaiser* (Hrsg.), Erstes deutsch-polnisches Kolloquium über Strafrecht und Kriminologie, 1983, S. 101; *Berckhauer,* § 48 StGB: Anspruch und Wirklichkeit, MschrKrim 1982, 270; *Bindokat,* Zur Rückfallstrafe de lege ferenda, ZStW 71 (1959) S. 281; *Blei,* Die „Verteidigung der Rechtsordnung" usw., JA 1970, 397, 461; *derselbe,* Anmerkung zu BayObLG NJW 1974, 1256, JA 1974, 609; *Cramer,* Das Strafsystem des StGB nach dem 1. 4. 1970, JurA 1970, 183; *De Nauw,* Les nouvelles techniques juridiques de la récidive en droit comparé, Rev dr pén crim 58 (1978) S. 351; *Dreher,* Anmerkung zu KG vom 13. 11. 1969, JR 1970, 228; *derselbe,* Zweifelsfragen

---

[28] Zur Berücksichtigung des Schuldgefühls *Müller-Dietz,* Tjong-Gedächtnisschrift S. 135 f.
[29] Ebenso *Bruns,* Recht der Strafzumessung S. 232; *LK (G. Hirsch)* § 46 Rdn. 95.
[30] Vgl. *Grünwald,* MDR 1959, 810; *derselbe,* NJW 1960, 1941; *Lackner,* § 46 Anm. 4 b cc; *Wimmer,* ZStW 50 (1930) S. 538 ff.; *Schmidhäuser,* Allg. Teil S. 798 f.
[31] Übereinstimmend *Bruns,* Recht der Strafzumessung S. 231; *Dreher,* Gerechte Strafe S. 97 ff.; *Sachs,* SJZ 1949, 104; *Eb. Schmidt,* Materialien Bd. I S. 27; *Wessels,* JuS 1966, 174 ff. Gegen die „Indizkonstruktion" *Frisch,* ZStW 99 (1987) S. 779 f.
[32] Vgl. die Nachweise bei *Bruns,* Strafzumessungsrecht S. 601 f.; ferner *Seibert,* DRiZ 1955, 35 und 1966, 183; *Schönke / Schröder / Stree,* § 46 Rdn. 42 f.
[33] Zustimmend *Ulsamer,* Faller-Festschrift S. 383. Für Verfahrenseinstellung dagegen *Hillenkamp,* JR 1975, 138.

zur Anrechnung der Untersuchungshaft, MDR 1970, 965; *Maria Eder-Rieder,* Rückfallschärfung usw. im deutschen, österreichischen und schweizerischen Recht, in: *Göppinger / Vossen* (Hrsg.), Rückfallkriminalität, Führerscheinentzug, 1986, S. 15; *Foregger,* Die Problematik der rechtlichen Behandlung des Rückfalls, ebenda S. 1; *Frisch,* Das Verhältnis der Milderung nach § 49 Abs. 2 StGB zu den „minder schweren Fällen", JR 1986, 89; *Frosch,* Die allgemeine Rückfallvorschrift des § 48 StGB, 1976; *v. Gerkan,* Verhängung und Aussetzung kurzer Freiheitsstrafen nach dem 1. StrRG, k + v 1969, 291; *Groß,* Die Anrechnung der Untersuchungshaft bei Zurücknahme eines Rechtsmittels, NJW 1970, 127; *Grünwald,* Das Rechtsfolgensystem des AE, ZStW 80 (1968) S. 89; *Haffke,* Rückfall und Strafzumessung, Kriminalsoziologische Bibliographie, 1981, 11; *Hanack,* Zur Problematik einer Sonderstrafe für Rückfalltäter, in: Programm für ein neues StGB, 1968, 100; *Heinz,* Entwicklung, Stand und Struktur der Strafzumessungspraxis usw., MschrKrim 1981, 148; *derselbe,* Recht und Praxis der Untersuchungshaft in der Bundesrepublik Deutschland, BewH 1987, 5; *Horstkotte,* Der Allgemeine Teil des StGB nach dem 1. 9. 1969, NJW 1969, 1601; *derselbe,* Die Vorschriften des 1. StrRG über die Strafbemessung, JZ 1970, 122; *Jescheck,* Das Strafensystem des Vorentwurfs usw. in rechtsvergleichender Sicht, Festschrift für K. Lackner, 1987, S. 901; *Jescheck / Krümpelmann* (Hrsg.), Die Untersuchungshaft usw., 1971; *Jung,* Fortentwicklung des strafrechtlichen Sanktionensystems, JuS 1986, 741; *Kaiser,* Praxis der Strafzumessung usw., Kriminologische Gegenwartsfragen, 1972, Heft 10, S. 92; *Koch,* Die „Verteidigung der Rechtsordnung" bei Verkehrsvergehen, NJW 1970, 842; *Kunert,* Kurze Freiheitsstrafe und Strafaussetzung zur Bewährung usw., MDR 1969, 705; *Kunz,* Der kurzfristige Freiheitsentzug in der Schweiz, in: *Schuh* (Hrsg.), Aktuelle Probleme des Straf- und Maßnahmenvollzugs, 1987, S. 49; *Lackner,* Strafrechtsreform und Praxis der Strafrechtspflege, JR 1970, 1; *Lenckner,* Die kurze Freiheitsstrafe nach den Strafrechtsreformgesetzen, JurA 1971, 319; *Maatz,* Zur Anrechnung von in anderer Sache erlittener Untersuchungshaft usw., MDR 1984, 712; *derselbe,* Anmerkung zu OLG Celle vom 23. 11. 1984, NStZ 1985, 168; *Meier,* Anwendung und Bedeutung der allgemeinen Rückfallvorschrift, ZStW 95 (1983) S. 316; *J. Meyer,* Strafrechtliche Aspekte des Rückfalls im deutschen Recht, in: *Jescheck / Kaiser* (Hrsg.), Erstes deutsch-polnisches Kolloquium über Strafrecht und Kriminologie, 1983, S. 79; *Moos,* Die höchstrichterliche Rechtsprechung zur Strafschärfung bei Rückfall nach § 39 StGB, Strafr. Probleme 7, S. 1; *derselbe,* Die authentische Interpretation usw., ÖJZ 1980, 113, 143, 169; *Pallin,* Lage und Zukunftsaussichten der österreichischen Strafrechtsreform usw., ZStW 84 (1972) S. 198; *Pfeiffer,* Zur Strafschärfung bei Rückfall usw., Festschrift für G. Blau, 1985, S. 291; *Pohlmann,* Änderungen der StrafvollstrO usw., Rechtspfl. 1970, 265; *Quensel,* Kurze Freiheitsstrafen usw., in: Mißlingt die Strafrechtsreform? 1969, S. 108; *Schöch,* Kriminologie und Sanktionsgesetzgebung, ZStW 92 (1980) S. 143; *derselbe,* Die Rechtswirklichkeit der Untersuchungshaft in der Bundesrepublik Deutschland, in: *Schuh* (Hrsg.), Aktuelle Probleme des Straf- und Maßnahmenvollzugs, 1987, S. 61; *Schoene,* Zur Verteidigung der Rechtsordnung unerläßlich, NJW 1970, 2241; *Schröder,* Anmerkung zu BGH 23, 307, JR 1971, 28; *derselbe,* Zur Verteidigung der Rechtsordnung, JZ 1971, 241; *Schultz,* Schweizer Strafrecht, ZStW 83 (1971) S. 1045; *Tiedemann,* Neue Methoden im Vollzug freiheitsbeschränkender Strafen, JZ 1967, 420; *Tröndle,* Die Geldstrafe im neuen Strafensystem, MDR 1972, 461; *Zipf,* Die Geldstrafe und ihr Verhältnis zur Freiheitsstrafe, in: Strafrechtliche Probleme 4, 1976, S. 164.

Vgl. ferner die Schrifttumsangaben vor §§ 82 und 83.

I. Die Einschränkung der kurzfristigen Freiheitsstrafe (§ 47)

1. Die Einschränkung der kurzfristigen Freiheitsstrafe war einer der *wichtigsten Programmpunkte der Strafrechtsreform.* Das neue Recht verwirklicht diese Forderung (die in der Überschrift des § 47 ausdrücklich bejaht wird) einmal durch die Vorschrift des § 47, der die Verhängung einer Freiheitsstrafe unter sechs Monaten nur noch in Ausnahmefällen zuläßt, weiter in der Verpflichtung des Richters, die Vollstreckung von Freiheitsstrafen unter sechs Monaten bei günstiger Täterprognose in jedem Falle auszusetzen (§ 56 I, III), endlich in der Abschaffung von Freiheitsstrafen unter einem Monat (§ 38 II) (anders nur die Ersatzfreiheitsstrafe, § 43 S. 3 sowie der Strafarrest, § 9 WStG und der Ersatzstrafarrest, § 11 WStG). Der Gesetzgeber folgte dabei der bekannten These von der besonderen **Schädlichkeit der kurzfristigen Freiheitsstrafe,** die keine Resozialisierung bewirken kann, wohl aber den Verurteilten durch den Verlust des Arbeitsplatzes, die Lockerung des Familienbandes, die kriminelle Ansteckungsgefahr, den Gewöhnungseffekt sowie den Makel, „gesessen" zu haben, oft genug entsozialisiert und durch

die Überfüllung der Anstalten mit fluktuierenden Gefangenenmassen eine durchgreifende Verbesserung der Verhältnisse im Vollzug verhindert[1]. Zu der vom AE und der Strafvollzugskommission empfohlenen *vollständigen* Abschaffung der kurzfristigen Freiheitsstrafe hat sich der Sonderausschuß des Bundestages jedoch *nicht* verstanden (vgl. oben § 72 III 2), weil überzeugende Alternativen vorläufig noch fehlen, im westlichen Ausland bisher kein Staat diese radikale Lösung angenommen hat und auch nicht ohne Erfolg versucht wird, der kurzfristigen Freiheitsstrafe durch neue Vollzugsmethoden einen positiven Sinn zu geben[2] (vgl. BT-Drucksache V/4094 S. 6).

2. Der neue § 47, der auch für Verbrechen gilt, stellt eine **Wahlregel** zwischen Freiheitsstrafe unter sechs Monaten und Geldstrafe **zugunsten der Geldstrafe** auf, die die Geldstrafe in diesem Bereich zur Regelstrafe macht.

a) Ehe diese Wahlregel jedoch zum Zuge kommen kann, muß die negative Voraussetzung ihrer Anwendung feststehen, daß nämlich weder allein eine Geldstrafe noch allein eine Freiheitsstrafe von mindestens sechs Monaten angemessen ist. Ist wegen der geringen Schuld des Täters nach § 46 I 1 von vornherein nur eine Geldstrafe verdient und sieht die betreffende Strafvorschrift die Möglichkeit vor, allein auf Geldstrafe zu erkennen, so ist § 47 I nicht anzuwenden, da die Wahlregel keinesfalls dazu führen darf, die der Schuld entsprechende Strafe zu überschreiten (OLG Köln NJW 1966, 1326 [1327]; OLG Zweibrücken MDR 1970, 434)[3]. Ergibt die Anwendung des § 46 andererseits, daß auf eine Freiheitsstrafe von mindestens sechs Monaten zu erkennen ist, so scheidet die Wahlregel des § 47 ebenfalls aus, weil es sich dann nicht um eine kurzfristige Freiheitsstrafe handelt. Der Richter muß somit zu dem **Vorergebnis** gelangt sein, daß eine Freiheitsstrafe, aber nicht eine solche von sechs Monaten und darüber, angemessen ist, damit § 47 überhaupt angewendet werden kann.

b) **§ 47 regelt zwei verschiedene Fallgruppen.** *Abs. 1* bezieht sich auf Strafvorschriften, in denen Freiheits- und Geldstrafe zur Wahl gestellt werden (z. B. §§ 113, 123, 142, 185, 242, 246, 263). Eine Freiheitsstrafe darf in diesem Falle nur ausnahmsweise verhängt werden, und zwar dann, wenn besondere Umstände in der Tat oder in der Persönlichkeit des Täters gegeben sind, die die Freiheitsstrafe zur Einwirkung auf den Täter oder zur Verteidigung der Rechtsordnung unerläßlich machen. *Abs. 2* bezieht sich dagegen auf diejenigen Strafbestimmungen, in denen Freiheitsstrafe mit einer geringeren Mindesthöhe als sechs Monate allein angedroht ist (z. B. §§ 80a, 106, 153, 223b, 272, 315 I, 340 I 1). Dies gilt auch für besonders schwere Fälle (z. B. § 243) und minder schwere Fälle (z. B. § 340 II zweiter Halbsatz). Die Vorschrift erweitert für alle diese Fälle den Strafrahmen in der Weise, daß außerdem Geldstrafe wahlweise zugelassen wird. Die Entscheidung zwischen Freiheitsstrafe unter sechs Monaten und Geldstrafe ist im übrigen nach der Wahlregel des Abs. 1 zu treffen. Ist das Mindestmaß der allein angedrohten Freiheitsstrafe über das generelle Minimum von einem Monat (§ 38 II) angehoben (vgl. die vorstehenden Beispiele), so bestimmt sich das Mindestmaß der Geldstrafe nach dem Mindestmaß der Freiheitsstrafe, wobei 30 Tagessätze einem Monat Freiheitsstrafe entsprechen (§ 47 II 2). Die Mindestgeldstrafe für einen besonders schweren Fall des Diebstahls beträgt danach 90 Tagessätze

---

[1] Vgl. die Zahlen oben § 5 V 1, VI; sowie *Kaiser / Kerner / Schöch*, Strafvollzug S. 215; ferner *Quensel*, Kurze Freiheitsstrafen S. 112f.; *Bruns*, Strafzumessungsrecht S. 329ff.; *Zipf*, in: Strafrechtliche Probleme 4 S. 167. Vgl. ferner oben § 72 III 1, 2.

[2] Vgl. den Bericht von *Tiedemann*, JZ 1967, 420ff. über das Kolloquium der Fondation Internationale Pénale et Pénitentiaire zum Thema „Neue Methoden im Vollzug freiheitsbeschränkender Strafen".

[3] So *Bruns*, Strafzumessungsrecht S. 331f.; *v. Gerkan*, k + v 1969, 292; *Horstkotte*, JZ 1970, 127; *Lenckner*, JurA 1971, 323f.; *LK (G. Hirsch)* § 47 Rdn. 4. Anders *Dreher / Tröndle*, § 47 Rdn. 6; *Maurach / Gössel / Zipf*, Allg. Teil II S. 562, die § 47 anwenden wollen, auch wenn allein Geldstrafe schuldangemessen ist.

(§§ 243 I 1, 47 II 2). § 47 II ist auch anzuwenden, wenn sich eine Freiheitsstrafe unter sechs Monaten erst als Folge der allgemeinen Milderungsvorschrift des § 49 ergibt[4]. Sind **mehrere Einzeltaten** abzuurteilen, so muß § 47 auf die Einzeltaten bezogen werden (BGH 24, 164; BGH MDR 1969, 1022; NJW 1971, 1415; OLG Hamm GA 1970, 117; OLG Frankfurt NJW 1971, 666), doch kann deren Häufung anzeigen, daß der Täter auf dem Wege ist, einen kriminellen Hang zu entwickeln, und daß deshalb die Verhängung einer Freiheitsstrafe zur Einwirkung auf ihn (insbesondere durch Strafaussetzung mit Weisungen nach §§ 56c, 56d) unerläßlich ist (BGH *Dallinger* MDR 1970, 196; OLG Hamburg MDR 1970, 437)[5]. Gegen die Verfassungsmäßigkeit des § 47 bestehen keine Bedenken (BVerfGE 28, 386 [389ff.]).

3. Die Ausnahme, bei deren Vorliegen eine kurzfristige Freiheitsstrafe weiterhin zu verhängen ist, setzt nach § 47 I voraus, daß besondere Umstände in der Tat oder in der Person des Täters vorliegen. Diese Umstände müssen ergeben, daß **Freiheitsstrafe unerläßlich** ist, und zwar entweder zur Einwirkung auf den Täter *(spezialpräventive* Begründung) oder zur Verteidigung der Rechtsordnung *(generalpräventive* Begründung). „Unerläßlichkeit" bedeutet dabei, daß der Ermessensspielraum des Gerichts im Sinne des Charakters des § 47 als einer ultima-ratio-Klausel eingeschränkt ist, und daß demgemäß jeder Zweifel zugunsten der Geldstrafe ausschlagen muß (OLG Celle NJW 1970, 872)[6].

a) **Besondere Umstände** sind gegeben, wenn entweder die **Tat** in ihrem Unrechtsgehalt (Schwere des eingetretenen Schadens, hohe Gefährlichkeit der Begehungsweise, ungewöhnliches Maß der Pflichtverletzung) oder ihrem Schuldgewicht (Intensität des verbrecherischen Willens, Niedrigkeit der Gesinnung) oder der **Täter** in seinen Eigenschaften und Verhältnissen (Vorstrafen, kriminelle Neigungen) sich so deutlich vom Durchschnittsbild der Normalfälle unterscheiden, daß das Gesamtgeschehen dadurch auf das Niveau eines *schweren* Falls angehoben wird[7].

b) Die besonderen Umstände können ergeben, daß die spezialpräventiv erforderliche **Einwirkung** auf den Täter durch die Geldstrafe keinesfalls erreicht werden kann. Dabei ist auch eine sehr empfindliche Geldstrafe in Erwägung zu ziehen, die durch Stundung und Teilzahlungsbewilligung (§ 42) für den Verurteilten tragbar gemacht werden kann, ihn aber zugleich über eine längere Zeit erheblich belastet (ähnlich die „Laufzeitgeldstrafe" des § 49 AE). Auch die Ergänzung der Geldstrafe durch ein Fahrverbot (§ 44) oder durch eine Maßregel (z.B. Entziehung der Fahrerlaubnis, § 69) ist zu berücksichtigen[8]. Ist die Geldstrafe zur Einwirkung auf den Täter nicht ausreichend, weil er z.B. immer wieder straffällig wird oder die Geldstrafe bei Begehung der Tat einkalkuliert oder einen zahlenden Hintermann besitzt, so ist weiter zu prüfen, welche Wirkungen von der Freiheitsstrafe, insbesondere von der auch im Falle des § 47 I möglichen und in etwa 80% der Fälle zugebilligten[9] Aussetzung in

---

[4] Vgl. *Dreher / Tröndle*, § 47 Rdn. 8; *SK (Horn)* § 49 Rdn. 9.

[5] Vgl. *Dreher / Tröndle*, § 47 Rdn. 10; *Lackner*, § 47 Anm. 1; *LK (G. Hirsch)* § 47 Rdn. 8; *Maurach / Gössel / Zipf*, Allg. Teil II S. 563; *Schönke / Schröder / Stree*, § 47 Rdn. 8.

[6] Vgl. *Bruns*, Strafzumessungsrecht S. 342; *Lenckner*, JurA 1971, 331; *LK (G. Hirsch)* § 47 Rdn. 10; *Tröndle*, MDR 1972, 463. Zu Recht prüft *SK (Horn)* § 47 Rdn. 13, ob ausgesetzte Freiheitsstrafe mit Weisungen und Bewährungshilfe die beste Resozialisierungschance bietet. Eine Verschlechterung der Verkehrsdisziplin hat sich aus dem erheblichen Rückgang der Freiheitsstrafe nicht ergeben; vgl. *Kaiser*, Kriminologische Gegenwartsfragen 1972, Heft 10 S. 114ff.

[7] Vgl. *Bruns*, Strafzumessungsrecht S. 339ff.; *Lackner*, JR 1970, 3f.; *Horstkotte*, NJW 1969, 1602; *Kunert*, MDR 1969, 708; *Lenckner*, JurA 1971, 329.

[8] Vgl. OLG Frankfurt NJW 1971, 669 (670); *Cramer*, JurA 1970, 201; *Dreher / Tröndle*, § 47 Rdn. 7; *Lenckner*, JurA 1971, 332; *Schönke / Schröder / Stree*, § 46 Rdn. 70f.

[9] Vgl. die Zahlen bei *Heinz*, MschrKrim 1981, 161 Tab. 2.

Verbindung mit Auflagen und Weisungen (insbesondere Bewährungshilfe), auf den Täter zu erwarten sind[10]. Ist die kurze Freiheitsstrafe aus spezialpräventiven Gründen unerläßlich, so muß sie ausgesprochen werden.

c) Ist die kurzfristige Freiheitsstrafe dagegen spezialpräventiv nicht geboten, so kann sie nur auf den Gedanken der „**Verteidigung der Rechtsordnung**" gestützt werden. Der Begriff in § 47 I ist gleichbedeutend mit seiner Verwendung in § 56 III (vgl. oben § 79 I 4 b)[11]. Bei der Auslegung ist freilich daran zu denken, daß es dort um die Vollstreckung einer erkannten Freiheitsstrafe, hier bereits um die Verhängung einer Freiheitsstrafe geht, die allerdings meist zur Bewährung ausgesetzt wird, so daß hier das Gewicht des stärkeren öffentlichen Tadels, dort die Notwendigkeit effektiven Strafleidens gegenüber dem Bestreben nach Vermeidung der Freiheitsstrafe abzuwägen sind. Maßgebend ist auch hier der Gesichtspunkt der Erhaltung der Rechtstreue der Bevölkerung. Die Verhängung einer Geldstrafe muß mit Rücksicht auf die besonderen Umstände der konkreten Fallgestaltung „für das allgemeine Rechtsempfinden schlechthin unverständlich" erscheinen und „das Vertrauen der Bevölkerung in die Unverbrüchlichkeit des Rechts" erschüttern können (vgl. BGH 24, 40 [46] zu § 56 III; BayObLG NJW 1970, 871; MDR 1972, 339).

4. Im *ausländischen Recht* kennt das österreichische StGB eine dem § 47 vergleichbare Vorschrift zur Einschränkung der kurzfristigen Freiheitsstrafe, bei der freilich die Ausnahmen weniger eng formuliert sind als im deutschen Recht (§ 37)[12]. In der *Schweiz* ist das Problem zwar im Rahmen der Teilrevision von 1971 beraten, aber nicht gesetzgeberisch in Angriff genommen worden[13]. Im schweizerischen Vorentwurf Art. 32 hat *Schultz* die Radikallösung der Abschaffung der Freiheitsstrafe unter sechs, eventuell auch nur unter drei Monaten gewählt[14].

II. Der Rückfall

1. Das StGB kannte früher eine Strafschärfung wegen Rückfalls nur bei gleichartigem Rückfall und auch nur in wenigen Strafbestimmungen des Besonderen Teils (§§ 244, 250 I Nr. 5, 261, 264 a. F.). Nach dem Vorbild des § 61 E 1962 hat der Sonderausschuß **eine nicht auf einzelne Tatbestände beschränkte Rückfallvorschrift** in den Allgemeinen Teil eingefügt (§ 17 a. F.), die mit zwei redaktionellen Änderungen Gesetz geworden ist (§ 48 a. F.). Die Frage war im Sonderausschuß umstritten, zumal sich der AE scharf gegen eine allgemeine Rückfallvorschrift ausgesprochen hatte, die er als „Ungehorsamszuschlag" ablehnte[15].

2. Das 23. StÄG vom 13. 4. 1986 hat **§ 48 wieder aufgehoben,** die Vorschrift habe sich „in der Praxis nicht bewährt" (BT-Drucksache 10/2720 S. 10). Zur Begründung werden geltend gemacht[16] die Überreaktion durch Anhebung der Mindeststrafe auf

---

[10] Die Entscheidung über Aussetzung bzw. Vollstreckung der Freiheitsstrafe muß in die Abschätzung ihrer spezialpräventiven Wirkung mit einbezogen werden; vgl. *Horstkotte,* NJW 1969, 1602; *Lackner,* JR 1970, 5; *Lenckner,* JurA 1971, 337. Anders *Kunert,* MDR 1969, 709.

[11] Vgl. zu der durch die Rechtsprechung inzwischen weitgehend geklärten Problematik der „Verteidigung der Rechtsordnung" *Bruns,* Strafzumessungsrecht, S. 333 ff., 343 f. (Rechtsprechungsnachweise); *Blei,* JA 1970, 397 ff., 461 ff.; *Dreher,* JR 1970, 229; *Lenckner,* JurA 1971, 342 ff.; *Koch,* NJW 1970, 842; *Schoene,* NJW 1970, 2241; *Schröder,* JZ 1971, 242.

[12] Vgl. *Pallin,* ZStW 84 (1972) S. 205; *WK (Pallin)* § 37 Rdn. 2.

[13] Vgl. *Schultz,* ZStW 83 (1971) S. 1062. Zur Häufigkeit der kurzen Freiheitsstrafe in der Schweiz *Kunz,* in: *Schuh* (Hrsg.), Aktuelle Probleme S. 49 f.

[14] Vgl. dazu *Jescheck,* Lackner-Festschrift S. 906 mit rechtsvergleichenden Hinweisen.

[15] Vgl. AE Begründung S. 117; dazu BT-Drucksache V/4094 S. 7 sowie *Frosch,* Rückfallvorschrift. S. 35 ff. Ablehnend zu § 48 a. F. auch *Baumann / Weber,* Allg. Teil S. 642; *Frosch,* Rückfallvorschrift S. 184 f.; *Blei,* JA 1974, 609; *Pfeiffer,* Blau-Festschrift S. 303 (der Richter in der Rolle „des Opfers seiner nun enttäuschten Erwartungen").

[16] Vgl. *Jung,* JuS 1986, 743.

sechs Monate auch bei Bagatelldelikten[17], die Zweifelhaftigkeit des Rückfalls als Schulderhöhungsgrund[18], der Schematismus in der Annahme eines Warneffekts der Vorverurteilungen und der Vorverbüßung[19], die spezialpräventive Wirkungslosigkeit des § 48[20]. Es wurde auch darauf hingewiesen, daß die Anwendung des § 48 vielfach in einen Altersbereich des Täters gefallen sei, in dem dieser den Höhepunkt der kriminellen Karriere bereits überschritten hatte[21].

3. Nach Abschaffung des § 48 ist der Rückfall nur noch ein allgemeiner Strafzumessungsgrund nach § 46 II (vgl. oben § 83 III 2). Bei Schwerkriminalität im Rückfall kommt ferner die Sicherungsverwahrung in Betracht, die aber zahlenmäßig nur eine geringe Rolle spielt (vgl. oben § 77 V 1).

4. Im **Ausland**[22] findet sich eine allgemeine Rückfallvorschrift, die aber rein spezialpräventiv ausgestaltet ist und nicht die Mindeststrafe, sondern die Höchststrafe fakultativ anhebt, in § 39 des *österreichischen* StGB[23]. Das *schweizerische* Recht berücksichtigte den Rückfall nach vollständiger oder teilweiser Straf- oder Maßregelverbüßung schon bisher als allgemeinen Strafschärfungsgrund, ohne die Frage des erhöhten Schuldvorwurfs ausdrücklich zu berühren (Art. 67). Die Teilrevision von 1971 hat daran festgehalten[24]. Im schweizerischen Vorentwurf hat *Schultz* auf die Strafschärfung wegen Rückfalls verzichtet[25]. Eine überaus strenge Rückfallregelung enthält § 44 StGB *DDR* (vgl. dazu oben § 77 V 7).

III. Die Anrechnung (§ 51)

Die Vorschrift des § 51 behandelt verschiedene Arten der Anrechnung auf eine zu bestimmende Strafe.

1. Insbesondere ist die Anrechnung der **Untersuchungshaft** gesetzlich vorgeschrieben (§ 51 I), ebenso die Anrechnung jeder anderen Art von Freiheitsentziehung, die der Verurteilte aus Anlaß einer Tat, die Gegenstand des Verfahrens ist oder gewesen ist, bis zur Rechtskraft (OLG Frankfurt NJW 1980, 537) erlitten hat (z. B. einstweilige Unterbringung, § 126a StPO; Unterbringung zur Beobachtung, § 81 StPO; Polizeigewahrsam, § 127 II StPO; Auslieferungshaft, §§ 15, 16 IRG; Abschiebehaft [OLG Hamm NJW 1977, 1018]; disziplinarische Arreststrafe, BVerfGE 21, 378 [388]; wohl auch Freiheitsverlust nach § 127 I StPO[26]). Nur ausnahmsweise kann das Gericht nach § 51 I 2 anordnen, daß die Anrechnung ganz oder teilweise unterbleibt. Im früheren Recht wurde die Entscheidung über die Anrechnung der Untersuchungshaft der „Strafbemessung im weiteren Sinne" zugeordnet. Im geltenden Recht hat

---

[17] *Maurach / Gössel / Zipf*, Allg. Teil II S. 574; *Meier*, ZStW 95 (1983) S. 338.
[18] Gegen die Auffassung des Rückfalls als Schulderhöhungsgrund *Bindokat*, ZStW 71 (1959) S. 287 ff.; *Frosch*, Die allgemeine Rückfallvorschrift S. 74; *Grünwald*, ZStW 80 (1968) S. 98; *Hanack*, in: Programm für ein neues StGB S. 110 ff.; *Stratenwerth*, Tatschuld S. 16 ff.
[19] Vgl. *Schöch*, ZStW 92 (1980) S. 167; *Pfeiffer*, Blau-Festschrift S. 301; *Haffke*, Kriminalsoziologische Bibliographie 1981, 14 ff.
[20] *Berckhauer*, MschrKrim 1982, 274 ff.
[21] So *H.-J. Albrecht* und *J. Meyer*, in: *Jescheck / Kaiser* (Hrsg.), Erstes deutsch-polnisches Kolloquium S. 120 bzw. S. 87.
[22] Rechtsvergleichend *Maria Eder-Rieder*, in: *Göppinger / Vossen* (Hrsg.), Rückfallkriminalität S. 15 ff.; *De Nauw*, Rev dr pén crim 58 (1978) S. 351 ff.
[23] Dazu kritisch *WK (Pallin)* § 39 Rdn. 1; *Foregger*, in: *Göppinger / Vossen* (Hrsg.), Rückfallkriminalität S. 12 f.; *Pallin*, Strafzumessung S. 32 ff.; ferner eingehend *Moos*, ÖJZ 1980, 113, 143, 169; *derselbe*, Strafr. Probleme 7, S. 1 ff. (zur Rechtsprechung).
[24] Vgl. *Schultz*, ZStW 83 (1971) S. 1056 f.
[25] *Schultz*, Vorentwurf S. 126 ff.
[26] So *Pohlmann*, Rechtspfl. 1970, 270; *Lackner*, § 51 Anm. 1a.

sich die Rechtsnatur der Anrechnung durch ihren obligatorischen Charakter gewandelt: sie ist nunmehr zu einer **gesetzlichen Strafvollstreckungsregelung** geworden (BT-Drucksache V/4094 S. 24 f.)[27]; die Anrechnung der Untersuchungshaft ist daher in der Regel in den Urteilstenor nicht aufzunehmen (BGH 27, 287 [288])[28]. Auch soweit das Gericht von der Ausnahmevorschrift Gebrauch macht, handelt es sich nicht um einen Akt der Strafbemessung, sondern um eine richterliche Entscheidung im Bereich der Strafvollstreckung, da die Strafe nach Art und Höhe bereits endgültig feststehen muß, ehe das Gericht die Frage der Nichtanrechnung in Erwägung zieht. Gleichwohl ist es zweckmäßig, die Anrechnung der Untersuchungshaft systematisch auch weiterhin im Rahmen der Strafzumessung zu behandeln, da die Höhe der Strafe im Ergebnis von der Entscheidung in der Anrechnungsfrage mitbestimmt wird[29].

2. Angerechnet wird die gesamte während desselben Verfahrens erlittene Untersuchungshaft bis zur Rechtskraft des Urteils *(Grundsatz der Verfahrenseinheit)*[30]. Damit ist auch der früheren Praxis der Revisionsgerichte der Boden entzogen, bei der Verwerfung einer unbegründeten Revision die seit dem Erlaß des angefochtenen Urteils erlittene Untersuchungshaft nur insoweit anzurechnen, als sie drei Monate (die Normaldauer des Revisionsverfahrens) überstieg[31]. Angerechnet wird die Untersuchungshaft auf zeitige Freiheitsstrafe und auf Geldstrafe[32]. Die Anrechnung der Untersuchungshaft ergibt sich unmittelbar aus dem Gesetz und bedarf deshalb in der Regel keines richterlichen Ausspruchs (BGH 29, 30) (eine Ausnahme bestimmt § 51 IV 2)[33]. Die Berechnung der zu vollstreckenden Strafe ist Sache der Strafvollstreckungsbehörde. Nur wenn auf Geldstrafe neben Freiheitsstrafe erkannt wird (§§ 41, 53 II 2), muß die Strafe, auf die angerechnet wird, im Urteil bezeichnet werden (BayObLG NJW 1972, 1631 [1632]). Bei der Anrechnung von Geldstrafe (z. B. nach § 51 II) oder auf Geldstrafe entspricht ein Tag Freiheitsentziehung einem Tagessatz; bei ausländischen Strafen bestimmt das Gericht den Maßstab (§ 51 IV).

3. Das Gericht kann die **Anrechnung** nach § 51 I 2 durch Ausspruch im Urteilstenor (BGH 24, 29 [30]) ganz oder zum Teil **versagen,** „wenn sie im Hinblick auf das Verhalten des Verurteilten nach der Tat nicht gerechtfertigt ist"[34]. Damit sollte zum Ausdruck gebracht werden, daß nicht Gründe, die die Tat selbst betreffen, wie ihr

---

[27] Vgl. *Dreher,* MDR 1970, 969; *LK (Tröndle)* § 51 Rdn. 13; *Schönke / Schröder / Stree,* § 51 Rdn. 1.

[28] Über Sonderfälle vgl. unten 2.

[29] Ebenso die Einteilung bei *Maurach / Gössel / Zipf,* Allg. Teil II S. 575. Die Anrechnung hat große praktische Bedeutung, da in Deutschland „zu viel, zu schnell und zu lange verhaftet" wird; vgl. dazu eingehend *Heinz,* BewH 1987, 5 ff. Nach *Schöch,* in: *Schuh* (Hrsg.), Aktuelle Probleme S. 71 endet das Verfahren nach vorausgegangener U-Haft sogar in 10 - 12 % der Fälle überhaupt sanktionslos.

[30] Endet ein Verfahren ohne Verurteilung (z. B. durch Freispruch oder Einstellung nach § 154 StPO), so ist die in diesem Verfahren erlittene Untersuchungshaft auf die in einem anderen Verfahren verhängte Strafe anzurechnen, wenn die beiden Verfahren hätten verbunden werden können; so OLG Frankfurt MDR 1981, 69; *Lackner,* § 51 Anm. 1c; *Maatz,* MDR 1984, 712 ff.; anders OLG Oldenburg MDR 1984, 772; OLG Celle MDR 1985, 247 m. abl. Anm. *Maatz,* NStZ 1985, 168.

[31] Vgl. BT-Drucksache V/4094 S. 25. Zur Auslegung des § 450 StPO zutreffend *Groß,* NJW 1970, 127 f.

[32] Nicht dagegen auf den Wertersatz (§ 74 c), auf den Verfall (§ 73) oder auf Maßregeln der Besserung und Sicherung (§ 61); vgl. *Dreher / Tröndle,* § 51 Rdn. 10.

[33] So *LK (Tröndle)* § 51 Rdn. 39; über Fälle, in denen ein ausdrücklicher richterlicher Ausspruch erforderlich oder ratsam ist, vgl. Rdn. 42 f.; vgl. ferner *Lackner,* § 51 Anm. 1 d.

[34] Der AE nennt dagegen in § 63 I 2 abschließend zwei Gründe der Nichtanrechnung. Vgl. dazu BT-Drucksache V/4094 S. 24 sowie *Dreher,* MDR 1970, 965 ff.

Unrechts- oder Schuldgehalt oder ein den Unrechts- und Schuldgehalt erhöhendes Nachverhalten des Täters, die Versagung der Anrechnung begründen können, sondern nur ein nach der Tat gezeigtes Verhalten des Täters *im Verfahren*, das die Anrechnung ganz oder zum Teil als ungerecht erscheinen läßt (BGH 23, 307 m. zust. Anm. *Schröder*, JR 1971, 28). Das wird insbesondere dann anzunehmen sein, wenn der Angeklagte es darauf angelegt hat, die Untersuchungshaft zu verlängern, um sich gegenüber der Strafhaft ungerechtfertigte Vorteile zu verschaffen, oder wenn er das Verfahren sonst böswillig verschleppt hat[35].

4. Wenn der Täter wegen derselben Tat **im Ausland** bereits bestraft worden ist, steht dies einer erneuten Verurteilung im Inland an sich nicht entgegen (vgl. aber § 153 c I Nr. 3 StPO), da das Verbot der Doppelbestrafung (Art. 103 III GG) vorläufig nur im Verhältnis der Gerichte der Bundesrepublik zueinander gilt[36]. Aus Billigkeitsgründen wird jedoch die ausländische Strafe gemäß § 51 III 1 angerechnet, soweit sie vollstreckt ist (vgl. oben § 18 III 7). Für die im Ausland erlittene Untersuchungshaft oder Auslieferungshaft zum Zwecke der Strafverfolgung oder Strafvollstreckung im Inland verweist § 51 III 2 auf Abs. 1. Den Maßstab der Anrechnung bestimmt das erkennende Gericht nach seinem Ermessen durch Ausspruch im Urteil (§ 51 IV 2) (BGH 30, 282; BGH GA 1982, 470; NStZ 1984, 214; NStZ 1986, 312).

5. § 51 V erklärt Abs. 1 für entsprechend anwendbar, wenn es gilt, eine vorläufige Entziehung der Fahrerlaubnis (§ 111 a StPO) oder eine andere Maßnahme zur Sicherstellung des Führerscheins (§ 94 StPO) auf das **Fahrverbot** nach § 44 anzurechnen (über die Anrechnung auf die Entziehung der Fahrerlaubnis vgl. § 69 a IV, VI).

6. Im *ausländischen Recht* ist die Anrechnung der Untersuchungshaft im Grundsatz überall anerkannt. Ausnahmen werden gemacht, wenn der Verurteilte die Haft durch sein Prozeßverhalten selbst herbeigeführt hat[37]. *Österreich* verzichtet in § 38 StGB ganz auf die Nichtanrechnung. Die *Schweiz* rechnet die Untersuchungshaft an, soweit der Täter sie nicht durch sein Verhalten nach der Tat herbeigeführt oder verlängert hat (Art. 69 StGB), im schweiz. Vorentwurf Art. 52 hat *Schultz* jedoch die ausnahmslose Anrechnung vorgesehen.

IV. Strafmilderung nach Ermessen (§ 49 II)

In einigen Fällen läßt das Gesetz eine im Umfang **unbeschränkte Milderung der Strafe** zu (z. B. in §§ 23 III, 83 a I, 113 IV, 157, 158, 233, 311 c II, 315 VI 1, 316 a II). Das Gericht ist hier an die Grenzen des § 49 I nicht gebunden, sondern darf die Strafe nach § 49 II bis zum gesetzlichen Mindestmaß herabsetzen oder statt Freiheitsstrafe auf Geldstrafe erkennen, sofern das Gesetz auf diese Vorschrift verweist[38]. Eine besondere Höchststrafe ist in § 49 II nicht vorgesehen, so daß an sich die Höchststrafe der auf den Fall anwendbaren Strafvorschrift maßgebend bleibt. Liegt freilich aus den gleichen Gründen, die das Gericht ermächtigen, die Strafe nach § 49 II zu mildern, ein minder schwerer Fall vor – so z. B., wenn § 30 II BtMG (minder schwerer Fall der Einfuhr von Heroin) und § 31 Nr. 1 BtMG (freiwillige Offenbarung von Wissen, das zur Aufdeckung weiterer Tatbeiträge führt) zusammentreffen –, ist die Höchststrafe des minder schweren Falls auch für § 49 II maßgebend[39].

---

[35] Ebenso *Dreher / Tröndle*, § 51 Rdn. 12; *Horstkotte*, JZ 1970, 128; *Lackner*, § 51 Anm. 1 f.; *LK (Tröndle)* § 51 Rdn. 47 ff.; *Maurach / Gössel / Zipf*, Allg. Teil II S. 577 f.; *Schönke / Schröder / Stree*, § 51 Rdn. 18.

[36] Über das Verhältnis zur DDR vgl. *LK (Tröndle)* § 51 Rdn. 64.

[37] Vgl. *Jescheck / Krümpelmann*, Untersuchungshaft S. 976 ff.

[38] Meist ist außer der Verweisung auf § 49 II auch das Absehen von Strafe vorgesehen, so daß der Strafrahmen eine außerordentliche Weite aufweist. Der Richter entscheidet dann nach seinem Ermessen, ob er den Normalstrafrahmen anwendet oder nach § 49 II mildert oder von Strafe absieht; vgl. *Lackner*, § 49 Anm. 6.

[39] So zu Recht *Frisch*, JR 1986, 91; anders BGH 33, 92. Dagegen wird man in anderen Fällen eine freie Festsetzung eines Maximums für § 49 II, wie *Frisch*, JZ 1986, 93 sie empfiehlt, ohne gesetzliche Grundlage nicht vornehmen dürfen.

5. Kapitel: Die Prozeßvoraussetzungen im StGB

Prozeßvoraussetzungen sind Umstände, die im Einzelfall gegeben sein müssen, damit ein Strafverfahren durchgeführt werden kann[1]. Sie sind sowohl von den Tatbestandsmerkmalen als auch von den objektiven Bedingungen der Strafbarkeit zu unterscheiden (vgl. oben § 53 I 3). Fehlt eine Prozeßvoraussetzung oder liegt ein Verfahrenshindernis (eine negative Prozeßvoraussetzung) vor, so darf kein Strafverfahren stattfinden. Wird trotzdem eine Hauptverhandlung durchgeführt, so wird der Angeklagte *nicht freigesprochen*, sondern das Verfahren durch Urteil *eingestellt* (§ 260 III StPO). Prozeßvoraussetzungen, die wegen ihrer engen Beziehung zum materiellen Strafrecht ihren Platz im StGB gefunden haben, sind der Strafantrag und die Ermächtigung (vgl. unten § 85) sowie die Verjährung (vgl. unten § 86).

§ 85 Strafantrag und Ermächtigung

Allfeld, Antrag und Ermächtigung, VDA, Bd. II, S. 161; *Susanne Barnstorf*, Unwirksamkeit des Strafantrags, NStZ 1985, 67; *Bloy*, Die dogmatische Bedeutung der Strafausschließungs- und Strafaufhebungsgründe, 1976; *Boeckmann*, Zur gesetzlichen Vertretung des Kindes im Strafprozeß, NJW 1960, 1938; *Coenders*, Über den Strafantrag und die Privatklage der Nichtverletzten, GS 83 (1915) S. 286; *Dubs*, Zur Problematik der relativen Antragsdelikte, SchwZStr 71 (1956) S. 70; *Hartung*, Recht zur Stellung des Strafantrags bei Tod des Antragsberechtigten, NJW 1950, 670; *Hau*, Die Beendigung der Straftat usw., 1974; *Henkel*, Strafverfahrensrecht, 2. Aufl. 1968; *Hirsch*, Gegenwart und Zukunft des Privatklageverfahrens, Festschrift für R. Lange, 1976, S. 815; *Jescheck*, Wesen und rechtliche Bedeutung der Beendigung der Straftat, Festschrift für H. Welzel, 1974, S. 682; *Jung*, Die Stellung des Verletzten im Strafprozeß, ZStW 93 (1981) S. 1147; *Kauffmann*, Einige Gedanken zum öffentlichen Interesse an der Verfolgung von Körperverletzungen im Sport, Festschrift für Th. Kleinknecht, 1985, S. 203; *Hilde Kaufmann*, Strafanspruch, Strafklagrecht, 1968; *Köhler*, Die Lehre vom Strafantrag, Strafr. Abh. Heft 18, 1899; *derselbe*, Zur Lehre vom Strafantrag im künftigen Recht, Festgabe für R. v. Frank, Bd. II, 1930, S. 27; *Kohlhaas*, Die Auswirkungen der Gleichberechtigung der Geschlechter usw., NJW 1960, 1; *Lüke*, Die gerichtliche Nachprüfung von Justizverwaltungsakten, JuS 1961, 205; *Maiwald*, Die Beteiligung des Verletzten am Strafverfahren, GA 1970, 33; *Maria-Katharina Meyer*, Zur Rechtsnatur und Funktion des Strafantrags, 1984; *Mittermaier*, Bei welchen Verbrechen soll nur auf Antrag der verletzten Person der Strafprozeß eingeleitet werden? Archiv des Criminalrechts 1838, 609; *Naucke*, „Mißbrauch" des Strafantrags? Festschrift für H. Mayer, 1966, 565; *Oehler*, Die amtliche Verfolgung der Körperverletzung, JZ 1956, 630; *derselbe*, Die Zukunft der Privatklage, Schiedsmannszeitung 1977, 103; *Oetker*, Strafantrag und Verjährung, in: *Aschrott / v. Liszt*, Reform des RStGB, Bd. I, 1910, S. 279; *Peters*, Strafprozeß, 4. Aufl. 1985; *Pfenninger*, Zum Strafantrag im schweiz. StGB, SchwJZ 1944, 245; *Rudolphi*, Anmerkung zu BayObLG vom 23.1.1981, JR 1982, 27; *Schlichter*, Der Strafantrag, die Strafverfolgungsermächtigung usw., GA 1966, 353; *Schroth*, Der „vorsorgliche" Strafantrag bei Hausbesetzungen, NStZ 1982, 1; *Stree*, Zum Strafantrag durch Strafanzeige, MDR 1956, 723; *derselbe*, Strafantrag und Gleichheitssatz, DÖV 1958, 172; *derselbe*, Der Irrtum des Täters über die Angehörigeneigenschaft seines Opfers, FamRZ 1962, 55; *Thierfelder*, Anmerkung zu BGH 16, 225, NJW 1962, 116; *Vogel*, Das besondere öffentliche Interesse an der Strafverfolgung bei Körperverletzungen, NJW 1961, 761; *Volk*, Prozeßvoraussetzungen im Strafrecht, 1978; *v. Weber*, Die öffentliche Klage bei leichter und fahrlässiger Körperverletzung, MDR 1963, 169; *Zachariä*, Von den Verbrechen, welche nur auf Antrag des Verletzten verfolgt werden sollen, Archiv des Criminalrechts 1845, 566 und 1847, 390; *Zipf*, Strafantrag, Privatklage und staatlicher Strafanspruch, GA 1969, 234.

I. Der Strafantrag (§§ 77 - 77 d)

1. Die Strafverfolgung findet in der Regel von Amts wegen und ohne Rücksicht auf den Willen des von der Tat Betroffenen statt *(Offizialdelikte)*. Bei einigen Strafvor-

---

[1] Vgl. *Peters*, Strafprozeß S. 274.

I. Der Strafantrag (§§ 77 - 77 d)

schriften wird jedoch als Prozeßvoraussetzung² ein Antrag des Verletzten verlangt (*Antragsdelikte*)³. Der Strafantrag ist das **form- und fristgerechte Verlangen des Verletzten** (oder sonst Berechtigten), daß wegen der gegen ihn oder eine Bezugsperson begangenen Straftat eine **Strafverfolgung** stattfinden soll. Die *Funktion* des Strafantrags ist eine dreifache⁴: Einmal kann es die *verhältnismäßig geringe kriminelle Bedeutung* des Delikts sein, die es angezeigt erscheinen läßt, ein Strafverfahren nur dann durchzuführen, wenn der Verletzte ein Interesse daran bekundet (so z.B. §§ 123 III, 194, 232, 248a, 288 II, 303c und die Delikte aus dem Bereich des gewerblichen Rechtsschutzes wie §§ 22 UWG, 109 UrhG)⁵. Eine zweite Gruppe von Antragsdelikten setzt sich aus Tatbeständen zusammen, bei denen ein Strafverfahren wegen des damit verbundenen *Eingriffs in persönliche Lebensbeziehungen* der Beteiligten nicht ohne den Willen des Verletzten stattfinden soll (so z.B. §§ 247, 263 IV, 266 III, 294). Endlich kann das Antragsbedürfnis zum *Schutze des Tatopfers* selbst aufgestellt sein, wenn nämlich die öffentliche Verhandlung der Sache möglicherweise einen noch stärkeren Eingriff in den Intimbereich des Verletzten bedeuten würde als die Tat selbst (z.B. §§ 182 II, 238 I). Antragsdelikte sind also nicht nur Bagatellsachen, sondern es gibt auch einige schwerwiegende Vergehen, deren Verfolgung einen Strafantrag voraussetzt (so §§ 235 - 237 und § 247 i. Verb. m. §§ 243, 244). Das Strafantragserfordernis ist aus diesen Gründen unentbehrlich⁶.

---

² Für *reine* Prozeßvoraussetzung die h.L. und die Rspr.; vgl. *Allfeld*, VDA Bd. II S. 168; *Dreher / Tröndle*, Vorbem. 2 vor § 77; *Henkel*, Strafverfahrensrecht S. 188 f.; *Lackner*, § 77 Anm. 1 b; *Kohlrausch / Lange*, § 61 Anm. II; *Maurach / Gössel / Zipf*, Allg. Teil II S. 673; *Maria-Katharina Meyer*, Strafantrag S. 48; *LK (Jähnke)* Vorbem. 7 vor § 77; *Pfenninger*, SchwJZ 1944, 246; *Schönke / Schröder / Stree*, § 77 Rdn. 8; *Schmidhäuser*, Studienbuch S. 261; *Volk*, Prozeßvoraussetzungen S. 233; *Zipf*, GA 1969, 237; RG 75, 306 (311); BGH 6, 155; 18, 123 (125). Eine *gemischte* materiell-prozeßrechtliche Auffassung des Strafantrags vertreten dagegen *Binding*, Handbuch S. 661; *Coenders*, GS 83 (1915) S. 296 ff.; *Geerds*, GA 1982, 242; *Köhler*, Die Lehre vom Strafantrag S. 13; *derselbe*, Frank-Festgabe Bd. II S. 35 ff.; *H. Mayer*, Lehrbuch S. 350; *Peters*, Strafprozeß S. 11; *SK (Rudolphi)* Vorbem. 8 vor § 77. Eine rein materiellrechtliche Theorie findet sich bei *Hafter*, Allg. Teil S. 135; *Hilde Kaufmann*, Strafanspruch S. 153; *Maiwald*, GA 1970, 38; *Bloy*, Dogmatische Bedeutung S. 117.

³ Über die weitreichende Verwendung des Strafantrags im gemeinen Recht *Zachariä*, Archiv des Criminalrechts 1845, 571 ff.; in den Partikularrechten *Mittermaier*, Archiv des Criminalrechts 1838, 609 ff.

⁴ Gegen eine schematische Gruppenordnung *Oetker*, in: *Aschrott / v. Liszt* (Hrsg.), Reform des RStGB, Bd. I S. 287 mit dem an sich richtigen Hinweis auf Überschneidungen zwischen den Fallgruppen. Die Einteilung des Textes findet sich aber schon bei *Zachariä*, Archiv des Criminalrechts 1847, 391 ff. Ebenso heute *Henkel*, Strafverfahrensrecht S. 188; *Lackner*, § 77 Anm. 1 a; *Maurach / Gössel / Zipf*, Allg. Teil II S. 674; *LK (Jähnke)* Vorbem. 4 vor § 77; *Peters*, Strafprozeß S. 194; *Zipf*, GA 1969, 241. Zwei Gesichtspunkte nehmen an *Geerds*, GA 1982, 243; *Schönke / Schröder / Stree*, § 77 Rdn. 4. Dagegen führt *Maiwald*, GA 1970, 36 ff. alle Strafantragsfälle auf das „Prinzip der Versöhnung" zurück; ebenso *Bloy*, Dogmatische Bedeutung S. 114; einschränkend *SK (Rudolphi)* Vorbem. 2 f vor § 77. Zu eng stellen *Volk*, Prozeßvoraussetzungen S. 204, 233 sowie *Maria-Katharina Meyer*, Strafantrag S. 48 darauf ab, daß es beim Unterbleiben des Strafantrags an einer Störung des allgemeinen Rechtsfriedens fehle. Bei Hausbesetzungen z.B. wird aus ganz anderen Gründen kein Strafantrag gestellt, während doch die Störung des allgemeinen Rechtsfriedens offensichtlich ist.

⁵ Diese Delikte sind meist auch Privatklagedelikte (§ 374 StPO), d.h. sie werden durch den Verletzten selbst in einem besonderen Strafverfahren verfolgt, sofern nicht die Staatsanwaltschaft die Verfolgung von Amts wegen übernimmt (§ 376 StPO). Strafantragserfordernis und Privatklagefähigkeit sind jedoch zu unterscheiden. Vorschläge für die Reform der Privatklage bei *Hirsch*, Lange-Festschrift S. 815 ff. und *Oehler*, Schiedsmannszeitung 1977, 103 ff.

⁶ Zur Kritik *Zipf*, GA 1969, 242 f. (nur Fälle des Überwiegens des Opferinteresses); *Maiwald*, GA 1970, 43 f. (nur Fälle der auf zwei bestimmte Personen beschränkten Konfliktslage); *Jung*, ZStW 93 (1981) S. 1163 (nur zum Schutz des Intimbereichs des Opfers). Für Abschaffung des Strafantrags *Binding*, Handbuch S. 603 f. Fußnote 5.

2. Man unterscheidet absolute und relative Antragsdelikte. Bei den **absoluten** Antragsdelikten ist zur Strafverfolgung *immer* ein **Strafantrag erforderlich**, bei den **relativen** dagegen nur dann, wenn der Täter *in bestimmten persönlichen Beziehungen* zum Verletzten steht (z. B. § 247), die dann im Zeitpunkt der Tat gegeben sein müssen (RG 72, 324 [325])[7]. Eine eingeschränkte Bedeutung hat das Antragserfordernis im Falle des § 232. Nach dieser Vorschrift werden die leichte vorsätzliche und die fahrlässige Körperverletzung (§§ 223, 230) zwar grundsätzlich nur auf Antrag verfolgt, die Staatsanwaltschaft kann jedoch von Amts wegen vorgehen, wenn sie wegen des *besonderen öffentlichen Interesses an der Strafverfolgung* (z. B. bei fahrlässiger Körperverletzung im Straßenverkehr unter Alkohol, bei besonders leichtfertigem Handeln, bei Druck auf den Verletzten, keinen Antrag zu stellen)[8] ihr Einschreiten für geboten erachtet. Entsprechendes gilt für andere Strafvorschriften (z. B. §§ 183 II, 248a, 257 IV 2, 263 IV, 303c, 109 UrhG, 22 UWG). Die Entscheidung der Staatsanwaltschaft ist nicht nachprüfbar, weder im Verfahren nach § 23 EGGVG noch im Strafverfahren selbst (BVerfGE 51, 176; BGH 16, 225 [230f.])[9]. Diese Sondervorschriften sind nicht auf andere Fälle ausdehnbar (BGH 7, 256 [258]).

3. **Strafantragsberechtigt** ist in erster Linie der **Verletzte** (§ 77 I). Verletzter ist der Träger des durch den Tatbestand geschützten Rechtsguts im Zeitpunkt der Tat (BGH 31, 207 [210]), z. B. beim Diebstahl sowohl der Eigentümer als auch der Gewahrsamsinhaber, bei der Sachbeschädigung der Eigentümer und wer sonst ein dingliches oder unmittelbar persönliches Recht an der Sache hat (BayObLG JR 1982, 25 m. abl. Anm. *Rudolphi:* nur der Eigentümer), beim Betrug der Geschädigte, aber nicht der Getäuschte (RG 74, 167 [168]), beim Hausfriedensbruch der Inhaber des Hausrechts (OLG Köln NStZ 1982, 333). Ist eine juristische Person (z. B. ein eingetragener Verein) oder eine Personenvereinigung (z. B. eine OHG) verletzt, so ergibt sich aus dem Gesetz in Verbindung mit der Satzung, wer für den Verletzten antragsberechtigt ist (BGH NStZ 1982, 508; OLG Düsseldorf NJW 1979, 2525). Ein selbständiges Antragsrecht bei Straftaten, die von einem Amtsträger (§ 11 I Nr. 2), einem für den öffentlichen Dienst besonders Verpflichteten (§ 11 I Nr. 4) oder einem Soldaten der Bundeswehr (§ 1 I 1 SoldG) oder gegen ihn begangen werden, hat in einigen Fällen der **Dienstvorgesetzte** (vgl. § 355 III 1 bzw. §§ 194 III 1, 232 II 1). Die Antragsberechtigung des Dienstvorgesetzten regelt § 77 a. Bei Regierungsmitgliedern (die keinen Dienstvorgesetzten haben) ist die betreffende Regierung antragsberechtigt (§ 77 a IV). Das Antragsrecht des Verletzten erlischt grundsätzlich mit dem Tode[10].

---

[7] Dagegen will *Dubs,* SchwZStr 71 (1956) S. 77 auf den Zeitpunkt des Straf*verfahrens* abstellen; gegen ihn *Stree,* FamRZ 1962, 57.

[8] Vgl. auch Richtlinien für das Strafverfahren und das Bußgeldverfahren in der ab 1. 4. 1986 bundeseinheitlich geltenden Fassung Nr. 234 I, 243 III. Der Vorschlag von *Naucke,* H. Mayer-Festschrift S. 582 ff., bei mißbräuchlicher Stellung bzw. Nichtstellung des Strafantrags das Verfahren generell nicht bzw. ohne Antrag durchzuführen, widerspricht dem Gesetz und würde Rechtsunsicherheit zur Folge haben (vgl. den Fall RG 14, 202 [204ff.]). Noch weiter geht *Susanne Barnstorf,* NStZ 1985, 69, die den Strafantrag außerdem dann für unwirksam hält, wenn der Verletzte eine außerstrafrechtliche Wiedergutmachung erlangt oder die Tat mitverschuldet hat. Dagegen wird mit BGH 31, 207 (121) anzunehmen sein, daß bei stillschweigender Duldung der Straftat die Eigenschaft des Antragstellers als „Verletzter" entfallen kann; vgl. dazu *LK (Jähnke)* § 77 Rdn. 56.

[9] So *Dreher / Tröndle,* § 232 Rdn. 4; *Kauffmann,* Kleinknecht-Festschrift S. 210; *Oehler,* JZ 1956, 630; *Lackner,* § 232 Anm. 3c; *Löwe / Rosenberg / Schäfer,* StPO, Einleitung, Kap. 12 Rdn. 118 Fußnote 27. Für gerichtliche Nachprüfbarkeit des besonderen öffentlichen Interesses aber *LK (Hirsch)* § 232 Rdn. 16; *Maria-Katharina Meyer,* Strafantrag S. 46; *SK (Horn)* § 232 Rdn. 4; *Schönke / Schröder / Stree,* § 232 Rdn. 3; *Vogel,* NJW 1961, 763; *v. Weber,* MDR 1963, 170; *Lüke,* JuS 1961, 211. Verneint die Staatsanwaltschaft während des Verfahrens das ursprünglich bejahte öffentliche Interesse, so ist das Verfahren wegen fehlenden Strafantrags einzustellen (§§ 206 a, 260 III StPO); vgl. BGH 19, 377 (381); KG NJW 1961, 569; *Dreher / Tröndle,* § 232 Rdn. 6; *Lackner,* § 232 Anm. 3c; dagegen aber OLG Bremen JZ 1956, 663; *Oehler,* JZ 1956, 632; *v. Weber,* MDR 1963, 169.

[10] Vgl. RG 43, 335; *Hartung,* NJW 1950, 670.

I. Der Strafantrag (§§ 77 - 77 d)

Ausnahmsweise geht das Antragsrecht auf bestimmte **Angehörige** über (§§ 194 I 5, 205 II 1, 232 I 2). Die Regelung trifft § 77 II, die Antragsfrist bestimmt für diesen Fall § 77b IV. In § 205 II 2 ist der Übergang des Antragsrechts auch auf die Erben vorgesehen. An die Stelle des Antragsberechtigten tritt bei Geschäftsunfähigkeit oder beschränkter Geschäftsfähigkeit der **gesetzliche Vertreter** in persönlichen Angelegenheiten und der Personensorgeberechtigte (BGH NStZ 1981, 479); ein nach § 114 BGB beschränkt Geschäftsfähiger kann vom vollendeten 18. Lebensjahr an den Antrag auch selbständig stellen (§ 77 III). Sind mehrere Personen antragsberechtigt, so kann jede den Antrag selbständig stellen (§ 77 IV). Gesetzliche Vertreter eines minderjährigen ehelichen Kindes sind bei bestehender Ehe nach § 1629 BGB beide Eltern gemeinsam[11]. Deswegen müssen hier auch beide Eltern den Strafantrag gemeinsam stellen (BGH FamRZ 1960, 197), wobei freilich der eine den anderen ermächtigen kann, ihn zu vertreten (BGH JZ 1957, 67; BayObLG JR 1961, 72 [73]). Die Strafantragsfrist beginnt jedoch schon zu laufen, sobald auch nur *ein* Elternteil Kenntnis von Tat und Täter erhält (BGH 22, 103). Der gesetzliche Vertreter und der Sorgeberechtigte üben das Antragsrecht anstelle des an sich Berechtigten aus *(Vertretungstheorie)*[12].

Gewillkürte Stellvertretung ist bei der Antragstellung in gewissen Grenzen zulässig. Dabei ist zu unterscheiden zwischen der Vertretung in der Erklärung und im Willen. Bei der *Vertretung in der Erklärung* handelt der Vertreter als Beauftragter ohne eigene Entscheidungsmacht (z. B. der Rechtsanwalt, der für einen Mandanten Strafantrag stellt), das Vorliegen der Ermächtigung des Vertretenen kann deshalb auch noch nach Ablauf der Strafantragsfrist nachgewiesen werden (RG 61, 45). Die Ermächtigung muß jedoch innerhalb der Antragsfrist erteilt gewesen sein, denn eine Geschäftsführung ohne Auftrag ist beim Strafantragsrecht unzulässig[13]. Auch eine nach Ablauf der Strafantragsfrist erteilte Genehmigung des durch einen Nichtberechtigten gestellten Strafantrags läßt diesen nicht wirksam werden (RG 36, 413 [416]). Eine *Vertretung im Willen* ist dagegen nur bei materiellen Rechtsgütern zulässig (RG 68, 263 [265]), nicht bei höchstpersönlichen (RG 21, 231)[14]; hier ist nur eine Vertretung in der Erklärung möglich.

4. Der Strafantrag ist **formbedürftig.** Er muß bei Gericht oder bei der Staatsanwaltschaft schriftlich oder zu Protokoll, bei einer anderen Behörde schriftlich angebracht werden (§ 158 II StPO). Die Schriftform verlangt nur, daß sich das Strafverlangen und die Identität des Antragstellers aus einer Urkunde ergeben (auch Antragstellung durch Telegramm, Fernschreiben oder Telebrief ist zulässig, nicht jedoch durch Telefon). Erklärung zu Protokoll bedeutet, daß die Behörde die mündliche Äußerung des Antragstellers entgegennimmt und beurkundet. In der Erklärung muß der unbedingte Wille des Antragstellers zum Ausdruck kommen, daß eine bestimmt bezeichnete Tat strafrechtlich verfolgt werden soll. Deshalb genügt als Strafantrag auch die Privatklage (RG 8, 207 [209]), der Anschluß als Nebenkläger (RG 38, 39 [41]; BGH 33, 114 [116]) und selbst die bloße Strafanzeige (§ 158 I StPO), sofern aus letzterer das Strafverlangen des Verletzten eindeutig hervorgeht (BGH GA 1957, 17 [19])[15]. Die **Strafantragsfrist** beträgt in der Regel drei Monate (§ 77b I). Sie beginnt mit Ablauf des Tages, an dem der Antragsberechtigte von Tat und Täter in so

---

[11] Vgl. dazu *Kohlhaas*, NJW 1960, 2; *Boeckmann*, NJW 1960, 1939.
[12] So RG 57, 240 (241); OLG Oldenburg NJW 1956, 682; *Dreher / Tröndle*, § 77 Rdn. 17; *Lackner*, § 77 Anm. 4b; *LK (Jähnke)* § 77 Rdn. 43; *Schönke / Schröder / Stree*, § 77 Rdn. 23; *SK (Rudolphi)* § 77 Rdn. 12.
[13] Vgl. *Dreher / Tröndle*, § 77 Rdn. 21; *LK (Jähnke)* § 77 Rdn. 54; *Schönke / Schröder / Stree*, § 77 Rdn. 29.
[14] Die h. L. hält jedoch auch bei höchstpersönlichen Rechtsgütern eine Ermächtigung des Vertreters für zulässig, über das „Ob" der Stellung des Strafantrags zu entscheiden; vgl. *LK (Jähnke)* § 77 Rdn. 52.
[15] Vgl. *LK (Jähnke)* § 77 Rdn. 13; *Stree*, MDR 1956, 723 f.

eindeutiger Weise Kenntnis erlangt, daß ihm eine Entschlußfassung über die Antragstellung zuzumuten ist (§ 77b II 1). Maßgebend ist nicht die Vollendung, sondern die *Beendigung* der Straftat, weil erst dann ihre Bedeutung für den Verletzten voll erkennbar ist (vgl. oben § 49 III 3)[16]. Die Strafantragsfrist läuft aber nicht, wenn der Antragsberechtigte aus tatsächlichen oder rechtlichen Gründen nicht in der Lage ist, den Strafantrag zu stellen (BGH 2, 121 [124f.]). Ist z.B. der gesetzliche Vertreter eines Minderjährigen selbst Täter oder Teilnehmer (z.B. im Fall des § 182), so ist er an der Antragstellung rechtlich gehindert (§ 181 BGB in entsprechender Anwendung) und die Frist beginnt erst zu laufen, wenn nach § 1909 BGB ein Pfleger bestellt ist und dieser ausreichende Kenntnis von Tat und Täter erlangt hat (RG 73, 113 [115]; vgl. aber auch BGH 6, 155 [157ff.]: ein bloßer Interessengegensatz zwischen dem gesetzlichen Vertreter und dem verletzten Vertretenen hat den Wegfall des Antragsrechts nicht zur Folge). Bei mehreren Antragsberechtigten oder mehreren an der Tat Beteiligten läuft die Frist für und gegen jeden gesondert (§ 77b III). Bei wechselseitig begangenen Straftaten, die miteinander zusammenhängen, wird der Antragsfrist des § 77b und § 77c modifiziert. Der Strafantrag braucht nicht eine bestimmte Person zu bezeichnen, die verfolgt werden soll. Er erstreckt sich in diesem Fall auf *alle* an der Tat Beteiligten, es sei denn, daß die Auslegung ergibt, daß bestimmte dem Antragsteller nahestehende Personen nicht verfolgt werden sollen[17]. Der Strafantrag ist hinsichtlich des Gegenstands der Strafverfolgung und der zu verfolgenden Person **teilbar**[18]. Er kann auch auf einzelne ideellkonkurrierende Delikte und einzelne an einer Straftat Beteiligte beschränkt werden, z.B. bei der Entführung nach § 236 auf den Täter, während der Gehilfe unverfolgt bleibt (vgl. E 1962, Begründung S. 252).

5. Das Strafantragsrecht geht in unwiderruflicher Weise verloren, wenn der Antragsberechtigte gegenüber einer Behörde, die sich mit der Strafverfolgung befaßt oder zu befassen hätte, sofern der Antrag schon gestellt wäre, darauf **verzichtet** (RG 76, 345 [346]; BGH NJW 1957, 1368)[19]. Die **Zurücknahme** des Strafantrags ist durch eine nicht formbedürftige Erklärung gegenüber der mit der Sache befaßten Behörde bis zum rechtskräftigen Abschluß des Verfahrens zulässig[20]. Die Zurücknahme ist unwiderruflich, ein neuer Strafantrag kann selbst innerhalb der Antragsfrist nicht mehr gestellt werden (§ 77d I). Das Rücknahmerecht geht im Falle des Todes des Antragstellers auf die in § 77 II bezeichneten Angehörigen über (§ 77d II).

II. Ermächtigung und Strafverlangen (§ 77e)

1. In einigen Strafvorschriften ist als **Prozeßvoraussetzung** ferner eine Ermächtigung (§§ 90 IV, 90b II, 97 III, 104a, 194 IV, 353a II, 353b III) oder ein Strafverlangen (§ 104a) vorgesehen. Nach § 77e sind darauf die §§ 77 und 77d entsprechend anzuwenden.

2. Das bedeutet vor allem, daß Ermächtigung und Strafverlangen **nicht fristgebunden** sind und gegebenenfalls von der Strafverfolgungsbehörde **von Amts wegen** eingeholt werden[21]. Die Zurücknahme durch Angehörige (§ 77d II) kommt nur in Frage, wenn die Ermächtigung personen- und nicht amtsgebunden ist (§§ 90 IV, 90b II, sofern ein Mitglied des Verfassungsorgans den Antrag gestellt hat) (BGH 29, 282 [283]).

---

[16] Vgl. *Jescheck*, Welzel-Festschrift S. 699; *Hau*, Beendigung der Straftat S. 145; *LK (Jähnke)* § 77b Rdn. 6.

[17] Vgl. *Stree*, MDR 1956, 724.

[18] BGH 17, 157; *LK (Jähnke)* § 77 Rdn. 17, 19. Der Strafantrag kann jedoch nicht vor Begehung der Tat „vorsorglich" gestellt werden; so zu Recht *Schroth*, NStZ 1982, 5.

[19] *LK (Jähnke)* § 77d Rdn. 8.

[20] *LK (Jähnke)* § 77d Rdn. 1.

[21] Vgl. *Schlichter*, GA 1966, 353, 360ff.; *LK (Jähnke)* § 77e Rdn. 2; *Schönke / Schröder / Stree*, § 77e Rdn. 2, 5.

§ 86 Strafverfolgungs- und Strafvollstreckungsverjährung

A. Arndt, Zum Problem der strafrechtlichen Verjährung, JZ 1965, 145; *Baumann,* Wider eine Verjährung von NS-Verbrechen, ZRP 1979, 150; *Beling,* Aus dem neuesten Bande der Entscheidungen des BayObLG, ZStW 39 (1918) S. 657; *Bemmann,* Zur Frage der nachträglichen Verlängerung der Strafverfolgungsverjährung, JuS 1965, 333; *Benda,* Verjährung und Rechtsstaat, 1965; *Bloy,* Die dogmatische Bedeutung der Strafausschließungs- und Strafaufhebungsgründe, 1976; *Bockelmann,* Verjährung, Niederschriften, Bd. II, S. 329; *Böckenförde,* Zur verfassungsrechtlichen Bedeutung der Einführung der Unverjährbarkeit des Mordes, ZStW 91 (1979) S. 888; *Bräuel,* Die Verjährung der Strafverfolgung usw., Materialien, Bd. II, 1, S. 429; *v. Bülow,* Die Verjährung von NS-Verbrechen als Problem, in: *Ev. Akademie Bad Boll* (Hrsg.), Die Justiz und der Nationalsozialismus, 13/1981, S. 104; *Eyrich,* Auch die Verfolgung von Mord soll verjähren, ZRP 1979, 49; *Fuhrmann,* Verjährung von NS-Verbrechen, JR 1965, 15; *Grünwald,* Zur verfassungsrechtlichen Problematik der rückwirkenden Änderung von Verjährungsvorschriften, MDR 1965, 521; *Hans,* Die Aussetzung des Verfahrens nach Art. 100 GG und die Strafverfolgungsverjährung, MDR 1963, 8; *Hilde Kaufmann,* Strafanspruch, Strafklagrecht, 1968; *Klein,* Abschließende Bemerkungen zur Verjährungsdebatte 1979, ZRP 1979, 145; *Klug,* Die Verpflichtung des Rechtsstaates zur Verjährungsverlängerung, JZ 1965, 149; *Krölls,* Faschismusbewältigung durch demokratisches Strafrecht, Vorgänge 1979, Nr. 42, S. 25; *Kühl,* Zum Verjährungsbeginn bei Anstellungs- und Rentenbetrug, JZ 1978, 549; *Loening,* Die Verjährung, VDA, Bd. I, S. 379; *Lorenz,* Die Verjährung im Strafrechte, 1934; *derselbe,* Die Verjährung in der deutschen Strafgesetzgebung, 1955; *derselbe,* Die Regelung der Verjährung im Entwurf des Allg. Teils eines StGB, 1959; *derselbe,* Über das Wesen der strafrechtlichen Verjährung, GA 1966, 371; *derselbe,* Strafrechtliche Verjährung und Rückwirkungsverbot, GA 1968, 300; *Lüderssen,* Politische Grenzen des Rechts – rechtliche Grenzen der Politik, JZ 1979, 449; *Maier,* Zur Frage der Verjährung in den Fällen des Art. VII Abs. 3 des NATO-Truppenstatuts, NJW 1974, 1935; *Maihofer,* Nichtverjährung des Völkermordes, ZRP 1979, 81; *Mischnick,* Gegen eine Verlängerung der Verjährungsfristen, ZRP 1968, 63; *Molari,* La prescrizione del reato e della pena, 1965; *Moser,* Zur Frage der rechtlichen Natur der Strafverfolgungsverjährung, GA 1954, 301; *Noll,* Tatbestand und Rechtswidrigkeit usw., ZStW 77 (1965) S. 1; *Oppe,* Verjährung bei Anstellungs- und Rentenbetrug, NJW 1958, 1909; *Pawlowski,* Die Verlängerung von Verjährungsfristen usw., NJW 1965, 287; *derselbe,* Der Stand der rechtlichen Diskussion in der Frage der strafrechtlichen Verjährung, NJW 1969, 594; *Peters,* Strafprozeß, 4. Aufl. 1985; *Pfeiffer,* Zur Verjährung der Strafverfolgung bei Mord, DRiZ 1979, 11; *Reimer,* Verjährung, in: *Gürtner* (Hrsg.), Das kommende deutsche Strafrecht, Allg. Teil, 1934, S. 156; *Rüping,* Beendigung der Tat und Beginn der Verjährung, GA 1985, 437; *G. Schäfer,* Einige Fragen zur Verjährung in Wirtschaftsstrafsachen, Festschrift für H. Dünnebier, 1982, S. 541; *K. Schäfer,* Verjährung, Niederschriften, Bd. II, S. 332; *P. Schneider,* NS-Verbrechen und Verjährung, Festschrift für O. A. Germann, 1969, S. 199; *Schreiber,* Zur Zulässigkeit der rückwirkenden Verlängerung von Verjährungsvorschriften usw., ZStW 80 (1968) S. 348; *Schröder,* Anmerkung zu BGH 11, 119, JZ 1959, 30; *derselbe,* Anmerkung zu BGH 24, 218, JR 1972, 118; *derselbe,* Probleme strafrechtlicher Verjährung, Festschrift für W. Gallas, 1973, S. 329; *Schünemann,* 17 Thesen zum Problem der Mordverjährung, JR 1979, 177; *Schwenk,* Konkurrierende Gerichtsbarkeit in Strafsachen nach dem NATO-Truppenstatut usw., NJW 1965, 2242; *Seibert,* Sinn und Unsinn der strafrechtlichen Verjährung, NJW 1952, 1361; *Spendel,* Materiellrechtliche Straffrage und strafprozessuale Teilrechtskraft, ZStW 67 (1955) S. 556; *v. Stackelberg,* Verjährung und Verwirkung des Rechts auf Strafverfolgung, Festschrift für P. Bockelmann, 1979, S. 759; *Triffterer,* Können Mordgehilfen der Nationalsozialisten heute noch bestraft werden? NJW 1980, 2049; *Vogel,* Mord sollte nicht verjähren, ZRP 1979, 1; *Volk,* Prozeßvoraussetzungen, 1978; *Walder,* Schuldspruch trotz Verfolgungsverjährung? Gedächtnisschrift für P. Noll, 1984, S. 313; *Willms,* Zur Frage rückwirkender Beseitigung der Verjährung, JZ 1969, 60.

Das StGB unterscheidet zwischen Verfolgungs- und Vollstreckungsverjährung (vgl. die Titelüberschriften vor § 78 und § 79). Nach Ablauf bestimmter Fristen schließt die Verfolgungsverjährung die Ahndung einer Tat und die Anordnung von Maßnahmen (§ 78 I), die Vollstreckungsverjährung die Vollstreckung rechtskräftig verhängter Strafen oder Maßnahmen aus (§ 79 I). Die beiden Arten der Verjährung grenzen aneinander an: die Verfolgungsverjährung endet mit der Rechtskraft des Ausspruchs der Strafe oder Maßnahme, die Vollstreckungsverjährung beginnt mit diesem Zeitpunkt (§§ 78b III, 79 VI)[1]. Das geltende Recht hat beide Arten der Verjährung beibehalten, aber die Regelung erheblich umgestaltet. Die Einrichtung der Verjährung „soll dem Rechtsfrieden dienen und einer etwaigen Untätigkeit der Behörden in jedem Abschnitt des Verfahrens entgegentreten" (BGH 11, 393 [396]; 12, 335 [337f.])[2].

I. Die Verfolgungsverjährung (§§ 78 - 78 c)

1. Die **Rechtsnatur** der Verfolgungsverjährung ist umstritten. Die ältere Lehre und Rechtsprechung sahen in der Verjährung einen echten Strafaufhebungsgrund, weil das Strafbedürfnis durch den Zeitablauf getilgt werde (RG 12, 434 [436]) (*materiell-rechtliche* Verjährungstheorie)[3]. Herrschend ist seit der Schwenkung der Rechtsprechung im Jahre 1942 (RG 76, 159 [161]) die *prozessuale* Verjährungstheorie geworden, die die Verjährung als reines Verfahrenshindernis ansieht (BVerfG 1, 418 [423]; 25, 269 [286]; BGH 2, 300 [306]; 8, 269 [270]; 11, 393 [395]; 29, 168; BGH NJW 1952, 271)[4]. Zu folgen ist indessen der *gemischten* Verjährungstheorie, die in der Verjährung eine zugleich materielle und prozessuale Rechtseinrichtung erblickt (so früher RG 59, 197 [199]; 66, 328)[5]. Zur Begründung dieser Lehre dient einmal der Gedanke, daß das *Strafbedürfnis* sowohl unter dem Gesichtspunkt der Vergeltung und der Generalprävention als auch im Hinblick auf den Resozialisierungszweck der Strafe mit dem fortschreitenden Ablauf der Zeit mehr und mehr schwindet und schließlich ganz aufhört. Diese Erfahrung erklärt es auch, warum manche Auslandsrechte schon vor der Vollendung der Verjährung eine dem Zeitablauf entsprechende Ermäßigung der Strafdrohung eintreten lassen (vgl. z.B. § 57 I 2 österr. StGB[6]). Auch der Gedanke der *Gnade* und *Billigkeit* und die Notwendigkeit der *Selbstbescheidung des Staates* gegenüber dem Faktor Zeit und dem damit bewirkten Wandel der Persönlichkeit des Täters spielen eine Rolle[7]. Die Strafverfolgungsverjährung beruht aber nicht nur auf dem Wegfall des Strafbedürfnisses, sondern auch auf der prozessualen Erfahrungstatsache, daß mit wachsendem zeitlichen Abstand des Strafverfahrens von der

---

[1] So RG 76, 46 (48); BGH 11, 393 (395); 20, 198 (200); 30, 232; *Blei*, Allg. Teil S. 420; *Dreher / Tröndle*, § 78b Rdn. 11; *LK (Jähnke)* Vorbem. 2 vor § 78; *Schönke / Schröder / Stree*, Vorbem. 1 vor § 78; *Spendel*, ZStW 67 (1955) S. 569).

[2] Zur Geschichte *LK (Jähnke)* Vorbem. 1 vor § 78 m. Nachw.

[3] So *Allfeld*, Lehrbuch S. 305 Fußnote 2; *Beling*, ZStW 39 (1918) S. 663; *v. Liszt / Schmidt*, S. 451; *Loening*, VDA Bd. I S. 379ff.; *Lorenz*, Die Verjährung S. 51; *derselbe*, Die Verjährung in der deutschen Strafgesetzgebung S. 55ff.; *derselbe*, Die Regelung der Verjährung im Entwurf S. 9; ebenso *Bloy*, Dogmatische Bedeutung S. 251; *Hilde Kaufmann*, Strafanspruch S. 154; *v. Stackelberg*, Bockelmann-Festschrift S. 765; *Walder*, Noll-Gedächtnisschrift S. 315ff. m. Nachw. zum schweiz. Recht.

[4] Ebenso im Schrifttum *Binding*, Handbuch S. 823; *Blei*, Allg. Teil S. 420; *Bockelmann / Volk*, Allg. Teil S. 18; *Kohlrausch / Lange*, § 67 Anm. I; *LK (Jähnke)* Vorbem. 9 vor § 78; *Maurach / Gössel / Zipf*, Allg. Teil II S. 684; *Preisendanz*, Vorbem. 1 vor § 78; *Schmidhäuser*, Studienbuch S. 264; *Volk*, Prozeßvoraussetzungen S. 226; *Rüping*, GA 1985, 438; *Eb. Schmidt*, Lehrkommentar Teil I Nr. 189; *Schönke / Schröder / Stree*, Vorbem. 3 vor § 78; *P. Schneider*, Germann-Festschrift S. 210.

[5] So *v. Bar*, Gesetz und Schuld Bd. III S. 386ff.; *Baumann / Weber*, Allg. Teil S. 462; *Böckenförde*, ZStW 91 (1979) S. 890; *Dreher / Tröndle*, Vorbem. 4 vor § 78; *Haft*, Allg. Teil S. 274; *Lackner*, § 78 Anm. 1; *Frank*, § 66 Anm. II; *Gerland*, Lehrbuch S. 286; *v. Hippel*, Bd. II S. 558; *H. Mayer*, Lehrbuch S. 353; *Moser*, GA 1954, 303f.; *Peters*, Strafprozeß S. 11; *Löwe / Rosenberg (Schäfer)*, Einleitung Kap. 12 Rdn. 89; *Schäfer*, Niederschriften Bd. II S. 341 mit Vorgeschichte; *Mezger*, Lehrbuch S. 496 Fußnote 25; *Welzel*, Lehrbuch S. 262; *SK (Rudolphi)* Vorbem. 10 vor § 78; E 1962, Begründung S. 257.

[6] Vgl. dazu *WK (Foregger)* § 57 Rdn. 2.

[7] So insbesondere *Bockelmann*, Niederschriften Bd. II S. 330; *Gallas*, ebenda S. 348.

Tatbegehung die Beweisschwierigkeiten mehr und mehr zunehmen, so daß die Gefahr von Fehlurteilen immer größer wird. Dieser Gesichtspunkt ist aber allein nicht entscheidend, wie sich aus der Unverjährbarkeit des Völkermordes und des Mordes (§ 78 II) sowie aus der Abstufung der Fristen nach der Schwere der Deliktsart ergibt (§ 78 III). Diese Bestimmungen lassen sich nur materiellrechtlich, nicht prozessual erklären. Nach der gemischten Verjährungstheorie ist die Verfolgungsverjährung ein persönlicher Strafaufhebungsgrund, der aber verfahrensrechtlich als Prozeßhindernis ausgestaltet ist. Die Fassung des § 78 I 1 entspricht dem § 127 I E 1962, der von der gemischten Theorie ausging (vgl. Begründung S. 257).

Praktische Bedeutung haben die Verjährungstheorien vor allem für die Zulässigkeit der **Rückwirkung** eines die Verjährungsfrist verlängernden oder die Verjährung aufhebenden Gesetzes (vgl. 2. Auflage S. 110f.)[8]. Nach der materiellen und der gemischten Theorie gehört die Verjährungsregelung zu den Strafbarkeitsvoraussetzungen, sie kann deswegen nach Art. 103 II GG nicht rückwirkend zum Nachteil des Betroffenen abgeändert werden[9]. Die prozessuale Theorie ist zwar durch diese Erwägung nicht gebunden, sie hätte aber gleichwohl mindestens zu bedenken, daß das Rückwirkungsverbot heute zunehmend auch auf Prozeßvoraussetzungen angewendet wird[10]. Dementsprechend bestimmte bei Inkrafttreten des neuen Rechts Art. 309 III EGStGB, daß kürzere Verjährungsfristen des bisherigen Rechts für früher begangene Taten fortgelten (anders früher Art. 3 des 9. StÄG; dazu 2. Auflage S. 670). Die rückwirkende Wiedereröffnung bereits *abgelaufener* Verjährungsfristen (sog. *große* Rückwirkung) ist von jedem möglichen Standpunkt aus schon nach allgemeinen rechtsstaatlichen Grundsätzen abzulehnen. Dagegen wirkt die nachträgliche Verkürzung der Verjährungsfrist, sei es als prozessuale Vorschrift, sei es als milderes Gesetz nach § 2 III auf jeden Fall zurück (BGH 21, 367 [369f.]).

Da am 31. 12. 1979 die bis dahin 30jährige Verjährungsfrist für Mord auch für die schwersten Verbrechen aus der Zeit von 1933 bis 1945 abgelaufen wäre, hat das 16. StÄG vom 16. 7. 1979 die **Verjährung bei Mord ausgeschlossen**[11]. Das Gesetz hatte wiederum[12] rückwirkende Kraft für alle noch nicht verjährten Taten und zielte damit auf die Gewaltverbrechen aus der nationalsozialistischen Zeit, deren Verjährung bisher nicht unterbrochen werden konnte. Ein Grund, die Verjährung für Mord allgemein auszuschließen, bestand an sich nicht[13].

---

[8] Zur Geschichte des Rückwirkungsproblems vgl. *Welzel*, Lehrbuch 10. Aufl. S. 23.
[9] So *Böckenförde*, ZStW 91 (1979) S. 893; *Eyrich*, ZRP 1979, 54; *Dreher / Tröndle*, § 1 Rdn. 11b; *Schünemann*, JR 1979, 181; *Pawlowski*, NJW 1965, 287f.; *derselbe*, NJW 1969, 594f.; *Lorenz*, GA 1968, 300ff. Für das Rückwirkungsverbot mit einer von der Rechtsnatur der Verjährung unabhängigen Begründung *Arndt*, JZ 1965, 148 (rückwirkende Kompetenzausweitung); *Grünwald*, MDR 1965, 523 (Verbot von ad hoc-Gesetzen); *Mischnick*, ZRP 1968, 63 und *Schreiber*, ZStW 80 (1968) S. 364 (Verletzung der objektiven Grenzen der Staatsgewalt); *Willms*, JZ 1969, 61 (Aufhebung des § 66 II a. F. durch das 3. StÄG). „Schwere Bedenken" gegen die Rückwirkung aus allgemeinen verfassungsrechtlichen Gründen äußert *P. Schneider*, Germann-Festschrift S. 221.
[10] Für die Zulässigkeit der Rückwirkung vom Boden der prozessualen Theorie aus *Baumann*, ZRP 1979, 151; *Bemmann*, JuS 1965, 338; *Blei*, Allg. Teil S. 420; LK[9] (*Mösl*) § 66 Rdn. 3; *Lüderssen*, JZ 1979, 456; *Pfeiffer*, DRiZ 1979, 13; *Klug*, JZ 1965, 149ff.; *Schönke / Schröder*, 17. Aufl., § 67 Rdn. 2; *Vogel*, ZRP 1979, 3; mit unabhängiger Begründung ebenso *Benda*, Verjährung und Rechtsstaat S. 12 und *Fuhrmann*, JR 1965, 16.
[11] Dagegen mit eingehender Begründung *Klein*, ZRP 1979, 145ff.; *Eyrich*, ZRP 1979, 49ff.; *Schünemann*, JR 1979, 177ff.; dafür *Vogel*, ZRP 1979, 1ff.; *v. Bülow*, in: Ev. Akademie Bad Boll (Hrsg.), Die Justiz und der Nationalsozialismus, 13/1981, S. 104ff. Für den Ausschluß der Verjährung gilt entgegen *Triffterer*, NJW 1980, 2049 auch für Beihilfe zum Mord (§ 78 IV).
[12] Zur Vorgeschichte LK (*Jähnke*) § 78 Rdn. 5; *Krölls*, Vorgänge 1979, 25ff.
[13] Der Vorschlag von *Maihofer*, ZRP 1979, 84ff., das Problem durch Anwendung der Nichtverjährbarkeit des Völkermordes auf Mordtaten der Zeit von 1933 - 1945 zu lösen, hätte freilich nur einen Teil der Fälle erfaßt.

2. Die Verjährung **beginnt,** „sobald die Tat beendet ist" (§ 78a S. 1). Maßgebend für den Beginn der Verjährung ist also nicht die Vollendung, sondern die **Beendigung** der Straftat (vgl. oben § 49 III 3) (BGH 24, 218 [220]; 27, 342; 28, 371 [379])[14]. § 78a S. 2, der auf den späteren Eintritt eines „zum Tatbestand gehörenden Erfolgs" abstellt (z. B. den Eintritt des Todes bei den Tötungsdelikten), hat keine selbständige Bedeutung, weil die Beendigung der Tat immer den Eintritt des tatbestandsmäßigen Erfolgs voraussetzt. In der Regel fällt der Zeitpunkt der Beendigung der Tat freilich mit dem der Vollendung zusammen.

Beispiele: So beginnt beim Abbruch der Schwangerschaft die Verjährungsfrist nicht mit der Abtreibungshandlung, sondern mit der Tötung der Leibesfrucht (RG DR 1943, 577), beim Betrug mit dem Eintritt des Vermögensschadens (RG 42, 171 [173]), beim Anstellungsbetrug hingegen schon mit der Anstellung (BGH 22, 38 [40]), bei der fahrlässigen Brandstiftung mit dem Ausbruch des Brandes (BGH 11, 119 [121]), bei der Beihilfe mit der Beendigung der Haupttat (BGH 20, 227 [228])[15], beim Totschlag durch Unterlassen einer gebotenen Rettungshandlung mit dem Eintritt des Todes (vgl. auch OLG Köln VRS 65, 73 [74]), bei echten Unterlassungsdelikten mit dem Wegfall der Handlungspflicht (BGH 28, 371 [380]; OLG Düsseldorf JZ 1985, 48)[16].

Wird die Tat erst nach der formellen Vollendung beendet, ist der Zeitpunkt der materiellen Beendigung für den Beginn der Verjährung maßgebend.

Beispiele: Beim Rentenbetrug beginnt die Verjährung mit der Zahlung der letzten erschlichenen Rente (RG 62, 418 [419])[17], bei der Bestechlichkeit mit der Annahme des letzten Vorteils (BGH 11, 345 [347]), beim Dauerdelikt mit der Beseitigung des rechtswidrigen Zustands[18] (BGH 20, 227 [229]; RG 44, 424 [428f.]; BayObLG NJW 1958, 110 [111]); bei einer fortgesetzten Handlung mit dem letzten Teilakt (RG 74, 296 [297]; BGH 1, 84 [91f.]; 24, 218 [220]) m. abl. Anm. *Schröder,* JR 1972, 118; BGH JR 1985, 244)[19].

3. Die **Länge der Verjährungsfrist** richtet sich nach der Strafdrohung (§ 78 III), wobei die maßgebende Strafdrohung ebenso wie in § 12 III (vgl. oben § 7 IV 2, 3) durch die abstrakte Betrachtungsweise bestimmt wird (§ 78 IV). Die längste Verjährungsfrist beträgt 30 Jahre und gilt für Taten, die mit lebenslanger Freiheitsstrafe bedroht sind. Ausgenommen sind Völkermord und Mord (§ 78 II). Die Länge der Verjährungsfrist steigt in einer Stufenfolge herab bis zu drei Jahren bei Taten, die im

---

[14] Die Frage ist allerdings zweifelhaft, da das EGStGB mit der „Beendigung der Straftat" möglicherweise den Endzeitpunkt der *Handlung* des Täters gemeint hat und schon zu diesem Zeitpunkt den Beginn der Verjährung ansetzen wollte, abgesehen von den Fällen, in denen der tatbestandsmäßige Erfolg erst später eintritt (so *Lackner,* § 78a Anm. 1; *Kühl,* JZ 1978, 551). Da es jedoch einen guten Sinn hat, für den Beginn der Verjährung auf die Beendigung der Tat im materiellen Sinne abzustellen (z. B. beim Betrug auf die Erlangung des Vermögensvorteils), ist die im Text gegebene Auslegung vorzuziehen; ebenso *Blei,* Allg. Teil S. 421f.; *Dreher / Tröndle,* § 78a Rdn. 2; *LK (Jähnke)* § 78a Rdn. 1ff.; *Maurach / Gössel / Zipf,* Allg. Teil II S. 686; *Schönke / Schröder / Stree,* § 78a Rdn. 1; *SK (Rudolphi)* § 78a Rdn. 3. Für die Auffassung des Textes spricht auch E 1962, Begründung S. 259.

[15] Vgl. *Dreher / Tröndle,* § 78a Rdn. 5; *Lackner,* § 78a Anm. 2h; *LK (Jähnke)* § 78a Rdn. 15; *Maurach / Gössel / Zipf,* Allg. Teil II S. 687; *Schönke / Schröder / Stree,* § 78a Rdn. 8.

[16] Vgl. *Schröder,* JZ 1959, 30; *LK (Jähnke)* § 78a Rdn. 9.

[17] Über den Unterschied zwischen Renten- und Anstellungsbetrug hinsichtlich des Schadenseintritts vgl. *Oppe,* NJW 1958, 1909. Kritisch dazu *Kühl,* JZ 1978, 552f.

[18] Vgl. *Blei,* Allg. Teil S. 422; *LK (Jähnke)* § 78a Rdn. 8; *Schönke / Schröder / Stree,* § 78a Rdn. 11.

[19] Für selbständige Verjährung jedes Teilakts *Schröder,* Gallas-Festschrift S. 331f.; *Jakobs,* Allg. Teil S. 741; *Noll,* ZStW 77 (1965) S. 4; *Schönke / Schröder / Stree,* Vorbem. 33 vor § 52; *v. Stackelberg,* Bockelmann-Festschrift S. 759; *Rüping,* GA 1985, 446. Wie der Text dagegen überzeugend *LK (Jähnke)* § 78a Rdn. 10; *G. Schäfer,* Dünnebier-Festschrift S. 542.

I. Die Verfolgungsverjährung (§§ 78 - 78c)

Höchstmaß mit Freiheitsstrafe bis zu einem Jahr oder darunter bedroht sind (z. B. §§ 106 a, 123, 136, 202, 203).

4. Sondervorschriften gelten für einzelne Deliktsgruppen. So ist die Verjährung bei **Völkermord** (§ 220 a) und **Mord** (§ 211) **ausgeschlossen** (§ 78 II). Bei **Pressedelikten** beginnt die Verjährung nach den Landespressegesetzen schon mit der ersten Ausgabe des Druckwerks, obwohl in der Regel eine fortgesetzte Handlung vorliegt (BGH 25, 347). Außerdem gilt für Presseinhaltsdelikte nach den Landespressegesetzen eine wesentlich **verkürzte Verjährungsfrist** (z. B. sechs Monate in Bayern und Hessen) (BVerfGE 7, 29 [36]; BGH 33, 271)[20]. Diese gilt auch für den Gehilfen (BGH NStZ 1982, 85).

5. Die **Unterbrechung der Verjährung** bewirkt, daß mit dem Tage, an dem die Unterbrechung stattfindet, eine neue Frist zu laufen beginnt (§ 78 c III 1). Eine wiederholte Unterbrechung der Verjährung ist möglich (RG 23, 184 [188]), doch kann der Eintritt der Verjährung abweichend vom früheren Recht nicht mehr beliebig lange hinausgeschoben werden: die Strafverfolgung ist spätestens verjährt, wenn seit ihrem Beginn das Doppelte der gesetzlichen Verjährungsfrist und bei Verjährungsfristen, die kürzer sind als drei Jahre (z. B. nach den Landespressegesetzen) mindestens drei Jahre verstrichen sind (§ 78 c III 2). Aus Gründen der Rechtssicherheit bestimmt ferner der neue § 78 c I, daß *nur* die dort bezeichneten Rechtshandlungen der Gerichte, der Staatsanwaltschaft und der Polizei (§ 78 c I Nr. 1) (OLG Hamm VRS 66, 44) Unterbrechungswirkung haben[21]. In Betracht kommen nur Handlungen deutscher Strafverfolgungsorgane (BGH 1, 325). Trotz der formellen Regelung in § 78 c I bleibt es dabei, daß Untersuchungshandlungen, für die kein sachlicher Anlaß besteht und die lediglich dem Unterbrechungszweck dienen, nicht ausreichen (BGH 9, 198 [203], 15, 234 [238]; BGH 25, 6 [8]; OLG Hamm VRS 62, 203)[22]. Bei mündlicher Bekanntgabe tritt die Unterbrechung mit der Verkündigung (§ 35 I StPO), bei schriftlichen Anordnungen nicht erst mit dem Zugang, sondern schon mit der Unterzeichnung ein (§ 78 c II) (BGH NStZ 1985, 545).

6. Das **Ruhen der Verjährung** ist in § 78 b für diejenigen Fälle vorgeschrieben, in denen nach dem Gesetz jede Verfolgungshandlung und damit auch jede Möglichkeit einer Unterbrechung ausgeschlossen ist (RG 52, 36). Dies gilt einmal dann, wenn die Strafverfolgung aufgrund *ausdrücklicher Vorschrift* nicht begonnen oder nicht fortgesetzt werden kann. Der zweite Grund ist die Abhängigkeit des Strafverfahrens von der Entscheidung über eine *Vorfrage*, die in einem anderen Verfahren getroffen werden muß (hierzu ausdrücklich § 154 III StPO sowie auch § 153 a III StPO). Die Verjährung ruht ferner in entsprechender Anwendung des § 203 BGB beim *Stillstand der Rechtspflege*. Das Ruhen der Verjährung bedeutet, daß Beginn und Ablauf der Verjährungsfrist gehemmt sind. Im Unterschied zur Unterbrechung der Verjährung bleibt der abgelaufene Teil der Frist hier jedoch wirksam.

Beispiele: Die Verjährung ruht wegen der Immunität des Bundestagsabgeordneten nach Art. 46 II GG (vgl. oben § 19 II 2 a. E.), aber erst von dem Zeitpunkt an, zu dem die Strafverfolgungsbehörde von Tat und Täter Kenntnis erlangt oder eine Strafanzeige oder ein Strafantrag

---

[20] Vgl. dazu *LK (Jähnke)* Vorbem. 4f. vor § 78.
[21] Vgl. näher *Maurach / Gössel / Zipf,* Allg. Teil II S. 688 f.; *Lackner,* § 78 c Anm. 2; *LK (Jähnke)* § 78 c Rdn. 19 ff.
[22] So *Lackner,* § 78 c Anm. 3; *SK (Rudolphi)* § 78 c Rdn. 7. Anders BayObLG MDR 1980, 253; OLG Celle Nds. Rpfl. 1984, 239; *Dreher / Tröndle,* § 78 c Rdn. 7; *LK (Jähnke)* § 78 c Rdn. 11; *Göhler,* § 33 OWiG Rdn. 3; *Schönke / Schröder / Stree,* § 78 c Rdn. 3. Für die Ansicht des Textes spricht, daß die Vorschriften über die Unterbrechung der Verjährung als Ausnahmevorschriften eng auszulegen sind (BGH 26, 80 [83 f.]; 28, 381 [382]).

angebracht ist (§ 78b II). Die Verjährung ruht ferner in der Zeit der Vorlage der Akten beim Bundesverfassungsgericht während des Normenkontrollverfahrens nach Art. 100 GG (OLG Schleswig NJW 1962, 1580)[23]. Das gleiche gilt bei Straftaten von Angehörigen der Stationierungstruppen bis zur Abgabe der Sache an die deutsche Justiz (vgl. oben § 18 I 3) (OLG Celle NJW 1965, 1673; LG Krefeld NJW 1965, 310)[24].

Gehemmt ist der Ablauf der Verjährungsfrist, wenn ein **erstinstanzliches Urteil** ergangen ist, bis zum rechtskräftigen Abschluß des Verfahrens (§ 78b III) (BGH 32, 209).

7. Von den **ausländischen Rechten**[25] hat für die deutsche Entwicklung besonders der *französische* Code pénal Bedeutung gewonnen, der im Gegensatz zum älteren Recht die Verjährung für alle Straftaten einführte und mit diesem liberalen Reformgedanken die deutschen Partikularrechte des 19. Jahrhunderts bis hin zum RStGB von 1871 nachhaltig beeinflußte. Während das französische Recht die prozeßrechtliche Auffassung der Verjährung stark hervorkehrt (Art. 7 - 9 C.p.p.)[26], wird diese in *Spanien* (Art. 112 Nr. 6 C.p.)[27], in *Österreich* (§§ 57 - 60 StGB)[28] und der *Schweiz* (Art. 70ff. StGB)[29] als Strafaufhebungsgrund angesehen. Die gleiche Auffassung ist in *Italien* (Art. 157ff. C.p.) ganz herrschend; unverjährbar sind dort die mit dem Tode oder mit lebenslangem Zuchthaus bedrohten Verbrechen, weil die Erinnerung daran dem Gedächtnis der Menschen nicht entschwinde[30]. Das *niederländische* Recht (Art. 70ff. W. v. S.) folgt in der prozeßrechtlichen Auffassung der Verjährung dem französischen[31]. Der *brasilianische* Código penal bezeichnet die Verjährung in Art. 107 IV als Strafaufhebungsgrund. In der Lehre wird sowohl die gemischte Theorie[32] als auch die rein materiellrechtliche Theorie[33] vertreten. Das Common Law kennt wie das mittelalterliche deutsche Recht keine Verjährung, Verurteilungen wegen Mordes nach 20 und mehr Jahren kommen deswegen vor. In *England* und in den *USA* gibt es die Verjährung nur aufgrund von Einzelvorschriften im Statute Law. Im StGB der *DDR* ist die Verjährung ähnlich wie im Strafrecht der Bundesrepublik geregelt (§§ 82 - 84)[34]. Für Verbrechen gegen den Frieden, die Menschlichkeit und Kriegsverbrechen ist die Verjährung ausgeschlossen.

II. Die Vollstreckungsverjährung (§§ 79 - 79b)

1. Die Vollstreckungsverjährung bewirkt, daß nach Ablauf gewisser Fristen die Vollstreckung rechtskräftig verhängter Strafen oder Maßnahmen (§ 11 I Nr. 8) ausgeschlossen ist. Die Einrichtung der Vollstreckungsverjährung läßt sich allein durch die

---

[23] Ebenso *Lackner*, § 78b Anm. 1b bb; *Hans*, MDR 1963, 9f.; *LK (Jähnke)* § 78b Rdn. 3; *Schönke / Schröder / Stree*, § 78b Rdn. 4.

[24] Ebenso *LK (Jähnke)* § 78b Rdn. 6; wohl auch LG Duisburg NJW 1965, 643. Anders *Schwenk*, NJW 1965, 2243; *Maier*, NJW 1974, 1936.

[25] Vgl. näher *Bräuel*, Materialien Bd. II, 1 S. 429ff.

[26] Vgl. *Merle / Vitu*, Traité Bd. II S. 59ff. mit kritischen Bemerkungen.

[27] Vgl. *Antón Oneca*, Derecho penal S. 575; *Rodríguez Devesa / Serrano Gómez*, Derecho penal S. 681; *Muñoz Conde*, Adiciones Bd. II S. 1244f.

[28] Vgl. *Rittler*, Bd. I S. 373; *Nowakowski*, Grundriß S. 106; *Foregger / Serini*, StGB, § 57 Anm. I; *Triffterer*, Allg. Teil S. 499f.

[29] Vgl. *Hafter*, Allg. Teil S. 430; *Schwander*, Das schweiz. StGB S. 216; *Schultz*, Einführung I S. 251.

[30] Vgl. *Bettiol / Pettoello Mantovani*, Diritto penale S. 903; *Molari*, La prescrizione S. 24ff.; *Crespi / Stella / Zuccalà*, Art. 157 Rdn. 1.

[31] Vgl. *van Bemmelen / van Veen*, Ons strafrecht S. 287. Für die gemischte Theorie *D. Hazewinkel-Suringa / Remmelink*, Inleiding S. 516.

[32] *Fragoso*, Lições S. 421.

[33] *da Costa jr.*, Comentários, Art. 107 - 120 Anm. 6b.

[34] Bei *Lekschas / Renneberg*, Lehrbuch S. 522 wird betont, daß die Strafe durch den Zeitablauf ihren „politisch-sozialen Sinn" verliere.

materiellrechtliche Begründung[35] rechtfertigen, daß die Vollstreckung ihren Sinn verliert, wenn die Erinnerung an Tat und Urteil längst verloren gegangen und auch der Verurteilte durch den Zeitablauf ein anderer geworden ist. Der Gedanke des Beweisverlusts spielt hier naturgemäß keine Rolle, eine prozeßrechtliche Theorie ist daher bei der Vollstreckungsverjährung nicht möglich. Die Vollstreckungsverjährung wird jedoch als Prozeßhindernis behandelt, da die Tat ihre rechtskräftige Ahndung bereits gefunden hat und es nur noch um die Vollstreckung der Strafe oder Maßnahme geht.

2. Die **Länge** der Verjährungsfrist hängt von der Höhe der erkannten Strafe ab (§ 79 III). Die Vollstreckung von Strafen wegen Völkermords (§ 220a) und von lebenslangen Freiheitsstrafen verjährt nicht (§ 79 II). Auch die Vollstreckung der Sicherungsverwahrung verjährt nicht (§ 79 IV 1). Die Verjährungsfrist für die übrigen Maßnahmen ist in § 79 IV 2 und 3 bestimmt. Die Verjährung **beginnt** mit der Rechtskraft der Entscheidung (§ 79 VI); ist die Bildung einer Gesamtstrafe vorgeschrieben, mit der Rechtskraft des Ausspruchs über diese (BGH 30, 232).

3. Die Verjährung **ruht** insbesondere bei Aufschub oder Unterbrechung der Vollstreckung, bei Aussetzung zur Bewährung und bei Bewilligung von Zahlungserleichterung (§ 79a). Die Verjährungsfrist kann vor ihrem Ablauf durch das Gericht (zur Zuständigkeit vgl. §§ 462 I 2, 462a StPO) einmal um die Hälfte ihrer gesetzlichen Dauer **verlängert** werden, wenn sich der Verurteilte in einem Gebiet aufhält, aus dem seine Auslieferung oder Überstellung nicht erreicht werden kann (§ 79b).

6. Kapitel: Die Rehabilitation des Verurteilten

Aufgabe der Strafe ist es, nicht nur in der Vergangenheit liegende Schuld auszugleichen, sondern zukünftigen Verbrechen, insbesondere durch soziale Einordnung des Verurteilten, vorzubeugen (vgl. oben § 1 II, § 8 V 2). Im Hinblick auf dieses Ziel muß nach der Vollstreckung der Strafe Vorsorge für die Rehabilitation des Verurteilten getroffen werden. „Rehabilitation bedeutet die rechtliche Wiederbegründung des sozialen Ansehens eines Verurteilten innerhalb der Rechtsgemeinschaft"[1]. Sie ist eine durch das Sozialstaatsprinzip des Grundgesetzes geforderte Aufgabe der Gemeinschaft (BVerfGE 35, 202 [235 f.]). Grundlegend für die Rehabilitation ist die Regelung für die *Eintragungen im Bundeszentralregister,* die *Auskunft aus dem Register* und die *Tilgung von Eintragungen,* da hier die Entscheidung darüber fällt, wie lange eine Verurteilung aufgezeichnet bleibt, wem sie mitgeteilt wird und wann und gegenüber wem

---

[35] Die prozeßrechtliche Theorie vertreten dagegen auch hier *Maurach / Gössel / Zipf,* Allg. Teil II S. 690; *LK (Jähnke)* § 79 Rdn. 1; *Schönke / Schröder / Stree,* § 79 Rdn. 1. Der gemischten Theorie folgen *Lackner,* § 79 Anm. 1; *SK (Rudolphi)* § 79 Rdn. 1.

[1] So *Peters,* Verhandlungen des 42. DJT Bd. II/G S. 3. Über die Eingliederungsschwierigkeiten der zu Freiheitsstrafe Verurteilten (soziale Vorurteile, Kontaktschwäche, Verlust der Selbstachtung, Kräfteverfall, Lebensangst, Behördenangst, Schwierigkeiten hinsichtlich Familie, Arbeitsplatz und Unterkunft) *Neulandt,* Zeitschrift für Strafvollzug 1966, 218ff.; *Eser,* Peters-Festschrift S. 508ff.; *Kaiser,* Würtenberger-Festschrift S. 363ff.; *Schellhos,* Rehabilitation, Resozialisierung, Kleines Kriminologisches Wörterbuch S. 357ff.; *Lipton / Martinson / Wilks,* The Effectiveness of Correctional Treatment, 1975 („nothing works"). Grundlegend waren einst die Arbeiten von *Delaquis,* Rehabilitation im Strafrecht, 1907 mit reichem geschichtlichem Material und ZStW 27 (1907) S. 376ff. Zum ausländischen Recht vgl. *Schottelius,* Materialien Bd. II, 1 S. 149ff.

sich der Verurteilte als unbestraft bezeichnen darf (vgl. unten § 87). Bedeutung für die Rehabilitation hat ferner die *Begnadigung*, weil sie durch den Erlaß oder die Milderung von Strafen oder Maßregeln und durch die Gewährung von Strafaussetzung zur Wiedereingliederung des Verurteilten in die Gesellschaft beitragen kann (vgl. unten § 88)[2].

§ 87 Eintragungen im Bundeszentralregister und Tilgung von Eintragungen

Creifelds, Straftilgung und Verwertungsverbot, GA 1974, 179; *Delaquis*, Die Rehabilitation Verurteilter, 1906; *derselbe*, Die Rehabilitation im Strafrecht, 1907; *derselbe*, Begriff und Wert der Rehabilitation, ZStW 27 (1907) S. 376; *Dreher*, Zur Sperrwirkung des § 49 BZRG usw., JZ 1972, 618; *Drews*, Das deutsche Gnadenrecht, 1971; *Dünnebier*, Möglichkeiten der Rehabilitation durch strafregisterliche Maßnahmen, JZ 1958, 713; *Eckleben*, Das Strafregisterwesen im Ausland, Materialien, Bd. X, 1959; *Eser*, Resozialisierung in der Krise? Festschrift für K. Peters, 1974, S. 505; *Götz*, Das Bundeszentralregister, 3. Aufl. 1985; *derselbe*, Aktuelle Fragen des BZRG, GA 1973, 193; *derselbe*, Das Verwertungsverbot des BZRG, JZ 1973, 496; *Haffke*, Hat das BZRG eine Konzeption? GA 1975, 65; *Hartung*, Die materiellen Wirkungen der Tilgung von Strafvermerken, JR 1952, 42; *derselbe*, Der Stand der Rehabilitierungsfrage in Deutschland, Festschrift für E. Mezger, 1954, S. 503; *Kohlhaas*, Die Rehabilitierung Straffälliger, DRiZ 1957, 177; *Kaiser*, Resozialisierung und Zeitgeist, Festschrift für Th. Würtenberger, 1977, S. 359; *Kohlrausch*, Rehabilitation, ZStW 41 (1920) S. 184; *Lipton / Martinson / Wilks*, The Effectiveness of Correctional Treatment, 1975; *Neulandt*, Strafmakel und Resozialisierung, Zeitschrift für Strafvollzug 1966, 218; *Peters*, Rehabilitierung Straffälliger, Verhandlungen des 42. DJT, Bd. II/G, 1958, S. 3; *Rebmann / Uhlig*, Bundeszentralregistergesetz, 1985; *Schellhos*, Rehabilitation, Resozialisierung, Kleines Kriminologisches Wörterbuch, 2. Aufl. 1985, S. 357; *Schottelius*, Rehabilitation und Resozialisierung, Materialien, Bd. II, 1, S. 149; *Terhorst*, Resozialisierung auf Kosten umfassender Wahrheitserforschung, ZRP 1973, 5; *Tremml*, Die Rechtswirkungen der Straftilgung, Diss. München 1975; *Willms*, Anmerkung zu BVerfGE 36, 174, JZ 1974, 221.

Im Rahmen der Regelung des Registerrechts muß der *Ausgleich* gefunden werden zwischen dem Interesse des Staates und der Gesellschaft an einem dauernden und zuverlässigen *Auskunftsmittel* über alle Verurteilungen zu Strafen und Maßregeln und dem Interesse des straffälligen Menschen an seiner *Rehabilitation*, einem Interesse, das im Hinblick auf das Ziel der Verbrechensvorbeugung zugleich auch ein solches von Staat und Gesellschaft ist.

I. Entwicklung und Reform des Registerrechts

1. Im Jahre 1882 wurde in Deutschland das **Strafregister** eingeführt. Sein Zweck war es, Vermerke über Verurteilungen wegen mit Strafe bedrohter Handlungen aufzunehmen und diese den Strafrechtspflegeorganen und anderen Behörden zur Kenntnis zu bringen (vgl. 1. Auflage S. 582 ff.)[3]. Auf dem Wege über das jedermann zustehende *polizeiliche Führungszeugnis*, in das alle nicht der beschränkten Auskunft unterliegenden Verurteilungen aufzunehmen waren, konnten auch Privatpersonen mittelbar Auskunft aus dem Strafregister erhalten, indem sie z. B. von dem Bewerber um eine Arbeitsstelle die Vorlage eines neuen polizeilichen Führungszeugnisses verlangten. Das Strafregister- und Straftilgungsrecht war sowohl unter dem Gesichtspunkt der Rehabilitation des Verurteilten als auch im Hinblick auf die veraltete Organisation

---

[2] In diesem Sinne auch *Delaquis*, Rehabilitation Verurteilter S. 61; *derselbe*, ZStW 27 (1907) S. 378; ferner *Drews*, Das deutsche Gnadenrecht S. 3 sowie die im Gnadenrecht herrschende Restitutionstheorie; vgl. *Löwe / Rosenberg (Schäfer)*, Vorbem. 16 vor § 12 GVG. Zur Geschichte der Rehabilitation *Rebmann / Uhlig*, BZRG, Einleitung Rdn. 21 ff.; *v. Liszt / Schmidt*, 25. Aufl. 1927 S. 444 ff.; *Kohlrausch*, ZStW 41 (1920) S. 184 ff.

[3] Zur Geschichte des Strafregisterwesens *Rebmann / Uhlig*, BZRG, Einleitung Rdn. 1 ff.

(Handkarteien der Staatsanwaltschaften) **reformbedürftig**[4]. Erschwert wurde die Resozialisierung einmal durch die zu langen Fristen für den Eintritt von Registervergünstigungen, von denen obendrein Verurteilungen zu Zuchthaus und zu Sicherungsverwahrung in der Regel ausgeschlossen waren, zum anderen durch die zu weite Ausdehnung des Kreises der unbeschränkt auskunftsberechtigten Behörden im Falle der beschränkten Auskunft, endlich durch die Regelung der polizeilichen Führungslisten und Führungszeugnisse.

2. Das **Gesetz über das Zentralregister und das Erziehungsregister** (BZRG) vom 18. 3. 1971 (BGBl. I S. 243) i. d. F. vom 21. 9. 1984 (BGBl. I S. 1229) führte anstelle der Strafregister der Staatsanwaltschaften zur Einrichtung des *Bundeszentralregisters* in Berlin und übertrug alle Zuständigkeiten in diesem Bereich auf den *Generalbundesanwalt* bei dem Bundesgerichtshof als Registerbehörde und den *Bundesminister der Justiz* als Beschwerdeinstanz. Das Gesetz will einmal die Voraussetzungen für die Resozialisierung verurteilter Personen verbessern und zum anderen durch die Verwendung moderner Organisationsmittel, insbesondere durch elektronische Datenverarbeitung, die Leistung des Registers, auch für die Zwecke der Statistik und der kriminologischen Forschung, erhöhen (BT-Drucksache VI/477 S. 1 f.)[5]. Bei dem Bundeszentralregister wird ferner das *Erziehungsregister* geführt, das zur Eintragung von Entscheidungen und Anordnungen auf dem Gebiet der Jugendstrafrechtspflege bestimmt ist (§§ 59 ff. BZRG).

Neben dem Bundeszentralregister in Berlin wird ein **Verkehrszentralregister** in Flensburg geführt (§§ 28 ff. StVG), in das Verurteilungen zu Strafen und Maßnahmen wegen Verkehrsstraftaten, Entscheidungen wegen Ordnungswidrigkeiten im Straßenverkehr (bei Geldbußen von mindestens 80 DM oder Fahrverbot nach § 25 StVG) und einschlägige Entscheidungen von Verwaltungsbehörden eingetragen werden[6].

II. Eintragungen in das Register

1. In das Zentralregister werden einmal alle **strafgerichtlichen Entscheidungen** eingetragen, durch die auf Strafe erkannt, eine Maßregel angeordnet, eine Verwarnung mit Strafvorbehalt ausgesprochen oder auf Schuldfeststellung und Aussetzung der Entscheidung über die Jugendstrafe nach § 27 JGG erkannt worden ist (§ 4 BZRG). Eingetragen wird auch die Aussetzung der Vollstreckung einer Strafe oder Maßregel zur Bewährung, die Anordnung der Bewährungshilfe und das Ende der Sperrfrist bei der Entziehung der Fahrerlaubnis (§§ 7, 8 BZRG). Hinzu kommen die nachträglichen Entscheidungen nach allgemeinem Strafrecht (§ 12 BZRG) und nach Jugendstrafrecht (§ 13 BZRG). Einzutragen sind weiter Gnadenerweise und Amnestien (§ 14 BZRG) und die Beendigung oder Erledigung freiheitsentziehender Sanktionen (§ 15 BZRG).

2. Das Bundeszentralregister dient ferner zur Aufnahme zahlreicher **anderer Entscheidungen statusrechtlicher, strafrechtlicher und polizeirechtlicher Art**. Hierzu zählen Entmündigungen, Entscheidungen von Verwaltungsbehörden über die Ausweisung oder Abschiebung von Ausländern, über die Ablehnung oder Entziehung von Erlaubnissen wegen Unzuverlässigkeit usw., über die Versagung oder Entziehung des Reisepasses und über Verbote auf dem Gebiet des Schußwaffenwesens sowie Entscheidungen über mangelnde Schuldfähigkeit (§§ 9 - 11 BZRG).

---

[4] Zu den Reformbestrebungen im deutschen Recht *Hartung*, Mezger-Festschrift S. 503 ff.; *Kohlhaas*, DRiZ 1957, 179 f.; *Dünnebier*, JZ 1958, 715 ff.; *Peters*, Verhandlungen des 42. DJT Bd. II/G S. 15 ff.; *Götz*, Bundeszentralregister, Einleitung Rdn. 20. Zu den Reformarbeiten *Rebmann / Uhlig*, BZRG, Einleitung Rdn. 35 ff.; *Götz*, Bundeszentralregister, Einleitung Rdn. 24. Zum ausländischen Recht *Eckleben*, Materialien Bd. X, 1959.

[5] Vgl. zur Leistung des Bundeszentralregisters die Zahlenangaben bei *Rebmann / Uhlig*, BZRG, Vorwort S. V. Zur Gesamtkonzeption kritisch *Haffke*, GA 1975, 69.

[6] Vgl. hierzu die Erläuterungen bei *Rebmann / Uhlig*, BZRG S. 397 ff.

§ 87 Eintragungen im Bundeszentralregister und Tilgung von Eintragungen

III. Auskunft aus dem Register

Auskunft aus dem Register wird gegeben durch Erteilung eines Führungszeugnisses und durch Erteilung einer unbeschränkten Auskunft.

1. Ein **Führungszeugnis** in bezug auf die eigene Person wird auf Antrag von der Registerbehörde jedem erteilt, der das 14. Lebensjahr vollendet hat (§ 30 I BZRG). Ein zur Vorlage bei einer Behörde beantragtes Führungszeugnis wird dieser von der Registerbehörde unmittelbar übersandt (§ 30 V BZRG). Ferner erhalten Behörden unter engen Voraussetzungen auch direkt ein Führungszeugnis über eine bestimmte Person (§ 31 BZRG). Aufgenommen in das Führungszeugnis werden grundsätzlich alle die genannte Person betreffenden Eintragungen (§ 32 I BZRG). Im Interesse der erleichterten Resozialisierung des Betroffenen werden jedoch bestimmte Eintragungen **nicht in das Führungszeugnis aufgenommen**. In dieser Bestimmung liegt die **erste Stufe der Rehabilitation.** Dabei ist zu unterscheiden zwischen Eintragungen, die von vornherein und solchen, die erst nach Fristablauf nicht aufgenommen werden. Endlich kann der Generalbundesanwalt anordnen, daß bestimmte Verurteilungen abweichend von der allgemeinen Regelung nicht in das Führungszeugnis aufgenommen werden.

a) *Von vornherein nicht aufgenommen werden* (§ 32 II BZRG) z. B. die Verwarnung mit Strafvorbehalt, Verurteilungen, durch die auf Geldstrafe von nicht mehr als 90 Tagessätzen sowie Freiheitsstrafe oder Strafarrest von nicht mehr als drei Monaten erkannt worden ist, wenn im Register keine weitere Strafe eingetragen ist. Dadurch erhalten Erstverurteilte in leichteren Fällen sofort ein eintragungsfreies Führungszeugnis.

b) Andere Verurteilungen werden in das Führungszeugnis erst *nach Ablauf bestimmter Fristen* (gerechnet vom Erlaß des ersten Urteils an) *nicht mehr aufgenommen* (§§ 33 ff. BZRG). Die Frist beträgt drei Jahre z. B. bei Verurteilungen zu Geldstrafe und zu Freiheitsstrafe oder Strafarrest bis zu drei Monaten, wenn die Voraussetzungen des § 32 II BZRG nicht vorliegen, sowie bei Freiheitsstrafen oder Strafarrest bis zu einem Jahr, wenn die Vollstreckung der Strafe oder eines Strafrestes zur Bewährung ausgesetzt und diese Entscheidung nicht widerrufen worden ist und das Register keine weitere Eintragung von Freiheitsstrafe, Strafarrest oder Jugendstrafe aufweist. In den übrigen Fällen, mit Ausnahme der Verurteilungen zu Sicherungsverwahrung und zur Unterbringung in einem psychiatrischen Krankenhaus, wenn das Führungszeugnis für eine Behörde beantragt wird, beträgt die Frist fünf Jahre (zuzüglich der Dauer der jeweils ausgesprochenen Freiheitsstrafe) (§ 34 II BZRG). Dabei bleibt freilich zu beachten, daß bei Vorliegen mehrerer Verurteilungen alle Eintragungen (außer Verurteilungen zu Geldstrafe bis zu 90 Tagessätzen oder zu Freiheitsstrafe oder Strafarrest bis zu drei Monaten) aufzunehmen sind, solange ein aufnahmefähiger Vermerk noch offensteht (§ 38 BZRG). Durch diese Regelung ist die Frist für die Erlangung eines eintragungsfreien Führungszeugnisses gegenüber dem früheren Recht wesentlich verkürzt und dem resozialisierungswilligen Verurteilten der Rückweg in die Gesellschaft erheblich erleichtert worden. Auch die lebenslange Freiheitsstrafe wird in das Führungszeugnis nicht mehr aufgenommen, wenn sie nach Strafaussetzung oder im Gnadenwege erlassen und die mindestens 20jährige Frist des § 34 II BZRG zusätzlich zu den fünf Jahren des § 34 I Nr. 2 BZRG abgelaufen ist.

c) Endlich kann der *Generalbundesanwalt* auf Antrag oder von Amts wegen anordnen, daß Verurteilungen, die an sich in das Führungszeugnis aufzunehmen wären, nicht aufgenommen werden, soweit nicht das öffentliche Interesse entgegensteht (§ 39 BZRG)[7]. Auf diese Weise kann die Resozialisierung in besonderen Fällen durch flexible Maßnahmen sogar entgegen der gesetzlichen Normalregelung gefördert werden.

2. **Unbeschränkte Auskunft aus dem Zentralregister** bedeutet, daß auch von Eintragungen Kenntnis gegeben wird, die nicht in ein Führungszeugnis aufgenommen werden (§ 41 BZRG). Unbeschränkte Auskunft erhalten jedoch nur bestimmte Behörden auf ausdrückliches Ersuchen unter Angabe des Zwecks, für den die Auskunft benötigt wird, und unter Beschränkung auf diesen Zweck. Zu diesen Behörden gehören insbesondere die Gerichte und Staatsanwaltschaften, die obersten Bundes- und Landesbehörden und die Kriminalpolizei. Die Möglichkeit der unbeschränkten Auskunft sichert die Strafverfolgungsinteressen und sonstigen übergeordneten Bedürfnisse des Staates, ohne daß die Resozialisierung des Verurteilten dadurch Schaden nehmen muß.

IV. Tilgung von Eintragungen

1. Die **zweite Stufe der Rehabilitation** ist die **Tilgung** einer Verurteilung im Register. Tilgung bedeutet, daß die Eintragung aus dem Register entfernt wird (§ 45 II BZRG). Zu unterscheiden ist die Tilgung nach Fristablauf und auf Anordnung des Generalbundesanwalts.

a) Alle Eintragungen über Verurteilungen werden *nach Ablauf bestimmter Fristen* (gerechnet vom Erlaß des ersten Urteils an) getilgt. Eine Ausnahme gilt nur für Verurteilungen zu lebenslanger Freiheitsstrafe sowie bei Anordnung der Unterbringung in der Sicherungsverwahrung oder in einem psychiatrischen Krankenhaus (§ 45 III BZRG). Das Gesetz kennt drei nach der Schwere der Verurteilung und dem Vorhandensein weiterer Vermerke abgestufte Fristen: fünf Jahre, zehn Jahre und 15 Jahre (§ 46 BZRG), jeweils ab dem Tag des ersten Urteils (§§ 47 I, 36 BZRG). Im Interesse der Resozialisierung des Verurteilten sind die Fristen gegenüber dem früheren Recht wesentlich verkürzt worden, doch überwiegt bei den Tilgungsfristen das Interesse an der Zuverlässigkeit des Registers[8]. Dabei ist wiederum zu beachten, daß die Tilgung einer Eintragung erst dann zulässig ist, wenn für alle eingetragenen Verurteilungen die Vollstreckung von Strafen oder Maßregeln erledigt ist (Tilgungsreife) (§ 47 II BZRG).

b) Ferner kann der *Generalbundesanwalt* auf Antrag oder von Amts wegen *anordnen*, daß Eintragungen zu tilgen sind, auch wenn die Tilgungsreife an sich noch nicht eingetreten ist, sofern die Vollstreckung erledigt ist und das öffentliche Interesse nicht entgegensteht (§ 49 BZRG). Auch bei der Tilgung ist also Vorsorge dafür getroffen worden, daß die Entscheidung den besonderen Erfordernissen des Einzelfalls angepaßt werden kann.

2. Die **Rechtswirkungen der Tilgung** sind beträchtlich[9]. Ist die Eintragung über eine Verurteilung getilgt oder ist Tilgungsreife eingetreten, so dürfen die Tat und die Verurteilung – mit gewissen eng begrenzten Ausnahmen (§ 50 BZRG) – „dem Betroffenen im Rechtsverkehr nicht mehr vorgehalten und nicht zu seinem Nachteil verwer-

---

[7] Es handelt sich dabei nicht um Gnadenakte, sondern um Justizverwaltungsakte. Dem Betroffenen steht nach § 39 III BZRG die Beschwerde an den Bundesminister der Justiz und gegen dessen ablehnende Entscheidung der Antrag auf gerichtliche Entscheidung an das OLG Hamm zu (§§ 39 III BZRG; 23 ff. EGGVG; Ges. Nordrhein-Westfalen vom 8. 11. 1960); vgl. *Rebmann / Uhlig*, § 39 BZRG Rdn. 41, 46 f.

[8] Vgl. *Götz*, Bundeszentralregister, § 46 Rdn. 3.

[9] Über die geschichtliche Entwicklung der Rechtswirkungen der Tilgung vgl. *Hartung*, JR 1952, 42 ff.; *derselbe*, Mezger-Festschrift S. 503 ff.

tet werden" (§ 51 I BZRG)¹⁰. (Über die Auswirkungen dieser Vorschrift auf die Strafzumessung vgl. oben § 83 III 2.) Außerdem hat der Verurteilte das Recht, sich gegenüber jedermann, auch gegenüber Gerichten und bei eidlicher Vernehmung, als unbestraft zu bezeichnen und den der Verurteilung zugrunde liegenden Sachverhalt nicht zu offenbaren (§ 53 I Nr. 2 BZRG). Im wesentlichen ist damit der Strafmakel für dauernd beseitigt¹¹.

3. Der Vermeidung von Tilgungen, die sich wegen einer vor Tilgungsreife eingetretenen, aber noch nicht registrierten Verurteilung später als ungerechtfertigt erweisen, dient die Wartefrist von einem Jahr nach Eintritt der Tilgungsreife (§ 45 II BZRG).

V. Begrenzung von Offenbarungspflichten des Verurteilten

Der Verurteilte darf sich nicht erst dann als unbestraft bezeichnen, wenn die Strafe getilgt ist, sondern in Fällen von geringerer Schwere schon wesentlich früher, nämlich schon dann, wenn die Verurteilung nicht in das Führungszeugnis aufzunehmen ist (§ 53 I Nr. 1 BZRG) (vgl. oben § 87 III 1). Diese Bestimmung sorgt dafür, daß die resozialisierungsfördernde Wirkung der Nichtaufnahme bestimmter Verurteilungen in das Führungszeugnis nicht dadurch beeinträchtigt wird, daß der Verurteilte selbst, etwa bei Bewerbungen, genötigt ist (z. B. nach § 263 StGB), seine Vorstrafe anzugeben. Soweit Gerichte und Behörden freilich das Recht auf unbeschränkte Auskunft haben (vgl. oben § 87 III 2), kann der Verurteilte sich ihnen gegenüber hinsichtlich der Verurteilungen, die im Register eingetragen sind, aber nicht in das Führungszeugnis aufgenommen werden, nicht auf die Beschränkung der Offenbarungspflicht berufen, sofern er hierüber belehrt worden ist (§ 53 II BZRG).

§ 88 Die Begnadigung

P. -A. Albrecht, Die soziale Reintegration „Lebenslänglicher" im Spannungsverhältnis von Recht und Gnade, MschrKrim 1973, 198; *Bachof,* Über die Fragwürdigkeit der Gnadenpraxis und der Gnadenkompetenz, JZ 1983, 469; *Bettermann,* Die Rechtsweggarantie des Art. 19 Abs. 4 GG in der Rechtsprechung des Bundesverfassungsgerichts, AÖR 96 (1971) S. 528; *Drews,* Das deutsche Gnadenrecht, 1971; *Dürig,* Anmerkung zu OVG Hamburg vom 23. 9. 1960, JZ 1961, 166; *Egner,* Strafaussetzung zur Bewährung und Gnadenrecht, NJW 1953, 1859; *Engisch,* Recht und Gnade, in: *Freudenfeld* (Hrsg.), Schuld und Sühne, 1960, 107; *Förster,* Zur Neuordnung des Gnadenwesens, JR 1950, 609; *Geerds,* Gnade, Recht und Kriminalpolitik, 1960; *Gerland,* Bemerkungen zum Begnadigungsrecht, Festgabe für R. v. Frank, Bd. II, 1930, S. 215; *Grau / Schäfer,* Das deutsche Gnadenrecht, Teil I, 1939; *Grewe,* Gnade und Recht, 1936; *Junker,* Über Gnadenwesen usw., ZStW 63 (1951) S. 428; *Kern,* Die Verdrängung des Rechts durch die Gnade, ZStW 43 (1922) S. 588; *Klecatsky,* Die staatsrechtlichen Wurzeln des Gnadenrechts, JBl 1967, 445; *Klemm,* Zu den Anforderungen an ein Straffreiheitsgesetz, ZRP 1983, 122; *Knauth,* Das verfassungsrechtliche Willkürverbot in Gnadensachen, Stv 1981, 353; *Lemke,* Verfassungsrechtliche Schranken für Straffreiheitsgesetze, Recht und Politik 1984, 198 ff.; *Marxen,* Rechtliche Grenzen der Amnestie, 1984; *Maurer,* Anmerkung zu OLG Hamburg vom 5. 3. 1969, JZ 1969, 739; *Merten,* Rechtsstaatlichkeit und Gnade, 1978; *Mittelbach,* Die Frage einer Neuregelung des Gnadenrechts, NJW 1951, 96; *Monz,* Die Anfechtbar-

---

¹⁰ Kritisch zu dieser Vorschrift *Dreher,* JZ 1972, 618 ff.; *Creifelds,* GA 1974, 132 ff.; *Haffke,* GA 1975, 76 ff.; *Terhorst,* ZRP 1973, 7. Zu ihrer Verteidigung *Götz,* JZ 1973, 496 ff.; *derselbe,* GA 1973, 196. An dem Willen des Gesetzgebers, ein umfassendes materiellrechtliches Verwertungsverbot aufzustellen, kann kein Zweifel sein; vgl. *Tremml,* Die Rechtswirkungen der Straftilgung S. 5. Die Vereinbarkeit mit dem Grundgesetz bejaht BVerfGE 36, 174 (184 ff.) m. krit. Anm. *Willms,* JZ 1974, 224. Über die Tragweite des Verwertungsverbots vgl. *Götz,* Bundeszentralregister, § 51 Rdn. 12 ff.

¹¹ Als Zeuge wird der Verurteilte gegen unnötige Fragen nach Vorstrafen schon vor der Tilgung durch § 68 a II StPO geschützt.

keit von Gnadenentscheidungen, NJW 1966, 137; *Müller-Dietz*, Recht und Gnade, DRiZ 1987, 474; *Nüse*, Zur Frage der Reform des Gnadenrechts, MDR 1951, 71; *Pestalozza*, Die Selbstamnestie, JZ 1984, 559; *Peters*, Strafprozeß, 4. Aufl. 1985; *Piller / Herrmann*, Justizverwaltungsvorschriften (Loseblattsammlung Stand Januar 1987); *v. Preuschen*, Für ein rationales Gnadenrecht, NJW 1970, 458; *Radbruch*, Rechtsphilosophie, 4. Aufl., hrsg. von *E. Wolf*, 1950; *Rüping*, Die Gnade im Rechtsstaat, Festschrift für F. Schaffstein, 1975, S. 31; *Schätzler*, Handbuch des Gnadenrechts, 1976; *derselbe*, Gnade vor Recht, NJW 1975, 1249; *Eb. Schmidt*, Begnadigung und Amnestie, Handbuch des deutschen Staatsrechts, Bd. II, 1932, S. 563; *Schünemann*, Amnestie und Grundgesetz, ZRP 1984, 137; *Trautmann*, Geltung der Rechtsweggarantie des Art. 19 IV GG bei Gnadenentscheidungen, MDR 1971, 173.

I. Die Grundlagen des Begnadigungsrechts

1. Die **Begnadigung** im Bereich der Strafrechtspflege ist ein Eingriff der Exekutive, durch den im Einzelfall die Rechtsfolgen einer rechtskräftigen strafgerichtlichen Verurteilung erlassen, gemildert oder zur Bewährung ausgesetzt werden[1]. Anhängige Strafverfahren können nicht durch Gnadenakt niedergeschlagen werden (Unzulässigkeit der **Abolition** für den Einzelfall)[2]. Im Gegensatz zur Begnadigung bedeutet die **Amnestie** die Gewährung von Straffreiheit durch Gesetz für eine Vielzahl von Fällen nach allgemeinen Merkmalen[3]. Für die Rehabilitation des Verurteilten hat vor allem die Begnadigung erhebliche Bedeutung, weil sie die Urteilsfolgen beseitigt oder abmildert und dadurch den Weg frei macht für die Wiederbegründung des sozialen Ansehens des Verurteilten und seine Reintegration in die Gemeinschaft. Auch im demokratischen Rechtsstaat hat die Gnade ihren legitimen Platz.

2. Die **Zwecke eines Gnadenakts** können verschieden sein[4]. Der Staat kann einmal die Strenge des Rechts („fiat iustitia, pereat mundus") durch einen Akt der Billigkeit, insbesondere bei nachträglicher Veränderung der allgemeinen oder persönlichen Verhältnisse, auszugleichen suchen[5]. Es kann ferner beabsichtigt sein, durch die Begnadigung Mängel der Gesetzgebung[6], Entscheidungen, denen durch Änderung der Gesetzgebung später der Boden entzogen wird[7], oder Fehlurteile zu korrigieren[8]. Das Gnadenrecht war weiterhin vor Einführung des § 57a (vgl. oben § 72 I 3) die einzige Möglichkeit, um bei lebenslanger Freiheitsstrafe dem Verurteilten die ihm verfassungsrechtlich zustehende Chance zu wahren, „je seine Freiheit wiedererlangen zu können" (BVerfGE 45, 187 [239])[9]. Endlich kann die Begnadigung auch für **kriminal-**

---

[1] Vgl. *Schätzler*, Handbuch S. 15.
[2] Dies gilt jedoch nicht überall, so z. B. nicht nach Art. II Section 2 der Verfassung der USA von 1787, der dem Präsidenten das Abolitionsrecht einräumt. Davon hat Präsident Ford 1974 zugunsten seines Amtsvorgängers Richard Nixon Gebrauch gemacht. Vgl. dazu *Merten*, Rechtsstaatlichkeit und Gnade S. 46.
[3] Zu den verfassungsrechtlichen Anforderungen an ein Amnestiegesetz vgl. *Klemm*, ZRP 1983, 123; *Schünemann*, ZRP 1984, 138f.; *Pestalozza*, JZ 1984, 560f.; *Lemke*, Recht und Politik 1984, 198ff.; *Marxen*, Rechtliche Grenzen der Amnestie, 1984. Vgl. ferner BVerfGE 2, 213 (218ff.); 10, 234 (246ff.); 10, 340 (353f.).
[4] Vgl. zu den Gnadengründen die Systematik von *Schätzler*, Handbuch S. 65ff.; *Engisch*, in: *Freudenfeld* (Hrsg.), Schuld und Sühne S. 116ff.
[5] Vgl. dazu *Peters*, Strafprozeß S. 699f. Allein darauf will *Rüping*, Schaffstein-Festschrift S. 42 das Gnadenrecht gründen.
[6] Z.B. die absolute Androhung der Todesstrafe bei Mord bis zum Gesetz vom 4.9.1941.
[7] Z.B. die Verurteilung Heranwachsender zur absolut angedrohten lebenslangen Freiheitsstrafe vor § 106 I JGG.
[8] Ablehnend hierzu *Merten*, Rechtsstaatlichkeit und Gnade S. 50.
[9] Über die unterschiedliche Gnadenpraxis *P.-A. Albrecht*, MschrKrim 1973, 198ff.; BVerfGE 45, 187 (243).

politische Zwecke verwendet werden[10]. Das ist der Punkt, an dem das Gnadenrecht einsetzen muß, um der Rehabilitation des Verurteilten vorzuarbeiten. Freilich sind die rechtlichen Möglichkeiten der Anpassung der Rechtsfolgen der Straftat an die Erfordernisse der Wiedereingliederung des Verurteilten inzwischen so weit ausgebaut, daß der Begnadigung im wesentlichen nur noch eine ergänzende Funktion zukommt[11].

3. Das **Gnadenrecht** liegt bei dem obersten Repräsentanten der Staatsgewalt, weil es ursprünglich als Bestandteil einer den drei Teilgewalten übergeordneten Gesamtgewalt angesehen wurde[12]. Heute wird man das Gnadenrecht als das Gegenstück der Strafgewalt des Staates (vgl. oben § 2 I 2) zur Justizhoheit zu rechnen haben, und man wird es in einem weiteren Sinne als Teil einer Recht und Gnade umfassenden, zusammenschließenden Strafgewalt verstehen dürfen. Das Gnadenrecht ist zwischen dem Bund und den Ländern geteilt[13]. Für Straftaten, die im ersten Rechtszug von mit Bundesgerichtsbarkeit ausgestatteten Oberlandesgerichten abgeurteilt werden (vgl. §§ 120 I, II, 142a GVG), übt der Bundespräsident das Gnadenrecht aus, er kann es auf andere Behörden übertragen (Art. 60 II, III GG; Anordnung des Bundespräsidenten vom 5.10.1965 i.d. F. des Gesetzes vom 3.11.1970, BGBl. I S. 1513). Eine bundeseinheitliche Gnadenordnung ist nicht vorhanden, doch ist noch die Gnadenordnung vom 6.2.1935 (DJ 1935, 203) von Bedeutung. Im übrigen steht das Gnadenrecht den Ländern zu (§ 452 S. 2 StPO). In Baden-Württemberg überträgt Art. 52 I der Landesverfassung das Begnadigungsrecht dem Ministerpräsidenten, der es mit Zustimmung der Regierung auf andere Behörden übertragen kann (vgl. hierzu die Anordnung des Ministerpräsidenten über die Ausübung des Gnadenrechts vom 8.12.1970, GBl. S. 518). Für das Gnadenverfahren der Justizbehörden gibt es die Gnadenordnung vom 23.3.1971 (Die Justiz 1971, 130). Ergänzend gilt auch hier die Gnadenordnung vom 6.2.1935 (DJ 1935, 203) weiter. Die Bearbeitung der Gnadensachen obliegt der Staatsanwaltschaft, die damit sowohl Strafvollstreckungs- als auch Gnadenbehörde ist[14].

4. Die Begnadigung hat sowohl *materielle* als auch *prozessuale* Bedeutung **(gemischte Theorie)** (RG 50, 386 [388]; 54, 54 [56]; BGH 3, 134 [136]; 4, 287 [289])[15]. Der Gnadenakt bedeutet danach materiell eine Aufhebung der Strafvollstreckungspflicht, wenn man auf die Wirkung des Gnadenakts für die jeweils zuständigen Behörden abstellt[16]. Prozessual äußert sich die Begnadigung als Strafvollstreckungshindernis. Der gemischten Theorie steht wie bei der Verjährung die **rein prozessuale Betrachtungsweise** der Begnadigung gegenüber[17]. Gnadenakte können nach herr-

---

[10] Vgl. näher *Geerds*, Gnade, Recht und Kriminalpolitik S. 35f., 41; *Junker*, ZStW 63 (1951) S. 433; *Müller-Dietz*, DRiZ 1987, 476 ff. Gegen diese Entwicklung schon früher *Kern*, ZStW 43 (1922) S. 594; über die rechtlichen Grenzen einer solchen Gnadenpolitik *Müller-Dietz*, DRiZ 1987, 478 ff.

[11] Vgl. *Schätzler*, Handbuch S. 29 ff. sowie über den drastischen Rückgang der Gnadensachen die Statistik S. 109 f.

[12] Vgl. *Grewe*, Gnade und Recht S. 136; *Peters*, Strafprozeß S. 699; *Rüping*, Schaffstein-Festschrift S. 31. Zur Geschichte des Gnadenrechts ferner *Schätzler*, Handbuch S. 6 ff.; *Merten*, Rechtsstaatlichkeit und Gnade S. 30 ff.

[13] Vgl. die Zusammenstellung der Fundstellen aller Gnadenvorschriften von Bund und Ländern bei *Piller / Herrmann*, Justizverwaltungsvorschriften, GnV 2j. Für eine Gnadenkompetenz des Bundes bei Freiheitsstrafen von mindestens drei Jahren *Bachof*, JZ 1983, 472 ff.

[14] Für die Übertragung des Begnadigungsrechts auf Gerichte *Klecatsky*, JBl 1967, 445; *Förster*, JR 1950, 613. Gegen die Einführung eines *richterlichen* Gnadenverfahrens mit Recht *Junker*, ZStW 63 (1951) S. 440 ff.; *Mittelbach*, NJW 1951, 99; *Nüse*, MDR 1951, 72.

[15] Die gemischte Theorie vertreten *Löwe / Rosenberg (Schäfer)*, § 12 GVG Vorbem. IV 4a (S. 483); *v. Hippel*, Bd. II S. 580; *Eb. Schmidt*, Handbuch des deutschen Staatsrechts Bd. II S. 568. Über weitere Theorien *Schätzler*, Handbuch S. 75 f.

[16] So *Gerland*, Frank-Festgabe Bd. II S. 216.

[17] Sie wird vertreten von *Geerds*, Gnade, Recht und Kriminalpolitik S. 9 f.; *Maurach / Gössel / Zipf*, Allg. Teil II S. 681; *Merten*, Rechtsstaatlichkeit und Gnade S. 58; *Peters*, Strafprozeß S. 702.

schender Meinung *gerichtlich* nicht nachgeprüft werden, da sie ihrer Natur nach gerade auf eine Korrektur des Rechts abzielen und normative, objektivierbare Maßstäbe für die Beurteilung fehlen (BVerfGE 25, 352 [360ff.]; BVerwG JZ 1983, 495 mit umfassenden Nachweisen; anders für den Widerruf eines Gnadenaktes BVerfGE 30, 108 sowie allgemein BayVerfGH 18, 140 [st. Rechtspr.]; HessStGH NJW 1974, 791)[18]. Dagegen unterliegt die Handhabung des Gnadenrechts selbstverständlich der *parlamentarischen* Kontrolle.

II. Die Möglichkeit der Begnadigung zwecks Rehabilitation des Verurteilten

1. Das Gnadenrecht umfaßt einmal die Befugnis, rechtskräftig erkannte **Strafen** zu erlassen, zu ermäßigen, umzuwandeln oder auszusetzen (GnadO § 3 I). Dies gilt nicht nur für *Freiheitsstrafen* und die Nebenstrafe des Fahrverbots, sondern auch für *Geldstrafen*. Die Gnadeninstanz kann auf diese Weise Strafen, die für den Verurteilten eine besondere und unvorhersehbare Härte bedeuten, über die Grenzen der §§ 56, 57, 42 hinaus den persönlichen Verhältnissen des Täters anpassen, um seine Wiedereingliederung in die Gesellschaft zu erleichtern und damit auch die Wiederbegründung seines sozialen Ansehens zu fördern. Die Möglichkeit der gnadenweisen Zubilligung von Strafaussetzung und Aussetzung des Strafrestes zur Bewährung (§§ 20ff. GnadO) ist als Ergänzung des materiellen Strafrechts wichtig, wenn die gesetzlichen Möglichkeiten nicht ausreichen[19]. Bedeutung hat insbesondere die im StGB nicht vorgesehene Aussetzung von Geldstrafen und Ersatzfreiheitsstrafen sowie von Freiheitsstrafen von mehr als zwei Jahren zur Bewährung.

2. Von wesentlicher Bedeutung für die Rehabilitation des Verurteilten ist ferner die durch § 3 II 2 GnadO gegebene Möglichkeit des Erlasses von **Nebenfolgen** (Verlust der Amtsfähigkeit, der Wählbarkeit und des Stimmrechts) (vgl. oben § 75 I), weil dadurch der auf dem Verurteilten nach der Strafverbüßung weiter lastende besondere Makel beseitigt wird.

3. Der gnadenweise Erlaß von **Maßregeln der Besserung und Sicherung** kommt im allgemeinen nur dann in Betracht, wenn ein Fehlurteil vorliegt (§ 3 II 4 GnadO). Die normalen Regeln über die gerichtliche Überprüfung während des Laufs der Maßregel machen die Anpassung an die Entwicklung der persönlichen Verhältnisse des Verurteilten jederzeit möglich (vgl. oben § 77 VI 2). Auch **Verfall, Einziehung** und **Unbrauchbarmachung** können im Gnadenwege erlassen oder gemildert werden, was vor allem für den Wertersatz in Betracht kommt, um die Belastung des Verurteilten mit unerfüllbaren finanziellen Verpflichtungen abzubauen[20].

---

[18] Wie die h. L. zu Recht *Löwe / Rosenberg (Schäfer)* Vorbem. 24 vor § 12 GVG; *Schätzler,* NJW 1975 S. 1254; *derselbe,* Handbuch S. 78ff.; *Merten,* Rechtsstaatlichkeit und Gnade S. 81. Für Nachprüfbarkeit auf Ermessensmißbrauch dagegen *Bachof,* JZ 1983, 471ff.; *Dürig,* JZ 1961, 166; *Bettermann,* AÖR 96 (1971) S. 537; *Rüping,* Schaffstein-Festschrift S. 43 sowie die vier dissentierenden Richter in BVerfGE 25, 352 (363ff.). Vgl. ferner an ablehnenden Stimmen zu BVerfGE 25, 352 *Maurer,* JZ 1969, 741 (für Anwendung des § 23 EGGVG); *v. Preuschen,* NJW 1970, 459 (für Anwendung des Art. 19 IV GG); *Trautmann,* MDR 1971, 177 (für Verwaltungsrechtsweg). Zur Entwicklung der Rechtsprechung *Knauth,* Stv 1981, 353ff. Gegen die Aufstellung von Richtlinien für die Ausübung des Gnadenrechts *Radbruch,* Rechtsphilosophie S. 277.

[19] Vgl. *Egner,* NJW 1953, 1860; *Maurach / Gössel / Zipf,* Allg. Teil II S. 683. Ablehnend *Müller-Dietz,* DRiZ 1987, 480f.

[20] Vgl. *Schätzler,* Handbuch S. 57.

4. Das Gnadenrecht umfaßt endlich auch den Erlaß und die Ermäßigung von **Kosten** (Gebühren und Auslagen), einschließlich der Vollstreckungskosten (§ 3 II 2 GnadO). Der Wegfall dieser Belastung hat für die Rehabilitation des Verurteilten oft größte Bedeutung.

5. Dagegen können **Registervergünstigungen nicht durch Gnadenentscheidung** gewährt werden[21]. An ihre Stelle tritt die Entscheidung des Generalbundesanwalts nach §§ 39, 49 BZRG (vgl. oben § 87 III 1 c, IV 1 b).

---

[21] Vgl. *Schätzler*, Handbuch S. 53.

Allgemeines Literaturverzeichnis

Agge/Thornstedt, Das schwedische Strafrecht	*Agge, Ivar* u. *H. Thornstedt:* Das schwedische Strafrecht, in: Das ausländische Strafrecht der Gegenwart, hrsg. von *Edmund Mezger, A. Schönke* u. *H.-H. Jescheck,* Bd. V, 1976, S. 252
Allfeld, Lehrbuch	*Allfeld, Philipp:* Lehrbuch des Deutschen Strafrechts, 9. Aufl. des von *Hugo Meyer* begründeten Lehrbuchs, 1934
Antón Oneca, Derecho Penal	*Antón Oneca, José:* Derecho penal, Bd. I. Parte general, 1949
Bacigalupo, Manual	*Bacigalupo, Enrique:* Manual de derecho penal, Parte general, 1984
v. Bar, Gesetz und Schuld	*Bar, Ludwig von:* Gesetz und Schuld im Strafrecht, Bd. I: Das Strafgesetz, 1906; Bd. II: Die Schuld nach dem Strafgesetze, 1907; Bd. III: Die Befreiung von Schuld und Strafe durch das Strafgesetz, 1909
Baumann, Allg. Teil, 8. Aufl.	*Baumann, Jürgen:* Strafrecht, Allgemeiner Teil, 8. Aufl. unter Mitwirkung von *Ulrich Weber,* 1977
Baumann/Weber, Allg. Teil	*Baumann, Jürgen* u. *U. Weber:* Strafrecht, Allgemeiner Teil, 9. Aufl. 1985
Beling, Grundzüge	*Beling, Ernst:* Grundzüge des Strafrechts, 11. Aufl. 1930 [wenn nicht anders vermerkt]; 2. Aufl. 1902
Beling, Die Lehre vom Verbrechen	*Beling, Ernst:* Die Lehre vom Verbrechen, 1906
van Bemmelen/van Veen, Ons strafrecht	*Bemmelen, Jakob M. van:* Ons strafrecht, Teil I: Het materiële strafrecht, Algemeen deel, 8. Aufl. bearb. von *Th. W. van Veen,* 1984
Berner, Lehrbuch	*Berner, Albert Friedrich:* Lehrbuch des Deutschen Strafrechts, 1857 [wenn nicht anders vermerkt]; 18. Aufl. 1898
Bettiol/Pettoello Mantovani, Diritto penale	*Bettiol, Giuseppe* u. *L. Pettoello Mantovani:* Diritto penale, Parte generale, 12. Aufl. 1986
Binding, Handbuch	*Binding, Karl:* Handbuch des Strafrechts, Bd. I, 1885

Binding, Lehrbuch	*Binding, Karl:* Lehrbuch des gemeinen deutschen Strafrechts, Besonderer Teil, Bd. I, 2. Aufl. 1902; Bd. II, 1, 2. Aufl. 1904; Bd. II, 2, 1905
Binding, Normen	*Binding, Karl:* Die Normen und ihre Übertretung, Bd. I, 2. Aufl. 1890 (4. unveränd. Aufl. 1922); Bd. II, 1, 2. Aufl. 1914; Bd. II, 2, 2. Aufl. 1916; Bd. III, 1918; Bd. IV, 1919
Blei, Allg. Teil	*Blei, Hermann:* Strafrecht I, Allgemeiner Teil, 18. Aufl. des von *Edmund Mezger* begründeten Werkes, 1983
Blei, Bes. Teil	*Blei, Hermann:* Strafrecht II, Besonderer Teil, 12. Aufl. des von *Edmund Mezger* begründeten Werkes, 1983
Bockelmann, Einführung	*Bockelmann, Paul:* Einführung in das Recht, überarb. u. erw. Neuausgabe, 1975
Bockelmann, Untersuchungen	*Bockelmann, Paul:* Strafrechtliche Untersuchungen, 1957
Bockelmann/Volk, Allg. Teil	*Bockelmann, Paul:* Strafrecht, Allgemeiner Teil, 4. Aufl., neubearb. von *Klaus Volk*, 1987
Bouzat, Traité	*Bouzat, Pierre* u. *J. Pinatel:* Traité de droit pénal et de criminologie, Bd. I: Droit pénal général, 2. Aufl. 1970 von *Pierre Bouzat,* mise à jour au 15 novembre 1975, 1975
Bricola/Zagrebelsky (Hrsg.), Codice penale, Parte generale	Codice penale, Parte generale, von *Franco Bricola,* I–III, 1984; Parte speciale, von *Vladimiro Zagrebelsky,* I, II, 1984
Bruns, Recht der Strafzumessung	*Bruns, Hans-Jürgen:* Das Recht der Strafzumessung, 2. Aufl. 1985
Bruns, Strafzumessungsrecht	*Bruns, Hans-Jürgen:* Strafzumessungsrecht, Allgemeiner Teil, 2. Aufl. 1974
Calliess/Müller-Dietz, Strafvollzugsgesetz	*Calliess, Rolf Peter* u. *H. Müller-Dietz:* Strafvollzugsgesetz, 4. Aufl. 1986
Cerezo Mir, Curso	*Cerezo Mir, José:* Curso de derecho penal español, Parte general I, 3. Aufl. 1985
Clark/Marshall, Treatise	*Clark, William L.* u. *W. L. Marshall:* A Treatise on the law of crimes, 7. Aufl. von *Marian Quinn Barnes,* 1967
Cobo del Rosal/Vives Antón, Derecho penal	*Cobo del Rosal, Manuel* u. *T. S. Vives Antón:* Derecho penal, Parte general, 2. Aufl. 1987
Constant, Traité	*Constant, Jean:* Traité élémentaire de droit pénal, Bd. I, II, 1965
Córdoba Roda/Rodríguez Mourullo	*Córdoba Roda, Juan* u. *G. Rodríguez Mourullo:* Comentarios al código penal, T. 1, 2, 1972; T. 3, 1978

Crespi/Zuccalà/Stella, Commentario	*Crespi, Alberto, G. Zuccalà* u. *F. Stella:* Commentario breve al codice penale, 1986
da Costa jr., Comentários	*da Costa, Paulo José jr.:* Comentários ao código penal, Parte geral, Bd. I, 2. Aufl. 1987
de Jesus, Comentários, Bd. I, II	*Jesus, Damásio Evangelista de:* Comentários ao código penal, Parte geral, Bd. I, II, 2. Aufl. 1986
del Rosal, Tratado, Bd. I und II	*del Rosal, Juan:* Tratado de derecho penal español, Parte general, Bd. I, 2. Aufl. 1976; Bd. II, 1972
Graf zu Dohna, Verbrechenslehre	*Dohna, Alexander Graf zu:* Der Aufbau der Verbrechenslehre, 4. Aufl. 1950
Donnedieu de Vabres, Traité	*Donnedieu de Vabres, Henri:* Traité élémentaire de droit criminel et de législation pénale comparée, 3. Aufl. 1947
Dreher/Tröndle	*Dreher, Eduard:* Strafgesetzbuch und Nebengesetze, 43. Aufl. des von *Otto Schwarz* begründeten Werkes. Fortgeführt von *Herbert Tröndle,* 1986
Engisch, Einführung	*Engisch, Karl:* Einführung in das juristische Denken, 8. Aufl. 1983
Erbs/Kohlhaas, Strafrechtliche Nebengesetze	*Erbs, Georg* u. *Max Kohlhaas:* Strafrechtliche Nebengesetze, Bd. I, II, 2. Aufl. 1971 ff.; Bd. III, 2. Aufl. 1972 ff. [Losebl.-Ausg.]
Eser, Strafrecht I, II	*Eser, Albin:* Strafrecht I und II, 3. Aufl. 1980
Feuerbach, Lehrbuch	*Feuerbach, Paul Johann Anselm Ritter von:* Lehrbuch des gemeinen in Deutschland geltenden peinlichen Rechts, 1. Aufl. 1801 [wenn nicht anders vermerkt], 3. Aufl. 1805, 4. Aufl. 1808, 11. Aufl. 1832, 13. Aufl. 1840, hrsg. von *Carl J. A. Mittermaier*
Feuerbach, Revision	*Feuerbach, Paul Johann Anselm Ritter von:* Revision der Grundsätze und Grundbegriffe des positiven peinlichen Rechts, Teil I, 1799; Teil II, 1800
Fiandaca/Musco, Diritto penale	*Fiandaca, Giovanni* u. *E. Musco:* Diritto penale, Parte generale, 1985
Foregger/Serini, StGB	*Foregger, Egmont* u. *E. Serini:* Strafgesetzbuch samt den wichtigsten Nebengesetzen, 3. Aufl. 1984
Fragoso, Lições	*Fragoso, Heleno Cláudio:* Lições de direito penal, A nova parte geral, 8. Aufl. 1985
Frank	*Frank, Reinhard:* Das Strafgesetzbuch für das Deutsche Reich, 18. Aufl. 1931 mit Nachtrag „Die Strafgesetzgebung der Jahre 1931–1935", von *Ernst Schäfer* u. *H. v. Dohnanyi,* 1936

Gallas, Beiträge	*Gallas, Wilhelm:* Beiträge zur Verbrechenslehre, 1968
Gerland, Lehrbuch	*Gerland, Heinrich Balthasar:* Deutsches Reichsstrafrecht, 2. Aufl. 1932
Germann, Das Verbrechen	*Germann, Oskar Adolf:* Das Verbrechen im neuen Strafrecht, 1942
Gimbernat Ordeig, Das spanische Strafrecht	*Gimbernat Ordeig, Enrique:* Das spanische Strafrecht, in: Das ausländische Strafrecht der Gegenwart, hrsg. von *Edmund Mezger, A. Schönke* u. *H.-H. Jescheck,* Bd. VI, 1982, S. 301
Göhler, OWiG	*Göhler, Erich:* Gesetz über Ordnungswidrigkeiten, 8. Aufl. 1987
Göppinger, Kriminologie	*Göppinger, Hans:* Kriminologie, 4. Aufl. 1980
Goltdammer, Materialien	*Goltdammer, Theodor:* Die Materialien zum Strafgesetzbuche für die Preußischen Staaten, Th. I, 1851, Th. II, 1852
Grünhut, Das englische Strafrecht	*Grünhut, Max:* Das englische Strafrecht, in: Das ausländische Strafrecht der Gegenwart, hrsg. von *Edmund Mezger, A. Schönke* u. *H.-H. Jescheck,* Bd. III, 1959, S. 133
Haft, Allg. Teil	*Haft, Fritjof:* Strafrecht, Allgemeiner Teil, 3. Aufl. 1987
Hafter, Allg. Teil	*Hafter, Ernst:* Lehrbuch des schweizerischen Strafrechts, Allgemeiner Teil, 2. Aufl. 1946
J. Hall, General Principles	*Hall, Jerome:* General Principles of Criminal Law, 2. Aufl. 1960
Hassemer, Einführung	*Hassemer, Winfried:* Einführung in die Grundlagen des Strafrechts, 1981
Hauser/Rehberg, Strafrecht	*Hauser, Robert* u. *J. Rehberg:* Strafrecht, Bd. I: Verbrechenslehre, 3. Aufl. 1983; Bd. II: Strafen und Maßnahmen, Jugendstrafrecht, 4. Aufl. 1984
D. Hazewinkel-Suringa/ Remmelink, Inleiding	*Hazewinkel-Suringa, Derkje:* Inleiding tot de studie van het Nederlandse strafrecht, 10. Aufl., bearb. von *J. Remmelink,* 1987
Henkel, Rechtsphilosophie	*Henkel, Heinrich:* Einführung in die Rechtsphilosophie, 2. Aufl. 1977
v. Hippel, Bd. I, II	*Hippel, Robert von:* Deutsches Strafrecht, Bd. I: Allgemeine Grundlagen, 1925; Bd. II: Das Verbrechen. Allgemeine Lehren, 1930
v. Hippel, Lehrbuch	*Hippel, Robert von:* Lehrbuch des Strafrechts, 1932

Honig, Das amerikanische Strafrecht	*Honig, Richard:* Das amerikanische Strafrecht, in: Das ausländische Strafrecht der Gegenwart, hrsg. von *Edmund Mezger, A. Schönke* u. *H.-H. Jescheck,* Bd. IV, 1962, S. 7
Hruschka, Strafrecht	*Hruschka, Joachim:* Strafrecht nach logisch-analytischer Methode, Allgemeiner Teil, 2. Aufl. 1988
Jakobs, Allg. Teil	*Jakobs, Günther:* Strafrecht, Allgemeiner Teil: Die Grundlagen und die Zurechnungslehre, 1983
Jescheck, Strafrecht	*Jescheck, Hans-Heinrich:* Strafrecht im Dienste der Gemeinschaft, 1980
Jiménez de Asúa, Tratado	*Jiménez de Asúa, Luis:* Tratado de Derecho Penal, Bd. I, 3. Aufl. 1964; Bd. II, 3. Aufl. 1964; Bd. III, 3. Aufl. 1965; Bd. IV, 2. Aufl. 1961; Bd. V, 2. Aufl. 1963; Bd. VI, 1962, Bd. VII, 1970
Kaiser, Kriminologie	*Kaiser, Günther:* Kriminologie, Lehrbuch, 1980
Kaiser/Kerner/Schöch, Strafvollzug	*Kaiser, Günther, H.-J. Kerner* u. *H. Schöch:* Strafvollzug, 3. Aufl. 1983
Kenny/Turner, Outlines	*Kenny, Courtney Stanhope:* Outlines of Criminal Law, 19. Aufl. von *Cecil Turner,* 1966
Kienapfel, Allg. Teil (deutsch)	*Kienapfel, Diethelm:* Strafrecht, Allgemeiner Teil [deutsches Strafrecht], 4. Aufl. 1984
Kienapfel, Allg. Teil (österr.)	*Kienapfel, Diethelm:* Strafrecht, Allgemeiner Teil [österreichisches Strafrecht], 3. Aufl. 1985
Kienapfel, Allg. Teil, Syst. Darst. (österr.)	*Kienapfel, Diethelm:* Strafrecht, Allgemeiner Teil. Eine systematische Darstellung des österreichischen Strafrechts, 1985
Kleinknecht/Meyer, StPO	*Kleinknecht, Theodor:* Strafprozeßordnung mit den wichtigsten Nebengesetzen, 38. Aufl. des von *Otto Schwarz* begründeten Werkes. Fortgeführt von *Karlheinz Meyer,* 1987
KMR	Kommentar zur Strafprozeßordnung u. zum Gerichtsverfassungs- u. Ordnungswidrigkeitengesetz, begr. von *Theodor Kleinknecht, H. Müller, L. Reitberger,* 7. Aufl. neubearb. von *Hermann Müller, W. Sax* u. *R. Paulus,* Ordner I, II, 1987 ff. nebst Erg. Bd.: Gerichtsverfassungsgesetz, 1981
Köstlin, System	*Köstlin, Christian Reinhold:* System des deutschen Strafrechts, Abt. 1: Allgemeiner Teil, 1855
Kohlrausch/Lange	*Kohlrausch, Eduard:* Strafgesetzbuch mit Erläuterungen und Nebengesetzen, 43. Aufl., bearb. von *Richard Lange,* 1961

Lackner	*Lackner, Karl:* Strafgesetzbuch mit Erläuterungen, 17. Aufl. 1987
LaFave/Scott, Criminal Law	*LaFave, Wayne R.* u. *A. W. Scott* jr.: Criminal Law, 2. Aufl. 1986
Law Commission	*The Law Commission:* Criminal Law. Codification of the criminal law, 1985
Legros, Avant-projet (belge)	*Legros, Robert:* Avant-projet de code pénal, 1985
Lekschas/Renneberg, Lehrbuch	Strafrecht, Allgemeiner Teil, Lehrbuch. Herausgeber: Sektion Rechtswissenschaft der Humboldt-Universität zu Berlin, Akademie für Staats- und Rechtswissenschaft der DDR, Potsdam-Babelsberg. Gesamtbearb. u. Redaktion von *John Lekschas* u. *J. Renneberg*, 2. Aufl. 1976
Leukauf/Steininger	*Leukauf, Otto* u. *H. Steininger:* Kommentar zum Strafgesetzbuch, 2. Aufl. 1979
v. Liszt, Lehrbuch	*Liszt, Franz von:* Lehrbuch des deutschen Strafrechts, 1. Aufl. u. d. T.: Das dt. Reichsstrafr. 1881; 2. Aufl. 1884; 3. Aufl. 1888; 4. Aufl. 1891; 6. Aufl. 1894; 8. Aufl. 1897; 12./13. Aufl. 1903; 14./15. Aufl. 1905; 18. Aufl. 1911; 21./22. Aufl. 1919
v. Liszt/Schmidt	*Liszt, Franz von:* Lehrbuch des deutschen Strafrechts, 25. Aufl., bearb. von *Eberhard Schmidt*, 1927; 26. Aufl. Bd. I, Einleitung u. Allg. Teil, 1932
LK (Verfassername)	Strafgesetzbuch, Leipziger Kommentar, begr. von *Ludwig Ebermayer* (u. a.), 10. Aufl. hrsg. von *Hans-Heinrich Jescheck*, *W. Ruß* u. *G. Willms*, Bd. I–III, 1985 (soweit nicht anders angegeben); 9. Aufl. hrsg. von *Paulheinz Baldus* u. *G. Willms*, Bd. I, 1974, Bd. II, 1974, Bd. III, 1977; 8. Aufl. hrsg. von *Heinrich Jagusch* (u. a.), Bd. I, 1957, Bd. II, 1958
Löwe/Rosenberg (Verfassername)	*Löwe, Ewald* u. *W. Rosenberg:* Die Strafprozeßordnung und das Gerichtsverfassungsgesetz, 23. Aufl., bearb. von *Hanns Dünnebier* (u. a.), Bd. I, 1976, Bd. II, 1978; Bd. III, 24. Aufl. hrsg. von *Peter Rieß*, 1987
Mangakis, Das griechische Strafrecht	*Mangakis, Georgios A.:* Das griechische Strafrecht, Allgemeiner Teil, in: Das ausländische Strafrecht der Gegenwart, hrsg. von *Edmund Mezger*, *A. Schönke* u. *H.-H. Jescheck*, Bd. III, 1959, S. 255
Marcus, Das Strafrecht Dänemarks	*Marcus, Franz:* Das Strafrecht Dänemarks, in: Das ausländische Strafrecht der Gegenwart, hrsg. von *Edmund Mezger*, *A. Schönke* u. *H.-H. Jescheck*, Bd. I, 1955, S. 67

Maunz/Dürig/Herzog	*Maunz, Theodor, G. Dürig* u. *R. Herzog:* Grundgesetz, Kommentar, Bd. I–IV, 4. Aufl. 1976 ff. [Losebl.-Ausg.]
Maurach/Zipf, Allg. Teil I	*Maurach, Reinhart:* Strafrecht, Allgemeiner Teil, Teilbd. 1, fortgeführt von *Heinz Zipf,* 7. Aufl. des von *Reinhart Maurach* begründeten Werkes, 1987
Maurach/Gössel/Zipf, Allg. Teil II	*Maurach, Reinhart:* Strafrecht, Allgemeiner Teil, Teilbd. 2, fortgeführt von *Karl Heinz Gössel* u. *H. Zipf,* 6. Aufl. des von *Reinhart Maurach* begründeten Werkes, 1984
Maurach/Schroeder, Bes. Teil I, II	*Maurach, Reinhart:* Strafrecht, Besonderer Teil, Teilbd. 1, 1977, Teilbd. 2, 1981, fortgeführt von *Friedrich-Christian Schroeder,* 6. Aufl. des von *Reinhart Maurach* begründeten Werkes
H. Mayer, Grundriß	*Mayer, Hellmuth:* Strafrecht, Allgemeiner Teil, 1967
H. Mayer, Lehrbuch	*Mayer, Hellmuth:* Strafrecht, Allgemeiner Teil, 1953
M. E. Mayer, Lehrbuch	*Mayer, Max Ernst:* Der Allgemeine Teil des deutschen Strafrechts, 1915 (2., unveränd. Aufl. 1923)
Merkel, Lehrbuch	*Merkel, Adolf:* Lehrbuch des deutschen Strafrechts, 1889
Merle/Vitu, Traité	*Merle, Roger* u. *A. Vitu:* Traité de droit criminel, T. I, 5. Aufl. 1984; T. II, 3. Aufl. 1979
Mezger, Lehrbuch	*Mezger, Edmund:* Strafrecht, 3. Aufl. (unveränd. m. Einl. n. neuestem Stand), 1949
Mezger, Moderne Wege	*Mezger, Edmund:* Moderne Wege der Strafrechtsdogmatik, 1950
Mir Puig, Derecho penal	*Mir Puig, Santiago:* Derecho penal, Parte general, 2. Aufl. 1985
Mir Puig, Adiciones, Bd. I, II	*Mir Puig, Santiago:* Traducción y adiciones de derecho penal español [span. Übers. von *H.-H. Jescheck,* Lehrbuch des Strafrechts, 3. Aufl. 1978, m. Zus. aus dem span. Recht], Bd. I: S. 261 ff.; Bd. II: S. 698 ff., 1981 (siehe auch *Muñoz Conde*).
Mommsen, Römisches Strafrecht	*Mommsen, Theodor:* Römisches Strafrecht, 1899
Müller-Gugenberger (Hrsg.), Wirtschaftsstrafrecht	*Müller-Gugenberger, Christian* (Hrsg.): Wirtschaftsstrafrecht, 1987
Muñoz Conde, Adiciones, Bd. I, II	*Muñoz Conde, Francisco:* Traducción y adiciones de derecho penal español [span. Übers. von *H.-H. Jescheck,* Lehrbuch des Strafrechts, 3. Aufl. 1978, m. Zus. aus dem span. Recht], Bd. I: S. 1 ff.; Bd. II: S. 1043 ff., 1981 (siehe auch *Mir Puig)*

Naucke, Einführung	*Naucke, Wolfgang:* Strafrecht. Eine Einführung, 5. Aufl. 1987
Noll/Trechsel, Allg. Teil I	*Noll, Peter:* Schweizerisches Strafrecht, Allgemeiner Teil, Bd. I, 2. Aufl. bearb. von *Stefan Trechsel*, 1986
Nowakowski, Grundriß	*Nowakowski, Friedrich:* Das österreichische Strafrecht in seinen Grundzügen, 1955
Nowakowski, Perspektiven	*Nowakowski, Friedrich:* Perspektiven zur Strafrechtsdogmatik, 1981
Nowakowski, Das österreichische Strafrecht	*Nowakowski, Friedrich:* Das österreichische Strafrecht, in: Das ausländische Strafrecht der Gegenwart, hrsg. von *Edmund Mezger, A. Schönke* u. *H.-H. Jescheck*, Bd. III, 1959, S. 415
Nuvolone, Sistema	*Nuvolone, Pietro:* Il sistema del diritto penale, 2. Aufl. 1982
Olshausen	*Olshausen, Justus von:* Kommentar zum Strafgesetzbuch, 12. Aufl., bearb. von *Hans Freiesleben* (u. a.) (§§ 1–72 von *Emil Niethammer*), 1942 [wenn nicht anders vermerkt]; 11. Aufl., bearb. von *Karl Lorenz* (u. a.), 1927
Otto, Grundkurs	*Otto, Harro:* Grundkurs Strafrecht, 2. Aufl. Bd. I: Allgemeine Strafrechtslehre, 1982; Bd. II: Die einzelnen Delikte, 1984
Pagliaro, Principi	*Pagliaro, Antonio:* Principi di diritto penale, Parte generale, 3. Aufl. 1987
Pfenninger, Das schweizerische Strafrecht	*Pfenninger, Hans Felix:* Das schweizerische Strafrecht, in: Das ausländische Strafrecht der Gegenwart, hrsg. von *Edmund Mezger, A. Schönke* u. *H.-H. Jescheck*, Bd. II, 1957, S. 149
Pohlmann/Jabel, Strafvollstreckungsordnung	*Pohlmann, Hans* u. *H.-P. Jabel:* Strafvollstreckungsordnung. Kommentar, 6. Aufl. 1981
Pompe, Handboek	*Pompe, Willem P. J.:* Handboek van het Nederlandse Strafrecht, 5. Aufl. 1959
Pompe, Das niederländische Strafrecht	*Pompe, Willem P. J.:* Das niederländische Strafrecht, in: Das ausländische Strafrecht der Gegenwart, hrsg. von *Edmund Mezger, A. Schönke* u. *H.-H. Jescheck*, Bd. V, 1976, S. 7
Preisendanz, Strafgesetzbuch	*Preisendanz, Holger:* Strafgesetzbuch, 30. Aufl. des von *Walter Petters* begr. Werkes, 1978
Rebmann/Uhlig	*Rebmann, Kurt* u. *S. Uhlig:* Bundeszentralregistergesetz, 1985
Reißig/Kunst	*Reißig, Gottfried* u. *G. Kunst:* Das neue österreichische Strafgesetzbuch, 3. Aufl. 1977

Rittler, Bd. I	*Rittler, Theodor:* Lehrbuch des österreichischen Strafrechts, Bd. I, Allgemeiner Teil, 2. Aufl. 1954
Rodríguez Devesa/Serrano Gómez, Derecho penal	*Rodríguez Devesa, José Maria:* Derecho penal español, Parte general, 10. Aufl. bearb. von *Alfonso Serrano Gómez,* 1986
Romano, Commentario	*Romano, Mario:* Commentario sistematico del codice penale, Bd. I, 1987
Roxin, Grundlagenprobleme	*Roxin, Claus:* Strafrechtliche Grundlagenprobleme, 1973
Roxin u. a., Einführung	*Roxin, Claus, W. Stree, H. Zipf u. H. Jung:* Einführung in das neue Strafrecht, 2. Aufl. 1975
Sauer, Allgemeine Strafrechtslehre	*Sauer, Wilhelm:* Allgemeine Strafrechtslehre, 1955, 3. völlig neue Auflage der „Grundlagen des Strafrechts"
Sauer, Bes. Teil	*Sauer, Wilhelm:* System des Strafrechts, Besonderer Teil, 1954
Sauer, Grundlagen	*Sauer, Wilhelm:* Grundlagen des Strafrechts nebst Umriß einer Rechts- und Sozialphilosophie, 1921
Schaffstein, Die allgemeinen Lehren	*Schaffstein, Friedrich:* Die allgemeinen Lehren vom Verbrechen in ihrer Entwicklung durch die Wissenschaft des gemeinen Strafrechts, 1930
Schaffstein/Beulke, Jugendstrafrecht	*Schaffstein, Friedrich u. W. Beulke:* Jugendstrafrecht, 9. Aufl. 1987
Schmidhäuser, Allg. Teil	*Schmidhäuser, Eberhard:* Strafrecht, Allgemeiner Teil, 2. Aufl. 1975
Schmidhäuser, Studienbuch	*Schmidhäuser, Eberhard:* Strafrecht, Studienbuch, Allgemeiner Teil, 2. Aufl. 1984
Schmidhäuser, Einführung	*Schmidhäuser, Eberhard:* Einführung in das Strafrecht, 1972
Eb. Schmidt, Einführung	*Schmidt, Eberhard:* Einführung in die Geschichte der deutschen Strafrechtspflege, 3. Aufl. 1965
Eb. Schmidt, Lehrkommentar	*Schmidt, Eberhard:* Lehrkommentar zur StPO und zum GVG, Teil I: Die rechtstheoretischen und rechtspolitischen Grundlagen, 2. Aufl. 1964; Teil II: Erläuterungen zur StPO, 1957 m. Erg. 1967 u. 1970; Teil III: Erläuterungen zum GVG, 1960
Schölz, Wehrstrafgesetz	*Schölz, Joachim:* Wehrstrafgesetz, 2. Aufl. des von *Eduard Dreher, K. Lackner* u. *G. Schwalm* begründeten Werkes, 1975
Schönke/Schröder (Verfassername)	*Schönke, Adolf:* Strafgesetzbuch, Kommentar, 16. Aufl. fortgeführt von *Horst Schröder,* 22. Aufl. von *Theodor Lenckner, P. Cramer, A. Eser* u. *W. Stree,* 1985

Schultz, Einführung I, II	*Schultz, Hans:* Einführung in den Allgemeinen Teil des Strafrechts, Bd. I, II, 4. Aufl. 1982
Schultz, Vorentwurf	*Schultz, Hans:* Bericht und Vorentwurf zur Revision des Allgemeinen Teils und des Dritten Buches „Einführung und Anwendung des Gesetzes" des Schweizerischen Strafgesetzbuches, 1987
Schwander, Das Schweiz. StGB	*Schwander, Vital:* Das Schweizerische Strafgesetzbuch unter besonderer Berücksichtigung der bundesgerichtlichen Praxis, 2. Aufl. 1964
SK (Verfassername)	Systematischer Kommentar zum Strafgesetzbuch, von *Hans-Joachim Rudolphi, E. Horn, E. Samson,* Bd. I, Allgemeiner Teil, 5. Aufl. 1987ff.; Bd. II, Besonderer Teil, 3. Aufl. 1982ff. [Losebl.-Ausg.]
Smith/Hogan, Criminal Law	*Smith, John C.* u. *B. Hogan:* Criminal Law, 5. Aufl. 1983
Stefani/Levasseur/Bouloc, Droit pénal général	*Stefani, Gaston, G. Levasseur* u. *B. Bouloc:* Droit pénal général, 13. Aufl. 1987
Strafrecht der DDR	Strafrecht der Deutschen Demokratischen Republik, Kommentar zum Strafgesetzbuch. Herausgeber: Ministerium der Justiz, Akademie für Staats- und Rechtswissenschaft der DDR. Gesamtredaktion: *Heinz Duft, H. Heilborn* (u. a.), 5. Aufl. 1987
Stratenwerth, Allg. Teil I	*Stratenwerth, Günter:* Strafrecht, Allgemeiner Teil I, 3. Aufl. 1981
Stratenwerth, Schweiz. Strafrecht, Allg. Teil I	*Stratenwerth, Günter:* Schweizerisches Strafrecht, Allgemeiner Teil I, 1982
Tiedemann, Wirtschaftsstrafrecht, Allg. Teil	*Tiedemann, Klaus:* Wirtschaftsstrafrecht und Wirtschaftskriminalität, T. I, Allgemeiner Teil, 1976
Triffterer, Allg. Teil	*Triffterer, Otto:* Österreichisches Strafrecht, Allgemeiner Teil, 1985
Vogler/Walter/Wilkitzki	*Vogler, Theo, W. Walter* u. *P. Wilkitzki:* Gesetz über die Internationale Rechtshilfe in Strafsachen (IRG), Kommentar, in: *Grützner, Heinrich* u. *P.-G. Pötz:* Internationaler Rechtshilfeverkehr in Strafsachen, 2. Aufl. Bd. I, A 2/1, 1980ff. [Losebl.-Ausg.]
v. Weber, Grundriß	*Weber, Hellmuth von:* Grundriß des deutschen Strafrechts, 2. Aufl. 1948
Wegner, Allg. Teil	*Wegner, Arthur:* Strafrecht, Allgemeiner Teil, 1951
Welzel, Lehrbuch	*Welzel, Hans:* Das deutsche Strafrecht. Eine systematische Darstellung, 11. Aufl. 1969

Welzel, Das neue Bild	*Welzel, Hans:* Das neue Bild des Strafrechtssystems, 4. Aufl. 1961
Wessels, Allg. Teil	*Wessels, Johannes:* Strafrecht, Allgemeiner Teil, 17. Aufl. 1987
Wilda, Das Strafrecht der Germanen	*Wilda, Wilhelm Eduard:* Das Strafrecht der Germanen, 1842
Glanville Williams, Criminal Law	*Williams, Glanville L.:* Criminal Law, The General Part, 2. Aufl. 1961
Glanville Williams, Textbook	*Williams, Glanville L.:* Textbook of Criminal Law, 2. Aufl. 1983
WK (Verfassername)	Wiener Kommentar zum Strafgesetzbuch, hrsg. von *Egmont Foregger* u. *F. Nowakowski*, Lfg. 1 ff., 1979 ff. [Losebl.-Ausg.]

Gesetzesregister

Das Register ist gegliedert in: I. Deutsche Gesetze und Verordnungen (vorweg GG, StGB, StPO), II. Internationale Abkommen, III. Gesetze der DDR und ausländische Gesetze, IV. Historische Rechtsquellen und V. Entwürfe. Die **fetten** Zahlen links bezeichnen Paragraphen bzw. Artikel des betr. Gesetzes, die mageren rechts Seiten dieses Buches; Hauptfundstellen sind durch **Fettdruck** hervorgehoben.

I. Deutsche Gesetze und Verordnungen

Grundgesetz

1	22, 94, 366, 783	**82**	123	**11**	6, 47, 95, 138, 176, 211, 239, 240, 243, 265, 277, 358, 427, 432, 435, 473, **474**, 515, 516, 594, 625, 658, 671, 711, **715 ff.**, 718, 721, 729, 744, 748, 808, 816
2	2, 22, 44, 94, 356	**92**	21		
3	22, 781	**97**	353		
4	574, 723, 758	**100**	139, 816		
5	362, 722 f., 749	**102**	23, 90, 98, 170, **683**, 690		
6	723, 758				
9	758	**103**	21, 43, 90, 98 f., **103 f.**, 107, 114, 116, **119 ff.**, 126, 158, 220, 309, 372, 415, 743, 757, 805		
10	722				
12	677, 749				
12a	372				
14	720, 723			**12**	16, **49**, 174, 245, 657, 814
16	150, 157	**104**	21, 99, 104, 119	**13**	92, 100, 122, 176, 221, 238, 542, 547, **550 ff.**, 690
18	794	**116**	164		
19	825	**125**	170		
20	112, 292, 305, 355, **359 f.**, 446				
		Strafgesetzbuch		**14**	207 f., 595 f., 717
25	9, 106, 353	**1**	14, 43, 103, 114, **119**		
26	111			**15**	43, 45, **261 ff.**, 512
28	21, 366	**2**	114, 108, **123 ff.**, 723, 813		
31	101			**16**	92, 176, 192, 225, 246, 262 f., **275 ff.**, 407, 416 f., 794
42	166				
46	48, **165 f.**, 498, 597, 815	**3-7**	102, 196		
		3	92, 149, **154**		
54	165	**4**	154	**17**	92, 100, 122, 124, 176, 192, 262 f., 381, 396, 398, 399, **407 ff.**, 440, 576, 598, 690, 716
59	106	**5**	95, **154 ff.**, 169		
60	165, 824	**6**	10, 148, **152**, 156, 159, 169		
72	101 f.				
73-75	101	**7**	**156 f.**, 172		
74	9, 51, **101 ff.**, 170	**8**	**124**, 160		
		9	146, 154, 158, **160 ff.**, 169, 237, 466	**18**	176, 199, **235 f.**, 252, 262, 265, 472 f., 502,
75	102				
79	98				
80	104	**10**	98		

	515f., 614, 625, 656, 794	31	122, 472, 474, 493, 498, 634, 639, 770		381, 657, 663, 701f., 713, 718, 727, 780, 782ff., **786f.**, 792ff., 798, 803
19-21	390, 598				
19	176, 391	32	16, 176, 292, 294, 299, **303ff.**, 309, 312, 319, 327, 351, 356, 361, **532**		
20	92, 176, 255, 378, 385, 390f., **393ff.**, 400ff., 404, 716, 728, 730			47	20, 30, 69, 93, 678f., **693**, 696, 700f., 752ff., **799ff.**
		33	314, **442ff.**, 598		
21	**399f.**, 402, 596, 690, 723, 730ff., 789	34	16, 93, 100, 176, 211, 292, 294, 297, **317**, 321, **322ff.**, 325ff., 332, 343, 351, 356, 419f., 432f., 436, **532f.**	48	802f.
				(aufgehoben)	
22	92, 128, 176, 218, 345, **462ff.**, **577f.**, **609f.**, **617**, 634, 637, 639, 653, 670			49	49, 240, 400, 407ff., **411**, 415, 439f., 449, 458, **470f.**, 479, 493, 552f., 585, 597f., 624, 630, 636, 690, 693, 701, 728, 773, 778, 788f., 801, 805
23-26	750	35	93, 179, 298, 310, 312, **317**, 324, 355, 378, 420, **432ff.**, 436, 449, 456ff., 487, 539, 574, 598, 606, 690, 729		
23	46, 49, 92, 135, 218, 240, **462f.**, **470**, 474, 477f., 552, 577, 636, 690, 755, 769, 805				
				50	470, **789**
				51	34, 158, 712, 735, 756, 766, **803ff.**
24	129, 240, 427, 474, **485ff.**, 492, 498, **578**, 597, 639f., 729, 770	36	**165**, 283, 298, 498	52	641, 642f., 650, **652ff.**, 661, 663, 715
		37	**166**, 497, 498		
25-27	584f.	38	69, 93, 678, **690ff.**, **692f.**, 707, 799	53	641, 647f., 655, **659ff.**, 698, 804
25	92, **582ff.**, 638				
26	92, 176, 192, 418f., 517, 582, 593f., 597f., 605, 608, 618, **621ff.**, 637, 669	39	692	54	53, 117, 641, 647, 651, **662ff.**, 692, 701
		40	53, 70, 93, 117, 679, 681, **699ff.**, 717, 758, 767		
				55	641, 660, **663f.**, 715, 761
27	92, 176, 192, 418f., 582, 593f., 598, 618, 621, **626ff.**, 630, 655f., 690	41	117, 658, 661, 698, **701**, 715, 756, 804	56ff.	751ff.
				56-56g	69, 73
		42	15, **705f.**, 801, 825	56	20, 61, 69, 79, 93, 95, 225, 662, 664, 679, 693, **751ff.**, 753, 756, 799, 802, 825
28	207, 240, 242, 427, 499, 579, **595ff.**, 621, 624f., 630, 636, 690	43	30, 53, 96, 661f., 678, 690, 692, **706f.**, 799		
		44	5, 30, 49, 176, **710ff.**, 743, 801, 805	56a-d	756
29	391, 427f., 517, **596ff.**			56a	757, 760, 767
		45	49, 672, **712f.**	56b-d	760
30	49, 162, 458, 472, 584, 594, 608, 624ff., **634ff.**, 668, 671, 690	45a	714	56b	679f., 751f., **757f.**, 766ff.
		45b	714	56c	679, 751f., **758f.**, 768
		46	11, 19, 23, 68f., 79, 237, 379,	56d	679, 751f., **759f.**

56e	760	68d	743	80	111, 117, 472, 690
56f	756, **760f.**, 768	68e	740, 743		
56g	449, 515, **761**	68f	742	80a	111, 800
57	61, 69, 73, 93, 499, 662, 687, 691f., 707, 738, 742, **762f.**, 825	69ff.	**743ff.**	81	135, 240, 690
		69	5, 79, 218, 510, 536, 711f., 727, **743ff.**, 801	82	135, 240
				83	359, **472**, 722
				83a	122, 472, 474, **493**, **498**, 770, 805
57a	93, 678, **691f.**, 823	69a	712, 744, **746f.**, 805		
57b	692	69b	744, 746	84	158, 472, **493**, **498**, 769f.
58	**664**, 754, 761	70	5, 124, 218, 510, 536, **748ff.**		
59-59c	70			85	158, **472**, **493**, 769f.
59	20f., 69f., 72, 93, 732, **764ff.**	70a	749		
		70b	750	86	225, 227f., 769
59a	765f.	71	358, 731f.	86a	228, 769
59b	766ff.	73ff.	97, 126, **715ff.**	87	158, 261, 268, 472, 498
59c	766	73-73d	715ff.		
60	732, 765, **771f.**	73	206, **715f.**, 724	89	155, 267, 769
61ff.	712, **727ff.**	73a	717, 724	90	165, 810
61	70, 76f., 93, 299, 393, 688, **724ff.**, 804	73b	717	90a	155, 423, 426f., 598
		73c	716, **717**		
		73d	718	90b	155, 810
62	22, 76, 79, 370, 772	74ff.	126, **718ff.**	91	158, 171
		74-75	718	92a	713
63	5, 80, 218, 393, 399, 400, 510, 535, **728ff.**, 759	74	**718f.**	92b	410, 720, 722
		74a	718, **720f.**	94	244, 690, 778
		74b	718, 723	96	472
64	5, 218, 510, 535, **731f.**, 736, 740, 759	74c	**720f.**, 724	97	514, 810
		74d	126, **722ff.**	98	472, 645, 668, 770
		74e	717, **723**		
65 (aufgehoben)	732	74f	719ff.	99	572, 601, 645, 770
		75	206		
66	5, 79f., 515, 647, 650f., **733ff.**	76	724	100	690
		76a	722, 724	101	713
		77-77d	**806ff.**	101a	720, 722
67	73, 76, 78, 93, 724, 730, **737ff.**	77	13, 156, 233, **806ff.**	102ff.	106, 501, 503
				102	158, 713
67a	76, 724, **738**	77a	808	103	158, 165, 247, **714**
67b	73, 77f., 93, 724, **739**	77b	809f.		
		77c	810	104	158
67c	73, 77f., 93, 737, 739, 742	77d	810	104a	501, 503, 810
		77e	810	105	592
67d	80, 731, 733, 737, **739**, 742	78-78c	**812ff.**	106	800
		78	16, 125, **812ff.**	106a	157, 239, 815
67e	80, **739**	78a	814	107a	339, 415
67g	**739**	78b	812, 815	108	334
68ff.	**741ff.**	78c	815	108c	713
68	77, 93, 124, **741ff.**	79-79b	816f.	109	334, 549
		79	817	109a	155, 286
68a	741	79a	757, 817	109d	155
68b	743	79b	817	109e	261
68c	740, **743**	80ff.	158	109g	514

109h	155	149	240, 472, 495		490, 495, 514,
109i	713	150	719, 722		616, 644,
111	623	152	159		652 ff., 778
113	234, 240, 244,	153 ff.	238, 342	178	128, 470, 490,
	247, 305, 355,	153	240 ff., 261,		495, 514, 654
	503, 654, 800,		287, 495, 553,	179	240, 408, 611
	805		637, 800	180	225, 477, 568,
114	305, 351	154	171, 221, 240 f.,		631
120	202, 468, 470,		243, 261, 287,	180a	287, 633
	584, 629, 633		322, 402, 433,	181a	176, 286 f., 467,
121	572, 582, 631		553, 653		569, 631, 633
123	142, 202, 234,	156	240, 287, 637	182	807, 810
	237, 304, 320,	157	423, 425, 427,	183	247, 266 f., 305,
	335 f., 347, 549,		458, 769, 805		808
	556, 574, 645,	158	493, 495, 498,	183a	232, 234, 237,
	655, 670 f., 800,		805		243, 246, 392
	807, 815	159	498, 637	184	158, 240, 268,
124	632	160	589		305, 722 f.
125	93, 592	163	457, 493, 509,	184a	125, 598
125a	235, 244, 592		512, 521, 526,	184c	243 f., 246
126	94		553, 593	185 ff.	234, 722
129	493, 630, 770	164	261, 267 f., 281,	185	117, 228, 240,
129a	94, 493, 630,		293, 339, 342,		246, 289, 338,
	713, 742, 770		667		340, 362, 410,
130	243, 423, 426,	165	342, 714		548, 670, 800
	722	167	261, 299, 426	186	228, 238, 362,
130a	94	168	185, 247		497, 503, **504**
132a	222 f., 228, 722	169	236, 247, 339	187	117, 165, 238,
134	261, 426	170b	159, 243, 657		261, 268, 653
136	815	170d	239, 426, 549,	187a	165
138	238, 287, 408,		645	189	165
	512, 514, 544,	171	47, 236, 240,	193	16, 290, 292 f.,
	556, 572		243, 247, 342		297, 306, **361 f.**,
139	408, 424, 455,	173	45, 240, 410,		420
	493, 499, 571,		423, 425, 427,	194	807 f., 810
	573, 576 f.,		498, 631 f., 648,	199	129, 773, 775
	769 f.		652	200	714
142	94, 121, 126,	174 ff.	237, 243, 286,	202	141, 347, 815
	158, 233, 240,		342, 512, 544,	202a	243
	261, 322, 336,		549, 645	203	243, 322, 335,
	347, 414, 433,	174	410, 483,		340, 573, 594,
	455, 480, 483,		631 ff., 652		815
	544, 549, 557,	174a	138	205	809
	594, 618, 655,	175	122, 155, 247,	211	46, 116 f., 170,
	745, 800		393, 423, 425,		185, 242 ff.,
144	287		427, 467, 769		262, 287,
145a	743	176	116, 236, 262,		423 ff., 625,
145c	748		266, 392, 472,		652, 656, 667,
145d	115, 668		514, 648, 653		690 f., 778, 815
146	121, 286, 499,	177	117, 128, 236,	212	21, 43, 46,
	845		239, 243, 262,		116 f., 209, 224,
148	93, 467		334, 336, 472 f.,		234, 237, 239,

		242f., 261ff., 417, 568, 597, 653, 656, 667, 670, 690, 778	224	50, 90, 234f., 239, 247, 262, 308, 347, 417, 473, 516, 667, 700, 773	241 241a 242	49 243 14, 47, 50, 71, 117, 121, 122, 128, 135f., 185,
213		50, 242, 279, 425, 789	225	50, 262, 268, 473, 667		218, 234f., 239, **241ff.**, 242, 247,
216		46, 50, 242, 278, 338ff., 424, 596	226	50, 199, 234, 236, 239, 473, 516, 656, 667		261, 265, 268, 273, 286, 334, 336, 347, 402,
217		46, 135, 242, 243, 247, 261, 279, 423f., 427, 549, 596f., 667, 668	226a	16, 116, 122, 243, 293, 299f., **337ff.**, 344f., 419, 533	243	470, 499, 656, 667, 669, 680, 742 93, 115, 117, 138, 241, 244,
218		37, 94, 218, 225, 236, 247, 296, 339, 412, 419f., 478, 483, 644, 655	227 228	235, 250, 504, 645 **318ff.**, 432, 742		265, 279, 465, 495, 595, 615, 638, 656, 670, 680, 692, 702,
218a		10, 37, 94, 232, 290, 294, 296, 318, 322, 325f., 347, 349	229 230	238, 286, 495, 516, 690 47, 130, 358, 512, 526, 529, 532, 534, 567,	244	778, 800, 807 71, 93f., 117, 241, 638, 667, 807
218b 219c 219d 220a		94 472 94 100, 112, 117, 690, 778, 815	232 233 234a	572, 593, 653, 773, 808 807f. 773, 775, 805 240, 472, 494	245 246	742 47, 121, 142, 216, 218, 233, 237, 273, 340, 342, 345, 464,
221 222		237, 340, 516, 566, 668 43, 46, 234, 242f., 249, 251, 280, 373, 402, 404, 457, 509,	235-237 235 236 237 238	807 278, 632 226, 278, 286, 330 335f., 654, 671 671, 807	247 248a	481, 596, 667, 669f., 800 241, 498, 499, 667, 671, 807f. 51, 95, 241, 298, 320, 347,
223 ff. 223		512, 516, 521, 526, 572, 593, 655f., 668 211, 624 239, 243, 244, 289, 344, 349, 356, 568, 595, 652ff., 742, 773, 808	239 239a	90, 225, 228, 236, 289, 322, 335, 358, 419, 433, 473, 512, 516, 636, 645, 656 94, 117, 123 236, 493, 514,	248b 248c 249	807f. 218, 233, 243, 320, 347, 655, 668 121, 243, 21, 37, 47, 49, 117, 137, 239, 241ff., 264,
223a 223b		121, 142, 239, 243, 281, 286, 426, 470, 495, 516, 568, 614, 618, 667 50, 239, 423, 426, 544, 549, 556, 578, 667, 693, 700, 800	239b 240	638, 667, 690 94, 236, 342, 493, 638, 667, 690 21, 116f., 122, **221ff.**, 239, 242f., 304, 334, 358, 411, 414, 419, 433, 470, 596, 653, 667	250 251	278, 286, 334, 624, 654, 667, 670, 692, 778 37, 117, 126, 235, 242, 262, 278, 467f., 670, 692 117, 235, 242, 262, 473, 514, 516, 670, 690, 692

252	50, 239, 242, 286		470, 481, 644, 652, 654, 719	310b	235, 593, 690
253	216, 222, 239, 286, 334, 414, 466, 470, 568, 589, 654	268	93, 569	311	243
		271	265, 550, 589	311c	493, 770, 805
		272	800	312	252, 516, 668, 690
		274	286	313	433, 636
257	160, 238, 240, 247, 264, 267, 475, 505, 548, 628, 632f., 808	275	240	314	235, 516
		278	569	315 ff.	158, 523
		283 - 283d	94, 250	315	121, 237, 244, 493, 526, 655, 770, 800, 805
		283	206, 298, 512, 514, 544, 549, 572, 577		
258	160, 261, 279, 424, 427, 455, 498, 505, 632f., 676, 715			315a	243, 526
		283b	298, 512, 544, 549	315b	121, 138, 243, 299, 493, 526, 645, 770
		283c	298, 579, 631ff.		
258a	455, 557, 597, 633	284 ff.	330	315c	45, 138, 216, 234, 236, 240, 243, 271, 287, 339, 342, 404, 423, 426, 428, 455, 515, 526f., 533, 544, 549, 572, 574, 593, 598, 650, 668, 711, 745, 756
259	128, 142, 160, 218, 243, 286, 470, 498, 629, 669	284	206, 221, 228, 287, 298, 330		
		285b	720, 722		
		286	206		
260	48, 287	288	185, 206f., 286, 657, 807		
263	45, 47, 51, 95, 117, 121, 125, 216, 218, 234, 239, 243, 265f., 286, 336, 470, 498, 568, 571, 589, 652, 654, 667, 778, 800, 807f., 822	289	589		
		290	206		
		292	48, 120, 218, 226, 240, 244, 273, 287	315d	237
				316	236, 238, 299, 355f., 402f., 404, 494, 512, 526, 532, 593, 711, 745f.
		293	287		
		294	807		
		295	720		
		302a	48, 95, 216, 221, 244, 287, 334, 631f.	316a	21, 117, 122, 123, 140, 240, 474, 494, 498, 638, 653, 670, 690, 770, 805
263a - 264a	47				
264	6, 52, 94, 156, 159, 512, 514, 544, 549, 713, 720, 722	303	43, 45, 226, 236f., 261, 264f., 277, 320, 335, 338, 342, 495, 568, 653, 670f.		
				316c	10, 94, 106, 240, 472, 493, 514, 638
264a	549				
265	472, 549, 631				
265a	51, 94f., 121, 498, 667	303c	93, 807f.	320	236
		305	289	321	516
265b	47, 544	305a	94	322	722
266	47, 51, 95, 101, 116f., 206, 216, 241, 243, 342, 348, 363, 422, 498, 544, 550, 595, 658, 670, 807	306	238, 557, 631	323	206, 261, 526
		307	236, 286, 468, 473, 516, 644, 656, 690	323a	122, 161, 218, 236, 238, 240, 250, 283, 400, 402, 404, 502, 504, 510, 655, 732, 746, 794
		308	237f.		
266a	47	309	473, 512, 516, 526, 568, 572, 656		
266b	47, 125				
267	137, 185, 239, 243, 246, 265, 286, 299, 338,	310	493, 495, 770	323c	209, 238, 313, 373, 456, 544, 547, 549, 556,
		310a	337, 495, 526		

	567, 573 f.,			632, 717	
	576 f., 657	332		138, 240 f., 483	348	483, 607
324	95, 221, 330,	333		286	353a	810
	512	336		216, 240, 265,	353b	515, 544, 810
326	95, 238, 572,			553, 577, 595	354	299, 464, 597
	593	340		240, 356, 516,	356	277, 365, 414,
330	95, 235, 526			544, 549, 569,		633, 658
330a	95			577, 595, 618,	357	240, 544, 549,
330d	95			800		567, 577
331	228, 240 f., 243,	344		261, 268	358	713
	265, 277, 416,	345		512, 572, 636		

Einführungsgesetz zum StGB vom 2. 3. 1974

1	16, 97, **102**, 413
2	16, 97, **102**, 169 f.
3	97 f., 170, 658
4	16, **97 f.**, 102, 170
10 - 17	97
12	700 f.
13	99
19	93
288 - 292	103
289	103
290	103, 658
292	103
293	22, 31, 58, 96, 679, **700**, 707
295	742
303	124
305	124
309	813

Strafprozeßordnung

7	237
22	233
35	815
51	12
68a	822
70	12, 434
77	12
81	351, 803
81a	351, 439
81c	351
94	351, 712, 745, **747**, 805
102	351
111a	712, 745, 747, 805
111b ff.	724
111b	716, 721
112 ff.	351

114	352
126a	803
127	292, 295, 297, 306, 351 f., 357 f., 419, 803
132a	748
136	798
140	49, 577
148	326
148a	326
151	796
152	13
152a	166
153	26, 32, 49, 51 f., 71, 95, 680, 688, 766, **770 f.**
153a	13, 26, 32, 49, 52, 58, **71 f.**, 95, 680, 682, 688, 765 f., **770 f.**, 815
153b	770, 772
153c	146, 153 f., 156, 158, 160, 172, 805
154	495, 797, 804, 815
154a	658, 724, 797
155	796
158	809
163a	798
163b	358
172	233
243	798
244	128, 717
244 - 256	505
246a	731
260	749, 756, 767, 770, 806
263	505
264	133, 642, 796
265	133
265a	768
266	133
267	127, 410, 780 f.

268a	757, 760, 768	
305a	757, 768	
337	781	
344	14	
352	14	
374	13, 233, 807	
376	807	
395	13, 233	
403	13	
407 ff.	177	
407	49, 704, 711, 746, 767	
413 ff.	399, 731	
413	358	
430 - 441	724	
430	724	
431 ff.	720, 724	
431	717	
439	724	
440 f.	724	
442	717, 724	
444	205	
449 ff.	14	
451	706	
452	824	
453	759 f., 768	
453b	759, 768	
454	80, 692, 737, 739, 762	
454b	763	
458	706	
459a - h	706	
459a	705 f.	
459c	699, 706	
459d	706	
459e	707	
459f	679, 707	
459g	724	
460	660, 664	
462	664, 706, 714, 747, 750, 817	
462a	80, 692, 706, 714, 737, 739, 743, 750, 759 f., 762, 768, 778, 817	
463	80, 737, 739, 747, 750	
465	770, 775	
468	775	

Abgabenordnung vom 16. 3. 1976

369 - 376	98
370	407, 467, 549
375	713
377 - 384	98
378 - 381	514

Aktiengesetz vom 6. 9. 1965

401	544, 549, 572

Apothekengesetz i. d. F. vom 15. 10. 1980

23	330

Atomgesetz i. d. F. vom 15. 7. 1985

46	572

Ausländergesetz vom 28. 4. 1965

1	164

Außenwirtschaftsgesetz vom 28. 4. 1961

33	52

Bad.-Württ. Gemeindeordnung i. d. F. vom 3. 10. 1983

4	104

Bad.-Württ. Gnadenordnung vom 23. 3. 1971

28	752
41	705

Anordnung des Ministerpräsidenten v. Bad.-Württ. über die Ausübung d. Gnadenrechts vom 8. 12. 1970

824

Bad.-Württ. Landesbeamtengesetz i. d. F. vom 8. 7. 1979

74	353
75	353, 355, 446, 448

Bad.-Württ. Landesjagdgesetz i. d. F. vom 20. 12. 1978

23	319

Bad.-Württ. Landespressegesetz vom 14. 1. 1964

21	102
24	102

Bad.-Württ. Polizeigesetz i.d.F. vom 16. 1. 1968

3	355
5	355
10 ff.	104
32 ff.	351, 446
39	352
40	352
63	352
65	352

Bad.-Württ. Schulgesetz i.d.F. vom 1. 8. 1983

90	356

Bad.-Württ. Gesetz über die Unterbringung v. Geistes- u. Suchtkranken vom 11. 4. 1983

352, 730

Bad.-Württ. Verfassung vom 11. 11. 1953

37	165
38	166
52	824
61	104

Beamtenrechtsrahmengesetz i.d.F. vom 27. 2. 1985

9	712
24	712
37	353
38	353, 446, 448

Anordnung des Bundespräsidenten über die Ausübung d. Begnadigungsrechts d. Bundes i.d.F. des Ges. vom 3. 11. 1970

824

Berliner Verfassung vom 1. 9. 1950

23	359

1. Gesetz zur Aufhebung des Besatzungsrechts vom 30. 5. 1956

5	126

Betäubungsmittelgesetz vom 28. 7. 1981

11	467
29	330 f., 589, 660
30	122, 805
31	493, 770, 805
32	572
35	5, 73, 738
36	5
37	72, 680
35-37	731

Binnenschiffahrtsgesetz vom 15. 6. 1898

78	322

Börsengesetz i.d.F. vom 27. 5. 1908

95	206

Bremische Verfassung vom 21. 10. 1947

19	359

Bürgerliches Gesetzbuch

1	47
31	205
99	716
100	716
104 ff.	342
114	809
119	344
122	344
134	344, 717, 721
135	718
136	718, 723
138	344, 717
145	340
181	810
184	342
203	815
227	303, 319
228	226, 292, 303, 310, 318 ff., 325
229-231	357
230	357
242	534
254	534
339 ff.	12
395	699
561	357

581	357		25	352
677	348		26	299
679	348 f.		38	278
704	357		41	672
812	715 f.			
818	716			
822	717			

Bundesnotarordnung vom 24. 2. 1961

1	713
49	713

823	43, 512
847	12
859	357
860	357
904	292, 299, 306, 318, 320 ff., 325
910	357
929	340
956	340
962	357
1029	357
1353	563
1589	435
1590	435
1626	357, 809
1627	809
1631	12, 357, 391
1666	343, 391
1705	357
1754	435
1757	357
1777	483
1800	357
1838	391
1909	343, 810

Bundesrechtsanwaltsordnung vom 1. 8. 1959

7	713
14	713

Bundesseuchengesetz i. d. F. vom 18. 12. 1979

19	331
38	748

Bundeswahlgesetz i. d. F. vom 1. 9. 1975

15	713
47	713

Bundeswehrvollzugsordnung vom 29. 11. 1972

2	694

Einführungsgesetz zum BGB

2	100

Bundesbeamtengesetz i. d. F. vom 27. 2. 1985

12	712
48	712
55	353
56	353 f., 446, 448

Bundesdisziplinarordnung vom 20. 7. 1967

5	12

Bundesjagdgesetz i. d. F. vom 29. 9. 1976

17	712
23	319

Bundeszentralregistergesetz i. d. F. vom 21. 9. 1984

	819
4	768, 819
7	819
8	819
9	819
10	819
11	819
12	761, 768, 819
13	819
14	819
15	819
30	820
31	820
32	768, 820
33 ff.	820
34	763, 820
36	821

38	820		
39	820f., 826		
41	821		
45	821f.		
46	821		
47	821		
49	821, 826		
50	821		
51	768, 822		
53	822		

Einforderungs- u. Beitreibungsanordnung vom 20. 11. 1974

1	706
3	706
4	706
5	706
7	706
8 ff.	706
9	706

Gesetz über die Entschädigung f. Strafverfolgungsmaßnahmen vom 8. 3. 1971

2	34

Gesetz betr. d. Bestrafung d. Entziehung elektr. Arbeit vom 9. 4. 1900

	121

Ermächtigungsgesetz vom 24. 3. 1933

2	118

Gesetz z. vorläufigen Regelung d. Rechte am Festlandsockel vom 24. 7. 1964

7	163
9	163

Flaggenrechtsgesetz vom 8. 2. 1951

	154

Gaststättengesetz vom 5. 5. 1970

15 ff.	748
28	544

Gebrauchsmustergesetz i. d. F. vom 28. 8. 1986

25	714

Gerichtsverfassungsgesetz

18	166 f.
19	166 f.
20	166 ff.
25	49
32	713
74	49
78a, b	76
120	824
142a	824
167	352
178	12

Einführungsgesetz zum GVG

23 ff.	695, 821
23	808, 825

Geschlechtskrankheitengesetz vom 23. 7. 1953

17	439
18	352

GewaltverbrecherVO vom 5. 12. 1939

4	470

Gewerbeordnung i. d. F. vom 1. 1. 1987

35	748
59	748

GmbH-Gesetz i. d. F. vom 20. 5. 1898

64	579
84	549, 572, 579

Gnadenordnung vom 6. 2. 1935

	823
3	825 f.
20 ff.	752, 825
20	762

Handelsgesetzbuch

700 ff.	322

Gesetzesregister

Handwerksordnung i.d.F. vom 28. 12. 1965

21	712
24	749

Heilpraktikergesetz vom 17. 2. 1939

5	331

Hessische Verfassung vom 1. 12. 1946

147	359

Jugendarrestvollzugsordnung i.d.F. vom 30. 11. 1976

15

Gesetz über die Verbreitung jugendgefährdender Schriften i.d.F. vom 12. 6. 1985

3 - 6	47, 526, 723
21	47, 526, 723, 769

Jugendgerichtsgesetz i.d.F. vom 11. 12. 1974

1	391, 393
2	98
3	391 ff., 729
4 - 32	393
6	714
7	98, 393, 729, 731, 733, 744
9	5, 393
13	5, 12, 393, 752
15	701
17 ff.	5, 393
17 - 19	689
18	393
19	71
27 ff.	72
27	819
31	660, 734
45	5, 680
47	680
82 ff.	14
90 ff.	15
105 ff.	98
105	393, 689
106	393, 690, 733, 823
110	14

Gesetz für Jugendwohlfahrt i.d.F. vom 25. 4. 1977

55 ff.	5, 391

Justizbeitreibungsordnung vom 11. 3. 1937

6	706

Gesetz über die freiwillige Kastration vom 15. 8. 1969

1	23
2	23, 341
3	341

Konkursordnung

101	351
117	351
121	351

Kontrollratsgesetz Nr. 10 vom 20. 12. 1945

108, 112, 119

Kontrollratsgesetz Nr. 11 vom 30. 6. 1946

90, 118, 129, 131

Kontrollratsproklamation Nr. 3 vom 20. 10. 1945

118

Gesetz zur Verfolgung von Kriegsverbrechen u. Kriegsvergehen vom 18. 11. 1919

107

KriegswirtschaftsVO vom 4. 9. 1939

1	427

Lebensmittel- u. Bedarfsgegenständegesetz vom 15. 8. 1974

8	238
51	238

**Luftverkehrsgesetz i. d. F.
vom 14. 1. 1981**

2	154
3	154
25	322

**Marktorganisationsgesetz i. d. F.
vom 27. 8. 1986**

32	414

**Militärregierungsgesetz Nr. 1
vom 12. 7. 1945**

	118

**Militärstrafgesetzbuch i. d. F.
vom 10. 10. 1940**

47	448
124	294

**Gesetz zum NATO-Truppenstatut
und zu den Zusatzvereinbarungen
vom 18. 8. 1961**

3	147

Opferschutzgesetz vom 18. 12. 1986

	13, 17, 88

**Ordnungswidrigkeitengesetz i. d. F.
vom 19. 2. 1987**

1	12, **52**, 680, 701
3	53
8 - 16	53
9	207
10	512
11	408, **413**
13	470
14	54, 428, **585**
15	303
16	292, 294, 300, **318**, **325 ff.**, 420
17	53, 205, 701
20	661
29	206
30	53, **205 f.**, 717
35 ff.	53
43a	756
46	358
56 ff.	12
56	53
67 ff.	53
79 f.	53
88	205
96 ff.	53, 680
111	51
112	51
117	51, 299
118	51, 122
120	51
130	51, 53, 205 f.

Patentgesetz i. d. F. vom 6. 12. 1980

142	714

**Personenstandsgesetz i. d. F.
vom 8. 8. 1957**

67	322

**Preuß. Forstdiebstahlsgesetz
vom 15. 4. 1878**

3	121

**Preuß. Gesetz über die Fürsorge-
erziehung vom 2. 7. 1900**

21	433

**Gesetz über die innerdeutsche Rechts-
u. Amtshilfe in Strafsachen
vom 2. 5. 1953**

2	173

**Gesetz über die internationale
Rechtshilfe in Strafsachen
vom 23. 12. 1982**

	88
3, 6, 7	157
8	683, 685
5, 16	803
48 ff.	149

Rechtspflegergesetz vom 5. 11. 1969

31	706

Reichsjagdgesetz vom 3. 7. 1934

2	120

Reichs- u. Staatsangehörigkeitsgesetz
vom 22. 7. 1913
   164

Rheinland-Pfälz. Denkmalsschutzgesetz vom 23. 3. 1978
   53

Richtlinien für das Strafverfahren u. das Bußgeldverfahren i. d. F. vom 1. 4. 1986
75	716
191, 192	166
234, 243	808

Gesetz zur Verhütung von Rundfunksendungen vom 26. 9. 1969
2	161

Seemannsgesetz vom 26. 7. 1957
29	438
106	322, 358, 438
109	438

VO zur vorläufigen Sicherstellung des lebenswichtigen Bedarfs des deutschen Volkes vom 27. 8. 1939
   126

Soldatengesetz i. d. F. vom 19. 8. 1975
1	808
10	294
11	354, 447, 449
38	712
46	712

Sprengstoffgesetz i. d. F. vom 17. 4. 1986
15	331

Staatsnotwehrgesetz vom 3. 7. 1934
   305

Gesetz über die Gewährung von Erleichterungen, Vorrechten u. Befreiungen an die Ständige Vertretung der DDR vom 16. 11. 1973
   167

VO über die Gewährung von Erleichterungen an die Ständige Vertretung der DDR vom 24. 4. 1974
9 - 11	168

Strafprozeßänderungsgesetz vom 19. 12. 1964
   16

Strafrechtsänderungsgesetz vom 26. 2. 1876
   634

Strafrechtsänderungesetz vom 28. 6. 1935
   131

3. Strafrechtsänderungsgesetz vom 4. 8. 1953
   90, 627, 634, 750, 762

4. Strafrechtsänderungsgesetz vom 11. 7. 1957
	125
7	159

9. Strafrechtsänderungsgesetz vom 4. 8. 1969
	125
3	813

11. Strafrechtsänderungsgesetz vom 16. 12. 1971
   94

12. Strafrechtsänderungsgesetz vom 16. 12. 1971
   94

13. Strafrechtsänderungsgesetz
vom 13. 6. 1975
 94

14. Strafrechtsänderungsgesetz
vom 22. 4. 1976
 94

15. Strafrechtsänderungsgesetz
vom 18. 5. 1976
 94

16. Strafrechtsänderungsgesetz
vom 16. 7. 1979
 813

18. Strafrechtsänderungsgesetz
vom 28. 3. 1980
 16, 94, 512

20. Strafrechtsänderungsgesetz
vom 8. 12. 1981
 93

23. Strafrechtsänderungsgesetz
vom 13. 4. 1986
 5, 16, 93, 660, 731, 738, 753,
 756, 762f., 765, 802

Gesetz zur Änderung des StGB u. des
Strafverfahrensrechts vom 18. 8. 1976
 16, 94

StrafrechtsangleichungsVO
vom 29. 5. 1943
 89

1. Gesetz zur Reform des Strafrechts
vom 25. 6. 1969
 90, 93, 102, 743, 755, 773

2. Gesetz zur Reform des Strafrechts
vom 4. 7. 1969

| 40 - 43 | 16, 90, 126, 699 |

3. Gesetz zur Reform des Strafrechts
vom 20. 5. 1970
 93

4. Gesetz zur Reform des Strafrechts
vom 23. 11. 1973
 93

5. Gesetz zur Reform des Strafrechts
vom 18. 6. 1974
 94

1. Gesetz zur Reform des Strafverfahrensrechts vom 9. 12. 1974
 16, 88

Gesetz zur Ergänzung des 1. Gesetzes
zur Reform des Strafverfahrensrechts
vom 20. 12. 1974
 16, 88

Strafverfahrensänderungsgesetz
vom 5. 10. 1978
 17

Strafverfahrensänderungsgesetz
vom 27. 1. 1987
 17

Strafvollstreckungsordnung i. d. F.
vom 15. 12. 1977

	15
4	706
22	732
29	351
37 ff.	692
48	706
49	707
53	732

Strafvollzugsgesetz vom 16. 3. 1976

	88, 90
2	4, 23, 61, 691, 694, 783
3	22, 691, 694
4	694

6	694		Straßenverkehrsordnung	
7	694		vom 16. 11. 1970	
9	76, 733		1	304, 342, 423, 428, 525
10	694, 784		2	354
11	694		5	527
13	691, **694**		11	525
15	695		17	354
17	694		21a	44
18	694		35	322, 354
43	694		48	5
74 f.	695		49	44, 51 f., 98, 354, 423, 527
97	446			
99	352		Straßenverkehrszulassungsordnung	
102 f.	12		i. d. F. vom 15. 11. 1974	
108	695		5	747
109 ff.	22		13 ff.	15
123 - 126	76		15b	744
129 - 135	737		69a	51 f., 98
129	78, 737			
130	737		Tierschutzgesetz i. d. F. vom 18. 8. 1986	
131 - 133	737		17	6, 226, 232
134	733		20	672
136	731			
137	732		Gesetz gegen den unlauteren Wett-	
138	728, 731 f.		bewerb vom 7. 6. 1909	
154	23		22	807 f.
178	352		23	714
198	17, 695			
200	17, 694			

Gesetz zur Änderung des Strafvollzugsgesetzes vom 20. 12. 1984

76, 732

Strandungsordnung vom 17. 5. 1874

9   322

Straßenverkehrsgesetz
vom 19. 12. 1952

1	415
4	744, 748
21	98, 330 f., 544, 572, 645, 656, 711, 719, 722, 746
22	98
23 - 27	98
24	98, 354, 710
24a	98, 404, 711
25	5, 710 f., 744, 819
28 ff.	15, 819

Gesetz über den unmittelbaren Zwang durch Soldaten der Bundeswehr vom 12. 8. 1965

15 ff.   352

Gesetz über den unmittelbaren Zwang durch Vollzugsbeamte des Bundes vom 10. 3. 1961

4	352
7	353 ff., 446, 448 f.
9 ff.	351
12	353

Urheberrechtsgesetz vom 9. 9. 1965

53	295
109	807 f.
111	714

Vereinsgesetz vom 5. 8. 1964

17a	93
20	769

Verfassung des Deutschen Reiches vom 16. 4. 1871

2	101
4	101

Verfassung des Deutschen Reiches vom 11. 8. 1919 (Weimarer Verfassung)

7	101
13	101
48	103
116	118

Gesetz über die Berechnung strafrechtl. Verjährungsfristen vom 13. 4. 1965

126

VO über die Regelung des militärischen Vorgesetztenverhältnisses vom 4. 6. 1956

353

Gesetz über den Waffengebrauch der Forst-, Jagd- u. Fischereischutzberechtigten vom 26. 2. 1935

352, 420

DVO zum Gesetz über den Waffengebrauch der Forst-, Jagd- u. Fischereischutzberechtigten vom 7. 3. 1935

352

Waffengesetz vom 18. 3. 1938

25	670

Waffengesetz i. d. F. vom 8. 3. 1976

5	712

Wehrdisziplinarordnung vom 9. 6. 1961

18	12
54	12

Wehrpflichtgesetz i. d. F. vom 13. 6. 1986

10	712
30	712

Wehrstrafgesetz i. d. F. vom 24. 5. 1974

1	98, 155, 240, 482, 596
1a	155
2	155, 353
3	98
5	355, 412, 446, 448f., 457f., 606f.
6	438
7	400, 404
9-12	689
9	661, 693, 799
10	701
11	658, 693, 799
12	658
14a	754
15	579
16	482
19-22	446
19	549
20	549
21	514, 549
22	353
24	596
27	582
28	582
30ff.	482
30	549
31	549
33	606
40	238
41	239, 514, 549, 567, 572, 577

Gesetz gegen Wettbewerbsbeschränkungen i. d. F. vom 24. 9. 1980

38	53

VO gegen Mißbrauch der wirtschaftl. Machtstellung vom 2. 11. 1923

17	204

1. Gesetz zur Bekämpfung der Wirtschaftskriminalität vom 29. 7. 1976

	94
264	94, 512

283	504, 512	8	715
283b	504, 512	10	205
283c	504		
283d	504		

Zividienstgesetz i. d. F. vom 31. 7. 1986

9	712
27	438
45	712

2. Gesetz zur Bekämpfung der Wirtschaftskriminalität vom 15. 5. 1986

16, 96, 205

Wirtschaftsstrafgesetz vom 26. 7. 1949

	51
6	51
105	123

Zivilprozeßordnung

287	717
383	335
385	335
750	352
758	351 f.
807	277, 351, 481
808	351 f.
814	351
883	351
888	12
889	12
890	12
901 ff.	351

Wirtschaftsstrafgesetz 1954 i. d. F. vom 3. 6. 1975

	14, 98
1	98 f.
2	98
3-6	98
8-10	97

II. Internationale Abkommen

Antarktis-Vertrag vom 1. 12. 1959

164

Zusatzprotokoll auf dem Gebiet der Auskünfte über fremdes Recht vom 15. 3. 1978

146

Europäisches Auslieferungsübereinkommen vom 13. 12. 1957

11   685

Viermächte-Abkommen über Berlin vom 3. 9. 1971

162

Genfer Betäubungsmittelabkommen vom 13. 7. 1931

156

Convention européenne sur les effets internationaux de la déchéance du droit de conduire un véhicule à moteur vom 3. 6. 1976

712

Deutsch-polnischer Vertrag vom 7. 12. 1970

163

Deutsch-sowjetischer Vertrag vom 12. 8. 1970

163

Diplomatenschutzkonvention vom 14. 12. 1973

156

Euratom-Vertrag vom 25. 3. 1957

194   159

Satzung des Gerichtshofs der Europäischen Atomgemeinschaft
vom 17. 4. 1957

28   159

Europäische Menschenrechtskonvention vom 4. 11. 1950

      10, 307, 313
2   308, 313, 685
3   22, 779
6   51, 128, 754, 797 f.
7   119

Protokoll Nr. 6 zur Europäischen Menschenrechtskonvention von 1983

2   685

Satzung des Gerichtshofs der Europäischen Wirtschaftsgemeinschaft
vom 17. 4. 1957

27   159

Genfer Falschmünzereiabkommen vom 20. 4. 1929

5   159
9   156

Internationale Konvention gegen Folter usw. vom 10. 12. 1984

    156

Genfer Übereinkunft zur Unterdrückung des Frauen- und Kinderhandels
vom 30. 9. 1921

2   156
3   156

Internationales Übereinkommen gegen Geiselnahme vom 18. 12. 1979

    156

Grundvertrag zwischen der Bundesrepublik Deutschland und der DDR
vom 21. 12. 1972

    171
6   171

Übereinkommen über die Hohe See
vom 29. 4. 1958

2   164
11   152

Vertrag über die Ächtung des Krieges (Briand-Kellogg-Pakt) vom 27. 8. 1928

    108

Londoner Kriegsverbrecherabkommen vom 8. 8. 1945

    10, 107, 111, 118

Konvention zum Schutze von Kulturgut bei bewaffneten Konflikten
vom 14. 5. 1954

28   112

Übereinkommen über das Küstenmeer und die angrenzende Zone
vom 29. 4. 1958

1   162

Haager Landkriegsordnung
vom 18. 10. 1907

43   148

Haager Abkommen zur Bekämpfung der widerrechtlichen Inbesitznahme von Luftfahrzeugen vom 16. 12. 1970

    10
4   150, 156

Tokioter Abkommen über strafbare Handlungen an Bord von Luftfahrzeugen vom 14. 9. 1963

3   150
5 - 10 358

Internationales Übereinkommen zur Bekämpfung des Mädchenhandels
vom 4. 5. 1910

3   156

Gesetzesregister 857

Verträge von Montevideo
vom 19. 3. 1940
    149

NATO-Truppenstatut vom 19. 6. 1951
VII   147, 167
VIII 167

Zusatzabkommen zum NATO-Truppenstatut vom 3. 8. 1959
19   147, 167

Genfer Opiumabkommen
vom 19. 2. 1925
5   156

Règles pénitentiaires européennes
vom 12. 2. 1987
    22

Potsdamer Protokoll vom 2. 8. 1945
    163

Internationales Abkommen über den Straßenverkehr vom 19. 9. 1949
24   746
44   711

Übereinkommen über den Straßenverkehr vom 8. 11. 1968
    746

Überleitungsvertrag (Vertrag zur Regelung aus Krieg u. Besatzung entstandener Fragen) vom 26. 5. 1952
3   147, 158

Europäische Konvention über die Übertragung von Strafverfahren vom 15. 5. 1972
    149, 153, 158

Europäisches Übereinkommen über die internationale Wirksamkeit von Strafurteilen vom 28. 5. 1970
    149, 153

Europäisches Übereinkommen über die Verfolgung von Zuwiderhandlungen gegen Straßenverkehrsvorschriften vom 30. 11. 1964
    153

Europäische Konvention zur Bekämpfung des Terrorismus vom 27. 1. 1977
    156

Internationaler Pakt über bürgerliche und politische Rechte vom 19. 12. 1966
6   685
7   779
10   10, 23, 691
12   171, 173, 304
15   119

Internationale Konvention über die Beseitigung rassischer Diskriminierung vom 7. 3. 1966
    112

Internationales Übereinkommen über die strafgerichtliche Zuständigkeit bei Schiffszusammenstößen vom 10. 5. 1952
    152

UNO-Menschenrechtserklärung vom 10. 12. 1948
11   119

UNO-Einheitliche Mindestgrundsätze über die Behandlung der Gefangenen von 1955; Europäische Fassung vom 19. 10. 1973
    695

UNO-Mindestgrundsätze für die
Jugendgerichtsbarkeit von 1985
    695

Internationale Konvention über die
Verhütung u. Bestrafung des Völkermordes vom 9. 12. 1948
    112

Internationale Konvention über die
Nichtanwendbarkeit gesetzlicher
Verjährungsfristen auf Kriegsverbrechen u. Verbrechen gegen die
Menschlichkeit vom 26. 11. 1968
    109, 125

Genfer Übereinkommen zur Bekämpfung unzüchtiger Veröffentlichungen
vom 12. 9. 1923
  II   156

Versailler Friedensvertrag
vom 28. 6. 1919
  227   107
  228   107

Genfer Abkommen über die Behandlung der Kriegsgefangenen
vom 12. 8. 1949
        112
  99   119

Genfer Abkommen zur Verbesserung
des Loses der Verwundeten u. Kranken
der Streitkräfte im Felde
vom 12. 8. 1949
    112

Genfer Abkommen zur Verbesserung
des Loses der Verwundeten, Kranken
u. Schiffbrüchigen der Streitkräfte zur
See vom 12. 8. 1949
    112

Zusatzprotokolle zu den Genfer
Abkommen von 1977
    112

Vertrag über die Erforschung u. Nutzung des Weltraums vom 27. 1. 1967
  II   164
  VIII 164

Wiener Übereinkommen über diplomatische Beziehungen vom 18. 4. 1961
  31 ff. 166

Wiener Übereinkommen über konsularische Beziehungen vom 24. 4. 1963
  43   166

Wiener Übereinkommen über das
Recht der Verträge vom 23. 5. 1969
  34   107

Chicagoer Zivilluftfahrtabkommen
vom 7. 12. 1944
    150

Genfer Abkommen zum Schutze von
Zivilpersonen in Kriegszeiten
vom 12. 8. 1949
       112
  33   293
  65   119

III. Gesetze der DDR und ausländische Gesetze

Argentinien
  Código penal von 1921
    75

Belgien
  Gesetz der sozialen Verteidigung
  von 1964
    58

Brasilien

Código penal, Parte geral
vom 11. 7. 1984

1	119, 696
13	251, 553
14	476
18	519
20	276
21	276, 422, 682
22	441, 450
24	298, 332, 441
25	315
26	401
28	401, 404
29	599
49	709
59	790
69	659
70	659
71	659
107	816

DDR

Strafgesetzbuch i. d. F.
vom 19. 12. 1974

		27, 687, 696
Art. 8		171
§§	1	551, 554
	3	228
	6	261, 263, 270
	7	520
	8	520
	9	520, 554
	14	401
	15	401
	16	401
	17	298, 318
	18	298, 332, 441
	19	298, 441
	20	298, 333
	21	476
	22	599 f.
	25	772
	33	72, 765
	36	709
	44	737, 803
	61	790
	63	659
	64	659
	65 ff.	393

80	171
82–84	816
213	171
258	450

Strafrechtsänderungsgesetz der DDR
vom 19. 12. 1974

709

Strafrechtsänderungsgesetz der DDR
vom 7. 4. 1977

709

Dänemark

Strafgesetzbuch i. d. F. vom 1. 1. 1981

1	119

England

Abortion Act von 1967

Sect. 1   332

Criminal Attempts Act von 1981

Sect. 1   475

Criminal Justice Act von 1967

Sect. 67   79

Criminal Justice Act von 1972

709

Criminal Justice Act von 1982

79

Criminal Law Act von 1967

3	315

Manual of Military Law von 1958

24	450

Powers of Criminal Courts Act
von 1973

28	60, 758

Frankreich

Code pénal von 1810

	15, 39, 65, 86, 392, 816
1	49
2	461, 470
3	470
4	118
5	658
41	708
43-2	748
43-3-1	708
43-8 ff.	708
59	599
63	554
64	400, 441
65	345
328	314
329	314
405	43

Code de procédure pénale vom 31. 12. 1957

7-9	816
469-2	769
469-3	764 f.
734-1	753 f.
738	756

Dekret über militärische Disziplin von 1966

22	450

Reformgesetz vom 11. 7. 1975

696, 708, 764, 769

Reformgesetz vom 10. 6. 1983

708

Griechenland

Strafgesetzbuch von 1950

90-92	71, 79

Italien

Codice penale von 1930

	696
5	276, 421

40	551, 554
49	475
50	345
52	314
54	332, 441
56	475
63 ff.	790
71 ff.	658
81	658 f.
88	401
90	401
92	404
110	599
117	599
133 bis	709
133 ter	709
157 ff.	816
163	753
169	769
199 ff.	75
564	410

Gesetz vom 11. 7. 1978 n. 382

4	450

Gesetz vom 24. 11. 1981 n. 689 „Modifiche al sistema penale"

708 f.

Niederlande

Wetboek van strafrecht von 1881

37	401
40	332, 441
41	314
55	659
57 ff.	659
70 ff.	816
359	790

Österreich

Strafgesetzbuch vom 23. 1. 1974

	91
1	125
2	553
3	314
4	383
5	261, 270, 276
6	270

Gesetzesregister

7	235
8	416, 421, 470
9	276, 421, 449
10	386, 440f., 454
11	400
12	538, 583f.
14	538
15	470, 475, 479, 584, 637
19	708
21-23	75, 727
23	737
24	737
28	658
32	386, 789, 792
34	400, 475
35	400
37	696, 708, 802
38	805
39	803
42	769f.
43	753ff.
43a	756
57-60	816
90	345
110	341
167	793

Strafprozeßordnung i. d. F. vom 9. 12. 1975

259	769

Polen

StGB von 1932

38

Portugal

Código penal von 1982

17	682
83	71

Schweden

Kriminalgesetzbuch von 1962

58, 79

Schweiz

Militärstrafgesetzbuch von 1927

18	450

Strafgesetzbuch von 1937

	140, 686
6	145
10	400
12	403
18	261
19	275, 421
20	276, 421
21	470, 475, 485, 769
22	485
23	475, 479
33	300, 314
34	332, 441
41	753f.
42ff.	75
42	78, 737
48	708
49	708
63-69	789
67	803
68	658
69	805
70ff.	816
88	769
98	769
263	404
304	769
335	102

Zivilgesetzbuch von 1907

1	115

Spanien

Código penal i. d. F. vom 14. 9. 1973

1	235, 421, 686
3	476
6	276
6 bis a) III	421, 682
8	314, 332, 409, 441
52	476
63	709
68ff.	790
69f.	659
71	659
90	709
112	816
565	519

Gesetz über die peligrosidad social
vom 4. 8. 1970
  11

Tschechoslowakei
StGB von 1961
  7   461

USA
Basic Field Manual, Rules of Land
Warfare von 1956
  409   450

United States Code von 1948
Title 18 Part I
  96

UdSSR
Strafgesetzbuch der russischen
Räterepublik von 1926
  58

Gesetz über Grundsätze der Strafgesetzgebung vom 25. 12. 1958
         91
  6   119
  20   58

IV. Historische Rechtsquellen

Badisches StGB von 1845
  86

Bayerisches StGB von 1813
  65, 86, 97, 137

Braunschweigisches StGB von 1840
         86
  4   551

Codex Juris Criminalis Bavarici von 1751
  15, 86, 97

Constitutio Criminalis Bambergensis von 1507
  84

Constitutio Criminalis Carolina von 1532
         84, 97
  105   117
  107   584
  134   508
  139   302
  146   508
  148   584

  150   302
  177   584
  178   460
  180   508

Constitutio Criminalis Theresiana von 1768
  86

Corpus Juris Fridericiani von 1749/51
  137

Allgemeines Gesetzbuch Josephs II. über Verbrechen und derselben Bestrafung von 1787
  97

Kriminalgesetzbuch für Holland von 1809
  97   551

Kriminalgesetzbuch für das Königreich Sachsen von 1838 (1855, 1868)
  86

Lex Salica um 500
  82

Gesetzesregister 863

Magna Charta Libertatum von 1215
39   117

Preußisches Allgemeines Landrecht von 1794
          15, 51, 65, 86, 97
28 II 20 508
43 II 20 486

Preußisches StGB von 1851
      86, 97, 118, 508, 551, 585, 643
31   461
41   442

Reichspolizeiordnungen von 1530, 1548, 1577
      85

Sachsenspiegel um 1230
      83

Schwabenspiegel von 1275
      83

Strafgesetzbuch von Hannover von 1840
      86

StGB des Norddeutschen Bundes von 1870
      85, 87, 97

Thüringisches StGB von 1850
      86

V. Entwürfe

1. Deutsche Entwürfe

Vorentwurf 1909
      89

Gegenentwurf 1911
      89

Kommissionsentwurf 1913
      89

Entwurf 1919
      89

Entwurf Radbruch 1922
      89

Entwurf 1925
      89

Entwurf 1927
      24, 89

Entwurf 1930
          89
25   454
55 ff.   727

Entwurf 1936
          90
60 - 63   764

Entwurf 1958
28   601

Entwurf 1962
          19, 91 f., 764
16   261, 269
17   261, 268
18   270, 513
20   416
25   397
26   463
27   470
29   601
31   630
32   594, 608
35   634

36	634
38	442
39	323, 420
51 ff.	699
56	712
58	712
60	786
61	802
62	244
63	244
65	470
127	813
162	211, 341, 349

Alternativentwurf, Allg. Teil 1966

	19, 21, 92, 764, 802
2	366
12	561
16	514
17	261, 270
19	416
24	463
25	470, 483
28	625
29	630
32	634
33	634
36	678
42	758
49	699, 801
52	680
58	769, 771
59	21, 68, 366
64	641
69	68
70	77

Musterentwurf eines einheitlichen Polizeigesetzes des Bundes u. der Länder vom 11. 6. 1976

41	352

Entwurf eines Einführungsgesetzes zum StGB von 1972

102 f.

Alternativentwurf eines Strafvollzugsgesetzes von 1973

176 - 182	737

Rahmenentwurf eines Gesetzes über den Vollzug von Maßregeln der Besserung und Sicherung in einem psychiatrischen Krankenhaus und in einer Entziehungsanstalt von 1977

728

2. Ausländische Entwürfe

Belgien

Avant-projet de Code pénal von 1985 (Robert Legros)

	204
69	314

England

The Law Commission. Codification of the criminal law von 1985

96
Clause 20 554
Clause 22 519
Clause 53 476

Frankreich

Projet de loi portant réforme du Code pénal von 1986

	75, 177, 204
122-1	400
122-2	441
122-5	332
132-22	789

Italien

Vorentwurf eines italienischen StGB von 1921

66

Schweden

Entwurf eines Kriminalgesetzbuches von 1962

58

Schweiz

Bericht und Vorentwurf zur Revision des Allgemeinen Teils des Schweiz. StGB (Hans Schultz)

	75, 204, 332, 682, 737, 756, 803
10	551, 553
12	485
17	441
32	802
33	708
41	708
46	789
51	658
52	805
54	769
57	753 f.
59	765
60 ff.	727
65	733

Spanien

Anteproyecto von 1983

45 ff., 709

USA

Model Penal Code von 1962

	96
Art. 2	298
Art. 2 Sect. 2.01	551
Sect. 2.02	266
Art. 3	298
Art. 3 Sect. 3.02	332, 441
Art. 5 Sect. 5.01	476
Art. 6	790
Art. 7	790

Sachverzeichnis

Die Zahlen verweisen auf die Seiten. Hauptfundstellen sind durch Fettdruck hervorgehoben. Hochgestellte Zahlen bezeichnen Fußnoten.

A

Abartigkeit, seelische 396f.

Abbruch der Kausalität 255

Abergläubischer Versuch 463, **479,** 482

Aberkennung der bürgerlichen Ehrenrechte 713
– Statistik 30

Aberratio ictus 268, **281f.,** 299, 608, 625

Abfindungstheorie, dolus eventualis 268f.

Abgeordnete
– Immunität **165f.,** 815
– Indemnität **165f.,** 497, 597

Abhängigkeitsverhältnis, Garantenpflicht 562

Abhören
– ausländischer Sender 9
– von Telefongesprächen 141

Abnorme Konstitution 259

Abolition 823

Abschöpfung unrechtmäßig erlangter Vermögensvorteile 715

Abschreckungswirkung 61, 68, 70, 684 700

Absehen von der Anklageerhebung **71,** 95

Absehen von Strafe 423, 498[8], 750, 765f., **768ff.,** 777
– absolut untauglicher Versuch 478
– in Bagatellfällen 769f.
– DDR 772[26]
– nach § 60 771ff.
– Rücktritt 485, 492[37], 493f., 498
– untauglicher Versuch 462, 479

Absicht 227, 261, **266ff.,** 273, 303
– Akzessorietät der Teilnahme 596
– und direkter Vorsatz 268
– mittelbare Täterschaft 613
– subjektives Tatbestandsmerkmal 286
– tatbestandliche Handlungseinheit 644
– Unterlassungsdelikte 571

Absichtsdelikte 286, 465, 571

Absichtsloses doloses Werkzeug 606f.

Absichtsprovokation 310, 320

Absolut(e)
– Antragsdelikte 808
– bestimmte Strafe 117, 691
– Straftheorien **62ff.,** 787
– Subsidiarität 668
– untauglicher Versuch s. dort

Absorptionsprinzip 640, 643
– im ausländischen Recht 658f.

Abstrakte Betrachtungsweise 49
– Idealkonkurrenz 657
– Verjährung 814
– Versuch 470
– versuchte Anstiftung 636

Abstraktes Gefährdungsdelikt **237f.,** 404, 621, 628
– Entziehung der Fahrerlaubnis 746
– fahrlässiges – 526

– als Ordnungswidrigkeit 52
– qualifizierter Versuch 495
– Subsidiarität 668
– Tatort 160
– Vorsatz – Fahrlässigkeitskombination 515

Abstrakter Verbotsirrtum 411[18]

Abstraktheit der Gesetzesfassung 115

Abtreibung 94, 155, 169, 218, 296
– Berufsverbot 748
– Einwilligung 339
– Gerichtsmedizin 42
– Konkurrenzen 644
– Rechtsgut 37
– untauglicher Versuch 218, 479
– Verjährung 814
– Versuch 477
– Wahlfeststellung 131

Abweichung im Kausalverlauf 402[69], 624
– unwesentliche **280,** 399, 614
– wesentliche 280

Abwesenheitsurteil 147

Actio illicita in causa 311[44]

Actio libera in causa 381, 387, **401 ff.,** 404, 537 f.
– Affekt 396
– Ansatzformel 469
– Konkurrenzen 655
– Versuch der – 473

Adäquanz s. soziale Adäquanz

Adäquanzgedanke 235
– bei erfolgsqualifizierten Delikten 516

Adäquanztheorie 250[10], **256 f.,** 560

Adäquitätstheorie 317

Äquivalenztheorie s. Bedingungstheorie

Ärgernis(erregung) 243, 246

Ärztliche(r)
– Heileingriff 211, **341,** 349
– Schweigepflicht 211

Affekt 198, 374, 381, 409, 728, 774
– u. extensiver Notwehrexzeß 444
– Vorsatz 264[9]

Affektzustände 395 f., 442 ff., 795

Agent provocateur 20[11], 336, 498, **622 f.,** 637

Aggressiver Notstand s. Angriffsnotstand

Aktives Wahlrecht, Verlust des – 713

Aktuelles Unrechtsbewußtsein 409, 536[6]

Aktverbrechen 232

Akzessorietät des Strafrechts 47

Akzessorietät der Teilnahme 585, **593 ff.,** 621
– ausländisches Recht 598 f.
– und Einheitstäterbegriff 584
– extreme – 597
– hypothetische – **635**
– limitierte – **593,** 601, 635
– bei Mittäterschaft 612 f., 618
– strenge – **593,** 601

Alkohol s. auch Trunkenheit
– Gastwirt 227
– militärische Straftat 400

Alkoholiker 5, **731 f.**

Alkoholrausch 396, 398

Alleintäterschaft 582 f.
– fahrlässige – 613

Allgemeine
– Delikte **239**
– Handlungsfreiheit 22
– Regeln des Völkerrechts 106, 110
– Wertbegriffe 116

Allgemeiner Teil des StGB **15,** 96 ff., 102, 121, 176
– Änderung 90 ff.

Allgemeines Landrecht 86

Alternative Mischtatbestände 239

Alternativ-Entwurf 21, 68, **92,** 764

55*

Alternativität
- Tatsachenfeststellung **128**, 132
- der Tatbestände 667

Alternativverhalten, rechtmäßiges 259
- Fahrlässigkeitsdelikte 259, **527**

Alternativvorsatz 273

Alterskriminalität 5

Altersstufen 390 ff., 535

Ambivalenz der Strafzumessungstatsachen **784,** 788, 795

Amnestie 157, 497, 499, **823**
- ausländische – 153

Amtsdelikte 95, 549, 597, 636
- echte Sonderdelikte 239
- internationales Strafrecht 155
- Teilnahme 618, 632
- Verfall 717
- Verlust der Amtsfähigkeit 713

Amtsrechte als Rechtfertigungsgrund 292, **351 ff.**
- bei Fahrlässigkeit 531
- gewissenhafte Prüfung 296

Amtsträger
- Irrtum über Ernennung 482
- Straftaten gegen – 159

Analogie 135
- zum Aussagenotstand 458
- Irrtum bei Kompensation 775
- Notstand 433⁵
- Regelbeispiele 244 f.
- Rücktritt 122, 474, 494

Analogieschluß 135

Analogieverbot 21, 53 90, 114 ff., 118¹⁹, 120, 141, 551, 594
- Analogie zugunsten des Täters 122

Andeutungstheorie, Auslegung 140

Anfang der Ausführungshandlung s. auch Ansatzformel 458, **467 ff.**
- Mittäterschaft 616
- mittelbare Täterschaft 609
- Unterlassungsdelikte 577
- versuchte Anstiftung 634 f.

Angehörige(n)
- Begriff 435
- -nothilfe 432
- -notstand **435,** 437
- -privilegien 424 f., 427, 498 ff.

Angemessenheit
- Notstand 321, **324 f.**
- Notwehr 310

Angriff(s)
- Gegenwärtigkeit des – **306 f.,** 357 f.
- Irrtum 416 f.
- auf Menschenwürde 243
- bei Notwehr 303 f.
- Rechtswidrigkeit des – 306
- gegen den Staat durch Ausländer 151

Angriffskrieg 109, **111,** 155, 472

Angriffsnotstand (§ 904 BGB) s. auch Notstand **320 ff.**

Angriffsobjekt 233

Animus-Formel 588 f.

Annahme des Anerbietens 634 f., **638**
- Rücktritt 639

Anordnung s. dienstliche Weisung

Anrechnung
- ausländisches Recht 805
- des Freiheitsentzuges 803
- des militärischen Arrestes 803
- der Untersuchungshaft 756, 763, **803 ff.**

Anrechnungsprinzip, internationales Strafrecht, 153, **158**

Ansatzformel (Versuch) s. auch Anfang der Ausführungshandlung 463, **468 f.,** 478
- actio libera in causa 473
- Unterlassungsdelikte 473

Anscheinsbeweis 538

Anstaltstötungen 325, 453

Anstiftung 582 ff., 606, 618 ff., **621 ff.**
- Akzessorietät bei der – 593 ff.
- zur Anstiftung 631
- Anstiftungsmittel 622

– zum echten Sonderdelikt 624
– zu erfolgsqualifizierten Delikten 517, 625
– Exzeß bei der – 624
– fahrlässige 622
– Idealkonkurrenz 631, 653
– in dubio pro reo 130
– Irrtum des Haupttäters 607 f.
– Ketten – 622
– Konkurrenzen 653
– zu militärischen Straftaten 98
– mißlungene – 635⁴, 637
– in Mittäterschaft 622
– Mittel der – 622
– mittelbare – 622
– und mittelbare Täterschaft 585 f., 591, 600 f., 607 f., 621 f.
– in Nebentäterschaft 622
– als notwendige Teilnahme 631
– Rücktritt 495
– und subjektive Tatbestandsmerkmale 287
– untaugliche – 637
– durch Unterlassen 626
– zum Unterlassungsdelikt 579
– Verabredung zur – 638
– Verbotsirrtum 622
– Versuch 637
– versuchte – 633 ff.
– zur versuchten Beihilfe 637
– Vorsatz 622, 624 f.
– Vorstufen der – 634

Anthropologische Grundlagen des Schuldbegriffs 364 ff.

Antikes Recht 64

Antinomie der Strafzwecke 67, 75, **785**

Antisozialität 66, 378¹⁶

Antragsdelikte 103, 498, **806 f.**

Appellfunktion des Tatbestandes **290**, 334, 412²⁵, 417

Arbeitsentgelt des Gefangenen 694 f.

Arbeitshaus 31

Arbeitsteilung
– bei Mittätern 611
– Sorgfaltspflichten 525

Arglist 286

Argumentum
– ad absurdum 135
– e contrario 135
– a fortiori 135
– a maiore ad minus 135
– a simile 135

Arrest 820
– Anrechnung 803

Arzt
– Aufklärungspflicht 349
– Berufsgeheimnis 328, 499
– Einwilligung 415 f.
– Garantenpflicht 564, 571, 576
– Gefahrtragungspflicht 438
– Geheimhaltungspflichten 322, 335
– Heileingriff **341**, 349
– mutmaßliche Einwilligung 349
– Pflichtenkollision 329
– Schwangerschaftsunterbrechung **349**
– Sorgfaltspflichten 510, 522, 524
– als Täter 482
– Verkehrsvorschriften 322, 533

Asoziale Lebensführung 176

Asperationsprinzip 640, 643, **660 ff.**
– ausländisches Recht 658

Association Internationale de Droit Pénal 40²⁰, **66**, 118¹⁹

Asthenische Affekte 442 f.

Asylrecht 83

Aufenthaltsverbot, als Weisung bei Strafaussetzung 759

Auffangtatbestand 130
– für Anstiftung 623
– Fahrlässigkeitsdelikte als – 508
– Subsidiarität 667

Aufklärung
– von Verbrechen 42
– Zeitalter der – 39, **63 f.**, **85 f.**, 97, 118, 231, 543

Aufklärungspflicht
– des Arztes 349
– des Richters 128

Aufklärungsquote 29

Auflagen
- bei Absehen von Anklageerhebung 71
- bei Aussetzung des Strafrestes 762
- von Behörden 331
- bei Einstellung des Verfahrens 770 f.
- bei Strafaussetzung zur Bewährung 73, 752 f., **757**, 777, 796, 801 f.
- bei Verwarnung mit Strafvorbehalt 766 ff.

Aufmerksamkeit, mangelnde 508, **511 f.**, 521 f.

Ausdrucksdelikte 287

Ausführungshandlung, s. auch Anfang der –
- Ansatzformel 469
- bei Mittätern 616
- Teilidentität der – 654
- bei Teilnahme 585, 611
- beim beendigten Versuch 492
- bei Versuch 218, 461, **465**, 468

Ausfüllungsnorm 99

Ausgleichsfunktion der Strafe 20, 61, **67 ff.**, 190, 757, 772, 782

Ausgleichstheorie (Kompensation) 773

Auskunft aus dem Bundeszentralregister 818 ff.

Ausländer 145 ff.
- deutsche Strafgewalt über – 157
- Unrechtsbewußtsein 420

Ausländische(r)(s)
- Amnestie 153
- Bestrafung (Anrechnung) 805
- Führerscheine (Entzug der Fahrerlaubnis) 746
- Gerichte 108 f.
- Gerichtsbarkeit 110
- Staaten, Straftaten gegen – 106, 501, 504
- Staatsangehörigkeit 164
- Strafrecht 108, **146**
- Strafrechtskodifikationen 96[1]
- Strafurteile 153
- Tatort 148, 151

Ausland 163, 172

Auslandstaten 145 ff.
- gegen Deutsche 156
- mit Inlandsteilnahme 154
- von Ausländern 151 f., 156

Auslegung(s) 36, **120 f., 133 ff.**, 158, 193, 210, 233, 238, 241, 252, 644, 665, 668
- einschränkende – 309
- extensive – 137
- gewohnheitsrechtliche – 100
- im Nebenstrafrecht u. im Ordnungswidrigkeitenrecht 413
- und Rechtsvergleichung 39
- -regeln **137 ff.**, 228
- verfassungskonforme – 139
- -schwierigkeiten 267, 410

Auslieferung, Verbot der – Deutscher 157

Auslieferungs-
- haft 735, 803
- recht 150[34]

Aussagedelikte 241, 287
- eigenhändige Delikte 240
- Einwilligung 342

Aussagenotstand 425, 458
- Irrtum 427

Aussageverweigerung 798

Ausschaltung des Rechtsgutträgers, Garantenpflicht 565

Außerkrafttreten von Gesetzen 123

Außerstrafrechtliche
- Begriffe des internationalen Strafrechts 162 ff.
- Normenkomplexe 97

Aussetzung
- von Maßregeln 73, 76 f., 725, 737, **739**, 742
- der Strafe zur Bewährung s. Strafaussetzung
- des Strafrestes (s. auch bedingte Entlassung) 69, 72 f., 93, 742, 750 ff., **762 ff.**, 819, 823, 825

Austausch von Maßregeln 738

Auswanderung, Recht auf – 173

Auswirkungen der Straftat als Strafzumessungstatsache 793 f.

Automatenmißbrauch 121, 667

Automatisierte Handlungen 198

B

Bagatelldelikte 51 f., 769 ff., 807
– Notwehr gegen – 312
– Sicherungsverwahrung 735 f.
– und Strafverfahrensrecht 51 f.

Bagatellstrafrecht 90

Beamter
– Berufsverbot für – 749
– dienstliche Anordnung als Rechtfertigungsgrund 353 ff.
– Gehorsamspflicht 353 ff.
– Handeln auf Weisung als Entschuldigungsgrund 445 ff.
– als normatives Tatbestandsmerkmal 243, 277
– als persönliche Eigenschaft 597
– vorläufige Festnahme 358

Bedingte(r)(s)
– Aussetzung von Maßregeln (s. auch dort) 73, 733
– Entlassung (s. auch Aussetzung des Strafrestes) 41, 691 f., **762 f.**
– Verurteilung 71 ff.
– Handlungswille **272 f.**, 464, 638
– Unrechtsbewußtsein 409

Bedingter Vorsatz 266 ff., **268 ff.**, 273, 303, 515 f.[43], 629
– und bewußte Fahrlässigkeit 270, 513
– E 62 und Alternativ-Entwurf 269 f.
– erlaubtes Risiko 360
– Schuldseite 269
– Unterlassungsdelikt 571
– Versuch 464

Bedingungstheorie 250 ff., 588
– Fahrlässigkeit 527
– Teilnahme 587[19]
– Unterlassungsdelikte 559

Beendigter Versuch 469, **487 ff.**
– Rücktritt vom – 491 f.
– beim Unterlassungsdelikt 578

Beendigung 124, 458, **465 f.**
– Beihilfe 627
– der fortgesetzten Tat 650
– Konkurrenzen 654
– objektive Bedingung der Strafbarkeit 505
– sukzessive Mittäterschaft 614
– Tatort 160 f.
– Verjährungsbeginn 814
– und Vollendung 465

Befehl, s. auch militärischer – 353 ff.

Befehls-
– notstand 173, 436, 449
– verweigerung 436

Begegnungsdelikt 334, **632**

Begehungsdelikt 238 f., 473, 540
– fahrlässiges – 505 f., 512, 540
– Begehung durch Unterlassen 544
– Idealkonkurrenz mit Unterlassungsdelikt 657
– im Verhältnis zum Unterlassungsdelikt **549 ff.**
– vorsätzliches – **208 ff.**, 505 f.

Begehungsgleichheit 562[32]

Begehungsort (s. auch Tatort) 159 ff.

Begehungsweise der Tat 284 f., 425 f., 497
– als Strafzumessungstatsache 793

Begehungszeit der Straftat 123 f.

Begleittat 670

Begnadigung s. auch Gnade 153, 499, 752, 762[60], 770, 773, 812, 818, **822 ff.**

Begünstigung s. auch Strafvereitelung 238, 247, 628
– Absicht 267
– Angehörigenprivileg 498
– nach Beendigung der Tat 505
– der mitbestraften Nachtat 670
– Tatort 160
– durch Unterlassen 548

– unechtes Unternehmensdelikt 240
– untauglicher Versuch 474 f.
– Wahlfeststellung 131[22]

Beherrschungspflichten 562

Behörden, Auskunft aus dem Bundeszentralregister 821

Behördliche Genehmigung, Erlaubnis 221, 228, 228[29], 318, **330 ff.**
– Tatbestandsmerkmal 414

Beihilfe 505, 580 ff., 601, 606, 618 ff., **626 ff.,** 637
– als abstraktes Gefährdungsdelikt 621
– Akzessorietät 593 ff.
– zur Anstiftung 631
– zur Beihilfe 631
– heimliche – 626
– zum echten Sonderdelikt 629 f.
– zum erfolgsqualifizierten Delikt 517
– Exzeß 630
– fahrlässige – 629
– zu fahrlässiger Tat 629
– Idealkonkurrenz 631
– in dubio pro reo 130
– Kausalität der – 250, **627 f.**
– Ketten – 631
– Konkurrenzen 668
– zu militärischen Straftaten 98
– und Mittäterschaft 586, 616 f., 626 f., 631
– Mittel der – 626
– mittelbare – 631
– und mittelbare Täterschaft 611
– als notwendige Teilnahme 632
– Ordnungswidrigkeiten 54
– psychische – 579, 624, **626,** 638
– Rücktritt 493, 495 f.
– zum Selbstmord 135
– Strafzumessung 690, 788
– und subjektive Tatbestandsmerkmale 287
– zur Tötung 253
– durch Unterlassen 613, 618, **630 f.**
– zum Unterlassungsdelikt 579
– Verjährungsbeginn 814
– versuchte – 627, 629
– zur versuchten Anstiftung 637
– im Vorbereitungsstadium 627

– Vorsatz bei – 629
– Vorstufen der – 634 f.
– Zeitraum der – 627

Beischlaf zwischen Verwandten s. auch Blutschande
– Konkurrenz 652
– notwendige Teilnahme 631

Bekanntgabe der Verurteilung 714

Beleidigung 124, 184, 246, 645
– äußere Umstände 247
– eigenhändiges Delikt 240
– Einwilligung 340
– Einziehung 722
– Erfolgsdelikt 234
– Irrtum 420
– Kompensation 773
– Konkurrenzen 653 f., 670
– sozialadäquate – 228
– Strafantrag 807
– Urteilsbekanntmachung 714
– Wahrnehmung berechtigter Interessen 361 f.

Berufliche Stellung
– als Strafzumessungstatsache 439, 795 f.
– Verbotsirrtum 413

Berufsfahrlässigkeit 5

Berufsgeheimnis
– Ausspähung 594
– als Rechtfertigungsgrund 499
– Verletzung des – 323

Berufsverbot 5, 77, 124, 727, 741, **748 ff.**
– Statistik 31

Berufsverbrecher 287

Besatzungs-
– gericht 111 f., 158
– mächte 118, 126, 147, 306

Beschlagnahme
– als Amtsrecht 351
– des Führerscheins 745, 747
– Notwehr gegen -akte 306

Besitz als notwehrfähiges Rechtsgut 304

Besitzkehr 357

Besitzwehr 357

Besondere persönliche Merkmale 427, **595 ff.**
- bei Anstiftung 625
- bei Beihilfe 630
- Garantenstellung 579
- bei Mittäterschaft 618
- Ordnungswidrigkeitenrecht 585
- bei Organhaftung 206 f.
- bei versuchter Anstiftung 636

Besonderer Teil des StGB 15, 91, 97, **102 f.**, 174, 582 f., 700
- Reform 93 f.

Besonderes öffentliches Interesse an der Strafverfolgung 808

Besonders schwerer Fall 49, 117, 241, **243 f.**, 265, 657, 778, 801
- Irrtum 279

Besondere Umstände 801

Besonderes Rechtsverhältnis (Zumutbarkeit) 438

Besserungszweck 731

Bestandsirrtum 415
- bei Entschuldigungsgründen 456
- bei Pflichtenkollision 453
- bei Rechtfertigungsgründen 415
- umgekehrter – 481

Bestechung
- Auslegung 138
- als echtes Sonderdelikt 240
- als eigenständiges Delikt 241
- Mittäterschaft 613
- Sozialadäquanz 228
- untauglicher Versuch 482
- Verjährungsbeginn 814
- Wahlfeststellung 132[23]

Bestimmtheitsgebot 21, 79, 90, 92, 98, 99, 103, 114, **122**, 207 f., 221, 426, 469, 509, 550, **551**, 594, 743, 757

Bestimmungsnorm 211 ff.

Betäubungsmittel (s. Rauschgiftdelikte)

Beteiligung an Straftaten s. Teilnahme, Teilnehmer im weiteren Sinn

Betriebs-
- geheimnis 155
- gemeinschaft, Garantenpflicht 564
- justiz 12
- strafe 12

Betrug 45, 52, 121, 139, 216, 649, 711
- Absicht 267
- gegen Angehörige 808
- Ansetzen zur Tatbestandsverwirklichung 465
- als Erfolgsdelikt 234
- als kupiertes Erfolgsdelikt 239, 286
- mittelbare Täterschaft 604
- Strafantrag 807
- Strafzumessung 795
- subjektive Tatbestandsmerkmale 267
- Teilnahme 613
- durch Unterlassung 568
- Verfall 717
- Verjährungsbeginn 814
- Versuch 470
- Vorbereitung 467
- Wahlfeststellung 131 f.[22, 23]

Beugestrafe 12

Bewährung der Rechtsordnung 68, 302, 310, **754 f.**, 783, 787

Bewährungsauflagen 757 f., 785 f., 796

Bewährungshelfer 37, 73, 743, 749 f., 756 f., **759 f.**

Bewährungshilfe 41, 72, 751 ff., **759 f.**, 763, 784, 802, 819

Bewährungszeit 757, 763, 765, 767

Beweisregeln 127 f., 351, 363, 443[3], 504 f., 504[29], 525, **538**, 813

Bewertungsirrtum 481[18]

Bewertungsnorm 211 ff.

Bewußte Fahrlässigkeit 270 f., 273 f., **512 f.**, 517, 530, 539
- und bedingter Vorsatz 194 f., **270**
- Teilnahme an – 592 f.
- beim Unterlassungsdelikt 571 f.
- und Unzumutbarkeit 455 f.

Bewußtes Willensverhalten (Finalität) 274

Bewußtlosigkeit 402
- keine Handlung **202**, 375, 395
- mutmaßliche Einwilligung 347

Bewußtsein
- der Handlungsfähigkeit 571
- der konkreten Gefahr 269, 511 f.
- moralisches und soziales – 370

Bewußtsein der Rechtswidrigkeit 178, 182, 190, 263, 372, **405 ff.**
- bei Einziehung 721
- bei fahrlässiger Tat 535 f.
- Schuldmerkmal 386
- Teilbarkeit des – 392
- bei Unterlassungsdelikten 575 f.
- und Vorsatz 378
- bei Weisungen, Befehlen 354

Bewußtseinsstörung 391
- tiefgreifende **395 f.**

Billigkeit 153, 317
- Begnadigung 822
- Verjährung 812

Biologisch-psychologische Methode (Schuldunfähigkeit) **393 ff.**

Blankettstrafgesetz 47, 99, 125[44], 743[10]
- Irrtum 277

Blutprobe, Entnahme 351

Blutschande s. auch Beischlaf zwischen Verwandten 45
- Altersprivileg 423, 498
- Schuldtatbestand 423
- Unrechtsbewußtsein 410

Böswilligkeit 426

Bordgewalt des Schiffskapitäns, Luftfahrzeugkommandanten 358

Brandstiftung 45, 118[18], 237, 286, 644
- fahrlässige 526
- Rücktritt 493
- Teilnahme 627, 630 f.
- mit Todesfolge 473
- Verjährungsbeginn 814

Briefgeheimnis, Verletzung des – 141, 299, 351
- mutmaßliche Einwilligung 347

Bürgerliche Ehrenrechte, s. Aberkennung der –

Bürgerliches Recht
- Akzessorietät des Strafrechts 47
- Ansprüche, Durchsetzung 357
- Auflagen 757
- Einwilligung 340
- Fahrlässigkeit 511, 514, 521
- Handeln auf eigene Gefahr 534
- Kausalität 256
- Notstand 320 ff.
- Schadensersatz des Opfers 757
- subjektive Unrechtselemente 284 f.
- Unrechtsbegriff 44
- Verkehrssicherungspflichten 566

Bundesgrenzschutz, Sonderrechte 322

Bundespräsident, deutsche Strafgewalt 165

Bundesstrafrecht 101 ff., 106
- partielles – 170

Bundeswehr
- Befehle 353
- Sonderrechte 322

Bundeszentralregister 15, 17, **818 ff.**
- Absehen von Strafe 770
- Aussetzung des Strafrestes 763
- Geldstrafe 766
- Ordnungswidrigkeiten 53
- Reform 818 f.
- Straferlaß 761
- Strafzumessung 797
- Tilgung 821, 826
- unbeschränkte Auskunft 821
- Verwarnung mit Strafvorbehalt 768

Buße 103

Bußgeldbescheid 53

C

Charakter 366, 374, 381
- schuld **380**, 794 f.
- schwäche 399[51], 735, 745

Christliche Ethik, Straftheorien 63

Code pénal 39, 49, 65, 86, 118, 392, 460 f., 470

Common Law 100, 115[2]

Conditio sine qua non 250 ff.

Constitutio Criminalis Carolina 8, 56 f., **84,** 97, 101
- Fahrlässigkeit 508
- Gesetzlichkeitsprinzip 117
- Notwehr 302
- Teilnahme 584
- Versuch 460
- Vorsatz 262

Cutting-Fall 150

D

Dauerdelikt 236
- Beendigung 465
- Begehungszeit 124
- Handlungseinheit 645
- Konkurrenzen 655 f.
- Notwehr gegen – 307
- Tatort 161
- Verjährungsfrist 814

Dauergefahr, Notstand 324, 434

Dazwischentreten Dritter 252

DDR
- Absehen von Strafe 765[9], 772[26]
- Führerschein (Entzug) 746 f.
- Immunität der Vertreter 167
- interlokales u. internationales Strafrecht 168 ff.
- Rückfallstrafe 737
- Strafzumessung 790
- Verurteilung auf Bewährung 765[9]

Défense Sociale 20[9], **66,** 789
- und Schuldprinzip 367[5]

Defensiver Notstand s. Sachwehr

Defensivnotstand, durch Menschen ausgelöster 327

Delictum sui generis 50, **241,** 667
- limitierte Akzessorietät 597

Demonstration 354 f.
- rechtfertigender Notstand 323

Denkzettel 771
- Fahrverbot 710
- Gelegenheitstäter 65
- bei Ordnungswidrigkeiten 52

Deskriptive
- Merkmale des Rechtfertigungsgrundes 419
- Tatbestandsmerkmale 116, 185, **242 f.,** 264

Desuetudo 100, 123

Determinismus 80, **367 ff.**

Dialektische Methode, Straftheorie 62 f., 67

Diebstahl 45, 50, 140, 185, 241 f., 409, 632
- Absicht 267
- Abwandlungen des Grundtatbestandes 93, 137, 241 f., 498, 615, 667, 671, 800
- actio libera in causa 401 f.
- agent provocateur 336
- Alternativvorsatz 273
- Ansetzen zur Tatbestandsverwirklichung 465
- Bagatellunrecht 51
- Beendigung 466
- Einverständnis 335
- Handlungsobjekt 234, 247
- Handlungsunrecht 218
- in dubio pro reo 130
- in Haus und Familie 241, 498, 808
- Konkurrenzen 645
- im Landesstrafrecht 103
- in Mittäterschaft 615
- in mittelbarer Täterschaft 604
- mutmaßliche Einwilligung 347
- Rechtsgut 233
- Regelbeispiele 241 f., **243 ff.**
- im Rückfall 131[24]
- Statistik 29
- Strafzumessung 702, 792[1]
- Teilnahme 626
- als unvollkommen zweiaktiges Delikt 239, 286
- Versuch 463

– Vorbereitung 467
– Vorsatz 265
– Wahlfeststellung 128, 130

Dienstliche Weisung
– als Entschuldigungsgrund 445 ff.
– als Rechtfertigungsgrund 353 ff.

Differenzierungstheorie, Notstand 317 f.

Diligenzpflichten s. Sorgfaltspflichten

Diplomaten, Immunität 166

Direkter Vorsatz 266, **268 f.**, 273

Distanzdelikte 160, 466

Disziplinarmaßnahmen, -verstoß 12, 515

Diversion(sprogramme) 673, 677, 680

Dogmatik s. Strafrechtsdogmatik

Dogmengeschichte 38

Dolus
– alternativus 273
– antecedens 264
– culpa determinata 235
– directus 1. Grades 266[18]
– directus 2. Grades 266[18]
– eventualis s. bedingter Vorsatz
– ex re 475
– generalis 235, **281 f.**
– indirectus 235, 262
– malus 407
– subsequens 264, 559

Domizilprinzip 151

Doppelehe
– eigenhändiges Delikt 240
– Einwilligung 342
– Handlungsobjekt 247
– Zustandsdelikt 236

Doppelter
– Irrtum 481
– Vorsatz (Teilnehmer) 622, 629

Doppelstellung
– des Vorsatzes 387, 402, 414, 418
– von Vorsatz und Fahrlässigkeit **218 f.**, 387, 402, **509 f.**

Doppelverwertung, Verbot der – 663, 666, **788 f.**

Dreiteilung der strafbaren Handlungen 49

Drogenrausch 396

Drohung 319, 493, 606

Dunkelfeld 24 f.

Durchgangsdelikte 668

Durchschnittsmensch als Maßstab (s. auch maßgerechter Mensch) 454, 536 f., 557

E

Echte Sonderdelikte 239 f., 247
– Anstiftung 624
– Beihilfe 629 f.
– Mittäterschaft 613
– mittelbare Täterschaft 601
– Unterlassungsdelikte 561

Echte Strafbarkeitsbedingungen 501, 504

Echte Unterlassungsdelikte 238, 547 ff., 556, 570
– fahrlässige – 572
– Handlungseinheit 647
– Notwehr gegen – 304
– Strafmilderung 553
– Tatort 160
– Versuch 577
– Zumutbarkeit 573 f.

Echte Unternehmensdelikte 240

Ehe
– Ehebruch, Beseitigung der Strafbarkeit 93
– Ehegattenprivileg 498
– Garantenpflicht 543, **562 f.**, 568
– als Rechtsbegriff 47, 243, 277, 435

Ehre
– erlaubtes Risiko 361
– Notstand 323
– Rechtsgut 47, 158, 233, 304, 722

Ehrenschutz 47, 158, 420, 504 f.

Ehrenstrafen 23, 69 f.
Eigenhändige Delikte 240
- Mittäterschaft 613
- mittelbare Täterschaft 601
- Teilnahme 584, 589, 594, 599
- Unterlassung 569

Eigenmächtige Heilbehandlung 341, 349

Eigenständige Verbrechen s. delictum sui generis

Eigentliche Vorsatz-Fahrlässigkeits-kombination 236

Eigentum 47, 112, 232, 239, 277, 337
- Einziehung 719, 722
- erlaubte Eingriffe in das – 320
- Notstand 323
- Notwehr 304, 313
- Verfall 717

Einaktige Delikte 239

Eindruckstheorie (Versuch) **462 f.**, 470, 478

Einfache Delikte 239

Einheit
- der Rechtsordnung **293**, 306
- der Rechtsprechung 115

Einheits(freiheits)strafe 69, 93, **689**, 696

Einheitsstrafe-Prinzip 641, 643
- ausländisches Recht 658

Einheitstäterbegriff 54, **583 f.**, 598
- und extensiver Täterbegriff 588
- Ordnungswidrigkeiten 54, **585**

Einheitstheorie
- bei Idealkonkurrenz 652
- beim Notstand 317, 430
- beim Rücktritt 486, 494

Einsatzstrafe 662 f.

Einschließung, Statistik 30

Einsichts- und Urteilsfähigkeit 397, 399
- beim Einverständnis 336
- bei Einwilligung 337, **343 f.**
- Jugendlicher 392

- mittelbare Täterschaft 604
- mutmaßliche Einwilligung 349

Einspurigkeit des Strafrechts 78 f.

Einstellung des Verfahrens 51 f., 71, **770 f.**
- und Absehen von Strafe 772
- bei Auslandstaten 154
- fehlende Prozeßvoraussetzungen 503, **806**
- spätere Strafzumessung 797
- ohne Zustimmung des Gerichts 95

Einstweilige Unterbringung 803

Einverständnis 334 f.

Einwilligung 13, 211, 233, 290, 292, 300, 326, **333 ff.**, 347[75], 424
- ausländisches Recht 345 f.
- bei fahrlässiger Tat 531, **533 f.**
- gegen die guten Sitten 300
- geschichtlich 338
- und Handeln auf eigene Gefahr 534
- Kenntnis des Täters 345

Einwilligung des Verurteilten
- zur Aussetzung des Strafrestes 762
- zu Weisungen bei Strafaussetzung 759

Einwilligungstheorie (dolus eventualis) 271

Einzelstrafen (Realkonkurrenz) 662 f., **734 f.**, 742[7], 788, 801

Einzeltatschuld 18 f., 70, 176 f., **380 f.**, 795[17]

Einziehung 351, 672, 715, **718 ff.**, 766, 777, 825
- Beteiligte 720
- gegen Dritte 720 f.
- Ersatzeinziehung 720
- erweiterte – 722
- Führerschein s. Entziehung der Fahrerlaubnis
- von Kunstwerken 722 f.
- Nachverfahren 724
- objektives Verfahren 724
- Rückwirkungsverbot 126
- von Schriften und Darstellungen 722 f.

– unterschiedslose – 718, **721**
– bei Verbandsstraftaten 205

Enge Gemeinschaftsbeziehungen, Garantenpflicht **562 f.**

Enge Lebensbeziehungen, Garantenpflicht 543, **562 f.**

Entdecktsein der Tat 492 f.

Entführung 286
– Einverständnis 335
– Strafantrag 810

Entgelt für Straftat, Verfall 716

Entkriminalisierung des Strafrechts 6, 72, **90**

Entlassung
– zur Bewährung s. Aussetzung des Strafrestes
– aus dem Maßregelvollzug 739

Entmannung 23, 90, 344

Entschädigung
– bei Einziehung 720, 723
– für Strafverfolgungsmaßnahmen 17

Entschluß 264, 272, 458, **463**
– des Unterlassungstäters 570

Entschuldigungsgründe 317, 362, 423, **428 ff.**, 449, 499, 506
– Befehl, rechtswidrig-verbindlicher – 354 f.[16]
– Befehl, unverbindlicher 355
– dienstliche Weisung 446 ff.
– Doppelfunktion 429
– durch ausländisches Recht 146
– internationales Strafrecht 154
– Irrtum 283, **456 ff.**, 729
– und Kompensation 773 f.
– Notstand 432 ff.
– Notwehr 443
– Pflichtenkollision **452 ff.**
– Rücktritt 487
– übergesetzliche – 451 ff.
– Unzumutbarkeit als – **454 ff.**

Entsprechung in den Handlungsmerkmalen 568

Entwürfe eines StGB 91 f.

Entziehung der Fahrerlaubnis 5, 11, 77, 79, 90, 711 f., 727, 741, **743 ff.**, 773, 801
– ausländische Fahrberechtigung 744
– Anrechnung auf Fahrverbot 805
– Jugendliche 393, 744
– Registereintragung 819
– Rückwirkung 124
– Statistik 31, 712
– durch Verwaltungsbehörde 744
– bei Verwarnung mit Strafvorbehalt 766
– vorläufige – 747

Entziehungsanstalt 5, 31, 73, 76, 80, 393, **731 ff.**, 736, 738, 759

Epilepsie 395

Erfolg 214 ff., 234, 263 f., 296, 458
– bei Fahrlässigkeitsdelikten 510, **526 ff.**, 538
– Kausalität 249
– Konkurrenzen 643
– objektive Zurechnung 257 ff.
– Rücktritt vom Versuch 491 f.
– Stufenlehre 461 f.
– als Tatbestandsmerkmal 247
– Tatort 160, 162
– bei Unterlassungsdelikten 558 f.

Erfolglose Anstiftung, Beihilfe (s. auch versuchte –) 637

Erfolgsabwendungspflichten 543, **547 ff.**, 551, 559, 561, 618

Erfolgsdelikte 159 f., 197, **234 ff.**
– Beihilfe 627 f.
– mittelbare Täterschaft 601 f.
– Unterlassungsdelikte 547, 569[65]
– Vorsatz 264

Erfolgshaftung 19, 262, 510, 515 f., 526

Erfolgsqualifizierte Delikte 179, 199, **234 ff.**, 256, 262, 502[14], 690
– Anstiftung 625
– und Bedingungstheorie 252
– Fahrlässigkeit **515 f.**, 572 f.
– Konkurrenzen 656
– Leichtfertigkeit **514**, 516
– Mittäterschaft 614

- objektive Zurechnung **259**
- Strafbarkeitsbedingungen 502
- Strafzumessung 236
- Teilnahme 517
- Verjährung 814
- Versuch **472f.**

Erfolgstheorie 159

Erfolgsunrecht 216, 231, **292f.**, 295, 306, 431, 506
- Einwilligung 339, 345
- Entschuldigungsgründe 431
- Fahrlässigkeitsdelikte **526ff.**, 529f., 534f.
- Konkurrenzen 648
- Notstand 435
- Notwehrexzeß 443
- Sachwehr 319
- Strafzumessungstatsache 783
- Versuch 461f., 477

Erfolgsunwert 6, **44**, 191, **214ff.**, 234, 429

Erforderlichkeit der Abwehrhandlung
- Angriffsnotstand 320
- Einschränkung des Notwehrrechts 309
- Fahrlässigkeit 532
- Notwehr **307f.**, 442
- rechtfertigender Notstand 324
- Sachgefahr 319
- Widerstandsrecht 359f.

Erkundigungspflicht
- im Nebenstrafrecht 414
- als Sorgfaltspflicht 524
- und Verbotsirrtum 412f.

Erlaß der Strafe 153, 663, **761**
- Aussetzung des Strafrestes 763
- durch Begnadigung 818, 825
- Strafaussetzung zur Bewährung 761

Erlaubnis s. Einwilligung, behördliche Genehmigung

Erlaubnisirrtum s. auch Verbotsirrtum 297, **416**

Erlaubnissatz (Erlaubnisnorm) 223, 289f., 309, 415, 428, 534

Erlaubnistatbestandsirrtum 297, 314, **416ff.**, 442, 444, 622
- und Grenzirrtum 420f.
- und indirekter Verbotsirrtum 418

Erlaubtes Risiko 360ff.
- bei fahrlässiger Tat **534**
- und Sorgfaltspflicht 534

Erledigungsprinzip, internationales Strafrecht 153

Ermächtigung
- zur Strafandrohung bei Blankettgesetzen 99
- zur Strafverfolgung 806, **810**

Ermächtigungsnorm, Bestimmtheit 104

Ermessen des Gerichts 583, 714, 719, 736, 743, 745, 749, 754, 760, 767, 805
- Absehen von Strafe 770
- Regelbeispiele 244
- Straffreierklärung 775
- Strafzumessung **780ff.**

Eröffnung neuer Gefahrenquellen, Garantenpflicht 565f.

Erpressung 216, 286
- Irrtum 414
- Rechtsgüter 239
- durch Unterlassen 568
- Versuch 470
- Vollendung 466
- Wahlfeststellung 131[22]

Error
- facti 275
- iuris 275
- in persona, objecto s. Objektsirrtum

Ersatzeinziehung 720

Ersatzfreiheitsstrafe 22, 31, 53, 692, 700, **706f.**, 799
- Begnadigung 825
- und freie Arbeit 707f.
- Realkonkurrenz 661f.
- Statistik 687
- Strafarrest 658
- und Strafaussetzung 762

Ersatzgeldstrafe 69

Ersttäter 764, 771, 784, 820

Erziehungsbeistandschaft (JWG) 391

Erziehungselement
– der Strafe 61, 64 f.
– im Strafvollzug 64 f., 68

Erziehungshilfe, freiwillige (JWG) 391

Erziehungsmaßregeln 213, 391
– bei Jugendlichen 393

Erziehungsregister 15, 819

Erziehungszweck (Züchtigungsrecht) 295, **356 f.**

Erzwingungshaft 53

Ethische Werte 369, 423
– Rücktritt vom Versuch 486, 490
– Strafzumessungstatsache 794

Ethisierung des Strafrechts 423

Etikettenschwindel
– Geldbußen gegen Verbände 205 f.
– Vollzug 78

Europäische (n, s)
– Gemeinschaften 10, 156
– Gerichtshof der – Gemeinschaften 158
– Konvention über internationales Strafrecht (Entwurf) s. dort
– Konvention zum Schutz der Menschenrechte und Grundfreiheiten 10, 119, **313**
– Strafrecht 39

Ewiger Landfrieden (1495) 83

Exemtionstheorie (Notstand) 317

Extensive(r)
– Auslegung 140 f.
– Täterbegriff 586[16], **588 f.**

Exterritoriale 166, 498

Extreme Akzessorietät 597

Exzeß
– des Haupttäters (Anstiftung) **624**, (Beihilfe) **630**
– des Mittäters 613, **614**
– des Werkzeugs 609

F

Fahren ohne Fahrerlaubnis 331, 656

Fahrlässig(e, r)
– Anstiftung 622
– Begehungsdelikte **506 ff.**, 553
– Beihilfe 629
– Erfolgsdelikte **510 f.**, 532, 536, 646
– Falscheid 509, 521
– Gefährdungsdelikte 526
– Körperverletzung 512, 517, 526, 536, 572, 808
– Mittäterschaft 615, 625
– mittelbare Täterschaft 601 f.
– Nebentäterschaft 615
– Notwehr gegen – Handelnde 303, 306, 310
– Tätigkeitsdelikte 509, 512, 646 f.
– Teilnahme 585
– Tötung 242, 509, 512, 517, 521, 526, 536, 572, 772, 788
– Unterlassungsdelikte 512, 560[26], **572 f.**
– Verletzungsdelikte 526
– Versuch 464

Fahrlässigkeit 7, 46, 176, 178, 182, 186, 191, 197, 199, 201, 261, 378, 418, 501, **508 ff.**, 557, 578
– Arten der – 512 f.
– ausländisches Recht 519
– besonderes Wissen des Täters 522, 530
– Doppelstellung 219
– erfolgsqualifizierte Delikte 234 f., 262, 265, 502, **515 f.**
– und finaler Handlungsbegriff 199
– fortgesetzte Handlung 650
– Grade der – 514
– grobe – 514
– in dubio pro reo 130
– Irrtum über Entschuldigungsgründe 457
– Irrtum bei Kompensation 775
– Landesstrafrecht 102
– leichte – **514**, 746
– Notwehrexzeß 281, 444 f.
– objektive Bedingung der Strafbarkeit 505
– als Strafzumessungstatsache 794
– Tatbestandsirrtum 278

- und Unterlassungsdelikte 572 f.
- Verbotsirrtum 417 ff., 442
- Vorsatz-Fahrlässigkeitskombination 514 ff.
- Wahlfeststellung 130
- im Zivilrecht 511, 514, 521 f.

Fahrlässigkeitsdelikt 218, 221, 256, 412, **506 ff.**, 767
- actio libera in causa 403
- allgemeines – 512
- Beihilfe 629
- Berufsverbot 748
- Generaltatbestand 519
- Handlungseinheit 646 f.
- Konkurrenzen 655
- objektive Zurechnung 259
- Strafzumessung 793
- Subsidiarität 668
- Teilnahme an – 517 f.
- und Unterlassungsdelikte 545
- Verfall 716
- vermeidbarer Verbotsirrtum 416 ff.

Fahrlässigkeitskriminalität 5

Fahrlässigkeitsschuld 194 f., 387, 402, 511, 516, **535 ff.**

Fahrverbot 5, 90, **710 ff.**, 743, 746, 801
- Anrechnung des Führerscheinentzugs 805
- Begnadigung 825
- Statistik 30, 712

Falschaussage 425, 640
- Berichtigung 493
- Rücktritt 498
- Teilnahme 637

Falsche Verdächtigung
- Absicht 267
- Abweichung im Kausalverlauf 281
- Einwilligung 339
- Subsidiarität 667
- Urteilsbekanntmachung 714

Familiendelikte 93

Fehdewesen 83

Fehlentscheidung des Gewissens 372

Fehlgeschlagener Versuch 489

Fehlurteil 823

Festnahmerecht, Rechtfertigungsgrund 357 f.

Feuerwehr(leute)
- erhöhte Gefahrtragungspflicht 431, 438
- rechtfertigender Notstand 326 f.
- Sonderrechte der – 322

Finale Handlungslehre, Finalismus 179, **188 ff.**, 198 f., 217, **379**
- Ausland 192[78]
- Rechtsprechung 192

Finale Tätigkeitsworte 218, 246, 268, 287

Finalismus 188 ff., 193

Finalität 198 ff., 284
- und Vorsatz 273 f.

Flaggenprinzip, internationales Strafrecht **150**, **154**

Flugzeugentführung s. Luftpiraterie

Folter 83 f.

Förderung der Haupttat, Beihilfe 627 f.

Förderungstheorie, Teilnahme 620 f.

Formell(e, es)
- Gesetz 103
- -objektive Theorie (Täterschaft-Teilnahme) **587**, 612, 617[29]
- -objektive Theorie (Versuch-Vorbereitung) 467
- Rechtspflichtlehre 561
- Rechtsstaatlichkeit 21, 113

Forststrafrecht 103

Fortgesetzte Handlung 101, 233, 241, 465 f., **647 ff.**
- Begehungszeit 124
- Fahrlässigkeitsdelikte 650
- in dubio pro reo, Tatmehrheit 129
- und Sammelstraftat 651
- Tatort 160
- Verjährung 814
- Vorsatz-Fahrlässigkeitskombination 515

Fortsetzungsvorsatz 649

Fränkisches Recht 82

Fragmentarischer Charakter des Strafrechts 46

Franksche Formeln
- dolus eventualis 271
- Freiwilligkeit des Rücktritts 491[32]
- Versuch und Vorbereitung 467

Freie Arbeit (s. auch gemeinnützige Arbeit) 707 f.

Freiheit
- von Kunst u. Wissenschaft (Einziehung) 723
  - persönliche, individuelle – des Menschen 66, 77, 97, 104, 112, 200 f., 337, 339, 343, **366 ff.**
- als Rechtsgut 45, 112, 233, 239, 304, 323, 432 f., 439

Freiheitsberaubung 225, 354
- im Amt 448
- aufgrund von Amtsrechten 351, 358
- Dauerdelikt 236
- fahrlässige – 278, 512
- Handlungseinheit 645
- mittelbare Täterschaft 604
- Sozialadäquanz 228
- Täterschaft 589
- Versuch 467

Freiheitsentzug 61, 358
- Anrechnung von – 803
- Einspurigkeit 737

Freiheitsstrafe 41, 91, 99, 117, 119, 400, 439, 658, 672, 673, 674 ff., **688 ff.**, 713, **754 ff.**
- bis 3 Monate 820
- bis 6 Monate 29, 752 f., 800
- bis 1 Jahr 692, 752 f., 754 f., 814 f., 820
- bis 2 Jahre 752 f., 756
- mindestens 1 Jahr 734, 736
- über 1 Jahr 771
- mindestens 2 Jahre 735
- ausländisches Recht 695 f.
- Aussetzung zur Bewährung 751 ff.
- Begnadigung 825
- Bundeszentralregister 820
- Einheitsstrafe s. dort

- mit erhöhtem Mindestmaß 800
- und Geldstrafe 706 f.
- oder Geldstrafe 796
- geschichtlich 86
- kurzfristige – s. dort
- lebenslange – s. dort
- und Maßregeln 74 f., 728
- Mindestmaß 692
- gegen Organe 206
- Statistik 29 ff., 687
- unbestimmte – s. dort
- Vollzug der – (s. auch Strafvollzug) 289, 351, 694 ff.
- zeitige – s. dort

Freispruch 133, 153, 498[8], 503, 653, 770, 806

Freistellung von deutscher Gerichtsbarkeit 167

Freiwilliges und ernsthaftes Bemühen (Rücktritt) 492, 496

Freiwillige Übernahme, Garantenpflicht 563 f., 566

Freiwilligkeit
- des Einverständnisses 336
- des Rücktritts 485 f., **490 ff.**, 639
- Teilnehmer 495

Frieden, Verbrechen gegen den – 107, 111

Fristen
- Strafantrag 809 f.
- Verfolgungsverjährung 812
- Vollstreckungsverjährung 816

Frühkriminalität 4, 735

Führungsaufsicht 11, 77, 93, 124, 393, 738, 740, **741 ff.**,

Führungszeugnis 766, 768, **820**
- Polizeiliches – 818
- Straferlaß 761

Fürsorgeerziehung (JWG) 5, 391

Fürsorgemaßnahmen 23

Funktionelle Tatherrschaft 591

Funktionslehre 562

G

Garantenpflicht 195, 304, 439, 546f., 549, 551f., **561ff.**, 570, 610
- Akzessorietät 596
- durch ausländisches Recht 146
- Ausschaltung des Rechtsgutträgers 565
- Betriebsgemeinschaft 564
- enge Gemeinschaft 563
- enge Lebensbeziehung 562
- Entstehungsgründe 561f.
- Eröffnung von Gefahrenquellen 565
- freiwillige Übernahme 563f.
- Gefahrengemeinschaft 563
- des Gehilfen 630
- aus Gesetz 543, **561f.**
- für das Handeln Dritter 567f.
- Handlungseinheit 647
- Hausgemeinschaft 563
- Irrtum 415, **575f.**
- Konkurrenz 568
- Monopolstellung 567
- natürliche Verbundenheit 562
- aus Notwehrhandlung 566
- objektive Sorgfaltspflicht 573
- Schutzpflichten für bestimmte Rechtsgüter 562f.
- Überwachung von Gefahrenquellen 566f.
- Verantwortlichkeit für Gefahrenquellen 564ff.
- Vertrag 543, **561f.**, 564
- vorangegangenes Tun 561f., **564ff.**

Garantenstellung 221, 436, 456, 551, **561ff.**, 570
- Fahrlässigkeit 573
- Irrtum 415

Garantiefunktion des Strafrechts 16, **113ff.**, 129, 137, 181, 222, 294
- Fahrlässigkeit 510
- objektive Bedingungen der Strafbarkeit 505
- unechte Unterlassungsdelikte 549ff.

Garantietatbestand 222

Gebotenheit der Abwehrhandlung 309

Gebotsirrtum 575f.

Gebotsnormen 413, **543f.**, 575f.

Gefährdung des Rechtsguts, Handlungsobjekts 214, 477, 512, 522
- actio libera in causa 473
- agent provocateur 622f.
- gesteigerte – 528
- Grad der – (Strafzumessungstatsache) 792f.
- soziale Adäquanz 226
- untauglicher Versuch 477f., 479
- Versuch **461**, 469, 577

Gefährdungsdelikte 94, **237f.**, 264, 465
- fahrlässige 513, 526
- qualifizierter Versuch 495
- Strafzumessung 792f.

Gefährdungsvorsatz 264
- bewußte Fahrlässigkeit 513

Gefährliche(r)
- Anlagen u. Betriebe 226
- Gewohnheitsverbrecher 733
- Körperverletzung 239, 243, 568
- Verhaltensweisen 226f.
- Zustände von Sachen 434

Gefährlichkeit
- der Begehungsweise 45, 426, 801
- generelle 237f.
- bei Ordnungswidrigkeiten 52
- Rücktritt vom Versuch 486
- als Schuldmoment 380[36]
- sozialadäquater Handlungen 226
- des Täters 48, 59, **74ff.**, 460f., 727, 797
- des Tatbeitrages 587
- Vorstufen der Beteiligung 633f.

Gefängnis, -strafe 29f., 93

Gefahr 237, 257f., 440
- Angriffsnotstand 320f.
- erhöhte – 562
- Erkennen der – (Fahrlässigkeit) **510**, 522
- geringer Grad 436
- für Leben, Leib oder Freiheit 431, **432**, 562f.
- Nähe der – 522, 564
- nicht anders abwendbare – 434

- Normal- 528
- Notstandslage 433 f.
- Notwehrlage 306
- Sachwehr 318 f.

Gefahrengemeinschaft, Garantenpflicht 563

Gefahrgeneigte Handlungen 524

Gefahrtragungspflicht bestimmter Personengruppen 438

Gefühlstheorie
- Fahrlässigkeit 512[26]

Gegenwärtigkeit
- des Angriffs **306,** 357, 444
- der Gefahr 324, 434

Gehilfe s. Beihilfe

Gehorsamspflicht (des Untergebenen) 353 ff., 431, **445 ff.,** 457

Geiselnahme 94, 493, 690
- Einwilligung 342

Geisteskranke(n, r) 212, 378, 384, 610, 775
- Amtsrechte gegen – 351
- Anstiftung eines – 635
- Bundeszentralregister, Eintragung 819
- und Einwilligung 343
- als Normadressat 213
- Notwehr gegen – 303, 306, 310
- Tötung von – 453
- als Werkzeug 580, 605

Geisteskrankheit (Psychose) 394 f., 724, 728

Geldbuße 5, 12, 52, **53,** 688, 701, 710, 752, 757 f., 761
- Kumulationsprinzip 660
- gegen Verbände 205
- Verwarnung 766

Geldstrafe 20, 117, 672, 676 f., **697 ff.**
- Anrechnung der Untersuchungshaft 804
- ausländisches Recht 708
- Aussetzung 765
- Begnadigung 825
- Bemessung **701 ff.,** 784, 795 f.
- und Bewährungsauflage 758
- Bundeszentralregister 766, 820
- Ersatz- 706 f.
- und Freiheitsstrafe 679
- Gesamtgeldstrafe 660 f.
- Idealkonkurrenz 658
- kumulative – 706
- Laufzeit- 699, 705
- gegen Organe 205
- Realkonkurrenz 660 f.
- Reform 70, 93, **698 f.**
- Statistik 30 f., 679
- Stundung 801
- als Surrogat der Freiheitsstrafe 693, 800, 804
- Tagessatzsystem s. dort
- Teilzahlung 801
- Tilgung durch freie Arbeit 707
- uneinbringliche – 706
- und untauglicher Versuch (§ 23 III) 479
- Verfall 715
- Verwarnung mit Strafvorbehalt 763 f.
- Vollstreckung 706 f.
- Zahlungserleichterungen 706
- als zweite Hauptstrafe 661

Geldsummenstrafe 676

Gelegenheitstäter 4, 26, **65,** 663

Geltungsbereich des Strafrechts 143 ff.
- innerdeutscher – 168 ff.
- internationaler – 143 ff.
- persönlicher – 164 ff.

Gemeines Recht 84 f., 235, 409
- Fahrlässigkeit 508, 514
- Konkurrenzen 641[4], 642 f.
- Rücktritt 485
- Schuldlehre 377, 382
- Strafantrag 807[3]
- Verbrechensbegriff 179
- Versuch 460
- Vorsatz 262

Gemeingebrauch, Notwehrfähigkeit 304 f.

Gemeinnützige Arbeit (s. auch freie Arbeit) 22, 31, **677,** 680, 687

Gemeinnützige Einrichtungen, Leistungen 757f.

Gemeinsame Tatausführung 616f.

Gemeinsamer Tatentschluß 591, 611, 614f., 626, 638

Gemischte Theorie
- Begnadigung 824
- Verjährung 812f.

Genehmigung s. behördliche Genehmigung

Generalklauseln 115f., 194, 207, 211, 309, 551

Generalprävention 3f., 41, 60f., 67, 69f., 99, 193, 226, 455, 478, 486, 691, 700, 710, 714, 718, 752, 763, 772, 779, 787, 801, 812
- bei besonderem Rechtsverhältnis 439
- Geldstrafe 701
- positive 61
- negative 61
- Strafzumessung 783
- Versuch 470

Genfer Konventionen 112, 119

Genugtuung 714, 752, 757, 761, 765, 767

Gerechtigkeit 18, 57, 63ff., 112, 115, 129, 133, 140, 326, 376, 380f., 486, 644, 757, 767, 782
- absolute -, relative - 371
- austeilende - **3**, 23
- Bedürfnis nach - 57
- im Einzelfall 148, 149
- und Strafrechtsdogmatik 36

Gerichtsbarkeit (s. auch internationales Strafrecht) 165

Gerichtsberichterstattung 4, 37

Gerichtsentscheidungen (Bedeutung) 36, **100**, 175f.

Gerichtsgebrauch 100, 101, 169

Gerichtsmedizin 42

Gerichtsstand des Begehungsortes 237

Gerichtsverfassungsrecht 14

Geringfügigkeitsprinzip 139

Geringstmöglicher Eingriff, Grundsatz 727, 730

Germanisches Recht 56f., **82**
- Notwehr 302
- Versuch 460
- Vorsatz 262

Gesamtplan des Täters
- Teilnahme 587, 591, 611, **614f.**
- Versuch 468

Gesamtreform des Strafrechts 16f.

Gesamtstrafe 660ff., 692, 754
- Auflösung der - 663f.
- Bildung der - **662ff.**, 788
- und lebenslange Freiheitsstrafe 660
- Führungsaufsicht 742[7]
- und Geldbuße 660
- Gesamtgeldstrafe 766
- nachträgliche Bildung 663
- Obergrenze der - 662
- bei Sicherungsverwahrung 734, 735
- Strafrahmen 662f.

Gesamttatbestand 222, 224

Gesamttatbewertende Merkmale 223
- Irrtum 411, 419
- Vorsatz 266

Gesamtvorsatz (fortgesetzte Handlung) 649

Geschäftsführung ohne Auftrag
- mutmaßliche Einwilligung 348
- Strafantrag 809

Geschäftsmäßigkeit 287, **651**

Geschichte des Strafrechts 81ff.

Gesellschaftsschutz 1ff., 18, 63, 733
- Défense sociale 66

Gesellschaftsvertrag, Lehre vom - 231

Gesetz
- abstrakt, konkret, generell 114f.
- ad hoc - 123
- formell, materiell **103**, 119
- Garantenpflicht 543, **561f.**

Gesetzeseinheit 495, 641, **664 ff.**
- Behandlung 670 f.
- erfolgsqualifizierte Delikte 656
- Fallgruppen 666 ff.
- bei Handlungsmehrheit 660
- qualifizierter Versuch 670

Gesetzeskonkurrenz (s. auch Gesetzeseinheit) 665

Gesetzesmaterialien 138

Gesetzgeber, Gesetzgebung
- Entscheidungsfreiheit, Ermessen 48, 123, 413[31], 485, 583
- Kompetenz 101 ff.
- Technik 48, 103 f., **114 ff.**, 778

Gesetzlicher Vertreter 207, 809

Gesetzlichkeitsprinzip 43, 85 f., **114,** 129, 157, 550
- geschichtliche Entwicklung 117 ff.

Gesetzmäßige Bedingung (Kausalität) **254 f.**, 527, 559, 629

Gesinnung 203, 266, 284 f., 380, **384,** 423, 428, 535, 589
- ehrlose, niedrige – 801
- und Strafdrohung 45
- als Strafzumessungstatsache 794
- und Vorsatz 218 f.

Gesinnungsbestrafung 796

Gesinnungsethik 412[21]

Gesinnungsmerkmale 285, 423, **425 f.,** 427, 597, 792
- Irrtum 425 f.
- unechte 287, 426

Gesinnungsunwert 45

Geständnis 784, 798

Gewahrsam 136, 233, 239

Gewalt 313, 493

Gewerbsmäßigkeit 48, 287, 596, **651**

Gewinnsüchtige Absicht 267

Gewinnsucht, als Strafzumessungstatsache 794

Gewissen 367, **371 ff.,** 374, 376

Gewissenhafter und besonnener Mensch 522, 530

Gewissenhaftes und pflichtgemäßes Handeln (bei Rechtfertigungsgründen) 292, 294, **296 f.**
- Anwendung staatlichen Zwangs 352
- entschuldigende Pflichtenkollision 452
- fahrlässige Tat 531
- medizinische Indikation 420
- mutmaßliche Einwilligung 349
- Notstand (§ 35) 434
- rechtfertigender Notstand 327

Gewissensanspannung 371, 412

Gewissensblindheit 371 f.

Gewissensentscheidung 574

Gewohnheitsmäßigkeit 48, 287, 596, **651**

Gewohnheitsrecht 99 ff., 114 f., 119 f., 128, **169, 293, 401,** 452
- im anglo-amerikanischen Strafrecht 43
- Einwilligung 338
- Garantenpflicht 543
- in germanischer Zeit 82
- Sorgfaltspflichten 525
- unechte Unterlassungsdelikte 550
- völkerrechtliches – 107
- Züchtigungsrecht 356

Gewohnheitsverbrecher 5, 26, **65,** 70, 75, 89, 381, 727, 733

Gleichartige
- Idealkonkurrenz 652, **653 f.,** 657
- Realkonkurrenz 660

Gleichartigkeit der Begehungsweise (fortgesetzte Handlung) 648

Gleichgültigkeit (bedingter Vorsatz) 272

Gleichheitssatz 22, 294, 510, 540, 757
- Rechtsanwendung 426, 452
- Strafzumessung **781**

Gleichstellung von positivem Tun und Unterlassen 543, 574

– erstes Kriterium 561 ff.
– zweites Kriterium 568 f.

Gleichstellungsklausel 194 f., 552
– Handlungsunrecht 552

Gleichwertige Handlungspflichten 329

Glücksspiel 221, 228, 330

Gnade s. Begnadigung

Gnadenbehörde 824

Gnadentheorie (Rücktritt) 485 f.

Grammatische Auslegung 138

Grausamkeit 426

Grenzirrtum
– bei Entschuldigungsgründen 456
– bei entschuldigendem Notstand 440
– bei Rechtfertigungsgründen 337, **415**, 419
– umgekehrter – 481

Grober Unverstand, untauglicher Versuch 479

Grunddelikt, -tatbestand 241 ff., 392, 468, 472 f., 667

Güterabwägung 211, **291 f.**
– als allgemeiner Rechtfertigungsgrund 362
– Angriffsnotstand 320
– Notwehr 308, 310
– rechtfertigender Notstand 318, **322**

Güterabwägungstheorie (rechtfertigender Notstand) 322

Güterkollision 347

H

Habgier 243, 425, 426

Härteklausel (Verfall) 717

Häufigkeitsziffer 25

Haftbefehl 351, 358

Haft(strafe) 93, 803 f.
– Statistik 30

Haftung, strafrechtliche (s. auch objektive Zurechnung) 255 ff.

Handeln
– für einen anderen 206 ff.
– auf Befehl 412, 416, 448 ff.
– auf dienstliche Anordnung (Entschuldigungsgrund) 384, **445 ff.**
– auf dienstliche Anordnung (Rechtfertigungsgrund) **350 ff.**
– auf eigene Gefahr 534
– „pro magistratu" 357 ff.

Handlung
– allgemeine Verbrechenslehre **6 f.**, 176 f.
– Ausbleiben der erwarteten – 557
– Begriff der – 195 ff.
– und Erfolg 249, **526**
– gefahrgeneigte – 524, 534
– objektive Zurechnung 257 f.
– tatbestandsmäßige – (Täterschaft) 590
– als Tatbestandsmerkmal 230, **247**
– Tatort 160

Handlungsbegriff, strafrechtlicher 178, 181, **195 ff.**
– finaler – **188 ff.**, 198 f.
– kausaler – 184 f., **197 f.**
– für Konkurrenzen 642 f.
– naturalistischer – 181
– neoklassischer – 183 ff.
– sozialer – 184 f., **199 ff.**

Handlungsbeschreibung
– Idealkonkurrenz 653
– Teilnahme 587, 591
– Unterlassungsdelikte 568
– Vorsatztatbestände 218

Handlungseinheit 642 ff., **651 ff.**
– bei Fahrlässigkeitsdelikten 646
– Klammerwirkung 654
– natürliche – 489, **645 f.**
– physiologische – 643
– rechtliche – **647**, 651
– tatbestandliche – i. e. S. 644 f.
– tatbestandliche – i. w. S. 645 f.

Handlungsfähigkeit
– actio libera in causa 396, 401 ff., 537 f.
– allgemeine – **202**, 390, **397 f.**, 473, 557 f.
– und Handlungsbegriff 199[17], 202

- individuelle – 262³², **557**, 570
- des Jugendlichen 392

Handlungsmehrheit 642 ff., **659 ff.**, 666

Handlungsobjekt 44, 210, 214, 221, 231 f., **233**, **247**, 335, 477, 506, 526, 556, 625
- Irrtum über – s. Objektsirrtum

Handlungspflicht (s. auch Garantenpflicht)
- bei Pflichtenkollision 327 ff.

Handlungsunrecht 214 ff., 231, 269, 292, 319, 426, 435, 443, 446
- ärztlicher Heileingriff 210 f.
- Anstiftung 626
- und Einwilligung 345
- fahrlässige Erfolgsdelikte 532
- Fahrlässigkeit 506, 510, **521 ff.**, 527, 530, 535
- Gefahrtragungspflichten 438
- Irrtum über Rechtfertigungsgründe 417
- Konkurrenzen 648
- als Strafzumessungstatsache 783
- Teilnahme 587
- Unterlassungsdelikte **568 f.**, 572
- Versuch 462
- Vorstufen der Teilnahme 636

Handlungsunwert 7, **45**

Hangtäter 5, 287, 663, 731 f., 733, **735**, 801

Hauptstrafen 661, 698

Haupttäter 495

Haupttat 593

Hauptverhandlung 745

Hausfriedensbruch 142, 202, 234, 336
- Gesetzeseinheit 670
- Konkurrenzen 645, 655
- mutmaßliche Einwilligung 347
- Notwehr 304
- Strafantrag 807
- Tätigkeitsdelikt 237
- Teilnahme 616
- durch Unterlassen 549

Hegelianer
- Einwilligung 338
- Fahrlässigkeit 511
- Schuldlehre 377, 511

Hehlerei 140, 218
- an Ersatzsachen 142
- Einziehung 719
- in dubio pro reo 128
- bei mitbestrafter Nachtat 669
- Mittäterschaft 613
- Tatort 160
- Teilnahme 632
- Versuch 470
- Wahlfeststellung 128, 130

Heilbehandlung des Täters 759

Heil- oder Pflegeanstalt (s. auch psychiatrisches Krankenhaus) 31, 76, 351 f., 392 f.

Heimtücke 426

Heranwachsende 4, 70, 90, 98, **393**, 690, 733

Hinterlist 286, 426

Hintermann(s) 600 ff.
- Fahrlässigkeit 517 f.
- Irrtum des – 607 f.
- qualifizierter 606 f.

Historische
- Auslegung 138
- Rechtsschule 338

Hochverrat
- Einziehung 722
- Rücktritt 493
- Schutzprinzip 151
- Unternehmen 135, 472

Höchstpersönliche Merkmale 207, **595 ff.**

Höchstpersönliche Rechtsgüter 233
- Einwilligung 342⁴⁴
- Konkurrenzen 645, 648, 654
- Strafantrag 809

Hoheitsakte
- auf fremdem Staatsgebiet 148
- Theorie der – 110 f.

Homosexualität 397

Humanität, Grundsatz der – **22 f.,** 63, 86, 92, 683, 691

Hypnotische Zustände 395

Hypothetische(s)
– Akzessorietät 635
– Eliminationsverfahren 252
– Kausalität 252, **253,** 258, 546 f., 550, 560
– Tatsachengrundlage 272

I

Ichzentrum (des Menschen) 374

Idealkonkurrenz 466, 495, 642, **651 ff.,** 666 f.
– Alternativvorsatz 273
– ausländisches Recht 658
– Behandlung der – 657 f.
– Dauerdelikt 655 f.
– erfolgsqualifiziertes Delikt 656
– fortgesetzte Handlung 650
– gleichartige – 631, **653,** 657
– Klammerwirkung 654
– Klarstellungsfunktion 652
– scheinbare – 666
– Teilidentität der Ausführungshandlung 654
– ungleichartige – 657
– Unrechtsbewußtsein 409
– Unterlassungsdelikte 656
– versuchte Anstiftung 640

Identische Norm, internat. Strafrecht **152,** 156

Identität
– der Ausführungshandlung 654
– des Unrechtskerns 133

Immunität, Abgeordnete **165 f.,** 815

Imperativentheorie 209[2], 213

Imputationslehre 180, 377, **382 f.**

Indemnität
– Abgeordnete **165 f.,** 497, 596 f.
– Parlamentsberichte **166,** 498

Indeterminismus 80, 367 ff.

Individualethik 57, **219 f.**

Individualisierung des Strafrechts 423, 769, 779, 781

Individualprävention s. Spezialprävention

Individualrechtsgüter 158, **233**
– Einwilligung 339
– Notwehr 301 f., 313

Individualschutzprinzip, internat. Strafrecht 151, **155,** 157, 172

Individuell-objektive Theorie 465
– untauglicher Versuch 478
– bei Abgrenzung Versuch-Vorbereitung 466 f.

Indiztheorie, Strafzumessung 797

Indizwirkung des Tatbestandes 182, **291,** 412, 531
– Regelbeispiele 244

In dubio mitius 137

In dubio pro libertate 137

In dubio pro reo 127 ff., 129 f., 137, 255, 436[12]
– Amnestie 499
– Fahrlässigkeit 508, 528
– fortgesetzte Handlung 649[36]
– Kompensation 775
– persönliche Ausnahmen von der Strafbarkeit 499
– Schuldfähigkeit 730
– Unterlassungsdelikte 560
– und Wahlfeststellung 127 ff.
– Willensfreiheit 369[18]

Informationspflichten, Fahrlässigkeit 509, **524**
– Wahrnehmung berechtigter Interessen 362

Ingerenz 564 f.

Iniuria 338

Inkongruente Delikte 239[47]

Inkrafttreten von Gesetzen 123

Inland 162 f., 172

Inquisitionsprozeß 84

Instrumenta sceleris 719f.

Integrationsprävention 61, 194

Interesse, rechtlich geschütztes – 231, 304, 324

Interessenabwägung 320f., **324ff.**, 331
– mutmaßliche Einwilligung 347f.
– rechtfertigender Notstand 324f.

Interessenkollision 228, 318, 347, 348

Interessenpreisgabetheorie (Einwilligung) 338, **348**

Interessenprinzip 292

Interessentheorie (Teilnahme) 589

Interferenztheorie 559, 570[73]

Interlokales Strafrecht 168ff.

Internationale(r, s)
– Abkommen 156
– Gerichtsbarkeit 111
– Gerichtshof, ständiger 118[19], 152
– Gesellschaft für soziale Verteidigung 66
– Hoheitsgewalt 111
– kriminalpolitische Tendenzen 681f.
– Kriminalistische Vereinigung 66
– Law Commission 109
– Militärgerichtshof, Nürnberg, Tokio 107f.
– Mindestanforderungen für den Strafvollzug 695
– rechtswissenschaftliche Vereinigungen 66, 118[19]
– Strafprozeßrecht 147
– Strafrecht **143ff.**, 171, 196, 237
– strafrechtliche Gesellschaften 40
– Strafrechtsvereinigung 66
– Verbrechensbekämpfung 148, 159
– Verbrechertum 152, 734f.

Intuitive Methode (Prognose) 80

Irrealer Versuch s. abergläubischer Versuch

Irrendes Gewissen 372

Irrtum 224, **274ff.**
– über Angehörigeneigenschaft 499
– des Anstifters 622
– ausländisches Recht 275[55]
– bei Einverständnis 335f.
– bei Einwilligung 337, 344
– bei entschuldigendem Notstand 93, 457
– über Entschuldigungsgründe 283, **456ff.**, 774f.
– über Geltungsbereich der Strafgewalt 162
– Grenzfälle von Tatbestands- und Verbotsirrtum 414f.
– bei Handeln auf Weisung, Befehl 355
– über Handlungsobjekt **279**, 608, 625
– über Kausalverlauf 252, **280ff.**
– bei Kompensation 774f.
– bei Nötigung 223, 414
– bei Notstand 318, 440, 690
– über objektive Bedingungen der Strafbarkeit 283, 501, 505
– über persönliche Strafausschließungsgründe 283, **499**
– über privilegierende Tatbestandsmerkmale 278
– über Prozeßvoraussetzungen 283
– über Rechtfertigungsgründe 295, 359f., 387, **415ff.**, 456, 729
– über die Rechtswidrigkeit 410
– über die Rechtswidrigkeit des Vermögensvorteils 414
– beim Rücktritt 491
– Schuldfähigkeit 283
– über Schuldtatbestand 283, 424, **426ff.**
– über Strafbarkeit 283
– als Strafzumessungstatsache 792
– offene Tatbestände 223
– über Tatherrschaft 607f.
– des Tatmittlers 602
– bei unechten Unterlassungsdelikten 415, **575**
– bei Verkehrsunfallflucht 415
– des Vorgesetzten 355, 447
– bei vorläufiger Festnahme 358
– bei Widerstand gegen die Staatsgewalt 503

Irrtumsprivileg des Staates 352

J

Jugendarrest 15

Jugendkriminalität 27

Jugendliche(r) 4, 70, 98, 122, **391 f.**, 593, 689
- Entziehung der Fahrerlaubnis 744
- Maßregeln 733
- Notwehr gegen – 310
- Strafvollstreckung 15
- Verantwortlichkeit 391 f.

Jugendlichkeit
- als Rechtsgut 45
- als Schuldausschließungsgrund 424 f.
- als Strafzumessungstatsache 792

Jugendpflegerecht 9

Jugendstrafe 5, 393, 689, 734
- Registerrecht 819
- Vollzug 14 f., 695

Jugendstrafrecht 5, 9, 28, 41, 72, 89, 98, **390 ff.**, 689, 701
- Maßregeln 731
- Psychiatrisches Krankenhaus 729
- Reform 90
- Registerrecht 819

Jugendverfehlung 393

Juristische
- Berufe 37
- Kausalitätslehre 247 ff.
- Logik 37, 120, **135 ff.**, 485

Juristische Person
- Geldbußen gegen – 53, **205**
- Sanktionen gegen – 203 ff.
- Strafantragsberechtigter 808 f.
- Organ- und Vertreterhaftung 206 ff.

K

Kaiserrecht 84

Kanonisches Recht 84

Kantisches Inselbeispiel 62

Kapitularien 82

Kastration 341

Kasuistik 115 f.

Kategorischer Imperativ 62, 317

Kausale Handlungslehre 184 f., **197 ff.**

Kausalität 245, 247 ff., 522
- abgebrochene – 255
- Abgrenzung von Tun und Unterlassen 545
- der Beihilfe 250, **627 ff.**
- gesetzmäßige Bedingung **254**, 527, 629
- hypothetische – 253, 546 f., 550, **560**
- kumulative – 253
- der Sorgfaltspflichtverletzung 527
- und Teilnahme **583 f.**, 587
- überholende – 254 f.
- Unterlassungsdelikte 543, **558 ff.**
- und Willensfreiheit 367 f., 371

Kausalitätsbegriff
- naturwissenschaftlicher – 250
- philosophischer – 249

Kausalitätstheorien 249 ff.

Kausalverlauf(s) 257, 263
- abnormer – 256 f.
- adäquater – 530
- Beherrschbarkeit des – 258
- hypothetischer – 258
- Irrtum bei Rücktritt 491
- Irrtum über den – 280
- Steuerung des – 249, 273
- Unterbrechung des – 252, 517
- Voraussehbarkeit des – 530, **538 f.**

Kettenanstiftung 622, 631
- versuchte – 637

Kettenbeihilfe 631

Kieler Schule 187 f., 231

Kinder(n)
- Angriff von – 306
- Notwehr gegen – 303, 310
- Schuldunfähigkeit **391 f.**
- als Werkzeug 605
- Züchtigung 356 f.

Kindestötung 47, 242, 247
- Irrtum 279, 427
- Privilegierung 596

– Schuldtatbestand 424f.
– durch Unterlassen 549

Kirchenstrafe 12

Klammerwirkung (Idealkonkurrenz) 654

Klarstellungsfunktion (Idealkonkurrenz) 652

Klassische(r)
– Strafrechtsschule 63[30], **68,** 215
– Verbrechensbegriff 178, **181 ff.**

Kleinkriminalität 730

Kodifikation (StGB) 85, **96 f.,** 115, 136[7]

Königsrecht 82

„**Können**" des Täters **385 f.,** 430, 536

Körperliche
– Fehler 386, 512, 537, 744
– Untersuchungen 351
– Unversehrtheit, – Integrität 112, 211, 232, 239, 325, 335, 337, 339, 340, 356, 433

Körperverletzung 50, 225, 243, 351
– im Amt 240
– mit beabsichtigter schwerer Folge 268, 667
– Einwilligung 211, **340 f.,** 533
– gefährliche – 142
– Kompensation 773
– Konkurrenz 667, 668
– mit schweren Folgen 234, 239, 262, 473, 516
– mutmaßliche Einwilligung 347
– Sozialadäquanz 227
– Strafantrag 808
– Teilnahme 614, 618
– mit Todesfolge 234, 239, 516, 667
– Züchtigungsrecht 356

Kollektivdelikt 651

Kollisionslage 437

Kollisionsrecht 169

Kollisionstheorie (Notstand) 317

Kombinationsprinzip 641
– bei Gesetzeseinheit 670
– bei Idealkonkurrenz 657

Kompensation 750, **773 ff.**
– in dubio pro reo 129, 775
– Irrtum 774 f.

Kompetenz – Kompetenz der Staaten 146

Kompetenzverteilungsprinzip 153

Komplott 614, 640

Konkrete Betrachtungsweise
– Idealkonkurrenz 657 f.
– rechtfertigender Notstand 324 f.
– Rückwirkung 125
– Wahlfeststellung 132

Konkrete(r)
– Gefahr 269, 721[22]
– Gesetzesfassung 115
– Verbotsirrtum 411[18]

Konkretes Gefährdungsdelikt 194, **237,** 502[14], 628
– fahrlässiges – 526
– qualifizierter Versuch 495
– Subsidiarität 668
– Tatort 161

Konkurrenzen 640 ff.
– echte – 665
– unechte – 665
– von Handlungspflichten 328

Konkursdelikte 94, 504

Konkursverwalter
– Amtsrechte 351
– Vertreterhaftung 206

Konnivenz 549, 567, 577

Konsumtion 660, 666, **668 ff.**
– der mitbestraften Nachtat 669
– typischer Begleittaten 670

Konvention über internationales Strafrecht (Europarat) 149, 158

Konvergenzdelikte 631

Krankhafte
- seelische Störung 390, **394 f.**
- Störung der Geistestätigkeit 390

Krankheitswert der Abartigkeit 397

Kriegsgefangene
- Genfer Konventionen 111 f., 119
- Tötung und Mißhandlung 111 f.
- unmenschliche Behandlung 10

Kriegshandlungen 114, 294

Kriegsrecht 10

Kriegsrepressalie 294

Kriegsstrafrecht 48, 684

Kriegsverbrechen 107, 111 f., 448 f.[9]
- Verjährung von – 125, 816

Kriminalanthropologie 41

Kriminalbiologie 41

Kriminalistik 42

Kriminalität 4, 60, 92
- Alters– 5
- Bagatell– 12
- Fahrlässigkeits– 5
- Früh– 4, 735
- Gelegenheits– 663
- Gesamt– 25 f.
- Gewalt– 684
- Inflations– 26 f.
- Jugend– 27
- Klein– 700, 730
- Rückfall– 5, 26, 802 f.
- Schwer– 735
- Verbands– 206
- Verkehrs– 5, 693 f.
- Wirtschafts– 693
- Wohlstands– 26

Kriminalpädagogik 41

Kriminalpolitik 17 ff., 64, 71, 193, 232, 633, 647, **681 ff.**, 700, 750, 823 f.
- Aufklärung 64, 85 f.
- Bundesrepublik 90 ff.
- und Dogmatik 175, 187
- Geldstrafe 661
- Gesetzlichkeitsprinzip 120

- Humanität 22 f.
- internationale Tendenzen 681 f.
- Nationalsozialismus 89 f.
- Rechtsstaatlichkeit 21 f.
- Schuldgrundsatz 18 ff.
- Todesstrafe 683 f.
- Wahlfeststellung 131
- Weimarer Republik 89

Kriminalpolitische Theorie
- Rücktritt 485
- Schuldbegriff 384

Kriminalprognostik 41

Kriminalpsychologie 41

Kriminalsoziologie 41

Kriminalstatistik 24 ff., 65

Kriminalwissenschaften 34 ff.

Kriminogenese 5

Kriminologie 36, 40 ff., 819

Krise des Sanktionensystems 674 ff.

Kulturgüter, -interessen (Weltrechtsprinzip) 152

Kumulationsprinzip 75, 640, 643[7], 661
- im ausländischen Recht 658 f.

Kumulative Kausalität 253

Kupierte Erfolgsdelikte **239, 286,** 465

Kuppelei 437

Kurzfristige Freiheitsstrafe 20, 65, 69, 72, 93, 658, 678, 687, **693 f.**, 754, 767, 799 ff.
- ausländisches Recht 695 f., 708 f., 802
- Ersatzfreiheitsstrafe 706 f.
- und Geldstrafe 698, 700 f.
- Reform 799 f.
- unerläßliche – 801

L

Landesstrafrecht 101 ff., 170

Landesverrat
- lex fori 169
- Schutzprinzip 151, 154 f.

Landfriedensgesetze 83

Laufzeitgeldstrafe 699, 801

Leben(s)
- und Einwilligung 340
- Notstand 323 f., 432
- Notwehr 304, 313
- Rechtsgut 233, 653 f.
- Schutz des – 47, 112

Lebensführungsschuld 19, 48, 70, 177, 380 f.

Lebensgüter, elementare 6

Lebenslange Freiheitsstrafe 117, **690 ff.**, 820
- ausländisches Recht 695 f.
- Aussetzung 691 f.
- Begnadigung 823
- Heranwachsende 393
- Konkurrenzen 660
- Registerrecht 821
- Statistik 29
- und Todesstrafe 683 f.
- Verfassungsmäßigkeit 690
- Verjährung 814, 817

Lebens- und Leibesgefahr 563
- Einwilligung 533
- Notstand 432
- Verpflichtung zum Ertragen von – 438

Lebensstrafen 85

Legalordnung 233

Leibesstrafen 85

Leichtfertigkeit 502, **514**, 720, 788
- bei erfolgsqualifizierten Delikten 236, 262, **516**

Leichtsinn, bewußte Fahrlässigkeit 270

Leugnen des Angeklagten, Strafzumessungstatsache 798

Lex artis 525

Lex-fori-Prinzip 169

Limitierte Akzessorietät 242, 427, **593**, 601, 605

Lockspitzel s. agent provocateur

Londoner Viermächteabkommen 10, 107, 111, 118 f.

Lotus-Fall 152

Lücken im Gesetz 584
- Einheitstäterbegriff 583
- im internationalen Strafrecht 153
- Strafbarkeit bei – 115, **121**, 139
- Täterbegriff 588

Luftfahrzeuge
- Bordgewalt 358
- internationales Strafrecht **150**, 154
- Notlandung 322

Luftpiraterie 10, 106, 150
- Rücktritt 493
- Vorbereitungshandlungen 472
- Weltrechtsprinzip 152

Luxuria s. bewußte Fahrlässigkeit

M

Mädchenhandel 152

Magna Charta
- Libertatum 117
- des Verbrechers 48, **65**, 123

Marburger Programm 65

Massendelikte 582

Maßgerechter Mensch 368, **385 f.**

Maßnahmen 658, 671, 672, **715**

Maßregeln der Besserung und Sicherung 8, 11, 61, 66, 70, **73 ff.**, 89, 132 f., 672, 687, 710, **724 ff.**, 777, 784, 801
- ausländisches Recht 75[4]
- Aussetzung zur Bewährung 76, 78, 80, 93, **739**
- Austausch der – 738
- Dauer 79, **739**
- Einspurigkeit im Vollzug 737
- Entlassung aus dem Vollzug 739
- bei Fahrlässigkeitsdelikten 535
- freiheitsentziehende – 77 f.
- gnadenweiser Erlaß 825
- Idealkonkurrenz 658
- Imperativentheorie 213
- Jugendliche 393

- Kontrolle 739
- mit Freiheitsentziehung **725 ff.**, 742
- ohne Freiheitsentziehung 77, 725, **740 ff.**
- prädeliktuelle – 11[13], 67
- bei rechtmäßigem Handeln 289 f.
- im Rechtsstaat 727
- Reform 93
- Registerrecht 819
- Rückwirkung 124
- Statistik 29 ff.
- subjektive Tatbestandsmerkmale 287
- Täterstrafrecht 48
- therapeutische – 67, 74 f.
- Verhältnismäßigkeit 22, **727**
- und Verwarnung 766
- Vollstreckungsverjährung 816

Materiell(e, es, er)
- Bedeutung der Begnadigung 824
- Gesetz 103
- Gut als Rechtsgut 231
- -objektive Theorie (Teilnahme) 587
- -objektive Theorie (Versuch) 467
- -rechtliche Verjährungstheorie **812**, 816 f.
- Rechtsstaatlichkeit 22, 112 f.
- Rechtswidrigkeit s. Rechtswidrigkeit
- Unrechtsgehalt s. Unrechtsgehalt

Medizinische(r)
- Begriff der Geisteskrankheit 395
- Behandlung des Täters 75, 728
- Indikation, Schwangerschaftsunterbrechung 37, 318, 322
- Spurenkunde 42
- Versuche 327

Mehraktige Delikte 239
- Ansetzen zur Tatbestandsverwirklichung 469
- Handlungseinheit 644
- Mittäterschaft 616
- Tatort 160
- Versuch 465

Mehrheitstheorie, Idealkonkurrenz 652

Meineid 171, 322, 409, 434
- actio libera in causa 402
- Beihilfe durch Unterlassen 565

- deskriptive Tatbestandsmerkmale 243
- und Falschaussage 241
- Irrtum über Entschuldigungsgrund 457
- Parallelwertung in der Laiensphäre 265
- Strafzumessung 788
- Teilnahme 613, 624, 631
- Versuch 472
- Vorsatz 265
- Wahlfeststellung 131[22]

Meldepflicht als Weisung bei Strafaussetzung 743, 759

Menschenleben, Wertabwägung 452 f.

Menschenrechte 108[12], 119, 155
- DDR 172

Menschenwürde, Schutz der – 9, **22**, 94, 112, 337, **353**, 691, 695

Menschlichkeitsverbrechen 107 f., **112**
- Verjährung von – 125

Mignonette-Fall 175, 441

Mildernde Umstände 778

Militärgerichtshof, Nürnberg, Tokio 107 f.

Militärischer Befehl
- Durchsetzung mit Waffen 294
- als Entschuldigungsgrund **446 ff.**
- Irrtum über Verbindlichkeit 457
- als Rechtfertigungsgrund 110, **354 f.**

Militärische Straftaten 98, 111 f., 701
- echte Sonderdelikte 240
- Teilnahme 596
- Trunkenheit 400, 404

Militärischer Vorgesetzter 98, **353**
- Garantenstellung 567
- als mittelbarer Täter 606

Minder schwerer Fall 49 f., 117, 241, **243 f.**, 279, 700, 778, 800

Minderjähriger
- Einwilligung 342 f.
- Strafantrag 809

Mindeststrafe 49

Mißbrauchsverbot
– Notwehr 302, 308, **310**, 532
– Sachwehr 319

Mitbestrafte Nachtat s. straflose Nachtat

Mittäterschaft 582 ff., **610 ff.**
– Akzessorietät 427, 593, 613, 618
– und Anstiftung 611 f., 621 f.
– zwischen Begehungs- und Unterlassungstäter 579
– Begehungszeit 124
– Beihilfe, Abgrenzung 585 f., **610 ff.**
– erfolgsqualifizierte Delikte 517
– Exzeß 614
– Fahrlässigkeitsdelikte 613
– Irrtum eines Mittäters 612
– Kausalität 255
– und mittelbare Täterschaft 601, 617
– restriktiver Täterbegriff 586
– Rücktritt 495 f.
– Sonder- und eigenhändige Delikte 240
– subjektive Tatbestandsmerkmale 287
– sukzessive – 614
– Tatherrschaft 591
– Tatort 162
– bei Unterlassungsdelikten 579, **617 f.**
– bei versuchter Tat 617
– Vorbereitungshandlungen 634 f., 638

Mittelalter, oberitalienische Strafrechtslehre 83
– Fahrlässigkeit 508
– Konkurrenz 643[7]
– Schuld 377
– Teilnahme 584 f.
– Verjährung 816
– Versuch 460 f.
– Vorsatz 262
– Wesen der Strafe 56 f.

Mittelbare(n) Täterschaft 298, **582,** 585, 589, **600 ff.**
– actio libera in causa 403
– und Ansatzformel 469
– und Anstiftung, Abgrenzung 585 f., 591, **600 f.,** 605
– Begehungszeit 124
– fahrlässige – 601 f.
– Fallgruppen 602 ff.

– Irrtumsfälle 607 ff.
– durch militärische Vorgesetzte 606
– und Mittäterschaft 617
– restriktiver Täterbegriff 586
– Sonder- und eigenhändige Delikte 240
– Tatherrschaft 591
– Tatort 162
– Unterlassen 579, 610
– Versuch der – 609
– Werkzeug s. dort

Mittel-Zweck-Beziehung 656

Mitverschulden des Verletzten
– Kausalzusammenhang 252
– Schuldminderungsgrund 537
– als Strafzumessungstatsache 793
– Voraussehbarkeit des Kausalverlaufs 530

Moderne Strafrechtsschule 65, 76, 89, 182, 584

Moralität und Recht 377

Moralvorstellung 795

Mord 46, 242
– Akzessorietät 427
– Bestrafung 169 f., 686, 690 ff., 778
– Konkurrenzen 653
– -merkmale 267, 423, **426**
– qualifizierter Tatbestand 242
– Statistik 29
– subjektive Schuldmerkmale 425
– Täterschaft 589
– Teilnahme 131, 612, 625, 626
– unechte Gesinnungsmerkmale 287
– Verjährung 813, **815**
– Vorsatz 269

Motivation, Motive 418, 427, 429, 454, 646
– autonome – 490
– Notstand 435
– Rücktritt 485 f.
– Schuld 384
– als Strafzumessungstatsache 784, 794
– Vorsatz 267

Motivationsdruck 430, 436, 439 f.
– Zumutbarkeit 539

Motivirrtum 279
- bei Einwilligung 344
- des Werkzeugs 603

Mutmaßliche Einwilligung 228, 333 ff., **346 ff.**, 433
- und Angriffsnotstand 320
- bei fahrlässiger Tat 531, **533**
- gewissenhafte Prüfung 296 f.
- Irrtum 420
- bei Notstandshandlung 326

N

Nachschulung für alkoholauffällige Kraftfahrer 746

Nachträgliche Entscheidungen
- über Bewährungszeit 757
- zur Gesamtstrafe 663 f.
- Maßregelvollzug 727
- Registerrecht 821
- zur Strafaussetzung 760

Nachverfahren, Einziehung 724

Nachverhalten des Täters als Strafzumessungstatsache 797 f.

Nahestehende Person (Notstand) 432, 434

Nationalsozialismus
- Kriminalität 27
- Maßregeln 727
- Strafgesetzgebung **89 f.**, 118
- Strafzumessung 779

Nationalsozialistische Gewaltverbrechen 9, 108 f., 173, 276

NATO-Truppenstatut 147, 167

Natürliche Handlungseinheit 466, **645 f.**

Natur der Sache 38, 189, 583

Naturrecht(slehre) 38, **64**, **86**
- Einwilligung 338
- Fahrlässigkeit 511
- Gesetzlichkeitsprinzip 117
- Notwehr 302
- als Rechtfertigungsgrund 293
- als Schranke der Strafgewalt 9

- Schuldauffassung 377
- Völkerstrafrecht 107

Nebenfolgen der Straftat 672, 687, 712 ff., 714, 777
- Gnadenweise Aufhebung 825
- bei Idealkonkurrenz 658
- bei Realkonkurrenz 663

Nebenklage als Strafantrag 809

Nebenstrafen 672, 710 ff., 712, 715, 718[10]
- bei Gesetzeseinheit 671
- bei Idealkonkurrenz 658
- bei nachträglicher Gesamtstrafe 664
- bei Realkonkurrenz 662
- Statistik 30
- Strafzumessung 786
- Untersagung der Berufsausübung 748
- Wahlfeststellung 132

Nebenstrafrecht 47, 99
- behördliche Erlaubnis 330
- Bewußtsein der Rechtswidrigkeit 409
- Einziehung 722
- Fahrlässigkeitsdelikte 512
- fahrlässige Unterlassungsdelikte 572[81]
- Geldstrafe 708
- Rechtsfolgen 672
- Unterlassungsdelikte 544
- Urteilsbekanntmachung 714
- Verbotsirrtum 277, **413 f.**

Nebentäterschaft 582, 602, 613, **615**
- von Anstiftern 622
- bei Fahrlässigkeit 592 f.

Ne bis in idem 158, 372, 805

Negative Tatbestandsmerkmale 224 ff., 337, **416 f.**

Negligentia s. unbewußte Fahrlässigkeit

Neigungstäter 5

Neoklassischer Verbrechensbegriff 179, **183 ff.**

Neuinkriminierung 6

Neukantianismus 184

Neurose 5, 396 f., 398, 728, 795

Niedriger Beweggrund 243, 423, 426, 427

Nötigung 221, 470
- Irrtum 223, 411
- Teilnahme 614

Normative(r)
- Aufbau des Verbrechensbegriffs 189
- Merkmale des Rechtfertigungsgrundes 419
- Schuldlehre 186, **378 ff.**
- Tatbestandsmerkmale **116**, 185, **243**, 264 f., 276 f.

Normentheorie 180, 209

Nothilfe 356
- Angriffsnotstand 321
- Notwehr 299, 302, **312 f.**
- Pflichten zur – 312
- für Polizeibeamte 305
- rechtfertigender Notstand **327**, 347
- Sachwehr 319 f.
- für die Staatsgewalt 313
- statt Züchtigungsrecht 356

Notlagenindikation 37
- Statistik 94

Notrechte als Rechtfertigung 299, 322

Notstand 186, 378, 487
- im ausländischen Recht 332
- Notwehr gegen Notstand 318
- bei verbindlichem Befehl 355

Notstand, entschuldigender 175, 298, 318, 378, **431 ff.**, 455
- ausländisches Recht 441
- Irrtum 434, **440**, 456
- Nothilfe 312
- und normativer Schuldbegriff 378
- Rechtsgüter 433
- Strafmilderung 690
- strafrechtlicher – 318
- bei Unterlassungsdelikten 574
- des Werkzeuges 606
- Zumutbarkeitsklausel 436 ff.

Notstand, rechtfertigender 176, 185, 228, 292, **315 ff.**, 318, **322 ff.**, 351
- Arten 316 f.
- ausländisches Recht 441

- und entschuldigender Notstand 432
- Erlaubnistatbestandsirrtum 420
- bei Fahrlässigkeit 532, **533**
- Handlung 435
- Indikationen 94
- Irrtum 419 f.
- und mutmaßliche Einwilligung 347
- und Pflichtenkollision 452
- Verteidigung von Rechtsgütern des Staates 305
- Wahrnehmung berechtigter Interessen 361 f.

Notstand, zivilrechtlicher (§ 904 BGB) 320 ff.

Notstandslage 424
- entschuldigender Notstand 433 f.
- rechtfertigender Notstand 323 f.
- verschuldete – 436 f.

Notwehr 176, 292, **300 ff.**, 349, 358, 435, 439, 566, 774
- affekt 431
- ausländisches Recht 314 f.
- und enge persönliche Beziehungen 310
- Einschränkungen des Notwehrrechts 309 ff.
- gegen entschuldigte Tat 429
- bei fahrlässiger Tat 532 ff.
- individualrechtliche Seite 301 f.
- Irrtum 224 f., 419
- Menschenrechtskonvention 313
- Mißbrauchsverbot 302, 308, **310**
- gegen Notstand 318
- gegen Notwehr 306
- gegen rechtmäßiges Handeln 298
- zugunsten von Rechtsgütern des Staates, der Allgemeinheit 233, **304 f.**
- und Selbsthilfe 358
- sozialrechtliche Seite 302
- im Straßenverkehr 303
- Unfugabwehr 312
- gegen verbindlichen Befehl 355
- Verteidigungswille 295, **307**
- statt Züchtigungsrecht 357

Notwehrexzeß 300, 314, 378, 431, **442 ff.**
- Affekt 396
- extensiver – 442, **444**
- intensiver – 442, **443**

Notwehrprovokation 310f., 401^{67}, 445, 605

Notwendige Teilnahme 631f.

Notzucht (s. auch Vergewaltigung) 576
- Beihilfe 588
- mehraktiges Delikt 239

Nürnberger Prozeß, Urteile 107, 111

Nullum crimen
- nulla poena sine culpa 455^{13}, 498
- nulla poena sine lege 118
- sine lege certa 122
- sine lege praevia 123
- sine lege scripta 119f.
- sine lege stricta 120

O

Obhutspflichten, Garantenpflicht 562

Objektive(r)
- Auslegungstheorie 139
- Tätermerkmale **247**, 596
- Tatbeitrag 616
- Tatbestandsmerkmale **245ff.**, 275
- Teilnahmetheorien 586
- Versuchstheorie **461f.**, 477

Objektive Bedingungen der Strafbarkeit 162, 178, 236, 250, 298, 497, **500ff.**, 506, 806
- Analogieverbot 121
- und Erfolg bei Fahrlässigkeitsdelikten 526
- Erfolgsunwert 215
- Irrtum 283, **505**
- Rückwirkungsverbot 124
- Tatort 160

Objektive Zurechnung 247ff., 252, **257ff.**, 280, 282, 382
- Fahrlässigkeitsdelikte 517, **527ff.**
- Irrtum bei Rücktritt 491
- Maßstab 249, 256
- schwerer Erfolg 235
- Unterlassungsdelikte **558ff.**, 561

Objektiv-nachträgliche Prognose (Adäquanztheorie) 257

Objektives Verfahren, Einziehung 724

Objektsirrtum 279
- Anstiftung 625
- Einwilligung 344
- mittelbare Täterschaft 604, 608
- Mittäterschaft 617

Öffentliche(n, s)
- Amtes, Verlust des – 713
- Interesse an der Strafverfolgung 71, 808, 820
- Sicherheit 380
- Strafe 82
- Wahlen 713

Öffentliche(n) Ordnung
- Erlaubnisvorbehalt 331
- innerstaatliche – 147, 148
- Nothilfe 313
- Notrechte 299
- Notwehr 302, 305
- Schutzprinzip 151
- Störung der – 57, 213

Örtliche Zuständigkeit, Amtsrechte 352

Offenbarungspflicht über Vorstrafen 822

Offene Tatbestände 222f.

Offensichtliche Rechtswidrigkeit von Befehlen 353, 384, 431, 446, **448f.**

Offizialdelikte 125, 806

Omnimodo facturus 623f., 637

Ontologischer Aufbau des Verbrechensbegriffs 189

Opfer der Straftat (s. auch Verletzter) 736, **793**, 798
- Antragsdelikte 807
- und Strafzumessung 781

Opfergleichheit 699

Opferinteressen 757, 763

Opferschutzgesetz 13, 17, **88**

Opportunitätsprinzip 13

Ordnungsgeld 434

Ordnungsstrafe
- sitzungspolizeiliche – 12
- gegen Verbände 204 f.

Ordnungswidrigkeiten 5, 12, **50 ff.**, 103, 125, 157, 428, 515, 744, 766, 819
- Einheitstäter 585
- Einziehung 718
- Fahrverbot 710
- Gesetzgebungskompetenz 101
- Handeln auf Weisung, Befehl 354
- Leichtfertigkeit 514
- materielle Definition 52
- Notstand 318
- von Organen 204 f.
- Realkonkurrenz 660 f.
- Schuldtheorie 413
- Straßenverkehrsrecht 98
- Unterlassungen 544[20]
- Unterschied zur Straftat 52
- Verbotsirrtum 408, **413**
- Verfahren 53
- und vorläufige Festnahme 358[28]

Ordre Public im internationalen Strafrecht 169

Organhaftung 206 ff.

Organisationsverschulden 205

Organstraftat 204 f.

P

Parallelwertung in der Laiensphäre 243, **265**, 277, 282
- bezüglich Garantenpflicht 570[70]
- irrtümliche – 481, 483

Parlamentsberichte, wahrheitsgetreue **166**, 498

Partikularstrafrechte 86, 101

Passives Wahlrecht, Verlust des – 713

Peinliche Gerichtsordnung s. Constitutio Criminalis Carolina

Peinliches Recht 8

Persönliche
- Beziehungen u. Notwehrrecht 310
- Merkmale s. besondere persönliche Merkmale

- Verhältnisse als Strafzumessungstatsache 795 f.

Persönliche Strafaufhebungsgründe 497 ff.
- Analogieverbot 121
- Begnadigung 824
- in dubio pro reo 129, **499**
- Irrtum 499
- Rücktritt 494
- und Strafbarkeitsbedingungen 502
- Teilnehmer **495**, 499, **596 f.**
- Verjährung **812**, 816

Persönliche Strafausschließungsgründe 298, 427, **497 ff.**
- Akzessorietät 593
- Analogieverbot 121
- Angehörigenprivileg 424[12]
- Befreiung von deutscher Gerichtsbarkeit 167
- bei Gesetzeseinheit 670
- Indemnität 165
- in dubio pro reo 129, **499**
- Irrtum 283, **499**
- und Notwehrexzeß 443[3]
- Parlamentsberichte 166
- Pflichtenkollision 453[6]
- und Strafbarkeitsbedingungen 502
- Teilnehmer 499, **596 f.**

Persönliche Verhältnisse des Täters 757 f., 825
- Tagessatzsystem 702 ff.

Persönlicher Geltungsbereich des Strafrechts 164 ff.

Persönlichkeit(s)
- akte 78
- Eingriff in die – 319, 731
- Erforschung der – 78, 380 f.
- Gesamtbewertung der – 380
- und Kriminologie 40 f.
- maßgerechte – 368
- Schichtenaufbau der – 373 f.
- schuld s. Lebensführungsschuld

Personale
- Schicht des Menschen 373 f.
- Unrechtslehre **216 ff.**, 295

Sachverzeichnis

Personales Handlungsunrecht 191, 216 ff.
- Entschuldigungsgründe 431
- Gesinnungsmerkmale 426
- Vorsatz 284, 387

Personalitätsprinzip, internationales Strafrecht
- aktives **151**
- passives **151 f.**

Personenverbände, -vereinigungen, juristische Personen
- Eigenjustiz 26
- Handlungen 202
- Geldbuße gegen – 205
- Sanktionen gegen – 204 ff.
- Strafantrag 808

Pflichtdelikte 590³⁰, 600 f.¹

Pflichten, Notstand zu bestehen 438

Pflichtenabwägung, rechtfertigender Notstand 322

Pflichtenkollision 458
- entschuldigende – 430, **452 ff.**, 498, 568
- Irrtum 457
- rechtfertigende – **327 ff.**, 354 f., 452

Pflichtverletzung 6

Pflichtwidrigkeit
- als Strafzumessungstatsache 794, 801
- subjektive (Notstand) 435 f.
- des Vorverhaltens, Ingerenz 564 f.

Politisches Strafrecht 93
- DDR 93
- Einwilligung 342
- interlokales Strafrecht 171¹²
- internationales Strafrecht 158

Polizeiaufsicht 124

Polizeibeamter
- Amtsrechte, unmittelbarer Zwang 351, 358
- erhöhte Gefahrtragungspflicht 326 f., 431, **438**
- Handeln auf Anordnung 354, 446 ff.
- Sonderrechte 322

Polizeiliche Kriminalstatistik 24

Polizeirechtliches Unrecht 44

Polizeiverordnung 104, 525

Positive Rechtswidrigkeitsmerkmale 222

Positivismus 39, 65, **182**, 377

Potentielles Unrechtsbewußtsein 536

Präjudizien 100, 115, 136

Präventivfunktion des Strafrechts **3 ff.**, 20, **59 ff.**, **63 ff.**, 70, 97, 779

Präventiv-Notwehr 307

Pranger 83

Presse, -delikte
- Berufsverbot 749
- gesetze, -rechte 102
- Verjährung 815
- Wahrnehmung berechtigter Interessen (Informationspflicht) 362

Privatbestrafung, Kompensation 773 f.

Privatklage als Strafantrag 809

Privatklagedelikte 807⁵

Privatstrafen 12, 57

Privileg der Minderjährigkeit 498

Privilegierende Tatbestandsmerkmale
- Irrtum 278 f.
- Teilnahme 595

Privilegierung 135, **241 ff.**, 284
- bei Gesetzeseinheit 666, 671

Probation 72, 790

Producta sceleris 719 f.

Prognose(urteil) 5, 41, 60, 80, 764
- Adäquanztheorie 257
- Aussetzung des Strafrestes 762
- Entlassung aus dem Maßregelvollzug 727, 739
- Entziehung der Fahrerlaubnis 747
- Hangtäter 733
- psychiatrisches Krankenhaus 730
- Sicherungsverwahrung 737

– Strafaussetzung zur Bewährung **753 f.**, 760, 799
– Verwarnung mit Strafvorbehalt 766

Pro magistratu, Handeln – 357 ff.

Proportionalitätsgrundsatz s. Verhältnismäßigkeit

Provokation
– Kompensation 774
– und Notwehr 310 f.

Prozessuale
– Betrachtungsweise der Begnadigung 824
– Verjährungstheorie 812 f., 817

Prozeßverhalten des Angeklagten, Strafzumessungstatsache 798

Prozeßvoraussetzungen, -hindernisse 222, 298, 497, 499, **503**, 806, 817
– Analogieverbot 121
– Begnadigung 824
– Immunität 166
– in dubio pro reo 129 f.
– internationales Strafrecht 157
– Irrtum über – 283
– objektives Verfahren 724
– Rückwirkungsverbot 125
– Strafmündigkeit 391
– Teilnahme 593
– Verjährung 812 f.

Prüfungspflicht, -recht
– bei Notstandslage 440
– bei Rechtfertigungsgründen 418, **420**, 434, 446 f., 448 f., 531

Prügelstrafe 83, **356**

Psychiatrisches Krankenhaus 5, 400, **728 ff.**, 736, 738
– Dauer der Unterbringung 80
– Jugendliche 729
– Registerrecht 821
– Statistik 728

Psychologisch(er)
– Schuldbegriff 377
– vergleichbare Taten (Wahlfeststellung) 131
– Zwang **64,** 283, 511

Psychopath, Psychopathie 5, 363, **396 f.**, 398, 728

Psycho-pathologische Störungen 385, 393

Psychose s. krankhafte seelische Störung

Psychotherapeutische Behandlung 728

Punkteverfahren, Prognose 80

Punktstrafe 786

Putativeinwilligung 419

Putativnotstand 419, **440**

Putativnotwehr 314, 419, 442, **444**

Putativnotwehrexzeß 444

Q

Qualifikationsloses doloses Werkzeug 606 f.

Qualifizierte Tatbestände 37, **241**, 278, 284
– fortgesetzte Tat 650
– Konsumtion 670
– Spezialität 37, 666
– Teilnahme 595
– Versuch 464, 468, 472 f.
– zwischen Vollendung und Beendigung 466

Qualifizierter Versuch 494 f.

Quellen des Strafrechts 81 ff.
– Rangordnung der – 101 ff.

R

Räumlicher Geltungsbereich eines Gesetzes 155

Rahmengesetzgebung 102

Rangordnung
– der Pflichten 327 f.
– der Strafrechtsquellen 101 ff.
– der Werte 232

Raub 37, 49 f., 137, 243
– als Absichtsdelikt 286
– Ansetzen zur Tatbestandsverwirklichung 469

- Mittäterschaft 614
- schwerer – 37, 125, 278
- Spezialität 667
- Teilnahme 613, 614
- mit Todesfolge 234f., 473
- Versuch 467
- Wahlfeststellung 132[23]
- als zusammengesetztes Delikt 239

Rauschgiftdelikte 331, 732
- Weltrechtsprinzip 152, 156

Rauschtat (s. auch Vollrausch) 122, 402, **404**, 504
- Fahrlässigkeit 510, 536[5]
- objektive Bedingungen der Strafbarkeit 502
- Unterbringung 732
- Vorsatz 218, 283
- Wahlfeststellung 131

Realkonkurrenz 409, 641, 652[1], **659ff.**, 666, 698
- ausländisches Recht 658f.
- Behandlung der – 660ff.
- bei Dauerdelikten 655f.
- gleichartige – 660
- scheinbare (unechte) – 666
- ungleichartige – 660

Recht
- und Individualethik 219f.
- und Sittlichkeit 376

Rechte Dritter
- Einziehung 720, 723
- Verfall 717

Rechtfertigungsbewußtsein 416f.

Rechtfertigungsgründe 16, 172, 174, 178, 208, **220ff.**, 228, **288ff.**, 316f., 432, 452, 506, 729
- Akzessorietät, limitierte 594
- Anwendung staatlichen Zwangs 351
- des ausländischen Rechts 146
- behördliche Erlaubnis 331
- Einwilligung 337
- und Entschuldigungsgründe 298, **428**
- ex ante-, ex post-Urteil 297
- bei fahrlässiger Tat 530ff.
- und gesamttatbewertende Merkmale 223

- geschichtlich 84
- gewissenhafte Prüfung 296
- Gewohnheitsrecht 120
- internationales Strafrecht 154
- Irrtum über – 297, 387, **415ff.**, 729, 774
- mutmaßliche Einwilligung 346ff.
- Notwehr 300ff.
- Parlamentsberichte 166
- Pflichtenkollision 327
- Systematik der – 291ff.
- teilweise erfüllte – 299
- übergesetzliche – **211**, 293
- Verhältnis zueinander 299[41]
- Verletzung von Rechten Dritter 299
- Wirkung der – 298f.
- Zustimmung 334

Rechtliche Handlungseinheit 647, 651

Rechtsbeugung 216
- echtes Amtsdelikt 240
- Versuch 577

Rechtsbewährung s. Bewährung der Rechtsordnung

Rechtsbewährung(sinteresse) 292
- beim Notstand 323
- bei Notwehr 302, **310ff.**
- bei rechtswidrigem Angriff 306
- Sachwehr 319

Rechtsbewußtsein
- der Gemeinschaft, des Volkes 45, **61**, 67
- des Menschen 371ff.

Rechtsblindheit 412, 449

Rechtsethische Vergleichbarkeit (Wahlfeststellung) 131

Rechtsfahrlässigkeit 412f.

Rechtsfolgen der Straftat 43, **672ff.**

Rechtsfriede der Gemeinschaft 97, 478, 672

Rechtsgefühl 68, 304, 317, 417, 471, 546

Rechtsgehorsam 61, 376, 384, 442, 455, 539

Rechtsgeschäftstheorie, Einwilligung 338

Rechtsgesinnung, fehlerhafte –, Mangel an – 418, 457
– bei Fahrlässigkeit 511
– Gegenstand des Schuldurteils 376, **379, 384,** 390, 407, 428 f., 449
– Schuldbegriff 384
– bei Verbotsirrtum 411

Rechtsgewissen 371 f.

Rechtsgüterschutz 5 ff., 68, 140, 148, 249
– internationaler – 156

Rechtsgut(s) 5 ff., 44, 221, **231 ff.,** 506, 667
– der Allgemeinheit **342,** 654
– ausländisches – **158 f.,** 233
– bei fortgesetzter Tat 648
– Geltungsanspruch **7,** 232
– und Handlungsobjekt 233
– inländisches – **151,** 154
– materielle Rechtswidrigkeit 210
– Notstandsfähigkeit **323 f.,** 433
– bei Ordnungswidrigkeiten 52
– des Staates **304 f.,** 654
– subjektivierter -begriff 337
– subjektive Wertung 339
– Wert des – **436,** 522
– Zuordnung zur Einzelautonomie 292

Rechtsgutsverletzung 6, 210, 231, **237,** 292, 584
– Fahrlässigkeit 522 ff.
– unechtes Unterlassungsdelikt 562

Rechtsirrtum 190, 275 f.

Rechtskausalität 559

Rechtskraftwirkung 133, 653, 711, 714, 717, 746, 757, 761
– Einziehung 723
– bei fortgesetzter Tat 647, 650
– bei Gesamtstrafe 664
– Verjährungsfristen 811 f., 817

Rechtsordnung 754
– Aufgabe der – 2 ff.
– Aufrechterhaltung der – **57,** 721

– Einheit der – 293
– fremder Staaten 148
– Geltung der – **462, 478**
– Nothilfe zugunsten der – 305, 313

Rechtspflicht 290, 377, 536, 561 f.
– zur Erfolgsabwendung s. Erfolgsabwendungspflicht
– zur Gefahrtragung 438 f.

Rechtspflichtlehre, formelle – 561 f.

Rechtsphilosophie 38 f.

Rechtsprechung s. Gerichtsentscheidungen

Rechtsschuld 376

Rechtsschutzverzichtstheorie, Einwilligung 338

Rechtssicherheit 21, 65, 114 f., 123, 128, 133, 141, 175, 182 f., 211, 220, 261, 294, 310, 462, 551, 569, 672, 690, 749, 808[8]

Rechtsstaatlichkeit, Gedanke, Prinzip der – 18, **21 f.,** 57 f., 142, 758, 761
– Bestimmtheitsgebot s. dort
– formeller Begriff 21, **113**
– freiheitsentziehende Maßregeln 727
– Gesinnungsmerkmale 426
– klassisches Strafrechtssystem 182
– materieller Begriff **22,** 113
– militärischer Dienst 449
– objektive Strafbarkeitsbedingungen 505
– Rückwirkungsverbot s. dort
– Schuldbegriff 386
– Strafgesetz 113
– Täterstrafrecht 48
– Unterlassungsdelikte 553 f.
– Verjährungsfristen, rückwirkende Änderung 813
– Zweckstrafe 65

Rechtsvereinheitlichung 39

Rechtsvergleichung 39

Rechtsverordnung 99, **103 f.,** 119

Rechtswidrigkeit 174, **176 f.,** 181 f., 185, 196, **208 ff.,** 263, 285, 428

Sachverzeichnis

- des Angriffs 306
- Ausschluß der – **288 ff., 428 f.**
- der fahrlässigen Tat **509 f.**, 526
- formelle – 209 ff.
- gesamttatbewertende Merkmale 266
- Grade der – **210**, 299 f., 430 f.
- der Haupttat 593
- materielle – 185, **209 ff.**, 285, 292, 408
- objektive – 180, 246
- positive Merkmale 222
- und Schuld 382 f.
- Schwere des Unrechts 210
- und Sozialschädlichkeit 185
- subjektive Merkmale 284
- und Tatbestand 220 ff.
- und Unrecht 209
- der Unterlassung **544**, 575
- des Versuchs 218

Redaktionsfehler 142

Reflexbewegung 178, **201 f.**, 375, 390

Reform des Strafrechts 11, 39, **87 ff.**, 154, 672 ff., 698
- in der Bundesrepublik 90 ff.
- vor dem Ersten Weltkrieg 89
- des formellen Strafrechts 16
- international 91
- des materiellen Strafrechts 16, **90 ff.**

Reform des Strafvollzugs 17

Regel-Ausnahme-Verhältnis
- Gesamtstrafe 661
- Rechtfertigungsgründe 290 f.
- Schuldfähigkeit 391, 410

Regelbeispiele 49, 115, **244**, 778
- besonders schwere Fälle 241
- Irrtum 279
- Versuch 465
- Vorsatz 265

Regelstrafe 690

Registerrecht(s), Entwicklung des – (s. auch Bundeszentralregister) 818 ff.

Registervergünstigungen 818 ff.
- im Gnadenwege 826

Regreßverbot, Lehre vom – 252[18], **518**

Rehabilitation 89, **817 ff.**
- durch Begnadigung 822
- Stufen der – 820 ff.

Reichsstrafgesetzbuch, Entstehungsgeschichte 87

Relativ(e, s)
- Antragsdelikt 808
- Straftheorien 63 ff.
- Subsidiarität 668
- unbestimmte Strafe 79[22]

Relevanztheorie 257

Repressive Funktion des Strafrechts **3 ff.**

Resozialisierung, -sbedürftigkeit, -szweck 23, 60, **61**, 785
- des Hangtäters 733
- und kurzfristige Freiheitsstrafe 799 f.
- und lebenslange Freiheitsstrafe 691
- Maßregeln 725
- Schuld 371
- Strafaussetzung zur Bewährung 72 f.
- Strafzumessung 784 f., 796
- Verjährungsfristen 812
- Vollzug 11, 67, **694**, 737
- Weisungen 758

Restriktive(r)
- Auslegung 140 f.
- Täterbegriff 586 f.

Retorsion 773

Rettungshandlung 258 f.

Rettungswille 295
- Angriffsnotstand 321
- entschuldigender Notstand 435
- Irrtum über Entschuldigungsgründe 457
- Notwehrexzeß 443
- rechtfertigender Notstand 327
- Sachwehr 319

Revision 14

Rezeption 83

Risiko, -gedanke 517
- Beihilfehandlung 628
- erlaubtes – 348, **360 ff.**
- Fahrlässigkeit 529, 532

– und Kausalität 258
– bei den objektiven Bedingungen der Strafbarkeit 503
– rechtlich mißbilligtes – 256, 258
– Unterlassungsdelikte 560[26]

Risikoerhöhungslehre
– Beihilfe 628
– Fahrlässigkeit 529

Römisches Recht
– Einwilligung 338
– Fahrlässigkeit 508
– Notwehr 302
– Rezeption 83
– Ursprung der Strafe 56
– Vorsatz 262

Rollentheorie 561[29]

Rollenverteilung b. Mittätern 614, 616

Rose-Rosahl-Fall 279, 625

Rückfall 5, 11, 756, 802 f.
– ausländisches Recht 803
– und Einzeltatschuld 795[17]
– Strafzumessung 788, 797, 803
– verjährung 736

Rückfallkriminalität 5, 26, 733, 735, 741 f.

Rückfalltäter 5, 78, 728, 733, 764

Rücksichtslosigkeit 512
– Strafzumessungstatsache 792
– im Straßenverkehr 45, **426**

Rücktritt vom(n)
– beendigten Versuch 491 f.
– fehlgeschlagenen Versuch 489
– Freiwilligkeit 490 f., 639
– und Maßregelanordnung 729 f.
– objektive Kriterien 491
– persönlicher Strafaufhebungsgrund 494, 498
– qualifizierten Versuch **495,** 670
– Rechtstheorien 485
– Teilnehmern **495 f.,** 596 f.
– unbeendigten Versuch 490 ff.
– untauglichen beendigten Versuch 491 f.
– untauglichen unbeendigten Versuch 490 f.

– Unterlassungsversuch 578
– Unternehmensdelikt 122, 240, 474, **494**
– Versuch **483 ff.,** 497, 596 f.
– Versuch der Beteiligung 639
– vollendeten Delikt **493 f.,** 770
– Vorbereitungshandlungen 472, **493 f.**
– Vorstufen der Teilnahme 439 f.

Rückwirkung
– des milderen Gesetzes 125
– von Strafgesetzen 21, 108, 114, **118**[18]
– Verbot der – 123 ff.
– der Verlängerung von Verjährungsfristen 109, 126, **813**

Rückwirkungsverbot 14, **123 ff.**

Rügerecht 292

Ruhen
– der Strafverfolgungsverjährung 815
– der Vollstreckungsverjährung 817

S

Sachbeschädigung 226, 237, 277, 320, 335, 351
– Einwilligung 338
– fahrlässige – 43
– Gesetzeseinheit 670
– Verletzungsdelikt 237
– Vorsatz 277

Sachliche Zuständigkeit, Amtsrechte 351 f.

Sachsenspiegel 83

Sachverhaltsirrtum 481[18]

Sachwehr (§ 228 BGB) 226, **318 ff.,** 322
– Mißbrauchsverbot 319
– verschuldete Sachgefahr 320
– Wertverhältnis der Rechtsgüter 292

Salvatorische Klausel 101

Sammelstraftat 651

Sanktionensystem 698
– deutsches 678 ff.
– internationales 681 f.
– Krise 674 ff.

Sanktionsnorm 99

Schaden
- Höhe als Strafzumessungstatsache 792f., 801
- Wiedergutmachung als Bewährungsauflage 757, 760⁴⁴, 767
- Wiedergutmachung als Sanktion 793⁴

Schätzung
- Tagessatzhöhe 704f.
- Verfall 717

Schichtenaufbau der Persönlichkeit 373ff.

Schiffe(n)
- Bordgewalt als Rechtfertigungsgrund 358
- Straftaten auf – 150, **154**

Schonendster Eingriff, Grundsatz 308, 352, 358, 435, 442

Schuld 44, 57, 59, **176**, 182, 208, 212, **363ff.**, **428f.**, 497
- bei Fahrlässigkeit 186, **535ff.**
- des Haupttäters bei Teilnahme 593f.
- und Notwehrexzeß 443
- und Rechtswidrigkeit **219**, **382f.**, 423, 428f.
- Strafzumessung, Strafobergrenze 69, 780, **787**, 793
- Strafzumessung, Strafuntergrenze 20f., 785f.
- Tatschuld 48

Schuldausschließungsgründe 298, 386, 423, **429**, 598
- Gewissensentscheidung 574
- normativer Schuldbegriff 379
- Notwehrexzeß 314
- Pflichtenkollision 330

Schuldbegriff
- anthropologische Grundlagen 364ff.
- dogmatische Grundlagen 375ff.
- finale Handlungslehre 379
- formeller – 380
- funktionaler – **194**, 384, 431
- individual-ethischer – 454
- im klassischen Verbrechenssystem 180
- materieller – **380**, 423

- im neoklassischen Verbrechenssystem 186
- normativer – **186f.**, **378f.**, 454
- psychologischer – **182**, 378
- Strafbegründungsschuld 364, **386f.**
- Strafbemessungsschuld 364, **787**
- Vorverschulden **395f.**, **402f.**,

Schuldbegründende Merkmale 428ff., 597

Schuldfähigkeit, -unfähigkeit 176, 182, 186, 280, 287, 385, **388ff.**, 398, 410, 429, 506
- Abartigkeit 92
- actio libera in causa **401ff.**, **473f.**, 537f.
- ausländisches Recht 400f.
- Berufsverbot 748
- Bundeszentralregister 819
- Einziehung 719, 721
- und Entschuldigungsgründe 430
- Entziehung der Fahrerlaubnis 744
- Entziehungsanstalt 731f.
- Fahrlässigkeitstat 535f.
- und Handlungsfähigkeit 558
- des Haupttäters 620
- Irrtum über – 283, 426f.
- mittelbare Täterschaft 602, 605, 610
- psychiatrisches Krankenhaus 728ff.
- Schuldmerkmal 386
- Strafzumessung, Grade der – 792
- Stufen der – 391ff.
- Trunkenheit 395²⁵, **404**
- Unbrauchbarmachung 722f.
- Verfall 716
- Vollrausch **404**, 503

Schuldformen 182, **219**

Schuldgehalt(s) 387, 423, 691
- Absehen von Strafe 771
- Bagatelldelikte 769
- Beihilfe 630
- besondere Umstände 801
- dienstliche Weisung 446
- Entschuldigungsgründe 430f.
- Fahrlässigkeit 508, 511, 514
- fortgesetzte Handlung 648
- Gesetzeseinheit 665, 669
- Grade des – 429

- Irrtum über Erlaubnistatbestand 418
- Irrtum über Rechtfertigungsgründe 297, 456
- Leichtfertigkeit 514
- Notstandshandlung 435
- Notwehrexzeß 443
- Pflicht, Notstand zu bestehen 438
- Straffreierklärung 773 ff., 775
- Strafzumessung 244, 783, **787**
- als Strafzumessungstatsache 701, **792, 794**
- und übergesetzliche Entschuldigungsgründe 452
- unechte Unterlassungsdelikte 553
- Unterlassungsdelikte 574
- verringerter – 436 ff.

Schuldmerkmale 174 f., **285, 386, 424 ff.**
- Bewußtsein der Rechtswidrigkeit 406 ff.
- deliktstypische – 386
- Irrtum über – 278 f., **424 f.**
- bei normativer Schuldlehre 378
- objektiv gefaßte – 266, **424,** 426 f., 435
- subjektiv gefaßte – 425
- Teilnahme **427,** 597
- vermeidbarer Verbotsirrtum 409

Schuldmilderungsgründe 424, 429, 596, 598, 774

Schuldprinzip, -grundsatz 5, **18 ff.,** 41, 59, 70 f., 92, 95, 123, 140, **366 ff.,** 407, 504, 682, 787
- und actio libera in causa 403
- ausländisches Recht 20, 789 f.
- Défense sociale 66
- Einziehung 718
- erfolgsqualifizierte Delikte 90, **235,** 516
- Fahrlässigkeitstat 538
- geschichtlich 84
- Maßregeln 75, 727
- Nebenfolgen 714
- objektive Bedingungen der Strafbarkeit 503
- Präventivgedanke 21
- Rauschtat 404
- Sanktionensystem 687 ff.
- Sicherungsverwahrung 733

- Strafzumessung, Schuldobergrenze 19, **784 ff.**
- Strafzumessung, Schulduntergrenze 20 f., 785 f.
- Unzumutbarkeit 539 f.
- Verwarnung 765

Schuldspruch 663 f., 732, 756
- Gesetzeseinheit 666
- Idealkonkurrenz 657
- Verwarnung 765

Schuldspruch unter Strafverzicht
- Absehen von Strafe 498[8], **769,** 771
- Kompensation 775

Schuldtatbestand 222, 285, **422 ff.**
- Akzessorietät 598
- Analogieverbot 121
- Fahrlässigkeitstat 510
- Irrtum über – 283, 427
- objektive Bedingungen der Strafbarkeit **500 ff.,** 505

Schuldteilnahmetheorie 620

Schuldtheorie, Verbotsirrtum 407
- eingeschränkte – 417 f.
- Nebenstrafrecht 418
- Ordnungswidrigkeitenrecht 413 f.
- rechtsfolgenverweisende – 418
- Rücktritt 487
- strenge – **417,** 419
- Unterlassungsdelikte 570
- vermeidbarer Verbotsirrtum 411 ff.

Schuldurteil(s), -vorwurf(s) 129, 374, 377 f.
- Entschuldigungsgründe 429, 430
- bei Entziehung der Fahrerlaubnis 744
- Fahrlässigkeit 511, 535
- Gegenstand des – 379, **384 f.**
- Maßstab des – 386 f.

Schuldvoraussetzung (s. auch Schuldfähigkeit) 182, 378

Schulenstreit 68

Schußwaffengebrauch 313
- zur Befehlsdurchsetzung 294
- DDR 172
- Notwehr 307, 310

- gegen Personen **351 f.**, 353, 358
- Sachwehr 319

Schutz der Allgemeinheit, Gesellschaft, Gemeinschaft **1 f.**, 18, 44, 61, **63**, 77, 176 f., 325
- Berufsverbot 748
- Einziehung 718, 721 f.
- Maßregeln mit Freiheitsentziehung 724, 727
- Maßregeln ohne Freiheitsentziehung 724, 741
- Sicherungsverwahrung 733
- Strafzumessung 783, 785

Schutz
- der Grundwerte der Sozialordnung 5 ff.
- der individuellen Freiheit 62
- des öffentlichen Friedens 2
- des Rechtsguts 5 ff.
- der sozialethischen Handlungswerte 5 ff.

Schutzpflichten für bestimmte Rechtsgüter (Garantenpflicht) 562 ff.

Schutzprinzip, internationales Strafrecht 151 f.
- erweitertes – 148

Schutzumfang, -zweck der Norm 140, **213**
- ausländische Rechtsgüter 158, 233
- Fahrlässigkeitsdelikte 256
- Haftungsgrenzen 256
- objektive Zurechnung 258 f.

Schwabenspiegel 83

Schwachsinn 5, 391, 394, 395, **396**, 399

Schwangerschaftsunterbrechung (s. auch Abtreibung) 37, 325
- eigenmächtige – 349
- fahrlässige – 512
- medizinisch indizierte – **322**, 325, 347
- Prüfungspflicht des Arztes 420
- Rechtfertigung 294, 318
- Wahndelikt 480

Schwere seelische Abartigkeit 391, **396 f.**

Schwerpunkt des Täterverhaltens (Unterlassen oder positives Tun) 545 f.

Scuola positiva 66

Seelisch(e, s)
- Abartigkeiten 394
- defekte Kriminelle 5
- Defekte, Störungen 4 f., 390, **396 f.**, 728, 795
- Vorgänge, Leben **201**, 246, 366 ff., 377, 380

Selbstbestimmung des Menschen (s. auch Willensfreiheit) 62, 369, 387, **390**, 430, 433

Selbstgefährdung 518

Selbsthilfe(recht) 223, **357**
- Irrtum 416
- des Vermieters 357

Selbstmord 227
- fahrlässige Mitverursachung 259
- fehlgeschlagener Doppel- 592
- Opfer als Werkzeug 603
- Teilnahme 621

Selbstschutzprinzip, -interesse
- Minderung 311
- Notwehr 310
- Sachwehr 319

Sentencing 777[1]

Serientäter 663, 736

Sexualverbrechen(r) s. Sittlichkeitsdelikte, -verbrecher

Sich-Bereiterklären 458, 634 f., **638**
- Rücktritt 639

Sicherungselement der Strafe 60, 70

Sicherungsmaßnahmen 718, 748
- Unbrauchbarmachung 722

Sicherungspflichten (Garantenpflichten) 562

Sicherungsstrafe 79[21]

Sicherungsverfahren 358, 399, 731, 732

Sicherungsverwahrung 5, 11, 60, 73, 76 ff., 93, 727, 731, **733 ff.**, 738, 820

– Dauer 80
– Entlassung 739 f.
– Führungsaufsicht 742
– bei Heranwachsenden 393
– Kontrollzeit 739
– Rechtfertigung 77 f.
– Registerrecht 819
– Statistik 31 f., 728, 733 f.
– Verjährung 817

Sinnbezügliche Begriffe 243

Sittenwidrigkeit
– Einwilligung 338 ff., **340 f.**
– Kastration und Sterilisation 341
– bei mutmaßlicher Einwilligung 349
– Ordnungswidrigkeiten 52
– und Unrecht 408

Sittliche(r, s)
– Bewußtsein 576
– Gesinnung 384
– Idee, Staat als – 62
– Legitimation 62
– Leistung 57
– Maßstab bei Strafzumessung 795
– Pflicht 376, 562
– Reifegrad 391 f.
– Schuld 376 f.
– Unwert 431

Sittlichkeit, Sittengesetz 376

Sittlichkeitsdelikte, -verbrecher 5, 90, 93, 711
– Anstiftung 631
– Einwilligung 342
– Fahrlässigkeit 512
– Gerichtsmedizin 42
– geschichtlich 45
– internationales Strafrecht 155
– Schuldfähigkeit 397
– Schuldvorwurf 375
– und Strafaussetzung zur Bewährung 754
– Tätigkeitsdelikte 237
– Tendenzdelikte 286

Skilauf, Sorgfaltspflichten 525

Soldaten
– Befehl als Entschuldigungsgrund 446 ff.

– erhöhte Gefahrtragungspflicht 431, 438
– Gehorsamspflicht 354
– Irrtum über Subjekt 482
– Strafarrest s. dort

Sonderdelikte 239 f.
– Irrtum über Tauglichkeit des Subjekts 482 f.
– Teilnahme 584, 589, 594, 599
– Unterlassung 569

Sorgfalt
– äußere 523 ff.
– innere 522
– im Verkehr erforderliche – 191, 218, 227, **521 ff.**, 534

Sorgfaltspflicht 186, **509 f.**
– allgemeine 525
– individuelle 455, 509 ff., **536 f.**, 539 f.
– objektive 227, **510, 521 f.**, 586, 539 f.
– spezielle 525 f.
– bei Unterlassungsdelikten 573

Sorgfaltspflichtverletzung 178, 192, 270, 510 f., **521 ff.**, 526
– und Finalität 199
– Handlungseinheit 646
– Kausalität der – 527
– bei mehreren Beteiligten 517 f., 592 f.
– bei Vorsatz-Fahrlässigkeitskombination 515

Sozial(e, er, es)
– Ansehen des Verurteilten 817, 822, 825
– Bewußtsein 370
– Desintegration 620[3]
– Funktion und Haftung 207
– Handlungsbegriff 185, **199 ff.**, 217
– Kontrolle 2, 41
– Leitbilder 60
– nützliche Handlungen 524
– Ordnung s. Sozialordnung
– Rechtsstaat 727
– Sinngehalt 326, 546, 562, 583
– Stellung als Strafzumessungstatsache 781
– Verantwortung 309
– Verteidigung s. Défense sociale
– Wert 339

Sachverzeichnis 911

Soziale Adäquanz 211, **226 ff.**
- behördliche Erlaubnis 330 f.
- und erlaubtes Risiko 360 ff.
- und Kausalität 256

Sozialethik 38, 220

Sozialethische(s)
- Betrachtungsweise 190
- Einschränkungen des Notwehrrechts 309 ff.
- Handlungswerte **5 ff.**, 138
- Strafrechtslehre 7
- Unwerturteil **58**, 113, 205, 367, 511, 751
- Wertung beim Notstand 326

Sozialistisches Strafrechtssystem 79[25]

Sozialordnung 1 ff., **5 f.**, 38, 232, 386, 543
- ideelle Werte der - 232 ff.

Sozialtherapeutische Anstalt 732 f.

Sozialtherapie 732 f.

Sozialwissenschaften 40

Soziologische Strafrechtsschule **65**, 338

Sperrfrist, Fahrerlaubnis 712, **744**, **747**

Sperrwirkung des milderen Tatbestandes 242
- Gesetzeseinheit 671

Spezialität 656, **667**, 732
- im Auslieferungsrecht 10

Spezialprävention
4, 41, 48, **61**, 67, **70 f.**, 710, 714, 744, 801
- Aussetzung des Strafrestes 762
- bedingte Verurteilung 61
- Freiheitsstrafen 662, 693
- bei Geldstrafe 700
- relative Straftheorien 63
- Rücktritt vom Versuch 486
- Strafaussetzung 754
- Strafschärfung 400
- Straftheorien **61**, 65
- Strafzumessung 661, 783
- Vereinigungstheorien 70 f.
- Verwarnung mit Strafvorbehalt 764

Spezialpräventive Klausel 787

Spielraumtheorie 786

Spontaneität, Willensfreiheit 368 f.

Sportverletzungen 227, 341, 533 f.

Staatlicher Zwang als Rechtfertigungsgrund 351 ff.
- Irrtum 420

Staatsangehörigkeit 112, 148 ff., 157
- deutsche - 164
- Verhältnis zur DDR 172

Staatsanwalt, -schaft 147, 352, 706, 770, 808, 820
- Amtsrecht 351
- Einstellung mit Auflagen 71, **770 f.**
- als Gnadenbehörde 824
- als Registerbehörde 819
- als Strafverfolgungsbehörde 815
- als Strafvollstreckungsbehörde 706

Staatsgebiet 148

Staatsnothilfe 313

Staatsnotstand 305, 323
- Widerstandsrecht 305, **359**

Staatsnotwehr 294, **305**

Staatsschutzprinzip, internationales Strafrecht **151**, **154 f.**, 171

Staatsvertragslehre 64, 118

Stammesrecht 82

Stationierungstruppen
- Strafgewalt 147 f.
- Verjährung von Straftaten 816

Statistik
- Bundeszentralregister 819
- Entziehung der Fahrerlaubnis 712
- Geldstrafe 698
- Häufigkeitsziffer 26
- Jugendkriminalität 27 f.
- Kriminal- 24 ff.
- lebenslange Freiheitsstrafe 29, 33
- Rechtspflege- 99[7]
- Sanktionsarten 687
- Strafgefangene 33 f.

– Strafverfolgungs- 24 f.
– Tatermittlungs- 29

Statusfolgen 712 f.

Stellenwerttheorie 786

Stellvertretende Strafrechtspflege, internationales Strafrecht **153, 156 f.,** 172

Stellvertretung beim Strafantrag 809

Sterilisation 341

Steuerstrafrecht 98, 103

Stillstand der Rechtspflege 815

Stimmrecht(s), Verlust des 713

Strafändernde persönliche Merkmale 595

Strafantrag 241, 497, 503[20], 714, **806 ff.**
– Analogieverbot 121
– Beginn der Frist 809 f.
– Berechtigung 808
– Einziehung 724
– fortgesetzte Tat 650
– Gesetzeseinheit 670
– Idealkonkurrenz 653
– Irrtum über die Erforderlichkeit 283
– Rückwirkungsverbot 125
– Stellvertretung 809
– bei Vermögensdelikten 95
– Verzicht 810
– Zurücknahme 810

Strafanzeige 815
– als Strafantrag 809

Strafarrest 658, 693, 754, 799

Strafaufhebungs-, Strafausschließungsgründe s. Persönliche Strafausschließungs-, -aufhebungsgründe

Strafaussetzung zur Bewährung 20, 41, 61, 69, **71 ff.,** 90, 93, **679,** 687, **750 ff.,** 762 f., 777, 783
– ausländisches Recht 695 f.
– Bundeszentralregister 820
– und Erlaß des Strafrestes 761
– und Geldstrafe 707
– Gesamtstrafenbildung 664

– gnadenweise – 825
– bei lebenslanger Freiheitsstrafe 691 f.
– Rechtsnatur 752
– Statistik **29 f.**
– und Strafzumessung 785, 796
– und Vollstreckungsverjährung 817

Strafbarkeitsbedingungen (s. auch objektive Bedingungen der Strafbarkeit) 383, **500 ff.**

Strafbedürfnis 44
– Absehen von Strafe 772
– Gesetzeseinheit 665
– Kompensation 773
– objektive Bedingungen der Strafbarkeit 501
– persönliche Ausnahmen von der Strafbarkeit 497
– untauglicher Versuch 479
– Verjährung 812

Strafbegründende
– persönliche Merkmale 595, **597,** 690
– Schuldmerkmale 423, 427
– verschleierte Tatbestandsmerkmale (unechte Strafbarkeitsbedingungen) **502,** 504

Strafbegründungsschuld 364, 386 f., 787

Strafbemessung 4, 117, **777 f.**

Strafbemessungsschuld 364, **787**

Strafdrohung 778
– als Auslegungsmittel 140
– als Rechtsgrund der Strafe, Generalprävention 61, **64**

Strafe 10 ff.
– gerechte – 63, **69**
– und Maßregel 732
– nicht-kriminelle – 12
– als Rechtsfolge 672 ff.
– soziale Funktion der – 3
– Statistik 29 ff.
– System der – 687 ff.
– Ursprung, Wesen, Rechtfertigung 56 ff.

Strafeinschränkung, -sgrund
- echte Strafbarkeitsbedingungen als – 501
- Erfolg als – 236
- Teilnahme als – 588

Strafempfänglichkeit als Strafzumessungstatsache 795

Straferlaß s. Erlaß der Strafe

Straffreierklärung (Kompensation) **773 ff.**, 777

Strafgefangener
- Grundrechte 356
- Statistik 33 f.

Strafgerichtshoheit, inländische 147

Strafgesetz
- Bestandteile 43 ff.
- Kompetenz der Landesgesetzgebung 102
- räumlicher Geltungsbereich 164
- im Rechtsstaat 112
- Typenbildung 115

Strafgewalt
- Beschränkung **9 f.**, 165 ff.
- deutsche – **145 f.**, 504
- und Gnadenrecht 824
- konkurrierende – 150
- naturrechtliche Schranke 9
- staatliche – 7 ff., **145 f.**
- Träger der – 13
- überstaatliche – 9
- Verhältnis zur DDR 171
- völkerrechtliche Schranke 9

Strafhaft s. Haft(strafe)

Straflose Nachtat 667, **669**

Straflose Vortat 668

Straflosigkeit
- und Absehen von Strafe 770
- Entschuldigungsgründe 428 f.
- irrealer Versuch 479 f.
- Rücktritt vom Versuch **485**, 492
- Rücktritt von vollendeter Tat 770

Strafmildernde
- Merkmale 788

- persönliche Merkmale **596**, 618
- Schuldmerkmale **424 f.**, 427

Strafmilderung, -sgrund, fakultative – 625, 773, 805
- Abwandlung des Tatbestandes 241
- Anstiftung 625
- außerordentliche – 773
- Handeln auf Befehl 449
- Notstand 432 f., **439 f.**
- Notwehrexzeß 442
- Rücktritt 494
- teilweise Rechtfertigung 299 f.
- übergesetzliche Pflichtenkollision 453⁶
- unbenannter – 117, 243
- Unrechtszweifel 409
- Unterlassungsdelikte **552 f.**, 574
- Unternehmensdelikte 474 f.
- Verbotsirrtum 408, **411 f.**
- verminderte Schuldfähigkeit 399 f.
- Versuch 462 f., **470**, 479
- Zumutbarkeit 439 f.

Strafmilderung, obligatorische –
- Beihilfe 630
- doppelte – 636
- Irrtum 457 f.
- persönliche Merkmale 597
- Putativnotstand 440
- Vorstufen der Beteiligung 636

Strafmündigkeit, -unmündigkeit
- absolute – 390 f.
- bedingte – 390 f.

Strafprozeßreform 88

Strafrahmen 104, **117**
- ausländischer – 146
- Doppelverwertung 788
- Gesamtstrafe 662 f.
- Gesetzeseinheit 671
- Idealkonkurrenz 657
- mehrfache Herabsetzung 470
- Regel- 471
- Sonder- 471, 778
- Strafbemessung, Strafzumessung 777 f.
- unechte Unterlassungsdelikte 553
- Versuch 470
- Wertgruppen im – 778

Strafrecht(s)
– Angriffe gegen – 3
– Aufgabe des – **1 ff.**, 77, 217
– formelles – 14
– Funktion 3
– Gliederung 15 f.
– Hauptgesetze 98
– materielles – **14,** 145
– Nebengesetze 99
– nicht-kodifiziertes – 97
– als öffentliches Recht 13
– politisches – 93
– privatrechtliche Auffassung 82
– System 37

Strafrechtsdogmatik 37, 176

Strafrechtsgeschichte 38, 81 ff.

Strafrechtspflege 2
– Schuldgrundsatz **18 ff.**, **366 ff.**, **787**

Strafrechtsquellen 96 ff.

Strafrechtsreform s. Reform

Strafrechtsvergleichung 39

Strafrechtswissenschaft 36 f.
– Entstehung 85
– gesamte – 36
– im 19. Jahrhundert 87
– Nachbardisziplinen der – 38 ff.
– oberitalienische – 57
– Verbrechenslehre 174 ff.

Strafregister s. Bundeszentralregister

Strafrichter, Funktionen 779

Strafschärfende
– persönliche Merkmale **595,** 618
– Schuldmerkmale **423,** 427

Strafschärfung
– Ausschluß rückwirkender – 123
– Rückfall **797,** 803
– Rückwirkungsverbot 114, 118[18], **123**

Strafschärfungsgründe
– Idealkonkurrenz als – 657
– unbenannte – 117, **243 f.**, 265
– unechte Sonderdelikte 239 f.
– verkappte – **502,** 504

Straftheorien 62 ff., 786

Straftilgung s. Tilgung aus dem Bundeszentralregister

Strafvereitelung (s. auch Begünstigung) 424, 699
– im Amt 557
– nach Beendigung 505
– notwendige Teilnahme 633
– Objektsirrtum 279
– Unzumutbarkeit 455
– Vorsatz 270

Strafverfahren, -srecht 14, 78, 165, 732, 744, 813
– Bagatelldelikte 770
– Einziehung, Verfall 724
– in dubio pro reo, Wahlfeststellung 128 ff.
– Kompensation 773
– Lebensführungsschuld 381
– Prozeßvoraussetzungen 503, 806 ff.
– Realkonkurrenz 659
– Strafzumessung 780
– Verjährung 816
– Zweiteilung 78

Strafverfolgung
– Absehen von – 154
– Aussetzung zur Bewährung 71
– Statistik 24 f.
– Verjährung der – 812 ff.

Strafverfolgungsverjährung s. Verfolgungsverjährung

Strafverlangen, Behörden 810

Strafvollstreckung 14 f., 61, 754, 761, 762
– Aussetzung zur Bewährung 72
– bei Geldstrafen 706 f.

Strafvollstreckungskammer 76, 80, 695, 707, 737
– Aussetzung freiheitsentziehender Maßregeln 80

Strafvollstreckungsverjährung s. Vollstreckungsverjährung

Strafvollzug 11, **15,** 22, 65, 74, 371, **694 f.,** 700, 751 f., 799 f.

- Dauer 762
- und Maßregelvollzug 728
- Rechtsschutz im – 22
- Reform **17**, 41, 89, 90

Strafvollzugsgesetz 694f., 737

Strafwürdigkeit 44, 46, 121, **124,** 225, 422
- Absehen von Strafe 770, 772
- Begehungsweise der Tat 216
- Entschuldigungsgründe 429
- Fahrlässigkeit 45, 512
- Notwehrexzeß 443
- objektive Strafbarkeitsbedingungen 501, 504
- Ordnungswidrigkeiten 52
- persönliche Ausnahmen von der Strafbarkeit 497
- Rücktritt vom Versuch 486, 494
- und Strafbedürfnis 44
- Übertretungen 51
- untauglicher Versuch 477ff.
- Versuch 45, **461,** 470
- im Völkerstrafrecht 108[12]

Strafzumessung 70, 117, 536, 584, 588, 604, 611, 647, 713f., 744, **777ff.**
- und Absehen von Strafe 770
- allgemeine Lehren der – 775ff.
- ausländisches Recht 789f.
- bei erfolgsqualifizierten Delikten 236
- fortgesetzte Tat 650
- Geldstrafe 698, **701ff.**
- Gesamtstrafe 662f.
- Gesetzeseinheit 665, **671**
- Idealkonkurrenz 657
- internationales Strafrecht 146
- objektive Bedingungen der Strafbarkeit 502, 504
- Praxis der – 779
- Realkonkurrenz 660f.
- richterliche Kontrolle 781
- Rückfall 797, 802
- Rücktritt vom Versuch 485
- Schuldprinzip **19,** 371
- als sozialer Gestaltungsakt 786
- Täterpersönlichkeit 381, **795f.**
- Tat- bzw. Täterstrafrecht 47f.
- Überzeugungstäter 372

- beim unechten Unterlassungsdelikt 553
- Verbot der Doppelverwertung 663, 666, **788**
- Vorsatz-Fahrlässigkeitskombination 515

Strafzumessungsregeln, -grundsätze 241, **243f.,** 711, **780f.,** 787f.
- besonders schwerer und minder schwerer Fall 243
- Regelbeispiele 244
- und Tateinstufung 49f., 245

Strafzumessungsrichtlinien 786ff.

Strafzumessungstatsachen 781, **783f., 791ff.**
- Ambivalenz der – 784
- Verbot der Doppelverwertung 788
- verschuldete Auswirkungen der Tat als – 793
- Vorsatz 265

Strafzwang 2, 165

Strafzwecke 70, 756, 762, 772, **782ff.**
- Antinomie der – 67, **785**
- Bestimmung der – 782f.
- Gleichrangigkeit 787
- in der Rechtsprechung 70
- und Strafzumessung 781

Strafzwecktheorie, Rücktritt 486

Straßenverkehrsgefährdung 45, 423, 493, **515**
- Einwilligung 342, 533
- Entziehung der Fahrerlaubnis 745
- Erfolgsdelikte 234
- fahrlässige – 526, 572
- Gesinnungsmerkmale 426
- Handlungsunwert 216
- durch Unterlassen 549, 572

Stufen
- der Rehabilitation 820ff.
- der Verbrechensverwirklichung 458ff.

Stufentheorie 786

Stundung der Geldstrafe 801

Subjektive Auslegungstheorie 139

Subjektive Rechtfertigungselemente 294 ff.
– behördliche Genehmigung 331
– Einwilligung 345
– fahrlässige Tat 531 f.
– staatlicher Zwang 352
– Wahrnehmung berechtigter Interessen 362

Subjektive Rechtswidrigkeitsmerkmale 178

Subjektive Tatbestandsmerkmale 174, 185, 245, 266, **283 ff.**
– Absicht 266
– Mittäterschaft 613
– Versuch 464
– Vorsatz des Anstifters, Gehilfen 622, 626

Subjektive Teilnahmetheorie 584, **588 ff.**, 611, 617, 622, 626

Subjektive Unrechtsmerkmale 187, 190, **216**, **284 ff.**, 387, 423[4], 425[16]
– Akzessorietät 427, 596
– Handlungseinheit 644

Subjektive Versuchstheorie 461, **462**, 483
– Abgrenzung, beendigter und unbeendigter Versuch 487 f.
– Vorbereitung, Abgrenzung 467

Subjektive Zurechnung 262, 382, 423
– Fahrlässigkeitsschuld 535 ff.
– Gegenstand des Schuldurteils 384 f.
– Maßstab des Schuldurteils 385
– materieller Schuldbegriff 380
– Schuldlehre 377
– Schuldprinzip 370
– Vorsatz 261 ff.

Subsidiarität(s) 273, **667 f.**
– ausdrückliche (formelle) – 668
– bei mehreren Beteiligungsformen 631, 668
– -prinzip 232
– stillschweigende (materielle) – 668
– Vorstufen der Teilnahme 640

Subsumtion 135 f., 265

Subsumtionsirrtum 282
– umgekehrter – 481

Sühne 57, 59

Sukzessive Mittäterschaft 614

Summarisches Verfahren 177

Sursis 72 f.

Symptomatischer Verbrechensbegriff 48

Symptomwert der Tat 732, 735, 736

Systematische
– Auslegung 138
– Ordnung der Verbrechensmerkmale 178

T

Täterbegriff
– extensiver – 588 f.
– primärer – 586, 601
– restriktiver – 586
– sekundärer – 586

Täterbezogene(r)
– Handlungsunwert 216
– Merkmale **206 ff.**, 596

Täter hinter dem Täter 586, 600, 602[10], 625

Täterpersönlichkeit 70, 176, 710, 731, 756, 766
– Aussetzung des Strafrestes 762 f.
– Einheitstäterbegriff 584
– Gesinnungsmerkmale 423
– kurzfristige Freiheitsstrafe 800 f.
– psychiatrisches Krankenhaus 731
– Strafaussetzung zur Bewährung 753
– Strafzumessungstatsache 471, 663, **795 f.**
– und Verjährungsfristen 812

Täterschaft, Teilnahme 580 ff.
– Abgrenzung 195, **583 ff.**
– ausländisches Recht 598 ff.
– in dubio pro reo 130
– Zusammentreffen 631

Täterstrafrecht 47 ff.

Sachverzeichnis

Tätertheorie, Versuch 463

Tätertypenlehre, Tätertypologie 41, **48**, 65

Tätige Reue 492

Tätigkeitsdelikte 160, 197, **237**, 547
- Begehung durch Unterlassen 544
- fahrlässige – 509, 532
- ohne Handlungsobjekt 247
- ungleichartige Idealkonkurrenz 653
- durch Unterlassen 549
- Versuch 472

Tätigkeitstheorie 159

Täuschung
- bei Einverständnis 336
- des Einwilligenden 344

Tagessatzsystem 93, 699, **701 ff.**, 758, 796, 804

Talionsprinzip 62

Tatbestand(s) 43, 208, **220 ff.**, 422, 582, 589
- allgemeine Verbrechenslehre 176
- Appellfunktion des – 226, **290**, 334, 412[25], 416
- Aufbau des – 229 ff.
- Delikts- 222
- Garantie- 222
- Gesamt- 222
- und Handlungseinheit 644
- Konkurrenzen 643
- Mangel am – **478**, 482
- offener – 222 f.
- der Rechtstheorie 222
- und Rechtswidrigkeit 181, 220 ff., 289 f., 412 f., 531
- Schuld – 222, **422 ff.**
- und soziale Adäquanz 226 ff.
- Typenbildung 116
- unselbständiger – 464
- Unrechts- 221 f.
- Unterlassungsdelikt 554 ff.
- als Verbrechenstypus 181
- des Versuchs 464 ff.
- Völkerstrafrecht 111 f.
- Vorsatz als Bestandteil 217

Tatbestandliche Handlungseinheit
- i. e. S. 644 f.
- i. w. S. 645 f.

Tatbestandsergänzung
- richterliche – **221**, 550
- Unterlassungsdelikte 543 f.

Tatbestandsgruppen 241 ff.

Tatbestandsirrtum 92, 178, 190, 243, 245, 263, **274 ff.**, 407, 415, 418
- des Anstifters 622
- eingeschränkte Schuldtheorie 417 f.
- Einverständnis 335 f.
- des Gehilfen 629
- Grenzfälle zum Verbotsirrtum 414
- und Irrtum über Entschuldigungsgründe 456
- und Maßregelanordnung 729
- offener Tatbestand 223
- des Tatmittlers 603
- umgekehrter – **480**, 482
- und Verbotsirrtum 276

Tatbestandsmäßige Situation (Unterlassungsdelikte) **556**, 570, 575

Tatbestandsmäßigkeit 136, 174, **177**, 181, 185, 197, **245**
- Einverständnis 334
- und Rechtswidrigkeit 288 ff.

Tatbestandsmerkmale
- behördliche Erlaubnis 330
- deskriptive – **116**, 242
- echte Sonderdelikte 482
- gesamttatbewertende Merkmale 266
- Mittäterschaft 616
- negative – 221, **224 ff.**
- normative – 116, 181, **242**, 481, **483**
- objektive – 174, **245 ff.**, 464
- objektive Bedingung der Strafbarkeit 497, **500 ff.**
- privilegierende – 241 ff.
- qualifizierende – 241 ff.
- Regelbeispiele 244
- subjektive – s. dort
- Teilnahme 582
- unbestimmte – 116
- ungeschriebene – 221
- Unterlassungsdelikte **556 ff.**, 568

– Vorsatz 263
– Zustimmung als – 334

Tatbestandstypen 234 ff.

Tatbezogener Handlungsunwert 216

Tateinheit (s. auch Idealkonkurrenz) 640 f., **653**, 659 f.

Tatfolgen
– und Absehen von Strafe 771
– Strafzumessungstatsache 793 f.
– Verschulden 793 f.

Tatherrschaft 590 ff.
– Anstiftung 621 f.
– Beihilfe 626
– funktionelle – **591**, 611, 616
– gemeinschaftliche – **611**, 615 f.
– des Hintermannes 601 f.
– Irrtum über – 607 ff.
– kraft organisatorischer Machtapparate 607
– normative – 607

Tatmehrheit (s. auch Realkonkurrenz) 640 f., **659 f.**

Tatmittler s. Werkzeug

Tatort 159 ff., 616, 649
– ausländischer – 154
– bei objektiver Bedingung der Strafbarkeit 505
– Teilnahme 627

Tatortprinzip 169

Tatsachenirrtum 190, **275**, 419

Tatsächliche Betrachtungsweise 139

Tatschuld s. Einzeltatschuld

Tatstrafrecht 47 f., 177, 380 f.

Tatverantwortung, Lehre von der – 387, 429[2]

Teilbarkeit
– des Strafantrags 810
– des Unrechtsbewußtseins 392, **409**

Teilnahme, Teilnehmer i. w. S. 92, 580 ff., 620 f., 716
– ausländisches Recht 598 ff.

– an Auslandstat 146, **162**
– Begehungszeit 123 f.
– eingeschränkte Schuldtheorie 417 f.
– Entschuldigungsgründe 429
– an erfolgsqualifizierten Delikten 517
– fahrlässige – 585
– an fahrlässiger Tat **517**, 592
– Finalismus 191
– geschichtlich 84, **584 f.**
– an mitbestrafter Nachtat 670
– Notstand 318
– objektive Bedingungen der Strafbarkeit 505
– und persönliche Ausnahmen der Strafbarkeit 499
– Rechtfertigungsgründe 298
– Rücktritt 495 f., 639
– Schuldmerkmale 427
– Sonder- und eigenhändige Delikte 240
– Strafgrund 620 f.
– an subsidiären Delikten 667 f.
– Tatort 161
– an Teilnahmehandlungen 631
– an Unterlassungsdelikten 579
– zwischen Vollendung und Beendigung 466
– an Vorbereitungshandlungen 472
– bei Vorsatz-Fahrlässigkeitskombination 515
– Vorstufen der – 633 ff.

Teilnehmerdelikt 583[2], 621

Teilzahlungen, Geldstrafe 705

Teleologische
– Auslegung 138
– Reduktion des Tatbestandes 227
– Tatbestandslehre 220
– Verbrechenslehre 184, 193

Tendenzdelikte 286

Territorialitätsprinzip, internationales Strafrecht **149**, 154

Terrorismus 16, 94, 684, 755
– gezielter Todesschuß 351[1]
– Notstandslage 434
– rechtfertigender Notstand 325, 326[44]
– Weltrechtsprinzip 152

Sachverzeichnis

Tiefenseelische Schicht 373 f.

Tierangriffe 319

Tilgungen im Bundeszentralregister 818, 821
- gnadenweise – 826

Todesschuß, gezielter 351[1]

Todesstrafe 23, 90, 98, 118[18], 170, **682 ff.**, 690, 696, 782, 816
- im Ausland 686 f.
- und lebenslange Freiheitsstrafe 690
- Völkerrecht, Kongreßbeschlüsse 685 f.
- Vollzug der – 289, 684[8]

Tötung auf Verlangen 46, 50, 631
- Einwilligung 339, **340**
- Interessentheorie 589
- als Privilegierung 242, 424

Topische Ordnung 178

Totalverweigerung (von Wehr- und Zivildienst) 372

Totschlag, vorsätzliche Tötung 43, 45, 243, 262, 264, 351
- Erfolgsdelikt 234
- Grundtatbestand 242
- Kausalität 252 f.
- Konkurrenzen 668
- nach Provokation 425
- Verletzungsdelikt 237

Transformation 106 f.

Transitverbrechen 160

Triebanomalien (s. auch seelische Abartigkeiten) 5, 391, 394, **396 f.**

Triebtäter 728

Trunkenheit
- ausländisches Recht 404[85]
- Behandlung im Strafrecht 404
- selbstverschuldete – 400, 404
- im Verkehr 655, 711, 745, 754, 755, 772

Trutzwehr 308

U

Ubiquitätstheorie 152, 159 f.

Übergesetzlicher Entschuldigungsgrund 451 ff.
- Pflichtenkollision 452 ff.
- Unzumutbarkeit **454 ff.**, 539, 574

Übergesetzlicher Notstand (s. auch Notstand, rechtfertigender) 185, 294, 318, **322 f.**

Übergesetzlicher Schuldminderungsgrund 122

Überholende Kausalität 254 f.

Überlange Verfahrensdauer 796, 798

Übernahmeverschulden 512
- objektives – 523 f.
- subjektives – 537

Überpositive(s)
- Recht **293**, 359
- Rechtfertigungsgründe 293, 452

Überschießende Innentendenz 239[48], 286

Übertretungen 49, 585
- Abschaffung 51, 95

Überwachung
- von Gefahrenquellen (Garantenpflicht) 566 f.
- verdächtiger Personen 326[44]
- von Verteidigergesprächen 326[44]

Überzeugungstäter 372 f., 408

Üble Nachrede
- abstraktes Gefährdungsdelikt 238
- objektive Bedingungen der Strafbarkeit 503, 504 f.
- Wahrnehmung berechtigter Interessen 361, 362

Umgekehrter Subsumtions-, Tatbestands- und Verbotsirrtum 480 ff.

Umkehrprinzip für Unterlassungsdelikte 540

Umweltkriminalität 16

Umweltzerstörung 95

Unbeendigter Versuch 487 ff.
- Rücktritt 490 ff.
- Unterlassungsdelikt 578
- vermeintlich – 491[35]
- Vorsatz 489

Unbenannte Strafschärfungsgründe
- Vorsatz 265

Unbestimmte
- Dauer von Maßregeln 80
- Freiheitsstrafe 70, 71[72]
- Rechtsbegriffe 116
- Strafe, relativ unbestimmte – 79[22]
- Verurteilung 70 f.

Unbewußte(r) Fahrlässigkeit 374, 512, 512 f., 539
- Lebensführungsschuld 381
- objektive Voraussehbarkeit 530
- psychologischer Schuldbegriff 377
- subjektive Voraussehbarkeit 539
- des Tatmittlers 603 f.
- Teilnahme an – 592 f.
- Unrechtsbewußtsein 536

Unbrauchbarmachung 722 f., 766, 825
- Rückwirkungsverbot 126
- von Schriften und Darstellungen 722 f.

Unechte Amtsdelikte 239
- limitierte Akzessorietät 596

Unechte Gesinnungsmerkmale 287

Unechte Sonderdelikte 239, 247

Unechte Strafbarkeitsbedingungen 502 ff.

Unechte Unterlassungsdelikte 238, 547 ff., 556
- ausländisches Recht 553 f.
- und echte Unterlassungsdelikte 547 ff.
- Fahrlässigkeit 572 f.
- und Garantiefunktion des Strafrechts 549 ff.
- als Gewohnheitsrecht 100, **550**
- Gleichstellungsproblematik 543, 551, 561 ff., **568 ff.**
- Handlungseinheit 647
- Kausalität 250, **558 ff.**

- mittelbare Täterschaft 610
- Rücktritt 578
- Strafmilderung **552 f.**, 690
- Tatbestandsergänzung 221, **550**
- Tatort 161
- Teilnahme 596
- Unzumutbarkeit 456, **574**
- Verbotsirrtum 415, **575 f.**
- Versuch 577 f.

Unfugabwehr und Notwehr 312

Ungehorsamsdelikte 331

Ungleichartige
- Einzelstrafen 662
- Idealkonkurrenz **653**, 656
- Realkonkurrenz 660

Universalitätsprinzip s. Weltrechtsprinzip

Universalrechtsgüter 233

Unmittelbares Ansetzen zur Verwirklichung des Tatbestandes (s. auch Anfang der Ausführung, Ansatzformel) 465

Unrecht s. Rechtswidrigkeit

Unrecht, sanktionsloses 44

Unrechtsbewußtsein s. Bewußtsein der Rechtswidrigkeit

Unrechtsgehalt 123, 209, 289, 435, 439, 636
- Absehen von Strafe 771
- Absicht und Vorsatz 268
- Bagatelldelikte 769
- bedingter Vorsatz 268 f.
- behördliche Erlaubnis 331
- Beihilfe 630
- besondere Umstände 801
- Erfolgsunrecht s. dort
- und Entschuldigungsgründe 429, 452, 456
- Fahrlässigkeit 187, **510 f.**, 513
- Gesetzeseinheit 665
- Handlungsunrecht s. dort
- Idealkonkurrenz 652
- Kompensation 774
- Konsumtion 669

Sachverzeichnis

- materialer – 221
- Mittäterschaft 612
- Notwehrexzeß 444
- objektive Strafbarkeitsbedingungen 283
- Ordnungswidrigkeiten 52
- Rücktritt 489
- und Schuldgehalt 387
- Sorgfaltspflichtverletzung 526
- als Strafzumessungstatsache 702, **792 ff.**
- Teilnahme 595
- typischer – 221, 228
- unechte Unterlassungsdelikte 552

Unrechtsmerkmale 427, 502
- als Gesinnungsmerkmale 426
- subjektive – s. dort

Unrechtstatbestand(s) 185 f., 191, 208, **222, 422**
- Analogieverbot 121
- Fahrlässigkeitsdelikte **510, 520 ff.**, 531, 535
- objektive Bedingungen der Strafbarkeit **500 f.**, 502, 505
- Vorsatz als Teil des – 261

Unrechtsteilnahmetheorie 620 f.[5]

Unselbständige Abwandlung des Grunddelikts 241

Untauglicher Versuch 46, 135, **476 ff.**, 496, 629
- absolut – 218, **462,** 475
- ausländisches Recht 475
- geschichtlich 460 f.
- aus grobem Unverstand 479
- und Notwehr 303[7]
- objektive Versuchstheorie 477
- relativ – 461[8]
- Rücktritt 491
- subjektive Theorie 478
- bei Tätigkeitsdelikten 472
- untaugliches Mittel 477
- untaugliches Objekt 474, 477, **483**
- untaugliches Subjekt 477, **482**
- Unterlassungsdelikte 576 f.
- und Wahndelikte 480 f.

Unterbrechung
- des Kausalverlaufs 252 f.
- der Verfolgungsverjährung 815
- Vollstreckungsverjährung 817

Untergebener
- Handeln auf Weisung 353 ff., **445 ff.**
- im Notstand 436

Unterlassen, Unterlassung 176, 197, **576**
- als Angriff 304
- Begehungszeit 119
- finaler Handlungsbegriff 199
- und fortgesetzte Handlung 648
- gefährlicher Handlungen 523
- kausaler Handlungsbegriff 197 f.
- und positives Tun 543 ff.
- sozialer Handlungsbegriff 181, **199 f.**
- durch Tun 546

Unterlassene Hilfeleistung 209, 576
- echtes Unterlassungsdelikt 238, 547, 549
- Konkurrenzen 657
- nach Notwehrhandlung 566[49]
- Vorsatz 265
- Zumutbarkeit 456, **573 f.**

Unterlassungsdelikte (s. auch echte –, unechte –) 191, 208, **238,** 506, **540 ff.**
- actio libera in causa 473 f.
- Ansetzen zur Tatbestandsverwirklichung 469
- ausländisches Recht 553 f.
- besondere täterschaftliche Merkmale 569
- Dogmengeschichte 542 f.
- fahrlässige – 512, 518, 540, 557, **572**
- Gebotsirrtum 575 f.
- Gleichwertigkeitsprüfung 561 ff.
- Handlungseinheit 647
- Handlungsunrecht 568
- Idealkonkurrenz 656 f.
- Mittäterschaft 613, **617 f.**
- Tatbestand der – 554 ff.
- Teilnahme an – **579**
- Versuch **576 f.**
- Vorsatz **569 ff.**
- Zumutbarkeit 456, **573 ff.**

Unterlassungspflicht bei Pflichtenkollision 328 ff.

Unternehmensdelikte 240, 474 f.
– Rücktritt 494

Untersagung der Berufsausübung
s. Berufsverbot

Unterschlagung 233, 596
– Alternativvorsatz 273
– im Amt 131[22], 210
– gegen Angehörige 498
– Konkurrenzen 667, 669
– Mittäterschaft 613
– Tätigkeitsdelikt 237
– Wahlfeststellung 131[22]

Untersuchungshaft 34, 735, 766, 803
– Amtsrecht 351, 352
– Anrechnung s. dort
– Statistik 34
– und Strafzumessung 803

Untreue
– Generalklausel 116
– gewohnheitsrechtliche Einschränkung 101
– Handlungsunwert 216
– mutmaßliche Einwilligung 348
– Strafantrag 807
– durch Unterlassen 550
– Versuch 470
– Wahlfeststellung 131[22]

Unvollkommen zweiaktige Delikte 239, **286**

Unwiderruflichkeitstheorie (Versuch) 475

Unwiderstehliche Gewalt 202

Unzüchtige Veröffentlichungen, Weltrechtsprinzip 152

Unzumutbarkeit normgemäßen Verhaltens
– als allgemeiner Entschuldigungsgrund 378, **454 ff.**
– Begrenzung der Garantenpflicht 574
– Fahrlässigkeit 455, **539 f.**
– Grundgedanke der Entschuldigungsgründe 430
– Irrtum 440
– Notstand **432 f.**, 439

– Notwehrrechts, Beschränkung des – 309
– als regulatives Prinzip 455
– Strafvereitelung 455
– als übergesetzlicher Entschuldigungsgrund **454 ff.**, 539
– Unterlassungsdelikte 456, **573 ff.**

Urheberschaft 620[3]

Urkundenfälschung
– Absichtsdelikt 286
– Auslegung 137
– Einwilligung 338
– Einziehung 719
– Irrtum 265
– Konkurrenzen 644, 654
– normatives Tatbestandsmerkmal 243, 246, 264
– als Notwehrhandlung 299
– Parallelwertung in der Laiensphäre 265
– Rechtsgut 232
– Strafzumessung 792[1]
– unvollkommen zweiaktiges Delikt 239
– Versuch 470
– Wahndelikt 481

Urteilsbekanntmachung 714

V

Verabredung eines Verbrechens 634 f., 638
– Rücktritt 639

Veranlagung, kriminelle 4

Verantwortlichkeit 41, 66, 190, **370**, 377, 390
– Jugendlicher 391 f.
– Schuldlehre 194
– nach Völkerrecht 110

Verantwortlichkeit für bestimmte Gefahrenquellen (Garantenpflicht) 564 ff.

Verantwortungsethik 412[21]

Verbände, Vereinigungen s. Personenverbände, -vereinigungen

Verbandskriminalität 206

Verbandsstrafe 204 f.

Verbindlichkeit
- der Rechtsordnung 372
- Weisung, Befehl **353 ff., 446 ff.**

Verbot der passiven Bewaffnung 93

Verbotsirrtum 92, 140, 176, 178, 190, 263, **275**, 372, 384, 386, **405 ff., 410 ff.**, 506
- des Anstifters 622
- ausländisches Recht 421
- direkter – **410 ff.**, 415
- Einwilligung 337
- Fahrlässigkeitsdelikt 536
- des Gehilfen 629
- Gewohnheitsrecht 100
- Grenzfälle zum Tatbestandsirrtum **414**, 419
- Handeln auf dienstliche Weisung 447
- indirekter – 297, 411, **415 ff.**, 418
- mutmaßliche Einwilligung 420 f.
- Nebenstrafrecht 277, **413**
- Notwehrexzeß 442
- offene Tatbestände 223
- Ordnungswidrigkeitenrecht **413**
- Pflichtenkollision 453
- und Putativnotstand 440
- rechtfertigender Notstand 419 f.
- als Schuldausschließungsgrund 429
- und Schuldunfähigkeit 398
- Strafzumessung 792, 795
- als Subsumtionsirrtum 265, 282
- und Tatbestandsirrtum 275 f.
- umgekehrter – 480
- Unterlassungsdelikte 575 f.
- unvermeidbarer – 372, 378, 386, 407, **411**, 429, 447, 453, 605
- vermeidbarer – 187, 190, 195, 372, 374, 381, 407, **411 f.**, 591[34], 602[10], 690
- verminderte Schuldfähigkeit 399[50]
- Wahrnehmung berechtigter Interessen 420
- des Werkzeugs 605 f.
- Züchtigungsrecht des Lehrers 356

Verbotsmaterie 221, 330

Verbotssinn (Tatbestand) 221

Verbrechen 43 ff., **49**, 693
- gegen den Frieden 107, 111
- gegen die Menschlichkeit 107, **112**, 605
- und Strafaussetzung 754
- Versuch 470

Verbrechensbegriff 10 ff., 49, **175 ff.**, 505 f., 729
- dreigliedriger – 180 f.
- Grundstruktur 176 f.
- der Kriminologie 40 f.
- materieller – 44
- subjektiver – 383
- symptomatischer – 48
- der Unterlassungsdelikte 540 ff.
- zweckrationaler 193
- zweistufiger – 177[10]

Verbrechenslehre, allgemeine 174 ff.
- Entwicklungsstufen der – 179 ff.

Verdachtsstrafe 85

Verein, nicht rechtsfähiger –
- Geldbuße gegen – 53, 205

Vereinigungstheorien 67 ff.
- im Ausland 68
- bei der Strafzumessung 784

Vereinsstrafe 12

Vereinte Nationen
- Angriffskrieg, Definition 111
- Gesetzlichkeitsprinzip 119
- Völkerstrafrecht 109

Verfall 672, **715 ff.**, 766, 825
- Anrechnung der Untersuchungshaft 804[32]
- Rückwirkungsverbot 126

Verfassungskonforme Auslegung 139

Verfassungsschutz, Einwilligung 342

Verfolgungsverjährung (s. auch Verjährung) 153, **811 ff.**
- ausländisches Recht 816
- Rechtsnatur 499
- Ruhen der – 815
- Unterbrechung 815

Vergehen 49
- Umwandlung in Ordnungswidrigkeiten 51
- Versuch 470

Vergeltung 58 f.
- Determinismus 367
- Einzeltatschuld 380
- Strafzumessung 782
- Verbindung mit Vorbeugung 61
- Vereinigungstheorien 67 f., 69
- Verjährung 812

Vergewaltigung 45, 711
- Einverständnis 336
- Handlungseinheit 644
- Konkurrenzen 652, 654
- Mittäterschaft 616
- mit Todesfolge 473

Verhältnismäßigkeit, Grundsatz **22,** 225, 292
- Angriffsnotstand 320
- Auflagen 758
- Bewährungshilfe 759
- dienstliche Anordnung 355
- Einziehung 718
- entschuldigender Notstand 435, 441
- Entziehung der Fahrerlaubnis 744
- freiheitsentziehende Maßregeln **727**
- Maßregeln **22,** 76, **727**
- Notwehr 308, **309,** 314
- Sachwehr 319
- Selbsthilfe 357
- staatliche Zwangsrechte 352
- vorläufige Festnahme 358
- Widerstandsrecht 359 f.

Verhalten, menschliches – 184, **200**
- sozialerhebliches – **200** ff., 505, 540, 557
- willentliches – 197

Verhalten des Täters, Strafzumessungstatsache
- nach der Tat 754, 797 f.
- vor der Tat 797
- im Verfahren 798

Verjährung 663, 806, **811** ff.
- Beginn der Frist 466
- fortgesetzte Tat 650
- Fristen 102
- in dubio pro reo 130
- von Kriegsverbrechen, Menschlichkeitsverbrechen 109, **125,** 815

- rückwirkende Verlängerung **125,** 813
- Theorien 812
- der Vortat 669

Verkehrsdelikte 98
- Einwilligung 342
- Entziehung der Fahrerlaubnis 79, 743 ff.
- Fahrlässigkeit 179, 523 f.
- Fahrverbot 710 f.
- Handlungsunwert 216
- konkrete Gefährdungsdelikte 237
- rechtfertigender Notstand 322
- Registereintragung 819
- Sorgfaltspflichten 521 f., 523
- Statistik 27 f.
- Strafzumessung 704, 781, 785, 792[1]
- Verkehrsunterricht 5, 746[26], 747
- und Verwarnung 767

Verkehrskriminalität 5, 26

Verkehrssicherungspflichten 566, 646

Verkehrsübertretungen 5, 51

Verkehrsunfallflucht
- Auslegung 121, 141
- eigenhändiges Delikt 240
- Einziehung 719 f.
- entschuldigender Notstand 435
- Entziehung der Fahrerlaubnis 745
- Irrtum 414
- Konkurrenzen 646, 655, 657, 660
- Mittäterschaft 613
- mittelbare Täterschaft 594
- rechtfertigender Notstand 323
- Rechtsgut 233
- Strafzumessung 795
- Teilnahme 618, 630
- Versuch 483
- Wahndelikt 480

Verkehrsunterricht 5, 746[26], 747

Verkehrszentralregister 15, **819**

Verletzter
- Opferschutzgesetz 13, 17, **88**
- im Prozeßrecht 13, 233
- Schadensersatz 716
- als Strafantragsberechtigter 808

– Urteilsbekanntmachung 714
– und Verfall 716

Verletzungsdelikt 237, 465
– fahrlässiges – 526
– Verhältnis zum konkreten Gefährdungsdelikt 668
– Vorsatz 264

Verlöbnis 435
– Garantenstellung 563

Verlust der Amtsfähigkeit 672, 713 ff., 771
– gnadenweiser Erlaß 825

Verlust des Stimmrechts 672, 713 ff.
– gnadenweiser Erlaß 825

Verlust der Wählbarkeit 672, 713 ff.
– gnadenweiser Erlaß 825

Vermeidbarkeit
– des Gebotsirrtums 576
– des Verbotsirrtums s. dort

Verminderte Schuldfähigkeit bzw. Zurechnungsfähigkeit 89, **399 f.**
– actio libera in causa 401 ff.
– ausländisches Recht 400 f.
– Doppelverwertungsverbot 789
– Lebensführungsschuld 48
– Limitierung der Akzessorietät 596
– Psychiatrisches Krankenhaus 728
– Strafzumessung 690, 784

Vermittelnde Theorie (Einwilligung) 343

Vermögen(s)
– ausländisches Rechtsgut 158
– -delikte 770
– Einziehung 720
– Geldstrafe 704
– Handlungsobjekt 234
– notwehrfähig 304
– Rechtsgut 216, 654
– des Verurteilten 58

Vermögensbegriff, juristisch und wirtschaftlich 47

Vermummungsverbot 93

Vermutung der Rechtmäßigkeit bei dienstlichen Weisungen 353, 447

Verordnung s. Rechtsverordnung

Versari in re illicita 235, 409

Versuch(s) 7, 46, 240, 458 ff., 604
– actio libera in causa 403, **473**
– allgemeine Verbrechenslehre 176 f.
– ausländisches Recht 475 f.
– beendigter – 469, **487 ff.**
– Bestrafung 470 f.
– Dogmengeschichte 460 f.
– dolus generalis 281 f.
– Eindruckstheorie 462 f.
– Entschluß 463
– erfolgsqualifizierte Delikte 472 f.
– und Erlaubnistatbestandsirrtum 418[55]
– fahrlässiger – 464, 517
– fehlgeschlagener – 489
– fortgesetzte Tat 648, 650
– geschichtlich 84
– aus grobem Unverstand 462
– des Haupttäters 625
– und Maßregelanordnung 729 f.
– Mittäterschaft 612, **617 f.**
– mittelbare Täterschaft 609
– objektive Bedingungen der Strafbarkeit 501
– qualifizierter – **495,** 670
– Rechtswidrigkeit des – 218
– Rücktritt s. dort
– Strafgrund 461 ff.
– als straflose Vortat 668
– Strafmilderung 46, 295 f., 345, **470 f.,** 690, 788, 793
– Strafwürdigkeit 46, **462,** 470, 478 f.
– subjektive Merkmale 287, 462 f.
– subjektive Theorie 383, 462
– bei Tätigkeitsdelikten 472
– Tatort 161
– der Teilnahme 584, **633 ff.**
– unbeendigter – 487 ff.
– untauglicher – 92
– Unterlassungsdelikte 576 ff.
– bei Unternehmensdelikten 240, **474**
– von Vorbereitungshandlungen **472,** 634 f.

- Vorsatz-Fahrlässigkeitskombination 515
- wesentliche Abweichung im Kausalverlauf 280

Versuch der Beteiligung 633 ff.
- Strafzumessung 690

Versuchte Anstiftung (s. auch Versuch der Beteiligung) 623 f., **637 f.**, 683 ff.
- zur Beihilfe 637
- Rücktritt 639
- Subsidiarität **640**, 668

Versuchte(n) Beihilfe 627, 637
- Anstiftung zur – 637

Versuchte Kettenanstiftung 637

Verteidigerausschluß 16

Verteidigung der Rechtsordnung 754 f., **767**, 802
- kurzfristige Freiheitsstrafe 802
- Strafaussetzung zur Bewährung 754 f.
- Verwarnung mit Strafvorbehalt 767

Verteidigungshandlung (Notwehr) 307 f.
- fahrlässige Tat 532
- Irrtum 419

Verteidigungsnotstand s. Sachwehr

Verteidigungswille 295, **307**, 319
- fahrlässige Tat 532

Vertrag (Garantenpflicht) 543, **561 f.**, 564

Vertragsstrafe 12

Vertrauensgrundsatz im Straßenverkehr 510, **525**

Vertreterhaftung 207 f.
- Einziehung 723 f.

Verursachungsdelikte 568

Verursachungstheorie 620 f.

Verurteiltenziffer 24, 27

Verwaltungsbehörde
- Auskunft aus dem Bundeszentralregister 820
- Berufsverbot 748

- Entziehung der Fahrerlaubnis 744
- Ermessen der – 780
- Ordnungswidrigkeiten 53
- Unterbringung 730

Verwaltungsstrafrecht 51

Verwaltungsunrecht 205

Verwaltungsverordnung 103

Verwandtschaft 435
- Garantenstellung 543

Verwarnung mit Strafvorbehalt 20, 41, 70, 72, 93, 750, **763 ff.**, 777, 786, 819, 820
- ausländisches Recht 764[7]

Verwarnung im Ordnungswidrigkeitenrecht 12, **53**

Verwerflichkeit
- der Begehungsweise 426
- bei Ordnungswidrigkeiten 52
- der Tätergesinnung 45

Verwerflichkeitsklausel 116

Verzicht auf Strafantrag 810

Vikariierendes System 76, **78**, 724 f., **737 f.**

Viktimologie 41

Vis absoluta, Handlungsausschluß 202

Vitalschicht des Menschen 373 f.

Völkermord 106, **112**, 117
- Bestrafung 778
- Verjährung 815, 817

Völkerrecht(s) **106 ff.**, **145 ff.**, 151 f., 165 ff., 293
- allgemeine Regeln des – 9, **106 ff.**, 293, 353
- minimum standard of justice 158
- als Schranke der Strafgewalt 9
- Territorialitätsprinzip 149

Völkerrechtliche(s)
- Immunität 166 f.
- Mißbrauchsverbot 147, **152**
- Unrecht 44
- Verträge 147

Sachverzeichnis 927

Völkerstrafrecht 104 ff.

Volksbräuche als Gewohnheitsrecht 100

Vollendung 240, 249, 458, **465 f.**, 486
– und Anstiftung 622 f.
– und Beendigung 465 f.
– der fortgesetzten Tat 650
– Teilnahme 627, 629
– Unternehmensdelikte 474
– Verjährungsbeginn 814

Vollrausch 89, **404**, 705, 758
– Entziehung der Fahrerlaubnis 746

Vollstreckung 663
– Anrechnung der Untersuchungshaft 803
– Einziehung, Verfall 724
– Urteilsbekanntmachung 714

Vollstreckung von Geldstrafen 706 f.

Vollstreckungskammer 762, 778[3]

Vollstreckungsverjährung 757, 811 f., **816**

Volltrunkenheit 404, 504, 536[5]
– abstraktes Gefährdungsdelikt 238
– als eigenhändiges Delikt 240
– objektive Strafbarkeitsbedingung 502
– objektive Zurechnung 250
– Vorsatz 218, 283
– Wahlfeststellung 131, 132[23]

Vollzug 778[3]
– Einspurigkeit 737
– Entziehungsanstalt 732
– freiheitsentziehende Maßregeln 78
– Freiheitsstrafen 61, 289, 351, **694 f.**, 796
– psychiatrisches Krankenhaus 731
– Sicherungsverwahrung 737

Vollzugsziele 731, 733
– und Strafzumessung 783[27]

Vorangegangenes gefährdendes Tun 543, 561 f., **564 f.**, 567

Voraussehbarkeit
– der Auswirkungen einer Straftat als Strafzumessungstatsache 793

– des Erfolgs, Fahrlässigkeit 255, **529 f.**, 536
– des Kausalverlaufs 529 f.
– objektive –, Fahrlässigkeit 529 f.
– der schweren Folge bei erfolgsqualifizierten Delikten 516
– subjektive –, Fahrlässigkeit 387, **538 f.**

Vorbehalt
– Angemessenheitsklausel 326
– des Gesetzes 21, 104, **112 f.**, 119 f.
– für Landesstrafrecht 102
– des Richters 21
– des Rücktritts 272

Vorbereitungshandlung 458, 461, **471 f.**, 629
– Abgrenzung zum Versuch 461, **466 ff.**
– Beihilfe zur – 627
– des Mittäters 616
– Mitwirken an – 591, **616**
– Rücktritt 493 f.
– selbständige – 472
– Subsidiarität 668
– Tatort 160
– Teilnahme an – **472**, 493
– unselbständige – 472
– Unternehmensdelikte 474
– Versuch 472
– Vorstufen der Beteiligung 633 ff.

Vorbeugung, Strafzweck (s. auch Präventivfunktion des Strafrechts) 4 f., 58, **59 f.**, **63 f.**, 68, 724, 817

Vorgesetzter(n) 352 ff., 446 ff., 525 f., 630 f.
– Irrtum des – 447
– Strafantrag des – 808

Vorläufige(s)
– Berufsverbot 748
– Einziehung (Sicherstellung, Verfall) 724
– Entziehung der Fahrerlaubnis 747

Vorläufige Festnahme 351, **357 f.**
– gewissenhafte Prüfung 296, 352
– Notwehr gegen – 306

Vorleben des Täters 796 f.
– Strafaussetzung z. Bewährung 753

Vorprüfungspflicht, innere Sorgfalt 522

Vorrang
- des Gesetzes 21
- des Völkerstrafrechts 110

Vorsätzliches
- Begehungsdelikt **208 ff.**, 505
- Unterlassungsdelikt 554 ff.

Vorsatz(es), -delikt 45, 162, 178, 197, 245, **260 ff.**, 273, 508, 513, 602
- abergläubischer Versuch 479 f.
- actio libera in causa 401 f.
- des Anstifters 622
- Arten des – 262, **266 ff.**
- ausländisches Recht 262 f.[6]
- und Bedingungstheorie 251
- Bestandteil des Handlungsunrechts **217 ff.**, 245, **284 ff.**, 596
- und Bewußtsein der Rechtswidrigkeit 378, **407**, 411
- Doppelfunktion 53, **218 ff.**, 387, 402, 414
- Entschluß als – 464
- und Fahrlässigkeit 508
- fehlgeschlagener Versuch 489
- und Finalität 273
- Fortsetzungs- 649
- des Gehilfen 629
- Gesamt- 649
- des Haupttäters 92, 599, **621**
- in dubio pro reo 128
- Irrtum über Entschuldigungsgründe 457
- im klassischen Verbrechensbegriff 182
- und objektive Strafbarkeitsbedingung 501 f., **505**
- und persönliche Ausnahmen von der Strafbarkeit 499
- psychologischer Schuldbegriff 377 f.
- als Schuldform 187, 218, **387**
- soziale Adäquanz 227
- als Strafzumessungstatsache 793
- Unterlassungsdelikt 569 ff.
- als Voraussetzung für die Maßregelanordnung 729

Vorsatz-Fahrlässigkeitskombination 514 ff.

Vorsatztheorie 407, 408[5], 411
- Nebenstrafrecht 413
- im Ordnungswidrigkeitenrecht 53 f., **413**

Vorstrafen 753 f., **756**, **797**
- und Absehen von Strafe 720 f.
- Bundeszentralregister 818 f.
- einschlägige – 797
- und Erlaß der Strafe 761
- getilgte – 797
- Offenbarungspflichten 822
- Sicherungsverwahrung 734
- bei Strafaussetzung zur Bewährung 753 f.
- und Strafzumessung 797

Vorstufen der Beteiligung 633 ff.

Vortaten
- bei Sicherungsverwahrung 734, 736

Vorverschulden
- actio libera in causa 402 f.
- Affekt 395 f.

Vorwerfbarkeit, Schuld als – **19**, **46**, 186, **363 ff.**, 378, 535, 794

W

Wahlfeststellung 90, **127 ff.**, **130 ff.**, 508
- im Ausland 132
- gleichartige 132[28]

Wahlrecht(s), Verlust des – 713

Wahndelikt 476, **480 f.**, 482

Wahrnehmung berechtigter Interessen 292, **293**, **361 ff.**
- als erlaubtes Risiko 360 f.
- bei fahrlässiger Tat 531
- gewissenhafte Prüfung 296
- Irrtum 420
- subjektives Rechtfertigungselement 295

Wahrscheinlichkeit
- Adäquanztheorie 256
- konkrete Gefährdung 237

Wahrscheinlichkeit, an Sicherheit grenzende –

Fahrlässigkeit 528
Unterlassung 552, **560**

Wahrscheinlichkeitstheorie, dolus eventualis 271

Wechselseitig begangene Straftaten 773 f., 810

Wehrstrafrecht s. militärische Straftaten

Weimarer Republik
- Gesetzlichkeitsprinzip 118
- Kriminalität 26
- Reformwerk **89**, 727
- Strafzumessung 779

Weisungen
- bei Aussetzung des Strafrestes 763
- Berufsverbot 749 f.
- bei Einstellung 770 f.
- Führungsaufsicht 743
- als Rechtfertigungsgrund 354 f.
- bei Strafaussetzung zur Bewährung 752, **758 f.**, 777, 802
- bei Verwarnung 768

Weisungsbefugnis des Vorgesetzten **353 ff.**, 446

Weltrechtsprinzip, internationales Strafrecht **152**, 156

Werkzeug(s), mittelbare Täterschaft 469, 585, **601**, 622
- absichtsloses und qualifikationsloses – 606 f.
- Exzeß des – 609
- mittelbare Täterschaft 582, **600 ff.**
- Objektsirrtum des – 608
- rechtmäßig handelndes – 298, **604**
- schuldloses – 403, **605**
- schuldunfähiges – 605
- tatbestandslos handelndes – 603
- unfrei handelndes – 606
- durch Unterlassen 579
- Unterlegenheit des – 602
- Verbotsirrtum des – 605 f.
- vollverantwortliches – **601**, 605 f.
- vorsatzloses – 603

Wertabwägung 225, 291

Wertbewußtsein der Allgemeinheit 795

Wertbezügliche Begriffe 243

Werte, Wertbegriffe 369, 371
- oberste – der Gemeinschaft 321
- der Sozialordnung **233**, 339

Wertersatz(es)
- Einziehung 720
- Verfall des – 717

Widerruf
- Aussetzung von Maßregelvollzug 739 f.
- Aussetzung des Strafrestes 763
- des Gnadenaktes 825
- Strafaussetzung zur Bewährung 760
- des Straferlasses 761 f.

Widerstand gegen die Staatsgewalt 355

Widerstandsrecht als Rechtfertigungsgrund 292, 305, **359**

Wiedereingliederung des Verurteilten
- durch Auflagen 762 f.
- Begnadigung 818, 825
- Registervergünstigungen 818 f.
- Strafzumessung 783, 787
- durch Weisungen 758 f.

Wiedergutmachung des Schadens 71, 767, 784
- als Auflage 757, 760[44], 767
- als Sanktion 793[4]
- als Strafzumessungstatsache 793, 797 f.

Wiedererteilung von Fähigkeiten und Rechten 714

Wille des Täters 213, 245, **263**, 273, 284, 378, 801
- Einheitstäterbegriff 584
- Fahrlässigkeit 272, 508, 511
- Rücktritt vom Versuch 486
- Strafgrund des Versuchs **462**, 470, 478
- Strafzumessungstatsache 794
- subjektive Teilnahmetheorie **588**, 611
- untauglicher Versuch 478
- versuchte Teilnahme 635 f.
- und Vorsatz 263

Willensbetätigung
- Delikte gegen die – 334

59 Jescheck, 4. A.

– Handlungsunrecht 217, 292
– und Schuldgehalt 385 f.

Willensbildung
– entschuldigender Notstand 435 f.
– Freiheit der – 334
– Handeln auf dienstliche Weisung 449
– Irrtum über Entschuldigungsgründe 457
– Notwehrexzeß 443
– Schuldfähigkeit 394
– Schuldmerkmale 286, 424, 426
– Schuldprinzip 363 ff.
– Schuldvorwurf 186, **379**, **387**, 407
– Strafzumessungstatsache 794
– Unzumutbarkeit 454 f.

Willensentschluß, einheitlicher (Handlungseinheit) 643

Willenserklärung, bei Einwilligung 342

Willenserklärungstheorie, Einwilligung 343

Willensfreiheit 80, 193, **366 ff.**, 377, 385, 398

Willensmangel, Einwilligung 344

Willensrichtungstheorie 343

Willensschuld
– unbewußte Fahrlässigkeit 512
– und Lebensführungsschuld 381

Willensstrafrecht
– Einheitstäterbegriff 584
– Strafmilderung bei Versuch 470[48]

Willenstheorie
– Fahrlässigkeit 512[26]

Wirtschaftliche Betrachtungsweise (Einziehung) 719

Wirtschaftliche Verhältnisse des Täters 705, 708 f., 758
– Strafzumessungstatsache 784, 795
– Tagessatzsystem 701 f.

Wirtschaftskriminalität 94, 205

Wirtschaftsstrafrecht 51, 98
– rechtfertigender Notstand 323
– Verfall 715

Wissentlichkeit 268

Wohnsitzprinzip, interlokales Strafrecht 169

Würdigkeit für Verwarnung mit Strafvorbehalt 766

Z

Zeitgesetz 123, **126**

Zeitige Freiheitsstrafe (s. auch Freiheitsstrafe) **692**, 762

Zielvorstellung des Täters 267
– als Strafzumessungstatsache 794

Zivilrecht s. Bürgerliches Recht

Zuchthaus, -strafe 23, **93**
– Statistik 29

Zuchtmittel 12
– Jugendstrafrecht 393
– Strafaussetzung zur Bewährung als – 752

Züchtigungsrecht
– der Eltern, Familie 12, 357
– gegenüber fremden Kindern 349
– und mutmaßliche Einwilligung 349
– Notwehr gegen – 306

Züchtigungsrecht des Lehrers 356
– als Gewohnheitsrecht 100, 294
– Irrtumsprobleme 419
– mutmaßliche Einwilligung 420
– subjektives Rechtfertigungselement 295

Zufall 262, 508
– bei Fahrlässigkeit 526

Zumutbarkeit s. auch Unzumutbarkeit
– Auflagen, Weisungen 758

Zurechenbarkeit der Straftat (s. auch objektive Zurechnung) 175, 196, 201, **257 ff.**

Zurechnung bei der Mittäterschaft 612

Zurechnungsfähigkeit s. Schuldfähigkeit

Zurechnungslehre (Imputationslehre) 38, 180

Zurechnungsunfähigkeit, Schuldunfähigkeit
Zusammengesetzte ...kte 239
Zustandsdelikte, 26, 65
Zustandsve... ch Einwilligung, 334 ff.
Zustimm...
  Ei...ndnis 336
  ...gung 337, 344
  Z..., Anwendung 351 f.
  ...essungstatsache 795
  ...nittlers 602
  ...elbarer – 351, 385
...sarbeit, Verbot der – 758³⁶

Zweckgedanke im Strafrecht **65**, 86, 380

Zweckmäßigkeit
– von dienstlichen Weisungen 353

– der Kriminalpolitik 36
– des Sanktionensystems 183
– der Strafzumessung 780 f.

Zweckstrafe 65, 367
– im ausländischen Recht 789 f.

Zwecktheorie, Rechtfertigungsgründe 292 ff.
– rechtfertigender Notstand 322

Zweiaktige Delikte, Vorsatz 264¹⁰

Zweispurigkeit 5, 11, 66, **74 ff.**, 93, 724 f., 741
– Krisis der – 77 f.

Zweiteilung der strafbaren Handlungen 49 f.

Zweiteilung des Strafprozesses 78

Zwischengesetz, milderes 125

Zurechnungsunfähigkeit s. Schuldunfähigkeit

Zusammengesetzte Delikte 239

Zustandsdelikte 236

Zustandsverbrecher 4, 26, 65

Zustimmung (s. auch Einwilligung, Einverständnis) 334 ff.

Zwang
– bei Einverständnis 336
– bei Einwilligung 337, 344
– staatlicher –, Anwendung 351 f.
– Strafzumessungstatsache 795
– des Tatmittlers 602
– unmittelbarer – 351, 385

Zwangsarbeit, Verbot der – 758[36]

Zweckgedanke im Strafrecht 65, 86, 380

Zweckmäßigkeit
– von dienstlichen Weisungen 353

– der Kriminalpolitik 36
– des Sanktionensystems 183
– der Strafzumessung 780 f.

Zweckstrafe 65, 367
– im ausländischen Recht 789 f.

Zwecktheorie, Rechtfertigungsgründe 292 ff.
– rechtfertigender Notstand 322

Zweiaktige Delikte, Vorsatz 264[10]

Zweispurigkeit 5, 11, 66, **74 ff.**, 93, 724 f., 741
– Krisis der – 77 f.

Zweiteilung der strafbaren Handlungen 49 f.

Zweiteilung des Strafprozesses 78

Zwischengesetz, milderes 125